中国企业管理研究会　编

中国管理学七十年

图书在版编目（CIP）数据

中国管理学七十年／中国企业管理研究会编．—北京：经济管理出版社，2020.10
ISBN 978-7-5096-7601-1

Ⅰ．①中…　Ⅱ．①中…　Ⅲ．①企业管理—中国—学术会议—文集　Ⅳ．①F279.23-53

中国版本图书馆 CIP 数据核字（2020）第 186040 号

组稿编辑：梁植睿
责任编辑：梁植睿
责任印制：黄章平
责任校对：陈　颖　董杉珊　王淑卿

出版发行：经济管理出版社
（北京市海淀区北蜂窝 8 号中雅大厦 A 座 11 层　100038）
网　　址：www. E-mp. com. cn
电　　话：（010）51915602
印　　刷：唐山昊达印刷有限公司
经　　销：新华书店
开　　本：880mm×1230mm/16
印　　张：71.25
字　　数：2011 千字
版　　次：2020 年 10 月第 1 版　　2020 年 10 月第 1 次印刷
书　　号：ISBN 978-7-5096-7601-1
定　　价：298.00 元

联系地址：北京阜外月坛北小街 2 号
电话：（010）68022974　　邮编：100836

编委会名单

序 言

70 年来，中国经历了计划经济向市场经济的巨变，也经历了从重启第一次工业革命到引领第三次工业革命的追赶过程，这为中国管理学研究和管理实践提供了丰富的场景和广阔的创新空间，也为中国管理学者讲好中国管理故事、构建中国管理理论、传递中国理论声音、完善管理理论体系提供了鲜活的素材。70 年来，中国管理学界借鉴东西方管理学界积累的知识和成果，积极引进国外先进的管理思想、理论、方法和工具，结合中国管理的实践，以中国情景诠释和创新管理理论，形成具有中国特色的管理理论和管理模式，并汲取具有本土文化特色的中国传统管理思想，正在全球管理学界对中国式管理做出新的诠释。但是，摆在中国管理学者眼前的一个突出问题是，中国在国际上未能产生具有全球影响力的管理理论和管理模式，这需要中国管理学者进一步去探索。此外，随着经济新常态的到来，如果发挥"管理出效率"，通过管理思想、管理理论、管理方法和管理工具的创新来驱动新时代中国经济社会的高质量发展，也是摆在理论界和实务界面前的现实问题。为此，为进一步总结 70 年来中国管理实践和理论，构建具有全球影响力的管理理论，促进新时代中国特色管理理论的不断创新和管理学科的进一步发展，支持中国新时代高质量发展，我们将 2019 年中国企业管理研究会年会主题设定为"中国管理学七十年"。

70 年来中国管理学的发展与中国发展的历史进程息息相关，具有鲜明的问题导向特征。

管理学是一门来源于实践且用于指导实践的学科，也是一门经世济用的学科，这决定了管理学的发展必然要与现实密切联系和融合。70 年的中国管理学发展，也深深地契合了管理学发展的这一逻辑。

中华人民共和国成立之后，基于中国工业基础薄弱的基本现实，为促进经济恢复和实现工业化，党和国家发挥社会主义制度的优越性，重点发展重化工业，并且以国有企业这一具有显著制度优势的模式来开展相关的经营活动。加之受苏联的影响，我国在改革开放前建立了完善的计划经济体制，社会管理、政府管理、工厂管理等都表现出鲜明的计划特色，"自上而下、整齐划一"成为这一时期管理的基本特征。与之相对应的是，管理理论也主要围绕如何进一步完善计划经济体制的相应探索，例如在工厂管理方面的"鞍钢宪法""大庆经验"等。尽管在改革开放前，由于计划模式导致了社会的僵化、生产的低效等一系列问题，但不可否认的是，正是在计划经济体制下，我国实现了国家的稳定，建立了全覆盖的社会管理系统，也打造了完善的工业基础和产业体系。

1978 年开启的改革开放，不仅启动了中国经济领域的市场化改革，社会领域、政治领域等方面的改革也在不断推进和深化。经济领域从个体户、村镇企业、乡镇企业的崛起以及港台企业、外资企业的进入为开端，到加入世界贸易组织后中国企业发挥比较优势融入全球价值链，再到党的十八大以后培育世界一流企业以及商事制度改革的深化，中国经济迅猛发展，创造了丰硕的物质财富。为满足实践的需要，企业管理也从单纯的工厂管理朝着更具现代意义的企业管理方向演化，管理的专业化、科学化、国际化水平不断提升，中国企业管理的成功实践也影响着全球企业。此外，与经济领域改革相呼应的是，政治领域、社会领域、文化领域等方面的改革不断深化，管理模式也发生了根本性的变化。政府改革从原来注重“精兵简政”朝着“简政放权”的整体方向演进，分权成为政府管理的重要内容，尤其是在党的十八大以后，不断深化的商事制度改革进一步推动了政府职能的转变。在社会管理方面，管理的基本模式也从单方治理朝着多方治理和社会自治的方向演化，成为政府管理的有益补充。与改革开放后管理实践变革相对应的是，管理学真正成为一门“显学”，从企业管理、行政管理、社会管理到各个细微领域的管理，都出现了一些对中国实践的总结和高度凝练，形成了中国特色管理学理论。

从计划经济时代到市场经济时代管理实践的变化，凸显了中国管理实践对现实问题的有效回应，透视了中国管理学理论与管理活动的高度契合性。尤其是改革开放以后，管理学发展也从管理实践中得以分离出来，成为一门显学，也成为中国学科体系的重要内容。

中国管理学的发展一方面来源于对国外先进理论的学习借鉴，另一方面来源于根植中国本土的持续创新。

1911 年泰勒的《科学管理原理》一书的出版，宣告了管理学正式成为一门科学；从 1918 年法约尔创办法国管理研究中心开始，管理学正式成为一门学科。西方管理思想和管理学教育已走过百年历史，在理论和实践上都走在我们前面，这为中国管理学者和管理者借鉴国外先进管理理论、指导中国管理实践提供了可能。总体来看，70 年来中国学习借鉴国外管理学经历了学习苏联到学习欧美的两个阶段。中华人民共和国成立初期，在特殊的时代背景下，中国自然地选择了学习社会主义阵营的苏联模式，从社会管理到行政管理再到工厂管理，借鉴了苏联成熟的计划经济体制和管理模式。尽管学习苏联模式后来导致了管理僵化、效率和灵活性损失等问题，但毋庸置疑，这种模式为经历百年动乱的中国重塑了社会秩序，奠定了改革开放后中国发展的稳定局面。1978 年中国改革开放，开启了与欧美日发达国家和地区交流和合作的大门，中国的学习对象也从苏联向欧美日转移，西方先进的管理思想、方法、工具被大量引入，成为助推中国经济社会快速发展的重要力量。除了对中国管理实践的促动之外，中国学者对西方的学习也促进了中国管理学研究的发展，更加科学、有效的研究方法被引入，中国管理学研究开始与全球对话，成为管理学理论中国情景的重要检验场景。

在借鉴和学习的同时，中国管理学者也在不断创新，构筑具有中国特色的管理学理论，为日益多元化的全球管理学理论贡献力量。例如，“鞍钢宪法”就是对苏联“马钢宪法”的扬弃和发展，并成为全面质量管理和团队合作的早期探索；1984 年国家经济贸易委员会开始推广的现代化管理“18 法”，就是结合中国实践所凝练的现代化管理方法；一直为中西方学者所关注的“关系”理论，被认为是中国对世界管理理论发展的重要贡献。70 年来中国的发展，尤其是管理实践的发展，是中国管理学者和管理者结合特定历史背景从实际出发艰苦奋斗和发挥智慧的结果，既是对国外先进经验的借鉴，更是自身不断探索、创新和迭代的过程。

中国管理学理论与学科发展相得益彰，是中国管理学者传承创新的重要载体。

管理理论的发展离不开实践，但同样也离不开管理学科的发展。中华人民共和国成立 70 年来，中国管理学学科也在曲折中发展，成为推动管理学发展的重要驱动力量。1949 年上海交通大学设置的工业工程系和 1950 年中国人民大学创建的工厂管理系是最早孕育生产运营管理的教学单位，也是中华人民共和国开展管理学教育的早期尝试。后来由于全面学习苏联，在 1952 年院系调整后，管理科系及专业纷纷取消停办，仅有“生产组织与计划”与“工业企业管理”两棵“幼苗”得以保留，工科大学设立“生产组织与计划”课程，文科大学设立“工业企业管理”课程，成为中国管理学学科仅存的硕果。

改革开放后，管理学科迎来了发展的春天。以 1978 年钱学森发表《组织管理的技术——系统工程》一文为标志，管理学科开始恢复。以本科专业设立为标志，最早是 1978 年西安交通大学、清华大学等院校招收系统工程本科生；随后，高等院校开始恢复设立管理专业，中国管理学科逐步恢复，并开始进入“快车道”。1991 年 MBA 招生在中国试行，开辟了中国专业教育的先河；2002 年北京大学等 25 所高校成为 MPA 首批试点院校；1998 年管理学成为一个独立的可授予学位的学科门类，正式确立了管理学在中国教育界的地位，也为中国管理学研究发展创造了良好的制度环境。经过 70 年的发展，管理学现已成长为招生人数和在校人数最多的专业门类，管理学教育者、研究者数量迅速增加，社会影响力不断增强，中国管理学教育、研究工作快速发展，推动了经济社会改革的进一步深化，管理学科与管理理论相得益彰，形成了一种良性互动的发展态势。

70 年来中国发展的现实需要为中国管理学者和管理者提出了具有时代需要的命题，也为中国管理学发展培育了肥沃的土壤；正是在伟大的历史进程中，通过借鉴学习国外先进管理理论，中国管理学实现了从学习、创新、融合到引领的历史蜕变；也正是中国 70 年发展历史进程的现实需要，推动了中国管理学科的变革和发展。

中国管理学的发展，发轫于 70 年来前辈专家学者和实践者的奠基，发展于每一代实践者和学者的传承与创新，也得益于当今时代下专家学者以及实践者的不断努力和付出。正是在中国管理学者的传承和创新过程中，中国管理学的各个研究领域、各个具体学科都取得了长足的进步，研究领域不断拓展、多学科融合更加普遍、研究方法更加科学规范、研究成果的国际影响力和政策影响力不断提升，管理学在经济社会发展中的重要性更加凸显。

总结过去，展望未来；不忘初心，携手前行。中国管理学在新时代的发展依然任重而道远，基于回顾 70 年中国管理学发展的经验，未来的研究要在新时代的研究中继续坚持问题导向，坚持创新意识，构建具有原创性、时代性、系统性的中国特色管理理论，形成具有中国特色、中国风格、中国气派的管理学科体系，促进中国情境下的管理模式走向世界。

新时代高质量发展之路任重而道远，中国管理学在新时代的迭代创新尤其是未来实现全球引领上更是长路漫漫，但只要我们共同努力，不断前进，就一定会有所收获。

目　录

第一篇　七十年伟大成就与管理学发展

第二篇　新时代中国管理理论创新研究

第三篇　高质量发展要求下的管理研究

第一篇　七十年伟大成就与管理学发展

中国创新范式演进与发展*

——中华人民共和国成立70年来创新理论研究回顾与思考

陈红花[1,2,3]　尹西明[2,3]　陈　劲[2,3]　罗小根[1]

（1. 赣南师范大学商学院，江西赣州　341000；

2. 清华大学经济管理学院，北京　100084；

3. 教育部人文社会科学重点基地清华大学技术创新研究中心，北京　100084）

［摘　要］回顾了中华人民共和国成立70年来中国创新范式的研究文献，归纳梳理了国际创新范式的本土化研究以及中国原创性创新范式研究成果，发现对国际创新范式的研究包含了引进、选择性吸收与本土化应用三个阶段。在此基础上，扎根中国国家和企业创新实践、面向新时代新挑战的中国原创性创新范式不断涌现，中国创新学派正逐步兴起。研究表明中国作为后发国家实现理论赶超的关键在于对国际创新范式的选择性吸收，以及中国创新实践基础上的原创性创新理论的总结与提炼。研究为促进中国创新学派的发展指明方向，并为中国进一步推进科技创新提供理论指导。

［关键词］创新范式；本土化；原创性创新理论

引言

中华人民共和国成立以来中国经济和国家综合竞争力实现了跨越式发展，“中国速度”令世人瞩目。在中国发展由要素驱动转向创新驱动，以及走向创新引领的过程中，中国创新范式历经了不同阶段的探索与发展，有效支撑了中国企业创新能力和国家创新能力的快速提升。新形势下，中国“2020年进入创新型国家行列，2030年跻身创新型国家前列，2050年建成世界科技创新强国，成为世界主要科学中心和创新高地”战略目标的实现，需要具有中国特色的创新理论体系的支撑和引领。中华人民共和国成立70年来，中国学者积极引进国际先进创新范式，拓展研究并推动本土化应用，并在此基础上结合中国创新实践提出和应用了具有中国特色的原创性创新范式，对创新驱动发展做出了卓越的贡献。

回顾中国创新范式的演进与发展，剖析其内在理论发展逻辑和规律，对于中国创新理论的发展以及创新型国家战略目标的达成具有重要的理论和现实意义。基于此，本文从双元性创新和非双元性创新两个维度梳理了国际创新范式的本土化研究成果，回顾了创新范式的中国原创性成

* ［基金项目］国家社科基金项目（16BGL035；17ZDA082），江西省自然科学基金课题（20181BAA208011）。

果，探索中国创新范式的演变脉络，以及中国创新理论跟随战略下的创新范式研究的发展规律，揭示中国作为后发国家在创新理论研究上实现赶超的关键所在，研究成果将为创新引领背景下中国创新理论的发展指明方向。

一、国际创新范式的本土化研究

创新范式由技术范式演变而来，即以获取新的知识为目标，基于自然科学的高度选择性原理的、解决特定技术-经济问题的途径或模式（Dosi，1982）。为便于比较，本文以 Giovanni Dosi 提出的概念产生时是否已包含两类相对立或冲突的创新活动来划分，将国际上的创新范式以双元性创新和非双元性创新进行梳理。其中，双元性创新是指两类相互冲突或对立的创新活动的组合和共存（March，1991）。

（一）主要双元性创新范式研究回顾

根据中国知网学术期刊数据库，本文检索到的双元性创新（Ambidexterity Innovation）主要有渐进式/突破式创新、持续性/破坏性创新、模仿性（二次创新）/原始性创新、利用式/探索式创新、封闭式/开放式创新，简要归纳如表 1 所示。

表 1　双元创新范式的信息简表

<table>
<tr><th colspan="3" rowspan="2">双元创新范式组合
（Ambidexterity Innovation Paradigms）</th><th rowspan="2">国外学者提出时间</th><th colspan="3">中国学者的跟进研究</th></tr>
<tr><th>时间及作者</th><th>篇名</th><th>期刊名</th></tr>
<tr><td rowspan="2">一</td><td>渐进式创新</td><td>Incremental Innovation</td><td rowspan="2">1984 年德国学者 Ettlie E、O' Keefe D</td><td rowspan="2">1999 年
陈京民</td><td rowspan="2">《大型企业科技创新管理方法研究》</td><td rowspan="2">《高科技与产业化》</td></tr>
<tr><td>突破式创新
（激进式创新）</td><td>Radical Innovation</td></tr>
<tr><td rowspan="2">二</td><td>持续性创新</td><td>Sustaining innovation</td><td rowspan="2">1997 年美国学者 Christensen M</td><td rowspan="2">1997 年
吴贵生，谢伟</td><td rowspan="2">《破坏性创新与组织响应》</td><td rowspan="2">《科学学研究》</td></tr>
<tr><td>破坏性创新
（颠覆性创新）</td><td>Disruptive Innovation</td></tr>
<tr><td rowspan="2">三</td><td>模仿性创新
（二次创新）</td><td>Imitation Innovation （Secndary Innovation）</td><td>1980 年韩国学者 Kim L、Nelson R</td><td>1995 年
①施培公，
②吴晓波</td><td>①《模仿创新与我国企业创新战略选择》
②《二次创新的周期与企业组织学习模式》</td><td>①《科技导报》
②《管理世界》</td></tr>
<tr><td>原始性创新</td><td>Original Innovation</td><td>1999 年以色列学者 Goldenberg J、Mazursky D</td><td>1999 年
白春礼</td><td>《原始性创新是基础研究之魂》</td><td>《中国基础科学》</td></tr>
</table>

续表

双元创新范式组合（Ambidexterity Innovation Paradigms）			国外学者提出时间	中国学者的跟进研究		
				时间及作者	篇名	期刊名
四	利用式创新（开发式创新）	Exploitation Innovation	2003年美国学者 Benner J、Tushman L	2007年 钟竞，陈松	《外部环境、创新平衡性与组织绩效的实证研究》	《科学学与科学技术管理》
	探索式创新	Exploration Innovation				
五	封闭式创新	Close Innovation	2003年美国学者 Chesbrough H	2005年 司春林，陈衍泰	*Open Innovation* 述评	《研究与发展管理》
	开放式创新	Open Innovation				

资料来源：根据相关文献资料整理。

1. 渐进式/突破式创新

按创新结果所带来的变化大小分类，将创新范式划分为渐进式创新（Incremental Innovation）和突破式创新（Radical Innovation）。（Ettlie and O'Keefe，1984）渐进式创新指不断的、渐进的、连续的创新，是对现有技术的改良和拓展；突破式创新则是指在技术原理和观念上有巨大突破和转变的创新。（陈京民，1999）相比渐进性创新，突破式创新呈现出耗时长、非线性、不持续、高度不确定性和风险性，多发生于中小企业（付玉秀、张英石，2004）。现有研究发现，渐进/突破创新模式的选择因素主要有：组织架构和经营观念（陈京民，1999）以及知识搜索方向和吸收能力（瞿孙平等，2018）等。目前，我国突破式创新仍存在创新战略不清、创新文化不足、创新主体结构不合理以及创新研究人才结构不合理等问题。（彭灿、陈丽芝，2008）

2. 持续性/破坏性创新

1995年，Christensen（1997）提出破坏性创新（Disruptive Innovation），并指出破坏性创新是一种与主流市场发展趋势背道而驰的创新活动，且破坏力极为强大。持续性创新（Sustaining Innovation）是维持并提升现有性能指标趋势的技术创新，而破坏性创新是改变或破坏产品现有性能指标趋势以开辟新的市场的技术创新（吴贵生、谢伟，1997）。持续性创新注重创新的领先性、系统性、制度性和效用性，具有长期性、市场性、更迭性以及发展性等特点（向刚，2005）。破坏性创新基于破坏性技术，遵循“破坏—延续—破坏”的路径，目的上先占领低端市场或新市场，往往成为后发企业进入市场并获得成功的契机。（臧树伟、胡左浩，2017）与持续性创新相比，破坏性创新具有更高的市场及管理风险，一旦破坏性创新成功，新加入企业成长为大企业实施持续性创新，从而形成破坏性创新与延续性创新的不断交替。（赵明剑、司春林，2004）

3. 模仿性（二次创新）/原始性创新

1980年，Kim（1980）总结韩国发展路径，提出了从发达国家引进技术、同化并吸收，再对技术进行改良以提高产品国际竞争力的模式。1987年，乐婉华（1987）提出学习韩国经验，中国的技术引进应包括引进、消化吸收和创新发展三个阶段。此后，施培公（1995）提出模仿性创新（Imitation Innovation），即在率先主导设计者基础之上的渐进性创新。在此基础上，吴晓波（1995）提出二次创新，即以率先创新者的创新思路和创新行为为榜样，吸收并掌握率先创新者的核心技术和技术秘密，并在此基础上进行改进和完善，开发出有竞争力产品。

1999年，Goldenberg等（1999）提出原始性创新（Original Innovation），即在遵循自然科学

的规律基础上，首次提出基础或关键性技术发明及其应用，具有原始性和唯一性的研究思想和方法。相比于模仿性创新，原始性创新具有技术的基础性和根本性、成果的超前性和价值被承认的滞后性等特征（陈劲、汪欢吉，2015）。与美国等发达国家相比，中国原始创新尚缺乏机制规范，原始性创新能力也相对薄弱（陈雅兰，2017）。因此，有必要制定相应的激励政策，营造鼓励原始性创新行为的文化氛围提升原创实践的成功（邢丽微、李卓键，2017），在理论研究方面，对原始性创新的实证研究仍有待加强（陈劲、汪欢吉，2015）。

4. 利用式/探索式创新

根据创新强度及其创新技术重要性的不同，将创新范式划分为利用式创新（Exploitation Innovation）与探索式创新（Exploration Innovation）（Benner and Tushman，2003）。利用式创新是为了满足现有顾客及市场需求对现有产品、服务以及技术进行不断的改进，更能促进企业的短期绩效；而探索式创新是企业不断发展新技术创造新需求的过程，对企业长期绩效影响更大（吴晓波等，2015；李剑力，2009）。现有研究认为，影响两种创新的因素有动态能力（焦豪，2011）、研发强度和企业属性及规模（张庆垒等，2018）等，并且两者间的平衡受外部技术动态性、竞争强度和需求不确定性的影响（钟竞、陈松，2007）。

5. 封闭式/开放式创新

2003 年，Chesbrough（2003）指出 20 世纪及以前的创新范式聚焦于企业内部，实质为封闭式创新（Closed Innovation），已不能适应全球经济一体化发展的新需求，进而提出开放式创新（Open Innovation）的概念。开放式创新模式是企业有意识地突破组织边界，整合内外部创新资源，从而快速实现商业化及占领技术市场的目标（陈钰芬、陈劲，2008）。现有研究聚焦在开放式创新的优缺点（张军荣、袁晓东，2013）、开放度度量及影响因素（陈钰芬、陈劲，2008；陈红花等，2017），以及对企业创新绩效的影响（马文甲、高良谋，2016）等。开放式创新的核心在于拥有一个将内外部创新相联结的商业模式（司春林、陈衍泰，2005），应加强设计和完善开放治理机制、收益分配机制以及退出保障机制。在理论研究方面，应加强对开放式创新网络、创新风险把控等重点领域的研究（侯国栋、毕钰洁，2018）。

（二）主要非双元创新范式的回顾

国际上对创新范式的研究，除了上述创新范式外，本文观察到其他的创新范式主要有社会创新、用户创新、知识创新、集成创新、包容创新以及负责任创新等，简要归纳概括如表 2 所示。

表 2　非双元创新范式的信息简表

创新范式名称（Innovation Paradigm）		国外学者及提出时间	中国学者的跟进研究时间及文章信息		
			时间及作者	篇名	期刊名
社会创新	Social Innovation	1986 年，美国学者 Peter F Drucker	1993 年 项保华	《社会创新与技术创新协同作用机制研究》	《科学管理研究》
用户创新	User Innovation	1986 年，美国学者 Hipple E V	1999 年 雍灏，陈劲，郭斌	《技术创新中的领先用户研究》	《科研管理》
知识创新	Knowledge Innovation	1995 年，日本学者 Nonaka 和 Takeuchi	1999 年 肖希明	《知识创新与知识信息管理》	《图书情报知识》
集成创新	Integrative Innovation	1998 年，新加坡学者 Tang H K	2000 年 江辉，陈劲	《集成创新：一类新的创新模式》	《科研管理》

续表

创新范式名称 (Innovation Paradigm)		国外学者及提出时间	中国学者的跟进研究时间及文章信息		
			时间及作者	篇名	期刊名
包容性创新	Inclusive Innovation	2002 年，印度学者 Prahalad 和 Hart	2010 年 邢小强，周江华，仝允桓	《面向低收入群体市场的创新研究》	《科学学研究》
负责任创新	Responsible Innovation	2003 年，德国学者 Tomas Hellström	2014 年 梅亮，陈劲	《创新范式转移——责任式创新的研究兴起》	《科学与管理》

注：根据相关文献资料整理。

1. 社会创新

1986 年，Peter Drucker 指出社会创新（Social Innovation）是由社会型企业家推动的以促进社会变迁、实现社会目标的新技术、新方法等。社会创新是在给定技术水平下通过观念更新与思想解放来更好地利用生产要素、提高物质生活标准与经济生产率（项保华，1993），其结果是满足社会的需求并在某种程度上推动了社会变革，其过程包括新创意的形成、试验评估和传播与扩散三个阶段（何增科，2010）。社会创新的社会性和公共性特征，决定了在社会创新过程中，其所要满足的需求和解决的问题具有多样性和差异性（苟天来等，2012）。社会创新经历了从“政府”单一主体、“政府-社会”二元主体和“政府-社会-企业”三元主体的演变过程（盛亚、于卓灵，2018）。在中国，社会创新的发展还存在治理上的阻碍，如公民社会独立性不够、公民社会组织参与缺失等，需要重新思考政府、社会与公民的定位，并建立有效的调节机制增强公民及公民组织的参与（盛莉、齐文浩，2013）。

2. 用户创新

1986 年，Hippel（1986）提出用户创新（User Innovation）的概念，指出用户创新能帮助企业快速完成产品和服务的创新过程。用户创新是在用户对现有产品或服务不满的前提下，而乐意对产品或服务提出的新设想或进行的新改进（雍灏等，1999），用户创新依靠用户的参与可以降低创新成本、减少风险、缩短新产品开发周期，以及提高用户满意度，一般包括选择项目中心和范围、确认趋势和要求、收集需求和方案信息，以及和领先用户一起开发等阶段（戴凌燕、陈劲，2003）。影响用户创新绩效的因素主要有领先优势状态和创新投入（常建坤、王永贵，2007），以及产品的复杂程度（余菲菲、燕蕾，2017）等。目前在实证研究方面，主要是从用户对企业创新和对社区互动的贡献度、用户参与深度和用户参与宽度等视角展开。随着社会化媒体兴起，用户参与创新的方式由线下转向线上，虚拟的群智创新社区得以产生，企业可以借此聚集用户，鼓励其利用网络进行产品问题处理或提出解决方案，使用户创新真正实现从理念到实践的飞跃。（王磊，2018）

3. 知识创新

1995 年，Nonaka 和 Takeuchi（1995）提出知识创新模式（Knowledge Innovation Model），将知识创新定义为隐性知识和显性知识间螺旋上升的转换过程，并提出了 SECI 知识转化经典模型。中国学者认为 SECI 模型存在封闭性、缺少对隐性与显性间的知识考虑以及对知识创新方向、速度和路径分析不够透彻（吴素文等，2003）等问题，因而进行了修正与重构，修正模型有 IDE-SECI 模型（耿新，2003）、O-KP-PK 模型（党兴华、李莉，2005）以及 BaS-C-SECI 模型（彭灿、胡厚宝，2008）；重建模型有知识发酵模型（和金生等，2005）、知识灰箱模型（王铜安等，2005）和混沌动力学模型（韩蓉、林润辉，2013）等。知识创新的影响因素主要有知识特性、知识基础（汤超颖、伊丽娜，2017）、组织结构、组织文化和知识创新能力等（张振刚、薛捷，2004），通过推动知识创新的系统动态循环可以提升企业绩效，但是，应注意防止知识创新合作中的“搭便车”行为（吴冰等，2008）。

4. 集成创新

1998 年，Tang 提出创新的集成模式（Integrative Model of Innovation），指出集成创新是将不同领域的知识集成到一个相对稳定的产品模型中的过程。集成创新将创新要素交叉融合，是各类创新主体实现优势互补，形成独特的创新能力的一种创造性的融合过程（江辉、陈劲，2000），包括概念开发、研究、整合和开发四个阶段（卢显文、王毅达，2006）。研究发现集成创新更多地关注创新的中后期，重视创新成果的形成及其市场化和产业化应用（陈劲，2002），同时集成创新具有持续性、集成性、系统性和结构化等特征（西宝、杨廷双，2003）。研究模型主要有技术集成创新模型和产品衍生模型（张米尔、杨阿猛，2005）、集成创新知识产权评估模型等（宋伟、彭小宝，2008）以及区域产业集成创新系统的因果关系模型（王国红等，2012）等。影响集成创新的因素有组织创新与技术创新的协调（官建成、张爱军，2006）、集成创新能力、产业集群文化和政府对创新的投入（王国红等，2012）等。

5. 包容性创新

2002 年，Prahalad（2002）提出通过技术与商业模式的创新来缓解甚至消除“金字塔底层（Base of the Pyramid，BOP）”群体的贫困。2012 年，George 等（2012）提出包容性创新范式，将穷人纳入创新体系并致力于通过创新满足其内在需求。包容性创新本质是通过创新为弱势人群提供支付得起的质廉价优的产品和服务，具有创新思维系统性、创新形式多样性、创新过程开放性、创新机制独特性和结果可持续性等特征（邢小强等，2013），影响因素主要有创新政策和基础设施以及企业家精神及企业吸收能力角度（桂黄宝等，2017）。包容性创新改变了传统创新范式背后的支撑逻辑，把贫困问题转化为促进经济与社会可持续发展的动力（邢小强等，2015），为中国和印度等发展中国家解决贫困问题提供了新的方法（陈劲等，2018）。目前，包容性创新的研究主要围绕 BOP 及其市场环境来建构，其内含的作用机制、关键影响因素及评价等研究相对较少，针对中国情境下的反贫困、乡村振兴等相关研究也有待深入（桂黄宝等，2017；陈劲等，2018）。

6. 负责任创新

2003 年，Tomas Hellström（2003）提出负责任创新（Responsible Innovation），认为应该在更宽泛和普遍的技术发展背景下建立负责任创新的一般框架。至 2012 年，欧盟“地平线 2020”报告中提到应该结合道德可接受性、风险管理和人类利益三方面来思考创新，引起学者们的广泛关注。负责任创新延伸了传统模式对技术不确定性与危害的讨论，意味着对现有科学与创新的集体管理（梅亮、陈劲，2014），从伦理角度有效评估和影响技术创新活动的负外部性及其潜在风险（梅亮等，2018），其本质是创新共同体以积极履行、承担责任为方法论的一种创新评价、认识和实践（刘战雄、夏保华，2016），具有集体性、响应性、前瞻性、自省性和过程交互性（梅亮、陈劲，2014），以及协商决策、社会技术集成方法应用等特征（薛桂波等，2016）。负责任创新的理论框架研究包括英国学者欧文提出的预测、反思、协商和反馈四维模型（晏萍等，2014），以及预测、自省、包容和响应四维框架（梅亮、陈劲，2014），以及发展中国家情境下的“中正框架”（梅亮等，2018）等。为避免科技创新可能造成的有害后果，应积极推进负责任创新的本土化思考，重塑创新主体的责任，防止责任过度导致有损责任对象发展、责任结果与责任动机背道而驰现象的发生（刘战雄、夏保华，2016）。

二、中国原创性创新范式的崛起

自中华人民共和国成立以来，特别是自改革开放以来，中国创新实践突飞猛进，原创性的创新理论也层出不穷，自主创新、全面创新、协同创新和整合式创新等相继提出（见表3），为中国进一步的创新实践提供了理论指导。

表3　中国原创性创新范式的信息整理

创新范式名称（Innovation Paradigm）		理论主要贡献者（论文被引量）	概念首次提出的学者及文章信息		
			时间及作者	篇名	期刊名
自主创新	Indigenous Innovation	陈劲、宋河发、张炜、彭纪生等	1994年 陈劲	《从技术引进到自主创新的学习模式》	《科研管理》
全面创新	Total Innovation	许庆瑞、郑刚、陈劲、谢章澍等	1998年 吴军、王世斌	《全面创新：提高顾客满意度的根本途径》	《社会科学辑刊》
协同创新	Collaborative Innovation	陈劲、阳银娟、何郁冰、张力等	1997年 张钢、陈劲、许庆瑞	《技术、组织与文化的协同创新模式研究》	《科学学研究》
整合式创新	Holistic Innovation	陈劲、尹西明、梅亮	2017年 陈劲、尹西明、梅亮	《整合式创新：基于东方智慧的新兴创新范式》	《技术经济》
有意义的创新	Meaningful Innovation	陈劲、曲冠楠	2018年 陈劲、曲冠楠	《有意义的创新：引领新时代哲学与人文精神复兴的创新范式》	《技术经济》

注：转引自《科技进步与对策》的《中国特色创新理论发展研究——基于改革开放以来中国原创创新范式的回顾》。

（一）自主创新

1994年，陈劲提出自主创新（Indigenous Innovation）。自主创新是中国原创理论的一个新的尝试，试图解决此前的模仿创新模式带来的关键及核心技术自主知识产权缺乏，产业技术“空心化”等问题。（许庆瑞等，1987）自主创新是通过原始性创新能力、集成创新能力和引进消化吸收能力的提升，来获得自主知识产权，进而提高国家竞争力的一种创新活动。（周寄中等，2005；宋河发等，2006）其中，自主是前提，创新是目的，提高创新能力是核心，获取核心技术和知识产权是关键。自主创新研究模型有：知识产权管理系统模型（陈劲、王方瑞，2007）；动态不对称信息博弈模型（安同良等，2009），以及非线性动态门槛模型（侯建、陈恒，2016）等。自主创新实现路径有本土领先用户主导创新（苏楠、吴贵生，2011）；原始创新、集成创新和引进消化吸收再创新（刘志迎，2015），以及通过产品线延伸、国产化项目和技术合作（苏敬勤、刘静，2011）。

（二）全面创新

许庆瑞等（2004，2001）在研究总结企业管理规律基础上，形成了全面创新（Total Innovation）管理理论，提出实现创新的“三全一协同”框架体系，即以战略为主导实现全要素创新、全员创新和全时空创新的全面协同，其中全要素创新是创新内容，全员创新是创新主体，全时空创新是创新形式。全面创新包括沟通、竞争、合作、整合和协同五个阶段（郑刚等，2008），具有战略性、整体性、广泛性和主导性等特征。目前构建的研究模型主要有全面创新 C3IS 五阶段协同模型（郑刚、梁欣如，2006）、全要素创新概念模型（陈锋等，2009），以及企业文化、技术与创新能力三维模型（TIM-CTM）（陈劲、李飞，2009）等。全面创新管理的提出促使企业对创新的制度体系进行系统安排，以保证创新的持续性和有效性，对企业的管理带来了深刻的影响，是创新管理理论在企业中应用的新范式（许庆瑞等，2004），是对中国创新管理研究的重大突破，是具有鲜明中国特色的技术创新理论体系（魏江，2008）。

（三）协同创新

2012 年，陈劲和阳银娟（2012）提出协同创新模式（Collaborative Innovation Model），即企业、政府、知识生产机构、中介机构和用户等为了实现重大科技创新而开展的大跨度整合的创新组织模式，强调创新要素的整合和创新资源的无约束流动带来的“1+1+1>3”的非线性叠加效用（陈劲、阳银娟，2012）。协同创新具有整体性、动态性、开放性（张军荣、袁晓东，2013）、多元性、融合性和持续性等特征，并逐渐向跨学科和区域化、国际和网络化方向发展（姜彤彤、吴修国，2017）。影响协同创新模式的因素主要有企业规模、研发能力及地理距离（何郁冰，2012）、组织结构、组织战略和协同支撑条件等（甄晓非，2013）。实现协同创新路径主要有：政府、高校及企业产学研协同创新平台（陈劲、阳银娟，2012），依托协同创新文化成立创新战略联盟（陈劲、阳银娟，2012），协同创新人才培养与引进机制和扶持产学研合作中介服务机构（姜彤彤、吴修国，2017），以及采取同主体多区域、同区域多主体和跨区域多主体协同创新（崔新健、崔志新，2015）等。

（四）整合式创新

2017 年，陈劲等（2017）基于东方哲学底蕴和中国企业创新实践，提出了整合式创新范式（Holistic Innovation，HI），即战略视野驱动下的创新范式，是战略创新、协同创新、全面创新和开放创新的综合体，包含“战略”“全面”“开放”“协同”。整合式创新思想蕴含着全局观、统筹观以及和平观，符合东、西方哲学的核心价值追求，有助于促进企业与外部各创新利益相关主体形成创新生态系统，并在动态协同中开发市场机会和科技潜力（陈劲、尹西明，2019）。整合式创新的实现需要从国家中长期发展战略入手，实现科技战略、教育战略、产业战略与金融、人才、外交战略的有机整合，通过战略视野驱动各要素的横向整合和纵向提升，从而为建设科技创新强国提供源源不竭的动力，为全球的经济与社会可持续发展做出了重大的引领性贡献（陈红花等，2019）。

（五）有意义的创新

2018 年，陈劲和曲冠楠（2018）提出有意义的创新（Meaningful Innovation），将创新关注点从传统的“市场与技术驱动”维度向兼顾“人文精神与哲学思考引领”的意义维度转变。强调科技思维、人文思维和哲学思维的统一在创新流程中的体现。有意义的创新研究的框架，分为宏观和微观两个层次。宏观层次是对创新过程的整体把握，而微观层次是对创新产品维度的具体讨论。有意义的创新过程包含“正向推演”和“逆向反思”两个机制，以创新意义为底层逻辑，在技术发展和市场需求的推动和约束下，创新各要素的互动关系为市场因素和社会因素双驱动下的产品功能模块与意义模块的良性互动。有意义创新范式的启示：在不同技术约束下的创新主体均可应用有意义的创新范式指导与管理其创新实践活动。相对于负责任创新基于对技术不确定性与危害的被动防范，有意义的创新范式则更多提倡主动的选择，体现了创新活动对社会发展及人类进步提供正能量的探索。

此外，在文献的梳理中，我们发现，不同创新范式间存在大量的交叉结合研究，如知识创新与渐进式/突破式创新的结合（韩蓉、林润辉，2013）；开放或创新与渐进式/突破式创新的结合（吕一博等，2017）；开放或创新与利用式/探索式创新的结合（张洁等，2018）；持续性创新与渐进式/突破式创新的结合（熊伟等，2010）；开放或创新与自主创新的结合（何郁冰、曾益，2013）；模仿性创新与渐进式/突破式创新的结合（李正卫、吴晓波，2004），以及渐进式/突破式/持续性/破坏性的关系研究（孙启贵等，2006）等。

三、中国创新范式的理论演变及发展规律

（一）国际创新范式的快速引进与本土化应用

将创新范式的引进时间曲线与国际上提出时间曲线比对（见图 1），发现进入 21 世纪，两条曲线几乎完全拟合，说明中国学者密切关注国外理论创新，引进国外创新范式的速度较快，有的甚至是在一年之内就引进中国并实现本土化。

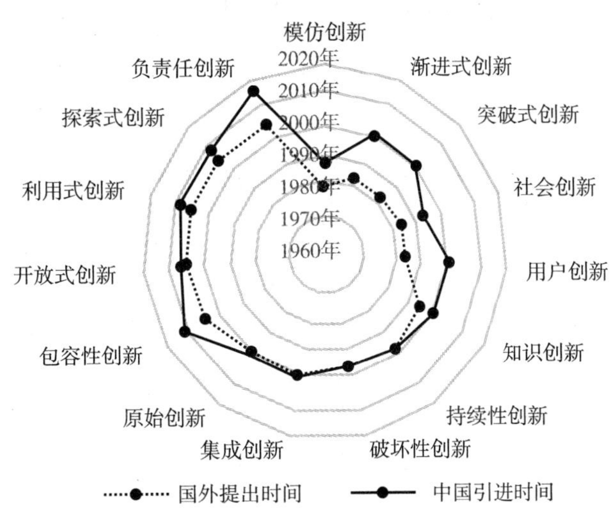

图 1　创新范式国外提出时间与引进中国时间对比雷达图

中国学者不仅关注美日英等发达国家创新范式，对印度等发展中国家的新理念同样加以研究。对国外提出的创新范式，学者们并非是简单引进和直接应用，而是基于中国情境，对引进的创新范式进行选择性吸收和本土化应用。如对日本知识转化经典 SECI 模型的改良与重构（耿新，2003）；在海康威视技术模仿基础上的二次创新（吴晓波、张好雨，2018），以及海尔集团学习

日本企业管理基础上的开放式创新（郑刚等，2008）等，从而对创新实践提出的理论建议更具有指导性。

（二）中国原创性创新范式的发展研究

1. 中国原创性创新理论的发展离不开经济高速发展下的企业创新实践

正如印度的包容性创新范式的产生基于对解决贫困人口的福祉研究，日本的知识创新和精益创新的提出源于国内资源匮乏的对策研究，原创性创新范式的提出源自实践。近年来，中国进行了大量创新实践且取得了令人瞩目的成就，如中国的阿里巴巴、华为、中车、海尔以及中国商飞等企业取得的创新成就，既是中国创新理论的成功应用，也为中国创新理论的崛起提供了有力基础。

反观国际创新范式提出时间主要集中在1980~1990年以及2000年前后，2005年后就没有新的范式出现了。从时间轴来纵观中国改革开放以来的创新范式的研究，发现中国原创性创新范式的提出时间呈现出一定的时间规律性：1994年陈劲提出自主创新范式，至2003年许庆瑞提出企业全面创新管理规律，再到2012年正式形成协同创新理论，最后于2017~2018年陈劲提出整合式创新和有意义的创新范式，中国原创理论的提出时间间隔越来越短（见图2）。这与中国近年来发生了大量的创新实践、学者们长期专注创新理论以及贴近实践有着紧密的关系，正是基于中国大量的创新实践基础，中国原创性的理论得以产生并进一步指导中国的创新实践。全球聚焦下的中国，由创新驱动走向创新引领，正是原创性创新理论产生的最佳地点和最佳时间。

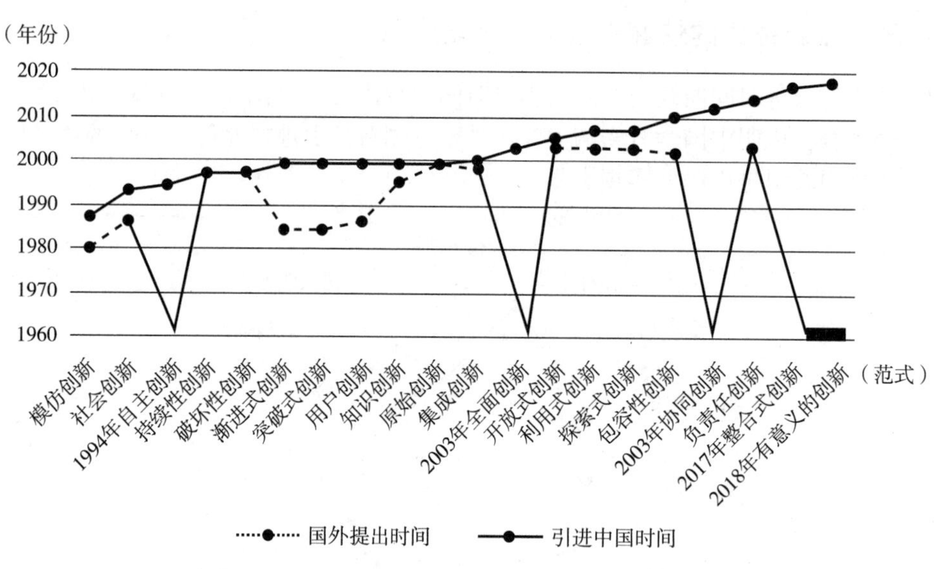

图2　中国原创创新范式提出时间间隔趋势

2. 原创性创新理论的发展离不开传统智慧和学者们知识的积累

创新的发生和创新理论的发展，并非一蹴而就，创新理论的创新更是民族精神力量的传承和发展，需要付出持续的努力进行无畏的探索。中国原创性创新范式的提出及完善，也是在传统智慧基础和前期学者积累上的绽放。

自主创新的提出与学者们模仿创新的研究基础是分不开的。学者们发现加强引进零配件国产化和进口设备的翻版仿制（乐婉华，1987），以及技术引进政策的完善（许庆瑞等，1987），都不能有效形成中国在重化工业、机械工业和电子工业的国家竞争力，特别是一些关键的元器件和辅助配件不得不向国外采购而受制于人（王淼等，2005），从而产生了以打造自主品牌、赢得持续竞争优势为目标的自主创新范式理论（陈劲，1994）。全面管理理论的基础是组合创新的研究。组合创新是组织因素和技术因素制约的系统性协同创新行为（郭斌、许庆瑞，1997），基于核心能力的组合创新范式，强调企业应考虑创新组合效应（许庆瑞等，2000），以解决中国企业决策速度与创新速度与实际能力间的矛盾突出的问题。在此基础上，企业的技术创新与组织、文化、战略等非技术因素方面的协同的全面管理理论得以提出并完善。

协同创新理论的研究也是一个持续的过程。从技术、组织与文化的协同创新（张钢等，1997），到技术、市场与管理的协同创新（饶扬德、唐喜林，2009），再到产学研协同创新（吴绍波、顾新，2014）等，为日后协同创新理论的形成奠定了坚实基础。而整合式创新范式的提出更是结合了中国的传统智慧和东方哲学中源远流长的全局观，如总体思维、对立统一、有机整合和动态发展等，强调东方文化与中国情境下的全局观、统筹观以及和平观对于创新范式的重要性，对于理解中国重要科技领域和典型企业的创新实践，帮助企业管理者落实基于战略创新的技术创新能力提升策略、实现企业创新绩效最大化具有重要的实践价值。（尹西明、樊旼旼，2019）

3. 原创性创新理论的发展离不开创新政策的导引

通过对中国原创性创新式产生或形成时间前后的创新政策的检索（考虑政策对实践传导存在时滞性，往前推了五年左右），发现每次原创性创新范式的提出都与国家创新政策的密集出台有相应的关联（见表4）。如1994年提出自主创新范式前颁布的政策有《国家重点新产品试产计划》《国家重点科技成果推广计划》《国家重点新技术推广计划》等；2001~2003年形成全面创新理论前颁布的政策有《科学技术成果转化法》《关于加速科学技术进步的决定》《国家科学技术奖励条例》等；2012年协同创新范式形成前的政策有《国家产业技术政策》《关于加快培育和发展战略性新兴产业的决定》《国家中长期科学和技术发展规划纲要（2006—2020年）》等；而2017~2018年提出整合式创新与有意义的创新前的政策更为密集，包括《深化科技体制改革实施方案》《国家创新驱动发展战略纲要》《“十三五”国家科技创新规划》等。一般来说，国家对创新的政策扶持作用于创新实践，创新实践中的经验总结与提炼则有利于创新理论的进一步丰富与完善，从而认为中国创新范式原创理论的产生与国家政策的出台有着紧密的关联，这其中的内在机理还有待于进一步检验。

表4　中国原创性创新范式提出时间及其前后主要创新政策汇总

创新范式	提出时间	鼓励创新的政策名称或计划名称
自主创新	1994年	1988年“火炬”计划
		1988年《国家重点新产品试产计划》
		1990年《国家重点科技成果推广计划》
		1991年《国家重点新技术推广计划》
		1991年《关于深化高新技术产业开发区改革、推进高新技术产业发展的决定》
		1991年《国家高新技术产业开发区税收政策的规定》
全面创新	2001~2003年	1995年《关于加速科学技术进步的决定》
		1996年《科学技术成果转化法》
		1998年《中国科学院实施知识创新工程全面启动》
		1999年《关于加强技术创新，发展高科技，实现产业化的决定》
		1999年《国家科学技术奖励条例》

续表

创新范式	提出时间	鼓励创新的政策名称或计划名称
协同创新	2012 年	2006 年《国家中长期科学和技术发展规划纲要（2006—2020 年）》
		2008 年《关于促进自主创新成果产业化的若干政策》
		2009 年《国家产业技术政策》
		2009 年《关于促进生物产业加快发展的若干政策》
		2010 年《关于加快培育和发展战略性新兴产业的决定》
		2011 年《关于进一步支持企业技术创新的通知》
		2012 年《贯彻实施质量发展纲要 2012 年行动计划》
整合式创新 有意义的创新	2017 年 2018 年	2013 年《关于强化企业技术创新主体地位全面提升企业创新能力的意见》
		2014 年《关于国家重大科研基础设施和大型科研仪器向社会开放的意见》
		2014 年《关于促进国家级经济技术开发区转型升级创新发展的若干意见》
		2014 年《关于加快科技服务业发展的若干意见》
		2015 年《深化科技体制改革实施方案》
		2015 年《关于新形势下加快知识产权强国建设的若干意见》
		2015 年《关于加快构建大众创业万众创新支撑平台的指导意见》
		2015 年《关于积极推进"互联网+"行动的指导意见》
		2015 年《关于促进云计算创新发展培育信息产业新业态的意见》
		2015 年《关于创新投资管理方式建立协同监管机制的若干意见》
		2016 年《国家创新驱动发展战略纲要》
		2016 年《"十三五"国家科技创新规划》
		2016 年《关于支持返乡下乡人员创业创新促进农村一二三产业融合发展的意见》
		2016 年《关于完善产权保护制度依法保护产权的意见》
		2017 年《关于强化实施创新驱动发展战略进一步推进大众创业万众创新深入发展的意见》

四、结论与展望

本文回顾了中华人民共和国成立 70 年以来国内外创新范式的研究成果，以双元性创新和非双元性创新两个维度以国际创新范式进行了梳理，发现中国对引进创新范式的理论研究历程包括引进、选择性吸收与本土化应用。同时对中国原创性创新范式的发展规律进行了总结，认为中国原创性创新范式的产生离不开经济快速发展下的企业创新实践、国家创新政策的扶持以及中国传统智慧和学者们长期知识积累，从而揭示了中国作为后发国家实现理论赶超的关键在于对先进理论的选择性吸收和本土化应用后展开的大胆而务实的原创性理论创新。

中国国家创新理论研究 70 年得到的经验教训是中国要走有特色的自主创新之路，这是新时代经济社会和科技发展的必然选择（于文浩，2018），既要汲取中国传统文化与智慧的营养，又要放眼世界勇于引领创新理论的时代潮流（陈劲等，2017）。要实现这一点，既需要中国学者抓住时机进行中国情境下大量企业创新实践的总结与提炼，也需要国家在创新政策上给予高度重视，充分发挥举国体制的优势，高屋建瓴，运筹帷幄，全面推动中国创新实践与创新理论的双发展。

展望未来，全球经济政治和创新格局进入大调整时期，也是中国比较优势的转换期，更是中国崛起的关键期。（李伟等，2018）中国创新研究学者需要以新时代科技创新思想为指导，在深入研究创新的一般规律基础上，扎根中国特色社会主义社会经济转型和企业创新实践，面向未来，以推动中国和全球可持续发展为使命，加快推动中国创新学派的崛起和原创创新理论体系建设。（陈劲、尹西明，2019；薛澜、翁凌飞，2017）这不但能够推动东西方创新理论的对话和整合突破，也将有效支撑和引领中国深入贯彻创新驱动发展战略，培育世界一流创新型企业，建设面向未来的科技创新强国并最终推动全球和平与可持续发展。

参考文献

[1] Giovanni Dosi. Technological paradigms and technological trajectories [J]. Research Policy，1982，11（3）：147-162.

[2] March J G. Exploration and exploitation in organizational learning [J]. Organizational Science，1991（2）：71-87.

[3] Ettlie J E，O'Keefe B D . Organization Strategy and Structural Differences for Radical versus Incremental Innovation [J]. Management Science，1984，30（6）：682-695.

[4] 陈京民. 大型企业科技创新管理方法研究 [J]. 高科技与产业化，1999（6）：32-36.

[5] 付玉秀，张洪石. 突破性创新：概念界定与比较 [J]. 数量经济技术经济研究，2004，21（3）：73-83.

[6] 瞿孙平，石宏伟，郑爱翔. 中小企业的知识搜索方向、吸收能力与双元创新——基于多重中介效应分析 [J]. 科技管理研究，2018，38（13）：30-38.

[7] 彭灿，陈丽芝. 突破性创新的战略管理：框架、主题与问题 [J]. 科研管理，2008，29（1）：34-40.

[8] Christensen C M. The innovation's dilemma：When new technologies cause great firms to fail [M]. Boston：Harvard Business School Press，1997.

[9] 吴贵生，谢伟. "破坏性创新" 与组织响应 [J]. 科学学研究，1997（4）：35-39.

[10] 向刚. 企业持续创新：理论研究基础、定义、特性和基本类型 [J]. 科学学研究，2005，23（1）：134-138.

[11] 臧树伟，胡左浩. 后发企业破坏性创新时机选择 [J]. 科学学研究，2017，35（3）：438-446.

[12] 赵明剑，司春林. 基于突破性技术创新的技术跨越机会窗口研究 [J]. 科学学与科学技术管理，2004，25（5）：54-59.

[13] Kim L . Stages of development of industrial technology in a developing country：A model [J]. Research Policy，1980，9（3）：270-277.

[14] 乐婉华. 略论亚洲新兴工业化国家和地区的技术引进、消化和创新 [J]. 经济与管理研究，1987（6）：58-61.

[15] 施培公. 模仿创新与我国企业创新战略选择 [J]. 科技导报，1995，13（4）：49-51.

[16] 吴晓波. 二次创新的周期与企业组织学习模式 [J]. 管理世界，1995（3）：168-172.

[17] Goldenberg J，Mazursky D，Solomon S. Templates of original innovation：Projecting original incremental innovations from intrinsic information [J]. Technological Forecasting and Social Change，1999，61（1）：1-12.

[18] 陈劲，宋建元，葛朝阳等. 试论基础研究及其原始性创新 [J]. 科学学研究，2004，22（3）：317-321.

[19] 陈雅兰，张晓明，戴顺治. 原始性创新驱动因素与创新绩效相关性研究 [J]. 科研管理，2017（10）：10-21.

[20] 邢丽微，李卓键. 组织忘记、组织柔性与原始性创新：组织学习和冗余资源的调节作用 [J]. 预测，2017，36（4）：9-14.

［21］陈劲，汪欢吉．国内高校基础研究的原始性创新：多案例研究［J］．科学学研究，2015，33（4）：490-497.

［22］Benner M J，Tushman M L. Exploitation，exploration，and process management：The productivity dilemma revisited［J］. Academy of Management Review，2003，28（2）：238-256.

［23］吴晓波，陈小玲，李璟琰．战略导向、创新模式对企业绩效的影响机制研究［J］．科学学研究，2015，33（1）：118-127.

［24］李剑力．探索性创新、开发性创新与企业绩效关系研究——基于冗余资源调节效应的实证分析［J］．科学学研究，2009，27（9）：1418-1427.

［25］焦豪．双元型组织竞争优势的构建路径：基于动态能力理论的实证研究［J］．管理世界，2011（11）：76-91.

［26］张庆垒，施建军，刘春林，汤恩义．技术多元化、行业竞争互动与双元创新能力［J］．外国经济与管理，2018，40（9）：71-83.

［27］钟竞，陈松．外部环境、创新平衡性与组织绩效的实证研究［J］．科学学与科学技术管理，2007，28（5）：67-71.

［28］Chesbrough H. The Logic of Open Innovation：Managing Intellectual Property［J］. California Management Review，2003，45（3）：33-58.

［29］陈钰芬，陈劲．开放度对企业技术创新绩效的影响［J］．科学学研究，2008，26（2）：419-426.

［30］张军荣，袁晓东．技术创新“范式”之争［J］．科学学研究，2013，31（11）：1601-1605.

［31］陈红花，臧树伟，罗小根．“互联网+”背景下企业创新开放度影响因素实证研究［J］．科技进步与对策，2017，34（21）：133-140.

［32］马文甲，高良谋．开放度与创新绩效的关系研究——动态能力的调节作用［J］．科研管理，2016，37（2）：47-54.

［33］司春林，陈衍泰．开放你的思维，开放你的公司——*Open Innovation* 述评［J］．研究与发展管理，2005，17（1）：125-126.

［34］侯国栋，毕钰洁．开放式创新的研究热点与趋势分析——基于 CiteSpace 知识图谱［J］．科技管理研究，2018，38（14）：174-179.

［35］项保华．社会创新与技术创新协同作用机制研究［J］．科学管理研究，1993（4）：19-22.

［36］何增科．社会创新的十大理论问题［J］．马克思主义与现实，2010（5）：99-112.

［37］苟天来，毕宇珠，胡新萍．社会创新过程及其面临的局限［J］．中国行政管理，2012（9）：77-80.

［38］盛亚，于卓灵．论社会创新的利益相关者治理模式——从个体属性到网络属性［J］．经济社会体制比较，2018（4）：184-191.

［39］盛莉，齐文浩．社会创新的目标、障碍与实现路径［J］．东北师大学报（哲学社会科学版），2013（4）：176-179.

［40］Hippele E V. Lead users：A source of novel product concepts［J］. Management Science，1986，32（7）：791-805.

［41］雍灏，陈劲，郭斌．技术创新中的领先用户研究［J］．科研管理，1999，20（3）：57-61.

［42］戴凌燕，陈劲．产品创新的新范式：用户创新［J］．经济管理，2003（12）：16-20.

［43］常建坤，王永贵．顾客关系能力的关键维度及其对顾客资产的驱动过程研究——基于顾客的视角［J］．管理世界，2007（11）：162-163.

［44］余菲菲，燕蕾．创新社区中用户创新的创新效应及意见探究：以海尔 HOPE 创新平台为例［J］．科学学与科学技术管理，2017，38（2）：55-67.

［45］王磊，马龙江，彭巍等．群智创新社区用户创新能力分析［J］．科技进步与对策，2018，35（18）：42-47.

［46］Nonaka I，Takeuchi H . The knowledge-Creating company：How Japanese companies create the dynamics of innovatipn［M］. Oxford：Oxford University Press，1995.

［47］吴素文，成思危，孙东川等．基于知识特性的组织学习研究［J］．科学学与科学技术管理，2003，24

(5): 95-99.

[48] 耿新. 知识创造的 IDE-SECI 模型——对野中郁次郎“自我超越”模型的一个扩展 [J]. 南开管理评论, 2003, 6 (5): 11-15.

[49] 党兴华, 李莉. 技术创新合作中基于知识位势的知识创造模型研究 [J]. 中国软科学, 2005 (11): 143-148.

[50] 彭灿, 胡厚宝. 知识联盟中的知识创造机制: BaS-C-SECI 模型 [J]. 研究与发展管理, 2008, 20 (1): 118-122.

[51] 和金生, 熊德勇, 刘洪伟. 基于知识发酵的知识创新 [J]. 科学学与科学技术管理, 2005, 26 (2): 54-57.

[52] 王铜安, 赵嵩正, 罗英. 知识转化灰箱模型与企业知识管理策略的研究 [J]. 科研管理, 2005, 26 (5): 86-89.

[53] 韩蓉, 林润辉. 基于混沌动力学的知识创新演化规律分析 [J]. 科学学研究, 2013, 31 (12): 1889-1898.

[54] 汤超颖, 伊丽娜. 知识基础与合作网络对企业知识创新的交互影响研究 [J]. 科学学与科学技术管理, 2017, 38 (4): 87-97.

[55] 张振刚, 薛捷. 企业知识创新的障碍分析与对策研究 [J]. 科学学与科学技术管理, 2004, 25 (4): 81-84.

[56] 吴冰, 刘义理, 赵林度. 供应链协同知识创新的激励设计 [J]. 科学学与科学技术管理, 2008, 29 (7): 120-124.

[57] Tang H K. An integrative model of innovation in organizations [J]. Technovation, 1998 (18): 297-309.

[58] 江辉, 陈劲. 集成创新: 一类新的创新模式 [J]. 科研管理, 2000, 21 (5): 31-39.

[59] 卢显文, 王毅达. 产品开发集成创新的过程与机制研究 [J]. 科研管理, 2006, 27 (5): 10-16.

[60] 陈劲. 集成创新的理论模式 [J]. 中国软科学, 2002 (12): 23-29.

[61] 西宝, 杨廷双. 企业集成创新: 概念、方法与流程 [J]. 中国软科学, 2003 (6): 72-76.

[62] 张米尔, 杨阿猛. 基于技术集成的产品创新和产品衍生研究 [J]. 科研管理, 2005, 26 (1): 36-41.

[63] 宋伟, 彭小宝. 集成创新过程中的三方博弈分析 [J]. 经济与管理研究, 2008 (2): 38-42.

[64] 王国红, 邢蕊, 唐丽艳. 区域产业集成创新系统的协同演化研究 [J]. 科学学与科学技术管理, 2012, 33 (2): 74-81.

[65] 官建成, 张爱军. 技术与组织的集成创新研究 [J]. 中国软科学, 2002 (12): 57-61.

[66] Prahalad C K. Strategies for the bottom of the economic pyramid: India as a source of innovation [J]. Reflections the Sol Journal, 2002, 3 (4): 6-17.

[67] George G, Mcgahan A M, Prabhu J. Innovation for inclusive growth: Towards a theoretical framework and a research agenda [J]. Journal of Management Studies, 2012: 1-23.

[68] 邢小强, 周江华, 仝允桓. 包容性创新: 概念、特征与关键成功因素 [J]. 科学学研究, 2013, 31 (6): 923-931.

[69] 桂黄宝, 张君, 杨阳. 中国情境下企业包容性创新影响因素探索与实证研究——基于 21 省市的调查分析 [J]. 科学学与科学技术管理, 2017, 38 (7): 73-89.

[70] 邢小强, 周江华, 仝允桓. 包容性创新: 研究综述及政策建议 [J]. 科研管理, 2015, 36 (9): 11-18.

[71] 陈劲, 尹西明, 赵闯等. 反贫困创新: 源起、概念与框架 [J]. 吉林大学社会科学学报, 2018 (5): 33-44, 204.

[72] Hellström T. Systemic innovation and risk: Technology assessment and the challenge of responsible innovation [J]. Technology in Society, 2003, 25 (3): 369-384.

[73] 梅亮, 陈劲. 创新范式转移——责任式创新的研究兴起 [J]. 科学与管理, 2014 (3): 3-11.

[74] 梅亮, 陈劲, 黄江等. 见证国家强盛: 一个责任式创新中正框架的解读 [J]. 技术经济, 2018, 37 (3): 1-8.

[75] 刘战雄, 夏保华. 责任过度及其对负责任创新的启示 [J]. 自然辩证法研究, 2016 (7): 41-46.

[76] 薛桂波，安多尼·伊瓦拉，赵一秀. 欧盟责任式创新政策演变及对中国政策的启示 [J]. 自然辩证法研究，2016 (11)：55-59.

[77] 晏萍，张卫，王前. "负责任创新" 的理论与实践述评 [J]. 科学技术哲学研究，2014 (2)：84-90.

[78] 陈劲. 从技术引进到自主创新的学习模式 [J]. 科研管理，1994 (2)：32-34.

[79] 许庆瑞，徐金发，邢以群. 关于技术引进的若干问题 [J]. 管理工程学报，1987 (1)：1-11.

[80] 周寄中，张黎，汤超颖. 关于自主创新与知识产权之间的联动 [J]. 管理评论，2005，17 (11)：41-45.

[81] 宋河发，穆荣平，任中保. 自主创新及创新自主性测度研究 [J]. 中国软科学，2006 (6)：60-66.

[82] 陈劲，王方瑞. 中国本土企业自主创新的路径模式探讨 [J]. 自然辩证法通讯，2007，29 (3)：49-58.

[83] 安同良，周绍东，皮建才. R&D 补贴对中国企业自主创新的激励效应 [J]. 经济研究，2009 (10)：87-98.

[84] 侯建，陈恒. 高技术产业自主创新模式驱动专利产出机理研究——知识产权保护视角 [J]. 科学学与科学技术管理，2016，37 (10)：63-73.

[85] 苏楠，吴贵生. 领先用户主导创新：自主创新的一种新模式——以神华集团高端液压支架自主创新为例 [J]. 科学学研究，2011，29 (5)：771-776.

[86] 刘志迎. 产业链视角的中国自主创新道路研究 [J]. 华东经济管理，2015，29 (12)：7-14.

[87] 苏敬勤，刘静. 产品升级导向下的自主创新路径选择：理论与案例 [J]. 科学学与科学技术管理，2011，32 (11)：65-71.

[88] 许庆瑞，陈重. 企业经营管理基本规律与模式 [M]. 杭州：浙江大学出版社，2001.

[89] 许庆瑞，谢章澍，杨志蓉. 全面创新管理（TIM）：以战略为主导的创新管理新范式 [J]. 研究与发展管理，2004，16 (6)：1-8.

[90] 郑刚，朱凌，金珺. 全面协同创新：一个五阶段全面协同过程模型——基于海尔集团的案例研究 [J]. 管理工程学报，2008，22 (2)：24-30.

[91] 郑刚，梁欣如. 全面协同：创新致胜之道——技术与非技要素全面协同机制研究 [J]. 科学学研究，2006 (S1)：271-272.

[92] 陈锋，张素平，王莉华. 全员创新提升创新能力研究 [J]. 管理工程学报，2009，23 (S1)：49-53.

[93] 陈劲，李飞. 中小企业全面创新管理模式的关键维度研究 [J]. 管理工程学报，2009，23 (S1)：71-80.

[94] 魏江. 执着人生写就中国特色创新管理理论——我国著名管理学家许庆瑞教授学术思想回顾 [J]. 管理工程学报，2008 (1)：1-4.

[95] 陈劲，阳银娟. 协同创新的理论基础与内涵 [J]. 科学学研究，2012，30 (2)：161-164.

[96] 陈劲，阳银娟. 协同创新的驱动机理 [J]. 技术经济，2012，31 (8)：6-11.

[97] 张军荣，袁晓东. 技术创新 "范式" 之争 [J]. 科学学研究，2013，31 (11)：1601-1605.

[98] 姜彤彤，吴修国. 产学研协同创新效率评价及影响因素分析 [J]. 统计与决策，2017 (14)：72-75.

[99] 何郁冰. 产学研协同创新的理论模式 [J]. 科学学研究，2012，30 (2)：165-174.

[100] 甄晓非. 协同创新模式与管理机制研究 [J]. 科学管理研究，2013，31 (1)：21-24.

[101] 崔新健，崔志新. 区域创新体系协同发展模式及其政府角色 [J]. 中国科技论坛，2015 (10)：86-91.

[102] 陈劲，尹西明，梅亮. 整合式创新：基于东方智慧的新兴创新范式 [J]. 技术经济，2017，36 (12)：1-10.

[103] 陈劲，尹西明. 从自主创新走向整合创新 [J]. 企业管理，2019 (1)：16-18.

[104] 陈红花，尹西明，陈劲等. 基于整合式创新理论的科技创新生态位研究 [J]. 科学学与科学技术管理，2019，40 (5)：3-16.

[105] 陈劲，曲冠楠. 有意义的创新：引领新时代哲学与人文精神复兴的创新范式 [J]. 技术经济，2018，37 (7)：4-12.

[106] 吕一博，施萧萧，冀若楠. 开放式创新对企业渐进性创新能力的影响研究 [J]. 科学学研究，2017，35 (2)：132-144.

[107] 张洁，何代欣，安立仁等. 领先企业开放式双元创新与制度多重性——基于华为和 IBM 的案例研究

[J]. 中国工业经济, 2018 (12): 170-188.

[108] 熊伟, 奉小斌, 张群祥. 持续改进与渐进式创新整合: 基于组织学习视角 [J]. 科技进步与对策, 2010, 27 (18): 13-16.

[109] 何郁冰, 曾益. 开放式自主创新对产业国际竞争力的影响——基于中国制造业 2000~2010 年面板数据 [J]. 科学学与科学技术管理, 2013, 34 (3): 13-22.

[110] 李正卫, 吴晓波. 制造业全球化与我国制造业的二次创新战略 [J]. 科学学研究, 2004, 22 (Z1): 68-72.

[111] 孙启贵, 邓欣, 徐飞. 破坏性创新的概念界定与模型构建 [J]. 科技管理研究, 2006, 26 (8): 175-178.

[112] 吴晓波, 张好雨. 从二次创新到超越追赶: 中国高技术企业创新能力的跃迁 [J]. 社会科学战线, 2018 (10): 85-90.

[113] 王淼, 胡本强, 蒋宗峰. 我国新型工业化进程中企业自主创新的模式与策略 [J]. 经济纵横, 2005 (10): 60-62.

[114] 郭斌, 许庆瑞. 企业组合创新研究 [J]. 科学学研究, 1997 (1): 12-17.

[115] 许庆瑞, 郭斌, 王毅. 中国企业技术创新——基于核心能力的组合创新 [J]. 管理工程学报, 2000, 14 (S1): 1-9.

[116] 张钢, 陈劲, 许庆瑞. 技术, 组织与文化的协同创新模式研究 [J]. 科学学研究, 1997 (2): 56-61.

[117] 饶扬德, 唐喜林. 市场、技术及管理三维创新协同过程及模型研究 [J]. 科技进步与对策, 2009, 26 (13): 5-8.

[118] 吴绍波, 顾新. 战略性新兴产业创新生态系统协同创新的治理模式选择研究 [J]. 研究与发展管理, 2014, 26 (1): 13-21.

[119] 尹西明, 樊旼旼. 灵伴科技: 整合式创新成就人机融合领军者 [J]. 清华管理评论, 2019 (3): 111-120.

[120] 于文浩. 改革开放 40 年中国国家创新体系的路径选择与启示 [J]. 南京社会科学, 2018, 371 (9): 24-30.

[121] 李伟, 隆国强等. 国务院发展研究中心 "国际经济格局变化和中国战略选择" 课题组, 未来 15 年国际经济格局变化和中国战略选择 [J]. 管理世界, 2018, 34 (12): 1-12.

[122] 陈劲, 尹西明. 中国科技创新与发展 2035 展望 [J]. 科学与管理, 2019 (1): 1-7.

[123] 薛澜, 翁凌飞. 中国实现联合国 2030 年可持续发展目标的政策机遇和挑战 [J]. 中国软科学, 2017 (1): 1-12.

企业开放式创新：内涵、模式与支撑体系*

王茂祥[1,2]　苏　勇[2]　李　群[3]

（1. 东南大学经济管理学院，江苏南京　210096；2. 复旦大学东方管理研究院，上海　200433；3. 常州大学商学院，江苏常州　213164）

［摘　要］开放式创新是指有目的的知识流入和流出以促进内部创新，同时扩大外部创新的应用市场。开放式创新不仅是一些受益于创新的实践活动，也是一种创造、转化、研究这些实践的认知模式。其最终目标是促进企业以较低的成本及风险，快速地产生更多更好的创新成果，进而确保企业获得更多的市场机会，有效地提高其市场竞争力及影响力。在当今知识经济时代，开放式创新越来越受到关注。开放合作创新的模式多样，包括与外部机构的合作研发、技术外购与企业并购、产学研合作创新、创新成果的向外输出与商业化等。在开放式创新条件下，创新将不再是一个简单的、线性的过程，而是一个具有复杂反馈机制，并且在创新诸要素之间形成复杂相互作用的过程。为此，必须构建开放式创新支撑体系，强化开放式创新的系统化管理。要合理选择开放创新合作者，强化组织管理，培育开放创新人才。此外，还要搭建开放式创新平台，构建沟通共享机制，注重开放式创新的知识管理及防范开放式创新风险等。由此，可以更好地支撑开放式创新的开展，充分利用和整合外部创新资源，让不同创新主体在自己具有“比较优势”的领域进行创新，最大限度地降低企业创新成本，有效提升创新的效率，提高创新成功的机会和产出效益。

［关键词］开放式创新；内涵；模式；支撑体系

企业创新过程实际上是一个资源要素的耗散过程，为了能够持续推进创新活动，企业必须确保从外部获取的创新要素较内部耗散的要多。随着产品生命周期不断缩短，产品研发成本日益增加，包括市场竞争日益全球化，仅仅依靠企业自身资源开展创新活动的这种“封闭式”模式日益困难。这种创新模式不仅成本高，而且难以满足企业产品快速更新换代的需求，难以满足市场快速发展的需求，也难以适应日益激烈的市场竞争。

目前，随着知识流动性日益增强，社会知识总量迅速膨胀，技术复杂度越来越高，对创新活动的资金和技术要求也越来越高，单个企业很难满足相关需求。需要企业、大学和研究机构等加以合作，将创新活动加以分散进行，利用互补资源来开发新技术、新产品。创新资源的广泛散布性使任何一个组织都难以独自担当创新的角色，它们必须相互开放内部创新资源与流程，加强合作。

因此，企业必须善于利用外部资源，促进相关组织在创新活动中的分工协作。为此，必须以“为客户创造价值”为前提，推进组织间分工合作的开放式创新，强化企业与外部组织建立联系，

* ［基金项目］南京市江宁区哲学社会科学重大课题“区域自主创新能力提升路径研究——以南京市江宁区为例”（18JNZD001）；国家社科基金重点项目“新生代农民工工匠精神提升策略研究”（17AGL015）。

识别、连接与利用外部创新资源，将其作为创新过程的组成部分和有效途径，致力于打造“无组织边界”的开放创新生态圈，这已成为企业创新活动的必然要求（王露露、徐拥军，2017）。2010 年 8 月，麦肯锡公司对全球创新趋势进行了分析归纳，其中，开放式创新、组织网络化发展、利用协作技术位列前三。

Enkel 和 Gassmann 经研究发现，快速或者中等变化行业中的企业会积极地扩大创新开放度，如在电子、IT 以及其他高科技行业中，共同研发项目高达 50%。20 世纪末，随着信息技术的快速发展与应用，软件领域出现了开源软件运动，这是信息技术行业开放式创新的典型范例。Spithoven 等学者对传统行业的探讨表明，开放式创新已经开始突破高新技术行业的限制向多行业扩展。对中小企业来说，国外学者的研究一致表明，它们为获取外部资源更倾向于开放创新。在当今知识经济时代，如何有效实施开放式创新，确保合作伙伴之间的协同合作创新，明晰其系统化的管理路径，值得深入研究。

一、开放式创新的内涵

哈佛商学院教授 Henry Chesbrough 最早从企业层面提出“开放式创新”概念，将其定义为“有目的的知识流入和流出以促进内部创新，同时扩大外部创新的应用市场”。开放式创新较封闭式创新更具包容开放性，更适应当今信息技术发展的要求，因而更具有独特的优势。Chesbrough 教授经过十余年的观察发现：那些看起来最富创造力的企业，由于大都采用封闭的模式进行创新，很多发明创造因自身的能力限制而被束之高阁，通常未能从其创新中获得应有的收益。为此，企业需要在创新活动中引入开放式创新概念，将内、外部所有有价值的创新资源有机地结合起来，开展各类创新活动，并同时使用内、外部两条市场通道，促进创新成果的商业化（Chesbrough，2003）。

企业为了实现开放式创新，应系统地从客户那里收集和整合相关信息，进而产生创意，对产品与服务加以修正或规范（Pilleret et al.，2004）。West 等认为，开放式创新是对创新实践活动加以创造、转化、研究的一种认知模式。Hastbacka 认为，开放式创新是企业综合利用内、外部技术、创意及资源，进行项目的投资开发、产品生产及创新成果的推广应用。有学者从资源角度进行了分析，认为开放式创新是创新资源在企业与其创新合作者之间的流动与整合（Christensen，et al.，2005）。从知识视角加以分析，将开放式创新定义为企业在整个创新流程中，遍布于其边界内部和外部，系统地进行知识探索、记忆和开发（Lichtenthaler，2011）。Wallin 和 Krogh 明确了开放式创新要关注的五个方面：确定创新过程、明确与创新相关的知识、选择合适的整合机制、创建有效的治理机制以及平衡激励和控制。

开放式创新可以解构为三个维度：开放、合作与创新（张永成等，2015）。由此，可以构建一个规范化、整合性的开放式创新模型。其中，开放是指企业向各类合作者多元化开放整个创新过程。开放体现在突破企业的边界，具体包括创新环境的开放性、创新资源的开放性、创新主体的开放性、创意开发的开放性。当然，开放包括开放的广度（开放领域的范畴）和深度（某一领域开放的程度）两个维度。开放度的选择不仅取决于开放资源特性，还会受到创新战略、组织文化等组织内部因素的影响，以及受到创新伙伴外部因素的影响。开放式创新条件下，企业的创新能力可以分解为吸收能力、转换能力、扩散能力等方面（杨静武，2007）。陈钰芬、陈劲（2008）指出，开放式创新是以创新合作者为基准的多主体创新，要注重吸纳更多的创新要素。

应该说，开放式创新的概念较为笼统，企业的任何非封闭式的、有外部相关要素参与的创新活动，都可被视为开放式创新，如共同研发、对知识产权的获取或输出、收购新创意甚至新产品、允许第三方开发软件或服务等。表1在基本原则方面，给出了封闭式创新和开放式创新的差异（高良谋、马文甲，2014；何郁冰，2015）。

表1　封闭式创新和开放式创新基本原则的比较

基本原则	封闭式创新	开放式创新
公司理念	靠自己创造出行业中的好产品等	最佳的创意可能来自别处
创新资源	重视企业内部资源，自己进行研究	整合全球资源进行创新
核心能力	产品和服务设计的垂直一体化	外部资源的搜寻、识别、获取和利用，内-外部资源的整合能力
员工的职责	完成自下而上的工作任务	企业创新的主体
用户的角色	被动接受企业的产品	主动与企业合作创新
创新成功的测度	增加的收入、利润，减少进入市场的时间、市场份额	研发投资回报率、突破性的创新产品或商业模式
知识产权	拥有和严格控制知识产权	购买别人的知识产权，出售自己的知识产权从中获利

需要指出的是，合作创新与开放式创新在概念内涵上存在一些细小的差异。国外学术界较少采用“合作创新”这一提法，而是通常使用合作研究（cooperative research）、合作研发（R&D cooperation）、共同开发等。1984年美国颁布的国家合作研究议案，允许竞争者开展合作研发。Grossman和Shapiro认为，合作开展技术方面的研发可以加速创新的进程。合作创新中，通常采用战略联盟的方式（Bianchi et al.，2011）。而开放式创新的概念，既强调创新过程中注重使用内、外部资源，又强调使用内、外部两个市场，促进创新成果的商业化应用。其包含了创新过程中创意产生、创新开发、成果商业化等各环节，每个环节可根据其要求，对不同的对象开放。

二、开放式创新的主要模式

开放式创新是包含多创新主体及诸多创新要素的一种创新模式。概括起来看，其可分为内向型开放式创新（Inbound Open Innovation）和外向型开放式创新（Outbound Open Innovation）两种类型。内向型开放式创新是将外部有价值的创意、知识、技术等资源整合起来，为企业创新及其商业化服务，是一个由外及内的“输入”过程；外向型开放式创新是将企业内部的创新资源由内及外、向外“输出”。这就是说，企业不再把自己研发的新技术及相关成果保存起来，仅仅在企业内部得到应用，而是向其他企业输出来获利。企业可根据自身条件，实施“由内到外”和“由外到内”两种类型相结合的开放式创新。

企业自身独有的新技术或创新成果，可以向外部开放。通过有针对性地向外部推广，寻求买主或合作伙伴，以有偿的方式转让给接受者，以实现相关新技术（创新成果）的商业化，进而转化为本企业的经济收入。企业知识产权管理的目的也不应仅仅是防止别人使用，而是通过新技术的转让来取得一定的收益。这样，也可以降低技术外泄风险及研发损失，促进研发（创新）工作为企业带来更多的利益。

也有学者基于知识来源、资源整合、组织间关系等方面的分析，将开放式创新归为三类：价值链的纵向资源整合（用户参与创新、供应商的早期参与创新）、创新链的横向资源整合（产学研合作创新）、产业链的多元资源整合（技术并购、企业间的合作创新）。Ye 和 Kankanhalli（2013）结合开放式创新收益与挑战的分析，认为开放式创新主要包括内向许可、开放式网络、联盟、用户社群四种实现方式。Huizingh（2011）结合产业类型及企业规模的分析，认为开放式创新包括产学研合作、创新网络、战略联盟、研发外包、供应商参与、并购等方式。

近年来，一些大企业通常通过收购新技术或并购新成长起来的企业，特别是规模较小的、灵活的、寻求立足市场的新技术公司，将相关成果与自己的业务整合，可以使大企业快速获得新技术和弥补原有技术上的不足，保持自身的市场地位和利润目标。也有些大企业将某项技术创新活动或其中的某一个环节（如技术方案的产生、产品的研发或商业化应用等），委托给外部相关的专业企业（机构）来完成，进行技术外包。

企业从外部购买相关新技术或者并购相关企业，然后充分挖掘新技术的潜在用途或重构价值链，可以降低企业技术创新的成本与风险，减少研发相关的投资，有效提升创新效率与价值。例如，思科公司将其创新策略定位于内部开发、战略联盟和收购的结合。早在 20 世纪八九十年代，该公司就采用了较为独特的收购策略，使其更快地获得了新技术和新产品的解决方案，在高技术产业发展中取得了明显优势。

此外，加强对外部（大学和政府实验室、外部小型企业甚至个人）智慧的利用，注重推进开放式创新，已经得到越来越多企业的重视。实施产学研的协同创新，无疑是开放创新的重要方式之一。产学研合作是一个较为复杂的系统工程，主要涉及产、学、研相关领域，当然还与政府、金融机构、中介机构等有着密切的关系。

企业要建立产学研协同创新机制，开展产学研的合作创新，实现科研、教育、生产等领域的资源优势互补，强化合作者之间的联合研发、分工协同、风险共担及成果共享，最终实现合作共赢。例如，英特尔注重与高校合作的开放协作研究。英特尔赞助了五百多所大学，并且在大学周围建立了多家开放性合作实验室。实验室归英特尔所有，但其研究员约一半是大学的学生，研究环境也相当开放，可以源源不断地从外部获得新创意。由此既增强了英特尔的发展后劲，也促进了大学的发展。当然，在产学研合作的基础上，企业还应注重提升自主创新能力，不断提高核心竞争力，推动企业实现发展方式的转变。

总之，越来越多的企业逐步意识到，单纯依靠其自身的力量进行研发创新，已经难以满足企业发展的需要，而通过招聘优秀研发人才、构建完备的研发体系等，来进行新技术新产品的研发，该方式的效率不高。开放式创新拓宽了组织获利的途径、机会和能力，从而使创新收益显著增加（Chesbrough，2007）。当然，为了更好地识别外部相关技术的价值、获得外部合作者的信任，确保从外部的溢出中获得更多的收益，企业应首先重视自身资源的投入（Hagedoorn and Wang，2012）。通过开放式创新，将创新的内容扩展到合作伙伴各自的优势领域，而放弃自己薄弱的领域，可以实现创新资源的合理利用有效降低创新成本，大大提高创新效率。无论是传统企业、高新企业、大企业或中小企业，都可以从开放式创新的实践中获益。

三、开放式创新的支撑保障体系

企业应将消费者、价值链伙伴甚至是不相关的外部机构汇聚起来，成为创新的合作者。通过实施开放式创新的系统化管理，强化企业与外部组织建立联系，确保与合作伙伴的高效规范合作。在开放式创新条件下，创新诸要素之间会产生复杂的相互作用，创新将不再是一个简单的、线性的过程，而是一个具有反馈机制的复杂过程。为此，必须构建开放式创新的支撑体系，强化开放式创新的过程管控。这将有利于企业吸纳更多的创新要素，充分利用和整合外部知识，推动企业与相关方的有效合作创新。

（一）有效引入外部创新要素

瑞典爱立信集团执行副总裁 Jan Wareby 指出，以往很多企业可以依靠自身力量来掌控创新过程，但在当今的很多行业中，过于依赖自我和集中方式的创新逻辑已经过时，需要引入与外部合作的“开放式创新”这一理念。常常可以看到，许多大型企业投入巨额的研发费用和庞大的研发队伍，在基础研发方面下了很大力气，拥有最先进基础研发成果，但在发展过程中并不一定能盈利，反而被其他一些不太注重利用自身力量研发，而是注重开放合作创新的企业所超越。这些注重开放创新的企业，往往通过对自身创新能力加以全面评估，对有利于创新的各类外部创新要素，都积极地将其应用到企业创新活动中去，使企业创新活动取得了事半功倍的效果。

开放式创新要求企业突破创新所面临的资源、能力、成本与风险等方面的瓶颈和障碍，尤其要注重吸纳有潜力的创新伙伴，剔除冗余的伙伴关系，优化创新网络成员结构。顾客、供应商、大学、政府机构、同业竞争者等，都可以是企业的重要创新源，可以为企业创新提供所需的信息、技术和资源等。企业尤其要注重与高校及科研机构的合作（利用其丰富的人才和知识），促进创新活动的顺利开展。

20 世纪 80 年代末，随着顾客需求多样化、个性化的趋势越来越强，企业需要向客户咨询创新的意见，即客户创新。企业应将客户作为创新的主要参与者，认真听取客户的创新建议。一些学者认为，同客户的合作能够推动更多的有创意的和复杂性的创新成果产生（Tether，2002；Amara and Landry，2005）。结合客户的所思所想，可以充分了解市场的需求，有针对性地开展创新活动。总的来说，企业应根据创新内容及自身创新资源状况，合理选择创新伙伴，实现开放创新效益的最大化。

（二）强化创新的组织人才管理

建立开放创新的管理机构。加强企业开放创新工作的组织领导，明确开放创新的主管部门，统一管理对外合作创新事宜。企业可设立专门的开放创新办公室，负责企业与学术界、政府及其他企业等单位之间的合作事宜。要制定相应的组织管理策略，有效管理开放创新的各个行为主体，强化从内到外的知识共享与整合，确保各项合作创新工作有序推进，促进创新合作能够产生预期的成果及实现预期的目标。

增强开放创新意识。企业管理层及员工要充分认识到开放式创新的重要性，了解开放创新的内涵及其能给企业带来的益处。管理层首先要心态开放，并加强与员工的沟通，促进员工具有开放创新的心态。企业高层领导要亲自抓创新工作。高层的支持是企业开放式创新取得成功的关键因素（Ili et al.，2010）。要培育开放创新的环境土壤，提升员工主动开放合作的意识，保护和激发员工源源不断的创新活力。

培养开放式创新人才。通过多种途径，对企业管理人员及员工进行分层培训，系统地讲授开放式创新的相关知识及协同工作方法等。培养一批具有较强创新能力及合作创新意识的专家队伍。此外，开放式创新活动需要以工匠精神作为支撑，要注重培养员工的工匠精神。员工在创新中，要具有开放性思维品质，这也是“匠心”的显著特征。要通过弘扬工匠精神，使员工能以更开放的姿态吸收最前沿的技术与思想，更加脚踏实地去从事创新工作。

（三）搭建开放式创新平台

在开放式创新活动中，为了更好地协调企业与创新合作伙伴之间的关系，促进合作各方的交流与互动，进行相关创新信息的分布，促进创新技术与成果的内外部交流等，需要构建开放式的创新平台。该平台可与国家相关的基础平台、行业创新平台、区域创新平台等公共技术创新平台进行对接，并与这些平台之间进行互动（包括协同合作、交易支撑和技术扩散等）。企业可借助开放创新平台，协调自己与众多相关组织之间的关系，打造与开发者、创新人员、客户及成果应用者等的共同社区。

通过构建开放式创新平台，有利于创新资源（包括人才、资金、研发等资源）在企业和相关组织之间的快速流动和共享（刘文涛，2012）。利用创新平台，可将创新工作延伸到企业价值链的上下游，实现与价值链各环节合作方的协同创新。例如，在创新过程中邀请客户参与，获取客户的直接感受等，面向客户需求及企业的目标市场领域，推动一系列有价值的创新成果不断涌现等。也可将客户需求的难题放在平台上，从外部（个人、企业、研究机构）寻找新的创意，搜索新的机会，寻找技术人才，分享信息和想法，向全球的技术专家征集解决方案等，这也是互联网时代的必然趋势。

例如，腾讯公司建立了一站式的服务平台，方便应用开发者去解决难题，让开发者的产品快速上线。同时，腾讯开发了电子流合同和相关接入模块，确保合作者从申请到上线流程的快速便捷。腾讯开放创新平台的原则与规范，不仅适用于第三方开发者，也同样适用于企业内部员工。内部员工可以与外部开发者平等竞争，谁开发的产品更能得到用户肯定、用户体验更好，谁就胜出。比如腾讯内部团队和第三方开发者都对同一款游戏进行开发，企业将针对开发结果进行测试，并将所有测试数据进行横向对比，谁的数据结果更好，就采用谁的开发方案。如果测试结果表明外部开发方的产品用户体验更好，那么外部开发方就胜出，而腾讯内部团队的后续开发工作就会立即停止。

目前，开放创新已经成为腾讯的发展理念，未来腾讯的开放创新平台会更加开放。该平台构建仅仅经过一年半时间，就已经成功吸引了60万的开发者，并拥有了30万款的注册应用业务（产品）。平台建立初期，腾讯还将其服务海量用户的经验分享给第三方合作伙伴。

（四）注重创新过程的沟通交互

开放式创新是建立在相关资源共享基础上的合作创新。应该说，“开放”创新系统意味着能够吸纳融合多种创新资源，也同时构建起了以多种创新主体为节点的创新网络。创新参与者之间的相互沟通和信任极其重要。Fleming 和 Waguespack 指出，当开放创新各主体建立高度的信任关系时，它们之间的知识流动和信息传递效率较高，可以快速提升开放式创新绩效。开放创新的合作伙伴之间，要定期组织召开相关会议，促进相互之间的讨论互动与沟通协作，促进企业内外部创新思想、知识及成果的交流。要形成合作、包容、互信的文化氛围，建立开放式创新的互动机制与组织支持系统等（谢祖墀，2010），使之适应开放式创新战略的需要。

企业尤其要注重与各类有技术、创意、设计才能的优秀人才合作，并促进这些人才之间的交流及与用户的互动。要实现创新与创业、线上与线下的有效结合。用户也可以组织线下沙龙等活动，以促进创新需求及创意的交流。对于企业发布的创新需求，要积极引入内外部研发人员以问题解决者的身份，基于自身的专业背景和兴趣爱好进行创新方案的设计。企业可在一定的时间内，对创新方案进行评估，确定最终采纳的创新方案，并对方案的提供者给予相应的奖励。

要建立一种交互式的跨组织沟通机制，尤其是利用新技术的便利拓展沟通的渠道和方式。要有效管理和利用各种跨组织关系，在保持创新组织个体的差异性、组织间的包容性和创新目标统一性的基础上，实现对“共同创新与应用”的有效治理。协调好创新成员之间、知识能力之间、异质知识之间的界面关系，以回避与化解各种矛盾，实现开放式创新的价值最大化。要明确各合作方的创新职责，做好共同研发人员的管理与激励，控制好人员的流动，合理分配合作创新的成果收益，激发合作各方人员创新的积极性。

（五）注重开放式创新的知识管理

按照 Nonaka 等的观点，创新的本质就是知识创造（Ikujiro et al.，2006）。随着顾客需求多样化、个性化的趋势越来越明显，创新资源也更加多样化，创新知识也更加广泛（Ve-rona et al.，2006）。Lichtenthaler 认为，开放式创新包含着知识的开发、保持和利用三个方面。要优化组织知识库的结构，促进知识的跨组织整合与分散平衡，提高知识的共享效果，提高知识的创造、吸收、解析等能力。Dyer 和 Singh 分析指出，合理利用多样化的外部知识，可以提高新产品的开发速度，降低新产品开发过程中的差错率及风险。研究表明，开放式创新能促进企业更好地嵌入外部知识网络，增强自身的学习与吸收能力、产品开发能力、创新投入能力和市场化能力等内生能力。为此，企业要构建知识共享、整合、创新和应用的综合网络体系，促进组织间知识的沟通分享，提高企业对外部知识的获取能力，更好地实现内外部知识的有效结合与应用（Kranenburg and Hagedoorn，2008）。

当企业内部创新流程对外开放的时候，技术或知识实现跨组织转移和利用，专属权问题的解决就显得尤为必要（Fosfuri，2006）。开放式创新条件下，要探索知识产权评估、监控和管理的新思路，形成与封闭创新要求不同的知识产权管理新模式，形成多样化的知识产权成果的占有和使用方式。Chesbrough 结合对 Xerox 公司的调查指出，开放式创新能够促进知识的快速扩散，因此有可能导致知识拥有者（研发企业或机构）失去知识的所有权，进而遭受巨大损失。为此，合作各方要探讨如何强化关键技术的保密，如何做好知识产权管理，防止知识的流失或被侵犯，这是开放式创新理论的关键内容之一。同时，合作各方应及时了解科技发展的状况及竞争对手的技术情况，避免重复研究。

（六）防范开放式创新风险

实施开放式创新，容易导致企业过度依赖外部技术源，进而产生内部研发的惰性，不利于构建企业核心能力，为此，企业要做好相关防范工作。此外，开放式创新也需要企业进行额外的成本投入，例如信息获取成本、协调成本（协调创新主体间关系）、机会成本等的投入，这将导致企业的收益减少；同时也可能导致企业发展的战略风险及管理风险等，包括泄露核心技术的风险。如何综合考虑开放式创新的优势、成本及风险，做好合作管理及资源配置工作，需要加以全面深入地进行分析。

只有以提升核心研发能力为保障，并且收益大于成本时，开放创新才能持续进行。应该说，开放式创新是多主体参与的创新，一些创新工作是由企业与合作方组成的团队共同完成的，创新过程中企业本身的边界也相对模糊，企业对创新过程的协调与管控难度也相应加大。企业只有建立完善的内部保障机制，对其与外部合作创新内容、进程及成果等进行有效控制，才能确保合作过程按预定要求推进。此外，要建立科学的开放创新考评指标，正确引导开放式创新工作。考虑到开放创新具有情境依赖性，受到行业属性、企业规模和能力等关键因素的影响，蔡宁和闫春（2013）指出，开放式创新绩效指标是一个多维结构体系，不应过度关注财务类指标。

四、结语

开放式创新已成为创新和管理学领域学术研究的热点，得到国内外学者的普遍关注。从实践层面看，开放式创新也是大势所趋，逐渐为更多的企业所接受，并成为各类企业创新的主导范式。它不仅为企业提供了利用外部资源的机会，提升了创新发展空间，而且带来了创新管理的新理念，丰富了技术创新管理理论。随着开放式创新理论的进一步发展，对开放式创新的认识逐步深化，有些有学者已超越技术层面而将其视为一种新的认知模式。

开放式创新的最终目标是促进企业以较低的成本及风险，快速地产生更多更好的创新成果，进而确保企业获得更多的市场机会，有效提高其市场竞争力及影响力。通过构建开放式创新的支撑体系，让不同创新主体在自己具有“比较优势”的领域进行创新，有助于提高创新成功的机会及创新效益。而通过构建开放创新平台，有利于企业在开放创新活动中，吸纳更多的外部创新要素，并改变创新要素的组织形式，促进新技术、新产品的创新开发。同时，也催生了更多的拓展性服务，实现了资源与资源、资源与用户的直接对接，确保了市场需求与资源的有效匹配，实现了创新合作各方价值的最大化。

应该说，开放式创新是一个多组织合作的复杂性协同创新。企业要主动融入全球价值链体系中，成功地与供应链实现对接，与全球范围内的研发、生产、销售、服务等合作伙伴开展合作。尤其要主动与具有技术优势或其他资源优势的大学和研究机构等加以合作，更好地获取及整合外部创新资源。同时，要强化创新过程的组织管理（包括知识管理），注重创新过程的沟通交互，重视外部资源的综合利用，形成创新要素吸收与转化的良性循环，促进企业产生更多更好的创新成果。

开放式创新为内部知识相对缺乏及创新能力相对较弱的企业走出发展困境提供了契机。通过与外部伙伴的合作创新及技术外部商业化等，有利于提升企业自主创新能力、提升企业技术创新水平，有效改善企业创新绩效，提升企业的竞争能力。企业要聚焦效率与效益的提升，结合内部资源状况，有效整合和利用社会资源，尤其是垄断性、稀缺性资源，促进创新成果的大量涌现。同时，要确保充分了解客户和市场的需求，使创新更有针对性，使创新的产品能更好地适应市场需要。由此，可促进企业获得更多的市场机会及更多的收益，并有效提高企业的经营绩效，赢得企业发展的领先优势。

参考文献

[1] 王露露，徐拥军. 海尔创新平台知识管理模式研究［J］. 现代情报，2017，37（12）：52-58.

[2] Chesbrough H. Open innovation：The new imperative for creating and profiting from technology［M］. Cambridge：Harvard Business School Press，Inc.，2003.

[3] Piller F T，Schaller C，Walcher D. Customers as co-designers：A framework for open innovation［C］. Dallas：IFSAM Conference，2004.

[4] Christensen J F, Olesen M H, Kjaer J S. The industrial dynamics of open innovation evidence from the transformation of consumer electronics [J]. Research Policy, 2005, 34 (10): 1533-1549.

[5] Lichtenthaler U. Open innovation: Past research, current debates, and future directions [J]. Academy of Management Perspectives, 2011, 25 (1): 75-93.

[6] 张永成，郝冬冬，王希. 国外开放式创新理论研究 11 年：回顾、评述与展望 [J]. 科学学与科学技术管理，2015，36 (3)：13-22.

[7] 杨静武. 开放式创新模式下的技术创新能力研究 [J]. 财经理论与实践，2007 (2)：98-102.

[8] 陈钰芬，陈劲. 开放式创新：机理与模式 [M]. 北京：科学出版社，2008.

[9] 高良谋，马文甲. 开放式创新：内涵、框架与中国情境 [J]. 管理世界，2014 (6)：157-169.

[10] 何郁冰. 国内外开放式创新研究动态与展望 [J]. 科学学与科学技术管理，2015，36 (3)：3-12.

[11] Bianchi M, Cavaliere A, Chiaroni D. Organizational modes for open innovation in the bio-pharmaceutical industry: An exploratory analysis [J]. Technovation, 2011, 31 (1): 22-33.

[12] Ye J, Kankanhalli A. Exploring innovation through open networks: A review and initial research questions [J]. IIMB Management Review, 2013, 25 (2): 69-82.

[13] Huizingh E. Open innovation: State of the art and future perspectives [J]. Technovation, 2011, 31 (2): 2-9.

[14] Chesbrough H W. The market for innovation: Implications for corporate strategy [J]. California Management Review, 2007, 49 (3): 45-66.

[15] Hagedoorn J, Wang N. Is there complementarity or substitutability between internal and external R&D strategies [J]. Research Policy, 2012, 41 (10): 1072-1083.

[16] Tether B. Who co-operates for innovation, and why: An empirical analysis [J]. Research Policy, 2002, 31 (6): 947-967.

[17] Amara N, Landry R. Sources of information as determinants of novelty of innovation in manufacturing firms: Evidence from the 1999 statistics Canada innovation survey [J]. Technovation, 2005, 25 (3): 245-259.

[18] Ili S, Albers A, Miller S. Open innovation in the automotive industry [J]. R&D Management, 2010, 40 (3): 246-255.

[19] 刘文涛. 开放式创新环境下技术创新面临的挑战 [J]. 科技管理研究，2012 (3)：12-14.

[20] 谢祖墀. 开放式创新的七项原则 [J]. 销售与市场，2010 (34)：14-15.

[21] Ikujiro N, Georg von K, Sven V. Organizational knowledge creation theory: Evolutionary paths and future advances [J]. Organization Studies, 2006, 27 (8): 1179 - 1208.

[22] Verona G, Prandell E, Sawhney M. Innovation and virtual environments: Towards virtual knowledge brokers [J]. Organization Studies, 2006, 27 (6): 765-788.

[23] Kranenburg H L, Hagedoorn J. Strategic focus of incumbents in the European telecommunications industry [J]. Telecommunications Policy, 2008, 32 (2): 116-130.

[24] Fosfuri A. The licensing dilemma: Understanding the determinants of the rate of technology licensing [J]. Strategic Management Journal, 2006, 27 (11): 1141-1158.

[25] 蔡宁，闫春. 开放式创新绩效的测度：理论模型与实证检验 [J]. 科学学研究，2013，31 (3)：469-480.

支撑经济发展的多路径组合
——基于跨国数据的模糊集定性比较分析

梅洪常　陈怡玎　魏宇竹

（重庆工商大学管理学院，重庆　400067）

[摘　要] 在全球经济增长放缓的背景下，寻找促进经济持续向好发展的新路径势在必行。以往研究探讨某单一要素对经济的净效应的居多，但探讨各要素组合作用对经济发展的联合效应的少。本文运用模糊集定性比较分析（fsQCA）方法，以103个国家为例，分析技术创新能力、市场规模、国际分工专业化及制度环境等多元素之间的多元组态关系。研究结果表明：本土市场规模或技术创新能力能够促进发展中国家的经济发展；经济发达的国土面积较小的国家则更多的是通过技术创新或制度环境来支撑经济发展；只有综合国力强的大国和主要经济发达的国家往往同时具备本土市场规模和技术创新能力两种优势。文章最后对优化经济发展的路径提出了一些建议。

[关键词] 经济发展；模糊集定性比较分析；技术创新能力；本土市场规模

一、引言

近年来，世界经济增幅较小且经济发展不均衡。阿根廷经济在2018年甚至出现负增长，而采用的提高银行利率等财政措施未能使产业结构低端、通货膨胀等根本问题得到解决，IMF预计其2019年经济增长为-1.6%。同时，巴西经济增长也在减缓，政府采取的工业减税等财政政策收效甚微，国民的消费和信心都在减少。可见，全球范围内的一国经济的稳定持续发展是一个世界性的问题。

经济增长路径问题一直是经济学家持续关注的重点。Adam最早提出劳动分工理论，他认为分工可以提高生产率、促进技术的进步与经济增长，并且提出劳动分工受交换能力影响的观点，交换能力一定会受到市场规模大小的影响，从而影响劳动分工的程度。随着对内生增长因素的研究，新增长理论的形成，Arrow（1962）最早建立了用内生技术进步解释经济增长的模型，强调了技术进步是经济增长的内生决定因素。熊彼特学派认为技术创新是经济增长的重要内因。制度从古典经济学开始一直被看作外生变量，而制度经济学学家则强调制度的内生作用，认为制度是决定经济增长的核心内生要素。

结合这些研究与理论可以看出技术创新能力、本土市场规模、国际分工专业化及制度环境共同促进经济持续增长的理论路径。同时也说明单一要素对经济增长的净效应不能说明在特定情景下技术创新能力、本土市场规模、国际分工专业化及制度环境等因素的综合作用。经济的发展如何通过一定的市场、技术创新、专业化分工和制度环境等多元素关联机制得到实现是一个亟待思考的问题。

因此，本文首次引入模糊集定性比较分析（fsQCA）方法，对不同国家的技术创新能力、本土市场规模、国际分工专业化及制度环境之间的多元组态关系进行研究，试图通过探索多种因素对经济增长的联合效应以及不同因素间的互动关系，寻找促进经济发展的新路径。

二、理论构架

（一）技术创新能力与经济发展

技术创新是世界各国激烈竞争的核心，拥有强大的科技创新能力就可能在发展新兴产业、获得新的经济增长点上占得先机。Adam 指出技术进步能够促进经济的增长后，Schumpter 提出了技术创新的概念。再后来，Grossman 和 Helpman（1991）通过对多个国家的实证分析，发现技术创新是长期增长的动力，并认为技术创新的竞争会在全球范围内展开。近年来，一些学者也对创新驱动经济的路径展开了进一步的研究。张燕（2017）通过构建模型及实证分析了技术创新促进经济的发展的路径是技术创新成果的转化提高产业效率。李学林等（2017）以熊彼特的研究为基础对创新驱动经济增长的运行机制研究得出：熊彼特创新中的创造性破坏提高了生产率，创新的外部性与累积性产生正反馈，在此基础上促进经济的持续发展。此外，对于技术创新能力的衡量也是研究的热点，郭凯和付诺（2019）构建经济增长质量计量的指标体系并进行测度研究，分析得出技术创新对中国经济增长质量的提升贡献最大且作用效果显著。因此，技术进步、技术创新的竞争、创新成果的转化与产业化以及创新中的创造性破坏对经济增长的速度与质量都有正向的促进作用。

（二）本土市场规模与经济发展

消费是拉动经济增长的“三驾马车”之一，从各国经济发展历史来看，不断开拓市场规模的国家普遍实现了经济的快速增长。本土市场规模和出口开放都能显著促进经济的发展且区域内和区域外的市场规模可以相互替代（黄玖立等，2006；蔡礼辉等，2019），本土规模小的国家可以通过合作扩大市场规模从而实现经济发展（向明、杨志宁，2003）。但经济全球化的大方向下经贸摩擦仍时常发生，各国间的经贸摩擦使国外市场受到关税壁垒、技术封锁等政策的制约，如果出口占一国市场的主要部分，则该国经济的发展将受到严重的影响。因此，抗打压能力的提高和经济的稳定发展需要本土市场规模做支撑。

此外，许多学者关注本土市场规模与技术创新之间存在的内生关系：孙晓华等（2009）构建市场需求规模与创新能力的联立模型，并通过实证检验得出需求规模与产业技术创新之间存在内生关系。Acemoglu 和 Linn（2004）通过分析美国医药市场，发现了本土市场规模的扩大能够促进技术创新。严波等（2018）构建理论分析框架，分析了多条本土市场规模影响技术创新途径。由此可得本土市场规模是抵抗外来风险、保障一国经济持续稳定增长的重要支撑，且与技术创新存在相互促进的内生关系。

（三）国际分工专业化与经济发展

全球价值链使各个国家紧密联系在一起，国际分工专业化是价值链的重要方面，对于价值链提升具有显著的推动作用（唐海燕、张会清，2009）。国际分工对国家的国际竞争能力也有显著影响：Feenstra（1998）认为产品生产国际分工通过降低生产成本、优化资源配置的路径提高生产效率和国际竞争力。代谦、何祚宇（2015）对44个国家垂直专业化的分析认为：各国在享受国际分工带来的种种好处的同时，也增加了各国受到国际竞争自发形成的外部世界冲击的风险。对于经济发展的影响也说法不一：陈建、刘海燕（2013）实证研究发现产品生产国际分工下的地区专业化发展显著促进了区域经济增长效率的提升；而胡昭玲（2007）实证表明产品生产国际分工影响生产率的大小，且影响程度与行业特性密切相关；翁媛媛等（2009）也认为产业结构单一的地区，即使专业化程度高，经济发展水平也不高。总的来说，国际分工能够提高一国的生产效率与国际竞争力，但同时也带来了风险，其对经济发展的影响与一国的产业结构息息相关。

（四）制度环境与经济发展

关于制度环境与经济发展的作用，以下两类观点获得多数学者的认可：部分学者认为好的制度环境对经济产生积极作用，戴翔、郑岚（2015）对我国区域层面的面板数据实证分析发现制度质量的完善程度对于中国攀升全球价值链具有显著的正面影响。李建军、孙慧（2016）研究发现制度质量对“丝绸之路经济带”沿线国家的经济增长有着显著促进作用。朱福林等（2016）选取了132个国家和地区的面板数据分样本、分渠道讨论了制度质量对一国经济长期增长的积极间接影响。Gyimah（2002）分析非洲国家的面板数据发现腐败能够直接或间接地减缓经济增长速度。另一部分学者则认为制度环境对经济的作用需要分情况而论，Bardhan（1997）梳理文献发现经济发展水平不同的国家，在相似的腐败水平下，其生产率和经济增长受到的影响不同。阚大学、罗良文（2010）基于36国的数据分析得出对于发达国家腐败不利于经济的发展，而发展中国家的腐败与经济发展之间则存在一种倒“U”形的关系。陈立敏等（2016）通过跨国数据的研究发现制度环境良好的国家全球价值链嵌入对国际竞争力的正向促进作用较小，而对于制度环境较差的国家，参与价值链分工对其制造业国际竞争力提升作用更加显著，也更为重要。因此，制度环境对经济发展的作用应该以各国国情为前提分析，但过度的腐败一定会抑制经济的发展。

从以上理论与实证的研究中，不难看出经济发展是多方面因素共同作用的结果，且技术创新能力、本土市场规模、国际分工专业化及制度环境四个因素间互有联系，因此本文引入fsQCA法，探索上述四个因素对经济增长的联合效应。本文的逻辑框架如图1所示。

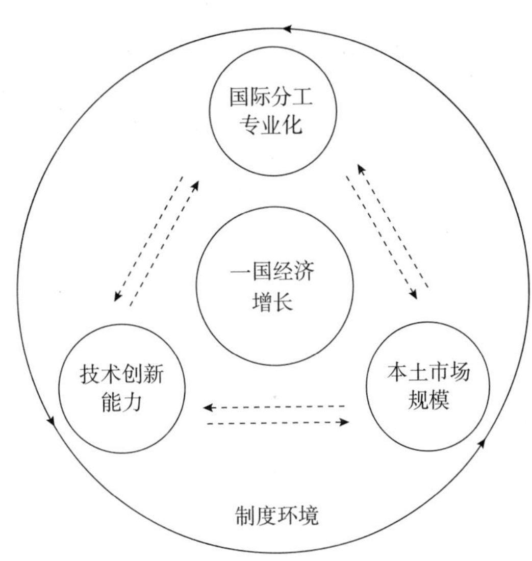

图1　逻辑框架

三、研究设计

（一）研究方法

本文使用 fsQCA 方法来分析技术创新能力、制度环境、国际分工专业化及本土市场规模四个因素如何进行组合、共同影响经济发展。本文选择 fsQCA 方法的原因有如下三点：一是传统的定量分析方法往往只考虑到了各个因素的净效应，而 QCA 则是分析多因素组合的综合作用（Rihoux and Ragin，2009），本文研究的是影响经济发展的多因素组合问题，故而 QCA 比传统的回归分析更适合探讨本文的问题。二是与其他检验组态关系的方法相比较，如因子分析等，QCA 则能够有效识别条件之间的相互依赖性、组态等效性和因果非对称性。三是清晰集定性比较分析（csQCA）使用的是二分变量（0，1），而模糊集定性比较分析（fsQCA）是对其的优化，取值为 0 到 1 之间的数值，能够更加准确地反映出实际情况，避免误差（Ragin，2000）。

（二）数据来源与样本选择

人均国民收入（采用图表集法获得）数据来源于 Wind 数据库；各国国内生产总值（CRNT，以当前价格计算的数值）数据来源于 CSMAR 数据库；全球创新指数（Global Innovation Index，GII）数据来源于世界知识产权组织（WIPO）所发布的《世界知识产权指标》（WIPI）年度报告；全球清廉指数（Corruption Perceptions Index）数据来源于透明国际（Transparency International）发布的全球清廉指数报告；进出口与中间产品进出口贸易数据来源于 COMTRADE 数据库；中间产品进出口贸易数据选取广义经济分类法（Broad Economic Classification，BEC）中的中间品贸易数据。

为分析技术创新能力、本土市场规模、国际分工专业化及制度环境对各国经济发展的组合作用及影响路径，本文选择以世界各国为样本并通过如下过程确定研究样本。首先，从 CSMAR 数据库、Wind 数据库获得 210 个国家 2017 年的国内生产总值数据与 178 个国家的人均国民收入数据，剔除数据缺失样本后可获取 172 个样本。其次，在获取全球清廉指数数据的过程中剔除萨摩亚、汤加、波多黎各等 11 个数据缺失的国家。在获取进出口及中间品进出口数据的过程中剔除乍得、刚果（金）、多米尼克、赤道几内亚等 40 个数据缺失的国家。最后，在获取全球创新指数数据的过程中剔除巴巴多斯、佛得角、冈比亚等 18 个数据缺失的国家。经上述步骤剔除数据缺失样本后，共获取了 103 个国家在 2017 年的各项数据。

（三）变量测量及校准

定性分析的方法应该遵循布尔逻辑，对获取的相关数据进行校准，使数据具有可解释性。对变量进行校准需要确定模糊集的三个隶属程度：完全隶属、中间点和完全不隶属，校准后的值在 0~1。本文根据各个变量的测量方式对五个变量进行校准，各变量的校准定位点如表 1 所示。

表 1　变量与校准

变量	校准		
	完全隶属	交叉点	完全不隶属
经济增长（eco）（美元/人）	12235	3955	1005
技术创新能力（tec）	58.7	35.8	23.45
制度环境（ins）	80	50	25
国际分工专业化（int）	0.7549195	0.5433186	0.4210266
本土市场规模（sca）（百万美元）	2481077	109176.1	9475.079

1. 结果变量

在经济发展水平的研究中，国内生产总值（范晓莉、郝寿义，2016）、人均生产总值（邵传林，2016）、人均国民收入（宋学明，1996）这些单变量以及经济增长质量指标（魏敏、李书昊，2018）等综合变量经常用来衡量一国的经济发展水平，世界银行以人均 GNI 为标准将各国划分为高收入国家、中高收入国家、中低收入国家和低收入国家，此标准更利于后续对变量的准确校准，因此本文选取人均 GNI 作为衡量经济发展水平的变量并且依据世界银行的划分标准，将划分高收入国家和中等偏上收入国家的标准（12235 美元/人）作为完全隶属的阈值，划分中等偏低收入国家和低收入国家的标准（1005 美元/人）作为完全不隶属的阈值，划分中等偏上收入国家和中等偏低收入国家的标准（3955 美元/人）作为交叉点。

2. 技术创新能力

在以往研究中多用专利数（Huang，2010；何安妮、唐文琳，2016）来衡量一个地区或国家的创新能力，但较为片面，不能准确反映一国的创新能力，本文选取全球创新指数（GII）来衡量各国技术创新能力。GII 是由世界知识产权组织、康奈尔大学、欧洲工商管理学院共同创立的，根据 80 项指标对 126 个经济体进行排名，指标体系较为全面地衡量了一个国家的创新能力（韩亮亮等，2019；高锡荣等，2017）。本文依据 Ragin（2006）、Fiss（2011）的研究方法选择样本数据的 95%、50%和 5%分位数值作为技术创新能力隶属程度的门槛值。

3. 制度环境

跨国研究一般使用全球清廉指数来衡量各国的制度环境（Jain，2001；阚大学、罗良文，2010）。全球清廉指数也叫腐败透明度感知指数，是由非政府组织“透明国际”（Transparency International）建立，反映全球各国的风险分析人员、学者及商人对世界各国腐败状况的观察和感受，透明国际将清廉指数划分为六个程度：0 分：最腐败；0~25 分：极端腐败；25~50 分：腐败比较严重；50~80 分：轻微腐败；80~100 分：比较廉洁；100 分：最廉洁。本文亦选用 CPI 指数来衡量各国制度环境的质量且根据透明国际的划分将 80 分作为完全隶属的阈值，25 分作为完全不隶属的阈值，50 分为交叉点。

4. 国际分工专业化

常见的用于衡量国际分工专业化的指标有 Hummels 等（2001）提出的垂直专业化指标（Vertical Specialization，VS）、Yeats（1998）提出的进口中间品占进口总量的比重等，本文根据唐海燕、张会清等（2009）的研究，综合多种方法，以中间品的进出口贸易额占进出口贸易总额的比重作为衡量国际分工专业化的指标。国际分工专业化的隶属程度门槛值同技术创新能力相同，选用 Ragin（2006）、Fiss（2011）研究中使用的样本数据的 95%、50%和 5%分位数值作为门槛值。

5. 市场规模

在跨国研究中，常用人口数来衡量一国的本土规模（黄玖立、李坤望，2006），但不同国家国民的购买能力差距较大，使用人口数量来衡量会产生较大误差，本文根据 Weder 的研究，选用国内生产总值加上进口额减去出口额来表示一国的本土市场规模。国内生产总值数据来源于 Wind 数据库，进出口贸易数据来源于 COMTRADE 数据库，且本土市场规模的校准亦选用样本数据的 95%、50%和 5%分位数值作为隶属程度的门槛值。

四、研究结果

（一）单个条件的必要性分析

本文首先检验单个变量对经济发展的一致性与覆盖度，以此来确定该因素是否为经济发展的必要条件。将校准后的数据通过 fsQCA 进行必要条件分析，一致性是衡量单个因素是否具有必要性的重要标准，当一致性水平大于 0. 9 时，则可认为该因素是经济发展的必要条件（Ragin，2008）。由表 2 可知，所有因素的一致性均不超过 0. 9，因此，技术创新能力、制度环境、国际分工专业化及本土市场规模四个因素皆不满足必要性条件，这说明上述四个因素对经济发展的独立解释能力较差，应该对这些因素的组合能力进行进一步的分析，来寻找促进经济发展的优化路径。

表 2　单个条件的必要性检验

变量	经济增长		变量	经济增长	
	一致性	覆盖度		一致性	覆盖度
tec	0. 713014	0. 953375	int	0. 497812	0. 701769
~tec	0. 429384	0. 568806	~int	0. 623869	0. 786319
ins	0. 632039	0. 971518	sca	0. 536329	0. 897242
~ins	0. 488474	0. 573189	~sca	0. 588853	0. 650653

（二）真值表

在对条件组合进行分析之前，应构建模糊真值表，本文根据 Ragin 的研究，将一致性阈值设定为 0. 8，案例阈值设定为 1。精简后的真值如表 3 所示，可以得出各因素的组合及结果都符合逻辑与事实。

表 3　变量的模糊真值

Sca	Ins	Tec	Int	Number	Eco
1	1	1	0	16	1
0	1	1	0	8	1
1	1	1	1	10	1

续表

Sca	Ins	Tec	Int	Number	Eco
1	0	1	0	3	1
0	1	0	0	1	1
0	1	0	1	3	1
0	0	1	0	4	1
1	0	1	1	5	1
0	0	1	1	5	1
1	0	0	0	2	1
1	0	0	1	13	1
0	0	0	0	18	0
0	0	0	1	15	0

（三）条件组态的充分性分析

利用 fsQCA 对模糊真值表进行标准分析（Standard Analysis），从而得到三种解：复杂解、精简解和中间解。其中复杂解（Complex Solution）构型过多，精简解（Parsi-Monious Solution）过于简化，因此根据以往研究（Fiss，2011），本文选择使用中间解（Intermediate Solution）并以精简解辅助，来呈现促进经济发展的多重路径。同时存在于中间解和简约解的条件为核心条件，仅存在于中间解的条件为非核心条件，结果如表 4 所示。

表 4　门槛值为 95%、50%、5%的组合

变量	解					
	1	2	3	4	5	6
技术创新能力（Tec）		●	●	⊗	●	
制度环境（Ins）	⊗	⊗		●		●
国际分工专业化（Int）					⊗	⊗
本土市场规模（Sca）	●		●	⊗		⊗
一致性	0. 846277	0. 907393	0. 955569	0. 94029	0. 966125	0. 9636
原始覆盖度	0. 308433	0. 33309	0. 470674	0. 245842	0. 520134	0. 351474
唯一覆盖度	0. 0579224	0. 0121097	0. 0552962	0. 0179457	0. 0310767	0. 00320977
总体解的一致性	0. 900338					
总体解的覆盖度	0. 738109					

注：●表示核心条件存在，⊗表示核心条件缺席，●表示辅助条件存在，⊗表示辅助条件缺席，“空格”表示该条件可存在亦可缺席。

表中呈现出六条路径。综合来看，总体的一致性达到 0. 9，且覆盖度达到 0. 738。核心条件主要为技术创新能力、制度环境及本土市场规模，其中技术创新能力作为核心条件存在于三条路径中，而且三条路径一致性和覆盖度在六条路径中皆占前四位，由此可见技术创新能力对经济发展的重要性。根据其核心条件的存在情况，本文将这六条路径总结为四种组合类型，并以发展程度①及国土面积②为标准将各国分类进行分析，表5根据上述分析结果，形成路径组合的视图、总结案例特点，以便于理解和比较。

表5 组合路径视图

组合路径视图	样本	特点
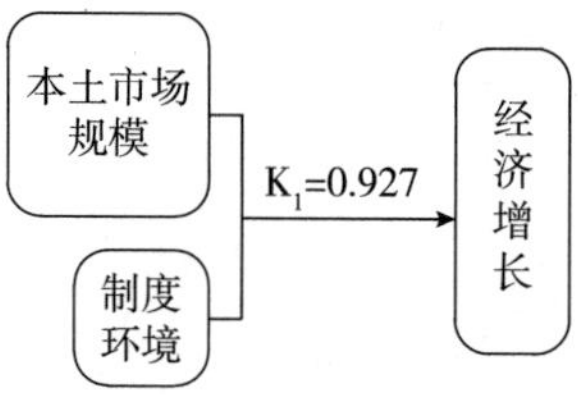 本土市场规模 制度环境 K_1=0.927 经济增长	路径一（sca×~ins）： 巴西（0.83，0.85），俄罗斯（0.82，0.87），墨西哥（0.78，0.86），印度（0.77，0.1），中国（0.75，0.84），印度尼西亚（0.75，0.39），土耳其（0.71，0.93），阿根廷（0.63，0.97），伊朗（0.59、0.63），尼日利亚（0.58，0.13），巴基斯坦（0.57，0.08），菲律宾（0.57，0.42），南非（0.56，0.63），哥伦比亚（0.56，0.67），马来西亚（0.56，0.89），埃及（0.54，0.28），希腊（0.53，0.99），越南（0.53，0.14），罗马尼亚（0.53，0.9），秘鲁（0.53，0.68）	
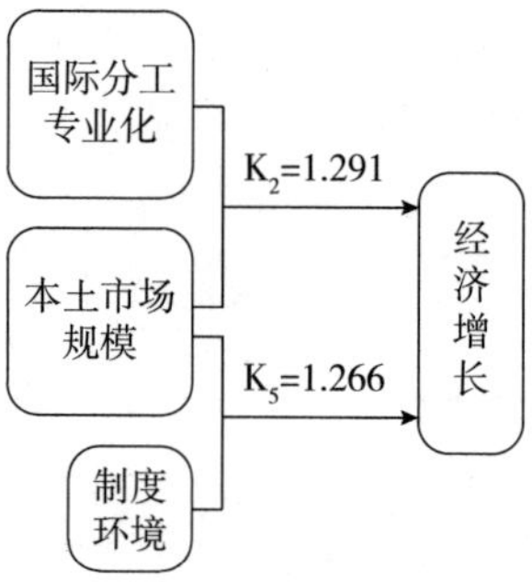 国际分工专业化 本土市场规模 制度环境 K_2=1.291 K_5=1.266 经济增长 R_2=1.276	路径二（~ins×tec）： 中国（0.75，0.84），保加利亚（0.7，0.8），匈牙利（0.65，0.96），土耳其（0.6，0.93），俄罗斯（0.6，0.87），马来西亚（0.59，0.89），越南（0.58，0.14），黑山（0.57，0.78），希腊（0.56，0.99），罗马尼亚（0.56，0.9），乌克兰（0.56，0.15），蒙古（0.54，0.32），摩尔多瓦（0.53，0.2），克罗地亚（0.53，0.96），意大利（0.51，1），斯洛伐克（0.51，0.99），科威特（0.51，1） 路径五（tec×~int）： 丹麦（0.95，1），新西兰（0.9，1），冰岛（0.89，1），爱沙尼亚（0.88，1），美国（0.87，1），荷兰（0.85，1），西班牙（0.83，1），瑞典（0.83，1），塞浦路斯（0.81，1），法国（0.81，1），英国（0.81，1），拉脱维亚（0.76，0.98），德国（0.75，1），意大利（0.74，1），阿联酋（0.73，1），爱尔兰（0.71，1），立陶宛（0.67，0.98），芬兰（0.66，1），卢森堡（0.65，1），克罗地亚（0.63，0.96）	路径二覆盖的案例皆为发展中国家；而路径五覆盖案例多为发达国家或高收入国家且小国居多

① 本文综合联合国开发计划署人类发展指数、世界银行的高收入标准、国际货币基金组织发达经济体的标准、中央情报局《世界概况》中的发达经济体的标准，将英国、爱尔兰、法国、荷兰、比利时、卢森堡、德国、奥地利、瑞士、挪威、冰岛、丹麦、瑞典、芬兰、意大利、西班牙、葡萄牙、希腊、斯洛文尼亚、捷克、斯洛伐克、马耳他、塞浦路斯、美国、加拿大、澳大利亚、新西兰、日本、韩国、新加坡、以色列（共31个国家）划分为发达国家，其余国家为发展中国家。

② 世界各国领土面积排名（不含水域、殖民地）将国家划分为巨型国家（S>100万平方千米）、大型国家（50万平方千米≤S<100万平方千米）、中型国家（10万平方千米≤S<50万平方千米）、小型国家（5万平方千米≤S<10万平方千米）、超小型国家（1万平方千米≤S<5万平方千米）、微型国家（S<1万平方千米）。

续表

组合路径视图	样本	特点
本土市场规模；技术创新能力；K_3=1.286；经济增长	路径三（sca×tec）： 美国（0.97，1），英国（0.96，1），德国（0.95，1），法国（0.92，1），日本（0.92，1），中国（0.9，0.84），加拿大（0.86，1），澳大利亚（0.82，1），韩国（0.82，1），意大利（0.81，1），西班牙（0.8，1），荷兰（0.68，1），瑞士（0.66，1），瑞典（0.61，1），波兰（0.61，0.96），土耳其（0.6，0.93），比利时（0.6，1），俄罗斯（0.6，0.87），奥地利（0.58，1），阿联酋（0.57，1）	多为发达国家与新兴经济体国家
技术创新能力；制度环境；本土市场规模；国际分工专业化；K_4=1.103；K_6=1.315；经济增长；R_4=1.242	路径四（~sca×ins×~tec）： 博茨瓦纳（0.75，0.75），文莱（0.67，1），格鲁吉亚（0.58，0.45），纳米比亚（0.52，0.58） 路径六（~sca×ins×~int）： 爱沙尼亚（0.89，1），冰岛（0.89，1），哥斯达黎加（0.71，0.93），立陶宛（0.71，0.98），拉脱维亚（0.69，0.98），塞浦路斯（0.67，1），格鲁吉亚（0.65，0.45），卢森堡（0.65，1），斯洛文尼亚（0.57，1）	覆盖案例较少且多为国土面积较小的国家

注：组合路径视图中仅含核心条件。K_i=路径 i 中样本国路径值之和/路径 i 中样本国经济发展值之和，表示路径 i 对经济发展影响的大小。R_j=组合模式 j 中样本国路径值之和/组合模式 j 中样本国经济发展值之和，表示组合模式 j 对经济发展影响的大小。

类型一，以本土市场规模优势为核心促进经济发展的模式。此类组合模式包括路径一（本土市场规模作为核心条件存在，制度环境作为辅助条件缺席），该路径对经济发展的影响程度最低，覆盖的案例皆为发展中国家且无高收入国家，如巴西、南非等。以上的发展中国家普遍制度环境存在一定程度的腐败且本土市场规模较大，发展中国家的市场机制往往不够完善，在这样的情景中，腐败虽然会产生交易成本，但同时也规避了官僚体制带来的风险和时间成本，促进资源的配置效率（Leff，1964），有助于本土市场的发展与经济的增长。

类型二，以技术创新能力优势为核心促进经济发展的模式。此类组合模式包括路径二（技术创新能力作为核心条件存在，制度环境作为辅助条件缺席）与路径五（技术创新能力作为核心条件存在，国际分工专业化作为辅助条件缺席）。两条路径的核心条件都是技术创新能力，不同之处在于：路径二以制度环境作为辅助条件缺失，轻微的腐败对于发展中国家有一定促进作用，因此路径二覆盖的案例皆为发展中国家，如匈牙利、土耳其等。与样本国特点相似的路径一相比，路径二对经济发展的影响更大，这也再次验证了技术创新对于经济发展的重要性。技术创新能够通过技术成果的转化，提高产业效率升级产业结构（Saviotti and Pyka，2008）且形成资本的持续累积（豆建春等，2015），进而促进经济增长。实现技术创新的过程中集资、审核等程序都需要和公职人员沟通，通过贿赂建立好与公职人员的关系不仅能规避官僚主义和市场制度不完善给技术创新带来的诸多风险、减少时间成本（Leff，1964），更有助于技术创新的集资与获取资源（Yeh et al.，2013）。因此，对于发展中国家，低程度的腐败有利于一国的技术创新，且技术创新能力的优势和低程度的腐败也都能够促进经济的发展。路径五则以国际分工专业化作为辅助条件缺失，覆盖的案例则更多为发达国家或高收入国家且国土面积小的国家居多，如丹麦等“富裕的小国”。这些“富裕的小国”虽然在国际分工中的参与普遍较少，但其科技创新能力强且资源丰富、人口密度少，这些特殊的国情促进了其经济的发展。在路径五覆盖的案例中还出现了英法美德等大国强国，是因为使用的国际分工专业化的指标更加侧重于分工程度的测量，而英法美德等国家分工水平测度虽然不高但其在国际分工中的地位高，因此应该将其在路径五的案例中剔除。

值得注意的是，在路径一和路径二中制度环境作为辅助缺失的条件存在，但这并不等于腐败对经济发展有积极的影响。首先，制度环境的缺失只是辅助条件，起到核心作用的是本土市场规模和技术创新能力的优势。其次，两条路径中经济实现发展的样本国（经济发展指标校准后的值>0.5 的国家，共 20 个国家）里清廉指数最低为俄罗斯等国 29 分，最高为意大利等国 50 分，按照透明国际的划分并不存在极端腐败的现象，且在 37 分至 50 分的样本国达到 85%，可以看出只有较低程度的腐败才可能对经济发展起到一定的促进作用。此外，较低程度的腐败也并不是对所有经济体都有促进作用，经济水平发展较低时，低程度的腐败能在一定程度上促进经济的增长，而对于经济发展水平已经较高、市场制度完善的国家，腐败只会使经济增长降低（杨飞虎，2011）。

类型三，以本土市场规模和技术创新能力优势为核心促进经济发展的模式。此类组合模式包含路径三（本土市场规模、技术创新能力作为核心条件存在），技术创新和本土市场规模都是促进经济发展的重要因素，且两者也存在内生关系（孙晓华、李传杰，2009）。技术创新通过转化创新成果，达到产品功能的改进或创新与价格的降低，从而刺激市场需求（Schmookler，1966）；而大的市场规模也能降低技术创新的风险、吸引研发资金投入、促进技术创新的发展（Nelson and Winter，1982）。观察路径三中涵盖的案例，多为发达国家（13 个）与新兴经济体国家（4 个），且路径三对经济发展的影响力高于路径一与类型二（路径二和路径五），这说明技术创新和本土市场规模的联合作用比其中之一的净效应能够更有效地促进经济发展。因此成为综合能力优秀的强国，建立本土市场规模与技术创新能力相互促进的机制至关重要。

中国在三条路径的样本中出现，但比较三条路径赋值的大小，路径三的组合值最高且是最符合我国国情的路径，说明我国经济的发展动力来源于技术创新与市场规模的联合机制，且存在一些腐败现象，但随着改革开放的深入，市场体制逐步完善，政府管制减少，腐败的负面影响已经超过了正面影响（阚大学、罗良文，2010），因此腐败只会抑制我国经济的发展。

类型四，以制度环境优势为核心促进经济发展的模式。此类组合模式包括路径四（制度环境作为核心条件存在，本土市场规模和技术创新能力作为辅助条件缺席）与路径六（制度环境作为核心条件存在，本土市场规模和国际分工专业化作为辅助条件缺席），两条路径的覆盖范围相较于其他路径较小（共 13 例），其共同特点在于案例多为国土面积较小的国家，这些国家更多地关注于国内的民生，较人口多、国土面积广的国家相比，也能更有效地避免腐败行为。例如博茨瓦纳，虽然本土市场规模小、创新能力不强，但博茨瓦纳在非洲是最不腐败的国家，也是经济发展水平较高的国家。

（四）稳健性检验

结果稳定性的检验选取 Ragin（2006）提出的其中一种方法：在变量校准时采用不同的门槛值检验结果稳健性。本文将技术创新能力、国际分工专业化及本土市场规模的完全隶属和完全不隶属的门槛值从 5%、95%调整为 10%、90%与 25%、75%，并重新进行校准与分析，得到结果如表 6、表 7 所示，可以看出重新校准后的组合路径与原结论差距甚微，因此本文的分析结果满足稳健性。

表 6　门槛值调整为 90%、50%、10%后的组态

变量	解					
	1	2	3	4	5	6
技术创新能力（Tec）		●	●	⊗	●	
制度环境（Ins）	⊗	⊗		●		●
国际分工专业化（Int）					⊗	⊗
本土市场规模（Sca）	●		●	⊗		⊗
一致性	0. 83275	0. 908537	0. 957722	0. 936396	0. 967519	0. 958504
原始覆盖度	0. 312372	0. 326087	0. 485848	0. 231981	0. 4911	0. 306682
唯一覆盖度	0. 0666764	0. 0118179	0. 073096	0. 0198425	0. 0252407	0. 002918
总体解的一致性	0. 895153					
总体解的覆盖度	0. 759848					

注：●表示核心条件存在，⊗表示核心条件缺席，●表示辅助条件存在，⊗表示辅助条件缺席，“空格”表示该条件可存在亦可缺席，“*”表示与原始结论有差异的地方。

表 7　门槛值调整为 75%、50%、25%后的组态

变量	解					
	1	2	3	4	5	6
技术创新能力（Tec）		●	●	⊗	●	
制度环境（Ins）	⊗	⊗		●		●
国际分工专业化（Int）	⊗*				⊗	⊗
本土市场规模（Sca）	●		●	⊗		⊗
一致性（consistency）	0. 890244	0. 905779	0. 964582	0. 913044	0. 977361	0. 9501
原始覆盖度（raw coverage）	0. 138459	0. 272104	0. 508608	0. 171579	0. 44091	0. 208346
唯一覆盖度（unique coverage）	0. 0180917	0. 0122556	0. 123723	0. 039539	0. 0196965	0. 00204259
总体解的一致性（solution consistency）	0. 928495					
总体解的覆盖度（solution coverage）	0. 757806					

注：●表示核心条件存在，⊗表示核心条件缺席，●表示辅助条件存在，⊗表示辅助条件缺席，“空格”表示该条件可存在亦可缺席，“*”表示与原始结论有差异的地方。

五、结论与启示

（一）研究结论

本文以 103 个国家为案例样本，使用 fsQCA 检验了技术创新能力、市场规模、国际分工专业化及制度环境等多元素之间的多元组态关系对经济发展水平的影响，得到以下主要结论：

（1）经济发展是多种因素共同作用的结果，单一的某一因素不能构成经济发展的必要条件。从本文的分析结果中可以得出六条促进经济发展的路径，其中技术创新能力与本土市场规模这一组合模式覆盖范围最广，且无论是对于发达国家还是发展中国家、大国还是小国，技术创新能力都是其经济发展至关重要的因素。

（2）对于发展中国家，技术创新能力或市场规模是促进经济发展的重要因素，且在一定情景下低程度的腐败也能促进发展中国家的经济发展，但发挥核心作用的还是技术创新能力与市场规模优势。

（3）发达国家中国土面积较大国家的共同点在于：本土市场规模大且技术创新能力强。本土市场规模与技术创新能力对经济发展都有积极的促进作用，且两者能够相互作用、相互促进，形成良好的发展循环模式。

（4）发达国家中国土面积较小的国家则普遍是在制度环境和技术创新能力上更具优势。相较国土面积较大的国家，小国政府更容易对其进行管理和控制，且这些“富裕的小国”往往也十分重视技术创新能力的发展。

（二）研究贡献

与已有的经济发展相关研究对比，本文主要具有如下三个方面的研究贡献：

（1）打破传统的净效应思维，从多个影响因素的组合关联作用去探索经济发展的途径。已有的经济发展研究更多地关注单一影响因素对经济的作用机制；而本文不仅局限于单一要素的净效应，更关注多个要素的不同组合产生的联合效应对经济的影响，为寻求经济增长的路径提供了一种新思路。

（2）首次将模糊集定性比较分析（fsQCA）方法引入经济发展路径的研究中，为经济发展路径研究提供新方法与新思路。目前的研究多为定量研究和定性分析，而 fsQCA 方法则兼备定量研究与定性分析的优势，且能够进行多元素的组合分析对传统的单一净效应分析进行补充。本文首次运用 fsQCA 方法，不仅是引入一种分析技术，更是丰富了经济领域的研究方法。

（3）从全球性的视角出发，通过分析 103 个国家的跨国数据，探究了不同类型国家的经济发展路径。以往研究通常聚焦于某一国家或某一省份，通过对指定区域内的数据进行分析，探索该地区经济发展的模式；本文则选择一个更为宏观的视角，以国家为样本单位去探索经济发展的新路径。

（三）研究启示

基于上述分析与思考，得出如下启示：

（1）技术创新能力是各国竞争的焦点，无论一国发展程度与国土大小如何，都应该加大对创新的投入，提高对创新成果的转换能力，健全相关对创新的支持制度与监管制度，形成创新能力优势，增强自身的国际竞争力，抢占先机获取经济增长点，实现经济的稳定发展。

（2）对于国土面积较大的国家，应该利用自身规模的优势扩大本土市场规模。想要成为强国，扩大本土市场规模还远远不够，更应该提升本国的技术创新能力，形成本土市场规模促进创新能力提升、技术创新刺激本土市场规模扩大的良性循环，最终促进经济的高质量发展。

（3）对于国土面积较小的国家，则应该利用自身特殊的国情提高政府管理的质量、聚焦于国内民生。此外应该注重技术创新能力的提升，形成经济稳定增长的动能。

（4）我国应该加强技术创新，立足于本土市场的巨大需求，构建自主的价值链、价值体系。与美国等的经贸摩擦加大了我国外部交易成本，国外市场受到影响，扩大本土市场规模有助于经济发展的稳定性。我国在坚持创新驱动方针和供给侧改革的同时，应该关注市场需求，避免出现技术创新与市场需求脱节，充分发挥技术创新与本土市场规模的联动作用，实现我国经济稳定持续的发展，突破经济发展的瓶颈。

（四）不足之处与未来展望

本文仍存在一些不足和值得进一步展开探索的地方：

（1）本文研究中选用的影响经济发展的因素来源于多个经典理论且已经过不少研究检验，但仍有遗漏之处；在未来研究框架中可以引入金融市场、自然资源等影响因素，对经济发展的途径进行进一步探究。

（2）本文研究中的制度环境仅强调了腐败对于经济的影响；在未来研究中可以结合法律制度、治理效率等方面来讨论制度环境。

（3）现有的国际分工专业化的指标着重强调分工程度；在以后的研究中可以更多地探索将国际分工程度和国际分工地位相结合的指标。

参考文献

[1] Acemoglu Daron, Linn Joshua. Market size in innovation: Theory and evidence from the pharmaceutical Industry [J]. Quarterly Journal of Economics, 2004, 119 (3): 1049-1090.

[2] Arrow K. The economic implication of learning by doing [J]. Review of Economic Studies, 1962 (29): 155-173.

[3] Bardhan P. Corruption and development: A review of issues [J]. Journal of Economic Literature, 1997, 35 (3): 1320-1346.

[4] Charles C. Ragin. The comparative method: Moving beyond qualitative and quantitative strategies [M]. Chicago: University of California Press, 1987.

[5] Charles C. Ragin. Fuzzy-Set social science [M]. Chicago: The University of Chicago Press, 2000.

[6] Charles C. Ragin. Set relations in social research: Evaluating their consistency and coverage [J]. Political Analysis, 2006, 14 (3): 291-310.

[7] Charles C. Ragin. Redesigning social inquiry: Fuzzy sets and beyond [M]. Chicago: University of Chicago Press, 2008.

[8] Feenstra R C. Integration of trade and disintegration of production in the global economy [J]. Journal of Economic Perspectives, 1998, 12 (4): 31-50.

[9] Fiss P C. Building better casual theories: A fuzzy set approach to typologies in organizational research [J]. Academy of Management Journal, 2011, 54 (2): 393-420.

[10] Grossman G, Helpman E. Innovation and growth in the world economy [M]. Cambridge, MA: MIT Press, 1991.

[11] Gyimah Brempong K. Corruption, economic growth, and income inequality in Africa [J]. Economics of Governance, 2002, 3 (3): 183-209.

[12] Huang K G. Intellectual property. China's innovation landscape [J]. Science, 2010, 329 (5992): 632.

[13] Hummels D L, Ishii J, Yi K M. The nature and growth of vertical specialization in world trade [J]. Journal of International Economics, 2001, 12 (54): 75-96.

[14] Jain A K. Corruption: A review [J]. Journal of Economic Surveys, 2001, 15 (1): 71-121.

[15] Leff N H. Economic development through bureaucratic corruption [J]. The American Behavioral Scientist, 1964, 8 (3): 8-14.

[16] Nelson R, Winter S. An evolutionary theory of economic change [M]. London: The Belknap Press of Harvard University Press, 1982.

[17] Rihoux D B and C C Ragin. Configurational comparative Methods: Qualitative comparative analysis (QCA) and related techniques [M]. Thousand Oaks, QCA: Sage, 2009.

[18] Saviotti P P, Pyka A. Productvariety, competition andeconomic growth [J]. Journal of Evolutionary Economics, 2008, 18 (3): 323-347.

[19] Schmookler J. Invention and economic growth [J]. The Economic History Review, 1966, 20 (1): 135.

[20] Schumpeter Joseph A. The theory of economic development [M]. Cambridge, MA: Harvard University Press, 1934.

[21] Smith Adam. An inquiry into the nature and causes ofthe wealth of nations [M]. New York: Random House, 1937.

[22] Weder R. Comparative home-Market advantage: An empirical analysis of British and American exports [J]. Review of World Economics, 2003, 139 (2): 220-247.

[23] Yeats A J. Just how big is global production sharing? [M]. New York: Oxford University Press, 2001.

[24] Yeh Y, Shu Pand Chiu S. Political connections, corporate governance and preferen tial bank loans [J]. Pacific-Basin Finance Journal, 2013, 21 (1): 79-101.

[25] 蔡礼辉，朱磊，任洁. 地区市场规模、出口开放与产业增长——一个新经济地理模型分析 [J]. 西南民族大学学报，2019 (4): 102-110.

[26] 陈健，刘海燕. 产品内国际分工与区域经济增长效率——专业化视角的研究 [J]. 中国经济问题，2013 (2): 76-82.

[27] 陈立敏，周材荣，倪艳霞. 全球价值链嵌入、制度质量与产业国际竞争力——基于贸易增加值视角的跨国面板数据分析 [J]. 中南财经政法大学学报，2016 (5): 118-160.

[28] 代谦，何祚宇. 国际分工的代价：垂直专业化的再分解与国际风险传导 [J]. 经济研究，2015 (5): 20-34.

[29] 戴翔，郑岚. 制度质量如何影响中国攀升全球价值链 [J]. 国际贸易问题，2015 (12): 51-63.

[30] 豆建春，冯涛，杨建飞. 技术创新、人口增长和中国历史上的经济增长 [J]. 世界经济，2015 (7): 143-164.

[31] 范晓莉，郝寿义. 创新驱动下规模经济与经济增长的动态关系研究——基于新经济地理学视角的解释 [J]. 西南民族大学学报（人文社科版），2016 (4): 116-122.

[32] 高锡荣，罗琳，张红超. 从全球创新指数看制约我国创新能力的关键因素 [J]. 科技管理研究，2017 (1): 15-20.

[33] 郭凯，付浩. 技术创新视角下的中国经济增长质量——基于中国 2000—2016 年样本数据 [J]. 科技管理研究，2019 (3): 58-62.

[34] 黄玖立，李坤望. 出口开放、地区市场规模和经济增长 [J]. 经济研究，2006 (6): 27-38.

[35] 韩亮亮，佟钧营，马东山. 经济政策不确定性与创新产出——来自 21 个国家和地区的经验证据 [J]. 工业技术经济，2019，38 (1): 13-20.

[36] 何安妮，唐文琳. 金融结构对国家自主创新能力的影响——基于跨国面板数据的分析 [J]. 当代经济研究，2016 (5): 65-70.

[37] 胡昭玲. 产品内国际分工对中国工业生产率的影响分析 [J]. 中国工业经济，2007 (6): 38-45.

[38] 阚大学，罗良文. 腐败与经济增长的关系实证研究——基于多国面板数据的分析 [J]. 经济管理，2010 (1): 26-32.

[39] 李建军，孙慧. 制度质量对丝绸之路经济带沿线国家经济增长作用——基于全球价值链视角的实证分析 [J]. 国际经贸探索，2016 (10): 44-56.

[40] 李学林，陈晓一，刘碧辉. 熊彼特创新与创新驱动型经济增长方式的运行机制研究 [J]. 商业经济研究，2017 (21): 176-178.

[41] 邵传林. 中国式分权、市场化进程与经济增长 [J]. 统计研究，2016 (3): 63-71.

[42] 宋学明. 中国区域经济发展及其收敛性 [J]. 经济研究，1996 (9): 38-44.

[43] 孙晓华，李传杰. 需求规模与产业技术创新的互动机制——基于联立方程模型的实证检验 [J]. 科学

学与科学技术管理，2009（12）：80-85.

［44］唐海燕，张会清. 产品内国际分工与发展中国家的价值链提升［J］. 经济研究，2009（9）：81-93.

［45］魏敏，李书昊. 新常态下中国经济增长质量的评价体系构建与测度［J］. 经济学家，2018（4）：19-26.

［46］翁媛媛，高汝熹，饶文军. 地区专业化与产业地理集中的比较研究［J］. 经济与管理研究，2009（4）：39-46.

［47］向明，杨志宁. 市场规模、经济结构与经济增长——论东亚一体化的必然性［J］. 商业研究，2003（4）：54-57.

［48］严波，周怀峰，董健等. 本土市场规模影响技术创新的途径：一个理论分析框架［J］. 科技管理研究，2018（5）：22-28.

［49］杨飞虎. 公共投资中的腐败问题与经济增长——基于中国 1980~2008 年的实证分析［J］. 经济管理，2011（8）：162-169.

［50］张燕. 技术创新对工业经济增长的贡献研究——基于不同的工业化发展阶段［J］. 技术经济与管理研究，2017（6）：25-29.

［51］朱福林，王晓芳，姚海棠等. 制度质量、国际研发溢出与长期经济增长——基于跨国面板数据分位数回归的经验研究［J］. 经济与管理研究，2016，37（12）：3-11.

国有股权与 CSR 响应：效率与制度视角的结合

徐二明[1]　李维光[2]

（1. 汕头大学商学院，广东汕头　515063；

2. 中国人民大学商学院，北京　100872）

［摘　要］企业社会责任（CSR）体现出一种效率逻辑与制度逻辑的交互作用。结合这两种视角，本文探讨和检验了由国有股权资源优势属性形成的资源张力与身份标定属性形成的规范压力，共同构成的 CSR 响应影响。以中国 A 股上市企业 2008~2014 年的 CSR 报告为依据，研究结果表明，国有股权与 CSR 响应之间呈现“U”形关系，而不是正向或负向的单向影响；作为身份标定属性影响的内部支持来源，董事会成员的政府工作经验导致这一曲线的位置向左移动；而作为市场机制发展和外部制度压力的体现，市场化程度则导致曲线的形状更加平缓。从两种逻辑交互作用的观点出发，本文更完整地阐述了国有股权对 CSR 响应的作用机制和影响效果，不仅拓展了对 CSR 响应异质性和国有股权影响的理解，而且对有效推进国企混合所有制改革与强化国有股权社会响应引领功能有着较好的实践启示。

［关键词］国有股权；社会责任响应；效率逻辑；制度逻辑

一、引言

企业社会责任（Corporate Social Responsibility，CSR）是战略管理的重要议题。近些年来，随着相关的理念开始扩展到包括中国在内的许多国家，越来越多的企业正在采取多种形式的实践，积极参与解决就业、污染等社会和环境问题（Wang et al.，2016）。众多国内外学者也从不同的理论视角探究了社会责任的决定因素、作用机制以及影响（Chin et al.，2013；Flammer and Luo，2017；肖红军和张哲，2016；胡杨成和邓丽明，2013）。但是，在“为什么有些企业会比其他企业更可能响应社会责任”“在什么条件下企业更可能响应社会责任”等问题上，现有的研究却仍然关注不足，还没有能够很好地解释社会责任的异质性现象（Gupta et al.，2017）。

国有股权是影响企业行为的重要因素之一（James and Vaaler，2018；Greve and Zhang，2017）。针对“国有股权如何影响社会责任”这一问题，目前以中国为情境的研究进行了有益的探讨，然而结论却不一致。Lau 等（2016）发现，在社会响应引领者的规范压力作用下，国有股权会提高企业的社会绩效；Luo 等（2017）发现，为了获得和提高组织正当性，有国有股权的企业会更快速地响应社会责任。不过，Zhang 等（2010）发现，受提高利润动机的影响，国有企业反而比私有企业的慈善捐赠更少；Marquis 和 Qian（2014）也指出，为了弥补资源获取时的地位劣势，私有企业响应社会责任的可能性更高。这些矛盾性的结果表明，需要更好地把握国有股权对社会责任的影响机制，进一步探索两者之间的关系（Lau et al.，2016）。

研究指出，社会责任既受效率逻辑（Flammer and Luo，2017；肖红军和张哲，2016），也受制度逻辑的影响（Balmer et al.，2007；胡杨成和邓丽明，2013）。产生以上分歧的原因可能在于现有的研究只是探求了单一逻辑的作用：部分学者关注于效率机制（Marquis and Qian，2014；Zhang et al.，2010），而其他学者则聚焦于制度机制（Lau et al.，2016；Luo et al.，2017）。基于此，本文将结合效率与制度视角，通过探究国有股权对CSR响应的影响，推进对国有股权的社会责任作用的认识。文中提出，国有股权具有资源优势和身份标定的双重属性，可以通过效率和制度两种机制同时作用于社会责任：资源优势属性关系到效率逻辑，而身份标定属性则聚焦于制度逻辑。虽然资源优势属性形成的资源张力会降低CSR响应，但身份标定属性产生的规范压力却会提高响应倾向，两者交互导致国有股权与CSR响应呈现"U"形关系。考虑到这一关系还依赖于企业的内外部因素，本文还进一步探讨了政府工作经验和市场化程度的权变作用。文中提出，政府工作经验为国有股权身份标定属性的影响提供了内部的支持来源，市场化程度则是市场机制发展和外部制度压力的体现，两者会导致不同类型的调节效应。

本文主要在三个方面做出了贡献：首先，加深了对国有股权的认识。文中强调指出，国有股权具有资源优势和身份标定的双重属性，可以通过不同作用机制共同构成对企业行为的复杂影响，深化了对"国有股权如何影响组织战略和行为"（Pearce et al.，2009）的理解。其次，拓展了社会责任的研究。文中国有股权与CSR响应之间"U"形关系的发现，揭示了社会责任结果异质和动机异质的双面性；政府工作经验和市场化程度产生的异质类型的权变作用，则补充了以往的研究中关于情境嵌入影响的结论。这都丰富和完善了社会责任的文献。最后，本文结合效率与制度视角，不仅为国有股权对社会责任的影响提供了更完整的解释框架，而且凸显了不同理论机制对企业行为的综合作用，推动了理论间的整合。

二、文献回顾与研究假设

（一）文献回顾

（1）效率逻辑、制度逻辑与社会责任。组织行为是多重逻辑作用结果的观点已经被学者们共识（Almandoz，2014；Besharov and Smith，2014；Pache and Santos，2010）。综合Simon（1947）以及Thornton和Ocasio（1999），组织行为逻辑可以理解为是社会建构的、用以指导评价组织行为的假设、价值观和思想信念。它塑造和约束了组织目的，使组织将注意力聚焦于特定的问题（Thornton and Ocasio，1999），给出了解释和选择解决问题的行动方案的框架（Thornton et al.，2012）。由于每一种逻辑都有各自定义的行为本质和动机（梁强和徐二明，2018），而且不同逻辑"并不是一个连续光谱的两端，而是正交关系"（Almandoz，2014：456），并存的多重逻辑或冲突或协调地共同决定了行为结果（Besharov and Smith，2014）。

现有的研究指出，社会责任取决于两种逻辑：效率逻辑和制度逻辑（Aguinis and Glavas，2012；Chiu and Sharfman，2011）。效率逻辑将组织视为追求利润最大化的实体，强调"组织是经济意图的，其结构、体系和政策设计是为了实现这一目的"（Townley，2008：27）。因此，在效率逻辑下，社会责任被认为是实现经济绩效的手段（Chiu and Sharfman，2011）。例如，Flammer

和 Luo（2017）指出，社会责任是企业提高员工参与度、减少工作中不良行为的战略工具；肖红军和张哲（2016）也指出，社会责任是企业向公共主体寻求权力租和经济租的寻租行为。受获取资源、追求机会或避免损失等动机的驱使，社会责任决策将取决于组织从中受益的程度。例如，Marquis 和 Qian（2014）指出，帮助企业克服资源劣势的能力越强，企业响应社会责任的可能性会越高；Zhang 等（2010）发现，对利润的贡献越大，企业的慈善捐赠越多。反过来，这些研究也表明，社会责任产生效益的减少将会削弱企业对它的偏好，致使履行社会责任的倾向降低。

制度逻辑则以组织正当性为核心，强调制度要素"通过提供适当的行为、角色、惯例和脚本，定义了行为者的本质和他们的行为能力"（Townley，2008：107），无关乎可获得的经济利益。因而，在制度逻辑下，社会责任被认为是满足制度要素期望的手段（Chiu and Sharfman，2011）。例如，Balmer 等（2007）指出，履行社会责任是出于满足企业伦理身份下对正确事情的认知；胡杨成和邓丽明（2013）指出，响应社会责任是企业柔性文化的内在要求。受寻求身份认同、价值观一致等动机的驱使，社会责任决策将取决于它与制度期望契合的程度。例如，Chin 等（2013）发现，与高管价值观的符合度越高，企业对社会责任的感知和情感倾向越积极；Gupta 等（2017）也发现，越能满足组织观念形态的诉求，企业履行社会责任的水平越高。这也表明，即使将导致资源的次优利用，由社会责任与制度期望匹配程度的提高而引起的偏好增强，仍然会致使企业履行社会责任的倾向更高。

特别是，已有研究还探讨了效率逻辑与制度逻辑对社会责任的交互作用。例如，Dowell 等（2017）发现，出于高成本低回报的考虑，在与规范期望一致的情况下，企业也可能会降低采用环保实践的可能性；Berrone 等（2010）则发现，基于身份和价值观的要求，即使不能带来更高的效益，企业还是会投入更多资源履行社会责任。虽然没有考虑到同一因素可能会同时通过两种逻辑作用于社会责任，但是这些综合多重逻辑的研究依然表明，只是关注单一逻辑的作用可能会错误地简化组织决策的复杂性，导致偏见的社会责任理解。

（2）国有股权。国有股权是国家或政府持有的股权比例（James and Vaaler，2018）。通过作用于行为意愿和能力，它能够对企业的创新、并购和对外直接投资等产生重要影响（Pearce et al.，2009）。从企业来看，这种影响可以来源于国有股权的资源优势属性（Marquis and Qian，2014；Zhou et al.，2017）和身份标定属性（Delios et al.，2006；Goldeng et al.，2008）两个方面：

一方面，国有股权具有资源优势属性。资源优势是指国有股权带来的资源获取时有利地位（Marquis and Qian，2014）。资本、劳动力等要素市场的不发达以及经济法律体系的不完善，约束了企业获取资源的渠道和能力，限制其生存发展（Zhou et al.，2017）。通过国有股权与国家关联是克服这一问题的重要方式。由于国家是企业所需资源的重要提供者，掌握和控制了许多关键的商业机会和资源，有国有股权的企业可以在商业许可、企业补贴、税收优惠以及基础设施使用方面获得额外支持（Zhang et al.，2016）。这能够帮助企业塑造良好的商业环境（Marquis and Qian，2014），降低资源的获取成本（罗宏和秦际栋，2019），赢得更多的商业机会以及建立和维持竞争地位（Wang et al.，2018）。

另一方面，国有股权还具有身份标定属性。身份标定是指国有股权产生的身份塑造效应，可以影响企业如何感知、评估和响应环境刺激（Goldeng et al.，2008）。作为国家关于提高就业水平、维持经济稳定和促进社会和谐发展等规范期望的携带者和传递者，国有股权构成了企业身份的关键特征（Delios et al.，2006）。它促进了以组织公民意识为基础的要素在企业身份认知中核心性的提升，由此形成和强化的集体身份导向（Brickson，2005），不但会直接影响企业的行为偏好与信念，还可以通过"过滤机制"间接影响企业的信息搜寻、认知和解释，进一步限定行为选择的范围（Chin et al.，2013）。

虽然资源优势属性和身份标定属性都构成国有股权影响的来源，两者作用机制的不同却会加重其影响的复杂性。研究表明，资源优势属性关系到效率逻辑，例如，Li 和 Zhang（2007）指出，国有股权形成的资源互补效应和保护效应，影响了企业的竞争优势；Xia 等（2014）发现，国有股权带来的资源效应，能够增强企业谈判和克服资源约束的能力。而身份标定属性则聚焦于制度逻辑，例如，Greve 和 Zhang（2017）发现，国有股权塑造的价值认知，会影响企业对贡献社会福利的偏好；Zhou 等（2017）也发现，国有股权产生的身份规范，提高了企业面临的来自国家的创新期望压力。这种作用机制的差异表明，国有股权可以同时通过两种逻辑作用于企业行为，忽视资源优势或身份标定属性都可能导致对其影响的片面认识。也正因为如此，本文将基于双重属性探讨国有股权如何影响 CSR 响应，以期更完整地呈现国有股权对社会责任的作用效果。

（二）研究假设

（1）国有股权与 CSR 响应。国有股权的双重属性能够形成两种同时存在却效果相反的作用力。首先，国有股权的资源优势属性会影响依赖社会责任获取资源的需求，本文将由此形成的驱动 CSR 响应的作用力称为资源张力。作为对国家关于企业应该有益于社会和生态的期望的回应，履行社会责任的行为传递了积极满足国家要求的信号，能够帮助企业获取资源、创造机会和降低交易成本（Wang et al.，2018）。但是，企业对通过社会责任获得资源的依赖性并不相同。越是缺乏其他可靠来源，企业越可能将社会责任视为获取资源的重要战略工具（Oliver and Holzinger，2008）。国有股权代表着国家的直接和实质性涉入（Pearce et al.，2009），能够为企业提供强力的支持甚至保护，使有国有股权的企业更容易获得资源和机会（Li and Zhang，2007）。这一方面增加了企业的资源获取渠道，减少了对社会责任等信号性资源来源的依赖；另一方面，由于社会责任的难以评估性和欠缺可信性（Marquis and Qian，2014），还降低了它所能带来的资源增量。由此导致的社会责任经济意义的弱化，会降低企业依靠社会责任获取资源的需求，形成负向推动 CSR 响应的资源张力，减弱企业的响应偏好（Oliver and Holzinger，2008）。随着国有股权提高能够产生更大的资源优势（Zhou et al.，2017），这种资源张力也将增强，更大地削弱企业响应社会责任的积极性。所以，资源优势属性会导致国有股权越高，CSR 响应的可能性却越低。

其次，国有股权的身份标定属性还会影响社会责任的适当性，本文将由此形成的驱动 CSR 响应的作用力称为规范压力。作为重要的制度要素之一，身份标定属性塑造的集体身份导向，定义了企业对自身定位、与内外部环境关系以及价值创造三个关键问题的认知（Brickson，2007）。第一，集体身份导向使企业将自己视为更大集体的一部分，强调最大化整体的福利（Brickson，2005），提高了对于保护和增加内外部群体利益的认同。第二，它促进了企业通过更加紧密连接的网络关系管理内外部环境（Brickson，2007），增强了对于同广泛利益相关者保持积极互动的认同。第三，它还引导企业不再只是聚焦于经济利益（Brickson，2007），增进了对于综合考虑经济绩效与社会绩效的认同。这可以提升在企业看来社会责任的目的（Chin et al.，2013）、过程（Clarkson，1995）和结果（Aguinishe and Glavas，2012）的适当性，增加企业响应社会责任的意愿和动机（Chin et al.，2013），形成正向推动 CSR 响应的规范压力（Oliver，1991）。随着国有股权提高能够产生更强的身份标定（Zhou et al.，2017；Greve and Zhang，2017），这种规范压力也将增加，进一步强化响应社会责任的吸引力。所以，身份标定属性会导致国有股权越高，CSR 响应的可能性也就越高。

特别是，由于在高国有股权下，企业社会绩效依然是资源分配的重要评价依据，国有股权提高对社会责任提供资源能力的削弱作用将不断减小（Marquis and Qian，2014）。随之形成的资源张力的递减式增加，将使在资源优势属性下，国有股权对 CSR 响应的负向影响是边际递减的。但是，因为规范压力将随着国有股权成比例变化（Greve and Zhang，2017），在身份标定属性下，国有股权对 CSR 响应的正向影响是线性的。综合来看，这两种作用效果将导致国有股权与 CSR 响应之间呈现“U”形关系（Haans et al.，2016）。由此也表明，随着国有股权的提高，它们之间关系的主导力量将由效率逻辑转变为制度逻辑。

H1：国有股权与 CSR 响应之间呈“U”形关系。即国有股权初始负向影响 CSR 响应，但超过一定程度后，正向影响 CSR 响应。

（2）政府工作经验。作为重要的社会化过程，董事会成员的政府工作经验是塑造其认知图式的来源之一，对定义什么是可接受的结果以及合适的行为方式有着重要影响（Zhang et al.，2016）。即使离开了原来的职位，这些经验形成的印记还会长期持续影响他们的思想信念和价值观念（Marquis and Tilcsik，2013）。由此形成的董事会成员的认知要素，将决定着他们对国有股权不同属性的影响提供的内部支持（Pache and Santos，2010）。

政府工作经验能够增强国有股权身份标定属性的影响。有政府工作经验的董事会成员能够更好地理解和内化国家对企业增加社会福利的期望（Greve and Zhang，2017），将企业视为满足包括社区、环境等更广泛利益相关者需求的组织（Chin et al.，2013）。因此，当存在有政府工作经验的成员时，董事会会增加对集体身份导向的认同。作为这一身份下的期望行为，董事会对社会责任将持有更积极的情感和态度，并为国有股权身份标定属性影响的实现提供更多的内部支持（Greve and Zhang，2017）。这将减少企业内部的 CSR 响应决策冲突，增加响应的资源承诺，进一步提高响应的意愿和能力（Chin et al.，2013），形成更大的规范压力。所以，在存在有政府工作经验的董事会成员的企业中，国有股权身份标定属性产生的 CSR 响应正向影响更大。

政府工作经验却不会影响国有股权资源优势属性的作用。经验与认知图式的对应性，将导致不同的经验会强化决策者对不同问题的注意以及解决方案的认可。例如，Almandoz（2014）发现，金融从业经验增强了高管对经济绩效的关注，但社区涉入经历却影响了他们对服务社会的认同；特别是，Greve 等（2017）发现，政府工作经验提高了管理者的社会福利贡献，但管理经验才是促进他们把利益创造成为首要目标的原因。这些研究表明，董事会成员基于经济绩效的认知和决策导向，并不受政府工作经验的显著影响。当存在有政府工作经验的成员时，董事会不会增强对国有股权资源优势属性影响的权力支持。由此带来的资源张力的不改变，将使在资源优势属性下的 CSR 响应倾向不发生明显变化。

综合这两种效果来看，政府工作经验会调节国有股权与 CSR 响应之间的关系，使“U”形关系曲线位置向左移动（Haans et al.，2016）。这意味着，在有政府工作经验的企业中，国有股权对 CSR 响应的正向影响出现得更早，制度逻辑也更早地成为主导力量。

H2：政府工作经验会调节国有股权与 CSR 响应之间的“U”形关系，导致曲线位置向左移动。

（3）市场化程度。市场化程度是指利用市场机制来发展经济的程度，包括市场在资源分配和产品定价等经济活动的作用、市场中介的发展以及经济法律体系的完善等（Marquis and Qian，2014；Zheng et al.，2017）。改革开放以后，我国各省份的市场化水平都在不断提高，但是省份间发展速度的差异，给不同省份的企业造成了外部环境的异质，对企业行为产生了重要影响（Zhou et al.，2017）。

市场化程度能够降低国有股权资源优势属性的影响。一方面，更高的市场化程度，可以提高市场在资源供需中的作用（任颋，2015）。市场中介的发展和经济法律制度的完善促进了商品市场和要素市场的发展，将导致企业以市场为中心的战略转向，降低它们对国家资源的依赖

（Zheng et al.，2017）。另一方面，在市场化程度更高的省份，政府对资源的分配更加以企业为中心，即不但补贴、税收等政策公平地适用于所有企业（Zhou et al.，2017），而且对资源支持对象的选择注重对经济职能和社会职能的全面评估（Wang et al.，2018）。因此，市场化程度的提高不但会缩小国有股权产生的企业间资源优势差距，还会降低国有股权对体现企业社会职能的资源来源的削弱能力。这将减小国有股权资源优势属性形成的资源张力，导致产生的 CSR 响应负向影响减弱。

市场化程度还能降低国有股权身份标定属性的影响。从外部来看，市场化程度决定着政府的财政实力和监管能力（Zheng et al.，2017）。作为推进社会责任的重要力量，市场化程度高的省份可以投入更多资源引导企业采取被期望的行为（Marquis and Qian，2014）。这将导致企业面临更加相似且趋同性更大的外部社会责任压力，降低身份等内部制度动因的作用，"为组织观念形态留下更少施加影响的空间"（Gupta et al.，2017：1023）。从内部来看，对国家资源的依赖性越高，国有股权对企业的影响越大（Xia et al.，2014）。市场化程度的提高会造成这一依赖的减少，削弱国有股权对企业集体身份导向的塑造能力。所以，市场化程度越高，国有股权身份标定属性形成的规范压力会越小，导致产生的 CSR 响应正向影响越弱。

综合这两种效果来看，市场化程度会调节国有股权与 CSR 响应之间的关系，导致"U"形关系曲线变得平缓（Haans et al.，2016）。这也表明，市场化程度的提高减弱了国有股权的影响。

H3：市场化程度会调节国有股权与 CSR 响应之间的"U"形关系，导致曲线更加平缓。

三、研究设计

（一）样本和数据

中国上市企业的社会责任报告实践很大程度上归因于国家的推动（Luo et al.，2017），它提供了验证国有股权对 CSR 响应影响的理想情境。虽然兴起于 2006 年（Marquis and Qian，2014），但是《深圳证券交易所关于做好上市公司 2008 年年度报告工作的通知》《上海证券交易所上市公司环境信息披露指引》《上海证券交易所关于做好上市公司 2008 年年度报告工作的通知》等一系列通知和指引的颁布使 2008 年成为这一实践的关键转折点（Wang et al.，2018）。所以，本文选择以 2008 年为起始年份，初始样本包含了 2008~2014 年的所有 A 股上市企业的社会责任报告。

本文采用 CSMAR、CNRDS 以及 RESSET 数据库、各省份统计年鉴、《中国分省份市场化指数报告（2016）》以及深交所/上交所官网等多个数据源构建面板数据集。CSR 报告的数据来自 CSMAR 的社会责任子库；国有股权数据主要来自 CSMAR 的治理结构子库；政府工作经验数据来自 CSMAR 的上市公司人物特征子库；其他企业层和行业层的变量数据主要来自 CSMAR、CNRDS 以及 RESSET 数据库，省份层的变量信息主要来自各省份的统计年鉴。在剔除存在异常情况和缺失值的观测后，研究最终获得了一个包含 2485 家企业共 13761 个观测的样本。其中，807 家企业进行过 CSR 报告，对应观测数为 3944 个。

（二）变量测量

（1）因变量。本文构建了一个二分变量，CSR 报告响应，作为文中的因变量。如果企业在特定年份进行了 CSR 报告，则 CSR 报告响应为 1，否则为 0。与已有研究一致（Marquis and Qian，2014；Wang et al.，2018），企业的可持续发展报告、环境责任报告均被视为 CSR 报告。考虑到在研究期内企业可能会多次进行报告，CSR 报告响应为可重复事件。

（2）自变量。本文的自变量国有股权为连续变量。由于 CSMAR 等数据库没有直接披露研究期内的国有股权数据，参照现有研究（Greve and Zhang，2017；杨兴全和尹兴强，2018），本文采用前十大股东中国有股性质的股权总和来测量国有股权。研究首先获取了每年前十大股东的股东名称和持股比例，然后根据股东名称通过年报、金融界和新浪财经等多个渠道识别股东性质（是否为国有股），最后将国有股性质股东的持股比例加总获得国有股权数据。

（3）调节变量。本文包含两个调节变量：①政府工作经验。在筛选出每年董事会成员的基础上，本文根据政治背景信息逐一识别了成员是否曾经在政府部门工作，然后汇总获得政府工作经验数据。当董事会中任意一位成员曾经在政府部门工作过，政府工作经验为 1，否则为 0。②市场化程度。参照已有研究（Banalieva et al.，2015；Zhou et al.，2017），本文通过市场化指数来测量市场化程度。《中国分省份市场化指数报告（2016）》（王小鲁等，2017）对2008~2014 年中国各省份的市场化程度进行了量化评估，为该变量提供了数据来源。

（4）控制变量。基于已有研究（Luo et al.，2017；Marquis and Qian，2014；Aguinishe and Glavas，2012；Husted et al.，2016；York et al.，2018），本文还控制了众多影响变量。①企业层控制变量：企业规模，即总资产的自然对数；企业年龄，即统计截止年份减去成立年份；冗余资源，即净利润除以总资产；机构投资者，即机构投资者的持股比例；独立董事，即独立董事数量除以董事会成员数量；外资持股，如果机构投资者中存在外资机构，则为 1；海外上市，如果在中国大陆以外的国家或地区上市，则为 1；海外销售，如果营业收入中存在海外地区收入，则为 1；营销强度，即销售费用除以总资产；CSR 报告经验，如果过去进行过 CSR 报告，则为 1；上市地点，当在深交所上市时为 1。②行业层控制变量：垄断行业，包括水的生产和供应业、电力、热力生产和供应业、燃气生产和供应业以及石油和天然气开采业；污染行业，依据生态环境部 2010 年发布的《上市公司环境信息披露指南（征求意见稿）》，污染行业包括火电、钢铁、水泥等 16 个行业。③省份层控制变量：腐败水平，定义为职务犯罪数除以公务员总人数；教育水平，即总人口中大专及以上人数比例；人口密度，即人口总数除以面积；人均 GDP，即省份 GDP 除以人口总数；环境质量，定义为废水、废气和固体废弃物总量除以人口总数；生产能耗，定义为单位 GDP 耗电量。④其他控制变量：CSR 报告企业比例，即 CSR 报告企业数除以企业总数；董事连锁企业 CSR 报告，如果任一董事连锁企业进行了 CSR 报告，则为 1；强制 CSR 报告，当被深交所/上交所要求必须进行 CSR 报告时为 1；年份虚拟变量。

（三）分析和检验方法

本文采用离散时间事件历史分析方法（Discrete-time Event History Analysis）进行数据分析。综合 Box-Steffensmeier 和 Jones（2004）以及 Haans 等（2016），本文构建的模型为：

$$\text{logit}\ h(t_{ij}) = \alpha_j \times t_j + \beta_0 + \beta_1 \times X_{ij} + \beta_2 \times X^2_{ij} + \beta_3 \times X_{ij} \times M_{ij} + \beta_4 \times X^2_{ij} \times M_{ij} + \beta_5 \times Z_{ij}$$

其中，i 表示企业，j 表示时期；$h(t_{ij})$ 为第 i 家企业在第 j 期 CSR 报告事件发生的风险；t_j 为第 j 期的时期变量；X_{ij} 为自变量，X^2_{ij} 为自变量平方项；M_{ij} 为调节变量；Z_{ij} 为控制变量；α_j，$\beta_0 \sim \beta_5$ 为系数。

由于涉及非线性模型的“U”形关系及调节效应，本文采用的假设检验方法如下：①H1 参照 Lind 等（2010），即首先，检验 β_2 是否显著为正；然后，检验样本中国有股权最小（大）值的曲线斜率是否显著为负（正）；最后，检验曲线最低点的国有股权是否在样本取值范围内。②H2 参用 Haans 等（2016），即检验 $\beta_1 \times \beta_4 - \beta_2 \times \beta_3$ 是否显著为负；同时，检验政府工作经验为 0 和 1 时对应的曲线最低点的国有股权是否存在显著差异。③H3 综合 Haans 等（2016）和 Kotha 等（2011），即首先选取两个有意义的市场化程度，计算对应的曲线最低点的国有股权 p1、p2；然后，取多个值 a 计算距离 p1、p2 为 a 的点的曲线斜率；最后，比较与 p1 和 p2 距离相同点的斜率是否存在显著差异。

考虑到《中国分省份市场化指数报告（2016）》只提供了 2008~2014 年的市场化指数数据，除市场化程度外，所有自变量和控制变量均滞后一期。文中数据分析采用稳健标准误，此外也参照 Luo 等（2017）采用了以省份为分类的标准误，结果显示基本相似。本文报告的是稳健标准误下的结果。

四、实证结果与分析

（一）描述性分析和相关性分析

本文采用 Stata 15 进行数据分析。表 1 报告了文中主要回归变量的均值、标准差以及变量间的相关系数。描述性分析结果显示，本文的数据集在国有股权、政府工作经验、市场化程度以及不同层次的控制变量上均存在较大差异，消除了样本的特异性问题，保证了实证结果的适当性。

相关性分析结果表明，CSR 报告响应与国有股权、政府工作经验、市场化程度、规模、年龄、冗余资源、机构持股、外资持股、海外上市、CSR 报告经验、污染行业、教育水平、人口密度、人均 GDP、董事连锁企业 CSR 报告、强制 CSR 报告显著正相关；与营销强度、上市地点、腐败水平显著负相关。其中，国有股权越高，CSR 报告响应可能性越大的结果也在一定程度上符合预期。

（二）假设检验

表 2 报告了模型回归结果。模型 1 仅包含控制变量，模型 2 至模型 4 分别添加自变量和两个调节变量，模型 5 包含所有变量。本文将根据模型 2 至模型 4 检验文中的假设。

（1）国有股权与 CSR 响应的“U”形关系。参照 Lind 等（2010），首先，模型 2 的结果显示，国有股权平方系数显著为正（$\beta_2=2.851$，$p<0.01$），国有股权系数显著为负（$\beta_1=-1.389$，$p<0.05$），满足“U”形关系的第一步要求。其次，本文进一步估计了样本中国有股权最小值 0 和最大值 92.19%时的曲线斜率：当为 0 时，斜率显著为负（-0.21，$p<0.05$）；当为 92.19%时，斜率则显著为正（0.94，$p<0.01$），满足第二步要求。最后，本文还估计了曲线最低点的国有股权，为 24.36%［置信区间为（16.01%，32.71%）］，位于样本的取值范围内，满足第三步要求。总结来看，H1 得到支持，图 1 显示了国有股权对 CSR 响应的影响。

（2）政府工作经验的调节效应。根据模型 3 的回归结果，本文估计得到 $\beta_1 \times \beta_4 - \beta_2 \times \beta_3$ 的值为-5.05，Wald 检验显示，显著为负（$p<0.05$）。同时，本文还估计了政府工作经验为 0 和 1 时对应的曲线最低点的国有股权：当为 0 时，值为 40.23%；当为 1 时，值为 20.27%。Wald 检验表明，两者之间存在显著差异（19.96%，$p<0.05$）。所以，H2 得到支持，图 2 显示了政府工

作经验对国有股权与CSR响应关系的调节效应。

（3）市场化程度的调节效应。在模型4中，虽然市场化程度与国有股权平方的交互项系数显著为负（$\beta_4 = -1.084$，$p<0.05$），但这“既不必要也不充分”（Haans et al.，2016）。本文首先选择市场化程度的1/4分位数和3/4分位数作为低市场化程度和高市场化程度的值，并计算对应的曲线最低点的国有股权值p1、p2，然后估计最低点两侧距离为5%，10%，15%，…，30%的点的曲线斜率。结果显示，距离p1大于5%的点的斜率均显著（至少$p<0.05$）；但是，距离p2在30%内的点的斜率均不显著（$p>0.1$）。这表明，相较于低市场化程度，高市场化程度的曲线要更加平缓（Haans et al.，2016）。所以，H3得到支持，图3显示了市场化程度对国有股权与CSR响应关系的调节效应。

（4）控制变量分析。在模型5中，与已有研究一致，企业规模、冗余资源、机构持股、CSR报告经验均具有显著正向影响，垄断行业则显著负向影响。本文还发现环境质量也有显著正向影响，表明环境的污染程度会提高企业面临的社会责任压力。

然而，本文未发现企业年龄的负向影响，可能是由于2008年之后，所有的上市企业都面临着更趋同的响应压力；外资持股、海外上市和海外销售的影响均不显著，意味着驱动中国企业响应社会责任的主要因素来自国内而不是国际；污染行业的影响也不显著，可能是因为污染行业的企业既面临更强的社会责任压力，但由于其产生的经济价值也受到更多的保护（Wang et al.，2018）。

具体到制度趋同因素，本文发现强制CSR报告有显著正向影响，CSR报告企业比例和董事连锁企业CSR报告的影响却不显著，表明导致中国企业社会责任趋同的原因可能是强制性机制而非模仿性机制（DiMaggio and Powell，1983）。

（三）稳健性检验①

为了进一步验证文中的假设，本文还进行了一系列稳健性检验。

（1）通过不同的分析方法和样本检验H1～H3：①参照Joseph等（2014），采用基于probit的离散时间事件历史模型；②排除研究期间内性质发生变化的样本，即由国有转为非国有或者由非国有转为国有的企业。检验结果显示，本文的三个假设全部得到支持。

（2）通过分样本方法检验H1。①依据Haans等（2016），基于“U”形曲线最低点的国有股权将样本分为低股权和高股权两组。结果表明，在低股权组中，国有股权存在显著负向影响；而在高股权组中，国有股权则具有显著正向影响。所以，H1得到支持。②基于企业性质将样本分为非国有和国有两组。本文期望，在非国有组中，国有股权与CSR响应呈“U”形关系；但在国有组中，由于大部分样本的国有股权较高，国有股权存在正向线性影响。结果证实了本文的期望，因此H1得到支持。

（3）通过改变测量方式检验H3：①参照Zheng等（2017）测量市场化程度，将其滞后一期纳入回归模型；②以均值加减一个标准差作为低市场化程度和高市场化程度的替代值。执行上文所述的检验过程后，本文发现H3得到支持。

① 由于篇幅限制，本文未列示稳健性检验结果，如果需求，备索。

表 1　描述性分析和相关性分析

		均值	标准差	1	2	3	4	5	6	7	8	9	10	11	12	13
1	CSR 报告响应	0.29	0.45	1.00												
2	国有股权	0.22	0.24	0.23*	1.00											
3	政府工作经验	0.89	0.31	0.07*	0.01	1.00										
4	市场化程度	7.26	1.75	0.02*	-0.16*	0.08*	1.00									
5	企业规模	21.78	1.48	0.47*	0.38*	0.11*	0.07*	1.00								
6	企业年龄	13.39	5.12	0.03*	0.04*	0.03*	0.05*	0.10*	1.00							
7	冗余资源	0.04	0.14	0.06*	-0.02*	-0.01	0.04*	0.00	-0.04*	1.00						
8	机构持股	0.26	0.23	0.24*	0.25*	0.13*	0.04*	0.31*	0.21*	0.02*	1.00					
9	独立董事	0.37	0.06	0.02	-0.07*	0.04*	0.05*	0.01	-0.04*	0.01	0.01	1.00				
10	外资持股	0.09	0.28	0.10*	0.07*	0.00	0.00	0.14*	-0.01	0.03*	0.08*	0.00	1.00			
11	海外上市	0.03	0.18	0.26*	0.17*	0.04*	0.04*	0.41*	0.02	-0.01	0.03*	0.03*	0.06*	1.00		
12	海外销售	0.50	0.50	0.00	-0.12*	0.07*	0.17*	0.01	-0.12*	0.00	-0.02*	0.01	-0.01	0.03*	1.00	
13	营销强度	0.04	0.06	-0.02*	-0.10*	0.01	0.01	-0.10*	-0.01	0.07*	0.08*	0.01	0.04*	-0.04*	0.00	1.00
14	CSR 报告经验	0.28	0.45	0.80*	0.19*	0.12*	0.03*	0.45*	0.06*	0.03*	0.26*	0.03*	0.10*	0.24*	0.03*	0.00
15	上市地点	0.55	0.50	-0.20*	-0.29*	0.02*	0.08*	-0.27*	-0.19*	0.04*	-0.21*	0.05*	-0.05*	-0.15*	0.11*	0.03*
16	垄断行业	0.26	0.44	0.02	0.03*	-0.01	-0.13*	-0.01	-0.04*	0.00	0.03*	-0.03*	0.01	0.01	0.10*	0.08*
17	污染行业	0.04	0.19	0.06*	0.19*	0.02*	-0.05*	0.14*	0.05*	-0.02	0.06*	-0.02*	0.00	0.06*	-0.16*	-0.11*
18	腐败水平	0.28	0.09	-0.02*	-0.06*	-0.01	-0.15*	-0.10*	0.06*	-0.02*	-0.01	0.00	-0.02*	-0.11*	0.03*	-0.03*
19	教育水平	0.13	0.08	0.11*	0.09*	0.05*	0.44*	0.19*	0.04*	0.02*	0.11*	0.04*	0.03*	0.14*	-0.01	0.00
20	人口密度	0.08	0.09	0.05*	0.06*	0.00	0.48*	0.09*	0.10*	0.02*	0.04*	0.00	0.02*	0.05*	-0.01	0.02*
21	人均 GDP	4.68	2.18	0.07*	-0.06*	0.10*	0.78*	0.16*	0.10*	0.03*	0.12*	0.05*	0.00	0.09*	0.11*	0.01
22	环境质量	44.83	24.77	0.00	-0.20*	0.11*	0.63*	0.05*	0.14*	0.02*	0.13*	0.06*	-0.05*	-0.02*	0.19*	0.01
23	生产能耗	0.09	0.04	-0.03*	0.02*	-0.12*	-0.47*	-0.08*	-0.09*	-0.03*	-0.07*	-0.05*	-0.01	-0.08*	-0.03*	-0.01
24	CSR 报告企业比例	0.25	0.07	-0.01	-0.08*	0.39*	0.14*	0.05*	0.13*	-0.03*	0.21*	0.06*	-0.01	0.00	0.13*	0.01
25	董事连锁企业 CSR 报告	0.67	0.47	0.11*	0.02*	0.25*	0.19*	0.21*	0.12*	0.00	0.19*	0.09*	0.00	0.06*	0.09*	0.02*
26	强制 CSR 报告	0.20	0.40	0.76*	0.29*	0.06*	0.00	0.52*	0.04*	0.05*	0.26*	0.01	0.11*	0.34*	-0.02*	-0.03*

注：* 表示 $p<0.05$。
资料来源：笔者整理。

表 1　描述性分析和相关性分析（续）

		均值	标准差	14	15	16	17	18	19	20	21	22	23	24	25	26
14	CSR 报告经验	0.28	0.45	1.00												
15	上市地点	0.55	0.50	-0.14*	1.00											
16	垄断行业	0.26	0.44	0.03*	-0.01	1.00										
17	污染行业	0.04	0.19	0.05*	-0.08*	-0.09*	1.00									
18	腐败水平	0.28	0.09	-0.02	0.04*	0.09*	0.01	1.00								
19	教育水平	0.13	0.08	0.10*	-0.13*	-0.12*	0.00	-0.55*	1.00							
20	人口密度	0.08	0.09	0.03*	-0.19*	-0.10*	-0.04*	-0.33*	0.58*	1.00						
21	人均 GDP	4.68	2.18	0.09*	-0.04*	-0.14*	-0.04*	-0.41*	0.81*	0.67*	1.00					
22	环境质量	44.83	24.77	0.05*	0.12*	-0.07*	-0.05*	0.01	0.27*	0.26*	0.61*	1.00				
23	生产能耗	0.09	0.04	-0.05*	-0.02	0.14*	-0.02*	0.16*	-0.39*	-0.29*	-0.45*	-0.20*	1.00			
24	CSR 报告企业比例	0.25	0.07	0.17*	0.07*	-0.01	0.00	-0.03*	0.10*	0.02	0.23*	0.23*	-0.19*	1.00		
25	董事连锁企业 CSR 报告	0.67	0.47	0.18*	0.01	-0.03*	0.01	0.00	0.18*	0.06*	0.28*	0.35*	-0.17*	0.41*	1.00	
26	强制 CSR 报告	0.20	0.40	0.62*	-0.30*	0.00	0.08*	-0.10*	0.14*	0.07*	0.06*	-0.07*	-0.04*	-0.04*	0.08*	1.00

注：* 表示 $p<0.05$。

资料来源：笔者整理。

表 2　国有股权对 CSR 响应的影响

	模型 1：零模型		模型 2：H1		模型 3：H2	
国有股权			-1.389**	(-2.19)	-4.027**	(-2.13)
国有股权平方			2.851***	(2.95)	5.005*	(1.69)
政府工作经验					-0.179	(-0.82)
政府工作经验×国有国权					3.003	(1.52)
政府工作经验×国有股权平方					-2.479	(-0.80)
市场化程度						
市场化程度×国有股权						
市场化程度×国有股权平方						
企业规模	0.211***	(4.60)	0.178***	(3.81)	0.177***	(3.79)
企业年龄	-0.0161*	(-1.74)	-0.0106	(-1.14)	-0.0115	(-1.23)
冗余资源	1.351***	(7.13)	1.315***	(6.90)	1.316***	(6.87)
机构持股	0.804***	(3.49)	0.778***	(3.36)	0.766***	(3.31)
独立董事	0.255	(0.39)	0.215	(0.33)	0.178	(0.27)
外资持股	-0.148	(-0.93)	-0.137	(-0.86)	-0.137	(-0.86)
海外上市	-0.359	(-0.96)	-0.295	(-0.79)	-0.298	(-0.79)
海外销售	-0.0259	(-0.27)	-0.0318	(-0.33)	-0.0238	(-0.25)
营销强度	-1.695*	(-1.93)	-1.610*	(-1.84)	-1.521*	(-1.74)
CSR 报告经验	4.721***	(45.50)	4.738***	(45.37)	4.751***	(45.03)
上市地点	-0.203**	(-2.06)	-0.184*	(-1.87)	-0.189*	(-1.92)
污染行业	-0.0454	(-0.41)	-0.0480	(-0.44)	-0.0518	(-0.47)
垄断行业	-3.697**	(-2.28)	-3.828**	(-2.17)	-3.990**	(-2.33)
腐败水平	2.550***	(4.37)	2.455***	(4.22)	2.504***	(4.33)
教育水平	0.933	(0.84)	0.727	(0.64)	0.635	(0.56)
人口密度	0.860	(1.19)	0.849	(1.17)	0.879	(1.21)
人均 GDP	0.0102	(0.17)	0.0145	(0.24)	0.0211	(0.35)
环境质量	0.0123***	(3.02)	0.0126***	(3.06)	0.0120***	(2.92)
生产能耗	-0.581	(-0.45)	-0.497	(-0.38)	-0.426	(-0.33)
CSR 报告企业比例	-4.318	(-0.31)	-4.557	(-0.33)	-4.101	(-0.29)
董事连锁企业 CSR 报告	0.112	(0.96)	0.120	(1.02)	0.100	(0.85)
强制 CSR 报告	5.349***	(26.27)	5.381***	(26.16)	5.405***	(25.85)
行业虚拟变量	已加入		已加入		已加入	
年份虚拟变量	已加入		已加入		已加入	
常数项	-9.107**	(-2.26)	-8.395**	(-2.08)	-8.344**	(-2.06)
Log likelihood	-2096.0		-2090.2		-2085.2	
Pseudo R^2	0.746		0.746		0.747	
样本数	13761		13761		13761	

续表

	模型 4：H3		模型 5：全模型	
国有股权	-6.742***	(-2.68)	-9.022***	(-2.97)
国有股权平方	10.36***	(2.74)	12.31***	(2.70)
政府工作经验			-0.153	(-0.70)
政府工作经验×国有国权			2.643	(1.37)
政府工作经验×国有股权平方			-1.895	(-0.63)
市场化程度	-0.0797	(-1.34)	-0.0752	(-1.26)
市场化程度×国有股权	0.763**	(2.23)	0.760**	(2.17)
市场化程×国有股权平方	-1.084**	(-2.06)	-1.133**	(-2.08)
企业规模	0.182***	(3.89)	0.180***	(3.87)
企业年龄	-0.0114	(-1.22)	-0.0121	(-1.29)
冗余资源	1.315***	(6.92)	1.317***	(6.89)
机构持股	0.787***	(3.39)	0.776***	(3.35)
独立董事	0.243	(0.37)	0.197	(0.30)
外资持股	-0.134	(-0.85)	-0.135	(-0.85)
海外上市	-0.329	(-0.89)	-0.335	(-0.90)
海外销售	-0.0328	(-0.34)	-0.0258	(-0.27)
营销强度	-1.659*	(-1.91)	-1.574*	(-1.81)
CSR 报告经验	4.740***	(45.34)	4.754***	(45.01)
上市地点	-0.174*	(-1.76)	-0.177*	(-1.79)
污染行业	-0.0536	(-0.49)	-0.0573	(-0.52)
垄断行业	-3.752**	(-2.17)	-3.899**	(-2.33)
腐败水平	2.379***	(4.12)	2.424***	(4.24)
教育水平	0.487	(0.39)	0.393	(0.31)
人口密度	0.745	(1.02)	0.779	(1.07)
人均 GDP	0.0354	(0.46)	0.0430	(0.56)
环境质量	0.0140***	(3.25)	0.0134***	(3.11)
生产能耗	-0.683	(-0.48)	-0.624	(-0.44)
CSR 报告企业比例	-2.665	(-0.19)	-2.356	(-0.17)
董事连锁企业 CSR 报告	0.112	(0.96)	0.0926	(0.79)
强制 CSR 报告	5.396***	(26.09)	5.418***	(25.76)
行业虚拟变量	已加入		已加入	
年份虚拟变量	已加入		已加入	
常数项	-8.535**	(-2.12)	-8.496**	(-2.10)
Log likelihood	-2087.7		-2082.9	
Pseudo R^2	0.747		0.747	
样本数	13761		13761	

注：①*表示 $p<0.1$；**表示 $p<0.05$；***表示 $p<0.01$；②括号中为 p 值。

资料来源：笔者整理。

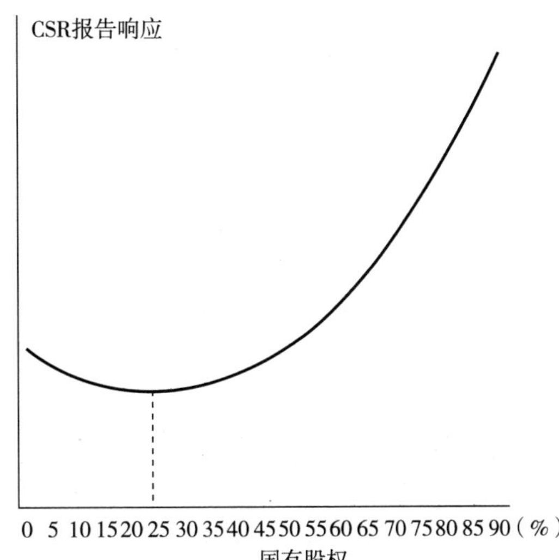

图 1　国有股权对 CSR 响应的影响

资料来源：笔者绘制。

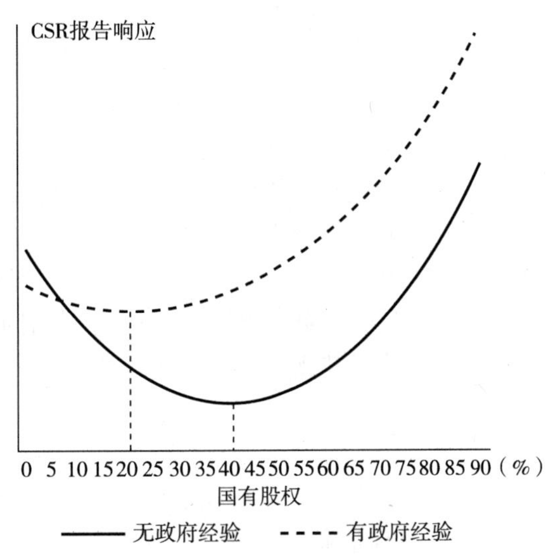

图 2　政府工作经验的调节效应

资料来源：笔者绘制。

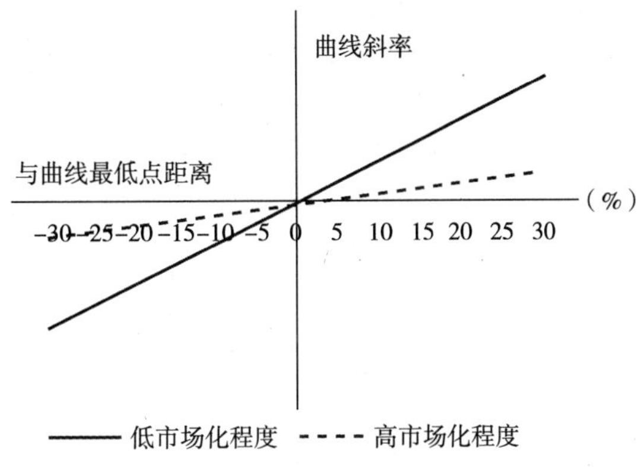

图 3　市场化程度的调节效应

资料来源：笔者绘制。

五、结论与讨论

国有股权对社会责任的影响引起了众多学者的关注，许多文献也已经对作用机制和结果进行了探讨。不同于以往的研究，本文综合考虑了在效率逻辑和制度逻辑的作用下，由国有股权资源优势和身份标定的双重属性形成的资源张力和规范压力两种作用力，如何共同推动它对 CSR 响应的影响。以 2008~2014 年中国上市企业的 CSR 报告为情境，研究发现，国有股权与 CSR 响应之间呈“U”形关系，表明存在“中间者劣势”，即较低或较高国有股权企业的 CSR 响应都要好于中间企业。进一步研究发现，政府工作经验会导致国有股权与 CSR 响应关系曲线的位置向左移动，意味着国有股权的正向影响会在更低国有股权的企业中开始发生；而市场化程度则使这一曲线的形状更加平缓，因此市场化程度越高，国有股权的影响越小。

本文具有重要的理论意义和实践意义。理论上，通过结合效率逻辑和制度逻辑，本文为国有股权对社会责任的影响构建了一个更全面的解释框架。一方面，加深了对国有股权资源优势和身份标定双重属性的复杂影响以及作用机制的认识，更完整地展现了国有股权对企业行为的影响效果；另一方面，区别于已有的研究中国有股权与社会责任之间正向或负向的单向关系的结论，文中“U”形关系以及政府工作经验与市场化程度作用的发现，呈现了一幅超越线性的曲线图像，拓展了对社会责任异质性及其权变因素的理解。特别是，曲线左半边受效率逻辑主导而右半边却被制度逻辑主导的理论化和实证验证表明，社会责任的异质性可以体现在行为结果和行为动机两个方面。这回应了 Kennedy 和 Fiss（2009）的“行为趋同既可能出于经济动机，也可能源于制度动机”，以及 Zhang 等（2016）的“驱动私有企业捐赠的动因与驱动国有企业的存在很大差异”的观点，是对既有研究中“社会责任异质性来源于同一动因上程度差异”这一隐含假设的修正和补充。

实践上，本文对如何有效推进国有企业混合所有制改革和强化国有股权社会响应引领功能有两点启示。首先，当前中国正处于国企混合所有制改革的重要时期，国有股权比例是关键的问题之一。不同于以往比较国有企业与非国有企业的研究，本文的结果表明，国有企业的 CSR 响应同样存在差异。因此，企业不仅需要明确非国有资本入股带来的代理成本、资源利用效率等影响，还应该认识到由此引发的社会责任影响。在选择股权结构方案时，企业有必要综合考虑可能的经济绩效和社会绩效。其次，由于“中间者劣势”问题的存在会降低国有股权对社会责任的引领功能，在推动履行社会责任上，政府需要加强对中间企业的监督管理。对此，本文的发现表明，虽然作用机制不同，但是内部增加有政府工作经验的董事会成员和外部加快提高企业所在区域的市场化程度，都可以增加这些企业响应社会责任的倾向。

本文也存在一些不足：第一，上市企业社会责任报告的情境可能会影响研究发现的普适性；第二，社会责任不仅存在着响应与否之分，还有象征性和实质性的程度差别，但是文中没有探讨这一去耦问题；第三，通过前十大股东测量国有股权的方式，可能会影响数据的准确性。未来的研究可以在这些方面进行改进或深入探究，对本文的结论作进一步的验证、补充和拓展。

参考文献

[1] Wang H L, L Tong, R Takeuchi and G George. Thematic issue on corporate social responsibility corporate social responsibility: An overview and new research directions [J]. Academy of Management Journal, 2016, 59 (2):

534-544.

[2] Chin M K, D C Hambrick and L K Trevino. Political ideologies of CEOs: The influence of executives' values on corporate social responsibility [J]. Administrative Science Quarterly, 2013, 58 (2): 197-232.

[3] Flammer C, and J Luo. Corporate social responsibility as an employee governance tool: Evidence from a Quasi-Experiment [J]. Strategic Management Journal, 2017, 38 (2): 163-183.

[4] 肖红军，张哲. 企业社会责任寻租行为研究 [J]. 经济管理，2016 (2): 178-188.

[5] 胡杨成，邓丽明. 以制造业企业为视角的组织文化与企业社会责任间的关系研究 [J]. 管理学报，2013, 10, (11): 1596-1603.

[6] Gupta A, F Briscoe and D C Hambrick. Red, blue, and purple firms: Organizational political ideology and corporate social responsibility [J]. Strategic Management Journal, 2017, 38 (5): 1018-1040.

[7] James B E, and P M Vaaler. Minority rules: Credible state ownership and investment risk around the world [J]. Organization Science, 2018, 29 (4): 653-677.

[8] Greve H R and C M Zhang. Institutional logics and power sources: Merger and acquisition decisions [J]. Academy of Management Journal, 2017, 60 (2): 671-694.

[9] Lau C, Y Lu and Q Liang. Corporate social responsibility in China: A corporate governance approach [J]. Journal of Business Ethics, 2016, 136 (1): 73-87.

[10] Luo X R, D Wang and J Zhang. Whose call to answer: Institutional complexity and firms' CSR reporting [J]. Academy of Management Journal, 2017, 60 (1): 321-344.

[11] Zhang R, Z Rezaee and J Zhu. Corporate philanthropic disaster response and ownership type: Evidence from Chinese firms' response to the Sichuan earthquake [J]. Journal of Business Ethics, 2010, 91 (1): 51-63.

[12] Marquis C and C L Qian. Corporate social responsibility reporting in China: Symbol or substance? [J]. Organization Science, 2014, 25 (1): 127-148.

[13] Balmer J M T, K Fukukawa and E R Gray. The nature and management of ethical corporate identity: A commentary on corporate identity, corporate social responsibility and ethics [J]. Journal of Business Ethics, 2007, 76 (1): 7-15.

[14] Pearce J L, R Dibble and K Klein. The effects of governments on management and organization [J]. Academy of Management Annals, 2009 (3): 503-541.

[15] Almandoz J. Founding teams as carriers of competing logics: When institutional forces predict banks' risk exposure [J]. Administrative Science Quarterly, 2014, 59 (3): 442-473.

[16] Besharov M L and W K Smith. Multiple institutional logics in organizations: Explaining their varied nature and implications [J]. Academy of Management Review, 2014, 39 (3): 364-381.

[17] Pache A C and F Santos. When worlds collide: The internal dynamics of organizational responses to conflicting institutional demands [J]. Academy of Management Review, 2010, 35 (3): 455-476.

[18] Simon H A. Administrative behavior: A study of decision-making processes in administrative organization [M]. The Macmillan Company, 1947.

[19] Thornton P H and W Ocasio. Institutional logics and the historical contingency of power in organizations: Executive succession in the higher education publishing industry, 1958-1990 [J]. American Journal of Sociology, 1999, 105 (3): 801-843.

[20] Thornton P H, W Ocasio and M Lounsbury. The institutional logics perspective: A new approach to culture, structure, and process [M]. Oxford: Oxford University Press, 2012.

[21] 梁强，徐二明. 从本体认知到战略行为偏向——制度逻辑理论评述与展望 [J]. 经济管理，2018 (2): 176-191.

[22] Aguinis H and A Glavas. What we know and don't know about corporate social responsibility: A review and research agenda [J]. Journal of Management, 2012, 38 (4): 932-968.

[23] Chiu S C and M Sharfman. Legitimacy, visibility, and the antecedents of corporate social performance: an investigation of the instrumental perspective [J]. Journal of Management, 2011, 37 (6): 1558-1585.

[24] Townley B. Reason's neglect: Rationality and organizing [M]. New York: Oxford University Press Inc., 2008.

[25] Dowell G W S, and S Muthulingam. Will firms go green if it pays? The impact of disruption, cost, and external factors on the adoption of environmental initiatives [J]. Strategic Management Journal, 2017, 38 (6): 1287-1304.

[26] Berrone P, C Cruz, L R Gomez-Mejia and M Larraza-Kintana. Socioemotional wealth and corporate responses to institutional pressures: Do family-controlled firms pollute less? [J]. Administrative Science Quarterly, 2010, 55 (1): 82-113.

[27] Zhou K Z, G Y Gao and H Zhao. State ownership and firm innovation in China: An integrated view of institutional and efficiency logics [J]. Administrative Science Quarterly, 2017, 62 (2): 375-404.

[28] Delios A, Z J. Wu and N Zhou. A new perspective on ownership identities in China's listed companies [J]. Management and Organization Review, 2006, 2 (3): 319-343.

[29] Goldeng E, L A Grunfeld and G Benito. The performance differential between private and state owned enterprises: The roles of ownership, management and market structure [J]. Journal of Management Studies, 2008, 45 (7): 1244-1273.

[30] Zhang J, C Marquis and K Qiao. Do political connections buffer firms from or bind firms to the government? A study of corporate charitable donations of Chinese firms [J]. Organization Science, 2016, 27 (5): 1307-1324.

[31] 罗宏，秦际栋. 国有股权参股对家族企业创新投入的影响 [J]. 中国工业经济，2019 (7): 174-192.

[32] Wang R, F Wijen and P P M A Heugens. Government's green grip: Multifaceted state influence on corporate environmental actions in China [J]. Strategic Management Journal, 2018, 39 (2): 403-428.

[33] Brickson S L. Organizational identity orientation, forging a link between organizational identity and organizations' relations with stakeholders [J]. Administrative Science Quarterly, 2005, 50 (4): 576-609.

[34] Li H Y and Y Zhang. The role of managers' political networking and functional experience in new venture performance: Evidence from China's transition economy [J]. Strategic Management Journal, 2007, 28 (8): 791-804.

[35] Xia J, X F Ma, J W Lu and D W Yiu. Outward foreign direct investment by emerging market firms: A resource dependence logic [J]. Strategic Management Journal, 2014, 35 (9): 1343-1363.

[36] Oliver C and I Holzinger. The effectiveness of strategic political management: A dynamic capabilities framework [J]. Academy of Management Review, 2008, 33 (2): 496-520.

[37] Brickson S L. Organizational identity orientation: The genesis of the role of the firm and distinct forms of social value [J]. Academy of Management Review, 2007, 32 (3): 864-888.

[38] Clarkson M A. Stakeholder framework for analyzing and evaluating corporate social performance [J]. Academy of Management Review, 1995, 20 (1): 92-117.

[39] Oliver C. Strategic responses to institutional processes [J]. Academy of Management Review, 1991, 16 (1): 145-179.

[40] Haans R F J, C Pieters and Z He. Thinking about U: Theorizing and testing U-and inverted U-shaped relationships in strategy research [J]. Strategic Management Journal, 2016, 37 (7): 1177-1195.

[41] Marquis C and A Tilcsik. Imprinting: Toward a multilevel theory [J]. Academy of Management Annals, 2013, 7 (1): 195-245.

[42] Zheng W, K W Singh and C Chung. Ties to unbind: Political ties and firm sell-offs during institutional transition [J]. Journal of Management, 2017, 43 (7): 2005-2036.

[43] 任颋，茹璟，尹潇霖. 所有制性质、制度环境与企业跨区域市场进入战略选择 [J]. 南开管理评论，2015, 18 (2): 51-63.

[44] 杨兴全，尹兴强. 国企混改如何影响公司现金持有? [J]. 管理世界，2018, 34 (11): 93-107.

[45] Banalieva E R, K A Eddleston and T M Zellweger. When do family firms have an advantage in transitioning economies? Toward a dynamic institution-based view [J]. Strategic Management Journal, 2015, 36 (9): 1358-1377.

[46] 王小鲁，樊纲，余静文. 中国分省份市场化指数报告 (2016) [M]. 北京：社会科学文献出版社，2017.

[47] Husted B W, D Jamali and W Saffar. Near and dear? The role of location in CSR engagement [J]. Strategic

Management Journal, 2016, 37 (10): 2050-2070.

[48] York J G, S Vedula, and M J Lenox. It's not easy building green: The impact of public policy, private actors, and regional logics on voluntary standards adoption [J]. Academy of Management Journal, 2018, 61 (4): 1492-1523.

[49] Box-Steffensmeier J M and B S Jones. Event history modelling: A guide for social scientists [M]. Cambridge: Cambridge University Press, 2004.

[50] Lind J. and H Mehlum. With or without U? The appropriate test for a U-shaped relationship [J]. Oxford Bulletin of Economics and Statistics, 2010, 71 (1): 109-118.

[51] Kotha R, Y F Zheng and G George. Entry into new niches: The effects of firm age and the expansion of technological capabilities on innovative output and impact [J]. Strategic Management Journal, 2011, 32 (9): 1011-1024.

[52] DiMaggio P J and W W Powell. The iron cage revisited-institutional isomorphism and collective Rationality in Organizational Fields [J]. American Sociological Review, 1983, 48 (2): 147-160.

[53] Joseph J, W Ocasio and M H Mcdonnell. The structural elaboration of board independence: Executive power, institutional logics, and the adoption of CEO-only board structures in US corporate governance [J]. Academy of Management Journal, 2014, 57 (6): 1834-1858.

[54] Kennedy M T and P C Fiss. Institutionalization, framing, and diffusion: The logic of TQM adoption and implementation decisions among US hospitals [J]. Academy of Management Journal, 2009, 52 (5): 897-918.

环境复杂性与企业战略管理理论的创新*

熊建桥　郭跃进

（中南财经政法大学工商管理学院，湖北武汉　430060）

［摘　要］本文分析了结构学派和资源与能力学派战略管理理论的环境背景，揭示了20世纪90年代以来企业战略环境背景的重大变化，以及环境的变化对企业战略管理实践的影响。基于环境变化对企业战略管理实践影响的认识，本文提出战略管理理论的创新需要关注顾客、无形资产、全员性的组织学习、人力资本和动态能力五个因素。在此基础上，进一步提出了在复杂环境背景中，企业战略管理理论创新的思路。这些包括从"垄断优势理论"转向"动态优势理论"，从"战略定位理论"转向"捕捉战机理论"，从"通用战略模式和规范化的建议"转向"个别解决方案和概念化的建议"，从"竞争战略理论"转向"和谐战略理论"，从"刚性组织结构"转向"柔性组织结构"的新思路。

［关键词］环境；组织；战略

战略管理学科诞生于20世纪60年代，还是一门在发展中不断完善的学科。目前，主流的战略管理理论是以迈克尔·波特（1980）为代表的结构学派的理论，以及以韦纳费尔特（Wernerfelt，1984）、普拉哈拉德和哈默尔（Prahalad and Hamel，1990）为代表的资源能力学派的理论。两大主流的战略管理理论都是建立在特定的环境背景基础上的，理应随着环境背景的变化而创新。本文分析两大主流战略管理理论的环境背景，揭示20世纪90年代以来企业环境的复杂性特征及其对企业战略管理实践的影响，在此基础上，探讨企业战略管理理论创新的思路。

一、主流战略管理理论的环境背景

本文讲的环境复杂性指的是环境变化的不确定性。在企业外部，表现在知识与技术的快速发展引起的市场和产业发展的不确定性。在企业内部，表现在员工的知识和技能水平的提升，以及企业对这些知识员工的依赖所引起的员工行为的不确定性。

20世纪80年代以前，企业的环境背景是技术基础相对稳定，市场需求虽然呈现出多样化态势，但还没有明显的个性化，市场需求和产业发展的前景是可以预测的。员工的知识化程度和企业对知识员工的依赖程度都不太高。在这一环境背景下产生的以迈克尔·波特为代表的结构学家派的战略管理理论认为，企业的竞争优势是来自行业的竞争结构，战略管理的任务就是先找到一

*［基金项目］国家社会科学基金项目"互补资产视角下的企业技术创新动态能力提升研究"（15BGL036）。

个具有较高盈利水平的行业，然后结合企业自身的条件，用一个有特色的产品去满足整个市场需求或市场中的某个特定区域，从而构建起企业的竞争优势。为了更好地帮助企业确定产品——市场定位，波特提出了低成本、差异化和集中化三种竞争战略模式。

波特的这一战略管理理论对于以20世纪80年代以前的企业战略管理实践是有效的。具体而言，对于内外部环境都相对简单的企业，低成本战略或以降低成本为重点的集中化战略是适用的，因为这时产业发展的不确定性较低，消费者对标准化的产品是普遍接受的，企业的任务就是如何低成本、高效率、大批量地生产和供给这些产品。当企业对知识员工的依赖程度较低时，金字塔形的科层组织结构也是可行的，而且这种结构所具有的纵向控制体系，正是企业提高效率、降低成本所需要的。对于外部环境相对复杂一些的企业，产品差异化战略或以差异化为重点的集中化战略是适用的，因为这时的市场需求已呈现出多样化，市场的不确定性有所上升，技术的进步和员工知识也能够满足市场需求日益多样化的要求。这时，企业的主要任务是如何高效率地满足多样化的市场需求。因此，将市场进行细分，并选择其中的某些市场供给差异化的产品是一种理想的战略选择。要高效率地满足多样化和差异化的市场需求，企业的组织就不能过于集权和机械，而应具有灵活性和创新力。通过战略经营单位在市场与企业间搭建桥梁，在适度分权的基础上，强化各职能部门的协调和整合，并且能根据市场的变化和创新的需要做动态调整的有机组织成为理想的组织结构。

20世纪80年代中后期，市场需求多样化的进一步提高带来了市场环境和行业竞争结构的不确定性。满足多样化的市场需求对组织的资源和能力提出了更高的要求，那些拥有有利于满足顾客多样化需求，并且独特的资源和能力的企业才可能拥有可持续的竞争优势。以韦纳费尔特、普拉哈拉德和哈默尔为代表的资源能力学派的战略管理理论就是适应这一环境需求而诞生的。这一理论认为，企业的竞争优势和经济利润不是来自行业的竞争结构，而是来自企业拥有的独特的资源和能力。在组织的资源中，人力资源是最重要的，员工的知识和技能对企业的成败至关重要。由于管理者的有效决策要依赖知识员工的知识与经验，因此，战略的形成变成了一个自下而上驱动的、随时间的推移而演化的过程，而不再是通过深思熟虑后作出的计划与设计（Mintzberg, H. 1990）。鉴于知识资源对企业竞争优势的重要性，美国管理学家彼德·圣吉（Senge, 1990）提出了学习型组织理论，学习型组织是一种基于任务团队的临时性和流动性的，有利于技术创新和管理创新的组织建构。

二、20世纪90年代以来企业环境的复杂性

20世纪90年代以来，企业内外部环境变得异常复杂了，主要体现在四个方面：

（1）技术变革使产业发展的不确定性大大提高。产业发展的不确定性是与科技创新及其产业化速度的不断加快相联系的。据估计，19世纪，人类知识总量是50年增长一倍；20世纪初是10年翻一番，到了70年代只要五年就会翻一番。进入90年代后，知识增长是爆炸性的，90年代形成的“知识经济”这个说法，就是源于知识的爆炸性增长。随着科技创新速度的加快，科技成果产业化的速度也加快了。19世纪，电从发明到应用时隔近300年，电磁波通信时隔近30年，到20世纪，集成电路仅用了七年就得到了应用，而激光器仅用了一年多。如今，人类在基因组、超导、纳米材料等方面的成果本属于基础研究成果，但中间成果阶段就申请了专利，有些甚至转化成产品进入了人们的生活。计算机的运行速度每5~7年就增加10倍，而体积却减少到原来的

1/10，价格也下降到原来的1/10。

科技创新及其产业化的加快加速了知识的老化，缩短了产品的生命周期，加快了产业的转换。产业转换的加快增加了产业发展的不确定性，使管理者很难清晰地描绘和把握产品、生产技术、顾客、销售和竞争者每个方面的问题，从而增加了企业战略选择的难度和风险。

（2）需求的个性化趋向凸显。20世纪90年代以前，消费者对标准化的产品与服务基本上是认同的，企业只需面对市场（包括统一的大市场和细分后的子市场），而不需面对每个顾客，只要向市场大批量地供给标准化的产品和服务就能使企业获得足够的利润。但进入90年代以后，随着人们基本物质需求的满足，精神层面的需求日益显现。精神层面的需求是多元化、个性化的。每个人的阅历、职业、知识结构等因素的差异都会形成个体价值取向的差异，价值取向的不同会导致人们的需求差异。同时，科学技术的发展也使企业高效率地给每个消费者提供个性化的产品与服务成为可能，这使消费者追求时尚和个性成为现实。

在顾客个性化需求与技术进步的相互促进下，个性化的产品设计已成为设计发展的重要趋势，个性化的产品设计和服务在人们的生活中扮演着越来越重要的角色，并迅速影响着人们的行为方式和生活习惯。从具体的硬件产品的配置，到抽象的软件服务设计，从实体线下到虚拟线上，都开始体现对人的个性化需求的关注。在这样一个特殊的时代背景下，满足顾客的个性化需求，对企业的生存与发展已至关重要。

（3）竞争层面明显升级。这表现在三个方面：第一，通信和运输技术的发展导致的全球经济一体化，使国内市场和国际市场已连成一体，竞争层面从国内提升到了国际。国际政治经济关系、每个国家的政策取向都会对企业的经营绩效产生重大影响。第二，跨国直接投资使国际竞争从跨越国界的竞争变成了零距离的竞争。第三，消费需求的个性化，使企业间的竞争从市场层面提升到了顾客层面。企业从追求市场占有率转向追求顾客占有率，竞争的焦点已不再是产量和价格，而是个性化的产品设计与服务以及对顾客需求的快速响应。

（4）知识员工在企业变得非常有力量。随着需求的个性化，企业解决顾客需求问题的手段也越来越个性化了，并且要高度地依赖有知识、有能力的员工与顾客的联系和互动，其结果是，企业对知识员工的依赖，使那些具有特殊知识和技能的员工在博弈中占有了很大的优势，从而在企业中变得非常有力量了。他们不屈从于领导，蔑视权威，不喜欢被人支配，喜欢做具有挑战性的工作，喜欢按自己的判断处理与上级、下级、顾客的关系。他们对工作也有较多的选择权，一旦对工作不再满意，就会转换工作。90年代以来的互联网的普及，也为他们转换工作提供了很大的便利。他们可以借助技术、通信和网络，在上班时间运用电脑去寻找新的工作，甚至可以在不让管理者知晓的情况下为别的老板工作。按照传统的管理理论，管理层是可以通过避免对某个专业人员的过度依赖而降低员工行为的不确定性的，但是，在技能、解决问题的能力、声誉和关系属于个人的情况下，管理层是难以摆脱对这些知识员工的依赖的。结果是，管理者面临的员工机会主义行为的威胁上升，传统的控制机制应对这种机会主义行为的能力也降低了。

三、环境复杂性对企业战略管理实践的影响

（一）分析行业竞争结构变得越来越困难

波特的战略管理理论诞生后，战略定位成为企业战略管理的重要内容。所谓战略定位，就是

在一个盈利率好的行业内，用一个低成本或者差异化的产品，服务于这一市场或这一市场中的某一特定区域。战略定位的目的是构建起企业的竞争优势，从而获得经济利润。波特的定位理论是建立在对行业竞争结构进行分析基础上的，因为行业竞争中的五种竞争力量——卖方、买方、替代品、潜在进入者和行业内的竞争者——的竞争强度，决定着一个行业的盈利水平。由于行业竞争结构是可以分析的，因此，行业竞争结构分析成为指导企业战略定位的工具。但是，在一个复杂化的内外部环境中，企业所处的行业竞争结构是变化的，这使分析行业竞争结构变得越来越困难了。

第一，需求个性化不仅增加了企业的交易成本，也使企业难以按照传统的市场研究方法分析顾客的需求。顾客需求个性化以后，企业面对的不是一个统一的市场，而是一个个鲜活的顾客，这就增加了企业的交易成本。同时，在需求个性化的顾客面前，过去的市场研究方法对于认识个性化的顾客需求也变得功能失灵，传统的大批量生产和大批量营销标准化产品的商业模式也不再适用。这时，顾客从企业的竞争者变成了合作者，与顾客建立有效的合作关系并有效地管理这种关系，在与顾客的互动中领悟和感知顾客的需求，并根据其需求设计出个性化的产品与服务，已成为企业成功的关键。

第二，技术创新加快带来的替代品的快速涌现不仅提升了企业创新的风险，而且使企业难以判断什么替代品会威胁自己的生存。1995 年，一款手机的生命周期是 36 个月，到了 2004 年，就只有 6 个月了，目前，平均不到一个月就推出一款新手机。替代品的快速出现使产品的生命周期不断缩短，甚至可能使一个新产品在实现其商业价值以前就变得一钱不值。同时，新技术的广泛应用可以孕育出企业预料不到的替代品，侵蚀企业的利润，甚至威胁到企业的生存。例如，互联网服务作为一个替代技术的出现，替代了传统电信企业使用的电路传输技术。相应地，基于互联网的电子邮件和无线通信技术的发展，替代了传统电话公司和邮政机构的许多业务，使传统的邮政、电信行业的利润受到侵蚀。电子商务的发展沉痛地打击了现有的低成本零售商。高利润的银行业也未曾想到其中间业务会被支付宝和微信替代。

第三，产业融合不断滋生出潜在的进入者，使企业难以准确地识别自己的竞争对手。数字技术和互联网的发展和运用，使工业经济时代基于生产分工的产业边界变得越来越模糊了。例如，电信、广播电视和出版三大产业的融合，就创造出了数字电视、数字收音机、电子报刊、在线超市、家庭银行等跨越传统产业边界的产业。产业融合发展中诞生的新兴产业不断地滋生出新的竞争对手，改变着行业的竞争结构。在这种不断变化的行业竞争结构中，一个企业可能不会被传统的竞争对手打败，但可能随时被一个未曾预料到的新的竞争对手打败。例如，曾在中国市场打败了几乎所有的中式快餐企业的麦当劳和肯德基，就未曾想到会被新兴的网络外卖企业打败。英特尔公司曾长期困扰于主要竞争对手——高级微设备公司（AMD），结果在笔记本电脑使用的节能型微处理器产品上败给了新出现的全美达公司（Transmeta）。通用电气金融公司（GE Capital）设计出的一种产品取代了许多商业银行的产品，但是，当初大多数商业银行在它们的业务领域都没有把通用电气金融公司看成自己的竞争对手。

（二）大量的资源不一定能给企业带来持久的繁荣

资源能力学派理论产生后，许多企业都按照这一学派的理论建立和积累有价值的资源与能力，但实践的结果是，许多拥有雄厚的资源与能力的企业，却没有能在市场上建立起持久的竞争优势，雄厚的资源与能力并没能带给企业持久的繁荣。

第一，资源不仅可能变得没有价值，而且可能成为企业战略变革的拖累。实践表明，一个企业不可能拥有企业发展所需的全部资源，也不是每种资源对企业都有价值。当水电没能充分开发，火电是主要动力来源时，煤炭资源的价值就是很大的，一旦水电资源得到充分开发，火电不再是主要动力来源时，煤炭资源的价值就明显降低了。不仅如此，巨额的资源还可能成为企业战略变革的拖累和企业失败的根源。例如，柯达公司在传统照相机生产及相关产业上积累了大量的互补资产，包括研发设施、制造装备、全球性的营销网络等，这些资产曾为柯达公司创造了巨额的经济利润。但是，当数字照相技术呈现出替代传统照相技术后，这些资产成为柯达公司难以割舍的沉没成本，柯达公司为了延长这些资产的使用寿命，结果延误了战略变革的最佳时间而破产。

第二，核心能力也可能变得没有价值，并成为企业战略变革的障碍。实践中，因为核心能力成为阻碍战略变革的核心刚性而失败的企业也很多。例如，20 世纪 90 年代以前，摩托罗拉公司一直是世界移动电话生产的领先厂商。公司因为其主导地位带来的股票价格的优异表现，1994 年被《财富》杂志评为“大众最喜爱的公司”。但是，90 年代中后期，在无线通信产业的核心技术逐步偏离摩托罗拉主导的模拟传输技术的过程中，客户曾多次告诉摩托罗拉公司，他们未来将需要大量的数字式电话。但是，摩托罗拉对模拟传输技术的迷恋，使它对客户的忠告充耳不闻。结果是，摩托罗拉错过了核心技术能力变革的时机，将市场的主导地位让给了诺基亚和爱立信（Dess and Lumpkin，2003）。

四、复杂环境中企业战略管理理论创新的关注点

根据 20 世纪 90 年代以来企业环境的复杂性，战略管理理论的创新需要关注以下几个因素。

（1）关注顾客。传统的战略管理观念是把企业看成一台机器，其功能是把各种要素组合起来变成市场需要的产品或劳务。战略是市场定位的工具，其功能是帮助企业选择最有获利潜力的行业，并确定企业在行业中的位置，以发挥企业的竞争优势。这种战略定位理论对于顾客需求的个性化没有充分发展，产业发展的不确定性程度较低的情景是适用的。但在顾客需求个性化的环境中，市场这个概念已没有多大的意义了，只有顾客才是重要的。当我们越来越难以找到相同的顾客时，战略定位也是没有多大意义的，企业战略应当关注的是每个顾客。组织顾客与企业资产的联系，持续改进企业与顾客的关系，对企业的竞争优势的形成与战略的成败才是至关重要的。

（2）关注无形资产。传统的战略管理理论看重的是有形资产，但在全球经济一体化和全球信息网络高度发达的环境中，每个企业都是能得到同样的有形资产的，如机器、设备等。这时，有形资产对企业的重要性降低了，相比之下，企业利用其资产的知识和能力更为重要，这是企业最重要的无形资产。只有当企业利用资源的知识和能力是隐性的和独特的，是人们难以学习和模仿的时候，它才能成为企业的竞争优势。因此，开发企业独特的知识与能力，应成为战略管理的关注点。

（3）关注全员性的组织学习。和传统的战略管理理论相适应的组织模式是理性主义的科层结构。科层结构的一个重要特点是企业的手脑分离，专业化的劳动者要通过专业化的管理层进行控制和调节。在这种模式下，劳动分工明确，岗位与职位间的关系都按效率原则正规化了。所有者与雇员的界限清晰，所有者索取剩余，同时承担经营风险，雇员通过出售劳动能力获取劳动报酬。这种权责明晰的科层结构，能有效地降低传统的劳动雇佣关系带来的机会主义行为的风险。

但是，在知识和技术成为社会的主要推动力量、顾客的需求已经个性化、产业发展具有很大的不确定性的环境中，企业的发展仅靠少数管理者的知识和智慧是不够的。企业的发展要求每个岗位的劳动者都手脑结合，都必须不断地学习，并给企业贡献才智。理性主义的科层组织只是强

调管理层的学习，而非全员性的组织学习。这种理性主义思想会降低员工的技能，与复杂环境要求每个职位都要获得更多的知识与技能，以便对快速变化的环境做出快速响应的要求是不相适应的。

（4）关注人力资本。知识与技术上的每一个发现都意味着企业面临着更多的选择与复杂性。企业面临的选择与复杂性越多，人力资本就显得越重要。发挥人力资本的作用要求组织有更多的授权，给员工更多的自由和更大的责任。知识员工不再是手脑分离的，他们对工作有自己独立的见解，应是企业的主体而非客体，他们不仅是为老板工作，更是为实现自己的事业目标工作。当员工成为企业的主体而非客体时，权力"金字塔"的基础便不复存在。事实上，具有权力顶点的金字塔组织已难以适应这些企业。在这种企业里，组织是一个潜在的变化的过程，根据任务的性质不同，人们的角色和作用是不同的。

（5）关注动态能力。动态能力是企业整合、建立与重构内外部的竞争力，以应对环境快速变动的能力（Teece et al.，1997）。动态能力的实质是企业竞争力的创新力。复杂的环境是动态变化的，在这样的环境中，资源和能力的价值不是一成不变的。环境的变化可能提升一种资源和能力的价值，也可能使一种资源和能力变得一钱不值。因此，在复杂的动态变化的环境中，企业的资源和能力应随环境而变，只有动态的能力，才能使企业保持持续的竞争优势。

五、复杂环境中企业战略管理理论变革的方向

根据复杂环境对企业战略管理理论的要求，战略管理理论应体现五个转变：

（1）从"垄断优势理论"转向"动态优势理论"。结构学派认为企业的竞争优势和经济利润来自行业竞争结构，资源与能力学派认为企业的竞争优势和经济利润来自企业独特的资源与能力，这两种理论的共同点是，它们都认为企业的竞争优势是一种垄断优势，企业的经济利润是一种垄断利润。在简单的环境中，这两种理论是适用的，因为在简单的环境中，顾客的需求没有个性化，竞争的焦点集中在市场这块"大饼"上，这时具有市场垄断力量的企业，在与供应商、客户、竞争对手以及员工分割市场这块"大饼"时处于有利地位，从而获取经济利润。同样地，在企业内外部环境相对简单的情况下，企业独特的资源与能力是一种要素垄断优势，这种优势能转化为企业在产品市场上的高品质以及成本和价格优势，从而能给企业带来竞争优势和经济利润。

但是，在复杂的环境中，顾客的需求不仅极度个性化，而且还经常变化。当在社会上很难找到两个需求相同的顾客时，企业面对的就不再是市场，而是一个个活生生的顾客。这时，企业对市场的垄断是不存在的，垄断优势就不再是企业竞争优势和经济利润的来源。当企业面对的是顾客时，感知顾客需求的变化，并对其需求做出快速响应的能力才是企业竞争优势和经济利润的真正来源。同时，在一个复杂的环境中，资源和能力的垄断优势也是不复存在的，因为在这种环境中，资源和能力的价值是变化的，而且，满足顾客的不同需求可能需要不同的资源与能力。在这种情景下，企业以不变的资源与能力应对变化的环境，会使企业掉进资源与能力的陷阱。因此，在复杂的环境中，无论是市场的垄断优势，还是资源与能力的垄断优势都是难以持续的，只有随着环境的变化而变化的动态优势才是企业真正的竞争优势，才可能给企业带来持久的繁荣。

（2）从"战略定位理论"转向"捕捉战机理论"。当企业外部环境相对简单，人们对商业前景可以看得比较清楚，企业有足够的时间和精力去研究和使用高深的战略时，战略定位理论是可取的。但是，当科学技术、消费者的偏好等外部环境的变化迅速，产业发展的不确定性程度很高

时，战略定位就没有多大的意义了，企业成败的关键不再是对资源的利用和对稳定的市场份额的把握，而是在混乱的环境中寻找和把握战略机遇的能力。

（3）从“通用战略模式和规范化的建议”转向“个别解决方案和概念化的建议”。当客户需求的个性化不明显时，面向市场大批量的生产和销售标准化的产品与服务是理性的决策，这时便存在一个普遍适用的战略模式。但在客户需求极其个性化，每个客户的需求互不相同时，是难以找到解决所有顾客问题的战略手段的，这时只能是针对每个顾客的需求，寻找个别解决方案。

同时，在相同的顾客和相同的企业已经不复存在，战略管理的任务是提供个别解决方案时，对企业普遍适用的规范化战略建议也是没有意义的，有意义的是提出一些概念化的建议。所谓概念化的建议，就是提出一些规范的概念，就像提出“战略联盟”“动态网络”“关系管理”等概念一样，这些新概念能帮助人们对复杂的内外环境做出正确的反应。

（4）从“竞争战略理论”转向“和谐战略理论”。传统的战略管理理论把行业看成一个静态的东西，把企业间的竞争看成零和博弈，因此，竞争是残酷的。但是，在科学技术发展迅猛，行业发展前景有很大的不确定性时，行业是动态的。在一个动态发展的行业中，企业间的竞争就不一定是零和博弈。同时，需求与科技发展的不确定性中潜藏的机会与风险，还潜藏着巨大的合作利益，企业间的合作不仅能分担风险，而且能使合作各方在扬长避短的基础上形成新的战略优势。在合作利益明显时，“双赢”或“多赢”就应成为首要的战略目标，这时，战略管理的思路就不应是你死我活的竞争，而应是如何与供应商、顾客、竞争对手以及企业的员工建立和谐的战略互动关系。

（5）从“刚性组织结构”转向“柔性组织结构”。对于一个环境不太复杂、以追求成本效率为目标的企业来讲，机械式的刚性结构是理想的。但是，在企业内外环境都变得非常复杂的情况下，这种组织是不再可取的，因为在这种环境里，产业发展的前景具有很大的不确定，高层远离市场，很难通过精心的探索做出战略决策所要求的复杂判断。事实上，很多战略决策所需的信息掌握在基层员工手中，发挥基层员工的作用更为重要。同时，部门的横向边界限制了信息的横向流动，不利于企业根据市场和技术的变革做出有效的资源整合与创新，以捕捉出现的战略机遇。

当企业内外环境变得复杂，市场和产业发展具有很大不确定性的情况下，柔性组织是一种理想的选择。柔性组织的特点是：纵向层级少，分部组织、项目组织或团队组织较多；专业化和正规化程度较低，以教育和培训为特点的非正式化管制明显；授权鼓励组织成员参与更高层次的决策过程。这种组织结构能使高层更好地接近市场和基层员工，对市场和技术变革动态更敏感，同时，它解放了对基层员工的束缚，能充分发挥基层员工，尤其是知识员工在管理决策中的作用，从而增强企业的竞争优势。

六、结语

战略管理理论一开始就是与环境背景联系在一起的，本文分析了结构学派和资源与能力学派战略管理理论的环境背景。揭示了20世纪90年代以来企业战略环境背景的重大变化，基于对环境变化的认识，提出了战略管理理论的创新需关注的主要因素，提出了在复杂环境背景中，企业战略管理理论创新的思路。

这一研究对推动战略管理的理论研究具有以下意义：第一，为战略管理学界加深对主流的战略管理理论的认识，并结合环境背景的变化探讨新的战略管理理论提供了一个新的视角。第二，提出了战略管理理论的创新需关注顾客、无形资产、组织学习、人力资本和动态能力五个因素的理论观点。第二，突破了竞争战略的理论框架，提出了在新的复杂环境背景下，企业战略管理理论应从“垄断优势理论”转向“动态优势理论”，从“战略定位理论”转向“捕捉战机理论”，从“通用战略模式和规范化的建议”转向“个别解决方案和概念化的建议”，从“竞争战略理论”转向“和谐战略理论”，从“刚性的组织结构”转向“柔性的组织结构”的新思路。这些理论观点，对于企业结合其面临的实际环境，探讨适宜的企业的战略管理模式，构建企业竞争优势也是具有一定的现实意义的。

参考文献

［1］［美］迈克尔·波特. 竞争战略［M］. 北京：华夏出版社，1997.

［2］B Wernerfelt. A resource-based view of the firms［J］. Strategic Management Journal, 1984, 5 (2): 171-180.

［3］Prahalad C K and G Hamel. The core competence of the corporation［J］. Harvard Business Review, 1990, 68 (5-6): 79-91.

［4］Mintzberg H. The design school: Reconsidering the basic premises of strategic management［J］. Strategic Management Journal, 1990, 11 (3): 171-195.

［5］P Senge. The fifth discipline: The art and practice of the learning organization.［M］. New York: Doubleday/Currency, 1990.

［6］Gregory G Dess, G T Lumpkin. Strategy Management: Creating Competitive Advantages［M］. McGraw-Hill Companies, Inc., 2003.

［7］Teece, Pisano and Shuen. Dynamic capabilities and strategic management［J］. Strategic Management Journal, 1997, 18 (7): 509-533.

企业二元式创新战略导向的知识权力基础与动态情境考量*

李　宇[1,2]　李明澈[1]

（1. 东北财经大学工商管理学院，大连　116025；2. 复旦大学管理学院，上海　200433）

[摘　要] 本文将"知识-权力"理论引入企业二元式创新的研究中，试图从由知识引起的特殊权力角度得到平行推进利用式创新和探索式创新的战略制定依据。在文献推演"知识权力"内涵的基础上，构建"话语权"和"规训权"两个基本测量维度，实证检验了知识权力对企业二元式创新的影响，并进一步论证了环境动态性在知识权力与二元式创新间关系中的调节作用。研究收集了电气工程、机械制造、信息技术三大典型行业中的531家上市公司在2012~2016年的面板数据开展实证研究，验证了一个基本观点，即具备较强知识权力的企业，无论是探索式创新还是利用式创新的水平均得到增强，同时也发现两者的高低水平受环境动态性影响的方向存在显著差异的变化规律，即环境动态性对知识权力与探索式创新间关系具有显著负向调节作用，而对知识权力与利用式创新间关系具有显著正向调节作用。本文丰富了环境动态性背景下二元式创新理论，为企业管理实践提供了有益的启示。

[关键词] 知识权力；话语权；规训权；二元式创新；环境动态性

一、问题的提出

二元式创新是企业依据研发与当前知识或技术路径的偏离程度对创新活动的区分方式。一般来讲，以交换和整合多样化、异质性知识来发展新概念、新方法及新产品为特征的创新活动称为探索式创新，而以延伸现有产品线或改进现有产品设计为特征的创新方式称为利用式创新（March，1991；Sariol and Abebe，2017）。在企业资源有限的情况下，同时从事探索式创新和利用式性创新不仅令企业在资源投入上捉襟见肘，而且在思维方式和组织管理等方面常常陷入完全对立的局面（Lavie et al.，2011）。因此，企业往往需要在两类创新中进行取舍，有关通过组织结构与时间上安排，使这两类创新在较长时期同时存在、相互补充的研究就成了创新管理领域的热点问题（Iii and Tushman，2013）。

系统梳理现有文献发现，有关这一问题的研究存在很多局限：首先，现有研究对平衡二元式

* [基金项目] 国家自然科学基金项目（71972029；71472028）；国家社会科学基金重大项目（18ZDA042）；中国博士后科学基金特别资助项目（2018T110353）；中国博士后科学基金面上资助项目（2017611466）。

创新的关注，远超过对二元性的产生和本质的关注。虽然现实情况是，企业在创新实践活动中两种创新方式往往同时存在（白景坤等，2015），但是企业在探索式创新与利用式创新方面的表现是存在差异的，例如有的企业在从事探索式创新方面效果显著，而实施利用式创新却困难重重，另外一些企业的情况则刚好相反。因此，已有学者呼吁对二元式创新的研究还应聚焦于哪些因素会导致企业在创新时更倾向其中一类（刘洋等，2011），以及企业如何同时追求较高水平的探索式创新和利用式创新，这种战略导向并非在两者之间做出选择或寻找平衡（Simsek，2009）。

其次，过分重视知识资源存量与知识获取能力的作用，但对由知识资源所带来权力的影响探索不足。现有研究大多基于知识基础理论，探究知识资产（Lin et al.，2017）、知识溢出（Hsiao et al.，2016）、知识基础（曾德明、陈培祯，2017）等与二元式创新的关系，关注了企业知识资源存量和知识获取能力对二元式创新的影响。但是，企业获取知识资源只是作为基础存在，企业的知识资源优势需要在与其他企业的竞合关系中体现并从中获取利益（郭献强等，2014）。拥有知识资源优势的企业具备更强的知识权力，这种知识权力也会促进知识资源的获取与知识的再创造（吉迎东等，2014）。即便是知识资源存量与知识获取能力相似的企业，仍会因控制和支配知识能力的不同而导致其选择不同的创新方式。而现有研究缺乏对以知识资源为基础的知识权力的考察，及其对二元式创新的影响。这在一定程度上制约了已有研究结论对二元式创新选择的解释力度。而现有对知识权力与创新战略导向等方面的研究极为有限，实证研究则更为缺乏。

最后，对动态情境的关注不足。虽然现有对二元式创新的研究中已经关注环境动态性的影响，例如陈立勇等（2016）考察了协作研发网络成员间重复合作对二元式创新的影响，研究发现重复合作与二元式创新均呈倒“U”形关系，环境动态性对这一关系具有明显的调节作用。但无论是从创新网络治理绩效（郭献强等，2014）还是对网络惯例角度的研究（徐可等，2014），知识权力都还主要被设定在一个相对稳定的环境中，事实上这与创新网络的实际情况出入较大，因此，认为动态环境下企业更倾向于采用探索式创新，而稳定环境下更倾向于采用利用式创新（白景坤等，2016；曾德明等，2016）的研究结论未必可靠。有必要在动态情境下，同时考察知识权力对探索式创新、利用式创新的作用规律。

基于以上分析，本文将 Foucault（1982）关于“知识-权力”的共生理论引入“知识权力”概念，该理论认为，现代权力是一种与知识共生的“知识-权力”，知识资源和能力的优势要转化为企业的创新战略导向，关键在于企业如何控制与支配知识资源。这种凭借知识资源和能力获取的知识权力，才是企业二元式创新战略导向的推动力。在现有研究基础上，本文考察动态环境下企业知识权力对二元式创新的影响，不仅能够通过引入“知识-权力”理论，将阐述知识权力在企业二元式创新战略导向中的重要性，而且能够获得关于企业二元式创新活动具有开拓性和细致的描述，并通过实证研究考察在典型行业中的一般规律。

二、理论基础与研究假设

（一）知识权力

知识权力（Knowledge Power）概念最早来源于哲学领域的“知识-权力”二元互构的观点

(Foucault, 1982, 1988)。Latiff 和 Hassan (2008) 以此为基础赋予"知识权力"一词更为明确的内涵，认为对知识的探索和由此引起种类繁多的规训活动或知识规范活动，使知识基础得到扩展，知识得以高效运行。已有研究将权力的来源归结为对关键资源的掌控，作为一种关键性资源，对知识的拥有产生权力（Rajan and Zingales, 1998），组织间知识临界性（Criticality）和不可替代性（Nonsubstitutability）的差异则进一步导致了组织权力的差异（Upadhyaya et al., 2008）。因此基于组织权力的视角，知识权力被划分为专家权、奖赏权和强制权三个维度（郭献强等，2014），该研究为探究技术创新网络中知识权力对网络惯例（徐可等，2014）、知识共享行为（吉迎东等，2014）提供了测度依据。然而，从组织权力角度理解知识权力具有片面性，这是因为知识与权力是不可分割的结合体，在 Foucault（1982）看来，知识和权力的联合产生一种话语，而这种话语又反过来创造一套新的权力关系。话语为知识确定了可能性与标准，只有知识与话语发生碰撞并被话语理解和判断时，才可被称为知识。此外，"规训"也是一种知识权力，即不合乎标准的主体将被区分与改造。

行使知识权力的过程可以理解为三个步骤：设定标准、训练个体和标准内化（刘永谋，2009）。其中，设定标准对应话语概念，而训练个体与标准内化对应规训权。通过设定标准获得话语权主要体现在技术标准的确立上。所谓技术标准是一组得到认可的关于产品、技术和工艺的特性及参数的规范，其目的是要保证产品和系统间的互联与互换，维护市场参与各方之间的正常交流和合理秩序。技术的标准化过程是提高技术发展的规范程度，从而改进经济活动效率的过程（吕铁，2005）。标准作为技术创新与技术传播的决定性因素，一方面确定行业中技术被接受与利用的准则，另一方面使所有企业都能以较低的成本接触到新技术并广泛传播（Blind，2004）。

标准所具有的网络外部效应、技术锁定效应等特点，使其在规范市场秩序、促进公平竞争的同时，也产生反市场竞争效应。标准化过程在确立某一个技术解决方案、运行规则的市场垄断地位的同时，也减少或限制了其他更多技术解决方案和更多运行规则的自由供给，使市场从完全竞争状态人为地转变为垄断竞争状态，极大地降低了市场竞争强度。制定标准的过程相当于制定竞争规则，企业参与制定国家标准的修订有效地规避了行业竞争。因此，本文认为企业参与标准化的程度，即是否参与国家标准的制定，可以认为是企业话语权的体现。

企业参与标准修订往往将企业自身的专利纳入标准中，标准起到了传播专利的作用，使专利产生的经济效用最大化。而专利受法律保护，企业可以通过拒绝许可、专利授权等方式控制市场，形成市场垄断，降低竞争程度。专利授权不仅表明专利权人获得发明技术的排他性产权，也意味着发明技术转变为受法律保护的无形资产和竞争优势（俞文华，2009）。专利授权是技术能力和竞争优势的体现，也是企业对其他企业知识控制权的体现（张少萱，2009）。企业对知识资源的控制和支配是知识权力的根本来源（Latiff and Hassan，2008）。因此，企业的专利授权行为可以认为是对其他企业的一种规训，是其规训权的体现。

（1）话语权与二元式创新。在 March（1991）关于组织学习的研究中，"二元式"概念指以搜索、试验、变化、承担风险为主要特点的探索式（exploration），和以提炼、选择、挑选、实施、执行为主要特点的利用式（exploitation）。在技术创新领域（Tushman and O'Reilly，1996），进一步将放眼于企业的长远发展和知识积累的根本性突破理解为探索式创新，将着眼于现有知识的延伸和企业效率提升的改进与完善理解为利用式创新。企业的长期发展与短期效益对两种创新方式均有需求，因此两者往往同时存在于企业实践中。

现有研究指出，对关键知识资源的掌握反映了企业自身的技术能力和创新意愿（Zhang and Baden-Fuller，2010），具备知识权力优势的企业会占据核心地位，对网络成员间的合作进行协调，有利于达成自身的战略目的和创新目标（党兴华、孙永磊，2013）。这其中，话语权是企业知识权力的重要内容，在技术创新活动中话语权表现为企业制定技术标准的能力（朱彤，2004；Blind，2004）。参与标准制定的企业往往具有更强的知识保护能力和知识运用能力（方放、王道平，2012；Wang，2016），其技术和产品也更具先进性和兼容性（姜红等，2010），这有利于探索式创新。同时，创新是知识工作者运用知识创造价值的过程，需要良好的知识基础与知识学习、整合能力（王欣、徐明，2018）。标准所带来的兼容性则降低了信息不对称，有利于产生更多的系统组件组合方式，为技术创新提供新的知识来源（李远勤、张祥建，2009），从而促进利用式创新。

基于此，本文提出以下假设：

H1a：话语权与探索式创新正相关，即话语权提升促进企业探索式创新。

H1b：话语权与利用式创新正相关，即话语权提升促进企业利用式创新。

（2）规训权与二元式创新。规训权是主体对客体进行训练并使标准内化于客体的能力。企业在参与标准制定时，往往将自身掌握的专利纳入标准中，专利将具有知识产品属性的先进发明创造成果以法律规定的形式财产化、私有化，保障了知识拥有者的利益，也激发技术人员和研发人员进行新技术、新产品的开发与革新。

专利在对技术收益的控制方面，特别是侵权惩戒的权威性较好地体现了规训权的特点。专利授权能反映专利权人在技术领域所持有专利权状况，进而能揭示专利权人凭借专利对不同技术领域的控制状况（俞文华，2009）。因此，专利授权决定企业的创新活动程度，体现了知识资源的竞争力，通过许可行为也体现对其他企业的控制力甚至垄断特权（张少萱，2009；陈啸，2016）。企业通过这种竞争力和控制力影响其他企业的认知与行为决策，降低了研发与推广过程中的障碍，使企业间合作更为顺畅，进而实现知识资源共享。首先，规训权简化了复杂的搜寻活动，为基础研究、变异与风险承受提供了控制手段，保障了具有规训权的企业进一步追求新知识和开发新的产品与服务，也促进了其他企业通过追求新知识和开发新的产品与服务获取自己的规训权，因此有利于探索式创新。其次，规训权提供了企业提炼、整合、强化和改进现有知识基础的既有策略，维护和促进现有技术轨道下的优化设计、价值链延伸和扩大竞争优势等，因此也有利于利用式创新。

基于此，本文提出以下假设：

H2a：规训权与探索式创新正相关，即规训权提升促进企业探索式创新。

H2b：规训权与利用式创新正相关，即规训权提升促进企业利用式创新。

（二）环境动态性的调节作用

创新与环境是一个动态匹配过程，环境的改变要求企业更新对战略资源的配置，从而能够在复杂动荡的环境中获得持续的竞争优势（陈收等，2012）。环境动态性指外部环境变化的速度及其不可预测的程度，企业面临的环境中存在增长机会的变化、所处行业中技术的变化、产品或服务创新的变化，以及研究开发活动的变化，这种组织利益相关者的行为或需求的变化程度，是创新活动的重要情境变量（陈国权、王晓辉，2012）。

现有关于环境动态性对企业二元式创新影响的研究中存在两种对立观点。一部分学者认为，环境动态性能够拓宽企业的视野，促进企业对创新和可替换的战略方向进行更多探索（王敏、陈继祥，2008），扩展环境中适应性战略选择的空间和范围（Hough and White，2003），降低组织惰性（Koberg et al.，2003），使企业更易获取新的创意和想法，促进企业进行更多的技术探索和变革（王同庆，2012）。当环境动态性高时，企业面临技术的迅速更新、客户需求的剧烈变化，以及原材料供应量和价格的显著波动等外部环境（Jansen et al.，2006），此时企业难以通过利用式创新，凭借原有的知识、技能和相关流程来应对竞争。这是因为，企业固守和改良现有经验会随着这些能力价值的逐渐降低而导致公司失利。而探索式创新则通过开发新的技术解决方案、新的分销渠道，提供最先进的产品服务，以满足客户多变的需求，使企业在技术上处于领先地位（Prahald and Hamel，1994）。

另一部分学者则认为，在有限理性的前提下，人们通常寻求的是满意解，而非最优解（詹正茂等，2004）。当环境动态性程度较高时，组织固有的有限理性程度会更深，此时组织要在信息不完全的条件下求得满意解。具体到企业创新决策上，由于企业无力改变快速变化的环境，会更倾向于选择保守的创新战略这一满意解（武立东等，2016）。企业只有在掌握了环境所提供的产品和服务信息要求时，才会由于不确定性程度降低而尝试提供这类产品和服务（York and Venkataraman，2010）。此外，探索式创新要求企业在收集新信息和知识上花费大量成本和费用，并且面临着创新成果与市场变化不适应的风险，在环境动态性较高的情境下，行业中顾客需求、竞争强度、技术变化、行业标准等因素的不确定性较高，这种风险会被放大甚至超出企业的风险承受范围。因此，企业更倾向基于现有的内生能力、现有知识、技能和相关流程，通过依赖和利用现有经验，从利用式创新中获得收益（王林等，2014）。

本文倾向于后者的观点，重点考察在动态情境下，知识权力较高的企业更倾向于采用哪种创新方式。这一类企业往往掌握更多稀缺的知识资源，在环境动态性较高的情况下，采取探索式创新意味着增加成本和风险，而凭借已有的创新基础依据之前的路径进行知识整合，则能够有效降低创新的成本和所需面对的风险，更有利于维持现有的领先地位及较高的创新水平。基于此，本文将考察知识权力对企业二元式创新的影响中，环境动态性发挥的调节作用，并提出以下假设：

H3a：环境动态性负向调节话语权与探索式创新的关系，即在环境动态性较高的情境下，话语权越强的企业，采取探索式创新的意愿越弱。

H3b：环境动态性负向调节规训权与探索式创新的关系，即在环境动态性较高的情境下，规训权越强的企业，采取探索式创新的意愿越弱。

H4a：环境动态性正向调节话语权与利用式创新的关系，即在环境动态性较高的情境下，话语权越强的企业，采取利用式创新的意愿越强。

H4b：环境动态性正向调节规训权与利用式创新的关系，即在环境动态性较高的情境下，话语权越强的企业，采取利用式创新的意愿越强。

三、研究样本与变量测量

（一）样本选择与数据来源

本文聚焦于企业层面，样本企业选择主要借鉴 Blind 和 Mangelsdorf（2016）的研究，由于电气工程与机械制造两类企业均对标准带来的规则制定有强烈偏好，因此选取标准化领域具有较强代表性的机械制造、电气工程行业企业。在此基础上，本文又扩充了信息技术行业，这是因为，一方面，信息技术行业与电气工程、机械制造行业一样，具有较高国家标准数量，在标准化研究中具有代表性；另一方面，我国信息技术类企业具备较高技术创新水平，专利申请数量最多，在二元式创新研究中具备代表性。由于国家标准行业分类与国泰安数据库对行业分类的不同，两者并非直接对应，因此本文通过对两数据库分类进行比对和拟合，最终将两个分类对应，如表 1 所示。

表 1　不同数据库行业分类对应

国家标准分类	国泰安行业分类
电气工程	电气机械及器材制造业 C76
机械制造	普通机械制造业 C71、专用设备制造业 C73
信息技术	信息技术业 G

资料来源：中国国家标准化管理委员会、国泰安数据库。

基于国泰安数据库选取电气机械及器材制造业（C76）、普通机械制造业（C71）、专用设备制造业（C73）、信息技术业（G）四类上市公司共 1074 家。去除 ST 上市公司、专利授权专利信息和主营业务收入数据缺省值较多的公司后，最终确定 531 家上市公司样本。国家标准数据源于国家标准化管理委员会网站全文公开板块，选取 2012~2016 年电气工程、机械制造和信息技术三类国家标准；专利授权数量、主营业务收入数据源于国泰安数据库，二元式创新专利分类数据源于国家知识产权局网站。

（二）因变量

本文的因变量是二元式创新，采用基于专利数据的测量方式，主要方法有两种：一是利用专利引用数据测度（Phelps，2010），使用“新引用专利数量/总专利数量”测度探索式创新，“非新引用专利数量/总专利数量”测度利用式创新，若企业在过去五年内未引用过该专利，则视为新引用专利。二是利用国际专利分类号（IPC）测度（Gilsing et al.，2008；林明等，2015），使用“企业申请并获批准且专利类别在过去五年内未申请的专利数量”测度探索式创新，“企业申请并获批准且专利类别在过去五年内已申请的专利数量”测度利用式创新。

由于我国专利数据中专利引用数据不足，本文采用国际专利分类号（IPC）进行测度，依据 IPC 前四位代表某一技术领域，确定该专利的专利类别。以往研究认为专利影响的时间至少为五年（曾德明，2016），因此，判断企业某年某一专利是否属于新技术领域，需要观察该专利所在技术领域是否与企业近五年来已进入技术领域不同。具体方法是，针对探索式创新，某企业该年申请专利分类号前四位在过去五年未曾出现，则计数为 1，否则计数为 0，依次累加。针对利用式创新，某企业该年申请专利分类号前四位在过去五年出现过，则计数为 1，否则计数为 0，依次累加。由于需要回溯五年进行数据对比，且各变量对二元式创新影响有延迟效应，本文收集了对应样本上市公司 2010~2017 年专利分类数据。

（三）自变量

本文的自变量为知识权力，通过回顾 Foucault（1982）的“知识-权力”理论，结合“客体化方式”的阐述（刘永谋，2009），本文将知识权力划分为话语权与规训权两个维度。其中，对话语权的认定方法是，通过观察样本公司或与其同一集团的其他上市公司是否为国家标准起草单位，从而确定其是否参与了国家标准制定，并将结果作为虚拟变量（是，否）引入回归模型中。而对规训权的认定方法是，判断企业是否借由专利授权的知识传播方式向其他企业扩散，从而在实现中对其他企业的控制，使这些企业与自己建立依赖关系，即以企业专利授权数量度量规训权。

（四）调节变量

本文调节变量为环境动态性，环境动态性的根源存在于外部环境，而外部环境的变化将引起企业核心业务活动的波动，并最终导致企业销售收入的波动（Bergh and Den，1998；Dess and Beard，1984），因此，环境动态性可以用公司业绩波动来予以衡量。现有研究中，多数采用过去五年销售收入的标准差来衡量公司的环境不确定性，但该方法将公司稳定成长带来的销售收入变化隐含其中，为了更加准确地衡量环境不确定性，需要剔除销售收入中稳定成长的部分。因此，本文主要借鉴申慧慧（2012）对环境不确定性的测度方法，即采用普通最小二乘法（OLS）分别估计过去五年的非正常销售收入，其运行模型如下：

$$Sale=\varphi 0+\varphi 1 Year+\varepsilon$$

其中，Sale 为销售收入；Year 为年度变量，如果观测值是过去第四年的，则 Year=1；如果观测值是过去第三年的，则 Year=2；依次类推，如果观测值是当前年度的，则 Year=5。模型的残差即为非正常销售收入；计算公司过去五年非正常销售收入的标准差，再除以过去五年销售收入的平均值，从而得到环境动态性系数。

（五）控制变量

本文共有五个控制变量，分别为企业年龄、企业规模、企业资产收益率、股权集中度和高管团队平均年龄。其中，关于企业年龄，企业技术创新是一个积累的过程，考虑到企业年龄与技术积累（张子余、袁澍蕾，2017）、创新动机（Balasubramanian and Lieberman，2011）等关系密切，因此有可能会对二元式创新产生影响。本文将企业年龄作为控制变量，从企业注册成立的年份到 2017 年止所经历的年数进行度量。关于企业规模，企业进行技术创新活动需要大量的资源投入，考虑到企业规模与人力资源、学习能力等有关，大型企业拥有更多资源和更强的生产、营销能力，能够享受研发带来的规模经济，所以可能会影响二元式创新。本文将企业规模作为控制变量，采用现有职工人数进行度量。关于企业资产收益率，企业资产收益率反映企业的盈利能力，企业只有不断盈利，才能在技术研发中拥有更多可支配资金投入（韩美妮、王福胜 2016），因此本文将企业资产收益率作为控制变量，采用“企业净利润/资产总额”进行测量。关于股权集中度，组织结构会影响企业的二元式创新，集权化会提高信息处理的效率进而有利于利用式创新（Jansen，2006），上市公司集权化程度通常使用股权集中度衡量，因此本文将股权集中度作为控制变量，采用上市公司前十大股东的持股比例进行度量。关于高管团队平均年龄，作为衡量企业管理团队特征的重要变量之一，年龄均值的高低与团队成员的知识、经验以及社会关系等紧密相连，对企业的创新管理有着重要影响。而高管年龄与技术创新的关系问题长期存在两种观点：一种观点认为，随着年龄的增加，高管逐渐重视职业安全，更愿意维持现状，追求稳定的职业道路，从而倾向于规避风险，选择更稳定的利用式创新（Reinartz and Ulaga，2008）；另一种观点认为，年龄大的高管更深谋远虑，对于企业进行创新所担风险具有清晰的认识，对于企业创新收益预测也更加准确，从而更倾向于从企业的长远发展出发，选择探索式创新。因此，本文将高管团队平均年龄作为控制变量，采用“高管团队成员年龄均值”进行测量。

本文涉及各变量定义如表 2 所示。

表 2　本文涉及各变量定义

变量类型	变量名称	变量含义
因变量（二元式创新）	探索式创新	企业当年申请的，与过去五年已申请专利不同类别的发明专利数量
	利用式创新	企业当年申请的，与过去五年已申请专利相同类别的发明专利数量

续表

变量类型	变量名称	变量含义
自变量（知识权力）	话语权	企业当年是否参与国家标准制定
	规训权	企业当年专利授权数量
调节变量	环境动态性	企业销售收入求得环境动态性系数
控制变量	企业年龄	企业成立年份至2017年所经历的年数
	企业规模	企业当年职工总人数
	企业资产收益率	企业当年的净利润/企业资产总额
	股权集中度	上市公司前十大股东的持股总比例
	高管团队平均年龄	高管团队成员年龄均值

资料来源：笔者根据相关文献整理。

（六）模型选择与实证方法

本文的因变量（探索式创新与利用式创新）为取值非负的计数型变量，采用泊松分布模型适宜对计数型数据建模，由于均值等于方差的约束条件难以成立，借鉴 Karamanos（2012）、Hess 和 Rothaermel（2011）等的研究，采用负二项回归模型可以将个体及非观测效应合并至均值，允许存在异方差，因此，本文选择了此类广义的泊松模型进行实证分析。此外，本文建立了知识权力与二元式创新的关系受到环境动态性影响的假设，使用调节回归分析（Moderated Regression Analysis，MRA）方法验证该关系假设，基础数据以 Excel 进行处理，面板数据统计检验和回归分析使用 Stata 15 进行处理。

四、假设检验

（一）描述性统计与回归分析

本文首先进行了变量的描述性统计及相关性分析，如表 3 所示，知识权力的话语权与探索式创新正相关（$\beta=0.043$），与利用式创新正相关（$\beta=0.026$），知识权力的规训权与探索式创新正相关（$\beta=0.476$），与利用式创新正相关（$\beta=0.849$）。各变量之间的相关系数小于 1，VIF 值在 1.05~2.57 之间，判断变量之间不存在相关关系和共线性问题。在此基础之上，本文进行了回归分析。

表 3　实证变量的描述性统计、相关性分析及信度系数（N=531）

变量	VIF	均值	标准差	1	2	3	4	5	6	7	8	9	10
1. 探索式创新		4.241	10.023	1.000									
2. 利用式创新		51.822	356.669	0.529***	1.000								
3. 话语权	1.05	0.074	0.262	0.043	0.026	1.000							
4. 规训权	2.57	98.253	383.235	0.476***	0.849***	0.050	1.000						
5. 环境动态性	1.06	0.108	0.093	−0.010	−0.031	−0.109***	−0.061*	1.000					
6. 企业年龄	1.08	14.853	4.992	0.083**	0.141***	0.074***	0.154***	−0.083**	1.000				
7. 企业规模	2.35	4484.652	9551.115	0.359***	0.570***	0.131***	0.747***	−0.104***	0.184***	1.000			
8. 资产收益率	1.06	0.045	0.050	0.118**	0.022	−0.001	0.021	−0.091	0.007	0.034	1.000		
9. 股权集中度	1.06	57.956	14.642	−0.015*	−0.046*	−0.002*	−0.043	0.090**	−0.154***	−0.03*	0.156***	1.000	
10. 高管团队平均年龄	1.07	48.683	3.081	0.022	0.032	0.140***	0.095	−0.129***	0.158***	0.137***	−0.07***	−0.002*	1.000

注：*** 表示在 0.001 水平上显著相关，** 表示在 0.01 水平上显著相关，* 表示在 0.05 水平上显著相关。

表 4　回归模型结果（N=531）

变量	模型 1	模型 2	模型 3	模型 4	模型 5	模型 6	模型 7	模型 8	模型 9	模型 10
	探索式创新	利用式创新	探索式创新	利用式创新	探索式创新	利用式创新	探索式创新	利用式创新	探索式创新	利用式创新
企业年龄	−1.292*** (−4.042)	−16.547*** (−3.061)	−0.877*** (−6.116)	2.949*** (3.459)	−0.855*** (−6.525)	2.840*** (3.460)	0.002* (0.036)	1.855* (1.659)	0.009* (0.145)	−9.540** (−2.421)
企业规模	0.000* (1.856)	0.003 (0.972)	−0.000** (−2.319)	0.021*** (5.585)	−0.000** (−2.365)	0.021*** (5.597)	0.000 (1.398)	−0.005*** (−5.999)	−0.000 (−0.142)	−0.008*** (−4.424)
资产收益率	15.635*** (3.015)	50.245 (0.363)	2.234 (0.235)	33.973 (0.536)	2.047 (0.216)	40.956 (0.699)	22.967*** (3.803)	37.632 (0.302)	22.342*** (3.766)	197.216 (1.465)

续表

变量	模型 1	模型 2	模型 3	模型 4	模型 5	模型 6	模型 7	模型 8	模型 9	模型 10
	探索式创新	利用式创新	探索式创新	利用式创新	探索式创新	利用式创新	探索式创新	利用式创新	探索式创新	利用式创新
股权集中度	-0.026 (-1.433)	-0.001 (-0.001)	-0.013 (-0.601)	-0.668 (-1.567)	-0.011 (-0.534)	-0.663 (-1.549)	-0.007 (-0.337)	-0.149 (-0.380)	-0.004 (-0.196)	-0.020 (-0.025)
高管团队平均年龄	-0.938*** (-3.464)	1.370 (0.299)	-0.938*** (-4.395)	-4.682*** (-3.984)	-0.931*** (-4.249)	-4.676*** (-3.938)	-0.129 (-1.387)	-4.778*** (-2.699)	-0.100 (-1.092)	1.395 (0.413)
环境动态性			6.385*** (2.717)	98.394* (1.659)	7.007*** (3.314)	78.959 (1.480)	2.395 (0.848)	37.844 (0.642)	8.206*** (2.836)	30.276 (0.478)
话语权			0.884** (2.073)	5.804** (2.503)	2.965*** (3.182)	9.269*** (2.721)				
话语权×环境动态性					-24.689*** (-2.905)	625.396** (2.153)				
规训权							0.011*** (7.894)	1.073*** (41.182)	0.023*** (10.409)	0.090 (1.467)
规训权×环境动态性									-0.114*** (-7.044)	0.888*** (3.314)

注：*** 表示在 0.001 水平上显著相关，** 表示在 0.01 水平上显著相关，* 表示在 0.05 水平上显著相关。

（二）回归结果与分析

由表 4 可知，模型 1、模型 2 引入控制变量，结果显示企业规模、企业资产收益率与探索式创新显著正相关，企业年龄、高管团队平均年龄与探索式创新显著负相关；企业年龄与利用式创新显著负相关。

模型 3、模型 4 引入话语权和环境动态性，结果显示话语权与探索式创新显著正相关（$\beta=0.884$，$p<0.01$），H1a 验证成立；话语权与利用式创新显著正相关（$\beta=5.804$，$p<0.01$），H1b 验证成立。

在模型 5、模型 6 在模型 3、模型 4 基础上引入话语权与环境动态性交互项，交互项与探索式创新显著负相关（$\beta=-24.689$，$p<0.001$），H3a 验证成立；交互项与利用式创新显著正相关（$\beta=625.396$，$p<0.01$），H4a 验证成立。

模型 7、模型 8 引入规训权和环境动态性，结果显示规训权与探索式创新显著正相关（$\beta=0.011$，$p<0.001$），H2a 验证成立；规训权与利用式创新显著正相关（$\beta=1.073$，$p<0.001$），H2b 验证成立。

模型 9、模型 10 在模型 7、模型 8 基础上进入规训权与环境动态性交互项，结果显示交互项与探索式创新显著负相关（$\beta=-0.114$，$p<0.001$），H3b 验证成立；交互项与利用式创新显著正相关（$\beta=0.888$，$p<0.001$），H4b 验证成立。

环境动态性的调节作用如图 1 所示。

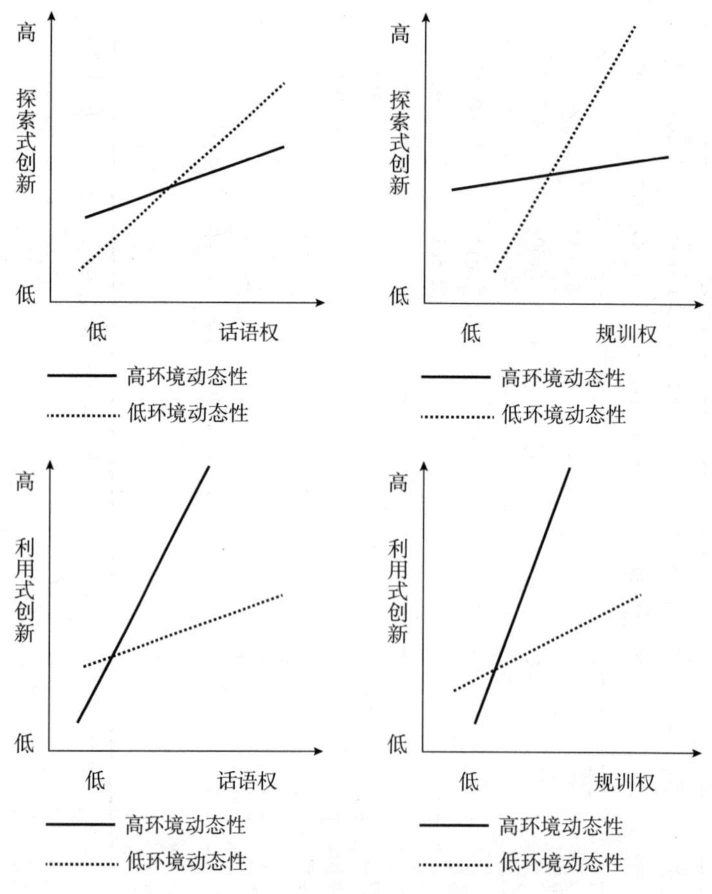

图 1　环境动态性的调节作用

（三）稳健性检验

基于以上理论运用与实证研究过程，本文得到知识权力中的话语权、规训权分别与探索式创新、利用式创新显著正相关；环境动态性对话语权、规训权与探索式创新具有显著负向调节作用；环境动态性对话语权、规训权与利用式创新具有显著正向调节作用的系列实证结果。为检验回归模型和实证结果的可靠性，本文进一步通过变换因变量和调节变量的测量方式进行稳健性检验。

（1）更换因变量测量方式。现有对二元式创新的研究中，大多数研究采用专利分类数据的测度方式，事实上，如果以专利引用数据进行测度可能会得到更为直接和可靠的结论（Phelps，2010），即以“新引用专利数量/总专利数量”来测度探索式创新，以“非新引用专利数量/总专利数量”来测度利用式创新。其中，企业在过去五年内没有引用过该专利，则该专利就可视为新引用专利。这种测度方法应值得借鉴，但是中国较为缺乏完整的企业专利引用数据，因此可以尝试将这一方法与专利分类数据进行结合，考虑到数据的可获得性，采用“新出现专利数量/总专利数量”测度探索式创新，采用“非新出现专利数量/总专利数量”测度利用式创新，其中，若企业该年申请专利的分类号前四位数在过去五年未曾出现，则视为新出现专利，以该变量测量方法进行的稳健性回归结果如表5所示。

由表5可知，模型11、模型12引入控制变量，结果显示企业规模、企业资产收益率与探索式创新显著负相关，企业年龄、企业规模和企业资产收益率与利用式创新显著正相关。模型13、模型14引入话语权和环境动态性，结果显示话语权与探索式创新显著正相关（$\beta=0.042$，$p<0.001$），与假设H1a相同，证实结果稳定；话语权与利用式创新显著正相关（$\beta=0.046$，$p<0.05$），与假设H1b相同，证实结果稳定。模型15、模型16在模型13、模型14基础上引入话语权与环境动态性交互项，且交互项与探索式创新显著负相关（$\beta=-0.247$，$p<0.01$），与假设H3a相同，证实结果稳定；交互项与利用式创新显著正相关（$\beta=0.268$，$p<0.01$），与假设H4a相同，证实结果稳定。模型17、模型18引入规训权和环境动态性，结果显示规训权与探索式创新显著正相关（$\beta=0.312$，$p<0.01$），与假设H2a相同，证实结果稳定；规训权与利用式创新显著正相关（$\beta=0.164$，$p<0.05$），与假设H2b相同，证实结果稳定。模型19、模型20在模型17、模型18基础上引入规训权与环境动态性交互项，结果显示交互项与探索式创新显著负相关（$\beta=-0.693$，$p<0.001$），与假设H3b相同，证实结果稳定；交互项与利用式创新显著正相关（$\beta=0.158$，$p<0.01$），与假设H4b相同，证实结果稳定。

（2）更换调节变量测量方式。对企业环境动态性的测量分为主观测量法和客观测量法两种，其中基于客观数据的变异性，即变量标准差/平均值的方法又称为变异法（Tosi et al.，1973），该方法可以使用销售收入、研发支出占比和税前利润等数据，从市场波动、技术波动和收益波动等方面测量企业环境的变动程度，进而逐步发展为采用收入与利润变异之和的对数衡量环境的不确定性。基于此，本文将进一步采用五年数据，从市场波动和收益波动两方面对企业环境动态性进行度量，以区别前文以五年收入残差波动系数计量环境动态性的方法。由于二元式创新可依据获得专利特征进行区分，而专利获取与研发支出具有高度相关性，因此技术创新是本文的内生变量，不适合作为环境动态性变量，本文将采取企业过去五年的营业收入与营业利润总额的变异系数之和取对数衡量本年的企业环境动态性：

营业收入变异系数=过去五年营业收入标准差/过去五年营业收入平均值。

营业利润变异系数=过去五年营业利润标准差/过去五年营业利润平均值。

环境动态性=log（营业收入变异系数+营业利润变异系数）。

由于因变量（探索式创新与利用式创新）为取值非负的计数型变量，此稳健性检验仍然以泊松分布模型进行回归分析，回归结果如表6所示。

表 5　稳健性检验回归结果（一）（N=531）

变量	模型 11	模型 12	模型 13	模型 14	模型 15	模型 16	模型 17	模型 18	模型 19	模型 20
	探索式创新	利用式创新	探索式创新	利用式创新	探索式创新	利用式创新	探索式创新	利用式创新	探索式创新	利用式创新
企业年龄	-0.001 (-0.660)	0.007*** (2.999)	-0.002 (-0.183)	0.004*** (8，147)	-0.002 (-0.167)	0.004*** (7.733)	-0.033** (-2.278)	0.004** (2.071)	-0.001 (-0.484)	0.003 (1.229)
企业规模	-0.000*** (-2.898)	0.000*** (2.897)	0.000* (1.691)	0.000*** (5.235)	0.000* (1.651)	0.000*** (5.186)	0.000 (0.709)	0.000 (1.015)	-0.000 (-0.000)	0.000 (0.697)
资产收益率	-0.056* (-0.318)	0.380* (1.928)	0.440 (1.756)	0.625*** (2.902)	0.438 (1.757)	0.623*** (2.910)	0.509 (1.340)	0.774*** (3.300)	-0.198 (-0.950)	0.655** (2.556)
股权集中度	-0.000 (-0.085)	-0.001 (-1.194)	-0.000 (-0.075)	-0.001* (-1.826)	-0.000 (-0.063)	-0.001* (-1.833)	-0.000 (-0.048)	-0.002** (-2.211)	0.000 (0.048)	-0.001 (-1.585)
高管团队平均年龄	0.000 (0.147)	0.003 (0.860)	-0.014*** (-4.041)	0.003* (1.860)	-0.014*** (-3.065)	0.003* (1.860)	-0.015 (-1.591)	0.005 (1.616)	-0.002 (-0.564)	0.006 (1.499)
环境动态性			0.199*** (2.262)	-0.164 (-1.634)	0.205** (2.280)	-0.156 (-1.416)	0.202 (1.170)	-0.135 (-1.216)	0.127 (1.221)	-0.081 (-0.650)
话语权			0.042*** (2.901)	0.046* (1.950)	0.063*** (2.930)	0.067** (2.034)				
话语权×环境动态性					-0.247** (-2.340)	0.268** (2.332)				
规训权							0.312** (2.025)	0.164* (1.705)	0.020* (1.688)	0.031* (1.856)
规训权×环境动态性									-0.693*** (-2.770)	0.158** (1.965)

注：*** 表示在 0.001 水平上显著相关，** 表示在 0.01 水平上显著相关，* 表示在 0.05 水平上显著相关。

表 6　稳健性检验回归结果（二）（N=531）

变量	模型 21	模型 22	模型 23	模型 24	模型 25	模型 26	模型 27	模型 28	模型 29	模型 30
	探索式创新	利用式创新	探索式创新	利用式创新	探索式创新	利用式创新	探索式创新	利用式创新	探索式创新	利用式创新
企业年龄	-1.292*** (-4.042)	-16.547*** (-3.061)	-0.951** (-2.991)	3.218* (1.712)	-0.946*** (-2.980)	3.200* (1.647)	0.025 (0.500)	1.440 (1.051)	2.280* (2.075)	-13.697*** (-2.921)
企业规模	0.000* (1.856)	0.003 (0.972)	-0.000** (-2.270)	0.021*** (4.486)	-0.000** (-2.301)	0.021*** (21.697)	0.000 (0.354)	-0.003 (-0.940)	-0.005* (-1.922)	-0.008*** (-4.105)
资产收益率	15.635*** (3.015)	50.245 (0.363)	2.133 (0.206)	47.181 (0.409)	2.025 (0.196)	47.382 (0.241)	26.455*** (3.168)	180.480* (1.714)	95.853 (1.008)	229.456 (1.408)
股权集中度	-0.026 (-1.433)	-0.001 (-0.001)	-0.012 (-0.231)	-0.749 (-1.172)	-0.011 (-0.204)	-0.752 (-1.072)	-0.009 (-0.542)	-0.188 (-0.329)	-0.173 (-0.413)	0.040 (0.044)
高管团队平均年龄	-0.938*** (-3.464)	1.370 (0.299)	-0.938*** (-2.680)	-4.782*** (-2.058)	-0.989*** (-2.692)	-4.656 (-1.440)	-0.110 (-0.957)	-4.838*** (-2.755)	-5.387*** (-3.823)	3.561 (0.899)
环境动态性			1.705* (1.671)	13.886 (0.675)	1.679 (1.647)	13.313 (0.532)	0.812 (1.181)	23.295 (1.229)	24.599* (1.944)	0.723 (0.036)
话语权			0.675** (1.968)	51.314* (1.832)	0.670 (0.905)	50.559 (1.731)				
话语权×环境动态性					-1.832*** (-2.738)	80.101** (2.284)				
规训权							0.012*** (5.345)	0.965*** (5.957)	1.077*** (6.655)	0.152** (2.067)
规训权×环境动态性									-0.061*** (-2.891)	0.185** (2.546)

注：*** 表示在 0.001 水平上显著相关，** 表示在 0.01 水平上显著相关，* 表示在 0.05 水平上显著相关。

由表6可知，模型21、模型22引入控制变量，结果显示企业规模、企业资产收益率与探索式创新显著正相关，企业年龄、高管团队平均年龄与探索式创新显著负相关；企业年龄与利用式创新显著负相关。模型23、模型24引入话语权和环境动态性，结果显示话语权与探索式创新显著正相关（$\beta=0.675$，$p<0.01$），与假设H1a相同，证实结果稳定；话语权与利用式创新显著正相关（$\beta=51.314$，$p<0.05$），与假设H1b相同，证实结果稳定。模型25、模型26在模型23、模型24的基础上引入话语权与环境动态性交互项，且交互项与探索式创新显著负相关（$\beta=-1.832$，$p<0.001$），与假设H3a相同，证实结果稳定；交互项与利用式创新显著正相关（$\beta=80.101$，$p<0.01$），与假设H4a相同，证实结果稳定。模型27、模型28引入规训权和环境动态性，结果显示规训权与探索式创新显著正相关（$\beta=0.012$，$p<0.001$），与假设H2a相同，证实结果稳定；规训权与利用式创新显著正相关（$\beta=0.965$，$p<0.001$），与假设H2b相同，证实结果稳定。模型29、模型30在模型27、模型28的基础上引入规训权与环境动态性交互项，结果显示交互项与探索式创新显著负相关（$\beta=-0.061$，$p<0.001$），与假设H3b相同，证实结果稳定；交互项与利用式创新显著正相关（$\beta=0.185$，$p<0.01$），与假设H4b相同，证实结果稳定。

五、研究结论、理论贡献与管理启示

（一）研究结论

本文在回顾知识权力、二元式创新和环境动态性相关理论的基础上，构建了环境动态性调节作用下的知识权力与二元式创新关系的理论模型，并以531家上市公司为样本进行实证分析，得出以下结论：

（1）知识权力与二元式创新的关系。知识权力中的话语权、规训权分别与探索式创新、利用式创新显著正相关。本文通过回顾“知识-权力”理论，以及与知识权力概念相关文献，并引入标准化理论，将知识权力划分为话语权与规训权两个维度。相关性分析与回归分析均显示，企业的话语权与规训权对其二元式创新中的探索式创新、利用式创新具有显著的正向影响。知识权力的话语权与探索式创新、利用式创新之间的相关系数分别为0.884和5.804，且均在0.01水平上显著；知识权力的规训权与探索式创新、利用式创新之间的相关系数分别为0.011和1.073，且均在0.001水平上显著。这说明企业知识权力能够同时促进企业的探索式创新与利用式创新，是影响二元式创新的重要前因变量，为探索二元式创新的协同性提供理论依据和实证支持。

知识权力一般指企业由于掌握了知识这一稀缺资源，从而获得了对其他企业进行控制的能力，这种能力主要通过两个方面体现：一方面，企业参与更多的标准制定，尤其是参与国家标准的制定，往往能够体现出其技术和产品的先进性与兼容性。制定标准的过程则相当于制定竞争规则，企业通过这一行为，不仅能够提升自身的竞争力，也能够在一定程度上避免行业竞争，通过规范市场秩序的方式提升企业话语权。另一方面，企业可以通过拒绝许可、专利授权的方式控制市场。专利授权在体现企业技术能力与竞争优势的同时，也体现了企业对其他企业知识的控制能力，这一行为则可认为是一种规训权。

知识权力中的话语权，使企业在参与标准制定的同时，提升了市场中产品或服务的标准化程度和兼容性，从而提升行业内知识交流效率，有利于产生更多的知识组合方式，为技术创新提供新的知识来源，从而有效地促进二元式创新的两种创新方式。

知识权力中的规训权，使企业在向其他企业授权专利的同时，展现了其对某技术领域的控制情况，从而提升了其在创新活动中的竞争力，并以专利授权的方式来影响其他企业的认知和行为决策，促进企业间合作的形成，提高知识资源的利用效率和创新质量，从而有效促进二元式创新的两种创新方式。

（2）环境动态性的调节作用。环境动态性对知识权力中话语权、规训权与探索式创新间关系，具有显著负向调节作用；对知识权力中话语权、规训权与利用式创新间关系，具有显著正向调节作用。

虽然知识权力的提升，有助于企业同时进行探索式创新和利用式创新，但在动态环境情境下，企业对探索式创新的采用倾向受到抑制，对利用式创新的采用倾向得到促进。这在一定程度上与以往“掌握更多知识资源的企业，创新能力越强”的观点是相悖的。

本文认为，具备较强知识权力的企业，往往具有更高的知识存量和更强的知识管理能力，因此这一类企业通常在行业中也具有较强的竞争力，处于市场领先地位。在较高的环境动态性下，这类企业固有的有限理性便凸显出来，在高不确定性的环境下，企业往往愿意选择更加保守的创新战略，试图通过已掌握的知识与能力，以较低成本度过波动期，从而在最大程度上保留实力的同时，稳固自身的领先地位。二元式创新中的探索式创新，要求企业在了解市场信息、适应市场波动中花费大量的成本与费用，且面对较强的创新成果不确定性，增大经营风险。而利用式创新则要求企业在原有的知识基础上，沿着现有的技术路径继续探索与整合即可，这能够有效降低成本和企业所面临的风险。

因此，在高环境动态性下，知识权力较强的企业更倾向于采取利用式创新，利用现有的知识资源优势，以较低的成本进行知识资源整合与改进，而不愿意突破现有模式，以更高成本开发新的异质性知识，进行探索式创新。

（二）理论贡献

第一，本文通过回顾知识权力和二元式创新相关理论，发现了“知识-权力”理论在企业二元式创新研究中的重要性，并依据 Foucault（1982）等的理论，将“知识权力”划分为“话语权”与“规训权”两个维度，探索了知识权力对企业二元式创新战略导向的影响，丰富了“知识-权力”理论在二元式创新中的应用。

第二，企业知识权力能够同时促进企业的探索式创新与利用式创新，是影响二元式创新的重要前因变量。知识权力中的话语权，使企业在参与标准制定的同时，提升了市场中产品或服务的标准化程度和兼容性，从而提升行业内知识交流效率，有利于产生更多的知识组合方式，为技术创新提供新的知识来源，从而有效促进二元式创新的两种创新方式。而知识权力中的规训权，使企业在向其他企业授权专利的同时，展现了其对某技术领域的控制情况，从而提升了其在创新活动中的竞争力，并以专利授权的方式来影响其他企业的认知和行为决策，促进企业间合作的形成，提高知识资源的利用效率和创新质量，从而有效地促进二元式创新的两种创新方式。

第三，在动态环境情境下，企业对探索式创新的采用倾向受到抑制，对利用式创新的采用倾向得到促进。这在一定程度上与以往“掌握更多知识资源的企业，创新能力越强”的观点是相悖的。具备较强知识权力的企业，往往具有更高的知识存量和更强的知识管理能力，因此这一类企业通常在行业中也具有较强的竞争力，处于市场领先地位。在高不确定性的环境下，这类企业往往愿意选择更加保守的创新战略，试图通过已掌握的知识与能力，以较低成本度过波动期，从而在最大程度上保留实力的同时，稳固自身的领先地位。

而二元式创新中的探索式创新，要求企业在了解市场信息、适应市场波动中花费大量的成本与费用，面对较强的创新不确定性，则会增大经营风险。而利用式创新则要求企业在原有的知识基础上，沿着现有的技术路径继续探索与整合即可，这能够有效降低成本和企业所面临的风险。在高环境动态性下，知识权力较强的企业更倾向于采取利用式创新，利用现有的知识资源优势，以较低的成本进行知识资源整合与改进，而不愿意突破现有模式，以更高成本开发新的异质性知识，进行探索式创新。

（三）管理启示

从企业实践方面，企业应当充分了解自身的知识权力并加以利用。一方面，对于知识权力较弱的企业，可以采取对企业内部知识资源进行整合，加强其标准化程度，对技术活动中需要统一协调的内容制定相应的技术标准，对一些具有普遍性、重复性的技术问题制定统一的解决方案，把创新成果向现实的生产力转化，并追求专利、行业标准和国家标准等更高的标准化形式。企业可以通过更多地参与行业标准、国家标准的制定，以及向其他企业授权更多专利来提升自身知识权力，进而提升其探索式创新和利用式创新能力。另一方面，对于知识权力较强的企业，可以参考本文所采用的二元式创新测量方法，对自身现有专利分类情况进行考察，从而确定企业探索式创新与利用式创新的水平。若其中一种创新能力较弱，或两种创新能力均较弱，应该审视其内部的知识管理能力，反观企业在知识权力的运用方面是否存在一定的管理问题。因此，本文为企业在创新实践中提升整体创新水平提供了理论指导和实证支持。

同时，探索式创新与利用式创新对企业的发展均至关重要，应注意对两者进行动态的平衡，使企业赢得短期发展的同时也能够着眼未来，关注其长期发展。在环境动态性较低的情况下，知识权力较强的企业倾向于选择探索式创新。稳定的环境使企业愿意走出原有的技术路径，尝试研发新的产品与服务，并会降低对利用式创新的选择意愿。这有利于企业的长远发展，但探索式创新的高风险性和高收益不确定性，会对企业短期的盈利产生负面影响。因此，在低环境动态性下，知识权力较强的企业仍然需要关注利用式创新，管理者应防止企业过于重视探索式创新而轻视利用式创新。

在环境动态性较高的情况下，知识权力较强的企业倾向于选择利用式创新。动荡的环境使企业不愿打破原有技术路径，而是产生对低成本的偏好和对风险的规避，从而更倾向于选择利用式创新而不是探索式创新。这有利于企业的短期利益，帮助企业在动荡的环境中生存下来，但容易导致企业的路径依赖，进而使企业陷入能力陷阱，影响企业的长远发展。因此，在高环境动态性下，知识权力较强的企业仍然需要关注探索式创新，管理者应防止企业探索式创新水平下降过快，适当调整二元式创新战略以满足自身的短期生存与长期发展要求。

最后，本文虽然采用大样本数据，但鉴于数据采集难度较大，只选择了比较具有代表性的电气工程、机械制造和信息技术三类上市公司数据，未来可以考虑进行更多行业比较研究。另外，由于中国专利数据库中专利引用数据缺失严重，无法通过考察专利引用情况来度量专利的探索性与利用性，未来可考虑进一步探讨二元式创新的有效测量方法。

参考文献

[1] March J G. Exploration and exploitation in organizational learning [J]. Organization Science, 1991, 2 (1): 71-87.

[2] Sariol A M, and M A Abebe. The influence of CEO power on explorative and exploitative organizational innovation [J]. Journal of Business Research, 2017 (73): 38-45.

[3] Lavie D J Kang and L Rosenkopf. Balance within and across domains: The performance implications of exploration and exploitation in alliances [R]. INFORMS, 2011.

[4] Iii C A O, and M L Tushman. Organizational ambidexterity: Past, present, and future [J]. Academy of Man-

agement Perspectives, 2013, 27 (4): 324-338.

[5] 白景坤，杨智，董晓慧. 双元性创新能否兼得？——公司创业导向的作用与知识刚性的调节效应 [J]. 经济管理，2015 (11): 42-52.

[6] 刘洋，魏江，应瑛. 组织二元性：管理研究的一种新范式 [J]. 浙江大学学报（人文社会科学版），2011，41 (6): 132-142.

[7] Simsek Z. Organizational ambidexterity: Towards a multilevel understanding [J]. Journal of Management Studies, 2009, 46 (4): 597-624.

[8] Lin H E, M D Iii, J Yang and C Wang. Aligning knowledge assets for exploitation, exploration, and ambidexterity: A study of companies in high-tech parks in China [J]. Journal of Product Innovation Management, 2016, 34 (2): 122-140.

[9] Hsiao Y C, C J Chen and Y R Choi. The innovation and economic consequences of knowledge spillovers: Fit between exploration and exploitation capabilities, knowledge attributes, and transfer mechanisms [J]. Technology Analysis & Strategic Management, 2016, 29 (8): 1-14.

[10] 曾德明，陈培祯. 企业知识基础、认知距离对二元式创新绩效的影响 [J]. 管理学报，2017，14 (8): 1182-1189.

[11] 郭献强，党兴华，刘景东. 基于资源依赖视角下企业创新网络中知识权力的形成研究 [J]. 科学学与科学技术管理，2014，35 (4): 136-145.

[12] 吉迎东，党兴华，弓志刚. 技术创新网络中知识共享行为机理研究——基于知识权力非对称视角 [J]. 预测，2014 (3): 8-14.

[13] 陈立勇，刘梅，高静. 研发网络成员多样性、网络关系强度对二元式创新的影响 [J]. 软科学，2016，30 (8): 25-28.

[14] 徐可，何桢，王瑞. 技术创新网络的知识权力、结构权力对网络惯例影响 [J]. 管理科学，2014 (5): 24-34.

[15] 白景坤，丁军霞. 网络能力与双元创新的关系——环境动态性的调节作用 [J]. 科学学与科学技术管理，2016，37 (8): 138-148.

[16] 曾德明，李励，王泓略. 研发强度对二元式创新的影响 ——来自汽车产业上市公司的实证研究 [J]. 科学学与科学技术管理，2016，37 (1): 69-79.

[17] Foucault, M. The archaeology of knowledge: And the discourse on language [M]. Vintage, 1982.

[18] Foucault M. Power knowledge: Selected interviews and other writings, 1972-1977 [M]. Random House USA Inc., 1988.

[19] Hjh Salma Bee Hj Noor Mohamed Abdul Latiff, and A Hassan. Rise and fall of knowledge power: An in-depth investigation [J]. Humanomics the International Journal of Systems & Ethics, 2008, 24 (1): 17-27.

[20] Rajan R, and L Zingales. Power in a theory of the firm [R]. CEPR, Discussion Papers, 1998.

[21] Upadhyaya A, M Baraban, J Wong, P Matsudaira, A van Oudenaarden and L Mahadevan. Power-Limited contraction dynamics of vorticella convallaria: An ultrafast biological spring [J]. Biophysical Journal, 2008, 94 (1): 265-272.

[22] 刘永谋. Foucault 的主体解构之旅 [M]. 南京：江苏人民出版社，2009.

[23] 吕铁. 论技术标准化与产业标准战略 [J]. 中国工业经济，2005 (7): 43-49.

[24] Blind K. The economics of standards [J]. Social Science Electronic Publishing, 2004, 39 (3): 191-210.

[25] 俞文华. 发明专利、比较优势、授权差距——基于中国国内外发明专利授权量比较分析 [J]. 中国软科学，2009 (6): 19-32.

[26] 张少萱. 中国出口企业专利侵权预警机制的构建与完善 [J]. 对外经贸实务，2009 (11): 89-92.

[27] Tushman M L, and C A O' Reilly. The Ambidextrous Organizations: Managing evolutionary and revolutionary change [J]. California Management Review, 1996, 38 (4): 8-30.

[28] Zhang J, and C. Baden-Fuller. The influence of technological knowledge base and organizational structure on technology collaboration [J]. Journal of Management Studies, 2010, 47 (4): 679-704.

[29] 党兴华，孙永磊. 技术创新网络位置对网络惯例的影响研究——以组织间信任为中介变量 [J]. 科研管理，2013，34 (4)：1-8.

[30] 朱彤. 网络效应经济理论 [M]. 北京：中国人民大学出版社，2004.

[31] 方放，王道平. 技术标准设定中高技术企业技术兼容性选择及相关 R&D 活动研究 [J]. 科技进步与对策，2012 (20)：80-84.

[32] Wang Z. Organizational effectiveness through technology innovation and HRM strategies [J]. International Journal of Manpower，2016，26 (6)：481-487.

[33] 姜红，陆晓芳，余海晴. 技术标准化对产业创新的作用机理研究 [J]. 社会科学战线，2010 (9)：73-79.

[34] 王欣，徐明. 企业创新组织软环境、知识管理、创新绩效——动态环境下有调节的中介作用模型 [J]. 华东经济管理，2018 (2)：35-42.

[35] 李远勤，张祥建. 标准化对企业技术创新与经营业绩影响的前沿研究述评 [J]. 软科学，2009，23 (3)：61-64.

[36] 陈啸. 对专利授权的重新审视——基于经济学视角的分析 [J]. 知识产权，2016 (11)：53-60.

[37] 陈收，舒晴，杨艳. 环境不确定性对企业战略变革与绩效关系的影响 [J]. 系统工程，2012 (9)：1-8.

[38] 陈国权，王晓辉. 组织学习与组织绩效：环境动态性的调节作用 [J]. 研究与发展管理，2012，24 (1)：52-59.

[39] 王敏，陈继祥. 基于企业动态能力的二元性创新研究 [J]. 科技进步与对策，2008，25 (9)：88-93.

[40] Hough J R，and M A White. Environmental dynamism and strategic decision-making rationality：An examination at the decision Level [J]. Strategic Management Journal，2003，24 (5)：481-489.

[41] Koberg C S，D R Detienne and K A. Heppard. An empirical test of Environmental，organizational，and process factors affecting incremental and radical innovation [J]. Journal of High Technology Management Research，2003，14，(1)：21-45.

[42] 王同庆. 动态环境下嵌入式网络关系和网络能力对服务创新的影响 [D]. 济南：山东大学士学位论文，2012.

[43] Jansen J J P，F A J V D Bosch and H W Volberda. Exploratory innovation，exploitative innovation，and performance：Effects of organizational antecedents and environmental moderators [J]. Management Science，2006，52 (11)：1661-1674.

[44] Prahalad C K，and G Hamel. Strategy as a field of study：Why search for a new paradigm [J]. Strategic Management Journal，1994，15 (special issue)：5-16。

[45] 詹正茂，陈刚，李俊. 区域资本市场融资差异对区域经济发展的影响分析 [J]. 工业技术经济，2004，23 (1)：49-51.

[46] 武立东，江津，王凯. 董事会成员地位差异、环境不确定性与企业投资行为 [J]. 管理科学，2016，29 (2)：52-65.

[47] York J G and S Venkataraman. The entrepreneur-environment nexus：Uncertainty，innovation，and allocation [J]. Journal of Business Venturing，2010，25 (5)：449-463.

[48] 王林，沈坤荣，吴琼等. 探索式创新、利用式创新与新产品开发绩效关系——环境动态性的调节效应研究 [J]. 科技进步与对策，2014 (15)：24-29.

[49] Blind K and A Mangelsdorf. Motives to standardize：Empirical evidence from germany [J]. Technovation，2016 (48-49)：13-24.

[50] Phelps C C A Longitudinal study of the influence of alliance network structure and composition on firm exploratory innovation [J]. Social Science Electronic Publishing，2010，53 (4)：890-913.

[51] Gilsing V，B Nooteboom，W Vanhaverbeke，G Duysters and A V D Oord. Network embeddedness and the exploration of novel technologies：Technological distance，betweenness centrality and density [J]. Research Policy，2008，37 (10)：1717-1731.

[52] 林明，任浩，董必荣. 技术多样化结构二元平衡、企业内聚性与探索式创新绩效 [J]. 科研管理，2015，

36（4）：65-72.

[53] Bergh and R V Den. The role and social justification of copyright：A "law and economics" approach [J]. Intellectual Property Quarterly，1998（1）：17-34.

[54] Dess G G and D W Beard. Dimensions of organizational task environments [J]. Administrative Science Quarterly，1984，29（1）：52-73.

[55] 申慧慧. 股权性质、环境不确定性与会计信息的治理效应 [J]. 会计研究，2012（8）：8-16.

[56] 张子余，袁澍蕾. 生命周期视角、公司治理与企业技术创新 [J]. 统计与决策，2017（19）：176-180.

[57] Balasubramanian N，and M B Lieberman. Learning-by-doing and market structure [J]. The Journal of Industrial Economics，2011，59（2）：177-198.

[58] 韩美妮，王福胜. 信息披露质量、融资约束与技术创新关系研究 [J]. 会计之友，2016（17）：51-56.

[59] Reinartz W and W Ulaga. How to sell services more profitably [J]. Harvard Business Review，2008（3）：90-96.

[60] Karamanos A. The exploration of novel technologies through alliance networks：The case of biotechnology [C]. Product Development and Management Association（PDMA）Research Forum，At Anaheim，CA（USA），2009，Volume：PDMA Research Forum Proceedings，185-198.

[61] Hess A M and F T Rothaermel. When are assets complementary? Star Scientists，strategic alliances and innovation in the pharmaceutical Industry [J]. Strategic Management Journal，2011，32（8）：895-909.

[62] Tosi H，R Aldag and R Storey. On the measurement of the environment：An assessment of the lawrence and lorsch Environmental Uncertainty Subscale [J]. Administrative Science Quarterly，1973，18，（1）：27-36.

效用冲突型绿色技术创新：一种前沿创新及研究展望*

肖海林

（中央财经大学商学院，北京　100081）

[摘　要] 针对存在于“构建市场导向的绿色技术创新体系”国家行动中的理论矛盾，通过反思国内外已有绿色技术创新研究和整个工商管理理论体系的发展逻辑，以及考察绿色技术创新的案例实践，发现了一种前沿技术创新类型——效用冲突型绿色技术创新，并展望了其研究的总体问题和关键性问题。本文发现：已有绿色技术创新研究存在导致研究价值受到严重局限的三大误区，有待绿色技术创新研究破解的真正难题存在于效用冲突型绿色技术创新；效用冲突型绿色技术创新具有多方面战略价值、代表技术创新升级方向、突破了工商管理理论根基；效用冲突源自技术创新的非市场导向甚至反市场导向，效用冲突型绿色技术创新研究将引发创新管理研究的范式变革，即从单一的市场导向研究范式，转型为市场导向与非市场导向并存和市场导向与反市场导向并存的双导向研究范式，研究的总体问题是双导向导致的理论困境与实践难题。

[关键词] 绿色技术创新；效用冲突；理论困境；范式变革

“绿色”和“创新”是中国当下及未来秉持的两大发展理念，意味着中国必然要持续大力推进绿色创新。中国正在实施的建设生态文明、绿色发展、切实提高关键核心技术创新能力、经济转型升级、供给侧结构性改革等国家战略，都高度依赖于绿色技术创新的发展，党的十九大明确提出“构建市场导向的绿色技术创新体系”。构建市场导向的绿色技术创新体系，意味着绿色技术创新要同时坚持“市场导向”和“绿色导向”。本文发现，两个导向存在以下悖论：市场导向依据市场营销学的理论根基——营销观念就是客户导向。绿色导向则可能是客户导向，比如绿色食品，也可能是非客户导向，比如电动汽车。如果绿色导向是非客户导向，就产生了既要客户导向，又要非客户导向的理论矛盾；如果绿色导向是客户导向，那么这种技术创新与一般的技术创新就没有什么特别不同，构建其创新体系的难度就不大，战略价值就大打折扣。这一悖论给学术界提出了一个重要理论命题——如何破解存在于市场导向的绿色技术创新中的理论矛盾，以便解决“构建市场导向的绿色技术创新体系”这一国家行动中的真正难题，拓展和高层次发挥这一国家行动的战略效应。

---

* ［基金项目］本文系笔者主持的国家社科基金重点项目“中国绿色变轨型高技术新产品市场启动战略的颠覆性技术创新路径研究”（17AGL004）的阶段性成果。

基于以上问题线索，通过反思国内外已有绿色技术创新研究和整个工商管理理论体系的发展逻辑①，以及考察绿色技术创新的案例实践，本文发现了效用冲突型绿色技术创新这一具有重要战略价值和具有范式变革意义的前沿技术创新类型，并指出其研究的总体问题及关键性问题。

一、绿色技术创新研究的误区和效用冲突型绿色技术创新的提出

对于绿色技术创新，现有文献存在多种表述不同但核心内涵相同或相似的概念，主要有绿色技术创新、生态技术创新、可持续技术创新、环境技术创新、低碳技术创新等，使用最多的是绿色技术创新概念，也是被党的十九大报告所采纳的概念。尽管国内外已对绿色技术创新进行了较多研究，但是已有的研究总体上忽视了三个关键问题：一是环保产业的技术创新和非环保产业的绿色技术创新的不同，二是以提升购买者效用为导向的绿色技术创新和以提升购买者效用之外的社会效用为导向的绿色技术创新的差异，三是绿色技术创新应该是一个仅限定于技术发展特点时期——市场变轨时期的技术创新类型。由于忽视了这三个问题，导致已有的绿色技术创新研究并没有触及影响绿色技术创新发展的真正难题，甚至可能误导绿色技术创新的研究和管理实践，研究的价值受到严重局限。

首先，现有文献基本上都把诸如脱硫、脱污、脱硝等的环保产业的技术创新归为绿色技术创新。由于环保产业的技术创新直接瞄准客观存在的环保市场需求，是市场导向的，所以其管理问题与管理难度与一般的技术创新没有特别不同，遵循已有的管理理论就能解决相应的管理问题。而非环保产业的绿色技术创新的不同之处，在于改变了产业技术创新的基本方向，即从单纯地追求以满足客户需求的产品性能功能提升的创新方向，转为同时关注客户需求之外的环保等社会效用问题的创新方向，就会产生与一般的技术创新不同的管理问题，才需要进行管理创新，从而才应成为绿色技术创新研究关注的重点。

对于非环保产业的绿色技术创新，又包括两种类型：一是类似节能冰箱、LED 电视等直接以提升购买者效用和购买者效用之外的社会效用并举的效用并举型绿色技术创新，由于这类绿色技术创新在提升社会效用的同时，并没有明显损害甚至提升了购买者效用，就仍然是以市场为导向的，不存在较市场原来主导产品明显的竞争劣势，其市场启动与发展就相对容易，风险较小。二是类似于 2014 年前电动汽车的这类直接以提升购买者效用之外的社会效用为导向的非环保产业的绿色技术创新，由于这类技术创新不是直接以提升购买者效用为导向（即市场导向），而是以提升生态文明、可持续发展等购买者效用之外的社会效用为导向（即社会导向、绿色导向），而且这种产品核心效用的方向性改变通常要通过核心技术的根本性改变才能实现，而产品核心技术的根本性改变通常会带来产品功能、性能、使用方式甚至消费行为的改变，从而经常会带来新产品的购买者效用的降低而不受市场欢迎，因此，至少在市场转型之初，这一类绿色技术创新是一种效用冲突型绿色技术创新，即相对于行业现有主导产品，社会效用提升而购买者效用下降的绿

① 现代市场营销学的理论体系以营销观念为理论根基，营销观念就是消费者导向的观念，也叫市场导向的观念。以消费者为导向的观念，按照战略 3C 理论，也是战略管理的理论根基。按照经济学的基本原理，企业是营利性组织，而利润来自消费者，因此，只有以消费者为导向，企业才能实现盈利。按照战略管理的理论，战略管理是整合性的管理、是企业最高层次的管理，企业应当是战略中心型组织。依据这些理论，以企业为研究对象的整个工商管理，包括创新管理的理论体系的形成和发展，都是以消费者导向为理论根基。

色技术创新。很明显，2014 年前的电动汽车是一种非市场导向型和与市场导向冲突的反市场导向型绿色技术创新产品。

其次，由于技术创新理论体系甚至整个工商管理理论体系的构建和发展是以满足客户需求为导向和根基的，这就要么容易把电动汽车这类以提升购买者效用之外的社会效用为导向、反市场导向的绿色技术创新排斥在研究之外，要么继续以基于市场导向发展起来的理论工具指导这类非市场导向的技术创新的研究和管理，从而得出误导这类技术创新的研究成果。关注到以提升购买者效用为导向的绿色技术创新和以提升购买者效用之外的社会效用为导向的绿色技术创新的差异，意味着对后者的研究必须解决购买者付费购买提升社会效用却降低自己所获效用（相对于行业主导产品）的新产品或服务的效用冲突这一直接决定市场成败的关键问题，突破单纯以市场为导向的技术创新研究范式。因此，效用冲突型绿色技术创新是一种存在不同于其他类型技术创新的管理问题、需要突破主流理论范式和引发创新管理研究范式变革即从市场导向转为社会导向的特殊类型的技术创新。但新产品或服务最终又必须是市场导向的，才有可能被主流客户购买，这就必然要求研究技术创新的社会导向（非市场导向甚至反市场导向）向市场导向转化的问题，从而产生创新管理研究的全新命题。需要指出的是，只有非环保产业的绿色技术创新，才可能是效用冲突型绿色技术创新。

最后，特别指出现有学术研究和政策研究的一个盲点和误区。目前文献中所指的“绿色技术创新”概念泛指一切有利于解决绿色环保问题的技术创新。严格地讲，当行业的技术创新被称为绿色技术创新时，应同时满足两个条件：一是处于行业市场轨道转变期的技术创新，二是带来行业主导产品低碳环保功效的技术创新。即过了市场变轨期的任何技术创新，都不是绿色技术创新，绿色技术创新一定是处于市场变轨期，不能带来低碳环保功效的技术创新不是绿色技术创新。比如汽车产业，当产业主导产品是燃油汽车时，研究开发电动汽车并处于市场发展早期时就是绿色技术创新，而一旦电动汽车获得市场认可并在市场站稳“脚跟”，对电动汽车的进一步技术创新就不是绿色技术创新，因为这个时候电动汽车产业的技术创新是在已经确立的新技术轨道上的创新，不再出现产品效用导向从非绿色向绿色的不连续性改变，亦即，如果目前电动汽车已站稳市场，人类对汽车电力驱动技术的进一步创新，就不是绿色技术创新，人们也不会意识到对电动汽车的动力驱动技术的创新是绿色技术创新。再如，对于已经确立市场主导地位的类似于脱硫、脱污的技术创新虽然是环保产业的技术创新，却不是绿色技术创新，因为这类技术创新没有发生产品核心效用导向向“绿色”的转变，与一般的技术创新没有什么不同。绿色技术创新只存在于行业技术变轨初期，效用冲突型绿色技术创新产品成功实现市场变轨的难题，才是整个绿色技术创新研究和党的十九大提出的构建市场导向的绿色技术创新体系所存在的关键问题和真正难题。

二、效用冲突型绿色技术创新是一种前沿技术创新类型

（一）效用冲突型绿色技术创新将引发创新管理及其研究的范式变革

典型效用冲突型绿色技术创新新产品——电动汽车的发展情形表明，以绿色为导向的技术创新，特别是具有产业变革意义的重大绿色技术创新，产生的新产品在市场发展初期通常存在社会效用提升而购买者效用下降的冲突，而且这种效用冲突很难短期内消除，这明显与以客户为中心的整个现代营销理论体系和方法体系的理论根基——营销观念相悖，恰恰不是市场导向的。绿色

技术创新是近年来我国创新管理研究的一个热点，但是本文通过对国内外有关绿色技术创新研究的文献进行的系统梳理，发现目前学术界对绿色技术创新的研究均没有区分环保产业技术创新、效用并举型绿色技术创新和效用冲突型绿色技术创新，而是笼统地针对“绿色技术创新”进行研究，从而未能发现存在于效用冲突型绿色技术创新中的理论矛盾，鲜见相关研究。

实践上，“市场导向的绿色技术创新”虽然可以通过效用并举型绿色技术创新来实现，从而市场风险显著下降，但是，现实是，“绿色导向”和“市场导向”常常不仅在理论上难以统一，而且在实践上也难以做到统一，因为产品效用发展方向由单纯的消费者效用改为社会效用或购买者效用与社会效用叠加的效用，一般牵涉核心技术的较大改变甚至根本改变，亦即核心技术变轨才能实现，而核心技术的改变往往会带来产品满足客户需求的某些功能和性能的降低，从而引发产品使用方式、消费行为等的改变，使购买者效用下降，即：只要是牵涉核心技术变轨的绿色技术创新，往往就会出现一定的甚至明显的购买者效用劣势，从而就往往伤害“市场导向”，就不是市场导向的，甚至是反市场导向的，因此，“效用冲突”是绿色技术创新的一种常见情形。不难推测，由于要改变产业内长期形成和被市场普遍接受的产品效用发展方向，绿色导向的变轨技术创新所带来的购买者效用降低，比客户导向的变轨技术创新所带来的购买者效用降低，通常需要在新技术轨道上更长时间的连续性创新才能消除，从而前者的早期市场发展更为艰难，需要的时间更长，不确定性更高，企业容易陷入长期的战略困境。电动汽车就是典型案例。因此，党的十九大提出的“构建市场导向的绿色技术创新体系”包含了一个全新的有待破解的重大理论课题。

效用冲突型绿色技术创新往往是技术变轨、市场变轨和产品效用导向变轨叠加的“三重变轨”叠加型技术创新，是一种具有独特管理情景、不同于以往已被学术界大量研究的各种创新类型的特殊创新。由于学术界对这类创新的市场风险的研究相对很少，同时已有的研究都没有注意到“三重变轨”型新产品是一种非客户导向且存在社会效用提升而购买者效用降低冲突的产品，都是直接套用现有的营销理论和方法进行研究，所得研究结论的可靠性就明显存疑，甚至出现理论误导。比如，被誉为创新大师的 Christensen 教授出版的全球畅销书《创新者的窘境》，提出了通过“低端低价”实现对行业领先企业的破坏性创新的著名理论观点。作者利用这一理论观点预测电动汽车的发展，认为电动汽车应该实施“低端低价”市场启动战略，并公开质疑特斯拉的“高端高价”战略。但是，全球电动汽车的发展已经证明，“高端高价”才是正确的电动汽车市场启动战略，其原因是燃油汽车仍具有消费者效用提升的空间（而不是消费者效用过剩情景），电动汽车一开始就不是以提升消费者效用为导向的创新产品，与全球畅销书《创新者的窘境》所研究的产业情景条件存在根本性差异，《创新者的窘境》恰恰忽视了这一点。①

因此，效用冲突型绿色技术创新研究的开创性和理论价值在于，以彼此冲突的“市场导向+非市场导向甚至反市场导向”这一双导向范式替代技术创新研究一直秉持的单一的市场导向范式，关注到社会导向（非市场导向甚至反市场导向）向市场导向转化的理论问题和实践难题，从理论和战略上找到使社会导向的“绿色变轨型技术创新”实现“市场导向”的一般路径，使依据主流营销理论不是市场导向、没有市场前途的效用冲突型绿色技术创新，转变成依据效用冲突

① 2013 年前中国政府就对电动汽车实施扶持政策，但电动汽车一直基本上没有销量，在全世界没有产生任何影响。科技部部长万钢 2014 年提供的数据表明，中美电动汽车发展的时间、产业配套条件、政策环境差异不大，截至 2014 年上半年，美国私人电动汽车市场的启动已获成功，而中国累计销量小得多，且以公交和出租车为主，私人使用很少，市场低位徘徊，相关企业“痛苦不堪”。但这种情形在 2015 年发生突变，2015 年中国电动汽车的销量一下子出现 10 余倍于往年的增长，达到 28 万多辆。一个关键原因就是 2013 年全球电动汽车先锋企业——特斯拉宣布进入中国市场，2014 年曹国伟、雷军等中国用户从特斯拉 CEO 马斯克手上拿到特斯拉电动汽车车钥匙，产生了巨大市场效应。如果没有特斯拉进入中国市场，即便存在政府强力扶持，也难有今天中国电动汽车私人市场的快速发展，而特斯拉就是通过在改变动力驱动核心技术的同时提供现有燃油汽车不具备的产品特性，产品定位堪比保时捷、法拉利的“高端高价”赢得一批美国特殊消费者的购买，从而产生了对全球市场的规范效应或者说引领效应。

型绿色技术创新研究所提出的新理论与战略则可以实现“市场导向”，使以竞争颠覆和绿色转型发展为双重目标的前沿技术创新类型成为实践上可以普遍实现的创新类型，并破解存在于“构建市场导向的绿色技术创新体系”和推动效用冲突型绿色技术创新发展中的理论矛盾。

（二）效用冲突型绿色技术创新研究瞄准了多个国家战略的共性关键管理问题

（1）绿色发展国家战略的研究需求。党的十九大明确提出了绿色发展的国家战略，推动产业的绿色转型发展是实施这一国家战略的主要战略途径，而推进绿色技术创新是推动产业绿色转型发展的主要路径。

由于效用冲突型绿色技术创新叠加发生了“三重变轨”——技术变轨、市场变轨和产品效用导向变轨，在国家大力推动绿色发展、产业转型升级、供给侧结构性改革等战略的大背景下，对国家、社会和产业的发展和企业竞争均具有日益重要的战略价值，且代表人类技术创新活动的转型升级方向，需要大力推动。环保产业的技术创新和非环保产业的效用并举型绿色技术创新均是属于“市场导向”的绿色技术创新，而效用冲突型绿色技术创新不属于“市场导向”而是“社会导向”（非市场导向甚至反市场导向）的绿色技术创新，从而与现代市场营销学科理论体系的理论根基——客户导向的营销观念相悖，就不能用已有的主流营销理论指导这类技术创新的市场战略制定。因此，党的十九大提出的“构建市场导向的绿色技术创新体系”的难点和重点不在前两类绿色技术创新，而在第三类——效用冲突型绿色技术创新，要推进第三类绿色技术创新的顺利发展，更好地推进“构建市场导向的绿色技术创新体系”，就需要首先解决效用冲突型绿色技术创新存在的“社会导向”与“市场导向”之间的理论与实践上存在的矛盾，进行营销理论的基础性创新。

（2）切实提高关键核心技术创新能力国家战略的研究需求。2018 年中美贸易争端爆发和中兴通讯被美国政府制裁立即“休克”，使尽快提高我国关键核心技术创新能力成为迫切需要解决的重大国家安全问题。中央快速行动，7 月 13 日，习近平主持召开中央财经委员会第二次会议强调，“关键核心技术是国之重器”，“必须切实提高我国关键核心技术创新能力”，“要切实增强紧迫感和危机感”，“加强基础研究，努力取得重大原创性突破”。掌握产业关键核心技术的基本途径，一是在现有技术轨道上通过加大研发投入、提高创新效率的延续性创新，即顺轨技术创新来实现；二是通过改变产业技术发展轨道的破坏性创新，即变轨技术创新来实现，既掌握技术属性根本不同且代表行业技术发展转型方向的关键核心技术、实现竞争颠覆，又破坏领先企业的竞争能力，使之陷入战略困境和转型困境。“加强基础研究，努力取得重大原创性突破”，意味着中国将更加倚重后者来提升关键核心技术创新能力，因此，从国家层面上讲，变轨技术创新的重要性更加凸显。比较而言，管理学界已对前者进行大量研究，形成扎实系统的理论、工具和方法，而对后者的研究还存在明显不足，一些具有挑战性的实践难题和理论问题尚未有效解决，成为制约后者发展的主要障碍。学界的研究发现，变轨技术创新（包括战略导向和管理特征相似但又有区别的突破性创新、破坏性创新、不连续创新等）存在技术、市场、组织、资源和财务五大战略风险，特别是技术风险和市场风险（肖海林，2011），因此，关键核心技术创新能力就集中表现为解决这五大战略风险特别是技术风险和市场风险的能力。迄今，学界对变轨技术创新及类似技术创新的技术、组织、资源和财务四方面的风险与战略已有较多研究，利用已有的研究成果就能较好地指导解决相应的管理问题，而对市场风险与战略的研究从电动汽车、绿色建筑等变轨高技术新产品的市场发展来看依然存在明显不足，不能提供有效的理论指导，依然是靠“很多很好的运气”（Lehmann and Winer，2005）。

效用冲突型绿色技术创新是“三重变轨”叠加的技术创新类型，其技术、组织、资源和财务四大风险与以提升购买者效用为导向的变轨技术创新（即市场导向的变轨技术创新）并没有明显不同，但由于带来购买者效用的降低，从而存在巨大且明显不同的市场风险，因此，对效用冲突型绿色技术创新的研究既能提供解决效用冲突型绿色技术创新的市场风险问题提供理论依据，也能为解决市场导向的各种变轨技术创新市场风险问题提供理论借鉴，从而有利于解决各种类型变轨技术创新的市场风险这一主要战略风险问题，直接有利于提升关键核心技术创新能力。

（3）推动现代科技形态生态化转型的研究需求。庄穆、胡泓扬（2015）通过国家软科学研究计划项目"适应生态文明建设的科技发展战略研究"指出，"更关键的是，对现代科技的反生态性质缺少反思性认知。因此，适应生态文明建设的科技发展战略需要贯彻整体性思维，提高科技进步对生态的贡献率，唤醒生态意识，促进现代科技形态的生态化转型"。这是涉及国家科技发展战略的重大命题，表明人类技术创新活动需要转型，转型方向是既要满足企业竞争需求又要促进绿色发展，而不能仅追求前者，这正是效用冲突型绿色技术创新的战略价值，表明效用冲突型绿色技术创新代表现代技术创新转型升级方向。而影响生态化转型的关键难点就在于"生态化"要求企业改变技术创新基本方向，关注购买者效用之外的社会效用，而社会效用的提升往往带来购买者效用的降低从而显著影响市场需求，这与主流营销理论和主导创新管理理论相悖，从而带来基础性理论的难题和重大实践难题，效用冲突型绿色技术创新研究将直接有利于解决这一制约生态化转型发展的根本性问题。

三、效用冲突型绿色技术创新研究的总体问题及关键性问题

（一）总体问题

作为一种前沿技术创新类型，效用冲突型绿色技术创新研究所要解决的总体问题是这类技术创新所存在的"社会导向"与"市场导向"之间的理论矛盾所导致的理论困境与实践难题，使这类具有广泛重要战略价值和代表技术创新升级方向的创新类型不仅理论上"站得住"而且实践上"行得通"。研究对象主要是效用冲突型绿色技术创新独有的和巨大的市场风险、引领主流市场变轨与转型的机制和市场战略的创新问题，研究内容是围绕这些问题形成指导创新企业战略决策和政府政策选择的理论、战略和对策。因为按照已达成共识的创新管理理论，不连续技术创新、颠覆性技术创新、变轨技术创新、突破性技术创新主要存在技术、市场、组织、资源和财务五大风险，只要解决了这五大风险，就会大幅提升相应的技术创新的成功率。效用冲突型绿色技术创新在技术风险、组织风险、资源风险和财务风险上与学界已经大量研究并已形成系统成熟理论体系和方法体系的市场导向的不连续技术创新、颠覆性技术创新等创新类型并没有显著不同，可直接借用相关研究成果，而效用冲突型绿色技术创新因存在"社会导向+社会效用提升而购买者效用降低冲突+三重变轨叠加"的管理情景，具有不同于单纯市场导向的不连续技术创新、颠覆性技术创新等创新类型的市场风险和更大市场风险，同时是学术研究的盲点。因此，十分明显，只要解决了效用冲突型绿色技术创新所面临的市场风险及市场战略的创新问题，再集成使用前人有关技术、组织、资源和财务风险的丰硕研究成果，就能形成系统的效用冲突型绿色技术创新理论、工具和方法体系。

（二）关键性问题

（1）探究能否及如何实现社会导向向市场导向转化这一基础性理论问题及其路径问题。现代

市场营销学的理论根基是营销观念，营销观念就是客户导向的观念，客户导向是市场导向的核心。如果不能成功解决这一问题，党的十九大提出的“构建市场导向的绿色技术创新体系”就无法涵盖效用冲突型绿色技术创新这一具有多方面重要战略价值的技术创新类型，现代科技形态的生态化转型就存在理论上的障碍，因为如果绿色技术创新不是市场导向的，就意味着新产品不能满足消费者至少主流消费者的需要，就至少不可能有主流消费者购买，绿色技术创新就无法推进，除非政府在“绿色技术创新”发展之初就强行停掉市场原来主导产品的研发和生产。此外，如果能发现存在并能找到社会导向向市场导向转化的关键性决定因素，且不同行业具有相同的关键因素，就能提供可普遍实现转化的路径信息，就表明，社会导向向市场导向的转化不仅可行，而且具有跨行业的可操作性。不仅能拓展市场营销学的理论基础、对市场营销学科的发展具有重要意义，而且，使效用冲突型绿色技术创新具有广泛的适用性，对推动这一类技术创新的发展具有决定性意义。这里的理论发现，对于会带来消费者效用大幅下降但远期看具有市场前景的所有重大不连续创新、突破性创新、颠覆性创新等，实现“换道超越”，均有直接指导价值。

（2）解决缺乏指导效用冲突型绿色技术创新市场战略制定的理论工具的问题。从世界电动汽车的发展看，对于电动汽车的市场启动战略，社会各界争议激烈，企业实践各不相同，实施效果也各异。究其原因，一是基本上都没有关注到电动汽车是一种社会导向而不是市场导向的技术创新，沿用的都是并不适配的主流营销理论；二是没有关注到首先必须实现社会导向向市场导向的转化后，才能使用主流营销理论来分析制定电动汽车这类技术创新的市场战略问题；三是缺乏指导电动汽车这类效用冲突型绿色技术创新市场战略制定的理论工具。对于指导新产品营销战略的制定，学术界提出了众多理论工具，但这些理论工具基本上都是在主流营销理论的框架内形成的，可能恰恰对电动汽车这类效用冲突型绿色技术创新产品并不适用甚至构成误导，2015 年前各电动汽车企业普遍遇到困境表明，这些理论工具并不适用。因此，需要针对效用冲突型绿色技术创新的独特情景和市场风险，研究提供针对性的指导市场战略制定的理论工具和分析依据。解决了这一问题，就能为市场战略和政府政策的研究提供依据和路径信息。

参考文献

［1］习近平．决胜全面建成小康社会　夺取新时代中国特色社会主义伟大胜利［M］．北京：人民出版社，2017.

［2］习近平．提高关键核心技术创新能力为我国发展提供有力科技保障［J/OL］．新华网，2018-07-13.

［3］肖海林．不连续技术创新的风险探究——基于与连续创新的比较［J］．经济管理，2011，33（9）：52-62.

［4］Lehmann D R，Winer R S．Product management［M］．McGraw-Hill Companies，Inc.，2005.

［5］庄穆，胡泓扬．从生态文明建设视角反思中国科技发展战略［J］．福建论坛（人文社会科学版），2015（9）：161-166.

［6］Christensen，C. M．The innovators' dilemma：When new technologies cause great firms to fail［M］．Boston，MA：Harvard Business School Press，1997.

［7］Moore G．Crossing the chasm［M］．Harper Business Press，1991.

基于数据挖掘的审计模式创新研究与应用

王雨霖

（上海商学院，上海　201400；中国社会科学院，北京　100044）

［摘　要］大数据环境下，随着机器学习与人工智能的发展，海量数据逐渐发展成为需要新处理模式才能更好地支持决策的信息资产，大数据的产生成为现代审计和会计的一个转折点。关联规则挖掘在许多数据挖掘中有着广泛的应用。当数据库和支持度阈值发生变化时，现有的挖掘方法普遍存在多次扫描数据库或重复遍历复杂数据结构的问题。本文利用经典的 Apriori 算法并进行优化，针对审计模式的创新研究需求及其数据的特点，提出了基于散列和事务压缩的改进算法，建立了运用关联规则算法进行审计风险控制研究的应用模型。即利用创新的智能化审计模式来发现审计线索，从而提高审计工作的效率以及质量，降低审计风险，实现审计价值最大化。

［关键词］数据挖掘；关联规则；审计模式创新

一、国内外研究现状

大数据如今遍及全球各个角落，审计大数据指的是多种类型的数据集合，其中可能包括一些组合的传统结构化的财务和非财务数据、物流数据、传感器数据、电子邮件、电话、社交媒体数据、博客以及其他内部和外部数据。传统的数据分析工具开始难以对海量数据进行有效处理而亟须新的数据分析方法和工具。

（一）国外研究现状

当前大数据环境下，审计的各个阶段的目标并未发生改变（Janvrin and Watson，2017），但是无论从理论还是操作规范层面看，大数据都会在未来应用于审计工作。Brown-Liburd 等（2015）提出建议：审计人员可以在客户风险、欺诈风险、持续审计、内部控制等业务的评估时，利用数据挖掘技术分析外部数据。Alles（2016）提出了大数据审计和传统审计相比较的优势、大数据应用于审计实践的成本、大数据环境对审计人员的素质要求、大数据和数据分析用于审计实践的各个阶段以及最佳方法等主要研究方向。

在大数据时代，通过利用数据挖掘等技术可以提高管理决策的质量，并且审计做出判断将更多地依靠数据而非经验。Yoon 等（2015）对审计证据的充分性、可靠性和相关性三个方面对审计结果的影响进行了研究，认为大数据将会降低审计师对客户数据的依赖，并提供独立的标准来评估内部审计证据。这与我国刘荣丽（2017）认为的大数据环境要求计算机审计工作从验证型审计转变为发掘型审计的思想不谋而合。

大数据分析的特点：①取证覆盖面大幅度增加；②数据分析的结果从逻辑关系上来看更偏向于相关性而不是因果关系。同时提出了面对海量数据计算分析的两个主要方向：①使用需要计算资源少的简单分析方法；②将数据分为可以被分析工具管理的数据子集。在大数据的应用方面，提出了一种高效的基于云存储系统的远程数据审计（RDA）技术和一种以加权规则为基础的审计系统，首先确定异常（违反一个或多个业务规则的情况下），然后利用高级审计人员中的专家知识，对提取的异常值进行排序。

（二）国内研究现状

我国也正在展开探索大数据审计特点和实现研究（杨凯茜，2015），以及开展模式的研究（徐鹤田，2017），秦荣生（2014）分析了大数据、云计算技术对审计的影响。国内不仅在 CPA 审计领域对实施大数据审计进行探索（龙子午、王云鹏，2016），而且还在国家治理和政府审计的视角下实施大数据审计（方皓，2016；马德辉，2017）。

大数据发展到今天，伴随着 RFTD 数据和 GPS 数据的出现，审计证据的性质和概念也发生了变化，并且正在探索如何将新型的审计证据应用于传统的审计流程中。黄江海（2016）对大数据背景下审计证据的基本特征进行了剖析，关于信息化数据的采集方式以及思路有了一定的创新和实践。

我国关于应用大数据分析方法的相关研究包括孙玥璠、宋迪（2015）基于孤立点分析的审计抽样方法，李强、谢汶莉（2016）的大数据可视分析，王乾（2015）分析了大数据的价值、大数据分析在经济社会中的应用，以及大数据分析的局限性。2013 年审计署开始对全国社会保障资金进行了统一审计，这是审计署对大数据的首次尝试。审计署坚持多角度、分层次地对大量社保数据进行全面的审计分析。而通过这个案例不难发现我国审计领域对于大数据的理解和使用都还处于初级阶段，但是需求却日益增长，所以国内的大数据审计领域还有很多问题需要研究。

目前审计模式还是没有从根本上解决审计工作中出现的海量数据的问题。开发和使用数据挖掘的审计技术和审计框架，决定了审计范围和审计程度，甚至决定了审计的未来发展方向。另外，当前审计的线索、范围、工作对象、工作环境等都发生了很大的变化，传统的方法已经不适应这种变化。通过建设审计系统，利用数据挖掘技术，提高审计质量和效率，降低审计风险。由于传统方法数据分析技术的不足，提出了运用数据挖掘技术在审计数据分析中的必要性，并研究了数据挖掘在审计数据分析中的应用，总结了数据挖掘技术实现审计数据分析的过程。

综上所述，国内外学者们基于已有的审计理论以及大数据对其产生的冲击，从行业宏观整体的影响入手研究，提出了推行成本问题、从业人员素质问题和应用大数据审计的方法模式问题，然后聚焦到审计实务的实践问题。研究已经得出以下结论：①大数据环境下的审计证据具有从验证型审计转变为发掘型审计的趋势；②大数据信息的收集模式和方法还缺少成果；③ 对于已获取的大数据的处理方法还处于探索阶段，还未提出明确的数据处理方法。

国内外针对大数据环境下数据挖掘在审计中的应用，大都处于理论和定性研究阶段，没有形成有效分析模型和审计实务执行规则。本文提出在大数据环境下，基于数据挖掘的审计模型，利用数据挖掘技术，创新审计模式，发现审计线索，提高审计工作的效率和质量，降低审计风险。

二、大数据环境下审计存在的风险问题

根据审计的目标可知，审计的核心内容主要围绕资金循环、业务循环和信息循环，其现存风险问题也可从这三个方面展开，主要集中于以下几个方面：

（1）数据的采集和不同主体之间的沟通问题。从信息循环的角度看，审计人员需要集中对相关数据库进行审计，必须注重审计数据的采集、保存以及数据库的形成过程。对于主体的审查，不同于企业内部信息流通，各个主体之间主要是以合同为基础的合作关系，因此向企业外部延伸审计可能会受到一定的阻碍和质疑。这就要求审计人员采取更灵活的审计程序与方法来确保审计的实施。

（2）海量往来账款的管理。将信息循环与业务循环相结合，审计的现存的风险问题在于企业应收应付账款以及其他应收应付账款的管理，而这种管理上造成的错误会形成自己独有的模式，这就需要审计人员能够高效地找出海量数据中的潜在模式，发现企业往来账款管理中的风险问题，给企业决策者提供资金循环的决策方案，以保证资金的高效及安全。

（3）账实相符的管理问题。将信息循环与资金循环相结合，审计存在的另一个风险问题是报表数据和仓库数据的对应关系，这就需要审计人员根据存货截止期以及不同部门数据之间的勾稽关系，查找海量数据中是否存在异常的情况，并给相关管理人员提供有效建议。

以上三点为现在审计中的主要难点，其中数据的采集需要更多人为的沟通和相关平台的建设，而往来款项和账实相符等管理问题则可以运用相关的信息技术和数据挖掘技术进行改进，有效提高审计的效率。本文对现存的数据挖掘技术进行对比改进，根据这两个审计问题的特点，找出适用的数据挖掘技术，采用智能化的审计模式，控制审计风险，并将其应用于实际工作中，以提高审计的质量和效率。

三、审计风险问题的解决办法

本文选择运用数据挖掘的方法，创新审计模式，解决审计现有风险问题。数据挖掘（Data Mining）是数据库知识发现（Knowledge-Discovery in Databases，KDD）中的一个重要步骤。数据挖掘一般是指从大量的、存在噪声的、模糊的数据中通过算法搜索隐藏于其中不为人知的有用信息的过程。本文主要通过比较改进数据挖掘方法，找出能够解决审计相关风险问题的技术——关联规则算法，从而实现审计模式的创新，形成智能化审计模式。

（一）关联规则与审计模式创新

挖掘海量数据之间的关联性，能够挖掘出不同领域数据之间的联系，构建新的审计模式。关联规则在审计模式中的应用，主要依赖于审计相关数据之间的关联性和系统性。由于企业所有数据均来自一个相关系统，数据之间具有一定的联系，因此当发现异常的联系时，就为审计人员提供了相应的审计线索，这时，便需要充分加以关注。例如，由于会计数据之间的勾稽关系，人为的舞弊作假难以做到天衣无缝，因此，在审计时就可以通过对科目之间、报表之间的逻辑关系来识别舞弊的特征，为进一步审计提供参考。又例如应用新的审计模式挖掘固定资产和折旧之间的关系，公务用车运行维护费与汽车数量之间的关系，应付职工薪酬、社保缴费以及职工人数之间的关系都能够为有效地挖掘企业审计风险控制点，为审计人员实施进一步审计提供依据。

在审计现存问题中，往来账款具有较强的模式性，选择合适的关联规则算法就能够高效找出企业往来账款的潜在模式。审计人员通过挖掘以前年度审计过程中所形成的审计调整数据与非调整数据，发掘被审计单位往来账款管理中审计调整的潜在模式，形成相关的关联规则库，就能够为现在的审计提供风险控制点，为实施进一步审计程序提供帮助。

（二）关联规则在审计创新模式研究中的应用模型

通过分析关联规则算法与审计风险之间的关系，提出关联规则算法能够帮助审计人员查找出可疑的审计线索，为确定审计风险控制提供参考依据，有效提高审计效率和准确性。同时通过对关联规则算法进行选优改进，选择采用基于散列和事务压缩的关联规则改进算法建立发现审计线索模型，确定风险控制点。

另外，为了能够实现审计风险控制点发现的目的，提高数据挖掘的质量，在进行关联规则数据挖掘的过程中需要对选取的企业审计数据进行预处理。其主要工作是选取所需的样本数据，并对相关审计数据进行数据采集，获得本次关联规则挖掘所需的数据源；然后对样本进行数据整合、数据筛选、数据清洗，以清除无效、异常的数据。将经过数据预处理的数据运用所选择的关联规则算法进行数据挖掘，在挖掘出的结果中确定有价值的关联规则加入关联规则库中，利用智能化审计模式，形成风险控制点。其应用模型如图 1 所示。

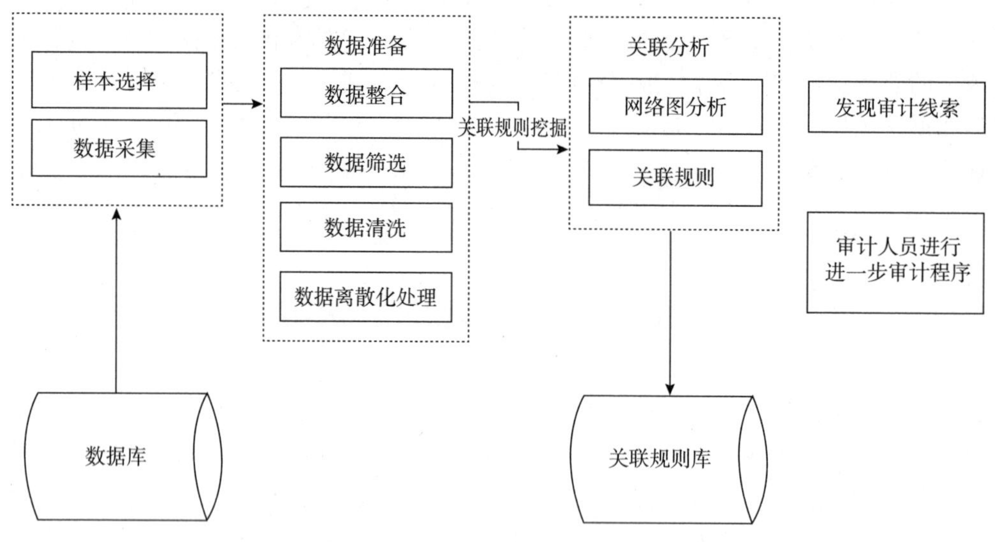

图 1　关联规则在创新审计模式中的应用模型

（三）关联规则挖掘算法概述

关联规则是形如 X-Y 的蕴涵式，并有支持度和信任度两个度量标准。关联规则最初是针对购物篮分析（Market Basket Analysis）问题提出的，为的是让商店管理者更多地了解顾客的购物习惯。这种关联的发现可以帮助零售商了解哪些商品频繁地被顾客同时购买，从而帮助他们开发更好的营销策略。基于关联规则的思想，也衍生出多种相关算法，如 Apriori 算法、FP-growth 算法等。

Apriori 算法是第一个关联规则挖掘算法，它迭代生成所有长度的频繁模式集。

（1）Apriori 算法基于 Apriori 性质（性质 1），即频繁模式的所有子模式也是频繁的，也即频繁模式的反单调性。

（2）设长度为 k 的频繁模式集和候选模式集分别为 Lk 和 Ck，则 Apriori 算法首先生成 L1，然后如果 Lk-1 非空，那么通过拼接 Lk-1 中的指定模式生成 Ck（这一步称为 Apriori_ Gen），并通过剪切 Ck 生成 Lk。

图 2 是关联规则算法的一个实例：

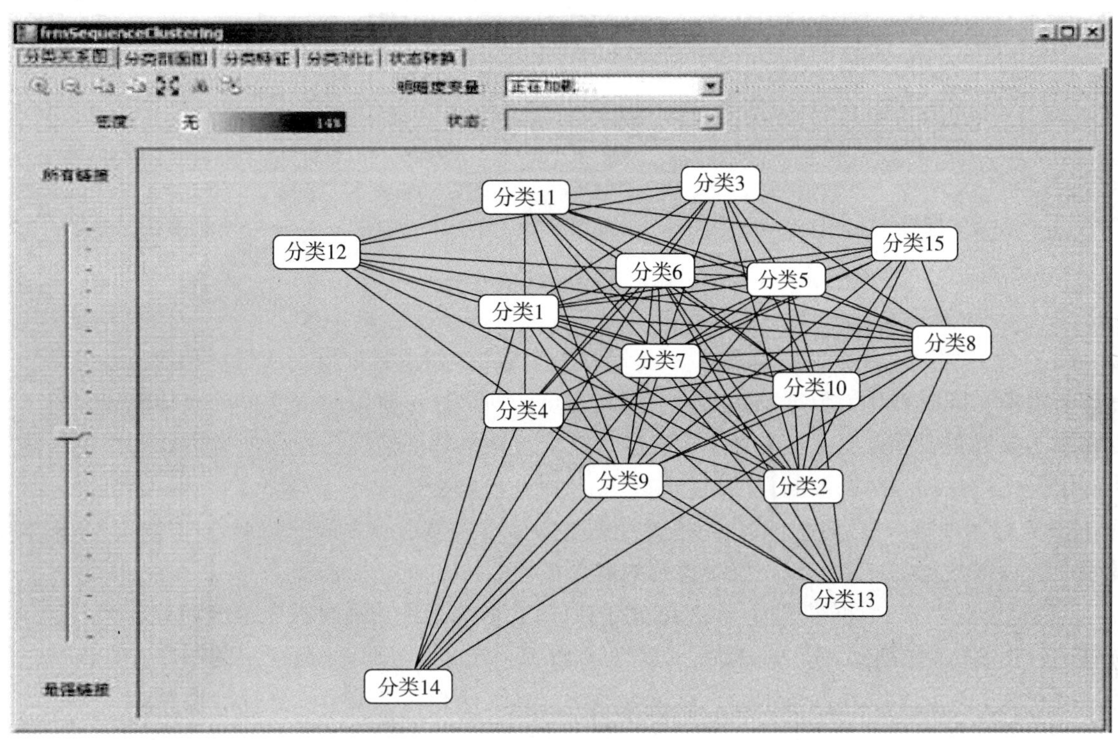

图 2　关联规则算法图

关联规则挖掘技术能够较好地预测数据发展，因此在许多领域被广泛应用。例如商业银行对客户信息进行关联规则挖掘，获得可靠的客户需求预测，就可以改进自身营销方式。再如超市将此方法用于市场的经营，以此进行存货管理等。可见，关联规则算法能够从大数据集中挖掘出潜在有用的信息。

1. 数据挖掘的 CRISP-DM 流程

1999 年，Special Interest Group（SIG）组织开发了跨行业数据挖掘标准流程 CRISP-DM（Cross-Industry Standard Process for Data Mining），并在梅赛德斯-奔驰和 OHRA（保险业）两家企业进行大规模数据挖掘的测试。CRISP-DM 描述了数据挖掘项目的生命周期，主要有六个阶段，分别是业务理解（Business Understanding）、数据理解（Data Understanding）、数据准备（Data Preparation）、模型建立（Modeling）、评估（Evaluation）和部署（Deployment）。

六个阶段的顺序不是固定的。从图 3 中可以看到 CRISP-DM 六个阶段的关系，CRISP-DM 数据挖掘流程六阶段之间不是顺序连接的，不同阶段可能需要前后调整，因此数据挖掘流程是一个动态交互的过程。

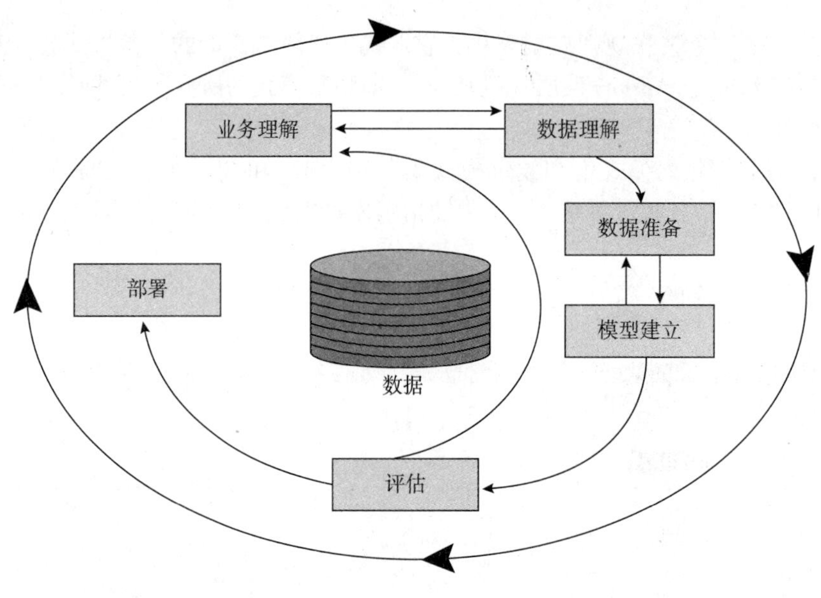

图 3　CRISP-DM 流程

（1）业务理解。业务理解是数据挖掘流程的起点，需要从数据挖掘的目标和业务本身等多角度理解需求，同时转化为数据挖掘问题和相关初步计划。这一阶段的主要任务包括确定目标，找出影响结果的重要因素，从业务角度分析客户需求，评估外部情况，查找所有资源和限制，进一步确定数据挖掘的目标以及制订项目计划。

（2）数据理解。数据理解阶段是通过数据收集、数据整合等系列的数据处理过程，了解数据的性质、评估数据的质量，以便发现数据的内部属性。

（3）数据准备。数据准备阶段是将获得的原始数据源处理为适合数据挖掘的数据类型。经过处理的数据将成为模型工具的输入值。这个阶段可多次执行，没有任何规定的顺序。这部分的任务主要包括表、记录和属性的选择，以及为模型工具转换和数据的清洗、标准化等。

（4）模型建立。在这个阶段，通过不同的建模方法，调整模型参数。通常，某些技术能够处理相同类型的数据挖掘问题。但有些技术对于数据有特殊要求，所以在这个阶段也经常跳回到数据准备阶段，重新开始。

（5）评估。到项目的这个阶段，相关的模型已经建立完成，在进行最后的部署模型之前，需要对模型进行彻底评估，检查建立模型的步骤，确保所建立的模型能够有效地实现目标。这一阶段的目的是确定是否仍然有重要的因素或者问题没有被考虑。

（6）部署。在 CRISP-DM 数据挖掘流程的循环流程中，只有模型构建完成并不代表整个流程的完成。建立数据挖掘模型是为了从数据中找到知识，并且这种知识需要以客户理解的方式、使用的方式重新组织。在这个阶段可以根据客户需求，生成简单的图表，以展示整个数据挖掘过程。

本文所采用的关联规则算法对企业各类审计数据进行数据挖掘时，也依照 CRISP-DM 的数据挖掘流程。

2. Apriori 算法的改进

Apriori 算法是一种经典的关联规则算法，但是传统的 Apriori 算法需要大量的时间，消耗内存，导致过大的 I/ O 负载，影响算法的效率。由于 Apriori 在计算效率方面有缺陷，国内外有大量学者提出算法的改进。表 1 将对这些主要的 Apriori 改进方法进行分析比较：

表 1　Apriori 改进方法的比较

改进方法	原理	优点	适用情况
基于划分的改进方法（Partion）	该方法是将事务数据库先划分为若干子事务数据库，在各个子事务数据库中挖掘局部频繁项集，进入全局频繁项集，使用连接和修剪策略有效地挖掘局部不频繁但全局频繁的项集	分块进行搜索，能够有效降低扫描次数，提高效率	原事务数据集能够划分为若干个不相交的逻辑块
基于散列的改进方法（Hash）	初次扫描时，运用散列函数，将事务散列到表结构的不同散列桶中，同时增加对应的统计数。在散列表中，具有低于支持阈值的桶计数的 k 项目集不能是频繁 k 项目集，并且其从候选集中移除	运用散列函数直接删除非频繁的冗余项，实现对事务的压缩，以减少扫描次数，提高效率	算法的效果与事务特征相关，长度越短效果越好
基于事务压缩的改进方法（Transaction Reduction）	如果存在具有 C_i 中的相同项目集合事务 t，并且其支持小于支持阈值，则当从数据库扫描候选集合 C_i 时，事务将对随后的频繁项目集没有影响。将其从数据库中删除	随着扫描数据库次数的增大，删除大量无影响事务，有效减少候选项集的增长，提高整个算法的效率。	原事务数据库中存在大量类似相同的事务
基于采样的改进方法（Sampling）	搜索原始事务数据库 D 中的频繁项目集以搜索频繁项目集而不是在 D 中搜索频繁项目集。使用该方法，牺牲一些精度以换取有效性，并且通过减少最小支持来减少损失	减少了扫描次数，提高算法效率	对效率要求高，而对精确度要求不高的情形。且当数据频繁度差异大时，更为有效
基于动态项集的改进方法	运用支持度向量和置信度向量描述，强调时间维度对于规则的影响	能够在规则中反映时间的变化	需要在规则中反映事件变化的情形

根据上述改进算法的描述对比分析，可以看出，基于散列的改进方法的原理在于减少候选项集的大小，进而减少对数据库扫描的次数。基于事务压缩的改进方法的原理是逐渐减少原始数据库中的事务数量，提高算法的效率。这两种方法针对关联规则挖掘过程的不同部分。如果两者一起使用，则可以促进其他算法的效果而不引起负面影响。因此，将基于散列技术的算法改进和基于事务压缩的算法改进相结合的改进会进一步提高算法的效率和效果。

3. 散列事务压缩关联规则算法

根据对已有的 Apriori 改进的对比研究，针对财务审计的数据离散、重复性高的特点，以及审计对时间性的要求，本文采用基于散列和事务压缩的关联规则改进算法。

其核心思想是使用 Apriori 算法的逐层搜索迭代方法，扫描原事务数据库，产生频繁 1 项集 L1，运用基于离散的改进思想：估计数据库中的散列事务和算法中 k-1 项集产生的候选 k 项集大小，选择其中更高效的方法进行候选集的生成。运用剪枝步检验支持度性质，并统计其在数据库中的计数，进而得到频繁 k 项集。其后运用事务压缩的思想，对数据库中的事务标记压缩，删除不包含任何频繁 k 项集的事务。相应伪代码如下：

```
//输入事务数据库 D，最小支持度 min_sup
L1-find _Frequent _1 _itemsets (D)
For (k- 2; L_k^ k++)
IF Hash _is _better (K) //评估两种方法哪种更好
```

```
Ck=hash_gen（Lk-1，min_sup）//用散列方法产生候选 k 项集
Ck=apriori_gen（Lk-1，min_sup）//用 Apriori 方法产生候选 k 项集
For each transaction tED//扫描数据库并
计数 IF Ct. lable<k-1 ；delete t from D;
Break//事务压缩
Ct=subset（Ck，t）//得到 t 在候选集中的子集
For each candidate cECt; c. count++//对候选集中的事
务项计数 If c. count≥min—sup，c. lable=k;｝｝
Lk=｛c^Ck I c. count≥min_sup｝
Return L=UiLi
//输出频繁项 L
```

以流程图的方式更直观地显示基于散列和事务压缩的关联规则算法的过程，如图 4 所示。

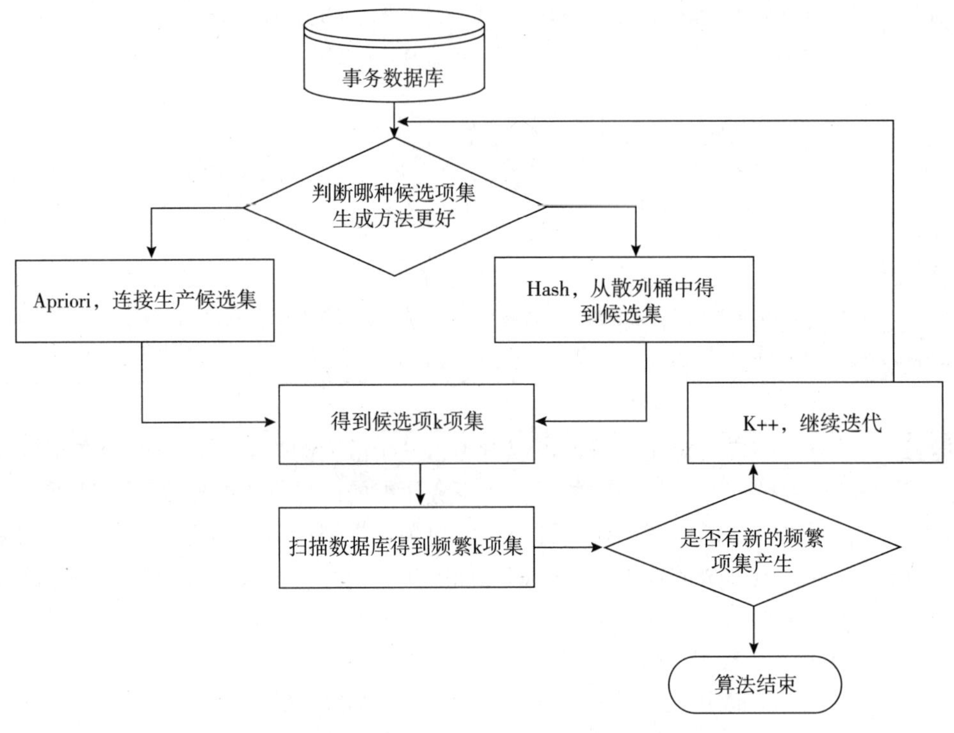

图 4　基于散列和事务压缩的关联规则改进算法流程

四、审计模式创新关联规则实证研究

关联规则算法能够帮助审计人员查找出数据规律，为确定审计风险控制点提供参考依据，提高审计效率和准确性。本文将依照数据挖掘 CRISP-DM 流程，运用 IBM SPSS Modeler 实现 M 公

司销售与收款、采购与付款循环审计中，往来账款审计风险控制点关联规则算法应用的实证研究。

根据所建立的关联规则算法应用模型，建立智能化的审计模式。本次实证研究需要选取企业审计数据进行预处理，将数据转换成适用于数据挖掘的模式。其主要工作是选取所需的样本数据并对相关审计数据进行数据采集获得本次关联规则挖掘所需的数据源；然后对数据样本进行数据整合、数据筛选、数据清洗以清除无效、异常的数据。然后将经过数据预处理的数据进行关联规则挖掘，并确定有价值的关联规则加入关联规则库中，帮助审计人员发现审计线索。

（一）M 公司亟须解决的问题

M 公司是一家外资独资经营的集团上市公司，以某休闲食品为龙头，集园区生产、品牌发展、品牌代理和物流配送为一体的食品类快速消费品专业生产和营销集团，其子公司遍布中国许多省份，旗下品牌众多。不同的子公司负责不同的生产销售环节，同时也与全国各地的上游供应商和下游分销商之间存在众多联系。

M 公司现有的管理较为混乱，其中往来账款的记录中，可能存在分类错误的问题，而账实管理上由于同地区的子公司之间可能存在共用仓库的情况，这就使销售过程中产生移库的问题，加大了仓库盘点和账实是否相符的审计程序实施困难。针对这两个问题，将关联规则算法运用于 M 公司的财务审计过程中，以验证算法的实用性，并为 M 公司的审计提供参考依据。

（二）样本选择与数据采集

企业销售与收款、采购与付款循环环节所涉及的往来账款，在会计科目中就主要体现在应收账款、应付账款、预收账款、预付账款、其他应收款和其他应付款上，相较于前四者主要原材料采购和货物销售的支付结算组成较为单一，其他应收款和其他应付款包含了一个企业所有可能的采购销售活动的资金流记录，因此，本次用于关联规则数据挖掘的数据为 M 公司 2018 年的其他应收款和其他应付款的相关已审计数据，其中包括其他应收款数据 935 个，其他应付款数据 963 个，合计 1898 个；其中审计调整项目 251 个，非审计调整项目 1647 个。部分数据如图 5 所示。

S5

	A	B	C	D	E	F	G	H	I	J	K	L	M	N	O	P	Q	R
1	集团	项目	主要内容	备注	分类	期末余额	< 30天	30天	60天 -	90天 -	180天	1 - 2	2 - 3	3年以	合计	是否调整	调整描述	
2	武汉天喔	西得乐机械（北	其他（请备注	设备款	设备款	22,881,176	1.6E+07	-	-	7E+06	-	-	-	-	####			
3	上海天喔	泗泾镇横塘桥村	-	-	工程款	19,100,000	1.9E+07	-	-	-	-	-	-	-	####			
4	华盛酒业	浦星保乐力加	其他（请备注	奖励费	费用	17,036,134	1.7E+07	-	-	-	-	-	-	-	####	14980757	代垫费用调整	
5	金沙泉	长兴梅林饮用水	-	-	其他	10,000,000	-	-	-	1E+07	-	-	-	-	####	4730000	与预付账款对捏	
6	金沙泉	其他	-	-	其他	9,330,750	417544	20622	40355	46500	6209	-	-	9E+06	####			
7	武汉天喔	湖北楚安建筑工	-	-	工程款	9,271,111	9271111	-	-	-	-	-	-	-	####			
8	福建实业	工程设备暂估	其他（请备注	工程设备款	设备款	9,112,113	9112113	-	-	-	-	-	-	-	####	1980001	interco调整	
9	武汉南浦	茶冰柜押	押金	-	押金	4,470,199	28000	3000	-	77500	2E+06	2E+06	8E+05	392299	####			
10	金沙泉	上海兴甬建筑市	-	-	工程款	3,500,000	-	-	-	-	4E+06	-	-	-	####			
11	上海天喔	其他	其他（请备注	其他	其他	3,000,052	912338	13974	99609	1E+06	582601	-	-	-	####			
12	华盛酒业	埃雷米人头马	其他（请备注	奖励费	费用	2,749,644	1103077	2E+06	-	-	-	-	-	-	####			
13	天盛酒业	上海辅天企	工资费用	-	其他	2,283,302	178630	-	2E+06	-	-	-	-	-	####			
14	武汉南浦	其他	其他（请备注	-	其他	2,266,707	1757219	509488	-	-	-	-	-	-	####			
15	金沙泉	广州达意隆包装	-	-	设备款	2,059,000	47000	-	-	-	2E+06	-	-	-	####			
16	上海天喔	荷兰合作银行	其他（请备注	应付账款	其他	2,056,272	-	2E+06	-	-	-	-	-	-	####	2695282.4	<荷兰银行借款重分	
17	上海茶庄	其他	-	其他	其他	2,049,251	1774819	64693	32018	177721	-	-	-	-	####			
18	福建天喔	林全钦	其他（请备注	往来划款	其他	2,000,000	-	-	-	2E+06	-	-	-	-	####			
19	福建茶庄	武汉壹众机电设	工程款	-	工程款	2,000,000	-	-	-	2E+06	-	-	-	-	####			
20	武汉天喔	武汉壹众机电设	其他（请备注	维修费	费用	1,984,400	-	-	2E+06	-	-	-	-	-	####			
21	上海天喔	上海美景广告传	其他（请备注	业务宣传费	费用	1,963,859	275091	1E+06	303710	334925	-	-	-	-	####			
22	武汉茶庄	湖北省电力公司	其他（请备注	水电费用	费用	1,767,001	1767001	-	-	-	-	-	-	-	####			
23	华盛酒业	保乐力加香槟	其他（请备注	奖励费	费用	1,671,441	209420	73790	-	630120	758112	-	-	-	####			
24	上海天喔	上海泗泾建筑工	工程款	利乐厂房扩建辅	工程款	1,620,000	-	-	-	-	2E+06	-	-	-	####			
25	皇家酒业	N007上海一佳物	其他（请备注	仓储费/运费	关联方	1,434,748	1434748	0	0	0	0	0	0	0	####			
26	宁波华业	王远章赔款暂挂	其他（请备注	-	其他	1,419,508	-	-	1E+06	-	-	-	-	-	####			

图 5　2018 年 M 公司其他应收应付款审计数据（部分）

从 M 公司中获取的数据分散在多张数据表中，为了进行进一步的审计工作，首先将数据表进行合并，并在 Excel 数据表中加列，标识区分其他应收款和其他应付款。其具体操作如图 6 所示。

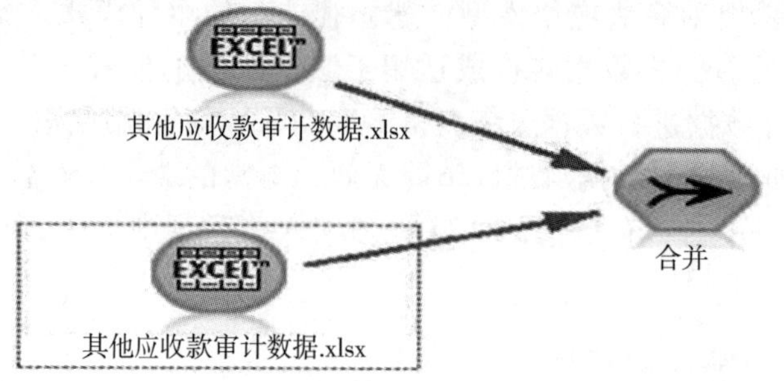

图 6　数据整合操作

将合并之后的数据表导出，部分数据如图 7 所示。

R7 ▼

	A	B	C	F	G	HII	TKLH	H	01gIEI
1	集团	Accour ▼	项目	分类 F7	期末余额 F	<30 天 ▼ 30 天	60 天-FI 昍天-iR 180 天 1-2 年 F	2-3	3 年以上 T 金额 | 周整 T1 整描述
2	武汉天喔	OP	西得乐机械（北京）有眼公司	设备款	22.SS1.176	15,730,955 -	- 7,150,221 - -		
3	上海天喔	OP	泗泾镇横循桥村民委员会	工程款	19,100,000	19,100,000 -			
4	华盛酒 11	OP	浦星保乐力加	费用	17,036,134	17,036,134 -			- 14,980,757
5	金沙泉	OP	长兴梅林饮用水有眼公司	其他	10,000,000	-| -			- 4,730,000
6	金沙泉	OP	其他	其他	9,330,750	417,544 20,622	40,355 46,500 6,209		8,799,520
7	武汉天喔	OP	瑚北楚安建筑工埕有眼公司	工程款	9,271,111	9,271,111 -			
8	福達实让	OP	工程设备暂估	设备款	9,112,113	9,112,113 -			- 1,980,001
	武汉两浦 金沙泉	OP	令冰拒押 上海兴 S 建筑市政工程有眼公	押金 工程款	3,500,000		- - ###### *		
11	上海天喔	OP	其他	其他	3,000,052	912,33-8 13,974	99,609 1,391,530 582,601 -		
12	华盛酒 ii	OP	挨雷米人头马	费用	2,749,644	1,103,077 mnow#			
13		OP	上海铺天企	其他	2,283,302	178,630 -	2,104,672		
14	武汉南浦	OP	其他	其他	2,266.707	1,757,219 509,488			
15	金沙泉	OP	广州达意隆包装机械职份有眼公	设备款	2,059,000	47,000 -	- - -		
ie	上海天喔	OP	荷^合作银行	其他	2,056,272				- 2,695,282
17	上海茶庄	OP	其他	其他	2,049,251	1,774,819 64,693	32,018 177,721 - -		
18	福建天喔	OP	林全钦	其他	2,000,000	-| -	- 2,000,000 - -		
19	福建茶庄	OP	武汉壶众机电设备安装工程有略	工程款	2,000,000	-^~	- 2,000■脚 - -		
20	武汉天喔	OP	武汉壶众机电设备安装工程公司	费用	1,934,400		1,984,400 - - -		
21	上海天喔	OP	上海美畏广告传摇有眼公司	费用	1,963,359	??Fi,ftftttttldt	303,710 334,925 -		
22	武汉茶庄	OP	瑚北省电力公司武汉供电公司	费用	1,767,001	1,767,001 -			
23	华盛酒 11	OP	保乐力加香槟	费用	1,671,441	209,420 73,790	- 630,120 758,112 -		

图 7　合并后的信息表（部分）

1. 数据筛选

数据筛选的主要目的是剔除异常数据和不相关的冗余信息。在 M 公司其他应收款、其他应付款的审计项目中，包含集团名称、科目名称、项目名称、备注信息、分类、期末余额、按账龄分的金额、调整金额和调整描述。经分析，其中“集团名称”“项目名称”“备注信息”“调整描述”与最后是否进审计调整无关，“合计”与“期末余额”重复，因此这些予以剔除。最后保留“科目名称”“分类”“期末余额”“调整金额”，以及每一项中按照账龄划分的具体金额数值。数据筛选的过程通过“过滤”节点设置完成，如图 8 和图 9 所示。

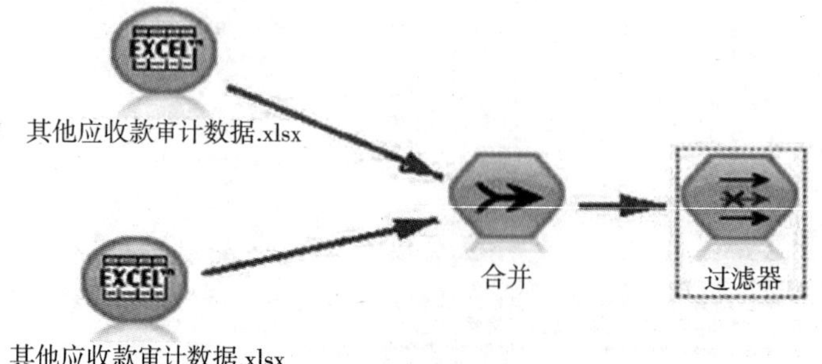

图 8　数据筛选过滤节点

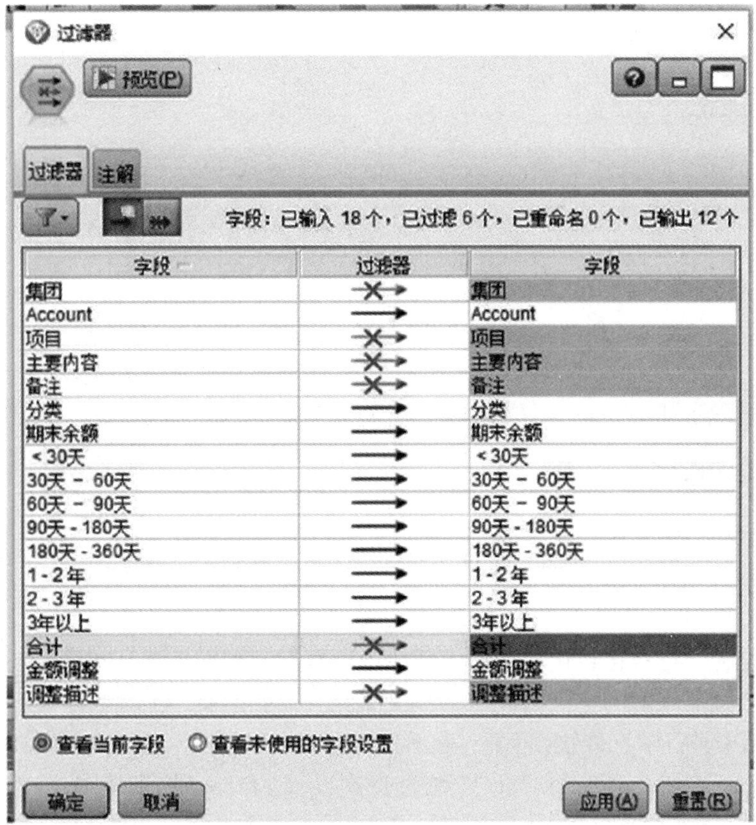

图 9　数据筛选过滤节点设置

2. 数据清洗

经过了数据整合、筛选的过程，审计数据中仍然存在一些噪声数据、空缺数据等不利于数据挖掘的数据源，为了提高关联规则挖掘的质量，就需要将这些数据记录也剔除出去，在 IBM SPSS Modeler 中，数据清洗的工作通过“数据选择”来实现。将所有期末余额或各期余额小于零的数据记录或数值为空的数据记录进行删除，即将选择节点的条件设置为：丢弃“期末余额”or“<30 天”or“30~60 天”or“60~180 天”or“180~360 天”or“1~2 年”or“2 年以上 ”<0；丢弃“期末余额”or“<30 天”or“30~60 天”or“60~180 天”or“180~360 天”or“1~2 年”or“2 年以上” =null。经过数据清洗后，实验样本中剩余符合要求的非调整审计数据样本 1630 个，以及调整审计数据样本 242 个。软件中的相关设置见图 10 和图 11：

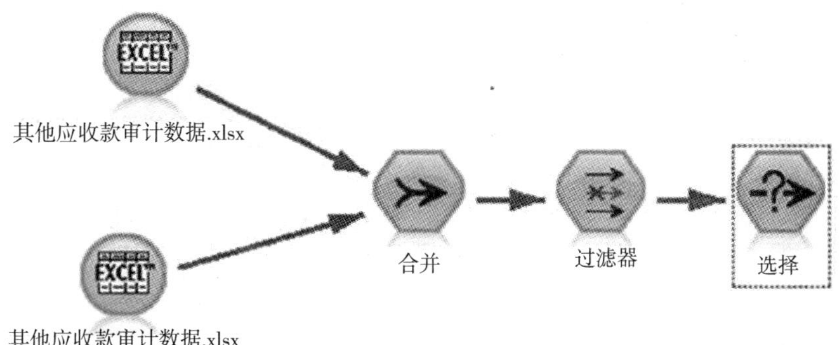

图 10　数据清洗选择节点设置

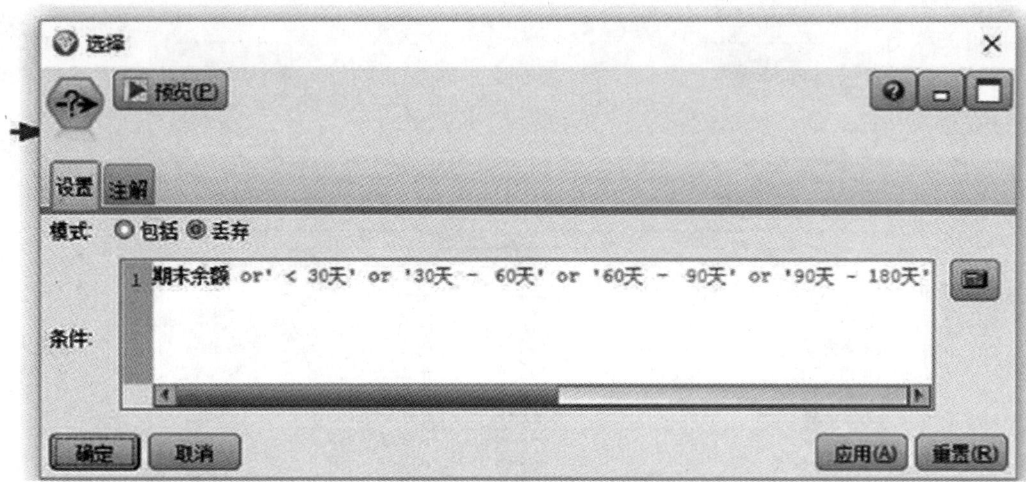

图 11　数据清洗条件设置

3. 数据离散化处理

数据预处理是为了将数据转化为能够更好地进行数据挖掘的形式，提高挖掘的质量。数据通过分析，本文选取按照账龄的金额与期末余额的比值作为指标，将调整金额转化为“0-1”变量，用“F”表示未进行审计调整，“T”表示进行了审计调整。在 IBM SPSS Modeler 18 中通过“导出”节点来完成这项工作。将导出节点的公式设置为“<30 天/期末余额”得到新的“<30%”字段，其他账龄字段也同样进行调整；将“是否调整”的字段公式设置为“正（调整金额=• •O，F，T）”。导出节点设置如图 12 所示。

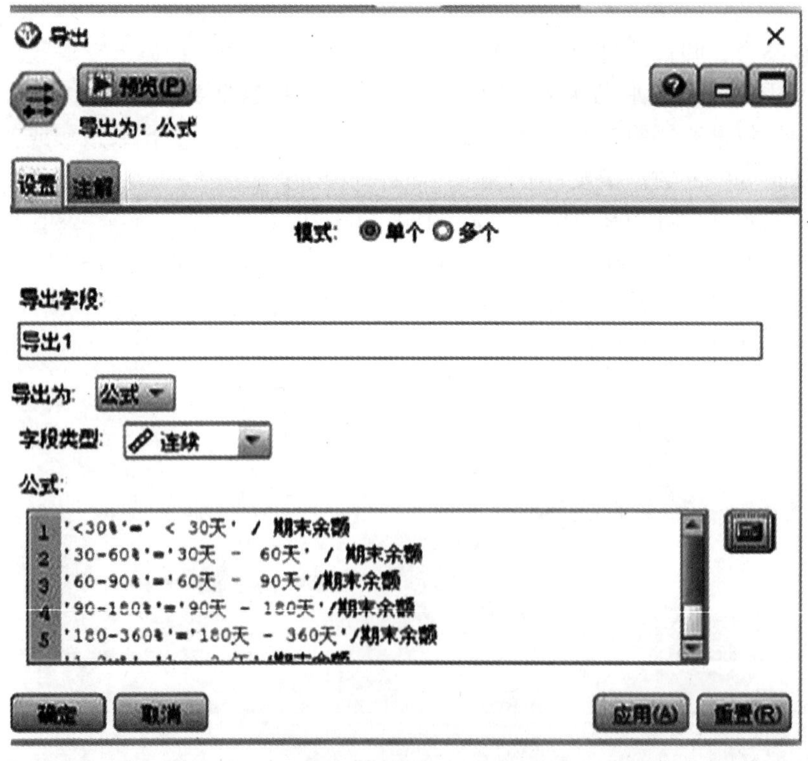

图 12　数据清洗条件设置

将账龄金额调整为百分比的形式之后，仍存在由于数据所包含的值过多，可能会导致算法不易识别相关模式的问题，同时上文所提出的 Apriori 关联规则算法只能够处理离散化的数据，因此对现有的各账龄金额百分比进行离散化处理区分，在实务操作中通常会选择 K-means 聚类对数据进行离散化处理，但由于本次数据挖掘所用数据类型相对比较简单，本文采用选择节点将账龄余额百分比的数据区分为“0%”、“1~50%”、“50~99%”和“100%”，并以“A”“B”“C”“D”作为表示，对于“是否调整”已是 0-1 变量，并以“T”“F”不需要进一步调整。

至此数据预处理工作完成，整个数据预处理流程如图 13 所示。

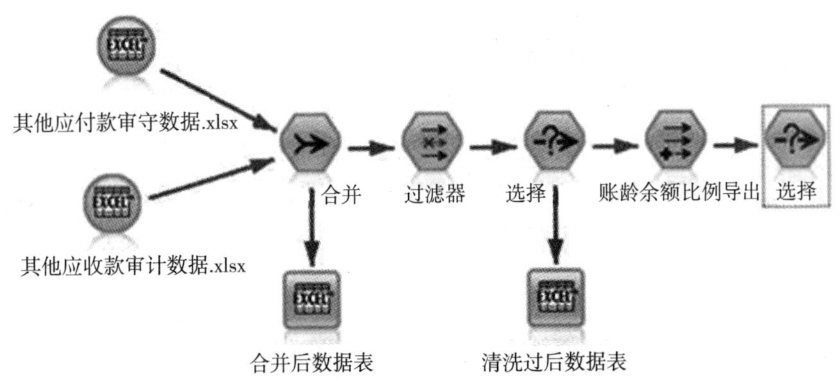

图 13　数据预处理流程

（三）关联规则的应用及分析

通过以上的数据预处理工作，得到了更有利于数据挖掘的数据，就可以运用数据挖掘软件进行关联规则挖掘了。本文通过 Apriori 节点实现关联规则挖掘，如图 14 所示。

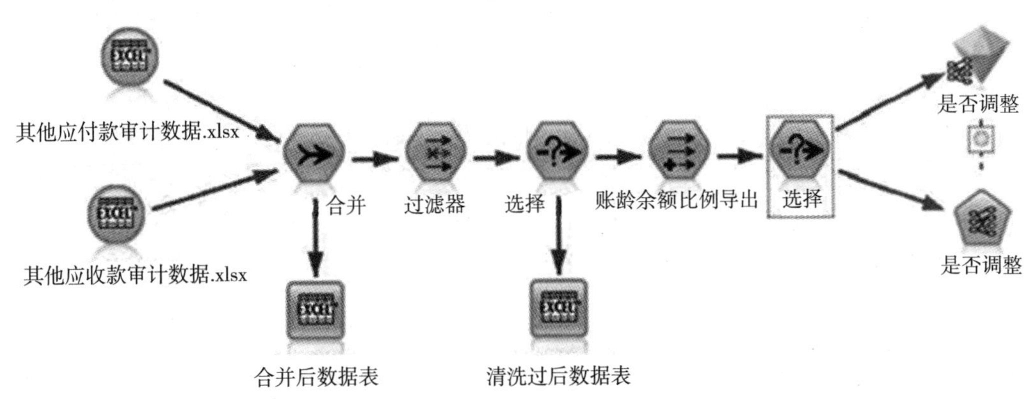

图 14　关联规则数据挖掘实现

根据所得数据可知，本次数据挖掘的数据中，非审计调整数据占多数，如果想要挖掘出审计调整相关的规则，就需要适当地降低支持度的要求，本次数据挖掘中，将最小支持度设置为 10%，将最小置信度设置为 50%，运行之后得到关联规则如图 15 所示。

通过对上图所显示的结果进行分析，本次利用数据挖掘关联规则共挖掘出 26 条关联规则，但有 22 条都是未调整项的规则，所以并不是所有规则都能够有效地运用到审计风险控制点之中，

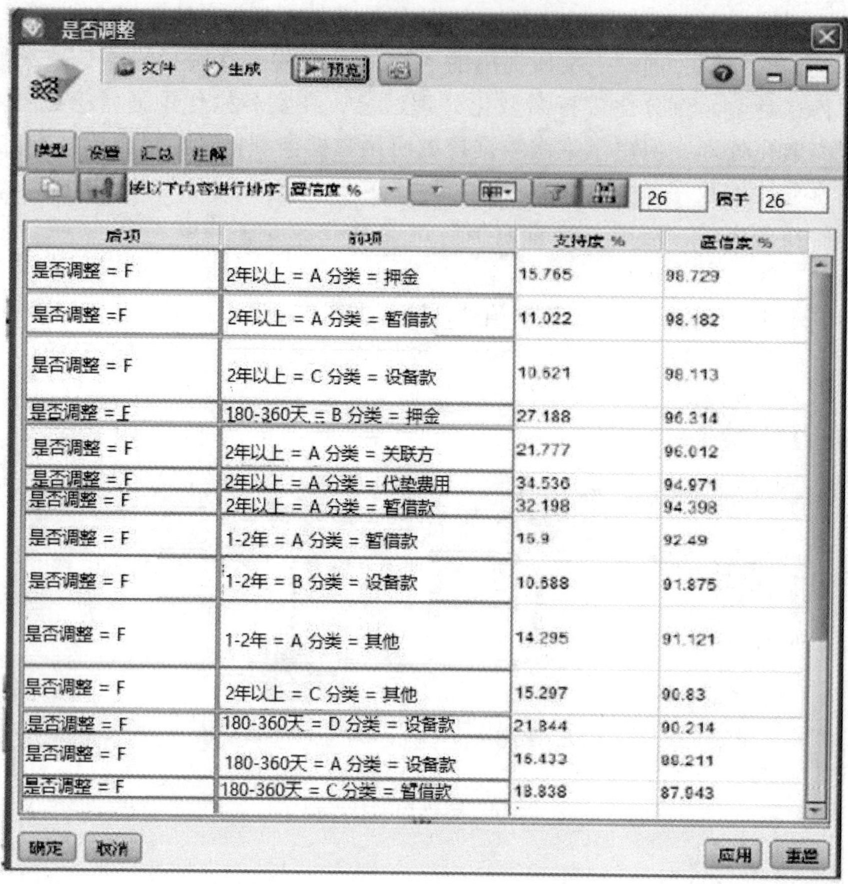

图 15 关联规则数据挖掘实现

例如：2 年以上 = “A”，分类 = “押金”，可以得到是否调整 = “F”，表示两年以上押金余额为 0 的账户科目不需要调整，原因在于公司间押金的期限一般为一年期，所以应收应付账款 2 年以上的押金余额为 0，不需要进行审计调整。根据审计人员的相关审计经验对所得到的 26 条关联规则进行筛选，得到以下四条有用的关联规则，即审计风险控制点（见表 2）。

表 2 筛选后得到四条有用关联规则

序号	关联规则	支持度	置信度
1	<30 天=D and 分类=关联方=> 是否调整=T	10. 5	78. 6
2	<30 天=C and 分类=设备款=> 是否调整=T	14. 3	77. 9
3	<30 天=C and 分类=关联方=> 是否调整=T	21. 7	95. 3
4	1~2 年=C and 分类=押金=> 是否调整=T	11. 2	54. 2

对上述关联规则进行分析，如关联规则 1 和关联规则 3 都对 30 天内关联方交易余额的调整，可能的原因是 M 公司属于集团企业，集团下设的公司之间的经济活动会被简单地归类于其他应收应付的往来，进而影响报表的准确性，例如：a 子公司租用 b 子公司的办公楼，b 子公司应当将所收到的租金计入其他业务收入，而非计入其他应收款，若错误地计入其他应收款就会减少收入的本期发生额，进而影响利润表的准确性。关联规则 2 表示 30 天内设备款的调整，企业购买设备并已投入使用，即使设备款并没有完全支付完毕，也应当按照固定资产的计价原则计入固定资产成本并开始折旧的摊销，若仍将这部分计入其他应付款就会影响资产余额的准确性。关联规

则 4 表示企业一年以上未取回押金应当及时将其计入费用，若仍将其计入其他应收款就会虚增企业资产，影响报表的准确性。

同时，通过查看所有 26 条关联规则可以得出余额为零的审计数据基本无须调整，这是由于对于其他应付账款科目而言，企业一般会将本不该计入此账户的金额错误地计入，而很少将本应计入该科目的金额计入其他科目，这就加大了两个账户虚增的审计风险，由此审计人员就更应当关注期末余额存在的账户，以控制其余额虚增的风险。

（四）基于审计风险控制点的管理建议

通过对 M 企业的其他应收款和其他应付款的审计信息进行关联规则分析，我们可以对 M 企业的内部审计人员提出以下建议：审计人员在之后的审计过程中更多地关注关联方活动造成的科目余额，近期购入设备所造成的科目余额，以及押金是否存在已过押金期限而仍未计入费用的情况，以便能够使企业的报表更为准确、客观、公允地反映企业的状况。

五、研究成果

本文基于关联规则算法对审计风险控制点这一问题展开研究，主要研究成果如下：

第一，阐述了审计领域风险以及关联规则算法在审计领域的应用现状，通过对企业审计管理和审计风险控制点的深入研究，寻找出其现存的问题，提出对其中往来账款审计和账实相符审计问题的解决方案，通过对比众多的数据挖掘算法，选择了将关联规则算法应用于审计模式的创新研究。

第二，研究了关联规则算法和审计风险之间的联系，分析对比了现有的算法改进，建立了智能化的审计模式，针对审计风险控制的需求以及审计数据的特点，挑选出最适用于审计的算法改进，并设计了将关联规则算法用于审计实际的应用模型。

第三，根据 CRISP-DM 数据挖掘流程以及关联规则算法用于实际的应用模型，将两者运用于 M 企业的实际相关审计数据进行数据挖掘，证实了关联规则算法在审计模式创新研究中具有实用性。

本文通过理论与实证研究，得出以下结论，随着企业竞争的压力和信息技术的不断发展，审计风险管理成为企业新的增值点，审计模式的创新成为管理以及企业内部审计的重要组成部分，是企业管理者应当重视和关注的问题。不断涌现的数据挖掘等智能技术为审计人员提供了更为可能的审计方法，将数据挖掘（本文运用关联规则算法）应用于审计的过程之中，能够有效地提高审计效率与质量，成为企业风险控制的决策支持。而这些智能化的审计模式，也必将在未来的企业管理及审计中起到越来越重要的作用。

六、研究不足与未来展望

本文的研究虽然取得了初步成果，但仍有许多不足尚待改进，这里简要讨论如下：

第一，正如本文审计的相关理论中所述，实证研究中仅以 M 企业数据进行研究分析，存在着片面性，在今后的研究中应当将整个财务循环作为研究对象进行深入研究。

第二，本文仅选取了关联规则算法作为代表进行研究，在之后的研究中可以对其他算法进行深入的研究，探索其他算法应用与审计领域的可能性。

第三，在实证研究过程中，本文对关联规则采用了 IBM SPSS Modeler 中的内嵌程序进行算法实现，虽然方便操作，但并没有将算法的改进应用于实际，在之后的研究中可以选择自己编写程序，将基于散列和事务压缩的关联规则的改进算法进行编程实现并将其应用于实际，建立智能化的审计模式，证明其有效性。

第四，针对现在 ERP 系统自动生成报表，可以设计能够内嵌于 ERP 系统之中的内部审计子模块，并授权于内部审计人员，以便将智能化的审计模式，更好地应用于实际的企业审计流程之中，也更有利于企业自身管理。

以上这些有待进一步研究的问题是本文后续研究的主要方向，审计模式的创新、计算机审计技术和数据挖掘技术在审计领域有着很大的研究价值，但实务应用方面还处于初级阶段，有着广阔的应用前景，值得我们进行深入研究。

参考文献

[1] 余小兵，耿焱. 供应链管理中的内部审计研究 [J]. 生产力研究，2011 (2)：188-189.

[2] 周霞. 初探内部审计新领域——供应链审计 [J]. 会计之友（中旬刊），2009 (11)：36-37.

[3] 路耀芬. 供应链审计应用探讨 [J]. 财会通讯，2015 (31)：100-102.

[4] 尹莉娅. 刍议供应链审计的框架问题 [J]. 工会论坛（山东省工会管理干部学院学报），2013 (4)：96-97.

[5] 尹维劼，许江波，焦枫，刘红梅，陈菲，孙士霞. 基于价值链视角的增值型供应链审计问题研究——制造业企业供应链审计为例 [A] //全国内部审计理论研讨优秀论文集 2014 [C]. 2014S：8.

[6] 陈丹萍. 数据挖掘技术在现代审计中的运用研究 [J]. 南京审计学院学报，2009，6 (2)：57-61.

[7] 文勇. 数据挖掘在风险导向审计中的应用 [J]. 财会通讯，2013 (13)：86-87.

[8] 陈丹萍. 信息环境下现代审计技术的探索：实时在线审计 [J]. 审计与经济研究，2005 (4)：27-29.

[9] 汪加才，朱艺华. 面向计算机审计的移动数据挖掘服务研究 [J]. 计算机系统应用，2006 (3)：39-42.

[10] 石彪，胡华平，刘利枚. 数据挖掘技术在安全审计中的应用 [J]. 湖南商学院学报，2005 (4)：84-85，101.

[11] Lee W，Salvatore J. Stolfo，Kui W. Mok. A framework for constructing features and models for intrusion detection systems [J]. ACM Transactions on Information and System Security，2000，3 (4)：227-261.

[12] Jean-Francois Boulicaut. A KDD framework to support database audit [J]. Information Technology and Management，2000，1 (3)：195.

[13] William E Spangler，Jerrold H May，Luis G Vargas.，Choosing data-mining methods for multiple classification：Representational and performance measurement implications for decision support [J]. Journal of Management Information Systems，1999，16 (1)：37.

[14] Kyunghee Yoon，Lucas Hoogduin and Li Zhang. Big Data as Complementary Audit Evidence [J]. Accounting Horizons，2015，29 (2)：431-438.

[15] 袁曼丽，宋考，陈高琳. 采用数据挖掘技术的数据库审计系统 [J]. 中国新通信，2008 (17)：61-64.

[16] 陈世强，蔡超. 审计系统中基于数据挖掘的关联规则自动发现技术研究 [J]. 计算机应用与软件，2007 (1)：172-174.

[17] 秦荣生. 大数据、云计算技术对审计的影响研究 [J]. 审计研究，2014 (6)：23-28.

[18] 黄晓辉，张四海，王煦法. 基于免疫网络的分类应用于审计欺诈检测 [J]. 计算机工程与应用，2005 (29)：204-207.

[19] 吕锋，陈华胜. 关联算法的改进及其在审计数据挖掘中的应用 [J]. 武汉理工大学学报（信息与管理

工程版)，2004（5）：5-9.

［20］夏锋，彭鑫，赵文耘. 基于聚类方法的审计分层抽样算法研究［J］. 计算机应用与软件，2008（1）：14-16.

［21］徐梅松. 浅析数据挖掘技术在审计中的应用［J］. 经营管理者，2013（2）：198.

［22］梁雪琴，刘红生，代秀美. 聚类离群点挖掘技术在内部审计信息化中的应用——一个来自商业银行信用卡审计的实例［J］. 中国内部审计，2015（8）：56-62.

［23］杨蕴毅，孙中和，卢靖. 基于迭代式聚类的审计疑点发现——以上市公司财报数据为例［J］. 审计研究，2015（4）：60-66.

［24］郭红建，陈一飞. 采用 K-means 聚类算法提高审计分析质量［J］. 中国管理信息化，2015（1）：9-10.

［25］徐开勇，龚雪容，成茂才. 基于改进 Apriori 算法的审计日志关联规则挖掘［J］. 计算机应用，2016（7）：1847-1851.

［26］景波，刘莹，黄兵. 基于审计的时态关联规则研究［J］. 微计算机信息，2007（18）：176-178.

［27］周喜，曾丽. 孤立点数据挖掘技术在审计信息化中的应用研究［J］. 南华大学学报（社会科学版），2011（5）：55-57.

［28］张炳才，彭国林. 欧式距离孤立点挖掘方法在审计中的应用研究［J］. 绿色财会，2008（4）：28-30.

［29］魏克哲. 孤立点分析方法在现代审计中的运用研究［J］. 财会学习，2013（5）：43-45.

［30］孙玥璠，宋迪. 大数据环境下基于孤立点分析的审计抽样方法［J］. 财务与会计，2015（14）：71-73.

［31］朱政，刘侃. 孤立点分析在税务审计上的发展运用［J］. 硅谷，2012（19）：113-114.

［32］Colomi A，Dorigo M，Maniezzo V，et al. Distributed Optimization by ant colonies［R］. Proceedings of European Conference on Artificial Life，1991：134-142.

［33］蔡伟杰，张晓辉，朱建秋，朱杨勇. 关联规则挖掘综述［J］. 计算机科学，2001（5）：31-33.

［34］R Agrawal，R Srikant. Fast Algorithm for Mining Association Rules［C］. Proceedings of the 20th Intemational Conference on Very Large Databases（VLDB’94），Santiago，Chile，Morgan Kaufmann Publisher，1994：487-499.

［35］黄学平，薛安荣. 基于数据库划分的关联规则算法［J］. 计算机工程与设计，2008（12）：3005-3007，3015.

企业基因问题研究综述

任　梦

（1. 辽宁大学商学院，辽宁沈阳　110036；
2. 辽宁石油化工大学经济管理学院，辽宁抚顺　113001）

[摘　要] 持续健康成长对企业至关重要，企业基因理论就是从仿生学的视角出发，参照生物基因来寻找决定企业生存、成长以及是否适应环境的关键因素。关于企业遗传基因的概念，研究者们的看法是相似的，对企业的生存和发展存在一定的代际传承，但有关企业遗传基因的构成与对企业产生影响的角度，人们的看法却各不相同。本文对企业基因问题进行了文献梳理，从企业基因理论的引入出发，把企业基因研究问题划分为五大方面——企业文化、基因重组、创新、惯例、不同企业类型，从理论基础到主要研究成果进行了归纳。

[关键词] 企业基因；企业文化；基因重组；创新；惯例

生物学家对生物体中的“基因”的界定为基因分子上携带有遗传信息的功能片段，是生命的基本因子，是决定生命体生老病死及生命性状的内在操纵者。随着时间的推移，学者们开始把基因概念移植到企业管理学、企业经济学之中。目前，企业成长规律的研究日益深化，而“企业基因”作为企业成长路径的决定性因素，它不仅反映了企业的根本性状，而且对企业行为产生长期、决定性的影响。“企业基因”主要包括“人的方面的基因”和“物的方面的基因”两方面。其中，“人的方面的基因”主要是指经营者的理念和能力，“物的方面的基因”则包括企业的产业产品定位、装备技术状况和体制机制状况。所以，为了探索企业的生存和成长规律，“企业基因”是一个不容忽视的关键变量，把基因概念和企业营运中实际事物、实际问题连接起来，有利于更好地理解企业运行规律和企业成败的关键因素，为企业的自我完善和发展提供启示。

一、企业基因理论的引入

企业基因最早是由美国管理大师、密西根大学商学院教授 Noel Tichy 提出的，他把企业比喻为一种活的非自然生物体，与生物一样有自己的遗传基因。企业基因理论伴随着企业演化理论的发展而兴起，Nelson 和 Winter（1982）作为演化经济学派的代表，认为组织惯例可以通过复制、学习等机制进行“遗传”，从而推动企业的演化，惯例的概念与企业基因有某种程度的联系，但还不是严格意义上的对企业基因的定义。奥瑞克等（2002）和王伟（2005）从能力角度对企业基因的概念进行了界定，认为企业基因是企业价值链中对企业产出有独立贡献的业务能力要素，在此基础上，李钢（2007）认为，企业基因是基于默会知识的企业核心价值观。

企业基因概念的提出，开创了企业研究的新视角。目前，关于企业基因的定义有四种代表性观点，即企业文化观、能力要素观、智力资本观、企业惯例观。

第一，企业文化观。如 David 认为企业文化是一种准则和信仰，根植于企业员工的内心，很多影响企业发展的因素是表面的东西，会随着企业发展的不同阶段慢慢消失，只有基于以价值观为核心的企业文化的异质性，因其难以共享、购买、学习和模仿而得以持续，企业文化主要有两种表现形式，包括以企业家和创业者个人价值观为主导形成的核心价值观，企业家与员工价值观交互影响融合成的企业价值观，将其作为文化基因引入企业生命周期进行研究，可以构建出不同企业文化背景下的企业周期模型。

第二，能力要素观。能力要素作为企业基因的论述最早由奥瑞克等（2003）提出，他们认为企业的业务能力要素是“企业价值链中的一组可以为企业带来特定产出的价值元素”，这些价值元素基于一定的资源基础，包括有形能力要素、交易能力要素、知识能力要素，与决定人类个体的体貌及性格特征的 DNA 一样，业务能力要素是企业价值链中对企业产出有独立贡献的一个组成部分，是企业的基因。他们以此来研究新的竞争环境下企业如何通过“重组业务能力要素”实现新的基因组合来提升企业的竞争力和价值。

第三，智力资本观。有学者提出，智力资本是企业的先天属性，是企业最为重要的生产因素，决定企业的价值取向和发展方式。企业将一系列知识、技能运用到生产中，知识、技能的内容主要包括企业结构方面的资本、人力、市场和知识资本等，通过这些智力资本实现资本的创新增值和自我发展能力，促进企业在新经济形势下取得核心竞争力。智力资本观强调了企业自身所具备的实现价值增值的能力，也就是整合资源、学习和创新的能力，这种能力一旦具备，无论市场竞争多么激烈，企业都能够及时地调整经营状态，占据竞争优势。

第四，企业惯例观。Nelson 和 Winter（1982）将惯例描述为“企业的一切规则和可以预测的行为方式”，包括企业明确的技术惯例，投资、研发和广告的决策，企业的商业战略，并认为企业的惯例是“可以遗传的”，起着“基因在生物进化中”的作用，他们以此来研究企业在动态经济演化中的行为。“惯例”一词的提出，使其作为企业基因的定义得到了相当的认同。企业惯例与生物基因类比，进一步得出惯例在企业中具有类似基因功能的结论，是组织中的记忆，执行着传递技能和信息的功能，它具有学习效应的获得性遗传特征；这种惯例具有路径依赖的特征，是长期积累形成的、储存在组织内部、影响企业行为的遗传因子。

二、企业文化与基因问题研究

（一）企业文化的内涵及其对企业基因改变的基本途径

企业文化的性质及其具体构成决定了它在企业经营中具有重要的地位和作用，这种作用发挥到“极致”，足以改变一个企业的基因。企业文化对企业基因改变的影响主要通过三个途径：

（1）确立统一理念。理念、意识是人的一种主观现象，其本质是对客观的反映。但人的理念和人所在的特定群体的理念、意识一旦形成，它对人及这一群体的行为就具有支配力量。统一理念，意味着在企业内部统一行动，遵循共同的价值目标，这对企业竞争取胜是根本性因素。企业内部的文化，是企业本身巨大的“组织资本”，它除了通过知识、观念和意识形态对企业管理者决策产生影响，还对人们发生相互关系提供一个“思维框架”，这种“框架”也可叫作“心灵结构”，它在企业中成为一种集体无意识的机制，规范着人的行为，促进和制约企业活动发展。

（2）形成管理文化。企业文化作为一种资源，可以被管理者用来构建具有共同理想信念、明确价值取向和高尚道德境界的企业工作群体。这种构建过程就是一种文化管理过程，其效果必然是企业内部行为协调和整合费用的减少，即管理成本的降低。应该说，管理的基础是文化，而且管理本身就是文化，是以规章制度和物质现象为载体的一种经济文化。正因为企业文化渗透到企业内核，且涉及企业管理的方方面面，因此，成功的管理者往往都是通过在企业内部塑造企业文化的主导地位，把其管理理念扩展到全体员工中间，从而组织和引导员工去主动实现企业目标，促进企业发展。

（3）营造变革环境。一般来讲，埋藏于人的心底的信仰和价值观念是根深蒂固、不易改变的。文化的变革伴随着企业的发展在不停地发生变化，其动力来自企业对市场竞争的适应。人们往往从企业的战略、运作、组织结构、人力资源管理及领导方式等方面着手变革，其实文化变革就在其中。因为改变了这些东西也就改变了文化。而伟大的企业家之所以伟大，就在于他能在改变这些东西之前，就已经意识到并主动致力于改变文化。一旦文化在改变，这些东西的改变便是卓有成效的了。

（二）主要研究成果

朱克江（2001）探讨了企业文化对企业基因改变的作用分析及成功实践，企业文化是企业发展的灵魂，其核心是企业员工认同的价值观念。企业文化对于企业发展的重要作用在于它能够通过自身变革去改变企业的基因，从根本上改造和重塑企业。美国通用电气公司在这方面进行了成功实践，这对中国企业文化建设具有一定的启示。

李志成（2013）探讨了国有商业银行企业文化再造，认为企业文化是一家企业难以复制的“基因”，是长期实践中形成的良好风貌。优良企业文化是创建一流商业银行的基础和保障，国有商业银行在战略转型中，除了外转造型（事业创新）外，还要内转“基因”（企业文化）。有效管理等于优秀企业文化加上科学的制度。良好的企业文化可以发挥重要作用：如战略引领作用，使员工自觉围绕发展战略，为实现愿景承担责任；建立道德标准，良好的伦理道德。

毕楠（2014）研究了日本企业社会责任（CSR）理念的儒家思想基因及其传承，日本企业社会责任思想起源于江户时代早期，经历了“二战”后的“美国化改造”，日本企业在实践中结合了美国的企业社会责任理论和自身的儒家基因，进入了战略性企业社会责任的发展阶段。通过对中日企业社会责任思想中儒家基因的比较，寻找到两者之间的差异并着重分析了日本经营者团体在其社会责任推动中的重要作用，为我国企业重拾古老而朴素的儒学传统，开展有中国特色的企业社会责任实践提供借鉴。

吕一博等（2015）通过 iOS、Android 和 Symbian 三案例分析开放式创新生态系统的成长基因，基于创新的阶段性对开放式创新生态系统运行的驱动因素进行探索研究，从而解密其成长基因。研究发现，研发生态圈和商业生态圈不同的融合表现是开放式创新生态系统运行的外在表征，分别扮演生态系统消费者、生产者和分解者角色的核心不同创新阶段开放式创新生态系统运行的驱动主体。

王广慧和张诗琳（2016）探讨了制约机制、理念重塑与企业文化基因之间的关系，指出诚信是企业生存和发展之本，而诚信文化基因的探查是破解企业诚信文化缺失困境的重要途径。企业诚信的文化基因包含员工个人诚信基因内化、企业内部诚信基因、企业对外诚信基因三个层次，它们共同构成企业良性发展的价值内核，是企业发展的制胜之道，也是企业形象的标识。但是随着社会主义市场经济的发展，个体主义、功利主义思想的蔓延，企业诚信文化基因出现畸形化、退化、功利化现象。为此，需要重构企业诚信文化建设的外部制约机制、重塑企业的核心价值理念，并时刻注意强化员工和管理者的诚信理念，以建构企业发展的诚信文化氛围。

三、企业基因重组问题研究

（一）企业基因重组理论的含义

约翰·奥瑞克等于2003年在《企业基因重组》一书中最先提出企业基因重组的概念，他们把企业基因（也称能力要素）定义为企业的基本结构元素。就像人的体态特征是由一系列复杂的人类基因组所决定的那样，他们视企业为一个能力要素的组合，并认为正是分布于企业中的这些能力要素决定了企业的价值。通过对大量基因图谱的研究，我们对人类基因的组合序列有了逐渐清晰的认识，然而在商业领域，一个崭新的企业基因工程时代已经渐露端倪。过去我们关注的是整个企业或业务单元的健康，而未来我们将越来越多地关注独立的业务构成单元，即企业基因。每个业务能力要素就是企业价值链中对企业产品有独特贡献的一个组成部分。企业基因组掌握着企业的“遗传密码”，这些“遗传密码”决定了企业销售什么、销售对象是谁以及可以配置哪些资源。

简单地说，企业基因就是企业价值链中的一组可以为企业带来特定产出的价值元素，这些价值元素基于一定的资源基础，如知识、资产或流程。制造是一种企业基因，同样，产品设计和采购也都是企业的基因。从本质上讲，企业的各个基因（能力要素）本身也正在组合成企业基因组，这些企业基因组有自己的产品、服务和顾客，在资源的使用上也更为集中。有了企业基因的概念，我们就可以对公司进行分解。公司分解并不是指公司的原子化，而是指公司战略会被越来越多地建立在更为基础的业务构成层面，显然这会改变大多数公司的结构形态。这意味着我们将有机会把自己公司和其他公司的某些部分进行重组，并创造更有竞争性的实体逐一将单个基因进行重新排列以形成更有效力的基因组。之所以把这一过程称为企业基因重组，这是因为我们看到企业的基因（价值链中独立的要素，如制造、品牌管理、采购等）与人类的基因非常相似。

（二）主要研究成果

王伟（2005）基于企业基因重组理论对价值网络构建进行了研究，借鉴企业基因和企业基因组的概念，对企业基因重组理论进行了系统的完善和整合。以此理论为基础，对能力要素驱动型价值网络的形成、特征和构建策略进行了深入的分析。王伟（2005）指出商业环境的变化使企业的竞争优势越来越基于较低层次的核心能力要素。国有企业目前在制定重组战略和实施计划时所依据的理论假设越来越偏离实际，借鉴企业基因和企业基因组的概念，旨在对企业基因重组理论进行系统的完善和整合。以此理论为基础，深入分析了中国国有企业重组战略存在的严重缺陷，并提出了构建能力要素驱动型组织的策略性框架。

徐宏玲等（2005）探讨了模块化组织与大型企业基因重组问题，指出随着信息技术的不断应用和发展，大型企业尤其是垂直一体化企业越来越难以生存，取而代之的是精益的模块化组织。模块化组织是大型企业在其内部市场对“基因”能力要素进行重组的必然结果。大型企业通过对“基因”能力要素进行重组，一方面扩展了其能力边界，另一方面也培育了一种新型的组织形态即模块化组织。模块化组织不但降低了大型企业内部的协调成本和外部的交易成本，也为大型企业的未来组织设计提供了新思路和新挑战。

李云和揭筱纹（2010）分析了国有投资公司企业基因重组问题，国有投资公司主要分为三种类型：一是政策型，业务范围以纯公共产品和政策性任务为主；二是营利型，业务范围以营利性项目为主；三是政策盈利兼顾型。企业基因重组应遵循“差别定位，分类重组”的原则，有针对性地进行重组。

李红兵等（2014）研究了中国医药流通企业通过“基因改良”、体系重构与策略选择进行商业模式创新，在批判性借鉴现有商业模式研究成果的基础上，提出“商业模式‘基因缺陷’论”，认为“企业基因”在商业模式中发挥着根基的作用，是除“顾客”外另一个商业模式核心要素，现有的商业模式研究成果存在“基因缺陷”。在此逻辑导向下，以上市公司为样本，对我国医药流通企业的基因要素进行了实证甄别，对商业模式的功能层次和要素体系进行了“基因改良”式重构，并据此提出了我国医药流通企业的商业模式诊断体系及创新策略。

李树玲和刘力钢（2015）探讨了基于企业能力基因重组视角的企业价值网络构建问题，指出网络化是企业重要的成长方式。信息技术的发展和应用使市场交易成本下降，使企业将战略建立在对价值链上的业务能力要素进行分解和重构而形成的价值网络上，从而使构建以能力要素为驱动的价值网络成为可能。企业价值网络能够聚集成员企业的优质能力，通过能力“基因”的重组和创新，提升竞争能力，构建竞争优势。在企业能力基因理论的基础上，深入分析了企业价值网络的企业能力基因重组战略模型，并系统地提出了基于企业能力基因重组的企业价值网络构建流程。

邵剑兵等（2016）以阿里巴巴社会责任行为进行案例分析来研究企业基因遗传理论的互联网企业非市场战略选择及演变。企业履行社会责任的主动行为属于非市场战略范畴，在运用非市场战略过程中企业须处理好与诸多利益相关者之间的关系，进而帮助企业构建独特的竞争优势。

齐平等（2016）分析了企业市场化基因塑造与国有企业改革发展问题，指出企业市场化基因具备稳定性、控制性、变异性、复制性四个特征，包括拥有市场化的产权结构，具备文化的价值观核心和实现价值增值的能力，以及企业内部具有浓厚的企业家精神。塑造国有企业市场化基因应抓住三个重点：用市场化基因把握企业成长发展的规律，从市场化基因的角度去分析和解决国有企业面临的现实问题，为企业成功塑造市场化基因创造良好的外部环境。

齐平和宿柔嘉（2017）研究了国有企业基因重组实现创新驱动发展的机理，从学理上分析企业基因重组通过遗传机制、变异机制和选择机制使企业生产方式从“要素驱动”向“创新驱动”转变的机理，以此为理论基础对中国国有企业基因进行诊断，并从企业基因重组的视角探索国有企业实现创新驱动的路径和模式。

四、创新与企业基因问题研究

（一）企业创新能力的知识基因解析——智力资本

知识的发展过程不仅与生物学中的发酵过程惊人地相似，而且与生物杂交、基因重组的机理不谋而合：知识基因具有复制性、继承性、变异性、自然选择、控制有机体发展走向等与生物基因类似的属性。但由于知识基因同时也具有开放性、重组任意性和有预期进化等超越生物的属性，因此知识基因从亲代传递给子代（知识转移、扩散）的速度要远大于生物基因从亲代复制到子代（生物繁衍）的速度，知识基因之间的任意交叉、重组、结合的自由度（知识创新）也是生物基因所难以达到的，因此，知识的发展与进化速度必将远远高于生物的进化速度，知识体的多样性也将更加丰富。

在知识基因的作用下，组织知识的发展过程包括新知识的创造（即知识基因指导、控制知识体形成的过程）和新知识的应用（即知识体作用于客观现实的过程）两个阶段，而组织新知识创造和应用的过程与结果对组织知识的发展起到反馈作用，形成一个组织知识发展的可持续循环。知识基因不断地与人类的大脑、社会环境相互影响，能够不断地进行自我修正。知识基因通过指导知识体的形成，从而指导人类认识社会、改造社会的行为，而行为的结果反过来又可以促使知识基因发生改变，知识基因与新刺激相互作用，在外界环境的影响下形成知识体的过程是典型的知识发酵过程。知识主体在全世界范围内搜寻可能符合主题需要的知识基因，通过大脑的逻辑思维能力将可能满足主题需要的知识基因与主题之间建立起可实现的、合理的联系，这个过程需要不断地选择与淘汰知识基因，经过反复的发酵，最终确定与主题最为合适的知识基因，进行深入的研发，通过一定的知识基础和技术手段，使之形成可执行的知识体，即行动方案。

（二）主要研究成果

屠兴勇（2011）提出了重组管理新基因的知识整体理论。知识整体理论系统地阐发了感性知识、理性知识和活性知识三者之间的实质性差异及动态关联，从而摆脱了国内外长期以来在管理领域存在的窘境。在以知识经济为时代特征的管理视阈，许多构建活动的研究和具体实践都需要知识整体理论。诉诸知识，从批判性的学习径直通达人自身的解放，是知识整体理论在重组管理过程中的重要洞见与独特价值凸显。

吕文娟、和金生（2013）解析了面向企业创新能力的组织知识基因，从知识类生物模型出发，分析了知识发展的本质规律，丰富和发展了知识的类生物属性，提出知识基因论是知识类生物模型的重要组成部分，深入研究知识基因在企业创新过程中的作用与反馈机制，将企业创新过程分为知识基因指导知识体形成和知识体作用于客观对象两个阶段。在此基础上，从知识基因的角度，深入探析了组织创意形成的知识基因发酵过程，提出了企业创新中知识体形成的两条路径以及企业创新的两种类型，并用知识基因理论对两种类型的创新的本质特征与发生条件进行深入解析。

赵健宇和李柏洲（2014）对企业知识创造类生物现象及知识基因论进行了探讨，为揭示知识创造的本质和规律，采用二分法将新达尔文主义和拉马克主义两种观点予以融合。在此基础上，根据生物进化原理，围绕知识的类基因特性对知识基因、知识进化的选择、重组和变异以及知识进化与环境的关系进行解释。

五、惯例与企业基因问题研究

（一）企业组织基因结构

演化经济学认为企业的“惯例”（Routine）在企业进化过程中所起的作用与基因在生物进化

中的功能比较类似，Nelson 和 Winter 在演化经济学的奠基之作《经济变迁的演化理论》中，用“惯例”来表示企业组织演化中所形成的生产性知识和能力，它决定了企业本身在协调个人知识和组织合作方面比市场具有更高的效率，同时也产生了企业成长中的路径依赖特征。组织惯例构成企业基因的外部物质层面，也是企业肌体状况的综合反映。Nelson 和 Winter 将企业惯例定义为组织在给定的时间内具有的一定是生产性知识和能力的集合，这种集合是企业在长期进化成长过程中形成的，并导致企业的能力和决策规律的形成。

组织惯例是个体企业特有的生产经营中的知识积累和特殊技能（包括技术的、管理的）的组合，是组织特有的协调和配置相关资源的能力。惯例的不同直接解释了企业的组织结构、经营方向和决策机制等的不同，即企业的表象不同。惯例是使资源产生竞争优势的根本手段，它是企业在成长过程中与外界环境进行各种交流而逐步形成和积累的阶段性综合能力，其阶段性既表现在它的可进化和持续发展特点上，也反映在这种综合能力的相对稳定和平衡特点上。其稳定和平衡反映在惯例对组织行为的记忆与延续，执行着传递技能和信息的功能，在企业进化的过程中所起的作用与基因在生物进化中的功能类似，具有遗传性和变异性，但它还有自身的特性，即难以模仿性和进化的目的性。不易模仿是由于企业的惯例中含有大量超文本化的默会知识，模仿成本非常高昂。同时在惯例的进化过程中存在变异，但这是一种有目的的变异，即合乎愿望的创新，这也是它不同于生物体基因的本质特征。

（二）主要研究成果

刘普照（2002）研究指出企业基因是构成每个企业员工心智模式的基本要素，其形成主要是通过自我成功经验的长期积累和对他人成功经验的逼真模仿两种途径。周晖（2002）提出了企业的生命模型，该模型指出企业基因的“DNA 双螺旋结构”的双链是资本链与劳动力链，连接双链的四要素是企业家、企业机制、技术与文化，并从经济学角度诠释了企业的生命模型，即四个因素决定或提高了企业的技术效率与代理效率。

刘晔和彭正龙（2006）探讨了企业进化的基因结构模型问题，结合生物进化论和演化经济学等学科的相关研究，以企业成长进化论为理论基础，指出企业核心理念和惯例分别构成了决定企业异质性和成长状况的组织基因的双层结构，并进一步通过构建企业进化的组织基因结构模型对企业进化三种机制进行全面深入论述，以期对企业的成长过程做一新的理论探讨，并对我国企业实现可持续成长有所启示。

许晓明和戴建华（2008）研究了企业基因的顺反子系统模型及其在企业蜕变中的应用，通过对企业基因理论的回顾和反思，发现基因可分性对企业基因框架的重要性尚未得到充分重视。利用基因顺反子学说构建的企业基因顺反子系统新模型，是一个包括企业基因的内部精细结构（即控制企业精神的信念—意识碱基对和控制企业肌体的资源—能力碱基对），企业基因本身（即企业惯例和企业基因载体），以及企业价值外显机制的三层系统结构，其完整性、系统性对企业成长蜕变过程具有显见的指导意义。

李天柱等（2015）以华大基因为例探讨了中国企业的接力创新，通过典型案例分析抽象归纳企业实施接力创新的动态过程模型。研究发现，接力创新是一个从创新能力识别到创新能力传承的动态过程，不同阶段受到企业内外部不同因素的影响，企业的技术选择惯例、学术型企业家的特质和社会资本等是接力创新的主要驱动力。中国企业运用接力创新，要认真判断采用接力创新的必要性并制订完善的实施计划，遵循平等对待接力合作伙伴的原则，重视培育企业家精神以及合理利用社会资本。

六、不同企业类型与企业基因问题研究

（一）中小企业

张玉明和段升森（2013）对创新型中小企业基因结构模型进行了实证研究，尝试基于企业基因结构理论和上市公司数据，运用实证方法构建我国创新型中小企业的基因结构模型。结果表明，创新型中小企业的基因是包括双链和四碱基的螺旋式结构，其中双链要素分别为知识和资本，四个碱基要素分别为企业家创新意愿、持续创新机制、创新人力配置和创新管理技能。研究结论不仅为我国创新型中小企业可持续发展政策的制定提供了参考，也为企业基因研究由规范分析向经验分析转变提供了开创性的思路和方法。

刘睿智（2014）以创新型中小企业为例对国内企业基因模型构建问题进行了研究，指出目前国内企业基因理论的相关研究已进入精细化的企业基因模型构建阶段，但存在模型结构与生物基因结构不完全吻合、缺乏数据分析支撑、未能完全涵盖影响企业成长要素等不足。针对这些不足，通过构造企业成长基因要素池、实证甄别基因要素、结合理论确定基因模型三步得出创新型中小企业基因模型，得到了构造严谨的企业基因模型应该按照上述三个步骤进行的结论。

刘德胜和陈加奎（2015）基于复杂科学视角解读企业基因与创新型中小企业成长问题，在简要归类有关企业成长研究的基础上，把创新型中小企业看作生命体，用网络的形式对企业这个复杂系统加以描述，运用复杂网络科学理论解析了企业成长基因这一关键命题，揭示了企业基因作用下的企业成长过程。在此基础上，利用多主体建模方法，模拟了创新型中小企业成长的动态演化过程，分析了一般市场环境、技术环境和政策环境变化对企业成长的影响。

（二）家族企业

刘平青（2002）探讨了家族企业变迁与中国经济转轨，阐述家族企业是家族基因内生性决定且由企业环境选择的企业形态，家族基因随企业环境和企业内部结构的改变而不断进化，从而形成独特的家族企业变迁机制。在经济转轨中诞生成长的中国家族企业作为一种颇富活力的特殊企业组织形态，在沿着继承优秀家族基因的现代企业方向变迁过程中，反过来又将进一步推动中国经济转轨。刘平青和张厚义（2005）从基因视角研究家族企业生命力，家族企业是一种世界范围内普遍存在的组织形式，“家本位”的文化分析框架难以作出令人信服的解释。“经济人”本质是来自于家庭的“生物人”，从“家族基因”决定与企业环境选择的角度，为研究家族企业生命力提供了一个新的视角。

李培林（2010）基于家族文化的视角对中国家族企业成长与治理模式演进路径进行分析，家族企业成长既受外部环境的制约，也受内部文化基因的影响。家族企业包含家族和企业两个利益导向，两者存在复杂的博弈关系，“家族化”与“弱家族化”是家族企业发展过程所面临的两难抉择。家族企业治理模式演进主要表现为企业控制权的分配和转移问题，家族文化不同程度地影响着企业成长和治理模式的演进。

吴炯（2016）家族企业剩余控制权传承的地位、时机与路径——基于海鑫、谢瑞麟和方太的多案例研究，在海鑫、谢瑞麟和方太案例的驱动下，基于复制与扩展分析逻辑，采用递进推演和比较分析的方法，研究了家族企业传承的内容与过程。研究发现，家族企业传承的中心任务是剩余控制权的传承，其外在表现是作为剩余控制权载体的股权、经营权的传递，以及作为剩余控制权支撑基础的接班人人力资本、社会资本的培养。

李树玲（2017）基于企业基因理论视角分析了我国农村家族创业企业成长路径，指出农村家族创业企业是我国农村经济的生力军，其成长与发展对于繁荣我国农村经济具有重要意义。企业基因理论为企业成长研究提供了新视角，有利于从更深层次上揭示农村家族创业企业成长的奥秘，结合农村家族创业企业的独有特性，构建其基因模型，并对其不同成长路径下的企业基因作用机理进行了分析。

（三）国有企业

王伟（2005）、李云和揭筱纹（2010）、齐平等（2016，2017）就国有企业基因重组问题进行了深入的解说，李志成（2013）对国有商业银行的企业文化基因再造进行了分析，在前面已有叙述，不再重复。此外，其他方面关于国有企业基因问题将在下面陈述。

七、结语

在日前中国经济的转型阶段，在复杂的国际国内动态环境中，站在企业生命的本质——企业基因的视角分析和研究企业成长的动态演化过程，对企业的健康成长并促进中国经济的繁荣和可持续发展具有重要意义。

企业基因理论从仿生学的视角来寻找影响企业成长、适应环境等企业现象和行为的根本动因，对进一步认识企业的本质，研究如何促进企业健康成长具有重要的意义。企业基因理论经过若干年的发展在不断深化，并得到较广泛的认可，但同时，也看出现有研究仍存在很多不足，如企业基因的定义尚不明确，缺乏对基因具体内容的甄别，缺乏数据支撑、实证研究有待深入和加强等，这可能是未来的研究重点。

参考文献

[1] Nelson R, Winter S. An evolutionary theory of economics change [M]. Cambridge: The Belknap Press of Harvard University Press, 1982.

[2]［荷］约翰·C. 奥瑞克，吉利斯·J. 琼克，罗伯特·E. 威伦. 企业基因重组：释放公司的价值潜力 [M]. 高远译等译. 北京：电子工业出版社，2003.

[3] 王伟. 企业基因重组理论与国有企业战略转换 [J]. 预测，2005（1）：34-39.

[4] 李钢. 基于企业基因视角的企业演化机制研究 [M]. 上海：复旦大学出版社，2007.

[5] 朱克江. 企业文化对企业基因改变的作用分析及成功实践 [J]. 南京大学学报（哲学人文科学社会科学版），2001（5）：156-160.

[6] 李志成. 国有商业银行企业文化再造 [J]. 中国金融，2013（12）：48-49.

[7] 毕楠. 研究了日本企业社会责任（CSR）理念的儒家思想基因及其传承 [J]. 现代日本经济，2014（3）：80-87.

[8] 吕一博，蓝清，韩少杰. 开放式创新生态系统的成长基因——基于 iOS、Android 和 Symbian 的多案例 [J]. 中国工业经济，2015（5）：148-160.

[9] 王广慧，张诗琳. 制约机制、理念重塑与企业文化基因 [J]. 重庆社会科学，2016（5）：94-99.

[10] 王伟. 基于企业基因重组理论的价值网络构建研究 [J]. 中国工业经济，2005（2）：58-65.

[11] 徐宏玲，颜安，潘旭明，马胜. 模块化组织与大型企业基因重组［J］. 中国工业经济，2005（6）：52-59.

[12] 李云，揭筱纹. 国有投资公司企业基因重组研究［J］. 经济体制改革，2010（1）：64-68.

[13] 李红兵，段升森，张玉明. 中国医药流通企业商业模式创新研究："基因改良"、体系重构与策略选择［J］. 中国科技论坛，2014（9）：69-74.

[14] 李树玲，刘力钢. 基于企业能力基因重组视角的企业价值网络构建［J］. 兰州大学学报（社会科学版），2015（5）：72-76.

[15] 邵剑兵，刘力钢，杨宏戟. 基于企业基因遗传理论的互联网企业非市场战略选择及演变——阿里巴巴社会责任行为的案例分析［J］. 管理世界，2016（12）：159-171.

[16] 齐平，王子扶、耿翠红. 企业市场化基因塑造与国有企业改革发展［J］. 郑州大学学报（哲学社会科学版），2016（6）：79-81.

[17] 齐平，宿柔嘉. 国有企业基因重组实现创新驱动发展的机理研究［J］. 经济体制改革，2017（6）：12-18.

[18] 屠兴勇. 知识整体理论：重组管理新基因［J］. 西安交通大学学报（社会科学版），2011（4）：8-13.

[19] 吕文娟，和金生. 面向企业创新能力的组织知识基因解析研究［J］. 情报杂志，2013（1）：154-159.

[20] 赵健宇，李柏洲. 对企业知识创造类生物现象及知识基因论的再思考［J］. 科学学与科学技术管理，2014（8）：18-28.

[21] 刘普照. 企业基因理论与国有企业效率［J］. 经济理论与经济管理，2002（1）：55-56.

[22] 周晖. 企业生命模型研究［J］. 经济科学，2002（6）：84-91.

[23] 刘晔，彭正龙. 企业进化的基因结构模型及其启示［J］. 商业经济与管理，2006（4）：22-25.

[24] 许晓明，戴建华. 企业基因的顺反子系统模型及其在企业蜕变中的应用［J］. 浙江大学学报（人文社会科学版），2008（4）：117-127.

[25] 李天柱，马佳，冯薇. 中国企业的接力创新：以华大基因为例［J］. 科学学与科学技术管理，2015（11）：91-102.

[26] 张玉明，段升森. 创新型中小企业基因结构模型实证研究［J］. 山东大学学报（哲学社会科学版），2013（4）：1-9.

[27] 刘睿智. 国内企业基因模型构建研究：以创新型中小企业为例［J］. 中国海洋大学学报（社会科学版），2014（3）：67-72.

[28] 刘德胜，陈加奎. 企业基因与创新型中小企业成长研究——基于复杂科学视角的解读［J］. 科技进步与对策，2015（11）：78-82.

[29] 刘平青. 家族企业变迁与中国经济转轨［J］. 江汉论坛，2002（10）：28.

[30] 刘平青，张厚义. 研究家族企业生命力的新视角［J］. 经济与管理研究，2005（10）：16-19.

[31] 李培林. 中国家族企业成长与治理模式演进路径分析——基于家族文化的视角［J］. 科技管理研究，2010（10）：251-254.

[32] 吴炯. 家族企业剩余控制权传承的地位、时机与路径——基于海鑫、谢瑞麟和方太的多案例研究［J］. 中国工业经济，2016（4）：110-124.

[33] 李树玲. 我国农村家族创业企业成长路径解析——基于企业基因理论的视角［J］. 农业经济，2017（11）：108-110.

论中国管理学的过程思维

彭　毫

（西南财经大学工商管理学院，四川成都　611130）

［摘　要］过程思维是中国管理学的灵异之物，同时也是打开中国管理学思想之库的一把钥匙，是中国管理学家们和企业家们心灵深处缱绻与风流的源泉。在构建中国管理学理论体系的今天，认识和评价这一过程思维具有强烈的现实意义和深远的理论意义。本文分析了管理学二元论认识论和中国管理学二元性认识论的内核，论证了过程思维与中国管理学的关系，并说明了中国管理学的过程思维对中国管理理论构建与实践的重要意义。

［关键词］中国管理学；过程思维；二元论认识论；二元性认识论

一、管理学的二元论认识论

二元论和二元性作为人类认识世界的一种认识论基础，无论东西文化中都存在。研究中国管理学与西方管理学认识论基础，分辨其核心的思想及其异同，有助于我们更清楚地认识人们认识组织及其管理世界的思想轨迹，同时，也使我们能够从东西方管理学比较中获取更广阔的视野。

从认识论视角看，西方管理学认识论的基础是笛卡尔的二元论（Cartesian Dualism）。

在西方哲学史之中，二元论是一个古老的哲学问题，古希腊先贤们大都有所述及，亚里士多德提出了质料-形式的肉体与灵魂理论，形成了以浓郁本体论色彩的古希腊二元论。以现代哲学鼻祖闻名于世的法国哲学家笛卡尔，一直被认为是心物（精神与物体）二元论经典形式，即实体二元论的始作俑者。笛卡尔的身心二元论明确认为，身体和心灵属于不同的两个世界，是两类不同实体，受两种不同的东西支配。笛卡尔的二元论实质上坚持意识离开物质而独立存在。它和一元论相对立。意识和物质是两种绝对不同的实体，意识的本质在于思想，物质的本质在于广袤；物质不能思想，意识不会广袤；两者彼此完全独立，不能由一个决定或派生另一个，事实上两者都存在着差别。

西方管理学认识论认为，组织及其管理世界的根本实在有两个方面：一为思维性的实体（thinking entities），一为具有物质性的实体（extended entities），即通常所谓的精神与物质之二分。在西方现代管理学中，笛卡尔的二元论成为管理学家手中一把无坚不摧的理论“剪刀”，组织及其管理的任何事物都可以一分为二：管理理论的评判标准先是管理的科学性和人本性、技术性与群体性、正式组织与非正式组织，早期的理论代表是泰罗的科学管理理论和人际关系学派的理论，随后是系统科学性和管理的艺术性，其理论代表为系统管理学派的理论和组织行为学派的理论。这种二元论到 20 世纪 80 年代以后依然“宝刀不老”，诸如轰动一时的管理的理性面（rational side）和管理的艺术面（art side）、硬性的管理（hard management）和软性的管理（soft management）之争，以及科学主义范式（scientist paradigm）和人本主义范式（humanist paradigm）之辩。可以这样说，管理学整个 100 年的发展史的每一个阶段，无不晃动着笛卡尔二元论的影子。这种管理认识论对“古典管理学”和“现代管理学”的划分，不再是纯粹的时间概念，而是成为两个相互映照的时代。一个是管理技术与管理艺术的决斗，一个是系统科学与人性关怀的对垒；一个时代重科学逻辑思想和理论解释，一个时代强调人性关怀和偏向专业研究（罗珉，2007）。

组织行为学大师道格拉斯·麦克雷戈是运用管理认识论最为出色的管理学家代表。麦克雷戈（McGregor，1957）强调了解人的本性与行为之间关系的重要性。他提出了对人性认识的“X 理论”（Theory X）和“Y 理论”（Theory Y）。严格地说，麦克雷戈的二元论立足于“经验阐释”。在麦克雷戈看来，对经验的敏感，是行动自由的基本前提，否则，人性的展开就毫无道理。但由于经验所具有的散乱性和盲目性，使它经常发生变异，时而被权力所异化，时而被狭义的政治所利用。因此，管理认识论必须对组织及其管理世界的认识，既有对感性经验的警惕，又不被它所蒙蔽，因而管理学认识论需要对经验进行重新审视和综合。在大范围内激活一种有待张扬的新经验，以及对旧经验和它所产生的感受惯性的批判，就是道格拉斯·麦克雷戈同时关注一件事的两面。从麦克雷戈开始，“二元对立”的认识论成为管理学的一把无坚不摧的利器，衍生出许多类似机械式组织（mechanistic organization）和有机式组织（organic organization）、关心生产（concern for production）的领导和关心人（concern for people）的领导、利用式学习（exploitation learning）和探索式学习（exploration learning）等“二元对立”范式。

值得注意的是，管理学经验论者虽然对管理二元论认识论提出了严厉的批评，但这些经验论者只是在用认识中的感觉经验之类的论据，来否定有一个确实的、不以经验为转移的组织及其管理世界，却并没有明确管理二元论的错误本质，甚至就是在实体与过程二分、科学与人性二分的框架下讨论问题，这样不仅没有瓦解管理二元论的教条，反而使管理二元论成为现代管理学认识论的世界图式。

二、中国管理学的二元性认识论

中国管理学的哲学基础来自东方哲学思想，中国管理学是建立在二元性认识论（dualities epistemology）基础上的，其核心思想有：

（1）中国管理学的认识论（epistemology）强调，组织及其管理中诸如科学与人性、实体与过程、合作和竞争等二元性问题既不是对立的，也不是分离的，而是一种“既对立又统一”和“和而不同”的关系，认为组织及其管理中的所有事物和过程存在对立统一（the unity of opposites）关系。中国管理学主张平衡科学与人性、实体与过程、合作和竞争之间不可避免的紧张关系，使两者都不占主导地位，并预测这种平衡将产生更稳定和成功的关系。

就组织及其管理的矛盾“既对立又统一”的关系而论，李占祥（2001）的“矛盾管理理论”认为，矛盾管理理论运用宇宙间普遍存在的矛盾现象和对立统一的基本规律来看待管理问题。组织及其管理的“全部活动都是动态的，总是充满着矛盾，是个矛盾运动过程。它同世界上一切事物一样，都是在自身的矛盾运动中发展的。唯物辩证法的根本法则对立统一规律和矛盾是一切事物发展动力的原理……矛盾管理就是应用唯物辩证法的宇宙观和矛盾动力学的原理，来观察和分析企业的矛盾运动，并研究解决矛盾的方法，从而推动企业可持续成长”。可以看出，李占祥的观点是建立在二元性认识论基础上的，主张从矛盾运动过程的双元性研究解决矛盾的方法。王凤彬认为，管理是在诸多的“两难”情境下展开的，如何处理好管理工作面临的各种两难问题，把握好管理的科学性和艺术性的关系，构成了现代管理理论研究的一个基本任务（王凤彬，1995）。可以看出，王凤彬所说的“两难”实质上就是管理的二元性（dualities）问题。罗珉认为，科学主义范式和人本主义范式“两者是相通的，或者说是对立中的统一：科学主义内在地包含人本主义，人本主义中也体现了科学精神”。中国管理学将人性与科学、组织与员工、竞争与协作看成不可分离的整体，组织及其管理世界中的人性与科学并不存在整合问题，需要的是用组织内生的伙伴关系和信任机制取代科学规则与人性的对立、管理层与员工的对立。这种思维方式颇似中国古代哲学的“天人合一”“和而不同”的思想（罗珉，2008：5）。

（2）中国管理学的二元性认识论，是一种辩证的观点，而非西方管理学所强调的笛卡尔二元论（Reinecke and Ansari，2016：17）。中国管理学的二元性认识论来源于道家的相互依存性（Taoist inter-dependencies）思想，它可以使组织能够管理诸如科学与人性、实体和过程等二元性的矛盾。

道家的相互依存性体现在“正复为奇，善复为妖”“祸兮福之所倚，福兮祸之所伏”（老子，2008）上，相互依存性表明一切事物都有正、反两面的对立，对立面可以转化。“道”具有“有”和“无”两种性质，仅有“有”，是发挥不了大用处的，唯有“有”与“无”配合才能产生大用。这种相互依存性是“天人合一”“和而不同”的思维方式。

在中国管理学中，相互依存性被视为组织及其管理的根本特征。我们将相互依存性定义为管理事物“彼此之间的依赖”，并认为相互依存性意指“敏感性”（sensitivity）和“脆弱性”（vulnerability）。相互依存性是指组织及其管理中不同角色、不同因素之间互动的影响和制约关系，这种互动的影响和制约关系可以是对称的或不对称的，其程度取决于角色对外部的“敏感性”和“脆弱性”的大小。如A是B的领导，A对B的是领导和命令关系，B对A存在服从和配合关系，这实质上是一种相互依存关系。双方都对对方的行为表现出某种敏感性，但由于双方依存程度可能不同，各自的敏感程度也有异。A的有关管理政策若不利于B，或B对A的服从性和配合程度出现问题，就会暴露其脆弱性。由于双方的应变能力不同，它们表现出的脆弱性也有所差异。如果双方敏感性和脆弱性相同或接近，那么它们之间的相互依存关系呈对称情况，否则即呈不对称情况。

在中国的管理实践中，相互依存性既是一种条件，也是一个过程。它不是管理目标，但它凸显了不同角色、不同因素之间的互动在组织及其管理过程中的重要性，它对组织及其管理的利益和目标既提供限制，又提供机遇。从这个意义上说，相互依存性也可以看成一种复杂的管理现象，它包含不同角色、不同因素之间多层次、多方面的互动模式，并产生明显的相互敏感性和脆弱性。这里，“多层次”指跨组织间、组织内、团队间和团队内等层次，“多方面”指管理职能、经营职能、管理政策、技术、社会伦理等方面。

罗珉在谈到不同管理理论范式的相互依存性时，认为科学主义范式和人本主义范式都是管理学范式的重要组成部分，是同一个硬币的两面，是交互共生的（symbiosis），都对管理学的发展作出了重要的贡献。那种将管理学范式人为地划分为科学主义范式或人本主义范式的做法，那种为了发展一种管理学范式而把另一种范式视为假象之敌的做法，都是极为错误的，将会严重地阻碍管理学的发展（罗珉，2005a：16）。

事实上，有不少西方管理学家认识到管理学“二元对立”的危害，并大声疾呼“二元互补”。“当我们的思想挣脱不出‘非此即彼’的桎梏时，我们将会鼠目寸光，左右碰壁，成功渺茫。千万不要让‘非此即彼’埋没了我们。比‘此’‘彼’两种选择更好的办法极有可能存在。(Follett，1941：69)”但西方管理学并没有意识到相互依存性是组织及其管理的根本特征，直到Feldman和Pentland（2003）组织惯例二元性模式的出现，西方管理学才真正建立起相互依存性的过程思维。Feldman和Pentland（2003）将组织惯例（organizational routine）概念化为生成系统（generated system），并区分了惯例的执行面（the performative aspect）和形式面（the ostensive aspect）两个方面：行为和认知规律是相互交织的；执行面和形式面是通过行为来实现创造和重新创造的。执行面构成了特定参与者在特定时间、特定地点所进行的实际执行，而形式面则提供了“执行模式”和“作为执行的模式”（“model of”and“model for”）（Pentland and Feldman，2007：789）。因此，只有从执行中衍生出来，形式才有意义。

(3）中国管理学在研究方法上采用的诸如主位/客位（emic/etic）这样的二分法（Reinecke and Ansari，2016：17），并不同于西方管理学主流的实证研究方法。

严格地说，主位/客位（emic/etic）这两个术语是人类文化学家肯尼思·派克（Kenneth Pike）在1954年从语言学术语音位的（phonemic）和语音的（phonetic）类推出来的（Harris，1976）。

管理学主位研究是指研究者不是凭自己的主观认识，而是尽可能地从中国人的视角去理解中国管理实践与管理文化，通过听取提供情况的中国企业家所反映的对组织及其管理事物的认识和观点，进行系统整理和分析的研究方法。主位研究将研究者放在重要的位置，把研究者的描述和分析作为最终的判断。同时，主位研究要求研究者对中国企业家、组织及其管理事物等研究对象有深入的了解，熟悉他们的知识体系、分类系统，明了他们的概念、话语及意义，通过深入的参与观察，尽量像当事人那样去思考和行动。诸如马洪、吴世经、李占祥等我国老一辈管理学家多采用主位研究视角来研究中国管理问题。“管理学研究者的身份不是观察者（observer），也不是观察者身份的参与者（participant-as-observer），更不是组织及其管理的立法者，而是积极的参与者或是以参与者身份出现的观察者（observer-as-participant），是科学共同体中实践社群的组成部分”（罗珉，2005b：16）。

管理学客位研究是研究者以外来观察者的角度来理解中国的管理文化，以管理学家的标准对组织及其管理、管理者行为的原因和结果进行解释，用比较性的、过程性的和历史性的观点看待民族志（ethnography）的田野调查（fieldwork）、感官调查（sensework）和文本调查（textwork）提供的材料。这样，在研究理论和方法上，要求研究者具有较为系统的知识，并能够联系中国企业家、组织及其管理事物等研究对象实际材料进行应用。

今天，主位研究在中国管理学研究中得到日益广泛的重视，管理学家在田野调查和民族志写作过程中都注意中国本位术语和观念的应用。管理学家们普遍意识到“由于其位置、展开和时间性质……组织生活中的规律是不断变化和重新定位，而非例外”（Morrill and Fine，1997：434）。正如Jarzabkowski等（2014：282）所说，民族志“是过程动力学的启示”。主位研究方法的优点是能够详尽地描述中国管理文化的各个环节，克服由于观察者的文化差异造成的理解偏差。但这种研究角度也有一些缺点，即由于中国人身处自身文化当中，可能会将许多的管理行为和管理思维视为当然的和平常的，因而有许多在西方管理学家眼中看到的反常现象，可能视而不见。而在客位研究中，研究者通过对所收集的材料的解释，研究者可以认识和解释那些中国管理文化中生活的人们在自身文化中可能视为当然的和平常的许多的行为和思想，缺点是不能详尽地描述中国管理文化的各个环节，观察者会因为文化的差异、文化假设上的偏差而产生可能错误的认识。

三、过程思维与中国管理学

所谓的过程思维（the process thinking），就是从事物、实体和事件的不断变化、凸显和内在生成的角度来思考、实践和正确理解真正过程性的组织及其管理过程意味着什么。从过程思维视角看，组织及其管理的实体和过程，如个人和组织，被解释为暂时稳定的事件集群，是从不断变化和变化的组织及其管理世界中抽象出来的。我们认为，中国管理学最具特色的是，从过程思维的角度来看待组织及其管理问题。

中国管理学的过程思维强调过程、动态、生成，更为看重事物的内在联系，而实体性思维则将事物之间的关系看成外在的。中国管理学的过程思维，是坚持组织及其管理过程就是实在，组织及其管理的实在就是过程。过程思维是从不断变化、出现和自我转化的角度来思考个体、组织和社会实体的。整个组织及其管理是由各种事件、各种实际存在物相互连接、相互包含而形成的有机系统。

过程本身就是一个矛盾的术语。它在中国管理学研究和理论化中的应用非常广泛。李占祥款，企业就是一个过程，它是社会经济系统中的一个生命体，它要持续成长，还必须保持其生命力（成长力）的持续性，要按照一切生命体生存和成长的新陈代谢的规律，走在今天的事业中孕育着明天事业的道路（李占祥，1999）。也就是说，组织及其管理世界，不是“现成的”，而是正在进行的“创造世界”的过程（Goodman，1978；Chia，2003）。

整个组织及其管理是活生生的、有生命的机体，处于永恒的创造和进化过程之中。构成组织及其管理的基本单位不是所谓原初的物质或物质实体，而是由性质和关系所构成的“有机体”。有机体的根本特征是活动，活动表现为组织及其管理过程，组织及其管理过程则是构成有机体的各元素之间具有内在联系的、持续的创造过程，它表明一个机体可以转化为另一个机体，因而整个组织及其管理表现为一个生生不息的活动过程。

过程思维所面临的挑战是，改变我们把组织及其管理现象理解为实体的传统方式，并描绘它们的出现和出现。真正的过程思维是解释过程如何导致最终状态，如何构成存在，差异如何导致身份认同，以及过去是如何牵连到现在的。从过程的角度来理解组织和人的能动性，对于一系列的研究主题都有深远的影响。

就管理学的学科性质而论，黄速健与黄群慧认为，管理学仍很不成熟，管理学家们对于管理学的学科属性、基础理论、方法论体系和发展途径等问题仍在争论不休，还无法走出“管理理论丛林”。因此，管理学是发展中的、演进中的科学（黄速健、黄群慧，2005：2）。陈忠卫在比较分析国内外管理学教材内容体系的基础上，采取一种反省、质疑与批判的态度，对管理学学科体系发展脉络进行梳理。认为管理学是一种不成熟的、发展中的科学（陈忠卫，2005：18）。罗珉认为，管理学的理论概括，仅仅是历史的说明和真理的逐步呈现，每一个方面只是具体发展阶段中所认识到的真理的概括。没有一个理论范式，也没有一批这样的理论范式，可以称得上是终极性的。其结论是，批判与反思始终伴随着管理学的发展（罗珉，2005b：10）。这些资深的管理学研究者的观点集中地表明管理学是一种发展中的、演进中的科学，明显地带有过程思维的特点。

我们认为，中国管理学将管理学都视作一个演进过程，管理学是一个发展中的过程，它还没有完成，仍然在产生之中。正如恩格斯（1971：357）所指出的那样：“世界不是一成不变的事物的集合体，而是过程的集合体。”中国管理学的发展“过程”包含了“在过程中开端”的思想，而不仅把管理学视作一种目的、结构和职能。在这个过程中，管理学探索的是组织及其管理的产生，而不是产生的组织及其管理，因为这种产生是在过程之中的，每一天组织及其管理都是以新的面貌出现的。在这种思维风格中，管理的目的、结构和职能成为第二位，而处于第一位的过程促成了组织及其管理的产生和持续的存在。因此，对静止、分化、连续性、稳定性和确定性的追求让位于关系、整体、混沌、权变和不确定性变化的研究，这就需要有一个全新的思维。

就中国管理的实践而论，海尔集团从儒家经典《礼记·大学》讲述的从勤于省身和动态的角度，强调及时反省和不断革新，从“苟日新，日日新，又日新”（（清）王聘珍，1983：152）思想中创造性地创立了日事日毕、日清日结工作法，具有极强过程思维的特色（张瑞敏，2009：18）。应当指出的是，海尔的日事日毕、日清日结工作法，具有生成演化思想。它说明每一天都是一个新的开始和新的生成（new generation），及时反省和不断革新就发生在当下。日事日毕、日清日结工作法就是对“实体-性质”概念的排除，并以管理的动力学过程描述代替了传统的形态学描述。中国管理学就是要以流变和生成为基本特征的动力学方法，而不是静态的形态学描述方法。中国管理学强调，管理学只有接受有机体哲学或过程哲学的思想，才能解释新发展中的新事实和新问题。

就对管理过程时间的理解而论，中国管理学认为关键在于对“始”或“开端”（arche）的理解。[①] 尽管古希腊哲学家赫拉克利特（Heraclitus，约公元前540—前480年）认为，一个人不能两次踏入同一条河，也不能在稳定的条件下抓住任何一种凡人的物质，但它会一次又一次地散开、聚集，形成、溶解、接近和离开（Heraclitus，in Kahn，1981：53）。但西方人并没有构建起过程时间的理论体系。中国古代哲学思想最早认识到过程时间的重要性，这就是庄子所说的“始”。庄子对时间的理解是“有始也者，有未始有始也者，有未始有夫未始有始也者”（庄子，1997：26），用现代语言来解释，是说如果时间有开端，那么就会有还没开端的时候，也就会有连没有开端的时候都还没有的时候。我们认为，庄子所说的“始”解构了时间绝对的始源概念，并提出一种相对的“在过程中开端”的思想。“在过程中开端”说明，新的开端在不断地发生，在此地，在当下，——万物并生！在中国管理学看来，不存在一个绝对的开端，或一个从绝对的虚无中创造出来的世界。没有一个单一的时间上的肇始（initiate）。始是从“未始”的潜能中爆发出来的。它也包含着导致未来的各种“新的开端”的潜能。这个“始”或“开端”就是法国后结构主义哲学所说的“延异”（Différance），也是基于对“始”的解构。[②] 后结构主义哲学只接受相对的始，就是新的生成和历史过程的始。这种始的概念拒斥任何单一的超越词语主宰的线性时间的叙事。法国后结构主义哲学家雅克·德里达（Derrida，1974）的“空间时间化”和“时间空间化”提供了另一种叙事语言，即那个著名的双关词“延异”——持续不断的“异”和“延”。

中国管理学过程思维认为，“始”或“开端”是相对的，而不是绝对的，也就是说时间的存在形式是相对的，而不是绝对不变的。按照中国管理学过程思维的思想，实体和时间的存在形式是相对的，而不是绝对不变的。各实体和时间因素之间并非泾渭分明，毫无相干，而是在一定条件下可以相互转化的。

从中国管理学过程思维的认识论和方法论上看，中国管理学具有中国几千年文化与古代科学整体论、生成论的研究传统。中国古代先贤了解万事万物的存在，不是从静态的既存之物

① 从哲学上说，开端就是本原（arche）和开始，表示起初、源始的东西。说它是开端，是指万物由这个开端生成。

② 哲学上的元始过去被认同为德国哲学家马丁·海德格尔（Martin Heidegger，1889—1976）所说的本体神学论的权威之元始，即那个神化了的永恒不变、自我同一的万物之源，是绝对的始。而后结构主义哲学只接受相对的始，这与老子、庄子关于“始”的概念是一致的。

(tobe) 着眼，而是从动态的生成过程入手。老子在《道德经》的第一章所说“无名天地之始”，这个无名之无乃是道之无，是在万物中显现的无。老子在《道德经》的第四十章进一步说明了生成的思想，即：“天下万物生于有，有生于无。”“道生一，一生二，二生三，三生万物。”（老子，1983：183）庄子也认为：“有始也者，有未始有始也者，有未始有夫未始有始也者。”（庄子，1997：26）这里，我们看到，老子、庄子用生成化解了不变的本质，他们将存有论（ontologie)① 的观点和它的对立面，即和它自身的“无”去对峙，以构成同中之异，而不是将其与绝对的虚无主义去对峙。可以这样说，老子、庄子的生成论思想早已解构（deconstruct）了线性时间和实体存有论。

四、结束语

我们认为，中国管理学过程思维的基本思想和西方的过程哲学思想之间有一种非二元的对应关系。同时，它也呼吁在西方后现代管理学的两大流派——过程主义和后结构主义之间，揭示那样一种非二元对立的“互存性”关系。

中国管理学过程思维强调，管理学需要从过程中、从不断的变化和转变中，以过程思维的方式看待现实，而不是作为一个不变实体的稳定世界。过程思维不是把组织看作“抵抗变革的持久整体”（enduring totalities that resist change）（Tsoukas，2003：608），而是认识到偶然性、突现、创造力和复杂性是我们理解组织生活的基础。按照中国管理学的过程思维，作为有机体的组织是一直处于进化过程之中的，是一个不断涌现的、生成的、演化的和多样性的本体。这表现在两个方面：一方面，作为有机体的组织要适应环境的变化；另一方面，作为有机体的组织本身具有内在的力量要创生自己的环境。作为有机体的组织创生环境的过程，就是组织自身不断演变的过程，这一过程代表着一物向他物的转化。这时的组织及其管理的世界已经不像传统管理学范式所说的那样，是可以预言的了。在过程中的组织及其管理世界既表现出秩序的自然特征，但更为重要的将是新奇的（fancy）、或然的（probable）和管理学知识的内生语境本性。因此，对过程中的组织及其管理世界只能进行一种有限的预测。因为“即使我们已知初值和边界约束，系统仍有许多作为涨落的结果态可供‘选择’”（普里高津，1998）。

过程思维拒绝了 Rescher（1996）所说的过程可还原性理论（the process reducibility thesis)，即过程被假定为主要事物的二次过程（processes are presumed to be secondary processes of primary things)。相反，过程思维坚持认为，事物、社会实体和生成机制只不过是“过程海洋中的稳定波”（stability waves in a sea of process)（Rescher，1996：53）。这样一个过程思维观点促进了一个组织现实的去中心化和分散的观点，作为一个原子事件簇（atomic event clusters）的流动连接，抵制简单的位置和静态表示。它强调社会存在的不稳定性、人为性和建构性，鼓励对组织和社会生活有一个更近、更亲密的“虫眼”观（worm's-eye view）（Nayak and Chia，2011：287）。

在我们看来，西方现代管理学缺乏的是一种过程哲学的思维，或者说缺少一种“过程理论”(process theory)。这种思维方式可以说明组织及其管理的发展是一个多方面的过程，在管理理论的发展过程中，并不存在唯一的绝对真理。然而，更重要的是，过程思维将陈述管理理论的发展

① 存有论（ontologie）探讨个体的终极真实相状、个体以外之存在物的真实相状，以及个体与外在存有物的关系与真实相状，这是属于“是什么”的问题。

作为与人的发展相互结合的过程。在我们看来，传统管理学思维方式把物质、资本等作为组织过程的基础将在知识经济时代不能成立，而知识将是组织运动的量子（quantum），也是一种不确定性的量子。从这一点出发，我们可以发现组织过程将是有目的性的，包括物质、资本和组织有机体内的个体行为都有与生俱来的目标。

参考文献

[1]［德］恩格斯. 马克思恩格斯选集（第4卷）[M]. 北京：人民出版社，1971：357.

[2] 陈忠卫. 管理学性质的重新认识及其学科体系发展脉络的分析 [C]. 管理学发展及其方法论问题学术研讨会论文集，2005.

[3] 黄速健，黄群慧. 管理科学化与管理学方法论 [M]. 北京：经济管理出版社，2005.

[4] 老子. 道德经 [M]. 辜正坤译. 北京：北京大学出版社，1995.

[5] 老子. 道德经（第五十八章）[M]. 饶尚宽注. 北京：中华书局，2008.

[6] 李占祥. 论矛盾管理学 [J]. 中国工业经济，1999（9）：59-63.

[7] 李占祥. 矛盾管理理论 [J]. 南通师范学院学报（哲学社会科学版），2001，17（2）：122-127.

[8]［宋］林希逸. 庄子・齐物论 [M]. 卢斋义校注，北京：中华书局，1997：26.

[9] 罗珉. 管理学：科学主义还是人本主义 [J]. 四川大学学报（哲学社会科学版），2005a，138（3）：16-25.

[10] 罗珉. 管理学范式理论的发展 [M]. 成都：西南财经大学出版社，2005b：82.

[11] 罗珉. 管理学：现代主义的遗产与后现代精神 [J]. 外国经济与管理，2007，29（3）：1-8.

[12] 罗珉. 管理学人本主义范式评析 [J]. 外国经济与管理，2008，30（10）：1-7.

[13]［清］王聘珍. 大戴礼记解诂 [M]. 北京：中华书局，1983.

[14] 王凤彬. 现代企业管理中的若干"两难"问题及其处理 [J]. 经济理论与经济管理，1895（6）：7-12.

[15] 伊利亚・普里高津. 确定性的终结 [M]. 上海：上海教育科学出版社，1998：55.

[16] 张瑞敏.《卓有成效的管理者》序言 [A] //［美］彼得・德鲁克. 卓有成效的管理者 [M]. 许是祥译. 北京：机械工业出版社，2009.

[17] Chia R. Ontology: Organization as world-making [A] // R. I. Westwood & S. Clegg (Eds), Debating organization: Point-counterpoint in organization studies [C]. Oxford: Blackwell, 2003.

[18] Derrida J. Of grammatology. Translated by Gyatri Chakravorti Spivak [M]. Baltimore: Johns Hopkins Press, 1974.

[19] Feldman M S, Pentland B T. Reconceptualizing organizational routines as a source of flexibility and change [J]. Administrative Science Quarterly, 2003, 48 (1): 94-118.

[20] Follett M P. Dynamic administration: The collected papers of Mary Parker Follett [M]. New York: Harper and Brothers Press, 1841: 69.

[21] Harris Marvin. History and significance of the emic/etic distinction [J]. Annual Review of Anthropology, 1976, 5 (1): 329-350.

[22] Goodman N. Ways of worldmaking [M]. Indianapolis: Hackett Publishing, 1978.

[23] Jarzabkowski Paula, Bednarek Rebecca, LêJane K. Producing persuasive findings: Demystifying ethnographic textwork in strategy and organization research [J]. Strategic Organization, 2014, 12 (4): 274-287.

[24] Kahn C H. The art and thought of Heraclitus [M]. Cambridge: Cambridge University Press, 1981.

[25] McGregor Douglas M. The human side of enterprise [J]. Management Review, 1957, 46 (11): 22-28.

[26] Morrill Calvin and Fine Gary A. Ethnographic contributions to organizational sociology [J]. Sociological Methods & Research, 1997, 25 (4): 424-451.

[27] Nayak A and Chia R. Thinking becoming and emergence: Process philosophy and organization studies [J]. Research in the Sociology of Organizations, 2011, 32 (2): 281-309.

[28] Pentland B T, Feldman M S. Narrative networks: Patterns of technology and organization [J]. Organization

Science, 2007, 18 (5): 781-795.

[29] Reinecke J and Ansari S. Time, temporality, and process studies [A]. // Langley, A. and Tsoukas, H. (Eds). Sage Handbook of Process [C]. London: Sage, 2016: 1-17.

[30] Rescher N. Process metaphysics [M]. New York: SUNY Press, 1986.

[31] Tsoukas H. New times, fresh challenges: Reflections on the past and the future of organization theory [A] // H. Tsoukas & C. Knudsen (Eds). The Oxford handbook of organization theory: Meta-theoretical perspectives [C]. Oxford: Oxford University Press, 2003.

我国社会企业的发展现状、存在障碍及未来趋势*

田雪莹

（上海工程技术大学管理学院，上海　201620）

［摘　要］ 社会企业作为新兴的研究领域，在解决社会问题、促进社会福祉方面发挥越来越重要的作用。本文选取2015~2018年中国慈展会认证的社会企业为研究对象，对我国社会企业发展的总体数量、地域分布、社企分级、服务领域以及主要城市社企发展状况进行解读，研究表明我国社会企业数量逐渐增多，实力虽不强，但发展潜力大；处于初创阶段，规模小；地域分布逐渐扩大，但主要集中于经济发达地区；服务领域分布较广，社会民生领域比重较高。在现状解读的基础上，认为我国社会企业存在认知合法性缺失，融资生态尚未建立，组织管理不完善以及规制引导欠缺，政策扶持力度较小等障碍，最后提出社会企业成长壮大的发展机遇，来为该领域的后续研究提供参考。

［关键词］ 社会企业；特征；障碍；机遇

近20年，作为弥补公共部门提供社会服务能力不足以及改善私人部门在社会公益方面“市场失灵”的一种新型企业形式，社会企业重要性越发突出并逐步在世界各地发展。社会企业因其兼顾经济价值和社会价值“双重身份”的特性而备受关注，它既不同于传统的公益组织，又有别于一般的商业企业，它是以提供可持续的社会价值为基本目标的具有私人部门属性的企业形式。但是，相较于欧美发达国家，中国的社会企业发展还很不成熟。社会企业定位不清、形式多样，发展路径不明确，商业模式落后、缺乏配套政策和税收优惠等激励性措施，这些都使社会企业在发展初期很难吸引社会企业家的参与和社会资金的支持，导致社会企业发展动力不足。因此，在解决上述问题之前，提高政府、基金会、企业、社会组织以及公众对社会企业认知，明确中国情境下社会企业的内涵，就显得较为重要。基于此，社会企业认证应运而生。目前，国际上已有22个国家具备较完整的社企认证体系，部分欧洲北美国家则有多个认证模式。社会企业认证在中国的“破冰”，始于广东顺德。2014年，广东顺德社会创新中心发起了全国首个地方性的社会企业认证。而社会企业认证在中国变成全国性的认证，始于广东深圳。2015年，七家社会企业在深圳获得中国慈展会主办方颁出的“民间执照”，至今已开展四届。2018年，成都和北京都相继出台社会企业认证办法。四年来，中国慈展会社会企业认证已经成为标准详细、流程规范、影响广泛的全国性社会企业认证。鉴于中国慈展会的社企认证起步较早，涉及范围广，行业影响大，就此选取中国慈展会2015~2018年认证的社会企业进行解读，在廓清我国社会企业的发展实际的基础上，深入剖析特定经济社会背景下的社会企业特征和存在障碍，从而有助于正确审视我国社会

*［基金项目］教育部人文社会科学研究规划基金项目“社会企业成长的路径选择与绩效转化机制研究”（19YJAZH082），上海科委软科学重点项目“社会企业成长的演化路径与绩效转化机制”（19692109600），江苏高校哲学社会科学研究项目“社会企业成长的路径选择和支持政策研究”（2018SJZDI076）。

企业的现状及定位，以此探讨实现社会企业成长壮大的发展机遇和创新策略。

一、我国社会企业发展总体现状

（一）社企数量

2015 年，67 家机构申报认证社会企业（以下简称社企）中，最终 7 家机构获得首批社会企业认证，通过率 8.96%，此后申报数量逐年上升，2016 年申报数量为 154 家，通过认证 16 家，通过率上升为 10.39%，2017 年申报数量比 2016 年增加了 2.31 倍，跃升为 510 家，通过认证 106 家，通过率为历年最高，为 20.78%。2018 年，社企认证机构除了中国慈展会外，成都作为省会城市第一个出台社企认证办法，此举也促使中国慈展会在原有基础上更加规范严格地修正其认证办法，2018 年申报数量为 621 家，比 2017 年增长了 21.76%，通过认证 109 家，比 2017 年绝对数量略高，通过率为 17.55%，低于 2017 年（见图 1）。

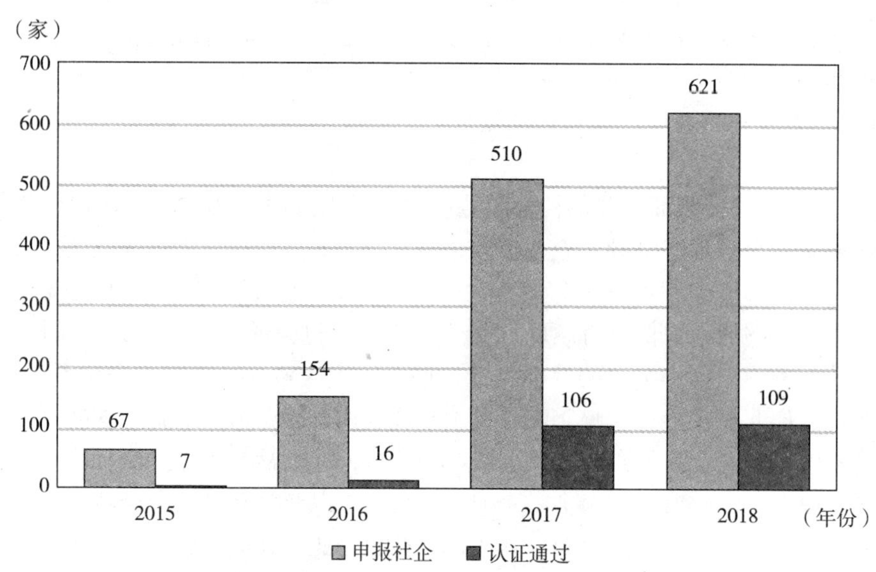

图 1　2015~2018 年中国慈展会认证通过的社会企业数量

此外，分析通过认证社企的注册类型显示，2017 年，106 家通过认证的社会企业中，企业类型较多，共 60 家，占比 57%；社会组织类型 46 家，占比 43%。2018 年，认证通过的 109 家社企中，企业类型 80 家，社会组织类型 29 家。

（二）地域分布

2015 年和 2016 年社会企业数量较少，主要来自少数省份的个别城市，其中，2015 年通过认证的 7 家社企，分别来自上海（2 家）、深圳（2 家）、大连（1 家）、兰州（1 家）、江门（1 家）；2016 年通过认证的 16 家企业，分别分布在广东（8 家，其中深圳 5 家）、北京（4 家）、浙江（2 家）、福建（1 家）、四川（1 家）（见图 2 和图 3）。

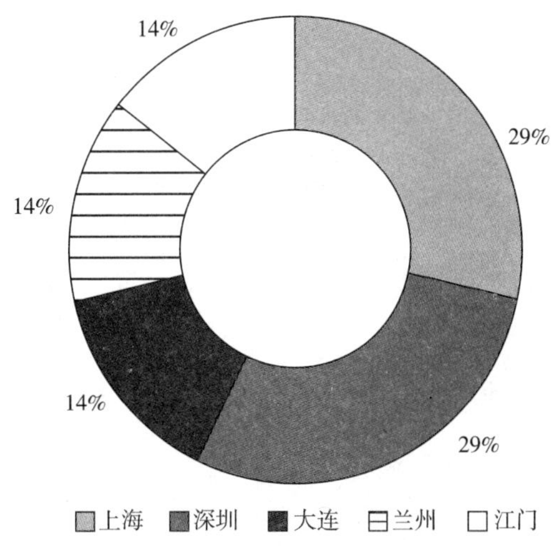

图 2　2015 年社企地域分布

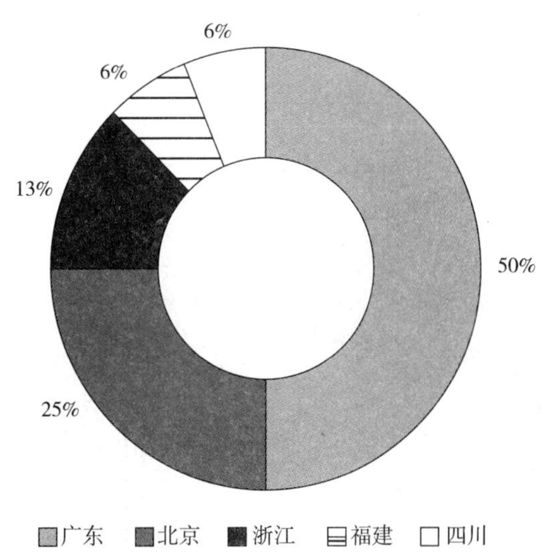

图 3　2016 年社企地域分布

2017 年社企申报数量快速增长，106 家通过认证的社企地域分布扩展到 18 个省份，按照数量排序，依次是广东省（34 家，占比 32%）、北京市（13 家，占比 12%）、江苏省（8 家，占比 8%）和四川省（8 家，占比 8%）、浙江省（8 家，占比 8%），上海市（6 家，占比 6%）；2018 年，通过认证的 109 家社企来自 17 个省份，依次是广东省（37 家，占比 34%）、四川省（31 家，占比 28%）、北京市（9 家，占比 8%）、上海市（6 家，占比 6%）、浙江省（6 家，占比 6%）、江苏省（5 家，占比 6%），显而易见，与 2017 年相比，排在前六位的省份没有变化，改变的只是排名顺序。由此可知，目前我国社会企业主要集中在经济较为发达的地区，且社企数量与各地区经济发展状况基本吻合，即经济相对落后的地区，社会企业数量偏少；反之，经济较为发达的地区，社会企业发展活跃，数量较多（见图 4 和图 5）。

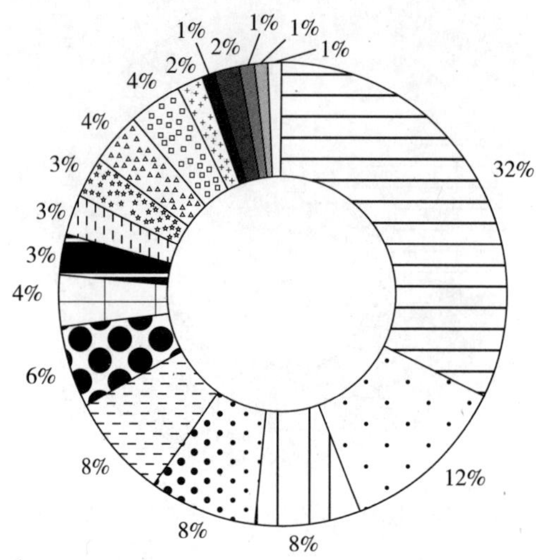

图 4　2017 年通过认证的社企地域分布

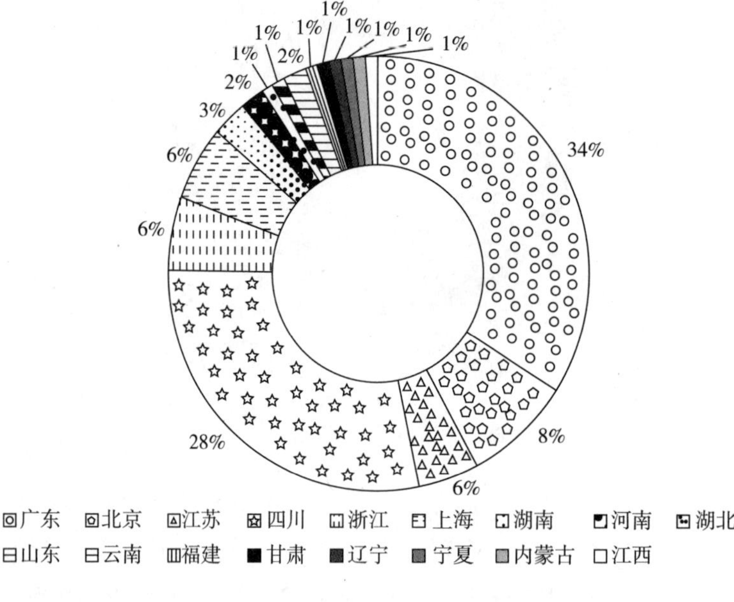

图 5　2018 年通过认证的社企地域分布

（三）成立时间

鉴于 2015 年和 2016 年认证通过的社企数量较少，因而主要统计 2017~2018 年通过认证的社企成立时间。2017 年，在通过认证的 106 家社企中，成立 1~3 年（50 家，占比 47%）和成立 4~6 年（28 家，占比 26%）的社企数量较多，成立 7~10 年的机构数量为 19 家（占比 18%），成立 10 年以上的机构数量仅有 9 家（占比 8%），如图 6 所示。2018 年，在认证通过的 109 家认证社企中，成立 1~3 年的机构为 58 家（占比 53%），成立 4~6 年的机构为 27 家（占比 25%），成立 7~10 年的机构为 16 家（占比 15%），成立 10 年以上的机构仅为 8 家（占比 5%），如图 7

所示。总体而言，这些与中国公益行业息息相关的社会企业大部分创立于近 6 年，占比 70%以上，成立年限较短，由此可见，我国社会企业发展还处于初创阶段。

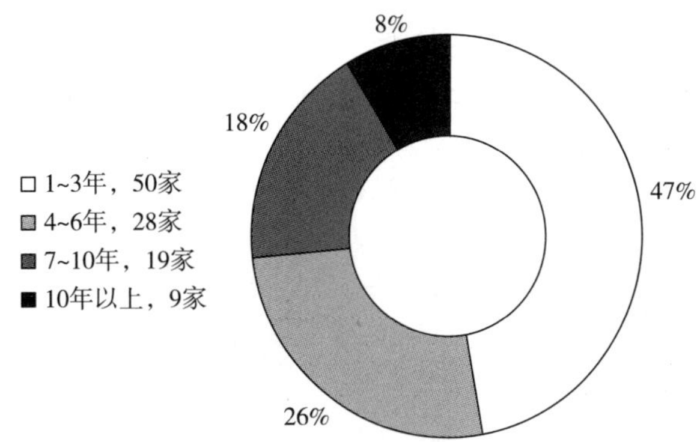

图 6　2017 年通过认证社会企业的成立年限

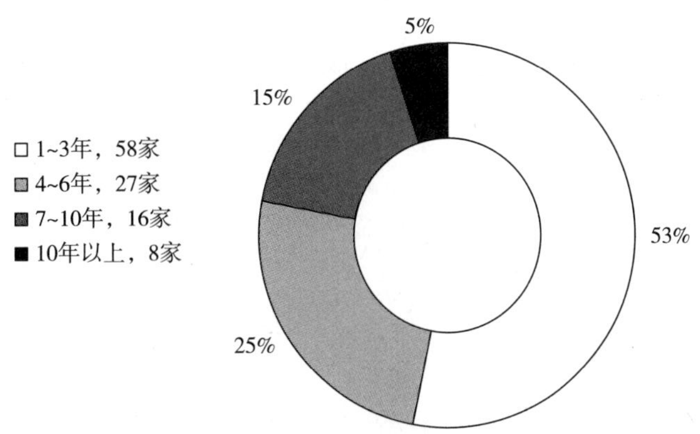

图 7　2018 年通过认证社会企业的成立年限

（四）服务领域

中国公益慈善项目交流展示会（以下简称中国慈展会）将社会企业的服务领域划分为 14 个，分别是弱势群体、无障碍服务（就业、康复、赋能）、青少年儿童（教育）、养老、生态保护、公益支持、医疗卫生、农村发展（扶贫、公平贸易、农业）、文化保育与艺术发展、社区发展、互联网、公益金融、妇幼家庭和其他。2017 年，106 家通过认证的社会企业涉及除医疗卫生之外的 13 个服务领域，其中，无障碍服务（就业、康复、赋能）（18 家，占比 17%）、养老（14 家，占比 13%）、青少年儿童（教育）（13 家，占比 12%）、生态保护（9%）、公益支持（8%）服务这五大领域的社会企业较多，如图 8 所示。2018 年，通过认证的 109 家社会企业涉及全部的 14 个服务领域，其中，弱势群体（20 家，占比 18%）、青少年儿童（教育）（17 家，占比 16%）、无障碍服务（就业、康复、赋能）（14 家，占比 13%）、社区发展（12 家，占比 11%）、农村发展（扶贫、公平贸易、农业）（11 家，占比 10%）这五大服务领域的申报数量较多，如图 9 所示。总体而言，目前中国社会企业主要涉及弱势群体、青少年儿童、无障碍服务、农村发展、社区发展、养老等领域，总体积极回应了相应的社会发展需求，同时也不难看出，诸如服务于互联网、文化保育、公益金融、医疗卫生等领域的社会企业数量较少，这些中国社会与经济发展的重要领域也亟待优秀的社会企业进入。

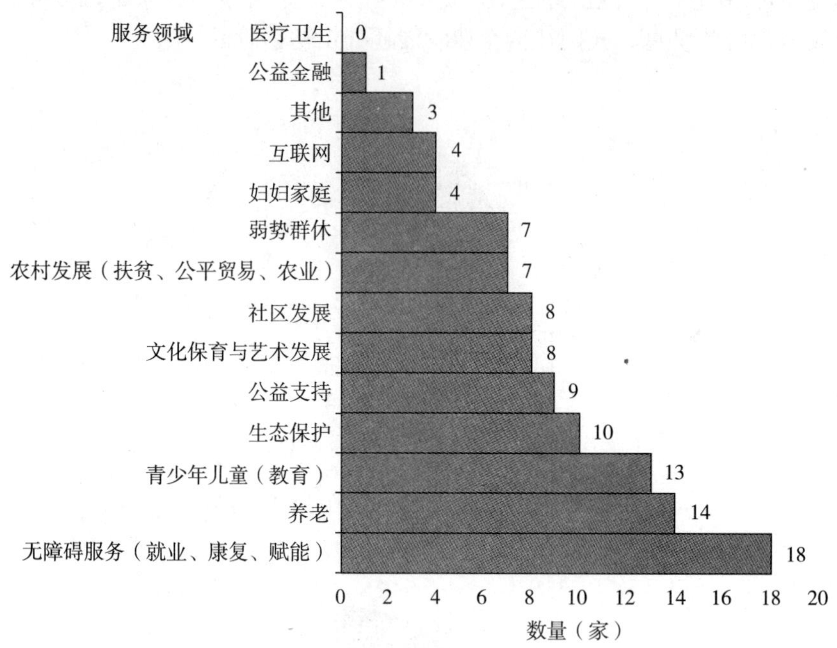

图 8　2017 年通过认证社会企业的服务领域

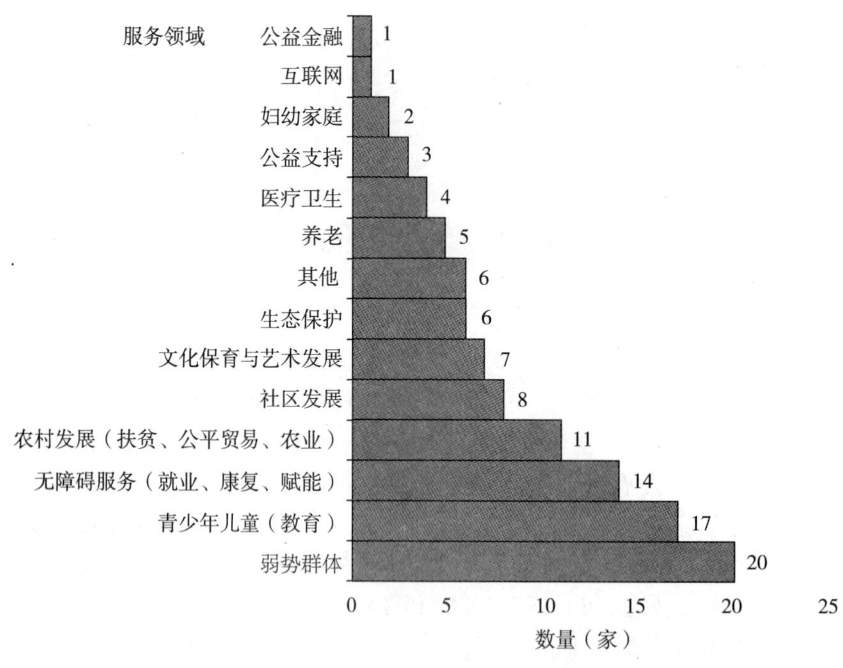

图 9　2018 年通过认证社会企业的服务领域

（五）社企分级

中国慈展会按照机构资质、社会目标优先、市场化运作解决社会问题、成果清晰可测量与社会影响四项标准对社会企业采用百分制量化，其中，满足四项判定性标准的申报机构即认证为“社会企业”，满足评分达到 60 分及以上的认证为“中国好社企”，满足评分达到 80 分及以上的认证为“中国金牌社企”。

2016年中国慈展会开始设立社企分级，因此，2016年金牌社企1家（占比6.25%），好社企15家（占比93.75%），2017年，金牌社企10家（占比9.43%），好社企58家（占比54.72%），社会企业38家（占比35.85%），2018年，金牌社企15家（占比13.76%），好社企38家（占比34.86%），社会企业56家（占比51.38%），具体如图10所示。三年间，金牌社企数量达到26家，占总体通过认证企业的11.26%，好社企数量111家，占比48.05%，社会企业数量94家，占比40.69%。总体而言，中国社会企业目前总体发展状况还处于规模较小、水平较低的状态，但未来发展潜力较大。

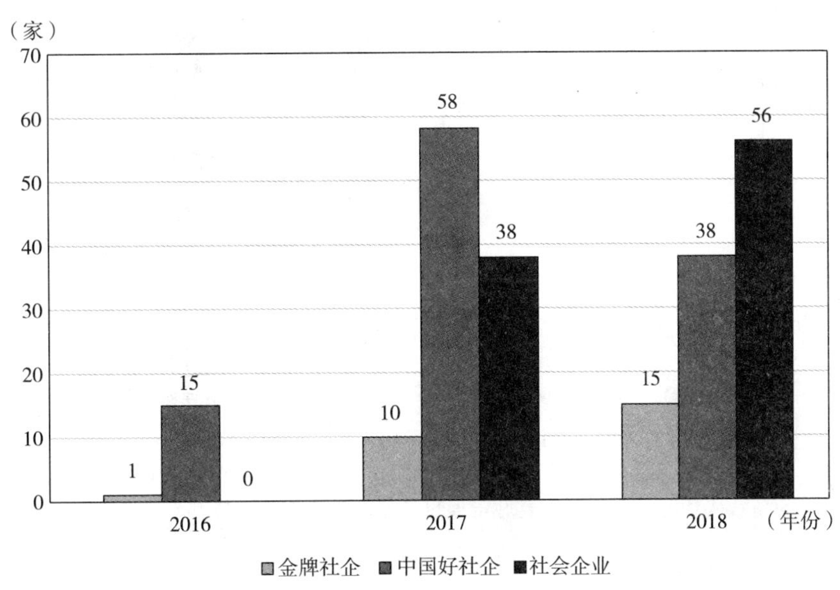

图10　通过认证的社会企业分级

二、主要城市社会企业发展对比分析

在概览全国社会发展状况的基础上，我们发现上海、北京、深圳、成都、杭州这五个城市在2017年和2018年通过认证的社企数量为120家，占全部社企的55.81%，因此选取上海、北京、深圳、成都、杭州这五个国内重要城市，在归纳其发展趋势的基础上，对社会企业成长状况进行对比研究，力图找出上海社企发展的优势，发现其短板，为后续上海社企健康成长、优化社企发展环境提供决策参考。

（一）社企数量

2015~2018年，深圳共通过中国慈展会认证社会企业46家，成都通过认证37家，北京26家，上海14家，杭州12家，从总体数量上对比，上海社企业的数量较少，仅比杭州多2家，与其他城市差距较大。可以看出，所有城市社会企业的数量均在2017年后迅速增长：深圳由2016年的5家，增加到2017年的24家；北京由2016年的4家，增加到2017年的13家；成都社企的发展得益于政府的大力支持和推动，在2018年社企数量猛增到31家，是当年通过认证社企数量最多的城市；上海则从2015年的2家、2016年的0家，增加到2017年和2018年各6家，数量不多，波动不大；杭州在社企数量年度分布上和上海较为相似（如图11所示）。

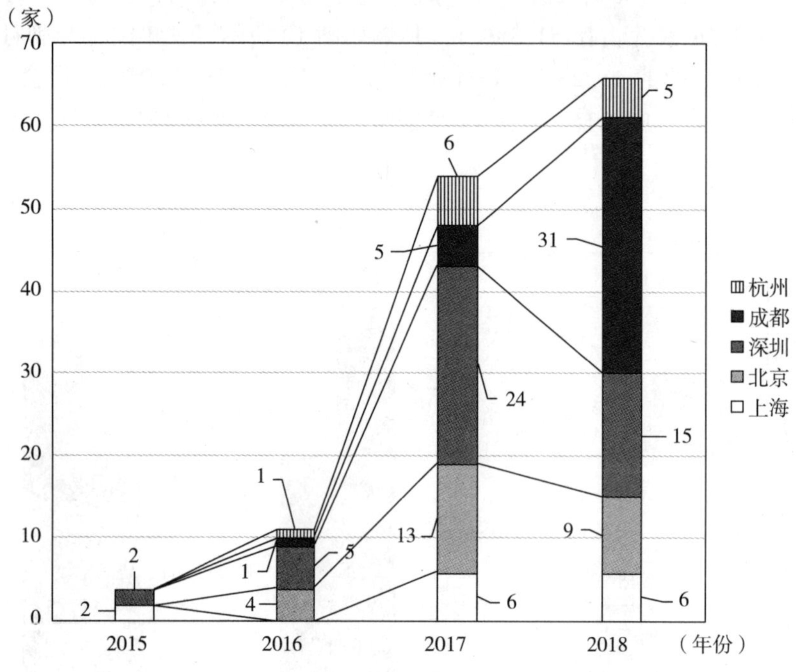

图11　主要城市通过认证的社会企业数量

（二）社企分级

社会企业分级在一定程度上能够反映社会企业发展的质量，考察2017~2018年主要城市社会企业分级状况，总体来看，金牌社企中，北京5家（占比22.7%），上海5家（41.7%），成都5家（13.9%），深圳4家（10.3%），杭州2家（18.2%）；好社企中，深圳24家（61.5%），成都11家（30.6%），北京10家（45.5%），上海6家（50%），杭州4家（36.4%），如图12所示。不难看出，成都和杭州社会企业级别占比最大，上海、深圳、北京好社企级别占比最高，而上海社会企业中金牌社企和好社企的总量占比达91.7%，是五城市中最高的，其次是深圳71.8%，第三是北京68.2%，因此上海社企虽然数量较少，但质量相对较好（见图12）。

（三）服务领域

2017年，主要城市中社会企业服务于11个领域中（无妇幼家庭、公益金融和其他），数量较多的依次是无障碍服务（就业、康复、赋能）、弱势群体、文化保育与艺术发展、青少年儿童（教育）、生态保护、公益支持。上海社企服务于青少年儿童、无障碍服务、农村发展（扶贫、公平贸易、农业）、养老、公益支持和互联网6个领域，每个领域均为1家企业，深圳社企服务在10个领域，北京社企服务在8个领域，成都社企服务在4个领域，杭州社企服务在6个领域（见表1）。

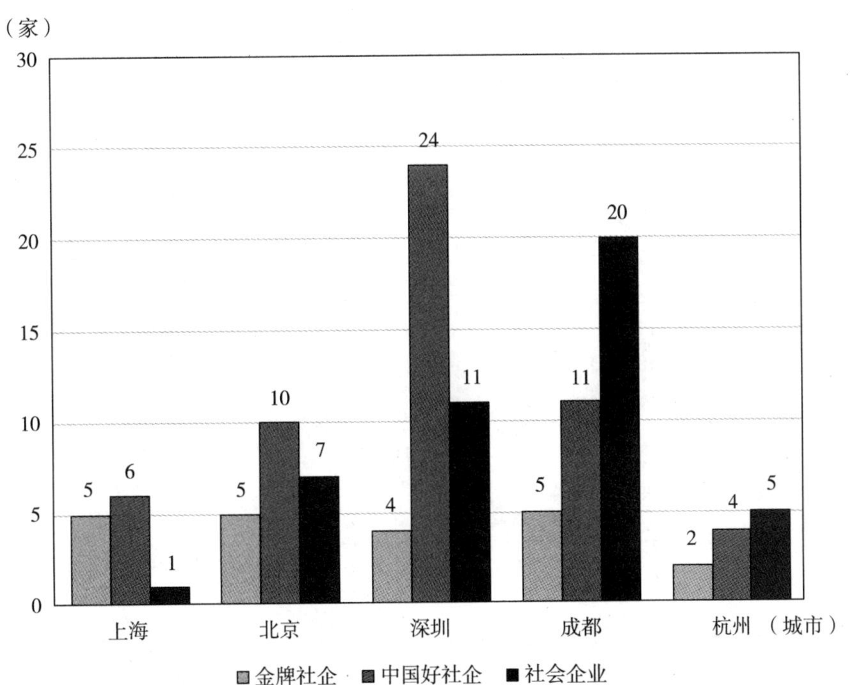

图 12　2017~2018 年主要城市社企分级

表 1　2017 年主要城市社会企业服务领域

领域	上海	深圳	北京	成都	杭州	总计
弱势群体	0	7	0	0	0	7
青少年儿童（教育）	1	1	0	2	1	5
无障碍服务（就业、康复、赋能）	1	4	5	0	0	10
社区发展	0	3	0	0	0	3
农村发展（扶贫、公平贸易、农业）	1	1	1	0	0	3
文化保育与艺术发展	0	3	2	0	1	6
生态保护	0	2	1	1	1	5
养老	1	1	1	1	0	4
医疗卫生	0	0	1	0	1	2
公益支持	1	1	1	1	1	5
互联网	1	1	1	0	1	4
总计	6	24	13	5	6	54

2018 年，主要城市中社会企业服务于 12 个领域中（无妇幼家庭和其他），数量较多的依次是弱势群体、无障碍服务（就业、康复、赋能）、青少年儿童（教育）、社区发展、农村发展（扶贫、公平贸易、农业）。上海社企服务于青少年儿童、无障碍服务、文化保育与艺术发展、养老、医疗卫生和公益金融 6 个领域，每个领域均为 1 家企业，深圳社企服务在 7 个领域，北京社企服务在 6 个领域，成都社企服务在 8 个领域，杭州社企服务在 5 个领域。主要城市社会企业总

体服务领域较广，但单个城市社企服务领域较窄且密度较小（见表2）。

表2　2018年主要城市社会企业服务领域

领域＼城市	上海	深圳	北京	成都	杭州	总计
弱势群体	0	3	3	4	0	10
青少年儿童（教育）	1	2	0	4	1	8
无障碍服务（就业、康复、赋能）	1	3	1	4	0	9
社区发展	0	0	1	6	0	7
农村发展（扶贫、公平贸易、农业）	0	0	0	6	1	7
文化保育与艺术发展	1	0	2	2	1	6
生态保护	0	3	1	2	1	7
养老	1	1	0	3	0	5
医疗卫生	1	2	0	0	0	3
公益支持	0	0	1	0	1	2
互联网	0	1	0	0	0	1
公益金融	1	0	0	0	0	1
总计	6	15	9	31	5	66

三、我国社会企业发展特征及存在障碍

（一）发展特征

（1）我国社会企业数量逐渐增多，实力不强，但发展潜力大。2015～2018年，总计1352家机构申报认证社会企业，238家机构获得社会企业认证，通过认证的社企数量逐年增加。2016～2018年，金牌社企数量达到26家，占总体通过认证企业的11.26%，好社企数量111家，占比48.05%，社会企业数量94家，占比40.69%。可见，我国社会企业在迅速发展，但大部分发展水平较低，实力较弱，但未来成长潜力较大。

（2）我国社会企业多数处于初创和成长阶段，总体规模偏小。数据显示，2017年成立1～3年和4～6年的社企占比73%，成立7～10年的社企占比18%，成立10年以上的社企仅占比9%，2018年成立1～3年和4～6年的社企占比78%，仅有5%的成立10年以上。总体而言，我国大部分社会企业都是2000年以后成立，通过认证的社会企业则大部分创立于近六年，占比75.81%，16.28%的社会企业成立年限为7～10年，7.91%的社会企业成立年限为10年以上，可见发展历史短暂，总体处于初创和成长阶段。

（3）我国社会企业地域分布逐渐扩大，但主要集中于经济发达地区。2015年和2016年社会企业数量较少，主要来自少数省份的个别城市，2017 年社企数量快速增长，地域分布扩展到 18 个省份，2018 年地域分布涉及 17 个省份，其中，2017 年和 2018 年，数量排在前六位的省份分别是广东省、四川省、北京市、上海市、浙江省、江苏省。由此可见，我国社会企业主要集中在经济较为发达的地区，且社企数量与各地区经济发展水平相辅相成。

（4）我国社会企业服务领域分布较广，社会民生领域比重较高。我国社会企业主要分布于弱势群体、青少年儿童、无障碍服务、农村发展、社区发展、养老等领域，总体积极回应了相应的社会发展需求，这些领域大多属于社会民生领域，也是中国社会问题较为凸显和复杂的领域。同时也可以看出，诸如服务于互联网、文化保育、公益金融、医疗卫生等领域的社会企业数量较少，这些中国社会与经济发展的重要领域也亟待优秀的社会企业进入。

（5）主要城市总体社企数量相对占比较高，质量较好，服务领域较广，但单个城市社企数量少，服务领域较窄且密度较小。上海、北京、深圳、成都、杭州这五个城市在 2017 年和 2018 年通过认证的社企数量为 120 家，占全部社企的 55.8%，可以看出，社企在经济较发达地区较为集中，且发展迅速。2015~2018 年，深圳共通过中国慈展会认证社会企业 46 家，成都通过认证 37 家，北京 26 家，上海 14 家，杭州 12 家，从总体数量上进行对比，社企绝对数量均较少，但所有城市均在 2017 年后迅速增长。

2017~2018 年主要城市社会企业分级，金牌社企中，北京 5 家（占比 22.7%），上海 5 家（41.7%），成都 5 家（13.9%），深圳 4 家（10.3%），杭州 2 家（18.2%），好社企中，深圳 24 家（61.5%），成都 11 家（30.6%），北京 10 家（45.5%），上海 6 家（50%），杭州 4 家（36.4%）。可以看出，成都和杭州社会企业级别占比最大，上海、深圳、北京好社企级别占比最高，而上海社会企业中金牌社企和好社企的总量占比达 91.7%，是五城市中最高的，其次是深圳为 71.8%，第三是北京为 68.2%，因此，主要城市中上海社企虽然数量较少，但质量相对较好。

2017~2018 年，主要城市中社会企业服务十多个领域，数量较多的是无障碍服务（就业、康复、赋能）、弱势群体、文化保育与艺术发展、青少年儿童（教育）、社区发展、农村发展（扶贫、公平贸易、农业）。总体而言，社会企业总体服务领域较广，但单个城市服务领域较窄且密度较小。

（二）存在障碍

（1）认知合法性缺失。中国社会企业作为新型社会组织，在发展过程中普遍面临难以被社会公众等利益相关者认同与接纳的认知合法性障碍，尽管我国已经存在很多社会企业，但当前政府、公众等对社会企业、社会投资的认知还非常有限，对这种特殊的组织形式不理解，甚至持怀疑态度的仍然较多。认知合法性的缺失同时反映在社会企业的招聘上，大部分社会企业表示在招人方面存在困难。究其原因，社会企业作为一种新型组织模式，被公众接受并得到认同还需要一定的时间；更重要的是，由于社会企业主要以公益组织和商业公司两种身份存在，注册的组织形式无法与社会企业的组织目标完全契合，致使受众在认知上容易存在偏差。

（2）融资生态尚未建立。与传统商业不同，社会企业通常会集合公、私各种不同类型的资本，对应商业创业融资不同阶段的天使投资、风险投资和私募股权。目前，社会企业创建阶段融资约束最为突出，大部分社会企业的创业资金主要来源于自身储蓄，少部分社会企业创业资金主要来源于亲朋好友，仅有不到 1/5 的社会企业创业资金来源于外部投资，这说明中国社会企业的发展急需投资支持。一方面，社会企业、社会企业支持型机构缺乏资金，融资规模小、融资渠道单一，期望获得社会投资；另一方面，社会投资机构又找不到符合条件的投资对象。结果导致中国社会企业及支持型机构的融资水平整体偏低，而社会投资机构投资规模也较低。这主要源于目前我国社会企业融资生态建设还不完善，社会企业、社会企业支持型机构、社会投资机构均处于起步阶段，相互之间还不了解、不熟悉，缺乏高效的对接平台。

（3）组织管理不完善。中国社会企业普遍未建立起完善的治理结构。董事会、股东会、监事会“三会”都建立的社会企业仅有不到10%，仅一半的社会企业无正式决策机构，重要事务的决策或者是由机构负责人决定，或者是由全体成员协商决定，这在很大程度上降低了社会企业决策的科学性和高效性。中国社会企业组织管理不完善主要源于：一是社会企业家对企业治理机构重视度低。绝大部分社会企业家都认为目前没有必要关注内部治理结构；二是缺乏行业规范，目前我国还缺少对社会企业的统一规范，使社会企业治理结构的完善缺少外部动力；三是商业模式落后，在创造社会价值和经济价值的能力上比较孱弱且存在价值趋向的偏误；四是专业管理人才缺乏，绝大部分社会企业受薪员工规模普遍较低、专业人才匮乏、能力不足。

（4）规制引导欠缺，政策扶持力度较小。目前我国社会企业注册形式主要有六类：民办非企业单位（社会服务机构）法人、公司法人、社会团体法人、公司法人和民办非企业单位（社会服务机构）法人两者兼有、基金会法、事业单位法人，此外，还有少量社会企业尚未注册。我国法律目前对社会企业还没有明确的定位，尽管个别地方出台了相关行政法规和扶持政策，但对于社会企业的规制和引导作用仍然欠缺。教育、医疗、养老、扶贫与“三农”、环保、助残、文体、科技与“互联网+”等领域均出台了大量政策，积极鼓励社会力量参与或鼓励社会投资，但所有这些行业领域的政策均没有明确指明针对社会企业。北京、成都、深圳福田等地方政府出台了社会企业、社会投资方面的政策，赋予了社会企业或社会投资的合法身份，但毕竟只是少数个别地方的创新探索，尚未得到更大范围的推广。总的来说，一方面社会企业希望获得更多的政策扶持；另一方面，相关政策的扶持力度有限，政策环境有待进一步完善。

四、未来发展趋势

自社会企业的概念引入中国之后，社会各界对社会企业的认知水平在不断提升，不仅一些地方政府开始重视社会企业的发展，媒体对社会企业的报道与学术界对社企的研究增多，而且，社会企业支持型机构、社会投资机构也在不断成长，这为社会企业的发展提供了良好的机遇。如果将社会企业视作人类社会探索解决自身面临的社会问题的创新路径，那么，在这个方兴未艾的领域，中国正面临巨大的发展机遇。加之，中国正处于社会矛盾与社会冲突的高发期，教育、医疗健康、养老、留守儿童、残障群体、扶贫、“三农”、环保与能源等各个领域均存在不同程度的政府失灵、市场失灵与志愿失灵，急需探索创新的方式方法更有效解决各方面的社会难题，包括社会企业的创新探索。可以说，中国巨大的社会需求与诸多社会问题是中国社会企业发展的动力源泉。社会各界对社会企业的认知程度正在逐步提升，政策环境逐步趋好。特别是2018年，以北京、成都、深圳福田出台社会企业或社会投资方面的政策为里程碑，中国社会企业发展的政策环境正在朝积极的方向发展。北京市作为首都，成都市作为西部地区的中心城市，深圳市作为改革开放的前沿阵地，其政策示范效应非常强，相信未来会有越来越多的地方政府通过学习模仿，鼓励当地社会企业的发展。可以预计，未来若干年我国新增社会企业的数量会有较大幅度的增长，甚至掀起我国社会企业与社会投资发展的新高潮。特别是随着我国民生服务需求的不断增长，以及绿色金融、政府和社会资本合作等模式的发展，未来我国社会投资领域的发展空间与潜力巨大。

参考文献

［1］Borzaga C，Defourny J. The emergence of social enterprise ［M］. London and New York：Routledge，2001.

［2］谢家平，刘鲁浩，梁玲．社会企业：发展异质性、现状定位及商业模式创新［J］. 经济管理，2016（4）：190-199.

［3］刘志阳，李斌．中国社会创业发展现状及对策建议［N］. 光明日报，2018-09-24.

［4］张红莉．中国社会企业发展的政策探究［D］. 济南：山东大学硕士学位论文，2019.

［5］肖飞扬．嵌入视角下的我国社会企业发展对策研究［D］. 长沙：湖南大学硕士学位论文，2017.

［6］刘振，杨俊，李志刚．国外社会企业成长研究综述与发展趋势［J］. 现代财经（天津财经大学学报），2014（2）：84-93.

面向有意义创新的知识协同：系统模型与整合框架

杨　坤

（上海工程技术大学管理学院，上海　201620）

[摘　要] 在全球化、网络化和智能化的时代背景下，知识协同成为创新效率的重要保证；与此同时，基因工程、人工智能等前沿技术的快速发展，以及人民对美好生活的需求，召唤能够保障和引领长期福利与文化发展的有意义的创新。然而，技术或产品本身并不必然具有意义，赋予其意义的是创新的主体及环境，现有研究还难以为创新效率与多维意义并重的管理实践提供融合可行的参考框架。针对上述由时代、实践和国情共同驱动的理论缺口，在进一步明确中国情境下多维创新意义的内涵及组合模式的基础上，将知识协同过程中多维创新意义的正向演化及逆向反馈机理作为核心科学问题，系统探讨多维创新意义在知识协同过程中的引领与代理机制，从而形成面向有意义创新的知识协同研究的系统模型及整合框架，可望为更好地引导具有多维意义的创新、管控具有重大意义风险的创新，提供一个新的视角和思路参考。

[关键词] 知识协同；多维创新意义；责任式创新；协同创新；科技政策

一、引言

创新是引领发展的第一动力，引发各界对其进行与时俱进的全面审视和优化管理。第一，基于组织效率视角，在全球化、网络化和智能化高速发展的背景下，开放式地实现创新资源要素，尤其是知识的协同增效，成为越来越多企业提高创新效率的必然选择。第二，基于外部效应视角，前沿技术创新在驱动发展的同时，也可能带来伦理安全、生态环境、社会文化等方面的风险（如基因工程的伦理风险、核物理的生态风险、人工智能的社会风险等），“责任式创新”已成为美国、欧盟及中国科技政策领域的“流行术语”，进一步加强关注创新的外部效应并进行适当管理，已成为国际共识。第三，基于国情背景视角，党的十九大报告对我国社会的主要矛盾做出新判断，其中，人民对美好生活的需求，召唤人文精神的回归及科技人性的统一，以及能够保障和引领长期福利与文化发展的多维意义的创新。

可见，时代呼吁更有效率且更有意义的创新。在当前背景下，我国如何在保证创新效率的前提下，进一步提升创新的综合意义和防范创新的意义风险？技术或产品本身并不必然具有意义，赋予其意义的是创新过程中的主体及环境。综观现有研究，还难以为创新效率与多维意义并重的管理实践提供融合可行的参考框架，尤其在实施创新驱动发展战略的中国情境下，如何将创新的多维意义管理，耦合于支持创新效率的知识协同管理机制，促进实现更有意义的高效创新，是亟待进一步系统探索与针对性解决的前沿和必要问题。本文旨在针对上述由时代和国情共同驱动的理论缺口，聚焦于“中国情境下，如何针对多利益相关主体的知识协同过程，明确多维创新意义在其中正向演化和逆向反馈的相关机理及机制，以推进两者的更充分耦合”为主线思路，试图构建一个面向多维创新意义的知识协同过程的系统机制模型，以及为展开进一步的系统化研究提供一个整合框架。力求在丰富与完善知识协同、协同创新、责任式创新、有意义创新等相关理论的基础上，为我国进一步提升创新的层次效果、落实创新驱动发展战略、加快建成世界科技强国，贡献一个新视角下的理论探索。

二、问题的提出

（一）理论背景及提出的必要性

1. 现有主要创新管理范式分析

自 Schumpeter 于 1912 年提出创新理论以来，国内外有关研究相继跟进，且热度不断攀升。根据其关注的内容维度，如创新的动力目标、程度范围、路径模式、内部价值和外部效应等，对创新管理的主要理论范式，进行归纳整理（见表 1）。

表 1　主要创新管理理论范式及其管理维度

关注维度	理论范式	提出或代表性学者	核心观点
动力目标	用户式创新	Von Hippel（1986）	强调为满足最广泛的需求而创新，主张由以生产者为中心向以用户为中心的创新模式转变
	知识创新	Nonaka 和 Takeuchi（1994）	强调通过有效的知识创新管理来扩大组织与个人的知识范围，进而增加企业竞争力
程度范围	颠覆式创新	Clayton Christensen 等（1997）	聚焦后发企业或衰退期前的在位企业，通过打破既有市场格局或突破现有渐进式创新路径，进而扭转竞争劣势或转向另一个增长期
	自主创新	陈劲（1994）	聚焦企业通过拥有自主知识产权的独特核心技术，进而实现新产品价值的过程
	全面创新	许庆瑞（2007）	聚焦创新管理机制的全要素、全时空、全员和全面协同，进而提升核心能力和竞争力
路径模式	开放式创新	Chesbrough（2003）	主张企业均衡协调内部和外部的资源进行创新，积极寻找外部合资、技术特许、战略联盟或风险投资等模式，以尽快实现创新思想的产品化和市场化
	分布式创新	Chris Kelly（2006）	主张分布式的创新主体组织，基于创新要素的互补和 ICT 技术的支持，在创新任务分配基础上进一步开展集成式的价值创造；核心在于知识资源协同
	朴素式创新	Radjou 等（2012）	主张在逆境中寻找机会，做到保持节俭、灵活行动、服务边缘客户及突破式增长

续表

关注维度	理论范式	提出或代表性学者	核心观点
功能价值	设计驱动式创新	Verganti（2009）	强调产品内在意义的研发过程，主张通过对现存技术元素和社会文化元素的创造性组合向消费者传达一种全新的理念或愿景
	软创新	Stoneman（2010）	强调使产品或服务具有美学或智慧的吸引力方面的创新，而非一般功能特性上的创新
外部效应	社会创新	Mumford（2002）；Nichools 和 Murdock（2013）	关注解决社会问题、改善某一人群生存状况，或以公共财富为指向的相关创新行动或趋势
	责任式创新	Owen（2012）；Stilgoe（2013）	关注技术创新的潜在危机、不确定性及社会危害等负面影响，并主张使科技制度及政策更有社会响应，以实现技术创新与社会价值深度融合
	有意义的 创新	陈劲、曲冠楠（2018）；罗伯托·维甘提（2018）	关注技术创新要兼顾人文精神回归以及科技人性相统一的哲学思考，实现具有引领社会进步和人类发展意义的伟大创新实践

回顾分析国内外的主要创新管理理论范式，发现其关注维度的总体演化趋势为：从强调内部组织到关注开放协同，从重视内部效率到考虑外部效应，从聚焦技术功能到兼顾社会文化；关于创新内外部组织及协同效率的研究已较为深入系统，关于创新多维度的功能价值与外部效应的研究尚处于离散探讨阶段，而对这两方面的相互作用机理与综合管理机制的系统化探讨更为少见，尤其在当今科技功能与人性文化越来越频繁互动的实践背景下，亟待加强交叉和深化研究。

2. 知识协同管理及其主要交叉研究领域

知识协同起源于物理学家哈肯（1976）所提出的协同概念，是一个复杂系统中各子系统间的一种协商、协调与合作的集体行为，表现为宏观系统的有序化，并于 2002 年被 Karlenzing 首次基于商务协同的视角提出，认为将其作为一种组织战略方法，用于动态集结内部和外部系统、商业过程、技术和关系（社区、客户、伙伴、供应商），以最大化商业绩效。陈昆玉和陈昆琼（2002）首次将企业知识协同的概念引入中国，国内外学者均从不同角度对知识协同的内涵进行了阐述。自 2008 年以来，国内外对知识协同的研究热度逐步上升，主要的研究视角和维度有资源要素、过程机制和效应绩效等，尤其是国内学者，对知识协同及协同创新的研究视角呈现出交叉态势，初步形成一定的研究生态，也在一定程度上为促进我国开放式国家创新系统的加速形成与完善提供了理论支撑。

一是与供应链管理结合。主要体现为从供应链企业联盟关系的角度，剖析供应链企业知识协同过程中知识共享、知识转移、知识获取、知识整合、知识应用和知识创新等知识协同行为之间层层递进的关系，阐述隐性知识和显性知识四种转化模式在知识协同过程中起的作用，并建立供应链企业知识协同过程模型，以探索供应链企业知识协同的运行效率和协同效果的优化机制。

二是与开放式创新结合。基于创新合作伙伴选择的涌现理论，构建包括组织间战略文化协同、技术协同和组织协同的开放式创新组织间协同管理体系，将组织间知识协同效应分为效率性知识协同效应和增长性知识协同效应，发现组织间技术协同对效率性知识协同效应作用最大，组织间组织协同对增长性知识协同效应作用最大。

三是与产学研协同创新结合。对产学研协同创新的知识协同影响因素进行理论模型及实证研究，发现组织间协同意愿、知识异质性以及组织知识能力等影响因素对产学研协同创新的知识协同存在显著的正向影响；环境复杂性对知识协同绩效存在显著的负向影响；知识协同机制在各影响因素对知识协同绩效的影响过程中起到中介作用。

四是与分布式创新或创新网络结合。梳理并构建分布式创新网络中知识协同系统构成的理论模型，并分别对其要素系统、过程系统及效能系统的构成展开理论分析，探索其运行机制载体和技术载体的构成及功能。

总体来看，目前有关知识协同的研究，主要是围绕其功能效率的提高及与其他创新管理范式的交叉应用展开，而针对知识协同创新的外部效应管理，还少有研究涉及。

3. 创新外部效应的影响机理及相关研究方法

一是演化动因。国内外学者多从人本角度出发，认为创新主体对创新外部效应的承担，是将过去经验、知识、未来愿景及当下评估，综合反映到创新过程管理的机制，是主体对创新外部性嵌入的一种时域角度解析。Emirbayer 和 Mische（1998）提出人本动因（human agency），并区分了三个维度，包含：迭代动因（iterational agency，行为主体面向当下的活动，选择性激活过去的经验与模式，以实现时域范围内的行动稳定）、投射动因（projective agency，行为主体设想外来行动路径，并通过可行的路径与机会组合来获取满意的结果）、评估动因（evaluative agency，行为主体结合未来的需求、模糊矛盾的现实条件及自身的能力，对可能的选择作出当下判断）。Pandza 和 Ellwood 则重点从战略动因（strategic agency，基于经验、知识、能力与愿景）与伦理动因（ethical agency，基于主体道义论与目的论）两方面的视角进行解析，并探究其相互作用机制。

二是形成能力的评价。现有研究涉及的相关评价指标主要有：问题驱动（市场洞察、客户感知、技术源发现、创意源管理）、思考未来（技术预测、战略预测、创新愿景、预测性治理）、多样化知识（知识协同程度、知识管理水平）、创新文化（诚信、宽容失败、风险偏好、风险承担能力）、利益相关者协同（外部利益相关者整合、内部利益相关者建设）、责任结构等。

三是相关研究方法。典型的有扎根研究（grounded research）、伦理分析（ethical analysis）、实时技术评估（real-time technology assessment）、“谦逊”技术与参与式治理（technologies of humility and participation governance）、上游公众参与技术治理（upstream public engagement）、中游模块化技术治理（midstream modulation of technology governance）、技术社会评估等（social appraisal of technology）；也有研究聚焦科技伦理问题，引入建构性技术评估、价值敏感分析等社会技术价值分析方法，构建相关载体，解构其责任代理结构及过程；或通过实证研究，发现创新的外部性在外部知识网络嵌入性影响创新绩效的过程中，发挥一定的中介作用。

4. “面向多维创新意义的知识协同”问题提出的必要性

科技的飞速发展，使既有创新管理理论及模式不断暴露“功能缺失”（Hajer，2003），触发学界更深入地思考创新与社会的多维关系。综观现有相关研究，知识协同和创新的外部性管理虽均已引起国内外学者关注，并取得一定研究成果，但均沿着各自的方向和途径进行。一方面，知识协同与协同创新的相关研究，有待走出仅由市场拉动和技术驱动的单一效率目标的疆界，走向多维意义的目标体系的更高视野。另一方面，有关意义与责任等创新外部效应的研究，仍停留在基础性理论探讨阶段，有待结合具体实践范式（如知识协同），拓展其与效率机制的交叉融合研究；使当前发展所需的创新效率与多维意义并重的管理实践，缺乏切实可行的参考框架。

综合分析国内外学术界有关知识协同、协同创新、创新的意义与责任等方面的研究成果，发现：“多维创新意义”为“知识协同”提供了具有现实需求的应用面向；而“知识协同”则为

“多维创新意义”提供了具有理论基础的效率机制；两者的交叉领域，正是面向高效协同且兼顾社会福利与文化发展的创新管理研究的关键而薄弱环节。尤其在新时代中国情境下，亟须明确具体创新过程与多维意义的互动机理及耦合机制，为探索技术功能与社会文化共进、当前需求与长期福利兼顾的创新管理范式，提供理论依据与决策参考。

（二）现实背景及应用价值

新时代背景下，人民对美好生活的需求，涉及物质、技术、生态、制度、人文等多个维度；我国《“十三五”国家科技创新规划》明确指出：把科技创新与改善民生福祉相结合，发挥科技创新在提高人民生活水平、增强全民科学文化素质和健康素质、建设资源节约型环境友好型社会中的重要作用；充分发挥市场配置创新资源的决定性作用和更好地发挥政府作用。实践表明，仅靠有限理性的市场，难以充分有效地保障及引领长期福利、文化发展和社会稳定；而面向多维意义的创新管理理论及实践范式的缺位，不利于及时调控和弥补市场失灵带来的资源错配。

科技发展催生创新管理的新理念、国际环境关注创新管理的新热点、国家战略需要创新管理的新模式，创新的前沿领域，正是促进社会福利和文化发展的有益土壤：“多维创新意义”为“知识协同”提供了更能响应时代和国情发展需求的目标方向；而“知识协同”则为“多维创新意义”提供了创新效率的机制依托。因此，聚焦创新效率与外部效应管理的新交叉，探索如何在支持创新效率的知识协同过程机制中，耦合和嵌入创新的多维意义管理机制，无论对于微观组织还是宏观管理与政策的相关实践，都将具有一定的参考价值。

一方面，对于微观组织管理而言，通过聚焦组织间知识协同的创新过程，剖析其多维创新意义生成的自组织演化机理与关键引领路径，可为多元创新主体通过知识协同，实现兼具当前与长远、微观与宏观的多维意义的创新，提供机理和对策参考。

另一方面，对于宏观管理与政策而言，着眼制度情境、平台机制、资源动力等与创新主体行为的互动演化机理，并探索其对多维创新意义的激励引领和预警反馈机制，可进一步拓展社会责任、人文关怀、东方智慧和哲学思考在中国情境下创新活动中的渗透维度，为探索更好地服务于社会长期福利、文化发展和危机防范的创新管理机制及政策，贡献理论框架和路径探索。

三、中国情境下多维创新意义的内涵与情境

发展和创新的本质是人类能动创造的主体能力不断生成、提高、展现，并由片面的人向完整的人跃迁的过程，是人类的实践观念、实践中介、实践方式不断创新的过程，是在经济、政治、文化、生态诸领域进行的总体性活动；因而，对发展与创新作价值评价，应有经济、政治、文化、生态等多个维度，而作为价值主体的人的自由而全面的发展，则是评价发展与创新的最高价值尺度。

现有研究一般从经济和社会的维度探讨创新价值的内涵与指标。追求创新的外部性责任，要求创新的目标、过程、绩效评估等在技术先进可行、经济效率提升外，聚焦考量科技创新本身的道德伦理可接受与社会期望满足，并强调基于创新驱动的可持续发展，从而，使国家与地区的所有民众受到创新价值联结所带来的福祉。综上，整理主要研究结论如表 2 所示。

表 2　有关发展与创新意义构成的主要观点

意义的维度	主要观点	体现或指标
技术-经济维度	物质资料生产是人类生存和发展的基础，以及社会发展诸多目标得以实现的前提条件	物质利益、经济价值；新产品、新工艺、新商业模式、专利标准
社会-制度维度	尊重人的基本权利、满足基本需要、促进人的共同发展	公平与效率、民主与秩序，社会期望可接受
文化-伦理维度	文化是人类自由自觉的创造性本质的一种表征，其内涵规定与昭示着人和社会发展的路向	与时俱进，合理解释社会现实，工具价值与目的价值统一，道德伦理可接受
环境-生态维度	自然界是人类生存和进化的前提	人与自然和谐共生，可持续发展性
人的自由而全面发展	人是社会构建和发展的本质与目的	更丰富和全面的个性，更好的生存状态和价值

基于我国的多层次制度情境及战略导向，并结合扎根研究、伦理分析、社会技术评估等方法，本文将中国情境下多维创新意义的构成概括为以下五个方面：一是经济意义，指向面向目标市场，满足其基本功能和高级需求；二是生态意义，指向人与自然的和谐共生；三是制度意义，指向公平与效率、民主与秩序；四是文化意义，指向道德伦理可接受以及昭示人和社会的发展方向；五是美好意义，指向人的自由而全面发展。中国情境下，不同维度的创新意义存在多种不同的组合模式，如工具型（经济意义）、精品型（经济意义+文化意义）、设施型（经济意义+生态意义、经济意义+制度意义、经济意义+文化意义，等等）、公益型（生态意义、文化意义、美好意义）、战略型（生态意义+制度意义、文化意义+制度意义、美好意义+制度意义）、综合型等。

技术创新离不开特定的制度情境，其本质上是对创新过程发散性价值的优化整合，存在于技术创新与制度情境的嵌入与互动之中，并延伸到技术之外，嵌入在制度情境及利益相关者的互动中，主要涉及两个范畴：一是正式制度，如法律、标准、规则、合同等；二是非正式制度，如习俗、传统、规范等。Williamson（1998）从“制度层次视角”，基于制度的核心目标与变革频率两个标准，将人类活动的制度情境分为嵌入性、制度环境、治理以及资源配置与人员四个层次，可为研究中国情境下创新意义的形成机制，提供有效的分析框架。嵌入性制度情境是不同国家或地区具有显著区别且最不易变革的，尤其值得相关研究进行关注和比较。美国专利商标局（USPTPO）在其《2018—2011 年战略规划》中，提出“优化专利质量与时效性”这一战略目标；随着欧盟“地平线 2020”研究与创新框架计划的提出，技术伦理已上升为攸关欧盟未来经济竞争力的全局性问题（Von Schomberg，2012）。我国则在《“十三五”国家科技创新规划》中强调，要紧紧围绕人民切身利益和紧迫需求，提升科技创新在改善民生福祉等社会发展领域中的重要作用。

四、面向多维创新意义的知识协同过程机制整合框架

交叉借鉴物理学理论，提出“多维创新意义势能”这一指标概念，即储存于创新系统内、未来可释放或转化为其他形式能量的状态量，并将其作为多维创新意义的量化研究载体。多维创新

意义势能拟分正、负两类分别探讨：其所具有的各维度意义均为正，则势能为正（即具有正向意义）；其所具有的任一维度意义为负，则势能为负（即具有意义风险）。多维创新意义势能将是本文所构建的面向多维创新意义的知识协同过程机制整合框架的重要状态量，并为进行相关实验和实证研究，奠定模型和量化研究基础。

（一）知识协同过程中多维创新意义正向演化机制的整合模型

意义与技术通过创新联结在一起：知识协同的创新过程，不仅提供技术解决方案，也应对创新意义的演化，提供相关争论和批判。基于多维创新意义形成动因分析的基础上，可从知识协同的资源环境系统切入，剖析多维创新意义的推演要素系统。一是知识协同的平台机制系统，具体包括技术平台、利益相关主体协同机制、中介及金融机构、风险管理机制等；二是知识资源的资源动力系统；三是知识协同的和度情境系统。

联动多维创新意义的推演要素系统与知识协同的过程机制模型，并结合创新外部效应的演化及动力机制相关理论，可构建知识协同过程中多维创新意义正向演化机理的一个理论模型（见图1）：以"多维创新意义推演要素"为初始变量，以"知识协同过程"为中间变量，以"多维创新意义势能"为最终状态量，构成"多维创新意义推演要素嵌入性→知识协同过程→多维创新意义势能"的自组织演化模型。此外，以微观企业和宏观管理的视角，多维创新意义在知识协同过程中的自组织演化，也应具有各自不同的机理和过程特征，因此，需要相应不同的意义引领机制。

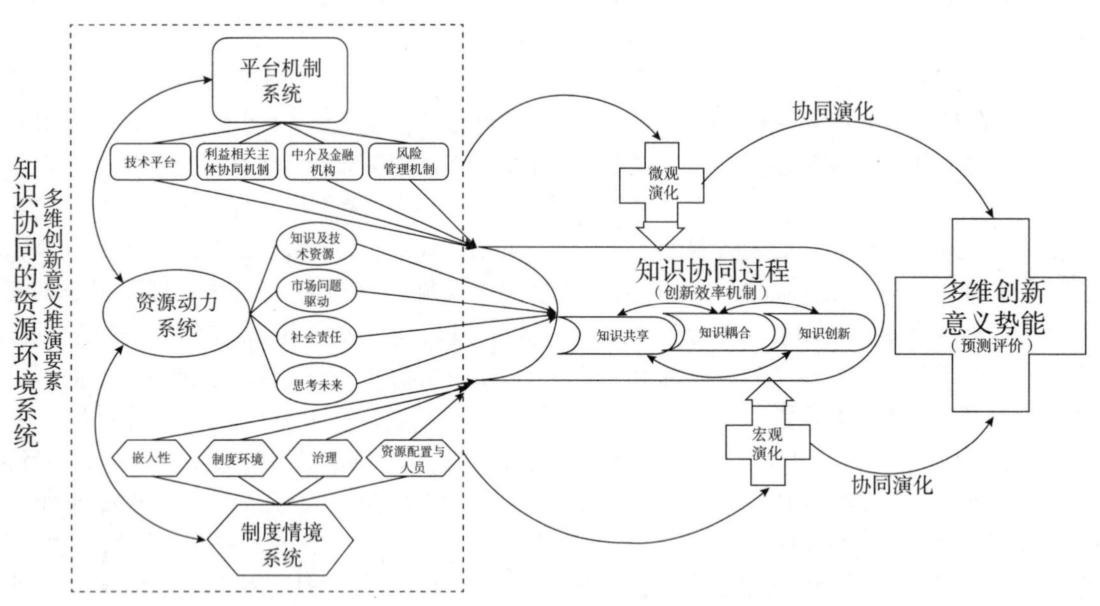

图1　知识协同过程中多维创新意义正向演化机理的整合模型

（二）多维创新意义对知识协同的逆向反馈机理的整合模型

基于社会技术系统理论，面向多维创新意义的知识协同系统，对有重大意义风险的创新（即创新意义势能为负），应有一定的预警、反馈和调控机制，并需要相应的代理载体来保障该反馈机制的运行。根据相关研究基础，通过社会技术价值分析框架，面向知识协同的资源环境系统，对多维创新意义的代理载体展开系统分析，并探讨其代理结构与动力机制。

基于上述分析，可将多维创新意义势能预测值（为负）作为意义风险代理机制的初始状态量指标，以意义代理载体作为中介，并综合功能共振分析和多主体建模方法，构建“多维创新意义势能（负预测值）→意义风险预警机制（预警阈值）→意义代理载体自组织演化→知识协同过程（创新效率机制）→干预整合知识协同资源及环境”的多代理反馈机制模型（见图2）；进而，分别从宏观和微观视角，并同时考虑两类代理载体间的博弈与关联性，分析多维意义代理载体干预协同过程及意义整合的要素及路径，为进一步调控和优化多维创新意义的代理结构及反馈机制，提供前测结论。

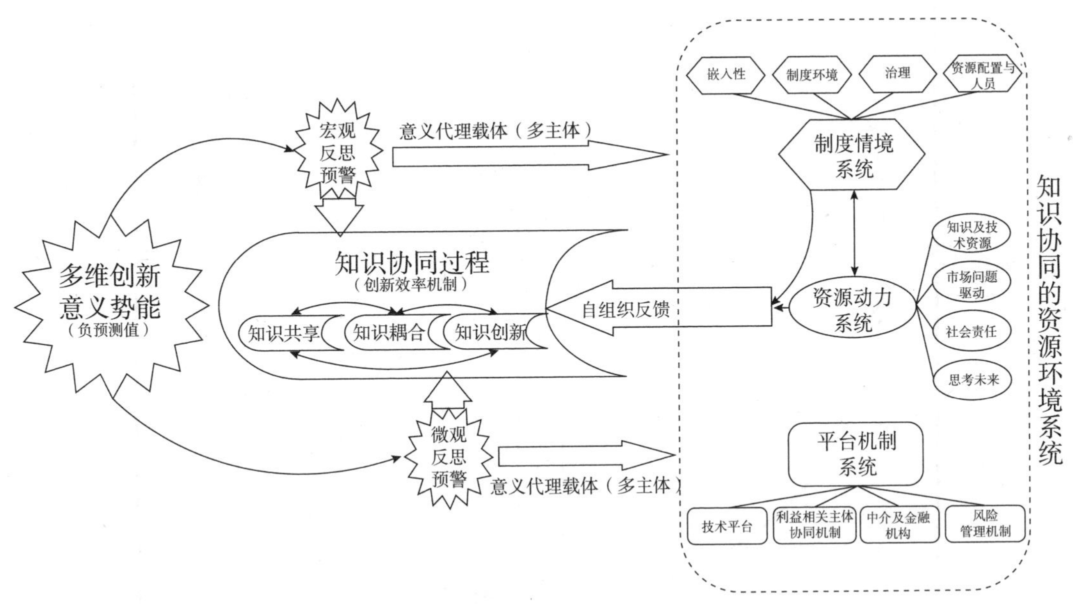

图2　多维创新意义对知识协同过程的反馈机理的整合模型

五、启示与展望

本文先以横向构成的视角，综合多学科理论，从经济意义、生态意义、制度意义、文化意义、美好意义五个方面，整合界定中国情境下多维创新意义的概念构成及组合模式，并基于中国情境下多维创新意义的内涵与外延，再以纵向过程的视角，分别考察多维创新意义在形成演化和反馈代理这两个不同阶段中的相关推演及作用机制，从而初步构建中国情境下面向多维创新意义的知识协同过程机制的整合模型；可望为经济社会发展的最新期望、国家战略实施的重大需求提供新的视角和框架参考。综合上述分析，在应用层面上，则可面向多维创新意义的核心目标，构建以知识协同的创新效率机制为核心，多维创新意义的激励引领机制与预警反馈机制协同耦合的管理路径框架（初拟思路框架见图3）。

在该框架下，面向多维创新意义的知识协同管理，将需要兼顾人文高线与安全底线、长期福利与当前需求等目标机制，以及多维创新意义的正向引领与意义风险的逆向反馈相协同的机理与监管机制，且在中国情境下，能够从激励政策、文化舆论、技术标准、风险监管、司法保障等多方面，不断探索及优化知识协同与多维创新意义的演化激励耦合、预警调控耦合、协同保障耦合等路径机制。

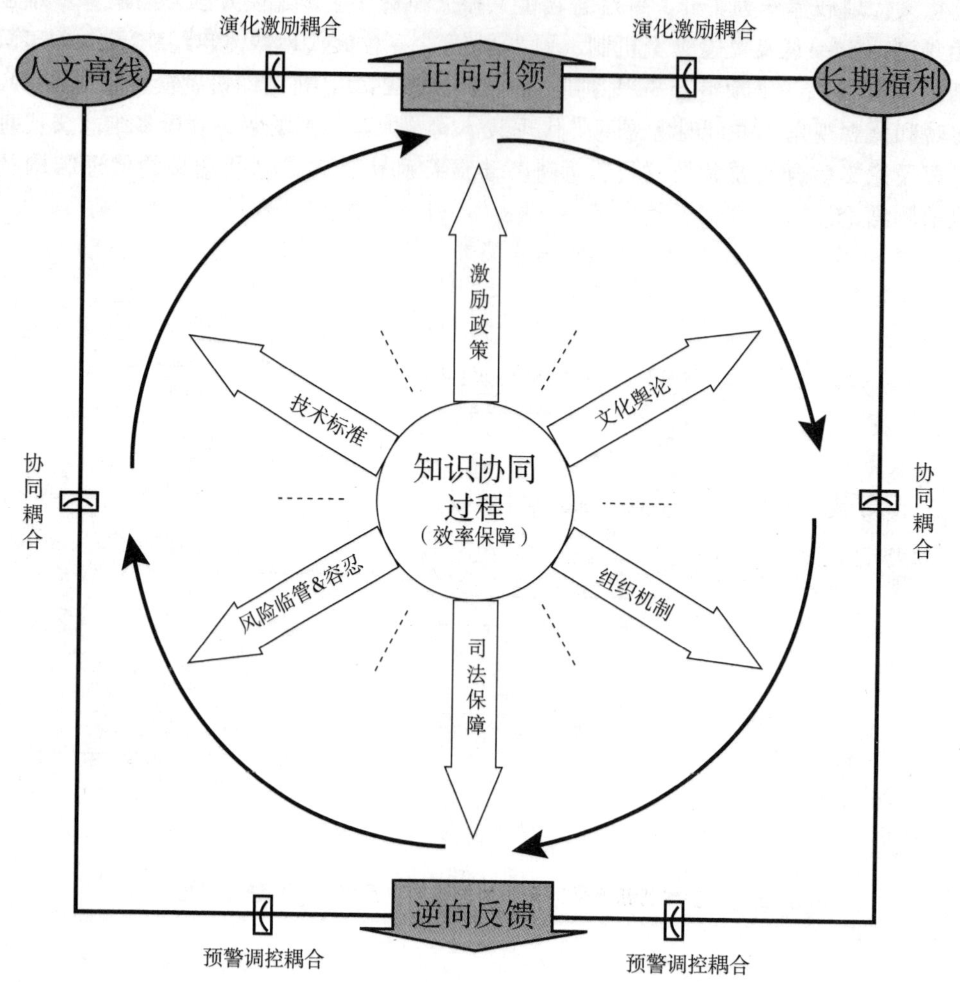

图 3　中国情境下知识协同与多维创新意义的耦合机制框架

后续，基于本文所提出的面向多维创新意义的知识协同整合框架：一方面，可进一步结合大量统计数据、深度访谈及文献分析，筛选典型领域创新案例（拟重点关注人工智能、基因工程、生物医药、互联网等领域），并综合大规模问卷调查和深度访谈，针对各行业多维创新意义的具体构成及主要知识协同模式，开展案例横剖及对比分析；另一方面，有望通过专利数量和引证次数分析、多维创新意义模糊综合评价及调研访谈等，对我国现有相关创新管理机制及政策进行系统化梳理，并综合分析我国知识协同效率与多维创新意义的总体情况及特征，基于此，进一步结合我国发展战略（尤其科技战略）及制度、文化环境，探索我国知识协同与多维创新意义耦合推进的主要瓶颈及路径。

参考文献

［1］中共中央国务院. 国家创新驱动发展战略纲要［R］. 2016.

［2］Hajer M. Policy without polity? Policy analysis and the institutional void［J］. Policy Sciences, 2003, 36（2）: 175-195.

［3］Practitioner P A K M. Knowledge management: The collaboration thread［J］. Bulletin of the American Society for Information Science & Technology, 2002, 28（6）: 8-11.

［4］Owen R, Macnaghten P, Stilgoe J. Responsible research and innovation: From science in society to science for society, with society [J]. Science & Public Policy, 2012, 39 (6): 751-760.

[5] 陈劲，曲冠楠. 有意义的创新：引领新时代哲学与人文精神复兴的创新范式 [J]. 技术经济，2018 (7): 1-9.

[6] [美] 熊彼特. 经济发展理论 [M]. 何畏，易家详译. 上海：商务印书馆，1990.

[7] Von Hippel E. Lead users: A source of novel product concepts [J]. Management Science, 1986, 32 (7): 791-805.

[8] Nonaka I. A dynamic theory of organizational knowledge creation [J]. Organization Science, 1994, 5 (1): 14-37.

[9] Christensen C. The innovator's dilemma: When new technologies cause great firms to fail [M]. Cam-bridge, MA: Harvard Business School Press, 1997.

[10] 陈劲. 从技术引进到自主创新的学习模式 [J]. 科研管理，1994 (2): 32-34.

[11] 许庆瑞. 全面创新管理 [M]. 北京：科学出版社，2007.

[12] Helfat C E, Quinn J B. Open innovation: The new imperative for creating and profiting from technology by Henry Chesbrough [J]. Journal of Engineering & Technology Management, 2004, 21 (3): 241-244.

[13] 刘国新，杨坤. 分布式创新网络中的知识黏滞度探讨——基于四维黏滞情境的视角 [J]. 科学学研究，2012, 30 (9): 1421-1427.

[14] Chris K. Does distributed innovation fit with current innovation theory and policy? [J]. Technology, Regions, and Policy, 2006 (5): 1-13.

[15] Navi Radjou, Jaideep Prabhu, and Simone Ahuja. Frugal innovation: Lessons from Carlos Ghosn, CEO, Renault-Nissan [J/OL]. Harvard Business Review. http: //blogs. hbr. org/cs/2012/07/ frugal_ innovation_ lessons_ from. html 2012.

[16] Verganti R. Design-driven innovation: Changing the rules of competition by radicaly innovating what things mean [J]. Research-Technology Management, 2009, 52 (7): 67-68.

[17] Stoneman P. Soft innovation: Economics, product aesthetics, and the creative industries [J]. Prometheus, 2011, 30 (3): 318-320 (3).

[18] Mumford M D. Social innovation: Tencasesfrom Ben jamin Franklin [J]. Creativity Research Journal, 2002, 14 (2): 253-266.

[19] Nicholls A, Murdock A. Social innovation: Blur ringboundariesto reconfigure markets [J]. Nonprofit & Voluntary Sector Quarterly, 2013, 42 (6): 1298-1300.

[20] De Saille S. Innovating innovation: RRI as a guiding principle in the ERA [J]. Social Science Electronic Publishing, 2013.

[21] Owen R, Macnaghten P, Stilgoe J. Responsible research and innovation: From science in society to science for society, with society [J]. Science & Public Policy, 2012, 39 (6): 751-760.

[22] Stilgoe J, Owen R, Macnaghten P. Developing a framework for responsible innovation [J]. Research Policy, 2013, 42 (9): 1568-1580.

[23] [] 罗伯托·维甘提. 意义创新——挖掘内心需求，打造爆款产品 [J]. 清华管理评论，2018 (9): 22-31.

[24] Haken H. Laser and Synergetics [M]. Physikalische Blätter, 1976

[25] Karlenzig W, Patrick J. Tap into the power of knowledge collaboration [J]. Customer Interaction Solutions, 2002, 20 (11) : 22-23.

[26] 陈昆玉，陈昆琼. 论企业知识协同 [J]. 情报科学，2002, 20 (9): 986-989.

[27] 徐少同，孟玺. 知识协同的内涵、要素与机制研究 [J]. 科学学研究，2013, 31 (7): 976-984.

[28] 蔡猷花，黄娟，王丽丽. 产学研网络惯例、知识协同与创新绩效的关系 [J]. 技术经济，2017 (6).

[29] 王海军，成佳，邹日菘. 产学研用协同创新的知识转移协调机制研究 [J]. 科学学研究，2018 (7).

[30] 李全喜，张鹏，王楠. 供应链企业知识协同过程研究 [J]. 情报科学，2015 (7): 150-154.

[31] 王文华，张卓，蔡瑞林. 开放式创新组织间协同管理影响知识协同效应研究 [J]. 研究与发展管理，

2018 (5): 38-48.

[32] 罗琳，魏奇锋，顾新. 产学研协同创新的知识协同影响因素实证研究 [J]. 科学学研究，2017 (10): 129-139.

[33] Ricoeur P. Time and Narrative [M]. Chicago: University of Chicago Press, 2010.

[34] 梅亮，贾筱，陈劲等. 民众的科技满意度受何影响？——责任式创新的人本动因解析 [J]. 科学学与科学技术管理，2018，39 (5): 18-29.

[35] Emirbayer M, Mische A. What Is Agency? [M]. Chicago: University of Chicago Press, 1998.

[36] Pandza K, Ellwood P. Strategic and ethical foundations for responsible innovation [J]. Research Policy, 2013, 42 (5): 1112-1125.

[37] Sutcliffe H. A Report on Responsible Research and Innovation [R]. London: MATTER and the European Commission, 2011.

[38] Thornhill S. Knowledge, innovation and firm performance in high-and low-technology regimes [J]. Journal of Business Venturing, 2006, 21 (5): 687-703.

[39] 高建，汪剑飞，魏平. 企业技术创新绩效指标：现状、问题和新概念模型 [J]. 科研管理，2004，25 (A1): 14-22.

[40] 王凤彬，陈建勋，杨阳. 探索式与利用式技术创新及其平衡的效应分析 [J]. 管理世界，2012 (3): 96-112.

[41] 唐未兵，傅元海，王展祥. 技术创新、技术引进与经济增长方式转变 [J]. 经济研究，2014 (7): 31-43.

[42] 刘文杰，朱桂龙. 责任式创新的多过程理论框架：价值冲突转化链 [J]. 科学学研究，2018 (3): 531-540.

[43] Glaser B G, Strauss A L. The discovery of grounded theory: Strategies for qualitative research [M]. Transaction Publishers, 2009.

[44] Mepham B. A framework for the ethical analysis of novel foods: The ethical matrix [J]. Journal of Agricultural and Environmental Ethics, 2000, 12 (2): 165-176.

[45] Jasanoff S. Technologies of humility: Citizen participation in governing science [J]. Minerva, 2003, 41 (3): 223-244.

[46] Wilsdon J, Willis R. See-through science: Why public engagement needs to move upstream [M]. Demos, 2004.

[47] Fisher E, Mahajan R L, Mitcham C. Midstream modulation of technology: Governance from within [J]. Bulletin of Science, Technology & Society, 2006, 26 (6): 485-496.

[48] Stirling A. "Opening up" and "closing down": Power, participation, and pluralism in the social appraisal of technology [J]. Science, Technology & Human Values, 2008, 33 (2): 262-294.

[49] 陈雪颂，王志玮，陈劲. 外部知识网络嵌入性对企业设计创新绩效的影响机制——以意义创新过程为中介变量 [J]. 技术经济，2016，35 (7): 27-31.

[50] Hajer M. Policy without polity? Policy analysis and the institutional void [J]. Policy Sciences, 2003, 36 (2): 175-195.

[51] 杨信礼. 发展与创新的价值评价尺度 [J]. 文史哲，2001 (6): 63-65.

[52] 陈劲，赵闯，贾筱等. 重构企业技术创新能力评价体系：从知识管理到价值创造 [J]. 技术经济，2017 (9): 1-8.

[53] Van Den Hoven J. Options for Strengthening Responsible Research and Innovation: Report of the Expert Group on the State of Art in Europe on Responsible Research and Innovation [R]. Luxembourg: Publications Office of the European Union, 2013.

[54] Sutcliffe H. A Report on Responsible Research and Innovation [R]. London: MATTER and the European Commission, 2011.

[55] Correlje A F, Groenewegen J P M. Public values in the energy sector: Economic perspectives [J]. International

Journal of Public Policy, 2010, 4 (5): 395-413.

[56] Aad Correljé, Cuppen E, Dignum M, et al. Responsible Innovation in Energy Projects: Values in the Design of Technologies, Institutions and Stakeholder Interactions [M]. Springer International Publishing, 2015.

[57] Taebi B, Correljé A, Cuppen E, et al. Responsible innovation as an endorsement of public values: The need for interdisciplinary research [J]. Journal of Responsible Innovation, 2014, 1 (1): 118-124.

[58] Williamson O E. Transaction cost economics: How it works; Where it is headed [J]. De Economist, 1998, 146 (1): 23-58.

[59] 梅亮，陈劲. 责任式创新：源起、归因解析与理论框架 [J]. 管理世界, 2015 (8): 39-57.

[60] Von Schomberg R. Prospects for Technology Assessment in a Framework of Responsible Research and Innovation [M]. Technikfolgen abschätzen lenhren lehren. VS Verlag für Sozialwissenschaften, 2012.

中外企业使命陈述的对比研究*

——基于语言学方法的定量分析

林　泉　朱若瑾　肖光杰

（汕头大学商学院，广东汕头　515063）

［摘　要］本文采用语料库语言学方法，从2018年《财富》世界500强排行榜中，按序选取中外企业各100家，建立中外企业使命陈述语料库，并基于系统功能语言学评价理论运用文本分析工具从该语料库中筛选出高频词汇，结合现有使命陈述的质量标准进行分析，探讨中外企业使命陈述的异同。研究结果显示：①外国企业的使命陈述内容较中国企业丰富和均衡。②中国企业的使命陈述更强调“发展”，而外国企业更强调“目标”与“客户”。③外国企业的使命陈述对利益相关者的关注更全面，特别是首要社会性利益相关者；而中国企业的使命陈述更强调对国家和社会的贡献。④中外企业在九要素上虽有共同的首要关切，但在其中四个方面显示出显著的差异。⑤中外企业使命陈述的评价资源表现出相似的分布模式。

［关键词］使命陈述；对比研究；语料库；高频词汇；500强

一、引言

随着中国经济的发展壮大，越来越多的中国企业走出国门，在他国进行直接投资，据联合国贸发会议（UNCTAC）《2017年世界投资报告》的统计，2016年中国以1830亿美元成为当年第二大对外直接投资国。① 在全球经济结构性放缓和“一带一路”倡议加速推进的大背景下，中国企业正迎来对外投资的黄金发展期。② 但是，由于对外直接投资经验不足，中国投资者在国外（特别是发达经济体）通过新设或兼并方式直接控股的企业在其经营过程中却遭遇诸多挑战。例如，据《工商时报》和《纽约时报》报道，2015年10月，福耀玻璃投资近10亿美元在美国俄亥俄州开设的玻璃生产厂投产，但仅隔数月，就因休假和加班制度被员工告上法院；接着在

* ［基金项目］教育部人文社科规划基金项目“使命陈述对企业社会责任的影响及其机制研究”（批准号：18YJA630062）。

① 于佳欣. 联合国贸发组织：中国成全球第二大投资国［EB/OL］. http：// www. cs. com. cn/xwzx/201706/t20170608_5314775. html，2017-06-08.

② 商务部. “一带一路”战略下的投资促进研究［EB/OL］. https：// www. yidaiyilu. gov. cn/gbjg/xdzzn/16019. htm，2017-06-02.

2016年11月，又因违规行为被美国联邦职业安全与卫生署（OSHA）处以逾22.5万美元的罚款。① 一个全球规模最大的汽车玻璃提供商，其成熟的管理和运营不言而喻，却在踏入美国的短短几个月里严重“水土不服”。显然，福耀集团的管理规则和理念在美国的制度环境下有诸多不适。

可见，中国企业能否适应他国新的营商环境是对外直接投资取得成功与否的关键因素，其中营商环境的差异包含了广泛的内容，如企业经营理念、文化价值和监管政策等。为了解和适应营商环境差异，中国企业可以采取多种方式，其中最直接也是最有效的方式就是从东道国企业的经营管理活动中吸取经验。从战略层面考虑，企业使命陈述是了解和洞悉企业经营管理活动的重要窗口。根据彼得·德鲁克的定义，使命陈述是指以文本的形式描述了一个组织存在的原因和意图，回答了“本企业是个什么样的企业？应该是个什么样的企业？将来应该是个什么样的企业?”等事关企业生存和发展的重大问题。即使命陈述是关于企业现在和未来的高度概括，也是企业当前经营管理活动的重要依据和指导方针。因此，基于使命陈述这一切入点，比较和分析中外企业在使命陈述上的差异，无疑将有助于走向海外的中国企业更好地了解中外企业在经营管理中的重大差异，取长补短，从而推动全球化战略的实施与落地。

为此，本文采用语料库语言学方法，从2018年《财富》世界500强排行榜中，按序选取中外企业各100家，建立中外企业使命陈述语料库，并基于系统功能语言学评价理论运用文本分析工具从该语料库中筛选出高频词汇，结合现有使命陈述的质量标准进行分析，以期达到如下研究目的：①了解中外企业使命陈述的总体制定水平；②比较中外企业使命陈述的差异，并分析形成这些差异的可能原因；③从语言学的评价系统理论的视角，探讨中外企业使命陈述作为一种特殊语言的特点；④为正在和即将走出国门的中国企业，在使命陈述的制定过程中提供有建设性的建议。

本文选取中国和外国企业的使命陈述进行对比研究，具有如下的研究意义：①中国是新兴经济体的代表，改革开放后逐步建立起社会主义市场经济体制，而入选世界500强的其他企业所属母国多为发达的资本主义市场经济国家，探索两种市场体制下使命陈述的差异将是有趣且具有启发性的。②由于经济发展背景不同，中国与外国上榜企业的企业性质也存在差异。中国的上榜企业以国有企业为主，外国上榜的则多为私营企业。本文有助于进一步了解控股股东所有制性质的不同对使命陈述内容呈现的影响。③使命陈述是企业自觉行动的准则，通过探讨中外企业使命陈述的异同，可以给我们提供一些关于中外企业及中外经济发展现状的启示。

下文的结构安排如下：第二部分是企业使命陈述相关的文献综述以及语料库语言学和评价理论的概述；第三部分详细说明了本文所选用的样本及其数据处理方法；第四部分是实证分析结果和讨论，包括中外企业使命陈述的内容丰富度对比、目标关注度对比、基于利益相关者理论的利益实体关注度对比、基于九要素理论的要素关注度对比和整体分布模式对比等；第五部分是结论和建议；第六部分是讨论和对未来研究的展望。

二、文献综述

（一）使命陈述

使命陈述的思想起源于德鲁克于20世纪70年代在《管理：任务、责任、实践》一书中提出

① 中国有机玻璃网. 福耀玻璃美国厂，劳资纠纷闹上法院［EB/OL］. http：// www.yjblw.com/ news/html/Price/18546.html，2017-06-21.

的三个经典问题：本企业是什么样的企业？本企业应当是什么样的企业？本企业将来应当是什么样的企业？他指出一个企业必须要对本企业的使命和宗旨进行明确的界定，这种以文本的形式描述了一个企业存在的原因和意图的内容就是使命陈述。广义的使命陈述有多种不同的称谓，如"使命""价值观""哲学""信条"等，它往往面向多个利益相关者群体，对内面向企业的管理者、员工和股东，对外面向顾客、社区、国家和全世界的居民等（Williams，2008）。自使命陈述的概念提出以来，国内外学者从不同的视角就使命陈述进行了富有成效的研究，主要体现在使命陈述的功能、内容和质量标准等方面。

使命陈述的功能是早期研究比较关注的话题，其核心是"企业为什么要制定使命陈述"。Klemm 等（1991）认为使命陈述是对公司价值观的陈述，是管理者在组织内部加强领导的重要工具，使命陈述的价值还在于其可以通过陈述的层次性来平衡内外部利益相关者的利益。使命陈述传达了一个公司的目标和雄心，也是行为的指引和公司文化的标志，能够给读者带来不同的情感反应（Campbell，1997）。另外一些研究认为，企业制定使命陈述的目的包括：指导战略计划系统、定义商业活动领域、提供共同目标、塑造强企业文化和指导领导风格等（Baetz and Bart，1996）。对实践中的管理者而言，使命陈述的益处取决于他们对使命陈述的看法，若把使命陈述视为一种影响组织内部工作方式的战略工具，那么他们能更好认识使命陈述的效用；若期望使命陈述能直接彻底改变组织行为，他们恐怕会比较失望（Mullane，2002）。总的来说，使命陈述作为一种重要的战略工具，已经得到了理论界和实践界的广泛肯定，在这之后，使命陈述的内容逐渐成为学者们关注的焦点。

关于使命陈述的内容，其关注的核心是"使命陈述应该是怎么样的"。例如，David（1989）提出了使命陈述的九要素标准，这九项要素包括：顾客、市场、技术、产品或服务、对生存发展及盈利能力的关切、经营哲学、自我认知、对公众形象的关切和对员工的关切。由于缺乏相关的实证研究，David（1989）认为轻易把使命陈述的内容全面性与企业绩效相联系是不合适的，制定一个规范的使命陈述的过程才是更具价值和重要性的。比如，企业高管在共同制定使命陈述过程中能达成对企业目标的一致确认和再认识，这不仅提高了组织决策的效率和有效性，更是强化了使命陈述的战略工具属性。使命陈述的内容研究正是对这种过程性的相对标准化结果的呈现。随后，Dolan 等（2006）还提出了使命陈述的二维度说：使命陈述包括经济维度和社会维度，其中经济维度关乎资本投入的营利性和资源使用的有效性，社会维度关乎组织在社会责任方面需要承担的内容。

正是这些内容框架，尤其是九要素理论和利益相关者理论，为使命陈述的定量化研究提供了重要的视角。在九要素方面，如饶远立和邵冲（2005）根据九要素标准实证分析了国内 46 家企业的使命陈述制定情况；Moin 等（2012）以巴基斯坦商业银行为样本，分析了其使命陈述对九要素的关注情况；林泉等（2010）采用九要素标准探讨了国内企业使命陈述的定制情况以及国有与民营企业使命陈述的异同。在利益相关者理论方面，如 Nimwegen 等（2008）使用跨国样本文发现，企业更愿意在使命陈述中提及那些其赖以依存的利益相关者团体；Peyrefitte（2012）使用计算机辅助文本分析的方法分析使命陈述，发现使命陈述关注顾客和股东与企业市场附加价值有关。定量研究跳出了使命陈述本身，将其视为一种有意义的因与对组织具有价值的果联系了起来，因此使命陈述的内容也随之成为衡量使命陈述质量的重要依据。

例如，有学者把使命陈述内容中九要素或利益相关者的包含情况与使命陈述的质量标准联系起来，但此处质量的说法更倾向于指代规范性，而不是评判优劣的硬性标准。换句话说，在内容上具有某种特点的使命陈述更可能与组织绩效等结果变量有关。Bartkus 和 Mcafee（2004）综合使用使命陈述中对利益相关者的关注情况、九要素以及目标（沟通方向、辅助控制、指导决策和激励员工）的实现程度来衡量使命陈述的"质量"，Bartkus 在 2006 年利用同样的标准探讨了使命陈述质量与企业绩效的关系，发现使命陈述中关于基本商业规则的描述，如关注顾客、对社会负责等，与企业绩效高度相关。Genç（2012）同样根据这三个标准探讨了土耳其各州立大学的使命陈述质量与学校绩效之间的关系。除了研究方法上的进步，这些研究也进一步揭示了使命陈述对组织的重要性。

然而不可忽视的一个共同特点是：这些定量研究基于九要素或利益相关者理论等分析框架对使命陈述文本进行了基本的统计分析，但在文本的处理上没有做更进一步的筛选，无论是使用德尔菲法还是直接提取法。德尔菲法是由专家小组根据分析框架对使命陈述文本进行反复讨论，最终形成对使命陈述在各方面表现的判断（邵剑兵等，2008）。直接提取法是直接从每个样本企业的使命陈述中提取关键评价内容，以此形成研究的分析基础（饶远立、邵冲，2005；Bartkus，2006）。这种处理方法有可能导致两个问题：第一，信息提取不够完全，例如文本中间接涉及评价要素的词汇容易被忽略；第二，把所有词汇不加区别地对待会降低语言所传达的信息的准确性和有效性，因为不同的词性和语言环境会给读者带来不同的情感刺激。

尽管这样，文本处理和内容分析见证了研究者在使命陈述定量研究上做出的不同程度的努力，但使命陈述作为一种特殊的文本所传达的信息仍然比较简单和有限。为更准确和有效地研究使命陈述，本文将综合利用语料库语言学和评价理论的工具对使命陈述的内容进行提炼，并从九要素标准和利益相关者理论的角度对使命陈述的内容进行分析。

（二）语料库语言学与评价理论

1. 语料库语言学

语料库语言学起源于20世纪50年代中后期甚至更早，但在80年代以后才得以迅猛发展。它是一种根据篇章材料或现实生活中语言运用的实例进行语言研究的方法，可被运用于语言系统研究和语言学以外的其他领域（Aijmer and Altenberg，1996；McEnery and Wilson，1996）。语料库的建立通常采用自动或半自动的工具进行，在很大程度上降低了人为因素的影响。由于其立足于大量真实的语言数据，对语料库所做的系统而详尽的观察和概括所得到的结论对语言理论建设具有无可比拟的创新意义（陈昌来，2012）。具体而言，语料库语言学包括对词汇的一般分析（如词频统计等），也包括对词汇的语法属性标注（如词性等），甚至还有对语音、构词、句法、语义及语用等不同层次的内容的标注。

语料库语言学采用一套自下而上的研究方法，体现为从提取、观察、概括到解释的过程，因此兼顾了科学属性和人文特征，通过适当的处理能实现语言描述与解释之间的平衡（卫乃兴，2009）。这种特征正是本文采用此方法进行使命陈述文本提取的重要考虑，即基于使命陈述的语言事实，利用新的手段对其意义和功能进行全新的描述和解释，以期弥补当前普通文本分析方法的不足，并为使命陈述研究提供一个新的突破口。

另外，由于在具体实践中，使命陈述通常还以价值观、企业哲学、愿景和原则等形式存在，其原始文本材料中必然包含了大量的词汇。因此本文以系统功能语言学中的评价理论（The Appraisal Theory）为标准对这些词汇进行筛选，以剔除一些无用信息，提高使命陈述语料库的有效性。

2. 评价理论

系统功能语言学由英国著名的语言学家Halliday（2004）创立，该理论认为语言是一种资源，每个交际活动中的语篇都由概念、人际和谋篇三种意义汇集而成；其中人际意义表达情感，并包含着一个重要的评价系统。到20世纪90年代，Martin和White（2008）提出了基于话语语义的评价理论（The Appraisal Theory），该理论提出评价系统包括态度（Attitude）、介入（Engagement）和级差（Graduation）三大系统，其中态度是核心系统，表示人的心理受到影响后对行为、文本/过程和现象做出的判断和鉴赏。态度系统包括三个子系统，即情感系统（Affect）、判断系统（Judgement）和鉴赏系统（Appreciation）。情感系统是整个态度系统的中心，主要解释语言使用者对行为、文本/过程和现象做出的情感反应；判断系统属伦理范畴，主要解释语言使用者按照伦理/道德（规章制度）对某种行为做出的道德评判；鉴赏系统属美学范畴，主要解释语言使用者对文本/过程和现象的美学品格的欣赏，表达语言使用者对事态的立场、观点和态度（李战子，2004）。

由于使命陈述是一种具有社会化沟通功能的特殊文本，为准确传达出阅读者与文本之间的互动特点，我们使用了 Martin 和 White 基于话语意义的评价系统对使命陈述文本中的词汇进行分类和筛选。根据态度系统的含义，可分为三种表示态度资源的词汇，即：情感资源的词汇，如需要、追求、满意等；判断资源的词汇，如能力、坚持、专注等；鉴赏资源的词汇，如卓越、价值、重要等。在对使命陈述语料库的分析过程中，我们把词汇分为表示态度资源的词汇和非态度资源的词汇，其中态度资源词汇是使命陈述完成人际功能的核心词汇，也是本文分析的核心词汇。

一言概之，本文根据语料库语言学的方法构建了使命陈述的语料库，然后利用评价系统工具对使命陈述语料库进行筛选和分类，最终形成了本文分析的词汇基础。

三、数据来源与研究方法

（一）数据来源

为使研究的样本更具代表性，本文根据《财富》世界 500 强 2018 年上榜的企业名单（其中中国有 129 家企业上榜），按序分别选取中外企业各 100 家作为样本，并根据使命陈述的定义，从各企业的网站和年报等一般公众能够接触和查询的媒介获取该企业使命陈述的内容。由于获取的使命陈述文本量大且系统，我们根据研究需要建立了中外企业使命陈述原始文本语料库，其中外国公司使命陈述的内容以英文入库，中国企业的使命陈述以中文入库。

样本的描述性统计结果如表 1 至表 3 所示。按照《财富》杂志对 500 强企业的分类方法，样本中外国企业分布最广的行业是炼油、车辆与零部件以及商业储蓄银行，中国企业分布最广的则是能源、商业储蓄银行和金属产品三个行业。在以营业额衡量的企业规模上，外国企业的平均营业额远高于样本中的中国企业。外国上榜企业大部分来自美国，其次是德国和日本。

表 1 样本企业的行业分布统计

行业	外国	中国
航天与防务	2	6
银行：商业储蓄*	8	11
建材、玻璃	0	1
化学品	2	1
计算机软件	1	0
计算机、办公设备	2	2
多元化金融	3	2

续表

行业	外国	中国
电子、电气设备	4	4
能源	3	2
食品店和杂货店	6	0
食品：消费产品	1	0
网络、通信设备	0	1
工程与建筑	0	7
综合商业	3	0
保健：保险和管理医保	2	0
人寿与健康保险（互助）	1	0
工业机械	2	2
信息技术服务	1	0
人寿与健康保险（股份）	4	3
财产与意外保险（股份）	1	1
互联网服务和零售	2	3
邮件、包裹及货物包装运输	1	2
金属产品	1	9
采矿、原油生产	3	7
其他	1	0
车辆与零部件	11	7
炼油	18	2
制药	1	2
房地产	0	5
专业零售	1	2
电信	6	3
贸易	3	8
公用设施	2	2
批发：保健	3	0
财产与意外保险（互助）	1	0
纺织	0	2
半导体、电子元件	0	1
船务	0	2
总计	100	100

注：＊表示《财富》杂志中的“银行：商业储蓄”行业类别。

资料来源：笔者整理。

表 2　样本企业的营业额统计

营业收入（百万美元）	最大值	最小值	均值
外国企业	514405.0	72178.0	132062.00
中国企业	414649.9	33055.7	75605.33

注：数据为《财富》杂志网页上公布的 2018 年各企业的营业额。

资料来源：笔者整理。

表 3　外国上榜企业归属国分布

归属国	数量
美国	40
德国	10
日本	14
法国	8
荷兰	4
意大利	3
俄罗斯	3
韩国	3
英国	3
瑞士	2
西班牙	2
印度	2
巴西	1
卢森堡	1
新加坡	1
墨西哥	1
挪威	1
泰国	1
总计	100

资料来源：笔者整理。

（二）语料库的建立

在原始文本语料库的基础上，本文在统计高频词汇时，根据评价理论的态度系统含义剔除了不具有评价态度意义的高频词，并以其余表示态度资源的高频词汇为基础建立语料库。相比普通文本分析直接统计词频的方法，本文的做法提升了高频词汇的有效性，使分析结果更准确地反映出企业与读者之间的互动关系。

在原始语料的处理中，我们删除了使命陈述文本语料中的标题，如“我们的价值观”“企业精神”等，以免这些标题干扰高频词的排序。做完删除处理之后，中国企业使命陈述库容为

32145 个字（16507 个词汇），外国企业使命陈述库容为 19692 个单词（词汇）。

（三）态度资源高频词汇表的确立

态度资源高频词汇表的确立使用了 NLPIR 分词系统和 AntConc 语料检索工具，它们是常用的语言处理和文本分析应用软件。首先，我们使用 NLPIR 的分词功能将中外使命陈述文本以相互分隔的单个词汇的形式表示出来。对于词义相似的词汇，我们将其全部替换为其中频数最高的词汇，如在同义词“客户”和“顾客”中，“客户”的频次比“顾客”高，故将文本中的“顾客”全部替换为“客户”；对于以单个字形式出现的词汇，由于此类词汇无法表征明确的态度意义，故利用 AntConc 的 Concordance 功能，查找与该字前后搭配的频次大于等于五的词汇，再将所有新词纳入 NLPIR 新词词典。至此，中外使命陈述文本被全部以词汇的形式表示出来。其次，我们将中外各企业的使命陈述文本逐个导入 AntConc 软件，利用 Word List 功能，剔除各文本中重复的词汇（如沃尔玛公司的使命陈述共出现四次“客户”，但只统计一次“客户”，其余不计）。最后，将各企业使命陈述的文本分别汇总到中国企业使命陈述和外国企业使命陈述两个文本中，并利用 AntConc 的 Word List 功能分别得出中外使命陈述的高频词汇表。

由于此时所得的高频词汇表中并非所有的词汇皆为态度资源词汇，故下一步需要对高频词进行筛选，以确立态度资源高频词汇表。本文首先将 Martin 和 White（2008）所统计出的评价态度词汇翻译成汉语；然后，收集中国知网中与评价态度词汇有关的文章和著作，提取其中所列举的评价态度词汇作为补充；接着，将本文的高频词与已在权威著作中经定性的评价态度词汇进行比对，以确定高频词汇表中的词汇是否属于态度资源词汇，如果不是就从高频词汇表中剔除。最后按词频的降序顺序各取中外企业前 100 位高频词，形成最终的态度资源高频词汇表。

四、实证分析结果与讨论

（一）中外企业使命陈述内容丰富度和均衡性对比

本文通过比较使命陈述中的态度高频词汇使用量来考察使命陈述内容的丰富度，包括整体水平和均衡性两个方面。

（1）中外企业高频词汇使用量的整体水平比较。本文通过计算每篇使命陈述中使用过且无重复的高频词数量，然后分别求得中外各 100 家企业高频词使用量的平均数，得出结果如表 4 所示。平均外国每家企业使用约 27 个高频词，平均中国每家企业使用约 23 个高频词；在具体的态度资源上，外国企业使用的判断和鉴赏类态度资源的平均水平高于国内企业，情感类资源的平均水平大体相当。从这个意义上看，外国企业使命陈述包含的内容比国内企业丰富。这可能是因为国外企业较中国企业更早关注并重视使命陈述，因此其使命陈述的制定会更加成熟和全面。

表 4　中外单个企业高频词使用量均值

态度资源	态度资源词汇的使用量均值	
	外国	中国
情感	1.5	1.58

续表

态度资源	态度资源词汇的使用量均值	
	外国	中国
判断	8.74	7.09
鉴赏	16.57	14.56
总计	26.81	23.23

资料来源：笔者整理。

（2）中外企业高频词汇使用的均衡性比较。我们首先按照频次从高到低对高频词汇进行编码，然后以编码为横坐标、词汇频次为纵坐标制作了折线图，如图1所示。中国前100位评价态度高频词的频次走势较为陡峭，而外国的走势相对平缓，该特点在前五位高频词的频次变化中尤为明显，这将在下一小节中详细介绍。为了进一步考察高频词使用的集中程度，我们计算了中外企业前100位高频词的频数峰度。结果显示，中国和外国企业高频词的频数峰度分别为3.109和-0.184（标准正态分布的峰度值为0），即中国企业态度资源的使用更加集中于某个区间，而外国企业则相对分散和均衡。

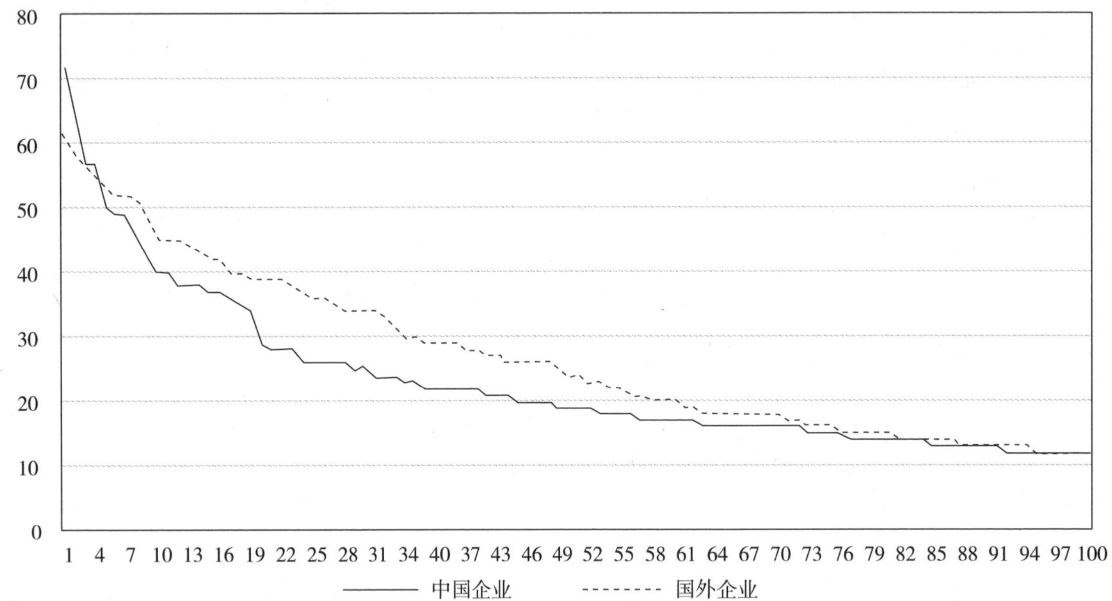

图1　中外态度资源高频词频数折线图

注：横轴表示高频词编号，从高频词1到高频词100，高频词1的频次最高，高频词100的频次最低；纵轴为每个词汇相应的频次。

资料来源：笔者整理。

出现这种现象的原因可能是：一方面，中国企业制定使命陈述并非自觉为之，而是迫于制度环境的压力。在其他企业先后制定了使命陈述，公众逐渐了解并认可使命陈述的情况下，企业出于合法性的目的制定使命陈述，以期符合利益相关者及社会公众的期待（Deephouse，1996）。在这种条件下，使命陈述更容易表现对某些方面的一致关注。另一方面，企业对自身的定位不够准确，同时不愿花费大量时间和精力来制定使命陈述，那么通过借鉴和模仿目标企业而制定的使命陈述也必然表现出较强的趋同性。

（二）基于最高词频的目标关注度对比

为更清晰地展示中外企业对特定态度资源的关注情况，我们对前五位高频词的频次进行了对比，如表 5 所示。

表 5　中外前五位评价态度高频词的频次

序号	外国		中国	
	频次	词汇	频次	词汇
1	62	创新	72	发展
2	61	世界	65	创新
3	58	目标	57	世界
4	57	客户	57	社会
5	56	商业	50	价值

资料来源：笔者整理。

从词频差距上看，外国企业排在第一和第五的词汇频次分别为 62 和 56，两者相差 8；中国企业相应的频次则分别为 72 和 50，两者相差 22，表现出更大的差距和关注度的下降。另外，在前五位高频词的使用中，同时提及这五个高频词的外国企业数量接近一半或以上，而中国企业中只有前两位的高频词被超过一半的企业提及，第一位高频词的提及率更是超过 70%。这表明，中国企业在制定使命陈述时对某些特定词汇有相似的偏好，且注意力更加集中于少数几个主要追求与优先项，也即中国企业的使命陈述具有高度的一致性和单调性，而外国企业则相对均衡。从具体词汇上看，中外企业都对“创新”和“世界”表示出较高的关注度，但中国企业最关注“发展”，而外国企业更最关注“目标”和“客户”。

这种情况与中国的经济发展背景密切相关。中国是发展中国家，自 2006 年提出建设创新性国家战略目标以来，中国的产业格局也在发生变化，廉价劳动力市场转移，中国企业正逐渐从劳动密集型向资本密集型转变，因此“创新”和“发展”是现阶段中国企业的主要诉求。而上榜的外国企业大多是跨国企业，国际化程度高，运作经验丰富，因此在战略层面更加强调“世界”范围内的“客户”需求。

（三）基于利益相关者理论的利益实体关注度对比

前文从评价系统和九要素理论角度的分析更多的是立足于使命陈述本身，而企业作为一个社会实体需要和各方沟通，因此本部分将从使命陈述所意图影响的利益相关者的角度来分析中外企业的异同。Wheeler 和 Sillanpää（1998）将社会性维度引入利益相关者分类标准中，并将利益相关者分为社会性利益相关者（Social Stake Holders）与非社会性利益相关者（Non-Social Stakeholders）。社会性利益相关者可以进一步分为与企业有直接关系且直接涉及人类活动的首要社会性利益相关者（Primary Social Stakeholders，PSS），以及通过社会活动与企业形成间接联系的次要社会性利益相关者（Secondary Social Stakeholders，SSS）。非社会性利益相关者可以进一步分为对企业有直接影响但不涉及人际关系的首要非社会性利益相者（Primary Non-Social Stakeholders，PNS），以及对企业有间接影响，同时与企业没有直接人事关联的次要非社会性利益相关者（Secondary Non-social Stakeholders，SNS），具体如表 6 所示。表 7 基于 Wheeler 的定义，汇总了中外企业使命陈述前 100 位高频词中指代利益相关者的词汇。

表 6　Wheeler 的利益相关者分类

类别		利益相关者代表
社会性利益相关者	PSS	客户、员工和管理者、投资者、当地社区、供应商以及其他业务伙伴等
	SSS	政府和公民社会、社会及第三方压力团体与工会、媒体和评论家、贸易机构、竞争对手等
非社会性利益相关者	PNS	自然环境、非人类物种、人类后代等
	SNS	环境压力团体、动物福利压力团体等

表 7　中外企业的利益相关者词汇对比

序号	外国企业			序号	中国企业		
	频次	词汇	类别		频次	词汇	类别
2	61	世界	SSS	3	57	世界	SSS
4	57	客户	PSS	4	57	社会	SSS
18	40	伙伴	PSS	15	37	中国	SSS
19	39	社区	PSS	16	37	员工	PSS
22	39	社会	SSS	18	35	客户	PSS
25	36	员工	PSS	46	20	环境	PNS
35	30	环境	PNS	71	16	股东	PSS
47	26	利益相关者	—				
95	12	国家	SSS				
总计	340 (12.68%)	9 (9%)		总计	259 (11.13%)	7 (7%)	

注：总计栏中，上排为绝对值，下排百分数表示利益相关者词汇占总词汇数的比例。

资料来源：笔者整理。

从首要社会性利益相关者上看，外国企业的关注覆盖面更广。除了共同关注的客户和员工，外国企业还关注社区和伙伴。外国企业关注的“客户”的频次较中国企业多 50%，而“社区”和“（业务）伙伴”在中国企业中则未被提及。社区是企业的首要社会性利益相关者之一（Wheeler and Sillanpää，1998），社区活动可以为企业带来除经济利益以外的利益（Juárez and Chacón，2013）。中外企业对社区的关注有如此大的差异，其主要原因在于：一方面，与其他发达资本主义国家相比，中国的企业与社区关系发展尚不成熟（Wang and Yan，2007）。中国的市场机制建立较晚，企业社区关系管理主要以政府为导向，而发达国家在消费者运动和立法司法实践的推动下，较早就开始承担社区责任；另一方面，中国企业可能笼统地将对“社区”的承诺以对“社会”的承诺表述出来，故鲜有专门提及社区。

从次要社会性利益相关者上看，和外国企业相比，中国企业对“国家”和“社会”的关注度非常高。其中，中外企业对“国家”的关注度差异最为明显，中国有 37 家企业提到“中国”，排在第 15 位，而外国只有 12 家企业，排在第 95 位。对此一种可能的解释是：进入《财富》500 强的中国企业多数是国有企业（71/100），这种企业性质决定了它们的使命陈述对“国家”的重视。

（四）基于九要素理论的要素关注度对比

九要素理论认为企业使命陈述应该包含以下九个要素：①顾客：公司的顾客是谁？②产品或服务：公司的产品或服务项目是什么？③市场：公司在哪些领域展开竞争？④技术：公司的核心技术是什么？⑤对生存的关切：公司对经济目标的承诺是什么？⑥哲学：公司的基本信念、价值观、志向和哲学优先项是什么？⑦自我认知：公司最独特的能力或最主要的竞争优势是什么？⑧对公司形象的关切：公司的公民责任是什么，追求什么样的形象？⑨对雇员的关心：企业对雇员的态度如何？九要素理论为检验使命陈述的质量提供了一个重要而有效的视角，本文根据九要素标准对中外企业前100位高频词进行归类，并对每一个要素的中外词汇差别做Pearson卡方检验，统计结果如表8所示。

表8　中外使命陈述评价态度高频词要素分布

要素	外国企业（100家）			中国企业（100家）			Pearson Chi-square（P-value）
	词汇数	频次	企业数	词汇数	频次	企业数	
（1）顾客	1	57	57	1	35	35	9.742**（0.002）
（2）产品或服务	2	97	71	2	75	55	5.491*（0.019）
（3）市场	3	122	82	3	90	67	5.922*（0.015）
（4）技术	3	83	63	3	72	54	1.668（0.196）
（5）对生存的关切	21	661	98	22	655	97	0（1）
（6）哲学	13	334	92	16	323	89	0.523（0.469）
（7）自我认知	3	56	42	6	105	60	6.483*（0.011）
（8）对公司形象的关切	12	299	92	13	288	90	0.244（0.621）
（9）对雇员的关心	2	51	42	3	72	48	0.727（0.394）

注：**表示在0.01水平下显著，*表示在0.05水平下显著。

资料来源：笔者整理。

从词汇总频次所显示的绝对关注度上看，中外企业在“对生存的关切”“公司哲学”“对公司形象的关切”三个方面均表示出较高的关注度，说明中外企业对这三个要素的重要性有相同的认知。根据卡方检验的结果，中外企业在其中四个要素的关注度上表现出显著的差异。首先是外国企业比中国企业更加关注“顾客”“产品或服务”“市场”三个要素，此处再次验证了前文基于最高词频的目标关注度的结论，即外国上榜企业由于其国际化运营需要而更加关注不同市场环境下的顾客需求。其次是中国企业较外国企业更加强调“自我认知”，凸显了中国企业特别是国企在转型发展过程中对自己定位的重视。

（五）中外企业态度资源分布对比

图2显示了中外企业使命陈述态度资源的分布情况。中外企业的使命陈述在三类态度资源中呈现相似的分布：使命陈述的内容都侧重鉴赏意义（中外鉴赏词汇分别占前100位高频词汇中的62%，58%），判断意义次之（31%，36%），情感意义最少（7%，6%）。

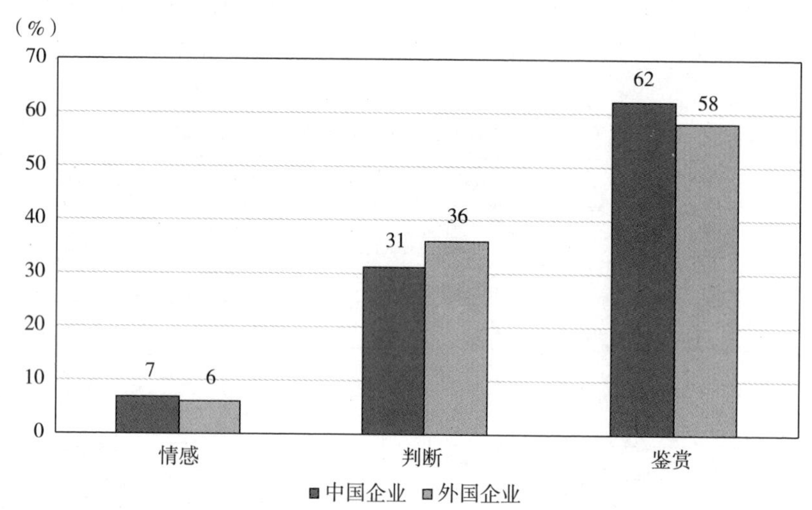

图2　中外企业使命陈述态度资源分布对比

资料来源：笔者整理。

对情感资源的较低关注源于情感系统是从主观角度阐释的评价意义，其关注的是人的生理反应与心理情感；而判断和鉴赏系统的评价标准则是制度性的、社会性的。公司作为一个正式的社会组织，为了获得组织合法性（Meyer and Rowan，1977），树立稳重、专业的组织形象，在制定和发布使命陈述等较为正式的公司文本中会倾向更少使用表达主观感受的情感资源。同时，使命陈述作为企业与内外部利益相关者进行沟通的工具，具有特定的社会功能。为得到内外利益相关者的认可，企业在制定使命陈述的过程中会参考其他企业已有的使命陈述（湛正群、李非，2006；Meyer and Rowan，1977；Tolbert and Zucker，1994），并倾向更多地使用迎合社会价值观的判断和鉴赏资源。

五、结论与建议

（一）结论

通过上述对中外企业的使命陈述的对比分析，我们可以得出以下结论：

（1）外国企业使命陈述的内容更加丰富，而中国企业则相对单调和不均衡。从态度资源的使用的数量上来看，外国企业提及了更多有效词汇，涵盖内容更丰富，范围更广；而中国企业的使命陈述更加集中于一小部分词汇，并高频次地提及这些词汇。

（2）中国企业最关注“发展”，而外国企业更强调“目标”与“客户”。中国企业强调“发展”一方面受到政策环境的影响，且上榜企业的国企性质进一步强化了国家政策在企业使命陈述中的反映；另一方面，“发展”也是中国企业现阶段处于转型期的必然要求。外国企业处于成熟的资本主义市场，更多地专注于客户需求和企业目标的实现。

（3）外国企业对利益相关者的关注更为全面，特别是首要社会性利益相关者。无论是从使命陈述包含的利益相关者范围还是数量上看，外国企业都表现出更高的利益相关者关注度。这反映了外国企业十分重视利益相关者对企业生存和成功的影响，同时也表达出企业与利益相关者相互依存、共同成长的愿望。而中国企业的使命陈述更多体现为一种社会功能，体现对国家和社会的贡献。

（4）中外企业对要素的关注存在差异。相同之处是中外企业同时表现出对“公司哲学”“对生存的关切”“对公司形象的关切”的高度关注；不同之处集中于其中四个要素：外国企业对“市场”更为关心，其国际化战略定位也使它们在“顾客”和“产品或服务”两个要素上表示出显著高于中国企业的关注度，而中国企业更加注重“自我认知”。

（5）中外企业使命陈述的评价资源分布表现出了相同的模式。两者在使命陈述中表达态度时都倾向于使用鉴赏和判断资源，而较少使用情感资源。从语言学的角度来看，两者都对其制定的使命陈述有着清晰而明确的定位。

（二）建议

综合以上结论和分析结果，本文就中国企业制定使命陈述提出了以下建议：

（1）正确认识使命陈述的作用，立足于企业自身的特点和发展需求不断丰富并完善使命陈述的内涵。使命是企业存在的理由，对内它是一个有效的战略管理工具，也是企业文化的重要符号；对外它是与不同利益相关者沟通的工具，是企业展示自身实力与追求的名片。因此，使命陈述必须是立足自身特点并且面向未来的，能够讲述“我们是什么”“我们能够成为什么”。使命陈述还需要满足描述上简明扼要、内容上丰富到位的特点，无论是基于九要素理论还是利益相关者理论，它都应该尽量系统兼顾到这个理论框架内的各个相关方面。

（2）认真权衡使命陈述中提及的各个方面，做到有所侧重，均衡分布。根据前文的分析，中国企业的使命陈述涵盖的内容较为单调和不均衡，高频词集中关注“创新”，这在一定程度上限制了使命陈述的人际功能，即不能传达出关于企业的更加丰富、有效的信息。关于高度重视“创新”这一点，尽管创新本身对企业的发展十分重要，但是直接笼统强调创新反而忽视了企业本身的特点。使命陈述是企业战略层面上的方向性指引，因此它应该涵盖关于企业发展问题更为全面的内容，并表现出在主要方面和次要方面之间的相对平衡，不能偏废任何一个方面。

（3）重视顾客的需求，致力于为客户提供优质的产品或服务。中国企业对顾客的绝对关注度是九要素里面最低的，且显著低于外国企业。在“产品或服务”方面，尽管也分配了中等水平的关注资源，但相比外国企业仍然显得不足。这表明现阶段中国企业仍更加看重企业自身的建设，对企业赖以生存的顾客没有给予足够的重视。对有国际化抱负的企业而言，来自不同背景的顾客更是其安身立足的根本。努力为顾客提供满意的产品或服务，是外国企业为中国企业走向国际提供的重要经验。

（4）在使命陈述中重视利益相关者的作用，并落到实处。企业是一个开放的系统，它的生存和发展不仅要依靠内部利益相关者的生产、经营和管理，在很大程度上还要依存于与外部利益相关者的互动。从整体上看，中国企业使命陈述中对利益相关者的关注水平仍低于外国企业。中国企业不仅需要更加重视利益相关者的作用，还要切实落实到实践当中，努力为员工创造价值，重视消费者的利益，保护环境等。为避免使命陈述成为一句空话，管理者必须在实践中把企业的使命陈述与公司层和经营层战略紧密结合，实现使命陈述上能指引，下能落地。

六、讨论与展望

本文基于语言学的视角，应用语料库语言学工具在使命陈述文本中提取词汇，同时根据评价理论从中筛选出评价资源词汇，并进行定量分析，这对于使命陈述研究是一种开拓性的突破。态度资源能更加有效地反映出使命陈述所传达的信息，对文本的定量分析也是一种从理论认识到实证支持的进步。本文为使命陈述研究开拓了一个新的视角，也为管理学和语言学的发展注入了活力。尽管如此，我们必须承认一点，即从语言学角度研究使命陈述在逻辑上是合理的，但由于语言学本身是一门内涵丰富的理论，这种跨学科结合的精确性仍存在较大的改进空间，需要进一步验证。

使命陈述与企业行为之间的关系有待进一步验证。目前已有许多关于使命陈述与企业绩效之间的关系研究，但得出的结果并不一致。如 Bartkus 等（2006）发现使命陈述中的大部分要素与企业绩效无关，Macedo 等（2016）的研究则表明组织承诺作为中介变量能够更好地解释使命陈述和组织绩效的关系，Bart 等（2012）同样认为使命陈述要经过一些中介变量的作用才能对组织绩效产生影响。鉴于从使命陈述到绩效之间证据链条太长，我们建议考虑往前一步，探究使命陈述与具体的企业行为，特别是与企业社会责任相关行为的关系，如环境保护、食品安全保障和企业慈善捐赠等。

进一步运用最新的人工智能技术和深度文本挖掘工具对使命陈述文本进行分析。使命陈述本身是一种文本，难以量化一直是限制使命陈述研究发展的重要因素，而随着人工智能和大数据挖掘技术的发展，使命陈述本身包含的信息，如文本在表达情感中的感染力、情境适应性等，以及企业和各利益相关者的关注重点都能被更加准确地分析和预测。在此条件下，使命陈述的研究才能更加精确和深入。

参考文献

[1]［美］彼得·德鲁克. 管理：任务、责任、实践［M］. 孙耀君等译. 北京：中国社会科学出版社，1986.

[2] 陈昌来. 应用语言学导论［M］. 北京：商务印书馆，2012.

[3] 李战子. 评价理论在话语分析中的应用和问题［J］. 外语研究，2004（5）.

[4] 林泉，邓朝晖，朱彩荣. 国有与民营企业使命陈述的对比研究［J］. 管理世界，2010（9）.

[5] 饶远立，邵冲. 46 家国内企业使命陈述的实证分析［J］. 南开管理评论，2005（8）.

[6] 邵剑兵，刘力钢，王晓辉. 中国汽车制造业企业发展战略问题研究——企业战略使命陈述实证性分析［J］. 辽宁大学学报（哲学社会科学版），2008（36）.

[7] 卫乃兴. 语料库语言学的方法论及相关理念［J］. 外语研究，2009（5）.

[8] 湛正群，李非. 组织制度理论：研究的问题、观点与进展［J］. 现代管理科学，2006（4）.

[9] Aijmer K and Altenberg B. English Corpus Linguistics: Studies in Honour of Jan Svartvik［M］. London: Longman, 1891.

[10] Baetz M C and Bart C K. Developing Mission Statements Which Work［J］. Long Range Planning, 1996, 29（4）: 526-533.

[11] Bart C K, Bontis N and Taggar S. A model of the impact of mission statements on firm performance［J］. Man-

agement Decision, 2012, 39 (1): 19-35.

[12] Bartkus B R. Mission Statement Quality and Financial Performance [J]. European Management Journal, 2006, 24 (1): 86-94.

[13] Bartkus B R and Mcafee R B. A comparison of the quality of European, Japanese and U. S. Mission Statements: A content analysis [J]. European Management Journal, 2004, 22 (4): 393-401.

[14] Bartkus B R, Glassman M and Mcafee B. Mission statement quality and financial performance [J]. European Management Journal, 2006, 24 (1): 86-94.

[15] Campbell A. Mission statements [J]. Long Range Planning, 1997, 30 (6): 931-932.

[16] Deephouse D L. Does Isomorphism Legitimate? [J]. Academy of Management Journal, 1996 (39): 1024-1039.

[17] Dolan S L, Garcia S and Richley B Managing by values: A corporate guide to living, being alive, and making a living in the 21st century [J]. Journal of Business Ethics, 2006 (4): 20-26.

[18] F R David. How companies define their mission [J]. Long Range Planning, 1989 (22): 90-97.

[19] Genç K Y. The Relation between the Quality of the Mission Statements and the Performances of the State Universities in Turkey [J]. Procedia-Social and Behavioral Sciences, 2012 (58): 19-28.

[20] Halliday M A K and C M I M Matthiessen. An Introduction to Functional Grammar [M]. London: Edward Arnold, 2004.

[21] Juárez F and Chacón A M. Relationship with the community instead of marketing: A continuing education case [J]. Educational Research, 2013 (4): 239-248.

[22] Klemm M, Sanderson S and Luffman G. Mission statements: Selling corporate values to employees [J]. Long Range Planning, 1891, 24 (3): 73.

[23] Macedo I M, Pinho J C and Silva A M. Revisiting the link between mission statements and organizational performance in the non-profit sector: The mediating effect of organizational commitment [J]. European Management Journal, 2016, 34 (1): 36-46.

[24] Martin J R and White P R R. The Language of Evaluation: Appraisal in English [M]. Beijing: Foreign Language Education Press, 2008.

[25] McEnery T and Wilson A. Corpus Linguistics [M]. Edinburgh University Press, 1996.

[26] Meyer J W and Rowan B. Institutionalized organizations: Formal structure as Myth and ceremony [J]. The American Journal of Sociology, 1997, 83 (2): 340-363.

[27] Moin M F, Ali A and Khan A N. An analysis of mission statement of Pakistani Commercial (Scheduled) Banks using a nine points scale approach of Fred R. David [J]. Interdisciplinary Journal of Contemporary Research in Business, 2012.

[28] Mullane J V. The mission statement is a strategic tool: When used properly [J]. Management Decision, 2002, 40 (5): 448-455.

[29] Nimwegen G V, Bollen L, Hassink H, A stakeholder perspective on mission statements: An international empirical study [J]. International Journal of Organizational Analysis, 2008 (16): 61-82.

[30] Peyrefitte J. The relationship between stakeholder communication in mission statements and shareholder value [J]. Journal of Leadership Accountability & Ethics, 2012.

[31] Tolbert P S and Zucker L G. Institutional analyses of organizations: Legitimate but not institutionalized [J]. Biotechnology Studies, 1984 (6): 1-43.

[32] Wang H M and Yan H. A review on the management model of foreign country's company-community relationship [J]. Journal of Shenyang Normal University (Social Science Edition), 2007 (31): 6-9.

[33] Wheeler D and Sillanpää M. Including the stakeholders: The business case [J]. Long Range Planning, 1998 (31): 201-210.

[34] Williams L S The Mission statement corporate teporting Tool with a past, present, and future [J]. Journal of Business Communication, 2008 (45): 94-119.

组织变革阻力模型构建研究

焦晨杨

（上海工程技术大学管理学院，上海 201620）

[摘 要] 使用文献研究法，首先明确组织变革阻力的定义并根据组织变革的类型阐述变革阻力的本质，随后对当前有关组织变革阻力的国内外文献进行分析，根据分析结果从个人、群体、组织三个内部来源与外部环境这一被学者忽视的外部来源详细分析组织变革阻力的来源及作用点，最后创建组织变革阻力模型来系统化描述对组织变革阻力的分析结果。通过建立这一模型来对组织变革中存在的阻力进行深刻剖析，将组织变革阻力纳入一个完整独立的系统，实现目前比较缺乏的将组织变革阻力的研究与组织变革相脱离，进而针对组织变革阻力本身进行深入本质的解读。

[关键词] 组织变革；组织变革阻力；组织变革阻力模型

一、引言

随着第三次科技革命的完成，在科技推动下世界环境变得更加丰富的同时也充满了变化与不确定性，新形势国际争端的不断发生再一次印证了企业所面对的环境中唯一不变的要素就是变化。处于变化之中的组织需要进行自我更迭以应对环境的变化，在如今的信息时代，组织变革已经成为组织发展的必经之路。

任何改变都是存在阻力的，组织变革当然也不会例外。只有从对立方面解决了组织变革中存在的阻碍，才能使组织变革达到变革推动者想要的结果。对组织变革阻力有清晰、深入、系统化的了解后，才能在推动组织变革的时候对症下药，减轻组织变革的成本，达到组织变革推动者的最终目的，使组织可以适应变化的环境，跟上时代的潮流。因此，组织变革的顺利进行是建立在对组织变革阻力的定义、来源与作用点等要素有着清晰理解的基础上的。

对于组织变革阻力的定义，国内外有很多学者进行过研究，暂未形成统一明确的结论。Lawrence（1954）最早提出了变革阻力的概念，认为变革阻力来源于习惯、经济因素和安全感，是阻止组织脱离现状的力量。Shephard（1967）认为，组织变革的动力及阻力均来源于高级管理人员。Robbins（1994）分析了员工个人抗拒组织变革员的原因，指出安全因素、经济因素、习惯、对未知恐怖事务恐惧和选择性处理信息五个因素使员工拒绝在组织变革中做出改变。归纳前人研究，可以看出组织变革阻力是容易理解的概念：组织变革阻力是当组织变革产生时，由组织中的个人和组织群体试图保持现状加上组织自身结构的特性以及组织受到外部环境的影响下产生的，对变革的阻碍作用。

组织变革阻力就是各种因素作用下对组织变革的阻碍，主要来源于个人和组织群体，外部环境的影响也不容忽视。值得注意的是虽然组织变阻力是对组织变革的阻碍，但组织变革阻力是一个独立存在的概念，随着组织的不断成长，组织的复杂性提高，成员之间利益与工作交织在一起，改变也就变得越来越困难。人们会因为惰性、利益、不确定性规避等阻碍组织进行变革，组织整体同样也因为惯性、组织惰性、信息沟通等因素阻碍组织变革的实施，加上外部环境无形中产生的复杂影响。这些阻碍，都是组织变革阻力。因此对组织变革阻力的研究可以在一定程度上做到与组织变革相分离，这样才能对组织变革阻力的本质做出更深入的解读。

组织变革阻力也与组织变革的类型密切相关。有两个非常形象的比喻用来形容组织变革：第一种是风平浪静观，是用来形容那些发展成熟的、组织结构完善的组织的变革。这种组织就像是在风平浪静的大海上航行的巨轮，作为领导者的船长和他的员工船员都对自己的航行目标，航行过程非常清楚，变化只是以偶然的风暴形式出现，规模有限。第二种是激流险滩观，认为组织是不断出现在险滩湍流的小木筏，船上的人没有形成合理严谨的组织结构，他们完全不了解对航行的目标和河流的情况。在这种情况下，变革就是一个持续不断的过程。

组织变革阻力与组织的大小和结构密切相关，对于这两类变革难度不同的组织，组织变革阻力也不同。对于那些已经发展完善，形成了较大规模，结构完善，指挥链、利益链错综复杂的组织，变革是非常困难的，因为组织人员方面和组织群体这两个变革阻力来源会对变革产生非常大的抵触。而对于组建时间较短、发展不完善的组织，或者组织成员都敢于创新、乐于接受改变的组织来说，组织变革更容易发生且经常出现。这样的组织需要不断的变革来改变现状，不断发展或因变革失败走向灭亡。在这类组织中，因为组织结构的不完善、易于改变和组织成员乐于接受变革等原因，变革阻力会小很多。

现代社会中，组织的类型多种多样。有发展非常完善、层级制度非常严密、内部关系错综复杂的公共组织、大型企业。也有创立不久、人员稀少、结构松散的小型企业的组织。但不论是哪种组织，也不论组织属于何种类型，受外部环境的动态变化的影响和内部结构的变化的影响，组织会不断发生变革，只是变革规模的大小不同、类型不同，对应的变革阻力的大小和来源也不尽相同。变革是对组织的改变，变革阻力是对这种改变的反作用，是人员出于各种考虑和组织系统因为各种原因，再加上外部环境的影响，对变革的抵触。组织内部和外部的多种因素造成了组织变革的多样性，因而变革阻力的来源、类型、作用点也不一致。

面对当前更加复杂多变的国际环境，只有对组织变革阻力有最足够的了解，才能使组织变革成功进行以适应环境的变化。因此一个详细而完善的模型是非常必要的，它需要将组织变革阻力与组织变革在一定程度上相分离，以组织变革阻力为研究对象，对组织变革阻力进行深入的分析、对相关影响要素进行系统化的归类、对所有涉及的因素都有所体现，使组织变革阻力的研究可以深入本质，真正做到独立化、系统化、全面化。

二、文献综述

因为组织变革阻力与组织变革的密切联系，所以很多有关组织变革的研究也对组织变革阻力进行了一定的分析，但相关研究比较有限，更不够深入。陈春花和刘晓英（2002）对组织变革的驱动及抵御机制进行论述，将组织变革的推动因素分为外部环境与内部环境两方面，抵御因素分为组织与个人两个来源，为企业的变革提供理论支持。后来陈春花和张超（2006）借用物理学中的力场与平衡概念构建出组织变革的“力场”结构模型，从组织变革的角度对组织变革阻力进行分析，对组织变革动力与阻力进行进一步的划分，从“压力”“拉力”“阻力”三个角度分析克服组织变革阻力的方法。马颖楠和黄中梅（2015）以组织变革为主，对组织变革及组织变革阻力进行了比较系统的论述，从个人层面与组织层面两个角度对组织变革阻力进行分析，指出组织变革的研究仍然缺乏实证方法，对变革结果的评估也比较模糊。杨百寅等（2019）认为因势利导下组织变革阻力是可以变为动力的，提出思想体系、价值导向、行为意向下的惰性是组织变革阻力的来源。可以看出，围绕组织变革展开的对组织变革阻力的研究比较粗浅，对组织变革阻力的研究不够细致。从研究方法上看，相关研究以定性论述为主，缺乏从特定角度展开的实证研究。

大部分以组织变革阻力为研究对象的文献依然以服务组织变革为主要目的，这类研究通过分析组织变革阻力产生的核心因素，提出相应的解决阻力方法。张柳梅和戴永秀（2007）借助卢因斯的力场分析模型，从组织结构、业务流程、等级链、人员四个方面分析组织变革阻力来源，并提出习惯变革、产生变革需求、接受变革、参与变革、推动变革、服务变革等一系列解决变革阻力的流程，其研究仍以消除变革阻力为目的，而非对组织变革阻力的系统研究。赵忠营和郑岐（2012）从组织系统阻力与员工个体阻力两个方面分析了组织变革阻力的来源，随后提出六种克服组织变革阻力的方法，并对应用条件与优缺点进行论述，研究中心放在了如何消除组织变革阻力上。类似的还有傅鸿震（2008）、宁云柱和许贇（2012）、董飞（2016）等学者的研究，从不同角度对不同类型的组织变革阻力及对策进行了分析，研究重心放在了如何化解组织变革阻力以使组织变革顺利进行上，大部分研究仅分析了组织变革阻力的来源，并未对组织变革阻力进行细致系统化的分析。总之，国内对组织变革阻力的研究集中于如何化解组织变革阻力方面，很少有学者对组织变革阻力这一概念进行系统化、细致化的深入研究。

相对于上述综述性文献，国内也有学者选取特定角度对组织变革及组织变革阻力进行深入研究。李作战（2007）基于组织变革的模式选择的角度来分析组织变革阻力，从渐进式变革与激进式变革两种组织变革模式探析组织变革阻力的来源，并提出克服组织变革阻力的措施。张婕等（2013）先从员工对变革反应的角度研究变革阻力与组织变革之间的关系，后来张婕等（2016）又对员工情绪唤起所产生的变革阻力进行探究，从员工的角度探析组织变革阻力。白景坤（2014）从组织惰性的角度对组织变革阻力进行了一定程度的分析。以柯达公司历史上的五次重大组织变革作为案例，从组织惰性的视角研究组织变革对企业持续成长的影响，发现打破组织惰性后需构建相互匹配的新模式才能使企业获得有益的持续成长。林枚等（2018）、伊丽莎白·博米斯特和宁希（2018）分别从支持性人力资源实践与精益生产中的领导策略探讨化解组织变革阻力的方法。总之，虽然从特定角度展开对组织变革阻力的研究可以得出更有价值的结论，但是也意味着对变革阻力的分析不够全面，同时这类研究也多为对案例的叙述为主，缺乏必要数据支撑下的实证研究。

国外有关组织变革阻力的研究也往往从特定角度展开，但研究方法更加多样，基于数据的实证研究非常丰富。Bovey 和 Hede（2001）调查了九个实施重大变革的组织，获得了 615 名受访者的数据以研究非理性思想、情感和变革阻力之间的关系，发现非理性思想与抵制变革的行为意图正相关，非理性思想与情绪是员工抵抗变革的差异来源。Shaul Oreg（2006）建立了一个从多方面将组织变革阻力概念化的模型，通过对 177 名员工的调研，检查了组织变革阻力与员工个性、组织背景和相关工作结果之间的关系，发现人格和背景都与员工对大规模组织变革的态度显著相关，这些态度又与员工的工作满意度、组织承诺和离开组织的意图密切相关。Thomas 等（2011）基于从管理者收集到的数据对组织变革中不同层级管理者之间的权力与抵抗关系进行探析。Battilana 和 Casciaro（2013）使用实证研究方法对群体网络中的成员联系与组织变革阻力的克服进行了分析。Schweiger 等（2018）使用访谈、专家建模和小组建模等方法，通过提供连贯的系统动力学观点来增强对阻力如何影响组织变化的理解，研发出的因果循环图显示了八个相互作用的反馈循环，以解释对组织变革的抵制以及参与式策略在解决变革阻力中所起的作用。可以看出，相对于国内来说，国外对组织变革阻力的研究更加系统且细致，既有从特定角度展开的实证研究，也有通过种种科学方法进行分析的理论研究，且研究方法多样，不仅有与一线员工和管理者直接对接的实证研究，也有利用其他学科概念对组织变革阻力进行解释的研究。

总之，虽然国内已有大量学者对组织变革及变革阻力展开研究，但是对组织变革阻力的研究仍局限在为组织变革服务的视角中，没有真正脱离组织变革来对组织变革阻力进行深入系统的研究。与国外学者相比，国内学者的研究方法比较单一，所得结论缺乏实证性的证明，没有经历组织变革的一线管理者及员工的反馈。还可以发现，国内外学者都忽略了组织外部环境这一要素对组织变革阻力的影响。

三、组织变革阻力的来源及作用

（一）个人层面

个人层面的组织变革阻力主要来源于人们对不确定的规避、个体惰性的影响、人们对于利益的考虑以及对于个人能力的担忧。

（1）不确定性。组织的变革产生的不确定性使组织个体抵触组织变革，产生来源于个人的组织变革阻力。变革意味着打破现状，用不确定性代替已知，用新事物代替旧事物，而人们对新事物的了解程度无法与已经熟悉的现状相比，不能确定新事物是否对他们有利，这种不确定性使人们抵制变革。中国人倾向于选择稳定的生活，稳定意味着安全，不确定的未来也使安全得不到保障，这种不安全感使面对变革的成员倾向于守旧。心理学研究表明，不确定性会使人产生紧张和忧虑，人们会对未知的东西产生恐惧，这些由不确定性产生的心理方面的负面情绪使组织成员更加抵制改变。特别是对于发展非常完善的组织，小的变革都会引来多方面的不确定性的改变，涉及更多组织成员因为上述原因对这种不确定性改变进行抵触。

（2）个体惰性。个体惰性的影响也是个人层面的组织变革阻力来源之一。个体惰性是指个人在习惯了某种生活方式、思维模式之后不愿意改变的习性。组织成员习惯某种确定的生活方式后，会本能地抵抗改变，面对变革时以习惯性的方式做出应对的本能倾向造成了组织变革阻力的产生。不同个体的惰性不尽相同，受性格、性别、年龄等因素的影响。有些成员不乐于改变，偏向于稳定的一成不变的生活，这些惰性较高的人在面对组织变革时会产生比较高的抵触，因而造成较高的组织变革阻力。特别是一些思想观念比较保守的老年人，或者在组织中工作时间久的员工，会更倾向于维持现状，不乐意改变。而那些乐于接受改变的成员，则不会对变革持有太大的成见，因而不会造成太大的组织变革阻力，比如思想先进的年轻员工。

（3）利益纠纷。利益的纠纷使组织成员抵制组织变革，造成组织变革阻力。这里的利益不仅指经济利益，还有组织成员对组织的其他投资。变革很有可能导致资源的重新分配、利益的重新调整、权力的重新安排，这些因素广泛地涉及每个人的切身利益。而这对于那些在组织中的既得利益者来说是难以接受的。对权力和利益具有高依赖的成员很可能会担心因为变革而失去自己的现有地位、权力、金钱、友谊或者他们重视的其他经济利益。在组织中拥有较少利益底层员工作同样有可能抵触变革，作为变革中的弱势群体，他们常常在变革中首当其冲，组织变革有可能对他们造成巨大的影响，甚至是失业，因而底层员工一般都会害怕变革，拒绝并抵触变革。组织中的利益纠纷同样会让推动变革的高层管理者在变革过程中步履维艰，考虑繁多。他们需要考虑利益的重新分配的后果，稍有不慎就会造成员工矛盾激化等混乱，严重时甚至有可能让组织分崩离析。因此利益的纠纷让推动变革者在变革过程中多了许多顾虑，增添很多组织变革阻力。

（4）个人能力方面。员工能力方面的限制造成组织变革阻力。组织变革有可能造成组织技术的更新，这提高了对员工能力的要求。特别是对技术型员工来说，在已经适应了现有的技能后，让他们做出改变是非常困难的。员工担心自己的技术过时而被组织淘汰或者自己的地位受到挑战，因而会抵触组织变革。学习能力差的员工，或者思想守旧、不愿意做出改变、不愿意学习的老年员工会更加抵触技术层面的组织变革。生产方面的先进技术的引用和无纸化办公等提高工作效率的新工作模式的普及都要求员工具有更新更强大的能力，而员工精力有限，担心自己的能力跟不上组织的改变，这种能力的限制就导致员工个人产生对组织变革的阻力。

（二）群体层面

群体层面产生的组织变革阻力主要来自大型企业和完善发展的组织，这些组织会有很多一起工作的群体，高度磨合起来的群体拥有非常强的凝聚力，群体内部成员的利害关系相互联系，并且群体拥有维持现状的惯性。

（1）惯性。可以通过物理学上惯性的定义来理解群体的惯性，物理学中惯性是物体的一种固有属性，表现为物体对其运动状态变化的一种抵抗程度。改变运动中物体需要作用力，因为物体的惯性会抵制作用力对它们运动状态的改变。个人、群体、组织的工作和运行也都像运动的物体一样具有惯性，组织变革的动力想要改变他们生活、活动的轨迹，就必然要受到群体惯性的反作用力。变革的发生很有可能会对这些群体的存在以及地位产生影响，甚至对群体进行打破重组。群体的惯性就会阻碍这种威胁群体的变革的发生，因为群体的成员都已经适应了在这个群体的工作和生活，很难轻易接受如此巨大的改变。

（2）群体利益。相处良好气氛融洽的群体中会产生很大的组织变革阻力，阻力来源于群体成员之间的关系、感情、工作的交汇等方面。群体的凝聚力、社会行为准则、决策参与程度和自主行为的独立性也是群体带来的组织变革阻力来源。此外，组织内部权力的分配也会影响阻力的大小。大型组织中个人的存在感不明显，相对来说倒像是一个个或大或小的群体相互作用、相互帮助、相互制约组成了更大的组织。这种大型企业以及大型组织中，群体带给个体的归属感远远大于整个组织的归属感，人们会坚决地维护自己群体的稳定性和利益。

对于那些团结度、凝聚力都非常高的群体来说，每个这样的群体在工作中都会形成一定的自治性和独立性，在这种情况下，从团队外发生的任何变革都将会被看作对现状的威胁，就像维护自己的利益一样，群体内部的成员会团结一致抵制任何可能对群体产生威胁的因素，这样的群体在面临组织变革时会造成极大的组织变革阻力。

相对而言，小型企业由于人员的限制，几乎每个人都各司其职，存在的群体并不是很多，群体因素所造成组织变革阻力也相对较少。

（三）组织层面

组织层面的组织变革阻力主要来源于组织结构的惯性、信息沟通的障碍、组织利益的纠纷以及组织文化的无形中的影响。

（1）组织结构的惯性。组织结构会对变革产生阻力。组织结构是指组织分解工作的方式，同个体、群体一样，组织的形成与运作也存在惯性，这种惯性也会抵制变革。像物理学中质量越大的物体惯性就越大一样，由于组织的规模远大于个人与群体，结构也更复杂，所以组织的惯性也通常远大于个人与群体的惯性，相应地产生的组织变革阻力也大了很多。

随着组织的不断发展壮大，组织规模不断膨胀扩大，工作复杂性提高，会在组织内部形成各种有关的结构和系统，而这些结构和系统在不断生成的同时又相互作用、相互依赖，纠缠在一起，最终使组织不得不依靠它们来生存。在一定程度上，组织内部的这样互相依赖互相作用的结构和系统可以帮助组织维持现状，但如果这些结构和系统过度发展，就会在组织中根深蒂固，很难改变。这些结构和系统会本能地抵制变革，因为惯性的原因，这些结构和系统习惯了目前的行为方式和在组织中的地位，以及对所获得的利益的满意，不会轻易让变革来威胁它们的地位，反而会强烈抵制有可能让已经运行良久的组织和系统停滞下来的变革。

组织结构的惯性会因为组织发展程度的提高而增加，相应地在面对变革时产生的阻力也会越大。而在那些发展不完善的、结构简单的组织中，组织随时有可能改变自己的结构来发展自己，变革随时有可能发生，对比而言组织结构的惯性就低了许多，组织变革阻力也很小。

（2）信息沟通的障碍。组织内部信息沟通的障碍会产生组织变革阻力。根据信息传播模型，信息传播的过程简单来说是先由发起者对想传达的信息进行加工编码，然后通过媒介传递到接收者，接收者在接收到信息后再对其进行解码，理解信息的内涵。在这个过程中，几乎每个过程都有噪声的影响，比如发起者对信息的加工很有可能导致信息并不能表达出他们真正的想法或者全部的想法，而媒介很有可能让信息在传播中发生丢失或者改变部分信息的内容，接收者在对信息进行接收理解的时候也会或多或少地加入个人的想法，很难完全理解信息的全部内容，甚至有可能产生误解。

由于上述各种因素，在组织变革的过程中，个人、群体、组织都会因为各种考虑而造成信息在沟通中的失真，比如个人会因为本能地抵触变革、心理因素的影响等而恶化对有关变革的信息接收。所以，组织发生变革时，在组织中信息传播的障碍会让个人、群体难以理解变革的真正目的和方式，这些不理解就会造成发自内心地对变革的抵制。而在信息严重失真的时候，员工们不仅无法获得关于变革的准确信息，甚至会接收到错误的和完全相反的信息。模糊的不全面的信息会因为其产生的不确定性而让员工抵制变革，错误的信息可能会产生更大的组织变革阻力。

（3）组织利益的纠纷。组织利益的作用会产生组织变革阻力。对组织中的各部门来说，在面临组织变革时，会优先考虑的自身的利益会不会受到影响。当变革有可能影响到他们的利益时，他们会毫不犹豫地抵触变革。来自利益方面的组织变革阻力总是最大的，这一点和前述一致。

不仅组织内部的个人、群体和部门会因为利益纠纷来阻碍组织变革，变革推动者同样要考虑变革的利益。变革是为了给组织带来更高的收益，变革推动者总是想将组织变得更好，可变革也需要成本，这是组织变革推动者不得不谨慎考虑的。推动变革所需要的投资大于变革可能带来的收益时，变革就会得不偿失。因此，在组织利益的作用下，变革推动者不得不加入很多考虑的因素，从根源上产生了组织变革阻力。

（4）组织文化的影响。组织文化的作用会产生组织变革阻力。组织文化是指一个组织由其价值观、信念、仪式、符号、处事方式等组成的特有的文化形象，简单而言，就是企业在日常运行中所表现出的方方面面。组织文化在组织中是比较隐秘的，在组织中谁也看不到组织文化，但组织的各个方面都在潜移默化地受到组织文化的影响。组织文化一旦形成传统，不管这种文化是强是弱，它都会在整个组织中拥有深刻的影响。一旦变革将要发生，受组织文化影响的员工会对变革中有碍当前组织文化的部分产生发自本心的抵制，就像中国古代封建社会无法接受现代社会的新思想一样。组织文化强的组织，由于其核心价值观对组织成员的影响深入人心，由组织文化产生的隐形组织变革阻力会更大。

（四）组织外部因素的作用

前面三个部分都是来自组织内部的阻力，而组织外部同样会对组织变革产生阻力，例如国家宏观经济发展情况、国家政策的改变等国际挑战带来的压力等。不同组织所面临的外部因素不完全一致，组织外部因素对组织变革所产生的阻力也注定不会一致。但这种来自外部的阻力影响着组织的每一环，特别是组织变革推动者。

有关组织变革阻力研究一向重视内部因素而忽略外部因素，重视组织自身而轻视对组织变革推动的影响。事实上组织变革推动是组织变革的重要来源之一，组织变革推动者需要对组织变革的结果直接负责，在变革中所承受的压力是巨大的，并不是每个变革推动者都是意志坚定地、不受任何因素影响地推动组织变革这一充满挑战的过程。来自组织内部的压力会给组织变革推动者带来很多麻烦，来自组织外部的组织变革阻力通常主要作用于组织变革推动者这一关键点上的。例如对于一些公益组织来说，其某一部门组织在进行大规模变革时，势必要受到社会大众的关注以及其他部门组织的影响，这些影响很难作用到组织内部的个体以及群体，但会对组织变革推动者产生非常大的压力。

因不同组织所处的环境与所拥有的状态结构等因素不同，外部因素对组织变革阻力的影响无法一一罗列，但宏观方面的国家及国际经济、金融、政治等方面的环境是每个组织及成员都不得不面对的，这些大环境带来的影响错综复杂，但不可忽视其对组织变革阻力的影响。

四、构建组织变革阻力模型

基于上文分析，建立了如下组织变革阻力模型。

总体上看，组织变革阻力分为来自组织外部的外部变革阻力以及来自组织内部的内部变革阻力。

外部变革阻力的来源根据各组织所处的环境而定，一部分会直接作用于变革推动者身上，另一部分则会与内部产生的变革阻力共同起作用，与变革动力相抵抗。

内部变革阻力分层次产生并相结合对组织变革进行抵抗。内部变革阻力的来源分为个体、群体、组织三个层次，三个层次的关系如图 1 所示。个体结合组成群体，组织由不同群体相互作用而组成。三个层次所产生的组织变革阻力并不相互分离，组合在一起通过组织这一整体来对变革动力进行抵抗。不同层次所产生的组织变革阻力的根源是不同的，因此需要细分到个体这一最基本的层次。

无论内部变革阻力还是外部变革阻力，最终的作用点都是组织变革，模型中用变革推动者进行代表。

需要指明的是，本模型是针对组织结构比较复杂的大型组织设计下的产物，对于结构简单、人员较少的组织也有一定的适用性。对组织变革阻力的分析需要根据组织自身的特点及处境切实考虑，很难构建普适性的模型来套用到所有的组织当中，本模型仅提供一定的参考。

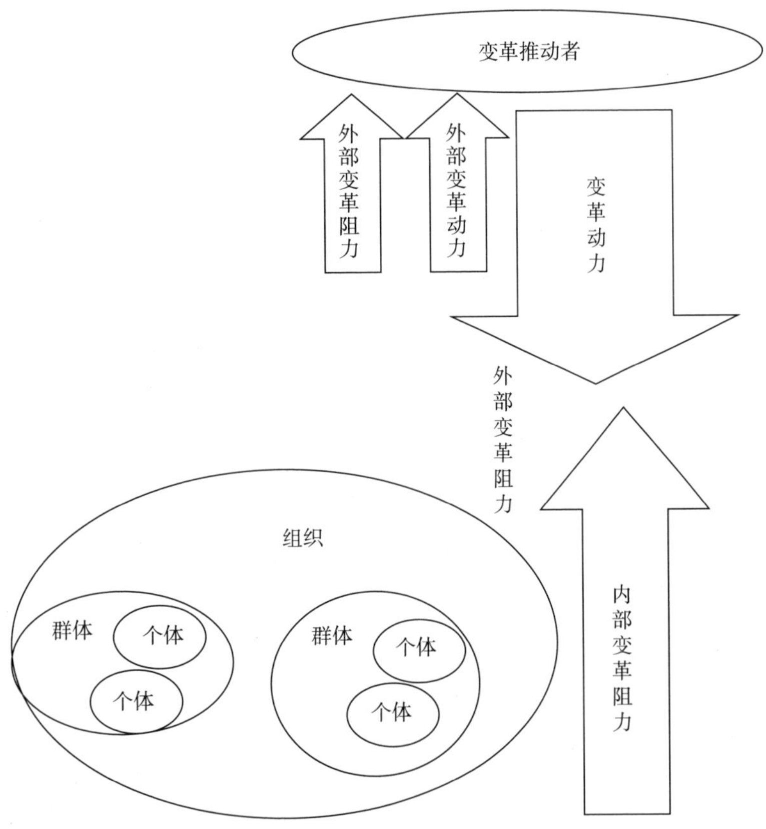

图 1　组织变革阻力模型

资料来源：笔者整理。

五、总结

本文立足于前人的研究，根据文献的整理给出了组织变革阻力的定义，从个体、群体、组织三个组织内部层次对内部组织变革阻力的来源进行详细分析。发现目前学者容易忽略的外部环境带来的变革阻力，提出外部环境所产生的组织变革阻力也是不容忽视的，进一步对外部环境带来的组织变革阻力进行一定的分析。最后根据分析结果，创建了组织变革阻力模型以使组织变革阻力的概念清晰化。

对这些组织变革阻力来源进行总结，本文认为组织变革的关键点在于组织变革推动者。对组织变革的阻碍主要是对组织变革推动者的阻挠。只有组织变革推动者对组织变革阻力的来源、作用点和相关概念有充分的了解，才能对症下药解决内部问题，同时也能应对来自组织外部的压力。对组织变革阻力的研究主要应用于服务组织变革，只有充分了解组织变革阻力，从各来源处克服组织变革阻力，才有可能使组织变革达到变革推动者的理想情况。

本文仅在前人研究的基础上，在与组织变革相区分的前提下对组织变革阻力的概念及来源进行浅析，所构建的模型也只是对分析结果的概括，以明确组织变革阻力的概念、来源及作用点。

组织变革阻力的分析需要根据组织的情况切实进行调查，本文模型及结论仅提供一定的参考。本文研究方法与结论都具有很大的局限性，期望未来对组织变革阻力的研究可以做到与员工和管理者的直接接触，根据员工及管理者的反馈进行更加深入的研究，得到更有意义的成果。

参考文献

[1] Shepard H A. Innovation-resisting and innovation-producing organizations [J]. The Journal of Business, 1967, 40 (4): 470-470.

[2] 张丽坤，王海宽，刘开第. 企业组织变革阻力评价的模糊综合评判模型 [J]. 数量经济技术经济研究, 2004 (2): 94-99.

[3] [美] 斯蒂芬·P. 罗宾斯，玛丽·库尔特. 管理学 [M]. 北京：中国人民大学出版社, 2012: 146-171.

[4] 陈春花，刘晓英. 组织变革中驱动机制和抵御习性的分析 [J]. 软科学, 2002 (5): 47-49, 71.

[5] 陈春花，张超. 组织变革的“力场”结构模型与企业组织变革阻力的克服 [J]. 科技管理研究, 2006 (4): 203-206.

[6] 马颖楠，黄中梅. 组织变革综述 [J]. 特区经济, 2015 (4): 105-107.

[7] 杨百寅，齐明正，单许昌. 组织变革的阻力、动力与用势 [J]. 清华管理评论, 2019 (Z1): 53-60.

[8] 张柳梅，戴永秀. 企业组织变革阻力因素分析 [J]. 科技广场, 2007 (6): 56-58.

[9] 赵忠营，郑岐. 企业变革的阻力及对策的探讨 [J]. 中国新技术新产品, 2012 (2): 209-210.

[10] 傅鸿震. 试论企业组织变革的阻力及其对策 [J]. 网络财富, 2008 (10): 70-71.

[11] 宁云柱，许赟. 企业组织结构变革的阻力及对策分析 [J]. 内蒙古统计, 2012 (2): 21-22.

[12] 董飞. 企业组织变革阻力及对策分析 [J]. 智能城市, 2016, 2 (8): 107, 109.

[13] 李作战. 从组织变革的模式选择看组织变革的阻力及其克服 [J]. 现代管理科学, 2007 (6): 45-46.

[14] 张婕，樊耘，纪晓鹏. 组织变革因素与员工对变革反应关系研究 [J]. 管理评论, 2013, 25 (11): 53-64.

[15] 张婕，樊耘，张旭. 组织变革中的情绪唤起及其影响机制研究 [J]. 管理评论, 2016, 28 (3): 126-138.

[16] 白景坤. 组织惰性视角下组织变革对企业持续成长影响研究——以柯达公司历史上的5次重大组织变革为例 [J]. 财经问题研究, 2014 (11): 120-126.

[17] 林枚，李慧芳，曹晓丽. 企业化解变革阻力的策略——基于支持性人力资源实践的研究 [J]. 经营与管理, 2018 (10): 71-73.

[18] [美] 伊丽莎白·博米斯特，宁希. 突破阻力——精益生产中克服变革阻力的领导策略研究 [J]. 上海质量, 2018 (10): 51-55.

[19] Bovey W H, Hede A J. Resistance to organizational change: The role of cognitive and affective processes [J]. Leadership & Organization Development Journal, 2001, 22 (8): 372-382.

[20] Oreg Shaul. Personality, context, and resistance to organizational change [J]. European Journal of Work and Organizational Psychology, 2006, 15 (1): 73-101.

[21] Thomas R, Sargent L D, Hardy C. Managing organizational change: Negotiating meaning and power-resistance relations [J]. Organization Science, 2011, 22 (1): 22-41.

[22] Battilana J, Casciaro T. Overcoming resistance to organizational change: Strong ties and affective cooptation [J]. Management Science, 2013, 59 (4): 819-836.

[23] Schweiger S, Stouten H, Bleijenbergh I L. A system dynamics model of resistance to organizational change: The role of participatory strategies: A system dynamics model of resistance to organizational change [J]. Systems Research & Behavioral Science, 2018 (4): 658-674.

[24] 王伟浩，陶爱萍，马兰燕. 高技术企业组织变革的阻力及化解 [J]. 商业时代, 2013 (15): 110-111.

基于整体性治理的突发事件应急联动机制构建研究述评与展望

严小丽

（上海工程技术大学管理学院，上海　201620）

［摘　要］为了改进当前的应急联动机制，提出运用整体性治理的“整合”思想来解决应急联动机制中存在的“碎片化”问题。对国内外整体性治理理论的研究进展与应用，应急管理、应急管理机制及应急联动机制的实践与研究进展情况进行了综合评述，指出目前研究中存在的不足，进而从研究角度与内容、研究路径与方法两个方面对利用整体性治理理论解决突发事件应急联动机制构建问题进行了展望。

［关键词］整体性治理理论；突发事件；应急联动机制

一、引言

我国已进入突发事件频发的高风险社会，危机事件的处理是对政府组织的管理能力和效力的全面考察衡量与综合鉴定。目前，我国已建立“一案三制”（预案、体制、法制与机制）的应急管理体系。在四个核心要素中，应急机制建设是“短板”，是下一阶段的建设重点。原因在于，体制和法制建设相对完善；体制具有一定刚性，法制需经过烦琐的立法程序，预案仅是应急准备活动中的一项内容，故加强和完善应急机制建设迫在眉睫，大有可为。

当前绝大多数突发事件已完全突破原来规模小、性质单一、不确定因素少的属性，扩展到跨地域、跨部门、跨主体、条块间、军地间等不同“跨域”幅度，具有复杂性、连带性、叠加性、耦合性，应对难度日益增大。针对跨域突发事件，需要“联动”处理，改善“联动”效果。应急“联动”机制的实质是各联动部门摒弃部门狭隘利益窠臼，从服务公共利益和服从总体应急命令出发，在以分工、专业、效率等传统价值诉求的应急管理模式下，实现应急幅度的跨区域、跨部门、跨警种；应急过程的快速指挥、统一应急、联合行动；应急效果的规模收益和集成效应。

由于我国“国家建立统一领导、综合协调、分类管理、分级负责、属地管理为主”应急管理体制的特点，跨域突发事件联动中“条块分割、条线分割、各自为政”，出现了“碎片化”“孤岛化”现象，导致了“应而不联，联而不动”的“应急失灵”的后果，导致部分严重事故的出现，具体表现在：应急信息共享不足、沟通不畅，影响了应急决策与处置的效率；应急机构水平参差不齐，彼此间的合作、协同程度低；应急救援物资的储备缺少统筹安排，不利于集中使用、统一调配，同时造成重复储备现象；应急救援“单队单能”现象严重，缺少综合性救援队伍，重大突发事件应对保障机制有待进一步完善。造成上述困境的根本原因在于——信息与协作的“碎片化”“孤岛化”，根源于应急理念差异、权力分割与利益壁垒、信息沟通障碍等所导致的各行政部门之间协作与整合的欠缺。

“整体性治理”正是针对公共部门和公共服务中日益严重的“碎片化”问题而提出的一种新型的政府治理模式，与新公共服务、无缝隙政府、网络化治理、协同政府治理等理论比较可知，整体性治理理论是一个相对更系统、更成熟、更具前瞻性的行政理论典型范式。“整体性治理”是以“协作、整合”为基本特征的跨部门协同的理论模式，它提出一种通过“跨界性”合作解决应急联动中利益壁垒及信息沟通问题的新思路，对于解决突发事件应急联动问题具有高度理论契合性。

当前在应急联动机制与整体性治理理论方面研究较多，但尚缺乏应用整体性治理理论来解决应急联动机制构建问题的探索。本文将对整体性治理理论的研究进展进行评述，并对当前国内外应急联动机制的理论与实践发展状况进行总结性综述，提出利用整体性治理理论解决应急联动问题的研究框架与思路。

二、整体性治理理论的研究与应用进展

（一）国外

“整体型政府”正是针对公共部门和公共服务中日益严重的“碎片化”问题而提出的一种新型的政府治理模式。与新公共服务理论、无缝隙政府理论、网络化治理理论、协同政府治理理论等相比较，整体性治理理论是一个相对更系统、更成熟、更具前瞻性的行政理论典型范式。整体性治理对于突发事件应急联动机制的建构具有科学的指导价值和现实意义。

整体性治理理论建立在对新公共管理批评发展基础上，它强调政府组织机构的整体性运作，协调与整合的治理机制及以现代信息技术为手段，其代表人物是佩里·希克斯和帕特里维·登力维。以希克斯的三本著作《整体性政府》《圆桌中的治理——整体性政府的策略》《迈向整体性治理》为依据，整体性治理在1997~2002年逐渐发展完善，经历了理念的倡导（1997年《整体性政府》）、策略的提出（《圆桌中的治理——整体性政府的策略》）和理论进一步深化（《迈向整体性治理》），尤其是第三个阶段中关于整合过程、碎片化政府、棘手问题与协调的阐述，是理论完整性和精致度较高的阶段。理念倡导、策略提出和理论深化三个阶段，其关注问题的层次、焦点、对问题研究的深度和广度得到日渐拓展和深化。尤其是第三个阶段中关于整合过程、碎片化政府、棘手问题与协调的阐述，是理论完整性和精致度较高的阶段。整体性治理强调政府组织机构的整体性运作，强调以整体的角度考虑问题，其核心内容包括：①强调整体主义的核心思维；②强调整体性的整合；③以现代科学技术为手段。

之后，整体性治理的思想吸引了国外的众多学者。英国汤姆·林（2002），克里斯多夫·波利特（2003），帕特里特·登力维（2005），挪威克里斯丁和帕拉吉等（2006）学者都从不同的角度解释了整体治理的含义及各国的实践情况。此外，国外学者还将整体性治理的思想及理论运用到社会可持续发展、高等教育及公司治理等各个不同领域的治理研究中。

当前，国外研究主要在于对整体性治理理论丰富与发展完善，众多学者从不同角度解释了整体性治理的含义及在世界各国的实践情况，将其思想及理论运用到政府改革、社会可持续发展、

高等教育及公司治理等不同领域中。整体性治理理论影响力逐步增强，已成为公共行政研究最具活力的领域之一。

（二）国内

在国内，随着中国政治文化的不断发展，学者们对整体性治理理论和实践的探讨也逐渐深入。研究主要包括：①整体性治理理论介绍、背景、主要内容及特征；②整体性治理模式及运作机制、发展趋势等；③整体性治理对我国行政体制的改革、构建整体性服务型政府等方面的借鉴，整体性治理与政府关系；④整体性治理理论在公共危机的治理、区域政府合作、养老制度、基础教育领域公共服务政策运作等领域的应用等方面。

总体来看，国内研究侧重于对该理论的介绍、评述及对我国的启示、中国政府治理实践的研究，处于理论的引进和吸收阶段，未来将更关注整体性治理在中国情境下具体深入应用的研究。

三、应急联动机制相关的研究与实践进展

（一）应急管理

应急管理的实践性远远强于理论性，国外应急管理的实践发展非常有活力。美国、加拿大、日本、澳大利亚等国都已经建立起有针对性的应急管理体系，形成了特色鲜明的应急管理体制与机制。我国应急管理体系起步相对较晚，对应急管理的高度重视始于 2003 年的“非典”时期。目前，我国已经建立起了“一案三制”的应急管理体系。

20 世纪 60 年代欧美社会科学领域已有大量灾害和危机管理研究，至 20 世纪 80 年代，拓展至公共管理研究领域。1986 年，美国《公共管理评论》出版专号《应急管理——公共管理面临的新挑战》。目前美国 80 多所大学、研究和培训机构开设应急管理课程和研究工作，相关研究包括：应急管理体系和应急机制、应急资源的布局及调配、应急管理的培训、突发事件的分类分级和评价问题、应急管理中的信息管理问题等。

我国学术界应急管理研究轨迹与应急管理体系建设的实践发展基本一致，主要围绕“一案三制”的框架展开。依据成果数量和研究深度，大致可以划分为萌芽（2003 年以前）、快速发展（2003~2007 年）、质量提升（2008 年至今）三个阶段，取得了丰富的成果，但目前已进入瓶颈期。未来将逐渐走向学理性增强、跨学科交叉融合、宏微观结合的研究。相关研究包括：应急管理基础理论、方法；行政、组织、政策及“一案三制”的研究；应急技术、方法等的研究；国内外应急管理的比较及对我国的借鉴研究；应急管理经验总结与案例研究等。

（二）应急管理机制

国外发达国家注重应急机制建设，强调完善突发事件应对的运行机制，实现应急工作的科学化、规范化、程序化。澳大利亚应急管理署《应急管理手册系列》（1998，2005）对应急管理机制进行了详尽的规定；美国应急管理机制经历了“联邦应急计划—国家应急计划—国家应急框架”的完善，代表了其应急管理机制设计的思路演变。加拿大、日本、英国、德国等对应急管理机制都有相应的制度规定。

我国应急机制建设是“一案三制”应急管理体系建设的重要内容。《中华人民共和国突发事

件应对法》为深化应急机制建设提供了法律依据；国家对应急机制的基本内容与建设目标进行了初步探讨，部分运行机制开始细化和具体化（国家层面已有20余项涉及监测与预警、信息报告等具体应急机制的文件），个别部门开始进行应急机制建设的探索和试点，但应急机制建设存在的迫切问题在于，国家对应急机制建设只提出了抽象性、原则性、概括性、综合性的要求，缺乏用于指导实践的基本内容、功能目标、实现方法的明确规定，有关应急机制的划分和具体表述尚不清晰。总之，我国部分应急机制设计不尽科学，操作性和适应性较差，给应急管理理论研究和实践操作造成很大困难，尤其是面对当前跨域突发事件频发的现状，缺乏有力的应对。

在研究领域，我国学者对“一案三制”中应急体制与应急法制方面探讨内容较多，对应急机制的研究集中在：应急机制组成、模式与内容、应急机制构建的理论研究、实证考察与案例经验研究等。《国家突发公共事件总体应急预案》第三部分“运行机制”将其分成：预测与预警、应急处置、恢复与重建、信息发布四个部分。在研究领域，不同学者对应急机制有不同的划分：“五大机制”论，即“监控、处置与协调机制、指挥与监督、终止、补偿机制”；“九大机制”论等；另外有学者分别从指导思想、工作原则、途径和方法等角度进行应急机制建设研究。

（三）应急联动机制

由于应急管理中涉及多主体参与问题，应急联动问题逐渐引起了学者们的关注，他们通过应急联动管理框架和主要单元分析，对联动概念、动因、重要作用及组织机制等问题进行了探讨。另有学者研究了应急联动多主体协调、组织设计、信息沟通与共享、应急联动运行中的技术等问题。随着突发事件复杂性的加剧，组织间协调与合作是应急管理未来研究的重要议题。

国内应急联动方面已经具有实际操作经验和理论研究。在实践领域，应急联动协调经历了由“个别非常设机构进行辅助性协调—由议事协调机构牵头协调—依托应急管理机构与部门间联席会议进行综合协调”等不同阶段，成为各部门间沟通协调的重要工作机制。《泛珠三角区域内地9省（区）应急管理合作协议》（2009）标志着全国首个省际区域性应急管理联动机制正式建立。环境保护部和交通运输部两部门签署了关于建立应急联动工作机制的协议（2013年12月至2014年5月）。我国南宁、金华、重庆、上海等多地区进行了应急联动的实践与探索。

关于应急机制中联动机制的研究，目前整体上处于起步阶段，基本可分为以下两类：

第一类：应急联动机制对策类或应然类研究。此类研究多是从“现状—问题分析—对策”角度对现象进行简单的诊断性分析和论述，尝试提出对策性建议与解决方案，或对具体区域或案例机制研究，或进行国外经验借鉴研究等。

第二类：应急联动中组织碎片化与协调问题研究，有三种代表性观点：观点一，基于整体性治理视角研究公共突发事件中部门利益梗阻问题，认为利益本位主义及权力分割是导致“应急失灵”的原因。此类研究是行政管理体制改革中“部门利益”问题研究在应急联动领域的延伸。观点二，从组织间网络视角研究跨域危机整体性治理中组织协调问题，认为管理体制条块分割以及由此产生的协调困难是“中国式碎片化”问题的根本原因。观点三，应急联动系统与平台在应急管理中发挥重要作用，应急决策与联动中需要信息共享和协调。信息是突发事件情境下应急决策的核心要素，“信息源清晰—信息渠道畅通”且两者恰当匹配是应急决策的必要条件。

应急管理是实践性、操作性、创造性都极强的综合性系统工程，纵观当前应急联动的实践发展与理论进展，可以得出结论：我国目前应急联动机制研究的理论在某种程度上落后于实践发展的变化。针对我国目前应急机制，特别是应急联动机制理论建设的欠缺，目前的研究没有利用比较成熟的整体性治理的经验，对跨域突发事件应急联动机制进行全面、系统深入的理论探讨，理论深度不够，系统性、前瞻性不足，导致应急联动机制的构建缺乏理论支撑；同时，没有在理论研究基础上提出实践性操作思路，在实践性操作方面缺乏有效的经验总结、提升。如何在当前应急管理体制下，结合应急联动机制建设的现状，总结已有探索性经验，真正地构建出标准化、规范化的应急联动机制，提高跨域突发事件联动应对的常态化、规范化、制度化建设水平，是应急管理工作的新任务、新课题。综合整体性治理与应急联动机制相关研究与实践进展，可以获得以下结论：

（1）现有应急联动机制研究主要局限于现象和经验的描述与解释，对于应急联动过程基本规律的理论建构和检验类研究较少，缺乏基本理论框架和必要的数据支撑，结论的解释力和说服力较弱。导致应急联动机制理论支撑基础薄弱，制约了应急管理理论与实践的深入发展。

（2）整体性治理理论已广泛应用于政府行政体制改革等方面，基于整体性治理视角的应急联动研究开始起步，目前仅从应急联动碎片化现象及其产生原因，即利益壁垒、信息沟通所产生的组织协调问题角度展开，提出了一定治理对策，尚未上升到联动机制理论构建层次。

（3）整体性治理理论的基本实现路径之一是通过流程治理实现工作环节整合，同时在治理手段上强调信息技术的应用，因此，相较于从工作流程或从“信息源—信息渠道”单一角度构建应急机制而言，整体性治理更系统、更成熟、更具前瞻性。

四、基于整体性治理的应急联动机制构建研究展望

（一）研究角度与内容

从整体性治理视角出发系统研究突发事件应急联动机制的基本框架与理论维度，探讨联动机制构建方法，可以实现应急联动理念、组织机构、功能、公私主体及信息的整合，有效地解决应急联动治理困境，弥补当前应急机制理论相对匮乏和落后的不足。具体研究可从以下角度入手：

（1）突发事件应急联动主客体特征及应急联动困境内在机理分析，解决联动困境问题的本质及内在作用机理问题。联动机制构建的理论基础研究，包括：①突发事件所区分于一般事件的发生、发展、衍生及其影响扩散的过程动力学特性和时空演化规律性分析。②应急联动主体权力纵横向分配的静态关系与“碎片化”制度背景分析。③应急联动的动态管理过程与联动主体行为分析。④主客体联动的困境及主要矛盾分析。⑤应急联动困境影响因素与内在机理分析。

（2）整体性治理视角下突发事件应急联动机制的基本框架与理论维度，解决联动机制理论基本框架与实质内涵的问题。对突发事件应急联动机制从行政理念、组织机构、功能、公私主体、信息支撑技术等角度进行理论维度的构建，对各维度的基本组成要素、结构、功能、内在作用机理、影响因素等进行研究，解决联动机制理论基本框架与实质内涵的问题。①行政理念整合机制：使政府职能回归公共性，解决利益壁垒理念问题。②组织机构整合机制：不同层次、同一层次、条块之间的纵横向机构与部门资源整合。③功能整合机制：应急联动全阶段流程治理的过程与关键环节，过程性功能框架与组成要素。④公私主体整合机制：多元参与主体、参与方式、联动格局的构建。⑤信息沟通与共享整合机制：信息技术辅助性支撑机制。

（3）整体性治理视角下突发事件应急联动机制构建方法与实施路径研究，解决联动机制实施方法的问题。在机制理论维度要素与内涵研究基础上，进行各维度构建方法与实施路径的理论研究。①行政理念：应急理念的重塑、考核与问责制度的建立及人事制度变革方式。②组织机构：整体性治理组织间网络视角工具、重新整合的逆部门化与逆碎片化方法。③应急功能：工作流程优化、网格化社会治理方法。④公私联动：网络系统构建方法。⑤技术手段：电子化政府、公共

服务平台与整体性信息系统。

(4) 整体治理视角下突发事件应急联动机制构建与完善的政策建议，解决具体操作性问题。在理论研究及国外成熟经验借鉴基础上，从宏观思路、中观战略与微观措施角度给出应急联动机制的政策建议，并以微观层面措施为突破口，实现政府部门间联动机制的有效调整。

(二) 研究路径与方法

鉴于应急联动机制的研究是一个实践性比较强的领域，研究中可采取实地研究、案例研究、理论与实践相结合、规范与实证研究相结合方法进行。

(1) 实地研究：可选取国内具有代表性做法的地区、政府管理部门如广西南宁、浙江金华、深圳、广州等地应急指挥机构进行实地调研，通过参与观察和访谈法深入了解应急联动管理现状与限制因素等具体资料，在获取不同地区和机构的实践模式经验总结基础上，进行理论提升与构建。

(2) 案例研究：选取典型突发事件案例，以应急联动机制为核心，从案例中剥离与提炼概念，进行理论构建，验证和丰富研究所提出的基本理论框架。采取"情景再现"方式考察事件演化过程及应急联动管理动态历程，建立随时间轴变化不同联动主体的行为曲线，对情境脉络进行客观性描述与分析。通过案例对象研究，揭示现象及背景，发现问题背后的深层因素；通过代表性案例横向比较与内容统计分析，探讨应急联动机制差异与原因、内在影响机理及规律。可获取案例的途径包括：①实地调研收集；②官方和非官方系统性事故调查报告数据；③国内有影响力科研团队与学者编制教学科研案例文献；④国外重要危机案例库；⑤主流媒体对突发事件报道的大量文本分析数据；⑥社交媒体中专家深度分析与网络舆情分析数据等。

(3) 理论与实践研究相结合：研究可与地方应急管理部门建立深入合作关系，结合工作实际进行研究，研究中期成果也可在实际政府部门应用基础上获得反馈与改进。研究中可遵循"实践中发现问题—理论提升—应用与还原于实践"的科学路径，以保证研究成果的应用价值。

(4) 规范与实证研究相结合：在应急联动机制理论维度与构建方法研究中，可采用基于理论分析与逻辑推理上的规范研究与基于案例与实地调研基础上实证研究有机结合的方法。

五、结语

典型突发事件处理反映出当前应急联动机制存在"碎片化"而导致的"应急失灵"问题，整体性治理理论为解决应急联动问题提供了理论指导。文章在国内外整体性治理理论的研究进展与应用，应急联动机制的实践与研究进展情况的综合性评述基础上，指出目前研究中的不足，提出了基于整体性治理理论构建应急联动机制的思想，进而从研究角度与内容、研究路径与方法两个方面对利用整体性治理理论解决突发事件应急联动机制构建问题进行了展望。

借鉴整体性治理理论构建应急联动机制给出了解决应急联动问题的一种新的研究视角和理论工具，可使应急管理学术视野更加开阔和国际化，研究主题和领域得到深化和拓展，对于提升应急管理这门研究积累和理论基础相对薄弱、由实践推动的新兴学科的理论性具有重要意义。同时，可针对实践中应急联动失效问题提出政策建议，为解决联动协调与整合问题提供有效的方法与途径参考，促进政府部门制度化、规范化、程序化应急联动机制的建立与完善，为推动应急管理工作迈向更加科学化的轨道发挥积极作用。但是，要注意的是，机制的建设离不开体制的支撑与硬性约束。应急联动机制必须以我国应急体制为基础，同时应急联动要求打破部门分割、条块分割界限，实现的关键在于机制优化。如何保证组织机构整合机制符合应急体制框架与制度逻辑，同时又通过机制层面的改革、创新与调整的“整合”措施确保体制制度得以有效落实是未来研究的难点。

参考文献

[1] 盛明科，郭群英. 公共突发事件联动应急的部门利益梗阻及治理研究［J］. 中国行政管理，2014（3）：38-42.

[2] 上海外滩拥挤踩踏事件调查报告全文［EB/OL］. 人民政协网，http：//www. rmzxb. com. cn/c/2015-01-21/435259. shtml，2015-01-21.

[3] 陈慧. 跨域灾害应急联动机制：现状、问题与思路［J］. 行政管理改革，2014（8）：61-64.

[4] 韦彬. 跨域公共危机治理结构：碎片化与整体性治理［J］. 经济研究参考，2014（29）：46-50.

[5] 陈安等. 现代应急管理系列丛书：理论与方法，应用与实践，技术与系统［M］. 北京：科学出版社，2009. 4~2011. 10.

[6] 滕五晓，王清，夏剑霺. 危机应对的区域应急联动模式研究［J］. 社会科学，2010（7）：63-68.

[7] 王宏伟. 重大突发事件应急机制研究［M］. 北京：中国人民大学出版社，2010.

[8] 闪淳昌，周玲，方曼. 美国应急管理机制建设的发展历程及对我国的启示［J］. 中国行政管理，2010（8）：100-105.

[9] 彭锦鹏. 全观型治理：理论与制度化策略［J］. 政治科学论丛（中国台湾），2005（23）：150-155.

[10] 竺乾威. 从新公共管理到整体性治理［J］. 中国行政管理，2008（10）：52-57.

[11] 曾维和. 后新公共管理时代的跨部门协同——评希克斯的整体政府理论［J］. 社会科学，2012（5）：36-46.

[12] 崔会敏. 整体性治理对我国行政体制改革的启示［J］. 四川行政学院学报，2001（1）：10-15.

[13] 谭海波，蔡立辉. 论“碎片化”政府管理模式及其改革路径［J］. 社会科学，2010（8）：12-18.

[14] Perri L. Holistic Government London［M］. Demos，1997.

[15] Perri L. Governing in the round，Strategies for Holistic Government［M］. London Demos，1999.

[16] Perri L. Towards Holistic Governance，the New Reform Agenda［M］. New York Palgrave，2002.

[17] Tom Ling. Delivering joined-up government in the UK dimensions，issues and problems［J］. Public Administration，2002（4）：625-626.

[18] Patrick Dun Leavy. New public management is dead-long live the digital era governance［J］. Journal of Public Administration Research and Theory，2006（3）：467-494.

[19] Limba T，Gulevičiūtė G. Holistic electronic government services integration model：From theory to practice［J］. International Journal of Advanced Computer Science and Information Technology（IJACSIT），2014（3）：1-31.

[20] 张立荣. 当代西方“整体政府”公共服务模式及其借鉴［J］. 中国行政管理，2008（7）：108-111.

[21] 赵晓雷. 整体性治理理论视角下的中国府际关系研究［J］. 河北工程大学学报（社会科学版），2011（4）：54-56.

[22] 郭雪松，朱正威. 跨域危机整体性治理中的组织协调问题研究——基于组织间网络视角［J］. 公共管理学报，2011（4）：50-60.

[23] 罗政军. 国外应急管理经验概介［J］. 辽宁行政学院学报，2012，14（11）：5-6.

[24] Louise K. Comfort，William L. Waugh，Jr. Emergency management research and practice in public administration：Emergence，volution，expansion，and uture directions［J］. Public Administration Review，2012，72（4）：539-547.

[25] 闪淳昌. 应急管理：中国特色的运行模式与实践［M］. 北京：北京师范大学出版社，2011.

[26] 高小平，刘一弘. 我国应急管理研究述评（上）（下）［J］. 中国行政管理，2009（8）：29-33，2009（9）：19-22.

[27] 吕孝礼，张海波等. 公共管理视角下的中国危机管理研究——现状、趋势和未来方向［J］. 公共管理

学报，2012，9（3）：112-121.

［28］李尧远，曹蓉. 我国应急管理研究十年（2004-2013）：成绩、问题与未来导向［J］. 中国行政管理，2015（1）：83-87.

［29］赵哲锋，王勇猛. 国内外突发事件应急管理机制的比较与启示［J］. 法制与社会，2016（6）：178-179.

［30］沈荣华，高小平，张成福等. 政府应急管理机制研究［J］. 中国行政管理，2005（1）：18-21.

［31］钟开斌. 风险治理与政府应急管理流程优化［M］. 北京：北京大学出版社，2011.

［32］钟开斌. 应急决策—理论与案例［M］. 北京：社会科学文献出版社，2014.

［33］王宏伟. 重大突发事件应急机制研究［M］. 北京：中国人民大学出版社，2010.

［34］Weiss JA. Pathways to cooperation among public agencies［J］. Journal of Policy Analysis and Management，1987，7（1）：94-117.

［35］Drabek T E，Hoetmer G J. Emergency Management：Principles and Practice for Local Government［M］. International city Management Association，Washington DC（USA），1990.

［36］Guy Michael Corriveau. A Cross-jurisdictional and Multi-agency Information Model for Emergency Management［D］. Manitoba：University of Manitoba，2000.

［37］Tavida Kamolvej. The Integration of Intergovernmental Coordination and Information Management in Response to Immediate Crises：Thailand Emergency Management［D］. Pittsburgh：Uniwersity of Pittsburgh，2006.

［38］Annelli J F. The national incident management system：A multi-agency approach to emergency response in the United States of America［J］. Revue Scientifique et Technique-Office International des épizooties，2006，25（1）：223.

［39］David Mendonca. Improvisation in Emergency Response Organizations：A Cognitive Approach［D］. Rensselaer：Rensselaer Polytechnic Institute，2001.

［40］钟开斌. 从强制到自主：中国应急协调机制的发展与演变［J］. 中国行政管理，2014（8）：115-119.

［41］胡立华. 中外应急联动模式的比较分析与"金华样本"的路径建构［J］. 公安学刊（浙江警察学院学报），2012（4）：87-93.

［42］陈广林. 南宁市应急管理体系研究［D］. 南宁：广西大学硕士学位论文，2009.

［43］刘雅静. 跨区域公共危机应急联动机制研究［J］. 福州党校学报，2010（6）：19-23.

［44］张平. 我国城市应急联动运行机制建设面临的挑战与重构［J］. 中国人民公安大学学报，2008（5）：62-69.

［45］董幼鸿. 论现代化国际大都市应急管理机制建设——以上海应急联动体系建设为例［J］. 三峡大学学报，2008，30（12）：41-44..

［46］王彦学. 美国—欧盟应急联动系统模式及对中国的启示［J］. 中国人民公安大学学报，2008（1）：151-157.

［47］闪淳昌，薛澜，张秀兰. 应急管理案例集［M］. 北京：化学工业出版社，2012.

新生代员工帮助计划在产业组织中的价值探究

罗光丽
（广东外语外贸大学南国商学院，广东广州　510545）

［摘　要］员工帮助计划（Employee Assistance Program，EAP），是以研究组织与员工关系管理，探索改变组织与员工为相悖关系的传统互动模式，通过专业方法剔除影响员工工作绩效的不利因素，最终实现双方和谐共赢为目标为服务内容的管理心理学实践技术体系。新生代员工帮助计划（Cainozoic Employee Assistance Program，CEAP）是在EAP理论与技术的基础上创新发展出来的科学智能管理生态系统。

本文通过对新生代员工帮助计划的产生背景、理论探索、作用阐释、模式梳理、实践总结、未来趋势分析等的全面论述，明确了新生代员工帮助计划对满足组织和个人在当今时代对生存生态系统的建立的积极作用。同时阐明了新生代员工帮助计划是对心理学与管理学等理论与技术的开拓性、创新性探索，对推动心理学、管理学、经济学跨学科融合研究提供了新思路。

［关键词］EAP；新生代员工帮助计划；产业组织；组织生态

一、研究背景

当今世界科技、信息和经济的高速发展，各种产业组织模式、区域性经济组织孕育而生，不同组织文化交流诉求增强，世界各种宗教信仰固有的价值分歧、各地区经济发展水平不平衡导致的各种冲突等，企业与员工日趋复杂化的关系或由于心理因素导致的层出不穷的企业内部不和谐状况，充分反映了当今时代在管理、认知、人性、沟通、竞争等领域的新问题，呈现出对解决问题的新需求。产业组织经济学是以解决“马歇尔冲突”为目的。社会关系中出现的各种问题与冲突，从本质上分析最后都可归结为利益问题和冲突。心理学研究人的神经、行为、动机、社会关系、发展等，赋予心理学“消除鸿沟、协调关系、实现关联因素的共生共赢”的价值导向。如何通过心理学解决问题和协调冲突，是值得长期探索的。通过心理学理论和技术调和分歧、化解冲突，是应用心理学、咨询心理学的研究内容。产业组织作为人类社会经济组织，涉及“文化、管理、关系、人与经济利益”等沟通协调；跨地区和区域的产业组织还涉及宗教、国际安全、国际关系、社会安定等的协调和处理。研究产业组织的人、事、物“关系协调、和谐共赢、建立组织生态”具有广谱性与代表性。

员工帮助计划（Employee Assistance Program，EAP）在“社会管理、组织管理、人本管理、沟通管理”等领域有极高的实用价值。但EAP存在技术局限，服务领域相对狭窄。新生代员工帮助计划（Cainozoic Employee Assistance Program，CEAP）技术是借助EAP价值导向，对EAP功能进行拓展性研究，通过结合多学科理论、技术参与、信息技术链接、实践验证等方法，利用EAP理念内涵、借鉴经验、借助信息科技平台、运用系统性思维研发的实用新型技术。该技术对产业组织、社群组织乃至行政管理等，起到和谐管理、促进价值倍增的作用。

二、新生代员工帮助计划的产生

20世纪著名的经济学大师、自由主义思想家、产业组织奥地利学派路德维希·冯·米塞斯在《经济学的认识论问题》前言中批判“……用牛顿物理学研究质量和运动的方法来研究人类的行为。以工程师处理没有生命的物质的技术来处理人”，提出了反对人被物化的思想。他在《人的行动》中提出：“他是个体的人，而不是可以精确地用数量表示的、遵循物理学规‘运动’的石头或原子。”米瑟斯认为经济科学作为一门研究人行动的科学，完全不同于实证主义的物理方法。米瑟斯的研究为心理学的经济学领域运用研究开辟了广阔天地，与应用心理学“一切经济活动、关系都是人内在动机下的行为反应”观点殊途同归。米瑟斯肯定了人是有意识的，人具备心智，心智意识决定行动目标，除了通过观察行动着的人之外，还通过内省（introspection）觉察人的意识动机。

米瑟斯奠定了以心理学为基础的新生代员工帮助计划进行经济学研究的思想基础。新生代员工帮助计划是在EAP理论与技术的基础上，结合信息科技、人工智能，以高度人本关怀思想为导向，为组织建立生态环境，帮助组织适应当代社会复杂的经营模式、应对灵活多变的管理需求、帮助组织与员工建立和谐共生关系的科学智能管理生态系统。EAP员工帮助计划，是以研究组织与员工关系管理，探索改变组织与员工为相悖关系的传统互动模式，通过专业方法剔除影响员工工作绩效的不利因素，最终实现双方和谐共赢为目标为服务内容的管理心理学实践技术体系。

新生代员工帮助计划通过经济行为与行为背后动机的心理认知、关系协调、沟通进行实证研究。新生代员工帮助计划项目组通过“经济行为与心理关联性量表”报告显示：2016年1000份经济行为与心理关联性实地调查，报告相关性指数为93%。揭示了人的任何行为与心理的关系：除应激事件以外，人的行为都是心理外显。即使人们常说的“顺其自然”也较大反映了长久以来的心理意识准备动机。该实践报告为心理学与新生代员工帮助计划继续深入研究提供方向指引，为心理学开辟了广阔的人类学探索通道。传统理念认为，马歇尔冲突是垄断经济与市场竞争活力丧失的不均衡市场资源配置矛盾外显，被认为是经济冲突。而行为经济与心理动机关系分析马歇尔冲突，认为其是人与人之间的冲突。哲学家眼里的经济学是“欲望之学”，经济学问题就是人类欲望下的心理与工作、价值观问题。社会经济问题和冲突解决最终离不开哲学思想下的心理沟通。因此，马歇尔冲突依然为私欲导致的资源配置失调。在失调的状态下，竞争者消极判断下的退市行为最终导致市场失去竞争活力。传销行为是代表了马歇尔冲突的另一方的人性欲求失调导致的资源配置失衡。因此，经济危机仍然是行为经济与心理动机的产物，依然可以通过心理动机与行为经济的关系研究得以认知和改善。

产业经济理论更多的是基于经济理论与模型的推导，忽略了人的因素、行为背后的动机、现象背后的本质。马克思说经济危机的爆发只会在资本主义经济产生，因为它们无法逾越社会化大生产与资本私有化的矛盾。资本家想要谋取更多利润，扩大生产规模，而资本却没有社会化，形成垄断经济。一方面社会生产过剩，另一方面由于更多人买不起商品，导致社会资源配置严重失衡。这种失衡持久下去，最终在一个时点以经济危机形式爆发。资本家自始至终以赚取更多利润为价值主宰，但他们也意识到慈善对财富的保值增值的潜在作用，一些资本家出于财富保值增值目的做出的慈善行为，在一定程度上对健康社会经济关系起到一定的作用。

以阿里巴巴的分享经济为例，阿里巴巴每一个商业环境都体现了分享。分享是广义的慈善，因此人类的分享经济意识是希望规避经济危机带来的不确定性与风险。分享经济可在一定程度上规避经济冲突和经济危机。而资本家的社会责任意识是让资本和社会生产获得资源良性配置路径之一，最终解决社会经济中的各种矛盾。一定量的国有企业和有社会责任感的资本家、企业家对一定区域经济的社会资源合理配置发挥着解决作用。一定的国有企业满足了资本社会化条件：取之于民、用之于民。而有社会责任的资本家、企业家通过自我心理动机和社会心理的认知，有效分析社会责任，进而承担社会责任。综上所述，可以有力地说明人类可以通过对自身心理动机和行为的认知，规避人类经济冲突与其他社会冲突，进而完善人类经济环境和生态经济模式。

用本土心理理论分析中国的“道法自然”“顺其自然”是最符合人性的合理资源配置，但它无法找到理论依据以自圆其说。心理学与经济学结合让“道法自然”“顺其自然”找到契合点：当一项经济决策是我们心理动机下的适量适度表现，它就可以带动人实现自身的经济发展，是积极的；而当偏离了适度，会呈现欲望和掠夺，导致动机不纯下的资源配置失衡。如果把失衡的配置继续放大到业主、公司、集团、产业便形成一种经济问题类型，显示出经济学研究和待解决的问题。因此经济学问题落脚点在资源配置失衡，深究其本质在于人性和动机、在于欲望和心理。因此可以用心理动机定性解释“善有善报、恶有恶报”下的行为与动机导致的经济现象，并根据历史行为数据和心理动机统计形成数据模型。经济学与心理学的共同参与可用数据分析解决人性向善的社会管理。心理学早在那里等待经济学的迷茫歇脚，从而以应用心理学方式渗透其中，为其“开处方”。新生代员工帮助计划是其中一剂。新生代员工帮助计划将对经济学问题的解决发挥独特的作用。

三、新生代员工帮助计划价值分析

新生代员工帮助计划的技术路线如图 1 所示。

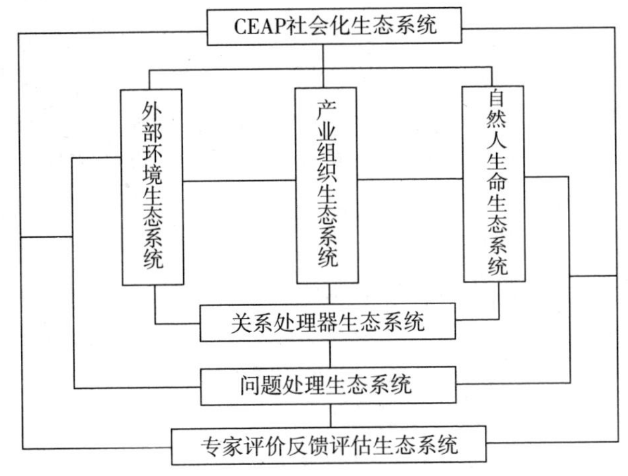

图 1　CEAP 技术路线

（一）新生代员工帮助计划在产业组织中的价值

1. 冲突管理与新生代员工帮助计划价值链接

微观经济组织都会面临战略、人力资源、财务、市场和生产、经营、社会组织协调等问题，如何解决这些问题，管理学早已如数家珍地进行了各种各样的研究，但最终以人本管理思想继往开来。管理学大师思想家德鲁克、人本管理导师彼得·圣吉、心理学家马斯诺等的人本管理思想活跃于当今世界。组织行为学与人力资源管理技术是人本管理思想的产物。EAP 提升了人力资源管理的人本主义关怀，扩大了服务的领域。EAP 补充了人力资源开发、测评、团队合作、员工关系管理、生涯发展、员工全面帮助计划等内容。组织行为实践也从生产、经营、管理过渡到学习型组织、第五项修炼。人本管理思想引入管理学让存在已久的组织内部冲突得以解决。人们明白组织中一切资源以人力资源为第一资源时，组织通过激励和 EAP 技术合作实现了组织与人相生共赢关系。早期对组织与员工判断为相悖关系的理论成为历史，员工获得组织归属感。如今组织的主要矛盾从生产管理问题过渡到"组织如何社会化"和"组织社会化思考"问题上来。一种合理分配组织资源的积极思路，是巧合也是必然。"组织如何社会化"和"社会化思考"是马歇尔冲突问题的答案。马歇尔冲突的解决最终以社会化思考落地。新生代员工帮助计划要探索的正是基于解决"组织如何社会化"和"社会化思考"的问题。

2. 从心理学角度分析产业组织的马歇尔冲突

产业组织理论（Industrial Organization），研究市场在不完全竞争条件下的企业行为和市场构造，主要是为了解决所谓的"马歇尔冲突"的难题，即产业内企业的规模经济效应与企业之间的竞争活力的冲突。① 著名经济学家、思想家米瑟斯认为："由于人是运用其自由意志在这个世界上行动的，因此其所采取的行为绝不可能总结成量化的历史规律。"信息科技进一步发展，呈现出纷繁复杂的经济模式、人际关系，使产业组织必须面对比马歇尔冲突更复杂的内外部关系和时代问题。这些问题很难完全通过经济手段和管理技术得以解决。新生代员工帮助计划有针对性地进行了研究探索，寻找有效解决办法，尝试用心理学方法以解决经济学问题。

米瑟斯认为人的行为有其特殊性，难以量化分析人的行动规律，所以要通过透视人的心理动机把握人的行为，采取的策略比直接分析行为更为重要。米瑟斯把经济学与社会学、人的行为学相结合，丰富和发展了经济学，也让人们看到马歇尔冲突表面是经济冲突实则是人的欲望动机长期堆积产生的系统冲突，最后演变成一个行业冲突、微观经济学下的常态讨论的冲突。阿里巴巴用分享经济形式合理配置了资源，共同参与下的经济模式自然消解了垄断经济下的社会生产的过剩问题与竞争问题。用心理学认知经济行为动机远比一个经济模式的机械推导有效，因为一切的行为产生于心理动机。人们无法让人停止欲望，但可以通过心理学认知欲望、用社会资源配置调整欲望，欲望满足下的人和组织是健康安定的。分析阿里巴巴每一个商业模式、店铺业主与买家的沟通模式都有极高的心理价值因素。心理学对商业和组织管理的本质认知将是学界不可或缺的重要研究领域。

任何有人的地方都有问题；任何组织的问题（除不可抗事件）都是人的问题。产业组织是最充分的人际关系特殊组织，有着长久以来想克服的马歇尔冲突，涉及文化、管理、关系、人与经济利益等多因素。更多跨区域的产业组织还涉及宗教、国际安全、国际关系、社会安定等。研究产业组织的人、事、物关系协调、和谐共赢、组织生态等具有深远的意义。

3. 新生代员工帮助计划在产业组织中的综合价值

新生代员工帮助计划的综合价值可从它的前身 EAP 员工帮助计划辅助分析。

---

① ［美］丹尼斯·W. 卡尔顿，杰弗里·M. 佩洛夫. 现代产业组织［M］. 胡汉辉等译. 北京：中国人民大学出版社，2009.

EAP 产生于“二战”前后，雏形是为帮助退役军人转岗适应和解决酗酒、滥用药物的身心行为问题。20 世纪 70 年代开始应用于组织，后演变为基于提高组织绩效的目的下的给予员工行为关怀项目和组织战略性管理心理学咨询，涉及组织中所有的人和事物产生的问题的处理与协调。帮助组织营造组织气候以及健康的工作环境，最大化实现组织目标的组织行为科学。如今设有在美国的专业国际 EAP 组织协会，各国和地区设置了众多分会。中国在 20 世纪 80 年代开始引进，EAP 广泛普及运用至今只有 10 年左右的历史，以 2008 年汶川地震心理援助为“分水岭”，后期中国社会组织有大量开展 EAP 项目服务。目前有的企业和工作组织通过内部成立 EAP 机构或外包业务给 EAP 专业机构，从而实现优化组织、帮助组织各要素积极成长，最终帮助组织实现战略目标。

EAP 让许多组织受益。早期一项研究数据表明 1 美元 EAP 投入，成本节约 5~16 美元。美国 1/4 以上的企业员工常年享受着 EAP 服务。世界 500 强超过 90%的企业建立了内部 EAP，500 人以上的企业全部设立 EAP 组织，100~490 人的企业超过 70%都设立了 EAP，且数字正在不断增加。EAP 的历史价值有目共睹。科技信息化、经济全球化、数字化迅猛发展，世界文化交流频繁，形成了各种各样的经营模式、经济组织、文化团体、交流通道，组织和自然人客观要求必须社会化。经济、社会、个人交往模式到了大转型时期，在没有足够心理准备的情况下被动地进行着社会化。组织内部系统、自然人身心形成一定混乱与恐慌。如何帮助组织和自然人消除这种由于“未准备好”产生的恐慌和混乱，EAP 无法解决，需要新生代员工帮助计划为后 EAP 时代组织和自然人的社会化提供的智慧系统的支持。

人类在解决问题的过程中不断制造问题，是欲望使然，也是经济学产生的源头活水。社会化的事物都需经过净化提炼才呈现于世，良好的产业组织一样需要良好的净化过程支持。新生代员工帮助计划是帮助产业组织构建灵魂，形成组织生态，帮助产业组织健康地实现可持续发展。

以阿里巴巴和苹果为例。众所周知，阿里巴巴以超乎人们一般想象的模式和销售量发展成为电商王国。跨界规模之大，早已实现产业“大规模生产”，也实现了电商平台的垄断规模。2017 年 10 月 1 日至 12 月 31 日，阿里巴巴该季度收入达 830.28 亿元人民币（127.61 亿美元），同比增长 56%；核心电商业务收入达 732.44 亿元人民币（112.57 亿美元），同比增长 57%。电商收入占全部收入的 88%。目前阿里巴巴中国零售平台的年度活跃消费者达到 5.15 亿，移动月度活跃用户达到 5.80 亿。阿里巴巴旗下，跨境及国际零售业务、云计算、数字媒体和娱乐业务等多方面也实现增长。[①] 但阿里巴巴没有“马歇尔冲突”，因为它的电商是社会生产，众多商铺买家公共参与实现了“规模生产”，垄断效益是共同参与创造的，健康的社会化大生产预先稀释了“马歇尔冲突”，呈现的是健康电商生态链。从阿里巴巴电商成功案例分析，可知阿里巴巴系统和商业模式是合作模式下的社会生产与利益分享。阿里巴巴的经营理念、商业模式实施、系统平台上服务、售后服务都呈现了健康生态观，形成自己的电商生态产业链。

最近的菜鸟裹裹快递服务有“不管多晚我都等你、风雨再大始终有我、惊喜再远都能送到、菜鸟裹裹连接你我”“看见每一份爱，也让爱被看见”是最为大众喜爱的公益形象语。开设捐衣捐书，每一个捐赠统计数据从画面到语句都充满人本生态观：一个“95 后”抱着一叠书，一个代表“80 后”的帅型男手捧一件衣，根据捐赠统计数据，图片配文字“‘95 后’更爱传递知识，‘80 后’更喜欢传递温暖”。爱心来自何地的统计数一目了然。并开设了包裹大作战——通过知识趣闻问答在购买与消耗中体验生态：答错扣除平时与淘宝衣食住行行为积累的果酱，从购买到收件都感受到人本关怀，始终有一种积极、诚信、快乐的力量陪伴，呈现了良性循环的电商生态。

① 资料来源：http://www.sohu.com/a/220355744_123753。

阿里巴巴用健康生态观打造了一个商业社区，一切的消费行为和物品只是它生态观的载体（未来从阿里巴巴商业社区里会复制出来更多生态组织和行业），它剔除了每一个环节产生的垃圾，留下净化的能量给世界。阿里巴巴是一个相对完善的新生代员工帮助计划系统。

"苹果"同样有着自己的人本情怀，拥有超级新生代员工帮助计划系统。乔布斯的名言"活着，就是为了改变世界"，表明他试图用苹果功能和系统实现自己的人本情怀，也试图帮助更多人实现改变命运的梦想。苹果是一个生态组织。

有生态观的企业会快速完成社会化进程。健康的社会化生产必须是社会化的健康组织行为，可以化解经济冲突和危机。由于阿里巴巴和苹果在文化土壤中包含了人本情怀、社会责任，他们是具有生态基因的企业。

（二）新生代员工帮助计划产品服务模式

新生代员工帮助计划现阶段以 App 点对点服务，未来会链接更多相关服务器，如医院、信息、商业平台、专家等，为打造社会生态大环境做最优质的服务平台，净化社会、推进文明、实现精神财富丰收。目前 App 功能的优势是集中在专业化的组织咨询、个人咨询、组织与个人关系咨询，并实现 24 小时专家网络在线服务。每一个解答方案是量身定做的，同时，开发了系统数据分析。作为组织，你可以通过新生代员工帮助计划智慧系统了解你想了解的行业系统大数据信息，业务拓展服务，解决你对客户、同行、行业系统的沟通问题，实现共生共赢的既定战略。

现阶段新生代员工帮助计划模式有：

1. "产业链+模式"

"产业链+模式"是将新生代员工帮助计划理念加技术模式融合在产业链上，通过经营活动逐步建立产业生态环境。这种模式优势最多，可以实现每个经营活动在生态环境的支持下健康运行，在运行中强化生态环境，后发优势大，可以帮助实现更持久稳定的规模经济。而规模经济的缺点是：布局周期久、人财物投入大、系统维护工作量大，局部问题蔓延快。适合这种模式的组织有电信、石油、产业联盟行业、教育与医疗等。

2. 外包服务模式

外包服务模式是指把新生代员工帮助计划模式外包给专业服务商。可以是局部也可以是整体生态环境布局外包，其优势是：节约成本、灵活管理。缺点是：系统融合性差，对组织自我生态环境形成有一定的效度影响。它适合中大型组织、发展中组织。

3. 局部组合模式

局部组合模式是指在某一个产业部门采用产业链+模式，局部融合该产业组织系统。其优势是节约成本，有比较优势，能为更多经营行为提供比较参数；其缺点是可能存在局部不平衡现象，影响整体数据客观性、整体生态环境质量。它适合产业链松散性行业，或局部改进计划的治理中的组织。

4. 问题导向模式

问题导向模式指从问题点出发，采用新生代员工帮助计划模式融合系统。具体可以采用前三种中任何一种模式。其优势是灵活、节约成本、目标明确；其缺点是无法从本质上改变组织生态环境。它适合临时性、中短期规划、行业更替快的业态、金融业等。

（三）新生代员工帮助计划价值综合分析

1. 新生代员工帮助计划价值的可行性数据分析

新生代员工帮助计划由于还未形成完善市场体系，所以暂以 EAP 数据做行业分析。新生代员工帮助计划是基于 EAP 发展起来的，用 EAP 数据做参考分析有极高的评价效度。保守分析 EAP：投入 1 美元新生代员工帮助计划，可有 5~8 倍的生态受益（不算可持续发展的未来受益）。专业分析，阿里巴巴与苹果的总收益超过一半来自生态理念下的价值收益。生态理念下的再生性价值更大。未来，任何一个来自维护环境、社会、组织和个人的健康理念形成的商业模式，将形成企业核心价值和竞争优势。

2. 新生代员工帮助计划其他目标与价值

新生代员工帮助计划其他目标与价值体现在信息科技高度发展下的企业和社会各种组织的社会化进程，加速区域组织与世界经济组织同步发展步伐，帮助消除长久以来经济领域存在的各种冲突，以及管理中的许多冲突、沟通问题，协调以各种不同形式存在产业组织的内外部平衡、社会人群内外部沟通，加速实现特定经济组织目标。新生代员工帮助计划涉及各种学科领域，如经济学、哲学、心理学、生物医学、物理、文学艺术、信息科技、人工智能、脑科学、电子商务等，将帮助推动这些学科领域发展。未来人机对话技术是应用心理学的量化运用。帮助人机对话事前、事中、事后评估。新生代员工帮助计划广泛参与在人机对话具体技术支持系统和生态环境领域内部，体现出新生代员工帮助计划的独特价值功能。未来，新生代员工帮助计划将以社会和产业组织心理医生的角色服务多领域、实现组织中事物间的能量转化，帮助组织成为正念下的健康经济组织。

一切社会与经济关系反映的都是人与人的关系，研究人性特质与发展是更好地处理和协调人与人、人与社会、人与自然、人与自我间关系的重要手段。新生代员工帮助计划将会在国家发展中给予社会服务最大的协同支持，诸如国际文化交流、外交冲突化解、社群沟通、灾难事件的心理支持、政府管理与民众对话系统平台设置、意见收集处理等领域发挥独特功能。对社会文化与文明生态建设给予心理技术和沟通系统研发支持，为和谐社会事业做技术支持。对人类文明发展事业给予信仰意义的积极价值导向、科学化技术、专业化步骤的动力支持，并帮助人们从马克思的共产主义社会理想角度做心理发展轨迹分析，对共同理想给予积极心理学范畴的动力支持。

四、结论

（1）新生代员工帮助计划将会是人类社会、经济、文化发展过程中用于协调矛盾、消除冲突、建立关系、实现理想的重要手段，对人类文明发展将发挥独特作用。

（2）组织的新生代员工帮助计划系统将是未来企业的核心竞争力。

（3）由于新生代员工帮助计划具有动态自我完善特性，价值和功能具有不可替代性。社会和不同产业组织与个人将会大量运用和推广普及新生代员工帮助计划。新生代员工帮助计划模式伴随人类社会文明发展而会长期存在和发展下去。

参考文献

[1] Cao Junguo, Chen Guolian. Human-machine Dialogue System [M]. Electronic Industry Press; Ver. 1 (1 August 2017).

[2] PLC Control System and Man-machine Dialogue [N]. China Electric Power Press, 2010-06-01.

[3] Ian Goodfellow, Yoshua Bengiovic, et al. Deep Learning [M]. People's Post and Telecommunications

Press, 2017.

[4] Artificial Intelligence A Mooern Approach Third Edition [M]. Tsinghua University Press, 2013.

[5] Zhao Ran. Handbook of Employee Assistance Programs [M]. Science Press Ltd., 2017.

[6] 张西超．员工帮助计划——中国 EAP 的理论与实践 [M]. 北京：中国社会科学出版社，2010.

基于CiteSpace的国内供应链金融研究进展

崔 芳 孙静雯

（云南大学工商管理与旅游管理学院，昆明 650500）

[摘 要] 在国务院办公厅2017年10月13日出台的首个供应链国策《关于积极推进供应链创新与应用的指导意见》中，发展供应链金融成为重点任务之一。学术界对供应链金融的研究热情不断高涨。在对供应链金融相关研究文献回顾的基础上，利用CiteSpace软件，以CNKI数据库CSSCI期刊2007~2018年7月刊发的关于供应链金融研究的文献作为研究对象，结合共词分析、聚类分析等对247条数据进行深入解读和挖掘，绘制我国供应链金融领域核心作者知识图谱、高产机构知识图谱、共词分析知识图谱和聚类分析知识图谱等，反映出我国供应链金融研究领域的现状和发展趋势，以期通过对知识图谱的解读，为我国供应链金融领域的研究提供借鉴。

[关键词] 供应链金融；CiteSpace；知识图谱

一、引言

2000年，Timme和Williams-Timme关于企业资金状况的调查报告中率先提出供应链金融这一概念，他们认为供应链金融是供应链参与者与外部金融机构合作而产生的新业务，目的是为了辅助实现供应链目标（Timme S G，C. Williams-Timme，2000）。国内对于供应链金融的研究起始于21世纪初期，学者对最初供应链金融的产业发展背景和概念进行了界定。2006年，以原深圳发展银行正式推出供应链金融品牌后，供应链金融逐渐得到股份制银行以及四大国有商业银行的纷纷效仿。供应链金融经过十几年的发展，不仅成为商业银行的一项金融业务创新，在缓解中小微企业融资难、协调供应链管理和促进产业融合等方面都发挥着积极作用，更是目前供给侧结构性改革中金融服务于实体经济的有效途径。在国务院办公厅2017年10月13日出台的首个供应链国策《关于积极推进供应链创新与应用的指导意见》中，发展供应链金融成为重点任务之一。学术界对供应链金融的研究热情不断高涨，与供应链金融实践相呼应，供应链金融的理论研究也得到了稳步发展和推进。随着供应链金融应用推广和模式的进一步创新，学者对基于供应链金融的供应链主体的运营决策、供应链金融对供应链整体绩效和协调性的影响进行了理论和实证探讨。同时随着互联网金融以及人工智能、大数据、云计算、区块链等技术的发展，供应链金融研究也产生了许多新的议题。供应链金融研究的深入推进，亟须在对国内供应链金融研究全面系统回顾基础上明确研究热点和前沿。

为了较为全面客观地展现国内学者关于供应链金融的研究历程，促进相关领域的研究，把握研究发展趋势以及找出当前研究的短板，本文通过 CiteSpace 软件，利用知识图谱可视化技术，将 2007~2018 年 7 月国内 CNKI 数据库中 CSSCI 刊发的供应链金融研究文献以知识图谱的方式进行呈现，并结合共词分析、聚类分析等对研究所得知识图谱进行解读，以理清供应链金融研究发展脉络，阐述其研究的发展特点、研究方向、研究热点前沿转变，并指出未来可能的研究方向，以期为我国未来供应链金融领域的研究提供借鉴。

二、文献回顾

（一）供应链金融的概念

国外的学者对于供应链金融的内涵和实质已经提出了许多观点。国外学者对于供应链金融最初的研究的关注点是融资功能。例如 Hofmann 提出，供应链金融可以理解为供应链中包括外部服务提供者在内的两个以上的组织，通过计划、执行和控制金融资源在组织间的流动，以共同创造价值的一种途径（Hofmann，2005）。随着国外学者对供应链金融研究的深入，现在国外学者更多的是站在供应链整体乃至生态圈的视角来看待供应链金融。Randall 和 Farris 将供应链金融定义为供应链中上下游之间在资金流方面的合作，目的是为了降低平均成本，提升供应链收益（Randall and Farris，2009）。Lamoureux 和 Evans 则认为，供应链金融是一种在核心企业主导的企业生态圈中，对资金的可得性和成本进行系统优化的过程。这种优化主要是通过对供应链内的信息流进行归集、整合、打包和利用，嵌入成本分析、成本管理和各类融资手段而实现的（Lamoureux and Evans，2011）。

国内对于供应链金融的研究起步较晚。国内学者的供应链金融研究始于结构化贸易融资和物流金融的相关探索。因此，国内学者最开始探讨的则是商流要素或物流要素（实际上就是供应链中的要素）与金融的结合。例如，陈祥锋等梳理了一系列物流金融的形态，包括替代采购、信用证担保、仓单质押、买方信贷、授信融资、反向担保等（陈祥锋等，2005）。而另外的学者则是从商业银行提供的结构性贸易融资服务出发考虑供应链金融。例如，从商业银行的角度出发，给出供应链金融的定义，认为供应链金融是为中小型企业量身定做的一种新型融资模式，它将资金流有效地整合到供应链管理中，既为供应链各个环节的企业提供商业贸易资金服务，又为供应链弱势企业提供新型贷款融资服务（杨绍辉，2005）。随着供应链金融的发展，学者们开始从企业和产业的角度来研究供应链金融。把供应链金融定义为对一个产业供应链中的单个企业或上下游多个企业提供全面金融服务，以促进供应链核心企业及上下游配套企业“产—供—销”链条的稳固和流转畅顺，并通过金融资本与实业经济协作，构筑银行、企业和商品供应链互利共存、持续发展、良性互动的产业生态（闫俊宏、许祥秦，2007）。随着“互联网+”战略提出，学者们开始把供应链金融和互联网结合起来研究。有学者认为互联网供应链金融是互联网平台支持下的供应链金融生态圈，在生态圈中，电商、银行、物流企业、核心企业以及中小企业跨界合作，减缓过分依赖传统金融机构的程度（王宝森，王迪，2017）。

供应链金融是一种特定的微观金融范畴，它既不同于传统的银行借贷，也有别于风险投资等其他形态的金融活动，它是一种立足于产业供应链，根据供应链运营中商流、物流和信息流，针对供应链参与者而展开的综合性金融活动。其目的是通过金融优化和夯实产业供应链，依托产业供应链运营，产生金融增值，从而促进产业供应链和各参与主体良性互动、持续健康发展。

（二）供应链金融的发展

1. 基于商业银行的供应链金融

这个阶段中最具代表性的是深圳发展银行（即平安银行）与中欧国际工商学院“供应链金融”课题组对于供应链金融的定义：供应链金融是指在对供应链内部的交易结构进行分析的基础上，运用自偿性贸易融资的信贷模型，并引入核心企业、物流监管公司、资金流引导工具等新的风险控制变量，对供应链不同节点提供封闭的授信支持及其他结算、理财等综合金融服务。2003年，深圳发展银行首次在国内提出了“1+N”的供应链金融融资模式，其中，“1”是指供应链中的核心企业，“N”是指供应链上下游中小企业，“1+N”模式是指围绕某“1”个核心企业，同时为供应链上的“N”个企业提供融资服务，即将银行信用引入上下游中小企业的购销行为中，它涵盖了应收、存货和预付等所有环节，为整条供应链提供了融资支持（汤曙光、任建标，2010）。之后，深圳发展银行将其发展为“M+1+N”，即抓住产业供应链中的核心企业（1），依托其供应链，向其上游M个供应商及N个客户提供综合性的融资等解决方案。

2. 基于产业的供应链金融

这一阶段供应链金融的理解开始从银行走向产业，与此同时，供应链金融开展的基础也逐渐从要素走向结构和流程。随着实践的发展，人们逐渐拓展了供应链金融的内涵，即供应链金融的基础不仅包括供应链内部的要素与流程，整个供应链的结构也起着非常重要的作用。中小企业的信用基础不一定来自所谓的核心企业，供应链金融中业务闭合化、收入自偿化、管理垂直化、交易信息化和风险结构化是企业真正的信用来源（宋华，2015）。为此，供应链金融是集物流运作、商业运作和金融管理为一体的管理行为和过程，它将贸易中的买方、卖方、第三方物流以及金融机构紧密地联系在一起，实现了用供应链物流盘活资金，同时用资金拉动供应链物流的作用。而在这个过程中，金融机构如何更有效地嵌入供应链网络，与供应链经营企业相结合，实现有效的供应链资金运行，同时又能合理地控制风险，成为供应链金融的关键问题。从第三方物流企业参与下的物流金融模式进行了研究，研究结果支持了这一结论（赵志艳，2013）。在一整套闭合的供应链流程中，中小企业在物流与商流方面体现出的能力是其融资的基础。这一理解已经超越了单纯探讨融资的内容，而是从商业模式的高度认识供应链金融对于整个供应链原有要素、流程和结构的重构，开启了对于供应链金融的全新认识。

3. 基于互联网的供应链金融

互联网供应链金融实质就是“信息经济+ 实体经济+ 金融经济”。在“互联网+ ”、普惠金融背景下的供应链金融，本质在于互联网与传统行业的深度融合，加速信息共享，优化产业链条，创造新的发展生态（钟懿，2015）。由于互联网技术极大地缓解了网络中参与各方的信息不对称问题，并大幅度降低了信息获取与处理的成本，因此，基于互联网的供应链金融能够批量化处理供应链中企业的融资或其他金融服务需求，相比信贷工厂模式，基于互联网、大数据的供应链金融能够从更多维度动态衡量企业真实经营状况和其他各种行为，评估融资风险，带来更多可能性。也就是说，如今的供应链金融是通过互联网、物联网、大数据、云平台等，在平台建设上搭建了跨条线、跨部门、跨区域的，与政府、企业、行业协会等广结联盟，物联网和互联网相融合的产业生态圈和金融生态平台（E-Supply Chain Finance，E2S Finance），同时考虑到商流、物流、信息流、知识流、沟通流及资金流，计划、执行和控制金融资源在组织间的流动，为产业供应链中的中小企业解决融资难、融资贵、融资乱的问题，共同创造价值，最终完成通过金融资源优化产业供应链，同时又通过产业供应链运营实现金融增值的过程。

三、研究方法与文献统计

（一）研究方法

基于文献计量和文本挖掘的科学知识图谱方法的理论基础是寻径网络算法及共引分析，能够将文献数据映射在平面或立体图形之中，从宏观、中观、微观视角展现某一领域的研究概貌，科学地研究某一领域的知识结构（宋伟等，2018）。其中，CiteSpace 作为一种应用较广、分析功能强大且易获得的工具，能够将一个领域内研究历史脉络集中展示到一幅引文网络图上的文献分析方法，并且能够把图谱上作为知识基础的引文节点文献和共引聚类所表征的研究前沿自动标识出来，自 2003 年诞生以来在我国勃然兴起并获得长足发展。因此，本文将采用 CiteSpace 可视化软件，探寻我国供应链金融领域研究的研究热点和前沿，并通过一系列的可视化图谱绘制来形成对我国供应链金融领域演化潜动力机制分析和发展前沿的探测。

（二）数据来源

本文以中国知网（CNKI）CSSCI 期刊权威数据库作为数据来源，CSSCI 数据库收录了国内人文社会科学领域具有重要影响力的期刊，这些期刊具有较高的学术水平和研究价值，能够代表中国供应链金融研究的主流，可以有效保证文献计量结果的科学性和准确性。在中国知网的网站上，通过高级检索将文献类型设定为期刊，选择“经济与管理科学”学科，在“主题”中以“供应链金融”作为检索词，来源类别勾选“CSSCI”，为了尽可能扩大文献搜集范围，不限定搜索年限。经过剔除书评、期刊目录等数据清洗之后，最终获得时间在 2007 年到 2018 年 7 月的共计 247 条研究原始数据。

（三）文献统计分析

1. 研究发文统计

某一研究领域每年发文数量的状况可以侧面反映该领域受关注状况（赵绘存，2016）。运行 CiteSpace，得到我国供应链金融领域每年发文走势图（见图 1），根据图 1 可以明显看出：国内关于供应链金融的研究最早始于 21 世纪初期，并根据其走势情况可将国内供应链金融研究分为四个阶段：2007~2012 年，供应链金融研究文献数量由最少的两篇逐渐增加到 29 篇，发文数量呈稳步增长态势；2013~2014 年，学者关于供应链金融相关领域的研究热情有所下降，发文数量略微下降到 17 篇；2014~2016 年，受我国经济发展的影响，供应链金融领域的研究引起学者们的关注，相关发文数量急剧增长，学者们的研究热情在 2016 年达到高潮，发文高达 40 篇；2016~2018 年学者们关于供应链金融相关领域的研究发文量跌涨幅度波动不大，基本趋于稳定状态（图 1 中 2018 年的发文量 21 篇是截至 2018 年 7 月 28 日的，中国知网预测的源于 CSSCI 期刊主题为“供应链金融”在 2018 年的发文总量是 42 篇）。

2. 核心作者分析

对某一领域研究发文核心作者进行分析，能够较为客观地反映出该领域内高影响力的核心作者。本文利用 CiteSpace 软件生成供应链金融领域研究作者合作知识图谱（见图 2），图中每个节点的大小表示作者的中心中介度，节点越大说明该作者的发文量越多。从图 2 中可看出，自 2007

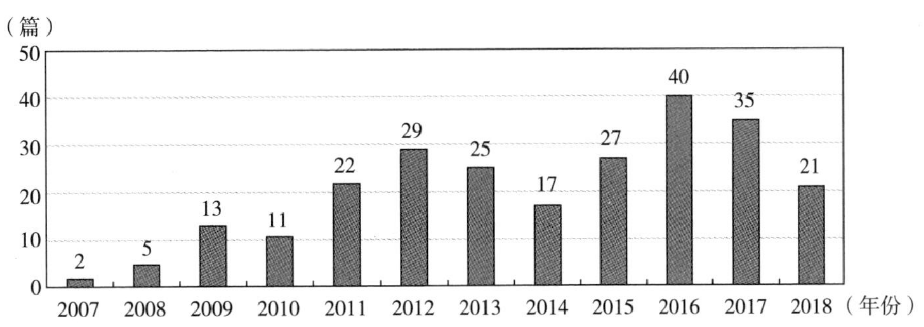

图 1　2007 年至 2018 年 7 月 CSSCI 来源期刊上以主题为供应链金融的文章数量

年以来，我国供应链金融研究领域核心作者有宋华、何娟、王建、史金召、郭菊娥、杨璇、卢强等人。上述学者不仅是近 10 年来我国在供应链金融相关研究领域具有高水平科研成果的高产作者，更是现阶段我国供应链金融研究领域内具有重要影响力的研究者。上述学者们的研究极大地促进了我国关于供应链金融的研究进程，其研究理论成果推动了相关领域的进步发展。对于这些普遍得到各界广泛认可、具有较高的学术影响力和研究贡献的先进学者，本文认为，从事供应链金融相关领域研究的其他学者积极应与上述学者们保持密切联系，以增强自身关于供应链金融领域的知识理论储备，通过彼此的交流合作，提升自身的研究水平。

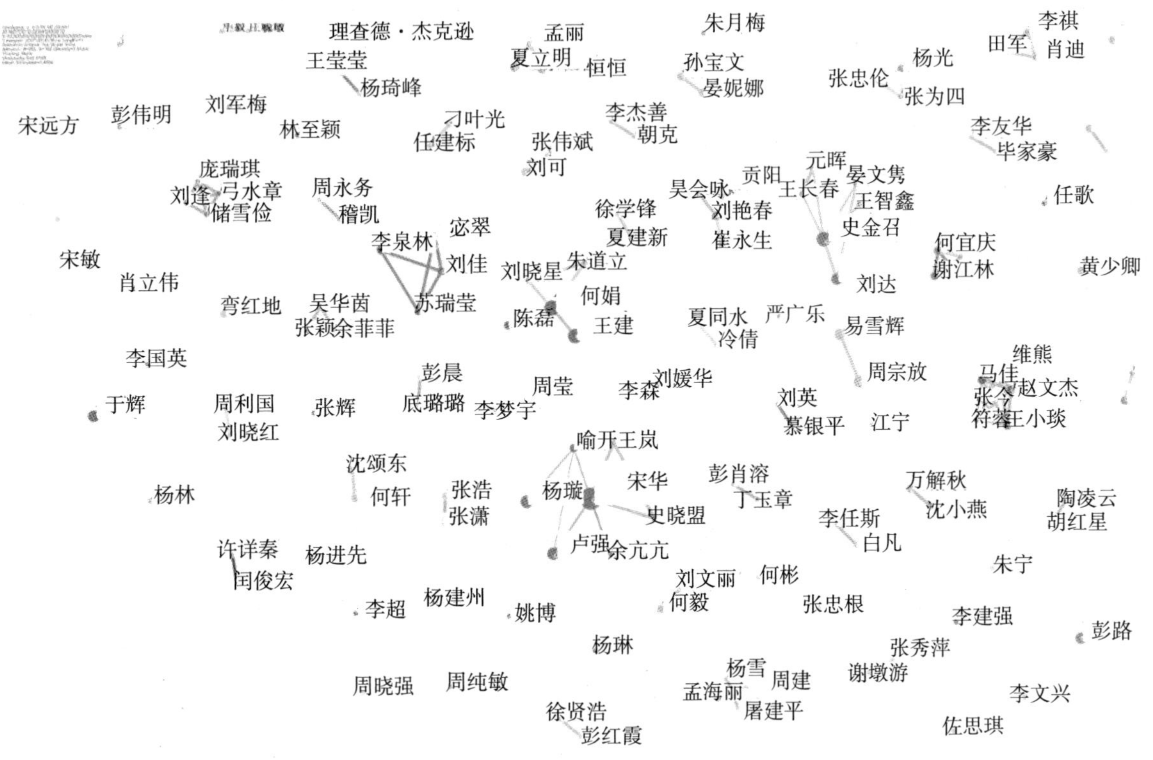

图 2　2007 年至 2018 年 7 月国内供应链金融研究领域核心作者知识图谱

3. 研究机构分析

根据数据库中各机构的发文量进行排序，利用 CiteSpace 软件对供应链金融研究领域主要研究机构及其发文量进行可视化分析，得到国内供应链金融研究领域发文机构发文量知识图谱（见

图 3）。根据图 3 可以明显看出：在发文量方面，中国人民大学以绝对的数量优势（14 篇）领先于其他研究机构，其他院校均在 10 篇以下，经具体统计发现，这 14 篇隶属于中国人民大学商学院。由此可见，中国人民大学是我国供应链金融研究领域重要的研究基地。从学校不同学院分类来看，供应链金融领域的研究机构主要集中在各高等院校的管理学院和商学院，这表明高校的管理学院和商学院是供应链金融研究领域的活跃者，这与供应链金融领域的发展特质、院校管理学院和商学院的研究重点、学院学者掌握的理论储备以及学院具备的研究资源等息息相关。

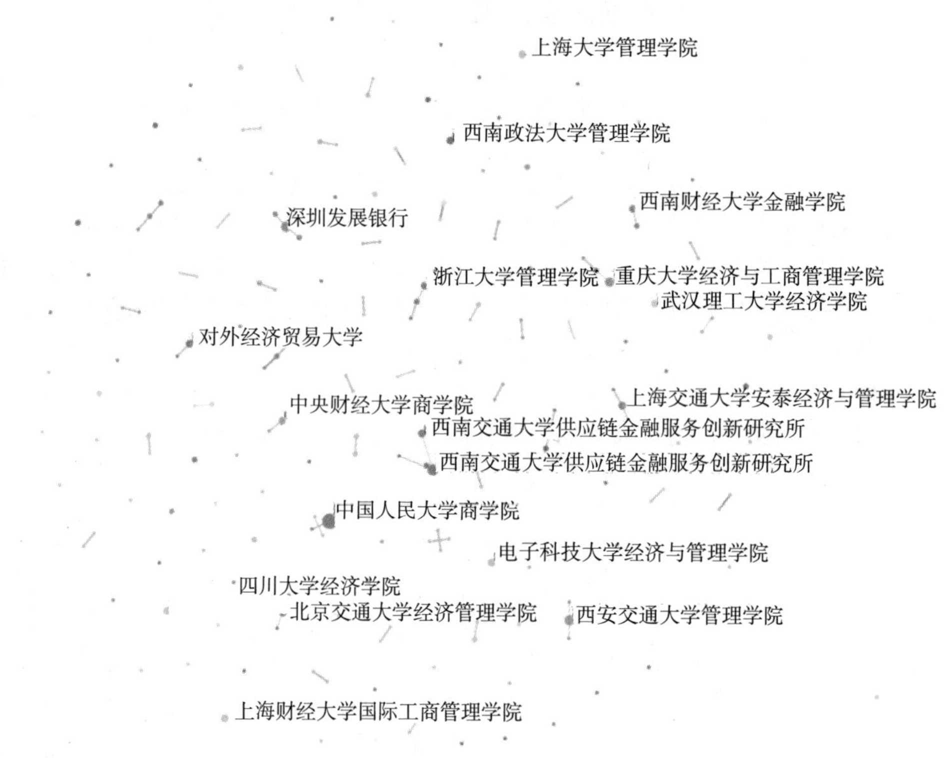

图 3　2007 年至 2018 年 7 月国内供应链金融研究领域研究机构知识图谱

四、研究热点与前沿分析

（一）研究热点分析

关键词作为一篇文章的核心和切入点，是对文章研究内容的高度凝练及概括（张璐等，2015）。通过对某一领域重要文献关键词词频变化的梳理，可以分析出该领域研究热地，通过对该领域关键词的共词分析、聚类分析，借助中介中心性的测量可以进一步揭示该领域研究热点之间的相互转化关系（赵蓉英、许丽敏，2010）。本文通过利用软件 CiteSpace 对中国知网（CNKI）CSSCI 期刊中获取的样本文献 Top 前 30 的 Keyword 进行共词分析，绘制国内供应链金融领域关键词共现网络图谱（见图 4）。

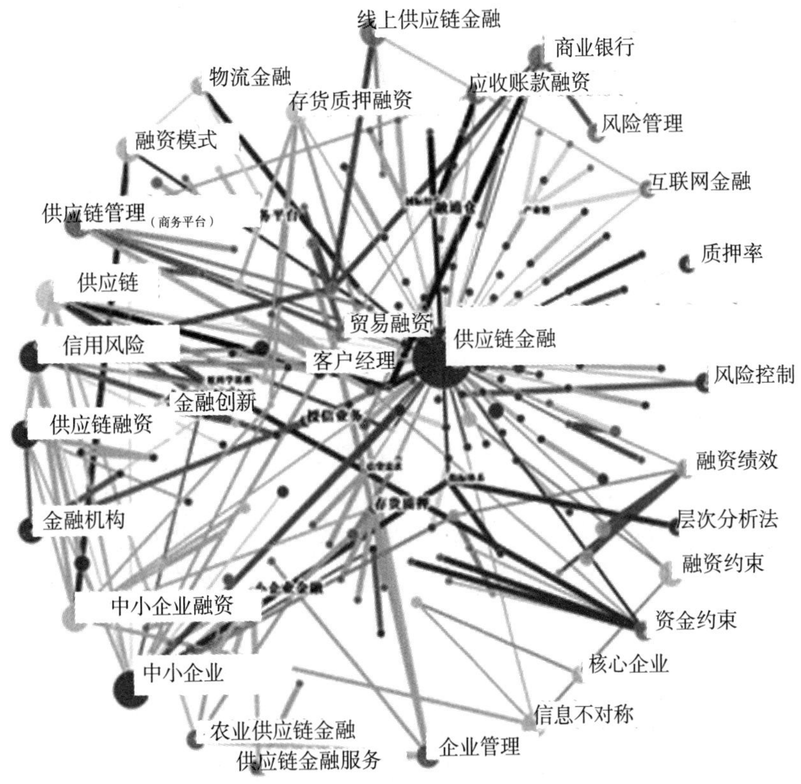

图 4　国内供应链金融领域共词分析知识图谱

根据关键词的中介中心性和频次分布也可得到相类似的规律（见表 1），其中供应链金融、中小企业融资、供应链管理、中小企业、小企业金融、信用风险、供应链等关键词的中介中心性均大于 0.1，这说明其在供应链金融研究领域具有重要的“中间人”角色，对供应链金融研究领域主题网络的形成具有重要的中介作用。

表 1　国内供应链金融研究领域研究 Top20 关键词频次和中介中心性

排名	关键词	出现频次	中心中介性
1	供应链金融	167	1.43
2	中小企业融资	10	0.22
3	供应链管理	9	0.17
4	中小企业	21	0.16
5	小企业金融	2	0.13
6	信用风险	15	0.11
7	供应链	15	0.1
8	资金约束	5	0.08
9	存货质押	2	0.08
10	供应链融资	10	0.07
11	电子商务平台	2	0.07
12	存货质押融资	7	0.06
13	融通仓	2	0.05

续表

排名	关键词	出现频次	中心中介性
14	客户经理	2	0.05
15	产业链	1	0.05
16	线上供应链金融	9	0.04
17	融资约束	6	0.04
18	企业管理	5	0.04
19	软科学思想	1	0.04
20	授信业务	1	0.04

图谱中节点越大表明此关键词出现次数越多，越是研究中的热点。连线越粗表明与其他节点的连接程度越强。按照词频统计，提取前20个重要关键词。其中，除去关键词“供应链金融”，其余关键词出现次数位居前三的是中小企业（21）、信用风险（15）以及供应链（15）。最后，结合图4和表1可以看出，我国供应链金融领域的研究关键词之间具有一定的联系，其中供应链金融、中小企业、信用风险、供应链、中小企业融资、供应链融资、供应链管理、线上供应链金融等节点较大，可以推断出以上关键词是国内供应链金融研究领域（2007年至2018年7月）的研究热点，受到学界广泛的关注，相关研究成果质量也相对较好。

（二）研究前沿分析

在一篇文献中，多个主题词存在一定程度上的内在联系，因此多个主题词组合在一起能够在一定程度上反映该文献的内容，如果一对主题词能够同时在多篇文献中出现，则说明该对主题词之间的联系较为紧密（钟伟金等，2008）。利用这一规律借助CiteSpace软件对国内供应链金融研究领域（2007年至2018年7月）内研究文献进行聚类分析，得到8个聚类名称知识图谱（见图5）。8个凝聚子群之间存在一定程度的交叉，交叉的核心内容在供应链金融、中小企业、信用风险、供应链、中小企业融资、供应链管理等。因此，可初步判断国内供应链金融研究大都是围绕

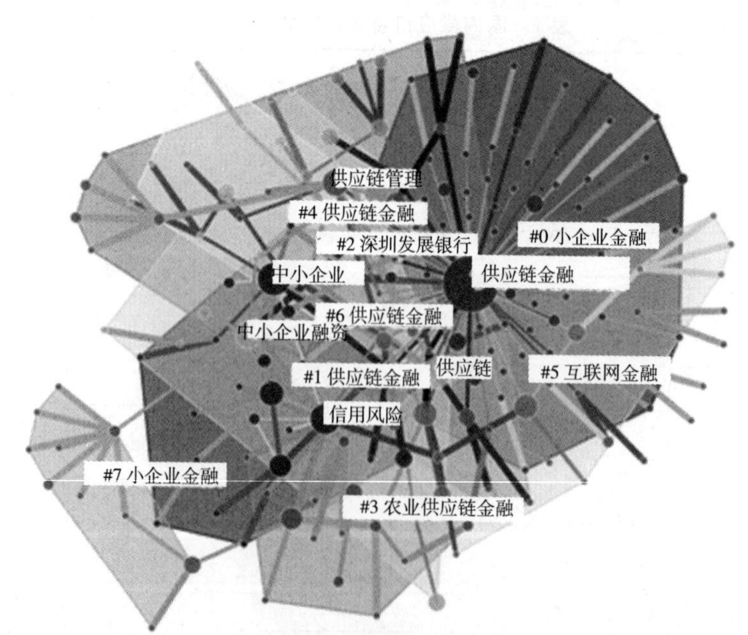

图5　国内供应链金融领域聚类分析知识图谱

着供应链金融、中小企业等开展。

如图 5 和表 2 所示，2007 年至 2018 年 7 月国内供应链金融研究文献共聚成 8 个类别知识群。第一个知识群：“小企业金融”，主要包括产业、资金柔性等关键词；第二个知识群“供应链金融”，主要包括信用风险、守约概率等关键词；第三个知识群“深圳发展银行”：主要包括供应链金融服务、核心竞争力等关键词；第四个知识群“农业供应链金融”：主要包括业务品种、特色化等关键词；第五个知识群“供应链金融”：主要包括供应链协调、存货质押融资等关键词；第六个知识群“互联网金融”：主要包括线上供应链金融、直接融资等关键词；第七个知识群“供应链金融”：主要包括中小企业融资、供应链融资等关键词；第八个知识群“小企业金融”：主要包括金融机构、风险补偿机制等关键词。

表 2　国内供应链金融研究领域聚类分析结果

聚类	Silhouette 值	关键词
#0 小企业金融	0. 964	小企业金融
		产业
		资金柔性
#1 供应链金融	0. 932	供应链金融
		信用风险
		守约概率
#2 深圳发展银行	0. 957	深圳发展银行
		供应链金融服务
		核心竞争力
#3 农业供应链金融	0. 926	农业供应链金融
		业务品种
		特色化
#4 供应链金融	0. 938	供应链金融
		供应链协调
		存货质押融资
#5 互联网金融	0. 875	互联网金融
		线上供应链金融
		直接融资
#6 供应链金融	0. 869	供应链金融
		中小企业融资
		供应链融资
#7 小企业金融	0. 967	小企业融资
		金融机构
		风险补偿机制

注：Silhouette 值是用来衡量网络统治性的指标，越接近 1 反映网络的同质性越高。

五、结论与讨论

（一）对供应链金融一般理论的探讨

供应链金融是伴随着经济发展需求逐渐兴起的新兴事物，相关理论研究尚不成熟，正处在初步发展阶段，我国经济发展客观现实需要更加丰富的供应链金融相关理论支撑，因此对于供应链金融领域相关理论的研究探讨需要引起学者的足够重视。在日新月异的新技术推动下，供应链金融的实践发展较快，而近年不仅在我国，全世界范围的民间金融创新也都风生水起。为了把握供应链金融的实质，结合实践中的问题展开一般性研究，是供应链金融实践和理论的共同需要。宋华与陈思洁在对供应链金融发展模式演进进行论述的基础上，从结构、流程要素视角，对供应链金融的客体、主体以及目标进行了概述，建立了供应链金融理论框架。宋华还从产业生态的视角对供应链金融生态体系中的环境生态、组织生态和要素生态进行界定，从而明确了供应链金融的生态景象。加强一般理论研究对于当前供应链金融的创新具有重要的实践意义，也是供应链金融作为一个独立研究领域应该明确相关边界的需要。

（二）对供应链金融经验的研究

经过梳理发现，我国学者关于供应链金融领域的研究大多以理论研究为主，整体研究目前缺乏一定的实证数据支撑。导致该研究现状的一个重要原因是国内供应链管理发展缓慢，管理技术发展滞后于学者研究速度。我国供应链核心企业并没有对供应链的整体协调性产生足够的重视，从而导致学者在收集供应链金融领域相关数据时极大可能会遇到数据残缺甚至数据空白等问题，以此加大了开展相关实证研究的难度。在供应链金融领域相关数据有限性的限制下，我国学者对供应链金融领域的实证研究主要是以应收账款质押的视角，来研究上市公司供应链金融。然而，我国供应链金融模式多样，并且融资主体多为非上市中小企业，因此学者应对不同模式中的供应链金融进行实证研究，从而为供应链金融更好地推行提供经验证据和理论支撑。另外，除了加强相关实证研究外，学者们应加强供应链金融与供应链整体绩效之间关系的研究，探讨供应链金融如何促进供应链运营绩效，这对于推进供应链整体协作具有重要的意义。

（三）供应链金融与新兴产业结合

我国正处于经济转型关键期，科学技术进步给供应链金融发展带来大量新的发展机会和挑战。随着我国人工智能、大数据、云计算、区块链和物联网等技术的发展和应用，供应链金融与互联网相结合，如何在降低运营风险的前提下或者在保证风险不提高的最低要求下，构建效率更高的线上供应链金融服务应成为学者关注的重点。互联网可以提高商业银行电子供应链平台的建设质量，提高银行信息技术能力，加速对融资企业的信用审查，与物联网结合，用于对质押物的实施情况进行密切跟踪以弥补线上供应链金融的盲点，实现效率更高、风险更低的目标。区块链去中心化、不可篡改以及安全加密和无须信任系统支持的特点，使其在支付清算和信用票据等领域有着天然优势，将这些技术与供应链金融相结合进行创新具有极强的实践意义，可使供应链金融的参与者、运营模式、风险控制发生新的变化，而这些创新也为供应链金融的研究提供了丰富的议题。

最后，本文研究只分析了中国知网（CNKI）CSSCI 期刊数据库中的相关文献，从而研究结论具有一定的局限性。实际上，随着诸多问题的产生以及发展的需要，国外学者在供应链金融领域也进行了大量的研究，因此对国内供应链金融领域文献的科学计量分析以及将国内外文献计量结果对比分析是未来研究可供参考的方向。

参考文献

[1] Timme S G and C Williams-Timme. The financial-SCM connection [J] Supply Chain Management Review, 2000, 4 (2): 33-44.

[2] E Hofmann. Supply chain finance-some conceptual insights [J]. Beitrdge Zu Beschaffung Und Logistik, 2005, 1 (1): 203-214.

[3] Randall W S and M Theodore Farris. Supply chain financing using cash-to-cash variables to strengthen the supply chain [J]. International Journal of Physical Distribution & Logistics Management, 2009, 39 (8): 669-689.

[4] Lamoureux J F and T A Evans. Supply Chain Finance: A New Means to Support the Competitiveness and Resilience of Global Value Chains [EB/OL]. http: //dx. doi. org/ 10. 2139/ssrn. 2179944, 2011.

[5] 陈祥锋，石代伦，朱道立，钟颉. 仓储与物流中的金融服务创新系列讲座之一——融通仓的由来、概念和发展 [J]. 物流技术与应用，2005 (11): 138-141.

[6] 陈祥锋，石代伦，朱道立，钟颉. 仓储与物流中的金融服务创新系列讲座之二——融通仓系统结构研究 [J]. 物流技术与应用，2005 (12): 103-106.

[7] 杨绍辉. 从商业银行的业务模式看供应链融资服务 [J]. 物流技术，2005 (10): 179-182.

[8] 闫俊宏，许祥秦. 基于供应链金融的中小企业融资模式分析 [J]. 上海金融，2007 (2): 14-16.

[9] 王宝森，王迪. 互联网供应链金融信用风险度量与盯市管理 [J]. 中国流通经济，2017, 31 (4): 77-84.

[10] 深圳发展银行—中欧国际工商学院"供应链金融"课题组. 供应链金融：新经济下的新金融 [M]. 上海：上海远东出版社，2009: 1-3.

[11] 汤曙光，任建标. 供应链金融：中小企业信贷的理论、模式与实践 [M]. 北京：中国财政经济出版社，2010.

[12] 宋华. 供应链金融 [M]. 北京：中国人民大学出版社，2015.

[13] 赵志艳. 第三方物流企业参与下的物流金融模式研究及风险探析 [J]. 物流工程管理，2013, 35 (7): 65-66.

[14] 钟懿. 互联网供应链金融发展与措施 [J]. 时代金融，2015 (29): 291, 295.

[15] 宋伟，康卫敏，赵树良. 我国协同创新研究的知识图谱分析——基于 CSSCI (1998-2017) 数据 [J]. 西南民族大学学报（人文社科版），2018, 39 (6): 226-234.

[16] 赵绘存. 商业模式创新发展态势的知识图谱分析 [J]. 中国科技论坛，2016 (1): 38-43.

[17] 张璐，长青，齐二石. 文献计量视角下我国技术创新与管理创新领域对比研究 [J]. 科技进步与对策，2015, 32 (6): 1-7.

[18] 赵蓉英，许丽敏. 文献计量学发展演进与研究前沿的知识图谱探析 [J]. 中国图书馆学报，2010, 36 (5): 60-68.

[19] 钟伟金，李佳，杨兴菊. 共词分析法研究（三）——共词聚类分析法的原理与特点 [J]. 情报杂志，2008 (7): 118-120.

网络定向广告研究现状及展望

朱　强

（上海工程技术大学管理学院，上海　201620）

[摘　要] 网络定向广告是充分利用数据挖掘技术获取网络消费者的信息数据，并使用数据分析技术预测消费者偏好，进而向消费者推送与其偏好相匹配的产品信息的新型广告。由于能够将最合适的内容推荐给最合适的人，网络定向广告能够满足消费者的信息收集需求，降低信息搜寻成本，满足消费者诉求。同时，网络定向广告是以对消费者信息数据收集为技术基础。这就使消费者对网络定向广告"又爱又恨"。本文对网络定向广告内涵和分类、运行机制及技术、商业模式以及效果影响因素等展开研究评述，并做出了研究展望，以期为后续相关研究提供参考。

[关键词] 网络定向广告；消费者响应；文献综述；研究展望

一、网络定向广告的内涵及分类研究评述

从信息系统和电子商务领域的实践来看，伴随着网络技术的发展，消费者越来越依赖网络进行产品信息搜寻、互动和购买，这就使互联网企业掌握着消费者个人特征数据、用户创造信息（UGC）、消费者行为信息等海量数据。基于消费者的大数据具有规模化、多元化、复杂化和长久性的数据特征（Hilbert et al.，2011）。新兴信息技术和应用模式的涌现，使企业能够高效地利用消费者大数据对消费者需求进行精确化、个性化和实时化的追踪和洞察，使企业能够将营销策略的有效性精确到个体层次的消费者，这就为企业营销带来了前所未有的机遇（冯芷艳等，2013）。而网络定向广告则是大数据技术在营销渠道中的具体应用（Ghose et al.，2011）。由于传统网络广告受到自身缺陷（如广告内容关联度低、广告形式不恰当）、受众消极态度和评价等的影响，广告点击率下降，因此，传统网络广告面临着严峻的发展阻碍。在此背景下，伴随着信息存储、处理技术的日趋完善，网络定向广告应运而生（朱强和王兴元，2018）。网络定向广告的研究涉及计算机科学、信息技术、消费者行为、法律等多个领域，学者们对网络定向广告的命名不尽相同。因此，网络定向广告（Online Targeted Advertising）又被叫作网络精准广告（Online Behavior Advertising）以及网络个性化广告（Online Personalized Advertising）。在本文中，将网络定向广告、网络精准广告和网络个性化广告，统称为网络定向广告。

（一）网络定向广告的概念内涵

精准营销的思想由来已久，早在 20 世纪 90 年代就有学者提出采用专家系统（Cook et al.，

1988）和知识库系统（Burke et al.，1990）运用到传统广告的设计和投放之中，以便提升传统广告的受众市场细分程度（Cook and Schleede，1988）。同时，定向广告及精准广告在互联网时代之前就被广泛使用（Smit et al.，2014），是以人口特征等消费者显性信息特征为依据所进行的市场细分，并针对细分市场所投放的广告。此时的定向广告是差异化的营销传播战略，信息技术的不发达，个性化及精准化程度低。对于网络定向广告的概念性研究最早可以追溯到 1995 年 Derick 对于消费者驱动的电子广告的思想论述。Derick（1995）采用定性研究方法，对网络定向广告发展的商业模式、实现技术等进行了概念性的理论论述，也提出了网络定向广告发展可能遇到的障碍（诸如消费者隐私问题、广告态度以及技术局限性等）。2000 年之前，学者们主要是从定向技术的视角对网络定向广告进行界定和研究。例如，Gallagher 等（1997）认为，网络横幅定向广告是使消费者知晓公司网站并且吸引消费者了解公司及产品的数据挖掘、分析系统。从技术的角度，学者们将网络定向广告定义为数据挖掘等信息技术在 Web 服务中的具体应用体现（Liu and Weistroffer，2016），是通过算法将广告信息投放给特定的目标受众，从而提升广告点击率的网络广告。

伴随着信息技术的不断成熟和网络定向广告的不断更新与应用，学者们的研究也不再仅限于信息技术方面，消费者行为、经济学、法律、传播学等领域的学者们也开始对网络定向广告情景下的利益相关者的使用行为及心理、行业政策等进行了展开讨论。此时，学者们开始从信息技术和消费者信息需求两个维度对网络定向广告进行概念界定，不同学者对网络定向广告概念界定也不尽相同。经典的网络定向广告概念界定如下：

McDonald 和 Cranor（2010）认为网络定向广告是收集个体消费者网络活动数据，并以此为依据，选择性地对消费者进行网络广告展示。Schumann 等（2014）对网络定向广告进行了广泛定义，即网络定向广告是泛指基于消费者信息所形成的任何形式的网络广告，消费者信息包括消费者当前及过往的产品浏览、购买行为信息，产品偏好和地理位置信息等数据。Smit 等（2014）认为，网络定向广告是依据消费者之前的网络浏览行为所形成的新型网络广告。Ham 和 Nelson（2016）认为，网络定向广告是能够使广告商将与高度相关的广告信息传递给个体消费者的技术驱动型个性化推荐方式。Boerman 等（2017）将网络定向广告定义为广告商依据监视或追踪到的消费者网络行为，向个体消费者所提供的个性化的广告信息。鞠宏磊等（2015）认为，基于大数据的精准广告指的是依托互联网广告网络及广告交易平台，应用大数据信息检索、受众定向及数据挖掘等技术对目标消费者数据进行实时抓取与分析，针对消费者个性化特征和需求而推送具有高度相关性商业信息的传播与沟通方式。郭心语等（2013）将网络定向广告定义为使用定向技术，追踪消费者在互联网中的点击、浏览和购买行为，通过算法和建模提取有效的消费者行为信息，最终依据消费者行为信息向消费者提供个性化的广告内容。李凯等（2015）、Liu 等（2009）认为网络定向广告的基本思想为充分利用数据挖掘技术获取网络消费者的信息数据，并使用数据分析技术来预测消费者偏好，进而向消费者推送与其偏好相匹配的产品信息的新型网络广告。基于消费者个体人口特征、网络浏览数据、地理位置数据等所生成的网络定向广告，不仅能够将最符合消费者偏好的广告信息传递给消费者，而且还能够做到在恰当的时间或恰当的地点，将最恰当的产品信息推荐给个体消费者（Tam and Ho，2006）。

从以上学者们对网络定向广告的定义来看，虽然学者们从不同视角对网络定向广告做出了概念界定，但是尚未形成较为统一的界定。同时，多数研究是由外国学者所得出，国内学者关于网络定向广告对消费者行为影响的研究展开较晚。所以，亟须结合我国市场经济和消费者行为的网络定向广告的概念和理论探究。同时，由以上文献分析可知，学者们对网络定向广告的概念界定主要围绕以下四个维度：第一，采用大数据挖掘技术对消费者多元化数据进行追踪和获取；第二，使用大数据分析技术对所获取消费者信息进行分析；第三，预测消费者的消费偏好和产品信息需求；第四，向个体层次的消费者提供精准化的网络广告。有鉴于此，本文从消费者行为学的视角，做出如下定义：网络定向广告是运用数据分析和挖掘技术收集并分析源于个体层次消费者的多元化网络行为及信息数据，来预测消费者产品需求与偏好，并以此为定向依据，进而通过传统互联网及移动互联网为个体层次的消费者推送与其偏好相匹配的产品信息的新型网络广告。其中，多元化的消费者网络行为及信息数据包括消费者人口特征数据、网络（包括传统互联网和移动互联网）搜索及浏览数据、媒体观看记录（例如视频观看记录）、社交媒体浏览及互动记录（Zuiderveen，2015）、应用程序使用记录、网络购物记录、地理位置数据和体感信息（储节旺等，2014）等具有可获得性的消费者信息。此时，网络定向广告受众为具有产品需求的个体层次消费者，网络定向广告能够在正确的时间、正确的地点，将最符合消费者需求的营销信息推送给最合适的消费者。

（二）网络定向广告分类

鉴于研究重点和内容的不同，网络定向广告的分类方式也不尽相同。综合来看，主要分类方式主要有以下三种：第一，根据传播媒介和内容的不同，网络定向广告又可以分为精准横幅广告、手机精准广告、移动多媒体精准广告、社交媒体精准广告、视频精准广告、搜寻精准广告和内容关联广告等（Liu and Weistroffer，2016）。其中，精准横幅广告和社交媒体精准广告是当前最为常见的网络定向广告形式（李凯等，2015）。第二，根据使用范围的不同，网络定向广告可以分为站内网络定向广告和网站间网络定向广告两个类型（朱书琴，2014；李慧东，2012）。其中，站内网络定向广告的最常见形式为站内个性化推荐，它是电子商务网站依据消费者信息和网络行为数据，来预测消费者喜好，并在网站内向消费者推荐或展示产品和服务（孙鲁平等，2016），例如京东的“猜你想要”，淘宝的“常购清单”等；网站间网络定向广告则是广告商在不同网页和媒介上向消费者所展示的网络定向广告，其最常见形式则是横幅广告，例如出现在浏览网页中的网络横幅广告。第三，根据个性化程度的不同，网络定向广告可以分为大规模个性化（Mass Personalization）、群体层面个性化（Segment-level Personalization）和个体层面个性化（Individual-level Personalization）三个层面（Zhang and Wedel，2013）。其中，大规模个性化的网络定向广告预测消费者平均偏好，向所有消费者推送相同的产品信息；群体层面个性化的网络定向广告预测群体消费者的同质化偏好，向不同群体的消费者推送不同的产品信息；个体层面个性化的网络定向广告预测个体的消费偏好，向不同消费者推送不同的产品信息（Wedel and Kannan，2016）。Zhang 和 Wedel（2009）通过对线上和线下的个性化推荐的比较研究，认为线上个体层面的个性化推荐的营销绩效最高，但这并不意味着所有的企业都应采用个体层面个性化的网络定向广告营销策略。具体不同分类模式的比较，如表 1 所示。

表 1　网络定向广告分类依据及类别

分类依据	网络定向广告类型
传播媒介的不同	精准横幅广告 手机精准广告 移动多媒体精准广告 社交媒体精准广告 视频精准广告 搜寻精准广告 内容关联广告
使用范围的不同	站内网络定向广告 网站间网络定向广告

续表

分类依据	网络定向广告类型
个性化程度的不同	大规模个性化网络定向广告 群体层面个性化网络定向广告 个体层面个性化网络定向广告

资料来源：笔者根据文献整理。

二、网络定向广告的商业模式研究

传统网络广告是以增加品牌及产品的曝光度，来提升消费者的品牌感知（诸如品牌知名度和美誉度），其核心为大众化的品牌营销理念。与传统广告的“创意驱动”运作模式不同，网络定向广告为“技术驱动”运作模式（倪宁和金韶，2014）。网络定向广告核心诉求是提高广告主的产品信息与消费者的相关性，市场体系尚未成熟，主要利益相关者包括：广告主、网络广告发布商、广告服务商和消费者（孙鲁平等，2016）。根据网络定向广告技术提供者的不同，网络定向广告商业模式可以分为：广告主模式、发布商模式和中介模式。其中广告主模式是由广告主自建广告平台，并使用定向技术向消费者推送广告，其常见形式为网络购物平台常使用的个性化推荐系统（例如“猜你想要”“常购清单”等）；发布商模式是围绕网络定向广告发布商所建立起的商业模式；中介模式能够将广告主与广告发布商的价格偏好进行匹配，有效提升市场效率，使广告商获得更多的广告需求。

赵江（2015）根据消费者信息类型的不同，将网络定向广告分为不同的定向模式，具体包括：行为定向模式、关联定向模式、位置定向模式、时段定向模式、属性定向模式。对于每种定向模式的信息获取途径及特征，如表 2 所示。在网络定向广告的商业化应用中，赵江（2015）指出企业应当根据广告的投放目的、方式的具体分析，对不同的定向模式进行组合使用，以发挥网络定向广告的最大效用。

表 2　网络定向广告的定向模式、数据类型及特征分析

定向模式	信息获取	特征
行为定向模式	消费者网络信息浏览行为	实时性、孤立性
关联定向模式	消费者信息关联分析	高个性化、数据多元化
位置定向模式	消费者网络位置和地理位置	高个性化、覆盖范围广
时间定向模式	消费者网络使用时间	规律性、时序性
属性定向模式	消费者的个人特征	数据多元化、低个性化

资料来源：赵江．基于电商平台的定向广告投放机制和策略研究［D］．南京：东南大学博士学位论文，2015.

三、网络定向广告特征的研究评述

（一）网络定向广告的个性化水平

鉴于网络定向广告对于多元化消费者信息数据的收集、处理和使用，并且网络定向广告商及企业并不是对消费者的所有信息数据都进行收集、分析和使用，故 Boerman（2017）认为网络定向广告的个性化程度取决于以下两个因素：第一，所用的是消费者个人数据类型；第二，网络定向广告所使用的消费者个人数据的数量。已有学者对网络定向广告不同个性化程度及广告效果进行了研究。基于消费者个人信息数据的网络定向广告的个性化程度的提高，有利于提升广告内容与消费者偏好的匹配度，进而提升消费者对产品和服务的喜爱度，减少认知过载。对于企业而言，网络定向广告的精准程度的提升，有利于增强消费者满意度和忠诚度，进而把握消费者对个性化水平的敏感性。同时，企业也可能获得竞争优势、提高产品定价、提升企业利润。Boerman（2017）指出网络定向广告的个性化推荐能够显著提升消费者的品牌回忆、内容评价和购买意愿。Murthi 和 Sarkar（2003）将个性化水平分为三个不同的阶段：学习阶段、匹配阶段和评估阶段。在学习阶段，广告商收集、分析消费者数据以便了解其需求和偏好；在匹配阶段，广告使用所收集到的消费者信息数据来提供较高个性水平的广告内容；在评估阶段，公司采用可计量指标（例如点击率）对网络定向广告效果进行评价。

Boerman（2017）指出网络定向广告的个性化水平源于对消费者不同类型数据的收集、分析和使用。学者们通过对一种或多种消费者数据类型的组合处理和分析，创造出了不同水平的个性化。他们的研究显示，个性化水平将会触发消费者不同程度和方向响应。例如，个性化水平能够提升消费者的正面情绪和行为，如感知有用性、感知易用性和点击意愿等；同时个性化水平也能够引发消费者的负面情绪和行为，例如被侵犯感知、脆弱性感知和广告抗拒等。

在网络定向广告内容个性化水平对消费者响应影响的研究中，学者们多是以理性选择理论、认知理论、心理所有权理论和心理抗拒理论等作为理论基础。这些理论同时指出，当消费者感知到个人信息被企业收集、使用和处理时，消费者将会积极夺取对个人数据的自主选择、控制和所有权。这就意味着，高个性化水平的网络定向广告会削弱消费者权利感知、心理所有权感知和选择权感知，进而导致消极的广告响应。

（二）网络定向广告的精准化程度

网络定向广告的另一个关键特征则是精准化。倪宁和金韶（2014）指出定向广告的精准性特征主要体现在以下四个方面：目标消费者的精准识别、消费者需求的精确预测、传播过程的精准可控和效果的精准评估。Summers 等（2016）基于自我知觉理论，得出对于消费者而言，网络定向广告起到了隐性社会标签的作用。当消费者知道网络定向广告的运行机制后，他们知道营销人员已对其进行了推断。此时，网络定向广告提供了自我特征的外显，引导消费者调整其自我认知并利用这些认知来决定购买行为。虽然，Summer 等（2016）指出网络定向广告对消费者特征的外显能够影响消费者购买决策，但未对自我特征外显对消费者其他消费行为的影响做进一步的探索。

（三）网络定向广告对消费者数据收集的研究

消费者对网络定向广告的信息收集公开化具有显著的正向态度和情绪。Aguirre 等（2015）的研究指出，相较于信息收集公开化，在信息收集不公开的情景下，网络定向广告的个性化程度水平能够显著提升消费者的脆弱性感知。Miyazaki（2008）指出，在隐私声明中明确地披露消费者个人信息的收集、分析和使用技术和机制，能够显著提升消费者对网站及网络定向广告的信息度和口碑传播意愿。整体来看，信息收集公开化有利于网络定向广告的传播。

在西方国家，营销行业采用自我监管的方式来提高网络定向广告的信息收集透明度，进而保障消费者个人信息数据能够公开化、合法化地被收集、使用和分享。在西方营销业界中，经常使用的披露方式为：图标、标志和口号。例如，美国数字广告联盟和欧洲互动数字广告联盟联合推出了统一化的信息收集标识。

学者们对网络定向广告的信息收集标识有效性展开了研究。学者们指出消费者对网络定向广告的信息披露标识并不熟悉（Ur et al.，2012；Noort et al.，2013），不能充分理解其含义（Ur et al.，2012）并且很少留意到该标识（Noort et al.，2013）。例如，Leon 等（2012）发现只有 25%的被调研者能够辨识出网络定向广告的信息披露标识。这意味着，信息披露标志并未充分发挥其效果。也有学者指出，当消费者了解信息收集标识的含义之后，信息收集标识的展示能够显著提升消费者对网络定向广告内容的认同程度。

学者们指出网络定向广告的信息收集公开化和数据使用透明化对消费者信任的影响机制可以用社会契约理论和违反预期理论来解释。根据社会契约理论，广告商通过对个人信息的收集、分析和使用的披露，与消费者形成潜在的社会契约。在这种潜在的社会契约情境下，消费者希望广告商以负责的态度来收集、分析和使用其个人信息数据。当网络定向广告运营商不披露消费者个人信息数据的收集、分析和使用行为以及不当使用消费者个人信息数据时，广告商则违背了社会契约，侵犯了消费者个人隐私权，进而消费者对网络定向广告及广告内容表现出较低的信任度。

信息收集公开化的另一个常用手段是发布隐私声明和安全承诺。一些国家以立法规定为提高网络定向广告的透明度，要求网络定向广告在使用消费者个人信息数据时，必须征得消费者的同意，同时消费者具有是否使用网络定向广告的选择权。根据 OECD 所指定的隐私准则，只有在消费者具备网络定向广告知识且征得消费者同意的情况下，网络定向广告运营公司才能收集消费者个人信息数据。这些规定的主要目的之一是充分保护消费者权益。一般来说，隐私权相关法规的主要目的在于使消费者对于隐私和个人信任数据的使用行为具有决策权。例如，一些消费者认为网络定向广告能够提供有效产品信息，降低产品搜寻成本，此时消费者会允许网络定向广告运营公司对其个人信息数据进行收集、分析和使用；相反，一些消费者认为网络定向广告会侵犯其个人隐私，进而拒绝网络定向广告运营公司对其个人信息数据收集、分析和使用等行为。

隐私声明是发布于网络广告网页上，用来告知消费者哪些个人信息数据会被收集和使用，以及为何和如何被使用等的说明性文件。McDonald 和 Cranor（2008）指出网络定向广告运营公司能够通过隐私声明向消费者披露网络定向广告技术和信息，进而降低消费者的信息不对称性。尽管隐私声明使消费者充分了解网络定向广告运营公司对其个人信息数据的收集、分析和使用情况，但是消费者很少阅读隐私声明，进而导致了消费者认知较低（Cranor，2003；McDonaldand and Cranor，2008；Milne and Culnan，2004）。McDonaldand 和 Cranor（2008）指出若消费者阅读完其所浏览的全部网站的隐私声明，需要用 201 小时。另外，消费者也并非擅长于理解隐私声明中的专业术语（Jensen and Potts，2004；Milne et al.，2006）。消费者通常是全部接受所有的个人信息数据收集、分析和使用的请求，或者只是简单地浏览（Marreiros et al.，2015；Borgesius，2015b）。因此，从实践上来看，隐私声明的发布看似能够保障消费者权益，但实则并未发挥其告知和授权作用，进而造成了消费者的隐私权被侵犯的感知。

(四) 网络定向广告的展现内容和形式

以往学者对网络定向广告展示内容的研究主要集中在展现形式和展示内容如何影响消费者对网络定向广告、产品和服务的评价。

第一，关于网络定向广告内容的展示形式的研究。Xiao 和 Benbasat（2014）指出网络定向广告内容布局越简单明了，消费者的易用性感知和满意度也就越高。根据信息过载理论，Schumann 等（2014）认为，网络定向广告内容杂乱度（advertising clutter）会显著降低消费者对网络定向广告内容的相关性感知，进而降低消费者对网络定向广告的接受意愿。Reijmersdal 等（2017）以 9~13 岁的儿童为样本，研究了网络定向广告内容和形式（如颜色等）对品牌态度和购买意愿的影响，认为对于儿童而言，广告内容和形式的精准化能够显著提升品牌态度和购买意愿，并且受到广告喜爱度的正向中介作用。Schumann 等（2014）在对网络定向广告的研究中，提出广告信息量能够显著影响消费者对网络定向广告的接受程度。具体来看，对于以相关性为诉求的网络定向广告，广告信息量的增大会显著降低消费者对网络定向广告的接受意愿；而对于以互惠性为诉求的网络定向广告，广告信息量的增大会显著提升消费者对网络定向广告的接受意愿。同时也有学者指出，广告内容标签也会影响消费者响应。例如，在商品个性化推荐情境下，Kramer 等（2007）通过实证分析发现，相对于“基于相似消费者”的网络定向广告标签，具有独立取向的消费者比依存取向的消费者更倾向于选择具有“基于个人偏好”的网络定向广告内容。

第二，关于网络定向广告展示内容的研究。Sinha 和 Swearinggen（2001）指出若广告内容为消费者熟悉的产品，消费者对网络定向广告的信任程度就更高，同时提供产品更多信息（诸如产品价格、在线口碑等）也可显著提升消费者对网络定向广告、产品或服务的信任度。Bleier 和 Eisenbeiss（2015）将网络定向广告展示内容个性化深度（degree of content personalization）分为三个不同水平，即高广告内容个性化、针对产品类别的中等广告内容个性化和针对品牌的中等广告内容个性化。其中高广告内容个性化是指依据消费者最近购物活动中最关注的产品类别和品牌，所生成的网络定向广告；针对产品类别的中等广告内容个性化是指依据消费者最近购物活动中所关注的产品类别，所生成的网络定向广告；针对品牌的中等广告内容个性化是依据消费者最近活动购物中所关注的品牌，所生成的网络定向广告。他们认为，伴随着消费者购买决策阶段的不同，不同的网络定向广告内容个性化深度将发挥着不同的效果。相对于高度内容个性化的网络定向广告，中度内容个性化的网络定向广告点击率虽少，但对消费者购买决策的影响更为持久。Bleier 和 Eisenbeiss（2015）在另一篇文献中依据网络定向广告个性化类别的不同，将网络定向广告内容分为个性化深度和个性化深度两个维度。其中，广告内容个性化深度是指网络定向广告内容与消费者偏好、产品需求的相关程度；广告内容广度是指网络定向广告内容对消费者偏好及产品需求的覆盖程度，并且提出具有不同信任程度的网络零售商，应采用不同的精准化网络广告营销策略，才能有效地发挥网络定向广告效果。具体来看，具有高信任度的网络零售商应采用高深度和低广度的网络定向广告内容策略，此时消费者具有较高有用性感知，较低的隐私关注；对于具有较低信任度的网络零售商而言，无论网络定向广告内容的广度如何，网络零售商采取高深度的网络定向广告内容，都不会增加消费者的有用性感知，反而会引发消费者的隐私关注。

(五) 网络定向广告与情景一致性的研究

在传统网络广告的研究中，学者们皆认同网络环境对网络广告的传播及点击意愿有着显著的影响。网络定向广告的载体形式多样化（诸如社交媒体、手机 App、购物网站等），所以对于网络定向广告所处情景的研究也至关重要（Boerman，2017）。回顾以往研究发现，网络定向广告所处情景多以调节变量作用于网络定向广告与消费者响应间的关系。Aguirre 等（2015）探究了网络定向广告所处网站可信度对网络定向广告的影响。他们的实证检验结果表明，当网络定向广告出现在可信度较低的网站上时，个性化水平显著负向影响消费者的点击意愿。这意味着，消费者对低可信度网站上的高个性化网络定向广告有着较低的点击意愿。

对于网络定向广告而言，最为重要的情景因素是网络定向广告所展示内容与载体网站主题的一致性（骆婕茹，2016）。Bleier 和 Eisenbeiss（2015）分析了网络定向广告与展示网站的动机一致性对个性化水平于消费者感知的调节作用，研究显示在动机一致性的情境下，个性化水平能够显著提高广告信息性感知，同时侵扰性感知等负面感知将会显著降低。Yaveroglu 和 Donthu（2008）探究了环境内容相关性（内容相关 VS 内容不相关）对横幅广告点击意愿和品牌回忆的影响，结果显示网络环境内容相关更有利于唤醒消费者对横幅广告中产品的品牌回忆，但其对横幅广告的点击意愿并未有显著影响。Tucker（2014）分析了社交网络情景下的网络定向广告的效应，发现利用社交网络的交互性，改变消费者对个人信息的控制，能够显著提升网络定向广告点击率。Schumann 等（2014）研究了免费网络服务网站情景下，消费者对其所包含的网络定向广告的接受意愿，认为相较于传统以相关性诉求为主的网络定向广告，互惠性诉求更容易触发消费者对网络定向广告的接受和使用意愿。在这个效应中，免费网络服务网站效用（website utility）、网站质量、消费者生成内容水平量对其起到了调节作用。

四、消费者特征对网络定向广告效果的影响研究评述

对于网络定向广告的研究，起初学者们将网络定向广告的算法及模型优化等技术层面的研究作为重点。伴随着算法及模型不断改动和完善，学者们开始将研究重心转移到消费者行为、心理等问题。消费者特征对网络定向广告的采纳和评价受多种因素的影响，并且作用机制较为复杂。诸如，Johnson 等（2011）研究了消费者特征对网络定向广告态度的影响，认为消费者特征通过一致性判断和精准性感知来影响网络定向广告态度，并且文化因素在它们的关系中起到调节作用。梳理相关文献可以看出，影响消费者对网络定向广告评价的消费者特征因素众多。参考以往学者的研究，本文将从产品知识水平、网络定向广告知识水平和隐私关注三个核心特征对网络定向广告评价的影响因素进行回顾。

（一）消费者产品知识水平对网络定向广告的影响

消费者产品知识（CPK）是消费者直接或间接所获得某一类产品的相关知识（Brucks，1985；Wood and Lynch，2002），包括产品属性认知、功能性认知与价格认知。消费者的产品知识主要有两大获得渠道：内部搜寻，即消费者本人的以往关于产品的经验和认知；外部搜寻，即他人经验、广告和品牌社群等。当前的研究显示伴随着信息技术的进步，口碑和品牌社群等已成为消费者获取产品知识的主要渠道（王爽等，2012）。

消费者产品知识水平的高低也会影响消费者对网络定向广告的反应或评价。一般来说，高产品知识水平的消费者更会对网络定向广告的推荐内容不满，更少依赖于推荐系统做出购买决策（Yoo et al.，2013）。Kamis 和 Daven（2004）对消费者产品类别知识和个性化商品推荐系统进行了研究，研究结果显示消费者产品类别知识水平显著负向影响着个性化商品推荐系统的易用性感知和有用性感知。这意味着高产品类别知识水平的消费者在做出消费决策时，更多地依赖于已有

经验和产品知识，较少受到网络定向广告信息的干扰，此时对于网络定向广告所提供的产品信息的有用性感知降低。

但也有学者认为，消费者产品知识水平能够正向调节网络定向广告与消费者响应间的关系。例如 Pereira（2000）对消费者产品知识与个性化商品推荐的交互作用进行了研究，结果显示相较于产品知识水平低的消费者，产品知识水平高的消费者对基于内容的个性化商品推荐系统的信任度和满意度更高。

（二）消费者说服知识水平对网络定向广告的影响

说服知识是指消费者对广告公司或营销人员所使用营销策略和技术的直观理解和信念（梁静，2008；杜伟强等，2011）。消费者的说服知识来源于社会互动、以往购物经验和口碑传播等途径（Friestad and Wright，1994）。说服知识主要由两方面构成：说服动机的认识和说服策略的认识。

网络定向广告知识水平是指消费者掌握的网络定向广告所使用的技术和运行机制的了解程度。有学者对消费者的网络定向广告知识水平现状进行了研究，认为当前消费者的网络定向广告知识水平降低，对网络定向广告持有较为模糊的认知。例如，McDonald 和 Faith（2010）采用深度访谈和在线调研的方法，对美国消费者的网络定向广告知识水平现状进行调查，发现消费者普遍对网络定向广告的运行机制缺乏正确的认知，64%的被调研者将网络定向广告对消费者的信息收集视为具有侵犯隐私的行为。在网络定向广告知识中，消费者最为缺乏的知识是个人网络行为数据是如何被使用（Ur et al.，2012）。同时，对于网络定向广告知识的缺乏，导致了大量的消费者错误地理解了广告商有分享和出售消费者信息数据的权利（Turow et al.，2009）。网络定向广告知识水平的提供能够强化和增进消费者对网络定向广告的信任度。陈明亮和蔡日梅（2009）对中国消费者进行了研究，结果显示消费者对技术越熟悉，对电商自营定向广告信任度也就越高，越依赖于推荐系统做出消费决策。

通过以上文献可知，当面临网络定向广告时，消费者的心智模型和说服知识都未能得到很好的发展。总之，在网络定向广告下说服知识和第三者效应有着重要的联系。当消费者认为比他人更熟悉网络定向广告的运行机制，其则会高估他人所受到的影响，低估其所受到的影响。不正确的认知、较低的说服知识和低估网络定向广告的效应都会对消费者决策造成负面影响。

（三）消费者隐私关注对网络定向广告的影响

第一，有关消费者隐私关注界定的研究。由于网络定向广告是以获得消费者特征和行为数据为前提，这就使隐私和安全成为消费者对网络定向广告的关注重点。McDonald 和 Faith（2013）指出网络定向广告运营商对消费者的产品需求和消费偏好有着较为熟悉的了解，但是消费者对其个人信息数据如何被使用知之甚少。Dupre（2015）指出，3/4 的美国消费者认为网络广告运营商过多地掌握了他们的信息数据，且其中 1/2 的消费者认为这些网络广告运营商违反了隐私法规。消费者对个人信息安全的担忧成为使用网络定向广告的主要障碍（Park，2011）。在网络定向广告情景中，隐私关注是指网络广告运营商对消费者特征和行为数据的收集、分析和使用，所引发其对个人信息泄露的关注（朱强和王兴元，2018）。

不同消费者具有不同程度的隐私关注。综合来看，对隐私关注的研究主要集中在消费者行为学、信息技术系统等研究中，现有文献对隐私关注的研究主要从横向和纵向两个维度进行展开，即隐私关注水平和隐私关注类别。具体来看，Westin（2003）认为不同消费者具有不同程度的隐私关注，并根据隐私关注程度由低到高，将消费者划分为隐私实用主义者、无隐私论者和隐私机要主义者三种类型。Castaeda 等（2004）依据消费者隐私关注类别的不同，将消费者隐私关注划分为对个人信息数据收集过程的关注和对个人信息数据使用过程的关注。

第二，网络定向广告中消费者隐私关注的前置因素研究。有关隐私关注前因的研究大多关注的是，消费者对网络广告运营商的缺乏信任、对个人信息的使用机制的不了解（Wu et al.，2012）以及对个人数据储存安全性的顾虑（Sheehan and Hoy，1999）都会引发个体的隐私关注。同时，对于网络定向广告知识的匮乏，导致了在面对网络定向广告时，消费者感知到潜在的个人信息和隐私泄露风险，进而引发消费者隐私关注（Cranor，2012）。隐私保护意识较强的消费者会删除 Cookie、不保存 Cookie 等手段来控制和阻止广告商对其个人信息数据的收集、处理和使用，进而影响了网络定向广告的效果。例如，White（2008）等对以电子邮件为媒介的网络精准广告进行研究，结果显示当网络定向广告运营商不能够对推荐内容与消费者偏好做出合理解释时，网络定向广告所推荐内容会使消费者产生抗拒心理，进而降低消费者对网络定向广告内容及服务的评价。

在网络定向广告的研究中，学者们探究了消费者隐私关注的前置因素。综合来看，可以分为消费者个人因素和网络定向广告因素两大类。首先，消费者对网络定向广告运营商滥用或者向第三方提供个人网络行为数据的担忧，都可以引发隐私关注。Dinev 和 Hart（2006）通过研究证明，当面对网络定向广告时，消费者的隐私关注取决于风险与收益两个关键因素。Barnett 等（2008）认为，相对于低隐私关注的消费者，高隐私关注的消费者对于个性化推荐邮件的查看意愿更低。其次，Nowak 和 Phelps（1992）指出，个性化推荐对消费者隐私关注的触发程度取决于消费者对个性化推荐内容的敏感度。网络定向广告推荐产品的广度暗示着网络广告运营商对消费者行为数据的使用程度（Anand and Shachar，2009）。因此，深度推荐内容的网络定向广告更能触发消费者的隐私关注。

第三，隐私关注对网络定向广告影响的研究。在隐私关注对网络定向广告影响的研究中，大多数的学者认同消费者的隐私关注会显著负向影响网络定向广告传播效果，导致消费者的广告回避行为。学者们从不同视角对其影响机制进行研究，消费者风险感知和信任在隐私关注与网络定向广告效果的关系中起到中介作用（宋卓赟，2014；朱强和王兴元，2018）。为缓解隐私关注所导致的负面影响，学者们对其影响机制的调节变量进行了研究。例如，朱强和王兴元（2018）对网络定向广告的失效机制进行研究，结果显示消费者自我效能感具有负向调节隐私关注与风险感知间关系，进而影响消费者对网络定向广告的点击意愿。也就是说，相较于低自我效能感的消费者而言，高自我效能高的消费者隐私关注对风险感知的影响较小，进而弱化风险感知对网络定向广告点击意愿的影响。

隐私关注不仅会引发顾客抱怨、负面口碑传播、减少个人信息分享意愿和广告点击意愿（Sheehan and Hoy，1999）。而且，消费者对个人数据的关注，有可能会导致其提供虚假个人数据，降低了网络定向广告所使用个人数据的真实性，进而直接影响了个性化推荐的准确率等（A-wad and Krishnan，2006）和网络定向广告推荐内容的有效性。从消费者隐私关注与个人信息分享间的关系也受到情景变量的调节作用。例如，Lee 等（2015）在探究网络定向广告情景下，消费者隐私关注与个人信息分享间关系的研究中发现，消费者使用经验对隐私关注与个人信息分享间关系有负向调节作用。这意味着，当消费者有着较多使用经验时，隐私关注对个人信息分享的影响也就越小。

五、相关研究展望

本文对网络定向广告、消费者价值感知、消费者风险感知和消费者信任的相关文献进行了回顾和梳理，夯实了研究基础，对相关概念有了较为清晰的掌握和理解。通过对网络定向广告的相关研究发现，以往学者主要集中于网络定向广告特征、消费者特征对消费者响应的影响的研究中。通过对以上文献的梳理，可得到研究脉络如图1所示。虽然前人在网络定向广告对消费者态度、行为意向的研究中取得了一定的研究成果，但仍存在一定的不足。

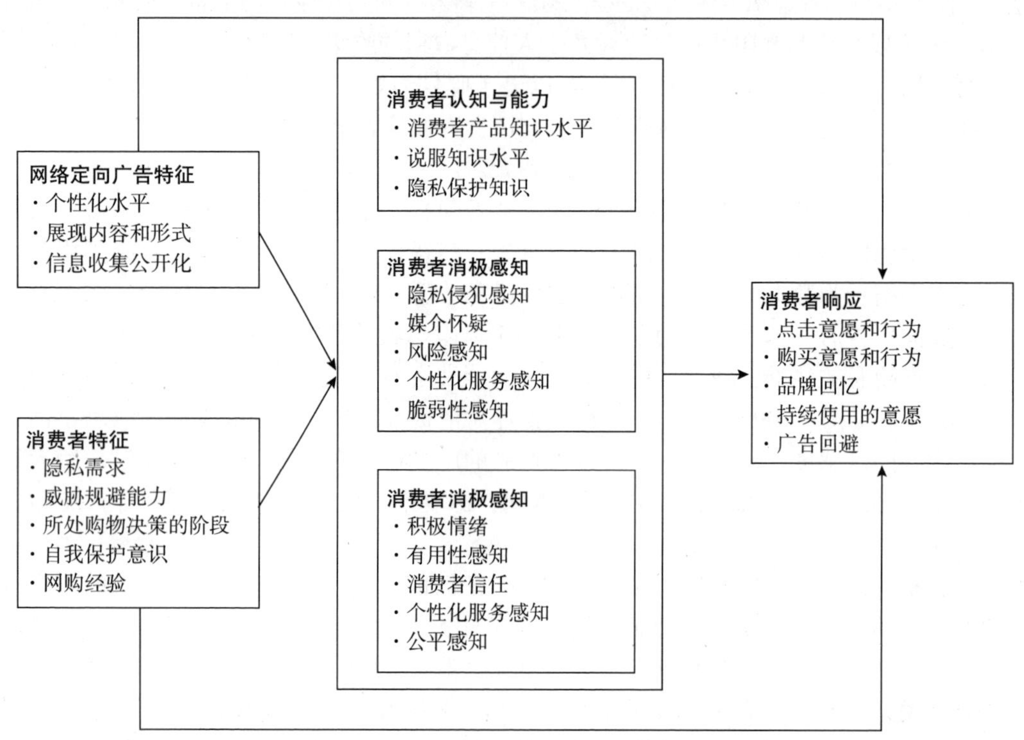

图1 相关文献研究脉络

第一，信息系统和计算科学研究领域内的学者多是探索如何通过优化定向技术和算法模型来提升定向广告效果（郭心语等，2013），缺乏了对消费者心理层面的关注，这就很可能导致网络定向广告运营商和技术人员所认为具有技术创新的定向广告反而出现消费者点击意愿低的悖论。

第二，结合本文的综述可知，对于网络定向广告的研究中，市场营销学和消费者行为学等领域的学者都是将个性化水平、信息收集公开化等单一维度作为主要特征，探索其对消费者态度、行为意向的影响。多数研究认同由于网络定向广告的技术内生性，使其以收集、分析和使用消费者个人信息数据为核心技术诉求，这也就内生地带来了消费者隐私关注问题。研究表明，网络定向广告的个性化水平能够显著提升消费者有用性感知和个性化服务感知，但同时也会带来负面感知（诸如风险感知和脆弱性感知等）。但并未有研究以系统性的思想，得出整合性的网络定向广告特征，使网络定向广告能够在保障消费者隐私信息安全的情况下，获得与其需求相匹配的产品或服务信息。这也就造成了消费者对网络定向广告“既爱又恨”。

第三，现有文献对于网络定向广告采纳的研究不够深入，多数文献从感知利得和感知利失的视角，探析了消费者对网络定向广告的态度和响应。网络定向广告除了能够发挥传播广告信息的作用外，还能够起到对使用者自我特征的外显作用。鲜有学者对网络定向广告的这一作用进行了研究。从现有文献来看，Summers 等（2016）基于自我知觉理论，得出对于消费者而言，网络定向广告起到了隐性社会标签的作用。当消费者知道网络定向广告的运行机制后，认为营销人员已对其进行了推断。此时，网络定向广告提供了自我特征的外显，引导消费者调整其自我认知并利用这些认知来决定购买行为。虽然，Summer 等（2016）指出网络定向广告对消费者特征的外显能够影响消费者购买决策，但未对自我特征外显对消费者其他消费行为影响做出进一步的探索。

第四，现有文献关于消费者对网络定向广告响应机制的研究中，多是以技术接受模型和计划行为模型为理论基础，探究了网络定向广告特征通过感知有用性和感知易用性，来提升消费者点击和采纳意愿。与感知易用性和有用性相比，消费者价值感知能够更加准确地预测消费者信任、意愿和行为。这是因为，只有当消费者处于理性价值感知和感性价值感知并存情境下，消费者才会对网络定向广告产生持续性信任、意愿和行为。

参考文献

[1] Aguirre Elizabeth, Dominik Mahr, Dhruv Grewal, Ko de Ruyter, and MartinWetzels. Unraveling the personalization paradox: The effect of information collection and trust-building strategies on online advertisement effectiveness [J]. Journal of Retailing, 2015, 91 (1): 34-49.

[2] Ahrens J, Coyle J R. A content analysis of registration processes on websites: How advertisers gather information to customize marketing communications [J]. Journal of Interactive Advertising, 2013, 11 (2): 12-26.

[3] Bang H, Wojdynski B W. Tracking users' visual attention and responses to personalized advertising based on task cognitive demand [J]. Computers in Human Behavior, 2016 (55): 867-876.

[4] Bleier A, Eisenbeiss M. The importance of trust for personalized online advertising [J]. Journal of Retailing, 2015, 91 (3): 390-409.

[5] Boerman S C, Kruikemeier S, Borgesius F J Z. Online behavioral advertising: A literature review and research agenda [J]. Journal of Advertising, 2017 (2): 1-14.

[6] Chen Q, Feng Y, Liu L, et al. Understanding Consumers' Reactance of Personalized Online Advertising Services: from a Perspective of Negative Effects [C] // Hawaii International Conference on System Sciences. 2017.

[7] Eisend M. The third-person effect in advertising: A meta-analysis [J]. Journal of Advertising, 2017, 46 (3): 377, 394.

[8] Ham C D. Exploring how consumers cope with online behavioral advertising [J]. International Journal of Advertising, 2017, 36 (1): 632-658.

[9] Keller K L. Unlocking the power of integrated marketing communications: How integrated is your IMC program? [J]. Journal of Advertising, 2016, 45 (3): 1-16.

[10] Kumar V, Gupta S. Conceptualizing the evolution and future of advertising [J]. Journal of Advertising, 2016, 45 (3): 1-16.

[11] Lambrecht A, Tucker C E. When does retargeting work? Information Specificity in Online Advertising [J]. Journal of Marketing Research Jmr, 2013, 50 (5): 561-576.

[12] Malthouse E C, Li H. Opportunities for and pitfalls of using big data in advertising research [J]. Journal of Advertising, 2017, 46 (2): 227-235.

[13] Reijmersdal E A V, Rozendaal E, Smink N, et al. Processes and effects of targeted online advertising among children [J]. International Journal of Advertising, 2017, 36 (3): 396-414.

[14] 李凯，严建援，林漳希．信息系统领域网络精准广告研究综述 [J]．南开管理评论，2015，18（2）：147-160.

[15] 刘登福，成全．网络定向广告研究现状及趋势探析 [J]．情报探索，2015（10）：34-38.

[16] 冯芷艳，郭迅华，曾大军等. 大数据背景下商务管理研究若干前沿课题 [J]. 管理科学学报，2013，16（1）：1-9.

[17] 朱強，王兴元，辛璐琦. 隐私关注对网络精准广告点击意愿影响机制研究——消费者风险感知和自我效能的作用 [J]. 软科学，2018，32（4）：115-119.

基于品牌原型战略的海派文化价值观新发展：构念与定位*

李义敏[1]　赵袁军[2]　孙燕燕[3]

（1. 上海工程技术大学管理学院，上海　201620；
2. 东华大学旭日工商管理学院，上海　200051；
3. 上海师范大学旅游学院，上海　201418）

［摘　要］随着中国成为全球最大工业产值国与最重要的消费市场，中国文化正全面复兴，并成为本土企业品牌概念的主要来源。以海派文化价值观新发展作为研究主题，本文对海派文化价值观的构念做了归纳，并认为创新是海派文化价值观构念的基础。在发展定位上，强调海派文化价值观应与本土品牌在传承、发展、传播上作出不同的联结。基于品牌原型战略的海派文化价值观新发展，实现了新时代文化自信与中国特色管理理论构建的整合，能够为传统文化创新性地继承与传播探索出可持续发展的路径，同时也为企业提供全新的分析框架与战略视野。

［关键词］海派文化；文化价值观；品牌原型；原型战略

一、问题提出

在不确定性风险日益增强的全球经济大格局下，中国正在发展成为全球最大的工业产值国，而其城市经济正在转向“消费驱动”的发展模式。据中国国家统计局数据，2018 年中国社会消费品零售总额超过 38 万亿元，其中上海社会消费品零售总额为 12668. 69 亿元，消费市场规模全国城市第一，对经济增长度贡献增强。随着消费品牌资源要素聚集度的提高，上海在消费领域的时尚潮流引领度正逐步提升。例如首届中国国际进口博览会首发新品超过 5000 件；超过 3000 个品牌在上海首发全球新品；蔻驰首次在上海举办大型全系列新品首发活动。从上海城市经济发展现状看，中高端时尚消费目前成为经济新的增长点，知名品牌在上海新开首店 835 家并约占全国半壁江山，时尚品牌文化影响着消费者购物选择和个人决策的行为。由此可见，文化传承发展必须与品牌消费相结合并具有自我“造血”的功能，才能够真正融入并影响消费者的日常行为，从而得到更好的发展与传播，这也是本文将海派文化价值观新发展在品牌原型战略视角下展开的重要前提。

*［基金项目］教育部人文社会科学研究一般项目“创新与品牌的联结：中国企业品牌国际化定位战略研究”（19YJC630091）；上海市艺术科学规划一般项目“海派文化价值观继承、发展与传播：基于品牌原型战略研究”（2017G06）。

当前研究中，社会学界更多的是从艺术角度研究海派文化价值观发展问题，例如花建从文脉传承与时代创新相结合的角度关注海派文化价值观的特征。在营销学界，借鉴于西方学者关于“品牌价值观”概念的研究成果，国内学界在品牌价值观领域取得了一定的研究成果，例如何佳讯和吴漪从品牌价值观角度研究了国家品牌与中国企业品牌之间的关联性问题。整体而言，社会学界的研究偏重于理论层面的文化价值观概念特征以及社会传播研究；而营销学界虽然将文化价值观概念在品牌消费中进行开拓性的应用研究，但由于品牌价值观尚处于概念导入阶段，这导致对于品牌价值观的社会学意义解释性不足，因此，对于海派文化价值观在品牌领域的应用研究还存在一定的研究空间。

要发展成为具有一定世界影响力的社会主义现代化国际大都市，这种城市定位是对上海城市性质和发展现状的清醒认识。在中国江南传统文化（吴越文化）的基础上，海派文化是融合开埠后传入的对上海影响深远的源于欧美的近现代工业文明而逐步形成的上海特有的文化现象。“海纳百川、兼容并蓄”是海派文化的主要特征；“开放”也正是海派文化价值观最重要的品格。而为了更好地发挥上海在对外开放中的重要作用，首届中国国际进口博览会 2018 年 11 月 5~10 日在上海顺利举办，向全世界人民彰显支持贸易自由化和经济全球化的决心，并有利于促进世界各国经贸交流合作，展示了大国担当并传递了“中国形象”。在此背景下，将海派文化价值观新发展融入上海城市现代化经济体系建设中，并借助于“上海品牌”载体向世界讲述好“中国故事”，从而营造具有国际竞争力的“上海购物”环境，这不仅在理论上有助于不同学科之间交叉融合创新，而且在社会实践上也助力于擦亮“海派文化”的金字招牌。

基于此，本文尝试从“海派文化价值观”研究构念出发，分析其相应的构念内容，并将海派文化价值观作为品牌概念的基本表征（Torelli et al.，2012），并以此为参照去探明“海派文化”作为“上海品牌”内涵所蕴含价值观的可能性，以及与消费者内心层面对上海品牌本身所蕴含价值观认知的匹配度。同时，品牌原型作为一种整体性认知方式，过往研究证明其更有利于个体对品牌概念判断的应用性研究。在后续研究中，本文将借助于品牌原型的分析视角，主要围绕海派文化价值观传承的构念表征、海派文化价值观发展的原型判断以及海派文化价值观传播的效应评估三个基本问题展开，以便为海派文化价值观新发展提供一个崭新的思路与框架。为了实现这一研究目的，研究主要问题可以归纳为：①在嵌入情境视角下对海派文化价值观构念进行测评，并会认真梳理国内外研究文献，结合内容分析法和定性分析方法，确定相关的操作定义内涵和外延界限。②选择合适的上海品牌作为研究参照，根据企业宣传内容揭示本土品牌所具有的价值观维度以及相应的品牌定位，通过因果分析去甄别不同海派文化价值观对消费者“上海品牌”原型判断的影响，从而探明海派文化价值观与品牌原型印象构建之间的关联性。③立足于中国品牌承担着向全球讲述“中国故事”的现实需求，主要从海派文化价值观传播的角度，分析海派文化价值观通过品牌原型战略取得文化认同并构建相应社会价值的全过程，将城市文化软实力建构在品牌原型视阈下进行跨界创新性研究。

二、理论基础

（一）海派文化相关研究

“海派”一词起源于唐代书画理论著作《书断·能品》；在上海开埠后七八十年间，“海派”逐渐实现了在书画、戏剧、建筑、服饰、时尚等诸多领域的生根流布。在中华优秀传统文化发展体系中，海派文化既具有开放性、创新性、包容性的特点，同时又具备江南地域特征的文化脉系；它属于上海乃至长三角城市群历经长期社会实践，而逐渐发展成型且能够被感知到的物态化和精神化文明遗存成果。总体来看，海派文化已经成为上海城市精神“品格”的代名词，其“开放多元”和“海纳百川”的文化特质已经成为上海城市最为典型的文化印象。

关于“海派文化”在品牌领域内的应用研究，目前正处于“实践诉求领先于理论研究”的状态。“海派文化”应该包含三个层面（何佳讯等，2017）：第一，从符号层面定义海派文化的外在表征系统；第二，从观念层面明确海派文化的内核；第三，从社会层面强调海派文化是根植于社会语境中、与时俱进的文化系统。不过在各种纷杂的理解中，利用好“海派文化”名片，借助上海国际大都市的平台优势，面向世界“打造中国品牌、讲好中国故事”已成为共识。

由此，本文认为，海派文化来源于中国文化传统，或在上海现代城市发展中产生的与中国文化紧密联系的一种人文习俗或行为总和。这里值得指出的是，上海品牌在营销组合中运用海派文化价值观去讲述独特的中国故事，是一种重要的全球本土化战略，其主要目的是“以小见大传播中国价值观并借此得到全球消费者认同”。从文化认同的角度分析，此种认同体现了个体对于“文化价值观”的认可，并主要源于个体作为社会群体中成员，受到群体内传递的知识、信念、价值观和生活方式的影响，从而获取身份认同感（黄海洋和何佳讯，2017）。这意味着，“海派文化价值观”将成为构建强势“上海品牌”的象征意义，从而满足消费者对自我身份的美好想象空间。

（二）品牌价值观研究

目前，随着一批中国企业实施“走出去”战略，它们面临着如何构建中国全球品牌的问题。也即，中国企业品牌建设已经不再仅是追随西方企业品牌建设的步伐，而是需要构建专属于中国品牌的价值体系。作为全球最大贸易出口国和最大制造业产值国，中国制造具有强大的实力，但是相应的中国品牌却一直处于弱势地位，并处于全球产业链最低端。表面上看，中国品牌目前缺乏提升形象附加值的有力手段，而深层次上却暴露出中国企业对品牌文化象征意义的认知性不够。例如，以中国传统文化中“悟道”为主题，“中国李宁”正式亮相“纽约时装周 2018 秋冬秀”并大受欢迎。这说明，中国本土文化元素具备引导国际潮流可能性，需要在一个国际化语境下进行全新的时尚解读，但这种时尚符号一定是建构在一般性的“中国文化象征意义”上，这样才能够保证中国品牌有自身独特的全球化定位，而并非只是对西方国际品牌的抄袭模仿或简单复制。

对个体而言，价值观是一种关于对事物可否“值得的”外显或内隐的评价，能够对其思考方式及行事目标产生影响，并从本质上决定个体的行为方式。品牌价值观是将人类文化价值观作为品牌概念的基本表征，从而赋予品牌一般性的文化象征意义。品牌价值观能够帮助企业进行更为明确的品牌定位，并赋予品牌超越产品功能属性的文化附加价值，吸引消费者产生相应的品牌联想，并成为基于消费者视角的品牌资产来源。本质上，品牌价值观依然是从关系层面调整消费者与品牌之间关系，属于品牌人格化研究全新隐喻。目前品牌价值观研究在国际上尚处于探索阶段，何佳讯首次将这一概念引入中国，并发现国家品牌与中国企业品牌在价值观方面存在一定的关联性。总之，以文化价值观为基础的品牌管理研究，使关系营销从具体情感关联推进到抽象概念认同研究，这是品牌象征意义研究更为深化的表现；品牌具备更加全面的拟人化人格，能够吸引具备同样价值观念的消费者的关注，并产生真正的品牌情感共鸣，从而消费者也愿意为品牌支付更高的溢价。

（三）品牌原型研究

中国自主品牌应该采取什么样的战略，目前仍是一个在探讨中的课题，这也与中国独特国情有关。中国当然属于大国，并拥有历史悠久、价值多元的文明体系，其发展模式无法完全照搬世界上任何一个国家的发展方式。中华人民共和国成立不到百年，已经从“一穷二白”的国家现状发展到当前综合国力跃居世界一流的地位，其社会经济结构正在同时经历由“农业社会向工业社会、计划经济向市场经济、前期工业化向后期现代化”三阶段并存的转型调整期。由此，中国自主品牌建立需要具体考察中国本身市场机制，而并非照搬欧美成熟市场经验下所总结的品牌战略发展模式。

在这一背景下，国内学者们以“中国品牌建立”为研究主题，分别从市场制度环境、价值链构建以及市场结构等多个角度探讨外在情境因素对建立中国自主品牌的影响问题（刘志彪和张杰，2009；毛蕴诗等，2009）。但是，对于中国品牌建立的基本战略模式以及相应的市场决定机制的探讨，尚没有形成统一的意见。从诸如华为、格力等中国品牌成功的营销实践看，中国品牌成功的关键在于采取了不受常规且不受其所在领域国际品牌发展约束的创新行动，并植入了“中国”价值观文化。为此，蒋廉雄和朱辉煌正式提出了“品牌原型”战略概念，认为在类似于中国这样还存在大量市场机会的现实基础上，企业可以通过识别消费者需求去构建相应的原创市场，并利用多层次来源的品牌化资产发展原创产品和建立特定的品牌化驱动器开展营销活动。围绕着“品牌应该是什么”主题，企业做到真正从顾客需求出发去定义相关原创产品，并通过原型化战略推动品牌成为市场中某一品类的“典型样例”。

社会心理学的研究表明，类别化的原型认知是个体在社会情境中所采用的一种基本认知方式；主要是个体将认知对象区分为不同类型，并形成与其他类别成员具有共性的认知概念。在中国这一尚未成形的广阔市场中，需求的多样化催生了众多品牌建立原创市场的机会，并通过产品典型性丰富消费者品牌知识并拓展其相应的品牌联想，从而牢固占领消费者心智并成为该品类的领导品牌。与此同时，随着文化价值观进一步植入品牌概念中，消费者不仅将品牌作为个体附属使用品，更是将品牌作为生活方式一部分，成为该品类甚至跨类别市场中的品牌样例，即“品牌原型”。由此，在定义品牌原型类别后，企业接下来需要根据消费者期望去决定品牌相应功能属性并满足消费者相应的需求，从而成为真正的品牌领导者。这一过程可以简单地概括为，中国企业借助于品牌原型战略深度挖掘中华传统优秀文化的价值观，提炼并形成原创的品牌定位概念，在品牌产品高质量的功能性水平基础上去满足消费者心理需求，从而成为该类别领域的领导性品牌。

综上所述，本文首先认为，世界对中国品牌的认识，就是对中国文化和中国价值观的认识。但这一观念成立有两个重要前提，一是中国对自身文化有现代化传承观和发展观；二是中国文化软实力的传播必须建立在综合国力增长的硬实力基础上。再者，具备“开放属性”的地域文化才有进一步发展的生命力。海派文化，正是在“海纳百川，兼容并蓄”中不仅保存并革新中国特色的文化，而且吸纳并发展着随欧风而来的交际礼仪、歌舞娱乐、体育竞技、服饰饮食等异域风情。最后，文化认同感建构是城镇化建设的重要支撑。外来人口城市融入不仅是工作、居住的融入，更是在城市文化认同上的融入。而对于文化认同感的融入，通过消费融入是一种非常有效的方式。

三、研究设计

（一）研究假设提出

对于海派文化价值观构念而言，这将是本文的前置变量，主要研究文化价值观构念对品牌原型构念的影响作用。在探索中国管理实践过程中，必须考虑中国传统文化独特的认知思维模式。目前，已有众多中国学者将中国传统文化与企业管理实践结合起来，从而推动本土化企业管理理论和实践的发展。例如，从文化整合性视角关注创业型企业如何整合资源构建独特竞争优势；从文化平衡性视角关注和谐组织构建问题。对此可以看出，文化概念属于一个复杂的多维构念，需要从多个层面进行测量。从中国地域文化谱系看，“海派文化”属于融入外来异质文化元素最好的一种文化形态。从最初六朝前期的“吴地文化”，再到始于宋室南渡并辉煌在明清时期的“江南文化”，终在晚清时期舶来欧美风情并糅合因开埠而盛行市井商业气息所成型的“海派文化”，这可证明海派文化是长三角文化累积与裂变的结果。在某种程度上说，海派文化是中华文化南北二元耦合以及再叠加中外文化二元融合所形成的复合型文化。由此，本文得出研究假设：

H1：海派文化价值观属于一个多维复杂构念。

在传统的品牌研究中，品牌被看作由品牌领导力、品牌个性、品牌忠诚、品牌联想等不同属性元素构成的认知整体。这一理论观点在市场初始阶段具备一定应用基础，消费者通过与品牌互动形成各类品牌知识，最终形成倾向性的态度意见并作为某一产品范畴类别下原型判断标准。而随着市场发展成熟，消费者积累足够多品牌知识并将原型观点引入品牌认知领域，并对产品或品牌形成一般性的概念，这也是消费者在记忆中对其形成的整合性知识认知的结果。在此背景下，将类别化认知的原型观点引入品牌研究领域，符合市场发展的预期以及中国市场现有发展阶段，并且能够完善中国品牌理论的普适性。在品牌原型测量构念上，现有研究尚处于理论建构阶段，仅是在研究实践上证明了品牌原型能够成为消费者的认知组织方式，并且进一步探明了原型构念在消费者品牌认知及品牌感知评价中运用的必要性和可能性问题。蒋廉雄和朱辉煌首次通过深度访谈的方式，完成了品牌原型的理论建构，认为消费者的品牌原型构念存在营销地位、社会声名和表现能力的三维度意义建构。由此，本文得出研究假设：

H2：品牌原型构念属于一个多维复杂构念；并进一步认为由营销地位、社会声名和表现能力三维度构成。

随着百度、阿里巴巴、腾讯、京东、拼多多、小米等一大批中国品牌进入全球市场，并在纳斯达克、纽交所或港交所上市，中国企业得到了更多西方舆论的关注。然而，中国公司在全球市场中却仍然依靠产品或服务诉求去吸引消费者关注，缺乏对建立品牌资产价值的整体战略体系规划，从而导致品牌附加值不高。从品牌营销企业实践分析，建立品牌价值观，即把价值观内化于品牌概念之中，使其成为长久性品牌价值主张的来源，这是中国品牌建立强有力的全球定位战略，提升品牌附加值，从而实现在全球产业价值链升级的有效战略手段（何佳讯和吴漪，2016）。而从自我概念引入营销研究领域之后，学者们开始关注消费者自我概念与产品形象之间匹配程度问题。后续扩展研究中，对品牌价值观研究主要从内部视角和外部视角展开，前者主要关注品牌价值观与员工个人价值观一致性问题，后者主要关注品牌价值观与消费者的价值观匹配问题。从品牌营销研究动态分析，着重点在于关注消费者品牌情感融入问题，这关系到企业品牌经营成功的关键。按照最新的研究进展，服务主导逻辑和共创价值理论认为，消费者对于企业而言并非单纯的品牌价值购买者，更重要的是从认知、情感和行为等方面参与品牌价值的共创，从而成为品牌价值的共创者。在 Web 2.0 社交电商时代，消费者此种价值共创行为对于企业经营显得尤为重要，并在虚拟品牌社群的产品更新迭代中处于主导位置。例如豆瓣、小红书、马蜂窝等以消费者口碑体验内容为主要引流点的社区，正是体现了社交电商最新的发展趋势。通过文献梳理，还没有研究关注价值观对于品牌原型认知的影响，但现有研究却从侧面证明，价值观作为消费者个性心理认知的核心因素，对其品牌情感融入存在正向的影响作用。由此，本文提出如下研究假设：

H3：品牌价值观正向影响消费者品牌原型。

（二）研究方案设计

首先，在整理了海派文化相关文献和报刊资料之后，本文概括出开放、包容、创新、奋进、诚信、时尚六大类价值观概念性范畴。同时，海派文化价值观属于新理论建构，因此，本文还将通过深度访谈技术来挖掘相应的测量词组，从而构建海派文化价值观的测量集。在访谈过程中，采用个人文化生活史访谈的方法，不同于自由联想方法，而是让被访谈者围绕一个主题去回顾与海派文化价值观有关的生活事件，从而记录并整理被访谈者对海派文化价值观的典型印象。在访谈人数的选择上，采用理论抽样原则确定相关选择标准：一是被访谈对象应该具有海派文化价值观的切实感受，并可以清晰地回忆和介绍自己对海派文化价值观的印象；二是保证访谈对象能够在个体特征、生活经验、职业经历等方面具有一定差异性，可以有本地上海人，也可以有外来的新上海人，同时考虑到上海全球化城市定位，也采访了部分海外留学生；三是需要被访谈对象能够结合品牌消费经验讲述价值观对其偏好选择的影响作用。根据上述要求，本文通过五个访谈小组成功地访问了 15 名访谈对象，并且验证了理论饱和状态。

在访谈小组成员构成上，选择有一定社会阅历和专业知识背景的大三营销专业本科学生组成，每个小组 5~6 个人，并按照月收入高低、婚姻状况、年龄大小、在上海居住时间长短以及职业类型等标准进行合理搭配，进行背靠背的筛选海派文化价值观测量集。每个人访谈时间控制 30~60 分钟，并以封闭式问题“您对海派文化价值观的印象是什么”作为聚焦，鼓励被访谈者说出对海派文化价值观的感受。在访谈结束，还要求被访谈者回顾和归纳自己观点，并在访谈者将访谈大纲整理之后，再让被访谈者进行二次确认，再次解释或补充访谈内容模糊或者有误解之处，从而保证研究资料的可信度。同时，采取街头随访形式，要求被试者用 3~5 个词语总结海派文化价值观印象，一共收集 150 份调研问卷，并形成海派文化价值观“高频词组”。最终，整理出来包含 51 个关键词的海派文化价值观测量集。借助问卷星线上问卷调查平台，通过 250 份线上问卷发放，对包含 51 个题项的海派文化价值观量表进行了预调研。在筛选的标准上，通过课题组成员测试，分别将 120 秒和 400 秒作为问卷控制的最低和最高时间标准，剔除完成时间异常以及全部答案选择一个题项的试卷，一共回收 191 份有效试卷。借助于因子分析对量表进行了初步的清洗，最终得到了包含 27 个题项在内的海派文化价值观测量集作为正式问卷。

在品牌原型现有的研究中，蒋廉雄等已经发现品牌原型由营销地位、社会声名及表现能力三个维度构念组成，并在研究中进行了相关验证。同时，考虑到品牌功能属性等因素对研究结论的影响，因此，本文分别选择了百雀羚和携程两个上海本地品牌进行相应的原型测量，并考虑到行业属性不同，从而进一步验证品牌原型战略对于产品类别的超越性。最后，在品牌原型的测量上，分别设置品牌介绍，强调百雀羚和携程的“上海”品牌来源地，以及简要介绍两个品牌现有的品牌文化，激发被试对于价值观的联想，从而更加有效地观测到文化价值观对其相应品牌原型的影响。其中，百雀羚主要突出“东方”和“天然”的品牌概念，携程主要突出“一诺千金”“一丝不苟”“一应俱全”的品牌概念。

（三）调研方案执行

在最终问卷的调研结构中，分为被调查者基本信息、文化价值观量表、品牌原型量表三个部分。首先，在被调查者的基本信息方面，主要包括性别、感情状况、年龄、学历、月收入、职业背景、在上海居住时间等内容。同时，还将设计三个甄别问题：可否了解海派文化、可否了解百雀羚品牌产品、可否了解携程品牌产品，并通过甄别问题选择合适的被调查群体。其次，通过被清洗过的包含 27 个题项的海派文化价值观量表，发现被调查者对于海派文化价值观的体验和感受。最后，对百雀羚和携程品牌原型的调查，在前置情境材料下，从营销地位、社会声名和表现能力三个方面进行测量。海派文化价值观和品牌原型量表采取 Likert 7 级量表的方法进行测量，从“3”代表非常同意，再到“-3”代表非常不同意。

在问卷发放上，本课题通过线上和线下两种方式发放相关问卷。线上问卷发放方式主要面对年轻群体，借助于微信朋友圈的链接方式了解年轻人海派文化价值观及其相应的品牌消费经历，并且此种调研方式能够有效降低研究成本；对于年龄 45 岁以上的被调查者，采用纸质问卷形式在线下进行调研。通过两种问卷发放方式，收集到 359 份线上问卷以及 250 份纸质问卷。根据甄别问题，剔除选择“否”的问卷，因为该群体不属于本课题的研究对象。再结合时间限定，剔除填写时间过短或过长的问卷，并筛选出每道题目作出同样选择的试卷。经过相关筛选，最终得到 422 份有效问卷，以便本文进行后续的实证研究，并探讨海派文化价值观与品牌原型之间的关系。

四、研究分析

（一）描述分析

分析从调研样本基本信息数据，被调查者在性别上分布持平，女性较男性稍多一些；感情状况上，一半被调查者处于单身状态，恋爱与已婚状态分别占据剩余样本空间；年龄分布上，18~25 岁年轻人占比高达 61.7%，其次为 25~30 岁和 30~40 岁群体；学历和收入群体分布状态上，学历集中于本科层次，收入以 0~3000 元为主，这表明本次被调研群体以年轻人居多。由此可知，本次调研符合了初始研究意图，主要围绕年轻人品牌原型偏好展开，相关研究结论将最大限度地贴近未来文化产业的发展方向。本次调研还设置了“是否为上海本地人”和“在上海生活的时间”两个选项，来保证所筛选的群体对于海派文化价值观有一定的了解。从调研结果显示，上海本地人占据样本的 57.2%，并且在上海生活时间超过三年以上群体接近 70%，这充分保障被调研者对于海派文化价值观有一定的实地感知经历，从而提升研究结论的有效性。

（二）因子分析

在“文化价值观”因子分析的前置检验中，通过 KMO 取样量数和巴特利特球形度检验去确定样本数据的可信度。KMO 度量值为 0.917，大于 0.7 标准值；巴特利特球形度检验值为 0.000，小于 0.05 的标准值。由此可知，样本数据之间具有一定的偏相关性，并且相关系数矩阵并非单位矩阵且达到了显著性水平，说明样本数据之间具有较多的共同因子，能够进行后续的因子分析。在后续的因子分析中，本文主要观测因子累积方差贡献率以及不同指标在各公共因子上载荷系数大小，从而保证因子分析构念解释的内容效度和区别效度。尤其是对于各指标在不同公共因子上载荷系数分别超过 0.4 的，进行剔除性分析，从而保证量表解释的有效性。为了进一步检验量表的可靠性，还对剔除后的量表进行信度检验，从而保证测量工具的稳定性和一致性。

最终，海派文化价值观构念包含 19 个因素指标，并被划分为四个主成分因子。四个主成分因子的 Cronbach's α 系数都超过了 0.8，按照大于 0.6 的标准，证明相关公共因子具有一定的内部可靠性。对标于上海城市精神，并结合各指标的主观意义，将海派文化价值观四个主成分因子分别命名为“创新”观念、“务实”观念、“奋进”观念以及“奉献”观念，也即海派文化价值观属于一个多维构念。

具体而言，“创新”价值观念对标“海纳百川”城市精神，代表着海派文化中对洋气时尚及高雅个性的追求；“务实”价值观念对标“开明睿智”城市精神，代表着海派文化中对开放诚信及秩序责任的追求；“奋进”价值观念对标“追求卓越”城市精神，代表着海派文化中对实现自我价值的追求；“奉献”价值观念对标“大气谦和”城市精神，代表着海派文化中对集体主义以及善良利他的追求。由此可知，H1 得到了验证，并可以进一步扩展为：

海派文化价值观多维构念由求新（海纳百川）、务实（开明睿智）、奋进（追求卓越）、奉献（大气谦和）四个因子指标构成。因子分析结果可见表 1。

表 1　海派“文化价值观”因子分析结果

指标	成分				α 系数
	1	2	3	4	
洋气	0.742				
个性	0.729				
新潮	0.720				0.922
高雅	0.713				
时尚	0.685				
情趣	0.655				
开放		0.478			
秩序		0.783			
诚信		0.750			0.884
责任		0.715			
隐私		0.701			
金钱			0.822		
个体			0.806		0.874
自我			0.767		
物质			0.734		
稳定				0.787	
集体				0.781	0.847
利他				0.776	
善良				0.653	

资料来源：笔者整理。

鉴于研究周期及经费的限制，本次研究按照古典模式的分析思路分别对于百雀羚和携程的品牌原型进行单因素的回归分析，相应的品牌原型构念进行均值合并处理，用作后续研究的影响性分析。在百雀羚和携程的品牌原型构念因子合并之前，可信度 α 系数分别为 0.822 和 0.7222，这再次验证了蒋廉雄等前期的研究成果；在均值合并后，百雀羚和携程的品牌原型构念因子可信度 α 系数为 0.736，大于 0.6，这说明在后续影响分析中，能够分别对百雀羚和携程的品牌原型构念因子进行均值合并处理以作为效标变量。同时，研究假设 H2 也得到了相应的验证，品牌原型属于一个多维复杂构念，并由营销地位、社会声名和表现能力三个维度构成。

（三）影响分析

本次影响分析研究主要借助于回归分析的方法，分析海派文化价值观念对品牌原型的影响性。同时，考虑到品牌原型认知对产品类别属性的超越，本文分别选择功能性为主导的“百雀羚”品牌和服务性为主导的“携程”品牌作为研究对象，从而比较海派文化价值观对于两个不同类别上海品牌的影响作用。最后，分析不同文化价值观念对品牌原型内部维度的影响作用。

通过对百雀羚品牌原型的影响性分析结果（见表2）可知，创新、奋进、务实及奉献四个价值观念分别对于百雀羚品牌原型具有显著性影响作用。其中，创新和奉献的价值观念对百雀羚品牌原型的影响作用较大；务实和奋进的价值观念对其影响作用较小。这说明，对于功能主导类品牌，消费者在注重产品创新的基础上，也会受到品牌理念中“集体利他”主义宣传的影响。这一结论，可能也与中国传统文化价值观中“家”文化的作用相关，功能产品的品牌包装需要能够凸显家人分享与家人和睦的概念。同时，近年来随着社会经济的发展，品牌宣传还应该与社会公益事业进行联动发展，体现对弱势群体的关注，从而共同构建社会主义和谐文化价值观念。因此，对于以传统文化价值观承载的中国品牌而言，和谐文化应该属于其传播的主题。

表2　对百雀羚品牌原型的影响分析结果

模型		非标准化系数		标准系数	t	Sig.
		B	标准误差	Beta		
创新	(Constant)	3.006	0.236		12.710	0.000
		0.445	0.042	0.428	10.672	0.000
务实	(Constant)	3.267	0.222		14.705	0.000
		0.405	0.040	0.412	10.193	0.000
奋进	(Constant)	3.948	0.207		19.101	0.000
		0.286	0.038	0.321	7.622	0.000
奉献	(Constant)	3.285	0.187		17.573	0.000
		0.427	0.035	0.474	12.114	0.000

资料来源：笔者整理。

通过对携程品牌原型的影响性分析结果（见表3）可知，创新、务实、奋进及奉献四个价值观念分别对于百雀羚品牌原型具有显著性影响作用。其中，创新和务实的价值观念对携程品牌原型的影响作用较大；奋进和奉献的价值观念对其影响作用较小。这说明，对于服务主导类品牌，消费者在注重服务创新的同时，更为看重品牌“诚信”口碑的效应。由此可知，创新应该是中国品牌发展的基础，企业在产品创新的基础上对品牌进行文化宣传。

表3　对携程品牌原型的影响分析结果

模型		非标准化系数		标准系数	t	Sig.
		B	标准误差	Beta		
创新	(Constant)	3.499	0.216		16.170	0.000
		0.382	0.038	0.407	10.027	0.000

续表

模型		非标准化系数		标准系数	t	Sig.
		B	标准误差	Beta		
务实	(Constant)	3.628	0.201		18.034	0.000
		0.365	0.036	0.411	10.161	0.000
奋进	(Constant)	4.233	0.187		22.639	0.000
		0.261	0.034	0.322	7.663	0.000
奉献	(Constant)	3.902	0.175		22.277	0.000
		0.336	0.033	0.411	10.153	0.000

资料来源：笔者整理。

通过上述分析可知，海派文化价值观对于品牌原型具有正向的影响，因此相应的研究假设H3得到了相应的验证。从品牌类别上看，海派文化价值观对于功能类品牌和服务类品牌具备同样的影响性作用，但是在具体影响方式上，具有一定的异同点。在相同性方面，两类品牌都需要注重创新；在区别性方面，功能类品牌的诉求重点在于“家”或“公益”文化，服务类品牌的诉求重点在于“规范”或“诚信”文化。还需要注意的是，“卓越”不再成为中国品牌在一线城市诉求的重点，这可能与中国城市经济高质量发展有关，品质成为品牌产品应有的前提；同时，新一代的消费者在基本物质需求上已经得到了满足，正在转向舒适性的休闲消费，其相应的消费需求在于求新、求奇，并且以“休闲娱乐”需求为主导倾向。

本文将海派文化价值观构念分为创新、务实、奋进和风险四个维度，品牌原型构念分为营销地位、社会声名及表现能力三个维度指标，在探讨不同文化价值观构念对于品牌原型内部维度的影响作用，发现海派文化价值观对百雀羚和携程的品牌原型具有影响作用，并不受限于产品类别的影响，因此，再考虑到品牌发展历史的原因，本文以百雀羚品牌为例，分析海派文化价值观对于品牌原型内部维度进行影响性分析。从文化价值观四个维度因子对品牌原型的营销地位维度影响分析可知，奋进和奉献因子对品牌原型的营销地位产生正向影响，且效果作用显著（标准系数分别为0.054和0.292，Sig.值分别为0.003和0.000）；创新和务实因子对品牌原型的营销地位具有正向影响，但效果作用不显著。从文化价值观四个维度因子对品牌原型的社会声名维度影响分析结果可知，创新和奉献因子对品牌原型的社会声名产生正向影响，且效果作用显著（标准系数分别为0.257和0.284，Sig.值分别为0.000和0.000）；务实和奋进因子对品牌原型的社会声名具有负向影响，但效果作用不显著。从文化价值观四个维度因子对品牌原型的社会声名维度影响分析结果可知，务实和奉献因子对品牌原型的表现能力产生正向影响，且效果作用显著（标准系数分别为0.194和0.271，Sig.值分别为0.004和0.000）；创新和奋进因子对品牌原型的表现能力具有正向影响，但效果作用不显著。

五、结论启示

（一）研究结论

对标于上海“海纳百川、追求卓越、开明睿智、大气谦和”的城市精神，在海派文化价值观念的主要构成上，本文发现海派文化价值观可以被分为创新观、务实观、奋进观、奉献观四个维度。由海派文化价值观的内在排序可知，上海城镇居民首重创新理念，并通过购买时尚品牌营造高雅的生活氛围，彰显个性的张扬，这也符合上海目前城市经济的发展现状。相较于奋进观而言，上海城镇居民更重务实观，并将物质财富追求建立在诚信和责任的基础上，这也符合上海城市历史文化传统。从开埠以来，上海商品贸易经济发达，并一直在亚洲处于领先水平，这与商业经营中契约“诚信”文化有关。利他与善良作为中华民族良好的文化传统，也代表着中国和谐文化的主要内涵，研究发现相应的“奉献”观是上海海派文化重要的构成要素，这符合上海作为江南文化和红色文化重要策源地的社会现实。

从海派文化价值观对品牌原型的整体影响上，能够发现海派文化价值观对品牌原型具有正向的影响作用，并不受限于品牌类别的限制。但是对于功能性的品牌而言，品牌内涵塑造的重点是在产品创新的基础上，植入“家”或“公益”文化概念，从而满足消费者集体主义文化诉求；对于服务性的品牌而言，品牌内涵塑造的重点是在产品创新的基础上，植入“规范”或“诚信”文化概念，从而消除消费者的文化距离感。由此可知，对于上海品牌而言，创新是品牌发展基础，功能型品牌应注重公益性的社会效应，服务型品牌要保持诚信的发展理念。从海派文化价值观对品牌原型内部结构的影响上，能够发现创新观、务实观、奋进观和奉献观对于品牌原型具有不同的影响作用。对于具备创新观的消费者而言，只要目标品牌在社会声誉方面发挥出独特价值，就能够赢得相应的认可，因此需要相关品牌在“时尚”和“新潮”方面能够做出全新的改变，并实施相应的原型战略。

综上所述，本文通过因子分析，并对标于上海城市精神，将海派文化价值观划分为创新、务实、奋进和奉献四个因子维度，对品牌原型产生正向影响，并发现创新是中国品牌产品发展的基础。但是在对品牌原型内部结构的影响上，创新、务实、奋进和奉献四个观念因子相关的作用并无不同。其中，创新观念主要体现海派文化中“时尚”和“新潮”等情感性的文化求新感，因此仅对品牌原型的社会声名产生正向作用，并不涉及品牌产品功能性的表现能力；务实观念主要体现海派文化中诚信和责任感，对品牌原型的表现能力具有正向影响作用；奋进观念主要体现海派文化中个体物质主义，对品牌原型的营销地位具有正向影响作用；奉献观念主要体现了海派文化中“善良”和“利他”主义，对品牌原型的营销地位、社会声名和表现能力具有正向影响作用。

（二）管理启示

首先，“上海品牌”应在“创新”的基础上，植入“时尚文化观”的传承概念。党的十九大报告指出，“加快建设创新型国家”，明确“创新是引领发展的第一动力，是建设现代化经济体系的战略支撑”。对于全面打响“上海品牌”高水平建设而言，应依托于上海对于高科技产业及人才的集聚优势，抓牢关键核心技术，并将创新作为“上海品牌”发展的核心基础。而在创新的发展方向上，建议上海品牌应借鉴“苹果”品牌战略模式，将技术创新行动与时尚产业进行跨界融合，以高科技支撑的“时尚感”作为“上海品牌”的地域特色，从而能够代表中国最高水平去参加全球的产业竞争。

其次，“上海品牌”应坚持高质量发展水平，打造“诚信文化观”的发展品质。“上海品牌”时尚创新关键技术的实施落地，需要上海高端产业集群能够打造过硬质量品质作为重要的制造支撑。从上海品牌历史发展经验看，“上海手表”“永久自行车”等老品牌能够在 20 世纪七八十年代叫得响、叫得亮，其产品本身就代表着中国高端制造水平，在消费者心理层面，“上海货”属于品质保证，是响当当的金字招牌。这背后，就代表“上海品牌”对于“诚信文化”印象塑造。诚信不仅是一种宣传理念，更是通过生产制造转化为扎实的高质量水平，从而形成了“一分价钱一分货”的良好口碑效应。因此，“上海品牌”需要在前卫时尚的前提下，以创“诚信文化”品牌为契机，推动品牌经济的质量、效率和动力变革，加快构建上海制造业新优势。

最后，“上海品牌”应把握新时代的新趋势，形成“和谐文化观”的传播效应。从高科技产业发展趋势分析，未来技术将日益复杂并进行快速迭代，这必然要求“社会分工”成为科技创新的常态，技术专利群“相互授权”成为科技头部企业主要的合作模式。在全球化竞争年代，知名“品牌”作用在于成为一个产业资源连接的平台而并非一个单纯的产品标签。以华为品牌为例，其背后是中芯国际、舜宇光学、京东方、毕业地、中航光电等大批中国本土上游电子产业各领域的龙头企业。对于“上海品牌”的发展而言，也要把握住新时代的新趋势，建立领先而强大的制造集群并向外竞争。由此可知，“上海品牌”实施“和谐文化”品牌原型战略重点不仅在于将“利他”作为一项对外宣传口号，更重要的是将“利他”作为企业组织变革的战略指导，联同供应商、消费者等相关利益共同体实施品牌价值共享创造，从而构建品牌价值生产的社会生态圈。

参考文献

[1] 花建．海派文化：上海的文脉传承与时代创新［J］．江南论坛，2015（12）：11-14.

[2] 何佳讯，吴漪．品牌价值观：中国国家品牌与企业品牌的联系及战略含义［J］．华东师范大学学报（社会科学版），2015（5）：150-165.

[3] Torelli C J，Qzsomer A，Carvalho S W. Brand concepts as representations of human values：Do cultural congruity and compatibility between values matter?［J］. Journal of Marketing，2012，76（6）：15-31.

[4] 蒋廉雄，吴水龙．整体视角下的复合-层次品牌知识模型研究［J］．管理学报，2014，11（5）：720-732.

[5] 蔡邕．书品［M］．孟兆臣校释．哈尔滨：北方文艺出版社，2000.

[6] 俞剑华．中国绘画史［M］．上海：商务印书馆，1937.

[7] 徐清泉．海派文化发展的主要特征及时代响度［J］．上海文化，2017（6）：29-38.

[8] 何佳讯，朱良杰，黄海洋．国家形象战略的有效性：国家形象如何影响“中国制造”的态度评价?［J］．华东师范大学学报（社会科学版），2017（6）：124-134.

[9] 黄海洋，何佳讯．融入中国元素：文化认同对全球品牌产品购买可能性的影响机制研究［J］．外国经济与管理，2017，39（4）：84-95.

[10] Kluckhohn C K M. Value and Value Orientation in the Theory of Action：An Exploration in Definition and Classification［M］. Cambridge：Harvard University Press，1951.

[11] 王琳琳，何佳讯，黄海洋．品牌价值观一致性如何影响在线顾客态度：基于顾客品牌情感融入的中介效应［J］．商业经济与管理，2017，306（4）：57-67.

[12] Torelli C J，Monga A B，Kalkati A M. Doing poorly by doing good：Corporate social responsibility and brand concepts［J］. Journal of Consumer Research，2012，38（2）：948-963.

[13] 何佳讯，吴漪．品牌价值观：中国国家品牌与企业品牌的联系及战略含义［J］．华东师范大学学报（社会科学版），2015（5）：150-165.

[14] 刘志彪，张杰．从融入全球价值链到构建国家价值链：中国产业升级的战略思考［J］．学术月刊，2009（9）：12-23.

[15] 毛蕴诗，姜岳新，莫伟杰．制度环境、企业能力与OEM企业升级战略：东菱凯琴与佳士科技的比较案例研究［J］．管理世界，2009（6）：34-53.

[16] 蒋廉雄，周懿瑾．自主品牌研究的问题与发展探讨：一个营销学的视角［J］．中国地质大学学报（社会科学版），2012（2）：62-71.

[17] 卢泰宏．解读中国营销［M］．北京：中国社会科学出版社，2004.

[18] 蒋廉雄，朱辉煌．自主品牌建立的“原型化”战略：理论假想与框架［J］．中山大学学报（社会科学版），2014，54（2）：192-202.

[19] Basu K. Consumers’ categorization processes：An examination with two alternatives methodological paradigms

[J]. Journal of Consumer Psychology, 1993, 12 (2): 97-111.

[20] Keller K L. Conceptualizing, measuring and managing customer - based brand equity [J]. Journal of Marketing, 1993, 57 (1): 1-22.

[21] Luo Y D, Child J A. Composition-based view of firm growth [J]. Management and Organization Review, 2015, 11 (3): 3799-411.

[22] Chin T, Liu R H. Understanding labor conflicts in Chinese manufacturing: A Yin-Yang harmony perspective [J]. International Journal of Conflict Management, 2015, 26 (3): 288-315.

[23] 孙逊."海派文化":近代中国都市文化的先行者 [J]. 江西社会科学, 2010 (10): 7-13.

[24] 陈尧明, 苏迅. 长三角文化的累积与裂变: 吴文化—江南文化—海派文化 [J]. 江南论坛, 2006 (10): 15-19.

[25] Aaker D. Building Strong Brands [M]. New York: Free Press, 1996.

[26] Rosa J A, Porac J F, Runser-Spanjol J, Saxon M S. Sociocognitive dynamics in a product market [J]. Journal of Marketing, 1999, 63 (4): 64-77.

[27] Mitchell A A, Dacin P A. the Assessment of alternative measures of consumer expertise [J]. Journal of Consumer Research, 1996, 23 (12): 219-239.

[28] Barsalou L W, Hutchinson J W. Schema-Based planning of events in consumer contexts [J]. Advances in Consumer Research, 1987 (14): 114-118.

[29] 何佳讯, 吴漪. 品牌价值观: 中国品牌全球化定位的新战略 [J]. 清华管理评论, 2016 (4): 30-38.

[30] Sirgy M J. Self-image/Product image congruity and consumer decision marketing [J]. International Journal of Management, 1885, 2 (4): 49-63.

[31] 王琳琳, 何佳讯, 黄海洋. 品牌价值观一致性如何影响在线顾客态度? ——基于顾客品牌情感融入的中介效应 [J]. 商业经济与管理, 2017 (4): 57-67.

[32] Vargo S L, Lusch R F. Evolving to a new dominant logic for marketing [J]. Journal of Marketing, 2004, 8 (1): 1-17.

[33] Thompson C J, Haytko D L. Speaking of fashion: Consumer' uses of fashion discourses and the appropriation of countervailing cultural meaning [J]. Journal of Consumer Research, 1997 (24): 15-42.

[34] Locke K. Grounded Theory in Management Research [M]. Thousand Oaks, CA: Sage, 2001.

[35] 蒋廉雄, 战男, 朱辉煌等. 企业创新活动如何转化为品牌效应: 类别化认知的主导机制 [J]. 外国经济与管理, 2017 (3): 61-78.

[36] 吴明隆. 问卷统计分析实务——SPSS 操作与应用 [J]. 重庆: 重庆大学出版社, 2010.

生态人假设与生态管理

杨志明
（昆明钢铁控股有限公司本部搬迁转型工作组，云南　650302）

［摘　要］人性假设是管理的基础，并随着经济社会、政治文化和科学技术等的发展而不断演化。在新的时代下，人是生态人，它是以一定的生态位为基础、可持续发展为目的、互惠共生为思路、协同发展为方向、生态阈限为底线、动态的相对平衡为准绳，以顺应趋势、适应环境、自我革新、参与竞争、积极协调、影响环境为途径，与相应的社会环境和自然环境互相协调、共同、可持续的发展。生态人具有动态性、协调性、互利性、系统性、顺应性、阈限性、发展性和非逆性八个方面的特性。建立在生态人假设的管理就是生态管理，它将生物之间及生物与环境之间的生态关系应用于管理，把管理主体、管理客体及相应的社会环境、自然环境作为相互协调、共同、可持续的生存和发展命运共同体，是管理生态化、生态管理化的新型管理模式，它具有协调性、平衡性、整体性、系统性、动态性、阈限性、共同性和持续性八个方面的特性。

［关键词］生态人；生态管理；内涵；特性

管理作为科学性与艺术性的有机融合，以人性假设为基础，并随着经济社会、政治文化和科学技术等的发展而不断演化，在经济全球化、社会信息化、文化多样化、发展绿色化、科技高新化的趋势下，从生态角度研究人性假设和管理，具有一定理论价值和较强的现实意义，然而，这方面的资料却不多。

一、生态人假设

（一）生态人的内涵

生态人（ecological human）是指人作为高度社会化的动物，既是组成社会生态系统的个体，又是社会系统与非人生物系统和非生物环境所复合而成的超级系统的物种，以一定的生态位为基础、可持续发展为目的、互惠共生为思路、协同发展为方式、生态阈限为底线、动态的相对平衡为准绳，以顺应趋势、适应环境、自我革新、参与竞争、积极协调、影响环境为途径，是自人与他人、阳人与阴人、善人与恶人的有机统一，与相应的社会环境和自然环境互相协调、共同、可持续的发展。

从汉字构成看，人是“一撇”与“一捺”的有机结合：“一撇”是自人（自我做主的人）、阳人（积极、阳光、健康的人）、善人（真、善、美、友、好、诚、实的人）的因素；“一捺”是他人（环境做主的人）、阴人（消极、阴暗、病态的人）、恶人（假、恶、丑、敌、坏、伪、虚的人）的因素。“有机结合”是指“一撇”与“一捺”在一定的政治经济、社会文化、自然环境以及时间、地点、空间、条件等状况下所占有的程度，不同人的“一撇”因素和“一捺”因素结合有别：有的人“一撇”因素占主导，体现为自人、阳人、善人；有的人“一捺”因素占主导，体现为他人、阴人、恶人；有的人“一撇”因素与“一捺”因素差不多，体现为中性人。同一个人在不同时间、地点、环境、年龄等条件下，“一撇”因素和“一捺”因素结合也有差异，导致同一个人在不同实践、空间、环境和年龄下，思想、言行、作风等也有差异见图 1。

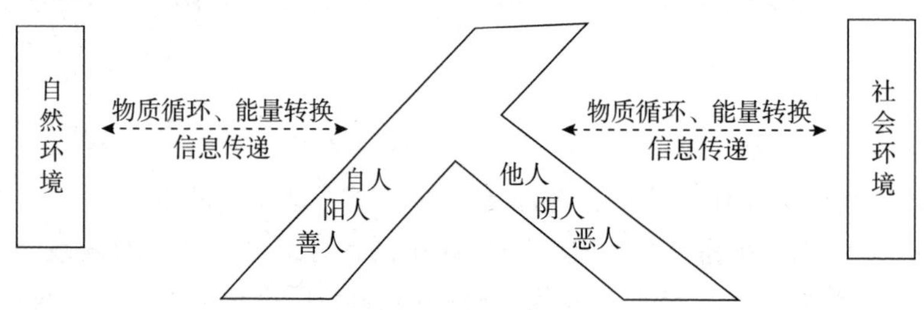

图 1　生态人的模型

从属性上看，生态人具有自然属性、社会属性和创造属性。自然是“天然、非人工的”①，自然属性是指人与其他动物一样所具有的一些本能的特性，如趋利避害和摄取食物等。社会是“以共同的物质生产活动为基础而相互联系的人类生活共同体”②，社会属性是指人区别于其他动物系列性的人类独有的特性，如信念和价值观等。创造是“做出前所未有的事情”③，创造属性是指能够在一定的自然环境和社会环境下，通过劳动创造出前所未有的事情，如各种文字、图表、符号、程序、方案、创意等，如图 2 所示。

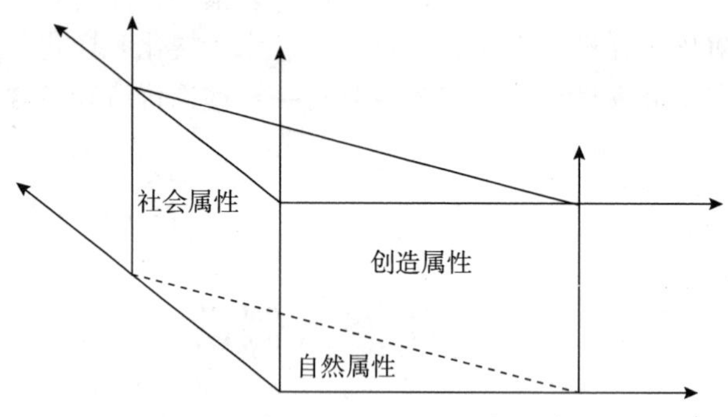

图 2　生态人的属性

从成分上看，生态人具有物质成分、精神成分和心智成分，如图 3 所示。物质是“标志客观存在的哲学范畴，这种客观存在是人通过感觉感知的，它不依赖于我们的感觉而存在，为我们的感觉所复写、摄影、反映”④，物质成分是指人主要是由蛋白质、多糖类化合物、脂肪类化合物及无机物磷酸钙和水等物质组成，是生理活动的基础。精神是人的心理状态，精神成分是指人的精、气、神的总称，表现为情绪、气色和状态等，并进一步升华为思想。心智是人的心灵智慧程

①②③④　辞海编辑委员会．辞海（1989 年版，版缩印本）[M]．上海：上海辞书出版社，1990.

度，心灵是指“内心、精神、思想等”①，是依附于人体的蕴含气质、欲望、本能、世界观、人生观、价值观和心态等的生物场；智慧是“指辨析判断、发明创造的能力”②，心智成分是对已知事物的沉淀、积累、储存、推理等进而实现动因的能力总和，是由知识体系、智力体系、观念体系、方法体系、技能体系、非智力体系、逻辑推理体系、抽象概括体系、反应体系、胆识体系等构成的复杂系统，表现为以一定的智力为基础的学习知识、掌握技能、逻辑推理、应用知识、机敏反应、果敢决断、创新创造以及自我完善、自我提升、自我发展和自我实现的智能力和潜能力。不同的人的心智有别，同一个人在不同年龄、知识、技能、空间、时间和条件等状况下所表现出的心智也有所不同。

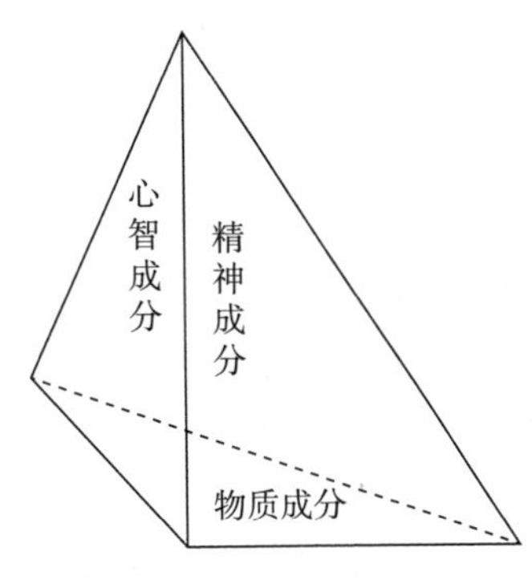

图 3　生态人的成分

生态人认为，人既是社会生态系统中一个个相对独立的个体，又是由社会系统与非人生物和非生物环境所复合而成的系统的一个物种，在不断地顺应趋势、适应环境、自我革新、参与竞争、积极协调、影响环境中与一定的社会环境和自然环境协同发展。一方面是作为高度社会化的动物，都有一些共性的生理活动、心理活动、智理活动以及个体活动、社会活动、本能活动的特征，人不能脱离一定的人际、组织、社会、非人生物、非生物环境而独立存在。另一方面是由于各人的个体因素、对环境的反应等方面不完全一致，每个人都有有别于他人的一面，每个人都有其独特的个性，都有有别于他人的生理活动、心理活动、智理活动以及个体活动、社会活动和本能活动的特征。

生态人认为，人以独特的生态位为基础：不同的人，具有不同的生态位；同一个人，在不同的年龄、时间、空间、环境、条件下的生态位也有差异。于是，既要尽力拓展自我生态位的宽度、延伸自我生态位的深度，不断提升自己的适应力、竞争力，又要理解和体谅组织、社会对待自己的不足。

生态人认为，人以可持续发展为目的，会“总结昨天、立足今天、着眼明天”，不断自我革新、提升自我，谋求更好更快更有效地发展。

生态人认为，人以互惠共生为思路：一是个人的生理活动、心理活动、智理活动相互影响、相互促进，相互给予好处、共同存在；二是人与一定的社会环境、自然环境相互影响、相互促进，相互给予好处、共同存在、协同发展。

生态人认为，人以协同发展为方向：一是个人的生理活动、心理活动、智理活动以及个体活动、社会活动、本能活动相互协调、共同发展；二是人与一定的社会环境、自然环境相互协调、共同发展。

生态人认为，人的自我调节有一定的生态阈限，一旦超出阈限，就不能进行应有的适应、调

①② 中国社会科学院语言研究所词典编辑室．现代汉语词典（第 6 版）［M］．北京：商务印书馆，2012.

节。于是，从个人角度出发，要积极、主动顺应经济社会、政治文化、自然环境以及所面临的时空、条件等的发展趋势，全力以赴地横向拓展、纵向延伸个人的生态阈限，从而不断提升个人适应环境的能力和水平。

生态人认为，人是以动态的相对平衡为准绳，即生理活动、心理活动、智理活动以及个体活动、社会活动、本能活动要在一定的条件、状况、时空下，维系于动态的相对平衡状态，才能进行正常的生存、发展。

生态人认为，人的生存和发展之道在于顺应趋势、适应环境、自我革新、参与竞争、积极协调、影响环境。一是主动、积极地顺应经济社会、政治文化、自然生态特别是具体生存和发展环境的发展趋势；二是不断主动、积极地适应一定的社会环境和自然环境特别是具体生存和发展环境；三是主动、积极地进行学习知识、提升技能、更新观念、陶冶情操、修炼品行，不断提升适应力、竞争力、生存力和发展力；四是主动、积极地参与生存、发展的竞争，通过竞争获得生存和发展的物质、能量、信息以及精神、心智等；五是主动、积极地与一定的社会环境、自然环境特别是具体生存和发展环境的人、财、物、能量、信息等之间的相互协调，推进共同、可持续的发展；六是主动、积极地影响甚至在一定程度上按照自己的意愿改变一定的社会环境和自然环境特别是具体生存和发展环境，获得更多更好更优的生存和发展的资源。不同的人的主动、积极的时间、地点、环境、条件、程度等方面有区别，导致了不同的人的认识、理念、思路、态度、胆识、行动等方面有区别；同一个人的主动、积极程度在不同的时间、地点、环境、条件等状况下有所差异，导致了同一个人在不同的时间、地点、环境、条件等状况下的认识、理念、思路、态度、胆识、行动等方面有所差异。顺应趋势、适应环境、自我革新、参与竞争、积极协调和影响环境的程度决定着所能抵达的高度、广度和深度，程度越高，所能抵达的高度越高、范围越广、深度越深；程度越低，所能抵达的高度越低、范围越窄、深度越浅，如图 4 所示。

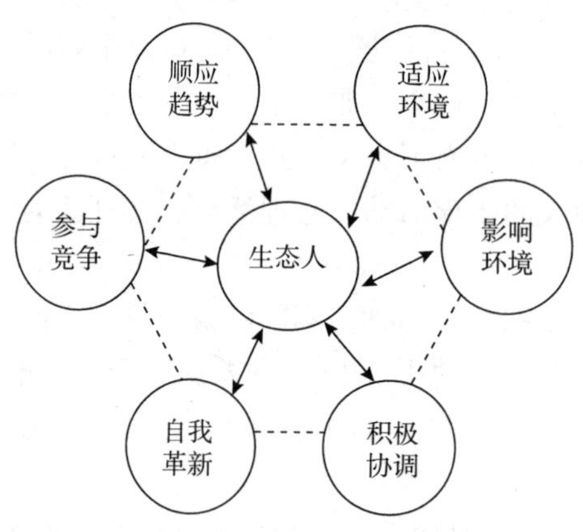

图 4　生态人的生存和发展模型

生态人认为，人是自人与他人、阳人与阴人、善人与恶人的有机统一。不同的人，自人与他人、阳人与阴人、善人与恶人的因素组合程度有区别：有的人是自人、阳人、善人的因素占主导，常常表现为乐于按自己意愿行事、积极、阳光、真实、正能量、友好、善良等的“阳性人”；有的人是他人、阴人、恶人的因素占主导，常常表现为乐于按他人意愿行事、被动、阴暗、虚假、负能量、仇恨、丑恶等的“阴性人”；有的人是自人、阳人、善人的因素与他人、阴人、恶人的因素差不多的“中性人”，常常表现为既不主动也不被动、既不积极也不落后、既不阳光也不阴暗、既不真实也不虚假、既不友善也不丑恶。同一个人的自人与他人、阳人与阴人、善人与恶人的因素组合结果也会因年龄、知识、教育、技能、时间、空间、环境和条件等的变化而发生改变：自人、阳人、善人因素为主导的“阳性人”会变成“中性人”甚至他人、阴人、恶人因素为主导的“阴性人”；他人、阴人、恶人因素为主导的“阴性人”也会变成“中性人”甚至自人、阳人、善人因素为主导的“阳性人”，如图5所示。

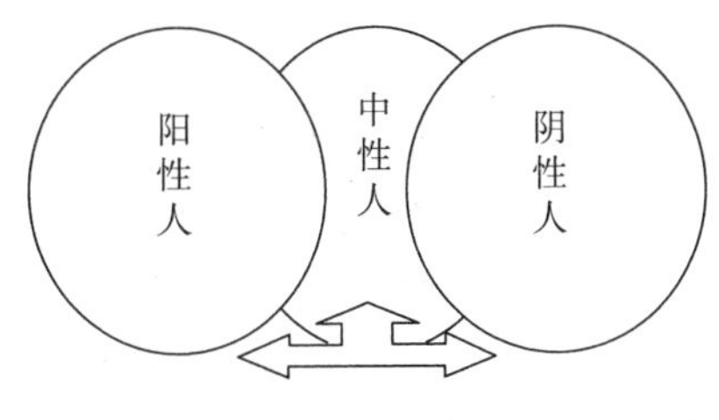

图5　生态人的展现

生态人认为，人与一定的环境在对立统一的动态平衡中实现相互协调、共同、可持续的发展。人不能脱离一定的社会环境和自然环境而独立地生存、发展，不能一味地从他人、社会、自然环境处索取友善的方面，而是要主动、积极地从物质、精神、心智三个方面给予他人、社会和自然环境友善的方面而不是敌恶的方面。人类要给予非人类生物和非生物环境有益的因素，而不能一味地向非人类生物和非生物环境索取资源尤其是不可再生的资源，污染环境和破坏生态平衡。

生态人认为，人的需求由物质需求、精神需求和心智需求三个方面组成，如图6所示。人的需求满足程度越高，被激励的程度越大，积极性、主动性、创造性越高，人的潜能能更多地到挖掘、发挥；人的需求满足程度越低，被激励的程度越小，积极性、主动性越低，人的潜能更少地得到挖掘、发挥。在同一时间、空间、环境和条件下，不同的人的需求的侧重点不完全相同；同一个人的需求也会随着年龄、时间、地点、环境和条件的不同而有所变化。人的物质需求包括在工作、财富、生活、社交、健康、休养和学习等活动中的各种物质方面的需要，随着经济社会发展，人对物质需求层次更高、种类更丰富、范围更广阔、内容更新鲜。人的精神需求包括在社交、工作、生活、娱乐、教育和家庭等活动中信任、尊重、关爱、理解、赞美、鼓励、关怀和支持等，在一定社会状况下，精神进一步意识形态化、逻辑化就成为思想。思想是一系列的信息，输入人的大脑后，形成的一种可以用来指导人的行为的价值观、信念、理念等，属于理性认识。人的行为总是在一定的思想的指导下进行，正确的思想，会有正确思索的途径和线路，就会产生正确的思路；错误的思想，会有错误思索的途径和线路，就会产生错误的思路。人的心智需求是人们在一定的社会生活中对学习技能、创新创造、超越他人、展示自我和实现自我等以智力为基础、能力为标志、水平为体现的需求。

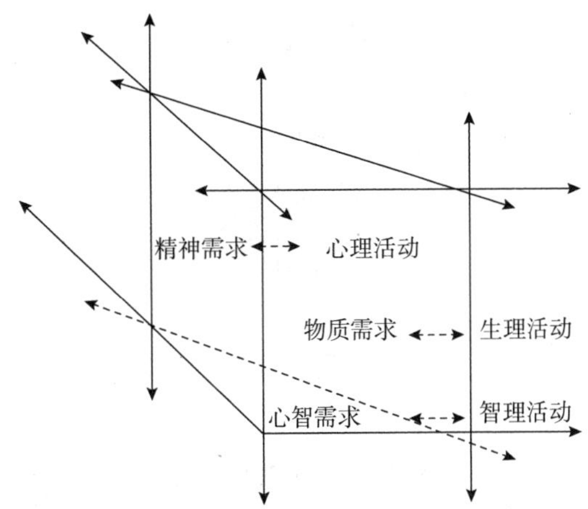

图6　生态人的需求与活动之间的关系

（二）生态人的特性

生态人具有以下的主要特性：

（1）动态性。生态人随时都处于运动、变化、发展之中。

（2）协调性。一是个体内部各种活动的动态相对协调；二是个体与团队之间的动态相对协调；三是团队与社会的动态相对协调；四是社会环境与自然环境之间的动态相对协调。

（3）协调性。生态人的各个器官、系统之间以及与团队、组织、社会环境甚至自然环境具有协调的特性。

（4）系统性。生态人是由多个子系统组成的系统，同时又与相应的团队、组织、社会环境、自然环境复合成更大的系统。

（5）顺应性。对相应的团队、组织、社会环境、自然环境的发展变化具有顺从、适应、调节的能力。

（6）阈限性。对相应的团队、组织、社会环境、自然环境的适应能力和调节能力具有一定的阈限。

（7）发展性。生态人会随着环境的发展变化而不断地进行自我革新、发展变化。

（8）非逆性。生态人的发展变化具有不可逆转的特性。

二、生态管理的内涵

（一）生态管理的内涵

生态管理（ecological management）是管理发展的新阶段，它将生物之间（个体间、种群间、群落间）及生物与环境之间的生态关系应用于管理，把管理主体、管理客体及相应社会环境、自然环境作为相互协调、共同、可持续的生存和发展共同体，以生态人假设为基础，生态位为前提、可持续发展为目的、生态阈限为底线、互惠共生为思路、协同发展为模式，以动态相对平衡为准则的管理生态化、生态管理化的管理模式，如图 7 所示。

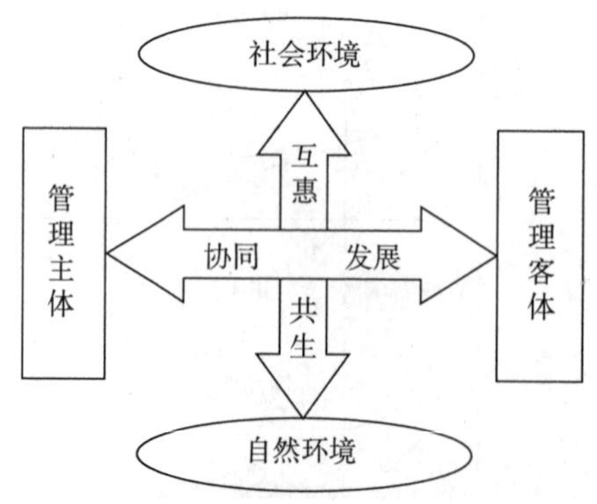

图 7　生态管理的模型

生态管理认为，管理主体、管理客体以及相应的社会环境和自然环境是一个超大型的复杂的有机整体，人是生态人。一是人作为由人类社会、自然环境所复合而成的超大生态系统的一个极小的部分，他（她）的言行：一方面是个人因素（需要）的体现；另一方面是受一定的社会环境和自然环境的影响，是他人、环境因素的体现。于是，他（她）的言行通常不是“想干什么、能干什么”，而是“应干什么、该干什么”。例如：当一个人驾车到装有红绿灯的交叉路口时，红灯亮了，他（她）的主观愿望是开过去，可那是违反交通法规并要受到处罚的，于是一般情况，他（她）会停下来等到绿灯亮后再走，有时他（她）会因未注意到或其他原因而闯红灯。人不能脱离一定社会环境而持续、独立地生存和发展等。人不应只从他人、组织、社会、非人类生物、非生物环境中去索取，而应当与之互惠共生。人的言行，只有有益于他人、组织、社会、非人类生物和非生物环境，最终有益于自己；有害于他人、组织、社会、非人类生物和非生物环境的言行，必将有害于自己。二是人类社会、自然环境是一个生存和发展的共同体，各个方面及其各个要素之间，直接、间接地进行着物质循环、能量转换、信息传递，直接、间接地相互影响、相互作用，这些影响、作用，如果处理得当，就会相互协调、产生相互促进的协同正效应，走向相互协调、共同的可持续发展；如果处理不当，就会相互制约甚至相互对抗、伤害的协同负效应，最终将走向共同灭亡。三是管理要生态化，应用“生态化”的理念、方法、措施和手段，要把生态的“顺应、竞争、协同”的理念、方法、措施、途径作为管理的理念、方法、措施、途径。四是生态要管理化，通过管理的硬性措施，实现管理主体与管理客体之间以及与相应社会环境和自然环境之间在动态的相对平衡中相互协调、共同、可持续地发展。

生态管理认为，管理主体和管理客体各自具有独特的生态位。要根据内外环境的发展、变化，不断地适时适度地“分离、泛化、特化、压缩、释放”自己的生态位，提升自己适应力、竞争力和协同力。不同管理主体、管理客体的生态位不同，潜力也不同，要尽量挖掘其潜力、发挥其优势、拓展其生态位。

生态管理认为，管理的目的是更好、更快、更有效地可持续发展。“更好”是相关各种要素价值得到更有效的利用、发挥，强调发展质量；“更快”是发展速度更快，强调发展速度；“更有效”是综合价值更大，强调总体效应；“可持续”是既要考虑当前又要着眼未来，既要考虑自身又要考虑相关方面。

生态管理认为，管理的底线是生态阈限。管理主体的各种方法、措施、手段必须在管理客体所能承受的阈限内。一旦超出管理客体的阈限，就不能起到应有的管理效应。

生态管理认为，管理的思路是互惠共生。管理主体与管理客体之间以及与相应的组织环境、社会环境、自然环境之间是互惠、共生关系，管理要处理好管理主体与管理客体之间以及与一定的组织环境、社会环境、历史条件、自然环境之间的相互依赖、彼此有利的关系。

生态管理认为，管理的关键是协同发展。管理主体与管理客体之间、与纵横相关方之间以及与相应的社会环境、自然环境之间要相互协调、共同、可持续发展。管理就是针对不协同的方面采取措施，促使其协同。

生态管理认为，管理的准则是动态的相对平衡。管理主体与管理客体之间以及与相应的组织环境、社会环境、自然环境之间处于动态相对平衡状态，才能实现协同发展。管理就是要针对动态的不相对平衡的方面，采取适当、适度的措施，使其持续、稳健地处于动态的相对平衡状态。

生态管理认为，管理的驱动力是动态协同力，它是由顺应力、竞争力、协调力融合而成的综合性力量。顺应力是指顺应经济社会、政治文化、自然生态的发展、变化的力量；竞争力是指参与竞争的力量；协调力是指与一定的人文环境、自然环境相互协调的力量。协同力越大，生存和发展的力量越强大，越有利于生存和发展；反之，生存和发展的力量越弱小，越不利于生存和发展。

（二）生态管理的特性

生态管理主要特性如下：

1. 协调性和平衡性

一是管理主体与管理客体之间相互协调，在动态的相对平衡中协同发展，管理主体要正确认识自己、正确定位自己、摆正自己的位置，主动与管理客体在物质、精神和心智方面保持动态的相对平衡；管理主体要妥善确定各个管理客体的生态位，营造条件使管理客体的生态位进行适度的分离、泛化、分化、特化、释放和压缩。二是组织与外部的社会环境和自然环境在相互协调的动态平衡中协同发展，除了考虑组织内部因素的协调外，还要考虑与组织外部的社会环境和自然环境之间的协调和动态的相对平衡。

2. 整体性和系统性

一是组织内部的管理主体与管理客体以及相关因素组成了一个相互作用、相互协调的有机整体、有序系统，要考虑内部的物质流、精神流、思维流、能量流、信息流的有序性、合理性、适度性和有效性。二是组织与外部的社会环境和自然环境组成了一个更大整体、更大系统，要谋划好、践行好内外的物质流、精神流、思想流、能量流、信息流的有序性、合理性、适度性和有效性，只有做到内部协调与内外协调的有机结合，才能实现可持续的发展。

3. 动态性和阈限性

一是管理主体与管理客体及相应的因素处于不断的运动、变化和发展之中。二是社会环境和自然环境也处于不断的运动、变化和发展之中。于是，既要考虑内部各因素的运动变化和各自阈限，又要考虑外部的社会环境和自然环境的运动变化和阈限，掌握动态、把握尺度，才能形成满意的管理效应。

4. 共同性和持续性

一是管理主体与管理客体及相应的环境是一个相互作用、共同的系统，不能仅仅考虑管理主体的意愿，而是要换位思考，考虑管理客体和相应环境的诉求。二是与外部的社会环境和自然环境又组成共同的持续发展的大型系统，履行社会责任和环境责任，推进共同的可持续的发展。

当然，生态人假设及生态管理的研究尚处于初步阶段，有关管理的原则、原理、方法、手段、措施和案例等方面的问题，还有待于进一步研究。

参考文献

［1］赵玉平. 管理之道：中西方管理的理念与方法［M］. 北京：中国工人出版社，2017.

［2］李方. 管理之源［M］. 北京：清华大学出版社，2017.

［3］谢斌. 人本生态观与管理的生态化［M］. 北京：科学出版社，2009.

［4］张硕新. 生态管理学［M］. 北京：中国农业出版社，2009.

［5］［美］露丝·金. 管理之道［M］. 耿林译. 杭州：浙江大学出版社，2010.

［6］欧阳志远. 生态化——第三次产业革命的实质与方向［M］. 北京：中国人民大学出版社，1994.

［7］［美］彼得·德鲁克. 变革中的管理：生态社会学视角话管理［M］. 张旭东译. 北京：华夏出版社，2011.

［8］周鸿. 人类生态学［M］. 北京：高等教育出版社，2001.

［9］［美］彼得·德鲁克. 21世纪的管理挑战（珍藏版）［M］. 朱雁斌译. 北京：机械工业出社，2009.

［10］［美］肯·史密斯，迈克尔·希特. 管理学中的伟大思想经典理论的开发历程［M］. 北京：北京大学出版社，2010.

［11］肖育欣. 构建生态社会［M］. 徐飞，路琳译. 北京：知识产权出版社，2014.

［12］韩晓莉. 生态管理社会协同机构建［J］. 社会科学家，2014（7）：73-77.

[13] 冯文龙. 生态管理——21 世纪管理新趋势 [J]. 成都大学学报，2003 (4)：22-23.

[14] 孟晓. 现代管理新趋势：生态管理及其应用 [J]. 佳木斯大学社会科学学报，2009，27 (6)：40-41.

[15] 杨志明. 生态人及其引导 [C]. 第十三届中国科协年会第 20 分会场——生态文明视域中的城市发展研讨会论文集，2011.

[16] 杨志明. 生态位理论在企业人力源本管理中的应用 [J]. 云南农业大学学报（社会科学版），2012，6 (1)：53-56.

[17] 杨志明. 生态人假设及生态管理的初步研究 [C]. 第九届 (2014) 中国管理学年会——组织行为与人力资源管理分会场，2014.

[18] 杨志明. 生态管理——管理的一次革命 [J]. 管理观察，2010 (29)：40-41.

[19] 杨志明. 生态化企业及其特征 [J]. 中外企业家，2010 (6)：34-35.

第二篇　新时代中国管理理论创新研究

上市公司制衡对企业价值影响*

——民营企业实际控制人显性控制下的实证分析

徐向艺　杨英英

（山东大学管理学院，山东济南　250100）

[摘　要] 本文以2013~2017年A股民营上市公司为研究样本，探讨上市公司制衡对企业价值的影响以及实际控制人显性控制对这种关系的影响。实证结果发现：上市公司制衡（股权制衡与经营制衡）有利于企业价值的提升；实际控制人显性控制（股权控制与经营控制）不利于上市公司制衡（股权制衡与经营制衡）与企业价值之间的积极关系，但是实际控制人经营控制（实际控制人在上市公司任董事长或总经理）对经营制衡与企业价值的负向影响不显著。进一步研究发现：①在经营制衡低的分组中，实际控制人经营控制（实际控制人在上市公司任董事长或总经理）对经营制衡与企业价值产生积极影响；在经营制衡高的分组中，实际控制人经营控制（实际控制人在上市公司任董事长或总经理）对经营制衡与企业价值产生消极影响；②上市公司股权制衡与经营制衡同时增强，企业价值提升效果更显著；③将民营企业实际控制人持股方式分为直接持股与间接持股，研究发现当实际控制人直接持股时，实际控制人股权控制有利于上市公司制衡（股权控制与经营控制）与企业价值的正向作用；当实际控制人间接持股时，实际控制人显性控制（股权控制与经营控制）不利于上市公司制衡（股权制衡与经营制衡）与企业价值之间的积极关系。本文的研究结论丰富了民营企业上市公司制衡实际控制人相关领域的研究成果，同时为民营企业的发展提出了理论参考。

[关键词] 股权制衡；经营制衡；显性控制；持股方式

一、引言

我国民营上市公司存在控股股东或实际控制人的现象较为普遍。实际控制人的研究始于La Porta等对所有权与控制权的研究，主要是通过层层追溯所有权关系来寻找最大和最终的控股股东，进而发现上市公司存在两权分离的现象。在一些东亚国家和地区，家族企业两权分离现象普遍，超过2/3的公司被一个实际控制人控制（Claessens et al.，2000）。实际控制人通过控制权的不断提高对上市公司实现最终掌控。但是最近研究发现，在实际控制人的控制下，上市公司并不

* [基金项目] 国家自然科学基金面上项目“金字塔结构下母子公司‘双向治理’形成机理与协同效应”（71872101）；山东省社科基金项目“山东省上市公司金字塔结构下的母子公司‘双向治理’研究”（17BGLJ08）。

是完全的被动接受者，而是存在一定的制衡行为。上市公司除了控股股东或者实际控制人之外，同时拥有其他中小股东等利益相关者，通过股权制衡提高股价信息质量（方政和徐向艺，2013）和投资效率（赵国宇和禹薇，2018），抑制大股东掏空行为，进而提升企业价值。除此之外，上市公司管理层也会表现出超出其特定控制权的影响力，通过经营自主性的提高处理日常经营管理问题，利用自身影响力帮助中小股东获取利益（方政和徐向艺，2013）或者稳固自身地位（谢佩洪和汪春霞，2017）等。

目前，关于上市公司制衡的研究主要围绕股权制衡与创新（张玉娟和汤湘希，2018；Aghion et al.，2013）、股权制衡与大股东掏空（焦健等，2017；Johnson et al.，2000）、股权制衡与公司绩效（谢海洋等，2018）；等等。一方面，经典的股权制衡理论认为，股权适度集中并且具有一定股权制衡特点的股权结构，既能够对大股东实现有效的激励，又能够在一定程度上抑制股权过度集中导致的大股东侵害中小股东利益的行为。另一方面，也有证据表明，控制权的争夺、决策效率的低下，都有可能导致股权制衡度的积极作用无法充分发挥，甚至会造成投资不足、错失机会等问题。因此，在文献梳理过程中，发现股权制衡与企业价值两者之间关系结论并不一致。Laeven 和 Levine（2008）、Bennedsen 和 Wolfenzon（2000）、陈德萍和陈永圣（2011）、赵国宇和需薇（2018）认为股权制衡能够改善公司治理，实现对控股股东制约，有利于提升公司绩效；Faccio 和 Lang（2004）、徐莉萍等（2006）认为多个大股东之间的控制权竞争不利于公司机制的提升；吴红军和吴世农（2009）认为两者之间是“U”形关系；阮素梅等（2014）、隋静等（2016）认为两者存在明显的倒“U”形关系。而部分学者认为两者之间的关系并不是纯粹的，是有一定的情境的。例如朱滔（2007）的研究认为两者的关系取决于控股股东的所有权状态，袁学英（2019）认为企业处于不同的成长周期也会影响两者的关系。

但是，关于经营制衡方面的研究较少，Lin 和 Hsieh（2010）以我国台湾设立的子公司为对象，研究发现，享有自主权或者在企业集团中充当自治性战略角色的子公司具有较强的自发协同能力，从而能够降低来自母公司的监控压力，而且两者之间的关系仍旧模棱两可。McDonald 等（2008）发现某些类型的自主性和绩效之间存在积极关系的证据有限。Kawai 和 Strange（2014）发现日本跨国公司在技术不确定的条件下，子公司自主性对绩效的影响更大。除此之外，学者们只是单独地将股权制衡与经营制衡进行分析，未对其进行系统性阐述，且忽略了实际控制人与上市公司两者的交互影响。因此，本文提出两个研究问题：上市公司制衡的两种方式（股权制衡与经营制衡）能否提高企业价值？实际控制人显性控制对上市公司制衡和企业价值之间的关系产生什么样的影响？

综合上述研究问题，本文以 2013~2017 年 A 股民营上市公司为研究样本，探讨上市公司制衡对企业价值的影响以及实际控制人显性控制对这种关系的影响。与以往研究相比，本文的理论贡献主要体现在以下几个方面：一是在中国情境下，系统论述了民营上市公司两种制衡方式的治理作用，明确了上市公司制衡对企业价值的积极影响。通过分析上市公司的两种制衡方式（股权制衡与经营制衡），采用第二至第十大股东持股比例/第一大股东持股比例的比值和管理费用率分别代表这两种制衡方式，发现上市公司制衡程度越高，企业价值越好，并且两种制衡方式相互影响相互依赖，扩展了上市公司制衡的研究视野，为进一步认识上市公司制衡对企业价值的影响提供了经验证据。二是从实际控制人与上市公司互动视角进行系统性分析，建立实际控制人与上市公司互动的理论模型，发现实际控制人不仅适当降低股权比例，还不应在上市公司任职，通过这两方面的放权，让上市公司进行合理资源配置，提升企业价值，为母子公司协同发展提出了理论指导。三是研究结论对于企业、管理者及投资者具有重要的启示意义。就企业来看，合理确定实际控制人任职情况、建立专用性人力资本的长期投资和管理规划等可以获取持续的企业价值优势。

二、理论分析与研究假设

（一）上市公司制衡效应分析

公司的不同所有权结构产生不同的公司治理问题，反映了上市公司如何处理不同利益相关者之间的代理冲突。当公司所有权相对集中在控股股东或实际控制人手中时，控股股东或实际控制人与其他中小股东会产生严重的利益冲突。实际控制人可能更关心控制而不是利润，上市公司的管理者可能更关心公司的生存而不是与集团公司或实际控制人的整体利益（Bouquet and Birkinshaw，2008）。控股股东或实际控制人很有可能为了自身利益而通过关联交易、资产转移等方式侵占小股东的利益。随着控制权的不断增加，实际控制人的控制能力逐步提高，通过利益侵占获取控制权私人收益的能力随之提高，因此侵占其他股东利益的可能性增加（Claessens et al.，2000）。然而，随着我国资本市场与投资者保护制度逐渐完善，中小股东参与度逐渐提升（黎文靖等，2012），其“搭便车”行为得到缓解，尤其是在大股东严重侵占下其参与度越高，对控股股东或实际控制人产生一定的制衡作用，进而引发控制权的争夺。控制权冲突是代理冲突的一种形式（Morellec et al.，2018），其来源于两个途径：经营企业的能力和投票权。因此，上市公司在面对实际控制人时的制衡方式主要分为股权制衡与经营制衡。

股权制衡是一种重要的公司治理机制。在民营企业中，其他股东拥有较高的投票权，会对大股东产生一定的威胁，有效约束大股东的利己行为。除此之外，其他股东制衡能力增强，会有更高的动机和权力对大股东实行监督，有效抑制利润转移。股权制衡通过对大股东的有效约束与监督，对企业价值产生影响。Bennedsen 和 Wolfenzon（2000）认为多个大股东并存，通过形成控制联盟，不仅可以共享控制权，还具有相互制衡的作用，可以实现有价值的内部监督，对企业价值产生积极影响。赵国宇和禹薇（2018）通过对 2014~2016 年间的民营上市公司进行实证分析，发现股权制衡通过促进投资效率、抑制大股东掏空行提升公司业绩。

经营制衡在企业集团中充当自治性角色，具有较强的自主决策能力，自行决定内部资源的使用和分配的自由，从而能够降低来自母公司的监控压力（焦健等，2017）。随着企业所有权与经营权的分离，高管的经营自主性得到释放。基于管家理论，管理者是忠诚的，为企业价值的提升做出努力（Davis et al.，1997）。在管理者做出决策时，不仅考虑实际控制人的利益，还会充分考虑其他股东的意愿，为平衡双方意愿起到良性的促进作用，进而促进企业持续发展。除此之外，管理者经营自主性越强，对高管的激励效应也会越明显，高管秉持对企业的高度负责，会更积极地学习与合作，提升企业的竞争优势。Kawai 和 Strange（2014）对日本跨国公司在欧洲 88 家分公司进行问卷调查，发现在技术高度不确定性下，高层管理者应特别注意灵活降低组织刚性水平的重要性，也就是说，高度的经营自主性将有效地迅速发展适合当地市场的产品、服务和战略，提升企业价值。

因此，基于以上分析，本文提出如下假设：

H1：上市公司制衡有利于企业价值的提升。

H1a：股权制衡有利于企业价值的提升。

H1b：经营制衡有利于企业价值的提升。

（二）实际控制人股权控制的调节效应

在民营企业中，实际控制人大部分为企业初创者，面对上市公司的制衡会进行强烈反抗，出于对自身利益的保护，实际控制人会通过直接或者间接持股对上市公司实现最终掌控，并且随着控制权的不断提高，通过非法关联交易或者资产转移等方式侵占中小股东利益获取控制权私人收益（Claessens et al.，2000；赵晶等，2010）。在双方较量过程中，冲突加剧，双方为了各自利益，在争夺控制权过程中影响公司运作，不利于企业价值的提升。另外，当实际控制人控制程度与其他大股东控制程度呈此消彼长的关系，实际控制人控制程度增强，上市公司股权制衡程度就会减少，不利于其他股东的监督。

然而，有学者认为较高的控制权使实际控制人监督经理人员时可以获得高于成本的收益，能够有效抑制经理人员的道德风险，减少经理人员的机会主义行为（Friedman et al.，2003；Shleifer and Vishny，1986）。实际控制人与上市公司的互动一方面可以制衡实际控制人的控制行为、优化子公司的决策水平，另一方面也可以通过降低公司运作风险，增强母公司对于上市公司自主性的信心。陈晓红等认为民营企业实际控制人股权控制程度越高，越有侵害中小股东利益的动机（陈晓红等，2007）。当实际控制人发现上市公司制衡度增强时，为了自身利益与名誉的保护，实际控制人会通过增强自己的股权管控能力，争夺控制权。双方的冲突加剧了公司运作风险，降低了其他股东对实际控制人的信心，因而降低了企业的价值。

因此，基于上述分析，本文提出如下假设：

H2：民营企业实际控制人股权控制程度越高，对上市公司制衡与企业价值之间关系抑制作用越显著。

（三）实际控制人经营控制的调节效应

在我国的民营企业中，实际控制人担任董事长或总经理现象比国有企业普遍。国有企业中大部分上市公司的董事长和CEO职位不是由职业经理人或者实际控制人担任，而是由政府官员担任。而在我国的民营企业中，实际控制人担任管理职务是强化其控制的一种重要方式（苏启林和朱文，2003）。民营企业的实际控制人不仅作为企业所有者，还作为管理者，这一双重身份在一定程度上减少了第一类代理成本，但是会增强与其他股东的代理冲突，即提高了第二类代理成本。

上市公司制衡度增强时，民营企业实际控制人进行应对的快速有效方式就是担任董事长或总经理这一职位，夺回对企业的经营控制权力。无论上市公司进行股权制衡还是经营制衡都不能有效抗争，尤其是面对经营业绩不佳的情况时，实际控制人更不容易被替换（陈德球等，2013），这一现象降低了其他股东和管理者对实际控制人的信心，减少或者不愿在企业经营方面提出有效意见，其他股东会通过“搭便车”或者“用脚投票”进行抗议，而管理者则会缺乏激励采用辞职或者冷漠状态进行回应，不利于企业的长期发展。

因此，基于上述分析，本文提出如下假设：

H3：民营企业实际控制人经营控制程度越高，对上市公司制衡与企业价值之间关系抑制作用越显著。

三、样本选择和研究设计

（一）样本选取与数据来源

本文选取 2013~2017 年 A 股民营企业上市公司为研究样本，按照以下的研究标准对初始数据进行筛选：①删除金融、保险类的上市公司；②删除 ST 公司和 * ST 公司；③删除报表中无实际控制人的样本；④删除变量数据缺失的样本。为避免离群值对实证结果产生影响，本文对数据在 1%和 99%上进行了 Winsor 处理。本文的研究数据主要来自国泰安数据库和巨潮资讯网。

（二）变量定义

（1）被解释变量：企业价值（*Tobin Q*）。随着我国资本市场的逐渐成熟，托宾 Q 常常被用来衡量企业价值或公司绩效的重要指标，为政策制定提供了一种更重要的思路，以往的研究也证明了这一点（杨文君等，2016）。

（2）解释变量：上市公司制衡方式主要分为股权制衡（*S*）与经营制衡（*Autonomy*）。股权制衡主要表现为其他股东通过持股水平对第一大股东的制衡，本文借鉴陈德萍和陈永胜（2011）的做法，采用第二至第十大股东持股比例之和与第一大股东持股比例的比值来衡量这一指标。在稳健型检验里，采用第二至第五大股东持股比例之和与第一大股东持股比例的比值进行衡量。经营制衡主要表现在上市公司的经营自主性，上市公司自主性大多出现在跨国公司的研究中，多采用量表进行测度，但并不适用于单个国家的研究情境。本文借鉴徐向艺和方政（2016）的处理方式，采用管理费用率来衡量公司的自主性，管理费用率越高，说明高管团队自主性越高，即上市公司经营制衡度越高。

（3）调节变量：实际控制人显性控制。在民营企业中，实际控制人显性控制主要分为两种：一种为实际控制人所拥有上市公司的控制权比例，即股权控制，本文用实际控制人拥有的控制权比例（*Control*）进行衡量；另一种是实际控制人是否在上市公司任董事或总经理，即经营控制，用实际控制人是否兼任董事长或总经理（*Actual*）的虚拟变量进行衡量。

（4）控制变量。借鉴现有关于企业价值研究的文献（焦健等，2017、Laeven and Levine，2008、陈志军和郑丽，2016）将选取以下可能具有显著作用的控制变量：董事长或总经理是否两职合一（*Dual*）、资产负债率（*Lev*）、公司规模（*Asset*）、监事会会议次数（*Supermeeting*）、委员会设立总数（*Committee*）、公司年龄（*Firmage*）、关联交易（*Connect*）。同时本文还对行业和年份进行控制。各变量汇总如表 1 所示。

表 1　变量定义及说明

变量名称	变量符号	变量描述
企业价值	*Tobin Q*	市值/（资产总额-无形资产净额-商誉净额）
股权制衡度	*S*	公司第二大股东至第十大股东持股比例之和/第一大股东持股比例

续表

变量名称	变量符号	变量描述
自主性	*Autonomy*	管理费用/营业收入
控制权比例	*Control*	实际控股股东与上市子公司股权关系链或若干股权关系链中最弱的一层或最弱的一层总和
实际控制人是否兼任董事长或总经理	*Actual*	实际控制人兼任董事长或总经理为1，否则为0
董事长与总经理是否两职合一	*Dual*	董事长与总经理两职合一为1，否则为0
资产负债率	*Lev*	负债合计/资产总计
公司规模	*Asset*	公司总资产的对数
监事会会议次数	*Supermeeting*	报告期内监事会会议次数
委员会设立总数	*Committee*	报告期内委员会设立个数
公司年龄	*Firmage*	报告年-上市公司成立年份
关联交易	*Connect*	与母公司、受同一母公司控制的其他企业、对其施加重大影响的投资方之间的交易占总资产的比重
行业分类	*Ind*	根据2012年证监会《上市公司行业分类指引》划分行业类别

资料来源：笔者整理。

（三）模型设计

为了检验假设H1中上市公司制衡方式与企业价值的关系，根据表1中的变量，模型如下：

$$Tabin\ Q = \alpha_0 + \alpha_1 \times S + \alpha_2 \times Dual + \alpha_3 \times Lev + \alpha_4 \times Asset + \alpha_5 \times Supermeeting + \alpha_6 \times Committee + \alpha_7 \times Firmage + \alpha_8 \times Connect + \sum Ind + \sum Year + \varepsilon \quad (1)$$

在模型（1）中，α_1为上市公司股权制衡（*S*）对企业价值（*Tobin Q*）的影响程度，根据H1a的预测，股权制衡度越高，企业价值也越高，因此预测α_1系数为正。

$$Tabin\ Q = \alpha_0 + \alpha_1 \times Autonomy + \alpha_2 \times Dual + \alpha_3 \times Lev + \alpha_4 \times Asset + \alpha_5 \times Supermeeting + \alpha_6 \times Committee + \alpha_7 \times Firmage + \alpha_8 \times Connect + \sum Ind + \sum Year + \varepsilon \quad (2)$$

在模型（2）中，α_1为上市公司经营制衡（*Autonomy*）对企业价值（*Tobin Q*）的影响程度，根据H1b的预测，经营制衡度越高，企业价值也越高，因此预测α_1系数为正。

为了检验假设2与假设3，本文采用交互项的方式验证实际控制人显性控制对上市公司制衡与企业价值关系的调节作用，模型如下：

$$Tabin\ Q = \alpha_0 + \alpha_1 \times (S/Autonomy) + \alpha_2 \times Control + \alpha_3 \times (S/Autonomy) \times Control + \alpha_4 \times Dual + \alpha_5 \times Lev + \alpha_6 \times Asset + \alpha_7 \times Supermeeting + \alpha_8 \times Committee + \alpha_9 \times Firmage + \alpha_{10} \times Connect + \sum Ind + \sum Year + \varepsilon \quad (3)$$

在模型（3）中，α_3为在实际控制人股权控制（*Control*）下对上市公司制衡和企业价值的调节作用。根据H2的预测，当实际控制人对上市公司股权控制越高，上市公司制衡对企业价值的促进作用被削弱，因此预测α_3系数为负。

$$Tabin\ Q = \alpha_0 + \alpha_1 \times (S/Autonomy) + \alpha_2 \times Control + \alpha_3 \times (S/Autonomy) \times Actual + \alpha_4 \times Dual + \alpha_5 \times Lev + \alpha_6 \times Asset + \alpha_7 \times Supermeeting + \alpha_8 \times Committee + \alpha_9 \times Firmage + \alpha_{10} \times Connect + \sum Ind + \sum Year + \varepsilon \quad (4)$$

在模型（4）中，α_3为在实际控制人经营控制（*Actual*）下对上市公司制衡和企业价值的调节作用。根据 H3 的预测，当实际控制人对上市公司经营控制越高，上市公司制衡对企业价值的促进作用被削弱，因此预测 α_3系数为负。

四、实证结果

（一）描述性统计

表 2 描述主要变量的平均值、标准差、最小值和最大值等统计结果。由表 2 数据可知，民营上市公司托宾 Q（*Tobin Q*）的平均值为 2.965，比国外相关文献统计的值高出较多，说明中国股票市场存在定价过高现象。股权制衡度（*S*）均值为 1.666，说明其他股东对第一大股东有一定的制衡作用。经营制衡（*Autonomy*）均值为 0.106，最小值与最大值分别为 0.009 与 0.476，可见上市公司具有一定的经营自主性，但是自主性水平不高。实际控制人经营控制（*Actual*）均值为 0.825，说明有 82.5%的民营企业的实际控制人在上市公司任董事长或者总经理，且拥有上市公司控制权比例（*Control*）达到 42.1%，可见其对上市公司的经营与股权结构方面控制程度较高。

表 2　主要变量描述性统计结果

变量	样本数	均值	标准差	最小值	最大值
Tobin Q	816	2.965	2.303	0.317	11.69
S	816	1.666	1.508	0.065	6.158
Autonomy	816	0.106	0.079	0.009	0.476
Control	816	0.421	0.145	0.126	0.766
Actual	816	0.825	0.380	0	1
Dual	816	0.342	0.475	0	1
Lev	816	0.410	0.188	0.077	0.839
Asset	816	22.040	1.200	19.880	25.430
Committee	816	3.996	0.287	3	5
Supermeeting	816	7.113	2.641	3	16
Firmage	816	16.170	5.266	6	29
Connect	816	0.112	0.173	0	1.026

资料来源：笔者整理。

控制变量方面，两职合一（*Dual*）的均值为0.342，说明有34.2%的样本企业董事长与总经理存在两职合一的现象；资产负债率（*Lev*）的最小值为0.077，最大值为0.839，说明样本企业的资产负债率离散程度较高；资产规模（*Asset*）的均值为22.040，标准差为1.200，说明样本企业公司规模差距较大；委员会设立个数（*Committee*）的均值为3.996，说明样本企业委员会设立个数少于4个；监事会会议次数（*Supermeeting*）的最小值为3，最大值为16，说明各个企业监事会会议次数相差较大；公司成立年龄（*Firmage*）最小值为6，最大值为29，说明样本企业年龄整体相差较大；关联交易（*Connect*）均值为0.112，说明样本企业的关联交易量相对于企业资产占11.2%。

（二）相关性分析

表3列示了主要变量的相关系数检验结果。股权制衡与企业价值呈正相关（$p<0.01$），说明股权制衡度有利于提升企业价值，验证了H1a。经营制衡与企业价值呈正相关（$p<0.01$），说明管理费用率越高，上市公司经营制衡越强，企业价值越高，与H1b一致。监事会会议次数与经营制衡呈显著正相关，与控制权比例呈显著负相关，监事代表股东的意愿，当实际控制人控制权比例不高时，会通过监事会与经营层进行反馈（王世权，2011），监事会会议次数越多，说明股东与经营层产生了较多的冲突，进一步说明上市公司经营层在经营决策方面有了一定的自主性，监事会也在一定程度上起到了监督公司的作用。股权制衡度与政治关联呈显著负相关，说明其他股东对关联交易影响显著。

同时，各个控制变量之间呈显著相关，说明控制变量的选取是有意义的。在交互项上，为防止共线性的问题，对所有变量进行中心化处理。为了检验各变量之间是否存在严重的多重共线性问题，本文检验了变量之间的方差膨胀因子，结果显示，VIF值最大为1.79，均值为1.22，说明变量间并不存在严重的多重共线性。

（三）回归结果

（1）上市公司制衡对企业价值的直接作用。表4为上市公司制衡对企业价值影响的回归结果。第（1）列考察了股权制衡对企业价值的影响，控制了相关变量，股权制衡度与企业价值在1%的水平上显著正相关。可见股权制衡是一种有效提升企业价值的方式，这与Maury和Pajuste（2005）、赵国宇和禹薇（2018）的结果一致，验证了H1a。第（2）列考察了经营制衡与企业价值的直接影响。结果表明，管理费用率越高，企业价值越高，即上市公司经营制衡度越高与企业价值在1%的水平上显著正相关，H1b得到验证。高管具有较强的自主性，会更积极地投入企业决策中，不管是建立自己的声誉还是信心，都能够提高其主观能动性，为企业负责。

（2）股权控制的调节作用。第（3）～（4）列考察了实际控制人股权控制对上市公司制衡与企业价值的调节作用。结果显示，上市公司制衡（股权制衡与经营制衡）与控制权比例的交互项*S*×*Control*、*Autonomy*×*Control*系数为负，且分别在5%和1%的水平上显著，可见实际控制人拥有上市公司控制权的比例越高越不利于上市公司制衡与企业价值之间的正相关关系，H2得到验证。实际控制人控制权比例不断提高，能提高其对上市公司利益侵占行为，容易产生“隧道挖掘”效应。当上市公司制衡较强时，实际控制人不应过多进行控制权干预，应给予股东与高管信任，减少控制权持股比例，提高上市公司其他大股东的股权制衡度和高管的经营自主性，有利于企业价值得到提升。

表 3　相关系数分析结果

	Tobin Q	*S*	*Autonomy*	*Control*	*Actual*	*Dual*	*LEV*	*Asset*	*Committee*	*Smeeting*	*Firmage*	*Connect*
Tobin Q	1											
S	0. 301***	1										
Autonomy	0. 342***	0. 070**	1									
Control	0. 094***	0. 081**	−0. 168***	1								
Actual	0. 125***	0. 181***	−0. 081**	0. 184***	1							
Dual	0. 173***	0. 060*	0. 161***	−0. 013	0. 033	1						
LEV	−0. 517***	−0. 257***	−0. 185***	−0. 071**	−0. 125***	−0. 117***	1					
Asset	−0. 627***	−0. 316***	−0. 312***	−0. 020	−0. 096***	−0. 186***	0. 567***	1				
Committee	−0. 047	−0. 025	0. 011	0. 005	−0. 006	−0. 0540	0. 043	0. 134***	1			
Supermeeting	−0. 040	−0. 027	0. 094***	−0. 092***	0. 031	−0. 011	0. 107***	0. 119***	−0. 016	1		
Firmage	−0. 170***	−0. 128***	−0. 036	−0. 174***	−0. 224***	−0. 108***	0. 173***	0. 210***	0. 099***	−0. 010	1	
Connect	−0. 036	−0. 083**	−0. 070**	0. 063*	−0. 191***	0. 038	0. 159***	−0. 010	0. 0250	−0. 045	0. 073**	1

注：* 表示 $p<0.1$，** 表示 $p<0.05$，*** 表示 $p<0.01$。

资料来源：笔者整理。

（3）经营控制的调节作用。第（5）~（8）列考察的是实际控制人经营控制对上市公司制衡与企业价值的调节作用。实际控制人经营制衡最直接的方式就是在上市公司担任董事长或总经理，从表中可以发现，实际控制人是否担任董事长或总经理与股权制衡度的交互项 *S×Actual* 的系数在 1%的水平上显著为负，说明当实际控制人在上市公司担任董事长或总经理时，股权制衡度越高反而越不利于企业价值的提升。实际控制人是否担任董事长或总经理与公司自主性的交互项 *Autonomy×Actual* 系数为负，但是不显著，也说明当实际控制人在上市公司担任董事长或总经理时，上市公司经营制衡度越高反而越不利于企业价值的提升。H3 得到部分验证。可见实际控制人通过在上市公司担任董事长或总经理获得经营制衡，这在一定程度上对企业经营决策可谓起到"一手遮天"的作用，这时上市公司的其他股东或者高管一味地提高自己的制衡水平，只会与实际控制人产生冲突不利于企业价值的提升。

表 4　上市公司制衡与企业价值的回归模型

变量	(1)	(2)	(3)	(4)	(5)	(6)
	Tobin Q	*Tobin Q*	*Tobin Q*	*Tobin Q*	*Tobin Q*	*Tobin Q*
S	0. 207***		0. 207***		0. 515***	
	(5. 172)		(5. 193)		(4. 553)	
Autonomy		2. 499***		1. 607*		3. 592***
		(3. 007)		(1. 823)		(3. 041)
Control			1. 846***	2. 097***		
			(4. 444)	(5. 045)		
S×Control			-0. 535**			
			(-2. 045)			
Autonomy×Control				-20. 751***		
				(-4. 066)		
Actual					0. 036	0. 428***
					(0. 208)	(2. 608)
S×Actual					-0. 359***	
					(-2. 986)	
Autonomy×Actual						-1. 336
						(-0. 891)
Dual	0. 249**	0. 220*	0. 285**	0. 278**	0. 260**	0. 222*
	(2. 007)	(1. 754)	(2. 326)	(2. 260)	(2. 113)	(1. 769)
LEV	-2. 441***	-2. 756***	-2. 212***	-2. 531***	-2. 495***	-2. 755***
	(-6. 097)	(-6. 789)	(-5. 543)	(-6. 337)	(-6. 254)	(-6. 793)
Asset	-0. 868***	-0. 867***	-0. 892***	-0. 871***	-0. 871***	-0. 861***
	(-13. 854)	(-13. 367)	(-14. 380)	(-13. 767)	(-13. 975)	(-13. 309)
Committee	0. 098	0. 094	0. 105	0. 050	0. 044	0. 051
	(0. 488)	(0. 460)	(0. 528)	(0. 252)	(0. 218)	(0. 250)

续表

变量	(1)	(2)	(3)	(4)	(5)	(6)
	Tobin Q	*Tobin Q*	*Tobin Q*	*Tobin Q*	*Tobin Q*	*Tobin Q*
Supermeeting	0.007	-0.003	0.013	0.008	0.003	-0.004
	(0.320)	(-0.112)	(0.589)	(0.361)	(0.130)	(-0.163)
Firmage	-0.015	-0.019	-0.002	-0.006	-0.009	-0.013
	(-1.287)	(-1.641)	(-0.198)	(-0.470)	(-0.767)	(-1.096)
Connect	-0.313	-0.351	-0.456	-0.565*	-0.139	-0.173
	(-0.933)	(-1.033)	(-1.369)	(-1.700)	(-0.411)	(-0.500)
year	控制	控制	控制	控制	控制	控制
Industry	控制	控制	控制	控制	控制	控制
Constant	19.605***	20.554***	19.052***	19.967***	19.507***	19.993***
Observations	816	816	816	816	816	816
R-squared	0.604	0.595	0.616	0.616	0.610	0.599
Adj R-squared	0.568	0.557	0.579	0.580	0.573	0.561
F	16.50	15.88	16.80	16.83	16.38	15.64

注：* 表示 $p<0.1$，** 表示 $p<0.05$，*** 表示 $p<0.01$。

资料来源：笔者整理。

五、进一步研究

（一）经营制衡分组检验

基于表4中的第（6）列交互项不显著，考虑到上市公司经营自主性水平差距较大，将上市公司经营自主性与均值比较进行分组，当上市公司经营自主性高于均值时为高自主性，当上市公司经营自主性低于均值时为低自主性。由表5可知，在低自主性组中的企业观察值较多。通过对上市公司经营自主性进行分组，对实际控制人经营控制的调节效应进行重新分析，发现在低自主性分组中，*Autonomy×Actual* 系数在1%水平上显著为正，在高自主性分组中，*Autonomy×Actual* 系数在10%水平上显著为负［如表5第（1）、（2）列显示］。说明在低自主性分组中，实际控制人的经营控制是正向调节经营自主性与企业价值的正相关关系。但在高自主性分组中，实际控制人的经营控制是负向调节经营自主性与企业价值的正相关关系。因此，上市公司经营制衡应根据其制衡水平做决策。当上市公司经营制衡水平普遍较低，且实际控制人在上市公司任董事长或总经理时，上市公司应提高自己的经营制衡能力；当上市公司经营制衡水平普遍较高，且实际控制人不在上市公司任董事长或总经理时，上市公司应提高自己的经营制衡能力。基于此，本文发现实际控制人应根据上市公司的经营制衡水平做出理性决策，当上市公司经营制衡水平达不到市场均值时，实际控制人应参与到上市公司的经营决策中；当上市公司经营制衡水平高出市场均值时，实际控制人不应担任上市公司的董事长或总经理，应给予上市公司充分的自主权。

表 5 进一步研究

变量	(1) 低自主性	(2) 高自主性	(3) Tobin Q
Autonomy	-11.447 **	5.880 **	2.732 ***
	(-2.228)	(2.478)	(3.375)
Actual	1.338 ***	0.843 *	
	(4.238)	(1.710)	
Autonomy×Actual	19.285 ***	-5.447 *	
	(3.427)	(-1.795)	
S			0.200 ***
			(5.058)
S×Autonomy			1.894 ***
			(3.775)
Dual	0.268 **	0.314	0.225 *
	(2.106)	(1.280)	(1.837)
LEV	-3.392 ***	-1.437 *	-2.539 ***
	(-8.150)	(-1.704)	(-6.400)
Asset	-0.584 ***	-1.468 ***	-0.812 ***
	(-9.642)	(-9.335)	(-12.688)
Committee	0.247	0.073	0.070
	(1.290)	(0.156)	(0.350)
Supermeeting	-0.017	0.003	-0.005
	(-0.744)	(0.067)	(-0.234)
Firmage	-0.009	-0.010	-0.016
	(-0.760)	(-0.366)	(-1.364)
Connect	0.152	-1.596 *	-0.178
	(0.496)	(-1.699)	(-0.537)
Year	控制	控制	控制
Industry	控制	控制	控制
Constant	16.775 ***	31.734 ***	18.045 ***
Observations	513	303	816
R-squared	0.668	0.600	0.617
Adj R-squared	0.621	0.523	0.581
F	14.31	7.748	16.89

注：* 表示 p<0.1，** 表示 p<0.05，*** 表示 p<0.01。

资料来源：笔者整理。

（二）上市公司股权制衡与经营制衡的交互效应

为了进一步探讨上市公司股权制衡与经营制衡的交互效应对企业价值的影响，本文对其进行了分析，如表5第（3）列所示，*S*×*Autonomy* 的交互项系数在1%水平上显著为正，说明上市公司应同时提高股权制衡和经营制衡水平，能显著提高企业价值。上市公司的制衡方式主要分为股权制衡与经营制衡，这两种方式在对企业价值的影响上相互依赖、相互影响。当股权制衡程度高时，多个大股东并存降低了第一类代理成本，减轻了实际控制人与其他大股东的信息不对称水平，这时高管不在实际控制人的强压下，会更加自主地进行经营决策，面对多个大股东的问询与关注，高管会更加关注企业绩效，提升企业价值。与此同时，当经营制衡程度较高时，说明公司高管有公正的判断力与决策力，不会一味地与实际控制人形成同谋，而会更加关注其他中小股东的利益，会与各个股东进行信息共享与沟通，因此，其他股东参与度提高，对控股股东或者实际控制人私利行为的监督加强（郑秀田和许永斌，2013），提升企业的价值。

（三）实际控制人不同持股方式的影响

实际控制人对上市公司的持股方式主要分为直接持股和间接持股。间接持股主要采用字塔控股、交叉持股和优先表决权等形式持有公司股份。在这种间接持股的模式下，公司所有权和控制权的分离，导致控股股东在公司的剩余收益较小而控制权却较高，当实际控制人的控制权超出其现金流权时，公司价值下降。而实际控制人直接持股比金字塔结构公司具有更高的会计业绩与市场业绩（邵帅和吕长江，2015）。因此，通过对实际控制人不同持股方式进行分组发现，当实际控制人直接持股时，*S*×*Control*、*Autonomy*×*Control* 的交互项系数在10%的水平上显著为正（见表6），这一结论与邵帅和吕长江（2015）的研究相一致。这说明当民营企业实际控制人直接持股时，会更加关注公司的企业业绩与市场价值，会过多听取其他股东和高管的建议。通过实际控制人、其他股东、高管三方共同努力，为企业的经济发展起到了积极的促进作用。当实际控制人间接持股时，*S*×*Control*、*Autonomy*×*Control* 的交互项系数在1%的水平上显著为负，说明当实际控制人间接持股且拥有控制权较高时，两类代理问题更为突出，且掏空可能性越大，实际控制人会更多相信自己的判断，忽略其他股东与高管，进而双方之间的冲突导致企业价值的下降。当实际控制人通过间接持股达到经营控制时，*S*×*Actual* 交互项系数在1%的水平上显著为负，*Autonomy*×*Actual* 虽然交互项系数为负，但是并不显著。说明当实际控制人间接持股且拥有较高经营控制权时，抑制上市公司制衡与企业价值之间的积极作用。可见，实际控制人在直接持股上市公司时，与上市公司利益保持一致，主要呈现的是“支持效应”，而当实际控制人间接持股时，控制权私利行为通过“金字塔”结构变得更加隐秘，主要呈现的是“掏空效应”（朱德胜和周晓珮，2016）。

表6　实际控制人不同持股方式的影响

变量	(1)	(2)	(3)	(4)	(5)	(6)	(7)	(8)
	直接持股	间接持股	直接持股	间接持股	直接持股	间接持股	直接持股	间接持股
S	0.388***	0.247***			−7.838	0.564***		
	(3.186)	(5.344)			(−1.453)	(4.955)		
Autonomy			7.532*	1.742*			1.779	3.776***
			(1.717)	(1.916)			(0.306)	(3.030)

续表

变量	(1)	(2)	(3)	(4)	(5)	(6)	(7)	(8)
	直接持股	间接持股	直接持股	间接持股	直接持股	间接持股	直接持股	间接持股
Control	1. 380	1. 487 ***	0. 708	2. 001 ***				
	(0. 830)	(3. 275)	(0. 419)	(4. 462)				
S×Control	1. 751 *	-0. 805 ***						
	(1. 813)	(-2. 749)						
Autonomy×Control			44. 480 *	-26. 908 ***				
			(1. 693)	(-5. 072)				
Actual					9. 342	0. 036	-0. 706	0. 445 ***
					(1. 286)	(0. 205)	(-0. 527)	(2. 641)
S×Actual					8. 119	-0. 397 ***		
					(1. 503)	(-3. 237)		
Autonomy×Actual							-1. 276	-0. 998
							(-0. 205)	(-0. 627)
Dual	-0. 014	0. 339 **	-0. 330	0. 318 **	-0. 070	0. 332 **	-0. 166	0. 293 **
	(-0. 039)	(2. 515)	(-0. 857)	(2. 371)	(-0. 201)	(2. 451)	(-0. 455)	(2. 120)
LEV	-1. 268	-2. 278 ***	-1. 383	-2. 643 ***	-1. 900	-2. 569 ***	-2. 067	-2. 845 ***
	(-0. 875)	(-5. 367)	(-0. 913)	(-6. 252)	(-1. 286)	(-6. 089)	(-1. 319)	(-6. 609)
Asset	-1. 023 ***	-0. 799 ***	-1. 096 ***	-0. 784 ***	-1. 056 ***	-0. 777 ***	-1. 125 ***	-0. 776 ***
	(-3. 983)	(-12. 044)	(-4. 048)	(-11. 768)	(-4. 232)	(-11. 738)	(-4. 173)	(-11. 323)
Committee	0. 160	0. 223	0. 836	0. 196	0. 289	0. 162	0. 133	0. 162
	(0. 246)	(1. 035)	(1. 064)	(0. 918)	(0. 441)	(0. 749)	(0. 195)	(0. 732)
Supermeeting	-0. 127 *	0. 011	-0. 155 **	0. 010	-0. 110 *	0. 005	-0. 123 *	-0. 000
	(-1. 966)	(0. 476)	(-2. 286)	(0. 416)	(-1. 705)	(0. 198)	(-1. 800)	(-0. 006)
Firmage	-0. 028	-0. 003	-0. 028	-0. 006	-0. 022	-0. 009	-0. 021	-0. 014
	(-0. 807)	(-0. 230)	(-0. 773)	(-0. 436)	(-0. 629)	(-0. 706)	(-0. 579)	(-1. 027)
Connect	-2. 353 **	-0. 038	-2. 695 **	-0. 092	-1. 649	0. 293	-2. 286 *	0. 255
	(-2. 002)	(-0. 108)	(-2. 229)	(-0. 263)	(-1. 405)	(0. 817)	(-1. 851)	(0. 694)
year	控制	控制	控制	控制	控制	控制	控制	控制
Industry	控制	控制	控制	控制	控制	控制	控制	控制
Constant	23. 981 ***	18. 873 ***	24. 129 ***	18. 642 ***	28. 434 ***	19. 171 ***	28. 708 ***	19. 618 ***
Observations	132	684	132	684	132	684	132	684
R-squared	0. 747	0. 622	0. 729	0. 628	0. 747	0. 618	0. 721	0. 605
Adj R-squared	0. 644	0. 580	0. 618	0. 587	0. 643	0. 576	0. 607	0. 561
F	7. 225	14. 88	6. 579	15. 25	7. 212	14. 65	6. 328	13. 83

注：* 表示 p<0. 1，** 表示 p<0. 05，*** 表示 p<0. 01。

资料来源：笔者整理。

六、稳健性检验

为了检验上述实证结果的有效性，本文进行了一系列的稳健性检验：①更换股权制衡度量指标；②用 2SLS 两阶段回归解决内生性问题；③加入其他控制变量重新检验对上述模型的影响。具体检验过程如下：

（一）更换股权制衡度量指标

股权制衡反映的是多个大股东之间的相互制衡，主要表现在对第一大股东的制衡。大部分关于股权制衡的研究大多采用两种度量方式：一是采用第二至第十大股东持股比例/第一大股东持股比例的比值，二是采用第二至第五大股东持股比例/第一大股东持股比例的比值。因此，本文采用第二种度量方式——第二至第五大股东持股比例/第一大股东持股比例的比值（*S2_5*），代替 *S* 对模型进行拟合，回归结果（见表 7）并未发生实质性变化，证实了股权制衡对企业价值的积极影响。

表 7　稳健性分析（1）

变量	(1)	(2)	(3)	(4)
	Tobin Q	*Tobin Q*	*Tobin Q*	*Tobin Q*
S2_5	0.003***	0.003***	0.007***	
	(4.840)	(4.729)	(4.038)	
Control		1.841***		
		(4.409)		
S5×Control		−0.008*		
		(−1.710)		
Actual			0.082	
			(0.480)	
S5×Actual			−0.005**	
			(−2.482)	
Autonomy				3.993***
				(3.531)
Dual	0.247**	0.279**	0.256**	0.135
	(1.992)	(2.268)	(2.070)	(0.776)
LEV	−2.464***	−2.242***	−2.512***	−2.756***
	(−6.143)	(−5.601)	(−6.273)	(−5.065)
Asset	−0.871***	−0.892***	−0.874***	−0.661***
	(−13.863)	(−14.344)	(−13.960)	(−7.681)

续表

变量	(1)	(2)	(3)	(4)
	Tobin Q	Tobin Q	Tobin Q	Tobin Q
Committee	0.116	0.118	0.060	0.406
	(0.571)	(0.591)	(0.296)	(1.513)
Supermeeting	0.008	0.013	0.005	0.017
	(0.348)	(0.592)	(0.232)	(0.571)
Firmage	-0.015	-0.003	-0.009	-0.018
	(-1.240)	(-0.215)	(-0.749)	(-1.158)
Connect	-0.326	-0.468	-0.159	-0.476
	(-0.972)	(-1.401)	(-0.469)	(-1.036)
Constant	19.258***	18.759***	18.765***	16.677***
Year	控制	控制	控制	
Industry	控制	控制	控制	
Observations	816	816	816	374
R-squared	0.602	0.613	0.607	0.460
Adj R-squared	0.566	0.577	0.569	0.449
F	16.39	16.63	16.17	38.40

注：* 表示 p<0.1，** 表示 p<0.05，*** 表示 p<0.01。

资料来源：笔者整理。

（二）内生性问题

当企业价值较高时，实际控制人或者控股股东会更加信任高管，充分给予高管团队经营决策能力，因此上市公司经营制衡与企业价值之间可能存在反向因果关系，产生内生性问题，为此，本文采用解释变量经营制衡滞后一项进行 2SLS 两阶段回归，结果如表 7 所示，结果未发生变化，说明回归结果较为稳健，进一步证实了经营制衡对企业价值的积极影响。

（三）考虑其他变量对模型的影响

在原有的模型中，还应考虑管理层的学历水平对企业价值的影响。管理层学历水平主要采用总经理的教育水平程度，其学历程度越高，股东和董事会就会越信任他们，他们的权力也越大，从而对企业的行为产生一定影响。如表 8 所示，加入控制变量——管理层学历水平（*Education*），原模型估计系数的正负号和显著性并未发生变化，说明回归结果是可靠的。

表 8　稳健性分析（2）

变量	(1)	(2)	(3)	(4)	(5)	(6)
	Tobin Q	Tobin Q	Tobin Q	Tobin Q	Tobin Q	Tobin Q
S	0.206***		0.206***		0.514***	
	(5.150)		(5.178)		(4.543)	

续表

变量	(1)	(2)	(3)	(4)	(5)	(6)
	Tobin Q	*Tobin Q*	*Tobin Q*	*Tobin Q*	*Tobin Q*	*Tobin Q*
Autonomy		2.530***		1.629*		3.615***
		(3.041)		(1.844)		(3.057)
Control			1.840***	2.088***		
			(4.423)	(5.017)		
S×Control			−0.535**			
			(−2.041)			
Autonomy×Control				−20.677***		
				(−4.048)		
Actual					0.031	0.419**
					(0.180)	(2.546)
S×Actual					−0.358***	
					(−2.979)	
Autonomy×Actual						−1.348
						(−0.899)
Dual	0.247**	0.218*	0.284**	0.276**	0.259**	0.220*
	(1.995)	(1.733)	(2.316)	(2.244)	(2.103)	(1.752)
LEV	−2.453***	−2.775***	−2.220***	−2.544***	−2.503***	−2.770***
	(−6.112)	(−6.823)	(−5.547)	(−6.353)	(−6.260)	(−6.814)
Asset	−0.869***	−0.868***	−0.893***	−0.871***	−0.872***	−0.862***
	(−13.856)	(−13.372)	(−14.374)	(−13.764)	(−13.971)	(−13.310)
Committee	0.092	0.083	0.101	0.044	0.040	0.044
	(0.454)	(0.403)	(0.508)	(0.219)	(0.198)	(0.213)
Supermeeting	0.006	−0.004	0.012	0.007	0.002	−0.005
	(0.279)	(−0.180)	(0.562)	(0.316)	(0.102)	(−0.212)
Firmage	−0.014	−0.018	−0.002	−0.005	−0.009	−0.012
	(−1.197)	(−1.499)	(−0.155)	(−0.396)	(−0.715)	(−1.004)
Connect	−0.327	−0.372	−0.464	−0.578*	−0.151	−0.191
	(−0.972)	(−1.094)	(−1.388)	(−1.731)	(−0.443)	(−0.551)
Education	0.020	0.033	0.012	0.020	0.014	0.025
	(0.498)	(0.803)	(0.300)	(0.496)	(0.341)	(0.596)
Constant	19.534***	20.412***	19.011***	19.884***	19.460***	19.897***
Year	控制	控制	控制	控制	控制	控制
Industry	控制	控制	控制	控制	控制	控制

续表

变量	(1)	(2)	(3)	(4)	(5)	(6)
	Tobin Q	*Tobin Q*	*Tobin Q*	*Tobin Q*	*Tobin Q*	*Tobin Q*
Observations	816	816	816	816	816	816
R-squared	0.604	0.595	0.616	0.616	0.610	0.599
Adj R-squared	0.567	0.557	0.579	0.579	0.572	0.560
F	16.25	15.65	16.55	16.58	16.13	15.42

注：* 表示 p<0.1，** 表示 p<0.05，*** 表示 p<0.01。

资料来源：笔者整理。

七、结论与政策建议

（一）研究结论

本文以 2013~2017 年 A 股民营企业上市公司为研究样本，探讨了上市公司制衡对企业价值的影响，实证结果发现：①上市公司制衡有利于企业价值的提升。上市公司制衡方式分为股权制衡与经营制衡。股权制衡通过对大股东的有效约束与监督，对企业价值产生影响。经营制衡增强高管激励效应，提升企业的竞争优势。②实际控制人采用较强股权控制不利于上市公司制衡与企业价值的积极关系。实际控制人与其他股东的冲突加剧了公司运作风险，降低了其他股东对实际控制人的信心，因而降低了企业的价值。③实际控制人应根据上市公司的经营制衡水平做出理性决策，当上市公司经营制衡水平达不到市场均值时，实际控制人应参与到上市公司的经营决策中，当上市公司经营制衡水平高出市场均值时，实际控制人不应担任上市公司的董事长或总经理，应给予上市公司充分的自主权。④上市公司股权制衡与经营制衡同时增强，有利于企业价值的提升。⑤民营企业实际控制人持股方式不同，将其分为直接持股与间接持股方式。当实际控制人直接持股时，实际控制人股权控制有利于上市公司制衡（股权制衡与经营制衡）与企业价值的正向作用；当实际控制人间接持股时，实际控制人显性控制（股权控制与经营控制）不利于上市公司制衡（股权制衡与经营制衡）与企业价值之间的积极关系。

（二）政策建议

基于上述结论，本文提出如下政策建议：

第一，民营上市公司股权制衡应进一步增强。多个大股东的存在，不仅能对实际控制人进行有效监督，防止其通过"隧道效应"进行"掏空"上市公司，还能兼顾其他利益相关者的利益。在与大股东讨价还价效应假设下，多个大股东的存在改善了公司治理，因为大量股东之间的分歧能够传达良好的信息，提高企业的信息质量，从而提高企业价值。在民营企业中，第一大股东持股比例往往较高，因此其他大股东应提高持股水平，结成联盟或通过争夺公司控制权来实现有价值的内部监督。

第二，提高民营上市公司经营自主性。较高的经营自主性具有较强的自主决策能力，自行决定内部资源的使用和分配的自由。上市公司高管具有较强自主性，不仅可以激发高管的主观能动性，还能增加与其他企业的交互频率，带来重要资源。实际控制人减少派驻高管的比例，增加上市公司高管的决策自由，能够弱化对集团或母公司的过度依赖，增强上市公司的决策自信。民营企业应根据实际控制人持股方式与控制权比例选择合适的制衡方式，才能促进企业价值的提升。

第三，实际控制人应适当放权，建立专用性人力资本，将控制权交给公司。过度的集权只会让高管无所适从，不能全身心融入工作，尤其是民营企业，其过度掌权会传达出不良信号，降低投资者信心，增加第二类代理成本。最近实际控制人恶劣事件相继发生，如珠海银隆实际控制人魏银仓侵占股东利益被刑拘、康得因实际控制人钟玉财务造假被停牌等，都进一步说明实际控制人给上市公司带来的负面效应不可小觑，因此实际控制人应适当放权且不在上市公司担任管理职位，将经营权交与专业的经理人进行打理，促进企业的经济增长。

本文还存在以下几方面的不足：①只考虑了实际控制人的显性控制方式，忽略了实际控制人可能会通过社会资本、社会文化因素获得一定的权力（Zingales，2000）。例如实际控制人的背景、实际控制人与其他股东的关联度、上市公司高管与实际控制人的关联程度等。②文中用实际控制人是否在上市公司任董事长或总经理这一虚拟变量来代表实际控制人经营控制，没有采用任期等表示程度的指标进行测量，不能精确说明实际控制人经营控制对上市公司制衡与企业价值之间关系的影响。

参考文献

[1] Claessens S, S Djankov and L H P Lang. The separation of ownership and control in East Asian Corporations [J]. Journal of Financial Economics, 2000, 58 (1-2): 81-112.

[2] 方政，徐向艺. 金字塔结构、股权制衡与上市公司股价信息质量 [J]. 经济管理，2013 (3): 45-53.

[3] 赵国宇，禹薇. 大股东股权制衡的公司治理效应——来自民营上市公司的证据 [J]. 外国经济与管理，2018, 40 (11): 61-73.

[4] 方政，徐向艺. 母子公司治理研究脉络梳理与演进趋势探析 [J]. 外国经济与管理，2013, 35 (7): 35-42.

[5] 谢佩洪，汪春霞. 管理层权力、企业生命周期与投资效率——基于中国制造业上市公司的经验研究 [J]. 南开管理评论，2017 (01): 57-66.

[6] 张玉娟，汤湘希. 股权结构、高管激励与企业创新——基于不同产权性质 A 股上市公司的数据 [J]. 山西财经大学学报，2018, 40 (9): 76-93.

[7] Aghion P, J V Reenen and L Zingales. Innovation and institutional ownership [J]. The American Economic Review, 2013, 103 (1): 277-304.

[8] 焦健，刘银国，刘想. 股权制衡、董事会异质性与大股东掏空 [J]. 经济学动态，2017 (8): 62-73.

[9] Johnson S, R La Porta, A Shleifer and F Lopez-de-Silanes. Tunneling [J]. American Economic Review, 2000, 90 (2): 22-27.

[10] 谢海洋，曹少鹏，秦颖超. 股权制衡、非国有股东委派董事与公司绩效 [J]. 财经理论与实践，2018, 39 (3): 76-82.

[11] Laeven L and R Levine. Complex ownership structures and corporate valuations [J]. Review of Financial Studies, 2008, 21 (2): 579-604.

[12] Bennedsen M and D Wolfenzon. The balance of power in closely held corporations [J]. Journal of Financial Economics, 2000, 58 (1): 113-139.

[13] 陈德萍，陈永圣. 股权集中度、股权制衡度与公司绩效关系研究——2007~2009 年中小企业板块的实证检验 [J]. 会计研究，2011 (1): 38-43.

[14] Faccio M and L H P Lang. The ultimate ownership of western european corporations [J]. Journal of Financial

Economics, 2004, 65 (3): 365-395.

[15] 徐莉萍，辛宇，陈工孟. 股权集中度和股权制衡及其对公司经营绩效的影响 [J]. 经济研究，2006 (1): 90-100.

[16] 吴红军，吴世农. 股权制衡、大股东掏空与企业价值 [J]. 经济管理，2009, 31 (3): 44-52.

[17] 阮素梅等. 股权制衡与公司价值创造能力倒 "U" 形假说检验——基于面板数据模型的实证 [J]. 中国管理科学，2014, 22 (2): 119-128.

[18] 隋静，蒋翠侠，许启发. 股权制衡与公司价值非线性异质关系研究——来自中国 A 股上市公司的证据 [J]. 南开管理评论，2016, 19 (1): 70-83.

[19] 朱滔. 大股东控制，股权制衡与公司绩效 [J]. 管理科学，2007, 10 (5): 14-21.

[20] 袁学英. 股权集中和制衡对公司生存能力的影响——基于公司成长期和成熟期视角 [J]. 财经问题研究，2019 (5): 137-144.

[21] Lin S, and A Hsieh. International strategy implementation: Roles of subsidiaries, operational capabilities, and procedural justice [J]. Journal of Business Research, 2010, 63 (1): 52-59.

[22] McDonald F, S Warhurst and M Allen. Autonomy, embeddedness, and the performance of foreign owned subsidiaries [J]. Multinational Business Review, 2008, 16 (3): 73-92.

[23] Kawai N, and R Strange. Subsidiary autonomy and performance in Japanese multinationals in Europe [J]. International Business Review, 2014, 23 (3): 504-515.

[24] Bouquet C, Birkinshaw J. Weight versus Voice: How foreign subsidiaries gain attention from corporate headquarters [J]. The Academy of Management Journal, 2008, 51 (3): 577-601.

[25] 黎文靖，孔东民，刘莎莎，邢精平. 中小股东仅能 "搭便车" 么? ——来自深交所社会公众股东网络投票的经验证据 [J]. 金融研究，2012 (3): 152-165.

[26] Morellec E, B Nikolov and N Schürhoff. Agency conflicts around the world [J]. The Review of Financial Studies, 2018, 31 (11): 4232-4287.

[27] Davis J, F D Schoorman and L Donaldson. Towards a stewardship theory of management [J]. Academy of Management Review, 1997, 22 (1): 20-47.

[28] 赵晶，关鑫，高闯. 社会资本控制链替代了股权控制链吗? ——上市公司终极股东双重隐形控制链的构建与动用 [J]. 管理世界，2010 (3): 127-139.

[29] Friedman E, S Johnson and T Mitton. Propping and tunneling [J]. Journal of Comparative Economics, 2003, 31 (4): 732-750.

[30] Shleifer A and R W Vishny. Large shareholders and corporate control [J]. Scholarly Articles, 1986, 94 (3): 461-488.

[31] 陈晓红，尹哲，吴旭雷. "金字塔结构"、家族控制与企业价值——基于沪深股市的实证分析 [J]. 天津: 南开管理评论，2007, 10 (5): 47-54.

[32] 苏启林，朱文. 上市公司家族控制与企业价值 [J]. 经济研究，2003 (8): 36-45, 91.

[33] 陈德球，杨佳欣，董志勇. 家族控制、职业化经营与公司治理效率——来自 CEO 变更的经验证据 [J]. 南开管理评论，2013, 16 (4): 55-67.

[34] 杨文君，何捷，陆正飞. 家族企业股权制衡度与企业价值的门槛效应分析 [J]. 会计研究，2016 (11): 38-45.

[35] 徐向艺，方政. 子公司自主性与股权融资能力——基于电力行业的经验证据 [J]. 经济管理，2016 (10): 55-65.

[36] 陈志军，郑丽. 不确定性下子公司自主性与绩效的关系研究 [J]. 南开管理评论，2016 (6): 91-100.

[37] 王世权. 监事会的本原性质、作用机理与中国上市公司治理创新 [J]. 管理评论，2011, 23 (4): 47-53.

[38] Maury B and A Pajuste. Multiple large shareholders and firm value [J]. Journal of Banking & Finance, 2005, 29 (7): 1813-1834.

[39] 郑秀田，许永斌. 控股股东攫取私利下中小股东的行为选择—— "理性冷漠" 还是 "积极监督"? [J]. 经济评论，2013 (6): 11-16.

[40] 邵帅，吕长江. 实际控制人直接持股可以提升公司价值吗？——来自中国民营上市公司的证据 [J]. 管理世界，2015 (5)：134-146.

[41] 朱德胜，周晓珮. 股权制衡、高管持股与企业创新效率 [J]. 南开管理评论，2016，19 (3)：136-144.

[42] Zingales L. In search of new foundations [J]. The Journal of Finance，2000，55 (4)：1623-1653.

CEO 变更视角下业绩反馈与企业冗余资源调整研究*

——来自高新技术企业的经验证据

刘力钢　李　莹

（辽宁大学商学院，辽宁沈阳　110036）

[摘　要] 业绩反馈对企业战略行为的影响是当前战略管理领域关注的主要内容。本文从代理视角出发，观察 CEO 离职行为发生与否的情境下业绩期望落差与企业冗余资源之间的关系，运用系统 GMM 方法回归后发现：业绩期望落差对沉淀性冗余资源和非沉淀性冗余资源存在着截然不同的影响；CEO 离职对业绩期望落差与沉淀性冗余资源之间关系具有显著的调节作用。当发生 CEO 离职时，业绩期望落差对非沉淀性冗余资源具有显著影响，而非离职情境下这种影响则不显著。此外，本文还从企业性质等方面进一步讨论了 CEO 离职对业绩期望落差与冗余资源之间关系的影响机制。本文为讨论业绩期望落差对冗余资源的影响机制提供了一个新的视角，有助于更为全面地观察业绩反馈对企业战略行为的作用机理。

[关键词] 业绩期望落差；冗余资源；CEO 离职；高新技术企业

一、引言

依据流动性和灵活性可以将冗余资源分为非沉淀性冗余资源和沉淀性冗余资源（Sharfman et al.，1988；李晓翔和刘春林，2011），由于这两类冗余资源在企业创新过程中表现出明显不同的特征，因而在“创新驱动”的国家政策背景下，讨论这两种类型冗余资源的形成机制及其变化就显得尤为重要。已有研究证实，导致冗余资源发生变化的影响因素包括组织的外部环境（Sharfman et al.，1988）、组织规模与年龄（Ho and Peng，2016）、组织前期绩效（Singh，1986）、组织风险倾向（廖中举，2015）、企业决策类型（方润生等，2009）、经营的长期导向（Breton-Miller and Miller，2015）等。

根据业绩反馈理论，企业会将其绩效能否达到期望绩效水平作为其判断经营状况好坏的一个重要标准（Cyert and March，1963）。一旦企业实际绩效低于期望绩效水平，即业绩期望差距为负时，企业可能会采取搜寻等行为推动组织变革。企业进行组织变革受到很多内外部条件的影响，如环境变化程度（尚航标等，2014）、高管的创新意识与创新精神（戴鑫等，2015；韩立丰

* ［基金项目］国家社科基金项目“大数据对企业非市场战略的影响研究”（14BGL053）和“大数据情境下国有企业高管层激励与监管动态耦合研究”（18BGL081）的阶段性研究成果。

和王重鸣，2010）、外部融资约束（杨艳等，2015；周杰等，2017）、企业所处环境的创新意识（高静美和袁桂林，2018；冯海龙等，2018）等，而已有研究表明冗余资源是影响企业变革（创新）成功与否的关键因素（李晓翔和刘春林，2011；袁建国等，2015；贾晓霞，2013）。因此，讨论两者之间直接作用关系就显得尤为重要，特别是对高新技术企业而言。遗憾的是，当前对此所进行的讨论并不多，只有李晓翔和刘春林（2011）、李健等（2018）分析了业绩反馈机制作用下冗余资源的变化。由于现有研究的主要依据是企业行为理论（Cyert and March，1963），强调企业管理者能够主动采取变化，而忽视了当业绩不佳时管理者可能遇到的权力危机。因而，引入代理理论将有助于完善业绩反馈对组织冗余资源影响机制的解释。基于已有的代理理论研究，当管理者遭遇权力危机时，突出的表现就是发生 CEO 的离职与更迭，因而本文从 CEO 离职的视角出发，观察在企业是否发生 CEO 离职的情境下，业绩期望落差如何对组织冗余资源产生影响。

本文认为，在发生 CEO 离职和未发生 CEO 离职的情境下，业绩期望落差对组织冗余资源的影响将会有明显的差异。本文将基于业绩反馈理论，探讨我国高新技术企业业绩期望落差与组织冗余资源的关系。与以往研究的相同之处在于，本文同样发现了业绩期望落差会导致组织冗余资源发生明显的变化，但本文强调 CEO 发生更迭的情境下，即管理层权力表现出明显不同时，管理者会针对业绩反馈结果采取截然不同的态度，这必然会导致非沉淀性冗余资源和沉淀性冗余资源的变化有所不同。

本文的创新点有两个：第一，以往业绩反馈理论的相关研究较少关注 CEO 更迭情境，该情境意味着高管权力发生变化或董事会对高管层失去信任，企业高管很可能会采取截然不同的战略变革思路，因而引入 CEO 更迭有助于更为全面地理解业绩期望落差对冗余资源的影响机理。第二，由于沉淀性冗余资源和非沉淀性冗余资源具有不同的特征，当发生 CEO 离职时，业绩期望落差对两类冗余资源很可能存在不同的影响。本文发现代理观和变革观的效应同时存在，且分别表现为业绩期望落差对两类冗余资源的作用过程中，这为今后两类冗余资源的形成原因的研究提供了有益的支持。

本文剩余部分安排如下：第二部分进行文献综述并提出假设，第三部分给出了研究设计并进行数据处理，第四部分对数据进行回归分析并对结果加以讨论，第五部分进行了进一步讨论，第六部分提出了结论与研究展望。

二、文献综述与假设提出

（一）业绩期望落差与冗余资源

有关企业业绩对冗余资源影响的讨论，始终存在截然不同的认识。一是变革观，即较差的业绩会导致企业冗余资源的减少。这里可以利用 Cyert 和 March（1963）的企业行为理论加以解释，当企业业绩相对较差，或存在较为明显的期望落差时，企业会集中精力提高企业的实际绩效水平（张远飞等，2013）。根据企业行为理论的逻辑，当实际绩效水平低于期望绩效水平时，企业为了挽救不利的局面，管理层势必要主观上有强烈意愿进行变革，这包括对现有冗余资源进行削减和重组，或者利用冗余资源来支持企业的变革行动等。这些战略行动都会减少现有的非沉淀性冗余资源，从而有助于企业通过变革来提升业绩。当企业处于困境时，往往也会受到财务状况不佳的约束，企业很可能会表现为“心有余而力不足”，难以对已有业务进行根本性变革，即无法改变“内核”，则与内核密切相关的沉淀冗余反而会呈现出增加的趋势（李晓翔和刘春林，2011）。根据上述逻辑，可以推导出期望落差与冗余资源关系如下：当企业出现期望落差时，非沉淀性冗余资源显著减少，沉淀性冗余资源显著增加。

与变革观不同的是代理观，强调企业实际绩效水平低于期望绩效水平时，要考虑管理层权力在管理层决策过程中所起到的重要作用。以往研究认为，组织冗余是超出既定水平产量所需最低投入的那部分资源存积（Nohria and Gulati，1996；Zona，2012），或者是闲置在企业中增加成本、降低运营效率的资源，组织有必要减少或消除一定的冗余（Cheng and Kesner，1997）。当企业绩效较差或低于期望水平时，CEO为了确保个人地位稳固，避免可能因财务风险而导致的企业破产，他们往往会准备更多的现金以应付可能发生的债务清偿危机，这会导致非沉淀性冗余资源明显增加。如果债务清偿对企业经营并不构成威胁，且企业针对高管实施了股权激励时，高管为了避免个人薪酬水平出现较大幅度下降，他们可能会采取某些手段来确保企业绩效不会发生明显下滑，如利用公司现金回购股票等达到提升股价的目的。如发生上述情况，反而会出现非沉淀性冗余资源的减少。业绩期望落差与沉淀性冗余资源的关系表现为，作为上市公司往往会面临来自资本市场的高压力，投资者希望企业能够保持高成长性，一旦出现业绩发展停滞，企业市场价值可能会发生大幅度下跌。高管也面临来自股东和董事会试图换人的巨大压力，而不得不战战兢兢，谨慎从事。为了迅速扭转困境，高管可能会寻求通过减少雇员人数的手段来达到短期内提升企业绩效的目的，或通过业务调整以削减部分资产等方式，这样做就会减少而不是增加沉淀性冗余资源。根据上述逻辑，可以推导出如下假设：当企业实际绩效水平低于期望绩效水平，即出现业绩期望落差时，非沉淀性冗余资源会表现出不同的变化可能性，既可能会显著增加，也可能表现为显著减少，这取决于公司打算进行债务清偿还是高管实施股权套现。与此同时，企业的沉淀性冗余资源会表现为显著减少。

那么，究竟上述哪个逻辑会起到作用？此前相关研究对此并没有展开全面讨论。首先我们从概念上对上述两类冗余资源的性质进行分析。一般认为，非沉淀性冗余资源包括现金、现金等价物、信用额度等，其特征是流动性和灵活性均较高；沉淀性冗余资源包括支付给员工的较高报酬、管理费用、加工中或已加工的产品、熟练工、闲置的生产设备等，其主要特征是流动性和灵活性较低，且面向特定主题。傅皓天等（2018）区分了财务冗余和人力资源冗余的不同作用：一方面，财务冗余（近似于非沉淀性冗余资源）有助于公司通过为投资新领域和开发新产品提供必要的资源，从而保持公司在动态环境中的竞争优势；另一方面，财务冗余也能够使公司更加放心地进行高度不确定性的项目，而不用担心公司有资金链断裂的风险。因此，在动态环境中，拥有财务冗余的公司更容易进行战略变革。与之相对应的是，人力资源冗余（近似于沉淀性冗余资源）无法发挥稳定性和适应性功能。因此，人力资源冗余与财务冗余相比黏性不同，在企业进行战略变革时无法进行重新部署和配置，增加了战略变革的难度；这种类型的冗余资源也容易产生组织惯性，阻碍公司在动态环境中进行战略变革。由此发现，在冗余资源的决策上高管具有相当大的自由裁量权。可以推断，在中国上市公司里，经理代理主义行为相对较为严重，而在具有明显创业特征的高新技术行业中，企业家精神又表现得较为突出。因而，可以认为变革观与代理观很可能同时存在。由于沉淀性冗余资源具有更强的黏性和制度约束性，业绩期望落差与非沉淀性冗余资源会表现出较为明显的代理观，而业绩期望落差与沉淀性冗余资源则表现出变革观。因此，本文提出如下假设：

H1a：当企业出现业绩期望落差时，实际绩效水平较期望绩效水平的差距与非沉淀性冗余资源没有显著性关系。

H1b：当企业出现业绩期望落差时，实际绩效水平较期望绩效水平相差越多，沉淀性冗余资

源也就越多。

（二）CEO 离职的调节效应

本文讨论业绩期望落差对冗余资源的影响，认为在企业遇到经营困境时，CEO 会努力带领企业走出困境，而不是“弃船逃生”。但不可否认的是，CEO 能否带领企业一同走出困境，不仅依赖于其自身的努力，还取决于企业股东和董事会是否还对其有足够的信任。一旦来自股东的压力过大，董事会也倾向于通过换人来对外释放积极的信号，从而提高投资者对公司的信心。此种情况下，即使 CEO 愿意继续任职，也不得不面对被解聘的现实。

当发生 CEO 离职事件时，意味着公司股东和董事会对现有的团队失去了信任，进而试图通过对高管团队进行更迭来达到调整经营思路的目的。一般来说，CEO 离职是公司经营过程中极为重要的事件，特别是 CEO 被动离职可以视为对此前经营思路的全盘否定。对 CEO 自身来说，处于经营困境中的他们也会面临来自股东和董事会的巨大压力，如果能够得到充分的信任，他们就会表现出更为明显的管家心态，进而带领全体员工共同渡过难关。对继任者来说，他们担任公司 CEO 职位后，希望尽快扭转经营困境以提升其合法性，这包括充分利用现有的沉淀性冗余资源和非沉淀性冗余资源。

正如本文此前所说，沉淀性冗余资源属于企业此前的“内核”，继任者要想大幅度减少沉淀性冗余资源，还需要花费较多时间来熟悉这些资源的属性、形成原因，弄清楚这类资源的来龙去脉。否则，一旦触及既有组织内部的某些惯例和规矩，就可能遭到组织内部原有力量的排斥，影响其推进变革和行使权力，甚至对其职位造成严重威胁。所以，他们更倾向于利用非沉淀性冗余资源来推进组织变革，这样可以在较短时间内改善和提升企业绩效，从而为其今后的职业生涯奠定良好基础。而对于那些依然得到信任的高管团队来说，既有的思维惯性也迫使他们大多采取“从哪里跌倒，就从哪里爬起”的策略，针对已有的经营模式和思路进行必要的调整，这也符合“承诺升级效应”，这也是令其在组织内重新塑造任职合法性的重要途径。因此，本文提出如下假设：

假设 2：CEO 离职对业绩期望落差与冗余资源之间的关系具有调节作用。

假设 2a：发生 CEO 离职的企业，业绩期望落差对沉淀性冗余资源的影响程度弱于未发生 CEO 离职的企业。

假设 2b：发生 CEO 离职的企业，业绩期望落差对非沉淀性冗余资源的影响程度强于未发生 CEO 离职的企业。

三、研究设计与数据处理

（一）样本选择与数据来源

相较于传统行业，高新技术企业更加关注企业成长速度，来自资本市场的压力也促使这些企业的高管高度重视业绩反馈机制（葛菲等，2016；连燕玲等，2014；连燕玲等，2015）。此外，这些企业更加重视创新投入，创新活动过程中受到冗余资源的影响也会更加明显（李晓翔和刘春林，2011；袁建国等，2015；贾晓霞，2013）。因而，本文选取高新技术企业作为研究样本。根据科学技术部办公厅 2016 年 2 月 1 日印发的《高新技术企业认定管理办法》中对高新技术企业的界定，企业主要产品（服务）发挥核心支持作用的技术属于电子信息技术、生物与新医药技术、航空航天技术、新材料技术、高技术服务业、新能源与节能技术、资源与环境技术以及先进制造与自动化产业八个国家重点支持的高新技术领域，且在沪深两市 A 股主板上市的公司作为研究对象。样本选取范围是 2009~2017 年的上市公司，之所以这样选择，主要是考虑到发生于 2008 年的全球经济危机可能会对上市公司产生影响。

具体筛选过程如下：①剔除了 2009~2017 年未连续上市的公司；②剔除了金融类上市公司；③剔除了 ST、SST、*ST 类上市公司；④剔除了 CEO 离职信息缺失、业绩信息缺失及其他一些关键变量缺失的样本公司。通过执行上述筛选程序，本文最终获得了 9 年间共 490 家高新技术企业作为研究样本，共计 2272 个公司-年份样本观测值。

样本具体分布特征如下：根据样本来源在深交所上市公司有 277 家，共 1285 个观测值（56.56%），上交所有 213 家上市公司共 987 个观测值（43.44%）；根据上市公司注册地，样本分布于东部地区（66.46%）、中部地区（17.61%）、西部地区（15.93%）。参照中国证监会（CSRC）（1999 年版）《上市公司行业分类指引》，样本主要分布在公用事业类（15.99%）、房地产类（10.81%）、综合类（3.14%）、工业类（63.31%）、商业类（6.74）；本文数据主要来源于权威数据库——CSMAR 数据库，并手工对部分字段信息进行补充完善。

（1）被解释变量：沉淀性冗余资源（*As*），本文按照以往文献的常用做法（甄建斌等，2017；李晓翔和刘春林，2011），采用企业管理费用与销售收入的比值来衡量企业所拥有的沉淀性冗余资源。非沉淀性冗余资源（*Us*），用代表企业资产流动性的速动比率来测量（李晓翔和刘春林，2011；李文君和李晓翔，2011）。

（2）解释变量：历史期望落差（*His_N*）。本文选取企业实际经营业绩与自身历史期望水平的差距作为解释变量。

行业期望落差（*Ind_N*）。本文在稳健性检验部分选取企业实际经营业绩与行业期望水平的差距作为解释变量。

现有研究在衡量业绩水平指标选取上各有侧重。有的学者用销售利润率（ROS）作为实际绩效的代理指标（宋铁波等，2017）；扈文秀和穆庆榜（2011）、胥朝阳等（2013）则以净资产收益率（ROE）作为企业绩效的衡量指标，也有的学者则采用能反映企业成长性的托宾 Q 来衡量公司业绩（徐炜和胡道勇，2006；蒲自立等，2004）。本文借鉴了国内外一些文献的做法，参照（Bromiley，1991；Greve，2003；Chen，2008）的研究成果，选取总资产回报率（ROA）来衡量业绩水平。根据企业行为理论的研究，期望差距为实际绩效与期望水平之间的差距。本文借鉴主流文献做法，以实际绩效与自身历史期望水平的差距来衡量期望差距（Greve，1998；Greve，2003；Chen，2008；Chrisman et al.，2012）。

历史期望水平：$A_{i,t}=(1-a_1)P_{i,t-1}+a_1P_{i,t-2}$，本文以企业在 t-1 期的绩效（权重为 0.6）和 t-2 期的实际绩效（权重为 0.4）的加权平均值进行衡量。如果企业的实际绩效与历史期望水平的差值为负，即历史期望差距为负，则认为企业处于历史期望落差状态，并对期望落差的数据进行了如下处理：期望落差的数据取实际的差异值，并对该差异值取绝对值处理，高于期望水平的顺差值则用 0 表示。

（3）调节变量：CEO 离职（*Turnover*）。本文将国泰安数据库中列示的 12 种离职方式定义为发生 CEO 离职。离职则取值为 1，否则取值为 0。

（4）控制变量：本文参考了翟旭等（2012）、饶品贵和徐子慧（2017）等学者的研究，对一些变量进行了控制以减少其他因素对本文成果的干扰。具体地，本文认为如下公司层面变量会影响冗余资源：①企业规模（*Size*）；②资产负债率（*Lev*）；③销售收入增长率（*Grow*）。此外，本文也考虑了高管层面和董事会层面的因素：④董事长和 CEO 的两职兼任情况（*Dual*）；⑤独立董事比例（*Inde*）。同时，研究中还引入了股东层面的控制变量：⑥第一大股东持股比例（*Top*）。另外，当历史期望落差为解释变量时，回归中对历史期望顺差（*His_P*）进行了控制；当行业期望落差为解释变量时，回归中对行业期望顺差（*Ind_P*）进行了控制。最后，本文还控制了年份（*Year*）虚拟变量①，以消除时间因素对冗余资源的影响。本文的变量定义及说明如表1所示。

表1　变量定义

变量名称		变量表示	变量解释
被解释变量	沉淀性冗余资源	*As*	以管理费用与销售收入的比率来衡量
	非沉淀性冗余资源	*Us*	速动比率
解释变量	历史期望落差	*His_N*	企业实际绩效低于历史期望水平
	行业期望落差	*Ind_N*	企业实际绩效低于行业期望水平
调节变量	CEO离职	*Turnover*	国泰安数据库中列示的12种离职方式，离职则取值为1，否则取值为0
控制变量	历史期望顺差	*His_P*	企业实际绩效高于历史期望水平
	行业期望顺差	*Ind_P*	企业实际绩效高于行业期望水平
	企业规模	*Size*	以企业期末总资产的对数来衡量
	股权集中度	*Top*	以第一大股东持股比率来衡量
	资产负债率	*Lev*	总负债与总资产的比率
	两职兼任	*Dual*	董事长与总经理如为同一人，则取值为1，否则取值为0
	销售收入增长率	*Grow*	年末营业收入相比上一年的增长率
	所有权性质	*Sta*	若该企业为国有企业，则取值为1，否则取值为0
	独立董事比例	*Inde*	独立董事在董事会中所占比例
	年份	*Year*	年份虚拟变量，该年取值为1，否则为0

（二）描述性统计与相关系数

表2报告了主要变量的特征，全样本下沉淀性冗余资源的均值是0.122，标准差是0.201，而离职样本和非离职样本的均值和标准差分别是0.131、0.226和0.120、0.194。全样本下的非沉淀性冗余资源的均值是1.883，标准差是2.587，而离职样本和非离职样本的均值和标准差分别是1.651、1.853和1.938、2.731。由上可知，离职样本的沉淀性冗余资源均值高于总体样本，而非离职样本的非沉淀性冗余资源高于总体样本。全样本下的业绩期望落差的均值和标准差分别是-0.052和1.244，而离职样本和非离职样本下的均值和标准差分别是-0.115、2.338和-0.037、0.784。

① 本文在回归时对年份、地区、行业均进行了控制，但发现地区和行业对回归结果并未产生影响，因此本文只对年份进行了控制。

表 2　主要变量的描述性统计

变量	均值	标准差	最小值	最大值
Panel A 全样本				
As	0. 122	0. 201	0. 006	7. 714
Us	1. 883	2. 587	-5. 132	48. 359
His_N	-0. 052	1. 244	-64. 140	0
His_P	0. 051	1. 760	0	109. 619
Size	21. 780	1. 273	16. 161	27. 146
Grow	0. 541	11. 290	-0. 930	665. 540
Lev	0. 471	0. 580	-0. 195	13. 711
Dual	0. 236	0. 425	0	1
Inde	0. 371	0. 053	0. 25	0. 667
Top	32. 886	14. 356	3. 885	89. 093
Turnover	0. 192	0. 394	0	1
Panel B：离职样本				
As	0. 131	0. 226	0. 010	5. 253
Us	1. 651	1. 853	0. 009	19. 951
His_N	-0. 115	2. 338	-64. 140	0
His_P	0. 028	0. 086	0	1. 343
Size	21. 765	1. 248	17. 495	26. 465
Grow	1. 405	24. 396	-0. 915	665. 540
Lev	0. 493	0. 604	0. 042	13. 711
Dual	0. 163	0. 369	0	1
Inde	0. 375	0. 052	0. 25	0. 625
Top	32. 619	14. 170	6. 693	89. 093
Panel C：非离职样本				
As	0. 120	0. 194	0. 006	7. 714
Us	1. 938	2. 731	-5. 132	48. 359
His_N	-0. 037	0. 784	-43. 326	0
His_P	0. 056	1. 958	0	109. 619
Size	21. 783	1. 279	16. 161	27. 146
Grow	0. 333	3. 849	-0. 930	167. 646
Lev	0. 466	0. 574	-0. 195	13. 397
Dual	0. 253	0. 435	0	1
Inde	0. 371	0. 053	0. 25	0. 667
Top	32. 949	14. 402	3. 885	89. 093

表 3 报告了主要变量的 Pearson 相关系数。由表 3 可知，全样本中非沉淀性冗余资源和沉淀性冗余资源与业绩期望落差均无显著相关关系。而沉淀性冗余资源和非沉淀性冗余资源分别与反映高管权力的变量两职合一（*Dual*）、股权集中度（*Top*）等存在显著的相关关系，且可以认为，高管的权力越大，沉淀性冗余资源和非沉淀性冗余资源也就越多。这为后续研究提供了一定的支持。

表 3　主要变量相关系数

变量	His_N	His_P	As	Us	Size	Grow	Lev	Dual	Inde	Top
Panel A：全样本										
His_N	1.000									
His_P	0.001	1.000								
As	-0.005	0.017	1.000							
Us	0.013	-0.042*	0.075*	1.000						
Size	0.012	-0.080*	-0.199*	-0.156*	1.000					
Grow	-0.014	0.004	-0.015	-0.012	0.022	1.000				
Lev	-0.021	-0.012	0.153*	-0.234*	-0.070*	0.014	1.000			
Dual	-0.031*	0.029*	0.062*	0.130*	-0.125*	-0.006	-0.014	1.000		
Inde	-0.023	0.017	0.021	-0.022	0.033*	-0.003	0.016	0.022	1.000	
Top	0.024	-0.033*	-0.116*	0.024	0.173*	0.014	-0.070*	-0.101*	0.065*	1.000
Panel B：离职样本										
His_N	1.000									
His_P	0.016	1.000								
As	-0.002	0.134*	1.000							
Us	0.019	-0.018	0.005	1.000						
Size	0.002	-0.249*	-0.232*	-0.109*	1.000					
Grow	-0.016	0.148*	-0.022	-0.026	0.060*	1.000				
Lev	-0.005	0.411*	0.228*	-0.270*	-0.088*	0.013	1.000			
Dual	0.037	0.083*	0.088*	-0.001	-0.078*	-0.011	0.051	1.000		
Inde	-0.036	0.029	0.052	0.011	-0.017	-0.036	0.003	0.087*	1.000	
Top	0.032	-0.048	-0.145*	0.027	0.254*	0.014	-0.074*	-0.092*	-0.000	1.000
Panel C：非离职样本										
His_N	1.000									
His_P	0.001	1.000								
As	-0.007	0.018	1.000							
Us	0.013	-0.044*	0.092*	1.000						
Size	0.022	-0.086*	-0.191*	-0.165*	1.000					
Grow	-0.002	0.003	-0.022	-0.008	-0.009	1.000				

续表

变量	*His_N*	*His_P*	*As*	*Us*	*Size*	*Grow*	*Lev*	*Dual*	*Inde*	*Top*
Lev	−0.038*	−0.017	0.130*	−0.231*	−0.066*	0.029	1.000			
Dual	−0.051*	0.031*	0.060*	0.145*	−0.135*	0.004	−0.022	1.000		
Inde	−0.019	0.019	0.011	−0.026	0.044*	0.039*	0.019	0.013	1.000	
Top	0.025	−0.036*	−0.109*	0.023	0.155*	0.031*	−0.068*	−0.104*	0.081*	1.000

注：* 表示 $p<0.1$，** 表示 $p<0.05$，*** 表示 $p<0.01$。

（三）模型设定及估计方法

1. 模型设定

为了检验研究 H1a、H1b，本文设计了实证模型（1）。其中，被解释变量 $Y_{i,t}$为企业 i 第 t 年的冗余资源情况；解释变量为 $X_{i,t}$为企业 i 第 t 年的业绩期望落差情况；其中，$Y_{i,t}$分别代入了沉淀性冗余资源和非沉淀性冗余资源，用以观察业绩期望落差对冗余资源的影响。

$$Y_{i,t} = \alpha + \beta_1 \times X_{i,t} + \beta_c \times Controls + \varepsilon_{i,t} \qquad (1)$$

为了进一步观察 CEO 离职情境下业绩期望落差对冗余资源的影响，即检验 H2a 和 H2b，本文设计了实证模型（2）。其中，被解释变量 $Y_{i,t}$为企业 i 第 t 年的冗余资源情况；解释变量为 $X_{i,t}$为企业 i 第 t 年的业绩期望落差情况；$Turnover_{i,t}$为企业 i 第 t 年的 CEO 离职情况，而 $X_{i,t} \times Turnover_{i,t}$为乘积项，主要检验是否存在调节效应；Controls 包括可能会影响企业冗余资源情况的其他因素。

$$Y_{i,t} = \alpha + \beta_1 \times X_{i,t} + \beta_2 \times X_{i,t} \times Turnover_{i,t} + \beta_c \times Controls + \varepsilon_{i,t} \qquad (2)$$

2. 估计方法

考虑到前一期冗余资源对当期有一定的影响，模型中包含了被解释变量的一阶滞后项。为克服滞后因变量的内生性问题，本文采用动态面板模型作为计量模型。同时，又由于本文样本为非平衡面板数据，根据现有研究经验（Arellano and Bond，1991；万燕鸣和李军林，2011；张樱，2016），采用广义矩估计方法（GMM）用以克服由于应用静态面板分析 OLS、随机效应 GLS 或者固定效应 LSDV 进行数据分析时所产生的有偏、非一致的参数估计结果，解决分析结果存在偏差的问题。GMM 分析方法主要有差分 GMM、水平 GMM 和系统 GMM 三种。系统 GMM 是将差分 GMM 与水平 GMM 结合在一起使用的估计方法，该方法可以提高估计效率，因此本文采用系统 GMM 动态面板模型对数据进行实证检验。文末用差分 GMM 方法进行了稳健性检验。

四、讨论

（一）业绩期望落差与非沉淀性冗余资源、沉淀性冗余资源

这里检验了业绩期望落差对非沉淀性冗余资源和沉淀性冗余资源的影响，具体结果如表 4 所示。其中，表 4 的列 1 报告了业绩期望落差对沉淀性冗余资源的影响，可以发现，当控制住公司特征变量和滞后一期的沉淀性冗余资源（L. As）的影响后，企业的业绩期望落差对沉淀性冗余

资源具有显著正向影响（β=0.2995，p<0.01），而业绩期望落差对非沉淀性冗余资源的影响不显著（β=-0.0849，p>0.1）。因此，本文所提出的H1和H1b均得到了支持。即业绩期望落差对非沉淀性冗余资源的影响验证了代理观，而业绩期望落差对沉淀性冗余资源的影响则表现为变革观。

表4　业绩期望落差对沉淀性冗余资源与非沉淀性冗余资源的影响

	As Us	As	Us	
L. As	-0.0338** [0.0151]		-0.0311** [0.0155]	
L. Us		0.4805*** [0.0184]		0.4760*** [0.0183]
His_N			0.2995*** [0.0412]	-0.0849 [0.2950]
His_P			-0.0128*** [0.0019]	-0.1009*** [0.0169]
Size	-0.0420*** [0.0109]	-0.0523 [0.0862]	-0.0664*** [0.0118]	-0.1761** [0.0884]
Grow	-0.0002 [0.0003]	-0.0015 [0.0022]	-0.0001 [0.0003]	-0.0021 [0.0022]
Dual	-0.0007 [0.0175]	0.0736 [0.1210]	0.0044 [0.0175]	0.0766 [0.1201]
Lev	0.1531*** [0.0133]	-0.5312*** [0.1074]	0.1498*** [0.0144]	-0.8222*** [0.1172]
Inde	-0.0712 [0.1277]	0.3762 [0.8947]	-0.0983 [0.1277]	0.3071 [0.8884]
Top	-0.0012 [0.0010]	-0.0050 [0.0067]	-0.0018* [0.0010]	-0.0064 [0.0066]
Year	Control	Control	Control	Control
N	33413341	3341	3341	
方程wald检验	219.84***	779.52***	342.98***	830.54***
	Prob=0.000	Prob=0.000	Prob=0.000	Prob=0.000

注：括号中为标准误，*表示p<0.1，**表示p<0.05，***表示p<0.01。

进一步观察可以发现，滞后一期的非沉淀性冗余资源（L. Us）对当期非沉淀性冗余资源有显著的影响，且方向为正，这说明非沉淀性冗余资源表现出较为明显的惯性特征。此外，还需要关注资产负债率对沉淀性冗余资源和非沉淀性冗余资源的影响，从表4中可以发现资产负债率对沉淀性冗余资源和非沉淀性冗余资源均具有显著性影响（β=0.1498，p<0.01；β=-0.8222，p<0.01），这说明资产负债率对沉淀性冗余资源具有显著的正向影响，对非沉淀性冗余资源具有显

著的负面影响，且相关程度非常高。即当企业陷入业绩期望落差状态，即实际业绩水平大大低于期望绩效水平时，过高的资产负债率会显著地增加沉淀性冗余资源的数量，也会降低非沉淀性冗余资源的数量。

正如此前所论述的，本文认为在业绩反馈机制的作用下，业绩期望落差对冗余资源的影响同时存在代理观和变革观，其中任何一种机制均不会单独存在。因而，变革观和代理观究竟是如何发挥作用的，就需要打开“黑箱”以发现其内在机理。高管在采取变革行为或代理行为时，都不可避免地要受到所在公司治理框架角色和权力的影响，故有必要引入高管权力，以描述高管采取上述行为的过程中受制约的程度。CEO 离职是观察高管受到股东和董事会的信任程度及其权力可能发生变化的重要事件窗口，故下文利用 CEO 离职事件来进一步讨论。

（二）CEO 离职的调节作用

1. 业绩期望落差与沉淀性冗余资源

本文对 H2a 进行了检验，表 5 汇报了回归结果。其中，列 1 报告了 CEO 离职对业绩期望落差与沉淀性冗余资源的调节作用，可以发现 CEO 离职具有显著的负向调节作用（$p<0.01$；$\beta=-0.5631$），即 CEO 离职会显著地抑制业绩期望落差对沉淀性冗余资源之间的影响。进一步观察列 3 和列 4，可以发现离职样本中业绩期望落差与沉淀性冗余资源具有并不显著的正向影响（$\beta=0.0016$）；而非离职样本中，业绩期望落差对沉淀性冗余资源具有显著的正向影响（$p<0.01$；$\beta=0.2615$）。比较上述结果可以发现，发生 CEO 离职样本的业绩期望落差对沉淀性冗余资源的影响要明显弱于未发生 CEO 离职事件的样本，H2a 得到验证。

2. 业绩期望落差与非沉淀性冗余资源

表 5 的列 2 报告了 CEO 离职对业绩期望落差与非沉淀性冗余资源之间关系的调节作用，结果显示并不显著，即 CEO 离职对业绩期望落差与非沉淀性冗余资源之间未起到显著的调节作用。不过，在区分了是否发生 CEO 离职事件后可以发现，离职样本中业绩期望落差对非沉淀性冗余资源具有显著的负向影响（$\beta=-2.9265$，$p<0.01$），与非离职样本存在较为明显的差异。比较上述结果可以发现，发生 CEO 离职的样本中期望落差对非沉淀性冗余资源正向影响的显著性程度要明显弱于未发生离职事件的样本。之所以未验证 H2b，本文观察发现在非离职样本中，股权集中度对非沉淀性冗余资源产生了显著的影响，而在全样本中并未发现此种影响。这意味着很可能是由于大股东在公司治理结构中的重要影响，抑制了管理层权力发挥作用，进而影响了业绩期望落差与非沉淀性冗余资源之间的关系。所以在今后的研究过程中，可以对此加以讨论。

表 5　CEO 离职的调节效应检验

	As Us		As		Us	
			离职样本	非离职样本	离职样本	非离职样本
L. As	-0.0234 [0.0156]		0.0746 *** [0.0104]	-0.0892 *** [0.0202]		
L. Us		0.4756 *** [0.0183]			0.3248 *** [0.0464]	0.3805 *** [0.0213]
His_N	0.3678 *** [0.0438]	-0.2210 [0.3146]	0.0016 [0.0355]	0.2615 *** [0.0466]	-2.9265 *** [0.7517]	-0.0419 [0.2894]
His_P	-0.0130 *** [0.0019]	-0.0985 *** [0.0169]	0.0395 [0.0413]	-0.0072 *** [0.0016]	2.4139 *** [0.9080]	-0.0961 *** [0.0160]

续表

	As Us		As		Us	
			离职样本	非离职样本	离职样本	非离职样本
Turnover×His_N	−0.5631*** [0.1217]	1.0502 [0.8528]				
Turnover	0.0030 [0.0100]	−0.0137 [0.0697]				
Size	−0.0643*** [0.0118]	−0.1747** [0.0884]	−0.0940*** [0.0070]	−0.0493*** [0.0157]	−0.1902 [0.1613]	−0.2491** [0.1050]
Grow	−0.0001 [0.0003]	−0.0020 [0.0022]	0.0004*** [0.0001]	−0.0001 [0.0004]	−0.0145*** [0.0031]	−0.0023 [0.0023]
Dual	0.0106 [0.0175]	0.0638 [0.1204]	−0.0010 [0.0066]	0.0330 [0.0379]	−0.1334 [0.1352]	0.2569 [0.2207]
Lev	0.1489*** [0.0144]	−0.8237*** [0.1172]	0.1676*** [0.0240]	0.1494*** [0.0161]	−5.0935*** [0.5514]	−0.6620*** [0.1130]
Inde	−0.0958 [0.1276]	0.3110 [0.8884]	−0.1260* [0.0757]	−0.0854 [0.1554]	−1.4328 [1.5349]	0.9897 [0.9396]
Top	−0.0014 [0.0010]	−0.0072 [0.0067]	−0.0005 [0.0005]	−0.0024* [0.0013]	−0.0095 [0.0103]	−0.0203*** [0.0078]
Year	Control	Control	Control	Control	Control	Control
N	3341	3341	637	2704	637	2704
方程 wald 检验	**366.56***** **Prob=0.000**	**831.69***** **Prob=0.000**	**583.11***** **Prob=0.000**	**195.6***** **Prob=0.000**	**160.05***** **Prob=0.000**	**431.12***** **Prob=0.000**

注：括号中为标准误，* 表示 p<0.1，** 表示 p<0.05，*** 表示 p<0.01。

（三）稳健性检验

1. 替换代理变量

根据企业行为理论的研究文献，除了上述历史期望落差之外还可采用强调社会比较的行业期望落差（连燕玲等，2015；贺小刚等，2017；贺小刚等，2016）来衡量。与历史期望差距计算方法类似，行业期望水平为：$I_{i,t}=(1-a_1)\ I_{i,t-1}+a_1 I_{i,t-2}$。即为企业在 t−2 期所在行业的业绩中位水平（权重为 0.4）和 t−1 期的行业中位水平（权重为 0.6）的加权平均值。

如企业的实际绩效与行业期望水平的差值为负，则认为企业处于行业期望落差状态。如企业的实际绩效与行业期望水平的差值为正，则认为企业处于行业期望顺差状态。与上文对历史期望落差的处理方法类似，行业期望落差的数据取实际的差异值，并对该差异值取绝对值，高于期望水平的顺差值则用 0 表示。

用行业期望落差代替历史期望落差，观测替换后结果发现，业绩期望落差对沉淀性冗余资源在 1%的显著性水平下显著正相关，而业绩期望落差对非沉淀性冗余资源并不具有显著影响，与前文的实证结果一致。当引入 CEO 离职这一调节变量后，回归检验结果并未发生明显的变化，主要结论依然成立，从而进一步证实了研究结论的可靠性。具体回归结果如表 6 和表 7 所示。

表 6 业绩期望落差对沉淀性冗余资源与非沉淀性冗余资源的影响

	As Us	As	Us	
L. As	-0.0338** [0.0151]		-0.0260 [0.0160]	
L. Us		0.4805*** [0.0184		0.4872*** [0.0199]
nh			0.3654*** [0.0636]	-0.1695 [0.4449]
ph			-0.0130*** [0.0020]	-0.1011*** [0.0171]
Size	-0.0420*** [0.0109]	-0.0523 [0.0862]	-0.0716*** [0.0119]	-0.1643* [0.0883]
Grow	-0.0002 [0.0003]	-0.0015 [0.0022]	-0.0001 [0.0003]	-0.0021 [0.0021]
Dual	-0.0007 [0.0175]	0.0736 [0.1210]	0.0018 [0.0177]	0.0654 [0.1198]
Lev	0.1531*** [0.0133]	-0.5312*** [0.1074]	0.1629*** [0.0155]	-0.8161*** [0.1236]
Inde	-0.0712 [0.1277]	0.3762 [0.8947]	-0.1122 [0.1292]	0.1849 [0.8823]
Top	-0.0012 [0.0010]	-0.0050 [0.0067]	-0.0019** [0.0010]	-0.0060 [0.0066]
Year	Control	Control	Control	Control
N	3341	3341	3302	3302
方程 wald 检验	**219.84***** **Prob=0.000**	**779.52***** **Prob=0.000**	**311.91***** **Prob=0.000**	**734.29***** **Prob=0.000**

注：括号中为标准误，* 表示 p<0.1，** 表示 p<0.05，*** 表示 p<0.01。

表 7 CEO 离职的调节作用检验

	As Us		As		Us	
			离职样本	非离职样本	离职样本	非离职样本
L. As	-0.0107 [0.0162]		0.0753*** [0.0105]	-0.0768*** [0.0215]		
L. Us		0.4869*** [0.0199]			0.3246*** [0.0460]	0.4068*** [0.0230]
nh	0.5310*** [0.0708]	-0.3891 [0.4949]	-0.0798*** [0.0307]	0.3914*** [0.0829]	-1.5738** [0.6411]	0.0313 [0.4920]

续表

	As Us		As		Us	
			离职样本	非离职样本	离职样本	非离职样本
ph	-0.0138*** [0.0020]	-0.0977*** [0.0171]	0.0941 [0.0819]	-0.0074*** [0.0017]	4.6313*** [1.6734]	-0.0975*** [0.0162]
Turnover×nh	-0.7216*** [0.1278]	0.9830 [0.8796]				
Turnover	-0.0045 [0.0104]	-0.0032 [0.0710]				
Size	-0.0699*** [0.0119]	-0.1599* [0.0882]	-0.0942*** [0.0071]	-0.0527*** [0.0160]	-0.2298 [0.1622]	-0.2190** [0.1057]
Grow	-0.0002 [0.0003]	-0.0020 [0.0021]	0.0004*** [0.0001]	-0.0001 [0.0004]	-0.0118*** [0.0031]	-0.0022 [0.0023]
Dual	0.0108 [0.0178]	0.0523 [0.1202]	0.0002 [0.0066]	0.0315 [0.0383]	-0.1267 [0.1356]	0.2495 [0.2203]
Lev	0.1702*** [0.0156]	-0.8306*** [0.1245]	0.1416*** [0.0256]	0.1686*** [0.0176]	-5.0129*** [0.5748]	-0.6303*** [0.1217]
Inde	-0.1043 [0.1292]	0.1841 [0.8824]	-0.1229 [0.0762]	-0.0914 [0.1574]	-1.5180 [1.5370]	1.0011 [0.9391]
Top	-0.0014 [0.0010]	-0.0068 [0.0066]	-0.0005 [0.0005]	-0.0024* [0.0013]	-0.0105 [0.0102]	-0.0197** [0.0078]
Year	Control	Control	Control	Control	Control	Control
N	3302	3302	633	2669	633	2669
方程 wald 检验	344.65*** Prob=0.000	735.11*** Prob=0.000	586.68*** Prob=0.000	182.55*** Prob=0.000	161.85*** Prob=0.000	423.46*** Prob=0.000

注：括号中为标准误，* 表示 p<0.1，** 表示 p<0.05，*** 表示 p<0.01。

2. 更换回归方法

由于本文中不存在不随时间变化的变量，同时考虑到模型整体的显著性与稳健性，本部分采用差分 GMM 方法对动态面板模型的整体稳健性进行了检验，业绩期望落差与沉淀性冗余资源呈显著正相关，而业绩期望落差对非沉淀性冗余资源并不具有显著影响，文章的 H1a 和 H1b 得到验证。引入 CEO 离职这一调节变量后，业绩期望落差对沉淀性冗余资源和非沉淀性冗余资源的影响与主假设的方向和显著性一致，离职样本与非离职样本中对沉淀性冗余资源和非沉淀性冗余资源影响的显著性和方向也一致，H2a 和 H2b 也再次得到验证，表明稳健性检验结果与本文的主要结论一致。具体结果如表 8 和表 9 所示。

表 8　业绩期望落差对沉淀性冗余资源与非沉淀性冗余资源的影响

	As	Us	As	Us
L. As	-0. 0734*** [0. 0229]		-0. 1180*** [0. 0241]	
L. Us		0. 5189*** [0. 0218]		0. 5156*** [0. 0217]
His_N			0. 2700*** [0. 0407]	-0. 0841 [0. 3009]
His_P			-0. 0196*** [0. 0024]	-0. 0986*** [0. 0172]
Size	-0. 0220* [0. 0119]	-0. 0267 [0. 0893]	-0. 0474*** [0. 0120]	-0. 1534* [0. 0918]
Grow	-0. 0003 [0. 0003]	-0. 0016 [0. 0022]	-0. 0001 [0. 0003]	-0. 0021 [0. 0022]
Dual	0. 0091 [0. 0173]	-0. 0470 [0. 1259]	0. 0108 [0. 0170]	-0. 0416 [0. 1251]
Lev	0. 1547*** [0. 0136]	-0. 5090*** [0. 1097]	0. 1378*** [0. 0146]	-0. 7966*** [0. 1200]
Inde	-0. 0596 [0. 1256]	0. 6530 [0. 9138]	-0. 0853 [0. 1234]	0. 5758 [0. 9080]
Top	-0. 0006 [0. 0010]	0. 0006 [0. 0070]	-0. 0012 [0. 0009]	-0. 0007 [0. 0069]
Year	Control	Control	Control	Control
N	2837	2837	2837	2837
方程 wald 检验	174. 64***	643. 28***	310. 98***	688. 44***
	Prob=0. 000	Prob=0. 000	Prob=0. 000	Prob=0. 000

注：括号中为标准误，* 表示 p<0. 1，** 表示 p<0. 05，*** 表示 p<0. 01。

表 9　CEO 离职的调节作用检验

	As　Us		As		Us	
			离职样本	非离职样本	离职样本	非离职样本
L. As	-0. 1124*** [0. 0241]		0. 0324*** [0. 0089]	-1. 0567*** [0. 0446]		
L. Us		0. 5152*** [0. 0217]			0. 2397*** [0. 0611]	0. 3661*** [0. 0270]

续表

	As	Us	As		Us	
			离职样本	非离职样本	离职样本	非离职样本
His_N	0.3352*** [0.0434]	-0.2220 [0.3208]	0.0278 [0.0299]	0.1016*** [0.0368]	-2.8021*** [0.7245]	-0.0394 [0.2870]
His_P	-0.0200*** [0.0024]	-0.0962*** [0.0172]	-0.0634* [0.0358]	-0.0460*** [0.0023]	2.3010*** [0.8744]	-0.0900*** [0.0159]
Turnover×His_N	-0.5085*** [0.1179]	1.0640 [0.8698]				
Turnover	0.0011 [0.0096]	-0.0096 [0.0711]				
Size	-0.0464*** [0.0120]	-0.1519* [0.0918]	-0.0298*** [0.0066]	-0.0195 [0.0133]	-0.1757 [0.1590]	-0.1951* [0.1070]
Grow	-0.0001 [0.0003]	-0.0021 [0.0022]	-0.0008*** [0.0001]	0.0020*** [0.0003]	-0.0138*** [0.0030]	-0.0023 [0.0023]
Dual	0.0155 [0.0170]	-0.0537 [0.1253]	-0.0011 [0.0055]	0.0213 [0.0292]	-0.1334 [0.1308]	-0.2558 [0.2335]
Lev	0.1373*** [0.0146]	-0.7978*** [0.1200]	0.0148 [0.0230]	0.1311*** [0.0130]	-4.8174*** [0.5522]	-0.6110*** [0.1126]
Inde	-0.0827 [0.1232]	0.5790 [0.9080]	0.0005 [0.0634]	-0.1112 [0.1171]	-0.7777 [1.5215]	1.3626 [0.9370]
Top	-0.0008 [0.0009]	-0.0016 [0.0070]	-0.0007 [0.0004]	0.0002 [0.0010]	-0.0092 [0.0104]	-0.0072 [0.0081]
Year	Control	Control	Control	Control	Control	Control
N	2837	2837	554	2283	554	2283
方程 wald 检验	333.07***	689.47***	218.19***	838.18***	104.41***	257.18***
	Prob=0.000	Prob=0.000	Prob=0.000	Prob=0.000	Prob=0.000	Prob=0.000

注：括号中为标准误，*表示 p<0.1，**表示 p<0.05，***表示 p<0.01。

五、进一步讨论

（一）企业性质的影响

本文认为，已有关于业绩期望落差对沉淀性冗余资源和非沉淀性冗余资源影响的讨论存在两个重要的限制条件：第一，沉淀性冗余资源的黏性较高。以人力资源冗余为例，当企业处于困境期时，企业要削减人力资源冗余的难度较大。就我国实际情况来说，在不同性质的企业中，沉淀性冗余资源的黏性会表现出显著性差异，这也是我国转轨经济背景下的重要特征。一般来说，国有企业裁员相对困难，但民营企业裁员难度相对小，即可以认为国有企业沉淀性冗余资源黏性高于民营企业，因而可以推断企业性质（国有或民营）会对业绩期望落差与组织冗余资源的关系起到明显的调节作用。第二，企业处于困境时，经理主义是否依然存在。一般来说，中国文化强调“以成败论英雄”，对那些把企业带入失败的高管来说，往往会被打上无能的标签，其若想依旧掌握较大的内部控制权几乎是不可能的事情，这种情况在民营企业尤为明显。由此可以推断，当企业业绩不佳或达不到业绩期望时，各位 CEO 唯一可以做的事情就是尽快扭转局面，否则就不得不黯然离职。对他们来说，此时一定要迅速找到新机会，而不是固守。因此，企业进行业务拓展所带来的非沉淀性冗余资源会明显减少。若想进一步明确 CEO 离职对业绩期望落差与企业冗余资源之间关系的调节作用，按照企业性质加以区分来进行更为细致的检验就显得尤为重要。

将全体样本按照企业性质划分为国企样本和非国企样本，分别观察两类样本中 CEO 离职对业绩期望落差与沉淀性冗余资源和非沉淀性冗余资源之间关系的影响。表 10 报告了回归结果，可以发现国有企业样本中，CEO 离职对业绩期望落差与沉淀性冗余资源和非沉淀性冗余资源之间的相关关系都没有显著的调节作用，但影响方向均为负。非国企样本中，CEO 离职对业绩期望落差与沉淀性冗余资源之间的相关关系存在着显著的负向调节作用（$\beta=-0.7584$，$p<0.01$）；而 CEO 离职对业绩期望落差与非沉淀性冗余资源之间的相关关系并没有显著的调节作用，但方向为正。因此，可以认为对于国有企业而言，由于存在着较为明显的制度约束，国有企业在处置沉淀性冗余资源时往往会面临较多来自外界的压力，并不能及时进行调整，这影响了国有企业在遭遇业绩困境时的自我调整能力。因此，可以推断，CEO 离职并不会影响国有企业业绩期望落差与冗余资源的相关关系。对于民营企业而言，当发生 CEO 离职事件时，也往往意味着企业对以往的经营思路和战略进行了重大调整，董事会必然要对已有的沉淀性冗余资源进行大规模处置，因而沉淀性冗余资源的变化与业绩期望落差的水平并无明显关系。如未发生离职，则意味着高管受到股东和董事会的信任，尽管如此，他们如不能挽狂澜于既倒，则很可能其人力资本价值遭到巨大损失。因而，他们必然会对沉淀性冗余资源进行必要的调整，两者之间必然存在较为明显的相关关系。故可以认为，无论 CEO 是否离职，业绩期望落差与沉淀性冗余资源之间的关系存在着明显的差别。而对于非沉淀性冗余资源来说，CEO 离职与否都会对非沉淀性冗余资源进行必要的调整，这取决于企业是否进行战略调整、战略调整的力度以及其他诸多因素，因而并没有表现出明显的调节效应。

表 10　按照企业性质检验 CEO 离职的调节作用

	国企		非国企	
	As	Us	As	Us
L. As	−0.0278 [0.0231]		−0.0289 [0.0307]	
L. Us		0.5189*** [0.0275]		0.4838*** [0.0242]
His_N	−0.0641 [0.1231]	−0.2755 [0.4114]	0.3760*** [0.0380]	−0.3254 [0.4368]

续表

	国企		非国企	
	As	Us	As	Us
His_P	0.3357*** [0.1094]	0.2211 [0.3788]	-0.0056*** [0.0012]	-0.1044*** [0.0213]
Turnover×His_N	-0.2039 [0.2169]	-0.4048 [0.7113]	-0.7584*** [0.1372]	2.3296 [1.5493]
Turnover	-0.0016 [0.0175]	0.0531 [0.0575]	0.0015 [0.0106]	-0.0942 [0.1207]
Size	-0.1098*** [0.0227]	-0.3004*** [0.0831]	-0.0186 [0.0115]	-0.1300 [0.1380]
Grow	0.0000 [0.0004]	-0.0010 [0.0013]	-0.0014* [0.0008]	-0.0209** [0.0096]
Dual	0.0117 [0.0404]	-0.1264 [0.1310]	0.0232 [0.0157]	0.1853 [0.1756]
Lev	0.0620 [0.0382]	-1.2638*** [0.1669]	0.1409*** [0.0126]	-0.9441*** [0.1616]
Inde	0.1704 [0.2219]	0.7027 [0.7277]	-0.1612 [0.1343]	0.0773 [1.5410]
Top	-0.0007 [0.0019]	0.0049 [0.0060]	-0.0020** [0.0010]	-0.0144 [0.0106]
Year	Control	Control	Control	Control
N	1515	1515	1826	1826
方程 wald 检验	86.7***	504.27***	358.61***	517.03***
	Prob=0.000	Prob=0.000	Prob=0.000	Prob=0.000

注：括号中为标准误，* 表示 p<0.1，** 表示 p<0.05，*** 表示 p<0.01。

（二）基于企业生命周期的观察

一般来说，当企业生命周期处于不同阶段时，高管权力也会受到不同程度的约束，这也令高管行使其权力的程度表现出较为明显的差异。因而，本文引入企业生命周期理论，将全体样本按照企业生命周期的不同阶段进行划分，划分为成长期、成熟期和衰退期。对不同阶段的样本分别考察业绩期望落差对沉淀性冗余资源和非沉淀性冗余资源的影响。

1. CEO 离职对业绩期望落差与沉淀性冗余资源关系的调节作用

表 11 的列 1、列 3 和列 5 报告了企业处于不同生命周期阶段时，CEO 离职对业绩期望落差与沉淀性冗余资源关系的调节作用。通过观察可以发现，企业处于成长期时，CEO 离职对业绩期望落差与沉淀性冗余资源之间关系表现为显著的负向调节作用（$\beta=-0.1773$，$p<0.05$）；处于成熟期和衰退期时，CEO 离职对业绩期望落差与沉淀性冗余资源之间的关系均无显著的调节作用。

表 11 企业生命周期不同阶段离职调节作用检验

	成长期		成熟期		衰退期	
	As	Us	As	Us	As	Us
L. As	0.0628 *** [0.0086]		0.1789 [0.1201]		-0.1173 ** [0.0518]	
L. Us		0.4137 *** [0.0395]		0.3619 *** [0.0236]		0.6986 *** [0.0628]
His_N	0.2203 *** [0.0400]	-3.3487 *** [1.0236]	-0.1436 ** [0.0669]	-0.1312 [0.7742]	0.1754 [0.3162]	1.8886 [1.1816]
His_P	-0.2644 *** [0.0454]	4.7968 *** [1.1694]	0.0069 [0.0823]	0.1237 [0.9039]	-0.0156 *** [0.0049]	-0.1821 *** [0.0388]
Turnover×His_N	-0.1773 ** [0.0795]	4.4906 ** [2.0964]	-0.0066 [0.1041]	-0.2620 [1.1851]	-0.6739 [0.6717]	-1.8841 [2.0503]
Turnover	0.0019 [0.0039]	-0.0564 [0.0987]	-0.0022 [0.0090]	-0.0420 [0.1019]	0.0044 [0.0508]	0.0168 [0.1394]
Size	-0.0191 *** [0.0042]	0.1170 [0.1122]	-0.0508 *** [0.0192]	-1.1931 *** [0.2125]	-0.3348 *** [0.0725]	-0.7320 *** [0.2447]
Grow	0.0001 [0.0001]	-0.0031 [0.0023]	-0.0008 [0.0009]	-0.0081 [0.0094]	-0.0081 [0.0052]	0.0083 [0.0129]
Dual	0.0026 [0.0070]	-0.2953 * [0.1767]	0.0047 [0.0162]	0.3378 * [0.1794]	-0.0027 [0.0962]	-0.4006 [0.2567]
Lev	0.0983 *** [0.0054]	-0.3159 ** [0.1380]	-0.0001 [0.0199]	-2.5757 *** [0.3849]	0.0999 [0.1035]	-1.2207 *** [0.3909]
Inde	0.0910 * [0.0506]	-0.1811 [1.2803]	-0.3157 ** [0.1303]	2.4401 * [1.4749]	-0.3151 [0.5476]	-1.1716 [1.4785]
Top	-0.0015 *** [0.0003]	-0.0160 * [0.0087]	-0.0006 [0.0011]	-0.0313 *** [0.0110]	-0.0026 [0.0060]	0.0184 [0.0156]
Year	Control	Control	Control	Control	Control	Control
N	1557	1557	1290	1290	455	455
方程 wald 检验	**799.94 ***** **Prob=0.000**	**163.3 ***** **Prob=0.000**	**47.02 ***** **Prob=0.000**	**488.81** **Prob=0.000**	**44.1 ***** **Prob=0.000**	**174.24 ***** **Prob=0.000**

注：括号中为标准误，* 表示 p<0.1，** 表示 p<0.05，*** 表示 p<0.01。

可以推断，当企业处于成长期时，往往面临着巨大的市场发展机遇和快速发展的内在需求。即使发生了 CEO 离职，并不意味着企业对当前发展失去了信任，而只是无法认可被免职管理层的经营能力。因而，在未发生离职时，一旦发生业绩期望落差的情形，CEO 必然会加强对现有沉淀性冗余资源的重视程度，进而导致沉淀性冗余资源发生变化。而在成熟期和衰退期时，企业会表现出较为明显的战略稳定性，故 CEO 离职与否并不会对业绩期望落差与沉淀性冗余资源之间关系产生显著的影响。

2. CEO 离职对业绩期望落差与非沉淀性冗余资源关系的调节作用

通过观察可以发现，企业处于成长期时，CEO 离职对业绩期望落差与非沉淀性冗余资源之间关系具有显著的正向调节作用（$\beta=4.4906$，$p<0.05$）；处于其他时期时，CEO 离职均未表现出显著的调节作用。

如同上面所述，可以推断，当企业进入成长期后，在发生离职的情况下，面临诸多机会的企业一旦遭遇到业绩期望落差，会选择更加积极的战略行动来力求抓住机遇，这必然会导致企业的非沉淀性冗余资源发生显著的变化。当企业进入成熟期和衰退期时，随着公司规模扩大和治理结构的完善，高管权力已经受到了很大的制约，相对稳定的市场发展会令企业较大程度地延续以往的发展战略，故离职与否并不会对业绩期望落差与非沉淀性冗余资源之间的关系产生较为明显的影响。

六、结论与研究展望

本文从企业行为理论的变革观和代理理论的代理观双重视角观察了业绩期望落差对冗余资源的影响，并引入了 CEO 离职这一特殊情境，详细讨论了 CEO 离职发生与否时，业绩期望落差对沉淀性冗余资源和非沉淀性冗余资源的影响。本文进一步区分了企业性质、企业生命周期等不同情况，更为细致地考察了 CEO 离职对业绩期望落差与上述两类冗余资源关系的不同调节作用。

本文的结论是：在中国的高新技术企业中，变革观和代理观是解释业绩期望落差与冗余资源的重要理论基础，且两者同时存在，并分别作用于沉淀性冗余资源和非沉淀性冗余资源。由于 CEO 离职是影响管理层权力的重要因素，故在考虑业绩期望落差与沉淀性冗余资源和非沉淀性冗余资源关系时，有必要考虑 CEO 离职与否的影响。本文的主要贡献在于：企业行为理论是业绩期望落差对企业战略行为影响的重要理论，但不应当忽视高管权力的重要作用，特别是要关注到核心高管的变更导致企业权力的重新分配，进而对业绩反馈机制的影响。

参考文献

[1] Sharfman M P, Wolf G, Chase R B, Tansik D A. Antecedents of organizational Slack [J]. Academy of Management Review, 1988, 13 (4): 601-614.

[2] 李晓翔，刘春林. 冗余资源与企业绩效关系的情境研究——兼谈冗余资源的数量变化 [J]. 南开管理评论，2011 (3): 4-14.

[3] Ho S S H, Peng M Y P. Managing resources and relations in higher education institutions: A framework for understanding performance improvement [J]. Educational Sciences: Theory & Practice, 2016, 16 (1): 279-300.

[4] Singh J V. Performance, slack, and risk taking in organizational decision making [J]. Academy of Management Journal, 1986, 29 (3): 562-585.

[5] 廖中举. 组织风险倾向研究述评与展望 [J]. 外国经济与管理，2015 (8): 78-86.

[6] 方润生，陆振华，王长林等. 不同类型冗余资源的来源及其特征：基于决策方式视角的实证分析 [J]. 预测，2009 (5): 59-64.

[7] Breton-Miller L, Miller D. The arts and family business: Linking family business resources and performance to industry characteristics [J]. Entrepreneurship Theory and Practice, 2015, 39 (6): 1349-1370.

[8] Cyert R M, March J G. A Behavioral Theory of the Firm [M]. Prentice-Hall, 1963: 93-107.

[9] 尚航标，黄培伦，田国双，李为宁. 企业管理认知变革的微观过程：两大国有森工集团的跟踪性案例分析 [J]. 管理世界，2014 (6): 126-141.

[10] 戴鑫，熊英，李鹏飞. "侵入"还是"渗入"：职业经理人团队进入后的变革逻辑与合法性确立 [J]. 管理学报，2015 (4): 484-499.

[11] 韩立丰，王重鸣. 基于创业视角的组织变革与市场过程研究 [C] // 第五届 (2010) 中国管理学年会——创业与中小企业管理分会场，2010.

[12] 杨艳，陈贻杰，陈收. 战略变革对企业绩效的影响：基于货币政策的调节作用 [J]. 管理评论，2015 (1): 66-75.

[13] 周杰，薛有志，尚志文. 制造企业服务化、技术创新产出与企业经营绩效关系研究 [J]. 山西财经大学学报，2017 (9): 46-57.

[14] 高静美，袁桂林. 社会信息加工视角下"环境—个体—组织行为"三维框架的管理者意义给赋机制与过程——基于Y (中国) 公司的案例研究 [J]. 南开管理评论，2018 (3): 154-166.

[15] 冯海龙，邱阳，刘俊英. 基于互联网+竞争情境的时间竞争行为变革研究 [J]. 管理学报，2018 (2): 183-191.

[16] 袁建国，后青松，程晨. 企业政治资源的诅咒效应——基于政治关联与企业技术创新的考察 [J]. 管理世界，2015 (1): 139-155.

[17] 贾晓霞. 冗余资源、战略导向对制造业企业战略转型的影响研究 [J]. 中国科技论坛，2013 (5): 84-90.

[18] 李健，潘镇，陈景仁. 制造业企业期望绩效反馈效果对组织冗余结构的影响及后果 [J]. 管理评论，2018 (11): 200-210.

[19] 张远飞，贺小刚，连燕玲. "富则思安"吗？——基于中国民营上市公司的实证分析 [J]. 管理世界，2013, (7): 130-144.

[20] Nohria N, Gulati R. Is slack good or bad for innovation? [J]. Academy of Management Journal, 1996, 39 (5): 1245-1264.

[21] Zona F. Corporate investing as a response to economic downturn: Prospect theory, the behavioural agency model and the role of financial slack [J]. British Journal of Management, 2012, 23 (S1): S42-S57.

[22] Cheng J L C, Kesner I F. Organizational slack and response to environmental shifts: The impact of resource allocation patterns [J]. Journal of Management, 1997, 23 (1): 1-18.

[23] 傅皓天，于斌，王凯. 环境不确定性、冗余资源与公司战略变革 [J]. 科学学与科学技术管理，2018 (3): 92-105.

[24] 葛菲，连燕玲，贺小刚. 消极反馈与高管变更：基于上市公司的数据分析 [J]. 经济管理，2016 (1): 38-50.

[25] 连燕玲，贺小刚，高皓. 业绩期望差距与企业战略调整——基于中国上市公司的实证研究 [J]. 管理世界，2014 (11): 119-132.

[26] 连燕玲，周兵，贺小刚，温丹玮. 经营期望、管理自主权与战略变革 [J]. 经济研究，2015 (8): 31-44.

[27] 甄建斌，赵选民，翟丽. 非沉淀性冗余资源能够平滑企业创新投资吗？——基于融资约束视角的实证研究 [J]. 金融论坛，2017 (7): 55-68.

[28] 李文君，李晓翔. 突发事件严重程度与企业绩效的关系研究——基于冗余资源调节作用的实证分析 [J]. 现代管理科学，2011 (11): 55-57.

[29] 宋铁波，钟熙，陈伟宏. 期望差距与企业国际化速度：来自中国制造业的证据 [J]. 中国工业经济，2017 (6): 175-192.

[30] 扈文秀，穆庆榜. 金融高管薪酬与公司绩效关系实证研究 [J]. 管理评论，2011 (10): 118-124.

[31] 胥朝阳，张婷，周超. 品牌并购绩效及其影响因素研究 [J]. 经济与管理，2013 (2)：57-62.

[32] 徐炜，胡道勇. 股权结构与公司绩效——相对托宾 Q 视角下的实证研究 [J]. 南京师大学报（社会科学版），2006 (1)：59-64.

[33] 蒲自立，赵昌文，杨安华. 公司控制中的管理层领导选择和公司绩效 [J]. 经济体制改革，2004 (5)：80-84.

[34] Bromiley P. Testing a causal model of corporate risk taking and performance [J]. Academy of Management Journal, 1991, 34 (1): 37-59.

[35] Greve H R. A behavioral theory of R&D expenditures and innovations: Evidence from shipbuilding [J]. Academy of Management Journal, 2003, 46 (6): 685-702.

[36] Chen W. Determinants of firms' backward-and forward-looking R&D search behavior [J]. Organization Science, 2008, 19 (4): 609-622.

[37] Greve H R. Performance, aspirations, and risky organizational change [J]. Administrative Science Quarterly, 1998, 43 (1): 58-86.

[38] Chrisman J J, Patel P C. Variations in R&D investments of family and nonfamily firms: Behavioral agency and myopic loss aversion perspectives [J]. Academy of Management Journal, 2012, 55 (4): 976-997.

[39] 瞿旭，杨丹，瞿彦卿，苏斌. 创始人保护、替罪羊与连坐效应——基于会计违规背景下的高管变更研究 [J]. 管理世界，2012 (5)：137-151.

[40] 饶品贵，徐子慧. 经济政策不确定性影响了企业高管变更吗？[J]. 管理世界，2017 (1)：145-157.

[41] Arellano M, Bond S. Some tests of specification for panel data: Monte Carlo evidence and an application to employment equations [J]. Review of Economic Studies, 1991, 58 (2): 277-297.

[42] 万燕鸣，李军林. 股权结构对企业声誉的影响——基于系统广义矩估计的动态面板数据分析 [J]. 经济管理，2011 (7)：31-38.

[43] 张樱. 社会资本对企业 R&D 投资的影响——基于 GMM 方法的动态面板数据分析 [J]. 上海经济研究，2016 (5)：64-75.

[44] 贺小刚，邓浩，吕斐斐，李新春. 期望落差与企业创新的动态关系——冗余资源与竞争威胁的调节效应分析 [J]. 管理科学学报，2017 (5)：13-34.

[45] 贺小刚，连燕玲，吕斐斐. 期望差距与企业家的风险决策偏好——基于中国家族上市公司的数据分析 [J]. 管理科学学报，2016 (8)：1-20.

基于国有企业股权拐点的国有股持股比例优化方向研究

魏成龙[1]　罗天正[2]

（1. 北京师范大学，北京　100875；2. 中国资本研究院，北京　100088）

［摘　要］在国有企业混合所有制改革的背景下，大量国有企业都在准备或进行着与非国有资本的融合。然而，对于非国有资本该以何种角色引入，引入多少？都是需要研究和讨论的问题。因此，本文以国有企业是否存在股权拐点为线索，选取2014~2016年国有上市公司的样本数据，建立多元回归模型，分析了股权结构对国有上市公司绩效的影响；同时以国有上市公司规模建立门槛模型。研究发现国有持股比例对公司绩效的影响存在拐点，进而结合门槛模型结果分析了国有企业改革中针对国有股持股比例的优化方向。研究结果表明：国有股权比例与国有上市公司业绩存在显著的三次方相关关系。即国有控股比例较少的公司里，国有控股比例与企业绩效呈负相关；国有股比例适中的一部分公司，其国有股比例与企业绩效呈负相关；而国有控股比例较多的公司，国有控股比例与企业绩效再次呈现负相关关系。本文认为股权结构的不同对于国有上市公司的绩效的影响也不同，国有企业中国有股权比例存在拐点，故合理的股权结构有助于公司绩效的提升。因此，对于国有持股比例较高且超过66.67%的企业，可区别对待，对国家战略部署的公益类企业，应继续保持较高持股以确保国计民生的稳定；而对于商业竞争类的企业，应该减少持股，允许非国有股的进入，使国有控股比例低于66.67%的拐点，引入新的股东，能够给国有企业带来更多非国有企业中的激励效应，也能对国有企业的管理层进行一定的监督，一方面保护中小股东利益，另一方面也可以抑制国有资产的减少和流失。而从企业规模来看，国有资本更应从规模较大的上市公司中逐步减少股份以促进公司的业绩提升和多元化发展。在国有企业混合所有制改革的大环境下，非国有资本进入国有企业势在必行，而合理的股权比例将对公司业绩和企业发展起着关键的作用。

［关键词］国企股权拐点；股权结构优化；混合所有制

一、引言

改革开放40多年，中国经济经历了翻天覆地的变化，作为国民经济的支柱，国有企业在其中发挥了重要的作用。随着社会经济的不断发展，生产结构的不断变化，国有企业也经历着不断改革的过程。改革开放以后，随着中国特色市场经济的推进，国有企业效率低下、职工工作积极性低、权力错配、管理者贪污腐败等问题不断暴露。在此情况下，国家自20世纪下叶开始提出了“放权让利扩大企业自主权”“两权分离资产经营责任制”以及股份制改革等一系列改革措施，这些措施改变了国有企业的部分状况，但并没有根本解决国企效率低下、权责不明的问题，究其原因在于产权制度的不完整。党的十七大提出了建立现代企业制度，以现代产权制度为基础，发展混合所有制经济，体现了产权问题在解决国有企业问题中的重要性。

党的十八届三中全会提出了“积极发展混合所有制经济”的口号，并允许更多国有经济和其他所有制经济发展为混合所有制经济。在2015年中央全面深化改革领导小组第十七次会议中，中央又通过了《关于国有企业功能界定与分类的指导意见》，将国有企业按照主营业务范围划分为商业类和公益类两类，并分别提出了指导发展方向的意见。伴随着国家“供给侧改革”的不断进行，新一轮国有企业改革的道路初现雏形。习近平同志在党的十九大报告中强调，“要完善各类国有资产管理体制，深化国有企业改革，发展混合所有制经济”。体现了国企改革在国家经济发展中的重要位置。在国家2018年的政府工作报告中，国务院提出要以改革开放40年为契机，推进国资国企改革取得新突破；同时完善产权制度和要素市场化配置机制，强调产权制度是社会主义市场经济的基石。随着新一轮国企改革的深入进行，如何处理国有企业股权比例的问题就显得尤为重要。余菁和黄群慧（2017）认为国家应继续深化国有资产管理体制改革，坚定向国资统一监管的方向改革；同时建议国家应保持国有企业的活力，建议“有市场竞争力和绩效水平高、有利于国有资本保值增值的，该进则进；缺乏市场竞争力和绩效水平差、损毁国有资本价值的，该退则退”。

既有的文献分析了包括股权在内的各种影响国有企业业绩的因素，有部分学者认识到非国有资本所持有不同的股权比例，在企业中所行使的权利也不同，也有学者提出在规模较小的企业中进行国企改革的实验，但鲜有研究涉及不同股权结构和不同企业规模下各因素的影响。本文利用2014~2016年沪、深两市A股国有控股的上市公司数据进行研究，检验不同股权结构下国有股权对企业绩效的非线性影响，同时分析不同企业规模下，国有股比例对企业发展的影响。因此，本文研究的主要结论将对新一轮国有企业混合所有制改革的具体办法提供一些经验数据。

二、文献综述与研究假设

（一）对国有企业改革态度的相关文献回顾

在我国的国企改革道路上，曾先后出现两种对于是否应该对国有企业进行改革的观点。以左大培、吴宣恭为代表的学者认为相对于民营企业，国有企业具有资本优越性和特殊地位性，对于国企改革，应当对已有的国有企业改革进行反思，从中学习经验。杨瑞龙（2017）认为国有企业能够弥补由外部性、公共物品和信息不对称带来的市场失灵问题，同时有可能成为契约失灵时的次优产权安排。左大培（2005，2011）认为国有企业能够更加高效，因为国有企业经营的时间远超民营企业；同时他认为对于战略性生产和高新产业领域，只有国有资本才有实力兴办和发展。吴宣恭（2011）认为如果不能重新审视国有经济的重要地位，可能会导致国有经济被侵吞、公有制经济主体地位被削弱和取代。这类学者主张对国有企业的反思学习，虽然在国有企业效率问题和如何改革问题上有待讨论，但其核心强调了国有经济的主体地位；认为国有企业有着其独特的优势和存在意义。

而张维迎（2010）则认为政府应尽量减少对市场经济的干预，只有完全建立在产权制度之上的企业才是有效率的。王忠明（2008）也赞同国企改革中产权制度的建立，他认为对于国有企业改革而言，建立现代产权制度是比建立现代企业制度更加实质性的一步。这些学者多认为应进一步深化国企改革。我国的经济体制仍不完善，在制度变迁的过程中仍然存在许多亟待解决的问题（樊纲，2008），这类学者的观点符合我国国有企业改革的大方向。马连福等（2017）在总结了国企改革的"痛点"和"难点"后，为混合所有制改革开出了"药方"，认为国企改革应从重视"控股权"转变为重视"控制权"，从"绝对控制权"转变为"否决权"；同时他还设想了在国企股权结构中引入双层控股权、优先股等方案的可能。

对于两类观点的争论，在2017年全国国有企业党的建设工作会议中习近平总书记首次明确提出了两个"一以贯之"的方针能与之对应。坚持党对国有企业的领导是重大政治原则，必须一以贯之，这是对国有企业核心地位的肯定；建立现代企业制度是国有企业改革的方向，也必须一以贯之，这是对产权制度重要性的认同。可见，产权问题不但在学界有大量研究，政府在工作中也认识到了其重要性。在2018年达沃斯论坛中，李克强总理也强调国家将进一步落实和完善支持民营经济发展的政策措施，对政府承诺的放宽民营企业准入领域，将加大力度督促推进。

（二）对国有企业产权改革研究的相关文献回顾

对于产权改革，吴敬琏（1993）早在20世纪末就提出了导致国有企业面临绩效差和发展停滞局面的原因，他认为企业产权不清晰、内部法人治理结构不合理及管理不力等因素，都是导致国企发展不佳的原因所在。张维迎（1999）也在制度层面上指出了产权改革的重要性，他认为产权改革是国企改革的前提和基础；只有非国有资本进入国有企业，通过产权结构的变化形成有效的利益激励机制和监督制衡机制，形成优于国企现有的公司治理结构，才能够彻底解决国有企业业绩不佳、效率低下等问题。对于他们的观点，大量学者进行了定量和定性的验证。通过对中国社会科学院经济研究所2000年的企业调查数据的分析，刘小玄（2005）从企业层面证明了不同产权类型的企业效率差异，发现国家资本占比与企业效率呈显著负相关的关系，而法人股权和个人资本与企业效率呈正相关的关系，故认为产权改革和民营化是国企改革的正确发展方向。对于企业的销售能力和盈利能力，Sun和Tong（2003）的研究认为国有企业民营化对其是有利的。白重恩等（2006）也提出改制后的国有企业业绩会有所提高，他们认为业绩提高的原因在于企业代理成本的降低。

但也有一些学者的研究表明国有企业民营化改革后的绩效并不理想。李远勤和张祥建（2008）将资产收益率和销售利润作为目标变量，发现国企民改后的盈利能力有所下降。而刘春和孙亮（2013）则认为国有企业的经济效率低下与所有制无关，因为部分国有企业民营化后其"政策性负担"会增加，从而加剧企业绩效不佳的情况。而企业预算软约束问题的重要原因也是由于"政策性负担"所致，龚强和徐朝阳（2008）研究了"政策性负担"与预算软约束之间存在的关系，通过对动态模型的分析证实了这一观点。对于国有资本对于企业绩的影响，不同学者的研究结论不尽相同，讨论其原因，可能是由于国有股比例与企业绩效间的影响存在非线性的相关关系。

关于国有股比例与公司绩效间的非线性关系，大多学者研究均发现两者间存在"U"形关系；但具体"U"形开口朝向及曲线拐点，不同的学者有着不同的研究结果，大体分为两类：一部分学者认为国有股比例与企业绩效呈正"U"形关系，且国有股占比为30%时企业业绩最差（田利辉，2005）；另一部分学者研究发现国有股比例与企业竞争力存在倒"U"形的关系（胡锋，2018），对于具体行业，一些学者也发现了两者在低碳产业中倒"U"形关系的存在（任力和倪玲，2014）。基于不同学者的研究结果不同，结合我们对于股权拐点的推测，故构建Model1并提出如下假设：

国有股权在促进上市公司经营绩效方面是低效的，但因股东性质不同可能会出现不同的相关性，即有股权拐点的存在。

H1：国有股权占比与公司绩效呈现三次方的曲线关系，且存在国有股权比例在66.67%附近的拐点。

（三）对国有企业产权结构研究的相关文献回顾

在国有企业产权结构的研究中，一些学者认识到不同股权比例在企业中所拥有的权利也不尽相同，那么对于企业的影响就不能一言概之。宋立刚和姚洋（2005）的研究发现，只有在民间资本所占股权比例达到一定水平之后，国有企业的民营化改革才能够显著提高公司的盈利能力。国外的一些学者通过股权集中度对此问题进行了研究。Shleifer 和 Vishny（1986）提出大股东不但有追求公司价值及自身利益最大化这个动机，又有能力和必要对管理层进行控制以解决传统的代理问题。因此，股权集中型公司的盈利能力和市场表现更好。Pedersen 和 Thomsen（1999）也得出公司所有权集中度（HHI）与净资产收益率（ROE）严格正相关的结论。但法玛和詹森（1983）的研究则认为，集中的股权结构，会导致外部接管难以实现，这必然会强化管理者地位，使市场无法通过并购的方式进行资源的有效分配，从而导致公司价值损失，因为有控股地位的经理人员会通过控制董事会以侵吞和消耗公司财富。Leech 和 Leahy、Mudambi 和 Nicosia 等学者的研究支持股权集中度与公司价值负相关的观点。基于此，本文提出第二个假设：

H2：国有上市企业的股权集中度与上市公司绩效呈负相关关系。

对于股权结构，我国的公司法有着自己的规定。《中华人民共和国公司法》第一百零三条规定："股东出席股东大会会议，所持每一股份有一表决权。股东大会作出决议，必须经出席会议的股东所持表决权过半数通过。但是，股东大会作出修改公司章程、增加或者减少注册资本的决议，以及公司合并、分立、解散或者变更公司形式的决意，必须经过出席会议的股东所持表决权的三分之二以上通过。"张文魁（2017）基于公司法对于股份与权力的划分，提出了混合所有制可能存在股权结构拐点，这个拐点就是非国有的股权比例达到33.4%，即国有占股比例至少要低于66.6%。崔海洋（2007）按照股权的集中度，由高到低划分了三种股权结构类型，第一种是股权高度集中的公司，这类公司仅拥有一个绝对控股股东，且该股东拥有公司的绝对控制权，这种类型一般要求拥有股份在50%以上；第二种是股权制衡型结构，这类公司要求拥有几个大股东，且其中存在股权拥有较多的相对控股股东，所持股比例在20%~50%；第三种是股权高度分散型的公司，这类公司没有大股东，其经营权、所有权都完全分离，这类公司中各股东所持股比例不超过20%。基于以上分类，本文在模型设计中引入虚拟变量将国有资本的股权比例分为66.67%以上、20%~66.66%和20%以下三层进行分析。

林毅夫等学者认为（2004）国有企业承担了过多的"政策性负担"以致产生了企业的预算软约束问题，他们大量分析了国有企业在转轨经济中的软预算约束问题，认为要结果国有企业预算软约束就必须要剥离国有企业所承担的"政策性负担"。故结合学者们对国有企业产权改革引导企业效率的探讨，构建 Model2 并进行如下假设：

由于国有股权占比较高的企业多为关系国家战略的垄断行业，提高股权比重可以保证国家意志的正确表达，但由于这类公司在运营中为了实现国家战略目标而承担了过多的"政策性负担"，所以：

H3：国有产权比例最高的一层（第三层）企业，其国有股权比重越高，公司绩效越差。

由于前文 H1 假设国有股权占比与公司绩效呈三次方关系，故在虚拟变量股权分层的方程中，我们推测每层内国有股权占比与公司绩效应为二次方关系，所以提出假设：

H4：国有产权比例在分层回归中与公司绩效呈二次方关系。

（四）对国有企业改革方向的相关文献

党的十五次全国人民代表大会曾对国企改革做出重大部署，提出了“抓好大的，放活小的”的战略改革方向。刘东（2015）经研究解释，“抓大”指的是管理好一批大型企业集团，通过资本联结一批企业的改组和发展，充分发挥其在国民经济中的核心作用；而“放小”则是根据具体情况不同，对小型国有企业进行相应方式的改革改组。张文魁（2016）同意并提出，混合所有制改革应从两头开始进行，一头是大型国有“巨无霸”企业，另一头是小规模的三四级公司。对于国有企业整体而言，就企业规模进行改革的论点较为明确，但对于规模较大的上市国有企业而言，不同规模的上市公司是否有着不同的改革方向并无定论。

本文根据前人研究，推测在上市国有企业规模中，对于不同的企业规模，改革方向也应不同。基于此假设，本文以国有上市公司规模为门槛变量，尝试通过门槛回归模型对国有上市公司规模进行趋势划分，了解对于不同规模的国有上市企业，其国有股比与公司业绩之间的关系如何。并作假设如下：

H5：国有上市公司规模中至少存在一个门槛，使国有股比例与公司绩效所呈关系不同。

三、数据来源与模型设定

（一）数据来源与样本选择

本文选择我国2014~2016年沪深两市上市公司中所有国有企业为研究对象。上市公司股票代码、股票名称、上市公司性质、国有股数量、股票总数量、第一大股东股权比例及股权集中度取自CSMAR国泰安数据库。每股收益率、主营业务收入、年末总资产和职工数量取自Wind数据库。

为保证数据质量，在数据收集过程中进行了样本处理，去除了金融类上市公司、ST和*ST公司以及部分数据缺失的上市公司，最终收录了2014~2016年三年共1050家企业和8400个观测值。统计软件使用Stata11.0进行分析。

（二）模型设定与变量选择

根据前文分析建立模型1、模型2如下：

$$y_{1i,t}=c+b_1\cdot x_{1i,t}+b_2\cdot x_{1i,t}^2+b_3\cdot x_{1i,t}^3+\beta_1\cdot x_{2i,t}+\beta_2\cdot x_{3i,t}+\beta_3\cdot x_{4i,t}+\beta_4\cdot H_{i,t}+\varepsilon$$

$$y_{2i,t}=c+b_1\cdot x_{1i,t}+b_2\cdot x_{1i,t}^2+\beta_1\cdot x_{2i,t}+\beta_2\cdot x_{3i,t}+\beta_3\cdot x_{4i,t}+\beta_4\cdot H_{i,t}+\beta_5\cdot x_{1i,t}+\beta_6\cdot D_{2i,t}+\beta_7\cdot D_{4i,t}+\beta_8\cdot D_{5i,t}+\varepsilon$$

同时，本文以国有上市公司规模（总资产的对数）为门槛变量，分别构建单重、双重和三重门槛回归模型，进行300次Bootstrap抽样分析。模型3如下：

$$y_{i,t}=\mu_i+\alpha\cdot x_{i,t}+\theta_1\cdot lnassets\cdot I(lnassets\leqslant\gamma)+\theta_2\cdot lnassets\cdot I(lnassets>\gamma)+\varepsilon_{i,t}$$

其中，i表示上市公司；t表示年份；b表示回归系数；β表示控制变量系数；ε为误差项。被解释变量：本文采用主营业务收益率（CROA）来反映企业的绩效，因为从部分上市公司年报中可以发现，虽然一些公司每年有一定的利润收入，但主要来自出售或租赁企业投资的房产地产所得，而非企业正常经营所得，故本次选用主营业务收益率，能降低盈余管理的影响，更加客观真实地反映上市公司的经营情况。

解释变量和控制变量：选取国有股占股比例（Nation Ratio）来衡量国家对国有企业的影响力和控制力。第一大股东持股比例（CR1）反映一定的股权集中度问题，通过此变量可衡量企业是否存在“一股独大”的情况。Herfindhl 指数是公司前 n 大股东持股比例的平方和，本文选用前五大股东持股比例的平方和（H5），该变量可更加清晰地衡量股权集中度问题，因为占股比例在平方后会出现“马太效应”，不同的占股比例在平方后其间差距将变大，从而突出了股东间持股比例的差距。

D1~D6 为虚拟变量 Dummy，D1~D3 分别为三层企业中国有股比例的一次方项，D1~D6 分别为三层企业中国有股比例的二次方项。由于在 Model1 中我们假设国有股权比例与公司业绩存在三次方的相关性，所以对国有股份分层后，我们认为每层内国有股权比例与公司业绩间为二次方的相关性，故分别设定一次方和二次方虚拟变量。

表 1　主要变量赋值

变量符号	变量名称	变量赋值原则
y：CROA	主营业务收益率	主营业务收入/年末总资产
x1：Nation Ratio	国有股比例	国有股数量/股票总数量
x2：$(\text{Nation Ratio})^2$	国有股比例二次方项	国有股占比的平方
x3：$(\text{Nation Ratio})^3$	国有股比例三次方项	国有股占比的立方
x2：CR1	第一大股东持股比例	第一大股东持股数量/股票总数量
x3：assets	总资产	年末总资产
x4：Lnlabor	职工数量	年末在职员工数量的对数
H：H5	Herfindhl 指数	前五大股东持股比例的平方和
D1：dummy1	虚拟变量 1	国有股占股比例<33. 34%的企业
D2：dummy2	虚拟变量 2	国有股占股比例在 33. 34%~66. 67%的企业
D3：dummy3	虚拟变量 3	国有股占股比例≥66. 67%
D4：dummy4	虚拟变量 4	Dummy1 类企业中国有股比例的平方
D5：dummy5	虚拟变量 5	Dummy2 类企业中国有股比例的平方
D6：dummy6	虚拟变量 6	Dummy3 类企业中国有股比例的平方
year	年份	统计年份，选取 2014~2016 年

四、统计结果与分析

（一）描述性统计分析

变量的描述性统计如表 2 所示，各企业主营业务利润率最小值为-14. 76%，最大值达到

51.53%，均值为 11.23%，表明样本企业业绩差异较为明显。国有股占比最大值和最小值差距也较为明显，这可能与样本企业类型有关，对于一些保障国计民生的公益类企业，国有股占比可能较高；而对于商业竞争类的上市公司，国有股占比可能会相对较低。从第一大股东持股比例来看，其均值为 39.19%，最大值 99%，结合前五大股东持股平方和的均值 19.44%和最大值的 79.38%来看，样本上市公司的股权集中度较高，这表示部分国有上市公司的股本结构仍然存在"一股独大"的现象。资产规模和职工数量反映了国有企业间存在较大的规模差异。

表 2　描述性统计

变量	均值 （Mean）	最大值 （Maximum）	最小值 （Minimum）	标准差 （Std. Dev.）
CROA	0.1123	0.5153	-0.1476	0.0769
Nation Ratio	0.2407	0.9219	5.30e-08	0.2206
$(\text{Nation Ratio})^2$	0.1066	0.8499	2.80e-15	0.1591
$(\text{Nation Ratio})^3$	0.0591	0.7836	1.49e-22	0.1157
CR1	39.1929	99	8.12	15.9219
H5	0.1944	0.7938	0.0052	0.1335
Assets	243.7193	7543.45	4.71	620.6389
Lnlabor	8.1608	12.5816	2.8903	1.2939

（二）模型 1、模型 2 回归结果分析

Model1 对应公式 1 全样本回归，Model2 对应公式 2 样本分层回归，全样本回归和分层回归结果如表 3 所示。

表 3　回归分析结果

变量符号	Model1（y1）	Model2（y2）
Cons	0.0117 （0.54）	-2.3581* （-1.72）
Nation Ratio	-0.2491*** （-3.21）	6.1011* （1.70）
变量符号	Model1（y2）	Model2（y2）
$(\text{Nation Ratio})^2$	0.7767*** （3.08）	-3.9237* （-1.68）
$(\text{Nation Ratio})^3$	-0.6135*** （-2.80）	—
CR1	0.0015*** （2.68）	0.0017*** （2.94）

续表

变量符号	Model1（y1）	Model2（y2）
H5	-0.1539** (-2.12)	-0.1709** (-2.36)
Assets	-0.00003*** (-7.48)	-0.00003*** (-7.74)
Lnlabor	-0.0116*** (5.59)	0.0120*** (5.78)
Dummy1	—	-6.7559* (-1.88)
Dummy2	—	-6.2331* (-1.74)
Dummy4	—	6.1924** (2.43)
Dummy5	—	4.0728* (1.74)
Year	控制	控制
F 值	9.46***	7.5***
Adj-R^2	0.0674	0.0795
观测值	7385	7385
样本量	1055	1055

注：***、**、* 分别表示在 1%、5%、10%水平上统计显著，括号内为 t 检验值。

从全样本来看，国有股比例的一次、二次及三次方项均在 1%水平上显著，印证了我们在 H1 中对国有股权比例与公司绩效呈三次方相关关系的假设。国有股占比对国有上市公司的绩效在 1%水平上有显著的影响且在［0，1］区间内呈先降后升再降的趋势；通过对抛物线计算可知，该三次方曲线的顶点对应国有股占比分别约为 20.54%和 63.76%，即股权拐点可能存在于国有股持股为 20.54%和 63.76%两处。63.7%的股权拐点与 66.67%较为接近，对 H1 假设形成支持。

根据相关系数的符号可以发现，在国有股占比少于 20.54%的公司，国有股占比与公司绩效成负相关，即国有股占比越少，公司业绩越好，这可能是因为在此类公司中，国有股份占股较少，故在股东大会中所能行使的权力也比较小，随着国有股份代表的国家意志在企业决策中的影响逐步减小，企业能够更加完全按照市场机制、根据行业市场经济情况来制定相应决策，从而提高业绩。

在国有股占在 20.54%~63.76%的公司，国有股占比则与公司绩效呈正相关，即国有股份的增多有助于国有企业绩效的提升，这种情况可能是由于随着由于国有控股的比例提升，其在股东大会的投票权力也越来越大，因此国有资本不会随意产生“搭便车”行为，而是参与进公司的发展决策中来；同时由于非国有股东持有相当一部分股权，在股东大会中可以也能够发出自己的“声音”，所以非国有股东同样有着积极参与股东大会的动机，从而在国有和非国有股东间形成相互监督和制约的情况，良性的产权结构支撑公司业绩的提升。

而在国有股占比多于63.76%的公司，国有股占比则与公司业绩再次呈现负相关，即国有股份越多，公司绩效越差。这可以解释为随着国有股占比越来越大，非国有资本在国业中的话语权越来越小，故逐步丧失了在股东大会中投票的积极性，基于我国目前关于中小投资者保护方面的法律尚不健全，故可能导致上市公司董事会或管理层出现寻租或利益输送行为（魏成龙等，2011）；而国有股份由于持股主体长期缺位，政府委托的官员并无足够的积极性与关心企业发展、监督企业决策，所以容易滋生出公司实际经营人和职工的消极怠工以及经理人侵蚀企业利益的情况，故导致企业业绩下降。

而从分层样本来看，国有股权占比大于66.67%的国有企业（下文简称为第三层公司），其国有股权比例与公司业绩存在10%显著相关性，通过计算可知，国有股权比例与企业绩效在此区间形成倒“U”形抛物线，其顶点对应国有股占比约为77.99%，即在77.99%左侧，x1与y2呈正相关；在77.99%右侧，x1与y2呈负相关。可见对于国家拥有绝对控股权的这类企业应具体分析，并非国家对企业控制力越大的企业业绩就越差。

从回归结果来看，国有股权比例大于77.99%的企业，国有控股越多，企业的绩效就越差，这与许多大型国有绝对控股企业内官僚作风重、职工工作缺乏积极性的情况相符。这类企业中有很大一部分为垄断性质行业，由于拥有国有企业（此处指绝对控股）的特权和“金字招牌”，缺乏行业竞争者，所以在企业内形成了非良性的工作环境，经理层人员缺乏追求公司绩效的积极性，甚至因为需要承担一定的政治任务而出现了官僚制“宁可不做，绝不犯错”的不作为心态，而公司职工则因为这类国有企业的特殊性质而形成做多做少都一样的僵化心理。对于这类企业，国有股权的比例已经对公司经营绩效产生消极影响，所以应当适当引入非国有资本，将民营企业中的激励和监督机制注入国有企业中来。而对于公司绩效在66.67%~77.99%的上升，则可以解释为部分国有企业因为其公司性质所以在公司决策上能够保持与国家战略部署方向相一致，顺应国家的经济发展趋势，从而为公司业绩带来了积极效应。由于第三层企业中只有部分的样本的国有控股比例与公司绩效呈负相关，所以H3假设失败。

对于国有股权比例小于20%的第一层公司和国有股权比例为20%~66.66%的第二层公司，其国有股权比例与公司业绩分别在5%和10%水平上显著相关，且均呈现正“U”形的相关关系，H4假设成立。通过计算对相关系数进行计算可知，第一层和第二层企业国有股比例与绩效的股权拐点分别为54.46%和76.74%，而第一层和第二层的股权区间分别为［0，0.2］和（0.2，0.6667］，所以，第一层和第二层的股权区间均落在股权拐点的左侧，即第一层和第二层企业的国有股比例与其公司绩效均存在负相关的关系，国有股持股比例越少对上市公司的业绩增长更为有利。

对于国有股比为20%~66.67%的企业，在全样本回归和分层回归中出现了不完全相同的关系趋势，出现这种情况的原因可能是在全样本回归中，由于样本量较多，其结果可能会受其他样本数据趋势的影响；而在分段回归中，仅有此区间的企业进行回归，故获得了不同的结果。对于这段区间的企业，我们应当根据具体情况进行进一步的分析；而对于国有股比例在20%以下和66.67%以上的企业，两个回归模型结果均表现得较为一致，具有更强的适用性。

从控制变量的系数来看，两个模型中所有控制变量均在1%或5%水平上显著，说明本文选择的控制变量是合理的。第一大股东持股比例与主营业务收益率呈显著的正相关关系，这符合Shleifer和Vishny（1986，1997）的研究论点，他们认为大股东的存在有助于解决小股东“搭便车”的问题。小股东无力去参与股东大会和代理权竞争，这使他们参与公司经营的积极性很小，而恰好，大股东有足够的理由去激励和监督职业经理人以保障自身利益，而大股东的这种积极参与也同时保障了小股东的利益。

前五大股东持股比例的平方和与国有上市公司绩效有着显著的负相关，意味着前五大股东持股比例越高，企业经营业绩越差，这与H2的假设相一致。说明上市公司大股东持股比例过高可能会出现“一股”或“几股独大”的情况，这种情况不利于公司理性的判断和科学制度的建立，可能会导致大股东相互勾结掏空公司使公司市值下降的情况。但结合在两个回归模型中，第一大股东持股比例均与因变量呈正相关的情况，综合两个变量系数，本文认为对于样本国有企业，第一大股东持股比例对公司绩效有一定的积极效应，但股权集中度过高亦会造成业绩下降的情况，且影响程度大于第一大股权集中度，造成这种情况的原因可能是由于在小股东无力参与企业决策而“搭便车”的同时，大股东之间过分关注公司经营权的归属使公司股东间并没有形成良性约束机制，反而造成了消极内耗从而使公司业绩下降，价值减少。

另外，员工数量的对数与国有企业业绩呈正相关，说明雇用员工较多的企业业绩相对较好，从侧面反映了我国国有企业目前更多地依靠劳动密集度较高的行业，缺乏高新科技行业和高附加值产业的企业。企业总资产与国有企业业绩呈显著负相关，说明在我国国有企业中存在着一定“只大不强”的情况，但由于系数较小，两者间的影响关系并不大，而门槛模型则对企业规模进行了进一步的分析。

（三）模型3门槛回归结果分析

如下文所示，表4为门槛效应检验结果，表5为门槛模型回归结果。

表4　门槛效应检验结果

模型	P	F	临界值			门槛估计值
			1%	5%	10%	
单门槛	19.4	0.00***	10.048	9.953	8.861	4.1268
双门槛	5.8	0.847	11.067	10.939	9.35	—
三门槛	8.63	0.74	19.019	18.664	17.803	—

从表4中的F值中可发现，国有上市公司规模单门槛效应检验在1%水平下显著，而双门槛和三门槛效应检验均不显著。结果表示对于国有上市企业规模有且只有一个划分门槛，即Lnassets=4.1268，此门槛将国有上市公司划分为两组：规模较小的企业（企业总资产≤61.98亿元人民币）和规模较大的企业（企业总资产>61.98亿元人民币），以便进一步分析国有股比例与上市公司绩效间的关系。

表5　门槛回归模型结果

自变量	y
x1	0.0677*** (3.58)
自变量	y
x2	−0.0395** (−2.26)
Year	控制

续表

自变量	y
CR1	0.00175 ** (2.38)
H5	-0.126 (-1.36)
lnlabor	0.0315 *** (10.00)
lnassets	-0.0294 *** (-8.54)
Cons	-0.0566 ** (-2.33)
样本量	585
Adj-R^2	0.234

注：***、**、*分别表示在1%、5%、10%水平上统计显著，括号内为t检验值。

通过表5回归结果可知，企业规模在61.98亿元以下的上市公司，其国有股权比例与公司绩效在1%水平下呈显著正相关，即在规模较小的上市公司中，随着国有控股比例的增加，其企业业绩也会有所增加。而对于企业规模在61.98亿元以上的公司，国有股占比逾公司绩效则在5%水平线呈现显著负相关，即在规模较大的上市公司中，国有股控股比例逐渐减少，企业业绩则会逐渐增加。结合模型1和模型2，我们可以得到国有股比例与企业绩效具有相同趋势的条件区间。国有股比例在66.6%以上且规模较大的国有上市公司，国有股应逐渐减少控股比例以提高企业绩效；同样，国有股比在20%以下且规模较大的国有上市公司，国有股也应逐渐减少控股比例来提高公司业绩；而对于20%~66.67%的上市公司，由于模型1和模型2所得结论不同，故不做结论，应结合企业具体情况做进一步的分析。

由于能够反映公司业绩的指标众多，而不同的指标所侧重的意义又不相同，本文的因变量选择是为了能够反映企业的真实经营情况；部分已有文献对于企业绩效指标有着不同的选择，部分学者选择Eps（每股收益率）作为因变量，认为其能够反映企业的整体发展。为了检验本文回归结果的稳健性，在研究过程中已用Eps作为因变量进行了类似的回归分析，其主要结果与本文回归结果基本一致，限于篇幅本文不再报告上述检验结果。

五、结论与启示

（一）主要结论

通过对我国2014~2016年沪、深两市A股国有上市公司的数据分析，本文试图检验国有企业与公司绩效之间的关系，探寻其中是否存在拐点。研究结果表明：国有股权比例与国有上市公司业绩存在显著的三次方相关关系。即国有控股比例较少的公司里，国有控股比例与企业绩效呈负相关；国有股比例适中的一部分公司，其国有股比例与企业绩效呈负相关；而国有控股比例较多的公司，国有控股比例与企业绩效再次呈现负相关关系。既有文献多从一次项回归中研究国有控股与企业绩效间的关系，有学者提出了国有企业股权比例可能存在拐点的设想，本文则根据股权拐点这一设想，研究和验证了国有企业产权与绩效间的关系及拐点的存在性。结果表明国有控股比例确实存在拐点，拐点处国有持股比例约为20.54%和63.76%，这与我国公司法规定的修改公司章程所需的66.67%股东持股比例相近似，也与张文魁（2017）对国有企业股权拐点的设想相符。印证了随着持股比例的不同，在公司经营决策中所行使的权力和产生的作用也不尽相同。而门槛效应模型则发现了在我国国有上市公司规模中，存在企业规模约为61.98亿元的门槛临界点；在临界点的两侧，国有股比例与公司绩效呈现不同的相关性，这对股权拐点的研究有着一定的补充和深化作用。

当然，本文的研究仍存在不足之处，比如50%的国有股权比例是否可以作为一个股权结构的分层点，每个拐点区间内的企业所属行业是否有显著的相似性，同时更多年限的数据也将更有利于验证本文假设的合理性，但限于数据的可获得性和研究的可操作性，本文仅进行了如上分析。

（二）股权结构优化的启示

基于以上结论，本文认为股权结构的不同对于国有上市公司的绩效的影响也不同，国有企业中国有股权比例存在拐点，故合理的股权结构有助于公司绩效的提升。因此，对于国有持股比例较高且超过66.67%的企业，可区别对待，对国家战略部署的公益类企业，应继续保持较高持股以确保国计民生的稳定；而对于商业竞争类的企业，应该减少持股，允许非国有股的进入，使国有控股比例低于66.67%的拐点，引入新的股东，能够给国有企业带来更多非国有企业中的激励效应，也能对国有企业的管理层进行一定的监督，一方面保护中小股东利益，另一方面也可以抑制国有资产的减少和流失。而从企业规模来看，国有资本更应从规模较大的上市公司中逐步减少股份以促进公司的业绩提升和多元化发展。

对于股权集中度，其与公司绩效的负相关表现了公司缺乏制衡和过度制衡都会带来的消极局面，过高的股权集中度不利于公司经理人员的更换，也不利于股东对企业经营活动进行应有的监督和约束，所以一个合理的股权集中度和健康的公司治理结构尤为重要。综上所述，在国有企业混合所有制改革的大环境下，非国有资本进入国有企业势在必行，而合理的股权比例将对公司业绩和企业发展起着关键的作用。

参考文献

［1］余菁，黄群慧．新时期全面深化国有企业改革的进展、问题与建议［J］．中共中央党校学报，2017，21（5）：113-121.

［2］中国宏观经济分析与预测课题组，杨瑞龙．新时期新国企的新改革思路——国有企业分类改革的逻辑、路径与实施［J］．经济理论与经济管理，2017（5）：5-24.

［3］左大培．正确地看待和对待国有企业“改制”［J］．开放导报，2005（2）：17-20，1.

［4］左大培．国有经济对当前经济发展的现实意义［J］．当代经济，2011（16）：6-8.

［5］吴宣恭．所有制改革应保证公有制的主体地位［J］．管理学刊，2011，24（5）：1-6，108.

［6］张维迎．重新启动国退民进改革势在必行——在第十一届光华新年论坛上的演讲［J］．中国总会计师，2010（4）：50-51.

［7］王忠明．国企改革：从现代企业制度到现代产权制度——纪念改革开放30周年［J］．中国发展观察，2008（7）：10-14.

[8] 樊纲．体制改革对中国经济增长贡献的定量分析［J］．理论导报，2008（2）：23-24.

[9] 马连福，张燕，高塬．混合所有制改革的转变新趋势［J］．现代管理科学，2017（10）：15-17.

[10] 吴敬琏．大中型企业：建立现代企业制度［M］．天津：天津人民出版社，1993.

[11] 张维迎．企业理论和中国企业改革［M］．北京：北京大学出版社，1999.

[12] 刘小玄．企业产权变革的效率分析［J］．中国社会科学，2005（2）：4-16.

[13] Sun Q and W Tong. China share issue privatization: The extent of its success［J］. Journal of Financial Economics, 2003（70）：183-222.

[14] 白重恩，路江涌，陶志刚．国有企业改制效果的实证研究［J］．经济研究，2006（8）：4-14.

[15] 李远勤，张祥建．中国国有企业民营化前后的绩效对比分析［J］．南开经济研究，2008（4）：97-107，141.

[16] 刘 春，孙 亮．政策性负担、市场化改革与国企部分民营化后的业绩滑坡［J］．财经研究，2013（1）：71-81.

[17] 龚 强，徐朝阳．政策性负担与长期预算软约束［J］．经济研究，2008（2）：44-55.

[18] 田利辉．国有股权对上市公司绩效影响的"U"形曲线和政府股东两手论［J］．经济研究，2005（10）：48-58.

[19] 胡锋．混合所有制企业竞争力与国有股比例关系研究——基于制造业的分析［J］．上海经济，2018（1）：18-26.

[20] 任力，倪玲．低碳产业上市公司股权结构与经营绩效研究［J］．当代经济研究，2014（5）：67-73.

[21] Shleifer A and Vishny R. Large shareholders and corporate control［J］. Journal of Political Economy, 1986（3，part 1）461-488.

[22] Torben Pedersen, Steen Thomsen. Economic and systemic explanations of ownership concentration among Europe's largest companies International［J］. Journal of the Economics of Business, 1999,（6）：367-381.

[23] Leech D and Leahy J Ownership structure, control type classifications and the performance of large British companies［J］. The Economic Journal, 1991（101）：1418-1437.

[24] Mudambi R, Nicosia C. Ownership structure and firm performance: Evidence from the UK financial services industry［J］. Applied Financial Economics, 1998（18）：175-180.

[25] 中华人民共和国公司法［Z］．2005.

[26] 张文魁．国资监管体制改革策略选择：由混合所有制的介入观察［J］．改革，2017（1）：110-118.

[27] 崔海洋．不同的股权结构对公司治理的影响［J］．理论界，2007（1）：76-77.

[28] 林毅夫，李志赟．政策性负担、道德风险与预算软约束［J］．经济研究，2004（2）：17-27.

[29] 刘东．从"抓大放小"到"分类改革"［J］．中国党政干部论坛，2015（10）：47-49.

[30] 张文魁．国企改革才是货真价实的供给侧改革［J］．经济界，2016（2）：10-12.

[31] 魏成龙，许萌，郑志，魏荣桓．国有企业整体上市绩效及其影响因素分析［J］．中国工业经济，2011（10）：151-160.

[32] Shleifer A and Vishny R. A survey of corporate governance［J］. Journal of Finance, 1997, 52（2）：737-783.

[33] Eugene F. Fama, Michael C. Jensen. Separation of Ownership and Control［J］. Journal of Law and Economics, 1983（2）：301-325.

距离、并购经验、公司治理与我国企业海外并购效率研究

刘 勰 孟 勇

（上海工程技术大学管理学院，上海 201620）

［摘 要］本文研究了距离、并购经验、公司治理如何影响我国海外并购时间。本文通过1982~2019年共8353笔我国公司跨国并购样本，实证检验了本文的假设。本文发现：①距离对我国海外并购公开交易阶段完成时间存在影响。制度距离、文化距离、地理距离可能缩短海外并购的完成时间。②海外上市、国有控股都可能促进海外并购完成。收购双方上市地位、卖方国有控股、股权比例、交易规模等则增加了海外并购时间。③并购经验、国有控股、海外上市等对距离和海外并购时间的影响具有调节作用。具体而言，并购经验可能增强制度距离对并购时间的促进作用。国有控股则对制度距离、文化距离对并购时间的促进作用具有削弱作用。海外上市对制度距离和并购时间的促进作用具有削弱作用。研究认为：①制度距离、文化距离、地理距离等存在多样性或异质性优势，有利于缩短并购完成时间。②并购经验、公司治理水平（国有持股、海外上市等）等降低了海外并购的不确定性，从而缩短了交易时间，提升并购效率。③并购经验能充分应对显性的制度差异，促进交易达成；国有控股通过所有权优势，保证充分的交易时间，化解制度和文化风险；海外上市通过规范标准化的程序，延长交易时间，充分挖掘制度距离差异的价值。并购经验、公司治理对于隐性的文化差异的调节影响则不显著。本文丰富扩展了距离、并购经验、公司治理、海外并购时间的研究，为实践提供了启示。最后本文总结了研究局限和未来研究方向。

［关键词］制度距离；文化距离；地理距离；海外并购经验；国有控股；海外上市；海外并购时间

一、导论

德鲁克（1967）指出企业决策可以分为经常性决策和例外决策两大类，而并购属于特定条件下偶然发生的经常性问题，应对此类问题的决策通常需要参考以往的、他人的经验，以提高决策效率。并购也是一项公司重大决策，对于被收购企业，收购带来极大的动荡，包括组织、人事等，搁置时间越长越可能以失败告终。

时间的增加也消耗了大量成本。海外并购需支付大量现金费用以及达成交易的机会成本等，因此交易总是倾向于尽快完成。当谈判成本很高时双方也会尽快结束谈判，因为当交易公开过程

中一方取消交易，则必须支付一笔违约费用，因此双方倾向于达成交易而不是终止交易（Boeh, 2011）。通常而言，收购对新设投资的优势也在于“节约时间”。然而为了做出一项“正确的”决策，通常也需要经过充分的讨论以防止不当决策后花费更多的时间调整。因此，并购公开交易阶段是风险和成本较高的阶段。并购完成时间被视为衡量海外并购的主要成本和风险之一。

现有研究对海外并购成败关注较多，而对并购完成时间和效率的影响因素的研究较少，然而并购完成时间对组织管理和并购成败具有重要意义。海外并购完成时间是指从双方首次公开宣布交易到股权交割完成或宣布交易撤销结束的并购公开交易阶段所花费的天数（Boone and Mulherin, 2007；Dikova et al., 2010；Muehlfeld et al., 2012；李秀娥和卢进勇, 2013；Boeh, 2011）。海外并购完成时间（time-to-close）也可以被视为交易成本。当内外部审批都按照法律程序获得通过时即可宣布交易结束。当交易完成之前，买家会面临竞争对手、放弃潜在并购机会等风险（Boeh, 2011）。交易公开阶段也是不断收集信息、双方沟通交流、反复谈判的过程（Boone and Mulherin, 2007）。

综上所述，本文尝试解释的主要问题是：海外并购完成时间的影响因素有哪些、影响机制如何？本文将围绕以上问题提出研究模型与假设。

二、研究假设

（一）距离与海外并购完成时间

现有研究对距离与海外并购完成时间研究的观点可分为两方面：

一方面，学者认为制度距离延长了交易。Dikova 等（2010）认为正式和非正式制度距离增加了交易复杂性，降低并购完成效率。Li 等（2017）认为制度距离增加了收购方在东道国的合法性挑战，从而增加了交易时间。李秀娥和卢进勇（2013）认为制度差异越大，交易的复杂性越高，而交易双方对待权力和契约的差异越大，直接影响谈判进度和协议条款界定，两者都会降低并购完成效率，增加并购完成时间，同时双边投资制度对正式与非正式制度的约束有负向调节作用。也有学者指出，当制度差异增加时，尤其是法律体系等，国家将更难保护企业的海外资产，外国投资对东道国产业的威胁也越大。

另一方面，制度距离可能促进交易完成效率。这类观点认为制度距离越大，越可能提供稀缺的资源和能力，弥补母国市场的不足。Zhang 等（2011）指出制度差异驱动的东道国制度质量优势可能有利于我国企业达成跨国并购。Knoerich（2010）认为德国企业的技术和中国企业市场具有互补的特点，有利于并购达成。从外部来看，环境对海外并购完成时间具有显著影响。在国家层面。顶层战略、制度体系等均可能促进海外并购完成。第一，根据国家建设需要，发挥举国体制优势，制定国家对外投资战略，并给予相应政策支持和财政补贴，例如“走出去”“一带一路”等，这类政策对管理者完成交易的激励非常显著，而这类政策导向往往具有开拓性和挑战性。第二，制度距离越大，收购双方的互补性越强。互补性是多维度的，包括根植于制度体系之下的软件与硬件，例如文化、制度、资源禀赋、比较优势、市场、企业特质等。当政治距离较大时，吸收外国投资可以成为平衡国内矛盾的手段。在我国文化中，海外并购被企业家视为成功的重要标志之一，会提高公司的影响力和个人声誉，而其他文化中并无此偏好。而市场差异则提供了并购双方利用各自优势合作开发对方市场的双赢机会。第三，宏观经济环境、汇率波动、并购潮等增加了并购动机。两国制度距离越大所处的经济周期差异也越大，经济差距也可能越大，例如中国向发达国家投资可以通过投资换取先进技术、中国向非洲等发展中国家投资可以输出基础设施、过剩产能等，也就是说，所处人均 GDP 不同阶段国家的供给与需求也非常不同。两国汇率差异拉大给海外并购带来更大的获益空间。当一国经济景气，一国陷入经济危机时，很可能被收购国家以低价抄底资产。

在产业层面，海外并购受到行业周期的影响，那些处于行业周期晚期的发达国家企业较可能被快速出售给发展中国家，这与弗农的产业生命周期理论一致，例如联想收购 IBM 服务器、吉利汽车收购沃尔沃、海尔收购东芝电器等。特定产业政策对行业企业的并购行为也有较大影响，例如垄断资源产业、高技术产业、太阳能产业等。

虽然 Dikova 等（2010）发现非正式制度差异在公开收购过程中造成收购双方困难，例如谈判等。然而，Stahl 和 Tung（2014）认为现有研究忽略了非正式制度距离（或文化距离）对跨国公司的积极影响。例如 Li 等（2013）指出我国企业在母国非正式制度环境下，非常善于通过建立关系而获取信任，这种方式在非正式制度差异较大国家效率更高；非正式制度差异使双方产生交易达成后实现互补或协同效应的预期，从而提升达成并购的动机。Chakrabarti 等（2009）发现非正式制度距离可能有利于跨国并购长期绩效。Deng（2009）指出在特定非正式制度环境下，收购非正式制度差异较大国家的标的成为一种社会规范和认知，并融入组织文化中。

地理距离对海外并购时间也具有显著影响。第一，收购双方所处地区越远，所在的时区距离也越大，增加了沟通难度。第二，地理距离增加了双方的交通成本，应对各种复杂的环境和情况也越多，增加了旅行、谈判时间，投入和耗费人力、物力、财力也更多。除非依赖现代交通工具，否则人难以到达当地开展商务活动。第三，地理距离增加了收购双方的协作成本，特别是资源的流动等，海外公司难以获得公司支持，处于孤立无援的地位。而在收购地生产的产品也难以运回母国。总而言之，地理距离虽然拓展了收购方的业务范围与区域限制，但是距离对组织海外并购时产生了沉重的负担（德鲁克，2006），对组织管理、资源等提出了更高要求。此外，地理距离带来的成本影响更为深远，有些则是难以克服的。地理距离不仅影响交易双方的沟通效率和方式，也会产生地缘政治等影响。综上所述，本文提出以下假设：

H1a：收购双方的制度距离越大，海外并购完成时间越短。

H1b：收购双方的文化距离越大，海外并购完成时间越短。

H1c：收购双方的地理距离越大，海外并购完成时间越长。

（二）公司治理与海外并购完成效率

当前我国国有企业面临混合所有制改革，鼓励国企通过海外并购优化经营效率，改善治理结构。因此如何利用国有企业优势，规避国有企业劣势，提升海外并购效率变得尤为关键。

公司治理结构如国有控股、海外上市等对海外并购进展存在显著影响。

企业所有权结构决定了产权关系，不同所有权的特点和优势显著不同，我国国有企业是制度变迁的产物，特点突出。一方面，国有企业规模大、资金充裕，掌握稀缺资源（例如融资、减税）、政策（鼓励一些资源类国企海外并购获取资源、一些制造企业海外并购获取技术）、掌控国家命脉行业（例如电信、电力、石油）等优势。另一方面，国有企业在海外收购时又存在劣势：第一，被视为带有国家意志，掠夺资源，威胁当地经济，因此国有企业在海外并购遭遇更为强烈的阻碍、引发当地社会的反对情绪，有时甚至存在海外资产安全风险和亏损风险。第二，国有企业也有一些固有的缺点，例如行政干预、官僚化、管理低效、制度僵化、市场反应缓慢、决策和财务不透明、存在腐败风险等，丧失标的方信任，合作沟通中摩擦不断，即使收购成功，整合过程的风险依旧很大，管理层离职率更高。第三，国家对国有企业海外并购监管也更为严格，尤其是对外投资需要管理层、政府等多级审批，可能视为国有资产流失的主要形式，国企海外并购涉及金额较大，甚至可能上升为政治问题。

因此，在大部分情况下，国有企业开展并购遇到比民营企业更多限制，首先是两国的政府监管以及非行政治理约束，除非一些特殊并购机会监管部门“开绿灯”，否则国有企业难以摆脱审批程序，面临更多疑虑和质疑；其次是合作、谈判过程中，国有所有权劣势随时可能产生摩擦与问题，降低效率，延长交易时间。再次，国有企业涉及更多交易程序和法律问题，需要更多专业人士，花费更多时间处理。Li 等（2017）也通过在美海外并购事件实证检验发现国有企业从公告到并购完成的时间间隔更长，因为国有企业可能被视为其母国的代理人，进而在东道国产生国家安全等合法性的担忧，增加了审查时间。最后，民营企业组织结构更为简洁，组织方式灵活，管理效率更高。当前研究认为国有控股降低了并购成功率，Li 等（2019）指出中国国有企业财务不透明是海外并购失败的主要原因。Li 等（2017）进一步指出国有股权可能产生东道国合法性挑战，从而延长交易时间，该效应在监管严格的美国尤其显著。本文结论也证明在国有经济占主体的中国，国有股权增加了海外并购公开交易阶段的风险和成本。本文认为国有控股是所有权结构的重要指标之一，我国国有企业经历了漫长的改革过程，从计划经济时的纯国有企业改革为市场经济的国有独资和国有控股企业，当前混合所有制的国有控股企业的政府干预大为减少，股东权益得到法律保障，经营效率大幅提升，但相比民营企业，国有企业在海外并购时面临更严格的审查和复杂环境，董事会、高管团队的决策和管理效率仍然偏低。

收购方在海外上市提升了公司治理水平，增加了财务透明程度，拥有更高的监管标准、更严格的监督机制，提高违法成本，也通过信号机制提高了企业的可信度。此外海外上市提升了企业的合法性，配合企业的其他海外生产运营环节，因此既有利于企业国际化经营，又降低了融资成本。如果收购方在标的国家或附近国家或知名资本市场上市，则对当地企业更具吸引力，同时又增强了国际地位。海外上市也有利于海外并购，例如阿里巴巴选择在美国海外上市的原因之一是能利用其股票收购美国和其他国家公司或利于拓展北美市场。

综上所述，本文提出以下假设：

H2a：国有企业比非国有企业的海外并购完成时间更长。

H2b：海外上市企业比非海外上市企业的海外并购完成时间更短。

（三）并购经验、公司治理对距离和海外并购完成时间的调节作用

（1）第一，并购经验越多的公司善于发挥制度距离的优势。经验丰富的收购者善于利用标的方的优势弥补自身不足，例如技术行业收购者高效利用东道国的知识产权保护、研发环境、高质量专利等，快速提升自身研发竞争力；而充分挖掘发展中国家的资源、市场、劳动力等，而且多个成功并购会形成规模效应。第二，并购经验越多的公司善于克服制度距离产生的阻碍。在并购交易涉及最多的法律法规、投资环境、与政府打交道等是较为显性的、程序化的，可以通过并购经验提升效率，形成稳定的收购团队、外部合作关系、独特的知识等用于新的并购交易中。Dikova 等（2010）指出国际商务服务业中跨国并购成功经验能削弱制度距离对完成时间的正向影响。

（2）第一，并购经验越多，文化距离产生的异质性将减弱。收购方倾向于延缓交易以充分了解标的方价值。更为重要的是，经验丰富的收购者懂得充分挖掘文化差距中丰富的内涵。第二，并购经验越多，将更谨慎地预防和对待文化距离所可能产生的冲突，通过充分地了解彼此，化解各类文化差异的误解，尤其重要的是让东道国社会充分了解收购方，建立信任，通过延长交易时间建立良好的沟通效果，降低风险，提高成功率；文化差异是高度复杂化、个性化和隐性的，照搬以往经验不仅未必有效，还可能产生负向影响阻碍并购进展。第三，成功并购经验更能平衡谈

判时间与达成交易之间的矛盾，应对更多预料之外可能的突发事件，掌控并购完成的整个进程，避免过长的谈判时间降低并购成功率。

并购经验对文化距离和并购时间的促进作用具有抑制效应，其延长并购时间的背后是通过充分沟通提高并购后整合的成功率。充分挖掘和判断并购价值，设计整合方案。并购经验也提升了风险抵抗能力而得以延长并购时间并免予交易失败。

因此：本文提出以下假设：

H3a：并购经验越多，制度距离对海外并购完成时间的加速作用越强。

H3b：并购经验越多，文化距离对海外并购完成时间的加速作用越弱。

前文已经分析收购双方制度差异增加，收购效率提升；海外上市是企业国际化经营中的重要环节，因而也促进了交易达成，有些企业为了开展海外并购和经营活动，也会选择先在境外资本市场上市融资。但如果收购方在境外上市，在制度差异较大国家收购时：第一，会增加监管审批程序，将会面临国内、国外双重监督，监督机制更多，范围更广、更严，使交易变得谨慎，降低风险，而随着制度差异的增加，披露信息也越多，与非境外上市公司相比，所花时间更长，风险更小。第二，境外上市将给收购方背书，但这种背书在制度距离近的国家效果更好，风险更小，降低了融资成本，更受资本市场欢迎。

境外上市中国企业在文化距离较大的国家收购时：第一，文化距离容易产生不确定性，而根据海外资本市场的监管要求，对交易施加的监管力度相应增加，披露信息增多，给予企业一定保护机制，应对文化冲击，但收购时间延长。第二，通过境外上市的方式可以弥补一定文化差异带来的信息不对称，并通过境外资本市场规范获得一个广泛认可的统一标准，因此这类收购过程更为规范，因此比非境外上市的交易花费更多预先调查时间，然而这也保证了并购完成之后整合的风险降低。

第一，国有企业在开展海外并购时被视为国家队，也是就拥有政府背景支持、政策、资金、规模等多项优势。当制度距离增加时，海外并购成本上升，民营企业将更多时间用于收集信息、筹措资金、与双方政府协商甚至是开展政治游说，而国有企业则拥有更多资源应对外部挑战，特别在海外市场，国有企业通过政府背景拥有更多和当地大使馆的关系，可以直接和对方政府协商，当媒体产生负面报道时，更容易稳定社会情绪。在国内也是如此，国有企业更容易从银行获取贷款融资、通过和政府的关系获取快速审批、通过国内媒体发布有利于交易的信息等，这些是民营企业难以获取的稀缺资源。第二，国有企业履行社会责任的能力更强。国有企业能以负责任的形象更好履行当地社会责任，尤其在创造当地就业、增加当地投资方面，弥补文化差异带来的负面影响。第三，国有企业在所在行业拥有技术、市场、资金等诸多优势，收购方寻求这些互补性时，更容易选择国有企业，而非民营企业。

第一，国有企业有很固有的企业文化，所以当文化距离增加时，国有企业更难适应和快速调整应对巨大的文化差异，国有企业往往有很强的自我服务导向，缺乏文化的包容性。而民营企业的文化则更为灵活、创新性强、具有市场导向，没有政府干预的束缚，更容易和对方文化融合，沟通更为容易，对方接受程度也更高。第二，国有企业在面对较大文化差距时更为谨慎，通过资源、团队等方式充分了解文化差异，以做出更稳妥的决策，形成较为主动的主导姿态，对交易进程的掌控能力更强，包括财务、法律、人事、获取信息、内外沟通、应对竞争等。但民营企业显然在面对文化差异时难以有更多措施，而选择充分发挥文化差异的优势，主要以被动接受的方式按对方的节奏开展交易。

综述所述，本文提出以下假设：

H4a：海外上市减弱了制度距离对海外并购的加速作用。

H4b：海外上市减弱了文化距离对海外并购的加速作用。

H4c：国有控股减弱了制度距离对海外并购的加速作用。

H4d：国有控股减弱了文化距离对海外并购的加速作用。

实证模型如图 1 所示。

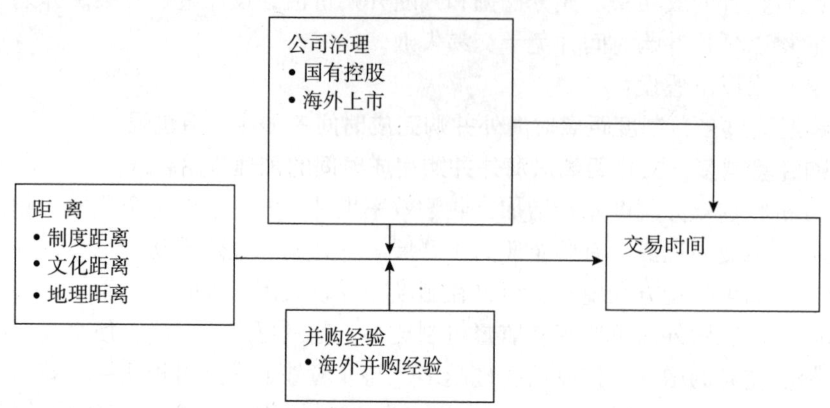

图 1　距离、并购经验、公司治理与海外并购交易时间的实证模型

资料来源：笔者绘制。

三、研究方法

（一）研究数据

本文采用二手数据研究法。样本来源于中国公司所开展的海外并购交易，总样本数为 8353 个，时间跨度是 1982~2019 年，其中有并购状态记录的样本 5831 个。本文样本选取收购方母公司为中国或收购方为中国、标的公司为外国的海外并购交易。并购数据来自汤森路透并购数据库（Thomson One），该数据库较为完整和权威，被现有研究广泛采用。

（二）模型选择

本文采用混合横截面数据模型的分析，并控制年份和行业产生的影响。

（三）变量衡量

（1）因变量。海外并购时间（*duration*）。从双方首次公开宣布交易到股权交割完成的并购公开交易阶段所花费的天数。本文将交易状态分为交易完成和失败两类，交易完成是指收购合约被执行或股权转让交割结束。交易失败定义为合约或收购意向书被终止、撤销、过期或其他原因失败，前者记为 1，后者为 0。

（2）自变量。制度距离（*id*）。制度距离是指母国与东道国的正式制度差异。本文使用传统基金会的全球经济自由度指数（Economic Freedom Index，EFI）作为稳健性检验，该指数时间跨度涵盖 1995~2018 年。采用 Kogut 和 Singh（1988）研究中提出的公式进行计算。为了验证结果可靠性，本文采用世界银行发布的 Kaufmann 等（2007）构建的世界治理指数（Worldwide Governance Index，WGI）进行稳健检验，该指数较为系统和权威，被广泛采用。数据来自世界银行网站等公开网络资源。

文化距离（*cd*）。指母国与东道国的文化差异。使用霍夫斯泰德的文化维度指数理论进行测量和检验，该指数包含六个维度。总指数采用 Kogut 和 Singh（1988）提出的计算方法。使用 House 等（2004）的 Globe 项目中的九个文化维度指数作为文化的替代变量进行稳健性检验，该指数包含社会实践的文化指数和感知的文化指数。

地理距离（*gd*）。收购方所在城市与收购标的所在城市之间的球面距离。使用 Stata 中 geocodehere、geodist 等命令计算。

跨国并购经验（*exp*）。收购方跨国并购成功的数量（Dikova et al.，2010）。

海外上市（*olst*）。收购方或其母公司在海外上市记为 1，否则为 0。

国有企业（*soe*）。本文根据并购数据库中买方政府参与变量，构建了国有企业虚拟变量，该变量是指政府是任何买方的投资人之一。

其他控制变量见表 1。

表 1　变量列表

序号	控制变量	衡量	数据来源
1	经济发展（*gdp*）	采用人均 GDP 衡量并购国家的经济水平	世界银行
2	发达国家（*developed*）	人均 GDP 大于高收入水平为 1，否则为 0	
3	双边贸易（*trade*）	中国与收购方国家的进出口总额	国家统计局
4	并购成败（*comp*）	并购成功为 1；并购撤销或终止为 0	路透
5	股权比例（*sought*）	收购标的股份比例	
6	支付方式（*cash*）	只有现金为 1，其他为 0	
7	交易规模（*value*）	收购标的总金额（单位百万美元）	
8	行业相关（*same*）	买方和买方行业相同（SIC 两位行业代码）	
9	买方上市地位（*apublic*）	买方上市为 1，非上市为 0	
10	卖方上市地位（*tpublic*）	卖方上市为 1，非上市为 0	
11	卖方国有控股（*tsoe*）	卖方投资人之一是政府为 1，否则为 0	

资料来源：笔者整理。

四、实证结果

实证分析结果主要包括描述性统计、相关系数矩阵、回归分析等。为下一步结果讨论，理论和实践总结奠定基础。

（一）描述性统计

我国企业海外并购成功率为 91%，失败 504 件，成功 5327 件。并购完成时间平均为 72.79

天，最少为 0 天，最多为 3586 天，也就是说平均完成交易的时间为 2 个月左右，短于 Dikova（2010）的 96.36 天、3 个月左右（全球新闻媒体出版行业），Li 等（2017）研究发现的 90 天、3 个月左右（在美海外收购），与 Boeh（2011）的 120 天、4 个月左右较为接近（包括全世界的海外并购）。制度距离平均为 3.38，最小为 0，最大为 7.19。文化距离平均为 2.08，最小为 0.31，最大为 4.62。地理距离平均为 6.81，最大为 9.78，最小为-1.51。平均并购成功经验为 0.65，最大为 11，最小为 0，说明大多数并购集中在少数企业，我国海外并购数量的差距较大。国企占比 21.44%，26.22%的买方在海外上市。

平均股权比例为 65%，绝对控股居多。平均交易规模为 1.82 亿美元，最高为 418.4 亿美元。36%的并购在同一行业中。单一现金支付比例平均为 40%。我国海外收购目标国的平均人均 GDP 为 3.78 万美元，发达国家占 55%，双边贸易总额均值为 1729.80 亿美元（见附表 1）（描述性统计表格中数据经过 1%的双尾缩尾、取对数等处理）。

（二）皮尔森相关系数矩阵

相关性关系的目的是初步检查变量之间是否存在相互影响，即相互作用的可能性，不反映因果关系。通过相关性分析可初步判断假设是否合理，以及变量之间是否存在多重共线性。

附表 2 展示了相关系数矩阵。结果本文各变量之间相关性低于临界值 0.6，因此不存在严重的多重共线性问题。制度距离、文化距离、地理距离等主要变量与并购完成时间之间存在显著的负相关关系，与假设一致，表明本文的模型和假设存在较高合理性，具有进一步研究的意义。

（三）回归结果

本文回归结果如下：

1. 直接作用

（1）制度距离。在所有模型中显著（见附表 2 和附表 3），系数为负，-0.214（p<0.1）～-0.062（p<0.01），不同模型中的影响系数、显著性因控制变量不同略有差异。也就是说制度距离每增加 1 个单位，海外并购完成时间最多减少约 0.214 天。换言之，我国企业收购制度距离较大国家的标的时完成时间更短。

（2）文化距离。在所有模型中显著，系数为负，-0.291（p<0.01）～-0.107（p<0.01），不同模型中的影响系数、显著性因控制变量不同略有差异。文化距离每增加一个单位，海外并购时间最多减少 0.291 天。我国企业收购文化距离较大国家的标的时完成时间较短。

（3）地理距离。在所有模型中显著，系数为负，-0.062（p<0.05）～-0.034（p<0.05），不同模型中的影响系数、显著性因控制变量不同略有差异。地理距离每增加 1 个单位，并购完成时间最多减少约 0.062 天。我国公司收购地理距离较大国家时完成时间更短。该结果与 H1c 相反，可能与本文变量计算方法以收购方所在地为准有关，存在母公司通过海外设立子公司开展收购的情况，此时地理距离是海外子公司与标的距离，海外子公司作为母公司的跳板，能更为便利地应对规则、融资等环节，降低了收购难度，从而抵消了地理距离带来的不利影响。

（4）并购经验。并购成功经验的主效应在所有模型中不显著，系数大多为正。

（5）国有控股。在模型 9、模型 10、模型 12、模型 13 中显著，系数为负，-1.596（p<0.05）～-1.013（p<0.01）。

（6）海外上市。在除了模型 8、模型 14 的所有模型中显著，系数为负，-1.775（p<0.05）～0.237（p<0.05），海外上市最多能为海外并购减少 1.775 天。

2. 调节作用

由模型 2 可知（见附表 2 和附表 3），制度距离和并购经验的交互项在模型 9、模型 12 中显著，系数分别为-0.020（p<0.01）、-0.022（p<0.01），假设得到部分证实。当并购经验丰富时，制度距离对并购时间的压缩效应更为强烈（见图2）。

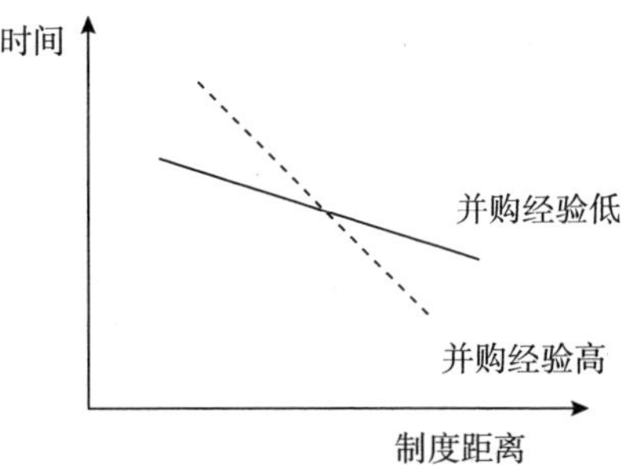

图2 并购经验对制度距离和并购时间的调节作用

由模型3可知，文化距离和并购经验的交互项在多数模型中不显著，系数为正。假设未获证实。可能原因是当前的并购经验不足以应对复杂文化差异造成的交易阻碍。

制度距离和国有控股的交互项在所有模型中显著，系数为正，0.087（p<0.1）~0.246（p<0.05）。国有控股减弱了制度距离对并购时间的负向影响，使其更为平缓（见图3）。

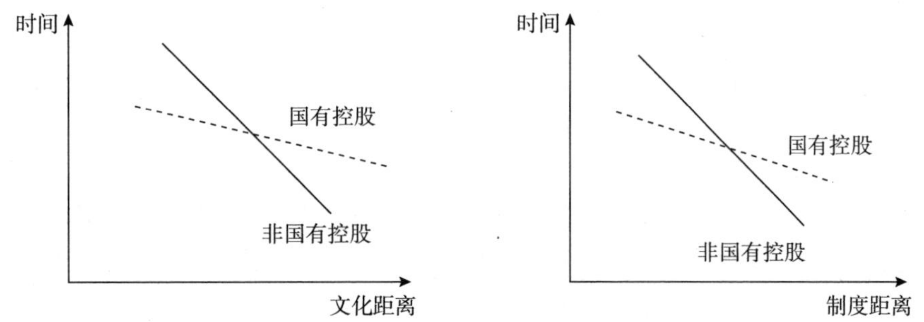

图3 国有控股对制度距离、文化距离和并购完成事件的调节作用

国有控股与文化距离的交互项在模型9、模型10、模型12、模型13等大多数模型中显著，系数为正，0.227（p<0.01）~0.361（p<0.01）。国有控股减弱了文化距离对并购时间的负向影响，使其更为平缓（见图3）。

制度距离和海外上市的交互项在模型7、模型9、模型10、模型11、模型12中显著，系数为正，0.109（p<0.05）~3.47（p<0.01），海外上市减弱了制度距离对并购时间的负向影响（见图4）。

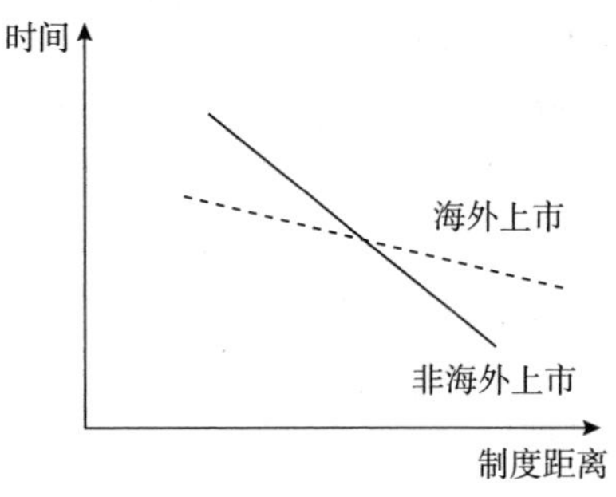

图4 国有控股对制度距离和并购时间的调节作用

文化距离和海外上市的交互项在多数模型中不显著，系数多为正。可能原因是企业还不能充分运用海外上市优势减缓文化距离的阻碍。

3. 其他发现

（1）买方上市地位。在所有模型中显著，系数为正。收购方的上市地位阻碍了并购完成。一方面，上市收购公司规模更大，需要进行大量的谈判、资金筹措等工作。另一方面，涉及上市公司收购的审批程序更为复杂。

（2）卖方上市地位。在所有模型中显著，系数为正。上市公司拥有更为规范的管理，知名度也更高，规模和盈利水平高于其他公司，然而也面临着更为严格的监管，包括来自股东、监管部门等。

（3）卖方国有控股。在除了模型 13、模型 14 的大多数模型中显著，系数为正，0. 281（$p<0.1$）~0. 353（$p<0.05$），表明国有控股确实对海外并购完成存在阻碍作用，也就是说作为外国公司收购当地的国有企业，将面临更多审查，从而增加了并购时间。

（4）股权比例。在所有模型中显著，0. 007（$p<0.01$）~0. 011（$p<0.01$），股权比例越高，并购完成时间越长。

（5）交易规模。在所有模型中显著，0. 206（$p<0.01$）~0. 248（$p<0.01$），交易规模越大，越需要花费更多时间协调与谈判。

（6）现金支付。在模型 1、模型 6、模型 7 中显著，系数为 0. 17、0. 149、0. 148（$p<0.01$），现金支付增加了并购时间，可能原因是提高了收购方的融资难度。

（7）行业相关性。在模型 3 中显著，在大多数模型中不显著，系数为负，表明相关收购双方行业一致有利于交易达成，跨行业收购增加了成本。

（8）经济发展。东道国经济发展程度在大多数模型中不显著。理论上一国经济发展阶段确实会决定收购完成的快慢，可能原因是当前收购与经济发展阶段和周期相关性较小。

（9）发达国家。在模型 1 中显著，系数为-0. 197（$p<0.1$），在大多数模型中不显著，但系数均为负，发达国家的收购效率更高。

（10）双边贸易。双边贸易在多数模型中不显著。可能原因是尽管双边贸易反映了两国经济关系，然而海外并购与进出口活动之间仍然存在一定差异，不能用相同原理的解释。

（四）稳健性检验

1. 分组检验

进一步地，我们把标的所在国分为发达国家与不发达国家两组进行回归，并比较两者的差异。在表中，由模型 13、模型 14 可知，发达国家的制度距离、文化距离显著，且系数更大，而不发达国家则不显著，地理距离则相反，在不发达国家显著为负，在发达国家显著，表明中国企业在发达国家收购的效率更高，而在不发达国家收购时地理距离对并购效率具有促进作用。国有控股、海外上市对发达国家并购有显著的促进作用，对不发达国家则不显著，且系数更大。可能原因是，发达国家规范的审批制度和开放的金融制度，能充分发挥两者优势，而合理规避了两者的劣势。买方上市地位影响在发达国家略小于不发达国家，而卖方上市地位影响在发达国家略大于不发达国家。也就是说，不发达国家企业比发达国家企业更为信任中国的上市公司，相反中国收购企业更信任和青睐发达国家的上市企业，因为其更高的评价标准。发达国家股权比例比不发达国家股权比例的影响系数略高，因为股权比例越高，涉及的法律问题也更复杂。不发达国家的公司规模比发达国家的公司规模影响略高，相比发达国家，不发达国家收购的手续更复杂，透明度更低，需要花费更多时间处理相关程序，例如审批流程。国有控股阻碍了制度距离对并购时间的压缩作用，而这种阻碍效果在发达国家高于不发达国家，原因在于发达国家更欢迎民营企业的收购，而对于国有企业则有较高的警觉性。国有控股可能在东道国产生合法性挑战，这种挑战表现为公众、利益相关团体、监管机构等的反对，而发达国家涉及的标准更高，例如社会责任、环境保护、经济贡献、国家安全等，竞争意识更强更敏锐，国有企业在更多方面面临更强挑战。所以导致收购程序的延长。同样在发达国家，国有控股对文化距离对并购促进的阻碍、海外上市对并购促进的阻碍都更为强烈。

2. 不同变量检验

我们采用世界治理指数（WGI）、GLOBE 文化指数等分别作为制度距离和文化距离的替代变量进行稳健性验证。其中制度距离在模型 1、模型 3、模型 4 中显著，系数为负，-1.151、-0.242、-0.148（$p<0.1$），假设得到部分验证。文化距离在模型 2 中显著，0.349（$p<0.1$），该结果虽然与假设相反但并不稳健。国有控股与制度距离交互项在所有模型中显著，0.185（$p<0.05$）~0.484（$p<0.1$），假设得到再次验证。

（五）结果讨论

根据以上假设检验结果，本章对实证分析得到结果进行讨论。分析并归纳本文的研究结果。

H1a 得到证实。制度距离缩短了交易时间，说明企业获取异质性技术、市场等收益大于正式制度差异产生的风险和成本，该结果与 Dikova 等（2010），李秀娥和卢进勇（2013）的发现相反，可能原因是：①新兴市场企业的特殊性。新兴市场企业有很强的动机向制度距离较大的国家并购（发达国家或不发达国家），以获取战略性资源、环境等，来弥补母国的制度和市场限制（Luo and Tung，2007）等，因此并购时目标较为明确，资金充裕，减少了谈判复杂性和交易难度，获取收益大于不确定性的成本。②样本行业不同。本文涵盖所有行业，并不是所有行业都对制度距离敏感，例如一些中低端制造业、批发零售业、金融业等，被收购方更关注资金、技术、合作、管理等急需资源，从而降低条件与要求，促进交易达成。相反，那些高技术行业、新闻行业等的并购可能受到制度距离的制约。③样本的时间跨度更广、数据更新等，避免了样本量不足的偏差。Zhang 等（2011）的研究也发现了正式制度差异的促进作用，即正式制度距离越高，东道国正式制度质量可能越高。

H1b 得到证实。现有研究普遍认为文化差异阻碍了交易，但本文发现文化距离缩短了交易时间。与制度距离不同，文化的影响在交易方方面面无处不在，有些是最基本的环节，例如沟通、企业文化等，而且是潜移默化、根深蒂固，难以察觉与改变，然而文化多样性却给标的带来独特的能力和异质性（人力资源、组织文化、市场等），产生互补效应，带来潜在巨大的创新和价值创造机会，因此收购方愿意做出让步以交换交易达成。

H1c 与结论相反。结果显示地理距离促进了海外并购。然而随着交通技术、信息技术的发展，地理距离已不再成为制约海外并购的因素，相反距离越远越可能给买方带来利益，例如印度为美国公司提供信息外包服务，通过 12 小时时差，以较低的劳动力成本实现 24 小时高效工作。地理距离带来的优势还有资源禀赋的多样性、互补性，例如中东地区盛产石油、南美铜矿资源丰富、澳大利亚铁矿品质更佳、非洲的资源等，这种资源的互补效应、巨大的规模效应，弥补了地理距离的成本影响。

H2a 与结论相反。部分模型显示国有控股显著缩短了海外并购时间，国有控股仍然存在一定优势。可能原因是：第一，国有企业海外并购主要集中于资源、金融、电力、制造、基础设施建设等行业，在相应补贴和政策支持下国企具有较大竞争力，能快速完成，例如在“一带一路”倡议政策支持下，基础设施、核电、装备制造等优势国企能快速地开展经营。第二，国有控股能在擅长领域快速完成收购，而在某些领域遭遇合法性挑战而延长并购时间或并购失败只是个别案例，即使在美国、欧洲等国家地区面临外国投资审查，也能通过各种方式应对，比民营企业更具有抗风险能力。

H2b 得到证实。海外上市的公司具有较高的公司治理水平，海外上市制度通常会增加对上市公司的约束从而提高财务可靠性，因而降低交易公开阶段的风险，尤其是缩小在公开阶段可能遭遇竞争的缺点。Li 等（2019）发现海外上市提高国企透明度，从而提高并购成功率。

H3a 得到证实。成功并购经验中应对制度差异的知识有助于促进后续并购，进一步缩短并购时间。制度差异产生的障碍是显性的，便于组织利用内外部资源予以解决。现有研究发现成功并购经验对制度差异和并购完成的关系具有调节作用，但作用方向存在差异，总体而言，既存在促进也存在削弱，由于制度距离与文化距离的差异，作用效果不同。

H3b 未得到证实。可能原因有：第一，文化距离的影响较为稳定且深远，常常是隐性的，因此，并购经验的调节影响较为有限，而且文化本质性导致某些问题的难以调和性，例如价值观，因此，并购经验只能融合和缓解其影响，不能改变和解决基本问题。第二，并购经验只能反映组织国际化经验和组织知识的一部分，对文化距离的影响存在局限。

H4a 得到证实。规范正式的制度规则的影响可以通过境外上市等方法以严格监管程序延长并购时间方式规避风险。

H4b 未得到证实。可能原因是境外上市虽然是一种制度保证，但是文化差异影响更为广泛，涉及一些基本层面的影响仍然难以有效避免等。

H4c 得到证实。国有控股既存在所有权优势也存在所有权劣势。国有企业的政府支持是海外并购中最大的优势，从而充分发挥制度距离优势，规避劣势。

H4d 得到证实。国有控股也减弱了文化距离对并购时间的促进作用。国有控股通过延长并购时间发挥文化距离的优势，抵御公开交易风险，促进并购完成。

在交易规模方面。首先，需要审查的范围也越大，支出也越高其次，企业规模越大，组织决策效率更低，从而延长交易时间。

五、小结

（一）本文主要结论

（1）距离对我国公司海外并购公开交易阶段完成时间存在影响。制度距离、文化距离、地理距离可能缩短海外并购的完成时间。

（2）海外上市、国有控股都可能促进海外并购完成。收购双方上市地位、卖方国有控股、股权比例、交易规模等则增加了海外并购时间。

（3）并购经验、国有控股、海外上市等对距离和海外并购时间的影响具有调节作用。具体而言，并购经验可能增强制度距离对并购时间的促进作用。国有控股则对制度距离、文化距离对并购时间的促进作用具有削弱作用。海外上市对制度距离和并购时间的促进作用具有正向调节作用。

（4）以上影响在发达国家和不发达国家存在显著差异。发达国家制度距离、文化距离，不发达国家的地理距离等，都对并购完成的促进作用显著。收购发达国家企业时，国有控股、海外上市对制度距离、文化距离和并购时间的负向影响具有正向调节作用，而这些影响在不发达国家中不显著。

（二）理论贡献

（1）本文着重研究了海外并购完成时间，关注了海外并购公开交易阶段的影响因素。现有研究主要关注海外并购成败，而对并购完成时间关注较少，而其实是衡量海外并购风险和成本的重要指标。本文系统研究了海外并购公开交易阶段的特点，以及影响该阶段完成时间的主要因素和影响机制。

（2）本文在理论和实证上研究了距离、并购经验、公司治理对海外并购完成时间的影响。本文构建理论模型，运用实证方法检验了各因素的影响。在国家距离理论领域，本文发现制度距离、文化距离、地理距离皆可能促进企业海外并购的达成，虽然这些距离可能造成很大的不确定性，但是仍然存在多样性激励等积极影响。

（3）本文研究了并购经验、国有控股、海外上市对距离和海外并购完成时间影响关系的调节作用及其影响机制。

（三）管理启示

本文对跨国并购实践的管理启示有：

（1）距离、并购经验、公司治理与海外并购公开阶段完成时间。首先，我国公司海外收购选择标的时，选择制度距离、文化距离、地理距离等较大的标的完成时间较短，通过海外子公司开展收购的效率更高。其次，积累成功的海外并购经验有利于后续并购达成，失败的并购经验对组织信心具有较大的负面影响，不利于后续收购。再次，提高公司治理水平提高并购效率，特别是提高机构投资者持股比例、赴海外上市等，而国有企业在海外并购时应注意避免可能的风险。

（2）并购经验、国有控股、海外上市对距离和海外并购完成时间的调节作用。当制度、文化、地理等距离较高时，运用并购经验、国有控股、海外上市等优势可以降低并购速度，对冲并购风险，提升并购质量。

（四）研究局限和未研究方向

（1）对现有变量进行进一步细分、进一步检验。在距离方面，制度距离采用正式距离、文化距离、语言、地理距离、时区差异或更准确的地址获取经纬度计算。在并购经验方面，并购经验分为成功、失败、跨行业、敏感行业。在公司治理方面，采用公司治理的其他指标检验，如董事会规模、董事长、高管特征等；进一步检验国有企业持股比例对完成时间的影响等。

（2）运用更大的样本检验假设。包括中国所有并购交易、全球并购交易、全球特定行业交易等。运用大样本特点，检验变量的非线性影响关系。

（3）海外并购交易其他方面。交易支付方式、并购股权等。采用案例研究方法等分析其他可能并购公开阶段的可能影响因素。

参考文献

［1］Drucker P F. The Effective Executive［M］. New York：Harperbusiness, 1967.

［2］Boeh K K. Contracting costs and information asymmetry reduction in cross-border M&A［J］. Journal of Management Studies, 2011, 48（3）：568-590.

［3］Boone A L and J H Mulherin. How are firms sold?［J］. The Journal of Finance, 2007, 62（2）：847-875.

［4］Dikova D, P R Sahib and A V Witteloostuijn. Cross-border acquisition Abandonment and completion：The effect of institutional differences and organizational learning in the International business service industry, 1981－2001［J］. Journal of International Business Studies, 2010, 41（2）：223-245.

[5] Muehlfeld K, P R Sahib and A V Witteloostuijn. A contextual theory of organizational learning from failures and successes: A study of acquisition completion in the global newspaper industry, 1981-2008 [J]. Strategic Management Journal, 2012, 33 (8): 938-964.

[6] 李秀娥，卢进勇 . 中国企业跨境并购效率影响因素实证研究：基于制度视角 [J]. 世界经济研究，2013 (5): 67-73, 89.

[7] Li J, J Xia and Z Y Lin. Cross-border acquisitions by state-owned firms: How do legitimacy concerns affect the completion and duration of their acquisitions? [J]. Strategic Management Journal, 2017, 38 (9): 1915-1934.

[8] Zhang J C Zhou and H Ebbers. Completion of Chinese overseas acquisitions: Institutional perspectives and evidence [J]. International Business Review, 2011 (20): 226-238.

[9] Knoerich J. Gaining from the global ambitions of emerging economy enterprises: Ananalysis of the decision to sell a german firm to a Chinese acquirer [J]. Journal of International Management, 2010, 16 (2): 177-191.

[10] Stahl G K and R L Tung. Towards a more balanced treatment of culture in international business studies: The need for positive cross-cultural scholarship [J]. Journal of International Business Studies, 2014, 46 (4): 391-414.

[11] Li J, I Vertinsky and H Zhang. The quality of domestic legal institutions and export performance [J]. Management International Review, 2013, 53 (3): 361-390.

[12] Chakrabarti R, S Gupta-mukherjee and N Jayaraman. Mars-Venus marriages: Culture and cross-border M&A [J]. Journal of International Business Studies, 2009, 40 (2): 216-236.

[13] Deng, P. Why Do Chinese Firms Tend to Acquire Strategic Assets in International Expansion? [J]. Journal of World Business, 2009, 44 (1): 74-84.

[14] [美] 彼得·德鲁克 . 动荡时代的管理 [M]. 北京：机械工业出版社，2006.

[15] Dunning J H, and S M Lundan. Multinational Enterprises and the Global Economy [M]. Edward Elgar Publishing, 2008.

[16] Barkema H G, and M Schijven. How do firms learn to make acquisitions? A review of past research and an agenda for the future [J]. Journal of Management, 2008, 34 (3): 594-634.

[17] Zollo M. Superstitious learning with rare strategic decisions: Theory and evidence from corporate acquisitions [J]. Organization Science, 2009, 20 (5): 894-908.

[18] Meyer C B and E Altenborg. Incompatible strategies in international mergers: The failed merger between Telia and Telenor [J]. Journal of International Business Studies, 2008, 39 (3): 508-525.

[19] Li J. Experience effects and international expansion: Strategies of service mncs in the Asia-Pacific region [J]. MIR: Management International Review, 1994, 34 (3): 217-234.

[20] Kaufmann D, A Kraay and M Mastruzzi. Governance matters Vi: Aggregate and individual governance indicators [J]. World Bank Policy Research Working Paper, 2007:

[21] Kogut B and H Singh. The effect of national culture on the choice of entry mode [J]. Journal of International Business Studies, 1988, 19 (3): 411-432.

[22] 阎大颖 . 制度距离，国际经验与中国企业海外并购的成败问题研究 [J]. 南开经济研究，2012 (5): 75-97.

[23] House R J, P J Hanges M Javidan et al. Culture, Leadership, and Organizations: The Globe Study of 62 Societies [M]. Sage Publications, 2004.

[24] 王小鲁，樊纲，胡李鹏 . 中国分省份市场化指数报告 2018 [M]. 北京：社会科学文献出版社，2019.

[25] Luo Y and R L Tung. International expansion of emerging market enterprises: A springboard perspective [J]. Journal of International Business Studies, 2007, 38 (4): 481-498.

[26] Li J, P Li and B Wang. The liability of opaqueness: State ownership and the likelihood of deal completion in international acquisitions by Chinese firms [J]. Strategic Management Journal, 2019, 40 (2): 303-327.

附录

附表 1　描述性统计

变量	变量名	数量	均值	标准差	最小值	最大值
$lnduration^2$_w	并购时间	5327	2.39	2.34	0.00	6.45
comp	交易完成	5831	0.91	0.28	0.00	1.00
id_w	制度距离	7627	3.38	2.30	0.00	7.19
cd_w	文化距离	7971	2.08	1.57	0.31	4.62
lngd_w	地理距离	8287	6.91	3.24	-1.51	9.78
exp_w	海外并购经验	7842	0.65	1.75	0.00	11.00
soe	国有控股	8353	0.21	0.41	0.00	1.00
olst	海外上市	8353	0.26	0.44	0.00	1.00
apublic	买方上市地位	8353	0.28	0.45	0.00	1.00
tpublic	卖方上市地位	8353	0.24	0.43	0.00	1.00
tsoe	买方国有控股	8353	0.08	0.27	0.00	1.00
sought_w	股权比例	7630	65.00	36.48	3.96	100.00
lnvalue_w	交易规模	5398	3.10	2.22	-3.00	8.16
cash	现金支付	8353	0.40	0.49	0.00	1.00
same	行业相关性	8353	0.36	0.48	0.00	1.00
lngdp_w	经济发展	7755	10.30	0.89	6.81	11.32
developed	发达国家	7755	0.55	0.50	0.00	1.00
lntrade_w	双边贸易	7809	6.69	1.67	0.09	8.75
N	样本数	8353				

注：变量经过 1%缩尾、取对数等处理，控制异常值的影响。

附表 2　皮尔森相关系数矩阵

	1	2	3	4	5	6	7	8	9	10	11	12	13	14	15	16	17	18
并购时间	1. 00																	
交易完成	0. 00	1. 00																
制度距离	0. 08***	-0. 01	1. 00															
文化距离	-0. 09***	-0. 01	-0. 51***	1. 00														
地理距离	-0. 11***	-0. 03*	-0. 45***	0. 47***	1. 00													
海外并购经验	-0. 00	0. 01	-0. 09***	0. 06***	0. 05***	1. 00												
国有控股	0. 08***	0. 01	0. 02	-0. 02	-0. 10***	0. 10***	1. 00											
海外上市	0. 00	-0. 01	0. 11***	-0. 09***	-0. 13***	0. 14***	-0. 05***	1. 00										
买方上市地位	0. 12***	-0. 08***	-0. 02*	0. 02*	0. 08***	0. 11***	-0. 09***	0. 46***	1. 00									
卖方上市地位	0. 17***	-0. 13***	0. 21***	-0. 06***	-0. 12***	0. 02	0. 05***	-0. 07***	-0. 11***	1. 00								
买方国有控股	0. 07***	-0. 00	0. 04**	-0. 11***	-0. 10***	0. 03*	0. 29***	0. 05***	0. 06***	-0. 05***	1. 00							
股权比例	-0. 01	0. 01	-0. 10***	0. 09***	0. 05***	-0. 07***	-0. 07***	0. 04***	0. 04***	-0. 46***	-0. 00	1. 00						
交易规模	0. 29***	-0. 13***	-0. 09***	0. 07***	0. 03*	0. 19***	0. 18***	0. 01	-0. 00	0. 07***	0. 07***	0. 14***	1. 00					
现金支付	0. 19***	-0. 01	0. 06***	-0. 03**	-0. 08***	-0. 06***	-0. 08***	-0. 05***	-0. 04***	0. 13***	-0. 05***	-0. 11***	-0. 04**	1. 00				
行业相关性	0. 01	0. 03*	-0. 04***	0. 04***	-0. 02	0. 05***	0. 07***	0. 07***	0. 08***	-0. 08***	0. 07***	0. 06***	0. 01	-0. 01	1. 00			
经济发展	0. 03*	0. 02	0. 41***	0. 24***	-0. 04***	-0. 09***	-0. 11***	-0. 01	-0. 01	0. 11***	-0. 12***	0. 05***	0. 01	0. 09***	-0. 03**	1. 00		
发达国家	-0. 01	-0. 01	0. 14***	0. 34***	0. 12***	-0. 04***	-0. 06***	-0. 05***	-0. 02	0. 07***	-0. 11***	0. 02*	0. 03	0. 07***	-0. 03**	0. 59***	1. 00	
双边贸易	0. 04**	-0. 02	0. 39***	-0. 15***	-0. 19***	-0. 06***	-0. 10***	-0. 00	-0. 01	0. 09***	-0. 09***	-0. 01	-0. 02	0. 11***	-0. 02	0. 52***	0. 30***	1. 00

注：* 表示 $p<0.05$，** 表示 $p<0.01$，*** 表示 $p<0.001$。

附表 3　距离、并购经验、公司治理和海外并购完成时间的回归模型分析结果

	模型（1）	模型（2）	模型（3）	模型（4）	模型（5）	模型（6）	模型（7）	模型（8）
	并购效率	并购效率	并购效率	并购效率	并购效率	并购效率	并购效率	并购效率
制度距离		-0.070*	-0.062*	-0.071*	-0.087**	-0.073**	-0.095**	-0.073**
		(0.054)	(0.091)	(0.052)	(0.020)	(0.046)	(0.012)	(0.045)
文化距离		-0.122***	-0.120***	-0.125***	-0.128***	-0.141***	-0.121***	-0.107**
		(0.008)	(0.009)	(0.007)	(0.005)	(0.003)	(0.008)	(0.023)
地理距离		-0.038***	-0.039***	-0.038***	-0.036**	-0.039***	-0.034**	-0.036**
		(0.009)	(0.007)	(0.009)	(0.014)	(0.006)	(0.019)	(0.013)
并购经验	-0.036	-0.002	0.049	-0.015	0.001	-0.004	-0.002	-0.001
	(0.206)	(0.959)	(0.309)	(0.763)	(0.984)	(0.900)	(0.942)	(0.977)
国有控股	0.163	0.140	0.139	0.139	-0.218	-0.062	0.141	0.133
	(0.168)	(0.244)	(0.248)	(0.248)	(0.329)	(0.720)	(0.242)	(0.269)
海外上市	-0.237**	-0.322***	-0.321***	-0.322***	-0.320***	-0.317***	-0.766***	-0.181
	(0.035)	(0.005)	(0.005)	(0.005)	(0.006)	(0.006)	(0.000)	(0.255)
买方上市地位	0.726***	0.815***	0.823***	0.816***	0.810***	0.824***	0.819***	0.824***
	(0.000)	(0.000)	(0.000)	(0.000)	(0.000)	(0.000)	(0.000)	(0.000)
卖方上市地位	0.756***	0.776***	0.776***	0.776***	0.772***	0.782***	0.801***	0.791***
	(0.000)	(0.000)	(0.000)	(0.000)	(0.000)	(0.000)	(0.000)	(0.000)
卖方国有控股	0.281*	0.334*	0.335*	0.334*	0.325*	0.346**	0.343**	0.337**
	(0.092)	(0.052)	(0.051)	(0.052)	(0.059)	(0.044)	(0.045)	(0.050)
股权比例	0.007***	0.007***	0.007***	0.007***	0.007***	0.007***	0.007***	0.007***
	(0.000)	(0.000)	(0.000)	(0.000)	(0.000)	(0.000)	(0.000)	(0.000)
交易规模	0.248***	0.238***	0.237***	0.237***	0.240***	0.237***	0.238***	0.237***
	(0.000)	(0.000)	(0.000)	(0.000)	(0.000)	(0.000)	(0.000)	(0.000)

续表

	模型（1） 并购效率	模型（2） 并购效率	模型（3） 并购效率	模型（4） 并购效率	模型（5） 并购效率	模型（6） 并购效率	模型（7） 并购效率	模型（8） 并购效率
现金支付	0.170* （0.057）	0.146 （0.104）	0.145 （0.108）	0.146 （0.104）	0.140 （0.120）	0.149* （0.098）	0.148* （0.099）	0.143 （0.113）
行业相关	-0.145 （0.152）	-0.165 （0.104）	-0.169* （0.097）	-0.165 （0.103）	-0.166 （0.103）	-0.163 （0.108）	-0.158 （0.119）	-0.159 （0.117）
经济发展	-0.059 （0.431）	0.047 （0.635）	0.054 （0.591）	0.048 （0.633）	0.030 （0.762）	0.044 （0.659）	0.038 （0.702）	0.048 （0.628）
发达国家	-0.197* （0.076）	-0.145 （0.220）	-0.142 （0.231）	-0.145 （0.221）	-0.125 （0.292）	-0.149 （0.207）	-0.131 （0.267）	-0.142 （0.231）
双边贸易	0.039 （0.256）	0.054 （0.188）	0.053 （0.193）	0.054 （0.186）	0.049 （0.227）	0.057 （0.165）	0.055 （0.179）	0.055 （0.176）
制度距离×并购经验			-0.014 （0.184）					
文化距离×并购经验				0.006 （0.737）				
制度距离×国有控股					0.087* （0.057）			
文化距离×国有控股						0.104 （0.106）		
制度距离×海外上市							0.109** （0.011）	
文化距离×海外上市								-0.079 （0.195）

续表

	模型（1） 并购效率	模型（2） 并购效率	模型（3） 并购效率	模型（4） 并购效率	模型（5） 并购效率	模型（6） 并购效率	模型（7） 并购效率	模型（8） 并购效率
常数项	0.382 （0.866）	-1.809 （0.403）	-1.937 （0.371）	-1.808 （0.404）	-1.514 （0.485）	-1.777 （0.412）	-1.910 （0.377）	-1.945 （0.369）
控制年份	是	是	是	是	是	是	是	是
控制行业	是	是	是	是	是	是	是	是
调整的拟合值	0.1575	0.1685	0.1687	0.1682	0.1694	0.1690	0.1704	0.1687
样本量	2943	2827	2827	2827	2827	2827	2827	2827

注：①***、**、*分别表示在1%、5%、10%水平上显著；②括号中为标准误；③已控制年份、行业虚拟变量。

附表 4　距离、并购经验、公司治理和海外并购完成时间的回归模型分析结果

	模型（9）	模型（10）	模型（11）	模型（12）	模型（13）	模型（14）
	并购效率	并购效率	并购效率	并购效率	并购效率	并购效率
制度距离	-0.098** (0.011)	-0.140*** (0.000)	-0.089** (0.021)	-0.131*** (0.001)	-0.214*** (0.001)	-0.050 (0.438)
文化距离	-0.170*** (0.001)	-0.185*** (0.000)	-0.123** (0.011)	-0.181*** (0.000)	-0.291*** (0.000)	-0.024 (0.838)
地理距离	-0.039*** (0.008)	-0.034** (0.019)	-0.035** (0.015)	-0.035** (0.016)	-0.014 (0.463)	-0.062** (0.012)
并购经验	0.088 (0.238)	-0.003 (0.912)	0.059 (0.428)	0.094 (0.209)	0.174 (0.253)	0.092 (0.457)
国有控股	-1.028*** (0.002)	-1.013*** (0.003)	0.142 (0.240)	-1.084*** (0.001)	-1.596** (0.021)	-0.767 (0.181)
海外上市	-0.305*** (0.008)	-0.966*** (0.005)	-0.871** (0.012)	-0.992*** (0.004)	-1.775** (0.011)	-0.298 (0.587)
买方上市地位	0.834*** (0.000)	0.824*** (0.000)	0.827*** (0.000)	0.835*** (0.000)	0.788*** (0.000)	0.867*** (0.000)
卖方上市地位	0.781*** (0.000)	0.802*** (0.000)	0.800*** (0.000)	0.803*** (0.000)	0.848*** (0.000)	0.803*** (0.000)
卖方国有控股	0.343** (0.045)	0.351** (0.041)	0.344** (0.045)	0.353** (0.040)	0.065 (0.811)	0.325 (0.183)
股权比例	0.008*** (0.000)	0.008*** (0.000)	0.008*** (0.000)	0.008*** (0.000)	0.011*** (0.000)	0.004* (0.098)
交易规模	0.240*** (0.000)	0.241*** (0.000)	0.238*** (0.000)	0.241*** (0.000)	0.206*** (0.000)	0.226*** (0.000)
现金支付	0.137 (0.128)	0.144 (0.109)	0.147 (0.101)	0.141 (0.118)	0.095 (0.432)	0.153 (0.295)
行业相关	-0.166 (0.102)	-0.157 (0.122)	-0.163 (0.109)	-0.161 (0.112)	-0.193 (0.168)	-0.120 (0.466)
经济发展	0.014 (0.891)	-0.006 (0.949)	0.044 (0.660)	-0.000 (0.997)	0.592 (0.215)	-0.090 (0.505)
发达国家	-0.110 (0.352)	-0.099 (0.401)	-0.126 (0.286)	-0.091 (0.441)		
双边贸易	0.051 (0.215)	0.052 (0.202)	0.054 (0.188)	0.051 (0.215)	0.043 (0.453)	0.045 (0.588)
制度距离×并购经验	-0.020* (0.086)		-0.017 (0.141)	-0.022* (0.053)	-0.030 (0.176)	-0.020 (0.327)

续表

	模型（9）	模型（10）	模型（11）	模型（12）	模型（13）	模型（14）
	并购效率	并购效率	并购效率	并购效率	并购效率	并购效率
文化距离×并购经验	-0.008 (0.640)		-0.001 (0.974)	-0.008 (0.678)	-0.020 (0.446)	-0.022 (0.571)
制度距离×国有企业	0.175*** (0.001)	0.174*** (0.001)		0.186*** (0.000)	0.246** (0.029)	0.150* (0.075)
文化距离×国有企业	0.231*** (0.002)	0.227*** (0.002)		0.238*** (0.002)	0.361*** (0.001)	0.209 (0.308)
制度距离×海外上市		0.138** (0.011)	0.125** (0.022)	0.145*** (0.008)	0.347*** (0.002)	-0.005 (0.953)
文化距离×海外上市		0.054 (0.485)	0.023 (0.767)	0.054 (0.490)	0.127 (0.276)	-0.080 (0.669)
常数项	-1.322 (0.542)	-1.182 (0.586)	-2.037 (0.347)	-1.345 (0.535)	-2.311 (0.683)	0.845 (0.748)
控制年份	是	是	是	是	是	是
控制行业	是	是	是	是	是	是
调整的拟合值	0.1724	0.1740	0.1702	0.1746	0.1822	0.1945
样本量	2827	2827	2827	2827	1674	1153

注：①***、**、*分别表示在1%、5%、10%水平上显著；②括号中为标准误；③已控制年份、行业虚拟变量。

附表5　稳健性检验

	模型（1）	模型（2）	模型（3）	模型（4）	模型（5）	模型（6）
	并购效率	并购效率	并购效率	并购效率	并购效率	并购效率
制度距离1	-0.151* (0.059)	-0.266 (0.176)	-0.242* (0.058)	-0.148* (0.061)	-0.328 (0.102)	-0.146 (0.258)
文化距离1	0.207 (0.123)	0.349* (0.063)	-0.006 (0.979)			
文化距离2				0.021 (0.764)	0.044 (0.652)	0.195 (0.209)
地理距离	-0.040*** (0.006)	-0.022 (0.292)	-0.051** (0.040)	-0.040*** (0.008)	-0.016 (0.445)	-0.058** (0.020)
并购经验	0.068 (0.438)	0.073 (0.659)	-0.013 (0.913)	0.046 (0.538)	0.143 (0.286)	-0.034 (0.744)
国有控股	-0.099 (0.850)	-0.746 (0.514)	-0.298 (0.670)	-0.597 (0.125)	-1.796* (0.064)	-0.808 (0.288)
海外上市	0.173 (0.752)	-0.158 (0.881)	0.261 (0.735)	-0.387 (0.329)	-1.897** (0.029)	-0.789 (0.290)

续表

	模型（1）	模型（2）	模型（3）	模型（4）	模型（5）	模型（6）
	并购效率	并购效率	并购效率	并购效率	并购效率	并购效率
买方上市地位	0.778*** (0.000)	0.687*** (0.000)	0.813*** (0.000)	0.806*** (0.000)	0.791*** (0.000)	0.799*** (0.000)
卖方上市地位	0.860*** (0.000)	0.871*** (0.000)	0.911*** (0.000)	0.866*** (0.000)	0.886*** (0.000)	0.918*** (0.000)
卖方国有控股	0.327* (0.076)	0.019 (0.949)	0.212 (0.420)	0.319* (0.084)	-0.041 (0.892)	0.232 (0.376)
股权比例	0.007*** (0.000)	0.010*** (0.000)	0.005** (0.043)	0.007*** (0.000)	0.010*** (0.000)	0.005** (0.049)
交易规模	0.229*** (0.000)	0.206*** (0.000)	0.209*** (0.000)	0.229*** (0.000)	0.209*** (0.000)	0.203*** (0.000)
现金支付	0.092 (0.338)	0.023 (0.860)	0.081 (0.603)	0.090 (0.346)	-0.002 (0.986)	0.111 (0.478)
行业相关	-0.185* (0.090)	-0.261* (0.092)	-0.093 (0.596)	-0.179 (0.102)	-0.240 (0.122)	-0.086 (0.624)
经济发展	0.006 (0.972)	-0.200 (0.695)	0.145 (0.524)	-0.000 (0.999)	-0.079 (0.880)	-0.088 (0.666)
发达国家	-0.186 (0.146)			-0.178 (0.176)		
双边贸易	0.114** (0.029)	0.069 (0.547)	0.098 (0.275)	0.110* (0.062)	0.038 (0.738)	0.237** (0.027)
制度距离1×并购经验	-0.020 (0.131)	-0.044 (0.133)	-0.018 (0.406)	-0.022 (0.109)	0.009 (0.856)	-0.012 (0.588)
文化距离1×并购经验	0.013 (0.737)	0.084 (0.340)	0.033 (0.528)			
文化距离2×并购经验				0.020 (0.362)	-0.069 (0.291)	0.022 (0.433)
制度距离1×国有控股	0.185** (0.030)	0.467** (0.027)	0.275** (0.028)	0.189** (0.024)	0.484* (0.100)	0.300* (0.062)
文化距离1×国有企业	-0.286 (0.216)	-0.635 (0.140)	-0.240 (0.460)			
文化距离2×国有企业				0.017 (0.866)	-0.011 (0.960)	0.017 (0.936)
制度距离1×海外上市	0.083 (0.360)	0.327 (0.123)	-0.027 (0.827)	0.085 (0.352)	0.664*** (0.009)	0.078 (0.616)

续表

	模型（1）	模型（2）	模型（3）	模型（4）	模型（5）	模型（6）
	并购效率	并购效率	并购效率	并购效率	并购效率	并购效率
文化距离 1×海外上市	-0.520* （0.053）	-0.863** （0.042）	-0.344 （0.381）			
文化距离 2×海外上市				-0.140 （0.181）	-0.490*** （0.010）	0.141 （0.514）
常数项	-0.733 （0.766）	3.395 （0.569）	-2.369 （0.443）	-0.415 （0.865）	3.274 （0.588）	1.601 （0.581）
控制年份	是	是	是	是	是	是
控制行业	是	是	是	是	是	是
调整的拟合值	0.1765	0.1790	0.1953	0.1753	0.1799	0.1986
样本量	2447	1438	1009	2447	1438	1009

注：①***、**、*分别表示在1%、5%、10%水平上显著；②括号中为标准误；③已控制年份、行业虚拟变量。

企业衰落与创新行为的关系研究
——基于冗余资源与 CEO 任期的调节效应*

刘力钢 姜莉莉

（辽宁大学商学院，辽宁沈阳 110000）

［摘 要］基于企业行为理论、前景理论、“威胁-刚性”假说的观点，本文分析了企业衰落与创新行为之间的关系，并讨论了冗余资源与 CEO 任期的调节效应。基于 2012~2016 年中国沪深两市 A 股制造业上市公司数据，得到以下研究结论：①企业衰落与创新行为之间并不是简单的线性关系，而是随着衰落程度的加深，创新行为呈现先上升后下降的倒“U”形关系；②冗余资源在企业衰落与创新行为之间起到正向调节作用；③CEO 任期在企业衰落与创新行为之间起到的正向调节作用不显著。对进一步理解企业衰落困境与创新行为之间的关系，特别是企业所处情境对企业行为选择的影响作用具有一定意义。

［关键词］企业衰落；创新行为；倒“U”形关系；冗余资源；CEO 任期

一、引言

衰落就是企业的绩效或资源基础在一段时间内的持续恶化（Trahms et al., 2013）。衰落势必削弱企业竞争力，制约其可持续发展，如果不适时采取适当的复苏战略，可导致企业走向死亡。

一旦出现衰落，如何扭转局面或提高业绩是其关键（Schendel et al., 1976）。相关学者呼吁将创新作为衰落企业的解决方案（Wiseman and Bromiley, 1996；Mone et al., 1998；Barker and Mone, 1998；Greve, 2003；Audia and Greve, 2006；McKinley et al., 2014；唐朝永等, 2018）。然而，学者们对于衰落企业的战略倾向存在争论：即衰落是助推还是抑制了企业创新？McKinley（1993）将其划分为“衰落是创新之母”和“衰落是刚性之母”两大阵营。主张衰落助推创新的学者援引企业行为理论（Behavioral Theory）以及前景理论（Prospect Theory），认为企业管理者在面对低于平均水平的绩效时会寻求风险（Cyert and March, 1963；Kahneman and Tversky, 1979）。而主张衰落抑制创新的学者则依赖“威胁-刚性”假说，认为衰落会抑制管理风险的承担，从而减少组织的变化和适应，回避创新变革（Staw et al., 1981；Cameron et al., 1987b）。国内学者方面，刘建国（2017）经研究认为绩效衰退增加了企业创新行为动机，衰退程度越大企业

* 基金项目：国家社会科学基金“大数据对企业非市场战略的影响研究”（14BGL053）。

越可能通过创新实现复苏；唐朝永等（2018，2019）利用一手数据验证了组织衰落正向影响组织创新；李四海等（2018）则认为遭遇业绩下滑的企业并没有显著增加研发投入。

企业衰落与创新行为之间关系的不确定性表明两者之间的影响机理尚未被完全解析，仍有进一步诠释的必要，以下两个研究思路值得思考：一是冲破“衰落是创新之母”和“衰落是刚性之母”的二分法阵营，融合企业行为理论和前景理论、“威胁-刚性”假说，加入生存参照点（March and Shapira，1987）的观点，假定衰落与创新行为之间存在非线性关系（Chen and Miller，2007；凌士显和白锐锋，2018）。二是寻找企业衰落与创新行为之间关系的权变因素。已有研究，从组织使命、权力分散程度、管理者对衰落归因类型、企业规模、管理层持股比例、失败学习等角度探讨衰落与创新的关系（Mone et al.，1998；Audia and Greve，2006；Latham and Braun，2009）；唐朝永等，2018，2019）。本文认为，处于衰落状态下的企业是否进行创新，冗余资源是关键。此外，CEO 是高管团队的核心力量，CEO 任期也能够显著影响企业的风险决策制定。因此，本文将构建理论模型，推导上述研究假设，并通过中国制造业上市企业数据进行进一步验证。

本文的研究贡献有以下三点：一是对企业衰落进行进一步界定，在一定程度上丰富了企业衰落的理论框架；二是本文强调了企业衰落与创新行为之间的非线性关系，即在衰落的状态下，随着企业衰落程度的加深，创新行为呈现出先上升后下降的倒“U”形关系；三是丰富了企业衰落与创新行为之间的权变理论框架，采用资源视角和企业内部治理视角，验证冗余资源与 CEO 任期对于企业衰落与创新行为之间关系的正向调节作用。

二、理论分析与研究假设

（一）企业衰落的界定

学者们通常从以下几种视角来诠释企业衰落：生命周期视角（Greiner，1972）、规模维度视角（Greenhaigh，1983）、认知反应视角（Greenhaigh，1983；Whetten，1980；Levy，1986）、绩效视角（Whetten，1980；Robbins and Pearce，1992；Barker and Mone，1994）、资源基础视角（Cameron et al.，1987a；D'Aveni，1989；McKinley et al.，2014）。

Weitzel 和 Jonsson（1989）在综合了相关学者研究的基础上将衰落定义为：“当企业陷入预期、识别、避免、中和，或适应外部或内部压力从而威胁到组织的长期生存时，就进入了衰落的状态。”冉敏（2009）在其定义基础之上又提出：“企业由于不能够预测、认识、避免、抵消或者适应内、外部环境变化，使企业的战略与外部环境、内部资源之间的匹配性丧失，导致企业对外部微观利基市场的适应能力绝对下降和企业资源的绝对减少，从而威胁企业的长期生存，具有这些特征的企业绩效绝对下降情境就是生存威胁性绩效衰落。”

综上研究视角及概念，本文倾向以绩效定义衰落，其理由是无论致使企业衰落的原因如何，衰落所导致企业能力下降还是资源减少，这些特征均可反映到财务绩效指标上，并威胁着企业生存。因此，本文认为：当企业不能适应环境变化，致其战略失衡，表现为企业绩效在一段时间内、至少连续两年的绝对下降，并且这种绩效恶化足以威胁到企业的长期生存，衰落就开始了。

（二）衰落：企业创新行为的驱动因素

（1）企业衰落与创新行为：基于企业行为理论和前景理论的分析。在理论层面，企业行为理论强调，较差的绩效造成了与管理者所期望的结果之间的差距，为了达到期望水平，管理者开始搜索工作，以找到解决问题的办法。但是，当传统的程序不能使结果达到期望水平时，创新就会发生，因为企业的搜索程序将越来越偏离过去所尝试过的解决方案。对于衰落的企业而言，企业出现实质性的、整体性的经营偏差。这种偏差会驱动企业实施创新战略，从而解决当前的经营困境或损失以实现扭转复苏（唐朝永等，2018）。而前景理论指出，面临亏损的管理者倾向于寻求风险，而获得收益的管理者则倾向于规避风险。假设冒险与创新正相关（Wiseman and Bromiley，1996），那么这就为衰落驱动创新的论点提供了有力的支持。

在实证层面，Coursey（1991）经研究指出，衰落中的企业倾向于增加成本较低的创新活动。Bolton（1993）经研究发现，在同行业中绩效不佳的企业相比绩效较好的企业要更早采用组织创新。Wiseman 和 Bromiley（1996）则认为财务资源的减少增加了衰落企业的风险承担水平。唐朝永等（2018，2019）通过问卷调研的方式获得一手数据并验证了衰落正向影响组织创新。

（2）企业衰落与创新行为：基于“威胁-刚性”假说的分析。“威胁-刚性”假说强调破产对于企业的威胁。当衰落程度逐步扩大，面临严重困境以致威胁到企业生存时，可能会限制创新。因为，Staw 等（1981）指出：“破产威胁会产生三种不同的反应：管理者处理信息的减少、控制的限制和资源的保护；这三种反应降低了组织从标准实践中发现和实现变化的能力，从而降低了创新的潜力并造成僵化。”此外，当受到破产威胁时，企业关注的焦点是生存。根据 March 和 Shapira（1987）的观点，即企业能够转移注意力焦点。企业虽然处于衰落状态但远离破产，这时企业暂时不会考虑生存问题，而是把注意力焦点放在解决问题以达到实现扭转上。而随着衰落程度的逐步加深，在破产的威胁下，管理者认识到他们有义务使企业避免处于更大的危险之中，企业会倾向于保守，导致依赖于过去的习惯、缺乏创新，并消除对维持当前业务不重要的活动和间接费用。

一些学者们的研究也支持了这种观点。他们认为，衰落导致了企业内部冲突（Whetten，1980）、创新受限（Cameron et al.，1987b）、效率导向（D'Aveni，1989）、减少冒险（March and Shapira，1987）等。学者们认为，这些结果增加了僵化，降低了企业应对衰落的创新能力。

基于上述观点的分析，企业的创新行为随着衰落程度的加深而得到强化。然而，随着衰落程度的不断加深而遭受破产威胁，企业关注的焦点转为生存，就会倾向于降低创新以规避风险进而造成僵化。因此，特提出了如下假设：

H1：随着企业衰落程度由弱到强，其与创新行为之间的关系存在先上升后下降的倒“U”形变化。

（三）企业衰落与创新行为的调节效应：冗余资源与 CEO 任期

（1）冗余资源。组织行为理论认为冗余资源积累于企业正常经营阶段，而消耗于企业陷入困境之时。Bourgeois（1981）指出，“冗余资源是战略储备资源，能够支持企业为了适应内外部压力而发起变革”。可见，冗余资源在企业扭转衰落困境的作用重大。一方面，冉敏（2007）指出：“如果企业拥有较多的冗余资源，则允许企业尝试与当前环境相匹配的各种新战略，如产品创新、战略创新和组织创新等。”可以说，冗余资源就是企业创新所必备的资源。此外，冗余资源在衰落困境下还可以赋予管理者更多的资源权限以保障创新行为的实施（Finkelstein and Hambrick，1990）。另一方面，冉敏（2007）指出：“冗余资源是企业与环境之间的缓冲器。当环境变化时，冗余资源能够帮助企业支付和补偿因绩效下滑而带来的损失，从而降低衰落对企业的冲击。”因此，当企业拥有的冗余资源数量越多，企业进行创新的能力就越强。上述观点可以通过图 1 来表示：冗余资源的增加使企业衰落与创新行为之间关系的倒“U”形曲线由 1 上移至 2，所以在充分的冗余资源作用下，企业的创新行为能够显著增强。

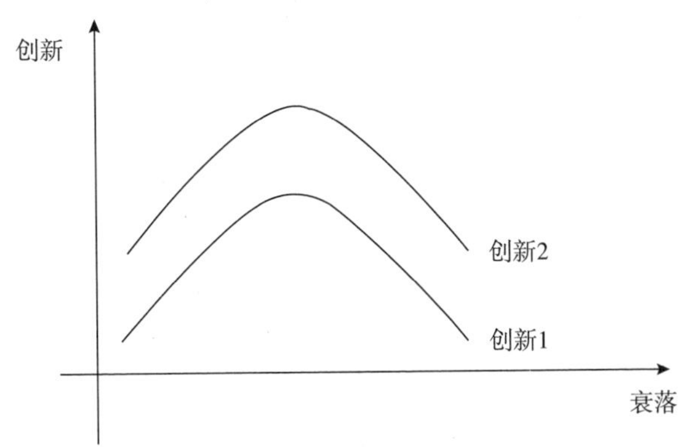

图 1　冗余资源对企业衰落与创新行为的调节作用

资料来源：笔者整理。

因此，特提出如下假设：

H2：冗余资源对企业衰落与创新行为之间的关系起到正向调节作用，即在同等程度的衰落状态下，冗余资源越丰富的企业越有可能进行创新。

（2）CEO 任期。高阶理论认为，企业的战略选择在某种程度上取决于企业高层管理人员的背景特征（Hambrick and Mason，1984），在实际经营中，CEO 才是企业最高决策者，影响创新等风险决策制定（Hambrick and Fukutomi，1991）。刘运国和刘雯（2007）研究指出，CEO 任期正向影响 R&D 支出。此外，陈守明等（2011）研究指出：“随着任期的延长，CEO 的知识水平、社会经验和经营阅历都会有大幅度提高，会掌握更多关于企业经营的内外部信息并且更能够适应企业经营环境的变化要求，从而会增加其对企业的控制能力。”可见，任期较长的 CEO 有能力通过创新等行为以帮助企业获取长远利益从而实现个人财富累积。而当企业处于衰落状态时，CEO 更是会为了个人的声誉、地位等非经济因素考虑，大力开展创新行为活动。因此，当企业处于衰落状态时，CEO 任期越长，CEO 越是追逐风险，企业进行创新的动力就越强。上述观点可以通过图 2 来表示：CEO 任期的增加使企业衰落与创新行为之间关系的倒“U”形曲线由 1 上移至 2，所以 CEO 任期时间越长就越有可能带领企业进行创新。

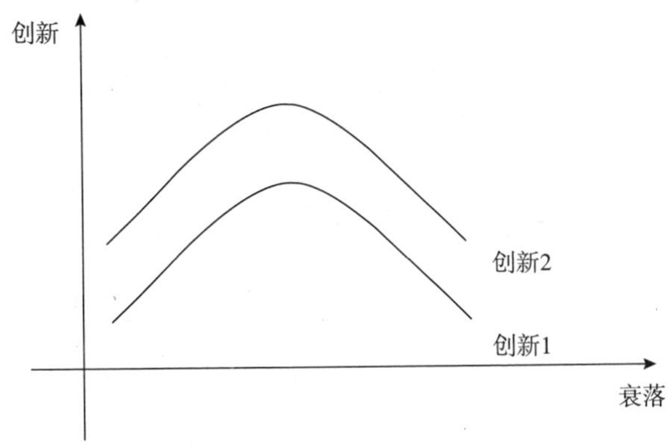

图 2　CEO 任期对企业衰落与创新行为的调节作用

资料来源：笔者整理。

因此，特提出如下假设：

H3：CEO 任期对企业衰落与创新行为之间的关系起到正向调节作用，即在同等程度的衰落状态下，CEO 任期越长，企业越有可能进行创新。

三、研究设计

（一）样本与数据

本文研究样本为 2012~2016 年中国沪深两市 A 股制造业上市企业，并剔除 ST 企业和数据严重缺失的样本。根据 Robbins 和 Pearce（1992）指出，将样本限于面临类似的经营和竞争条件的单一行业以适当地评估其业绩水平。对于衰落企业的界定，本文采用财务绩效评价的方法，并借鉴葛菲等（2016）的做法："计算出每个企业每一年份的前两年的资产回报率（ROA），如果连续两年下降则认定企业出现衰落。"故实际样本选取年限为 2010~2016 三年。本文所用数据均来自 CSMAR 数据库，并利用上市企业年报等信息来源，对数据进行了再次核实。为避免异常值的影响，采取对连续变量在 1%水平上进行缩尾处理的方法。最终获得 2130 条数据。

（二）变量选择与测量

因变量：创新行为强度（$rds_{i,t}$）。本文参考 Makri 等（2006）的做法，以研发投入比率来测量企业创新行为强度。本文采用研发投入与主营业务收入比值来（Gentry and Shen，2013）测量企业创新行为强度，而研发投入与总资产的比值（刘运国和刘雯，2007）将作为替代指标进行稳健性检验。

自变量：企业衰落程度（$decl_{i,t}$）。本文采取了 Altman（1983）提出的 Z 指数测量企业衰落程度（Chen and Miller，2007；Iyer and Miller，2008；姜付秀等，2009）。计算公式如下：Z 指数 =1.2×［（企业流动资产-流动负债）/总资产］+1.4×［企业未分配利润/总资产］+3.3×［企业息税前利润/总资产］+0.6×［企业净资产市场价值/总负债］+1.0×［营业收入/总资产］。Altman（1983）的研究结果表明："企业所得 Z 指数小于 1.81 为破产风险较高区域，Z 指数处于 1.81~2.99 为破产风险不确定区域，Z 指数大于 2.99 为无破产风险区域。"也就是说 Z 指数越小，破产可能性越大。借鉴连燕玲等（2016）的处理方法，将 Altman Z 值取负数，该数值越大，破产倾向的程度越高，企业衰落的程度也越高。

调节变量：冗余资源（$slack_{i,t}$）和 CEO 任期（$ten_{i,t}$）。冗余资源（$slack_{i,t}$），Hambrick 和 D'Aveni（1988）发现："那些成功从衰落状态实现扭转的企业实际上却拥有大量的可利用冗余资源。"因此，本文所研究的冗余资源即可利用冗余资源，采用 Bourgeois（1981）所提出的流动比率，该指标表示企业用流动资源解决即时债务的能力。关于 CEO 任期（$ten_{i,t}$），借鉴李溪等（2018）的做法："CEO 任期是截至第 t 年，CEO 在任的年数。"此外，在进一步拓展研究中，还用到产权性质（*state*）哑变量，国有产权性质取值为 1，其他则为 0。

控制变量。根据已往研究文献（朱丽娜等，2017；李四海等，2018；刘新民等，2014），本文设定了以下控制变量：企业规模（$size_{i,t}$）、高管薪酬（$pay_{i,t}$）、高管持股比例（$share_{i,t}$）、高管在职消费（$zzxf_{i,t}$）、两职兼任（$dualty_{i,t}$）、独立董事比例（$indep_{i,t}$）、股权集中度（$top1_{i,t}$）。由于不同年份之间还可能存在固定效应，因此，控制了年份虚拟变量（year）。

主要变量的具体定义如表 1 所示。

表 1　主要变量的定义

主要变量名称及代码		变量的定义
因变量	企业创新行为强度（$rds_{i,t}$）	研发投入与主营业务收入的比值
自变量	企业衰落程度（$decl_{i,t}$）	$decl_{i,t}$=-Altman Z，该数值越大，衰落的程度越高。具体核算方法见文中
调节变量	冗余资源（$slack_{i,t}$）	流动比率：流动资产/流动负债
	CEO 任期（$ten_{i,t}$）	截至第 t 年，CEO 在任的年数
	产权性质（*state*）	哑变量，国有产权取值为 1，否则为 0
控制变量	企业规模（$size_{i,t}$）	公司期末总资产的自然对数
	高管薪酬（$pay_{i,t}$）	高管前三名薪酬总额的自然对数
	高管持股比例（$share_{i,t}$）	高管持股数量/股本总数
	高管在职消费（$zzxf_{i,t}$）	管理费用/营业收入
	两职兼任（$dualty_{i,t}$）	若 CEO 兼任董事长，则取值为 1，否则为 0
	独立董事比例（$indep_{i,t}$）	独立董事人数所占董事会人数的比例
	股权集中度（$top1_{i,t}$）	第一大股东持股比例

资料来源：笔者整理。

（三）分析方法与实证模型构建

本文使用 Stata 13.0 统计分析软件，采用回归分析的方法对主效应和调节效应进行检验。本文构建了如下研究模型：

$$rds_{i,t}=\alpha+\beta_1 decl_{i,t2}+\beta_2 decl_{i,t2}+\beta_3 size_{i,t}+\beta_4 pay_{i,t}+\beta_5 share_{i,t}+\beta_6 zzxf_{i,t}+\beta_7 dualty_{i,t}+\beta_8 indep_{i,t}+\beta_9 top1_{i,t}+\beta_{10} year+\varepsilon_{i,t} \quad (1)$$

$$rds_{i,t}=\alpha+\beta_1 decl_{i,t}+\beta_2 decl_{i,t2}+\beta_3 slack_{i,t}+\beta_4 decl_{i,t}\times slack_{i,t}+\beta_5 decl^2_{i,t}\times slack_{i,t}+\beta_6 size_{i,t}+\beta_7 pay_{i,t}+\beta_8 share_{i,t}+\beta_9 zzxf_{i,t}+\beta_{10} dualty_{i,t}+\beta_{11} indep_{i,t}+\beta_{12} top1_{i,t}+\beta_{13} year+\varepsilon_{i,t} \quad (2)$$

$$rds_{i,t}=\alpha+\beta_1 decl_{i,t}+\beta_2 decl_{i,t2}+\beta_3 ten_{i,t}+\beta_4 decl_{i,t}\times ten_{i,t}+\beta_5 decl_{i,t2}\times ten_{i,t}+\beta_6 size_{i,t}+\beta_7 pay_{i,t}+\beta_8 share_{i,t}+\beta_9 zzxf_{i,t}+\beta_{10} dualty_{i,t}+\beta_{11} indep_{i,t}+\beta_{12} top1_{i,t}+\beta_{13} year+\varepsilon_{i,t} \quad (3)$$

四、实证检验与结果分析

（一）描述性统计及相关性分析

主要变量的描述性统计分析结果如表2所示；主要变量之间的相关关系如表3所示。表3结果显示：企业衰落与创新行为之间呈现显著的负相关（r=-0.331，p<0.01），部分验证了H1，衰落程度的二次项与创新行为强度之间的关系还需进一步验证分析。冗余资源与创新行为强度之间呈现显著的正相关关系、CEO任期与创新行为强度之间呈现正相关关系，但不显著；初步验证了H2和H3。

表2　主要变量的描述性统计

主要变量	均值	标准差	最小值	最大值
$rds_{i,t}$	3.850	2.373	0.580	8.420
$decl_{i,t}$	-5.403	4.576	-15.55	-1.164
$slack_{i,t}$	2.126	1.308	0.783	4.877
$ten_{i,t}$	3.954	2.540	0.583	8.167
$state_{i,t}$	0.361	0.480	0.000	1.000
$size_{i,t}$	22.000	0.966	20.660	23.710
$pay_{i,t}$	14.110	0.507	13.320	14.910
$share_{i,t}$	0.052	0.091	0.000	0.267
$zzxf_{i,t}$	0.102	0.051	0.036	0.197
$dualty_{i,t}$	0.253	0.435	0.000	1.000
$indep_{i,t}$	0.369	0.041	0.333	0.429
$top1_{i,t}$	0.346	0.126	0.172	0.549

资料来源：笔者整理。

（二）主效应检验

如表4所示：表4中模型（2）的结果显示衰落程度一次项与创新行为强度之间为显著负相关（β=-0.135，p<0.001），而企业衰落程度的平方项与创新行为强度之间也为显著负相关（β=-0.006，p<0.05）。这表明，企业衰落与创新行为之间是显著的倒“U”形关系，本文的研究H1得到了验证。

表 3　主要变量间的相关关系

变量	$rds_{i,t}$	$decl_{i,t}$	$slack_{i,t}$	$ten_{i,t}$	$state_{i,t}$	$size_{i,t}$	$pay_{i,t}$	$share_{i,t}$	$zzxf_{i,t}$	$dualty_{i,t}$	$indep_{i,t}$	$top1_{i,t}$
$rds_{i,t}$	1											
$decl_{i,t}$	-0.331***	1										
$slack_{i,t}$	0.336***	-0.785***	1									
$ten_{i,t}$	0.035	-0.045**	0.063***	1								
$state_{i,t}$	-0.179***	0.278***	-0.243***	-0.096***	1							
$size_{i,t}$	-0.262***	0.509***	-0.425***	0.051**	0.364***	1						
$pay_{i,t}$	0.078***	0.036*	-0.024	0.069***	0.080***	0.413***	1					
$share_{i,t}$	0.269***	-0.257***	0.233***	0.123***	-0.409***	-0.304***	-0.051**	1				
$zzxf_{i,t}$	0.657***	-0.373***	0.319***	-0.070***	-0.181***	-0.390***	-0.014	0.218***	1			
$dualty_{i,t}$	0.144***	-0.095***	0.076***	0.172***	-0.264***	-0.143***	0.017	0.430***	0.097***	1		
$indep_{i,t}$	0.077***	-0.088***	0.041**	-0.014	-0.118***	-0.080***	0.003	0.105***	0.081***	0.125***	1	
$top1_{i,t}$	-0.113***	0.063***	-0.038*	-0.047**	0.157***	0.200***	0.027	-0.147***	-0.151***	-0.045**	0.016	1

注：*** 代表 $p<0.001$，** 代表 $p<0.05$，* 代表 $p<0.1$。

资料来源：笔者整理。

表 4 衰落与创新之间关系的检验

变量	$rds_{i,t}$	
	模型（1）	模型（2）
$decl_{i,t}$		-0.135*** (-2.664)
$decl_{i,t2}$		-0.006** (-2.394)
$size_{i,t}$	0.171 (1.505)	0.238* (1.956)
$pay_{i,t}$	0.187 (1.169)	0.169 (1.050)
$share_{i,t}$	0.133 (0.181)	0.154 (0.210)
$zzxf_{i,t}$	18.376*** (12.729)	18.644*** (12.874)
$dualty_{i,t}$	0.104 (0.885)	0.104 (0.890)
$indep_{i,t}$	-2.630** (-2.127)	-2.492** (-2.020)
$top1_{i,}$	1.141* (1.786)	1.295** (1.995)
_cons	-3.869 (-1.283)	-5.630* (-1.787)
year	控制	控制
F	19.839	17.139
R^2	0.186	0.190
N	2130	2130

注：***代表 p<0.001，**代表 p<0.05，*代表 p<0.1。
资料来源：笔者整理。

（三）调节效应分析

如表 5 所示，表 5 模型（1）加入了调节变量——冗余资源，冗余资源与企业衰落程度的一次交互项系数显著为正（β=0.120，p<0.001），与企业衰落程度的平方交互项系数也显著为正（β=0.006，p<0.001），且在表 5 模型（3）中依然稳健，本文研究 H2 得到验证。

表 5　衰落与创新之间的调节效应检验

变量	$rds_{i,t}$		
	模型（1）	模型（2）	模型（3）
$decl_{i,t}$	-0.372*** (-3.899)	-0.239*** (-3.174)	-0.522*** (-4.723)
$decl_{i,t2}$	-0.019*** (-2.931)	-0.012*** (-2.787)	-0.026*** (-4.005)
$slack_{i,t}$	0.573*** (3.916)		0.742*** (4.590)
$slack_{i,t} \times decl_{i,t}$	0.120*** (3.529)		0.151*** (4.139)
$slack_{i,t} \times decl_{i,t2}$	0.006*** (2.328)		0.007*** (3.774)
$ten_{i,t}$		0.066 (1.581)	0.064 (1.544)
$ten_{i,t} \times decl_{i,t}$		0.024* (1.710)	0.022 (1.582)
$ten_{i,t} \times decl_{i,t2}$		0.001 (1.596)	0.001 (1.146)
$size_{i,t}$	0.238** (1.971)	0.186 (1.445)	0.199 (1.560)
$pay_{i,t}$	0.203 (1.262)	0.180 (1.044)	0.216 (1.261)
$share_{i,t}$	0.133 (0.181)	0.144 (0.190)	0.007 (0.009)
$zzxf_{i,t}$	19.018*** (13.97)	18.458*** (11.758)	18.901*** (12.157)
$dualty_{i,t}$	0.070 (0.601)	0.227* (1.789)	0.189 (1.498)
$indep_{i,t}$	-2.559** (-2.088)	-3.299** (-2.452)	-3.407** (-2.560)
$top1_{i,t}$	1.444** (2.233)	0.829 (1.172)	1.092 (1.553)
_cons	-7.183** (-2.278)	-4.490 (-1.332)	-6.642** (-1.974)
year	控制	控制	控制
F	15.202	12.177	11.657
R^2	0.197	0.197	0.219
N	2130	1833	1833

注：*** 代表 $p<0.001$，** 代表 $p<0.05$，* 代表 $p<0.1$。

资料来源：笔者整理。

表5中模型（2）中的调节变量——CEO任期，CEO任期与企业衰落程度的一次交互项系数显著为正（β=0.024，p<0.1），与企业衰落程度的平方交互项系数也为正，但不显著，未能完全支持本文的研究假设H3。这可能是因为，在等同衰落程度下，与任期短的CEO相比，任期长的CEO有能力也有动力通过创新行为来帮助企业实现扭转，但企业处于衰落状态的事实会让董事会对CEO的能力提出质疑，甚至是解聘CEO，从而阻碍创新的实施。同时，从另一角度进一步分析说明，CEO任期的调节效应是存在的，CEO任期的调节作用还可能与衰落程度存在紧密关系，随着衰落程度的逐步加深，其正向调节作用将逐步被削弱，这一论述与朱丽娜等（2017）的研究结果有类似之处。

（四）稳健性检验

（1）方差膨胀因子检验。为避免变量间的多重共线性问题以致影响实证结果，对进入模型的变量进行了方差膨胀因子检验。结果显示：VIF值为1.35（小于10）。因此，说明本文模型中各变量之间不存在多重共线性问题，同时也说明本文的实证回归分析结果是具有稳健性的。

（2）内生性检验。企业衰落与创新行为之间呈倒"U"形关系，不仅会在当期存在，在滞后期同样也会存在。李四海等（2018）指出："对滞后期的研究更能够避免内生性问题。"表6中模型（2）展示了创新行为强度滞后一期差分处理后的回归结果，与表4中模型（2）的研究结果一致，反映了本文研究结论的可靠性。同时，本文还进行了Hausman检验，检验结果接受所有变量均为外生变量的原假设（p=0.55），进一步排除了内生性问题。

表6　滞后一期的稳健性检验

变量	$rds_{i,t+1}$	
	模型（1）	模型（2）
$decl_{i,t}$		−0.210*** （−3.750）
$decl_{i,t}^2$		−0.010*** （−3.676）
$size_{i,t}$	0.106 （0.844）	0.222* （1.682）
$pay_{i,t}$	0.069 （0.403）	0.034 （0.197）
$share_{i,t}$	−0.950 （−1.184）	−0.938 （−1.175）
$zzxf_{i,t}$	0.184 （0.118）	0.558 （0.357）
$dualty_{i,t}$	0.173 （1.361）	0.177 （1.399）
$indep_{i,t}$	−2.301* （−1.704）	−2.118 （−1.577）

续表

变量	$rds_{i,\ t+1}$	
	模型（1）	模型（2）
$top1_{i,t}$	-0.927 (-1.310)	-0.560 (-0.789)
_cons	1.625 (0.489)	-1.268 (-0.368)
year	Yes	Yes
F	1.497	2.370
R^2	0.017	0.031
N	2149	2149

注：*** 代表 p<0.001，** 代表 p<0.05，* 代表 p<0.1。

资料来源：笔者整理。

（3）变更因变量的测量方式。将企业创新行为强度的测量方式更换成研发投入与总资产的比值，实证结果如表 7 所示，表 7 的模型（1）显示，企业衰落程度一次项与创新行为强度之间为显著负相关（β=-0.081，p<0.001），而企业衰落程度的平方项与创新行为强度之间也为显著负相关（β=-0.004，p<0.05）。这表明，企业衰落与创新行为之间是显著的倒“U”形关系，且在表 7 的模型（4）中依然稳健。因此，本文研究假设 H1 再次得到了验证。表 7 中模型（2）和模型（3）分别显示了冗余资源与 CEO 任期的调节作用，其结果与表 5 的结果基本一致。此外，在表 7 的模型（4）中，CEO 任期与企业衰落程度的平方交互项系数为负，但不显著。这进一步说明其正向调节作用将逐步被削弱，甚至是负向调节，也再次印证了朱丽娜等（2017）的相关研究。

表 7　变更因变量的稳健性检验

变量	$rd_{i,\ t}$			
	模型（1）	模型（2）	模型（3）	模型（4）
$decl_{i,\ t}$	-0.081*** (-2.883)	-0.177*** (-3.328)	-0.058 (-1.435)	-0.182*** (-3.030)
$decl_{i,\ t}^2$	-0.004** (-2.543)	-0.008*** (-2.618)	-0.002 (-1.084)	-0.010*** (-2.840)
$slack_{i,\ t}$		0.199** (2.436)		0.233*** (2.651)
$slack_{i,\ t} \times decl_{i,\ t}$		0.047** (2.473)		0.057*** (2.848)
$slack_{i,\ t} \times decl_{i,\ t}^2$		0.002** (2.228)		0.003*** (2.984)
$ten_{i,\ t}$			0.028 (1.252)	0.026 (1.126)

续表

变量	$rd_{i,t}$			
	模型（1）	模型（2）	模型（3）	模型（4）
$ten_{i,t} \times decl_{i,t}$			0.004 (0.548)	0.003 (0.353)
$ten_{i,t} \times decl_{i,t}^2$			0.000 (0.150)	-0.000 (-0.075)
$size_{i,t}$	-0.453*** (-6.719)	-0.449*** (-6.667)	-0.543*** (-7.815)	-0.542*** (-7.814)
$pay_{i,t}$	0.412*** (4.631)	0.414*** (4.629)	0.392*** (4.211)	0.400*** (4.293)
$share_{i,t}$	0.056 (0.137)	0.055 (0.135)	0.141 (0.346)	0.140 (0.343)
$zzxf_{i,t}$	0.023 (0.029)	0.156 (0.194)	-0.674 (-0.796)	-0.554 (-0.655)
$dualty_{i,t}$	-0.076 (-1.176)	-0.088 (-1.348)	-0.084 (-1.223)	-0.100 (-1.460)
$indep_{i,t}$	0.695 (1.017)	0.650 (0.951)	0.397 (0.547)	0.381 (0.527)
$top1_{i,t}$	0.218 (0.606)	0.286 (0.793)	-0.450 (-1.180)	-0.357 (-0.934)
_cons	5.383*** (3.083)	4.900*** (2.788)	8.044*** (4.424)	7.426*** (4.060)
year	控制	控制	控制	控制
F	8.166	7.061	6.745	6.279
R^2	0.100	0.106	0.120	0.131
N	2130	2130	1833	1833

注：*** 代表 $p<0.001$，** 代表 $p<0.05$，* 代表 $p<0.1$。

资料来源：笔者整理。

五、进一步拓展：基于产权性质的进一步研究

企业任何的经营管理行为都需要决策，而产权性质是影响决策的基本因素之一。不同产权性质的企业在风险偏好上存在差异，对创新行为的支持力度和创新投入规模都存在明显差异。邓峰

和李亚慧（2019）研究指出："与国有企业相比，民营企业的管理者往往更关注企业的长期竞争力以实现利润最大化。因此，民营企业实施创新战略的意愿更为强烈。"而国有企业的经营目标更多元化，既要求利润又要兼顾行政目标和社会责任。因此，在相同激励机制条件下，会选择谨慎提高企业绩效的方法而非高成本的创新。叶永卫等（2018）研究指出："当国有企业的经营业绩高于期望水平时，它们则会采取安稳的处世态度，削减其创新投资，且这种效应在国有大规模企业中更显著。"那么，企业处于衰落状态下，国有企业的高管对待创新行为的决策又是什么？因此，接下来的研究中加入产权性质变量，来检验衰落状态下国企与民企的创新行为是否存在差异。分析的结果如表8的模型（2）所示：产权性质与企业衰落程度的一次交互项的系数为正，与其平方交互项的系数也为正，但均不显著。

表8　企业衰落与创新：产权性质的影响

变量	$rds_{i,t}$	
	模型（1）	模型（2）
$decl_{i,t}$	-0.135*** (-2.664)	-0.177*** (-3.008)
$decl_{i,t}^2$	-0.006** (-2.394)	-0.007** (-2.419)
$state$		0.309 (0.707)
$state \times decl_{i,t}$		0.129 (1.269)
$state \times decl_{i,t}^2$		0.002 (0.338)
$size_{i,t}$	0.238* (1.956)	0.242** (2.001)
$pay_{i,t}$	0.169 (1.050)	0.224 (1.387)
$share_{i,t}$	0.154 (0.210)	0.271 (0.369)
$zzxf_{i,t}$	18.644*** (12.874)	18.619*** (12.907)
$dualty_{i,t}$	0.104 (0.890)	0.088 (0.755)
$indep_{i,t}$	-2.492** (-2.020)	-2.612** (-2.123)
$top1_{i,t}$	1.295** (1.995)	1.446** (2.229)

续表

变量	$rds_{i,t}$	
	模型（1）	模型（2）
_cons	-5.630* (-1.787)	-6.644** (-2.107)
year	控制	控制
F	17.139	14.730
R^2	0.190	0.199
N	2130	2130

注：*** 代表 p<0.001，** 代表 p<0.05，* 代表 p<0.1。

资料来源：笔者整理。

这可能是一方面，年度营收增长率的增加会显著地提国有企业高管升迁的概率（杨瑞龙等，2013），而企业处于衰落状态，业绩受损，势必影响其晋升，因此，与非国有企业相比，国有企业高管会有动机利用创新来扭转企业衰落态势。但另一方面，Faccio 等（2006）对全球 35 个国家的大样本中证实：当企业陷入财务困境时，政府补助的频率和数额都会显著提高。政府直接的财政救助在企业出现财务危机，特别是濒临破产的关键时刻往往发挥着决定性的作用。因此，国有企业可以从其他渠道获得资源以解衰落困境，而不太需要从风险性较高的创新上寻求出路。因此，与非国有企业相比，国有企业在衰落困境下的创新行为不显著。

六、主要研究结论

企业衰落与创新行为之间的关系如何？衰落是创新的助推剂还是抑制剂？本文基于企业行为理论、前景理论和“威胁-刚性”假说，并利用制造业上市企业数据进行论证分析来回答这一问题。其结论是：企业创新行为的强度不会无限制地增大，其会随着衰落程度的加深而减弱，呈现出先上升后下降的倒“U”形关系。进一步分析，这种倒“U”形关系受到冗余资源和 CEO 任期的调节：首先，企业拥有冗余资源越多，越能转化为帮助企业进行创新的财富，降低衰落对企业的冲击，强化了衰落困境下的创新行为强度。其次，CEO 任期并不具有显著的正向调节作用。CEO 任期的调节作用还可能与衰落程度存在紧密关系，随着衰落程度的逐步加深，其正向调节作用将逐步被削弱。

参考文献

[1] Trahms C A, Ndofor H A and Sirmon D G. Organizational decline and turnaround: A review and agenda for future research [J]. Journal of Management, 2013, 39 (5): 1127-1037.

[2] Schendel D E, Patton G R and Riggs J. Corporate turnaround strategies: A study of profit decline and recovery [J]. Journal of General Management, 1976 (3): 3-12.

[3] Wiseman R and Bromiley P. Toward a model of risk in declining organizations: An empirical examination of risk, performance and decline [J]. Organizational Science, 1996 (7): 524-543.

[4] Mone M A, Mckinley W and Barker Ⅲ V L. Organizational decline and innovation: A contingency framework [J]. Academy of Management Review, 1998, 23 (1): 115-132.

[5] Barker V and Mone M. The mechanistic structure shift and strategic reorientation in declining firms attempting turnarounds [J]. Human Relations, 1998 (51): 1227-1259.

[6] Greve H R. A behavioral theory of R&D expenditures and innovations: Evidence from shipbuilding [J]. Academy of Management Journal, 2003a, 46 (6): 685-702.

[7] Audia P and Greve H. Less likely to fail? Low performance, firm size, and factory expansion in the shipbuilding industry [J]. Management Science, 2006 (52): 83-94.

[8] Mckinley W, Latham S and Braun M. Organizationaldecline and innovation: Turnarounds and downward spirals [J]. Academy of Management Review, 2014, 39 (1): 88-110.

[9] 唐朝永，彭灿，林琳．组织衰落与组织创新：管理者风险规避与制度化组织使命的作用 [J]. 研究与发展管理，2018，30 (1): 34-46.

[10] McKinley W. Organizational decline and adaptation: Theoretical controversies [J]. Organization Science, 1993 (4): 1-9.

[11] Cyert R M and Miller K D. A behavioral theory of the firm [M]. Inglewood Cliffs, NJ: Prentice-Hall, 1963.

[12] Kahneman D and Tversky A. Prospect theory: An analysis of decision under risk [J]. Econometric, 1979, 47 (2): 263-292.

[13] Staw B M, Sandelands L E and Dutton J E. Threat rigidity effects in organizational behavior: A multilevel analysis [J]. Administrative Science Quarterly, 1981, 26 (4): 501-524.

[14] Cameron K S, Whetten D A and Kim M U. Organizational dysfunctions of decline [J]. Academy of Management Journal, 1987b, 30 (1): 126-138.

[15] 刘建国．绩效衰退与企业创新行为——基于中国上市公司的实证分析 [J]. 南开管理评论，2017，20 (4): 140-152.

[16] 唐朝永，刘瑛，牛冲槐．衰落如何影响组织创新：集权结构、冗余资源与环境丰腴性的作用 [J]. 科技进步与对策，2019，36 (9): 95-101.

[17] 李四海，陈旋，宋献中．穷则思“变”抑或穷则思“骗”？——基于业绩下滑企业业绩改善行为研究 [J]. 研究与发展管理，2018，30 (1): 22-33.

[18] March J and Shapira G. Variable Risk Preferences and the Focus of Attention [J]. Psychological Review, 1992, 99 (99): 172-183.

[19] Chen W and Miller K. Situational and institutional determinants of firms' R&D search intensity [J]. Strategic Management Journal, 2007 (28): 369-381.

[20] 凌士显，白锐锋．绩效变动与企业创新行为研究——基于绩效变动方向的分析 [J]. 商业研究，2018 (6): 101-107.

[21] Latham S F and Braun M. Managerial risk, innovation, and organizational decline [J]. Journal of Management, 2009, 35 (2): 258-281.

[22] Greiner Le. Evolution and revolution as organizations grow [J]. Harvard Business Review, 1972 (6-8): 37-46.

[23] Greenhalgh L. Organizational decline [J]. Research in the Sociology of Organizations, 1983 (2): 231-276.

[24] Whetten D A. Organizational decline: A neglected topic in organizational science [J]. Academy of Management Review, 1980 (5): 577-588.

[25] Levy A. Second-order planned change: Definition and conceptualization [J]. Organizational Dynamics, 1986, 15 (1): 5-20.

[26] Robbins D K and Pearce J A. Turnaround: Retrenchment and recovery [J]. Strategic Management Journal, 1992 (13): 287-309.

[27] Barker V L III and Mone M A. Retrenchment: Cause of turnaround or consequence of decline? [J]. Strategic Management Journal, 1994, 15: 395-405.

[28] Cameron K S, Kim M U and Whetten D A. Organizational effects of decline and turbulence [J].

Administrative Science Quarterly, 1987a, 32 (2): 222-240.

[29] D'Aveni R. The aftermath of organizational decline: A longitudinal study of the strategic and managerial characteristics of declining firms [J]. Academy of Management Journal, 1989 (32): 577-605.

[30] Weitzel W and Jonsson E. Decline in organizations: A literature integration and extension [J]. Administrative Science Quarterly, 1989 (34): 91-109.

[31] 冉敏．衰退企业扭转战略选择研究［D］．杭州：浙江大学博士学位论文，2009.

[32] Coursey David H. Organizational decline and innovation in New York manufacturing firms: Different effects for different innovations? [J]. The Journal of Business and Economic Studies, 1991 (2): 39.

[33] Bolton M. Organizational innovation and substandard performance: When is necessity the mother of innovation? [J]. Organization Science, 1993, 4 (1): 57-75.

[34] Bourgeois L J. On the measurement of organizational slack [J]. Academy of Management Review, 1981, 6 (1): 29-39.

[35] 冉敏．论冗余资源与扭转战略选择［J］．重庆大学学报（社会科学版），2007（6）：37-42.

[36] Finkelstein S and Hambrick D C. Top-management-team tenure and organizational outcomes: The moderating role of managerial discretion [J]. Administrative Science Quarterly, 1990, 35 (3): 484-503.

[37] Hambrick D C, Mason P A. Upper echelons: The organization as a reflection of its top managers [J]. Academy of Management Review, 1984, 9 (2): 193-206.

[38] Hambrick D C and Fukutomi G D. The seasons of a CEO's tenure [J]. Academy of Management Review, 1991, 16 (4): 719-742.

[39] 刘运国，刘雯．我国上市公司的高管任期与 R&D 支出［J］．管理世界，2007（1）：128-136.

[40] 陈守明，简涛，王朝霞．CEO 任期与 R&D 强度：年龄和教育层次的影响［J］．科学学与科学技术管理，2011，32（6）：159-165.

[41] 葛菲，连燕玲，贺小刚．消极反馈与高管变更：基于上市公司的数据分析［J］．经济管理，2016，38（1）：38-50.

[42] Makri M, Lane P J and Gomez-Mejia L R. CEO incentives, Innovation, and performance in technology intensive firms: A reconciliation of outcome and behavior-based incentive schemes [J]. Strategic Management Journal, 2006 (11): 1057-1080.

[43] Gentry R J, Shen W. The impacts of performance relative to analyst forecasts and analyst coverage on firm r&d intensity [J]. Strategic Management Journal, 2013, 34 (1): 121-130.

[44] Altman E I. Corporate financial distress: A Complete guide to predicting, aboiding, and dealing with bankruptcy [M]. New York: John Wiley and sons, 1983.

[45] Iyer D N and Miller KD. Performance feedback, slack, and the timing of acquisitions [J]. Academy of Management Journal, 2008, 51 (4): 808-822.

[46] 姜付秀，张敏，陆正飞，陈才东．管理者过度自信、企业扩张与财务困境［J］．经济研究，2009，44（1）：131-143.

[47] 连燕玲，刘俊良，陈琼．破产威胁与战略变革——基于组织资源与市场丰腴性的调节效应研究［J］．外国经济与管理，2016，38（10）：20-34.

[48] Hambrick D C, D'Aveni A. Large corporate failures as downward apirals [J]. Administrative Science Quarterly, 1988, 33 (1): 1-23.

[49] 李溪，郑馨，张建琦．制造企业的业绩困境会促进创新吗——基于期望落差维度拓展的分析［J］．中国工业经济，2018，（8）：174-192.

[50] 朱丽娜，贺小刚，贾植涵．"穷困"促进了企业的研发投入？——环境不确定性与产权保护力度的调节效应［J］．经济管理，2017，39（11）：67-84.

[51] 刘新民，张莹，王垒．创始高管团队薪酬激励对真实盈余管理的影响研究［J］．审计与经济研究，2014，29（4）：61-70.

[52] 邓峰，李亚慧．管理层能力、产权性质与创新投入——基于高技术上市公司的经验证据［J］．工业技

术经济，2019，38（1）：19-26.

[53] 叶永卫，李增福，骆欣怡．经营业绩、产权性质与企业创新投资［J］. 华东经济管理，2018，32（12）：164-173.

[54] 杨瑞龙，王元，聂辉华．“准官员”的晋升机制：来自中国央企的证据［J］. 管理世界，2013（3）：23-33.

[55] Faccio M，Masulis R W and Mcconnell J. Political Connections and Corporate Ballouts［J］. The Journal of Finance，2006，61（6）：2597-2635.

资源编排视角下制造企业价值创造演化：李渡酒业2002~2019年纵向案例研究*

胡海波　费梅菊　胡京波　毛纯兵

（江西财经大学工商管理学院，江西南昌　330032）

[摘　要] 伴随着消费与技术的双升级，制造企业“马太效应”尽显，制造企业应如何获取、整合并运用内外部资源以创造价值？本文通过对江西李渡酒业有限公司（以下简称李渡酒业）的探索性单案例研究，试图打开制造企业不同阶段如何通过资源编排实现价值创造的过程“黑箱”：①制造企业的价值创造受外部环境与内部战略的双重影响；②制造企业的价值创造类型可分为单一利用式价值创造、双向整合式价值创造和多维链接式价值创造；③制造企业的资源编排一般逻辑为“资源识别—资源获取—资源捆绑—资源利用”，不同阶段的资源编排促使价值创造呈现不同的结构特征。

[关键词] 资源编排；价值创造；制造企业；案例研究

一、引言

在当前时代背景下，伴随着互联网电商兴起和消费技术双升级，品牌“三新”——新消费理念、新零售渠道、新营销模式日益兴起，制造企业快速整合各方资源，实现品牌差异化，创造品牌价值并成功转型升级已成为不可逆的浪潮。

制造企业顺利转型升级的核心依据是价值创造。现有文献对制造企业价值创造的研究大致可分为两个方面：第一，关注“制造企业如何实现价值创造”这一问题，试图探明制造企业价值创造的机理，提出优化制造企业价值创造的核心维度。第二，深挖制造企业情境下价值创造本身的研究，如要素、焦点等。然而，上述对制造企业价值创造的研究存在两大局限：第一，研究视角大多基于迈克尔·波特的价值链（Value Chain）理论（Porter，1985），忽略了创新网络主体多元化的价值交互体制。第二，研究方法集中于实证研究，运用简单的溯因逻辑归纳结论，忽略了企业价值创造的演化过程，并认为衡量价值创造的唯一维度是利润创造。

有效的资源编排可为企业创造竞争优势，并影响企业的价值创造（Sirmon et al.，2007）。基

* ［基金项目］国家社会科学基金项目“全球制造中我国企业创新网络嵌入路径研究”（15BGL033）；教育部人文社科青年基金项目“工业4.0环境下制造企业创新生态系统研究：共创价值视角”（17YJC630040）；江西省教育厅科技项目“智能制造背景下企业创新生态系统案例研究：资源整合视角”（GJJ160433）。

于对动态环境和管理者能动作用的强调，Sirmon 等（2011）将研究基础、研究重点、研究内容上存在相同或互补关系的资源管理和资产编排两个理论进行整合，提出资源编排（Resource Orchestration）理论，但并未提出一套资源编排的普适化逻辑。资源编排的研究是热点，但现有文献的研究仍处于探索期，国外相关研究限于验证资源编排的效用（Bridoux et al.，2013），而国内自2016年才发表第一篇以资源编排为理论视角的论文。通过对国内外资源编排文献的分析发现，现有研究存在以下两大局限：第一，研究对象集中于制造企业，约占50%，但鲜有涉及有文化底蕴的制造企业；第二，认可资源编排与价值创造的联系，但并未展开叙述资源编排视角下价值创造的影响因素与具体维度。

作为优势制造产业的代表，中国的白酒业历史悠久、工艺独特。近年来，伴随着消费升级的逐步深入和商务消费、大众消费的日益崛起，白酒的消费热度再度被激活。激烈的市场竞争之下，白酒行业迈进“少喝酒，喝好酒”的品牌时代，品牌集中化程度加剧。2018年，约1/4的市场份额由贵州茅台、五粮液、洋河股份、泸州老窖、古井贡酒这五家企业把控，最受热捧、净利润率较高的也往往是这些寡头企业的核心品牌。同时，自2015年起，以江小白为代表的200余个青春小酒品牌投入市场，借助新营销与电商逆势生长。在夹缝中求生存的中低端品牌与区域白酒品牌亟须整合资源，重构传播系统，以激活新时代消费者的品牌认知（马健，2019）。

基于上述理论与实践背景，本文选取李渡酒业为案例研究对象，从资源编排的视角分析不同阶段企业的价值创造过程，研究企业价值创造演化逻辑，试图打开制造企业通过资源编排优化价值创造的“黑箱”。本文跳出资源管理与资产编排原有概念框架的约束，引入成熟的资源整合理论，基于案例数据的充分验证，明确提出了资源编排的四个核心构念与下属八个子概念，丰富了资源编排的理论内涵与研究情境，深化对制造企业价值创造微观机制的理解，为进一步开展企业价值创造的研究提供新的视角。研究结论不仅为制造企业的资源管理提供借鉴，也有助于启发企业在识别环境特征的基础上，调整资源编排战略、采取多维度的资源编排行为，引导企业采取合理、可行的资源编排机制实现价值飞跃。

二、文献回顾

（一）资源编排

资源与企业发展的关系一直是学术界探索的重点，Wernerfelt（1984）便率先提出资源基础理论（Resource Based Theory，RBT），又称资源基础观（Resource Based View）。之后，Barney（1991）基于资源基础理论，识别企业内部资源特性，并强调那些具备价值性、稀有性、难模仿性、不可替代性的核心资源方可创造竞争优势，并影响企业绩效（Crook et al.，2008）。但随着学界对环境动态性及其对资源的影响的日益关注，资源基础理论的静态性质备受诟病（Sirmon and Hitt，2003），其忽视了资源利用中“How”的问题（Wright and Stigliami，2013；Sirmon et al.，2011），也不能解释拥有相同或类似资源的企业表现出不同的核心能力，处于不同的竞争地位（Kor and Mahoney，2005），并呈现不同的绩效（Sahaym and Nam，2013）。

基于资源与企业竞争优势发展不完全匹配的实际，为应对市场变化、技术进步等整体环境变化，Teece（2007）引入动态能力视角延伸资源基础观静态资源存量的假设。Sirmon 等（2007）则从资源运用切入，提出资源必须通过积累、重组和利用来发挥作用，即只有在资源被有效管理的情境下才能实现资源创造竞争优势的全部价值，并基于这一逻辑建构资源管理（Resource Management）理论，定义资源管理的三个动作：①资源结构化（structuring），通过获取、积累、剥离资源构建资源组合；②资源捆绑（bundling），通过稳固、丰富、开拓资源捆绑资源以构建能力；③资源利用（leveraging），通过组织、调度、部署资源发挥能力以撬动市场机会，为企业营建竞争优势并创造价值。与此同时，Helfat 等（2007）基于动态能力的相关逻辑框架（Adner and Helfat，2003）提出资产编排（Asset Orchestration）理论，定义其两个主要维度——搜索/选择和配置/调度。资源管理和资产编排的管理重点均为管理者的资源相关动作及其对企业绩效的影响，如价值创造和竞争优势的形成，动态能力与资源基础理论相关（Helfat and Peteraf，2003）则表明两个理论的研究基础联系紧密。然而，资源管理和资产编排的研究内容存在差异，如资产编排并没有对资源剥离（Resource Divesting）、资源捆绑行为类型和资源部署（Resource Deployment）策略进行详细论述，另外，资源管理并未明确界定资产编排理论所识别的商业模式、组织和治理结构以及创新能力等要素（Sirmon et al.，2011）。

资源管理和资产编排在研究基础、研究重点的同源同向和研究内容的相辅相成上体现了两者的理论互补性。鉴于此，Sirmon 等（2011）将资源管理和资产编排整合，提出资源编排（Resource Orchestration）理论，认为明确管理者在资源管理过程中可有效地组合、捆绑和利用资源，并将资源转化为企业的竞争优势。因此，资源编排理论关注的是“领导者为实现公司资源的有效管理而采取的行动”（Hitt et al.，2011；Ndofor et al.，2011），强调管理者在动态环境的影响下，充分发挥编排资源的能动作用，从过程视角探讨资源的形成和演化及其对应企业战略的转变，试图打开“资源-能力”的“黑箱”。

资源编排理论的研究仍处在探索期，国外相关研究已相对丰富，但绝大多数为实证研究，研究方向主要集中在确定资源编排的实效性，如 Chirico 等（2011）和 Chadwick 等（2015）体现资源编排对企业相关战略的积极作用，而 Bridoux 等（2013）的研究则证明资源编排与企业创新能力和创新绩效正相关。国内对资源编排的研究起始较迟，学者许晖发表的论文标志着资源编排理论在国内学术界的兴起（许晖和张海军，2016），而 2017 年发表的两篇实证论文表明资源编排对中国企业的适用性（刘新梅等，2017；杜占河等，2017）。近三年，国内外资源编排的研究逐渐从实证转向案例，从理论验证转向理论探索，研究对象涵盖制造企业、科技企业、互联网平台企业等。整体来看，资源编排理论新颖且适用性广，对制造企业的资源行动解释更为透彻，且可匹配多种案例研究方法，适合本文研究问题。

（二）制造企业与价值创造

在初步明确“制造企业服务化”的机遇（Potts，1988）和相关定义（Drucker，1990；Quinn，1992）后，学术界开始进一步探索制造企业与价值创造的关系，具体研究制造企业价值创造的机理，如影响因素、实现路径等。Quinn（1992）率先阐明服务对制造业价值创造的重要性，李刚等（2009）有针对性地研究服务型制造企业的价值创造机理。其他学者则通过研究得出优化制造企业价值创造的不同维度，如商业模式创新（邢纪红和王翔，2017；罗珉和李亮宇，2015；原磊，2007）、服务流程再造与管理流程创新（林光平等，2008）、顾客价值激活（罗珉和李亮宇，2015）等。随着相关基础研究不断丰富，学者开始直接探讨制造企业情境下价值创造本身的研究，如要素（王化成和尹美群，2005）、焦点与方式（方润生等，2014）、价值创造的内涵与主体（邢纪红和王翔，2017）、行为（王昶等，2019）等。

然而，上述价值创造研究大多基于迈克尔·波特在 1985 年提出的价值链理论。价值链理论从价值创造的角度将企业活动分解为基础活动和辅助活动，企业创造的价值本质上来自某些特定价值活动，这些活动所处环节即为企业价值链的“战略环节”，这些“战略环节”的有效推进与高效协同将有助于企业进一步创造价值。后 Kim 和 Mauborgne（1999）亦强调制造企业的价值链是由一系列存在相关关系的价值活动所组成，只有将各环节链接成有机整体，制造企业才能真正为顾客创造价值，获得竞争优势。

企业拥有的独特资源和在特定竞争环境中有效配置这些资源，有利于形成动态能力，并最终创造企业的竞争优势（Barney，1991；Sirmon and Hitt，2003）。为保证企业竞争优势的可持续性，除厘清资源动作外，也必须明确企业为顾客创造价值的过程中各种相互关联活动和信息及其交互的方式（冉景亮，2012），然而这些关联活动并不限于制造企业的价值链。此外，随着对企业价值的认知进一步明确，价值创造的内涵开始从资金维度向外延伸。基于此，本文将进一步打开企业价值创造的具体内容和演化路径，丰富价值创造的研究情境和研究内涵。

（三）文献述评

综上所述，尽管现有文献对资源编排理论阐述成熟，也从价值链理论对制造企业的价值创造进行了有益解读，但仍存在一些研究缺口。

第一，关于资源动作与价值创造，有文献研究基于资源的价值创造（谢恩和李垣，2003），但分析大多基于静态的资源基础观或简单嵌入动态能力的资源拼凑理论，无法全面体现资源对价值的重要价值。

第二，关于制造企业的价值创造，现有文献研究大多基于传统的价值链理论，对企业外部价值来源的涉及较少。

第三，关于价值创造的研究主体，国内外相关研究均主要集中在制造企业在金融情境下的价值创造，如财务（李心合，2007；吴超鹏和吴世农，2005）、并购（谢洪明等，2019；Chao，2018；Basuil and Datta，2015；周小春和李善民，2008）等，现有文献缺乏对具有文化底蕴、文物资源的制造企业的资源动作与价值创造及其两者关系做系统的探讨。

基于此，本文将重点关注“制造企业如何通过有效的资源编排优化价值创造过程”这一问题，遵循“动态环境（dynamic environment）和主体战略（strategy）—资源编排（resource orchestration）—价值创造（value creation）”这一逻辑（见图 1）出发，具体探讨三个问题：①动态环境和战略变化如何影响价值创造过程？②制造企业不同发展阶段下的价值创造过程如何演化？③制造企业实现价值创造的资源编排主要步骤及具体行为。

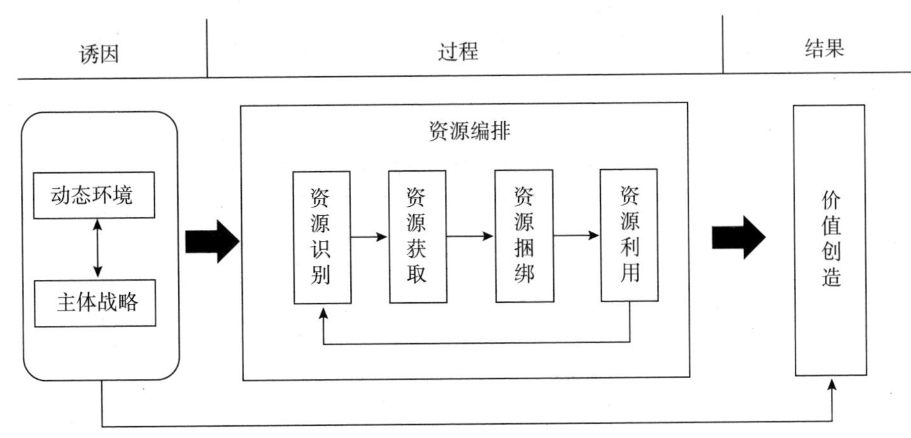

图 1　案例研究主线

资料来源：基于案例数据和相关文献整理推导。

三、研究方法

（一）方法选择

本文聚焦于探讨白酒企业在不同发展阶段如何通过资源编排实现价值创造，探索性单案例研究方法适合解释这类研究问题，原因在于：第一，对上述问题的探讨需要揭示企业实现价值创造的资源编排机制及其演化规律，案例研究有利于清晰地回答“如何”（How）的问题（Yin，2014），适合解决路径演化问题（胡海波，2018）。第二，基于特定阶段划分的白酒企业资源编排动作仍是空白的研究领域，案例研究可深入剖析组织或事件的发展历程并发展管理理论（潘善琳和崔丽丽，2016）。第三，不同阶段的资源编排动作是一个复杂问题，单案例研究把案例企业看成独立的整体进行全面分析（Meredith，1998），能够保证案例研究的深度（Eisenhardt，1989；Yin，2014）。

（二）案例选取

本文遵循行业代表性、理论抽样的典型性、理论与案例的适配性原则（Eisenhardt and Graebner，2007），选择李渡酒业为案例研究对象，具体原因如下：第一，李渡酒业是区域白酒企业的典型代表，厂区所在地李渡镇有800年的酿酒史，工艺体系早已成熟，其前身李渡酒厂所酿白酒曾是江西省第一品牌，2015年推出的产品“李渡高粱1955”与茅台同获布鲁塞尔大金牌奖，具有一定的行业代表性。第二，本文重在打开李渡酒业价值创造的资源编排“黑箱”，即拓展资源编排理论，故选取该案例是出于理论需要而非统计抽样原因（Glaster and Strauss，2017）。第三，自2002年来，李渡酒业不断根据战略与环境变化调整资源编排动作，随之，其价值创造的结构特征持续完善，价值网络参与主体不断丰富，2014年后短短两年扭亏为盈，价值创造绩效显著改善，案例数据符合本文的主题。

本文主要探讨李渡酒业2002年至今的资源编排动作与价值创造机制，围绕这一问题，同时考虑李渡酒业的战略导向，本文将李渡酒业的发展划分为三个阶段（见表1和图2）：创建阶段、发展阶段与飞跃阶段。

表1　李渡酒业各发展阶段的外部环境与主体战略

阶段	创建阶段	发展阶段	飞跃阶段
时间范围	2002~2008年	2009~2013年	2014~2019年
外部环境	计划经济残留和商品经济	服务经济与体验经济	体验经济
主体战略	以利润为中心强化终端促销	以品质与品牌为中心优化质量管理并增加广告投放	以用户为中心构建沉浸式体验平台

资料来源：笔者整理。

（1）创建阶段：利用内部资源，主打产品促销（2002~2008年）。2002年初，香港恒源看中李渡酒厂所在地皮价值，欲低价盘下后进行地产开发，便以300万元收购李渡酒厂并成立合资公

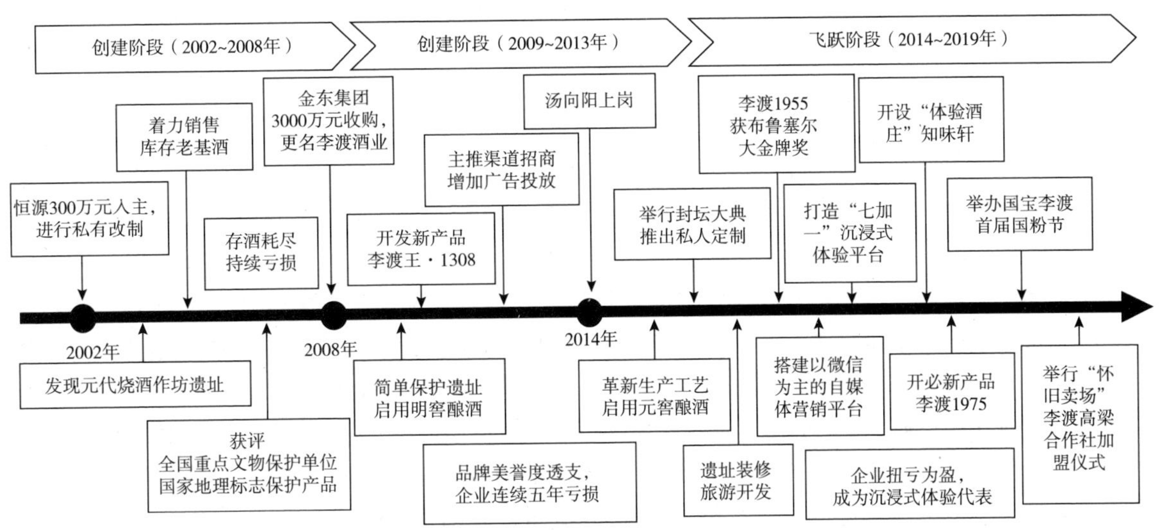

图 2 李渡酒业大事记

资料来源：笔者整理。

司。当地政府不同意国有资产改制的合资公司转行房地产，香港恒源不得不继续做白酒生意。由于经验不足，香港恒源决定沿袭原有的工艺，以老李渡积累的声誉在原有渠道尤其是终端全力促销低端产品，具有一定市场竞争优势，在南昌一度与四特酒分庭抗礼。然而，公司竟日益收缩酿酒规模，主要依赖销售库存的老基酒谋利。后来存酒几乎耗尽，公司便从四川采购基酒，勾兑后再出售。一段时间后，李渡酒的品牌美誉度严重受损，公司陷入持续亏损。同一时期，距今已有800多年的历史的李渡元代烧酒作坊遗址①被偶然发掘，此次发掘被评为2002年“全国十大考古新发现”，李渡酒业也因此于2006年被国务院核定为全国重点文物保护单位。

（2）发展阶段：整合集团资源，改进研发与销售（2009~2013年）。2008年10月，金东集团因看中李渡背后的元代烧酒作坊遗址及历史文化底蕴，以3000多万元收购并重组为李渡酒业。2001年到2011年是中国白酒行业发展的黄金十年，中国白酒市场容量快速增长，各类产品、营销手段层出不穷，品牌分级初步形成。当时，李渡酒业已错失发展先机，只有香港资方留下的简陋遗址和少数工人。新东家金东集团立即采取措施，引入旗下金六福的大区销售经理担任李渡酒业董事长，并围绕产品和管理采取了一系列改进措施。首先，全力做好产品。在产品生产方面，2009年6月，投入4000多万元进行第一期生产技术改造工程，恢复酿酒；在产品质量方面，建立了高于、严于国家白酒标准的三大系列标准，成立了中心化验室等质量管理部门；在产品开发方面，启用少量元明代窖池，研发高端品牌酒——李渡·1308；在产品营销方面，结合现有销售渠道和金六福的广告资源，学习金六福的一般套路先打广告再招商。其次，引进全新的现代管理机制。采取6S管理模式，编制管理指导资料，并成功通过了ISO 9000、HACCP等质量认证。改进初期，李渡酒业运营明显好转，市场占有率位居全省前五，工人出勤率提高，良品率达98%以上。然而改进后的李渡酒业依旧后继乏力，主要有两方面原因：第一，市场竞争过于激烈，短时

① 李渡元代烧酒作坊遗址：目前我国发现的时代最早、遗迹最全、遗物最多、延续时间最长且富有鲜明地方特色的古代烧酒作坊遗址，已故白酒泰斗周恒刚先生给予了李渡烧酒作坊遗址“酒中国宝”“一部中国白酒酿造的无字史书”的最高赞誉。遗址共挖掘出元、明、清至近代的水井、炉灶、晾堂、酒窖、蒸馏设施等，包括私人作坊时期留下的“百年酒坛”，出土了大量石器、陶器、瓷器、竹木器、铁器和铜器等元明清文物，总计350件，印证了明代药物学家李时珍“烧酒非古法也，自元时始创之”的记载，为烧酒酿造工艺及其相关文化溯源提供了十分珍贵的文物资料。

间难以重塑品牌；第二，高频的广告投放与低微的招商成效，使销售渠道逐渐堵塞。截至 2013 年，金东集团收购的五年间，李渡酒业更换了五任董事长，一直处于连续亏损之中。

（3）飞跃阶段：链接内外资源，唤醒体验价值（2014 年至今）。2014 年 3 月，原华泽集团地方酒企销售负责人汤向阳临危受命成为李渡酒业的第六任董事长。一上任，汤向阳先以“止损”“整顿”为前提推行改革措施。一方面，基本撤除广告投入和招商活动，只在终端选点推广，同时回收积压产品，帮助经销商清理渠道内的积压库存；另一方面，提升工人薪资，精细化酿酒工艺细节，派专人进行监督，并将绩效与酒品挂钩。仅一两个月，李渡酒业的生产与销售逐步恢复元气。为重获竞争优势，基于李渡元代烧酒作坊遗址、酿酒文化等优势，结合时下营销新思维，汤向阳定下了李渡品牌复兴战略：赋予李渡酒“国宝”之称，定义“李渡文化”，找回新“李渡味”，再以沉浸式体验传递价值，致力于做江西最有品牌文化的一款酒。在战略指引下，李渡酒业链接内外部资源，从产品、体验、渠道等方面进行创新。产品上，李渡酒业数次更改酿酒原料配比、革新工艺，并基于此开发李渡 1955、李渡 1975 等新产品。体验上，李渡酒业逐步完善了“七加一”沉浸式体验平台①，并推出酒糟冰棒、酒糟泡脚、酒糟面膜等衍生产品。渠道上，线下，李渡酒业在稳定原有传统销售渠道的前提下布局“醉美酒庄—知味轩—李渡高粱合作社”三级体验根据地，打造高频高质的“造节式”“仪式化”“口碑化”三类品牌线下活动；线上，李渡酒业打造以微信为核心的线上推广平台和销售平台，通过微信公众号、企业微博、社区论坛、电商网站等互联网平台进行品牌宣传。近五年，李渡酒业和李渡酒都得到了广泛认可②，品牌价值跨上新台阶。

（三）数据收集

本文主要通过半结构化访谈、现场观察、二手数据查询、电话访谈等渠道进行数据收集，多样化的数据来源可实现各种数据之间的相互补充和交叉印证，形成“资料三角形”（Patton，1987），从而避免了采用单一信息收集渠道造成的部分偏差，提高案例研究自身的建构效度（Yin，2014）。案例数据主要来自以下两个渠道。

第一，深度（半结构）访谈调研。本文于 2015 年 1 月和 2016 年 11 月先后两次访谈了李渡酒业相关中高层领导 5 人次，半结构化深度访谈是本文最重要的数据来源。访谈全程录音，访谈结束后在 24 小时内完成录音还原，共整理第一手访谈资料近 5 万字，为后期研究提供材料支撑，访谈详情如表 2 所示。

表 2　李渡酒业访谈数据来源编码

访谈对象	地点	访谈关键词	访谈资料（万字）
2015 年 1 月 16 日第一次访谈			
董事长	李渡酒厂	企业发展、酿造工艺、品牌定位、营销策略、战略方向	2.3
副总经理	李渡酒业南昌营销中心	企业发展、营销策略、战略方向	0.7
品牌经理		企业发展、产品研发、品牌定位、营销策略	0.6

① 一部中国白酒文化史、一根酒糟冰棒、一场酒艺表演、一瓶自调酒、一堂中国白酒品评课、一桌绿色全酒宴、一次全个性化定制加一场酒王争霸赛。

② 李渡酒连续七年荣获中国酒业协会举办的六省一市白酒品评大赛金奖。李渡烧酒作坊遗址成功入选国家 AAAA 级旅游景区、国家工业遗产、中华人民共和国地理标志保护产品、世界文化遗产预备名单。

续表

访谈对象	地点	访谈关键词	访谈资料（万字）
2016 年 11 月 14 日第二次访谈			
品牌经理	李渡酒业 南昌营销中心	企业发展、营销策略	0.7
品牌经理 （集团副总经理）		企业发展、营销策略	0.6

资料来源：笔者整理。

为确保数据的准确性和针对性，每次访谈采取 1 人主问，其他人员补充提问的方式进行。访谈以半结构化的形式进行，一方面根据前期设计的访谈提纲有序提问，另一方面基于访谈对象的回答快速调整思路，尽可能深入挖掘信息，使其举实例印证。

第二，多渠道收集数据进行三角验证。除正式访谈外，多重来源可使研究人员进行数据的三角验证，筛选出可信的数据及性能分析（Yin，2014）。主要包括：①现场观察。多次走访李渡酒业元代烧酒作坊遗址及李渡酒业南昌营销中心，深入体验，如品尝“酒糟冰棒”和“酒糟鸡蛋”、参加“酒王争霸赛”、尝试“酒糟泡脚”等，进一步了解了李渡的独特文化及沉浸式体验的营销战略，明确了李渡酒业自 2002 年发展至今的重要决策及主要转折点，加深了对李渡酒业战略布局的理解，形成文字资料 1.7 万字。②二手数据。包括从李渡酒业线上推广渠道（微信公众号文章、官网等）获取的企业定位、历史文化、沉浸式体验等数据，从媒体报道中获取的企业背景、企业发展的重大事件等，从前瞻研究院、速途研究院等相关研究机构的白酒行业报告中获取的行业发展现状等，整合成本文的补充数据资料，形成文字资料 1.6 万字。③电话访谈。在整理资料的过程中，数次与李渡酒业的品牌经理电话与微信联系，以便查漏补缺信息。

（四）数据分析

为保证研究的科学性和规范性，本文基于近 5 万字的访谈资料和 3 万余字的文字资料，借鉴 Charmaz（2014）的数据编码前提，将预先存在的理论框架代入案例情境，采用多级编码来进行数据分析（Mirabeau and Maguire，2014）。首先，进行单独预编码。正式编码前，2 名研究者紧密围绕研究主题对案例数据进行单独预编码。其次，形成初始构念。研究者同时在团队研讨会上进行专项汇报，验证预编码结果与研究主题、案例事件的匹配性，结合“资源识别、获取与利用”的资源整合框架（Amit and Schoemakerl，1993），集体讨论确定一级编码（即核心构念）为资源识别、资源获取、资源捆绑与资源利用（见表 3）。最后，建立理论框架。以案例数据为前提，围绕一级编码进行二、三级编码，按需补充案例数据，其中，三级编码采用 Wernerfelt（1984）对资源的划分，将资源分为金融（如现金资源与进入金融市场）、物质（工厂和设备等）、人力（如管理者的技能和知识）、组织（能力、控制、政策与文化）、信息（如来自客户和竞争对手的情报）、关系（如与供应商和客户的关系）、法律（商标和许可证）等，但从案例企业的行业特殊性与分析便利性考虑，本文将组织资源拆分为文化资源、工艺资源、品牌资源、制度资源和体验资源。基于构念、数据与文献的反复比对初步建立理论框架，过程中引入外部观察人员（案例学者与企业人员）与研究团队共同讨论，最终形成“基于资源编排的制造企业价值创造演化模型”这一理论框架。

表 3　制造企业资源编排主要动作

动作	含义
资源识别	**企业内基于战略需求判断资源关键性**
累积	将有利于或可能有利于企业发展的资源进行保存或继承
剥离	将完全不利于企业营建竞争优势或创造收益的过度资源剥离企业运营过程
资源获取	**企业进一步开发关键资源**
延展	迭代或拓展内部已有的关键资源
引入	与企业外部的企业或组织交互（购买、申请等）直接获取资源的过程
资源捆绑	**企业分目标（生产、产品、渠道等）重组相关联的资源以构建以整合能力为基础的生产、销售等核心能力**
稳定	简单组合企业内原有资源，形成能力
丰富	整合新资源与原有资源，创造新的能力
资源利用	**企业以能力为载体，将重组后的资源落实到相关战略举措（项目、活动等）中，并进入市场检验，最终为企业创造价值**
协调	有效且高效地协调已有能力配置战略行为
部署	集合已有能力构建平台生态以支持战略的过程

资料来源：笔者整理。

本文的编码过程主要借助质性研究辅助软件 NVivo Plus 12 中的节点编码等功能实现，编码原则为与相关的表述无论是否同一来源或语意相近均算为 1 条条目，并将数据编码结果呈现为表格的形式。一手访谈资料编码为 FT1～FT5，一手观察资料、官方网站资料和相关媒体报道资料分别编码为 GC、WZ 和 BD，通过 NVivo 软件反复筛查、确认，最终得出条目 217 个，具体如表 4 所示。

表 4　根据数据来源分类及数据编码

<table>
<tr><th colspan="2">类别</th><th>编码</th><th>条目数</th></tr>
<tr><td rowspan="8">一手资料
（半结构化访谈）</td><td colspan="3">第一次访谈</td></tr>
<tr><td>董事长</td><td>FT1</td><td>78</td></tr>
<tr><td>副总经理</td><td>FT2</td><td>13</td></tr>
<tr><td>品牌经理</td><td>FT3</td><td>10</td></tr>
<tr><td colspan="3">第二次访谈</td></tr>
<tr><td>品牌经理 1</td><td>FT4</td><td>17</td></tr>
<tr><td>品牌经理 2</td><td>FT5</td><td>15</td></tr>
<tr><td colspan="3"></td></tr>
<tr><td colspan="2">一手资料（现场观察）</td><td>GC</td><td>21</td></tr>
<tr><td rowspan="2">二手资料
（企业官网、媒体报道）</td><td>企业官网</td><td>WZ</td><td>18</td></tr>
<tr><td>媒体报道</td><td>BD</td><td>39</td></tr>
</table>

资料来源：笔者整理。

四、案例分析

（一）制造企业价值创造结构特征的动态演化

本文以“诱因-过程-结果”为案例研究主线，先厘清“诱因-结果”的关系，对李渡酒业价值创造结构特征的动态演化进行分析，再打开过程“黑箱”。李渡酒业基于三个阶段的动态环境及主体战略，形成了从“单一利用式价值创造—双向整合式价值创造—全面链接式价值创造”的演化路径。其中，单一利用式价值创造是指价值创造过程只源于单一维度的资源利用，且这一资源往往只影响传统价值链基础活动中的一项或两项。双向整合式价值创造则从单一利用式价值创造向外延伸，价值创造过程源自企业内部和外部某一个具体对象。多维链接式价值创造是不同双向整合式价值创造的集合与深化，指价值网络的核心对象全部或部分有涉及，且价值创造的目标涵盖产品、品牌等多个维度。价值创造结构特征转变的触发因素主要来自该阶段主体战略的变化，外部环境影响主体战略的改变，李渡酒业的动态演化过程如图3所示。

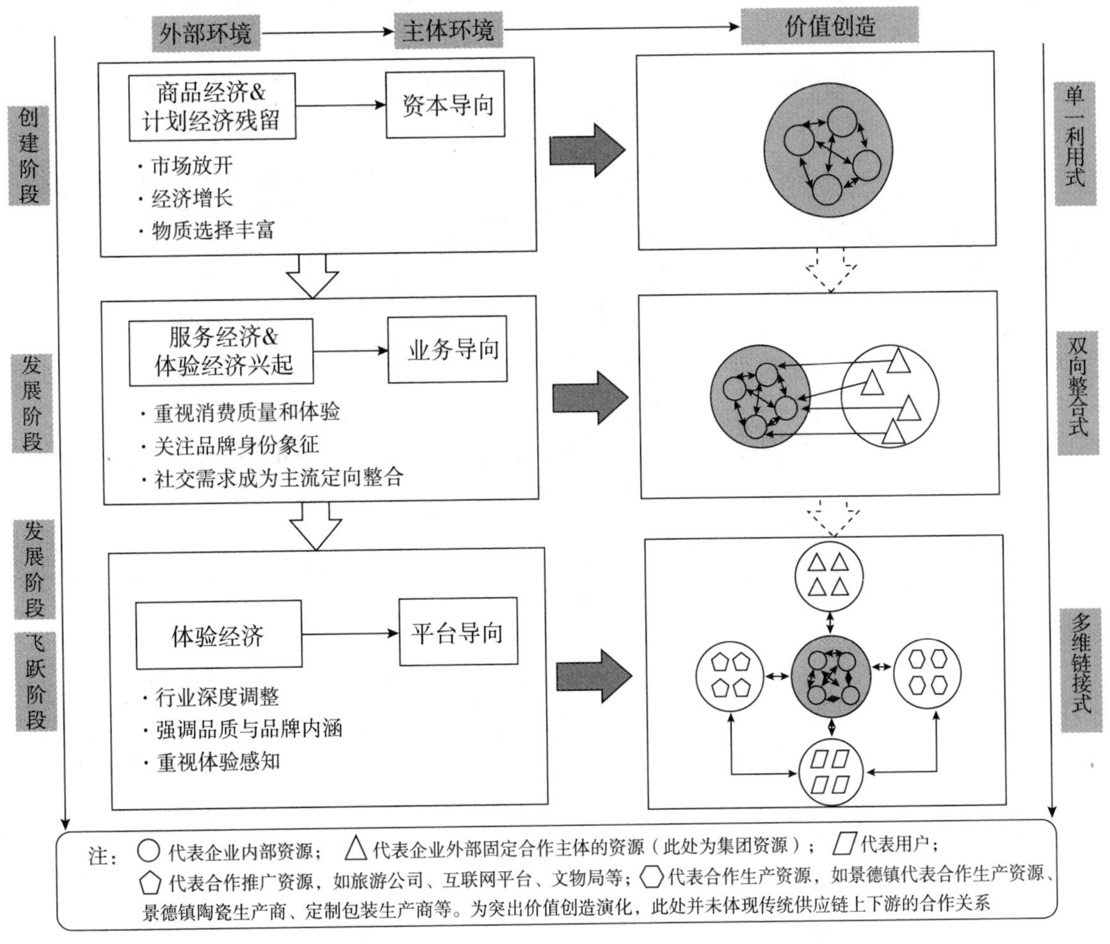

图3　李渡酒业价值创造结构特征的动态演化

资料来源：笔者整理。

（1）创建阶段：单一利用式价值创造。20 世纪初，经济快速增长，人们对物质生活的需求日益提升，同时改革开放政策逐步深化，商品经济在计划经济的崩塌中快速崛起，市场化影响着各行各业，国有资产的私有化也成为潮流。2002 年，因地产开发动机低价并购国有企业李渡酒厂的香港恒源缺乏做酒经验，也并未将李渡酒业作为公司的战略重心之一。从快速获取利润回报、回收投入资本的前提出发，香港恒源主要通过最大化利用企业内部原有的品牌、关系、物质、人力等主要资源，沿袭原有渠道，强化终端促销，短时间内占领市场、获取利润，但只出不进的物质资源以及持续低走的单酒净利润不利于李渡酒业的长期发展。李渡酒业这一阶段的数据编码如表 5 所示。

表 5　李渡酒业创建阶段的数据编码

一级编码	二级编码	三级编码（资源与能力）	典型引用语举例	来源
资源识别	资源积累	品牌资源	90 年代以前李渡是江西省的第一品牌	FT1；FT3
		物质资源	香港恒源投入 200 多万元……把古窖作了个挖掘，作了文物认定，就留下了这样一个宝贝	FT2
	资源剥离	/	/	/
资源获取	资源延展	/	/	/
	资源引入	/	/	/
资源捆绑	资源稳定	工艺资源	坚持了，但是规模有所压缩……（香港恒源）把酿酒工艺没断，窖池没变，但酿酒的量少了	FT1
		关系资源	（香港恒源）没有技改……更多的是从外边进点酒回来，利用原来李渡酒的流程、经销商、美誉度、知名度去做市场	FT2
	资源丰富	/	/	/
资源利用	资源协调	生产能力	它（香港恒源）做的主要是低端酒，光瓶酒，几块钱一瓶的	FT1；FT2
		销售能力	低端酒主要还是靠（原有）渠道销售，一年要走一点量，促销投入会比较大……整个（销售额）8000 多万元，促销费用要三四千万元	FT2
	资源部署	/	/	/

资料来源：笔者整理。

（2）发展阶段：双向整合式价值创造。2001~2011 年是中国白酒行业发展的黄金十年，宽松的市场环境和丰富的社交需求使白酒市场欣欣向荣，一大批有品质有资源的传统名酒与新创白酒品牌成功崛起，成为高端品牌或区域知名品牌，品牌分化、竞争阵营区隔明显的白酒新版图初步形成。错过了发展机会的李渡于 2009 年被金东集团收购并重组为李渡酒业。从恢复制酒工序、提升酿酒水平并改善产品销售情况的业务目标出发，金东集团意将旗下金六福品牌在销售业务方面的经验复制到李渡酒业，并输入集团的人力、关系、金融等资源，帮助李渡酒业在工艺、管理等方面进行优化改革，并最终落实到销售上。李渡酒业这一阶段的数据编码如表 6 所示。

表 6　李渡酒业发展阶段的数据编码

一级编码	二级编码	三级编码（资源与能力）	典型引用语举例	来源
资源识别	资源积累	品牌资源 文化资源	我们（金东集团）后面正式考虑收购它，主要是它有文物，既有老品牌，又有全国重点保护单位发行的文物……这个文物在中国白酒史上是独一无二的	FT1；FT3
		物质资源	55 年的窖池也算老窖池，李渡酿酒基本上是几十年以上的老窖池，新窖池我们还没有呢	FT1；FT2；FT3
	资源剥离	/	/	/
资源获取	资源延展	物质资源	我们开始用明代窖池改善工艺并开发新产品……从老窖池里的酒才能做好酒	F1；F2
	资源引入	人力资源	集团来的都是一些金六福的大区老总，多数都是做金六福做得很好	FT1；FT2
		制度资源 金融资源	金东集团从经营模式、企业管理、资金运作等方面为李渡注入新鲜血液	FT1；GW
资源捆绑	资源稳定	物质资源	（金东集团）早期只是暂时简单保护了一下遗址，没有做其他事	FT1；BD
	资源丰富	关系资源	之前的渠道还保留，包括熟悉的一些供应商	FT1；FT3
		工艺资源	2009 年，搞了第一期的技改，投资了 1500 万元，把酿酒车间做了一个恢复	FT2；BD
资源利用	资源协调	生产能力	2010 年（金东集团）过来，做了“李渡王 · 1308”，做了团购，1 年就有 500 万元销售额	FT1；FT2
		销售能力	学习金六福打广告招商，一个产品打几百万元……每年集团都要考核，到了年底就是纯圈钱，给经销商压货	FT2
	资源部署	/	/	/

资料来源：笔者整理。

（3）飞跃阶段：全面链接式价值创造。2012 年底，塑化剂事件、政府机构的“光盘行动”、军队“禁酒令”等一系列事件爆发为过热的白酒市场“泼了一盆冷水”，白酒行业进入深度调整期。位于第一梯队的茅台、五粮液等白酒名企主动“放低身段”、下沉渠道，因创意营销快速构建品牌内涵的青春小酒江小白等异军突起，李渡酒业作为年收入 5000 万元左右的地方酒企，受到高低端品牌的夹击，亟须找到适合自己的发展方向，真正创造价值。

汤向阳掌舵李渡酒业之后，发现除工艺、产品等基础资源外，企业本身具有独特的文物资源与名人资源，再有针对性地结合外部集团资源、顾客资源和日益重要的互联网资源，从产品研发、工艺革新、产品销售、体验服务、更新工艺标准和强化绩效考核等方面全面唤醒李渡的价值。李渡酒业这一阶段的数据编码如表 7 所示。

表 7　李渡酒业飞跃阶段的数据编码

一级编码	二级编码	三级编码（资源与能力）	典型引用语举例	来源
资源识别	资源积累	文化资源	2017 年 7 月，“酒界泰斗”、110 岁的秦含章赋诗“江西李渡酿琼浆，800 多年窖龄长”	FT3；GW；GC
		物质资源	我（汤向阳）来的时候发现有 1 万多吨基酒	FT1；FT2
	资源剥离	关系资源	不会花大力气去打广告了	FT1；FT3
资源获取	资源延展	物质资源	说服国家文物局同意我（汤向阳）用元代窖池来酿酒	F1；F2
	资源引入	金融资源	向文物局申请了 896 万元做文物的防水保护	FT1；GC
		关系资源	与万达亚细亚旅游公司合作	FT1；BD
		物质资源	江西景德镇有陶瓷，善于收藏，酒也能够收藏	FT1；GC
		品牌资源	拿李渡酒参与各类评奖，也为遗址申请荣誉	GW；FT1；BD；GC
资源捆绑	资源稳定	物质资源	遗址装修了……可能暂时还不算高大上，但是已经像模像样了，已经有旅游景点的感觉了	FT1；FT2
		关系资源	做渠道，找经销商的大多数人都没动，还在玩传统渠道，还在做精细化，这边不动	FT1；FT2；FT3
		制度资源	量温度、测时间、做记录的考核在坚持……	FT1；FT2
	资源丰富	体验资源	活动比较多，事件营销比较多，大家愿意关注；开发“酒糟鸡蛋”，举办摄影赛等	FT1；GC；BD
		制度资源	在落地执行考核上，更愿意拿钱出来	FT1；FT2
资源利用	资源协调	生产能力	用元代酒窖、新优化的工艺生产“李渡 1975”，打响“李渡味”	FT1；FT2；BD；GC
		销售能力	成功开发定制酒和封坛酒（陶瓷罐）； 所有的终端网点都控制起来，跟四特一样，在这个地方，李渡要打造根据地……	FT1；FT3；FT4；BD；GC
	资源部署	销售能力	文物你要搞出来，搞旅游，搞体验式营销； 做了一个李渡公众号，我对微信营销的理解，一定是社群，并不是由酒业公司去操作	FT1；FT2；FT3；FT4；BD；GC

资料来源：笔者整理。

（二）资源编排推动价值创造演化的过程机理

（1）内涵式资源编排推动价值创造。创建阶段，李渡酒业的资源编排为内涵式资源编排，几乎完全围绕企业内部资源展开，其资源编排过程为“资源识别—资源捆绑—资源利用”，并无主动获取资源的行为（见图 4）。具体而言，香港恒源发现最容易变现的只有计划经济时代李渡酒累积的品牌资源和物质资源，即酒糟酒窖和部分酒体等，在此基础上，以稳定原酒厂的传统酿酒工艺和销售渠道为资源捆绑重心，共同形成生产与销售能力。这一阶段，李渡酒业的价值创造类型是单一利用企业内部资源改变产品销售模式，即企业内部价值链中包含在基础活动中的产品营销行为，价值创造结果体现在利润的快速获取，但盈利空间较小。

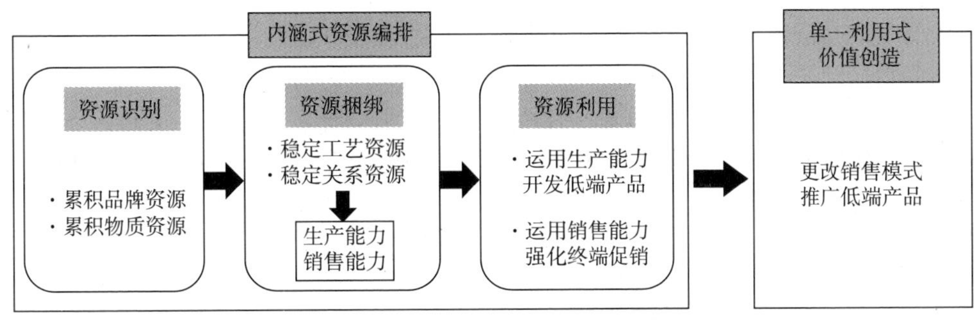

图 4　创建阶段李渡酒业的资源编排过程

（2）双驱式资源编排推动价值创造。发展阶段，李渡酒业的资源编排为双驱式资源编排，主要围绕企业资源和外部少数组织资源展开，其资源编排过程为“资源识别—资源获取—资源捆绑—资源利用”（见图 5）。具体而言，在资源识别与获取阶段，李渡酒业识别物质资源基酒，并于企业内部获取明代酒窖等物质资源，于企业外部（主要为金东集团）获取人力资源、制度资源与资金资源。在资源捆绑环节，除稳定前期传承下来的物质资源和关系资源外，李渡酒业也通过技改丰富了自身的工艺资源，结合其余资源共同形成这一阶段的生产与销售能力。在资源利用环节，李渡酒业成功开发“李渡·1308”等高端产品，模仿集团旗下金六福按传统方式打广告招商。这一阶段，李渡酒业资源编排聚焦在以产品销售为导向实现资源的稳定和丰富，与遗址相关的文化资源被识别但未被利用。李渡酒业的价值创造类型是双向整合金东集团与李渡酒业自身的资源实现生产、销售等多维度并重的价值创造，价值创造主要体现在产品质量与品牌认知度的提升，但从利润角度看，除收购初期短暂盈利外，收购的五年间连续亏损。

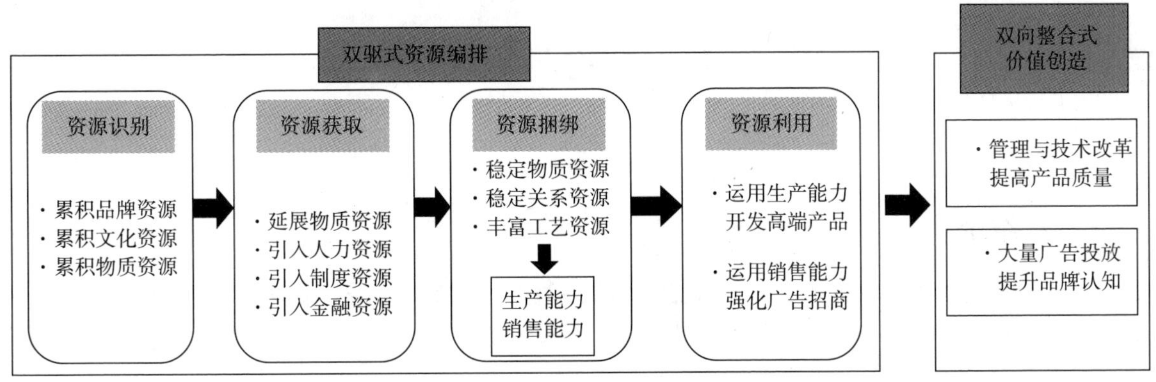

图 5　发展阶段李渡酒业的资源编排过程

注：“资源识别”中标下划线的资源为上一阶段资源编排所积累，下同。

（3）平台式资源编排推动价值创造。飞跃阶段，李渡酒业的资源编排为平台式资源编排，以多维链接并整合利用资源、打造平台为前提进行全方位的资源管理。这一阶段的资源编排过程依旧为“资源识别—资源获取—资源捆绑—资源利用”，但各环节的资源动作都更加全面且深入（见图 6）。在资源识别环节，除前期积累的产品、关系、物质资源外，李渡酒业将未有效利用的文化资源尤其是元代烧酒作坊遗址作为资源编排的核心贯穿始终。同时，一举剥离消耗高额成本但成效低微的推广渠道。在资源获取环节，成功延展物质资源元代酒窖，并向集团、文物局、互联网平台、陶瓷公司等生产合作厂商、各类评奖机构引入金融、关系、物质以及品牌资源。在资源捆绑环节，基于物质、关系、制度资源的稳定和体验与制度资源的丰富，结合其余资源共同形成这一阶段的生产与销售能力。在资源利用环节，基于找回“李渡味”的定位开发多款李渡酒以及定制产品和封坛产品，赋予产品意义；借遗址、文化故事等文化资源与广链接、快传播的互联网平台，构建以平台为核心的营销模式，打造线下的沉浸式体验平台和线上推广平台。这一阶段，李渡酒业的价值创造类型是多维链接金东集团、合作生产方、合作推广方、用户等多方资源以实现品牌增值，主要体现在产品质量与营销效能的提升，以及品牌文化的营建，并于2016年再次实现盈利。

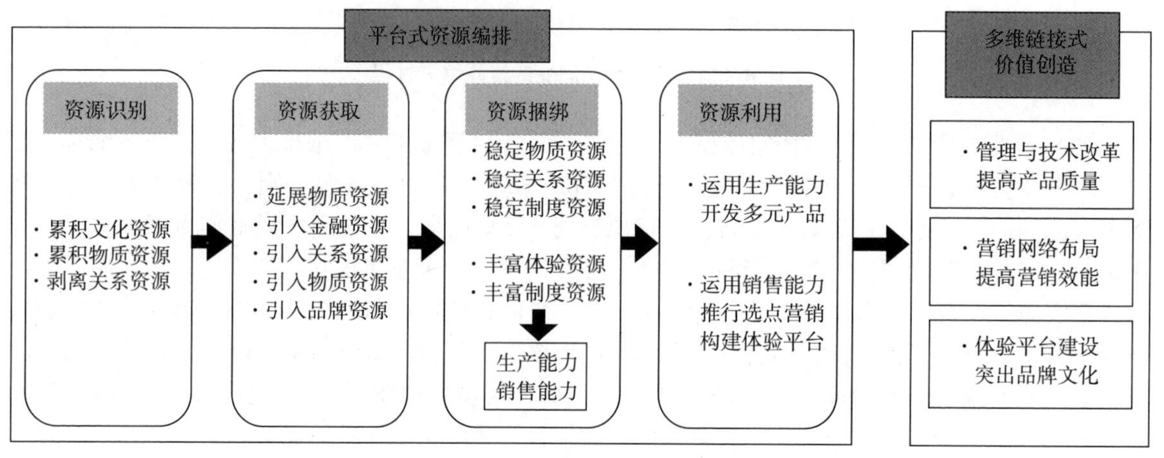

图6　飞跃阶段李渡酒业的资源编排过程

五、结论与展望

（一）结论

本文基于资源编排和价值创造，遵循“诱因-过程-结果”的逻辑框架，以李渡酒业为案例研究对象，总结归纳出企业价值创造演化模型，试图打开制造企业资源编排的黑箱，具体如图7所示。

通过对李渡酒业资源编排和价值创造的案例研究，本文得出的主要研究结论如下：

首先，基于价值创造理论和企业发展的三个阶段，定义企业内部价值创造的三种类型——单一利用式价值创造、双向整合式价值创造和多维链接式价值创造。价值创造与企业的战略导向息息相关，一般情况下，企业价值创造演化路径是从单一利用式价值创造到双向整合式价值创造再到多维链接式价值创造，参与主体更多、关系链接更广的价值创造更容易营建企业的核心竞争力，但不排除出现跃迁情形。

其次，明确制造企业的资源编排四个主要步骤为“资源识别—资源获取—资源捆绑—资源利用”，特例是可能某些阶段由于外部环境和战略导向会缺少资源获取这一环节。上一发展阶段资源利用所生成的资源可能会成为下一阶段资源识别中的主要资源之一。对于制造企业，各发展阶

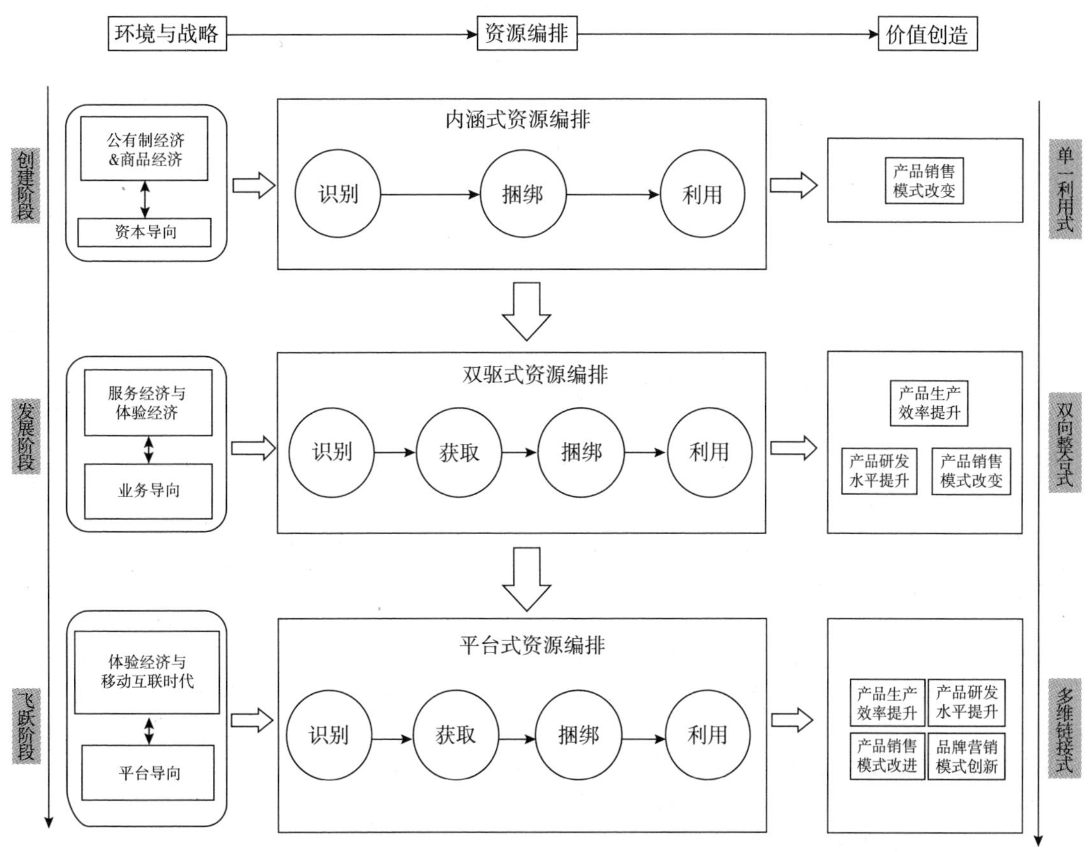

图 7　资源编排视角下企业内部价值创造路径及演化模型

段资源捆绑后所形成的能力主要为生产能力与销售能力。

最后，环境与战略将影响资源编排行为，并最终改变企业的价值创造过程。资源编排行为受外部环境与内部战略联合作用且新的战略与环境将会推动新的资源编排动作实施并形成新的价值创造过程，每次外部环境巨变或内部战略调整都会促使企业进一步深挖资源、获取资源和利用资源。高效全面的资源编排动作和合理的战略目标有利于完善价值网络，实现价值创造过程的持续优化，并最终影响企业的竞争优势。

（二）局限与展望

尽管本文揭示了资源编排视角下制造企业价值创造动态演化模型，并定义了制造企业资源编排的四个动作和价值创造的三种类型，但本文仍存在不足之处，具体如下：

第一，研究理论的局限。本文基于理论适配和实践现象定义企业价值创造过程丰富了价值创造理论，这在一定程度上强化了分析的可行性和有效性，但整体将企业置于相对静态环境之中，具体制造企业价值创造的多主体之间如何交互以实现具体的价值创造行为以及其中体现哪些战略导向，需要在后续的研究中加以完善，如从整体视角看整个企业价值网络的演化。

第二，研究问题的局限。本文结合外部环境和内部战略分析资源编排的诱发因素，但并未具体分析外部环境或内部战略对资源编排行为的具体影响，未来将考虑从资源编排的影响机制等角度着手研究。

参考文献

[1] Porter M E and Millar V E. How information gives you competitive advantage [J]. Harvard Business Review, 1985, 63 (4): 149-174.

[2] Sirmon D G, Hitt M A and Ireland R D. Managing firm resources in dynamic environments to create value Looking inside the black box [J]. Academy of Management Review, 2007, 32 (1): 273-292.

[3] Sirmon D G, Hitt M A and Ireland R D et al. Resource orchestration to create competitive advantage Breadth, depth, and life cycle effects [J]. Journal of Management, 2011, 37 (5): 1390-1412.

[4] Bridoux F, Smith K G and Grimm C M. The management of resources: Temporal effects of different types of actions on performance [J]. Journal of Management, 2013, 39 (4): 928-957.

[5] 马健. 中国白酒的文化形象认同危机与酒道传播系统重构 [J]. 系统科学学报, 2019, 27 (2): 86-91, 136.

[6] Wernerfelt B. A resource-based view of the firm [J]. Strategic Management Journal, 1984, 5 (2): 171-180.

[7] Barney J. Firm resources and sustained competitive advantage [J]. Journal of Management, 1991, 17 (1): 99-120.

[8] Crook T R, Ketchen Jr D J and Combs J G et al. Strategic resources and performance: A meta-analysis [J]. Strategic Management Journal, 2008, 29 (11): 1141-1154.

[9] Sirmon D G and Hitt M A. Managing resources: Linking unique resources, management, and wealth creation in family firms [J]. Entrepreneurship Theory and Practice, 2003, 27 (4): 339-358.

[10] Wright M and Stigliani I. Entrepreneurship and growth [J]. International Small Business Journal, 2013, 31 (1): 3-22.

[11] Kor Y Y and Mahoney J T. How dynamics, management, and governance of resource deployments influence firm-level performance [J]. Strategic Management Journal, 2005, 26 (5): 489-496.

[12] Sahaym A and Nam D. International diversification of the emerging-market enterprises: A multi-level examination [J]. International Business Review, 2013, 22 (2): 421-436.

[13] Teece D J. Explicating dynamic capabilities: The nature and microfoundations of (sustainable) enterprise performance [J]. Strategic Management Journal, 2007, 28 (13): 1319-1350.

[14] Helfat C E, Finkelstein S and Mitchell W et al. Dynamic capabilities: Understanding strategic change in organizations [M]. John Wiley & Sons, 2009.

[15] Adner R and Helfat C E. Corporate effects and dynamic managerial capabilities [J]. Strategic Management Journal, 2003, 24 (10): 1011-1025.

[16] Helfat C E and Peteraf M A. The dynamic resource-based view: Capability lifecycles [J]. Strategic Management Journal, 2003, 24 (10): 997-1010.

[17] Hitt M A, Ireland R D and Sirmon D G et al. Strategic entrepreneurship: Creating value for individuals, organizations, and society [J]. Academy of Management Perspectives, 2011, 25 (2): 57-75.

[18] Ndofor H A, Sirmon D G and He X. Firm resources, competitive actions and performance: Investigating a mediated model with evidence from the in-vitro diagnostics industry [J]. Strategic Management Journal, 2011, 32 (6): 640-657.

[19] Chirico F, Sirmon D G and Sciascia S et al. Resource orchestration in family firms: Investigating how entrepreneurial orientation, generational involvement, and participative strategy affect performance [J]. Strategic Entrepreneurship Journal, 2011, 5 (4): 307-326.

[20] Chadwick C, Super J F and Kwon K Resource orchestration in practice: CEO emphasis on SHRM, commitment-based HR systems, and firm performance [J]. Strategic Management Journal, 2015, 36 (3): 360-376.

[21] 许晖, 张海军. 制造业企业服务创新能力构建机制与演化路径研究 [J]. 科学学研究, 2016, 34 (2): 298-311.

[22] 刘新梅, 赵旭, 张新星. 企业高层长期导向对新产品创造力的影响研究——基于资源编排视角 [J]. 科学学与科学技术管理, 2017, 38 (3): 44-55.

[23] 杜占河, 魏泽龙, 谷盟. 大数据环境特征对 IT 外包项目绩效的影响——基于资源编排理论视角 [J].

科技进步与对策，2017，34（4）：23-30.

[24] Potts G W. Exploit your product's service life cycle [J]. Harvard Business Review，1988，66（5）：32-36.

[25] Drucker，P. F. The emerging theory of manufacturing [J]. Harvard Business Review，1990，68（3）：94-102.

[26] Quinn，J. B. Intelligent Enterprise：A Knowledge and Service Based Paradigm for Industr [M]. Simon and Schuster，1992.

[27] 李刚，孙林岩，李健. 服务型制造的起源、概念和价值创造机理 [J]. 科技进步与对策，2009，26（13）：68-72.

[28] 邢纪红，王翔. 传统制造企业"互联网+"商业模式创新的结构特征及其实现路径研究 [J]. 世界经济与政治论坛，2017（2）：70-90.

[29] 罗珉，李亮宇. 互联网时代的商业模式创新价值创造视角 [J]. 中国工业经济，2015（1）：95-107.

[30] 原磊. 商业模式体系重构 [J]. 中国工业经济，2007，6（6）：70-79.

[31] 林光平，杜义飞，刘兴贵. 制造企业潜在服务价值创造及其流程再造——东方汽轮机厂案例研究 [J]. 管理学报，2008（4）：602-606.

[32] 王化成，尹美群. 价值链模式下价值创造的要素体系研究——兼论价值评估过程中与传统模式之间的异同 [J]. 管理世界，2005（5）：.

[33] 方润生，郭朋飞，李婷. 基于陕鼓集团案例的制造企业服务化转型演进过程与特征分析 [J]. 管理学报，2014，11（6）：889.

[34] 王昶，孙桥，徐尖，周文辉. 双重嵌入视角下的集团总部价值创造机理研究——基于时代集团的案例研究 [J]. 管理评论，2019（3）：279-294.

[35] Kim W C and Mauborgne R. Strategy，value innovation，and the knowledge economy [J]. MIT Sloan Management Review，1999，40（3）：41.

[36] 冉景亮. 价值创造视角下的战略绩效管理分析框架研究——以白酒企业为例 [J]. 四川理工学院学报（社会科学版），2012（6）：12-17.

[37] 谢恩，李垣. 基于资源观点的联盟中价值创造研究综述 [J]. 管理科学学报，2003（1）：81-86.

[38] 李心合. 内部控制：从财务报告导向到价值创造导向 [J]. 会计研究，2007（4）：54-60，95-96.

[39] 吴超鹏，吴世农. 基于价值创造和公司治理的财务状态分析与预测模型研究 [J]. 经济研究，2005（11）：99-110.

[40] 谢洪明，章俨，刘洋，程聪. 新兴经济体企业连续跨国并购中的价值创造：均胜集团的案例 [J]. 管理世界，2019，35（5）：161-178，200.

[41] Chao Y C. Organizational learning and acquirer performance：How do serial acquirers learn from acquisition experience? [J]. Asia Pacific Management Review，2018，23（3）：161-168.

[42] Basuil D A and Datta D K. Effects of industry-and region-specific acquisition experience on value creation in cross-border acquisitions：The moderating role of cultural similarity [J]. Journal of Management Studies，2015，52（6）：766-795.

[43] 周小春，李善民. 并购价值创造的影响因素研究 [J]. 管理世界，2008（5）：134-143.

[44] Yin R K. Case Study Research：Design and Methods（5th）[M]. London：Sage Publications，2014.

[45] 胡海波. 企业商业生态系统演化中价值共创研究——数字化赋能视角 [J]. 经济管理，2018，40（8）：57-73.

[46] 潘善琳，崔丽丽. SPS 案例研究方法 [M]. 北京：北京大学出版社，2016.

[47] Meredith J. Building operations management theory through case and field research [J]. Journal of Operation Management，1998（16）：441-454.

[48] Eisenhardt K M. Building theories from case study research [J]. Academy of Management Review，1989，14（4）：532-550.

[49] Eisenhardt K M and Graebner M E. Theory Building Fromcases：Opportunities and Chaliengs [J]. Academy of Management Journal，2007，50（50）：25-32.

[50] Glaser B G and Strauss A L. Discovery of grounded theory：Strategies for qualitative research [M].

Routledge, 2017.

[51] Patton M Q. How to Use Qualitative Methods in Evaluation [M]. London: Sage Publications, 1987.

[52] Charmaz K. Constructing Grounded theory [M]. London: Sage Publications, 2014.

[53] Mirabeau L and Maguire S. From autonomous strategic behavior to emergent strategy [J]. Strategic Management Journal, 2014, 35 (8): 1202-1229.

[54] Amit R and Schoemaker P J H. Strategic Asset and Organizational Rent [J]. Strategic Management Journal, 1993, 14 (1): 33-46.

股权制衡、上市公司自主性与公司绩效研究*
——来自沪、深A股的经验证据

李海石[1]　徐向艺[1,2]　李洁琼[1]

（1. 山东大学管理学院，山东济南　250100；2. 山东大学公司治理研究中心，山东济南　250100）

［摘　要］以往学者仅仅研究了股权制衡与公司绩效之间的关系，很少研究两者关系的作用路径和影响机理。因此，引入上市公司自主性这一概念，研究上市公司自主治理能力在股权制衡与公司绩效之间发挥的中介效应。结果表明：股权制衡有利于公司绩效的提升，上市公司自主性在股权制衡与公司绩效两者之间发挥了中介效应。

［关键词］股权制衡；自主性；公司绩效

一、引言

中国证券市场经历了近30年的发展和建设期，有了层次清晰的公司上市体系，已有3665家企业在主板、创业板、中小板上市，流通市值达13万亿元。以上市公司为主体的股票市场不仅是国家和各级机构关注热点，也与亿万中国股民休戚相关。近10年以来围绕上市公司的研究已成为公司治理领域研究的重中之重。2018年中美贸易冲突以来，中国的企业面临严峻的外部压力，也面临着资本竞争的加剧，中国企业有动机采取高效和规范的治理机制，通过借鉴和融合西方完善的公司治理体系，以契合当前中国经济高质量发展的需求。考虑到欧美国家上市公司多为整体上市且股权结构相对分散，仅围绕上市公司层面的公司治理是有效的，但在中国国内的上市公司并未整体上市，且股权相对集中，多存在控股股东、可施加重大影响大股东和能够追溯到的实际控制人。可以看到，自2018年上半年起至今，资管新规下的“去杠杆”引发了上市公司股票质押风险集中爆发，大量上市公司及大股东陷入债务危机，又不断牵扯出上市公司大股东多年来违规占用上市公司资金的问题。乐视网、ST康得新、康美药业等企业都存在大股东通过各种方式侵占上市公司资金和权益的问题，给二级资本市场带来极大的混乱，也极大地损害了中小股东的利益。大股东长期占用上市公司资金的行为，会导致上市公司运营现金不足，资金周转困难，增加了上市公司的经营难度，并迫使企业大量依赖外部融资，增加了企业的财务费用。甚至于资本市场频出的财务造假事件也体现出了当前仅依托强制性和规范性的公司治理在抑制大股东

* 基金项目：国家自然科学基金面上项目“金字塔结构下母子公司‘双向治理’形成机理与协同效应研究”（批准号：71872101）；山东省社科基金重点项目“山东省上市公司金字塔结构下的母子公司‘双向治理’研究”（批准号：17BGLJ08）。

侵占问题的效果上是值得商榷的，外部监管并不能起到很好的监督作用。当前无论是资本市场实践还是理论研究，上市公司中小股东因大股东侵占和掏空或者财务造假造成损失所进行的法律诉讼或者维权都具有严重滞后性。这在某种程度也说明当前上市公司治理的结构和体系并不能总是有效的。Bruno 和 Claessens（2007）认为，有关公司治理改革路径的理论和经验研究，主要是从国家层面的法律制度和公司层面的治理实践两个维度展开的。长期以来，国家层面的法律监管制度和环境不断得到完善，财政部、证监会和沪深交易所也不断出台具体的法制法规以提高我国上市公司治理水平，上市公司治理也已经进入了强制性合规阶段（钱先航，2010）。学术界对于上市公司治理的研究也已有数十年（杜运潮，2016；李维安等，2010；鲁桐等，2014），多是从"自上而下"的"单向治理"角度研究上市公司治理中存在的问题，涵盖了实际控制人（马云飙等，2018）、控股股东（邹颖，2015）、董事会和管理层（万寿义等，2011）、独立董事（陈汉文，2019）、集团公司管理（邵学峰，2008）、信息披露（肖华等，2016）等问题。但依旧可以看到上市公司治理失效的问题却日益凸显。2019 年以来已有 43 家上市公司或董监高等因违法违规行为被立案调查，加上 2018 年被立案调查的上市公司 33 家，近两年来总数达到 76 家。随着证券市场的发展，投资者的投资决策行为日趋理性，市场对公司治理的质量要求也越来越高，仅限于强制性治理的上市公司已经无法满足投资者对治理质量的要求，还必须在严格实行强制性治理的基础上自主开展治理创新活动，向自主性治理的创新阶段过渡。

对大股东（母公司）来说，很难对具有高度不确定性的上市子公司自主行为进行结果控制。尽管有些企业大体上认可上市子公司自主行为，但在实践过程中仍会设置障碍进行产出控制；而且，大部分企业会通过控制系统或系列相关措施抑制上市子公司创业特性的体现。西方学者在公司治理研究中提出了"激励效应"和"堑壕效应"的概念，它们分别代表了大股东控制对公司起到的正向和反向作用。"激励效应"反映出大股东通过其控股地位，对管理层实行有效的监督，或者直接参与管理，从而提升公司价值。"堑壕效应"则是大股东凭借对企业的控制权，从企业套取利益满足私人效用，导致公司价值受到损害，也使其他中小股东利益受损。近些年引发研究热度的"隧道行为"就是用来描述资源从上市公司向大股东转移的现象，大股东获得了超过其所持股份应得的利益。大股东对上市公司的控制最基本的表现形式是通过股权对其进行控制。首先，从法律上来说，大股东持股比例越高，法律赋予其投票决议的能力越大。其次，持股比例较高的大股东有权力向上市公司推免董事，直接控制上市公司董事会的决议。当前大多数上市公司的董事、高管在很大程度上是受制于实际控制人或者大股东母公司社会资本网络的束缚以及未来晋升激励的诱惑（方政，2017），难以保持独立性，但是上市公司董事、高管在保持职业操守的同时，可以借助声誉激励进行自我激励与约束，为上市公司保持适度自主性做出自己的贡献。其中，上市公司董事应当正确理解董事忠诚、勤勉义务的含义，即对全体股东承担义务，而不是实际控制人或者大股东，高管也应该在日常经营中力求实现股东整体利益最大化，而不是片面遵循实际控制人或者大股东的意志。

随着现代企业制度的不断发展，股权相对集中变得普遍（Claessens et al.，2000），公司治理领域的研究从"第一类代理成本"逐步转向"第二类代理成本"，大股东对小股东的利益掠夺成为各国公司面临的代理问题（La Porta et al.，1999）。国内对上市公司研究多以金字塔结构为切入点，研究"自上而下"的对上市公司的管理问题，以及上市公司自身的结构性治理问题（苏坤，2016）。本文研究认为中国情境下的上市公司既受到"看得见的手"——大股东和母公司的控制，同时也受到了"看不见的手"——实际控制人的影响。

本文结构安排如下：第二部分是理论分析与研究假设；第三部分是研究设计；第四部分是实证检验分析与稳健性检验；第五部分是研究结论与启示。

二、理论分析与研究假设

（一）股权制衡与公司绩效

近些年来有很多学者就股权问题对上市公司进行研究。不少学者认为股权制衡度的提高能够带来良好的治理结果。通过梳理文献，归纳得出这一结论的原因，不外乎有以下三点：其一，随着股权制衡度的提高，大股东之间会形成相互制约、相互监督的局面，这能够有效地缓解控股股东的隧道行为。Bennedsen（2000）指出，公司重大的经营决策必须通过股东大会的通过才能实施，而能够在股权上形成制衡效应的股东通过相互监督，从而减少了大股东的掏空行为。国内的学者李增泉等（2004）和朱德胜（2010）也先后指出，当其他股东能够有效制衡第一大股东时，第一大股东掏空的动机和行为会减弱，这种制衡的机制能够有效降低第二类代理的成本。其二，有利于优化资源的配置。股东的话语权归根结底来源于股权，当具有制衡能力的股东在公司中的权力越来越大时，其利益与企业的利益也越来越一致，他们有动机提高公司的资源配置（朱德胜和周晓珮，2016）。其三，避免了大股东与管理者的合谋问题。控股股东凭借其绝对的控股地位，能够向公司直接派出董事和高管，通过生产经营环节直接对公司的活动产生干预。制衡股东凭借具有优势的股权地位也能够向公司派驻人员，发挥积极性的作用，提高了大股东与管理者合谋的难度。当然，也有学者提出，当股权制衡度高的时候，几个大股东之间会倾向于对权力的争夺，从而会减少对管理层机会主义行为的管控（周军和张钦然，2019）。但本文认为，随着近些年内外部监管力度的增加，以及职业经理人逐渐职业化，相比于眼前的利益，管理者更加注重由声誉带来的长期利益。无论是处于避免内外部监管的动机，还是考虑到自身职业生涯的发展，管理层都会削弱机会行为的动机。基于以上分析，本文提出 H1。

H1：股权制衡度的提升可以改善公司绩效。

（二）上市公司自主性的中介作用

近年来，在公司治理优化路径从强制性治理向自主性治理跃迁的过程中，有关自主性治理的研究文献日益增多。国外学者（Birkinshaw et al.，1998）已经开始从公司层面的自主性治理视角来研究公司治理问题。公司治理作为一种制度安排，是通过公司组织和金融领域的关联博弈达成的均衡结果，是投资者、公司员工和经理人等参与人策略互动的自我实施机制（青木昌彦，2001），它在公司内生的自我实施机制和外生的法律监管制度相互博弈的冲突和协调过程中不断演进，并根据博弈双方在实施过程中的作用表现为强制性治理和自主性治理。但是现有研究还停留在理论分析阶段，并且直接探析了子公司自主性这一互动过程结果的治理效应，而对于两者互动的机理和过程却并没有系统研究，由此得到的研究结论存在逻辑跳跃的可能，难以全面揭示金字塔结构治理实践。除此之外，尽管母子公司“双向治理”研究视角尤其是子公司自主性得到了关注，但目前的学者在研究自主性的过程中只考虑到了上市公司的母公司，并未把控制链条上的实际控制人纳入研究的框架。基于此本文通过控制链视角研究，把实际控制人、大股东、上市公司纳入研究的框架，试图通过“双向治理”的视角探究上市公司自主性形成的过程。

通过控制链的视角我们可以发现，在中国特殊的情境下，90%以上的上市公司都存在母公司，也就是说绝大部分上市公司都只是集团中的一部分。权变理论认为，集团母公司往往是从集团整体的角度出发制定的战略，保证的是整体利益的最大化，其制定的战略往往会牺牲集团中部分上市公司的利益。在集团公司与上市公司战略不匹配情境下，自主性较差的上市公司只能被动地接受母公司制定的战略，而自主性较强的上市公司能够对母公司产生有效的制衡，执行有利于自身发展的战略。

上市公司的自主性指的是上市公司能够依据自己的意志独立行使决策权的能力（张建华和王庆辉，2019）。目前关于上市公司自主性与绩效的关系已经被很多学者证实。Ambos 和 Asakawa（2011）从网络理论的角度出发，认为上市公司的自主性越高，与外部网络的关系越紧密，越能够从外部组织中获得学习的资源。Zahra 和 Pearce（1989）从机会成本的角度出发，认为上市公司的自主性越高，其自我决策的能力越强，这大大提升了上市公司对市场的反应速度。当市场环境中出现有利于自身发展的机会时，自主性较强的上市公司会以更快的速度抓住机会，而自主性较差的上市公司往往会因为反应时间过长丧失市场机会。也有学者从资源依赖理论出发，认为随着上市公司自主性的增强，实际控制人和母公司对上市公司的控制难度会加大。因此，集团内部会减少对自主性较强的上市公司提供内部资本的支持（Linck et al.，2008）。而本文认为，具有较强自主性的上市公司能够对绩效产生积极性的作用。虽然 Linck 等学者认为随着上市公司自主性的增强，集团公司会削弱对其进行支持，但从整体上来说由于自主性增强带来的积极效应并未减弱。一方面由于上市公司服从集团的利益分配，集团内部只会减少对其进行内部资本市场的支持，而不完全消除对其的支持。另一方面，随着子公司自主性的增强，能够得到外部资本市场的支持（徐向艺和方政，2016），这在一定程度上弥补了内部资本市场对自主性高的上市公司带来的冲击。目前的学者对自主性产生的结果进行了探究，而几乎没有学者对自主性产生的前因进行研究。那么，上市公司的自主性是如何形成的呢？

本文试图通过梳理母子公司“单向治理”和“双向治理”的文献寻找答案。在“单向治理”的视角下，学者们多采用单边主义，研究母公司是如何控制上市公司的（Peng et al.，2011；Dow et al.，2009；Cheong et al.，2010），但往往忽略了上市公司的主观能动性。在“双向治理”的视角下，学者们不仅考虑到母公司对子公司的控制作用，还考虑到子公司积极制衡的作用（Lin et al.，2010；徐向艺和方政，2015；陈志军和郑丽，2016）。从上面的论述中，我们可以发现，上市公司要想获得自主性，必然会对母公司、实际控制人进行制衡，而这种制衡的能力归根结底来自于股权的制衡。股权制衡能力强，代表上市公司的自主性越强；股权制衡能力弱，代表上市公司的自主性越差。基于以上分析，本文提出 H2。

H2：上市公司自主性在股权制衡与公司绩效之间发挥中介作用。

三、研究设计

（一）样本选择与数据来源

本文选取的样本为 2008~2018 年沪深 A 股上市公司，在样本的选择过程中进行如下筛选：①删除所有金融类上市公司，因为这些上市公司的行业属性比较特殊；②删除 ST 等 T 类公司；③删除数据缺失的样本。最终得到 23598 个样本观测值构成的面板数据。最终本文得到 3306 家公司 2008~2018 年共 23598 个企业年样本数据。本文数据均来源于国泰安数据库。为了消除极端值对研究结果造成的影响，对所有连续变量在 1%水平上进行了 Winsorize 处理。本文的数据分析与统计结果在 Stata 15.0 统计软件中完成。

（1）被解释变量。对企业进行评价的首要标准是盈利能力，根据国际惯例，文章以净资产收益率（Roe）为因变量衡量公司绩效。在稳健性检验中采用托宾 Q 值作为替代变量，通过企业的资本市场表现作为观测企业绩效的一个维度。

（2）解释变量。股权制衡度（Bal1），用第二大股东至第五大股东持股比例之和与前五大股东持股比例的比值来表示。在稳健性检验中采用替代性指标 Bal2，用第二大股东至第十大股东持股比例之和与前大股东持股比例的比值来表示。

（3）中介变量。上市公司自主性研究，借鉴马连福和陈德球（2008）、陈志军和郑丽（2016）、徐向艺和方政（2016）的研究脉络，上市公司作为公众公司既要满足控股股东的战略和经营诉求，也要确保能够维护其他利益相关者的权益，控股股东抑或大股东有动机尽可能地从上市公司获取最大收益，以致产生了“合谋”“隧道效应”“掏空”等手段。从这个角度而言，上市公司是否能够有效地进行自主性治理需要考虑实际控制人和控股股东的影响。基于此本文在参考了跨国母子公司研究（张晓燕，2012；王娜，王永贵，2017）的基础上确立了五个子指标（见表 1）通过加权来衡量上市公司所受的外部管控力度和内部的原动力。

表 1 上市公司自主性指标

指标	子指标	
外部（3）	1. 控股股东管控	母公司派驻上市公司董事比例未超 1/3 赋值为 1，否则为 0
外部（3）	2. 中小股东制衡	第二大到第五大股东或者第二大到第十大股东持股比例是超过第一大股东赋值为 1，否则为 0
外部（3）	3. 机构股东制衡	机构投资者持股比例超 10%赋值为 1，否则为 0
内部（2）	4. 上市公司的政治背景	实际控制人在不兼任上市公司董事长的情况下，上市公司董事长具有政治背景赋值为 1，否则为 0
内部（2）	5. 上市公司稳定性	上市公司董事长任职时长超过 1 个任期 3 年赋值为 1，否则为 0

（4）控制变量。借鉴现有关于股权制衡和企业绩效的研究文献，本文选取两组可能显著影响股权融资成本的控制变量：公司治理变量和公司特征变量。其中，公司特征变量包括资产负债率（Lev）、公司规模（Size）、主营业务增长率（Growth）、销售费用率（Sale）；公司治理变量包括两职合一性（Dual）、董事会规模（Dsh）、独立董事比例（Ddbl）、第一大股东持股比例（Top1）（见表 2）。同时，为了消除组间差异的影响，本文还对年份（Year）和行业（Ind）进行控制。

表 2 上市公司控制变量

变量类型	变量名称	变量符号	变量定义
被解释变量	企业绩效	ROA	总资产收益率
被解释变量	市场价值	Tobin-q	托宾 Q 值，市值/资产总计
解释变量	股权制衡	Bal1	第二到五大股东与前五大股东比值
解释变量	股权制衡	Bal2	第二到十大股东与前十大股东比值
解释变量	上市公司自主性	Auto	构建上市公司自主性指标体系（上文）

续表

变量类型	变量名称	变量符号	变量定义
控制变量	企业规模	Size	总资产取对数
	企业负债率	Lev	总负债/总资产
	企业成长性	Income	公司主营业务年增长率
	企业营销能力	Sell	公司销售费用年增长率
	股权集中度	Top1	第一大股东持股百分比
	两职合一性	Dual	董事长与总经理是否兼任
	独立董事占比	Ddbl	独立董事人数/董事会人数
	董事会规模	Dsh	董事会人数
	企业所有权性质	Cqxz	国有控股企业为 1，民营企业为 0
	年份	Year	年度虚拟变量
	行业	Ind	行业虚拟变量

（二）模型设定

为了检验股权制衡对公司绩效的整体影响，构建模型 1：

$$Roa = \alpha_0 + \alpha_1 Bal1 + \alpha_2 \sum Control + \varepsilon \tag{1}$$

为了检验股权制衡对上市公司自主性的整体影响，构建模型 2：

$$Roa = \alpha_0 + \alpha_1 Bal1 + \alpha_2 Auto + \alpha_3 \sum Control + \varepsilon \tag{2}$$

四、实证结果与分析

（一）描述性统计

从表 3 中可以看出，从 2008 年金融危机发生到 2018 年，中央及地方各级国资委、各类事业单位直接或者间接控股的国有企业从 998 家增加到 1106 家，但在上市企业中的占比从 62%下降到 31%；以各类民营企业为代表的民资企业从 615 家增加到 2417 家，在我国上市公司中的占比从 38%上升到 69%，民营企业自 2008 年以来进步迅速；从营业规模来看国有企业和民营企业的差距从 2008 年的 8. 38 倍逐渐缩小，但 2018 年中国上市公司的国有企业收入总规模依然是民营企业的 2. 25 倍，国有企业仍然是中国资本市场主体。

通过趋势图分析（见图 1）能够更为直观地体现民营企业无论从数量的增长趋势还是所占比重的增加已经在中国资本市场中占据了重要位置，民营企业的营收规模和比重相对于国有企业而言也是稳定增长。但是依然能够清晰地发现，虽然整体上国有企业在数量和营收规模所占比重都在下降，但是国有企业仍然在资本市场上具有绝对规模性优势。所以在中国情境下针对因为产权性质不同而明确划分为国有企业和民营企业进行差异化的研究具有重要意义。

表 3　中国上市公司产权性质及差异

Panel A（数量）											
年份	2008	2009	2010	2011	2012	2013	2014	2015	2016	2017	2018
国有企业（家）	988	1005	1044	1042	1044	1034	1037	1042	1074	1100	1106
民营企业（家）	615	747	1063	1299	1426	1474	1589	1778	2042	2389	2417
国有企业占比（%）	62	57	50	45	42	41	39	37	34	32	31
民营企业占比（%）	38	43	50	55	58	59	61	63	66	68	69
合计	1603	1752	2107	2341	2470	2508	2626	2820	3116	3489	3523
Panel B（营收规模）　　单位：百亿元											
年份	2008	2009	2010	2011	2012	2013	2014	2015	2016	2017	2018
国有企业营收	994. 22	1059. 7	1486. 9	1884. 5	1982. 9	2156. 5	2237. 4	2143. 8	2261. 7	2616. 5	3072. 5
民营企业营收	118. 61	140. 25	232. 71	328. 34	442. 14	515. 21	597. 94	729. 33	919. 84	1159. 9	1365. 9
国有/民营比	8. 38	7. 56	6. 39	5. 74	4. 48	4. 19	3. 74	2. 94	2. 46	2. 26	2. 25

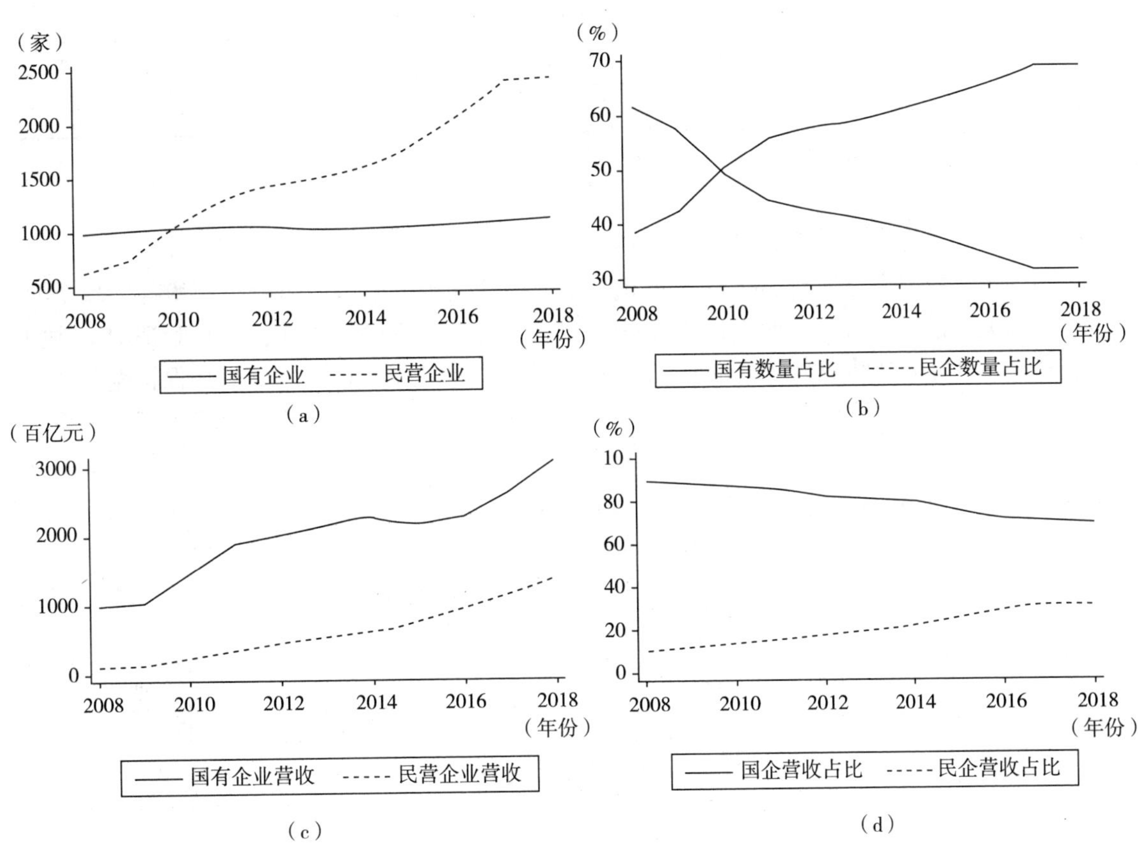

图 1　2008~2018 年国有和民营上市公司发展趋势

资料来源：笔者整理。

表 3 汇总了主要变量的描述性统计结果。公司绩效（Roa）的均值为 0.04，且离散程度标准差较低，为 0.06，说明公司绩效的样本差别并不大，但是从最大值 0.21 和最小值-0.24 可以看出目前中国上市公司的企业绩效是存在较大差异性的。股权制衡（Bal1）的标准差为 0.19，且最

大值与最小值分别为0.74和0.02，说明我国上市公司的股权制衡度差异较大，存在一定的离散程度。第一大股东持股比例（Top1）的均值为34.92%，标准差为14.97，离散程度较大，最大值为75.10%，最小值为8.80%，说明我国上市公司第一大股东持股比例具有较大的差异化，基于股权赋予下的不同股东权利差异性会导致公司治理具有较大差距。

表4　描述性统计

variable	N	mean	sd	min	p50	max
Roa	23598	0.0400	0.0600	−0.240	0.0400	0.210
Bal1	23598	0.340	0.190	0.0200	0.340	0.740
Size	23598	22.04	1.290	19.24	21.87	25.97
Lev	23598	0.440	0.210	0.0500	0.440	0.970
Income	23598	0.210	0.520	−0.600	0.120	3.930
Sell	23598	0.240	0.620	−0.740	0.130	4.290
Top1	23598	34.92	14.97	8.800	32.94	75.10
Dual	23598	1.750	0.430	1	2	2
Ddbl	23598	0.370	0.0500	0.310	0.330	0.570
Dsh	23598	8.710	1.730	5	9	15

（二）Pearson相关系数检验

表5列示了主要变量的Spearman等级相关系数检验结果。上市公司股权制衡与股权企业绩效显著正相关，说明上市公司股权制衡度的提升，有助于企业提高绩效，初步验证H1。同时，上市公司自主性与企业绩效显著正相关，说明上市公司的自主治理能力越好越能保持企业绩效成长性，也与预期方向一致，并且上市公司的股权制衡程度与上市公司自主性呈显著正向关系，为后续验证H2提供了基础。由于多数变量间存在显著的相关关系，本文继续检验了各变量的方差膨胀因子，结果显示，Vif最大值为2.78，均值为1.65，说明主要变量间并不存在严重的多重共线性问题。

表5　Spearman相关系数检验

	Roa	Bal1	Auto	Size	Lev	Income	Sell	Top1	Dual	Ddbl	Dsh
Roa	1										
Bal1	0.033***	1									
Auto	0.070***	0.657***	1								
Size	0.023***	−0.126***	−0.046***	1							
Lev	−0.368***	−0.166***	−0.130***	0.432***	1						
Income	0.190***	0.056***	0.055***	0.060***	0.034***	1					
Sell	0.095***	0.059***	0.048***	0.047***	−0.005	0.530***	1				
Top1	0.116***	−0.706***	−0.513***	0.224***	0.059***	0.019***	0.023***	1			

续表

	Roa	Bal1	Auto	Size	Lev	Income	Sell	Top1	Dual	Ddbl	Dsh
Dual	-0.036***	-0.099***	-0.097***	0.160***	0.143***	-0.019***	-0.029***	0.057***	1		
Ddbl	-0.028***	-0.015**	0.022***	0.030***	-0.017***	0.005	0.007	0.044***	-0.108***	1	
Dsh	0.014**	-0.008	-0.036***	0.258***	0.158***	-0.019***	-0.020***	0.030***	0.182***	-0.450***	1

注：*** 表示 p<0.01，** 表示 p<0.05，* 表示 p<0.1。

（三）回归结果分析

1. 全样本回归

为了验证股权制衡与企业绩效的关系以及上市公司自主性的中介作用，本文通过 Hausman 检验选择了固定效应模型进行相关回归分析，检验结果如表 6 所示。第（1）列结果显示，股权制衡与企业绩效显著正相关，且显著性水平为 1%，说明股权制衡对企业绩效的影响主要体现为积极的促进效应，即随着上市公司股权制衡度的提升，上市公司的企业绩效会更好，H1 得到了验证。第（2）列和第（3）列汇报了上市公司自主性中介作用的检验结果。第（2）列结果显示，股权制衡度和上市公司自主性呈显著正相关关系，且显著性水平为 1%，说明股权制衡在上市公司自主性方面发挥着积极的治理效应，使上市公司自主性可能在增进企业绩效的过程中承担有效信号的作用。第（3）列结果则显示，上市公司自主性引入股权制衡与企业绩效的关系中以后，两个方面的结果证实了上市公司自主性的部分中介作用：一方面，股权制衡与企业绩效依旧呈现显著正相关关系，且显著性水平为 1%，但是，系数较第（1）列略有降低；另一方面，企业绩效成长性与股权融资成本呈显著相关关系，且显著性水平为 1%，说明随着企业绩效成长性的提升，上市公司的股权融资能力能够得到显著优化。因此，分析结果符合中介效应检验标准（温忠麟等，2004），企业绩效成长性的部分中介作用得到证实，即 H2 得到验证。

表 6 股权制衡、上市公司自主性与企业绩效

Variables	(1)	(2)	(3)
	Roa	Auto	Roa
Bal1	0.01623*** (3.767)	7.75137*** (56.836)	0.00970** (2.091)
Auto			0.00084*** (3.791)
Size	0.00866*** (11.270)	0.21611*** (8.888)	0.00847*** (11.015)
Lev	-0.14646*** (-48.564)	-0.26903*** (-2.818)	-0.14624*** (-48.495)
Income	0.02270*** (32.605)	0.07191*** (3.263)	0.02264*** (32.520)
Sell	-0.00426*** (-7.259)	-0.02455 (-1.322)	-0.00424*** (-7.226)

续表

Variables	(1)	(2)	(3)
	Roa	Auto	Roa
Top1	0.00059***	-0.01445***	0.00060***
	(9.005)	(-6.972)	(9.183)
Dual	-0.00132	0.02373	-0.00134
	(-1.184)	(0.671)	(-1.202)
Ddbl	-0.02169**	-0.02759	-0.02166**
	(-2.120)	(-0.085)	(-2.118)
Dsh	0.00036	-0.03143**	0.00039
	(0.910)	(-2.503)	(0.977)
Constant	-0.09753***	-2.19192***	-0.09569***
	(-4.793)	(-3.403)	(-4.703)
Year	Control		
Industry	Control		
Observations	23598	23598	23598
R-squared	0.206	0.261	0.206
Number of code	3306	3306	3306
r2_a	0.0720	0.137	0.0726
F	55.05	75.26	54.67

注：***表示 p<0.01，**表示 p<0.05，*表示 p<0.1。

2. 区分产权性质

表7报告了按产权性质来进行分组对模型（1）和模型（2）进行回归的结果，反映了国有企业和民营企业分样本中股权制衡与企业绩效的关系。结果表明无论在国有企业还是民营企业中股权制衡度都能够提升公司绩效，且在1%水平上显著；区别于全样本测量下的上市公司自主性的部分中介作用，区分产权性质后上市公司自主性在国有企业组和民营企业组都发挥了完全的中介作用，国有企业组的中介效应在1%水平上显著，民营企业组的中介效应在5%的水平上显著。

表7 不同产权性质下的股权制衡、上市公司自主性与企业绩效

	(1)	(2)	(3)	(4)	(5)	(6)
	国有企业			民营企业		
Variables	Roa	Auto	Roa	Roa	Auto	Roa
Bal1	0.01348**	7.92941***	0.00302	0.01308**	8.33184***	0.00745
	(2.196)	(38.932)	(0.453)	(2.066)	(42.361)	(1.093)
Auto			0.00132***			0.00068**
			(4.062)			(2.239)

续表

	(1)	(2)	(3)	(4)	(5)	(6)
	国有企业			民营企业		
Variables	Roa	Auto	Roa	Roa	Auto	Roa
Size	0.00571***	0.11259***	0.00556***	0.01076***	0.18284***	0.01064***
	(4.625)	(2.750)	(4.507)	(9.904)	(5.419)	(9.779)
Lev	-0.16626***	-0.04864	-0.16620***	-0.12957***	-0.32050**	-0.12936***
	(-36.276)	(-0.320)	(-36.294)	(-30.839)	(-2.456)	(-30.785)
Income	0.01779***	0.05322	0.01772***	0.02514***	0.07327**	0.02509***
	(17.935)	(1.617)	(17.878)	(26.429)	(2.481)	(26.374)
Sell	-0.00288***	0.00660	-0.00289***	-0.00586***	-0.04924**	-0.00583***
	(-3.482)	(0.241)	(-3.495)	(-7.302)	(-1.975)	(-7.260)
Top1	0.00034***	-0.00095	0.00034***	0.00069***	-0.01414***	0.00070***
	(3.399)	(-0.286)	(3.414)	(7.397)	(-4.870)	(7.493)
Dual	-0.00123	0.08261	-0.00134	-0.00306**	0.02466	-0.00308**
	(-0.644)	(1.305)	(-0.702)	(-2.164)	(0.562)	(-2.176)
Ddbl	-0.01908	0.38850	-0.01960	-0.02075	-0.57940	-0.02036
	(-1.422)	(0.873)	(-1.462)	(-1.352)	(-1.215)	(-1.326)
Dsh	-0.00044	0.02276	-0.00047	0.00129**	-0.06674***	0.00133**
	(-0.861)	(1.333)	(-0.920)	(2.077)	(-3.469)	(2.149)
Constant	-0.03209	-1.01920	-0.03075	-0.18707***	-1.83505*	-0.18583***
	(-1.042)	(-0.997)	(-0.999)	(-5.702)	(-1.801)	(-5.664)
Year	Control			Control		
Industry	Control			Control		
Observations	9811	9811	9811	13787	13787	13787
R-squared	0.218	0.257	0.219	0.213	0.275	0.214
r2_a	0.106	0.151	0.108	0.0453	0.119	0.0456
F	27.16	33.73	27.09	35.84	49.99	35.50

注：*** 表示 $p<0.01$，** 表示 $p<0.05$，* 表示 $p<0.1$。

（四）稳健性检验

本文从变量测量、中介方法改变两个方面进行稳健性检验。

（1）股权制衡度和企业绩效测量。为了确保检验结果的稳健性，采用股权制衡，用第二到第十大股东和前十大股东比值作为解释变量的替代变量引入模型，进行稳健性检验，结果如表 8 所示。在全样本的检验中股权制衡度能够提升公司绩效，显著性水平为 1%，上市公司自主性在股权制衡与企业绩效的关系中起到了部分中介的作用。

表 8 变量测量稳健性检验

Variables	(1)	(2)	(3)
	Roa	Auto	Roa
Bal2	0.02396*** (5.589)	9.02613*** (68.531)	0.01824*** (3.833)
Auto			0.00063*** (2.767)
控制变量	Control		
Year	Control		
Industry	Control		
Observations	23598	23598	23598
R-squared	0.206	0.305	0.207
r2_a	0.0728	0.188	0.0731
F	55.28	93.28	54.80

注：*** 表示 p<0.01，** 表示 p<0.05，* 表示 p<0.1。

（2）采用 tobin-q 值作为被解释变量的替代变量引入模型，结果如表 9 所示。稳健性检验结果与前文分析及结果一致，证实了股权制衡度对于公司绩效的积极治理效应以及上市公司自主性的中介作用。

表 9 中介方法改变稳健性检验

Variables	(1)	(2)	(3)
	tq	Auto	tq
Bal1	1.22046*** (12.059)	7.70521*** (55.214)	0.65937*** (6.089)
Auto			0.07282*** (14.094)
控制变量	Control		
Year	Control		
Industry	Control		
Observations	22.904	22.904	22.904
R-squared	0.429	0.257	0.435
r2_a	0.330	0.128	0.336
F	154.3	71.00	156.3

注：*** 表示 p<0.01，** 表示 p<0.05，* 表示 p<0.1。

（3）Sobel 和 Bootstrapping 验证中介。

通过表 10 的 Sobel 检验整体模型的中介效应在 1%的水平上显著，上市公司自主性的中介效应程度为48.75%，证明股权制衡度对于上市公司绩效的积极影响在很大程度上是通过上市公司的自主性治理发挥作用的。

表10　Sobel检验

	Coef	Std Err	Z	P>丨Z丨
Sobel	0.01231484	0.00135689	9.076	0.000
a coefficient	6.91097	0.087343	79.1242	0.000
b coefficient	0.001782	0.000195	9.13607	0.000
Indirect effect	0.012315	0.001357	9.07577	0.000
Direct effect	0.012944	0.002943	4.39807	0.000011
Total effect	0.025259	0.002621	9.63736	0.000
Proportion of total effect that is mediated：0.48753658				
Ratio of Indirect to direct effect：0.95135879				
Ratio of total to direct effect：1.9513588				

表11通过Bootstrapping方法进行中介效应检验，样本选择量是1000，在95%的置信区间下中介检验的结果的确没有包含0，表明上市公司自主性的中介效应显著。

表11　Bootstrapping检验

Bootstrap results		Number of obs=23598 Replications=1000				
	Observed Coef.	Bootstrap Std. Err.	z	P>丨z丨	Normal-based [95% Conf. Interval]	
Ind_eff	0.0123148	0.0012984	9.48	0.000	0.00977	0.01486
dir_eff	0.0129445	0.00288	4.49	0.000	0.0072997	0.018589

五、研究结论与启示

我国上市公司的治理目前正在从完全迫于监管压力的强制性治理，向源自市场压力和公司内部需要的自主性治理转变，作为法律实体的上市公司和外部投资者之间的关系从被动、主动到互动的发展进程，正推动着公司治理理论和实践不断走向完善。规范的公司治理能促进企业的股权结构合理化。现代企业理论认为，企业经营目标的实现是不同利益主体各自权益相互协调的结果。通过引入非国有法人资本、境外资本和民间资本，形成多元化股权结构，有利于所有权、经营权的分离，分权体制可促使各方利益代表有足够的动机和积极性，关注和提高资产的使用效率，推动国有企业真正从行政化治理转向规范的公司治理。自主性治理可以优化信息权配置、提高公司透明度、提高公司声誉、降低公司融资成本、优化公司治理等，并最终实现公司的价值创造。

本文从上市公司自主性的角度研究股权制衡度与企业绩效的内在机理。研究表明，股权制衡度高的上市公司能通过发挥上市公司自主性治理进而提升公司绩效。无论是国有上市公司还是民营上市公司，股权制衡的提升意味着对大股东产生了一定的约束，控股股东抑或大股东难以做出对己有利而伤害中小股东权益的决策。股权制衡的提升会让公司的决策更加趋于理性化。此外，对于 ST 康得新、康美药业这些被大股东侵占的事件背后往往隐藏着上市公司制衡能力弱、控制者控制行为强的事实。被大股东频繁侵占和掏空的上市公司不仅在股权结构和设置上对大股东和实际控制人具有强依附性，且其面临外部监管也非常薄弱。这类上市公司在股权上虽然是已上市的公众公司，但由于对大股东和实际控制人具有强依附性，丧失了上市公司本身在战略、经营和风险防范上的自主能力。基于此，本文认为股权制衡程度好的上市公司能够具备更好的自主性治理条件、能够有效地降低第二类代理成本。

参考文献

[1] Bennedsen M, D Wolfenzon. The balance of power in closely held corporation [J]. Journal of Financial Economics, 2000 (58): 113-139.

[2] 朱德胜. 控股股东、股权制衡与公司股利政策选择. [J] 山东大学学报, 2010 (3): 1-10.

[3] 李增泉, 孙铮, 王志伟. "掏空"与所有权安排——来自我国上市公司大股东资金占用的经验数据 [J]. 会计研究, 2004, 25 (12): 3-13.

[4] 朱德胜, 周晓珮. 股权制衡、高管持股与企业创新效率 [J]. 南开管理评论, 2016, 19 (3): 136-144.

[5] 周军, 张钦然. 中国国有上市公司股权制衡度、管理层激励与公司绩效的实证分析 [J]. 中国人力资源开发, 2019, 36 (3): 133-144.

[6] 杨建华, 王庆辉. 母公司创新注意力对子公司绩效的影响 [J]. 会计之友, 2019 (9): 53-59.

[7] Ambos B, Asakawa K, Ambos T C. A dynamic perspective of subsidiary autonomy [J]. Global Strategic Journal, 2011, 1 (3-4): 301-316.

[8] Zahra S A, Pearce J A. Boards of directors and corporate financial performance: A review and integrative model [J]. Journal of Management, 1989, 15 (2): 291-344.

[9] Linck J, Netter J, Yang T. The determinants of Board structure [J]. Journal of Financial Economics, 2008, 87 (2): 308-328.

[10] 徐向艺, 方政. 子公司自主性与股权融资能力——基于电力行业的经验证据 [J]. 经济管理, 2016, 38 (10): 55-65.

[11] Peng W, et al. Tunneling or propping: Evidence from connected transaction in China [J]. Journal of Family Business Strage, 2012, 3 (3): 174-192.

[12] Dow S and McGuire. Proping and tunneling: Empirical evidence from Japanese Keireteu [J]. Journal of Banking & Finance, 2009, 33 (10): 1817-1828.

[13] Bennedsen Mand M and Nielsen K. Incentive and entrenchment effects in Europen ownership [J]. Journal of Banking & Finance, 2010, 34 (9): 2212-2229.

[14] Lin S and Hsieh A. International strategy implementation: Roles of subsidiaries, operational capabilities, and procedural justice [J]. Journal of Business Research, 2010, 63 (1): 52-59.

[15] 徐向艺, 方政. 子公司信息披露研究——基于母子公司"双向治理"研究视角 [J]. 中国工业经济, 2015 (9): 114-128.

[16] 陈志军, 郑丽. 不确定性下子公司自主性与绩效的关系研究 [J]. 南开管理评论, 2016, 19 (6): 91-100.

C2M模式驱动产业互联网发展的路径研究
——基于酷特智能与复星集团C2M模式的双案例分析

刘丽珍
（华东政法大学，上海　200042）

［摘　要］中国互联网行业的发展正从消费互联网转向产业互联网。如何从消费互联到产业互联，如何运用互联网技术打通各个产业场景之间的壁垒将是产业互联网发展需要解决的关键问题。为适应快速变化的环境，组织通过响应顾客需求，开放内外部边界，快速灵活地转换和跨专业合作，创造出更多的任务接口，实现产业价值链整合和合作价值创造。因此，本质上客户需求是产业互联网发展的起点和动因，客户驱动制造是从消费互联到产业互联的桥梁，价值链整合是产业互联网发展的本质要求。本文通过双案例分析，从理论层面对“C2M如何驱动产业互联”这一问题做出了相应的解释，探索客户驱动制造和价值链整合对产业互联网发展的独特作用，为不同研究视角理论观点的适用情境提供了案例证据。

［关键词］客户驱动制造；价值链整合；产业互联网

一、引言

中国互联网飞速发展，消费互联网对个人的影响达到了前所未有的高度，使人们的生活发生了翻天覆地的变化。随着消费互联网人口红利的逐步消失、企业级服务市场不断被发掘以及网民对互联网消费体验的逐步升级，互联网与产业的融合越来越受到重视，中国互联网进入了互联网的下半场——产业互联网。产业互联网不是孤立发展的，产业互联网利用互联网、大数据、物联网、人工智能等新一代信息技术赋能实体经济，加速数字经济与实体经济的融合发展，达到供需平衡，它的发展进化依托于来自消费互联网的需求传达，最终实现的是两张网互相支撑、协同发展。如何从消费互联到产业互联，如何运用互联网技术打通各个产业场景之间的壁垒将是产业互联网发展需要解决的关键问题。

客户需求是产业互联网发展的起点和动因。正是客户对产品品质的追求和个性化需求的逐渐觉醒，定位精准的爆款商品逐渐成为消费主流。制造企业通过对收集到的客户端大量数据的分析，统计消费偏好和销售数据，可以预测哪款产品将成为市场“爆款”，进而进行有重点的物料备货和产能投放，实现产销有效对接，提高生产要素利用效率，推动不同领域、不同产业、不同地区间实现资源的有效配置，反向制造的定制爆款商品，满足客户深层次需求，加快传统制造业务的赋能升级。

客户驱动制造（Customer to Manufactory，简化为 Customer to Maker，C2M）是从消费互联到产业互联的桥梁。C2M 模式是一种需求驱动型的生产方式，将客户需求这一要素引入研发设计生产之中，依托信息共享和互联网的强大交互功能创造了顾客对厂家的全新方式，成为连接生产者和消费者的桥梁网络中间商，帮助消费者进行购买决策和满足需求，拓宽企业的创新思路。C2M 模式将引导互联网企业及其通用技术在各个细分市场中的价值链重新整合，满足客户的个性化需求，推动产业互联网向纵深发展。

价值链整合是产业互联网发展的本质要求。产业互联网需要整合千差万别的细分市场，通过供应链各环节在信息、资源、资金、运力等方面的集合优化配置，大大提升了各个行业在生产、采购、金融、交付等环节的效率，因此产生互联网本质上价值链的整合。

近年来理论界对互联网的研究从消费互联网到产业互联网、数字生态系统等研究视角，其核心都侧重于解释“产业互联网是什么以及为什么发展”，但这仅仅回答了产业互联网发展的动因问题，即“Why”的问题，而对“产业互联网如何发展，遵循怎样的逻辑”即“How”这一问题并没有给予充分的关注。在互联网时代，互联网发展的非线性逻辑更加复杂，组织价值实现过程更加模糊和不确定，因此，需要通过对典型案例的深度解剖刻画出互联网从“消费互联”到“产业互联”的过程模型。那么，消费互联网与产业互联网两者如何相互协同？C2M 如何驱动产业互联网发展？C2M 模式怎样实现企业与客户的价值共创？这是本文的研究问题。本文通过双案例分析，从理论层面对“C2M 如何驱动产业互联”这一问题做出了相应的解释，为不同研究视角理论观点的适用情境提供了案例证据。

二、文献回顾

（一）客户驱动制造

客户驱动制造，顾名思义就是从客户到制造者，其核心内涵是“个性化定制生产”，消费者根据自己的需求通过互联网向制造商直接下单，制造商按照顾客需求完成定制化产品和服务的生产模式。C2M 是在工业 4.0 和工业互联网背景下产生的。2011 年汉诺威工业博览会上，德国政府提出的工业 4.0 的概念，是指现代工业的自动化、智能化、定制化、节能化和网络化。关于工业 4.0 或第三次工业革命的研究明确指出，“互联网+”下的智能化生产，或者以“数字化”为基础的大规模定制将成为未来制造业的主流生产方式。Kagermann 提到德国的工业 4.0 将体现在：以充分互联的智能工厂为核心的“智能制造”；集中式控制向分散式控制的商业模式转变；生产过程直接与消费者相互连接；信息系统技术与工业生产技术的高度融合、合为一体的信息物理系统（CPS）（Kagermann，2013）。因此，C2M 从客户需求出发，消除中间环节，实现零库存，最大限度地降低生产成本，是以客户数据驱动的“人货场”的重构，跟传统商业体系最大的区别就是传统商业是以生产商、渠道为中心的，C2M 是以客户为中心的，客户数据是整个 C2M 的驱动力。通过对客户数据的分析和洞察，通过数据分析系统为客户精准推荐好的 M 端的产品。

（二）价值链整合

Porter（1996）最先提出价值链理论模型，他认为在价值链理论模型中，企业的所有活动都是创造价值的过程，可以从战略重要性的角度将企业的经济活动分解为能够创造价值的基础设施、人力资源管理、技术开发和采购这四项支持性活动，以及运入后勤、生产操作、运出后勤、营销和服务五项基础性活动，九项活动的网状结构构成企业价值链。Hines 和 Rich（1998）认为，价值链是“物资价值的集成类的运输线”，他们坚信客户对产品的要求才是生产过程的重点，企业获取利润只是满足客户要求过程中获得的副产品，于是他们将“客户”这一因素纳入价值链。外国学者 Peter Hines（1996）认为价值链整合是基于客户需求为目标，根据顾客的需求进行原料采购、生产商品和销售的过程；Wooddruff 和 Sue hoit（2001）强调价值链环节中产生的增值部分主要来源于顾客的感知和评价。由此可见，几位学者都强调价值链整合的动因来源于顾客需求。Flecker 等（2008）认为，价值链整合可以被理解为一个重新定位的过程，这一过程分为两个层面，首先是企业在行业价值链或产业价值链中重新定位，其次是企业的具体价值环节在企业价值链上重新定位。Nicovich 等（2007）的研究认为，价值链整合效果受到企业识别机会的能力与企业战略的联合作用，强调组织沿着其价值链所起的权变作用。Teece（2010）的研究指出了整合能力对价值链整合模式创新与选择的影响，通过整合模式的选择间接作用于整合效果。Alnawaiseh（2014）的研究指出企业战略会影响企业在价值链中扮演的角色，进而影响到价值链整合模式和效果。国内学者李维安等（2010）的研究分别指出了多元化战略、外包战略下不同企业对整合模式选择的差异。厉无畏等（2001）认为，由于生产力的相对过剩，造成了市场上出现许多独立且具有比较优势的增值环节。而价值链整合就是将这些分散的环节设计并串联为一个新的价值链的过程。前者更加强调企业通过整合，嵌入既有价值链链条中去，后者更加侧重以企业为中心构建新的价值链。陈涛涛等（2014）的研究则强调了整合能力对价值链整合效果会产生直接的影响。

从国内外研究现状来看，学者们对于影响价值链整合的因素比较关注，但是研究思路大多从某一个因素的角度出发，探究其对价值链整合效果的作用，为此，既有研究中很少探讨不同影响因素如何共同作用于价值链整合。我们认为，价值链整合是一个复杂的系统工程，其影响因素之间亦可能产生相互作用，仅探讨其中某一因素对价值链整合的影响而忽略因素之间的相互作用，可能夸大或缩小了某些影响因素的作用。为此，本文将在这些研究的基础上，结合案例进一步探讨 C2M 影响价值链整合的过程，动态呈现产业互联网时代价值链整合的关键和机理。

三、研究设计与案例介绍

本文选取案例研究方法。相对于定量研究，案例研究的意义在于能较好地回答“为什么”和“怎么样”。本文的研究的主要问题是“C2M 如何驱动产业互联”，此类问题属于“怎么样”的问题，适用于案例分析开展研究工作（Yin，2014）。考虑到目前学术界对于产业互联网和 C2M 的定义尚未统一，在此背景下的演进过程更是难以用传统的管理理论来描述，因此，本文采取案例研究法对 C2M 驱动产业互联的发展的内在机理进行深入研究。而选取双案例研究，则是因为本文探索的研究问题并不是极端现象或个别现象，而是在互联网时代涌现出新问题和新现象，通过双案例研究中的案例内分析和跨案例比较，有助于增加对经验世界多样性的理解（Yin，2014），同时双案例的选取有利于对同一现象相互印证和补充，促进形成更具准确性和普遍性的研究结论（毛基业和陈诚，2017）。

（一）案例选取

案例的研究能够对案例进行厚实的描述与系统的理解，而且对动态的互动历程与所处的情境脉络亦会加以掌握，从而可以获得一个较全面与整体的观点（Gummessen，1991）。在对一手材料、二手材料进行分析的基础上进行案例研究。在案例数量选取上，为了确保研究的深度与代表性，本文选择了酷特智能与复星集团（以下简称复星）两个案例作为研究对象。

选取原因基于案例典型性和可获得性两方面考虑。案例的典型性具体表现为：

第一，酷特智能是国内最早采用 C2M 的标杆企业，C2M 模式成熟，具有典型性。服装业是传统工业的代表性行业，对国民经济发展、增加就业等发挥着重要作用。然而，我国服装业的成本优势已渐渐趋弱，大多国内外服装制造企业开始向东南亚国家进行企业转移。在互联网和信息技术快速发展的时代，企业转型和变革在一定程度上是服装制造业企业在复杂的社会经济环境中谋求生存和发展的关键所在。酷特智能采用了大规模定制化生产的 C2M 模式，颠覆了传统服装企业的商业规则和经营模式，曾被央视《新闻联播》和央视纪录片报道和收录，并于 2015 年被工信部选为质量标杆企业。它的 C2M 模式是对传统“裁缝铺”生产运营模式的升级，不仅做到传统“裁缝铺”的一人一版，同时也在此过程中降低了生产成本，提高了生产效率。现在酷特智能更是做大规模定制化的平台入口，走在其他企业的前面，为其他传统企业应对劳动力成本上涨开辟了新的路径。

复星集团是一个与时代发展同步的企业。在 2017 年，复星集团经过郑重思考，对外正式提出了集团全新的 C2M 战略：复星植根中国，深耕健康、快乐、富足领域，通过科技引领、持续创新，智造 C2M（客户到智造者）幸福生态系统，为全球家庭客户提供高品质的产品和服务。复星是在发展到第 26 个年头的时候提出这个战略，也是基于在新的经济形势，全球的经济周期中，对复星内部的发展模式的反思后得出的。特别是在技术飞速发展的趋势下，下一个十年、二十年的经济模式将是怎样，企业怎样更好地进行布局是决定企业能否持续发展，甚至是否能够生存的关键。C2M 战略就体现了复星未来的发展方向。

第二，酷特智能与复星两家企业均采用了 C2M 模式，并且 C2M 模式均处于发展过程中。酷特智能从传统的手工工厂向大规模定制化的 C2M 商业模式的转型期长达 15 年之久，累积了丰富的经验，目前的 C2M 模式趋于成熟，有对其进行研究和总结的必要。复星 C2M 战略于 2017 年全面展开，充分学习酷特智能，又融入自身的元素，也具有非常强的典型性。

案例的可获得性具体表现在：自 2017 年起，两家企业的参与式观察和访谈提供了及时有效的真实数据。酷特智能的管理团队稳定，采用开放式文化，乐于分享 C2M 的思维和理念，允许调研团队以及国内众多企业参与调研，保证了数据的可获取性。本文团队与案例企业保持了良好的合作关系，尤其是复星同一区域的地理位置便利性易于进行实地调研和访谈。另外，复星集团的相关负责人也多次参与了 C2M 战略的讨论，他们提供了完整的 C2M 战略形成和实施的原始素材，而且受访人员均同意参与多轮次访谈工作。

基于案例的研究更适合提炼出复杂现象的理论或规律（Eisenhardt and Graebner，2007），本文研究目的在于归纳分析产业互联网的过程机制，需要对多个不同时间点上的不同案例主体进行分析；此外，本文需要细化互联网工业背景下由 C2M 驱动产业互联发展的过程，属于已有文献没有深入解答的内容，要求有更丰富的案例数据支撑，因此适合以探索性的案例为基础进行分析（Yin，2013）。而 Flyvbjerg（2005）则更为具体地指出应该选取范式案例（paradigmatic case）作为研究对象，范式案例具有不代表大部分企业，却引领整个产业发生重大变化的特点。就上述案例选取标准而言，酷特和复星的 C2M 系统就是一个典型的范式案例。

（二）数据收集与分析

本文把数据收集的重点放在C2M驱动、价值链的整合与产业互联网演进的过程上。数据主要包括相关人员的访谈资料和档案材料的整理，并辅以参与式观察资料。使用多种数据来源使研究者能“三角验证”不同证据，避免了共同方法偏差，提高信度和效度。故本文以人员访谈为主，并辅以文献资料、档案记录、实物证据这三种来源的公共数据来印证。

第一，深度访谈。研究团队自2017年开始对于酷特智能和复星的C2M战略持续追踪和调研，参与了C2M战略的相关讨论会，参观了企业运营现场，还调研了企业的目标用户群体等。团队成员每年平均3~5次到企业参与调研，每次访谈人数在8~10人次，进行分层次、跨部门的面对面企业人员深入访谈，访谈人员主要包括战略制定者、中高层管理者、高级技术人员，每次访谈时间控制在120分钟以内。本文通过对企业的访谈，共收集录音转换文字稿资料35.4万字。

表1　数据来源统计

数据来源	数据分类	数据内容
一手资料	深度访谈、讨论会、非正式访谈	企业战略选择、重大事件、营运环境变化等
二手资料	年度报告、社会责任报告、公开媒体刊出的新闻报道、审计报告、内部网站资料、会议记录、领导讲话记录、复星人报等	关键事件、重大战略选择

第二，文献和档案资料。数据收集从获得详尽的内外部档案数据开始，内部数据主要包括企业创立以来的所有的企业宣传资料、内部网站资料、会议记录、领导讲话记录、内部期刊等资料。外部资料主要包括网络新闻报道、年度报告、社会责任报告、复星人报、公开媒体刊出的新闻报道、审计报告等资料，剔除重复性资料，共收集35万余字的二手数据。

表2　调研数据收集情况

样本企业	调研次数	访谈时间	录音字数	访谈人次	访谈对象	访谈内容
复星	8	960	20.6	22	副总裁、子公司总经理、产品线负责人、集团CTO、产业发展总监、C2M办公室负责人	复星的发展历程；C2M战略形成过程；C2M战略实施情况；各业务部门执行C2M遇到的问题；ONE FORSUN平台的发展情况；客户及合作伙伴的反馈情况；C2M战略的组织保障情况等
智能酷特	3	720	14.8	15	项目经理、大数据中心负责人、产学研负责人、量体师	酷特智能的成立与发展情况；C2M战略实施的过程与效果；行业环境的总体情况；顾客需求的收集；数据资源的采集/识别/解析；信息化支持情况；政策支持情况等

总之，本文采用访谈与其他资料收集相结合的方法。在整个访谈、参与式观察、研究报告的撰写过程中，采用面对面、电子邮件、电话等方式保持与一些关键访谈对象的交流互动和验证，

以求得真实数据。其中访谈对象基本都是董事会成员、子公司总经理、产学研负责人、产品线负责人、C2M 实施负责人等。本文采用半结构化访谈，并通过电话、再次会面、仔细解读企业的宣传手册互联网公开信息、报告、社会议题管理档案等形式跟进，防止信息失真和不足。在访谈结束后的 24 小时内，进行访谈记录整理。表 3 是变量测度的特征表达，测度客户驱动制造、价值链整合、产业互联网等。在变量的测度过程中，研究人员一方面对所收集的数据做初步分析，另一方面参考现有文献明确变量含义。

表 3　相关构念、测度变量和关键词举例

构念	测度变量	关键词举例
客户驱动制造	客户驱动	个性化需求、全程参与
	制造者	服务型制造、生产柔性化
	数字化	数据资源、数据获取、数据整合、数据驱动
产业互联网	网络化	自动化、信息化
	模块化	模块化、个性化定制
	智能化	产业链融合、价值链一体化
	生态化	利益共同体、共荣共生
价值链整合	产品价值链	适应性、时效性、整合性、协同性
	服务价值链	人员技能、过程监督、质量评价
	供应链敏捷性	多向性、敏捷性

通过开放性编码标签化、概念化、范畴化的过程，发掘范畴；然后通过主轴编码发展主要范畴，主轴编码可以对范畴的概念和内涵做进一步的丰富，使范畴更严密，同时将开放性编码所得到的副范畴进行聚类整合，从而进一步厘清范畴之间的关系。在这一阶段，本文研究的编码小组回过头去重复阅读前面的访谈资料和二手资料，在考虑到概念及范畴本身关联的同时，遵循原材料所表达的深层含义，并结合已有学者提出的客户驱动制造以及产业互联网的内涵，最终明确各概念之间的逻辑联系。

四、案例分析与主要发现

本文研究的是客户需求驱动制造的价值链整合，进而促进产业互联网的发展问题。C2M 是以客户数据驱动的“人货场”的重构，跟传统商业体系最大的区别就是传统商业是以生产商、渠道为中心的，C2M 是以客户为中心的，客户数据是整个 C2M 的驱动力。通过对客户数据的分析和洞察，通过数据分析系统为客户精准推荐好的 M 端的产品。本文将具体描述酷特智能和复星集团的 C2M 模式分为三个阶段，即初创期、探索成长期和全速扩张期。在这三个发展阶段中 C2M 逐步实现价值链整合和促进该领域的产业互联。

（一）酷特智能的 C2M 模式

酷特智能股份有限公司前身是青岛红领集团，创建于 1995 年，是一家生产精品西装、衬衣、工装等服饰系列产品的专业化大型服装生产企业。2017 年“酷特智能”取代“红领”，标志着酷特智能已经实现了由传统服装生产企业向网络科技型企业的转变。C2M 模式是酷特智能实现转型升级的主要方式。目前，酷特智能已在全国建成了 300 多家形象统一、管理规范的直营店，有 3 家子公司、15 家分公司、5 个国外分支机构和两个工业园区。2014 年和 2015 年，公司定制业务收入和净利润增长 100%以上，利润率 25%以上。然而，2014 年上半年整个服装行业上市公司整体营收增速为-2.6%，利润率 6%，净利润增速为-3.6%。2016 年红领集团因着独特的 C2M 模式被工信部列入重点跟踪培育的自主品牌企业名单，并入选“2015 年服装行业百强企业”。

C2M 模式是红领集团的精髓所在，C2M 模式颠覆了传统制造业的微笑曲线。服装制造业处于传统微笑曲线中的最底端，在整个价值链条中附加值最低。然而酷特打造的 C2M 模式，提升了服装制造业的产品价值，上升至微笑曲线的最高端。一方面，制造业有更多的资金用于科技研发；另一方面，顾客可以用更为低廉的价格买到以往少数人才能买到的个性化定制产品。酷特的转型适应了社会和市场环境的需要，为传统服装业的改造升级开辟了新的道路。

（1）C2M 初创期：随着互联网时代的到来，人口红利不再、市场空间饱和、消费者的个性化诉求，以及高度信息化的生产方式对传统生产模式的冲击，以规模化批量生产为支撑的传统企业必将陷入生死困局。凭着对市场环境的敏锐感知，以及对时代和社会发展趋势的深刻感悟，酷特智能从 2003 年就开始寻求突破。先以美国纽约市场作为试验田，专注于个性化定制方向，着手开始接收定制化订单，并启动了个性化服装量身定制系统平台搭建计划，开始从规模化批量生产向大规模个性化定制生产转变。

（2）C2M 探索成长期：C2M 模式变革阶段历时了十几年，历经了艰难的探索和无数次的失败。在 3000 多人的工厂做实验，研究整合了 220 多万人的版型数据。在 2012 年，建立了 14 个工程体系，20 多个生产流程子系统，直至到 2016 年形成了基于互联网思维和大数据驱动的 9666 个既独立又彼此互联的数据体系，率先在大规模个性化定制上实现了突破。红领用了 13 年时间打造了一个智能工厂，完成了生态圈上有关 M 端的改造，并在海外市场不断试验直至成熟。

（3）C2M 全速扩张期：现在红领集团形成了以顾客需求为导向的 C2M 个性化定制平台，探索了一条中国服装企业个性化定制的大规模生产之路。到 2016 年数据统计，慕名而来参观的企业已超过 1 万家，这一数字还在不断攀升，C2M 模式已然成为传统企业面向互联网转型的钥匙。

“酷特智能 C2M 生态圈”（见图 1），包括酷特工厂、酷特电商平台、酷特金融和酷特科技四个模块，形成一个完整的闭环系统。酷特工厂通过工业化的手段和效率制造个性化产品，一方面运用互联网技术，构建顾客直接面对制造商的个性化定制平台；另一方面运用大数据和云计算技术，将大量分散的顾客需求数据转变成生产数据，从而改造企业生产和组织流程，实现大规模个性化生产。酷特电商平台是联结消费者个性化需求和制造企业供给的快捷通道，实现客户订单提交、产品设计、生产制造、采购营销、物流配送、售后服务等工商一体化的开放性智能商业生态。平台上的“3D 打印模式工厂”，通过消除中间环节，提高生产效率，加快资金周转，降低生产成本。酷特金融探索出互联网与工业深度融合的新范式——包含产业互联网思维、全程数据化驱动的生产流程、去科层化的组织、顾客和制造商直接联结的运营模式。酷特科技致力于打造酷特智能互联网工业解决方案，为传统工业转型升级提供支撑。

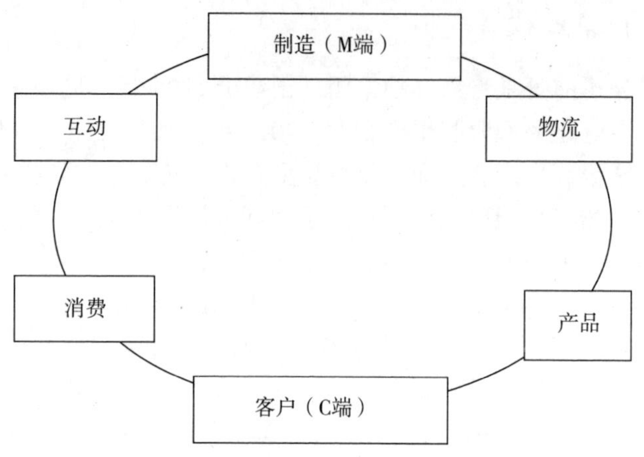

图 1　酷特智能 C2M 生态圈

（二）复星 C2M 智造幸福生态系统

复星集团成立于 1992 年。纵观复星集团的发展历程，分为三个周期（见图 2）。第一个周期，复星集团白手起家，扎扎实实创业，从医药和地产开始。1998 年借助支持民营企业的东风，复星医药实现上市，2004 年复地集团在中国香港上市，同时在这个周期内，复星集团又收购了豫园商城和南钢联。复星集团的第二个发展周期从 2005 年开始，核心里程碑是复星集团在香港的整体上市，同时利用此次上市，在 2008 年全球金融危机的时候全面开始国际化，提出了中国动力嫁接全球资源，开始打造复星全球化投资能力，之后又开始开拓旅游产业、保险事业。通过这两个周期的发展，复星在产业和投资两端的能力上都得到了初步打造，形成了一个产业运营和全球投资双轮驱动的全球化企业，目前进入第三个周期。

1. *复星智造 C2M 系统的初创期*

随着全球技术变革和产业互联网的不断推进，复星集团对第三个周期的战略和发展进行布局和思考，2016 年开始复星在产业投资更加聚焦，开始关注和学习 C2M 模式，复星旗下专注于产业投资、并购整合的子公司复星瑞哲完成了对青岛红领集团旗下个性化定制平台酷特智能的战略投资。此次投资是复星在推进传统企业转型升级、进行工业 4.0 战略布局上迈出的重要步伐。复星领导层认为酷特智能的“互联网产业”模式与复星的互联网战略高度契合。对酷特智能平台的投资将成为复星在工业 4.0 布局的重要抓手。后续将协助酷特智能与复星已投品牌全面对接，同时助力酷特智能基于数据的个性化定制平台在多领域实现落地。未来复星会协助红领推进柔性生产的全套解决方案在各行业落地，继续着力推进中国传统产业转型升级，并将追加投资至 30 亿元。

2017 年复星集团对外正式提出了集团全新的战略：复星植根中国，深耕健康、快乐、富足领域，通过科技引领、持续创新，智造 C2M（客户到智造者）幸福生态系统，为全球家庭客户提供高品质的产品和服务。幸福生态系统这个概念，并不只是复星一个商业上的考虑。随着国家综合实力的不断增强，整个城市升级、消费升级、互联网和人工智能等技术，将全面改变整个社会的经济形态和消费行为。幸福的追求将是整个国家、整个社会的目标。复星幸福生态系统路径的打造，希望能为整个社会消费升级提供一个平台，以复星小的幸福生态系统助力整个社会幸福生态的打造。

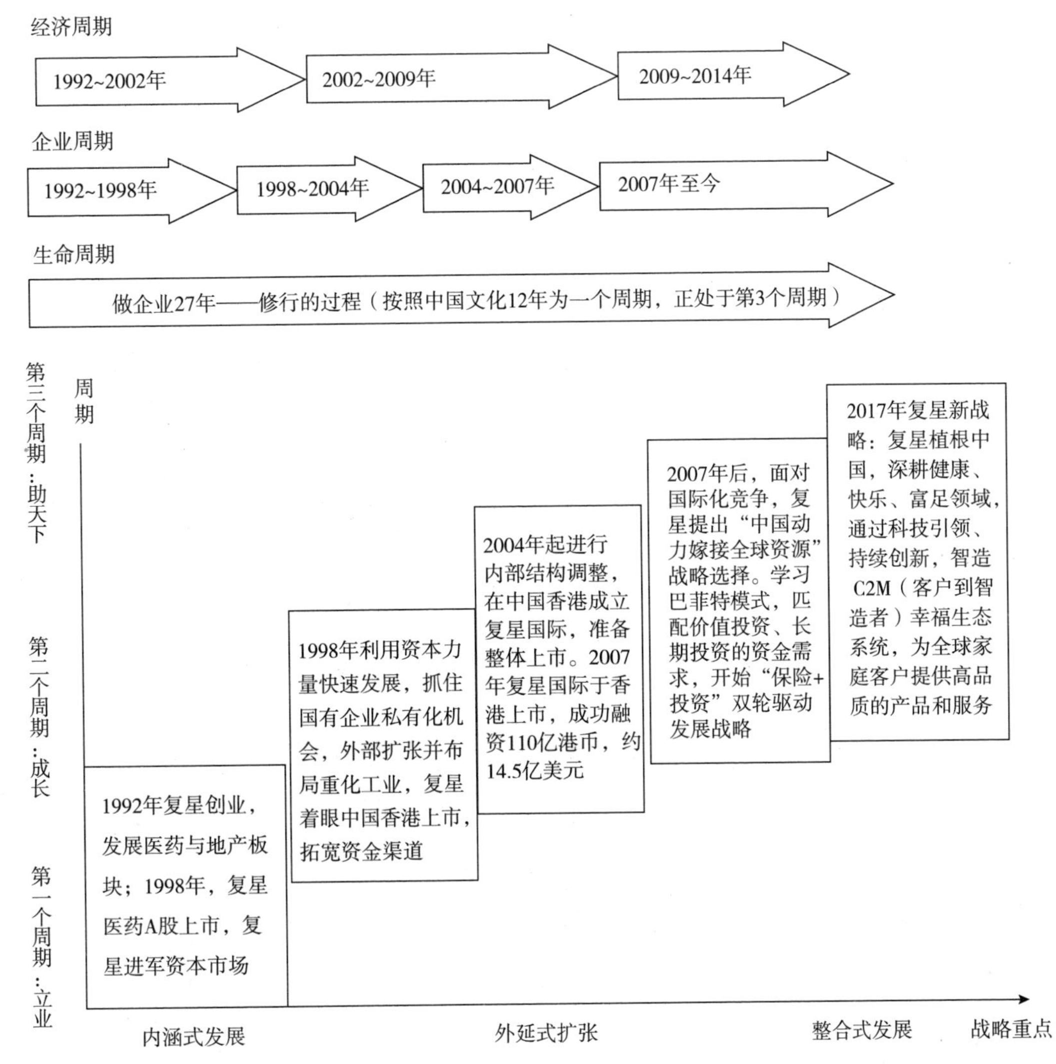

图 2 复星在不同周期中的战略选择

复星意识到能够满足客户个性化需求的产品力将变得越来越重要。比如复星投资的红领、Club Med、Osborne 等，通过产品直接与客户打通，实现自我闭环的入口，比如 Club Med、TCG 就能作为一个入口与客户直接对接。

复星提出为全球家庭打造一个植根于中国的幸福智能生态系统，发力点包括平台的建设、价值链的整合和生态的打造。平台的建设，必须围绕三个大的主题：健康、快乐、富足。复星一样需要支付，一样需要十亿级的 C 端数据。同时，最最重要的，还要有 B 且核心是 C2M 的企业。复星有十亿的 C 端数据，要让支付切进去，要让这些数据来帮助企业改造它的 M 端。复星在内部彼此赋能，要有更开放的生态，要融汇全球资源。所以，复星已经很明确了战略，打造一个基于 C2M 物种的生态圈。

2. 复星 C2M 生态系统战略的目标

对标全球领先企业正在打造生态系统的路径，结合复星原有的产业基础优势，复星基于 C2M 生态系统的核心目标是致力于打造以创新科技驱动、以家庭客户为中心的智能制造和智能服务开放生态。分解到具体地重要工作目标是：

· 获取客流：以家庭消费者为核心，汇聚、扩大集团层面可触达的消费者基数。

· 精准读客：消费者信息线上化、数据化，对可触达客户进行全面画像及解读。

· 升级产品：产品/服务围绕消费者需求持续进化、升级、拓展，引领未来消费体验。

· 整合场景：打造、整合线上、线下联动的消费场景，最大化消费者触点和价值捕捉。

复星 C2M 生态系统及价值创造模式需要以家庭用户为中心（C 端），通过数据分析系统（2Link 端），对客户数据进行分析和洞察，以精准触达和整合营销的方式为客户提供具有产品力的产品（M 端）（见图 3）。

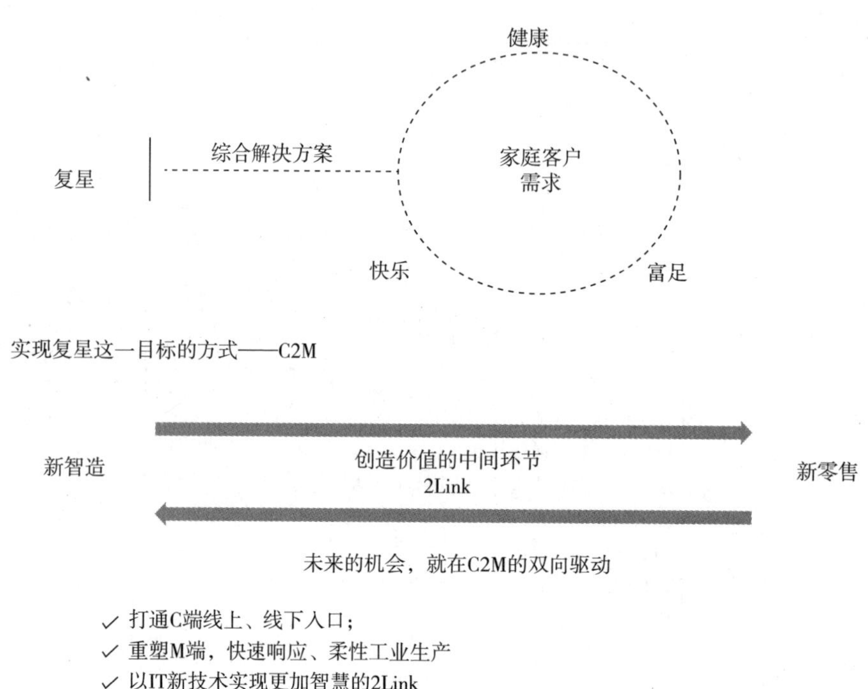

图 3　复星战略目标与 C2M 的关系

（1）C 端：形成统一的会员系统，打通入口，汇聚用户，通过客户需求、游戏化和大数据，形成技术和市场的驱动力。

（2）M 端：M 端要为营运提供赋能，具体包括以下三个方面：以 C 端洞察驱动 B 端差异化产品及服务。通过大数据分析，提升营运绩效，如柔性制造及物流，完善客户体验及满意度管理。

（3）2Link 端形成复星整体的技术中台，包括“大数据+人工智能”、物联网和云计算等。“大数据+人工智能”：线上线下数据整合挖掘、清洗、匹配以及基于商业数据模型建设的数据产出。物联网：建立并发展以家庭大健康数据收集和分析为核心的物联网平台，抢占健康数据的物联网入口；云计算，云端数据中心分析客户的行为数据，并为精准营销决策提供支持。

3. 复星智造 C2M 系统的探索成长期

复星确定了 C2M 战略后，除了学习酷特智能，还结合自身的产业布局不断探索 C2M 战略的实施路径。2018 年复星投资宝宝树，C2M 战略在宝宝树成功实施。不同于其他细分市场，由于服务母婴这一特殊人群，市场规模大，准入门槛却不低。在需求多元化个性化的时代，需要找准消费者的痛点，复星先从宝宝树 C 端消费者着手，精准营销，明确顾客的需求和购物行为，再向上游工厂定制，反向影响供应链，影响 M 端。这是基于前端用户需求，反向赋能供应链、倒逼零售变革，也是产业互联网贯穿始终的过程，而在这个过程中，有物联网、大数据、云计算、AI、无人零售、LBS 等新技术。

复星针对如何获得用户真正的需求，找准增长稳定、有良好信任基础和用户活跃度的 C 端平台，这成为撬动产业价值的关键之点。以宝宝树为代表的母婴社区服务平台正是这个支点。宝宝树率先试水了 C2M 的商品模式，以宝宝树大数据技术洞察妈妈们在选品中的痛点，再联合厂商寻求解决痛点的商品方案。例如，宝宝树与复星旗下太阳纸业联合研发的无添加纸巾达到了食品级安全标准，通过宝宝树社区电商快速精准的推荐，很快成为 C2M 母婴专用消费品的经典案例。2018 年 7 月 9 日的“C2M 母婴新零售峰会”上，宝宝树又联合复星发布医疗服务品牌“小星医生”战略，将针对“生命最初的 1000 天”的母婴需求，为年轻家庭提供陪伴式健康关怀服务，从而进一步全面撬动这个巨大的用户群。从用户需求出发，提供个性化、定制化的消费服务将成为下一个强力增长点，C2M 模式可以广泛应用到各个消费服务层面（见图 4）。

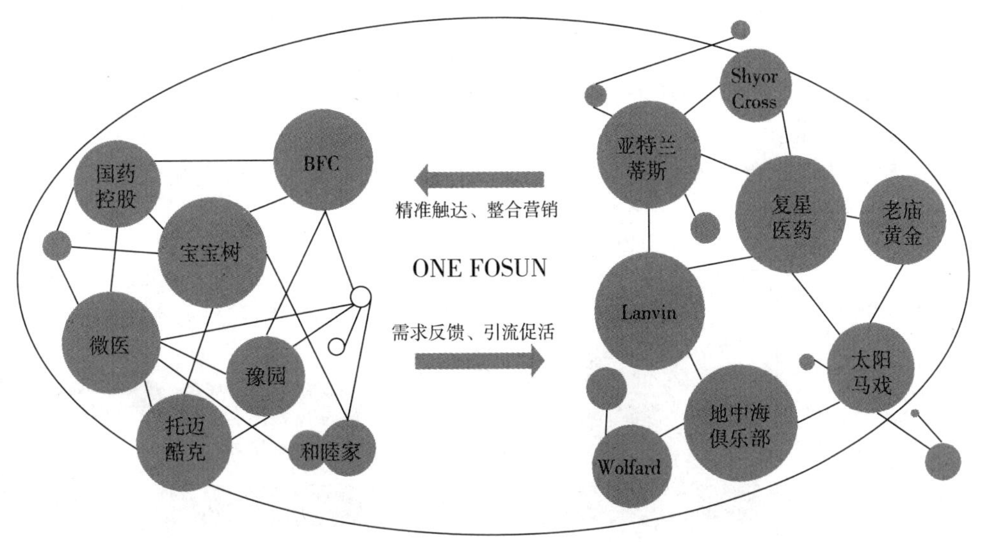

图 4　复星 C2M 驱动产业互联的关系

复星的探索表明：C2M 在践行上，靠 M 端驱动比较难，靠 C 端驱动相对容易。在互联网世界里面，任何一个单个的 M 端要去改变这个游戏规则都比较难，但如果有一个企业有一个 C 端的口，那 M 端上面可以很快地提供一个 M 端的进化迭代的过程，一旦 M 端进化迭代适应这个市场，M 端就可以发展得很好。也就是说，M 端原来不具备数字化数据化的运营能力，通过复星打造 C2M 的平台来对接起来，前方 C2M 模式的母婴行业大有可为，而像宝宝树这样在行业沉积十多年的入口，就是具备可以让 M 端来去掌握数字化营销的能力。庞大的母婴用户群体和长久积累的用户数据是宝宝树的核心竞争力，同时也是复星投资宝宝树的重要因素。C 端可以保证大规模高质量的社区内容产出，这种比电商平台重复购买行为更具黏性的用户聚合方式，是宝宝树实现长久发展的根基和不竭动力；在依靠大数据支撑的智能化新零售时代，复星 C2M 战略实施是推动产业互联网发展的重要手段。

4. 复星集团生态系统独特的发展路径

基于复星的产业基础，生态系统的拼图路径是由初期的获客，至客户价值提升，最终达成 C/M 交互赋能，形成生态圈价值（见图 5）。

（1）C 端。

初设期：以大健康为切入点，建立复星统一的会员体系，积累首批会员客户。

探索成长期：迭代会员体系，延伸产品及服务，拓展客户基数至千万级，并保持所需活跃度。

全速扩张期：复星会员体系模式、产品、服务成型，客户基数飞速拓展，同时进一步提高黏性和消费。

（2）M 端。

初设期：复星会员产品和服务 1.0 版本，根据客户需求打造场景，整合大健康相关内外部 M 端。

探索成长期：大健康相关 M 端赋能，形成与外部合作的有效机制，延展内外部幸福生态 M 端产品及服务。

全速扩张期：复星幸福生活 M 端组合成型，形成 M 端运作机制，包括赋能与合作等。

（3）2Link 端。

初设期：中台系统设计并支撑 1.0 版复星会员，相关重点科学技术开发并在 1.0 版本试点应用。

探索成长期：中台系统搭建初步完成，客户信息实现数据化，可应用于完整画像。基于满足 C2M 业务相关技术需求。

全速扩张期：迭代中台系统，并能够全面支撑智能化业务需求。形成几个技术高地，进一步建立 C2M 相关技术壁垒。

进一步深化C2M产业化转型，加大核心资产占比有以下路径：

· 加强现有C2M核心产业优势，加快内生增长和提升盈利，从而扩大规模

· 围绕C2M核心产业进行生态圈投资布局，聚焦C2M相关的外延式生长

· 打造海外市场C2M生态模式，在更多的重点市场形成C2M聚拢效应，而不是分散投资

· 建设集团对旗下企业的赋能能力，加强影响力的掌控力，共建C2M生态系统

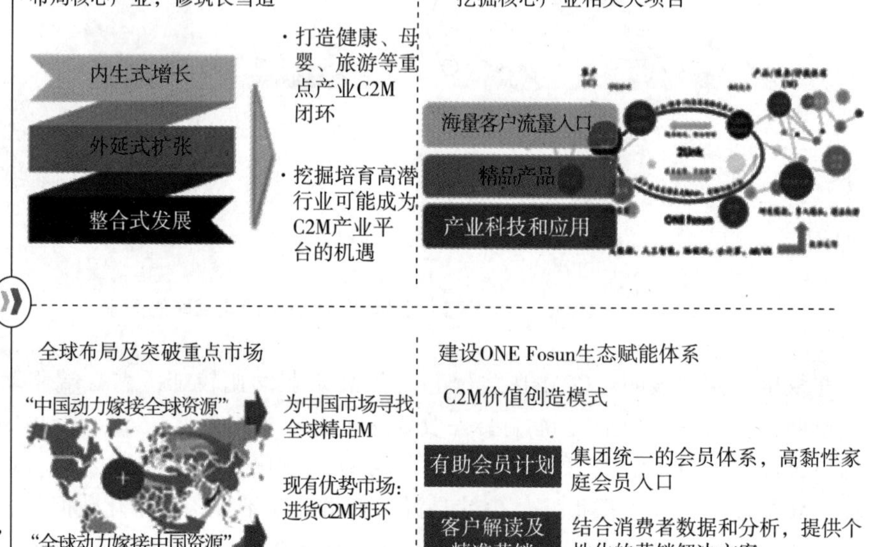

图 5　复星 C2M 发展路径

5. C2M 系统落地的组织保障

生态系统的打造是一种完全不同于过往商业模式的构成，而其真正落地的关键就是企业组织的转型，传统的金字塔或者矩阵式组织将无法真正为生态系统赋能。只有能够跨界通融、迅速变阵，互补支持的组织才能为以上的 C2M 规划和路径提供保障。从复星的角度出发，要打造生态系统的核心就是转型成为有两个核心标签的组织。

（1）合伙人组织：复星自成立以来一直秉持着“汇聚成长力量”的文化愿景，自 2015 年开始，复星提出要学习高盛的精英文化，要实现复星的全球合伙人制度。而在未来复星的合伙人在制度要在集团层面、企业层面、项目层面进行整体的推广。复星的全球合伙人本身是一种管理制

度、理念和思想，是能够在复星每一个层级体现的。它首先是一种文化，最后才会是激励。而且与全球合伙人制度相匹配的是，复星的组织要进化成为基于项目制的、完善配套的、高效扁平化的精英型的组织。

（2）敏捷型组织：未来随着组织越来越大，关键就要看你够不够敏捷，大象是否飞得起来，能否在瞬息万变的商业环境中抢先 0.01 秒。敏捷组织的核心还是基于合伙人合作的打法，合伙人之间是一种合伙的关系，能够迅速互相布位、迅速变阵。复星充分利用移动互联网技术、复星的复星通，将组织体系进一步扁平化、高效化。复星一家的成员都能在复星通上，可以利用新的技术把复星的组织重塑成一个更加透明、覆盖全球、能以最快速度作出反应的网状架构，信息可以在这张网上进行无损的交流。而一个基于合伙人文化，且以高科技和灵活的决策机制支持的组织，才能真正做到彼此赋能，这样的组织才能实现打造生态的愿景。

复星选择的道路，是通过以好的有 C2M 属性的企业，将其碎片化的客户，汇聚客户数据，形成一个整体的会员系统。而这个会员系统的真正目的是汇聚更多的客户数据，借助新的技术，为生态系统中的物种的升级迭代提供更多的数据分析赋能，使其产品制造能力可以不断升级发展。而企业的不断进化，同样会吸引到更多的客户，使整个生态系统可以不断持续发展。而要完成生态系统的打造，最核心的关键依旧是组织的保障，而一个敏捷的合伙人组织是为生态系统打造赋能的基础。

五、结论与讨论

（一）研究结论

（1）产业互联网（Industrial Internet）是以互联网的方式为产业主体提供相关服务的业态。产业互联网是在消费互联网的基础上开始发展的，是从 To C 业务转到 To B 业务，从需求侧转向了供给侧，通过供应链各环节在信息、资源、资金、运力等方面的集合优化配置，大大提升各个行业在生产、采购、金融、交付等环节的效率，因此产业互联网天然具有“网络化、数字化、智能化、生态化”的重要特性。在未来相当长的时间里，基于现有技术，进行产业互联网和消费互联网的结合，恰好是中国经济创新的大方向。而这一方向的本质是，用产业互联网提升产业的效率，来改善消费互联网的用户体验。

（2）C2M 是从消费互联到产业互联的桥梁。产业互联网时代要求企业的商业模式具有较好的效率和柔性，及时应对客户需求的变化和竞争对手的竞争，搭建“客户—数据—企业”的桥梁。C2M 以满足客户需求为出发点，通过搭建企业和客户之间的联动平台机制、运用云服务综合管理实现客户需求与企业产品和服务相匹配的。在 C2M 模式中明确的客户需求是企业提供产品和服务并对未来生产安排进行规划的依据。通过将客户需求的数据信息反馈到云服务平台，企业根据市场信息反馈并综合考虑市场竞争和所拥有的关键资源进一步重塑价值链和供应链体系，并以“动态调整区”为缓冲地带来实现客户价值主张的满足。C2M 模式通过直接或者间接的方式帮助、引导客户端去将自己的意见表达出来并通过大数据的传输反馈给企业端平台，企业端根据客户意见进行产品设计与生产。C2M 模式可以让客户参与到企业产品设计和是生产的过程中，最大限度、最快速地满足观众、粉丝、消费者和客户的喜好与需求。同时，该模式与市场中客户信息反馈相结合，整合动态环境下的大数据信息，构建一个封闭的企业数据网络，打通各部分之间的相互关系进一步整合价值链，优化价值创造系统以提升产业效率（见图6）。

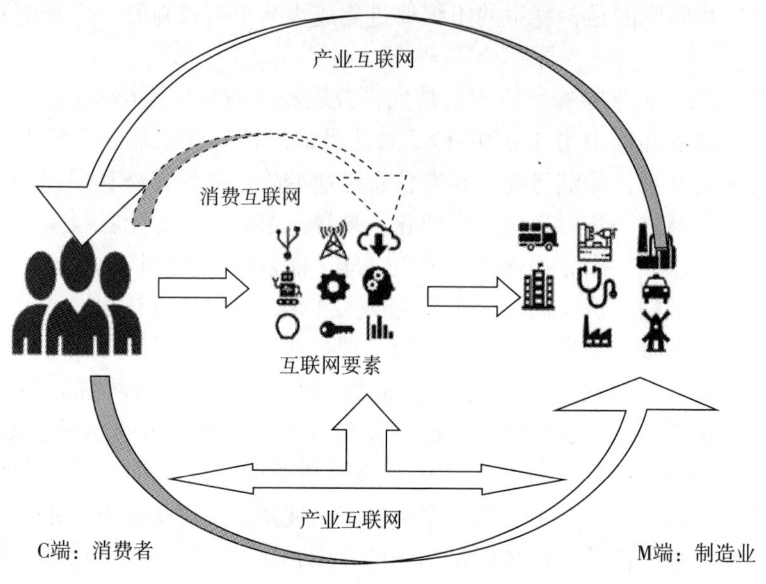

图6　产业互联网生态系统

（3）在产业互联网发展的过程中，其价值整合已延伸至整个产业链，其实质是价值链整合，包括服务价值链和产品价值链的融合（见图7）。产品价值链以制造技术、资本、原材料或中间产品为关键要素，而服务价值链则以顾客互动、人员技能、过程监督和质量评价为关键要素。将两种价值链的关键要素进行匹配，同时将两个价值链上的优势资源整合。为实现顾客的个性化定制，以企业为主体的产业链必须逐步形成能够进行资源整合与协同管理的价值网络和生态系统。C2M模式下的产业链一体式联盟对用户需求响应度的要求极高，是一个庞大的系统工程。核心制造企业与供应商结成动态联盟的形式，可以使核心制造企业更好地实现用户需求、更快地解决技术难题、降低实现基于互联网的大规模定制模式的门槛，而供应商的地位也会得到提升，为自身的发展提供了更高水平的平台，也能不断增强自身的竞争力，在这种互利互赢的关系模式下，核心制造企业和供应商都能各取所需，共同促进产业优化升级。

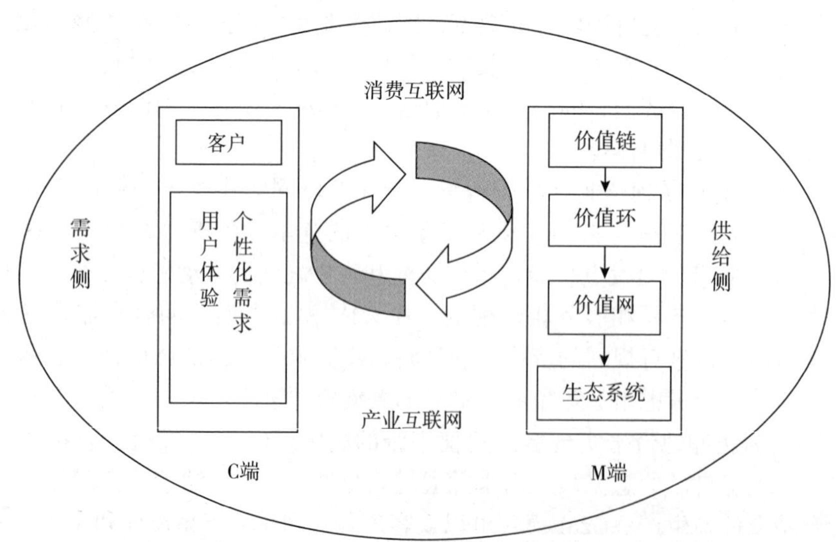

图7　产业价值链整合关系

（二）理论贡献

现有研究对于 C2M、价值链整合、产业互联网等研究形成了有价值的研究成果，在这些研究的基础上，本文的理论贡献主要有以下三点：

第一，推进了 C2M 模式研究的情境化和动态性分析。现有研究对于 C2M 模式的探讨，是围绕客户需求、大规模个性化定制、商业模式要素等问题展开，忽视了从过程视角对于 C2M 模式演化发展的探讨，也未能详细探讨 C2M 与产业互联网发展的关系。围绕产业互联网时代 C2M 发展情境，本文提出 C2M 从宏观供给侧方面对价值链进行整合进行驱动，进而推进产业互联网向纵深方面发展的演化路径。案例的研究弥补了现有从消费互联到产业互联研究缺乏动态演化过程分析的不足。

第二，深化价值链整合与产业互联网关系的理论性分析。本文在 Porter 价值链理论基础上，通过对价值链整合过程的分析以及对国内外研究的梳理，提出影响制造企业价值链整合对产业互联网发展的关键作用。通过案例分析，从过程视角分析了价值链的本质以及从价值链到价值环、价值网和生态系统的演化问题，提炼出价值链整合的演化依据、演化过程以及演化结果，实现了产业互联网演化的全景式分析，从理论层面推动了产业互联网的动态演化研究。

第三，解析了消费互联网与产业互联网的关系，以及从消费互联到产业互联的发展路径。本文基于 C2M 发展的三个阶段，将产业互联网的形成过程和价值链整合、价值共创的机理通过双案例对比的方式展现出来，解析并验证了 C2M 助力产业互联网的实现机理。鉴于客户中心性及其 C2M 模式的重要性，产业互联网的发展务必培育面向消费终端完美体验的跨界服务能力，以及进行价值链整合的动态扩展能力，提炼了产业互联发展的关键因素。

（三）研究展望与局限

基于本文对 C2M 模式与产业互联网之间逻辑关系的分析，探讨了产业互联网发展过程的演进机理。未来的研究需要关注产业层面的大规模智能定制平台，形成价值网的循环体系，发挥标杆、示范、知识传导与氛围营造等带动功能。鉴于产业互联网的发展需要，C2M 模式洞察客户需求和自身资源优势，利用互联网技术对制造业进行信息化智能化的改造，形成高效协同运转的协作网络，打通人、物、系统相互之间的阻碍，实现人、物、系统的无缝链接，这个过程不仅需要突破技术手段，生成多个数字化系统，还需要在系统之间建立密不可分的联系，才能实现价值链整合和系统互通互联。产业互联网发展过程中可能有多种模式，究竟存在哪些模式、如何根据特定产业类别与制造属性选择特定模式、各种模式之间的关系仍需要进一步深入研究。

本文采取的案例研究法具有一定局限性。本文采取双案例的研究方法，对典型性、代表性案例企业进行深度剖析，可以更好地挖掘 C2M 的内在机理，但在案例样本的数量上仍具有一定局限性，双案例研究普适性上的不足仍然无法避免。研究者在编码过程中尽量保持中立的态度，并通过建立编码小组、撰写备忘录等形式尽量减少主观因素对编码结果带来的影响，但是仍然难以完全避免过程中受到主观因素和知识能力不足的影响。

参考文献

［1］陈春花，赵海然. 共生：未来企业组织进化路径［M］. 北京：中信出版集团，2018.

［2］姜丽丽. 红领集团 C2M“个性化定制”模式研究［J］. 经贸实践，2016（1）：340.

［3］李海舰，田跃新，李文杰. 互联网思维与传统企业再造［J］. 中国工业经济，2014（10）：135-146.

［4］李雪蓉，张晓旭，李政阳，柏林，张奇，张建新，乔晗，汪寿阳. 商业模式的文献计量分析［J］. 系统工程理论与实践，2016（2）：273-287.

[5] [美] 罗伯特·K. 殷. 案例研究：设计与方法 [M]. 周海涛，李永贤，张蘅译. 重庆：重庆大学出版社，2004.

[6] 罗珉，李亮宇. 互联网时代的商业模式创新：价值创造视角 [J]. 中国工业经济，2015 (1).

[7] 毛基业，陈诚. 案例研究的理论构建：艾森哈特的新洞见——第十届"中国企业管理案例与质性研究论坛 (2016) "会议综述 [J]. 管理世界，2017 (2).

[8] 沈雷，张竞羽. 大数据时代的中国服装品牌创新策略 [J]. 服装学报，2016 (1).

[9] 汪亚青. 我国工业企业生产组织方式改进的多维度探索——基于"互联网+"与"中国制造 2025"的系统认知 [J]. 实事求是，2016 (1).

[10] 王继伟. 从"红领模式"看两化融合 [J]. 企业研究，2016 (10).

[11] 文军，蒋逸民. 质性研究概论 [M]. 北京：北京大学出版社，2010.

[12] 吴义爽，盛亚，蔡宁. 基于互联网+的大规模智能定制研究——青岛红领服饰与佛山维尚家具案例 [J]. 中国工业经济，2016 (4).

[13] 谢莉娟. 互联网时代的流通组织重构——供应链逆向整合视角 [J]. 中国工业经济，2015 (4).

[14] 赵振. "互联网+"跨界经营：创造性破坏视角 [J]. 中国工业经济，2015 (10).

[15] Kagermann H, Helbig J, Hellinger A, et al. Recommendations for implementing the strategic initiative industrie 4.0: Se-curing the future of German manufacturing industry [J]. Federal Ministry of Education and Research, 2013: 36-38.

[16] Mourtzis D, M Doukas, F. Psarommatis and G Michalos. Web-based platform for mass customisation and personalization [J]. CIRP Journal of Manufacturing Science and Technology, 2014 (7): 112-128.

[17] Rappa M. The Utility Business Model and the Future of Computing Services [J]. IBM Systems Journal, 2004, 43 (1): 32-42.

[18] Saw hney M, S Balasubramanian and V V. Krishnan. Creating growth with services [J]. MIT Sloan Management Review, 2004, 34 (4): 34-43.

[19] Sheikhzadeh M and E Elahi. Product Bundling: Impacts of Product Heterogeneity and Risk Considerations [J]. International Journal of Production Economics, 2013, 144 (1) 209-222.

[20] Stewart D W, Zhao Q. Internet marketing, business models, and public policy [J]. Journal of Public Policy & Marketing, 2000, 19 (2): 287-296.

[21] Timmers P. Business models for electronic markets [J]. Electronic Markets, 1998, 8 (2): 3-8.

[22] Valtakoski A. Explaining servitization failure and deservitization: A knowledge-based perspective [J]. Industrial Marketing Management, 2017 (60): 138-150.

[23] Wamba S F, S Akter, A Edwards, G Chopin and D Gnanzou. How "Big Data" can make big impact: Findings from a systematic review and a longitudinal case study [J]. International Journal of Production Economics, 2015: 234-246.

平台数字技术下创新氛围对创新行为的影响
——市场角色认同为中介

许　凤

（上海工程技术大学管理学院，上海　201620）

［摘　要］本文以平台数字技术为视角，以组织创新氛围为切入点，引入市场角色认同为中介变量，进一步探讨和分析新型（数字）技术下，组织创新氛围对创新行为的影响。通过以项目为对象的问卷调查和数据分析，研究结果显示：①组织创新氛围对渐进性创新行为和突破性创新行为具有正向的影响；②组织创新氛围通过市场角色认同进而积极影响创新行为，促进突破性创新行为发生；③市场角色认同在组织创新氛围和创新行为关系中起到中介作用。本文解释了平台数字技术下，组织创新氛围对创新行为的影响机制，拓展了创新行为的前因，并从创新氛围如何提高渐进性创新行为和突破性创新行为提出有效建议。

［关键词］平台数字技术；市场角色；角色认同；创新氛围；创新行为

一、引言

数字技术的普及和创新正在从根本上改变企业所提供的产品和服务的性质，不管在企业还是在行业层面都带来了巨大的变化。数字技术带来了三类创新：平台创新（Lee and Berente，2020）、分布式创新（Gupta et al.，2007）、组合创新（Faraj et al.，2011）。其中基于平台的数字技术是发展最快且最重要的创新形式，已经成为国内外学者的研究焦点（Yoo et al.，2012）。企业现在通过创建平台而不是单一产品进行创新，该平台及其模块形成一个生态系统（Tiwana et al.，2010）。基于平台的数字技术注重异质资源和知识的整合（Boudreau，2012；Tilson et al.，2010），从而对企业的创新行为提出一种新的要求和格局。企业在面技术创新会出现采用或坚持不同创新行为的平衡（Christensen，1997），表现出差异性的反应行为（Kammerlander et al.，2018）。营造创新氛围，提高基于平台数字技术创新的效益，以降低不确定性和风险性，做出积极的创新性的反应行为，来提升创新绩效（Adner and Kappoor，2016）。

在信息化技术大爆炸下，各行企业正面临着一系列平台创新技术，平台的出现是数字技术创新的一个关键要素（Weyl，2010），企业借助这些平台实现企业的创新。随着这些数字平台的战略重要性越来越大，如何构建、借助一个平台进行创新是目前企业创新需求之一（Yoo et al.，2010）。如企业是否进入某个平台，如何判断平台创新提升企业的市场竞争力。数字技术的平台创新是异质工具和产品融合新机会的增加（Barrett et al.，2012），因此，创新氛围对于开发平台数字技术的作用显得尤为重要，从而也会导致创新行为的发生。同时，市场角色导向影响了企业在平台数字技术的认可和应用程度（Kammerlander et al.，2018），如市场的追随者可能对平台的热情较高，而市场的主导者则会对平台保持一种保守的态度。

目前文献对创新氛围、创新行为和企业市场角色的研究已经较多了，但是也存在几个不足：首先，在以往的研究创新氛围与创新行为的研究中，很少涉及平台数字技术的创新问题。同时，在当前颠覆性创新热度高于传统创新方式下，没有对创新行为进行分类探讨；再者，以往的研究中，关于市场角色对创新行为的研究多在案例分析，且没有将创新氛围、创新行为和市场角色三者综合考虑。基于已有研究的不足和现实需求，本文从基于平台数字技术的视角，重点围绕以下问题进行探讨：第一，检验组织创新氛围对创新行为的影响；第二，检验市场角色认同在组织创新氛围与创新行为关系中的中介作用。

二、文献回顾与研究假设

（一）项目组织创新氛围与创新行为

组织创新氛围是产生内外在创新动机的关键要素（Deci et al.，2017）。关于何种外部因素会促进和阻碍创新动机的研究存在不一致，如何种创新氛围决定何种创新行为，创新动机的行程和改变、环境认知对动机和行为的影响识别。关于数字技术创新氛围研究中，对于外部创新行为的研究很少（Anderson et al.，2016），但被证实创新氛围对于创新行为显著影响（Gerstner et al.，2013；Deci et al.，2017）。以往研究中提及的技术创新氛围与有外部刺激（包含交易回报和关系回报）（Gerstnerd et al.，2013；Amabile and Pratt，2016；Deci et al.，2017）、利益相关者（包含利益、需求、期望、风险和约束等因素）（Lau and Rowlingson，2010）、商业模式（包含组织形式、利益公式等）（Kapoor and Klueter，2015）等相关。而组织层面的创新行为与创新氛围具有密切相关，创新氛围对企业制定战略性创新行为有着积极的推动作用（Fischer et al.，2019）。因此，本文提出如下假设：

H1：项目组织创新氛围对创新行为存在正向影响。

本文研究的是基于平台的数字技术下的技术创新行为。按照创新水平的不同把技术创新划分为渐进性创新和突破性创新。其中，渐进性创新是传统的创新方式，指局部或者改良性的优化，通常以现有客户需求为导向。突破性创新是一种新的创新理念，相对于渐进性创新提出。突破性创新会对技术产生根本性的变化，通常以新客户需求为导向，对企业和行业带来实质性的改变，也称为颠覆性创新。两者创新方式在目标、组织、过程以及不确定性等方面存在显著的不同。基于平台的数字技术，既涉及渐进性创新，又包含突破性创新，是由数字技术的集成性和共生性决定的。因此，本文探讨基于平台的数字技术下，组织的创新氛围影响组织渐进性创新和突破性创新的强度是否相同？如创新氛围不佳，企业是更可能产生渐进性创新，还是突破性创新。因此，本文提出如下假设：

H1a：项目组织创新氛围对组织渐进性创新行为存在正面影响。

H1b：项目组织创新氛围对组织突破性创新行为存在正面影响。

（二）市场角色认同的中介作用

在组织层面上，组织创新氛围是一种认知性解释，对企业发展动向有着正面的显著影响。以往的研究已经证实了项目市场角色的不同造成项目组织创新氛围的不同，但是也有部分研究展开了对两者反作用的证明，即组织在不断应对创新环境下形成的创新氛围也会无形中影响企业市场角色的定位，使市场角色定位更加符合当前企业的创新氛围。因此，本文提出如下假设：

H2：项目组织创新氛围对市场角色认同存在正向影响。

市场导向可划分为三个维度：顾客导向、竞争者导向等（Kumar and Slater，1990）。顾客导向是企业以满足顾客需求、增加顾客价值为目的，特别注重对顾客消费能力、消费偏好以及消费行为的分析，重视动态适应顾客需求的技术创新。这里的顾客一般是指现有的主流顾客，对少数的基利市场的忽视，是对突破性创新的忽视，也是顾客导向型企业失败的重要原因。竞争者导向是企业发展战略以竞争者为中心，关注竞争者的动态，确保自身竞争优势的流失。在数字技术创新涌现的环境下，企业不再仅仅考虑顾客的需求，还在于对竞争者的洞察，以及增加了对市场丢失的危机意识。不同的企业创新氛围是否会产生市场角色认同的改变，对哪种市场角色认同的影响较大。因此，本文进一步提出了以下假设：

H2a：组织创新氛围对顾客导向市场角色认同具有显著的正向影响。

H2b：组织创新氛围对市场导向市场角色身份具有显著的正向影响。

企业创新行为是企业为了赢得顾客以及在竞争市场中占据优势地位，通过引入和开发新产品、新服务、新技术的行为。企业创新行为包括企业的制度创新行为和技术创兴行为，技术创新行为又进一步划分为渐进性创新和突破性创新。在数字技术背景下，采取相互合作关系，跨越企业知识边界实现协调创新成为关键（曹兴和马慧，2019）。组织做出不同创新反应行为的原因有：企业规模（McKendrick and Wade，2010）、企业经历（Eggers，2012；Sosa，2013）、互补性资产（Rothaermel and Hill，2005）、高层管理人员的性格（Maula et al.，2013；Gersner et al.，2013；Furr et al.，2012）、组织结构（Csaszar，2013；Kapoor and Ander，2012；Troyer，2017）、利益相关者、员工流动性。以往的研究证实，企业自身的因素和所处的环境都会影响其创新反应行为。而企业的市场角色导向是为了适应企业自身因素和所处环境进行设置和规划的。因此，本文提出如下假设：

H3：市场角色认同对组织创新行为存在负向影响。

H3a：市场角色认同对组织渐进性创新行为存在负面影响。

H3b：市场角色认同对组织突破性创新行为存在负面影响。

Albert 和 Whetten（1985）定义组织认同（organizational identity）为组织成员对自身所处的组织地位的感知看法。这种认知的解释为组织认同被用于研究企业处理和应对变革奠定了基础（Livengood 和 Regar，2010）。组织的认知和认同的角度来研究创新反应行为（Berrett et al.，2012）。Nag 等（2007）经研究发现当外部事件要求组织做出根本性的改变时，则组织认同感具有显著的影响。由此，组织认同用来解释不同组织在面对技术创新时所作出的差异反应（Trispsas，2013），而被广泛研究（Livengood and Regar，2010）。主要研究有组织认同对创新感知（Anthony and Tripsas，2016）、创新活动、创新反应（Kammerlander，2018）。广泛的研究已经探索了组织认同影响组织决策者对颠覆性创新的理解和应对。组织认同对颠覆性创新行为的影响主要通过对创新感知发挥作用，如当组织决策者感知到创新对组织认同产生威胁或加强，则会做出不同的创新反应。Kamerlander（2018）提出领域认同（domain identity）和角色认同（role identity）两种组织认同形式会对组织创新行为产生的影响。对于企业层面，角色认同来源于企业对市场导向的认知，企业具有不同的市场导向，也在一定程度上反映和决定了该企业在行业里的角色认同。因此，本文提出如下假设：

H4：组织角色认同在组织创新氛围与组织创新行为的关系中起中介作用。

H4a：组织角色认同在组织创新氛围与渐进性创新行为的关系中起中介作用。

H4b：组织角色认同在组织创新氛围与突破性创新行为的关系中起中介作用。

本文的理论模型如图 1 所示。

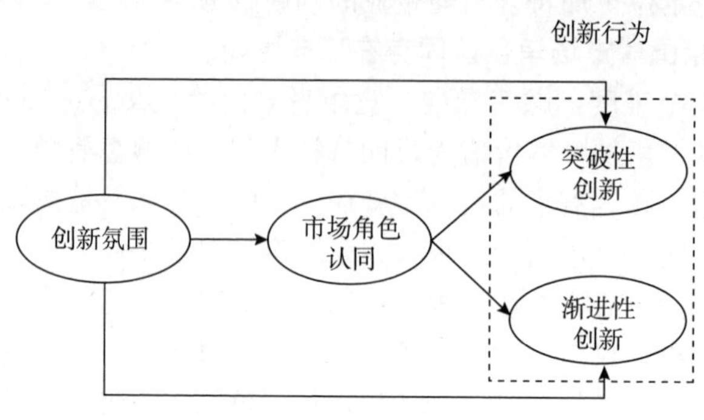

图 1　理论模型

三、研究设计

（一）数据收集

本文以项目组织和数字技术为研究背景，因此，我们选择了工程项目组织，并且采用了与 BIM 相关的平台技术的相关企业进行问卷调查，收集数据。通过项目初步访谈，选择了上海、深圳、武汉、成都、昆明、湖南、青岛 7 个城市的 36 个工程项目，均采用了基于 BIM 技术的平台，如智慧建造系统、全生命周期项目管理系统、信息化造价管理系统等相关技术，并且涉及开发商、设计、施工、监理、代建、造价等相关单位，通过项目负责人发放的方式进行调研。本次调研共发放了 360 份，回收 337 份，其中有效问题 280 份。相关文献研究表明，企业的创新氛围和行为可能受制于企业规模（员工数）；新创企业对数字技术的敏感度更强，企业创新动力更足；企业性质会影响企业创新动机以及创新行为，如民企表现出更积极的创新行为；项目组织中企业所处的项目角色会影响其创新的意愿和积极性，如在工程项目中参建方比建设方有更大的创新动力和竞争意识。因此，本文对企业规模、企业年限、企业所有制、项目参与方类型四个变量进行控制，避免以上变量对创新行为潜在影响，避免其混淆变量间的关系。

（二）变量测量

（1）组织创新氛围（自变量）：借鉴杨百寅等（2013）编制的组织创新氛围量表，共 36 个题项（$\alpha = 0.784$）。采用李克特五级量表，分数越高代表组织创新氛围越好。

（2）创新行为（因变量）：借鉴 Subramaniam 和 Youndt（2005）根据技术创新强度编制的技术创新的渐进性创新和突破性创新两个维度量表。渐进性创新维度包含了 3 个题项（$\alpha = 0.715$），突破性创新维度包含了 3 个题项（$\alpha = 0.705$）。采用李克特五级量表，分数越高代表组织创新行为频率越高。

（3）市场角色认同（中介变量）。本文研究的企业层面的角色认同，与个人角色认同不同，企业的角色定位与市场导向相关，因此，借鉴 Kumard 等（1998）编制的市场导向的顾客导向和竞争者导向两个维度量表。顾客导向的维度包含了 6 个题项（α=0.798）；竞争者导向的维度包含了 4 个题项（α=0.826）。采用李克特五级量表，分数越高代表角色认同度越高。

（三）数据分析

本文使用 SPSS 22.0 和 Mplus 6.0 软件，在对变量信度和效度检验的基础上，进行相关性分析和回归分析，验证研究假设。

（1）信度和效度检验。本文测量量表采用的是以往学者认可的成熟量表，具有较好的效度。对组织创新氛围、创新行为、组织认同三个变量进行仪表性信度检验，变量系数分别为 0.927、0.765、0.912、0.881，均大于 0.7，因此表明具有较好的内部一致性信度。本文对模型进行验证性因子分析，分析结果表明，所有测量题项的标准因子载荷及 T 值均达到显著性水平（$p<0.05$），且通过模型对比，可以看出五因子模型的实际数据拟合效果最好（$\chi^2=1554.704$，df=644），说明本文所涉及的五个变量是相互独立的构念，具有较好的区分效度，收敛度较好，可以在本文研究问题中进一步使用。

表 1　验证因子分析

模型	χ^2	df	χ^2/ df	*CFI*	*RMSEA*	*SRMR*
五因子模型	1554.704	644	2.414	0.954	0.953	0.061
四因子模型	2943.523	648	4.542	0.902	0.907	0.076
三因子模型	3530.365	651	5.423	0.816	0.781	0.082
二因子模型	4065.089	649	6.264	0.805	0.729	0.095
单因子模型	4539.044	650	6.983	0.677	0.682	0.118

（2）主效应检验。本文验证 H1 组织创新氛围对创新行为的影响，以组织创新氛围为自变量，渐进性创新和突破性创新分别为因变量，加入企业规模、年限、性质、项目角色为控制变量，进行回归分析。模型 3 检验组织创新氛围对渐进性创新的影响（$\beta=0.310$，$p<0.001$），模型 9 检验组织创新氛围对突破性创新的影响（$\beta=0.279$，$p<0.001$）。结果显示组织创新氛围对创新行为具有显著正向影响，H1、H1a、H1b 成立。

（3）中介效应检验：本文检验市场角色认同在组织氛围与创新行为关系的中介效应，采用分布检验。

首先，模型 1 和模型 2 检验组织创新氛围对市场角色认同两个维度的影响，结果分别为 $\beta=0.307$，$p<0.001$ 和 $\beta=0.261$，$p<0.001$，显示组织创新氛围对市场角色认同两个维度均具有显著正向影响，H2、H2a、H2b 成立。

其次，模型 4 和模型 5 检验市场角色认同两个维度对渐进性创新的影响，结果分别为 $\beta=0.237$，$p<0.001$ 和 $\beta=0.331$，$p<0.001$，显示市场角色认同对渐进性创新具有显著正向影响。模型 10 和模型 11 检验市场角色认同两个维度对突破性创新的影响，结果分别为 $\beta=0.277$，$p<0.001$ 和 $\beta=0.208$，$p<0.001$，显示市场角色认同对突破性创新具有显著正向影响。H3、H3a、H3b、H3c、H3d 成立。从以上两步可以得知中介效应检验的前两个条件满足。

再次，模型 6 将组织创新氛围和顾客导向角色认同同时纳入渐进性创新的回归中，结果显示创新氛围（$\beta=0.265$，$p<0.001$）和顾客导向角色认同（$\beta=0.322$，$p<0.001$）均正向影响渐进性创新，但创新氛围影响效应减弱，故顾客导向角色认同部分中介了组织创新氛围和渐进性创新的关系。模型 7 将组织创新氛围和竞争者导向角色认同同时纳入渐进性创新的回归中，结果显示

表 2　回归模型结果

变量	客户导向	竞争者导向	渐进性创新						突破性创新					
	模型 1	模型 2	模型 3	模型 4	模型 5	模型 6	模型 7	模型 8	模型 9	模型 10	模型 11	模型 12	模型 13	模型 14
企业规模	-0. 018*	0. 011**	0. 104	-0. 132	-0. 210*	-0. 276	0. 301	0. 124	-0. 209	-0. 078	0. 015**	0. 108*	-0. 115	0. 270*
企业年限	0. 028*	0. 027	0. 068*	0. 109	0. 034*	0. 065	0. 075	0. 032	0. 101	0. 019	0. 085	0. 027*	0. 015	0. 023
企业性质	-0. 049	-0. 085	-0. 191	0. 029	0. 014	-0. 101	-0. 032	-0. 204	-0. 199	-0. 096	-0. 172	-0. 196	0. 003	-0. 119
项目角色	0. 158	0. 229	0. 218	-0. 005*	0. 076	0. 220	-0. 008	0. 213	0. 118	0. 243	0. 149	0. 205	0. 101	0. 179
创新氛围	0. 307***	0. 261***	0. 310***			0. 265***	0. 330***	0. 333***	0. 279***			0. 407***	0. 372***	0. 277***
顾客导向				0. 237***		0. 322***		0. 307***		0. 277***		0. 357***		0. 413***
市场导向					0. 331***		0. 281***	0. 471***			0. 208***		0. 392***	0. 290***
R^2	0. 256	0. 200	0. 113	0. 135	0. 251	0. 186	0. 255	0. 272	0. 194	0. 213	0. 231	0. 214	0. 169	0. 177
ΔR^2	0. 280	0. 091	0. 163	0. 253	0. 158	0. 222	0. 187	0. 232	0. 115	0. 190	0. 117	0. 148	0. 264	0. 234
F	20. 158	17. 218	18. 203	21. 277	15. 347	10. 214	13. 587	15. 191	17. 879	17. 232	7. 760	12. 212	9. 364	8. 906

注：* 表示 $p<0.05$，** 表示 $p<0.01$，*** 表示 $p<0.001$。

创新氛围（β=0.330，p<0.001）和竞争者导向角色认同（β=0.281，p<0.001）均正向影响渐进性创新，且组织创新氛围对渐进性创新的影响消失，说明竞争者导向角色认同完全中介了创新氛围和渐进性创新的关系。模型8检验顾客导向和竞争者导向的角色认同在创新氛围和渐进性创新关系中的中介作用。模型8将组织创新氛围、顾客导向和竞争者导向的角色认同同时纳入渐进性创新的回归方程中，结果表明，组织氛围对渐进性创新的影响依然正向显著；顾客导向角色认同对渐进性创新的影响依然正向显著；竞争者导向角色认同对渐进性创新的影响依然正向显著。因此，检验出市场角色认同在组织创新氛围与渐进性创新的关系中存在中介作用，H4、H4a成立。

最后，模型12将组织创新氛围和顾客导向角色认同同时纳入突破性创新的回归中，结果显示创新氛围（β=0.407，p<0.001）和顾客导向角色认同（β=0.357，p<0.001）均正向影响突破创新，且组织创新氛围对突破性创新的影响消失，说明顾客导向组织认同完全中介了创新氛围和突破性创新的关系。模型13将组织创新氛围和竞争者导向角色认同同时纳入突破性创新的回归中，结果显示创新氛围（β=0.372，p<0.001）和竞争者导向角色认同（β=0.392，p<0.001）均正向影响突破性创新，但创新氛围影响效应减弱，故竞争者导向角色认同部分中介了组织创新氛围和突破性创新的关系。模型14检验顾客导向和竞争者导向的角色认同在创新氛围和突破性创新关系中的中介作用。模型14将组织创新氛围、顾客导向和竞争者导向的角色认同同时纳入突破性创新的回归方程中，结果表明，组织氛围对突破性创新的影响依然正向显著；顾客导向角色认同对突破性创新的影响依然正向显著；竞争者导向角色认同对突破性创新的影响依然正向显著。因此，检验出市场角色认同在组织创新氛围与突破性创新的关系中存在中介作用，H4、H4b成立。

四、总结

本文重点探讨了在数字技术下组织创新氛围对创新行为的影响，引入市场角色认同作为中介变量，来诠释两者的作用机制。研究结果表明：一是组织创新氛围对渐进性创新行为和突破性创新行为都具有正向作用；二是组织创新氛围正向影响企业市场角色认同（顾客为导向和竞争者为导向）；三是市场角色认同（顾客导向和竞争者导向）正向影响企业渐进性创新行为；四是市场角色认同（顾客导向和竞争者导向）正向影响企业突破性创新行为；五是市场角色认同中顾客导向和竞争者导向两个维度均在组织创新氛围与创新行为中起到中介作用。

可见，组织创新氛围通过企业市场角色认同正向影响组织的创新行为，即越浓的组织创新氛围对市场角色认同越强，避免企业对于创新技术迟缓反应，甚至抵触的反应。同时越有利于企业创新行为发生，使企业面对数字技术的冲击下，做出积极的创新反应，尤其在突破性创新行为上更显著。降低了企业被新的生态系统中无法生存的风险，以及面对创新的消极态度。增加了企业市场角色定位的正确性，从产生组织创新氛围、市场角色认同和创新行为的良性循环。

（一）理论贡献

本文在基于平台的数字技术情境下，对创新氛围、市场角色认同和创新行为进行研究。从企业层面构建了三者之间的影响模型，探讨面对数字技术新环境下，企业创新氛围如何影响市场角色认同和创新行为。本文以项目为对象进行问卷调查和模型验证，研究成果有助于拓展企业层面的创新行为的认识，补充了以往仅关注传统技术的创新行为的知识体系。

此外，本文揭示了角色认同如何影响创新氛围与创新行为关系的作用机理，开拓了创新氛围、创新行为的角色视角，对研究企业层面以及面向数字技术的创新管理问题的研究提供参考。

（二）实践意义

当前社会面临着各种数字技术的开发和引用，如建筑行业的全生命周期信息系统、汽车行业的智能驾驶系统、服务行业的机器人系统等。而这些创新行为如何能带动产业链的共生和组合创新，对于整个社会发展起着关键作用。本文从数字技术创新的视角进行企业层面创新行为机理进行研究，可为引导企业面对数字技术、促进创新行为提供决策支持，为相关机构制定干预政策提供启示，推动促进各行业的创新变革。

（三）研究不足与展望

本文在研究过程中尽力保持研究的客观性和科学性，但是仍然存在以下几个局限：首先，受研究成本和时间等条件的限制，在样本收集上可能存在一定的偏差。如项目数量不足、地域分布的均衡性等，之后的研究会尽量提升样本的数量和多样化，以保证研究结果的普适性。其次，本文仅仅采取横截面的研究方式，而为考虑纵向时间的因素，研究结果无法体现企业创新行为的动态特征，因此，在今后的研究中要展开纵向研究的调查方法。再次，本文所采用的量表都是沿用原来量表，这势必会在本文研究中存在一定局限。今后做进一步研究，将自主开发部分量表进行应用。最后，在研究内容上也存在不全面的问题，本文仅引入了市场角色认同，而现实中其他角色认同对创新行为也存在影响，往后的研究可以考虑不同的企业角色认同展开研究。

参考文献

[1] Lee J, Berente N. Digital innovation and the division of innovative labor: Digital controls in the automobile industry [J]. Organization Science, 2012, 23 (5): 1428-1447.

[2] Gupta A k, Tesluk P E, Taylor M S. Innovation at and across multiple level of analysis [J]. Organization Science, 2007, 18 (6): 885-897.

[3] Faraj S, Jarvenpaa S L, Majchrzak A. Knowledge collaboration in online communities [J]. Organization Science, 2011, 22 (5): 1224-1239.

[4] Yoo Y, Boland R J, Lyytinen K, Majchrzak A. organizing for innovation in the digitized world [J]. Organization Science, 2012, 23 (5): 1398-1408.

[5] Tiwana A, Konsynski B, Bush A A. Platform evolution: Coevolution of platform architechture, governmance, and environmental dynamics [J]. Information Systems Research, 2010, 21 (4): 675-687.

[6] Boudreau K J. Let a thousand flowers bloom? An early look at large numbers of software app developers and patterns of innovation [J]. Organization Science, 2012, 23 (5): 1409-1429.

[7] Tilson D, Lyytinen K, Sorensen C. Digital infrastructures: The missing IS research agenda [J]. Information Systems Research, 2010, 21 (4): 748-759.

[8] Kammerlander N, König A and Richards M. Why do Incumbents respond heterogeneously to Disruptive innovations? The interplay of domain identity and role identity [J]. Journal of Management Studies, 2018, 55 (7): 1122-1165.

[9] Adner R, Kapoor R. Innovation ecosystems and the pace of substitution: Re-examining technology S-curves [J]. Strategic Management Journal, 2016 (37): 625-648.

[10] Weyl E G. A price theory of multi-sided platforms [J]. Amer. Economics Rev., 2010, 100 (4): 1642-1672.

[11] Yoo Y, Henfridsson O, Lyytinen K. The new organizing logic of digital innovation: An agenda for information

systems research [J]. Information Systems Research, 2010, 21 (4): 724-735.

[12] Barrett M Oborn E, Orlikowski W J, Yates J. Reconfiguring boundary relations: Robotic innovations in pharmacy work [J]. Organization Science, 2012, 23 (5): 1448-1466.

[13] Deci E L, Olafsen A H and Ryan R M. Self-determination theory in work organizations: The state of a science [J]. Annu. Rev. Organ. Psychol. Organ. Behav, 2017 (4): 19-43.

[14] Gerstner W C, Konig, A. Enders A, Hambrick D. C. CEO narcissism, audience engagement, and organizational adoption of technological discontinuities [J]. Administrative Science Quarterly, 2013, 58 (2): 257-291.

[15] Amabile T M and Pratt M G. The dynamic componential model of creativity and innovation in organizations: making progress, making meaning [J]. Research Organization Behavior, 2016 (36): 157-183.

[16] Lau (E), Rowlinson S. Trust relations in the construction industry [J]. Internative Journal Management Project Bussiness, 2010 (3): 693-704.

[17] Kapoor R., Klueter T. Decoding the adaptability-rigidity puzzle: Evidence from pharmaceutical incumbents' pursuit of gene therapy and monoclonal antibodies [J]. Academy of Management Journal, 2015 (58): 1180-1207.

[18] Fischer C, Malycha C and Schafmann E. The influence of intrinsic motivation and synergistic extrinsic motivators on creativity and innovation [J]. Frontiers in Psychology, 2019 (10): 1-15.

[19] Kumar J C, Slater S F. The effect of a market orientation on business profitability [J]. Journal of Marketing, 1990, 54 (4): 20-35.

[20] 曹兴，马慧. 新兴技术创新网络下多核心企业创新行为机制的仿真研究 [J]. 中国软科学，2019 (6): 138-149.

[21] McKendrick D G, Wade J B. Frequent incremental change, organizational size, and mortality in high-technology competition [J]. Industrial and Corporate Change, 2010, 19 (3): 613-639.

[22] Eggers J P. All experience is not created equal: Learning, adapting, and focusing in product portfolio management [J]. Strategic Management Journal, 2012, 33 (3): 315-335.

[23] Sosa M L. Decoupling market incumbency from organizational prehistory: Locating the real sources of competitive advantage in R&D for radical innovation [J]. Strategic Management Journal, 2013, 34 (2): 245-255.

[24] Rothaermel FT, Hill C W L. Technological discontinuities and complementary assets: A longitudinal study of industry and firm performance [J]. Organization Science, 2005, 16 (1): 52-70.

[25] Maula M V J Keil T Zahra S A. Top management's attention to discontinuous technological change: Corporate venture capital as an alert mechanism [J]. Organization Science, 2013, 24 (3): 926-947.

[26] Furr N R, Cavarretta F, Garg S. Who changes course? The role of domain knowledge and novel framing in making technology changes [J]. Strategic Entrepreneurship Journal, 2012, 6 (3): 236-256.

[27] Csaszar F A. An efficient frontier in organization design: Organizational structure as a determinant of exploration and exploitation [J]. Organization Science, 2013, 24 (4): 1083-1101.

[28] Kapoor R, Adner R. What firms make vs. what they know: How firms' production and knowledge boundaries affect competitive advantage in the face of technological change [J]. Organization Science, 2012, 23 (5): 1227-1248.

[29] Troyer C H. How integrating human capital facilitates or impedes firm adoption of a new technology [Z]. Working paper, University of Michigan, Ann Abor, MI. 2017.

[30] Livengood R S, Reger R K. That's our turf! Identity domains and competitive dynamics [J]. Academy of management review, 2010 (35): 48-66.

[31] Nag R, Corley K, Gioia D. The intersection of organizational identity, knowledge, and practice: Attempting strategic change via knowledge grafting [J]. Academy of Management Journal, 2007 (50): 821-847.

[32] Trispsas M. Exploring the Interaction between Organizational Identity and Organizational Design in Technological Transitions [M]. Boston, MA: Boston College, Carroll School of Management, 2013.

[33] Anthony C, Tripsas M. Organizational identity and innovation [A] //Pratt M, Schultz M, Ashforth, B and Ravasi D. (Eds), The Oxford Handbook of Organizational Identity [D]. Oxford: Oxford University Press, 2016: 417-435.

[34] 杨百寅，连欣，马月婷. 中国企业组织创新氛围的结构和测量 [J]. 科学学与科学技术管理，2013 (8)：43-55.

[35] Subramaiam M and Youndt M A. The influence of intellectual capital on the type of innovative capabilities [J]. Academy of Management Journal，2005，48 (3)：450-463.

得鱼还是得熊掌？
使命漂移视角下社会创业导向与企业成长关系研究

王　健
（中国社会科学院研究生院，北京　102488）

［摘　要］社会创业作为解决社会问题的新方式，近年来开始受到学者和企业实践者们的关注。但对社会创业中双重制度逻辑的冲突与融合及由此引起的使命漂移对企业成长的影响鲜有涉及。鉴于此，从社会创业导向这一构念出发，基于使命漂移视角探究其与企业成长的关系，并以中国七个地区的 187 家企业为样本进行实证分析。通过理论分析与实证检验，得到以下结论：①社会创业导向对企业的经济绩效和社会绩效具有积极效应，其有助于企业的成长。②社会创业的使命漂移具有两种形式，在动态环境下，社会创业导向会重经济绩效而忽视社会绩效，因而社会创业呈现“E”形使命漂移；而在外部利益相关者压力的条件下，社会创业导向会更为关注社会绩效，进而使社会创业呈现“S”形使命漂移；资源冗余有助于缓解社会创业双重制度逻辑的张力，在冗余资源条件下社会创业导向表现出对社会绩效和经济绩效的积极效应。本文深化、拓展了现有社会创业的相关研究，并对企业的社会创业实践及政府政策制定具有一定的指导意义。

［关键词］社会创业导向；使命漂移；环境动态性；外部利益相关者压力；资源冗余

一、引言

当前我国的经济社会转型正处于深水区，贫富不均、环境污染、老龄化等社会问题日益突出，面对这些社会问题，政府往往难以面面俱到，从而表现出某种失灵。在此情况下，国家和人民都对企业给予厚望，要求企业承担相应的社会责任以缓解社会冲突、解决社会问题。企业也认识到社会责任对其发展的重要性，我国企业的社会责任意识在不断增强。然而，当前许多企业却把社会责任简单地理解成“慈善”与“公益”。企业社会责任应该走出过去的老方式，走向通过市场化、创新的手段解决社会问题、发挥社会影响、实现社会价值的新阶段，即实现从社会责任到以创业的方式解决社会问题的飞跃。

社会创业基于市场的方法解决社会问题，它同时关注社会问题和经济利益，因而学者们将其视为实现社会变革和经济社会可持续发展的重要推动力量（Datta and Gailey，2012；Alvarez and Barney，2014；傅颖，2017）。由于创业活动并不一定能把社会问题解决，如一部分人通过经济创业富起来了，贫困人口并不一定减少，创业成果仅让富人收益增多，可能的结果反而是使富裕人口与贫穷人口之间收入差距拉大，造成更加严重的社会问题。再如，前段时间的长生生物疫苗问题，则是企业创业活动只关注经济利益而丧失道德底线，完全不顾社会性的典型代表。此外，经济创业还可能带来环境的破坏，物质文明和生态文明之间出现背离与不和谐（栗战书，2011）。所以，企业的创业活动除了经济利润的考虑外，还需要以社会为导向，积极实施社会创业导向战略。

在新时代，人们对美好生活的需要更为突出，因而国家提出要转变经济发展方式，积极实施从“既要金山银山又要绿水青山”到“绿水青山就是金山银山”的经济发展理念。在此背景下，实现从传统创业向社会创业的转变成为必然。当前，国家全面贯彻“大众创业、万众创新”的国家战略，实现以创业活动为纽带的经济与社会协调发展，这对企业社会创业提出了新要求、新挑战，所以，大力实施社会创业导向战略，积极进行社会创业关系着我国经济社会的转型，更关乎着“中国梦”的顺利实现。然而，在实践中，有的企业通过社会创业获得了竞争优势，促进了自身的成长。但通过社会创业而削弱自身竞争优势，进而损害企业发展的事例也屡见不鲜。为什么会出现这种情况？这亟待在理论层面上的解答与探究。

由于双重制度逻辑（市场逻辑与社会逻辑），使实践中的企业社会创业经常发生使命的漂移，面临得“鱼”——经济绩效，还是得“熊掌”——社会绩效的双重困境①。在何种条件下社会创业倾向于得“鱼”？在何种条件下社会创业倾向于得“熊掌”？又在何种条件下社会创业能实现“鱼与熊掌的兼得”？这些都成为我们亟待解决的现实难题。值得注意的是，近年来，学界给予社会创业很大的注意力，开展了大量研究。但是现有研究大多集中于社会创业者（Nga and Shamuganathan，2010；Lortie et al.，2017；Hockerts，2017）、社会创业的过程（Desa and Basu，2013；Bacq et al.，2018；Weidner et al.，2019）和社会创新、社会影响（Cherrier et al.，2018）等议题，研究对象也大多集中于非营利组织这一特殊主体（Short et al.，2009；Defourny and Nyssens，2010；Lepoutre et al.，2013；Kuratko et al.，2017），而对企业的社会创业关注较少（Dianne et al.，2012；姜忠辉和徐臻，2019），鲜有探究社会创业中的使命漂移问题（Ramus et al.，2018）及由此而产生的得“鱼”与得“熊掌”困境对企业成长的影响。此外，现有关于社会创业的研究大多是理论性分析、质性研究或案例分析，大样本统计实证类研究严重匮乏（Dwivedi and Weerawardena，2018）。为此，本文以社会创业导向这一社会创业核心构念为中心（盛南和王重鸣，2008；盛南，2009；Dwivedi and Weerawardena，2018），基于使命漂移视角探究社会创业导向与企业成长的关系，在有效弥补现有研究不足的同时，还能为企业实施社会创业导向战略提供启示，因而具有重要的理论意义和实践价值。

二、理论基础与研究假设

（一）创业、经济创业与社会创业

创业是创业者通过发现和识别商业机会，在资源匮乏的情况下组织各种资源，提供产品和服务，以创造价值的过程（斯晓夫等，2016）。创业具有多种形式，如公司内部创业、家族创业、国际创业、战略创业、精益创业、社会创业等。虽然创业形式不同，但从内涵来说，基本可以从

① 本文中我们用“鱼”表示经济绩效，用“熊掌”表示社会绩效，当然也可用“鱼”表示社会绩效，用“熊掌”表示经济绩效，这只是一种指代，并不影响研究的进行。

经济创业和社会创业对各种创业进行划分。经济创业是创业者通过创造与把握机会，创立自己的事业，提供产品与服务，以创造经济价值的过程，它以经济绩效为中心。一般我们谈及的创业，如公司创业、国际创业等都属于经济创业的范畴①。

当前对社会创业的研究还处于初始阶段，其定义较为混乱，但总体上可以从广义和狭义上对社会创业进行界定（Austin et al.，2006；Short et al.，2009；Lepoutre et al.，2013）。狭义上，社会创业是非营利组织采用市场化的方法来实现社会创新的过程。这种定义将社会创业局限于非营利组织这一特定的组织形式，注重社会创业的“形式”而忽视其“结果”，认为只有非营利组织（或社会企业）的创业活动才属于社会创业，限制了社会创业的应用范围与场景，因而具有较大的局限性。广义上，社会创业在具有社会性的能够同时实现社会价值和经济利益的创业活动，社会创业的主体既可以是企业，也可以是非营利组织及政府组织等各种组织或混合性组织（Austin et al.，2006；Bhatt et al.，2019；姜忠辉和徐臻，2019；严中华，2008）。该定义注重社会创业的性质和结果，即社会性属性和双重价值，而不苛求其组织形式，因而具有更强的适应性。Dacin 等（2010）、Dacin 等（2011）、Santos（2012）等学者认为社会创业可以作为各种创业运行的情景因素，对社会创业的理解应更注重其结果。基于现有研究，本文认为，社会创业是嵌入社会目标的创业活动，它能同时实现社会价值和经济利益，对社会创业的定义应注重“结果”导向，而不是限于某种具体的组织形式，要将社会创业作为企业创业战略的一种“方法”“思维”“导向”，运用到企业的各种创业活动中。所以，本文的社会创业是广义上的社会创业。

与经济创业以经济绩效为中心不同，社会价值和经济价值的创造这一双重目标是社会创业的核心特征（Zahra et al.，2016；Sengupta and Sahay，2017；Doherty et al.，2014；Pache and Santos，2013）。所以经济创业和社会创业的制度逻辑具有显著的差异，经济创业以市场逻辑为核心，而社会创业则具有双重制度逻辑，即市场逻辑和社会逻辑，且这两种逻辑之间经常发生制度逻辑的冲突与融合。从创业的结果来看，经济创业能促进经济的发展，但也可能由于企业伦理道德的缺失，而造成环境污染、贫富差距扩大等一系列社会问题。社会创业则是以创业活动为纽带的经济与社会协调发展的创业形式。值得注意的是，经济创业和社会创业并不是截然分开的，而是相互联系、相互作用的。经济创业纳入更多的社会性考量，则经济创业会演变为社会创业；而社会创业分离掉社会目标，社会创业则会滑落到经济创业的轨道上。在“以经济建设为中心”的时代背景下，经济创业是主流的创业形式；而随着“人们对美好生活需要”的凸显，在新时代将经济性和社会性相衔接的社会创业会变得越来越重要（见表1）。

表1　经济创业与社会创业

<table>
<tr><td colspan="2">创业</td></tr>
<tr><td colspan="2">经济创业←→社会创业</td></tr>
<tr><td>经济绩效</td><td>经济绩效+社会绩效</td></tr>
<tr><td>市场逻辑</td><td>市场逻辑+社会逻辑</td></tr>
<tr><td>经济发展，但也可能带来环境污染等一系列社会问题</td><td>经济与社会的和谐发展</td></tr>
</table>

（二）从创业导向到社会创业导向

针对社会创业定量研究不足和发展缓慢的缺陷，学者们开始构建社会创业导向的构念以促进

① 通过我们所说的创业，在不特指的情况下，一般都是经济型创业，也可称为商业创业。

社会创业的定量研究（盛南和王重鸣，2008；盛南，2009；Dwivedi and Weerawardena，2018）。社会创业导向被认为是反映社会创业核心内涵的构念，其来源于创业导向。创业导向作为公司创业研究领域的核心概念，指在公司内提倡创新、变革与风险承担的倾向，反映了企业从事创业活动的强度或倾向（Covin and Slevin，1991），因而创业导向在很大程度上被视为一种体现企业创业行为特征的构思，它能引导企业创业实践。

创业作为推动经济发展的重要力量已得到人们的广泛认同，但以往研究主要集中于经济价值上，因而创业导向缺乏社会性考量。当前，创业已成为推动社会进步、促进社会变革、解决社会问题的重要工具，因而从创业导向演进到社会创业导向成为必然。盛南（2009）认为社会创业导向是企业如何开展社会型创业的构思，反映了社会利益和经济利益在企业中的整合策略，体现了企业社会型创业的关键要素和特征。胡杨成和郭晓虹（2014）认为社会创业导向是个体或组织为了持续创造社会价值而致力于创造性地整合和利用资源来识别新进入机会、采取新进入行动的过程。Dwivedi 和 Weerawardena（2018）指出，首先，社会创业导向不代表个人特征或个性，如对工作的激情、进取心、胆量或坚韧。相反，社会创业导向表示的是一种行为倾向。其次，社会创业导向既不反映创业意图，也不反映认知与信念。它不是解释创业者行为方式原因的激励性变量，而是创业行为"如何"的反映。社会创业导向不是创业行动的结果，而是企业的一种战略姿态，它是社会创业结果的前因变量。最后，社会创业导向注重企业创业活动的社会性。基于学者们的初始性研究，本文认为社会创业导向是企业进行社会性创业的倾向和战略姿态，反映了企业创业活动中注重整合经济利益和社会利益的强度或倾向。

虽然当前有关社会创业导向的研究还很少（相关研究主要集中于社会创业导向量表的构建阶段）（盛南，2009；Kraus et al.，2017；Dwivedi and Weerawardena，2018），但社会创业导向的出现不仅为那些希望开展社会创业的企业指明了方向，而且使社会创业领域的定量研究成为可能。

（三）社会创业导向与企业成长

由于社会创业既要注重社会价值又要重视经济绩效（Santos et al.，2015；Ramus and Vaccaro，2014），所以从社会创业视角研究企业成长问题，需要同时关注企业的社会绩效和经济绩效。基于现有研究，本文也采用社会绩效和经济绩效来反映社会创业视角下的企业成长问题。

那么，社会创业导向能促进企业的成长吗？现有对社会创业导向与企业成长关系的研究大多处于分裂状态。一部分研究者将传统创业理论运用到社会创业领域，探究创业导向、市场导向等对社会企业的成长问题。Cheah 等（2018）研究指出，创业导向对社会企业的经济绩效具有积极影响，但对社会绩效无影响；而组织显著性对社会绩效具有积极影响而对经济绩效无影响。Liu 等（2014）的研究发现创业导向对社会企业的经济绩效和社会绩效都具有积极的影响。由于社会创业不同于传统创业，因而将传统创业理论（如创业导向）移植到社会创业领域具有很大的局限性。针对这一不足，近年来，学者们开始构建社会创业导向构念，从社会创业导向视角研究社会企业的成长问题。胡杨成和徐敏辉（2014）以 107 份非营利组织为样本，研究了在动态环境下，社会创业导向与非营利组织绩效间的关系，社会创业导向对非营利组织的财务绩效及组织使命具有积极的影响。Dwivedi 和 Weerawardena（2018）基于 507 份非营利组织的问卷研究了社会创业导向与社会创新的关系，研究发现社会创业导向对产品创新和服务创新都具有显著的正向影响。

通过对现有社会创业导向与企业成长关系的分析可见，现有研究存在两点不足：①从传统创业视角研究社会企业的成长问题，而忽视了社会创业的独特性；②从社会创业导向视角研究社会企业成长问题，将社会创业导向限定于社会企业中，而忽视了社会创业导向对其他企业成长的影响，限制了社会创业导向的运用范围。本文主要解决第二点不足，即探讨社会创业导向对企业的影响。那么，社会创业导向能否促进企业的成长？这值得我们关注。

（四）社会创业的双重制度逻辑与使命漂移

尽管社会创业的目标是创造社会绩效和经济绩效，但由于社会创业经常涉及分歧的组织安排（Canales，2013）与价值观（Besharov，2014）及多元化的利益相关者（Pache and Santos，2013；Tracey and Phillips，2007；Cherrier et al.，2018），而这些利益相关者拥有不同的社会导向，他们既可能以社会绩效为中心，也可能以经济利益为中心（Ashforth and Reingen，2014；Smith et al.，2013；Zhang and Swanson，2014）。因此，社会企业经常面临着采用流程、管理及创新相组合的风险，这可能导致社会绩效与经济绩效优先次序的失衡（Ramus and Vaccaro，2014）。

社会创业的双重目标属性在制度层面的反映则是双重制度逻辑。制度逻辑下的社会创业主要表现为社会创业的市场逻辑和社会逻辑之间的冲突与融合，而这在绩效上的反映则是经济绩效与社会绩效的失衡。经济绩效和社会绩效的失衡进一步地又体现出企业社会创业的使命漂移，也即企业选择得“鱼”还是得“熊掌”的双重困境。

近年来，社会创业的使命漂移问题开始受到学者们的关注。金仁旻和刘志阳（2016）将社会企业分为价值一体式和价值分离式两种，并从公司治理的角度探讨了如何构建相匹配的治理模式，防止使命的漂移。Ramus 和 Vaccaro（2014）则从利益相关者参与治理的角度探究了社会创业的使命漂移。研究发现带有社会会计（social accounting）的利益相关者管理可以很好地平衡企业的经济绩效和社会价值。需要指出的是，现有关于社会创业使命漂移的研究较少：①现有研究主要集中于理论上的分析，相关实证研究甚少；②对社会创业使命漂移的研究大多集中于社会企业，而鲜有对社会创业活动使命漂移的相关研究；③学者们主要集中于企业为了经济利润而抛弃其社会目标这一形式（Ramus et al.，2018；肖红军和阳镇，2018），而忽略了企业为了实现积极的社会影响而不计经济性这一使命漂移形式。值得注意的是，社会创业需要同时重视社会绩效和经济绩效，注重一方而忽略另一方都不利于企业的成长。

社会创业者拥有社会导向，同时也追逐利润，所以社会创业者可能追求社会目标，也能是经济目标，或两者兼而有之（Rey-Marti，2016）。具体来说，由于社会创业具有他人导向的特征（Pan et al.，2019），所以在实施的过程中可能会出现社会逻辑占主导的情况，使企业的社会创业偏爱社会影响而不计经济成本。对于这种使命漂移形式本文称为偏社会绩效型使命漂移（S 型使命漂移）；而又由于创业活动具有天然追求经济利润的特质与创业者“经济人”的本性及各种内外部的财务及生存压力，使社会创业在实施过程中也极易出现市场逻辑占主导的情况，从而使企业的社会创业只注重经济绩效而忽视社会绩效，对于这种使命漂移形式本文称为偏经济绩效型使命漂移（E 型使命漂移）。如图 1 所示，由于“社会绩效=经济绩效”这一理想形式在现实中很难达到，所以实践中企业基本落于Ⅰ、Ⅱ、Ⅲ和Ⅳ区域，对于Ⅱ和Ⅲ区域本文称为近似合理区域，落于这两个区域的社会创业企业称为合理性使命漂移，即该种使命漂移是不可避免的、合理的、可以接受的。而落于Ⅰ和Ⅳ区域的社会创业，由于社会绩效和经济绩效出现较大偏差，进而出现严重的使命漂移，本文称为 S 型使命漂移或 E 型使命漂移。

那么，在何种条件下，企业的社会创业能实现社会绩效和经济绩效的平衡，同时获得“鱼与熊掌”，即落于Ⅱ和Ⅲ区域？在何种条件下，企业的社会创业会出现 S 型使命漂移（落于Ⅰ区域）？又在何种条件下，企业的社会创业会出现 E 型使命漂移（落于Ⅳ区域）？不可否认的是，在组织层面打开双重制度逻辑之间在同一组织场域相互冲突难以兼容的“黑箱”，同时探索社会创业双重制度逻辑之间可能存在的兼容效应成为社会创业使命漂移研究亟待解决的重大课题（见图 1）。

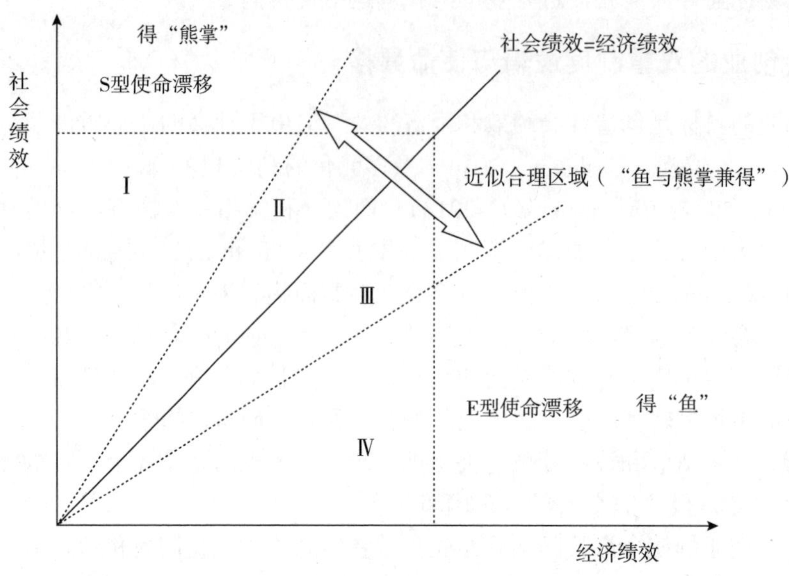

图1 社会创业的使命漂移

（五）社会创业导向与企业的经济绩效和社会绩效

社会价值和经济价值的创造这一双重目标是社会创业的核心特征（Zahra et al.，2016；Sengupta and Sahay，2017；Doherty et al.，2014；Pache and Santos，2013），所以从社会创业视角研究企业成长问题需要同时关注企业的社会绩效和经济绩效。那么，企业的社会创业导向是否能获得经济绩效和社会绩效，实现“鱼与熊掌的兼得”呢？

由于社会创业具有内在追逐双元绩效的特征①，所以从理论上来说，社会创业导向能促进双元绩效的实现，但是这一观点却少有实证上的支持（Powell et al.，2019）。社会创业导向作为反映社会创业核心内涵的构念（盛南和王重鸣，2008；盛南，2009；Dwivedi and Weerawardena，2018），近年来，已有学者开始探究其对组织社会绩效和财务绩效的影响。如胡杨成和郭晓虹（2014）、胡杨成和徐敏辉（2014）以非营利组织为研究对象，探究了社会创业导向对组织社会绩效和财务绩效的影响，研究发现社会创业导向能同时提高非营利组织的社会绩效和财务绩效。李华晶等（2015）与Hu和Pang（2013）分别以企业和非营利组织为对象，研究了社会创业导向与企业绩效的影响，研究发现社会创业导向对企业绩效具有积极的影响。通过现有研究的分析，本文发现现有研究存在两点不足：其一，对社会创业导向与社会绩效和经济绩效关系的研究，基本集中于非营利组织中，缺少企业组织背景的探讨。由于企业（商业组织）比非营利组织面临着更为复杂的环境，所以企业的社会创业导向能否促进经济绩效和社会绩效，实现“鱼与熊掌的兼得”呢？这一问题亟待解答。其二，虽有个别研究者以企业为研究对象探究了社会创业导向对企业绩效的影响（如李华晶等，2015），但是其研究重点放在了社会创业导向对财务绩效的作用上，而忽视了社会创业导向对社会绩效和经济绩效这一双元绩效的影响，因而未能回答社会创业导向能否促进企业双元绩效获得的问题。基于社会创业具有天然追求社会绩效和经济绩效的内核特

① 社会创业=社会+创业，社会代表社会性，即关注社会价值的创造；而创业则代表市场性，即通过市场化逻辑获得经济利润。所以社会创业是社会逻辑与市场逻辑的融合，具有内在追逐社会绩效和经济绩效的内涵与特质。严重偏离一方而忽略另一方都不能称为社会创业。忽略社会性而只注重市场性，则社会创业会演变成传统的经济创业。忽略市场性而只注重社会性，社会创业则会滑落到传统公益服务上，失去“造血”能力和可持续性。

征，本文认为单方面的社会创业导向对企业的经济绩效和社会绩效具有积极影响，其能实现“鱼与熊掌的兼得”。为此，提出如下假设：

H1-1：社会创业导向对企业的社会绩效具有积极影响。

H1-2：社会创业导向对企业的经济绩效具有积极影响。

（六）环境动态性和外部利益相关者压力的作用

企业外部环境是其赖以生存的条件，环境的变化会影响企业战略与经营决策的制定。动态环境下，如何适应变化的环境以实现持续成长已成为企业首要的任务。当前有关社会创业与环境动态性的研究集中于探究社会创业如何改变动荡的社会环境（Haugh and Talwar，2016），而有关环境动态性对社会创业及企业成长影响的关注较少（胡杨成和徐敏辉，2014；Ge et al.，2019）。动态环境下，企业的社会创业导向更倾向于得“鱼”还是得“熊掌”？抑或能实现“鱼与熊掌的兼得”，从而促进企业的成长？这些问题值得我们进行深入探究。

双重制度逻辑使社会创业经常面临社会和经济活动间的张力（Pache and Santos，2013；Santos et al.，2015；Rey-Marti et al.，2016；Ramus et al.，2018；Cherrier et al.，2018），而这种张力在环境动态性作用下会进一步被强化与放大（Almandoz，2012；Ramus et al.，2018），使社会创业的市场逻辑占主导，而偏移最初的社会性动机，出现组织行为与其承诺不一致的退耦行为，造成企业偏爱“鱼”而丢弃“熊掌”的E型使命漂移。Ramus等（2018）认为动态环境下社会创业会更为关注经济利益，而忽视社会影响。胡杨成和徐敏辉（2014）的研究发现，在相对稳定的环境下，社会创业导向对社会绩效具有显著正向效应，但在动态环境下社会创业导向对社会绩效无显著影响。由此可见，动态环境下，企业面临着更大的生存压力，为了实现可持续性，企业的首要目标是获得利润，因而在此情景下社会创业的经济性要求会战胜社会性，从而出现社会创业双重制度逻辑的冲突，造成组织承诺与实际行动的不一致，表现出偏经济绩效的E型使命漂移。与之相反，假如企业处于稳定的环境中，由于无外界压力，企业会处于一种较为安然、舒适的状态，从而有更多的精力用于创造社会影响，企业能较为坦然地处理经济效益和社会效益间的关系，进而实现“鱼与熊掌的兼得”。所以，与稳定环境相比，动态环境下，社会创业导向首先关注经济绩效而不是社会绩效，为此，提出如下假设：

H2：动态环境下，市场逻辑会占据主导地位，进而使社会创业导向表现出重经济绩效而忽视社会绩效的E型使命漂移。

企业总是嵌入在内部与外部利益相关者的关系中，利益相关者是任何影响组织或受组织影响的群体、组织或个人（Jones，1995）。依赖于自身的权利和合法性，利益相关者为了自己或社会利益可以对企业施加压力（Lee，2011），而为了获得利益相关者持久的支持，企业需要及时回应和应对来自利益相关者的合法要求及压力。利益相关者压力可以分为内部压力和外部压力，内部压力主要是来自企业员工、股东等方面的压力，而外部压力则主要是来自顾客、媒体、合作伙伴、竞争对手及政府等方面的压力。本文所研究的主要是外部利益相关者压力对企业社会创业决策的影响。

资源依赖理论认为组织需要依靠外部环境以获得所需资源（Casciaro and Piskorski，2005），尤其对企业的创业活动来说，如何更为有效地获得创业资源对企业创业结果具有重要影响。不可否认的是，外部利益相关者为企业社会创业提供了资源上的支持，但同时，企业的社会创业也会受到外部利益相关者的重要影响。现有许多研究都指出，利益相关者压力会触发企业的社会责任行为（Vazquez-Brust et al.，2010；Egri and Yu，2012；贾兴平等，2016；廖中举，2016），使企业在经营活动中承担更多的社会责任，以博得外界对企业的“好感”。而那些忽略利益相关者压力的企业则会遭受利益相关者的批评甚至制裁，进而面临失去组织合法性的危险（Lee，2011；

Glover et al., 2014; Xiao et al., 2018)。因此，为了获得外部的支持与认可及合法性，企业的社会创业可能会造成社会逻辑占主导，而忽略市场逻辑的情况。基于此，本文认为，在外部利益相关者压力下，为了获得外界的支持与认可，企业的社会创业会承担额外的社会责任。这会造成社会逻辑与市场逻辑的冲突，使企业社会创业姿态呈现出偏好“熊掌”而丢弃“鱼”的S型使命漂移。相反，倘若企业所处外部利益相关者的压力较小，则企业的社会创业无须承担额外的社会责任，这使企业能较为坦然地处理经济效益和社会效益间的关系，进而实现“鱼与熊掌的兼得”。为此，提出如下假设：

H3：外部利益相关者压力下，社会逻辑会占据主导地位，进而使社会创业导向表现出重社会绩效而忽视经济绩效的S型使命漂移。

（七）组织资源冗余的作用

在上面两个假设中我们分析了在环境动态性和外部利益相关者压力的作用下，企业的社会创业会出现市场逻辑和社会逻辑的冲突，进而面临得“鱼”还是得“熊掌”的使命漂移困境。那么在何种情况下，社会创业能实现“鱼与熊掌的兼得”从而促进企业成长呢？这成为我们不得不解决的现实难题。

冗余资源又称为资源冗余，指企业拥有超过企业产出所需数量的资源（Nohria and Gulati, 1996；Sharfman et al., 1988），是企业内过剩的、闲置的资源。这些潜在资源能够为实现企业目标而转移或重新配置，为企业在激烈市场竞争中提供思考和获利的空间（Lawson, 2001）。冗余资源对企业创业的重要作用受到学者们的广泛关注，学者们认为组织冗余资源是企业极具潜力的战略价值资源，能够为企业创业提供资源支持和信心的保障（赵兴庐等，2017），但现有研究对冗余资源在企业社会创业中的作用却关注甚少。组织资源冗余在企业的社会创业中扮演何种角色呢？这值得我们关注。

Nohria 和 Gulati（1996）指出，冗余资源带来了宽松的管理控制，使企业能够尝试新战略，从事创新性项目，从而缓冲环境变化带来的冲击。Greenley 和 Oktemgil（1998）、Gentry 等（2016）认为冗余资源使企业能够适应环境变化，为企业制定战略以寻求机会提供灵活性的手段。戈亚群等（2018）认为冗余资源能够帮助企业适应内外部压力，快速响应战略上的调整和变革。通过学者们的研究可以发现，组织资源冗余使企业在面临突发事件时能具有较大的弹性，能对企业战略目标提供资源上的支持，从而使组织的前后目标相一致，而不至于漂移。所以，当企业外部环境发生变化从而使社会创业导向面临资源上的压力进而出现市场逻辑和社会逻辑的冲突，陷入得“鱼”还是得“熊掌”的困境时，冗余资源能够起到很好的缓冲作用，降低不同制度逻辑在资源争夺上的张力，使企业能及时有效地调度可用资源用于经济和社会目标的实现，从而实现经济绩效和社会绩效的平衡。故组织资源冗余可以有效缓解社会创业导向在双重制度逻辑上的资源压力，促进市场逻辑和社会逻辑的融合，实现“鱼与熊掌的兼得”。与之相反，倘若企业的冗余资源较少，当社会创业导向面临突发事件时，由于缺少资源上的支持，企业社会创业导向的双重制度逻辑则会争夺有限的资源，从而使企业陷入得“鱼”还是得“熊掌”的双重困境，面临使命漂移的危险。为此，提出如下假设：

H4：组织资源冗余下，市场逻辑和社会逻辑能够实现融合，进而使社会创业导向能够实现社会绩效和经济绩效。

综上所述，本文构建了社会创业导向与企业成长的机制模型，如图2所示。

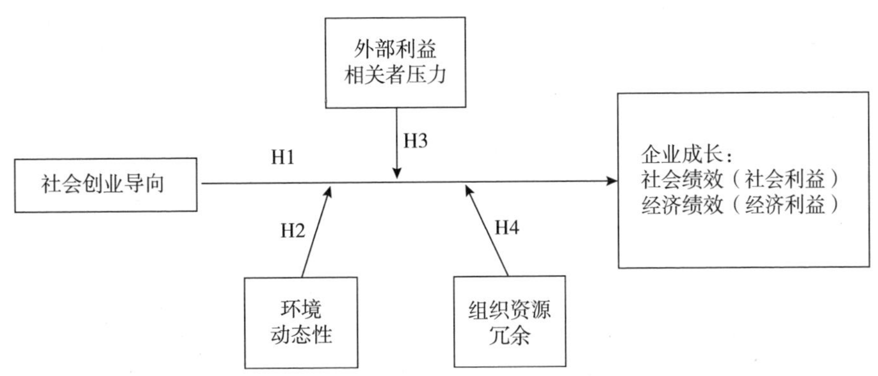

图2　社会创业导向与企业成长机制模型

三、研究设计

（一）研究样本与数据收集

本文样本数据来自2018年6月至2018年10月对我国7个地区随机抽取的450家企业的问卷调查。为了获得代表性的数据，因而在行业选择上，我们选择社会创业趋向较为明显的四个行业：农业、金融（小微金融）、教育企业及公共服务/社会服务。

调研问卷主要采取电子问卷和委托发放的形式。问卷主要由熟悉企业运营情况的负责人填写，这保证了问卷数据能够有效反映企业的真实情况。最终回收的样本企业数量是223家，其中有效问卷187份，有效回收率为41.6%。在回收的187家企业问卷中，东北地区有40家，占比21.4%；华中地区65家，占比34.8%；华东地区82家，占比43.9%。从所有制形式来看，民营企业62家，占比33.2%；外资（合资）企业58家，占比31.0%；国有及控股企业67家，占比35.8%。样本的基本特征如表2所示，由表2可知，研究样本涉及不同的行业类型、企业规模及年限，这些都有效保证了研究数据的丰富性。

表2　研究样本的结构性特征

	样本特征	样本数	百分比（%）		样本特征	样本数	百分比（%）
区域分布	东北地区	40	21.4	企业性质	民营	62	33.2
	华中地区	65	34.8		外资/合资	58	31.0
	华东地区	82	43.9		国有及控股	67	35.8
企业年龄	5年以下	10	5.3	企业规模	100人以下	41	21.9
	6~10年	19	10.2		101~500人	51	27.3
	11年以上	158	54.5		501~1000人	33	17.6
					1001人以上	62	33.2

续表

	样本特征	样本数	百分比（%）		样本特征	样本数	百分比（%）
行业类型	农业	59	31.6				
	金融	33	17.6				
	社会服务	32	17.1				
	教育	63	33.7				

（二）变量测量

（1）自变量。当前社会创业导向定量研究甚少，本文在社会创业导向的测量上主要参考盛南和王重鸣（2008）、盛南（2009）及李华晶等（2015）的做法，将社会创业导向分为资源拓展、社会引领和互惠协同三个维度，每个维度用四个条目进行测量。

（2）因变量。从社会创业视角研究企业成长问题需要同时关注企业的社会绩效和经济绩效。为此，基于学者们的研究，本文从社会绩效和经济绩效两个角度衡量企业成长。对社会绩效和经济绩效的测量，本文使用 Liu 等（2014）、Cheah 等（2019）及 Bhattarai 等（2019）的测量方式，其中经济绩效从利润、销售收入、市场占有率及资产回报率四个方面进行测量；对社会绩效的测量从获得较好的企业声誉与信誉、提供更为社会性或环境友好的产品与服务、组织活动中贯彻社会战略三个方面进行衡量。

（3）调节变量。对外部利益相关者压力的测量主要参考 Garcés-Ayerbe 等（2012）、Wing-Hung 等（2010）的研究，从顾客、竞争者、合作伙伴、政府和媒体五个方面对与企业经营活动密切相关的外部利益相关者压力进行测量，包括政府要求企业更为关注社会影响等五个题项。对环境动态性的测量，本文使用陈国权和王晓辉（2012）等的测量方式，并在此基础上进行适当调整，共计五个条目对环境动态性进行测量。对组织资源冗余的测量，本文参考 Tan 和 Peng（2003）与 George（2005）的研究，用五个条目对冗余资源进行测量。

（4）控制变量。为了使研究结果更具有适应性，本文将企业年龄、企业规模和行业类型作为控制变量，以排除它们对研究结果的影响。除控制变量外，对自变量、因变量和调节变量的测量，本文皆使用 Likert 7 级量表，从“1”完全不同意到“7”完全同意。

四、实证分析与假设检验

（一）同源偏差与应答偏差检验

对可能存在的同源偏差问题，本文使用 Harman 单因子检验的方法进行检验，将问卷的所有条目放在一起做因子分析，在未旋转时得到的第一个主成分占载荷量的 19.207%，可见并未占到多数，故本文存在的同源偏差问题并不严重，因而不影响研究的进行。对应答偏差的问题，本文采用独立样本 T 检验的方法进行检验，将问卷按时间前后分成两个部分（前 25%问卷为第一部分，最后 25%问卷为第二部分），通过研究发现，两部分的企业年龄、企业规模和行业类型在 90%置信区间上并无显著性差异，因而可以认为本文不存在应答偏差的问题，可以进行下一步的研究。

（二）信度与效度检验

对信度和效度，本文使用 SPSS 19.0 和 AMOS 17.0 软件进行检验。关于信度，本文使用 Cronbach's α 和组合信度（CR）进行衡量。通过分析发现，社会创业导向、环境动态性、组织资源冗余、外部利益相关者压力、经济绩效和社会绩效的 Cronbach's α 分别为 0.836、0.829、0.850、0.922、0.786 和 0.809，相应的 CR 分别为 0.789、0.830、0.849、0.921、0.788 和 0.823，由此可见变量的内部一致性和可靠性较好，说明潜变量的测度在信度上满足要求（见表 3）。

表 3 信度与聚合效度分析结果

变量	题项	标准因子载荷	α 值	KMO 和 Bartlett	CR	AVE	累积方差解释
社会创业导向（SEO）	SEO11	0.68	0.836	0.812 814.439 （df=66，p<0.000）	0.789	0.561	61.37%
	SEO12	0.68					
	SEO13	0.58					
	SEO14	0.68					
	SEO21	0.67					
	SEO22	0.68					
	SEO23	0.88					
	SEO24	0.83					
	SEO31	0.62					
	SEO32	0.53					
	SEO33	0.62					
	SEO34	0.74					
环境动态性（DE）	DE1	0.6	0.829	0.812 344.733 （df=10，p<0.000）	0.830	0.510	60.140%
	DE2	0.62					
	DE3	0.75					
	DE4	0.83					
	DE5	0.73					
组织资源冗余（SR）	SR1	0.64	0.850	0.776 425.37 （df=10，p<0.000）	0.849	0.536	63.033%
	SR2	0.62					
	SR3	0.62					
	SR4	0.83					
	SR5	0.90					
外部利益相关者压力（ESP）	ESP1	0.77	0.922	0.728 847.608 （df=10，p<0.000）	0.921	0.702	76.449%
	ESP2	0.77					
	SEP3	0.95					
	ESP4	0.91					
	ESP5	0.77					
经济绩效（FP）	FP1	0.59	0.786	0.771 205.609 （df=6，p<0.000）	0.788	0.480	60.960%
	FP2	0.75					
	FP3	0.75					
	FP4	0.68					
社会绩效（SP）	SP1	0.62	0.809	0.661 206.088 （df=3，p<0.000）	0.823	0.615	72.511%
	SP2	0.76					
	SP3	0.94					

在聚合效度上，本文首先使用 AMOS 17.0 软件进行检验，分析发现各变量测量题项的标准化因子载荷都在 0.5 以上；社会创业导向、环境动态性、组织资源冗余、外部利益相关者压力、经济绩效和社会绩效的 AVE 分别为 0.561、0.510、0.536、0.702、0.480 和 0.615，所以各潜变量在聚合效度上满足要求。此外，本文还进行了探索性因子分析，研究发现各变量的 KMO 检验值和 Bartlett 球形度检验均符合要求，社会创业导向、环境动态性、组织资源冗余、外部利益相关者压力、经济绩效和社会绩效的累积方差解释分别为 61.370%、60.140%、63.033%、76.499%、60.960%和 72.511%，由此可见，各潜变量具有较好的聚合效度。信度和聚合效度的检验结果具体如表 3 所示。

除聚合效度外，各变量还应具有一定的区别效度。如表 4 所示，对角线黑体数字是每一个因子解释的方差百分比的开方值，可见对角线上的数值比其所在行和列的所有相关性系数值都大，这说明所采用的变量具有较好的区别效度，可以进行下一步的研究。

表 4　相关分析与区分效度

变量	1	2	3	4	5	6	7	8	9
企业年龄	1								
企业规模	0.3***	1							
行业类型	-0.04	-0.11	1						
社会创业导向	0.1	0.12	-0.14*	**0.75**					
环境动态性	-0.02	-0.04	-0.02	0.06	**0.714**				
资源冗余	-0.1	0.05	0.06	0.12	0.64***	**0.732**			
外利益相关者压力	-0.01	-0.06	-0.12	0.17**	-0.07	-0.12*	**0.838**		
社会绩效	0.03	0.08	-0.3***	0.5***	0.104	0.02	0.07	**0.784**	
经济绩效	0.01	0.06	-0.15**	0.65***	0.02	-0.03	0.22***	0.49***	**0.693**
均值	2.79	2.62	2.53	6.11	5.27	5.36	5.87	5.62	5.87
标准差	0.52	1.16	1.25	0.35	0.97	0.99	0.68	0.94	0.65

注：对脚线加粗数字为 AVE 的平方根；*、**、*** 分别表示 0.1、0.05 和 0.01 的显著性水平。

（三）回归分析

本文采用逐个加入变量的多元线性回归的方法检验各假设，检验的具体结果如表 5 和表 6 所示。其中，M1 和 M6 是控制变量对因变量的回归结果；M2 和 M7 是对自变量（社会创业导向）的检验；M3 与 M8、M4 与 M9、M5 与 M10 分别是对调节效应的检验，为了避免多重共线性的影响，本文首先对交互项进行了去中心化处理，从各交互模型的 VIF 可知，多重共线性很小，不影响研究的进行。

表 5 和表 6 中，M2 和 M7 是对 H1-1 和 H1-2 的检验，从检验结果可知，社会创业导向对社会绩效具有显著的正向影响（β=1.23，p<0.01），同时社会创业导向也对经济绩效具有显著的正向影响（β=1.18，p<0.01），由此可见，社会创业导向对企业的社会绩效和经济绩效都具有积极效应，所以 H1-1 和 H1-2 得到验证。M3 和 M8 是对 H2 的检验，从回归结果可知，社会创业导向和环境动态性的交互项对社会绩效具有显著的负向效应（β=-0.353，p<0.1），同时，社会创业导向和环境动态性的交互项对经济绩效具有显著的正向效应（β=0.21，p<0.1），由此说

明，动态环境下，社会创业导向对企业的社会绩效具有负向影响，而对经济绩效具有积极影响。可见动态环境下，社会创业导向有利于经济绩效而不利于社会绩效，即动态环境下社会创业导向表现出重经济绩效而忽视社会绩效的E型使命漂移，故H2得到验证。M4和M9是对H3的检验，从回归结果可知，社会创业导向和外部利益相关者压力的交互项对社会绩效具有显著的正向效应（β=0.633，p<0.05），而对经济绩效的影响并不显著（β=0.05，t=0.25），由此可知，社会创业导向在外部利益相关者压力的条件下表现出对社会绩效的显著性正向影响，而对经济绩效并无影响，即外部利益相关者压力下，社会创业导向更为关注企业的社会绩效，表现出重社会绩效而忽视经济绩效的S型使命漂移，因而H3得到验证。但从社会创业导向和外部利益相关者压力的交互项对经济绩效的回归系数可知，企业社会创业的S型使命漂移并不十分严重（交互项系数并不为负）。M5和M10是对H4的检验，从回归结果可知，社会创业导向和资源冗余的交互项对社会绩效具有显著的正向影响（β=0.317，p<0.05），同时，社会创业导向和资源冗余的交互项对经济绩效也具有显著的正向影响（β=0.285，p<0.01），所以资源冗余条件下，企业社会创业的市场逻辑和社会逻辑能够实现融合，进而使社会创业导向能够实现社会绩效和经济绩效，故H4得到验证。

表5　社会绩效回归结果

变量	因变量：社会绩效				
	M1	M2	M3	M4	M5
控制变量：					
公司年龄	0.01（0.04）	-0.05（-0.4）	-0.04（-0.34）	-0.07（-0.586）	-0.3（-0.27）
公司规模	0.04（0.6）	0.01（0.157）	0.01（0.12）	0.02（0.34）	0.01（0.14）
行业类型	-0.249**（-4.72）	-2.02***（-4.33）	-0.21***（-4.41）	-0.2***（-4.3）	-0.19***（-4.2）
自变量：					
社会创业导向		1.23***（7.44）	1.2***（7.36）	1.3***（7.77）	1.32***（7.76）
调节变量：					
环境动态性			0.07（1.18）		
利益相关者压力				-0.14（-1.48）	
资源冗余					0.01（0.11）
社会创业导向×环境动态性			0.353*（-1.82）		
社会创业导向×利益相关者压力				0.633**（2.2）	
社会创业导向×资源冗余					0.317**（2.1）
R^2	0.114	0.321	0.338	0.34	0.337
调整 R^2	0.1	0.306	0.316	0.318	0.315
F	7.85***	21.48***	15.343***	15.463***	15.271***
VIF			1.00-1.12	1.04-1.26	1.04-1.13

注：*、**、***分别表示0.1、0.05和0.01的显著性水平，括号内为t值。

表6 经济绩效回归结果

变量	因变量：经济绩效				
	M6	M7	M8	M9	M10
控制变量：					
公司年龄	-0.01（-0.07）	-0.06（-0.78）	-0.06（-0.83）	-0.06（-0.8）	-0.06（-0.78）
公司规模	0.03（0.61）	0.00（-0.01）	0.002（0.06）	0.01（0.16）	0.003（0.09）
行业类型	-0.08**（-2）	-0.03（-1.08）	-0.03（-1.02）	-0.03（-0.9）	-0.2（-0.76）
自变量：					
社会创业导向		1.18***（11.4）	1.19***（11.47）	1.15***（10.88）	1.3***（12.28）
调节变量：					
环境动态性			-0.01（-0.3）		
利益相关者压力				0.09（1.522）	
资源冗余					-0.05（-1.28）
社会创业导向×环境动态性			0.21*（1.7）		
社会创业导向×利益相关者压力				0.05（0.25）	
社会创业导向×资源冗余					0.285***（3.1）
R^2	0.025	0.431	0.44	0.441	0.47
调整 R^2	0.01	0.419	0.422	0.423	0.452
F	1.571	34.467***	23.59***	23.68***	26.6***
VIF			1.00-1.23	1.04-1.26	1.04-1.13

注：*、**、*** 分别表示 0.1、0.05 和 0.01 的显著性水平，括号内为 t 值。

五、结论与启示

（一）研究结论与理论贡献

通过理论分析和实证检验，本文主要得到以下研究结论：

（1）单方面的社会创业导向有助于企业的成长。本文经研究发现，社会创业导向对企业的社会绩效和经济绩效都具有积极效应，其有助于实现“鱼与熊掌的兼得”。尽管理论上学者们认为社会创业能给企业带来经济绩效和社会绩效的提升，促进企业的成长，但这一观点很少有实证上的支持（Powell et al.，2019）。不得不承认的是，当前社会创业还处于理论构建阶段，因而有关社会创业的相关研究大多集中于理论探讨阶段，相应的实证研究，尤其是大样本统计分析类实证研究严重匮乏（Kraus et al.，2017；Dwivedi and Weerawardena，2018）。本文从社会创业导向这一社会创业核心构念出发，探究社会创业导向与企业成长的关系，得出社会创业导向有助于企业成长的结论，这不仅为理论观点提供了实证上的支持，还为社会创业定量研究指出了方向。

（2）社会创业双重制度逻辑的冲突，会使企业陷入得“鱼”还是得“熊掌”的双重困境，进而呈现出S型和E型两种使命漂移形式。在动态环境下，市场逻辑占据主导地位，企业的社会创业导向会表现出重经济绩效而忽视社会绩效的E型使命漂移；在外部利益相关者压力的作用下，社会逻辑占据主导地位，企业的社会创业导向会呈现出更为关注社会绩效的S型使命漂移；而在资源冗余的作用下，市场逻辑和社会逻辑能够实现兼容，企业的社会创业导向能够实现“鱼与熊掌的兼得”，进而有效避免使命漂移，实现企业的成长。由于双重制度逻辑的存在，使实践中的社会创业经常发生社会绩效和经济绩效间的张力，极易偏移最初的动机，从而出现组织行为与其承诺不一致的退耦行为，进而造成使命漂移，但学术界鲜有探究社会创业中的使命漂移问题（Ramus et al.，2018）及由此而产生的得“鱼”与得“熊掌”困境对企业成长的影响。值得注意的是，在组织层面打开社会创业双重制度逻辑之间在同一组织场域相互冲突与兼容的“黑箱”，探索得“鱼”还是得“熊掌”的双重使命漂移困境对企业成长影响成为当前亟待解决的重大课题。通过理论分析和实证检验，本文提出了两种使命漂移形式，并且在环境动态性或外部利益相关者压力的条件下，社会创业的市场逻辑和社会逻辑会面临冲突，进而使企业陷入得“鱼”还是得“熊掌”的双重困境。然而，社会创业的双重制度逻辑在某些条件下仍能实现融合。本文经研究发现，冗余资源可以有效降低市场逻辑和社会逻辑在资源争夺上的冲突，实现“鱼与熊掌的兼得”，从而使企业的社会创业“保持初心”，避免使命的漂移。该研究发现深化了社会创业使命漂移的相关研究，破解了社会创业双重制度逻辑间冲突与兼容的“暗箱”（具体机制如图3所示），为未来社会创业使命漂移研究提供了参照。

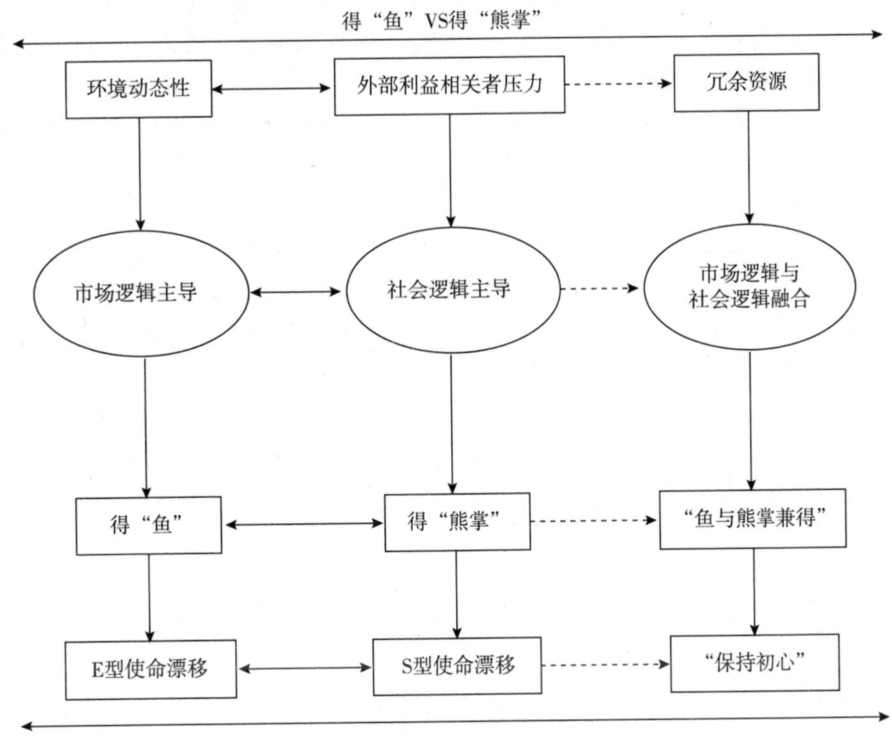

图3 社会创业双重制度逻辑的冲突与融合

（二）管理启示与未来展望

本文具有如下管理与政策性启示：首先，有利于企业思想的解放，实现从社会责任到以创业方式解决社会问题的巨大飞跃。当前我国经济社会正处于转型期，出现了一系列社会问题，如经济发展与环境污染、贫富差距拉大、老龄化问题等。面对这些社会问题，仅仅依靠政府的努力是不够的，需要更广泛企业的参与。但是，长期以来，企业对社会问题的关注仅仅停留在社会责任的角度，将社会责任简单地理解成“慈善”与“公益”，这极大地限制了企业参与社会创新的积极性。企业社会责任应该走出过去的老方式，走向通过市场化、创新的手段解决社会问题、发挥社会影响、实现社会价值的新阶段。但实践中企业经常面临“社会创业否能促进自身成长”的困惑。本文研究结果显示，社会创业导向对企业成长具有积极的作用，这一结论为企业突破固有思维束缚，积极开展社会性创业提供了有益启示。

其次，企业社会创业中要注意潜在使命漂移对其发展的不利影响，着重树立双重逻辑思维。由于企业总是处于一定的环境中，如环境动态性、外部利益相关者压力等，这使企业的社会创业经常面临双重制度逻辑的冲突，致使企业陷入得“鱼”还是得“熊掌”的双重困境进而招致使命的漂移。本文研究显示，在动态环境和外部利益相关者压力的作用下，社会创业的企业分别会出现 E 型使命漂移和 S 型使命漂移。尽管这两种使命漂移形式高低不一（与外部利益相关者压力条件下的 S 型使命漂移相比，动态环境下社会创业的 E 型使命漂移更为严重），但无论哪种使命漂移都不利于企业的持续成长。忽视经济绩效，重视社会绩效的不平衡可能会使顾客、商业合作伙伴和投资者感到不快，而这些人对企业的经济绩效和满足市场需求和盈利能力至关重要（Gras and Lumpkin，2012；Pache and Santos，2013），因此忽视经济绩效会造成创业的不可持续（Krueger et al.，2006；Zhang and Swanson，2014；Goyal et al.，2015；Powell et al.，2019）。相反，以牺牲社会影响为代价而优先经济绩效则可能破坏企业与那些支持企业社会绩效和对社会产生积极影响合作伙伴间的信任关系（Zahra et al.，2009），招致社会公众的批评，进而损害组织的合法性与信誉，从而不利于企业的成长。

因此企业在社会创业中要牢固树立双重逻辑思维，注意社会绩效和经济绩效的平衡。在这其中，如果企业能充分利用内部未被有效使用的冗余资源，则可有效降低两种制度逻辑在资源争夺上的压力，有效避免使命漂移的危险，实现“鱼与熊掌的兼得”。由此可知，企业社会创业实践中，一方面要注重树立双重逻辑思维；另一方面，要注意充分发挥组织内未被充分利用资源的作用，从而破除得“鱼”还是得“熊掌”的双重困境，避免使命漂移对企业发展的消极影响。

本文的不足之处主要体现在以下两点：第一，受数据可获得性的影响，本文的样本数量有限，应进一步扩大样本容量，从而使本文的研究结论更具有适应性；第二，在探究社会创业使命漂移问题时，本文研究了冗余资源对破解双重制度逻辑冲突的重要作用。然而，企业的资源往往是有限的，而且不同企业利用资源的能力也不尽相同，因而未来需要进一步从其他视角探究如何实现社会创业双重制度逻辑的融合问题，从而为企业实践提供更为有效的应对措施。

参考文献

［1］陈国权，王晓辉. 组织学习与组织绩效：环境动态性的调节作用［J］. 研究与发展管理，2012，24（1）：52-59.

［2］傅颖，斯晓夫，陈卉. 基于中国情境的社会创业：前沿理论与问题思考［J］. 外国经济与管理，2017，39（3）：40-50.

［3］胡杨成，郭晓虹. 社会创业导向、知识管理能力与 NPO 绩效关系研究？［J］. 技术经济，2014，33（10）：51-58.

[4] 胡杨成，徐敏辉. 社会创业导向对非营利组织绩效的影响研究——兼论环境不确定性的调节效应 [J]. 江西社会科学，2014 (1)：228-232.

[5] 贾兴平，刘益，廖勇海. 利益相关者压力、企业社会责任与企业价值 [J]. 管理学报，2016，13 (2)：267.

[6] 姜忠辉，徐臻. 企业社会创业的研究现状与展望 [J]. 中国海洋大学学报（社会科学版），2019，165 (01)：63-70.

[7] 李华晶，李永慧，贾莉等. 企业社会创业导向的绩效转化路径研究 [J]. 广州大学学报（社会科学版），2015，14 (9)：.

[8] 李永慧，李华晶，贾莉等. 环境嵌入下社会创业导向与企业绩效关系研究 [C]. 第十届中国管理学年会，2015.

[9] 栗战书. 文明激励结构分析：基于三个发展角度 [J]. 管理世界，2011 (5)：1-10.

[10] 廖中举. 利益相关压力、环境创新与企业的成长研究 [J]. 科学学与科学技术管理，2016，37 (7)：34-41.

[11] 盛南，王重鸣. 社会创业导向构思的探索性案例研究 [J]. 管理世界，2008 (8)：127-137.

[12] 盛南. 社会创业导向及其形成机制研究：组织变革的视角 [D]. 杭州：浙江大学博士学位论文，2009.

[13] 斯晓夫等. 创业管理：理论与实践 [M]. 杭州：浙江大学出版社，2016.

[14] 肖红军，阳镇. 共益企业：社会责任实践的合意性组织范式 [J]. 中国工业经济，2018 (7)：176-194.

[15] 严中华. 社会创业 [M]. 北京：清华大学出版社，2008.

[16] 弋亚群，刘怡，谷盟. 互联网情境下企业冗余资源与新产品开发的关系 [J]. 西安交通大学学报（社会科学版），2018，38 (3)：76-83.

[17] 赵兴庐，刘衡，张建琦. 冗余如何转化为公司创业？——资源拼凑和机会识别的双元式中介路径研究 [J]. 外国经济与管理，2017，39 (6)：54-67.

[18] Alvarez S A, Barney J B. Entrepreneurial opportunities and poverty alleviation [J]. Entrepreneurship Theory and Practice, 2014, 38 (1): 159-184.

[19] Ashforth B E, Reingen P H. Functions of dysfunction: Managing the dynamics of an organizational duality in a natural food cooperative [J]. Administrative Science Quarterly, 2014, 59 (3): 474-516.

[20] Austin J, Reficco E. Corporate social entrepreneurship [Z]. Harvard Business School Working Paper, 2005.

[21] Austin J, Stevenson H, Wei-Skillern J. Social and commercial entrepreneurship: Same, different, or both? [J]. Entrepreneurship Theory and Practice, 2006, 30 (1): 1-22.

[22] Bacq S, Eddleston K A. A resource-based view of social entrepreneurship: How stewardship culture benefits scale of social impact [J]. Journal of Business Ethics, 2018 (152): 589-611.

[23] Bart C K, Bontis N, Taggar S. A model of the impact of mission statements on firm performance [J]. Management Decision, 2001, 39 (1): 19-35.

[24] Battilana J, Lee M. Advancing research on hybrid organizing-insights from the study of social enterprises [J]. The Academy of Management Annals, 2014, 8 (1): 397-441.

[25] Battilana J, Sengul M, Pache A C, et al. Harnessing productive tensions in hybrid organizations: The case of work integration social enterprises [J]. Academy of Management Journal, 2015, 58 (6): 1658-1685.

[26] Besharov M L. The relational ecology of identification: How organizational identification emerges when individuals hold divergent values [J]. Academy of Management Journal, 2014, 57 (5): 1485-1512.

[27] Bhatt B, Qureshi I, Riaz S. Social entrepreneurship in non-munificent institutional environments and implications for institutional work: Insights from China [J]. Journal of Business Ethics, 2019 (154): 605-630.

[28] Bruton G, Khavul S, Siegel D, et al. New financial alternatives in seeding entrepreneurship: Microfinance, crowdfunding, and peer-to-peer innovations [J]. Entrepreneurship Theory and Practice, 2015, 39 (1): 9-26.

[29] Canales R. Weaving straw into gold: Managing organizational tensions between standardization and flexibility in microfinance [J]. Organization Science, 2013, 25 (1): 1-28.

[30] Chandra Y. A rhetoric-orientation view of social entrepreneurship [J]. Social Enterprise Journal, 2016, 12

(2): 161-200.

[31] Cherrier H, Goswami P, Ray S. Social entrepreneurship: Creating value in the context of institutional complexity [J]. Journal of Business Research, 2018, 86: 245-258.

[32] Cho S, Kim A. Relationships between entrepreneurship, community networking, and economic and social performance in social enterprises: Evidence from South Korea [J]. Human Service Organizations: Management, Leadership & Governance, 2017, 41 (4): 376-388.

[33] Coombes S M T, Morris M H, Allen J A, et al. Behavioural orientations of non-Profit boards as a factor in entrepreneurial performance: Does governance matter? [J]. Journal of Management Studies, 2011, 48 (4): 829-856.

[34] Dacin M T, Dacin P A, Tracey P. Social entrepreneurship: A critique and future directions [J]. Organization Science, 2011, 22 (5): 1203-1213.

[35] Dacin P A, Dacin M T, Matear M. Social entrepreneurship: Why we don't need a new theory and how we move forward from here [J]. Academy of Management Perspectives, 2010, 24 (3): 37-57.

[36] Datta P B, Gailey R. Empowering women through social entrepreneurship: Case study of a women's cooperative in India [J]. Entrepreneurship Theory and Practice, 2012, 36 (3): 569-587.

[37] Defourny J, Nyssens M. Conceptions of social enterprise and social entrepreneurship in Europe and the United States: Convergences and divergences [J]. Journal of Social Entrepreneurship, 2010, 1 (1): 32-53.

[38] Desa G, Basu S. Optimization or bricolage? Overcoming resource constraints in global social entrepreneurship [J]. Strategic Entrepreneurship Journal, 2013, 7 (1): 26-49.

[39] Doherty B, Haugh H, Lyon F. Social enterprises as hybrid organizations: A review and research agenda [J]. International Journal of Management Reviews, 2014, 16 (4): 417-436.

[40] Dunn M B, Jones C. Institutional logics and institutional pluralism: The contestation of care and science logics in medical education, 1967-2005 [J]. Administrative Science Quarterly, 2010, 55 (1): 114-149.

[41] Dwivedi A, Weerawardena J. Conceptualizing and operationalizing the social entrepreneurship construct [J]. Journal of Business Research, 2018 (86): 32-40.

[42] Egri C P, Yu J S. The influence of stakeholder pressures on corporate social responsibility in east asia [C]. IACMR conference, 2012.

[43] Freeman R E. Strategic management: A stakeholder approach [M]. Pitman, Boston, 1984.

[44] Friedland R, Alford R. Bringing society back in: Symbols, practices, and institutional contradictions [J]. The New Institutionalism in Organizational Analysis, 1991 (1): 232-263.

[45] Fu L, Boehe D, Orlitzky M, et al. Managing stakeholder pressures: Toward a typology of corporate social performance profiles [J]. Long Range Planning, 2019, 52 (6): 101847.

[46] Garcés-Ayerbe C, Rivera-Torres P, Murillo-Luna J L. Stakeholder pressure and environmental proactivity: Moderating effect of competitive advantage expectations [J]. Management Decision, 2012, 50 (2): 189-206.

[47] Ge J, Xu H, Pellegrini M. The effect of value co-creation on social enterprise growth: Moderating mechanism of environment dynamics [J]. Sustainability, 2019, 11 (1): 250.

[48] Gentry R, Dibrell C, Kim J. Long-term orientation in publicly traded family businesses: Evidence of a dominant logic [J]. Entrepreneurship Theory and Practice, 2016, 40 (4): 733-757.

[49] Glover J L, Champion D, Daniels K J, et al. An institutional theory perspective on sustainable practices across the dairy supply chain [J]. International Journal of Production Economics, 2014 (152): 102-111.

[50] Goyal S, Sergi B S. Social entrepreneurship and sustainability-Understanding the context and key characteristics [J]. Journal of Security & Sustainability Issues, 2015, 4 (3): 269-278.

[51] Gras D, Lumpkin G T. Strategic foci in social and commercial entrepreneurship: A comparative analysis [J]. Journal of Social Entrepreneurship, 2012, 3 (1): 6-23.

[52] Greenley G E, Oktemgil M. A comparison of slack resources in high and low performing British companies [J]. Journal of Management Studies, 1998, 35 (3): 377-398.

[53] Haugh H M, Talwar A. Linking social entrepreneurship and social change: The mediating role of empowerment

[J]. Journal of Business Ethics, 2016, 133 (4): 643-658.

[54] Hockerts K. Determinants of social entrepreneurial intentions [J]. Entrepreneurship Theory and Practice, 2017, 41 (1): 105-130.

[55] Jones T M. Instrumentalstakeholder theory: A synthesis of ethics and economics [J]. Academy of Management Review, 1995, 20 (2): 404-437.

[56] Kroeger A, Weber C. Developing a conceptual framework for comparing social value creation [J]. Academy of Management Review, 2014, 39 (4): 513-540.

[57] Kuratko D F, McMullen J S, Hornsby J S, et al. Is your organization conducive to the continuous creation of social value? Toward a social corporate entrepreneurship scale [J]. Business Horizons, 2017, 60 (3): 271-283.

[58] Lawson M B. In praise of slack: Time is of the essence [J]. Academy of Management Perspectives, 2001, 15 (3): 125-135.

[59] Lee M D P. Configuration of external influences: The combined effects of institutions and stakeholders on corporate social responsibility strategies [J]. Journal of Business Ethics, 2011, 102 (2): 281-298.

[60] Lepoutre J, Justo R, Terjesen S, et al. Designing a global standardized methodology for measuring social entrepreneurship activity: The Global Entrepreneurship Monitor social entrepreneurship study [J]. Small Business Economics, 2013, 40 (3): 693-714.

[61] Lortie J, Castrogiovanni G J, Cox K C. Gender, social salience, and social performance: How women pursue and perform in social ventures [J]. Entrepreneurship & Regional Development, 2017, 29 (1-2): 155-173.

[62] Miller T L, Grimes M G, McMullen J S, et al. Venturing for others with heart and head: How compassion encourages social entrepreneurship [J]. Academy of Management Review, 2012, 37 (4): 616-640.

[63] Nga J K H, Shamuganathan G. The influence of personality traits and demographic factors on social entrepreneurship start up intentions [J]. Journal of Business Ethics, 2010, 95 (2): 259-282.

[64] Nohria N, Gulati R. Is slack good or bad for innovation? [J]. Academy of management Journal, 1996, 39 (5): 1245-1264.

[65] Pache A C, Santos F. Inside the hybrid organization: Selective coupling as a response to competing institutional logics [J]. Academy of Management Journal, 2013, 56 (4): 972-1001.

[66] Pan N D, Gruber M, Binder J. Painting with all the colors: The value of social identity theory for understanding social entrepreneurship [J]. Academy of Management Review, 2019, 44 (1): 213-215.

[67] Perez-Batres L A, Doh, Jonathan P, Miller, Van V, et al. Stakeholderpressures as determinants of CSR strategic choice: Why do firms choose symbolic versus substantive self-regulatory codes of conduct? [J]. Journal of Business Ethics, 2012, 110 (2): 157-172.

[68] Powell M, Gillett A, Doherty B. Sustainability in social enterprise: Hybrid organizing in public services [J]. Public Management Review, 2019, 21 (2): 159-186.

[69] Puumalainen K, Sjögrén H, Syrjä P, et al. Comparing social entrepreneurship across nations: An exploratory study of institutional effects [J]. Canadian Journal of Administrative Sciences, 2015, 32 (4): 276-287.

[70] Ramus T, La Cara B, Vaccaro A, et al. Social or commercial? Innovation strategies in social enterprises at times of turbulence [J]. Business Ethics Quarterly, 2018, 28 (4): 463-492.

[71] Rey-Martí A, Ribeiroşoriano D, Daniel PalaciosMarqués. A bibliometric analysis of social entrepreneurship [J]. Journal of Business Research, 2016, 69 (5): 1651-1655.

[72] Santos F M. Social Entrepreneurship in Theory and Practice—A Positive Theory of Social Entrepreneurship [J]. Journal of Business Ethics, 2012, 111 (3): 335-351.

[73] Santos F, Pache A C, Birkholz C. Making hybrids work: Aligning business models and organizational design for social enterprises [J]. California Management Review, 2015, 57 (3): 36-58.

[74] Sengupta S, Sahay A. Social entrepreneurship research in Asia-Pacific: Perspectives and opportunities [J]. Social Enterprise Journal, 2017, 13 (1): 17-37.

[75] Sharfman M P, Wolf G, Chase R B, et al. Antecedents of organizational slack [J]. Academy of Management

Review, 1988, 13 (4): 601-614.

[76] Short J C, Moss T W, Lumpkin G T. Research in social entrepreneurship: Past contributions and future opportunities [J]. Strategic Entrepreneurship Journal, 2009, 3 (2): 161-194.

[77] Smith W K, Gonin M, Besharov M L. Managing social-business tensions: A review and research agenda for social enterprise [J]. Business Ethics Quarterly, 2013, 23 (3): 407-442.

[78] Tan J, Peng M W. Organizational slack and firm performance during economic transitions: two studies from an emerging economy [J]. Strategic Management Journal, 2003, 24 (13): 1249-1263.

[79] Thornton P H, et al. The institutional logics perspective: A new approach to culture, structure, and process [M]. London: Oxford University Press, 2012.

[80] Thornton P H, Ocasio W. Institutional logics and the historical contingency of power in organizations: Executive succession in the higher education publishing industry, 1958-1990 [J]. American Journal of Sociology, 1999, 105 (3): 801-843.

[81] Thornton P H. Markets from culture: Institutional logics and organizational decisions in higher education publishing [M]. Stanford, CA: Stanford University Press, 2004.

[82] Thornton P H. The rise of the corporation in s craft industry: Conflict and conformity in institutional logics [J]. Academy of Management Journal, 2002, 45 (1): 81-101.

[83] Tracey P, Phillips N. The distinctive challenge of educating social entrepreneurs: A postscript and rejoinder to the special issue on entrepreneurship education [J]. Academy of Management Learning & Education, 2007, 6 (2): 264-271.

[84] Vazquez-Brust D A, Liston-Heyes C, Plaza-Úbeda J A, et al. Stakeholders pressures and strategic prioritisation: An empirical analysis of environmental responses in Argentinean firms [J]. Journal of Business Ethics, 2010, 91 (2): 171-192.

[85] Weidner K, Weber C, Göbel M. You scratch my back and I scratch yours: Investigating inter-partner legitimacy in relationships between social enterprises and their key partners [J]. Business & Society, 2019, 58 (3): 493-532.

[86] Wing-Hung Lo C, Fryxell G E, Tang S Y. Stakeholder pressures from perceived environmental impacts and the effect on corporate environmental management programmes in China [J]. Environmental Politics, 2010, 19 (6): 888-909.

[87] Xiao C, Wang Q, van Donk D P, et al. When are stakeholder pressures effective? An extension of slack resources theory [J]. International Journal of Production Economics, 2018 (199): 138-149.

[88] Zahra S A, Gedajlovic E, Neubaum D O, et al. A typology of social entrepreneurs: Motives, search processes and ethical challenges [J]. Journal of Business Venturing, 2009, 24 (5): 519-532.

[89] Zahra S A, Wright M. Understanding the social role of entrepreneurship [J]. Journal of Management Studies, 2016, 53 (4): 610-629.

[90] Zhang D D, Swanson L A. Linking social entrepreneurship and sustainability [J]. Journal of Social Entrepreneurship, 2014, 5 (2): 175-191.

国际资本开放的结构性差异研究

——基于企业国际化经营的分析

高　禄

（上海工程技术大学管理学院，上海　201620）

[摘　要] 企业国际化经营不仅需要关注产品经营，也需要利用国际市场进行融资和投资，因此一国的资本账户开放对于企业的国际化经营具有重要的意义。本文从微观方面进行总结，借鉴企业融资模式的差异，以及金融中介和金融市场的特征，将国际资本分为国际债务资本和国际股权资本。本文从国际资本的特征、影响渠道和影响机制等结构性差异方面进行了对比分析，微观上的差异层层传导，最终导致国际资本对国内经济的影响产生巨大的结构性差异。本文认为国际债务资本流入为一国的经济增长提供了流动性支持，促进利率下降，由此产生流动性冲击，一国政府债务水平制约着国际债务资本的经济增长效应。国际股权资本直接介入企业的投融资活动，当一国市场不完善时，道德风险等问题对国际股权资本产生影响，引发金融市场的同质性问题，造成市场的波动，一国的制度质量制约着国际股权资本流动的效应。同时，本文进行的实证分析验证了国际资本开放的差异性。企业在国际化经营中也需要关注这些差异。

[关键词] 资本账户开放；结果性差异；国内债务；制度质量；企业国际化

一、导言

一国的资本账户开放不仅影响到金融市场和宏观经济，对企业的国际化经营也具有重要的影响。企业可以利用国际市场的便利条件进行低成本的融资，同时投资的成本也会降低，货币兑换也更加便利。但是，对资本账户开放的研究大都停留在宏观层面，还缺少从微观层面出发的分析。

本文从企业经营和投融资活动出发进行分析，研究了由于企业融资方式差异而导致的资本账户开放的差异性。通过本文的研究，不仅为我国进一步的开放提供了新颖的研究视角，通过搭建微观基础，有利于辨析国际资本流动的长期影响机制，同时也有利于分析企业的国际化经营。

为有效分析国际资本的结构性差异，我们根据国际资本将对一国流动性的影响分为国际债务资本和国际股权资本。将直接影响一国流动性和利率的国际资本称为国际债务资本，将直接介入一国企业的经营和投融资活动、对一国利率和流动性存在间接影响的国际资本称为国际股权资本。

因此，本文认为应该深入研究微观层面的内容，探讨国际资本开放的结构性差异，为我国的进一步开放提供对策和建议。本文的结构安排如下：第二部分是文献综述；第三部分是概念辨析和从国际资本对资本输入国的影响渠道进行对比分析，从国际资本的特征方面对国际资本进行分类，将国际资本分为国际债务资本和国际股权资本；第四部分是实证结果的对比分析；第五部分是结论和政策建议。

二、文献综述

本文从微观层面上分析资本账户开放的结构性差异，根据资本的特征不同，将国际资本分为国际债务资本和国际股权资本，通过理论分析和实证分析研究了国际资本在影响机制和影响渠道上的差异性，以及国内条件对国际资本的制约效应。

微观上的分析，Rajan 和 Zingales（1998）通过微观数据实证分析揭示了随着金融发展，一国内部依靠外部融资的企业能够获得更快的发展，但是这一积极效应依赖于资本输入国的政策强度和制度建设等基础条件，包括完善的金融体系、公司体制和会计标准、信贷市场和法律制度等。Levchenko 和 Rancière（2012）、Chari 和 Henry（2004），以及 Prati 等（2012）① 分别通过实证方法验证了资本账户开放对微观企业的效应，如企业进入退出、风险分散和信贷渠道等。

国内对于宏观经济政策和微观企业行为的研究取得了一系列成果，虽然主要是研究宏观经济变量（货币政策、通货膨胀、财政政策、汇率等）对微观企业（经营、盈余管理、创新、投资等）的实证研究，但研究成果深化了对微观企业和宏观经济联系的认识。国际资本流动在微观层面上对一国的影响在很大程度上是参与一国的经济过程，受制于各国的条件和经济机制。

本文的创新体现在：①将宏观经济研究和微观的公司金融研究结合起来，从企业的角度分析国际资本流动，采取的分析步骤为：企业采取国际融资、进行国际投资和国际化经营→行业影响以及对金融行业的效应→宏观经济，将对国际资本流动的分析建立在微观分析的基础上，使研究更具有可信性。②通过对比分析的方法研究了国际资本对资本输入国的效应的差异性。

三、国际资本的差异性——影响渠道和行业层面

本节首先定义了国际债务资本和国际股权资本，接着从微观企业层面的差异进行分析。本文认为国际资本对资本输入国的微观企业的收入效应难以确定，反而存在较为明显的资产负债表效应，并且能够在一定程度上影响国内企业的经营体制、资本结构，改善公司治理，对企业的盈利性有影响等。同时，国内的经济因素和金融结构也会制约国际资本的效应。

（一）定义

本文认为国际债务资本包括债务资本项目和货币市场工具，以及信贷项目，租赁的形式类似

① 采用 Rajan 和 Zingales（1998）中的 DID 方法，在指标选择上更科学，同时研究资本账户开放对企业信用风险的影响渠道。假设企业能够成功地进行外汇融资，外国投资者有购买的需求。

于国际债务资本。国际股权资本包括 FDI 项目、股权投资项目和衍生品项目等，差异在于 FDI 项目是长期类的投资工具，存续期在一年以上；而股权投资项目和衍生品项目，多为短期类的投资；从股权所占比重上来看，FDI 项目投资是指拥有企业 10%以上的股权投资，并对公司管理享有一定的发言权，绿地投资达到 100%的股权，而股权投资项目所占的比重较小，衍生品项目并不涉及公司的股权。由于衍生品项目的开放风险较高，因此衍生品项目的开放一般放在最后。国际股权资本主要涉及 FDI 项目和股权投资项目。

（二）资产负债表效应——基于企业角度

公司（或企业）的目标是实现利润最大化（股东财富最大化）。不同的国际资本从投资和融资两方面对企业具有差异性的影响。国际资本不仅对企业的融资需求和投资计划产生影响，还会附带制度层面的效应，产生深层次的影响。资产负债表效应正是阐述这种对企业的跨期收入的影响不确定，而对企业的经营、营利性和资本结构等方面产生影响的机制。

1. 企业经营

从财务的角度来看，企业是以持续经营并不断产生现金流的经济组织，本文以现金流量表来反映国际资本的效应，其基本结构是：$CF(A)=CF(B)+CF(S)$，每一个项目中存在资金流入和资本流出。

当企业融入国际市场进行国际化经营时，不同的融资方式对经营的影响是不同的。国际债务资本影响企业的 $CF(B)$，国际短期股权资本流动影响 $CF(S)$，其中 FDI 资本流动则会影响 $CF(A)$ 和 $CF(S)$ 两个方面。

国际资本对于企业经营的影响首先表现在增加了企业现金来源的多样性，同时有利于企业做好跨期安排，改善自身的融资环境。企业所自由支配的现金是企业进一步发展的基础，关系到企业的成长性，因此从国际市场融资提高了企业的融资来源，若是能够获得稳定的外部资金来源，企业就能获得进一步的发展。

FDI 资本流入介入了企业的生产经营活动。跨国企业的 FDI 投资是其全球价值链的一部分，是成熟的产品，不需要企业额外支付市场开拓、售后服务、研发等成本。同时 FDI 流入会计入资本性支出，这一部分降低了企业的现金流量，增加了企业的固定资产。FDI 流入会扩大生产活动，提高了职工报酬支出，企业的净营运资本投资降低，这提高了经营活动的现金流量。

2. 营利性和成长性

对企业营利性的判断最重要的是净资产收益率 ROE。

$ROE=\frac{净利润}{总权益}=\frac{净利润}{销售收入}\times\frac{销售收入}{资产}\times\frac{资产}{总权益}=\frac{净利润}{资产}\times\frac{资产}{总权益}=ROA\times(1+\frac{负债}{总权益})$，其中 $\frac{负债}{总权益}$ 称为财务杠杆。当 ROA 大于债务利率时，财务杠杆的提高能够提高 ROE。对发展中国家来说，由于国际金融市场的贷款利率较低，因此企业可能会较多地从国际债券市场上融资。当本国经济处于上升期时，这样的财务操作有利于促进企业发展，提升企业的营利性和市场价值；但是当本国经济下行时或者基本面出现问题时，债务负担会使企业的价值被重新定义。国际债务资本的周期与国内经济周期叠加在一起，会加剧国内经济波动。因此，国际债务资本的运用应根据经济周期的不同而采用差异性政策。

同时，企业的成长性除了自身因素之外，也与国家进步、行业发展有关，国际资本流入也会与这些因素有关，尤其是大规模国际债务资本的流入，国际资本的不断投入也可以为企业成长提供可能性。

3. 资本成本与资本结构

公司的资本成本是债务融资和股权融资的成本综合，当存在税收时，采用债务融资有一定的优势（MM，1956），公司通过债务替代权益来提高总现金流量和公司价值。然而，债务会给公司带来支付压力，公司也要承担某类财务困境的风险。由于道德风险的存在，公司在使用国外融资时，常常使用国外融资投入高风险的投资项目中。相对于国际债务资本，国际股权资本有利于跨国企业建立全球生产链和价值链，能够为母公司创造更高的利润和更稳定的生产体系，从而使国际股权资本在将来拥有更重要的地位。

4. 公司治理

公司到国外的金融市场融资，尤其是英美资本市场，会促进公司治理方面的提升，尤其是英美的资本市场的信息披露和对股东的保护等要求比较严格。

一般公司有较多的投资项目，困于资金的不足，很多高风险的项目无法实施，当国际资本流入后，国内资金充裕时，企业会实施一些以前高风险高收益的项目，但是由于这些项目的收益充满不确定性，因此会助长公司管理人员的道德风险。

同时，国际融资和投资会受到汇率的影响，公司为规避风险，需要使用衍生品金融工具对冲风险。

（三）金融发展对国际资本流动的影响

国际资本对一国经济增长的效应从微观层面到宏观层面传导时，会受到一国中观层面的金融机构和金融市场的影响。金融中介和金融市场是连接微观企业和宏观经济的重要节点，“金融加速器”理论阐述了从微观到宏观的影响。金融机构也会对国际资本产生明显的制约效应。从宏观层面上看，一国的金融发展状况影响到一国对国际资本的吸收能力，但是从中观层面看，不同的金融机构由于本身的特征会对国际资本产生差异性的制约效应。本节从融资和投资两个角度分析对国际资本的制约效应的差异性。

1. 企业融资环境——金融结构的比较

一国的融资环境会影响到企业的融资，包括融资成本和资金使用效率等方面。国际资本也会受到如此的制约，首先是对一国固有的金融结构具有重要的影响。现实生活中还是根据主导型的融资方式的不同划分为不同的金融结构①。

金融结构的差异主要指的是金融中介主导或者金融市场主导两种模式。主要包括：

（1）从金融体系、企业融资模式和公司治理结构来比较。由于市场的不完全性，金融中介利用自身的规模优势、专业优势在克服信息不对称、参与公司治理方面可以发挥重要的作用，通过对信贷抵押物的掌握、对公司投资项目的选择和实施过程中的监督等一系列措施，可以降低代理人的道德风险。但是金融公司一般难以参与被投资公司的治理，对企业的监督功能较弱。

（2）不同的金融结构在信息披露和使用方面差别巨大。金融市场和金融中介各有优势：①金融中介能够更好地发挥委托监督职能。金融中介存在对金融市场的替代功能，银行拥有大量相关企业的信息，银行可以直接对相关企业提出建议，也可以间接用于发放贷款的决定权。②金融市场中企业的披露要求较高，对信息的分析和使用也非常频繁，从信息的处理和使用来看，金融市场和金融公司更有效率。

（3）金融市场更加注重股东权益的保护。因为上市公司在信息占有方面具有绝对优势，而股

① Patrick（1966）区分了供给引导型和需求引导型的金融发展路径。在经济发展的早期，供给引导型的金融发展居于主导地位，尤其是为那些更有效的技术创新的投资提供了可能。一旦经济发展进程进入了成熟期，需求尾随型的金融发展会居于主导地位。本节主要是为金融结构差异的产生提供微观基础，因此采用需求尾随型的金融结构路径。

东处于信息绝对劣势地位，股东是风险的实际承担者，因此法律制度更注重对股东权利的保护；金融中介会订立有利于贷款人的法律契约，法律注重保护债权人的利益，因为贷款人对项目的了解十分有限，而借款人对项目的质量拥有完全的信息。

金融中介主要获取利息收入，而以金融市场为主的金融结构主要获取投资收入，因此权益资本流入也主要是进入生产过程、获取投资收入，债务资本流入主要是为获取固定收益，对利率比较敏感，也主要通过利率渠道影响国内经济。

（4）从管理风险①的角度来看，金融中介能够提供跨期风险分担，长期投资收益较高但流动性较弱，对个人投资者的吸引力较差，金融中介以负债形式收集个人资金，并做好跨期安排从而持有长期投资品；而金融市场是个人进行投资的场所，投资者可根据已有信息来进行投资，在既定的时点上，不同的投资者可以进行风险互换（横向风险分担）。

在以金融中介为主的金融机构下，风险管理可以借助跨期平滑来实现，金融中介可以通过积累风险低、流动性强的资本产来减少跨期风险；在以金融市场为主的金融结构下，金融市场承担的横向分担的功能则至关重要，并需要一个发达的衍生金融市场来对冲风险。

（5）债务投资和股权投资相互影响，使宏观经济具有顺周期性。国外一些学者通过研究发现，金融中介具有明显的顺周期特征。Borio 等（2001）最先提出商业银行的顺周期特征，认为银行经营中的顺周期性主要是由于银行资本的顺周期性变化，导致其在盈利能力和外部筹集资本能力上体现出顺周期性。Peter Hoeller 和 David Rae（2007）发现银行坏账准备的顺周期性值得关注，因为它可能导致信贷紧缩的加剧。金融体系中顺周期行为不仅与金融主体的心理因素有关，也与现行政策部门的制度安排有关。金融加速器效应、金融机构的非理性行为、金融外部监管、非对称的货币政策操作强化了金融体系顺周期效应。金融深化理论注意到了发展中国家的金融体制不完善，金融发展程度不足，金融抑制不利于企业发展，企业发展的环境不利，主要就在于金融抑制无法充分发挥对企业的融资作用，以及资本品的定价。

由此可见，金融中介主导的金融结构可能更有利于国际债务资本的开放，金融市场主导的金融结构由于产权制度更完善，有利于国际股权资本的开放，尤其是短期股权资本的开放。

2. 企业投资环境——股权、产权和制度环境

国内的一系列制度安排和政策执行的连续性会影响企业的内在价值，金融市场和制度不完善提高了企业的成本，不利于资源的有效配置，影响企业投资。

制度改进的第一个方面是公司治理结构，公司治理结构不善导致股东-债权人冲突，不利于企业的投资和经营。当企业发行风险负债时，使企业价值最大化的经营决策企业不一定能够同时使股东财富和债权人财富最大化。股东和债权人的利益冲突确实存在，而且这种冲突随着企业负债水平的上升而加剧。

股权结构会对企业产生重要影响，一是影响企业绩效，二是影响企业决策行为。国际股权资本会造成企业股权来源的多样化，这一方面有利于企业的国际化发展，另一方面不利于企业的投机决策。

有效的投资项目选择是企业可持续成长的核心，而投资是否能筹集足够的资金，则取决于企业融资能力的强弱和即期相关制度安排的效率。在不完善的市场条件下，公司良好的经营业绩和公司规模，以及发展前景有利于其获得成本较低的融资，尤其是股权融资。

制度改进是影响企业效率差异的重要来源，制度的两个重要维度——合约实施制度和产权保护制度将通过多个方面影响企业效率。合约实施制度将通过事前专用型投资激励、技术选择和研

① 从横向和时间序列的角度看，金融体系的风险管理功能大致可以分为横向风险分担（cross-sectional risk sharing）和跨期风险分担（intertemporal risk sharing）。

发激励等途径对企业的生产效率产生影响。产权保护制度差异是国家之间投资和增长差异的重要来源。由于产权保护制度能够直接刺激企业投资，因此产权保护制度完善的地区，潜在的企业更有激励进入市场，在位的企业更有激励扩大投资，行业内的竞争更加激烈，有利于企业的进入和退出，促进资源的有效配置。

（四）国际债务资本和国际股权资本的特点

从对国内的流动性来看，国际债务资本流入为一国的经济增长提供了流动性支持。国家为缓解财政赤字而发行债券，债券发行减少了市场上流动的货币，造成流动性紧张、利率上升。利率上升有两个效应，一是利率上升、本币升值，为追求货币升值收益，国外资本流入；二是债券价格下降，因此引起投资资本的流入。债务资本的流入缓解了一国的流动性紧张状态，利率开始下降。但是资本流入激增会对一国国内的宏观经济造成冲击，当一国经济出现过热，出现通货膨胀情形时，国内政府开始推行紧缩的财政政策，会造成资本外流，到期期限集中的时刻，会造成债务资本的风险累积，对一国经济造成冲击。因此，对国际债务资本流动需要注重其利率期限结构。

国际股权资本流动直接介入一国企业的投融资过程，通过国内的信贷渠道进入一国的生产过程，股权资本流入可以增加一国的信贷供给，缓解信贷需求，并不直接对流动性产生冲击。国际股权资本流入促进了一国的信贷扩张，有利于促进一国经济增长。但是，当一国市场不完善时，道德风险、逆向选择、信贷约束普遍存在，国际股权资本流入会选择那些风险较高的项目，在一国经济基本面发生问题之后，国际股权资本会迅速撤离，引发金融市场的同质性问题，造成市场的波动。

从产生门槛效应的来源来看，国际债务资本流动对一国经济的影响依赖于对利率的影响，一国的宏观经济政策，尤其是债务水平，造成对利率和资本流动的影响，国际债务资本流动对经济增长的门槛效应与一国的国内债务水平相关。

国际股权资本流动是对一国金融市场功能的强化，由于市场体系的完善与否以及制度质量的影响，在高制度质量的情况下，国际股权资本流入能够促进一国的经济增长，因此国际股权资本流动会由于一国的制度质量状况从而产生门槛效应。

四、实证分析

（一）实证模型设立

根据前文的描述，资本账户开放的门槛变量可关注的指标包括：一是本国的债务水平，包括私人债务和公共债务，私人债务通过私人信贷占 GDP 的比重来表示，公共债务通过政府支出占 GDP 的比重来表示。二是制度因素，包括金融市场发展和制度质量，金融市场发展通过金融市场的年交易规模占 GDP 的比重来表示，制度质量通过世界银行数据库的 WGI 指数来表示。本文使用 Hansen（1999）、王群勇（2015）的门槛回归模型，使用各国面板数据进行回归分析，考察初始条件的门槛效应。

根据前文分析建立实证模型为：

$$GDP_{it} = \lambda_0 + \lambda_1 capflow \times 1(q \leq \gamma) + \lambda_2 capflow \times 1(q > \gamma) + \lambda_3 X_{it} + \varepsilon_{it} \tag{1}$$

其中，GDP 为因变量，表示某国在一定时期的经济增长率，本文采用人均 GDP 增长来表示；capflow 表示一国国际资本流动状况，本文采用事实开放指标来代表资本流动的开放程度；1(·)为示性函数，即括号中的表达式为真，则取值为 1；反之，取值为 0。q 为门槛变量；γ 为具体地门槛值。当 λ_1 与 λ_2 不相同时，表示在不同的初始条件下，资本账户开放对经济增长的效应不同。

X 为控制变量，参考 Barro（1996）、Garita 和 Zhou（2009）的研究，经济增长与一国的初始人均 GDP、人口增长率相关，因此控制变量包括初始人均 GDP、人口增长率、预期寿命和投资率，这些变量的数据来源是世界银行数据库；ε 为随机扰动项。

（二）数据描述和检验

1. 数据描述

门槛回归模型的参数估计和检验与一般回归模型有较大区别，两个关键的问题分别是估计门槛值和检验门槛效应是否存在。根据 Hansen（1999）的做法，通过固定效应转换消除个体的固定效应，再得到解释变量系数。固定面板门槛效应需要平衡面板数据，通过操作后，本文所使用的是 1996~2010 年 15 年的数据，每个变量包含 1050 个观察值，包括 50 个国家。

表 1 显示了数据的特征，包括平均值、最小值和最大值，以及数据来源。本文回归的被解释变量为经济增长率，数据为人均 GDP 的增长率，最低的为负增长，具体为-28.10%，最大值为 38.20%。

解释变量为资本账户开放以及各个子项目的开放程度。

门槛变量包括信贷/GDP、政府支出占 GDP 的比重、金融市场以及制度质量四个指标。信贷占 GDP 的比重实际上表示的是私人信贷的比重，平均值为 35.40%；政府支出占 GDP 的比重的平均值为 13.69%；金融市场指的是金融市场的年交易规模占 GDP 的比重，平均值为 11.13%；制度质量的数据来源是 WGI 指数，是一种法定测度指标，平均值为-1.94，表明发展中国家的制度质量水平较低。在第四部分通过理论模型分析了这些门槛变量对开放型经济增长的相关性，本部分进行具体的计量分析。

控制变量包括初始人均 GDP、预期寿命、人口增长率和投资率。初始人均 GDP 的具体数值显示的是通过自然化后处理的数值；预期寿命的平均值为 65.79 岁；人口增长率的平均值为 1.77%；投资率显示的是一国固定资产投资占 GDP 的比重，平均值为 3.92%。

表 1　门槛回归数据描述

变量		Obs	Mean	Min	Max	数据来源
	id			1	50	
	year			1990	2010	
被解释变量	经济增长率	1050	4.11	-28.10	38.20	WDI 数据库
解释变量	国际债务资本流动	1050	95.23	8.37	961.28	
	国际股权资本流动	1050	38.86	0.53	300.25	
门槛变量	信贷/GDP	1050	35.40	0.87	165.86	世界银行
	政府支出占 GDP 的比重	1050	13.69	0.00	43.48	WDI 数据库
	金融市场	1050	11.13	0.00	160.45	世界银行
	制度质量	1050	-1.94	-10.26	7.64	WGI 数据库

续表

变量		Obs	Mean	Min	Max	数据来源
控制变量	初始人均 GDP	1050	7.95	6.01	10.01	WDI 数据库
	预期寿命	1050	65.79	9.08	44.25	
	人口增长率	1050	1.77	-0.82	5.64	
	投资率（投资/GDP）	1050	3.92	-7.98	30.08	

注：根据数据整理。

（三）实证结果的对比分析

表 2 是国际债务资本开放和国际股权资本开放的债务水平的门槛模型回归结果。根据结果显示，国际债务资本的开放的经济增长效应存在双门槛效应。

表 2　国际债务资本和国际股权资本开放的面板固定效应回归结果

	面板回归	
	国际债务资本	国际股权资本
被解释变量		
国际资本流动	-0.005*** (0.002)	-0.016*** (0.005)
初始人均 GDP	2.829*** (0.932)	3.693*** (0.967)
人口增长率	0.421 (0.315)	0.321 (0.317)
预期寿命	-0.129* (0.078)	-0.080 (0.079)
投资/GDP	0.062 (0.043)	0.069 (0.043)
_cons	-10.467* (6.326)	-20.177*** (6.891)
r^2	0.019	0.022
N	1050	1050

注：* 表示 p<0.1，** 表示 p<0.05，*** 表示 p<0.01。

我们发现私人债务、金融市场、制度质量和政府支出占 GDP 的比重不利于促进发展中国家的资本账户开放进程。

从表 3 来看，国际债务资本开放的经济增长效应为负效应，由于国内债务水平对国际债务资本的影响更大，因此从门槛效应来看，无论国内债务处于何种水平，债务水平对国际债务资本开放的影响都是重大的，但通过对国际股权资本开放来看，当国际债务资本处于较低水平时，国际股权资本开放有利于促进经济增长。

表 3　国际债务资本和国际股权资本的债务水平的门槛效应的差异

(被解释变量)	经济增长率			
(解释变量)	(国际债务资本开放)		(国际股权资本开放)	
	(1)	(2)	(3)	(4)
(门槛变量)	信贷/GDP	政府支出比重	信贷/GDP	政府支出比重
	-0.003	-0.005**	0.167***	0.140***
低区间	(0.009)	(0.002)	(0.025)	(0.029)
	-0.078***	-0.015***	0.037**	-0.008
中区间	(0.015)	(0.003)	(0.018)	(0.005)
	-0.004***	-0.003	-0.021***	-0.038***
高区间	(0.002)	(0.002)	(0.005)	(0.007)
初始人均 GDP	2.703***	2.620***	3.714***	2.853***
	(0.923)	(0.929)	(0.942)	(0.955)
人口增长率	0.398	0.453	0.150	0.225
	(0.311)	(0.314)	(0.310)	(0.311)
预期寿命	-0.121	-0.123	-0.051	-0.030
	(0.077)	(0.077)	(0.077)	(0.078)
投资/GDP	0.050	0.057	0.080*	0.057
	(0.043)	(0.043)	(0.042)	(0.042)
_cons	-9.844	-9.063	-22.213***	-16.580**
	(6.306)	(6.306)	(6.733)	(6.763)
门槛值	7.2900**	15.6330	4.34	5.6285***
	7.5500**	18.4679	12.55	15.5510***
单门槛显著性	0.3410	0.7030	0.0000	0.0060
双门槛显著性	0.0140	0.2130	0.1750	0.0100
r^2	0.046	0.031	0.075	0.066
N	1050	1050	1050	1050

注：* 表示 $p<0.1$，** 表示 $p<0.05$，*** 表示 $p<0.01$。

从表 4 来看，国际股权资本开放对经济增长效应为负效应，国内制度质量无论处于何种水平，对国际股权资本开放都是不利的，但是对于国际债务资本的影响却不同。可以看出，国内的制度质量和制度因素的任何微小变化都会影响国际股权资本开放，但对于国际债务资本的开放的影响较为超然，具有门槛效应。

表 4　国际债务资本和国际股权资本的制度质量的门槛回归结果对比

(被解释变量)	经济增长率			
(解释变量)	(国际债务资本开放)		(国际股权资本开放)	
	(1)	(2)	(3)	(4)
(门槛变量)	金融市场	制度质量	金融市场	制度质量
	-0.006***	-0.057***	-0.020**	-0.039
低区间	(0.002)	(0.012)	(0.009)	(0.029)

续表

（被解释变量）	经济增长率			
（解释变量）	（国际债务资本开放）		（国际股权资本开放）	
	(1)	(2)	(3)	(4)
（门槛变量）	金融市场	制度质量	金融市场	制度质量
	0.078***	0.007	-0.040***	0.089***
中区间	(0.009)	(0.004)	(0.008)	(0.017)
	0.010	0.005***	-0.012**	0.017***
高区间	(0.011)	(0.002)	(0.005)	(0.005)
初始人均 GDP	3.243***	2.969***	3.440***	3.561***
	(0.908)	(0.920)	(0.965)	(0.948)
人口增长率	0.791***	0.451	0.306	0.225
	(0.306)	(0.311)	(0.315)	(0.311)
预期寿命	-0.104	-0.133*	-0.074	-0.077
	(0.075)	(0.077)	(0.079)	(0.077)
投资/GDP	0.020	0.042	0.062	0.066
	(0.042)	(0.043)	(0.043)	(0.042)
_cons	-15.866**	-11.306*	-18.425***	-19.286***
	(6.257)	(6.273)	(6.894)	(6.754)
门槛值	57.96***	-8.759	0.52	-8.2933**
	64.68***	-6.156	1.30	-6.4869**
单门槛显著性	0.0000	0.0050	0.1240	0.0000
双门槛显著性	0.0020	0.3030	0.5620	0.0290
r^2	0.098	0.047	0.036	0.065
N	1050	1050	1050	1050

注：* 表示 $p<0.1$，** 表示 $p<0.05$，*** 表示 $p<0.01$。

五、结论和政策建议

本文分析了开放过程中国际债务资本和国际股权资本的差异性，我们认为不同形式的国际资本流动对国内经济的影响机制不同。国际债务资本流入为一国的经济增长提供了流动性支持；国际股权资本流动直接介入企业的投融资活动。债务资本的流入缓解了一国的流动性紧张状态，促进利率下降，有利于促进信贷和投资。国际股权资本流动直接介入一国企业的投融资和生产过程，缓解信贷需求，但并不直接对流动性产生冲击。国际股权资本是对一国金融市场功能的强化，一国的制度质量制约着国际股权资本流动的效应。

因此一国应培育本国的初始条件，当条件适宜时实施资本账户开放。完善金融市场体系，建立更加完善的金融市场制度，降低信贷杠杆水平，以此增强银行安全标准。高度重视制度质量建设。加强市场制度建设和法制执行，建立更完善的市场体系和市场制度体系，提高公共管理水平，防止和减少腐败，消除制度漏洞和经济发展的软约束，合理设定公共部门权力边界，减少行政审批。

资本账户开放中应建立微观应对机制。发展中国家的经济自由化改革多是在经济遇到困境的情况下推动的，将经济自由化改革作为经济进一步发展的重要措施，但忽视了对外开放中提高微观经济主体的适应性和效率。经济自由化改革的立足点应是建立市场经济体制，提高企业效率和企业效益，促进竞争，提高全要素生产率，提高经济增长的质量。防止过快过激的推动变革；自由化改革并不是变卖国有企业财产以弥补政府的财政不足。针对不同形式的国际资本流动采取不同的应对措施。国际债务资本流动主要是通过利率渠道影响国内经济，其造成的风险主要表现为时间上的累积，国际股权资本对一国的制度质量要求较高，股权资本流动的风险主要表现为同质性风险，因此在市场功能缺乏的时候，政府提供监管和救助，在某一时间承担市场的某些功能。

参考文献

[1] Blanchard O, Ostry J D, Ghosh A R, et al. Do capital flows need to be tamed? Capital flows: Expansionary or contractionary? [J]. American Economic Review, 2016, 106 (5): 565-569.

[2] Hansen B E. Threshold effects in non-dynamic panels: Estimation, testing, and inference [J]. Journal of Econometrics, 1999, 93 (2): 345-368.

[3] Henry P B. Capital account liberalization: Theory, evidence, and speculation [J]. Journal of Economic Literature, 2007, 45 (4): 887-935.

[4] Kose M A, Prasad E, Rogoff K, et al. Financial globalization: A reappraisal [J]. IMF Economic Review, 2009, 56 (1): 8-62.

[5] Levchenko A A, Rancière R, Thoenig M. Growth and risk at the industry level: The real effects of financial liberalization [J]. Journal of Development Economics, 2012, 89 (2): 210-222.

[6] Qunyong Wang. Fixed effect panel threshold model using Stata [J] . Stata Journal, 2015 (1): 121-134.

[7] Rajan R G, Zingales L. Financial Dependence and Growth [J]. American Economic Review, 1998, 88 (3): 559-586.

[8] 陈元，钱颖一．资本账户开放：战略、时机与路线图 [M]. 北京：社会科学文献出版社，2014.

[9] 董青马，卢满生．金融开放度与发展程度差异对银行危机生成机制影响的实证分析 [J]. 国际金融研究，2010 (6): 79-85.

[10] 邓敏，蓝发钦．金融开放条件的成熟度评估：基于综合效益的门槛模型分析 [J]. 经济研究，2013 (12): 120-133.

[11] 郭桂霞，彭艳．我国资本账户开放的门槛效应研究 [J]. 金融研究，2016 (3): 42-58.

[12] 江小涓．跨国投资、市场结构与外商投资企业的竞争行为 [J]. 经济研究，2002 (9): 31-38.

[13] 雷达，赵勇．门槛效应、资本账户开放与经济增长 [J]. 中国人民大学学报，2007，21 (6): 25-33.

[14] [美] 斯蒂芬·罗斯，伦道夫·韦斯特菲尔德，布拉德福德·乔丹等．公司理财 [M]. 北京：人民邮电出版社，2013.

[15] 余永定，张明．资本流动管理和资本账户自由化的国际新动向 [J]. 国际经济评论，2012 (5): 67-74.

[16] 中国人民银行调查统计司课题组，盛松成．我国加快资本账户开放的条件基本成熟 [J]. 中国金融，2012 (5): 14-17.

[17] 中国人民银行调查统计司课题组，盛松成．协调推进利率汇率改革和资本账户开放 [J]. 中国金融，2012 (9): 9-12.

金融危机后我国商业银行流动性变化及其风险研究*

——根据美国商业银行金融危机前后流动性变化及其风险对比分析

王明明　王晓卓

（上海政法学院，上海　201707）

[摘　要] 商业银行流动性风险因其集中爆发性及后果严重性已经成为现代化经济体系中重大风险组成的重要一环，刚刚结束的中央经济工作会议将防范与化解重大风险作为三大攻坚战之首。本文使用中国商业银行及美国商业银行2004~2015年流动性相关数据，综合常常被研究忽略的表外项目，并采用不同窗口期跟踪对比分析的方法，探讨金融危机前、金融危机中及金融危机后我国商业银行流动性变化及其可能蕴含的风险。研究发现传统贷款项目、承诺贷款项目及活期存款是引起流动性风险的重要动因；我国银行流动性水平虽然较高，但由于活期存款率过高，核心资本率偏低，贷款增长过快及不良率过高等风险防范意识短缺的原因，流动性风险仍是我国商业银行需要面对的重大风险。

[关键词] 商业银行流动性；流行性风险；金融危机

一、引言

2008年金融危机是自1929年以来后果最严重的一次世界性的金融危机（刘雪松和洪正，2017）。鉴于流动性风险后果严重性及成因复杂性，其相关研究始终是金融学的前沿课题（Sadka，2011）。在我国流动性及其风险相关研究中，存款及传统贷款等表内项目对流动性风险的影响研究较多，但是承诺信用贷款等表外项目对流动性风险的逻辑推演重视不足。根据发达国家经验，通过表外项目发放的贷款是银行贷款业务的主要部分，如美国银行贷款总额的60%是通过承诺信用贷款开展的（Shockley and Thakor，1997）。在新形势下我国银行业务与国际接轨将是必然趋势，为了使研究更具准确性及前瞻性，表内及表外项目应该纳入理论分析当中。分析在外部环境经济衰退且信贷收缩的情况下，我国商业银行的流动性变化，对厘清我国商业银行流动性风险的形成及特点具有重要的现实意义（王明明，2017）。本文可能的贡献：第一，结合表内和表外项目，对不同银行业务对流动性水平的影响进行了详解；第二，采用窗口期细分，跟踪对比研究，探寻流动性风险的前因后果；第三，使用美国银行数据作为基准，进行细分，随后将我国

---

* [基金项目] 国家社会科学基金“微型金融领域中央与地方监管权的划分问题研究”（15BFX1208）；上海决策咨询课题“提升金融服务上海实体经济能级的思路与对策研究”（2018-YJ-B06）。

商业银行与之比较，进而分析不同流动性风险的产生，更好地揭示了我国流动性风险的内涵和影响。

二、文献综述

（一）商业银行流动性风险形成文献综述

商业银行的本质是提供基于流动性而产生的存款需求和贷款需求（Kashya et al.，2002）。巴塞尔委员会对银行流动性定义为：流动性指银行不必承担不可接受的成本，为增加资产而融资及履约到期债务的能力。中国银监会对商业银行流动性风险的定义为：商业银行无法以合理成本及时获得充足资金，用于偿付到期债务、履行其他支付义务和满足正常业务开展的其他资金需求的风险。Kashyap 等（2002）的研究发现由于存在管理费用，存款和贷款之间存在协同效应，两者的不确定性会导致流动性风险。Schiozera 和 Oliveira（2004）认为存款和政府储备等流动性流入的限制将导致银行的流动性更为脆弱。Young 和 Jang（2016）设定核心存款贷款率和稳定融资金率是其流动性风险的重点研究对象。Aydemir 和 Guloglu（2016）检验了周期里银行流动性风险和信用风险对银行发展的影响，发现营运成本及银行营运效率会导致流动性风险。Gatev 等（2009）检验流动性风险时发现承诺信用的增长使股票收益波动及活期存款增长。

（二）商业银行主要业务对流动性的影响分析

银行业务多样性决定了银行经营时需要考虑不同业务对流动性影响。银行活期存款和贷款承诺在流动性管理中至关重要（Gatevet al，2009）。Berger 和 Bouwman（2009）对 1993~2003 年所有美国银行进行流动性衡量。结果发现银行每年流动性创造递增，新成立的银行创造的流动性更大。Fecht 等（2011）以资产回报率、权益回报率、总资产规模作为变量进行流动性分析。Loutskina（2011）发现通过资产证券化，银行可以将非流动性的资产转化为流动资产，使银行减少了流动性资产的持有。Imbierowicz 和 Rauch（2014）经研究表明，在 2008 年美国金融危机中，倒闭银行多受到贷款损失和流动性不足的共同作用。

（三）商业银行流动性风险中的委托代理问题

委托代理问题代表了市场经济中管理功能分散化所带来某种可能的局限性，银行股东拥有所有权，而经理人作为管理者和决策实施者，其对资本的支配和管理功能独立于所有权。委托代理问题和信息不对称使流动性风险更为严重（Liao et al，2014）。Aebi 等（2012）检验了在公司治理范畴内风险管理是否会让银行在 2007/2008 年金融危机中有较好表现。结果发现公司治理变量与银行表现呈正相关，虽然在危机时期导致更坏的表现。

在委托代理冲突下，商业银行流动性资产持有动机及其风险影响的分析路径如图 1 所示。

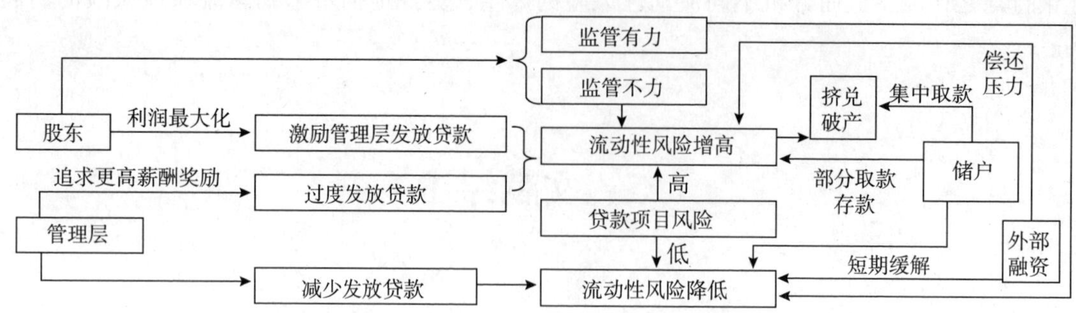

图 1 商业银行流动性及其风险形成路径

三、实证研究设计

（一）数据来源及样本分组

本文数据来自 Bankscope 数据库，使用美国银行数据进行抽样，并对全部样本期间内中国银行数据进行分析。

为了使样本分组更科学且更有代表性，本文将研究样本分为四组：样本组 1 为中小银行样本组；样本组 2 为大型银行样本组；样本组 3 为 2007 年后破产银行样本组；样本组 4 为破产银行对比分析样本组。样本银行报表数据不包括合并报表及集团报表，只反映传统银行业务数据。根据表 1 中的美国银行资产分布可以看出美国绝大多数银行为资产规模在 1000 万美元到 5 亿美元的中小型银行。因此将中小银行作为研究重点。按照图 2 中的频数分布比例，随机抽取 1000 家银行。样本组 1、样本组 2、样本组 3、样本组 4，皆选取到 2015 年为止正常运营的银行。由于 2008 年美国金融危机中多数银行是由于贷款损失和流动性不足共同作用而倒闭的，因此将破产银行作为单独一个样本组加以分析对研究银行流动性具有显著的借鉴意义。样本组 3 为美国倒闭银行组，选取 2007 年后倒闭的美国银行。样本组 4 为美国倒闭银行匹配样本组，由于银行规模对银行业务有重要影响，而美国倒闭银行的资产总体分布无法使用样本 1 和样本 2 进行模拟，因此根据倒闭银行的资产规模进行匹配，进而分析匹配样本组银行业务与破产银行业务结果更具可比性。以上数据全部剔除 Finance Companies、Central Banks、Trust Companies、Investment Banks 等非真正意义上的银行的财务机构，剔除有非连续数据的银行，剔除无存款及无表外业务数据的银行（见表 1）。

表 1 样本分组描述

简称	样本描述	分组标准	样本量
样本组 1	美国中小型银行	随机抽取 1000 家美国中小型商业银行进行数据整理	642
样本组 2	美国大型银行	正常运营美国银行按资产顺序排序后抽取前 200 家筛选	111
样本组 3	美国破产银行	选取 2007 年后倒闭的美国银行并进行筛选	95
样本组 4	中国银行样本组	选取到 2015 年为止正常运营的中国银行进行筛选	99

（二）研究变量设计

本文研究变量含义、计算及缩写如表 2 所示。

表 2　变量缩写、计算及含义

衡量	缩写	计算	含义
流动性风险	LIQD	现金及存放中央银行款项。存放同业及其他金融机构款项，交易性金融资产，衍生金融资产等除以总资产的比值	LIQD 为流动性水平变量，值越大则流动性风险越小
承诺信用	CREL	承诺信用额度对数值	承诺信用额度变量值越大，则未来可能面对的信用支出越大
存款	DEPT	短期存款除以总存款	短期存款率
资本充足率	TIER	核心资本除以风险加权资产值	巴塞尔协议核心资本率参考值≥6%
信用风险	CRIN	不良贷款与贷款总额比值	不良贷款率越高，信用风险越大
	CRLV	贷款增长率	贷款增长率大，信用扩张风险越大
	CRAV	资产收益率标准差	银行收益性资产的收益波动程度
业务能力	PRLD	贷款总额/存款总额	比率越大说明银行发放贷款能力越强
管理效率	AMFY	总贷款/职工总数	职工人均放贷额，即贷款业务效率
	AMPC	管理薪酬/职工总数	单位薪酬率
	AMDR	年化分红比率	比值大则管理者与股东利益一致程度高
融资能力	OTHAL	银行间资产/银行间负债	比值高则表明银行间融资能力弱
	OTFL	短期融资比率即短期融资额/总负债	比值高则代表银行短期融资能力强

四、实证研究结果及分析

（一）金融危机前流动性水平及金融危机中各样本组表现

中位数不受样本极端值的影响能反映出样本一般水平，本文使用 Wilcoxon（Mann-Whitney U 秩检验）对不同银行样本组进行分析。

表 3　2004~2009 年样本组变量 Wilcoxon 检验

	2004~2006 年			2007~2009 年		
	样本组 1	样本组 2	样本组 3	样本组 1	样本组 2	样本组 3
LIQD	0.0695	0.0661	0.0638	0.0712	0.0786*	0.1104***

续表

	2004~2006 年			2007~2009 年		
	样本组 1	样本组 2	样本组 3	样本组 1	样本组 2	样本组 3
DEPT	0.1421	0.1179 ***	0.1102 *	0.1307	0.1254	0.1335 ***
CREL	1.1550	3.5731 ***	1.1030	1.1644	3.5598 ***	1.4110
TIER	0.1424	0.1071 ***	0.1238	0.1335	0.1055 ***	0.1383 **
CRIN	0.3933	0.3400	0.4333 *	1.2666	1.3500	4.4466 ***
CRLV	0.0660	0.1043 ***	0.0930 ***	0.0620	0.0713	0.0185 ***
CRAV	0.1567	0.1363	0.1784 ***	0.2371	0.3353 **	0.9978 ***
PRLD	0.7972	0.8638 ***	0.8121 *	0.8095	0.8589 ***	0.8431
PRLA	0.6718	0.6612	0.6559	0.6867	0.6752 *	0.7234
AMFY	3.1982	5.4309 ***	3.3838 ***	3.6963	6.9124 ***	4.794 ***
AMPC	0.0493	0.0677 ***	0.0536 ***	0.0563	0.0791 ***	0.0705 ***
AMDR	0.3943	0.5678 ***	0.0821 ***	0.4092	0.5196	0.0649 ***
OTFL	0.0218	0.0676 ***	0.0321 **	0.0270	0.0628 ***	0.0635 **

注：*、**、*** 分别表示样本组 1 与样本组 2、样本组 3、样本组 4 统计参数在 10%、5%、1%置信水平上的显著性。

由表 3 可知，在 2008 年金融危机前期，美国破产银行样本组流动性风险水平与大型银行和中小型银行样本组相比，并没有显著统计性差别。样本组 3 银行在金融危机中的活期存款数量增幅非常大；其次是短期融资额成倍增长，以此作为紧急措施控制流动性风险。活期存款因为有较大的取款不确定性；短期融资也无法根本缓解其流动性风险，因为其偿付期限短，而且还要面临较大的融资成本。样本组 3 的资产质量明显低于其他样本组。如不良贷款率最高，且贷款数额增长率仍然保持较高水平。样本组 3 银行的盈利能力及存款率又明显低于其他样本组，由此可以得到简单推论：金融危机前，样本组 3 银行流动性风险已初现端倪。

金融危机前，但是其收入却明显低于样本组 1 及样本组 4。由此可见，样本组 3 存在过度发放贷款行为。样本组 3 银行在金融危机中，资产收益标准差数据显著高于对比组，可见其资产稳定性非常差。金融危机中，不良贷款比例明显高于另外两组样本。

更有代表性的是样本组 3 的管理效率指标与样本组 1 及样本组 4 差别非常显著。职工单位薪酬率和职工人均放贷额均显著性地高于样本组 1 及样本组，职工薪酬较高的可能原因有两点：一是为了提高管理效率进行薪酬激励，二是管理层有谋利倾向。由于样本组 3 银行的分红率低，且运营效率低，能够推测出其存在委托代理问题倾向，因此高职工薪酬是管理层谋利的结果。分红在不同的现金持有结构中的分配频率明显不同，分红率高的样本组可以认为这些银行对股东权益的保护更强，利益一致程度越高。样本组 3 银行在金融危机前期的分红率非常低，数据与其他样本组相比十分显著。再加上银行低息过度放款，可以判断样本组 3 银行的委托代理问题更为突出。

不良贷款率居高不下再加上过快的贷款增长率、低利息收入、较高的不良贷款率，使样本组 3 银行在贷款方面流动性流出风险过大，同时存款方面活期存款激增导致存款方面流动性风险加大，融资偿付风险加大，多种风险结合，最后不得不以破产告终。样本组 3 银行在金融危机前期的分红率非常低，数据与其他样本组相比十分显著。金融危机前及危机中，具有典型特征的破产银行样本组经营业务特征对流动性及风险影响分析，如图 2 所示。

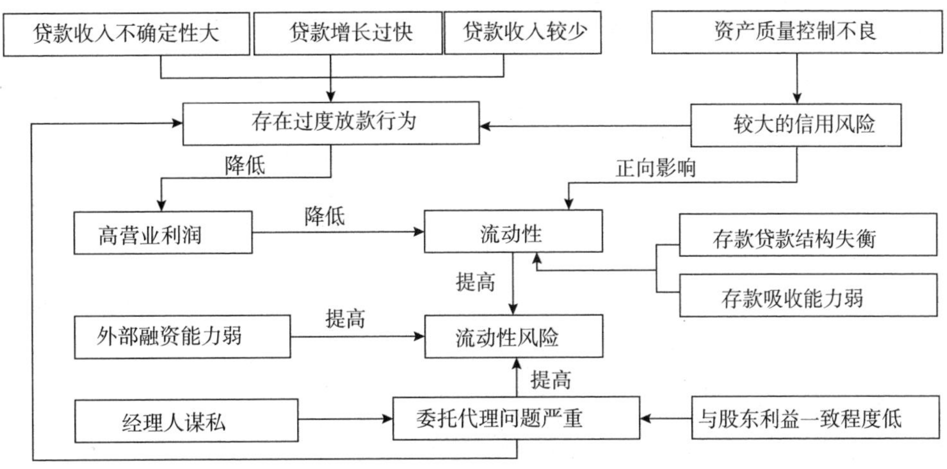

图 2　金融危机前及危机中样本组 3 经营业务特征对流动性及风险影响分析

根据以上结果，样本组 3 的资产质量明显低于其他样本组。资产稳定性及营利性较差，同时与具有可比性的样本组 4 来说，样本组 3 承诺信用贷款数额较高。因此根据数据表现可以判断，与样本组 1 和样本组 4 相比，样本组 3 存在明显的过度放款行为。综合表内及表外的贷款项目来看，贷款项目风险增大会导致流动性风险增大。

在金融危机前，样本组 3 银行的短期融资比率明显低于样本组 1 及样本组 4。而在金融危机期间，其短期融资额成倍增长，以此作为紧急措施控制流动性风险。样本组 3 的短期融资率显著高于样本组 1 和样本组 4，即委托代理问题严重时，银行融资额度更大。样本组 3 在金融危机且收入明显低于样本组 1 及样本组 4。这些表现导致了非常高的流动性风险，最终使样本组 3 银行不得不以破产告终。

（二）金融危机后流动性水平及运营现阶段各样本组表现

金融危机结束后，本文使用样本组 1 及样本组 2 作为基准，分析我国商业银行经营特点（见表 4）。美国中小银行样本组最能代表美国银行经营的总体情况。美国大型银行由于规模效应影响使其和其他组数据可比性较小，但大型银行数据作为标杆分析基础，其特点值得参考。

表 4　2010~2015 年样本组变量 Wilcoxon 检验

	2010~2012 年			2013~2015 年		
	样本组 1	样本组 2	样本组 4	样本组 1	样本组 2	样本组 4
LIQD	0.0994	0.0773	0.2984^{***}_{+++}	0.0827	0.0804	0.2495^{***}_{+++}
DEPT	0.1469	0.2086^{**}	0.4524^{***}_{+++}	0.1853	0.2780^{***}	0.3978^{***}_{+++}
CREL	1.1700	3.6101^{***}	3.2201^{***}	1.2745	3.7808^{***}	3.5392^{***}
CRELO	0.0759	0.1967^{***}	0.0198^{***}_{+++}	0.0920	0.2330^{***}	0.0193^{***}_{+++}
TIER	0.1459	0.1358^{***}	0.1169^{***}_{++}	0.1537	0.1233^{***}	0.1096^{***}_{+++}
CRIN	2.5333	2.2200	0.7400^{***}_{+++}	1.5166	1.1233^{**}	1.1566^{***}
CRLV	0.0372	0.0422^{*}	0.2721^{***}_{+++}	0.0315	0.0621^{***}	0.1723^{***}_{+++}

续表

	2010~2012 年			2013~2015 年		
	样本组 1	样本组 2	样本组 4	样本组 1	样本组 2	样本组 4
CRAV	0.2232	0.2928	0.1881$^{***}_{+++}$	0.1431	0.1249**	0.1397**
PRLD	0.7326	0.8195***	0.5368$^{***}_{+++}$	0.7500	0.8284***	0.5222$^{***}_{+++}$
PRLA	0.6312	0.6385	0.4824$^{***}_{+++}$	0.6484	0.6641	0.4523$^{***}_{+++}$
AMFY	4.1231	7.2774***	50.4951$^{***}_{+++}$	4.3147	8.4247***	54.7668$^{***}_{+++}$
AMSO	0.5365	0.483***	0.5513$_{+++}$	0.5529	0.5005***	0.5589$^{*}_{+++}$
AMCA	0.0288	0.0253***	0.0101$^{***}_{+++}$	0.0277	0.0244***	0.0101$^{***}_{+++}$
AMPC	0.0614	0.0866***	0.2996$^{***}_{+++}$	0.0667	0.0978***	0.2981$^{***}_{+++}$
AMDR	0.2519	0.3487***	0.2264$_{+++}$	0.3248	0.4864***	0.2686$_{+++}$
OTHAL	0.0369	0.0428	1.2550$^{***}_{+++}$	0.1857	0.0374**	0.8487$^{***}_{+++}$
OTFL	0.0105	0.0321***	0.0137$^{*}_{+++}$	0.0047	0.0229***	0.0204***

注：*、**、***分别表示样本组1与样本组2、样本组3、样本组4统计参数在10%、5%、1%置信水平上的显著性；+、++、+++分别表示样本组3与样本组4的统计参数在10%、5%、1%的置信水平上的显著性。

由表4可知，我国银行与美国银行相比，流动性水平更高，相对流动性风险要小。但同时，总存款中活期存款率要远远高于样本组1和样本组2，由于活期存款的取款不确定性，可能面临的挤兑风险更大，即存款方面的流动性风险显著。

我国银行的承诺信用贷款额的绝对数额比美国银行较大，但是由于我国银行规模较大，因此其相对承诺信用贷款资产率仍显不足。美国过半贷款实际是通过信用贷款方式发放的，可见我国信用贷款仍有较大发展空间。美国银行在经历过金融危机后，调增了核心资本率。我国银行由于并未受到金融危机的直接冲击，核心资本率反而下降。我国银行的核心资本率在金融危机后，与美国相比已处于较低水平。在现阶段，美国普遍调增之时，我国银行的核心资本率反而在下降。这使我国银行应对流动性危机的能力在下降，暴露了较大的风险防范意识短缺问题。

虽然相对于美国银行而言我国资产质量总体较好，即不良率较低、稳定性较好。但是在现阶段，美国银行大力控制资产质量、降低不良率之时，我国的不良贷款率却有大幅攀升，这与目前国际上银行流动性管理目标相左。我国银行贷款增长率较大，不能仅凭此便简单认定我国银行存在过度放款行为。欧美国家经济经过多年发展，银行系统较为成熟，成长程度较低。而我国银行各项业务正在逐步开展且有较大成长空间。

样本组4中贷款增长率指标虽然高，但是却与样本组3的过度放款有本质区别，由样本组4中的贷款利息率高即可判断。我国银行的盈利能力较好，贷款业务仍有较大提升空间。我国银行职工人均放款数额较高，薪酬率较高，表现出比较强烈的激励倾向，但是也容易产生委托代理问题。我国银行的运营效率明显高于美国银行样本组，表现出较好的运营成本控制能力。我国银行的分红率明显低于美国银行，管理层和股东利益一致程度仍有待提高。此外我国银行间市场融资明显强于美国银行间市场，一旦发生流动性风险，银行间传染将非常严重。相对于美国银行而言，我国目前还没有有效开展资产证券化业务。金融危机后我国样本组的经营业务及流动性风险分析如图3所示。

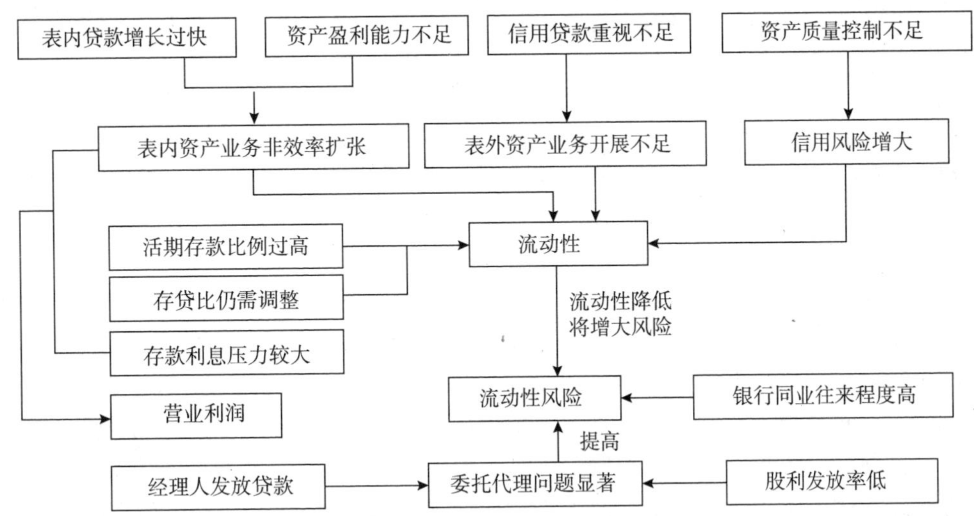

图3　金融危机后中国样本组的经营业务及流动性风险分析

五、研究结论与启示

本文从理论上确定了银行流动性决策及其与存款、贷款的关系。在此基础上对美国不同类型银行抽样分组并以美国数据作为比较标准，分析我国银行的经营业务特征。将样本组分为四个时间阶段进行分析：2004~2006年金融危机前期，2007~2009年金融危机期间，2010~2012年金融危机结束后，2013~2015年银行运营现阶段。分析出银行流动性相关业务的变化以及其中蕴含的风险，结果发现：

（1）贷款项目风险对流动性风险有正向影响。当期存款额度的增加会降低当期流动性风险，当期存款额度的增加会加大下期银行流动性风险。信用贷款额度的增加对流动性风险有负向影响。

（2）委托代理问题严重时，银行存在过度放款行为，信用贷款额度更大，银行融资额度增大。

（3）金融危机期间破产的美国银行在金融危机前，其融资水平就明显高于其他银行。首先，在危机中，破产银行活期存款数量增幅非常大，与中小银行样本组和匹配银行样本组具有明显差别；其次，短期融资额成倍增长，以此作为紧急措施控制流动性风险。但是应急措施同时导致了存款方面取款要求的流动性风险和融资偿付的流动性流出风险。同时不良贷款率居高不下再加上过快的贷款增长率，低利息收入使银行在贷款方面流动性流出风险过大，多种风险结合，最后不得不以破产告终。

（4）在金融危机期间，美国持续运营的大型和中小型银行的盈利能力均有较大下降，但是与此同时其越发注重贷款质量，贷款增速显著下降，不良贷款率降低，核心资本率有大幅提升。其盈利能力和业务发展在金融危机后得到逐步恢复。

（5）我国银行与美国银行相比，流动性水平更高，但是活期存款率过高，面临的存款方面的流动性风险较大。我国银行的核心资本率在金融危机后，与美国相比已处于较低水平。在现阶段美国普遍调增之时，我国银行的核心资本率反而下降，这暴露了较大的风险防范意识短缺问题。现阶段我国的不良贷款率有大幅攀升，这与目前国际上银行流动性管理目标相左。因此虽然我国银行流动性水平较高，但是其中风险防范意识的短缺也不容忽视。此外，我国银行有比较强烈的管理层激励倾向，但是也容易产生委托代理问题。我国银行的分红率明显低于美国银行，管理层和股东利益一致程度仍有待提高。此外我国银行间市场融资明显强于美国银行间市场，一旦发生流动性风险，银行间传染风险将更为严峻。在业务方面，我国银行的承诺信用贷款资产率仍显不足，未来仍有较大发展空间；资产证券化还没有得到有效开展。

（6）我国银行的流动性风险对银行经营业绩有正向影响的实证结果值得警惕。我国银行实际上牺牲流动性水平，进行贷款发放，这种追求经营业绩的经营方式承受着流动性风险。我国银行资产收益的不稳定性和较高的不良贷款率，使其经营业绩受损。我国银行经营业绩过分依赖贷款的收益，而贷款质量又缺乏控制，在贷款规模增长迅速的背景下，非常容易产生贷款方面支出的流动性风险。同时我国银行活期存款率要远远高于美国银行样本组，而活期存款的取款不确定性是导致银行挤兑风险的最大来源，因此我国银行在存款方面的流动性风险也十分显著。

上述结论中蕴含着相应的流动性管理启示：

（1）金融危机使持续经营的美国银行对贷款项目持谨慎态度，将银行的稳定经营置于首要位置。我国银行的贷款规模及其增长速度显著要高于美国银行，在较高的不良贷款利率和流动性风险水平之下，本文有理由相信，如果银行在贷款业务方面更为谨慎，或许会获得更为持续的盈利能力。

（2）我国银行流动性风险管理意识有待提高。现阶段，我国银行的核心资本率明显低于美国银行，不良贷款率有大幅攀升，且短期存款率过高等特征暴露了较大的风险防范意识短缺问题。在银行层面，管理层应该重新考虑流动性流入和流出的风险及其构成，以达到可控的目的。

（3）我国银行业务仍有较大发展空间。首先，经典文献显示美国过半贷款是通过信用贷款方式发放的，而我国银行承诺信用贷款资产率仍显不足。其次，我国银行资产证券化并没有得到有效展开。再次，存款保险机制尚未完全。最后，盈利模式较为单一，过于依赖贷款发放。

（4）银行管理层及其他职工的薪酬激励和业务分配等管理相关经营方案仍有待优化，以降低委托代理问题的影响。此外，我国银行在保护股东权益方面仍有较大提高空间。

参考文献

［1］刘雪松，洪正. 金融危机、银行授信与企业流动性管理：中国上市公司的经验证据［J］. 中国软科学，2017（3）：123-139.

［2］王明明. 商业银行流动性风险及其经济后果研究［D］. 哈尔滨：哈尔滨工业大学博士学位论文，2017.

［3］中国银监会令《商业银行流动性风险管理办法（试行）》，2014 年第 2 号。

［4］Allen B, C. Bouwman. Bank liquidity creation［J］. The Review of Financial Studies, 2009,（22）: 3780-3833.

［5］Anil K, R Rajan and J Stein. Banks as liquidity providers: An explanation for the coexistence of lending and deposit-taking［J］. The Journal of Finance, 2002, 57（1）: 35-68.

［6］Basel Committee on Banking Supervision（2008, a）Liquidity Risk: Management and Supervisory Challenges, February 2008.

［7］Bjorn I, C Rauch. The relationship between liquidity risk and credit risk in banks［J］. Journal of Banking and Finance, 2014（40）: 242-256.

［8］Elena L. The role of securitization in bank liquidity and funding management［J］. Journal of Financial Economics, 2011（100）: 663-684.

［9］Evan G, T Schuermann, and P Strahan. Managing bank liquidity risk: How deposit-loan synergies vary with market conditions［J］. Review of Financial Studies, 2009, 22（3）: 995-1020.

[10] Falko F, K Nyborg and J Rocholl. The price of liquidity: The effects of market conditions and bank characteristics [J]. Journal of Financial Economics, 2011 (102): 344-362.

[11] Hsien-Hsing L, T Chen and C Lu. Bank credit risk and structural credit models: Agency and information asymmetry perspectives [J]. Journal of Banking & Finance, 2009 (33): 1520-1530.

[12] Rafael S, R Oliveira. Asymmetric transmission of a bank liquidity shock [J]. Journal of Financial Stability, 2004 (25): 234-246.

[13] Resul A, B Guloglu. How do banks determine their spreads under credit and liquidity risks during business cycles? [J]. Journal of International Financial Markets, Institutions & Money, 2016, 15 (8): 1-11.

[14] Richard S, A Thakor. Bank loan commitment contracts: Data, theory, and tests [J]. Journal of Money, Credit. and Banking, 1997, 29 (4): 517-533.

[15] Robert Y, K Jang. Do banks actively manage their liquidity? [J]. Journal of Banking & Finance, 2016 (66): 143-161.

[16] Sadka R. Liquidity risk and accounting information [J]. Journal of Accounting and Economics, 2011, 52 (2): 144-152.

[17] Vincent A, G Sabato and M Schmid. Risk management, corporate governance, and bank performance [J]. Journal of Banking and Finance, 2012 (36): 3213-3226.

家族企业高管海外背景与企业对员工的社会责任关系研究

杨 静 孟 勇

（上海工程技术大学管理学院，上海 201600）

［摘 要］学术界对影响企业社会责任的研究多集中于多利益相关者角度，而企业对员工的社会责任则较少明确单独研究。本文选取 2013~2017 年我国沪深 A 股上市家族企业作为研究样本，通过 OLS 普通回归和 Logistic 回归检验发现：高管海外背景与企业对员工的内部社会责任和外部社会责任之间呈显著正相关关系，独立董事人数会正向调节高管海外背景与企业对员工的社会责任的关系。本文为本土家族企业选聘海外背景高管，企业内部治理以及积极承担对员工的社会责任的决策提供了理论与现实依据。

［关键词］海外背景；企业对员工社会责任；高阶理论；独立董事

一、引言

21 世纪，食品安全、环境污染、企业伦理、慈善捐赠等问题越来越受到公众的重视，企业需要承担社会责任已经成为社会各界的广泛共识。但是大众对企业社会责任的认知普遍集中于较高层次的道德如慈善捐赠、环境责任、消费者责任等方面，往往忽视了企业内部员工社会责任的履行。国内外相关学者对企业社会责任的研究，也多从企业宏观的角度即将各利益相关方作为一个整体来进行研究，而缺乏深入的探究，尤其是对企业内部员工这一微观社会责任研究较少。

员工作为企业内部重要的资源，在企业的可持续发展以及无形竞争力方面起着越来越重要的作用。但是目前很多企业对员工社会责任缺乏足够的重视，侵害员工利益的事件时有发生，员工在生存压力和高绩效指标下开始出现离职或焦虑等心理问题。企业需要关注到内部员工的重要性，积极去履行对员工的社会责任。

企业社会责任理论起源于西方，且在国外已形成一套成熟完善的规范体系。具有海外背景的高管，相比本土高管而言，在企业社会责任方面的前沿思维、全球化视野以及关系网络和资源方面更加具备优势。由于企业高管在企业战略决策和选择偏好方面起着关键的决定作用，高管的背景差异、文化价值观等也会直接作用于企业的决策选择，因此具有海外背景的高管对企业员工社会责任的履行情况可能会产生一定的影响。目前，从高管海外背景的角度探讨其对企业内部员工社会责任的影响较少。从影响员工社会责任的根源出发，探讨受中国从商发展环境和传统文化思维影响的、背景异质性的高管，在考虑企业的长远经济效益、兼顾企业内部发展伦理的基础上，履行企业内部对员工的社会责任方面是否存在差异。

我国家族企业的高管受中国传统文化的影响，通常兼具家长、企业所有人及经营管理者三种角色，而企业对员工的社会责任履行情况又与高管密不可分。“股东至上”“老板第一”的家族主义社会责任观促使家族企业多采用低成本劳动力的企业战略，加上员工自身福利意识的淡薄，企业在员工的健康安全、工作环境、工作时间、薪酬福利、培训发展以及职业生涯规划等方面出现了企业对员工社会责任履行的缺失和漏洞。现有对员工社会责任的研究往往忽略了我国家族企业组织嵌入、领导风格以及家族控制方面的独特性，在研究我国企业对员工的社会责任时往往拘泥于套用西方的社会责任理论，而缺乏结合我国本土文化理念进行改进。本文选取上市家族企业，探究具有海外背景的高管在履行企业员工社会责任方面存在的影响，进一步了解我国家族企业管理决策背后的深层次推动因素。促进家族企业高管基于本土传统文化的基因和当代中国的社会发展情境，探索如何积极履行对员工的社会责任，进而实现员工满意度和归属感的提升，传承家族文化、弘扬家族精神，最终促进企业的长远发展。

二、理论分析和研究假设

（一）高管海外背景与企业对员工的社会责任

企业对员工的社会责任研究起源于 Freeman（1984）提出的利益相关者理论，该理论认为企业需要承担的社会责任包括股东、员工、客户、社区以及其他利益相关者。该理论为企业社会责任的深入研究奠定了基石，有关企业社会责任研究的主体不再仅仅局限于股东。随着人权理念和“以人为本”理念开始备受全球关注与推广，从公司员工切身利益出发，创造健康、安全、舒适以及成长的工作环境，积极履行对员工的社会责任开始成为企业的关注重心。越来越多的学者认为企业应该承担起对员工的社会责任，真正推动了学术界关于企业履行对员工的社会责任的系统理论的认可与研究。Wheeler 和 Sillanpa（1998）认为，企业依据社会环境投身于员工持股计划和员工激励等对员工的社会责任，能够提升员工的自主性和责任感。近年来，我国学者也较多关注对企业社会责任的研究，且多集中在多利益相关方角度。我国部分企业在劳资冲突、支付工资以及生产安全意识等方面依然存在问题，片面追求利润最大化，履行对员工的社会责任意识相对比较薄弱。大部分研究侧重于企业社会责任的履行对员工态度与行为的影响，而缺乏研究承担社会责任前因变量即企业高管的异质性对企业员工社会责任决策的影响。

企业高管作为企业战略决策选择和资源分配的主要制定者，对员工社会责任的履行情况会直接受其价值观念、心理偏好以及认知决策的影响。企业社会责任理论成为西方国家发展较为成熟与规范的理论之一，具有严格的法律体系规范和普遍的公众认知。那么具有海外背景的高管是否会潜移默化地受到国外企业社会责任理论以及实践路径的熏陶和影响，从而塑造他们秉持“以人为本”的价值理念，形成崇尚履行对员工的社会责任？相关学者认为具有海外背景的高管与本土背景高管相比，在人力资本、国际化资源、管理经验以及科学实践上都存在差别，因此在企业战略决策上会存在差异。Thomas 和 Simerly（1995）经研究表明，具有国际工作经验的 CEO 会影响企业社会责任的履行。霍德盖茨（1985）认为企业员工是企业核心利益相关者，直接影响着企业的可持续发展，企业对员工的社会责任是企业履行其他社会责任的起点，因此企业需要积极承担对员工的社会责任。

在我国现实背景下，具有海外背景的高管多会受到国外“人权”理念、企业对员工社会责任的法律规范以及实践路径的熏陶和影响，从而塑造他们形成崇尚履行企业对员工的社会责任认知。文雯和宋建波（2017）认为拥有海外背景的高管与本土成长的高管相比具有更强的社会责任意识，引领企业在社会责任领域与国际接轨。杜勇等（2015）认为海外具有完善的法律体系，严格的政府监管与企业社会责任要求。高管具有海外背景，会受到国外较为完善的社会责任理念和标准的法律体系的影响，因此在对待企业员工社会责任方面更加积极。综合以上分析，提出以下假设：

H1：高管的海外教育背景对企业履行对员工的社会责任具有正相关关系。

（二）独立董事人数的调节作用

独立董事是公司治理的重要组成部分，在企业的内部控制和主体评价中扮演着重要监督的角色。独立董事的存在对内部控制效力的发挥、减少内部控制缺陷方面起着重要作用。冯均科等（2017）采用我国沪深 A 股上市公司作为样本，研究发现独立董事在内部控制质量中发挥着改善作用。梁权熙和曾海舰（2016）经研究表明在企业面临危机时独立董事能够发挥监督作用，减少冲突代理，提升企业价值。Jiang 等认为独立董事会出于提高和维护声誉的动机更加积极地履行对企业的监督作用。

独立董事发挥其治理职能能够促进内部控制对企业相关方面的约束或者激励作用。王建琼和何静谊（2009）当独立董事比例越多，内部控制也会越强，企业履行社会责任也会更加积极，因此独立董事能够正向增强企业履行社会责任。当独立董事比例较低，内部控制力量较弱，企业的规范经营程度也会降低，企业履行对员工社会责任等短期内会损害企业利益的行为也会相应地减少。秦续忠等（2018）提出独立董事在公司监督机制中起着决定作用，在独立董事的监督下，企业高管能够更好地履行社会责任。相关研究结果显示，独立董事能够为企业提供客观的建议和有效的监督，迫使企业更加关注长期发展，积极关注到员工的重要性，承担对员工的社会责任。由此本文提出假设：

H2：独立董事治理可以增强高管海外背景对企业员工社会责任履行的正向作用。

三、研究设计

（一）数据来源与样本选择

本文选取 2013~2017 年沪深两市上市 A 股浙江省家族企业作为研究样本。数据主要来源于国泰安数据库、上市公司年报以及和讯社会责任报告数据库。为了确保样本的合理有效，在筛选数据时剔除了以下企业：①金融保险类企业；②ST、*ST 等财务及其他状况异常企业；③剔除数据存在缺失的企业。最后得到 141 家上市公司 705 个平衡面板数据，运用 Excel 2010 、SPSS 19.0 和 STATA 12.0 对数据进行处理。

（二）研究模型与变量设计

1. 模型设定

为了检验高管海外背景、独立董事、企业对员工的内外部社会责任三者之间关系，利用 Stata

12.0 软件进行实证检验，主要采用 OLS 普通回归和 Logistic 回归检验两种方法，构造如下检验模型：

模型 1：检验高管海外背景特征与企业对员工社会责任的关系模型：

$$Csesr_{it} = \alpha_0 + \alpha_1 Ove + \beta \times Control_{it} + \varepsilon \tag{1}$$

$$Donr_{it} = \alpha_0 + \alpha_1 ove + \beta \times Control_{it} + \varepsilon \tag{2}$$

模型 2：检验独立董事会对高管背景特征与企业对员工社会责任的调节作用，设定如下研究模型：

$$Cser_{it} = \beta_0 + \beta_1 Ddr + \beta_2 Ove + \beta_3 Ddr_{it} \times Ove_{it} + \beta_4 \times Control_{it} + \varepsilon \tag{3}$$

其中，ε 为截距，Cser 为企业对员工的内部社会责任，Don 为企业对员工的外部社会责任，Ove 为高管具备海外背景，Ddr 为独立董事调节变量，$Ddr_{it}Ove_{it}$ 是高管海外背景特征变量与独立董事控制变量的交互项。Control 为控制变量 Lnsize、Tdr、Ownership、Roa 以及 Roic，i 代表企业，t 代表时段。

2. 变量设计

（1）自变量。高管海外背景变量（Ove）：本文中的高管是依据上市公司年报披露的董监事以及高层管理者来定义的。借鉴文雯和宋建波（2016）对高管海外背景的度量方法进行研究，数据来源于国泰安数据库中董监高个人特征数据。高管海外背景包括海外工作或者学习经历，若高管至少拥有一项时则该变量取 1，否则取 0。

（2）因变量。企业对员工的社会责任（Cser）：基于 Carrol 提出的四层金字塔模型，从法律责任、经济责任、伦理责任和慈善责任四个角度出发，将企业对员工的社会责任划分为健康与安全、薪酬与福利、培训与成长以及慈善事业四个维度来建立指标体系，前三个维度概括为企业对员工的内部社会责任，最后一个慈善事业维度概括为企业对员工的外部社会责任。借鉴王能等（2018）的研究，选用和讯网上市公司企业社会责任专业测评数据中的员工责任来衡量企业内部对员工的社会责任，其中评分越高，说明企业对员工社会责任的履行状况越好。企业对员工的外部社会责任主要体现在慈善事业上，借鉴相关学者研究，利用企业是否参与慈善捐赠来衡量，如果企业进行了慈善捐赠取 1，否则取 0。

（3）调节变量。独立董事人数（Ddr）：独立董事作为企业的监管者，会在一定程度上制约企业高管的战略决策，从而也会影响企业履行对员工社会责任的情况。企业内部独立董事人数越多，企业高管受到的监管力量也就会越大，具有独立行使决策的权力也越小。独立董事会更加理性地对待企业的相关战略决策，且会基于股东以及企业利益最大化考虑更加审慎对待企业员工社会责任决策。

（4）控制变量。为了使模型的准确性更高，需要对其他影响因素加以控制。本文在参考已有研究的基础上，借鉴其他学者的研究成果，对可能影响本文研究结论的相关变量进行了控制，主要包括企业规模、资产负债率、股权结构、企业股权性质、企业盈利能力以及投入资本回报率。具体各变量描述的定义如表 1 所示。

表1 各变量描述

变量类型	变量名称	代码	变量定义
因变量	企业对员工的内部社会责任	Cser	和讯企业对员工的社会责任总得分
	企业对员工的外部社会责任	Don	虚拟变量，参与捐赠为1，不参与为0
自变量	海外教育背景	Ove	高管没有接受过海外教育无海外经历取值0，否则为1
调节变量	独立董事人数	Ddr	企业含有独立董事的人数比例
控制变量	企业规模	lnsize	公司总资产取对数
	资产负债率	Tdr	总负债/总资产
	股权结构	Ownership	第一大股东持股比例
	企业盈利能力	Roa	净利润/总资产平均余额
	投入资本回报率	ROIC	投入资本回报率-（净利润+财务费用）/（资产总计-流动负债+应付票据+短期借款+一年内到期的长期负债）
	行业	Ind	工业、商业、房地产、公共事业、综合五个大的行业分类分别设定为1、2、3、4、5
	年份	year	年度哑变量

四、实证结果与分析

（一）描述性统计分析

根据数据库收集到的数据，对本文的研究变量进行了描述性统计分析，通过表2可知：①在4200个样本数据中，企业对员工的社会责任（Cser）的均值为2.51524，其中最大值15，最小值为0，标准差为2.855385，表明所选择的上市公司企业对员工社会责任的履行情况存在较大的差异，履行对员工的社会责任的意识还有待增强。②根据高管背景海外特征描述性分析可知，在选取的样本上市家族企业中，Ove占比60.3%，这与蒋尧明和赖妍（2019）结果基本一致，说明上市家族企业高管具有海外背景已经较为普遍。高管海外背景标准差为0.04892785，总体差距较大，样本数据的选择具有良好的区分度。③在样本上市家族企业中，独立董事人数在董事会中占比为17.50262%，说明在家族企业中，处于较低的水平，且标准差为0.0433317，说明家族企业独立董事占比差距不大。从控制变量上看，企业规模Lnsize的均值为20.99853，标准差为1.983778，企业盈利能力Roa的均值是0.052581，标准差为0.2772349，说明企业规模与企业盈利水平之间存在一定的差异。资产负债率Tdr的均值为0.4023024，Onwership的均值为31.67912，表明上市家族企业的负债融资较多，且股权集中度较高，存在“一股独大”的现象。

表 2　相关变量描述性统计结果

stats	Cser	Don	Ove	Ddr	lnsize	OwenrsShip	Tdr	Roa	Roic	Ind
mean	2.51524	0.0971429	0.603	0.1750262	20.99853	31.67912	0.4023024	0.052581	0.1295667	3.411905
max	15	1	0.39	28	89.99	12.13	10.03	204.52	5	
min	0	0	0	0	9.63	0.29	0.19	-1.35	-3.96	1
p50	1.56	0	1	0.17	21.32	29.685	0.38	0.04	0.05	4
sd	2.855385	0.2961875	0.4892758	0.0433317	1.983778	14.25511	0.3716967	0.2772349	3.45519	1.195112
N	4200	4200	4200	4200	4200	4200	4200	4200	4200	4200

资料来源：Stata 绘制。

（二）相关性分析

对相关变量进行 Pearson 相关系数分析，结果如表 3 所示。高管海外背景与企业对员工的内部社会责任之间都呈 1%的显著正相关关系（$r=0.063$，$p<0.01$），但与企业对员工的外部社会责任之间未通过显著性检验。各变量相关系数基本都小于 0.5，说明回归模型的选取较为合理，不存在多重共线性。进一步通过方差膨胀因子 VIF 进行检验，VIF 均小于 10，因此数据之间不存在严重的多重共线性问题，适合进一步进行多元回归分析。

表 3　各变量之间相关性分析

	Cser	Don	Ove	Ddr	lnsize	OwenrsShip	Tdr	Roa	Roic	Ind
cser	1.000	Don	0.350*** 0.0000	1.000						
Ove	0.063*** 0.0000	0.013 0.3957	1.000							
Ddr	0.001 0.9568	-0.037** 0.0178	-0.014 0.3772	1.000						
lnsize	0.143*** 0.0000	0.092*** 0.0000	0.000 0.9867	-0.053*** 0.0006	1.000					
owenrship	-0.002 0.9095	0.006 0.6877	0.002 0.9175	0.029* 0.0607	0.057*** 0.0002	1.000				
Tdr	0.036** 0.0188	0.052*** 0.0008	0.013 0.4021	-0.006 0.6739	0.056*** 0.0003	0.019 0.2250	1.000			
Roa	0.036** 0.0195	0.032** 0.0411	-0.016 0.3045	0.009 0.5764	0.024 0.1134	-0.019 0.2122	-0.100*** 0.0000	1.000		
Roic	0.002 0.9072	-0.005 0.7657	-0.012 0.4488	0.017 0.2833	-0.037** 0.0167	-0.028* 0.0648	0.013 0.4097	0.671*** 0.0000	1.000	

续表

	Cser	Don	Ove	Ddr	lnsize	OwenrsShip	Tdr	Roa	Roic	Ind
Ind	-0.079*** 0.0000	0.039** 0.0115	-0.012 0.4506	0.010 0.4998	0.006 0.6991	0.021 0.1718	0.004 0.7927	-0.024 0.1238	-0.006 0.6797	1.000

注：*、**、***分别表示在10%、5%、1%的置信水平下显著。

资料来源：Stata绘制。

（三）回归结果与分析

1. 高管海外背景与企业对员工的社会责任的多元回归分析

在高管海外背景与企业对员工社会责任关系的研究中，将被解释变量分为企业对员工的内部社会责任（Cser）和外部社会责任（Don）两个维度，分别代入模型（1）和模型（2）进行多元回归分析。Cser为连续变量，因此采用OLS普通回归，Don是虚拟变量，因此采用Logistic回归方法。

回归结果如表4所示，结果表明：高管海外背景（Ove）与企业对员工内部社会责任之间的相关系数为0.364，与企业对员工的外部社会责任之间的相关系数为0.00809，且分别呈1%与5%显著性正相关。说明具有海外背景的高管在履行企业对员工的社会责任方面有更加理智的认知，会更加积极地承担对员工的社会责任。高管接受过海外文化和教育影响，视野开阔，对以人为本的见解更加深刻，国际资源方面也比本土高管具有优势，因此促使海外背景的高管对社会责任相关信息的接受具有及时性和真实性，更加注重对企业内部员工责任的履行。而通过慈善捐赠行为达到履行对员工外部社会责任的行为也会深思熟虑，审慎对待，不会盲目为了追逐企业外部的声誉以及形象而采取慈善捐赠这一外部员工社会责任行为。因此，H1成立。

表4 高管背景与企业对员工的社会责任的回归分析结果

	(1)	(2)
	Cser	Don
Ove	0.364*** (0.130)	0.00809** (0.00928)
lnsize	0.201*** (0.0235)	0.0128*** (0.00230)
Owenrship	-0.00171 (0.00497)	-0.0000116 (0.000319)
Tdr	0.262** (0.129)	0.0430*** (0.0124)
Roa	0.574*** (0.485)	0.0721*** (0.0224)
Roic	-0.0255 (0.0298)	-0.00403** (0.00179)

续表

	(1)	(2)
	Cser	Don
Ind	-0.187***	0.00984***
	(0.0551)	(0.00380)
_cons	-1.357**	-0.231***
	(0.534)	(0.0509)
N	4200	4200
R^2	0.0333	0.0148
Adj/Pseudo R^2	0.0333	0.0131
Prob > *F*	0.0000	0.0000

注：括号里为 p 值，*、**、*** 分别表示在 10%、5%、1%的显著性水平下显著。
资料来源：Stata 绘制。

企业规模 Lnsize、资产负债率 Tdr 以及企业盈利能力 Roa 与企业对员工的社会责任之间都呈显著的正相关关系，说明企业规模越大，发展效益越好，企业在承担对员工的社会责任方面也会更加积极。前一大股东持股比例（Ownership）、投入资本回报率（Roic）以及行业（Ind）三个控制变量与企业对员工的内部社会责任之间都呈负相关关系，但只有行业 Ind 通过了 1%的显著性检验；Ownership 和 Roic 与企业对员工的内部社会责任之间呈负相关关系，Roic 通过了 5%显著性检验。而行业 Ind 与 Don 呈 1%显著正相关关系。说明家族企业内部高管权力较大，当企业经济效益一般或者处于成本发展阶段时，高管更加侧重于企业的经济效益，而忽视对企业内外部员工社会责任的履行。

2. 独立董事的调节作用

将独立董事人数这一调节变量引入模型（3）进行多元回归，以此来检验 H2，并从企业对员工的内部社会责任和外部社会责任两个维度分别进行回归分析。采用高管海外背景（Ove）与独立董事人数（Ddr）的交互效应（Ove×Ddr）来检验其对企业履行对员工的社会责任的调节作用。回归结果如表 5 所示。

表 5　独立董事、高管背景特征与企业对员工的社会责任回归结果

	(3)	(4)
	Cser	Don
Ove	-0.0687	-0.0190
	(0.423)	(0.0388)
Ddr	-0.823	-0.311*
	(1.581)	(0.168)
Ove×Ddr	2.474***	0.153**
	(2.333)	(0.215)
lnsize	0.202***	0.0126***
	(0.0235)	(0.00231)

续表

	(3)	(4)
	Cser	Don
Owenrship	-0.00179 (0.00498)	0.00000881 (0.000319)
Tdr	0.267** (0.130)	0.0432*** (0.0124)
Roa	0.576 (0.486)	0.0722*** (0.0224)
Roic	-0.0255 (0.0300)	-0.00398** (0.00179)
Ind	-0.187*** (0.0552)	0.00996*** (0.00380)
_cons	-1.237** (0.593)	-0.172*** (0.0592)
N	4200	4200
R^2	0.0159	0.0159
Adj/Pseudo R^2	0.0337	0.0138
Prob > *F*	0.0000	0.0000

注：*、**、***分别表示在10%、5%、1%的显著性水平下显著。

资料来源：Stata 绘制。

从回归结果来看，模型 2 是有效的且拟合度尚可。由模型（3）与模型（4）可知，

独立董事 Ddr 与企业对员工的内部社会责任之间的回归系数为-0.823，呈负相关关系，但未通过显著性检验。Ddr 与企业对员工的外部社会责任之间回归系数为-0.311，在 10%的显著性水平下通过显著性检验。说明独立董事的加入，会出于股东以及其他外部利益相关者的角度考虑，限制企业履行对员工的社会责任行为。独立董事人数与海外背景的交互性（Ove×Ddr）增强了高管海外背景在履行对员工的内外部社会责任的助推作用（$\beta=2.474$，$p<0.01$；$\beta=0.153$，$p<0.05$），分别通过 1%和 5%的显著性检验，独立董事人数的正向调节作用是存在的，H2 成立。说明具有海外背景高管的家族企业，独立董事会综合考虑董事会与企业的长远利益与声誉，遵守职工权益等规定，积极履行慈善活动，避免公司遭受违规处罚，负面报道和声誉受损等。独立董事作为股东和高管之间的中间角色，降低内部董事和高管合谋，有效地维护以及综合权衡各利益相关方的权益，提供企业积极承担对员工的社会责任的程度。其他各控制变量与自变量和因变量之间的相关性也具有较好的显著性，说明本文选取的企业规模、股权结构、企业盈利能力等控制变量是合理的。

五、结论与启示

本文选取 2013~2017 年 A 股上市家族企业作为研究对象，最终获取 4200 个观测值进行实证研究，探讨高管海外背景与企业对员工的内外部社会责任之间的关系。研究发现：高管的海外背景会显著正向影响企业对员工的内部社会责任以及外部社会责任的履行。具有海外背景的高管对国内外企业文化环境都具有更加全面的了解，会受到更多伦理道德的熏陶，树立起正确的价值观。因此在前沿企业战略决策的制定上能够更加具备战略眼光，有助于家族企业在立足我国传统文化的根基上，积极践行对员工的社会责任。加入独立董事人数这一调节变量，会增强高管海外背景与企业对员工的社会责任的正向影响。独立董事人数比例越高，家族企业就越能公平平衡各方面利益，最终做出更加合理的决策，更加积极地去承担对员工的社会责任。基于以上的研究结果，本文提出了以下几个政策性建议：

（1）我国家族企业由于深受我国传统文化的影响，企业内部会具备鲜明的中国式领导管理风格，而具有海外背景的高管会受到西方管理和文化理念的熏陶，在企业决策的时候会更加偏向中西合璧，扬长避短。上市家族企业高管海外背景对企业履行员工社会责任有明显的促进作用，佐证了国家及企业的海外人才引进计划具有相关理论依据和必要性。因此政府在继续实施海外高层次人才引进计划的同时，可以出台相关优惠政策鼓励家族企业招募具有海外背景的高管加入高管团队，发挥高管海外背景提升企业对员工社会责任的履行作用。企业在组建高管团队时，应适当考虑聘用具有海外背景的管理者，高管具有国外先进的管理理念和经验能够进一步给家族企业注入新鲜的血液，有利于企业履行对员工的社会责任，促使企业的长期可持续发展。

（2）中国文化的特殊性决定了我们不能简单照搬西方的先进管理理论，因此需要从我国传统文化特性以及东方管理思想角度，来探索家族企业应该如何履行对员工社会责任的对策。因此，政府需要建立符合我国国情的企业需要承担的相关员工社会责任规章制度，并且配套相应的奖惩机制，规范企业承担员工社会责任行为。企业需要基于东方管理学的“三为”管理思想，从以人为本、以德为先、人为为人三个方面积极承担对员工的社会责任。修身正己，保障雇佣关系，尊重人才与员工的诉求，亲近员工满足其合理的物质与精神需求，减少离职率，打造企业无形竞争力以及长远发展储备资源。

（3）独立董事比例的提升有助于企业积极承担对员工的社会责任，进一步促进企业更加规范运作。家族企业应该适当提高独立董事人数的比例，推行专业化和职业化的独立董事。提名、选拔以及聘任独立董事时秉持科学标准客观的原则，给独立董事创造适当的权限，进而帮助公司提升决策效率和决策效果。

参考文献

[1] 许晟，余明阳，薛可，周光. 中小家族企业社会责任认知与实践的实证研究 [J]. 管理学报，2016（12）：1859-1865.

[2] David Wheeler，Maria Sillanpa. Including the stakeholders：The business case [J]. Long Range Planning，1998（2）：1-210.

[3] Thomas A. S，Simerly R L. Internal Determinants of Corporate Social Performance：The Role of Top Managers [J]. Academy of Management Proceedings，1995（1）：411-415.

［4］［美］R. M. 霍德盖茨. 美国企业经营管理概论［M］. 中国人民大学工业经济系编译. 北京：中国人民大学出版社，1985.

［5］文雯，宋建波. 高管海外背景与企业社会责任［J］. 管理科学，2017（2）：119-131.

［6］杜勇，鄢波，张欢，步丹璐. 慈善捐赠、政府补助与扭亏绩效——基于中国亏损上市公司的经验证据［J］. 经济科学，2015（4）：81-94.

［7］冯均科，侯玮，马晨. 独立董事团队异质性对企业内部控制缺陷披露质量的影响［J］. 商业研究，2017（9）：127-134.

［8］梁权熙，曾海舰. 独立董事制度改革、独立董事的独立性与股价崩盘风险［J］. 管理世界，2016（3）：144-159.

［9］Jiang W，Wan H L，Zhao S. Reputation concerns of independent directors：Evidence from individual director voting［J］. Review of Financial Studies，2016，29（3）：655-696.

［10］王建琼，何静谊. 公司治理、企业经济绩效与企业社会责任——基于中国制造业上市公司数据的经验研究［J］. 经济经纬，2009（2）：83-86.

［11］秦续忠，王宗水，赵红. 公司治理与企业社会责任披露——基于创业板的中小企业研究［J］. 管理评论，2018（3）：188-200.

［12］Archie B Carroll. The Pyramid of corporate social responsibility：Toward the moral management of organizational stakeholders［J］. Business Horizons，1991，34（4）：39-48.

［13］王能，李万明，郭文頔. 经济新常态背景下企业社会责任履行的经济效应［J］. 经济问题，2018（3）：66-72.

［14］王艺明，刘一鸣. 慈善捐赠、政治关联与私营企业融资行为［J］. 财政研究，2018（6）：54-69.

抱残守缺与小富即安：业绩期望差距对家族企业传承后创新的影响*

吴　炯　戚阳阳

（东华大学旭日工商管理学院，上海　200051）

［摘　要］当前，家族企业正面临着代际传承与创新转型的双重挑战，并成为学术研究的焦点问题。然而，现有文献较少回答家族外因素对传承效果的影响，特别是传承前的企业业绩背景尚未得到足够关注。本文选择2000~2017年已完成代际传承的上市家族企业样本，实证分析了传承前的业绩期望差距对传承后企业创新的影响。研究发现，传承前的业绩期望差距与传承后创新活动间存在显著的倒"U"形关系，这说明家族企业传承中存在"抱残守缺"与"小富即安"现象；进一步研究发现，企业的冗余资源对上述关系具有显著的正向调节作用，而接班人上任前在企业的任职时间和传承当年接班人持股比例对上述关系则具有显著的负向调节作用，这有利于解释"抱残守缺"与"小富即安"现象背后的资源约束、群体一致性等影响因素的存在。本文为家族企业选择传承时机提供了新的参考角度，为家族企业传承后如何有效开展创新提供了有益的借鉴，丰富了家族企业代际传承和社会嵌入等方面的研究。

［关键词］业绩期望差距；家族企业传承；创新性活动；社会嵌入

一、引言

未来5~10年中国约有300万家家族企业将进入传承与创新转型的双重挑战关键期。家族企业是在业绩发展的顺境期传承？还是在业绩发展的逆境期传承？又或者存在更复杂的传承时机选择方式？现有文献尚未回答上述问题。与此同时，根据普华永道发布的《2018年全球家族企业调研——中国报告》，有77%的内地家族企业领导者对创新挑战的担忧大大超出了他们感受到的其他挑战①。在这一现实背景下，关注企业传承前的业绩表现与传承后创新性活动间的关系，无疑具有重要的实践意义。

家族企业传承期究竟促进了还是抑制了接班人上任后的创新活动？关于这一问题，学术界有不同的看法。Munoz-bullon和Sanchez-Bueno认为，家族企业以长期发展为导向，这会促使他们在传承期鼓励接班人参与创新活动，并且承担风险的意愿也会增强。Letonja和Duh认为传承期是家族企业的战略机遇期，加大研发投入等创新性活动是企业抓住战略机遇的有效方式，即传承

① 普华永道. 2018年全球家族企业调研——中国报告［J/OL］. https：//www. pwccn. com/zh/research-and-insights. html.

促进创新。与此相反的是，陈凌和应丽芳认为家族企业传承期企业内部面临着一系列的人事变动和架构调整，为了平稳度过传承期和保护社会情感财富，会表现出风险规避倾向，这在一定程度上抑制了接班人的冒险创新行为。Hauck 和 Rnigl 提出在代际传承重要阶段虽然接班人倾向于开展创新活动，但是代际权威阻碍了接班人的创新活动。赵晶和孟维恒实证研究发现，由于接班人上任后迫切想要改变“少主难以服众”的窘境，会优先投资见效快的短期项目，因此降低了企业创新水平。

可以看出，现有文献大多从家族承诺、代际权威等家族背景来探讨传承期对接班人创新行为的影响，而有关企业背景如董事会和企业绩效等对代际传承中企业创新的影响的系统研究较少。事实上，企业经营业绩状况是引致创新活动不可忽略的驱动因素。因此，本文从企业的业绩背景出发，重点关注代际传承前企业层面的业绩表现是否会影响传承后接班人的创新性活动，以期为家族企业选择合适的传承时机提供企业背景层面的参考。为了实现这一研究目的，本文将首先回顾家族企业治理领域的已有文献，并基于业绩反馈和社会嵌入的相关理论提炼出相应的研究假设。其次，介绍本文的研究方法、数据来源及变量设定。最后，实证检验相关假设，并对研究结果和不足之处做进一步的讨论。

二、理论分析与研究假设

决策者在衡量企业经营业绩状况时，通常会预先设定一个经营业绩期望的满意值作为参考点，通过评估当前实际业绩与期望水平的差距，将实际业绩低于期望水平的状态界定为逆差状态，反之则为顺差状态，并以此决定后续的行为选择（连燕玲等，2014）。已有研究发现，在两种不同业绩状态下决策者可能会采取完全不同的决策行为。具体表现为，在企业常规发展时期，处于逆差的低业绩水平状态下的企业倾向于冒险创新，而处于顺差的高业绩水平状态下的企业则倾向于战略保守。“子承父业”的代际传承期是家族企业特殊的发展阶段，这一时期业绩偏离期望水平对创新活动的影响是否会不同于一般情形？这是本文关注的重点问题之一。

（一）业绩期望差距对传承后创新性活动的影响

（1）抱残守缺：低业绩水平与传承后创新性活动。在实际业绩低于期望水平时家族企业会因资源不足而倾向于减少创新性活动，特别是当其处于代际传承期时，其风险规避、追求社会情感财富等家族特性会加剧资源对创新的束缚，从而家族企业表现出“抱残守缺”的趋势。资源基础理论认为丰富的资源增加了企业技术创新成功的概率，资源缺乏的企业很难通过创新实现成长，甚至直接对企业的创新绩效产生消极影响。作为民营企业主体的家族企业，与实力雄厚的国有大中型企业相比，在实施创新活动过程中面临的一个突出问题便是企业本身资源匮乏，尤其业绩不断下滑时资源不足的问题将更加严峻。Chen 和 Miller 借鉴“威胁-刚性”假说，认为业绩不断下滑的企业面临较大的生存压力和破产威胁，随之而来的是可用资源短缺以及信息加工能力受限，因此导致企业较为保守的战略决策行为。

需要说明的是，虽然企业的资源困境会给创新活动带来一些阻碍，但是否一定导致企业创新决策的减少？目前这仍是一个没有解决的问题。本文认为造成结论不一致的原因很有可能是研究情境不同。就代际传承情境下的家族企业而言，因其处于传承的特殊发展时期，更容易表现出强烈的家族性特征，从而加剧资源对创新的束缚，导致企业更倾向于保守的、保存资源的谨慎战略，并且低绩效导致的资源束缚越大，家族特性对创新的负向效应越明显。这是因为，第一，与非家族企业相比，家族企业以稳定但相当规避风险的特质而闻名，即使业绩表现不符合预期，为了保持连续性和特定的传统，或者注重非经济目标和长期定位，家族企业仍会选择坚持不改变。第二，通常情况下，一代交班人本身就对企业有着极强的控制欲，在实际业绩低于期望水平时传承，基于对接班人能力的不信任和企业持续经营的考虑，更加不愿放手让接班人将有限的资源投入不确定性较大的创新活动中。即使交班人敢于放手，共同经历过创业艰难的企业元老也会为了平稳度过代际传承期，而选择暂时回避业绩下滑的事实，做出保护现有社会情感财富的决策。第三，接班人也会基于获取权力、培育信任的考虑，而主动回避一些高风险的投资战略，如研发费用的投入，转而优先将有限的资源分配给可见度高、风险小、见效快的短期项目，以争取早日走出业绩困境。于是家族特性进一步加剧了资源不足对企业创新的束缚，导致家族企业传承后出现“抱残守缺”现象。

（2）小富即安：高业绩水平与传承后创新性活动。家族企业在实际业绩高于期望水平时传承，更容易受到群体思维和一致性压力的影响而倾向于减少创新性活动，绩优状态下冒险动机不足的家族特性则会加剧群体思维对创新的束缚，从而家族企业表现出“小富即安”的趋势。家族企业的代际传承过程伴随着接班人嵌入企业原有的高管群体网络，该群体的网络关系情况深刻地影响着接班人的创新决策等行为。家族企业的高管群体网络具有高凝聚力的特点，但过高的凝聚力容易使成员过分在意家族和彼此需求，产生群体一致性，抑制新想法和独立思想的产生。处于高绩效水平下的家族企业，在接班人上任初期有很大可能沿用以往的经营方式而较少进行创新。原因在于交班人建构的社会系统和人际网络在这一时期仍具有较强的稳固性和凝聚力，虽然接班人的创新性活动可能有利于企业的长远发展，但满意的业绩表现使家族高管群体相信以往积累的经验和惯例是对的，于是会选择暂时掩盖接班人的差异性观点，做出维持原先经营方式的一致性决策。受家族企业内部群体思维和群体一致性的约束，接班人为了获得在管理团队中的认同，往往会变得没有主见而与群体保持一致，因此会倾向于减少创新性活动。

在绩优状态下传承的家族企业，冒险动机不足的特性加剧了群体一致性压力对创新的束缚，且业绩表现越高于预期水平，动机不足对创新的束缚效果越明显。Chrisman 等在对家族企业创新问题的研究中发现，业绩期望顺差给家族企业带来了创新能力上的优势，但由于家族企业常见的创新意愿不足的问题，使创新绩效差强人意。此时家族接班人进入企业，嵌入创新动机不足的社会系统和人际网络中，即使具有创新意愿，也很难具备说服力和号召力，于是其创新性活动很难得到企业元老们的信任和支持。此外，处于二代接班人经营下的家族企业更具有“守业情结”，交班人多年经营下的企业形成了一套固有的管理以及战略选择模式，尤其当这种经营模式带来的绩效超出企业的期望水平，会使接班人专注于父辈积累的经验而缺乏搜寻外部信息的动机，因此更倾向于采取安稳的战略，而不是进行冒险创新。

基于上述分析可以合理地猜想，家族企业在代际传承时期，业绩期望差距与传承后创新性活动间可能会有如图 1 的演变过程。在业绩偏离期望水平的逆差和顺差两种情形下，资源不足和群体一致性压力均倾向于减少企业传承后的创新性活动，业绩期望差距与创新性活动间近似呈现图 1（a）中的线性关系。另外，在图 1（a）的基础上，处于代际传承时期的家族企业，更易表现出强烈的家族特性，受其影响业绩期望差距与创新性活动间的关系表现出图 1（b）中的非线性倾向。图 1（c）即是在（a）、（b）叠加效应的作用下，导致业绩期望差距与传承后创新性活动间最终呈现出倒“U”形的关系。因此，本文提出如下假设：

H1：家族企业传承时期，传承前的业绩期望差距与传承后创新性活动间存在倒“U”形关系。

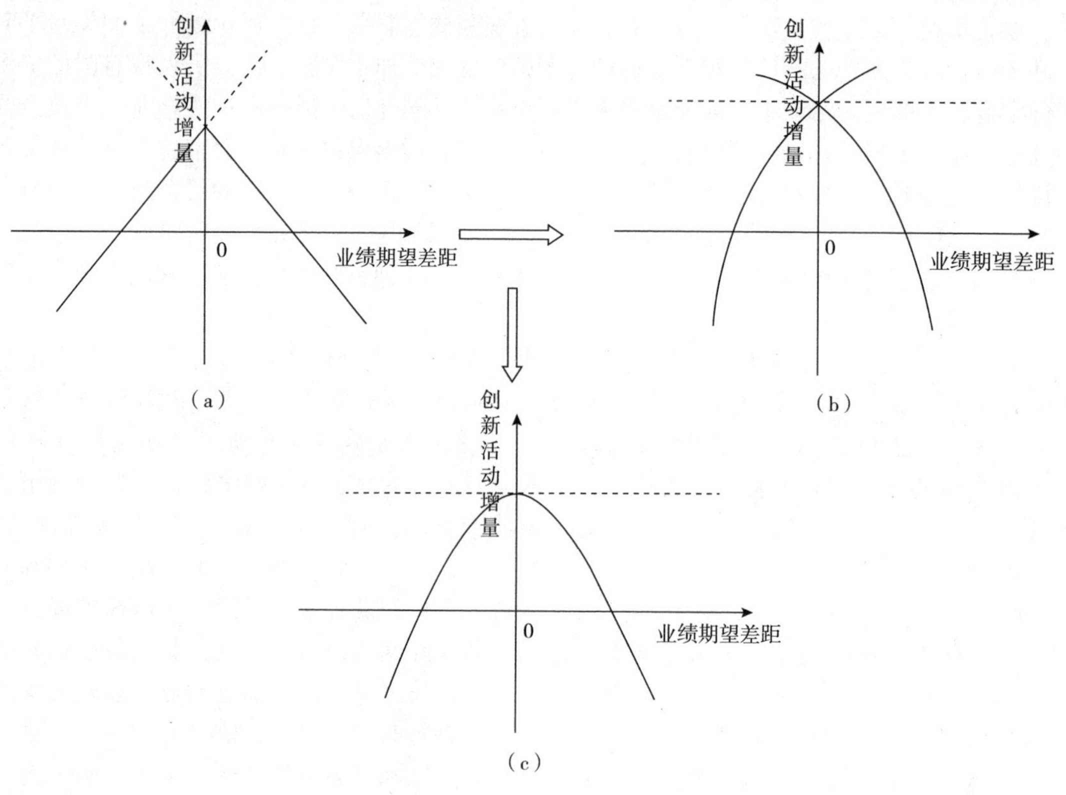

图1　业绩期望差距与传承后创新性活动的关系

（二）业绩期望差距对传承后创新性活动影响的深入分析

（1）冗余资源的调节作用。此前假设倒“U”形关系形成的理论基础之一，是受到资源的约束。那么，企业不同的资源禀赋是否会影响传承后的创新活动？更进一步地，资源禀赋高的家族企业是否能随着业绩的好转更快地走出资源对创新的约束？如果回答是肯定的，也就说明了用资源基础理论解释“抱残守缺”现象的合理性。借鉴李晓翔和刘春林的研究，企业的资源禀赋可以用冗余资源来衡量。由此，本文引入企业冗余资源作为业绩期望差距与创新性活动间关系的调节变量。

本文认为当企业实际业绩与期望水平存在偏差时，冗余资源越多的家族企业在传承后越倾向于增加创新性活动。原因分为以下两点：其一，实际业绩低于期望水平时，丰富的冗余资源赋予接班人更多的资源运作权，相对于冗余资源少的企业，接班人有更多的空间和机会去冒险，同时充分的冗余资源能够增强企业元老们对待冒险创新行为的忍受程度，降低企业内部管理层对失败的恐惧。其二，实际业绩高于期望水平时，良好的经营状况加之丰富的冗余资源使接班人和企业高管对可感知的冒险能力更加自信，促使其敢于将创新等活动制度化，为后续的研发投入提供了制度保障。在这种情况下的管理层认为即使决策失误也不会对企业产生实质性的打击，即冒险的损失所导致的边际效用比较小，因此接班人更倾向于开展创新性活动。基于上述分析，本文提出如下假设：

H2：冗余资源正向调节业绩期望差距与创新性活动间的倒“U”形关系，亦即随着企业冗余资源的增多，会增强业绩期望差距与创新性活动间的倒“U”形关系。

（2）接班人上任前在企业的任职时间的调节作用。此前假设倒“U”形关系形成的理论基础之一是受到群体一致性的约束，导致群体内更容易产生群体思维。接班人上任前在企业的任职时间能够在一定程度上反映接班人与高管群体的一致性程度。那么，任职时间长短是否会影响传承后的创新性活动？更进一步地，接班人上任前在企业任职时间长的家族企业是否会随着业绩的好转反而减少了创新性活动？如果回答是肯定的，也就说明了用群体思维和一致性压力解释“小富即安”现象的合理性。由此，本文引入接班人上任前在企业的任职时间作为业绩期望差距与创新性活动间关系的调节变量。

本文认为当企业实际业绩偏离期望水平时，接班人上任前在家族企业任职时间越长，传承后越倾向于减少创新活动。一方面，任职时间越长意味着接班人嵌入家族网络的程度越深，更容易建立起对家族企业的情感认同，关于公司战略和企业现状更容易与高管群体形成一致的理解，但随着任职于家族企业内的时间增加，接班人容易形成固定思维。尤其当企业处于低绩效水平时，接班人上任后不愿意听取不同意见并及时应对市场环境变化，反而日趋保守，这可能会降低决策过程质量并阻碍组织创新。另一方面，接班人较早进入企业，嵌入家族网络内部，增加了其学习经营所需的核心知识和技能的机会，同时相比于进入家族企业较晚的接班人，较长的任职时间使接班人更容易继承父辈的特殊资产（如社会资本等），从而对创新的需求可能更低。基于上述分析，本文提出如下假设：

H3：接班人上任前在企业的任职时间负向调节业绩期望差距与创新性活动间的倒“U”形关系，亦即随着接班人上任前在企业任职时间的增加，会减弱业绩期望差距与创新性活动间的倒“U”形关系。

（3）接班人持股比例的调节作用。此前分析认为在业绩偏离期望水平时传承的家族企业，家族特性会进一步加剧资源不足和一致性压力对创新的束缚，导致企业业绩期望差距与传承后创新性活动间呈现倒“U”形的关系。那么接班人持股比例作为企业家族属性特征的体现是否会影响传承后的企业创新活动？更进一步地，接班人持股比例多的家族企业是否会随着业绩的好转反而减少了创新活动？如果回答是肯定的，也就说明了家族属性特征的确加剧了资源和群体一致性对传承后企业创新性活动的负向影响。由此，本文引入接班人持股比例作为业绩期望差距与创新性活动间关系的调节变量。

本文认为在企业实际业绩偏离期望水平的状态下，接班人持股比例越多的家族企业在传承后越倾向于减少创新活动。原因可从“家族嵌入”的角度解释：已有研究表明企业整体嵌入家族网络中是家族企业“家族嵌入”的一个层面。接班人持股比例代表其控制企业和参与企业经营管理的程度，同时接班人又是家族网络中的关键成员，因此接班人持股比例越多代表企业整体嵌入家族网络的程度越深，受家族化特征的影响将会更加明显，从而在传承后倾向于减少创新性活动。具体表现为接班人持股比例越多的家族企业，在业绩低于期望水平时传承，更倾向于追求企业生存与家族声誉等非经济目标；在业绩高于期望水平时传承，更倾向于追求家族和谐稳定、家族财富平稳增长等目标，这无疑会导致传承后企业战略决策的保守和冒险创新的动机不足。基于上述分析，本文提出如下假设：

H4：接班人持股比例负向调节业绩期望差距与创新性活动间的倒“U”形关系，亦即随着接班人持股比例的增加，会减弱业绩期望差距与创新性活动间的倒“U”形关系。

综上所述，本文实证研究的理论框架可以由图2表示。

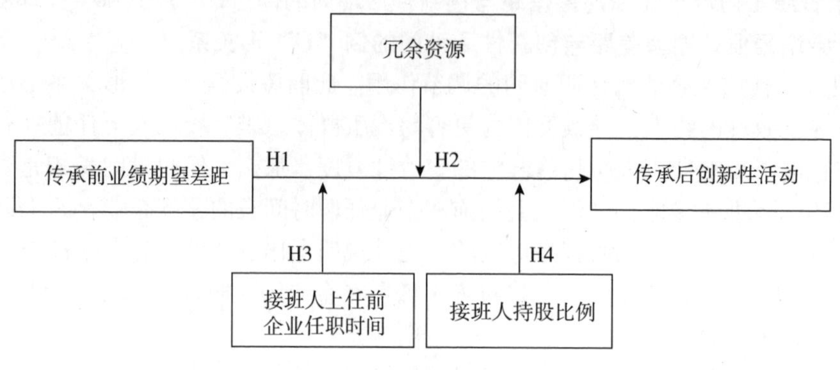

图 2　理论模型与研究假设

三、研究设计

（一）样本选择与数据来源

本文选取 2000~2017 年已完成传承的上市家族企业作为研究对象。按照以下步骤进行样本筛选：①从 CSMAR 数据库下载截至 2017 年 12 月 31 日的全部民营上市公司样本（共 2402 家）；②通过“实际控制人类型”和“实际控制人链图”找到实际控制人为家族成员的企业（共 597 家）；③剔除 ST、SST 和 *ST 公司样本，剩下 521 家；④筛选得到子代在企业中任职的样本（共 196 家）；⑤将子代在企业担任董事长或总经理看作完成了代际传承，剔除尚未完成代际传承和所需数据严重缺失的企业样本，最终得到 123 份样本。

本文所用的数据：企业经营相关的数据来源于 CSMAR 数据库、CCER 数据库和同花顺数据库；创新性活动的数据来源于 CSMAR 数据库、上市公司年报以及 RESSET 金融研究数据库；企业特征相关的数据来源于新浪财经网和上市公司年报，并进行手工整理。此外，为了确保接班人信息和传承时间的准确性，本文还利用百度、Google、新浪微博等搜索平台获取相关的企业信息以相互验证。

（二）变量定义

（1）被解释变量。创新性活动增量（$Creat_{i,t+1}$）。借鉴张远飞等、严若森和杜帅等学者的研究，研发投入可以作为创新性活动的测量指标，同时为了消除企业规模等因素的影响，选择研发投入比率（$RD_{i,t+1}$，研发投入/总销售收入）来测量创新性活动。考虑到本文探讨的是传承前后企业创新水平的变化，而且创新投入具有连续性，因此选择用传承后一年（t+1 期）的研发投入比率减去传承前一年（t-1 期）的研发投入比率，用得到的增量指标进行比较则更为科学合理。

（2）解释变量。业绩期望差距。借鉴以往研究，业绩期望差距主要包括行业业绩期望差距和历史业绩期望差距。因为同行业表现和自身历史表现是未来决策的重要参考，相关决策和背景可以更好地理解组织决策过程。

1）行业业绩期望差距（$P_{i,t-1}-IE_{i,t-1}$），即实际业绩与行业业绩期望水平的差距。行业业绩期望水平的计算公式如式（1）所示：

$$IE_{i,\ t-1} = (1-\alpha_1)\ IM_{i,\ t-2} + \alpha_1\ IE_{i,\ t-2} \tag{1}$$

式（1）中，$IM_{i,t-2}$为企业所在行业t-2期的行业业绩中位值水平，α_1代表权重，取值为［0，1］之间的数值。Chen在其研究中发现α_1取不同值时对结果的影响基本相同，于是取$\alpha_1=0.4$进行结果汇报，其后诸多学者（连燕玲等，2014；贺小刚等，2016）也借鉴这一数据处理方式进行结果汇报。基于此本文也采用该做法，选择汇报$\alpha_1=0.4$时的检验结果，即企业i在t-1时期的行业业绩期望值$IE_{i,t-1}$是企业i在t-2期的行业业绩中位值（权重为0.6）和t-2期的业绩期望（权重为0.4）的加权组合，其中t-2期的业绩期望用t-3期的行业业绩中位值表示。以$P_{i,t-1}$代表企业i过去一年的实际业绩，则$P_{i,t-1}-IE_{i,t-1}$即为行业业绩期望差距。相应地，$P_{i,t-1}-IE_{i,t-1}<0$表示企业i在t-1期的实际业绩低于行业业绩期望水平；$P_{i,t-1}-IE_{i,t-1}>0$表示企业i在t-1期的实际业绩高于行业业绩期望水平。

2）历史业绩期望差距（$P_{i,t-1}-A_{i,t-1}$），即实际业绩与历史业绩期望水平的差距。与行业业绩期望水平类似的方法可以得到历史业绩期望水平，计算公式如式（2）所示：

$$A_{i,\ t-1} = (1-\alpha_1)\ P_{i,\ t-2} + \alpha_1\ A_{i,\ t-2} \tag{2}$$

式（2）中的α_1代表权重，同样地，仅汇报$\alpha_1=0.4$时的检验结果。企业i在t-1的历史业绩期望值$A_{i,t-1}$是企业i在t-2期的实际业绩和t-2期的业绩期望的加权组合。于是，也可以分别得到历史业绩期望逆差和历史业绩期望顺差。

企业的实际业绩用资产收益率ROA（净利润/总资产）来衡量，后续稳健型检验选择以权益收益率ROE（净利润/总权益）替换资产收益率ROA。

（3）控制变量。参考以往研究文献（连燕玲等，2014；贺小刚等，2016；刘鑫、薛有志，2015），主要对以下影响业绩期望差距与企业创新性活动的变量进行控制：①企业年龄（*Flife*）：以公司成立时间的自然对数衡量；②企业规模（*Size*）：以公司传承当年期末资产的自然对数衡量；③两职兼任（*Duality*）：若董事长兼任总经理则取1，否则取0；④董事会规模（*Bsize*）：以传承年末董事会总人数衡量；⑤公司业绩（*Roa*）：选取公司传承当年的总资产净利率（ROA）衡量公司业绩；⑥财务杠杆（*DFL*）：反映企业债务对投资者收益的影响；⑦所属行业（*Hitec*）：按照国科发火〔2008〕172号《高新技术企业认定管理办法》将行业按照二级代码划分为高科技行业和非高科技行业，前者记为1，后者记为0。此外，本文还设置了年份虚拟变量来控制年份差异对创新性行为的影响。后续稳健性检验中增加了如下控制变量，在此一并列示：①公司成长性（*Growth*）：以主营业务收入增长率衡量；②资产负债率（*Debt*）：公司期末总资产与总负债的比率；③现金比率（*Cash*）：用货币资金和有价证券之和与流动负债的比率来衡量；④地区（*Area*）：根据世界银行2006年对中国区域划分的标准，设置公司所属地区的虚拟变量，东部地区记为1，非东部地区记为0。

（4）调节变量。①冗余资源（$Slack_{i,t}$）：借鉴Bromiley（1991）的方法，将冗余资源分为已吸收冗余（期间费用/营业收入）、未吸收冗余（流动资产/总资产）和潜在冗余（所有者权益/负债），取三者的加总衡量企业的资源冗余程度。②接班人持股比例（$Share_{i,t}$）：选取传承当年接班人持有的股本数占公司发行总股本数的百分比来衡量。③接班人上任前在企业的任职时间（*Term*）：以传承年份减去接班人首次进入企业任职的年份，接班人进入母公司、子公司、孙公司工作均属于进入企业任职。

（三）检验模型

基于本文研究假设，为检验H1，设定以下回归模型：

$$Creat_{i,\ t+1}=\beta_0+\beta_1(P_{i,\ t-1}-IE_{i,\ t-1})+\beta_2(P_{i,\ t-1}-IE_{i,\ t-1})2+\beta_c Control_{i,\ t}+\varepsilon_{i,\ t} \tag{3}$$

$$Creat_{i,\ t+1}=\beta_0+\beta_1(P_{i,\ t-1}-A_{i,\ t-1})+\beta_2(P_{i,\ t-1}-A_{i,\ t-1})2+\beta_c Control_{i,\ t}+\varepsilon_{i,\ t} \tag{4}$$

为检验 H2，设定以下回归模型：

$$Creat_{i,\ t+1}=\beta_0+\beta_1(P_{i,\ t-1}-IE_{i,\ t-1})+\beta_2(P_{i,\ t-1}-IE_{i,\ t-1})2+\beta_3 Slack_{i,\ t}+\beta_4 Slack_{i,\ t}\times(P_{i,\ t-1}-IE_{i,\ t-1})+\beta_5 Slack_{i,\ t}\times(P_{i,\ t-1}-IE_{i,\ t-1})2+\beta_c Control_{i,\ t}+\varepsilon_{i,\ t} \tag{5}$$

$$Creat_{i,\ t+1}=\beta_0+\beta_1(P_{i,\ t-1}-A_{i,\ t-1})+\beta_2(P_{i,\ t-1}-A_{i,\ t-1})2+\beta_3 Slack_{i,\ t}+\beta_4 Slack_{i,\ t}\times(P_{i,\ t-1}-A_{i,\ t-1})+\beta_5 Slack_{i,\ t}\times(P_{i,\ t-1}-A_{i,\ t-1})2+\beta_c Control_{i,\ t}+\varepsilon_{i,\ t} \tag{6}$$

为检验 H3，设定以下回归模型：

$$Creat_{i,\ t+1}=\beta_0+\beta_1(P_{i,\ t-1}-IE_{i,\ t-1})+\beta_2(P_{i,\ t-1}-IE_{i,\ t-1})2+\beta_3 Term+\beta_4 Term\times(P_{i,\ t-1}-IE_{i,\ t-1})+\beta_5 Term\times(P_{i,\ t-1}-IE_{i,\ t-1})2+\beta_c Control_{i,\ t}+\varepsilon_{i,\ t} \tag{7}$$

$$Creat_{i,\ t+1}=\beta_0+\beta_1(P_{i,\ t-1}-A_{i,\ t-1})+\beta_2(P_{i,\ t-1}-A_{i,\ t-1})2+\beta_3 Term+\beta_4 Term\times(P_{i,\ t-1}-A_{i,\ t-1})+\beta_5 Term\times(P_{i,\ t-1}-A_{i,\ t-1})2+\beta_c Control_{i,\ t}+\varepsilon_{i,\ t} \tag{8}$$

为检验 H4，设定以下回归模型：

$$Creat_{i,\ t+1}=\beta_0+\beta_1(P_{i,\ t-1}-IE_{i,\ t-1})+\beta_2(P_{i,\ t-1}-IE_{i,\ t-1})2+\beta_3 Share_{i,\ t}+\beta_4 Share_{i,\ t}\times(P_{i,\ t-1}-IE_{i,\ t-1})+\beta_5 Share_{i,\ t}\times(P_{i,\ t-1}-IE_{i,\ t-1})2+\beta_c Control_{i,\ t}+\varepsilon_{i,\ t} \tag{9}$$

$$Creat_{i,\ t+1}=\beta_0+\beta_1(P_{i,\ t-1}-A_{i,\ t-1})+\beta_2(P_{i,\ t-1}-A_{i,\ t-1})2+\beta_3 Share_{i,\ t}+\beta_4 Share_{i,\ t}\times(P_{i,\ t-1}-A_{i,\ t-1})+\beta_5 Share_{i,\ t}\times(P_{i,\ t-1}-A_{i,\ t-1})2+\beta_c Control_{i,\ t}+\varepsilon_{i,\ t} \tag{10}$$

其中，Control=｛*Flife*，*Size*，*Duality*，*Bsize*，*Roa*，*DFL*，*Hitec*，*Year*｝。

变量定义如表 1 所示。

表 1　变量定义

变量类别	变量名称	计算方法
被解释变量	创新性活动增量（$Creat_{i,t+1}$）	（t+1）期的研发投入比率减去（t−1）期的研发投入比率
解释变量	行业业绩期望差距（$P_{i,t-1}-IE_{i,t-1}$）	实际业绩与行业业绩期望水平的差距
	历史业绩期望差距（$P_{i,t-1}-A_{i,t-1}$）	实际业绩与历史业绩期望水平的差距
调节变量	冗余资源（*Slack*）	（期间费用÷营业收入）+（流动资产÷总资产）+（潜在冗余所有者权益÷负债）
	接班人上任前在企业的任职时间（*Term*） 接班人持股比例（*Share*）	企业代际传承年份−接班人进入公司任职的年份 接班人持有的股本数÷公司发行总股本数

续表

变量类别	变量名称	计算方法
控制变量	企业年龄（*Flife*）	公司成立时间的自然对数
	企业规模（*Size*）	公司传承当年期末资产的自然对数
	两职兼任（*Duality*）	董事长兼任总经理则取1，否则取0
	董事会规模（*Bsize*）	传承年末董事会总人数
	公司业绩（*Roa*）	公司传承当年的总资产净利率
	财务杠杆（*DFL*）	（净利润+所得税费用+财务费用）÷（净利润+所得税费用）
	所属行业（*Hitec*）	高科技行业为1，非高科技行业为0
	年份（*Year*）	虚拟变量，传承当年年份
	公司成长性（*Growth*）	（本期主营业务收入-上期主营业务收入）÷上期主营业务收入
	资产负债率（*Debt*）	公司期末总资产÷总负债
	现金比率（*Cash*）	（货币资金+有价证券）÷流动负债
	地区（*Area*）	东部地区为1，非东部地区为0

四、实证结果与分析

（一）描述性分析

表2是主要变量的描述性统计结果。结果显示，创新性活动增量的均值为0.11%，最小值为-3.49%，最大值为3.73%，说明研发投入增量在样本企业间变化较大；行业业绩期望差距的最大值为27.86%，最小值为-14.92%，标准差为6.02，说明样本企业间对自身业绩与行业业绩比较后的期望差距较大；历史业绩期望差距的最大值为22.46%，最小值为-14.12%，标准差为5.29，说明样本企业与自身历史业绩比较后感受到的期望差距的差异程度也较大；同时也可以看出历史业绩期望差距与行业业绩期望差距的样本特征保持一致。从均值来看，行业业绩期望差距的均值为0.57%，历史业绩期望差距的均值为-0.71%，说明样本中的家族企业更大程度地处于自身实际业绩与历史业绩相比后的逆差状态。冗余资源的均值为4.23，说明样本企业普遍拥有一定的冗余资源；接班人持股比例的均值是0.07，说明样本中企业有一定的家族性特征；接班人上任前在企业的任职时间均值为4.32年，说明大多数企业的接班人在上任前就已在企业工作；企业年龄和企业规模经对数处理后均值分别为3.01、12.18，且经对数处理后企业年龄的极大值为3.56，与均值差距较小，说明样本企业年龄总体较长且企业规模较大；两职兼任的均值为0.17，说明样本中两职兼任的企业占比为17%；高新技术企业的均值为0.22，说明样本中家族企业有22%是高新技术企业；此外，样本中董事会规模均值为8.11，企业业绩均值为7.04%，财务杠杆均值为1.18，最大值为6.45，说明财务杠杆在样本间差距较大。

表 2　主要变量的描述性统计

变量	Mean	Std. Dev.	Min	Max
Creat（%）	0. 1061	0. 8808	-3. 4900	3. 7300
$(P_{i,t-1}-IE_{i,t-1})$（%）	0. 5705	6. 0197	-14. 9157	27. 8557
$(P_{i,t-1}-IE_{i,t-1})^2$（‰）	36. 2682	81. 0177	0. 0000	775. 9378
$(P_{i,t-1}-A_{i,t-1})$（%）	-0. 7053	5. 2939	-14. 1190	22. 4592
$(P_{i,t-1}-A_{i,t-1})^2$（‰）	28. 2582	65. 8534	0. 0003	504. 4175
Slack	4. 2349	7. 1616	0. 0379	51. 9398
Share	0. 0691	0. 1221	0. 0000	0. 5899
Term	4. 3171	4. 3350	0. 0000	21. 000
Flife	3. 0074	0. 2475	1. 9459	3. 5553
Size	12. 1756	1. 4367	9. 8397	22. 5213
Duality	0. 1736	0. 3803	0. 0000	1. 0000
Bsize	8. 1057	2. 2021	0. 0000	14. 0000
Roa（%）	7. 0358	6. 0829	-4. 1629	34. 3814
DFL	1. 1800	0. 9428	0. 0000	6. 4460
Hitec	0. 2195	0. 4156	0. 0000	1. 0000

（二）回归结果分析

在分析之前，为保证模型估计的有效性和一致性，对所有解释变量进行了方差膨胀因子（VIF）诊断，结果显示所有变量的 VIF 值均小于 10，表示不存在多重共线性问题。同时对模型进行了 D-W 检验，结果表明各模型残差均服从正态分布，模型具有较强的解释能力。

（1）业绩期望差距与传承后创新性活动的主效应检验。表 3 列示了业绩期望差距与传承后创新性活动的主效应检验模型，模型 1 考察控制变量对传承后创新性活动的影响。模型 2 和模型 3 检验传承前行业业绩期望差距对传承后创新性活动的影响。模型 2 中行业业绩差距与创新性活动呈显著正相关（Beta = 0. 05，p<0. 05），同时模型 3 的检验结果进一步发现，行业业绩期望差距的平方项与创新性活动有显著的负相关关系（Beta = -0. 002，p<0. 1），即倒“U”形关系的假设成立，并且由模型 2 到模型 3，调整 R^2 由 0. 09 增加到 0. 10，进一步说明各模型具有较好的解释力度。因此，H1 部分成立。模型 4 和模型 5 检验传承前历史业绩期望差距对传承后创新性活动的影响，回归结果发现历史业绩期望差距与创新性活动具有正相关关系（Beta = 0. 005）但不显著，同时历史业绩期望差距的平方项与创新性活动的负相关关系（Beta = -0. 002）也不显著。借鉴董维维等的观点，历史业绩期望差距与创新性活动的主效应不显著，可能是存在显著的调节效应掩盖或歪曲了历史业绩期望差距对创新性活动的作用机制，主效应需要调节变量来显现。因此认为历史业绩期望差距与创新性活动的关系虽有倒“U”形趋势，但仍需进一步检验。故尚不能判断 H1 是否完全成立。

表 3　业绩期望差距与传承后创新性活动的主效应检验结果

变量	基于行业业绩期望差距（$X=P_{i,t-1}-IE_{i,t-1}$）			基于历史业绩期望差距（$X=P_{i,t-1}-A_{i,t-1}$）	
	模型 1	模型 2	模型 3	模型 4	模型 5
Flife	0. 2006 （0. 3206）	0. 1832 （0. 3140）	0. 2486 （0. 3132）	0. 1321 （0. 3693）	0. 0285 （0. 3853）
Size	0. 0478 （0. 0623）	0. 0504 （0. 0610）	0. 0487 （0. 0604）	0. 0411 （0. 0735）	0. 0361 （0. 0737）
Duality	-0. 1147 （0. 2261）	-0. 1016 （0. 2215）	-0. 1120 （0. 2194）	-0. 0472 （0. 2795）	-0. 0508 （0. 2797）
Bsize	-0. 0058 （0. 0402）	-0. 0153 （0. 0396）	-0. 0196 （0. 0392）	-0. 0096 （0. 0497）	-0. 0015 （0. 0505）
Roa	0. 0076 （0. 0152）	-0. 0330 （0. 0231）	-0. 0216 （0. 0238）	0. 0021 （0. 0230）	0. 0021 （0. 0230）
DFL	0. 1694 * （0. 0975）	0. 1746 * （0. 0954）	0. 1977 ** （0. 0954）	0. 1559 （0. 1158）	0. 1562 （0. 1158）
Hitec	-0. 2236 （0. 1964）	-0. 2679 （0. 1933）	-0. 2741 （0. 1914）	-0. 2280 （0. 2366）	-0. 1982 （0. 2388）
Year	Yes	Yes	Yes	Yes	Yes
X		0. 0513 ** （0. 0223）	0. 0539 ** （0. 0221）	0. 0046 （0. 0224）	0. 0007 （0. 0227）
X^2			-0. 0019 * （0. 0011）		-0. 0020 （0. 0021）
Cons	-1. 3896 （1. 3338）	-0. 9019 （1. 3230）	-1. 1459 （1. 3175）	-1. 0422 （1. 5547）	-0. 6483 （1. 6101）
N	121	121	121	106	106
F-value	1. 2700	1. 5100 *	1. 6000 *	1. 0400	1. 0400
Adj. R^2	0. 0457	0. 0852	0. 1030	0. 0091	0. 0079

注：括号中数值为标准误差；*** 、** 、* 分别表示在 1%、5%和 10%置信水平上显著。

资料来源：利用 Stata 软件计算。

（2）业绩期望差距与传承后创新性活动的调节效应检验。表 4 列示了业绩期望差距与传承后创新性活动的调节效应检验模型。模型 1 至模型 3 考察引入冗余资源（*Slack*）、接班人持股比例（*Share*）和接班人上任前在企业的任职时间（*Term*）三个变量与行业业绩期望差距的交互项后，未受其他因素影响下的行业业绩期望差距与创新性活动的调节效应结果。可以看出，模型 1 中冗余资源与行业业绩期望差距的一次交互项呈显著的正相关关系（Beta = 0. 01，p<0. 01），并且冗余资源与行业业绩期望差距的二次交互项呈显著的负相关关系（Beta = -0. 001，p<0. 01），表明企业的冗余资源正向调节行业业绩期望差距与创新性活动的倒“U”形关系，企业的冗余资源越

多，倒“U”形曲线越陡峭。模型2的检验结果发现，接班人持股比例与行业业绩期望差距的一次交互项是负相关关系但不显著（Beta=-0.14），但接班人持股比例与行业业绩期望差距的二次交互项呈显著的正相关关系（Beta=0.04，p<0.05），表明持股比例会负向调节行业业绩期望差距与研发投入的倒“U”形关系，使倒“U”形关系更加平缓。模型3的检验结果发现，接班人上任前在企业的任职时间与行业业绩期望差距的一次交互项是显著的负相关关系（Beta=-0.01，p<0.01），同时接班人上任前在企业的任职时间与行业业绩期望差距的二次交互项呈显著的正相关关系（Beta=0.002，p<0.01），表明上任前在企业的任职时间会负向调节行业业绩期望差距与研发投入的倒“U”形关系，接班人上任前在企业的任职时间越长，倒“U”形关系越平缓。模型4至模型6在前三个模型的基础上对相关变量进行控制，三个变量的调节效应在模型4至模型6中依然稳健。进一步地，表4中模型4至模型6的调整R^2依次为0.19、0.14、0.21，相比于表3中模型3的主效应调整R^2，增加量依次为0.09、0.04、0.11，这进一步说明冗余资源（*Slack*）、接班人持股比例（*Share*）和接班人上任前在企业的任职时间（*Term*）三个变量与行业业绩差距的交互项均存在调节效应，支持H2、H3和H4。此外，引入调节变量后历史业绩期望差距与三个调节变量的交互项仍不显著，因此可以排除调节效应导致的主效应不显著问题，认为历史业绩期望差距与创新性活动的倒“U”形关系假设不成立，故H1部分成立。本文认为这一结果与宏观经济波动有关：自2000年以来中国宏观经济从繁荣期过渡到紧缩期，尤其2008年全球金融危机之后，中国面临着国内经济结构失衡的压力，企业经营环境随之恶化。宏观经济的波动破坏了企业历史业绩数据的有效性，因此有关企业历史业绩期望差距与传承后创新性活动间的关系，无法得到有效的结论。在此省略历史业绩期望差距与创新性活动的调节效应检验结果。

表4 业绩期望差距与传承后创新性活动的调节效应检验结果

变量	模型1	模型2	模型3	模型4	模型5	模型6
Control	No	No	No	Yes	Yes	Yes
Slack	0.0577*** (0.0215)	-0.0078 (0.0116)	-0.0011 (0.0109)	0.0426* (0.0219)	-0.0163 (0.0119)	-0.0045 (0.0109)
Share	-0.3828 (0.6499)	-1.5315* (0.8102)	-1.1908* (0.6443)	-0.1212 (0.6781)	-0.4974 (0.0119)	-0.9526 (0.6649)
Term	0.0006 (0.0179)	0.0039 (0.0182)	-0.0026 (0.0199)	0.0251 (0.0178)	0.0261 (0.0182)	0.0126 (0.0193)
$P_{i,t-1}-IE_{i,t-1}$	-0.0128 (0.0167)	0.0147 (0.0161)	0.0681*** (0.0239)	0.0195 (0.0238)	0.0560** (0.0241)	0.0699** (0.0302)
$(P_{i,t-1}-IE_{i,t-1})^2$	0.00002 (0.0011)	-0.0065*** (0.0020)	-0.0116*** (0.0030)	-0.0001 (0.0012)	-0.0051** (0.0021)	-0.0122*** (0.0031)
Slack× $(P_{i,t-1}-IE_{i,t-1})$	0.0085*** (0.0023)			0.0075*** (0.0024)		
Slack× $(P_{i,t-1}-IE_{i,t-1})^2$	-0.0012*** (0.0004)			-0.0011*** (0.0004)		
Share× $(P_{i,t-1}-IE_{i,t-1})$		-0.1388 (0.1674)			-0.2772* (0.1657)	

续表

变量	模型 1	模型 2	模型 3	模型 4	模型 5	模型 6
$Share\times(P_{i,t-1}-IE_{i,t-1})^2$		0.0351 ** (0.0136)			0.0268 ** (0.0135)	
$Term\times(P_{i,t-1}-IE_{i,t-1})$			-0.0126 *** (0.0046)			-0.0071 (0.0048)
$Term\times(P_{i,t-1}-IE_{i,t-1})^2$			0.0016 *** (0.0005)			0.0016 *** (0.0004)
Cons	0.0807 (0.1290)	0.3657 ** (0.1428)	0.3471 ** (0.1390)	-0.6576 (1.2568)	-0.7087 (1.2971)	-0.3480 (1.2565)
N	123	123	123	121	121	121
F-value	3.1500 ***	1.9700 *	3.0500 ***	2.0200 ***	1.7100 **	2.1200 ***
Adj. R^2	0.1100	0.0528	0.1054	0.1930	0.1417	0.2070

注：括号中数值为标准误差；*** 、** 、* 分别表示在 1%、5%和 10%置信水平上显著。

资料来源：利用 Stata 软件计算。

为了更清晰地说明行业业绩期望差距与传承后创新活动之间的关系，以及这种关系受不同调节变量作用下的差异，本文由表 4 中模型 4 至模型 6 的回归结果绘制出以下调节效应图（见图 3（a）～（c））。图 3（a）描述了当冗余资源较多时，随着行业业绩期望差距由负增加为正，传承后创新性活动增加，也即是随着冗余资源的增加，行业业绩期望差距与传承后创新活动的倒“U”形更加陡峭，从而支持了冗余资源对行业业绩差距与传承后创新性活动的关系具有正向调节作用的假设，即假设 H2 再次得到验证。图 3（b）描述了接班人上任前在企业的任职时间越长，随着行业业绩期望差距的改善，传承后的创新性活动趋向于减少。因此支持了接班人上任前在企业的任职时间对行业业绩差距与传承后创新性活动的关系具有负向调节作用的假设，即假设 H3 再次得到验证。图 3（c）描述了对于接班人持股比例较高的企业，随着行业业绩期望差距的缩小，传承后的创新性活动有减少的趋势，反而接班人持股比例低的企业在传承后趋向于增加创新性活动，表明接班人持股比例越高，行业业绩期望差距与传承后创新性活动的倒“U”形关系越缓和，从而支持了接班人持股比例对行业业绩差距与传承后创新活动的关系具有负向调节作用的假设，即假设 H4 再次得到验证。

（三）稳健性检验

1. 内生性检验

（1）两阶段最小二乘法。企业的业绩期望水平可能内生于企业自身的一些特征，如企业规模、资产负债率、研发投入强度、董事会特征等，为了减轻这一潜在的内生性问题，借鉴相关学者的研究，本文使用两阶段最小二乘法（2SLS）对模型加以检验。第一阶段采用 logit 回归的方式进行，选取以下变量作为自变量，包括企业年龄（*Flife*）、企业规模（*Size*）、公司成长性（*Growth*）、所属行业（*Hitec*）、财务杠杆（*DFL*）、董事会规模（*Bsize*）、独董比例（*Indratio*）、研发投入比率（*RD*）；将行业业绩期望差距按照顺差（$P_{i,t-1}-IE_{i,t-1}>0$）和逆差（$P_{i,t-1}-IE_{i,t-1}<0$）分别编码为 1 和 0，并将该虚拟变量（$P_{i,t-1}-IE_{i,t-1}\_new$）作为因变量；然后用第一阶段回归分析中得到的业绩期望水平虚拟变量的预测值（P_Y），来替代实际的业绩期望差距，代入到第二阶段的回归中，检验其对创新性活动的影响以及三个变量的调节效应。

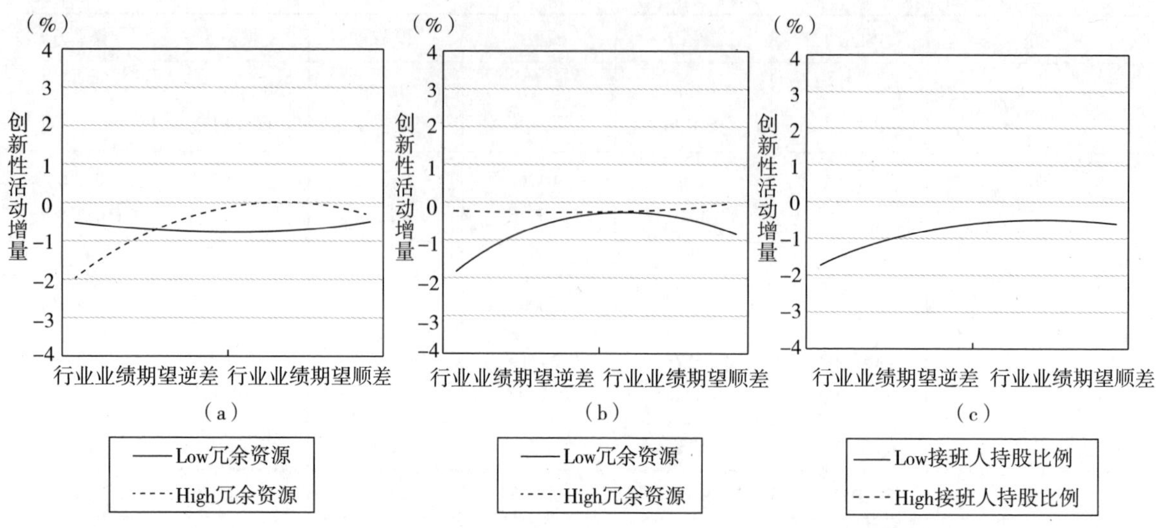

图3　冗余资源、接班人持股比例、接班人上任前在企业任职时间的调节效应

检验结果如表5所示，第二阶段模型2中创新性活动与行业业绩期望差距虚拟变量正相关，并与其二次项有显著的负相关关系（Beta=-2.55，p<0.1）；模型3中冗余资源与行业业绩差距虚拟变量的二次交互项也有显著的负相关关系（Beta=-0.84，p<0.1）；模型4和模型5表明接班人持股比例和接班人上任前在企业任职时间与行业业绩期望差距虚拟变量二次交互项均呈正相关关系但显著性不强，表5的检验结果整体上与表3和表4的检验结果一致，说明内生性偏差对本文的主要结论影响有限，本文结果具有较强稳健性。

表5　两阶段最小二乘法检验结果

解释变量	第一阶段	解释变量	第二阶段			
	模型1		模型2	模型3	模型4	模型5
Flife	0.0082 (0.9169)	*Flife*	0.1229 (0.3269)	0.1607 (0.3258)	0.1580 (0.3292)	0.1254 (0.3372)
Size	-0.1919 (0.1936)	*Size*	0.0447 (0.0661)	0.0398 (0.0660)	0.0419 (0.0665)	0.0348 (0.0671)
Growth	1.6468** (0.7139)	*Duality*	-0.0416 (0.2286)	-0.1892 (0.2335)	-0.1379 (0.2375)	-0.1172 (0.2370)
Hitec	0.7500 (0.5215)	*Bsize*	-0.0094 (0.0468)	-0.0226 (0.0473)	-0.0050 (0.0471)	-0.0042 (0.0473)
DFL	-0.9622*** (0.3566)	*Roa*	0.0096 (0.0157)	0.0020 (0.0163)	0.0075 (0.0159)	0.0098 (0.0162)
Bsize	0.1594 (0.1094)	*DFL*	0.2079 (0.1581)	0.1295 (0.1641)	0.1800 (0.1655)	0.1245 (0.1684)
Indratio	3.0633 (2.6077)	*Hitec*	-0.2001 (0.2188)	-0.2430 (0.2242)	-0.2101 (0.2241)	-0.1887 (0.2261)

续表

解释变量	第一阶段	解释变量	第二阶段			
	模型 1		模型 2	模型 3	模型 4	模型 5
RD	-0.0648 (0.0915)	*Year*	Yes	Yes	Yes	Yes
		Slack		-0.2596 (0.1801)	-0.0078 (0.0117)	-0.0098 (0.0116)
		Share		-0.5907 (0.7410)	7.1812 (5.8938)	-0.6117 (0.7300)
		Term		0.0258 (0.0189)	0.0238 (0.0193)	0.0801 (0.0995)
		P_Y	2.4486 (1.7726)	-0.5547 (2.3755)	2.5382 (1.8297)	2.2654 (2.1944)
		P_Y^2	-2.5531* (1.4219)	0.2607 (1.9662)	-2.5519* (1.4987)	-2.2143 (1.9626)
		$Slack \times P\_Y$		0.9409 (0.5892)		
		$Slack \times P\_Y^2$		-0.8402* (0.4765)		
		$Share \times P\_Y$			-27.2510 (21.6972)	
		$Share \times P\_Y^2$			21.5661 (18.4450)	
		$Term \times P\_Y$				-0.1103 (0.3886)
		$Term \times P\_Y^2$				0.0179 (0.3818)
Cons	0.6297 (3.5796)	*Cons*	-1.5174 (1.3771)	-0.6102 (1.4863)	-1.5172 (1.3989)	-1.2496 (1.4271)
N	122	N	120	120	120	120
Pseudo-R^2	0.1780	Adj. R^2	0.0645	0.0855	0.0645	0.0543

注：括号中数值为标准误差；***、**、*分别表示在1%、5%和10%置信水平上显著。

资料来源：本文利用 Stata 软件计算。

（2）安慰剂检验。家族企业传承前的业绩期望差距与传承后创新性活动间有倒“U”形关系，这一结果究竟是代际传承的因素引起的，或是受其他因素的干扰，成为考察本文结论是否可靠的重要问题。参考已有学者的研究成果，本文选择安慰剂检验（placebo）的方式，人为将每家企业的传承时点提前两年，确保了所有的样本分析区间完全落在实际传承时点之前，并重新收集相关的指标数据，然后对本文假设进行检验。如果企业业绩期望差距和创新性行为间的关系不是因代际传承引起的，那么通过对传承前两年企业指标数据进行回归分析后，相关结论依然显著。回归结果如表6所示，可以看出，本文结论的显著性消失，且各模型的解释力度明显不足。因此进一步说明家族企业传承期影响了传承后的创新行为，本文的结论具有一定的稳健性。

表6　安慰剂检验结果

变量	模型1	模型2	模型3	模型4	模型5
Control	Yes	Yes	Yes	Yes	Yes
Slack			-0.0274 (0.0371)	0.0050 (0.0296)	-0.0003 (0.0298)
Share			-0.7095 (1.8397)	1.0123 (2.4798)	-0.9411 (1.8376)
Term			-0.0222 (0.0308)	-0.0339 (0.0302)	-0.0282 (0.0379)
$P_{i,t-1}-IE_{i,t-1}$	0.0168 (0.0238)	0.0217 (0.0242)	0.0643** (0.0305)	0.0385 (0.0283)	0.0358 (0.0294)
$(P_{i,t-1}-IE_{i,t-1})^2$		-0.0013 (0.0012)	-0.0032 (0.0023)	-0.0010 (0.0014)	-0.0021 (0.0016)
$Slack\times(P_{i,t-1}-IE_{i,t-1})$			-0.0115** (0.0053)		
$Slack\times(P_{i,t-1}-IE_{i,t-1})^2$			0.0008 (0.0007)		
$Share\times(P_{i,t-1}-IE_{i,t-1})$				-0.4272 (0.4525)	
$Share\times(P_{i,t-1}-IE_{i,t-1})^2$				-0.0117 (0.0488)	
$Term\times(P_{i,t-1}-IE_{i,t-1})$					-0.0079 (0.0090)
$Term\times(P_{i,t-1}-IE_{i,t-1})^2$					0.0007 (0.0010)
Cons	0.3057 (2.7723)	0.4688 (2.7750)	2.0635 (3.5251)	2.5701 (3.5854)	2.2917 (3.6967)
N	83	83	79	79	79
F-value	1.0000	1.0100	1.0400	1.0000	0.8200
Adj. R^2	0.0012	0.0024	0.0132	0.0014	0.0000

注：括号中数值为标准误差；***、**、*分别表示在1%、5%和10%置信水平上显著。

资料来源：本文利用Stata软件计算。

2. 稳健性检验

（1）调整控制变量的稳健性检验。本文在原有控制变量的基础上增加了公司成长性（*Growth*）、资产负债率（*Debt*）、现金比率（*Cash*）、地区（*Area*）四个变量作为控制变量进行稳健性检验，变量的具体定义已在表 1 中列示。检验结果如表 7 所示，依然支持本文的假设和结论。

表 7　调整控制变量后的检验结果

变量	模型 1	模型 2	模型 3	模型 4	模型 5
Control	Yes	Yes	Yes	Yes	Yes
Growth	-0.0298 (0.0579)	0.0325 (0.0575)	0.0232 (0.0556)	0.0424 (0.0551)	0.0232 (0.0541)
Debt	0.0835** (0.0414)	0.0785* (0.0412)	-0.0052 (0.0518)	0.1012** (0.0424)	0.0625 (0.0400)
Cash	-0.1659* (0.0873)	-0.1588* (0.0867)	0.1051 (0.1341)	-0.0723 (0.1107)	0.0058 (0.1087)
Area	-0.4403** (0.1949)	-0.4404** (0.1932)	-0.4707** (0.1866)	-0.4353** (0.1844)	-0.3432* (0.1827)
Slack			0.0259 (0.0346)	-0.0559** (0.0242)	-0.0390* (0.0223)
Share			-0.1126 (0.6760)	0.4267 (0.8674)	-0.5453 (0.6604)
Term			0.0260 (0.0177)	0.0278 (0.0173)	0.0142 (0.0187)
$P_{i,t-1}-IE_{i,t-1}$	0.0494** (0.0218)	0.0517** (0.0217)	0.0173 (0.0257)	0.0582** (0.0231)	0.0571* (0.0297)
$(P_{i,t-1}-IE_{i,t-1})^2$		-0.0018 (0.0011)	-0.0001 (0.0012)	-0.0059*** (0.0021)	-0.0129*** (0.0032)
$Slack\times(P_{i,t-1}-IE_{i,t-1})$			0.0065* (0.0034)		
$Slack\times(P_{i,t-1}-IE_{i,t-1})^2$			-0.0012*** (0.0004)		
$Share\times(P_{i,t-1}-IE_{i,t-1})$				-0.4918*** (0.1677)	
$Share\times(P_{i,t-1}-IE_{i,t-1})^2$				0.0392*** (0.0137)	
$Term\times(P_{i,t-1}-IE_{i,t-1})$					-0.0057 (0.0047)
$Term\times(P_{i,t-1}-IE_{i,t-1})^2$					0.0017*** (0.0005)

续表

变量	模型 1	模型 2	模型 3	模型 4	模型 5
Cons	-1.4214 (1.3674)	-1.6409 (1.3620)	-0.6383 (1.3439)	-1.2077 (1.3019)	-0.6565 (1.2939)
N	121	121	121	121	121
F-value	1.7400**	1.8100**	2.0500***	2.1800***	2.3500***
Adj. R^2	0.1389	0.1540	0.2184	0.2399	0.2641

注：括号中数值为标准误差；***、**、*分别表示在1%、5%和10%置信水平上显著。

资料来源：本文利用Stata软件计算。

（2）更换经营业绩指标的稳健性检验。为避免因业绩指标的选取而导致检验结果的差异，选择以权益收益率ROE（净利润/总权益）作为业绩衡量指标，重新测量行业业绩期望差距。此后，根据重新计算的行业业绩期望差距，并将表7中增加的4个控制变量加入回归模型中，再次检验行业业绩期望差距对创新性活动的影响，以及相关的调节作用。回归结果如表8所示，行业业绩期望差距与传承后创新性活动的主效应基本显著，冗余资源和接班人持股比例与行业业绩期望差距的交互项依然具有显著的调节效应，接班人上任前在企业的任职时间与行业业绩期望差距的交互项调节效应虽不显著，但调节方向和原有结论一致。因此在更换经营业绩指标后，本文结论仍然具有较强的稳健性。

表8　更换经营业绩指标后的回归结果

变量	模型 1	模型 2	模型 3	模型 4	模型 5
Control	Yes	Yes	Yes	Yes	Yes
Growth	0.0516 (0.0592)	0.0498 (0.0589)	0.0274 (0.0582)	0.0427 (0.0577)	0.0434 (0.0592)
Debt	0.0902** (0.0424)	0.0790* (0.0430)	-0.0344 (0.0640)	0.1085** (0.0479)	0.0607 (0.0455)
Cash	-0.1678* (0.0889)	-0.1532* (0.0890)	0.1029 (0.1518)	-0.1088 (0.1174)	-0.0572 (0.1192)
Area	-0.4394** (0.1990)	-0.4221** (0.1984)	-0.4456** (0.1955)	-0.4390** (0.1940)	-0.3927* (0.2029)
Slack			0.0424 (0.0425)	-0.0484* (0.0263)	-0.0231 (0.0243)
Share			-0.2122 (0.7085)	0.1975 (0.8868)	-0.2299 (0.7217)
Term			0.0315 (0.0191)	0.0372* (0.0189)	0.0290 (0.0215)
$P_{i,t-1}-IE_{i,t-1}$	0.0190* (0.0099)	0.0214** (0.0100)	0.0119 (0.0113)	0.0276** (0.0111)	0.0303* (0.0155)

续表

变量	模型 1	模型 2	模型 3	模型 4	模型 5
$(P_{i,t-1}-IE_{i,t-1})^2$		-0.0005 (0.0003)	-0.000004 (0.0004)	-0.0011** (0.0005)	-0.0010 (0.0007)
$Slack\times(P_{i,t-1}-IE_{i,t-1})$			0.0007 (0.0017)		
$Slack\times(P_{i,t-1}-IE_{i,t-1})^2$			-0.0004** (0.0002)		
$Share\times(P_{i,t-1}-IE_{i,t-1})$				-0.2156** (0.1017)	
$Share\times(P_{i,t-1}-IE_{i,t-1})^2$				0.0077** (0.0033)	
$Term\times(P_{i,t-1}-IE_{i,t-1})$					-0.0018 (0.0026)
$Term\times(P_{i,t-1}-IE_{i,t-1})^2$					0.0001 (0.0001)
Cons	-1.8011 (1.3807)	-1.7164 (1.3749)	-0.7131 (1.3885)	-1.1262 (1.3575)	-0.9405 (1.4687)
N	119	119	119	119	119
F-value	1.6500**	1.6800**	1.7700**	1.8000**	1.5600*
Adj. R^2	0.1251	0.1341	0.1731	0.1789	0.1311

注：括号中数值为标准误差；***、**、*分别表示在1%、5%和10%置信水平上显著。

资料来源：本文利用 Stata 软件计算。

除此之外，稳健性检验中还采取了以下两种方式进行：①更换业绩期望差距测量方式：以行业业绩均值替代行业业绩中位值来衡量行业业绩水平，并代入公式计算行业业绩期望差距，然后对行业业绩期望差距与创新性活动的主效应和调节效应进行检验；②更换创新性活动测量时期：以传承当年的企业研发投入比率减去传承前一年的研发投入比率的差值衡量创新性活动，这与大多数学者的测量方法一致。上述两种方式的检验结果也都基本支持本文的假设。

五、结论与启示

（一）研究结论

基于业绩反馈理论和公司治理的相关研究，本文以中国2000~2017年已完成代际传承的上市家族企业样本实证分析了企业传承前的业绩期望差距如何影响传承后的创新性活动，检验结果发现受企业资源、群体一致性以及家族属性特征等因素的影响，家族企业传承前的业绩期望差距与传承后创新性活动间存在显著的倒“U”形关系，这说明家族企业传承中存在“抱残守缺”与“小富即安”现象；同时，冗余资源显著正向调节传承前的业绩期望差距与传承后创新性活动间的倒“U”形关系，接班人上任前在企业的任职时间和接班人持股比例均显著负向调节传承前的业绩期望差距与传承后创新性活动间的倒“U”形关系，这进一步说明了用资源约束、群体一致性以及家族特性等解释“抱残守缺”与“小富即安”现象的合理性；此外，在进行安慰剂检验及调整控制变量和更换业绩指标等一系列稳健性检验后，本文的结论依然成立。

（二）研究启示

（1）本文的理论贡献主要表现在以下几个方面：①丰富了家族企业传承过程研究。以往有关家族企业代际传承的研究文献中，关于企业背景，尤其是企业业绩背景对代际传承过程影响的系统研究尚不充分。本文从企业的业绩背景出发，重点关注代际传承前企业层面的业绩表现对传承后企业创新水平的影响，为家族企业选择合适的传承时机增加了业绩背景因素的考察，是对家族企业传承过程研究的理论丰富。②为社会嵌入理论的实证研究提供了有益补充。现有研究发现了人际关系、制度等社会嵌入因素对家族企业传承过程的影响，本文关于家族特性视角的验证进一步提供了“家族嵌入”方面的证据，而对群体一致性视角的验证更是从“高管网络嵌入”层面深化了社会嵌入的理论含义，为社会嵌入理论的实践发展提供了现实依据。③充分考虑企业实际业绩偏离期望水平的两种状态下企业的创新性活动表现。业绩期望差距对企业创新性活动的影响正日益受到学者们的关注，部分学者考察业绩低于期望水平状态对企业后续战略决策的影响，也有学者从业绩高于期望水平状态出发对如何影响企业经营战略展开研究。但是，鲜有研究同时探讨两种业绩期望差距下的企业创新表现，本文实证分析了在业绩期望差距的两种状态下，家族企业传承后的创新表现，是对业绩反馈现有实证研究的补充。

（2）本文对家族企业传承实践的政策建议体现在：①本文回答了家族企业如何选择传承时机的现实问题。由业绩期望差距与传承后创新性活动间的倒“U”形关系，说明实际业绩偏离期望水平较大时不是家族企业传承的最佳时机，因为低绩效水平下家族企业容易产生“抱残守缺”心理，高绩效水平下则容易受“小富即安”思想的影响，两者皆会阻碍接班人上任后的创新性活动。②本文为家族企业传承后如何有效地开展创新提供了借鉴。虽然研究中发现实际业绩与期望水平差距较大时不是企业传承的好时机，但并不是否认在这一时期传承的合理性，而是借此建议企业在经营过程中应注重冗余资源的适量积累，同时在低绩效水平时传承的企业应注重摆脱“抱残守缺”思想的束缚，以便传承后有资源和胆量开展创新，以创新带动企业尽快走出业绩困境；在高绩效水平时传承的企业应注重克服“小富即安”思想的影响，敢于突破群体一致性压力和动机不足的问题，积极开展创新，谋求家族企业基业长青。

本文仍存在有待改进之处。首先，尽管本文证实了家族企业传承前的行业业绩期望差距对传承后创新性活动有显著的影响，但囿于已完成传承的上市家族企业数量较少，且样本企业的代际传承大多发生在宏观经济增速放缓、企业盈利环境恶化时期，宏观经济的波动破坏了企业历史业绩数据的有效性，因此关于历史业绩期望差距与传承后创新性活动间的关系暂无定论。其次，衡量创新性活动的指标除了研发投入等创新投入类指标，还有创新支出类指标。由于相关研究数据严重缺失，本文未选择创新支出类指标验证得到的结论，后续还应考虑多指标共同衡量创新性活动更为全面客观。

参考文献

[1] 陈凌，茅理翔. 创业式传承 [M]. 北京：机械工业出版社，2019.

[2] Muñoz-Bullón F and Sánchez-Bueno M J. Do family ties shape the performance consequences of diversification? Evidence from the european Union [J]. Journal of World Business, 2012, 47 (3): 469-477.

[3] Letonja M and Duh M. Knowledge transfer in family businesses and its effects on the inno-vativeness of the next family generation [J]. Knowledge Management Research & Practice, 2016, 14 (2): 213-224.

[4] 陈凌，应丽芬. 代际传承：家族企业继任管理和创新 [J]. 管理世界，2003 (6): 89-97, 155-156.

[5] Chen H and Hsu W. Family Ownership, board independence, and R&D investment [J]. Family Business Review, 2009, 22 (4): 347-362.

[6] Hauck J and Prügl R. Innovation activities during intra-family leadership succession in family firms: An empirical study from a socioemotional wealth perspective [J]. Journal of Family Business Strategy, 2015, 6 (2): 104-118.

[7] 赵晶，孟维烜. 继承人社会资本对代际传承中企业创新的影响 [J]. 中国人民大学学报，2016, 30 (3): 91-105.

[8] 窦军生，贾生华. 家族企业代际传承研究的起源、演进与展望 [J]. 外国经济与管理，2008 (1): 59-65.

[9] 贺小刚，连燕玲，吕斐斐. 期望差距与企业家的风险决策偏好——基于中国家族上市公司的数据分析 [J]. 管理科学学报，2016, 19 (8): 1-20.

[10] Cyert R M and March J G. A behavioral theory of the firm [M]. Oxford: Blackwell Publishing Ltd., 1963.

[11] 连燕玲，贺小刚，高皓. 业绩期望差距与企业战略调整——基于中国上市公司的实证研究 [J]. 管理世界，2014 (11): 119-132, 188.

[12] Zellweger T M, Nason R S and Nordqvist M. From longevity of firms to transgenerational entrepreneurship of families: Introducing family entrepreneurial orientation [J]. Family Business Review, 2012 (25): 136-155.

[13] Chrisman J J and Patel C P. Variations in R&D investments of family and nonfamily firms: Behavioral agency and myopic loss aversion perspectives [J]. Academy of Management Journal, 2012, 55 (4): 976-997.

[14] Greve H R. Performance, aspirations, and risky organizational change [J]. Administrative Science Quarterly, 1998, 43 (1): 58-86.

[15] 贺小刚，连燕玲，吕斐斐，葛菲. 消极反馈与企业家创新：基于民营上市公司的实证研究 [J]. 南开管理评论，2016, 19 (3): 145-156+177.

[16] 于海云，赵增耀，李晓钟. 民营企业创新绩效影响因素研究——企业家信心的研究视角 [J]. 科研管理，2013, 34 (9): 97-104.

[17] Chen E and Miller G E. Stress and inflammation in exacerbations of asthma [J]. Brain Behavior & Immunity, 2007, 21 (8): 993-999.

[18] Staw B. Threat rigidity effects in organizational behavior: A multilevel analysis [J]. Administrative Science Quarterly, 1981, 26 (4): 501-524.

[19] 刘鑫，薛有志. CEO 继任、业绩偏离度和公司研发投入——基于战略变革方向的视角 [J]. 南开管理评论，2015, 18 (03): 34-47.

[20] Mahto R V and Khanin D. Satisfaction with past financial performance, risk taking, and future performance expectations in the family business [J]. Journal of Small Business Management, 2015, 53 (3): 801-818.

[21] Cruz C C, Gomez-Mejia L R and Becerra M. Perceptions of benevolence and the design of agency contracts: CEO-TMT relationships in family firms [J]. Academy of Management Journal, 2010, 53 (1): 69-89.

[22] Payne G T, Brigham K H, Broberg J C, Moss T W and Short J C. Organizational virtue orientation and family firms [J]. Business Ethics Quarterly, 2011, 21 (2): 257-285.

[23] 刘静，刘刚，梁晗. 中国家族上市公司代际绩效差异的影响机制研究 [J]. 北京工商大学学报（社会科学版），2017, 32 (4): 116-126.

[24] 严若森，杜帅. 代际传承对家族企业创新投入的影响——社会情感财富理论视角 [J]. 科技进步与对策，2018, 35 (8): 84-91.

[25] Gomez-Mejia L R, Campbell J T, Martin G, Hoskisson R E, Makri M and Sirmon D G. Socioemotional wealth as a mixed gamble: Revisiting family firm R&D investments with the behavioral agency model [J]. Entrepreneurship

Theory and Practice, 2014, 38 (6): 1351-1375.

[26] 张远飞，贺小刚，连燕玲. “富则思安” 吗？——基于中国民营上市公司的实证分析 [J]. 管理世界, 2013 (7): 130-144+188.

[27] Chrisman J J, Chua J H, De Massis A, Frattini F and Wright M. The ability and willingness paradox in family firm innovation [J]. Journal of Product Innovation Management, 2015, 32 (3): 310-318.

[28] Heck R K Z, Hoy F, Poutziouris P Z and Steier L P. Emerging paths of family entrepreneurship research [J]. Journal of Small Business Management, 2008, 46 (3): 317-330.

[29] Olson D H. Circumplex model of marital and family sytems [J]. Journal of Family Therapy, 2000, 22 (2): 144-167.

[30] Chen W R. Determinants of firms' backward-and forward-looking R&D search behavior [J]. Organization Science, 2008, 19 (4): 609-622.

[31] Montserrat M, Rojo-Ramírez A A, Diéguez-Soto J and Martínez-Romero M J. How negative aspiration performance gaps affect innovation efficiency [J]. Small Business Economics, 2020 (54): 209-233.

[32] 李晓翔，刘春林. 冗余资源与企业绩效关系的情境研究——兼谈冗余资源的数量变化 [J]. 南开管理评论, 2011, 14 (3): 4-14.

[33] Audia P G and Greve H R. Less likely to fail: Low performance, firm size, and factory expansion in the shipbuilding industry [J]. Management Science, 2006, 52 (1): 83-94.

[34] 池丽旭，庄新田. 投资者的非理性行为偏差与止损策略——处置效应、参考价格角度的实证研究 [J]. 管理科学学报, 2011, 14 (10): 54-66.

[35] 王明琳，陈凌. 代理人还是管家——基于双重嵌入视角的家族企业行为及绩效研究 [J]. 中山大学学报（社会科学版）, 2013, 53 (02): 180-188.

[36] Casillas C José and Moreno A M. The relationship between entrepreneurial orientation and growth: The moderating role of family involvement [J]. Entrepreneurship & Regional Development, 2010, 22 (3-4): 265-291.

[37] Sciascia S and Mazzola P. Family involvement in ownership and management: Exploring nonlinear effects on performance [J]. Family Business Review, 2008, 21 (4): 331-345.

[38] Miller D and Shamsie J. Learning across the life cycle: Experimentation and performance among the hollywood studio heads [J]. Strategic Management Journal, 2001, 22 (8): 725-745.

[39] 杨超，山立威. 家族企业实际控制人的任期如何影响企业绩效 [J]. 当代财经, 2016 (3): 65-76.

[40] 黄海杰，吕长江，朱晓文. 二代介入与企业创新——来自中国家族上市公司的证据 [J]. 南开管理评论, 2018, 21 (1): 6-16.

[41] 董维维，庄贵军，王鹏. 调节变量在中国管理学研究中的应用 [J]. 管理学报, 2012, 9 (12): 1735-1743.

[42] 蔡庆丰，陈熠辉，吴杰. 家族企业二代的成长经历影响并购行为吗——基于我国上市家族企业的发现 [J]. 南开管理评论, 2019, 22 (1): 139-150.

[43] 朱晓文，吕长江. 家族企业代际传承：海外培养还是国内培养？[J]. 经济研究, 2019, 54 (1): 68-84.

[44] Bertrand M and Schoar A. The role of family in family firms [J]. Journal of Economic Perspectives, 2006, 20 (2): 73-96.

[45] Welter F and Smallbone D. Institutional perspectives on entrepreneurial behavior in challenging environments [J]. Journal of Small Business Management, 2011 (49): 107-125.

家族化还是"去家族化"？国内家族上市公司价值的经验分析*

陈家田　汪　琴

（安徽大学商学院，安徽合肥　230601）

［摘　要］家族化与"去家族化"对家族企业价值的影响一直是学术争论的焦点。基于国内样本，本文研究发现，家族化管理会降低企业价值，而"去家族化"管理有利于提升企业价值。但随着家族所有权比例的提高，"去家族化"管理对企业价值的有利影响会被弱化。进一步研究表明，当家族企业不存在两权分离时，采取"去家族化"管理更有利于企业价值提升。

［关键词］家族化管理；"去家族化"；企业价值

一、引言

家族化管理是否有效一直是公司治理领域研究和争论的焦点。家族成员之间有共同的利益和目标，缓解了因所有权与经营权分离而产生的第一类代理问题，能有效降低管理成本并减少内部风险，因此，主流代理理论认为，家族化管理能促进企业发展（陈凌等，2017）。管家理论进一步认为，家族亲缘关系中的利他主义会促使家族成员将亲人的利益纳入个人效用函数，从而达到家族整体最优（Cai et al.，2013）。然而，进一步的研究发现，在存在信息不对称的情况下，家族成员也可能利用利他主义而采取"搭便车"、偷懒、逃避责任等投机行为，从而降低了企业价值（范黎波等，2016）。尤其当有多个家庭参与到家族企业管理中时，家庭之间不可避免地会出现目标和利益冲突，并且可能会随着参与家庭数的增加而加剧（徐鹏和宁向东，2011）。其次，家族管理者为了保护家族的社会情感财富，也可能会不惜牺牲企业业绩（Comez-Mejia et al.，2007）。最后，家族化管理在缓解了股东与管理层之间的第一层代理冲突的同时，也加重了大股东与中小股东之间的第二重代理问题（Maury，2006）。

家族企业进一步的发展和治理结构的转型，一般会通过引进职业经理人来逐步实施"去家族化"。金䴗和裘益政（2018）认为，在家族企业资产专用性水平较高的情况下，家族经理人由于经营效率和能力较低无法进行有效管理，会导致企业绩效降低。然而，由于非家族成员存在不同的行为动机及利己主义，家族企业引入职业经理人也可能导致家族声誉和公司形象发生偏离而损害企业价值（姜付秀等，2018）。那么这种"去家族化"战略对提高企业价值是否有效？其中的

*［基金项目］国家社会科学基金项目"双重委托代理视角下上市家族企业高管薪酬激励研究"（14BGL050）。

影响机制是什么？家族所有权会起到什么作用？现有结论并不一致（陈凌等，2017；Cai et al.，2013；范黎波等，2016；金韵和裘益政，2018），这些问题仍然是需要进一步探讨的经验问题。本文以 2014~2016 年中国上市家族企业为样本，实证检验了家族化管理及“去家族化”对企业价值的影响，并且讨论了家族所有权在这两种影响关系中发挥的调节作用。研究结果表明，家族化管理与企业价值负相关，家族所有权显著调节家族化管理与企业价值之间的关系。“去家族化”水平与企业价值正相关，家族所有权也显著调节“去家族化”与企业价值之间的关系。

本文的贡献主要体现在以下几个方面：第一，丰富了公司治理文献，目前学术界主要讨论家族与非家族企业以及家族企业内部的公司治理问题，而较少关注到家族企业“去家族化”对企业价值的影响。本文通过选取不同标准，系统研究了家族化管理与“去家族化”对企业价值的影响。第二，扩展家族企业研究文献。以往学术界的主流观点是家族企业的代理成本很低，利他主义会增强家族内部的凝聚力，从而提高企业价值，而本文的研究结论表明，实施“去家族化”管理更有利于企业价值提升。第三，深入家族化管理对企业价值的影响机制，检验家族所有权的调节效应，分析说明在家族所有权比例较高的情况下，实施家族化管理更有利于企业价值提升。

二、文献回顾与研究假设

（一）家族化管理与企业价值

家族化管理是指家族参与企业管理和战略决策的程度。Habbershon（2003）等认为，家族化管理几乎贯穿于家族企业经营和财富创造的整个过程，并深刻影响家族企业价值。家族化管理往往通过不同路径影响家族企业价值，即家族管理能够降低代理成本、提高执行效率，对企业价值产生正向影响，同时家族管理也会降低决策效率，对企业价值产生负面影响（陈志斌等，2017）。参考 Miller（2013）等的做法，本文将家族化管理这一概念操作化为家族成员任 CEO。作为一个企业中最重要、最具权力的角色，CEO 对整个企业的行为与业绩负责。CEO 是否为家族成员是家族化管理的核心要素。代理理论认为，根据经济人假设，代理人会因为追求个人利益最大化而牺牲委托人利益。但是当家族成员担任 CEO 时，亲缘会将股东与高管的利益天然绑定，减少高管的机会主义行为（赵宜一和吕长江，2015）。同时管家理论认为，作为“管家”的家族 CEO 由于追求自我价值实现的动机，不会为了谋求个人私利而牺牲企业利益（范黎波等，2016）。因此，家族成员担任 CEO 是有利于企业价值提升的。

然而，这种观点无法解释现实生活中频频发生的家族企业内斗事件，例如夫妻离异的地素时尚、土豆网以及霸王集团等。因此，学者们认为，在家族成员任 CEO 的企业中，即使家族 CEO 的经营业绩较差，控制性家族也不一定会将其解雇，从而有可能导致企业业绩下降。而社会情感财富理论认为，非经济目标也是家族企业经营的重要目标之一，在做决策时，家族 CEO 可能更重视家族利益最大化而非企业经济利益，如保持家族控制、维护家族声誉、保护家族品牌等（徐鹏和宁向东，2011）。在家族企业中，由于决策权相对集中，而与决策有关的知识却分散在各个专业部门，这种决策权与相关知识的“错位匹配”会导致决策效率下降，从而有损家族企业价值（陈志斌等，2017）。最后，家族 CEO 的个人能力长久以来也一直受到学术界质疑，由于家族 CEO 是从家族成员中选出的，选择范围较小，其管理能力逊于从广大劳动力市场挑选的职业经理人（Burkart et al.，2003）。因此，家族成员任 CEO 带来的委托代理收益可能无法弥补 CEO“自我控制”造成的成本，这种“自我控制”同样会给家族企业带来以下问题（陈建林，2011）：①道德风险，当利他主义水平较高时，家族成员可能采取“搭便车”和偷懒等行为，因为即使不努力工作也可以分享家族收益。②“套牢”行为，一方面，管理者由于家族亲情纽带而不愿解雇业绩不佳的家族成员；另一方面，家族成员由于较大的退出成本也不愿离开家族企业。③逆向选择，随着企业规模的扩大，对管理者能力的要求不断提高，而家族企业管理者的选择范围集中在企业内部，在一定程度上减少了挑选到优秀管理者的可能。

另外，当家族内外部监督不够完善时，家族成员任 CEO 也会使家族企业内部的利益输送更加方便。由于家族企化业普遍采用金字塔控股结构，导致现金流权与控制权发生偏离，实际控制人能够以较低的现金流权成本获得较高的控制权收益，因而存在通过实施“隧道行为”侵占中小股东利益的动机。例如，王琨和徐艳萍（2015）的研究发现，家族企业通过支付给家族成员高管超额薪酬的方式侵占中小股东利益，导致企业业绩受损，并且这一现象在家族成员参与董事会比例较高的公司中更明显。因此，所有者和管理者都是家族成员，即使第一类代理问题比较适中，第二类代理问题也可能会更加严重（陈德球等，2013）。因此，提出以下假设：

H1：家族化管理与企业价值负相关。

（二）“去家族化”与企业价值

高管团队家族化的概念最早由 Ensley 和 Pearson（2005）提出，反映家族成员参与企业高层管理团队的程度。因此，我们用家族企业中高管团队中非家族成员的比例来衡量“去家族化”水平（李欢等，2014）。主流观点认为，家族中的利他主义是纯粹的（Chrisman et al.，2004），以血缘为纽带将家族成员的利益绑定在一起，可以有效避免相互之间的矛盾和冲突。然而，加入高管团队的家族成员也是代理人，拥有不同的利益和目标，并且追求个人效用最大化，彼此之间也会产生矛盾和冲突（邓浩等，2016）。家族成员的增多会加大目标的差异性，导致冲突增加，更多的机会主义行为也将随之产生。

另外，家族企业中不同亲属关系的组合对企业治理效率的影响是不同的（于晓东等，2018）。尤其是当这些家族成员来自不同的家庭时，冲突会随家庭数的增加而加剧，并最终对企业价值带来负面影响（徐鹏和宁向东，2011）。经济学家认为，利他主义本质上是自私的和理性的。在有多个家族成员参与企业管理的情况下，如果存在非对称利他主义，那么家族成员中的利他主义者可能被有自利倾向的成员利用，从而加重家族矛盾。贺小刚等进一步认为，利他主义也是有限的，大多数家族成员是有限理性的，他们虽然注重但也不是无条件地培育情感财富（贺小刚等，2016）。因此，让更多家族成员参与高管团队可能对企业绩效并没有显著提升作用（贺小刚等，2007）。例如，王明琳（2010）等发现，对狭义家族上市公司而言，家族成员参与企业管理反而降低了企业价值。陈士慧（2016）等的研究结果也表明，家族化发展可能增加家族成员对企业有限资源的消耗，给企业业绩带来不利影响。

因此，家族企业要想持续发展，就应当通过引入职业经理人进行“去家族化”管理。一些研究发现，在家族企业中，通过引入正式制度来限制家族的过度涉入和业主的权威性控制，有利于提升企业绩效（李新春等，2018）。此时，家族大股东为了避免外聘高管可能的机会主义行为，会加强对家族企业内部的监督，与其形成稳定有效的契约关系，降低信息不对称水平（周志强等，2013）。同时，外聘高管的存在也可以在一定程度上削弱家族大股东对中小股东的利益侵占动机（李晓琳和李维安，2016），通过降低第二类代理成本来提升企业价值。因此，提出以下假设：

H2：“去家族化”水平与企业价值正相关。

所有权又称现金流权，是上市公司实际控制人通过一致行动、“金字塔式”持股、交叉持股等方式获取的公司权力。已有丰富文献探讨了家族所有权与企业价值之间的关系。王燕妮和周林林（2016）等认为，家族所有权能够缓解由两权分离引发的代理问题，因此会提高企业价值。而谷祺等（2006）认为，控股股东可能存在“掠夺性分红”行为，导致所有权比例与企业价值显著负相关。还有学者认为家族所有权与企业业绩没有显著关系（Miller et al.，2007）。家族所有权会影响管理者的风险偏好及目标导向，家族管理则影响企业资源、管理能力及水平，因而两者对企业创新活动及长期发展会产生不同程度的影响（严若森和叶云龙，2014）。基于资源配置的角度，家族所有权能够给企业带来充足的资金支持和物质保障，同时拥有较高的经营灵活性和市场感知能力（陈建林，2015）。家族企业在探索有效治理方式的同时，不再倾向于控制所有高管职位，而是追求对公司股权的实质性掌控。研究表明，家族企业采取两权合一的治理方式能够有效缓解内部的委托代理问题（顾露露等，2017）。同时，随着家族所有权比例的提高，家族控股股东有更强的监督和激励动机，他们会通过努力提高生产水平和经营效率来获得更多剩余收益，进而提高企业价值。反之，当家族所有权比例较小，控股股东承担的企业责任有限且能够避免代理权竞争和敌意收购（高燕，2008），为了谋取控制权私有收益，他们有可能采取种种方式来侵占其他中小股东利益，导致企业价值降低。因此，提出以下假设：

H3.1：家族所有权调节家族化管理与企业价值的关系。当家族所有权较大时，家族化管理对企业价值的影响较小。

H3.2：家族所有权调节“去家族化”与企业价值的关系。当家族所有权较大时，“去家族化”对企业价值的影响较小。

三、研究设计

（一）样本选择与数据来源

本文参考王琨和徐艳萍（2015）、李欢等（2014）对家族企业的定义，将符合以下条件的公司视为家族企业：①最终控制者能追溯到一个自然人或一个家族；②最终控制者直接或间接是上市公司的第一大股东；③该自然人或家族对上市公司具有实质控制权，且控制权比例大于等于10%。按照上述标准，本文选取了2014~2016年度中国A股上市家族企业的样本。为保证数据的可靠性，删除以下样本：①ST类上市公司样本；②金融行业上市公司样本；③数据缺失的样本；④无法判断高管是否由家族成员担任的公司样本。最终得到符合条件的2926个样本。年报及招股说明书来自巨潮信息网查询、公司治理及财务数据均来自国泰安数据库（CSMAR）。为了防止异常值对回归结果的影响，本文对主要变量进行了前后1%的缩尾（winsorize）处理。

（二）变量说明

在以往的研究中，学者们用CEO类型来测度家族化管理，本文在此也借鉴这种方法。同时，为了进一步说明“去家族化”对企业价值的影响，本文参考李欢等（2014）等的做法，用家族企业高管团队中非家族成员的比例来衡量“去家族化”水平。

（1）被解释变量。西方学者大多用托宾Q值作为衡量企业价值的指标，在研究中国上市公司价值时同样适用。我们参照王明琳等（2010）的做法，用托宾Q值来表示企业价值（TQ）。

（2）解释变量。家族化管理（FCEO）用CEO是否为家族成员来表示。如果是家族CEO，取值1，不是则取值0。“去家族化”水平（Nonfam）用高管团队中非家族成员占比来衡量。高管家族性质通过招股说明书和年报判断并手工收集。

（3）调节变量。实际控制人拥有上市公司所有权比例（FC），按照La Porta（1999）等的方法计算，即实际控制人与上市公司股权关系链每层持有比例的乘积或乘积之和。

（4）控制变量。借鉴王琨和徐艳萍（2015）的研究，将年龄（AGE）、性别（SEX）、学历（EDU）、总经理持股比例（HOLD）作为个人特征控制变量，将公司规模（SIZE）、资产负债率（LEV）、董事长总经理兼任（DUAL）、董事会规模（Boardsize）、独立董事比例（Independent）作为公司特征控制变量。最后，加入年度虚拟变量（Year）。各变量具体定义如表1所示。

表1　变量说明

变量名称	符号	变量说明
企业价值	TQ	市值A/总资产
家族化管理	FCEO	家族CEO为1，非家族CEO为0
“去家族化”水平	Nonfam	所有高管中非家族成员占比
所有权	FC	实际控制人拥有上市公司所有权比例
年龄	AGE	CEO年龄
性别	SEX	CEO性别，男性取值为1，女性取值为0
学历	EDU	1=中专及中专以下；2=大专；3=本科；4=硕士；5=博士；6=其他
总经理持股比例	HOLD	总经理持股数量占总股本的比重
公司规模	SIZE	公司年末总资产取自然对数
资产负债率	LEV	总负债/总资产
董事长总经理兼任	DUAL	两职兼任为1，否则为0
董事会规模	BoardSize	董事会总人数取自然对数
独立董事比例	Independent	独立董事人数/董事会总人数
年度虚拟变量	Year	公司处于当年时取1，否则取0

（三）模型设计

为验证本文提出的假设，设计模型如下：

$$TQ=\beta_0+\beta_1\times FCEO+\beta_2\times ExecutiveControl+\beta_3\times FirmControl+Year+\varepsilon \quad (1)$$

$$TQ=\beta_0+\beta_1\times Nonfam+\beta_2\times FirmControl+Year+\varepsilon \quad (2)$$

$$TQ=\beta_0+\beta_1\times FCEO+\beta_2\times FC+\beta_3\times FCEO\times FC+\beta_4\times ExecutiveControl+\beta_5\times FirmControl+Year+\varepsilon \quad (3)$$

$$TQ=\beta_0+\beta_1\times Nonfam+\beta_2\times FC+\beta_3\times Nonfam\times FC+\beta_4\times FirmControl+Year+\varepsilon \quad (4)$$

其中，被解释变量均为企业价值（TQ）；ExecutiveControl为个人特征控制变量，包括年龄（AGE）、性别（SEX）、学历（EDU）和总经理持股比例（HOLD）；FirmControl为公司特征控制变量，包括公司规模（SIZE）、资产负债率（LEV）、董事长总经理兼任（DUAL）、董事会规模（BoardSize）和独立董事比例（Independent）；模型（1）中解释变量为家族化管理（FCEO）；模型（2）中解释变量为家族化管理（FCEO）、所有权（FC）以及家族化管理与所有权构成的交互项（FCEO×FC）；模型（3）中解释变量为“去家族化”水平（Nonfam）；模型（4）中解释变量为“去家族化”水平（Nonfam）、所有权（FC）以及“去家族化”水平与所有权构成的交互项（Nonfam×FC）；Year 为年度虚拟变量，ε 为随机干扰项。

四、实证分析

表 2 是样本的描述性统计。TQ 均值为 3.826，最大值高达 121.483，但最小值仅为 0.178，说明企业价值有很大差距。就 FCEO 变量看出，59%的家族企业都是由家族成员担任 CEO，说明家族化管理模式比较普遍。Nonfam 变量的均值为 0.839，即高管中非家族成员的平均比例为 83.9%，说明高管中非家族成员数量更多。此外，实际控制人拥有上市公司所有权比例也有很大差距。

表 2　描述性统计

变量	N	平均值	中位数	标准差	最小值	最大值
TQ	2926	3.826	2.912	4.569	0.178	121.483
FCEO	2926	0.590	1	0.493	0	1
Nonfam	2926	0.839	0.857	0.156	0	1
FC	2926	39.202	38.244	15.967	0.259	89.990
AGE	2926	48.990	49	7.241	28	79
SEX	2926	0.910	1	0.282	0	1
EDU	2926	3.310	3	0.923	1	6
HOLD	2926	9.596	0.870	14.934	0	78.960
SIZE	2926	21.752	21.660	1.038	17.641	25.863
LEV	2926	0.363	0.339	0.193	0.009	1.282
DUAL	2926	0.390	0	0.488	0	1
BoardSize	2926	2.079	2.197	0.187	1.386	2.890
Independent	2926	0.379	0.364	0.055	0.200	0.667

表 3 列示了家族化管理与企业价值及所有权调节效应的回归结果：①列 1 中 FCEO 变量的系数在 1%的水平下显著（系数=-0.061，t=-3.098），说明家族成员担任 CEO 时企业的托宾 Q 值更低，即家族化管理会降低企业价值，H1 得到验证。②列 2 中加入了所有权调节变量 FC，家族化管理仍在 1%的水平下与企业价值负相关，家族所有权与企业价值正相关且在 10%的水平下显著。③列 3 中进一步加入了 FCEO 与 FC 的交互项 FCEO×FC，可以看出，交互项 FCEO×FC 的系数在 1%的水平下显著为正（系数=0.046，t=2.836），说明家族所有权会显著调节家族化管理与企业价值之间的关系。调节变量 FC 经过中心化处理之后均值为 0，标准差为 15.96。如图 1 所示，当 FC 为低水平值（Mean-SD）时，FCEO 与 TQ 的关系可用方程 $Y_1=-0.93X+45.87$ 表示，

此时家族化管理对企业价值的影响是负（−0.93）；当 FC 为高水平值（Mean+SD）时，FCEO 与 TQ 的关系可用方程 $Y_2=-0.10X+46.16$ 表示，此时家族化管理对企业价值的影响仍然是负的（−0.10）。因此，家族所有权改变了家族化管理对企业价值影响的大小，而没有改变其方向。当家族所有权较大时，家族化管理对企业价值的影响较小。H3.1 得到验证。

表 3　家族化管理与企业价值及所有权调节效应

变量	列 1	列 2	列 3
FCEO	−0.061*** (−3.098)	−0.064*** (−3.273)	−0.058*** (−2.944)
FC		0.032* (1.867)	0.034** (2.018)
FCEO×FC			0.046*** (2.836)
AGE	0.002 (0.090)	0.002 (0.124)	0.002 (0.130)
SEX	−0.005 (−0.294)	−0.004 (−0.225)	−0.003 (−0.210)
EDU	0.041** (2.517)	0.042** (2.572)	0.042** (2.579)
HOLD	−0.017 (−0.888)	−0.026 (−1.308)	−0.036* (−1.770)
SIZE	−0.520*** (−26.795)	−0.520*** (−26.826)	−0.518*** (−26.742)
LEV	0.031 (1.600)	0.034* (1.767)	0.033* (1.715)
DUAL	0.062*** (2.916)	0.066*** (3.091)	0.068*** (3.200)
BoardSize	0.028 (1.326)	0.030 (1.402)	0.027 (1.283)
Independent	0.045** (2.165)	0.043** (2.050)	0.038* (1.806)
Year2015	0.216*** (11.265)	0.216*** (11.295)	0.216*** (11.293)
Year2016	0.163*** (8.441)	0.163*** (8.472)	0.163*** (8.462)
F	93.039	86.226	80.842
R-squared	0.281	0.281	0.283
Number of firm	2926	2926	2926

注：括号内为 t 值，*、**、*** 分别表示在 10%、5%、1%的水平下显著；为消除多重共线性，已对所有交互项进行了中心化处理。

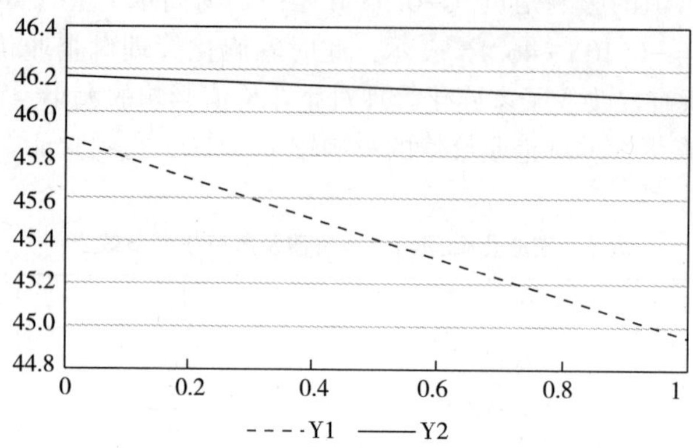

图1 所有权调节后的家族化管理与企业价值

表4列示了“去家族化”与企业价值及所有权调节效应的回归结果：①列1中Nonfam变量的系数在1%的水平下显著为正（系数=0.069，t=3.930），说明家族企业高管中引入的非家族成员越多，企业价值越高，即“去家族化”管理有利于提升企业价值，列2得到验证。②列2中加入了所有权调节变量FC，Nonfam变量仍在1%的水平下与企业价值正相关，家族所有权与企业价值正相关但不显著。③列3中Nonfam与FC的交互项Nonfam×FC的系数在1%的水平下显著为负（系数=-0.047，t=-2.977），说明家族所有权对“去家族化”与企业价值之间的关系有显著调节作用。调节变量FC经过中心化处理之后均值为0，标准差为15.96。如图2所示，当FC为低水平值（Mean-SD）时，Nonfam与TQ的关系可用方程 $Y_1=3.68X+49.71$ 表示，此时“去家族化”管理对企业价值的影响是正的（3.68）；当FC为高水平值（Mean+SD）时，Nonfam与TQ的关系可用方程 $Y_2=0.97X+49.97$ 表示，此时“去家族化”管理对企业价值的影响仍然是正的（0.97）。因此，家族所有权改变了“去家族化”管理对企业价值影响的大小，而没有改变其方向。当家族所有权较大时，“去家族化”管理对企业价值的影响较小。H3.2得到验证。

表4 “去家族化”与企业价值及所有权调节效应

变量	列1	列2	列3
Nonfam	0.069*** (3.930)	0.075*** (4.155)	0.079*** (4.413)
CR		0.026 (1.587)	0.027 (1.640)
Nonfam×CR			-0.047*** (-2.977)
SIZE	-0.530*** (-27.716)	-0.530*** (-27.735)	-0.529*** (-27.682)
LEV	0.054*** (2.882)	0.057*** (3.022)	0.056*** (2.980)
DUAL	0.036** (2.066)	0.036** (2.065)	0.037** (2.140)

续表

变量	列 1	列 2	列 3
BoardSize	0.035* (1.658)	0.036* (1.722)	0.032 (1.529)
Independent	0.042** (2.017)	0.040* (1.905)	0.034 (1.611)
Year2015	0.203*** (10.724)	0.203*** (10.741)	0.204*** (10.770)
Year2016	0.164*** (8.645)	0.165*** (8.667)	0.164*** (8.639)
F	137.139	122.245	111.203
R-squared	0.271	0.272	0.274
Number of firm	2926	2926	2926

注：括号内为t值，*、**、*** 分别表示在10%、5%、1%的水平下显著；为消除多重共线性，已对所有交互项进行了中心化处理。

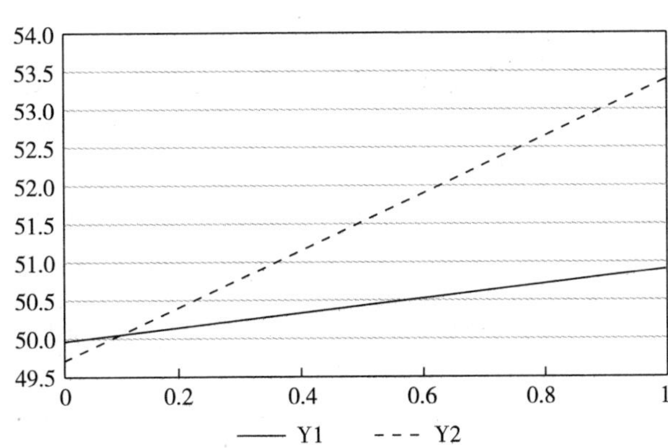

图 2　所有权调节后的"去家族化"与企业价值

五、进一步研究

现代公司制企业普遍存在所有权与控制权相分离的现象，企业所有者与管理者之间可能存在利益矛盾，从而产生第一类代理问题。家族企业通过家族对管理层的有效监督，能够缓解第一类代理问题，但同时也催生了第二类代理问题，即控股家族与中小股东之间的冲突。两类代理问题的此消彼长及其权衡结果取决于家族控制权和家族成员参与管理的程度（陈家田，2014）。现有的对东亚家族企业的研究发现，家族企业存在严重的第二类代理问题（Lemmon and Lins，2003）。类似研究发现，国内家族企业中第二类代理问题同样可能更为突出（魏春燕和陈磊，2015）。在这一部分，本文通过区分不同类型的代理问题，结合两权背离率和家族所有权比例，进一步检验前文假设，深入考察中国上市家族企业家族化和“去家族化”治理效率差异。

（一）家族化管理、“去家族化”与第一类代理问题

第一类代理问题是企业管理者与所有者之间的代理问题。当家族成员担任 CEO 时，企业所有者和管理者都是家族成员，这种家族连带关系使家族 CEO 与家族的利益保持高度一致，在一定程度上缓解了第一类代理问题。由于家族成员拥有管理家族企业的特殊技能，较少采取分散化的家族财富投资组合，并且关注家族声誉，提高企业经营效率的同时也有利于企业价值提升（陈德球等，2013）。相反，如果实施“去家族化”，在管理团队中引入更多非家族成员，他们的个人利益往往与家族所有者不相一致，即使他们拥有更高的知识水平和更强的管理能力，也有可能因为追求个人私利而加剧第一类代理问题，最终导致企业价值下降。

（二）家族化管理、“去家族化”与第二类代理问题

第二类代理问题是家族控股股东与中小股东之间的代理问题。家族企业中控制性家族通常采用间接控股形式，在我国家族上市公司主要是金字塔结构。在这种控股结构下，家族控股股东有动机采取“隧道行为”侵占中小股东利益，并且家族控制程度越高，这种侵害动机越强。Villalonga 和 Amit（2006）在对美国家族企业的研究中发现，家族同时拥有强烈的掏空动机和监督动机，只有在公司没有金字塔结构、双重持股等掏空机制时，公司价值才会提升。但是当家族成员担任 CEO 时，不论是否存在掏空机制都会损害公司价值。家族 CEO 有动机与控制性家族合谋而获得超额薪酬，且薪酬业绩敏感性更低，其他家族成员也有可能与管理层合谋而获得控制权收益。此外，现金流权与控制权的分离对降低企业价值有重要影响。随着控制链条的延长，两权分离度加大，控制性家族越有可能以较小代价取得控制权，加剧剥削其他中小股东的概率和程度，由此加重第二类代理问题，损害家族企业价值。王明琳等（2010）认为，两权偏离度表示控制性家族获取控制权所需的付出，直接影响“掏空”机制，进而影响企业价值。

参考 Villalonga 和 Amit（2006）的研究，本文根据“控制权、所有权两权分离”和“CEO 是否家族成员”两个维度，将家族企业的代理问题划分为四种。划分结果如表 5 所示。通过比较类型 1 和类型 4 的公司在企业价值上的差异，就可以分析第一类代理问题和第二类代理问题哪个对企业价值有主导作用。

表 5　家族企业与两类代理问题

	家族成员任 CEO	非家族成员任 CEO
两权分离（CV<1）	类型 1：第二类代理问题	类型 2：两类代理问题
两权未分离（CV=1）	类型 3：无代理问题	类型 4：第一类代理问题

由表 6 可知，类型 1 公司与类型 4 公司在企业价值上的差值为负，即以第二类代理问题为主导的类型 1 公司的企业价值低于以第一类代理问题为主导的类型 4 公司。可以初步判断，家族化管理降低企业价值主要可能是因为家族成员任 CEO 带来的第二类代理成本超过了缓解第一类代理问题的收益，而“去家族化”提升企业价值可能是因为非家族企业高管缓解第二类代理问题的收益超过了增加的第一类代理成本。

表 6　四类家族企业与公司价值

第二类代理问题	第一类代理问题		差异（t 值）
	否	是	
是	类型 1	类型 2	(1) - (2)
TQ	3.7796	3.1991	0.581 (2.253)**
观测数	642	624	
否	类型 3	类型 4	(3) - (4)
TQ	4.0464	4.1408	−0.094 (−0.329)
观测数	1073	587	
差异	(1) - (3)	(2) - (4)	(1) - (4)
(t 值)	−0.267 (−1.820)*	−0.942 (−2.657)***	−0.361 (−1.233)

注：差异为 TQ 均值之差，*、**、*** 分别表示在 10%、5%、1%的水平下显著。

为了进一步验证前文假设，本文在区分两权分离（CV<1）样本和两权未分离（CV=1）样本之后，再根据所有权均值大小对其进一步划分，回归分析如表 7 所示。由表 7 可知，当家族企业存在两权分离且家族所有权比例小于均值 39.20 时，家族化管理与企业价值显著负相关（FCEO 变量的系数=−0.064，t=−1.699），同时“去家族化”与企业价值显著正相关（Nonfam 变量的系数=0.064，t=1.917），结果符合 H1 和 H2。但是当家族所有权比例大于均值 39.20 时，FCEO 变量和 Nonfam 变量的系数都不显著。说明随着家族所有权比例的上升，家族化管理对企业价值的影响作用下降，同时“去家族化”对企业价值的影响作用也在下降。结果符合 H3.1 和 H3.2。根据前文分析，当家族企业两权未分离时，最有可能存在由非家族成员担任 CEO 引起的第一类代理问题，因此我们对 CV=1 的样本再次进行回归分析。结果表明，FCEO 变量的系数显著为负且 Nonfam 变量的系数显著为正，说明在家族企业两权未分离的情况下，采取“去家族化”管理更利于企业价值提升。

表 7　两权分离与家族企业治理效率

变量	CV<1 FO<39.20	CV<1 FO<39.20	CV<1 FO>39.20	CV<1 FO>39.20	CV=1	CV=1
FCEO	−0.064* (−1.699)		0.042 (1.057)		−0.083*** (−3.236)	
Nonfam		0.064* (1.917)		−0.006 (−0.168)		0.085*** (3.631)
AGE	−0.043 (−1.305)		0.046 (1.342)		0.010 (0.440)	
SEX	−0.010 (−0.308)		−0.029 (−0.844)		0.012 (0.580)	
EDU	0.037 (1.157)		0.055* (1.653)		0.043** (2.031)	

续表

变量	CV<1 FO<39.20	CV<1 FO<39.20	CV<1 FO>39.20	CV<1 FO>39.20	CV=1	CV=1
HOLD	-0.024 (-0.674)		-0.041 (-1.088)		-0.003 (-0.102)	
SIZE	-0.489*** (-13.499)	-0.509*** (-14.551)	-0.397*** (-8.842)	-0.383*** (-8.610)	-0.548*** (-21.817)	-0.552*** (-22.160)
LEV	-0.016 (-0.448)	0.062* (1.766)	-0.326*** (-7.373)	-0.333*** (-7.687)	0.102*** (4.161)	0.095*** (3.893)
DUAL	0.113*** (2.879)	0.054 (1.594)	-0.064 (-1.492)	-0.059* (-1.724)	0.052* (1.793)	0.041* (1.788)
BoardSize	0.009 (0.230)	0.027 (0.691)	-0.084* (-1.813)	-0.077* (-1.691)	0.050* (1.782)	0.057** (2.060)
Independent	0.021 (0.534)	0.010 (0.261)	-0.006 (-0.118)	0.006 (0.124)	0.050* (1.801)	0.055** (2.053)
Year2015	0.134*** (3.504)	0.115*** (3.086)	0.316*** (8.228)	0.317*** (8.352)	0.247*** (9.741)	0.247*** (9.873)
Year2016	0.140*** (3.664)	0.155*** (4.143)	0.246*** (6.359)	0.251*** (6.618)	0.168*** (6.580)	0.167*** (6.644)
F	22.609	32.581	42.768	64.859	54.278	82.980
R-squared	0.256	0.243	0.520	0.518	0.283	0.283
Number of firm	1266	1266	1266	1266	1660	1660

注：括号内为t值，*、**、***分别表示在10%、5%、1%的水平下显著。

六、结论与讨论

家族企业治理效率问题在公司治理领域一直存在争议。主流代理理论认为家族企业的代理成本很低，家族成员参与管理有利于提升企业价值，但这种观点却无法解释现实中发生的家族创始人夫妻离异、兄弟反目等家族内讧事件。鉴于此，本文以2014~2016年度中国A股上市家族企业为样本，实证检验了家族化管理与企业价值、"去家族化"管理与企业价值之间的关系。研究发现，家族化管理对企业价值有不利影响，但随着家族所有权比例的增加，这种不利影响会被弱化。采取"去家族化"管理会提高企业价值，但家族所有权比例的增加会削弱这种提升作用。进一步地，通过比对两类代理问题及两权背离率证实，随着家族所有权比例的提高，采取家族化管理更有利于企业价值提升，但是当家族企业不存在两权分离时，采取"去家族化"管理更有效。

由此可知，在中国上市家族企业中，家族化管理中"自我控制"、机会主义等行为带来的负面效应占据了主导地位，最终对企业价值造成不利影响。同时，家族企业由于保持对企业的高度控制，进一步加深了这种不利影响。家族企业业主应当充分认识到这种管理模式的弊端，积极主动地引入优秀的非家族高管来实施“去家族化”管理，设计有效的薪酬契约并加强监督。但家族若保持较高的所有权比例，则会显著弱化这种不利影响。在这种情况下，家族企业应相机选择治理方式。同时，外部监管机构也应当营造一个规范的职业经理人市场并完善监管制度。对当前面临治理结构转型、扩张和继承问题的家族企业来说，要将家族管理优势与外部管理资源有效结合起来，从而提升企业价值。

参考文献

[1] 陈凌，王健茜，谢倞晶. 新经济时代家族企业转型与发展——第十二届创业与家族企业国际研讨会侧记 [J]. 管理世界，2017（09）：166-169.

[2] Cai H，Li H，Park A and Zhou L. Family ties and organizational design：Evidence from Chinese private firms [J]. The Review of Economics and Statistics，2013，95（3）：850-867.

[3] 范黎波，刘云芬，杨金海. 家族化管理与企业绩效：规模与家族成员所有权结构的调节效应 [J]. 管理评论，2016，28（5）：96-106.

[4] 徐鹏，宁向东. 家族化管理会为家族企业创造价值吗？——以中小板家族上市公司为例 [J]. 科学学与科学技术管理，2011，32（11）：144-151.

[5] Comez-Mejia L R，Haynes K T，Nunez-Nickel M et al. Socioemotional wealth and business risks in family controlled firms [J]. Administrative Science Quarterly，2007，52（1）：106-137.

[6] Maury B. Family ownership and firm performance：Empirical evidence from western european corporations [J]. Journal of Corporate Finance，2006（12）：321-341.

[7] 金鑁，裘益政. 家族企业资产专用性对企业绩效影响研究 [J]. 管理评论，2018，30（10）：221-237.

[8] 姜付秀，郑晓佳，蔡文婧. 控股家族的“垂帘听政”与公司财务决策 [J]. 管理世界，2017（3）：125-145.

[9] Habbershon T G，Williams M，MacMillan I C. A unified perspective of family firm performance [J]. Journal of Business Venturing，2003（18）：451-465.

[10] 陈志斌，吴敏，陈志红. 家族管理影响中小家族企业价值的路径：基于行业竞争的代理理论和效率理论的研究 [J]. 中国工业经济，2017（5）：113-132.

[11] Miller D，Minichilli A，Corbetta G. Is family leadership always beneficial? [J]. Strategic Management Journal，2013，34（5）：553-571.

[12] 赵宜一，吕长江. 亲缘还是利益？——家族企业亲缘关系对薪酬契约的影响 [J]. 会计研究，2015（8）：32-40，96.

[13] Burkart M，Panunzi F，Shleifer A. Family Firms [J]. The Journal of Finance，2003，58（5）：2167-2200.

[14] 陈建林. 利他主义、代理成本与家族企业成长 [J]. 管理评论，2011，23（9）：50-57.

[15] 王琨，徐艳萍. 家族企业高管性质与薪酬研究 [J]. 南开管理评论，2015，18（4）：15-25.

[16] 陈德球，杨佳欣，董志勇. 家族控制、职业化经营与公司治理效率——来自 CEO 变更的经验证据 [J]. 南开管理评论，2013，16（4）：55-67.

[17] Ensley M D，Pearson A W. An exploratory comparison of the behavioral dynamics of top management teams in family and nonfamily new ventures：Cohesion，potency，and consensus [J]. Entrepreneurship Theory and Practice，2005（29）：267-284.

[18] 李欢，郑杲娉，徐永新. 家族企业“去家族化”与公司价值——来自我国上市公司的经验证据 [J]. 金融研究，2014（11）：127-141.

[19] Chrisman J J，Chua J H，Litz R. Comparing the agency costs of family and non-family firms：Conceptual issues and exploratory evidence [J]. Entrepreneurship Theory and Practice，2004（4）：335-353.

[20] 邓浩，贺小刚，肖玮凡. 亲缘关系与家族企业的高管变更——有限利他主义的解释 [J]. 经济管理，2016，38（10）：66-86.

[21] 于晓东，刘刚，梁晗. 家族企业亲属关系组合与高效治理模式研究——基于中国家族上市公司的定性比较分析 [J]. 中国软科学，2018 (3)：153-165.

[22] 贺小刚，李婧，张远飞，连燕玲. 创业家族的共同治理有效还是无效？——基于中国家族上市公司的实证研究 [J]. 管理评论，2016，28 (6)：150-161.

[23] 贺小刚，李新春，连燕玲. 家族权威与企业绩效：基于广东省中山市家族企业的经验研究 [J]. 南开管理评论，2007 (5)：75-81.

[24] 王明琳，陈凌，叶长兵. 中国民营上市公司的家族治理与企业价值 [J]. 南开管理评论，2010，13 (2)：61-67，96.

[25] 陈士慧，吴炳德，窦军生，陈凌. 家族关系如何影响企业创新？——对创新中不可忽视的“家族力量”的检验 [J]. 科学学研究，2016，34 (5)：793-800.

[26] 李新春，马骏，何轩，袁媛. 家族治理的现代转型：家族涉入与治理制度的共生演进 [J]. 南开管理评论，2018，21 (2)：160-171.

[27] 周志强，田银华，王克喜. 家族企业契约治理模型、模式及其选择研究——基于代理理论与管家理论融合视角 [J]. 商业经济与管理，2013 (5)：5-12.

[28] 李晓琳，李维安. 家族化管理、两权分离与会计稳健性 [J]. 证券市场导报，2016 (3)：17-23.

[29] 王燕妮，周琳琳. 家族企业的高管激励与研发投入关系研究——基于家族所有权和控制权视角 [J]. 南开经济研究，2016 (6)：94-105.

[30] 谷祺，邓德强，路倩. 现金流权与控制权分离下的公司价值——基于我国家族上市公司的实证研究 [J]. 会计研究，2006 (4)：30-36，94.

[31] Miller D，Breton-Miller I L，Lester R H and Cannella A A. Are family firms really superior performers [J]. Journal of Corporate Finance，2007 (13)：829-858.

[32] 严若森，叶云龙. 家族所有权、家族管理涉入与企业 R&D 投入水平——基于社会情感财富的分析视角 [J]. 经济管理，2014，36 (12)：51-61.

[33] 陈建林. 家族所有权与非控股国有股权对企业绩效的交互效应研究——互补效应还是替代效应 [J]. 中国工业经济，2015 (12)：99-114.

[34] 顾露露，蔡良，雷悦. 家族治理、所有权变更与企业创新——基于中国家族企业的实证研究 [J]. 管理科学，2017，30 (2)：39-53.

[35] 高燕. 所有权结构、终极控制人与盈余管理 [J]. 审计研究，2008 (6)：59-70.

[36] Rafael，La Porta，Florencio Lopez-de-Salinas，Andrei Shleifer and Robert Vishny. Corporate Ownership around the World [J]. Journal of Finance，1999 (2)：471-520.

[37] 陈家田. 上市家族企业 CEO 薪酬激励实证研究——基于双重委托代理视角 [J]. 管理评论，2014，26 (11)：159-168.

[38] Lemmon M，Lins K. Ownership structure，corporate governance，and firm value：Evidence from East Asian financial crisis [J]. Journal of Finance，2003，58 (4)：1445-1468.

[39] 魏春燕，陈磊. 家族企业 CEO 更换过程中的利他主义行为——基于资产减值的研究 [J]. 管理世界，2015 (3)：137-150.

[40] Villalonga B. and Raphael Amit. How do family ownership，control and management affect firm value [J]. Journal of Financial Economics，2006，80 (2)：385-417.

家族企业跨代创业该如何获取竞争优势？
——基于扎根理论的探索性分析

陆可晶[1,2]　张　源[2]

（1. 宁波财经学院，浙江宁波　315175；2. 中国社会科学院工业经济研究所，北京　100044）

[摘　要] 家族孵化下的跨代创业已然成为众多家族企业可持续发展的战略之一。然而，在调研中课题组发现，尽管有着家族资源的支持，较多的跨代创业企业存活率依然较低，因此，如何提升家族企业跨代创业的竞争优势成为至关重要的议题。本文通过文献回顾、深度访谈方式，采用多案例研究方法，选取四家典型的家族企业案例，借助扎根理论的研究方法，深入分析家族孵化、创业能力形成与跨代创业成长的内在机理。研究结果表明：跨代创业成长受到主系统和辅助系统的影响。主系统包括了家族孵化（家族文化、家族支持）和个人系统（个人权威、个人能力、个人特质），构成了跨代创业成长的支持基础，并且彼此之间相互作用。辅助系统包括营商环境和高校支持，为主系统提供外部支持，主系统和辅助系统协调促进创业能力提升，从而推动跨代企业成长。对家族跨代创业成长路径的分析，可为现实中家族企业的可持续发展提出经验借鉴。

[关键词] 跨代创业；绩效提升；扎根理论；案例分析

一、问题提出

我国民营企业经过30多年的发展迈向了守业或转型期，老一辈的创业企业家们逐步打开了退居“二线”的模式，他们的子女们则陆续进入了大众的视野。根据数据统计，80%以上的家族“二代们”都不愿意接班，两代人在经营理念和事业选择上都存在较大的差异，但是父母的创业烙印、企业家精神和自身求学经历激发起他们对新生事物的追求，“二代们”更愿意在新兴领域中开展创业活动，例如互联网、金融、时尚、汽车等行业。面对这样的情况，企业家们开始转变思路，通过孵化来扶持家族二代的跨代创业项目，再次激发家族企业的活力。“二代们”的创业过程带有浓厚的家族色彩，通常依赖于已有的家族资源，因此，他们所具有的创业禀赋远远优于第一代创业者。

值得深思的是，通过几年的发展，多数跨代创业的项目得不到可持续发展，存活率较低，一部分生存下来的企业在短时间内也会发生分化。家族孵化的模式、“二代们”综合能力的不足都是导致创业失败的重要原因。因此，是什么因素影响了跨代创业成长？如何促进跨代创业项目的可持续发展？成为亟须系统研究的课题。目前，学术界认为家族孵化、能力形成与跨代创业成长的转化过程仍然是一个“黑箱”。本文将在已有研究成果的基础上，根据已经发生的跨代创业案例，深入剖析家族二代跨代创业成长的影响因素，分析其转化过程的内在机理，为家族企业跨代创业实践提供指导意见。本文将以四家家族企业为研究案例，通过对“一代”企业家和“二代”创业者面对面的采访，运用扎根理论的研究方法，通过数据收集和译码过程，构建相应的理论框架，并形成具有现实指导意义的结论与建议。

二、理论背景

在亚洲，家庭和家族关系是创办和发展新企业的重要手段（Habbershon and Pistrui，2002）。家庭成员可以运用家族资源，例如人力、财力和社会资本等在家族内部或者外部开展创新创业活动（Arregle. et al.，2015）。李新春等（2013）认为家族创业与家族资本的支持有着密不可分的关联。国外学者 Sharon（2011）等提出了家族资本的定义，即家族成员所拥有的一切资源，包括人力资本、社会关系网络、财务资本。这些有效的家族资本成为孵化跨代创业项目的核心基础支撑。Habbershon 和 Williams（1999）提出了“家族性”的定义，他们认为家族资本的形成得益于家族的涉入所产生的家族、企业和家族成员之间交互而自然生成的独特资源和能力束。有学者提出“一代”企业家通过商业网络、政治网络、默会知识、家族声誉以及创业技能来孵化二代的创业活动（Goel and Jones，2016）。

现有研究认为创业能力可以通过后天的学习获得，基于资源和社会网络的创业学习方法有助于创业能力的形成和发展。陈文婷（2013）系统考察了创业学习为家族创业能力的过程，认为其起到了积极的中介作用，创业学习是家族创业者获得创业知识、提高创业绩效的关键能力，而教育背景、能力经验和社会网络的差异，也对家族跨代创业成长和能力提升有着不同程度的影响。吴炯、李保杰（2015）认为家族“二代”自身能力的形成是家族企业可持续发展的关键因素，“二代们”的教育经历和职业经历成为其形成人力资本的主要途径，而人力资本与社会资本的交互作用影响着跨代创业的成长。原生家族影响和创业实践能够有效培育家族下一代创业者，在明确的股权界定和利益协同的基础上，通过自主发展、有效沟通和共同目标建立来积累家族资源，培养家族二代的企业家精神（李新春等，2015）。谢雅萍和王国林（2016）构建了家族性资源、创业行动学习与家族创业能力的关系模型，确立了机会识别能力、运营管理能力和家族凝聚力是家族创业能力提升的中介变量。

事实上，跨代创业能力的形成是一个从小到大、从里到外的复杂过程。家族孵化模式、企业资源、个人能力三者成为跨代创业成长的基础，外部支持性政策则成为家族跨代创业的辅助因素。而现有国内外的文献忽略了基于创业导向的家族系统、个人系统和外部支持系统共同作用对跨代创业成长的影响。本文从家族孵化系统、个人系统和外部支持三个维度着手研究家族跨代创业成长，构建理论框架，进而探讨家族跨代创业成长的路径，从而弥补了综合因素在解释家族跨代创业研究方面的不足。

三、研究设计

（一）研究方法

本次研究在四个研究案例的基础上运用扎根理论方法进行逐步编码分析，通过多次比较、反复分析，提炼现有的访问语句，将内容概念化、提炼出不同的资料片段，确定片段间的异同来构建相应的研究框架。本文已逐一对对象企业进行访谈，每一次访谈结束后进行及时归纳和理论梳理。本次案例的选择以比较能够集中反映家族企业跨代创业的代表性案例为原则，以提高案例研究的效度。

本文关注案例企业的文档、网络资料、企业调研、实物证据等。本文一手数据的收集途径如下：对案例企业的创立人和跨代创业“二代”，实施一对一的深度访谈获取真实的一手资料。访谈内容围绕家族企业性质、“二代”生长背景、创业动机等内容，例如，家庭构成、家庭关系维系、创业企业发展情况、家族企业发展现状、接班意愿、“二代”学习经历、社会关系网络、创业动因、创业条件等、自身或企业的创业资源等能真实反映跨代创业行为的因素。本次研究主要深度采访8场，每人次访谈时间均在60分钟以上。通过实地观察、文献资料结合访谈记录进行编码分析，同时检验理论饱和度。根据扎根理论的要求，通过开放式编码、主轴式编码和选择式编码对相关文字数据进行片段化分析（见图1）。

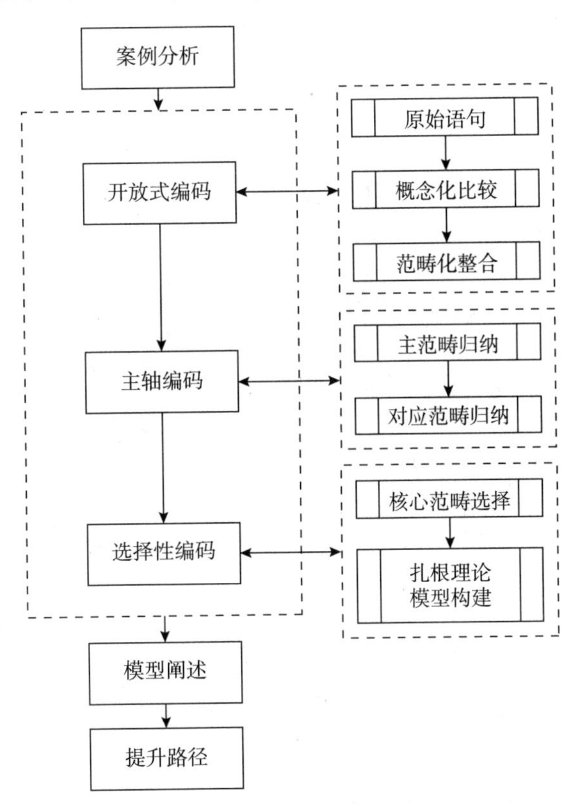

图1　研究流程

（二）案例综述

案例1：小鲁是家中的独子，在英国利兹大学主修国际商务，本科毕业后进入家族企业，在接班的过程中其权威合法性受到了较大的挑战，且意识到传统的制造业已经不能赶上市场发展的脚步，于是开始在接受父辈企业的基础上，逐步进入医疗器械行业，并与2013年与亲戚一起建立了医疗器械公司，主打医疗消毒柜，产品以出口为主。

案例2：小徐是家族独女，留学英国，本科毕业后回国开始逐步接手家族业务，与此同时，看到了零售业的发展契机，2011年建立了新兴的外资零售企业，2013年建立了信息科技有限公司，逐步开创自己的事业。经过创业的历练，小徐于2014年开始在家族企业内任高职。

案例3：小陈是家中独女，2008年国内“211”大学硕士研究生毕业后进入金融行业工作，在工作过程中做了较多开创性的事情，业务面涉及较广，学到较多本领。2012年后，进入家族企业工作，主要负责企业生产运营，2015年开始在家族企业内部开拓新的产品和市场，并开始做工厂的精益化发展。2016年后，但凡企业的开拓性工作都由小陈负责，搭建了市场部，组成了稳定的团队。

案例4：小苗是家族企业的唯一继承人，国内国际贸易专业，毕业后远程自学工程类课程。2007年本科毕业后进入家族企业跟随父亲学习，2012年随家族企业发展的需要以法人的形式建立机械公司，与父辈组合创业，从家族企业生产零部件到新创企业生产整机过渡，产品技术含量较高，主要面向海外市场。

案例综述如表1所示。

表1　案例陈述

企业	父辈企业特征			跨代创业项目特征		
	所属行业	企业简介	家族因素	所属行业	项目简介	个人因素
1	传统制造业	1985年成立，专注生产国内外各种标准及非标准高强度螺栓、螺母的大型企业	父亲准备退休，希望儿子接班	新型制造业	建立医疗器械公司，产品以出口为主，关注海外市场	小鲁留学英国、本科、家中独子
2	制造业	1995年，是国内最早进军厨具行业、专业设计力量最强大、厨具产品线最丰富的国际化企业之一。上市企业	父亲常年在国外，注重产品设计，公司有职业经理人	新零售业	首创国内“超百货”经营模式。百货连锁、目录订购，电子商城“三合一”的渠道组合	小徐留学英国、本科、家中独女
3	制造业（科技型企业）	成立于2004年，致力于节能环保汽车领域的技术突破	父亲已退居“二线”，但依然从事产品研发	制造业	进入家族企业，开拓新的产品与新市场，改良现有工厂规划	小陈国内名校硕士研究生、博士在读、家中独女
4	制造业	创始于1987年，重组于1997年。以轴类产品的精密加工为核心技术	父辈企业为“二代”企业提供零部件，组合创业模式	制造业	2006年成立机械公示，以生产成品为主，成品以出口为主	小苗国内本科毕业、自学工程类课程、家中独子

资料来源：根据企业调研信息整理。

四、数据分析过程

（一）开放式编码

开放式编码是通过对已有的资料记录逐句理解、编码、标签，以此来获取初始概念、发现针对性的概念范畴。为保证本次研究的严谨性，在资料整理的过程中先排除了与本次研究主题无关的文本资料，以访谈记录等一手数据作为标签，再获取原始概念，借助 NVivo 数据分析软件，共得到 269 余条原始语句，引入 32 个初始概念，如图 2 所示。与此同时，若将每一个案例作为个体，我们发现范畴侧重点不同，但彼此又存在一定的交叉关系。其中价值观、家族社会网络、人力资源、年龄、性别、教育背景等范畴成为四个案例的主要交汇点，成为普遍关注的内容。

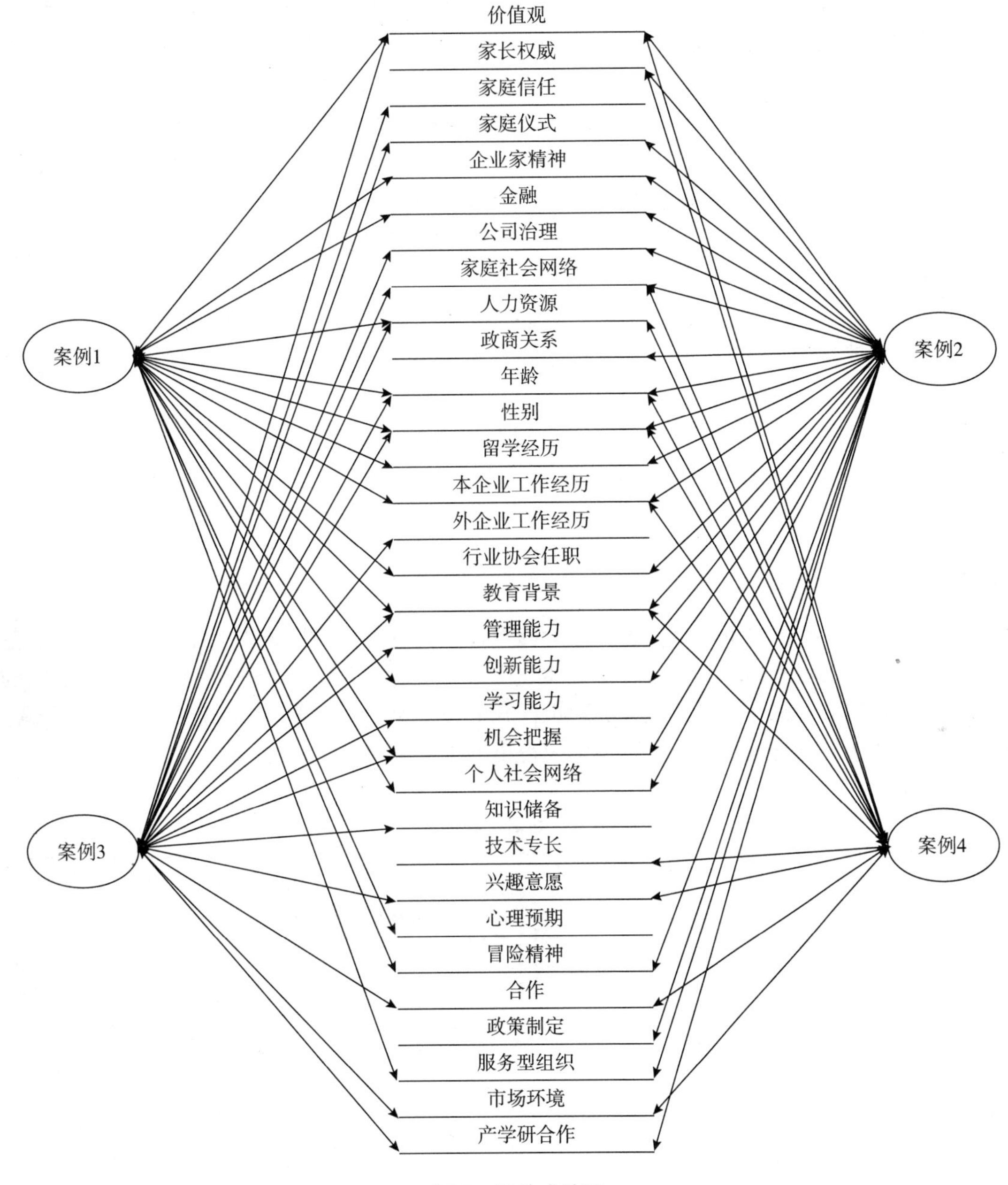

图 2　开放式编码

资料来源：借助扎根理论整理。

四位创业者普遍认为家族社会网络给他们在创业过程中带了得天独厚的资源，也帮助他们进一步建立自己的个人社会网络。家族企业的规模决定了资源提供的级别与有效性。家族企业的规模越大，父辈能给予的社会资源网络更为强大和稳定，创业者能够涉及的创业领域也更为广泛。例如：

“父亲认识很多人，国内外都有，在回国创业期间，父亲介绍了很多人给我认识，而这些人也给予了较多有效的信息和帮助。”（引用原句，案例2，小徐）

“基本上，我的创业都是靠自己一步步走来，父亲也给了我较多的建议和资源，但是，由于家族企业规模比较有限，因此父亲的资源普及范围较小，所以我能用到的也少。”（引用原句，案例1，小鲁）

“创二代们”的家族权威与其在成长过程中的表现息息相关，例如学习经历、处事能力、性格、性别等，且直接影响了家族孵化过程中个体能够获得的支持强弱及方式。有着较好学习经历的“二代们”往往能够在家族中得到足够的信赖，家族对其抱有更大的期待，愿意提供高层次的创业资源。反之，“二代们”将努力后的成果向父辈们展示来证明自己的能力，才能提高其在家族中的地位。例如：

“我从小到大成绩都很好，基本上没有让父母操过心，也是一路名校读上来的，父母以我为豪，进入家族企业后，父亲放开手让我管理，我与每个部门的经理也相处融洽。”（引用原句，案例3，小陈）

“小时候我不太愿意学习，妈妈经常被老师叫去，后来有机会就去英国读了本科，回来后我爸对我不放心，就让我在家里工作，但也没给我什么实权，后来又一次，我跟随别人投资成功后他们才开始愿意把部分资金交给我。”（引用原句，案例1，小鲁）

“我小时候比较听话，性格比较稳定，也按照父母的意愿一步步地走过来，毕业后也跟随在父亲身边，多积累经验，现在可以独立地接手公司的部分工作了。”（引用原句，案例4，小苗）

（二）主轴编码

主轴编码是一个将被分解的资料重新整合的聚类分析过程。主轴编码的主要任务是发展范畴的性质和层面，使范畴更加严密。同时将彼此独立的范畴连接在一起，发现和建立范畴之间的潜在逻辑关系。通过对开放性编码的进一步分析，我们发现各个范畴间存在概念上的相似和联系，因此按照逻辑顺序，对其进行了归类和重构，得出七类主范畴。

表2　案例主轴编码

类别	主范畴	对应的范畴	范畴的内涵
家族孵化	家族文化	价值观	家族成员对接班人创业接班的看法
		家长权威	老一辈创业者在家族中的地位
		家族信任	跨代创业者得到长辈信任支持的情况
		家族仪式	家族氛围的衡量标准之一，体现家族文化
		企业家精神	父辈创业者给跨代创业者留下的“烙印”
	家族支持	金融	父母对“二代”创业者的资金扶持
		公司治理	公司治理结构
		家族社会网络	老一辈创业者的社会网络资源情况
		人力资源	提供有经验且有能力人才支持
		政商关系	“一代”创业者是否与政府部门建立良好的互动关系

续表

类别	主范畴	对应的范畴	范畴的内涵
个人系统	个人权威	年龄	创业过程中，跨代创业者的年龄层次
		性别	跨代创业者的性别特征
		留学经历	跨代创业者是否有海外留学经历
		本企业工作经历	跨代创业者在父辈企业任职的年限
		外企业工作经历	跨代创业者在关联企业任职的经历
		行业协会任职	跨代创业者是否在相关行业协会担任职务
		学历	跨代创业者所拥有的教育程度
	个人能力	管理能力	跨代创业者是否拥有管理企业的经历和能力
		创新能力	跨代创业者对改进和创造新的事物的能力
		学习能力	跨代创业者对显性和默会知识的理解及学习能力
		机会把握	跨代创业者对机会发现和把握的能力
		个人社会网络	跨代创业者是否能够建立有效的资源网络
		知识储备	创业过程中，跨代创业者的知识储备是否足够
		技术专长	跨代创业者是否掌握本企业所需要的技术
	个人特质	兴趣意愿	创业项目的选择偏好
		心理预期	跨代创业者对创业项目的心理预期
		冒险精神	是否具有不服输，勇往直前的探索精神
		合作	开放合作的态度
辅助系统	营商环境	政策制定	国家政策扶持的力度
		服务型组织	当地是否有相关的服务型组织平台
		市场环境	诚实守信的营商风气
	高校支持	产学研合作	与高校等科研机构的合作情况

资料来源：借助扎根理论整理。

（三）选择性编码

在主范畴及其逻辑关联的指引下，通过选择核心范畴，把各范畴系统地整合在一起，从而建构一个扎根理论模型。这一过程的关键在于寻找"故事线"，"故事线"能将绝大多数的范畴提纲挈领地串接起来，完成"故事线"也就发展出新的理论构架。本文所确定的核心范畴是"家族企业跨代创业成长因素"，蕴含的基本关系是，主系统、辅助系统两大类型因素对跨代创业具有显著影响，并构建以"跨代创业成长"为核心的模型（见图3）。

通过本文的深度分析，我们得到跨代创业成长受到主系统和辅助系统的影响。主系统包括了家族孵化（家族文化、家族支持）和个人系统（个人权威、个人能力、个人特质）。主系统构成了跨代创业成长的支持基础，并且彼此之间相互作用。在创业任务导向的驱动下，家族孵化系统成为跨代创业成长的要素基础，家族的文化（价值观、企业家精神、家族信任、家长权威等）、家族资本（金融资金、社会网络、人力资源、政商关系等）会对其在跨代创业过程中产生重要影响，特别在创业初期的影响更为深远。再者，"创二代们"在经验、资本、社会关系网络、能力

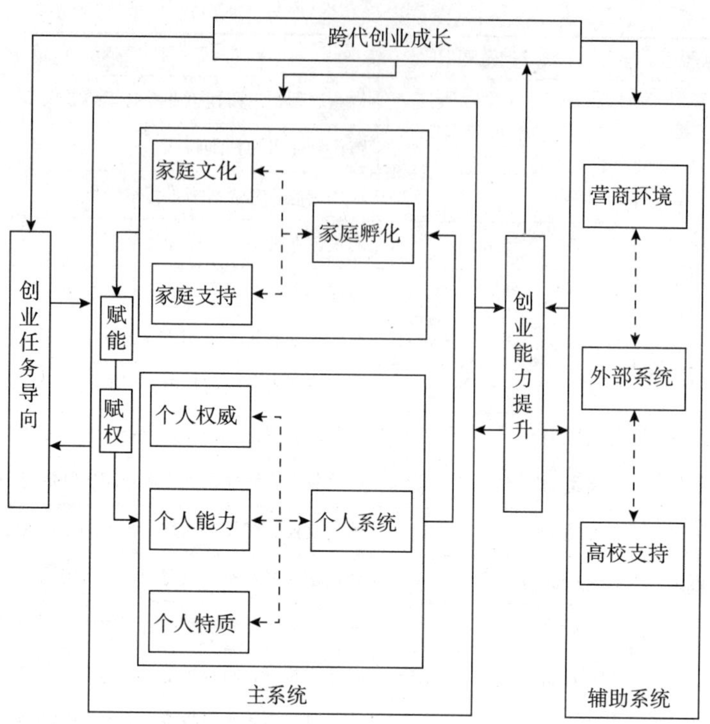

图 3 核心范畴蕴含的逻辑关系

资料来源：本文根据扎根理论研究绘制。

等方面均较为薄弱，家族通过孵化“赋权”及“赋能”于个人，强化个人系统，培养个体能力、通过“烙印效应”将默会知识付诸个体，帮助个人系统成长。辅助系统可是视作主系统的外部系统，包括营商环境和高校支持，为主系统中的家族企业孵化和“创二代”的个人成长提供外部支持。主系统和辅助系统协调促进创业能力提升，从而推动跨代企业成长。随着跨代企业的发展日趋成熟稳定，企业绩效不断提升，又会再次影响企业的创业任务导向，并引发对创业能力新的要求。

五、模型阐述与研究结论

通过对以上四个典型案例的译码分析，我们发现，跨代创业项目与“创二代们”都拥有来自主系统和辅助系统的影响。不同维度的两大系统构成了跨代创业的支持性基础，其会影响创业项目的成长。面对不同的支持系统，“创二代们”才真正有了区别于其他创业者的禀赋。在系统的联合影响下，最终形成了特有的跨代创业效果，进而呈现了现有的企业可持续发展的结果。

首先，家族孵化系统。通过编码显示，家族孵化系统主要围绕着资源体系，包含着家族文化资源、家族行为资源、家族社会资源。“二代们”视家族孵化体系为“双刃剑”，一方面，“二代们”的创新创业是依托家族资源进行的，通过战略创新，打破传统的模式，打造具有个人及家族特色的创业企业，通过组合创业的模式来持续家族的财富传承。例如 D 公司的小苗，在大学毕业后选择进入家族企业，在逐渐熟悉公司的相关运作后，意识到公司进一步发展的障碍——竞争对手多，技术产品易被模仿，生产零配件利润率低。因此试图通过在原有家族企业的基础上建立新且相关性企业，开创出一种新的运营模式，实现公司的跨越式发展。另一方面，“二代们”的创业过程紧受家族行为资源的束缚，“大家长”作风仍然高度影响着“二代们”创业过程中的权威性，也由于价值观和经营理念的不同引发代际冲突，因此，“二代们”未能真正像一般创业者一样有充分自由发挥的空间。例如A企业的小鲁，进入家族企业后未能真正地融入企业，创新活动受到制约，离开公司创立自己的新企业，但由于两家企业的财务系统为同一个，缺乏资金的小鲁处处受到家族的限制，父母干涉初创企业的每一项内容，“一代创业者”和“创二代们”矛盾突出，新创企业至今停留在初创阶段。

其次，个人系统。在过去的研究中，学者们认为外部关系构建和个人能力提升对新创企业成长有着互补且平衡的协同效应（李新春等，2010）。在父辈光环下的“创二代们”更想通过成功创业来证明自己的合法性。通过研究，我们认为“二代”创业者的创业精神、领导风格、学习经历、社会资本等因素都直接影响着“二代们”的跨代创业成长和企业绩效。例如学习经历包含了教育经历与职业经历，受教育水平越高，创业者越容易接受创新，更愿意接受新思想，有能力适应变化；“创二代们”会从其职业经历中获取独特的知识资源和领导能力，同样职业经历也会影响着接班者的价值观和思维方式。职业的异质性知识资源、能力和价值观成为跨代创业的动力。例如，A公司的小鲁和B公司的小徐，在留学归来后，就投入新事业中，他们选择的创业项目更注重创新和海外市场。他们认为，父辈的传统行业已经不能满足他们的兴趣和未来发展的趋势，加入新兴的产业和高品质的市场才是符合与家族企业合并发展的最佳战略。

多元化的社会资源不仅影响跨代创业，还通过影响人力资本的发挥来间接影响跨代创业的成长绩效。在当前转型经济背景下，政治关联所形成的社会资源不仅缓解人力资本在跨代创业时所受到的限制，还影响人力资本的发挥。年轻的“二代们”的心态是开放的，他们更乐意在父辈们的社会光环下，来建立自己的人脉网络。例如，A公司的小鲁和B公司的小徐都是市“创二代”协会会员，协会定期地举行交流活动，通过这个平台，他们相互认识、熟悉，形成无形的“创二代”资源网络；同时，他们也通过参与政府的一系列活动来建立他们的政商关系。

最后，辅助系统。将辅助系统与主系统之间进行平衡是目前家族“二代”创业过程中普遍认同的阶段性战略。在访谈过程中，我们意识到“二代们”普遍渴望拥有正向创新的营商环境。第一，他们认为目前遇到较大的困难就是融资难、贷款难，负债率高，尤其是制造业。例如D公司的小苗，他的家族企业和创业企业都隶属于关联制造，母子企业都需要大量资金来购买设备，但是银行的贷款较难，成为企业进一步扩大的阻碍因素，目前，公司的负债率达到60%，巨大的负债使“二代们”在创业的过程感受到了巨大的压力。第二，政府的相关政策，例如人事政策，企业较难平衡职工的去留问题，A企业的小鲁和D企业的小苗，认为家族企业由于受到产权关系的制约，每年为职工支付的福利已占到了企业支出的一半。这里的支付还包括了想辞却辞不掉的员工。第三，“二代创业者们”都迫切希望与政府建立良好的政治关联，以此来降低新创企业的政治不确定性，政治合法性的建立对初创企业来说具有不可言喻的作用，“创二代们”希望以此来提高获取关键资源的能力，降低创业风险。例如，B企业的小徐，就希望通过与政府建立正向的沟通关系，获取更多信息及资源，家族资源在小徐的创业过程中便助其构建了较为稳定的社会关系网络。第四，由于对信息的渴求和信息不对称带来的种种问题，“二代创业者们”渴望加强交流合作，尽管，目前各地区都有建立自己的行业协会，例如鄞州区的海外留学人员协会、慈溪的“创二代”联谊会、余姚的“民企少帅团”等，但是，规模和效率都处于起步阶段，未能形成集群效应，吸引更多的资源进入。

总体而言，目前家族“二代们”的创业项目科技创新含量较低，多集中在基础型项目，缺乏对创业项目的长期的系统规划。在整体经济形势下，兼顾家族利益与自身利益，以发展的短期目标为主。

六、结论与启示

李新春和朱沆（2010）指出“创二代们”需要通过与家族公司的战略契合来辅助跨代创业企业的绩效提升。一方面需要通过外部的社会网络来获取互补资源以提升内部能力，另一方面通过构建内部能力来挖掘外部网络中的资源信息。目前，“创二代们”整体水平和家族孵化体系参差不齐，能够通过多方位的孵化、综合施策、引导和扶持帮助跨代创业企业快速的成长，提升新创企业的绩效。

第一，建立和谐公平的营商环境，为企业“赋能”。营造企业家健康成长环境，进一步完善PPP模式，让民营企业尤其是民营跨代创业企业更多地参与建设与运营。各地政府立足本土优势，靶向定位，将资金与服务投入与当地优质的创业项目，促进优质创业项目孵化。跨代创业企业通过“双孵化”来建立品牌、创造效益价值，产品朝着高质高效的方向发展。创业企业对税收优惠、财政支持、资金借贷的需求更为迫切，创业企业在资金获得方面的劣势往往成为其生存与成长的一大“瓶颈”，资金是四位家族跨代创业者面临的最大问题之一，尽管通过家族孵化能提供创业初期的启动资金，但从长期发展来看仍需社会资本的投入来扶持其成长，例如政府政策扶持、银行贷款、天使投资以及社会各界创投基金等多种传统融资和针对高科技领域的风险投资形式。家族企业可以通过内外部资源的链接，搭建专门的民营企业的融资渠道，形成专属的生态圈。

第二，构建优质的创业服务体系。创业企业对各类外部服务的需求更高，初创期的企业往往在技术、人才、资金、社会资源与市场网络方面都需要较大的外部支持。随着企业的成长对外部服务的需要也会逐渐增长，直到企业成长到一定规模或进入相对稳定增长的阶段，其内部组织和功能不断健全且各方面也具备一定的积累之后，对外部服务的需求才会下降。尽管家族“二代”企业家对政府政策的风向标有着敏锐的嗅觉，但实际上在对优质政策的解读上依然存在盲区，较多优惠政策没有切实地被运用到企业中去。因此，在构建良好的服务体系之外，更应加强政府服务机构与企业家们联系沟通，通过政策的宣传与解决切实地为初创企业解决难题，在其成长的路上助其一臂之力。

第三，整合创业平台，立足优势发展。实践证明，“创二代们”的心态是开放的，他们更愿意去接收新体验、新知识、新关系，注重交流与合作，来有效提升其创新创业的意愿和能力。根据数据显示，尽管各地拥有多种形式的交流平台，但过于分散，因此对正处于成长阶段的平台进行整合、扩大、提升，打造更适合“创二代”合作交流平台，为“创二代”企业家提供进行交流、学习，探讨企业管理的心得与体会的基地，此平台亦能通过资源的整合为“创二代们”磨合项目及金融支持，打造开放式市场。

第四，结合创业企业本地的科研优势，做到产学研结合，打造切实有效的高校创业教育课程体系。对于创业教育资源的整合，首先在于加强师资队伍建设，为学员与企业家搭建桥梁，尝试建立具有地域特色的“专家学者—创二代企业家—风险投资顾问”师资数据库。

第五，提升“创二代”综合素质能力。高度重视“创二代”企业家的素质提升，在其成长过程中，耳濡目染地加深家族的“烙印作用”，积累默会知识，培养企业家精神。家族企业通过建立个性化的“家族二代”企业家的发展规划体系，面对“创二代”创新能力和经营管理水平欠缺的现状，成立新一代企业家成长培育中心，通过聘请国内外高校教师授课、邀约有丰富管理经验的企业家提供实践培训等方式，促进“二代”企业家们健康成长，最终提升跨代创业企业的成长绩效，真正做到家族财富的持续增长。

参考文献

[1] Arregle J L, Batjargal B, Hitt M A, et al. Family ties in entrepreneurs' social networks and new venture growth [J]. Entrepreneurship Theory and Practice, 2015, 39 (2): 313-344.

[2] Goel S, Jones R J. Entrepreneurial exploration and exploitation in family business a systematic review and future directions [J]. Family Business Review, 2016, 29 (1): 94-120.

[3] Habbershon T G, Williams M L. A resource-based framework for assessing the strategic advantages of family firms [J]. Family Business Review, 1999, 12 (1): 1-25.

[4] Habbershon T G, Pistrui J. Enterprising families domain: Family-influenced ownership groups in pursuit of transgenerational wealth [J]. Family Business Review, 2002, 15 (3): 223-237.

[5] 陈文婷. 创业学习与家族企业跨代创业成长——基于行业、规模及成长阶段的差异分析 [J]. 经济管理, 2013, 35 (12): 42-53.

[6] 李新春, 韩剑, 李炜文. 传承还是另创领地? ——家族企业二代继承的权威合法性建构 [J]. 管理世界, 2015 (06): 110-124, 187-188.

[7] 李新春, 朱沆. 家族创业 [M]. 北京: 机械工业出版社, 2010.

[8] 李新春, 张鹏翔, 叶文平. 家族企业跨代资源整合与组合创业 [J]. 管理科学学报, 2016, 19 (11): 1-17.

[9] 罗仲伟, 李先军, 宋翔, 李亚光. 从“赋权”到“赋能”的企业组织结构演进——基于韩都衣舍案例的研究 [J]. 中国工业经济, 2017 (9): 174-192.

[10] 谢雅萍, 王国林. 家族性资源、创业行动学习与家族创业能力——乐观的调节作用 [J]. 科研管理, 2016, 37 (2): 98-106.

[11] 吴炯, 李保杰. 家族企业接班者的政治关联、人力资本与跨代创业行为 [J]. 管理学报, 2015, (11): 1638-1645.

[12] Sharma P. An overview of the field of family business studies: Current status and directions for the future [J]. Family Business Review, 2010, 17 (1): 1-36.

亲缘关系与家族企业 CEO 薪酬契约*

——基于差序格局视角

陈家田　朱武琴　周泽将

（安徽大学商学院，安徽合肥　230601）

［摘　要］家族企业高管薪酬激励近几年成为家族企业公司治理领域研究热点。利用国内家族上市公司的样本，本文实证考察家族企业中与控制性家族存在不同亲缘关系的家族成员 CEO 薪酬契约的差序性。研究发现，家族成员 CEO 的亲缘关系的远近与公司业绩、高管现金薪酬以及股权激励皆呈显著正相关，即 CEO 与家族的亲缘关系越近，公司业绩越好，其现金薪酬水平越高以及股权激励也越强，表现出了差序格局的结果。研究结果表明，一方面，关于亲缘关系对家族成员 CEO 薪酬的影响效应，相比最优契约论和租金攫取论而言，异质性控制权私有收益理论具有更强的解释和预测能力；另一方面，中国家族文化背景下家族企业 CEO 薪酬契约不仅存在"差序格局"，而且还可能进一步存在泛家族化的关系治理与契约治理的"内外有别"。

［关键词］亲缘关系；CEO 薪酬；差序格局；异质性控制权私有收益

一、引言

家族参与是所谓家族企业区别于非家族企业的典型特征。在家族企业中，当作为所有者的个人或家族（委托人）与作为经营者的代理人之间存在家族连带（family ties）时，经典代理理论的委托人与代理人的理性经济人假设前提不再满足（Gomez-Mejia et al.，2001），家族成员之间的利他主义会影响代理关系及其成本（Schulze et al.，2001；2003），这些家族因素的存在使企业可能经常偏离自身的经济目标而去追求非经济目标（Gomez-Mejia，2007）。管家理论认为，家族成员担任管理者，其行为可能更像是管家而不是代理人（Breton-Miller and Miller，2009），但是金字塔结构或双类股的存在则可能使控制性家族从关心企业财富最大化的所有者摇身变为中小股东利益的攫取者（Masulis et al.，2009）。可见，家族企业代理问题与非家族企业相比，其内容和特征更加复杂。作为解决代理问题的治理机制之一，家族企业高管薪酬契约研究理所当然引起广泛关注（王琨和徐艳萍，2015；贾子超等，2017；张玮等，2018）。

然而，关于家族企业高管薪酬契约的现有研究，在研究方法上，主要采用高管是否来自控制

* ［基金项目］国家社会科学基金项目"双重委托代理视角下上市家族企业高管薪酬激励研究"（14BGL050）；国家自然科学基金面上项目"本地任职、政治关联与企业财务行为：中国关系情境中独立董事视角的理论构建与实证检验"（71772001）。

性家族作为二分变量，来反映家族因素对高管薪酬的影响效应（赵宜一和吕长江，2015；Barontini and Bozzi，2018），缺乏从“家族成员 VS. 非家族成员”层面向“近亲属 VS. 远亲属”层面的深入分析（于晓东和刘小元，2017）。中国本土文化背景下，差序格局是组织内部人际关系的典型特征，其本质是以自己为中心按关系亲疏远近区别对待组织成员（陈志霞和典亚娇，2018）。家族企业发展过程中，以核心家族成员控制的治理模式会逐渐向外扩张，兄弟姐妹甚至表兄弟等远亲也会逐步参与到企业治理活动中（贺小刚等，2010），由于不同亲缘关系的信任基础和利他主义情结存在差异性，不同的家族成员组合模式，不仅反映了家族权威的配置机理，而且也表现出重要的治理功效（贺小刚等，2010）。本文关注差序格局下亲缘关系的远近对家族企业高管薪酬契约的影响效应，并且进一步发现了差序性的结果。

本文至少在以下三个方面做出了贡献：一是采用来自家族企业的样本数据，借用贺小刚和连燕玲（2009）的亲缘指数，首次验证了差序格局下家族亲缘关系对家族企业高管薪酬的显著性影响效应，即亲缘远近的不同不仅产生不同的代理成本，高薪酬契约亦呈现差序性。二是由于经济转轨时期的制度因素，国内上市公司高管的股权激励实施较晚，持股比例较低（方军雄，2012），现有关于高管薪酬的文献，几乎全部采用现金薪酬作为薪酬变量，就高管薪酬契约的内容而言，显然不足，本文同时对高管现金薪酬和股权激励进行研究。三是家族参与使家族企业的代理问题复杂化，家族企业高管与控制性家族的亲缘关系对其薪酬契约的影响效应可能需要多种理论解释，本文研究结果表明，相比较最优契约理论（Optimal Contracting Theory）与租金攫取理论（Rent Extraction Theory），异质性控制权私有收益理论（Idiosycratic Private Benefits of Control）具有更强的解释和预测能力。

二、理论回顾与假设提出

（一）家族参与、代理成本与高管薪酬

经营权和所有权分离是现代公司治理的主要特征之一。然而 20 世纪末，学术界发现，股权相对集中的重要公司形态之一的家族企业广泛存在（La Porta et al.，1999；Anderson and Reeb，2003），家族参与对家族经营和家族公司治理的影响不仅打破了 BM 范式的神话，而且引发了针对家族上市公司治理问题的广泛研究（Villalonga and Amit，2006；Litz et al.，2012；Anglin et al.，2017）。关于家族参与对企业的经营目标和行为的影响，早期的学者们主要基于代理理论、管家理论以及利他主义等理论或框架，从群体层次分析家族企业与非家族企业的差异（窦军生等，2014）。由于术语重叠、研究模型简单、理论解释混乱，导致研究结论也往往相互矛盾（Berrone et al.，2012）。Villalonga 和 Amit（2006）认为，家族公司治理研究需要明确区分家族企业的三个基本因素，即家族所有权、家族参与管理以及家族控制权，因为各因素的不同组合产生不同代理问题，即所有者与经营者之间的第一类代理问题以及控制性股东与中小股东之间的第二类代理问题。社会情感财富（Socioemotional Wealth，SEW）理论（Gomez-Mejia et al.，2007）试图进一步重建家族企业理论范式，认为基于 SEW 的非经济目标也是家族企业经营的重要目的之一，并进而影响家族企业的公司治理。这些非经济目标包括家族及其成员依靠其所有者、决策者和管理者身份从企业得到的非经济收益，诸如维持家族控制、行使家族权威、保全家族价值观、家族社会资本等，满足家族成员归属、情感和亲情需要以及履行基于血缘关系的家族义务以利他主义对待

家族成员等（朱沆等，2012）。

经典代理理论认为，两权分离在带来技术规模和风险分担的优势的同时，也带来了需要解决的代理成本问题（Jensen and Meckling，1976）。由于作为委托人的所有者和作为代理人的经理层之间存在利益冲突和信息不对称，代理人往往会利用信息优势来为自身谋取更多的利益，而委托人则无法完全对其进行监督，代理问题由此产生。薪酬契约作为一种内部控制方法，将管理层的薪酬与业绩关联从而缓解了委托人和代理人之间的冲突，减轻了代理成本（Eisenhardt，1989）。因此，薪酬契约、公司业绩和代理成本不仅具有理论上的必然联系，而且三者关系也是确定薪酬契约性质的重要参考标准，高管薪酬契约特征甚至直接体现为代理成本的差异（Boivie et al.，2011）。综上所述，家族参与使家族企业代理问题复杂化，高管薪酬契约对此理应有所反映或发挥不同的作用（陈家田，2014；Cheng et al.，2015）。那么，在中国人际关系差序格局背景下，高管与控制性家族间亲缘关系的远近不同是否会通过对代理成本的影响，进而对薪酬契约产生的不同的影响效应？理论上是否可以完全由代理成本解释？

关于薪酬契约的理论解释，存在两种对立的观点：最优契约理论和控制权私有收益理论。最优契约论认为，薪酬契约设计是用于解决代理问题，降低代理成本的重要治理机制之一；而控制权私有收益观点则认为，薪酬可能是偏离最优契约的一种方式，是一种控制权私有收益在薪酬上的租金表现，其本身就是一种代理问题（Bebchuk and Fried，2003）。另外，薪酬契约就其结构而言，具有多种形式，一般至少包括三个基本维度：薪酬水平（level）、薪酬组合（mix）以及薪酬激励的时间导向（Chen et al.，2014）。薪酬水平一般又称为总体薪酬（total compensation），包括固定薪酬和可变薪酬，而可变薪酬又包括现金奖励和股权激励，固定薪酬代表非激励的现金部分，可变薪酬的现金奖励和股权激励代表激励部分。因此，可变薪酬与总体薪酬的比例往往表示薪酬的激励程度，称为薪酬组合。可变薪酬中股权激励相比较现金奖励体现的是长期激励，因此两者的不同组合，构成了薪酬契约的第三个维度——激励的时间导向。研究中主要分析总体薪酬及其两个主要成分，即现金薪酬（包括固定薪酬和现金奖励）和股权激励。

由于存在不同的理论观点和薪酬契约的多维性，我们将分别基于最优契约理论和控制权私有收益理论对家族成员 CEO（本文将高管界定为与控制性家族存在血缘关系的 CEO）的亲缘关系与其薪酬契约进行理论分析，在此基础上，根据对立的观点提出对应的假设以待验证。

（二）最优契约观下亲缘关系与家族成员 CEO 薪酬的理论分析

基于经典代理理论，家族参与缓解了委托人与代理人间的利益冲突，降低了信息不对称，增加了监督的有效性，因此降低了代理成本。家族参与的最大特征之一是嵌入了利他行为（王明琳等，2014）。利他行为背后的价值是个人效用函数包含他人利益，这一行为使家族成员 CEO 担当家族财富的管家角色，将家族利益置于个人利益之上。此时，薪酬激励等显性契约治理机制可能无效，因为基于家族成员间的信任和情感等关系的隐性契约起着重要的治理作用，因此薪酬激励没有存在的必要或要求很低（赵宜一和吕长江，2015）。古志辉和王伟杰（2014）发现，家族成员参与管理既能有效地降低与在职消费关联的代理成本，也能有效地降低与管理效率关联的代理成本。因此，家族成员 CEO 薪酬激励的需要强度降低。然而，Schulze 等（2001）发现家族成员间利他主义行为和家族权威的自我控制问题也是形成代理问题的重要因素，因此，家族成员其行为表现并非管家，更可能是代理人，薪酬激励仍然具有显著的治理作用（Chrisman et al.，2007）。

以往关于家族企业高管薪酬的研究尽管得出了一些有意义的结论，但其二分的方法忽视了家族成员之间从近亲属到远亲属的亲缘关系远近的问题。生物学家曾提出著名的亲缘选择理论，认为亲缘关系越近，动物彼此合作倾向和利他行为也就越强烈，而亲缘越远则表现越弱（Hamilton，

1964)。Schulze 等 (2003) 曾设想，与实际控制人的亲缘关系远近不同的家族成员，其目标和偏好是有差异的，在缓解代理问题的程度上可能存在差异。典型的华人家族企业会形成一个以业主为中心，家族成员按照亲缘关系远近逐圈分布的同心圆结构，即呈现一种“差序格局”，这一概念是由费孝通 (1947) 最早提出，“以己为中心，像石子一般投入水中……像水的波纹一样，一圈圈推出去，愈推愈远，也愈推愈薄”，而能够造成和推动波纹的力量就是基于亲缘的关系。在这种家长式治理模式下，家族成员之间并非依靠市场达成正式契约，而是借助以家长权威为核心，按差序格局、长幼有序等家族伦理来协调内部关系 (祝振铎等，2018)。研究发现，具有亲缘关系的家族成员涉入管理职位确实对公司价值产生影响 (吴炯和王启山，2011)，不同家族成员组合模式对家族企业治理效率产生不同程度的影响，核心家族成员之间矛盾较少，代理冲突较低，而非核心成员之间的代理问题较多，无法有效地降低代理成本 (贺小刚等，2010)。差序格局不仅是一种社会关系结构，也是家族资源重要的分配路径，而资源的配置方式就是基于亲缘关系的利他行为。相应的利他行为同样可以用差序格局来描述，代理成本也呈现逐圈递增趋势 (王明琳等，2014)。因此，不论是基于经典代理理论还是利他主义与自我控制问题，亲缘关系的差序性理应以递阶的方式影响家族企业内部的代理成本，亲缘关系越近，代理成本越小，代理问题减弱，对于显性的现金薪酬需求降低，同时薪酬业绩敏感度也会降低。

(三) 控制权私有收益视角下亲缘关系与家族成员 CEO 薪酬的理论分析

从控制权私有收益视角，高管薪酬也可能是控制性家族通过获取远高于正常水平的超额薪酬攫取股权分散的中小股东利益的一种形式，一般表现为同时存在超额的薪酬水平 (尤其是现金薪酬部分) 和较低的薪酬业绩敏感性 (Cohen and Lauterbach，2008；Chen et al.，2014；王琨和徐艳萍，2015)。然而，控制权收益实质上包括两个方面，一方面是控制权的公共收益，主要表现为大股东获取控制权后通过管理，改善公司经营，提升公司价值；另一方面是控制权的私有收益，表现为大股东通过控制权攫取超额报酬和津贴，利用内部信息向关联公司输送利益、转移公司资源等 (赵昌文等，2004)。理论和实证研究中常常只关注甚至把控制权私有收益等同于控制权收益，导致了一系列难以解释的理论和现实困境，刘少波 (2007) 认为，控制权收益是控制权成本的补偿，是控制权的风险溢价，其实现载体是控制权作用并改进公司绩效后产生的增量收益，而大股东侵占的实质是攫取超控制权收益。

显然，家族控制性大股东存在通过高额薪酬攫取租金的动机，尤其是存在双类股或金字塔结构控制权放大机制的情况下 (Chen et al.，2014)。但是，一些研究结果同样支持刘少波 (2007) 的观点，例如，陈冬华等 (2010) 发现，在激励不足的国有企业中，在职消费等控制权私有收益，是显性薪酬的一种补充，具有显著的正向激励效应。而家族企业相比于非家族企业，更加关注长期目标，使高管通过薪酬短期攫取租金的动机大大降低，控制权私有收益具有不可忽视的激励效应 (杨志强，2013)。

Amoako-Adu 等 (2011) 基于来自加拿大的样本研究发现，即使存在双类股或控制权与现金流权偏离的控制权放大机制的情况下，家族企业高管的超额薪酬并非来自固定部分，而主要体现为超高的现金奖励和股票期权等激励性薪酬。如果较高的现金薪酬是租金攫取的方式的话，必然进一步对公司业绩产生负面影响，然而，一些实证研究结果与此相悖，家族成员 CEO 的高额现金薪酬与公司业绩水平正相关 (赵宜一和吕长江，2015；贾子超等，2017)。因此，租金攫取无法解释。Tiscini 和 Raoli (2013) 在研究家族企业股权激励时进一步发现，最优契约理论和租金攫取理论都不能完全解释家族企业 CEO 薪酬激励现象。高管控制权私有收益可能是对家族高管的不可观察的，难以契约化的家族资产的回报。这类资产是家族企业中担任关键岗位的家族成员 (如 CEO) 所贡献的家族专有资源，并且可能是家族企业核心竞争优势的来源，应属于控制权私有收益中积极的部分。我们采用 Tiscini 和 Raoli（2013）的观点，称为异质性控制权私有收益。进一步的研究结果证实了这一观点，即家族成员 CEO 更可能获取较高的股权激励。

（四）假设提出

首先，我们讨论一下差序格局中的两个极端关系：创始人兼任 CEO 和职业经理人。创业初期的家族企业其所有权与经营权高度集中甚至完全合一，创始人往往兼任 CEO，既掌握着整个企业的实际控制权，又掌握着经营权，不存在目标利益的冲突，代理成本几乎为零。因此，创始人任 CEO 的公司是最有价值的（Certo et al.，2001；Villalonga and Amit，2006），即使随着规模扩大而不断稀释股权，创始人仍然对企业的战略、治理以及业绩有着持续的影响力（Jaskiewicz et al.，2017）。按经典代理理论，创始人任 CEO 时，薪酬激励强度要求很弱甚至没有存在的必要（Eisenhardt，1989）。管家理论认为，创始人的行为更符合管家行为，由于企业是自己努力拼搏创立的，创始人出于内在激励则会倾注更多的心血，有更强烈的动机去努力提升公司价值，而很少计较外在的得失回报，往往只获得较低的总体薪酬和较低的激励性薪酬（Wasserman，2006；He，2008）。心理所有权理论认为，创始人对自己所创的企业组织有着强烈的依附感和承诺，甚至把企业作为自我的一部分。这种强烈的心理体验会带来精神收益（psychic income）、更大的个人满足感以及更多的非现金回报，因此，创始人 CEO 会接受较低的薪酬水平，甚至在企业创立之初拿零报酬（Arthurs et al.，2007）。在逐层分析亲缘关系对高管薪酬契约时，这种极端效应可能会影响亲缘关系递进的差序效应（赵宜一和吕长江，2015），因此，在假设提出和验证过程中，我们将排除所谓创始人效应，即剔除创始人担任 CEO 的样本。另外，何轩等（2008）经研究发现，在中国情景下，西方广为提倡的家族企业职业经理人持股的治理模式不一定有效，家族文化中不仅存在“差序格局”，而且还存在“内外有别”，即在关系治理和契约治理的选择上，职业经理人和家族成员管理者是区别对待的。前期，我们在利用中小板上市家族企业的探索研究中，有类似的发现，即担任 CEO 的职业经理人不宜纳入亲缘关系远近的递延序列中。因此，在本文假设提出和验证过程中，同样排除职业经理人担任 CEO 的样本数据。

其次，无论是家族参与降低代理成本还是产生新的代理问题，关于家族企业高管薪酬的研究主要关注薪酬水平和薪酬业绩敏感性这两个维度。基于最优契约观，薪酬业绩敏感性（PPS）是激励需求强度或薪酬契约有效性的主要指标（McConaughy，2000；Chrisman et al.，2007），而薪酬水平高低往往与 PPS 和公司业绩结合起来，作为判断是否存在租金攫取的标准（Cohen and Lauterbach，2008）。例如，家族连带的存在为家族 CEO 提供较高职业安全，屏蔽职业经理人市场的竞争（Gomez-Mejia et al.，2003），使其获得与家族情感相关联的非经济性回报（McConaughy，2000），就可能降低家族成员 CEO 对现金薪酬水平的要求。当然，总体薪酬水平中的现金薪酬水平和股权激励部分也可能表现为相互替代效应。当现金薪酬水平占比更大时，则可能存在租金攫取（Chen et al.，2014）。Croci 等（2012）对来自欧洲大陆的上市公司的研究发现，家族成员 CEO 总体薪酬水平显著低于非家族成员 CEO，而且差距主要来自家族成员 CEO 较低的权益薪酬水平而非现金薪酬水平，表现为激励程度的降低。由于国内的现状，相关研究仅仅限于现金薪酬业绩敏感性，对于家族成员 CEO 现金薪酬水平的差异缺乏解释（赵宜一和吕长江，2015；贾子超等，2017）。因此，有必要在关注现金薪酬水平时，增加权益薪酬部分衡量业绩薪酬敏感性。

基于此，依据最优契约观和控制权私有收益理论，提出以下假设，其中 H1a 和 H2a 符合最优契约理论的预期，而 H1b 和 H2b 符合控制权私有收益的理论：

H1a：家族成员 CEO 的亲缘指数与现金薪酬水平负相关，即亲缘关系越近，现金薪酬水平越低。

H1b：家族成员 CEO 的亲缘指数与现金薪酬水平正相关，即亲缘关系越近，现金薪酬水平越高。

H2a：家族成员 CEO 的亲缘指数与股权激励水平负相关，即亲缘关系越近，股权激励水平越弱。

H2b：家族成员 CEO 的亲缘指数与股权激励水平正相关，即亲缘关系越近，股权激励水平越高。

显然，最优契约观下的薪酬是家族亲缘关系差序格局下的代理成本的反映，因此亲缘关系越近，代理成本越低，公司业绩越好。而控制权私有收益理论下有两种情况，如果薪酬是攫取租金的形式，那么必然带来对业绩的负面影响，如果家族成员 CEO 的薪酬源于其增量贡献，则会对业绩产生积极的影响。因此，提出以下假设，H3a 符合租金攫取观的预期，而 H3b 符合最优契约观和异质性控制权私有收益观的预期：

H3a：家族成员 CEO 亲缘指数与公司业绩负相关，即亲缘关系越近，公司业绩越差。

H3b：家族成员 CEO 亲缘指数与公司业绩正相关，即亲缘关系越近，公司业绩越好。

三、研究设计

（一）样本选择和数据来源

本文选择 2014~2016 年度中国 A 股上市家族企业作为样本。首先，本文参考王琨和徐艳萍（2015）以及邓浩等（2016）文献中对家族企业的定义，将符合以下条件的上市公司界定为家族企业：一是最终控制人能追溯到某个自然人或一个家族；二是该自然人或家族是被投资上市公司的第一大股东或具有实际控制权；三是我们将控制权界线确定为大于等于 10%。为了保证数据的有效性和准确性，再按以下标准对样本进行筛选：①剔除所有 ST、*ST 和 PT 类上市公司；②剔除所有金融保险行业上市公司；③剔除研究期间数据严重缺失或变量值不确定的样本。由此得到 4647 个公司-年数据。由于本文研究亲缘关系，因此，再按以下标准进行筛选，即除实际控制人之外，至少 1 名有亲属关系的家族成员持股/管理/控制上市公司或控股股东单位的家族企业，当亲属只在控股股东单位持股/担任董监高时，控股股东单位的实际控制人需要同时也是上市公司的实际控制人，进一步筛选后得到 3235 个公司-年样本数据。

在上述样本选择过程中，本文从以下几个方面搜索并相互印证最终控制人与其家族成员间的亲缘关系，如担任董事、经理等高级职位的家族成员，也包括间接或直接持有股份的家族成员：一是从上市公司年报、临时公告以及 IPO 公告中获取相关信息；二是对绝大部分上市公司没有披露的最终控制人与上市公司担任高管职位但可能不持股的家族成员间的亲缘关系，以最终控制人为准，对年报中出现的有关高级管理人员，逐一通过查阅新浪网、中国经济网等确定。另外，本文中最重要的变量——亲缘指数（KI）全部由手工逐一处理得到。其余变量均来自国泰安数据库（CSMAR）。最后，考虑创始人担任 CEO 的极端亲缘关系可能带来的创始人效应（赵宜一和吕长江，2015），去除创始人担任 CEO 的公司样本，得到 2125 个公司-年的数据。再去除非家族成员担任 CEO 公司样本 1314 个，最终得到本文所需要的样本 811 个公司-年的非平衡面板数据。为了避免可能的异常值对实证结果的影响，在经过对某些连续变量的 Q 值检验后，在 1%和 99%水平上进行了缩尾（Winsorize）处理。

（二）变量选择与模型设定

（1）被解释变量。上市公司 CEO 薪酬是主要的被解释变量，相关文献中，主要是以 CEO 的现金薪酬作为薪酬变量，具体做法有两种：一是以高管团队中薪酬最高的前三位人员现金薪酬的平均值作为代理变量，二是直接以总经理（CEO）个人的现金薪酬作为薪酬变量，本文取后者。为避免现金薪酬的异常分布，一般取现金薪酬的自然对数。本文同时增加了 CEO 股权激励的变量，即 CEO 持股比例。股权激励是高管薪酬契约中非常重要的组成部分，以往由于股权激励相关信息的披露程度或可获得性，大量文献没有涉及此变量。

亲缘关系对薪酬的影响，逻辑上是由薪酬作为代理成本的缓解机制或其本身即为代理问题而产生的，实证中理应进一步分析其对代理成本或公司业绩的影响。关于公司业绩的变量，本文包括会计业绩变量（ROA、ROE）和市场业绩变量（EPS、Tobin Q）。为了与相关文献进行比较分析，还包括衡量代理成本的常用变量，即管理费用率（Mana-R）。业绩变量在分析亲缘关系对公司业绩影响时作为被解释变量，在分析对高管薪酬影响时部分会计业绩变量亦作为控制变量。

（2）解释变量。亲缘指数是本文主要的变量同时也是唯一的自变量。中国文化背影下家族成员之间的关系表现为典型的差序格局，这一理论描述了以家族控制人为核心的家族与准家族成员间的关系，但缺乏进一步的量化分类，国内大多数研究都是采用二分法，即 CEO 是否来源于控制性家族或与其是否存在亲缘关系。对于亲缘关系的细分，学术界存在一些处理方法。例如，Karra 等（2006）认为家族成员间的关系可以大致分为四种类型，分别是核心家庭、近亲、远亲和亲信。贺小刚等（2010）在探讨不同亲缘关系的组合与企业业绩之间的关系时将家族企业可能出现的亲缘组合分为乏亲缘关系、核心家庭关系、近亲关系、远亲关系和复合型亲缘关系五种类型。另外，贺小刚和连燕玲（2009）进行了一些创造性的研究，通过对民营企业家进行社会调查，要求根据亲缘的重要程度进行打分，将我国家族企业中主要出现的亲缘关系总结成 14 类，即配偶、父母、子女、兄弟/姐妹、侄子/侄女、儿媳、堂兄弟/姐妹、女婿、兄弟姐妹的配偶、配偶的父母、配偶的兄弟姐妹、父母的兄弟姐妹、创业伙伴和旧友。王明琳等（2014）认为汉密尔顿的亲缘关系指数可在应用于家族企业亲缘关系的量化，两个体（A 与 B）亲缘关系指数为（1/2n）×L，其中 n 为 A 与 B 的一级祖先个数，L 是 A 与 B 的代距。本文采用贺小刚整理得到的亲缘指数来表示亲缘远近关系，最终样本中包括兄弟姐妹的配偶、父母的兄弟姐妹、侄子/侄女、配偶的兄弟姐妹、堂兄弟/姐妹、配偶的父母、女婿、兄弟/姐妹、父母、子女和配偶 11 种亲缘关系，对应的指数分别为 0.531、0.546、0.554、0.557、0.570、0.603、0.627、0.659、0.724、0.751、0.827。

（3）控制变量。公司高管薪酬研究领域，相关文献的控制变量大致可以分为三类：高管个人特征变量、企业特征变量以及行业和地区变量等，本文控制变量中高管个人特征变量包括性别（SEX）、年龄（AGE）、学历（EDU）、任期（TENU）以及高管是否两任兼职（DUAL）等；企业特征变量有公司业绩（ROE）、资产负债率（LEV）、董事会规模（Boardsize）、独立董事比例（DIR）、控制权与现金流权偏离度（SCF）以及公司规模（Lnsize）等；本文还包括家族企业特征变量高管家族成员占比（EFM）。最后，我们还控制了行业、地区以及年度变量。具体变量定义说明如表 1 所示。

表 1　变量说明

变量类型	名称	符号	变量说明
解释变量	亲缘指数	*KI*	按照贺小刚亲缘指数计算方法
被解释变量	CEO 薪酬	ln*PAY*	CEO 现金薪酬取自然对数
	股权激励	*CEI*	CEO 持股比例
	总资产收益率	*ROA*	净利润与年末总资产的比率
	净资产收益率	*ROE*	净利润与年末股东权益的比率
	基本每股收益	*EPS*	当年净利润与总股份的比值
	托宾 Q	*Tobin Q*	市值与年末总资产的比率
	管理费用率	*Mana-R*	管理费用和主营业务收入的比值
控制变量	CEO 性别	*SEX*	性别为男，取值为 1，否则为 0
	CEO 年龄	*AGE*	年报中披露的年龄
	CEO 学历	*EDU*	按学历代码进行分类，1=中专及中专以下，2=大专，3=本科，4=硕士研究生，5=博士研究生，6=其他
	CEO 任期	*TENU*	CEO 担任该职位的时间，以“月”为单位
	董事长总经理兼任情况	*DUAL*	董事长与总经理两职合一取 1，否则为 0
	公司规模	*Lnsize*	公司年末总资产的自然对数
	资产负债率	*LEV*	总负债与总资产的比率
	董事会规模	*Boardsize*	公司当年董事会总人数
	独立董事比例	*DIR*	独立董事人数占董事会人数的比率
	高管家族成员占比	*EFM*	家族高管人数与高管人数的比率
	两权偏离率	*SCF*	控制权与现金流权的比率
	行业	*IND*	行业虚拟变量、按证监会行业分类 2012 年版进行分类
	地区	*AREA*	地区虚拟变量，若为东部沿海发达地区取值为 1，否则为 0
	年度	$YEAR_k$	当企业处于年度 k 时，则该变量值为 1，否则为 0

（4）模型设定。为了验证假设，探究亲缘指数对家族企业高管现金薪酬、股权激励和公司业绩的影响，本文建立如下计量模型：

$$\ln PAY = \beta_0 + \beta_1 KI + \beta_2 Controls + \beta_3 AREA + \beta_4 IND + \beta_5 YEAR + \varepsilon \tag{1}$$

$$CEI = \beta_0 + \beta_1 KI + \beta_2 Controls + \beta_3 AREA + \beta_4 IND + \beta_5 YEAR + \varepsilon \tag{2}$$

$$Performance = \beta_0 + \beta_1 KI + \beta_2 Controls + \beta_3 AREA + \beta_4 IND + \beta_5 YEAR + \varepsilon \tag{3}$$

本文采用模型（1）和模型（2）来分别检验家族成员 CEO 的亲缘指数对高管现金薪酬水平以及股权激励的影响，被解释变量为 CEO 年度现金总薪酬的自然对数（lnPAY）和 CEO 持股比例（CEI），主要解释变量为亲缘指数（KI）。其中，β_0为截距，$\beta_1 \sim \beta_5$为系数，ε 则为残差。若β_1显著为正，则符合控制权私有收益理论，H1b 和 H2b 得到支持，若β_1显著为负，则符合最优契约观，与 H1a、H2a 结果一致。模型（3）是家族企业公司业绩与亲缘指数的回归模型，验证 H3a 和 H3b，其中 Performance 为公司业绩的代理变量。

四、研究结果

（一）描述性统计

本文各变量的描述性结果如表 2 所示，通过对数据进行转换后，CEO 现金薪酬均值为 64.9 万元，最小值为 3 万元，最大值为 558.81 万元，表明不同家族企业高管薪酬水平差距较大。而且我国家族上市企业股权激励差异较大，CEO 持股比例均值为 8.054，标准差为 12.415。CEO 性别均值为 0.8，家族企业中男性 CEO 所占比重为 80%，CEO 年龄和任期差异较大，平均年龄 46 岁左右，平均教育程度为本科，且总经理和董事长两职兼任的平均占比约为 31%。从财务特征来看，托宾 Q 标准差为 2.851，且最大值为 25.328，最小值仅为 0.182，差异较大。从董事会特征看，董事会人数平均为 8 人左右，独立董事的设置基本达到证监会所要求的上市公司董事会成员至少包括 1/3 的独立董事。从家族特征来看，家族高管占比平均为 24.8%。

表 2　变量描述性统计

变量	样本量	平均值	标准差	最大值	最小值	中位数
ln*PAY*	811	13.138	0.690	15.536	10.309	13.149
CEI	811	8.054	12.415	66.800	0	1.330
ROA	803	0.048	0.434	0.236	-0.153	0.044
ROE	803	0.074	0.066	0.301	-0.221	0.067
EPS	803	0.391	0.438	2.864	-2.120	0.280
Tobin Q	749	3.494	2.851	25.328	0.182	2.657
Mana-R	803	0.098	0.063	0.426	0.005	0.085
KI	811	0.707	0.089	0.827	0.531	0.751
SEX	811	0.800	0.397	1	0	1
AGE	811	45.880	8.239	79	26	46
EDU	811	3.300	0.908	1	6	3
TENU	811	53.460	37.236	185	0	48
DUAL	811	0.310	0.464	1	0	0
Lnsize	811	21.739	0.976	24.940	18.961	21.675
LEV	811	0.352	0.182	0.916	0.009	0.333
Boardsize	811	8.090	1.404	15	4	9
DIR	811	0.379	0.542	0.600	0.250	0.364
EFM	811	0.248	0.134	1	0	0.200
SCF	811	1.160	0.443	6.440	1	1

（二）变量的相关性分析

表3是主要变量的相关系数分析结果，从表中，我们可以发现，家族成员CEO的亲缘指数与高管现金薪酬和股权激励呈显著正相关关系，说明家族CEO亲缘关系越近，薪酬水平越高，为本文的H1b和H2b提供了初步的数据支持。家族成员CEO的亲缘指数与总资产收益率（ROA）、净资产收益率（ROE）正相关但不显著，而与基本每股收益（EPS）、托宾Q（Tobin Q）显著正相关，显著水平至少达到5%，表明家族成员CEO的亲缘关系越近，公司业绩越好，初步验证了本文的研究H3b。主要变量之间的相关系数都小于0.5，说明变量之间的共线性问题并不严重，从而能保证后续多元回归结果的有效性。

（三）多元回归结果与分析

表4中模型（1）用来验证家族成员CEO亲缘指数和高管现金薪酬的关系，结果显示，家族成员CEO亲缘指数和高管现金薪酬呈显著的正相关关系，即亲缘关系越近，现金薪酬水平越高，从而验证了本文的研究H1b。控制变量中，CEO性别、年龄、学历、公司业绩以及公司规模与高管现金薪酬均显著为正，说明，在家族企业中，CEO性别为男，年龄越大，学历越高，公司业绩越好、规模越大时，其获得的现金薪酬越高。表4中模型（2）用来验证H2a和H2b，检验结果显示，家族成员CEO的股权激励水平与亲缘指数正相关（$p<0.01$），即亲缘关系越近，股权激励水平越高，H2b也获得支持。在控制变量方面，董事长和总经理两职合一、独立董事比例与股权激励在1%水平上显著正相关，而CEO性别、公司规模以及两权背离率与股权激励呈负相关关系。表5为模型（3）的检验结果，表5中第（1）列显示亲缘指数越高，企业的总资产收益率越高，即亲缘关系越近，公司业绩越好。具体来说与前文所述一致，说明在差序格局下，家族亲缘关系和租金攫取没有必然联系，家族成员CEO的薪酬水平差额源于其增量贡献。符合异质性控制权私有收益理论，H3b得到验证。其他控制变量中，CEO学历、公司规模以及董事会规模与家族企业公司绩效显著正相关，说明CEO学历越高、公司规模越大，董事会人数越多时，公司业绩相对较好。CEO任期、董事长和总经理两职合一、资产负债率均与家族企业公司业绩负相关。

根据前述理论分析，通过OLS回归分析家族成员CEO亲缘指数与高管现金薪酬、股权激励以及企业业绩的关系。根据表4和表5所示的样本回归结果显示，模型的整体显著性较好，且异质性控制权私有收益理论对此提供了更加合理的解释。

（四）稳健性检验和内生性分析

为了得到更加稳健的结果，本文还选取了业绩指标：净资产收益率（ROE）、基本每股收益（EPS）、托宾Q（Tobin'Q）。根据表5第（2）至第（4）列可以看出，家族成员CEO的亲缘指数（KI）和ROE、EPS、Tobin Q都呈显著的正相关关系，表现出了很强的稳健性。另外，本文将管理费用率作为代理成本的衡量指标，反映因代理行为而实际产生的成本，用来验证家族成员CEO亲缘指数通过降低代理成本来提高企业业绩的可能性。根据表5中第（5）列实证结果显示，家族成员CEO亲缘指数与代理成本显著负相关，说明亲缘关系越近，代理成本越低，这一结果与王明琳等（2014）的结论一致。不论企业如何变化，亲缘关系是由先天生物因素决定的，可以合理地肯定，CEO的亲缘关系因高管薪酬或业绩而调整的可能性几乎不存在，因此，亲缘关系与高管薪酬和公司业绩间源于反向因果关系的内生性问题也几乎不存在。此外，国内学者对高管股权激励的度量主要有两种方法，一种是使用高管持股比例作为代理变量，另一种则是借鉴Bergstresser和Philippon（2006）所使用的研究方法。为了增强研究结果的可靠性和稳定性，

表 3 Person 相关系数矩阵

	lnpay	CEI	ROA	ROE	EPS	Tobin' Q	KI	SEX	AGE	EDU	TENU	DUAL	Lnsize	LEV	Boardsize	DIR	EFM	SCF
lnPAY	1																	
CEI	-0.052*	1																
ROA	0.173***	0.03	1															
ROE	0.220***	-0.005	0.904***	1														
EPS	0.216***	0.065**	0.710***	0.730***	1													
Tobin' Q	-0.101***	0.169***	0.240***	0.100***	0.054	1												
KI	0.053*	0.232***	0.038	0.026	0.060**	0.090***	1											
SEX	0.084***	-0.115***	0.001	-0.001	0.013	-0.098***	-0.325***	1										
AGE	0.076**	0.107***	-0.026	-0.035	-0.037	0.074**	0.059**	-0.146***	1									
EDU	0.120***	0.01	0.073**	0.065**	0.083***	-0.024	0.093***	0.007	-0.153***	1								
TENU	0.060**	0.050*	-0.152***	-0.143***	-0.185***	-0.061**	0.076**	0.023	0.267***	-0.015	1							
DUAL	0.023	0.350***	-0.082***	-0.098***	-0.104***	0.078**	0.170***	0.071**	0.263***	-0.039	0.115***	1						
lnsize	0.349***	-0.170***	-0.043	0.117***	0.133***	-0.527***	0.016	0.064**	-0.047*	0.095***	0.185***	-0.083***	1					
LEV	0.126***	-0.158***	-0.275***	0.01	-0.067**	-0.484***	0.003	0.070**	-0.071**	0.025	0.013	-0.080**	0.544***	1				
Boardsize	0.090***	-0.095***	0.086***	0.066**	0.117***	-0.133***	-0.142***	0.082***	-0.008	-0.016	-0.01	-0.211***	0.180***	0.044	1			
DIR	-0.048*	0.127***	-0.065**	-0.037	-0.067**	0.077**	0.117***	-0.108***	0.084***	0.016	0.014	0.137***	-0.147***	-0.009	-0.668***	1		
EFM	-0.034	0.062**	0.028	-0.024	-0.034	0.102***	-0.038	0.024	0.058**	-0.034	0.072**	0.158***	0.207***	-0.167***	-0.04	0.070**	1	
SCF	0.036	-0.198***	-0.005	0.002	-0.001	-0.118***	-0.063**	0.091***	-0.013	0.015	0.035	-0.115***	0.102***	0.115***	0.099***	0.036	-0.097***	1

注：*、**、*** 分别表示在 10%、5%、1%水平上显著。

资料来源：笔者整理。

表 4　亲缘指数与高管薪酬的回归结果

变量	模型（1） ln*PAY*	模型（2） *CEI*
KI	0.060* (1.707)	0.144*** (4.076)
SEX	0.108*** (3.030)	-0.068* (-1.921)
AGE	0.098*** (2.752)	-0.014 (-0.403)
EDU	0.083** (2.517)	0.025 (0.762)
TENU	-0.018 (-0.516)	0.043 (1.229)
DUAL	0.027 (0.740)	0.312*** (8.693)
ROE	0.164*** (4.915)	0.048 (1.449)
ln*size*	0.362*** (8.675)	-0.116*** (-2.778)
LEV	-0.073* (-1.863)	-0.056 (-1.438)
Boardsize	0.057 (1.265)	0.103** (2.295)
DIR	0.051 (1.155)	0.123*** (2.786)
EFM	0.018 (0.543)	-0.034 (-1.010)
SCF	0.006 (0.171)	-0.154*** (-4.656)
IND	控制	控制
AREA	控制	控制
YEAR	控制	控制
调整 R^2	0.184	0.203
观测值	811	811
F 值	11.581	12.690

注：*、**、*** 分别表示在 10%、5%、1%水平上显著；括号内为 t 值。

表 5　亲缘指数与企业业绩的回归结果

变量	(1) *ROA*	(2) *ROE*	(3) *EPS*	(4) *Tobin' Q*	(5) *Mana-R*
KI	0.108*** (2.966)	0.090** (2.362)	0.123*** (3.336)	0.071** (2.398)	−0.067* (−1.875)
SEX	0.047 (1.285)	0.030 (0.773)	0.063* (1.695)	0.016 (0.528)	−0.045 (−1.254)
AGE	0.021 (0.566)	0.023 (0.602)	0.056 (1.492)	0.046 (1.529)	0.018 (0.515)
EDU	0.087*** (2.567)	0.077** (2.180)	0.067* (1.946)	0.011 (0.380)	0.060* (1.819)
TENU	−0.191*** (−5.368)	−0.189*** (−5.091)	−0.250*** (−6.942)	−0.003 (−0.093)	0.079** (2.291)
DUAL	−0.091** (−2.463)	−0.082** (−2.130)	−0.090** (−2.421)	−0.022 (−0.727)	−0.011 (−0.290)
lnsize	0.154*** (3.632)	0.173*** (3.885)	0.289*** (6.708)	−0.418*** (−11.810)	−0.263*** (−6.332)
LEV	−0.375*** (−9.314)	−0.078* (−1.855)	−0.246*** (−6.037)	−0.266*** (−7.933)	−0.214*** (−5.452)
Boardsize	0.091** (1.965)	0.071 (1.474)	0.103** (2.205)	−0.032 (−0.859)	−0.026 (−0.576)
DIR	0.021 (0.462)	0.048 (1.011)	0.050 (1.093)	0.000 (−0.007)	0.011 (0.254)
EFM	0.046 (1.335)	0.036 (0.997)	0.024 (0.696)	−0.020 (−0.709)	−0.077** (−2.268)
SCF	0.003 (0.078)	−0.023 (−0.631)	−0.010 (−0.301)	−0.028 (−1.005)	−0.001 (−0.022)
IND	控制	控制	控制	控制	控制
AREA	控制	控制	控制	控制	控制
YEAR	控制	控制	控制	控制	控制
调整 R^2	0.143	0.064	0.121	0.463	0.181
观测值	803	803	803	749	803
F 值	9.240	4.394	9.819	40.645	11.892

注：*、**、*** 分别表示在 10%、5%、1%水平上显著；括号内为 t 值。

表 6　CEO 股权激励与亲缘指数的回归结果

变量	RA
KI	0. 119*** (3. 002)
SEX	−0. 010 (−0. 273)
AGE	−0. 022 (−0. 568)
EDU	−0. 048* (−1. 318)
TENU	−0. 006 (−0. 174)
DUAL	0. 004 (0. 113)
ROE	−0. 055 (−1. 507)
Lnsize	0. 107** (2. 406)
LEV	−0. 017 (−0. 400)
Boardsize	−0. 026 (−0. 527)
DIR	−0. 077 (−1. 582)
EFM	0. 054 (1. 466)
SCF	0. 061* (1. 671)
IND	控制
AREA	控制
YEAR	控制
调整 R^2	0. 024
观测值	811
F 值	2. 139

注：*、**、*** 分别表示在 10%、5%、1%水平上显著；括号内为 t 值。

考虑到我国上市公司股权激励主要包括股票期权和限制性股票两种形式，部分企业还推行股票增值权，因此本文还借鉴 Bergstresser 和 Philippon（2006）以及邱杨茜和叶展（2019）对股权激励强度的测度，结合中国实际构建如下股权激励强度指标（RA）：

$$RA = \frac{1\% \times \text{Price} \times (Shares + Options + \text{Restricted} + Appreciations)}{1\% \times \text{Price} \times (Shares + Options + \text{Restricted} + Appreciations) + Salary}$$

其中，Price 为家族上市公司年末股票收盘价，Shares 为 CEO 持股数，Options、Restricted、Appreciations 分别指上市家族企业 CEO 持有的股票期权、限制性股票以及股票增值权的数量，Salary 为 CEO 年薪总额。根据表 6 的结果显示，RA 系数仍在 1%的水平上显著为正，本文的结论仍然成立。

五、结论与讨论

家族参与企业经营与管理使家族企业治理呈现异质性。家族企业高管薪酬研究领域一直以来存在两种占统治地位的理论，即最优契约观和租金攫取观。最优契约观认为，一方面，家族企业 CEO 由于与控制性家族存在亲缘关系，委托人和代理人的利益冲突淡化，代理成本较低甚至不存在，作为解决代理问题的薪酬契约激励机制因此没有存在的必要或要求强度很低，家族成员 CEO 薪酬水平以及薪酬业绩敏感性较低；另一方面，家族亲缘关系的存在并不必然会解决或降低代理成本问题，由于家族利他主义的不对称性以及家族权威的“自我控制”问题，使家族企业同样存在道德风险和逆向选择的代理问题，因此，对家族成员 CEO 仍然需要薪酬激励机制，即高管薪酬业绩敏感性较高。而租金攫取观认为，家族所有权以及家族参与会进一步强化家族成员控制权，使家族成员 CEO 有动机攫取控制权私有收益，通过高定薪酬侵占中小公股东的利益，并进一步给公司业绩带来负面效应，表现为较高甚至超额的薪酬水平，而同时薪酬业绩敏感性较低，其本身成了代理问题。

基于差序格局理论，本文关注家族成员 CEO 与控制性家族的亲缘关系与其薪酬契约的关系。研究结果发现，来自家族的 CEO 其与控制性家族的亲缘关系与高管现金薪酬水平、股权激励存在正向关系，即亲缘关系越近，其薪酬水平越高，股权激励越强。同时，随着 CEO 与控制性家族的亲缘关系越近，家族企业的业绩越好，不仅会计业绩指标（如 ROE、ROA）如此，资本市场上反映的业绩指标（如托宾 Q）亦如此。上述两种观点对此无法提供合理的解释，本文研究向前推进了一步，结果表明异质性控制权私有收益的观点提供更加合理的解释。因此，家族企业高管薪酬研究不能仅仅关注代理理论视角下的缓解代理成本的激励机制，同样需要多理论审视，例如基于资源基础观视角下的“家族影响”（family effect）（Dyer，2006）的溢价效应。另外，本文不仅验证了何轩等（2008）的观点，对家族成员高管而言，当企业发展上规模、正规化后，家族企业则开始通过正规的契约治理来弥补关系治理的不足，例如明确的股权安排等，而且进一步表明，在亲缘关系下正规的契约治理是呈差序格局的。

当然，本文研究也存在以下需要深入探讨的地方。首先，关于亲缘关系的量化仍然需要进一步完善。例如，贺小刚等（2009）通过问卷调查梳理出十几种亲缘关系并提出量化指标——亲缘指数，其信度和效度仍需后续实证研究的检验；而王明琳等（2014）直接采用生物学中亲缘理论量化亲缘关系仍值得商榷。一方面，从家族企业中的利他行为表现来看，往往并非纯粹利他，而是带有某种条件或限制的利他主义——有限利他主义（邓浩等，2016）；另一方面，亲缘关系必然嵌入一定的社会结构与社会关系中（Granovetter，1985），是动态的，这一动态性包括两层含义，首先差序性是长期互动的结果，不是静态特征；其次，个体在关系网中的位置并非一成不变（陈志霞和典亚娇，2018）。例如，赵宜一和吕长江（2015）的研究发现，女性 CEO 的薪酬水平相对较低但业绩最好，呈现出了与预期差序结构不一致的结论。

其次，关于异质性控制权私有收益的理论及其机制问题。如果从代理成本角度出发，要确保家族成员间无代理冲突和矛盾，仅有一种可能，即仅由一人家族成员完全控制企业，而没有任何其他亲缘关系的成员参与或控制企业。然而，此种乏亲缘关系的治理机制无疑存在一个潜在问题，无法充分地利用家族资本的优势，而这可能是家族企业能够获取竞争优势的根源所在（贺小刚等，2010）。Tiscini 和 Raoli（2013）明确认为，家族成员 CEO 的高额薪酬和激励源于家族成员的异质性资源，这种资源是家族企业核心竞争优势的来源。于晓东和刘小元（2017）发现亲缘关系对家族治理的影响涉及内部冲突、沟通协作、裙带之风、社会情感、代理成本以及经营资源等多种视角，表明了亲缘关系的动态性及其复杂性。关于这种异质性的资源优势，其内容是什么，如何测量，家族成员 CEO 薪酬激励与其相互影响的机制是什么，这些都是非常有趣且有意义的问题，但缺乏成熟的理论阐述和进一步的实证研究。

最后，高管薪酬契约的内容比较丰富，一般从组成上至少包括三个维度，固定薪酬（salary）、短期现金奖励（bonus）以及长期导向的股权激励（equity incentives）。股权激励不仅激励方式包括股票期权、限制性股票等，而且激励对象和行权方式也形式多样（朱德胜，2019）。早期国内的相关研究几乎全部是以现金薪酬作为薪酬变量，在一定程度上制约了研究结论的外部效度以及与国外研究的对比。今后，随着国内上市公司股权激励制度的广泛推行，针对总体薪酬的相关研究是需要进一步努力的方向。

参考文献

[1] Gomez-Mejia L R, Nuncz-Nickel M and Gutierrez I. The role of family ties in agency contracts [J]. Academy of Management Journal, 2001, 44 (1): 81-95.

[2] Schulze W, Lubatkin M, Dino R and Ruchholtz A. Agency relationships in family firms: Theory and evidence [J]. Organization Science, 2001, 12 (2): 99-116.

[3] Schulze W. Lubatkin M and Dino R N. Toward a theory agency of agency and altruism in family firms [J]. Journal of Business Venturing, 2003, 18 (4): 473-490.

[4] Gomez-Mejia L R, Haynes K T, Nuncz-Nickel M, Jacobson K J L and Moyano-Fucntes J. Socioe-motional wealth and business risks in family-controlled firms: Evidence from Spanish olive oilmills' [J]. Administrative Science Quarterly, 2007, 52 (1): 106-137.

[5] Breton-Miller I L and Miller D. Agency vs. stewardship in public family firms: A social embeddedness reconciliation [J]. Entrepreneurship Theory and Practice, 2009, 33 (6): 1169-1191.

[6] Masulis R W and Wang C, Xie F. Agency problems at dual class companies [J]. Journal of Finance, 2009, 64 (4): 1697-1727.

[7] 王琨，徐艳萍. 家族企业高管性质与薪酬研究 [J]. 南开管理评论，2015，18 (4)：15-25.

[8] 贾子超，孙春兴，夏卓秀. 家族参与影响职业 CEO 薪酬业绩敏感性吗——基于中国上市公司的经验证据 [J]. 金融评论，2017，90 (2)：39-52.

[9] 张玮，陈凌，朱建安. 非家族高管更加“患不均”？[J]. 商业经济与管理，2018，3 (11)：40-50.

[10] 赵宜一，吕长江. 亲缘还是利益？——家族企业亲缘关系对薪酬契约的影响 [J]. 会计研究，2015，(8)：32-40.

[11] Barontini R and Bozzi S. Family firms heterogeneity and CEO compensation in continental Europe [J]. Journal of Economics and Business, 2018, 97 (2): 1-18.

[12] 于晓东，刘小元. 不同类型亲属关系如何影响家族企业治理——不同类型亲属关系如何影响家族企业

治理［J］. 经济管理，2017，39（4）：195-208.

［13］陈志霞，典亚娇. 组织氛围：概念、测量及作用机制［J］. 外国经济与管理，2018，40（6）：86-98.

［14］贺小刚，连燕玲，李婧，梅琳. 家族控制中的亲缘效应分析与检验［J］. 中国工业经济，2010（1）：135-146.

［15］贺小刚，李婧，陈蕾. 家族成员组合与公司治理效率：基于家族上市公司的实证研究［J］. 南开管理评论，2010，13（6）：149-160.

［16］贺小刚，连燕玲. 家族权威与企业价值：基于家族上市公司的实证研究［J］. 经济研究，2009，44（4）：90-102.

［17］方军雄. 高管超额薪酬与公司治理决策［J］. 管理世界，2012，（11）：144-155.

［18］La Porta R，Lopez-de-Salinas F and Shleifer A. Corporate ownership around the world［J］. Journal of Finance，1999，54（2）：471-520.

［19］Anderson R C and Reeb D M. Founding family ownership and firm performance：Evidence from the S&P 500［J］. Journal of Finance，2003，58（3）：1301-1328.

［20］Villalonga S and Amit R. How do family ownership control and management affect firm value?［J］Journal of Financial Economics，2006，80（2）：385-417.

［21］Litz，R. A.，Pearson，A. W.，and Litchfield，S. Charting the Future of Family Business Research：Perspectives From the Field［J］. Family Business Review，2012，25（1）：16-32.

［22］Anglin，A. H.，Reid，S. W.，Short，J. C.，Zachary，M. A.，and Rutherford，M. W. An Archival Approach to Measuring Family Influence：An Organizational Identity Perspective［J］. Family Business Review，2017，30（1）：19-36.

［23］窦军生，张玲丽，王宁. 社会情感财富框架的理论溯源与应用前沿追踪——基于家族企业研究视角［J］. 外国经济与管理，2014，36（12）：64-71.

［24］Berrone P，Cruz C and Gomez-Mejia L R. Socioemotional wealth in family firms：Theoretical dimensions，assessment approaches and agenda for future research［J］. Family Business Review，2012，25（3）：258-279.

［25］朱沆，叶琴雪，李新春. 社会情感财富理论及其在家族企业研究中的突破［J］. 外国经济与管理，2012，34（12）：56-63.

［26］Jensen M and Meckling W. Theory of the firm：Managerial behavior，agency costs and ownership structure［J］. Journal of Financial Economics，1976，3（4）：305-360.

［27］Eisenhardt K M. Agency theory：An assessment and review［J］. Academy of Management Reivew，1989，14（1）：57-74.

［28］Boivie S，Lange D，McDonald and Westphal J D. Me or we：The effects of CEO organizational identification on agency costs［J］. Academy of Management Journal，2011，54（3）：551-576.

［29］陈家田. 上市家族企业 CEO 薪酬激励实证研究——基于双重委托代理视角［J］. 管理评论，2014，26（11）：159-168.

［30］Cheng M Y，Lin B X and Wei M H. Executive compensation in family firms：The effect of multiple family members［J］. Journal of Corporate Finance，2015（32）：238-257.

［31］Bebchuk L A and Fried J M. Executive compensation as an agency problem［J］. Journal of Economic Perspectives，2003，17（3）：71-92.

［32］Chen C J，Hsu C Y and Chen Y L. The impact of family control on the top management compensation mix and incentive orientation［J］. International Review of Economics and Finance，2014，32（1）：29-46.

［33］王明琳，徐萌娜，王河森. 利他行为能够降低代理成本吗？——基于家族企业中亲缘利他行为的实证研究［J］. 经济研究，2014（3）：144-157.

［34］古志辉，王伟杰. 创业型家族企业中的亲缘关系与代理成本［J］. 管理学报，2014，11（12）：1806-1817.

［35］Chrisman J J，Chua J H，Kellermanns F W and Chang E P. Are family managers agents or stewards and exploratory study in privately held family firms［J］. Journal of Business Research，2007，60（10）：1030-1038.

[36] Hamilton W D. The genetical evolution of social behavior [J]. Journal of Theoretical Biology, 1964, 7 (1): 1-16.

[37] Schulze W S, Lubatkin M H and Dino R N. Exploring the agency consequences of ownership dispersion among the directors of private family firms [J]. Academy of Management Journal, 2003, 46 (2): 179-194.

[38] 费孝通. 乡土中国 [M]. 北京: 三联书店, 1947.

[39] 祝振铎, 李新春, 叶文平. "扶上马、送一程": 家族企业代际传承中的战略变革与父爱主义 [J]. 管理世界, 2018, 34 (11): 65-79.

[40] 吴炯, 王启山. 家族成员涉入管理团队与公司绩效——基于我国家族上市公司的实证研究 [J]. 南京财经大学学报, 2011, (5): 66-73.

[41] Cohen S and Lauterbach B. Differences in pay between owner and non-owner CEOs: Evidence from israel [J]. Journal of Multinational Financial Management, 2008, 18 (2): 4-15.

[42] 赵昌文, 蒲自立, 杨安华. 中国上市公司控制权私有收益的度量及影响因素 [J]. 中国工业经济, 2004 (6): 100-106.

[43] 刘少波. 控制权收益悖论与超控制权收益——对大股东侵害小股东利益的一个新的理论解释 [J]. 经济研究, 2007 (2): 85-96.

[44] 陈冬华, 梁上坤, 蒋德权. 不同市场化进程下高管激励契约的成本与选择: 货币薪酬与在职消费 [J]. 会计研究, 2010 (11): 56-64.

[45] 杨志强. 家族企业高管控制权收益: 外部公平性与盈余管理行为——来自中国上市公司的经验证据 [J]. 暨南学报 (哲学社会科学版), 2013, 35 (9): 30-43.

[46] Amoako-Adu B, Baulkaran V and Smith B F. Executive compensation in firms with concentrated control: The impact of dual class structure and family management [J]. Journal of Corporate Finance, 2011, 17 (5): 1580-1594.

[47] Tiscini R and Raoli E. Stock option plan practices in family firms: The idiosyncratic private benefits approach [J]. Journal of Family Business Strategy, 2013, 4 (2): 93-105.

[48] Certo S T, Covin J G, Daily C M and Dalton D R. Wealth and the effects of founder management among IPO-stage new ventures [J]. Strategic Management Journal, 2001, 22 (6/7): 641-658.

[49] Jaskiewicz P, Block J H, Combs J G and Miller D. The effects of founder and family ownership on hired CEOs' incentives and firm performance [J]. Entrepreneurship Theory and Practice, 2017, 41 (1): 73-103.

[50] Wasserman N. Stewards, agents, and the founder discount: Executive compensation in new ventures [J]. A-cademy of Management Journal, 2006, 49 (5): 960-976.

[51] He L. Do founders matter? [J]. Journal of Business Venturing, 2008, 23 (3): 257-279.

[52] Arthurs J D, Busenitz L, Townsend D and Liu K. Founders, governance and firm valuation: Does the market perceive psychological ownership? [J]. Frontiers of Entrepreneurship Research, 2007, 27 (12): 1-13.

[53] 何轩, 陈文婷, 李新春. 赋予股权还是泛家族化——家族企业职业经理人治理的实证研究 [J]. 中国工业经济, 2008 (5): 109-119.

[54] McConaughy D L. Family CEOs vs. nonfamily CEOs in the family-controled firm: An examination of the level and sensitivity of pay to performance [J]. Family Business Review, 2000, 13 (2): 121-131.

[55] Gomez-Mejia L R, Larraza-Kintana M and Makri M. The determinants of executive compensation in family-controlled public corporations [J]. Academy of Management Journal, 2003, 46 (2): 226-237.

[56] Croci E, Gonenc H and Ozkan N. CEO compensation, family control and institutional investors in continental Europe [J]. Journal of Banking & Finance, 2012, 36 (12): 3318-3335.

[57] 邓浩, 贺小刚, 肖玮凡. 亲缘关系与家族企业的高管变更——有限利他主义的解释 [J]. 经济管理, 2016, 38 (10): 66-86.

[58] Karra N, Tracey P and Phillips N. Altruism and agency in the family firm: Exploring the role of family, kinship, and ethnicity [J]. Entrepreneurship Theory and Practice, 2006, 30 (6): 861-877.

[59] Bergstresser D, Philippon T. CEO incentives and earnings management [J]. Journal of Financial Economics, 2006, 80 (3): 511-529.

［60］邱杨茜，叶展. 高管股权激励对公司债定价的影响研究［J］. 厦门大学学报（哲学社会科学版），2019（2）：82-91.

［61］Dyer W G Jr. Examining the "family effect" on firm performance［J］. Family Business Review，2006，19（4）：253-273.

［62］Granovetter M S. Economic action and social structure：The problem of embededness［J］. American Journal of Sociology，1985，91（3）：481-510.

［63］朱德胜. 不确定环境下股权激励对企业创新活动的影响［J］. 经济管理，2019，41（2）：55-72.

个体层企业家精神形成的“资源-态度-机会”模型*

孙忠娟[1]　李婉晴[2]

（1. 首都经济贸易大学工商管理学院，北京　100070；

2. 西南财经大学工商管理学院，四川成都　611130）

［摘　要］企业家精神不仅影响着企业的内部结构、发展方向、战略抉择和发展路线，同时对社会具有引导作用，驱动经济增长和国内生产总值的提升，对企业家精神的研究具有重要的意义。本文关注“资源-态度-机会”的企业家精神动态作用过程，基于全球创业观察（GEM）2015年的个体数据，通过Logit回归与结构方程模型，得出创业资源对企业家精神存在正向作用、机会识别和风险规避是创业资源影响企业家精神的中介变量、风险规避和机会识别在创业资源对企业家精神的影响中存在链式中介作用的结论，并对于国家培育企业家精神以及个体进行创业提出几点启示。

［关键词］企业家精神；创业资源；机会识别；风险规避

一、引言

企业家精神对企业和社会具有非常重要的意义，它不仅影响着企业的内部结构（赵宜萱等，2017）、发展方向、战略抉择和发展路线，而且对社会具有引导作用（Fritsch and Wyrwich，2016；Hitt et al.，2011），驱动了经济增长（Fritsch，2011）和国内生产总值的提升（Polok et al.，2016；ACS et al.，2016）。因而，企业家精神的培育对企业和生存、经济发展和社会文明都发挥着不可替代的作用。一直以来，自我雇佣率也居高不下（Kibler，2014），对企业家精神的研究成为学术界关注的重点。

然而，目前有关企业家精神形成的研究主要集中在以下三个方面：第一，强调企业家精神的形成是机会驱动的，苏敬勤等（2017）以蒙草为例分析了企业在不同阶段下机会、能力与企业家精神的演化过程，得出企业在由“资源拼凑”向“资源协奏”阶段转变的过程中，机会驱动企业家精神的转化过程。Clarissa等（2017）基于2013年全球创业观察的数据，通过实证分析得出增加机会识别能力可能会提高企业家创业行为概率的结论。

*［基金项目］本文得到国家自然科学基金青年项目“技术并购的门槛效应”（71602127）；北京市优秀人才青年拔尖团队项目“北京高精尖产业创新发展研究团队”（2017000026833TD01）；国家社科基金青年项目“市场导向机制下的企业创新轨道研究”（14CGL007）的资助。

第二，强调企业家精神形成受地区制度环境的影响。不同国家和地区由于其政策制度、发展程度、市场条件的不同，对企业家精神的形成存在不同的影响。以前学者的研究指出，如果现行的当地社会规范不利于创业，会减弱个体特征对企业家精神的影响（Light and Dana，2013）。制度环境对创业意向具有显著正向作用（Urban and Kujinga，2017），具体而言，Angulo Guerrero 等（2017）在文中阐述了经济自由化、法律结构、信贷监管等因素对机会型创业具有促进作用，而对生存型创业具有抑制作用的结论。Baumol（2011）在文中指出，制度与创业的作用是双边的。Elert 和 Henrekson（2017）证明了这个结论，认为制度可以激发企业家精神，而企业家通过他们的行为也对制度产生了根本性的影响，促进制度变革。此外，社会保障水平（孙早和刘李华，2019）、产业聚焦（张美岭和陈勇勤，2015）、贸易开放程度（Diez and Ozdagli，2011）、金融和专利技术（Cetindamar，2012）、市场约束条件（江春和李安安，2016）对企业家精神的影响也不容忽视。

第三，目前的研究着重强调企业家精神形成与个体特质的关系，例如辛杰等（2017）论证了企业家的文化价值观直接决定了其拥有什么样的企业家精神。Gielnik 等（2017）在文中证实了行动监管因素（企业家目标意图、行动计划、行动知识和创业自我效能）对企业家创业行为具有积极影响的结论。Obschonka 等（2017）使用数字足迹来深入了解明星企业家和管理者的个性，比较了 106 位最有影响力的商业领袖的性格特征，得出企业家更具创造性、独立性，且更倾向于打破规则的结论。

根据以上研究发现，企业家精神的形成是表现在个体身上的特征，是个体物质资源和精神在面对机会时候的表现。然而，目前的研究却缺乏个体物质资源、精神特征与机会驱动三者结合的研究。

据此，本文基于计划行为理论、Timmons 三驱动力理论和 Wickham 创业模型，提出企业家形成的“资源–态度–机会”三者互动的个体层企业家精神形成模型，探索个体创业资源如何在个体创业精神和个体机会识别影响下形成企业家精神。

本文结构安排包括：首先是问题提出，第二部分是理论背景与假设提出，第三部分介绍研究方法，包括变量度量、数据来源及样本选取和模型设定等；第四部分为实证分析和稳健性检验；最后为分析和讨论。

本文将个体创业资源、个体创业风险态度与机会识别能力放置在一个模型中，基于个体层面研究企业家精神的形成过程；同时，本文关注“资源–态度–机会”的企业家精神动态作用过程，首次证明了风险规避和机会识别在创业资源与企业家精神的关系中存在链式中介作用。此外，研究运用对全球创业者的调查数据，并对国家背景进行控制，基于 11 万的大样本数据，解决了样本偏差和文化偏差问题，使本文研究结果更加可靠。

二、理论背景与研究假设

（一）理论背景

根据 Ajzen（1991）的计划行为理论，个体行为意向受到个体对行为结果的态度、该行为受他人影响程度以及个体自身具备的知识、技能和能力的共同作用。Timmons（2003）在书中探讨了影响个体创业成功的因素，提出创业过程模型，即创业行为在获得足够的资源后由创业机会推动方可顺利实施。而 Wickham（1998）提出，创业者确认机会，并通过整合资源带领团队进行创业活动。由此可见，企业家精神的形成受个体行为影响，是个体资源在面对机会时的反应结果。据此，本文基于计划行为理论、Timmons 三驱动力理论和 Wickham 创业模型，提出企业家形成的“资源-态度-机会”三者互动的个体层企业家精神形成模型，探索个体创业资源在个体创业精神和个体机会识别影响下形成企业家精神的动态过程。

（二）资源与创业的关系

根据资源基础理论，稀缺的、难以模仿的和难以替代的资源是企业发展壮大的基础，而创业是创业者根据自身拥有的创业资源去寻找和利用创业机会的过程（刘美玉，2013）。根据资源保存理论，具体到创业初期，人格特质、知识技能、创业渴望等个体初始资源的丰富程度会影响个体的创业目标及其对创业结果的预期，并根据自身的创业预期进行创业行动。创业资源也可以起到驱动自身获得工具性支持和情感性支持的作用，对创业绩效也存在直接影响（刘烨等，2013）。蔡莉等（2011）对国际创业领域 2000～2010 年创业研究文献进行收集和梳理，通过扎根得出与创业资源相关的研究主要分为资源识别、资源获取、资源整合和资源利用四个阶段，其中企业初始资源在前三个阶段中都具有重要作用。可见，资源对于创业来讲是至关重要的。Barney（1991）认为，创业资源是创业者在创业时拥有的各种资源的总和。资源是新企业创建和成长的基础（Brush，2001）。学者们通常将创业资源划分为两大类：一类是运营资源，主要包括资金资源、人力资源、物质资源等；另一类是对新创企业生存和发展具有关键作用的战略性资源，主要是指知识资源（朱秀梅和费宇鹏，2010）。研究表明，资金资本、人力资本、社会资本和自我效能都对企业家精神存在影响作用。

一些学者认为，资本可用性是阻碍企业家创业的重要原因（Kidd，2010；Laferrere and McEntee，1995）。首先，自有资本可用于开展自我雇佣活动。流动性约束造成创业率下降（Evans，1989），而较高的财富水平可以减少流动性约束（Lindh and Ohlsson，1996），进而增加了个人从带薪就业向自营就业过渡的可能性（Johansson，2000）。此外，资金资源可为个体提供抵押品，帮助企业获取外部资金（Simoes et al.，2015）。

学者们在研究中指出，人力资本对创业概率具有正向影响（苗琦等，2015；孙早和刘李华，2019）。企业家效率性人力资本和交易性人力资本共同组成企业家能力，影响企业家行为（程承坪，2002）。同时，人力资本由教育水平（Dawson et al.，2014）和个人经验（Poschke，2013；Eliasson and Westlund，2013）两个方面影响企业家精神水平。具有更高教育水平的个人具有更强的管理能力（Lucas，1978；Calvo and Wellisz，1980）。而个体累积的经验包括管理经验（管理决策和战略制定方面的经验（Shane，2003）、行业特定经验（供应商、客户、员工以及在特定行业内的声誉等（Kim et al.，2006））以及以前的创业经验都可以培养企业家创业能力，这些经验对创业存在积极的影响。

许多学者将社会资本作为影响企业家精神的一个重要因素。一方面，创业行为具有集聚性，身边人的创业行为对个体具有示范作用。另一方面，与资源拥有者具有更亲密的私人社会关系的人更可能成为私有企业家（石秀印，1998）。社会网络为私营企业提供有形和无形资源，如贷款（李路路，1995；Cassar and Wydick，2010）、影响力（戴建中，2001）、信任（Fukuyama，1995；Putnam，1995）和知识（Tsai，2001），从而影响企业的可持续发展状况（储小平，2003）。

自我效能在意图和行动的发展中起着至关重要的作用（Boyd and Vozikis，1994；Miranda et al.，2017）。自我效能感是创业行动背后的深层次信念因素，对初创企业绩效有显著的正向影响（钟卫东和黄兆信，2012），同时也在企业可持续发展方面发挥重要的作用（Wiklund et al.，2009），影响创业意图的形成（杨艳和胡蓓，2011）。高创业自我效能是创业行为的基础（Zhao et al.，2005)，只有当个体相信拥有实现目标的必要技能时，他们才会采取行动（Bandura，1991)。提升个体自我效能感有助于创业者有效克服外部环境给企业带来的技术制度与环境障碍、管理危机及心理焦虑（Tang et al.，2010)，故自我效能与创业导向具有正相关关系（易朝辉，2018)。

综上所述，个体资源是影响企业家精神的不可或缺的因素，是企业家进行创业的基础和前提。资金资本、人力资本、社会资本和自我效能都能够影响个体的创业行为。个体资源不足会对创业行为产生约束作用，不利于企业家精神的发挥。故本文在此提出假设 1：

H1：个体创业资源是企业家精神的基础，对企业家精神存在正向影响。

（三）机会识别与企业家精神

机会识别是识别好的创意，将创意转化为商业概念，从而增加顾客或社会价值，并给创业者带来回报的能力（张秀娥等，2017)。创业机会具有客观性，它们独立于系统中的个体而存在，并被个体而非群体发现（Grabowski and Kittel-Wegner，2017)。Yanto 和 Lozano（2018）通过梳理 1990~2013 年的期刊文献并进行词频分析后发现，对机会与创业过程的研究是学术界较为关注的领域。学者们认为机会识别是创业的一个关键方面（Kirzner，2013；Cheung，2016；Yvette et al.，2017)，是创业活动的前提（Hannibal et al.，2016)。创业主要由未开发的机会驱动（Abebe，2014)，机会识别可以促进产品创新和创业（Park，2005)。

许多学者证实了创业资本在机会识别中的重要性（Omri and Boujelbene，2015；孙红霞等，2013)。拥有更多社会资源的个体更容易获取信息（Burt，2004；Obstfeld，2005；Elfring and Hulsink，2003)，对企业家识别机会的能力有积极影响（Singh et al.，1999；Jing et al.，2013)。有 50%的企业家通过社会网络发现了创业机会（Hills，1997)。社交范围广、社交对象多元化且与高社会地位个体之间的关系密切的创业者更容易识别市场机会（张玉利等，2008)。人力资本属性以不同的方式影响机会识别过程（Davidsson and Honig，2003)。先前经验可以调动机会识别所需的外部资源（Kotha and George，2012；Ucbasaran et al.，2009)，从而帮助企业家发现商机（Kinias，2013)。信息和知识有助于企业了解顾客需求，接触新的概念并以新的视角看问题（古继宝等，2017)，提炼出与先前知识紧密相连的机会增加了企业家识别机会的可能（张秀娥等，2017)。此外，教育水平也与企业家精神存在正相关关系（Arenius and Clercq，2005)。故而，人力资本增加了企业家发现和利用机会的能力（Shane and Venkataraman，2000)，与企业家机会识别存在正相关关系。在创造力向创业意愿转化的过程中，需要个体拥有较强的把握机会的能力和信心（Dimov，2010)。机会识别能力强的个体可能会设定更具挑战性的目标，最终又以高标准来衡量自身目标实现的结果（Markus and Nurius，1986；Cross and Markus，1994)。机会识别可以促进投入目标追求的努力和持久性，从而提高工作投入和绩效（Zacher et al.，2010；Schmitt et al.，2013)。此外，拥有机会识别能力的个体会产生更多具有创新性的想法，从而对企业家行为产生影响（DeTienne and Chandler，2004)。能够识别机会的企业家更有可能采取行动（Grégoire et al.，2011；Shane and Nicolaou，2015)。Amin 等（2016）认为创业导向与公司高层管理人员采取冒险行动，创新和积极主动的倾向有关（Ferreira et al.，2015；Oparaocha，2015)，并证明了创业导向与市场导向呈正相关关系，且有助于企业绩效水平的提升的结论，故本文在此提出假设 2：

H2：机会在创业资源对企业家精神的影响中存在正向中介作用。

（四）风险态度与企业家精神

Knight（1921）认为企业家精神是指在不可靠的情况下，以创造性活动去开辟道路的创造精神和风险承担精神。方虹（2012）认为企业家精神是指基于一定创新意识和进取态度的，敢于承担风险和挑战不确定性，以其敏锐的洞察力发现投资机会，发挥个人特性或团队合作精神。这些学者将企业家精神直接界定为风险承担精神，或将企业家与承担风险相挂钩。风险承担是指企业在不确定环境下大胆进入未知行业的过程（Gunawan et al.，2015）。学者张维迎（1996）指出，企业价值最大化的所有权安排应保证风险承担者和风险制造者对应。企业家往往是“温和的风险承担者”（Vries，2010）。相较于管理者而言，企业家往往具有更强的风险倾向（Carland et al.，1995）。风险承担在企业家创业决策的过程中起到了至关重要的作用（Hisrich and Peters，2010；Block et al.，2015）。

财富水平（路晓蒙等，2017）、自我效能（赵文红和孙卫，2012；刘建伟，2018）以及个体特征（如年龄、性别、婚姻状况等）都对个体风险承担水平有正向作用。在社会资本方面，社会网络和社会信任都与风险规避存在负相关关系（陈其进和陈华，2014）。在风险行为中，社会信任水平高的个体会寻求帮助与合作，分担收益与损失，减小损失带来的冲击，从而更加愿意接受风险。而教育增强了个体风险识别和承受能力，提升了个体参与风险活动必要的智力、财富和社会资本水平（马莉莉和李泉，2011；陈其进和陈华，2014）。因此，个体拥有资源水平越高，越有可能偏好风险。

以往学者的研究指出，个人对风险的倾向会影响企业家的决策和行为（Bromiley and Curley，1992；Sitkin and Pablo，1992）。个人具备的冒险倾向等价值观使参与创业的可能性更大（Mickiewicz et al.，2017）。越厌恶风险的个体，越不可能选择稳定的工作部门（Pfeifer，2011）；而更偏好风险的个体，则更可能去创业（Djankov et al.，2006）。风险规避对选择成为个体经营者有负面影响（Wang et al. ，2010；Brown et al. ，2011；Fritsch and Sorgner ，2013），风险厌恶程度较低的个人进入自营职业的概率更大（Kihlstrom and Laffont，1979；AHN，2010）。研究表明，风险规避程度较低的个人对预期收益的变化容忍度更高（Simoes et al.，2015）。由于新创企业存在一定的失败率，因此企业家在进行创业活动是需承担一定（心理、社会和金融）风险的（Antoncic，2003；Hisrich and Peters，1989）。此外，风险态度可以影响企业家公司的生命周期和生存率（Caliendo et al.，2008），还会对企业绩效产生影响（Runyan et al.，2008；Wiklund and Shepherd，2005）。故在适度水平下，风险偏好与企业家精神正相关（Antoncic et al.，2014），故本文在此提出假设3：

H3：风险规避在创业资源对企业家精神的影响中存在负向中介作用。

（五）机会识别与风险规避的链式中介作用

创业导向的风险承担性主要体现了企业在多大程度上愿意将资源不断投入不确定以及风险事业中，也即企业为了在市场上追寻高报酬的市场机会而不惜投入大量的资源以获利的倾向（Lumpkin and Dess，1996；Runyan et al.，2012）。创业者能否感知到创业机会的存在取决于他们是否有异质的特质甄别外部信息和对信息进行选择性的过滤，风险倾向、成就需要、内控制源、不确定性容忍度这些特质使其能够敏锐识别创业机会（赵观兵等，2010）。根据特质学派的研究结果，稳定的个体差异特征，如成就需要、承担风险的意愿、自我效能感、内控点、对模糊性的容忍程度，是导致机会识别能力不同的根本原因（张爱丽，2009）。因此，个体风险态度对于企业家机会识别能力具有重要影响。机会的利用是不确定的，因此企业家被迫在创业过程中承担风险（Grabowski and Kittel-Wegner，2017）。许多学者的研究表明，勇于风险承担的企业家会积极地去搜寻机会，采取积极行动来抓住机会而非保守地等待机会。承担风险的企业家能够容忍投资可能的失败以及资源的机会成本，具有洞察机会的敏锐力（Tang and Rothenberg，2009），并将必要资源用于开发机会、拓展新的市场。风险规避的个体缺乏对机会的深入洞察，面对不断变化的市场环境反应迟缓，从而阻碍个体对机会的识别和利用（Colton et al.，2010），在面对机会时缺乏冒险精神，对于稍纵即逝的新机会难以抓住（Lumpkin and Dess，1996）。此外，风险规避的个体往往更加关心进行创业可能带来的财务上的损失、地位的降低等不利因素，进而导致犹豫不决，不能在恰当的时候抓住创业机会，因此难以发挥企业家精神。故本文在此提出假设4：

H4：机会识别与风险规避在创业资源对企业家精神的影响中存在链式中介作用。

本文的理论模型如图1所示。

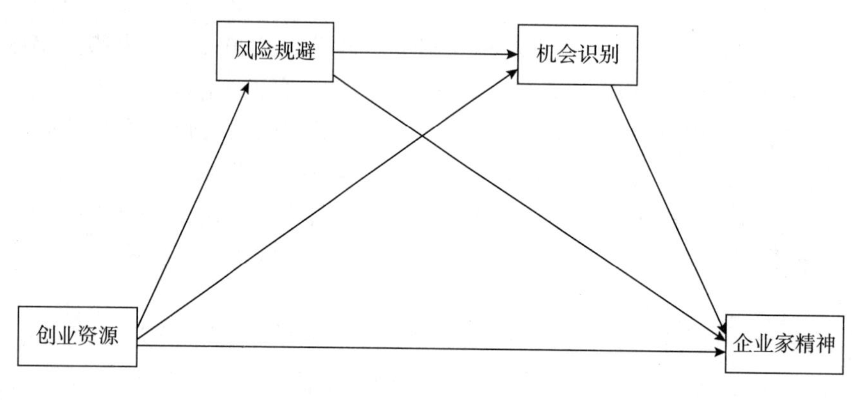

图1 理论模型

三、研究设计

（一）研究对象与数据收集

GEM创业模型最早由Reynolds于1999年提出，随即引起广泛关注。各国都采用这个框架对创业活动进行调查，以确定影响本国创业的因素。宏观层面的调查问题主要从金融支持、政府政策、政府项目、教育和培训、研究开发转移、商务环境、市场开放程度、有形基础设施、文化和社会规范和知识产权保护进行调查，探究影响企业家精神的宏观环境因素，而微观层面的GEM模型通过对随机抽取的成年人的知识技能、创业动机、创业机会和个体特征等维度的调查，从个体层面解释企业家创业行为。本文基于2015年全球创业观察调查结果，并剔除无效结果后，得到119609个有效结果。

对问卷进行初步分析显示，在性别方面，男性占比51.28%，女性占比48.72%。在教育程度方面，未受过教育的个体占比12.07%，受过部分中等教育的个体占比16.59%，获得中等教育学位的个体占比36.91%、受高等教育的个体占比29.67%，获得博士学位的个体占比4.77%。在工作状况方面，68.73%的个体拥有全职或兼职工作，18.48%的个体没有工作，12.78%的个体为退休人员或学生。下层收入者占比36.08%，中层收入者占比32.29%，上层收入者占比31.63%。样本分布如表1所示。

表 1 样本分布

	问项	频数	频率		问项	频数	频率
性别	男性	61333	51.28%	工作状态	全职或兼职工作	82210	68.73%
	女性	58276	48.72%		没有工作	22109	18.48%
教育程度	未受过教育	14436	12.07%		退休人员或学生	15290	12.78%
	部分中等教育	19843	16.59%	收入状况	下层收入者	43160	36.08%
	中等教育学位	44142	36.91%		中层收入者	38621	32.29%
	高等教育	35486	29.67%		上层收入者	37828	31.63%
	博士学位	5702	4.77%				

（二）数据度量方式

企业家精神：本文把近期有创业打算且为之付出实际行动的个体定义为创业企业家，并认为创业企业家是具有企业家精神的个体。本文参考 Arenius 和 Minniti（2005）的方法，对受访者进行提问，“你近期有没有打算独自或与他人一同进行创业？”如果受访者的回答为“是”，则我们问如下两个问题：“在过去一年中你有没有做帮助创业的事情？”“你是否拥有全部或部分企业所有权？”并将第一个问题回答“是”且第二个问题回答“拥有全部或部分”的个体定义为具有企业家精神的个体，其余个体则视为不具有企业家精神的个体。在全部 119609 个样本中共有 13259 个样本符合创业企业家的标准，为具有企业家精神的个体，比例约为 11.09%。

（1）社会资本：本文将受访者关于“你认识过去两年创业的人吗？”的回答结果作为个体社会资本水平的衡量标准。

（2）机会识别：本文将受访者关于“在未来半年内你所在的地区有良好的创业机会吗？”的回答结果作为个体机会识别水平的衡量标准。

（3）人力资本：本文将受访者关于“你有创业所需的知识能力或经验吗？”的回答结果作为个体人力资本的衡量标准。

（4）风险规避：本文将受访者关于“对失败的恐惧是否阻碍你创业？”的回答结果作为个体风险规避程度的衡量标准。

以上四个维度均为虚拟变量，如果受访者基于上述问题的回答为“是”；那么记为 1；如果回答为“否”则记为 0。

本文将人力资本作为创业资源的衡量指标，参考 Kautonen 等（2014）、Blanchflower（2000，2004）、Johansson（2000）的研究，选取性别、年龄、教育程度、工作状态、收入状况和国家变量作为研究企业家精神的控制变量。

（1）性别：本文以问卷中有关受访者性别的统计信息确定个体性别变量。

（2）年龄：本文以问卷中有关受访者年龄的统计信息确定个体年龄变量。

（3）工作状态：问卷要求受访者填写自身目前工作状态，该量表分为三个维度：“全职或兼职工作”“没有工作”“退休人员或学生”，本文将“全职或兼职工作”项目作为参照组对其他两个变量进行衡量，并与“全职或兼职工作”个体的企业家精神进行比较。

（4）教育程度：问卷要求受访者填写最高学历，学历被分为五个等级：“未受过教育”“部分中等教育”“中等教育学位”“高等教育”“博士学位”。本文将“中等教育学位”维度作为参照组，并用其他学历样本企业家精神水平与之进行比较。

（5）收入状况：问卷要求受访者提供有关收入状况的信息，并将其分为三类："收入在下层33%""收入在中间33%""收入在上层33%"。本文将"收入在中间33%"的样本作为参照组进行分析。

（6）国家变量：本文以问卷中有关受访者所在国家的统计信息确定个体的国家变量。

四、实证分析

（一）描述性统计分析结果

变量详细定义及描述性统计情况如表2所示。

表2　变量定义及描述性统计

变量（符号）	定义	中值	偏差	最小值	最大值
被解释变量					
企业家精神（nascent）	个体是否为创业企业家	0.1109	0.3140	0	1
解释变量					
创业资源（skill）	个体是否拥有人力资本	0.5247	0.4994	0	1
机会识别（opportunity）	个体能否识别市场机会	0.4195	0.4935	0	1
风险规避（fear）	个体是否恐惧创业失败	0.4003	0.4900	0	1
控制变量					
性别（gender）	个体性别	1.4872	0.4998	1	2
年龄（age）	个体年龄	40.7278	14.1135	18	99
教育程度（education）	个体学历	938.1375	564.7192	0	1720
工作状态（work）	个体目前工作状态	14.4051	7.0861	10	30
收入状况（income）	个体收入在总体中位置	22668.95	30930.84	33	68100
国家（country）	个体所在国家	176.4486	225.3461	1	972

为了进一步考察变量选取的合理性，本文对回归分析的核心自变量进行了多重共线性检验，从表3中可以看出本文VIF值均小于10，说明变量间不存在明显的共线性问题，变量选取合理。

表3　变量VIF值

变量	VIF值	1/VIF值
人力资本	1.10	0.908865
工作状态	1.08	0.921849
收入状况	1.08	0.927823
机会识别	1.06	0.942461

续表

变量	VIF 值	1/VIF 值
教育程度	1.06	0.943390
年龄	1.04	0.957105
性别	1.03	0.967973
风险规避	1.03	0.971182
国家变量	1.01	0.994712
平均 VIF 值	1.06	

各变量相关关系用 Pearson 相关系数表示，从相关性分析表中（见表 4）可以看出，九个影响因素都与企业家精神具有较强的相关性。男性相较于女性具有更强烈的创业倾向（r=-0.056）。年龄较小的个体更具企业家精神（r=-0.085）。现阶段从事全职工作或兼职工作的人比目前没有工作的人更倾向于创业（r=-0.139）。受教育水平较低的个体更倾向于将创业作为自身的选择（r=-0.008）。高收入者更倾向于创业（r=0.077），创业资源（r=0.247）和机会识别（r=0.188）与企业家精神呈正相关关系，而风险规避与企业家精神存在负相关关系（-0.094）。同时，国家因素（r=0.050）也与企业家精神有关。此外，我们还可以看到变量间存在一定的关联性，但是不存在相关系数超过 0.8 的高度相关性，变量选择比较合理。

表 4　相关性分析系数

	1	2	3	4	5	6	7	8	9	10
1. 企业家精神	1									
2. 人力资本	0.247***	1								
3. 机会识别	0.188***	0.209***	1							
4. 风险规避	-0.094***	-0.142***	-0.086***	1						
5. 性别	-0.056***	-0.117***	-0.038***	0.073***	1					
6. 年龄	-0.085***	-0.026***	-0.074***	-0.00200	0.008***	1				
7. 教育程度	-0.008***	0.045***	0.036***	0.011***	-0.030***	-0.115***	1			
8. 工作状态	-0.139***	-0.158***	-0.087***	-0.00200	0.125***	0.157***	-0.080***	1		
9. 收入状况	0.077***	0.103***	0.090***	-0.036***	-0.077***	-0.017***	0.206***	-0.148***	1	
10. 国家	0.050***	0.034***	0.006**	-0.020***	0.012***	-0.059***	-0.00200	-0.012***	-0.007**	1

注：*** 表示 p<0.01，** 表示 p<0.05，* 表示 p<0.1。

（二）回归结果

为进一步研究变量之间的关系和可能存在的作用机制，本文在控制性别、年龄、教育程度、工作状态、收入状况和国家变量的条件下，采用 Logistic 回归的方式证明创业资源对企业家精神的影响（见表 5）。

表 5　实证分析结果

	企业家精神	机会识别	企业家精神	风险规避	企业家精神
	模型 1	模型 2	模型 3	模型 4	模型 5
性别	-0.161***	-0.0208	-0.162***	0.236***	-0.146***
	(0.0209)	(0.0129)	(0.0211)	(0.0126)	(0.0210)
年龄	-0.0148***	-0.00931***	-0.0132***	-0.00143***	-0.0148***
	(0.000847)	(0.000480)	(0.000854)	(0.000470)	(0.000847)
未受过教育	-0.0728*	0.0455*	-0.0970**	0.0257	-0.0710*
	(0.0377)	(0.0236)	(0.0382)	(0.0233)	(0.0378)
部分中等教育	-0.0298	-0.00794	-0.0308	0.0424**	-0.0288
	(0.0333)	(0.0197)	(0.0337)	(0.0189)	(0.0334)
高等教育	0.0951***	0.0910***	0.0942***	0.0172	0.0969***
	(0.0262)	(0.0161)	(0.0265)	(0.0159)	(0.0263)
博士学位	0.231***	0.233***	0.217***	0.0132	0.234***
	(0.0475)	(0.0309)	(0.0478)	(0.0308)	(0.0476)
没有工作	-0.704***	-0.256***	-0.673***	0.0389**	-0.700***
	(0.0330)	(0.0181)	(0.0333)	(0.0172)	(0.0330)
退休人员或学生	-1.526***	-0.0844***	-1.517***	-0.245***	-1.535***
	(0.0571)	(0.0201)	(0.0574)	(0.0196)	(0.0572)
下层收入者	-0.146***	-0.155***	-0.127***	0.0497***	-0.143***
	(0.0275)	(0.0162)	(0.0279)	(0.0156)	(0.0276)
上层收入者	0.204***	0.176***	0.183***	-0.0360**	0.201***
	(0.0252)	(0.0161)	(0.0254)	(0.0160)	(0.0252)
人力资本	1.695***	0.736***	1.577***	-0.540***	1.656***
	(0.0283)	(0.0132)	(0.0286)	(0.0129)	(0.0285)
机会识别			0.790***		
			(0.0217)		
风险规避					-0.339***
					(0.0226)
常数	-2.389***	-0.216***	-2.797***	-0.246***	-2.252***
	(0.105)	(0.0667)	(0.107)	(0.0673)	(0.106)
样本数	119，190	119，190	119，190	119，190	119，190
R^2	0.1928	0.0852	0.2095	0.0471	0.1956

注：*** 表示 p<0.01，** 表示 p<0.05，* 表示 p<0.1。

在模型 1 中我们可以看到，创业资源对企业家精神具有显著的正向作用，说明个体具备的创业资源越丰富，企业家精神水平越强，H1 成立。

在模型 2 中，创业资源对机会识别具有显著的正向影响，表明个体具备的创业资源有助于识别机会。综合模型 1、模型 2 和模型 3 的结果，我们可以看到机会识别在创业资源与企业家精神的影响中起中介作用，具有资源的企业家可以更好地识别市场中存在的机会进而进行创业发挥企业家精神。H2 成立。

由模型 4 可以看出，创业资源对风险规避具有显著的负向影响，具备创业资源的个体能够应对创业中产生的不确定性，更乐于迎接未来的挑战，从而提高了其风险偏好程度。综合模型 1、模型 4 和模型 5 的结果，我们可以看到风险规避在创业资源与企业家精神的影响中起中介作用，具有创业资源的个体更加偏好风险，更加倾向于选择自主创业，从而发挥企业家精神。H3 成立。

从效应量可以看到（见表 6），总效应结果显著表明有可能存在间接效果，直接效应显著且小于总效应，说明存在部分中介效果。各路径中介效应均显著，表明创业资源-风险规避-机会识别-企业家精神的链式中介成立。从具体效应量可以看到总效应量为 0.2468；直接效应量为 0.2100；创业资源-风险规避-企业家精神的效应量为 0.0075；创业资源-机会识别-企业家精神的效应量为 0.0281；创业资源-风险规避-机会识别-企业家精神效应量为 0.0012。H4 成立。研究结果如图 2 所示。

表 6　结构方程模型

路径	效应量	p 值
总效应	0.2468	0.002
直接效应	0.2100	0.002
创业资源-风险规避-企业家精神	0.0075	0.002
创业资源-机会识别-企业家精神	0.0281	0.002
创业资源-风险规避-机会识别-企业家精神	0.0012	0.002

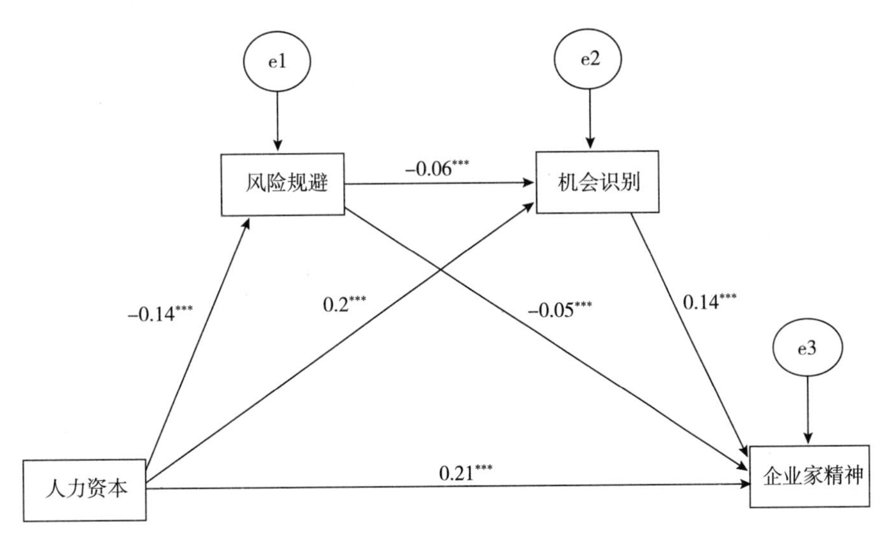

图 2　创业资源对企业家精神的影响机制

注：*** 表示 p<0.01，** 表示 p<0.05，* 表示 p<0.1。

（三）稳健性检验

本文将社会资本维度替代人力资本作为衡量创业资源的指标，以检验模型的稳健性。实证结果表明，各中介效应都显著成立，该模型结果稳健（见表7）。

表7　实证分析结果

	企业家精神	机会识别	企业家精神	风险规避	企业家精神
	模型6	模型7	模型8	模型9	模型10
性别	-0.222***	-0.0553***	-0.219***	0.280***	-0.195***
	(0.0207)	(0.0129)	(0.0209)	(0.0125)	(0.0208)
年龄	-0.0102***	-0.00665***	-0.00900***	-0.00247***	-0.0103***
	(0.000832)	(0.000480)	(0.000839)	(0.000468)	(0.000833)
未受过教育	-0.0768**	0.0415*	-0.0969**	0.0611***	-0.0718*
	(0.0375)	(0.0236)	(0.0379)	(0.0231)	(0.0377)
部分中等教育	-0.0339	-0.0102	-0.0338	0.0596***	-0.0311
	(0.0330)	(0.0197)	(0.0334)	(0.0187)	(0.0331)
高等教育	0.0997***	0.0930***	0.0984***	-0.00661	0.103***
	(0.0261)	(0.0162)	(0.0264)	(0.0157)	(0.0262)
博士学位	0.246***	0.229***	0.230***	-0.0319	0.250***
	(0.0474)	(0.0311)	(0.0477)	(0.0306)	(0.0475)
没有工作	-0.745***	-0.258***	-0.711***	0.0849***	-0.736***
	(0.0327)	(0.0181)	(0.0330)	(0.0171)	(0.0328)
退休人员或学生	-1.654***	-0.121***	-1.639***	-0.157***	-1.660***
	(0.0568)	(0.0201)	(0.0571)	(0.0194)	(0.0569)
下层收入者	-0.129***	-0.146***	-0.106***	0.0565***	-0.124***
	(0.0273)	(0.0163)	(0.0276)	(0.0155)	(0.0274)
上层收入者	0.205***	0.166***	0.185***	-0.0549***	0.198***
	(0.0250)	(0.0162)	(0.0253)	(0.0159)	(0.0251)
社会资本	1.112***	0.835***	0.978***	-0.107***	1.105***
	(0.0217)	(0.0132)	(0.0221)	(0.0131)	(0.0217)
机会识别			0.805***		
			(0.0216)		
风险规避					-0.482***
					(0.0223)
常数	-1.782***	-0.132**	-2.213***	-0.487***	-1.626***
	(0.103)	(0.0667)	(0.105)	(0.0667)	(0.104)
样本数	119190	119190	119190	119190	119190
R^2	0.1701	0.0907	0.1876	0.0365	0.1760

注：*** 表示 p<0.01，** 表示 p<0.05，* 表示 p<0.1。

从效应量可以看到，总效应结果显著表明有可能存在间接效果，直接效应显著且小于总效应，说明存在部分中介效果（见表8）。各路径中介效应均显著，表明创业资源-风险规避-机会识别-企业家精神的链式中介成立。从具体效应量可以看到总效应量为0.2099；直接效应量为0.1750；创业资源-风险规避-企业家精神的效应量为0.0029；创业资源-机会识别-企业家精神的效应量为0.0316；创业资源-风险规避-机会识别-企业家精神效应量为0.0004。H4成立。结果如图3所示。

表8　结构方程模型

路径	效应量	p值
总效应	0.2099	0.002
直接效应	0.1750	0.002
创业资源-风险规避-企业家精神	0.0029	0.002
创业资源-机会识别-企业家精神	0.0316	0.002
创业资源-风险规避-机会识别-企业家精神	0.0004	0.002

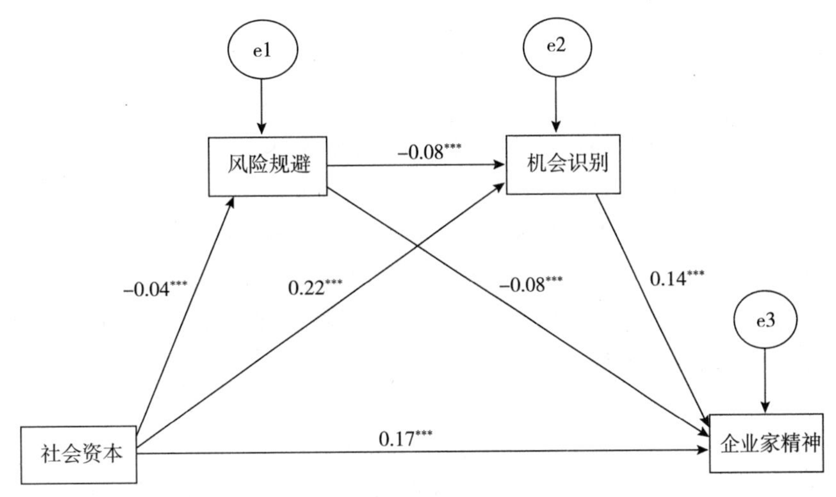

图3　创业资源对企业家精神的影响机制

注：*** 表示 $p<0.01$，** 表示 $p<0.05$，* 表示 $p<0.1$。

五、结论与讨论

（一）关键结论

关于企业家精神的研究具有三大特色：第一，强调企业家精神的形成是机会驱动的；第二，强调企业家精神形成受地区环境的影响；第三，强调企业家精神形成与个体特质的关系。而本文基于计划行为理论、Timmons三驱动力理论和Wickham创业模型，提出企业家形成的“资源-态度-机会”三者互动的个体层企业家精神形成模型，探索个体创业资源如何在个体创业精神和个体机会识别影响下形成企业家精神。本文以全球创业观察 2015 年调查数据为样本，探讨了创业资源与企业家精神之间的关系，并分析了风险规避、机会识别的中介作用，以及风险规避-机会识别的中介作用。研究发现：创业资源对企业家精神存在正向作用；机会识别和风险规避在创业资源与企业家精神的正向作用中起到中介作用；风险规避和机会识别在创业资源对企业家精神的影响中存在链式中介作用。

（二）理论意义

以往学者普遍研究创业者识别市场机会后如何从团队中获得与机会相匹配的资源和能力，从而使创业成功的过程。本文将个体创业资源、个体创业风险态度与机会识别能力放置于一个模型中，基于个体层面研究企业家精神的形成过程；同时，以前学者在研究企业家精神时，普遍将机会识别变量作为调节变量（项国鹏等，2018），或单独研究风险态度、机会识别对企业家精神的影响（李政和艾尼瓦尔，2018）。本文关注“资源-态度-机会”的企业家精神动态作用过程，首次证明了风险规避和机会识别在创业资源与企业家精神的关系中存在链式中介作用，阐明企业家精神的形成动态机制。此外，研究运用对全球创业者的调查数据，并对国家背景进行控制，基于 11 万的大样本数据，解决了样本偏差和文化偏差问题，使论文结果更加可靠。

（三）实践意义

本文提出了企业家精神形成的“资源-态度-机会”三者互动的个体层企业家精神形成模型，探索个体创业资源如何在个体创业精神和个体机会识别影响下形成企业家精神，对国家培育企业家精神具有启示：①国家应该加强创业培训的力度，通过创业培训加强个体识别和把握机会的能力，以及其风险承担意愿，增加创业的成功率。同时对企业家进行经济管理知识培训，使之明晰现代企业的管理模式，保证新生企业的可持续发展。②政府在制度上应当对企业家创业给予一定的支持，如进行适度补贴，减少资金流动性约束。在贷款等方面提供优惠政策，降低创业成本；在社会舆论方面加大对创业的宣传，将“大众创业，万众创新”落到实处。

此外，本文对个体的创业过程也具有一定启示：①创业者在创业前应对个体特质进行初步了解，可通过量表测量其人格特质（如自信程度、风险规避程度等），并对自身具备的创业资源进行初步评估，预估创业的成功可能性。②机会是创业活动的前提，创业者应有意识地关注市场中的商机，识别机会，并将创意转化为商业概念，在不确定的环境中勇于抓住机会，开发机会，进行创业。③创业者应在创业过程中累积企业家创业资源（包括资金资本、人力资本、社会资本等），企业家创业资源决定了创业者获取信息和资源的能力，有助于企业家对外部资源的调用。资金资本可以减少流动性约束水平，并使贷款更加容易；社会资本是建立在认同和信任的基础上的，通过社会网络，企业家更容易识别市场机会，创业成功率更大；而人力资本是企业家的知识和技能，对管理能力和先前经验存在影响。创业资源是企业家进行创业的基础。

（四）研究不足与展望

第一，本文选取 GEM 数据库 2015 年的数据分析创业资源与企业家精神的关系，但截面数据不能准确地判断变量间的因果关系。在未来的研究中，可以选取时间序列数据进行研究。第二，基于以往学者的研究，生存型企业家与机会型企业家的创业动机有所差异（刘鹏程等，2013），且其对创新的影响作用相互抵消，如果将机会型企业家与生存型企业家合并为一个变量探讨企业家精神，将会导致实证结果有一定偏差（Mrozewski and Kratzer，2016）。故此，以后的研究可以对企业家类型进行控制。第三，国家类别因素可能影响个体企业家精神，以后的学者可以尝试基于国家类别变量做跨层次研究。

参考文献

[1] Abebe M. Electronic commerce adoption, entrepreneurial orientation and small-and medium-sized enterprise (SME) performance [J]. Journal of Small Business and Enterprise Development, 2014, 21 (1): 100-116.

[2] Acs Z J, Szerb L, Autio E. The global entrepreneurship and development index [J]. Regional Studies, 2015, 49 (12): 1977-1994.

[3] Ahn T. Attitudes toward risk and self-employment of young workers [J]. Labour Economics, 2010, 17 (2): 434-442.

[4] Ajzen I. The theory of planned behavior [J]. Organizational Behavior & Human Decision Processes, 1991, 50 (2): 179-211.

[5] Amin M, Thurasamy R, Aldakhil A M, et al. The effect of market orientation as a mediating variable in the relationship between entrepreneurial orientation and SMEs performance [J]. Nankai Business Review International, 2016, 7 (1): 39-59.

[6] Angulo Guerrero, María J, Pérez Moreno, Salvador, Abadguerrero I M. How economic freedom affects opportunity and necessity entrepreneurship in the OECD countries [J]. Journal of Business Research, 2017, 73 (4): 30-37.

[7] Antoncic B, Kregar T B, Singh G, et al. The big five personality-entrepreneurship relationship: Evidence from Slovenia [J]. Journal of Small Business Management, 2014, 53 (3): 819-841.

[8] Antoncic, Bostjan. Risk taking in intrapreneurship: translating the individual level risk aversion into the organizational risk taking [J]. Journal of Enterprising Culture, 2003, 11 (1): 1-23.

[9] Arenius P, Minniti M. Perceptual variables and nascent entrepreneurship [J]. Small Business Economics, 2005, 24 (3): 233-247.

[10] Bandura A. Social cognitive theory of self-regulation [J]. Organizational Behavior & Human Decision Processes, 1991, 50 (2): 248-287.

[11] Barney J B. Firm resources and sustained competitive advantage [J]. Advances in Strategic Management, 1991, 17 (1): 3-10.

[12] Blanchflower D G. Self-employment in OECD countries [J]. Labour economics, 2000, 7 (5): 471-505.

[13] Blanchflower D G. Self-employment: More may not be better [J]. Nber Working Papers, 2004, 11 (2):.

[14] Block J, Sandner P, Spiegel F. How do risk attitudes differ within the group of entrepreneurs? The role of motivation and procedural utility [J]. Journal of Small Business Management, 2015, 53 (1): 183-206.

[15] Boyd N G, Vozikis G S. The influence of self-efficacy on the development of entrepreneurial intentions and actions [J]. Entrepreneurship Theory and Practice, 1994, 18 (4): 63-77.

[16] Bromiley P, Curley S P. Individual differences in risk taking [J]. Risk-taking Behavior, 1992, 16 (6): 482-497.

[17] Brown S, Dietrich M, Ortiz-Nuñez A, et al. Self-employment and attitudes towards risk: Timing and unobserved heterogeneity [J]. Journal of Economic Psychology, 2011, 32 (3): 425-433.

[18] Brush C G. From initial idea to unique advantage: The entrepreneurial challenge of constructing a resource base and executive commentary [J]. The Academy of Management Executive (1993-2005), 2001, 15 (1): 64-80.

[19] Burt R S. Structural holes and good ideas [J]. American Journal of Sociology, 2004, 110 (2): 349-399.

[20] Caliendo M, Fossen F, Kritikos A. The impact of risk attitudes on entrepreneurial survival [J]. Discussion Papers of Diw Berlin, 2008, 76 (1): 45-63.

[21] Calvo G A, Wellisz S. Technology, entrepreneurs, and firm size [J]. Quarterly Journal of Economics, 1980, 95 (4): 663-677.

[22] Carland III J W, Carland Jr J W, Carland J A C, et al. Risk taking propensity among entrepreneurs, small business owners and managers [J]. Journal of Business and Entrepreneurship, 1995, 7 (1): 15.

[23] Cassar A, Wydick B. Does social capital matter? Evidence from a five-country group lending experiment [J].

Oxford Economic Papers, 2010, 62 (4): 715-739.

[24] Cetindamar D, Gupta V K, Karadeniz E E, et al. What the numbers tell: The impact of human, family and financial capital on women and men's entry into entrepreneurship in Turkey [J]. Entrepreneurship & Regional Development, 2012, 24 (1-2): 29-51.

[25] Cheung C W M. Exploitative learning and entrepreneurial opportunity recognition of a family business in Hong Kong during and after the Second World War [J]. Journal of Entrepreneurship in Emerging Economies, 2016, 8 (3): 321-334.

[26] Clarissa B, Andreas R, Hannes Z. A lifespan perspective on entrepreneurship: Perceived opportunities and skills explain the negative association between age and entrepreneurial activity [J]. Frontiers in Psychology, 2017 (8).

[27] Colton D A, Roth M S, Bearden W O. Drivers of international e-tail performance: The complexities of orientations and resources [J]. Journal of International Marketing, 2010, 18 (1): 1-22.

[28] Cross S E. Self-schemas, possible selves, and competent performance [J]. Journal of Educational Psychology, 1994, 86 (3): 423-438.

[29] Davidsson P, Honig B. The role of social and human capital among nascent entrepreneurs [J]. Journal of Business Venturing, 2003, 18 (3): 301-331.

[30] Dawson C, Henley A, Latreille P. Individual motives for choosing self-employment in the UK: Does region matter? [J]. Regional Studies, 2014, 48 (5): 804-822.

[31] Detienne D R, Chandler G N. Opportunity identification and its role in the entrepreneurial classroom: A pedagogical approach and empirical test [J]. Academy of Management Learning & Education, 2004, 3 (3): 242-257.

[32] Díez F J, Ozdagli A K. Entrepreneurship and occupational choice in the global economy [J]. Ssrn Electronic Journal, 2011 (4): 11-55.

[33] Dimov D. Nascent entrepreneurs and venture emergence: Opportunity confidence, human capital, and early planning [J]. Journal of Management Studies, 2010, 47 (6): 1123-1153.

[34] Djankov S, Qian Y, Roland G, et al. Who are China's entrepreneurs? [J]. Cepr Discussion Papers, 2006, 96 (2): 348-352.

[35] Elert N, Henrekson M. Entrepreneurship and Institutions: A Bidirectional Relationship [R]. Working Paper, 2017.

[36] Elfring T, Hulsink W. Networks in entrepreneurship: The case of high-technology firms [J]. Small Business Economics, 2003, 21 (4): 409-422.

[37] Eliasson W. Attributes influencing self-employment propensity in urban and rural: Sweden [J]. Annals of Regional Science, 2013, 50 (2): 479-514.

[38] Ferreira F A F, Marques C S E, Bento P, et al. Operationalizing and measuring individual entrepreneurial orientation using cognitive mapping and MCDA techniques [J]. Journal of Business Research, 2015, 68 (12): 2691-2702.

[39] Fritsch M, Wyrwich M. The effect of entrepreneurship on economic development—An empirical analysis using regional entrepreneurship culture [J]. Journal of Economic Geography, 2016: lbv049.

[40] Fritsch M, Sorgner A. Entrepreneurship and Creative Professions-A Micro-Level Analysis [R]. Jena Economic Research Papers, 2013.

[41] Fritsch M. New business formation and regional development: A survey and assessment of the evidence [J]. Foundations & Trends © in Entrepreneurship, 2011, 9 (3): 249-364.

[42] Fukuyama F. Trust: The social virtues and the creation of prosperity [M]. New York, NY: Free press, 1995.

[43] Gielnik M M, Frese M, Kaharakawuki A, et al. Action and action-regulation in entrepreneurship: Evaluating a student training for promoting entrepreneurship [J]. Academy of Management Learning & Education, 2017, 14 (1): 69-94.

[44] Grabowski U, Kittel-Wegner E. Book review: A general theory of entrepreneurship: The individual-opportunity nexus [J]. International Journal of Globalisation & Small Business, 2017, 1 (1): 319-322.

[45] Grégoire D A, Corbett A C, Mcmullen J S. The cognitive perspective in entrepreneurship: An agenda for future research [J]. Journal of Management Studies, 2011, 48 (6): 1443-1477.

[46] Gunawan T, Jacob J, Duysters G. Network ties and entrepreneurial orientation: Innovative performance of SMEs in a developing country [J]. International Entrepreneurship & Management Journal, 2016, 12 (2): 575-599.

[47] Hannibal M, Evers N, Servais P. Opportunity recognition and international new venture creation in university spin-offs—Cases from Denmark and Ireland [J]. Journal of International Entrepreneurship, 2016, 14 (3): 345-372.

[48] Hills G E, Lumpkin G T, Singh R P. Opportunity recognition: Perceptions and behaviors of entrepreneurs [J]. Frontiers of Entrepreneurship Research, 1997, 17 (4): 168-182.

[49] Hisrich and Michael Peters, Irwin Publishing Ltd, 650 pp, ISBN 0-256-14147-9, £ 29.95, hardback [J]. Strategic Change, 2010, 4 (4): 242.

[50] Hisrich R D, Peters M P. Entrepreneurship: Starting [M]. Developing, and Managing a New Enterprise, Homewood, IL: BPI, IrwinMcGraw-Hill, 1989.

[51] Hitt M A, Ireland R D, Sirmon D G, et al. Strategic entrepreneurship: Creating value for individuals, organizations, and society [J]. Academy of Management Perspectives, 2011, 25 (2): 57-75.

[52] Jing, Yingliang, Zhang, et al. The farmer entrepreneurs' social capital and opportunity recognition behavior [J]. Asian Agricultural Research, 2013, 5 (3): 84-88.

[53] Johansson E. Self-employment and liquidity constraints: Evidence from Finland [J]. Scandinavian Journal of Economics, 2000, 102 (1): 123-134.

[54] Kautonen T, Down S, Minniti M. Ageing and entrepreneurial preferences [J]. Small Business Economics, 2014, 42 (3): 579-594.

[55] Kibler E, Kautonen T, Fink M. Regional Social Legitimacy of Entrepreneurship: Implications for Entrepreneurial Intention and Start-up Behaviour [J]. Regional Studies, 2014, 48 (6): 995-1015.

[56] Kidd M P. Immigrant Wange Differentlals and the Role of Self-Employment in Australia [J]. Australian Economic Papers, 2010, 32 (60): 92-115.

[57] Kihlstrom R E, Laffont J J. A general equilibrium entrepreneurial theory of firm formation based on risk aversion [J]. Journal of Political Economy, 1979, 87 (4): 719-748.

[58] Kim P H, Aldrich H E, Keister L A. Access (not) denied: The impact of financial, human, and cultural capital on entrepreneurial entryin the United States [J]. Small Business Economics, 2006, 27 (1): 5-22.

[59] Kinias, G. The Importance of the Entrepreneurial Background in the Detection and the Utilization of the Information [J]. Procedia-Social and Behavioral Sciences, 2013, 73 (Complete): 564-572.

[60] Kirzner I M. Competition and Entrepreneurship [R] // Competition and entrepreneurship. 2013.

[61] Knight F H. Risk, Uncertainty and Profit [M]. Houghton Mifflin Company, 1921: 682-690.

[62] Kotha R, George G. Friends, family, or fools: Entrepreneur experience and its implications for equity distribution and resource mobilization [J]. Journal of Business Venturing, 2012, 27 (5): 525-543.

[63] Laferrere A, McEntee P. Self-employment and intergenerational transfers of physical and human capital: An empirical analysis of French data [J]. 1995.

[64] Light I, Dana L. Boundaries of social capital in entrepreneurship [J]. Entrepreneurship Theory & Practice, 2013, 37 (3): 603-624.

[65] Lindh T, Ohlsson H. Self-employment and windfall gains: Evidence from the Swedish lottery [J]. Economic Journal, 1996, 106 (439): 1515-1526.

[66] Lucas R E. On the size distribution of business firms [J]. Economics Letters, 1978, 9 (2): 508-523.

[67] Lumpkin G T, Dess G G. Clarifying the entrepreneurial orientation construct and linking it to performance [J]. Academy of Management Review, 1996, 21 (1): 135-172.

[68] Markus H, Nurius P. Possible selves [J]. American Psychologist, 1986, 41 (9): 954.

[69] Mickiewicz T, Hart M, Nyakudya F, et al. Ethnic pluralism, immigration and entrepreneurship [J]. Regional Studies, 2017 (53): 1-15.

[70] Miranda F J, Chamorro A, Rubio S. Determinants of the intention to create a spin-off in Spanish universities [J]. International Journal of Entrepreneurship and Innovation Management, 2017, 21 (4-5): 299-317.

[71] Mrozeewski M, Kratzer J. Entrepreneurship and country - level innovation: Investigating the role of entrepreneurial opportunities [J]. The Journal of Technology Transfer, 2017, 42 (5).

[72] Obschonka M, Fisch C, Boyd R. Using digital footprints in entrepreneurship research: A twitter-based personality analysis of superstar entrepreneurs and managers [J]. Journal of Business Venturing Insights, 2017, 8: 13-23.

[73] Obstfeld D. Social networks, the tertius iungens orientation, and involvement in innovation [J]. Administrative Science Quarterly, 2005, 50 (1): 100-130.

[74] Omri A, Boujelbene Y. Entrepreneurial team: How human and social capital influence entrepreneurial opportunity identification and mobilization of external resources [J]. Social Science Electronic Publishing, 2015, 11 (3): 25-42.

[75] Oparaocha G O. SMEs and international entrepreneurship: An institutional network perspective [J]. International Business Review, 2015, 24 (5): 861-873.

[76] Park J S. Opportunity recognition and product innovation in entrepreneurial hi-tech start-ups: A new perspective and supporting case study [J]. Technovation, 2005, 25 (7): 739-752.

[77] Pfeifer C. Risk aversion and sorting into public sector employment [J]. German Economic Review, 2011, 12 (1): 85-99.

[78] Polok D, Michalski P, Szewczyk D, et al. Future of the visegrad group [J]. Retrieved February, 2016 (5): 2017.

[79] Poschke M. Who becomes an entrepreneur? Labor market prospects and occupational choice [J]. Journal of Economic Dynamics & Control, 2013, 37 (3): 693-710.

[80] Putnam R D. Bowling alone: America's declining social capital [J]. Journal of Democracy, 1995, 6 (1): 65-78.

[81] Runyan, Ge R C, Baoshan Dong, et al. Entrepreneurial orientation in cross-cultural research: Assessing measurement invariance in the construct [J]. Entrepreneurship Theory & Practice, 2012, 36 (4): 819-836.

[82] Runyan R C, Droge C, Swinney J. Entrepreneurial orientation versus small business orientation: What are their relationships to firm performance? [J]. Journal of Small Business Management, 2008, 46 (4): 567-588.

[83] Schmitt A, Zacher H, Lange A H D. Focus on opportunities as a boundary condition of the relationship between job control and work engagement: A multi-sample, multi-method study [J]. European Journal of Work & Organizational Psychology, 2013, 22 (5): 505-519.

[84] Shane S A. A general theory of entrepreneurship: The individual-opportunity nexus [M]. Cheltenham: Edward Elgar Publishing, 2003.

[85] Shane S, Nicolaou N. Creative personality, opportunity recognition and the tendency to start businesses: A study of their genetic predispositions [J]. Journal of Business Venturing, 2015, 30 (3): 407-419.

[86] Shane S, Venkataraman S. The promise of entrepreneurship as a field of research [J]. Academy of Management Review, 2000, 25 (1): 217-226.

[87] Simoes N, Crespo N, Moreira S B. Individual determinants of self-employment entry: what do we really know? [J]. Journal of Economic Surveys, 2015 (4).

[88] Singh R P, Hills G E, Lumpkin G T, et al. The entrepreneurial opportunity recognition process: Examining the role of self-perceived alertness and social networks [J]. Academy of Management Proceedings, 1999, 1999 (1): G1-G6.

[89] Sitkin S B, Pablo A L. Reconceptualizing the determinants of risk behavior [J]. Academy of Management Review, 1992, 17 (1): 9-38.

[90] Tang Z, Kreiser P M, Marino L, et al. Exploring proactiveness as a moderator in the process of perceiving industrial munificence: A field study of SMEs in four countries [J]. Journal of Small Business Management, 2010, 48 (2): 97-115.

[91] Tang Z, Rothenberg S. Does perceptual acuity matter? — An investigation of entrepreneurial orientation, perceptual acuity, and firm performance [J]. Journal of Enterprising Culture, 2009, 17 (1): 79-102.

[92] Timmons J A and Spinelli S. New venture creation: Entrepreneurship for the 21st century with power web and new business mentor CD [M]. Singapore: Irwin/McGraw-Hill, 2003.

[93] Tsai W. Knowledge transfer in intraorganizational networks: Effects of network position and absorptive capacity

on business unit innovation and performance [J]. Academy of Management Journal, 2001, 44 (5): 996-1004.

[94] Ucbasaran D, Westhead P, Wright M. The extent and nature of opportunity identification by experienced entrepreneurs [J]. Journal of Business Venturing, 2009, 24 (2): 99-115.

[95] Urban B, Kujinga L. The institutional environment and social entrepreneurship intentions [J]. International Journal of Entrepreneurial Behaviour & Research, 2017, 23 (4): 638-655.

[96] Vivarelli M, Baumol W J. The microtheory of innovative entrepreneurship [J]. Journal of Economics, 2011, 103 (2): 199-202.

[97] Vries M F R K D. The entrepreneurial personality: A person at the crossroads [J]. Journal of Management Studies, 2010, 14 (1): 34-57.

[98] Wang L, Prieto L, Hinrichs K T. Direct and indirect effects of individual and environmental factors on motivation for delf-employment [J]. Journal of Developmental Entrepreneurship, 2010, 15 (4): 481-502.

[99] Wickham P A. Strategic entrepreneurship: A decision-making approach to new venture creation and management [M]. London: Pitman Publishing, 1998.

[100] Wiklund J, Patzelt H, Shepherd D A. Building an integrative model of small business growth [J]. Small Business Economics, 2009, 32 (4): 351-374.

[101] Wiklund J, Shepherd D. Entrepreneurial orientation and small business performance: A configurational approach [J]. Journal of Business Venturing, 2005, 20 (1): 71-91.

[102] Yanto C, Lozano Sergi. Mapping the evolution of entrepreneurship as a field of research (1990-2013): A scientometric analysis [J]. Plos One, 2018, 13 (1): e0190228.

[103] Yvette B, Mainert Jakob, Kretzschmar André, et al. Complex problems in entrepreneurship education: Examining complex problem-solving in the application of opportunity identification [J]. Education Research International, 2017 (2017): 1-13.

[104] Zacher H, Heusner S, Schmitz M, et al. Focus on opportunities as a mediator of the relationships between age, job complexity, and work performance [J]. Journal of Vocational Behavior, 2010, 76 (3): 374-386.

[105] Zhao H, Seibert S E, Hills G E. The mediating role of self-efficacy in the development of entrepreneurial intentions [J]. J Appl Psychol, 2005, 90 (1-1): 267-296.

[106] 蔡莉，单标安，朱秀梅等. 创业研究回顾与资源视角下的研究框架构建——基于扎根思想的编码与提炼 [J]. 管理世界, 2011 (12): 160-169.

[107] 陈其进，陈华. 中国居民个体风险态度及影响因素分析——基于城镇居民、农民工和农村居民的对比研究 [J]. 上海经济研究, 2014 (12): 78-89.

[108] 程承坪. 企业家人力资本开发及其与企业绩效关系研究 [M]. 北京：经济管理出版社, 2002.

[109] 储小平. 社会关系资本与华人家族企业的创业及发展 [J]. 南开管理评论, 2003, 6 (6): 8-12.

[110] 戴建中. 现阶段中国私营企业主研究 [J]. 社会学研究, 2001 (5): 65-76.

[111] 方虹. 企业家精神与领导艺术 [M]. 北京：中国人民大学出版社, 2012.

[112] 古继宝，陈兆锋，吴剑琳. 创业者社交主动性对新创企业机会识别的影响 ——有调节的中介效应模型 [J]. 科学学与科学技术管理, 2017, 38 (5): 171-182.

[113] 江春，李安安. 法治、金融发展与企业家精神 [J]. 武汉大学学报（哲学社会科学版）, 2016, 69 (2): 90-97.

[114] 李路路. 社会资本与私营企业家——中国社会结构转型的特殊动力 [J]. 社会学研究, 1995 (6): 46-58.

[115] 李政，艾尼瓦尔. 不确定性是实行产业政策的主因——企业家追求创业机会的视角 [J]. 社会科学研究, 2018, 236 (3): 26-32.

[116] 刘建伟，吴剑琳，古继宝. 创业自我效能与机会识别：创业教育的调节效应分析 [J]. 科技管理研究, 2018, 406 (12): 217-223.

[117] 刘美玉. 创业动机、创业资源与创业模式：基于新生代农民工创业的实证研究 [J]. 宏观经济研究, 2013 (5): 62-70.

［118］刘鹏程，李磊，王小洁. 企业家精神的性别差异——基于创业动机视角的研究［J］. 管理世界，2013，239（8）：126-135.

［119］刘烨，孙凡云，惠士友等. 企业家资源、动态能力和企业创业期的绩效——兼与台湾高科技企业的对比研究［J］. 科学学研究，2013，31（11）：1680-1686.

［120］路晓蒙，李阳，甘犁等. 中国家庭金融投资组合的风险——过于保守还是过于冒进？［J］. 管理世界，2017，291（12）：102-118.

［121］马莉莉，李泉. 中国投资者的风险偏好［J］. 统计研究，2011，28（8）：63-72.

［122］苗琦，鲍越，刘鹰. 人力资本与技术资本对我国海归创业意向影响［J］. 科学学研究，2015，33（7）：1035-1042.

［123］石秀印. 中国企业家成功的社会网络基础［J］. 管理世界，1998（6）：187-196.

［124］苏敬勤，林菁菁，张雁鸣. 创业企业资源行动演化路径及机理——从拼凑到协奏［J］. 科学学研究，2017（11）：61-74.

［125］孙红霞，郭霜飞，陈浩义. 创业自我效能感、创业资源与农民创业动机［J］. 科学学研究，2013，31（12）：1879-1888.

［126］孙早，刘李华. 社会保障、企业家精神与内生经济增长［J］. 统计研究，2019，36（01）：77-91.

［127］项国鹏，潘凯凌，张文满. 网络关系、创业机会识别与创业决策——基于浙江新创企业的实证研究［J］. 科技管理研究，2018，38（22）：176-184.

［128］辛杰，兰鹏璐，李波. 企业家文化价值观的双元影响效应研究——以企业家精神为中介［J］. 中央财经大学学报，2017（4）：72-80.

［129］杨艳，胡蓓. 社会网络、创业自我效能感与创业意图的关系研究［J］. 软科学，2011，25（6）：59-63.

［130］易朝辉，段海霞，任胜钢. 创业自我效能感、创业导向与科技型小微企业绩效［J］. 科研管理，2018（8）：99-109.

［131］张爱丽. 试析个人因素与机会因素的匹配对创业机会识别的作用［J］. 外国经济与管理，2009，31（10）：59-65.

［132］张美岭，陈勇勤. 企业家精神的影响因素分析与政策启示［J］. 现代管理科学，2015（7）：12-14.

［133］张维迎. 所有制、治理结构及委托-代理关系——兼评崔之元和周其仁的一些观点［J］. 经济研究，1996（9）：3-15，53.

［134］张秀娥，祁伟宏，李泽卉. 创业者经验对创业机会识别的影响机制研究［J］. 科学学研究，2017，35（3）：419-427.

［135］张玉利，杨俊，任兵. 社会资本、先前经验与创业机会——一个交互效应模型及其启示［J］. 管理世界，2008（7）：91-102.

［136］赵观兵，梅强，万武. 基于环境宽松性的创业者特质对创业机会识别影响的实证研究［J］. 中国科技论坛，2010（8）：109-113.

［137］赵文红，孙卫. 创业者认知偏差与连续创业的关系研究［J］. 科学学研究，2012，30（7）：1063-1070.

［138］赵宜萱，赵曙明，杜鹏程等. 逆全球化风险下的企业家精神、组织变革与雇佣关系——第九届（2017年）企业跨国经营国际研讨会综述［J］. 经济管理，2017（11）：187-197.

［139］钟卫东，黄兆信. 创业者的关系强度、自我效能感与创业绩效关系的实证研究［J］. 中国科技论坛，2012（1）：131-137.

［140］朱秀梅，费宇鹏. 关系特征、资源获取与初创企业绩效关系实证研究［J］. 南开管理评论，2010，13（3）：125-135.

审计监督、终极控股股东与企业现金持有价值

——基于资本杠杆的中介效应检验

曹海敏　李三印

（上海工程技术大学管理学院，上海　201620）

［摘　要］本文以我国2007~2018年A股上市公司的数据为样本，基于资本杠杆的中介效应研究了终极控股股东控制权和所有权偏离度对现金持有价值的影响与作用路径。实证结果显示：终极控股股东两权分离度越高，现金持有价值越低，资本杠杆在终极控股股东两权分离与现金持有价值之间发挥了中介作用，两权分离度的提升会通过资本杠杆对现金持有价值产生负面影响。进一步检验发现，审计监督作为公司外部治理机制的重要组成部分能够在一定程度上抑制控股股东通过资本杠杆的中介效应而导致的对资金的侵占与滥用。

［关键词］两权分离；现金持有价值；资本杠杆；审计质量

一、引言

现金是企业的“血液”，对企业的持续发展至关重要。作为衡量现金资产在企业发展中的价值以及利用效率的指标，现金持有价值一直备受投资者的关注。现金本身是中性的，并不直接具有价值效应（杨兴全等，2015）；现金持有是否为企业创造价值取决于现金是否能有效利用，而公司的投资决策是影响现金使用效率的核心关键。但在公司的实际运营中，终极控股股东通常拥有最终决策权，控股股东作为理性的经济人，当出现对自身利益有利的时候，控股会利用控制性地位以损害小股东的利益为代价来进行利益的输送（Shleifer and Vishny，1997）。而现金作为流动性最强的资产，最容易受到控股股东的侵占。控股股东任意侵占上市公司资金历来就有，甚至在监管严厉的打击之下，控股股东违规占用资金的行为也是屡见不鲜，诸如红阳能源、ST冠福以及最近“爆发”的康美药业等上市公司，控股股东无不利用手中的权力和信息优势进行恶意掏空，将上市公司当作了套取现金的“玩偶”，这种侵占行为不仅造成了公司无法正常经营，甚至将公司推到了濒临退市或破产的边缘，严重损害了投资者的利益，危害着股市安全。

资本结构理论是以公司价值最大化为目标，然而控股股东作为实际决策者，其追求的是自身利益最大化，当控股股东可以获取私利时，必然会违背公司价值最大化目标。控股股东侵占上市公司资金的前提是其控股的公司有丰富的现金资源。而获取资源的重要渠道就是提高公司的负债水平，因此资本结构决策作为公司政策的重要部分必然因终极控制人的偏好而受到影

响，即资本结构决策自身存在代理问题（韩亮亮，2008）。而这一代理问题的根源在于控股股东控制权与现金流权的分离，两权分离使控股股东可以以较少的所有权来获取较大的控制权，加剧了控股股东的侵占动机，从而降低了企业价值，损害了投资者的利益。此时，资本结构是否为终极控股股东获取私利的手段？本文将从两权分离与现金持有价值的影响关系上予以探讨。

为了有效缓解控股股东与中小股东的代理问题，切实保护中小投资者的利益，企业就必须要有良好的激励机制和监督机制。近年来，学者们对公司治理机制的效应进行了广泛研究，许多学者在研究公司治理机制对企业价值或绩效的同时，也开始关注对现金决策的影响，以往学者从法律监管（郑国坚，2013）、独立董事比例（叶康涛，2007）、投资者保护（沈艺峰，2009）等方面对如何约束控股股东的侵占行为进行了研究，但从审计质量视角探究控股股东两权分离导致的经济后果的文献较少。一般来说，审计质量越高，外部投资者就能获得越多的信息，从而减少控股股东与中小股东之间的信息不对称。即外部审计机构出具的审计报告可以为投资者评估企业财务风险和经营状况提供重要途径（陈李云，2016）。外部审计作为公司外部治理的重要组成部分，是否会抑制终极股东两权分离度对现金持有价值的侵害呢？本文将用实证分析方法，从外部治理的角度考察审计质量对现金持有价值的影响。

本文研究的意义在于：一是验证了终极控股股东两权分离对现金持有价值的影响及其影响路径，揭示了控股股东通过提升其所控股公司的资本杠杆水平来进行利益侵占，扩展了终极控股股东两权分离经济后果的研究，同时也有助于理解终极控股股东对上市公司资金的侵占机制；二是从外部审计监督视角出发，实证检验了审计质量对公司现金持有价值的积极影响，对于完善独立审计外部监督机制、保护中小股东利益、提高上市公司持有现金的价值效应具有重要意义。

二、文献综述与研究假设

（一）终极控股股东与现金持有价值

La Porta（1999）首次提出了控股股东“利益侵占”的观点，随后 Bebchuck 等（2000）研究发现控股股东主要通过“金字塔式”持股、交叉持股等行为来实现侵占，渡边真理子（2011）以中国上市公司为样本，也发现了相同的结论。Claessens（2000）认为终极控制人两权偏离度越大，其为了控制权私利付出的代价越小，因而进行侵占的动机也越强烈。Poletti（2009）研究认为控制权的加强和两权分离的增大，使终极控股股东更有能力与动机攫取控制权私利。国内学者针对控股股东两权分离对企业所造成的影响也进行了大量研究，学者普遍认为两权分离度越高，终极控股股东越有能力去侵占中小股东的利益。俞红海（2010）和杨兴全（2011）认为两权分离会导致公司过度投资，从而降低了企业价值；刘运国（2009）研究发现两权分离与上市公司资金占用有明显的正相关关系；杨兴全（2010）也认为终极控股股东控制权与现金流权的分离促使终极股东去增加其所控制的资金总量，甚至不惜损害少数股东的利益来占用或转移公司的现金。刘星等（2015）认为控制权私利水平与终极控股股东的两权分离度显著正相关，两权分离度越大，掏空越严重，洪昀（2018）的研究也得出了相同的结论。基于以上分析，本文认为控股股东两权分离度越高，现金持有价值越低。因此，本文提出假设 1：

H1：控股股东的两权分离度与企业现金持有价值负相关。

（二）终极控股股东与资本杠杆

以往学者在股权分散背景下对控制权与资本结构的关系进行了广泛的研究，Kahn 和 Winton（1998）基于财务契约论明确提出控制权的利益包括控制权私利和共享利益，即控制权是存在溢价的，DeAngelo（1989）经研究发现个人会通过负债融资以达到对公司的控制，以便谋取更多的控制权私利。控股股东要想取得控制权利益首先要保持控制权，其次是通过自利性行为谋取利益，而不同的融资方式必然会影响到控制权利益，所以控制股东基于私利动机将做出有利于自己的融资决策。而且相比较于权益融资，债务融资对股权无稀释性作用。另外，其债务融资由于要定期还本付息，在一定程度上限制了控股股东占用资源的空间，债权人也会对企业进行监督，所以负债的增加也提高了公司破产的可能性。综上所述，控制人在进行融资决策时，将在债务融资的股权非稀释效应和破产限制等方面进行权衡。

江伟等（2004）经研究发现上市公司的杠杆水平与大股东的稳固程度呈负相关关系，只有控制权不太稳固时，大股东才会倾向于债务融资。但与大股东不同的是，终极控股股东特殊的控制方式比一般大股东有着更高的两权分离度，因此终极控股股东更容易通过债务融资进行侵占。金雪军等（2005）经研究发现过高的债务融资在不影响控股地位的情况下增加了终极控股股东控制资源，孙健（2008）经研究发现相对于国有企业来说，民营企业终极控股股东更有动机利用债务融资来获取可控制的资源，Liu（2012）发现控股股东的超额控制权往往伴随着较高的资本杠杆。白云霞（2013）经研究发现资本杠杆水平与利益亲侵占正相关，Su（2013）认为债务融资会加剧控股股东的侵占行为，这一行为在民营企业中更显著。

当终极控股股东两权分离较高时，控股股东的现金流权较低，即按照持股比例拥有的财产分红权降低。终极控股股东虽然在权益价值上受到了损失，但是当侵占带来的私利高于损失时，控股股东通过提升资本杠杆进行侵占的动机便会加强。基于以上分析，本文提出以下假设：

H2a：终极控股股东两权分离度与其所控股公司的杠杆水平正相关，两权分离度越高，杠杆水平越高。

H2b：终极控股股东通过对资本杠杆的提升为中介对现金持有价值产生了抑制作用。

（三）审计监督、终极控股股东与现金持有价值

从契约经济学来看，审计的存在有效地解决了信息不对称的问题。Jensen 和 Meckling（1976）研究发现独立审计作为公司外部治理机制的重要组成部分，能够有降缓解控股股东与中小股东及股东与管理层之间的代理问题。周中胜（2006）认为对上市公司出具非标准意见会对控股股东产生一定的影响，但市场是否会对此做出某种程度的反应并未得到证实。黄郡（2007）认为审计意见与会计师事务所的规模对大股东侵占具有一定的监督作用。杨德明（2009）经研究发现高质量审计能够有效降低控股股东的非效率投资。基于以上分析，本文认为外部独立审计的质量对控股股东的侵占行为具有一定的监督作用，审计质量能够在一定程度上抑制控股股东通过两权分离而导致的对资金的滥用与侵占。据此本文提出 H3：

H3：审计质量能够抑制控股股东通过资本杠杆的提升而导致的对现金持有价值的侵蚀。

三、变量选择与研究设计

（一）数据来源

为了进行现金持有价值的实证分析，本文选取了2007~2018年中国沪深两市上市公司的年度数据。由于回归中涉及前一年与后一年的数据，因此本文有效的观测年度为2008~2017年。本文所使用的样本做了以下剔除：①剔除金融性公司；②剔除ST与PT公司；③剔除资产负债率异常的公司；④剔除了财务数据资料不全的公司。同时为了消除极端值的影响，本文对得到的连续型变量采用1%及99%的Winsorize缩尾处理方法。本文数据来自国泰安（CSMAR）数据库和中国研究数据服务平台（CNRDS）数据库。

（二）模型设计及变量定义

本文借鉴Dittmar和Mahrt-Smith（2007）、张会丽（2014）的研究，采用价值回归模型来检验两权分离对现金持有价值的影响，模型如下：

$$\begin{aligned} V_{i,t} = {} & \alpha_0 + \propto_1 CASH_{i,t} + \alpha_2 E_{i,t} + \alpha_3 \Delta E_{i,t} + \alpha_4 \Delta E_{i,t+1} + \alpha_5 \Delta NA_{i,t} + \alpha_6 \Delta NA_{i,t+1} + \\ & \alpha_7 I_{i,t} + \alpha_8 \Delta I_{i,t} + \alpha_9 \Delta I_{i,t+1} + \alpha_{10} D_{i,t} + \alpha_{11} \Delta D_{i,t} + \alpha_{12} \Delta D_{i,t+1} + \alpha_{13} CAPEX_{i,t} + \\ & \alpha_{14} \Delta CAPEX_{i,t} + \alpha_{15} \Delta CAPEX_{i,t+1} + \alpha_{14} \Delta V_{i,t+1} + \alpha_{15} CASH_{i,t} \times CVR_{i,t} + \\ & \alpha_{16} CVR_{i,t} + \sum Year + \sum Industry + \varepsilon_{i,t} \end{aligned} \tag{1}$$

模型（1）中企业价值为被解释变量，解释变量是广义现金持有水平和两权分离度。现金持有水平借鉴杨兴全（2015）、杨子怡等（2016）的研究以货币资金与交易性金融资产之和与本期总资产的比值来衡量，两权分离参考黄蕾（2011）、姜毅（2013）等的研究用控股股东的控制权与现金流权的比值来衡量。系数 α_1 反映单位现金持有量对应的企业价值，即现金持有价值。该模型中两权分离度与现金变量的交叉项系数即为终极控股股东对企业现金持有的市场价值的影响。根据H1，预期其交叉系数显著为负。

该模型的控制变量为息税前利润、利息费用、实际支付的现金股利、资本性支出及其上、下一年的变化量，企业非现金资产上、下一年的变化量和企业价值下一年的变化量。其中，$X_{i,t}$ 表示变量X第t年的水平；$\Delta X_{i,t}$ 表示变量X从第t-1年到第t年的变化量，$\Delta X_{i,t+1}$ 表示变量X从第t年到第t+1年的变化量，该模型所有变量均除以总资产。同时控制行业 *Industry* 和年度 *Year* 以消除其差异对结果的影响。

借鉴Baron和Kenny（1986）、温忠麟等（2014）的方法，分三步回归检验中介效应，即在模型（1）的基础上，分别构建模型（2）和模型（3），检验终极控股股东是否通过资本结构的中介效应而对企业现金持有价值产生影响。

$$\begin{aligned} LEV_{i,t} = {} & \gamma_0 + \gamma_1 CVR_{i,t} + \gamma_2 SIZE_{i,t} + \gamma_3 E_{i,t} + \gamma_4 CAPEX_{i,t} + \gamma_5 NDT_{i,t} + \gamma_6 COLL_{i,t} + \\ & \gamma_7 STATE_{i,t} + \sum Year + \sum Industry + \varepsilon_{i,t} \end{aligned} \tag{2}$$

$$V_{i,t} = \beta_0 + \beta_1 CASH_{i,t} + \beta_2 E_{i,t} + \beta_3 \Delta E_{i,t} + \beta_4 \Delta E_{i,t+1} + \beta_5 \Delta NA_{i,t} + \beta_6 \Delta NA_{i,t+1} + \beta_7 I_{i,t} +$$

$$\beta_8\Delta I_{i,t} + \beta_9\Delta I_{i,t+1} + \beta_{10} D_{i,t} + \beta_{11}\Delta D_{i,t} + \beta_{12}\Delta D_{i,t+1} + \beta_{13} CAPEX_{i,t} + \beta_{14}\Delta CAPEX_{i,t} + \beta_{15}\Delta CAPEX_{i,t+1} + \beta_{14}\Delta V_{i,t+1} + \beta_{15} CASH_{i,t} \times CVR + \beta_{16}CVR + \beta_{17} CASH_{i,t} \times LEV + \beta_{18}LEV + \sum Year + \sum Industry + \varepsilon_{i,t} \quad (3)$$

模型（2）中控制变量 E 为企业的营利性，CAPEX 为企业的成长性，COLL 为资产担保能力，NDT 为非债务税盾，具体变量界定如表 1 所示。在回归方程（1）和方程（2）回归系数均显著的情况下，利用回归方程（3）验证 H3。如果β_{15}和β_{17}均显著，则资本杠杆扮演着部分中介的作用；如果β_{15}不显著，而β_{17}显著，则资本杠杆发挥完全中介效应。

表 1　变量一览

符号	变量	度量
V	企业价值	托宾 Q 值
Lev	资本结构	总负债/总资产
CVR	两权分离度	控制权/现金流权
BIG4	审计质量	审计事务所为四大，则赋值为 1，否则为 0
CASH	现金持有水平	（货币资金+交易性金融资产）/总资产
E	息税前利润	（净利润+所得税+财务费用）/总资产
NA	非现金总资产	总资产-（货币资金+交易性金融资产）
INT	利息费用	财务费用/总资产
D	现金股利	现金股利/总资产
CAPEX	资本性支出	（购建固定资产、无形资产和其他长期资产支付的现金-处置固定资产、无形资产和其他长期资产收回的现金净额）/总资产
NDT	非债务税盾	年度折旧额/总资产
COLL	资产担保能力	无形资产/总资产
SIZE	企业规模	总资产取自然对数
STATE	股权性质	国有企业为 1；非国有企业为 0
YEAR	年份变量	属于某年份时，赋值为 1；否则，赋值为 0
Industry	行业类别	属于某行业时，赋值为 1；否则，赋值为 0

四、实证检验与结果分析

（一）主要变量的描述性统计

从表 2 中可以看出现金持有量 CASH 的均值为 0.197，最大值为 0.692，最小值为 0.012，表明上市公司现金持有水平较高且不同公司之间差别较大。控股股东控制权与现金流权偏离度均值为 1. 432，最大值为 5. 875，最小值为 1. 000 ，说明我国上市公司控股股东控制权与现金流权之间的偏离度较高。资本杠杆 LEV 的最大值为 0. 895，均值为 0. 452，表明我国上市公司资本杠杆水平差异较大。

表 2 主要变量的描述性统计

变量	均值	标准差	最小值	中位数	最大值
V	1. 945	1. 679	0. 195	1. 475	9. 653
CASH	0. 197	0. 145	0. 012	0. 156	0. 692
CVR	1. 432	0. 836	1. 000	1. 000	5. 875
LEV	0. 452	0. 214	0. 046	0. 456	0. 895
E	0. 058	0. 054	-0. 124	0. 0530	0. 240
NA	0. 803	0. 148	0. 000	0. 844	1. 000
I	0. 008	0. 012	-0. 019	0. 007	0. 042
D	0. 001	0. 003	0. 000	0. 000	0. 018
CAPEX	0. 054	0. 0540	-0. 041	0. 040	0. 251
ΔV	0. 243	1. 294	-3. 541	0. 070	6. 126

（二）实证研究结果

1. 两权分离与现金持有价值：基于资本结构中介效应的检验

表 3 回归（1）是首先对两权分离度对持有现金的价值效应进行了验证，CASH 的回归系数为 1. 792，而且在 1%水平下显著，表明样本区间内，投资者对企业现金持有的平均定价为 1. 792 元。在交成项 CASH×CVR 的系数为-0. 479，且在 5%水平上显著。可知投资者对两权分离度较高的企业的现金持有价值的平均定价为 1. 313 元（1. 792-0. 479），表明两权分离度的增加会降低企业的持有现金的价值效应。从而 H1 得到验证。表 3 第（2）列的回归结果表明，两权分离度与企业的资本杠杆水平是正相关的，且在 5%的水平上显著，从而验证了 H2a。两权分离度越大，则控股股东则可以以较小的所有权来获取较大的控制权，而且当企业进行债务融资的时候，并不会对其控制地位产生影响。因此基于债务融资的股权非稀释动机和利益侵占动机，控股股东提升其控股公司的财务杠杆来进行利益侵占。

回归（3）在回归（1）的基础上加入了资本结构变量，现金持有量与两权分离度交成项的回归系数为负，但并不显著，而现金持有量与资本杠杆的交成项 CASH×LEV 在 1%水平上显著负相关，这表明两权分离度的增加会显著降低持有现金的价值效应，资本杠杆在此过程中起了完全中介作用。即终极控股股东通过对资本结构的提升为中介对现金持有价值产生影响，从而验证了 H2b。

表 3 检验结果表明，随着终极控股股东两权分离度的增大，控制人在进行融资决策时，更偏向于在债务融资的股权非稀释效应。一方面，相比较于权益融资，债务融资对股权无稀释性作用，控股股东可以在满足资金需求的情况下保持控制权不被稀释。另一方面，当控股股东侵占动机较小时，控股股东往往会与中小投资者的利益保持一致，从而选择最优的资本结构。然而两权分离使控股股东可以以较少的所有权来获取较大的控制权，加剧了控股股东的侵占动机，当公司经营业绩较差时，控股股东失去的只是一部分现金流权。但是当企业财务状况较好时，较高的控

制权就能够获得更多的利益，即控股股东虽然受到了权益价值方面的损失，却可以通过利益的侵占获得了更多的补偿。公司业绩良好时的收益与处于困境中的损失的不对称将激励着终极控股股东基于私利动机而提升公司的资本杠杆。如我国上市公司的控股股东对资金进行侵占时，具有代表性的手段就是通过上市公司为其担保从银行获取资金，一旦控股股东无法及时还贷，上市公司就成了控股股东的“替罪羊”承担了沉重的现时负债。

表 3　中介效应的检验

两权分离与现金持有价值的检验		两权分离与资本杠杆的检验		资本杠杆中介效应的检验	
步骤一	(1) 被解释变量 V	步骤二	(2) 被解释变量 LEV	步骤三	(3) 被解释变量 V
CASH	1.792***	CVR	0.001**	CASH	2.058***
	(5.35)		(2.00)		(5.83)
CASH×CVR	-0.479**	SIZE	0.071***	CASH×CVR	-0.257
	(-2.06)		(59.87)		(-1.12)
CVR	0.116***	E	-0.925***	CASH×LEV	-2.842***
	(2.63)		(-34.07)		(-4.75)
E	7.051***	CAPEX	-0.214***	LEV	-1.999***
	(16.32)		(-7.96)		(-11.04)
NA1	0.874***	NDT	1.076***	CVR	0.076*
	(4.43)		(10.64)		(1.75)
I	-29.377***	COLL	0.212***	E	5.749***
	(-16.37)		(7.85)		(12.96)
D	28.363***	STATE	0.045***	NA1	0.210
	(3.30)		(15.16)		(1.04)
CAPEX	-0.888**	Cons	-1.069***	I	-4.759**
	(-2.46)		(-40.02)		(-2.22)
ΔV	-0.049*			D	32.435***
	(-1.71)				(3.65)
Cons	1.385***			CAPEX	-1.298***
	(10.96)				(-3.69)
				ΔV	-0.067**
					(-2.31)
				Cons	2.171***
					(15.31)
行业和年度	YES		YES		YES
N	11029	N	18062	N	11029
Adj. R^2	0.316	Adj. R^2	0.412	Adj. R^2	0.363
F	102.8	F	456.1	F	122.1

注：***、** 和 * 分别代表 1%、5%和 10%水平上显著，括号中是使用 White（1980）调整后计算的 t 值。为节省篇幅，本文省略了部分控制变量的回归结果。

2. 审计监督对影响现金持有价值的检验结果

借鉴杨德明等（2009）的研究，本文对独立审计是否由“四大”或“四大合资”会计师事务所进行分为审计质量高（取值为1）和审计质量低（取值为0）两个子样本，来检验审计质量对现金持有价值的影响。结果如表4所示。回归结果中（1）与（2）表明投资者对审计质量好的企业的现金持有的平均定价要高于审计质量低的企业。从回归（5）和回归（6）结果可以看出，在审计质量较高的企业中，资本结构在终极控股股东两权分离与现金持有价值之间发挥了部分中介效应，而在审计质量较低的企业中却发挥着完全中介效应。即审计监督作为公司外部治理机制的重要组成部分能够在一定程度上抑制控股股东对资金的滥用与侵占，对控股股东的侵占行为起到了一定的监督作用。

表4 审计监督对影响现金持有价值的检验结果

被解释变量V	(1)	(2)	被解释变量LEV	(3)	(4)	被解释变量V	(5)	(6)
	审计监督高	审计监督低		审计监督高	审计监督低		审计监督高	审计监督低
CASH	5.090**	1.574***	CVR	0.023***	0.001**	CASH	11.741***	1.858***
	(2.59)	(4.65)		(3.52)	(2.04)		(3.98)	(5.21)
CASH×CVR	-2.335*	-0.422*	SIZE	0.057***	0.078***	CASH×CVR	-2.270*	-0.209
	(-1.86)	(-1.80)		(14.00)	(58.73)		(-1.91)	(-0.90)
CVR	0.387**	0.100**	E	-1.237***	-0.906***	CASH×LEV	-12.985***	-2.828***
	(2.26)	(2.24)		(-12.93)	(-32.08)		(-4.33)	(-4.58)
E	10.328***	7.077***	CAPEX	0.108	-0.219***	LEV	-0.0670	-1.903***
	(7.41)	(15.95)		(0.91)	(-8.01)		(-0.12)	(-10.13)
NA1	1.380*	0.755***	NDT	-0.426	1.230***	CVR	0.373**	0.0620
	(1.86)	(3.79)		(-1.34)	(11.67)		(2.32)	(1.42)
I	-4.276	-31.141***	COLL	-0.0970	0.237***	E	8.061***	5.872***
	(-0.73)	(-17.00)		(-1.42)	(8.26)		(6.66)	(12.88)
D	-0.466	30.697***	STATE	0.002	0.046***	NA1	1.056	0.146
	(-0.03)	(3.50)		(0.16)	(15.06)		(1.54)	(0.72)
CAPEX	-0.591	-0.836**	Cons	-0.881***	-1.209***	I	11.555**	-7.114***
	(-0.53)	(-2.28)		(-8.31)	(-41.18)		(2.07)	(-3.20)
ΔV	-0.247	-0.051*				D	-10.44	34.773***
	(-1.58)	(-1.77)					(-0.77)	(3.82)
Cons	-0.787**	1.434***				CAPEX	-0.991	-1.256***
	(-2.36)	(11.22)					(-0.96)	(-3.50)
						ΔV	-0.295**	-0.067**
							(-2.03)	(-2.29)
						Cons	-0.810*	2.178***
							(-1.68)	(15.12)
行业和年度	YES	YES		YES	YES		YES	YES

续表

被解释变量 V	(1)	(2)	被解释变量 LEV	(3)	(4)	被解释变量 V	(5)	(6)
	审计监督高	审计监督低		审计监督高	审计监督低		审计监督高	审计监督低
N	448	10581	N	939	17123	N	448	10581
Adj. R^2	0.452	0.321	Adj. R^2	0.543	0.411	Adj. R^2	0.549	0.363
F	14.77	100.4	F	80.31	426.6	F	19.89	117.6

注：***、** 和 * 分别代表 1%、5%和 10%水平上显著，括号中是使用 White（1980）调整后计算的 t 值。为节省篇幅，本文省略了部分控制变量的回归结果。

表 4 的结果显示，外部审计作为一项独立的经济监督活动对终极控股股东侵占上市公司资金的行为有着有效的监督作用。一方面，注册会计师通过出具合适的审计意见使财务报告更具决策实用性，从而提高信息披露的透明度，降低控股股东与中小股东的信息不对称。当控股股东由于严重的资金侵占问题而被出具了非标准的审计意见时，中小股东便会采取"用脚投票的"方式对控股股东进行惩罚以此来保护自己的切身利益。另一方面，当企业所有者基于私利行为时，内部控制往往难以进行有效监管，控股股东的行为可能由于公司内部治理的执行效率受到限制而得不到有效约束（贺建刚，2010），从而增加了其财务操纵行为。而在外部审计监督的介入下，控股股东的机会主义受到抑制，即审计质量越高，越能对控股股东的资金侵占行为进行有效的监督。

五、稳健性检验

为了检验上述结论的可靠性，本文进行了如下检验：①由于资本结构理论认为使用市场价值来衡量负债率可以更加真实地体现企业价值。鉴于 Titman 和 Wessels（1988）的研究，本文采用资本结构的另一种度量指标期末账面总负债/企业的市场价值（DAM）来衡量杠杆水平进行稳健性检验，其中，市场价值=期末负债账面价值+流通股股数×年末收盘价+非流通股股数×年末每股净资产，结果表明：回归结果并未发生变化，仅存在显著性的差异。②借鉴 Bates 等（2009）、连玉君（2010）的研究，以货币资金/总资产作为现金持有 CASH 的度量指标，检验结果无显著性变化。限于篇幅，本文仅对检验（2）的结果作出列示，结果如表 5 所示。衡量指标的替换可以消除因指标选取对回归结果的影响，从而验证了本文研究结论的可靠性。

表 5　稳健性检验结果

被解释变量 V	(1)	(2)	被解释变量 DAM	(3)	(4)	被解释变量 V	(5)	(6)
	审计监督高	审计监督低		审计监督高	审计监督低		审计监督高	审计监督低
CASH	5.120***	1.971***	CVR	0.020**	0.001**	CASH	8.570***	2.276***
	(2.60)	(5.47)		(2.55)	(2.03)		(4.12)	(7.30)
CASH×CVR	−2.314*	−0.442*	SIZE	0.081***	0.102***	CASH * CVR	−1.655**	0.0420
	(−1.84)	(−1.78)		(24.79)	(103.95)		(−2.10)	(0.20)

续表

被解释变量 V	(1) 审计监督高	(2) 审计监督低	被解释变量 DAM	(3) 审计监督高	(4) 审计监督低	被解释变量 V	(5) 审计监督高	(6) 审计监督低
CVR	0.383**	0.093*	E	-1.429***	-0.824***	CASH×LEV	-13.245***	-8.978***
	(2.25)	(1.95)		(-13.73)	(-42.72)		(-4.79)	(-13.37)
E	10.268***	6.393***	CAPEX	-0.104	-0.185***	LEV	-1.455***	-4.662***
	(7.34)	(12.70)		(-1.05)	(-9.71)		(-3.60)	(-31.07)
NA1	1.388*	0.891***	NDT	0.913***	1.133***	CVR	0.203*	0.0130
	(1.87)	(3.89)		(2.97)	(15.44)		(1.95)	(0.33)
I	-3.684	-23.333***	COLL	0.0790	0.060***	E	4.426***	2.434***
	(-0.62)	(-9.62)		(1.09)	(3.03)		(4.44)	(5.48)
D	-0.239	46.013***	STATE	0.025**	0.032***	NA1	0.844	-0.313
	(-0.02)	(4.64)		(2.14)	(14.41)		(1.59)	(-1.60)
CAPEX	-0.562	-1.285***	Cons	-1.607***	-1.877***	I	17.616***	20.517***
	(-0.51)	(-3.28)		(-18.49)	(-87.75)		(4.83)	(9.24)
ΔV	-0.253	-0.055*				D	-8.726	30.813***
	(-1.61)	(-1.71)					(-0.86)	(3.84)
Cons	-0.783**	1.351***				CAPEX	-1.083	-1.754***
	(-2.35)	(9.82)					(-1.34)	(-5.53)
						ΔV	-0.261**	-0.112***
							(-2.44)	(-4.18)
						Cons	0.444	2.584***
							(1.27)	(22.60)
行业和年度	YES	YES		YES	YES		YES	YES
N	448	10678	N	940	17226	N	448	10678
Adj. R^2	0.452	0.285	Adj. R^2	0.665	0.646	Adj. R^2	0.748	0.524
F	14.69	84.87	F	112.4	820.0	F	24.98	202.0

注：***、** 和 * 分别代表 1%、5%和 10%水平上显著，括号中是使用 White（1980）调整后计算的 t 值。为节省篇幅，本文省略了部分控制变量的回归结果。

六、结论与建议

本文以 2007~2018 年沪深两市 A 股上市公司为研究样本，基于资本杠杆中介视角，研究了终极控股股东两权分离与现金持有价值的关系。结果表明，终极控股股东两权分离会降低持有现金的价值效应，终极控股股东利用自身优势地位，通过提升资本杠杆轻易地占用公司资金，从而侵害了中小股东的利益。进一步分析发现，在审计质量较高的企业中，资本结构在终极控股股东两权分离与现金持有价值之间发挥了部分中介效应，而在审计质量较低的企业中却发挥着完全中介效应。即审计监督一定程度上抑制控股股东通过提升资本杠杆对资金的滥用与侵占。

中小股东作为资本市场参与者，也是唯一缺乏信息获取能力的主体。保护中小股东的利益应该从减少终极控制股东对公司的利益侵占着手。本文实证检验了高质量外部审计对控股股东的侵占行为起到了一定的监督作用，因此要切实保护中小股东的利益，有效监督终极控股股东的资金侵占可以通过引入高质量的外部审计来实现。基于声誉理论可知，拥有良好声誉和品牌的会计师事务所往往会提供更高的审计质量，与此同时上市公司也可以凭借事务所的良好声誉来获得更多投资者的信任，从而有利于公司的稳定发展。因此，我们应该完善审计制度，为审计市场提供良好的制度环境，保持注册会计师的独立性以提高外部审计质量，减少控股股东与审计的合谋，降低控股股东与中小股东之间的信息不对称，积极发挥外部独立审计在公司治理中的作用。

参考文献

[1] La Porta R, Lopez-de-Silanes F, Shleifer A. Corporate ownership around the world [J]. Journal of Finance, 1999, 54 (2): 471-571.

[2] Kahn C, Winton A. Ownership structure, speculation and shareholder intervention [J]. Journal of Financial Economics, 1998, 53 (1): 99-129.

[3] Claessens S, Djankov S, Lang L. The separation of ownership and control in East Asian corporations [J]. Journal of Financial Economics, 2000 (58): 81-112.

[4] Poletti Hughes J. Corporate value, ultimate control and protection for investors in Western Europe [J]. Management Accounting Research, 2009, 20 (1): 41-52.

[5] 杨德明，林斌，王彦超．内部控制、审计质量与大股东资金占用 [J]. 审计研究，2009 (5)：74-81.

[6] 杨兴全，吴昊旻，曾义. 公司治理与现金持有竞争效应——基于资本投资中介效应的实证研究 [J]. 中国工业经济，2015 (1)：121-133.

[7] 杨兴全，张照南．治理环境、控制权与现金流权分离及现金持有量——我国民营上市公司的实证研究 [J]. 审计与经济研究，2010，25 (1)：66-72.

[8] 俞红海，徐龙炳，陈百助．终极控股股东控制权与自由现金流过度投资 [J]. 经济研究，2010，45 (8)：103-114.

[9] 韩亮亮，李凯．控制权、现金流权与资本结构——一项基于我国民营上市公司面板数据的实证分析 [J]. 会计研究，2008 (3)：66-73，96.

[10] 白云霞，林秉旋，王亚平，吴联生．所有权、负债与大股东利益侵占——来自中国控制权转移公司的证据 [J]. 会计研究，2013 (4)：66-72，96.

[11] 郑国坚，林东杰，张飞达．大股东财务困境、掏空与公司治理的有效性——来自大股东财务数据的证据 [J]. 管理世界，2013 (5)：157-168.

[12] 江伟．大股东控制对资产替代及资本结构的影响 [J]. 山西财经大学学报，2007 (9)：68-73.

[13] 金雪军，张学勇．公司控制权研究的新进展 [J]. 经济理论与经济管理，2005 (8)：69-73.

[14] 孙健．终极控制权与资本结构的选择——来自沪市的经验证据 [J]. 管理科学，2008 (2)：18-25.

[15] 刘星，付强，郝颖．终极控制人代理、两权分离模式与控制权私利 [J]. 系统工程理论与实践，2015，35 (1)：75-85.

[16] 洪昀，李婷婷，姚靠华．融资融券、终极控制人两权分离与大股东掏空抑制 [J]. 财经理论与实践，2018，39 (4)：67-72，79.

[17] 渡边真理子．国有控股上市公司的控制权、金字塔式结构和侵占行为——来自中国股权分置改革的证据 [J]. 金融研究，2011 (6)：150-167.

[18] 叶康涛，陆正飞，张志华．独立董事能否抑制大股东的“掏空”？[J]．经济研究，2007（4）：101-111.

[19] 沈艺峰，肖珉，林涛．投资者保护与上市公司资本结构［J］．经济研究，2009，44（7）：131-142.

[20] 张会丽，吴有红．内部控制、现金持有及经济后果［J］．会计研究，2014（3）：71-78，96.

[21] 温忠麟，叶宝娟．中介效应分析：方法和模型发展［J］．心理科学进展，2014，22（5）：731-745.

[22] 周中胜．大股东资金占用与外部审计的公司治理职能［J］．中大管理研究，2006，1（1）：120-143.

来者都是客?
——基于万科控制权争夺的案例研究

李东升　王慧铭

(山东工商学院工商管理学院，山东烟台　264005)

[摘　要] 本文以万科管理层同宝能系的股权之争为背景，采用案例研究方法，从利益冲突与重构视角构建了控制权争夺动因、争夺路径与解决机制的理论分析框架。研究结论表明：机构投资者与企业创始人基于利益差别而产生的利益矛盾和冲突是引发控制权争夺行为的根本动因；为了实现对企业的控制，控制权竞争双方往往通过同时动用股权资本与社会资本、争取董事会席位以及借助媒体参与等方式展开激烈争夺；而要想维持对企业的控制，还需要通过利益整合机制不断进行利益增量创造，充分发挥利益因素的激励动力作用。其中，经营绩效改善、股价提升和制度安排是符合激励相容原则且能够维持企业控制权稳定的有效举措。

[关键词] 万科；股权之争；利益冲突；利益整合机制

一、引言

长期以来我国股市都是以散户为主，个人投资者盲目跟风以及“用脚投票”的消极行为加剧了我国股票市场的无序波动。在此情境下，证券监管部门不仅明确提出了“超常规发展机构投资者”的政策思路，还制定了旨在加快培育壮大机构投资者队伍的实施方针。多年来，随着金融市场的不断开放，机构投资者已经发展成为中国资本市场上不可忽视的重要力量。

虽然已有研究从会计盈余、企业绩效、融资约束与公司治理等多个视角为我国超常规发展机构投资者这一政策安排提供了多维度的理论支持（姚颐等，2011；刘新民等，2016；甄红线、王谨乐，2016）。但是，近年来由于机构投资者强行介入而引发的上市公司控制权争夺事件，使学者们逐渐认识到来者未必都是客，并开始将对机构投资者关注的重点转移到企业控制权层面。正如张慕濒（2013）在对雷士照明进行案例分析时指出的那样，不断分散的股权结构和日益强大的机构投资者将是中国上市公司未来需要面对的格局。可以预见的是，在这种格局下企业控制权处于不稳定状态，控制权纷争引发的效率损失往往会导致企业在激烈的竞争中丧失优势（郝云宏、汪茜，2015）。因此有必要对机构投资者强行介入后企业控制权争夺问题给予足够重视。目前，上市公司控制权争夺事件已经成为近年来我国学术界重要的研究话题之一。祝继高和王春飞（2012）从股权资本、社会资本以及法律制度的角度出发，构建了大股东和管理层控制权争夺模型，并提出社会资本控制对股权资本控制具有一定的替代效应。梁上坤等（2015）在对雷士照明的案例研究中同样验证了社会资本对于控制权争夺的重要性。另外，基于国有资本与民营资本深度融合的现状。郝云宏和汪茜（2015）以鄂武商控制权之争作为研究对象，剖析了民营第二大股东对国有控股股东展开股权制衡的动机、方式以及制衡效果。同样，在混合所有制深入推进的时代背景下，有学者开始对机构投资者与企业创始人之间的冲突展开研究，例如，周嘉南等（2015）通过解读17家风险投资者与企业创始人公开冲突事件的媒体报道，结合文本分析方法，对双方冲突根源、冲突类型以及演化路径做了详尽分析。

总的来看，上述文献主要围绕控制权获取来源、控制权争夺动因以及争夺方式展开，得出的结论在很大程度上丰富了企业控制权方面的研究，为机构投资者强行介入背景下企业控制权争夺问题的解读提供了参考。但不足之处是，已有研究大都将关注的重点放在控制权争夺事件本身，缺乏对隐藏在事件背后的深层规律的进一步探讨。而且，也没有对控制权争夺事件发生后企业如何实现新的平衡做出交代。而控制权之争从根本上来讲也是利益之争，是企业在深化改革进程中由于利益关系失衡而引发的利益冲突与争夺过程。因此，本文尝试将利益矛盾分析法引入对企业控制权争夺事件的分析中。

持续了近两年的万科管理层与宝能系控制权争夺大战一度成为我国资本市场上的大事件，而这一事件本身也为我们从利益视角解析控制权争夺现象提供了难得的研究素材。因此，本文以宝万控制权之争作为研究案例，首先从利益冲突视角回答引发控制权争夺的原因问题；然后借鉴已有文献对控制权争夺过程展开具体讨论；最后探讨如何通过利益整合机制实现从利益格局失衡到利益均衡的动态转变，即本文沿着“为什么争夺—如何争夺—怎样防止争夺”的路径来动态解析机构投资者强行介入后引发的企业控制权争夺问题。

二、文献综述与理论框架构建

（一）利益冲突是企业控制权争夺行为产生的根本动因

与机构投资者凭借资金优势大规模持有上市公司股份形成对比的是，企业创始股东的股权在支撑公司进一步成长而进行的融资活动中遭到了多番稀释，机构投资者作为上市公司重要股东的地位得到了进一步加强。为了最大化自身效用函数，持有公司股份较多的机构投资者纷纷抛弃过去“用脚投票”的华尔街法则，开始以积极股东身份主动参与公司治理。除了利用掌握的信息优势和专业知识对管理层的经营决策行为实施监督外，作为企业重要股东的机构投资者还要求进入所投资公司的董事会，通过对创始股东的制衡机制来维护自身利益（Aghionp，2013）。然而，外部投资者对公司事务的插手与干涉触犯了企业创始股东和管理层的心理所有权，他们普遍将自己所创立或经营的企业视为个体生命的延续，在为公司发展投入大量精力的同时也本能地希望在日常工作中拥有自主经营和独立决策的权力（储小平、刘清兵，2005）。但是，机构投资者参与公司治理使管理层自主经营的独立性受到了挑战，特别地，当双方对企业的利益诉求存在明显差异时，管理层的决策方案往往会因为机构股东的反对而被迫终止。在这种情况下，管理层往往通过提高自身持股比例或引入关联股东的方式与机构投资者抗衡（周嘉南等，2015）。作为大股东，机构投资者会相应地通过增持股份或占有董事会席位的方式来巩固其在企业中的地位，最终双方为了更好地实现自身利益对企业控制权产生了强烈的占有动机。

由此可见，机构投资者大规模持股表面上只是改变了企业的股权结构，但随着外部投资者持股比例不断提高，企业内外各参与主体之间的力量对比发生了显著变化，创始股东和管理层的权力受到了限制。进一步来讲，由于利益差别的普遍存在，机构投资者强势介入打破了企业长久以来形成的利益平衡局面，当机构股东同企业创始人或管理层之间的利益出现了不可调和的矛盾时，双方都会基于自身利益展开各种形式的争夺，而控制权一直被认为是公司治理的关键，利益相关者主体之间的利益博弈也主要体现在控制权配置问题上。虽然 Hart 和 Holmstrom（2010）在谈到控制权争夺动机这一问题时曾指出，完成战略目标是获得控制权的潜在原因，但究其根本还是实现自身利益的需要。因而，从利益格局失衡引发利益冲突视角来探讨企业控制权争夺行为就具有了更为普遍的意义。

（二）实现控制权的多重方式

1. 股权资本与社会资本相融合

近一个世纪以来，学术界对“股权结构”这一问题的认识逐渐由“伯利米恩斯范式”过渡到“LLSV 范式”。之所以要对这两种分析范式进行区分，是因为这两大理论所涉及的企业控制权配置模式存在显著差异。在分散式股权结构下，单个股东之间普遍存在“搭便车”行为，无力对管理层的自利行为实施有效监督。而集中式股权结构由于大股东的存在，克服了中小股东集体行动的难题，有效抑制了管理层的私利行为。在这种情况下，企业的控制权实际上从管理层转移到了大股东手里。从我国实践来看，传统公司治理中的突出特点便是股权高度集中，尤其是国有上市企业，国有股“一股独大”的现象非常普遍。而我国公司法在设计时十分强调“一股一权”原则，这种股权平等思想凸显了控股股东在企业中的优势地位。按照这一逻辑，如果某个大股东拥有的持股数量远高于其他股东，那么他（她）的控制权地位就比较稳固（Zwiebel，1995）。鉴于此，有学者在评论时指出，股权结构作为公司治理机制的基础，不仅代表持股比例以及股权性质这些报表披露层面的信息，关键还涉及公司的控制权问题（李维安、李汉军，2006）。

虽然上述言论强调了股权资本在争取和维持企业控制权过程中的重要意义，但随着我国金融市场的开放，国内外机构投资者蜂拥而入，大批投资者的参与在给企业发展提供资金的同时也改变了我国企业高度集中的股权结构。而当企业所有权与经营权出现分离时，股权资本控制处于不稳定状态（祝继高、王春飞，2012）。为了避免股权结构日益分散化引发控制权争夺乱象，学者们相继提出了构建社会资本加强控制权的观点。“社会资本”这个兼具社会学和经济学概念的名词开始出现在我国公司治理相关研究中的时间并不长，自高闯和关鑫（2018）在识别企业终极股东控制权时率先提出“社会资本控制链分析范式”后，学者对这种以网络连带关系为基础的资源展开了广泛研究，相关结论表明社会资本对股权资本具有一定的替代效应，社会资本积累能够强化实际控制人对企业的控制权（赵晶、郭海，2014）。

尽管股权资本和社会资本在公司治理领域不再是一个新鲜话题，但是不同企业、不同参与主体对这两种资源的掌握程度不同，导致其在控制权争夺过程中发挥的作用也不同。尤其是在股权分散化的大背景下，无论是依靠股权资本还是社会资本都很难维持对一个企业持续有效的控制，在控制权博弈过程中需要结合使用上述两种资源。

2. 竞争董事会席位

董事会作为一项重要的制度安排与股份制企业的设立与发展密不可分。在具体的公司治理实践中，董事会主要发挥决策与监督两大职能，是连接广大股东与管理层的重要桥梁。从董事会构成来看，所有董事按照各自代表的利益主体不同进一步分为执行董事、非执行董事和独立董事。其中，独立董事作为外部董事的代表，其公司治理职能的发挥引起了学者的普遍关注。不少学者对上市公司引进独立董事抱有乐观的态度，认为这一制度在保护投资者利益和改善公司业绩方面发挥了积极作用（Fame and Jensen，1983）。与此形成对照的是，同样有文献指出上市公司引进独立董事并没有达到预期的监管效果，这部分研究主要是从独立董事聘任制度和信息不对称角度出发，对独立董事的独立性提出了质疑（叶康涛等，2011）。有鉴于此，学者开始将目光投向其他类型董事公司治理角色的研究当中。其中，陆正飞和胡诗阳（2015）发现，直接由大股东或其他重要影响的股东委派的非执行董事可能对管理层具有更明显的监督效果。进一步研究表明，持股比例较高的非控股股东出于自身利益考虑也会有较强的动机向公司派驻董事。而且，与独立董事相比，非控股股东董事往往具备信息优势和较强的独立性，更有能力对控股股东和管理层的机会主义行为进行有效约束（Schwartz-ziv and Weisbach，2013；祝继高等，2015）。从以上研究不难发现，不同类型的董事代表的利益主体不同，向董事会委派董事成为保护投资者利益的重要方式。因而，控制权争夺双方为了增强对企业的话语权，势必会对董事会席位展开激烈争夺，进而通过董事会来对企业的经营决策行为施加影响。

3. 借助媒体力量

有效的利益表达渠道可以确保市场参与主体的利益诉求充分实现，西方学者 Portac（1998）针对公司治理中普遍存在的委托代理问题，指出法律制度的完善对投资者利益保护具有积极作用。近年来，我国上市公司控制权争夺事件不断涌现，引发了较为严重的治理问题。借鉴法与金融的相关理论，祝继高和王春飞（2012）分析了外部制度环境对控制权争夺的影响，结论表明，国美电器适用的公司法为管理层同大股东争夺控制权提供了现实的可能性。郝云宏和汪茜（2015）的研究同样强调了法律制度在控制权争夺过程中的角色扮演。然而，在经济转型与社会转轨的特殊历史时期，我国的法律制度还不健全，还需要通过其他法律补充机制来维护投资者的合法权益。随着信息技术不断发展，学者陆续发现新闻媒体作为企业外部治理环境的一个重要方面对包括法律制度在内的投资者正式保护机制具有一定的替代效应。国外学者主要是从信息中介功能和声誉机制两个角度来理解媒体治理作用的发挥（Dyck and Zingales，2004；Bushee et al.，2010），我国学者李培功和沈艺峰（2010）则认为，在转型国家，声誉机制并不能对管理层的机会主义行为进行有效约束，并指出我国媒体公司治理作用的发挥是通过引起行政机构的介入实现的，为媒体“有效监督假说”提供了来自中国企业的经验证据。上市公司作为资本市场的重要参与者，其控制权争夺行为势必会引起广大媒体的广泛关注，并通过信息收集与传播功能对投资者的行为决策施加影响，而媒体作用下监管部门的介入更是控制权争夺的重要外部力量，上述文献为我们从媒体治理角度分析企业控制权问题提供了理论参考。

（三）利益整合机制：从争夺到新利益关系均衡的实现

长期来看，控制权争夺现象会日益常态化。首先从宏观经济环境出发，大力推进混合所有制改革势必会对目前的利益格局产生重要影响，进而引发利益冲突与争夺现象。从微观层面来看，企业股权结构呈现出日益分散化趋势，这一因素也会导致未来上市公司控制权争夺事件加速上演。然而，持续控制权冲突不仅会给企业发展带来巨大损耗，也不利于资本市场持续高效运行。为此，迫切需要建立起协调多方利益的整合机制，实现从利益格局失衡到利益均衡的动态转变。而要想利益整合机制发挥作用必须首先通过该机制产生新的利益增量，为不同利益主体之间的合作创造红利空间（李东升等，2015），这一思想为机构投资者强行介入背景下企业控制权冲突问题的解决提供了有益指导。

具体而言，由于资本的逐利天性，机构投资者持股首要目的是获得稳定的物质回报，其中，股票价格上涨带来的溢价收入作为股东回报的主要内容而备受关注。而从管理层角度来看，股价上涨向外界传递出企业发展向好的信号，是对管理层工作能力的认可，他们自身也可以通过年度分红或高管持股计划获得实实在在的收益。为此，改善股市表现、提高股价是进行利益增量创造，且符合双方共同利益的有效举措。而股价上涨在很大程度上又依赖于公司盈利能力的提高，不管是机构投资者还是管理层都对这一经营绩效指标给予了高度关注，业绩提升提高了企业分红的可能性和由此带来的预期收益。若控制权的实际拥有者能使其经营的企业保持健康发展的势头，则连续的经营成功所获得的个人权威会对个人控制权起到自动强化作用（刘丹，2017）。因此，努力改善业绩表现同样是在激励相容原则指导下进行的利益整合行为。但是，无论是股价指标还是经营业绩指标通常只能反映企业在特定时期内的经营状况，属于短期机制。另外，这两大指标容易在复杂多变的市场环境中呈现波动趋势。所以，要想实现企业控制权长期稳定，还需要借助其他机制发挥作用。从目前的研究来看，王春艳等（2016）认为资源配置和制度安排是创始人获取和维持控制权的两大来源，而制度安排的重要意义在于其可以使企业对关键人物或资源的依赖固化为对特定章程的依赖，保障了企业控制权的稳定性。故从长期来看，对于那些可以提前感知到的利益冲突，可以通过订立契约的方式来加以平衡，如依托各类章程和行动准则的设计来调和不同利益主体之间的矛盾，建立利益分享机制，形成发展合力。

基于上述分析，笔者构建了机构投资者强行介入后引发控制权争夺的理论框架图（见图 1）。已有关于控制权争夺的研究重点讨论了控制权实现方式问题，而本文不仅对这一争夺过程展开了具体讨论，还从利益冲突视角对控制权争夺的原因进行了分析，回答了“为什么”的问题。同时还探讨了如何通过利益整合机制实现从利益格局失衡到利益均衡的动态转变，解决了“怎样做”的问题。

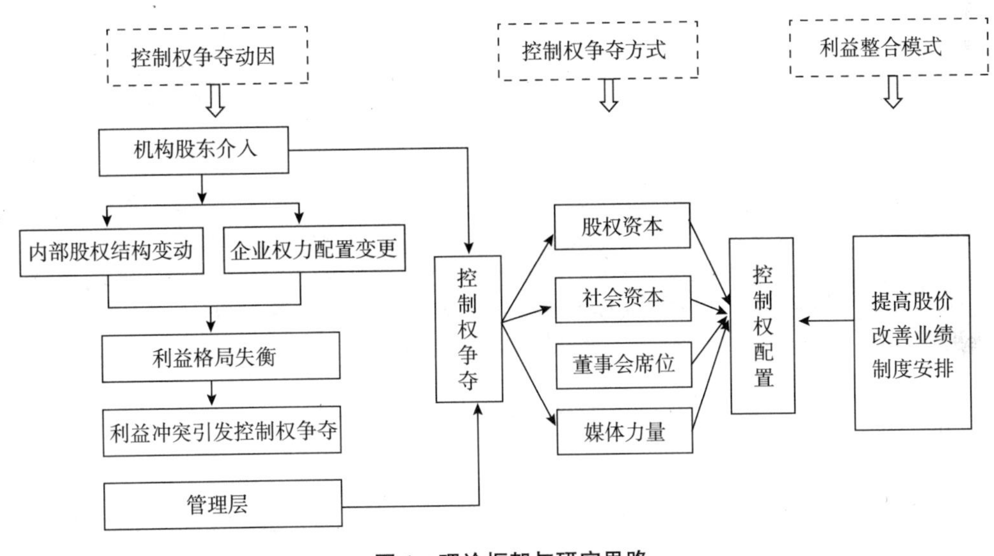

图 1　理论框架与研究思路

三、案例介绍与分析

（一）案例介绍

万科企业股份有限公司（以下简称万科）成立于 1984 年，前身是深圳现代科教仪器展销中心，公司于 1991 年 1 月 29 日在深圳证券交易所成功上市（股票代码：000002；股票名称：万科 A）。作为国内首批投身房地产行业的公司，万科在 1993 年就正式将大众住宅开发确定为公司核心业务。经过30多年的发展，万科在创始人王石及其团队的带领下取得了一个又一个骄人业绩，是目前中国最大的专业住宅开发企业。良好的业绩表现和高效的公司治理因素加强了机构投资者持股动机，再加上万科内部股权结构高度分散化，最终导致了万科管理层与宝能系的控制权之争。本文将“宝万之争”分为了五个阶段，具体如表1所示。

表1　万科股权之争演化过程

阶段划分	事件介绍
第一阶段（2015年1月至2015年12月）万科第一大股东花落宝能，开启股权争夺模式	2015年1月，宝能系旗下前海人寿及其一致行动人钜盛华开始买入万科股份，通过三次举牌持有万科15.04%的股份，取代华润成为万科第一大股东。8月31日、9月1日华润两次增持，持股比例升至15.23%，重新夺回第一大股东之位。11月27日，钜盛华买入万科股份，宝能系再次成为万科第一大股东。12月4日，宝能系第四次举牌万科，持股比例增至20.008%。截至12月11日，宝能系共持有万科约22.45%股份，稳坐第一大股东之位。2015年12月18日中午，万科因重大资产重组事项宣布紧急停牌
第二阶段（2015年12月至2016年7月）万科管理层意欲引入深铁，携手迎战宝能	面对宝能系不请自来的收购，万科管理层在向原第一大股东华润多次求援无果后，转而决定以发行股份的方式引入深圳地铁集团，届时希望通过这一重组预案稀释宝能手中的股权。但这一预案虽然获得了董事会的7票同意，但由于遭到了大股东宝能以及华润的极力反对，能否最终通过仍然是一个未知数
第三阶段（2016年8月至2016年12月）恒大半路杀出，股权之争又添波澜	自2016年8月4日恒大集团对外发布公告称公司斥资91.1亿元购入万科A合计5.17亿股以来，恒大集团在资本市场开起了买买买模式，最终以14.07%的股份顺利成为万科第三大股东，恒大介入使万科股权之争再添变数。“屋漏偏逢连夜雨”，虽然万科管理层极力促成与深铁的重组预案，但由于遭到主要股东的反对，该项议案最终被迫终止
第四阶段（2017年1月至2017年6月）柳暗花明，深铁成万科基石股	2017年1月12日，深铁集团与华润方面达成协议，拟受让华润集团所持有的371.7亿元全部万科A股股份，取代华润成为万科第二大股东。而且在6月9日晚间，恒大发布公告称将其持有的万科A股全部出售给深圳地铁集团。此举意味着深铁在两次接盘之后，最终以29.38%的持股比例超越宝能成为万科第一大股东
第五阶段（2017年6月至今）郁亮接棒王石，万科股权之争终落幕	2017年6月21日，万科公布新一届董事会成员候选名单。与此同时，万科董事长王石通过社交平台表示不再作为万科董事被提名，第二大股东宝能系也没有出现在董事会成员候选名单当中。6月30日召开的万科股东大会通过了上述董事会成员选举。此次董事会换届选举意味着“宝万之争”最终落幕，郁亮接替王石出任董事会主席，标志着万科正式进入郁亮时代

（二）案例分析与讨论

宝万控制权争夺的动因分析：外部投资者介入引发利益格局失衡。相关学者的研究表明，公司规模和成立年限是确保机构投资者收益最重要的两个因素，因此机构持股往往偏好财务优良且治理有效的公司（沈艺峰等，2017），以上观点解释了为何以宝能系为代表的机构投资者频频将目光投向万科。理论上，引进具有资金优势和专业特长的机构投资者不仅可以帮助企业缓解资金压力，还可以提高公司治理效力。那么，为何以王石为首的万科管理层对宝能系的举牌表示不欢迎？诱发宝万控制权之争的本质原因又是什么？

从万科股权结构特征来看，与绝大部分上市公司存在控股股东或实际控制人的情况不同，万科一直是股权高度分散的企业，在控制权纷争发生之前，第一大股东华润的持股比例一直保持在15%以下。而且，央企华润自2000年成为企业第一大股东以来，始终坚持“大股不控股、支持不干预”的立场，内部管理层对与公司发展息息相关的投融资安排和经营决策事项拥有绝对的话语权，此举满足了创始人对所创办企业与生俱来的心理所有权。而在股权分散的企业里，大股东之所以甘愿退居幕后并给予管理层充分的自治空间也是出于自身利益考虑。作为获取公司控制权的对价，管理层必须通过投入大量的时间和精力来提高企业经营管理效益，满足广大股东追求利益最大化的目标。就万科而言，为了回馈大股东的支持和信任，以王石为首的职业经理人在努力提高企业经营绩效的同时还制定了慷慨的分红政策。据统计，作为国内唯一一家坚持 20 多年持续分红的上市公司，截止到 2015 年，万科已累计派发了 356.12 亿元的现金股利，大股东华润便是其中最大的受益者，而万科管理层对企业的控制也在其为广大股东创造财富的过程中不断强化。可见，只要协调好管理层与外部股东之间的利益关系，股权分散的企业未必就会存在严重的代理问题。

然而，由于股权异质性，不同利益主体之间存在利益差别，企业既有利益格局会因为一些重要成员的进入或退出而处于动态变化之中。例如，在万科，宝能的强势介入改变了企业内部一贯稳定的股权结构，也改变了不同主体之间的力量对比，第一大股东之位从央企华润落入了机构投资者宝能手中。由于这两大股东在性质上存在明显差异，导致他们投资企业的动机也有很大不同。如前所述，华润在成为企业第一大股东以来始终扮演着财务投资者角色，万科管理层拥有绝对的话语权。而新晋大股东宝能却试图以战略投资者的身份进入企业，积极参与公司经营管理活动，如以内部人控制为由要求罢免包括王石和郁亮在内的全部董事会成员，此举构成了对万科管理层的利益威胁，企业既有的利益平衡局面被打破。为了抵制宝能入侵，万科管理层从外部引进了深圳地铁集团。虽然引入“白衣骑士”作为一种反收购策略能够在一定程度上制衡外来入侵股东，但原有股东的股权也在此过程中遭到稀释，对自身合理利益诉求得不到切实保障的担忧会破坏原股东与管理层之间长期建立起来的和谐共生的利益局面，进而给企业控制权纷争带来更多变数（张华等，2018）。从华润角度来看，引入深铁集团使万科股权由一家独大变成了三足鼎立，进一步削弱了其作为企业大股东的地位，由此引发的不满使管理层的控制权维持计划很难再得到原有大股东的支持。在这一阶段，万科内部不仅存在新旧股东、管理层与外部入侵股东之间的利益冲突，就连管理层与原第一大股东之间建立在利益一致性基础上的和谐共生关系也面临挑战。可见，在股权分散的企业里，外部投资者大规模介入引发利益格局失衡是造成控制权争夺行为产生的最本质的原因，管理层要想维持对企业的长期控制，必须协调好与广大股东之间的利益关系。

四、结论与启示

（一）研究结论

本文以万科股权之争为案例背景，从利益冲突与整合视角对企业控制权争夺动因及解决机制问题展开讨论。研究结论表明：①股东与管理层之间建立在利益一致性基础上的友好协作关系是维持企业控制权稳定的根本前提。由于利益差别的普遍存在，外部投资者强势介入会打破了企业长久以来形成的利益平衡格局，利益关系失衡引发的利益矛盾和冲突是激发企业控制权争夺行为的内在动因。②在控制权争夺过程中，外部并购股东很难在短时间内获得社会资本支持，主要是通过集中持股方式对被并购企业施加影响。相反，内部管理层在长期经营管理活动中形成的专业知识和社会资本等关键性资源成为其同机构股东抗衡的重要筹码。为了主导企业话语权，占据董事会多数席位成为控制权争夺双方共同利益诉求。而新闻媒体作为重要的外部性力量同样成为双方争取的对象，发挥了公司治理职能。③控制权的实际拥有者要想持续性地获得企业控制权，必须首先通过生产经营活动和相应的投融资安排进行利益增量创造，确保企业内外各参与主体的合理利益诉求能够充分实现。其次，还要在企业发展的不同阶段协调好不同利益主体之间的利益关系，调动全体成员的积极性和主动性。其中，经营绩效改善、股价提升和制度安排能够有效发挥利益因素的激励动力作用，在价值创造的基础上实现不同主体之间的利益平衡。

（二）管理启示

通过对控制权争夺动因以及争夺方式的梳理与归纳，提出本文的对策与建议：①在上市公司股权结构持续分散化的趋势下，企业的控制权安排也应做出相应调整。当前，股权分置改革的完成与市场化的纵深推进加速了我国上市公司股权结构从“高度集中”到“相对分散”的转变，而股权过于分散往往会面临控制权转移风险，例如，创始股东的控制权很有可能在融资过程中因为股权稀释而旁落。因而，在分散股权时代，应该摒弃简单的股权至上逻辑，要充分尊重创业企业家人力资本在企业中的价值创造能力，适时进行投票权制度创新。其中，以双重股权结构和合伙人制度为代表的新型控制权安排模式是对传统投票权制度的突破与创新，在满足企业融资需求的同时，还能通过制度化控制权安排实现创始人对企业的长期控制，是一种值得借鉴的新型控制权安排模式。②完善董事会治理结构，健全利益相关者利益代表机制。企业控制权之争从本质上来讲是利益格局失衡引发的利益争夺行为，是利益相关者合理利益诉求得不到满足的结果。广大股东要充分认识到董事会席位的重要性，通过选举能够代表自身利益的人员进入董事会对企业经营决策过程中出现的机会主义行为进行监督。特别地，随着上市公司股权结构日益分散化，掌握公司关键资源的管理层对董事会的把控力度不断提升，为此，需要完善独立董事的聘任机制，真正发挥对管理层的监督与约束作用。③积极引导广大媒体参与公司治理，完善企业外部监督机制。目前中国正处于经济转型时期，法律体系不健全、信息披露不充分、利益表达不顺畅等问题一直被人诟病，导致单纯依靠法律、监管等正式制度进行投资者利益保护还远远不够。作为第三方信息披露机构，新闻媒体受众广、传播快，为企业内外各参与主体合理利益诉求的表达提供了可靠平台。

参考文献

[1] 姚颐，刘志远，相二卫. 中国基金在投资中是否追求了价值？[J]. 经济研究，2011，57（12）：45-58.

[2] 刘新民，郑润佳，王垒. 机构投资者持股与股权制衡对央企效率的治理效应［J］. 现代财经（天津财经大学学报），2016，36（10）：27-38.

[3] 甄红线，王谨乐. 机构投资者能够缓解融资约束吗？——基于现金价值的视角［J］. 会计研究，2016，37（12）：51-57.

[4] 张慕濒. 机构投资者崛起、创业股东控制权博弈与公司治理——基于雷士照明的案例研究［J］. 华东师范大学学报（哲学社会科学版），2013，45（4）：150-156，162.

[5] 郝云宏，汪茜. 混合所有制企业股权制衡机制研究——基于“鄂武商控制权之争”的案例解析［J］. 中国工业经济，2015，33（3）：148-160.

[6] 祝继高，王春飞. 大股东能有效控制管理层吗？——基于国美电器控制权争夺的案例研究［J］. 管理世界 2012，28（4）：138-152.

[7] 梁上坤，金叶子，王宁等. 企业社会资本的断裂与重构——基于雷士照明控制权争夺案例的研究［J］. 中国工业经济，2015，33（4）：149-160.

[8] 周嘉南，段宏，黄登仕. 投资者与创始人的争斗：冲突来源及演化路径——基于我国公司公开冲突事件的案例分析［J］. 管理世界，2015，31（6）：154-163.

[9] Aghionp P, J. Van Reenen and Zingales L. Innovation and institutional ownership [J]. American Economic Review, 2013, 103 (1): 277-304.

[10] 储小平，刘清兵. 心理所有权理论对职业经理职务侵占行为的一个解释 [J]. 管理世界，2005，21 (7): 83-93.

[11] Hart O and Holmstrom B A. A theory of firm scope [J]. The Quarterly Journal of Economics, 2010, 125 (2): 483-513.

[12] Zwiebel J. Block investment and partial benefits of corporate control [J]. The Review of Economic Studies, 1995, 62 (2): 161-185.

[13] 李维安，李汉军. 股权结构、高管持股与公司绩效——来自民营上市公司的证据 [J]. 南开管理评论，2006，9 (5): 4-10.

[14] 高闯，关鑫. 社会资本、网络连带与上市公司终极股东控制权——基于社会资本理论的分析框架 [J]. 中国工业经济，2008，26 (9): 88-97.

[15] 赵晶，郭海. 公司实际控制权、社会资本控制链与制度环境 [J]. 管理世界，2014，30 (9): 160-171.

[16] Fame E F, Jensen M C. Separation of ownership and control [J]. The Journal of Law and Economics, 1983, 26 (2): 301-325.

[17] 叶康涛，祝继高，陆正飞等. 独立董事的独立性：基于董事会投票的证据 [J]. 经济研究，2011，57 (1): 126-139.

[18] 陆正飞，胡诗阳. 股东—经理代理冲突与非执行董事的治理作用——来自中国 A 股市场的经验证据 [J]. 管理世界，2015，31 (1): 129-138.

[19] Schwartz-ziv M, Weisbach M S. What do boards really do? Evidence from minutes of board meetings [J]. Journal of Financial Economics, 2013, 108 (2): 349-366.

[20] 祝继高，叶康涛，陆正飞. 谁是更积极的监督者：非控股股东董事还是独立董事？[J]. 经济研究，2015，61 (9): 170-184.

[21] Portal R L and Lopez-opez-de-silanes F, Shleifer A, et al. Law and finance [J]. Journal of Political Economy, 1998, 106 (6): 1113-1155.

[22] Dyck A, Zingales L. Private benefits of control: An international comparison [J]. The Journal of Finance, 2004, 59 (2): 537-600.

[23] Bushee B J, Core J E, Guay W, et al. The role of the business press as an information intermediary [J]. Journal of Accounting Research, 2010, 48 (1): 1-19.

[24] 李培功，沈艺峰. 媒体的公司治理作用：中国的经验证据 [J]. 经济研究，2010，56 (4): 14-27.

[25] 李东升，杜恒波，唐文龙. 国有企业混合所有制改革中的利益机制重构 [J]. 经济学家，2015，27 (9): 33-39.

[26] 刘丹. 中国民营企业家创新生态系统的成熟度评价研究 [M]. 北京：经济科学出版社，2017.

[27] 王春艳，林润辉，袁庆宏等. 企业控制权的获取和维持——基于创始人视角的多案例研究 [J]. 中国工业经济，2016，34 (7): 144-160.

[28] 沈艺峰，李培功，杨晶. 社会规范变化对证券市场机构投资者行为的影响 [J]. 财务研究，2017，3 (1): 4-15.

[29] 张华，胡海川，卢颖. 公司治理模式重构与控制权争夺——基于万科"控制权之争"的案例研究 [J]. 管理评论，2018，30 (8): 276-290.

审计行为对分类转移盈余管理的抑制作用*

杨飞超　吴国庆

（上海工程技术大学管理学院，上海　201620）

［摘　要］外部审计是对企业盈余管理进行监管的重要手段，文章以我国 2013~2017 年上市公司的数据实证检验了审计行为是否能在一定程度上抑制企业的分类转移盈余管理行为。实证结果表明，虽然非标准无保留审计意见对企业进行分类转移盈余管理具有警戒作用，但作用有限，且提高审计费用和变更会计事务所反而会诱发企业增加分类转移盈余管理。这表明外部审计无法有效抑制企业的分类转移盈余管理行为。

［关键词］审计行为；分类转移盈余管理；审计费用；审计意见；事务所变更

一、引言

McVay（2006）最先发现国外上市公司会有意对损益表内营业利润的线上、线下项目进行归类变更，并以此作为盈余管理的一种手段。大量研究表明，分类转移盈余管理在国内同样被广泛使用（张子余和张天西，2012；周夏飞和魏炜，2015）。与传统方式相比，分类转移盈余管理仅利用归类变更调整企业的盈余结构，对利润总额不具有任何影响，未来不需要转回应计项目，也不会真正影响经营活动，成本更低也更为隐蔽，因此更不容易被审计师发现。随着我国证券市场的发展，唯重利润总额、不重盈利质量的"功能锁定"现象逐渐消失（陆宇建和蒋玥，2012），说明投资者越来越期望外部审计能够基于企业的核心盈余及利润结构提供更有用的审计信息。

目前关于审计行为与盈余管理的文献主要基于应计盈余管理和真实活动盈余管理这两类传统盈余管理，而少有研究分类转移盈余管理。Haw 等（2011）和吴溪（2006）认为完善的法律制度和外部审计能有效抑制管理层进行盈余管理。然而程富和王福胜（2015）研究发现高质量的外部审计反而会增加管理层利用归类变更调增核心盈余的程度。这可能是由于当审计质量提升时，应计项目和真实活动盈余管理的能力和空间受到严格限制，从而增加了企业替代选择分类转移盈余管理的动机（Fan et al.，2010；Abernathy et al.，2014）。

在未有一致结论的情况下，利用 2013~2017 年 A 股上市公司的数据构建相关模型，探讨了审计行为是否能在一定程度上抑制企业的分类转移盈余管理。研究发现虽然通过出具非标准无保

* 本文发表于《生产力研究》2019 年第 11 期，有改动。

留审计意见对企业具有警戒作用，但程度有限。而且提高审计费用和变更会计事务所反而会增加企业分类转移盈余管理的动机。本文进一步细化了审计行为与盈余管理的研究，也能对信息使用者起到一定的警戒。

二、理论分析与研究假设

审计服务的委托方是公司的管理层或者董事会，而最终消费者却是公众（夏冬林和林震昃，2003），这种双重委托关系使得审计对公众承担着降低信息风险的责任，而这有时却与管理层的意愿相违背。审计中是否受到管理层的压力以及审计师是否有胜任能力均会影响审计行为，从而影响到审计质量。对盈余管理的识别和抑制一直被视为评价审计质量的重要因素（史元等，2017；朱宏泉和朱露，2018），但以往常常只考虑传统盈余管理。因此审计行为对分类转移盈余管理是否同样具有抑制作用值得进一步探究，由于审计行为包含一系列复杂程序，借鉴曹国华等（2014）的研究成果，本文用审计费用、审计意见、事务所变更作为审计行为的度量。

审计费用不仅与工作量相关，也和事务所的执业能力有着密切联系，因此可以在一定程度上反映审计师的努力程度和执业质量。张蕾蕾（2017）研究发现，审计费用与审计质量呈显著正相关，上官鸣和王瑞丽（2010）进一步发现审计收费与企业的盈余管理行为具有反向关系。可见高水平的审计费用对事务所而言具有正向激励作用，事务所一旦收取了高额审计费用，就会付出更多的努力并且投入更多的关注。在更严格的审计限制下，企业会谨慎地减少盈余管理行为。然而张友棠等（2019）研究发现，异常的审计费用作为一种经济租金，与分类转移盈余管理呈正相关关系。这表明超过正常水平的审计费用是以独立性受损为代价的，由于审计师对管理层的妥协，企业的分类转移盈余管理程度反而增强。同时，即使不存在舞弊串通，分类转移盈余管理不易被发现的特征也会增加审计难度。基于此，本文提出备择假设：

H1a：审计收费与企业分类转移盈余管理显著正相关；

H1b：审计收费与企业分类转移盈余管理显著负相关。

审议意见包括标准无保留意见和非标准审计意见。事务所一旦出具非标准审计意见，就说明企业对外公布的财务报表存在重大错报。这是一种不利的信号传递，会影响公司的诚信和声誉，带来信用风险、股价下跌等后果。盈余管理程度增加，报表中的错报由于累积越可能达到重大，就越有可能导致事务所出具非标准审计意见（师修繁，2017；刘红梅等，2018），而由此带来的经济后果很可能大于企业承担风险进行盈余管理获得的收益。权衡之下，企业会减少分类转移盈余管理行为，据此本文提出假设：

H2：审计意见与企业分类转移盈余管理显著负相关。

事务所变更可能是因为证监会对事务所连续任期不得超过5年的规定，也可能是因为管理层特殊的考虑。江伟和李斌（2011）认为，随着连续审计时间增加，审计独立性会受到损害，且由于熟悉审计对象的基本情况，审计师容易放松职业怀疑，最终产生熟悉与信任威胁（王洪霞，2014）。故而可以认为新上任的会计师事务所具有较高的独立性，对新客户更为谨慎，更容易发现企业的分类转移盈余管理行为。

然而从另一角度考虑，新任审计师为了维持与新客户的业务关系，更容易妥协于管理层压力，Carcello 和 Nagy（2004）也研究证实事务所在任期初期更易受到管理层胁迫。因此不能排除新任事务所与管理层合谋掩饰企业进行分类转移盈余管理的可能性。而且新任事务所很难在有限的时间和资源条件下，充分掌握企业的个体情况，分类转移盈余管理又具有高隐蔽性，新任审计师是否能够发现这一类盈余管理存在不确定性。基于此，本文提出备择假设：

H3a：事务所变更与企业分类转移盈余管理显著正相关；

H3b：事务所变更与企业分类转移盈余管理显著负相关。

三、研究设计

（一）数据来源与样本选择

本文选取 2013~2017 年沪深 A 股上市公司数据为初始样本，关于审计、财务及公司治理特征等的数据均来源于国泰安 CSMAR 数据库。在数据后续处理中，剔除了金融类和 ST 类公司以及重要变量缺失的样本，为了保证回归结果，剔除了观察值小于 15 的行业，并对所有连续变量进行了缩尾处理（上下 1%）。

（二）变量定义与模型构建

1. 分类转移盈余管理的度量

本文借鉴 McVay（2006）的核心盈余预期模型，根据模型（1）分年度分行业回归得到的残差值来估计未预期核心盈余水平根据模型（2）分年度分行业回归得到的残差值来估计未预期核心盈余变化 UE_ ACE。从不同角度衡量分类转移盈余管理水平：

$$CE_t = \beta_0 + \beta_1 CE_{t-1} + \beta_2 ATO_t + \beta_3 ACCRUALS_{t-1} + \beta_4 ACCRUALS_t + \beta_5 \Delta SALES_t + \beta_6 NEG\_\ \Delta SALES_t + \varepsilon \tag{1}$$

$$\Delta CE_t = \varphi_0 + \varphi_1 CE_{t-1} + \varphi_2 \Delta CE_{t-1} + \varphi_3 ATO_t + \varphi_4 ACCRUALS_{t-1} + \varphi_5 ACCRUALS_t + \varphi_6 \Delta SALES_t + \varphi_7 NEG\_\ \Delta SALES_t + \nu \tag{2}$$

CE 为核心盈余即扣除非经常性损益之后的利润；*ΔCE* 为核心盈余变化值；*ATO* 为净经营资产周转率（营业收入/净经营资产），净经营资产=（资产总计-货币资金-交易性金融资产-应收利息-可供出售金融资产-持有至到期投资）-（负债合计-短期借款-交易性金融负债-应付利息-长期借款-应付债券）；*ACCRUALS* 为核心应计盈余，等于核心盈余减经营活动净现金；*ΔSALES* 为营业收入变化率；*NEG_ ΔSALES* 是一个虚拟变量，当 *ΔSALES*<0 时，*NEG_ ΔSALES* = *ΔSALES*，否则取 0。为了区分企业进行分类转移盈余管理的方向，将正值记为 *UE_ CE+*、*UE_ ΔCE+*，表示向上转移；将负值记为 *UE_CE-*、*UE_ΔCE-*，表示向下转移；取绝对值，记为 |*UE_CE*|、|*UE_ΔCE*|，代表分类转移盈余管理的总体水平。

2. 审计行为的度量

本文以审计收费、事务所变更、审计意见来表示审计行为，变量定义如表 1 所示。

3. 研究假设的检验模型

构建模型（3）检验上文提出的 H1、H2、H3：

$$UE\_\ CE/UE\_\ \Delta CE = \alpha + \beta \times AccFee/AccTyp/AccSwi + \Sigma \lambda_i \times control_i + \Sigma year + \Sigma industry + \xi \tag{3}$$

模型中加入了其他影响企业分类转移盈余管理的控制变量即 $control_i$，定义如表 1 所示。

表 1　变量定义

变量名称		变量符号	变量定义
审计行为	审计费用	AccFee	审计总费用自然对数
	审计意见	AccTyp	标准无保留意见为 1，否则为 0
	事务所变更	AccSwi	当年度国内十大事务所为 1，否则为 0
分类转移盈余管理	未预期核心盈余（UE_CE）	|UE_CE|	模型（1）分年度行业回归后所得残差取绝对值
		UE_CE+	模型（1）分年度行业回归后所得残差的正值
		UE_CE-	模型（1）分年度行业回归后所得残差的负值
	未预期核心盈余变化（UE_ΔCE）	|UE_ΔCE|	模型（2）分年度行业回归后所得残差取绝对值
		UE_ΔCE+	模型（2）分年度行业回归后所得残差的正值
		UE_ΔCE-	模型（2）分年度行业回归后所得残差的负值
控制变量	公司规模	Size	总资产自然对数
	资产负债率	Lev	期末总负债/期末总资产
	资产报酬率	Roa	营业利润/期末总资产
	第一大股东持股比例	Shr	第一大股东持股比例
	是否再融资	Seo	当年增发、配股为 1，否则为 0
	管理层薪酬	Sal	管理层总年薪取自然对数
	管理层持股	Msh	管理层持股数/总股数
	董事会独立性	Inde	董事会中独立董事人数
	年度	Year	样本区间为 2013~2017 年，设 4 个变量
	行业	Industry	根据证监会 2012 年行业分类，共计 18 个行业，设 17 个变量

四、实证结果与分析

（一）主要变量的描述性统计

主要变量的描述性统计结果如表 2 所示。

表 2　主要变量描述性统计

变量	均值	中位数	标准差
AccFee	13.800	13.710	0.689
AccTyp	0.008	0	0.089
AccSwi	0.130	0	0.336
|UE_CE|	0.045	0.028	0.053
UE_CE+	0.046	0.029	0.053

续表

变量	均值	中位数	标准差
UE_CE-	-0.044	-0.026	0.053
∣ UE_ΔCE ∣	0.044	0.028	0.054
UE_ΔCE+	0.044	0.028	0.048
UE_ΔCE-	-0.043	-0.027	0.050

审计费用（*AccFee*）均值为 13.800，标准差为 0.689，说明上市公司年均审计总费用约为 98.461 万元且不同企业有较大的差别。审计意见（*AccTyp*）均值为 0.992，中位数为 1，说明只有 0.8%的企业被出具了非标准审计意见。审计事务所变更（*AccSwi*）均值为 0.130，说明当年 13%的企业更换了事务所。∣*UE_CE*∣、∣*UE_ΔCE*∣ 均值分别为 0.045 和 0.044，说明上市企业当年进行分类转移盈余管理的程度为当年营业收入的 4.5%且进行盈余平滑的程度为营业收入的 4.4%；∣*UE_CE*∣、∣*UE_ΔCE*∣ 标准差为 0.061 和 0.054，说明不同企业间分类转移盈余管理的程度有显著的差别，同时向上、向下分类转移也都存在显著差别。

（二）多元回归分析

表 3 是检验审计费用与分类转移盈余管理关系假设的回归结果。第（1）（4）列是未预期核心盈余及其变化的绝对值，代表了分类转移盈余管理的总体水平。在控制其他因素的情况下，∣*UE_CE*∣、∣*UE_ΔCE*∣ 与 *AccFee* 在 1%的水平上显著正相关。这说明增加审计费用并不能抑制企业进行分类转移盈余管理，甚至在审计更加严格的情况下，更容易诱发企业进行分类转移盈余管理行为，证实了假设 H1a 成立。这可能是因为当企业收到审计限制时，传统的盈余管理方式被抑制，因此产生了用分类转移盈余管理的替代性动机（Fan et al.，2010；Abernathy，2014）。第（2）（5）列中 *UE_CE*+、*UE_ΔCE*+与 *AccFee* 在 1%水平上显著正相关，第（3）（6）列 *UE_CE*-、*UE_ΔCE*-与 *AccFee* 在 5%水平上显著负相关，充分说明企业不仅增加了向上盈余管理转移的程度，也增加了向下转移的程度，但向下转移的动机低于向上转移。

表 3　审计费用与分类转移盈余管理

变量	未预期盈余（*UE_CE*）			未预期核心盈余变化（*UE_ΔCE*）		
	∣ *UE_CE* ∣	*UE_CE*+	*UE_CE*-	∣ *UE_ΔCE* ∣	*UE_ΔCE*+	*UE_ΔCE*-
AccFee	0.004***	0.004***	-0.003**	0.005***	0.005***	-0.004**
	(3.618)	(2.599)	(-2.236)	(4.219)	(3.049)	(-2.467)
F	42.18	19.30	41.84	32.79	14.30	35.13
r2_a	0.101	0.091	0.182	0.085	0.072	0.166
N	10628	5301	5327	9970	4980	4990

注：*、**、*** 分别表示在 1%、5%、10% 置信水平上通过显著性检验。

表 4 是检验审计意见与分类转移盈余管理关系假设的回归结果。第（1）（4）列显示，其他相关因素不变时，∣*UE_CE*∣、∣*UE_ΔCE*∣ 与 *Acctyp* 在 1%水平上显著正相关，即在企业被出具非标准审计意见时，确实存在更严重的分类转移盈余管理，因此非标准审计意见对企业具有警戒作用，这说明假设 H2 得到证实。同时第（3）（6）列显示 *UE_CE*-、*UE_ΔCE*-与 *Acctyp* 在 1%水平上显著

负相关，由于因变量为盈余管理负值，因此表明被出具非标准审计意见的企业有更高的向下分类转移盈余管理程度。但第（2）（5）列中，*UE_CE+*、*UE_ΔCE+*与 *Acctyp* 的实证结果并不显著，说明即使企业存在较为严重的向上分类转移盈余管理，也不一定会导致审计师出具非标准审计意见。

表 4　审计意见与分类转移盈余管理

变量	未预期盈余（*UE_CE*）			未预期核心盈余变化（*UE_ΔCE*）		
	| *UE_CE* |	*UE_CE+*	*UE_CE-*	| *UE_ΔCE* |	*UE_ΔCE+*	*UE_ΔCE-*
acctyp	0. 029***	0. 007	-0. 060***	0. 027***	0. 008	-0. 040***
	(5. 489)	(1. 021)	(-7. 719)	(5. 337)	(1. 169)	(-5. 834)
F	43. 00	19. 03	44. 39	33. 35	13. 96	36. 51
r2_a	0. 102	0. 090	0. 190	0. 086	0. 070	0. 170
N	10673	5320	5353	10011	4997	5014

注：*、**、*** 分别表示在 1%、5%、10% 置信水平上通过显著性检验。

从整体而言，审计能够发现企业分类转移盈余管理的行为，但更倾向于发现向下转移造成的盈余管理而对向上转移并不敏感。这可能是因为向下分类转移会造成非经常性项目的可见增加，而非经常性项目的发生具有偶然性，骤然大量改变容易引起审计师的注意；同时向上转移并不改变净利润的总额，且盈余结构的一般变动不会引起审计师的关注，审计师也很难在有限的时间和资源下判断企业核心盈余的增加是否真的来源于企业生产经营的改进。因此审计意见对企业进行分类转移盈余管理的警戒作用是有限的。

表 5 是利用模型（3）检验事务所变更与分类转移盈余管理研究假设的回归结果。第（1）（4）列显示，在控制其他相关因素后，| *UE_CE* |、| *UE_ΔCE* | 与 *AccSwi* 在 1%水平上显著正相关，即当年变更了会计师事务所的企业有更高的分类转移盈余管理水平，表明新任事务所可能为了保留审计客户而进行了合谋舞弊，验证了假设 H3a。第（2）（5）列中，*UE_CE+*、*UE_ΔCE+*与 *AccSwi* 在 1%水平上显著正相关，验证了事务所变更并不能抑制企业向上分类转移盈余管理。第（3）列中，*UE_CE-*与 *AccSwi* 在 10%水平上显著负相关，说明企业在事务所变更后一定程度上增加了向下分类转移盈余管理的程度，但动机并不强烈，因为这不符合企业想要通过盈余管理表现出更优异的核心盈余的动机；而第（6）列中，*UE_ΔCE-*与 *AccSwi* 的实证结果并不显著，说明由于存在合谋，企业并不具备降低核心盈余波动以掩饰盈余管理的动机。

表 5　事务所变更与分类转移盈余管理

变量	未预期盈余（*UE_CE*）			未预期核心盈余变化（*UE_ΔCE*）		
	| *UE_CE* |	*UE_CE+*	*UE_CE-*	| *UE_ΔCE* |	*UE_ΔCE+*	*UE_ΔCE-*
AccSwi	0. 009***	0. 014***	-0. 004*	0. 007***	0. 011***	-0. 002
	(6. 314)	(6. 624)	(-1. 830)	(5. 089)	(5. 469)	(-1. 039)
F	43. 37	20. 67	42. 01	33. 25	15. 02	35. 14
r2_a	0103	0. 097	0. 182	0. 085	0. 075	0. 165
N	10673	5320	5353	10011	4997	5014

注：*、**、*** 分别表示在 1%、5%、10% 置信水平上通过显著性检验。

（三）稳健性检验

借鉴高雨和闫绪奇（2014）的做法，重新定义非核心盈余=（其他业务收入-其他业务成本）+投资收益+其他收益+公允价值变动损益+（营业外收入-营业外支出），核心盈余等于净利润总额扣除非核心盈余。对模型（1）和模型（3）进行回归，并代入模型（3）进行假设检验，计量结果未改变上述研究结论。

五、研究结论

在我国上市公司的盈利结构中，非经常性项目占有较大比重，并经常成为一些公司粉饰利润的重要手段，而且对持续盈余管理的企业，投资者的识别能力将更为受限（周嘉南和赵男，2019）。本文实证结果表明，审计行为中出具非标准审计意见对分类转移盈余管理只具有有限的警戒作用，而审计费用的增加与变更事务所反而会增加企业分类转移盈余管理的程度。为提高投资者利益保护水平，分析师、监管层要充分考虑分类转移盈余管理的隐蔽性并采取相关对策。

参考文献

[1] McVay S E. Earnings Management Using Classification Shifting: An Examination of Core Earnings and Special Items [J]. The Accounting Review, 2006.

[2] 张子余，张天西."特殊损失项目"与"核心费用"之间的归类变更盈余管理研究[J]. 财经研究，2012（3）：70-80.

[3] 周夏飞，魏炜. 非经常性损益披露监管与归类变更盈余管理——来自中国上市公司的证据[J]. 浙江大学学报（人文社会科版），2015（5）：119-132.

[4] 陆宇建，蒋玥. 制度变革、盈余持续性与市场定价行为研究[J]. 会计研究，2012（1）：58-67.

[5] I M Haw, SSM Ho, Li. Corporate Governance and Earnings Management by Classification Shifting [J]. Contemporary Accounting Research, 2011.

[6] 吴溪. 盈利指标监管与制度化的影响：以中国证券市场ST公司申请摘帽制度为例[J]. 中国会计与财务研究，2006（4）：95-115.

[7] 程富，王福胜. 基于分类转移的盈余管理研究——来自中国上市公司的经验证据[J]. 财经研究，2015（7）：81-94.

[8] Fan Y, Barua A, Cready W M, et al. Managing Earnings Using Classification Shifting: Evidence from Quarterly Special Items [J]. Accounting Review, 2010.

[9] J. L. Abernathy, B. Beyer E. T. Rapley, Earnings Management Constraints and Classification Shifting [J]. Business Finance & Accounting, 2014.

[10] 夏冬林，林震昃. 我国审计市场的竞争状况分析[J]. 会计研究，2003（3）：40-46.

[11] 史元，康丽宁，王佳悦. 异常审计收费与审计质量相关性研究——基于上市公司数据[J]. 财会通讯，2017（19）.

[12] 朱宏泉，朱露. 异常审计费用、审计质量与IPO定价——基于A股市场的分析[J]. 审计与经济研究，2018（4）：55-65.

[13] 曹国华，鲍学欣，王鹏. 审计行为能够抑制真实盈余管理吗？[J]. 审计与经济研究，2014（1）：30-38.

[14] 张蕾蕾. 审计收费与审计质量相关性分析——基于A股上市公司的经验数据[J]. 中国商论，2017

(12)：141-144.

[15] 上官鸣，王瑞丽．基于审计费用视角的盈余管理实证研究［J］．会计之友，2010（12）．

[16] 张友棠，熊毅，曾芝红．异常审计收费与分类转移盈余管理——经济租金还是审计成本［J］．审计研究，2019（2）．

[17] 师修繁．终极产权层级、盈余管理与审计意见［J］．财会通讯，2017（11）：23-27.

[18] 刘红梅，刘琛，王克强．内部控制缺陷、外部审计意见与真实盈余管理——基于新三板公司的实证研究［J］．财经论丛，2018（7）：80-87.

[19] 江伟，李斌．审计任期与审计独立性——持续经营审计意见的经验研究［J］．审计与经济研究，2011（2）．

[20] 王洪霞．浅议事务所审计任期对审计独立性影响［J］．企业研究，2014（4）．

[21] Carcello J V，A L. Nagy. Audit firm tenure and fraudulent financial reporting［J］. Auditing：A Journal of Practice and Theory，2004.

[22] 高雨，闫绪奇．上市公司分类转移盈余管理研究——基于政策监管视角［J］．会计与经济研究，2014（4）：32-42.

[23] 周嘉南，赵男．持续分类转移、核心盈余持续性与市场反应研究——来自中国上市公司的经验证据［J］．西南交通大学学报（社会科学版），2019（3）．

虚拟社区知识分享对消费者-品牌关系的影响研究*

——基于虚拟社区感的中介作用

张洁梅　齐少静　孔维铮

（河南大学商学院，河南开封　475004）

［摘　要］虚拟社区知识分享相关议题因其重要性成为学者关注的对象，但目前尚缺乏虚拟社区知识分享对消费者-品牌关系影响的研究。本文基于SOR模型，以虚拟社区感为中介变量，产品涉入度为调节变量，构建了虚拟社区知识分享对消费者-品牌关系影响的概念模型。基于361份虚拟社区问卷数据，检验了本文的假设，结果表明：虚拟社区知识分享质量和知识分享主体的社区地位对虚拟社区感有显著的正向影响；虚拟社区感对消费者-品牌关系有显著的正向影响，并在虚拟社区知识分享质量和知识分享主体的社区地位对消费者-品牌关系的影响中有中介作用；产品涉入度在虚拟社区知识分享质量和知识分享主体对虚拟社区感的调节作用并未得到验证。

［关键词］知识分享；虚拟社区感；产品涉入度；消费者-品牌关系

一、引言

近年来，随着互联网的普及，虚拟社区作为消费者知识分享和信息交流的一个新平台正在快速发展（常亚平等，2009）。2019年8月中国互联网统计中心（CNNIC）发布的《中国互联网络发展状况统计报告》显示，我国网络购物用户和使用网上支付的用户占总体网民的比例均为74.8%。有关虚拟社区在营销中的作用研究中，肯定了虚拟社区成员作为信息来源对消费者信息收集行为的重要影响（Hsu et al.，2011），加入虚拟社区将促进消费者之间的知识和信息分享行为（周涛和鲁耀斌，2008）。参与传统社会化活动的一般都是相熟的群体，而虚拟社区使消费者可以在虚拟环境中与陌生人进行社会化活动（Wang，2010）。虚拟品牌社区为互不相识的消费者提供了社会化学习的有利场所，从而促进消费者品牌传播。虚拟品牌社区具有很强的社会群体属性，个体会受到群体的影响，体现出“去个性化”现象。因此，虚拟品牌社区的品牌传播广度和深度与传统媒体相比都有大幅度提升。

*［基金项目］国家社科基金项目“社会化媒体下虚拟社区消费者知识分享机理及营销策略研究”（18BCL118）；河南省高校科技创新团队“在线社区消费者知识分享机理研究”（18IRTSTHN018）；河南大学哲学社会科学创新团队培育计划“社会化媒体下虚拟社区消费者行为研究”（2019CXTD008）。

随着关系营销时代的到来，企业普遍开始关注品牌与消费者间的关系，希望能通过更多的方式向消费者传播品牌，与消费者保持良好互动并建立和品牌间的长期利益纽带。虚拟社区成为加强与消费者感情关联度的重要平台。在营销实践中，建立消费者对品牌的忠诚关系是品牌负责人的责任之一，能否建立与消费者长期“合作”关系是品牌成功与否的基础，因此，品牌要保持生命活力，必须重视与消费者之间关系的建立和维护。学者也将消费者-品牌关系作为持续关注对象，相关议题一直是探讨的重点。品牌领域的相关研究发现，消费者和品牌间的关系不是单纯的人与物的关系，消费者和品牌之间的关系特征与人际关系的特征有相似的部分（Fournier，1998）。因此，有必要深入探讨消费者与品牌的关系的内涵，捕捉消费者-品牌关系的动态性特征。由于虚拟社区消费者的知识分享能够吸引消费者，企业纷纷也建立虚拟社区维护消费者-品牌关系，但虚拟社区用户流失非常严重，不少用户参与一次后就不再问津。那么，什么样特征的知识分享能让消费者感知到价值、能够满足需求，使消费者产生认同并持续参与虚拟社区？对虚拟社区的认同和参与是否能影响消费者-品牌关系的强度？虚拟社区知识分享影响消费者-品牌关系的机制是怎样的？本文借鉴 SOR 模型和信息接受模型构建了虚拟社区知识分享对消费者-品牌关系影响的理论模型，讨论知识分享质量、知识分享主体专业能力、社区地位对消费者-品牌关系的影响，并引入虚拟社区感作为中介变量，从成员感和沉浸感两个维度分析其在知识分享对消费者-品牌关系影响间的中介作用，验证产品涉入度是否在知识分享对虚拟社区感的影响中发挥调节作用。

二、相关研究综述

（一）SOR 模型

早期的心理学者忽略了个体的内心活动，将 S-R 模型（Stimulus-Response，刺激-反应）视为一个“黑箱子”。20 世纪 30 年代，S-R 模型被改正优化，增加了一个“O”变量，成为 SOR 模型（Stimulus-Organism-Response，刺激-机体-反应），即环境心理学模型，用以解释环境对人类行为的影响。该理论的核心观点是物理环境的气氛可以影响机体的状态，进而影响其相应的决策和行为。

消费者行为研究中借鉴 SOR 模型，主要用于解释环境特征对主体心理活动和行为的影响。随着电子商务的迅速发展，购物环境从线下发展到线上，线上虚拟环境的独特性引起了学者的关注。信息质量及网站质量等因素刺激消费者对网站环境的感知，对消费者的态度、信任产生正面或负面影响（Chen，2007；Hsu et al.，2012）。网站的信息交互、个体偏好、网站品牌对消费者的沉浸、认知以及网站涉入产生影响（Huang，2012）。喻昕和许正良（2017）以直播平台为虚拟环境载体，将对弹幕信息的沉浸定义为 SOR 模式下的情感表现，验证了直播平台的沉浸体会对用户信息参与行为的积极影响。徐孝娟等（2017）选择社交网站为研究对象，以 SOR 模型为理论基础建立社交网站用户流失模型，研究社交网络特征对用户大规模流失的影响。周涛和陈可鑫（2018）基于 SOR 模型，实证分析了在线支持和服务质量对虚拟社区感及用户使用的积极作用，表明社会化商务平台在线社区的在线正向情感支持、高质量信息支持以及优质服务质量，是确保社会化商务成功实施的关键特征。

（二）虚拟社区感

虚拟社区的出现为企业传播品牌、维系与消费者之间的关系提供了新的渠道。在传统社区中，描述一个团体或者组织的凝聚力水平、组织结构和沟通行为的基本概念，社区心理学家称为“社区感”（Wang，2010）。McMilllan 和 Chavis（1986）将社区感定义为归属感，这种成员对社区的归属反映了成员间或者成员与社区间的感情，只有在成员的需求被满足或者成员形成共同的信仰才会产生归属感即社区感。在虚拟社区没有出现之前，社区感被认为是传统组织成员面对面社区的一个重要特征。虚拟社区是依托互联网技术创建的虚拟空间，不具有传统组织或团体的实际空间位置，是聚集了有共同兴趣和喜好的非正式社区，成员们通过网络完成社区活动，可以形容为是成员头脑中的社区（Chen et al.，2013）。没有传统社区实际线下活动虚拟社区成员通过线上活动仍然能够体会到 McMillan 和 Chavis（1986）所提出的社区感，Blanchard 和 Markus（2004）在以一个新闻社区为研究对象的研究中验证了虚拟社区中“社区感”的存在。

虚拟社区感的提出成为学者们关注的重点，一方面是因为虚拟社区感是从传统“社区感”中的延伸概念，相对复杂和新颖，另一方面虚拟社区感概念提升了虚拟社区的生命力，为解释虚拟社区动态提供理论支持。目前学者比较认可的是将虚拟社区感划分为成员感、影响力和沉浸感三个维度（Chen，2013）。成员感反映的是成员对虚拟社区的归属感，与“社区感”的定义相似。影响力反映的是对社区内其他成员的影响程度。沉浸感反映的是成员沉溺于社区的一种状态。本文选取成员感、沉浸感两个维度，原因是本文以知识分享接受者为研究主体，是知识分享质量和知识分享主体的被影响者，不考虑其对社区内其他成员的影响。另外，本文定义知识分享主体的维度是专业能力和社区地位，描述的是其作为发送者的影响力，与虚拟社区感中影响力定义相关度过高。

（三）消费者-品牌关系

相对于消费者-品牌关系在营销实践中的大量应用，理论探讨和实证研究都缺少统一框架来理解与运用这一概念。目前，关于消费者-品牌关系的定义还没有统一的界定。在试图阐明消费者-品牌关系构念内涵的相关研究中，国内外学者提出了多种理论模型，其中代表性的模型包括消费者-品牌关系质量模型、消费者-品牌关系强度模型及消费者-品牌关系的依恋-厌恶模型。

Fournier（1998）提出的品牌关系质量（Brand Relationship Quality，BRQ）概念是最具影响力的模型之一，认为品牌关系质量由爱与激情、自我联结、相互依赖、个人承诺、亲密感、品牌的伙伴品质六个维度组成。Aaker（2004）将品牌关系质量模型作了进一步的分析认为，在品牌关系质量量表中，“爱与激情”和“相互依赖”变量间相关性过高，“品牌的伙伴品质”表现为人际交往中互惠互利，用以形容消费者与品牌间的关心有局限，这一点也受到谢毅和彭泗清（2009）的认同。基于此，Aaker 在品牌关系质量量表的基础上增加了对品牌满意的维度，提出了满意度、承诺、亲密感和自我联结等维度构成的消费者-品牌关系强度概念，描述消费者与品牌关系的持久性和有效性。Park 等（2013）提出了消费者-品牌关系的另外一个代表性模型，消费者-品牌关系的依恋-厌恶模型，该模型以两个概念来定义消费者-品牌关系的强度和正负。一个概念是品牌显著性，测量消费者所拥有品牌知识的显著性和对品牌记忆的可获得性。换言之，消费者脑海中是否很容易或者经常浮现关于该品牌的想法。另一个概念是品牌-消费者距离，表示品牌与消费者联结的变量，被定义为消费者所感知到的与品牌之间的距离。它显示出两者关系的正负，距离很近代表消费者与品牌之间的关系是正面的，距离很远代表消费者与品牌之间的关系是负面的（刘蕾等，2018）。Fournier 和 alvarez（2013）认为这个模型可以对消费者-品牌关系类型做出统一的评价和描述，能更好地预测消费者对品牌的心理反应，适用于描述和扩展社会化媒体环境下发展变化的消费者-品牌关系。

本文研究知识分享通过虚拟社区感对消费者-品牌关系的有效性影响，因此参考 Aaker 和 brasel（2004）的消费者-品牌关系强度模型，将消费者-品牌关系分为满意度、承诺、亲密感和自我联结四个维度。

三、研究假设与概念模型

（一）知识分享对虚拟社区感的影响

虽然目前还没有关于知识分享与虚拟社区感关系的整合研究，但已有学者分别研究了知识分享质量和知识分享主体的专业能力和社区地位对感知有用性、满足的影响（杨爽，2013；Petty and Cacioppo，1986；Cheung et al.，2008），用户在虚拟社区中获取有用信息，满足需求从而对虚拟社区产生认同感并持续参与，需求满足被证实是影响虚拟社区感的重要前因（Kim and Koh，2003；Ellonen et al.，2007；朱振中等，2014）。

在信息接受模型中，信息质量和信息源可靠性是判断信息是否有用的关键因素。梁文玲和杨文举（2016）以信息质量为研究对象，构建了信息质量对用户持续参与意愿影响的概念模型，指出虚拟品牌社区的优质的内容质量可以使用户产生满足感，进而积极影响用户持续参与虚拟社区的意愿。杨爽（2013）利用 Tobit 模型进行回归分析，结果表明信息质量越高感知有用性越易产生。Cheung（2008）的研究表明，高质量的信息具有相关性与完整性的特点，相关性能够帮助信息搜寻者快速、准确地获取到自己想要的内容，完整性能够较为全面、综合地展示产品的细节信息，满足用户收集信息的需求。需求满足是 McMillan 和 Chavis（1986）提出的社区感经典模型中的一个构成元素。Koh 和 Kim（2003）基于社会心理学理论，并对多种类型虚拟社区管理者进行访谈，从社区管理者的层面构建了虚拟社区感模型，并最早指出成员在虚拟社区的活动中实现价值，获得良好体验的心理状态是虚拟社区感的反映。同样，Ellonen（2007）也认为需求满足是影响虚拟社区感产生的原因。基于以上分析，提出如下研究假设：

H1：知识分享质量对虚拟社区感有正向影响。

H1a：知识分享质量对成员感有正向影响。

H1b：知识分享质量对沉浸感有正向影响。

信息质量是影响消费者感知有用性，产生虚拟社区感的重要因素，Chaiken 和 Trope（1999）认为知识分享发送者特征会作为额外的线索帮助消费者形成对信息内容的判断。传统的信息源可信赖性包括专业、经验和可信特质（Heung，2008；Martin and Lueg，2013），对于信息与可靠性的内涵解释还没有统一的观点。常亚平等（2011）在虚拟社区知识分享中知识发送者特征对接受者购买意愿的研究中，将发送者特征分为与接收者关系强度、专业能力、社区地位维度，并证实了与接收者关系强度、专业能力、社区地位可以通过减弱消费者的感知风险进而增强信任感。Moon 和 Kim（2001）发现，通过与其他成员互动获取有价值信息，不但可以使其产生对所在虚拟社区的归属感，对所在虚拟社区的忠诚度也有所提高。信息源的专业知识水平越高，消费者越会主动地向他们搜寻信息，对这种口碑信息的依赖性也会明显增强。

基于以上分析，提出如下研究假设：

H2：主体专业能力对虚拟社区感有正向影响。

H2a：主体专业能力对成员感有正向影响。

H2b：主体专业能力对沉浸感有正向影响。

Tonteri（2011）指出消费者参与虚拟社区是有目的的，只有自身期望得到满足时，他们才有意愿参与更多的社区活动，成员感和社区归属感才会进一步增强。杨爽（2013）的研究将社区地位这一构念作为判定发送者是否可值得信赖的重要特征，即具有较高社区地位的成员的信息更易被接受，并证实了发送者社区地位对信息感知有用性的正向影响。社区地位较高的人对自己的言论会更加负责，提供的信息也更加准确。接收者在进行信息的选择和处理过程中，对社区地位较高的信息发送者提供的信息会更加关注，信息对他们的影响力也越大（常亚平等，2011）。能满足消费者需求的有用信息是产生虚拟社区感的重要影响因素，即消费者参与虚拟社区的期望被满足，用户期望从社区获得准确、及时的信息，从而建立对社区的归属感和认同感。

基于以上分析，提出如下研究假设：

H3：主体社区地位对虚拟社区感有正向影响。

H3a：主体社区地位对成员感有正向影响。

H3b：主体社区地位对沉浸感有正向影响。

（二）虚拟社区感对消费者-品牌关系的影响

虚拟品牌社区是一种新的关系营销模式。关系视角的观点认为，消费者与品牌关系的强度和深度决定品牌资产（Fournier，1994）。Chu 和 Chan（2009）指出，虚拟品牌社区可以帮助企业高效识别对企业品牌感兴趣的消费者，发掘潜在需求，促进社区推广，提升品牌关系。

在一个社区中，社区感的产生十分重要，其能够影响成员参与社区活动和集中解决问题的行为。McMillan 和 Chavi（1986）研究证明品牌社区的心理感觉有助于创造消费者基础，使虚拟社区成员形成“我们感”（sense of weness），成员在“我们”意识的推动下，形成承诺，成员的虚拟社区感越强，对品牌的承诺感越强（刘新和杨伟文，2012）。马双和王永贵（2015）提出消费者-品牌关系中的承诺指的是消费者与品牌之间的相对稳定性法人关系。成员感是维系成员和虚拟社区之间关系的重要因素，有利于激发成员产生对虚拟社区的持续稳定的关系（Zhou，2011）。吴麟龙和汪波（2015）提出，虚拟社区成员间的认同可以影响成员对品牌认可，成员间认同也可以通过社区认同促进成员对品牌的认可。成员感帮助用户树立一种身份意识，并对其所属社区作出某种情感上的承诺，成员对群体的感情依赖，会影响自身的自我品牌联结（杜伟强等，2009）。

基于以上分析，提出如下研究假设：

H4：成员感对消费者-品牌关系有正向影响。

H4a：成员感对承诺有正向影响。

H4b：成员感对亲密有正向影响。

H4c：成员感对满意有正向影响。

H4d：成员感对自我品牌联结有正向影响。

虚拟社区感的另一个维度是沉浸感，沉浸意味着成员在社区中投入超常规的时间和精力。由于社区成员时间和精力的投入，更易产生对社区的积极态度，形成对虚拟社区的承诺。虚拟社区感的核心作用在于虚拟社区感能增强成员对品牌的承诺感。Delone 和 Mclean（1992）认为，虚拟环境下成员在互动过程中的感受决定了对虚拟社区的情感承诺，即成员体验满意度越高，持续参与虚拟社区的意愿越强烈。另外，成员在虚拟社区中投入的时间和精力是一种成本，付出成本，才可能与社区中的其他成员建立关系。根据禀赋效应，为避免成本损失，成员会产生对社区承诺。Armstrong 和 Hagel（1996）发现，基于互联网的虚拟品牌社区方便成员相互交流，能为他们带来更多机会，是一条提高消费者忠诚的潜在途径。因此，持续长时间的投入，会加强成员与品牌社区间的亲密关系。社区成员之间的情感关系和情感态度使成员与社区之间的关系由独立的个体关系发展为群体关系，并产生对社区的依恋和认同。刘新和杨伟文（2010）的研究指出，认同是虚拟品牌社区影响品牌忠诚的途径。朱振中等（2014）认为虚拟社区感对企业品牌社区的营销运作及社区成员忠诚度培养等可能会产生一定的影响。

在虚拟品牌社区中，社区成员投入越多的时间和精力，他对社区或他人之间关系的感受会越强。而品牌是虚拟社区的核心要素，成员对品牌有更强的感知，进而促进消费者-品牌关系。基于以上分析，提出如下研究假设：

H5：沉浸感对消费者-品牌关系有正向影响。

H5a：沉浸感对承诺有正向影响。

H5b：沉浸感对亲密有正向影响。

H5c：沉浸感对满意有正向影响。

H5d：沉浸感对自我联结有正向影响。

（三）虚拟社区感的中介作用

从上文的分析可以看出，在有关虚拟社区知识分享后效应研究中，其影响效应都是通过网络社区融入及内部关系机制来发生作用的，即虚拟社区知识分享通过品牌社区融入或内部关系对品牌态度及品牌口碑等的产生影响关系。虽然目前没有对虚拟社区知识分享与消费者-品牌关系间的整合研究，但已有学者分别从企业公开信息、消费者互动、用户参与及线上体验等变量对消费者-品牌关系的影响进行了研究，虚拟社区中消费者知识分享涉及企业和品牌的公开信息、消费者体验信息及口碑的互动交流和疑问解答。另外，学者们从认同角度提出社区认同加深品牌认可的逻辑，即虚拟社区用户通过对社区的认同会提升对该品牌的认可。

黄敏学等（2015）认为消费者在获取或分享内容时，这些信息内容有用和有价值而产生的体验会通过社区认同产生对该社区的归属感影响消费者对品牌的忠诚，通过实证验证了这一结果，并发现社区认同在其中起到部分中介作用。徐光等（2016）基于社会资本理论构建了以虚拟社区感为中介变量的虚拟社区社会资本对组织公民行为的影响模型，通过对虚拟社区数据分析得出，虚拟社区感知对社会资本的结构、关系和认知维度和组织公民行为之间的关系中具有部分中介作用。孙红（2018）从社区认同视角研究了虚拟社区知识分享对消费者品牌态度的影响机制，对虚拟社区知识分享数据进行分析，并验证了社区认同在知识分享与消费者品牌态度间的中介效应。李嘉琪（2018）实证研究了虚拟社区认同感在移动健身社区体验与用户忠诚间的关系，得出虚拟社区认同感在其关系中的中介作用。个体形成社会认同需要两个基本条件：一是要具有特定的群体身份，二是个体意识到此身份的价值和情感意义。基于此，形成虚拟社区感不仅需要社区成员意识到自己作为社区成员的身份，也要他们感知到作为社区成员带来的价值和意义，否则就无法形成虚拟社区感。由于虚拟品牌社区知识分享能让消费者在社区浏览搜索内容，获取对自己有用的信息，对品牌产品相关有更多的了解，这一方面使消费者直接加深对品牌的了解和喜爱，另一方面也使社区成员感知到参与该社区的价值和意义，建立虚拟社区感，继而建立与该品牌之间的关系。基于以上分析提出研究假设：

H6：虚拟社区感在知识分享对消费者-品牌关系的影响中起中介作用。

H6a：虚拟社区感在知识分享质量对消费者-品牌关系的影响中起中介作用。

H6b：虚拟社区感在专业能力对消费者-品牌关系的影响中起中介作用。

H6c：虚拟社区感在社区地位对消费者-品牌关系的影响中起中介作用。

（四）产品涉入度的调节作用

消费者在评估产品属性时，即对产品有了涉入度。产品涉入度（product involvement）是指个人所感知的产品属性与自身需求、价值观念和兴趣的相关程度（Zaichkowsky，1985），即为购买所付出的努力程度。根据消费者对于产品所付出的时间和精力的不同，可以将产品划分为低涉入度产品和高涉入度产品（Richins，1983）。在低产品涉入度的情况下，消费者会寻找最省力、简洁的方法收集信息；产品涉入度越高，消费者越会更加积极地搜索有关线索（王正方等，2016），消费者更有兴趣获得产品信息，也会倾向评估各种竞争方案（Zaichkowsky，1985；金立印，2007；董晓松和张继好，2009）。产品涉入度较高时，消费者很难依靠自己所具备的产品知识对信息的可靠性做出准确判断，因而消费者在对信息做判断时会更多地依赖对信息发送者的专业性和可靠性的判断；相反地，当产品涉入度较低时，会更倾向于借助自己的主观认知来做出判断。王德胜和建全（2013）基于关系视角提出社区涉入度概念用以描述消费者与社区之间的关系，当消费者与网站的关系密切、互动次数较频繁时，即为高涉入度，而相反则为低涉入度。虚拟品牌社区提供给消费者的是一种高涉入度的场景，给消费者信赖感和认可度（杨爽，2015）。因此产品涉入度较高时，消费者倾向于收集更多高质量、可高的信息，虚拟社区为消费者提供了相对专业的搜索平台，满足消费者需求，使其更易产生认同和沉浸感。产品涉入度较时，消费者更偏向于快速做出决策，不会在虚拟社区上花费精力和时间。因此，基于以上分析，提出如下研究假设：

H7：产品涉入度在虚拟社区感对虚拟社区感的影响中起调节作用。

H7a：产品涉入度在知识分享质量对虚拟社区感的影响中起调节作用。

H7b：产品涉入度在专业能力对虚拟社区感的影响中起调节作用。

H7c：产品涉入度在社区地位对虚拟社区感的影响中起调节作用。

综上所述，基于虚拟社区知识分享、虚拟社区感、消费者-品牌关系之间的关系，在理论分析的基础上提出本文的研究假设，借鉴 SOR 模型和信息接受模型，构建出知识分享对消费者-品牌关系影响的概念模型，如图 1 所示。

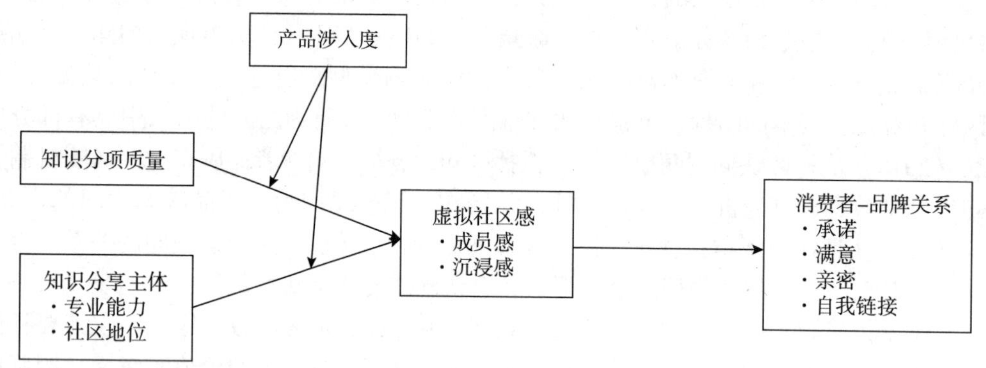

图 1　本文的理论模型

四、研究方法

（一）问卷与量表

本问卷包括基本信息、虚拟社区知识分享对消费者-品牌关系影响的测量两个部分，调查问卷的选项形式采用李克特 5 级量表，从 1 到 5 分别是“非常不同意、不同意、一般、同意、非常同意”，供被调查者根据自己的实际情况参与调查。

（1）自变量的测量。本文对于知识分享质量的测量参考 Delone 等（1992）的量表，包括四个题项。借鉴学者对知识分享主体的划分，对于专业能力的测量参考 Bansal 等（2000）的量表，包括三个题项。对于社区地位的测量，借鉴常亚平等（2011）虚拟社区知识共享主体的研究，设置三个题项。

（2）中介变量的测量。本文对于虚拟社区感的测量注重从虚拟社区知识分享接收者角度，因此选择了成员感和沉浸感两个维度，并参考 Koh 和 Kim（2003）对虚拟社区感题项的设置，成员感和沉浸感两个维度分别包括四个题项。

（3）调节变量的测量。测量产品涉入度参考的是 Zaichkousky（1985）、常亚平等（2011）的研究，包括四个测量题项：重要、息息相关、有意义、很需要。

（4）结果变量的测量对于消费者-品牌关系强度参考 Aaker 和 Brasel（2004）的研究，将消费者-品牌关系强度划分为承诺、亲密、满意、自我联结四个维度，对具体题项翻译，承诺包括四个题项、亲密包括四个题项、满意包括四个题项、自我联结包括四个题项。

（二）数据收集与样本特征

本文问卷进行了前测，首先通过微信发放问卷，共回收有效问卷 83 份，并使用 SPSS 22.0 进行信度、效度检验，结果显示所有变量的 Cronbach's α>0.8，样本涉及所有变量的 KMO>0.8，证明该问卷具有良好的信度和效度。然后通过问卷星样本服务收取问卷，通过付费鼓励吸引用户填写。最后共回收问卷 411 份，并剔除明显雷同项、选项统一项的问卷 50 份，最后保留 361 份有效问卷，有效问卷回收率为 87.83%。

通过问卷星样本服务和微信推荐发放调查问卷“虚拟品牌社区知识分享对消费者-品牌关系的影响”，问卷内容由基本信息部分和虚拟品牌社区知识分享对消费者-品牌关系的影响测量部分组成，基本信息部分主要收集了样本的性别、年龄、受教育程度、月收入、关注的虚拟品牌社区种类、动机及时间长短，虚拟品牌社区知识分享对消费者-品牌关系的影响测量部分包括知识分享质量、专业能力、社区地位、虚拟社区感、产品涉入度、消费者-品牌关系变量的题项。删除无效问卷，有效问卷样本基本信息如表 1 所示。

根据数据结果发现，调查样本的男女比例基本持平，分别占有效样本总数 50.4%和 49.6%。年龄主要集中在 18~40 岁，分布较为平均，与参与虚拟社区群体分布的实际情况相符。84.4%的样本学历是大学生，月收入分布较为均等，月收入 3000 元以下人数最少，占样本总量的 18.8%，月收入在 5001~8000 元的人数最多，占样本总量的 36.6%。调查样本关注的虚拟品牌社区种类主要集中在化妆品和手机类，分别占样本总数的 33.2%和 44.9%。其中，高达 75.6%的人参与虚拟品牌社区的动机是获取信息，所以本文从知识分享接收者角度研究虚拟社区知识分享对消费者-品牌关系的影响是有必要的。调查样本中 80%的人关注虚拟品牌社区的时间在三年以内，这是因为虚拟品牌社区存在的时间不长，企业关注虚拟品牌社区的建立以及推广产品、维系消费者-品牌关系也处于探索阶段。

表 1　样本基本信息统计

变量	指标	数量	百分比（%）
性别	男	182	50.4
	女	179	49.6

续表

变量	指标	数量	百分比（%）
年龄	18 岁以下	1	0.3
	18~25 岁	91	25.2
	26~30 岁	124	34.3
	31~40 岁	120	33.2
	40 岁以上	25	6.9
受教育程度	初中及以下	2	0.6
	高中	16	4.4
	大学	306	84.4
	硕士及以上	37	10.2
月收入	3000 元以下	68	18.8
	3001~5000 元	85	23.5
	5001~8000 元	132	36.6
	8000 元以上	76	21.1
关注虚拟品牌社区类别	化妆品类	120	33.2
	手机类	162	44.9
	机动车类	40	11.1
	其他	39	10.8
访问动机	分享知识	49	13.6
	获取信息	273	75.6
	互动聊天	20	5.5
	其他	19	5.3
关注时长	1~2 年及以下	129	35.7
	2~3 年	149	41.3
	3~5 年	62	17.2
	5 年以上	21	5.8

（三）信度和效度检验

本文运用 SPSS 22.0 软件和 AMOS 24.0 软件，利用验证性因子分析方法对各变量的信度和效度进行检验。各变量的克朗巴哈系数值（Cronbach's α）和组合信度值（CR）均大于 0.7，具体数值如表 2 所示，说明量表内部一致性良好。各变量测量项的因子载荷均大于 0.5，专业能力、社区地位、满意的 AVE 值分别为 0.471、0.448、0.480，大于 0.4，其他变量的 AVE 值均大于 0.5，因此测量量表的收敛效度良好。

表 2　变量信度检验及验证性因子分析

变量	测量项	因子载荷	Cronbach's α	AVE	CR
知识分享质量（KQ）	KQ1	0.698	0.803	0.508	0.805
	KQ2	0.746			
	KQ3	0.663			
	KQ4	0.743			
专业能力（PC）	PC1	0.703	0.727	0.471	0.727
	PC2	0.654			
	PC3	0.702			
社区地位（NS）	NS1	0.638	0.706	0.448	0.708
	NS2	0.723			
	NS3	0.645			
成员感（VCM）	VCM1	0.747	0.865	0.616	0.865
	VCM2	0.793			
	VCM3	0.803			
	VCM4	0.797			
沉浸感（VCI）	VCI1	0.838	0.812	0.539	0.820
	VCI2	0.799			
	VCI3	0.736			
	VCI4	0.525			
产品涉入度（PI）	PI1	0.825	0.859	0.606	0.850
	PI2	0.736			
	PI3	0.759			
	PI4	0.791			
承诺（COM）	COM1	0.788	0.816	0.553	0.820
	COM2	0.689			
	COM3	0.748			
	COM4	0.692			
亲密（ZNT）	ZNT1	0.690	0.798	0.500	0.800
	ZNT2	0.677			
	ZNT3	0.741			
	ZNT4	0.721			
满意（SAT）	SAT1	0.706	0.734	0.480	0.735
	SAT2	0.699			
	SAT3	0.675			

续表

变量	测量项	因子载荷	Cronbach's α	AVE	CR
自我联结（SC）	SC1	0.718	0.822	0.528	0.816
	SC2	0.766			
	SC3	0.658			
	SC4	0.760			

各变量的相关系数及辨别效度如表3所示，每一个变量的平均提取方差（AVE）的平方根应大于其与其他潜变量的相关系数，表明量表的辨别效度良好，本文各变量量表的辨别效度达到可接受水平。通过相关系数，知识分享质量、专业能力和社区地位与虚拟社区感和消费者-品牌关系各因子有显著正相关关系，虚拟社区感与消费者-品牌关系之间正相关关系显著，相关性分析的结果初步支持了相关假设。

表3 相关系数及辨别效度

	KQ	PC	NS	VCM	VCI	PI	COM	ZNT	SAT	SC
KQ	0.713									
PC	0.652**	0.686								
NS	0.626**	0.706**	0.669							
VCM	0.603**	0.544**	0.590**	0.785						
VCI	0.474**	0.405**	0.438**	0.596**	0.732					
PI	0.635**	0.610**	0.628**	0.741**	0.593**	0.778				
COM	0.551**	0.564**	0.584**	0.677**	0.551**	0.729**	0.743			
ZNT	0.571**	0.626**	0.592**	0.662**	0.517**	0.718**	0.756**	0.707		
SAT	0.593**	0.610**	0.580**	0.605**	0.533**	0.677**	0.739**	0.769**	0.693	
SC	0.578**	0.538**	0.580**	0.642**	0.602**	0.713**	0.732**	0.716**	0.743**	0.726

注：**表示在0.01水平（双侧）上显著相关对角线位置为AVE值的平方根。

（四）模型假设检验

结构方程模型对模型假设进行检验，因为本文涉及的变量知识分享主体、虚拟社区感、消费者-品牌关系均为二阶变量，知识分享主体分为专业能力和社区地位两个维度，虚拟社区感分为成员感、沉浸感两个维度，消费者-品牌关系分为承诺、亲密、满意、自我联结四个维度，理论模型中的潜变量较多，因此采用AMOS 24.0软件运用最大似然估计法对结构方程进行检验，本文的结构方程模型如图2所示，标准化系数均为正且显著（方差C.R.值为13.416），说明没有违反估计（offending estimate）。χ^2/df 值为1.766<2，RMSEA值为0.046<0.08，GFI值为0.859>0.8，接近0.9，FIIFI、CFI、TLI的值均大于0.9，说明本文研究结构模型拟合度良好，适宜进行路径分析。

表4是结构方程模型对模型假设检验结果，C.R.（critical ratio）值即Z值，是路径系数与S.E.的比值（strand error），当C.R.>3.25，即p<0.001；当C.R.>1.96，即p<0.05代表假设成

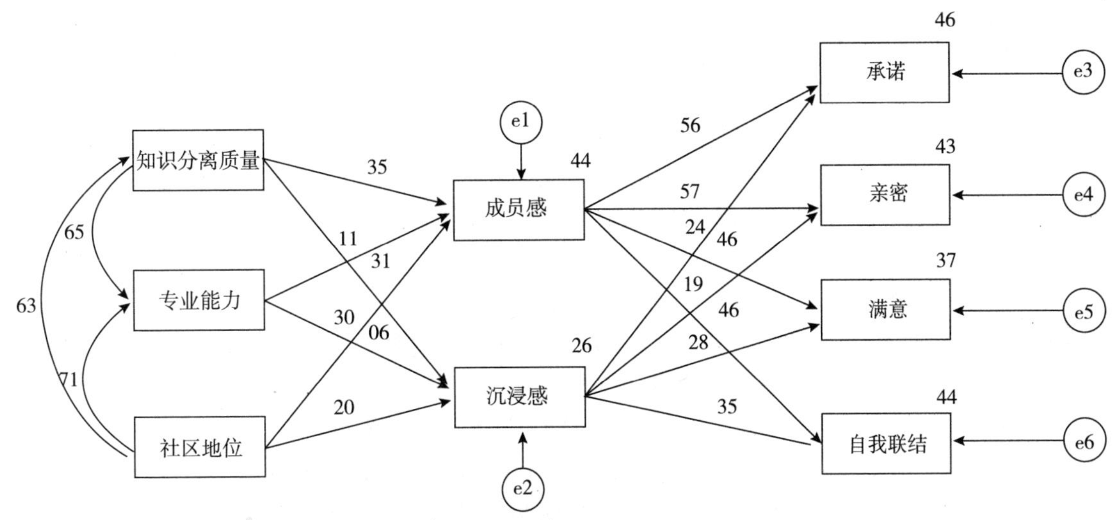

图 2　结构方程模型

立。知识分享质量对虚拟社区感有显著的正向影响，C. R. 值分别为 6. 359、4. 874，p<0. 001，H1 得到支持。专业能力对虚拟社区感的影响不显著，H2 没有得到支持。社区地位对虚拟社区感有显著的正向影响，C. R. 值分别为 5. 080、2. 991，p<0. 001、p<0. 05，H3 得到支持。虚拟社区感对消费者品牌关系的正向影响显著，分别表现为成员感对消费者品牌关系的影响，C. R. 值分别为 11. 541、11. 415、8. 855、9. 326，p<0. 001，沉浸感对消费者品牌关系的影响，C. R. 值分别为 4. 909、3. 922、5. 319、7. 244，p<0. 001，H4、H5 均得到支持。

表 4　路径系数显著性检验

相关假设	路径系数	S. E.	C. R.	P	检验结果
H1a 成员感<——知识分享质量	0. 438	0. 0690	6. 359	***	支持
H1b 沉浸感<——知识分享质量	0. 392	0. 0800	4. 874	***	支持
H2a 成员感<——专业能力	0. 130	0. 0720	1. 813	0. 070	不支持
H2b 沉浸感<——专业能力	0. 076	0. 0840	0. 911	0. 362	不支持
H3a 成员感<——社区地位	0. 363	0. 0720	5. 080	***	支持
H3b 沉浸感<——社区地位	0. 250	0. 0830	2. 991	**	支持
H4a 承诺<——成员感	0. 489	0. 0420	11. 541	***	支持
H4b 亲密<——成员感	0. 458	0. 0400	11. 415	***	支持
H4c 满意<——成员感	0. 365	0. 0410	8. 855	***	支持
H4d 自我联结<——成员感	0. 412	0. 0440	9. 326	***	支持
H5a 承诺<——沉浸感	0. 206	0. 0420	4. 909	***	支持
H5b 亲密<——沉浸感	0. 156	0. 0400	3. 922	***	支持
H5c 满意<——沉浸感	0. 217	0. 0410	5. 319	***	支持
H5d 自我联结<——沉浸感	0. 316	0. 0440	7. 244	***	支持

注：*** p<0. 001，** p<0. 01；C. R. 值即 Z 值。

资料来源：笔者整理。

（五）中介效应检验

本文运用 SPSS 22.0 的 process 插件，采用 Bootstrap 方法，参照 Hayes（2012）提出的方法，将样本量设定为5000，采用偏差校正的非参数百分位法进行抽样，并将置信区间的置信度设为95%，若在该置信区间内间接效应上下限不包括 0，则说明中介效应存在。根据结构方程模型路径分析结果，虚拟社区知识分享者专业能力对虚拟社区感的影响作用没有得到支持，因此，不对该路径进行中介作用检验。

采用 Hayes（2012）编制的 SPSS 宏中的 Model（Model 4 为简单的中介模型），在控制性别、年龄的情况下对虚拟社区感在知识分享质量与消费者-品牌关系之间的影响中的中介作用进行检验。本文研究中的虚拟社区感分为成员感、沉浸感两个维度，消费者-品牌关系分为承诺、亲密、满意、自我联结四个维度，因此分为八个模型分别检验之间的关系（见表 5）。以模型 1 为例，即检验成员感在知识分享质量与承诺的关系中的中介作用，结果如表 5 所示。知识分享质量对承诺的作用显著（$t=12.32$，$p<0.01$），知识分享质量对成员感的影响作用显著（$t=13.91$，$p<0.01$）且当放入中介变量成员感后，知识分享质量对承诺的作用依然显著（$t=4.75$，$p<0.01$），成员感对承诺的作用显著（$t=11.58$，$p<0.01$）。此外成员感的中介效应在 Bootstrap 95%置信区间的上下限都不包含 0，表明成员感能够通过知识分享适量影响承诺，该中介效应（0.37）占总效应的 59.63%。模型 2 至模型 4 分别检验成员感在知识分享质量与亲密、满意、自我联结间的中介作用，判断方法与模型 1 一样。数据结果显示，成员感的中介效应显著分别为 0.31、0.24、0.32，占总效应的 52.54%、39.34%、47.06%。

表 5　成员感在自变量与因变量间的中介作用

模型 1	承诺		承诺		成员感	
	t	p	t	p	t	p
性别	-1.64	0.10	-0.76	0.45	1.23	0.22
年龄	-1.50	0.13	0.54	0.59	3.53	0.00
知识分享质量	4.75	0.00	12.32	0.00	13.91	0.00
、成员感	11.59	0.00				
R^2	0.50		0.31		0.39	
F	87.55		52.40		74.65	
模型 2	亲密		亲密		成员感	
	t	p	t	p	t	p
性别	0.09	0.92	0.68	0.50	1.23	0.22
年龄	-0.34	0.74	1.40	0.16	3.53	0.00
知识分享质量	5.64	0.00	12.85	0.00	13.91	0.00
成员感	10.37	0.00				
R^2	0.48		0.33		0.39	
F	83.79		58.47		74.65	

续表

模型 3	满意		满意		成员感	
	t	p	t	p	t	p
性别	0. 12	0. 90	0. 58	0. 56	1. 23	0. 22
年龄	-0. 36	0. 72	1. 01	0. 31	3. 53	0. 00
知识分享质量	7. 25	0. 00	13. 65	0. 00	13. 91	0. 00
成员感	7. 81	0. 00				
R^2	0. 45		0. 35		0. 39	
F	72. 20		65. 00		74. 65	
模型 4	自我联结		自我联结		成员感	
	t	p	t	p	t	p
性别	0. 11	0. 92	0. 64	0. 52	1. 23	0. 22
年龄	-0. 01	0. 99	1. 56	0. 12	3. 53	0. 00
知识分享质量	6. 21	0. 00	13. 09	0. 00	13. 91	0. 00
成员感	9. 35	0. 00				
R^2	0. 47		0. 34		0. 39	
F	78. 69		61. 02		74. 65	

模型 5 至模型 8 分别检验沉浸感在知识分享质量与承诺、亲密、满意、自我联结间的中介作用，沉浸感的中介作用显著分别为 0. 20、0. 15、0. 16、0. 23，占总效应的 31. 75%、25. 42%、26. 23%、34. 33%。模型 9 至模型 16 检验虚拟社区感在社区地位与消费者-品牌关系中的中介效应，其中模型 9 至模型 12 分别为成员感在社区地位与承诺、亲密、满意、自我联结中的中介效应的检验，模型 13 至模型 16 分别为沉浸感在社区地位与承诺、亲密、满意、自我联结中介效应的检验。通过分析得出成员感在社区地位与承诺、亲密、满意、自我联结中，中介效应显著分别为 0. 33、0. 28、0. 23、0. 30，占总效应的 50. 77%、47. 46%、40. 35%、45. 45%。沉浸感在社区地位与承诺、亲密、满意、自我联结中，中介效应显著分别为 0. 18、0. 14、0. 15、0. 21，占总效应的 27. 69%、23. 33%、25. 86%、31. 82%。

综上所述，中介变量虚拟社区感在自变量知识分享质量、社区地位与因变量消费者-品牌关系中的中介作用显著。H6a 和 H6c 得到支持。

（六）调节效应检验

通过多层次回归对调节作用进行分析，由于结构方程路径分析专业能力对虚拟社区感关系没有得到支持，因此，这里只对知识分享质量、社区地位对虚拟社区感的影响中，产品涉入度的调节作用进行分析（见表 6）。因为虚拟社区感分为成员感和沉浸感两个维度，所以共建立了四个模型，模型 17、模型 19 分别检验产品涉入度在知识分享质量对成员感、沉浸感关系中的调节作用，将知识分享质量和产品涉入度的交互项放入检测模型中，知识分享质量对成员感和沉浸感的影响作用显著（β=0. 215，p<0. 001，β=0. 157，p<0. 01），但知识分享质量和产品涉入度的交互项对成员感和沉浸感的作用不显著（β=0. 026，β=0. 069，p>0. 05），说明产品涉入度在知识分享质量对虚拟社区感的影响中的调节作用不显著。模型 18、模型 20 分别检验产品涉入度在社区地位对成员感、沉浸感关系中的调节作用，将社区地位和产品涉入度的交互项放入检测模型中，社区地位对成员感和沉浸感的影响作用显著（β=0.207，p<0.001，β=0.108，p<0.05），但社区地位和产品涉入度的交互项对成员感和沉浸感的作用不显著（β=0.041，β=0.037，p>0.05），说明产品涉入度在社区地位对虚拟社区感的影响中的调节作用不显著。H7 没有得到验证。

表 6　节效应多层次回归分析结果

变量	成员感		沉浸感	
	模型 17	模型 18	模型 19	模型 20
控制变量				
性别	-0.002	-0.010	0.007	-0.004
年龄	0.094**	0.101**	0.026	0.032
自变量				
知识分享质量	0.215***		0.157**	
社区地位		0.207***		0.108*
调节变量				
产品涉入度	0.595***	0.605***	8.965***	0.527***
交互项				
知识分享质量×产品涉入度	0.026		0.069	
社区地位×产品涉入度		0.041		0.037
R^2	0.589	0.588	0.373	0.361
F	101.602***	101.230***	42.152***	40.110***

注：*** p<0.001，** p<0.01，* p<0.05。

五、结论和启示

（一）研究结论

在文献回顾、分析的基础上提出本文的理论模型及假设，参考国内外成熟量表设计问卷，小样本测量信效度符合标准，通过问卷星及微信共收集有效问卷 361 份，运用 SPSS 22.0 和 AMOS 24.0 分析数据，验证本文提出的假设，最终结论如下：

（1）自变量共三个维度：知识分享质量、专业能力、社区地位；中介变量虚拟社区感两个维度：成员感、沉浸感；因变量消费者-品牌关系分为四个维度：承诺、亲密、满意、自我联结。自变量对中介变量影响的路径共六条，其中知识分享质量、社区地位对成员感和沉浸感的影响路径得到支持，专业能力成员感和沉浸感的影响路径没有得到支持，可能的原因是发送者的专业能力高，会降低消费者感知风险从而影响消费者的购买决策（常亚平等，2011），但是对虚拟社区的认同和沉浸的作用不显著。中介变量对因变量的影响共八条路径，分别为成员感和沉浸感对承诺、亲密、满意、自我联结影响路径，结构方程模型分析影响路径均得到支持。H2 没有得到支持。

（2）通过对实证结果分析得出，知识分享质量对成员感、沉浸感均有显著正向影响，即虚拟社区知识分享质量越高，用户容易产生对社区的认同，并持续参与其中，虚拟社区感越高。社区地位对成员感、沉浸感均有显著正向影响，即虚拟社区知识分享者社区地位越高，用户对知识分享的感知有用性越高，越易产生虚拟社区感，H1a、H1b、H3a、H3b 得到验证。虚拟社区感对消费者-品牌关系有显著正向影响，虚拟品牌社区中最核心的关系就是用户与品牌间的关系，用户对虚拟社区的成员感、沉浸感越高，越易受到虚拟社区内部的影响，越容易建立与品牌间的关系，且关系强度越高，H4、H5 得到验证。

（3）因为研究涉及变量维度较多，分析虚拟社区感在知识分享与消费者-品牌关系的关系中的中介作用共建立了 16 个模型，结果分析得出，虚拟社区感的中介作用得到支持，在知识分享对消费者-品牌关系的影响中发挥部分中介作用，实证运用 Bootstrap 的方法计算出了中介效应占总效应的比例。虚拟社区知识分享通过虚拟社区感对消费者-品牌关系产生影响。H6 得到支持。

（4）产品涉入度在知识分享和虚拟社区感之间的调节作用没有得到验证，知识分享质量、社区地位、产品涉入度均对虚拟社区感有显著正向影响，但知识分享质量、社区地位与产品社区度的交互项对虚拟社区感的影响作用不显著，即产品涉入度的高或低在知识分享与虚拟社区感之间的调节作用不显著，目前还没有研究检验产品涉入在知识分享与虚拟社区感之间的调节作用，但是学者通过实证证明了高涉入度产品的条件下，信息质量对感知有用性的影响比低涉入度时更大。低涉入度产品的条件下，社区地位对感知有用性的影响比高涉入度时更大（杨爽，2013），但是对虚拟社区感的调节作用不显著。产品涉入度调节 H7 没有得到验证。

（二）管理启示

根据本文的研究，虚拟社区知识分享质量、发送者专业能力和社区地位可以通过虚拟社区感的成员感、沉浸感积极影响消费者-品牌关系强度，为企业通过知识分享功能构建和维护消费-品牌关系提供了新的思路。企业应充分利用虚拟社区知识分享带来的商业价值，通过虚拟社区知识分享，增强用户对社区的成员感和沉浸感，构建和维护消费者-品牌关系强度。

第一，明确虚拟社区知识分享质量标准，激励成员分享、创造品牌知识。知识分享质量影响了虚拟社区感和消费者-品牌关系，知识分享质量越高，用户越易产生虚拟社区感，增加消费者-品牌关系强度。什么样的知识分享是高质量的？需要根据用户及虚拟社区的特点制定特定的标准，由于高质量的知识分享具有的普遍特征是真实性，这就要求明确知识共享内容，必须包含产品或服务的物理属性、购买使用经历及优缺点等信息，提升共享知识或数据的真实可靠性。可读易懂也是高质量知识分享的特征之一，这就需要图文并茂或用简明易懂的语言实现，虚拟社区平台可以参考成员意见推出相应的知识分享模板。另外，鼓励社区成员（潜在消费者）创作、传递详细具体的品牌知识，对于高质量的且能够为品牌带来积极影响的信息，应予以奖励，使虚拟社区知识分享成为消费者获取品牌信息、维护消费者-品牌关系的途径。

第二，丰富虚拟社区活动形式，引导积极的交流互动，增强社区成员间关系。根据虚拟社区的特点，考虑设置社区积分、虚拟金币奖励及搜索收藏等特殊权利等活动，激励知识分享发送者和接收者积极参与社区话题讨论与知识分享。此外，积极开展线下活动，以产品或服务体验交流会的形式，提高虚拟社区消费者对品牌实际了解，结合线上分享，实现线上线下的融合，扩大企业品牌的影响力，增强社区成员间关系。

第三，维护良好社区环境，提升社区认同感与归属感，增加用户黏性。虚拟社区提供给消费者一个分享交流、获取信息的平台，企业必须重视虚拟社区良好环境的维护，将交流板块细化分类，提供专门的交流区域，设置奖励、互粉等评价功能，增强消费者对虚拟社区的认同感，使消费者对虚拟社区产生成员感，自觉维护社区环境，参与社区活动。同时，企业应在虚拟社区中，努力为消费者构建统一的社区目标，让消费者意识到自己在社区中的价值地位，促进用户的持续参与，进而建立消费者-品牌关系。

（三）不足与展望

本文研究从知识分享接收者角度探讨知识分享对消费者-品牌关系的作用机制，以期为企业营销实践和品牌关系的维护提供新的思路。但是由于主观、客观条件的限制，研究还不成熟，存在一定的局限性。首先，受样本数据来源的限制，本文的样本量达到了测量的要求，样本通过微信和问卷星样本服务收集，问卷星样本服务可以选择调查的人群，通过微信用户的反馈可以得知，研究针对的人群为虚拟社区用户，但很多人并不了解虚拟社区，或者不参与虚拟社区，所以样本的限制在一定程度上对实证结果的有效性产生影响。其次，虚拟社区没有特别针对性，虽然本文主要针对手机类、化妆品类、机动车类品牌社区收集样本数据，针对的是商品类社区。但是虚拟社区的针对性较弱，没有特定在某一种类商品的虚拟社区，所以研究结论针对性较弱。

参考文献

［1］常亚平，朱东红，张金隆. 虚拟社区知识共享与消费者品牌转换的关系研究［J］. 管理学报，2009，6（11）：1536-1554.

［2］Hsu M H，Chang C M，Yen C H. Exploring the antecedents of trust in virtual communities［J］. Behaviour & Information Technology，2011，30（5）：587-601.

［3］周涛，鲁耀斌. 基于社会资本理论的移动社区用户参与行为研究［J］. 管理科学，2008（3）：43-50.

［4］Wang K. Sense of community and political mobilization in virtual communities the role of dispositional and situational variable［J］. Observatorio Journal，2010，4（1）：73-96.

［5］Fournier S. Consumers and their brands：Developing relationship theory in consumer research［J］. Journal of Consumer Research，1998，24（4）：343-373.

［6］Chen Y L. The factors influencing members continuance intentions in professional virtual communities—A longitudinal study［J］. Journal of Information Science，2007，33（4）：451-467.

［7］Hsu C L，Chang K C，Chen M C. The impact of website quality on customer satisfaction and purchase intention：perceived playfulness and perceived flow as mediators［J］. Information Systems and E-Business Management，2012，10（4）：549-570.

［8］Huang E. Online experiences and virtual goods purchase intention［J］. Internet Research，2012，22（3）：252-274.

［9］喻昕，许正良. 网络直播平台中弹幕用户信息参与行为研究——基于沉浸理论的视［J］. 情报科学，2017，（10）：147-151.

［10］徐孝娟，赵宇翔，吴曼丽，朱庆华，邵艳丽. S-O-R 理论视角下的社交网站用户流失行为实证研究［J］. 情报杂志，2017，36（7）：188-194.

［11］周涛，陈可鑫. 基于SOR模型的社会化商务用户行为机理研究［J］. 现代情报，2018，38（3）：51-57.

［12］朱振中，李晓丹，梁美丽. 虚拟社区感研究述评与展望［J］. 外国经济与管理，2014，36（4）：36-46.

［13］Chen G L，Yang S C，Tang S M. Sense of virtual community and knowledge contribution in a P3 virtual community：Motivation and experience［J］. Internet Research，2013，23（1）：4-26.

［14］McMillan D W，Chavis D W. Sense of community：A definition and Theroy［J］. Journal of Community Psychology，1986（14）：6-23.

[15] Blanchard A I, Markus M I. The experienced sense of a virtual community: Characteristics and processes [J]. Database for Advances in Information Systems, 2004, 35 (1): 65-79.

[16] Fournier S. Consumers and their brands: Developing relationship theory in consumer research [J]. Journal of Consumer Research, 1998, 24 (4): 343-373.

[17] Aaker J, Brasel S A. When good brands do bad [J]. Journal of Consumer Reseacrh, 2004 (31): 1-16.

[18] 谢毅，彭泗清. 两类企业公开信息及其交互作用对消费者品牌关系的影响 [J]. 南开管理评论，2009，12 (1): 71-83.

[19] Park C W, Eisingerich A B, Park J W. Attachment-a-version (AA) model of customer-brand relationships [J]. Journal of Consumer Psychology, 2013, 23 (2) : 22-248.

[20] Fournier S, Alvarez C. Relating badly to brands [J]. Journal of Consumer Psychology, 2013, 23 (2): 253-264.

[21] 刘蕾，于春玲，赵平. 图文信息对消费者互动行为及品牌关系的影响 [J]. 管理科学，2018，31 (01): 90-100.

[22] 杨爽. 信息质量和社区地位对用户创造产品评论的感知有用性影响机制——基于 Tobit 模型回归 [J]. 管理评论，2013，25 (5): 136-143，154.

[23] Petty R E, Cacioppo J T. The elaboration likelihood model of persuasion [J]. Advances in Experimental Social Psychology, 1986, 19 (1): 123-205.

[24] Cheung C M. K Lee M K O, Rabjohn N. The impact of electronic word of mouth: The adoption of online opinions in online customer communities [J]. Internet Research, 2008, 18 (3): 229-247.

[25] Koh J, Kim Y G. Sense of virtual community: A conceptual framework and empirical validation [J]. International Journal of Electronic Commerce, 2003, 8 (2): 75-94.

[26] Ellonen H. The development of a sense of virtual community [J]. International Journal of Web Based Communities, 2007, 3 (1): 114-130.

[27] 梁文玲，杨文举. 虚拟品牌社区信息质量对社区用户持续参与意愿的影响研究 [J]. 情报杂志，2016，35 (11): 195-201.

[28] Chaiken S, Trope Y. Dual-process theories in social psychology [M]. New York: Guilford Press, 1999.

[29] Heung C M K, Lee M K O, Rabjohn N. The impact of electronic word of mouth: The adoption of online opinions in online customer communities [J]. Internet Research, 2008, 18 (3): 229-247.

[30] Martin W C, Lueg J E. Modeling word-of-mouth usage [J]. Journal of Business Research, 2013, 66 (7): 801-808.

[31] 常亚平，邱媛媛，阎俊，张金隆. 虚拟社区知识共享主体对首购意愿的作用机理研究 [J]. 管理科学，2011，24 (2): 74-84.

[32] Moon J W, Kim Y G. Extending the TAM for world wide web context [J]. Information & Management. 2001, 38 (4): 217-230.

[33] Tonteri, L. Antecedents of an experienced sense of virtual community [J]. Computers in Human Behavior, 2011, 27 (6): 2215-2223.

[34] Fournier S A consumer - brand relationship framework for strategic brand management [D]. Gainesville University of Florida, 1994.

[35] Chu K M, Chan H C. Community based innovation: Its antecedents and its impact on innovation Success [J]. Internet Research, 2009, 19 (5): 496-516.

[36] 刘新，杨伟文. 虚拟品牌社群认同对品牌忠诚的影响 [J]. 管理评论，2012，24 (7): 102-104.

[37] 马双，王永贵. 虚拟品牌社区重在"维系情感"还是"解决问题"？——基于承诺的差异性影响的实证研究 [J]. 经济管理，2015 (1): 77-86.

[38] Zhou T. Understanding online community user participation: A social influence perspective [J]. Internet Research, 2011, 21 (1): 67-81.

[39] 吴麟龙，汪波. 虚拟品牌社区对品牌关系的影响机制研究——以小米社区为例 [J]. 管理案例研究与评论，2015，8 (1): 71-83.

[40] 杜伟强，于春玲，赵平. 参照群体类型与自我-品牌联系 [J]. 心理学报，2009，41（2）：156-166.

[41] DeLone W H，McLean E R. Information systems success：The quest for the dependent variable [J]. Information Systems Research，1992，3（1）：60-95.

[42] Armstrong A，Hagel J. The real value of online communities [J]. Harvard Business Review，1996，74（3）：134-141.

[43] 刘新，杨伟文. 虚拟品牌社群影响品牌忠诚的途径及对策 [J]. 价格理论与实践，2010（12）：78-79.

[44] 黄敏学，廖俊云，周南. 社区体验能提升消费者的品牌忠诚吗——不同体验成分的作用与影响机制研究 [J]. 南开管理评论，2015，18（3）：151-160.

[45] 徐光，张雪，李志刚. 基于虚拟社区感知与社区参与动机影响的社会资本与组织公民行为关系研究 [J]. 管理评论，2016（7）：213-225.

[46] 孙红. 虚拟社区知识共享对消费者品牌态度的影响 [J]. 商业经济研究，2018（2）：50-52.

[47] 李嘉琪. 移动健身虚拟社区用户体验对品牌忠诚的影响研究 [D]. 广州：华南理工大学硕士学位论文，2018.

[48] Zaichkowsky J L. Measuring the involvement construc [J]. The Journal of Consumer Research，1985，12（3）：341-353.

[49] Richins M L. Negative word-of-mouth by dissatisfied consumers：A pilot study [J]. Journal of Marketing，1983，47（1）：68-78.

[50] 王正方，杜碧升，屈佳英. 基于感知价值的消费者网络购物渠道选择研究——产品涉入度的调节作用 [J]. 消费经济，2016（4）：91-97.

[51] 金立印. 网络口碑信息对消费者购买决策的影响：一个实验研究 [J]. 经济管理，2007，22（29）：36-42.

[52] 董晓松，张继好. 消费者涉入度研究综述 [J]. 商业时代，2009（12）：18-19.

[53] 王德胜，王建全. 负面网络口碑对消费者品牌转换行为的影响机制研究——基于虚拟社区涉入的视角 [J]. 中国软科学，2013（11）：112-122.

[54] 杨爽. 虚拟社区成员的双重身份对口碑效力的影响——社区涉入度和群体失调的调节作用 [J]. 消费经济，2015，31（6）：68-73.

[55] Bansal H S，Voyer P A. World-of-mouth processes within a services purchase decision context [J]. Journal of Service Research，2000，3（2）：166-177.

三重变革视角下面向需求设计的价值共创研究
——以韩都衣舍为例

张志红　李红梅

[摘　要] 韩都衣舍商业模式背后蕴含着难以模仿的价值共创机制。采用探索性单案例研究方法，构建“需求分析-需求转化（变革）-价值共创”理论模型。研究发现，面向需求设计的变革过程是基于企业与利益相关者的价值共创过程。生态战略的变革巩固了企业与企业之间的价值共创环境；员工赋能型组织重构优化了团队与团队之间的价值共创环境；信息系统的柔性化建设营造了企业与供应商、员工、消费者等利益相关者的价值共创环境。本文不仅丰富了价值共创理论，更为平台型企业商业模式“进化”提供了系统的范式。

[关键词] 变革；面向需求设计；价值共创

一、引言

新经济时代，一大批在新技术革命浪潮中涌现出的创新型企业通过技术创新和商业模式创新，在刚刚成立的几年、十几年内就实现了几倍、几十倍甚至成百上千倍的业绩增长，引发了国内外各界的广泛关注，美国经济学家戴维·伯奇为这类企业起了个形象的名字——“瞪羚”。韩都衣舍电子商务集团股份有限公司（以下简称韩都衣舍）作为“互联网+”大服饰领域新业态新模式的代表，于2018年5月成功入选山东省第一批“瞪羚”示范企业，同时作为会长单位加入了山东省瞪羚企业发展促进会。2019年5月，韩都衣舍作为榜首被成功认定为山东省准独角兽企业。通过品牌的迅速发展和企业的积极创新，在2019年整体经济下行和电商行业流量红利减少的大背景下，韩都衣舍的品牌排名一直稳居互联网服装榜首，是2019年快时尚排名中唯一进入三甲的中国品牌，并成功通过中国驰名商标认证，其成功背后蕴含着深刻的内涵及要素。

关于韩都衣舍的先行研究，学者们多从组织结构创新实践入手，探讨其从“赋权”到“赋能”的激励设计（罗仲伟等，2017）、与服务战略的匹配关系（简兆权和刘晓彦，2017）、基于平台的创新活动的组织特性（白景坤等，2019）；等等。但企业竞争力归根结底是企业价值创造和价值实现的问题（吴照云和王宇露，2003）。朱良杰等（2018）基于动态能力理论，探讨了韩都衣舍从产品价值创造到平台价值创造的战略转型机制。周文辉等（2017）总结了韩都衣舍在不同发展阶段所体现的赋能、价值共创与战略创业之间的规律，并从互动合作和资源整合两方面分析了韩都衣舍的价值共创机制。宋立丰等（2019）基于冗余价值共享视角，分析了韩都衣舍的平台化商业模式，揭示出“产品-明星粉丝团”的价值共创方式。肖静华等（2018）指出韩都衣舍的消费者数据化参与研发创新的过程，为探讨大数据环境下企业与消费者价值共创提供了新的洞见。以上文献从组织结构、企业战略、数字化技术等方面诠释了韩都衣舍的成功经验，但都只能从某个单一角度展开研究，缺乏综合理解的理论研究。

目前，大多数学者对价值共创的研究都聚焦于企业和消费者的价值创造和实现方面，但少量研究从企业整体价值实现的角度探索内部部门之间、员工之间、利益相关者之间的价值共创。王凤彬等（2015）剖析了研华科技公司营销组织重构中部门间冲突的产生与演变过程，提出线上线下部门间存在一种竞合并存的关系格局，双方在追求各自目标达成的过程中，也会基于组织整体目标的实现，通过对特定资源的联合使用而产生共创价值的协同效果。冯长利和刘洪涛（2016）从网络视角切入，并结合陕鼓的案例分析，发现价值共创表现为多方（企业、顾客、政府、供应商等诸多利益相关者）协同互动、资源整合利用，是多方价值的统一与共赢。因此，本文将通过解构韩都衣舍的商业模式、运营模式与创新实践项目，探讨企业各利益相关者在组织重构、战略变革、技术创新的过程中实现价值共创的机制及要素。

二、理论背景

（一）面向需求设计（DFR）

“面向需求设计”取自“面向 X 的设计”思想（Design for X，DFX），而 DFX 被认为是实现并行工程的有效工具，旨在改进和合理化产品设计、工艺规划以及资源配置决策等（Xie et al.，2004）。DFX 主要由设计和评价两个层次构成，在设计层，X 代表产品生命周期的某个环节，如装配、加工、使用、维修、回收和报废等；在评价层，X 代表产品竞争力或决定产品竞争力的因素，如性能、质量、时间、成本、可靠性等（Cheng and Cheng，2012）。已有文献从多方面强调了 DFX 方法的重要性。Ishii 等（1994）探讨了设计人员对产品进行拆卸和再加工的意图，即产品退役设计（DFPR），是一种评估机械系统设计及其寿命终止策略的方法；Xie 等（2004）提出基于互联网的制造设计（IDFM）和成本设计（IDFC），用于快速、经济的工具/模具制造；针对环境设计（DFE），Hauschild 等（2004）提出“三步走”策略，旨在提高产品的环保性能；等等。

基于 DFX 的基本思想，本文关注“需求”设计（design for requirement），即通过变革管理实现企业战略、组织、技术等方面的需求转化。典型的有供应链设计（DFSC），即根据产品质量、交货时间、与供应商的合作关系、相关风险来评估和建立可行的供应链（Fine et al.，2005）。

（二）价值共创理论

“价值共创”一词最早出现在 Karnbil 等的研究中，但并未给出明确定义。Karnbil 等（1996）提出，公司往往倾向于通过满足体现在“用户”角色的消费者的核心需求来创造价值，而忽略了消费者在与企业交互时，还扮演着其他三种角色——买方、共同创造者、转让者，其中，“共同创造者”指的是消费者如何与企业合作以产生预期价值，并将其传递给其他消费者。典型的例子是瑞典家具巨头宜家（IKEA）：顾客翻看产品目录，光顾宜家自选商场，挑选家具并到自选仓库提货，这样，顾客节省了提货、组装、运输等费用，享受了低价格，宜家只需提供“一站式”的优质家具采购服务，节省了成本，保持了产品的低价格优势，实现了双方的价值共创。Prahalad

等（2004）第一次将“价值共创”概念化，即“企业与消费者通过互动共同创造个性化体验”，并提出以“对话（Dialogue）、获取（Access）、风险评估（Risk Assessment）和透明度（Transparency）”为核心的DART价值共创管理模型（Prahalad and Ramaswamy，2004）。之后，少量文献将价值共创的主体拓展至企业的多方利益相关者。Agrawal等（2015）以案例研究的形式深入分析了印度政府、保险公司、医生、技术服务提供商和低保家庭在RSBY计划中的价值共创实践。简兆权和肖霄（2015）剖析了携程旅行网的价值共创模式，包括服务集成商与服务供应商的互动、服务集成商与顾客的互动、服务集成商的内外部整合。戴亦舒等（2018）探讨了在以腾讯众创空间为例的创新生态系统中，中小企业、初创企业、大企业、运营商、服务机构、投资机构以及政府部门等多主体开放协作共同参与创新活动，旨在满足各主体价值诉求的过程。

虽然学者的切入视角各异，但大都围绕“互动”展开对价值共创的研究。本文认为，基于人、技术等方面的互动是构建新型商业模式的关键机制，价值共创是摆脱行业商品化陷阱的主要来源。

（三）研究框架

结合DFR和价值共创理论的基本思想，提出如图1所示的研究框架，指导本文的案例分析。面对市场环境的变化，企业首先分析并解构自身的内外部需求；其次通过一系列的变革对内外部资源和能力进行重新配置；最后实现价值共创。

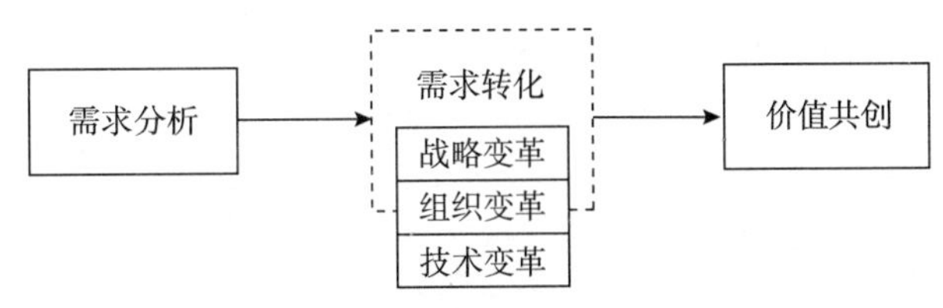

图1　本文理论框架

三、研究设计

（一）研究方法

本文采用单案例研究方法，原因有两个：第一，本文聚焦于如何通过企业变革促进价值共创，属于“How”的问题范畴，而探索性案例研究便于揭露现象背后的人际互动行为（刘志迎等，2018），适合现有理论基础比较薄弱的研究现状，当我们侧重于寻找（新）理论时，是一种较为可行的研究方法（王雪冬等，2019）。第二，相较于通过多次重复“准实验”验证结果一致性的多案例研究（黄振辉，2010），单案例研究通过获取更为丰富、详细和深入的信息，开展更加聚焦的分析，能实现更加贴近理论构念的研究目标（周文辉等，2016）。

（二）案例选择

本文选择韩都衣舍作为案例研究对象，主要基于以下考虑：①案例的典型性。为更加快速、准确地抓住用户的需求，韩都衣舍致力于经营战略的转变、组织结构的重构、新工艺新技术的研发，营造了员工、消费者、企业之间的价值共创环境，非常契合本文的研究主题。②案例的代表性。韩都衣舍创立于2006年，其生命周期较长且伴有明显的阶段性特征，有助于厘清成长脉络、梳理关键事件，提高理论研究效度。③案例的新颖性。韩都衣舍独创的“以产品小组为核心的单品全程运营体系（IOSSP）”在全国具有影响力，并入选长江商学院、中欧商学院、哈佛商学院、清华大学、加拿大西安大略大学Ivey商学院等教学案例库，但对现有文献检索发现，以韩都衣舍为案例的研究屈指可数。④资料的可获得性。企业设在济南，得到了省市区各级部门的关注和扶持，例如，联合济南市创造并运营的智汇蓝海互联网品牌孵化基地，创新场内孵化和云孵化模式，成为国内首创的“生态赋能型”孵化器，也是山东数字经济和新旧动能转换的一个活跃阵地。同时，本文研究成员常驻济南，方便更好地获取资料和信息，如2019年7月，根据预算安排对2018年度山东省财政安排的“瞪羚企业”培育资金的使用绩效进行评价时，取得了对韩都衣舍负责人的现场访谈机会，配之提交的“瞪羚企业”申报材料，包括企业财务报表及附注、科技成果及其转化情况等，使研究结果更具可靠性和说服力。

（三）资料收集

本文自2016年10月初步展开对案例企业的资料收集工作。通过对韩都衣舍的长期跟踪，积累了较为全面的一手资料和二手资料。资料来源具体包括：①与企业中高层管理者的深度访谈或半结构化访谈记录；②中国知网数据库收录的相关期刊、论文；③百度搜索得到的企业资料和相关媒体报道；④企业提供的档案资料和内部资料，如企业年报、年度审计报告、公司内部总结、活动举办图片、“瞪羚”评审提交材料等；⑤2012年至今“韩都衣舍赵迎光”微博内容；等等。本文力图通过多样化数据来源形成“三角验证”，不同来源的数据进行比对、匹配后，相互印证、相互补充，以提升研究信度与效度。

四、案例分析与讨论

基于韩都衣舍案例资料的归纳分析，本文根据研究理论框架，从“需求分析—需求转化（三重变革）—价值共创”三个阶段归纳了相关研究结论。

（一）战略变革下面向需求的价值共创

韩都衣舍的发展历程具有明显的阶段性特征，大致可分为单品牌运营、多品牌运营、品牌孵化模式和品牌生态模式四个阶段。随着行业整合性需求的提高和跨界竞争不确定性的增强，韩都衣舍逐渐由原来的差异化竞争战略转变为生态战略，形成了以IOSSP（以小组制为核心的单品全程运营体系）、“两驾马车”（智汇蓝海和韩都动力）、七大系统、九大支撑为基础的“二级生态”赋能产业链，与阿里巴巴、京东等“一级生态”相辅相成，彼此支持获益。

1. *需求分析*

所谓“生态”，即异质性企业间形成的共生、互生和再生的价值循环系统，关注于不同业务之间的依存关系、竞合关系和协同关系，使企业突破自身资源与能力的限制，利用外部资源和能力共同创造价值。创业近十年，韩都衣舍精细化的多品牌战略、信息化战略与供应链战略紧密联结，低端的低价与高端的个性相统一，以小众风格转动大市场潜力，满足了小众市场的服务需求。基于未来消费者的虚拟社群化生存，“千人千面”精准互动引发购买力碎片化的大趋势下，具有“细分定位”的小而美品牌逐渐成为主流消费人群的选择，此时淘品牌的大量涌现、线下大品牌的线上销售……促使线上商家的增长速度远远大于消费者的增长速度，线上市场从相对增量状态迅速转变为相对存量状态。面对恶劣的市场竞争环境，众多的“小而美品牌”，无力再承担“麻雀虽小，五脏俱全”的高额成本，市场对于“一站式”集成运营服务商的需求日益强烈。韩都衣舍数十年的积累，无论是前端的研发能力，还是后端的系统支持都逐渐完善和强大。要么做成“二级生态”，要么融入“二级生态”，是韩都衣舍靠谱的理性选择。

2. 战略变革

“从未来出发，从现在开始”是韩都衣舍在制定发展战略时所遵循的原则。自 2008 年 3 月以来，赵迎光带领团队深耕韩国，坚定不移地执行“差异化竞争战略”。围绕这一核心战略，韩都衣舍实现了从“公司+雇员”向“平台+个人”的组织模式转变，不断致力于品牌的信息化建设和柔性供应链的管理。面对线下品牌的纷纷“触网”，韩都衣舍基于消费者需求的多样性和底层供应链的共通性，聚焦“韩风时尚服饰”做“多品类的同心多元化”的原则，于 2012 年 1 月正式推出第一个子品牌 AHM，开始了多品牌的业务复制模式。“有多少种细分，就有多少个品牌生存”，赵迎光充分利用互联网的特性，采取“广撒网”策略，开发针对不同人群细分定位的新品牌，实行全方位的品牌孵化策略，形成了“快时尚品牌群”和“设计师品牌群”，覆盖韩风系、欧美系和东方系等全品类全风格细分，多个品牌实行阶梯打造，成熟品牌、成长品牌、种子品牌分组运营，逐步建立基于互联网的多品牌运营模式，从“相对大众”转变为“相对小众”，形成了完整的“时尚闭环”。

韩都衣舍坚持“一切业务数据化，一切数据业务化”的基本策略，将系统运营和商务智能高度融合，通过“自有品牌”和“合作品牌”双轮驱动，打造互联网品牌生态系统。2015 年，韩都衣舍逐步将七大运营系统（品牌创意及设计系统、IT 系统、客服系统、营销系统、中央储运系统、柔性供应链系统以及专业集成服务系统）对外开放，充分利用自身的集成运营能力，形成了开展“韩都衣舍+”商业模式升级的生态系统建设的局面。2016 年 5 月，韩都衣舍逐渐形成了集韩都智能、韩都传媒、韩都储运、韩都客服、韩都质造、韩都运营、韩都映像、韩都大学、韩都伙伴九大系统于一体的服务型平台，其子公司韩都动力的成立，作为互联网品牌生态运营集团开始了“二级生态”的尝试，从聚焦于精确匹配的“一级生态”到聚焦于品牌高效转化的“二级生态”发展。7 月，智汇蓝海互联网品牌孵化基地正式启动，作为一个“赋能型平台”，在导入韩都衣舍运营能力和系统能力的基础上，建成了拥有资本、咨询、银行、政府、法律事务等一系列创业服务生态体系，帮助品牌创始团队在“品牌人格”“商业智能”“柔性运营”三方面实现突破。至此，韩都衣舍将整个体系建设完善成一个聚合体，成功实现了从“竞争”到“生态”，从产品价值创造到平台价值创造的战略变革。

3. 价值共创

多品牌运营能更精准地为细分的小众服务，从而抓住碎片化的市场需求，实现精准匹配，得到“千人千面”。韩都衣舍注重品牌内部孵化和外部收购控股双向前行，持续成功的孵化子品牌，形成自由品牌矩阵。在品牌建设上，一方面，韩都衣舍助力设计师快速创业。从草图到成品的全过程，创业者只需做两件事：款式的设计和服装的定价，在打样、生产、拍摄、销售等环节，他们可成为“甩手掌柜”。另一方面，韩都衣舍与优秀的互联网品牌合作，为其提供基础公共服务，推动品牌健康发展。如何实现价值共创呢？无论对于创业设计师，还是代运营的互联网品牌，韩都衣舍输出“品牌”和“单品全程运营体系”，通过统一的品控、客服、仓储物流、市场推广等系统，满足创业者、品牌以及韩都衣舍平台的自身发展需要，彼此分享流量；韩都衣舍采取“基础服务费+销售利益分成”的方式进行管理，双方共享收益。在品牌传播上，韩都衣舍采取“消费者与消费者互动对话”“消费者与品牌互动对话”的形式，逐渐渗透企业品牌形象，实现了企业与顾客的多方共赢。具体地，韩都衣舍发行杂志《韩·时尚》，推出会员“韩国游”“韩风劲吹”，请全智贤、朴信惠、池昌旭等韩国明星代言，强化韩流形象；建立 YOKA 时尚论坛、官方微博、微信、SNS 等网络社区，提升消费者互动体验；打造网红直播间，推出线下快闪店，经营明星粉丝团，与消费者建立除产品之外的情感联系，挖掘潜在消费者，提高顾客转化率。韩都衣舍充分发挥粉丝经济效应，拉近品牌与消费者的距离，与消费者进行互动，准确了解客户需求，从而提供更好的服务。

韩都衣舍布局基于互联网的“品牌商”和“服务商”双轮驱动战略，提出“二级生态”概念，通过自身集成运营能力，帮助线下品牌运营线上市场，实现“1+1>2”的“双赢”局面；完善以“全链条数字化的商业智能”和“自传播驱动的内容制造”的“双核驱动”，整合“二级生态”内部资源，建立线上运营能力共享体系，大幅度提高系统内运营效率，对中小品牌“赋能”，解决“麻雀虽小，五脏俱全”的弊端，形成基于“一级生态”的“二级生态”，抱团取暖，共生共荣。韩都衣舍的发展里程碑如图 2 所示。

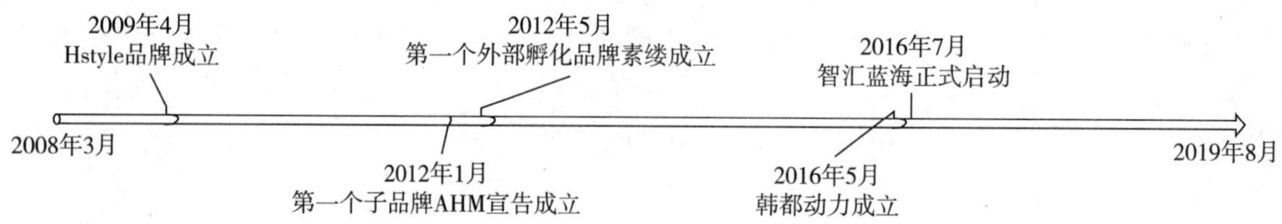

图 2　韩都衣舍的发展里程碑

（二）组织变革下面向需求的价值共创

微创新，顾名思义，就是企业针对非常微小的需求或需求的微小变化而不断创新的过程。自创办以来，韩都衣舍根据市场需求的变化和企业战略的调整不断地对组织模式实施微创新，打造出业界有名的“小组制”，形成内部人才的优化匹配，实现了企业和员工的共同增值。

1. 需求分析

创业初期，韩都衣舍缺资金、缺经验、缺资源，被迫选择韩国女装代购，业务内容无非是筛选、优化。此时，淘宝搜索按刷新时间排序，网店产品经常更新，顾客就会经常光顾，市场竞争力主要表现在争夺顾客的前端，企业想建立“差异化”，需要具备“快速学习、快速试错、快速迭代”的能力。韩都衣舍认为，品牌的迅速扩张，需要自下而上的愿望和能力，也需要自上而下的引导和扶持。为此，韩都衣舍采用量化赋权的管理模式，尽量实现全员参与企业经营，独创出“小组制”，并随市场需求不断升级。

2. 组织变革

“自由自在”“重复分裂”“激情四射”是韩都衣舍进行组织重构的核心点。在赵迎光看来，战术决策权要分解到最基础的业务单元，保证在前端的灵活性和攻击力。他尝试成立两套“班子”，“南北区模式”进行 PK，实现了从“买手制”向“买手小组”的模式转变，更加注重员工的自我驱动，让最接近市场的人做更多的决策，使销售和产品得到无缝衔接。“小组制”是一种组织变革，但不能简单地看作企业寻求内部激励的结果。随着市场需求由大众化到小众化的改变，企业从“单品牌运营”升级为“多品牌运营”，这种类似细胞分裂的小组如何考核管理？店铺内部资源如何进行分配？韩都衣舍致力于打造“IOSSP”——以小组制为核心的单品全程运营体系：通过制定内部资源市场化机制，推动整个公司架构全面小组化，实现员工在业务上自由对接；着力打造“快速反应的柔性供应链体系”，同营销企划、产品企划、生产企划相互配合，为产品小组提供全方位的决策依据；建立供应商分级动态管理系统，从供应商的遴选、分级、合作模式、绩效测评、订单激励和退出等方面进行严格的动态管理，从源头上实现对产品品质的有力把控；成立企划中心统筹全局，使各链条做到单款生命周期管理。作为市场竞争从多元化到跨界整合的管理应对，韩都衣舍开启了“二级生态”战略，“小组制”开始向“外部”设计师开辟板块，在满足设计师自身发展需求的同时，将韩都衣舍打造成一个“时尚云”平台（见图3）。

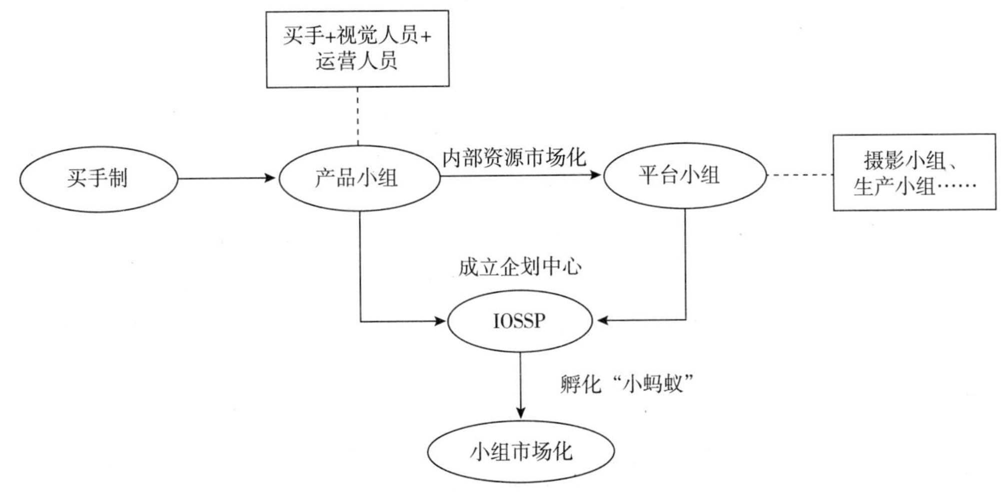

图3　小组制的成长轨迹

3. 价值共创

“挖人不如养人”，“有一种培养叫放手”，赵迎光打破传统组织的限制，独创分裂式产品小组制，突出“人”的价值，符合马斯洛理论（又称“基本需求层次理论”）。在组织变革过程中，韩都衣舍建立合理的“赛马机制”和“淘汰机制”，使整个企业内部呈现动态竞合关系，促进了企业与员工之间的价值共创。具体而言，“小组制”将运营组织最小化，实现责权利的相对统一，训练了产品小组的自主经营能力，保证对一线市场的敏感判断，提高了产品开发的成功率，也较容易把握好库存情况；倒逼公共服务部门，形成庞大的赋能管理结构，鼓励小组问责，促进了全公司的效率提升；建立透明的利益分享机制，允许小组之间拆分重组、优秀组员另立门户，实现了员工对自身价值的追求；设置内部资源市场化机制，小组之间进行资源竞拍，调动了员工工作积极性；制定定期动态考核制度，加入“大组目标达成率”等集体指标，有效防止了公司内耗；借助“自我做老板”的设计，解决了员工职业升迁问题，保证了员工对产品的专注度。此外，产品小组不受太多限制，用自己喜欢的产品和文案直接与目标消费者沟通，以极高的性价比提供给顾客更多的商品选择，增强了消费者对品牌的黏性，保证消费者、员工、企业的三方共赢。

（三）技术变革下面向需求的价值共创

随着多品牌运营对组织数字化发展的需求，韩都衣舍深入推进企业信息化建设，自主研发“H系”信息系统（HOMS、HWMS、HBI、HSCM、HNB等），用算法搭建韩都智能框架，将系统运营和商务智能的高度融合，实现了系统由“刚性”向“柔性”的转变，促进了“企业-消费者”的双边交互式价值创造。

1. 需求分析

“淘品牌”是淘宝流量红利的产物，存在着产品同质化严重、无品牌规划等短板，以及供应中断、运营中断、需求突变等供应链断链的风险。作为一个诞生于互联网的服装品牌，韩都衣舍去中心化的自主经营体系促进了品牌的裂变，多品牌运作给企业带来极大收益的同时，其业务量的爆发式增长也凸显了信息系统的短板。如何提前发现市场需求，提高业务变更速度，是亟须解决的发展壁垒。陈春花指出，在互联网时代，所有的东西都是不确定的，真正能够帮助我们确定的是顾客。对韩都衣舍而言，打造以数字化商业智能为驱动的运营体系，提供精确高效的全方位数据化支持，实现全链条高效、协同运行，是拉开与其他品牌竞争力的“撒手锏”。

2. 技术变革

在山东省委政策研究室处长陈升眼里，韩都衣舍真正的战略模式是技术大战，其核心在于它的“产品小组制”。2009 年 5 月，韩都衣舍组建技术部门，开始推进信息化建设。随着 IT 团队的发展壮大和企业对管理精准度与时效性的需求增强，韩都衣舍从初期依靠外采行业现成软件，逐步发展为依据企业业务需求自主完善软件研发，形成了多项科技成果，大大提高了企业的投入产出比量。其中，供应链管理系统（SCM）、客户关系管理系统（CRM）、商业智能集成系统（BI）的陆续上线，配合以“分割再组合”为核心的供应链体系及科学的供应商分级动态管理机制，建设成高效的“快速反应供应链系统”，实现了供应链的柔性化；以“爆旺平滞”算法为驱动的 C2B 运营体系，基于内外部渠道收集和整合的消费者大数据，实时计算单品销售情况，实现了市场端与供给端的精准对接；“电商订单自动化流水线执行系统”满足了业务订单自动化管理，对缩短订单拣选作业时间、准时完成订单拣选起到了明显作用；“基于 SaaS 的供应商协同管理平台”很好地支持各企业共用一套信息系统平台，在节省企业 IT 运营成本的同时，将信息、业务进行集成统一，获得更高的经济效益；“基于图片识别技术的产品研发管理系统”在对企业产品研发管理流程标准化的基础上，实现了产品研发管理系统的建设，建立了产品设计、产品数据和产品标准相关知识管理库，有效地将企业产品资源进行挖掘、整合与关联，提高产品的识别程度，减少工作流量，优化工作效率；“基于全链路运营数据融合与分析的数据运营系统”从根源上保证了商业智能中心对运营品牌全生命周期过程数据管控和分析的准确性，并能指导进一步的运营规划，整体提高业务精准度和效率性；等等。韩都衣舍重视信息化建设，不断升级现有系统，打造了适应新商业时代企业运营的商业智能体系和大数据中心，实现了企业内部运营的线下业务线上化、线上业务智能化、一切业务数据化和一切数据业务化。

3. 价值共创

赵迎光在微博上曾称，“做得好不好是一方面，但是对于数据的重视和布局，以及对商业智能驱动运营的专注度，韩都衣舍应该是行业内排名靠前的公司”。随着信息系统的升级与完善，韩都衣舍逐步实现了从市场分析、设计打样，到生产销售、客户管理等全链条的精细化、数字化运营，为内部员工高效协同、外部需求快速反应提供了有力的技术支撑。从员工角度讲，韩都衣舍通过技术强化，实现了内部人才激励，如技术部门开发“韩都魔方”，可从多维度实时展现各小组的运营和排名情况；通过长期数据积累，配合一系列算法、模型，实现了各部门的协同决策。从消费者角度讲，企业打造快捷高效的运营管理系统，对提高业务的精准度和效率性、优化电商流程中的客户体验起到了完美的效果；员工依靠强大的数据分析系统和决策规则，对消费者偏好进行精细化的维度分析，对市场趋势进行精准预测，不断改进设计、调整价位，提供契合市场需求的产品。例如，以“爆旺平滞”算法为驱动的 C2B 运营体系，通过对产品款式的数据监测和消费者的购买“投票”，准确快速把握市场需求，实现产品款式的“公众设计”；快速反应的柔性供应链体系，将所有流程进行细分和切割，向消费者提供效率更高、速度更快、品质更好的产品等（见图 4）。归根结底，韩都衣舍不断以数据和数字技术为驱动力，实现消费者与企业

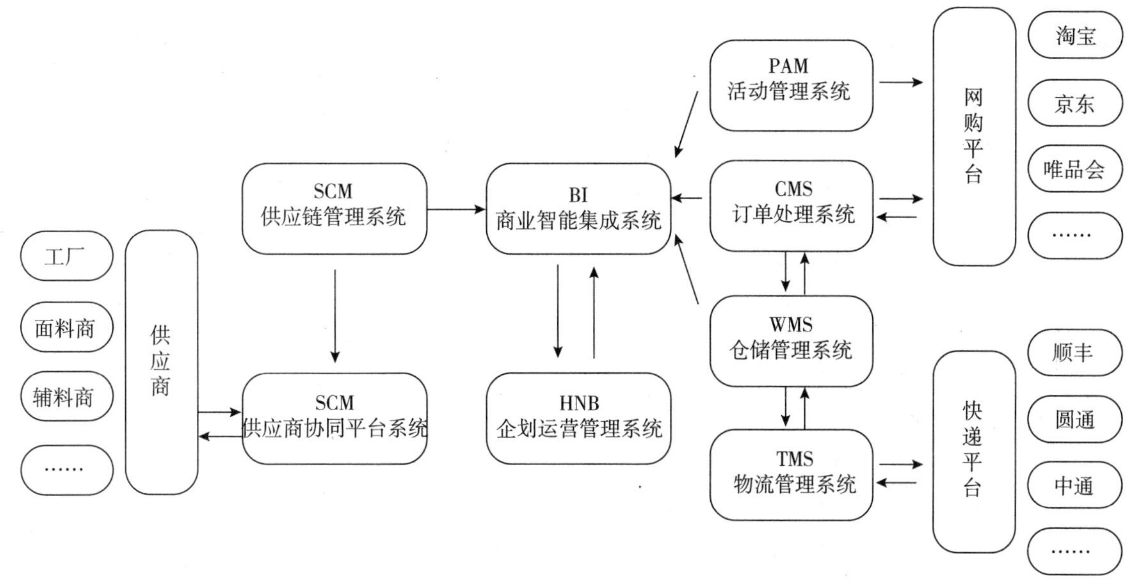

图 4　韩都衣舍商业智能系统运营示意图

资料来源："韩都衣舍赵迎光"微博。

的紧密互动，促使双方价值创造。

五、研究结论

（一）主要结论

本文基于 DFR 和价值共创的理论视角，探究韩都衣舍的战略变革、组织重构以及技术创新实践，构建了"需求分析-需求转化（变革）-价值共创"的理论模型（见图 5），主要结论如下：①二级生态战略促成企业间跨界融合、协同发展，彼此分享流量，共享收益，实现了企业之间的价值共创。②组织模式不断微创新，对员工赋权与赋能，营造了内部团队之间的价值共创环境。③信息系统柔性化建设，形成内部员工高效协同、外部需求快速反应的局面，实现了企业-消费者的交互式价值创造。

（二）理论贡献与启示

本文尝试性地验证了"韩都衣舍的三重变革过程可以理解为面向需求设计的价值共创过程，或者说三重变革构建了价值共创机制及要素"的内在逻辑。鉴于此，本文的理论贡献主要有：其一，基于变革的视角探讨了企业对价值共创机制的构建，充实了企业与利益相关者之间实现价值共创的路径，为企业发展提供了借鉴和指导。其二，从企业整体价值实现的角度探索部门与部门之间、企业与企业之间、企业与消费者等利益相关者之间通过互动实现价值共创的过程，扩展了大多数学者聚焦于企业和消费者两个主体对价值共创理论的研究。

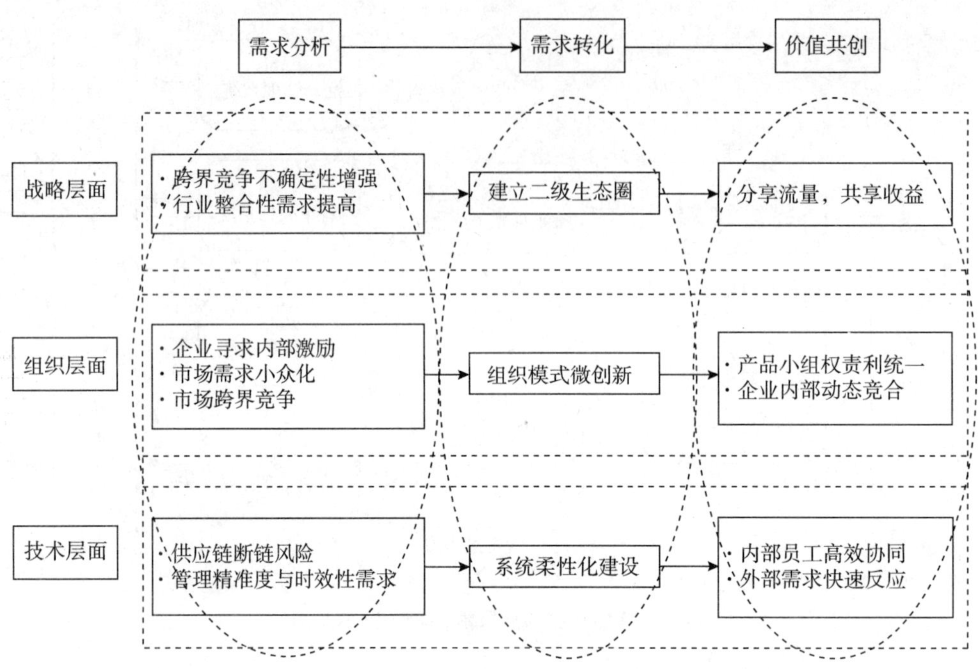

图 5　需求分析、三重变革与价值共创的演化过程模型

（三）研究局限与展望

本文的局限性主要有以下两点：其一，本文探讨的案例虽具典型性和代表性，但因地域限制和资料获取的难度，未能选取其他案例企业作为对照，因此理论框架稍显薄弱，所得结论缺乏普适性。其二，对案例企业调研不够充分，主要针对二手资料展开研究，尽管使用证据三角的方式保证数据质量，但仍存在研究者的主观判断。未来的研究可做出如下改进：其一，采取多案例研究方法，通过交叉分析、比较多家案例公司的数据资料，增强研究模型的饱和性和说服力。其二，深入追踪与完善案例企业的数据，提高研究的信度和效度。

参考文献

[1] Agrawal A K, Kaushik A K, Rahman Z. Co-creation of social value through integration of stakeholders [J]. Procedia-Social and Behavioral Sciences, 2015 (189): 442-448.

[2] Cheng Z & L, Cheng W. Green design for products based on modern industry [J]. Advanced Materials Research, 2012 (452-453): 1009-1013.

[3] Fine C H, Golany B, Naseraldin H. Modeling, tradeoffs in three-dimensional concurrent engineering: a goal programming approach [J]. Journal of Operations Management, 2005, 23 (3-4): 389-403.

[4] Hauschild M Z, Jeswie J, Altingl L. Design for environment-Do we get the focus right? [J]. CIRP Annals, 2004, 1 (53): 1-4.

[5] Ishii K, Eubanks C F, Di Marco P. Design for product retirement and material life-cycle [J]. Materials & Design, 1994, (15): 225-233.

[6] Karnbil A, Ginsberg A, Bloch M. Re - inventing value propositions [D]. New York: New York University, 1996.

[7] Prahalad C K, Ramaswamy V. Co-creating unique value with customers [J]. Stategy & Leadership, 2013, 32 (3): 4-9.

[8] Prahalad C K, Venkatram, Ramaswamy. Co-creation experiences: The next practice in value creation [J]. Journal of Interactive Marketing, 2004, 18 (3): 5-14.

[9] Xie S Q, Tu P L, Zhou Z D. Internet-based DFX for rapid and economical tool/mould making [J]. The International Journal of Advanced Manufacturing Technology, 2004, 24 (11-12): 821-829.

[10] 白景坤，张贞贞，薛刘洋. 互联网情境下基于平台的企业创新组织机制研究——以韩都衣舍为例 [J]. 中国软科学，2019 (2): 181-192.

[11] 戴亦舒，叶丽莎，董小英. 创新生态系统的价值共创机制——基于腾讯众创空间的案例研究 [J]. 研究与发展管理，2018 (4): 24-36.

[12] 冯长利，刘洪涛. 网络视角下制造企业服务转型的价值共创模型——基于陕鼓的案例研究 [J]. 管理案例研究与评论，2016 (5): 472-484.

[13] 黄振辉. 多案例与单案例研究的差异与进路安排——理论探讨与实例分析 [J]. 管理案例研究与评论，2010 (2): 183-188.

[14] 简兆权，刘晓彦. 互联网环境下服务战略与组织结构的匹配——基于制造业的多案例研究管 [J]. 理案例研究与评论，2017 (5): 449-466.

[15] 简兆权，肖霄. 网络环境下的服务创新与价值共创：携程案例研究 [J]. 管理工程学报，2015 (1): 20-29.

[16] 刘志迎，龚秀媛，张孟夏. Yin、Eisenhardt 和 Pan 的案例研究方法比较研究——基于方法论视角 [J]. 管理案例研究与评论，2018 (1): 104-115.

[17] 罗仲伟，李先军，宋翔，李亚光. 从“赋权”到“赋能”的企业组织结构演进——基于韩都衣舍案例的研究 [J]. 中国工业经济，2017 (9): 174-192.

[18] 宋立丰，刘莎莎，宋远方. 冗余价值共享视角下企业平台化商业模式分析——以海尔、小米和韩都衣舍为例 [J]. 管理学报，2019 (4): 475-484.

[19] 王凤彬，李东红，刘月宁，王璁. “竞争”还是“合作”：组织中局部功能替代性部门间冲突的动态演进——基于研华大陆区线上业务的纵向案例研究 [J]. 管理世界，2015 (12): 146-171.

[20] 王雪冬，匡海波，董大海，孟佳佳. CSV 视阈下的价值链重构路径研究——基于招商局集团 PPC 商业模式的案例研究 [J]. 管理评论，2019 (1): 293-304.

[21] 吴照云，王宇露. 企业文化与企业竞争力——一个基于价值创造和价值实现的分析视角 [J]. 中国工业经济，2003 (12): 79-84.

[22] 肖静华，吴瑶，刘意，谢康. 消费者数据化参与的研发创新——企业与消费者协同演化视角的双案例研究 [J]. 管理世界，2018 (8): 154-173.

[23] 周文辉，王鹏程，陈晓红. 价值共创视角下的互联网+大规模定制演化——基于尚品宅配的纵向案例研究 [J]. 管理案例研究与评论，2016 (4): 313-329.

[24] 周文辉，杨苗，王鹏程，王昶. 赋能、价值共创与战略创业：基于韩都与芬尼的纵向案例研究 [J]. 管理评论，2017 (7): 258-272.

(25) 朱良杰，何佳讯，黄海洋. 互联网平台形成的演化机制——基于韩都衣舍的案例研究 [J]. 管理案例研究与评论，2018，11 (2): 163-180.

社会排斥对绿色消费行为的影响研究

王　静　黄　炜

（上海工程技术大学管理学院，上海　201620）

［摘　要］随着全球气候变暖、自然环境日益恶劣，如何有效保护环境受到社会各界的广泛关注。发展绿色低碳环保经济、转变消费模式已成为必然趋势。另外，社会排斥与孤独感现象在当今社会日益凸显，影响人们的产品偏好和选择，但尚未有研究关注负面的社会交往经历对绿色消费这一重要且特殊消费领域的影响。本文采用问卷调研法与实验法，初步探索了社会排斥对个体绿色消费行为的作用，并探讨了其内在心理机制。研究结果发现，情境性的归属感缺失-社会排斥（相较于控制组）会降低绿色消费行为，表现在绿色产品选择及特定和整体绿色消费行为意向上。然而，特质性归属感缺失-孤独感对绿色消费行为的影响仅在部分绿色消费行为维度上得到论证。最后，本文还对研究结论的贡献、不足之处和未来研究方向进行了一定探讨。

［关键词］社会排斥；社会归属感；绿色消费；自我控制

一、引言

随着城市化和工业化进程在全球范围内快速推进，地球变暖、雾霾肆虐、水资源污染与短缺等环境问题不断涌现。如何有效保护生态环境受到社会各界的广泛关注。消费者在缓解生态环境恶化中扮演着关键角色，绿色消费成为当前社会发展中的重要议题。一方面，部分生态环境恶化是由个人和家庭消费造成的（Grinstein and Nisan，2009）。另一方面，消费者对环境问题的关注、对绿色产品的需要能够使更多企业积极参与环保活动，引领企业产品研发和营销朝着环保的方向发展。研究发现，很多环境破坏都可以追溯到社会公众的直接行为（如垃圾处理、汽车使用）或间接行为（如生产满足公众需要的产品）。私人汽车、家庭、服务等消费者行为，能够影响能源消费的45%~55%。因此，消费者不仅能通过绿色消费对环境产生直接影响，还能够通过其绿色消费主张、“货币选票”引致企业生产绿色化，进而对环境产生间接影响。

与此同时，人们比以往任何时候都更加孤独，在日常生活中会遇到各种形式（面对面或是在线）的社会排斥经历。例如，好朋友举办聚会把你排除在外，在商店购物被售货员忽略，请求加入小组项目被拒绝等。数据显示，78%的成年人在工作环境中都会经历社会排斥，并且大多数人都承认自己在日常生活中会排斥他人（Nezlek et al.，2015；O'Reilly et al.，2015）。据Euromonitor Research 2014年统计，单身家庭（Single person households）经济在全球范围内的重要性与日俱增①，人们越发感到被忽视、被拒绝、不受欢迎、不被喜欢或与外界隔绝，大多数人感到缺乏人际交往活动。European Urban Knowledge Network 2015 年报告显示，1.24 亿欧洲人（约占欧洲公民的 1/4）均经历了不同程度的社会排斥②。脉脉 APP 数据研究院 2017 年对上万名职场人的“孤独感”调查③也显示，61.47%的人平时会感觉孤独，不会感觉孤独的人占比为38.53%。在孤独感出现的频率上，偶尔孤独的人占 51.77%，经常孤独的人占 27.22%，每天都会孤独的占 21.01%。

由此引申出的问题是，作为现代社会的重要内容，社会排斥与绿色消费的关系如何？理解两者的关系对于消费者行为研究至关重要。有关社会排斥的研究发现，一方面，社会排斥会引起反社会和自我挫败的行为，不愿意投入认知资源、付出努力，进行自我调控。另一方面，当有重建良好关系的机会时，被排斥者也会试图采取亲社会行为以提升社会接纳的可能性。然而，综观社会排斥的现有文献，目前尚未有研究直接将社会排斥与绿色消费相联系，并针对这一问题进行深入探讨。由于绿色消费范围和种类很多，包含购买、使用和处理全生命周期，社会排斥对各阶段的影响可能存在差异，存在多种心理过程发挥中介作用。此外，中国情境下，紧严文化（tight culture）特征鲜明、面子风气盛行，有必要进一步研究我国特殊的绿色消费行为规范及其消费者诠释。

二、文献回顾与假设提出

（一）社会排斥与消费者行为

社会排斥是指个体在社会生活关系中被其他人排除在外，其归属需求和关系需求受到阻碍的现象和过程，有多种表现形式，如排斥、无视、孤立、拒绝等（程苏等，2011；杜建政和夏冰丽，2008）。基于马斯洛需求层次理论，社会归属感（social belonging）是人类基本需求之一，即感到与他人保持着积极、正面的人际关系。然而，社会排斥和孤独感会对消费者带来生理和心理的负面影响，进而影响他们的产品偏好和选择（Williams，2007）。总结社会排斥与消费行为的相关研究，可归纳出三类消费者认知与行为反应，一是为满足归属感需求而产生的关系促进消费行为，二是需获得感知控制而形成的不确定性规避及逐利行为，三是因调控资源受损而导致的自我挫败消费行为（Self-defeating）（王静和范秀成，2017）。

Loveland 等（2010）首先将社会排斥引入消费行为研究，发现社会排斥增加消费者对怀旧型产品（如过去受欢迎的电影、食物、汽车等）的偏好（杨强等，2018）。出于获得归属感、修复社会关系的良好愿望，被排斥者会采取相应的消费行为以获取社会联系和社会支持，他们更偏好拟人化产品（Chen et al.，2017）、触感柔软的产品（丁瑛和宫秀全，2016）和视觉密集型产品（Su et al.，2019）。社会排斥还会影响个体品牌选择（Ward and Dahl，2014）。在某些情况下，被奢侈品牌销售人员排斥的经历会提升对该品牌的购买意愿，特别是针对声望品牌以及与理想自我

① Euromonitor Research. The rising importance of single person households globally［R］. 2014.

② European Urban Knowledge Network. The Inclusive City：Approaches to Combat Urban Poverty and Social Exclusion in Europe［R］. 2015.

③ 脉脉数据研究院．2017 年孤独经济白皮书［R］. 2018.

相符的品牌。另外，社会排斥增加享乐型产品的偏好，提升其冲动性消费行为（Jayati and Wang）。此外，也有营销学者发现不同类型社会排斥对消费行为的影响存在差异，根据排斥传达外显程度，被拒绝会产生捐赠行为，而被忽视会提升炫耀性消费行为（Lee and Shrum，2012）。但是，系统梳理社会排斥现有文献发现，社会排斥对产品偏好的影响仍未探讨绿色消费这一特殊的亲社会消费领域，聚焦绿色消费现象的研究有待拓展。

（二）社会排斥对绿色消费行为的影响

绿色消费指消费者在商品购买、使用和用后处理过程中努力保护生态环境，并使对环境的负面影响最小化的消费行为（劳可夫和玉露露，2015；Carlson et al.，1993）。根据消费过程划分，可分为绿色购买行为、绿色处置行为和绿色使用行为；绿色购买行为主要体现为对绿色产品（相比普通产品对环境影响较低的产品）的购买。绿色处置行为主要体现在对物品的回收和再利用上；绿色使用行为则主要包括节水、节电、避免开车、使用环保袋等不涉及产品购买和处置的环保行为（吴波，2014；吴波等，2016）。因此，绿色消费行为涵盖消费者日常消费过程中购买购置、使用管理、处理废弃全过程，实行绿色消费的行为模式。绿色消费有其独特性，表现为：属于亲社会消费中的一种特定消费情境和类型，涉及自身短期利益与社会长远利益的自我控制权衡。本质上是两个维度的冲突，社会维度上，自我利益和更广泛社会利益（自我-他人）的冲突；在时间维度上，短期目标和长期目标（近-远）的冲突。具体说来，绿色消费意味着在充分考虑自身利益的同时也考虑下一代、其他人生存的权利，属于利他、亲环境和亲社会的范畴。同时，消费者在进行绿色消费时面临着长期利益与短期能够带来的即时享受之间的两难选择（杜伟强和曹花蕊，2013）。例如，在购买环节上，节能家电比普通家电更节省能源，但当两者其他属性相同时，前者通常比后者贵，消费者需要牺牲当前为个体带来的经济节约的好处。在使用和处置环节上，消费者购物使用环保袋、主动关掉灯光电源、进行垃圾回收处理等都会对消费者带来一些不便利，需要其抵御短期的方便诱惑以获得长远的社会利益。总体看来，绿色消费与自我控制权衡密切相关。

与此同时，社会排斥相关研究发现，其引起的行为结果之一是个体自我调控（Self-regulation）能力降低（Baumeister et al.，2005；Twenge et al.，2003），产生自我挫败行为，从而在消费品的选择上倾向于获得当前满足而不考虑长期利益，比如说选择不健康的零食，不愿花精力获得个人健康信息等。被排斥者在短期快乐和长期福利之间倾向于前者。选择期望收益较少，但更具风险的选项；拖延从事枯燥的任务；选择短期内有高收入但无发展机会的工作，而不选起薪低，但发展前景更好的工作；更快放弃困难的任务；并产生较少的同情心和帮助他人的行为。Jayati 和 Wang（2013）研究了不同形式关系缺陷（socially lonely vs. emotional lonely）与时间知觉（limited horizon vs. expanded horizon）匹配对冲动性消费行为的影响，结果表明重要的关系缺陷缺失（有限时间知觉-情感孤独，扩展时间知觉-社会孤独）更可能引起冲动性消费行为，如消费行为无规划、倾向于获得即刻的满足，自我调控资源缺失在其中起到中介效应。Lu 和 Sinha（2017）发现，社会排斥促使人们不停回想、反思排斥事件，其自我调控资源受损，进而更多地采用基于情感的信息加工方式。

根据“契约打破”和“认知超载”两种理论观点，社会排斥打破了人们控制冲动以获得社会接纳和包容利益的内在契约（自身和社会之间存在的隐性契约），且对消极心理感受的压抑会占用认知资源（通过压抑消极心理感受来应对社会排斥的痛苦），因此，被排斥者调控资源有限，没有动力进行自我控制，从而会更多地关注个人的、短期的利益，而非社会的、长期的利益。由于绿色消费本身是一种亲自然与亲社会的消费行为，涉及社会和时间双重的自我控制困境，那么，被排斥者因其自我消耗则实行绿色消费的可能性较低，自我调控资源对该过程起到中介效应。据此，本文提出以下假设：

H1：社会排斥会降低消费者的绿色消费行为。

H2：自我调控资源受损中介社会排斥对绿色消费行为的负面影响。

三、研究方法

为了验证以上假设，本文设计了两个子研究，探索社会排斥与绿色消费行为之间的关系。研究一主要围绕归属感缺失特征，将测量个体孤独感予以分析。研究二通过回忆范式对社会排斥进行操控，进一步检验社会排斥对绿色消费偏好的影响。根据绿色消费相关研究，绿色消费的测量有多种方法，一是询问消费者的绿色消费态度和意向（邓新明，2012），但不针对特定绿色消费行为或产品。二是让消费者回忆过往绿色消费发生的频率（Thøgersen and Ölander，2002）。三是对特定的绿色产品或消费行为进行判断和选择（Newman et al.，2014；Peloza et al.，2013；吴波等，2016）。四是测量消费者实际的绿色消费行为（Luchs et al.，2010；Karmarkar and Bollinger，2015）。考虑到数据获取、实验操控的可行性，且避免可能存在的社会赞许偏差，本文运用了前三种方法测量个体绿色消费行为。

（一）研究1

研究1旨在验证H1、H2，初步探索孤独感与个体绿色消费偏好之间的关系，以及自我控制的中介作用。共79名参与者完成了问卷调查，其中男性29人（36.7%），平均年龄20.03岁。

1. 调查问卷设计

本次调查主要包含三个部分的内容。第一部分关于绿色消费行为和价值观，要求被调查者回忆过去绿色消费发生的频率（根据过往经历真实评价），包含购买、使用和处置行为。绿色购买行为问项为："购买绿色食品"，"购买由可再生原料制成的纸和塑料制品"，"避免从你已知会危害环境的公司购买产品"；绿色使用行为问项为："如自己是最后一个人离开房间，关掉所有灯光"，"使用大众交通工具，例如搭乘公交车、汽车或步行"；绿色处置行为问项为："将空玻璃瓶、报纸或废旧电池等加以回收处置"（1=从没，2=偶尔，3=约半，4=大多，5=每次）。之后，完成绿色消费价值观（Green Consumption Values）量表（Haws et al.，2014），问项包含："所使用的产品不会危害环境于我而言很重要"，"在做很多决策时，我都会考虑对环境的潜在影响"，共6项，题项采用李克特7级量表（1=非常不同意，7=非常同意）（$\alpha=0.829$）。接着，填写环保主义（Environmentalism）牺牲意愿量表（Stern，1999），包含为保护环境而牺牲的意愿（Willingness to Sacrifice to Protect the Environment，WTPE）和为社会利益而牺牲的意愿（Willingness to Sacrifice to Benefit the Society，WTPS）两方面，问项为"为了保护环境/社会利益，我愿意降低我的生活标准/支付更高的价格"（保护环境：$\alpha=0.663$；社会利益：$\alpha=0.802$）。

第二部分旨在了解个体认知方式。一是未来结果预期量表（Consideration of Future Consequences）（Joireman et al.，2008），考察目前行为的即时结果和未来结果的内在冲突程度，用于测量本文所关注的自我控制变量。该量表包含两个维度，分别反映即时取向（CFC-immediate）和未来取向（CFC-future），共12个题项，5点量表（1=极不符合，5=极为符合）。其中，即时取向有7个问项，如"我采取的行动都为解决当务之急，未来的事情自会迎刃而解"，"我的行为只受其短期（数天或数周）内产生的结果的影响"（$\alpha=0.680$）；未来取向有5个问项，如

“我考虑事情未来的样子，并试图通过自己日常的行为来影响那些事情”，“我认为应严肃对待关于不良后果的警告，尽管这些不良后果在多年内不会发生”（$\alpha=0.436$）。二是简化的孤独感量表（Pieters，2013），以测量被调查者的长期孤独状态。陈述问项包括：“我觉得自己缺少别人的友情”，“我有被别人遗忘的感觉”，“我是一个容易与人交往的人”（R）等。被试者对10个题项依次评价日常生活中感受到的频率（1=从不，2=很少，3=有时，4=频繁，5=经常）。加总平均作为孤独感变量（$\alpha=0.845$），分值越高即孤独感越强烈。最后，被试者回答了个人基本信息，包括年龄、性别、收入及QQ好友数。鉴于QQ在我国大学生群体中的流行程度及其维持社交联系的重要作用，本文采用QQ好友数作为社会联系水平的代理变量，以间接刻画其社会关系状况。

2. 数据分析与结果

孤独感与未来结果预期、绿色消费价值观、环保主义牺牲意愿及过往绿色消费行为之间的相关分析结果如表1所示。从表1中可以看出，孤独感与即时取向、未来取向、绿色消费价值观等的相关关系均不显著，H2在本文中未能得到验证。然而，在绿色消费行为各维度上，孤独感与“避免从危害环境的公司购买产品”（$r=-0.226$，$p=0.046$）及“最后一个离开房间关掉所有灯光”（$r=-0.317$，$p=0.004$）两个行为变量的负相关关系显著。即时取向与“购买绿色食品”的负相关关系显著（$r=-0.255$，$p=0.023$），未来取向与“购买可再生原料制品”的正相关关系显著（$r=0.309$，$p=0.006$）。绿色环保价值观与绿色购买、使用和处置行为基本上呈正相关关系。此外，QQ好友数与“避免从危害环境的公司购买产品”显著正相关（$r=0.241$，$p=0.038$）。此外，回归分析的结果也发现，在控制人口变量性别、年龄和月均消费支出的影响后，孤独感显著负向影响“避免从危害环境的公司购买产品”（$\beta=-0.440$，$p=0.042$）及“最后一个离开房间关掉所有灯光”（$\beta=-0.348$，$p=0.002$）等绿色消费行为。因此，H1在部分绿色消费行为因素上得到验证。

然而，研究1存在如下两个主要问题。一是孤独感与自我控制变量之间的关系不显著。这可能是由于未来结果预期量表未能准确反映出此时的自我调控水平，也可能是孤独感需与其他变量匹配（如时间知觉）才会引起自我调控资源缺失（Jayati and Wang，2013）。二是孤独感对绿色消费的负向影响仅存在于部分绿色消费行为维度。说明了绿色消费问题是复杂和多方面的，检验孤独感对绿色消费全过程的影响差异还需扩充研究样本量。

（二）研究2

研究2的主要目的是探究情境性的归属感缺失，即社会排斥与绿色消费之间的因果关系，以再次验证H1。选取上海某高校的本科生样本进行实验［共65个有效样本，男性38人（58.5%），平均年龄18.63岁］，采用三组（控制组VS. 被接纳组VS. 被排斥组）组间因子实验设计。通过回忆范式操控社会排斥变量，以绿色产品选择与购买意向量表探测绿色消费行为。

1. 实验材料与程序

为了减少参与者对实验目的的猜测，告知其本次调查由若干不相关的小任务组成。第一部分旨在考察人们的过往经历，用于开发针对大学生的心理辅导技巧；第二部分是产品评价与选择，以获取学生群体对相关产品的想法和建议。回忆过往经历的社会排斥操控方法在国外研究的基础上适当改编（Wan et al.，2014）。被排斥（接纳）组别的参与者分别回忆一段感到被强烈排斥（接纳）的经历，控制组的参与者回忆一段去超市的经历。要求参与者尽可能详细地将事情的发生经过（比如时间、地点、相关人物、场景）以及当时的心理感受写出来。接着，要求参与者根据其回忆的经历，回答操控检验问项，“感到在多大程度上‘被接纳’及‘被排斥’”（1=一点而不，7=极其）（Williams et al.，2000）。测量参与者的情绪状态，包括开心、放松、伤心、紧张四个问项（Su et al.，2017）。

表 1　相关系数矩阵

题项	1	2	3	4	5	6	7	8	9	10	11	12
1. 孤独感	1											
2. 即时取向（CFC-I）	-0. 075	1										
3. 未来取向（CFC-F）	0. 038	-0. 363**	1									
4. WTPE	0. 170	-0. 160	0. 360**	1								
5. WTPS	-0. 044	-0. 221	0. 346**	0. 762**	1							
6. GREEN	-0. 037	-0. 254*	0. 428**	0. 660**	0. 541**	1						
7. 购买绿色食品	-0. 096	-0. 255*	0. 023	0. 226*	0. 211	0. 271*	1					
8. 购买可再生原料制品	0. 058	-0. 133	0. 309**	0. 367**	0. 368**	0. 503**	0. 310**	1				
9. 避免危害环境公司购买	-0. 226*	-0. 159	0. 019	0. 069	0. 056	0. 375**	0. 163	0. 313**	1			
10. 关掉所有灯光	-0. 317**	0. 112	0. 102	0. 077	0. 019	0. 234*	0. 056	0. 200	0. 100	1		
11. 使用大众交通工具	0. 077	-0. 040	-0. 030	0. 094	-0. 013	0. 073	0. 094	-0. 057	0. 034	0. 072	1	
12. 废旧产品回收处置	0. 011	0. 021	0. 052	0. 126	0. 051	0. 297*	0. 080	0. 040	0. 442**	0. 061	0. 129	1

注：* p<0. 05，** p<0. 01，均为双尾检验。

情绪量表后是有关产品选择偏好的问题，主要是对购买擦手纸的描述（吴波等，2016）。让参与者想象自己正在超市购物，选择学生日用品。这时想起来自己正需要购买擦手纸，有两款擦手纸吸引了注意。擦手纸A：以纸浆为主要原料，将回收的牛奶盒清洗精选分离后，利用特殊工艺提取出牛奶盒中间的夹心纸层，制成生活用纸，保护森林资源。不添加荧光剂等有害物质，纸张经过高温干燥处理，洁净卫生。擦手纸B：100%天然原生木浆制成，颜色自然、洁白，不含荧光剂、增白剂，质纯细致独特纤细起皱工艺，点对点中控锁水层技术不刺激皮肤，纸张吸水力强，吸水速度快，吸水量大，柔韧厚实，擦拭不易破，而且分别展示了两款擦手纸的图片。两种擦手纸都是每包200张，价格为12元（前测结果表明，人们认为绿色擦手纸更环保）。要求参与者评价“两款擦手纸哪一种对你更有吸引力?”“两款擦手纸哪一种你更可能购买?”（Griskevicius et al.，2010）7点量表，1表示“肯定是产品A（绿色产品）”，7表示“肯定是产品B（传统产品）”。取两者均值用于测量绿色擦手纸购买倾向（$\alpha=0.899$），分值越低表示越偏好绿色擦手纸。

随后是关于特定绿色消费行为意向的问题（含购买、使用和处置全过程），包含五个问项，日常生活中愿意“购买绿色食品（如不含农药或化学物的有机水果、蔬菜、奶制品等）”，“如自己是最后一个人离开房间，关掉所有灯光”，“购物使用环保袋”，“避免使用一次性用具和物品”，“将空玻璃瓶、报纸或废旧电池等加以回收处置”。从1分到7分打分，1代表“非常不赞同”，4代表“难确定”，7代表“非常赞同”。之后，笼统询问消费者对绿色消费的意向，包含四个问项，“我愿意收集和学习有关绿色消费的更多信息”，“我愿意推荐我的亲戚朋友购买绿色产品”，“我愿意把绿色产品介绍和推荐给我的家人”，“如果需要购买我会购买绿色产品”（劳可夫，2013），加总平均得到整体绿色消费意向强度（$\alpha=0.865$）。最后参与者回答了基本社会人口学信息，包括年龄、性别和每月平均消费支出（1=1000元以下，2=1000~2000元，3=2000~3000元，4=3000元以上），月均消费支出各选项占比依次为4.6%、75.4%、15.4%、4.6%。

2. 数据分析与结果

单因素方差分析结果显示，被排斥组在被接纳的感受上显著低于控制组和被接纳组（$M_{控制组}=4.84$，SD=1.86 vs. $M_{被接纳}=5.94$，SD=1.11 vs. $M_{被排斥}=3.54$，SD=1.72；$F(2, 58)=11.56$，$p<0.001$），而在被排斥的感受上显著高于其他组别（$M_{控制组}=1.95$，SD=1.51 vs. $M_{被接纳}=1.94$，SD=1.06 vs. $M_{被排斥}=4.19$，SD=1.79；$F(2, 60)=16.52$，$p<0.001$），说明回忆描述任务能够起到有效操控作用。情绪方面，方差分析结果显示，被排斥组感受到较少的开心（$M_{控制组}=5.00$，SD=1.63 vs. $M_{被接纳}=5.95$，SD=1.16 vs. $M_{被排斥}=3.75$，SD=1.70；$F(2, 61)=11.86$，$p<0.001$），放松（$M_{控制组}=5.58$，SD=1.47 vs. $M_{被接纳}=5.53$，SD=1.68 vs. $M_{被排斥}=3.42$，SD=1.38；$F(2, 59)=14.87$，$p<0.001$），以及更多的伤心（$M_{控制组}=1.90$，SD=1.52 vs. $M_{被接纳}=1.78$，SD=1.48 vs. $M_{被排斥}=4.00$，SD=1.68；$F(2, 59)=14.03$，$p<0.001$）和紧张（$M_{控制组}=1.84$，SD=0.96 vs. $M_{被接纳}=3.22$，SD=1.83 vs. $M_{被排斥}=3.56$，SD=1.98；$F(2, 59)=5.97$，$p=0.004$）。

接下来，以擦手纸选择偏好及绿色消费行为意向为因变量进行方差分析。在擦手纸选择上，结果显示，被排斥组相比控制组更偏好传统产品而非绿色产品（$M_{控制组}=3.45$，SD=2.15 vs. $M_{被接纳}=4.29$，SD=2.02 vs. $M_{被排斥}=4.80$，SD=2.10；$F(2, 62)=2.27$，$p=0.111$；$p_{被排斥vs.控制组}=0.037$），如图1所示。相关分析发现，人口特征年龄变量与绿色擦手纸消费偏好负相关（$r=-0.267$，$p=0.033$），因此，加入年龄、性别与每月平均消费支出作为协变量进行协方差分析，这时，社会排斥变量不显著（$F=1.89$，$p=0.160$），协变量年龄显著（$F=7.88$，$p=0.007$）。进一步两两比较的结果显示，被排斥组的绿色消费倾向边缘显著低于控制组（$M_{控制组}=3.67$，SE=0.51 vs. $M_{被排斥}=4.96$，SE=0.43 vs. $M_{被接纳}=4.02$，SE=0.45；$F(5, 58)=2.64$，$p=0.032$；$p_{控制组vs.被排斥}=0.073$）。这说明社会排斥会减少消费者对环保擦手纸的选择，且绿色产品偏好随着年龄增长而提升。

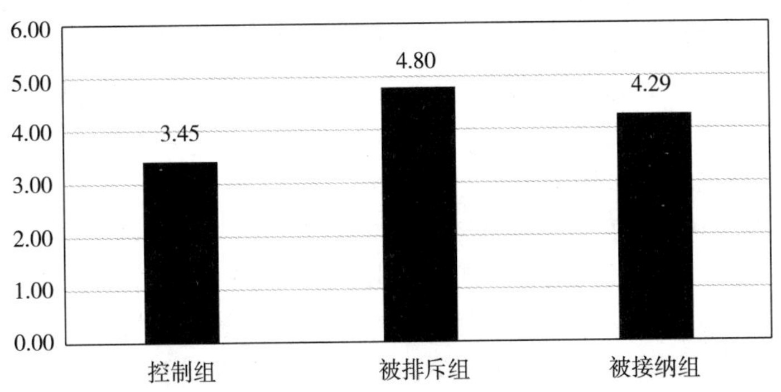

图 1　社会排斥绿色擦手纸选择倾向的影响

日常生活中大学生特定绿色消费行为意向的单因素方差分析结果如表 2 所示。被排斥组从事各项具体绿色消费行为的倾向显著低于控制组，这在多数绿色消费行为维度中均得到验证。然而，废旧产品回收处置因素上，被排斥组与其他组别没有显著差异。鉴于实验进行时上海垃圾分类尚未开展，参与者可能感觉实施回收不可行而影响其环保倾向。此外，在整体绿色消费行为意向强度上，被排斥组仍显著低于控制组 [$M_{控制组}=6.29$，SD=0.87 vs. $M_{被接纳}=5.70$，SD=0.94 vs. $M_{被排斥}=5.49$，SD=0.90；$F(2, 63)=4.45$，$p=0.016$；$p_{被排斥vs.控制组}=0.005$]。上述结果在加入人口特征变量的协方差分析中也基本一致，但加入情绪变量后部分结果不再显著。因此，H1 再次得到验证，而情绪的作用需在后续研究中进一步探讨。

表 2　不同组别间的绿色消费行为意向评分

特定绿色消费行为	均值、标准差、p 值				
	控制组	被排斥组	被接纳组	p 值（排斥 vs. 控制）	p 值（排斥 vs. 接纳）
最后离开房间关掉灯光	6.63（0.68）	5.96（1.68）	6.62（0.80）	0.071	0.069
购物使用环保袋	6.05（1.03）	5.27（1.25）	5.62（1.24）	0.033	0.320
避免使用一次性用具和物品	5.42（1.35）	4.68（1.22）	5.05（1.28）	0.061	0.334
废旧产品回收处置	5.74（1.28）	5.50（1.42）	5.38（1.56）	0.586	0.778
购买绿色食品	6.42（0.84）	5.85（1.08）	6.05（1.00）	0.059	0.492
特定绿色消费行为意向（除废旧品回收）	6.13（0.83）	5.48（0.77）	5.80（0.71）	0.007	0.171

四、结论与讨论

（一）研究结论及贡献

本文在社会排斥理论框架下，研究其对绿色消费行为的影响和心理机制，同时运用了问卷调研法和行为实验法对研究假设进行验证。结论如下：情境性归属感缺失-社会排斥会降低绿色消费行为。这在绿色产品选择、特定及整体绿色消费行为意向测量中均得到论证。然而，特质性归属感缺失-孤独感对绿色消费行为的影响仅在部分绿色消费行为变量中得到验证，且孤独感与自我控制之间的联系在本文中未能建立。

伴随着生态环境恶化，环保呼声高涨，消费者的绿色消费行为日益受到人们的关注。2015年11月，国务院印发《关于积极发挥新消费引领作用加快培育形成新供给新动力的指导意见》，指出绿色消费是消费升级的重点领域和方向。“地球一小时”活动、“生活垃圾分类”工作也在实践中广泛展开。绿色消费是我国经济社会发展的新要求，是一种与时俱进的消费理念。学术界对绿色消费行为的探讨也逐渐兴起。然而，绿色消费的专门研究不多，针对心理机制的研究则更少。已有研究多从个体对环境问题的心理意识因素，及外部环境中的便利条件、经济刺激、行政法规等层面进行，尚未从社会群体互动的视角，探讨消极的人际关系经历对绿色消费行为的影响。而本文提出了“社会排斥-自我控制-绿色消费”之间的关联，揭示了社会排斥现象的一个崭新行为变量，这是与以往不同的研究视角，扩展了社会排斥与绿色消费的现有理论。

（二）研究局限与展望

一是研究1的问卷调研与研究2的行为实验研究样本量较少，未来研究需在此基础上进一步扩充样本，以提升研究结论的可靠性。二是自我调控心理机制的探索还需后续实验研究加以论证。通过设计困难或无解字谜任务测量自控资源缺失水平，或让其参与自我耗竭的认知任务降低自控资源，从而直接探测该中介机制的作用（Jayati and Wang，2013）。三是着重探索社会规范的调节作用。以往关于社会排斥的研究发现，当其行动结果可能带来关系利益时，被排斥者会表现得更具社会适应性（Lu and Sinha，2017）。根据Smart Richman和Leary（2009）提出的排斥反应多元动机模型，如果绿色消费伴随着直接的社会利益，或是切实可行的重建联系机会时，可作为被排斥者的“压力应对”与“社会表达”机制，从而促进其绿色消费行为。因此，结合社会营销的方法，强调绿色消费作为某种群体规范（王建明和贺爱忠，2011），用于构建、表达和提升自我形象时，可有效增加被排斥者的绿色消费行为。未来探讨社会规范的调节效应能加深对我国环境下绿色消费社会规范的认识，还能为应对社会排斥的消极影响提供新的策略和思路。

参考文献

[1] Grinstein A, Nisan U. Demarketing, minorities, and national attachment [J]. Journal of Marketing, 2009, 73 (2): 105-122.

[2] Nezlek J B, Wesselmann E D, Wheeler L, et al. Ostracism in everyday life: The effects of ostracism on those who ostracize [J]. Journal of Social Psychology, 2015, 155 (5): 432-451.

[3] O'Reilly J, Robinson S L, Berdahl J L, et al. Is negative attention better than no attention? The comparative effects of ostracism and harassment at work [J]. Organization Science, 2015, 26 (3): 774-793.

[4] 程苏，刘璐，郑涌．社会排斥的研究范式与理论模型［J］．心理科学进展，2011（6）：905-915.

[5] 杜建政，夏冰丽．心理学视野中的社会排斥［J］．心理科学进展，2008（6）：981-986.

[6] Williams K D. Ostracism [J]. Annual Review of Psychology, 2007, 58 (1): 425-452.

[7] 王静，范秀成．社会排斥及其对消费行为影响的研究述评与展望［J］．消费经济，2017（6）：88-95.

[8] Loveland K E, Smeesters D, Mandel N. Still preoccupied with 1995: The need to belong and preference for nostalgic products [J]. Journal of Consumer Research, 2010, 37 (3): 393-408.

[9] 杨强，张康，孟陆．孤独感对怀旧消费偏好的影响研究［J］．珞珈管理评论，2018（2）：132-146.

[10] Chen R P, Wan E W, Levy E. The Effect of social exclusion on consumer preference for anthropomorphized brands [J]. Journal of Consumer Psychology, 2017, 27 (1): 23-34.

[11] 丁瑛，宫秀双．社会排斥对产品触觉信息偏好的影响及其作用机制 [J]．心理学报，2016 (10)：1302-1313.

[12] Su L, Wan E W, Jiang Y. Filling an empty self: The impact of social exclusion on consumer preference for visual density [J]. Journal of Consumer Research, 2019, 46 (4): 808-824.

[13] Ward M K, Dahl D W. Should the devil sell prada? Retail rejection increases aspiring consumers' desire for the brand [J]. Journal of Consumer Research, 2014, 41 (3): 590-609.

[14] Jayati S, Wang J. How-time horizon perceptions and relationship deficits affect impulsive consumption [J]. Journal of Marketing Research, 2013, 50 (5): 590-605.

[15] Lee J, Shrum L J. Conspicuous consumption versus charitable behavior in response to social exclusion: A differential needs explanation [J]. Journal of Consumer Research, 2012, 39 (3): 530-544.

[16] 劳可夫，王露露．中国传统文化价值观对环保行为的影响——基于消费者绿色产品购买行为 [J]．上海财经大学学报，2015，17 (2)：64-75.

[17] Carlson L, Grove S J, Kangun N. A content analysis of environmental advertising claims: A matrix method approach [J]. Journal of Advertising, 1993, 22 (3): 27-39.

[18] 吴波．绿色消费研究评述 [J]．经济管理，2014，36 (11)：178-189.

[19] 吴波，李东进，王财玉．基于道德认同理论的绿色消费心理机制 [J]．心理科学进展，2016，24 (12)：1829-1843.

[20] 杜伟强，曹花蕊．基于自身短期与社会长远利益两难选择的绿色消费机制 [J]．心理科学进展，2013，21 (5)：775-784.

[21] Baumeister R F, Dewall C N, Ciarocco N J, et al. Social exclusion impairs self-regulation [J]. Journal of Personality & Social Psychology, 2005, 88 (4): 589-604.

[22] Twenge J M, Catanese K R, Baumeister R F. Social exclusion and the deconstructed state: Time perception, meaninglessness, lethargy, lack of emotion, and self-awareness [J]. Journal of Personality and Social Psychology, 2003, 85 (3): 409-423.

[23] Lu F, Sinha J. Speaking to the heart: Social exclusion and reliance on feelings versus reasons in persuasion [J]. Journal of Consumer Psychology, 2017, 27 (4): 409-421.

[24] 邓新明．中国情景下消费者的伦理购买意向研究——基于 TPB 视角 [J]．南开管理评论，2012，15 (3)：22-32.

[25] Thøgersen J, Ölander F. Human values and the emergence of a sustainable consumption pattern: A panel study [J]. Journal of Economic Psychology, 2002, 23 (5): 605-630.

[26] Newman G E, Gorlin M, Dhar R. When going green backfires: How firm intentions shape the evaluation of socially beneficial product enhancements [J]. Journal of Consumer Research, 2014, 41 (3): 823-839.

[27] Peloza J, White K, Shang J. Good and guilt-free: The role of self-accountability in influencing preferences for products with ethical attributes [J]. Journal of Marketing, 2013, 77 (1): 104-119.

[28] 吴波，李东进，王财玉．绿色还是享乐？参与环保活动对消费行为的影响 [J]．心理学报，2016，48 (12)：1574-1588.

[29] Luchs M G, Naylor R W, Irwin J R, et al. The sustainability liability: Potential negative effects of ethicality on product preference [J]. Journal of Marketing, 2010, 74 (5): 18-31.

[30] Karmarkar U R, Bollinger B. BYOB: How bringing your own shopping bags leads to treating yourself and the environment [J]. Journal of Marketing, 2015, 79 (4): 1-15.

[31] Haws K L, Winterich K P, Naylor R W. Seeing the world through GREEN-tinted glasses: Green consumption values and responses to environmentally friendly products [J]. Journal of Consumer Psychology, 2014, 24 (3): 336-354.

[32] Stern P C, Dietz T, Abel T, et al. A value-belief-norm theory of support for social movements: The case of environmentalism [J]. Human Ecology Review, 1999, 6 (2): 81-97.

[33] Joireman J, Balliet D, Sprott D, et al. Consideration of future consequences, ego-depletion, and self-control:

Support for distinguishing between CFC - immediate and CFC - future sub - scales [J]. Personality and Individual Differences, 2008, 45 (1): 15-21.

[34] Pieters R. Bidirectional dynamics of materialism and loneliness: Not just a vicious cycle [J]. Journal of Consumer Research, 2013, 40 (4): 615-631.

[35] Wan E W, Xu J, Ding Y. To be or not to be unique? The effect of social exclusion on consumer choice [J]. Journal of Consumer Research, 2014, 40 (6): 1109-1122.

[36] Williams K D, Cheung C K T, Choi W. Cyberostracism: Effects of being ignored over the internet [J]. Journal of Personality and Social Psychology, 2000, 79 (5): 748-762.

[37] Su L, Jiang Y, Chen Z, et al. Social exclusion and consumer switching behavior: A control restoration mechanism [J]. Journal of Consumer Research, 2017, 44 (1): 99-117.

[38] Griskevicius V, Tybur J M, Van den Bergh B. Going green to be seen: Status, reputation, and conspicuous conservation [J]. Journal of Personality and Social Psychology, 2010, 98 (3): 392-404.

[39] 劳可夫. 消费者创新性对绿色消费行为的影响机制研究 [J]. 南开管理评论, 2013, 16 (4): 106-113.

[40] Smart Richman L, Leary M R. Reactions to discrimination, stigmatization, ostracism, and other forms of interpersonal rejection: A multimotive Model [J]. Psychological Review, 2009, 116 (2): 365.

[41] 王建明, 贺爱忠. 消费者低碳消费行为的心理归因和政策干预路径: 一个基于扎根理论的探索性研究 [J]. 南开管理评论, 2011 (4): 80-89.

公司联想、捐款与消费者反应

李鹏举

（上海工程技术大学管理学院，上海　201620）

[摘　要] 本文聚焦于“灾难后公司捐款的公众反应”这一新课题，通过实验法揭示了灾难后公司捐款与日常经营情景中公司慈善的公众反应机制的显著的区别，即在严重灾难后公司捐款被公众视为公司义务而不是权利，公众将依据其对公司特征的感知去判断捐款量的合适性。感知公司实力与公司社会责任记录等公司联想越好，公众对该公司的捐款量要求就越高，同时，由捐款所带来的公众对公司形象的评价及产品购买意向的变动量就越倾向于为负值。

[关键词] 灾难；公司捐款；公司联想；社会责任记录

一、引言

近年来制度背景下社会对企业社会责任（CSR）的压力越来越大。从企业参与社会议题的主要决定因素看，社会需要的高紧迫性、利益相关者更为严格的监督和隐性规制（Brammer and Millington，2006）、制度环境中高姿态企业的强竞争性示范效应和社会行动的高公共关系价值（Crampton and Patten，2007）给各类行业和各种规模的企业带来了前所未有的捐赠压力和动力。越来越多的企业认识到，公司慈善不仅是新古典经济学范式（Friedman，1970）下基于开明自利观的自愿性战略决策，而且日益成为社会契约范式（Margolis and Walsh，2003）下颇具强制性的公司公民义务。随之，公众对公司慈善的评价标准和反应发生机制显著改变。例如，作为中国捐赠史上“分水岭”事件的汶川地震发生后，一些知名度高和实力强的公司（如王石任 CEO 的万科、中石油、宝洁），其捐款受到了公众普遍批评甚至产品抵制威胁。特别是某些还有着相当扎实的 CSR 历史记录的企业（如万科）也未能幸免。另一些知名度相对较低和（或）公司实力相对较弱的企业（如王老吉牌凉茶生产商加多宝）做出相近或较低量级的捐款却得到公众广泛好评甚至产品增购支持。值得注意的是它们大多以前并未积累起厚重的 CSR 历史声誉，但是通过一次性灾难捐款迅速赢得了富于社会负责感的美誉。这里不妨把这种公众对不同公司的捐款态度迥异的对比状况称为“二王现象”。

考察这种现象可发现两个规律性：一是公众认为公司捐款具有应然性；二是公众似乎对具有不同（感知）特征的公司的捐款量有不同的评价参考点（或然性）。据此，本文将基于广义顾客观、可及性-诊断性框架、验证性预期和对比效应等理论，以实验法量化分析公司联想对公司捐款量的公众反应的复杂影响，继而探析当公众对公司捐款做出负面评价时，公司应采取何种应对策略才能更有效地化解这种不同于常见的产品伤害危机的特殊公司危机。

二、理论回顾

国内外学术界对公司捐款的相关研究十分重视。国外研究主要起因于“9·11”事件和东南亚海啸，国内研究则主要起因于汶川大地震。Patten（2007）较早地做了相关研究，发现东南亚海啸后捐款量恰为100万元的公司可能被公众视为投机而得不到股票超额收益，捐款量高于和低于100万元时捐款量越大公司股票超额收益越大。Crampton和Patten（2008）发现资产回报率、公司规模、公司总部是否在纽约等因素显著影响“9·11”后《财富》500强公司捐款量。国内对汶川地震后公司捐款的研究：①公司捐款的动因。山立威等（2008）提出公司捐款存在经济动机，且公司联想影响公司捐款结构；贾明和张喆（2010）和徐莉萍等（2011）分别提出高管政治关联和媒体关注影响公司捐款；樊建锋和田志龙（2010）发现内资企业规模决定捐款量；张建君（2011）认为新旧制度主义分别影响外企的前后期捐款。②公司捐款的效果。李敬强和刘凤军（2010）发现低于500万元的捐款降低股票累计超额收益；宋林和王建玲（2010）发现政府控股和行业敏感性负向影响捐款量，捐款量则正向影响股票累计超额收益；Muller和Kräussl（2011）则报告说公司慈善捐赠声明不影响股票累计超额收益。上述研究说明了公司捐款对公司影响很大，且某些公司联想影响了捐款效果，这些对本文研究具有一定支撑作用。不过，上述研究有五个不足：其一，立论基础大多延续卡罗尔结构（Carrol，1991），把公司慈善视为企业自选动作（权利），鲜有看到公司慈善向规定动作（义务）发展的大趋势。其二，没有对公司特征维度化，也没有研究CSR联想的影响，不利于公司管理借鉴。其三，简单地把公司特征作为客观和公开信息进行研究，然而信息不对称会导致公众难以全面准确把握公司联想，公众必然依靠感知的公司特征而不是客观的公司特征做出反应。其四，数据采集限于上市公司公开数据，尚无基于一手实测数据的研究。其五，多数研究把公司捐款量当做因变量而不是自变量，对公司捐款效果的研究仍偏少，更重要的是即使有也仅涉及财务指标（股票收益）而忽视了公众反应等非财务指标；而非财务指标日益被认为是预测公司业绩和发展前景的更好的指示器（Wharton，1995）。目前，仅黄敏学等（2008）对公司被“逼捐”现象研究涉及公众反应，不过其研究方法是对网络帖子的质性分析，没有定量化也没有明确针对公司捐款量和公司联想进行研究。

公司联想研究。公司联想本质上是消费者所感知的公司特征，过去被跨学科的学者以公司声誉、公司形象、公司信息等构念加以研究，焦点在于维度提炼，现有研究可分为一维、多维、二维三个流派。早期研究以一维或多维为主。一维派的代表是Goldberg和Hartwick（1990），他们不区分公司联想维度，而糅合公司/产品历史、销售额/市场份额、公司公民、NPO支持、工作条件、法律责任等元素刻画公司联想，故可谓“零维”。另一些学者则基于理论和实践的需要意识到应对公司联想进行维度提炼才能使之理论化和可操作化。比如，Fombrun和Shanley（1990）把公司特征作为声誉信号分为市场信号（市场绩效与风险、股利政策）、会计信号（会计利润与风险）、制度信号（机构投资者比重、CSR、媒体能见度、企业规模）、战略信号（差异化、多元化）等维度。Brammer和Millington（2005）则把公司特征分解为慈善花费、公司规模、市场风险、财务表现、主营业务性质、媒体能见度、机构投资者占比等更细碎的维度。考虑概化的高度和可操作性，近年来学者们多倾向于二维化。以Brown和Dacin（1997）开创的“公司能力”和“CSR”二分法最具影响。他们从公司联想视角把公司联想分为公司能力联想（质量、创新、制造能力等）和公司社会责任联想（捐款、社区参与等）维度。此二维化及其重大价值被后来者广泛继承和不断挖掘，如 Luo 和 Bhattacharya（2006）对公司创新能力和产品质量与顾客满意和公司市值多重关系的研究，Sen 和 Bhattacharya（2001）对 CSR 和产品质量与公司认同和产品购买意向复杂关系的研究。Handelman 和 Arnold（1999）则从公司合法性层面把公司联想概括为经济导向活动和社会导向活动。这些概化具有内在一致性。国内学者一些学者也进行了本土化跟踪研究。然而，从对公司捐款的公众反应的实效影响来看，本文认为，更为相关的公司联想维度是由公司规模、公司主营行业形象、利润、市场地位、知名度等构成的“公司实力”（Corporate Power，CP）和由公司行善、社会服务历史等积累的“公司社会责任记录”（Corporate Social Responsibility record，CSR 记录）。

为深化公司实力联想研究，本文还主张把公司实力细分为技术性实力和整体性实力。前者主要包括研发、产品质量、制造工艺等与创新能力和生产制造水平相关的实力指标（类似于“公司能力”），后者则主要包括公司规模、营利性、公司主营行业形象、市场地位、知名度等更具综合性的实力指标。与传统公司联想研究中主要采用的“公司能力”（corporate ability）维度相比，“公司实力”（CP）维度更为概化和更具竞争导向，对公司捐款量的预测能力更强（Brammer and Millington，2006；山立威等 2008）。Useem（1988）发现公司规模是决定公司捐款量的最重要的公司因素。这些都契合了冗余资源理论的逻辑。遗憾的是过去关于公司联想的消费者研究基本局限于技术性实力指标。相反地，战略管理和产业经济学者早已对整体性公司实力指标的效应做了大量研究。值得注意的是近年来在 CSR 领域学者们也日渐重视公司实力对 CSR 项目的效果的影响。比如 Bhattacharya 和 Sen（2004）以及黄敏学等（2008）在各自总结的 CSR 评价模型中质性地提出，行业、规模、声誉等公司实力指标和 CSR 项目特征对 CSR 项目的消费者反应有调节效应。

三、研究假设

本文的构思体现在图 1 中。

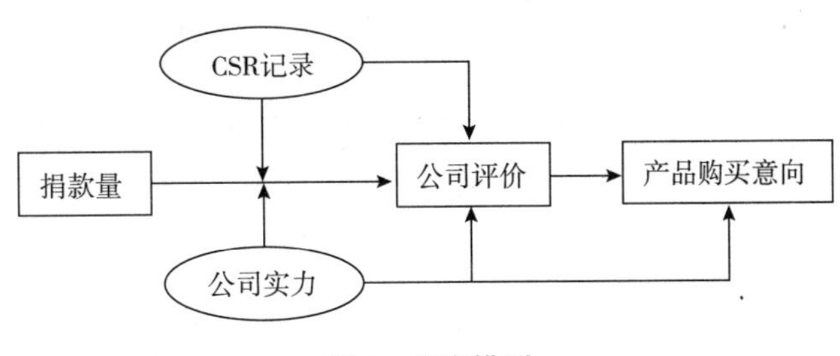

图 1　研究模型

（一）公司捐款量对公众反应的影响

本文把“公众”视为广义顾客。根据广义顾客（Generalized Customer）理论，人们不仅是关心消费体验和经济利益的顾客，而且是公司必须考虑的各种利益相关者群体的实际或潜在的成员（Luo and Bhattacharya，2006）。这决定了企业与顾客的社会交换标的和隐性契约条款向企业社会责任延伸，顾客作为公司利益相关者对公司的预期将向企业社会责任扩展。顾客在购买活动之外以社会公民身份存在，因此常常以社会当前的普遍期望作为个人的期望。近 20 年来公众对 CSR 的期望逐渐提升。这一方面是由于棘轮效应（Bertels and Peloza，2008），即领先企业积极行动以谋求 CSR 声誉，其他企业担忧落后而加以模仿，这种企业间 CSR 声誉竞赛导致公众对 CSR 的期待标准不断提高。另一方面是由于灾难效应。近 20 年世界范围内相继发生了"9·11"事件、东南亚海啸、汶川大地震等重大灾难事件，企业界纷纷以宣布巨额捐款来表明企业态度。灾难事件对公司捐款量的公众反应有递进式的二重效应。一是导致公众对公司捐款量的期待显著增强。灾难事件越严重就越能激发公众强烈的亲社会心理和行为倾向（Fajardo et al.，2018；Ellen et al.，2000；黄敏学等，2008），表现在捐款上就是在亲自参与救灾捐款之余不仅会拷问某公司是否捐款了，更特别关心该特定公司捐款量是否合乎或超过自己的预期。二是导致公众对捐款量不同的公司的奖励或惩罚显著增强。捐款量高的公司更能赢得公众的好评，同时公司的产品也能赢得作为广义顾客的公众的青睐。来自善因营销情景的既有研究普遍发现捐赠量或比例对改善消费者反应具有显著积极效应（Folse et al.，2010；Moosmayer and Fuljahn，2010；Olsen et al.，2003；Strahilevitz，1999）。比如，Dahl 和 Lavack（1995）发现捐赠额越大（每袋果汁 10 美分）公司产品越能吸引人，而捐赠额越小（每袋 0.25 美分）公司就越被视为在利用非营利组织。我们认为在公司捐款这种 CSR 形式下也存在类似的公众反应。因此提出如下假设：

H1：公司捐款量越高则（a）公众的公司评价越好，并且（b）公众的产品购买意向越强。

（二）公司实力对公司捐款的公众反应的主效应和调节效应

在消费者看来，公司实力越强往往意味着公司声誉越好，并且提供优质产品的能力越强，因此能提升消费者的公司评价和产品购买意向（Brown and Dacin，1997；Handelman and Arnold，1999；Luo and Bhattacharya，2006；Sen and Bhattacharya，2001；Yang and Aggarwal，2019）。然而，一旦把公司实力特征置于灾难捐赠背景，它们对公众反应的影响就可能被公众的对比心理而逆转。首先，根据可及性-诊断性理论（Feldman and Lynch，1988），信息能否被成功用于判断取决于信息的可及性和诊断性。从公众立场看，公司实力是明显而综合地体现了公司捐款的基础和能力的高价值信息（Brammer and Millington，2006），因此对于公众对特定公司的捐款量形成预期提供了很强的可及性和诊断性。其次，顾客满意和服务质量研究者提出的验证性预期理论认为，顾客满意度取决于顾客预期绩效与实际感知绩效的对比验证关系，当后者大于（小于）前者时顾客将会满意（不满意）（Parasuraman et al.，1994）。最后，对比效应理论认为，当被评价目标与其背景反差较大但是两者本质上有关联时，背景对比效应将导致评价向远离背景的方向发展（Brown and Dacin，1997）。具体到公司捐款评价方面，毫无疑问公司实力比其他公司联想更有力地为公众提供了对公司捐款量的预期前因、评价背景和诊断属性，从而导致一个实力强大的公司即使做出比一个实力弱小的公司更大量的捐款，也会由于公司实力的背景对比效应而导致自己比实力小的更难得到公众的好评。

公司实力对公众反应的影响既来自公司规模，也常常来自公司主营业务的行业形象。然而行业形象的影响有时是利弊兼存的。表现在两个方面：其一，有的行业天然地被认为规模大或利润高（如房地产业）或高科技（如 IT 业），而有的行业与此相反（如小家电）（Brammer and Millington，2006）。其二，有的行业具有较高的环境外部性或社会外部性。比如，国外对司主营行业效应的研究（Szykman，2004）表明一些行业的企业可能实力雄厚利润很高但是环境外部性强（如资源业、能源业、造纸业、金属业、化工业）或社会外部性强（如烟草、酒业）（Brammer and Millington，2005）。特别值得注意的是，在中国有些行业的大企业具有国外同业少见的负面社会形象（比如房地产企业和国有垄断性大企业）。公司实力中的这种负面主业形象连同大规模、高利润等其他实力指标一起，可能导致在灾难捐赠情况下公司实力对公众反应产生负面影响。另外，实力强的公司通常能见度更高，因此公众对实力强的公司关注度更高，并可能对其捐款量更为敏感。

H2：日常经营中实力强的公司的公众评价和产品购买意向优于实力弱的公司。

H3：灾难捐款后实力弱的公司的公众评价变动和产品购买意向变动优于实力强的公司。

H4：公司实力对捐款量的影响具有调节效应。捐款量的变化对实力强的公司的公众反应影响更大。

（三）灾难情景中公司社会责任记录对公司捐款前后公众反应变化的主效应和调节效应

在日常经营中，总体来看 CSR 记录对公众反应的积极影响得到了理论研究和市场调查的普遍肯定（Bhattacharya and Sen，2004）。虽然 Sen 和 Bhattacharya（2001）发现在不同条件下 CSR 记录对消费者产品购买意向的影响既可能是直接也可能是间接的，既可能是正面的也可能是无影响甚至是负面的，但是从主效应上看，学者们一致认为 CSR 记录能改善公众反应。比如，Brown 和 Dacin（1997）发现 CSR 记录能通过影响公司评价间接改善产品评价，Luo 和 Bhattacharya（2006）发现 CSR 记录能通过顾客满意度的中介影响市场价值，Mohr 和 Webb（2005）则提出环境和慈善领域 CSR 记录都可以增强消费者产品购买意向，甚至在环境领域 CSR 记录的影响超过价格。

但是，关于 CSR 记录在公司捐款量与公众反应关系中的调节作用存在两种不同的观点。两者分别建立在同化效应和对比效应的心理基础上。根据同化效应，当公司捐款较少时，若 CSR 记录较好则公众会给予一定程度的谅解。Mohr 等（2001）认为 CSR 体现了公司最小化或消除任何对社会的不利影响和最大化长期有利影响的承诺。因此，CSR 历史长短和强度大小将决定公众对公司捐款动机的利他或自利推断（Drumwright，1996；Ellen et al.，2006）。有研究表明，良好的 CSR 记录不但能在平时对消费者公司评价和产品评价产生明显改善效应，而且能通过财务效用（Schnietz and Epstein，2005）或营销效用（Williams and Barrett，2000）削弱负面曝光的影响（Dawar and Pillutla，2000）。

然而对于灾难情景下的公司捐款和公众反应，本文更倾向于对 CSR 记录做对比效应预测。根据对比效应，更好的 CSR 记录将导致更低的公众反应。可以从品牌社会责任个性和体验性对比效应来解释。Madrigal 和 Boush（2009）提出社会责任是品牌个性的新的独立维度。黄敏学等（2008）认为品牌社会责任个性代表了公众对该品牌的认同和期望，当社会责任个性良好的品牌做出了较少捐款时公众将产生负面期望落差进而对公司做出负面评价。而体验性对比效应（hedonic contrast effect）则从更深刻的心理机制层面提出，有的事物是人们总是渴望享受或发生的，从而以前对该类事物的体验历史对当前同类事物的判断构成了感受上的对比效应（Raghunathan and Irwin，2001）。CSR 是人们期待的美好事物。当人们先知晓了某公司较差（较好）的 CSR 记录后再面对该公司当前的 CSR 善行，前后感觉的反差将促使人们对同样的善行（公司捐款）给予更高（更低）的评价。特别是在灾难捐赠中，公众对公司当前的反应更为重视，因此 CSR 记录的对比效应（主效应）将更为明显。同时，CSR 记录越好则公众越可能对公司的灾难捐款提出预期，这可能导致捐款量的影响被 CSR 记录调节。

H5：日常经营中 CSR 记录好的公司的（a）公众评价和（b）产品购买意向优于 CSR 记录差的公司。

H6：灾难捐款后 CSR 记录差的公司的（a）公众评价变动和（b）产品购买意向变动优于 CS 记录好的公司。

H6 的备择假设：$H6_{alt}$：灾难捐款后 CSR 记录好的公司的（a）公众评价变动和（b）产品

购买意向变动优于 CSR 记录差的公司。

H7：CSR 记录对捐款量的影响具有调节效应。捐款量的变化对 CSR 记录好的公司的公众反应的影响更大。

（四）灾难捐款前后公司评价对公司联想和产品购买意向关系的中介作用

Brown 和 Dacin（1997）创新性地提出公司评价对公司联想和产品评价的关系有中介作用，Handelman 和 Arnold（1999）以及 Luo 和 Bhattacharya（2006）又分别从组织合法化和顾客满意度两种视角深化了这种中介作用的本质。本文认为在灾难捐款背景中这种中介作用仍然存在，更要强调的是公司捐款量对产品购买意向的影响也可能被公司评价中介。还须指出，Brown 和 Dacin（1997）发现 CSR 记录对产品评价的影响完全被公司评价中介，由于灾难捐款本质上与 CSR 记录一样都属于企业社会责任范畴，因此，它将同 CSR 记录一样被公司评价完全中介。相反地，由于公司实力对于产品评价来说是诊断性更高的信息，因此难以被公司评价完全中介。

H8：公司实力对产品购买意向的影响部分被公司评价中介。

H9：公司捐款量和 CSR 记录对产品购买意向的影响完全被公司评价中介。

四、研究方法

（一）实验设计与刺激材料

研究采用一个 2（公司实力：强或弱）×2（CSR 记录：好或差）×2（公司捐款量：大或小）被试间析因设计实验。3 个因素（自变量）都通过文本测试进行操弄。为避免无关因素干扰，公司被匿名为 A 公司或 B 公司（Ellen et al.，2000）。灾难事件选择为 2010 年青海玉树地震，这样也有利于提高本文的推广价值（外部效度）。文本描述为“听闻青海玉树 7.1 级地震灾情严重，截至 4 月 25 日下午 17 时，地震已造成 2220 人死亡，70 人失踪，12135 多人受伤，4 月 26 日公司决定向灾区捐赠现金×××人民币……”

公司实力通过公司规模（销售额和利润额）、主营业务行业性质、市场地位、知名度、经营地域范围等指标模拟汶川地震捐赠公司背景进行操弄。为避免过分极端化同时保证区别性，对公司实力的操弄在分析行业数据后通过预试（n=30 人）进行多次筛选。最终，强的公司实力（A 公司）被设置为公司主营业务行业为房地产，公司规模为上年度实现 300 亿元销售额和 28 亿元利润，市场地位为业内中上，公司知名度很高，经营地域跨 9 个省份。弱的公司实力（B 公司）被设置为公司主营业务行业为小家电，公司规模为上年度实现 3500 万元销售额和 255 万元利润，行业地位为业内偏下，公司知名度偏低，经营范围限于本省。

对 CSR 记录的操弄通过文献梳理（Brown and Dacin，1997；Sen and Bhattacharya，2001），在预试（n=20）基础上，选择被试最为关心的教育事业、环境保护和赈灾救济为 CSR 领域，从公司使命、行善和捐赠历史等方面设置指标。好的 CSR 记录被描述为“A 公司公司管理层（或 B 公司老板）一直认为企业的任务不仅是赚钱。公司常为社会做好事，比如拿出高于净利润额 1%（A 公司）［或 5%（B 公司）］的现金捐给希望工程、高等教育、环境保护和赈灾救济等慈善事业，这个比例在行业内被认为是较高的”。差的 CSR 记录被设置为“A 公司管理层（或 B 公司老板）一直认为企业的任务就是赚钱。有时公司也会为社会做些好事，比如拿出不高于利润额

0.01%（A 公司）［或 0.1%（B 公司）］的现金捐给希望工程、高等教育、环境保护和赈灾救济等慈善事业，然而这个比例在行业内被认为是偏低的”。

对灾难后公司捐款量的操弄根据公司实力同时模拟实际，大的捐款量被设置为 1 亿元和净利润的 3.5%（A 公司）以及 100 万元和净利润的 39%（B 公司），小的捐款量被设置为 100 万元和净利润的 0.0035%（A 公司）以及 10 万元和净利润的 3.9%（B 公司）。

（二）样本与程序

来自上海某大学的 85 位 MBA 学员和 166 位继续教育进修班学员共 251 人作为被试在志愿基础上参加了本实验。所有被试都被完全随机分入 8 个实验组之一。被试 52%是女性，年龄介于 19~37 岁（平均年龄 27 岁），全日制阶段学历 90%为中专（高中）以上和本科及以下。这些被试普遍具有较为丰富的媒体接触，大部分都有个人职业。因此，本样本适合研究灾难情景公司捐款的公众反应。

实验分为四个主要环节，包括四页测试文本。环节Ⅰ，被试收到第一页测试文本，读到公司实力和 CSR 记录描述，并被要求以笔记形式在规定的项目后把文本内容要点写出以加深印象。这些项目逐一对应着每个公司实力指标和 CSR 记录指标（例如，“公司实力笔记”下有“销售额”项目）。环节Ⅱ，被试收到第两页测试文本，再次看到公司实力和 CSR 记录操弄描述，在提供公司评价和产品购买意向后由主试收回前二页测试文本。环节Ⅲ，被试收到第三页测试文本，读到地震情景描述和公司捐款操弄，提供公司评价和产品购买意向以及个人情况，由主试收回测试文本。环节Ⅳ，被试提供个人情况并回答一个关于研究意图猜测（suspicion probe）的开放式问题后由主试收回测试文本。随后，在主试对被试进行简单说明并表达感谢后实验结束。

（三）自变量与因变量测项

自变量有三个，即公司实力（CP）、公司社会责任记录（CSR）和公司捐款量（D）。各自变量和因变量所有测项都通过李克特 7 分量表进行测量（1 分代表“很不赞同”，7 分代表“很赞同”）。公司实力感知有“该公司规模大”“该公司实力强”“该公司市场地位高”三个测项（Cronbach's α=0.960）。CSR 记录感知有“该公司具有很强社会责任感”和“该公司有良好社会责任记录”两个测项（Cronbach's α=0.961）。公司捐款量感知有“与公司实力相比该公司的捐款量是大的”“该公司的捐款量符合我对它的预期”两个测项（Cronbach's α=0.833）。

因变量有两个，即公司评价（变化量）（ΔCE）和产品购买意向（变化量）（ΔPI），即在 CSR 项目实施前后各对被试的反应进行一次测量，然后将前后测量结果进行对比（Dean，2003）。公司评价有“该公司值得我们给予大力支持”“我认为对该公司的整体印象可以打高分”两个测项（前测 Cronbach's α=0.886，后测 Cronbach's α=0.903）。产品购买意向有“同等条件下我会优先购买该公司的产品”“如果可能我愿意向其他人推荐该公司的产品”“同等条件下即便该公司的产品比同类产品价格稍高我也会优先购买”三个测项（前测 Cronbach's α=0.918，后测 Cronbach's α=0.949）。

五、研究结果

每一个被试构成一个分析单位。首先对被试完成的材料进行逐一检查后剔除 5 份填答不全或明显随意作答的材料，接着对关于研究意图猜测的开放式问题的回答进行仔细审视后再次剔除 3 份接近猜到本文意图的被试的材料，最终产生一个由 243 个观测值构成的数据集。

（一）操弄检核和协变量检验

对各自变量感知逐一做方差分析。首先，与弱公司实力条件下相比，强公司实力条件下公司实力感知均值显著更大（$M_{CP强}=5.93$，$M_{CP弱}=2.62$，$F(1, 241)=1478.97$，$p=0.000$）。其次，与差 CSR 记录条件下相比，好 CSR 记录条件下 CSR 记录感知均值显著更大（$M_{CSR记录好}=6.36$，$M_{CSR记录差}=2.62$，$F(1, 241)=1055.57$，$p=0.000$）。最后，与小捐款量条件下相比，大捐款量条件下公司捐款量感知均值显著更大（$M_{捐款量大}=5.36$，$M_{捐款量小}=2.94$，$F(1, 241)=161.75$，$p=0.000$）。因此，所有自变量操弄均取得成功。

（二）假设检验

本文的研究重点，一是捐款量（D）、公司实力（CP）和公司社会责任记录（CSR）三个自变量对公司评价变动量（ΔCE）和产品购买意向变动量（ΔPI）两个因变量的主效应，二是公司评价变动量对于自变量对产品购买意向变动量的影响的中介作用。同时，还探索了自变量的一些必要的交互作用。本文主要采用多元线性回归技术检验研究假设。对三个自变量采用哑变量处理，即捐款量大、公司实力强和 CSR 记录好均以 1 代表，捐款量小、公司实力弱和 CSR 记录差均以 0 代表（Baron and Kenny，1986）。表 1 显示了八个实验组公众反应变动量均值及配对样本 T 检验结果，总体上很好地支持了本文的基本预测。图 2 和图 3 显示了公司联想对捐款量的公众反应的调节效应。表 2 明确了日常经营背景下公司联想对公众反应的影响，表 3 和表 4 则显示了灾难背景下公众对公司捐款的反应。

表 1　公司捐款后公众反应的变动量均值（标准差）及 T 检验显著性

			公司实力（CP）			
			弱（-）		强（+）	
			公司社会责任记录（CSR）		公司社会责任记录（CSR）	
			差（-）	好（+）	差（-）	好（+）
捐款量（D）	小（-）	公司评价变动（ΔCE）	-0.14 (1.62)	-1.77** (2.20)	-1.08** (1.46)	-2.44** (1.72)
		产品购买意向变动量（ΔPI）	0.09 (1.06)	-1.42** (1.57)	-1.06** (1.73)	-1.93** (1.61)
		观测值	n=32	n=29	n=32	n=31
	大（+）	公司评价变动（ΔCE）	1.50** (1.09)	0.63** (1.06)	1.74** (1.27)	0.13 (0.48)
		产品购买意向变动量（ΔPI）	1.35** (1.28)	-0.10 (0.98)	1.41** (1.44)	-0.07 (0.94)
		观测值	n=31	n=29	n=29	n=30

注：** 表示该变动量均值经配对样本 T 检验在 $p<0.01$ 水平上显著；括号内的数字为标准差。

表 2　日常经营中（捐款前）公司联想对公众反应的影响

自变量	捐款前公司评价（CE）		捐款前产品购买意向（PI）			
	模型一		模型二		模型三	
	初始	调节	初始	调节	初始	调节
CP	0.123*	0.126[a]	0.319**	0.347**	0.233**	0.259**
CSR	0.599**	0.602**	0.504**	0.536**	0.085[b]	0.115*
CP×CSR		-0.006		-0.057		-0.053
CE					0.699**	0.699**
调整后 R^2	0.379	0.376	0.373	0.371	0.675	0.675
F 变化量（Sig.）	74.837（0.000）	49.686（0.947）	72.857（0.000）	0.461（0.498）	168.78（0.000）	126.432（0.380）

注：各变量含义同表 1；所列系数为标准化 Beta 系数；** $p<0.01$，* $p<0.05$。
a表示 $p=0.057$；b 表示 $p=0.067$。

1. 自变量的主效应检验

本文的基本预测之一是灾难后公司捐款能显著改善公众反应（H1）。结果表明（见表 3 和表 4），捐款量对公司评价变动量的主效应显著且为正（$\beta=0.535$，$p<0.01$）。同样，捐款量对产品购买意向变动量的主效应也显著且为正（$\beta=0.444$，$p<0.01$）。因此，H1 得到了充分支持。这说明，在其他条件相同情况下，公众对大额捐款的反应明显优于对小额捐款的反应。

表 3　捐款量和公司联想对公司评价的影响

自变量	捐款后公司评价变动量（ΔCE）		
	模型一	模型二	模型三
D	0.535**	0.557**	0.404**
CP		-0.144**	-0.210**
CSR		-0.351**	-0.366**
D×CP			0.201*
D×CSR			0.114
D×CP×CSR			-0.088
R^2	0.286	0.437	0.449
F 值	96.638**	61.717**	32.059**

注：各变量含义同表 1；所列系数为标准化 Beta 系数；** $p<0.01$，* $p<0.05$。

表 4　捐款量和公司联想对产品购买意向的影响

自变量	捐款后产品购买意向变动量（ΔPI）			
	模型一	模型二	模型三	模型四
D	0.444**	0.468**	0.375**	0.102
CP		-0.154**	-0.262**	-0.120*

续表

自变量	捐款后产品购买意向变动量（ΔPI）			
	模型一	模型二	模型三	模型四
CSR		-0.382**	-0.333**	-0.086
D×CP			0.209*	0.074
D×CSR			-0.055	-0.133
D×CP×CSR			-0.005	0.055
ΔCE				0.676**
R^2	0.197	0.375	0.394	0.646
F 值	59.306**	47.838**	25.576**	61.616**

注：各变量含义同表 1；所列系数为标准化 Beta 系数；** p<0.01，* p<0.05。

本文的基本预测之二是灾难捐款的公众反应与公司联想密切相关，而且公司联想对公众反应的影响在日常情景下和灾难捐款情景下是不同的（见 H2、H3、H5、H6）。分析结果完全与预测相符。日常经营情景下（见表 2），公司评价对公司实力和 CSR 记录的回归系数均显著为正（$\beta_{CP}=0.123$，$p<0.05$；$\beta_{CSR}=0.599$，$p<0.01$），同时，产品购买意向对公司实力和 CSR 记录的回归系数也都显著为正（$\beta_{CP}=0.319$，$p<0.01$；$\beta_{CSR}=0.504$，$p<0.01$）。然而，在灾难捐款情景下，公司评价变动量对公司实力和 CSR 记录的回归系数均显著为负（$\beta_{CP}=-0.144$，$p<0.01$；$\beta_{CSR}=-0.351$，$p<0.01$）。同样，产品购买意向变动量对公司实力和 CSR 记录的回归系数也都显著为负（$\beta_{CP}=-0.154$，$p<0.01$；$\beta_{CSR}=-0.382$，$p<0.01$）。因此，H2、H3、H5、H6 均得到充分支持，而备择假设 $H6_{alt}$ 则未得到支持。

2. 自变量的交互作用检验

为慎重起见，本文在各回归模型中纳入了多个自变量乘积项以发掘可能的交互效应。首先被考虑的是在捐款前公众反应模型中纳入公司实力和 CSR 记录的乘积项 CP×CSR（见表 2）。CP×CSR 乘积项被纳入后，无论是对于公司评价还是对于产品购买意向 CP×CSR 的系数的显著水平都很低（$t_{CE}=-0.067$，$p=0.947$；$t_{PI}=-0.679$，$p=0.498$），更重要的是 CP×CSR 不但对于 CP 和 CSR 的主效应没有实质性影响，而且纳入 CP×CSR 的各模型的解释力下降或不变，对应的 F 值改变量中最显著者其 p 值也大于 0.380。因此，三个模型均只采纳不含乘积项的。基于同样的理由，在捐款后公众反应模型中也剔除 CP×CSR。总之，在本文中公司实力和 CSR 记录不存在显著的二阶交互作用。

接着被考虑的是在捐款后公众反应模型中纳入公司联想与捐款量的乘积项（CP×D、CSR×D 和 D×CP×CSR）（见表 3 和表 4）。分析表明，D×CP×CSR 的系数不显著，CSR×D 的系数符合预期（为正值）却不显著，而 CP×D 的系数无论对于公司评价变动量（见表 3 中模型 4）还是对于产品购买意向变动量（见表 4 中模型 4）都是显著且为正值的。因此，公司实力调节了捐款量的主效应。依据 Aiken 和 West（1991）的建议，需检验和解释构成交互效应的每一个变量在另一个变量不同水平上的系数及其显著性。因此，本文进一步检验在公司实力强和弱的情况下捐款量大和小时的公众反应。如图 2 和图 3 所示，公众反应变动量直线在公司实力强时的斜率（$slope_{\Delta CE}=2.819$，$slope_{\Delta PI}=2.474$）明显大于公司实力弱时的斜率（$slope_{\Delta CE}=1.636$，$slope_{\Delta PI}=1.256$），表明当公司实力强时捐款量对公众反应的影响显著更大。更具体地，ANOVA 分析表明（见图 4 和图 5），当捐款量大时，在公司实力强弱之间公众反应变动量均值均为正值且无显著差异［公司评价变动量：$Mean_{CP强}=1.14$，$Mean_{CP弱}=1.07$，$F(1,117)=0.065$，$p=0.800$；产品购买意向变动量：$Mean_{CP强}=0.86$，$Mean_{CP弱}=0.64$，$F(1,117)=0.540$，$p=0.464$）]。当捐款量小时，公众反应变动量均值在公司实力弱时显著更大但为负值（公司评价变动量：$Mean_{CP强}=-1.71$，$Mean_{CP弱}=-0.61$，$F(1,122)=13.714$，$p=0.000$；产品购买意向变动量：$Mean_{CP强}=-1.46$，$Mean_{CP弱}=-0.35$，$F(1,122)=19.842$，$p=0.000$）。另外，单样本 T 检验结果表明，上述所有均值都显著不等于 0。最后，同样公司实力条件下，捐款量大时公众反应一致地显著更好（最小的 F 值>15.718，所有的 p 值=0.000）。这表明，公司实力对捐款量的调节作用主要发生在捐款量小时，也就是说，公众主要是对捐款量小反应强烈。总结上述发现，H4 得到完全支持，而 H7 在方向上得到支持。

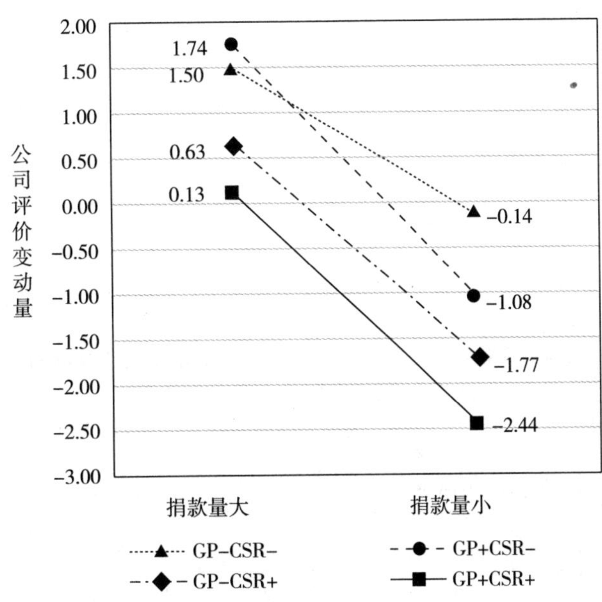

图 2　捐款量和公司联想对公司评价的影响

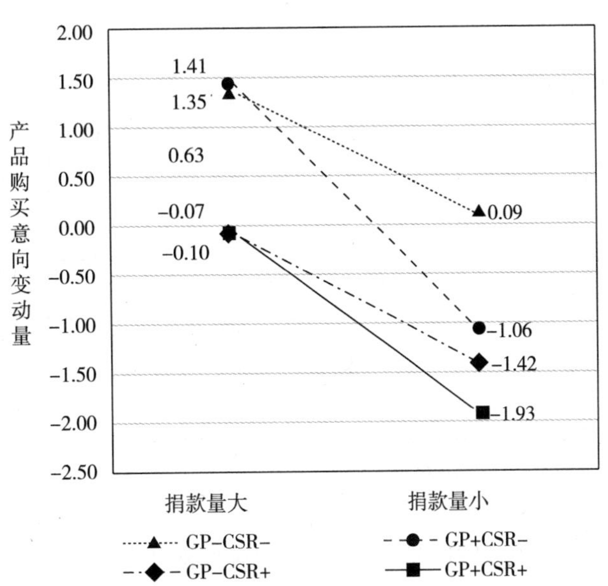

图 3　捐款量和公司联想对产品购买意向的影响

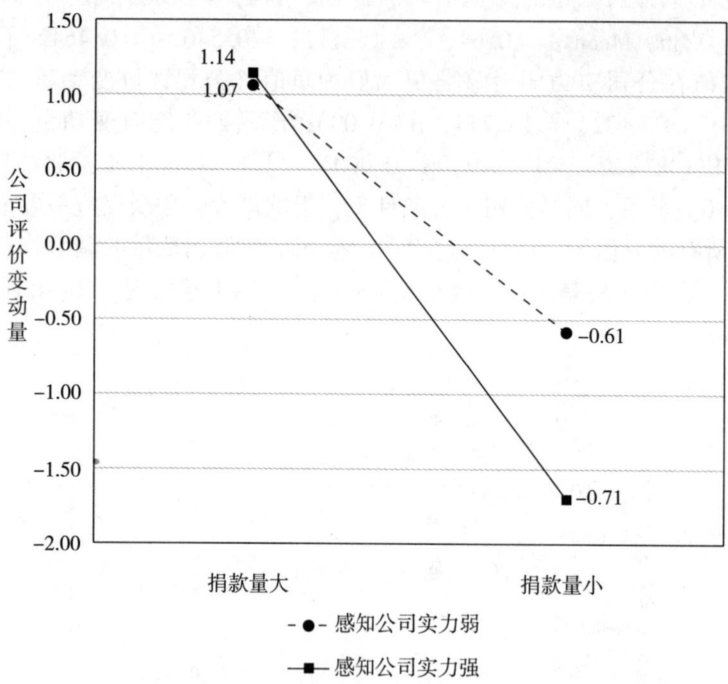

图 4　捐款量和公司实力对公司评价变动量的交互影响

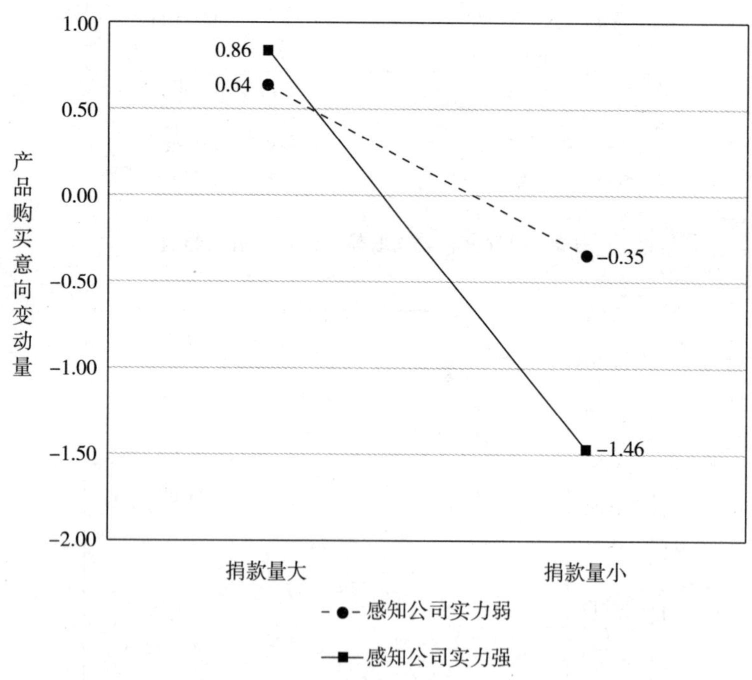

图 5　捐款量和公司实力对产品购买意向变动量的交互影响

3. 公司评价的中介作用检验

本文的基本预测之三是自变量对产品购买意向的影响被公司评价中介（见 H8、H9）。按表 3 显示，D、CP、CSR、D×CP 关于ΔCE 的回归系数显著（条件 1）。表 4 中显示，ΔCE 关于ΔPI 的回归系数显著（条件 2），D、CP、CSR、D×CP 关于ΔPI 的回归系数也显著（条件 3）。观察表 4

中模型一和模型二，当控制ΔCE 后，除了 CP 的系数虽被削弱但仍保持显著外，D、CSR 和 D×CP 的系数均不再显著。因此，公司实力对产品购买意向变动量的影响部分被公司评价变动量中介，而捐款量、CSR 记录以及捐款量和公司实力的交互项对产品购买意向变动量的影响完全被公司评价变动量中介。综上所述，H8 和 H9 得到充分支持，并且还说明公司实力对于捐款量对产品购买意向变动量的调节作用完全被公司评价变动量所中介。

六、讨论

近年来国内外发生了一系列灾难事件，社会对救灾的呼唤促使有良知或远见的公司纷纷加入灾难捐款队伍。然而，事实证明不同公司做出相似比例的捐款却可能得到不同的公众反应，甚至本为善举的公司捐款却可能给公司带来骂名。其背后原因尚未被学术界给予量化分析和可靠回答。作为灾难后公司捐款的公众反应领域的较早的量化研究，本文不但提出了近年来日益受到学者们关注的“公司联想”的新维度，而且采用随机化实验测量了捐款量和公司联想维度对灾难后公司捐款量的公众反应的复杂效应，得出了多方面颇有价值的研究结论。

（一）理论意义

迄今绝大多数现有研究捐赠量消费者反应的文献都是基于善因营销（CRM）情景而不是直接的无条件的现金捐赠情景（Folse et al.，2010；Lichtenstein et al.，2004；Strahilevitz，1999）。善因营销即企业每当与消费者达成了一次产生收入的交换时就从该收入捐出一定比例给特定慈善事业（Varadarajan and Menon，1988）。显然它是以交易发生为条件的，而且它所涉及的捐赠量虽然总额很大，但是单次交易产生的捐赠量极小（往往低于 1 个货币单位），与灾害捐赠动辄一次以百万元计量不可同日而语。很明显，善因营销主要适用于平时而难以用于灾害捐赠。更重要的是，灾害捐赠比平时捐赠更能赢得公众的好评（Ellen et al.，2000）。退一步说，在平时直接现金捐赠也能比善因营销让公司获得更好的评价（Dean，2003）和更高的产品购买意向（Valor，2005）。因此，作为较早量化研究灾难情景下公司捐款的消费者反应研究，本文具有一定的新颖性和现实性。

基于感知视角，本文提出了公司特征的新维度，即感知公司实力（技术性实力和整体性实力）。公司特征是近年来消费者研究、战略管理和产业经济等领域都非常重视的研究方向。以本文主要所属的消费者研究领域为例，学者们纷纷投入对公司能力和社会责任记录及其影响的研究，但是过去的研究都没有发现比“公司能力”更为概化、更具有理论延展力和更具有市场竞争导向意涵的“公司实力”维度。本文提出并强调应当高度重视公司联想的公司实力维度，并进一步明确将公司实力细分为技术性实力（研发、工艺、品质等）和整体性实力（公司规模、利润额、公司主营业务所在行业形象、公司市场地位、公司知名度和美誉度等），从而为更多的研究引入了一个新视角。

迄今公司捐款量的公众反应研究文献鲜见全面考虑公司联想（公司实力声誉和社会责任声誉）的调节作用的研究。学者们已经探查了消费者特征［如性别、伦理取向等（Luo，2005；Moosmayer and Fuljahn，2010）］和产品特征［如享受品 vs. 实用品（Strahilevitz and Myers，1998）］的调节作用，但是对更为重要的公司联想的调节作用却仍未给予全面和充分的研究。虽然一些学者注意到了企业社会责任记录的调节作用（Dean，2003），但是尚未见到有考虑感知公司实力的调节作用的研究，更未见到有同时考虑感知公司实力和企业社会责任记录的调节作用的研究。然而，只有对感知公司实力和社会责任记录一同研究才能完整而准确地揭示慈善捐赠量对消费者反应的影响方向和强度。这是因为，公司是实力（“才”）与社会责任（“德”）的综合体（Brown and Dacin，1997；Luo and Bhattacharya，2006），两者相辅相成，不可偏废。

通过把公司联想的维度较全面地引入公司捐款量的公众反应研究中，本文从公司因素上初步揭示了公众对灾难背景下公司捐款做出反应的心理机制，即公司联想的主效应和调节效应使捐款未必得好评。捐款是公司最常用的履行社会责任的方式之一，灾难捐款更因其无可比拟的社会影响力而受到企业界高度重视。然而，汶川地震后不同公司捐款后得到的冰火两重天的公众反应以事实雄辩地说明，同日常性公司捐款乃至其他所有企业社会责任项目一样，灾难捐款对公司的影响是相当难以确定的。本文以公司联想入手，证实灾难捐款情景下公司联想借助三种效应影响公司捐款量的公众反应。首先，同捐款量的影响相反，公司联想通过主效应负向影响公众反应。公司实力越强、公司社会责任记录越好，公司评价和产品购买意向的变动量越向负向发展。其次，公司联想（公司实力）通过调节效应影响捐款量的公众反应。公司实力越强则小额捐款的负效应越大。最后，公司联想通过公司评价的中介间接影响产品购买意向。公司实力对产品购买意向变动量的影响部分被公司评价变动量中介，而捐款量、CSR 记录以及捐款量和公司实力的交互项对产品购买意向变动量的影响完全被公司评价变动量中介。

除此之外，本文也探查了公司与产品的关系，验证了国外学者提出的公司品牌评价对公司联想和产品购买意向关系的中介作用。自从 Brown 和 Dacin（1997）提出公司联想能通过公司评价间接影响产品评价以来，国内学者虽然投入了很多关注，但是鲜有文献对此开展系统性的本土化的量化研究。本文通过实验发现在平时和灾难两种情景下公司品牌评价都在很大程度上中介了公司联想对产品购买意向的影响。这充分说明了企业打造公司品牌的重要性。

最后，本文对“日常做好事有回报吗”这个学术界和实践界都长期关心的问题做出了回应，发现公司 CSR 记录对公司品牌评价和产品购买意向都有积极影响，这表明公司在日常经营中投资和积累 CSR 声誉有明显的营销回报。

（二）管理意涵

首先，企业必须重视不同捐赠背景对捐赠的公共关系效应的规定性。汶川地震后公司捐款的“二王”现象以及本文的研究结论都说明，严重灾难后公司捐赠会被公众视为义务而不是权利，更重要的是公众将依据自身对公司特征的感知来判断公司捐款量是否足够多，换句话说，公司联想成为灾难捐赠情景中公司捐款多或少的判断标尺。孟子主张“穷则独善其身，达则兼善天下”，这句理想主义的话充分体现了社会对不同特征的个体的社会责任的不同期待。对于企业，就是体现了公众对不同特征的企业的社会责任有不同的期望水平。在灾难情景下，这就具体化为公众对公司捐款量的适当性的判断是相对于其公司联想的。因此，任何公司在管理公司慈善时都必须做到两个考虑：①充分考虑到公司联想带来的规定性；②充分考虑慈善情景条件的规定性。唯有如此，企业才能做出更科学更能实现与社会共赢的慈善决策。因此，基于社会对大企业慈善捐赠的自然要求，大企业必须依据过去积累的社会责任记录以及公众对公司实力的感知进行捐款量决策，保证捐赠量至少不低于行业一般水平并合乎公司的实力形象和社会责任形象。

相对于大企业，中小企业由于其实力和 CSR 记录的公众感知都一般而能从灾难捐赠上获得更大的形象改善收益。事实上，根据 Muller 和 Kräussl（2011），企业在日常性慈善捐赠等自愿性社会责任上的正面记录并不能改善公司在灾难时的股票累积超额回报，而在法律和伦理责任等方面的负面记录越少则越能改善公司在灾难时的股票累积超额回报。因此，中小企业与其在平时进行小额的低效的捐赠而挤占宝贵的经营资源，不如把精力更多地用在研发创新、提高经营管理水平，在社会责任上履行好遵纪守法、提高员工待遇等法律和伦理责任（Thompson et al.，1993），而当关键时刻到来时（如严重灾难时）企业可以做出较大额的捐赠，并通过高效的公共关系策略借助灾难事件的高能见度尽快地树立企业的良好社会公民形象。

其次，由于在平时公司联想越好则公众对公司的评价也越好，而且在平时和灾难两种情景下公司品牌评价都在很大程度上中介了公司联想对产品购买意向的影响，因此，企业一方面应当竭力塑造更佳的公司联想，另一方面应当打造公司品牌。公司品牌化是目前品牌发展的最高阶段（McEnally and de Chernatony，1999），公司联想则是公司品牌资产的来源。企业可以整合诸如公司广告、公司历史展示、公司实力软文、公司的首席定位或比附定位、企业领导人的形象塑造和讲演、CSR 活动策划等多种渠道开展公司联想层面的营销传播（Berens et al.，2005），有效改善消费者对公司特征的感知，进而提升消费者对公司品牌的评价和对公司产品的购买意向。

最后，对于这类由捐款引发的涉及公司德行怀疑的危机，似乎在危机初发时企业几无有效的补救措施，再联想到汶川地震后万科在“捐款过少”的公众责难声中宣布补捐，结果反而得到了新一波“伪善”（Wagner et al.，2009）质疑和责难的事实，可以说这类“公司无德”的声誉危机必须通过日后长期坚持改善社会责任记录才可能得到一定挽救。

总之，面对我国企业的慈善捐赠管理尚不完善，连社会责任记录较扎实的大型知名企业也没有建立制度化与例外事件兼顾的慈善管理制度，中小企业更是往往陷入随意性的“撒胡椒面式”的慈善捐赠中的现实问题，在企业社会责任运动日益在全球壮大和大型灾难频发的背景下，各类企业都需要革新陈旧的慈善捐赠模式，向制度化和灵活性兼得、主动性和战略性相彰的方向优化慈善捐赠管理，以便慈善捐赠成为在有利于社会福利的同时能有效改善企业形象乃至产品销售的战略性工具。

参考文献

[1] Brammer S and Millington A. Firm size，organizational visibility and corporate philanthropy：An empirical analysis [J]. Business Ethics：A European Review，2006，15（1）：6-18.

[2] Crampton W and Patten D. Social responsiveness，profitability and catastrophic events：Evidence on the corporate philanthropic response to 9/11 [J]. Journal of Business Ethics，2007（81）：863-873.

[3] Friedman M. The social responsibility of business is to increase its profits [J]. New York Times Magazine，1970（33）：32-33，122-126.

[4] Margolis J D and Walsh J P. Misery loves companies：Rethinking social initiatives by business [J]. Administrative Science Quarterly，2003，38（3）：268-305.

[5] Dennis M，Patten. Does the market value corporate philanthropy? Evidence from the response to the 2004 tsunami relief effot [J]. Journal of Business Ethics，2007（81）：599-607.

[6] William Crampton，and Dennis Patten. Social responsiveness，profitability and catastrophic events：Evidence on the corporate philanthropic response to 9/11 [J]. Journal of Business Ethics，81（4）：863-873.

[7] 山立威，甘犁，郑涛. 公司捐款与经济动机——汶川地震后中国上市公司捐款的实证研究 [C]. 第八届中国青年经济学者论坛论文集，2008：315-328.

[8] 贾明，张喆. 高管的政治关联影响公司慈善行为吗？[J]. 管理世界，2010（4）：99-113.

[9] 徐莉萍，辛宇，祝继高. 媒体关注与上市公司社会责任之履行——基于汶川地震捐款的实证研究 [J]. 管理世界，2011（3）：135-188.

[10] 樊建锋，田志龙. 灾害事件、规模与企业慈善捐助：中国背景 [J]. 山西财经大学学报，2010（1）：102-107.

[11] 张建君. 外企捐款的驱动因素：一个两阶段制度模型 [J]. 管理世界，2011（7）：98-112.

[12] 李敬强，刘凤军. 企业慈善捐赠对市场影响的实证研究——以“5·12”地震慈善捐赠为例 [J]. 中国软科学，2010（6）：160-166.

[13] 宋林，王建玲. 我国企业慈善行为的市场反应——基于汶川地震捐赠数据的实证检验 [J]. 当代经济科学，2010 (6)：82-88.

[14] Muller A and Kräussl R. Doing good deeds in times of need: A strategic perspective on corporate disaster donations [J]. Strategic Management Journal, 2011 (32): 911-929.

[15] Carroll A B. The pyramid of corporate social responsibility: Toward the moral management of organizational stakeholders [J]. Business Horizons, 1991, 34 (4): 39-48.

[16] 黄敏学，李小玲，朱华伟. 企业被"逼捐"现象的剖析：是大众"无理"还是企业"无良"? [J]. 管理世界，2008 (10)：115-126.

[17] Goldberg M E and Hartwick J. The effects of advertiser reputation and extremity of advertising claim on advertising effectiveness [J]. Journal of Consumer Research, 1990 (17): 172-179.

[18] Fombrun C J and Shanley M. What's in a name? Reputation building and corporate strategy [J]. Academy of Management Journal, 1990 (33): 233-258.

[19] Brammer S and Millington A, Corporate reputation and philanthropy: An empirical analysis [J]. Journal of Business Ethics, 2005, 61 (1): 29-44.

[20] Brown T J and Dacin P A, The company and the product: Corporate associations and consumer product responses [J]. Journal of Marketing, 1997, 61 (January): 68-84.

[21] Luo X and Bhattacharya C B. Corporate social responsibility, customer satisfaction, and market value [J]. Journal of Marketing, 2006 (70): 1-18.

[22] Sen S and Bhattacharya C B. Does doing good always lead to doing better? Consumer reactions to corporate social responsibility [J]. Journal of Marketing Research, 2001, 38 (May): 225-244.

[23] Handelman J M and Arnold S J. The role of marketing actions with a social dimension: Appeals to the institutional environmenten [J]. Journal of Marketing, 1999, 63 (July), 33-48.

[24] Useem M. Market and institutional factors in corporate contributions [J]. California Management Review, 1988 (Winter): 77-88.

[25] Bhattachary C B and Sankar Sen. Doing better at doing good: When, why, and how consumers respond to corporate social initiatives [J]. California Management Review, 2004, 47 (1): 9-24.

[26] Stephanie Bertels and John Peloza. Running just to stand still? Managing CSR reputation in an era of ratcheting expectations [J] . Corporate Reputation Review, 2008, 11 (1): 56-72.

[27] Tatiana M, Claudia Townsend and Willy Bolander. Toward an optimal donation solicitation: Evidence from the field of the differential influence of donor-related and organization-related information on donation choice and amount [J]. 2018, 82 (March): 142-152.

[28] Ellen P S, Mohr L A and Webb D J. Charitable programs and the retailer: Do they mix? [J]. Journal of Retailing, 2000, 76 (3): 393-406.

[29] Folse J A G, Niedrich R W and Grau S L. Cause-relating marketing: The effects of purchase quantity and firm donation amount on consumer inferences and participation intentions [J]. Journal of Retailing, 2010, 86 (4): 295-309.

[30] Moosmayer D C and Fuljahn A. Consumer perceptions of cause related marketing campaigns [J]. Journal of Consumer Marketing, 2010, 27/6: 543-549.

[31] Olsen G D, Pracejus J W and Brown N. When profit equals price: Consumer confusion about donation amounts in cause related marketing [J]. Journal of Public Policy & Marketing, 2003, 22 (2): 170-178.

[32] Strahilevitz M. The effects of product type and donation magnitude on willingness to pay more for a charity-linked brand [J]. Journal of Consumer Psychology, 1999: 215-241.

[33] Dahl D and Lavack A M. Cause-related marketing: Impact of size of cause related promotion on consumer perception and Participation [J]. Marketing Theory and Applications: American Marketing Association Winter Educators Conference, 1995 (6): 476-481.

[34] Yang Linyun W and Pankaj Aggarwal. No small matter: How company size affects consumer expectations and e-

valuations [J]. Journal of Consumer Research, 2019, 45 (6): 1369-1384.

[35] Feldman J M and Lynch J G. Self-generated validity and other effects of measurement on belief, attitude, intention, and behavior [J]. Journal of Applied Psychology, 1988, 73 (August): 421-435.

[36] Parasuraman A, Valarie A Zeithaml and Leonard L Berry. Reassessment of expectations as a comparison standard in measuring service quality: Implications for further research [J]. Journal of Marketing, 1994, 58 (1): 111-124.

[37] Szykman L R. Who are you and why are you being nice? Investigating the industry effect on consumer reaction to corporate societal mareting efforts [J]. Advances in Consumer Research, 2004 (31): 306-315.

[38] Mohr L A and Webb D J. The effects of corporate social responsibility and price on consumer Responses [J]. Journal of Consumer Affairs, 2005, 39 (1): 121-147.

[39] Mohr L A, Webb D J and Harris K E. Do consumers expect companies to be socially responsible? The impact of corporate social responsibility on buying behavior [J]. Journal of Consumer Affairs, 2001, 35 (1): 45-72.

[40] Drumwright M E. Company advertising with a social dimension: The role of noneconomic criteria [J]. Journal of Marketing, 1996, 60 (October): 71-88.

[41] Ellen P S, Webb D J and Mohr L A. Building corporate associations: Consumer attributions for corporate socially responsible programs [J]. Journal of Academy of Marketing Science, 2006, 34 (2): 147-157.

[42] Schnietz K E and Epstein M J. Exploring the financial value of a reputation for corporate social responsibility during a crisis [J]. Corporate Reputation Review, 2005, 7 (4): 327-345.

[43] Robert J Williams and J Douglas Barrett. Corporate philanthropy, criminal activity, and firm reputation: Is there a link? [J]. Journal of Business Ethics, 2000 (26): 341-350.

[44] Dawar N and Pillutla M M. Impact of product-harm crises on brand equity: The moderating role of consumer expectations [J]. Journal of Marketing Research, 2000, 37 (2): 215-226.

[45] Madrigal R and Boush D M. Social responsibility as a unique dimension of brand personality and consumers' willingness to reward [J]. Psychology & Marketing, 2008, 25 (6): 538-564.

[46] Rajagopal Raghunathan and Julie R Irwin. Walking the hedonic product treadmill: Default contrast and mood-based assimilation in judgments of predicted happiness with a target product [J]. Journal of Consumer Research, 2001, 28 (3): 355-368.

[47] Dean D H. Consumer perception of corporate donations: Effects of company reputation for socia responsibility and type of donation [J]. Journal of Advertising, 2003, 32 (4): 91-102.

[48] Baron R M and Kenny D A. The moderator-mediator variable distinction in social psychological research: Conceptual, strategic and statistical considerations [J]. Journal of Personality and Social Psychology, 1986, 51 (6): 1173-1182.

[49] Aiken L and West S G. Multiple regression: Testing and interpreting interactions [M]. Newbury Park, CA: Sage, 1991.

[50] Andrews J Craig, Richard Netemeyer, Scot Burton, Paul Moberg and Ann Christainsen. Understanding adolescent intentions to smoke: An examination of relationships among social influences, prior trial behaviors, and antitobacco campaign advertising [J]. Journal of Marketing, 2004, 68 (July): 110-23.

[51] Marcus A A and Goodman R S. Victims and shareholders: The dilemma of presenting corporate policy during a crisis [J]. Academy of Management Joumal, 1991, 34 (2): 281-305.

[52] Coombs T and Schmidt L. An empirical analysis of image restoration: Texaco's racism crisis [J]. Journal of Public Relations Research, 2000, 12 (2): 163-178.

[53] Vassilikopoulou A., Lepetsos A, Siomkos G and Chatzipanagiotou K. The importance of factors influencing product-harm crisis management across different crisis extent levels: A conjoint analysis [J]. Journal of Targeting, Measurement and Analysis for Marketing, 2000, 17 (1): 65-74.

[54] Lichtenstein D R and Drumwright M E and Braig B M. The effect of corporate social responsibility on customer donations to corporate-supported nonprofits [J]. Journal of Marketing, 2014 (68): 16-32.

[55] Varadarajan P R and Menon A. Cause-related marketing: A coalignment of marketing strategy and corporate

philanthropy [J]. Journal of Marketing, 1988, 52 (January): 58-74.

[56] Valor C. Consumers' responses to corporate philanthropy: Are they willing to make trade-offs? [J]. International Journal of Business and Society, 2005 (1): 1-26.

[57] Luo X. A contingent perspective on the advantages of stores' strategic philanthropy for influencing consumer behaviour [J]. Journal of Consumer Behaviour, 2005, 4 (5): 390-401.

[58] Strahilevitz M and Myers J. Donations to charity as purchase incentives: How well they work may depend on what you are trying to sell [J]. Journal of Consumer Research, 1998, 24 (4): 434-446.

[59] Martha McEnally R and de Chernatony L. The Evolving Nature of Branding: Consumer and Managerial Consideration [J]. Academy of Marketing Science Review, 1999 (2): 1-26.

[60] Guido Berens, Cees B M, van Riel and Gerrit H. van Bruggen. Corporate associations and consumer product responses: The moderating role of corporate brand dominance [J]. Journal of Marketing, 2005, 69 (July): 35-48.

[61] Wagner T, Richard J L and Weitz B A. Corporate hypocrisy: Overcoming the threat of inconsistent corporate social responsibility perceptions [J]. Journal of Marketing, 2009, 73 (November): 77-91.

谦逊领导如何影响员工创造力？*
——员工归因和心理安全的双重视角

刘美玉　王　季

（辽宁大学商学院，辽宁沈阳　110036）

［**摘　要**］谦逊领导作为一种“自下而上”的领导风格，因其迎合了人们价值观由服从、自控逐渐向自由、竞争等观念转变的趋势，成为近年来的研究热点。尽管谦逊领导通常被认为会为组织的员工行为带来积极正面的影响，但却很少有研究揭示何种情境因素会影响谦逊领导对员工行为带来的影响。为此，本文整合领导“特质论”和“情境论”在探讨谦逊领导特质对员工心理安全和员工创造力影响效应的同时，以员工为中心，探讨了员工对领导谦逊动机的归因类型存在“真实型谦逊”和“人设型谦逊”时，是否会对谦逊领导与员工创造力关系带来不同的影响。文章基于52家企业的497对领导和员工的匹配问卷数据进行了实证分析，研究结果表明：①谦逊领导与员工创造力显著正相关；②员工的心理安全在谦逊领导与员工创造力的关系之间起着中介作用；③当员工对领导谦逊动机的归因为“人设型谦逊”时，其会对谦逊领导与员工心理安全之间具有调节作用，并且存在有调节的中介效应。本文揭示了谦逊领导影响员工创造力的作用机制及该机制产生效应的边界条件，在一定程度上丰富了中国情境下谦逊领导对员工创造力影响的研究，并试图提示实践界，避免将谦逊领导简单作为有效领导的代名词而给组织带来的潜在风险。

［**关键词**］谦逊领导；人设型谦逊；真实型谦逊；心理安全；员工创造力

一、引言

随着信息化、网络化和知识化为特征的经济时代的到来，各行各业的升级迭代都进入了加速期，组织面临由环境不确定性带来的各种挑战。由此，对置身于当今战略人力资源管理时代的组织来说（Owens and Hekman，2012；李成友等，2018），不断提高组织的员工创造力，从而加速企业内部创新速度和效率（Amabile et al.，2004；Owens and Hekman，2015），则无疑是更好地迎接挑战的关键（Owens et al.，2013；Chen et al.，2018；李海等，2016）。已有研究表明，员工创

* 本文发表于《经济管理》2020年第3期。有改动。

［基金项目］国家社会科学基金项目“创新型国家建设背景下我国高校科研人员学术创业行为的驱动机理与促进政策研究”（18BGL036）。

造力的产生并不是孤立的，员工创造力的发挥不仅与个体的知识和能力有关，而且与其所处的社会关系中的领导特质紧密相连（Zhang and Bartol，2010；张鹏程等，2011；于慧萍等，2016）。也就是说，领导风格对员工创造力的发挥起着重要作用。然而，以往研究中较多关注传统“自上而下”的领导风格对员工创造力的影响（Zhang and Bartol，2010；张鹏程等，2011；Liu et al.，2012）。但在全球文化的影响下，人们的价值观逐渐向自由、竞争的个人主义观念转变，人们越来越关注于平等的人际关系与自由的发展氛围（马士远，2018；邓志华，2018），这使传统“自上而下”的领导风格已经跟不上时代发展的步伐，很难更好地影响员工、达到预期的领导效果（Owens and Hekman，2012）。而谦逊领导（Humble Leader）作为一种“自下而上”的领导风格，通过放下领导的权威与尊严，采用尊重、关怀和平等的方式与员工进行沟通，恰好能够迎合全球文化背景下人们价值观向个人主义转变这一趋势，并成为近年来的研究热点（Exline et al.，2004；Owens et al.，2013；杨陈等，2018）。通过梳理近几年来国内外关于谦逊领导与员工创造力的文献，发现有关谦逊领导对员工创造力的影响机制尚未充分挖掘（Owens et al.，2013；Wang et al.，2017）。那么，这种特殊的“自下而上”的谦逊领导风格究竟将对员工的创造力产生怎样的效应？通过何种作用机制？且这种机制产生效应的边界条件是什么呢？

由于谦逊领导勇于承认自身的不足，欣赏员工的优点，虚心向员工请教，认为犯错误是为了更好地进步且是正常有益学习的一部分（Owens and Hekman，2015），因此可以减轻员工犯错误时不必要的心理负担，消除员工内心的不安因素（罗瑾琏等，2016），使员工的心理焦虑得到释放（Edmondson and Lei，2014），进而提升员工的心理安全感（Owens and Hekman，2012；Edmondson，1999）。而员工心理安全感的提高能够促使员工乐于投入更多的时间与精力去承担具有挑战性和创新性的任务，进而提高员工的创造力。鉴于此，本文将探讨员工心理安全在谦逊领导与员工创造力之间的中介作用，力求从心理安全角度揭开谦逊领导对员工创造力起作用的“黑箱”。

值得指出的是，在现有的谦逊领导与员工创造力的研究中普遍存在一个共性，即多从领导的“特质论”出发，以领导为中心，把员工作为领导行为的被动接受者来研究谦逊领导对员工创造力的影响（Owens et al.，2013；Chen et al.，2018；罗瑾琏等，2016）；而忽略了在现实的组织实践中，员工采取的行为还会受到员工自身对其领导谦逊行为的解读所影响，即领导的“情境论”（Huston，2013；毛江华等，2017），而员工对领导谦逊行为解读这一现象在中国尤为明显。在中国的本土情境中，由于谦逊一直是中华民族的传统美德，因此领导更有意愿去表现出一种谦逊的特质与行为；与此同时，中国还属于具有较高权力距离文化背景的国家，领导经常具有说一不二的权威、地位和决策权力（买热巴·买买提和李野，2018），当领导表现出谦逊的特质与行为时，则很容易受到员工对其谦逊动机的质疑与归因。员工对领导特质与行为的归因是一个动态复杂的过程，通过对表面行为背后动机的归因，会影响领导风格对员工的心理状态如心理安全的影响，进而影响到领导风格通过心理安全对员工行为的间接影响（Lam et al.，2007；买热巴·买买提和李野，2018）。例如，当员工认为自己的领导仅是因为想为自己打造一个谦逊领导的人设，才表现出谦逊领导的特质与行为时，员工可能就不会具有较强的心理安全感，由此将会影响到员工自身创造力的发挥。因此，探讨谦逊领导对员工创造力的影响还应考虑到员工对领导谦逊动机的归因与管理实践更为贴合，也更具有研究意义。

本研究借鉴毛江华等（2017）的做法，根据以往领导对员工行为动机归因的划分（Lam et al.，2007；陈启山和温忠麟，2005），把员工对谦逊领导动机的归因划分为“真实型谦逊”和“人设型谦逊”，而这种划分恰恰与胡金生和黄希庭（2006）提出的中国人的“实性”和“虚性”自谦及毛江华等（2017）提出的“绩效改进动机”和“印象管理动机”相契合。本研究在聚焦于谦逊领导是如何影响员工创造力的同时，把员工对领导谦逊动机的归因作为调节机制，研究中国情境下员工对领导谦逊动机的归因是否会影响谦逊领导对员工创造力的影响，尝试揭示谦逊领导影响员工创造力的路径机制及其机制产生效应的边界条件。

二、文献回顾与研究假设

（一）谦逊领导

谦逊（humility）一词起源于希腊哲学，源自拉丁语中 humus 和 humi，寓意为泥土和地面上（Vera and Rodriguez-Lopez，2004）。谦逊领导是指领导者能够脚踏实地，在更大的体系中以“自下而上”的领导方式审视自我和他人（Kezar，2012）。Owens 等（2013）在总结前人有关谦逊领导研究的基础上，提出谦逊领导包含如下三个维度：清晰的自我认知，即谦逊领导有明显的意愿对自己的优点和缺点进行精确、清醒的自我认知，能够在公共场合承认自己知识和技能的不足（Owens et al.，2013；Exlme et al.，2004）；欣赏他人，即谦逊领导能够欣赏员工的优势及其对组织的贡献，并将这种欣赏展现出来（Exline et al.，2004）；可教性，即谦逊领导不仅乐于接受新的信息、知识，而且虚心向员工请教，能够接纳员工对其正负两方面的反馈（Owens and Hekman，2012；Owens et al.，2013）。

随着研究的进一步开展，学者们对谦逊领导带来的影响进行了较为丰富的研究，主要体现在如下三个层面：个体层面，谦逊领导有助于提高员工的工作满意度、降低员工的离职率、增加员工的工作投入、增强员工的学习导向（Owens et al.，2013）；团队层面，谦逊领导提高了团队的学习能力、整合能力、凝聚能力以及团队任务的分配效率，从而促进了团队的发展及团队整体绩效的提升（Owens and Hekman，2015；Owens et al.，2013）；组织层面，谦逊领导能够提高组织高层管理人员绩效（Ou et al.，2014）和组织绩效（Ou et al.，2015）。然而，现有研究大多关注于谦逊领导带来的正面影响，鲜有研究探讨谦逊领导可能为组织带来的潜在负面影响及其形成机制，由此增加了将谦逊领导简单作为有效领导代名词所带来的潜在风险。

（二）谦逊领导与员工创造力

员工创造力被定义为员工对公司所提供的产品、服务、过程、程序提出新颖且实用想法的能力（Amabile，2004；刘小禹等，2018）。已有研究表明，组织环境对员工创造力的发挥起着重要的作用（Amabile et al.，2004），且领导者是员工创造力发挥的一个重要情境因素，因为领导者通过创造有利于或不利于员工创造力的工作环境来影响员工从事创造性工作的意愿。此外，领导者通过控制组织资源和信息，可以评估和决定员工所提出的想法是否具有实用性和创造性（Zhang and Bartol，2010），进而影响员工创造力的发挥。因此，领导作为组织环境的重要塑造者，其领导风格的不同会直接影响员工创造力的发挥。

那么，谦逊领导会对员工创造力产生怎样的影响呢？可以从 Owens 等（2013）提出的谦逊领导的三个维度来进行具体分析。①从谦逊领导具有清晰的自我认知这一维度来看，谦逊领导勇于承认自身的不足和过失（罗瑾琏等，2016），就会在组织内形成一种勇于进行批评与自我批评的文化氛围，可以有效减轻员工因自身犯错误所带来的不必要的心理负担，这会使员工更有勇气去面对那些具有高失败风险的创造性任务，并激发员工在完成任务过程中创造力的发挥。②从谦逊领导欣赏他人这一维度来看，由于谦逊领导能够表现出对员工优点的欣赏以及对员工贡献的称赞，因此可以有效激励员工在工作中愿意充分参与和主动承担更多责任，使员工为了获得赞赏而挑战具有高难度的工作，包括探求那些更新颖且更实用的工作方法，进而为公司提供更多具有创造性的解决方案（Zhang and Bartol，2010）。③从谦逊领导具有可教性这一维度来看，一方面，谦逊领导乐于接受新的信息和知识，因此谦逊领导能够及时了解较为前沿的工作方法，并在组织中形成鼓励创新的文化氛围，由此可以激发员工采用新颖工作方法的热情，使得员工在不确定性和不可预测性较高的情境下仍旧能够勇于尝试和反复试验创新的工作方法（Owens and Hekman，2012），从而促进员工创造力的提升（Zhang and Bartol，2010）；另一方面，谦逊领导通过开门纳言，虚心向员工学习请教，员工能有机会表达自己的真实想法（Owens et al.，2013），使员工在其工作范围内有决策的自由裁量权并积极参与到组织决策中，提高了员工工作的自主性行为（Chen et al.，2018），从而提高员工创造力。由以上分析可以看出，谦逊领导从其构成的三个维度看，都为促进员工创造力的发挥营造了非常有利的条件。因此，本文提出以下假设：

H1：谦逊领导对员工创造力有正向影响。

（三）心理安全的中介作用

关于心理安全的研究可以追溯到 Schein 和 Bennis（1965）对于组织变革的研究。关于心理安全的概念可以从个体、团队和组织三个层面进行论述。在个体层面，Kahn（1990）指出心理安全是员工能够在组织中“充分展示自我，而不用担心对自身形象、地位或对自己的职业生涯造成负面影响的感知”；在团队层面，Edmondson（1999）率先对团队心理安全进行了研究，团队心理安全是成员对其在团队内人际关系风险安全性程度的感知；在组织层面，Baer 和 Frese（2003）将组织的心理安全视为一种能够降低甚至消除组织中个体风险感知的工作环境。本研究着眼于员工创造力的研究，因而采用个体层面的心理安全概念，即员工的心理安全是指员工对其所处工作环境的安全感知，较高的安全感知能使员工敢于提出新的问题、自由大胆地说出自己的真实想法、大方地承认自己所犯的错误。由此可见，心理安全所基于的理论假设是组织内成员的行动尤其是具有创新性的行动存在一定的风险，而员工对于心理安全的感知则描述了员工这种心理特征的积极方面。而有研究指出领导风格能够对员工的心理安全造成重要影响，因为领导的行为和对事件的反应能够直接影响到员工对所处环境的安全感知和判断（Nembhard and Edmondson，2006），因此本文探讨心理安全在谦逊领导与员工创造力之间的中介作用。

根据谦逊领导的内涵，谦逊领导能够增强员工心理安全的感知。首先，谦逊领导通过勇于承认自身的不足、欣赏他人的优点及虚心向员工请教能够化解领导与员工之间存在的天然等级隔阂，使得员工和领导之间快速建立相互之间的信任关系，这种信任关系使员工信任领导并相信公司不会轻易伤害自己，使员工获得较高程度的心理安全感知（邓志华，2018；Edmondson and Lei，2014）；其次，谦逊领导认为在完成创造性任务过程中，犯错误是正常的且是有益学习的一部分（Owens and Hekman，2015），从而给员工灌输了“犯错误是为了更好地进步”的理念，这使得员工在完成具有高失败风险的创造性任务过程中能够勇于尝试（罗瑾琏等，2016），并且在尝试的过程中员工不必害怕因犯错误对自身形象、地位及职业生涯带来负面影响，使员工的心理焦虑得到释放（Edmondson，1999），消除员工内心的不安因素（罗瑾琏等，2016），提高员工的心理安全。由此可见，谦逊领导可以提升员工的心理安全。因此，本研究提出如下假设：

H2：谦逊领导对员工的心理安全有正向影响。

员工创造力是指员工产生新颖且实用想法的能力，这就需要员工对传统的观念进行挑战，从事有风险的试错行为（Amabile，2004；刘小禹等，2018）。而心理安全对于员工创造力的正向影响主要基于以下原因：一是心理安全是有效促进员工勇于承担具有创新性任务的重要前提条件（Schein and Bennis，1965）；二是员工心理安全是员工对于冒险试错行为后果的感知与判断，这种对风险的感知与判断激励他们对传统观念进行挑战并提出与往常相悖的想法和观点，恰恰迎合了员工创造力的冒险需求；三是当员工感知到更多的心理安全时，减少了员工不必要的担忧与顾虑，使员工保持更多的工作兴趣动机（罗瑾琏等，2016），从而投入更多的时间和精力去勇于尝试那些不确定性的活动，进而提高员工的创造力。

综上所述，当领导展现为谦逊领导的特质与行为时，谦逊领导积极影响员工的心理安全，通过员工心理安全的中介对员工的创造力产生积极影响，因此，本研究提出如下假设：

员工的心理安全对员工创造力有正向影响。

H4：员工的心理安全在谦逊领导与员工创造力之间起中介作用。

（四）员工对领导谦逊动机归因类型的调节作用

Owens 和 Hekman（2012）首先明确提出了谦逊领导这一概念，并且指出领导所表现出的谦逊有可能是领导“自利”的工具。Owens 等（2013）把谦逊领导行为定义为领导的一种特质，但 Owens 和 Hekman（2015）的研究指出，领导所表现出的谦逊特质是可以“塑造”的。胡金生和黄希庭（2006）认为中国人的自谦具有“实性”和“虚性”之分，“实性”自谦代表了一种觉得自己永远有待于进一步提升的态度，“真诚性”和“适度性”是“实性”自谦的两个规范原则“虚性”自谦是一种自我表现策略，是为了提高个体在他人心目中的印象，或者为达到某种目的而采取的一种策略，“虚伪性”和“怯懦性”是“虚性”自谦的两个特征。胡金生和黄希庭（2009）基于中国大学生的研究，把中国人的自谦分为了防御、自我发展及自身形象提升三种动机。由此可见，结合中国的本土情境，领导表现为谦逊并不一定真正具有谦逊的特质，有可能是为了塑造谦逊领导“人设”的假象，即当中国的领导表现为自谦时，有可能存在不同的动机。除了毛江华等（2017）提出了下属归因的领导谦逊动机这一谦逊领导的研究框架外，罕有对谦逊领导的谦逊动机进行归因的实证研究。而在以往的研究文献中，一些学者曾探讨过领导对员工行为动机归因的类型，大体可以被划分为“利他动机”和“利己动机”两种类型：利他动机是指员工的行为是考虑了他人或企业的利益，最典型的被称为“绩效改进动机”，持该种动机的员工，其行为完全是为了实现组织的需要；利己动机是指员工行为的动机主要是受个人动机和目标驱动，其中最为典型的表现是“印象管理动机”（Lam et al.，2007），持该种动机的员工关注自我，希望能够通过某种行为来提升或保护自己在他人眼中的形象（陈启山和温忠麟，2005）。因此，本文认为员工归因的领导谦逊动机是从员工角度去归因领导表现谦逊的动机，并根据以往领导对员工行为动机归因的划分，将员工归因的领导谦逊动机划分为“真实型谦逊”与“人设型谦逊”。

当员工对领导谦逊动机归因为“真实型谦逊”时，员工认为领导表现谦逊是为了与员工一起共同实现公司的整体任务目标、提高公司的整体绩效而非出于个人目标的实现，这与胡金生和黄希庭（2006）对中国人自谦分类中“实性”自谦及毛江华等（2017）“绩效改进动机”描述相符。此时，员工的验证动机成功，谦逊领导所表现的行为与员工的感知是匹配的，员工把谦逊领导所表现出的承认自身的不足、对员工优势的欣赏以及虚心向员工请教的动机解读为真情实感的体现，员工会觉得提出新的且有挑战性的观点、主动尝试解决问题的新途径以及承担风险是安全的，不会因为失误承担额外的损失，使谦逊领导对员工心理安全的正向影响得到增强。因此，本文提出以下假设：

H5a：当员工对领导谦逊动机的归因为真实型谦逊时，谦逊领导与员工心理安全的正向关系得到增强。

当员工对领导谦逊动机归因为“人设型谦逊”时，员工认为领导表现出谦逊是一种自利的工具（Owens and Hekman，2012），仅是想为自己打造一个谦逊领导的人设，是为了提高自己的社会形象、个人声望，或者为了得到组织的回报而非为了提高组织绩效，这与胡金生和黄希庭（2006）对中国人自谦分类中的“虚性”自谦及毛江华等（2017）提出的“印象管理动机”描述相符。此时，员工的验证动机失败，谦逊领导所表现的行为与员工的感知是不匹配的，员工把谦逊领导所表现出的承认自身的不足、对员工优势的欣赏以及虚心向员工请教的动机解读为虚情假意的体现和印象管理的一种工具，员工会觉得提出新的且有挑战性的观点、主动尝试解决问题的新途径以及承担风险是不安全的（Owens and Hekman，2015；Owens et al.，2013），会因为失误承担额外的损失，使员工进入一种防御和谨慎的心态，使得谦逊领导对员工心理安全的正向影响被削弱。据此，本研究提出以下假设：

H5b：当员工对领导谦逊动机的归因为人设型谦逊时，谦逊领导与员工心理安全的正向关系得到削弱。

由前文论述可知，本文假定心理安全在谦逊领导与员工创造力之间发挥中介作用，且员工对谦逊领导动机的归因会调节谦逊领导与员工心理安全之间的关系。员工对领导特质与行为动机进行归因是一个动态复杂的过程，通过对领导特质与行为背后动机的归因，会影响领导风格对员工的心理状态即心理安全的影响，进而影响到领导风格通过心理安全对员工行为的间接影响（Lam et al.，2007；买热巴·买买提和李野，2018）。基于此，本文进一步分析，员工认为领导的真实型谦逊越高时，谦逊领导对员工心理安全的正向影响会增强，进一步地正向强化谦逊领导通过心理安全对创造力产生的间接影响；员工认为领导的人设型谦逊越高时，会削弱谦逊领导对员工心理安全的正向影响，进一步削弱谦逊领导通过心理安全对创造力产生的间接影响。因此，整合上述假设，本文提出一个有调节的中介效应假设：

H6a：员工对领导谦逊动机归因为真实性谦逊正向调节心理安全在谦逊领导与员工创造力之间的中介作用。

H6b：员工对领导谦逊动机归因为人设型性谦逊负向调节心理安全在谦逊领导与员工创造力之间的中介作用。

综上，本文提出一个谦逊领导和员工对领导谦逊动机归因的带调节的中介效应模型，如图1所示。

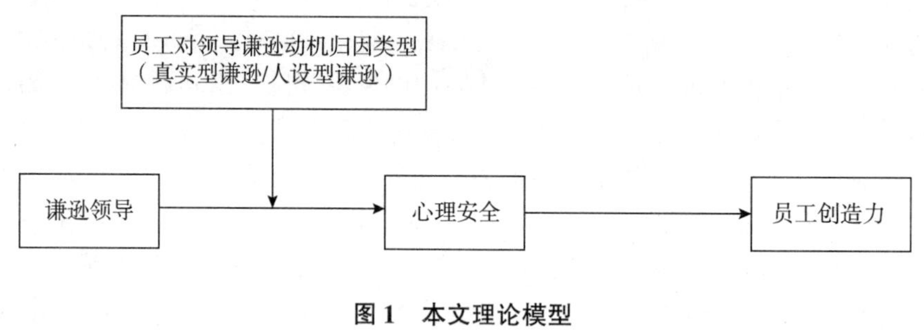

图1　本文理论模型

资料来源：本文绘制。

三、研究方法

（一）数据收集与样本描述

本文选取了来自山东、辽宁、广东、北京和山西五个省市的52家企业作为样本来源，这52

家企业覆盖了高新技术业、制造业、教育业、商务咨询业等多个行业。本研究在每家企业任选3~6组员工，每组3~5人，且每组员工要有共同的直接领导。调查过程分为两个阶段进行。第一阶段主要是对员工进行调查，在52家企业共发放576份员工问卷，员工对其直接领导的“谦逊领导”特质及“员工对领导谦逊动机的归因”进行评价（员工问卷），共收回了518份有效问卷；第二阶段是一个月后由参与第一轮调查并填写了有效问卷的518名员工所对应的108位直接领导进行填写，对领导下属的每个员工的创造力进行评价（领导问卷）。最终得到52家企业的有效配对问卷497份，问卷有效回收率为95.9%。员工问卷和领导问卷的样本性质分布统计如表1所示。与此同时，本研究采用单因素ANOVA对谦逊领导和心理安全在行业间的差异进行分析，结果显示，谦逊领导在不同行业中没有显著差异，心理安全在行业间也不存在显著差异。

表1　样本性质分布统计

员工问卷				领导问卷			
统计内容	类别	频次	百分比（%）	统计内容	类别	频次	百分比（%）
性别	女	231	46.5	性别	女	182	36.6
	男	266	53.5		男	315	63.4
年龄	20~29岁	7	1.4	年龄	20~29岁	54	10.8
	30~39岁	46	9.3		30~39岁	99	20
	40~49岁	288	57.9		40~49岁	187	37.6
	50岁以上	156	31.4		50岁以上	157	31.6
企业工作年限	1年及以下	62	12.5	企业工作年限	1年及以下	43	8.7
	1~3年	168	33.8		1~3年	115	23.2
	3~5年	77	15.5		3~5年	136	27.4
	5年及以上	190	38.2		5年及以上	202	40.7
学历	专科及以下	130	26.2	学历	专科及以下	173	34.9
	本科	207	41.6		本科	215	43.2
	硕士	142	28.6		硕士	88	17.8
	博士	18	3.6		博士	20	4.1
与领导接触时间	1小时以下	235	47.3				
	1~3小时	102	20.5				
	3~5小时	57	11.5				
	5小时及以上	103	20.7				

注：对于性别，1=男性，=女性；对于年龄，1=20~29岁，2=30~39岁，3=40~49岁，4=50岁及以上；对于学历，1=大专及以下，2=大学本科，3=硕士，4=博士及以上；对于在本企业工作年限，1=1年及以下，2=1~3年（不含1年），3=3~5年（不含3年），4=5年及以上；每天与直接领导的接触时间，1=1小时以下，2=1~3小时（不含3小时），=3~5小时（不含5小时），4=5小时及以上。

资料来源：本文整理。

（二）变量测量

本文所采用的量表都来自国内外比较成熟的量表，对于来自国外的量表，本文通过翻译—回译的方法，保证各量表在语境及其内容上的准确性。另外，本文还进行了小规模的预调研，根据预调研所得的反馈意见对问卷进行了修改完善，保证问卷设计和量表语句表达的恰当性。最后，根据最终确定的调查问卷进行了大规模调研。由于中国人在奇数量表中倾向于选择中间点位，本研究为了增大被调研者在问卷回复中的方差，除控制变量外，所有的测量题项都采用了 1~6 级 Likert 量表，1~6 代表了从非常不同意到非常同意。

谦逊领导（*HL*）：本文采用 Owens 等（2013）开发的量表，该量表已被中国学者在中国情境下广泛使用，共包含自我认知、欣赏他人和可教性三个维度，每个维度各包含三个题项，共九个题项。其题项主要包括“领导能积极寻求反馈，即便反馈是批评性时”“领导会承认他人的知识更多或更强”“领导会赞赏他人所做的贡献”“领导乐于倾听他人的想法”等。该量表信度检验值为 0.87，显示出较好的信度。

员工对领导谦逊动机归因的类型（*HLA*）：本文在测量员工对领导谦逊动机归因的类型时参考了毛江华等（2017）的做法，将 Lam 等（2007）用于测量领导对员工行为归因的量表在保留原意的情况下转变为员工对领导谦逊动机归因类型的测量。员工对领导谦逊动机的归因包括真实型谦逊（*THLA*）和人设型谦逊（*FHLA*），员工被要求回答“你认为上述问题中领导表现出谦逊行为的动机是什么?”等七个题项。其中，员工对领导谦逊动机归因为真实型谦逊（*THLA*）包括“更好地履行自己的岗位职责”“增加员工对自己的信任”“帮助员工更好地提高工作绩效”三个题项。员工对谦逊领导动机归因为人设型谦逊（*FHLA*）包括“得到员工的关注”“提升个人形象”“得到组织其他形式的回报”等四个题项。本研究对这两个量表进行了探索性因子分析（*EFA*）和信度检验，因子分析结果表明数据能较好地提取出两个主成分，共解释了总方差的 83.05%，说明这两个量表可以在中国情境下测量员工对领导谦逊动机的归因。在信度检验中，两量表的信度值分别为 0.70 和 0.76，显示出较好的信度。

心理安全（*PS*）：本文采用张鹏程等（2011）的做法，提取 Edmondson（1999）和 Siemsen 等（2008）开发量表的共同因素，最终形成包含五个题项的量表。其题项主要包括“在工作中员工可以大方承认自己所犯的错误”“在工作中员工可以无顾忌地向他人求助”等。该量表的信度检验值为 0.83，显示出较好的信度。

员工创造力（*CR*）：本文采用 Tierney 等（1999）开发的员工创造力量表，共九个题项。其题项主要包括“在工作中展示原创性”“在工作中勇于冒险采用新的想法”“产生解决问题的新想法”等。该量表的信度检验值为 0.91，表现出较好的信度。

控制变量：现有研究显示，员工的性别（*SEX*）、年龄（*AGE*）、学历（*DEGREE*）、本企业工作年限（*TENURE*）和与领导接触的时间（*NUM*）会影响员工的创造力（罗瑾琏等，2016；刘小禹等，2018），因此本文在分析谦逊领导对员工创造力的影响、作用机制及作用机制的边界条件时，将这几个变量作为控制变量来处理。

（三）同源方差控制

为控制同源方差对数据质量的影响，本文主要使用程序控制和统计控制两种方法。程序控制表现为：一是实现测量时间和空间上的间隔，把问卷分为员工问卷和领导问卷，由员工完成谦逊领导、心理安全、员工对领导谦逊动机归因的量表，然后由其直接领导完成员工创造力量表；二是在量表的设计上，设计反方向陈述题项，以减少员工和领导的默认偏差。而在统计控制中，采用哈曼单因素检测法，将五个量表中共计 31 个题目同时做探索性因子分析（主成分分析法），结果显示 KMO 值为 0.927；限定抽取一个因子，未旋转因子结果显示，限定一个因子解释总变异的 27.38%，小于总解释的 50%，因此，同源方差对结论的可靠性不会造成本质影响。

(四) 研究方法

本文主要采用以下统计分析软件对数据进行处理及其相关的统计分析：采用 AMOS 22.0 对所有的变量进行区分效度检验，采用 SPSS 22.0 软件进行各变量描述性分析、量表信度分析及相关的层级分析，采用 SPSS Process 宏程序（3.3 版本）对中介效应进行检验，Process 宏程序中加人 Index 指标对有调节的中介效应进行检验。

四、数据分析与结果

(一) 各变量的描述性统计和信效度检验

各变量的均值、标准差、相关系数及各个量表的信度分析结果如表 2 所示。从表 2 的结果可以得出：谦逊领导与员工创造力正相关（$r=0.286$，$p<0.01$），谦逊领导与心理安全正相关（$r=0.137$，$p<0.01$），心理安全与员工创造力正相关（$r=0.414$，$p<0.01$），这就为本文的 H_1、H_2、H_3 提供了初步证据。此外，本研究所涉及的变量，谦逊领导、真实型谦逊、人设型谦逊、心理安全、员工创造力的内部一致性信度分别为 0.87、0.70、0.76、0.83、0.91。

表 2　各变量描述性分析、相关性分析及量表信度分析（N=497）

变量	均值	标准差	1	2	3	4	5	6	7	8	9
1. 谦逊领导	2.135	0.868	(0.87)								
2. 真实型谦逊	2.176	0.910	−0.008	(0.70)							
3. 人设型谦逊	2.270	0.987	0.054	−0.010	(0.76)						
4. 心理安全	2.240	0.979	0.137**	0.128**	−0.028	(0.83)					
5. 员工创造力	2.205	0.964	0.286**	0.058	−0.214**	0.414**	(0.91)				
6. 性别	1.46	0.499	−0.057	0.008	−0.040	0.044	−0.080				
7. 年龄	3.19	0.653	−0.004	0.054	−0.033	−0.049	−0.057	−0.022			
8. 学历	2.10	0.827	0.011	−0.027	0.001	−0.084	−0.022	0.106*	−0.094*		
9. 工作年限	2.794	1.086	−0.043	−0.020	0.025	−0.066	−0.058	0.087	−0.063	0.101	
10. 接触时间	2.056	1.190	−0.050	−0.042	0.113*	0.003	0.042	−0.034	−0.009	−0.139	−0.019

注：括号中为本文主要变量的信度值；* 代表 $p<0.05$，** 代表 $p<0.01$。

资料来源：本文整理。

(二) 验证性因子分析

本文使用验证性因子分析，利用 AMOS 22.0 对变量的区分效度进行检验。首先对谦逊领导、心理安全、员工创造力、员工对领导谦逊动机归因类型为真实型谦逊以及员工对领导谦逊动机归因类型为人设型谦逊的基准模型（5 因子模型）进行验证性因子分析，其次分别构建 4 因子、3

因子、2 因子、1 因子模型，验证各理论模型的拟合度，部分结果如表 3 所示。从表 3 中可以看出，5 因子模型与其他竞争模型相比表现出了较好的拟合优度（$\chi^2=482.088$，$df=424$，$TLI=0.989>0.9$，$CFI=0.990>0.9$，$RMSEA=0.017<0.08$），因此，本文所假设的 5 因子模型具备较好的区分效度。

表 3　验证性因子分析结果（N=497）

模型	因素	χ²	df	RMSEA	TLI	CFI
5 因子模型	*HL*；*PS*；*THLA*；*FHLA*；*CR*	482.088	424	0.017	0.989	0.990
4 因子模型	*HL*；*PS*；*THLA+FHLA*；*CR*	942.650	428	0.049	0.902	0.909
3 因子模型	*HL+PS*；*THLA+FHLA*；*CR*	1660.911	431	0.076	0.767	0.784
2 因子模型	*HL+PS+THLA+FHLA*；*CR*	1866.914	433	0.082	0.729	0.748
1 因子模型	*HL+PS+THLA+FHLA+CR*	2621.050	434	0.101	0.588	0.615

资料来源：本文整理。

（三）假设检验

（1）主效应及中介效应检验。首先进行主效应检验，把员工创造力作为自变量，在模型 1 中放人性别、年龄、学历、与直接领导接触时间以及在本企业的工作年限作为控制变量，模型 2 在模型 1 的基础上再加入谦逊领导作为自变量，回归结果如表 4 中模型 2 所示。结果发现谦逊领导对员工创造力有显著正向影响（$\beta=0.310$，$p<0.001$），H1 得到验证。

表 4　回归分析结果

变量	员工创造力			心理安全			
	模型 1	模型 2	模型 3	模型 4	模型 5	模型 6	模型 7
截距	2.996*** (0.313)	2.236*** (0.323)	1.335*** (0.311)	2.766*** (0.317)	2.381*** (0.338)	2.095*** (0.349)	2.361*** (0.347)
谦逊领导		0.310*** (0.048)	0.251*** (0.045)		0.157** (0.050)	0.158** (0.050)	0.168** (0.050)
心理安全			0.378*** (0.040)				
真实型谦逊						0.141** (0.048)	
人设型谦逊							−0.020 (0.044)
谦逊领导×真实型谦逊						0.0001 (0.048)	
谦逊领导×人设型谦逊							−0.161*** (0.046)

续表

变量	员工创造力			心理安全			
	模型 1	模型 2	模型 3	模型 4	模型 5	模型 6	模型 7
R^2	0.016	0.093	0.235	0.017	0.037	0.054	0.062
ΔR^2	0.016	0.077	0.142	0.017	0.019	0.017	0.025
ΔF	1.550	41.819***	90.969***	1.734	9.752***	4.397***	6.519***

注：** 代表 $p<0.01$，*** 代表 $p<0.001$。

资料来源：本文整理。

然后进行中介效应检验，把员工的心理安全作为因变量，模型 4 中只放入控制变量，模型 5 在模型 4 的基础上加入谦逊领导作为自变量，回归结果如表 4 中模型 5 所示。结果发现谦逊领导对员工的心理安全有显著正向影响（$\beta=0.157$，$p<0.01$），H2 得到验证。模型 3 是在模型 2 的基础上加上了心理安全这个变量，回归结果显示，心理安全对员工创造力的影响显著为正（$\beta=0.378$，$p<0.001$），H3 得到初步验证，而此时谦逊领导对员工创造力的影响仍然显著（$\beta=0.251$，$p<0.001$），但影响效应由原来的 0.310 降为 0.251，假设 H4 得到初步验证。

为了进一步验证心理安全在谦逊领导与员工创造力之间的中介效应，本文通过 Preacher 和 Hayes（2008）提出的中介检验方法，应用 ProcessV3.3model4 检验心理安全在谦逊领导与员工创造力之间的中介作用，将谦逊领导、员工创造力和心理安全依次选入 Bootstrap 分析过程，选择 95%的置信度，设定 Bootstrap Samples 为 5000，检验心理安全在谦逊领导与员工创造力之间的中介效应，检验结果如表 5 所示。谦逊领导对创造力的直接效应为 0.251（Direct Effect = 0.251，SE = 0.045），5%置信区间为［0.163，0.338］，不含 0，说明谦逊领导对员工创造力的直接效应显著。谦逊领导通过心理安全对创造力影响的间接效应为 0.059（Indirect Effect = 0.059，SE = 0.022），95%置信区间为［0.020，0.105］，不含 0，间接效应显著，说明心理安全在谦逊领导与员工创造力之间的中介作用显著，假设 H4 得到验证，即谦逊领导通过心理安全间接作用于员工创造力。

表 5　谦逊领导、心理安全与员工创造力关系的 Bootstrap 分析

路径	效应值	标准误	LLCI	ULCI
谦逊领导→心理安全	0.157	0.050	0.058	0.256
心理安全→员工创造力	0.378	0.040	0.300	0.456
谦逊领导→心理安全→员工创造力	0.059	0.022	0.020	0.105
谦逊领导→员工创造力	0.251	0.045	0.163	0.338

资料来源：本文整理。

（2）调节效应检验。为验证 H5，本文采用层级回归分析检验员工对领导谦逊动机归因的类型在谦逊领导与心理安全之间的调节作用。为了消除共线性的影响，在构造调节变量的交乘项时，将谦逊领导与员工对领导谦逊动机归因的类型分别进行标准化处理。在层级回归分析中（见表 4），第一步，模型 4，引入控制变量；第二步，模型 6，在模型 4 的基础上引入谦逊领导、真实型谦逊以及经标准化后两者的交乘项；第三步，模型 7，在模型 4 的基础上引入谦逊领导、人设型谦逊及经标准化后两者的交乘项。回归分析结果如表 4 所示。在模型 6 中，谦逊领导对员工心理安全的影响为正且显著（α=0.158，p<0.01）、真实型谦逊对员工心理安全的作用为正且显著（α=0.141，p<0.01）、谦逊领导与真实型谦逊标准化后的交乘项对员工心理安全具有正向影响但不显著（α=0.0001，p>0.05），说明员工对领导谦逊动机归因为真实型谦逊对谦逊领导和员工心理安全之间的调节作用不显著，H5a 未得到支持；在模型 7 中，谦逊领导对员工心理安全具有显著的正向影响（α=0.168，p<0.01），人设型谦逊对员工心理安全具负向影响但不显著（α=-0.020，p>0.05）、谦逊领导与人设型谦逊标准化后交乘项对员工心理安全具有显著的负向影响（α=-0.161，p<0.001），说明员工对领导谦逊动机归因为人设型谦逊对谦逊领导和员工心理安全之间的调节作用显著为负，H5b 得到支持。

为了更直观地观察员工对领导谦逊动机归因类型的调节作用，本文对人设型谦逊的平均值加减一个标准差，把样本分为高分组和低分组，本文绘制了人设型谦逊对谦逊领导和心理安全之间的调节作用示意图，如图 2 所示，同时进一步进行了 Simpleslope 检验。当人设型谦逊低时，谦逊领导与心理安全之间的正向关系较强（β=0.320，p<0.001）；当人设型谦逊高时，谦逊领导与心理安全之间正向关系不存在，对心理安全造成了负向影响（β=-0.043，p>0.05），表明人设型谦逊对谦逊领导和员工心理安全之间的调节作用显著。

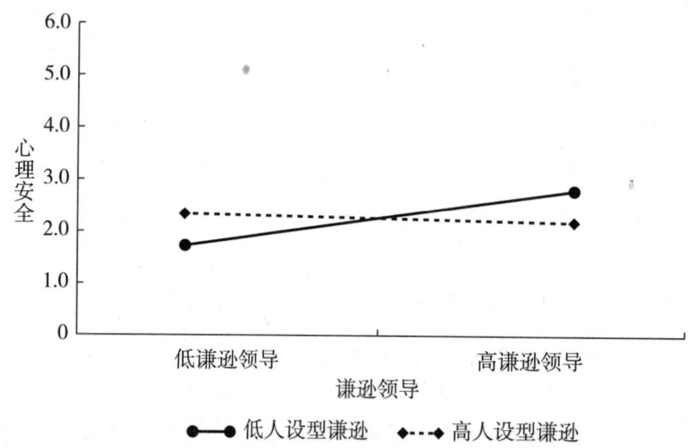

图 2　人设型谦逊在谦逊领导与心理安全之间的调节作用

资料来源：本文绘制。

有调节的中介效应检验。由以上分析可知 H5a 未得到验证，这是进行有调节的中介效应分析的前提，即当员工对领导谦逊归因为真实型谦逊时有调节的中介效应不存在，H6a 不成立，因此只需验证当员工对领导谦逊动机归因为人设型谦逊时，有调节的中介效应是否存在即可。目前国内外学者基于 Bootstrapping 的有调节的中介效应检验主要有差异分析、亚组分析及系数乘积三种方法，后者有效克服了前两者验证方法的不足，因此本研究采用系数乘积法进行有调节的中介效应检验即可。Process 宏程序中加入 Index 指标对有调节的中介效应进行检验，本研究运用 Process 运算直接得到调节变量分别为低值和高值时的条件间接效应。检验结果如表 6 所示。

表 6　有调节的中介效应分析

<table>
<tr><th rowspan="2">中介变量</th><th colspan="5">条件间接效应</th><th colspan="4">有调节的中介效应</th></tr>
<tr><th>调节变量</th><th>效应</th><th>标准误</th><th>LLCI</th><th>ULCI</th><th>Index</th><th>标准误</th><th>LLCI</th><th>LLCI</th></tr>
<tr><td rowspan="2">心理安全</td><td>人设型谦逊低值</td><td>0.124</td><td>0.0333</td><td>0.064</td><td>0.196</td><td rowspan="2">-0.067</td><td rowspan="2">0.022</td><td rowspan="2">-0.113</td><td rowspan="2">-0.025</td></tr>
<tr><td>人设型谦逊高值</td><td>-0.006</td><td>0.023</td><td>-0.053</td><td>0.040</td></tr>
</table>

资料来源：本文整理。

当员工领导谦逊归因为人设型谦逊且较低时（-1SD），谦逊领导通过员工心理安全对员工创造力产生的间接效应为 0.124（Indirect Effect = 0.124，SE = 0.0333），95%置信区间为［0.064，0.196］，不包含 0，说明在人设型谦逊较低时谦逊领导通过员工心理安全对员工创造力产生的间接效应显著；在人设型谦逊较高时（+1SD），谦逊领导通过员工心理安全对员工创造力产生的间接效应为-0.006（Indirect Effect=-0.006，SE=0.023），95%置信区间为［-0.053，0.040］，包含0，说明在人设型谦逊较高时谦逊领导通过员工心理安全对员工创造力产生的间接效应不显著。另外，由表6 的右半部分可知，人设型谦逊对谦逊领导影响员工创造力的间接关系存在调节作用的判定指标为-0.067（Index=-0.067，E=0.022），5%置信区间为［-0.113，-0.025］，不包含 0，此时有调节的中介效应是显著的，即假设 H6b 得到验证。

五、研究结论与讨论

（一）主要结论

本文扎根于中国企业的本土情境，聚焦于谦逊领导这种“自下而上”的领导风格，整合了人际关系中“特质论”和“情境论”，探究了谦逊领导对员工创造力的影响，以及在这个过程中心理安全的中介作用和员工对领导谦逊动机归因的调节作用。本文基于 52 家企业的 497 对领导和员工的匹配问卷数据进行了实证分析，实证检验结果发现：①谦逊领导对员工创造力有显著的正向影响，且心理安全在谦逊领导与员工创造力的关系之间起着部分中介作用，这一结论印证了谦逊领导作为一种“自下而上”的领导风格，符合全球文化背景下员工对领导的期望和预期，其所具备的特质会给员工带来心理安全感，而这种心理安全感又会激励员工对传统观念进行挑战、投入更多的时间和精力去尝试那些不确定性的活动，进而提高员工创造力。②当员工对领导谦逊动机的归因为人设型谦逊时，谦逊领导与员工心理安全的正向关系得到削弱，进一步地削弱谦逊领导通过心理安全对员工创造力产生的间接影响；而当员工对领导谦逊动机的归因为真实型谦逊时，真实型谦逊对谦逊领导和员工心理安全之间的调节作用不显著，此时有调节的中介效应模型也不存在。

真实型谦逊对谦逊领导和员工心理安全之间的调节作用未得到验证，出现这种情况的原因可能在于：第一，当员工对谦逊领导的特质解读为人设型谦逊时，员工自我验证动机失败使其无法完全信任其面对的谦逊领导，并对领导怀有一种防御和谨慎的心态，在面对具有高失败风险的挑战性任务时，增加了其焦虑、沮丧和抑郁情绪，员工认为提出创新观点并承担由此带来的风险是不安全的，因此人设型谦逊显著削弱了谦逊领导与心理安全之间的关系，进一步削弱了谦逊领导通过心理安全对员工创造力产生的间接影响；然而，当员工对领导谦逊动机归因为真实型谦逊时，员工自我验证动机成功，虽与预期达到一致，但员工会认为领导谦逊本应该如此，因此真实型谦逊不会显著影响谦逊领导与心理安全之间的作用。第二，根据“负面偏好”效应，员工可能会认为正面的信息和事件是理所当然的，可能更多地关注负面信息和事件，即负面信息和事件对员工的影响比较大，因此当员工对领导谦逊动机解读为人设型谦逊时，人设型谦逊对谦逊领导和心理安全的影响会显著，当员工对领导谦逊动机归因为真实型谦逊时，真实型谦逊对谦逊领导和心理安全的影响不显著。

（二）理论意义

本文的理论意义主要体现在三方面。第一，本文从理论层面扩展了谦逊领导的理论内涵，深化了对谦逊领导的进一步研究，强化了对谦逊领导的进一步认识。在中国情景下，领导者表现出谦逊可能存在多种动机，有时候完全是为了提高个人印象并不是为了提高公司绩效，故在理论界对这种“自下而上”的谦逊领导方式提出一片赞美时，要更多地关注谦逊可以分为“真实型谦逊”和“人设型谦逊”，避免学术界与实践界将谦逊领导简单作为有效领导的代名词给组织带来的潜在风险。第二，丰富了中国本土情境下有关谦逊领导影响效应的研究。自从 Owens 和 Hekman（2012）明确提出谦逊领导的概念后，谦逊领导作为一种“自下而上”的领导风格，其有关效应的研究样本多源于国外，且数量有限，有关谦逊领导与员工创造力之间的作用机制一直是亟须解决的议题。本文首先从心理安全的视角揭开谦逊领导对员工创造力起作用的“黑箱”，同时整合了人际关系中的领导“特质论”和“情境论”，以员工为中心从员工对领导谦逊动机归因的视角揭示了谦逊领导对员工创造力有效性的边界条件。本文揭示了谦逊领导对员工创造力的作用机制及这种机制产生效应的边界条件，回应了以往学者关于加强谦逊领导作用机制及作用效果实证研究的呼吁，进一步拓展了有关谦逊领导对组织及其员工行为影响效应的“理论版图”。第三，本文丰富了员工创造力影响因素的研究，员工创造力不仅与领导特质和行为有关，还与员工对领导特质和行为的解读有关。在中国的企业中，当员工对领导谦逊动机归因为人设型谦逊时，人设型谦逊会削弱谦逊领导对员工心理安全的影响，并进一步削弱谦逊领导通过心理安全对员工创造力的间接影响。

（三）管理启示

本文的研究结论对于企业管理实践也同样具有价值。首先，处于较高权力距离文化背景下的中国企业领导者，应该正视谦逊领导对员工创造力的促进作用，在企业员工越来越关注于平等的人际关系与自由发展氛围的今天，领导者应努力摒弃以往“自上而下”的权威式的领导方式，而更多采用“自下而上”的谦逊领导方式，从而更好地促进员工创造力的提升，进而提高企业在快速变化的时代应对各领域加速迭代的挑战。企业可以根据谦逊领导的三个维度来培训企业内部的各级领导者，让他们具有清晰的自我认知、懂得欣赏他人、具有可教性，从而让更多领导成为谦逊领导，让谦逊领导风格成为企业内的领导文化。其次，领导者应将自己培养为真正的谦逊领导，并且要让员工感受到自己是真实型谦逊，而不是徒有其表的人设型谦逊，这样才能真正促进员工心理安全的提升，进而提高员工创造力，使谦逊领导真正成为有效的领导。中国的领导通常具有说一不二的权威、地位和决策权力，而这也是吸引人们愿意成为领导的重要动力，即便是表现出谦逊特质的领导，在心底里也很难摒弃对这种集权式领导权力的渴望，由此具有了被员工归因为人设型谦逊的风险。在新时代，领导不应再把员工看作下属和被管理的对象，而应将其平等地看作合作伙伴，通过与员工的分工合作来共同实现企业目标。只有抱着这种心态的谦逊领导，才会降低其被员工归因为人设型谦逊的风险，提升其被员工归因为真实型谦逊的可能性，进而让谦逊领导真正发挥其促进员工心理安全和员工创造力提升的作用。最后，由于员工的心理安全能够有效提升员工的创造力，因此企业还可以考虑采用多种办法来促进员工心理安全的提高。影响员工心理安全的因素包括员工个人因素、人际关系因素和组织因素。企业应努力让各员工感受到自己在组织内部具有较高的职业地位，从个人因素层面提升员工的心理安全；在人际关系因素方面，企业应建立一种基于信任和支持的人际关系氛围，通过让员工感受到组织内部的高质量人际关系而增加对组织的归属感和信任感，增强员工的心理安全；在组织因素方面，通过在组织内部形成自由、公平、民主、包容的文化氛围，来提升员工的心理安全。

（四）局限与未来研究展望

本文存在的局限性主要体现在以下三方面：第一，从数据来看，本文采用的是横截面数据，虽然采用两阶段的员工和领导的配对数据以提高研究结论的可靠性，但是并不能确定谦逊领导、心理安全和员工对领导谦逊动机的归因对员工创造力的动态影响，未来的研究可以采用多时段、多来源的面板数据，更严谨地证明各个变量之间的因果关系，使研究的信效度进一步提高。另外，本研究虽然是基于领导和员工的匹配问卷数据进行的实证分析，在一定程度上避免了同源方差问题的存在，在以后的研究中可以采用试验研究方法来进一步降低同源方差问题。第二，本文在探讨员工对领导谦逊动机归因的类型时，仅从真实型谦逊和人设型谦逊两个方面进行了归因，而忽略了可能存在的其他归因角度。未来的研究可以更加深入地探讨员工对领导谦逊动机归因可能存在的其他类型，了解不同归因类型对谦逊领导的作用会产生何种影响。另外，后续研究还可以进一步探讨哪些因素会影响员工对领导谦逊动机的归因，丰富理论界关于谦逊领导研究的同时，让实践界能够真正了解如何让员工对谦逊领导行为按照预期归因，从而使谦逊领导真正能正面有效影响企业运作。第三，本文在探讨谦逊领导对员工创造力的影响机制时，仅从心理安全这一影响路径出发进行了探讨，证明了心理安全在这一影响机制中起到部分中介作用。在未来的研究中，可以关注谦逊领导对员工创造力影响过程中的其他中介变量，进一步拓展人们对谦逊领导影响企业发展的具体路径机制的了解。

参考文献

[1] Owens B P, D R Hekman. Modeling how to grow: An inductive examination of humble leader behaviors, contingencies, and outcomes [J]. Academy of Management Journal, 2012, 55 (4): 787-818.

[2] 李成友，孙涛，焦勇．要素禀赋、工资差距与人力资本形成 [J]. 经济研究，2018（10）：113-126.

[3] Amabile T M, E A Schatzel, G B Moneta and S J Kramer. Leader behaviors and the work environment for creativity: Perceived leader support [J]. Leadership Quarterly, 2004, 15 (1): 5-32.

[4] Owens B P, D R Hekman. How does leader humility influence team performance? Exploring the mechanisms of contagion and collective promotion focus [J]. Academy of Management Journal, 2015, 59 (3): 1088-1111.

[5] Owens B P, M D Johnson and T R Mitchell. Expressed humility in organizations: Implications for performance, teams, and leadership [J]. Organization Science, 2013, 24 (5): 1517-1538.

[6] Chen Y, B Liu, L Zhang and S Qian. Can leader "Humility" spark employee "Proactivity"? The mediating role of psychological empowerment [J]. Leadership & Organization Development Journal, 2018, 39 (1): 326 -339.

[7] 李海，熊娟，朱金强．情绪对个体创造力的双向影响机制——基于阴阳观的视角 [J]. 经济管理，2016，10）：100-113.

[8] Zhang X, K M Bartol. Linking empowering leadership and employee creativity: The influence of psychological empowerment, intrinsic motivation, and creative process engagement [J] . Academy of Management Journal, 2010, 53 (1): 107-128.

[9] 张鹏程，刘文兴，廖建桥．魅力型领导对员工创造力的影响机制：仅有心理安全足够吗？[J]. 管理世界，2011（10）：94-107.

[10] 于慧萍，杨付，张丽华．与领导关系好如何激发下属创造力？——一项跨层次研究 [J]. 经济管理，2016（3）：80-89.

[11] Liu D, H Liao and R Loi. The dark side of leadership: A three-level investigation of the cascading effect of abusive supervision on employee creativity [J]. Academy of Management Journal, 2012, 55 (5): 1187-1212.

[12] 马士远．"互联网+"时代文化产业发展新向度 [J]. 管理世界，2018（2）：180-181.

[13] 邓志华．个体现代背景下谦卑领导对跨界行为的影响 [J]. 经济管理，2018（9）：123-137.

[14] Exline J J, R F Baumeister and B J Bushman. Too proud to let go: Narcissistic entitlement as a barrier to for-

giveness [J]. Journal of Personality and Social Psychology, 2004, 87 (6): 894 -912.

[15] 杨陈，杨付，景熠，唐明凤．谦卑型领导如何改善员工绩效：心理需求满足的中介作用和工作单位结构的调节作用 [J]．南开管理评论，2018 (2)：121-134，171.

[16] Wang J, Z Zhang and J Ming. Understanding how leader humility enhances employee creativity: The roles of perspective taking and cognitive reappraisal [J] . The Journal of Applied Behavioral Science, 2017, 53 (1): 5-31.

[17] 罗瑾琏，花常花，钟竞．谦卑型领导对知识员工创造力的影响及作用机制研究：一个被中介的调节模型——基于社会认知的视角 [J]．研究与发展管理，2016 (4)：106-116.

[18] Edmondson A C Z Lei. Psychological safety: The history, renaissance, and future of an interpersonal construct [J]. Annual Review of Organizational Psychology & Organizational Behavior, 2014, 1 (1): 23-43.

[19] Edmondson A C. Psychological safety and learning behaviour in worker teams [J]. Administrative Science Quarterly, 1999, 44 (2): 350-383.

[20] Huston T L. Foundations of Interpersonal Attraction [M]. New York: Elsevier Science, 2013.

[21] 毛江华，廖建桥，韩翼．谦逊领导的影响机制和效应：一个人际关系视角 [J]．心理学报，2017 (9)：1219-1233.

[22] 买热巴·买买提，李野．服务型领导与员工创造力——基于对领导者真诚性感知调节的研究 [J]．经济管理，2018 (11)：88-103.

[23] Lam W, X Huang and E Snape. Feedback-seeking behavior and leader-member exchange: Do supervisor attributed motives mattel? [J]. Academy of Management Journal, 2007, 50 (2): 348-363.

[24] 陈启山，温忠麟．印象整饰的测量及其在人力资源管理中的应用 [J]．心理科学，2005 (1)：178-179.

[25] 胡金生，黄希庭．华人社会中的自谦初探 [J]．心理科学，2006 (6)：1392-1395.

[26] Vera D and A Rodriguez-Lopez. Strategic virtues: Humility as a source of competitive advantage [J]. Organizational Dynamics, 2004, 33 (4): 393-408.

[27] Kezar A Bottom-up/Top-down leadership: Contradiction or hidden phenomenon [J]. Journal of Higher Education, 2012, 83 (5): 725-760.

[28] Ou A Y, A S Tsui and A J Kinicki. Humble chief executive officers' connections to top management team integration and middle managers' responses [J]. Administrative Science Quarterly, 2014, 59 (1): 34-72.

[29] Ou A Y, D A Waldman and S J Peterson. Do humble CEO's matter? An examination of CEO humility and firm outcomes [J]. Journal of Management, 2015, 44 (3): 1-27.

[30] 刘小禹，周爱钦，刘军．魅力领导的两面性——公权与私权领导对下属创造力的影响 [J]．管理世界，2018 (2)：112-122.

[31] Schein E H, W G Bennis. Personal and organizational change through group methods: The laboratory approach [M]. New York: Wiley, 1965.

[32] Kahn W A. Psychological conditions of personal engagement and disengagement at work [J]. Academy of Management Journal, 1990, 33 (4): 692-724.

[33] Baer M, M Frese. Innovation is not enough: Climates for initiative and psychological safety, process innovations, and firm performance [J]. Journal of Organizational Behavior, 2003, 24 (1): 45 -68.

[34] Nembhard I M and A C Edmondson. Making it safe: The effects of leader inclusiveness and professional status on psychological safety and improvement efforts in health care teams [J]. Journal of Organizational Behavior, 2006, 27 (7): 941-966.

[35] 胡金生，黄希庭．自谦：中国人一种重要的行事风格初探 [J]．心理学报，2009 (9)：842-852.

[36] Siemsen E, A V Roth and S Balasubramanian. How motivation, opportunity, and ability drive knowledge sharing: The constraining-factor model [J]. Journal of Operations Management, 2008, 26 (3): 426-445.

[37] Tierney P, S M Farmer and G B Graen. An examination of leadership and employee creativity: The relevance of traits and relationships [J]. Personnel Psychology, 1999, 52 (3): 591-620.

[38] Preacher K J, A F Hayes. Asymptotic and resampling strategies for assessing and comparing indirect effects in multiple mediator models [J]. Behavior Research Methods, 2008, 40 (3): 879-891.

企业组织健康量表构建与验证*

王晓静[1]　孟宪忠[2]

（1. 上海工程技术大学管理学院，上海　201620；
2. 上海交通大学安泰经济与管理学院，上海　200030）

［摘　要］世界环境充满易变性、不确定性、复杂性、模糊性。在这个背景下，企业健康成为前沿的研究课题。通过企业访谈和阅读有关文献，构建组织健康测量模型。接着提出组织健康量表的初始测量条目，通过预测试和正式测试，得出 19 个条目的企业组织健康测量量表。经探索性因子分析和验证性因子分析，量表包含愿景方向、责任氛围、激励动力、协调能力四个方面。最后，分析得出量表有理想的信度、效度。开发中国企业组织健康的测量工具，实现组织健康的定量测量，有助于深化企业组织健康理论。

［关键词］组织健康；量表开发；因子分析；信度；效度

一、问题的提出

改革开放以来，中国企业因国内的人口红利和工业化得到极大的发展。企业在成长中表现出“撞大运”的特质。然而近些年，一些曾经快速成长、业绩好、有一定知名度的大集团公司倒闭了。这些企业破产或倒闭由各种各样的原因造成。从根本上说，这些大企业的失败有一个共同原因，即忽视企业的组织健康。中国一些企业在组织健康的有些方面做得很不错，如组织文化建设、组织能力提升等。即使如此，几乎所有企业都或多或少存在一些组织健康症状。如果说在企业成长过程中我们还没有停下来审视组织健康，就有各种危机出现甚至破产或倒闭，这是很不幸的。

从理论上，对企业成长的研究很多都是从规模视角进行。例如，斯密分工理论带来企业效率的提高和规模的扩大。这就引导企业“做大”。也有一些企业成长的文献从企业利用资源、提高能力、积累知识视角进行研究。例如，彭罗斯认为企业成长是不断挖掘未被利用的资源的过程。这引导企业“做强”“做优”。企业“做大”“做强”“做优”是好事。的确，有越来越多的中国企业进入了世界 500 强。在竞争异常激烈的今天，企业不能都追求“做大”“做强”“做优”。企业的成长过程还可以从健康角度来看，企业变得更加健康了就意味着企业成长了。实现企业组织健康是企业可持续成长的保障，而且任何一家企业都能通过努力实现组织健康。

---

*［基金项目］上海工程技术大学博士科研启动基金项目“供给侧结构性改革视域下企业组织健康研究”。

最早的组织健康文献聚焦于学校，而不是企业。一些学者着手编制学校组织健康的量表。编制的学校组织健康量表主要包括目标中心、凝聚力、士气、创新、自治、适应、资源支持、制度健全、重视学业、校长影响等方面。后来，组织健康的研究逐渐转移到企业为对象。Sauter 等 and Murphy（1996）在研究职业压力中提出组织健康的三个维度：管理实践、组织文化/气氛、组织价值观。Lyden 和 Klingele（2000）用高等院校的组织健康研究结果来定义商业组织的组织健康维度，提出了 11 个维度：沟通、分享和参与、忠诚、士气、组织声誉、道德规范、绩效认知、目标一致、领导、培训与发展、资源利用。国内刘中文（2001）运用定性分析方法，认为可以用 12 个标准来诊断我国企业组织的健康：和谐相处、目的意识、敏感性、组织结构弹性、团队管理、关心员工、基层作用、尊重顾客服务、企业内部沟通、求知、包容性、社会责任。这些标准数量众多，标准之间有一定的重合性。然而，对企业健康的衡量有了思考。相比当时“组织健康”词语主要出现于官方文件或者学者的演讲中，有一定的进步性。杨震宁和王以华（2008）用案例分析方法，以批判的研究范式，认为组织健康的维度包括组织结构均衡性、功能活跃性、社会和谐性和环境适应性。王兴琼（2009）用三个分量表分别来测量组织健康的三个维度：员工健康、组织绩效和社会效益。彭红霞（2009）将组织健康分为和谐共处和管理体制两个维度，并进行实证。李华和彭春芳（2011）从经济效益维、内部流程维、学习成长维和外部客户维四个方面对组织健康进行实证测量。然而，其具体的指标存在一定的局限性。例如，学习成长集中于员工的职业成长。张淑敏（2012）指出组织健康包括工作满意、组织绩效、社会责任 3 个维度，并没有实证。王鑫（2013）实证研究得出组织健康有四个维度：组织学习、组织创新、组织变革、组织承诺。这些维度都是在组织的层面上，强调适应环境的能力，相对其他静态的观点有进步性。

阅读组织健康测量文献之后，发现存在以下不足：①实践性比较弱。定性分析只是给出一些评价企业组织健康的模糊的思路，缺乏可操作性。因为评价组织健康的主体是含糊的，测量的指标是有重复性的，评价的标准是不清晰的。②存在将组织健康的相关因素、原因或结果表现作为指标的问题。例如，员工、组织、社会是影响企业组织健康的不同的层次，属于组织健康的相关因素。组织绩效是组织健康的结果，而不适宜直接作为组织健康的维度。③缺乏实证数据的支持。真正按照通常开发量表的流程开发出组织健康量表的文献很少。通常，开发量表需要通过阅读文献、访谈等获得问卷初始题项，经问卷调查进行预测试、正式测试，用探索性因子分析、验证性因子分析，对得出的量表进行信度分析、效度分析等。

本文的问题是：企业组织健康的量表是什么？本文对学术的贡献在于：对企业组织健康量表的开发，为企业组织健康理论的发展奠定基础。当前，还没有形成组织健康的理论体系。这与组织健康量表开发文献的稀少有一定的关系。本文后文安排如下：首先构建测量模型，说明量表条目的来源，进行量表的预测试并分析数据，之后进行正式测试，用探索性分析、验证性分析得到量表，接着对量表进行信度分析和效度分析，证明本文开发的企业组织健康量表有科学性，能为企业组织健康的理论研究构建奠定基础。

二、构建测量模型

研究企业组织健康必须从员工开始。但是，组织健康超越了员工工作满意度，抑或员工工作压力。因为组织健康不仅关注员工对组织的认知，还包括那些能够带来员工认知的一些组织的运行实践，如组织的协调。

王晓静、孟宪忠（2018）和认为企业组织健康是在组织层面，受所处外部环境影响，与企业现状紧密相关，体现为一定时期企业所有健康因素的综合状态，它也是人们在一定时期结合某种价值取向对企业组织的综合判断。凯勒和普拉斯（2012）指出发展方向、领导力、文化和氛围、外部导向、创新和学习、责任、协调与管控、能力、动力是组织健康的九要素，并提出相对的37个指标。之后进行实证证明这些指标的信度。在凯勒、普拉斯（2012）基础上，本文指出组织健康的操作性定义是员工对本企业组织层面当前的愿景方向、责任氛围、激励动力、协调能力等健康因素进行综合评价的结果。愿景方向、责任氛围、激励动力、协调能力是关键的企业组织健康因素。激励动力是广大员工感受最深的，责任氛围也是广大员工能深刻感受到的。愿景方向、协调能力对引导企业发展是相当重要的。中层、高层管理者对此感受颇深。然而，这些要素都是员工能深切感受和认知的，但又超越个人认知，而在组织层面。本文初步构建企业健康的测量模型，如图1所示。

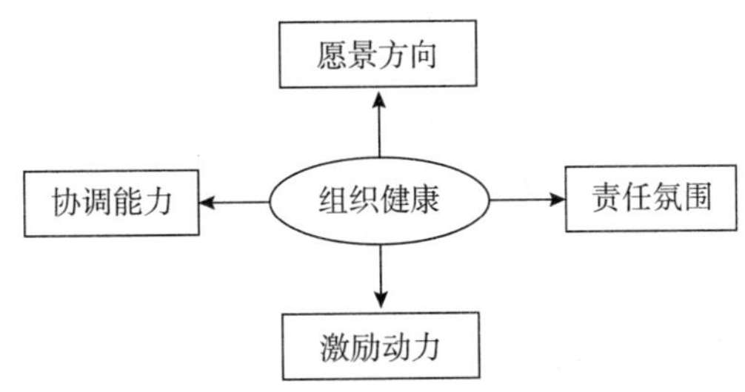

图1　企业组织健康量表测量模型

（一）愿景方向

管理学大师德鲁克极其重视组织愿景和发展方向。愿景方向是战略管理的基础。愿景方向可以通过组织使命、战略、目标等表达出来。组织目标必须是现实的、能实现的（Wolin，2016），必须是严密的、具体地、明确的，建立在经营者真实动机之上的（兰西奥尼，2013）。愿景方向能引导合理分配资源，平衡内外利益，获得组织的合法性（Leggat and Holmes，2015）。愿景方向还能引导组织成员达成共识，约束员工的行为。

愿景方向有助于激励员工。一个组织如果没有令人向往的愿景，就难以激发出员工之间的凝聚力。一个组织如果不能让员工明白组织的发展方向，员工之间难以形成一致的目标。因此，从员工角度看，没有组织愿景和没有发展方向，这样的企业不能说是健康的。如果有令人向往的愿景，也有组织发展方向，但不是正确的发展方向，这样的企业也不能说是健康的。试想，假设员工恰好全力以赴朝同一个方向前进，结果却南辕北辙，接下来的情景会如何？有可能出现一片混乱。一个组织如果有正确的发展方向，但没有令人向往的愿景，至多这个企业组织健康程度一般。从员工角度看，在这样的企业组织中，难以情绪高昂、满怀激情地工作。

（二）责任氛围

管理学家泰勒和法约尔都认为每个人要有自己的工作位置，每个人要知道自己应该做什么，要负责什么，应该与哪些人合作。兰西奥尼（2013）指出领导团队里的每个人除了知道自己的角色，还要清楚其他人的角色。泰勒强调员工要严格遵守职责。在权责明确的前提下，同样数量的劳动者能实现总产出更大。工作任务明确、职责明确还有助于企业产品或服务的质量。兰西奥尼（2013）强调了要承担责任，所有关键的职责要确保覆盖。Zweber 等 Magley（2016）指出组织氛围是一种关系，它评价个体之间以及个体和组织之间的互动的质量。良好的组织氛围强调组织内部人与人之间关系和谐，愿意承担责任，为共同的组织目标努力工作。这样，每个成员都是在群体中工作。员工的工作不仅关系到自己，还关系到团队全部成员。团队导向是员工感知的组织健康的因素（Biswas and Biswas，2010）。陆佳芳等（2005）认为合作性团队的建设能促进组织健康。在强调为共同的组织目标承担责任、团队导向的氛围中，员工的心情是愉悦的，员工对组织的认同感是强的。

（三）激励动力

员工动力是组织健康的一个因素（凯勒和普拉斯，2012；杨涛等，2015）。组织激励和员工动力是紧密相关的，它们作为一个整体，构成组织健康的因素。激励理论包括需求层次理论、强化理论和期望理论等。这些理论的价值在于通过组织激励促进员工的组织公民行为或者激发出员工的动力。陈淑妮和陈贵壹（2010）认为组织激励促进员工的组织承诺。李灵（2002）认为组织激励能够激活员工的动力。赵夷岭（2009）将激励分为对员工物质方面的工具型激励和对员工感情方面的情感性激励。情感性激励包括获取、结合、理解、防御。获取是获得自己想要的稀缺的东西，如升职、加薪等；结合是让员工感到是组织的一员，让其参与决策，员工有归属感；理解是通过培训等手段让员工理解工作的价值；防御是有制度推动正义和抵御外部威胁。凯勒和普拉斯（2012）指出除了用物质激励，领导和同事的公开认可、语言有强大效果。组织运用各种激励手段，员工能感知，并转化为动力。这样，激励影响到员工的生产行为和生产效率。

（四）协调能力

组织协调是企业组织健康的一个因素（邢雷等，2012；凯勒和普拉思，2012）。组织内部有些活动只有在另一种活动结束后才能开始，有些活动必须与其他活动紧密配合才能完成，有些活动和另一些活动要使用共同的资源。组织协调是组织中不同单元、部门、员工之间相互衔接、配合、合理分配和共用资源以达成组织目标。“鞋子穿了是否合脚，只有自己最清楚”。殷计香（1999）描述了企业内部协调紊乱的表现。在企业平台上的员工对组织内部的协调性是能感知的。组织的协调与组织的能力紧密相关。良好的组织协调的结果是组织能够获得信息，识别市场中的机会，采取快速行动，能够利用商机。对市场需求的反应、对环境机会的发现、对商机的利用等都反映了组织的能力。强调对环境的敏感性和反应性，与重视协调能力是相通的。

三、量表条目的来源

编制量表过程中，题项冗余并不是坏事（德威利斯，2004）。对于不成熟的变量，尽可能多方面、多角度设计有关题项。有关题项在某些方面有所不同，但又相关。初始题项的数量要比最终量表中的题项数量多得多。题项数量尽可能多是一种避免较差的内部一致性的方法。

本文组织健康题项形成的主要途径：①收集和阅读现有中文组织健康量表。②翻译国外组织健康量表。③自己结合访谈编制部分量表。访谈企业实践人员的基础上形成。访谈了 14 家企业的员工，以中层管理者为主，也有高层管理者、普通员工。

组织健康的初始测量题项是以凯勒和普拉思（2012）的 37 个题项为基础，结合对来自不同企业员工的半结构性访谈，并补充有关文献的测量题项。得到涵盖愿景方向、文化氛围、责任落实、管理运营、组织激励、人力资源管理、外部导向、创新导向、协调适应能力、企业社会责任等方面的题项共70项。

四、预测试

预测试中一些问卷被认定为无效而删除，主要原因是推定填写者态度不认真的问卷：①填写答案没有变化（例如，全选5）的问卷。②答题数据多次修改而模糊不清的问卷。③答题数据严重缺失（多题空白未作答）的问卷。最终，获得员工问卷预测试有效问卷378份。

分析预测试问卷，可以看出：①少数题项存在社会性偏差，例如“我公司积极参与社会公益事业”，普遍选择5分。②少数题项有二合一的问题，题项中有“及”“和”字样，结果影响被调查者的准确理解。③有个别题项难以回答，结果被调查者跳过没答。例如，“为顾客创造价值是我公司首要的目标”。因此，与我的同学、朋友进一步讨论之后，删除初始问卷一些不恰当的题项，以及不够清晰的题项。之后，让专家确认。

（一）数据收集

中国东部长三角地区是中国经济发展最活跃的地区之一。正式问卷的数据主要在中国东部长三角一带进行收集，包括上海、浙江、江苏等，也有少部分问卷数据是关于中国南部、西部、北部的企业。数据收集的途径包括：①通过熟人介绍或者自己熟悉的朋友发放问卷。他们来自各个行业、不同规模的企业。这种方式总共回收318份问卷，其中有效问卷310份。②对某国内著名大学MBA业余班学员发放问卷。这种方式回收的有效问卷一共58份。③对某职业技术学院的“双师型”教师发放问卷。发放纸质版问卷10份，回收10份，有效问卷10份。

（二）被调查企业描述性分析

通过对所有数据进行分析，国有企业98家，占总量的25.9%；民营企业151家，占39.9%；三资企业100家，占26.5%；其他类型企业29家，占7.7%。

全部数据中，上市公司114份，占总数的30.2%；非上市公司264份，占69.8%。378份样本中，企业自成立开始计算，没有企业年龄在2年或以下的样本；有55家企业年龄在3~5年，占14.6%；有46家企业年龄在6~10年，占12.2%；有277家企业年龄在10年以上，占73.3%。

总之，被调查企业类型多种多样。根据企业性质，涵盖了国有企业、民营企业、三资企业还有少量其他企业。根据是否是上市公司，涵盖了上市公司和非上市公司。根据企业年龄，此次调研中的企业普遍已经存活3年或以上。

（三）被调查人员描述性分析

本次调查的企业员工378人。根据性别，有男性和女性；根据年龄，有不同年龄的员工，其中24岁至35岁的占大多数；根据学历，本科学历居多；根据工作年限，有新进员工，还有许多有若干年经验的员工；根据工作岗位，有来自各个部门的人员；根据职位，有各层级的员工。具体如表1所示。

表 1　被调查人员构成

	分类指标	人数	比率（%）
性别	女	165	43.7
	男	213	56.3
年龄	23 岁及以下	23	6.1
	24~35 周岁	243	64.3
	36~40 周岁	65	17.2
	41~49 周岁	33	8.7
	50 周岁及以上	14	3.7
学历	初中及以下	6	1.6
	高中或中专	69	18.3
	大专	77	20.4
	本科	149	39.4
	硕士研究生及以上	77	24.4
工龄	1 年以下	34	9.0
	1~2 年	60	15.9
	3~5 年	125	33.1
	6~10 年	89	23.5
	10 年以上	70	18.5
岗位	市场	60	15.9
	技术	135	35.7
	行政	52	13.8
	财务	27	7.1
	其他	104	27.5
职位	普通员工	201	53.2
	基层管理者	93	24.6
	中层管理者	71	18.8
	高层管理者	13	3.4

（四）探索性因子分析

数据检验结果 KMO 值为 0.963，Bartlett 检验显著性值为 0.000，小于 0.05。因此，可以进行因子分析。

本文先检验所有题项之间的相关系数，将相关系数小于 0.35 的题项删除后，剩下 31 个题项进行因子分析。结果如表 2 所示，共提取了四个因子。该表反映了各成分特征值、方差的贡献率等信息。旋转后的第一个因子的特征根是 6.616，方差贡献率为 21.341%；第二个因子特征根是 4.840，方差贡献率为 15.612%；第三个因子的特征根是 4.568，方差贡献率为 14.736%；第四个因子的特征根是 4.389，方差贡献率为 14.158%；前四个因子累计贡献率为 65.847%，即解释了所有信息的65.847%。

表2　预测试样本因子解释的方差和特征根

成分	初始特征值			提取平方和载入			旋转平方和载入		
	合计	方差的（%）	累积（%）	合计	方差的（%）	累积（%）	合计	方差的（%）	累积（%）
1	16.265	52.468	52.468	16.265	52.468	52.468	6.616	21.341	21.341
2	1.846	5.954	58.422	1.846	5.954	58.422	4.840	15.612	36.953
3	1.300	4.192	62.615	1.300	4.192	62.615	4.568	14.736	51.689
4	1.002	3.232	65.847	1.002	3.232	65.847	4.389	14.158	65.847

提取方法：主成分分析

旋转前的因子矩阵结果不明显，因此必须旋转。本文采用正交旋转法。经过7次迭代后收敛。之后，基于侯二秀等（2013），对于在任一因子的负荷低于0.5的测量题项，应该删除。这样31个题项中有5个题项被删除。它们是X532、X425、V71、X211、X28。整理后只剩下26个题项，它们的载荷全部大于0.5。因子1、因子2、因子3、因子4的信度分别是0.933、0.907、0.888、0.891。

表3　预测试样本各因子的信度与各题项的载荷

因子	信度	项数	题项	载荷
因子1	0.933	9	X640	0.751
			X641	0.724
			X639	0.709
			X638	0.705
			X642	0.661
			X644	0.660
			X534	0.649
			X535	0.609
			X533	0.565
因子2	0.907	6	V70	0.770
			V72	0.766
			V69	0.667
			X429	0.652
			V66	0.607
			X428	0.520

续表

因子	信度	项数	题项	载荷
因子 3	0. 888	6	X317	0. 768
			X212	0. 751
			X318	0. 743
			X214	0. 664
			X213	0. 610
			X215	0. 501
因子 4	0. 891	5	X12	0. 744
			X14	0. 723
			X13	0. 712
			X11	0. 685
			X15	0. 584

根据第一个因子中系数绝对值较大的变量可知，该因子 1 概括了发展员工技能、用价值观驱动员工、以鼓励和表彰来激励员工、提供发展机会、物质奖励、鼓励实现自我、给工作努力的员工提供提升机会、促进员工参与、各种渠道招聘员工。因此，因子 1 主要代表为激励动力。

根据第二个因子中系数绝对值较大的变量可知，该因子 2 概括了工作职能配合、控制关键流程的协调、良好的协调能力、对市场需求快速反应、迅速抓住机会、善于发现商机。因此，因子 2 代表协调能力。

根据第三个因子中系数绝对值较大的变量可知，该因子 3 概括了人际关系和谐、团队合作、关注质量、明确工作任务、明确职责、鼓励团队决策和内部沟通。因子 3 主要代表责任氛围。

根据第四个因子中系数绝对值较大的变量可知，该因子 4 概括了令人向往的愿景、讨论组织方向、明确的使命、表达出成功的方向、有适应方向的战略和目标。因此，因子 4 主要代表愿景方向。

五、量表的正式验证

正式测试，总共收集到 511 份有效问卷。这 511 份问卷被分成两组，前 255 份问卷（第一组）用来做探索性因子分析，后 256 份问卷（第二组）做验证性因子分析。经独立样本 T 检验，两组数据之间没有显著差异。用 SPSS 18. 0 对有效问卷进行描述性分析和探索性因子分析。用 A-MOS 20. 0 对有效问卷进行验证性因子分析。

（一）数据来源

通过与工商联、商会联系，将调查问卷发放到几百家企业，要求每家企业抽选不同岗位的员工以不记名方式填写纸质问卷或电子版问卷，在问卷填写完毕之后通过邮寄或邮件发回。发放 726 份问卷，最后回收到来自 126 家企业的电子版问卷 576 份。问卷回收率 79. 3%。删除无效问卷 65 份。无效问卷主要是那些填写答案全为 5 或者 4 的问卷，以及同一企业回收的 5 份问卷中出现绝大部分题项答题雷同的问卷。有效问卷 511 份，有效问卷回收率 88.7%。

（二）总样本的描述性统计分析

参与填写问卷的人中，男性 257 名，占 50.3%；女性 254 名，占 49.7%。有 13 人年龄为 23 周岁及以下，占 2.5%；318 人年龄为 24~35 周岁，占 62.2%；79 人年龄为 36~40 周岁，占 15.5%；83 人年龄为 41~49 周岁，占 16.2%；18 人年龄为 50 周岁及以上，占 3.5%。

根据学历，10 人为初中及以下，占 2%；66 人为高中或中专，占 12.9%；244 人为大专，占 47.7%；160 人为本科，占 31.3%；31 人为硕士研究生，占 6.1%。

根据在所调研企业工作的年限，71 人为 1 年以下，占 13.9%；121 人为 1~2 年，占 23.7%；137 人为 3~5 年，占 26.8%；151 人为 6~10 年，占 29.5%；31 人为 10 年以上，占 6.1%。

根据工作的种类，101 人从事市场工作，占 19.8%；103 人从事技术工作，占 20.1%；158 人从事行政工作，占 30.9%；98 人从事财务工作，占 19.2%；51 人从事其他工作，占 10%。

根据职务，253 人为普通员工，占 49.5%；93 人为基层管理者，占 18.2%；142 人为中层管理者，占 27.8%；23 人为高层管理者，占 4.5%。

来自企业年龄为 1~2 年的问卷 13 份，占 2.5%；来自企业年龄为 3~5 年的问卷 31 份，占 6.1%；来自企业年龄为 6~10 年的问卷 132 份，占 25.8%；来自企业年龄为 10~20 年的问卷 176 份，占 34.4%；来自企业年龄为 21 年以上的问卷 159 份，占 31.1%。

来自企业员工为 50 人以下的问卷 43 份，占 8.4%；来自企业员工为 50~100 人的问卷 75 份，占 14.7%；来自企业员工为 101~200 人的问卷 104 份，占 20.4%；来自企业员工为 201~500 人的问卷 168 份，占 32.9%；来自企业员工为 501~1000 人的问卷 67 份，占 13.1%；来自企业员工为 1001 人以上的问卷 54 份，占 10.6%。

来自制造、营运行业的问卷 295 份，占 57.7%；来自制药、医疗行业的问卷 64 份，占 12.5%；来自房地产、建筑行业的问卷 51 份，占 10%。来自能源、原材料行业问卷 20 份，占 3.9%。此外，还有来自其他行业的一些问卷，占 15.9%。

（三）第一组样本进行探索性因子分析

先用预测试因子分析得出的 26 个题项进行因子分析。结果 X04，X37，X12 同时在两个因子上载荷超过 0.5，应该删除。这样，进一步用剩下的 23 个题项进行分析。

SPSS 18.0 软件运行结果：KMO 值为 0.907，Bartlett 的近似卡方值是 4393.901，p 值为 0.000。因此，能进行因子分析。因子分析结果，提取了四个因子。根据旋转平方和载入，因子 1、因子 2、因子 3、因子 4 的方差贡献率分别为 19.681%、17.573%、16.001%和 14.570%。它们的累计方差贡献率是 67.826%。

根据旋转后的成分矩阵，题项 X30、X55、X26 在这四个因子上的载荷都小于 0.500，其他题项都在某一个成分上的载荷超过 0.05。根据要求，删除题项 X30、X55、X26。此外，考虑到题项 X58 的内涵与同因子中的其他题项不一致，也删除掉。于是，探索性因子分析之后最终剩下 19 项（见表 4）。其中，因子 1、因子 2、因子 3、因子 4 的题项分别为 5 项、6 项、4 项、4 项。题项 X27、X34、X61、X62、X64 分别是抓住机会的能力、用价值观协调员工、协调能力、掌握商机、市场反应能力。因子 1 可以命名为协调能力。X31、X35、X36、X38、X40、X49 分别是发展员工技能、表彰激励、提供职业发展机会、提升职位、鼓励超越自我、共享知识。因子 2 可以命名为激励动力。X01、X02、X03、X05 分别是使命、愿景、方向、实现方法。因子 3 可以命名为愿景方向。X11、X13、X15、X16 分别是人际关系、共同努力提供质量、明确工作任务、明确职责。因子 4 可以命名为责任氛围。

表4　问卷第一组样本探索性因子分析结果

题项	因子1	因子2	因子3	因子4
X27 当机会出现时，我公司能迅速行动以抓住机会	0.727			
X34 我公司用强有力的价值观来协调员工	0.539			
X61 总体而言，我公司内部具有的良好的协调能力	0.702			
X62 我公司善于发现、掌握新商机	0.653			
X64 我公司能对市场需求变化做出快速的反应	0.785			
X31 我公司能够发展员工的技能		0.522		
X35 我公司通过鼓励、指导和表彰来激励员工		0.694		
X36 我所在的公司提供职业发展机会来激励员工		0.764		
X38 我公司员工越努力工作，得到的提升机会越多		0.847		
X40 我公司鼓励员工实现自我和超越自我		0.595		
X49 我公司在组织内部能够共享知识		0.577		
X01 我公司有明确的使命			0.778	
X02 我公司有令人向往的愿景			0.770	
X03 我公司清晰地表达出组织成功的方向			0.733	
X05 我公司的员工参与讨论组织方向的实现办法			0.698	
X11 我公司同事之间的人际关系和谐				0.549
X13 我公司强调员工共同努力来提高产品/服务的质量				0.667
X15 为了完成公司的目标，我明确自己的工作任务				0.841
X16 为了完成公司的目标，我明确自己的职责				0.782
项数：19	5	6	4	4
权重：1	0.290	0.259	0.236	0.215

（四）第二组样本进行验证性因子分析

探索性因子分析得出，员工视角组织健康是由19个题项、4个因子构成。是否真的如此，还需要进一步检验。本文采用AMOS 20.0软件对第二组问卷数据（256份）进行验证性因子分析。组织健康各个因子以及组织健康整体的验证性因子分析结果如表5所示。根据荣泰生（2010），通常综合应用一些拟合度指标来判断数据是否拟合良好。要求卡方值/自由度小于3，p值大于0.05；RMSEA小于0.1；NFI、RFI、GFI、CFI等越接近1越好，最好大于0.9。可以知道，组织健康各个因子的CMIN/DF都小于2，p值都大于0.05，NFI、RFI、CFI、GFI值都大于0.9，RMSEA都小于0.05。因此，验证性因子分析的拟合指数都达标。

表5　问卷第二组样本验证性因子分析结果

参考标准	CMIN/DF	p值	NFI	RFI	CFI	GFI	RMSEA
	<3	>0.05	>0.90	>0.90	>0.90	>0.90	<0.1
因子1	0.792	0.453	0.997	0.986	1.000	0.997	0.000
因子2	1.379	0.219	0.991	0.977	0.997	0.989	0.039

续表

参考标准	CMIN/DF	p 值	NFI	RFI	CFI	GFI	RMSEA
	<3	>0.05	>0.90	>0.90	>0.90	>0.90	<0.1
因子 3	0.611	0.434	0.999	0.992	1.000	0.999	0.000
因子 4	1.076	0.300	0.998	0.987	1.000	0.998	0.017
组织健康	2.023	0.051	0.940	0.904	0.968	0.926	0.063

注：CMIN 指卡方值；DF 指自由度；p 值指概率水平；RMSEA 是近似误差均方根；GFI 是拟合优度指数；CFI 是相对拟合指数；NFI 是标准拟合指数。

组织健康整体的 CMIN/DF 是 2.023，小于 3。NFI、RFI、CFI、GFI 值分别为 0.94、0.904、0.968、0.926，都大于 0.9。RMSEA 为 0.063，小于 0.1。因此，数据与模型拟合是可接受的。图 2 是组织健康验证性因子分析的模型示意图。

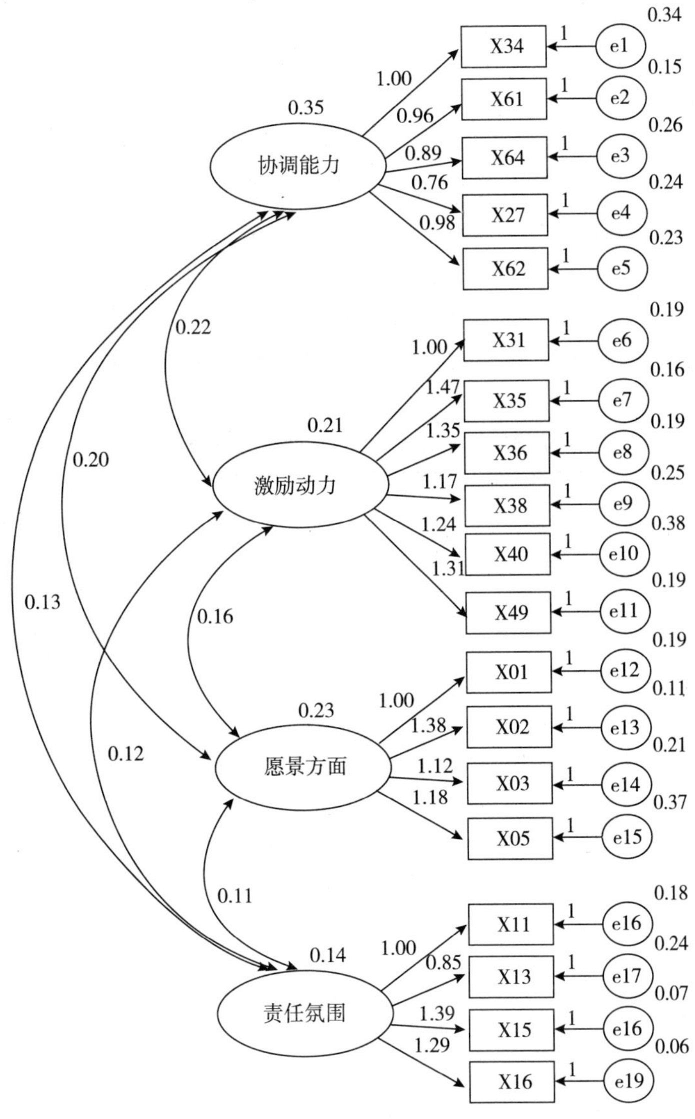

图 2 组织健康验证性因子分析示意图

六、量表的信度和效度检验

（一）信度检验

通过对所有有效问卷进行 SPSS 软件分析，计算出整个量表以及各个因子的 Cronbach's α。整个量表的 Cronbach's α 是 0.941。因子 1、因子 2、因子 3、因子 4 的 Cronbach's α 分别是 0.864、0.903、0.845 和 0.828。这些值都大于 0.8，因此，内部一致性较好。

（二）效度检验

在内容效度上，组织健康测量量表的开发是经历一系列过程的。首先，阅读大量文献并访问多名企业实践者。其次，编制调查问卷。接着，让包括企业实践者和专家对测试题目进行评价。综合他们的意见并修正调查问卷。最后，预测试。对不满足统计学上的相关要求、含混不清的题项进行删除。这样本文测量题项能达到看上去符合测量的目的及内容。

收敛效度通常根据验证性因子分析结果，观察标准化载荷、计算 CR 和 AVE 的值来衡量的①。一般地，如果所有标准化的因子载荷大于 0.5，CR 大于 0.7，而 AVE 大于 0.5，则收敛效度是可接受的（赵斌等，2015）。

由表 6 可知，标准化的因子载荷最小为 0.501，最大为 0.898。组合信度都大于 0.8。平均方差抽取量最小为 0.54，最大为 0.59。因此，组织健康量表的收敛效度是良好的。

表 6　问卷因子信度、收敛效度分析

因子	题项	α	CR	AVE	SL（t）	SMC
因子 1	X34	0.858	0.850	0.54	0.554	
	X61				0.798	
	X64				0.870	
	X27				0.694	
	X62				0.736	
因子 2	X31	0.895	0.893	0.59	0.662	
	X35				0.890	
	X36				0.849	
	X38				0.734	
	X40				0.618	
	X49				0.805	

① CR 的值是以同一个因子各题项的标准载荷和的平方为被除数，以各个题项的标准载荷和的平方加上各题项误差变异量的和为除数，算出的商。AVE 的值是以同一个因子各题项的标准载荷的平方的和为被除数，以各个题项的标准载荷平方的和加上各题项误差变异量的和为除数，算出的商。

续表

因子	题项	α	CR	AVE	SL（t）	SMC
因子 3	X01	0.851	0.850	0.59	0.774	
	X02				0.898	
	X03				0.723	
	X05				0.647	
因子 4	X11	0.831	0.833	0.57	0.614	
	X13				0.501	
	X15				0.924	
	X16				0.893	

注：α 是信度，CR 是组合效度，AVE 是平均方差提取，SL 是标准化载荷，SMC 是标准花载荷的平方。

为了评价区别效度，需要计算各个因子之间的标准化相关系数，如果计算出相关系数的值小于所涉及的 AVE 的平方根，并且小于 0.85，则有良好的区别效度（赵斌等，2015）。由表 7 可见，各个因子之间的相关系数最小为 0.508，最大为 0.734，都小于所涉及的 AVE 的平方根，并且小于 0.85，符合区别效度的要求。

表 7　问卷因子的区别效度检验

因子	因子 1	因子 2	因子 3	因子 4
因子 1	（0.735）			
因子 2	0.734	（0.768）		
因子 3	0.616	0.605	（0.768）	
因子 4	0.539	0.643	0.508	（0.755）

注：对角线括号内的数字是各因子的 AVE 的平方根，左下方是相关系数值。

七、研究总结

企业在成长过程中不能都追求“做大”“做强”“做优”，还应该追求“做健康”（王晓静等，2019）。企业组织健康是在组织层面，受所处外部环境影响，与企业现状紧密相关，体现为一定时期企业所有健康因素的综合状态，它也是人们在一定时期结合某种价值取向对企业组织的综合判断。本文指出组织健康的操作性定义是员工对本企业组织层面当前的愿景方向、责任氛围、激励动力、协调能力等健康因素进行综合评价的结果。

本文在阅读有关文献、实地深入访谈基础上，形成组织健康的初步测量题项库。接着，设计问卷，对初步测量题项进行预测试，并用 SPSS 18.0 对预测试数据进行描述性分析和探索性因子分析。之后，进行正式测试。将正式测试数据分成两组，用 SPSS 18.0 进行探索性因子分析，用 AMOS 20 进行验证性因子分析，得出由 19 个条目构成的企业组织健康量表。该量表包括愿景方向、责任氛围、激励动力、协调能力四个方面。由经信度和效度分析得出，开发的量表非常理想。

本文过程与前人研究过程相比，做了大量的问卷调查。不同于王兴琼（2009），本文在正式测试时样本来源多样化，而不是局限在MBA学员或者EMBA学员。而且，与王鑫（2013）调研天津、石家庄的电力行业、生物医药行业的大中型企业不同，与彭红霞（2009）调研主要是微型和小型企业也不同，本文样本是涵盖各种规模、各个行业的企业。

本文为企业提升组织健康程度提供了可操作化的工具。有助于提高人们对企业组织健康的认知，进而为管理者进行企业健康管理决策提供更理性的判断依据。同时，启示管理者有意识地关注企业组织健康的变化，为进行有效提升组织健康程度奠定基础。

然而，本文仍不免存在一些不足。首先，量表开发过程虽然符合探索性因子分析和验证性因子分析的样本要求，但是相比国内众多企业的数量仍存在样本量较小的问题。其次，本文只从内部一致性信度来评估，没有检验其他形式的信度。

未来研究可收集更广泛的样本，特别是中部和西部企业；未来研究可使用本量表进行分半信度和再测信度检验，以进一步证实量表的稳定性和科学性。

参考文献

[1] Sauter S, Lim S, Murphy L. Organizational health: A new paradigm for occupational stress research at NIOSH [J]. Japanese Journal of Occupational Mental Health, 1996 (4): 248-254.

[2] Lyden J A, Klingele W E. Supervising organizational health [J]. Supervision, 2000, 61 (12): 3-6.

[3] 刘中文. 论企业组织健康诊断 [J]. 商业研究，2001 (11)：156-158.

[4] 杨震宁，王以华. 基于免疫的组织健康捍卫机制建构：一个案例 [J]. 南开管理评论，2008，12 (5)：102-112.

[5] 王兴琼. 组织健康类型的实证研究及其对中国企业的启示 [J]. 科学学与科学技术管理，2009 (11)：164-170.

[6] 彭红霞. 组织健康的结构及其相关研究 [D]. 郑州：河南大学硕士学位论文，2009.

[7] 李华，彭春芳. 基于BSC的组织健康评价指标体系构建 [J]. 统计与决策，2011 (10)：180-182.

[8] 张淑敏. 积极心理学视角下的组织健康研究框架 [J]. 湘潭大学学报（哲学社会科学版），2012，36 (5)：72-75.

[9] 王鑫. 组织健康、战略执行力与企业竞争优势关系研究 [D]. 天津：天津大学博士学位论文，2013.

[10] 王晓静，孟宪忠. 组织健康、环境不确定性与企业绩效 [J]. 上海管理科学，2018，40 (2)：21-26.

[11] [美] 斯科特·凯勒，科林·普拉斯. 超越绩效 [M]. 盛溢译. 北京：机械工业出版社，2012.

[12] Wolin R M, Unrealistic goals and organizational pressures that can lead to compliance failure [J]. Journal of Health are Compliance, 2016 (1): 55-60.

[13] [美] 兰西奥尼. 优势 [M]. 高采平译. 北京：电子工业出版社，2013.

[14] Leggat S G, Holmes M. Content analysis of mission, vision and value statements in Australian public and private hospitals: Implications for healthcare management [J]. Asia Pacific Journal of Health Management, 2015, 10 (1): 46-55.

[15] Zweber Z M, Henning R A and Magley V J A practical scale for multi-faceted organizational health climate assessment [J]. Journal of Occupational Health Psychology, 2016, 21 (2): 250-259.

[16] Biswas U N, Biswas S N, Organizational health, stress & commitment during global financial crisis [J]. The Indian Journal of Industrial Relations, 2010, 46 (1): 112-125.

[17] 陆佳芳，时勘，Dean Tjosvold. 健康型组织建设：合作性团队 [J]. 中国人力资源开发，2005 (4)：42-44.

[18] 杨涛，马君，张昊民. 新生代员工的工作动力机制及组织激励错位对创造力的抑制 [J]. 经济管理，2015，37 (5)：74-84.

[19] 陈淑妮，陈贵壹. 组织激励、组织承诺与忠诚度关系的实证研究 [J]. 科技管理研究，2010 (16)：128-133.

[20] 李灵. 激励：激活企业员工的动力 [J]. 云南师范大学学报 (哲学社会科学版)，2002，34 (12)：108-111.

[21] 赵夷岭，段万春，宋光兴. 情感型和工具型激励因素对员工组织承诺的影响力研究 [J]. 经济问题探索，2009 (8)：78-79.

[22] 邢雷，时勘，臧国军等. 健康型组织相关问题研究 [J]. 中国人力资源开发，2012 (5)：15-21.

[23] 殷计香. 国有企业组织协调功能紊乱的分析及对策 [J]. 南开经济研究，1999 (1)：43-45.

[24] [美] 罗伯特·F. 德威利斯. 量表编制：理论与应用 [M]. 魏勇刚，龙长权，宋武译. 重庆：重庆大学出版社，2004.

[25] 侯二秀，陈树文，长青. 企业知识员工心理资本维度构建与测量 [J]. 管理评论，2013，25 (2)：115-125.

[26] 荣泰生. AMOS 与研究方法 (第 2 版) [M]. 重庆：重庆大学出版社，2010.

[27] 赵斌，刘开会，李新建等. 员工被动创新行为构念界定与量表开发 [J]. 科学学研究，2015，33 (12)：1909-1919.

[28] 王晓静，孟宪忠，罗娟. 中国企业成长中存在的健康问题及措施思考 [J]. 技术经济与管理研究，2019 (6)：67-71.

环境规制能否打破企业政治资源诅咒效应？
——来自中国重污染行业民营上市公司的经验证据

杨秋月　宋德勇

（华中科技大学经济学院，湖北松滋　430074）

[摘　要] 本文将环境规制、政治联系和企业技术创新纳入统一分析框架，基于2008~2017年中国重污染行业民营上市企业的数据，考察了我国企业是否存在“政治资源诅咒”效应，进一步探索了环境规制破解企业“政治资源诅咒”的效应及其内在机制。研究发现：第一，无论是从专利授权数量还是从研发投入数量的角度来看，政治联系都会对企业技术创新水平产生抑制效应，即“政治资源诅咒”假说在中国重污染行业民营企业之间成立。第二，“政治资源诅咒”的传导机制为削弱市场竞争和引致企业过度投资，政治联系提高了企业寻租动机，但寻租行为对企业技术创新的抑制作用不显著。第三，环境规制能够破解我国企业层面的“政治资源诅咒”现象，并能通过提高市场竞争程度、降低企业过度投资的方式打破企业“政治资源诅咒”，但无法通过降低企业寻租动机的方式破解企业“政治资源诅咒”现象。

[关键词] 环境规制；政治联系；技术创新；政治资源诅咒

一、引言

2016年，习近平总书记在民建工商联委员联组会上提出了“新型政商关系”的概念，他强调要荡涤传统的、扭曲的政商关系，要建立新型的亲清型政商关系。2017年，“构建亲清新型政商关系”这一思想被写入党的十九大报告。2018年“两会”期间，习总书记进一步强调“构建亲清政商关系才是阳关大道”。我国传统的政商关系表现为企业高管通过寻租行为与政府官员建立政治联系，从而获得更多的政府补助、税收优惠和融资支持，但政府支持削弱了企业市场竞争压力，弱化了对企业管理者通过研发创新活动来提升企业绩效的激励，导致企业创新水平低下，“政治资源诅咒”现象发生（袁建国等，2015）。因此，如何建立亲清型政商关系以驱动企业技术创新和高质量发展成为我国当前亟须解决的重大现实问题。同时，企业创新不足是导致我国生态破坏、资源耗竭和环境污染等问题的重要因素。我国污染型企业所占比重较高，这些企业具有高污染、高耗能、技术水平低和生产工艺落后的特点，对生态环境产生严重危害。而适当的环境规制能够促进市场公平竞争、增加企业寻租成本、抑制企业过度投资，从而推动亲清型政商关系的构建，激励企业开展研发创新活动以提升自身技术创新能力，促使企业在市场上获得竞争优势。那么环境规制能否缓解政治联系对企业技术创新的抑制效应，即环境规制能否打破企业“政治资源诅咒”效应？

现有相关研究多从环境规制与企业技术创新，政治联系与企业技术创新等单一层面对两者相关关系进行了广泛且深入的理论分析和实证研究。Jaluza 和 Lara（2019）和 Zhang 等（2018）认为“波特假说”成立，环境规制能够促进企业技术创新，但袁宝龙（2018）却指出环境规制挤出了企业创新投入、抑制了企业创新产出。Sorin 和 Alfredo（2019）的研究表明政治联系能够激励企业技术创新，但 Hou 等（2017）基于中国企业层面数据验证了政治关联对企业技术创新水平的抑制效应，并提出了“政治资源诅咒”假说。然而，鲜有文献将环境规制、政治联系和企业技术创新三者纳入统一分析框架进行深入研究，且环境规制破解企业“政治资源诅咒”的传导机制和效应大小尚不明确。因此，识别环境规制、政治联系和企业技术创新三者之间的内在关系具有重要的理论意义和实践意义。

鉴于此，本文结合理论分析和经验检验，探索环境规制破解企业“政治资源诅咒”的可能性与传导机制，从而为我国政府推进环境保护与企业高质量发展融合提供理论层面的参考和实证层面的支撑。本文的贡献主要体现在以下两个方面：第一，在理论层面，本文基于企业“政治资源诅咒”假说及其传导机制，首次从环境规制的视角入手，考察了企业“政治资源诅咒”的破解路径，为政府实施环境规制政策、企业提高技术创新水平提供理论支撑。第二，在实证层面，本文基于 2008~2017 年中国重污染行业民营上市公司数据，对企业“政治资源诅咒”假说和环境规制打破企业“政治资源诅咒”的假说进行实证验证，并深入探索其内在机制。

本文结构安排如下：第二部分对环境规制、政治联系和企业技术创新的相关文献进行梳理；第三部分对环境规制破解企业“政治资源诅咒”的相关理论进行分析，并提出研究假设；第四部分是实证模型构建与数据说明；第五部分汇报与分析实证检验结果；第六部分总结全文并提出政策建议。

二、理论分析与研究假设

（一）“政治资源诅咒”假说

现有文献围绕政治联系影响技术创新的效应进行了广泛的研究。在研究初期，多数学者认为政治联系能为企业技术创新带来正向效应，即企业建立政治联系能够为企业降低融资限制、提供税收优惠和财政补贴，从而为企业技术创新提供良好的环境、降低企业创新风险，促进企业创新绩效的提升（Agrawal and Knoeber，2001；Johnson and Mitton，2003；Boutchkova et al.，2012）。然而，部分学者认为政治联系虽然能够为企业发展提供扶持，但是也可能扮演着“掠夺之手”的角色。袁建国等（2015）、Hou 等（2017）借鉴区域发展的“资源诅咒”假说，提出了“政治资源诅咒”的概念，即拥有丰富政治资源的企业因过度依赖政府支持，而丧失自主研发创新的动力，最终导致其创新水平不高、整体创新效率低下的现象。关于“政治资源诅咒”假说的研究主要从以下两个方面展开：一是基于创新投入的视角，研究了政治联系对企业研发投入的挤出效应。杨其静（2011）指出企业家和高管为维系政治关联需要耗费大量的资源和精力，从而使他们减少对自身能力建设进行投入，即政治联系对企业的 R&D 投入具有挤出效应（杜兴强等，2012）。二是基于创新绩效的视角，研究了政治联系对企业创新绩效的抑制效应。罗明新等（2013）、Qin 和 Zhang（2019）基于中国上市公司数据进行实证研究，结果发现政治关联对技术创新绩效具有显著负向影响，而政治关联丧失能够弥补政治联系对企业竞争力的削弱效应，从而提高企业技术创新能力。基于此，本文提出如下假设：

H1：“政治资源诅咒”假说在我国企业层面存在。

（二）“政治资源诅咒”的传导机制

结合现有研究，本文将企业“政治资源诅咒”的传导机制总结为以下三个方面：

第一，削弱市场竞争。企业与政府官员之间建立政治关联，能够帮助企业获得更多的政府支持，如政府补贴、税收优惠、融资支持等，促使企业在市场上享有相对优势，这大大地缓解了企业面临的市场竞争压力。然而，市场竞争是激励企业技术创新的重要动力，政治关联弱化了市场竞争对企业创新的激励，导致企业技术创新动力严重不足。同时，政府采购对政治关联企业的支持行为具有“示范-追随”效应，引导市场其他企业追随政府行为，维持与政治关联企业相当的技术水平，促使企业即使在产品缺乏核心竞争力时仍能维持较高的市场占有率（袁建国等，2015）。因此，政治关联削弱了企业市场竞争压力，降低了企业创新的动力，对企业创新形成“诅咒”。

第二，提高寻租动机。拥有丰富政治资源的企业更倾向于通过寻租活动来提升企业的绩效，这削弱了政治关联企业的管理者通过研发创新活动来提升企业绩效的动力（袁建国等，2015）。同时，企业谋求和维护政治联系需要付出大量的寻租成本，对企业研发投入形成挤出效应，不利于企业技术创新水平的提升（何兴邦，2017）。此外，企业高度嵌入政治网络后，政府可能对企业的自主决策进行干预，限制了企业的创新思想，阻碍了企业创新发展。政治关联企业管理者在与政府接触的过程中，其公共思维逐步提升，但创新思维却被抑制（罗明新等，2013）。因此，政治关联企业的寻租行为抑制了企业自身技术创新水平的提升，形成了“政治资源诅咒”效应。

第三，引致过度投资。为迎合政府官员的经济增长的需求，政治关联企业会进入非核心业务领域，导致过度的“非关联多元化”经营和投资而侵蚀核心能力，导致企业创新投入严重不足（杨其静，2011；何兴邦，2017）。政治关联企业依托政治网络，能够获取政府管制行业通行证，优先获得“投资少、周期短、见效快、风险小”的投资项目，因而企业过度投资这些获利项目，抑制了企业投向“投资大、周期长、见效慢、大风险”的研发项目，不利于企业技术创新水平提升（陈爽英等，2010）。此外，政治关联企业面临的信贷约束更低，更易获得银行信贷支持，因而更热衷于进行多元化的扩张投资和企业并购战略，企业研发投资被挤占，抑制了企业技术创新水平的提升。因此，政治关联引致企业过度投资，消耗大量资源并挤出研发投入，对企业技术创新产生“诅咒”。

基于上述分析，本文提出以下假设：

H2a：政治联系通过削弱市场竞争对企业创新产生“诅咒”效应。

H2b：政治联系通过提高寻租动机对企业创新产生“诅咒”效应。

H2c：政治联系通过引致过度投资对企业创新产生“诅咒”效应。

（三）环境规制打破“政治资源诅咒”的内在机理

基于“政治资源诅咒”的传导机制，本文从以下三个方面探讨环境规制打破“政治资源诅咒”的内在机理：

第一，环境规制通过提高市场竞争程度打破企业“政治资源诅咒”。环境规制增加了企业的污染排放成本，尤其是对污染型企业产生了巨大的冲击，迫使企业降低成本以获得更高的利润，从而提高其市场竞争力。随着市场竞争的不断加剧，创新基础良好的企业通过开发新产品来占领市场，新产品带来的利润激励企业继续开发新产品和开拓新市场（孙文杰和沈坤荣，2009）；而缺乏研发经验和核心技术的企业处于劣势地位，这些企业为摆脱劣势地位，逐步开展创新活动，模仿市场上推出的新产品或自主研发新产品。环境规制打破了政治关联企业免受市场竞争压力的保护伞，强化了市场竞争对企业技术创新的激励，破解了企业“政治资源诅咒”。

第二，环境规制通过降低企业寻租动机打破企业“政治资源诅咒”。企业通过寻租行为所建立的政治联系会弱化环境规制的作用（Damania et al.，2004），但当上级政府加强环境监管力度时，污染型企业谋求政治联系的相对成本大幅提升，企业寻租动机被削弱，更倾向于选择加强能力建设而非寻求政治关联。随着政府将环境指标纳入官员政绩考核体系，政府官员面临着较大的环境治理压力，他们接受污染型企业寻租的风险提高，因而接受寻租的意愿降低。因此，环境规制大大降低了企业通过寻租行为建立政治联系的动机，从而激励企业管理者加大研发投入、积极开展创新活动，最终促进了企业技术创新水平提升，打破了企业“政治资源诅咒”。

第三，环境规制通过减少企业过度投资打破企业“政治资源诅咒”。当环境规制强度增加时，污染型企业面临的不确定性增大，所以这些企业往往会降低投资水平、减少污染型产品的产量，并将节约的资金投向回报快的短期项目（汪海凤等，2018）。同时，企业为了缓解环境规制压力或是迎合政府环保要求，会更加注重自身的环境绩效，使政治关联挤占环保投资的可能性降低，即环境规制能够削弱政治联系对企业环保投资的负向效应（李强等，2016）。因此，环境规制能够优化要素资源配置、纠正企业投资方向、减少企业的过度投资，表现为环境规制限制企业投资高耗能高污染项目，促使企业投向创新型的环保项目。

根据以上分析，本文提出如下假设：

H3a：环境规制能够通过提高市场竞争程度打破企业“政治资源诅咒”。

H3b：环境规制能够通过降低企业寻租动机打破企业“政治资源诅咒”。

H3c：环境规制能够通过减少企业过度投资打破企业“政治资源诅咒”。

三、研究设计

（一）样本选择和数据来源

2008 年，环境保护部颁布了《上市公司环保核查行业分类管理名录》，该名录将重污染行业细分为 14 个行业，2010 年环保部又进一步将污染行业细分为 16 个行业。借鉴王锋正和陈方圆（2018），本文基于 2012 年中国证监会发布的《上市公司行业分类指引》的行业代码，结合 2008 年和 2010 年重污染行业标准进行整理筛选，然后选取 2008~2017 年沪深 A 股上市的重污染行业的民营企业作为本文的研究样本，进行实证分析。样本企业的筛选原则如下：①按照重污染行业代码分类（见表 1），保留 2008~2017 年内所有重污染行业的上市企业观测值；②删除 ST、*ST 等财务状况异常情况的上市公司的观测值；③剔除政治关联数据缺失的上市公司的观测值；④剔除专利（研发投入）数据不全的上市公司的观测值；⑤剔除环境规制数据缺失地区上市公司的观测值。最终，得到 2867 家公司样本。

本文选取的政治关联、专利数、研发投入以及上市企业特征数据主要来源于国泰安数据库（CSMAR）和上市企业年报，环境规制数据主要来源于历年《中国城市统计年鉴》、《政府工作报告》、各地级市统计年鉴、各省统计年鉴及国民经济和社会发展统计公报。

（二）变量测度

1. 被解释变量

企业技术创新水平（Tech）。本文主要考察环境规制和政治关联对企业技术创新水平的影响，所以本文的被解释变量为企业技术创新水平。借鉴袁建国等（2015）的做法，本文从创新产出和创新投入两个方面考察企业的技术创新水平，创新产出以企业专利申请授权数（Tech1）加以衡量，创新投入以企业研发投入（Tech2）加以衡量，创新产出和投入的数据均来源于 CSMAR 数据库。

2. 核心解释变量

本文将环境规制指标和政治关联指标作为核心解释变量，用以考察环境规制、政治关联与企业技术创新三者之间的关系。

（1）环境规制。现有研究主要采用环境法规颁布数量、环境污染治理投资额、环境污染治理投资额占 GDP 比重、基于环境污染物排放构建的环境规制综合指标来衡量政府环境规制能力（张先锋等，2015；沈坤荣和金刚，2017），但这些环境规制指标与经济发展之间具有较强的内生性，会导致实证结果产生较大的误差。本文采用基于政府工作报告的词频统计的方法测度地级市层面的环境规制水平，同时基于污染物去除率构建环境规制综合指标用以稳健性检验。

一是环境词汇频率（ER1）。Chen 等（2018）、陈诗一等（2018）基于政府工作报告中的环境词汇频率构建了新的环境规制指标，前者使用长江流域 85 个城市的政府工作报告中与环境相关的词汇来衡量不同城市环境规制水平，后者则将城市重工业比重与其对应省级层面政府工作报告中与环境相关的词汇频率（频数）相乘作为环境规制指标。政府工作报告在每年年初公布，受当年经济波动的影响较小，且选取省级层面的政府工作报告有助于缓解反向因果关系产生的内生性问题，故本文借鉴陈诗一等（2018）的做法，基于省级政府工作报告构建环境规制变量，具体可分为以下三个步骤：首先，使用 Python 对 2008~2017 年我国 31 个省份的政府工作报告进行中文分词处理，并且使用 Stata 来统计文本中出现的与环境相关的词汇数①占全文词汇数比重（环境词汇频率）。其次，借助各省统计年鉴、各地级市统计年鉴和国民经济和社会发展统计公报的相关数据，计算各地级市的重工业比例。最后，将各地级市重工业比重分别与对应省份政府工作报告中环境词汇频率相乘，计算出 ER1。

二是环境规制综合指标（ER2）。沈坤荣等（2017）将环境规制综合指标测度方法扩展到城市层面，利用各城市的工业二氧化硫去除率、工业烟（粉）尘去除率两个单项指标构建了环境规制综合指标。结合数据的可得性，本文借鉴沈坤荣等（2017）的做法，计算了中国 284 个城市的环境规制综合指数，具体的做法如下：

第一步，对上述两个单项指标进行标准化处理，将两个指标都转换为 0~1 的值，公式如下：

$$a'_{ij} = \frac{a_{ij} - \min(a_j)}{\max(a_j) - \min(a_j)} \quad \backslash * \text{MERGEFORMAT} \ (1)$$

其中，a_{ij}表示第 i 个城市第 j 类指标的原值，min（a_j）和 max（a_j）分别表示第 j 类指标中的最小值和最大值，a'_{ij}表示第 i 个城市第 j 类指标标准化后的值（i=0，1，…，284；j=1，2）。

第二步，计算各项指标的权重。由于不同城市之间的污染物排放存在较大差异，为准确反映政府环境治理强度的变化，本文对上述两个单项指标赋予不同的权重，其具体的计算方法为：

① 政府工作报告中与环境相关的词汇包括环保、环境保护、污染、空气污染、水污染、二氧化硫、PM2.5、PM10、雾霾、减排、节能、绿色生态、环境友好等 90 个词语。

$$b_{ij} = \frac{p_{ij}/\sum_{i=1}^{284} p_{ij}}{GDP_i/\sum_{i=1}^{284} GDP_i} \qquad \backslash * \text{MERGEFORMAT (2)}$$

其中，p_{ij}为第 i 个城市第 j 种污染物排放量，包括二氧化硫排放量和工业烟（粉）尘排放量两个指标；GDP_i为第 i 个城市的国民生产总值。b_{ij}为第 i 个城市第 j 个单项指标的权重，用第 i 个城市第 j 种污染物排放量占全国污染物排放量比重除以第 i 个城市的 GDP 占所有城市 GDP 总和来表示。

第三步，根据公式（3）可以计算出各城市的环境规制综合指数：

$$ER_i^2 = \sum_{j=1}^{2} a_{ij} b_{ij}/2 \qquad \backslash * \text{MERGEFORMAT (3)}$$

（2）政治关联（PC）。借鉴 Fisman 和 Wang（2013）、严若森和姜潇（2019）的做法，本文将企业董事长和总经理的政治身份作为衡量企业政治关联的标准，并对董事长和总经理的政治身份按照任职级别进行赋值，具体赋值方法为：中央级职务赋值为 4，省级职务赋值为 3，市级职务赋值为 2，县区级职务赋值为 1，对于不属于以上四类的赋值为 0，而对于同时具备多种政治身份的董事长和总经理，取最高赋值。然后将董事长和总经理政治关联身份评分进行加总，作为政治关联（PC1）的取值。同时，为进一步验证政治关联变量的稳健性，本文采用企业董事会成员与高层经营者中具有政治背景的人数占高管总人数的比例作为政治关联（PC2）的取值，具体计算方法是：企业董事会成员与高层经营者担任过政治职务的记为 1，否则记为 0，然后将所有成员的政治关联身份进行加总，最后除以该企业的高管总人数。

3. 控制变量

参考袁建国等（2015）、Zhang（2018）的相关研究，本文选取企业规模（Size）、股权集中度（Dshare）、董事会治理（BG）、净资产报酬率（ROE）、资产负债率（Debt）、现金流量（Cash）、托宾 Q 值（Tobin Q）作为控制变量。

（1）企业规模（Size）。企业规模直接影响了企业创新投资规模，大型企业拥有雄厚的资金和众多的技术人才，其创新投入和创新产出都要高于小型企业，所以大规模企业往往拥有更高的创新水平。本文采用公司总资产的自然对数来衡量企业规模。

（2）股权集中度（Dshare）。集中的股权对于企业进行创新投资决策具有重要影响，本文采用董事长持股比例用以衡量企业的股权集中度。

（3）董事会治理（BG）。独立董事对企业制定和实施决策具有重要影响，并对董事会的行为进行监督，独立董事的治理能力能够反映企业董事会的治理能力。因此，借鉴王锋正和陈方圆（2018）的做法，本文采用独立董事人数占所有董事人数的比例衡量董事会治理情况。

（4）企业绩效（ROE）。绩效表现良好的企业往往其创新水平也更高，为避免企业绩效对被解释变量可能产生的影响，本文将其作为控制变量引入模型，并以净资产报酬率测度企业绩效水平。

（5）资产负债率（Debt）。企业的资产和负债水平对企业创新水平具有重要影响，适度负债经营有利于企业创新水平的提升，而高负债的企业创新能力较弱，本文以企业当年度负债总额占总资产比例加以衡量。

（6）现金流量（Cash）。采用企业在经营活动中产生的现金流量净额的对数值加以衡量。

（7）托宾 Q 值（Tobin Q）。托宾 Q 值可以反映企业的投资机会，该值越大表明企业投资回报率越高，进行技术创新的动力也越大，本文采用所有者权益和负债的市场价值占公司账面总资产的比重加以衡量。

本文所涉变量定义及其测度方法如表 1 所示。

表 1　变量说明

变量类型	变量名称	简写	变量描述
被解释变量	技术创新	Tech1	ln（所有专利授权数+1）
		Tech2	ln（研发支出总额）
核心解释变量	政治关联	PC1	根据董事长和总经理担任的政治职务级别进行赋值，之后将赋值加总
		PC2	高层经营者中具有政治背景的人数/高管总人数
		ER1	基于政府工作报告构建的环境规制指标
	环境规制	ER2	基于二氧化硫去除率和工业烟（粉）尘去除率构建的环境规制综合指标
控制变量	公司规模	Size	ln（公司总资产）
	股权集中度	Dshare	董事长持股比例
	董事会治理	BG	独立董事占比
	企业绩效	ROE	净资产报酬率
	资产负债率	Debt	负债总额/总资产
	现金流量	Cash	ln（现金流量净额）
	托宾 Q 值	Tobin Q	所有者权益和负债的市场价值/公司账面总资产

（三）模型设计

本文的研究设计包括两个部分：一是对“政治资源诅咒”假说进行验证；二是对环境规制打破企业“政治资源诅咒”的假说进行验证。

首先，使用固定效应模型分别检验政治关联对专利授权量和 R&D 投入的影响，验证我国民营企业是否存在“政治资源诅咒”效应，基准模型设置如下：

$$Tech_{it} = \alpha_0 + \alpha_1 PC_{it} + \alpha_2 CV_{it} + \lambda_i + \mu_{ind} + \mu_t + \varepsilon_{it}$$ \ * MERGEFORMAT（4）

其中，$Tech_{it}$为被解释变量，表示第 i 个企业在第 t 年的技术创新水平，分别用专利授权数（Tech1）和 R&D 投入（Tech2）加以衡量；PC_{it}表示第 i 个企业第 t 年的政治关联程度，用董事长和总经理的政治身份得分（PC1）加以衡量，并用有政治背景的高管人数占高管总人数的比例（PC2）进行稳健性检验；CV 为控制变量的集合，由企业规模、股权集中度、董事会治理、净资产报酬率、资产负债率、现金流量、托宾 Q 值七个指标构成；μ_t为时间虚拟变量，μ_{ind}为行业虚拟变量，λ_i为不随时间变化的个体固定效应，ε 为随机误差项。

进一步，将环境规制、环境规制和政治联系的交互项一次引入模型（4），对环境规制打破企业“政治资源诅咒”的假说进行验证，具体模型设置如下：

$$Tech_{it} = \alpha_0 + \alpha_1 PC_{it} + \alpha_2 ER_{it} + \alpha_3 PC_{it} \times ER_{it} + \alpha_4 CV_{it} + \lambda_i + \mu_{ind} + \mu_t + \varepsilon_{it}$$

\ * MERGEFORMAT（5）

其中，ER_{it}表示第 i 个企业第 t 年所面临的环境规制水平，用基于政府工作报告中与环境相关的词频数构建的指标加以衡量（ER1），并用基于污染物排放量构建的环境规制综合指数进行稳健性检验（ER2）；PC×ER 为环境规制和政治联系的交互项，用以衡量环境规制能否化解政治联系对企业技术创新的负向效应；其他变量含义同前文。

四、实证分析结果

（一）描述性统计分析

表 2 为本文划分的重污染行业分类代码、行业名称及其对应企业数，表 3 为 2008~2017 年上市公司企业年度分布情况。由表 2 和表 3 可知，我国民营上市企业主要分布在化学原料及化学制品制造业、医药制造业、金属制品业、非金属矿物制品业、橡胶和塑料制品业、有色金属冶炼及压延加工业。在 2008~2017 年，我国民营企业数目不断增加，但重污染企业所占比例呈现持续下降趋势。表 4 为本文主要变量的描述性统计结果。无论是从创新产出的视角来看，还是从创新投入的视角来看，不同企业之间的创新水平均存在较大差异。专利授权量（Tech1）的观测值有 2867 个，但研发投入（Tech2）的观测值仅有 2824 个，表明研发投入变量存在少数缺失数据。此外，不同企业的政治联系及其所面临的环境规制水平均有不同程度上的差异。

表 2 上市公司重污染行业分类及对应企业数（2008~2017 年）

代码	行业名称	企业数	代码	行业名称	企业数
B06	煤炭开采和洗选业	5	C22	造纸及纸制品业	80
B07	石油和天然气开采业	6	C25	石油加工、炼焦及核燃料加工业	30
B08	黑色金属矿采选业	3	C26	化学原料及化学制品制造业	593
B09	有色金属矿采选业	15	C27	医药制造业	630
B10	非金属矿采选业	1	C28	化学纤维制造业	64
B11	开采专业及辅助性活动	37	C29	橡胶和塑料制品业	205
C13	农副食品加工业	121	C30	非金属矿物制品业	214
C14	食品制造业	66	C31	黑色金属冶炼及压延加工业	32
C15	酒、饮料和精制茶制造业	45	C32	有色金属冶炼及压延加工业	174
C17	纺织业	157	C33	金属制品业	230
C18	纺织服装、服饰业	98	D44	电力、热力生产和供应业	22
C19	皮革、毛皮、羽毛及其制品和制鞋业	39	合计		2867

表 3 2008~2017 年上市公司企业年度分布

年份	民营企业总数	重污染民营企业数	重污染企业比例
2008	203	81	0.3990
2009	270	105	0.3889
2010	485	185	0.3814
2011	723	275	0.3804

续表

年份	民营企业总数	重污染民营企业数	重污染企业比例
2012	839	318	0. 3790
2013	838	313	0. 3735
2014	880	324	0. 3682
2015	1042	375	0. 3599
2016	1225	422	0. 3445
2017	1378	469	0. 3403
合计	7883	2867	0. 3637

表 4　变量描述性统计结果

变量	样本	均值	标准差	最小值	最大值
Tech1	2867	2. 45	1. 09	0. 693	6. 482
Tech2	2824	17. 20	2. 02	0	21. 61
PC	2867	1. 66	2. 08	0. 000	14. 000
PC2	2867	0. 35	0. 26	0. 000	1. 000
ER1	2867	0. 01	0. 00	0. 000	0. 019
ER2	2867	0. 64	1. 05	0. 006	24. 738
Size	2867	21. 69	0. 95	19. 05	25. 20
Dshare	2867	13. 42	15. 91	0. 000	69. 445
BG	2867	0. 37	0. 05	0. 182	0. 667
ROE	2867	0. 08	0. 09	-1. 145	0. 850
Debt	2867	0. 31	0. 18	0. 000	1. 352
Cash	2867	-0. 66	1. 55	-9. 097	11. 640
Tobin Q	2867	2. 64	2. 06	0. 182	30. 241

（二）基本回归分析

本节首先分析企业政治联系对创新水平的影响，验证“政治资源诅咒”假说在我国重污染企业层面是否成立，对 H1 进行验证和完善。然后，检验环境规制能否打破“政治资源诅咒”。

1. “政治资源诅咒假说”的实证检验

依据模型（4）的设定形式，从创新产出和创新投入两个角度出发，采用固定效应模型依次检验政治联系对企业专利授权数（Tech1）和 R&D 投入的影响，检验结果列示在表 5 中。其中，第 2 列至第 5 列的被解释变量为 Tech1，第 6 列至第 9 列的被解释变量为 Tech2；第 2 列至第 3、第 6 列至第 7 列的政治联系变量为 PC1，第 4 列至第 5、第 8 列至第 9 列的政治联系变量为 PC2。

表 5　“政治资源诅咒”假说的检验结果

	被解释变量：专利授权数（Tech1）				被解释变量：R&D 投入（Tech2）			
	(1)	(2)	(3)	(4)	(5)	(6)	(7)	(8)
PC1	-0.023** (-1.98)	-0.022* (-1.82)			-0.061** (-2.15)	-0.057** (-2.00)		
PC2			-0.410*** (-4.86)	-0.314*** (-3.61)			-0.547*** (-2.75)	-0.507** (-2.51)
Size	0.401*** (13.67)	0.401*** (13.62)	0.388*** (13.23)	0.366*** (12.03)	0.579*** (7.62)	0.525*** (6.62)	0.572*** (7.53)	0.523*** (6.61)
Dshare	-0.007** (-2.43)	-0.007** (-2.48)	-0.007** (-2.39)	-0.007** (-2.39)	-0.031*** (-4.95)	-0.029*** (-4.76)	-0.031*** (-5.12)	-0.030*** (-4.93)
BG	-0.193 (-0.39)	-0.143 (-0.29)	-0.009 (-0.02)	-0.074 (-0.15)	-0.087 (-0.08)	-0.137 (-0.12)	0.053 (0.05)	-0.008 (-0.01)
ROE	-0.606*** (-2.97)	-0.570*** (-2.75)	-0.590*** (-2.90)	-0.354* (-1.70)	0.557 (1.14)	0.664 (1.33)	0.583 (1.19)	0.677 (1.35)
Debt	-0.106 (-0.69)	-0.107 (-0.70)	-0.144 (-0.95)	-0.112 (-0.74)	0.249 (0.67)	0.240 (0.64)	0.218 (0.58)	0.208 (0.55)
Cash	-0.066*** (-4.16)	-0.064*** (-4.07)	-0.056*** (-3.56)	-0.038** (-2.33)	-0.099*** (-2.76)	-0.081** (-2.24)	-0.090** (-2.49)	-0.074** (-2.02)
Tobin Q	0.024** (2.14)	0.026** (2.27)	0.019* (1.70)	-0.001 (-0.11)	0.033 (1.24)	-0.009 (-0.30)	0.026 (0.97)	-0.013 (-0.43)
常数项	2.625*** (13.40)	3.122*** (8.77)	2.678*** (13.72)	3.108*** (8.77)	17.509*** (39.25)	17.737*** (16.15)	17.576*** (39.29)	17.796*** (16.21)
年份	NO	YES	NO	YES	NO	YES	NO	YES
行业	NO	YES	NO	YES	NO	YES	NO	YES
N	2867	2867	2867	2867	2824	2824	2824	2824
R^2	0.107	0.114	0.115	0.138	0.059	0.068	0.060	0.069

注：*** 表示在 1%的水平下显著，** 表示在 5%的水平下显著，* 表示在 10%的水平下显著。括号内为变量的 t 值。

根据表 5，可以得出以下主要结论：第一，当被解释变量为专利授权数（Tech1）时，PC1 和 PC2 的弹性系数均显著为负，表明企业政治联系与企业专利授权数呈负相关关系，即企业政治联系对其创新产出产生“诅咒”效应。第二，当被解释变量为 R&D 投入（Tech2）时，PC1 和 PC2 的弹性系数仍显著为负，表明企业政治联系与企业 R&D 投入呈负相关关系，即企业政治联系对其创新投入产生“诅咒”效应。企业高层领导通过与政府官员建立政治联系，获得更多的政府补贴、税收优惠、银行信贷支持等政治资源，缓解了企业在市场中的竞争压力，使企业创新动力不足，企业创新投入和创新产出同时减少（袁建国等，2015）。同时，企业为获取和维系政治联系所付出的寻租成本挤占了创新资源，阻碍了企业技术创新水平提升。因此，无论从创新产出的视角来看，还是从创新投入的视角来看，企业“政治资源诅咒”效应均存在，即H1得以验证。

2. 环境规制打破企业“政治资源诅咒”的验证

依据模型（5）的设定形式，在模型（4）的基础上，依次引入环境规制、环境规制与政治联系的交互项，检验结果列示在表6中。在表6中，第2列至第3列只考虑ER对企业技术创新的影响，第4列至第5列的政治联系变量为PC1，第5列至第6列的政治联系变量为PC2。

表6 环境规制打破“政治资源诅咒”的检验结果

变量	核心解释变量：ER		政治联系变量：PC1		政治联系变量：PC2	
	(1)	(2)	(3)	(4)	(5)	(6)
ER	46.478***	55.343***	62.006***	62.776***	38.846***	59.634***
	(6.99)	(6.53)	(8.16)	(6.75)	(4.10)	(5.72)
PC			−0.061***	−0.039*	−0.345*	−0.258
			(−2.80)	(−1.79)	(−1.95)	(−1.44)
ER×PC			6.248**	5.173*	9.342	0.865
			(2.11)	(1.78)	(0.35)	(0.03)
Size	0.327***	0.290***	0.320***	0.287***	0.321***	0.314***
	(10.50)	(9.12)	(0.000)	(0.000)	(10.31)	(10.01)
Dshare	−0.004	−0.004	−0.005*	−0.004	−0.004	−0.004
	(−1.60)	(−1.41)	(−1.83)	(−1.52)	(−1.48)	(−1.45)
BG	−0.386	−0.506	−0.430	−0.588	−0.228	−0.417
	(−0.78)	(−1.03)	(−0.85)	(−1.18)	(−0.46)	(−0.84)
ROE	−0.556***	−0.315	−0.446**	−0.198	−0.548***	−0.403*
	(−2.75)	(−1.53)	(−2.16)	(−0.95)	(−2.71)	(−1.95)
Debt	−0.011	0.014	0.189	0.197	−0.048	−0.074
	(−0.07)	(0.10)	(1.22)	(1.29)	(−0.31)	(−0.49)
Cash	−0.049***	−0.026	−0.043***	−0.012	−0.043***	−0.035**
	(−3.12)	(−1.56)	(−2.64)	(−0.75)	(−2.69)	(−2.12)
Tobin Q	0.015	0.009	0.002	−0.004	0.012	0.018
	(1.34)	(0.68)	(0.14)	(−0.33)	(1.07)	(1.40)
常数项	2.310***	2.744***	2.233***	2.742***	2.415***	2.783***
	(11.68)	(7.68)	(10.94)	(7.53)	(11.87)	(7.72)
年份	NO	YES	NO	YES	NO	YES
行业	NO	YES	NO	YES	NO	YES
N	2867	2867	2867	2867	2867	2867
R^2	0.124	0.159	0.085	0.128	0.129	0.152

注：***表示在1%的水平下显著，**表示在5%的水平下显著，*表示在10%的水平下显著。括号内为变量的t值。

由表 6 可以得出以下两个主要结论：第一，在所有方程中，环境规制的弹性系数在 1%的显著性水平下均显著为正，表明环境规制有利于促进污染型企业技术创新，即“波特假说”在中国重污染行业上市企业之间成立。环境规制政策的实施使污染型企业治污成本增加，企业为降低成本、提高利润、增强市场竞争力，自发地开展研发创新活动，促使其技术创新水平不断提升。第二，政治联系的弹性系数显著为负，环境规制的弹性系数显著为正，而环境规制与政治联系交互项的弹性系数为正且较为显著。当政治联系变量为 PC1 时，环境规制与政治联系交互项的弹性系数显著为正，而当政治联系变量为 PC2 时，环境规制与政治联系交互项的弹性系数为正但不显著，表明环境规制在一定程度上能够缓解政治联系对企业技术创新的挤出效应，即环境规制能够打破企业的“政治资源诅咒”效应。通过建立政治联系，企业能够获得更多政府支持，从而赢得政策补贴、信贷资金等丰富的政治资源，极大地缓解了企业的市场竞争压力，企业通过创新提升绩效的动力不足，同时企业建立和维系政治联系花费的寻租成本挤出了研发资金投入，阻碍了企业技术创新。而环境规制的实施加剧了市场竞争、提高了企业的寻租成本，促使企业探寻技术创新之路，从而打破了“政治资源诅咒”效应。

（三）稳健性检验

为考察环境规制打破“政治资源诅咒”假说的稳健性，本节主要采用替换变量和分组讨论两类方法重新对模型（5）进行检验，检验结果分别列示在表 7 和表 8 中。

表 7　稳健性检验结果一：替换变量

变量	被解释变量：Tech2		环境规制变量：LER1		环境规制变量：LER2	
	(1)	(2)	(3)	(4)	(5)	(6)
ER	81.877***	82.028***	70.907***	79.919***	0.118*	0.113*
	(3.47)	(3.06)	(6.95)	(6.80)	(1.90)	(1.66)
PC	-0.098*	-0.479	-0.044**	-0.408**	-0.019	-0.338***
	(-1.87)	(-1.11)	(-2.01)	(-2.34)	(-1.27)	(-3.06)
ER×PC	11.972*	57.642	7.077**	28.529	0.012	0.189
	(1.71)	(0.92)	(2.16)	(0.99)	(0.84)	(1.51)
Size	0.376***	0.381***	0.279***	0.309***	0.377***	0.326***
	(4.46)	(4.51)	(0.00)	(0.00)	(12.29)	(10.37)
Dshare	-0.024***	-0.025***	-0.004	-0.005*	-0.006**	-0.005*
	(-3.80)	(-3.87)	(-1.60)	(-1.73)	(-2.11)	(-1.75)
BG	-0.920	-0.899	-0.502	-0.460	-0.345	-0.214
	(-0.80)	(-0.78)	(-1.01)	(-0.91)	(-0.69)	(-0.43)
ROE	0.806	0.783	-0.136	-0.243	-0.453**	-0.369*
	(1.58)	(1.54)	(-0.65)	(-1.16)	(-2.17)	(-1.78)
Debt	0.453	0.446	0.192	0.097	-0.128	-0.061
	(1.19)	(1.17)	(1.26)	(0.63)	(-0.84)	(-0.40)
Cash	-0.022	-0.023	-0.013	-0.027	-0.046***	-0.023
	(-0.58)	(-0.59)	(-0.81)	(-1.62)	(-2.79)	(-1.39)

续表

变量	被解释变量：Tech2		环境规制变量：LER1		环境规制变量：LER2	
	(1)	(2)	(3)	(4)	(5)	(6)
Tobin Q	-0.003 (-0.08)	-0.006 (-0.17)	-0.007 (-0.52)	0.002 (0.17)	0.021 (1.64)	0.013 (0.95)
常数项	17.293*** (15.30)	17.341*** (15.26)	2.750*** (7.59)	2.825*** (7.70)	3.175*** (8.86)	3.105*** (8.74)
年份	YES	YES	YES	YES	YES	YES
行业	YES	YES	YES	YES	YES	YES
N	2823	2823	2867	2867	2867	2867
R^2	0.089	0.088	0.134	0.117	0.128	0.149

注：*** 表示在1%的水平下显著，** 表示在5%的水平下显著，* 表示在10%的水平下显著。括号内为变量的 t 值。

表 8 稳健性检验结果二：分专利授权类型

变量	发明专利		实用新型		外形设计	
	(1)	(2)	(3)	(4)	(5)	(6)
ER	74.919*** (10.75)	67.872*** (9.42)	63.315*** (6.70)	72.523*** (9.20)	3.420 (0.31)	4.374 (0.39)
PC	-0.022* (-1.95)	-0.376*** (-4.47)	-0.024* (-1.73)	-0.138 (-1.30)	0.016 (1.29)	0.100 (1.05)
ER×PC	4.978* (1.78)	52.158** (2.12)	6.707** (2.01)	56.561* (1.81)	5.147* (1.73)	33.733 (1.24)
Size	0.265*** (9.03)	0.266*** (9.11)	0.338*** (9.26)	0.339*** (9.31)	0.081** (2.33)	0.082** (2.37)
Dshare	-0.008*** (-3.04)	-0.008*** (-3.21)	-0.006* (-1.73)	-0.005 (-1.51)	0.004 (1.37)	0.004 (1.53)
BG	-0.586 (-1.27)	-0.400 (-0.86)	-0.140 (-0.24)	-0.061 (-0.11)	-0.657 (-1.30)	-0.694 (-1.36)
ROE	-0.168 (-0.87)	-0.181 (-0.94)	-0.248 (-1.03)	-0.273 (-1.14)	0.117 (0.55)	0.110 (0.52)
Debt	-0.125 (-0.88)	-0.170 (-1.20)	-0.057 (-0.32)	-0.073 (-0.42)	0.075 (0.48)	0.083 (0.53)
Cash	-0.051*** (-3.41)	-0.046*** (-3.04)	-0.049*** (-2.61)	-0.046** (-2.45)	0.021 (1.25)	0.021 (1.22)
Tobin Q	0.008 (0.67)	0.007 (0.59)	-0.012 (-0.81)	-0.014 (-0.91)	-0.018 (-1.27)	-0.019 (-1.34)

续表

变量	发明专利		实用新型		外形设计	
	(1)	(2)	(3)	(4)	(5)	(6)
常数项	1.644*** (5.00)	1.570*** (4.78)	2.084*** (5.09)	2.024*** (4.93)	0.995*** (2.67)	1.009*** (2.70)
时间效应	YES	YES	YES	YES	YES	YES
行业效应	YES	YES	YES	YES	YES	YES
N	2867	2867	2867	2867	2867	2867
R^2	0.181	0.187	0.126	0.125	0.021	0.020

注：*** 表示在1%的水平下显著，** 表示在5%的水平下显著，* 表示在10%的水平下显著。括号内为变量的 t 值。

1. 替换变量

（1）替换被解释变量。基于企业研发投入视角，将被解释变量替换为 R&D 投入（Tech2），用以考察环境规制能否打破“政治资源诅咒”。表 7 中第 2 列至第 3 列报告了替换被解释变量的结果，其中第 2 列的政治联系变量为 PC1，第 3 列的政治关联变量为 PC2。

（2）替换环境规制变量。环境规制对企业的影响可能具有滞后效应，而且采用滞后项的环境规制在一定程度上能够缓解内生性问题，所以本文分别将环境规制变量替换为滞后一期的 ER1 和滞后一期的 ER2，检验结果列示在表 7 中第 4 列至第 7 列。其中，第 4 列和第 6 列的政治联系变量为 PC1，第 5 列和第 7 列的政治联系变量为 PC2。

由表 7 可知，无论是替换被解释变量还是环境规制变量，环境规制变量的弹性系数显著为正，政治联系变量系数为负且较为显著，环境规制和政治联系变量的交互项的系数始终为正但较不显著，即替换主要变量后的检验结果与表 6 中的回归结果基本一致，表明上一节的回归结果是稳健的。

2. 分组讨论：分专利类型

一般而言，专利可以分为发明专利、实用新型和外观设计三种类型，不同类型专利之间的科技含量不同（发明专利>实用新型>外观设计），拥有相同专利数量的企业之间的技术创新水平可能也有较大差距，故本文按专利类型进行分组，并使用固定效应模型进行回归，考察环境规制破解企业“政治资源诅咒”效应的稳健性。表 8 为分专利类型检验的结果，其中，第 2 列、第 4 列、第 6 列的政治联系变量为 PC1，其余列的政治联系变量为 PC2。检验结果显示：当被解释变量为发明专利数和实用新型数时，回归结果与前文类似；但当被解释变量为外形设计时，核心解释变量基本不显著。可能的原因在于实用新型的科技含量较低，受环境规制和政治联系的影响较小。

（四）机制检验

实证结果表明“政治资源诅咒”假说在企业层面成立，本文将进一步考察企业“政治资源诅咒”的传导机制，并探索环境规制破解企业“政治资源诅咒”的内在机理，对 H2a～H2c 和 H3a～H3c 进行验证与完善。理论分析表明环境规制破解企业“政治资源诅咒”的可能机制为提升市场竞争程度、降低企业寻租动机和减少企业过度投资，因此本文首先运用中介效应模型，考察企业“政治资源诅咒”的传导机制［见模型（6）～模型（8）］，然后将机制变量设为被解释变量，并把政治联系、环境规制以及两者的交互项作为核心解释变量［见模型（9）］，具体模型设置如下：

$$Tech_{it} = a_0 + a_1 PC_{it} + a_2 CV_{it} + \lambda_i + \mu_{ind} + \mu_t + \varepsilon_{it} \tag{6}$$

$$M_{it} = b_0 + b_1 PC_{it} + b_2 CV_{it} + \lambda_i + \mu_{ind} + \mu_t + \varepsilon_{it} \tag{7}$$

$$Tech_{it} = c_0 + c_1 PC_{it} + c_2 M_{it} + CV_{it} + \lambda_i + \mu_{ind} + \mu_t + \varepsilon_{it} \tag{8}$$

$$M_{it} = \beta_0 + \beta_1 PC_{it} + \beta_2 ER_{it} + \beta_3 PC_{it} \times ER_{it} + \beta_4 CV_{it} + \lambda_i + \mu_{ind} + \mu_t + \varepsilon_{it} \tag{9}$$

其中，M 为可能的传导机制，包括市场竞争程度、企业寻租动机和过度投资水平三个变量，其他变量含义同前。借鉴袁建国等（2015）的做法，本文采用赫芬达尔系数（HHI）来衡量市场竞争程度，具体计算方法为采用行业内前五家企业主营业务收入占行业总收入的平方和来计算 HHI。该指标越大表明市场垄断程度越高、竞争程度越激烈。为方便起见。我们对该指标进行取倒数处理。企业寻租动机（Perk）用现金流量表中“支付的其他与经营活动有关的现金流量”除以主营业务收入计算得出，该指标越大，表明企业花费在寻租行为上的比例越高，企业寻租动机越强。基于 Richardson（2006）提出的残差估计模型，本文对企业的非效率投资程度进行评估。该模型假设企业的主营业务增长水平与其投资支出增长水平相同，若实际投资支出偏离了期望值，则出现了过度投资。因此，本文将实际投资规模与最佳投资规模做差用以估计残差，若残差大于 0，则表明企业存在过度投资的现象，过度投资指标（Overinvest）取值为 1；反之，企业不存在过度投资，Overinvest 取值为 0。

表 9 和表 10 汇报了中介效应检验的结果，其中表 9 的政治联系变量为 PC1，表 10 的政治联系变量为 PC2。表 11 列示了环境规制破解企业“政治资源诅咒”机制检验结果，其中第 2 列至第 4 列的政治联系变量为 PC1，第 5 列至第 8 列的政治联系变量为 PC2。

表 9　中介检验结果一

变量	(1)	(2)	(3)	(4)	(5)	(6)	(7)
	Tech1	HHI5	Tech1	Perk	Tech1	Overinvest	Tech1
PC1	−0.041***	−0.052***	−0.031**	0.005*	−0.041***	0.050***	−0.053***
	(−3.41)	(−7.07)	(−2.52)	(1.79)	(−3.39)	(7.05)	(−4.38)
HHI5			0.209***				
			(6.00)				
Perk					−0.065		
					(−0.70)		
Overinvest							−0.060*
							(−1.66)
控制变量	YES	YES	YES	YES	YES	YES	YES
N	2867	2867	2867	2867	2867	2867	2867
R^2	0.033	0.107	0.048	0.030	0.033	0.056	0.033

注：*** 表示在 1%的水平下显著，** 表示在 5%的水平下显著，* 表示在 10%的水平下显著。括号内为变量的 t 值。

表 10　中介检验结果二

变量	(1)	(2)	(3)	(4)	(5)	(6)	(7)
	Tech1	HHI5	Tech1	Perk	Tech1	Overinvest	Tech1
PC2	-0.566*** (-6.52)	-0.427*** (-8.14)	-0.485*** (-5.54)	-0.004 (-0.20)	-0.566*** (-6.52)	0.353*** (6.92)	-0.053*** (-4.38)
HHI5			0.189*** (5.45)				
Perk					-0.080 (-0.86)		
Overinvest							-0.060 (-1.66)
控制变量	YES	YES	YES	YES	YES	YES	YES
N	2867	2867	2867	2867	2867	2867	2867
R^2	0.046	0.113	0.058	0.029	0.046	0.055	0.046

注：*** 表示在 1%的水平下显著，** 表示在 5%的水平下显著，* 表示在 10%的水平下显著。括号内为变量的 t 值。

表 11　环境规制破解企业“政治资源诅咒”机制检验结果

变量	(1)	(2)	(3)	(4)	(5)	(6)
	HHI	Perk	Overinvest	HHI	Perk	Overinvest
PC1（PC2）	-0.076*** (-5.87)	0.009* (1.72)	0.054*** (4.16)	-0.482*** (-4.49)	-0.019 (-0.45)	0.453*** (4.17)
ER	36.218*** (7.80)	1.849 (1.01)	-18.837*** (-4.01)	32.293*** (5.63)	-0.055 (-0.02)	-11.541** (-1.99)
PC1（PC2）×ER	6.547*** (3.74)	-0.480 (-0.70)	-1.431 (-0.81)	42.026*** (2.64)	3.907 (0.62)	-26.566* (-1.65)
控制变量	YES	YES	YES	YES	YES	YES
时间效应	YES	YES	YES	YES	YES	YES
行业效应	YES	YES	YES	YES	YES	YES
N	2867	2867	2867	2867	2867	2867
R^2	0.310	0.079	0.076	0.296	0.079	0.043

注：*** 表示在 1%的水平下显著，** 表示在 5%的水平下显著，* 表示在 10%的水平下显著。括号内为变量的 t 值。

由表 9 至表 11 可以得出以下结论：第一，政治联系对市场竞争程度具有显著的负向影响，表明政治联系通过降低市场竞争程度进而对企业技术创新水平产生抑制效应，因而“政治资源诅咒”现象发生，即 H2a 成立。环境规制及其与政治联系的交互项对市场竞争程度均具有显著的正向影响，表明环境规制能够增强市场竞争程度，激励企业通过提升技术创新水平来降低生产成本、提高企业利润，弥补了政治联系对市场竞争的挤出效应，从而破解了企业“政治资源诅咒”效应，即 H3a 成立。第二，政治联系对企业寻租动机具有显著的正向影响，寻租动机对企业创新的回归系数为负但不显著，表明政治联系促使企业管理者开展寻租活动，虽然寻租行为对企业研发动力和研发投入具有挤出效应，但是企业在寻租活动中获得的收益可能抵消了部分负向效应，所以寻租动机对企业创新水平无显著影响。环境规制及其与政治联系的交互项对企业寻租动机并无显著影响，表明环境规制无法通过降低企业寻租动机的方式打破企业“政治资源诅咒”效应。因此，H2b 和 H3b 均不成立。第三，政治联系对企业过度投资产生显著的促进作用，但过度投资显著抑制了企业技术创新。换言之，政治联系企业会获得更多政府支持，但这会引致企业过度投资政府管制项目，从而挤出了企业研发与创新投资，对企业创新形成“诅咒”效应，即 H2c 成立。环境规制及其与政治联系的交互项对过度投资程度具有显著的负向效应，表明环境规制能够纠正企业投资方向，促使重污染企业寻求技术创新之路，因此环境规制能够通过提高企业投资效率、降低企业过度投资的方式打破企业“政治资源诅咒”，H3c 得证。

五、结论与政策建议

本文将环境规制、政治联系和企业技术创新纳入统一分析框架，在企业“政治资源诅咒”假说的基础上，运用2008~2017年中国重污染行业民营上市企业的数据展开实证分析，验证了我国企业是否存在“政治资源诅咒”效应，并探索了环境规制破解企业“政治资源诅咒”的效应及其内在机制。本文的研究结论显示：第一，无论是从专利授权数量还是从研发投入数量的角度来看，政治联系都会对企业技术创新水平产生抑制效应，即“政治资源诅咒”假说在中国重污染行业民营企业之间成立。第二，“政治资源诅咒”的传导机制为削弱市场竞争和引致企业过度投资，政治联系提高了企业寻租动机，但寻租行为对企业技术创新的抑制作用不显著。第三，环境规制能够破解我国企业层面的“政治资源诅咒”现象，并能通过提高市场竞争程度、降低企业过度投资的方式打破企业“政治资源诅咒”，但无法通过降低企业寻租动机的方式破解企业“政治资源诅咒”现象。

本文结论也为我国推进环境保护与企业高质量发展融合提供了重要的政策启示：第一，加强环境治理力度，激励企业技术创新。全面加强对重点污染企业的环境监管和污染治理工作，同时，采取“胡萝卜加大棒”的奖惩并用的激励政策，增强企业创新动力。第二，深化科技体制改革，优化科技资源配置。弱化政府在科技创新配置的主导作用，从而降低企业对政治关联网络的依赖。健全技术创新市场导向机制，充分发挥市场对技术研发方向、路线选择、要素价格、各类创新要素配置的导向作用。第三，提高政府补助、税收优惠等政策实施的透明度和公平性，保证政府投资项目招标公开、公平和公正，从而压缩企业通过政治关系网络进行寻租的空间，为企业打造公平竞争的市场环境，推动亲清型政商关系的构建。

参考文献

［1］Agrawal A，Knoeber C R. Do some outside directors play a political role?［J］. The Journal of Law and Economics，2001，44（1）：179-198.

［2］Borsattoab A. Green innovation：Unfolding the relation with environmental regulations and competitiveness［J］. Resources，Conservation and Recycling，2019，149（10）：445-454.

［3］Boubakri N，Guedhami O，Mishra D，Saffar W. Political connections and the cost of equity capital［J］. Journal of Corporate Finance，2012，18（3）：541-559.

[4] Chen Z, Kahn M E, Liu Y, et al. The consequences of spatially differentiated water pollution regulation in China [J]. Journal of Environmental Economics & Management, 2018, 88 (1): 468-485.

[5] Damania R, Fredriksson P G, List J A. Trade liberalization, corruption, and environmental policy formation: Theory and evidence [J]. Journal of Environmental Economics and Management, 2003, 46 (3): 490-512.

[6] Fisman R, Wang Y X. The mortality cost of political connections [J]. Review of Economic Studies. 2015, 82 (4): 1346-1382.

[7] Hu H M, Yuan Y. Corporate innovation and political connections in Chinese listed firms [J]. Qingsong Pacific-Basin Finance Journal, 2017, 46 (12): 158-176.

[8] Jaluza L. Green innovation: Unfolding the relation with environmental regulations and competitiveness [J]. Resources, Conservation and Recycling, 2019 (149): 445-454.

[9] Johnson S, Mitton T. Cronyism and capital controls: Evidence from Malaysia [J]. J. Financ. Econ, 2003, 67 (2): 351-382.

[10] Qin X T, Zhang X Y. De-politicization and innovation: Evidence from China [J]. Journal of Accounting and Public Policy, 2019, 38 (4): 106668.

[11] Richardson S. Over-investment of free cash flow [J]. Review of Accounting Studies, 2006, 11 (2): 159-189.

[12] Sorin M S, Krammera A J. Do political connections matter for firm innovation? Evidence from emerging markets in Central Asia and Eastern Europe [J]. Technological Forecasting and Social Change, 2020 (15): 119669.

[13] Stoever J, Weche J P. Environmental regulation and sustainable competitiveness: Evaluating the role of firm-level green investments in the context of the Porter Hypothesis [J]. Environmental and Resource Economics, 2018, 70 (2): 429-455.

[14] Zhang Y, Wang J Y, Xue Y J, Yang J. Impact of environmental regulations on green technological innovative behavior: An empirical study in China [J]. Journal of Cleaner Production, 2018, 188 (7): 763-773.

[15] 陈诗一，陈登科．雾霾污染、政府治理与经济高质量发展 [J]. 经济研究，2018 (2): 20-34.

[16] 陈爽英，井润田，龙小宁等．民营企业家社会关系资本对研发投资决策影响的实证研究 [J]．管理世界，2010 (1): 88-97.

[17] 杜兴强，曾泉，杜颖洁．政治联系对中国上市公司的 R&D 投资具有“挤出”效应吗 [J]. 投资研究，2012 (5): 98-113.

[18] 何兴邦．环境规制、政治关联和企业研发投入——基于民营上市企业的实证研究 [J]. 软科学，2017, 31 (10): 43-46.

[19] 李强，田双双，刘佟．高管政治网络对企业环保投资的影响——考虑政府与市场的作用 [J]. 山西财经大学学报，2016, 38 (3): 90-99.

[20] 罗党论，刘晓龙．政治关系、进入壁垒与企业绩效——来自中国民营上市公司的经验证据 [J]. 管理世界，2009 (5): 97-106.

[21] 罗党论，唐清泉．政治关系、社会资本与政策资源获取：来自中国民营上市公司的经验证据 [J]. 世界经济，2009 (7): 84-96.

[22] 罗明新，马钦海，胡彦斌．政治关联与企业技术创新绩效——研发投资的中介作用研究 [J]. 科学学研究，2013, 31 (6): 938-947.

[23] 沈坤荣，金刚，方娴．环境规制引起了污染就近转移吗 [J]. 经济研究，2017 (5): 44-59.

[24] 孙文杰，沈坤荣．人力资本积累与中国制造业技术创新效率的差异性 [J]. 中国工业经济，2009 (3): 81-91.

[25] 汪海凤，白雪洁，李爽．环境规制、不确定性与企业的短期化投资偏向——基于环境规制工具异质性的比较分析 [J]. 财贸研究，2018, 29 (12): 80-93.

[26] 王锋正，陈方圆．董事会治理、环境规制与绿色技术创新——基于我国重污染行业上市公司的实证检验 [J]. 科学学研究，2018, 36 (2): 361-369.

[27] 严若森，姜潇．关于制度环境、政治关联、融资约束与企业研发投入的多重关系模型与实证研究 [J].

管理学报，2019，16（1）：72-84.

［28］杨其静．企业成长：政治关联还是能力建设［J］．经济研究，2011（10）：54-67.

［29］袁建国，后青松，程晨．企业政治资源的诅咒效应——基于政治关联与企业技术创新的考察［J］．管理世界，2015（1）：139-155.

［30］张先锋，王瑞，张庆彩．环境规制、产业变动的双重效应与就业［J］．经济经纬，2015（4）：67-72.

监督还是合谋：民营资本混合持股稳定了市场吗？

王红芳　李　野　杨俊青

（山西财经大学，山西太原　030006）

［摘　要］ 本文将民营资本混合持股的影响划分为合谋效应和监督效应。主要研究发现，民营股东持股与股价崩盘风险呈倒“U”形关系。当民营股东持股较低时，合谋效应居主导地位，民营股东持股与股价崩盘显著正相关；当民营股东有能力制衡国有企业时，监督效应开始居主导地位，民营股东持股比例与股价崩盘风险显著负相关。进一步地，本文使用民营股东在国有企业中缺乏控制权来解释为什么出现民营股东混合持股和崩盘风险的倒“U”形关系。

［关键词］ 混合所有制改革；股价崩盘风险；合谋；监督

一、引言

当前中国经济步入高质量发展新时代背景下，国企改革仍在经济体制改革中位居中心地位（刘鹤，2018）。但是，国有企业“政企不分”和“社企不分”的计划经济遗留弊端，严重制约社会生产力的发展。中国国企覆盖领域广、数量最多、规模最大，因而造成国企改革复杂度举世罕见。因此，国企改革对国民经济有“牵一发而动全身”的后果。随着中国国资国企改革步入全面升级阶段，国企改革已进入“持久攻坚战”和“密集施工期”的阶段；与此同时，中国国企改革逐步沿纵向推进中，其综合改革难度也逐渐增大。正如习近平总书记在庆祝改革开放四十周年大会上指出：“我们现在所处的，是一个船到中流浪更急、人到半山路更陡的时候，是一个愈进愈难、愈进愈险而又不进则退、非进不可的时候。”

自2013年党的十八届三中全会以来，中央将发展混合所有制经济作为国企改革重要突破口，强调“深化国有企业改革，发展混合所有制经济”，并“鼓励各类资本参与国有企业混合所有制改革”。如何发挥非国有资本在国有企业混合所有制改革进程中的公司治理效应，实现国有资本的保值、增值，无论从决策层面，还是从理论层面，都具有重要意义。

关于国企改革的研究，西方主流观点认为相较民营企业，国有企业效率更低有两方面的原因：第一个原因是国有企业的政策性负担（Shleifer and Vishny，1994；Boycko et al.，1996）；第二个原因是更高的代理成本（Shleifer and Vishny，1997）。研究发现，国企私有化降低了企业代理成本，进而提升企业效率，私有化的企业有更好的业绩、更高的运营效率、更高的股利支付水平等（Megginson et al.，1994）①。Gupta（2005）发现即使部分私有化（政府仍然掌握控制权），企业绩

① 在Megginson等（1994）的研究中，他们并未发现私有化降低雇员人数，因此，他们的实证结果没有给出私有化通过降低企业政策性负担提升企业效率的证据。

效依然得到提升，因为在资本市场，经理人的努力程度可以通过股价反映出来①，激励经理层为股东利益行事。在 Shleifer 和 Vishny（1994）、Boycko 等（1996）分析框架中，私有化和公司化共同作用，降低国有企业的政策性负担，通过私有化和公司化，管理层掌握企业的现金流权和控制权。如果政治家希望企业为其政治目标服务，必须给企业高额财政补贴，政治家不但在经济上需要花费巨额资源，在政治上也容易被对手攻击。因此，当国有企业完成私有化，政治家让企业承担政府职能的动机大大降低。因此，国有企业可以通过私有化和公司化改革降低政策性负担，从而提升效率。

目前，中国国企改革实践和西方私有化改革既存在联系，又存在一定区别。西方国企私有化改革中政府将控制权转移给民营资本，大部分研究发现控制权转移后企业效率提升（Megginson and Netter，2001），中国国企混改政府在很大程度上仍保留控制权；无论中国国企混改，还是西方国企私有化改革，都在一定程度上放松管制，允许民营资本进入。相较于西方国企私有化改革，中国的国企混改为研究民营资本的公司治理效应提供了更合适的实验场景。第一，如果现金流权转移（现金流权从政府转移到民营资本）而控制权未发生转移（政府仍然对企业保持控制），企业的政策性负担并未降低（Shleifer and Vishny，1994），因此，可以控制政策性负担对实证结果的影响。第二，如果国企控制权发生转移，并伴随两权高度分离，那么就可能出现严重的管理层代理问题（Gupta，2005），导致很难判断得到的实证结果是由于民营资本持股国企造成的公司治理的改变，还是由于更严重的管理层代理问题。因此，使用中国国企混改研究民营资本持股国企的公司治理效应，可以很好地控制两权分离造成的管理层代理问题对结果的影响。

因此，本文提出问题：民营资本混合持股真的改善国有企业公司治理吗？虽然西方大部分研究发现私有化可以提升企业效率（Megginson and Netter，2001），但西方国企改革实践，政府将控制权转移给民营资本；中国国企混改，政府保留大部分控制权，因此，中国国企改革和西方国企改革实践存在本质区别。本文发现：如果民营资本持股比例很高，能够对国有企业经营决策产生巨大影响，那么当国有控股股东做出损害投资者利益行为时，民营资本会基于自身利益最大化，监督国有企业不让其实施侵占行为，即民营资本能够发挥公司治理效应；反之，当民营资本持股比例很低，无法对国有企业经营决策施加影响时，那么他们可能为最大化自身利益考虑，与国有股东合谋侵占上市公司资产，即民营资本混合持股损害国有企业公司治理。

二、理论分析及研究假设

（一）股价崩盘风险

Jin 和 Myers（2006）、Hutton 等（2009）、Kim 等（2011a，2011b）使用代理成本和信息不对称解释管理层对负面信息的隐瞒导致股价崩盘风险。如果公司正面信息和负面信息随机发生且管理层及时披露，公司股价应当呈对称分布（Kothari et al.，2009），然而管理层出于晋升、声誉、巩固自己职位考虑，往往会有选择性地隐瞒负面信息和披露利好信息（Ball，2009；Kothari et al.，2009），导致出现股价的不对称分布。Jin 和 Myers（2006）进一步发现由于信息不对称，投资者不能完全获悉公司内部信息，管理层可以侵占公司现金流，并能够隐瞒这些负面信息，由于公司股

① Gupta（2005）使用印度国有上市企业作为样本，在印度国有企业改革中，使其通过上市实现部分私有化。

票价格没有包含这些负面信息，股价被市场高估。随着管理层持续侵占公司现金流，越来越多的负面信息积累在公司内部，加剧了公司股价与公司内在价值的偏离程度。当公司管理层隐瞒负面信息的数量达到临界值时，所有负面信息集中在资本市场释放导致股价崩盘。

沿着管理层对负面信息的隐瞒导致股价崩盘，后续学者分别从税收规避（Kim and Zhang，2011）、机构投资者稳定性（Callen et al.，2014）、高管超额津贴（Xu et al.，2014）、会计稳健性（Kim et al.，2016）等视角解释股价崩盘风险影响因素。但是，以上研究主要基于美国资本市场高度两权分离的公司治理结构，代理问题主要体现为管理层侵占中小股东利益，因此可以用管理层隐瞒负面信息解释股价崩盘风险。然而 La Porta 等（1999）、Facco 和 Lang（2002）发现在全球范围内控制权高度集中是更具普遍意义的公司治理结构，尤其在中国这样新兴资本市场国家，控股股东"一股独大"现象更为明显，代理问题更多体现为控股股东侵占中小股东利益。当控股股东侵占中小股东利益时，他们也有动机进行隐瞒，并让中小股东难以察觉他们的侵占行为，然而随着时间的推移，这些隐瞒的负面信息最终被市场察觉并引发股价暴跌。Hong 等（2017）使用控制权和现金流权分离作为衡量第二类代理问题严重程度的代理变量，发现控制权和现金流权分离度更高的企业有更高的股价崩盘风险，证明控股股东对负面信息的隐瞒也能解释股价崩盘风险的成因。

（二）非控股股东公司治理效应

非控股股东的公司治理效应，既有监督效应（Laeven and Levine，2008；Cheng et al.，2017；Jiang et al.，2018），又有合谋效应（Faccio 等 2001；Cai et al.，2016），例如，Faccio 等（2001）发现，在西欧国家，非控股大股东更多发挥监督作用，增加了企业股利；但是在东亚国家，非控股大股东更多和控股股东进行合谋，降低了企业股利。关于非控股股东的监督作用，非控股大股东具有约束控股股东行为的动机和能力（Gomes and Novas，2006），当控股股东侵占公司利益时，非控股股东会基于自身利益最大化考虑，抑制控股股东对企业利益侵占行为，从而提升企业价值（Laeven and Levine，2008）、抑制控股股东过度投资行为等（Jiang et al.，2018）。然而，非控股大股东也存在和控股股东的合谋效应，如通过和控股股东瓜分控制权，共同侵占中小股东利益，特别是 Maury 和 Pajuste（2006）发现第二大股东会和控股大股东合谋，表现为随着第二大股东持股比例上升，企业价值下降。

（三）民营资本混合持股与股价崩盘风险——倒"U"形解释

当民营资本混合持股国有企业，参与国有企业混合所有制改革时，民营资本作为非控股大股东，对国有控股股东的公司治理效应可能也存在对国有控股股东的监督效应和与国有控股股东的合谋效应。如果民营资本持股比例较低，一方面，由于"搭便车"行为（Shleifer and Vishny，1997），民营股东缺乏动机监督上市公司；另一方面，较低的持股比例使民营股东在公司决策中缺乏话语权，难以影响国有控股股东决策，难以对国有企业进行有效监督，导致当民营股东持股较低时，他们对国有控股股东的监督作用不明显。与此同时，他们也有为最大化自身利益，和国有控股股东合谋侵占国有资产，损害其他小股东利益的动机，Shleifer 和 Vishny（1994）以 90 年代俄罗斯私有化改革为例，说明由于缺乏法制保护，民营资本在参与俄罗斯私有化进程中，通过关联交易等手段转移国有资本，造成国有资产的大量流失，即私有化进程或民营资本持股国有企业可能伴随国有资产的流失。那么当民营资本持股比例增加时，一方面由于此时民营资本还难以发挥监督作用；另一方面他们可以更有效地和国有控股股东合谋，导致此时民营资本的合谋效应可能居于主要地位。从这个逻辑上讲，当民营资本在低持股比例时，随着他们持股比例增加，更可能发生与国有控股大股东合谋掏空上市公司资产，并设法进行隐瞒不让资本市场获悉，加剧股价崩盘风险。

当民营资本持股比例上升到一个临界点时，一方面，他们的利益和上市公司趋于一致，抑制了其“搭便车”行为（Shleifer and Vishny，1997），他们开始有动机参与上市公司治理，监督国有大股东决策。另一方面，更高的持股比例意味着在公司决策中享有更大的话语权，也更有可能对国有控股股东形成有效制衡、更能约束国有企业经理人的自利行为，那么当国有控股股东或国有企业经理人侵占上市公司资产时，民营参股大股东更有可能基于自己利益最大化考虑，约束国有控股股东或国企经理人侵占上市公司财产损害中小股东利益行为。与此同时，随着民营资本持股比例上升，民营非控股大股东和国有控股股东利益协调一致的难度增大。民营资本是追求利益最大化的实体，而国有控股股东并非单纯追求利润最大化，他们往往还有一些政治性动机（Bai et al.，2006），如促进就业、维护社会稳定等（Shleifer and Vishny，1994；Boycko et al.，1996），例如，Li 和 Yamada（2015）发现中国政府更可能控制一些拥有更多雇员的企业；特别是中央政府，更倾向控制那些更能解决就业而非效率更高的企业。对于民营资本，同等产出下追求更多的雇员显然违背他们利润最大化的效用函数；但是对国有控股股东，更多的雇员意味着更可能实现他们的政治性需求（Shleifer and Vishny，1994），因此国企控股股东希望承担更多社会性负担，民营非控股股东基于逐利考虑，希望承担更少的政策性负担。因此，当民营资本在高持股比例时，他们很可能与国有控股股东产生更严重的利益冲突，导致民营非控股股东和国有控股股东合谋的动机很可能降低，此时随着民营资本持股比例的增加，民营资本的监督效应开始发挥主要作用，在一定程度上抑制了国企控制人掏空上市公司资产并设法隐瞒的行为，从而降低了股价崩盘风险。

综上所述，民营资本混合持股国企和股价崩盘风险的关系更可能是民营资本的监督作用和合谋作用共同作用的结果。当民营资本持股较低时，民营股东和国企控股股东的合谋作用居于主导地位，导致民营资本持股比例和股价崩盘风险显著正相关；当民营资本持股较高时，民营资本有能力监督国企控股股东，民营资本的监督作用逐渐居于主导地位，导致随着民营资本持股提高，股价崩盘风险随之降低，即民营资本持股与股价崩盘风险可能呈倒“U”形关系。

基于上述分析，本文提出假设：

H1：随着国有企业中民营资本持股增加，国有企业的股价崩盘风险先上升后下降，呈倒“U”形趋势。

三、研究设计

（一）样本

本文使用 2007~2018 年 A 股国有上市公司作为研究样本，并根据以下原则筛选样本：①剔除金融行业公司；②剔除资不抵债公司；③为保证计算股价崩盘风险的可靠性，剔除年股票周收益率小于 30 个观察值的样本；④剔除样本缺失公司。同时，为了控制离群值的影响，对连续变量在上下 1%分位进行 Winsor 处理。

本文主要研究国企混改的经济后果，因此本文将样本范围限定在国有企业；由于 2006 年以后中国上市公司完成股权分置改革，股改完成前国有股是非流通股，无法在二级市场流通；股改完成后，国有股能够在市场上公开转让。因此，为了研究民营资本混合持股国企的经济后果，本文将样本起始时间设定在 2007 年，大部分国有企业完成股权分置改革后；由于上市公司数据可靠性强、数据易于获取，且非上市公司中国有企业多为国有股东 100%控股，所以使用国有上市公司样本文混改可以更好实现研究目的（蔡贵龙等，2018）。本文财务数据主要来源于 CSMAR 数据库；前十大股东数据依据 CCER 数据库，并经手工筛选整理获得。

（二）变量

1. 股价崩盘风险

本文分别使用股价负偏态系数（NCSKEW）和股价上下波动比（DUVOL）衡量股价崩盘风险，计算方式和 Kim 等（2011a，2011b）、Kim 等（2016a，2016b）一致。

首先，需要计算股票特有收益率，进行如下回归：

$$R_{i,t}=\beta_i+\beta_{1i}R_{m,t+2}+\beta_{2i}R_{m,t+1}+\beta_{3i}R_{m,t}+\beta_{4i}R_{m,t-1}+\beta_{5i}R_{m,t-2}+\varepsilon_{i,t}$$

其中，$R_{i,t}$代表股票 i 在第 t 周的市场回报率，$R_{m,t}$代表 A 股市场在第 t 周的综合回报率，同时在模型中加入 A 股市场综合回报率的超前项和滞后项，从而剔除市场趋势对股票收益率的影响，回归得到的残差 $\varepsilon_{i,t}$则代表股票回报率中无法被整个市场收益波动所能解释的部分，并且进一步做 $W_{i,t}=\ln(1+\varepsilon_{i,t})$ 的变换，反映公司的特有收益率。

首先使用股价负偏态系数（NCSKEW）衡量股价崩盘风险，其中 n 代表第 i 只股票在第 t 年交易周数。股价负偏态系数（NCSKEW）越大，代表崩盘风险越高。

$$NCSKEW_{i,t}=-[n(n-1)^{3/2}\sum W^3_{i,t}]\div[(n-1)(n-2)(\sum W^2_{i,t})^{3/2}]$$

其次，使用股价上下波动比（DUVOL）衡量股价崩盘风险，通过计算第 i 只股票第 t 年股价下行时周特有收益率的二阶矩和股价上行时周特有收益率的二阶矩之比，然后进行对数转换得到。如果周特有收益率高于年特有收益率均值，则代表股价上行。股价上下波动比（DUVOL）越大，代表该只股票在第 t 年的特有收益率左偏程度越严重，从而反映股价崩盘风险越高。

$$DUVOL_{i,t}=\log\{[(n_u-1)\sum_{Down}W^2_{i,t}]\div[n_d-1)\sum_{Up}W^2_{i,t}]\}$$

2. 民营股本混合持股（Private）

借鉴刘汉民等（2018）、蔡贵龙等（2018），采用前十大股东中非国有股东持股比例之和，衡量民营股本混合持股国有企业（Private）。

3. 控制变量

控制变量借鉴 Chen 等（2001）、Hutton 等（2009）、王化成等（2015），采用公司规模（Size）、市值账面比（MB）、负债率（Lev）、资产收益率（ROA）、周特有收益率标准差（Sigma）、周特有收益率均值（Ret）、信息不对称程度（ABACC）、流通股超额换手率（DTurn）。变量定义如表 1 所示。

表 1　变量定义

变量名称	符号	变量的定义及度量
被解释变量		
	$NCSKEW_{i,t+1}$	第 i 只股票第 t+1 期的股票周收益率负偏态系数，NCSKEW 的比率越高，表示股价崩盘风险越高
	$DUVOL_{i,t+1}$	第 i 只股票第 t+1 期周收益率的上下波动比率，DUVOL 的比率越高，表示股价崩盘风险越高
解释变量		
	$Private_{i,t}$	民营资本持股比例。使用前十大股东中非国有股东持股比例之和计算

续表

变量名称	符号	变量的定义及度量
控制变量		
	$NCSKEW_{i,t}$ $SIGMA_{i,t}$ $RET_{i,t}$ $SIZE_{i,t}$	公司 i 在第 t 期的股票收益负偏态系数 股票收益率波动。公司 i 的股票第 t 期周特有收益率的标准差 股票平均收益率。公司 i 的股票第 t 期的特有周收益率平均值 公司规模。公司 i 第 t 期资产总额的自然对数
	$LEV_{i,t}$	公司财务杠杆。公司 i 第 t 期的资产负债率
	$ROA_{i,t+1}$	总资产收益率。公司 i 第 t+1 期净利润与资产总额之比
	$MB_{i,t}$	市值账面比。公司 i 第 t 期总市值比净资产
	$DTurn_{i,t}$	超额换手率。公司 i 的股票第 t 期的月平均换手率减第 t-1 期的月平均换手率
	$ABACC_{i,t}$ $YEAR$ $INDUSTRY$	信息不对称程度。（$\mid DAC_{i,t}\mid + \mid DAC_{i,t-1}\mid + \mid DAC_{i,t-2}\mid$）÷ 3，其中 $\mid DAC\mid$ 是按照 Dechow 等（1995）计算出修正 Jones 系数绝对值，衡量盈余管理。Hutton 等（2009）使用$\mid DAC\mid$ 的 3 年移动加权平均衡量信息不对称，因此我们也使用该方式衡量信息不对称程度 虚拟变量。控制年度固定效应 虚拟变量。控制行业固定效应，采用中国证监会 2012 版行业分类指引划分行业

（三）变量描述性统计

表 2 列示变量描述性统计的结果。我们重点关注民营资本持股（Private）变量，Private 的平均值为 10.43，标准差为 9.614，和蔡贵龙等（2018）的结果非常接近（10.0 和 9.0）。我们同时注意到，民营股东持股的平均值（10.43）大于民营股东持股的中位数（7.075），表明民营资本持股的分布右偏较严重，同时说明大部分民营股东持股数量较低，很难对国有大股东进行监督。国有股东平均持股量是民营股东 4.5 倍，国有股东持股比例的平均值为 45.83，接近绝对控股，表明国有企业中国有大股东"一股独大"现象更严重，民营资本很可能在国有企业中没有话语权，从变量的统计结果看，整体上，由于民营股东可能无法对国有股东形成有效制衡，所以民营股东与国有股东的"合谋"效应居于主导地位，更有可能发生民营股东与国有股东"合谋"掏空上市公司资产。

表 2　变量描述性统计

	mean	sd	min	p25	p50	p75	max
F_NCSKEW	-0.278	0.937	-2.928	-0.840	-0.272	0.309	2.109
F_DUVOL	-0.187	0.764	-1.997	-0.704	-0.210	0.289	1.853
Private	10.43	9.614	0.381	3.470	7.075	14.12	66.23
Soe	45.38	15.41	10.02	33.69	45.83	56.25	78.76
Top1	39.19	15.14	11.35	26.95	38.75	50.49	76.95
Sigma	0.0510	0.0190	0.0180	0.0370	0.0490	0.0620	0.106
Size	22.48	1.362	19.88	21.53	22.29	23.33	26.49
Lev	0.526	0.193	0.0910	0.384	0.541	0.674	0.909

续表

	mean	sd	min	p25	p50	p75	max
ROA	0.0290	0.0510	-0.180	0.00800	0.0260	0.0510	0.174
MB	3.477	3.064	0.695	1.650	2.567	4.145	20.33
DTurnover	-2.332	34.67	-88.83	-22.61	-2.304	16.99	88.35
ABACC	0.0800	0.0580	0.0100	0.0400	0.0640	0.104	0.328

四、实证结果分析

（一）民营资本混合持股与股价崩盘风险

本文首先检验民营股本混合持股（Private）与股价崩盘风险（Crash）的线性关系，构建如下计量模型：

$$Crash_{i,t+1} = \beta_0 + \beta_1 Private_{i,t} + Controls_{i,t} + Ind + Year + \varepsilon \quad (1)$$

实证结果如表3所示，本文在列（1）未加入控制变量，在列（2）中加入一系列控制变量，第3列进一步控制公司层面异质性。本文发现，列（1）和列（2）中，Private的系数显著为正，表明当民营混合参股程度增加时，加剧了股价崩盘风险，暗示了在国企改革过程中，相较于民营资本的监督作用，民营资本的合谋作用可能更居于主导作用。然而本文研究进一步发现，在控制住公司层面固定效应之后，Private系数不显著，这可能的解释是民营资本参股国企中，一方面可能与国有大股东合谋掏空上市公司资产，另一方面可能发挥更好的监督作用，前者加剧股价崩盘风险，后者将降低股价崩盘风险，两种作用相互抵消，造成Private的系数不显著。因此，本文需要进一步设计实验检验Private和Crash的非线性关系。

表3　民营股东持股与股价崩盘风险

变量	(1)	(2)	(3)	(4)	(5)	(6)
	OLS	OLS	FE	OLS	OLS	FE
	F_NCSKEW	F_NCSKEW	F_NCSKEW	F_DUVOL	F_DUVOL	F_DUVOL
Private	0.005***	0.003***	0.002	0.003***	0.003***	0.002
	(4.56)	(2.98)	(0.88)	(4.09)	(2.93)	(1.30)
Controls	No	Yes	Yes	No	Yes	Yes
Constant	-0.148**	-0.615**	-7.978***	-0.168***	-0.592***	-7.047***
	(-2.07)	(-2.48)	(-10.84)	(-2.82)	(-2.96)	(-12.08)
Ind &Year	Yes	Yes	Yes	Yes	Yes	Yes
Firm	No	No	Yes	No	No	Yes
N	8518	8518	8518	8518	8518	8518
Adj. R^2	0.073	0.110	0.123	0.106	0.146	0.170

（二）民营资本混合持股经济后果——一个倒“U”形解释

前文分析提出，民营资本混合持股和股价崩盘风险可能呈倒“U”形关系，下面本文将构造计量模型，通过三种方式，检验存在倒“U”形关系。

第一种方式，检验民营资本持股（Private）和民营资本持股的平方（$Private^2$）与股价崩盘风险的关系，构建如下计量模型：

$$Crash_{i,\ t+1} = \beta_0 + \beta_1 Private_{i,\ t} + \beta_2 Private_{i,\ t}^2 + Controls + Ind + Year + \varepsilon \tag{2}$$

本文重点关注 β_1 和 β_2 的系数，如果假设成立，那么 β_1 显著为正，β_2 显著为负。回归结果如表 4 所示，在列（1）中本文未加入控制变量，列（2）中加入一系列控制变量，列（3）进一步控制公司层面固定效应。本文发现，无论采用何种方式回归，β_1 的系数都在 1%水平显著为正；β_2 系数都在 1%水平显著为负，证明民营资本持股和股价崩盘风险可能呈倒“U”形关系，即随着民营资本持股比例的增加，股价崩盘风险先上升后下降。本文进一步比较回归方程（1）未加入 Private 平方项和回归方程（2）加入 Private 平方项实证分析结果。以表 3 第 3 列 FE 检验为例，在表 3 中，Private 系数为 0.002，t 值为 0.88，在表 4 第 3 列 FE 检验中，当加入 Private 平方项后，Private 系数上升至 0.0159，t 值上升至 3.80，说明相较表 3，表 4 中民营资本持股（Private）系数无论从数值还是显著性水平都有明显增加，同时在表 4 中，无论采用何种方式回归，Private 平方项系数都在 1%水平显著为负，这些证据暗示较于模型 1，模型 2 更可能是正确的模型设定形式，同时进一步证明民营资本混合持股和股价崩盘风险倒“U”形关系的合理性。

表 4 最后一列列示 Private 极值点的数值①，本文进一步希望探究 Private 0 的取值是否合理。前文分析指出，当民营股东有能力制衡国有控股股东时，民营资本的监督作用开始居于主导作用，那么 Private 0 的值必定在民营股东能够对国企控股股东形成重大影响的临界点附近。表 4 最后一列显示，Private 0 在 20%左右，本文认为这个取值在经济意义上合理，因为一方面，会计政策上将 20%的持股比例作为判断能否对被投资单位形成重大影响的标准；另一方面，其他相关领域的经验研究也得到类似结果，Morck 等（1988）发现当管理层持股比例超过 20%～25%时，管理层持股和企业价值从负相关转为正相关。因此，本文得到的结果暗示民营股东持股低于 20%左右时，更可能发生民营股东和国企控股股东合谋掏空上市公司资产；当民营股东持股比例高于 20% 左右时，民营资本对国企控股股东监督效应开始居主导作用。本文同时注意到，在本文的样本区间中，Private 的 90%分位数为 24.87%，说明 90%左右的国企，民营股东持股比例低于 Private 0，暗示约 90%的国企，更可能发生民营股东和国有控股股东合谋掏空上市公司资产，导致表 3 中我们观察到民营股东持股比例和股价崩盘风险呈简单的线性关系。

表 4　民营股东持股与股价崩盘风险——倒“U”形解释

变量	(1)	(2)	(3)	(4)	(5)	(6)
	OLS	OLS	FE	OLS	OLS	FE
	F_NCSKEW	F_NCSKEW	F_NCSKEW	F_DUVOL	F_DUVOL	F_DUVOL
Private	0.0268***	0.0229***	0.0184***	0.0179***	0.0157***	0.0136***
	(7.81)	(6.63)	(3.95)	(6.66)	(5.88)	(3.53)

① 当 $\frac{\partial Crash}{\partial private} = 0$ 时，Private 的数值，为简化起见，下文使用 $Private_0$ 表示当 $\frac{\partial Crash}{\partial private} = 0$ 时，Private 的值。

续表

变量	(1)	(2)	(3)	(4)	(5)	(6)
	OLS	OLS	FE	OLS	OLS	FE
	F_NCSKEW	F_NCSKEW	F_NCSKEW	F_DUVOL	F_DUVOL	F_DUVOL
$Private^2$	0.000635***	0.000541***	0.000474***	0.000419***	0.000365***	0.000325***
	(-6.77)	(-5.83)	(-3.68)	(-5.81)	(-5.12)	(-2.99)
Controls	No	Yes	Yes	No	Yes	Yes
Ind & Year	Yes	Yes	Yes	Yes	Yes	Yes
Firm	No	No	Yes	No	No	Yes
N	8518	8518	8518	8518	8518	8518
Adj. R^2	0.0785	0.113	0.00555	0.109	0.148	0.171
$\frac{\partial Crash}{\partial private}=0$	21.10	21.15	19.45	21.37	21.46	20.91

第二种方式，本文借鉴 Morck 等（1988）做法，进行分阶段线性回归，将民营股东持股比例分解为两个变量 Private_0_10 和 Private_10，检验民营股东持股和股价崩盘风险，检验民营股东持股（Private）和股价崩盘风险（Crash）的非线性关系，变量定义如下：

Private_0_10=Private，如果民营股东持股（Private）<10%

=10%，如果民营股东持股（Private）≥10%

Private_10=0，如果民营股东持股（Private）<10%

=Private-10%，如果民营股东持股（Private）≥10%

其中，本文借鉴 Laeven 和 Levine（2008）、赫阳和龚六堂（2015）的做法，选取 10%作为分阶段线性回归的分界点，计量模型如下：

$$Crash_{i,\ t+1}=\beta_0+\beta_1 Private\_\ 0\_\ 10_{i,\ t}+\beta_2 Private\_\ 10_{i,\ t}+Controls+Ind+Year+\varepsilon \quad (3)$$

本文的模型设定和 Morck 等（1988）的设定方式有所不同①，主要原因是本文的研究问题和 Morck 等（1988）不同。Morck 等（1988）的分析框架认为管理层持股主要通过两种途径影响企业价值，一是管理层与企业利益协同作用；二是壕沟效应。当管理层持股比例极低时，壕沟效应还未出现，利益协同作用居于主导作用，导致管理层持股与企业价值正相关；当管理层持股比例上升到一定程度时，壕沟效应出现并且开始居于主导作用，表现为随着管理层持股提高公司价值降低；当管理层持股比例很高时，管理层的地位非常稳固，壕沟效应的影响可以忽略，管理层和股东利益趋于一致。因此，Morck 等（1988）发现随着管理层持股比例增加，企业价值先上升后下降再上升。本文研究民营股东混合持股是否降低股价崩盘风险，本文将民营股东持股国企的影响划分为更多的合谋效应和更多的监督作用，当民营股东持股很低时，他们无法发挥监督作用，此时合谋效应可能居于主导作用；只有当民营股东持股比例上升到一个比较高的水平，他们才有能力监督国有控股股东，此时监督作用开始居于主导作用，表现民营股东持股降低股价崩盘风险，即本文的研究更可能出现随着民营股东持股比例上升，股价崩盘风险先上升后下降。基于以上分析，本文只选择一个分界点（10%），而非两个分界点（Morck et al.，1988）检验民营股东持

① Morck 等（1988）选用两个分界点 5%、25%将管理层持股分解为三个变量：Private_0_5、Private_5_25 和 Private_25，研究管理层持股与企业价值非线性关系。

股与股价崩盘风险的非线性关系。

回归结果表 5 所示，Private_0_10 的系数显著为正，表明如果民营股东持股比例小于 10%，随着民营股东持股比例的增加，加剧了股价崩盘风险，这符合合谋假说的预期；但是，Private_10的系数显著为负，表明如果民营股东持股比例大于 10%，随着民营股东持股比例增加，民营股东为最大化自身利益，有动机监督国有股东的掏空行为，导致股价崩盘风险降低。综上所述，分阶段线性回归方程的结果进一步证明了民营股东混合持股和股价崩盘风险倒“U”形关系假说。

表 5 民营股东持股与股价崩盘风险——分阶段线性回归

变量	(1)	(2)	(3)	(4)	(5)	(6)
	OLS	OLS	FE	OLS	OLS	FE
	F_NCSKEW	F_NCSKEW	F_NCSKEW	F_DUVOL	F_DUVOL	F_DUVOL
Private_0_10	0.0352***	0.0304***	0.0226***	0.0240***	0.0212***	0.0166***
	(9.53)	(8.37)	(4.59)	(8.44)	(7.48)	(4.18)
Private_10	-0.00564***	-0.00488***	-0.00539*	-0.00366***	-0.00322***	-0.00283
	(-3.65)	(-3.28)	(-1.91)	(-3.13)	(-2.82)	(-1.34)
Controls	No	Yes	Yes	No	Yes	Yes
Ind & Year	Yes	Yes	Yes	Yes	Yes	Yes
Firm	No	No	Yes	No	No	Yes
N	8518	8518	8518	8518	8518	8518
Adj. R^2	0.0820	0.116	0.125	0.112	0.150	0.172

由于分阶段回归临界点的选择具有一定主观性（Morck et al.，1988），同时考虑到会计准则将对被投资单位持股比例大于 20%作为判断是否对被投资单位构成重大影响的判断标准，且本文也在回归方程 2 中发现当 $\frac{\partial Crash}{\partial private}=0$ 时，Private 约等于 20%。因此，本文进一步使用 20%作为分阶段线性回归的分界点，将民营股东持股比例分解成两个变量 Private_0_20 和 Private_20，作为稳健性检验。

回归结果表 6 所示，Private_0_20 显著为正，Private_20 显著为负，进一步证明了随着民营股东持股比例上升，股价崩盘风险先上升后下降，进一步证明民营股东持股比例和股价崩盘风险倒“U”形关系假说合理。

表 6 民营股东混合持股与股价崩盘风险——分阶段线性回归

变量	(1)	(2)	(3)	(4)	(5)	(6)
	OLS	OLS	FE	OLS	OLS	FE
	F_NCSKEW	F_NCSKEW	F_NCSKEW	F_DUVOL	F_DUVOL	F_DUVOL
Private_0_20	0.0136***	0.0116***	0.00828***	0.00894***	0.00780***	0.00646***
	(6.92)	(6.09)	(3.13)	(5.91)	(5.15)	(3.02)

续表

变量	(1)	(2)	(3)	(4)	(5)	(6)
	OLS	OLS	FE	OLS	OLS	FE
	F_NCSKEW	F_NCSKEW	F_NCSKEW	F_DUVOL	F_DUVOL	F_DUVOL
Private_20	-0.0104***	-0.00871***	-0.00874*	-0.00620***	-0.00526**	-0.00473
	(-3.75)	(-3.25)	(-1.76)	(-2.67)	(-2.31)	(-1.26)
Controls	No	Yes	Yes	No	Yes	Yes
Ind & Year	Yes	Yes	Yes	Yes	Yes	Yes
Firm	No	No	Yes	No	No	Yes
N	8518	8518	8518	8518	8518	8518
Adj. R^2	0.0769	0.112	0.124	0.108	0.147	0.171

第三种方式，设置虚拟变量 Hungai，沿用第二种方式分界点的划分方式，若 Private > 10%，Hungai = 1，否则 Hungai = 0。构建如下计量模型：

$$Crash_{i,\ t+1} = \beta_0 + \beta_1 Private_{i,\ t} + \beta_2 Hungai_{i,\ t} \times Private_{i,\ t} + \beta_3 Hungai_{i,\ t} + Controls + Ind + Year + \varepsilon \quad (4)$$

其中，本文重点关注 β_1 和 β_2 的系数，如果前文民营股东混合持股与股价崩盘风险非线性关系假说成立，那么 β_1 系数应显著为正；β_2 系数应显著为负。回归结果如表 7 所示，本文发现 Private 系数显著为正，表明当民营股东持股比例小于 10%，民营股东持股更多表现为合谋效应，加剧股价崩盘风险；Hungai×Private 的系数显著为负，表明如果民营股东持股超过 10%，其持股可能更多表现为监督效应，以表 7 中列（2）为例，对于持股比例大于 10%的民营股东，其持股比例每上升 1 个百分点，股价崩盘风险平均下降 0.0393 个单位，且 F 值为 5.37，在 5%水平上显著。综上，本文进一步证明了民营股东混合持股与股价崩盘风险的倒“U”形关系。

表 7　民营股东混合持股与股价崩盘风险——倒“U”形解释

变量	(1)	(2)	(3)	(4)	(5)	(6)
	OLS	OLS	FE	OLS	OLS	FE
	F_NCSKEW	F_NCSKEW	F_NCSKEW	F_DUVOL	F_DUVOL	F_DUVOL
Private	0.0399***	0.0354***	0.0247***	0.0278***	0.0253***	0.0189***
	(7.65)	(7.00)	(4.00)	(7.06)	(6.57)	(3.83)
Hungai×Private	-0.0448***	-0.0393***	-0.0296***	0.0308***	-0.0277***	-0.0210***
	(-8.09)	(-7.30)	(-4.21)	(-7.32)	(-6.67)	(-3.77)
Hungai	0.400***	0.340***	0.271***	0.270***	0.234***	0.183***
	(8.25)	(7.18)	(3.94)	(7.05)	(6.17)	(3.32)
Controls	No	Yes	Yes	No	Yes	Yes
Ind & Year	Yes	Yes	Yes	Yes	Yes	Yes
Firm	No	No	Yes	No	No	Yes

续表

变量	(1)	(2)	(3)	(4)	(5)	(6)
	OLS	OLS	FE	OLS	OLS	FE
	F_NCSKEW	F_NCSKEW	F_NCSKEW	F_DUVOL	F_DUVOL	F_DUVOL
$H_0: \beta_1 + \beta_2 = 0$	7.665	5.370	2.297	4.942	3.360	0.753
	0.0057	0.0207	0.130	0.0264	0.0671	0.386
N	8518	8518	8518	8518	8518	8518
Adj. R^2	0.0822	0.116	0.125	0.112	0.150	0.172

沿用之前做法，在稳健性检验中，本文改变虚拟变量 Hungai 的设定方式，若 Private > 20%，Hungai = 1，否则 Hungai = 0，重新估计模型。回归结果表 8 所示。表 8 结果显示，当选择 20%作为分界点时，结论并发生实质性改变。

表 8　民营股东混合持股与股价崩盘风险——倒“U”形解释

变量	(1)	(2)	(3)	(4)	(5)	(6)
	OLS	OLS	FE	OLS	OLS	FE
	F_NCSKEW	F_NCSKEW	F_NCSKEW	F_DUVOL	F_DUVOL	F_DUVOL
Private	0.0191***	0.0165***	0.0102***	0.0130***	0.0116***	0.00783***
	(8.35)	(7.36)	(3.41)	(7.21)	(6.47)	(3.21)
Hungai×Private	-0.0176***	-0.0149***	-0.0144**	-0.0105***	-0.00891***	-0.00926*
	(-3.95)	(-3.44)	(-2.15)	(-3.02)	(-2.64)	(-1.80)
Hungai	0.110	0.0819	0.193	0.0322	0.0122	0.117
	(0.91)	(0.70)	(1.15)	(0.34)	(0.13)	(0.91)
Controls	No	Yes	Yes	No	Yes	Yes
Ind & Year	Yes	Yes	Yes	Yes	Yes	Yes
Firm	No	No	Yes	No	No	Yes
N	8518	8518	8518	8518	8518	8518
Adj. R^2	0.0791	0.114	0.124	0.110	0.149	0.171

综上所述，本文证明了民营股东持股比例与股价崩盘风险呈倒“U”形关系，当本文使用第一种方式检验民营股东与股价崩盘风险的非线性关系时，本文发现控制其他因素不变，当 Private 取 20%左右时，股价崩盘风险最大；在使用第二种和第三种方式检验倒“U”形关系时，无论使用 10%还是 20%作为分界点，都得到民营股东持股比例与股价崩盘风险的非线性关系。因此，本文的经验证据暗示，当民营股东持股 Private 落在区间（10%，20%）① 时，民营股东持股与股价崩盘风险的关系可能从正相关转为负相关，即如果 Private 的值在区间（10%，20%）左侧，民营股东持股的合谋效应占主导作用；Private 的值在区间（10%，20%）的右侧，民营股东持股的监

① 未列式的检验中，本文使用 12.5%、15%、17.5% 作为分界点，得到一致结论。然而，当本文使用 5%和 25%时，得到结论不稳定。

督效应占主导作用。

(三) 混改的效应问题

按照 Shleifer 和 Vishny (1994), Megginson 等 (1994), Boycko 等 (1996) 的逻辑, 私有化剥离了国有企业的政策性负担, 降低了代理成本, 提升国有企业效率, 本文以中国国有上市公司为样本却得到不一致的结论, 本文进一步分析什么因素造成这种不一致的结论。

在 2014 年全国"两会"上, 复兴集团董事长郭广昌表示, 民营资本不愿意参与混改的原因是民营资本在国有企业中缺乏话语权, 无力影响国有企业管理机制, 并建议在竞争性领域, 最好由民营资本控股。从这个逻辑上讲, 如果民营资本在国有企业中缺乏话语权, 那么他们缺乏能力改善国有企业治理机制, 难以影响国有企业管理模式, 那么混改就成为"形式上的混改", 并不会带来监督效应, 此时民营股东参股国企更可能是为了和国有股东合谋瓜分国有资产。只有当民营资本在国企中有足够话语权, 他们才有能力影响国有资产的管理机制, 实现更好的治理效应, 并为最大化他们自身利益, 也有动机监督国有控股股东侵占中小股东利益行为。因此, 只有当民营股东拥有一定话语权, 才能更好地发挥监督效应。基于以上分析, 本文将混改没能取得预期成效 (在总体上, 民营股东持股加剧股价崩盘风险) 归结为民营资本缺乏话语权。

适度的股权制衡可以使其他股东监督和制衡控股股东 (Shleifer and Vishny, 1986; La Porta et al., 1999; 白重恩等, 2005), 因此本文选取股权制衡作为衡量民营股东话语权的代理变量, 分别选用两个指标衡量民营股东对国企控股股东的制衡度: 民营股东持股比例和国有股东持股比例之比 (Private/ Soe), 民营股东持股比例和第一大股东持股比 (Private/ Top1)。分年度将样本按股权制衡度排序, 并等分为三组: 高股权制衡组、中股权制衡组和低股权制衡组, 分组进行检验, 其中本文重点关注高股权制衡度组中 Private 系数是否和低股权制衡度组中 Private 系数有显著差别。

分组回归结果列示于表 9A 至表 9D, 以表 9A 为例, 高股权制衡组中, 在模型 (1) 中 Private 系数显著为负, 表明如果民营股东在国有企业中有话语权, 则能发挥其监督效应, 在模型 (2) 中, 加入 Private 平方项后, Private 和 $Private^2$ 的系数都不显著, 表明在高股权制衡组中, 民营股东持股与股价崩盘风险并非倒"U"形关系, 更符合线性关系。在低股权制衡组中, 在模型 (5) 中, Private 系数显著为正, 表明如果民营股东在国有企业中缺乏话语权, 则无法发挥监督效用, 此时混改就产生相反的效果, 同时在模型 (6) 中加入 Private 平方项后, Private 和 $Private^2$ 的系数都显著且符号相反, 表明存在倒"U"形关系。同时本文注意到, 只有在高股权制衡组 (民营股东有话语权), 才不存在倒"U"形关系, 并且在模型 (1)、模型 (2)、模型 (3) 中, Private 的系数的大小和 t 值都单调递增 (随着民营股东话语权降低), 这一结果暗示可以用民营股东在国有企业缺乏话语权解释 Private 和 Crash 的倒"U"形关系, 并暗示如果在混改中民营股东缺乏话语权, 那么混改难以取得预期效果。

表 9A　Private/ Top1 分组——被解释变量 NCSKEW

变量	(1)	(2)	(3)	(4)	(5)	(6)
	高股权制衡		中股权制衡		低股权制衡	
	F_NCSKEW	F_NCSKEW	F_NCSKEW	F_NCSKEW	F_NCSKEW	F_NCSKEW
Private	-0.00339*	-0.00499	0.00730	0.0588***	0.0570***	0.157***
	(-1.94)	(-0.58)	(1.30)	(3.09)	(4.38)	(3.77)

续表

变量	(1)	(2)	(3)	(4)	(5)	(6)
	高股权制衡		中股权制衡		低股权制衡	
	F_NCSKEW	F_NCSKEW	F_NCSKEW	F_NCSKEW	F_NCSKEW	F_NCSKEW
$Private^2$		0.0000346		-0.00271***		-0.0143**
		(0.19)		(-2.85)		(-2.56)
Controls	Yes	Yes	Yes	Yes	Yes	Yes
Ind & Year	Yes	Yes	Yes	Yes	Yes	Yes
N	2839	2839	2842	2842	2837	2837
Adj. R^2	0.128	0.127	0.107	0.110	0.103	0.105

表 9B　Private/ Soe 分组——被解释变量 NCSKEW

变量	(1)	(2)	(3)	(4)	(5)	(6)
	高股权制衡		中股权制衡		低股权制衡	
	F_NCSKEW	F_NCSKEW	F_NCSKEW	F_NCSKEW	F_NCSKEW	F_NCSKEW
Private	-0.00329*	-0.00362	0.00868	0.0867***	0.0673***	0.0944*
	(-1.88)	(-0.40)	(1.42)	(3.71)	(4.99)	(1.95)
$Private^2$		0.0000		-0.00434***		-0.00412
		(0.04)		(-3.36)		(-0.60)
Controls	Yes	Yes	Yes	Yes	Yes	Yes
Ind & Year	Yes	Yes	Yes	Yes	Yes	Yes
N	2839	2839	2842	2842	2837	2837
Adj. R^2	0.121	0.121	0.103	0.107	0.110	0.110

表 9C　Private/ Top1 分组——被解释变量 DUVOL

变量	(1)	(2)	(3)	(4)	(5)	(6)
	高股权制衡		中股权制衡		低股权制衡	
	F_DUVOL	F_DUVOL	F_DUVOL	F_DUVOL	F_DUVOL	F_DUVOL
Private	-0.00145	-0.00206	0.00370	0.0431***	0.0455***	0.138***
	(-1.05)	(-0.30)	(0.84)	(2.78)	(4.35)	(4.09)
$Private^2$		0.0000		-0.00207***		-0.0132***
		(0.09)		(-2.63)		(-2.86)
Controls	Yes	Yes	Yes	Yes	Yes	Yes
Ind & Year	Yes	Yes	Yes	Yes	Yes	Yes
N	2839	2839	2842	2842	2837	2837
Adj. R^2	0.159	0.159	0.159	0.161	0.130	0.132

表 9D　Private/ Soe 分组——被解释变量 DUVOL

变量	(1)	(2)	(3)	(4)	(5)	(6)
	高股权制衡		中股权制衡		低股权制衡	
	F_DUVOL	F_DUVOL	F_DUVOL	F_DUVOL	F_DUVOL	F_DUVOL
Private	-0.00121 (-0.90)	0.000398 (0.06)	0.00405 (0.83)	0.0651*** (3.31)	0.0550*** (5.15)	0.0875** (2.30)
$Private^2$		-0.0000 (-0.24)		-0.00340*** (-3.12)		-0.00495 (-0.92)
Controls	Yes	Yes	Yes	Yes	Yes	Yes
Ind & Year	Yes	Yes	Yes	Yes	Yes	Yes
N	2839	2839	2842	2842	2837	2837
Adj. R^2	0.155	0.155	0.151	0.155	0.140	0.140

五、结论

本文以 2007~2018 年 A 股国有上市公司为样本，研究民营资本在国企混改进程中的公司治理效应。研究发现，随着民营资本持股比例增加，国有企业股价崩盘风险先上升后下降。同时本文经验证据暗示，当民营资本持股比例在区间（10%，20%）时，民营资本持股与股价崩盘风险开始由正相关转为负相关，暗示如果民营资本持股比例在区间（10%，20%）左侧，民营资本与国有控股股东的合谋作用占据主导地位；如果民营资本持股比例在区间（10%，20%）右侧，民营资本对国有股东的监督作用居于主导地位。

本文进一步使用民营资本缺乏话语权解释民营资本在国有企业中难以发挥公司治理作用，并发现当民营资本有能力制衡国有股东时，民营资本持股与股价崩盘风险呈单调负相关；当民营资本缺乏能力制衡国有股东时，民营资本难以发挥监督作用，民营资本持股更多地表现为加剧股价崩盘风险。综上所述，实证结果政策启示在于发挥非国有资本的公司治理作用的关键在于保障非国有资本在国有企业中的话语权，让非国有股东真正有能力影响并监督国有企业。

参考文献

[1] 郝阳，龚六堂．国有、民营混合参股与公司绩效改进［J］．经济研究，2017，52（3）：122-135.

[2] 刘汉民，齐宇，解晓晴．股权和控制权配置：从对等到非对等的逻辑——基于央属混合所有制上市公司的实证研究［J］．经济研究，2018，53（5）：175-189.

[3] 蔡贵龙，郑国坚，马新啸，卢锐．国有企业的政府放权意愿与混合所有制改革［J］．经济研究，2018，53（9）：99-115.

[4] Jin L，Myers S C．R^2 around the world：New theory and new tests［J］．Journal of financial Economics，2006，79（2）：257-292.

[5] Hutton A P，Marcus A J，Tehranian H．Opaque financial reports，R^2，and crash risk［J］．Journal of financial Economics，2009，94（1）：67-86.

[6] Kothari S P, Shu S, Wysocki P D. Do managers withhold bad news? [J]. Journal of Accounting Research, 2009, 47 (1): 241-276.

[7] Hong, H A, Kim J B, Welker M. Divergence of cash flow and voting rights, opacity, and stock price crash risk: International evidence [J]. Journal of Accounting Research, 2017, 55 (5): 1167-1212.

[8] Kim J B, Li Y, Zhang L. Corporate tax avoidance and stock price crash risk: Firm-level analysis [J]. Journal of Financial Economics, 2011, 100 (3): 639-662.

[9] Xu N, Li X, Yuan Q, et al. Excess perks and stock price crash risk: Evidence from China [J]. Journal of Corporate Finance, 2014 (25): 419-434.

[10] Kim J B, Zhang L. Accounting conservatism and stock price crash risk: Firm-level evidence [J]. Contemporary Accounting Research, 2016, 33 (1): 412-441.

[11] Kim J B, Wang Z, Zhang L. CEO overconfidence and stock price crash risk [J]. Contemporary Accounting Research, 2016, 33 (4): 1720-1749.

[12] Shleifer A, Vishny R W. Large shareholders and corporate control [J]. Journal of political economy, 1986, 94 (3, Part 1): 461-488.

[13] Shleifer A, Vishny R W. Politicians and firms [J]. The Quarterly Journal of Economics, 1994, 109 (4): 995-1025.

[14] Boycko M, Shleifer A, Vishny R W. A theory of privatisation [J]. The Economic Journal, 1996, 106 (435): 309-319.

[15] Shleifer A, Vishny R W. A survey of corporate governance [J]. The Journal of Finance, 1997, 52 (2): 737-783.

[16] Megginson W L, Nash R C, Van Randenborgh M. The financial and operating performance of newly privatized fims: An international empirical analysis [J]. The Journal of Finance, 1994, 49 (2): 403-452.

[17] Gupta N. Partial privatization and firm performance [J]. The Journal of Finance, 2005, 60 (2): 987-1015.

[18] Megginson W L, Netter J M. From state to market: A survey of empirical studies on privatization [J]. Journal of economic literature, 2001, 39 (2): 321-389.

[19] Jensen M C, Meckling W H. Theory of the firm: Managerial behavior, agency costs and ownership structure [J]. Journal of Financial Economics, 1976, 3 (4): 305-360.

[20] Kim J B, Li Y, Zhang L. CFOs versus CEOs: Equity incentives and crashes [J]. Journal of Financial Economics, 2011, 101 (3): 713-730.

[21] La Porta R, Lopez-de-Silanes F, Shleifer A. Corporate ownership around the world [J]. The Journal of Finance, 1999, 54 (2): 471-517.

[22] Chen J, Hong H, Stein J C. Forecasting crashes: Trading volume, past returns, and conditional skewness in stock prices [J]. Journal of financial Economics, 2001, 61 (3): 345-381.

[23] Petersen M A. Estimating standard errors in finance panel data sets: Comparing approaches [J]. The Review of Financial Studies, 2009, 22 (1): 435-480.

[24] Morck R, Shleifer A, Vishny R W. Management ownership and market valuation: An empirical analysis [J]. Journal of financial economics, 1988 (20): 293-315.

[25] Cai C X, Hillier D, Wang J. The cost of multiple large shareholders [J]. Financial Management, 2016, 45 (2): 401-430.

[26] Maury B, Pajuste A. Multiple large shareholders and firm value [J]. Journal of Banking & Finance, 2005, 29 (7): 1813-1834.

[27] Laeven L, Levine R. Complex ownership structures and corporate valuations [J]. The Review of Financial Studies, 2007, 21 (2): 579-604.

[28] Cheng M, Lin B, Lu R, et al. Non-controlling large shareholders in emerging markets: Evidence from China [J]. Journal of Corporate Finance, 2020 (63): 101259.

[29] Jiang F, Cai W, Wang X, et al. Multiple large shareholders and corporate investment: Evidence from China

[J]. Journal of Corporate Finance, 2018 (50): 66-83.

[30] Li Z, Yamada T. Political and economic incentives of government in partial privatization [J]. Journal of Corporate Finance, 2015 (32): 169-189.

[31] Faccio M, Lang L H P, Young L. Dividends and expropriation [J]. American Economic Review, 2001, 91 (1): 54-78.

The Innovation Dilemma and Money Burning Strategy: Under Internal and External Competition

Ma Tianping (马天平)

(Sports Business School of Beijing Sport University, Beijing 100084)

[**Abstract**] In the current "Internet plus" wave, companies often use the money burning strategy to develop innovative online business, but they encounter the "innovator dilemma". Why? This paper establishes a competition model between two companies. Each company has its own online sector and offline sector, but each company that burns money online faces the internal offline sector's constraints and external companies' online sector's technology imitation competition. We find that when technology imitation exists, the more money burning of innovator, the lower costs of competitors. However, surprisingly, when technology imitation is more severe, the costs of innovator companies decrease. If opportunity cost is also considered, the EVA of innovatory companies increases first and then decreases when burning money is optimal. We provide the amount of optimal money burning and propose that competition strategies should be dynamically adjusted according to opportunity costs and technological imitations.

[**Keywords**] Innovator Dilemma; Money Burning; Competition Strategy

1. Introduction

In recent years, traditional companies have moved toward "Internet plus" (Xie & Wang, 2017) and implemented online businesses. Online business is realized through the technology of the online sector. To promote their online businesses, companies often burn money, which we call a "money burning" strategy. However, the money burning strategy is often unsuccessful, such as SuNing, WalMart, Lesports. Why? And how much is the optimal amount to burn?

1.1 The Dilemma of Online Sector Innovation

On the one hand, online money burning can stimulate innovation, but new technology is easily copied by others. This result leads to increased competition amongcompanies. Therefore, online money burning must consider the impact of technology imitation. When it is not good to burn money to innovate, companies can gradually reduce input in new R&D technologies, and it will not be easy for the money burning strategy to succeed.

On the other hand, innovation incompanies by the online sector is also constrained by their own offline sector. Traditionally, the main revenue of companies comes from offline businesses, and the offline sector's revenue depends on the input of offline resources, but offline resources and online resources are substitutes for each other. The burned money from the online sector could have been applied to the offline sector. When transferring these resources from the offline sector to the online sector, the opportunity cost of the offline sector is increased.

Therefore, the strategy of burning money must fully consider the external and internal competitive dilemmas of innovation.

1.2 The Innovation of This Study

Regarding traditional companies' implementation of the innovation of an online business, this paper primarily pays attention to this type of "innovator dilemma". We propose a multistage competition model under an asymmetric strategy framework and a model of internal and external competition among four sectors of two companies with innovation money burning and technology imitation.

First, we find that themoney-burning innovation of the online sector is the "dilemma". The innovator company online sector should not only respond to the competition of other external imitators but also coordinate the resource grabbing of the internal offline sector, which must consider different response cases.

Second, implementing the innovation of money burning has different advantages and disadvantages. Money burning promotes the rapid development of online businesses, but in some cases, it causes decreases in the production costs and economic value added (EVA) of the company.

Third, we suggest that the technologic imitation of competitors should be considered by online sectors. Different imitations will have different effects on the production costs and EVA of the innovator's company and its competitors.

2. Literature Review

It is an inevitable trend for companies to develop online business (JV Duca, 2000). Much of the literature has studied the convenience and benefits of online business (Campbell & Frei, 2010) as well as the fraud and user satisfaction that can be involved in it (Hernández & Llobet, 2010). However, there has been little literature on the way in which the subsidizing of online companies burns money. Burning money is not only the cost at the beginning of online business innovation (Bag & Qian, 2019; Beck & Kerschbamer, 2013) but also, more importantly, a strategy (Karamychev & Bauke, 2017) neglected in the past online-business literature.

As a strategy, more of the literature has studied onlinebusiness's signalling mechanism (Bechmann & Raaballe, 2010), which combines money burning with advertising, product prices, product quality and other factors. Fotakis and Tsipras (2016) argued that burning money is a mechanism and that the motivation comes from strategies in which it is not the direct price reduction of products but the use of resources to provide subsidies. Most of the literature has mainly considered the use of money burning in external competition strategies, but no studies have considered resource competition from the offline sectors of companies.

It is the internal competition, combined with external competition, that is the innovator dilemma of online business. Since Christensen introduced it (Christensen, 2005), the literature on the innovator dilemma has focused mainly on technological changes, product performance, market demand, etc. Few papers have considered the innovator dilemma from the perspective of competition strategy. In particular, the innovator dilemma faces not only external competition but also internal competition, which is one difference between this paper and the previous literature.

Many studies have focused on external competition and internal competition (Theeke, 2016), but they mainly combined the external innovative elements with internal motivation or internal new products and old products, corresponding to different types of external consumers (Bruce & Udo, 1992). Internal competition in innovation is not considered from the opportunity cost (Knowles & Servátka, 2015), especially the use of EVA expression. Waxman and Andrew (2015), Mukherjee and Pennings (2000) and others emphasized technology imitation in external competition. Different technology imitation results in different competition (Perla & Tonetti, 2014). Thus, this paper fully considers the influence of technology imitation on the strategy of burning money.

Therefore, on the basis of traditional onlinebusiness, money-burning strategy and innovator dilemma literatures, this paper suggests money-burning strategies for online business innovation based on internal and external Cournot competition (Nickerson, 1999).

Innovativecompanies should dynamically adjust the amounts of subsidies for innovative money burning according to the resource allocation of internal competition, that is, the opportunity cost of the offline sector, and the difficulty of external competition, that is, the ease of technology imitation, to achieve the optimal response strategy.

3. The Foundation Model

We assume that two companies develop online businesses in a market while providing homogeneous products to the market. The two companies also have their own offline sectors. Market competition exists between two online sectors of the two companies (Jauernig & Uhl, 2016), and internal constraints for resource inputs exist between each company's online and offline sectors.

(1) The online sectors in the two companies all are revenue centres, independently calculating costs and benefits. The product demand function is set as a function:

$p(Q) = Z - Q$, $Q = M + N$

M and N represent the output of the online sectors of the two companies, respectively, which also represent the market share. Z is constant, and $Z > 0$.

(2) When traditional companies implement new Internet online businesses, they often adopt the method of money burning. Set a as the unit of money burning for the online business, $a \in [0, 1]$, and the greater the a value is, the more money burning that occurs. We call companies with this type of technology innovation and money burning an "innovator company".

(3) Because the new technology of interconnection is easy to learn, there is strong technology imitation. Set b denotes the technology imitation of money burning, and $b \in [0, 1]$; that is, the greater the b value is, the more technology imitation there is. Technology imitation cannot exceed the effect of money

burning itself, so $a \geqslant b$. We call this type of company that obtains technology through imitation and does not innovate actively an "imitator company" or a "competitor company".

(4) Assuming that the innovative costs of the online sectors for the two companies are A_1 and A_2, respectively, we consider the diminishing marginal returns of innovative money burning. Let the innovative cost functions be $\frac{1}{2}A_1^2$ and $\frac{1}{2}A_2^2$, respectively (Montoro & Garcia, 2003). The unit production costs of the two sectors are C_1 and C_2, respectively, and the unit innovative costs are $A_1 = M - C_1$, $A_2 = N - C_2$. The innovative cost functions are expressed as follows:

$(1-a)(M-C_1)^2/2$, $(1-b)(N-C_2)^2/2$

(5) The products per unit online will decrease the available resources of the offline sector due to internal competition. If the online sectors crowd out resources, it leads to the inability of offline sectors to use them, and we label this situation an offline "opportunity cost".

If the opportunity cost is borne by everycompany individually, then the opportunity costs of the offline sectors of the two companies are $D_1 = \frac{1}{2}\beta C_1^2$ and $D_2 = \frac{1}{2}\beta C_2^2$ (Pracejus & O'Guinn, 2013), respectively. β is the opportunity cost coefficient.

Given the 5 above assumptions and variables, we obtain the following:

(1) Market share with product cost

The revenue functions of the two online sectors of the two companies are as follows (Sun & Debo, 2010):

$$\begin{cases} R_1 = R_1(M, N, C_1, a) \\ \quad = (Z - M - N)M - \dfrac{(1-a)(M-C_1)^2}{2} \\ R_2 = R_2(M, N, C_2, b) \\ \quad = (Z - M - N)N - \dfrac{(1-b)(N-C_2)^2}{2}. \end{cases} \tag{1}$$

According to the first-order condition of revenue functions:

$\frac{\partial R_1}{\partial M} = 0$ and $\frac{\partial R_2}{\partial N} = 0$, the following equations can be determined:

$$\begin{cases} M = M(C_1, C_2, a, b) \\ \quad = \dfrac{Z(2-b) + (3-b)C_1(1-a) - (1-b)C_2}{8 - 3b - 3a + ba} \\ N = N(C_1, C_2, a, b) \\ \quad = \dfrac{Z(2-a) - C_1(1-a) + (3-a)(1-b)C_2}{8 - 3b - 3a + ba}. \end{cases} \tag{2}$$

The strategic response functions of the output of the two companies' online sectors to their respective production cost are as follows:

$$\begin{cases} \dfrac{\partial M}{\partial C_1} = \dfrac{(3-b)(1-a)}{8 - 3b - 3a + ba} \\ \dfrac{\partial N}{\partial C_2} = \dfrac{(3-a)(1-b)}{8 - 3b - 3a + ba} \end{cases} \tag{3}$$

It can be seen that a higher market share is accompanied by a higher production cost.

Then, we obtain: $\frac{\partial M}{\partial C_1} > 0$ and $\frac{\partial N}{\partial C_2} > 0$.

(2) EVA with money burning

The EVA of a company is composed of 2 parts. The first part is output revenue, and the second part is the opportunity cost of the offline sector. That is, if resources are not burned for online business innovation, they can be used to expand the offline business. Burning money online causes the offline sector to lose some of its business opportunities, assuming that the strategies of different companies are independent of each other.

We express the EVA of the 2 companies as the following equations.

$$\begin{cases} EVA_1 = EVA_1(M, N, C_1) \\ \quad = (Z - M - N)M - \frac{(1-a)(M - C_1)^2}{2} - \frac{\beta C_1{}^2}{2} \\ EVA_2 = EVA_2(M, N, C_2, b) \\ \quad = (Z - M - N)N - \frac{(1-b)(N - C_2)^2}{2} - \frac{\beta C_2{}^2}{2}. \end{cases}$$

When $\frac{\partial EVA_1}{\partial C_1} = 0$and $\frac{\partial EVA_2}{\partial C_2} = 0$, then

$$\begin{cases} C_1 = \frac{M}{1+\beta} \\ C_2 = \frac{(1-\mathrm{b})N}{1+\beta-b}. \end{cases}$$

To simplify the calculation, we set $\beta = 2$. After Eq. (2) is plugged into the equation:

$$C_1 = C_1(a, b) = \frac{Z(5-3b)}{55 - 16a - 29b + 8ba} \tag{4}$$

$$C_2 = C_2(a, b) = \frac{Z(5-2a)(1-b)}{55 - 16a - 29b + 8ba} \tag{5}$$

Then, we obtain: $\frac{\partial C_1}{\partial a} > 0$and $\frac{\partial C_2}{\partial a} < 0$.

The online money burning provided by the innovator company reduces the available resources of the offline sector but economizes more of the offline business resources of the imitator company. That is, online money burning increases (decreases) the production cost of innovator companies (imitator companies).

(3) Market share with money burning

The strategic response function of the two companies' output levels to their online sector money burning is as follows:

$$\begin{cases} \frac{\partial M}{\partial a} = \frac{(3-b)\lfloor Z(2-b) - (5-2b)C_1 - (1-b)C_2}{[8 - 3b - 3a + ba]^2} \\ \frac{\partial N}{\partial a} = \frac{-Z(2-b) + (5-2a)C_1 + (1-b)C_2}{[8 - 3b - 3a + ba]^2} \end{cases}$$

Set$Z(2-b) - (5-2b)C_1 - (1-b)C_2 = 0$, and we obtain $Z = \frac{(5-2b)C_1 + (1-b)C_2}{2-b}$.

When Z is sufficiently large, the market is sufficiently large. $Z \in \left[\frac{(5-2b)C_1+(1-b)C_2}{2-b},\ +\infty\right)$.

Then, we obtain: $\frac{\partial M}{\partial a}>0$, $\frac{\partial N}{\partial a}<0$.

Therefore, money burning$a$ can increase the online production M of innovator companies and reduce the output of imitator companies because money burning enhances competitiveness, increasing the market share of innovator companies and reducing the market share of imitator companies.

(4) Market share with technology imitation

The strategic response function of the two companies' outputs to their technology imitation is as follows:

$$\begin{cases} \frac{\partial M}{\partial b}=\frac{-[(2-a)Z-C_1(1-a)-(5-2a)C_2]}{[8-3b-3a+ba]^2} \\ \frac{\partial N}{\partial b}=\frac{(3-a)[(2-a)Z-C_1(1-a)-(5-2a)C_2]}{[8-3b-3a+ba]^2} \end{cases}$$

Let $(2-a)Z-C_1(1-a)-(5-2a)C_2=0$, and we obtain $Z=\frac{(5-2a)C_2+C_1(1-a)}{2-a}$.

When market capacity Z is sufficiently large, $Z \in \left[\frac{(5-2a)C_2+C_1(1-a)}{2-a},\ +\infty\right)$.

Then, we obtain: $\frac{\partial M}{\partial b}<0$ and $\frac{\partial N}{\partial b}>0$.

Therefore, online sector technology imitation reduces the innovative costs of imitator companies, thus stimulating their output expansion. At the same time, the online sector of the innovator company has encountered that the output has increased, so its own strategy is to reduce innovation.

In summary, the effect of online money burning is to increase the output and revenue of the innovator company and reduce the output of the imitator company (Benhabib & Tonetti, 2014), but the existence of technology imitations weakens its online innovative implementation.

4. Extension 1: Money Burning Under the Condition of Technology Imitation

To increase market share and decrease innovation costs, companies are motivated to imitate existing innovations. Generally, the costs acquired by imitation should be lower than those of the original innovation, so $a \geqslant b$.

According to the hypothesis, under the condition of technology imitation, an imitator company can acquire online technology partly or completely from the innovator company without great cost.

As we know, the output functions of the two companies are $M=M(C_1, C_2, a)$ and $N=N(C_1, C_2, a)$. The EVA functions of the two companies are $EVA_1=EVA_1(M, N, C_1)$ and $EVA_2=EVA_2(M, N, C_2)$, respectively.

Therefore, when considering the response of output to costs C_1 and C_2, the first-order conditions of the EVA function of the company can be obtained as follows:

$$\begin{aligned}\frac{\mathrm{dEVA}_1}{\mathrm{d}a} &= \frac{\partial EVA_1}{\partial M}\frac{\mathrm{d}M}{\mathrm{d}a}+\frac{\partial EVA_1}{\partial N}\frac{\mathrm{d}N}{\mathrm{d}a}+\frac{\partial EVA_1}{\partial C_1}\frac{\mathrm{d}C_1}{\mathrm{d}a}\\ &=\left(\frac{\partial EVA_1}{\partial M}\frac{\partial M}{\partial C_1}+\frac{\partial EVA_1}{\partial N}\frac{\partial N}{\partial C_1}\right)\frac{\mathrm{d}C_1}{\mathrm{d}a}+\\ &\left(\frac{\partial EVA_1}{\partial M}\frac{\partial M}{\partial C_2}+\frac{\partial EVA_1}{\partial N}\frac{\partial N}{\partial C_2}\right)\frac{\mathrm{d}C_2}{\mathrm{d}a}+\\ &\frac{\partial EVA_1}{\partial M}\frac{\partial M}{\partial a}+\frac{\partial EVA_1}{\partial N}\frac{\partial N}{\partial a}+\frac{\partial EVA_1}{\partial C_1}\frac{\mathrm{d}C_1}{\mathrm{d}a}.\end{aligned} \quad (6)$$

Therefore, if the coefficient a in Eqs. (2), (4) and (5) is plugged into Eq. (6), when $\frac{\mathrm{dEVA}_1}{\mathrm{d}a}=0$, the optimal money burning a^* under the condition of technology imitation can be as follows:

$$a^* = \frac{9-3b}{16-8b} \quad (7)$$

From $a \geqslant b$ and $b \in [0, 1]$, we can obtain $b \in [0, 9/16]$. From Eq. (7), we can see that with the increase in imitation b, the optimal money burning of the company also increases.

This result is mainly due to the imitation of online technology, which reduces the cost of innovation and increases the output of the imitator company. To prevent the market share of the innovator company from declining due to the imitator company, the innovator company strategically provides more money burning for the online sector.

4.1 Technology Imitation Influences the Production Cost

Considering that technology imitation can change the production cost, the mechanism of technology imitation can be given by the following two equations:

$$\begin{cases}\frac{\mathrm{d}C_1}{\mathrm{d}b}=\frac{\partial C_1}{\partial a}\frac{\mathrm{d}a}{\mathrm{d}b}+\frac{\partial C_1}{\partial b}\\ \frac{\mathrm{d}C_2}{\mathrm{d}b}=\frac{\partial C_2}{\partial a}\frac{\mathrm{d}a}{\mathrm{d}b}+\frac{\partial C_2}{\partial b}.\end{cases} \quad (8)$$

We plug Eqs. (4), (5) and (7) into Eq. (8):

$$\begin{cases}\frac{dC_1}{db}=\frac{-8Z}{(55-16a-29b+8ba)^2}<0\\ \frac{dC_2}{db}=\frac{-3(1-b)(5-3b)Z}{(4-2b)^2(55-16a-29b+8ba)^2}<0\end{cases}$$

where $\frac{\partial C_1}{\partial a}>0$, $\frac{\partial C_1}{\partial b}<0$, $\frac{\partial C_2}{\partial a}<0$, and $\frac{\partial C_2}{\partial b}<0$.

Although online money burning increases production costs, technology imitation decreases production costs. That is, imitation can partly offset the cost of online money burning.

The more online money burning a there is, the fewer residual resources there are, so $\frac{\partial C_1}{\partial a}>0$. If the money-burned innovative technology can be easily copied by a competitor, then the following is true:

(1) The less effective money burning is, the more effective the offline business is, and we should leave resources to the offline sector.

(2) For an innovator company, the easier it is to imitate, the more unwilling it is to innovate (Hofeditz & Nienaber, 2017), and the lower the cost of the innovation; $\frac{\partial C_1}{\partial b} < 0$.

(3) Then, for imitator companies, the easier it is to imitate, the less innovative the resources are that it needs, so $\frac{\partial C_2}{\partial b} < 0$.

(4) Additionally, for imitatorcompanies, the more money burning there is by an innovator company, the lower the production cost input when the technology is easily imitated, so $\frac{\partial C_2}{\partial a} < 0$.

(5) Because $D_1 = \frac{1}{2}\beta C_1^2$ and $D_2 = \frac{1}{2}\beta C_2^2$, the offline opportunity costs of innovator companies and imitator companies all decrease with the increase in technology imitation. Then, $\frac{\partial D_1}{\partial b} < 0$and $\frac{\partial D_2}{\partial b} < 0$.

Additionally, with the optimal online money burning in Eq. (7), we obtain:

$$\begin{cases} C_1 = \frac{5 - 3b}{46 - 26b}Z \\ C_2 = \frac{(31 - 17b)(1 - b)}{(46 - 26b)(8 - 4b)}Z \\ M = \frac{15 - 9b}{46 - 26b}Z \\ N = \frac{(31 - 17b)(3 - b)}{(46 - 26b)(8 - 4b)}Z \end{cases} \tag{9}$$

4.2 Technology Imitation Influences Revenue and EVA

The EVA function and the revenue function of two companies satisfying optimal money burning are as follows:

$$\begin{cases} R_1^* = R_1(M, N, C_1, a) \\ R_2^* = R_2(M, N, C_2, b) \\ EVA_1^* = EVA_1(M, N, C_1) \\ EVA_2^* = EVA_2(M, N, C_2) \end{cases} \tag{10}$$

By plugging Eq. (9) into Eq. (10), we obtain:

$$\begin{cases} R_1^* = \frac{(43 - 23b)(5 - 3b)^2 Z^2}{(46 - 26b)^2(4 - 2b)} \\ R_2^* = \frac{(31 - 17b)^2(3b^2 - 12b + 13)Z^2}{(46 - 26b)^2(8 - 4b)^2} \end{cases} \quad \begin{cases} EVA_1^* = \frac{3(5 - 3b)^2 Z^2}{(46 - 26b)(16 - 8b)} \\ EVA_2^* = \frac{(31 - 17b)^2(3 - b)Z^2}{(46 - 26b)^2(16 - 8b)} \end{cases}$$

(1) $\frac{\mathrm{dR}_1^*}{\mathrm{d}b} < 0$ and $\frac{\mathrm{dR}_2^*}{\mathrm{d}b} > 0$; that is, with the increase in technology imitation, the revenue of the innovator company decreases, and the revenue of the imitator company increases. The economic logic is

that technology imitation reduces the market share of the innovator company and reduces its opportunity cost D_1. However, the positive effect of the latter on the EVA is less than the negative effect of the former. Therefore, ultimately, the EVA of the imitator company increases with increasing technology imitation.

In contrast, technology imitation increases the output of the imitator company and decreases the opportunity cost. The positive effect of the former on the EVA is greater than the negative effect of the latter. Therefore, ultimately, the EVA of the innovator company decreases with increasing technology imitation.

It can be seen that the setting of the optimal amount of money burning depends on who plays the dominant role of the two opposing factors.

(2) $\frac{\mathrm{dEVA}_1^*}{\mathrm{d}b} < 0$ and $\frac{\mathrm{dEVA}_2^*}{\mathrm{d}b} > 0$; that is, with the increase in technology imitation, the EVA of the innovator company decreases, while the EVA of the imitator company increases. The economic logic is that the company EVA consists mainly of revenue and opportunity costs. The technology imitation caused by the online money burning of the innovator company reduces its online revenue, while the offline opportunity cost also decreases, and the former has a greater effect. Therefore, the strategic response results in the reduction of the EVA of the innovator company. However, the technology imitation caused by the online money burning of the innovator company reduces the opportunity cost of the imitator company and increases its revenues. Therefore, the strategic response of the technology imitation increases the EVA of the imitator company.

5. Extension 2: The Effect of Online Money Burning with Non-technology Imitation

Under the condition of no technology imitation, $b=0$, then Eqs. (2), (4) and (5) change as follows:

$$\begin{cases} C_1 = \dfrac{5Z}{55-16a} \\ C_2 = \dfrac{(5-2a)Z}{55-16a} \\ M = \dfrac{2Z+3C_1(1-a)-C_2}{8-3a} \\ N = \dfrac{Z(2-a)+(3-a)C_2-C_1(1-a)}{8-3a}. \end{cases} \tag{11}$$

The company sets the optimal money burning standard according to the principle of maximizing the company's EVA.

Then, we determine the optimal online money burning strategy in two cases. In case 1, only the innovator company has a strategic response to online money burning, and there is no competitor company response. In case 2, the imitator company (competitor company) also has a strategic response to online money burning.

We further analyse the optimal online money burning when the output simultaneously responds to the production cost.

5.1 Case 1: Non-technology Imitation and Non-competitor Company Responses

The EVA function is mainly composed of revenue and offline opportunity cost. Thus, the revenue functions of the two companies are $R_1(C_1)$ and $R_2(C_2)$, respectively.

The first-order condition of the revenue function of the innovator company is:

$$\frac{dR_1}{da}=\frac{dR_1}{dC_1}\frac{dC_1}{da}=(1-a)(M-C_1)\frac{dC_1}{da}.$$

If it is known that $\frac{dC_1}{da}=80\frac{Z}{55-16a}>0$ is valid, then, when $a\neq 1$ is satisfied, the variable of $\frac{dR_1}{da}>0$ is valid.

Therefore, with the increase in online money burning, the output of the company increases, and the revenue increases accordingly. The economic logic is that although online money burning increases the production cost, it improves competitiveness, enlarges the market share, and then increases the revenue of the company.

In addition, the offline opportunity cost is $D_1=\frac{1}{2}\beta C_1^2(\beta>0)$ since $\frac{dC_1}{da}>0$, and the online money burning uses offline resources, so $\frac{dD_1}{da}>0$.

Here, the two company EVA functions are $EVA_1=EVA_1(M,\ C_1)$ and $EVA_2=EVA_2(N,\ C_2)$, which are different from the $EVA_1=EVA_1(M,\ N,\ C_1)$ and $EVA_2=EVA_2(M,\ N,\ C_2)$ mentioned above. The first-order condition of the company EVA function is:

$$\begin{aligned}\frac{dEVA_1}{da}&=\frac{\partial EVA_1}{\partial C_1}\frac{dC_1}{da}+\frac{\partial EVA_1}{\partial M}\frac{dM}{da}\\&=(M-C_1-\beta C_1)\frac{dC_1}{da}+(Z-3M-N+C_1)\frac{dM}{da}\end{aligned}\tag{12}$$

If $\beta=2$ and Eq. (11) are plugged into Eq. (12), $\frac{\partial EVA_1}{\partial C_1}=0$; therefore, $\frac{\partial EVA_1}{\partial M}=-10\frac{aZ}{55-16a}<0$. Previously, it was proved that when Z is sufficiently large, $\frac{\partial M}{\partial a}>0$, so $\frac{dEVA_1}{da}<0$.

Thus, it can be inferred that the optimal online money burning provided by the innovator company is $a^N=0$. Therefore, without considering the various strategic effects of online money burning on competitor companies, there is no incentive for innovator companies to unilaterally perform online money burning. Because online money burning will inevitably lead companies to deviate from the optimal point at which the marginal cost equals the marginal revenue, it damages the EVA of the company.

5.2 Case 2: Non-technology Imitation But Competitor Company Responses

Money burning can change the market. By comparing the results of competitor company responses, we can determine whether the innovator company has online money burning motivations. Online money burning will not only directly lead to changed output of both companies but also indirectly affect the opportunity cost of the offline sector (Podoynitsyna & Song, 2013).

5.2.1 Non-technology imitation but direct competitor responses

Now, we discuss the response ofcompany output to online money burning when there is a competitor company response. First, we determine the optimal money burning amount when online money burning directly affects the output of both companies.

In this case, the EVA functions of the two companies are $EVA_1 = EVA_1(M, N, C_1)$ and $EVA_2 = EVA_2(M, N, C_2)$, which are different from the $EVA_1 = EVA_1(M, C_1)$ and $EVA_2 = EVA_2(N, C_2)$ mentioned above. Additionally, $M = M(a)$ and $N = N(a)$.

Thus, the first-order conditions of the revenue function and the opportunity cost of the offline sector remain the same. The first-order conditions of the EVA function of the company are as follows:

$$\frac{\mathrm{dEVA}_1}{\mathrm{d}a} = \frac{\partial EVA_1}{\partial M}\frac{\mathrm{d}M}{\mathrm{d}a} + \frac{\partial EVA_1}{\partial N}\frac{\mathrm{d}N}{\mathrm{d}a} + \frac{\partial EVA_1}{\partial C_1}\frac{\mathrm{d}C_1}{\mathrm{d}a}$$

$$= (Z - 3M - N + C_1)\frac{\mathrm{d}M}{\mathrm{d}a} - M\frac{\mathrm{d}N}{\mathrm{d}a} + (M - C_1 - \beta C_1)\frac{\mathrm{d}C_1}{\mathrm{d}a}. \qquad (13)$$

Similarly, if $\beta = 2$ and Eq. (11) are plugged into Eq. (aa), it can be concluded that the optimal online money burning under this condition is $a^Y = 1/2$.

After plugging$a^N = 0$ and $a^Y = 0.5$ into Eq. (11), we obtain the innovator (imitator) company revenue function, offline opportunity cost and EVA function.

When$a^N = 0$,

$$\begin{cases} N^N = M^N = 0.27Z \\ C_1^N = C_2^N = 0.09Z \\ EVA_1^N = EVA_2^N = 0.09917Z^2 \\ D_1^N = D_2^N = 0.008Z^2 \\ R_1^N = R_2^N = 0.11Z^2 \end{cases} \qquad (14)$$

When$a^Y = 0.5$,

$$\begin{cases} M^Y = 0.31914Z,\ N^Y = 0.25531Z \\ C_1^Y = 0.10638Z,\ C_2^Y = 0.08510Z \\ EVA_1^Y = 0.10185Z^2,\ EVA_2^Y = 0.08691Z^2 \\ D_1^Y = 0.01131Z^2,\ D_2^Y = 0.00724Z^2 \\ R_1^Y = 0.12449Z^2,\ R_2^Y = 0.09416Z^2 \end{cases} \qquad (15)$$

Eqs. (14) and (15) show that for the innovator company:

$EVA_1^Y > EVA_1^N$, $D_1^Y > D_1^N$, $R_1^Y > R_1^N$, ${C_1}^Y > {C_1}^N$

Similarly, for the imitator company:

$EVA_2^Y < EVA_2^N$, $D_2^Y < D_2^N$, $R_2^Y < R_2^N$, ${C_2}^Y < {C_2}^N$

It can be seen that if the innovator company provides an appropriate amount of online money burning to the online sector, it allows the company to expand its market share, improving the production revenues and EVA of the innovator company.

However, excessive online money burning can also lead to excessive offline opportunity costs, which can in turn lead to offline business. Surely, online money burning exerts strategic pressure on imitator-companies, leading to the transfer of some of their revenues to innovator companies. Additionally, the online money burning of the innovator company has a crowding-out effect, ultimately leading to a decrease in the EVA of the imitator company.

5.2.2 Non-technology imitation but direct competitor responses

In addition to the direct effect, we find the indirect effect that online money burning actually affects both companies (Degeorge & Martin, 2016), and the two companies adjust their outputs accordingly, forming the indirect effect of online money burning on the EVAs of the two companies.

The output functions of the two companies are $M = M(a)$ and $N = N(a)$, which are different from $M = M(C_1, C_2, a)$ and $N = N(C_1, C_2, a)$ mentioned above. By plugging the results of Eq. (11) into Eq. (6), when considering the response of output to costs C_1 and C_2, it can be concluded that the optimal online money burning that companies are willing to provide under this condition is $\hat{a}^{Y} \tilde{=} 0.56$.

To consider the indirect effect, the optimal money burning of $\hat{a}^{Y} \tilde{=} 0.56$ is plugged into Eq. (11). The revenue, offline opportunity cost and EVA of the innovator (imitator) company are as follows:

$$\begin{cases} \hat{M}^{Y} = 0.32608Z, \ \hat{N}^{Y} = 0.25271Z \\ \hat{C}_1^{Y} = 0.10869Z, \ \hat{C}_2^{Y} = 0.08423Z \\ \hat{D}_1^{Y} = 0.01181Z^2, \ \hat{D}_2^{Y} = 0.00709Z^2 \\ \hat{R}_1^{Y} = 0.12700Z^2, \ \hat{R}_2^{Y} = 0.09225Z^2 \\ E\hat{V}A_1^{Y} = 0.10190Z^2, \ E\hat{V}A_2^{Y} = 0.08515Z^2 \end{cases} \tag{16}$$

Eqs. (15) and (16) show that the innovator company has:

$E\hat{V}A_1^{Y} > EVA_1^{Y}$, $\hat{D}_1^{Y} > D_1^{Y}$, $\hat{R}_1^{Y} > R_1^{Y}$, $\hat{C}_1^{Y} > C_1{}^{Y}$

Similarly, for an imitator company:

$E\hat{V}A_2^{Y} < EVA_2^{Y}$, $\hat{D}_2^{Y} < D_2^{Y}$, $\hat{R}_2^{Y} < R_2^{Y}$, $\hat{C}_2{}^{Y} < C_2{}^{Y}$

It can be seen that increasing the interaction of the cost response function strengthens the online business of the innovator company. We obtain the following:

$$\begin{bmatrix} E\hat{V}A_1^{Y} > EVA_1^{Y} > EVA_1^{N}, \ \hat{D}_1^{Y} > D_1^{Y} > D_1^{N}, \ \hat{R}_1^{Y} > R_1^{Y} > R_1^{N}, \ \hat{C}_1^{Y} > C_1{}^{Y} > C_1{}^{N} \\ E\hat{V}A_2^{Y} < EVA_2^{Y} < EVA_2^{N}, \ \hat{D}_2^{Y} < D_2^{Y} < D_2^{N}, \ \hat{R}_2^{Y} < R_2^{Y} < R_2^{N}, \ \hat{C}_2{}^{Y} < C_2{}^{Y} < C_2{}^{N}. \end{bmatrix}$$

Therefore, online money burning directly and indirectly affects the output of the two companies by affecting the production cost. This strategy causes the innovator company to gain more revenue and EVA in the market. The imitator company can only cut its output, so the revenue and EVA decrease.

6. Extensions 3: Another Case, Non-competition and a Graphic Illustration

Some parameters of the above model are simplified; then, we extend it toother cases.

The main differences in the hypothesis are as follows: innovative cost is changed to $\beta_1 \frac{A_1^2}{2}$ and $\beta_1 \frac{A_2^2}{2}$; and opportunity cost is changed to $\beta_2 \frac{C_1^2}{2}$ and $\beta_2 \frac{C_2^2}{2}$. Considering the difference between online innovative cost and offline opportunity cost regarding company EVA, the coefficients are set to β_1 and β_2 ($\beta_1, \beta_2 > 0$), respectively. Given the above model, the two companies are divided into two parameters. The innovative cost functions are expressed as follows:

$\beta_1(1-a)(M-C_1)^2/2, \beta_1(1-b)(N-C_2)^2/2.$

6.1 Money burning influences cost

If we keep the strategy response unchanged, then according to the first-order condition of the revenue function, the two companies' equilibrium market shares are as follows:

$$\begin{cases} M = \dfrac{Z(1+\beta_1-\beta_1 b)}{(2+\beta_1-\beta a)(2+\beta_1-\beta_1 b)-1} + \\ \quad \dfrac{\beta_1(2+\beta_1-\beta_1 b)(1-a)C_1-\beta_1(1-b)C_2}{(2+\beta_1-\beta a)(2+\beta_1-\beta_1 b)-1} \\ N = \dfrac{Z(1+\beta_1-\beta_1 a)}{(2+\beta_1-\beta_1 a)(2+\beta_1-\beta_1 b)-1} + \\ \quad \dfrac{-\beta_1(1-a)C_1+\beta_1(2+\beta_1-\beta_1 a)(1-b)C_2}{(2+\beta_1-\beta_1 a)(2+\beta_1-\beta_1 b)-1}. \end{cases} \tag{17}$$

This result still satisfies $\frac{\partial M}{\partial C_1} > 0$, $\frac{\partial M}{\partial C_2} < 0$ $\frac{\partial N}{\partial C_2} > 0$, $\frac{\partial N}{\partial C_1} < 0$, showing that the production cost has an impact on the outputs of the two companies.

Additionally, the EVA functions of the two companies are $EVA_1 = EVA_1(M, N, C_1, a)$ and $EVA_2 = EVA_2(M, N, C_2, b)$, which can be expressed by the following equations:

$$\begin{cases} EVA_1 = (Z-M-N)M - \dfrac{\beta_1(1-a)(M-C_1)^2}{2} - \dfrac{\beta_2 C_1{}^2}{2} \\ EVA_2 = (Z-M-N)N - \dfrac{\beta_1(1-b)(N-C_2)^2}{2} - \dfrac{\beta_2 C_2{}^2}{2} \end{cases}$$

From $\frac{\partial EVA_1}{\partial C_1} = 0$ and $\frac{\partial EVA_2}{\partial C_2} = 0$, we obtain:

$$\begin{cases} C_1 = \dfrac{\beta_1}{\beta_1+\beta_2} M \\ C_2 = \dfrac{\beta_1(1-b)}{\beta_1(1-b)+\beta_2} N \end{cases}$$

By in plugging Eq. (17), then:

$$\begin{cases} C_1 = \dfrac{\beta_1[\beta_1(1-b)+\beta_2+\beta_1\beta_2(1-b)]Z}{G[\beta_1(1-b)+\beta_2]} \\ C_2 = \dfrac{\beta_1[\beta_1+\beta_2+\beta_1\beta_2(1-a)](1-b)Z}{G[\beta_1(1-b)+\beta_2]} \end{cases} \tag{18}$$

where

$G = \beta_1\beta_2(1-b)[2(\beta_1+\beta_2)+\beta_1\beta_2(1-a)]+[3(\beta_1+\beta_2)+2\beta_1\beta_2(1-a)]$.

This result still satisfies $\frac{\partial C_1}{\partial a} > 0$ and $\frac{\partial C_2}{\partial a} < 0$. That is, the company's online money burning increases the costs of the innovator company and decreases the costs of the imitator company.

6.2 Technology Imitation Influences Cost

In this section, we assume that whencompanies choose online money burning, technology imitation is included as a given condition (Ambrus & Egorov, 2013) . After plugging Eqs. (17) and (18) into Eq. (6), the first-order condition $\frac{\mathrm{dEVA}_1^*}{\mathrm{da}} = 0$ of the company is solved, and optimal online money burning a^* can be obtained.

$$a^* = \frac{(\beta_1+\beta_2)(\beta_1+\beta_2-\beta_1 b)}{\beta_1\beta_2[\beta_1(1-b)(2+\beta_2)+2\beta_2]} > 0 \tag{19}$$

By plugging Eq. (19) into Eq. (aa):

$$\begin{cases} \frac{dC_2}{db} = -\frac{(1-b)^2\Theta_1+(1-b)\Theta_2+\Theta_3+\Theta_4}{\Theta^2} < 0 \\ \frac{dC_1}{db} = -\frac{\beta_1^3\beta_2^3 Z}{\Theta_5} < 0 \end{cases}$$

in which,

$\Theta = [\beta_1(1-b)(\beta_1\beta_2^2+4\beta_1\beta_2+2\beta_2^2+2\beta_1+2\beta_2)+2(\beta_1\beta_2^2+\beta_2\beta_2+\beta_2^2)]$

$[(1-b)(2\beta_1+\beta_1\beta_2)+2\beta_2] > 0\Theta_1 = \beta_1^5(2\beta_2^5+13\beta_2^4+28\beta_2^3+20\beta_2^2+4\beta_2) > 0$

$\Theta_2 = \beta_1^4[\beta_2^5(13-5b)+8\beta_2^4(7-3b)+4\beta_2^3(15-7b)+8\beta_2^2(2-b)] > 0$

$\Theta_3 = 4\beta_1^3\beta_2^3[\beta_2^2(b^2-6b+7)+\beta_2(2b^2-14b+15)+(b^2-6b+6)] > 0$

$\Theta_4 = 4\beta_1^2\beta_2^4[\beta_2(5-2b)+(4-2b)]+4\beta_1\beta_2^5 > 0$

$\Theta_5 = [\beta_1(1-b)(\beta_1\beta_2^2+4\beta_1\beta_2+2\beta_2^2+2\beta_1+2\beta_2)+2(\beta_1\beta_2^2+\beta_1\beta_2+\beta_2^2)]^2 > 0$

It can be seen that, after thechange in the model, the more easily technology can be imitated, the fewer online resources the model needs, and the more offline resources it can retain.

6.3 Money Burning When There is No Competition

In addition, in a competitive context, there must be an optimal money amount of burning of $a^* = a(b) > 0$ for any technology imitation level b . That is, to maximize the EVA of a company, the innovator company has the motivation for online money burning.

In a non-competitive context, the company optimizes the joint EVA by setting the optimal money burning. The joint EVA function of the two companies is $EVA = EVA_1 + \mathrm{EVA}_2$. The first-order condition can be expressed as:

$$\frac{\mathrm{dEVA}}{\mathrm{d}a} = \frac{\mathrm{dEVA}_1}{\mathrm{d}a} + \frac{\mathrm{dEVA}_2}{\mathrm{d}a} \tag{20}$$

where $\frac{\mathrm{d}EVA_1}{\mathrm{d}a}$ is the same as Eq. (6), $EVA_2 = \mathrm{EVA}_2(M, N, C_1)$, so:

$$\frac{\mathrm{dEVA}_2}{\mathrm{d}a} = \frac{\partial EVA_2}{\partial M}\frac{\mathrm{d}M}{\mathrm{d}a} + \frac{\partial EVA_2}{\partial N}\frac{\mathrm{d}N}{\mathrm{d}a} + \frac{\partial EVA_2}{\partial C_2}\frac{\mathrm{d}C_2}{\mathrm{d}a}$$

$$= \left(\frac{\partial EVA_2}{\partial M}\frac{\partial M}{\partial C_1} + \frac{\partial EVA_2}{\partial N}\frac{\partial N}{\partial C_1}\right)\frac{\mathrm{d}C_1}{\mathrm{d}a} + \left(\frac{\partial EVA_2}{\partial M}\frac{\partial M}{\partial C_2} + \frac{\partial EVA_2}{\partial N}\frac{\partial N}{\partial C_2}\right)\frac{\mathrm{d}C_2}{\mathrm{d}a} +$$

$$\frac{\partial EVA_2}{\partial M}\frac{\partial M}{\partial a} + \frac{\partial EVA_2}{\partial N}\frac{\partial N}{\partial a} + \frac{\partial EVA_2}{\partial C_2}\frac{\mathrm{d}C_2}{\mathrm{d}a}$$

By plugging Eqs. (17) and (18) into Eq. (20) and making $\frac{\mathrm{dEVA}}{\mathrm{d}a} = 0$, the optimal online money burning $\hat{a}^*$ in a non-competitive context (Shimoji & Makoto, 2002) can be obtained.

$$\hat{a}^* = -\frac{(\beta_1 + \beta_2 - \beta_1 b)\,[\Delta_1(1-b) + \Delta_2]}{\Delta_3(1-b)^2 + \Delta_4(1-b)} < 0$$

where

$$\Delta_1 = \beta_1^2 + \beta_1^2\beta_2^2 + 2\beta_1^2\beta_2 + \beta_1\beta_2 > 0$$

$$\Delta_2 = 2\beta_1\beta_2^2 + 2\beta_1\beta_2 + \beta_2^2 > 0$$

$$\Delta_3 = \beta_1^2\beta_2^2(\beta_1\beta_2 + 2\beta_2) > 0$$

$$\Delta_4 = 2\beta_2(\beta_1\beta_2 + 2\beta_2) > 0$$

After plugging $\hat{a}^*$ into Eq. (aa), $\frac{\mathrm{d}C_1}{\mathrm{d}b} < 0$ and $\frac{\mathrm{d}C_2}{\mathrm{d}b} < 0$ can be obtained.

It can be seen that, in anon-competitive context, for any level of technology imitation, $\hat{a}^* < 0$, there is no incentive for the innovator company to burn money. Additionally, technology imitation still decreases the costs of innovator companies and imitator companies.

6.4 A Graphic Illustration

The innovator company unilaterally provides online money burning, which can transfer the revenue of the imitator company to the innovator company and then increase the EVA of the innovator company. However, the implementation of online money burning decreases the resources of the offline sector; that is, the opportunity cost increases.

Z and a are independent of each other, and the effects of online money burning a on the EVA, revenue and offline opportunity cost of the two companies are shown in Fig. 1 below.

Fig. 1 Influence of money burning on the R (revenue), D (opportunity costs) and EVA of the innovator company and imitator company.

Fig. 1 shows the following.

(1) With the increase in online money burning, the EVA_1 of the innovator company rises first and then decreases, reaching the highest point in a^*, while the EVA_2 of imitator company continuously decreases;

(2) The revenues of the two companies are initially equal, and the revenue R_1 of the innovator company continuously increases, while the revenue R_2 of the imitator company continuously decreases;

(3) The offline opportunity cost D_1 increases for the innovator company but D_2 decreases for the imitator company, and the former is stronger than the latter.

In addition, under the condition of technology imitation, the effects of online money burning a on the EVA, revenue and offline opportunity cost of the two companies are shown in Fig. 2 below.

Fig. 2. Influence of technology imitation on the R (revenue), D (opportunity costs) and EVA of the innovator company and imitator company.

From Fig. 2, we find the following.

(1) For an innovator company, technology imitation reduces the opportunity cost D_1 offline but also decreases the revenue R_1, ultimately leading to a decrease in the EVA_1.

(2) For an imitator company, with increases in technology imitation, the opportunity cost D_2 decreases, and the revenue R_2 increases, ultimately leading to improvement of the EVA_2.

(3) The offline opportunity costs of both companies continuously decrease, but the offline opportunity cost of the imitator company falls more rapidly. The EVAs of both companies move inversely, and the imitator company surpasses the level of the innovator company after b^*.

7. Conclusion

Traditional companies are implementing the online innovations, such as Lining, Nike sports companies. In the current "Internet plus" wave, money burning by online businesses has encountered the "innovator dilemma". This study introduces online money burning strategy and technology imitations of two companies, and it constructs a multistage competition model under an asymmetric strategy framework, for each company that burns money online faces the internal offline sector's constraints and external companies' online sector's technology imitation competition. From these cases, we considered whether there is a direct or indirect, non-competition or competition response. We determined the optimal amount of money burning by dynamic conditions, and we provided the change results between the money burning and the opportunity cost, income and EVA.

Some new conclusions are drawn in this paper.

Online money burning is not independent of offline business. Online money burning can create opportunity costs. However, the output of online money burning can compensate for the EVA loss caused by offline business of thecompany, so the innovator company often has the motivation to perform online money burning.

Technology imitation increases (decreases) the output of the imitator (innovator) company and decreases (increases) its opportunity cost. The amount of optimal money burning depends on who plays the dominant role in the two opposing factors.

If technology imitation is not considered, online money burning will lead to a decrease in the output of the imitator company. However, when there is technology imitation, technology imitations not only reduce competitors' offline opportunity costs but also improve their outputs and EVAs.

This paper is based on the assumption of a duopoly competition market pattern, although many extended conclusions are given. In addition, future papers require more empirical data to verify the findings.

References

[1] J V Duca. Financial Technology Shocks and the Case of the Missing M2 [J]. Journal of Money Credit & Companying, 2000, 32 (4): 820-839.

[2] Xie, Hualing; Wang, Shengtao ; Chen, Xiaoli ; Wu, Jingjing. Bibliometric analysis of "Internet-plus" . Information and Learning Science, 13 November 2017, 118 (11/12): 583-595.

[3] Dimitris F, Dimitris T, Christos T, Emmanouil Z. Efficient money burning in general domains [J]. Theory of Computing Systems, 2016, 59 (4): 619-640.

[4] Bechmann K L, Johannes R. Taxable cash dividends: A money-burning signal [J]. The European Journal of Finance, 2010, 16 (1): 1-26.

[5] Beck A, Kerschbamer R, Qiu J, Matthias S. Shaping beliefs in experimental markets for expert services: Guilt aversion and the impact of promises and money-burning options [J]. Games and economic behavior, September 2013, 81 (100): 145-164.

[6] Bag P K, Qian N. Money burning in subjective evaluation and limited liability: A case for pay for performance [J]. Economics Letters, 2019 (174): 208-213.

[7] Karamychev, Vladimir A Visser, Bauke. Optimal signaling with cheap talk and money burning [J]. International Journal of Game Theory, 2017, 46 (3): 813-850.

[8] Shimoji, Makoto S. On forward induction in money-burning games [J]. Economic Theory, 2002, 19 (3): 637-648.

[9] Jauernig J, Uhl M, Luetge C. Competition-induced punishment of winners and losers: Who is the target? [J]. Journal of Economic Psychology, December 2016 (57): 13-25.

[10] Pracejus J W, O´Guinn T C, Olsen G D. When white space is more than "burning money": Economic signaling meets visual commercial rhetoric [J]. International Journal of Research in Marketing, September 2013, 30 (3): 211-218.

[11] Ambrus A, Egorov G. Comment on "Commitment VS. Flexibility" [J]. Econometrica, 2013, 81 (5): 2113-2124.

[12] Degeorge F, Martin J, Phalippou Ludovic. On secondary buyouts [J]. Journal of Financial Economics, 2016, 120 (1): 124-145.

[13] Hofeditz M, Nienaber A-M, Dysvik Anders, Schewe G. "Want to" Versus "Have to": Intrinsic and Extrinsic Motivators as Predictors of Compliance Behavior Intention [J]. Human Resource Management, 2017, 56 (1): 25-49.

[14] Sun J, Debo L G, Kekre S, Xie J H. Component-Based Technology Transfer in the Presence of Potential Imitators [J]. Management Science, 2010, 56 (3): 536-552.

[15] Benhabib J, Perla J, Tonetti C. Catch-up and fall-back through innovation and imitation [J]. Journal of Economic Growth, 2014, 19 (1): 1-35.

[16] Montoro-P, Juan D, Garcia-Sobrecases F. A Computational Approach to the Collective Action Problem: Assessment of Alternative Learning Rules [J]. Computational Economics, 2003, 21 (1-2): 137.

[17] Bruce K, Udo Z. Knowledge of the Firm, Combinative Capabilities, and the Replication of Technology [J]. Organization Science, 1992, 3 (3): 383-397.

[18] Waxman A. How "the imitation game" can inspire companies´ social media strategies [R]. American Companyer, 2015, 46 (1).

[19] Perla J, Tonetti C. Equilibrium imitation and growth [J]. Journal of Political Economy, 2014, 122 (1):

52-76.

[20] Podoynitsyna K, Song M, van Der B H, Weggeman M. Improving new technology venture performance under direct and indirect network externality conditions [J]. Journal of Business Venturing, 2013, 28 (2): 195-210.

[21] Mukherjee A, Pennings E. Imitation, patent protection, and welfare [J]. Oxford Economic Papers, 2004, 56 (4): 715-733.

[22] Gupta P, Vardhan S. Optimizing OEE, productivity and production cost for improving sales volume in an automobile industry through TPM: a case study [J]. International Journal of Production Research, 2016 (2): 1-13.

[23] Knowles S, Servátka M. Transaction costs, the opportunity cost of time and procrastination in charitable giving [J]. Journal of Public Economics, 2015 (125): 54-63.

总体报酬如何促进员工创新：组织自尊和工作投入的作用*

王红芳[1]　李　野[2]　杨俊青[3]

（1. 山西财经大学文化旅游学院，山西太原　030006；
2. 南京大学管理学院，江苏南京　210093；
3. 山西财经大学工商管理学院，山西太原　030006）

［摘　要］如何有效激发员工的创新行为是组织创新研究中广受关注的重要议题。总体报酬是企业激发员工动机和行为的驱动因素，但总体报酬在中国情境下对员工创新行为的作用效果和作用机制尚不明晰。本文基于社会信息加工理论，建构了一个以组织自尊为中介变量，工作投入为调节变量的被调节的中介效应模型，探讨了总体报酬促进员工创新行为的作用机制。470 份员工及其领导的配对问卷调查结果表明：①总体报酬对员工创新行为和组织自尊都具有显著的正向影响；②组织自尊完全中介了总体报酬与员工创新行为之间的关系；③工作投入对总体报酬和组织自尊、组织自尊和员工创新行为的关系具有调节作用，即工作投入程度越高，总体报酬对组织自尊的影响越强，组织自尊对员工创新行为的影响越强；④工作投入调节了总体报酬通过组织自尊对员工创新行为的间接影响，支持了两阶段调节的中介效应模型。本文拓展和丰富了报酬激励研究中总体报酬的内涵和功能，更进一步阐释了总体报酬对员工创新行为的影响效果、作用机制和边界条件，有助于企业运用总体报酬工具有效激发员工的创新行为，提高人力资源管理效能。

［关键词］总体报酬感知；组织自尊；员工创新行为；工作投入；社会信息加工理论

一、引言

组织创新是企业生存与发展的基础（Scott and Bruce，1994；Sacramento et al.，2013），也是国家实施创新驱动发展战略的关键，引起了社会各界的高度重视。组织创新能力和创新绩效的提升依赖于员工的创新行为（Woodman et al.，1993；陈春花，2015），有效激发员工创新一直是学术研究和管理实践的重要任务（Zhou and Inga，2014）。

报酬是组织激发员工行为的驱动因素，也是企业运营的主要成本，其有效性受到了广泛的关注（Williams et al.，2006）。然而报酬能否有效激发员工的创新行为却一直在学界和业界存有争

* ［基金项目］国家社会科学基金项目“新经济背景下我国企业内部个别协议及其作用机制的多层次研究”（17BGL109）。

议。长期以来，学者们习惯于依据报酬对劳动者的激励是否来自工作本身或工作过程，而将报酬划分为外在报酬（奖励）和内在报酬两类进行研究。目前，学术界普遍认同以任务意义和工作自主性为代表的内在报酬对个体创新行为具有积极稳定的正向影响，而对以薪酬为代表的外在报酬与个体创新行为的关系却产生了严重的分歧（Byron and Khazanchi，2012；黄秋风和唐宁玉，2016）。认知学派基于自我决定理论，认为外在报酬具有控制属性，会侵蚀个体的内在动机，抑制其创新行为（Deci et al.，1999），外在报酬与内在报酬的激励作用具有相互替代的关系和"挤出效应"（Amabile et al.，1996；Bowles and Polania，2012）。与之相反，行为学派基于习得性勤奋理论，认为外在报酬具有信息属性，针对个体创新成果的奖励使个体愿意花费更多精力应对工作中的复杂局面，提高了个体的内在成就动机，能够激发其创新行为（Eisenberger and Judy，1996），外在报酬与内在报酬对员工创新行为具有显著的互补性交互效应（曾湘泉和周禹，2008；阮爱君，2011）。事实上，管理实践中企业提供给员工的报酬既有外在报酬也有内在报酬，两者是紧密联系的有机整体。前人的研究虽然探讨了外在报酬和内在报酬对于员工创新行为的单独影响和交互影响，但却人为地分隔开外在报酬和内在报酬，难以深刻、全面地反映报酬对于创新行为的实质影响（Shalley and Gilson，2004；Zhou and Inga，2014），存在明显的研究局限。此外，以往研究过于侧重探讨单一报酬要素与创新行为的关系，且外在报酬的衡量大多局限于狭义的薪酬，即经济性薪酬，特别是可变薪酬（绩效薪酬）及其强度，内在报酬则囿于任务意义和工作自主性，与现实企业提供给员工的包括经济报酬和非经济报酬在内的总体报酬的管理实践差距较大，割裂了总体报酬赋予员工的丰富意义和整体效用（Rode et al.，2008；谭春平等，2018）。

实际上，随着新兴工业的诞生和新兴市场的出现，劳动力市场发生了巨大的变化，组织越来越意识到成功的关键在于整合，总体报酬作为一项含义更为全面的概念和工具风行于薪酬领域，在企业吸引、保留和激励员工的过程中发挥着越来越重要的作用。总体报酬的内涵相对丰富，是指"雇佣关系中员工认为有价值的所有事物"（美国薪酬协会，2012），包括了物质报酬和非物质报酬，也涵盖了外在报酬和内在报酬，相比于其他具体的报酬概念，更加全面地反映了企业和员工之间的交换关系（王红芳等，2019）。已有研究表明，总体报酬对员工的态度和行为具有积极的作用，如工作满意度（王红芳和杨俊青，2015）、工作幸福感（Gulyani and Sharma，2018）、组织承诺（杨菊兰和杨俊青，2015）、工作投入（Kiisa et al.，2012）和绩效（王红芳等，2019）。但是，总体报酬与员工创新行为的关系尚不明确，总体报酬如何以及在何种条件下影响员工创新行为的研究鲜有学者涉及，因而未能对总体报酬与创新行为的权变关系给出全面的解释，为当代企业如何运用总体报酬工具激发员工创新行为的指导较为有限，更难以解决众多企业所面临的对员工"激励不足"和"激励失效"的矛盾困境。

鉴于此，本文从社会信息加工理论出发，聚焦于企业中的总体报酬，在重新界定员工报酬内涵的基础上，进一步深入探讨报酬和员工创新行为之间的关系及作用机制，为学界存在的"报酬-创新关系"争论提供新的理论视角与研究证据（Zhou and Inga，2014）。具体而言，根据社会信息加工理论的逻辑，总体报酬是员工工作环境中的重要信号，代表着组织对员工工作表现的认可，员工通过对总体报酬所代表的社会信息加工，会认知到自己对组织的重要性，进而明晰自己在组织中的地位，形成较高水平的组织自尊（Salancik and Pfeffer，1978；Pierce et al.，1989）。而组织自尊作为个体对工作环境中的社会信息加工后的工作态度，将直接影响到员工后续的工作行为。具有高水平工作自尊的员工能够更加积极地投入工作当中，敢于在工作中冒险尝试新的工作方式与方法，凭借拥有的资源把创造性的想法转化为实实在在的工作成果，表现出良好的创新行为（Ojedokun，2012）。由此，组织自尊中介了总体报酬和创新行为之间的正向关系。除此之外，由于工作场所中的社会信息种类繁多，员工对工作中社会信息的关注和加工会受自身注意力乃至工作态度的影响（Salancik and Pfeffer, 1978），而工作投入代表着员工对工作过程和工作结果信息的高度关注，增强了总体报酬信息的凸显性和相关性，提高了员工对总体报酬信息的敏感度，进而能强化总体报酬和员工组织自尊之间的关系（Kahn, 1990）。同时，工作投入还代表了员工的资源使用方向，促进员工工作态度的作用效果，也会强化组织自尊和员工创新行为之间的正向关系。依据以上分析，本文构建了一个两阶段调节的中介效应模型（见图1）。

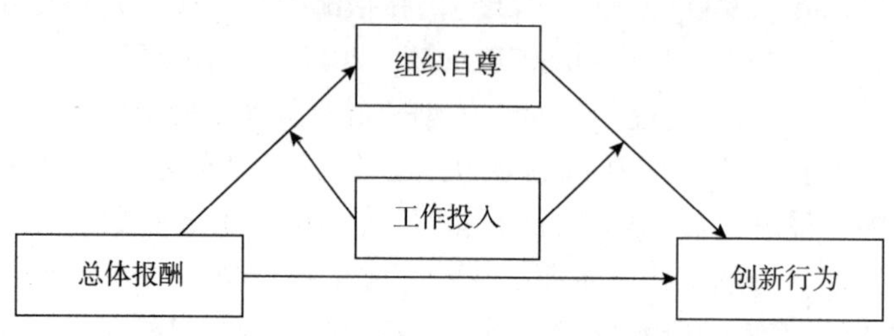

图1　实证研究理论模型

综上所述，本文试图在以下方面做出理论贡献：第一，以往关于报酬和创新之间关系的研究往往将内在报酬和外在报酬割裂开来，单独探讨内在报酬或者外在报酬对创新行为的影响，得出充满矛盾的结论，本文从总体报酬的角度重新界定了企业中报酬的内涵和外延，基于总体报酬的含义，确认了报酬和员工创新行为之间的正向关系，调和了以往研究中关于报酬和创新行为之间关系的矛盾结论（Zhou and Inga, 2014；王红芳，2017）。第二，本文基于社会信息加工理论，从员工与环境互动后所产生的自我认知的角度研究总体报酬对创新行为的影响机理，探究组织自尊的中介作用，丰富和扩展了以往基于自我决定理论（Deci et al., 1999）、习得性勤奋理论（Eisenberger and Judy, 1996）、社会认知理论（张勇和龙立荣，2013），以及有机整合理论（马君和王迪，2015）等从内在动机视角的研究，有利于更加全面和系统地了解总体报酬和创新行为之间的作用机制（Gurbin, 2015）。第三，工作投入作为员工的一种工作状态，为组织所提供报酬作用的情境化提供了选择（Kahn, 1990），本文论证了员工个体层面的工作投入对总体报酬作用机制的发挥具有调节作用，有助于深化总体报酬影响机制的情境化研究。第四，目前学界关于总体报酬的研究相对较少，本文基于社会信息加工理论将员工创新行为作为总体报酬的重要结果，通过验证被调节的中介模型，揭示总体报酬发挥作用的路径机制以及该路径机制产生影响的边界条件，不仅验证了总体报酬在中国情境下的有效性，而且从社会信息加工理论的角度进一步深化总体报酬的理论体系。

二、理论基础和研究假设

（一）总体报酬

“总体报酬”（total rewards）一词最先由古典经济学家亚当·斯密提出，原指劳动者所得货币工资中包含了与职业相关的多个因素（Armstrong and Vashishtha, 2012），2000年被美国薪酬协会（WAW）赋予了新的内涵，指“用以交换员工的时间、天赋、努力和成果而提供给员工的货币形式和非货币形式的回报”（美国薪酬协会，2012）。这一内涵的变化起因于20世纪80年代中期，全球经济与跨国公司迅速发展引起的激烈人才竞争，以及组织实践中员工多样化需求与传统薪酬制度统一化矛盾间的冲突，发展于企业对激励员工重要因素认识的不断丰富，是学术界和企业界共同探索的成果。总体报酬以员工需求为前提的特点，影响了社会各界对其结构认识的一致性，韬睿公司、合益集团、迪士尼公司等提出了各自的总体报酬模型。相比较而言，美国薪酬协会提出的总体报酬模型得到了较为广泛的应用。然而，文化经济等因素对人的认识、情感与激励产生着重大的影响（Markus and Kitayama，1991）。刘爱军和王能（2010）认为，WAW 总体报酬模型并不完全适合我国国情，还需在借鉴的基础上加以修正。的确，以中国非国有企业员工为对象的实证研究并不支持 WAW 的五维模型（王红芳和杨俊青，2015；杨菊兰和杨俊青，2015）。鉴于此，王红芳（2017）在文献分析的基础上，通过企业访谈、咨询专家意见、编制问卷调查、对回收数据统计分析等规范步骤，确定我国企业员工的总体报酬构成包括六个维度，即“薪酬、福利、工作条件、自主与认可、职业发展和工作关系”，其中，“薪酬、福利和工作条件”属于物质报酬，“绩效与认可、职业发展和工作关系”属于非物质报酬，本文的研究采用了这一总体报酬结构。

（二）社会信息加工理论

社会信息加工理论主张，个体具有适应性，会调整、构建自身的态度、行为和信仰来适应工作场所中的社会背景，进而形成和工作环境相匹配的工作态度和工作行为（Salancik and Pfeffer，1978）。该理论指出，社会环境提供了各种影响个体态度和行为的信息，个体通过加工和处理工作场所中的社会信息来认知工作环境的意义，进而建构工作场所中的社会现实。换言之，员工通过收集所处环境中的相关信息，利用自身经验对这些信息进行综合分析、判断和加工，据此在组织中构建自己的观念和态度，进而调整和指导自身的行为和决策（Frazier and Bowler，2015）。需要强调的是，个体对信息的加工、处理和反应的过程会受到承诺过程、信息的凸显性和相关性以及社会规则的影响，而非对所有的信息都进行解读（Salancik and Pfeffer，1978）。近期，已经有学者验证了社会信息加工理论对工作要素和员工态度、行为之间关系的有效预测作用（邹艳春等，2018），如组织环境要素通过员工的心理感知影响员工的工作绩效（周建涛和廖建桥，2018）。类似地，本文认为总体报酬这一组织中的重要信息源也能够影响员工的工作态度，进而对员工的创新行为产生后续影响。

（三）总体报酬对员工创新行为的影响

员工的创新行为指员工以识别工作中的问题为起点，产生解决问题的新想法，并主动向他人传播新想法，再积极寻找资源和制订计划实施新想法，使其“产品化”与“制度化”的复杂过程，是一种复杂的、有计划的并不一定被组织正式奖励系统所识别的、高度个人化的角色外行为，受到领导、外在环境、个体对环境的感知、个人问题解决模式以及工作群体关系等多种因素的综合影响（Scott and Bruce，1994）。诸如：员工个体的智力、动机、知识、情感或情绪、认知风格、创新自我效能、心理授权、目标导向、自我领导能力、核心自我评价、心理安全、心理资本和工作投入等，组织内的报酬、工作氛围、文化、领导、激励政策和工作特征等（Hennessey，2015）。

社会信息加工理论认为，员工依赖环境的信息来解释事件、形成态度、理解期望的行为和后果（Pfeffer and Salancik，1977）。工作场所中，信息的重要来源是组织环境。总体报酬不仅代表了员工过去行为的结果，体现了组织对个人工作成果的反馈，也向员工明确传递着组织的报酬理念和行为规范。作为以员工需求为导向、以激励和保留员工为核心、以提高绩效和有效降低人工成本为目的的新报酬理念，总体报酬意味着组织在可接受的、合法与合理的范围内满足员工获取回报的意愿和能力。因此，总体报酬构成了员工从工作中所获取的社会信息的主要内容，能够预测员工的工作态度和创新行为（Goncalo and Duguid，2012）。

进一步分析，总体报酬可以通过以下两种效应来激发员工的创新行为。一方面，在雇佣关系中，报酬和绩效是组织与员工的对等承诺，报酬具有激励和导向功能。良好的总体报酬，表明企业给付的报酬契合了员工多层次的需要，向员工传递了组织对其之前工作行为的肯定与尊重等信息，激发员工产生强烈的感激、信任与责任意识（Owens et al.，2013），促使员工愿意进一步努力达到组织的期望，甚至超出工作职责要求做出提高组织绩效的创新行为。另一方面，良好的总体报酬从组织的角度确认了员工完成任务的能力，使员工体验到了完成任务的成就感，有利于员工对自己形成积极的评价，从而更愿意迎接、应对工作中的挑战，做出创新等角色外行为。以上两种效应共同作用于员工积极的工作态度，激发员工的创新行为。

具体而言，本文中的总体报酬包括薪酬、福利、工作条件、自主与认可、职业发展和工作关系六个维度。其中，薪酬、福利和工作条件属于物质报酬，自主与认可、职业发展和工作关系属于非物质报酬。薪酬和福利这两种物质性报酬是一种企业认可员工的信号，将引导员工的创新行为，同时也能补偿个体在创新活动中产生的认知厌恶和精力损失，激励个体进行创新（Eisenberger and Byron，2011）。工作条件同样能对员工的情绪、工作态度和行为产生重要的影响（Ashkanasy et al.，2014），与员工的组织认同感和工作情绪正相关，能够促进员工的创新行为（Youssef and Luthans，2007）。自主与认可满足了员工凭借自身努力获得他人赏识的心理需要，激励员工在提升技能和达成绩效的过程中带来组织期待的创新行为（陈倩倩等，2018）。工作关系则代表着组织的支持，有助于员工产生归属感，运用多种资源进行有利于组织的创新（Weber and Mayer，2014）。企业为员工职业发展提供的一系列培训和措施则培养了员工的创新能力并促进其创新行为。已有实证研究结果表明，影响创新行为的报酬因素包括：工作环境、工作条件、物质激励、薪酬激励、培训、组织氛围、组织支持、公司制度等（阮爱君，2011）。因此，本文提出如下假设：

H1：总体报酬积极影响员工的创新行为。

（四）组织自尊的中介作用

自尊是个体对自身能力、重要性和需求被满足程度等自我价值的整体评价（Korman，1970）。组织自尊是 Pierce 等（1989）在拓展自尊定义的基础上提出来的概念，反映了员工对自身在组织中的价值、意义和胜任力的总体评价。已有研究指出，组织自尊与积极情感正相关，对员工的工作态度、动机和工作行为具有重要的作用（林叶和李燕萍，2016）。

员工组织自尊的形成，一方面来自个体对自我效能的感知，另一方面源于对组织各方面信息的加工（陆欣欣和涂乙冬，2014）。在工作场所中，员工通过一系列方式，从工作、组织和重要他人等处收集到有关自身对环境影响的信息加以解读，最终形成自我评价（Pierce et al.，1989）。因此，组织自尊是员工在工作过程中逐渐形成的，带有强烈的情感色彩。根据社会信息加工理论，总体报酬作为一种重要的、与工作相关的社会信息，不仅代表了组织对员工工作成果的评价与回报，是工作成果的重要表征，具有凸显性，而且还代表了员工与组织交换过程中的获得与收入，与员工的生活质量息息相关，具有相关性（Salancik and Pfeffer，1978）。因此，员工倾向于对总体报酬进行认知加工，明晰总体报酬所代表的意义。具体而言，较好的总体报酬，不仅体现了组织对员工充分利用自身知识、技能和潜力顺利完成工作任务、为组织创造价值、做出贡献的认可，而且表明员工接受了组织对其工作行为和工作结果的肯定，这些显著性的信息将融入个体的自我认知，有助于员工形成自身对组织有价值、有能力和有意义的积极自我评价，进而发展出高水平的组织自尊。梳理已有的实证研究，可以发现总体报酬中的六个维度都可能对员工的组织自尊产生积极的影响。其中，薪酬和福利体现了员工在社会中的价值和地位（Lee，2003），工作条件使员工得以体面劳动，自主与认可直接表示了对员工工作的承认与赞赏，使员工感受到组织的关注与激励，从而激发了员工的使命感和荣誉感（文跃然和周欢，2015），职业发展增强了员工的胜任力，是员工获取组织自尊的重要途径（Gardner et al.，2015），工作关系代表着领导和同事的支持，也是促进员工组织自尊的重要因素。因此，提出如下假设：

H2：总体报酬对员工的组织自尊具有积极影响。

进一步而言，组织自尊可以显著提升员工的创新行为，主要有以下三方面的原因：第一，社会信息加工理论认为，员工通过加工工作中的各种社会信息来建构工作场所中的社会现实，环境中的信息影响员工的判断和行动。组织自尊比较高的员工，通常相信自己具备在组织中从事创新工作的能力和影响力，对角色特征和组织情境具有较强的控制力，因而倾向于整合各种资源从事创新（Gardner et al.，2015）。第二，根据社会信息加工理论，社会环境提供了个人用来解释事件和调整行为的社会规范和准则，即提供了一个人的态度、行为的参照标准。组织自尊比较高的员工，普遍认为自己在组织中具有较高的价值和地位，会更加认可组织的发展目标与行为准则，势必积极响应组织的号召，花费额外的努力做出更多有利于组织的创新行为（Chan et al.，2013）。第三，在高集体主义文化的组织情境下，组织自尊高的员工有着强烈的主人翁意识，认为自己有责任和义务促进组织发展，因而工作动力更强，倾向于表现出更多的积极行为，承担更多创新中潜在的风险（潘孝富等，2012）。因此，提出假设：

H3：员工的组织自尊积极影响其创新行为。

Salancik 和 Pfeffer（1978）指出，个体工作态度和行为的决定遵循“社会信息源→信息加工（心理感知）→反应（态度和行为）”的反应范式，这就意味着工作场所的各类信息，诸如：组织对于工作结果的评价和反馈、组织内部的行为规范与期望、过去的行为与结果等环境线索被员工收集加工后，影响着员工的工作态度和工作行为，为总体报酬感知对创新行为的作用机制提供了研究视角和分析框架。总体报酬是员工付出劳动后从组织得到的回报，与员工的切身利益相关，是员工在工作场所中关注的首要因素，因而总体报酬作为来自组织情境的、与工作相关的显著性信息，蕴含着丰富的意义，将会被员工视为重要的信息源，并据此调整自己的心理状态和行为。具体而言，良好的总体报酬，代表员工的工作行为和工作成果符合组织的期望，受到组织的肯定与尊重，因此提升了员工对自己的组织价值的评价，使员工产生较高水平的组织自尊，进而增强了员工对组织的信任、认同和承诺（Ghosh et al.，2012），使员工形成积极的工作情感，更可能表现出创新行为（王宏蕾和孙健敏，2018）。相反，较低的总体报酬，象征着员工先前的工作行为和工作成果未受到组织肯定，员工可能会因此非常沮丧，并对自身在组织中的价值和意义产生消极的评价，形成低水平的组织自尊，同时也缺乏凭借自己能力在组织中获得成功的信心，甚至会对组织产生不满，倾向于减少与任务相关行动上的努力。已有研究表明，组织自尊在中国情境下传导了组织情境因素对员工行为的影响（张好雨等，2016）。因此，提出假设：

H4：组织自尊在总体报酬与员工创新行为之间起中介作用。

（五）工作投入的调节作用

社会信息加工理论认为，员工感知和行为的形成除了受到信息本身特征、信息源及相关因素的影响外，还受到员工自身因素的影响，比如，个体特征和工作态度倾向等（Millerki and Monge，1985）。因此，总体报酬作用的发挥也会受到员工自身因素的影响。工作投入作为个体在工作角色中“自我倾向”的重要应用和体现，将会影响个体对工作场所信息的筛选和加工，是影响总体报酬发挥作用的关键个人因素。

首先，工作投入影响总体报酬对组织自尊的积极作用。工作投入是指员工在身体上、认知上和情感上都参与其工作角色，并体验到一种意义感、心理安全感和可用性，影响着员工的多种工作行为（Kahn，1990）。一方面，根据社会信息加工理论，具有显著性特征的社会信息才可能被个体优先进行加工。工作投入程度高的员工，对工作高度专注，会持续收集、筛选、获取、加工与工作相关的信息，总体报酬这类对工作行为和工作成果评价的核心信息，必将引起他们更加敏感的反应，因此工作投入强化了总体报酬在个体进行社会信息加工过程中的显著性和相关性，放大了总体报酬的作用效果，促进了总体报酬和组织自尊之间的正向关系。另一方面，基于社会信息加工理论，具有相关性特征的社会信息也会被个体进行深加工。工作投入高的员工通常对工作有一种积极的情感，会主动寻求身体和认知上的努力以达到与自我角色有关的目标（杨旭华和李野，2018），因而具有更强的学习动机、奉献精神和自我效能感，倾向于把较好的总体报酬感知归因于自身过去的工作行为和付出的努力，从而强化了总体报酬与自身能力、价值的相关性，形成更高水平的组织自尊。因此，提出假设：

H5：工作投入正向调节了总体报酬与组织自尊的关系。工作投入越高的员工，总体报酬对其组织自尊的正向影响越强烈。

其次，工作投入也会影响组织自尊对创新行为的积极作用。根据社会信息加工理论，个体因素不仅会影响个体对社会信息的选择性加工，还会影响个体加工信息后的态度和后续的行为反应（Salancik and Pfeffer，1978）。组织自尊是员工对自身在组织中的价值评价，有助于形成积极的工作情感，而创新行为是一种伴随着潜在风险的行为，员工能否将这种积极的情感转化为创新行为，还取决于员工对工作的投入程度。Zalesny 和 Ford（1990）对社会信息加工理论进行了拓展和深化，指出个体加工社会信息之后形成的工作态度在向工作行为转化时，会受到评估/选择过程因素的调节。工作投入是员工在工作中表现出的一种持久而积极的工作状态（Schaufeli et al.，2002），影响着员工是否会将组织自尊等工作态度投入冒险与收益并存的创新性行为当中。一方面，工作投入代表了员工一门心思扑在工作上，工作效率高，有更强的学习动机和自我效能感，使组织自尊较高的员工倾向于低估创新行为的风险性，促进了组织自尊与创新行为之间的正向关系（Chan et al.，2013）。另一方面，工作投入预示着员工在工作中的选择过程倾向，高工作投入的员工具有强烈的奉献特征，对工作具有高度的认同感，能够从工作中体验到意义、热情与自豪，这就使具有高组织自尊的员工更愿意选择迎接、面对、接受并完成工作中具有挑战性的创新性任务，进而表现出更多的创新行为（Zalesny and Ford，1990）。因此，提出假设：

H6：工作投入在组织自尊与创新行为的关系中具有正向调节作用。工作投入越高的员工，组织自尊对创新行为的正向影响越强烈。

进一步地，工作投入对组织自尊在总体报酬与创新行为关系间的中介作用也存在调节效应。基于社会信息加工理论，组织中的个体有能力通过选择性的感知和解释所处的社会环境来构建自己的工作态度和工作行为（Salancik and Pfeffer，1978）。总体报酬作为一种核心的工作信息源，使员工确认自己在组织中的价值、地位和意义，进而产生较高水平的组织自尊。而具有高水平组织自尊的员工对自己充满信心，乐于迎接挑战性的创新任务，也会对组织的发展目标更加认同，愿意遵照组织中的创新规范，表现出良好的创新行为。除此之外，工作投入一方面代表了员工对于工作信息的敏感度，会放大总体报酬这种社会信息的凸显性和相关性，强化总体报酬和组织自尊之间的正向关系，另一方面代表了个体在态度和行为转化过程中的评估和选择倾向，促进了组织自尊向创新行为的有效转化。依据 Edwards 和 Lambert（2007）提出的带调节的中介理论框架，提出假设：

H7：工作投入正向调节组织自尊在总体报酬对员工创新行为影响过程中的中介效应，即员工工作投入程度越高，组织自尊在总体报酬和创新行为关系中的中介作用越强。

三、研究设计

（一）研究样本和数据收集

本文以分布在云南、陕西、新疆、山西、北京、浙江、广东、山东等地的200多家企业员工为样本。为了减少“共同工具效应”，避免社会赞许性等问题，根据Podsakoff等（2003）的建议，采用多时段现场发放直接领导和员工配对的纸质问卷进行调查。第一次问卷调查中，企业人力资源主管填写企业的基本情况，每位员工汇报自己的总体报酬感知。三个月之后的第二次问卷调查中，员工汇报了自己的组织自尊和人口学变量，直接领导评价了员工的工作投入；又过了三个月的第三次问卷调查中，直接领导报告了员工的创新行为。在调查时，为了保障问卷的有效性和可靠性，首先对问卷进行了对应编码，向问卷发放者详细说明了填答要求，强调了调查的学术性和保密性，给参与调查的人员发放了礼品，且承诺将研究结果反馈给感兴趣的参与者，最终由企业人力资源主管负责收回本企业所有问卷。本文发出800套问卷，收回140家企业中“员工-主管”匹配的有效问卷470套，综合有效回收率为58.75%。在样本结构方面，被调查者男性略多于女性（占52.60%），年龄多是35岁以下（82.80%），未婚员工略多于已婚员工（51.90%），工作性质多样，包括生产工人（31.30%）、营销人员（21.50%）、后勤服务人员（14.90%）和技术人员（13.40%）等，工作职位以一般员工为主（72.60%），受教育水平以大专或高职学历最多（30.40%），其次为本科及以上（28.50%）、高中或中职（25.10%）、初中学历及以下（16.00%）。

（二）变量测量

本文首选在中国情境下运用较多的成熟量表。所有量表采用李克特5点计分，1表示“非常不赞同”，5表示“非常赞同”。

（1）总体报酬（TR）。采用王红芳（2017）开发的量表，该量表包括薪酬感知、福利感知、工作条件感知、自主与认可感知、工作关系感知、职业发展感知六个维度共32个题项，样题如“基本工资逐年稳定上涨”，量表内部一致性系数为0.95，具有较为理想的结构效度和信度。

（2）组织自尊（OBSE）。采用De Cremer等（2005）开发的短版组织自尊量表，共有4个条目，示例条目为“我在组织中很有价值”，量表内部一致性系数为0.70，符合测量要求。

（3）工作投入（JE）。采用Christian等（2015）开发并验证的短版工作投入量表，包含3个条目，示例条目是“这名员工对于工作全情投入”，量表内部一致性系数为0.70，达到了测量要求。

（4）创新行为（IB）。采用Scott和Bruce（1994）开发的6个条目创新行为量表，代表性条目有：“这名员工总是寻求应用新的流程、技术与方法”，量表的内部一致性系数为0.84。

（5）控制变量。以往研究表明，性别、年龄、工龄、学历、婚姻状况对总体报酬、工作投入和创新行为有所影响。因此，本文将以上变量作为控制变量，以排除对所研究假设关系可能带来的影响。

四、研究结果

（一）验证性因子分析

首先采用 Stata 14.0 软件对本文中所有的备选模型进行比较，以验证主要变量的区分效度（见表 1）。数据显示，四因子基准模型对数据的拟合效果最理想，并具有可接受的拟合度（χ^2 = 1932.37，df=933，CFI=0.90，TLI=0.90，$RMSEA$=0.05，$SRMR$=0.06），进一步通过卡方变化值的比较，发现四因子模型最优，说明本文的测量具有良好的区分效度（Landis et al.，2000）。

表 1 不同因子模型之间的验证性因素比较（N=470）

模型	χ^2（df）	$\Delta\chi^2$（df）^{a}	$RMSEA$	CFI	TLI	$SRMR$
模型 1：四因素模型（TR，OBSE，JE，IB）	1932.37（933）***		0.05	0.90	0.90	0.06
模型 2：三因素模型（TR+OBSE，JE，IB）	4100.23（942）***	2167.86（9）***	0.08	0.69	0.67	0.08
模型 3：三因素模型（TR，OBSE，JE+IB）	3847.05（942）***	1914.68（9）***	0.08	0.71	0.70	0.07
模型 4：两因素模型（TR+OBSE，JE+IB）	4246.24（944）***	2313.87（11）***	0.09	0.68	0.66	0.09
模型 5：单因素模型（TR+OBSE+JE+IB）	5181.99（945）***	3249.62（12）***	0.10	0.58	0.56	0.10

注：TR=总体报酬，OBSE=组织自尊，JE=工作投入，IB=创新行为。"+" 表示两个变量组合。所有模型都和模型 1 作比较。*** 代表 p<0.001。

（二）描述性统计分析

各变量的描述性统计分析结果如表 2 所示。初步可见，总体报酬和创新行为显著正相关（r=0.23，p<0.01），总体报酬和组织自尊显著正相关（r=0.35，p<0.01），组织自尊和创新行为显著正相关（r=0.53，p < 0.01），为本文的研究假设提供了初步支持。

表 2 变量的均值、标准差与相关系数（N=470）

	均值	标准差	1	2	3	4	5	6	7	8	9
1. 性别	0.53	0.50									
2. 年龄	2.39	1.27	0.05								
3. 工龄	3.59	3.72	0.08	0.38**							
4. 教育水平	2.73	1.12	−0.02	−0.23**	−0.06						

续表

	均值	标准差	1	2	3	4	5	6	7	8	9
5. 婚姻状况	0.48	0.50	0.04	0.54**	0.35**	−0.20**					
6. 总体报酬	3.77	0.56	−0.05	−0.06	−0.05	0.16**	−0.01	(0.95)			
7. 组织自尊	4.12	0.54	−0.07	0.03	−0.07	0.03	0.07	0.35**	(0.70)		
8. 工作投入	4.11	0.59	−0.06	−0.05	−0.08	0.01	0.01	0.35**	0.55**	(0.70)	
9. 创新行为	4.11	0.63	−0.09	0.04	−0.11*	0.07	0.07	0.23**	0.53**	0.43**	(0.84)

注：对于性别，0=女性，1=男性；对于年龄，1=25岁以下，2=25~29岁，3=30~34岁，4=35~39岁，5=40~44岁，6=45~49岁，7=50~54岁，8=55岁以上；对于教育水平，1=初中及以下，2=高中或职中，3=大专或高职，4=本科，5=研究生及以上；对于婚姻状况，1=已婚，2=未婚。* 代表 $p<0.05$，** 代表 $p<0.01$，*** 代表 $p<0.001$。

（三）假设检验

验证 H1 时，首先将性别、年龄、工龄、学历、婚姻状况等控制变量放入线性回归方程中，然后将总体报酬作为自变量、创新行为作为因变量放入回归方程，发现总体报酬和创新行为具有显著的正向关系（$\gamma=0.21$，$p<0.001$，如表 3 模型 2 所示），H1 得到验证。验证 H2 时，将控制变量放入方程后，将总体报酬作为自变量、组织自尊作为因变量，发现总体报酬和组织自尊之间具有显著的正向关系（$\gamma=0.35$，$p<0.001$，如表 3 模型 7 所示），H2 得到支持。

表 3　线性回归模型的分析结果（N=470）

变量	创新行为					组织自尊		
	模型 1	模型 2	模型 3	模型 4	模型 5	模型 6	模型 7	模型 8
性别	−0.08+	−0.07	−0.05	−0.05	−0.04	−0.06	−0.05	−0.03
年龄	0.07	0.08	0.06	0.06	0.07	0.02	0.04	0.04
工龄	−0.16**	−0.15**	−0.10*	−0.10*	−0.10*	−0.11*	−0.09*	−0.05
教育水平	0.10*	0.06	0.07+	0.07	0.08*	0.05	−0.01	0.01
婚姻状况	0.11*	0.10+	0.05	0.05	0.06	0.11*	0.09+	0.06
总体报酬		0.21***		0.05			0.35***	0.16***
组织自尊			0.51***	0.50***	0.40***			
工作投入					0.21***			0.49***
总体报酬×工作投入								0.13**
组织自尊×工作投入					0.11**			
R^2	0.04**	0.09***	0.30***	0.30***	0.34***	0.02+	0.14***	0.36***
ΔR^2	0.04**	0.05***	0.26***	0.26***	0.30***	0.02+	0.12***	0.33***

注：+代表 $p<0.10$. * 代表 $p<0.05$，** 代表 $p<0.01$，*** 代表 $p<0.001$。

验证 H3 时，把控制变量放入线性回归方程后，将组织自尊作为自变量、创新行为作为因变量，发现组织自尊和创新行为具有显著的正向关系（$\gamma=0.51$，$p<0.001$，如表 3 模型 3 所示），H3 得到验证。验证 H4 时，同时把总体报酬和组织自尊作为自变量，将创新行为作为因变量，发

现总体报酬和创新行为之间的关系不再显著（$\gamma=0.05$，$p>0.05$，如表 3 模型 4 所示），而组织自尊与创新行为之间的关系依然显著（$\gamma=0.50$，$p<0.001$，如表 3 模型 4 所示），H4 得到验证。为了提高统计功效，运用 Preacher 和 Hayes（2004）提出的程序进一步验证组织自尊在总体报酬和创新行为之间的中介作用，发现间接效应值为 0.19，且 95%的偏差校正的置信区间为［0.14，0.26］，不包含 0，H4 得到强化。

验证 H5 时，将总体报酬、工作投入以及总体报酬和工作投入的乘积交互项作为自变量、组织自尊作为因变量，与控制变量一起放入回归方程，发现总体报酬和工作投入的乘积交互项对于组织自尊具有显著的预测作用（$\gamma=0.13$，$p<0.01$，如表 3 模型 8 所示）。为进一步显示交互作用趋势，依据 Aiken 和 West（1991）的建议绘图（见图 2），发现当工作投入高于均值一个标准差水平时，总体报酬和组织自尊之间的正向关系成立（$B_{simple}=0.30$，$se=0.05$，$t=5.56$，$p<0.001$）；当工作投入低于均值一个标准差水平时，总体报酬和组织自尊之间的正向关系不再成立（$B_{simple}=0.02$，$se=0.06$，$t=0.33$，$p>0.05$），因此 H5 得到支持。

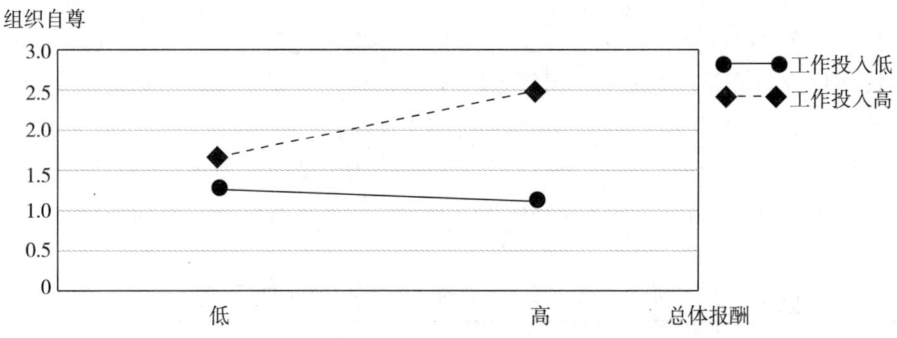

图 2　工作投入对总体报酬和组织自尊之间关系的调节作用

验证 H6 时，将组织自尊、工作投入以及组织自尊和工作投入的乘积交互项作为自变量，将创新行为作为因变量和控制变量一起放入回归方程，发现组织自尊和工作投入的乘积交互项对于创新行为具有显著的预测作用（$\gamma=0.11$，$p<0.01$，如表 3 模型 5 所示）。同样，采纳 Aiken 和 West（1991）的方法绘图（见图 3），发现当工作投入高于均值一个标准差水平时，组织自尊和创新行为之间的正向关系较强（$B_{simple}=0.59$，$se=0.07$，$t=8.74$，$p<0.001$）；当工作投入低于均值一个标准差水平时，组织自尊和创新行为之间的正向关系较弱（$B_{simple}=0.33$，$se=0.07$，$t=4.59$，$p<0.001$），因此 H6 得到支持。

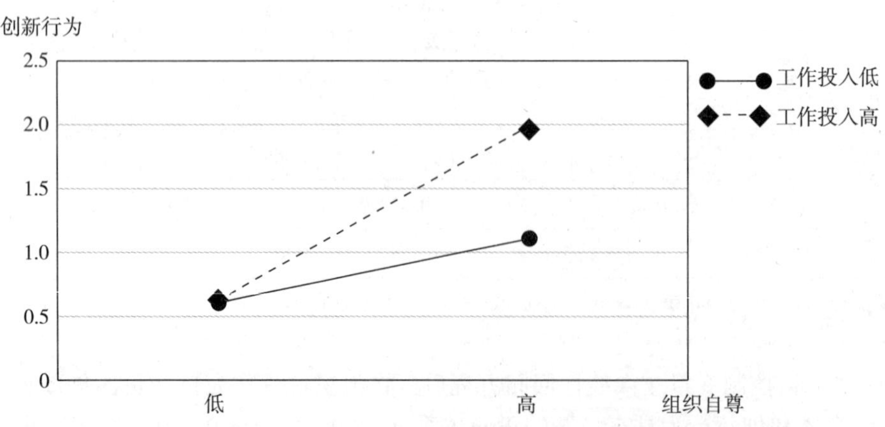

图 3　工作投入对组织自尊和创新行为之间关系的调节作用

最后，采用 Preacher 等（2007）的方法来验证两阶段调节的中介效应，对 H7 进行检验。通过 5000 次的 Bootstrap 重复抽样检测，结果发现，当工作投入处于低于均值一个标准差的水平时，总体报酬通过组织自尊对创新行为产生的间接效应不再成立（$B_{indirect}=0.01$，$se=0.02$），此时的 95%偏差校正置信区间为［-0.03，0.05］，包含 0；当工作投入处于高于均值一个标准差的水平时，总体报酬通过组织自尊对创新行为产生的间接效应成立（$B_{indirect}=0.17$，$se=0.04$），此时的 95%偏差校正置信区间为［0.11，0.26］，不包含 0。由此可见，当工作投入作为调节变量分别处于高、低水平时，总体报酬通过组织自尊对创新行为产生的间接效应之间的差异显著，因此 H7 得到支持。

五、研究结论和讨论

本文以社会信息加工理论为基础，系统考察了员工总体报酬对创新行为的影响机制。研究发现：总体报酬完全通过组织自尊的中介作用正向影响员工的创新行为；工作投入不仅分别正向调节总体报酬对组织自尊的影响和组织自尊对创新行为的影响，而且还能正向调节组织自尊的中介效应。

（一）理论贡献

第一，本文采用整合的视角，全面探讨了中国情境下，企业给付员工的总体报酬对员工创新行为的积极影响，丰富了报酬理论和激励理论的内容。以往的研究人为地将报酬割裂为内在报酬和外在报酬，得出了矛盾的结论，本文将内在报酬和外在报酬看作一个整体，更接近于现实企业所提供的报酬内容，所得出的结论也调和了以往研究中关于报酬能否激发创新行为的矛盾结论，为中国情境下的报酬理论和激励理论研究提供了新的内涵与思路（马君和王迪，2015；Zhou and Inga，2014）。

第二，本文基于社会信息加工理论建立了总体报酬促进员工创新行为的新机制，为报酬激励作用的研究提供了新的理论视角。以往的研究往往采用自我决定、习得性勤奋、社会认知等理论从内在动机的视角探讨报酬和创新之间的关系，得出了不一致的结论。本文遵循“社会信息源→信息加工（心理感知）→反应（态度和行为）”的反应范式，将组织自尊作为员工进行社会信息加工之后的工作态度，揭示了组织自尊在总体报酬和创新行为关系间的完全中介作用，回应了研究者们所提出的寻找新的连接总体报酬与创新行为关系变量的呼吁，丰富了报酬和创新行为间的作用机制（Gurbin，2015）。

第三，总体报酬是一个源于管理实践的概念，目前学界关于总体报酬的研究相对较少，已有研究主要围绕作为外在报酬代表的薪酬及其强度或者作为内在报酬代表的工作意义对创新行为的影响进行研究，缺乏关于总体报酬对创新行为作用结果的全面探讨（Gulyani and Sharma，2018）。本文基于中国企业管理实践提出总体报酬模型，并在较大范围内取样进行实证研究，不仅证实了总体报酬对创新行为作用的有效性，而且揭示了总体报酬发挥作用的路径机制以及该路径机制产生影响的边界条件，从社会信息加工理论角度深化了总体报酬的理论体系。

第四，工作投入调节了总体报酬作用发挥的强度，部分佐证了个体特征是外在信息影响其行为边界条件的理论观点。换言之，工作投入高的员工，更关注工作中的信息，对组织给予的报酬和自身价值的评价更为敏感，放大了报酬的效用，表现出更多的创新行为。因此，本文基于被调节的中介模型剖析总体报酬对创新行为的作用机制，与以往的单纯研究中介效应或调节效应的方法相比，更为全面系统地分析了个体所获得的外在信息与其内在特征的综合作用过程，深化了总体报酬影响机制的情境化研究。

（二）实践启示

第一，新经济背景下，总体报酬对于提升员工的组织自尊具有重要影响，能够激发员工的创新行为。现如今，员工的需求已呈现多元化的态势，总体报酬既包含经济报酬也包含非经济报酬，具有成本适中、可控、灵活等特点，能够满足员工多层次的个性化需要。因而组织应当树立以员工需求为导向的总体报酬理念，在实施报酬策略前，首先应了解员工的需求，再设计并实施兼顾员工需求与组织发展的总体报酬方案，才能在财力有限的条件下实现组织与员工的双赢，解决激励不足与激励失效的问题。

第二，重视组织自尊对激发员工创新行为的重要作用。研究表明，组织中的员工首先需要建立基于组织的身份和价值，才能更有效地开展创新工作。因此，组织应当通过授权、认可和支持等方式让员工明晰自身对于组织的意义和价值，并在工作过程中不断强化员工对自己组织身份的积极评价，进一步激励员工自主创新。

第三，多种措施并举，有效提高员工的工作投入，强化总体报酬的激励作用。研究发现，高程度的工作投入扩大了总体报酬和组织自尊的积极作用。因此，组织应当通过创建和谐的工作氛围、提供舒适的工作环境和福利待遇、给予强有力的工作支持、设计有意义的工作形式和内容等方式（周文斌等，2013），采取适合个人背景和组织环境的干预措施，加强员工个人资源和工作资源的建设，促进员工的身心健康，进而提升员工的工作投入程度（Knight et al.，2017），以此来事半功倍地实现总体报酬对于企业创新的微观促进作用。

（三）研究局限与展望

本文的重要优势在于研究设计较为严谨，采用纵向研究设计最大限度地避免了同源方差，使研究结果更加真实、可靠。当然，还存在一定的局限需要在今后的研究中加以完善。

第一，本文的调查样本虽遍及25个省份，但因人力和财力的限制，采用了方便抽样而非随机抽样技术，使研究结论的推广受到局限。未来的研究需要在样本选择上，采用规范随机抽样技术进一步扩大样本量来证实本文的结论。此外，未来的研究还可以采用实验法或者长程数据研究设计来进一步验证本文结论的因果关系（Rindfleisch et al.，2008）。

第二，本文中的总体报酬内涵来源于中国样本，具有本土文化的局限性，未来的研究应该考虑跨文化对比性研究，考察本文结论的适用性（Nazir et al.，2012）。

第三，本文基于社会信息加工理论，仅仅探讨了组织自尊的中介作用，未来的研究可以采取其他研究视角，比如从情绪相关理论出发探讨工作满意度、从动机理论出发探讨目标导向等对于总体报酬和创新行为之间的中介作用，进一步丰富和深化总体报酬对创新行为的作用机制（Alexander and Van，2014）。

第四，本文仅考虑了个体报酬的影响，并未考虑集体报酬和团队氛围以及领导风格的作用，而近年来，领导风格对员工创新行为的影响已引起学界的重视。未来的研究应扩大报酬的范围，关注团队总体报酬对员工创新行为的影响，并从领导成员交换等方面讨论报酬作用的边界条件（Balkin and Montemayor，2000）。

参考文献

[1] Scott, S. G., and R. A. Bruce. Determinants of Innovative Behavior: A Path Model of Individual in the Workplace

[J]. Academy of Management Journal, 1994, 37 (3): 580-607.

[2] Sacramento C A, D Fay and M A West. Workplace Duties or Opportunities? Challenge Stressors, Regulatory Focus, and Creativity [J]. Organizational Behavior and Human Decision Processes, 2013, 121 (2): 141-157.

[3] Woodman R W, J E Sawyer and R W Griffin. Toward a Theory of Organizational Creativity [J]. Academy of Management Review, 1993, 18 (2): 293-321.

[4] 陈春花. 激活个体：互联时代的组织管理新范式 [M]. 北京：机械工业出版社，2016.

[5] Zhou J and J H Inga. Research on Workplace Creativity: A Review and Redirection [J]. Annual Review of Organizational Psychology and Organizational Behavior, 2014, 1 (1): 333-359.

[6] Williams M L, M A Mcdaniel, and N T Nguyen. A Meta-analysis of the Antecedents and Consequences of Pay Level Satisfaction [J]. Journal of Applied Psychology, 2006, 91 (2): 392-413.

[7] Byron K and S Khazanchi. Rewards and Creative Performance: A Meta-analytic Test of Theoretically Derived Hypotheses [J]. Psychological Bulletin, 2012, 138 (4): 809-830.

[8] 黄秋风，唐宁玉. 内在激励 VS 外在激励：如何激发个体的创新行为 [J]. 上海交通大学学报（哲学社会科学版），2016，24（5）：70-78.

[9] Deci E L, R Koestner and R. M. Ryan. A Meta-analytic Review of Experiments Examining the Effects of Extrinsic Rewards on Intrinsic Motivation [J]. Psychological Bulletin, 1999, 125 (6) : 627-668.

[10] Amabile T M, R Conti, H Coon, J Lazenby and M Herron. Assessing the Work Environment for Creativity [J]. Academy of Management Journal, 1996, 39 (5): 1154-1184.

[11] Bowles S and R S Polania. Economic Incentives and Social Preferences: Substitutes or Complements? [J]. Journal of Economic Literature, 2012, 50 (2): 368-425.

[12] Eisenberger R and C Judy. Detrimental Effects of Reward: Reality of Myth? [J]. American Psychologist, 1996, 51 (11): 1153-1166.

[13] 曾湘泉，周禹. 薪酬激励与创新行为关系的实证研究 [J]. 中国人民大学学报，2008（5）：86-93.

[14] 阮爱君. 激励体系对员工创新行为影响的实证研究——基于工作动机理论的分析 [J]. 科技管理研究，2011，31（2）：151-156.

[15] Shalley C E, Gilson L L What Leaders Need to Know: A Review of Social and Contextual Factors that Can Foster or Hinder Creativity [J]. Leadership Quarterly, 2004, 15 (1): 0-53.

[16] Rode J C, M L Arthaud-Day, C H Mooney, J P Near and T T Baldwinet. Ability and Personality Predictors of Salary, Perceived Job Success, and Perceived Career Success in the Initial Career Stage [J]. International Journal of Selection and Assessment, 2008, 16 (3): 292-299.

[17] 谭春平，景颖，王烨. 员工的随和性会降低全面薪酬水平吗？——来自中国文化与组织情境下的实证检验 [J]. 上海财经大学学报，2018，20（4）：64-77.

[18] 美国薪酬协会. 整体薪酬手册：人力资源专家的综合指引 [M]. 朱飞译，文跃然审校. 北京：企业管理出版社，2012.

[19] 王红芳，杨俊青，李野. 薪酬水平与工作满意度的曲线机制研究 [J]. 经济管理，2019，41（7）：105-120.

[20] 王红芳，杨俊青. 员工总体报酬、要求-能力匹配对工作满意度的影响——以非国有企业为例 [J]. 经济问题，2015（5）：73-78.

[21] Gulyani G and T Sharma. Total Rewards Components and Work Happiness in New Ventures [J]. Evidence-based HRM: a Global Forum for Empirical Scholarship, 2018, 6 (3): 255-271.

[22] 杨菊兰，杨俊青. 员工整体薪酬感知结构化及其对组织认同的影响——来自双因素理论的解释 [J]. 北京：经济管理，2015，37（11）：63-73.

[23] Kiisa H N, S Daria, H Anu and S Christina. Total Rewards Perception and Work Engagement in Elder-care Organizations [J]. International Studies of Management and Organization, 2012, 42 (1): 24-49.

[24] 王红芳，杨俊青，刘伟鹏. 总体报酬对员工绩效的影响机制研究——基于社会交换理论视角 [J]. 软科学，2019，33（10）：70-75.

[25] Salancik G R, and J. Pfeffer. A Social Information Processing Approach to Job Attitudes and Task Design [J]. Administrative Science Quarterly, 1978, 23 (2): 224-253.

[26] Pierce J L, D. G. Gardner, L. L. Cummings, and R. B. Dunham. Organization-based Self-esteem: Construct Definition, Measurement, and Validation [J]. Academy of Management Journal, 1989, 32 (3): 622-648.

[27] Ojedokun O. Role of Perceived Fair Interpersonal Treatment and Organization-based Self-esteem in Innovative Work Behavior in a Nigerian Bank [J]. Psychological Thought, 2012, 5 (2): 124-140.

[28] Kahn W A. Psychological Conditions of Personal Engagement and Disengagement at Work [J]. Academy of Management Journal, 1990, 33 (4): 692-724.

[29] 王红芳. 非国有企业员工总体报酬及其结构对工作绩效的影响研究 [M]. 北京: 中国财政经济出版社, 2017.

[30] 张勇, 龙立荣. 绩效薪酬对雇员创造力的影响: 人-工作匹配和创造力自我效能的作用 [J]. 心理学报, 2013, 45 (3): 363-376.

[31] 马君, 王迪. 内外激励协同影响创造力: 一个被中介调节模型 [J]. 管理科学, 2015, 28 (3): 38-51.

[32] Gurbin T. Enlivening the Machinist Perspective: Humanising the Information Processing Theory with Social and Cultural Influences [J]. Procedia-Social and Behavioral Sciences, 2015, 197: 2331-2338.

[33] Armstrong C S and R. Vashishtha. Executive Stock Options, Differential Risk-taking Incentives, and Firm Value [J]. Journal of Financial Economic, 2012, 104 (1): 70-88.

[34] Markus H R and S. kitayama. Culture and the Self: Implications for Cognition, Emotion, and Motivation [J]. Psychological Review, 1991, 98 (2): 224-253.

[35] 刘爱军, 王锐. 再析薪酬含义 [J]. 中国人力资源开发, 2010, (1): 99-103.

[36] Frazier M L and W. M. Bowler. Voice Climate, Supervisor Under Mining and Work Outcomes: A Group-level Examination [J]. Journal of Management, 2015, 41 (3): 841-863.

[37] 邹艳春, 彭坚, 印田彬. 团队学习气氛对团队心理资本的影响: 社会信息加工理论的视角 [J]. 心理与行为研究, 2018, 16 (3): 402-407.

[38] 周建涛, 廖建桥. 基于社会信息加工理论的谦逊领导对员工工作绩效的作用机制研究 [J]. 管理学报, 2018, 15 (12): 1789-1798.

[39] Hennessey B A. Creative Behavior, Motivation, Environment and Culture: The Building of a Systems Model. The Journal of Creative Behavior. 2015, 49 (3): 194-210.

[40] Pfeffer J and G. R. Salancik. Administrator Effectiveness: The Effects of Advocacy and Information on Achieving Outcomes in an Organizational Context [J]. Human Relations. 1977, 30 (7): 641-656.

[41] Goncalo J A and M. M. Duguid. Follow the Crowd in a New Direction: When Conformity Pressure Facilitates Group Creativity (and when it does not). Organizational Behavior and Human Decision Processes, 2012, 118 (1): 14-23.

[42] Owens B P, M. D. Johnson, and T. R. Mitchell. Expressed Humility in Organazations: Implications for Performance, Teams, and Leadership [J]. Organization Science, 2013, 24 (5): 1517-1538.

[43] Eisenberger R and K. Byron. Rewards and Creativity [R]. Encyclopedia of Creativity, 2011: 313-318.

[44] Ashkanasy N M, O. B. Ayoko, and K. A. Jehn. Understanding the Physical Environment of Work and Employee Behavior: An Affective Events Perspective [J]. Journal of Organizational Behavior, 2014, 35 (8): 1169-1184.

[45] Youssef C M and F. Luthans. Positive Organizational Behavior in the Workplace: The Impact of Hope, Optimism, and Resilience [J]. Journal of Management, 2007, 33 (5): 774-800.

[46] 陈倩倩, 樊耘, 李春晓. 组织支持感对员工创新行为的影响研究——目标导向与权力动机的作用 [J]. 华东经济管理, 2018, 32 (02): 43-50.

[47] Weber L and K. Mayer. Transaction Cost Economics and the Cognitive Perspective: Investigating the Sources and Governance of Interpretive Uncertainty [J]. Academy of Management Review, 2014, 39 (3): 344-363.

[48] Korman A K. Toward an Hypothesis of Work Behavior [J]. Journal of Applied Psychology, 1970, 54 (1): 31-41.

[49] 林叶，李燕萍. 高承诺人力资源管理对员工前瞻性行为的影响机制：基于计划行为理论的研究 [J]. 天津：南开管理评论，2016，19 (2)：114-123.

[50] 陆欣欣，涂乙冬. 给予组织的自尊的情景化与实用性 [J]. 心理科学进展，2014，22 (1)：130-138.

[51] Lee J. An analysis of the Antecedents of Organization-based Self-esteem in Two Korean Banks [J]. The International Journal of Human Resource Management, 2003, 14 (6): 1046-1066.

[52] 文跃然，周欢. 从货币报酬思维走向总体报酬思维 [J]. 中国人力资源开发，2015 (2)：16-20.

[53] Gardner D G, G. H. Huang, Niu X, et al. Organization-based Self-esteem, Psychological Contract Fulfillment, and Perceived Employment Opportunities: A Test of Self-regulatory Theory [J]. Human Resource Management, 2015, 54 (6): 933-953.

[54] Chan S C H, H. Xu, E. Snape, and C. K. Lam. The Janus Face of Paternalistic Leaders: Authoritarianism, Benevolence, Subordinates' Organization-based Self-esteem, and Performance [J]. Journal of Organizational Behavior, 2013, 34 (1): 108-128.

[55] 潘孝富，秦启文，张永红等. 组织心理所有权、基于组织的自尊对积极组织行为的影响 [J]. 心理科学，2012，35 (3)：718-724.

[56] Ghosh R, T. G. Reio, and R. K. Haynes. Mentoring and Organizational Citizenship Behavior: Estimating the Mediating Effects of Organization-based Self-esteem and Affective Commitment [J]. Human Resource Development Quarterly, 2012, 23 (1): 41-63.

[57] 王红蕾，孙健敏. 授权型领导与员工创新行为：结构正式化的调节作用 [J]. 管理科学，2018，31 (3)：29-39.

[58] 张好雨，王辉，郭理，刘圣明. 领导权力分享、组织自尊和员工工作表现：内部人身份感知的调节作用 [J]. 经济科学，2016，(2)：118-128.

[59] Miller K I and P. R. Monge. Social Information and Employee Anxiety about Organizational Change [J]. Human Communication Research, 1985, 11 (3): 365-386.

[60] 杨旭华，李野. 员工感恩与工作绩效：两阶段调节的中介效应模型 [J]. 经济管理，2018 (7)：146-160.

[61] Zalesny M D and J. K. Ford. Extending the Social Information Processing Perspective: New Links to Attitudes, Behaviors, and Perceptions. Organizational Behavior and Human Decision Processes, 1990, 47 (2): 205-246.

[62] Schaufeli W B, M. Salanova, V. González-Romá, and A. B. Bakker. The Measurement of Engagement and Burnout: A Two Sample Confirmatory Factor Analytic Approach [J]. Journal of Happiness Studies, 2002, 3 (1): 71-92.

[63] Edwards J R and L. S. Lambert. Methods for Integrating Moderation and Mediation: A General Analytical Framework Using Moderated Path Analysis [J]. Psychological Methods, 2007, 12 (1): 1-22.

[64] Podsakoff P, S. MacKenzie, J. Lee, and N. Podsakoff,. Common Method Biases in Behavioral Research: A Critical Review of the Literature and Recommended Remedies [J]. Journal of Applied Psychology, 2003, 88 (5): 879-903.

[65] Cremer De D A, B. M. Knippenberg Van, D. Van Knippenberg, D. Mullenders, and F. Stinglhamber. Rewarding Leadership and Fair Procedures as Determinants of Self-esteem [J]. Journal of Applied Psychology, 2005, 90 (1): 3-12.

[66] Christian M S, N. Eisenkraft, and C. Kapadia. Dynamic Associations among Somatic Complaints, Human Energy, and Discretionary Behaviors: Experiences with Pain Fluctuations at Work [J]. Administrative Science Quarterly, 2015, 60 (1): 66-102.

[67] Landis R S, D. J. Beal, and P. E. Tesluk. A Comparison of Approaches to Forming Composite Measures in Structural Equation Models [J]. Organizational Research Methods, 2000, 3 (2): 186-207.

[68] Preacher K J, and A. F. Hayes. SPSS and SAS Procedures for Estimating Indirect Effects in Simple Mediation Models [J]. Behavior Research Methods, Instruments, & Computers, 2004, 36 (4): 717-731.

[69] Aiken L S and S. G. West. Multiple Regression: Testing and Interpreting Interactions [M]. Newbury Park. CA: Sage, 1991.

[70] Preacher K J, D. D. Rucker, and A. F. Hayes. Addressing Moderated Mediation Hypotheses: Theory, Methods, and Prescriptions [J]. Multivariate Behavioral Research, 2007, 42 (1): 185-227.

[71] Anderson N, K. Potocnik, and J. Zhou. Innovation and Creativity in Organizations: A State-of-the-science Review, Prospective Commentary, and Guiding Framework [J]. Journal of Management, 2014, 40 (5): 1297-1333.

[72] 周文斌，张萍，蒋明雅. 中国企业新生代员工的敬业度研究——基于薪酬满意度视角 [J]. 经济管理，2013，35 (10): 77-90.

[73] Knight C, M. Patterson, and J. Dawson. Building Work Engagement: A Systematic Review and Meta-analysis Investigating the Effectiveness of Work Engagement Interventions [J]. Journal of Organizational Behavior, 2017, 38 (6): 792-812.

[74] Rindfleisch A, A. J. Malter, S. Ganesan, and C. Moorman. Cross-sectional Versus Longitudinal Survey Research: Concepts, Findings, and Guidelines [J]. Journal of marketing research, 2008, 45 (3): 261-279.

[75] Nazir T, S. F. H. Shah, and K. Zaman. Literature Review on Total Rewards: An International Perspective [J]. African Journal of Business Management, 2012, 6 (8): 3046-3058.

[76] Alexander L, and D. Van Knippenberg. Teams in Pursuit of Radical Innovation: A Goal Orientation Perspective [J]. Academy of Management Review, 2014, 39 (4): 423-438.

[77] Balkin D B, and E. F. Montemayor. Explaining Team-based Pay: A Contingency Perspective Based on the Organizational Life Cycle, Team Design, and Organizational Learning Literatures [J]. Human Resource Management Review, 2000, 10 (3): 249-269.

第三篇　高质量发展要求下的管理研究

国有企业与民营企业融合发展的现状与对策研究
——以粤港澳大湾区为例

张　森

（吉林大学珠海学院，广东珠海　519041）

［摘　要］随着我国国民经济的不断发展，粤港澳大湾区的经济发展情况在很大程度上影响着我国国民经济的总体建设。而加强对粤港澳大湾区的国有企业和民营企业融合，成为推动粤港澳大湾区经济发展的关键。长期以来，由于我国特殊的经济体制影响，国有企业和民营企业在发展的过程中“各自为政”，两者之间的鸿沟成为阻碍经济建设的重要因素，粤港澳大湾区在参与全球化竞争的过程中，逐渐意识到加强国有企业和民营企业的融合发展是区域经济建设的必然要求。如何构建一个良好的民企和国企互动发展机制，培育区域企业经济核心竞争力，加快区域经济建设，为国民经济建设做贡献，成为公众关注的焦点问题。本文通过分析粤港澳大湾区国有企业和民营企业的优劣势，以及相互之间的发展关系，探讨了国企与民企融合发展的内部与外部的不同阻碍因素，从而获得国企与民企融合发展的六个方面的对策建议：树立正确合作竞争意识；营造公平竞争环境；实现投资主体多元化；规范公司治理结构，完善企业经营机制；共享信息与资源，优势互补分工协作；完善产业链，打造产业集群，促进国企民企协调发展。

［关键词］粤港澳大湾区；国有企业；民营企业；融合发展

一、前言

当前，随着我国参与全球一体化发展的进程不断深入，我国社会经济体制发展也迎来了转型发展的关键期。一方面，随着全球金融危机、次贷危机等外界因素的不确定性在不断增加，内需也遭受着多重因素的制约，单纯依靠政府拉动区域经济增长的方式难以维持可持续发展。另一方面，新型城镇化的推进无疑将释放巨大内需，经济结构转型、产业结构升级、经济发展方式转变都将为经济发展开拓新的空间；更重要的是，进一步深化改革、适时推动制度变迁，将形成巨大的改革红利和制度红利，激发经济内在活力，为经济可持续发展提供强大动力源泉。如果中国经济的前40年是国企与民企并驾齐驱，那么中国在未来十年的战略机遇期中，经济发展的新动力将是国企与民企的融合发展。

粤港澳大湾区在2017年3月5日的《政府工作报告》中被正式提出，它是继美国纽约湾区、美国旧金山湾区、日本东京湾区之后，世界上的第四大湾区。粤港澳大湾区主要由广州、深圳、佛山、中山、珠海、江门、东莞、惠州、肇庆九大城市和香港、澳门两大特别行政区共同组成，土地面积达 5.6 万平方千米，约占全国的 0.6%。2016 年，粤港澳大湾区的 GDP 达 9.35 万亿元，为全国 GDP 的 12.4%；当前长期居住的人口达 6800 万，约占全国总人口的 4.9%。此外，大湾区内产业优势突出，富集了大量的知识型劳工，产业链布局完善，制造业发达，具有广阔的发展前景，已经具备了建设湾区的条件。当前粤港澳大湾区的建设正在如火如荼地进行，引起了各界的广泛关注，国家也希望通过该湾区战略打造世界级城市群参加全球竞争，并结合“一带一路”倡议实现亚洲经济一体化，因此粤港澳大湾区的发展对国家的经济全球化发展极其重要，更是战略机遇期国企与民企的融合发展的“桥头堡”。

二、国有企业与民营企业融合发展的必要性

（一）融合发展是调整区域经济结构的客观要求

市场经济的一个显著特征就是让人力和物质等资源能够在市场机制下得到充分的利用，帮助实现供给关系的平衡。目前，我国国有企业以及民营企业在各自的发展中面临市场需求与自身资源不匹配的困境，尤其是民营企业在资源配置上更加欠缺一些，而反观国有企业也存在资源不合理利用、资源浪费等情况。因此，在市场经济的环境下，促进国有企业和民营企业融合发展，一方面能够加快资源的流动性，在社会范围内实现高效的资源配置，另一方面也是坚持我国社会主义经济制度的根本要求。围绕“到 2022 年市属国有企业总资产力争达到 4.5 万亿元，打造 1~2 家世界 500 强企业，形成 6~7 家资产规模超 1000 亿元企业集团”的发展目标，我们说在粤港澳大湾区进行国企和民企融合是调整区域经济结构的客观要求。

（二）融合发展是分别促进国有企业和民营企业发展的必要条件

自全球金融危机全面爆发后，全球经济发展的速度放缓，这种环境孕育了粤港澳大湾区国有企业和民营企业之间的优化布局，提升了区域企业参与全球市场竞争的核心竞争力。但是在产业结构、企业性质以及企业效益分布等问题上还明显存在结构失衡的问题，也就是企业“大战”大多依托于企业所拥有的资源，企业的盈利能力欠缺，杠杆率过高，导致我国企业在发展中与国际上的企业还存在一定的差距。以粤港澳大湾区的企业为例，国有企业的产业结构分布不均、产品附加值水平较低、企业呈现单一化发展、企业制度建设不够等问题普遍存在；民营企业同样也存在很多问题：企业规模不够、产业布局滞后、企业发展的资金缺口较大、企业创新能力较弱等。根据上述问题不难发现，国有企业与民营企业面临的困境在某些方面互补，因此将两者融合发展是帮助其克服自身发展困难的有力途径。

（三）融合发展是应对全球竞争的必要要求

随着我国市场经济体制的不断深化改革，粤港澳大湾区的发展逐渐向大企业时代迈进。在区域企业发展的过程中，企业的发展目标向可持续发展迈进，其中国有企业作为发展的中坚力量，通过壮大企业发展，充分发挥大企业在带动民营企业、中小企业中的作用，能够从整体上提升区域企业发展的核心竞争力，巩固区域经济发展的实力，进而为国家经济建设做出贡献。近年来，在我国经济稳健发展的大环境下，粤港澳大湾区经济的宏观环境比较稳定，在全球化发展进程不断加快的当下，粤港澳大湾区的企业不仅要参与国内的市场竞争，参与国际化竞争更成为区域企

业发展所面临的必然趋势。在大企业时代背景下，要想促进企业可持续经营发展的能力，不论是国有企业还是民营企业，都应当认识到企业之间互补的重要意义，通过国有企业与民营企业的融合发展，培育企业自身参与国际竞争的能力。

三、国有企业与民营企业融合发展的先决条件

（一）国有企业发展优势与劣势分析

结合粤港澳大湾区企业经济发展的现实情况来看，人们对国有企业的发展仍持积极的态度，在长久以来的传统观念影响下，国有企业不论是政治地位还是社会地位都很高，包括决定企业发展的关键因素——融资能力也比一般的民营企业更高，这些都是国有企业发展的优势条件。另外，在市场竞争方面，国有企业的特殊性质决定了企业在进行资源配置时大多是由自主联合劳动者进行劳动支配，因此在国有企业内部难以形成发挥个人才能和知识传播的主观意识。当前，粤港澳大湾区下的很多国有企业在企业规模、技术力量、资金以及信誉等方面占据绝对的发展优势，但是传统观念和企业性质的影响导致企业内部作风不够积极，企业劳动环境相比于民营企业不占优势。

（二）粤港澳大湾区民营企业发展的优势与劣势分析

近年来，粤港澳大湾区的民营企业发展迅速，同时也表现出许多优势。最明显的是民营企业在体制机制和经营决策体系上具有较强的灵活性、活力和创新性。民营企业在市场中的形象逐渐在人们心中形成，对商机和风险的把握和控制也有较强的意识和能力。与粤港澳大湾区国有企业的传统优势和政策优势相比，民营企业在自力更生的背景下成长，因此，民营企业具有开拓、创新、积极向上的文化氛围和吃苦耐劳、脚踏实地的管理者，这也使民营企业发展壮大。在管理方面，企业不仅重视产品和项目的质量保证，也没有忽视对技术的创新与人才的培养。然而，民营企业还是具有比较明显的劣势，面对我国不完善的法律体系与不公平的市场竞争地位，税负的沉重压力与融资渠道的不足是大部分民营企业都共同面临的问题，严重影响着民营企业的持续发展与生存。此外，在传统观念中，往往认为民营企业并不是稳定可靠的，这样的观念也使我国大部分企业人才供需失衡，人才流失现象和问题更加严重。另外，治理结构不合理、产权制度问题也是这些民营企业具有的比较鲜明的问题，正因为如此，目前民营企业改革的重心就是建立以及健全公司内部的治理机制，使自身的产权得到有力的保障。以上我们说的这些问题，不仅需要国家及地区政府的支持，也需要社会上的人们给予支持，要重视与国有企业的合作，这样不仅可以弥补民营企业自身的不足，也可以发挥自身的优势，做到优劣互补，为自身的发展提供良好的发展平台。

（三）国有企业与民营企业之间的发展关系

一直以来，我国国民经济学者们所讨论的热点话题之一就是国有企业发展与民营企业之间的关系，曾有相关学者提出“国进民退”和“国退民退”两种观点，并对此进行了激烈的争论与讨论，最后更是提出了国有企业与民营企业之间并不存在直接的关系，这是一种相对立的发展关系，并与我国发展的基本前提达成了理论方面的共识。从鼓励国有经济与民营经济协调发展、提

倡混合所有制经济的方针政策和我国经济发展现状方面出发，国有企业和民营企业作为国民经济的微观主体，要更加重视两者之间的发展关系，要更加全面地正确认识和处理国有企业和民营企业的发展问题，这也是实现两者融合发展的根本前提。因此，笔者认为，广东、香港、澳门等大湾地区国有企业与民营企业的关系应该是在合作中互相融合，从而可以达到共生、共发展的现象，形成统一的整合模式，建立合作与竞争的模式。此外，两者应在坚持公有制的基础下，意识到国有企业与民营企业的互相竞争与合作的关系是十分必要的，也是顺应时代发展的必然。

四、国有企业与民营企业发展的阻碍探析

（一）外部阻碍因素

（1）原有体制与传统观念的遗留原因。目前，虽然我国大力提倡要坚持混合所有制经济的经济发展模式，并积极鼓励我国的国有企业与民营企业要互相合作、共同进步，彻底消除原有体制与传统观念所带来的不良影响。粤港澳大湾区在此基础上，也积极响应了国家的政策，在认识到两者共同发展、共同进步的基础上，及时解决两者之间的障碍，并分析障碍产生的原因。传统观念引发的问题主要可以从两个角度来探讨：一方面，国有企业对自身认识中存在的“自尊”，往往导致其不愿承诺与民营企业合作，即使是合作也被强大的“大师”理念所影响。不可避免地，民营企业参与合作的积极性和主动性会被消解，从而影响两者相互融合的合作意识。另一方面，面对舆论的压力和政府行为所反映的意识形态偏见，国有企业出现了“国进民退”“国退民进”的骄傲意识，使其“大锅饭”的意识已经根深蒂固。在这样的背景下，国有企业内部的员工之间也出现了矛盾，彼此之间缺乏足够的信任，员工逐渐不支持工作的现象也随之出现，使各地区的政府会担心，一旦与民营企业进行合作就会导致国有资本出现流失，这是一种根深蒂固的偏见思想，也是一种潜在的自我保护的矛盾情绪。另外，从我国经济体制来看，国民经济的发展与经济体制的要求也逐渐出现了不适应的现象，在国有企业与民营企业融合的过程中，还存在权力与资源不相匹配、市场竞争不公平、垄断主义很多的问题。此外，还受到市场准入体制的很多限制，民营资本已经出现了高回报、低风险的现象，这也直接阻碍了民营企业参与国有企业改革的进程。这些都是国有企业在进行体制改革的时候没有解决的历史遗留问题，也使国有企业前进的动力不再那么明显。

（2）政府部门的过度干预与政策失灵。国家为了支持国有企业与民营企业的融合，也积极出台了一系列的扶持政策，但是大部分的企业在实施政策时，均会出现过度干预与政策失灵的现象。这主要是因为，一方面，政府部门缺失诚信，无法满足对民营企业承诺的政策优惠，无法给予完整、实际的支持政策，相关责任部门甚至还会出现推脱责任的现象，使对民营企业的扶持力度出现滞后，扶持政策不能得到有效落实。例如，针对两者的融合国家曾出台“新 36 条”“非公经济 36 条”“民间投资实施细则 42 条”等很多政策，依次促进民营企业行业准入标准，但是实际的情况却不容乐观。另一方面，很多想要进行垄断的民营企业并不是真正地想要进入，可能只是简单地进行一个短期的投资，这就说明很多政策本身存在的“弹簧门”“玻璃门”也能很好地解释民营企业相关的准入政策与隐患制约等。

（3）所有制形式下存在的不公平待遇。目前，在我国的垄断企业中，以很多的大型国有企业为主，因此想要加入的民营企业由于其规模不够，自身的优势不明显，不具备可以与国有企业竞

争的优势，在引进民营资本的过程中，会导致不同所有制企业之间的竞争。民营企业缺乏强大的规模和丰富的资源，面对制度和市场对不同所有制形式的不平等对待，很难实现国有企业的整合和发展。

不同所有制的不平等待遇主要体现在市场阻力、资源配置、政策与方针、制度障碍、意识形态和改革过程中的服务供给等方面。尤其是国家对国有资本制定和释放的一系列特权，将进一步加剧产业垄断现象。民营企业要想与国有企业进行竞争，其难度是更加明显。因此从长远来看，引进民间资本的整合目标和效果是无法实现的。同时，投资不足的风险也无法得到合理控制，也不能保证行业供应安全，服务质量下降的现象逐步凸显出来。在国外，许多国家已经充分认识到，不平等对待不同所有制的隐患不利于一体化关系的构建。例如，日本的纵向合作、美国的外包合作与韩国的共生合作都是这些国家用来防止不公平现象对当下垄断行业带来的不利影响，这样才促进垄断行业健康、平稳发展，从而使不同规模、不同企业体制之间可以互相和谐地发展，可以共同进步。因此，这样的情况也更加符合粤港澳大湾区的经济体制，可以帮助粤港澳大湾区破除原有的不公平经济体制现象，促进国有企业与民营企业互相发展、融合发展，其作用是不可忽视的。

（二）内部阻碍因素

（1）企业内部经济管理体制不协调。由于国有企业与民营企业在运行机制和管理体制上的差异，在整合过程中难以达到协调，两者的发展受到影响，从内部管理体制来看，这种阻碍具体表现在财务管理体制、人力资源管理体制与组织管理体制之间的冲突。国有企业最大的特点就是有着低流动性、固化现象、稳定的人力资源管理体系，但是民营企业的特点却与之相反，其灵活、自由的人力资源管理模式可能会与国有企业发生冲突，使两者在职工竞选、人力资源配置、管理安排与职位调动等方面存在很大的矛盾与冲突，很难实现融合统一。此外，在管理与组织体制中，两者也存在很大的差别，国有企业常表现出的就是缺乏灵活性，相对比较死板，效率不是很高，而民营企业就显得比较灵活，但是民营企业常用的“家族式”的管理方法也是限制其发展的因素，必须在融合的过程中进行转型与改善，如果双方都停滞不前，不积极改进，将会严重制约双方的融合与合作。目前，两者在融合中出现的主要问题是收入与利润分配不均、偏好与侧重不同、人员安置与分配、经营方式等，双方很难在这些方面达成共识。此外，还可能会在风险承担、共有资产处理利用等方面产生分歧，无法达成一致，这种不协调的现象都是阻碍融合发展的因素。

（2）产权结构及治理机制的不完善。一直以来，国有企业改革与民营企业转型发展过程中，产权始终是受关注最广的问题之一，而企业要确保成功改革和转型发展，也必须要依靠更加完善清楚的产权结构作为基本前提与保证。就此问题来说，目前产权结构的不完善问题在很大程度上影响到国有企业和民营企业的融合发展。国企所有者缺位、民企产权结构单一化、国有企业与民营企业顺利融合之后，企业内部管理者对各项生产经营活动产生的社会成本和经济利益的责任不具备主动承担意识，因为这些问题的存在导致产权无法准确清晰界定甚至难以得到有效保护，从而当存在产权纠纷的情况下往往必须要依靠大量成本来进行处理。与此同时，国有企业产权使用方面形式相对单一化且低频化，没有建立系统的治理机制，没有制定完善的管理制度，造成产权转让活动也可能出现问题，导致产权被低价转让，民营企业对产权的利用规范性不足，存在较大的盲目性，没有建立清楚完善的制度条例。这些问题的存在在很大程度上制约了国有企业和民营企业之间的融合发展步伐，在融合过程中存在的产权结构不合理以及治理机制不完善的问题也可能造成国有产权被稀释或者权益受损的问题。

（3）经营管理体制的不协调性。国企和民企由于经营机制与管理机制方面表现出较大的差异性而造成在相互融合过程中无法有效协调，对融合进度带来很大影响，对于管理体制来说主要反映在人力资源管理机制、企业财务管理机制、内控管理机制这几个方面。因为国有企业拥有相对稳定、固化且流动性更低的人力资源，这方面的管理机制和民营企业更加灵活多元化、自由竞争的管理机制相比，针对国有企业与民营企业之间的融合发展可能会在人力资源配置、职位安排以及管理人员设置、职位调动等各个方面都产生一定程度的矛盾和分歧。在财务管理机制方面，没有建立系统规范的财务管理制度，财务工作违规问题无法得到有效管控，财务漏洞的存在造成工作人员在国有企业和民营企业融合中往往会首先考虑自身利益而做出一些有损企业利益的行为，导致国有资产流失。针对内控管理机制而言，国有企业存在的突出问题主要是内控管理手段陈旧，不具备灵活性，而民营企业一直以来采取的家族式管理模式必须要尽快予以转型，这些问题的存在在相互融合的过程中可能会影响国有企业与民营企业的合作和进步。

（4）不同企业文化及价值理念产生的冲突性。各个类型的企业表现出差异化的企业文化以及价值观念，要促进国有企业和民营企业之间的融合发展应当接受对方独有的文化氛围与价值观，抑或是相互共同建立一个都认可的文化价值理念，若不注重国企和民企在企业文化和价值理念方面存在的差异性而要求它们硬性接受对方的观点，必然会在很大程度上影响到国企与民企的融合发展，甚至还会受到一定程度的抵制。国有企业和民营企业之间因为过去一直以来的经济地位以及发展历史的影响，也慢慢衍生出了与自身企业性质相符合的企业文化与价值理念，国有企业在社会主义事业建设发展过程中发挥着非常重要的支撑作用，但在国民经济中长期占据主导地位也让少数国有企业的文化和价值理念变得缺乏竞争意识和创新意识，在与民营企业合作时往往欠缺足够的诚意；而民营企业由于社会经济变革和市场环境、竞争压力的影响而表现出更加开放创新的企业文化和价值理念，但很多时候可能会存在短期逐利的投机思想。

五、国有企业与民营企业融合发展对策建议

（一）解放思想，树立正确合作竞争意识

由于传统思想理念和过去体制遗留问题的存在，国有企业与民营企业在相互融合发展的过程中还存在思想方面的问题。国有企业需要放下“身段”，摒除过去的“主人翁”思想，尽快更正思想观念，准确看待自身与民营企业之间融合发展的本质。民营企业需要在转变过去那种家族式思想的基础上，不断拓宽眼界，不能够仅仅从自身利益出发，要逐渐形成自省意识，主动和国有企业沟通交流，寻求合作与共赢，放下对国有企业存在的偏见，努力为社会经济的持续健康发展做出贡献。同时，不管是国有企业还是民营企业，在相互融合发展中都必须要积极适应对方的经营管理理念，避免相互之间出现抵触情绪，相互信任并大胆合作，还应当树立较强的社会道德观与责任感，避免存在唯利是图的合作价值观，努力培育更好的文化意识，树立良好的社会形象，这不但有助于国有企业与民营企业的融洽发展，也有助于社会影响力的提升。所有国有企业和民营企业在解放思想的过程中应当尽快树立合作竞争意识，唯有如此才能够让双方相互信任。

（二）真正落实政策法规，营造公平竞争环境

即便一直以来党和国家政府都非常关注公有制经济和非公有制经济之间的协同发展，也相继颁布了诸多优惠政策来推动民营资本融入国有资本中，然而在相关政策法规的执行过程中依旧难

以取得预期的效果。对于政策失灵和政策过度干预等问题的存在，在很大程度上降低了国有企业与民营企业在相互合作过程中的信心，也极大地打击了民营企业的积极性，在政策的颁布以及执行过程中都存在很大问题。对于政策法规的制定而言，必须要强化部分行业领域政策的透明度，避免出现做表面功夫的问题，尽力破除行业内过去存在的隐性限制导致的“玻璃门”或“弹簧门”问题。对部分垄断性行业的政策必须要做到全面规范，对国有企业和民营企业之间的融合发展路径、生产经营管理模式和具体运作方式等应当予以详细规定，政策法规制度必须要做到公平、全面，保证国有企业和民营企业的利益不受侵害，确保相互之间的融合能够顺利推进。针对部分利润较多的行业也不能够对民营资本保持偏见，相关政策的制定与颁布也应当防止给国企特权或制约民企发展的内容。另外部分行业即便表面对民营企业开放，但因为政策监督管理力度过大和规定过于严苛导致民营企业不能够真正获利，所以政府必须要合理提高这部分行业的开放力度以及准入门槛，确保国有企业与民营企业能够在真正公平的市场竞争环境中取得更好的发展，如针对电力、热力等能源行业，国有企业与民营企业融合发展的主动性就需要被重新调动。

（三）解决产权问题，实现投资主体多元化

要推进国有企业与民营企业之间的融合发展就应当尽快处理好相互融合时存在的各类产权问题，同时确保投资主体朝着多元化的方向发展。一方面，应当清楚产权改革的详细操作流程与方法，对于产权度量方法和参与产权改革投资主体、决策部门等给予规范要求，尤其是针对企业所有制出现变化的国企、民企融合发展模式，需要结合各个类型的企业在功能定位的差异确定合理的国有资本与民营资本的持股比例，从而实现股权结构的进一步优化。针对一般竞争性行业来说，产权结构比例需要真正符合市场实际发展情况，避免出现“一股独大”或国有企业控股过高的情况，必须要合理引导民营企业参与投资，针对部分自然垄断行业需要结合企业功能以及行业需求来确定国有资本和民营资本之间的持股比例，出台相关细则和要求予以科学管控。另一方面，对于股权置换、项目合作、改组改制以及并购重组等各种形式来确保国有企业和民营企业投资主体多元化的过程中强调产权管理，依靠规范政府职责与避免过度干预的方式来清楚规定国有企业产权，防止忽略民企利益，避免出现盲目调整优惠政策的现象，保护民企产权受到有效保护。

（四）规范公司治理结构，完善企业经营机制

在国有企业与民营企业的融合发展过程中，应当构建系统化的董事会和规范完善的董事会制度，同时主动参与到各项生产经营决策活动中来，为避免董事会层次出现问题，不仅需要向管理咨询公司和律师事务所等社会第三方机构聘请阶段性董事，还应当设置独立的监督管理委员会来促进董事会工作效率的提升。针对管理工作人员需要安排满足双方企业利益需求的同时防止对合作方企业管理人员出现偏见，对于经理层的选聘来说应当确保与现代企业制度相符合，要求其具有较强的合理性与公正性，真正履行好各层级和各部门的职能，贯彻落实关于员工薪酬和绩效考核规定，还需要对导致企业损失的相关人员严格追究其责任，借助于优化代理问题确保股东利益和国有资产不会受到损失。

（五）共享信息与资源，优势互补分工协作

要确保国有企业和民营企业之间的协同发展，要求双方在共同战略目标的指引下以优势互补为基础实施分工协作，保证双方信息资源的共享，防止出现信息失真或者信息不对称的问题。国有企业与民营企业在选择合作目标时应当全面掌握对方企业所拥有的优势资源以及存在的缺点，同时根据实际情况和基础条件，如果需求与资源之间不匹配或者无法实现理想的融合状态，很容易造成合作的失败，所以对此应当尽可能地选择和同一产业链的互补企业实施分工协作，或借助

对上下游领域的国有企业与民营企业之间相互扶持来真正做到优势互补，这样才能够确保国有企业和民营企业能够真正发挥出自身优势，促进整体竞争力的不断提升。同时国有企业必须要积极吸取和学习民营企业在生产经营管理模式、经营理念等方面的拼搏进取精神，学习民营企业的创新精神，转变国有企业体制方面的不灵活性问题，改变过去那种坐享其成的传统思想观念。而民营企业需要依托国有企业更加丰富完善的人力、财力与技术资源，借助于国有企业的地位以及社会影响力来帮助自己更好地处理融资渠道不足、人才流失严峻以及社会责任感缺乏的问题。因此国有企业和民营企业必须要真正实现信息和资源的共享，进行科学合理的分工协作才能够实现更好的融合。

（六）完善产业链，打造产业集群，促进国企、民企协调发展

国有企业与民营企业在构建产业集群和优化产业链方面应当强化分工协作，从而形成综合配套且相互支撑的发展体系，让大企业把关联的中小微企业纳入整体发展与专业分工体系中来，始终坚持以业务为连接，以资本为纽带，最终形成产业联盟以及产业集团。引导更多的大型企业把产品和技术朝着更多中小微企业拓展与延伸，真正实现合理分工。大企业应当借助于主辅分离，搭建为社会服务的平台，尽可能帮助中小微企业；另外中小微企业应当为大企业配套服务，提升附加值，建立更加全面的产业链，促进核心竞争力的提升。

综上所述，在我国市场经济体制不断变化的环境下，国有企业与民营企业融合发展成为促进我国经济稳步建设发展的必然趋势，也是缓解国有企业在各个领域中垄断发展的局势的重要途径。粤港澳大湾区作为我国经济建设的重要阵地，在强调提升民营企业发展空间、减少垄断现象的发展中，通过将国有企业和民营企业的融合发展，有利于帮助粤港澳大湾区更加冷静地面对国内外不断变化的经济形势，提升区域企业可持续发展的能力，实现区域经济稳定增长。

参考文献

[1] 尹合伶．民营经济融入混合所有制改革的路径分析［J］．安徽行政学院学报，2018（5）：49-53.

[2] 李小娟．国有控股混合所有制企业的财务问题及其对策［J］．经济研究导刊，2018（29）：173-174.

[3] 民营企业贡献突出　国有企业更加稳定［J］．宁波经济（财经视点），2018（10）：23.

[4] 潘慧谣，王金荣．国有企业混合所有制改革推进障碍研究［J］．改革与开放，2017（21）：60-61.

[5] 王欣．中国经济转型时期国有企业与民营企业战略关系研究［J］．理论月刊，2017（11）：166-170.

[6] 赵金兆．国有企业发展混合所有制经济的路径研究［D］．石家庄：河北经贸大学硕士学位论文，2016.

[7] 齐平，李彦锦．国有企业与民营企业融合发展的制度环境构建研究［J］．经济纵横，2016（2）：9-12.

[8] 赵存丽，乔贵涛．国有企业与民营企业融合发展研究——基于企业承担社会责任的视角［J］．财经问题研究，2015（6）：122-129.

[9] 侯爽．大企业时代国企民企融合发展问题研究［D］．长春：吉林大学硕士学位论文，2014.

[10] 卢小丽，成宇行．民营企业并购国有企业的企业文化融合影响要素研究——东方希望集团并购蓬威石化案例分析［J］．管理案例研究与评论，2013，6（1）：1-9.

开发区政策与企业生产率
——基于出口型开发区的经验研究

梁巧玲

（上海工程技术大学管理学院，上海松江　201620）

［摘　要］本文以出口型开发区为例，揭示开发区政策对企业生产率的异质性影响，并基于市场规模视角，进一步研究开发区政策有效发挥政策效应的前提和基础。文章采用2001~2013年中国规模以上工业企业数据，在倾向得分匹配基础上应用“渐进式”双重差分模型（PSM-DID）进行实证研究。研究发现：①总体来看，开发区政策能够显著提升企业生产率。②开发区政策对企业生产率的影响存在显著的空间异质性：在沿海地区和内陆地区，开发区政策对于企业生产率的提升有积极影响，尤其是内陆地区；但在沿边地区，开发区政策对企业生产率的影响并不显著。③有效性检验结果显示：总体来看，本地市场规模及外部市场规模越大，开发区政策能更大程度地提升企业生产率；分地区来看，沿海地区的估计结果与全样本基本一致，但沿边地区的这种交互效应均不显著。

［关键词］开发区政策；企业生产率；双重差分PSM模型

一、引言与文献综述

被视为对外开放的窗口、吸引外资的特殊区域，中国开发区建设是典型的区位导向型产业政策，是均衡区域经济发展的重要手段。自从1984年中国第一个经济技术开发区正式成立以来，经过30多年的开发建设，如今开发区已经遍布全国各地。截至2018年3月，国务院批准设立的开发区共552家，其中，包括高新技术产业开发区156家、经济技术开发区219家，海关特殊监管的综合保税区、保税区、出口加工区、保税物流园区、保税港区等135家，以及边境/跨境经济合作区19家。开发区凭借其区位优势、资源优势及政策优势，不仅吸引了大量外商直接投资，吸纳了大量就业，而且显著提升了企业全要素生产率（Wang，2013；冯伟，2015；Zhu et al.，2015）。但值得注意的是，并不是所有的开发区建设都是成功的，有些开发区并没有发挥有效的政策效应，对于区域经济发展并没有多大助益。在微观层面，开发区是否成功主要还是要看企业的表现。企业的生产效应是影响经济发展质量好坏的关键因素。所以，本文研究的核心问题是开发区政策对企业生产率的异质性影响及其有效性的前提基础，主要回答开发区建设是否存在“空间错配”问题。对该问题的回答不仅有助于理解中国经济发展模式，而且对于深入理解新常态背景下探索中国经济高质量发展的内涵也有重要的政策指导意义。

学术界关于开发区政策与企业生产率的关系研究并没有得出相对统一的观点。已有研究基本表现为两种观点：第一种观点认为开发政策能够提升企业生产效率（林毅夫等，2018；谭静、张建华，2019）。这主要得益于开发区的“集聚效应”和“选择效应”，前者是指开发区内人才和企业高度聚集，企业和员工之间相互学习，促进知识外溢和技术进步（Gilbert et al.，2008；Combes et al.，2011）；后者是指开发区政策形成的竞争机制导致能够存活下来的企业一般具有较高的生产率（王永进、张国锋，2016）。然而，在现实生活中，并不是所有的开发区都能形成显著的集聚效应和选择效应。第二种观点对开发区政策持保留的态度，即包括所有开发区在内的经济功能区已无法促进企业生产率的提升；但相比东部地区和中部地区，西部地区的经济功能区可以显著促进企业生产率的提升（袁其刚等，2015）。出现研究结论差异的原因可能在于开发区研究样本的选择，比如袁其刚等的研究涵盖了大部分的开发区，包括经济特区、经济技术开发区和高新技术产业开发区、特殊海关监管区域，但又将西部地区的边境经济合作区剔除了，这可能导致针对性不够强。基于已有的研究基础，本文参照《中国开发区审核目录公告（2018 年版）》，以出口型开发区为例，选取具有明确出口导向的开发区政策的保税区、出口加工区等特殊海关监管区域和边境/跨境经济合作区作为政策评估对象，研究更具有针对性和前瞻性。

虽然已有研究也从不同视角剖析开发区政策影响企业生产率的内在机制，比如集聚效应、选择效应等，但均未能较好地回答开发区政策有效性的前提和基础“是什么”的问题。本文以为开发区建设必须要以接近大市场为前提，如果离大市场比较远，就会带来物流、通勤和人员交流的成本加成，即缺乏规模经济支撑，且投资过度、分散布局的开发区建设，不仅无法有效提升企业生产率，也不利于招商引资，还可能带来土地资源浪费（向宽虎、陆铭，2015；陆铭，2019）。开发区政策的实施能够间接产生消费带动效应（孙伟增等，2018）和生产活动溢出效应（Zheng et al.，2017）。但也有一些原因导致部分开发区建设失败，比如选址不当，使开发区招商引资难，难以形成“集聚效应”。Zheng 等指出包括开发区政策在内的区位导向型产业政策只有在存在集聚经济、知识溢出以及市场存在要素流动不充分的情况下，才会有效，即政府干预是调节市场失灵。基于此，本文基于市场规模视角，进一步针对开发区政策有效性问题展开研究。

综上所述，本文边际贡献在于：第一，在数据使用上，采用 2001~2013 年中国规模以上工业企业数据库，参照《中国开发区审核目录公告（2018 年版）》，以出口型开发区为例，研究开发区政策对企业生产率的异质性影响，研究样本选择更具有针对性。第二，在研究视角上，基于市场规模这一视角，研究开发区政策能否发挥有效政策效应的前提和基础。第三，在研究方法上，在 PSM 倾向得分匹配基础上，采用“渐进性”双重差分模型进行实证研究。研究主要发现：第一，总体上，开发区政策能够显著提升企业生产率。第二，开发区政策对企业生产率的影响存在显著的空间异质性：沿海地区和内陆地区开发区政策均能够显著提高企业生产率，尤其是内陆地区的这种边际效应更大，但沿边地区的开发区政策对企业生产率的影响并不显著。第三，总体上，本地市场规模和外部市场规模越大，开发区政策能够更大程度地提升企业生产率；但分地区来看，沿海地区的开发区政策表现与全样本基本一致，但在沿边地区，开发区政策与市场规模的交互效应均不显著。研究进一步验证了中国开发区建设必须以靠近大市场为前提的说法。本文余下的研究还有：第一，制度背景与理论模型构建，理论上对 LS 模型进行扩展，构建开发区政策影响企业生产率的理论框架，并提出研究命题。第二，研究设计与特征事实分析。第三，实证结果分析，基于 PSM 倾向得分匹配得到“双重差分”模型的控制组和对照组，进行实证分析以及稳健性检验。第四，扩展性讨论，包括开发区政策影响企业生产率的空间异质性，以及开发区政策发挥有效的政策效应的前提和基础。第五，总结研究的主要结论，并提出相应的政策建议。

二、制度背景与理论模型构建

（一）制度背景

开发区是政府为促进经济发展，均衡区域经济发展差距所采取的一种典型的区域型产业政策（林毅夫等，2018；郑江淮等，2008），也是中国发展外向型经济的重要载体。不同类型的开发区往往发展的侧重点以及政策导向也不同（盛丹、张国峰，2017；陈钊、熊瑞祥，2015）。比如，高新技术产业开发区往往侧重于打造知识密集型、技术密集型产业，同时注重以新技术、新工艺改造传统产业，是我国科技创新、科技体制改革、科技成果产业化发展的重要基地；经济技术开发区是拉动外来投资的重要区域，以增加区域经济总量为直接目标，产业以制造加工业为主；出口加工区、保税区、保税港区等海关特殊监管区域的主要定位则是出口加工与贸易、转口贸易等；边境/跨境经济合作区往往设立在云南、新疆、黑龙江等国家边境处，主要以边境贸易和出口加工为导向。本文以出口导向型的海关特殊监管区域和边境/跨境经济合作区为考察对象，研究开发区政策对企业生产率的异质性影响及其有效性的前提和基础。

（二）理论分析及研究命题

开发区提供的政策补贴、税收优惠和土地使用优惠等优惠政策能够直接缓解企业的资金压力，降低企业运营成本，交通改善又可以有效降低企业运输成本，从而有利于企业增加创新活动的投入，提升企业生产率。本文的理论分析参照新经济地理学的本地溢出效应模型（LS 模型），放宽区域间资本不可流动的假设，构建开发区企业生产率方程，通过数值模拟解析开发区对企业生产率的影响，并研究市场规模的作用。

（1）企业生产率决定方程假设存在三部门（农业部门 A、工业部门 M 和创新部门 I）、三区域（国外 0、非开发区 2、开发区 1），使用两种要素（资本 K 和劳动力 L）。创新部门在完全竞争市场结构下，可以创造新资本用于弥补资本折旧和资本积累来促进经济长期增长，资本形成的成本函数为 $F_i = w_i a_{I_i}$；其中，劳动力工资用 w 表示；a_I 表示创新部门生产 1 单位新资本（物质资本和专利）需要的劳动，受学习曲线的约束，即创造单位资本所需的劳动量随着资本积累增加和生产效率的提升而下降（学习效应），可以表示为 $a_{I_i} = 1/(A_i K_W)$，$i = 0, 1, 2$。A_i 表示 i 地区企业资本形成效率（企业生产率），A_i 越大，新资本形成成本就越低；K_W 表示世界资本存量，世界资本存量为两国资本存量之和，即 $K_W = K_0 + K_R$，本国资本 K_R 是国内两地区资本存量和，那么区域 i 的资本禀赋用 S_{K_i} 表示，即 $S_{K_i} = K_i / K_W$。

假设企业生产率 A_i 取决于本地区的资本禀赋条件（或称为本地原始资本积累情况）和技术溢出的难易程度（或接受新技术的能力），即资本积累越多，接受新技术能力越强，企业生产率越高。设定区域 i 企业生产率表达式为：

$$A_i = s_{K_i} + \gamma(s_{K_j} + s_{K_f})(i \neq j \neq f = 0, 1, 2) \tag{1}$$

其中，γ 表示技术溢出难易程度（或新技术接受的难易程度），γ 越大，技术溢出越容易；假设 γ 是个常数，$\gamma \in [0, 1]$，$\gamma = 1$ 表示技术完全自由传播，$\gamma = 0$ 表示技术不能传播，进而整理得到区域资本禀赋表达式为：

$$S_{K_i}=-\frac{(1+\gamma)A_i-\gamma(A_j+A_f)}{(2\gamma+1)(\gamma-1)}(i\neq j\neq f=0,\ 1,\ 2) \tag{2}$$

（2）消费短期均衡。假设代表性消费者拥有相同的效用函数，该函数由 C-D 函数和不变替代弹性函数给出，函数表达式为：

$$U=\int_{t=0}^{\infty}e^{-\rho t}\ln(C_M^{\mu}C_A^{1-\mu})\mathrm{d}t\ ,\ C_M=\left[\int_{i=0}^{nw}\frac{\sigma-1}{c_i^{\sigma}}di\right]^{\frac{\sigma}{(\sigma-1)}} \tag{3}$$

式中，ρ 表示消费者的时间偏好率（效用折现率），C_M 和 C_A 分别表示工业品的消费总量和农产品的消费总量。理性消费者的最优跨期决策为跨期支出的边际成本等于边际收益，即 $\frac{E}{E}+\rho=r$；其中，式子左边表示延期支出的边际成本，式子右边表示边际收益（r 为持有证券利率）。短期均衡时消费者实现效用最大化，设定 t 期消费者预算约束条件为：

$$\int_{i=0}^{nw}p_i\,c_i di+p_A\,C_A=E(t) \tag{4}$$

其中，E 表示消费者总支出，p_A 表示农产品价格，p_i 表示第 i 种差异化工业品的价格。计算可得消费者需要函数为：

$$c_i=\mu E\frac{p_i^{-\sigma}}{P_M^{1-\sigma}}\ ,\ P_M=\left[\int_{i=0}^{nw}p_i^{1-\sigma}di\right]\frac{1}{1-\sigma} \tag{5}$$

其中，P_M 为工业品综合价格指数。可以看出，工业品综合价格指数对工业品种类的敏感程度取决于不同种类工业品之间的替代弹性 σ，σ 越小，产品种类增加导致工业品价格指数下降程度越大。产品种类增加，表示新产品进入市场，会增加产品市场竞争强度，导致消费者对原有各种工业品的需求曲线向下移动，并使这些产品的销售量下降，除非这些企业发生技术突破。

（3）生产短期均衡。出口导向型开发区，如特殊海关监管区域一般选址于交通便利的沿海地区，边境/跨境经济合作区则选址在沿边地区，这种选址导向可以缩短与国际市场的距离，可以有效降低国际贸易成本，便于企业参与国际贸易。所以，相对而言，区内企业一般具有较低的运输、贸易等交易成本。所以，假设开发区企业进行国内贸易和国际贸易的交易成本分别为 t 和 τ（$t\geqslant 1,\tau\geqslant 1$），均遵循冰山交易技术。国内交易成本受制于区际间的交通条件，国际交易成本与参与国际贸易的运输成本和贸易便利化程度有关。非开发区内的企业参与国际贸易的成本等于 $t\tau$，高于开发区企业国际贸易成本。假设农业部门在完全竞争市场结构下，遵循的是瓦尔拉斯均衡条件，规模报酬不变，使用劳动力为唯一投入要素，同时假设农产品贸易不需要运输成本。为了简化模型，假设均衡时农产品价格 $p_{A_1}=p_{A_2}=p_{A_0}=p_A=w_1=w_2=w_0=1$。假设工业企业定价是根据交易成本实行差异化定价原则。所以，均衡时不同地区企业生产的工业品在不同市场的售价分别设定为 $p_1=p_2=p_0=1$，$p_{12}=p_{21}=t$，$p_{01}=p_{10}=\tau$，$p_{20}=p_{02}=t\tau$。

工业部门是在垄断竞争市场结构下，遵循的是规模报酬递增的生产技术，假设每个企业只生产一种差异化工业品，并且每种差异化工业品的生产需要 1 单位资本的固定投入和 a_m 单位劳动的可变成本，劳动力工资用 w 表示生产函数表达式为 $y=k+wa_m$。

由于企业使用一单位资本为固定投入，所以企业经营利润等于资本收益率，所以区域 i 企业的资本收益率为：

$$\pi_i=b\,B_i\frac{E_W}{K_W},\ b=\frac{\mu}{\sigma},\ i=0,\ 1,\ 2 \tag{6}$$

其中，$B_1=\frac{S_{E_1}}{\Delta_1}+\theta\frac{S_{E_2}}{\Delta_2}+\varphi\frac{S_{E_0}}{\Delta_0}$，$B_2=\theta\frac{S_{E_1}}{\Delta_1}+\frac{S_{E_2}}{\Delta_2}+\theta\varphi\frac{S_{E_0}}{\Delta_0}$，$B_0=\varphi\frac{S_{E_1}}{\Delta_1}+\theta\varphi\frac{S_{E_2}}{\Delta_2}+\frac{S_{E_0}}{\Delta_0}$；$\Delta_1=S_{n_1}+$

$\theta S_{n_2} + \varphi S_{n_0}$，$\Delta_2 = \theta S_{n_1} + S_{n_2} + \theta\varphi S_{n_0}$，$\Delta_0 = \varphi S_{n_1} + \theta\varphi S_{n_2} + S_{n_0}$；$\varphi = \tau^{1-\sigma}$ 表示国际贸易自由度，$\theta = t^{1-\sigma}$ 表示区际贸易自由度，$(\theta, \varphi) \in [0, 1]$；$E_W$ 和 K_W 分别为世界总支出和世界资本总量。总支出等于要素的总收入减去在新资本上的支出，区域 i 市场支出规模表达式为：

$$E_i = S_{L_i} L_W + S_{K_i} b B_i E_W - (g+\delta)\frac{S_{K_i}}{A_i}, i = 0, 1, 2 \tag{7}$$

所以，可以得到世界总支出①为：

$$E_W = [L_W - (g+\delta) K_W a_I]/(1-b) \tag{8}$$

（4）企业空间分布与相对市场规模。企业进入开发区使企业生产活动在空间转移，促进资本流动，资本流动性强弱取决于地区间资本回报率差异，当投资回报率相等时，资本则不再流动。假设国内工业品总数 n_R 等于国内两地区工业品种类数量之和，即 $n_R = n_1 + n_2$；世界工业品总量等于两国工业品总量之和，即 $n_W = n_0 + n_R$。那么，企业空间分布系数就可以表示为 $S_{n_i} = \frac{n_i}{n_W}$ $(i = 0, 1, 2)$。所以，长期资本空间流动方程为：

$$s_{n_R} = (\pi_R - \pi_0) S_{n_R}(1 - S_{n_R}) \tag{9}$$

长期产业空间分布可能存在多重均衡：$\pi_R = \pi_0$ 得到的内点解，以及 $S_{n_R} = 0$ 或 $S_{n_0} = 1$ 得到的两个解。由 $\pi_R = \pi_0$，$\pi_1 = \pi_2$，可以求解得到国内两地区产业空间分布与相对市场规模之间关系的表达式：

$$S_{n_1} = \frac{(1+\varphi) + (\varphi - \theta) S_{E_2} - \varphi(1-\theta)}{(1-\varphi)\times(1-\theta)} \tag{10}$$

$$S_{n_2} = \frac{\theta(1+\varphi) S_{E_1} + (\varphi\theta - 1) S_{E_2}}{(\varphi\theta - 1)\times(\theta - 1)} \tag{11}$$

两国通过资本折旧和资本形成来改变资本存量的相对份额，新资本创造效率（企业生产率）会影响资本的空间分布。长期均衡时，每个地区的资本回报率相同，资本价值 V 等于资本创造成本 F，它们之间的比率等于托宾 q 值，此时托宾 q 值等于 1（$q = V/F$）。其中，资本价值 $v_i = \frac{\pi_i}{\rho + \delta + g}$，资本创造成本 $F_i = \frac{1}{A_i K_W}$，$i = 1, 2, 0$。长期均衡时，资本收益率相等，即 $\pi_i = b\frac{E_W}{K_W}$。所以，长期均衡时各地区相对市场规模为：

$$S_{E_i} = \frac{\frac{L_W}{3} + \rho\frac{S_{K_i}}{A_i}}{L_W + \rho\sum\frac{S_{K_i}}{A_i}} (i = 0, 1, 2) \tag{12}$$

（三）开发区政策与企业生产率

联立表达式（1）、式（10~12）可以得到国外、开发区和非开发区的企业生产率②表达式分别为：

---

① $S_{K_1}B_1 + S_{K_2}B_2 + S_{K_0}B_0 = 1$。

② 由于每个企业只生产一种差异化工业品，并且使用一单位资本为固定投入，所以，资本总数等于该地区企业总数，即 $S_{K_1} = S_{n_1}$，$S_{K_2} = S_{n_2}$，$S_{K_0} = S_{n_0}$。

$$A_0 = \gamma + \frac{(\gamma - 1)[2S_{E_1} - (1-\theta)(1-S_{E_2})]}{(\varphi - 1)(\theta - 1)} - \frac{S_{E_1}(\gamma - 1)(\theta + 1)}{(\varphi\theta - 1)(\theta - 1)} \tag{13}$$

$$A_1 = \frac{(1-\gamma)(S_{E_1} + S_{E_2})}{\theta - 1} - \frac{(\gamma - 1)[2S_{E_1} + (1-\theta)(S_{E_2} - 1)]}{(\varphi - 1)(\theta - 1)} + 1 \tag{14}$$

$$A_2 = \gamma + \frac{(\gamma - 1)(S_{E_1} + S_{E_2})}{\theta - 1} + \frac{S_{E_1}(\gamma - 1)(\theta + 1)}{(\varphi\theta - 1)(\theta - 1)} \tag{15}$$

本文进一步对表达式（14）进行数值模拟分析，讨论开发区政策对企业生产率的影响，并探讨市场规模的作用。设定不同产品的替代弹性 $\sigma = 5$，技术区际溢出系数 $\gamma = 0.5$。首先，考察开发区政策质量对企业生产率的影响，用国际贸易自由度衡量开发区政策质量。分别模拟区位条件不一样的两种开发区内企业生产率的表现，即 t= ［1.01，1.46］，t 取值越低，表示国内交易成本越低，交通状况越好［见图 1 中（a）和（b）］。其次，考察开发区区位条件对企业生产率的影响，开发区区位条件用区际贸易自由度 θ 衡量。分别模拟开发区政策质量不一样的两种开发区，即 τ= ［1.01，1.46］，τ 取值越低，表示国际交易成本越低，政策质量越好［见图 1 中（c）和（d）］。图 1 的模拟结果显示：第一，国际贸易自由度越高，开发区政策质量越好，企业生产率越高［见图 1 中（a）］；第二，区际贸易自由度越高，开发区区位条件越好，企业生产率越高［见图（c）］；第三，相对市场规模越大，开发区政策对企业生产率促进效应越大［见图 1 中（a）和（c）］；第四，在交通基础薄弱或国际贸易壁垒较高的欠发达地区建设开发区（该相对市场规模极小，t 和 τ 取值很高），可能导致“效率损失”，即企业生产率很低［见图 1 中（b）和（d）］。

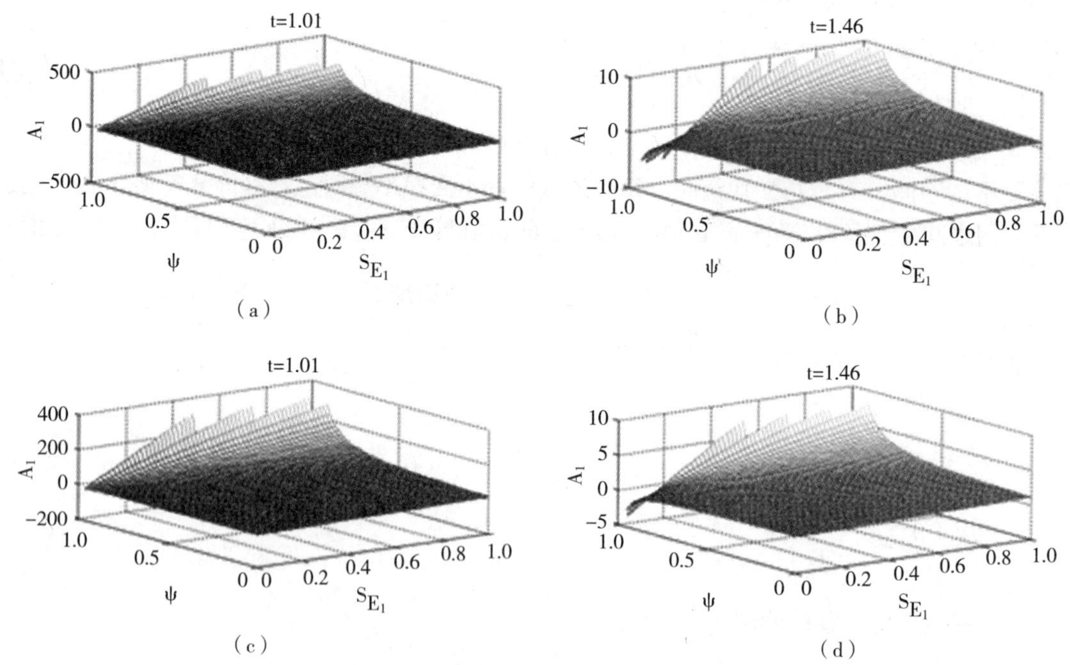

图 1　开发区政策、市场规模与企业生产率

注：y 轴表示开发区相对市场规模 S_{E_1}；z 轴表示企业生产率（资本或专利形成效应）A_1；子图（a）和（b）：x 轴表示国际贸易自由度 φ；子图（c）和（d）：x 轴表示区际贸易自由度 θ；即 $\varphi = \tau 1 - \sigma$，$\theta = t1 - \sigma$，$\varphi$，$\theta \in [0, 1]$。

因此，综合前面数值模拟的结果，提出以下的研究命题：

命题 1：开发区政策能够显著提升企业生产率。

命题2：开发区政策对企业生产率的影响存在空间异质性。在相对发达地区，开发区政策能够显著提升企业生产率，而在欠发达地区，开发区政策可能“效率损失”，导致资源的“空间错配”。

命题3：开发区政策与相对市场规模之间存在显著的互补效应，即相对市场规模越大，开发区政策对企业生产率促进效应越明显。

三、研究设计与特征事实分析

（一）数据来源及样本选择

本文主要使用中国规模以上工业企业数据库（2001~2013年）和《中国开发区审核公告目录（2018年版）》两套数据。

（1）开发区层面数据。本文研究的出口型开发区数据，均属于国家级开发区，数据来自《中国开发区审核公告目录（2018年版）》（以下简称《目录》）。该数据记录了截至2018年3月官方认可的各类国家级、省级开发区的批准成立时间、面积以及主导产业等信息。同时，在本文考察的样本期内（2001~2013年），相当多的企业选址进入开发区经营，这近似可以认为是实施开发区政策的“准自然实验”。此外，为了匹配中国规模以上工业企业数据，根据开发区名称，还收集整理了开发区的邮政编码和地区代码。

（2）企业层面数据。中国规模以上工业企业数据库①为国家统计局每年对规模以上非国有工业企业和全部国有企业进行统计整理而得的调查数据，本文所使用样本时间跨度为2001~2013年。由于存在企业数据误报情况，使用该数据库估算企业TFP和进行相关实证研究前需进行异常值处理：第一，去掉总资产、职工人数、工业总产值、销售额的缺失值。第二，保留实收资本和职工人数大于0的企业。第三，剔除固定资产、总资产、工业总产值为0的企业。第四，遵循一般公认会计准则，剔除出现以下情况的样本：总资产小于流动资产、总资产小于固定资产净值、累计折旧小于本年折旧的企业。

（3）开发区企业识别。本文采用如下策略识别开发区企业：第一，根据《目录》公布的开发区，收集整理研究样本开发区的地区代码，将代码前六位与《中国规模以上工业企业数据》中企业的地区代码的前六位匹配，初步得到位于开发区所在县级行政区的企业（步骤1）。第二，根据邮政编码进行匹配，由于部门开发区对应多个邮政编码，若企业的邮政编码与一个邮政编码对应，则认为该企业为开发区企业（步骤2）。第三，根据前两步得到的开发区企业的调查期年份，匹配开发区成立年份，将企业调查期年份大于开发区成立年份的企业识别为开发区企业（步骤3）。第四，根据前面三个步骤，生成一组开发区政策的哑变量（Policy），开发区企业标记为1，非开发区企业标记为0。经过匹配和处理，在样本期内，进入开发区经营的企业样本有38212个，始终没有进入开发区经营的企业样本有207553个。

① 聂辉华等（2012）对该数据库的基本信息、使用现状以及潜在问题做了一个详细的分析。

（二）计量模型设定

计量估计模型（1）设定如下：

$$TFP_{ijkt} = \alpha + \beta Policy_{it} + \gamma X_{it} + \tau_i + \theta_k + \epsilon_t + \varepsilon_{it} \quad \text{（模型 1）}$$

其中，下标 i 表示企业，j 表示地区，k 表示行业，t 表示年份；TFP_{ijkt} 表示企业全要素生产率；$Policy_{it}$ 表示开发区政策的哑变量，若在 t 年企业在开发区内经营，则取值为 1，否则取值为 0；X_{it} 表示一系列控制变量集，包括外资参与程度（FDI）、人力资本水平（HC）、资本密集度（CI）、企业年龄（Age）、行业垄断程度（HHI）、国有企业哑变量（SOE）、创新型企业哑变量（RD）和出口企业哑变量（EX）；此外，为了尽可能控制省份个体差异、行业个体差异以及全国宏观经济发展环境变化的影响，本文还控制了省份固定效应 τ_j 、年份固定效应 ϵ_t 和行业固定效应 θ_k ；ε_{it} 表示服从正态分布的随机干扰项。此外，本文基于市场规模视角，进一步针对开发区政策有效发挥生产率促进效应的前提和基础展开研究，设定计量估计模型（2）如下：

$$TFP_{ijkt} = \alpha + \beta_1 Policy_{it} + \beta_2 MS_{ijkt} + \beta_3 Policy_{it} \times MS_{ijkt} + \gamma X_{it} + \tau_i + \theta_k + \epsilon_t + \varepsilon_{it} \quad \text{（模型 2）}$$

其中，MS_{ijkt} 表示市场规模，本文分别从本地市场规模（Local Market Size，LMS）和外部市场规模（External Market Size，EMS）两个方面展开分析，分别用企业实际总产出和企业实际出口交货值衡量，其他变量的定义及说明同上。

（三）变量说明及定义

（1）被解释变量——企业生产率（TFP）。企业生产率，即企业全要素生产率，指总产出中不能由要素投入解释的那部分剩余，用以反映投入-产出的总体效率。企业 TFP 测算方法有很多，包括传统 OLS 法、OP 法（Olley and Pakes，1996）、LP 法（Levinsohn and Petrin，2003）和 GMM 法（Blundell and Bond，1998）等。传统 OLS 方法用“索洛残差”估计企业 TFP 可能会产生同时性偏差和样本选择性偏差（鲁晓东、连玉君，2012）。以最常用的 C-D 函数的线性生产函数为例进行说明，表达式为 $y_{it} = \alpha l_{it} + \beta k_{it} + \mu_{it}$ ，其中，μ_{it} 的估计值就是 OLS 估计所得全要素生产率。其中，同时性偏差是指企业生产效率提升在当期被决策者观测到，并据此调整生产要素投入组合以达到利润最大化，那么就会导致这一部分残差与回归项相关，使估计结果产生偏误，表达形式被刻画为 $y_{it} = \alpha l_{it} + \beta k_{it} + \theta_{it} + \varepsilon_{it}$ ，其中，θ_{it} 作为可被观测到并影响当期决策的要素投入组合的那部分残差项，ε_{it} 表示不可观察的技术、管理、政策等的冲击和测量误差形成的残差项；样本选择性偏误问题主要是由企业资本存量、生产率冲击与企业下一期是否退出市场之间的相关性所导致。而 OP 法、LP 法和 GMM 法则是针对 OLS 方法可能存在的同时性偏差和样本选择偏差而提出解决方法。OP 法假定决策者根据当期企业生产率做出了调整，用企业当期投资作为不可观测生产率冲击的代理变量解决同时性偏误。LP 法则是用以解决 OP 法中使投资额为 0 的企业样本无法被估计的问题，使用中间投入品作为生产率冲击的代理变量。GMM 法是一种广义矩估计法，通过加入被解释变量的滞后项作为工具变量来解决模型中的内生性问题，工具变量由前期决定，与当期的生产效率冲击无关。本文以 OP 法测算的 TFP（记为 TFP_OP）进行实证研究，同时以 LP 法和 GMM 法测算的 TFP 进行稳健性检验（分别记为 TFP_LP 和 TFP_GMM）。具体测算方法和指标选取参照鲁晓东和连玉君（2012），估算中均控制了年度、地区和行业的虚拟变量。具体而言，用企业职工人数来衡量劳动力投入变量，用企业实际固定资产合计来衡量资本存量变量，用企业实际实收资本来衡量投资额变量，用企业实际中间品投入额来衡量中间品投入，用企业实际总产出来衡量产出变量，变量的实际值分别通过固定资产价格指数和生产者出厂价格指数进行平减得到。

（2）其他变量。本文在拓展性讨论中，基于市场规模视角，研究开发区政策有效性的前提基础，分别从本地市场规模（LMS）和外部市场规模（EMS）展开研究。控制变量方面，选取了可能影响开发区政策和企业全要素生产率的八个控制变量集，包括外资参与程度（FDI）、人力资本水平（HC）、资本密集度（CI）、企业年龄（AGE）、行业垄断程度（HHI）、国有企业哑变量（SOE）、创新型企业哑变量（RD）和出口企业哑变量（EX）。变量的定义及说明如表 1 所示，表 2 报告了变量的描述性统计结果。

表 1　变量定义

被解释变量	TFP_OP	采用 OP 方法估计所得企业全要素生产率
	TFP_LP	采用 LP 方法估计所得企业全要素生产率
	TFP_GMM	采用 GMM 方法估计所得企业全要素生产率
核心解释变量	Policy	企业 i 于 t 年在开发区内经营=1，否则=0
调节变量	LMS	本地市场规模，企业总产出，取对数
	EMS	外部市场规模，企业出口交货值/总产出
控制变量	HHI	$HHI_k = \sum_{i=1}^{N} (y_{ik}/Y_k)2$，$y_{ik}$ 表示 k 行业 i 企业总产出，Y_k 表示 k 行业总产出，均取对数
	HC	职工工资总额/职工人数，取对数
	FDI	企业外商资本与港澳台资本和/实收资本，取对数
	CI	企业固定资产合计/企业职工总人数，取对数
	Age	企业年龄=当期年份-企业开业年份+1
	RD	若企业新产品产出>0=1，否则=0
	EX	企业出口交货值/企业总产出>0.2=1，若比值<0.2=0
	SOE	首先，若企业注册类型为国有、国有联营、国有与集体联营、国有独资企业四种类型的企业识别为国有企业=1；其次，国有资本/实收资本>0.5 识别为国有有企业=1；否则=0

表 2　变量的描述性统计结果

变量名	样本量	均值	标准差	最小值	中位数	最大值
TFP_OP	245765	9.027	1.099	-1.868	8.922	16.04
TFP_LP	245765	6.532	0.935	-4.427	6.485	12.19
TFP_GMM	245765	8.504	1.047	-2.185	8.408	15.83
Policy	245765	0.155	0.362	0	0	1
LMS	245765	11.23	1.362	0.646	11.07	19.19
EMS	245765	11.13	1.359	0.646	10.97	19.00
HHI	245765	0.132	0.223	0.00100	0.0440	1
HC	245765	2.589	0.883	0.176	2.646	4.735
FDI	245765	0.189	0.355	0	0	1
CI	245765	3.837	1.231	0.674	3.860	6.892
Age	245765	20.41	13.53	3	16	66
RD	245765	0.153	0.360	0	0	1

续表

变量名	样本量	均值	标准差	最小值	中位数	最大值
EX	245765	0. 375	0. 484	0	0	1
SOE	245765	0. 0760	0. 266	0	0	1

（四）特征事实分析

（1）全要素生产率的核密度分布图。本文对中国规模以上工业企业 TFP 的估算得到的估计值样本量均在 300 万以上，并绘制了不同方法估计得到的 TFP 值的核密度函数图来全面分析 TFP 的分布特征和动态变化（见图 2）。可以看出，五种方法得到的 TFP 值均在偏度-峰度检验①中拒绝了正态分布假设②。虽然这五种方法估计得到 TFP 核密度函数图形状相似，但在统计量对比中仍存在一定差异：首先，OP 法和 GMM 法两种方法估计的 TFP 值的核函数图的偏度均大于 0，呈正偏态分布，偏度值分别为 0. 098 和 0. 049；而其他三种方法估计的 TFP 值的偏度均小于 0，呈负偏态分布；其中，LP 方法估计的 TFP 偏度绝对值最大，达到了 0. 272，OLS 法和 FE 法两种方法估计的 TFP 偏度绝对值分别为 0. 266 和 0. 270，这三种方法下有更多的值落在众数的左侧。其次，OLS 方法和 FE 方法估计的 TFP 值的峰度值最大，达到 5. 002，说明该分布最为陡峭；而 GMM 法、LP 法和 OP 法三种方法估计的 TFP 值的峰度值分别为 4. 868、4. 831 和 4. 786，其中 OP 方法估计的 TFP 值分布最为平缓。因此，本文后续的研究以 OP 法估计的 TFP 值为基础展开，并在稳健性检验中同时也考虑 LP 法和 GMM 法估计的 TFP 值。

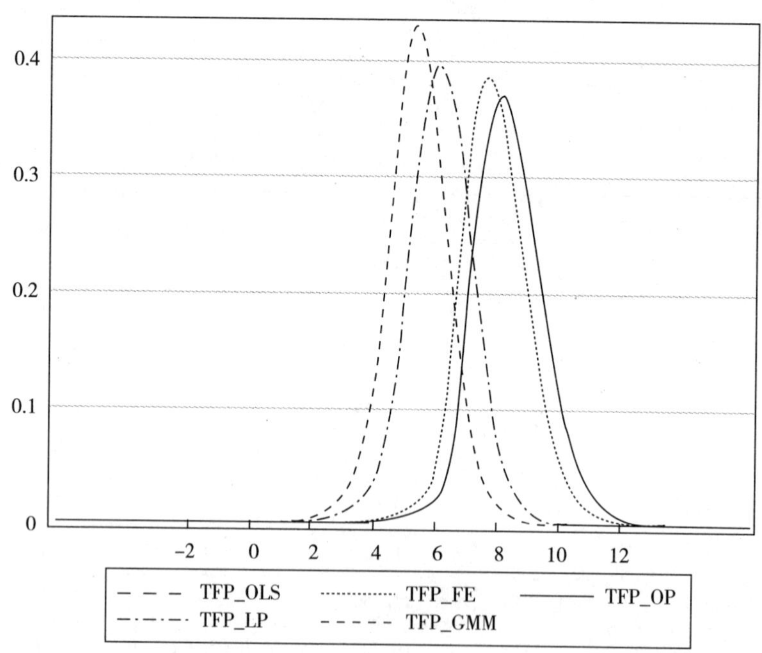

图 2　中国规模以上工业企业的全要素生产率（TFP）的核密度分布

① 由于本文使用的样本足够大，因此通过计算偏度和峰度来进行比较分析，相对较为可靠。一般而言，当观测数据数量 N>200 时，偏度统计量才较可靠；当 N>1000 时，计算出的峰度统计量才较可靠。

② 通过 Stata 13 的 sktest 命令实现，结果均拒绝正态性假设。

此外，表 2 列出了五种方法估计的 TFP 估计值，为了考察它们与劳动和资本两种投入要素的生产率，还在矩阵中同时加入劳动生产率和资本生产率两个指标。参数估计方法和非参数估计方法的 TFP 估计结果之间的相关性很高；而 TFP 与资本生产率及劳动要素生产率的相关性却很低。不同估计方法得到的 TFP 值及其与资本和劳动要素生产率的相关性说明企业生产率提升过程中资本和劳动单要素投入的贡献并不大，重要的是其他要素投入的作用，比如政策、制度等其他要素的支持。

表 3　各种方法下的 TFP 估计值的相关系数矩阵

	TFP_OLS	TFP_FE	TFP_OP	TFP_LP	TFP_GMM	劳动生产率	资本生产率
TFP_OLS	1						
TFP_FE	0.9999	1					
TFP_OP	0.8693	0.8700	1				
TFP_LP	0.9522	0.9555	0.9050	1			
TFP_GMM	0.9012	0.9011	0.9954	0.9089	1		
劳动生产率	0.1537	0.1526	0.1391	0.1220	0.1495	1	
资本生产率	0.0204	0.0206	0.0114	0.0234	0.0115	0.0129	1

（2）开发区企业与非开发区企业的特征比较。本文初步比较了是否为开发区企业的 TFP_OP 差异（见图 3）。从图中可以看出，开发区企业全要素生产率的均值要略大于非开发区企业，可以初步认为开发区企业存在明显的生产率优势。

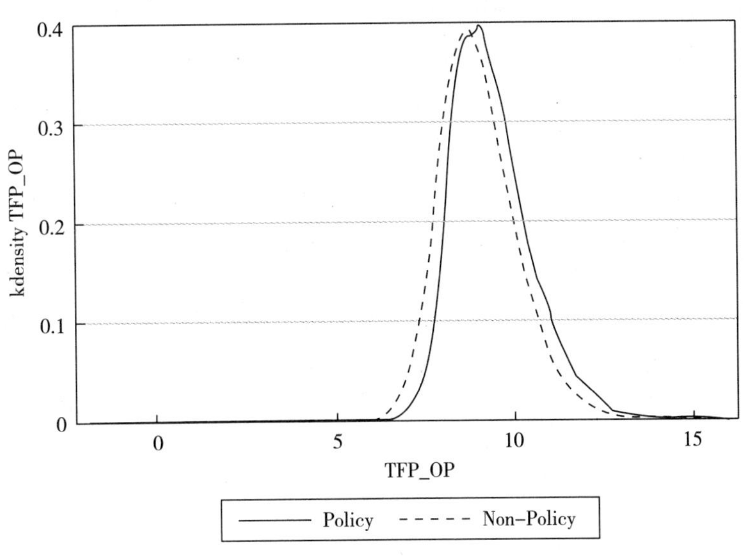

图 3　有无开发区政策支持的企业 TFP（OP）特征比较

资料来源：由 2001~2013 年中国规模以上工业企业数据库计算所得。

表 3 进一步比较了有开发区政策和没有开发区政策支持的企业特征的差异。开发区内的企业平均水平要高于开发区外的企业平均水平，比如开发区企业的平均市场规模、出口规模、外资、

人力资本、资本密集度要明显高于非开发区企业；但开发区内企业的平均年龄要小于非开发区企业（见表4）。

表4 有无开发区政策的企业特征比较

	TFP_OP	TFP_LP	TFP_GMM	FDI	HC	CI	Age	LMS	EMS
均值统计									
Non-Policy	8.99	6.50	8.46	0.15	2.55	3.81	20.85	11.18	3.85
Policy	9.24	6.69	8.72	0.38	2.81	3.97	18.05	11.47	5.20
Total	9.03	6.53	8.50	0.19	2.59	3.84	20.41	11.23	4.06
中位数统计									
non-Policy	8.89	6.46	8.37	0	2.60	3.84	17	11.03	0
Policy	9.10	6.61	8.58	0	2.87	4.00	15	11.30	5.19
Total	8.92	6.49	8.41	0	2.65	3.86	16	11.07	0

资料来源：由2001~2013年中国规模以上工业企业数据库计算所得。

四、实证结果分析

（一）样本匹配情况：PSM倾向得分匹配

企业是否进入开发区，是一个自我选择的过程，选择进入开发区的企业本身就可能具有“生产率”优势，因为进入开发区参与国际贸易的企业，会面对来自国际市场准则的压力，一般会承担一些额外的沉没成本，故这些企业自身可能具有一些规模和效率上的优势，否则会在激烈的国际市场竞争中退出。此外，同一企业不可能同时选择进入开发区和不进入开发区。为了避免样本选择偏误，本文采用PSM方法得到实证研究的处理组和控制组。具体步骤如下：

（1）确定开发区政策的“协变量”组。使用Logit模型确定可能影响企业是否选择进入开发区的“协变量”组，使“协变量”组尽可能地满足忽略性假设。本文初步选择了八个可能影响企业是否选择进入开发区的“协变量”组，并通过逐步回归法确定，最后确定第（5）列的“协变量”组（见表5）。估计结果显示，外资参与程度越高、人力资本水平越高、资本密集度越大、企业年龄越大、行业垄断程度越小，越倾向于进入开发区；相比而言，出口企业、国有企业、非创新型企业更倾向于不进入开发区。

表5 开发区政策的Logit模型估计结果

因变量：Policy	(1)	(2)	(3)	(4)	(5)
FDI	1.099***	1.088***	1.137***	1.149***	1.089***
	(0.018)	(0.018)	(0.017)	(0.017)	(0.018)

续表

因变量：Policy	(1)	(2)	(3)	(4)	(5)
HC		0.145*** (0.009)	0.134*** (0.009)		0.145*** (0.009)
CI	0.146*** (0.006)	0.097*** (0.006)	0.090*** (0.006)	0.133*** (0.006)	0.097*** (0.006)
Age	−0.005*** (0.001)	−0.006*** (0.001)	−0.008*** (0.001)	−0.008*** (0.001)	−0.005*** (0.001)
SOE	0.293*** (0.032)	0.273*** (0.032)	0.135*** (0.032)	0.151*** (0.032)	0.267*** (0.032)
EX	0.128*** (0.015)	0.078*** (0.015)	0.086*** (0.015)	0.131*** (0.015)	0.079*** (0.015)
RD	−0.062*** (0.020)		−0.057*** (0.020)	−0.073*** (0.019)	−0.045** (0.020)
HHI	−3.904*** (0.080)	−3.943*** (0.081)			−3.962*** (0.081)
行业虚拟变量	YES	YES	YES	YES	YES
省份虚拟变量	YES	YES	YES	YES	YES
年份虚拟变量	YES	YES	YES	YES	YES
Constant	−19.112 (995.570)	−19.276 (921.052)	−20.107 (1131.988)	−19.935 (1167.285)	−19.309 (919.844)
N	245619	245619	245619	245619	245619
pseudoR^2	0.231	0.233	0.215	0.214	0.233

注：括号内为标准误，*、**、*** 分别表示在 10%、5%、1% 的水平上显著。第（1）至（5）列均是采用逐步回归的方法，保留会显著影响开发区政策哑变量的协变量。

（2）平衡性检验。为了确保匹配结果的可靠性，就必须使“协变量”在匹配后的处理组和控制组之间分布较为均匀，这就需要在回归分析之前，先进行共同取值检验和匹配平衡性检验。基于最近邻匹配原理，将处理组和控制组的企业样本进行匹配，并将匹配后的样本进行差异分析。结果显示，匹配后的协变量中行业垄断程度的标准化偏差超过 5%，其他协变量的标准化偏差均小于 5%，Rosenbaum 和 Rubin（1985）认为，匹配后标准偏差的绝对值能够小于 20%，则匹配处理是有效的。所以，可以认为匹配后的处理组和控制组通过了平衡性检验。图 4 呈现了控制组和处理组匹配前后的核密度函数分布。可以看出，匹配前处理组和控制组存在显著差异，而匹配后处理组和控制组的核密度函数分布的趋势趋于一致，所有企业均在共同取值范围内，匹配效果良好。匹配后两组样本变量的特征非常接近，已经很难通过协变量来区分哪些企业倾向于进入开发区，哪些企业不倾向于进入开发区。所以，匹配基本满足了平衡性检验，匹配后的样本可以近似认为是一种自然实验。最终获得处理组企业样本 38212 家和控制组企业样本 207407 家，样本共计 245619 家。

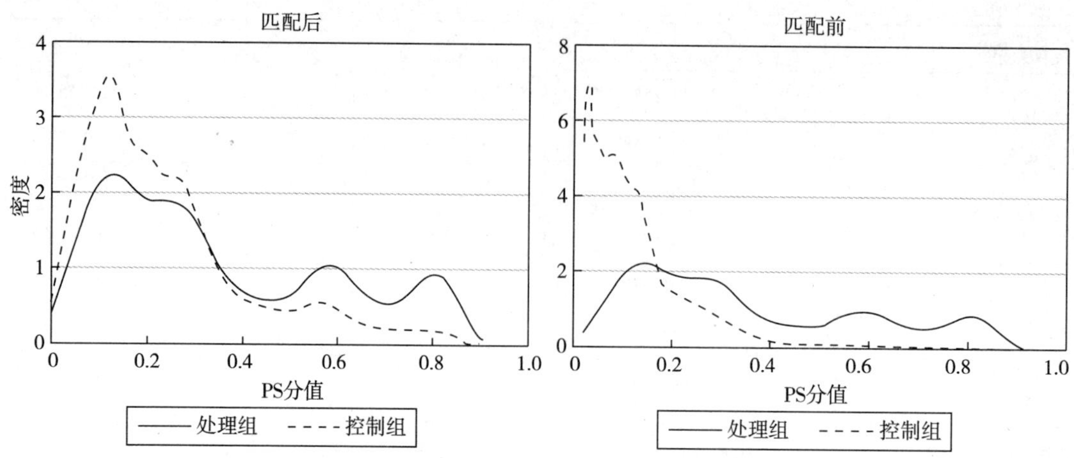

图 4　匹配前后处理组与控制组的核密度

（二）基准回归分析：双重差分模型

表 6 报告了根据公式（1）全样本的估计结果，第（1）列至第（3）列分别为混合效应、固定效应和随机效应模型的估计结果，Hausman 检验的统计量为 174.10，显著拒绝随机效应模型。估计结果均显示开发区政策的估计系数显著为正，均在 1%的显著性水平上拒绝原假设，说明开发区政策对于企业生产率的提升有显著的促进效应（验证命题 1）。这与很多学者的研究基本一致（Wang，2013；Gilbert et al.，2008；Zheng et al.，2017）。开发区建设通过特殊的土地、财政、经济等优惠政策可以吸引企业入驻，在区内聚集的企业，通过相互学习形成集聚效应，促进技术进步。其次，企业在开发区内“扎堆”，还可以获取“政策租”，并且区内企业因具有较低的用工成本、土地使用成本、税收成本、行政审批成本、融资成本、原材料成本、收集成本、签约成本而节约企业运营成本，使企业有更多的资本投入创新和改革中，提升企业生产效率。从表 5 中我们还可以得到以下信息：行业垄断并不利于企业生产率的提升，可能是由于行业垄断导致企业创新活力不断下降，抑制企业生产率的提升；另外，企业人力资本水平越高、外资参与程度越高、资本密集度越高、企业年龄越大，越有利于提高企业生产率。资本密集度越高的企业更为重视企业设备购置、更新和研发投入，更容易从规模经济中受益，外商直接投资不仅意味着资本流入，还包括技术、管理、知识等“一揽子”特定要素的转移，均有助于企业提升生产效率，并且，国有企业的生产率较低，可能由于体制性原因，使其被锁定在“低效率陷阱”里；相对而言，出口企业和创新型企业则具有更高的生产率。

表 6　开发区政策影响企业生产率：基准回归结果

因变量为 TFP_OP	（1）OLS	（2）FE	（3）RE
Policy	0.026***	0.031***	0.026***
	(0.006)	(0.006)	(0.006)
HHI	−0.571***	−0.581***	−0.571***
	(0.011)	(0.011)	(0.011)
HC	0.093***	0.088***	0.093***
	(0.003)	(0.003)	(0.003)

续表

因变量为 TFP_OP	(1) OLS	(2) FE	(3) RE
FDI	0.341*** (0.006)	0.343*** (0.007)	0.341*** (0.006)
CI	0.216*** (0.002)	0.215*** (0.002)	0.216*** (0.002)
Age	0.009*** (0.000)	0.009*** (0.000)	0.009*** (0.000)
RD	0.439*** (0.006)	0.436*** (0.006)	0.439*** (0.006)
EX	0.024*** (0.005)	0.024*** (0.005)	0.024*** (0.005)
SOE	−0.023*** (0.009)	−0.030*** (0.009)	−0.023*** (0.009)
行业固定效应	YES	YES	YES
省份固定效应	YES	YES	YES
年份固定效应	YES	YES	YES
常数项	8.237*** (0.026)	8.244*** (0.027)	8.237*** (0.026)
N	245619	245619	245619
R^2	0.243	0.244	0.243
Hausman 检验		174.10 Prob>chi^2 = 0.0000	
	混合回归	固定效应	随机效应

注：括号内为标准误，*、**、*** 分别表示在 10%、5%、1%的水平上显著。

(三) 稳健性分析

OP 法要求当期投资额与总产出始终保持单调关系，才能得到 TFP 的一致估计值，这会使投资额为 0 的企业样本无法被估计而被剔除。① LP 法选择使用中间投入品作为生产率冲击的代理变量以解决 OP 法的局限。GMM 法是一种广义矩估计法，通过使用被解释变量的滞后值作为工具变量来解决模型中的内生性问题。为了得到更为一致的估计结果，本文分别应用 LP 法和 GMM 法估计的 TFP 值作为被解释变量进行稳健性分析。表 7 报告了稳健性估计结果，估计结果与基准回归分析结果基本一致，即开发区政策能够显著提升企业生产率（验证命题 1）。

① 本文在用 OP 法估计 TFP 时，使用的是实际实收资本额作为投资额的代理变量，在对异常值处理时，已将实收资本为 0 的企业剔除。所以，本文 OP 法估计的 TFP 值并不存在该局限问题。

表7　稳健性估计结果

	(1)	(2)
	TFP_ GMM	TFP_ LP
Policy	0.018*** (-0.006)	0.002 (-0.006)
控制变量	YES	YES
Dum_ cic	YES	YES
Dum_ prov	YES	YES
Dum_ year	YES	YES
常数项	YES	YES
N	245619	245619
R^2	0.261	0.195

注：括号内为标准误，*、**、***分别表示在10%、5%、1%的水平上显著；控制变量同前文；上述为固定效应模型估计结果。

五、拓展性讨论

本文进一步对开发区政策生产率效应的空间异质性展开分析，并基于市场规模视角，讨论开发区政策有效性的前提基础。

（一）开发区政策与企业生产率：空间异质性

全样本回归结果已验证了开发区政策对于企业生产率提高的积极影响。但开发区政策的实施效果可能存在空间异质性，同时为了回答开发区建设中可能存在的闲置及资源错配问题，本文遵循传统区域划分方法，将全样本分为沿海地区、内陆地区和沿边地区三个分样本进行估计。表8报告了开发区政策影响企业生产率的空间异质性估计结果。回归结果显示，开发区政策对企业生产率的影响确实存在空间异质性：沿海地区和内陆地区的开发区政策均能够显著提升企业生产率，而沿边地区的开发区政策对企业生产率的影响并不显著（验证命题2）。这在一定程度上可以说明，沿边地区开发区政策实施效果并不佳，并不能显著促进企业生产率的提升，可能存在土地、资本等资源的空间错配问题。我们知道，中国开发区建设是政府为区域均衡发展而采取的重要手段，试图通过开发区建设来扩大经济总量，缩小地区差距，但有时候有些地区的开发区并没有发挥意想之中的效果。本文认为沿边地区开发区政策效果不佳可能是由以下几个方面原因造成的：第一，开发区招商引资难，导致空置现象。企业入驻开发区不仅为了获取“政策租”，还要考虑当地经济发展水平、交通状况、劳动力供应、配套设施、产业环境等因素。没有本地市场规模支撑的开发区建设很难吸引企业入驻，即使初始时部分企业为了获得“政策租”而入驻开发区，但是这种“扎堆”形式的集聚无法形成长期集聚效应，开发区政策势能会逐渐开始递减，企业逐渐退出开发区。第二，周边配套交通条件差、信息滞后，成本太高也会导致企业盈利困难。沿边地区开发区地处偏远，企业除了“就地取材”的优势，其他生产、物流、搜寻等成本均较高，使企业很难从贸易中盈利。第三，外部市场规模小，企业出口难。沿边地区毗邻的周边国家基本为欠发达经济体，外部市场规模很小，很难打开国际市场；加上周边贸易国的交通水平差，企业出口产品时，不仅运输效率低，还要承担高额的运输成本。第四，贸易便利化程度低，国际贸易成本高。沿边地区与周边国家之间存在较大的政治、经济、文化、语言等非制度性差异，导致企业参与国际贸易时还要承受高额的国际贸易成本。以上种种原因均可能导致沿边地区的开发区政策实施效果不理想。

表8　开发区政策影响企业生产率：空间异质性的估计结果

因变量：	(1)	(2)	(3)
TFP_OP	沿海地区	内陆地区	沿边地区
Policy	0.027*** (0.006)	0.362*** (0.061)	-0.178 (0.136)
控制变量	YES	YES	YES
行业固定效应	YES	YES	YES
省份固定效应	YES	YES	YES
年份固定效应	YES	YES	YES
常数项	8.500*** (0.039)	7.247*** (0.389)	7.456*** (0.295)
N	210792	27645	7182
R^2	0.241	0.277	0.320
Hausman 检验	257 Prob>chi^2=0.000	94.64 Prob>chi^2=0.002	42.02 Prob>chi^2=0.917
	固定效应	固定效应	随机效应

注：括号内为标准误，*、**、*** 分别表示在10%、5%、1%的水平上显著；控制变量同前文。

（二）开发区政策与企业生产率：市场规模的作用

为了进一步研究开发区政策有效性的前提和基础，本文基于市场规模视角展开研究。表9的估计结果显示，在全样本下，开发区政策与本地市场规模和外部市场规模的交互项均显著为正，说明本地市场规模和外部市场规模扩大，能够使开发区政策更大程度地提升企业生产率（验证命题3），即开发区建设应以大市场为前提。但市场规模的作用也存在显著空间异质性。同理，从分样本的估计结果可以看出，在沿海地区，本地市场规模和外部市场规模越大，开发区政策的生产率效应越强；相反，在沿边地区，这种交互效应均不显著；相比之下，在内陆地区，外部市场规模扩大，能够使开发区政策对企业生产率的“促进效应”增强。但无论如何，市场规模的扩大均能够显著提升企业生产率，这与已有的研究结果基本一致。正如“熊彼特假说”所指出的：市场规模越小，创新动机就不强，那么在创新中就不具有优势，规模越大越有利于创新，企业生产率就越高；同时，企业生产率与出口规模有关（范剑勇、冯猛，2013）。从微观视角来看，企业规模越大，越容易平衡市场风险，规模经济也能平衡来自国际市场的压力以及进入国际市场的一些沉没成本，并且更有能力更新设备、投入创新，越容易进行管理及制度创新，来提升企业生产率。研究说明了只有考虑市场规模的开发区建设，企业扎堆才是有效率的。为了得到更为一致的估计结果，本文还使用企业实际销售总额作为本地市场规模的替代变量进行估计，估计结果基本一致，由于篇幅限制，本文未将其罗列出。

表 9 开发区政策与企业生产率：市场规模的作用

因变量	全样本		沿海地区		内陆地区		沿边地区	
TFP_OP	(1)	(2)	(3)	(4)	(5)	(6)	(7)	(8)
Policy	-0.087***	-0.017**	-0.074***	-0.030***	-0.066	0.280***	-0.294	-0.106
	(0.011)	(0.008)	(0.011)	(0.008)	(0.083)	(0.068)	(0.481)	(0.466)
LMS	0.793***		0.795***		0.777***		0.791***	
	(0.000)		(0.000)		(0.002)		(0.006)	
Policy × LMS	0.005***		0.004***		0.005		-0.140	
	(0.001)		(0.001)		(0.007)		(0.135)	
EMS		0.076***		0.082***		0.050***		0.085***
		(0.001)		(0.001)		(0.003)		(0.011)
Policy × EMS		0.005***		0.007***		0.032**		-0.033
		(0.001)		(0.001)		(0.014)		(0.123)
控制变量	YES	YES	YES	YES	YES	YES	YES	YES
行业固定效应	YES	YES	YES	YES	YES	YES	YES	YES
省份固定效应	YES	YES	YES	YES	YES	YES	YES	YES
年份固定效应	YES	YES	YES	YES	YES	YES	YES	YES
常数项	0.099***	8.271***	0.002	8.537***	-0.211**	7.411***	0.087	6.286***
	(0.008)	(0.026)	(0.010)	(0.038)	(0.089)	(0.384)	(0.074)	(1.059)
N	245619	245619	210792	210792	27645	27645	7182	7182
R^2	0.962	0.297	0.962	0.305	0.963	0.294	0.965	0.378

注：括号内为标准误，*、**、*** 分别表示在 10%、5%、1%的水平上显著；控制变量同前文；上述均为固定效应模型的估计结果。

六、结论与政策建议

作为对外开放的窗口、吸引外资的特殊区域以及经济增长的引擎，开发区在吸纳就业、刺激消费、吸引外资等方面发挥重要作用。在微观层面，开发区政策是否有效，主要看企业的生产效率表现。现有研究开发区政策与企业生产率的研究并没有得到统一的结论，并且较少关注开发区政策有效性问题。本文基于《中国规模以上工业企业数据库（2001~2013 年）》，参照《中国开发区审核公告目录（2018 年版）》，以特殊海关监管区域和边境/跨境经济合作区等出口型开发区为“准自然实验”，在 PSM 倾向得分匹配基础上，采用“渐进性”双重差分模型进行实证研究，并基于市场规模这一视角，研究开发区政策有效性的前提和基础。

实证研究的基本结论如下：第一，总体上，开发区政策可以显著提升企业生产率。第二，开发区政策对企业生产率存在显著的空间异质性：在沿海地区和内陆地区，开发区政策能够显著提高企业生产率，尤其是在内陆地区；但在沿边地区，开发区政策对企业生产率的影响并不显著。第三，开发区政策有效性的估计结果显示，总体上，无论是本地市场规模还是外部市场规模，市场规模扩大均能够导致开发区政策更大程度地提升企业生产率；分样本下，沿海地区的开发区政策与全样本的估计结果基本一致，与市场规模均呈现相互增强的互补效应；相反，沿边地区的开发区政策与市场规模的交互效应均不显著；相比之下，内陆地区的开发区政策与外部市场规模之间的交互效应表现为显著的互补效应，但与本地市场规模之间的交互效应并不显著。研究说明了中国开发区建设存在一定“空间错配”问题，尤其是欠发达的沿边地区，并且开发区建设应以靠近大市场为前提，无论是国内市场还是国际市场。

本文结论也具有一定的政策实际意义：首先，对于难以发挥政策效应的开发区，政府应根据当地比较优势，因地制宜，对其进行整合、重新布局。其次，政府应为企业提供更好的政策环境（如更低的税收、更便利的通关贸易），降低开发区内企业的生产和运营成本，提高企业生产效率。再次，在开发区布局方面，应该着重考虑当地比较优势，并以靠近大市场为前提；同时，应重视地区消费升级，扩大本地市场规模。最后，在企业参与国际贸易方面，应进一步扩大对外开放程度，并着力改善与周边国家交通互联互通，从而最大程度地发挥出口型开发区的政策效果。最后，在招商引资方面，更加重视非国有企业、创新型企业的招商引资，这些类型的企业创新效率更高，更能够发挥开发区的政策效果。

参考文献

[1] Wang, Jin. The economic impact of special economic zones: Evidence from Chinese municipalities [J]. Journal of Development Economics, 2013 (101): 133-147.

[2] 冯伟. 本土市场规模与产业生产率：来自中国制造业的经验研究 [J]. 财贸研究, 2015, 26 (5): 11-18.

[3] L. Zhu, J. Wang, Y. Lu. Do place-based policies work? Micro-level evidence from China's economic zone program [Z]. Social Science Electronic Publishing, 2015.

[4] 林毅夫，向为，余淼杰. 区域型产业政策与企业生产率 [J]. 经济学（季刊）, 2018, 17 (2): 781-780.

[5] 谭静，张建华. 开发区政策与企业生产率 [J]. 经济学动态, 2019 (1): 45-61.

[6] Gilbert B A, Mcdougall P P, Audretsch D B. Clusters, knowledge spillovers and new venture performance: An empirical examination [J]. Journal of Business Venturing, 2008, 23 (4): 405-422.

[7] Combes, Pierre-Philippe, Duranton, Gilles, Gobillon, Laurent. The identification of agglomeration economies [J]. Journal of Economic Geography, 2011, 11 (2): 253-266.

[8] 王永进，张国峰. 开发区生产率优势的来源：集聚效应还是选择效应？[J]. 经济研究, 2016, 51 (7): 58-71.

[9] 袁其刚，刘斌，朱学昌. 经济功能区的“生产率效应”研究 [J]. 世界经济, 2015 (5): 81-104.

[10] 向宽虎，陆铭. 发展速度与质量的冲突——为什么开发区政策的区域分散倾向是不可持续的？[J]. 财经研究, 2015, 41 (4): 4-17.

[11] 陆铭. 中国经济的症结是空间错配 [J]. 深圳大学学报（人文社会科学版）, 2019, 36 (1): 77-85.

[12] 孙伟增，吴建峰，郑思齐. 区位导向性产业政策的消费带动效应——以开发区政策为例的实证研究 [J]. 中国社会科学, 2018 (12): 48-68, 200.

[13] Zheng Siqi, Sun Weizeng, Wu Jianfeng, Kahn Matthew E. The birth of edge cities in China: Measuring the effects of industrial parks policy [J]. Journal of Urban Economics, 2017 (100): 80-103.

[14] 郑江淮，高彦彦，胡小文. 企业“扎堆”、技术升级与经济绩效——开发区集聚效应的实证分析 [J]. 经济研究, 2008 (5): 33-46.

[15] 盛丹，张国峰. 开发区与企业成本加成率分布 [J]. 经济学（季刊）, 2018, 17 (1): 299-332.

[16] 陈钊，熊瑞祥. 比较优势与产业政策效果——来自出口加工区准实验的证据 [J]. 管理世界, 2015

(8)：67-80.

[17] 鲁晓东，连玉君. 中国工业企业全要素生产率估计：1999—2007 [J]. 经济学（季刊），2012，11 (2)：541-558.

[18] 聂辉华，江艇，杨汝岱. 中国工业企业数据库的使用现状和潜在问题 [J]. 世界经济，2012，35 (5)：142-158.

[19] 范剑勇，冯猛. 中国制造业出口企业生产率悖论之谜：基于出口密度差别上的检验 [J]. 管理世界，2013 (8)：16-29.

长三角地区高技术产业集聚的环境污染效应*

熊　万　高　凯　汪　泓　段晓歌
（上海工程技术大学管理学院，上海　201620）

［摘　要］利用长三角地区 2006~2018 年的城市面板数据，以区位熵指数测算高技术产业集聚水平，运用熵权法测算环境污染程度。构建扩展的 STIRPAT 模型并运用广义最小二乘法（GLS）进行实证检验。结果表明：高技术产业集聚对环境污染的影响存在倒“U”形效应，上海、江苏以及 2006~2010 年的浙江都处于倒“U”形曲线的右侧，即高技术产业集聚水平的提升改善环境污染；安徽以及 2010~2018 年的浙江处于倒“U”形曲线的左侧，即高技术产业集聚水平的提高加剧环境污染。另外，长三角地区的人口规模、经济发展水平、环境规制强度和产业结构对环境具有负外部性；高技术产业集聚与技术水平的交叉项以及技术水平对环境具有正外部性。

［关键词］产业集聚；绿色经济；污染；倒“U”形关系

2018 年 11 月 5 日，国家主席习近平在首届中国国际进口博览会开幕式上宣布，将长江三角洲区域一体化发展上升为国家战略。长三角地区是“一带一路”和“长江经济带”的交汇点，是众多产业集聚的高地。高技术产业在我国经过三十多年的跨越式发展，迈入了“黄金时代”，大力发展高技术产业是创新驱动发展战略的核心抓手，对中国制造业从“中低端”向“中高端”转变具有促进作用。因此，研究长三角地区高技术产业集聚具有重要的意义。但是，我国现有的产业集聚模式仍然是一种粗放型的集聚模式，资源利用率有待提高，环境污染日益严重。本文主要研究高技术产业集聚对环境的污染效应，探究高技术产业的最优集聚水平，并提出相应的改进建议以促进高技术产业实现绿色发展。

现有对产业集聚与环境的研究多停留在宏观的产业集聚或者制造业集聚的层面，缺乏对典型地区相关产业的研究。基于此，本文试图从长三角地区的实际出发，选取高技术产业作为研究对象，揭示高技术产业集聚的环境污染效应，为长三角地区的经济实现绿色发展提供参考。

* 本文网络首发于《生态经济》2020 年 9 月 21 日。有改动。

［基金项目］2019 年教育部人文社会科学研究规划基金重大课题攻关项目“新一代信息技术与制造业深度融合演化机理与动态路径研究”（19YJA790028）；教育部哲学社会科学“中国健康人力资本的测量与预测研究”（15JZD028）；上海工程技术大学研究生创新项目“产业集聚对区域环境污染效应研究——来自上海市的证据”（19KY0302）。

一、文献综述

随着高技术产业集聚程度的提高以及环境污染问题的加剧，国内外学者论证了产业集聚与环境污染之间存在高度相关性，众多学者的研究主要分为两种：即产业集聚与环境污染之间存在线性关系以及两者之间存在非线性关系。

关于产业集聚与环境污染之间存在线性关系。有学者认为产业集聚会改善环境污染。如 Li 和 Lin（2014）、周锐波和石思文（2018）论证了产业集聚的技术溢出效应有利于降低能源强度，提高企业的生产效率，形成规模效益，降低单位产品的污染排放从而改善环境污染。另有学者论证了产业集聚与环境污染之间的相互关联性。Frank（2001）、张可和汪东芳（2014）认为，产业集聚会加剧环境污染，而环境污染会反向抑制产业的集聚。闫逢柱等（2011）、王兵和聂欣（2016）研究发现，从短期来看，产业集聚对环境污染具有负向影响，而从长期来看，两者并不具有很大的相关性。总的来说，文章认为线性关系不足以全面揭示两者之间的关系。

关于产业集聚与环境污染之间存在非线性关系。原毅军和谢荣辉（2015）、杨仁发（2015）、周明生和王帅（2018）研究发现两者之间存在倒“U”形效应，产业集聚水平要跨越一定的门槛值后才能改善环境，技术创新决定倒“U”形曲线的拐点，随着外商直接投资的增加，产业集聚对环境的污染程度逐渐减小。尚海洋和毛必文（2016）研究发现两者存在“U”形效应，且就全国层面来说，目前处于“U”形曲线的右侧。杨仁发（2015）发现产业集聚对环境的影响具有显著的门槛特征。纪玉俊和邵泓增（2018）研究发现，产业集聚对环境的影响存在“N”形效应，而全国的产业集聚程度处于加剧环境污染的阶段。

高技术产业作为长三角地区的发达产业，受到众多学者的关注，现有学者对于高技术产业集聚的研究多聚集在高技术产业的研发效率（韩晶，2010）、创新效率（朱有为、徐康宁，2006）及对经济增长的效应（赵玉林、魏芳，2006）等。而在高技术产业对于环境的影响这一方面的研究比较匮乏。在仅有的文献中，胡安军等（2018）研究指出高技术产业对绿色经济效率呈“U”形影响，高技术产业的专业化集聚加剧了环境污染，多样化集聚则改善了环境污染。

二、理论分析

随着产业的深化改革，全球经济快速发展，三大产业的快速发展改变了经济发展模式和人民的生活水平。在推动第三产业改革的大浪潮中，高技术产业成为国民经济的支柱产业，成为国民经济的变革力量。智慧城市、移动支付、高速铁路、低碳经济和绿色发展现在已成为新时代经济发展的代名词。高技术产业通过技术创新不断改善资源和能源利用率，是环境友好型产业。但是，一方面，高技术产业的集聚可能导致该地区进行大规模的开发，增加资源总消耗；另一方面，创新驱动的产业转型升级必须大力发展高技术产业，通过发展节能减排的高科技产业，从而建立了密集、绿色和低碳的生态走廊。因此，高技术产业的集聚对环境污染具有内在的影响，其作用机理如图 1 所示。

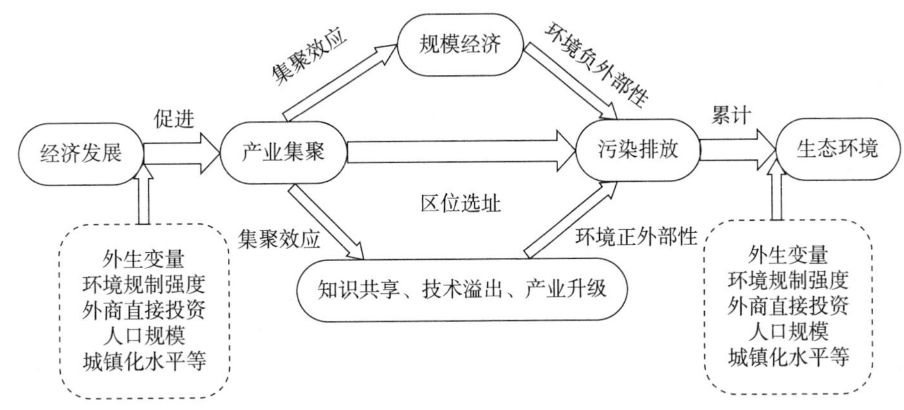

图1　产业集聚对环境的作用机制研究

高技术产业集聚是指在高技术领域内相互关联、协同运作的企业，在一定的区域内相对集中的现象。高技术产业集聚同时对环境产生集聚效应和拥挤效应，集聚效应通常指的是集聚可以促进地区经济增长，降低单位产品消耗量，是一种对环境产生的正外部性；拥挤效应指的是集聚所带来的空间以及资源的限制，如拥挤的交通，是一种对环境产生的负外部性。产业集聚对环境污染的影响是正是负取决于其聚集效应和拥挤效应的共同结果（张可、汪东芳，2014）。

在高技术产业集聚初期，集聚区域内的企业数量不断增多，带来劳动力大量涌入，导致人口数量攀升。集聚的企业和人口带来的能源投入、资源占用以及废水废气的排放直接加剧环境污染，产生拥堵效应，影响环境承载力。而此时企业的创新能力以及政府的环境规制强度仍有待完善，高技术产业集聚带来的知识和技术溢出效应较弱。同时政府和企业等行为主体更倾向于追求规模扩张，提高集聚程度和经济发展水平，将资源更多地分配至生产领域，从而忽略环保。所以在集聚初期，高技术产业集聚的拥挤效应占主导地位，此时集聚程度越高，环境污染越严重（周明生、王帅，2018）。

在高技术产业集聚到一定程度时，一方面集聚区域内的企业获取原材料、服务和劳动力的成本降低，企业的运输成本、信息成本也会因集聚水平的提高而降低；另一方面集聚区内的高技术产业面临的竞争越来越激烈，从资金的投入、人才的使用到生产业务流程设计各个方面都竞争激烈，促使企业不断提高自身的创新能力，使用更加环保的生产技术，否则将会被集聚区淘汰。同时，集聚区域内不断集中生产要素，扩大市场规模，从而形成规模经济。规模经济有助于企业提高对公共资源的使用效率，降低单位距离的运输成本，商业信息的便捷传输降低信息不对称带来的资源错配问题，由此降低交易成本。此外，投资资本、劳动力、技术等生产要素在集聚区域内不断积累和流动，有助于高技术产业的协同创新发展，从而降低资源耗费，改善环境污染。所以在高技术产业集聚到一定程度时，集聚效应占主导地位，此时集聚程度越高，环境污染将得到改善。

三、实证研究设计与结果分析

（一）变量设计与实证模型构建

1. 指标选取

（1）被解释变量：污染排放（I），为了避免单一的环境污染排放指标带来的误差，本文以

2006~2018 年各样本地区的工业废水、工业废气和工业固体废物（工业“三废”）的排放量为基本污染指标，以综合考虑环境污染情况（周杰文等，2019），用熵权法赋予每个指标对应的权重，最终得出能合理衡量地区污染情况的环境污染指数，熵权法的结果如表 1 所示，计算过程如下：

表 1　各污染物具体指标权重

指标	工业废水	工业废气	工业固体废物
权重	0.4	0.2	0.4

1）对数据进行标准化处理：

$$A_{ij} = \frac{X_{ij} - \min\ (X_{ij})}{\max(X_{ij}) - \min\ (X_{ij})} \tag{1}$$

2）由于数据的量纲不用，对数据进行无量纲化处理，以此消除量纲的差异所带来的影响：

$$A_{ij} = X_{ij}/\sum_{i=1}^{n} X_{ij}(-\frac{1}{\ln n}) \tag{2}$$

3）计算各个指标的熵值和变异系数，对于第 j 项指标，X_{ij}的标示差越大，b_j 越小；当各指标数据相差越大时，b_j 越小，第 j 项指标对在综合评价中所起的作用越大，权重应该就越大。g_j 为变异系数。计算公式如下：

$$b_j = (-\frac{1}{\ln n})\sum_{i=1}^{n} A_{ij}\ln A_{ij}\ g_j = 1 - b_j \tag{3}$$

4）计算第 j 项指标在综合评价体系中的权重：

$$W_j = b_j/\sum_{i=1}^{c} b_j = (1 - b_j)/\sum_{i=1}^{c}(1 - b_j) \tag{4}$$

5）计算环境污染综合评价指数：

$$I_{it} = \sum_{j=1}^{c} W_j A_{ij} \tag{5}$$

式中，I_{it} 为第 i 各样本的综合评价指数，在本文中即为第 i 个地区的环境污染综合指数，j 为所排放的污染物类型，W_j 为第 j 类污染物排放量在综合评价中的权重。一般来说，EPI_i 指数越大，则表示环境污染程度越高。

（2）核心解释变量：高技术产业集聚水平（agg）：学者们测度产业集聚程度有多种方法，包括区位熵、M-S 指数、Moran'I 指数等，由于区位熵指数能较好地消除各地区间的规模差异影响，更准确地反映产业集聚的空间分布状态，本文借鉴尚海洋和毛必文的做法（尚海洋、毛必文，2016），利用各样本城市区位熵指数测算高技术产业集聚水平，以各地区高技术产业就业人数和地区就业人数为基准进行计算，其计算公式如下：

$$aggl_{ij} = \frac{e_{ij}/e_j}{E_j/E} \tag{6}$$

式中，i 为地区，j 为高技术产业，$aggl_{ij}$为 i 地区高技术产业的区位熵，e_{ij}为 i 地区高技术产业的就业人数，e_i 为 i 地区全部产业的就业人数，E_j 为全国范围内高技术产业的就业人数，E 为全国范围内所有产业的就业人数。$aggl_{ij}$的值越高，地区产业集聚水平就越高，反之亦然。

（3）解释变量：①技术水平（T）：采用各样本地区每年的科学技术费用占总财政支出的比

重来衡量技术水平（张可、汪东芳，2014）。先进的治污技术有助于改善环境，同时先进的生产技术能提高生产效率，促使企业不断提高产量，导致更多的污染排放，从而加剧环境污染。②产业结构（*stru*）：以第二产业的产值占总产值的比重来衡量。第二产业是造成污染的产业大类，所以第二产业越集聚环境污染越重。③交叉项：引入高技术产业集聚与技术水平的交叉项（*agg*×*tech*），考察高技术产业集聚与技术水平对环境污染的联合影响效应（周明生、王帅，2018）。

（4）控制变量：引入控制变量以综合考察环境污染的相关影响因素。这些指标的选取和计算方法如下：①人口规模（*P*）：采用各地区每年年末的常住人口数来衡量。人口规模的扩大是导致高技术产业集聚的原因之一（原毅军、谢荣辉，2015）。②经济发展水平（*A*）：本文选取各样本地区的人均 GDP 来衡量经济发展水平（周明生、王帅，2018）。经济发展水平较高时，政府及企业等行为主体更重视环境的改善；反之，企业将投入更多资金在生产领域从而忽略环境保护（王兵、聂欣，2016）。参考前人的做法引入经济发展水平的二次项，以验证库茨涅茨曲线是否存在。③外商直接投资（*fdi*）：采用每年末的即期汇率换算后的金额与 GDP 的比重来衡量。*fdi* 的增多可能会促进经济发展，也有可能是外商想把污染转移到我国的结果（张可、汪东芳，2014）。④环境规制强度（*er*）：采用工业污染源治理总投资占工业总产值的比重来衡量。环境规制抑制企业排污，较高的环境规制强度会抑制高技术产业的集聚，因为企业更倾向于在规制强度较低的地方选址注册。

2. 模型设定

1971 年，Ehrlich 等提出了 IPAT 模型，被国内外众多学者引用以考察环境污染效应，本文以此模型来研究产业集聚对环境污染的影响（尚海洋、毛必文，2016）。其表达式为：

$$I_{it} = \alpha P_{it}^{\beta_5} A_{it}^{\beta_6} T_{it}^{\beta_2} \mu_{it} \tag{7}$$

式中，I 表示环境污染程度，P 表示人口规模，A 表示经济发展水平，T 表示技术水平，μ_{it} 表示随机扰动项。

由于 IPAT 模型存在一定的局限性，本文将以 Rose 等提出的 STIRPAT 模型为基础进行扩展，引入高新技术产业集聚项，同时为验证库茨涅茨曲线是否存在，引入经济发展水平的二次项（Frank，2001；张可、汪东芳，2014；苏芳，2015），另外还引入环境规制强度、外商直接投资等控制变量（张可、汪东芳，2014；闫逢柱等，2011）。为单独考察技术水平对环境的污染效应，构建无技术水平的基础模型 1，其表达式为：

$$I_{it} = aggl_{it}^{\beta_0} P_{it}^{\beta_5} A_{it}^{\beta_6} A_{it}^{\beta_7} fdi_{it}^{\beta_8} \mathrm{er}_{it}^{\beta_9} \mu_{it} \tag{8}$$

为消除数据的影响，对模型做对数处理，得到具体的实证模型如下：

$$\ln I_{it} = \alpha + \beta_0 \ln agg_{it} + \beta_n \ln x_{it} + \mu_{it} \tag{9}$$

式中，i 表示区域，t 表示年份，agg 表示高技术产业集聚，x_{it} 表示其他控制变量，α 表示常数项，μ_{it} 表示随机误差项，α、ε、β、γ、δ 表示待估系数。

为了考察高新技术产业集聚与环境污染之间的非线性关系，在模型 1 的基础上引入高新技术产业集聚的平方项，具体回归模型 2 如下：

$$\ln I_{it} = \alpha + \beta_0 \ln agg_{it} + \beta_1 \ln agg_{it}^2 + \beta_n \ln x_{it} + \mu_{it} \tag{10}$$

在模型 2 的基础上，逐渐引入技术水平、产业结构、高技术产业集聚与技术水平的交叉项，分别考察技术水平、产业结构与环境污染的关系和高技术产业集聚与技术水平的交叉项对环境污染的联合影响效应，得到具体的回归模型 3、模型 4、模型 5 分别如下：

$$\ln I_{it} = \alpha + \beta_0 \ln agg_{it} + \beta_1 \ln agg_{it}^2 + \beta_2 \ln tech_{it} + \beta_n \ln x_{it} + \mu_{it} \tag{11}$$

$$\ln I_{it} = \alpha + \beta_0 \ln agg_{it} + \beta_1 \ln agg_{it}^2 + \beta_2 \ln tech_{it} + \beta_3 \ln stru_{it} + \beta_n \ln x_{it} + \mu_{it} \tag{12}$$

$$\ln I_{it} = \alpha + \beta_0 \ln agg_{it} + \beta_1 \ln agg_{it}^2 + \beta_2 \ln tech_{it} + \beta_3 \ln stru_{it} + \beta_4 \ln agg_{it} tech_{it} + \beta_n \ln x_{it} + \mu_{it} \quad (13)$$

（二）实证结果分析

1. 样本选择与数据来源

本文全部数据来源于2006~2018年的《中国高技术产业统计年鉴》《中国环境年鉴》《中国统计年鉴》《上海市统计年鉴》《浙江省统计年鉴》《江苏省统计年鉴》《中国高技术产业统计年鉴》对高技术产业的界定为医药制造业、航空航天器制造业、电子及通信设备制造业、电子计算机及办公设备制造业、医疗设备及仪器仪表制造业六大产业（周锐波、石思文，2018；张可、汪东芳，2014）。在以下实证分析中为减轻异常值对模型拟合的影响，对连续变量进行上下1%的结尾处理，用插值法测算少量缺失数据。

2. 变量的描述性统计

由表2可知，工业“三废”代表的环境污染的均值0.37和标准差0.4，可见长三角各地区的环境污染程度差异较大。高技术产业集聚的均值2.12和标准差1.39，主要是因为安徽省的高技术产业集聚程度较低，长三角的其他城市的集聚水平普遍较高。此外，高技术产业集聚的标准差较小，表明其离散程度较小，数据趋于平稳。

表2　变量的描述性统计

变量名	变量符号	均值	标准差	最大值	最小值
环境污染	*I*	0.37	0.4	0.71	0.08
水污染	*pollu*	2.39	0.69	3.39	1.30
高技术产业集聚	*agg*	2.12	1.39	5.47	0.20
人口规模	*P*	5.31	2.22	7.98	1.77
技术水平	*T*	3.23	1.53	7.20	0.49
产业结构	*stm*	4.86	0.59	5.66	3.18
外商直接投资	*fdi*	15.10	8.93	35.76	0.43
环境规制强度	*er*	19.91	13.01	46.51	1.53
经济发展水平	*A*	4.73	2.65	10.38	0.64

3. 实证结果及分析

为避免出现伪回归现象，本文先采用LLC和ADF-FISHER检验法对数据进行单位根检验，结果表明所有序列属于一阶单整。通过Hausman检验，以及参考Bati在面板数据回归时应使用固定效应模型的做法，本文以固定效应模型为准。固定效应模型的拟合优度随着变量的加入不断增加，且F统计量显著，表明模型的设定具有合理性，回归结果具有可解释性。为了避免变量之间存在多重共线性，通过逐个引进变量对模型进行回归分析。回归结果如表3所示。

表3　实证结果

变量	模型1	模型2	模型3	模型4	模型5
P	0.0536***	0.0797***	0.0814***	0.0766***	0.0766***
	(11.11)	(11.42)	(11.78)	(11.19)	(11.17)

续表

变量	模型 1	模型 2	模型 3	模型 4	模型 5
A	0. 2836***	0. 4098***	0. 3511***	0. 2464***	0. 2684***
	(4. 68)	(7. 05)	(5. 27)	(3. 22)	(3. 36)
A^2	−0. 1059***	−0. 1189***	−0. 1068***	−0. 0542**	−0. 0632**
	(−5. 76)	(−7. 56)	(−6. 28)	(−2. 01)	(−2. 21)
fdi	0. 1621***	−0. 0234	−0. 0271	−0. 0346	−0. 0344
	(8. 51)	(−0. 55)	(−0. 64)	(−0. 87)	(−0. 86)
er	0. 0195*	0. 0155	0. 0191*	0. 0183*	0. 0212*
	(1. 71)	(1. 34)	(165)	(1. 67)	(1. 86)
agg		0. 0453***	0. 0475***	0. 0423***	0. 0563***
		(3. 94)	(4. 19)	(3. 87)	(3. 07)
agg^2		−0. 0839***	−0. 0822***	−0. 0768***	−0. 0727***
		(−4. 46)	(−4. 46)	(−4. 36)	(−2. 22)
T			−0. 0359**	−0. 0214*	−0. 0200**
			(2. 39)	(1. 82)	(2. 95)
stru				0. 3191***	0. 2214
				(2. 43)	(1. 33)
agg×tech					−0. 0596***
					(−4. 98)
cons	−0. 5321***	−0. 2463***	−0. 2421***	−0. 6663***	−0. 5271**
	(−12. 39)	(−3. 39)	(−3. 40)	(−3. 56)	(−2. 22)
R^2	0. 58	0. 75	0. 77	0. 80	0. 81
样本数量	338	338	338	338	338

注：***、**、*分别表示在1%、5%、10%的统计水平下显著，括号内表示回归系数的t值，*cons*表示常数项。

模型1，引入控制变量，结果表明，经济发展水平的平方项为负，且在5%的水平下显著，证明库茨涅茨曲线确实存在（张可、汪东芳，2014；苏芳，2015），表明经济发展水平对环境污染的影响存在倒“U”形效应。人口规模的回归系数显著为正，表明人口规模越大，环境污染越严重。外商直接投资的回归系数在5%的水平上显著为正，原因可能在于外商在国内投资的同时带来了污染转移现象，出现“污染天堂”效应（王兵、聂欣，2016）。环境规制强度在10%的水平下显著为正，即环境规制强度越高，污染越严重，这与预期不符，原因可能在于长三角地区存在环境规制强度差异，环境规制较弱的地区更倾向于污染转移，而非治理污染。

模型2，引入高技术产业集聚的平方项，考察高技术产业集聚对环境污染的非线性影响，结果表明，二次项回归系数在1%的水平下显著为负，表明高技术产业集聚对环境污染的影响存在倒“U”形效应，这与胡安军等（2018）研究得到的结论基本一致。经计算，高技术产业集聚的区位熵大概在1. 31时，倒“U”形曲线出现拐点。表明当高技术产业集聚水平低于1. 31时，高技术产业集聚水平提高加剧了环境污染；而当高技术产业集聚水平跨越1. 31这一“门槛”值后，高技术产业集聚水平的提高对环境污染产生显著的抑制作用。上海、江苏以及2006~2010年的浙江都处于倒"U"形曲线的右侧，即高技术产业集聚水平的提升改善环境污染；安徽以及2010~2018年的浙江处于倒"U"形曲线的左侧，即高技术产业集聚水平的提升加剧环境污染。外商直接投资的系数通过显著性检验，结合模型1的结论分析得出，可能是因为外商直接投资并没有直接导致环境污染，而是通过促进高技术产业的集聚影响环境，表明模型1中的"污染天堂"效应可能并不存在。

模型3和模型4，分别引入技术水平和产业结构，结果表明，技术水平的系数显著为负，说明技术水平的提升有助于改善环境污染。产业结构的系数为0.3191，明显大于高技术产业集聚的系数0.0766，说明产业结构的污染强度远高于高技术产业集聚。

模型5，引入高技术产业集聚与技术水平的交叉项，结果表明，交叉项系数在1%的水平下显著为负，表明技术水平带来的减排效应足以抵消产业集聚带来的环境污染效应（周明生、王帅，2018）。

（三）稳健性检验

为了保证回归结果的稳健性，利用废气排放量作为被解释变量继续考察高技术产业集聚对环境的污染效应。表4为稳健性检验结果。模型2，高技术产业集聚的一次项系数在1%的水平下显著为正，二次项系数显著为负，表明高技术产业集聚对环境污染的影响依然存在倒"U"形效应。模型4，产业结构的影响系数为0.5010，且在1%的水平下显著，大于实证结果中产业结构的系数0.3191，原因在于第二产业在工业"三废"中排放最多的是工业废气（陈国亮、陈建军，2012）。由模型5可知，高技术产业集聚与技术水平的交叉项系数仍为负。从整体来说，主要变量的稳健性检验结果与实证分析结果趋同，说明实证结果很稳健。

表4　稳健性检验

变量	模型1	模型2	模型3	模型4	模型5
P	0.0514**	0.1998***	0.1938***	0.1930***	0.1936***
	(1.79)	(5.79)	(5.57)	(5.25)	(5.38)
A	0.1071	0.7529***	0.9564***	0.9399**	0.7375*
	(0.30)	(2.62)	(2.85)	(2.29)	(1.75)
A^2	−0.2615***	−0.3087***	−0.3509***	−0.3426**	−0.2603*
	(−2.39)	(−3.97)	(−4.10)	(−2.36)	(−1.73)
fdi	0.9392***	−0.2162	−0.2034	−0.2046	0.2069
	(8.27)	(−1.02)	(−0.96)	(−0.95)	(−0.98)
er	0.0899**	0.1674***	0.1551***	0.1550**	0.1282**
	(−1.11)	(−2.92)	(−2.67)	(2.64)	(2.14)
agg		0.4077***	0.4000***	0.3992***	0.2709***
		(7.18)	(7.02)	(6.79)	(2.81)
agg^2		−0.4368***	−0.4428***	−0.4419***	−0.4795***
		(−4.70)	(−4.77)	(−4.46)	(−5.03)
T			−0.1245***	−0.1268**	−0.1133**
			(−3.41)	(−2.13)	(−2.02)

续表

变量	模型 1	模型 2	模型 3	模型 4	模型 5
stru				0.5010*** (1.44)	0.4957*** (3.08)
agg×tech					-0.1384* (-1.59)
cons	-0.0274 (5.80)	1.5258*** (4.25)	1.5115*** (4.22)	1.4449* (1.44)	0.1678 (0.13)
R^2	0.40	0.57	0.63	0.84	0.87
样本数量	338	338	338	338	338

注：***、**、*分别表示在1%、5%、10%的统计水平下显著，括号内表示回归系数的t值，*cons* 表示常数项。

四、结论及启示

本文利用长三角地区2006~2018年的城市面板数据，选取高新技术产业作为研究对象。从高技术产业集聚的角度研究集聚对环境污染的影响，得出以下主要结论并提出相应的对策建议。

第一，高技术产业集聚对污染排放的影响呈倒“U”形态势，长三角地区的高技术产业不断集聚，环境污染情况加剧，直至出现拐点，拐点在区位熵为1.31时。此时高技术产业集聚水平的提高改善环境污染。上海、江苏以及2006~2010年的浙江都处于倒“U”形曲线的右侧，即高技术产业集聚水平的提升改善环境污染；安徽以及2010~2018年的浙江处于倒“U”形曲线的左侧，即高技术产业集聚水平的提升加剧环境污染。因此，整个长三角地区都应该大力发展高技术产业，安徽应该加快集聚速度，尽快使高技术产业的集聚水平超越拐点。

第二，长三角地区的人口规模和经济发展水平对环境污染具有负外部性，其中经济发展水平的系数较大；虽然环境规制强度对环境污染具有负外部性，但究其原因，因为各地区环境规制强度不一导致的污染转移现象，所以长三角地区环境规制弱的地区应该提高规制强度，尽量缩小各地区的规制强度差异。总的来说，经济活动是污染排放的主要来源，治理环境污染的根本就是要促进经济发展协同。鼓励长三角地区在促进经济发展协同的同时，政府也发挥辅助管制效力。

第三，高技术产业集聚与技术水平的交叉项对环境具有正外部性，说明技术水平带来的减排效应足以抵消产业集聚带来的环境污染效应。所以长三角地区应集聚鼓励发展高技术产业，并注重提高技术水平。产业结构对环境污染具有负外部性，污染强度较高。因此，长三角地区要注重产业结构调整，保证第二产业给经济带来增长的同时，改革传统工业的生产组织形式和生产结构，并利用新技术提升工业的生产方式，以减弱第二产业的污染效应。

参考文献

[1] Li K, Lin B. The nonlinear impacts of industrial structure on China's energy intensity [J]. Energy, 2014 (69): 258-265.

[2] 周锐波，石思文. 中国产业集聚与环境污染互动机制研究 [J]. 软科学，2018 (2): 30-33.

[3] Frank A. Urban air quality in larger conurbations in the European Union [J]. Environmental Modelling & Software, 2001, 16 (4): 399-414.

[4] 张可，汪东芳. 经济集聚与环境污染的交互影响及空间溢出 [J]. 中国工业经济，2014 (6): 70-82.

[5] 闫逢柱，苏李，乔娟. 产业集聚发展与环境污染关系的考察——来自中国制造业的证据 [J]. 科学学研究，2011 (1): 79-83, 120.

[6] 王兵，聂欣. 产业集聚与环境治理：助力还是阻力——来自开发区设立准自然实验的证据 [J]. 中国工业经济，2016 (12): 75-89.

[7] 原毅军，谢荣辉. 产业集聚、技术创新与环境污染的内在联系 [J]. 科学学研究，2015 (9): 1340-1347.

[8] 杨仁发. 产业集聚、外商直接投资与环境污染 [J]. 经济管理，2015 (2): 11-19.

[9] 周明生，王帅. 产业集聚是导致区域环境污染的"凶手"吗？——来自京津冀地区的证据 [J]. 经济体制改革，2018 (5): 185-190.

[10] 尚海洋，毛必文. 基于 IPAT 模型的产业集聚与环境污染的实证研究 [J]. 生态经济，2016 (6): 77-81, 87.

[11] 杨仁发. 产业集聚能否改善中国环境污染 [J]. 中国人口・资源与环境，2015 (2): 23-29.

[12] 纪玉俊，邵泓增. 产业集聚影响环境污染：加剧抑或抑制？——基于我国城市面板数据的实证检验 [J]. 经济与管理，2018 (3): 59-64.

[13] 韩晶. 中国高技术产业创新效率研究——基于 SFA 方法的实证分析 [J]. 科学学研究，2010 (3): 467-472.

[14] 朱有为，徐康宁. 中国高技术产业研发效率的实证研究 [J]. 中国工业经济，2006 (11): 38-45.

[15] 赵玉林，魏芳. 高技术产业发展对经济增长带动作用的实证分析 [J]. 数量经济技术经济研究，2006 (6): 44-54.

[16] 胡安军，郭爱君，钟方雷等. 高新技术产业集聚能够提高地区绿色经济效率吗？[J]. 中国人口・资源与环境，2018 (9): 93-101.

[17] 周杰文，蒋正云，赵月. 生态文明视角下旅游产业集聚对环境污染的影响——以西部地区为例 [J]. 生态经济，2019 (4): 132-139.

[18] 苏芳. 产业集聚与环境影响关系的库兹涅茨曲线检验 [J]. 生态经济，2015 (2): 20-23, 162.

[19] 陈国亮，陈建军. 产业关联、空间地理与二三产业共同集聚——来自中国 212 个城市的经验考察 [J]. 管理世界，2012 (4): 82-100.

城市发展转型、财政健康和税收模式改革

张　磊[1]　王德祥[2]

（1. 上海工程技术大学管理学院，上海　201620；
2. 武汉大学经济与管理学院，湖北武汉　430072）

［**摘　要**］本文针对城市的转型发展问题进行建模分析，并利用2000~2011年我国287个地级以上城市的数据进行检验，指出了城市转型发展的基本内容、特点、困难和政策含义。研究表明，城市转型发展是必然趋势。在城市转型过程中，传统服务业伴随工业减速而下降，一些新兴服务业（如房地产、金融、科技、文化、教育等）则按线性规律增长，成为服务化发展和服务"出口"的主导；而由于现行税收模式依赖工业的特点，转型中城市的税收和财政状况会逐渐恶化，这在客观上要求调整和改革。总体来看，城市转型发展本质上是城市由工业化向服务化转变的过程，是发展模式由工业"出口"向服务"出口"带动模式转变的过程，是发展速度由高速向中、低速转变的过程，也是税收模式改革和调整的过程。

［**关键词**］发展转型；产业结构调整；税收模式改革

社会经济发展具有鲜明的时期性或阶段性特点，当技术、资源、环境、制度和人口与需求等发生重大变化时，社会经济演进的机制和道路就会发生改变和调整，此即发展转型，也称转型发展。

从历史来看，在公元前6世纪前后（欧洲古希腊时期、中国春秋战国时期），随着铁器农具的出现，传统农业社会兴起；18世纪60年代以后，随着纺织机、蒸汽机的发明和运用，欧美各国先后开始工业革命，由农业社会向工业社会转变；从20世纪60年代后期，特别是70年代初的石油危机开始，西方工业化国家又先后向后工业社会即服务社会转变。从工业革命以来各国转型发展的情况看，城市（尤其是大中型城市）处于转型发展的中心，对一国转型发展的进程具有重大影响。

我国在20世纪50年代中期开始向工业社会转型，从90年代中期开始向服务社会转型，目前仍处于转型发展的初期阶段。对于我国城市来说（特别是那些传统工业化城市、资源型城市和出口加工型城市），转型发展既是机遇也是挑战，目前首先是要明确转型发展的内涵、基本特点和主要问题或困难，确立转型发展的路径和政策。基于这一状况，本文试就我国城市发展转型的基本问题进行理论分析和实证考察。

本文结构安排如下：第一部分是城市发展的理论及文献回顾；第二部分是假设和理论模型；第三部分是实证经验；第四部分是结论和政策含义。

一、城市发展的理论及文献回顾

工业革命以来，城市的特性和功能发生了重大变化。工业部门的产出和就业快速增加并占主体、劳动生产率不断提高、各种社会服务兴起成为工业城市的基本特征；城市也不再依赖与农业的交换、限于为周边农村提供商贸集市和农具修理等服务，而是超越地域和国家的限制，在与国内外城市和乡村的分工交换中获得发展。现代工业城市的典型发展模式可以归结为工业“出口”（对城市外部的销售）带动发展模式，即城市依托自身的生产优势向其他城市、其他国家输出各种工业品，从外部取得收入和资源，带动城市就业增长和服务业的发展，吸引农村人口向城市转移。

19 世纪中叶，马克思主义经典作家曾指出，以城市为代表的机器大工业发展的根本动力在于资本积累、规模化生产和资本所有者对利润的追求，世界市场的开拓是其发展条件。由于政府不对社会经济运行进行干预、不对资本和劳动的分配矛盾进行调节，城市的工业化发展不可能长期持续——当工业品“出口”受阻时，城市就会爆发经济危机，城市的生产和服务扩张过程就会停顿、梗阻或倒退。

“二战”后，基于凯恩斯主义模型，西方学术界提出城市发展的基础理论。这一理论将城市经济活动归为两类：一类是为“出口”而生产的基本工业部门；另一类是为城市自身、为基本工业部门提供服务的非基本部门即服务部门。基本部门的“出口”是城市发展的主要来源，非基本部门依赖基本部门的需求而发展，基本部门与非基本部门的劳动就业存在比例关系，城市总就业是基本部门就业的乘数，如果基本部门出现衰退和就业减少，则非基本部门和总劳动就业相应地减少，反之亦然（Coulson，2006）。

20 世纪 60 年代，由于美国的工业衰退和城市危机，Baumol（1967）建立城市发展宏观模型，从城市内部分析城市工业衰退的原因。他认为城市服务部门（劳动生产率低）的工资水平向制造业部门（劳动生产率高）的工资率看齐，导致工业部门的就业人员流向服务业，但服务业的产出比重却未得到提高，结果使城市经济增长趋于停滞。还有一些学者根据一些美国城市的具体情况进行分析，认为城市危机和低速发展的主要原因在于社会矛盾激化（如种族歧视和冲突等）（Sugrue，1998）。

与此同时，Fuchs（1968）提出“服务经济”概念，Daniel（1974）出版的《后工业社会的来临》一书提出城市工业衰落和服务业兴起是发展趋势。西方学界近年来多从技术变化（Greenwood，2005）、人力资本积累（Buera，2012）和家庭生产发展（Ngai，2007）来解释城市的服务化发展。

从我国的情况看，改革开放以来，伴随着快速工业化发展，我国大部分城市逐步形成了依托工业“出口”来带动发展的模式，其中又以中西部的资源型城市和东部沿海地区的出口型城市最为典型。资源型城市主要通过大量输出煤炭、石油等资源品获得外部资金，来带动服务业和城市发展；出口型城市主要通过引进外资和吸收内地资源和劳力、出口加工品取得出口收入来带动城市发展。20 世纪 90 年代中期，一些大中城市的服务就业就已超过第二产业。近年来，由于全球经济形势和国际市场供需关系的变化，城市转型发展问题普遍化，学术界的研究也日益增多。

关于转型发展，国内学者一般认为，主要是指社会经济系统在其发展运行中所依托的生产要素及其组合、各部分的联系机制和主从结构模式的变化（马建堂，1995；周叔莲，1995；周振华，1996；魏礼群，1996）。一些学者认为，经济转型发展的根本任务是改变依赖投资和粗放增长模式，关键是准确界定政府角色、发挥政府的积极作用（林毅夫，2010；周其仁，2010；吴敬琏，2011）。关于城市的转型发展，研究者们主要强调城市功能的调整、集约发展、服务业升级、建设宜居城市和生态城市等（周振华，2009；叶南客和李程骅，2011；沈瑾，2012）。但是，关于城市转型发展与城市历史发展的逻辑联系、对城市转型发展的原因和主要特点（包括城市发展依托的新要素及组合、城市内外的联系机制和主从结构等）与问题、对各地城市政府的做法与政策的合理性等，目前还没有系统的分析和解释。

本文认为，工业化过程中城市之所以会采取工业品“出口”带动发展模式，是因为任何城市都不可能拥有发展所需全部资源，利用本地优势产品换取外部资源则便利、有利——这也正是分工、效率和经济的本来含义。但是，由于工业生产的高效率和环境损害、国际竞争和市场需求有限，也由于自然资源的有限性，城市不可能永远保持工业“出口”发展模式（这也是工业化仅仅持续200多年，而劳动生产率低、资源耗费少的传统农业社会能够持续2000多年的原因），转型发展正因此而发生。当然，城市转型发展仍要坚持“出口”发展模式（因为发展需要资源流入），只不过“出口”的内容发生变化——变为以服务“出口”为主，由于服务业的劳动生产率较低且相对稳定，对资源和环境的影响小，以服务“出口”为主导既可以保证获得发展所需资源，又可以保证城市长期、可持续的发展。这也就意味着，城市转型发展必然伴随城市产业结构的调整——服务业成为主导，必然伴随城市发展速度的调整——由高速发展转向中速或低速发展。本文下一部分通过建模分析来进行描述和解释。

二、假设和理论模型

现代城市作为一个相对独立的社会经济体系，其发展主要取决于内部两大部门——工业部门和服务部门（包括公共服务部门）的发展，而两大部门的发展又依赖它们之间的分工和它们与外部的分工交换格局。在工业化时期，城市工业的比重高、在与外部分工和交换中占主导地位，城市服务业主要为工业提供服务。当工业化发展到一定水平时，工业和服务业在城市发展中的地位开始变换，于是进入发展转型时期。

（一）城市工业化发展的特征与趋势

城市发展的内在动力是工业部门和服务部门的生产率差异。在不考虑工业品的外部需求和资源环境约束的情况下，工业化时期城市发展主要依靠工业部门的技术进步、大规模的生产和“出口”。根据鲍莫尔模型（1967），我们假设城市工业部门的劳动生产率按指数规律增长（考虑工业部门的技术进步、资本积累和规模经济），服务部门的劳动生产率与劳动投入成正比（这是服务业的基本特点决定）。城市两部门的产出分别为：

$$Y_1 = aL_1e^{rt} \tag{1}$$

$$Y_2 = bL_2 \tag{2}$$

其中，Y_1 为城市工业部门的产出量，a 为工业的产出系数，L_1 为工业部门的劳动投入量，r 为技术进步率，Y_2 为城市服务业的产出量，b 为服务业的产出系数，L_2 为服务部门的劳动投入量。

若两个部门的产出价格分别为 P_1 和 P_2，工资率分别为 W_1 和 W_2，部分服务部门为工业提供服务，则两部门的利润分别为：

$$Z_1 = P_1Y_1 - W_1L_1 - \lambda P_2Y_2, \lambda < 1 \tag{3}$$

$$Z_2 = P_2Y_2 - W_2L_2 \tag{4}$$

两部门的人均利润是：

$$Z_{1j} = P_1ae^{rt} - W_1 - \lambda P_2bL_2/L_1 \tag{5}$$

$$Z_{2j} = P_2b - W_2 \tag{6}$$

当两部门人均利润趋同时（即 $Z_{1j} = Z_{2j}$），有：

$$P_1ae^{rt} - W_1 - \lambda P_2bL_2/L_1 = P_2b - W_2$$

即

$$L_2/L_1 = Ae^{rt} - B(W_1 - W_2) - 1 = K \tag{7}$$

其中，$A = P_1a/\lambda P_2b$，$B = 1/\lambda P_2b$。由于式（7）右边第一项随时间按指数规律增加，故在某一时点后必然有 $K > 1$（若服务部门的工资水平等于或高于工业部门的工资水平 $W_2 \geqslant W_1$，$K > 1$ 的时间显然会大大提前）。

而一旦 $K > 1$，就意味着服务部门的劳动投入已超过工业部门，城市已开始转型发展。即：

$$L_2 > L_1 \tag{8}$$

由此可见，随着工业化发展进程中城市内部产业间的竞争和利润平均化趋势的发展，城市服务业的劳动就业必将超过工业，城市发展走向服务化是必然趋势。故有以下论断：

在城市发展进程中，工业主导的格局和工业“出口”带动服务业发展的模式不会长期持续，即使不存在外部需求和资源环境约束，服务业也必然会取代工业成为城市发展的主导。

（二）城市转型发展的特征和主要问题

事实上，由于全球工业化发展和国际竞争的作用，城市工业化和工业“出口”发展模式受外部需求和资源环境的制约或影响越来越大。所以，当出现全球性、持续性的需求萎缩和资源冲击时，即使城市两部门的人均利润未达到趋同水平，城市的发展转型也会开始。

现假设由于外部需求下降城市工业部门的劳动投入按指数规律（$L_1 = L_{10}e^{-ct}$）下降，服务部门的产出规律不变，则两部门的产出为：

$$y_1 = aL_1e^{rt}$$

$$= L_{10}e^{-ct}e^{rt} = aL_{10}e^{-vt} \tag{9}$$

$$y_2 = bL_2 \tag{10}$$

在式（9）中，L_{10} 为转型开始时工业部门的劳动投入，$V = c - r$。

城市的总产出：

$$y = y_1 + y_2$$

$$= aL_{10}e^{-vt} + bL_2$$

求 y 对时间 t 的导数：

$$\mathrm{d}y/\mathrm{d}t = - VaL_{10}e^{-vt} + b(\mathrm{d}L_2/\mathrm{d}t)$$

假设城市政府积极推动服务“出口”，将总产出的增长保持在一定水平（设为 U）。即令导数等于 U，有：

$$- VaL_{10}e^{-vt} + b(\mathrm{d}L_2/\mathrm{d}t) = U \tag{11}$$

解式（11）得：

$$L_2 = C + mt - nL_{10}e^{-vt} \tag{12}$$

其中，$m = U/b$，$n = a/b$，C 是常数。由式（12）可见，只要城市的产出保持一定增长，第三产业中占主导的新兴服务业的劳动就业就将按线性规律增长，而为工业提供服务的传统服务行业的劳动就业将伴随工业的收缩而衰减。

将式（12）代入式（10），有：

$$y_2 = bL_2$$

$$= B + Ut - aL_{10}e^{-vt} \tag{13}$$

式中，$B = bC$。由式（13）可见，当转型中城市的产出保持一定增长时，新兴服务业的产出也将按线性规律增长，传统服务业的产出也将逐渐衰减。于是，城市的总产出为：

$$y = y_1 + y_2$$

$$= B + Ut \tag{14}$$

故有如下命题：

命题 1：城市转型发展过程是一个产业结构升级、服务业占主导的过程，在这一过程中城市的产出增长取决于新兴服务业的增长并按线性规律发展，新兴服务业成为城市发展（产出、就业和“出口”发展）的主导。

在城市转型发展过程中，服务“出口”拉动和城市产出随同新型服务业线性增长是一个重要特征。其中，服务“出口”增长是基本前提，因为没有来自外部的服务需求、投资和资源流入，很难保证新型服务业和总产出的线性增长；新兴服务业的发展是城市转型的关键，由于为工业提供服务的传统服务业处于萎缩和衰减状态，所以，新兴服务业是城市转型发展（包括“出口”转型）的重要支撑。

进一步看，城市内部具有发展潜力、最有可能成为新兴服务业的包括房地产、道路交通等基础设施、金融保险、医疗卫生、教育、科技、文化、旅游等。例如，房地产、基础设施业的社会需求大、人均产出高，可以吸引大量的外部投资和购置并带动其他服务业的“出口”，完全可能成为一定时期内城市转型发展的支柱行业。金融保险、医疗卫生、教育、科技、文化业由于其个性化服务和高素质人力资源投入的特点，有很强的就业与产出扩张能力和“出口”创收能力；旅游业由于其依托历史文化、生态环境和城市工业及服务业发展成就的性质，加上投资和耗费少、“出口”带动作用大的特点，都可能成为城市发展的支撑行业。同时应看到，由于这些新型服务业大都具有一定的公共性质，因此城市政府对这些服务业的支持和引导作用十分重要。

命题 2：在城市转型发展过程中，房地产、金融保险、基础设施、文化、科技、教育、旅游等行业都可能成为一定时期内占主导的新兴服务业。城市政府的支持作用比以往更为重要。

在转型发展过程中，城市的税收和财政状况也将发生变化。假定不改变现有的税收模式［现有税收模式是以产业税收或以流转税（间接税）为主体的模式，即对工业制造和商品流通征收增值税，对服务业征收营业税，对企业征收所得税；而个人所得税和财产税等直接税的比重低］，则城市工业和服务业的税收为：

$$T_1 = (P_1Y_1 - \alpha P_2Y_2)\,t_1 + (P_1Y_1 - W_1L_1 - \alpha P_2Y_2)\,t_s$$

$$T_2 = (P_2Y_2)\,t_2 + (P_2Y_2 - W_2L_2)\,t_s \tag{15}$$

其中，t_1 为增值税率，t_2 为营业税率，t_s 为企业所得税率，$\alpha\ (0 < \alpha < 1)$ 是城市服务业中为工业提供服务的部分。

城市的主要税收就是工业和服务业两大产业的税收（在分税制体制下，中央和地方共享增值税和企业所得税、地方各级通常也共享营业税，故一般城市的主要税收实际上等于下式各项的一定比例，但运用下式并不影响我们的分析），即

$$T = T_1 + T_2$$

$$= P_1Y_1t_1 - P_2Y_2(\alpha t_1 - t_2) + [P_1Y_1 - W_1L_1 - W_2L_2 - (\alpha - 1)P_2Y_2]t_s$$

$$= P_1Y_1(t_1 + t_s) - P_2Y_2[\alpha t_1 - t_2 + (1 - \alpha)t_s] - (W_1L_1 + W_2L_2)t_s \tag{16}$$

由此可见，现行税收模式对于城市税收增长并不是有利的：一是因为现行模式本质上是一种依赖工业税收的模式；二是因为现行模式下服务业税收与工业税收有抵减效应。

将式（9）、式（12）、式（13）代入式（16），求税收 T 对时间 t 的偏导，可得：

$$\partial T/\partial t = -VP_1aL_{10}e^{-vt}(t_1 + t_s) - P_2(U + VaL_{10}e^{-vt})[\alpha t_1 - t_2 + (1 - \alpha)t_s] - W_2(M + VNL_{10}e^{-vt})t_s \tag{17}$$

因指数乘积项趋于 0，由 $t_s > t_1 > t_2$ 知 $\alpha t_1 - t_2 + (1 - \alpha)t_s > \alpha t_1 - t_1 + (1 - \alpha)t_s = (1 - \alpha)(t_s - t_1) > 0$，故有：

$$\partial T/\partial t < 0 \tag{18}$$

式（8）说明，在现行税收模式下，随着服务业的发展，城市的税收增长趋于下降，要保证财政运行必然会依赖非税收入。

这里，我们借助地方财政健康概念对城市财政运行趋势进行具体分析。根据 Ladd 和 Yinger（1989）的研究，地方财政健康是一个地方的人均税收（人均收入 Y 和人均税收负担率 t_T 的乘积）与人均服务支出（各类人均公共服务需求量 Q 乘以每单位服务的供应成本 c）和服务质量 q^* 之积的差额，即

$$H = Yt_T - q^*cQ \tag{19}$$

H 大于零即为财政健康状况。对于式中的人均税收 Yt_T，我们用 $\varphi T/N$ 表示，其中，T 是城市第二、三产业的税收即城市税收的主要部分，φ 表示这个主要部分的系数的倒数（$\varphi > 1$），φT 是城市的税收，N 是城市人口；服务质量 q^* 表示公共服务供应符合标准的情况，是一个无量纲的参数，此处设为常数；因公共服务是城市服务业的一部分，故式中的人均公共服务支出 cQ 可用 $\mu P_2Y_2/N$ 表示（设公共服务的占比为 μ，$0 < \mu < 1$）。于是有：

$$H = \varphi T/N - q^*\mu P_2Y_2/N \tag{20}$$

假设价格黏性，求 H 对时间 t 的偏导：

$$\partial H/\partial t = \frac{1}{N}\varphi\partial T/\partial t - \frac{1}{N}q^*\mu P_2\partial Y_2/\partial t$$

$$= \frac{1}{N}\varphi\partial T/\partial t - \frac{1}{N}q^*\mu P_2(U + VaL_{10}e^{-vt})$$

根据式（18）可知 $\partial T/\partial t < 0$，注意指数项随时间趋于 0，故有：

$$\partial H/\partial t < 0 \tag{21}$$

由此，我们有：

命题 3：由于现行税收模式不适应城市财政发展的需要，随着服务业的发展，城市完全可能出现财政收支严重不平衡或财政运行状况恶化的局面，这将促使城市财政依赖各种非税收入（如土地出让收入等）。

三、实证检验

本文选取 287 个地级以上城市（大中城市）2000~2011 年的数据进行实证检验，数据来自历年《中国城市统计年鉴》和《中国区域经济统计年鉴》。由于缺乏各城市对本市以外销售（服务

“出口”）的数据，所以我们未对城市服务业“出口”的情况进行分析。

（一）转型发展中城市服务业发展遵从线性规律的检验

根据统计数据，2000~2011 年我国大中城市服务业的年均产出（产值）增长率高达 17.29%，从业人员年均增长率为 5.29%，而且服务业的产值和就业人员的各年度平均增长率非常接近，则我们可以合理地假定服务业的产出值和就业人员的时间序列具有指数趋势（伍德里奇，2010），进而设定实证检验模型如下：

本文的实证模型如下：

$$L_{it} = \exp(\alpha_0 + \alpha_1 t + e_t) \tag{22}$$

$$Y_{it} = \exp(\beta_0 + \beta_1 t + \varepsilon_t) \tag{23}$$

其中，Y_{it}、L_{it} 分别表示城市服务业的产出价值与从业人数，t 为时间变量。

我们首先对面板序列的平稳性进行检验。检验结果表明，经过一阶差分后的 L_{it} 序列在 1%的显著性水平下（ADF 检验统计量值为-4.638178，小于临界值-4.297073，P 值为 0.0062）拒绝存在单位根的原假设，为 L_{it} ~I（1）序列；经过二阶差分后的 Y_{it} 序列在 1%的显著性水平下（ADF 检验统计量值为-5.405659，小于临界值-4.420595，P 值为 0.0029）拒绝原假设，为 Y_{it} ~I（2）序列。

利用 Least Squares（NLS and ARMA）方法对式（22）和式（23）表示的服务业产出模型和就业模型进行回归，回归结果如表 1 所示。表 1 中的时间变量和模型的 P 值均为零，其他回归参数显著。图 1 和图 2 是全国地级以上城市服务业的就业、产出的原序列与拟合曲线图。

从表 1、图 1 和图 2 中可见，2000~2011 年我国地级以上城市的服务业就业人数、产值确实存在明显的线性增长特征。

表 1　大中城市服务业的就业与产出回归结果

变量	相关系数	标准差	t 统计量	P 值	F 统计值	AIC 值	SC 值	DW 值
时间变量 T	0.053795	0.002257	23.83371	0.0000				
常数项 C	-98.69179	4.526593	-21.80266	0.0000				
服务业就业模型				0.000000	568.0458	-4.235628	-4.154810	1.952750
时间变量 T	0.163974	0.002816	58.22088	0.0000				
常数项 C	-317.5140	5.648319	-56.21389	0.0000				
服务业产出模型				0.000000	3389.671	-3.792851	-3.712033	0.908515

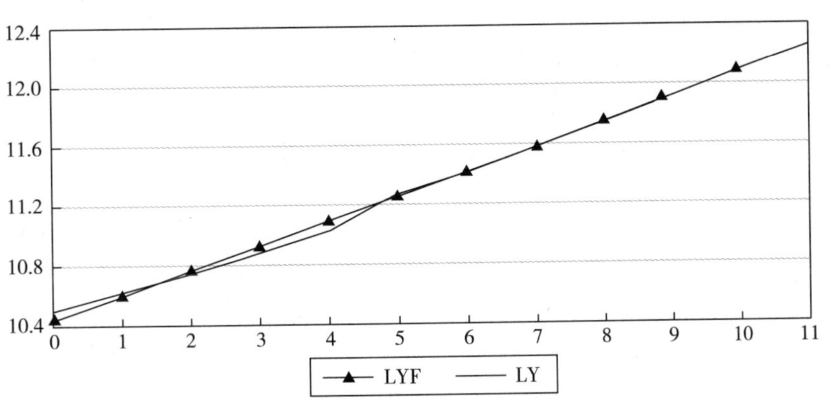

图 1　服务业产出原序列和拟合曲线（2000~2011 年）

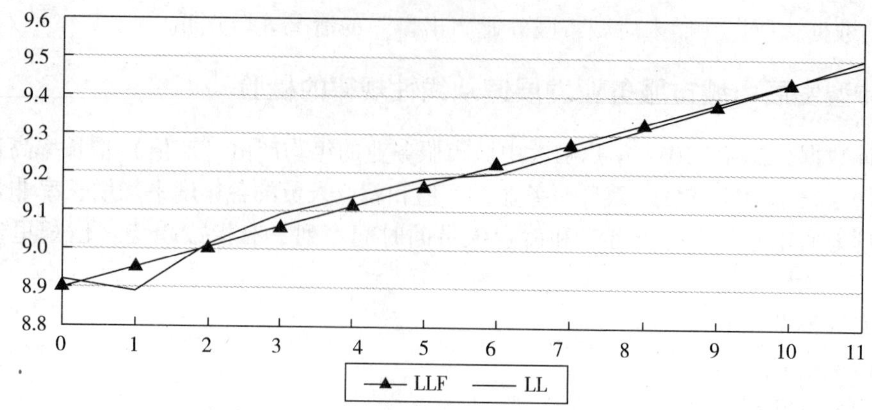

图 2 服务业就业原序列和拟合曲线（2000~2011 年）

（二）房地产业等可能成为某一时期发展较快的重要的新兴服务业的检验

2002~2011 年我国地级以上城市的主要服务行业的从业人员年均增长率如图 3 所示，其中，传统服务业——交通、仓储、邮电和批发零售贸易行业的从业人员年均增长率分别为 0.27%和 -0.03%，而房地产和建筑业的从业人员年均增长率分别为 8.73%和 7.46%。同期，在主要服务业的产出中，房地产业的产出（商品房销售额）的年均增长率高达 31.03%，也远远高于其他服务行业的产出增长率（见图 4）。可以认为，房地产业是 2000 年以来我国大中城市具有代表性的重要的新兴服务业。

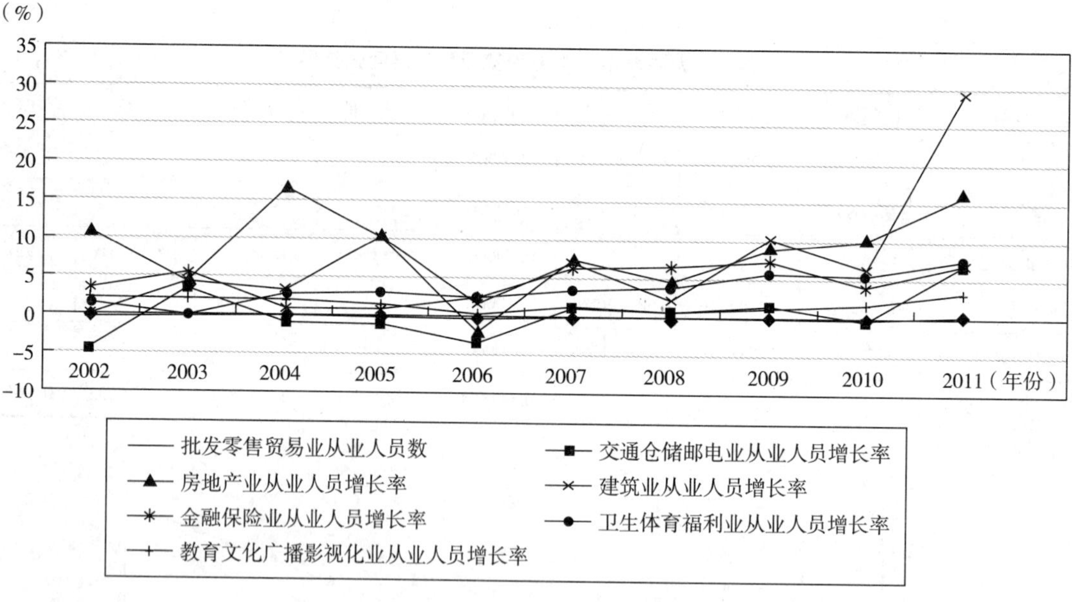

图 3 地级以上城市主要服务业的从业人员增长率（2002~2011 年）

由于新兴服务业的基本特征是按线性规律发展，因此我们主要检验房地产业的线性发展特性。我们用 Y_{st}、L_{st} 表示房地产业的产出（商品房销售额）和从业人数，仍用模型（22）和模型（23）进行检验。平稳性检验结果表明，经过一阶差分后的 L_{st} 序列在 5%的显著性水平下（ADF 检验统计量值为-3.868778，小于临界值-3.259808，P 值为 0.0213）拒绝存在单位根的原假设，即 $L_{st}\sim I(1)$；经过一阶差分后的 Y_{st} 序列在 10%的显著性水平下（ADF 检验统计量值为-3.101293，小于临界值-2.747676，P 值为 0.0591）拒绝原假设，即 $Y_{st}\sim I(1)$。

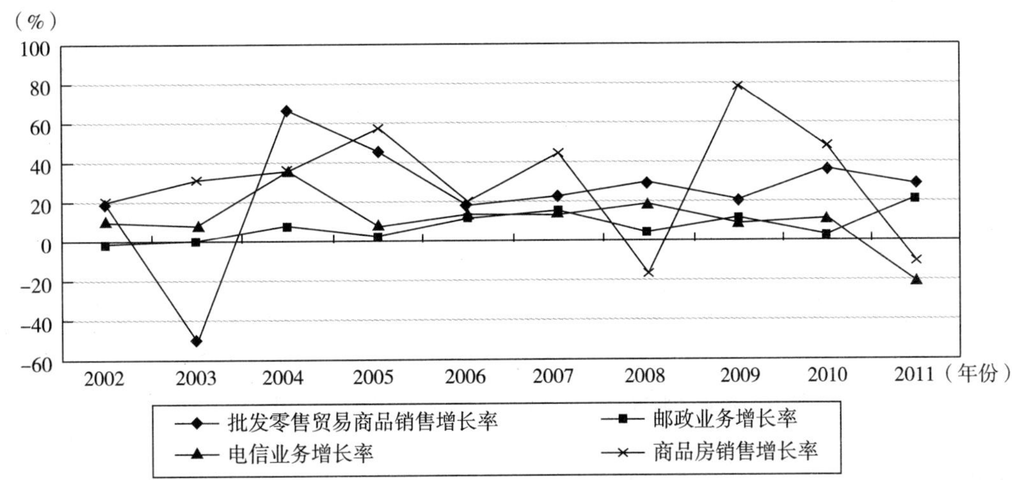

图 4 地级以上城市主要服务业的产出增长率（2002~2011 年）

利用 Least Squares（NLS and ARMA）方法对模型（22）和模型（23）表示的房地产业产出模型和就业模型进行回归，回归结果如表 2 所示。表 2 中的时间变量和模型的 P 值均为零，其他回归参数显著。图 5 和图 6 是房地产业的就业、产出的原序列与拟合曲线图，可见拟合较好。

从表 2、图 5 和图 6 可见，2000 年以来房地产业的就业和产出具有明显的线性增长特征，这表明房地产业在最近十几年确已成为我国城市中重要的新兴服务业。

表 2 大中城市房地产业的就业和产出的回归结果

变量	相关系数	标准差	t 统计量	P 值	F 统计值	AIC 值	SC 值	DW 值
时间变量 T	0. 078327	0. 003821	20. 49920	0. 0000				
常数项 C	-152. 0760	7. 663022	-19. 84543	0. 0000				
房地产业就业模型				0. 000000	420. 2173	-3. 182754	-3. 101936	1. 389666
时间变量 T	0. 264359	0. 012348	21. 40933	0. 0000				
常数项 C	-520. 4553	24. 76363	-21. 01693	0. 0000				
房地产业产出模型				0. 000000	458. 3593	-0. 836815	-0. 755997	2. 351669

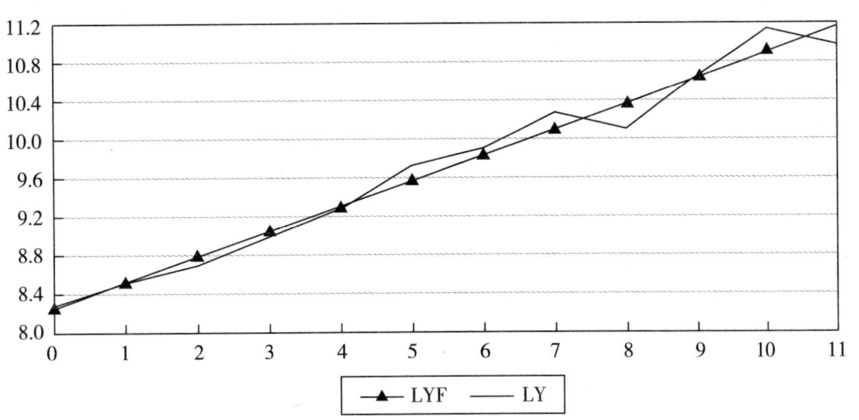

图 5 房地产业产出的原序列和拟合曲线（2000~2011 年）

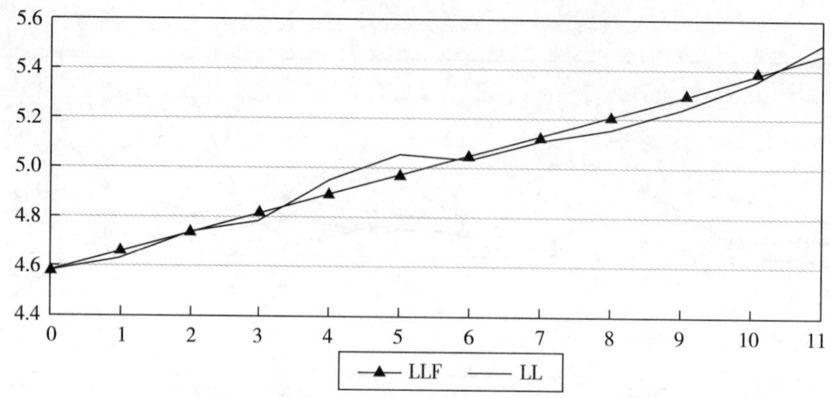

图 6 房地产业就业的原序列和拟合曲线（2000~2011 年）

（三）随着服务业的发展，城市财政运行状况恶化和依赖非税收入的检验

1. 模型及变量

根据前面的理论分析，影响城市财政运行状况的主要因素有两个：一是税收结构模式，它影响税收的增长和税收在财政收入中的比重（税收减速、税收比重下降也意味着非税收入比重上升）；二是产业结构特点，产业结构升级或服务业发展加快一方面通过税收模式影响税收增长，另一方面说明城市财政加大了对服务业的支持、满足了更多的公共服务需求。另外，就是城市的社会环境因素的影响。考虑这些情况，并借鉴 Ladd 和 Yinger（1989）、Bohn（1998）、Girouard（2005）、Debrun（2008）等的相关研究，我们建立如下实证模型：

$$FH_{it} = \alpha_0 + \alpha_1 FH_{it-1} + \beta_1' Indus_{it} + \beta_2' Tax_{it} + \beta_3' Fr_{it} + \beta_4' Macro_{it} + \beta_5' Demo_{it} + \beta_6 syst_{it} + \mu_t + \varepsilon_{it} \tag{24}$$

在模型中，财政健康 FH_{it} 是被解释变量，我们用各城市的预算内收支差额占 GDP 的比重表示。主要解释变量包括：①城市产业结构 $Indus_{it}$，用城市服务业的比率（第三产业产值占 GDP 的比重）表示。②城市主要税收 Tax_{it}，分别用增值税、营业税和企业所得税的比率（占财政收入的比重）表示。③城市财政收入结构 Fr_{it}，分别用税收收入比率（税收收入占财政收入的比率）和非税收入比率表示，Tax_{it} 和 Fr_{it} 主要用来反映税收模式的影响。④财政健康滞后变量 FH_{it-1}，反映前、后年度城市财政收支平衡情况的关联影响。

模型中的其他变量为控制变量，用于反映城市其他经济社会因素对财政健康的影响。其中，$Macro_{it}$ 为经济变量，包括：经济规模 gdp_{it}，用各城市人均 GDP 的对数表示；贸易开放度 $open_{it}$，用各城市进出口总值占 GDP 的比重表示；资本开放度 $capi\_op_{it}$，用各城市的 FDI 占 GDP 的比重表示。$Demo_{it}$ 是社会变量，包括人口规模 pop_{it}（城市人口的对数）和人口密度 den_{it}。$syst_{it}$ 是制度变量，在样本期间（2000~2011 年），我们引入 2002 年分税制调整（个人所得税和公司税改为共享税）虚拟变量来检验制度变化的效果，2002 年及以前年份取值为 0，2003 年及以后年份取值为 1。μ_t 是年度效应虚拟变量，用于反映经济周期的影响。ε_{it} 是随机误差项。

2. 估计方法及检验结果

由于面板模型估计可能存在内生性和异方差问题，考虑本文所用的非平衡面板数据模型，我们运用系统 GMM 方法进行估计。系统 GMM 方法通过对估计模型进行一阶差分，将弱外生变量的滞后项作为相应变量的工具变量可以获得一致有效的估计。

本文检验结果满足系统 GMM 估计的有效性标准，AR（2）的 P 值表明扰动项的差分不存在二阶自相关，Sargan 检验的 P 值远高于 0.1，工具变量有效，不存在过度识别问题。检验结果如表 3 所示。

表 3　城市财政健康面板模型检验结果

被解释变量		FH					
估计模型		GMM（1）	GMM（2）	GMM（3）	GMM（4）	GMM（5）	GMM（6）
FH_{it-1}		0. 681*** （7. 57）	0. 683*** （6. 38）	0. 540*** （3. 73）	0. 552*** （4. 17）	0. 573*** （5. 67）	0. 573*** （5. 76）
Industry （产业结构）	Industry III （第三产业比率）	−0. 331** （−2. 60）	−0. 348** （−2. 68）	−0. 530** （−2. 86）	−0. 594*** （−3. 38）	−0. 236* （−1. 97）	−0. 262* （−2. 22）
Tax （主要税收）	VATR （增值税比率）	0. 282** （3. 04）	0. 279** （3. 03）	0. 107 （1. 12）	0. 0978 （1. 17）	0. 429*** （3. 69）	0. 435*** （3. 83）
	OPTR （营业税比率）	0. 232* （2. 53）	0. 235* （2. 24）	0. 299* （2. 18）	0. 331** （2. 64）	0. 406** （3. 07）	0. 426** （3. 28）
	CITR （企业所得税比率）	0. 305 （1. 80）	0. 319* （2. 02）	0. 605* （2. 30）	0. 516* （2. 08）	0. 450* （1. 97）	0. 454* （2. 08）
Fr （财政收入结构）	TRR （税收比率）	−0. 233*** （−5. 98）		−0. 114* （−2. 20）		−0. 249*** （−4. 65）	
	NTRR （非税收入比率）		0. 234*** （5. 80）		0. 0873 （1. 84）		0. 249*** （4. 76）
Macro （经济变量）	*gdp* （人均 GDP 对数）	0. 0227** （3. 02）	0. 0223** （2. 89）			0. 0249** （2. 83）	0. 0253** （2. 94）
	open （贸易开放度）	0. 0169 （1. 16）	0. 0178 （1. 17）			−0. 0274 （−1. 38）	−0. 0290 （−1. 44）
	capi_op （资本开放度）	−0. 104 （−0. 72）	−0. 116 （−0. 75）			−0. 00875 （−0. 05）	−0. 0537 （−0. 28）
Demo （社会人口变量）	*pop* （人口规模）			−0. 0211 （−0. 47）	−0. 0363 （−0. 96）	−0. 0231 （−0. 91）	−0. 0281 （−0. 97）
	den （人口密度）			0. 000115** （3. 05）	0. 000122*** （3. 36）	0. 0000934* （2. 36）	0. 000101* （2. 38）
_cons		0. 0719 （1. 84）	−0. 158*** （−3. 56）	0. 0780 （0. 31）	0. 0777 （0. 34）	0. 0745 （0. 58）	−0. 147 （−0. 87）
AR（2）（P−value）		0. 443	0. 442	0. 609	0. 596	0. 601	0. 598
Sargan（P−value）		0. 407	0. 402	0. 333	0. 314	0. 280	0. 304
N（观测数）		1897	1897	1988	1988	1896	1896
G（截面数）		281	281	286	286	280	280

注：①***表示在1%水平上显著，**表示在5%水平上显著，*表示在10%水平上显著；②工具变量为所有解释变量的的滞后三期，工具变量还包括所得税改革虚拟变量及年度虚拟变量；③系统 GMM 估计自动剔除所得税改革虚拟变量，另外模型估计中还包括年度虚拟变量的回归结果，为使表格简洁而未列出。

估计模型（1）至模型（4）是财政健康与主要解释变量和经济变量或社会变量的回归结果。其中，模型（2）和模型（4）又是分别用税收比率和非税收入比率变量的情况。比较模型（1）、模型（2）、模型（3）和模型（4）可见，全部7个主要解释变量的系数符号不变且只有2个主要解释变量的显著性变化，说明经济变量和社会变量的影响很小，模型的主要解释变量完全能够解释它们对城市财政健康的影响。

估计模型（5）和模型（6）是财政健康与主要解释变量和所有控制变量的回归结果（两模型的差别是财政收入结构变量一个用税收比率，另一个用非税收入比率）。从模型（5）和模型（6）的结果可见：在加入全部控制变量后，主要解释变量的系数符号不变且结果显著，说明两模型有效、全面地反映了城市财政健康与各解释变量的稳定关系。

根据模型（5）和模型（6），检验结果可概括如下：

第一，城市财政健康滞后量与财政健康显著正相关，而且系数很大。表明城市财政健康情况的前后年度的关联影响很大，迁延性很强。

第二，城市第三产业发展与城市财政健康显著负相关，而且系数较大。表明在现行税收模式（依赖工业和商品生产及销售）下，城市服务业的发展（比重提高）与城市财政健康运行确实存在着明显的反向关系。

第三，增值税、营业税和企业所得税比率与城市财政健康显著正相关，而且系数较大。说明城市的三个主要税收增值税、营业税和企业所得税增加，它们在财政收入中的比重提高对城市财政健康运行是有积极作用的。

第四，税收比率与城市财政健康显著负相关，而且系数较大，具有相同含义的结果是：非税收入比率与城市财政健康显著正相关，而且系数较大（与税收比率的估计系数相同）。这说明随着服务化的发展，我国大中城市的财政运行确实更依赖各种非税收入的增长，而大中城市的税收比率（占财政收入的比重）确实呈现出下降的趋势——这正说明现行税收模式已不适应城市的产业结构调整和发展模式转变、不适应城市财政发展的需要；这也正是单个主要税收（产业税收）比率提高有正向作用，而城市财政运行更依赖其他税收（非产业税收的比率提高更快）和非税收入的重要原因。

第五，除了城市的人均GDP和人口密度之外，其他控制变量的估计结果都不显著。城市人均GDP和人口密度提高看来有利于城市财政的健康运行，但系数很小（特别是人口密度）。这些说明，除了主要解释变量以外，城市其他经济社会因素对城市财政健康运行的影响很微弱。

3. 稳健性研究

前文通过对城市转型发展的基本内容、特点、困难和政策含义的深入讨论，并通过实证检验我们得出了一些重要的结论，为了验证这些结论的准确性，有必要对结论进行稳健性分析。系统GMM方法的主要优点是克服内生性，为了消除模型的外生性问题，我们选择“营改增”改革虚拟变量加入模型并作为工具变量对模型进行回归，“营改增”改革虚拟变量2010年及以前年份取值为0，2011年以后取值为1。估计结果如表4所示。表4中各模型的AR（2）及Sargan检验量表明，工具变量选择适当，模型估计结果合理。表4的估计结果进一步支持了我们的结论。

表4　稳健性检验结果

被解释变量	FH	FH	FH	FH	FH	FH
估计模型	GMM（7）	GMM（8）	GMM（9）	GMM（10）	GMM（11）	GMM（12）
FH_{it-1}	0.753*** （9.99）	0.762*** （10.02）	0.525** （2.84）	0.552*** （4.17）	0.621*** （4.49）	0.621*** （6.75）

续表

被解释变量		FH	FH	FH	FH	FH	FH
Industry（产业结构）	Industry III（第三产业比率）	-0.335** (-3.08)	-0.392*** (-3.61)	-0.530** (-2.86)	-0.594*** (-3.38)	-0.252* (-2.12)	-0.248* (-2.30)
Tax（城市税收收入结构）	VATR（增值税比率）	0.238** (2.77)	0.260** (3.09)	0.107 (1.12)	0.0978 (1.17)	0.426*** (3.59)	0.408*** (3.89)
	OPTR（营业税比率）	0.275** (3.11)	0.301** (3.29)	0.299* (2.18)	0.331** (2.64)	0.399** (3.09)	0.399*** (4.12)
	CITR（企业所得税比率）	0.301** (2.58)	0.313** (2.58)	0.605* (2.30)	0.516* (2.08)	0.435 (1.91)	0.359* (2.18)
Fr（城市财政收入结构）	TRR（税收收入比率）	-0.220*** (-5.64)		-0.114* (-2.20)		-0.243*** (-4.57)	
	NTRR（非税收入比率）		0.212*** (5.52)		0.0873 (1.84)		0.225*** (4.69)
Macro（宏观经济变量）	*gdp*（人均 GDP 对数）	0.0207** (3.14)	0.0221*** (3.40)			0.0251** (2.76)	0.0233** (2.71)
	open（贸易开放度）	0.0149 (1.11)	0.0148 (1.08)			-0.0252 (-1.39)	-0.0240 (-1.81)
	capi_op（资本开放度）	-0.126 (-0.93)	-0.195 (-1.31)			0.0231 (0.12)	-0.0304 (-0.18)
Demo（人口统计变量）	*pop*（城市规模）			-0.0211 (-0.47)	-0.0363 (-0.96)	-0.0146 (-0.49)	-0.0190 (-0.78)
	den（人口密度）			0.000115** (3.05)	0.000122*** (3.36)	0.0000787 (1.63)	0.0000923* (2.32)
Y2010（营改增试点制度虚拟变量）						0.00309 (0.72)	0.00293 (0.76)
_cons		0.0742* (2.09)	-0.138** (-3.09)	0.0780 (0.31)	0.0777 (0.34)	0.0529 (0.52)	-0.165 (-1.09)
AR（2）（P-value）		0.365	0.394	0.609	0.596	0.593	0.503
Sargan（P-value）		0.801	0.823	0.333	0.314	0.231	0.484
N（观测数）		1897	1897	1988	1988	1896	1896
G（截面数）		281	281	286	286	280	280

注：①***表示在1%水平上显著，**表示在5%水平上显著，*表示在10%水平上显著；②工具变量为所有解释变量的滞后三、四期，GMM（10）、GMM（11）、GMM（12）的工具变量为所有解释变量的滞后三期，工具变量还包括“营改增”改革虚拟变量及年度虚拟变量；③模型估计中还包括年度虚拟变量的回归结果，为使表格简洁而未列出。

从表5中模型（11）、模型（12）的回归结果看，主要解释变量中除了企业所得税比率的显著性有所变化外，其他主要解释变量的系数符号和显著性没有改变，系数大小略有变化。这表明“营改增”改革对城市财政健康运行确有影响，但影响很小；模型的主要解释变量对城市财政健康的影响是主要的、稳定的，上述模型的检验结果稳健可靠。

四、结论和政策含义

本文在已有研究的基础上，根据城市发展一般原理、城市工业和服务业的劳动生产率特点建立理论模型，并利用我国287个大中城市2000~2011年的数据进行实证检验，分析了城市转型发展的原因、基本特点和主要问题。

本文研究表明，城市转型发展是城市历史发展过程中的一个新阶段，是城市工业化发展和劳动生产率提高的必然趋势，市场竞争、需求约束、资源和环境限制等因素则是转型发生的重要条件。城市发展转型至少包括三方面的含义：一是城市的产业结构由工业主导向服务业主导调整；二是发展模式由工业品"出口"向服务"出口"带动模式转变；三是发展速度由高速发展向中速和低速发展过渡。城市转型发展本质上要求城市走保护资源环境、以服务业为主导、经济与社会协调发展的道路。城市转型发展的基本特点是：工业和传统服务业增长减速、新兴服务业按线性规律增长并成为"出口"主导；城市政府的支持和引导作用比以往更重要，城市公共服务和房地产、教育、科技、文化、旅游等新兴服务业都可能成为城市发展的主导行业，它们的有序发展是城市长期、稳定发展的保证。城市转型发展中的主要问题是税收模式不适应城市的服务化发展，使城市财政运行困难，使城市政府无力支持服务化发展。本文研究发现，2000年以来我国大中城市的转型发展普遍依赖房地产业发展；由于税收模式约束和财政困难，仍有许多城市在努力提高工业比重，城市转型发展呈现缓慢和波动状态。

本文的政策含义是：

（1）城市转型发展是由主要依托物质资本要素向人力资本或劳动要素转变的过程，劳动要素的合理配置与新型服务业的发展在城市发展中占主导地位。虽然转型发展更需要高技术、高效率的工业，但它不会成为城市的主导产业；高技术工业将更多地与新型服务业相结合，为良好的社会服务、为人的发展提供条件和手段。因此，以人为本、提高劳动者的创新能力和服务素质、根据本地实际创建服务型城市是城市转型发展的基本目标。

（2）城市转型发展要求城市政府转变发展理念，不以产值规模和增长速度论成败，将工作重心转向提高城市公共服务水平、支持新型服务业发展、增加城市的服务就业、提高城市的服务竞争力和扩大服务"出口"。城市政府应根据客观条件和环境分阶段、有选择地支持和引导各种新型服务业的发展，使它们先后继起、成为不同时期的发展主导，保证城市的长期、稳定发展。

（3）城市转型发展也意味着税收模式的改革和调整。以流转税为主体的现行税收模式已不适应城市转型发展的需要，而城市过度依赖土地出让收入、收费等非税收入只会使城市财政更脆弱，也会损害城市长期发展的基础和环境。因此，城市转型发展客观上要求我们进行税制改革，降低流转税的比重，建立以直接税（包括个人所得税和房地产税）为主体的税收模式。

参考文献

[1] 付凌晖. 我国产业结构高级化与经济增长关系的实证研究［J］. 统计研究，2010（8）：79-81.

[2] 干春晖，郑若谷，余典范. 中国产业结构变迁对经济增长和波动的影响［J］. 经济研究，2011（5）：4-16.

[3]［美］伍德里奇. 计量经济学导论（第四版）［M］. 张成思，李红，张步昙译. 北京：中国人民大学出

版社，2010.

[4] William Baumol. Macroeconomics of unbalanced growth: The anatomy of urban crisis [J]. American Economic Review, 1967, 57 (3): 415-426.

[5] Daniel Bell. The coming of post-Industrial society [M]. New York: Harper Colophon Books, 1974.

[6] Black D, J V Henderson. A theory of urban growth [J]. Journal of Political Economy, 1999, 10 (7): 252-284.

[7] Bohn H. The behavior of U. S. Public debt and deficits [J]. Quarterly Journal of Economics, 1998 (113): 949-963.

[8] Buera Francisco J, Joseph P Kaboski. The Rise of the Service Economy [J]. American Economic Review, 2012, 102 (6): 2540-2569.

[9] Debrun X, Moulin L, Turrini A, Ayuso-i-Casals J, Kumar M. Tied to the mast? National fiscal rules in the European Union [J]. Economic Policy, 2008, 23 (54): 297-362.

[10] Duranton G. Urban evolutions: The fast, the slow, and the still [J]. American Economic Review, 2007, 97 (1): 197-221.

[11] Eaton J, Z Eckstein. Cities and growth: Theory and Evidence from France and Japan [J]. Regional Science and Urban Economics, 1997 (27): 443-474.

[12] Girouard N, C André. Measuring cyclically - adjusted budget balances for OECD countries [R]. OECD Economic Department Working Papers, No. 434, 2005.

[13] Greenwood J, A Seshadri, M Yorukoglu. Engines of liberation [J]. Review of Economic Studies, 2005 (72): 109-133.

[14] Helen F Ladd, John Yinger. America's ailing cities [M]. Baltimore: Johns Hopkins Univercity Press, 1989.

[15] John F McDonald. Urban America: Growth, crisis, and rebirth [C]. M. E. Sharpe, September 15, 2007.

[16] Mills, Edwin S. Studies in the structure of the urban economy [M]. Baltimore: Johns Hopkins Univercity Press, 1972.

[17] Ngai R, C Pissarides. Structural change in a multi-Sector model of growth [J]. American Economic Review, 2007 (97).

[18] Rossi-Hansberg E, Wright M. Urban structure and growth [J]. Review of Economic Studies, 2007, 74 (2): 597-624.

[19] Thomas J Sugrue. The origins of the urban crisis: Race and inequality in postwar detroit [M]. New Jersey: Princeton University Press, 1998.

[20] N Edward Coulson. Measuring and analyzing urban employment fluctuations [A] // Richard J. Arnott, Daniel McMillen. A companion to urban economics [C]. Blackwell Publish Ltd., 2006.

[21] Victor R Fuchs. The service economy [M]. Cambridge, MA: NBER Books, 1968.

制度和资源双重影响下的中国企业“走出去”*

陈立敏

[摘　要] 中国对外直接投资在最近16年里连续大幅增长，2017年末存量仅次于美国而位居世界第二。什么因素使中国企业纷纷采取国际化战略？是所谓的国家资本主义，还是获取技术的“跳板”行为？实施“走出去”战略的绩效后果又是怎样？本文采取制度基础观IBV与资源基础观RBV相结合的理论视角，考察了内部资源因素（企业资源能力）、外部资源因素（资源寻求动机）、内部制度因素（企业所有制形式）、外部制度因素（所在地制度环境）四个方面对中国企业“走出去”战略及其绩效的影响。应用2009~2017年中国上市公司数据的分析发现：①内部资源与能力、外部资源寻求动机、外部制度环境都对企业的国际化有积极影响，唯独内部制度因素对国际化产生消极影响，即越是国有企业其国际化程度越低。同时，越是国有企业其绩效也越差。②制度与资源不仅对国际化和绩效有直接影响，而且对两者关系有显著调节作用。国有企业虽然比民营企业的国际化绩效更差，但国际化程度的提高对国有企业的不良绩效有改善作用。这说明企业的国际化行为有助于弥补原有的制度缺陷。本文采用整合性理论视角，丰富了既受到制度影响又受到资源制约的新兴经济体跨国企业研究，并进行了“U”形关系调节效应的实证检验。

[关键词] 国家资本主义；技术获取跳板；制度基础观；资源基础观；中国跨国企业

一、引言

根据中国商务部、国家统计局与国家外汇管理局联合发布的《中国对外直接投资统计公报》（2018），到2017年年末，中国对外直接投资已经连续16年大幅增长，从2002年的全球ODI存量排名第25位一路上升到2017年仅次于美国而首次位居全球第二。同时，中国对外直接投资已经连续三年高于外商来华投资，呈现“走出去”大于“引进来”的新常态。于是令人感兴趣的是，到底是哪些因素使21世纪以来的中国企业纷纷采取国际化战略？它们“走出去”的绩效后果好吗？有研究认为“走出去”现象由制度因素导致，中国企业的国际化是在国家意志指导下、

* [基金项目] 本文为国家自然科学基金面上项目“国际化战略是否有助于企业提高绩效？基于资源和制度的双重调节模型构建”（71372123）和国家社会科学基金重大项目“全球产业链转移新趋势下的中国出口价值链提升举措研究”（15ZDA061）研究成果。项目负责人与首席专家为陈立敏。

以国有企业为主体的国家资本主义行为。也有研究认为这一现象源于资源因素的作用，国际化行为作为一种“跳板”（springboard，Luo & Tung，2007，2018），可以满足中国企业的强烈技术获取动机；近年来中国经济发展出现了巨大的能源缺口，大量能源型企业的海外扩张也可满足中国企业的原料获取动机。①

我们对中国企业“走出去”问题感兴趣，不仅因为现实中存在的国家资本主义或技术获取跳板争议，也因为此问题的重要理论意义。国际化战略是企业最重要的公司层战略之一。关于企业战略管理的理论范式，如果说 20 世纪最后一个年代的主要范式转换（paradigm shift）（Kuhn，1962）是从产业基础观到资源基础观，那么 21 世纪第一个十年的最明显范式变化则是制度基础观作为第三个支架出现，从而形成稳定的战略三角范式（the strategy tripod）（Peng et al.，2008）。

战略的产业基础观（Industry-based View）认为战略的任务就是对影响产业环境的五种力量进行分析，从而确定企业如何才能在竞争中处于有利位置，它主要考察企业外部的机会和威胁（Porter，1980，1985）。资源基础观（Resource-based View）将分析重点从产品面转为资源面（Wernefelt，1984），更为强调企业内部的优势和劣势，认为企业所拥有的有价值的、独特的、难以模仿的组织整合性资源才是企业获得持续竞争优势的关键（VRIO 框架）（Barney，1991）。制度基础观（Institutional-based View）则认为制定战略时除考虑产业和企业层面因素外，还要考虑制度因素的影响——既包括正式制度（法律和规制）也包括非正式约束（风俗规范文化）——因为它们就是游戏规则（“rules of the game”，North，1990）。制度因素不仅是企业经营的背景环境，而且能直接影响企业的战略制定和竞争优势形成（Meyer et al.，2009），而新兴经济体中的企业更容易受到制度因素的影响，因为处于制度转型期间（Meyer and Peng，2005）。

因此，本文将基于制度基础观 IBV 和资源基础观 RBV 相结合的理论视角，就以下两个问题进行分析：①近年来中国企业纷纷“走出去”，果真是国家资本主义或技术获取跳板动机导致？换句话说，制度因素和资源因素如何影响了中国企业的国际化及其绩效后果？本文将重点考察内部资源因素（企业资源能力）、外部资源因素（资源寻求动机）、内部制度因素（企业所有制形式）、外部制度因素（所在地制度环境）四个方面因素的影响。②目前中国企业国际化经营与绩效提升的整体关系如何？是呈现国际化起步阶段与绩效的线性负相关，还是呈现具备一定国际化经验之后的“U”形关系，抑或达到发达经济体中有相当企业高度国际化之后的水平“S”形状态？资源和制度因素又如何影响这一关系？本文将以 2009~2017 年中国沪深两个股票市场的上市企业为样本，就以上两个问题进行实证分析。

二、理论框架与研究假设

（一）错综复杂的国际化-绩效关系需要寻找调节机制

企业采取国际化战略是否会提升绩效？这是全球战略研究领域的一个中心论题（Li and Tall-

① 在中国企业联合会与中国企业家协会发布的《2018 中国跨国公司 100 大及跨国指数》中，海外资产排名前 10 的中国最大跨国公司中有 6 家都是能源资源型企业：中石油 8606 亿元（No. 1），中石化 6295 亿元（No. 2），中化工 6211 亿元（No. 3），中海油 4540 亿元（No. 6），中化 3356 亿元（No. 8），五矿 2197 亿元（No. 10）。

man，2011）和关键问题（Goerzen and Beamish，2003），也是一个引人注目的争议问题（Qian et al.，2010）。虽然经典跨国经营理论认为国际化对企业绩效无疑有着积极的影响和提升作用（Dunning，1980），但大量的经验研究却得出各不相同的结果：正相关、负相关、"U"形、倒"U"形、水平"S"形、"N"形关系，甚至不相关，使目前有关这一问题的研究呈现出"混杂"（Mixed）（Hennart，2007）、"矛盾"（Contradictory）（Geringer et al.，2000）、"无结论并矛盾"（Inconclusive and Contradictory）（Tallman and Li，1996）、"四分五裂并矛盾"（Fragmented and Contradictory）（Bausch and Krist，2007）的状态，恰如 Glaum 和 Oesterle（2007）的风趣小结：历经之前学者们的研究，似乎产生了比答案还要多的问题。

我们认为在国际化-绩效关系研究中，需要将影响主效应的重要调节因素纳入，才能更好地解释种种结果差异。企业的国际化-绩效关系之所以会出现程度不同甚至方向相反的结果，原因就在于主效应关系背后的调节机制不同。例如，国际化与绩效的关系可能是阶段依赖的，即企业所处的国际化阶段不同、国际化行为对企业绩效的正负影响不同（Lu and Beamish，2004）；国际化与绩效的关系也可能是制度依赖的，即东道国的制度发展不同、国际化对企业绩效的影响不同（Dau，2013）；国际化与绩效的关系还可能是产业依赖的，即国际化企业所处的产业不同、国际化对企业绩效的影响不同（Capar and Kotabe，2003）；国际化与绩效的关系也可能是地区依赖的，即对外直接投资的区域不同、国际化对企业绩效的影响不同（Vachani，1991），东道国国家环境与母国相近的相关地理多元化（Related Geographic Diversification）会提升绩效，而不相关地理多元化（Unrelated Geographic Diversification）会降低绩效。

可见，国际化-绩效关系受多种因素影响，选择关键的调节变量进入该关系机制是本文的重要突破点。由于新兴经济体中企业的国际化一方面广泛受到技术不足、能源缺口等资源约束，另一方面因处于制度转型期而表现为深刻的制度因素影响，因此本文拟从企业战略管理理论的制度基础观（Institution-based View）和资源基础观（Resource-based View）出发，建立一个具有双重影响机制的国际化-绩效关系模型，从企业面对的制度条件和资源条件这两个维度来考察中国跨国企业的国际化战略。

（二）资源因素对企业国际化战略及其绩效结果的影响

资源基础观（Resource-based View，RBV）认为，企业就是高度不完全市场中的一组资源集合（a bundle of resources in a highly imperfect market）。企业资源被定义为给定时期里那些与企业形成半永久性绑定的资产（Wernerfelt，1984）。[①] 超额利润由企业的"资源位势壁垒"（Resource Position Barrier）——而非进入壁垒——形成。当这些资源和能力是有价值的、稀缺的、难以模仿的、组织整合性资源时，即符合所谓的 VRIO（Value，Rarity，Inimitability，Organization）框架，企业就能形成持续的竞争优势（Barney，1991）。

我们从内部资源和外部资源两方面来考察中国企业国际化中的资源因素影响。内部资源因素指企业所拥有的资源与能力。不同于以资产规模指代企业资源或以专利数量指代企业能力的传统常见做法，我们采用高管团队素质作为企业核心资源与能力的代理变量。外部资源因素则指企业对外投资的资源寻求动机所产生的影响。我们将其区分为技术获取动机和原料获取动机两类。于是形成第一组假设如下：

假设 1a：内部资源因素对国际化战略实施具有积极的推动作用，中国企业的资源能力越强则国际化程度越高，企业绩效也越好。

---

① Wernerfelt（1984）的原文为：A firm's resources at a given time could be defined as those assets which are tied semipermanently to the firm。这里的"半永久性绑定"，意味着这些资产和优势既非完全流动、转瞬即逝，也非永久固定、与生相随。

假设 1b：外部资源因素对国际化战略实施具有积极的拉动作用，中国企业的资源寻求动机越强——无论是技术寻求还是资源寻求——则国际化程度越高，企业绩效也越好。

（三）制度因素对企业国际化战略及其绩效结果的影响

仅仅考察资源因素对企业国际化战略和绩效的影响是不够的，制度基础观（Institutional-based View）认为还必须考虑更为广阔并极为重要的制度因素，因为它们就是游戏规则（rules of the game）（North，1990）。整合进制度观点的战略三脚架，才能够更好地解释国际化战略的一些首要问题，如什么推动了企业国际化战略？什么决定了企业的成败？（Peng et al.，2008）对于企业的国际化战略来说，制度因素不仅是背景环境，而且能直接影响战略制定和竞争优势形成（Meyer et al.，2009），而新兴经济体中的企业更容易受到制度因素的影响，因为处于制度转型期间（Meyer and Peng，2005）。

我们将制度因素也分为内部制度和外部制度两类来考察其对中国企业国际化的影响。内部制度以上市企业的所有制形式——国有企业或民营外资企业来衡量。关于外部制度因素，Ma 等（2013）认为，次国家级的不同地区也对跨国企业的绩效异质性具有显著性影响（Sub-national Region Effects），因此我们以《中国分省份市场化指数报告》（王小鲁等，2018）所发布的 31 个省份的市场化指数来衡量外部制度，从而形成第二组假设：

假设 2a：内部制度因素对国际化战略实施具有显著影响，受到政府支持鼓励的中国国有企业的国际化程度更高，绩效也更好。

假设 2b：外部制度因素对国际化战略实施具有显著影响，来自市场化程度较高省份的中国企业国际化程度更高，绩效也更好。

（四）制度和资源对新兴经济体中后发企业的国际化-绩效关系影响

关于国际化与绩效提升关系的大量现有研究得出了各不相同的结果：国际化程度与绩效正相关（Grant，1987；Kirca et al.，2016）、负相关（Geringer et al.，2000；Dau，2013）、倒“U”形关系（Hitt et al.，1997；Chao and Kumar，2010）、“U”形关系（Lu and Beamish，2001；Kim et al.，2015）、水平“S”形关系（Lu and Beamish，2004；Chang and Wang，2007）、“N”形关系（Contractor et al.，2003；Powell，2014），甚至不相关（Morck and Yeung，1991；Berry，2016），结论如此错综复杂的重要原因之一，就是企业所处的国际化阶段不同。

处于国际化初期的企业，由于刚刚进入国际市场而面临着明显的新入者劣势（Liability of Newness）和外来者劣势（Liability of Foreignness）（Hymer，1960；Zaheer，1995），因此国际化对企业收益产生的常常是负影响。随着海外子公司成为东道国的一分子、发展出各类联系、价值观和行为日益符合东道国的制度要求，这些劣势会逐渐减弱直至消失（Zaheer，2002），转而是日益增长的国际化经验使收益变动由负转正，形成“U”形的国际化-绩效关系。当企业继续国际化扩张超过适当程度之后，又将产生过多的管理困难、协调成本、组织复杂性，以及信息处理负担、资源配置无效率，使国际化净收益重新为负，成为倒“U”形或者水平“S”形的国际化-绩效关系。

由于中国企业是典型的新兴经济体中后发企业，目前在国际扩张过程中大多处于国际化的初期和中期阶段，一方面已经脱离了欠发达国家企业刚刚开始国际化起步时与绩效线性负相关的阶段，另一方面应该尚未达到发达经济体中大量企业高度国际化的水平“S”形阶段，因此按照一般的假设逻辑，我们认为目前中国企业的国际化-绩效关系正处于“U”形状态。同时，企业所具有的资源条件和制度状况将对这一关系产生显著影响。因此提出第三组假设：

假设 3a：目前中国企业的国际化与绩效的关系，呈现为国际化程度较低时与绩效负相关、

国际化程度较高时与绩效正相关的"U"形关系。

假设 3b：企业的资源调节将显著调节国际化-绩效关系；不管是内部资源因素——企业资源能力越强，还是外部资源因素——资源寻求动机越强，都将对国际化绩效产生积极影响。

假设 3c：企业的制度状况将显著调节国际化-绩效关系；不管是内部制度因素——所有制为国有企业，还是外部制度因素——来自高市场化水平省份，都将对国际化绩效产生积极影响。

本文的研究框架：制度和资源如何对国际化战略及绩效形成双重影响，如图 1a、图 1b、图 1c 所示。

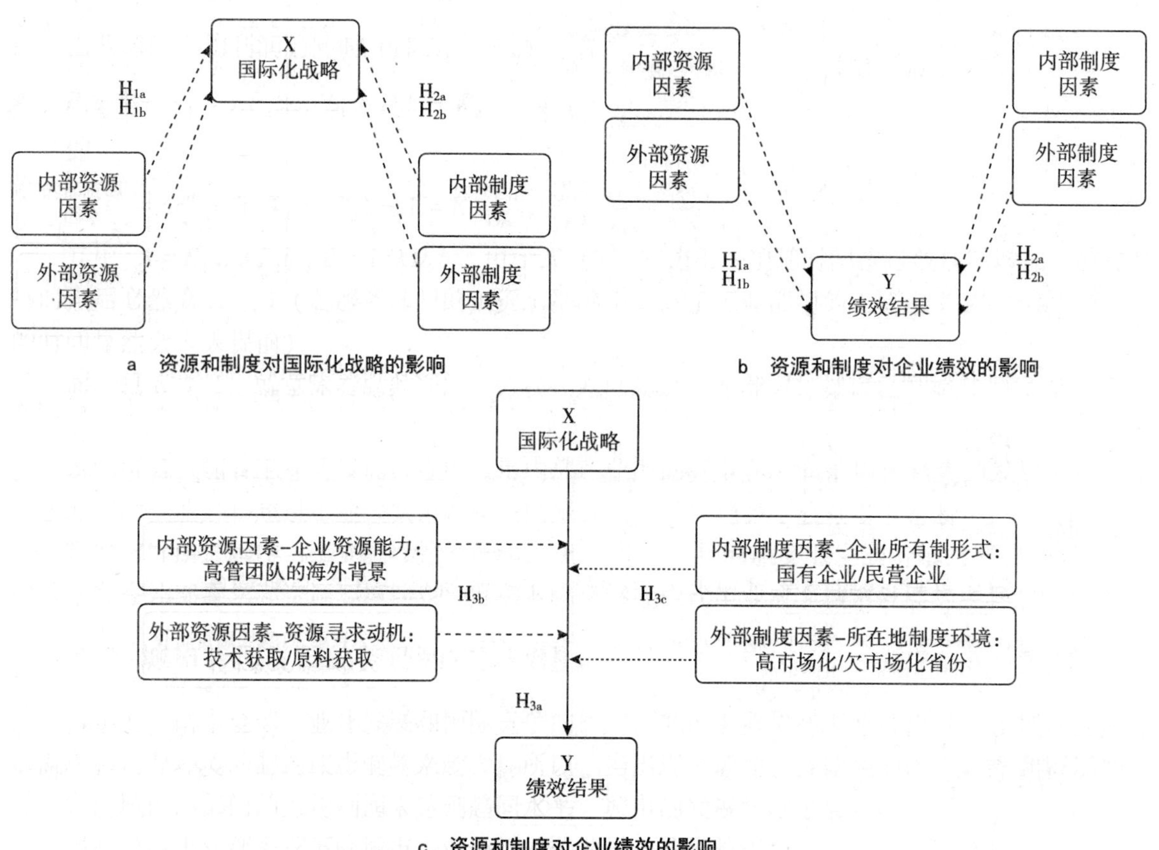

图 1 制度和资源对国际化战略及绩效形成双重影响

三、实证研究设计

（一）样本和数据

本文选取 2009~2017 年在沪深证券交易所上市的中国企业为样本，考察其国际化与绩效结果以及资源和制度因素的影响。沪深证券交易所在 2009~2017 年 9 年连续存续的企业总计 1683 家。在此基础上本文按照如下原则进行了样本筛选：①剔除 2009~2017 年九年任何一年暂停上市的企业 56 家，剩下 1627 家企业；②剔除 2009~2017 年任何一年出现 ST 的企业 222 家，剩下 1405 家企业；③剔除借壳上市的企业 90 家，剩下 1315 家企业；④剔除变量数据缺失的企业 442 家，剩下 873 家企业，其 2009~2017 年的九年平衡面板数据共计观测值 7857 个。

（二）变量设计与测量

（1）被解释变量：企业绩效。考虑到数据的适用性、优良性和可获得性，本文采用托宾 Q 值来衡量企业绩效。这是因为首先托宾 Q 值具备重要优点而使多个国际化-绩效的代表性研究所采用：它是一种未来导向型和风险调整型的资本市场绩效指标，能够折射出当前及未来的预期收益率（Li and Tallman，2011）。[①] 其次，对比会计绩效指标，市场绩效指标更能显示企业价值（Yang and Driffield，2012）；而同为市场绩效指标，对比累积异常收益率 CAR 指代企业的短期即时绩效，托宾 Q 值更能指代企业绩效的长期成长性，符合本文的研究主题。最后，在来自中国企业的数据中，销售利润率 ROS、净资产收益率 ROE、总资产报酬率 ROA 等会计指标存在企业主观调整的可能，常常使数据分析失真或结果难以解释，相比之下接近于完全竞争市场的股票市值更能客观真实地反映企业绩效。本文的托宾 Q 值数据来源于国泰安 CSMAR 数据库。

（2）解释变量：国际化程度。对国际化程度进行测量的指标和方式很多，最具代表性的有：衡量国际化深度的 FSTS（Foreign Sales to Total Sales，即海外销售额占总销售额的比重）、FATA（Foreign Assets to Total Assets，即海外资产占总资产的比重）、FETE（Foreign Employees to Total Employees，即海外雇员占总雇员数的比重），衡量国际化广度的 OSTS（Overseas Subsidiaries to Total Subsidiaries，即海外子公司占全部子公司的比重）、NOS（Number of Overseas Subsidiaries，即企业的海外子公司数量）、NOC（Number of Overseas Countries，海外子公司分布国数量），以及将多个维度以特定权重复合在一起的国际化复合指标。本文选用企业海外销售额占总销售额的比重 FSTS 作为国际化程度的衡量指标，一方面由于它是最常用和最直接反映企业国际化状况的指标，另一方面由于其良好的数据可得性：大多数中国上市企业都报告了可计算出 FSTS 的出口和海外销售数据，但并没有提供诸如海外资产数、海外子公司数等信息。本文的 FSTS 数据根据 WIND 数据库的海外业务收入和总营业务收入相除得到。

（3）调节变量：①内部资源因素（RES-IN），即企业的资源与能力，本文用高管团队中具有海外求学或海外任职经历的人数在高管总人数中的占比进行衡量。②外部资源因素（RES-OUT），即企业对外投资的技术获取动机（RES-OUT-TECH）和原料获取动机（RES-OUT-RAW），用企业属于技术寻求产业（GICS 代码 35 和 45 两类）或原料能源产业（GICS 代码 10 和 15 两类）衡量。[②] ③内部制度因素（INST-IN），即企业的所有制形式，当企业为中央国有企业或地方国有企业时赋值为 1，为民营企业、外资企业、集体企业、公众企业、其他企业时赋值为 0。④外部制度因素（INST-OUT），即企业所在省份的制度环境，用《中国分省份市场化指数报告》（2018）中各省份的市场化程度高低来衡量。

（4）控制变量。本文选取了四个控制变量：①企业年龄（AGE），以企业成立的自然年数衡量。②企业规模（SIZE），采用年度总资产的对数形式进行测量。③资本结构（DEBT），是影响国际化绩效的重要财务指标，很多研究将其作为企业绩效研究的控制变量，本文也采用这一指标

---

① Li 和 Tallman（2011）的原表述为："Tobin's q is a future-oriented and risk-adjusted capital-market measure of performance that reflects both current and anticipated profitability"。该文指出，关于托宾 Q 值这一优良性质的看法，是很多国际化-绩效研究代表性文献中都有的看法及做法。

② 全球行业分类系统（Global Industry Classification Standard）由标准普尔与摩根士丹利公司 1999 年联合推出，已在世界范围内被广泛采用。GICS 包括 11 个经济部门：行业代码 10 为能源（Energy），包括能源设施、冶炼、石油和天然气的开采。行业代码 15 为基础材料（Materials），包括化学品、建筑材料、包装材料、金属采矿、纸产品和林产品。行业代码 35 为医疗保健（Medical and Health），包括经营性医疗保健设备和服务、医药和生物技术。行业代码 45 为信息技术（Information Technology），包括软件、硬件和半导体。

并以资产负债率衡量。④年份影响（YEAR），由于不同年份可能对企业绩效产生影响，本文还在回归模型中加入了年份控制效应，根据样本时间区间的九个年份进行。

（三）回归方程

方程1：资源和制度为解释变量X，国际化程度为被解释变量Y：

$$DOI_{it}=\beta_0+\beta_1 RES\text{-}IN_{it}+\beta_2 RES\text{-}OUT_{it}+\beta_3 INST\text{-}IN_{it}+\beta_4 INST\text{-}OUT_{it}+\beta_k CONTR_{it}+\lambda_t+\varepsilon_{it}$$

方程2：资源和制度为解释变量X，绩效为被解释变量Y：

$$PERF_{it}=\beta_0+\beta_1 RES\text{-}IN_{it}+\beta_2 RES\text{-}OUT_{it}+\beta_3 INST\text{-}IN_{it}+\beta_4 INST\text{-}OUT_{it}+\beta_k CONTR_{it}+\lambda_t+\varepsilon_{it}$$

方程3：资源和制度为调节变量M，国际化程度为解释变量X，绩效为被解释变量Y：

$$PERF_{it}=\beta_0+\beta_1 DOI_{it}+\beta_2 RES\text{-}IN_{it}+\beta_3 RES\text{-}OUT_{it}+\beta_4 INST\text{-}IN_{it}+\beta_5 INST\text{-}OUT_{it}+\beta_6 DOI_{it}\times RES\text{-}IN_{it}+\beta_7 DOI_{it}\times RES\text{-}OUT_{it}+\beta_8 DOI_{it}\times INST\text{-}IN_{it}+\beta_9 DOI_{it}\times INST\text{-}OUT_{it}+\beta_k CONTR_{it}+\lambda_t+\varepsilon_{it}$$

方程4：其他与方程3相同的二次曲线方程：

$$PERF_{it}=\beta_0+\beta_1 DOI_{it}+\beta_2 DOI_{it2}+\beta_3 RES\text{-}IN_{it}+\beta_4 RES\text{-}OUT_{it}+\beta_5 INST\text{-}IN_{it}+\beta_6 INST\text{-}OUT_{it}+\beta_7 DOI_{it}\times RES\text{-}IN_{it}+\beta_8 DOI_{it}\times RES\text{-}OUT_{it}+\beta_9 DOI_{it}\times INST\text{-}IN_{it}+\beta_{10} DOI_{it}\times INST\text{-}OUT_{it}+\beta_k CONTR_{it}+\lambda_t+\varepsilon_{it}$$

方程5：其他与方程3相同的三次曲线方程①：

$$PERF_{it}=\beta_0+\beta_1 DOI_{it}+\beta_2 DOI_{it2}+\beta_3 DOI_{it3}+\beta_4 RES\text{-}IN_{it}+\beta_5 RES\text{-}OUT_{it}+\beta_6 INST\text{-}IN_{it}+\beta_7 INST\text{-}OUT_{it}+\beta_8 DOI_{it}\times RES\text{-}IN_{it}+\beta_9 DOI_{it}\times RES\text{-}OUT_{it}+\beta_{10} DOI_{it}\times INST\text{-}IN_{it}+\beta_{11} DOI_{it}\times INST\text{-}OUT_{it}+\beta_k CONTR_{it}+\lambda_t+\varepsilon_{it}$$

方程1至方程5中，i=1，2，…，880，t=2009，…，2017，CONTR表示控制变量，λ_t表示年份效应，ε_{it}表示随机误差项，其他变量标识和解释详见上文说明和表1。

表1 变量定义

类型	变量名称	变量符号	变量测量	数据来源
被解释变量	企业绩效	PERF	Tobin's Q=企业市值/期末总资产	CSMAR数据库
解释变量	国际化程度	DOI	FSTS=海外业务收入/总营业务收入	WIND数据库
调节变量	内部资源因素	RES-IN	企业资源能力：用高管团队中具有海外求学或海外任职经历的人数占比衡量	CSMAR数据库
	外部资源因素	RES-OUT	技术或原料获取动机：用处于技术寻求产业（GICS代码35和45）或原料能源产业（GICS代码10和15两类）衡量	GICS全球行业分类系统
	内部制度因素	INST-IN	所有制形式：当企业为中央或地方国有企业时赋值为1，为民营、外资、集体、公众、其他企业时赋值为0	WIND数据库
	外部制度因素	INST-OUT	企业所在省份的制度环境：市场化程度高低	《中国分省份市场化指数报告》（2018）

① 由于解释变量和调节变量往往与它们的乘积项高度相关，因此在对方程3至方程5进行回归时，我们对交互项中的各变量进行了减去均值的中心化处理，目的是减小回归方程中变量间的多重共线性问题。

续表

类 型	变量名称	变量符号	变量测量	数据来源
控制变量	企业年龄	AGE	以企业成立的自然年数衡量	WIND 数据库
	企业规模	SIZE	采用年度总资产取对数形式进行测量	WIND 数据库
	资本结构	DEBT	资产负债率=年末负债总额/年末总资产	WIND 数据库
	年份影响	YEAR	根据样本数据时间区间分 2009~2017 年的 9 个年份进行，控制固定效应	样本数据期间

资料来源：笔者整理制作。

四、实证结果与分析

（一）描述性统计和相关分析

表 2 为主要变量数据的描述性统计和相关系数矩阵。从表 2 中可以看到：①国际化程度的最大值为 0.853，即企业的海外销售收入占比 85.3%，最小值为 0，即企业没有海外销售，均值为 0.103，即样本企业的平均海外销售收入占比 10.3%。2017 年的截面数据也显示了大致的分布：873 家样本企业中，有 466 家企业有海外销售、407 家企业没有海外销售；海外销售收入占比达到 5%的企业有 328 家、达到 10%的企业有 268 家。②资源因素中，原料能源型企业在样本企业中占比 21.3%，技术寻求型企业在样本企业中占比 18.8%。制度因素中，国有企业形式在样本企业中占比 54.4%，民营外资企业占比 45.6%，基本处于旗鼓相当的地位。③控制变量均与企业绩效和国际化程度显著相关，说明引进这些控制变量是合理的。同时各变量间的 Pearson 相关系数均不超过 0.55，说明基本不存在多重共线性。④资产负债率（DEBT）的最大值为 1.004，即该企业的负债总额大于资产总额。考虑到这是数据进行上下共 1%缩尾之后的结果①，说明上市公司中有 0.5%即 39 家企业负债大于资产。⑤相关系数超过 0.4 的三个关系，均昭示了饶有兴味的结果：$r_{负债-绩效}=-0.434$，说明企业的负债越大、绩效越差，符合一般的逻辑推理。但 $r_{规模-绩效}=-0.525$，则说明中国上市企业的规模越大、绩效反而越差，与设想不一致的结果值得深思。最后 $r_{规模-负债}=0.440$，说明企业的规模越大、负债也越大，与上述两关系形成逻辑自洽。

① 除了资本结构（DEBT）之外，本文还对连续变量企业绩效（PERF）和国际化程度（DOI）进行了上下共 1%的缩尾处理，以避免极端值和异常值对回归结果产生过大影响。

表 2　变量数据的描述性统计

变量	最大值	最小值	均值	方差	1	2	3	4	5	6	7	8	9	10
绩效	15.45	0.164	2.230	2.287	1									
国际化程度	0.853	0	0.103	0.186	-0.024	1								
内部资源	1	0	0.035	0.097	0.061	0.173	1							
外部资源-原料	1	0	0.213	0.409	-0.097	0.021	-0.044	1						
外部资源-技术	1	0	0.188	0.391	0.263	0.089	0.110	-0.250	1					
内部制度	1	0	0.544	0.498	-0.211	-0.079	-0.165	0.105	-0.197	1				
外部制度	9.950	-0.300	7.443	1.826	0	0.155	0.088	-0.157	0.086	-0.182	1			
企业年龄	67	4.000	17.35	5.189	-0.054	-0.011	-0.004	-0.108	-0.042	-0.008	0.239	1		
企业规模	29.47	16.52	22.30	1.414	-0.525	-0.055	0.071	0.072	-0.177	0.166	0.112	0.145	1	
资本结构	1.004	0.064	0.485	0.213	-0.434	-0.068	-0.046	-0.002	-0.286	0.202	-0.075	0.095	0.440	1

注：①样本量=7857；②相关系数 r≥0.03，显著性水平 P<0.01；r≥0.025，P<0.05；r<0.02，P>0.1 即不显著。

对于原料获取动机、技术获取动机、企业所有制形式这三个 0、1 变量，我们进一步进行了如下描述统计，以获得更多直观的事实结果。如图 2 所示：①有原料获取动机企业的平均海外销售占比 11.00%，与没有原料获取动机企业的海外销售占比 10.10%相差不多；但在有原料获取动机的企业中，发生国际化的样本占比 63.00%，大大高于没有原料获取动机企业中发生国际化的样本占比 47.10%。因此，原料获取动机对企业开展国际化有正向影响。②有技术获取动机企业的平均海外销售占比 13.80%，高于没有技术获取动机企业的海外销售占比 9.49%；同时在有技术获取动机的企业中，发生国际化的样本占比 61.40%，也大大高于没有技术获取动机企业中发生国际化的样本占比 48.01%。因此，技术获取动机对企业开展国际化也有正向影响。③国有企业的平均海外销售占比 8.95%，反而低于民营企业的海外销售占比 11.90%；同时在国有企业中发生国际化的样本占比 46.80%，也低于民营企业中发生国际化的样本占比 54.90%。由此分析可见，在中国企业的国际化中，资源因素——不管是技术获取动机还是原料能源获取动机，都对企业“走出去”产生了明显促进作用；但制度因素——体现国家资本主义的国有企业所有制形式，不仅没有对企业“走出去”产生促进作用，反而相形见绌于中国民营外资企业的国际化，存在着事实上的负向影响。

（二）估计方法

在进行计量分析之前，我们首先进行了估计方法的考量。考虑到本文使用的是大 N 小 T 型面板数据，即截面宽而跨时短的面板数据，非常可能存在异方差，于是进行了 White 异方差检验，结果显示各个回归模型均存在显著的异方差，因此本文采用可行性广义最小二乘法 FGLS，对误差方差越大的观测赋予越小的权重，而不是像 OLS 方法那样对每个观测都赋予相同的权重（伍德里奇，2015），以进行更为有效的参数估计。

另外，为了降低可能的内生性问题及校正样本选择偏差，我们使用了 Heckman 两阶段模型的方法（伍德里奇，2015）。我们采用了企业年龄、企业规模、资产负债率、是否为能源资源行业、是否为技术密集行业、高管团队海外背景、企业所有制形式、所在省份市场化程度，以及年份效应共计九个因素作为外生前因变量，对企业是否发生国际化进行了第一阶段的 Probit 回归，以尽量清除可能存在的国际化的内生性和自选择偏误（Sun et al.，2016），并将用逆米尔斯比 λ 修正后的第二阶段估计结果报告在最终回归分析的表 4 中。

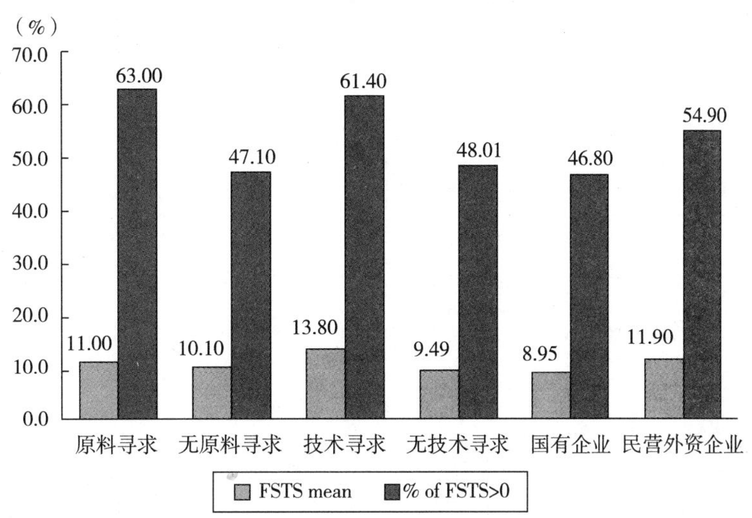

图 2　原料寻求与否、技术寻求与否、所有制形式不同对国际化程度的影响

(三) 资源与制度作为解释变量的回归模型

表 3 中的模型 1 到模型 4 为资源、制度对国际化程度的影响。模型 1 为基础模型，仅加入控制变量，模型 2 和模型 3 分别加入资源因素和制度因素，模型 4 则是资源因素和制度因素一起加入的全变量模型。模型 5 到模型 8 为资源、制度对绩效的影响。同样，模型 5 为基础模型，仅加入控制变量，模型 6 和模型 7 分别加入资源因素和制度因素，模型 8 则是资源因素和制度因素一起加入的全变量模型。从回归结果可见：

(1) 控制变量中的企业规模 (SIZE)、资本结构 (CAPITAL STRUCTURE)，对国际化程度和绩效都发生显著负向影响，即企业规模越大，国际化程度越低、绩效也越差；资产负债率越高，国际化程度越低、绩效也越差。企业年龄 (AGE) 仅对国际化程度产生负影响，即企业年龄越大、国际化程度越低，对绩效的影响则不显著。

(2) 从对国际化程度的影响来看，资源因素和制度因素都有显著影响，但作用方式不同：内部资源因素、外部资源因素、外部制度因素都对企业的国际化程度有积极影响，即高管团队有海外求学或任职经历的、企业对外投资属于原料获取与技术获取型的以及企业所在省份为高市场化制度环境的，其国际化程度更高。但内部制度因素却对国际化程度产生消极影响，即越是国有企业其国际化程度越低，并不符合人们关于中国企业“走出去”是国家资本主义的臆测。

(3) 从对企业绩效的影响来看，内部资源因素对企业绩效发生积极影响，高管团队有海外求学或任职经历的企业绩效更好；但外部资源因素对企业绩效影响结果发生分歧，当企业对外投资属于技术获取型时绩效更好，当企业对外投资属于资源获取型时绩效更差。内部制度因素对企业绩效的影响依然为负，即越是国有企业其绩效越差；外部制度因素对企业绩效的影响为负但不稳健，即企业来自高市场化制度环境的省份还是低市场化制度环境的省份对企业绩效的影响不稳健。

(4) 全部模型的 Wald-chi^2值均显著，说明回归结果有统计效力。比较来看，分别加入了资源变量和制度变量的模型，拟合程度都明显优于基础模型，两种变量一起加入的全变量模型拟合最好，说明我们的研究设计合理有意义。

表 3　资源与制度对中国企业国际化战略和绩效的分别影响

模型 1-4：Y 为国际化程度 模型 5-8：Y 为绩效		模型 1	模型 2	模型 3	模型 4	模型 5	模型 6	模型 7	模型 8
控制变量	企业年龄	-0.000881*	-0.000458	-0.00178***	-0.00123***	-0.000929	-0.00149	-0.00145	-0.000954
		(0.000469)	(0.000465)	(0.000467)	(0.000463)	(0.00451)	(0.00448)	(0.00452)	(0.00449)
	企业规模	-0.00387**	-0.00631***	-0.00569***	-0.00876***	-0.708***	-0.702***	-0.691***	-0.686***
		(0.00172)	(0.00170)	(0.00172)	(0.00171)	(0.0165)	(0.0164)	(0.0166)	(0.0166)
	资本结构	-0.0450***	-0.0145	-0.0203*	0.00477	-2.549***	-2.197***	-2.397***	-2.135***
		(0.0111)	(0.0113)	(0.0112)	(0.0113)	(0.107)	(0.109)	(0.108)	(0.110)
解释变量	内部资源		0.326***		0.304***		1.518***		1.295***
			(0.0216)		(0.0216)		(0.208)		(0.210)
	外部资源-原料寻求		0.0216***		0.0323***		-0.201***		-0.191***
			(0.00528)		(0.00527)		(0.0508)		(0.0512)
	外部资源-技术寻求		0.0328***		0.0298***		0.644***		0.602***
			(0.00575)		(0.00571)		(0.0554)		(0.0555)
	内部制度			-0.0139***	-0.00307			-0.431***	-0.317***
				(0.00434)	(0.00435)			(0.0420)	(0.0423)
	外部制度			0.0166***	0.0166***			-0.00417	-0.0214*
				(0.00122)	(0.00122)			(0.0119)	(0.0118)
截 距	常数项	0.215***	0.227***	0.152***	0.171***	19.44***	19.01***	19.26***	18.96***
		(0.0363)	(0.0361)	(0.0361)	(0.0359)	(0.350)	(0.348)	(0.350)	(0.349)
固定效应	年份控制	yes	yes	yes	yes	yes	yes	yes	yes
统计量	Wald chi^2	46.22***	331***	265.7***	533.9***	5009***	5446***	5186***	5541***
样本量	N	7857	7857	7857	7857	7857	7857	7857	7857

注：① *，**，*** 指显著性水平 $p<0.1$，$p<0.05$，$p<0.01$；② 括号内为标准误。

（四）资源与制度作为调节变量的回归模型

我们进一步将国际化、绩效及资源与制度纳入同一个有调节效应的回归模型。表 4 中的模型 1 为基础模型，仅加入控制变量。模型 2 至模型 5 为国际化-绩效关系的一次曲线模型，其中模型 3 和模型 4 分别加入资源和制度进行调节，模型 5 则是资源和制度一起加入的双重调节模型。与此类似而仅解释变量增加高次项，模型 6 至模型 9 为国际化-绩效关系的二次曲线模型，模型 10 至模型 13 为三次曲线模型，均依次加入资源、制度及双重调节。从回归结果可见：

（1）在全部模型中，控制变量企业规模（SIZE）和资本结构（CAPITAL STRUCTURE）都对企业绩效发生显著负向影响，即企业规模越大的绩效越差，资产负债率越高的绩效也越差。但企业年龄（AGE）的影响为正，即企业年龄越大绩效越好。

表 4　资源与制度对中国企业国际化–绩效关系的双重调节作用（Heckman 两阶段法估计结果）

		基础模型	线性模型				二次曲线模型				三次曲线模型			
被解释变量：Tobin'Q		1	2	3	4	5	6	7	8	9	10	11	12	13
控制变量	企业年龄	0.0102**	0.0125***	0.00392	0.0112**	0.0328**	0.0114**	0.00283	0.0102**	0.0281*	0.0113**	0.00280	0.0102*	0.0282*
		(0.00481)	(0.00480)	(0.00491)	(0.00520)	(0.0159)	(0.00479)	(0.00491)	(0.00520)	(0.0159)	(0.00479)	(0.00491)	(0.00520)	(0.0159)
	企业规模	-0.722***	-0.730***	-0.708***	-0.706***	-0.695***	-0.727***	-0.706***	-0.704***	-0.693***	-0.727***	-0.706***	-0.705***	-0.693***
		(0.0166)	(0.0166)	(0.0165)	(0.0167)	(0.0168)	(0.0165)	(0.0165)	(0.0167)	(0.0168)	(0.0165)	(0.0165)	(0.0167)	(0.0168)
	资本结构	-2.429***	-2.437***	-2.202***	-2.358***	-2.302***	-2.440***	-2.197***	-2.361***	-2.280***	-2.437***	-2.196***	-2.359***	-2.279***
		(0.108)	(0.108)	(0.109)	(0.108)	(0.132)	(0.108)	(0.108)	(0.108)	(0.132)	(0.108)	(0.108)	(0.108)	(0.132)
解释变量	国际化程度 DOI		-0.957***	-0.987***	-0.929***	-0.998***	-2.556***	-2.407***	-2.531***	-2.361***	-2.961***	-2.649***	-2.869***	-2.542***
			(0.110)	(0.114)	(0.117)	(0.120)	(0.311)	(0.312)	(0.310)	(0.311)	(0.634)	(0.627)	(0.634)	(0.627)
	DOI^2						2.530***	2.328***	2.598***	2.278***	4.256*	3.366	4.044*	3.060
							(0.461)	(0.475)	(0.465)	(0.480)	(2.405)	(2.381)	(2.411)	(2.389)
	DOI^3										-1.583	-0.958	-1.323	-0.720
											(2.165)	(2.153)	(2.163)	(2.155)
调节变量	内部资源			1.507***		-0.0657		1.537***		0.131		1.537***		0.127
				(0.261)		(0.762)		(0.261)		(0.762)		(0.261)		(0.762)
	外部资源–原料寻求			-0.286***		-0.857***		-0.263***		-0.761**		-0.262***		-0.762**
				(0.0672)		(0.313)		(0.0673)		(0.313)		(0.0673)		(0.313)
	外部资源–技术寻求			0.612***		0.176		0.616***		0.228		0.616***		0.227
				(0.0679)		(0.221)		(0.0678)		(0.220)		(0.0678)		(0.221)
	内部制度				-0.388***	-0.209***			-0.384***	-0.218***			-0.383***	-0.217***
					(0.0429)	(0.0627)			(0.0428)	(0.0627)			(0.0428)	(0.0627)
	外部制度				-0.0346**	-0.152**			-0.0378***	-0.138**			-0.0381***	-0.138**
					(0.0144)	(0.0664)			(0.0144)	(0.0663)			(0.0144)	(0.0664)

续表

		基础模型	线性模型				二次曲线模型				三次曲线模型			
被解释变量：Tobin' Q		1	2	3	4	5	6	7	8	9	10	11	12	13
交互项	内部资源×国际化程度			0.207		0.693		-0.613		-0.0947		-0.592		-0.0767
				(0.785)		(0.799)		(0.801)		(0.815)		(0.803)		(0.817)
	外部资源-原料寻求×国际化程度			0.380		0.502		0.603 **		0.710 **		0.586 *		0.698 **
				(0.297)		(0.308)		(0.300)		(0.311)		(0.303)		(0.313)
	外部资源-技术寻求×国际化程度			-0.731 ***		-0.627 **		-0.808 ***		-0.689 ***		-0.814 ***		-0.692 ***
				(0.253)		(0.255)		(0.253)		(0.255)		(0.253)		(0.255)
	内部制度×国际化程度				0.361 *	0.137			0.426 **	0.170			0.432 **	0.173
					(0.217)	(0.218)			(0.217)	(0.217)			(0.217)	(0.218)
	外部制度×国际化程度				0.0203	0.0602			-0.0395	0.00941			-0.0427	0.00786
					(0.0694)	(0.0694)			(0.0701)	(0.0701)			(0.0703)	(0.0702)
Heckman	逆米尔斯比	-0.594 ***	-0.764 ***	-0.333 **	-0.669 ***	-1.897 **	-0.808 ***	-0.355 **	-0.726 ***	-1.726 **	-0.814 ***	-0.357 **	-0.733 ***	-1.733 **
两阶段法		(0.0917)	(0.0933)	(0.144)	(0.116)	(0.846)	(0.0935)	(0.144)	(0.116)	(0.846)	(0.0938)	(0.144)	(0.116)	(0.846)
截 距	常数项	20.05 ***	20.44 ***	19.50 ***	20.27 ***	21.61 ***	20.48 ***	19.50 ***	20.35 ***	21.37 ***	20.48 ***	19.51 ***	20.36 ***	21.38 ***
		(0.361)	(0.362)	(0.384)	(0.382)	(1.208)	(0.362)	(0.384)	(0.382)	(1.207)	(0.362)	(0.384)	(0.382)	(1.208)
固定效应	年份控制	yes	yes	yes	yes	yes	yes	yes	yes	yes	yes	yes	yes	yes
统计量	Wald chi^2	5078 ***	5202 ***	5631 ***	5351 ***	5727 ***	5252 ***	5672 ***	5403 ***	5766 ***	5253 ***	5673 ***	5404 ***	5766 ***
样本量	N	7857	7857	7857	7857	7857	7857	7857	7857	7857	7857	7857	7857	7857

注：① *，**，*** 指显著性水平 P<0.1，P<0.05，P<0.01；② 括号内为标准误；③ 所有交互项进行了中心化处理以减少多重共线性。

（2）一次曲线四个模型、二次曲线四个模型都非常显著，但三次曲线不显著。这一方面说明中国企业的国际化-绩效关系表现出“U”形关系，确实尚未达到发达经济体中大量企业高度国际化的水平“S”形阶段；另一方面也还未脱离欠发达国家企业在国际化起步时与绩效线性负相关的阶段。

（3）交互项调节效应中，有三个变量显著，恰好是前面描述统计中进行过分析的三个0、1变量：RES-OUT-RAW为负而与DOI的交互项为正，说明企业对外投资属于原料获取型的绩效更差，但随着国际化程度DOI提高这一差距会减小，即进行深入国际化对原料获取型FDI的不良绩效有改善作用。RES-OUT-TECH为正而与DOI的交互项为负，说明企业对外投资属于技术获取型的绩效更好，但随着国际化程度DOI提高这一溢价会减小，即深度国际化使技术获取型FDI的额外收益被拉平。INST-IN为负而与DOI的交互项为正，说明国有企业的国际化比民营外资企业的国际化绩效更差，但随着国际化程度DOI提高这一差距会减小，即进行深入国际化对国有企业的不良绩效有改善作用。

（4）全部模型的Wald-chi^2值均显著，说明回归结果有统计效力。比较来看，分别加入了资源变量和制度变量的模型，拟合程度都明显优于基础模型，两种变量一起加入的双重调节模型拟合最好，说明我们的研究设计合理有意义。

（五）稳健性检验

首先，虽然本文采用可行性广义最小二乘法FGLS、以在异方差条件下进行更为有效的参数估计，但同时也采用了普通最小二乘法OLS做稳健性分析。回归结果显示，不管是表3资源与制度对国际化和绩效的分别影响模型，还是表4资源与制度对国际化-绩效关系的双重调节模型，OLS回归的系数符号和显著性均与FGLS回归完全一致，只存在系数大小的程度差异，说明本文的分析结果具有非常好的稳健性。①

其次，三次曲线四个模型可以视为“U”形关系的稳健性检验，因为如果三次项不显著，则说明X与Y确实只是二次关系。② 表4的模型10至模型13中纳入了国际化程度的三次方项DOI^3而不显著，从而排除了中国企业的国际化-绩效关系为水平“S”形或“N”形关系的可能性。

最后，严格说来，“U”形关系的确认还应该使用绘图方式来进行辅助（Hanns et al., 2016），因为只有拐点出现在第一象限的“U”形才是真实的“U”形关系。如果拐点出现在第二象限或第三象限，由于实际现象中企业的国际化程度不可能为负，所以这是现实中并不可能存在的伪“U”形，这种关系在第一象限中的实际表现并不是“U”形，而是线性正相关。因此，本文进一步将调节效应显著的模型7和模型8（图3a）、模型9（图3b）的“U”形关系结果用绘图方式进行显示：①图3中的所有“U”形曲线均在第一象限出现了拐点，证明“U”形关系是真实存在的，并非现实中不可能出现的伪“U”形。②图3a显示，原料获取型企业在对外投资的初始阶段比一般企业绩效更差，但随着国际化程度DOI提高，这一差距会减小直至绩效比一般企业更好，这说明深入国际化对原料获取型FDI的绩效有改善作用。同时，技术获取型企业的对外投资明显比一般企业绩效更好，但随着国际化程度DOI提高这一溢价会减小，这说明进行深度国际化之后技术获取型FDI并不能获得额外收益。③图3b显示，国有企业的国际化明显比民营外资企业的国际化绩效更差，不过，随着国际化程度DOI的提高，这一差距会减小，这说明如

① 根据伍德里奇（2015），如果两者得到极其不同的估计值，说明函数形式很可能被错误地设定；反之，则未出现函数误设的标志。

② Hanns等（2016）提出了这一观点，同时他们发现，这一加入三次方进行“U”形验证的严谨做法，在他们统计的一流期刊论文中也仅占6%。

果国有企业进行了深入的国际化，将弥补其所有制形式的负面缺陷。

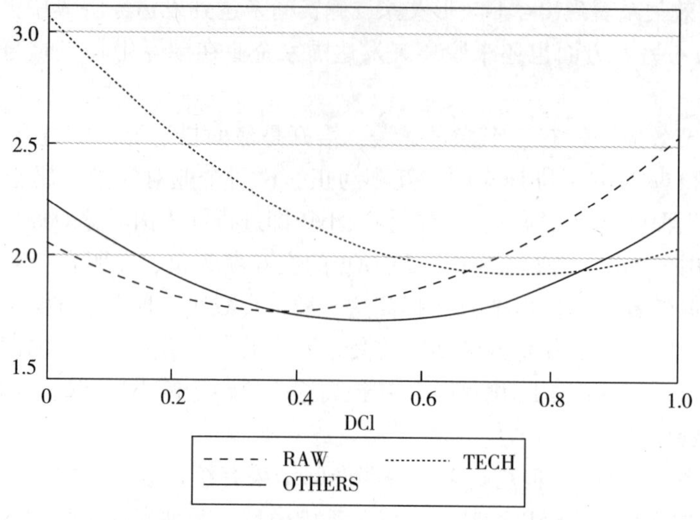

原料获取动机、技术获取动机的调节作用（a）

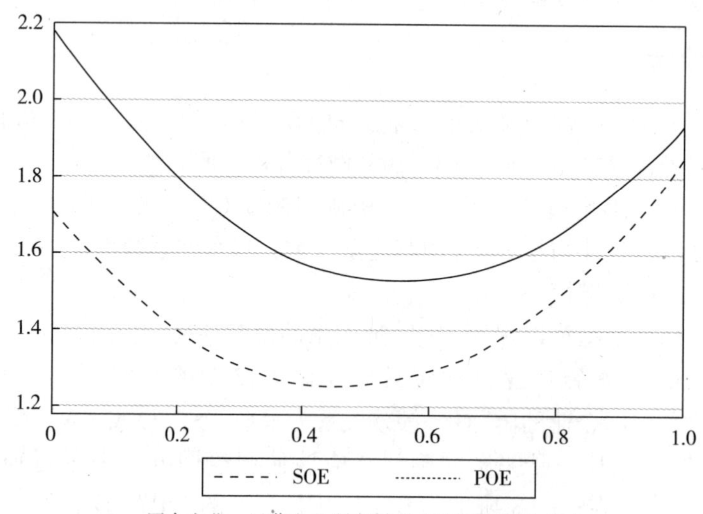

国有企业、民营企业所有制形式的调节作用（b）

图 3　中国企业国际化-绩效“U”形关系及其调节效应的图形验证

五、结论与启示

（一）研究结论

本文基于制度基础观和资源基础观相结合的理论视角，以 2009~2017 年在中国沪深两个股票市场上市的企业为样本，就以下两个问题进行了实证分析：①近年来中国企业纷纷“走出去”，果真是国家资本主义或技术获取跳板动机导致？换句话说，制度因素和资源因素如何影响了中国企业的国际化及其绩效后果？本文重点考察了内部资源因素（企业资源能力）、外部资源因素

（资源获取动机）、内部制度因素（企业所有制形式）、外部制度因素（所在地制度环境）四个方面因素的影响。②目前中国企业整体的国际化经营与绩效提升的关系如何？是呈现国际化起步阶段与绩效的线性负相关，还是呈现具备一定国际化经验之后的“U”形关系，抑或达到发达经济体中有相当企业高度国际化之后的水平“S”形状态？资源和制度因素又如何影响这一关系？本文的主要结论如下：

（1）中国企业的国际化程度与绩效之间呈现典型的“U”形关系，即低国际化程度时与绩效负相关、高国际化程度时与绩效正相关的状态。这一“U”形关系经过了严格的方法检验，如第一象限存在拐点、加入三次方项缺乏显著性等。这说明中国企业尚未达到发达经济体中大量企业高度国际化的水平“S”形阶段。但另外，一次曲线各个模型的负相关关系也显著，说明中国企业还没脱离欠发达国家企业国际化起步时与绩效线性负相关的阶段。这显示作为典型新兴经济体中的后发企业，中国企业国际化要取得整体上的正绩效变动结果，还要经过一段较长的发展之路。

（2）制度因素和资源因素对中国企业的国际化影响不同。内外部资源因素都对企业的国际化战略有积极影响，即高管团队有海外求学或任职经历的能推动企业进行更多国际化，企业对外投资属于原料获取与技术获取型的也能拉动企业进行更多国际化。制度因素中虽然外部制度因素有积极影响，即企业所在省份为高市场化制度环境的其国际化程度更高，但内部制度因素却对国际化产生消极影响：越是国有企业其国际化程度越低，并不符合人们关于中国企业“走出去”是国家资本主义的臆测。

（3）技术获取动机、原料获取动机、国有企业形式三种调节效应显著，说明中国企业对外投资中虽然技术获取型的绩效更好，但随着国际化程度 DOI 提高，技术获取型 FDI 的高收益会减少。属于原料获取型的虽然绩效更差，但随着国际化程度 DOI 提高，原料获取型 FDI 的不良绩效会被改善。另外，国有企业比民营外资企业的国际化绩效更差，但随着企业进行深入国际化，国有企业的负面影响和不良绩效将得到改善，证明深度国际化能够弥补国有企业的制度缺陷。

（二）研究贡献与创新之处

（1）本文采取独特的制度基础观与资源基础观相结合的理论视角，研究了新兴经济体中新生国际化之所以蓬勃发展的原因。通过内部资源因素（企业资源能力）、外部资源因素（资源寻求动机）、内部制度因素（企业所有制形式）、外部制度因素（所在地制度环境）四个变量的设置，考察了既受到制度影响，又受到资源约束的新兴经济体企业的国际化战略。

（2）制度因素和资源因素不仅会影响企业国际化的发生与否和程度高低，而且会影响国际化的绩效结果。因此本文以制度因素和资源因素为调节变量，进一步建立了新颖的双重调节机制，来分析它们对国际化-绩效关系的影响。

（3）除了独特的理论视角、双重调节机制之外，本文的实证结果也富有实践启示：内部资源因素、外部资源因素、外部制度因素都对企业的国际化有积极影响，唯独内部制度因素对国际化产生消极影响，即越是国有企业其国际化程度越低；同时，越是国有企业其绩效也越差。不过内部制度因素的调节效应为正，即国有企业虽然比民营外资企业的国际化绩效更差，但国际化程度的提高对国有企业的不良绩效有改善作用。本文的重要发现是，企业在海外开展国际化活动有助于弥补来自母国的制度缺陷。

除此之外，本文还在研究方法上进行了前沿创新，如对“U”形关系是否真实存在进行了多重严格检验：加入二次方项的回归检验，加入三次方项以进一步排除存在“N”形或水平“S”形关系，在第一象限出现曲线拐点的绘图检验等。

（三）不足之处与未来方向

尽管本文进行了周密的研究设计和反复的严谨实证，但囿于种种条件，本文仍然未能摆脱如下几种限制，而可能使研究结论存在偏差：

（1）样本母国的限制。本文根据中国“走出去”企业的2009~2017年数据而得到分析结论，这些结论是否可以直接在其他新兴经济体企业中进行推广？这有赖于进一步的多国企业大样本数据分析，才能得出具有普遍性的验证结论。

（2）企业性质的限制。出于数据可得性原因，本文以中国上市公司为研究样本，尽管更多的中国“走出去”企业并非公众公司，包括一些非常有影响力的国际化企业如华为等。针对非上市企业的研究不能排除存在和本文结果不同的结论差异。

（3）指标选取的限制。本文中的国际化程度只采用了国际化深度指标，没有采用国际化广度指标，而且在国际化深度指标中也只采用了最具代表性的FSTS即海外销售额占总销售额的比重。原因一方面固然是因为FSTS是最常用和最直接反映企业国际化状况的优良指标，另一方面也是由于数据可得性的限制——大多数上市企业报告了可以计算出FSTS的出口额和海外销售数据，但获得其他国际化程度指标则存在或多或少的困难。

因此，针对这些不足之处，未来的相关研究可以在这样几方面进一步工作：将本文扩展到其他新兴经济体中的更多后发企业，以获得有关制度和资源影响的普遍性结论；将本文扩展到更多的非公众公司；将国际化程度指标的测度进行扩展，最好在若干国际化深度指标之外结合一些国际化广度指标。当然，这些工作可能需要发掘新的数据库来源，或者采用问卷、调研等更多的变量数据采集方式。

四个解释变量中唯一没有得到验证的内部制度因素——企业所有制形式，其原假设未被验证的原因何在，如何解释国有企业的国际化程度更低、绩效也比民营企业更差？对此我们也进行了一些思考，认为可能存在以下几方面的原因：一是中国国有企业在国内已经拥有很多资源，得到各种支持和较为容易的发展，因而“走出去”进行国际化经营的动机不强。二是国有企业一向存在所有制带来的种种不利因素，例如决策主体不明确因而影响国际化的进度，运营效率低下因而影响绩效水平。三是母国政府资源并非国际化经营的成功关键因素，这些支持反而会使国际化企业在东道国缺乏合法性（legitimacy）和身份认同（identity），进一步加剧外来者劣势，不利于企业的国际化经营。这些方面都有可能在未来产生有趣的进一步研究。

参考文献

［1］王小鲁，樊纲，胡李鹏. 中国分省份市场化指数报告［M］. 北京：社会科学文献出版社，2018.

［2］［美］伍德里奇. 计量经济学导论：现代观点（第五版）［M］. 张成思，李红和张步昙译. 北京：中国人民大学出版社，2015.

［3］中国商务部，国家统计局，国家外汇管理局. 中国对外直接投资统计公报［M］. 北京：中国统计出版社，2018.

［4］Barney J. Firm resources and sustained competitive advantage［J］. Journal of Management，1991，17（1）：99-120.

［5］Bausch A，Krist M. The effect of context-related moderators on the internationalization performance relationship：Evidence from meta-analysis［J］. Management International Review，2007，47（3）：319-347.

［6］Berry H，Kaul A. Replicating the multinationality-performance relationship：Is there an S-curve?［J］. Strategic Management Journal，2016，37（11）：2275-2290.

［7］Capar N，Kotabe M. The relationship between international diversification and performance in service firms［J］. Journal of International Business Studies，2003，34（4）：345-355.

［8］Chang S C，Wang C F. The effect of product diversification strategies on the relationship between international diversification and firm performance [J]. Journal of World Business, 2007, 42 (1): 61-79.

[9] Chao C H, Kumar V. The impact of institutional distance on the international diversity-performance relationship [J]. Journal of World Business, 2010, 45 (1): 93-103.

[10] Contractor F J, Kundu S K, Hsu C C. A three-stage theory of international expansion: The link between multinationality and performance in the service sector [J]. Journal of International Business Studies, 2003, 34 (1): 5-18.

[11] Dau L A. Learning across geographic space: Pro-market reforms, multinationalization strategy, and profitability [J]. Journal of International Business Studies, 2013, 44 (3): 235-262.

[12] Dunning J H. Toward an eclectic theory of international production: Some empirical tests [J]. Journal of International Business Studies, 1980, 11 (1): 9-31.

[13] Geringer M J, Tallman S, Olsen D M. Product and international diversification among Japanese multinational firms [J]. Strategic Management Journal, 2000, 21 (1): 51-80.

[14] Glaum M, Oesterle M J. 40 years of research on internationalization and firm performance: More questions than answers? [J]. Management International Review, 2007, 47 (3): 307-317.

[15] Goerzen A, Beamish P W. Geographic scope and multinational enterprise performance [J]. Strategic Management Journal, 2003, 24 (13): 1289-1306.

[16] Grant R M. Multinationality and performance among British manufacturing companies [J]. Journal of International Business Studies, 1987, 18 (3): 79-89.

[17] Haans R F J, Pieters C, He Z L. Thinking about U: Theorizing and testing U-and inverted U-shaped relationships in strategy research [J]. Strategic Management Journal, 2016, 37 (7): 1177-1195.

[18] Hennart J F. The theoretical rationale for a multinationality-performance relationship [J]. Management International Review, 2007, 47 (3): 423-452.

[19] Hitt M A, Hoskission R E, Kim H. International diversification: Effects on innovation and firm performance in product-diversified firms [J]. Academy of Management Journal, 1997, 40 (4): 767-798.

[20] Hymer S H. The international operations of national firms: A study of direct investment [M]. Cambridge: The MIT Press, 1976.

[21] Kim H, Hoskisson R, Lee S. Why strategic factor markets matter: "New" multinationals' geographic diversification and firm profitability [J]. Strategic Management Journal, 2015, 36 (4): 518-536.

[22] Kirca A, Fernandez W, Kundu S. An empirical analysis and extension of internalization theory in emerging markets: The role of firm-specific assets and asset dispersion in the multinationality-performance relationship [J]. Journal of World Business, 2016, 51 (4): 628-640.

[23] Kuhn T. The structure of scientific revolutions [M]. Chicago: The University of Chicago Press, 1962.

[24] Li S, Tallman S. MNC strategies, exogenous shocks, and performance outcomes [J]. Strategic Management Journal, 2011, 32 (10): 1119-1127.

[25] Lu J W, Beamish P W. The internationalization and performance of SMEs [J]. Strategic Management Journal, 2001, 22 (6): 565-586.

[26] Lu J W, Beamish P W. International diversification and firm performance: The S-curve hypothesis [J]. Academy of Management Journal, 2004, 47 (4): 598-609.

[27] Luo Y, Tung R L. International expansion of emerging market enterprises: A springboard perspective [J]. Journal of International Business Studies, 2007, 38 (4): 481-498.

[28] Luo Y, Tung R L. A general theory of springboard MNEs [J]. Journal of International Business Studies, 2018, 49 (2): 129-152.

[29] Ma X, Tong T W, Fitza M. How much does sub-national region matter to foreign subsidiary performance? Evidence from Fortune Global 500 Corporations' investment in China [J]. Journal of International Business Studies, 2013, 44 (1): 66-87.

[30] Meyer K, Peng M. Probing theoretically into Central and Eastern Europe: Transactions, resources, and institutions [J]. Journal of International Business Studies, 2005, 36 (6): 600-621.

［31］ Meyer K, Estrin S, Bhaumik S K, Peng M. Institutions, resources, and entry strategies in emerging economies［J］. Strategic Management Journal, 2009, 30 (1): 61-80.

［32］ Morck R, Yeung B. Why investors value multi-nationality［J］. Journal of Business, 1991, 64 (2): 165-187.

［33］ North D. Institutions, Institutional Change, and Economic Performance［M］. Cambridge: Cambridge University Press, 1990.

［34］ Peng M, Wang D, Jiang Yi. An institution-based view of international business strategy: A focus on emerging economies［J］. Journal of International Business Studies, 2008, 39 (5): 920-936.

［35］ Porter M E. Competitive Strategy［M］. New York: The Free Press, 1980.

［36］ Porter M E. Competitive Advantage［M］. New York: The Free Press, 1985.

［37］ Powell K S. From M-P to MA-P: Multinationality alignment and performance［J］. Journal of International Business Studies, 2014, 45 (2): 211-226.

［38］ Qian G, Khoury T A, Peng M W, Qian Z. The performance implications of intra-and inter-regional geographic diversification［J］. Strategic Management Journal, 2010, 31 (9): 1018-1030.

［39］ Sun P, Hu H W, Hillman A J. The dark side of board political capital: Enabling blockholder rent appropriation［J］. Academy of Management Journal, 2016, 59 (5): 1801-1822.

［40］ Tallman S, Li J. Effects of international diversity and product diversity on the performance of multinational firms［J］. Academy of Management Journal, 1996, 39 (1): 179-196.

［41］ Vachani S. Distinguishing between related and unrelated international geographic diversification: A comprehensive measure of global diversification［J］. Journal of International Business Study, 1991, 22 (2): 307-322.

［42］ Wernerfelt B. A resource-based view of the firm［J］. Strategic Management Journal, 1984, 5 (2): 171-180.

［43］ Yang Y, Driffield N. Multinationality-performance relationship: A meta-analysis［J］. Management International Review, 2012, 52 (10): 23-47.

［44］ Zaheer S. Overcoming the liability of foreignness［J］. Academy of Management Journal, 1995, 38 (2): 341-363.

［45］ Zaheer S. The liability of foreignness, redux: A commentary［J］. Journal of International Management, 2002, 8 (3): 351-358.

共享经济的挑战与美国政府管制变革研究*

赵程程　黄　炜　宋燕飞　杨　坤

（上海工程技术大学管理学院，上海　201260）

［摘　要］共享经济作为一种新兴经济业态，促进了供需匹配，释放了经济活力，但对经济社会带来了巨大的冲击，与现有政府管制的冲突也日益凸显。本次研究在梳理共享经济新挑战的基础上，从政府规制理论出发分析美国联邦政府、地方政府管制行为的特征，以及对共享经济的适用性。结合目前我国共享经济政府监管行为特征，本文提出几点监管建议。

［关键词］共享经济；政府管制；美国

共享经济（Sharing Economy）或被称为分享经济、合作经济（Collaborative Economy）、协作消费（Collaborative Consumption），是借助互联网技术，以分散的社会闲置资源为基础，以提升资源利用率为核心的服务式经济。近年来，伴随着滴滴打车、摩拜单车、Uber（优步）、Airbnb（爱彼迎）等公司的迅猛发展，共享经济作为一种新兴经济业态，促进供需匹配，释放经济活力，并成为社会经济发展的焦点。但共享经济的发展也使一些建立已久的传统行业产生混乱，从出租车业到酒店业对其极为抵制。同时，共享经济在税收、信息安全、产品服务质量、劳工关系等诸多领域对现有的法律法规和行业规则提出挑战，地方政府难以行之有效地管制这一新兴经济业态。共享经济从2009年在美国兴起至今，美国的执法、司法以及消费者保护部门一直密切关注和探索如何更好地规范这一新型商业模式，包括协调其与传统商业模式之间的冲突，在监管方面积累了一定经验。因此，本文在梳理共享经济新挑战的基础上，从政府规制理论出发分析美国联邦政府、地方政府管制行为的特征，及对共享经济的适用性，并结合目前我国共享经济政府监管行为特征，提出几点监管建议。

一、共享经济对政府管制提出的挑战

2016年，我国共享经济市场交易额已达34520亿元，比上年增长了103%。参与共享经济活动的人数达到6亿人，共享经济平台的就业人数达到585万人（中国分享经济发展报告2017，2017）。然而，共享经济在给人们带来便利的同时也对政府监管提出了诸多挑战。

*［基金项目］2017年度上海软科学研究计划重点项目“共享经济发展的理论基础、国际经验与上海策略”（17692104000）；国家自然科学基金青年项目“分布式创新网络知识协同空间的系统模型及运行机制研究”（71502101）。

（一）传统经济与共享经济的冲突

共享经济席卷了多个传统行业，并引发了相关行业冲突。面对新兴业务的挤压，部分传统行业从业者产生了抗议。以网约车为例，2014 年 12 月，美国宾夕法尼亚州费城 45 家其他出租车公司提起诉讼，指控 Uber 在该市非法经营。2015 年 7 月，加拿大安大略省出租车和豪华轿车司机，经纪人和业主向 UberX 和 UberXL 提起了 4 亿美元的集体诉讼，指控 UberX 和 UberXL 违反了该省《公路交通法》第 39.1 条的规定，允许非法驾驶人员接载乘客。在我国，网约车也引发了出租车司机强烈不满。快的洛阳办事处遭到大量出租车司机的围堵和声讨，甚至暴力威胁；济南出租车司机围堵滴滴“专车”；沈阳出租车集体停运，抗议滴滴“专车”；南京出租车司机协商是否要统一卸载两大打车软件。显然，如何平衡传统企业与分享经济新型企业间的关系是目前面临的一大难题。

（二）传统的监管模式与现行的共享经济模式的冲突

由于准入门槛远低于传统行业，共享经济在垂直领域催生了一批新业态企业，使传统行业的监管政策不再适用，急需新的更加灵活的监管模式。2016 年上海政府联合滴滴出行，将大数据技术运用到对驾驶人员犯罪记录审查环节。上海网约车新政的颁布，更是明确了对网约车司机的要求，进一步提高了网约车准入门槛。无独有偶，2017 年上海政府发布了指导共享单车市场的《意见》稿，规范共享单车的行业规范，但仍然无法长期有效地解决共享单车“任性乱停”等难题。由于无须获得政府机构颁发许可证即可上岗的短租领域的个体房东、私厨领域的家厨新型从业人员，缺乏严格的政府监管，导致共享经济游走在现有监管的灰色地带，容易引发一系列争议和冲突。因此，共享经济的快速变化的性质需要一种足够灵活的监管方法，以适应新的和潜在的不可预见的情况。

（三）数据私有化与消费者隐私保护的冲突

共享经济平台依托互联网和大数据技术可以收集到“数量庞大”“重要价值”的用户数据，包括评级、书面评论、个人资料、登录凭据、付款信息、消费者的地理位置和消费者喜好等。共享经济企业处于消费者与提供者之间，并没有为消费者保护隐私的利益关系。这意味着只要财力雄厚，机构及个人就可以得到公民的个人信息，这不仅会导致隐私外泄，还将会威胁社会公平。因此，如何规范数据的私有化，关系到政府保护数据安全的能力和监管的水平。

二、美国共享经济政府管理变革的思路与行为

美国联邦政府对共享经济的态度是审慎支持的。目前在联邦政府层面，美国还没有实行特别针对共享经济的法律法规，对共享经济业态的监管主要聚焦在地方层面。

（一）联邦政府

联邦贸易委员会（FTC）一直在开展与监管分享经济有关的工作，态度非常审慎。FTC 允许共享经济 P2P 商业模式带来的竞争与创新，但同时提醒地方政府，在必要的时可能需要采取针对性的监管措施，以保护消费者的权益。FTC 对地方政府的引导，具体聚焦在以下几点：

（1）灵活的监管制度：假设共享经济可以让消费者受益，监管机构是否能够提供灵活的监管制度，全面激发其创造性？现有的监管制度是否需要重新修订或废除？

（2）消费者权益保护：如果促使共享经济企业确保数据安全，会不会无意间侵犯消费者的隐私、人身安全等？

（3）内生性信任机制与外生性监管的互补：共享经济商业模式中的信任机制是否可以取代监管？

（4）传统行业与新兴行业的平衡：如果避免创建两种不同的监管制度，即对老一代企业有一套规则，对新进入者制定不同的规则？

（5）政策响应的速度：监管机构如何灵活应对高速变化的市场？因为今天的商业模式，在明天可能彻底改变。

尽管，共享经济已经引起 FTC 的重视，但目前并没有具体的管理共享经济的举措，仅是开展了一系列前期工作。例如，2015 年 FTC 举办“共享经济议题：平台、参与者与监管”的研讨会，邀请来自斯坦福经济学院、哈佛商学院等诸多专家针对“市场竞争、消费者保护、监管”的议题展开讨论。FTC 希望借助研讨会，明确现有的监管规定是否还能行之有效。与此同时，FTC 通过各种渠道向美国民众了解市场对共享经济的态度，并公布了详细的意见反馈渠道。同时，将研讨会的成果公布在其官网上以供民众参考。

（二）地方政府：以 Uber 类网约车为例

交通出行，是共享经济目前在全球范围影响最广、争议最多的一个领域，典型代表是美国 Uber（优步）类网约车平台企业。因此，本文以 Uber 类网约车为例展开研究。

1. 总体监管情况

截至 2015 年 12 月，美国共有 21 个州通过了关于网约车立法的法案，有十多个州正在商讨相关草案。由于该类法案制定的初衷是为了规制 Uber，因而它们又被称为《Uber 法》。2014 年 9 月 9 日，加利福尼亚州公共事业委员会（California Public Utilities Commission，CPUC）做出决定，承认网约车服务的合法性，并制定了相应的监管规范。2014 年 6 月，科罗拉多州立法机构通过的监管网约车的法案正式生效实施。这部法案修订、补充了科罗拉多州的相关法律，承认了网约车业务的合法性，授权州公共事业委员会对网约车实施监管。哥伦比亚特区立法机构于 2014 年 11 月 18 日通过、12 月 5 日正式为网约车立法。该部立法名为《2014 年雇用车创新修订法》（以下简称《创新法》）。根据《创新法》，特区将修订有关雇用车服务的管制法规，承认网约车的合法性并将其纳入监管。在相关具体立法规范下，Uber 类网约车在美国发展势头良好，不仅创造了更多的就业机会，而且较好地保障了乘车人的权益，与传统出租车一同为城市提供更高质量的乘车服务。

然而，一些地方的立法进程被延缓（伊利诺伊州和俄克拉荷马州等），还有一些州的立法面临巨大阻力而无法通过（乔治亚州、马里兰州等）。2014 年 9 月，乔治亚州亚特兰大出租车司机和车辆持有人诉讼 Uber 非法提供公共服务获胜，Uber 司机未获得合法许可。2016 年 5 月 7 日，得克萨斯州奥斯汀选民认为 Uber 的背景调查政策不安全，因此拒绝了专车平台公司提出的专车监管方案。2016 年 5 月 9 日，Uber 宣布彻底退出奥斯汀市。上述阻力主要来自现有的出租车和高档约租车的经营者。他们认为，私家车提供运送服务是不安全的；立法对网约车设置的管制过于宽松，对传统出租车和约租车构成不公平竞争。还有一些地方，当局对网约车暂时实施数量控制。例如，西雅图市 2014 年 3 月制定了试行规则，将同一时间提供网约车服务的车辆限制在 150 辆以内。

2. 具体的监管措施

加利福尼亚州、科罗拉多州、哥伦比亚特区三地的立法和监管机构承认以 Uber 为代表的网约车服务的合法性，将其纳入监管，是因为它们认识到网约车的创新技术和商业模式带来经济、社会管理和消费者福利等诸多方面的明显好处。创新对传统业态和监管造成的冲击，应当通过监管本身的积极调整予以回应，而不应当固守原有规范，扼杀创新。监管法规根据市场和技术发展应时而变，保持开放和包容姿态，不拘泥于传统，这是三地立法和监管规则的共同特点。总结这三地的监管规范，主要体现在以下几个方面：

（1）网约车合法身份的认定。Uber 等网约车平台被统称为“交通网络公司”（Transportation Network Company，TNC），即通过互联网应用或平台连接乘客和私家车主，提供交通服务的法人公司、合伙企业、个体或其他形式的企业组织。网约车提供预约运送服务，故 TNC 仍属于约租车承运人（charter party passenger carriers）。在加利福尼亚州和科罗拉多州，州公共事业委员会对 TNC 实施监管，制定监管规范。在哥伦比亚特区，TNC 依法向监管机构（出租车委员会）（District of Columbia Taxicab Commission，DCTC）提交一系列证明文件，证明自己已经达到法律设定的各项义务。

（2）司机的监管。交通网络公司（TNC）由于并不直接雇用司机，也非公共服务的提供者，所以难以掌握和调查司机信息。因此，美国地方政府立法要求 TNC 在允许私家车主接入平台提供服务前，必须对司机进行刑事背景和驾驶记录核查。纽约市要求 TNC 与租车公司采取同样的标准，严格审查司机背景；加利福尼亚州、科罗拉多州和哥伦比亚特区采取比出租车公司更加宽松的标准；马萨诸塞州和佛罗里达州则允许 TNC 自己进行司机背景核查。此外，美国地方政府立法限制 TNC 司机的驾驶时间、驾驶年限。在科罗拉多州，一名 TNC 司机每天从事网约车服务的时间累计不得超过 12 小时。在加利福尼亚州，TNC 司机须年满 21 岁，持有加州驾驶执照，并且在开始网约车服务前有至少 1 年的驾龄。TNC 应当制订司机培训计划，以确保所有的司机在开始服务前掌握必要的安全驾驶技能和具备足够的安全意识。

（3）车辆的核查。对车辆的核查要求主要聚焦在车辆的车型、年限、容量、部件、检验方面的要求。例如，加州公共事业委员会要求 TNC 或者取得权威认证的第三方机构实施并确保，私家车辆接入平台提供服务之前，必须依照规定进行包括 19 个车辆部件的全面安全检查（19-point vehicle inspection）。此后，TNC 有义务确保车辆每年进行这样的检查，并保留检查记录以供审查。同时，禁止重度改装的车辆用于 TNC 运营。科罗拉州要求接入 TNC 的私家车须是不少于四门、载客不超过八人（包括司机）的车辆。哥伦比亚特区要求 TNC 车龄在开始服务时不超过 10 年，服务期间内不超过 12 年，这是为了确保车况较新且是小型客运车辆。

（4）保险的购买。传统出租车行业要求车辆有充分的商业保险，且保险是全天候覆盖的。TNC 是否也要求和传统出租车一样的保险要求，投保金额和保险范围成为立法热议的焦点。加州公共事业委员会要求 TNC 确保接入其平台的每辆车，在提供服务时就每件与车辆和司机有关的事故享有保险金额不低于 100 万美元的商业责任保险，保险覆盖从司机打开网约平台的 APP，到驾驶和运送的整个服务全程。科罗拉多州要求每名 TNC 司机也要为其车辆购买不低于法定限额的责任保险。

为了针对监管部门和立法机构对车辆保险问题的关切，Uber 主动设立了自己公司的“Uber 保险（Uber Policy）”计划。有的州提出要求 Uber 提供比“优步保险”更高额度的保障要求，以至于 Uber 无法接受而退出该州市场，如堪萨斯州；有的州虽提出了比“Uber 保险”标准更高的保险要求，但是与优步保险差异并不大，所以 Uber 认可和接受这些条款，如华盛顿州；有的州则是完全同意按照“Uber 保险”的标准，如弗吉尼亚州和伊利诺伊州；还有极少数州的法案要求标准比“优步保险”还低，如亚利桑那州。

（5）保护乘客人身安全、隐私安全的要求。一方面，TNC 要依法保护乘客的人身安全。加州公共事业委员会要求 TNC 应当向司机和乘客明确告知或者披露，基于 TNC 平台预约的运送服务是由私家车进行的。TNC 的手机 APP 应当在预约成立之时，向乘客显示前来服务的司机及其车辆（包括车牌号码）的照片。而且，接入 TNC 的车辆只允许提供预约服务，不得沿路巡游揽客。

另一方面，TNC 要依法保护乘客的隐私安全。各地政府和监管部门根据监管要求或城市交通规划的需要希望 Uber 提供“行程日志”，但由于 Uber 没能按照要求主动定期提供“行程日志”，所以 2015 年 1 月期间 Uber 的部分运营在纽约被禁止。在波士顿，Uber 同意向通过州法的马萨诸塞州首府波士顿市提供季度“行程日志”，信息包括每次行程开始和结束时间、行程距离、乘客上车地点和目的地邮编信息等。

（6）不得歧视消费者的要求。作为一种交通服务，法律对整个雇用车服务都设定了相应的便宜性（accessibility）规范。私车服务也须遵守。加州公共事业委员会要求 TNC 不得对残障人士乘坐私车服务增加收费。哥伦比亚特区法律要求所有的平台公司，应当确保在 2016 年 1 月之前，实现在其网站和手机 APP 上提供盲人、有严重听力障碍的人可用的软件设置等。私车服务的司机在车辆条件允许的情况下须装载残障人士的代步器械。

三、我国共享经济政府监管分析

行政监管，是指由行政监管部分在某监管理念和原则基础上，运用不同监管手段和方法所构成的行政监管体系。面对共享经济这一新兴经济，不是要不要监管，而是如何监管并取得良好效果的问题。仍以网约车为例，2016 年 7 月，“隐忍”两年之久的网约车新规——《网络预约出租汽车经营服务管理暂行办法》终于宣告“出山”，认定网约车的合法身份。各地监管部分也依据新规，积极着手制定相应的实施细则。

（一）中央层面

中央对网约车态度经历了由严格禁止到鼓励发展的过程。2015 年 1 月，交通部针对打车软件提供“专车”服务，明令禁止私家车接入平台参与经营。同年 3 月，交通部明确表态“永远不允许私家车进入专车运营”。

直至 2016 年 3 月，李克强总理在《政府工作报告》中指出“建设共享平台、支持分享经济发展，提高资源利用效率，让更多人参与进来，富裕起来”。观点较之前有了较大转变，其指出目前交通部起草的办法已为私家车转化为专车，提供了相应的转变途径与程序。2016 年 7 月底，由交通运输部、工业和信息化部、公安部等七部委联合制定的网约车新规《网络预约出租汽车经营服务管理暂行办法》（以下简称《暂行办法》）正式出台，明确其“预约出租客运”的合法身份，这也标志着我国成为世界上第一个从国家层面承认网约车合法化的国家。

在资质认定方面，《暂行办法》第十六条规定网约车是一种独立于传统出租车的“网络预约出租车”。网约车平台公司被定性为“承运人”，需取得《网络预约出租汽车经营许可证》后，“与驾驶员签订多种形式的劳动合同或者协议，明确双方的权利和义务”。网约车司机需考核合格后，发放《网络预约出租汽车驾驶员证》。相比美国加利福尼亚州等地仅要求网约车平台取得《交通网络公司经营许可证》，我国网约车管制更加严格，从平台公司，到司机、车辆都要凭证上岗。

在司机监管方面，我国网约车司机需通过市级出租汽车行政主管部门考核，申请获得《网络预约出租汽车驾驶员证》。而美国加利福尼亚州等地仅要求网约车平台公司对司机进行刑事背景和驾驶记录核查。这一方面，我国保障了网约车行驶安全；另一方面，提高了网约车司机的准入门槛。

在车辆监管方面，我国网约车"必须安装具有行驶记录功能的车辆卫星定位装置、应急报警装置"，取得《网络预约出租汽车运输证》。同时，与美国哥伦比亚特区类似[①]，《暂行办法》规定了网约车的服务年限，即"车辆行驶里程未达到60万千米但使用年限达到八年的网约车退出经营"。此举虽然保障了网约车性能安全，却提高了其入市成本。

在投保方面，网约车平台公司作为承运人有为乘客提供赔付保障的责任，但为了避免偿付不足、公司破产等不利于向乘客赔偿的问题，网约车平台公司应当为乘客购买足额的保险。尽管《暂行办法》第二十三条规定了"网约车平台公司应当为乘客购买承运人责任险等相关保险"，然而这一规定却存在明显的漏洞，即未对承运人责任险的最低保额进行规定。同样，为了规避这一风险，允许Uber运营的美国加利福尼亚州立法要求Uber为营运车辆购买不少于100万美元的商业保险。

（二）地方层面

《暂行办法》出台后，各地纷纷严格落实中央文件精神，制定出相应的实施细则。就促进网约车这一共享经济新业态发展的力度，可以分为以北京、上海等为代表的"严管派"，以深圳、广州、成都等为代表的"宽松派"（见表1）。

在资质认定方面，以北京、上海等为代表的"严管派"除了要求网约车司机满足背景审查、运营车辆符合安全标准、网约车平台公司和司机购置保险外，还要求网约车司机具有"本市户籍"，难免有不合理的"竞争找平"[②]之嫌。此举除继续维持传统出租车市场的"人为垄断"外，无法推动共享经济中对"闲置资产"的有效利用，使原本可为社会所用的私人车辆继续闲置。而深圳、广州、成都等地仅要求网约车司机持有本市居住证即可。在司机监管方面，"宽松派"要求司机取得《网络预约出租车驾驶员证》外，具有三年以上驾龄即可；"严管派"除上述要求外，还附属了更加严格的条件，例如，上海网约车司机必须是本市驾照，仅有一辆车从事网约车经营，前1年内无驾驶机动车发生5次以上道路交通安全违法行为。在车辆监管方面，无论是"宽松派"还是"严管派"，统一对网约车车型（成都除外）和排量进行限定，即要求车辆轴距不小于2700毫米，排放符合本市标准。在投保方面，除广州外，其余各城市均未在实施细则中对网约车平台公司为乘客购买承运人责任险的最低保额进行规定。由此可见，《暂行办法》或者各地实施细则仍需在明确承运人责任险的最低保额、实现对乘客利益的充分保护方面做出进一步的完善。

就目前情况而言，地方政府及其交管部门为了监管的便利或基于所谓的"稳定压倒一切""做多错多，不做不错"等消极的行政理念，仍延续旧的监管思路，私家车接入网约车平台的门槛较高，不符合共享经济促进闲置资源利用的基本特性。

---

① 美国哥伦比亚特区要求TNC车龄在开始服务时不超过10年，服务期间内不超过12年。这是为了确保车况较新且是小型客运车辆。

② 竞争找平：为了实现网约车与传统出租车司机之间的利益平衡，防止网约车无须承担监管成本形成的竞争不平等，对网约车进行监管的正当监管机制。

表 1　全国主要城市网约车实施细则对比

		北京	上海	深圳	广州	成都	交通部
对驾驶员的要求	户籍	本市户籍	本市户籍	本市户籍或持有本市居住证	本市户籍或持有本市居住证	本市常住户籍或持有本市居住证	无此要求
	驾照和资质	须取得《网络预约出租车驾驶员证》；驾驶自有车辆	本市驾照；须取得《网络预约出租车驾驶员证》；驾驶自有车辆且仅有一辆从事网约车经营	须取得《网络预约出租车驾驶员证》；驾驶自有车辆	须取得《网络预约出租车驾驶员证》	须取得《网络预约出租车驾驶员证》	无此要求
	其他	3 年以上驾龄，男 60 岁以下，女 55 岁以下	前 1 年内无驾驶机动车发生 5 次以上道路交通安全违法行为	3 年以上驾龄	初中以上学历	3 年以上驾龄	无此要求
对车辆的要求	车牌	本市车牌	本市车牌	本市车牌	本市车牌	本市车牌	无此要求
	车龄	无限制	无限制	≤2 年	≤1 年	无限制	≤3 年
	车型	燃油车轴距 ≥ 2700 毫米；新能源轴距 ≥ 2650 毫米	燃油车轴距 ≥ 2700 毫米；新能源轴距 ≥ 2650 毫米	燃油车轴距 ≥ 2700 毫米；新能源轴距 ≥ 2650 毫米	车身 ≥ 4600 毫米	无限制	无此要求
	排量	燃油车排气量≥2L 或 1.8T；符合北京市排放标准	符合上海市排放标准	燃油车排气量≥2L 或 1.8T；符合深圳市排放标准	符合广州市排放标准	燃油车排气量≥1.6L 或 1.4T；	无此要求
	装置	需安装车载卫星定位系统、应急报警装置	需安装车载卫星定位系统、应急报警装置	需安装车载卫星定位系统、应急报警装置	车辆卫星定位装置、应急报警装置的证明，车辆配置 ABS 防抱死制动系统、EBD 电子制动力分配系统	需安装车载卫星定位系统、应急报警装置	安装具有形式记录功能的车辆卫星定位装置
	保险	运营车辆保险	运营车辆保险	运营车辆保险	运营车辆保险	运营车辆保险	具有运用车辆相关宝箱；为乘客购买承运人责任保险

续表

		北京	上海	深圳	广州	成都	交通部
对驾驶员的要求	使用年限	车辆行驶里程未达到60万千米但使用年限达到8年的	车辆行驶里程未达到60万千米但使用年限达到8年的	网约车车辆行驶里程达到60万千米	车辆行驶里程未达到60万千米但使用年限达到8年的	车辆行驶里程未达到60万千米但使用年限达到8年的	车辆行驶里程未达到60万千米但使用年限达到8年的
	资质	需取得《网络预约出租车运输证》；张贴网约车标识	需取得《网络预约出租车运输证》；火车站、机场出发的订单不被允许	需取得《网络预约出租车运输证》	需取得《网络预约出租车运输证》	需取得《网络预约出租车运输证》	需取得《网络预约出租车运输证》
对平台的要求	资质	《网络预约出租汽车经营许可证》	《网络预约出租汽车经营许可证》	《网络预约出租汽车经营许可证》	《网络预约出租汽车经营许可证》	《网络预约出租汽车经营许可证》	《网络预约出租汽车经营许可证》
	保险	公司应当为驾驶员购买人身意外伤害保险；应当向乘客承担的承运人责任	网约车平台公司应当对乘客的损失承担先行赔付责任	购置承运人责任险	为乘客购买保险金额不低于100万元的承运人责任险	网约车平台公司应当对乘客的损失承担先行赔付责任	无此要求
	乘客信息安全	业务信息保存期限不少于2年；不得向第三方提供用户的个人信息	业务信息保存期限不少于2年；不得向第三方提供用户的个人信息	业务信息保存期限不少于2年；不得向第三方提供用户的个人信息	数据直接接入政府监管平台，实现数据实时共享	业务信息保存期限不少于2年；不得向第三方提供用户的个人信息	业务信息保存期限不少于2年；不得向第三方提供用户的个人信息

四、对政府监管的建议

通过我国政府对网约车的监管分析，我国市场正出现对共享经济监管过度的趋势。美国政府总体上对共享经济持谨慎态度，但加利福尼亚州等地区为立法创新等举措仍值得借鉴。为此，笔者提出以下监管建议。

（一）政府干预要适度，避免不合理的“竞争找平”

“竞争找平”是防止共享经济平台企业无须承担监管成本而形成的竞争不平等，同时实现创新与传统行业利益之间的平衡，是对共享经济平台企业进行监管的正当性基础之一。然而，“竞争找平”一旦未能考虑共享经济的特征且以合理必要为限，则可能成为过度抑制创新、变相维护传统行业的人为垄断。因此，地方政府干预一定要适度，尊重共享经济的发展特征，以促进创新发展为原则，切不要成为传统行业的“保护伞”。

（二）政策引入“日出条款”“日落条款”，实现监管自完善

政策的设计往往滞后于创新实践。面向共享经济的政府监管应该对创新实践保持较强的灵活性和适应性。政府应该将监管过程转化为一种自学过程，从监管过程中积累经验，修订完善。在政策制定中加入“日出条款”来引导共享经济的行业规范与主体行为、“日落条款”确保不适应社会和科技发展步伐的法律和政策自动失效。当共享经济主体间就监管原则和目标达成一致时，不妨引入“日出条款”和“日落条款”，积极推进创新友好的政府监管。

（三）共享经济跑得快、政府引导要紧跟其后

共享经济的迅猛发展，往往是落下“一地鸡毛”让公共管理部分去善后。以共享单车为例，尽管北京、上海政府颁布规范发展共享自行车的指导意见、约谈共享单车企业负责人，但无序投放、车辆损毁等引发的交通事故越来越突出。国内政府面对共享单车留下的“一地鸡毛”一筹莫展。如何引导共享单车企业在海外发展，避免成为下一个“被英国吊销执照”的Uber①，中国政府仍要紧追其后。

参考文献

[1] Erin Arvedlund. Uber slapped with suit by 45 Phila. taxi comapine [N]. The Philadelphia Inqurier，2014-12-25.

[2] Alyshah Hasham. Taxi，limo drivers launch ＄400M class-action lawsuit against UberX，UberXL [N]. Toronto Star，2015-07-23.

[3] OECD. Protecting Consumers in Peer Platform Markets：Exploring the Issues（OECD Digital Economy Papers）[R]. 2016，253.

[4] Maureen K Ohlhausen. Sharing some thoughts on the “sharing” economy [C]. “Sharing” Economy Workshop，2015：1-6.

[5] Sullivan G. Uber sued for allegedly refusing rides to the blind and putting a dog in the trunk [N]. The Washing-

① 英国伦敦市交通局2017年9月22日宣布已拒绝Uber的运营牌照续费申请，理由是其运营模式和商业行为表明，它在某些与潜在公共安全相关的问题上缺乏企业责任感。

ton Post, 2014-09-10.

[6] 国外政府如何对待网约车 [N]. 新华网, 2015-10-14.

[7] Atlanta Taxicab Drivers Sue Uber Ride-Sharing Service [N]. Atlanta Journal Constitution, 2014-09-10.

[8] Meyer Jared. By losing Uber, Austin is no longer a tech capital [J]. Forbes Magazine, 2016 (5): 45.

[9] Robert Harding. Uber in Upstate? NY Senate Passes Ridesharing Bill [N]. Auburn Citizen, 2017-06-29.

[10] 周丽霞. 规范国内打车软件市场的思考——基于美国对 Uber 商业模式监管实践经验借鉴 [J]. 价格理论与实践, 2015 (7): 21-24.

[11] Miller S R. First principles for regulating the sharing economy [J]. Harvard Journal on Legislation, 2016, 53 (1): 147-202.

[12] 齐中熙. 交通运输部: 禁止私家车接入平台参与"专车"经营 [N]. 新华每日电讯, 2015-01-09.

[13] 黄海蕾. 交通部长: 私家车永不许当专车 [N]. 京华时报, 2015-03-13.

[14] 冯蕾. 私家车究竟能不能做专车——交通运输部部长杨传堂等就"深化出租汽车改革与发展"答记者问 [N]. 光明日报, 2016-03-15.

产业工人技能形成体系的国际比较分析框架研究及建构*

邵程林[1]　吴　刚[1,2]　王书静[1]　袁　敏[1]

（1. 上海工程技术大学管理学院，上海　201620；
2. 上海工程技术大学高等教育研究所，上海　201620）

[摘　要] 目前产业工人技能形成体系的内涵与外延在国内学界尚未得到充分的理解与内化，比较研究作为技能形成体系理论研究的一个切入点，其难点在于构建一个统一的比较分析框架与模型。贝雷迪关于比较教育研究的“比较四步法”和帕森斯提出的“结构功能主义”的相关观点为产业工人国际比较分析框架与模型的构建提供了理论方法层面的科学指导。遵循历史分析与剖面分析两条线索，按照区域研究到比较研究两个阶段，根据结构与功能两个维度，对产业工人技能形成体系的分析框架与模型进行构建，以期为我国产业工人技能形成体系的比较研究以及相关的教育比较研究提供研究方法上的借鉴与参考。

[关键词] 产业工人；技能形成体系；比较分析；结构功能主义

制造业的转型升级要求政策、理论以及技术等层面的多重创新，离不开生产体制、教育体制、劳资关系和技能形成体系等方面的制度支持。近年来英、美、德、日等国家的实践证明，技能形成体系的制度安排与创新已经成为这些国家制造业转型发展的重要引擎。国务院关于《新时期产业工人队伍建设改革方案》也明确指出将构建产业工人技能形成体系作为提高我国产业工人队伍素质的主要举措，产业工人的技能水平关系到我国的综合国力与国际竞争力（李玉赋，2017）。然而，在实践领域，考虑到成本、效益等多方因素，很多企业宁可通过“挖人”也不愿意投资于员工的技能培训，以至于形成一种“搭便车”的普遍现象，这既不利于企业技能人才的开发，也不利于社会整体技能提升。基于产业工人队伍和技能形成体系建设的重要性以及技能短缺问题亟待解决的迫切性，本文通过对技能形成体系的内涵进行简要分析，并在多层次比较与分析框架的基础之上结合结构功能主义的相关观点构建了产业工人技能形成体系国际比较的分析框架与模型，以期在研究方法及方法论的理论创新上，为我国产业工人技能形成体系的比较研究以及相关的教育比较研究提供借鉴与参考。

* [基金项目] 本文系全国教育科学“十三五”规划国家社会科学基金教育学一般课题“工作场所学习与学习变革：革新实验室的理论及应用模型研究”（项目编号：BKA160155）课题成果之一。

一、技能形成体系的内容框架

（一）技能形成体系的内涵

“技能形成”是一个社会在学习、开发、创新和提高生产力方面所具有的能力，劳动者获得的技能不单纯是一种个体意义上的、私有的技术和技巧能力，更是一种国家层面的、集体意义上的社会能力，它是指国家各部门以集体的方式培育社会经济发展所需技能的能力（吴刚等，2019）。技能形成体系源自演化经济学的一个学术概念，是指国家协调社会各职能部门、各利益群体，以社会合作方式培育社会经济发展所需技能的制度系统。该系统是服务于一个群体的技能获取、提升与使用的需求，属于一种社会行为而非个体行为，涉及多方主体利益间的平衡与博弈，需要从国家层面设计一整套有利于技能传递与形成的制度体系，以协调政府、教育与培训机构、企业以及产业工人等相关主体间的微妙经济利益关系。Kathleen T. 认为技能形成体系是一组制度的集合，并受国家教育结构变化的影响（Kathleen，2004）。

一个国家的技能形成体系是国家政治、经济、历史、文化等多种因素合力作用的结果，并受国民教育系统与生产系统的共同影响，同时不同类型技能形成体系的建构又反向牵制了国民教育与生产系统的调整。

（二）技能形成体系的内容

有学者认为，一套完整理想的技能形成体系主要包括责任分担的技能投资制度、标准与可转移的技能供应制度、科学公正的技能评价与资格认证制度、公平可信的技能使用制度以及多方支持的社会合作制度。在综合广泛的文献研究并结合相关国家实践案例的基础之上，本文认为技能投资制度主要包括技能投资的分担机制与补偿机制等；技能供给制度包含职业教育与职业培训制度、人才培养模式等；技能认证制度包含技能评价制度与资格认证制度等；技能使用制度包含技能工资、薪酬的集体协商以及劳动力市场制度等；社会合作制度包含多元主体的参与制度、不同组织的角色构成及分工制度等（吴刚等，2019），技能形成体系的内容框架如图 1 所示。

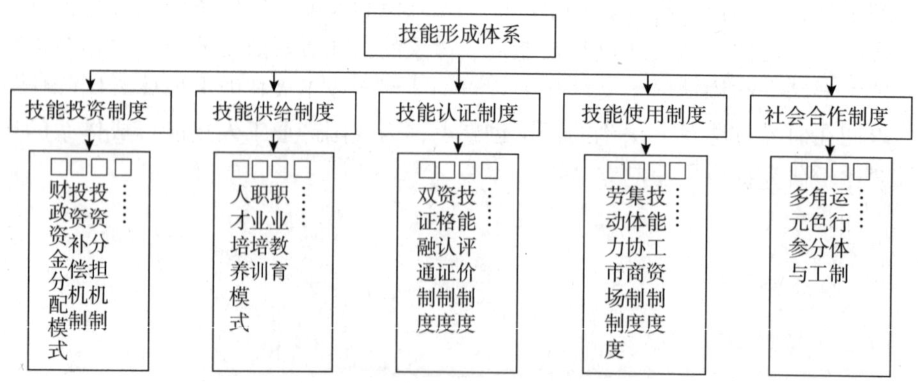

图 1　技能形成体系的内容框架

资料来源：吴刚，胡斌，黄健，邵程林．新时期产业工人技能形成体系的国际比较研究［J］．现代远距离教育，2019（2）：52-63.

二、比较与多层次分析的框架

Swanson（1971）在研究世界宗教问题时宣称，没有比较的思维是不可思议的。明显或者隐含的比较始终体现在社学科学的研究中，如果缺少了比较，所有的科学思想和研究都是不可想象的。涂尔干（Durkheim）则认为，比较研究方法在某种程度上接近于自然科学中实验的方法，且能够用于社会学科，是一种“间接的实验方法”。

目前，国外有关学者大多选取西方发达国家作为技能形成体系的研究对象。有学者指出，当前有关技能形成大多数研究往往忽视了新兴经济体或发展中国家的实际具体情况以及这些经济体与传统工业化国家之间的差异（Powell，2005）。国内关于技能形成体系的研究尚处于初步探索阶段，部分原因在于针对“技能形成体系”这一学术概念的内涵界定以及分析框架在我国学术界尚未得到较为清晰的理解与内化。因此，对于“技能形成体系”的相关研究来说，需要综合运用比较、分析、演绎、归纳等方法，以便从不同区域、社会、文化、历史等多个维度获得关于“技能形成体系”的准确、系统而深入的规律性认识。

“技能形成体系”作为一套复杂的制度系统，牵涉到教育、社会等多个学科领域，如何建立一个跨文化的“技能形成体系”的比较分析框架也将在很大程度上影响相关的制度匹配与选择。本文在借鉴前人研究成果的基础上，结合导师团队的研究实践，从跨文化比较分析的“单元选择”“路径确定”“框架设计”“模型建构”四个环节入手，构建产业工人技能形成体系的国际比较分析的总体思路，具体如图 2 所示。

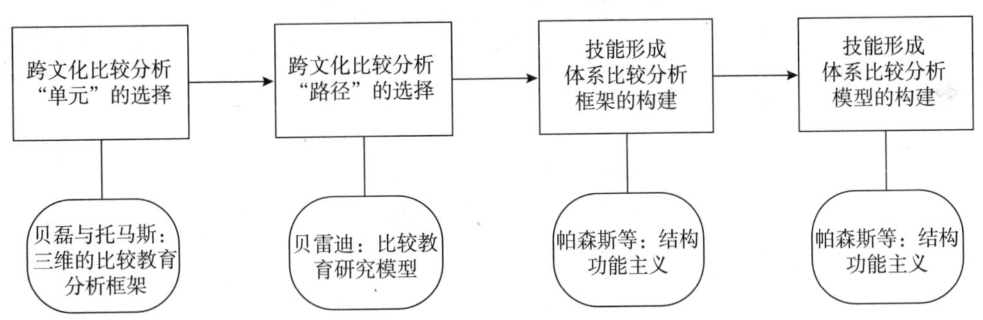

图 2　技能形成体系国际比较分析的总体思路

资料来源：笔者绘制。

（一）跨文化比较分析“单元”的选择

正如顾明远先生所说，在比较教育中开展文化研究不是不可能的。因为一个国家的文化总有它的表现形式……研究该国教育政策文献；实地考察该国的教育，包括参观访问教师学生以及学者座谈；然后与其他国家加以比较（顾明远，2000）。在选择比较分析单元时，需要考虑不同区域、民族背后更深层次的文化背景因素。文化在交流传播中始终保持着民族性特征，如中华文化主张人与自然的和谐相处，而西方文化则强调适者生存，主张自由与竞争。文化在一定程度上影响了不同国家技能形成体系的塑造与构建，因此本文所论述的技能形成体系的比较研究皆建立在跨文化背景下。

单元的选择是指研究主体依据一定的标准对研究客体进行具体选择的结果，比较分析单元的选择受多方面因素的共同影响，其选择标准同样具有多样性。马克·贝磊与莫里托马斯在《教育研究中的比较层次：对不同文献的不同透视及多层次分析的价值》一文中提出了一个三维的比较教育分析框架（见图3），在该框架中，马克·贝磊与莫里托马斯主要从地理/地域层次、非地域性的人口统计全体以及教育社会方面三个维度，世界区域/大洲、课程以及种族群体等20个层次为比较教育的分析提供了一个详尽的分析模型，该框架主要从地理/地域维度拓宽了比较教育研究中比较分析“单元”的选择（贝磊、托马斯，2005）。

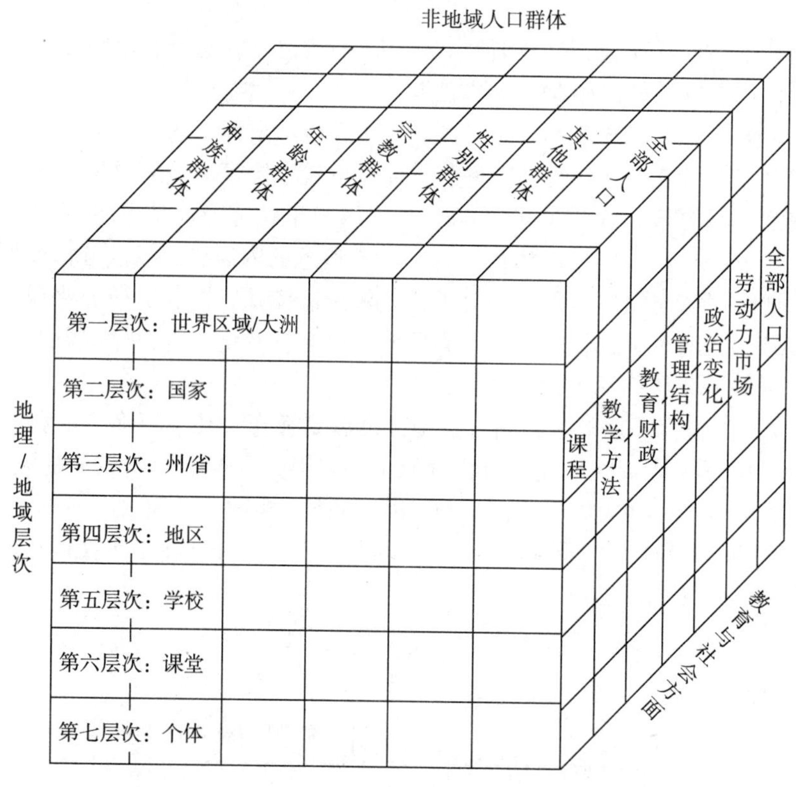

图3　马克·贝磊与莫里·托马斯的比较教育分析框架

资料来源：［美］马克·贝磊，R. 莫里·托马斯. 教育研究中的比较层次：对不同文献的不同透视及多层次分析的价值［J］. 吴文君译. 北京大学教育评论，2005（4）：15-24，30.

在图3的比较教育分析框架中，研究者针对某一特定的研究问题选择不同的维度、不同的层次进行比较分析时，得到的研究结论必然存在着偏差。比如，针对某一项教育政策进行比较分析时，研究者如果选择较高层次的视角（世界区域、国家、州/省），得到的结论往往是宏观上针对该教育政策的总体分析框架。在该总体分析框架中，其他研究者就能够将更多的细节考虑进去，也就为理解与解释该项教育政策提供了一个初步基础，虽然选择这样的层次进行比较存在一定的缺陷，例如得到的结论过于宽泛、缺乏对微观层面的探讨等，但是马克·贝磊与莫里托马斯认为，很多科学研究为了能够从比较对象中获得均衡充分的理解，都尽可能地要求多层次的比较分析，以有助于从多种角度对研究问题以及研究对象进行分析。虽然确实存在建立在多层次基础之上的比较研究，但这些研究的数量是有限的，并非人们所期待的那么多。

实际上，如沃勒斯坦等人指出的，社会科学一向都是围绕着国家这个中轴运转的（加里多，2011）。首先，传统的比较教育研究中，民族国家常常被选择作为分析的“单元”，在绝大多数情况下，民族国家在各项制度的制定过程中占据主导权，同时也掌握着社会资源的分配（在同一民族国家范围内)，教育实践与现象总体上具有充分的相似性特征。其次，不同民族国家由于政治、经济、历史、文化等因素不同的原因，各自的技能形成体系构建又呈现出明显的差异性特征。最后，在民族国家这一层面上能够找到关于技能形成体系的最为丰富的资料和数据，这也为技能形成体系的比较研究提供了操作性的可能。因此，将民族国家作为技能形成体系的初步分析单元也就具有可比性的特征，而这也满足了马克·贝磊与莫里·托马斯所认为的在对教育现象进行比较研究时，为了使比较研究的结论更加有意义，需要被比较分析的对象在满足相似性的同时兼具明显的差异性。

(二) 跨文化比较分析“路径”的选择

在选择民族国家作为技能形成体系的跨文化比较分析单元之后，需要对比较分析的路径进行构建，比较分析路径的选择与构建将直接指向研究问题。本文的主要研究内容聚焦于技能形成体系比较分析框架的解释与构建，在解释性的比较研究当中，美国比较教育学家乔治·贝雷迪在《教育中的比较方法》(1964) 中提出了经典的“比较四步法”，即描述、解释、并置和比较，贝雷迪认为描述和解释属于区域研究阶段，并置和比较属于比较研究阶段。在这一模型当中（见图4)，首先，贝雷迪认为研究者所需要关注的应当是两个地区的背景因素，而不是简单机械地对两个或多个地区进行对比；其次，在描述与解释相关数据资料的基础上，研究者选择确定进行有效比较所需要的标准参考项，并以此作为提出假设的依据，而这也是进行比较研究的前提；最后，研究者通过比较发现被比较单位之间的相似性与差异性，分析原因并总结一般性规律（贝磊等，2010)。“比较四步法”为技能形成体系的比较研究规划了具体的可操作路径。

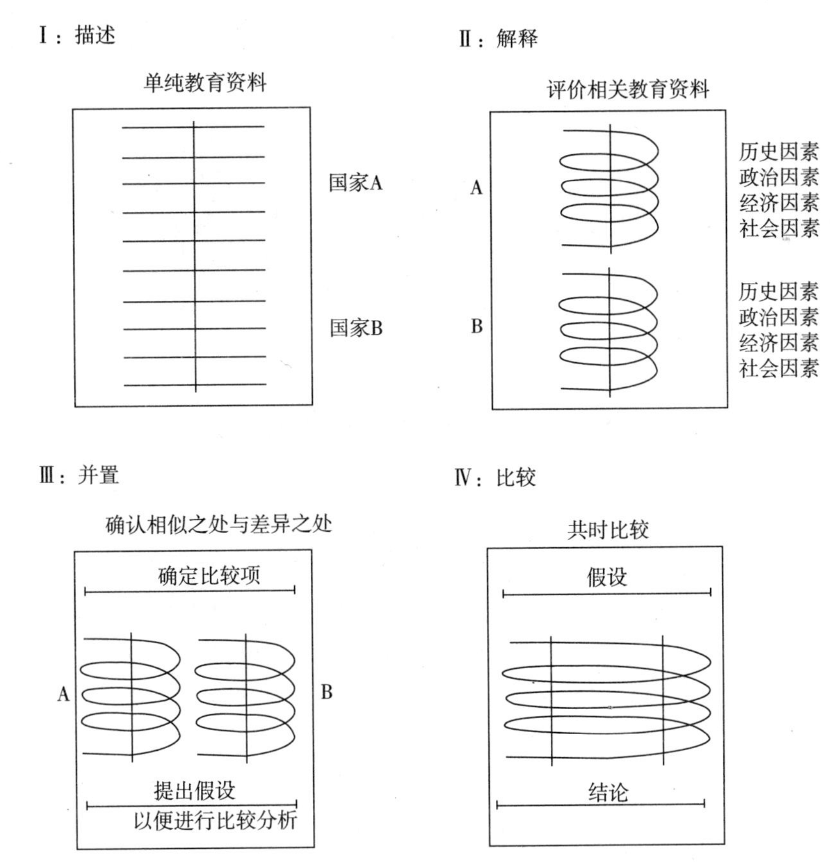

图4　贝雷迪的比较教育研究模型

资料来源：George Bereday. Comparative Methods in Education [M]. New York：Holt，Rinehart & Winston Inc.，1964.

基于贝雷迪的比较教育研究模型，确立了针对技能形成体系比较研究的两条研究线索：历时性的历史分析与共时性的剖面分析。历时性的历史分析是指从时间的维度对比较对象国家的技能形成体系的演变进行比较分析，进而归纳总结出技能形成体系的一般演变路径即继承性与革新性；共时性的剖面分析是指从横切面的维度对比较对象国家技能形成体系的现状进行比较分析，历史分析得到的结论将为技能形成体系的剖面分析奠定基础，剖面分析在历史分析的基础上对技能形成体系的构成及特点进行更为详尽的解释。

遵循历史分析与剖面分析两条研究线索，本文试图构建技能形成体系国际比较研究的分析路径，如图 5 所示的四种路径选择。这里所选取的分析单元主要是两个国家，且假设选取的分析单元国家具有可比性。路径①代表的是在同一国家内技能形成体系的历时性比较分析；路径②代表的是“现在”不同国家技能形成体系问题的共时性比较分析；路径③代表的是“过去”不同国家技能形成体系问题的共时性比较分析；路径④代表的是不同国家技能形成体系问题的历时性比较分析。以上选取的四种分析路径为技能形成体系的比较分析提供了具体的方向选择，四种不同的分析路径无论是在学理层面还是在操作层面上都具有可行性，具体路径的选择需要针对具体研究的问题做出判断。

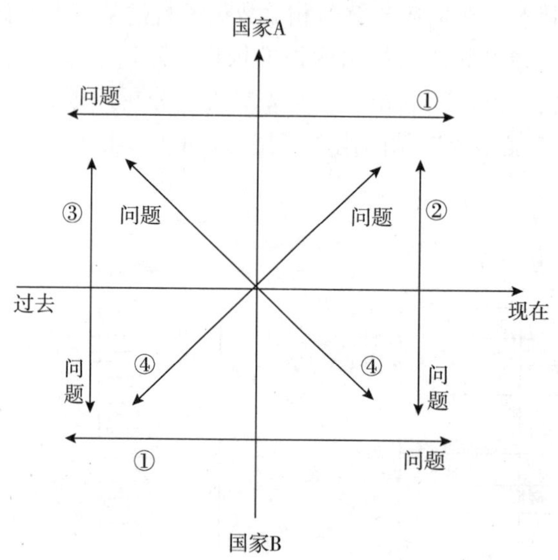

图 5　技能形成体系的分析路径选择取向

资料来源：笔者绘制。

基于以上分析，技能形成体系比较分析中“单元”与“路径”的选择问题可以简单地概括为：一个单元、两条线索、两个阶段、四个步骤以及四种路径，具体如图 6 所示。其中，一个单元是指选择民族国家作为基本的比较分析单元，具体比较分析对象的国家可以是两个，也可以是多个，总之，产业工人技能形成体系的比较分析单元总是建立在民族国家基础之上的。两条线索指的是在产业工人技能形成体系国际比较研究过程中遵循历时性的历史分析与共时性的剖面分析两条研究线索。两个阶段主要指的是区域研究与比较研究两个阶段，区域研究与比较研究两个阶段实际体现在描述、解释、并置与比较四个步骤中，即区域研究实际包括对比较分析对象的数据资料进行描述与解释两个阶段，而比较研究则包括在统一比较分析框架下对比较分析对象区域研究的结论进行并置和比较两个阶段。四种路径如图 5 所示，路径①至路径④分别代表了对同一国家或不同国家在同一时期或不同时期的技能形成体系进行比较分析的四种路径选择。

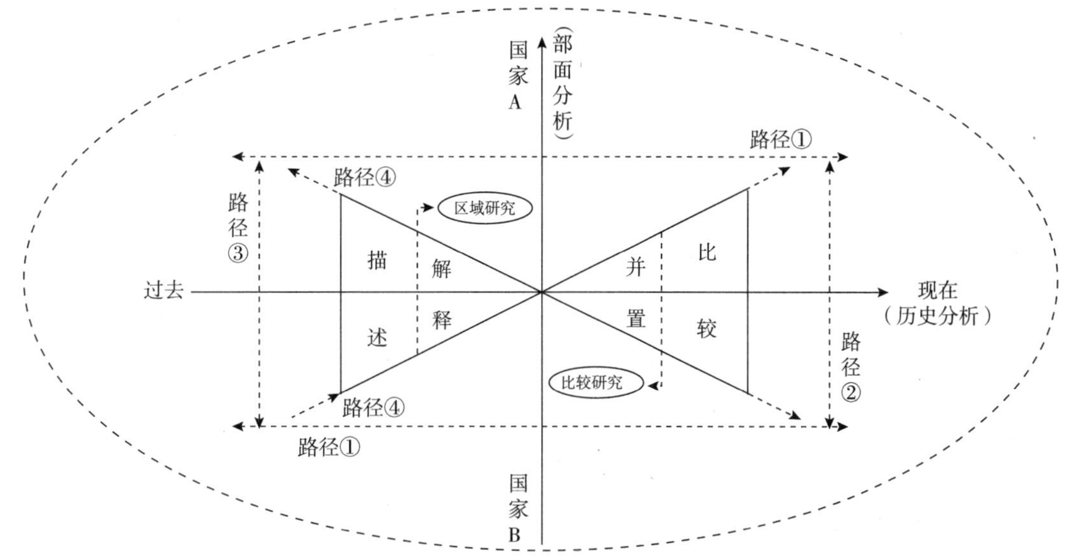

图 6　技能形成体系比较分析“单元”及“路径”的选择模型

资料来源：笔者绘制。

三、技能形成体系比较分析框架与模型的构建

根据技能形成体系的内容框架以及比较与多层次分析的框架，技能形成体系的分析与构建和国民教育与生产系统的调整与升级之间存在相互促进、相互制约的关系，即针对技能形成体系系统完善的分析将促进国民教育与生产系统的调整与升级，反之则产生制约影响。技能形成体系作为一套制度系统，必然对经济社会发展产生重大影响，即技能形成体系对经济社会发展具有重要的功能。基于此，在历史分析和剖面分析的基础上，针对技能形成体系的比较分析问题，本文主要借鉴采用结构功能主义的研究范式。

（一）结构功能主义与技能形成体系

马克思主义认为，系统是由相互联系和相互作用的诸要素构成的统一整体，系统具有整体性、有序性以及内部结构的优化趋向，在社会学相关理论思想中，结构功能主义与马克思主义系统论的观点存在着契合点。结构功能主义理论的思想渊源最早起源于 19 世纪英国社会理论学家斯宾塞（Spencer）的有机论，并经过涂尔干等学者的融合与发展，最终在 1945 年由美国现代社会学奠基人帕森斯（Talcott Pasons）提出了“结构功能主义”这一名称。帕森斯认为任何社会都存在一定的结构，一定的结构具有一定的功能，并且任何的社会结构都是一个组织化形式的系统。安德森（Charles A. Anderson）、卢曼（Luhmann）和施瑞尔（J. Schriewer）等学者在帕森斯的基础上对结构功能主义进行了批判继承，例如，德国查贝克（Zabeck）教授结合职业教育提出了“职业教育系统论”，他认为，系统的重点是功能划分，各子功能密不可分，并且各子功能简单相加远比不上系统整体功能，职业教育系统功能分析应当围绕两个层面即外部功能与内部功能，当职业教育涉及社会问题时需要采用外部视角，涉及课程问题时需要采用内部视角。在结构功能主义者看来，结构与功能之间存在着互动关系即结构与功能相互影响。

技能形成体系是一个多元素相互糅合的系统，各个要素不是简单的互相叠加，需要技能形成体系的五个要素（内容）相互配合、作用，共同维系整个技能形成体系的良性运转。技能形成体系的构建就是要在政府、行业（企业）、学校、个人等多者之间形成一种共生与互补的关系形态，并最大限度地打造一种相互耦合的整体性的制度结构模式，从这个方面来说，结构功能主义视域下技能形成体系的比较分析关键就是各个因素的耦合程度，只有充分调节各个要素的功能，才能最大限度地维持技能形成体系的稳定，即要素调节与系统稳定之间存在辩证统一关系。

基于结构功能主义的研究范式，本文将技能形成体系看成一个系统或体系，并对构成该系统或体系的部分和功能进行分析。在针对技能形成体系具体的“结构-功能”分析中，主要依据上文关于技能形成体系的内容框架即主要从技能投资制度、技能供给制度、技能认证制度、技能使用制度和社会合作制度这五个“结构”（要素）进行“功能”分析。在确定技能形成体系的五大基本要素之后，则需要对各要素的功能进行分析，在功能分析的角度选取上，可供选择的角度有很多，例如教育功能、社会功能、经济功能等，而技能形成体系涵盖多个领域且需要多个相关利益主体的共同参与，在功能分析时，可以对技能形成体系的多个功能进行探讨。由于技能形成体系的概念与职业教育和职业技能培训的内涵存在明显的共通之处且技能形成体系的各要素具有普遍的社会功能，因此主要选取教育与社会功能作为功能分析的角度。

（二）比较分析框架与模型构建

综合以上分析，本文借助结构功能主义的思想，并结合技能形成系统的内容，从“研究问题”“比较维度”“参考项”“具体指标”四个层面构建了技能形成体系国际比较分析的框架，具体如图 7 所示。该比较分析框架不仅从结构和功能两个维度对研究对象国家的技能形成体系进行历史分析与剖面分析，也从宏观与中微观的角度对技能形成体系的构建进行了考察。

如图 7 所示的比较分析框架的结构维度中，参考项的选取依据主要是有关学者对于技能形成体系的内涵解释，而具体的指标则是在查阅大量文献资料后进行的初步总结，主要从技能投资制度等五个参考项、技能评价和资格认证等 15 个具体指标对技能形成体系比较分析的资料与数据进行组织分析。

技能形成体系相关内容所涵盖的学科范畴以及社会领域较为复杂，在功能维度的参考项和具体指标的选取上，主要依据包括：其一，从技能形成体系建构的具体路径上来看，无论是技能投资与供给制度还是技能认证与使用制度，都离不开个体和群体在宏观意义上的教育与学习，因此教育功能可以作为技能形成体系功能分析的主要参考项之一；其二，从技能形成体系建构的最终目的上来看，技能形成体系建构的最终目的在于促进产业的发展、社会的进步，系统完备的技能形成体系总能促进社会的发展即具有正向的促进作用，相反则会带来负向的阻碍作用，因此社会功能也是技能形成体系功能分析的重要参考项之一。

需要说明的是，如图 7 所示的比较分析框架具有一般性特征，主要侧重对框架结构的分析，而不是着眼于框架里的内容，主要体现在框架中参考项与具体指标的选取并未穷尽，随着研究问题的不断深入，参考项及具体指标可以进行动态调整与细化。

通过以上比较分析框架，遵循历史分析与剖面分析两条线索对比较对象的技能形成体系的历史与现状进行清晰的描述，但技能形成体系比较分析的目的在于为技能形成体系的调整与升级提供一条革新路径与改革框架模型。因此，在比较分析框架构建的基础上，还为技能形成体系比较分析构建一个高度抽象的比较分析模型，如图 8 所示。在模型中，外圈指的是技能形成体系的外部环境即影响技能形成体系构建的各个利益相关者（如政府、企业、学校、个人及社会合作者等）的关系；中圈指的是整个技能形成体系的一般制度架构；内圈指的是技能形成体系的核心要素即本文所选取的技能投资制度等五个维度。从该模型中能够看出，对技能形成体系比较分析问

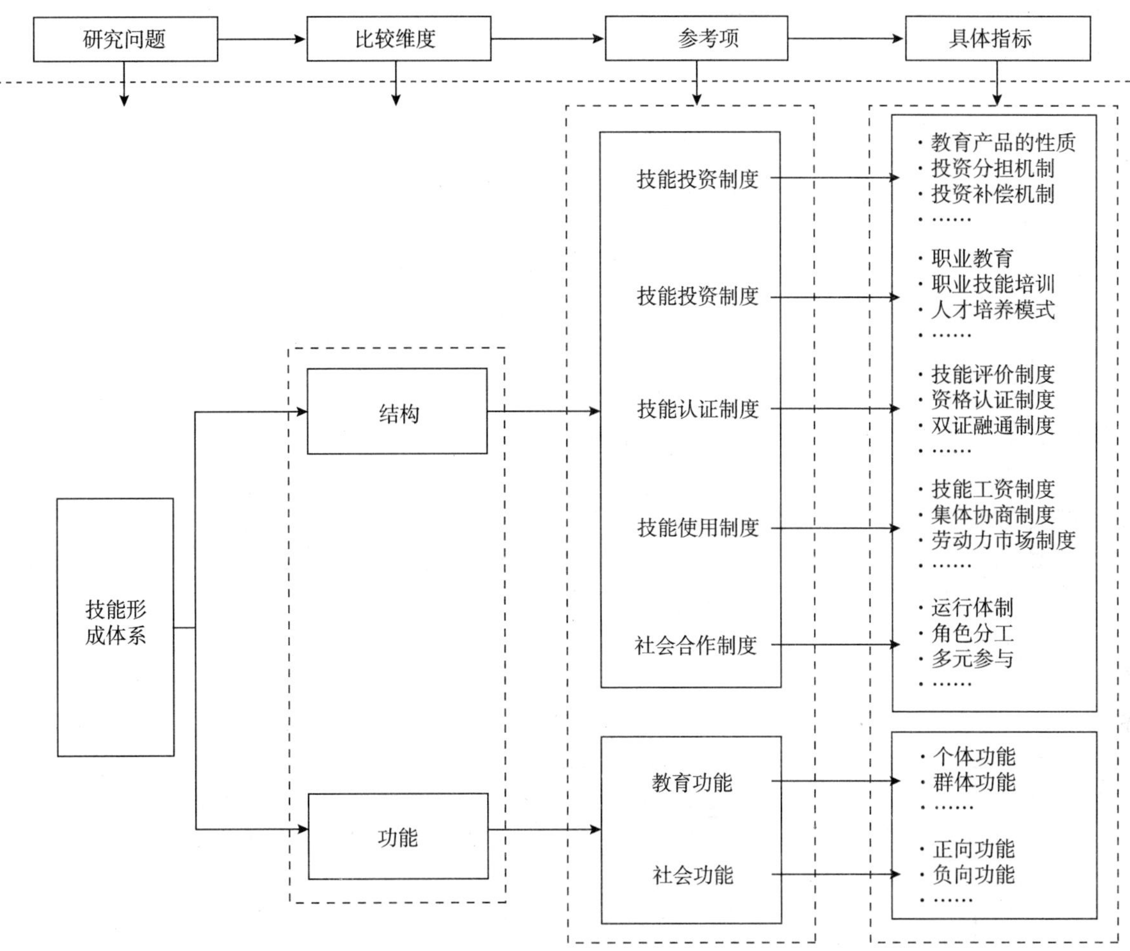

图 7　技能形成体系的比较分析框架

资料来源：笔者绘制。

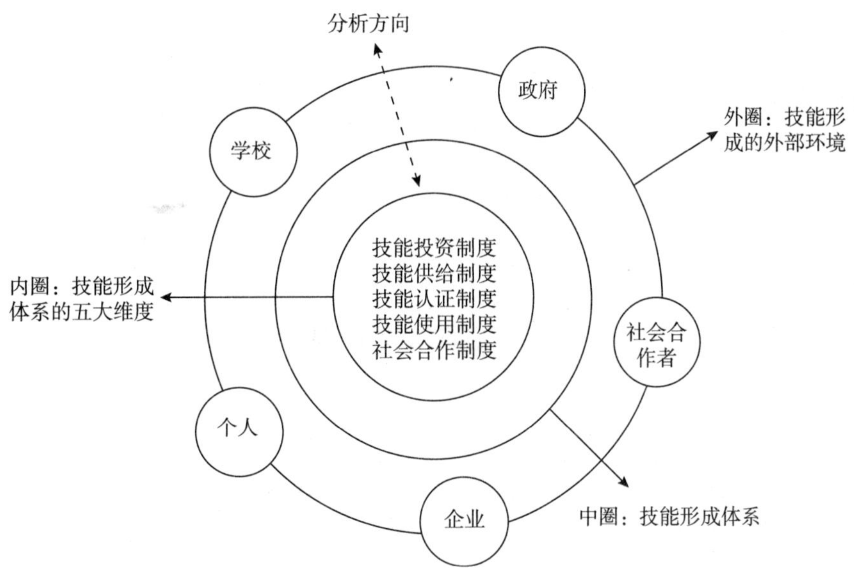

图 8　技能形成体系的比较分析模型

资料来源：笔者绘制。

题的分析方向具有双重选择，即分析方向具有双向性。当研究的具体问题为技能形成体系的某一具体维度时，可以选择从内圈向外圈进行分析，当研究问题较为宏观抽象时则可以选择从外圈向内圈进行研究，甚至在研究某些问题时，两种分析方向同时进行得到的结论最优。

如果说图 8 所示的模型主要从宏观的角度，比较抽象地对技能形成体系的比较研究进行了概括（generalizations）。那么，图 9 则为了便于读者更好地理解技能比较分析的具体过程，对产业工人技能形成体系的比较分析模型进行诠释。结构功能主义者们通常是以系统的观点来看待整个社会系统的，例如按照帕森斯“AGIL”功能模式的思想，即适应（Adaption）、目标达成（Goal Attainment）、整合（Integration）和模式维系（Latency），社会系统能够通过适应、整合以及维系等功能保持一种相对稳定的状态。具体到技能形成的比较模型：首先，社会合作者在技能形成体系的建构过程中扮演着“介质”的作用，将政府、企业、学校以及个人等利益相关者联系起来，共同为技能形成体系五大核心要素适应外部环境提供所需的资源。其次，技能形成体系五大核心要素通过调动与引导各个利益相关者去实现目标，继而形成技能形成体系的一般制度架构。再次，技能形成体系的一般制度架构通过不断整合，使技能形成体系的各个部分协调为一个整体，发挥个体社会化与社会选择的功能，个体社会化功能即让各利益相关者在技能形成体系建构与路径升级过程中具备一定的能力与责任感，社会选择功能即对各利益相关主体进行筛选，使其适应技能形成体系建构过程中相应的位置。最后，共同维系整个技能形成体系达到动态的相对均衡状态。

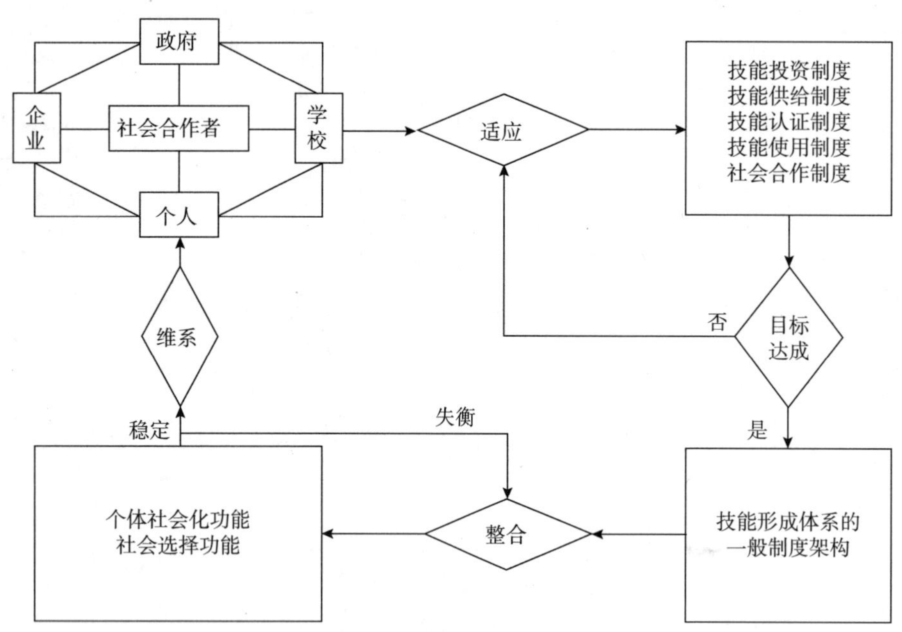

图 9 技能形成体系比较分析模型的诠释

资料来源：笔者绘制。

技能形成体系的比较分析模型从宏观抽象的角度为技能形成体系的比较研究提供系统指导，技能形成体系的比较分析框架则从中微观具体的角度为比较研究提供操作选择。在分析框架与模型的基础上，对技能形成体系的相关资料与数据进行比较分析，能够最大限度地保证研究结论的信度与效度。

四、启示

技能形成体系作为一个涵盖政治学、教育学、社会学等多个领域的全新学术概念，其分析与建构涉及多方利益主体的平衡与博弈。研究者所在团队在追踪关于技能形成体系的研究数据资料过程中发现，国内对于技能形成体系直接研究的数据资料相对匮乏，多数研究资料仅停留在技能形成体系的一个或几个层面。为此，选择英美等发达国家作为研究样本，通过跨文化的国际比较分析建构产业工人技能形成体系，可以在一定程度上为我国产业工人技能形成体系的调整与升级提供借鉴与参考。然而，由于不同国家存在制度差异，各自的制度话语权并非完全相同，因此在研究过程中必须要构建一个统一的跨文化的分析框架与分析模型。实际上，研究者所在团队希望该分析框架与模型的构建不仅能为产业工人技能形成体系比较研究提供一种新的分析工具，进而建构中国本土化的产业工人技能形成体系；也希望能为所有跨文化比较研究及教育比较研究提供一种新的研究范式。

参考文献

[1] 李玉赋．新的使命和担当——《新时期产业工人队伍建设改革方案》解读［M］. 北京：中国工人出版社，2017.

[2] 吴刚，胡斌，黄健，邵程林．新时期产业工人技能形成体系的国际比较研究［J］. 现代远距离教育，2019（2）：52-63.

[3] Kathleen T. How institutions evolve: The political economy of skills in Germany, Britain, the United States and Japan [M]. Cambridge: Cambridge University Press, 2004.

[4] Swanson G. Frameworks for comparative research: Structural anthropology and the theory of action [A] // Ivan Vallier. Comparative methods in sociology: Essays on trends and applications [C]. Berkeley, CA: University of California, 1971: 145.

[5] Powell M. Skill Formation and Globalization [M]. England: Ashgate Publishing, 2005: 1-2.

[6] 顾明远．文化研究与比较教育［J］. 比较教育研究，2000（4）：1-4.

[7]［美］马克·贝磊，R. 莫里·托马斯. 教育研究中的比较层次：对不同文献的不同透视及多层次分析的价值［J］. 吴文君译. 北京大学教育评论，2005（4）：15-24，30.

[8]［美］何塞·加里多．比较教育概论［M］. 北京：人民教育出版社，2001.

[9] Bray M, Thomas R M. Levels of comparison in educational studies: Different insights from different literatures and the values of multilevel analysis [J]. Harvard Educational Review, 1995, 65 (3).

[10] George Bereday. Comparative Methods in Education [M]. New York: Holt, Rinehart &Winston Inc., 1964.

[11]［美］贝磊，鲍勃，梅森．比较教育研究：路径与方法［M］. 李梅等译．北京：北京大学出版社，2010.

[12] 杨丽茹．比较教育研究方法论中的结构功能主义：从帕森斯、安德森到卢曼、施瑞尔［J］. 外国教育研究，2009，36（12）：27-32.

[13] 陈莹．德国职业教育“双元制”提法之商榷［J］. 河北师范大学学报（教育科学版），2011，13（7）：66-70.

供应链管理、市场出清组织与美国经济波动微波化

朱国俊

（上海工程技术大学管理学院，上海　201620）

［摘　要］自 1984 年起，美国 GDP 波动性显著下降。本文利用信息和新制度经济学分析基于信息技术的供应链管理作为市场出清组织，供应链管理网络作为组织市场对经济波动微波化的作用和传导机制。分析表明：基于信息技术的供应链管理作为市场出清组织降低库存波动，其网络作为组织市场降低了经济波动。供应链管理及其网络不仅具有提高资源配置效率的微观效应，也具有增强经济增长稳定性的宏观效应。

［关键词］供应链管理；市场出清组织；经济波动

一、引言

自 20 世纪 80 年代起，被称为经济周期大缓和（Great Moderation）的美国经济波动结构性突降（Structural Break）引起众多特别是美联储系统经济学家的关注。美国国民经济研究局（NBER）认定：自上次衰退谷底的 2009 年 6 月起计，到 2019 年 7 月，美国经历了有史以来最长的经济扩张期，至今经济扩张时间累积到 121 个月，并分析：1984 年以后，经济衰退造成的经济波动幅度大幅减小，经济周期的平均时间跨度也大幅度延长，从原来的 5 年延长到 10 年。Kim 和 Nelson（1999）对 Markov-Switching 模型进行贝叶斯估计，实证了 McConnell 和 Perez Quiros（1998，2000）提出的美国经济波动下降的结构性突变点是 1984 年第一季度（见图 1）。1984 年以后，美国经济的古典经济周期的波动消失，增长型经济周期波动成为经济波动的新常态（刘金全和刘志刚，2005）。

Kahn 等（2001）认为，美国经济波动下降主要归功于耐用品产出波动性下降。研究发现美国经济波动和耐用品产出波动发生突变性下降在时间和幅度上非常契合。Siems（2005）认为，供应链管理的改善以及经济全球化①，特别是信息技术突飞猛进使供应链管理在微观经济活动中得以有效的实施，弱化了“牛鞭效应”，合理化了采购流程。这些技术及管理的发展导致了宏观经济层面的益处，如更低通货膨胀和库存水平，更高的生产率和更稳定的经济。但以往研究主要

① 令人感兴趣和巧合的是 1982 年 6 月 4 日，在《金融时报》采访中，英国著名物流咨询专家 Keith Olive 第一次公开提出供应链管理这个概念。（资料来源：维基百科。）

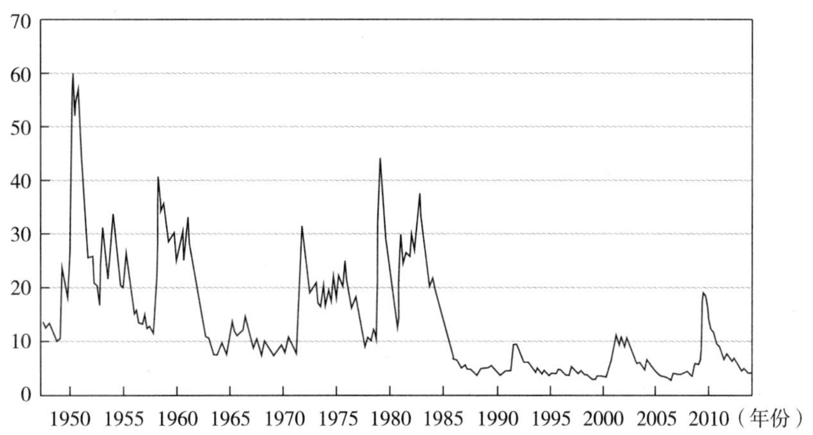

图1　基于HP滤波法以及GARCH模型的美国GDP波动特征

资料来源：BEA。

从管理学角度论述供应链管理推动经济波动减小的作用机制。鲜有基于经济学视角解释是什么因素导致了供应链管理推动经济波动减小及其作用机制。经济波动是复杂的宏观经济现象，为此，赋予供应链管理以经济学含义，进而基于信息和新制度经济学解释供应链管理影响经济波动的作用机制就显得必要。

本文认为在大规模耐用品行业中，基于信息技术的供应链管理作为市场出清组织，提高了信息完美性、完全性和对称性，降低了交易和内部组织成本，以及供应链管理网络提高市场的组织化程度，强化了市场出清机制，增强市场机制作为经济稳定机制的作用，进而基于信息技术和大规模耐用品供应链管理网络的巨大正外部性的内部化整合和扩散作为经济传导及稳定机制带动美国经济波动微波化和稳定化。本文结构安排如下：第一部分是引言，第二部分是文献综述，第三部分是理论分析及假设推论，第四部分是结论与展望。

二、文献综述

伯南克（Bernanke，2004）对美国经济波动性减小归纳为三种解释：第一种解释认为，这是宏观经济政策的改善尤其是金融政策改善的结果（Clarida et al.，2000）。Dynan 等（2006）认为，这归功于金融创新以及经济的全球化整合。Mumtaz 等（2011）认为大部分国家的通货膨胀和经济周期的波动有协动性。哈罗德（Harrod，1939）基于哈罗德模型的“刀刃问题”，揭示了基于企业的投资行为所产生的经济波动的内在机制。龚刚和高阳（2013）通过引入价格和政策变量扩展了哈罗德模型，认为市场机制对经济具有稳定作用，但由于价格调整具有黏性，其作为对经济的一种稳定机制，并不足以使经济稳定，而投资行为作为一种技术冲击对经济具有非稳定作用，因此政府的宏观调控就成为必要。第二种解释认为，这纯粹是因为外部因素冲击经济的力量的减小和次数的减少（Stock and Watson，2002）。第三种解释认为，这是由于结构改革的结果，包括经济机构、技术、商业模式和经济结构改变的结果（Eggers and Ioannides，2006）。

Davis 和 Kahn（2008）发现，美国关键经济指标波动在经济微观及宏观层面上都在下降，在耐用品产出方面尤其显著。他们首先把这归功于供应链管理的改善，认为"make to order"比"make to stock"能够更好地降低生产与销售的波动幅度。供应链管理中的库存控制对微观及宏观经济波动下降有着实质性的贡献。其次是经济结构从以制造业为主转向以服务业为主，而服务业波动比制造业要小。最后认为经济全球化导致美国制造业萎缩，减少原料及中间产品库存。众所周知，前者波动幅度较高，制成品库存波动较低（易纲和吴任昊，2000）。加上制成品进口大量增加，以销售决定进口，进一步降低了库存出货比率，有助于宏观经济波动性下降。另据美国供应管理协会调查：原材料生产订单的前置时间从1983年之前的平均66天突降到之后的平均48天。其突降时间和经济波动突降时间吻合（见图2）。这显示供应链管理水平提高与宏观经济波动减小呈正相关。

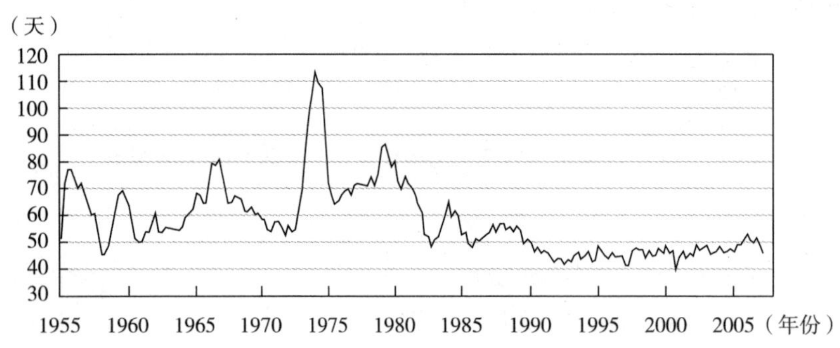

图2　美国原材料生产订单前置时间

资料来源：ISM。

与已有文献相比，本文的研究有以下特点：第一，基于信息和新制度经济学分析供应链管理推动经济波动减小的作用机制。赋予供应链管理以经济学含义，提出供应链管理是市场出清组织的假设，并推论供应链管理网络增强市场组织性，强化市场机制作为经济稳定机制的作用。将供应链管理研究从关注管理学的角度拓展到包含经济学的视角，拓展了供应链管理的研究范围。第二，提出市场出清成本假设，研究交易和组织成本与市场失灵及出清效率的关联性以及它们与经济波动的作用机制。

三、理论分析及假设推论

（一）基于信息技术的供应链管理改善信息的不完美、不完全和不对称性

企业作为专业化市场机构收集整理并在市场上出售资源配置信息（Alchian and Demsetz，1972）。但由于市场信息的不完美、不完全和不对称，以及发现价格信息的困难，导致了市场机制的内在缺陷——价格黏性，进而使包括信息成本在内的交易成本居高不下以及市场机制的失灵。一方面，供应链管理作为即时绩效管理的信息系统以及市场的替代物通过合作博弈改善供应链合作伙伴的信息不完美性、不完全和不对称性，进而降低了包括信息成本在内的交易成本和内部组织成本。另一方面，信息技术作为强大的信息处理技术工具提高了信息处理和配置效率，增强了市场信号的传递功能，提高供应链管理降低交易成本和内部组织成本的效率，供应链管理利用信息技术能够重新组织和创造新的资源配置系统，显著提高资源的配置能力和效率。强化了连

带责任的供应链管理超越了企业，形成了有助于市场解决信息不对称的更有效机制。

资源配置和利用的效率性是基于信息配置和利用的效率性（Hayek，1945）。供应链的节点企业作为供应链管理中的合作伙伴既是委托方也是代理方，通过合作博弈建立长期稳定的多边委托-代理合作关系，使经济信息得以充分有效分享，降低了信息的不对称性，降低了供应链总成本，包括信息成本、交易成本、组织成本和库存成本，进而使基于供应链管理生产的产品在竞争中占有优势。分享的经济信息包括企业的出货、订单、库存和生产。供应链管理中的伙伴企业在核心企业的主导下，基于激励相容的原则，通过合作博弈能够在经济资源的分配和调节上做到无缝链接和充分有效的整合，包括利用信息技术使经济资源之一的信息资源的传播分享制度安排最优化，降低了包括信息成本在内的交易成本（杨小凯，1999），提高市场出清效率，从而达到既提高经济资源的整体配置效率又能达成供给和需求均衡的双重目标。排除其他因素，供应链管理而非信息技术是影响经济均衡运行的决定性因素，但信息技术使供应链管理实施的难度大为降低，如果没有信息技术使供应链管理流程的效率提高，供应链管理的实施将举步维艰，甚至不具有可行性。信息技术使供应链管理正外部效应的价值能够得到更加明确的界定和配置，进而使其在促进资源配置效率提高和经济稳定增长的效用显著增强。信息技术是供应链管理得以大规模实施的必要条件。

（二）供应链管理改变市场出清的约束条件：交易和组织成本

阿罗认为（Arrow，1969）市场失灵主要是由于高昂的交易成本导致的。基于交易成本经济学，企业与企业发生高频率交易最有可能的属于同一个供应链架构，由于专用性资产脱离原来的供应链将失去价值，导致退出供应链的高转换成本，从而限制了机会主义的发生。高转换成本和高频率交易导致的高交易成本是促成企业基于供应链管理构建新型经济组织的根本原因之一。假设产品供应链的全部业务由众多个人企业完成，则组织成本最低，交易成本最高，$C_t=\mathrm{C}\gg \mathrm{C}_e$，$C_o=0$；假设产品供应链的全部业务由纵向一体化的单个企业完成，则交易成本最低，组织成本最高，$C_o=\mathrm{C}\gg \mathrm{C}_e$，$C_t=0$。在上述两种情况下，只要有一个成本高于出清成本就会阻碍市场的正常运行，市场出清效率就会急剧下降，导致市场无法出清及严重偏离市场均衡状态，甚至阻碍市场的形成。而供应链管理在一定程度上，增强了市场的组织性，降低了市场和交易的不确定性，提高供应和需求的计划性，降低了包括信息成本在内的交易成本。供应链管理的引进不可避免地导致企业外部组织成本的增加，但也促进了供应链节点企业正外部效应的内部化整合和扩散，故更会带来企业交易成本和内部组织成本的下降，使增加的外部边际组织成本要远低于减少的边际交易成本与内部组织成本之和，并且使交易成本和内外部组织成本都低于出清成本，从而促进市场运行效率的提高，强化市场出清，导致市场均衡和经济稳定（见表1、图3和表2）。由此，在包括信息等资源利用的约束条件下，当企业引进供应链管理之后上升的边际外部组织成本等于下降的边际交易成本以及边际内部组织成本之和时，则供应链管理的范围和边界得以确立。

其中，C_t为交易成本；C_e为出清成本；C_o为组织成本；C_{o1}为内部组织成本；C_{o2}为外部组织成本；$C_o=C_{o1}+C_{o2}$；C 为市场成本。$\mathrm{C}=C_t+C_o$；C 和 C′为供应链管理前、后的成本。

表1　基于企业的边际交易和组织成本关系

	企业模式：$\Delta C_t=\Delta C_o$，$\mathrm{C}=C_t+C_o$
个体化	$C_t=\mathrm{C}\gg \mathrm{C}_e$，$C_o=0$
一体化	$C_o=\mathrm{C}\gg \mathrm{C}_e$，$C_t=0$
企业化	$C_t>\mathrm{C}_e>C_o$，或 $C_o>\mathrm{C}_e>C_t$

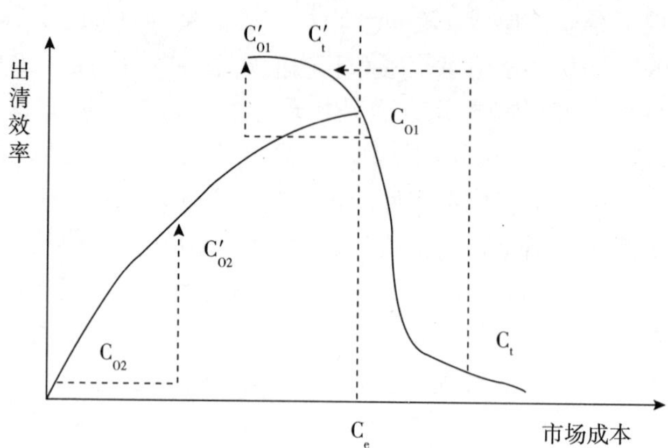

图 3　基于供应链管理的交易、组织和出清成本关系

表 2　基于供应链管理的边际交易和组织成本关系

	供应链管理模式：$C_{o1}+\Delta C_t>\Delta C_{o2}$
非基于信息技术	$C_{o1}-C'_{o1}+C_t-C'_t> C'_{o2}-C_{o2}>0$，$C'_t$，$C'_{o2}$或 $C'_{o2}<C_e$
基于信息技术	$C_{o1}-C'_{o1}+C_t-C'_t\gg C'_{o2}-C_{o2}>0$，$C'_t$，$C'_{o2}$或 $C'_{o2}<< C_e$

（三）供应链管理：市场出清组织

随着经济活动日益复杂化和全球化，市场和企业的边界日益模糊，这就为介于市场和企业之间的中间组织作为一种新型经济管理组织的产生和发展提供强大的动力（Williamson，1975；今井贤一等，1982）。供应链管理在中间组织的制度安排下，能够兼取市场和组织原则之长，进而大幅降低交易成本。纵向一体化是基于组织的供应链整合，而供应链管理是基于中间组织的供应链整合。基于范围经济的供应链整合使交易成本的进一步降低成为可能。由于市场机制对经济具有稳定作用，供应链管理突破了企业作为市场机制替代物的局限，拓展了市场机制替代物的广度和深度，供应链管理成为市场机制替代物的更高组织形态，降低了供应链管理合作企业的库存，加快合作企业库存周转，削弱了供应链的“牛鞭效应”，提高了市场出清水平，进而使其扩展为供应链管理网络，从而演进为具有更高稳定性的市场经济运行体制奠定了基础。供应链管理网络这种经济组织的重组与安排作为一种经济资源配置和调节机制不仅对经济资源配置效率产生重大影响，而且对于宏观经济的平稳健康运行也会产生重大影响。信息技术应用增强了供应链管理作为中间组织任务的合法性；反之，供应链管理提升中间组织效率又使信息技术获得了技术合法性（任敏，2012）。基于此，可以认为供应链管理不仅是先进的经济管理方法，更是一种组织结构的创新，它整合了供应链节点企业管理及信息技术的正外部效应。它的发展作为介于市场和企业之间的中间组织形成了新的经济组织安排（见图 4）。因此，本文提出以下假设：基于信息技术的供应链管理是市场出清组织。

（四）供应链管理网络：组织市场

企业、市场与网络化之间的相互联系，可以称之为半结合（Dietrich，1994）。网络化的供应链管理可以被认为是有组织的市场。格罗斯曼-斯蒂格利茨悖论（Grossman-Stiglitz Paradox，1980）认为，由于信息成本的存在，市场效率和出清均衡是不相容的，市场机制不可能充分有

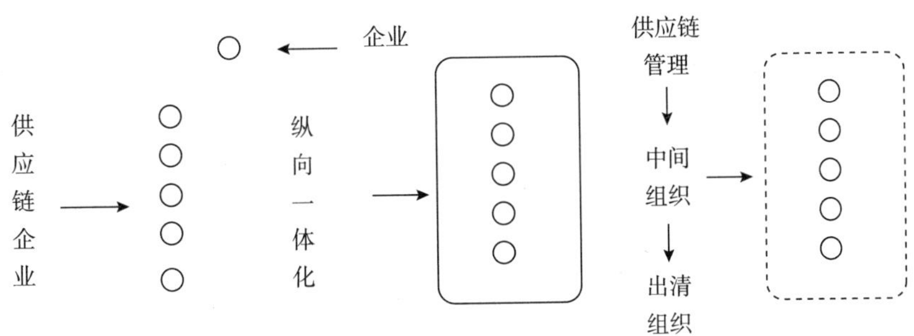

图4　供应链组织模式

效。实施供应链管理的供应链节点企业比单个企业的经济效率更高，更具有竞争力。与此同时，供应链管理又是基于企业而又超越企业出清效率的经济组织形态，供应链管理作为一种新型经济组织及制度安排在很大程度上提高了信息利用效率，其降低信息及交易成本的效用突破了单个企业的局限，供应链管理中的伙伴企业交易成本下降比单个企业更为显著，降低的交易成本和内部组织成本之和大于增加的外部组织成本。进而可以认为供应链管理作为一系列经济合约的组合，其整合资源、降低成本、实施和监督合约比单个企业的效用更为强大。基于信息技术和供应链管理网络叠加产生的巨大正外部效应在一定程度上的内部化整合和扩散（Arrow，1962；Katz and Shapiro，1985，1994），使这个中间组织网络的整合程度大为深化，协调范围大为扩展，从而使供应链管理网络这个有组织市场具有更强的市场出清均衡能力。这不仅使基于信息技术的供应链管理具有降低包括信息成本在内的交易成本、提升经济效率的微观效用，而且也使供应链管理网络作为经济稳定机制具有促进市场出清均衡、稳定经济增长的宏观效用。基于信息技术的供应链管理的广泛运用，供应链管理网络作为垂直型的中间组织网络通过三个层面实现市场供求均衡和经济波动减小：第一层面：供应链管理作为业务流程重组是基于合作博弈优化经济资源调节配置的新型经济管理模式①。它对资源配置是兼有市场交易和组织管理的双重特征。第二层面：以大规模耐用品核心生产企业为中心的供应链管理基于契约和合作博弈机制构成介于市场和企业之间的中间组织，形成了市场出清组织，供应链“牛鞭效应”的弱化就是市场出清增强的表现形式。第三层面：供应链管理网络是有组织的市场。由于基于信息技术的供应链管理降低了信息成本以及交易成本，使市场效率和出清均衡的兼容度提高。首先在需求方面，当信息技术发展使无限多的个体集中在一个市场中进行多边议价时，降低信息及交易成本，减少边际组织成本增加，市价无限趋近有效率的价格（杨小凯，1999；萧琛②，2000），提高市场机制的有效性。其次在供应方面，基于复杂物料清单的大规模耐用品制造业的强正外部性和需求可计划性，叠加基于信息技术和供应链管理网络正外部性的内部化整合和扩散（薛敬孝，2003），促使其供应链网络关联企业的“牛鞭效应”弱化的扩展，增强市场出清功能，导致供应链网络企业生产销售和存货投资的波动性减弱，供应链网络的企业投入产出的波动性减小，市场出清均衡得以加强，进而推动经济波动微波化和稳定化。1984 年之前，每次经济周期的美国耐用品 I/S 值在 1.75~2.5 反复循环震荡；1984 年之后，每次经济周期的耐用品 I/S 值波动的最低值都低于前次波动，2004 年达到最低的 1.3（见图 5）。这正好对应了同期美国经济波动的结构性突降。

基于信息技术的供应链管理水平的提高，居于庞大复杂超长供应链中心地位的大规模耐用品核心生产企业既能更加快速地根据订单的变化调节库存和生产，也能够根据耐用品的供求特性有

① 供应链管理既是一个资源配置优化问题，也是一个劳动分工效率问题。目的是组织和交易成本之和最小化。

② 萧琛认为，网络化势必会更多地降低盲目性，有助于避免经济决策主体的系统性重大失误，从而防止出现剧烈经济波动。

计划地安排生产，使产出和库存投资波动平稳化，并基于信息技术和供应链管理的正外部效应，扩展到供应链流程的节点企业，形成了一种新型经济组织形式——市场出清组织，并在此基础上构成供应链管理网络的联动传导机制。供应链管理网络是有组织的市场，而市场机制具有经济稳定作用，故其能够在更大范围和更深程度上建构超越基于单个企业的市场出清效率的高效出清机制，不仅在一定程度上消除内生负面因素对美国经济冲击所产生的波动，而且也能削减外生负面因素所产生的波动幅度。

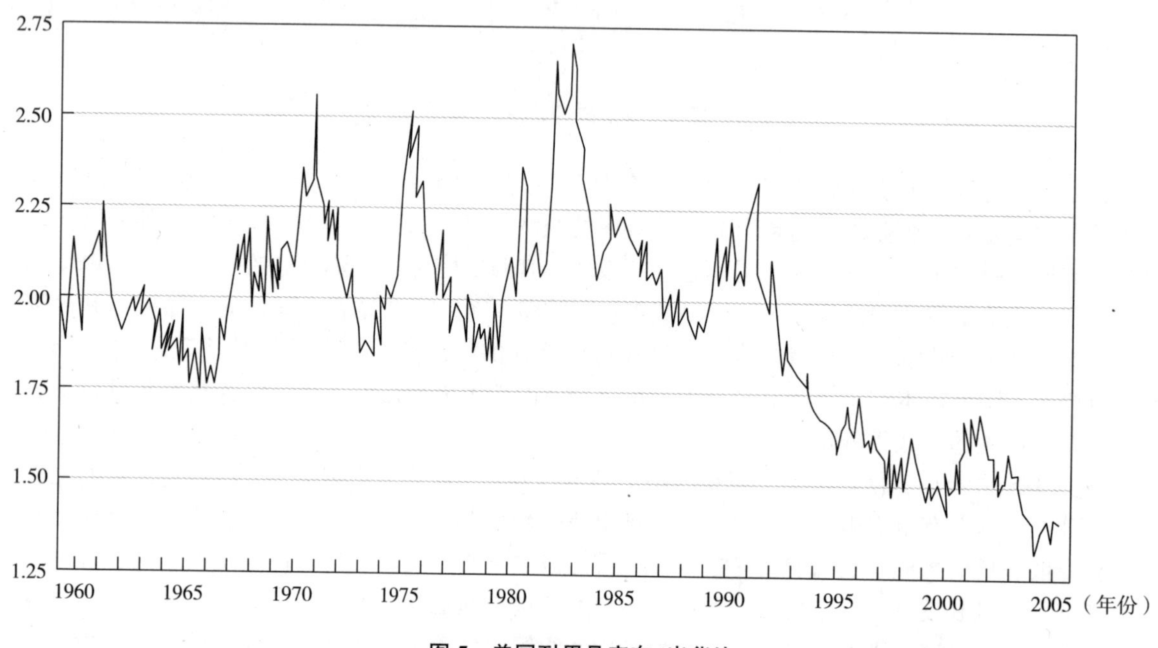

图 5　美国耐用品库存/出货比

资料来源：Census Bureau。

基于信息技术的供应链管理提高了信息完美性、完全性以及减少了信息不对称性，有效地改进供应链的信息结构，能够主动有效地规划客户需求和供应，削弱甚至消除供应链的“牛鞭效应”，基于信息技术的供应链管理作为市场出清组织具有基于供应链的经济优化管理准则的协同性降低了交易成本。首先，它本身作为市场出清组织能够在相当范围内和在一定程度上具有市场出清的功能，能够显著降低大规模耐用品产出和库存的波动性；其次，基于供应链管理网络的正外部性能够在更大范围内和在一定程度上的内部化整合和扩散，增强市场出清机制，使市场均衡状态得以快速实现，使基于信息技术的供应链管理网络规模在很短时间内达到临界容量（critical mass），迅速从低水平均衡跃升到高水平均衡，进而在短时期产生巨大的网络外部效应（Economides and Himmelberg，1995），最终基于信息技术的供应链管理网络正外部效应的内部化整合和扩散所增强的传导机制通过其庞大超长供应链网络体系带动经济波动的微波化，提高市场机制作为经济稳定机制的效用，使基于信息技术的供应链管理网络产生了宏观经济稳定效应。这也在一定程度上解释了美国经济波动为何在 1984 年第一季度发生结构性的突降。

因此，基于信息技术的供应链管理网络形成了新型经济稳定机制能够对外生的经济冲击产生预空、吸收作用，从而缓和外生的衰退波动（Kahn et al.，2001）；同时对内生的经济波动也能起到削弱、预防作用，以至于在一定程度上能够消除内生的衰退波动。在信息技术和供应链管理网络正外部效应的作用下，基于产品物料清单内在构成的产业链的供应链管理联动组织架构作为出清组织网络取得的经济增长稳定性的效应可能超出人们的预期。1984 年以后的美国经济比其他发达国家更加具有韧性、灵活性和耐冲击性，美国经济在 2008 年金融危机后，率先走出衰退的泥沼并一直处于增长中似乎也印证了这一点。

四、结论与展望

组织（制度）变迁和技术创新是社会与经济演进的基本核心。组织为人类提供一个基本结构，它为人们创造出秩序，并试图降低交换中的不确定性，组织加上所利用的技术，决定了交易和组织成本，因而决定了人们从事经济活动的获利性和可行性（North，1990；薛敬孝和张兵，2003）。交易和组织成本更低的经济组织和制度以及使之如虎添翼的技术不断地涌现是社会经济发展演变的规律。如此，使交易和组织成本之和占分工收益的比率越来越低。供应链管理作为组织变迁、信息技术作为技术创新在微观经济层面能够降低交易成本和边际组织成本，在宏观经济层面能够降低福利成本（庄子罐，2010），最终促进经济增长。

基于信息技术的供应链管理作为市场出清组织使经济活动中信息完美性和完整性日益增强，减弱供应链节点企业的信息不对称性，降低了包括信息成本在内的交易成本以及内部组织成本和边际外部组织成本，降低了供应价格黏性，继而削弱“牛鞭效应”，并基于信息技术和供应链管理网络的正外部效应的内部化整合和扩散，使供应链管理网络作为有组织市场增强了市场机制作为经济稳定机制功能，在一定范围内弥补市场机制的内在缺陷，这样就能在一定程度上消除甚至预防经济出现剧烈波动。

突飞猛进的信息技术作为供应链管理的强大技术工具，使信息成本大为降低，包括大数据分析、基于5G的物联网和人工智能技术正在推动智能供应链管理网络的形成和发展，能够即时探测、捕捉和锁定产品的均衡需求曲线，同时能够快速调整供应曲线以匹配产品的均衡需求曲线，使市场机制有效性大为增强，能够形成更加高效的市场出清机制，市场能够更快地趋于均衡状态。市场出清均衡调控的演变经历了从被动地趋于均衡转为盲动地寻觅均衡，最终演变成主动地走向均衡。兼具无形之手（市场机制）的准确和有形之手（宏观调控）快捷的调控市场出清均衡的第三只手越来越清晰地浮现在我们眼前。因此，可以认为即使发生如2008年金融危机那样的重大外部冲击，也不会从根本上改变美国经济波动微波化和稳定化的趋势（曹永福，2010）。

如何运用经济学理论更明确地阐述基于信息技术的供应链管理的经济学内涵，如何建构供应链管理和信息技术作为组织和技术的相互关系，即组织变迁成本和信息技术建构成本与微观经济效率提高和宏观经济福利增加的关系，并引入供应链管理作为组织变量和信息技术作为信息变量，构建数学模型，以揭示在新的约束条件下经济波动的作用和传导机制，这些都是我们需要进一步思考和探索的领域。

参考文献

［1］Chang-Jin Kim, Charles R. Nelson. Has the U. S. economy become more stable? A bayesian approach based on a Markov-Switching Model of business cycle［J］. Review of Economics and Statistics, 1999, 81（4）: 608-616.

［2］Margaret M McConnell , Gabriel Perez-Quiros. Output fluctuations in the United States: What has at changed since the early 1980s?［J］. American Economic Review, 2000（90）: 1464-1476.

［3］刘金全，刘志刚. 我国经济周期波动中实际产出波动性的动态模式与成因分析［J］. 经济研究，2005（3）：26-35.

［4］James A Kahn, Margaret M. McConnell and Gabriel Perez-Quiros. On the causes of the increased stability of the

U. S. economy [J]. FRBNY Economic Policy Review, 2002 (8): 183-202.

[5] Thomas F Siems. Who supplied my cheese? Supply chain management in the global economy [J]. Business Economics, 2005, 40 (4): 6-21.

[6] Bernanke B. The Great Moderation [C]. At the Meetings of the Eastern Economic Association, 2004.

[7] Clarida R, Gali J and Gertler M. Monetary policy rules and macroeconomic stability: Evidence and some theory [J]. Quarterly Journal of Economics, 2000 (115): 147-180.

[8] Dynan K E, Elmendorf D W and Sichel D E. Can Financial innovation help explain the reduced volatility of economic activity? [J]. Journal of Monetary Economics, 2006 (53): 123-150.

[9] Mumtaz H, Simonelli S and Surico P. International comovements, business cycle and inflation: A historical perspective [J]. Review of Economic Dynamics, 2011, 14 (1): 176-198.

[10] Harrod R F. An essay in dynamic theory [J]. Economic Journal, 1939, 49 (193): 14-33.

[11] 龚刚，高阳. 理解商业周期：基于稳定和非稳定机制的视角 [J]. 经济研究，2013 (11): 17-26.

[12] Stock J H., Mark W. Watson. Has the business cycle changed and why? [R]. NBER Macroeconomics 2002, Cambridge, MA: MIT Press, 159-218.

[13] Eggers A, Ioannides Y. The role of output composition in the stabilization of U. S. output growth [J]. Journal of Macroeconomics, 2006, 28 (3): 585-595.

[14] Steven J Davis, James A Kahn. Interpreting the great noderation: Changes in the volatility of economic activity at the macro and micro levels [J]. Journal of Economic Perspectives, 2008 (22): 155-180.

[15] 易纲，吴任昊. 论存货与经济波动（上）[J]. 财贸经济，2000 (5): 5-9.

[16] 易纲，吴任昊. 论存货与经济波动（下）[J]. 财贸经济，2000 (5): 5-9.

[17] Armen A Alchian, Harold Demsetz. Production, information costs, and economic organization [J]. The American Economic Review, 1972, 62 (5): 777-795.

[18] Hayek F. The use of knowledge in society [J]. American Economic Review, 1945, 35 (4): 519-530.

[19] 杨小凯. 专业化与经济组织 [M]. 北京：经济科学出版社，1999.

[20] Kenneth J Arrow. The Organization of Economic Activity: Issues Pertinent to the Choice of Market Versus Nonmarket Allocation [R]. Joint Economic Committee of Congress in 1969.

[21] O E Williamson. Markets and Hierarchies [M]. The Free Press. A Division of Macmillan Publishing Co. Inc., 1975.

[22] [日] 今井贤一，伊丹敬一，小池和男. 内部组织的经济学 [M]. 金洪云译. 北京：生活·读书·新知三联书店，2004.

[23] 任敏. 信息技术应用与组织文化变迁——以大型国企 C 公司的 ERP 应用为例 [J]. 社会学研究，2012 (6): 101-124.

[24] Michael Dietrich. Transaction Cost Economics [M]. New York: Routledge, 1994.

[25] Grossman S, Stiglitz J. On the impossibility of informationally efficient markets [J]. American Economic Review, 1980, 70 (3): 393-408.

[26] Kenneth J Arrow. The economic implications of learning by doing [J]. The Review of Economic Studies, 1962, 29 (3): 155-173.

[27] Katz M L, Shapiro C. Network externalities, competition, and compatibility [J]. American Economic Review, 1985, 75 (3) : 424-440.

[28] Katz M L, Shapiro C. System competition and network effects [J]. Journal of Economic Perspective, 1994, 8 (2): 93-115.

[29] 萧琛. 论美国的“新经济”和“新周期”[J]. 世界经济与政治，2000 (4): 5-10.

[30] 薛敬孝，张兵. 论信息技术产业在美国新周期中的作用 [J]. 南开经济研究，2003 (4): 3-9.

[31] Economides N, Himmelberg C. Critical mass and network evolution in telecommunications [A] //Brock G. Toward a Competitive Telecommunications Industry: Selected Papers from the 1994 Telecommunications Policy Research Conference [C]. 1995.

[32] Kahn J, McConnell M M and Perez-Quiros G. Inventories and the Information Revolution: Implications for Output Volatility [R]. Federal Reserve Bank of New York Working Paper, 2001.

[33] North D C. Institutions, Institutional Change and Economic Performance [M]. Cambridge: Cambridge University Press, 1990.

[34] 庄子罐. 经济周期波动的福利成本研究：分歧与进展 [J]. 经济学动态，2010 (11)：92-95.

[35] 曹永福. 美国经济周期"大缓和"研究的反思 [J]. 世界经济研究，2010 (5)：69-74.

中国跨国公司外派知识转移的影响因素研究*

胡　茉[1]　孟　勇[1]　李　林[2]

（1. 上海工程技术大学管理学院，上海　201620；
2. 湖南大学工商管理学院，长沙　410002）

［摘　要］外派知识转移是海外子公司获取母公司经验知识，进而推动跨国经营战略实现的重要手段。传统研究侧重单一或某些影响因素对外派知识转移过程及绩效的影响，但相对忽视跨文化情境下外派知识转移对个体绩效和子公司绩效的系统作用路径。研究基于个人、组织与环境适配视角，遵循“动能—行为—绩效”的逻辑框架，对中国跨国公司外派人员知识转移前因、过程及结果进行研究。依据知识管理理论和跨文化胜任力理论，探讨外派人员知识转移胜任力如何通过外派知识转移进而影响个人绩效和子公司绩效。从个人-环境适应视角，分析跨文化胜任力对外派个体知识输出的影响；从组织-环境契合视角，探讨子公司跨文化吸收能力对子公司知识吸收的影响；从个人-组织匹配视角，研究外派个体因素、子公司组织因素、两者关系特征及知识特性等对知识从输出到吸收的影响。该研究揭示了高不确定性背景下外派知识转移的发生机制，可为跨国公司提升知识转移绩效、增强竞争力提供实践参考。

［关键词］跨国经营；外派知识转移；跨文化胜任力；跨文化吸收能力；绩效

一、问题的提出

外派知识转移是跨国公司在全球范围内进行信息流动和价值传导的主要渠道。商务部数据显示，2018 年我国对外直接投资同比增长 4.2%，海外工作人数达 99.7 万人。随着发展模式和战略思路的升级，未来 30 年中国跨国公司需要从资源获取者向价值创造者身份转变，外派人员作为跨国公司内部知识转移的主要媒介，是其获取全球学习优势、构建跨国竞争优势的重要来源。有研究指出，一些跨国公司往往依据业务技术能力来选择外派人员，却忽视了有效转移知识所需的“软技能”，造成知识转移失败并影响母子公司后续合作（Tung，1987；赵曙明，2016）。因此，对跨文化情境下外派人员知识转移过程的管理是实业界和学术界共同面临的严峻挑战。

外派知识转移成败的关键在于外派人员是否具有知识转移的胜任力以及知识转移过程是否有

* ［基金项目］本研究受国家社会科学基金项目（项目编号：17GBJ021）、国家自然科学基金面上项目（项目编号：71473076）、上海市发展与改革委员会项目（项目编号：62071609）、上海工程技术大学教学研究项目（项目编号：06011901016）和金课建设项目（项目编号：530019050308）的资助。

效。作为跨国公司知识管理中重要的一环，对跨国公司内部知识转移的研究一直是国际商务领域的研究热点之一。西方在这方面已经取得了较为丰硕的研究成果，主流研究强调将外派人员作为中介，分析经验知识和战略信息如何通过外派在跨国公司母公司与子公司之间进行流动，其基本假设前提是外派人员天生具有知识转移所需的一切能力并总能恰当地运用它们。但现实是，在高不确定的背景下，外派人员知识转移过程会受到个人、组织和环境等多层面因素影响，导致转移结果往往不尽如人意。仅有少数学者从外派人员视角解释知识转移现象，认为外派人员的知识转移能力、子公司吸收能力等都会影响外派知识转移并最终影响子公司绩效（Gonzalez and Chakraborty，2014；杨倩玲和白云涛，2017）。然而，对这类问题的理论和实证研究并不多。

中国跨国公司外派知识转移研究尚处于起步阶段，由于外派知识转移具有背景依赖性，对西方外派知识转移理论与经验研究的结论不能简单挪用。因此，有必要在学习西方关于外派知识转移理论的基础上，基于跨文化情境开展中国跨国公司外派人员知识转移过程有效性的实证研究。本文以中国外派人员为研究样本，遵循“动能-行为-绩效”的逻辑框架，从个人、组织与环境适配视角整合传统研究中个体因素、组织因素、情境因素等分散的研究范式，聚焦于外派知识转移前因、过程及对绩效作用结果的产生机制展开系统研究。主要解决以下三个研究问题：

问题 1：如何针对外派知识转移中文化差异大、知识异质性强的特点，进一步深入理解情境因素对外派知识转移的作用机理？

对于情境因素究竟是阻碍还是促进知识转移，现有的研究尚无统一结论。本文拟从情境对知识转移主客体行为产生影响的过程出发，通过探讨外派人员跨文化胜任力和子公司跨文化吸收能力对外派知识转移的作用路径来解释跨文化情境下的外派知识转移。

问题 2：如何从个人、组织与情境互动和协调的角度分析外派知识转移的过程，以呼应外派知识转移的复杂背景？

个人、组织与环境的相互适配是外派人员与子公司之间实现跨文化知识转移有效性的前提。本文从个人与组织匹配、个人与环境适应以及组织与环境契合“三位一体”视角，系统思考外派知识转移的前因、过程及结果。

问题 3：如何整合现有研究中外派知识转移过程的各类影响因素，构建逻辑相对完整的外派知识转移模型？

针对现有研究中所包含的影响因素较为庞杂且缺乏系统性的问题，本文拟通过初期的文献内容分析和筛选，结合前述两个关键问题的逻辑构架，形成跨文化情境下的外派知识转移动能、行为及绩效模型。

二、文献综述

外派知识转移（expatriate knowledge transfer）是指跨国公司通过外派人员到子公司任职实现知识从母公司到子公司的流动与转化①（Kogut and Zander，1992；Grant，1996）。从 20 世纪末开始，国际商务和外派管理领域的学者以外派知识转移为议题展开了理论和实证研究，根据其分析侧重点不同可归纳为前因、过程及结果研究三个方面。

① 子公司向母公司的知识转移称为逆向知识转移，不属于本文的主要讨论范畴。

（一）外派知识转移前因的研究

外派知识转移的前因首先是促使外派人员进行知识转移的因素，它与知识转移过程中影响因素的作用方式不同，前者决定了知识转移是否会发生，而后者决定了知识转移能否顺利进行（Wang et al.，2009）。研究发现，个体具备的能力（执行外派任务所需的知识、技能和经验）促进了外派知识转移，如沟通能力、业务处理能力和管理经验等（Kim and Slocum，2008；刘畅唱等，2016）。其次，与动机（知识转移的意愿或偏好）相关的因素也是触发外派知识转移的重要原因，如互惠、名声、自我实现的需要和期望产出等（Kalman，1999；Osterloh and Frey，2000；Dixon，2000；Fey and Furu，2008；Zhao et al.，2016）。最后，研究强调了外部机会（实现知识转移所需的资源）如工作场所资源等对外派知识转移的催化作用（Bakker et al.，2003；王展硕和谢伟，2018）。近期研究开始从"能力-动机-机会"（AMO）理论框架来整合诠释知识转移的发生机制，认为知识能否转移到子公司取决于个人进行知识转移所需的能力、动机和机会的组合（Appelbaum et al.，2000；Chang et al.，2012；Showail et al.，2013；叶晓倩，2016）。

（二）外派知识转移过程及其影响因素的研究

外派知识转移过程即知识从主体（外派人员）向客体（子公司）转移的过程，这一过程受知识层面、个体层面、组织层面和情境层面等多因素的影响（Boxall and Purcell，2003）。从被转移知识来看，知识自身特性，如复杂性、专有性和内隐性等影响知识转移的有效性（Zander and Kogut，1995；Alavi and Leidner，2001；肖小勇和文亚青，2005）；从知识源来看，外派人员的自我效能、社会网络等因素影响知识转移的有效性（Chiu，et al.，2009；Osman - Gani and Rockstuhl，2009；陈文春和袁庆宏，2010）；从知识转移的接受方来看，接受方子公司的组织特征，如参与知识转移的时间长短、组织结构和组织制度，以及子公司的吸收能力等都是影响知识转移效果的重要因素（Szulanski，2000；Duanmu and Fai，2007；Xie，Zou and Qi，2018；孟勇和胡茉，2018）；从参与知识转移的双方关系来看，知识转移双方之间的控制程度和信任关系是影响知识有效转移的重要因素（Dirks and Ferrin，2002；易加斌等，2009；王娟茹，2015）。此外，对跨国知识转移而言，还存在着重要的由于跨文化情境导致的影响因素，如母国与东道国之间的文化差异和东道国的制度环境等（Castro and Neira，2005；Sarala and Vaara，2010；Gaur et al.，2007；Peltokorpi and Froese，2014；于鹏和赵景华，2011）。但对情境因素的实证研究得到的结论并不统一，有学者认为文化差异会导致文化冲突，进而引发矛盾和对立，最终导致知识转移绩效低下（Castro and Neira，2005）；也有学者指出"不要把文化差异与冲突的关系妖魔化"，认为文化差异能够促进双方资源互补并提升价值创造力，从而提升知识转移绩效（Sarala and Vaara，2010）。

近期研究开始综合个体、组织、社会情境等因素建立多层次模型进行实证研究，如 Gonzalez 和 Chakraborty（2014）从理论层面提出了外派人员个人特征、跨文化适应、组织特征等知识转移的影响因素；刘帮成和王重鸣（2007）提出了基于知识层面、组织层面和国家层面的跨国知识转移效能的影响因素，并通过对跨国创业企业的实证研究证实了组织层面的知识战略和组织间信任是影响跨国知识转移有效性的重要因素；许晖等（2015）从国际创业者和组织两个层面分析了国际新创企业创业知识溢出及整合机制，提出自主创业、创业模仿和跨文化创业三种知识转移机制；杨倩玲和白云涛（2017）从社会层次、组织层次、工作单元层次、个体层次、工作单元和个体交互层次以及知识特征六个方面梳理了外派回任知识转移的影响因素并进行了理论阐述。总体而言，对外派知识转移过程影响因素的研究显得较为分散，系统的影响因素模型仍待建立，尤其是实证研究仍有待加强。

(三) 外派知识转移结果的研究

目前，对外派知识转移结果的实证研究并不多，一般只是笼统提及外派知识转移是形成跨国竞争优势的有效手段（Gong，2003）。现有对外派知识转移结果的研究主要包含个人和公司两个层次，即对个人职业生涯发展的影响和对公司创新能力和公司绩效的影响，如 Chang 等（2012）发现外派知识转移能力通过子公司吸收的知识进而对子公司财务绩效产生正向影响，子公司吸收能力越强则这种影响越大；Xie 等（2018）通过对中国 379 家高科技公司的实证研究发现知识吸收能力与企业的创新绩效之间存在正相关关系；Kawai 和 Chung（2019）研究发现外派人员通过与子公司的知识转移促进子公司的知识创造和产品绩效，进而促进子公司财务绩效；徐笑君（2016）通过实证研究证实了跨文化沟通能力通过影响外派人员的知识学习和知识转移过程进而对个人工作绩效产生正向影响。整体来看，关于外派知识转移对绩效作用机制的实证研究并不多，且缺乏对个人绩效和子公司绩效影响的综合考量。

(四) 研究评述

第一，现有文献提出影响外派知识转移的因素，虽然涉及知识本身、员工个体、组织、情境等多个层次，但基本是对单一因素或某些影响因素的研究，很少整体考虑不同层次因素的综合影响。因此有必要整合外派知识转移影响因素的框架模型，进一步深入理解外派知识转移的内部机制，并开展相应的实证研究来对模型进行验证。

第二，外派知识转移是一个动态过程，这一过程受外部情境影响的作用尚未被现有研究重视。从“动能-行为-绩效”的逻辑构架来看，文化情境会对外派知识转移的全过程产生重要影响。例如，在动能层次，现有研究普遍忽略外派人员除应具备工作所需的知识转移胜任力外，还应具备跨文化胜任力来克服知识传递过程中因文化差异带来的信息失真；此外，在知识转移过程中，如子公司对知识的吸收层面，以往研究往往只考虑子公司吸收能力，但对子公司的跨文化吸收能力的内涵及构面的研究鲜有涉及（孟凡臣和赵中华，2018）。因此，需探讨跨文化情境下外派知识转移产生作用的边界条件。

第三，以往针对外派知识转移影响因素的研究倾向于将个体、知识、组织和情境各层面因素视为并列关系，并不探讨其中的互动关系和相互依赖性，认为影响因素与外派知识转移结果之间的关系简单直接。实际上，不仅个体特征、组织特征等因素会对外派知识转移产生影响，个人与组织之间的关系特征也会影响外派知识转移行为，其他与工作有关的情境因素同时也在发挥作用（赵曙明，2016；刘燕和李锐，2018）。因此有必要从个体、组织和环境交互视角考察外派知识转移过程，以呼应外派知识转移的复杂背景。

第四，现有实证研究选取的样本集中为发达国家跨国公司，对于发展中国家跨国公司的外派知识转移研究甚少。仅有部分国内学者研究了外派回任知识转移问题，其假设前提是发展中国家跨国公司需要通过外派回任人员知识转移来实现对发达国家跨国公司的赶超。伴随我国对“一带一路”沿线国家战略投资的拓展和企业经营实力的提升，以我国跨国公司外派人员为样本的母公司向子公司的知识转移研究亟待加强。同时考虑到管理本土化情境的需要，也应当对中国跨国公司所处特定外部环境和内部人才供给进行针对性分析，为中国企业国际化水平的提升提供有益参考。

三、研究构想

在前人研究基础上，本文运用动机、能力和机会理论、跨文化胜任力理论、跨文化吸收能力理论，整合“动能-行为-绩效”的研究框架，考察中国跨国公司外派人员知识转移胜任力如何通过外派人员知识输出、子公司知识吸收，进而影响知识转移多层次绩效实现，并从个人、组织与情境适配视角阐述各影响因素的作用路径。基于个人、组织与环境适配逻辑，从个人-环境适应视角，考察跨文化背景下影响外派知识转移胜任力对外派知识输出作用效果的边界条件和影响外派知识输出对子公司知识吸收作用效果的边界条件（外派人员跨文化胜任力）；从组织-环境契合视角，考察跨文化背景下影响外派人员知识输出对子公司知识吸收作用效果的边界条件和子公司知识吸收发挥作用的边界条件（子公司跨文化吸收能力）；从个人-组织匹配视角，考察跨文化背景下影响外派人员知识输出对子公司知识吸收作用效果的边界条件（包括个体因素、组织因素、个体与组织的关系特征和知识特性等）。整体研究模型及各变量构成如图 1 所示。

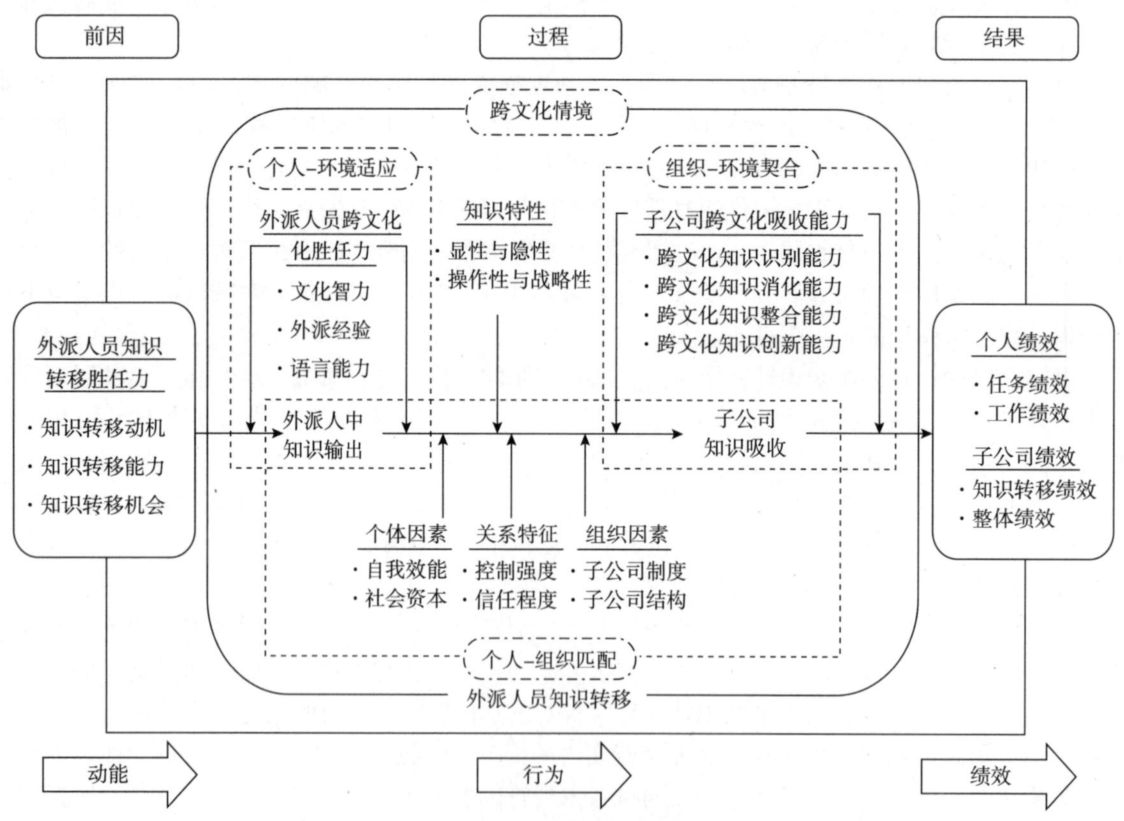

图 1　跨文化情境下的外派知识转移模型

（一）跨文化情境下的外派知识转移过程

1. 跨文化情境的内化机制

外派知识转移是在跨文化情境中进行的信息沟通和传递过程，由于文化内核的多元性，影响外派知识转移的情境因素呈现多样性和复杂性特征。与以往研究将情境因素视为影响知识转移有效性的直接因素不同，我们认为情境因素不是对知识转移主客体的行为产生直接影响，而是通过主客体对跨文化情境的认知和内化，以及由此所展现的应对能力对知识转移过程和结果产生间接影响。因此，本文将通过对外派人员跨文化胜任力和子公司跨文化吸收能力对外派知识转移的影响路径来探讨跨文化情境下的外派知识转移。

2. 基于个人、组织与环境适配的外派知识转移过程

外派知识转移的成功依赖于跨文化情境下个人与组织、个人与环境以及组织与环境之间的互动和协调，只有实现三组关系的相互适应与匹配，才能实现有效的知识转移。本部分将从个体-组织、个体-情境以及组织-情境交互作用视角考察影响因素彼此之间及与知识转移结果之间的关系，对这三组互动关系与各影响因素之间的适配做相应的阐释，并探讨各类影响因素发挥作用的边界条件。

（二）外派人员知识转移胜任力对多层次绩效的影响：外派知识输出和子公司知识输入的中介作用

1. 外派人员知识转移胜任力的概念与构面

根据 AMO 理论，受跨国公司内部组织层级的影响，外派知识转移主要表现为一种知识发送方驱动型知识转移。因此，外派人员知识转移胜任力（包括能力、动机和机会）是实现成功知识转移的驱动因素。

2. 外派知识转移胜任力与多层次绩效：外派知识输出和子公司知识输入的中介作用

外派人员知识转移胜任力是促使外派人员进行知识输出的必要条件，并通过知识转移过程最终作用于个人绩效和子公司绩效。依循动能-行为-绩效的逻辑框架，构建外派人员跨文化胜任力依次通过外派知识输出和子公司知识输入的中介作用对个人绩效和子公司绩效产生正向影响的作用模型（见图 2）。运用结构方程模型 Bootstrap 法，考察外派知识输出和子公司知识输入的链式中介作用。

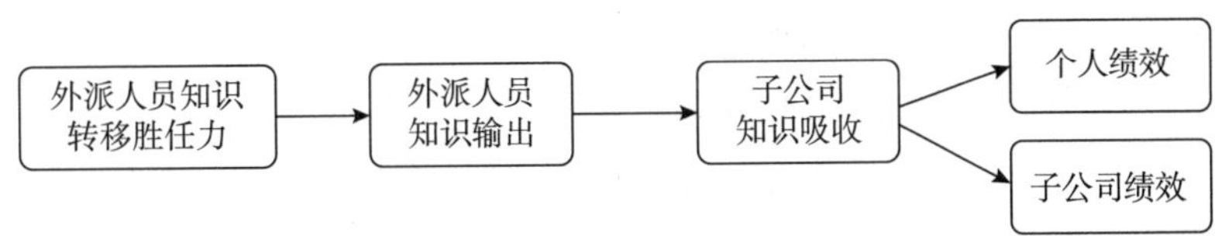

图 2 外派人员知识转移胜任力对多层次绩效的作用模型

（三）个人-组织匹配：个体因素、组织因素、两者关系、知识特性的调节作用

1. 个体因素、组织因素、两者关系、知识特性的内涵与构面

知识转移过程既包括外派知识输出，也包括子公司知识吸收。在知识从输出到输入的过程中，知识本身的特性、外派人员的个体因素、子公司的组织因素，尤其是两者之间的互动关系，都会对知识转移过程产生重要影响。

2. 外派人员知识输出与子公司知识吸收：个体因素、组织因素、两者关系、知识特性的调节作用

从个人因素来看，外派人员的内部自我效能越高，对知识转移成功的信念和期许就越强；外部社会资本越多，越容易通过外部资源寻求和社会关系来帮助解决知识转移过程中的难题，这些都有利于知识的顺利转移；从组织因素来看，组织制度中越具备战略性的与推动知识转移相关的

政策、组织结构越趋向于扁平化，越有利于知识的顺利转移；从个人和组织的相互关系来看，由于知识转移的过程嵌入在组织和工作单元的社会情境中，因而两者的关系特征，如组织的控制程度、组织与成员间的信任关系对能否顺利实现知识转移也具有重要作用；另外，由于跨国公司内部知识黏性的存在，知识缄默程度越高、越偏向于战略而非操作层面，就越难以被表达、传播和转移。个人–组织匹配视角下的外派知识转移理论模型如图 3 所示。

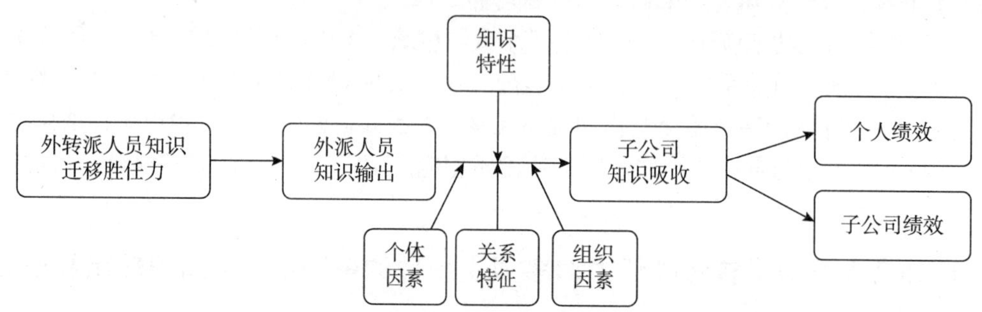

图 3　个人–组织匹配视角的外派知识转移过程模型

（四）个人–环境适应：外派人员跨文化胜任力的调节作用

这部分主要探讨外派人员跨文化胜任力对外派人员知识转移胜任力与子公司知识吸收的调节作用。外派人员的知识输出过程除了依赖于其自身与子公司的良好沟通和互动外，同时受外部跨文化情境的影响很大。根据跨文化胜任力理论，个体在跨文化情境中胜任工作的程度取决于个体对文化差异的认知和评价以及所采取的应对方式（李宜菁和唐宁玉，2010）。从个人–环境适应视角，一方面，具有较强的跨文化胜任力的个体更能适应充满挑战和不确定性的工作环境，倾向于主动参与推动知识转移的动机越强，即外派人员跨文化胜任力调节外派人员知识转移胜任力对外派知识输出的影响；另一方面，当知识转移过程遇到文化差异带来的认知和行为阻碍时，具有较强的跨文化胜任力的个体能展现出表达和行为的灵活性，懂得按照当地文化风俗和规范采取行动，因而其知识输出行为更有可能受到欢迎而不是抵制，进而可能对知识输出到知识吸收的过程产生调节效应。本部分研究模型如图 4 所示。

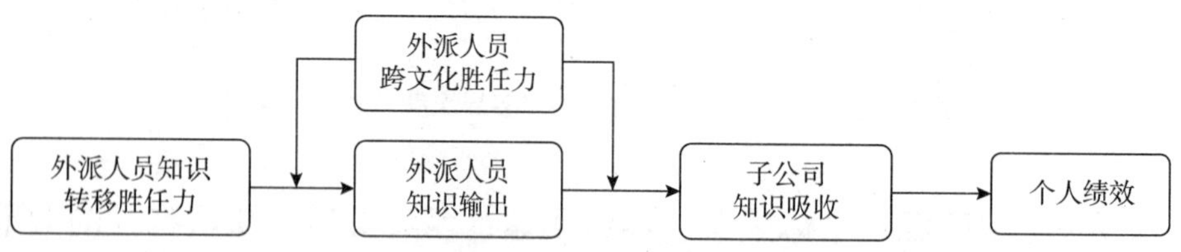

图 4　个人–环境适应视角的外派知识转移过程模型

（五）组织–环境契合：子公司跨文化吸收能力的调节作用

关于子公司跨文化吸收能力对外派人员知识输出与子公司绩效的调节作用。有效的知识转移不但取决于外派人员的知识输出效率，还取决于子公司成功接收并将之与现有的惯例相结合并应用于行动的效率。从组织–环境契合视角来看，一方面，成功的知识获取依赖于子公司克服跨文化情境带来的沟通和学习障碍，实现对知识的有效识别和消化，即子公司的跨文化吸收能力会影响外派知识输出与子公司所获得的知识之间的关系；另一方面，子公司的跨文化吸收能力也可以调节其接收到的知识与子公司绩效之间的关系，这是因为当外派人员转移的知识被子公司消化，并与现有知识整合成为新知识体系用以指导实践时，这种整合性新知识可能为子公司带来持续竞争优势，因而会对子公司绩效产生正向影响。本部分研究模型如图5所示。

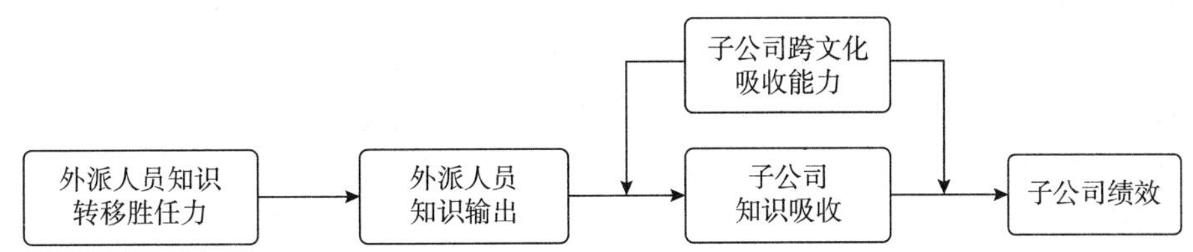

图5　组织-环境契合视角的外派知识转移过程模型

四、理论构建与创新之处

面对当下国际经济和竞争环境的巨变，在配置跨国经营所需的外派人才方面获得理论的支持和引导已成为中国跨国公司的急切诉求。本文通过厘清跨文化情境下外派知识转移产生作用的边界条件及其对个人和子公司绩效的作用机理，可以作为分析工具指导跨国企业的战略人力资源管理规划以及外派人才的识别和优化配置，研究整体架构如图6所示。

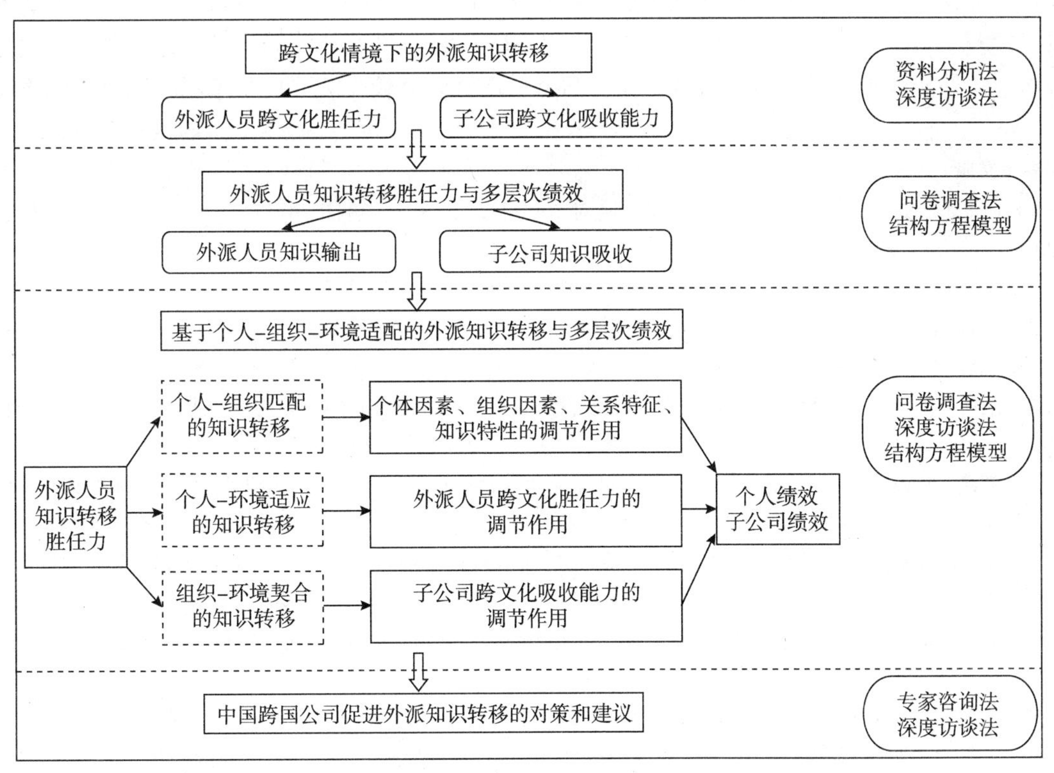

图6　研究的整体架构

目前国内针对外派人员知识转移的研究尚处于起步阶段，西方研究着重于探讨外派知识转移对绩效的作用及其影响因素，但相对忽视跨文化情境下各因素对知识转移过程的作用路径。本文引入外派人员跨文化胜任力和子公司跨文化吸收能力来解释外派知识转移过程，并从个人、组织与情境适配视角对作用于外派知识转移有效性的边界条件进行研究，打开了外派知识转移胜任力与绩效之间的“黑箱”。

（1）通过系统的理论架构，形成外派知识转移的前因、过程和结果的系统分析框架。明确基于能力-动机-机会的外派知识转移动能机制，构建个人-组织-环境适配视角下的外派知识转移过程机制，探索跨文化情境对外派知识转移过程和结果的作用机制。

（2）经由规范的实证研究，建立中国跨国公司外派人员知识转移与多层次绩效的综合模型。明确外派知识转移发生作用的边界条件，厘清外派知识转移对绩效的综合影响，形成用以指导中国跨国公司知识管理和外派管理实践的分析工具。

在高度不确定的外派环境中，外派人员知识转移行为对于完成外派目标、提升子公司绩效有重要作用，是近年来国际人力资源管理和知识管理领域的新兴热点话题。现有研究较少考察跨文化情境下外派人员知识转移行为的发生机制及其对个人和子公司绩效的影响。本文从个人、组织与环境相互适配视角出发，遵循“动能-行为-绩效”的逻辑框架，构建了跨文化情境下外派知识转移前因、过程及结果的解释性理论模型。其创新之处体现为：

第一，与传统研究将跨文化情境视为外派知识转移的直接影响因素不同，考虑外派知识转移背景的复杂性，将其内化为个人跨文化胜任力和子公司跨文化吸收能力加以考察，并探讨了两者作为边界条件对外派知识转移的影响机制。

第二，探讨了外派知识输出和子公司知识输入对知识转移胜任力与子公司绩效关系的中介作用，揭开了知识转移对子公司绩效作用的机制“黑箱”。

第三，整合传统研究中各类外派知识转移的影响因素，从个人-组织匹配、个人-环境适应和组织-环境契合的“三位一体”视角出发，构建逻辑相对完善的外派知识转移理论框架，并以中国跨国公司外派人员为样本进行实证研究，弥补了现有研究较少关注新兴市场跨国公司的不足。

参考文献

[1] 陈文春，袁庆宏. 外派技术人员社会资本对企业间知识转移的影响机制研究［J］. 科学学与科学技术管理，2010，31（1）：90-93.

[2] 李宜菁，唐宁玉. 外派人员跨文化胜任力回顾与模型构建［J］. 管理学报，2010，7（6）：841-845.

[3] 刘畅唱，贾良定，李珏兴，刘德鹏，杨椅伊. 经验开放性对跨文化管理有效性的作用机制［J］. 心理学报，2016，48（10）：1326-1337.

[4] 刘帮成，王重鸣. 影响跨国知识转移效能的因素研究：以在华进行跨国创业企业为例［J］. 科研管理，2007，28（6）：1-11.

[5] 刘燕，李锐. 中国跨国公司外派人员多目标主动行为的前因与后果——挑战性-阻碍性压力视角［J］. 心理科学进展，2018，26（9）：1553-1566.

[6] 孟凡臣，赵中华. 跨文化吸收能力对国际并购知识转移影响机制的多案例研究［J］. 管理学报，2018，15（8）：119-128.

[7] 孟勇，胡茉. 跨国公司子公司高管配置：外派还是本土任用？［J］. 江西社会科学，2018，38（4）：207-215，256.

[8] 王娟茹. 回任支持对双元性创新的影响研究［J］. 管理学报，2015，12（7）：976-983.

[9] 王展硕，谢伟. 研发国际化对企业创新绩效的作用过程及结果分析［J］. 外国经济与管理，2018，40（9）：55-70.

[10] 肖小勇，文亚青. 组织间知识转移的主要影响因素［J］. 情报理论与实践，2005，28（4）：355-358.

[11] 许晖，王琳，张阳. 国际新创企业创业知识溢出及知识整合机制研究——基于天士力国际公司海外员工成长及企业国际化案例［J］. 管理世界，2015（6）：141-153，188.

[12] 徐笑君. 外派人员跨文化沟通能力对工作绩效的影响研究：专业知识学习的中介效应 [J]. 研究与发展管理，2016，28 (4)：87-96.

[13] 杨倩玲，白云涛. 外派回任人员知识转移：内涵、分类、前因与效果 [J]. 中国人力资源开发，2017 (2)：52-61.

[14] 叶晓倩. 回任人员的知识转移研究——基于个体—组织多重匹配视角 [J]. 经济管理，2016 (38)：105-117.

[15] 易加斌，范莉莉，谢冬梅. 跨国公司母子公司之间管理知识转移的影响因素分析——一个综合模型 [J]. 科技管理研究，2009，29 (9)：356-359.

[16] 于鹏，赵景华. 基于软环境视角的跨国公司内部知识转移影响因素研究 [J]. 管理评论，2011，23 (6)：99-107.

[17] 赵曙明. 国际企业：人力资源管理（第五版）[M]. 南京：南京大学出版社，2016.

[18] Alavi M, Leidner D E. Review: Knowledge management and knowledge management systems: Conceptual foundations and research issues [J]. MIS Quarterly, 2001, 25 (1): 107-136.

[19] Appelbaum E, Bailey T, Berg P and Kalleberg A L. Manufacturing advantage: Why high-performance work systems pay off [M]. Ithaca, NY: Cornell University Press, 2000.

[20] Bakker A B, Demerouti E, De Boer E and Schaufeli W B. Job demands and job resources as predictors of absence duration and frequency [J]. Journal of Vocational Behavior, 2003, 62 (2): 341-356.

[21] Boxall P, Purcell J. Strategic human resource management: Where have we comefrom and where should we be going? [J]. International Journal of Management Reviews, 2000, 2 (2): 183-203.

[22] Castro C, Neira E. Knowledge transfer: Analysis of three internet acquisitions [J]. International Journal of Human Resource Management, 2005, 16 (1): 120-135.

[23] Chang Y Y, Gong Y and Peng M W. Expatriate knowledge transfer, subsidiary absorptive capacity, and subsidiary performance [J]. Academy of Management Journal, 2012, 55 (4): 927-948.

[24] Chen C, Ibekwe-San Juan F and Hou J. The structure and dynamics of co-citation clusters: A multiple-perspective co-citation analysis [J]. Journal of the American Society for Information Science and Technology, 2010, 61 (7): 1386-1409.

[25] Chiu Y P, Wu M, Zhuang W L and Hsu Y Y. Influences on expatriate social networks in China [J]. The International Journal of Human Resource Management, 2009, 20 (4): 790-809.

[26] Dirks K T, Ferrin D L. The role of trust in organizational settings [J]. Organization Science, 2002, 12 (2): 450-467.

[27] Dixon N M. Common knowledge: How companies thrive by sharing what they know [M]. Boston: Harvard Business School Press, 2000: 70-79.

[28] Duanmu J L, Fai F M. A processual analysis of knowledge transfer: From foreign MNEs to Chinese suppliers [J]. International Business Review, 2007, 16 (4): 449-473.

[29] Fey C F, Furu P. Top management incentive compensation and knowledge sharing in multinational corporations [J]. Strategic Management Journal, 2008 (29): 1301-1323.

[30] Gaur A S, Delios A and Singh K. Institutional environments, staffing strategies, and subsidiary performance [J]. Journal of Management, 2007, 33 (4): 611-636.

[31] Gong Y. Subsidiary staffing in multinational enterprises: Agency, resources, and performance [J]. Academy of Management Journal, 2003 (46): 728-739.

[32] Grant R M. Toward a knowledge-based theory ofthe firm [J]. Strategic Management Journal, 1996 (17): 109-122.

[33] Gonzalez J A, Chakraborty S. Expatriate knowledge utilization and MNE performance-A multilevel framework [J]. Human Resource Management Review, 2014 (24): 299-312.

[34] Kalman M E. The effects of organizational commitment and expected outcomes on the motivation to share discretionary information in a collaborative database: Communication dilemmas and other serious games [M]. Los Angeles: University of Southern California, 1999: 53-56.

[35] Kawai N, Chung C. Expatriate utilization, subsidiary knowledge creation and performance: The moderating role of subsidiary strategic context [J]. Journal of World Business, 2019 (54): 24-36.

[36] Kim K, Slocum J W. Individual differences and expatriate assignment effectiveness: The case of U. S. -based Korean Expatriates [J]. Journal of World Business, 2008, 43 (1): 109-126.

[37] Kogut B, Zander U. Knowledge of the firm and the evolutionary theory of the multinational corporation [J]. Journal of International Business Studies, 1993 (24): 625-645.

[38] Osman-Gani A M, Rockstuhl T. Cross-cultural training, expatriate self-efficacy, and adjustments to overseas assignments: An empirical investigation of managers in Asia [J]. International Journal of Intercultural Relations, 2009, 33 (4): 277-290.

[39] Osterloh M, Frey B. Motivation, knowledge transfer, and organization forms [J]. Organization Science, 2000, 11 (5): 538-550.

[40] Peltokorpi V, Froese F. Expatriate personality and cultural fit: The moderating role of host country context on job satisfaction [J]. International Business Review, 2014, 23 (1): 293-302.

[41] Sarala R M, Vaara E. Cultural differences, convergence, and crossvergence as explanations of knowledge transfer in international acquisitions [J]. Journal of International Business Studies, 2010, 41 (8): 1365-1390.

[42] Showail S J, Parks J M and Smith F L. Foreign workers in Saudi Arabia: A field study of role ambiguity, identification, information-seeking, organizational support and performance [J]. The International Journal of Human Resource Management, 2013, 24 (21): 3957-3979.

[43] Szulanski G. The process of knowledge transfer: A diachronic analysis of stickiness [J]. Organizational Behavior and Human Decision Processes, 2000, 82 (1): 9-27.

[44] Tung R L. Enhancing success and managing failure [J]. Academy of Management Executive, 1987, 1 (2): 117-126.

[45] Wang S, Tong T W, Chen C and Kim H. Expatriate utilization and foreign direct investment performance: The mediating role of knowledge transfer [J]. Journal of Management, 2009 (35): 1181-1206.

[46] Xie X, Zou H, Qi G. Knowledge absorptive capacity and innovation performance in high-tech companies: A multi-mediating analysis [J]. Journal of Business Research, 2018 (88): 289-297.

[47] Zhao S, Liu Y and Zhou L L. How does a boundary less mindset enhance expatriate job performance? The mediating role of proactive resource acquisition tactics and the moderating role of behavioral cultural intelligence [J]. The International Journal of Human Resource Management, 2016: 1-25.

[48] Zander U, Kogut B. Knowledge and the speed of the transfer and imitation of organizational capabilities: An empirical test [J]. Organization Science, 1995, 6 (1): 76-92.

“脱欧”与英国中小企业面临的主要问题

范一迪

（云南大学工商管理与旅游管理学院，云南昆明　650500）

[**摘　要**]“脱欧”背景下，英国政府似乎打算对移民政策、贸易政策进行改革。本文通过对整理与回顾有关文献和数据，探讨了英国中小企业在此状况下将面临的潜在问题。结果表明“脱欧”可能带来的英国经济下行、贸易壁垒增加、移民政策收紧、英镑贬值等影响使英国中小企业不得不面临劳动力短缺、欧盟市场丧失、融资难度增大等问题。最后，本文为当地中小企业和政府提供了一些建议，以降低“脱欧”带来的负面影响。

[**关键词**]“脱欧”；中小企业；欧盟；贸易

一、引言

2016 年 6 月 23 日，英国就是否离开欧盟举行了公投，最终，支持“脱欧”的选民票数占总投票数量的 51.9%。随后，英国政府启动了为期两年的“脱欧”程序，在经过两次延期后，最新的英国“脱欧”的截止日期被定为 2019 年 10 月 31 日。“脱欧”作为一个具有高度不确定性的政治事件，将对国际社会以及英国本土产生重大的影响（Lee et al., 2018）。目前，大量研究者认为，“脱欧”将对英国经济产生中期甚至长期的负面影响（Giles and Tetlow, 2017），包括贸易、通货膨胀水平、人均收入等方面都将受到波及（Breinlich et al., 2017; Sampson, 2017）。

之前，国外学者对英国“脱欧”的研究往往集中于国家层面的经济后果和对大型企业在该进程中将受到的影响等方面，关于英国中小企业的研究相对较少。中小企业是英国经济的重要组成部分，在英国，超过 99.9%的私营企业均为中小企业，这些企业的年营业总额占私营企业年营业总额的一半以上，创造的就业岗位占所有私营企业的 60%（Department for Business, Energy and Industrial Strategy, 2018）。因此，在“脱欧”背景下，对英国中小企业可能面对的问题进行讨论是十分有必要的。

本文以相关领域的期刊、报告、新闻评论为研究基础，对英国“脱欧”背景下的英国中小企业可能面对的问题进行了梳理和总结。本文首先简要介绍英国与欧盟的关系史，这些重要的历史将为更好地理解英国“脱欧”奠定基础。随后，本文对“脱欧”的根由进行了讨论。接下来，本文分析了“脱欧”方式的可能性，对这种不确定性的了解是研究其对中小企业可能面临的问题的关键。随后，本文从劳动力、市场、融资等方面对“脱欧”后中小企业可能面临的问题和挑战进行了讨论。最后，本文针对相关问题为中小企业和政府提出了建议。

二、英国与欧盟的关系历史

欧盟的历史可以追溯到成立于1951年的欧洲煤钢共同体（ECSC）。来自法国、西德、意大利、比利时、荷兰及卢森堡六个国家的领导人认为煤炭和钢铁是发动战争必不可少的两个产业，如果将这两个产业联系在一起，这六个国家之间发生战争的可能性将变小。1957年，比利时、法国、意大利、卢森堡、荷兰和西德签署了《罗马条约》，该条约创立了欧洲经济共同体（EEC）和欧洲原子能共同体（Euratom），并建立了关税同盟。建立欧洲经济共同体的目的在于通过贸易政策促进国家间的经济贸易，从而推动社会和经济的发展。1960年，英国、丹麦、挪威、葡萄牙、瑞士、瑞典、奥地利成立了欧洲自由贸易联盟（EFTA）。随后，英国两次申请加入欧洲经济共同体，但均被时任法国总统戴高乐否决，戴高乐认为“英国经济的许多方面都无法与欧洲相容”。1965年，《布鲁塞尔条约》的签订将欧洲煤钢共同体、欧洲原子能共同体和欧洲经济共同体进行统一，统称欧洲共同体。戴高乐总统卸任后，英国退出欧洲自由贸易联盟，加入了欧洲共同体。

然而，工党在1974年的大选中击败了保守党后提出要重新就英国加入欧共体的条款进行谈判，并于1975年举行了全民公投，当时公投中向英国选民提出的问题是“政府已公布重新谈判联合王国欧洲共同体成员条款的结果。你认为英国应该留在欧洲共同体（共同市场）吗?”最终有超过67%的民众认为英国应该留在欧洲共同体。

1979年，欧洲经济共同体引入欧洲货币体系（EMS）和欧洲汇率机制，以降低汇率波动，实现欧洲货币稳定，为欧元推出单一货币做准备，但是当时英国选择不加入欧洲货币体系。1993年，《马斯特里赫特条约》生效，欧盟正式成立。欧盟赋予了欧洲公民在欧盟范围内自由流动、定居、就业以及运输和交易货物，服务和资本的权利，无须支付任何关税或费用。1995年，《申根公约》正式生效。1997年，欧盟将《申根既有规范》纳入了欧盟法律的一部分。《申根公约》的成员国被称为“申根国”，“申根国”之间不设边境检查点。和选择不加入欧洲货币体系一样，英国选择退出“申根区”。

2004年，来自东欧和中欧的10个国家加入了欧盟，随后大量移民涌入英国，引起了部分英国民众的不满。2013年，时任英国首相卡梅伦在竞选时承诺，将在当选后就“脱欧”问题举行全民公投。2017年3月16日，英国女王伊丽莎白二世批准“脱欧”法案，授权英国首相特雷莎·梅正式启动“脱欧”程序。

三、英国“脱欧”的根由

从1975年第一次公投开始，关于英国与欧盟关系的讨论就从未停止过。最终英国民众选择“脱欧”原因与深层次的历史、文化因素有关。另外，加入欧盟以来对主权、移民等问题的担忧也推动了这种结果的产生。

首先，英国社会的“欧洲怀疑主义”传统影响了民众的选择。回顾英国与欧盟的关系史，可以看出英国与欧盟的关系一直以来都不算紧密。英国似乎一直不愿意完全成为欧盟的一员，其拒绝加入欧元区及申根区可以体现这一点。英国加入欧盟，却又不愿意完全融入欧盟、接受欧盟的规则，这可能与英国的“欧洲怀疑主义”（Euroscepticism）有关。“欧洲怀疑主义”的支持者认为，欧洲政治一体化会损害其国家主权。英国人认为议会主权是政府建立的基础，是英国独立的象征，因此他们拒绝建立政治联邦（Forster，2002）。此外，在经济方面，英国在农业补贴方面受益不多，同时又要支付经费预算。英国对此颇为不满。从撒切尔夫人上台开始，她就致力于在各种抵抗欧盟对英国的控制。1984 年，时任首相撒切尔夫人曾与欧共体谈判并成功拿回部分预算，此举在当时的英国大受好评。

英国社会的“欧洲怀疑主义”观点是长期形成的传统，这种观点的形成有很多原因。从地理位置的角度来看，Daddow（2012）认为英国的地理位置决定了“岛国心态”（island mentality）在英国社会的不断发展。对于英国民众来说，英吉利海峡既是物理上的界限，也是心理上的界限，将英国与欧洲大陆隔绝开来。从文化背景的角度来看，英联邦国家（包括美国）共同的语言以及这种单语文化（monolingual culture）也是导致英国的欧洲怀疑主义的重要原因之一（Startin，2015）。从历史的角度来说，英国曾经作为世界强国的辉煌历史赋予了他们作为大国的优越感。不同于德国，在两次世界大战中英国都没有战败，“二战”后仍保留相对较强的实力，这种“优越感”成为欧洲怀疑主义的来源。

随着时间的推移，欧洲怀疑主义在英国逐渐由边缘变为主流（Startin，2015），欧洲怀疑主义政党英国独立党的崛起体现了这一点。经过媒体的传播，欧洲怀疑主义在英国逐渐发展（Michailidou，2015），英国民众对欧盟认同感日益降低。

其次，对主权问题的担忧促使英国民众重新考虑英国和欧盟的关系。欧盟领导人试图加强欧盟成员国之间的联系以促进各国达成超国家层面的合作。这种做法引起了关于英国国家主权和欧盟权力的平衡的讨论（Feldstein，2016）。“脱欧”阵营的英国人认为，欧盟“共享主权”的概念可能会侵蚀英国的国家主权。他们相信，英国脱欧将赋予英国法律更多权力，且不受欧盟的限制。这样一来，医疗保健、安全和就业可以再次得到控制。英国选民还认为“脱欧”可以确保英国议会颁布最符合英国利益的法律。

最后，移民问题也是“脱欧”过程中受到广泛讨论的。英国是欧盟净移民人数最多的国家之一，在公民投票前不久，净移民人数已经达到每年 333000 人，许多英国公民对此表示担忧。公众对移民的反对在 2004 年中欧和东欧国家加入欧盟之后变得更加明显（Goodwin and Milazzo，2017）。他们认为移民夺走了英国的就业岗位，导致了工资的下降（Chang，2018）。然而，允许人员自由流动是欧盟最基本的原则之一。Ashcroft（2016）发现，大约 33%投票选择“脱欧”的选民认为，“脱欧”是英国重新拿回对移民以及边界控制权的最佳机会。总的来说，欧洲怀疑主义在英国的流行，以及民众对主权、移民等问题的担忧最终促成了“脱欧”的结果。

四、“脱欧”后贸易协议的选择

“脱欧”前，英国属于欧盟关税同盟（Customs Union）和欧洲单一市场（European Single Market），因此英国与其他成员国间的贸易不受关税及非关税壁垒的影响。英国对欧盟市场进出口贸易都享受免关税市场准入，对来自第三国的商品征收共同对外关税。此外，由于英国数以欧洲单一市场的一员，英国的商品、服务、资金和人员都可以在单一市场内自由流动。这样的贸易政策降低了英国的贸易成本，促进了英国与欧盟的贸易交流。但是英国“脱欧”后，很可能会丧失留在单一市场和关税同盟的资格。因此，“脱欧”对英国经济的影响，将取决于最终达成的“脱欧”协议。

研究者们对“脱欧”的情景进行了假设，一般来说被分为从“软”到“硬”不同程度的脱欧情景。“软脱欧”通常是指和欧盟达成贸易协议，享受进入单一市场的资格或关税同盟。“硬脱欧”则是指英国不和欧盟额外签订贸易协议，而是采用世界贸易组织的关税、配额等计划。目前，英国的“脱欧”方式可能有以下几种：

第一种可能性是英国退出关税同盟，但是与欧盟签订自由贸易协定（FTA），保留欧洲单一市场成员资格。英国也可以参考挪威的做法，通过加入欧洲自由贸易联盟（EFTA）来获得留在单一市场的资格。这种协定可能会增加边境检查等非关税壁垒，但是其他贸易成本基本保持不变，同时仍然要接受人员自由流动等规则（Chang，2018；Belke and Gros，2017）。

第二种可能性是英国退出关税同盟和单一市场，选择与欧盟另外签订自由贸易协定，协定双边关税仍然为零，但是服务无法继续自由流动（Erken et al.，2017）。在这种情况下，贸易的成本来自非关税壁垒。

第三种可能性被称为“硬脱欧”，也叫“无协议脱欧”。英国与欧盟没有贸易协议，也不签订自由贸易协定，而是与所有国家签订世界贸易组织协议，欧盟、欧盟自由贸易协定国家（FTA 67）和英国的双边贸易适用于最惠国关税，在这种情况下非关税壁垒也会增加。

第四种可能性是英国不与欧盟达成贸易协议，而是和世界上其他的国家签订自由贸易协定，这样一来，英国可以推翻现有的欧盟和其他国家的贸易协定，签约新的自由贸易协定。

第五种可能性则是实行单边自由贸易。这也是无贸易协议的一种，英国在没有贸易协议的情况下离开欧盟，未能推翻现有的欧盟自由贸易协定或者达成新的贸易协议。英国可以选择单方面取消所有进口产品的关税，但是其他国家可能不对英国做出类似的关税减免。在此情境下，英国的进口关税降至零，出口则受到最惠国关税的限制。在这种可能性中，贸易成本来自边境检查以及其他国家对进口商品收取的进口增值税。

在这五种可能性中，英国进入欧盟市场以及与欧盟签订了自由贸易协定的国家的通道逐渐变窄，但是这种损失可能被与第三国签订自由贸易协定所带来的利益抵消（Gasoriek et al.，2019）。此外，Chang（2018）还提到了一个广受支持的方案——采用“中国香港模式”，建立自由港，向所有国家开放自由贸易，但是该作者认为实施这种方案的可能性不大。

五、中小企业面临的问题

（一）英国中小企业现状

中小企业，指的是相比大企业人员规模、资产规模与经营规模都比较小的经济单位。目前对中小企业并没有统一的界定标准，不同国家、不同行业的具体界定的标准不同。在英国，中小企业是以定量的标准来界定的，企业满足以下三个特征中的两个，就可以被称为中小企业（SME）：营业额低于2500万英镑，员工低于250名或总资产低于1250万英镑。此外，英国还对小型企业（small companies）和微型企业（micro-entities）的划分制定了具体的标准。“企业满足营业额不超过1020万英镑、总资产不超过510万英镑、雇用的员工不超过50名”这三个标准中的两个就是小型企业。与前两个划分标准相似，微型企业需要满足“营业额不超过63.2万英镑、总资产不超过31.6万英镑、雇用的员工不超过10名”中的两个标准（见表1）。

表1 英国中小企业界定标准

公司类别	营业额（万英镑）	员工数（人）	总资产（万英镑）
中型企业	≤2500	≤250	≤1250
小型企业	≤1020	≤50	≤510
微型企业	≤63.2	≤10	≤31.6

注：满足三个标准中的任意两个即可。

资料来源：Department for Business, Innovation & Skills, 2012.

中小企业在英国的经济发展过程中，扮演着非常重要的角色。中小企业是英国商业发展的基础，贡献了绝大部分的企业数量。截至2018年初，小微型企业的数量大约为560万家，占私营企业总数的99.3%；中型企业的数量约为34000家，占私营部门总数的0.6%。英国中小企业数量多，几乎分布在各个行业。在每一个主要行业中，中小企业的数量占比至少99.5%，其中接近20%的中小企业从事建筑行业。此外，中小企业通常是劳动密集型企业，是保证就业的中坚力量，为大量工人提供了就业机会，特别是低技术工人。截至2018年初，中小企业创造了163万个就业岗位，占总数的60%左右，对维护社会的稳定起到了重要作用。近年来，中小企业依然在英国蓬勃发展。2000年以来，中小企业的数量增加了220万家，涨幅为64%。同一时间段，大企业的涨幅仅为4%（Department for Business, Energy and Industrial Strategy, 2018）。

然而，由于中小企业规模较小，缺乏对市场的控制，往往面临着激烈的竞争。因此，中小企业通常面临着较高的风险。因此，为了营造利于中小企业健康发展的环境，英国政府出台了一系列措施。首先，为了解决中小企业融资难的问题，政府与英格兰银行合作，以较低的利率贷款给中小企业；建立英国商业银行，整合公共部门和私营部门的资金，为中小企业提供融资渠道。其次，为了鼓励私营部门向中小企业投资，政府提出了启动贷款计划、商业融资伙伴关系、商业天使联合投资基金，以便私营部门通过政府向中小企业投资（Department for Business, Innovation and Skills, 2015）。此外，英国在2000年出台了研发（R&D）税收减免政策，对中小企业的研发投入实行150%的税务补贴（HM Revenue and Customs, 2015）。不仅如此，英国还简化了中小企业财务审计，对小型企业和微型企业实行豁免条款。小型公司可以选择使用豁免权使公司账户免予被审计，可以自由选择是否将公司董事会报告和损益表提交到英国公司注册局（Companies House），也可以向公司注册局提交简略账目（abridged accounts）。微型企业除了享受小型公司所享受的豁免条款之外，还可以选择准备更加简单的达到法定最低标准的账目，以及提交包含更少信息的资产负债表给公司注册局。最后，英国政府还通过向中小企业进行采购以支持中小企业的发展。2015年，英国政府计划将25%的采购资金用于与中小企业合作，为此，政府简化了10万英镑以下的采购流程，帮助中小企业更容易获得公共部门的业务（Cabinet Office, 2015）。

（二）面临的主要问题

“脱欧”以及其不确定性将对英国经济造成影响，具体的后果取决于英国与欧盟的谈判结果。据多项研究估计，从中长期来看，“脱欧”会导致英国GDP增速放缓甚至导致下降。Dhingra等（2017）发现，无论英国最终是不是单一市场的一部分，“脱欧”都会导致英国人民整体生活水平下降。保留单一市场成员资格会造成整体福利下降 1.34%，离开单一市场则会造成整体福利下降 2.66%。Gasoriek 等（2019）预测了五种不同的“脱欧”情景对制造业的影响，结果显示每一种情景都将对制造业带来消极影响。此外，对于不同行业来说“脱欧”所带来的影响也不一样，“脱欧”将对 15 个行业的增值造成威胁，其中化工业、渔业和农业、制药行业受到的影响较大（Los et al.，2017）。中小企业作为英国国民经济的重要组成部分，也不可避免地会受到冲击。对于中小企业来说，面临的问题主要包括劳动力、市场、融资等。

（1）劳动力短缺。人力资源与中小企业的发展息息相关。与大企业相比，中小企业大多数是劳动密集型企业，因此对于中小企业来说，人力资源是中小企业最重要的资源之一（Way，2002）。人力资源对中小企业的绩效、生产率存在着显著的影响（Faems et al.，2005）。目前，英国的老龄化问题日益严重，人口老龄化会导致企业可用劳动力减少，甚至造成劳动力短缺。2018 年，英国超过 65 岁的人口数量达到总人口数量的 1/5。预计到 2050 年，这个数字将增加到 1/4。此外，值得一提的是，自 20 世纪 90 年代以来，移民一直是英国人口增加的主要来源。因此，“脱欧”后，移民政策的改变可能会导致欧盟移民减少，进一步加剧英国社会老龄化的问题，从而影响劳动力市场。

此外，短期欧盟移民同样是劳动力的重要来源。从短期移民的目的来看，非欧盟公民到英国的目的主要是学习与研究，欧盟公民到英国的目的主要是工作。截至 2017 年 6 月，大约 65.3%的欧盟公民短期访问英国是为了工作（Office of National Statistics，2019a）。目前居住在英国的 360 万左右的欧盟移民中，大约有 250 万人就业，占英国就业总人口的 7%左右（Wadsworth，2018）。

英国“脱欧”前，自由流动制度保障了欧盟公民在英国生活和工作的权利，并获得与英国公民平等的待遇。该制度规定欧盟公民需满足包括工作者、自营工作者、学生或退休等自给自足者在内的四种情况之一就可以在英国享有自由流动的权利；若不满足这四种情况，则仅可享受三个月自由流动的权利；欧盟公民在英国连续居住五年后，将自动获得永久居留权。欧盟公民可以自由、便利地到英国求职、工作。“脱欧”后，政策、经济等方面的变化可能会导致移民数量下降。首先，移民政策的不确定性将增加欧盟移民的顾虑。如果英国选择退出单一市场，移民政策可能会更加强硬，人员的自由流动将会受到限制，欧盟公民到英国工作的难度会增加。其次，“脱欧”后，英国经济可能面临下行、英镑对欧元汇率下跌等经济因素可能会使英国就业市场对欧盟公民的吸引力下降。这样一来，选择到英国就业的欧盟公民将会减少，甚至一些原本在英国工作的欧盟公民可能会选择离开（Morris，2018）。事实上，自“脱欧”公投结束以来，欧盟对英国的净迁移已经放缓——部分原因是欧盟移民数量下降，部分原因是越来越多的居住、工作在英国的欧盟公民选择离开。截至 2018 年 9 月，欧盟到英国的“净移民”人数为 57000 人，为 2009 年以来的最低水平。在公投的前一年，这个数字为 189000 人。自 2016 年 6 月下旬欧盟公投以来，移民英国的欧盟公民数量从投票前一年的 284000 人减少到 202000 人。与此同时，移民欧盟的英国公民数量已从公投前一年的 95000 人增加到的 145000 人（Office of National Statistics，2019b）。

近年来，许多英国中小企业通过聘用欧盟国民来克服劳动力短缺问题，数据显示，大约 21%的中小企业至少雇用了一名欧盟员工（FSB，2017）。“脱欧”引起的移民减少可能会损害获得劳动力投入的机会，从而对生产力产生影响（Portes and Forte，2017）。将近 30%的中小企业主要依赖于雇佣技术含量较低的工人（FSB，2017）。同时，如表 2 所示，欧盟移民劳动力比例较大的行业中，技能要求较低的职业占了大多数。此外，这些低技术行业中，同一行业的欧盟毕业生的比例也远高于英国出生的毕业生。然而，科学研究领域中欧盟移民的比例同样很大，但是该领域中英国毕业生与欧盟毕业生的比例差异较小。移民咨询委员会（Migration Advisory Committee）于 2018 年 9 月 18 日发布了《欧盟移民报告最终版》（EEA Migration in the UK：Final Report），报告建议英国应该对来自欧盟和非欧盟国家的移民一视同仁，并建议对低技术人才的移动设置限制，同时放松对高技术人才的限制（Migration Advisory Committee，2019）。由于欧盟移民劳动力占比最大的行业大多为低技术行业，“脱欧”后这部分行业在雇佣劳动力方面将受到较大影响。根据英国商业、能源与工业战略部发布的报告，中小企业占比最大的行业包括建筑业（约 18%）、科学技术行业（约 14%）、批发零售业和汽车摩托车维修业（约 10%）。而中小企业就业占比排名前三的也是这三个行业，建筑业的就业占比约为 11%，科学技术行业就业占比约为 12%，批发零售业和汽车摩托车维修业最高，大约为 14%（Department for Business，Energy and Industrial Strategy，2018）。这几个行业均为欧盟移民劳动力比例最大的行业，因此，移民政策的改变以及经济等因素的作用会导致这些行业的中小企业可雇佣劳动力减少，从而造成劳动力短缺。劳动力短缺会导致中小企业用工成本上升、生产率下降、绩效下降等后果。

表 2　欧盟移民的职业分布

欧盟移民劳动力比例最大的行业	总就业人数（人）	欧盟移民的百分比（%）	英国毕业生百分比（%）	欧盟毕业生百分比（%）	来自欧盟的新员工百分比（%）
包装工	115000	49	3	25	50
食品加工	140000	45	7	22	48
科学研究	30000	24	71	85	36
儿童看护	110000	20	12	49	35
仓储	430000	20	5	28	21
装配和执行	300000	18	11	42	21
清洁工	650000	17	2	20	14
建筑施工	240000	16	12	14	9
厨师	330000	15	8	28	22
服务员	280000	15	9	38	15

注：毕业生指 21 岁及以上、完成全日制教育的公民。

资料来源：Wadsworth，2018。

欧盟移民为英国中小企业贡献了大量的劳动力，其中很大一部分为低技术员工。然而，英国“脱欧”后试图收紧移民政策，提高移民准入门槛，限制低技术工人的进入。目前，英国的欧盟“净移民”数量正日益降低。“脱欧”背景下，英国的中小企业可能面临着劳动力短缺带来的劳动力成本上升、生产率下降等问题。

（2）欧盟市场丧失。“脱欧”前，英国是欧洲单一市场及关税同盟的一部分，在单一市场内，商品、服务、人员和资本可以自由地流动而不受到边界的控制。在欧洲单一市场内，中小企业可以在所有成员国的市场上销售商品而无须关税，服务贸易也不会存在阻碍。“脱欧”后，如果没有自由贸易协定，企业需要支付欧盟的对外关税；如果英国也对欧盟建立关税壁垒，中小企业的原材料进口、商品出口都会受到影响，从而对供应链造成负面影响。退出单一市场还会影响服务贸易，中小企业将失去自由在欧盟其他国家市场设立商业机构的权利。

英国的贸易非常依赖欧盟。2018 年，英国出口的商品和服务中约有 46%（约 2890 亿英镑）流入欧盟，而其 53%（约 3530 亿英镑）的进口来自欧盟（Ward，2019）。如图 1 和图 2 所示，2016 年，与英国进出口贸易额排前十的国家中，非欧盟国家仅占 3 个，其中英国与德国进口贸易额超过 580 亿英镑，居第一位。对于英国中小企业来说，欧盟同样是它们最主要的市场之一。在以出口为导向的中小企业中，大约 82%的企业将它们的商品和服务出口到欧盟。出口型中小企业占英国中小企业总数量的 1/10，因此欧盟是超过 8%的英国中小企业的出口市场（Department for Business Innovation and Skills，2016）。此外，很多中小企业虽然没有直接将商品和服务出口到欧盟，但是它们也参与到了出口欧盟的供应链中。

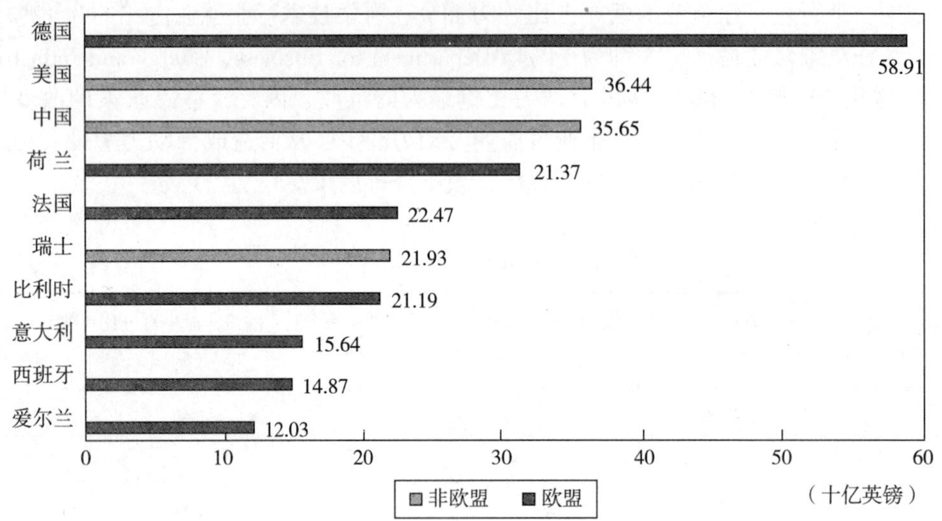

图 1　2016 年英国十大进口贸易伙伴

资料来源：Foster and Kirkup，2017.

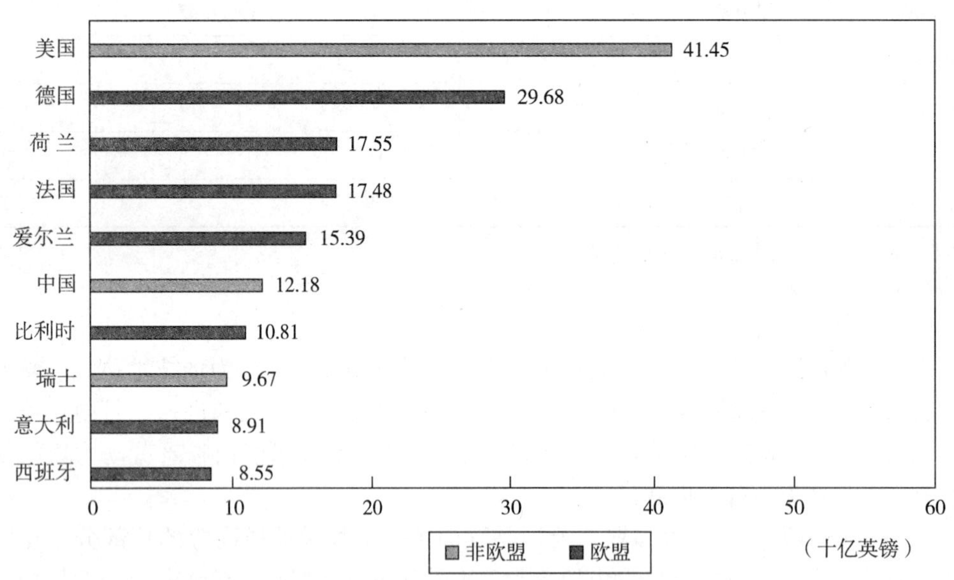

图 2　2016 年英国十大出口贸易伙伴

资料来源：Foster and Kirkup，2017.

调查显示，大约 2/3 的中小企业都希望英国能继续留在单一市场中（PwC，2017）。如果没有与欧盟的自由贸易协定或达成其他协议，英国将受到欧盟的世界贸易组织关税税率的限制，平均所有商品的税率约为 5.5%。贸易还将受到欧盟边境的检查，非关税壁垒将会增加。在这种情况下，英国将对 9000~10000 种产品设定自己的关税税率。如果英国要设定更高的利率，可能会受到其他世界贸易组织成员的反对，但设定较低的利率可能会使英国脱欧谈判复杂化（Chang，2018）。对于中小企业来说，保证贸易的无边界至关重要，关税和非关税壁垒会导致中小企业进入欧盟市场的难度加大，部分中小企业可能不得不撤出欧盟市场。此外，中小企业的成本也会随之上升，影响因素主要包括以下三点：第一，关税会增加中小企业从其他国家采购原材料的成本，同时也会增加出口成本，压缩利润空间，甚至失去价格优势。第二，非关税壁垒也会增加中小企业进出口欧盟的成本，如政策障碍和海关检查。第三，英国和欧盟地理位置邻近，运输成本相对较低，如果中小企业因为贸易政策的改变不得不开拓远距离的第三国家的市场，其运输成本也会增加（Tetlow and Stojanovic，2018）。

欧盟是英国中小企业的重要市场，许多中小企业都直接或间接地参与了英国与欧盟的进出口贸易。"脱欧"后退出单一市场和关税同盟意味着关税及非关税壁垒的产生。这样一来，部分中小企业可能会失去欧盟市场，贸易成本也将上升。因此，中小企业必须及时提出对策，保住欧盟市场、开拓第三国市场。

（3）融资难度增加。融资对中小企业的资本投资、绩效以及就业的增长至关重要（Kersten et al.，2017），融资难是阻碍中小企业成长的重要因素之一（Lee，2014）。与大型企业相比，中小企业更难以获得来自正式融资渠道的资金。目前，银行贷款是中小企业外部融资最主要的来源。然而，研究显示，中小企业从银行获得的融资平均比大型企业少 13%（Beck et al.，2008），原因包括中小企业盈利能力较弱、财务信息不透明等。总的来说，融资渠道窄、外部支持力度小是中小企业普遍面临的问题。这种情况在经济下行或不确定时期会变得更加严重。

不确定性可能对中小企业银行贷款产生重大影响，因为不确定性会增加金融机构对违约风险的敏感度。因此，当不确定性增加时，银行可能会规避高风险贷款，例如向中小企业提供贷款（Armstrong et al.，2013）。"脱欧"作为一个高度不确定性的政治事件，将会对中小企业的融资产生深远的影响。如图 3 所示，中小企业的融资主要来自银行贷款，银行贷款获得的融资金额远远高于私募股权融资、股权融资等其他融资渠道。2013~2016 年，中小企业向银行贷款总额逐年稳步上升，由 429 亿英镑上升到了 590 亿英镑。然而，在"脱欧"公投的后一年，贷款总额下降了 20 亿英镑，这说明"脱欧"对银行及中小企业的发展策略有所影响，导致了中小企业融资总额的下降。2018 年，从银行获得融资的中小企业的比例继续下降，从 2017 年的 58%下降到 2018 年的 42%。这可能是由于当前的不确定性带来的银行供应减少或中小企业申请贷款的意愿降低所导致（Dun and Bradstreet，2019）。

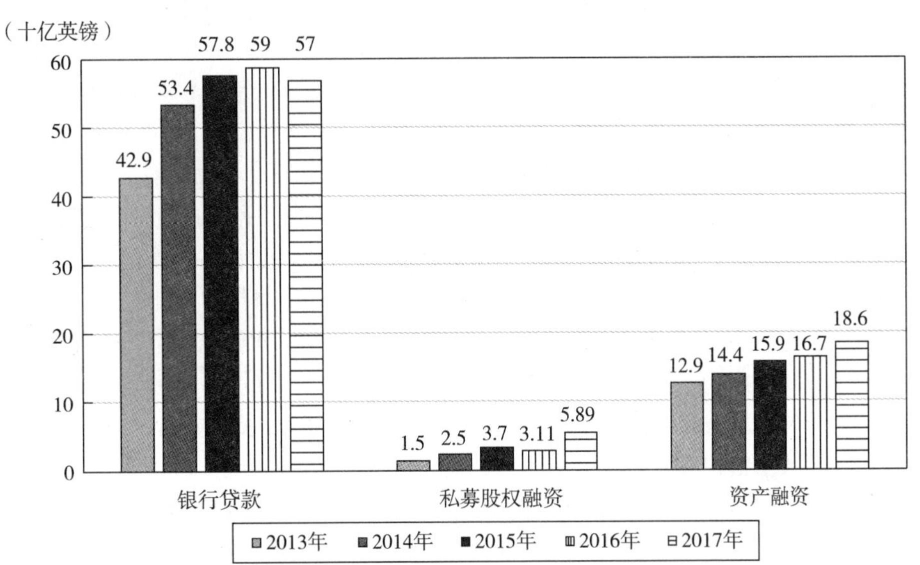

图 3　2013~2017 年中小企业融资总额

资料来源：UK Finance，SME finance in the UK：Past，present and future.

“脱欧”所带来的不确定性可能会导致银行减少向中小企业提供贷款，作为中小企业最主要的外部融资渠道，银行的做法显然会加剧中小企业融资难的状况。然而，除了银行之外，“脱欧”还有可能影响其他来自欧洲的融资渠道。欧洲投资银行（EIB）管理的欧洲投资基金（EIF）、欧洲战略投资基金（EFSI）均为中小企业提供资金。2017 年，欧洲投资银行（EIB）为英国中小企业提供了大约 6.85 亿欧元的贷款（EIB，2018）。截至 2016 年 3 月，欧洲战略投资基金（EFSI）为欧洲带来了约 630 亿英镑的投资，这些投资基金也用于资助中小企业。截至 2015 年，欧洲投资基金（EIF）已经支持了超过 25000 个英国中小企业。2017 年，在欧洲战略投资基金（EFSI）的支持下，欧洲投资基金（EIF）与英国商业银行（BBB）签署协议，旨在帮助英国的中小企业获得约 3000 万英镑的额外融资。“脱欧”后，如果欧盟取消了这些资金，英国的中小企业必将受到重创。

“脱欧”对中小企业最主要的融资来源——银行贷款有一定的负面影响，同时可能会影响来自于欧盟的融资。在这种情况下，中小企业融资的难度增加，发展策略也会受到影响。

六、可能的选择

（一）中小企业

“脱欧”对当地中小企业来说是不可避免的挑战，贸易政策、移民政策、融资政策的改变会带来诸多问题，因此，中小企业必须提前关注“脱欧”背景下可能带来的问题，提前调整策略，减少其不确定性带来的负面影响。

应对劳动力短缺的问题，中小企业有以下几个选择：第一，对工人技能要求不高的中小企业可以将生产转移到劳动力充足且劳动力成本较低的发展中国家。这样一来，劳动力成本可以得到有效的降低。例如，农业中小企业可以将农场转移到中国、东南亚等地，以获得低成本的种植、采摘工人。第二，中小企业应增加对自动化的投入，提高企业自动化水平。目前，人工智能和机器人技术正飞速发展。对于特定的生产领域，中小企业可以选择用机器人及自动化生产线替代人工生产。第三，中小企业应通过激励措施来增加员工的满意度，留住现有的员工，降低员工的流失率，从而减少雇用、培训员工的成本。第四，对于不可替代的高技术人才，中小企业可适当提高薪酬福利来吸引人才。

在市场问题方面，中小企业则可以通过开拓非欧盟国家市场、发掘国内市场、将业务转移到海外等方式降低“脱欧”带来的影响。第一，中小企业可以加强和美国、中国等已经和英国有良好贸易交流的国家的合作，或者积极开拓和英国贸易交流较少的市场，从这些国家进口原材料，并将产品和服务出口到第三国市场。第二，关税及非关税壁垒同样会增加欧盟企业进入英国市场的难度，这样一来本地市场的竞争可能会变小。英国中小企业可以抓住这个机会，深入挖掘国内消费者的需求，开发国内市场。第三，对欧盟市场依赖程度较高的中小企业还可以选择提前在欧盟国家布局，绕开可能增加的贸易壁垒。中小企业可以在欧盟国家设立分公司、建立工厂，在欧盟进行本土化生产及销售。

为了解决融资难的问题，中小企业应该做到以下几点：第一，在不确定环境下，银行等金融机构减少对中小企业提供贷款，其重要原因之一是中小企业抵御风险的能力相对较差，偿债能力在不确定时期会变差。因此，中小企业应注重增强自身的盈利能力，提高企业的偿债能力，让金融机构放心向中小企业提供资金。第二，中小企业财务管理制度不完善导致了信息不对称，中小企业应规范财务管理，提升财务信息的透明度，让金融机构可以更好地评估企业的信用度。第三，中小企业应积极寻找多种融资途径，拓宽融资渠道。可以合理利用政府扶持政策，寻求来自政府的帮助。此外，中小企业还可以利用 P2P 等新型融资平台为企业融资。

（二）政府

中小企业通常规模较小，抵御风险的能力不强，仅靠中小企业自身，难以处理好“脱欧”带来的负面影响。因此，在这种情况下，政府应该做出努力，保证国民经济的平稳发展。为了减少“脱欧”对英国经济以及企业的影响，政府应该充分评估可能的后果，通过与欧盟谈判、制定政策来尽量降低负面影响。首先，在与欧盟谈判时，政府应该尽可能地避免“无协议脱欧”，尽快达成新的自由贸易协定，尽可能地降低贸易壁垒，维持与欧盟的贸易交流。此外，“脱欧”是英国重新决定各种法律的重要机会。目前，英国可以与其他国家重新就贸易协议进行谈判。英国政府应把握这个机会，放宽政策、全面开放市场，吸引海外投资，从而促进进出口贸易。针对劳动力短缺的问题，英国首先应该适当增加移民配额，同时放松对其他国家移民的限制，特别是高技术人才。事实上，最近英国已经出台了相关的举措。2019 年 9 月 10 日，英国政府宣布，将为在英国留学的外国学生重新启动为期两年的英国学习后工作签证（Post Study Work Visa）（British High Commission New Delhi，2019）。此举不仅能吸引人才进入英国，对雇主来说，也有利于减轻劳动力短缺的状况。其次，政府还应推动产业结构改革，调整经济发展结构，用技术密集型产业代替劳动密集型产业。最后，政府应该继续出台并落实中小企业扶持政策，建立政策性金融机构，与民间资本合作，为中小企业拓宽融资渠道。

七、结论

英国“脱欧”仍在谈判中，太多未知的因素会影响最终的后果。本文根据相关的文献和数据研究了“脱欧”的根由、可能的贸易情景以及在“脱欧”背景下中小企业面临的潜在问题。结果表明，中小企业可能受到多方面的影响，其中劳动力、欧盟市场以及融资问题尤为突出。欧盟移民政策的收紧会导致多个行业的中小企业不得不面对劳动力短缺的问题；“脱欧”协议则会影响进出口贸易，上升的贸易壁垒导致出口型中小企业的运营难度增加；“脱欧”带来的不确定性使金融机构承受风险的能力下降，从而影响中小企业的融资。未来政策的选择多种多样，对中小企业的影响难以确定，因此，在这种不确定的环境中，相关的研究显得十分必要，这些研究可以帮助中小企业提前布局，应对这种前所未有的政治、经济环境。

参考文献

[1] Lee N，Morris K and Kemeny T. Immobility and the Brexit vote [J]. Cambridge Journal of Regions Economy and Society，2018，11 (1)：143-163.

[2] Giles C，Tetlow G. Most economists still pessimistic about effects of Brexit [N]. Financial Times，2017.

[3] Breinlich H，Leromain E，Novy D and Sampson T. The Consequences of the Brexit Vote for UK Inflation and Living Standards：First Evidence [R]. CEP Technical Report，2017.

[4] Sampson T. Brexit：The economics of international disintegration [J]. Journal of Economic Perspectives，2017，31 (4)：163-184.

[5] Department for Business，Energy & Industrial Strategy. Business population estimates for the UK and region 2018

[R]. GOV. UK, 2018, September 12, Retrieved from: https: //assets. publishing. service. gov. uk/government/uploads/system/uploads/attachment_ data/file/746599/OFFICIAL_ SENSITIVE_ -_ BPE_ 2018_ -_ statistical_ release_ FINAL_ FINAL. pdf

[6] Forster A. Euroscepticism in Contemporary British Politics: Opposition to Europe in the Conservative and Labour Parties since 1945 [M]. Oxford: Routledge, 2002.

[7] Daddow O. The UK media and "Europe": From permissive consensus to destructive dissent [J]. International Affairs, 2012, 88 (6): 1219-1236.

[8] Startin N. Have we reached a tipping point? The mainstreaming of Euroscepticism in the UK [J]. International Political Science Review, 2015, 36 (3): 311-323.

[9] Michailidou A. The role of the public in shaping EU contestation: Euroscepticism and online news media [J]. International Political Science Review, 2015, 36 (3): 324-336.

[10] Feldstein M. How EU Overreach Pushed Britain Out [Z]. Project Syndicate, 2016, September 11, 2019. Retrieved from: http: //www. nber. org/feldstein/projectsyndicatejune282016. pdf.

[11] Goodwin M, Milazzo C. Taking back control? Investigating the role of immigration in the 2016 vote for Brexit [J]. The British Journal of Politics and International Relations, 2017, 19 (3): 450-464.

[12] Chang W W. Brexit and its economic consequences [J]. The World Economy, 2018 (41): 2349-2373.

[13] AshcroftM. How the United Kingdom voted on Thursday and why [Z]. 2016, September 16, Retrieved from: http: //lordashcroftpolls. com/2016/06/how-the-united-kingdom-voted-and-why/.

[14] Belke A, Gros D. The economic impact of Brexit: Evidence from modelling free trade agreements [J]. Atlantic Economic Journal, 2017 (45): 317-331.

[15] Erken H, Hayat R, Heijmerikx M, Prins C and de Vreede I. Assessing the economic impact of Brexit: Background report [R]. Rabobank, 2017, 9 September 2019. Retrieved from: https: //economics. rabobank. com/publications/2017/October/assessing-economic-impact-brexit-background-report/.

[16] Gasiorek M, Serwicka I and Smith A. Which manufacturing sectors are most vulnerable to Brexit. UK trade policy observatory [Z]. Briefing Paper, 16. 2018.

[17] Department for Business, Innovation & Skills. Mid-sized businesses [Z]. GOV. UK, 2012, September 7, 2019, Retrieved from: https: //www. gov. uk/government/collections/mid-sized-businesses.

[18] Department for Business, Innovation & Skills. 2010 to 2015 Government Policy: Business Enterprise [Z]. GOV. UK, 2015, September 10, 2019, Retrieved from: https: //www. gov. uk/government/publications/2010 - to - 2015 - government-policy-business-enterprise/2010-to-2015-government-policy-business-enterprise.

[19] HM Revenue & Customs. Making R&D Easier HMRC's Plan for Small Business R&D Tax Relief [Z]. GOV. UK, 2015, September 16, 2019, Retrieved from: https: //assets. publishing. service. gov. uk/government/uploads/system/uploads/attachment_ data/file/471660/Improving_ access_ to_ Research_ and_ Development_ tax_ credits_ for_ small_ business_ -_ summary_ of_ responses. pdf.

[20] Cabinet Office. 2010 to 2015 Government Policy: Government Buying [Z]. GOV. UK, 2015, September 13, 2019, Retrieved from: https: //www. gov. uk/government/publications/2010-to-2015-government-policy-government-buying/2010-to-2015-government-policy-government-buying.

[21] Dhingra S, Huang H, Ottaviano G, Paulo P J, Sampson T and Van R J. The costs and benefits of leaving the EU: Trade effects [J]. Economic Policy, 2017 (32): 651-705.

[22] Los B, Chen W, McCann P. and Ortega A R. An Assessment of Brexit Risks for 54 Industries [C]. City-REDI Policy Briefing Series. University of Birmingham, Birmingham Business School, 2017.

[23] Way S A. High performance work systems and intermediate indicators of firm performance within the US small business sector [J]. Journal of Management, 2002, 28 (6): 765-785.

[24] Faems D, Sels L, De W S. and Maes J. The effect of individual HR domains on financial performance: Evidence from Belgian small businesses [J]. The International Journal of Human Resource Management, 2005, 16 (5): 676-700.

[25] Office of National Statistics. Overview of the UK population: August 2019 [R]. GOV. UK, 2019a, September

8, 2019, Retrieved from: https: //www. ons. gov. uk/peoplepopulationandcommunity/populationandmigration/populationestimates/articles/overviewoftheukpopulation/august2019#the-uks-population-is-ageing.

[26] Wadsworth J. Off EU Go? Brexit, the UK labour market and immigration [J]. Fiscal Studies, 2018, 39 (4): 625-649.

[27] Morris M. The Charity Workforce in Post-Brexit Britain: Immigration and skills policy for the third sector [R]. IPPR. 2018, September 12, 2019, Retrieved from: https: //www. ippr. org/research/publications/the - charity - workforce-in-post-brexit-britain.

[28] Office of National Statistics. Migration Statistics Quarterly Report: February 2019 [R]. GOV. UK, 2019b, September 16, 2019. Retrieved from: https: //www. ons. gov. uk/peoplepopulationandcommunity/populationandmigration/internationalmigration/bulletins/migrationstatisticsquarterlyreport/february2019.

[29] Federation of Self Employed & Small Businesses (FSB). A skillful exit: What small firms want from Brexit [R]. Federation of Self Employed & Small Businesses, 2017, September 15, 2019, Retrieved from: https: //www. fsb. org. uk/docs/default-source/fsb-org-uk/fsb-a-skilful-exit- (with-back-cover). pdf? sfvrsn=0.

[30] Portes J, Forte G. The economic impact of Brexit-induced reductions in migration [J]. Oxford Review of Economic Policy, 2017 (33): 31-44.

[31] Migration Advisory Committee. EEA migration in the UK: Final report [R]. GOV. UK, 2018, September 12, 2019, Retrieved from: https: //assets. publishing. service. gov. uk/government/uploads/system/uploads/attachment_data/file/741926/Final_EEA_report. PDF.

[32] Ward M. Statistics on UK-EU trade [R]. House of Commons Library, 2019, September 12, 2019, Retrieved from: https: //researchbriefings. files. parliament. uk/documents/CBP-7851/CBP-7851. pdf.

[33] Department for Business Innovation & Skills. UK SMEs in the Supply Chains of Exporters to the EU [R]. GOV. UK, 2016, September 7, 2019, Retrieved from: https: //assets. publishing. service. gov. uk/government/uploads/system/uploads/attachment_data/file/524847/bis-16-230-smes-supply-chains-exporters. pdf#page=2.

[34] Foster P, Kirkup J. What will brexit mean for British trade? [N]. The Telegraph, 2017, September 12, 2019, Retrieved from: https: //www. telegraph. co. uk/news/0/what-would-brexit-mean-for-british-trade/.

[35] PricewaterhouseCoopers (PwC), SMEs look to post-Brexit opportunities [R]. London: PwC, 2017.

[36] Tetlow G., Stojanovic A. Understanding the economic impact of brexit [R]. Institute for Government, 2018: 2-76.

[37] Kersten R., Harms J, Liket K and Maas K. Small firms, large Impact? A systematic review of the SME Finance Literature [J]. World Development, 2017 (97): 330-348.

[38] Lee N. What holds back high-growth firms? Evidence from UK SMEs [J]. Small Business Economics, 2014, 43 (1): 183-195.

[39] Beck T, Demirgüç-Kunt A and Maksimovic V. Financing patterns around the world: Are small firms different? [J]. Journal of Financial Economics, 2008, 89 (3): 467-487.

[40] Armstrong A, Davis E P, Liadze I and Rienzo C. An assessment of bank lending to UK SMEs in the wake of the crisis [J]. National Institute Economic Review, 2013, 225 (1): R39-R51.

[41] Dun & Bradstreet. UK SMEs: Brexit and Beyond [R]. Dun & Bradstreet, 2019, September 13, 2019, Retrieved from: https: //www. dnb. com/content/dam/english/business - trends/creativeux - 997 - uk - sme - report - 2028 - pdf - final. pdf.

[42] UK Finance. SME finance in the UK: Past, present and future [R]. UK Finance, 2018, September 16, Retrieved from: https: //www. ukfinance. org. uk/system/files/UK-Finance-SME-Finance-in-UK-AW-web. pdf.

[43] Europe Investment Bank (EIB). United Kingdom and the EIB [Z]. Europe Investment Bank, 2018, September 14, Retrieved from: https: //www. eib. org/en/projects/regions/european-union/united-kingdom/index. htm.

[44] British High Commission New Delhi. UK Announces 2-year Post-study Work Visa for International Students [N]. GOV. UK, 2019, September 19, Retrieved from: https: //www. gov. uk/government/news/uk-announces-2-year-post-study-work-visa-for-international-students.

传统零售业转型升级研究

郑熙春

（上海工程技术大学管理学院，上海　201620）

[摘　要] 近年来，随着互联网技术的日益成熟，电子商务的发展不仅给我国传统零售业造成了极大的影响，同时对传统零售企业规模、成本价格以及消费者购买方式造成了一定的冲击和改变。尽管电子商务不能完全取代实体店铺，但是以电子商务为代表的新型零售业态已经逐步形成。在这样的背景下，传统零售企业正面临着创建新型渠道、融合电子商务等问题。文章就传统零售业转型问题进行探讨，从零售业的现状论述出发，分析互联网时代传统零售业面临的困境，再运用因子分析法和DEA模型对使用和未使用电子商务模式的传统零售企业进行企业效率的对比，为转型提供实证依据，对比传统零售模式、电子商务模式和“新零售”运营模式特点，结合“新零售”模式内涵核心，得出“新零售”是当今传统零售业转型发展的最优模式的结论，最后提出传统零售业转型“新零售”模式的对策建议。

[关键词] 电子商务；传统零售业；新零售；转型；对策

一、引言

传统零售业一直以来保持大规模和丰富的种类，给人们生活带来了很多便利，并且它不断增长的规模扩张速度和销售营业额创造出零售业高速发展的黄金时代。但近几年来，网络零售发展迅速，拥有较高的增长率，如同一匹“黑马”为人们生活带来极大的便利，削弱了传统零售的规模，导致实体零售受到严重影响，市场份额占比总额日益减少。从2010年开始，我国连锁百强零售企业营业总额就保持着连续滑落的趋势，我国实体零售业经营面临危机。在这个背景下，一些传统零售企业已经开始寻求出路，向电子商务方向发展，开始探索线上线下融合发展的模式。

二、零售业发展现状分析

（一）社会消费品零售总额增长速度放缓

根据国家统计数据显示，自2008年以来，我国社会消费品零售总额始终保持增长态势。

2008 年消费品零售总额为 114830.1 亿元，2012 年首次突破 20 万亿元，2015 年突破 30 万亿元大关，而 2017 年超过 36 万亿元，规模已是 2011 年的两倍，并且是 2008 年的 3 倍之多。但是，增速却在逐年下降（见图 1）。

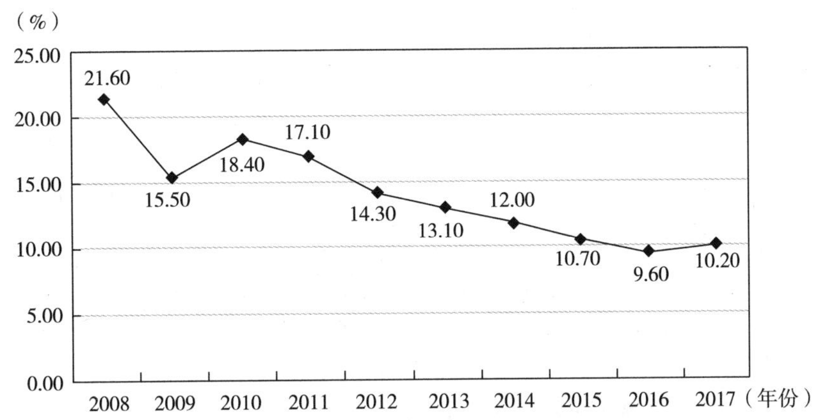

图 1　2008~2017 年我国社会消费品零售总额增长率

资料来源：国家统计局。

（二）实体零售企业市场份额下降

传统零售业的营业收入规模和净利润总额都呈现下降趋势，连锁百强零售营业总额增长速度、企业净利润率都保持连续性跌落，在社会消费品零售规模中的市场份额也在不断跌落（见图 2）。

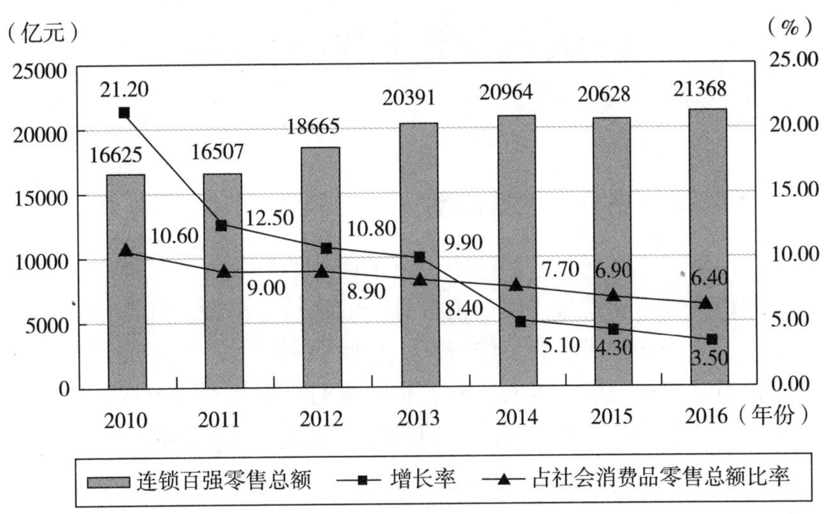

图 2　2010~2016 年连锁百强企业零售总额情况

资料来源：中国连锁经营协会。

（三）网络零售销售总额的增长速度持续性攀升

网络零售销售总额持续高速增长，远远高于连锁百强企业的零售总额、社会消费品零售总额的上升幅度。从 2010 年网络零售销售 4610 亿元，仅仅只花了七年的时间，网络零售销售总额整整翻了五倍。网络零售销售总额占社会消费品零售总额的比率看，保持稳步增长趋势（见图 3）。

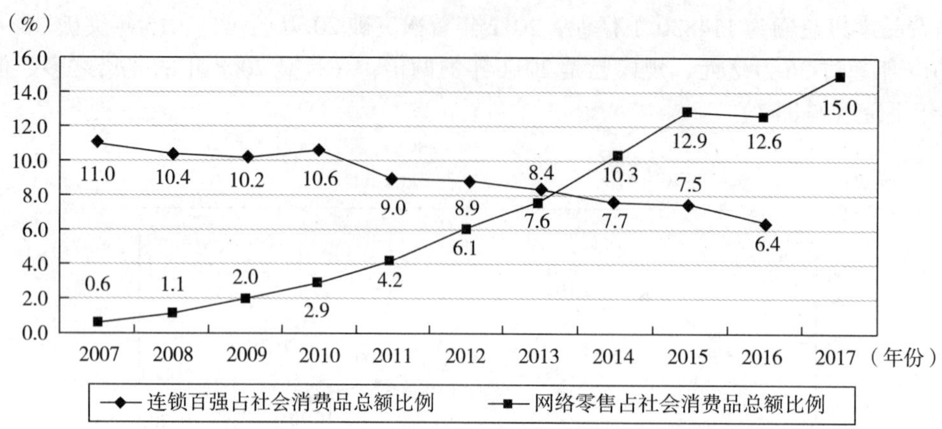

图 3　2007~2017 年连锁百强与网络零售总额比例走势

资料来源：中国连锁经营协会。

（四）线上线下融合发展趋势出现

一方面，我国传统零售业已经积极开展许多线上经营业务，网络零售渗透作用逐渐增强。另一方面，由于消费者转变原有的消费习惯，从原来喜欢线下消费到线上消费的转换，导致实体零售企业要改变固有的经营模式，跟随行业时代的步伐，投入线上线下融合的发展模式中去。比如阿里巴巴和京东这两个电商巨头，前者和银泰百货、百联集团等大型零售企业合作；后者牵手沃尔玛和永辉超市。

三、传统零售业的现实困境

（一）传统零售店销售规模持续性跌落

近年来，一方面，由于互联网技术的进步，电子商务的蓬勃发展，掠夺了原本传统零售业的市场份额，导致我国传统零售业销售规模和销售总额的增长率都持续性低迷。另一方面，由于经营实体零售店需要人工成本和门店租金装修费用、仓储费用等实际性问题，使实体零售企业的经营成本远比网络零售高。经营门店成本的上升、利润率的下滑等不良因素导致实体零售业面临经营压力，甚至连连锁百强零售企业也面临严峻的局势，出现“关门潮流”。

（二）传统零售店营销经营方式受到挑战

大部分传统的零售商店，都是凭借规模经济和产业化经营模式来获得营业效益，比如苏宁、大润发、家乐福等。传统的实体零售店重视销售商品，忽视从消费者角度去考虑真实消费需求。固有的销售方式、商业竞争同质化等现实性因素日益明显，使传统零售业面临巨大的经营危机。

（三）传统零售店产业链遭受打击

在传统的商业模式下，商品流通是一条完整平稳的产业链。制造商、代理商和零售店是可以从共赢和利益分享中受益的共同体，在这个产业链中，零售实体店只承担买卖商品责任，只要熟悉产品功能和客户需求就可以。然而，在电子商务时代，加工制造商、品牌代理商等已相继加入了零售业。许多品牌代理商直接在电子商务平台（如淘宝和天猫）上进行销售业务。许多公司已经建立了自己的销售官方网站，这无疑增加了行业的竞争力，并挤压了传统零售实体店的利润空间，并导致零售实体店陷入困境。

四、传统零售业向电子商务方向发展的实证分析

对研究一家企业的经营状况、盈利情况、资源是否发挥到最大效益主要是通过对企业效率的测算出来的。效率是投资与生产的数目之间的比值，是体现企业投资与生产关系的重要指标中的一项。

零售企业的效率可以看作零售企业投资与其生产的数目之间的比值。本文通过对运用电子商务模式的零售企业与未使用电子商务模式的零售企业进行企业效率的测算，寻找传统零售企业的转型方向并为其转型提供更科学、直观的有力依据。

（一）DEA 模型介绍

根据假设前提的不同，DEA 方法可分为 C^2R 模型和 B^2C 模型，前者是 DEA 方法中应用最广泛的模型，主要处理“规模报酬不变”假设下的决策单元相对有效性评价问题。因此本文采用 B^2C 模型，在“规模报酬变动”的假设下对使用电子商务模式的零售企业与未使用电子商务模式的零售企业进行投入产出的分析。

首先介绍 C^2R 模型。设有 n 个决策单元 DMU_j（$1 \leqslant j \leqslant n$），$DMU_j$ 的输入、输出向量分别为：

$x_j = (x_{1j},\ x_{2j},\ \cdots,\ x_{mj})\ T > 0(j = 1,\ 2,\ \cdots,\ n)$

$y_j = (y_{1j},\ y_{2j},\ \cdots,\ y_{sj})\ T > 0(j = 1,\ 2,\ \cdots,\ n)$

分别赋予输入、输出向量相应的权重变量，x_j 的权重为 v_j，y_j 的权重为 u_j。

$v_j = (v_1,\ v_2,\ \cdots,\ v_m)T$

$u_j = (u_1,\ u_2,\ \cdots,\ u_m)T$

定义第 j 个决策单元 DMU_j 的效率评价指数为：

$$h_j = \frac{uT\,y_j}{vT\,x_j} = \frac{\sum_{k=1}^{s} u_k\, y_{kj0}}{\sum_{i=1}^{m} v_i\, x_{ij}}(j = 1,\ 2,\ \cdots,\ n)$$

总能选取适当的 u，v 使 $h_j \leqslant 1$，并且对于特定的某个决策单元 DMU_j 来说，h_j 越大，表明该决策单元越能用较少的输入而得到较多的输出。尽可能地变换 u 和 v 使 h_j 达到最大值。因此对 DMU_j 进行评价，就能构造如下的 C^2R 模型：

$$(\bar{P})\begin{cases} \max \dfrac{\sum_{k=1}^{s} u_k\, y_{kj0}}{\sum_{i=1}^{m} v_i\, x_{ij}} = V_{\bar{P}} \\ s.t.\ \dfrac{\sum_{k=1}^{s} u_k\, y_{kj0}}{\sum_{i=1}^{m} v_i\, x_{ij}} \leqslant 1(j = 1,\ 2,\ \cdots n) \\ u_k \geqslant 0 \quad k = 1,\ 2,\ \cdots,\ s \\ v_i \geqslant 0 \quad i = 1,\ 2,\ \cdots,\ s \end{cases}$$

C^2R 模型是一种基于规模效率不变的假设基础上的效率评价模型，又被称为技术效率或综合效率（TE）。而 B^2C 模型只需要在 C^2R 模型的公式中加入了约束条件 $\sum \lambda_{y^2} = 1$，便可用于满足规模收益可变的假设条件。B^2C 效率又被称为纯技术效率（PE）。根据技术效率和纯技术效率，可求得规模效率（SE），SE=TE÷PE。

（二）基于因子分析法的指标选取

1. 原始数据收集

因为传统零售企业通过数据体现企业的盈利能力，为了保证研究数据的准确性、真实性与可获得性，本文选取了国内上市的传统零售企业经营数据进行研究分析。本文所选取指标的数据来源包括：我国零售业上市公司年报、各零售业上市公司网站、Wind 数据库、《中国统计年鉴》、中国电子商务数据中心、中国连锁经营协会官网等。时间跨度为 2011~2016 年，研究样本包括 48 家上市企业。

在选取上市企业有以下三个前提：第一，本文研究的对象是我国传统零售业，所以在样本企业选取的主营业务范围为零售业。第二，所选的样本企业在研究期间经营正常，企业具备一定竞争力，因此要剔除 ST 等级的样本企业。第三，所选的样本企业数据年报齐全，一般来说，上市企业的年报数据比较容易获得，并且上市公司的数据披露得比较完整。因此本文选取了 48 家零售上市企业，其中 18 家企业是使用了电子商务的零售企业，30 家企业是未使用电子商务的零售企业。

2. 指标选取

（1）指标初选。对企业经营效率进行评价的意义就在于判断企业如何进行资源配置，以最少的投入获得最大的收益。本文选取指标主要基于如下几个因素：第一，企业在选择指标的时候，要充分考虑到指标的科学性、层次性和可比性。第二，所选指标应能充分体现企业的经营能力。第三，应当从企业管理、获利、运营等方面保证数据的真实可靠性。基于这些因素，选择出初始指标（见表 1）。

表 1　初始指标

投入指标	产出指标
所有者权益（OE）	净资产收益率（ROE）
主营业务成本（CS）	基本每股收益（EPS）
总资产（TA）	净利润（NP）
流动资产（CA）	主营业务收入（MBI）
管理费用（MC）	营业利润（OI）
销售费用（SE）	存货周转率（ITO）

（2）基于因子分析法的指标选取。由于要求投入、产出指标不能存在线性相关关系，因此，为得到客观准确的指标，本文运用因子分析法对指标进行分析，避免具有线性相关关系的指标存在。运用软件，分别对 48 家样本企业的投入、产出原始数据进行因子分析。

通过因子分析我们最终选择的投入和产出指标如表 2 所示。

表 2　投入产出指标

投入指标	产出指标
流动资产（CA）	营业利润（OI）
管理费用（MC）	基本每股收益（EPS）
销售费用（SE）	主营业务收入（MBI）

（三）DEA 分析

本文运用 Deap 软件对 48 家上市零售企业分类进行分析，一类是 18 家使用跨境电子商务的零售企业，另一类是 30 家未使用电商模式的零售企业。

1. 48 家上市公司效率均值测算结果分析

为了看出使用电子商务和未使用电子商务企业效率的区别，将测算的效率均值绘制如下折线图（见图 4）。

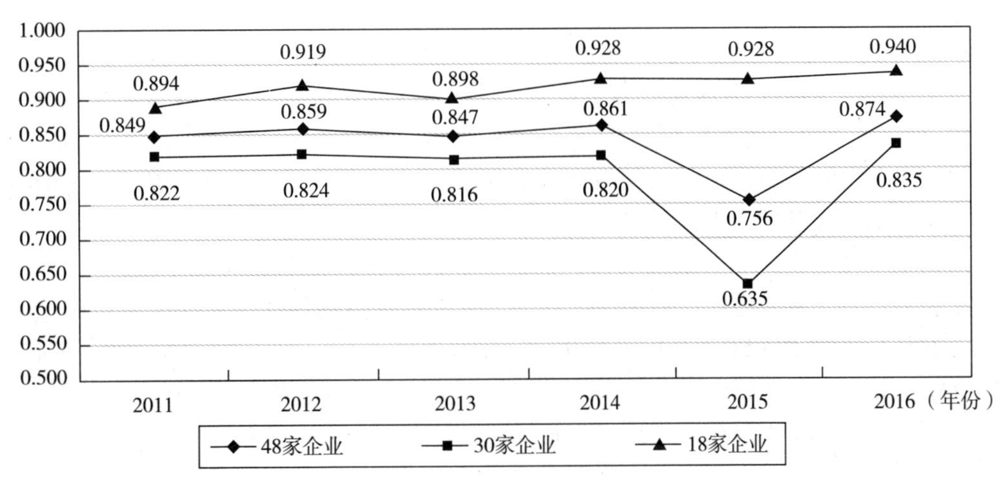

图 4　48 家企业效率均值

从图 4 中可以看出 18 家运用电子商务模式的企业效率高于整体企业效率，且明显高于 30 家未使用电子商务模式的企业效率。

2. 未运用电子商务模式的 30 家企业效率测算结果分析

综合分析未运用电子商务的 30 家样本企业测算结果，从 2011 年到 2016 年的效率变化来看，2016 年 30 家上市公司的综合效率平均值为 0.835，略高于 2011 年的效率平均值 0.822，企业效率呈现上升趋势，但上升并不明显；2011~2016 年 30 家样本企业纯技术效率处于下降的趋势，规模效率处于上升趋势，30 家样本企业规模效率平均值由 2011 年的 0.933 上升到 2016 年的 0.967，由于纯技术效率下降的幅度比规模效率上升的幅度要大，因此使企业综合效率的上升并不明显。由此可知，2011~2016 年企业综合效率改善不明显主要是由于纯技术效率的下降导致的，这说明企业目前资源配置不合理，管理水平低以及技术运用不当，企业应采取加强内部管理和技术创新改进等措施来提高企业的经营效率。

从微观层面单看每个样本公司的效率变化可以看出，2011~2016 年综合效率处于下降趋势的企业有 8 家，即将近 1/3 的企业均处于效率值下降的趋势，这 8 家企业中，有 6 家综合效率的降低主要是由纯技术效率的降低引起的，占比 75%，有 2 家上市企业综合效率的降低主要是由规模效率的降低引起的，占比25%。2011~2016年综合效率处于上升趋势的企业有15家，这15家上市公司效率的上升是由纯技术效率和规模效率的上升引起的（见图5）。

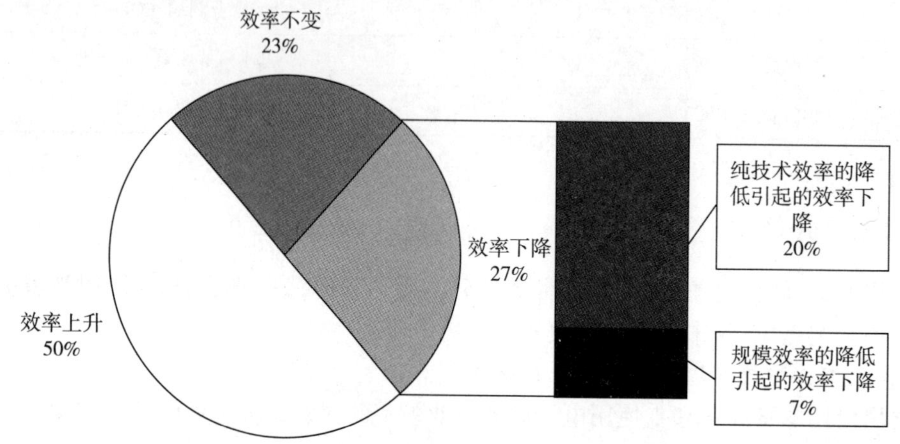

图5　30家未运用跨境电商模式的企业效率变化占比

3. 运用电子商务模式的18家企业效率测算结果分析

综合分析运用电子商务的18家样本企业测算结果看出，2011年运用电子商务模式的18家上市零售企的TE、PE、SE的平均值分别为0.894、0.914、0.968；2016年18家上市零售企业TE、PE、SE的平均值分别为0.940、0.974、0.966，对比这两年的效率可以看出，这18家企业的综合效率平均值是提升的，上升是因为纯技术效率提高了。

对比运用电子商务模式的18家企业2011年和2016年前后的数据可以看出，运用电子商务模式的样本企业只有3家企业综合效率是下降的，其中中央商场效率由0.536降到0.520，下降幅度不大，并且规模效率（SE）获得了提升，其技术效率（TE）下降的主要原因是纯技术效率（PE）的下降；新华都和红旗连锁在2011年和2016年的企业效率均为1，其规模效率降低使企业的综合效率下降，由于下降得不明显，企业可以通过微调企业规模来提高企业运营效率。7家上市公司效率得到了提升，占样本总数的40%。其中5家企业尤其是宏图高科，企业效率大幅度上升。

（四）实证结论

第一，通过运用DEA模型对48家零售上市公司2011年到2016年的测算结果可以看出，18家企业经营效率明显高于30家企业经营效率。所以可以得出结论：传统零售业向电子商务方向发展的举措对公司效率的提升是有很大帮助的，并且发展方向的设立也是正确的，为零售业转型"新零售"模式提供了实证依据。

第二，未运用电子商务的30家上市公司有1/3的企业经营效率有明显下滑，运用电子商务的企业有3家企业经营效率是处于下降状态，而且下降幅度不显著。根据以上结果和数据可以得出结论：运用电子商务模式的企业技术效率得到了提升，但是企业受到许多外部因素的影响，对电子商务的理解还不深刻，对电子商务技术的掌握不成熟，属于试水阶段，因此导致企业运用电子商务模式后企业效率会出现不升反降。因此建议企业在向电子商务发展过程中，应对市场环境进行判断，深刻理解电子商务内涵，充分结合零售与电子商务的优势实现互利共赢，创造更好的企业效率。

五、传统零售业转型“新零售”模式

（一）“新零售”含义

目前，除了传统零售业受到电子商务的冲击外，电子商务竞争也日趋激烈，纯电子商务的流量盈利也有所下降。对此，马云指出：“纯电商时代和纯零售形式很快被新零售所打破，新零售将开创崭新的商业黄金时期。”“新零售”一词由此传播开来。电商与实体零售要打破以往局面，从对立竞争走向合作共赢来形成线上线下融合的“新零售”业态。

“新零售”的核心是将线下零售业和线上电子商务从原来的相对独立、相互冲突逐渐转化为互为促进、彼此融合。零售业和电子商务线下与线上融合发展，优势互补，并与现代物流结合在一起，形成“新零售”业态。

（二）“新零售”模式的运营流程

传统零售企业运营流程，是零售企业和供应商、消费者构成了两个关系网络，并且和两者构成上游、下游的流通流。整个流程包含采购、配送、仓储、销售四个环节（见图6）。

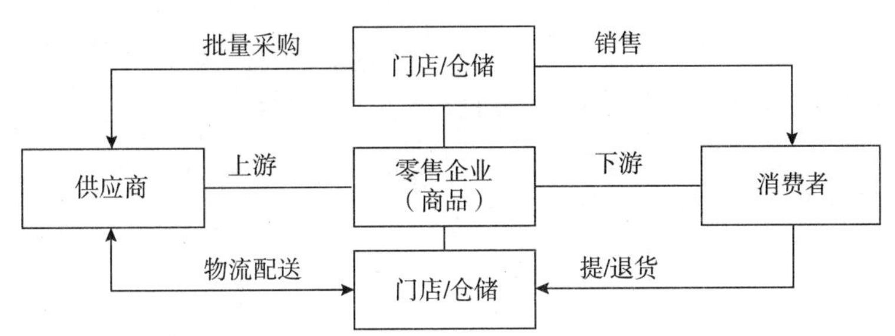

图6　传统零售企业运营流程界面

资料来源：闫宁宁，李涛. 基于“新零售”的我国传统零售企业转型探讨［J］. 商业经济研究，2019（14）：104-107.

“新零售”模式与传统零售模式的明显不同在于零售企业角色的转变，由商品销售者以商品为中心转变为以消费者为中心的消费服务商。可以由运营流程图中（见图7）看到，要素的流通有双向箭头的，使信息流、资金流、商品流和物流实现了运营中的“四流合一”。这表明“新零售”企业打通了线上线下的全部销售渠道，包含了线下门店的体验，线上的商城运营，其他社交渠道。另外，消费者的个性化需求也被考虑进来。这使供应商、零售企业和消费者都能获得效益最大的盈利和满足。

（三）“新零售”模式与传统零售、电子商务的比较

通过对比（见表3），可以发现：传统零售企业主要依靠线下实体店铺经营活动，具有销售渠道、经营结构单一，并且运营成本高等各种弊端。而电子商务模式主要依靠线上各种平台出售商品服务，虽然运营成本大大降低，但消费者缺乏良好的用户体验，且有物流方面等需求问题。以上两种模式都各自有缺陷。所以“新零售”融合了两者的优点，避开了缺点，并且有很多突出

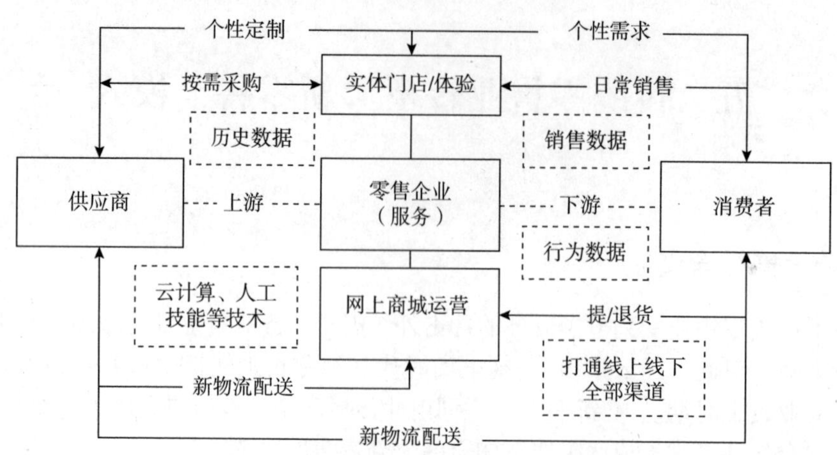

图7 “新零售”企业运营流程界面

资料来源：闫宁宁，李涛. 基于“新零售”的我国传统零售企业转型探讨［J］. 商业经济研究，2019（14）：104-107.

的优势：线上线下的商品、会员、服务互通使销售渠道和经营结构更多元化，物流流通效率更高，用户体验更个性化。

表3 传统零售、电子商务和“新零售”模式特点的对比

	传统零售	电子商务		“新零售”
表现形式	购物中心、超市、便利店、仓储会员店、百货店等12种	B2C（天猫、京东、唯品会等电商平台）	O2O（团购、出行、餐饮、旅游等）	无人超市、体验营销、VR/AR购物、大数据平台、超级云仓等
实体店铺	√	×	√	√
网上商城	×	√	√	√
渠道形式	线下	线上	线上线下	线上线下
出发点	商品	商品	商品	消费者
驱动核心	店铺经营者	电商经营者	电商经营者	大数据
性质	卖货	卖货	卖货	用户、商品、营销的全面一体化
价格	高	低	低	低
有无体验	√	×	√	√
提货速度	快	慢	中	快
生产理念	B2C	B2C	B2C	C2B/C2M
消费方式	在实体门店展柜浏览和试用商品，直接现金支付	在网站浏览商品详情，在线支付或货到付款，通过物流获取商品	线上查看商品详情并支付，线下实体店享受服务	网站个性化推送或生产商品，线下场景体验、移动支付，新物流配送（门店自提）
缺陷	渠道单一、结构僵化、运营费用昂贵、同质化严重等	仅靠图片和信息描述，商品品质无法保证，物流慢	O2O不能解决体验消费、定制服务	

综上所述，“新零售”模式可以说是传统零售业转型的最优模式，也是最具创新的商业模式。这一模式能有助于零售企业传统模式与电子商务模式各自优劣进行互补从而达到互利共赢的局面，是传统零售业转型的最佳选择。

六、传统零售业转型“新零售”发展的对策

传统零售企业转型升级的目标可以概括为：第一，不断提升线上或线下的扩展能力，追求“互联网+”思维和技术革新，通过大数据手段挖掘和分析消费者习性和偏好，用于提升自身产品与服务质量，并且结合场景化服务满足不同群体的消费体验。第二，打造从供应链源头到末端的“零售产业环”，降低生产成本，加快商品周转速度。提升企业经营效率，带来持续稳定的利润增长，促进整个零售行业蓬勃发展。基于目标，本文提出以下几点对策建议。

（一）拓展线上平台资源

传统零售业实行线上线下融合的主要切入点是拓展线上平台资源。为了顺应行业趋势，消费结构与消费者行为的转变，零售企业要运用互联网技术，大力开发大数据，搭建相应的线上平台进行经营模式的转型。平台融合模式主要有三种：自建平台、与第三方合作以及全面平台渠道模式。

传统零售企业若本身就拥有深远的品牌影响力以及雄厚的财力，可以选择自建平台，它是由企业内部线上线下融合形成的。比如苏宁云商，加强了大数据建设，凭借实体店可以给消费者在体验和服务上的优势，以及互联网对于信息获取、支付交易、沟通互动上的特点将支付结算、仓储配送、咨询服务等方面的线上线下融合。

与第三方合作模式，选择一个电商平台合作。电商平台具有线上成熟的技术优势，传统零售企业可以充分利用这种优势，并与其具有品牌号召力的线下实体店大范围经营特点相结合，合理控制零售企业开展线上业务的转型成本。只要能高效运用好线上和线下两种资源优势，就能更好地进行线上线下融合发展。比如优衣库等品牌零售企业通过和天猫、京东这些成熟的电商巨头合作，利用电商平台的大流量开设品牌官方旗舰店来吸引顾客。

全面平台渠道融合模式是将线上电商平台渠道、移动终端渠道和实体营销渠道融合的全渠道模式，借此解除线下渠道在时间、空间和价格优势等方面的限制，是具有一定信息技术能力的实体零售业的选择。

（二）构建新型营销方式

要正确运用好自身实体零售的优势，线上线下优势互补，运用自己营运资源，提供更多的信息服务给顾客，在电子商务平台展示产品的同时，收集用户消费需求信息，作为提供优质个性化服务的依据，积极开拓创新方案，创新体验性营销理念，由线上带动线下，由线下保证线上，从而为消费者提供更加个性化、人性化、无差异的消费体验。通过线上平台吸引用户进行线下体验，实现让消费者线下体验，线上支付，实体店自取，物流上门的全新模式。创建精准营销、云产业链营销，结合大数据进行“按需生产”“按需供应”，构建实现产销一体化，商家、商品和消费者之间的距离被缩短了，货品能够更快、更迅速地接触目标消费者，减少库存积压。同时，建设 CRM 客户关联管理体系、供应迅速、全面的高质量服务来吸引和维系更多消费者，提高用

户忠诚度。

（三）同品同质同价维护品牌口碑

“商品同质”是实现线上线下深度融合的第一保障。零售企业在开展线下实体店经营活动时需要提供给消费者各种电子设备，方便他们进行实时对比，真正做到线上线下的“同价”。保持团队意识，统一线上和线下产品的促销活动，尽量减少单方面优惠，把线上线下的服务统一到位，带给消费者最好的用户体验。在采购、生产、售卖三方面把好关，严格监控质量，创建品牌的好口碑，注重知识产权的维护和杜绝假冒伪劣产品，为了提供给消费者更安全、放心、高质量的商品服务。

（四）建立完善的物流配送体系

“新零售”使用“传统物流+第三方物流”的全新形式。积极把线上线下与物流的融合程度提高，积极与第三方物流公司合作，开拓有业内口碑名列前茅的物流渠道，规划物流系统操作，对商品进行最优路径的选取设定，实时观察配送状况，同时提高商品库存的周转率，提高客户满意度，并且预先准备危急情况的应对措施，对节假日爆仓、高峰时段有其他物流备选，解决节假日快递爆仓导致的推迟问题，实现“最后一公里”带来的便利，让消费者获取更专业、到位、准时、人性化等全面的物流体验。

（五）运用大数据创建 C2B 拉式生产体系

“新零售”模式与传统零售模式的明显不同是在零售企业角色的转变，“新零售”模式拉近了网络、高科技数据技术、零售企业还有众多线上线下消费者的距离。零售企业应该采用“拉式生产”体系，把消费者需求作为零售本质展开经营活动。以消费者需求为中心这一主旨采购、生产。应该充分利用大数据互联网技术，从线上消费者的交易、搜索、查询中收集信息进行整合，快速生成消费者需求的报告发送至零售生产企业。生产企业充分根据消费者所想所需全面设计出最贴合理想的产品，有针对性地采购、设计、生产。这样对企业来说，以需供销提高了库存的周转，减少了促销活动，节省了营销成本；对于消费者来说，获取了想要的商品，满足个性化的需求，增强了品牌依赖性。

（六）尽快立法创造公平有序的市场环境

想要创建公平有序的市场环境，最有效的方法就是尽快立法，加强对电商和传统零售融合之后的新型行业做出法律监督和制约，更好地营造出线上线下的公平竞争环境。比如假冒伪劣产品、知识产权的维护、违法竞争欺诈消费者等行为要严格监管。建设统一信用网站，对于线上线下企业用户的信息收集、查询和使用进行规范化指导，信息审核保证买卖双方信息的真实性，同时也约束双方的行为，同时还能防止信息输入输出的泄露，减少了网络犯罪行动的发生。另外，对于某些不良商家想通过低价手段吸引消费者，实行垄断的恶性手段要严惩不贷，并定期组织行业内大大小小的零售企业和跨境电商企业开教育会，还可以在网站上公示出行业内禁令规定，加大宣传力度，使市场激励和政法机制得到完善。

参考文献

[1] 闫宁宁，李涛. 基于“新零售”的我国传统零售企业转型探讨［J］. 商业经济研究，2019（14）：104-107.

[2] 郑贵华，李呵莉. 实体零售业转型“新零售”过程中的问题及对策研究［J］. 经济论坛，2017（5）：

72-75.

[3] 李伟. "互联网+" 时代下跨境电商的变革与发展 [J]. 商场现代化，2016 (27)：74-75.

[4] 杜睿云，蒋侃. 新零售：内涵、发展动因与关键问题 [J]. 价格理论与实践，2017 (4)：139-141.

[5] 董枳君. 马云更营销，刘强东更零售 [J]. 商学院，2016 (12)：50-52.

[6] 徐璇. 电子商务环境下大型零售企业的商业模式研究 [D]. 浙江：浙江工商大学硕士学位论文，2014.

B2C 网络平台嵌入风险控制的三方演化博弈分析*

彭正银[1]　王永青[1]　韩敬稳[2]

（1. 天津财经大学商学院，天津　300222；2. 天津财经大学理工学院，天津　300222）

[摘　要] 随着B2C网络平台的发展，嵌入商户的信用缺失、刷单行为、假冒伪劣等行为给平台企业带来的嵌入风险越来越明显。基于入驻商家和消费者的双重嵌入性、参与者行为的交互影响以及有限理性的假设条件，构建了网络平台、入驻商家和消费者之间的演化博弈模型，运用演化博弈理论和李雅普诺夫判别法分析了均衡稳定点的渐进稳定性及系统的演化稳定策略，并使用MATLAB软件对三方行为策略的演化过程进行仿真分析。策略稳定性分析和仿真实验表明：嵌入风险的演化是各利益相关主体博弈互动的结果；降低监管成本、加大违规行为的惩罚力度、提高违规成本有助于推动系统向理想策略的演化。因此，B2C网络平台可从优化算法降低监管成本、建立多方共治体系来加大监管力度、提高违规成本以及优化维权等方式对嵌入风险进行控制。

[关键词] B2C网络平台；三方演化博弈；嵌入风险；双重嵌入；仿真

一、引言

网络平台的兴起带来商业模式的创新，典型的有以阿里巴巴为代表的B2B模式，以京东、亚马逊、天猫商城为代表的B2C模式，以淘宝网为典型的C2C模式等。其中面对最终消费者的B2C模式与其他模式相比，其交易涉及企业群（B）和消费群（C）两个不同层面，具有链接范围更广、交易决策理性程度差（与企业群相比）等特点。依托B2C网络平台的准市场环境（McIntyre and Srinivasan，2017），入驻企业与最终消费者作为交易主体嵌入网络平台，通过平台企业提供的虚拟空间与互动机制开展网络化的交易活动，进而发展演化形成特殊组织形态（金帆，2014）。B2C网络平台作为一种特殊的服务生态系统，各参与主体通过资源整合与服务交换实现了价值共创的动态过程（周文辉等，2019）：B2C网络平台通过连接入驻商家和消费者以及其他第三方支持种群，向这些参与者提供平台架构、交互规则和互动机制，促使参与者分享自有资源和共享他人资源，从而提升参与者价值（Chakravarty et al.，2014），向消费者提供完整的购

* 基金项目：国家自然科学基金面上项目“B2C网络平台的嵌入风险与治理机制研究”（71772134）、国家自然科学基金重点项目“现代社会治理的组织与模式研究”（1533002）；教育部人文社会科学重点研究基地项目“网络社会的演化趋势与治理研究”（15JJD630001）。

物体验（冯华和陈亚琦，2016；汪旭晖和张其林，2016）。网络平台企业和入驻企业合作向消费者传递“供给侧”价值，网络平台企业与消费者合作向入驻企业传递“需求侧”价值，入驻企业与消费者合作向网络平台企业传递“连接侧”价值（刘江鹏，2015）。从参与群体来说，网络平台企业主要提供情境价值（Vargo and Lusch，2016），入驻商家主要提供使用价值，消费者主要提供交换价值（汪旭辉和张其林，2017），这种价值共创结构决定了网络平台企业拥有平台制度的供给权、执行权和解释权，享有价值共创的剩余索取权（Vargo and Lusch，2016）。

然而，有学者认为电商经济与传统经济相比，并未实现实质内涵上的创新，只是依托互联网技术，构建网络平台而形成市场创新，仅仅是拓展了交易技术和交易空间，并未带来真正的社会财富（华民，2014）。电商经营者借助互联网技术和平台从事与实体商业模式差别不大的市场交易行为，并未与互联网空间中核心要素深度嵌入和融合，处于一种低度嵌入的状态（张军，2016）。此外，入驻企业依据平台契约嵌入平台上，其与网络平台企业的合作伙伴的关系，以及面对其他网络平台交易市场的多重选择带来的多归属行为（Boudreau，2010），导致入驻企业在B2C网络平台的“低度嵌入”或“嵌入不足”（Johannes et al.，2016）。这种松散的、不稳定的低度嵌入关系，以及较低的退出成本，会形成双方的“弱势锁定”（彭正银，2003）。由于“弱势锁定”，网络平台企业对入驻商家的约束效力不强，入驻商家的不当嵌入行为（刷单、刷屏、虚假广告、虚假宣传、假冒伪劣等）不仅会扰乱网络商品交易市场的竞争秩序，还会对其他商家产生传染效应（汪旭晖和张其林，2017），损害消费者合法权益。正如消费者会依据产品质量形成产品来源国形象（Han，1989）和购物中心形象（Chebat et al.，2006）一样，消费者对入驻商家的不良感知会影响消费者对网络平台市场整个入驻商家群体以及网络平台企业的整体感知，这不仅对网络平台的声誉造成影响，还会引发消费者与入驻企业之间、消费者与网络平台的“关系失信”，给网络平台带来多重嵌入风险（Uzzi，1997）。例如，京东商城的入驻商家天天果园销售烂水果且拒绝退款，导致消费者发出“京东真不如淘宝”的论断。因此，对网络平台的嵌入风险展开研究，具有现实性与紧迫性。

目前学者关于平台风险的研究主要集中于以下两个方面：一是对网络平台运行风险的探讨，包括产品风险（蹇洁等，2018）、信息风险（Pratt 等，2015）、发展风险（赵辉，2017）、服务风险（左文明等，2018）、逆向选择风险（汪旭晖和张其林，2017）等；二是对入驻企业运营风险的阐释，包括信用风险（杨丰梅等，2017）、信誉风险（孙宝文等，2014）、竞争风险（张雄辉，2013）等；从已有对于网络平台风险的研究来看，更多的是关注于个体（网络平台或入驻企业）风险，而较少将个体之间的风险联系起来进行探讨。在对平台风险的研究方法上，现有研究多使用包含网络平台和入驻商家两个主体在内的两方演化博弈进行分析（李杰等，2018），很少使用三方演化博弈模型进行分析。

随着B2C网络平台的快速发展，嵌入商户的信用缺失、刷单行为、资源争夺等行为给平台企业带来的嵌入风险越来越明显。鉴于此，为了有效地预防B2C网络平台中嵌入风险传导的发生以及最大限度地减少嵌入风险传导对网络平台造成的影响，本文采用三方博弈演化矩阵对B2C网络平台嵌入风险传导的机理及过程进行分析，并引入入驻企业与消费者在网络平台的嵌入度，探讨了平台的监管效力和入驻商家的机会主义成本对系统稳定性的影响，并解释了不同稳定条件下嵌入度的变化，最后对嵌入风险的演化提出相应的控制方法，这具有重要的理论实践意义。本文的贡献在于：①对入驻商家和消费者的嵌入的内涵进行定义，给出嵌入维度和测量指标，探讨B2C网络平台在双重嵌入情景下嵌入风险的演化过程，拓展了嵌入性理论的研究内涵；②构建了嵌入风险演化的三方博弈模型，将消费者在嵌入风险传导中的作用加入模型中，分析更具合理性，弥补了现有文献研究的不足。

二、模型构建

(一) 问题描述

在B2C网络平台中，入驻商家和消费者依据平台规则与契约嵌入平台上，开展网络交易活动。平台型网络市场存在多层委托代理关系，消费者委托网络平台提供优质商品，而网络平台又委托入驻商家提供优质商品，因此消费者、B2C网络平台和入驻商家分别担任“初始委托人”“中间代理人”（“中间委托人”）、“最终代理人”角色。虽然消费者可通过重复购买和口碑传播对网络平台和入驻商家实现参与约束，网络平台可通过提供买家资源对入驻商家实现参与约束，但由于入驻商家获得买家资源的大小并不完全依赖良性经营，更多地取决于竞争行为，以及消费者对入驻商家低价格的要求与低黏性的回报，使入驻商家有动机选择投机行为，以获得更多的买家资源、谋取更大的利益（汪旭晖和张其林，2017）。

入驻商家的不当竞争行为（刷单抄信、假冒伪劣、虚假广告等行为）不仅损害了同行的利益，也破坏了平台的竞争秩序，如果平台采取不治理的策略，任由商家违规行为肆意发展，尽管平台可能会获得交易规模提升的短期收益，但会造成其他入驻商家模仿获得巨额利润的不当竞争行为发起者的做法也参与不当竞争，扰乱平台竞争秩序，长此以往就会造成二手车市场的“劣币驱逐良币”现象，致使遵守市场秩序和规则的优良商家无法生存。不当竞争行为最终会导致平台假冒伪劣产品盛行，这严重损害了消费者的合法权益，侵害消费者利益，并且这种风险会通过网络效应风险无限放大，使消费者群体不信任平台，造成消费者与平台之间的“关系失信”，给平台带来客户流失风险。由此可见，由入驻商家带来的嵌入风险是通过消费者这个桥梁传导到平台的，消费者利益受损后放弃平台是风险由入驻商家传导到平台的必要条件。因此，B2C网络平台嵌入风险的演化与传导并不是个体行为简单累加的结果，而是由违规嵌入商家发起，由商家、平台与消费者多个不同利益主体间相互博弈的结果。

(二) 模型假设

为建立合理的演化博弈模型，本文做如下假设：

1. 博弈主体

研究由“平台-入驻商家-消费者”组成的网络交易系统，三个博弈主体均具有有限理性，且博弈主体间信息不对称，博弈随机，行为交互影响，这也就意味着各利益主体不能通过一次博弈获得最优策略，而是需要经过在多轮博弈中不断试错、学习和改进自己过去的策略，从而制定出与自身当前所面临情况最匹配的行为决策。

2. 网络平台嵌入度的定义与度量

“嵌入”最早是由Polanyi于1944年提出，是指经济并不是独立存在的，而是需要依赖于政治、宗教、文化、制度等其他的因素，从宏观方面证明了经济与社会的嵌入性关系。后来Granovetter（1985）将嵌入的概念发展为经济行动及其后果会受到行动者所处的网络关系的影响。此后，嵌入性开始引起了众多学者的关注，嵌入性的内涵也得到不断拓展，出现了工作嵌入（job embeddedness）（Mitchell et al.，2001）、组织嵌入（organizational embeddedness）（骆静和廖建桥，2006）等新概念。在以上学者研究的基础上，结合本文的研究将消费者和入驻商家的平台嵌入性定义为消费者和入驻商家的经济行为受其所处的网络平台的影响。

随着嵌入性理论研究的不断深入，不同学者根据研究内容的需要将嵌入性分为不同的类型，目前形成了几种被广泛认可的并被后续学者大量引用的几种分析框架，分别是：关系嵌入（relational embeddedness）和结构嵌入（structural embeddedness）分析框架（Granovetter，1992）；结构嵌入、认知嵌入、文化嵌入和政治嵌入分析框架（Zukin and Dimaggio，1990）；业务嵌入和技术嵌入分析框架（Andersson et al.，2002）；环境嵌入、组织嵌入和双边嵌入分析框架（Hagedoorn，2006）等。其中 Granovetter 的结构嵌入和关系嵌入是被后续学者广泛采用的经典分析框架。本文主要采用 Granovetter 的关系嵌入来分析消费者和入驻商家的平台嵌入性。

关于关系嵌入性的维度划分，大多数学者都是参照 Granovetter（1973）和 Uzzi（1997）的研究方法从不同角度进行研究。Granovetter（1973）用互动频率、亲密程度、关系持续时间以及互惠内容来判断关系的强弱；Uzzi（1997）从信任、优质信息共享和共同解决问题的机制这三个维度对嵌入性进行描述，并认为这三个维度是相互依赖的，且信任是嵌入性联系的首要特征。结合本文的研究需要，将入驻商家和消费者的平台嵌入性划分为交易频率（次数）、信任两个维度，具体测量指标对入驻商家和消费者来说略有不同。对于入驻商家来说，用商家的店铺销量、订单笔数来代表互动频率，用商家的店铺评分和信用评分来代表信任，入驻商家的店铺销量和订单笔数越高、嵌入度越高，店铺评分和信用等级越高，嵌入度越高。对于消费者来说用购买频率代表互动频率，用消费者的信用值（如阿里巴巴的淘气值和京享值）代表信任，购买频率越高嵌入度越高，信用值越高嵌入度越高，因此商家（消费者）的嵌入度可以定义为：$\alpha(\beta) = a \times$ 商家（消费者）的互动频率/商家（消费者）最高互动频率 $+ (1-a) \times$ 商家（消费者）的信任程度/商家（消费者）最高互信任程度，a 代表频率维度的权重，因此本文中嵌入度的取值范围在 0~1。

3. 博弈主体行为策略

（1）网络平台。平台的策略集{监管，不监管}。入驻商家的不当竞争行为不仅损害了平台的竞争秩序，还侵害了消费者合法权益，在实际运营过程中，网络交易平台出于维护正常的网络秩序和规范，保护消费者合法权益以及履行企业社会责任的需要，有动机对商家的违规行为进行监管和制裁，以获得平台的健康持久发展。但与此同时，平台不仅需要支付监管治理成本，还需要承担因不能吸引消费者流量而导致的短期利益损失，因此并不是所有平台都会选择监管策略。尤其是在平台发展初期，平台严格的监管策略会阻碍平台规模的快速扩大，经过分析，认为网络交易平台采取不同策略的概率是随着平台运营时间的变化而变化的，本文假定网络交易平台选择“监管”策略的概率为 x，且 x 关于时间 t 可导。

（2）入驻商家。在 B2C 网络平台中，由于同质产品过多，入驻商家很难保证持久的竞争优势。部分入驻企业为了获取客户资源与超额利润采用刷单炒信、假冒伪劣等不正当手段，以争夺网络平台中有利的结构洞位置，获取丰富的网络资源。由于网络负外部性的作用，某一商家获得结构洞资源优势，必然会减少其他商家占用的资源，因此在有限资源条件下，其他商家可能也会模仿参与违规行为，产生传染效应。但是有的商家出于长期合作发展需要，以及履行社会责任、遵守平台规则、违规成本而选择不参与不当竞争。基于此，得出入驻商家的策略集为{违规，不违规}。商家在入驻初期，为了获得消费者流量，提高店铺信誉度，往往会采取违规操作，但是在获得相应等级后，这种动机就会减弱，因此商家选择不同策略的概率也随着其自身经营时间的变化而变化，本文假定入驻商家选择“违规”策略的概率为 $y(t)$，$0 \leq y(t) \leq 1$，$y(t)$ 关于时间可导。

（3）消费者。消费者是平台效用的直接体验者，掌握平台与商家的“生杀大权”。因此，在流量为“王”的时代，各大平台和商家都以争夺消费者流量为目标，通过各类“秒杀促销”活动、发放优惠券、其他平台引流等方式不断扩大平台、店铺的消费人群数量，提高点击率，进而提高商品成交量。在 B2C 网络平台中，消费者有两个决策选择，即{购买，不购买}。影响消费者购买决策的因素有很多，比如商家的信誉度、商品的性价比、买家的评价及售后服务等，如果消费者在网络消费过程中遭遇欺诈或权益受损，购物体验较差，那么消费者可能就会选择不购买策略，因此，消费者的购买行为会随着这些因素的变化而变化，本文假设消费者选择购买策略的概率为 $z(t)$，$0 \leqslant z(t) \leqslant 1$，$z(t)$ 关于时间 t 可导。

（三）损益变量的设定

1. 网络平台的损益变量

π_1：平台的基本收益，即网络平台在未采取监管措施时，只是通过提供平台交易场所等基本服务获得的基本收入。

$\Delta\pi_1$：平台采取监管策略时的潜在收益，即平台采取监管措施时，会对商家行为产生约束作用，优化网络平台的市场环境，进而提高消费者的购买量，提高平台的交易量，使平台从中直接获益。

F_1：网络平台对实施违规行为的商家收取的罚金收益。

ΔC_1：平台对入驻商家采取监管措施时投入的成本，包括监管技术人员、设备等。

S_1：入驻商家采取违规行为给平台带来的损失。

2. 入驻商家的损益变量

π_2：在平台不监管、消费者购买策略下，入驻商家合规运营时所获得的基本收益。

$\Delta\pi_2$：在平台不监管、消费者购买策略下，入驻商家采取违规行为时所获得的额外收益。根据本文对嵌入度的定义，如果商家在网络平台上的嵌入度较高，那么该商家的销量高，消费者群体基础相对较广，其与平台以及消费者之间信任程度较高，因此其违规获得的收益就大。因此本文假设入驻商家的嵌入程度与违规收益是成正比的关系，入驻商家的违规收益为 $\alpha\Delta\pi_2$。

ΔC_2：入驻商家采取违规行为时的违规成本，这里的违规成本是指违规行为被平台查处后受到降低曝光率、商品下架、降低信用等处分所造成的损失。嵌入程度高的商家对平台的依赖程度更高，除了要承担自身的损失以外，还要承担寻找新的入驻平台，以及重新经营的风险成本，因此一旦违规被查，那么对自身造成的损失相对就比较大；对于嵌入程度低的商家来说，其可能同时入驻多个平台，如果其在该平台受到处分，可能立马以另一平台为主要销售地点，对自身的损失相对较小，因此在此假设嵌入程度与违规成本成正比，即入驻商家的违规成本为 $\alpha\Delta C_2$。假设在平台不监管时入驻商家具有机会主义行为，即 $\Delta\pi_2>\Delta C_2$，平台监管时，平台能对入驻商家起到监管作用即 $\alpha(\Delta\pi_2-\Delta C_2)<F_1$。

$\Delta\pi_2'$：平台监管时给入驻商家带来的额外收益。平台监管时由于其给消费者创造了安全放心的网络消费环境，因此在一定程度上会刺激消费者选择在线上购买，提高入驻商家的销量，给入驻商家带来一定的收益。同上分析，商家的嵌入程度与此额外收益成正比，因此不同嵌入程度商家群体的额外收益为 $\alpha\Delta\pi_2'$。

3. 消费者的损失变量

π_3：在网络平台不监管、入驻商家不违规时，消费者选择购买策略时获得的预期收益；此收益包括消费者的使用价值与购买时的成本之差，以及网络平台对消费者购物保障（七天无理由退换，以及天猫极速退款等保障）带来的收益。

S_3：在入驻商家采用违规策略时，消费者选择购买策略时的潜在损失，具体指产品质量差、价格高、售后服务质量差等；由于网络购物的低价优势以及七天无理由退换货的保障，因此假设 $\pi_3>S_3$。

$\Delta\pi_3$：平台监管策略为消费者带来放心安全的网络消费市场环境，给消费者带来的额外收益，假设 $\Delta\pi_3>0$；消费者在平台嵌入程度高，其在网络平台的购物频率高，所获得的额外收益高，假设消费者的嵌入程度为 β，那么其额外收益为 $\beta\Delta\pi_3$。

ΔS_3：入驻商家采取违规策略时，由于破坏网络市场交易秩序，为消费者网络消费环境带来消极影响的损失，比如搜寻成本增大。如果消费者的嵌入程度高，那么商家违规对其造成的损失就大，消费者的违规损失为 $\beta\Delta S_3$。

消费者选择不购买策略时，收益为 0。

假设平台监管时，对消费者起到保护作用，即 $\Delta\pi_3>\Delta S_3$。

（四）支付矩阵的构建

根据上文中三方主体参与下的博弈树模型，得出网络平台、入驻商家和消费者的收益矩阵如表 1 所示。

表 1　嵌入风险控制的三方演化博弈支付矩阵

博弈方的策略		商家不违规（$1-y$）		商家违规（y）	
		消费者购买（z）	消费者不购买（$1-z$）	消费者购买（z）	消费者不购买（$1-z$）
网络交易平台	监管（x）	$\pi_1+\Delta\pi_1-\Delta C_1$ $\pi_2+\alpha\Delta\pi_2'$ $\pi_3+\beta\Delta\pi_3$	$-\Delta C_1$ 0 0	$\pi_1+\Delta\pi_1+F_1-\Delta C_1-S_1$, $\pi_2+\alpha\Delta\pi_2+\alpha\Delta\pi_2'-\alpha\Delta C_2-F_1$, $\pi_3+\beta\Delta\pi_3-S_3-\beta\Delta S_3$	$F_1-\Delta C_1-S_1$, $-\alpha\Delta C_2-F_1$, 0
	不监管（$1-x$）	π_1 π_2 π_3	0 0 0	π_1-S_1 $\pi_2+\alpha\Delta\pi_2-\alpha\Delta C_2$ $\pi_3-S_3-\beta\Delta S_3$	$-S_1$, $-\alpha\Delta C_2$, 0

三、复制动态方程及均衡点

（一）复制动态方程

在演化博弈中，博弈参与方需要在多次博弈之后不断调整概率值 x、y、z 的大小才能获得稳定的混合策略，复制动态过程是就是各博弈主体动态调整策略选择概率值的过程，概率值 x、y、z 调整的微分方程即复制动态方程。

假设 E_{11}、E_{12} 为网络平台采取“监管”“不监管”策略时的期望收益，E_1 为网络平台的平均期望收益，那么：

$$\begin{aligned}E_{11}&=(\pi_1+\Delta\pi_1-\Delta C_1)(1-y)z+(-\Delta C_1)(1-y)(1-z)+\\&\quad(\pi_1+\Delta\pi_1+F_1-\Delta C_1-S_1)zy+(F_1-\Delta C_1-S_1)(1-z)y\\&=(F_1-S_1)y+(\pi_1+\Delta\pi_1)z-\Delta C_1\end{aligned}$$

$E_{12}=\pi_1(1-y)z+0+(\pi_1-S_1)yz+(-S_1)(1-z)y=\pi_1z-S_1y$

$E_1=E_{11}x+E_{12}(1-x)$

那么，网络平台策略的演化博弈复制动态方程为：

$$F_1(x)=\frac{dx}{dt}=(E_{11}-E_1)x=(\Delta\pi_1z+F_1y-\Delta C_1)(1-x)x$$

同理，假设 E_{21} 、E_{22} 为入驻商家采取“违规”“不违规”策略时的期望收益，E_2 为入驻商家的平均期望收益，那么：

$$\begin{aligned}E_{21}&=(\pi_2+\alpha\Delta\pi_2+\alpha\Delta\pi_2'-\alpha\Delta C_2-F_1)xz+(\pi_2+\alpha\Delta\pi_2-\alpha\Delta C_2)(1-x)z+\\&\quad(-\alpha\Delta C_2-F_1)(1-z)x+(-\alpha\Delta C_2)(1-x)(1-z)\\&=\alpha\Delta\pi_2'xz+(\pi_2+\alpha\Delta\pi_2)z-F_1x-\alpha\Delta C_2\end{aligned}$$

$E_{22}=(\pi_2+\alpha\Delta\pi_2')xz+\pi_2(1-x)z+0+0=\alpha\Delta\pi_2'xz+\pi_2z$

$E_2=E_{21}y+E_{22}(1-y)$

从而，入驻商家策略的演化博弈复制动态方程为：

$$F_2(y)=\frac{dy}{dt}=(E_{21}-E_2)y=[\alpha\Delta\pi_2z-F_1x-\alpha\Delta C_2](1-y)y$$

同理，假设 E_{31} 、E_{32} 为入驻商家采取“购买”“不购买”策略时的期望收益，E_3 为消费者的平均期望收益，那么：

$$\begin{aligned}E_{31}&=(\pi_3+\beta\Delta\pi_3)(1-y)x+\pi_3(1-x)(1-y)+(\pi_3+\beta\Delta\pi_3-S_3-\beta\Delta S_3)yx+\\&\quad(\pi_3-S_3-\beta\Delta S_3)(1-x)y=\beta\Delta\pi_3x-(S_3+\beta\Delta S_3)y+\pi_3\end{aligned}$$

$E_{32}=0$

$E_3=E_{31}z+E_{32}(1-z)$

入驻商家策略的演化博弈复制动态方程为：

$$F_3(z)=\frac{dz}{dt}=(E_{31}-E_3)z=[\beta\Delta\pi_3x-(S_3+\beta\Delta S_3)y+\pi_3](1-z)z$$

所以复制动态方程为

$$\begin{cases}F_1(x)=\frac{d_x}{d_t}=(\Delta\pi_1z+F_1y-\Delta C_1)(1-x)x & (1)\\ F_2(y)=\frac{d_y}{d_t}=(\alpha\Delta\pi_2z-F_1x-\alpha\Delta C_2)(1-y)y & (2)\\ F_3(z)=\frac{d_z}{d_t}=[\beta\Delta\pi_3x-(S_3+\beta\Delta S_3)y+\pi_3](1-z)z & (3)\end{cases}$$

（二）演化博弈模型的稳定性分析

对于网络平台、入驻商家和消费者三方群体演化可以通过三者的复制动态方程来分析，但并不能直接判断出系统最终会演变到哪个均衡点。下面根据雅克比矩阵定性分析系统在这些均衡点的局部稳定性，另 $F_1(x)=0$、$F_2(y)=0$、$F_3(z)=0$，联立三者的复制动态方程，并赋值得到以下方程：

$$\begin{cases}(\Delta\pi_1z+F_1y-\Delta C_1)(1-x)x=0 & (1)\\ (\alpha\Delta\pi_2z-F_1x-\alpha\Delta C_2)(1-y)y=0 & (2)\\ [\beta\Delta\pi_3x-(S_3+\beta\Delta S_3)y+\pi_3](1-z)z=0 & (3)\end{cases}$$

对以上方程组求解过程如下：

（1）当均衡点为纯策略组合时，即满足 $\begin{cases}(1-x)x=0\\(1-y)y=0\\(1-z)z=0\end{cases}$ 时，容易推出 $\begin{cases}x=0,\ x=1\\y=0,\ y=1\\z=0,\ z=1\end{cases}$

进而解得系统内存在的八个均衡点，分别为 $E_1(0,\ 0,\ 0)$、$E_2(1,\ 0,\ 0)$、$E_3(0,\ 1,\ 0)$、$E_4(0,\ 0,\ 1)$、$E_5(1,\ 1,\ 0)$、$E_6(1,\ 0,\ 1)$、$E_7(0,\ 1,\ 1)$、$E_8(1,\ 1,\ 1)$。

由上述三个复制动态方程，可求得雅克比矩阵为：

$$J=\begin{bmatrix}F_{11} & F_{12} & F_{13}\\ F_{21} & F_{22} & F_{23}\\ F_{31} & F_{32} & F_{33}\end{bmatrix}$$

其中，

$$F_{11}=\frac{\partial F_1(x)}{\partial x}=(\Delta\pi_1 z+F_1 y-\Delta C_1)(1-2x)$$

$$F_{12}=\frac{\partial F_1(x)}{\partial y}=F_1(1-x)x$$

$$F_{13}=\frac{\partial F_1(x)}{\partial z}=\Delta\pi_1(1-x)x$$

$$F_{21}=\frac{\partial F_2(y)}{\partial x}=-F_1(1-y)y$$

$$F_{22}=\frac{\partial F_2(y)}{\partial y}=(\alpha\Delta\pi_2 z-F_1 x-\alpha\Delta C_2)(1-2y)$$

$$F_{23}=\frac{\partial F_2(y)}{\partial z}=\alpha\Delta\pi_2(1-y)y$$

$$F_{31}=\frac{\partial F_3(z)}{\partial x}=\beta\Delta\pi_3(1-z)z$$

$$F_{32}=\frac{\partial F_3(z)}{\partial y}=-(S_3+\beta\Delta S_3)(1-z)z$$

$$F_{33}=\frac{\partial F_3(z)}{\partial z}=[\beta\Delta\pi_3 x-(S_3+\beta\Delta S_3)y+\pi_3](1-2z)$$

$$J=\begin{bmatrix}(\Delta\pi_1 z+F_1 y-\Delta C_1)(1-2x) & F_1(1-x)x\Delta & \pi_1(1-x)x\\ -F_1(1-y)y & (\alpha\Delta\pi_2 z-F_1 x-\alpha\Delta C_2)(1-2y) & \alpha\Delta\pi_2(1-y)y\\ \beta\Delta\pi_3(1-z)z & -(S_3+\beta\Delta S_3)(1-z)z & [\beta\Delta\pi_3 x-(S_3+\beta\Delta S_3)y+\pi_3](1-2z)\end{bmatrix}$$

根据李雅普诺夫判别法（间接法），当雅克比矩阵的所有特征值 $\lambda<0$ 时，该均衡点是渐进稳定点，即为汇；当雅克比矩阵中所有特征值 $\lambda>0$ 时，该均衡点是不稳定点，此时为源；当雅克比矩阵的特征值 λ 有正有负时，该均衡点是不稳定点，此时为鞍点。下面以 $E_1(0,\ 0,\ 0)$ 为例分析纯策略纳什均衡点的渐进稳定性，其他纯策略纳什均衡点的稳定性证明类似可得。

纯策略纳什均衡点 $E_1(0,\ 0,\ 0)$ 的雅克比矩阵为：

$$J_1=\begin{bmatrix}-\Delta C_1 & 0 & 0\\ 0 & -\alpha\Delta C_2 & 0\\ 0 & 0 & \pi_3\end{bmatrix}$$

解得此时的特征值为：

$\lambda_1=-\Delta C_1$，$\lambda_2=-\alpha\Delta C_2$，$\lambda_3=\pi_3$，由于 $\lambda_3=\pi_3>0$，所以此均衡点为不稳定点。

同理可得其他七个均衡点的稳定性分析，具体如表 2 所示：

表 2　均衡点的稳定性分析

均衡点	特征值	稳定性
$E_1(0, 0, 0)$	$\lambda_1=-\Delta C_1<0$ $\lambda_2=-\alpha\Delta C_2<0$ $\lambda_3=\pi_3>0$	不稳定点
$E_2(1, 0, 0)$	$\lambda_1=\Delta C_1>0$ $\lambda_2=-F_1-\alpha\Delta C_2<0$ $\lambda_3=\beta\Delta\pi_3+\pi_3>0$	不稳定点
$E_3(0, 1, 0)$	$\lambda_1=F_1-\Delta C_1$ $\lambda_2=\alpha\Delta C_2>0$ $\lambda_3=\pi_3-S_3-\beta\Delta\pi_3$	不稳定点
$E_4(0, 0, 1)$	$\lambda_1=\Delta\pi_1-\Delta C_1$ $\lambda_2=\alpha\Delta\pi_2-\alpha\Delta C_2>0$ $\lambda_3=-\pi_3<0$	不稳定点
$E_5(1, 1, 0)$	$\lambda_1=-F_1+\Delta C_1$ $\lambda_2=F_1+\alpha\Delta C_2>0$ $\lambda_3=\beta\Delta\pi_3x-S_3-\beta\Delta S_3+\pi_3$	不稳定点
$E_6(0, 1, 1)$	$\lambda_1=\Delta\pi_1+F_1-\Delta C_1$ $\lambda_2=-\alpha\Delta\pi_2+\alpha\Delta C_2<0$ $\lambda_3=-\pi_3+S_3+\beta\Delta S_3$	当 $\Delta\pi_1+F_1<\Delta C_1$， $S_3+\beta\Delta S_3<\pi_3$ 时为渐进稳定点
$E_7(1, 0, 1)$	$\lambda_1=-\Delta\pi_1+\Delta C_1$ $\lambda_2=\alpha\Delta\pi_2-F_1-\alpha\Delta C_2<0$ $\lambda_3=-\beta\Delta\pi_3-\pi_3<0$	当 $\Delta\pi_1>\Delta C_1$ 时，为渐进稳定点
$E_8(1, 1, 1)$	$\lambda_1=-\Delta\pi_1-F_1+\Delta C_1$ $\lambda_2=F_1+\alpha\Delta C_2-\alpha\Delta\pi_2>0$ $\lambda_3=-\pi_3-\beta\Delta\pi_3+S_3+\beta\Delta S_3$	不稳定点

（2）至少有一方为非纯策略解时，又可分为以下三种情况：

1）有一方为非纯策略解时，即满足 $\begin{cases} z=\dfrac{\Delta C_1-F_1y}{\Delta\pi_1} & (1) \\ (1-y)y=0 & (2) \\ (1-z)z=0 & (3) \end{cases}$ 时，假定方程组存在解 (x_1, y_1, z_1)，则此时的雅克比矩阵为：

$$J=\begin{bmatrix}0 & F_1(1-x)x & \Delta\pi_1(1-x)x\\ 0 & (\alpha\Delta\pi_2 z-F_1x-\alpha\Delta C_2)(1-2y) & \alpha\Delta\pi_2(1-y)y\\ 0 & 0 & [\beta\Delta\pi_3x-(S_3+\beta\Delta S_3)y+\pi_3](1-2z)\end{bmatrix}$$

因此，易知矩阵的特征值 $\lambda=0$ 恒成立，进而推出系统在（x_1，y_1，z_1）平衡状态下不存在渐进稳定点。同理可得当满足：

$\begin{cases}(1-x)x=0 & (1)\\ z=\dfrac{F_1x+\alpha\Delta C_2}{\alpha\Delta\pi_2} & (2)\\ (1-z)z=0 & (3)\end{cases}$ 以及 $\begin{cases}(1-x)x=0 & (1)\\ (1-y)y=0 & (2)\\ y=\dfrac{\beta\Delta\pi_3x+\pi_3}{S_3+\beta\Delta S_3} & (3)\end{cases}$ 条件下均不存在渐进稳定点。

2）有两方为非纯策略解时，即满足 $\begin{cases}z=\dfrac{\Delta C_1-F_1y}{\Delta\pi_1} & (1)\\ z=\dfrac{F_1x+\alpha\Delta C_2}{\alpha\Delta\pi_2} & (2)\\ (1-z)z=0 & (3)\end{cases}$ 时，假定方程组存在解（x_2，y_2，z_2），则此时的雅克比矩阵为：

$$J=\begin{bmatrix}0 & F_1(1-x)x\Delta\pi_1(1-x)x & \\ -F_1(1-y)y & 0 & \alpha\Delta\pi_2(1-y)y\\ 0 & 0 & [\beta\Delta\pi_3x-(S_3+\beta\Delta S_3)y+\pi_3](1-2z)\end{bmatrix}$$

容易解得矩阵的特征值有虚数，不满足全部实数的条件，因此系统在均衡解（x_2，y_2，z_2）的条件下不存在渐进稳定点。

同理可得当满足 $\begin{cases}z=\dfrac{\Delta C_1-F_1y}{\Delta\pi_1} & (1)\\ (1-y)y=0 & (2)\\ y=\dfrac{\beta\Delta\pi_3x+\pi_3}{S_3+\beta\Delta S_3} & (3)\end{cases}$ 以及 $\begin{cases}(1-x)x=0 & (1)\\ z=\dfrac{F_1x+\alpha\Delta C_2}{\alpha\Delta\pi_2} & (2)\\ y=\dfrac{\beta\Delta\pi_3x+\pi_3}{S_3+\beta\Delta S_3} & (3)\end{cases}$ 条件下均不存在渐进稳定点。

3）当三方均为非纯策略解时，即满足 $\begin{cases}z=\dfrac{\Delta C_1-F_1y}{\Delta\pi_1} & (1)\\ z=\dfrac{F_1x+\alpha\Delta C_2}{\alpha\Delta\pi_2} & (2)\\ y=\dfrac{\beta\Delta\pi_3x+\pi_3}{S_3+\beta\Delta S_3} & (3)\end{cases}$ 时，假定方程组存在解（x_3，y_3，z_3），雅克比矩阵为：

$$J=\begin{bmatrix}0 & F_1(1-x)x & \Delta\pi_1(1-x)x\\ -F_1(1-y)y & 0 & \alpha\Delta\pi_2(1-y)y\\ \beta\Delta\pi_3(1-z)z & -(S_3+\beta\Delta S_3)(1-z)z & 0\end{bmatrix}$$

解得此时矩阵 J 的特征值 $\lambda_1+\lambda_2+\lambda_3=0$。则此矩阵必有一个非负特征值，由此可知系统在此解条件下也不存在渐进稳定点。

综上所述，在网络交易平台、入驻商家、消费者三方复制动态系统中，B2C 网络平台交易市场参与主体行为策略的演化博弈均衡受到多种因素影响。系统中八个纯策略均衡点的稳定性分析如表 2 所示。由表 2 可以得出如下定理：

定理 1：当 $\Delta\pi_1+F_1<\Delta C_1$，$S_3+\beta\Delta S_3<\pi_3$ 时，均衡点 $E_6(0，1，1)$ 为渐进稳定点；当 $\Delta\pi_1>\Delta C_1$ 时，均衡点 $E_7(1，0，1)$ 是唯一的渐进稳定点。

（三）演化稳定策略分析

为分析本模型的演化稳定策略，首先给出如下引理：

引理 1：$X\in\Sigma$ 是多群体演化博弈的演化稳定策略（ESS）的充要条件是 X 为严格纳什均衡。

引理 2：当且仅当 X 是严格的纳什均衡时，策略 X 在多群体演化博弈的动态复杂系统中是渐进稳定的。

由引理 1 和引理 2 可以得出如下定理：

定理 2：在多主体演化博弈的动态复制系统中，演化稳定策略（ESS）是渐近稳定状态，渐近稳定状态必是演化稳定策略（ESS）。

由定理 1 和定理 2 可得本文的演化稳定策略：

定理 3：当 $\Delta\pi_1+F_1<\Delta C_1$，$S_3+\beta\Delta S_3<\pi_3$ 时，渐进稳定点 $E_6(0，1，1)$ 为唯一的演化稳定点；当 $\Delta\pi_1>\Delta C_1$ 时，渐进稳定点 $E_7(1，0，1)$ 是唯一的演化稳定点。

由上述定理说明：

（1）当网络平台的监管收益与罚金之和小于监管成本时，网络平台将稳定于采用不监管策略，消费者的购买收益大于商家违规对消费者带来的损失时，消费者将稳定于采用购买策略，由于机会主义的存在，商家将稳定于采用违规策略，此时系统将稳定于（不监管，违规，购买）的策略组合，处于一种较混乱的稳定状态。当系统在 $E_6(0，1，1)$ 下，消费者的嵌入程度较低 $\left(\beta<\frac{\pi_3-S_3}{\Delta S_3}\right)$，这说明在网络平台成立初期，平台用户的规模较小，用户黏性较低，网络平台为了快速扩大平台用户规模，通过平台优惠补贴、宽松的监管环境吸引商家入驻，借助平台的交叉网络外部性效应吸引更多的消费者入驻平台进行消费。在不监管的情景下，由于商家的违规收益大于违规成本，出于利益驱使，不管商家的嵌入程度高低，所有的商家都会选择违规策略。而由于线上消费的低价优势，以及平台对消费者的保障，消费者的购买收益大于不购买收益，所获得的整体效用为正，因此消费者会选择购买策略，这一阶段平台处于较为混乱的野蛮扩张期，不利于平台持续发展。

（2）当平台的监管收益大于监管成本，平台将稳定于采用监管策略，此时平台-入驻商家-消费者构成的动态系统稳定于（监管，不违规，购买）的策略组合，此时 B2C 网络平台处于规范状态。当系统处于这一状态时，入驻商家的嵌入程度 $\alpha<\frac{F_1}{\Delta\pi_2-\Delta C_2}$，而消费者的嵌入程度在任何水平都是稳定状态，说明在规范阶段，随着获客成本提高、新零售的发展，以及消费者对购物体验要求的不断提高，电子商务网络红利消失，入驻商家会趋向于利用线上线下融合发展。而伴随着平台监管制度的完善以及商家合规运营，消费者的购买策略收益大于不购买策略收益。因此，不管消费者的嵌入程度如何，都会选择购买策略。

四、博弈主体演化博弈分析

通过对上述三个博弈主体的演化博弈分析可知，无论网络平台采取何种策略，入驻商家和消费者的策略组合（违规，不违规）、（购买，不购买）将长期共存。演化博弈系统的演化稳定收敛结果取决于支付矩阵参数的影响，不同的参数条件会导致不同的演化结果。本文的演化稳定性分析是基于网络平台的监管有效和商家违规成本较低的条件，当以上假设条件发生变化，那么系统的渐近稳定策略也将发生变化。下面将重点分析约束条件改变时稳定点的变化。

（一）惩罚力度不足时

当网络平台对入驻商家违规行为的惩罚力度不足时，此时 $\alpha\Delta\pi_2 > \alpha\Delta C_2 + F_1$，入驻商家仍然会采取违规策略。那么，网络平台、入驻商家和消费者的三方演化博弈系统的渐进稳定性如表3所示：

表3　$\alpha\Delta\pi_2 > \alpha\Delta C_2 + F_1$ 时，均衡点的稳定性分析

均衡点		$E_1(0, 0, 0)$	$E_2(1, 0, 0)$	$E_3(0, 1, 0)$	$E_4(0, 0, 1)$	$E_5(1, 1, 0)$	$E_6(0, 1, 1)$	$E_7(1, 0, 1)$	$E_8(1, 1, 1)$
特征值	λ_1	<0	>0	—	—	—	—	>0	<0
	λ_2	<0	<0	>0	>0	>0	<0	<0	>0
	λ_3	>0	>0	—	<0	—	<0	—	—
稳定性		不稳定	不稳定	不稳定	不稳定	不稳定	$\Delta\pi_1 + F_1 < \Delta C_1$，$S_3 + \beta\Delta S_3 < \pi_3$ 为渐进稳定点	不稳定	$\Delta\pi_1 + F_1 > \Delta C_1$，$\pi_3 + \beta\Delta\pi_3 > S_3 + \beta\Delta S_3$ 时为渐近稳定点

定理4：当 $\Delta\pi_1 + F_1 < \Delta C_1$，$S_3 + \beta\Delta S_3 < \pi_3$ 时，$E_6(0, 1, 1)$ 是系统的唯一渐近稳定点。当 $\Delta\pi_1 + F_1 > \Delta C_1$，$\pi_3 + \beta\Delta\pi_3 > S_3 + \beta\Delta S_3$ 时 $E_8(1, 1, 1)$ 是系统唯一的渐近稳定点。

该定理说明了在平台惩罚力度不足时，不管入驻商家选择违规策略的初始比例怎样，经过长期演化最终都会选择违规策略。当平台监管收益与罚金之和小于监管成本时，平台会选择不监管策略，消费者的购买收益大于不购买收益，消费者会选择购买策略，系统趋向于 $E_6(0, 1, 1)$ 的渐进稳定点，在该状态下消费者的嵌入程度 $\beta < \dfrac{\pi_3 - S_3}{\Delta S_3}$，商家的任何水平的嵌入度都是稳定的。当 $\Delta\pi_1 + F_1 > \Delta C_1$，$\pi_3 + \beta\Delta\pi_3 > S_3 + \beta\Delta S_3$ 时，系统趋向于 $E_8(1, 1, 1)$ 的渐进稳定点，在此状态下时，入驻商家的嵌入程度较高 $\alpha > \dfrac{F_1}{\Delta\pi_2 - \Delta C_2}$，说明在入驻商家嵌入程度较高的情况下，由于消费者客户资源的有限性，入驻商家之间竞争越来越激烈，生存压力越大，企业绩效不断降低，为了获得超额收益，商家会选择更加隐蔽和温和的手段如提供高仿真的假冒伪劣产品。此外，嵌入度越高入驻商家和网络平台，入驻商家和消费者之间的信任程度越高，越容易实施欺诈行为（Granovetter，1985）。而消费者对商品的辨别能力较低，购买策略主要是低价驱使。因此，在性价比合适的情况下，消费者仍然会选择购买策略，这一状态是平台从不规范到规范的转化阶段。

（二）入驻商家违规成本较高时

前面稳定点的分析是基于入驻商家的违规收益大于违规成本的假设进行分析的，当入驻商家违规成本较高时，即 $\Delta\pi_2 < \Delta C_2$ 时，三方博弈演化系统的渐进稳定性分析如表 4 所示。

表 4　$\Delta\pi_2 < \Delta C_2$ 时，均衡点的稳定性分析

均衡点		$E_1(0,0,0)$	$E_2(1,0,0)$	$E_3(0,1,0)$	$E_4(0,0,1)$	$E_5(1,1,0)$	$E_6(0,1,1)$	$E_7(1,0,1)$	$E_8(1,1,1)$
特征值	λ_1	<0	>0	—	—	—	—	—	—
	λ_2	<0	<0	>0	<0	>0	>0	<0	>0
	λ_3	>0	>0	—	<0	—	—	<0	—
稳定性		不稳定	不稳定	不稳定	$\Delta\pi_1 < \Delta C_1$ 时，为渐进稳定点	不稳定	不稳定	$\Delta\pi_1 > \Delta C_1$ 时，为渐进稳定点	不稳定

定理 5：当 $\Delta\pi_1 < \Delta C_1$ 时，$E_4(0,0,1)$ 是唯一的渐进稳定点；当 $\Delta\pi_1 > \Delta C_1$ 时，$E_6(1,0,1)$ 是唯一的渐进稳点。

该定理表明了当入驻商家的违规机会成本较高时，无论平台是否监管，入驻商家和消费者经过长期演化过程必将选择不违规策略和购买行为。当平台监管的额外收益高于监管成本时，（监管，不违规，购买）是系统的唯一演化稳定策略；反之，当平台监管的额外收益低于监管成本时，（不监管，不违规，购买）是唯一的演化稳定策略。这两个状态与消费者和入驻商家的嵌入程度无关，任何嵌入程度水平都是稳定的。

五、仿真分析

天猫是阿里巴巴在淘宝网基础上全新打造的 B2C 网络交易平台，汇集大量的品牌商和生产商，向消费者提供 100%品质保证的商品，7 天无理由退货的售后服务，以及购物积分返现等优质服务，为商家和消费者之间提供一站式解决方案。依托淘宝网，天猫迅速发展成为国内最大的 B2C 市场，处于国内市场垄断地位。2019 年 9 月 7 日，中国商业联合会、中华全国商业信息中心发布 2018 年度中国零售百强名单，天猫排名第 1 位。与其他类型的 B2C 电商模式不同，天猫商城被称为是提供了信誉保障的第三方的交易平台，它为企业和消费者提供了一个第三方的交易平台，商品的销售、配送和售后服务均由天猫卖家负责，其本身不参与商品的销售和服务，这种模式导致了较高的嵌入风险。不少商家为了获得高的销量和信誉采取刷单炒信不当行为，为了获得超额利润售卖假冒伪劣产品，比如“香炉”事件、“假货”风波等，由于假货问题，阿里巴巴在 2011 年 11 月曾被美国贸易代表办公室收录进入其公布的“恶名市场名单”，并于 2016 年被美国的国际反假货联盟取消会员资格。近年来，阿里巴巴一直致力于平台打假，维护网络交易秩序，运用先进算法、模型对平台假货进行检测识别，让像“治理酒驾一样治理假货”成为现实，走在管理创新实践的前沿，与此同时还出台各种创新管理举措如大众评审制度、平台仲裁机制等，取得了显著成效，引起了国内外学者的广泛关注，为本文研究提供了全面、详细、权威的数据资料。

为了更加清晰直观地反映网络平台、入驻商家和消费者策略选择的动态演化行为，借助Matlab仿真工具对本文建立的演化博弈模型进行数值仿真分析。在三方动态复制方程的基础上，根据仿真模拟的需要，将网络平台、入驻商家和消费者的复制动态方程进行离散化处理来分析演化博弈的渐进稳定运行轨迹，设时间步长为 Δt ，由导数的定义可得：

$$\frac{d_x(t)}{d_t} \approx \frac{x(t+\Delta t)-x(t)}{\Delta t}$$

$$\frac{d_y(t)}{d_t} \approx \frac{y(t+\Delta t)-y(t)}{\Delta t}$$

$$\frac{d_z(t)}{d_t} \approx \frac{z(t+\Delta t)-z(t)}{\Delta t}$$

根据上述公式，借助Matlab 2017b对网络平台经济发展的三方进行仿真模拟。参考文献曹霞等（2018）、吴洁等（2019）以及祁凯和杨志（2018）的做法，结合天猫平台的实际运行情况以及网络平台经济发展的现实情况拟定其他参数的取值，数值模拟分析博弈三方具体行为的动态演化。为使博弈系统最终有可能演化到三方均采取积极策略 $E_7(1,0,1)$ 的理想状态，需使初始参数设定满足：$\Delta\pi_1 > \Delta C_1$，$\Delta\pi_2 > \Delta C_2$，$\alpha(\Delta\pi_2-\Delta C_2) < F_1$ 的演化条件，对参数赋初始值如下：$\Delta\pi_1=0.5$，$F_1=0.2$，$\Delta C_1=0.3$，$\Delta\pi_2=0.4$，$\Delta C_2=0.2$，$\Delta\pi_3=0.3$，$S_3=0.2$，$\Delta S_3=0.2$，$\pi_3=0.4$，$\alpha=0.4$，$\beta=0.5$。在以上参数条件下对网络平台、入驻商家和消费者的不同初始概率下其策略选择的动态演化过程进行仿真，在此基础上保持初始演化状态（$x=0.2$，$y=0.8$，$z=0.3$）对消费者的平台嵌入度、网络平台的监管成本、网络平台的惩罚力度以及入驻商家的违规成本进行重点讨论。

（一）不同初值对参与主体演化路径的影响

设初始时间为0，B2C网络平台选择“监管”策略，入驻商家选择“不违规”策略，消费者选择“购买”策略的初始值设定为（0.5，0.5，0.5）、（0.2，0.5，0.8）、（0.2，0.8，0.3），在不同初始策略概率情况下，系统演化的稳定情况，仿真实验结果如图1所示。

由图1可知，在满足演化稳定策略 $E_7(1,0,1)$ 的参数条件下，在初始值为（0.5，0.5，0.5）、（0.2，0.5，0.8）、（0.2，0.8，0.3）的条件下，网络平台、入驻商家、消费者的行为策略最终分别演化为“监管”“不违规”“购买”策略，这说明系统的稳定状态与初始策略人群占比无关。进一步分析发现，初始行为策略的人群比例会影响系统到达稳定状态的时间，初始值与演化稳定状态比例越接近，那么演化到达稳定状态的时间就会缩短。

（二）不同β对参与主体的行为演化的影响

由图2可知在 $E_7(1,0,1)$ 的理想状态下，消费者的嵌入程度对网络平台、入驻商家和消费者的策略没有影响，说明在该状态下，网络平台的发展处于规范理想阶段，网络平台选择监管策略来维护自己的平台秩序，保护消费者权益，网络平台的监管对入驻商家起到了很好的监管作用，入驻商家选择合规经营，而任何嵌入程度的消费者都选择购买策略。进一步分析发现消费者嵌入度越低，网络平台和入驻商家策略的演化速率越快，说明消费者嵌入程度较低时，为了吸引

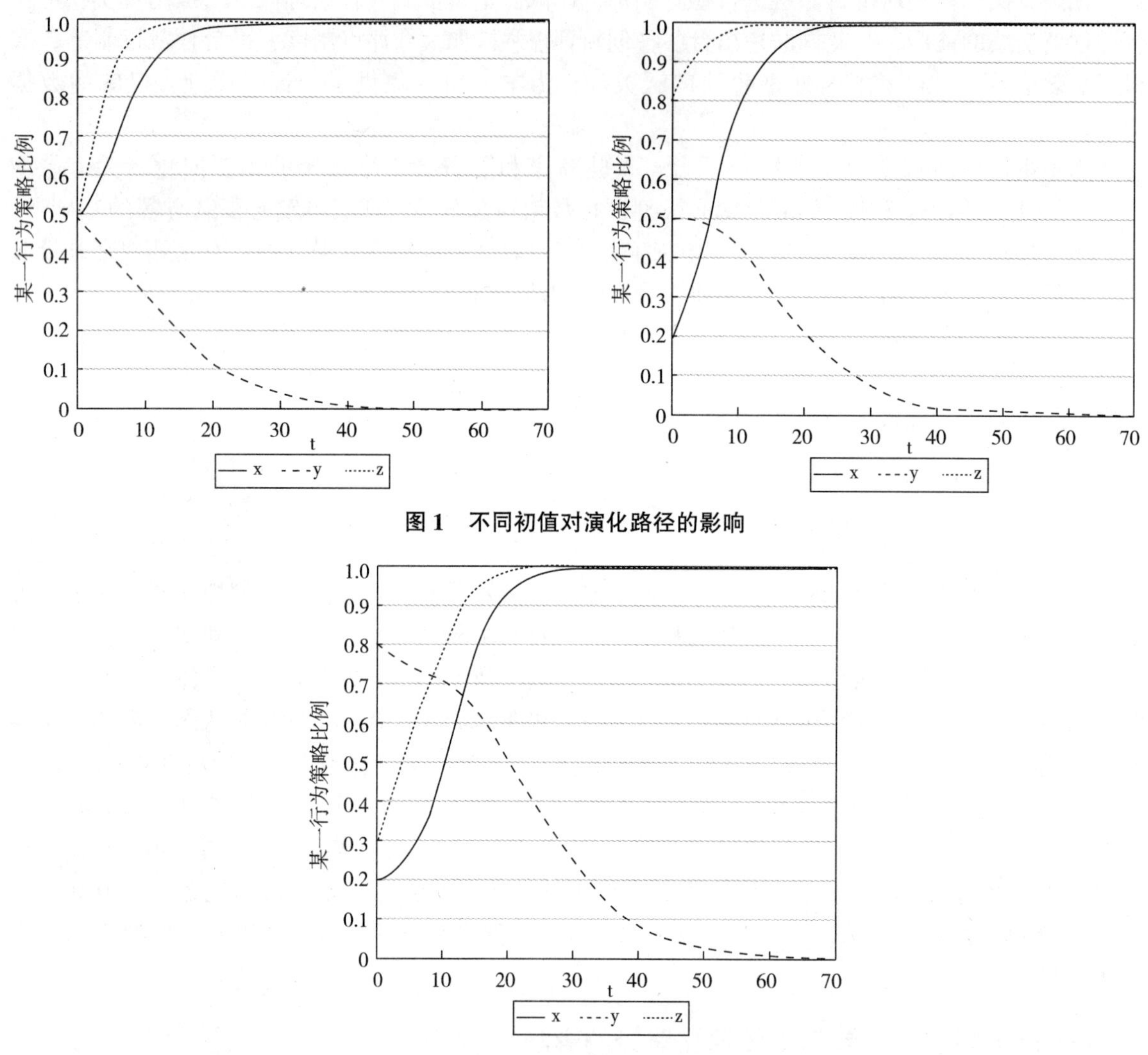

图 1　不同初值对演化路径的影响

图 1　不同初值对演化路径的影响（续）

消费者入驻平台并购买商品，网络平台和入驻商家更容易采取积极的策略。比如面对日益激烈的竞争环境，为了提高消费者黏性，并吸引新的消费者入驻平台，天猫自 2012 年起推出“退货运费险”后，于 2015 年推出“正品险”，如果消费者在天猫平台购买到假冒商品，将无条件获得退货退款支持，并可以获得四倍赔偿。而对商家来说，随着消费者消费水平的提高，也越来越注重提升产品质量，看重长远利益，在天猫严格的监管策略下，不断提升产品质量和服务质量，以获得长远发展。

（三）监管成本对参与主体的行为演化的影响

在以上参数条件下，改变网络平台的监管成本，当 ΔC_1 取值 0.1、0.3、0.7 时，得到的参与主体的演化稳定策略如图 3 所示。

由图 3 可知，当网络平台的监管成本不断增大，网络平台监管策略随时间演化的速率越慢，当监管成本增大到 $\Delta C_1 > \Delta \pi_1 + F_1$ 时，网络平台将演化到不监管的稳定策略，此时入驻商家将稳定于全部采取违规的行为策略。监管成本越大，消费者达到稳定策略的演化时间越长。由此可知，监管成本对网络平台和入驻商家的行为策略有重要影响。监管成本越低，网络平台越容易采

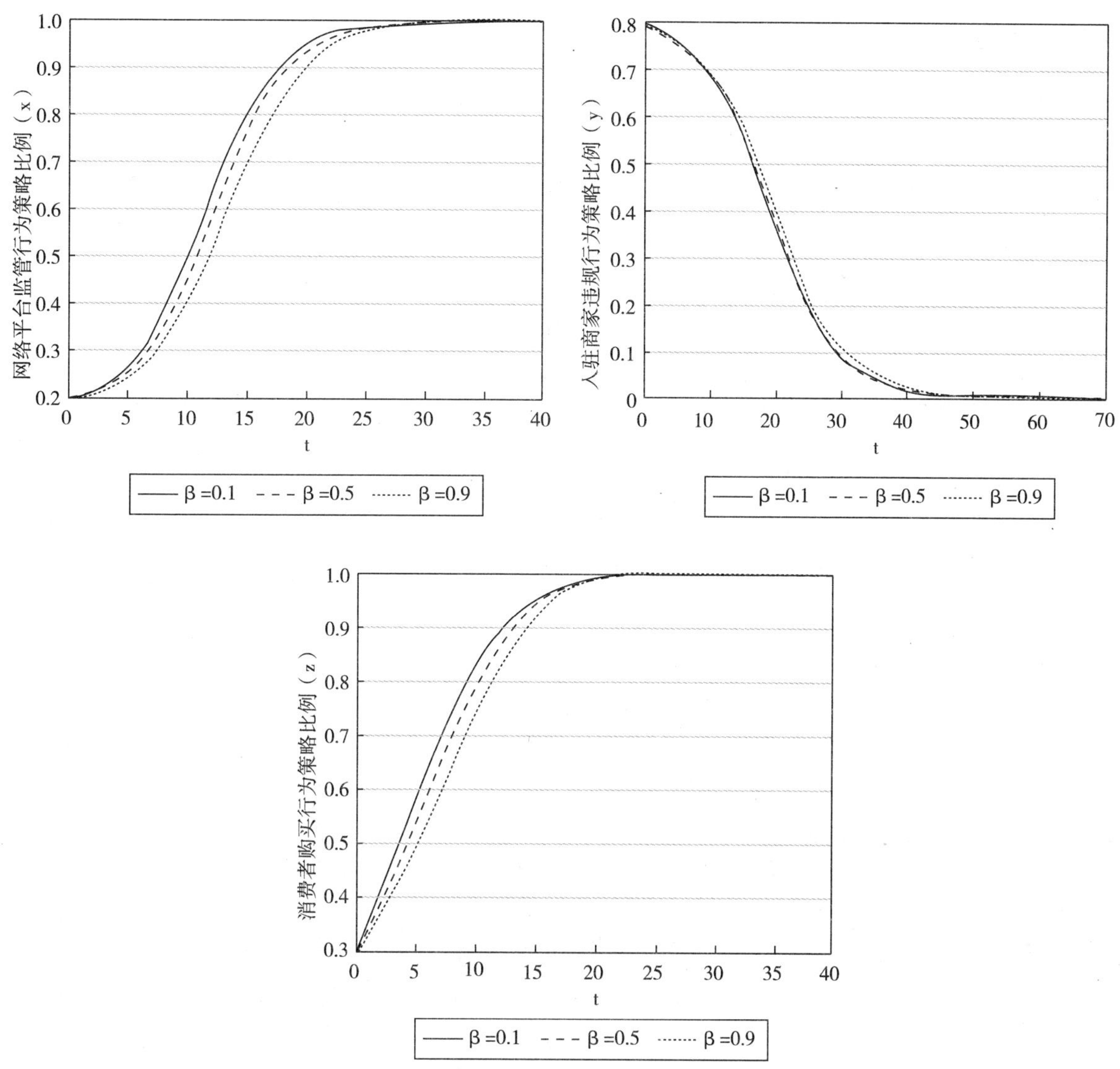

图 2 不同 β 下各参与主体的行为演化轨迹

取“监管”的策略，入驻商家越容易采取“不违规”的行为策略，消费者则越容易采取“购买”的行为策略。阿里巴巴近几年一直致力于平台打假，不断对系统进行升级，提高监测的效率，降低人工审核成本，进而降低监管成本。为了打击商家“傍名牌”导流行为，天猫通过大数据建模主动防控，利用技术手段开展“扫霾行动”，首批处理商品量高达2000余万件，取得显著成效，阿里巴巴的主动防控技术有利于促使商家向合规行为策略演化。与此同时，平台消费者用户的数量也不断增加，据阿里巴巴集团发布的2019财年第三季度财报显示年度活跃用户突破六亿大关，该指标连续6季度保持2000万元以上的增长，收入增长率高达54%，收入增速连续六季度高于亚马逊、苹果等全球互联网巨头企业，说明在平台积极的监管策略下，消费者越容易选择积极的购买策略。

（四）不同惩罚力度对参与主体的行为演化的影响

在上述参数条件下，降低网络平台的惩罚力度，当 F_1 取值 0.2、0.15 和 0.05 时，得到的参与主体的演化稳定策略如图 4 所示。

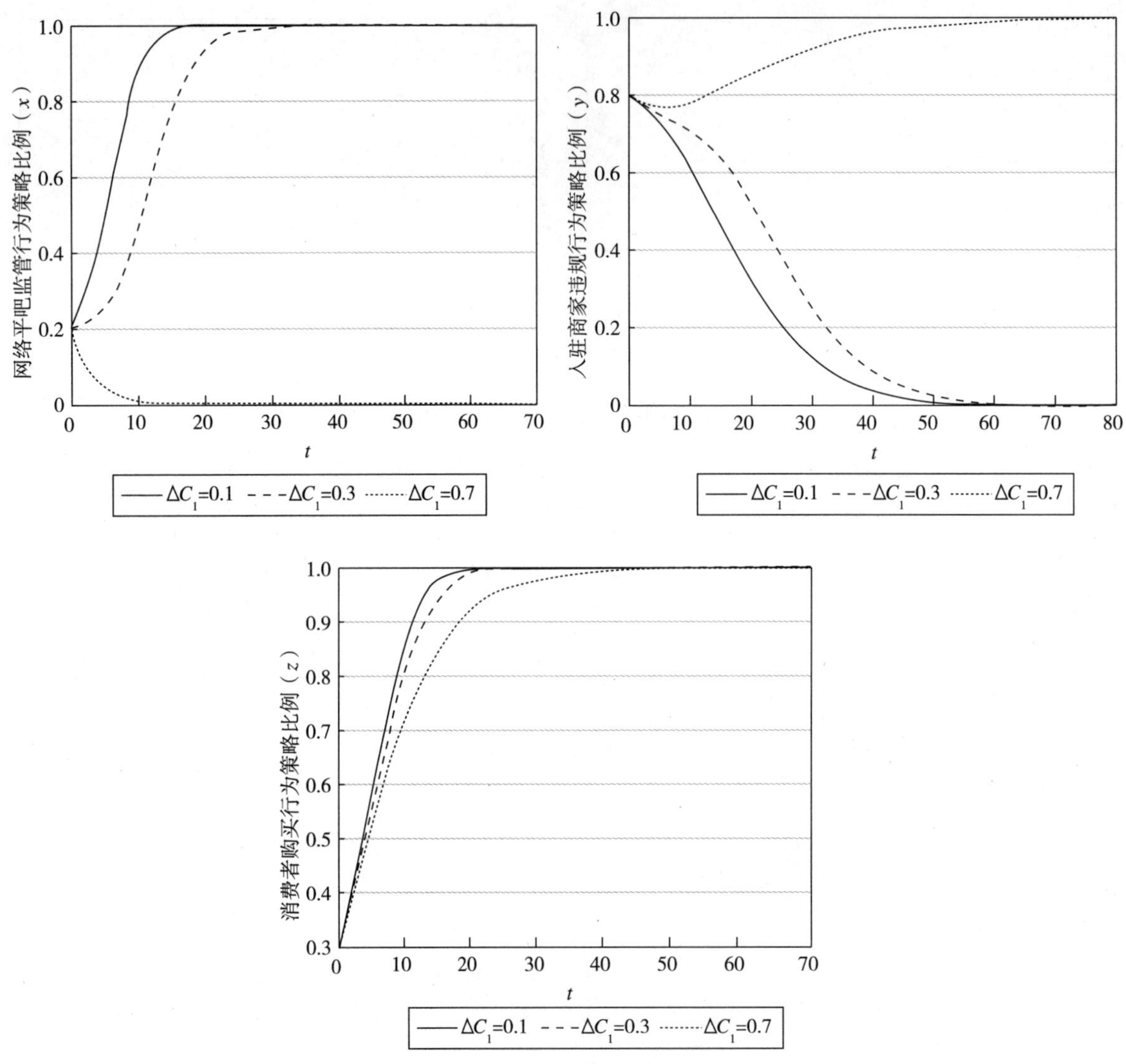

图 3 不同监管成本对演化路径的影响

由图 4 可知，随着网络平台惩罚力度的不断减小，网络平台选择监管策略的行为演化速率越慢，但最后稳定于全部采取监管策略；入驻商家的演化稳定策略则由不违规策略改变为违规策略，且罚金越大，入驻商家选择不违规策略的演化速率越快；消费者的选择购买策略的行为演化速率随罚金的增大而增大。以上结果说明：惩罚力度越大，网络平台、入驻商家和消费者越容易选择积极的行为策略。对应到实际案例中，以天猫对刷单炒信的惩罚力度来看，原来惩罚力度较小，平台发现刷单行为后对商品进行降权、删除虚假交易的评价和销量，即俗称“小黑屋”，尽管近 30 天之内在平台中搜不到任何产品信息，但商家可通过直通车等方式对产品进行推广，在商品“解禁”之后，累计销量和评价还在，过了 30 天后还可继续运营；现在平台加大对刷单炒信的惩罚力度，商品一旦关进“小黑屋”后，所有的商品推广资格都被取消，30 天的产品销量只能为 0，导致入驻商家的运营成本大大提高，这一做法有利于减少商家刷单炒信的违规行为。

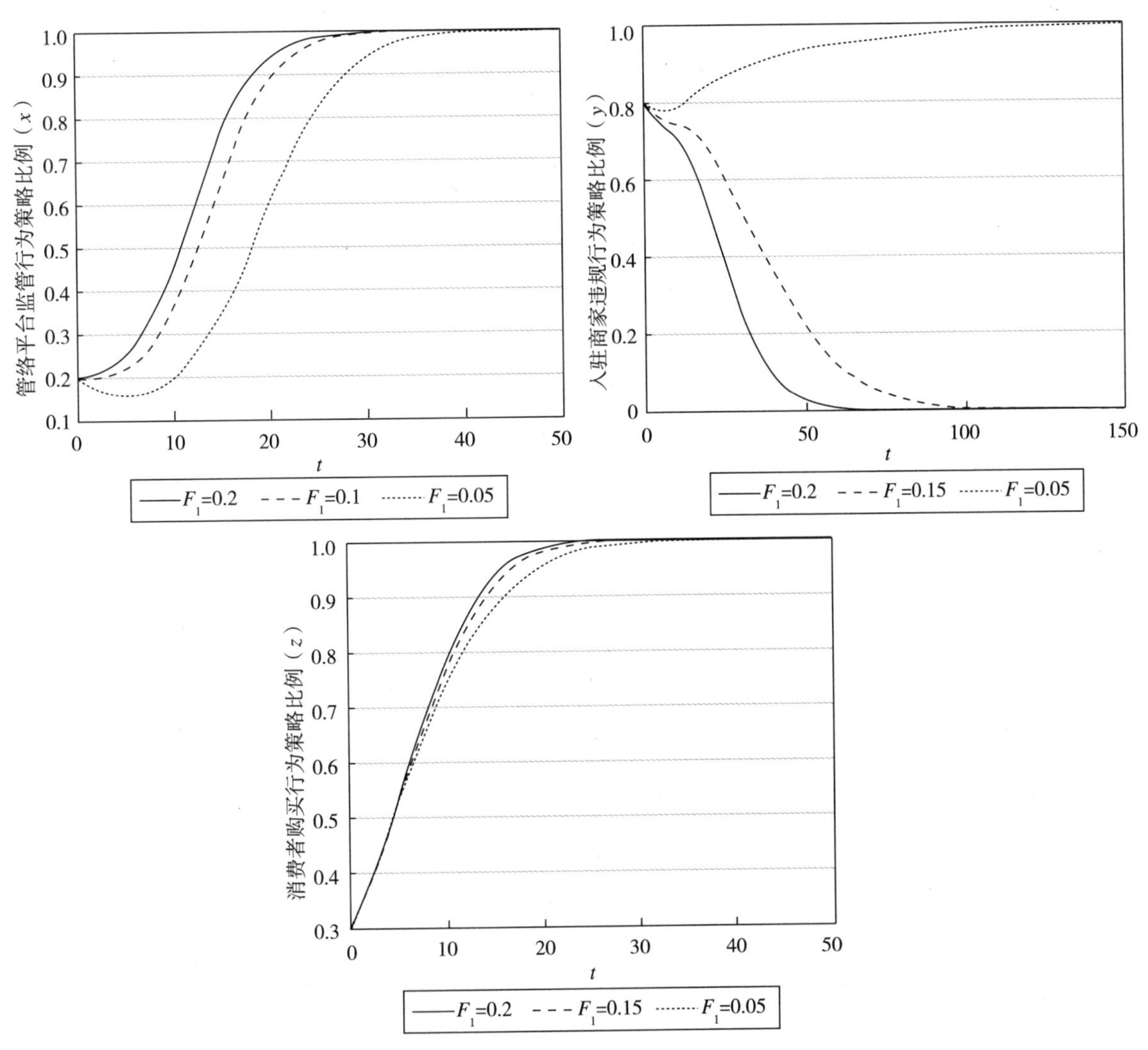

图 4　不同惩罚力度对参与主体演化路径的影响

（五）入驻商家不同违规成本对参与主体的行为演化的影响

在 $F_1=0.05$ 的条件下，其他参数不变，增大入驻商家的违规成本，当 ΔC_2 取值 0.2、0.5、0.8 时得到网络平台、入驻商家和消费者的演化路径如图 5 所示。

由图 5 可知，随着违规成本的不断升高，入驻商家的行为策略由违规策略转变为不违规策略，并且违规成本越高，入驻商家选择不违规策略随时间演化的速度越快。对于网络平台来说，只要监管收益大于监管成本，那么网络平台都会选择监管策略。入驻商家违规成本的大小影响网络平台监管策略选择的演化速率，入驻商家违规成本越大，网络平台选择监管策略的演化速率越慢，这表明在商家不违规策略下，网络平台的监管动机较小。对于消费者来说，只要满足购买收益大于0，那么消费者都会选择购买策略，违规成本越大，消费者达到购买演化稳定的时间越短，越容易选择购买策略。以入驻商家的刷单炒信违规行为为例，随着阿里巴巴对刷单炒信的打击力度的提高以及模型算法升级，阿里巴巴建立覆盖全链路的大数据实时风控与稽查系统，对交易数据进行实时监测，识别交易环节的异常数据，通过对虚假交易精准定位，将涉及商家的信息及时反馈给搜索和申诉团队，并依据严重程度对店铺进行处理。随着阿里巴巴对刷单打击力度和打击手段的不断升级，商家实施刷单炒信的成本越来越高，由最初的几毛钱到后来的几元、几十元甚

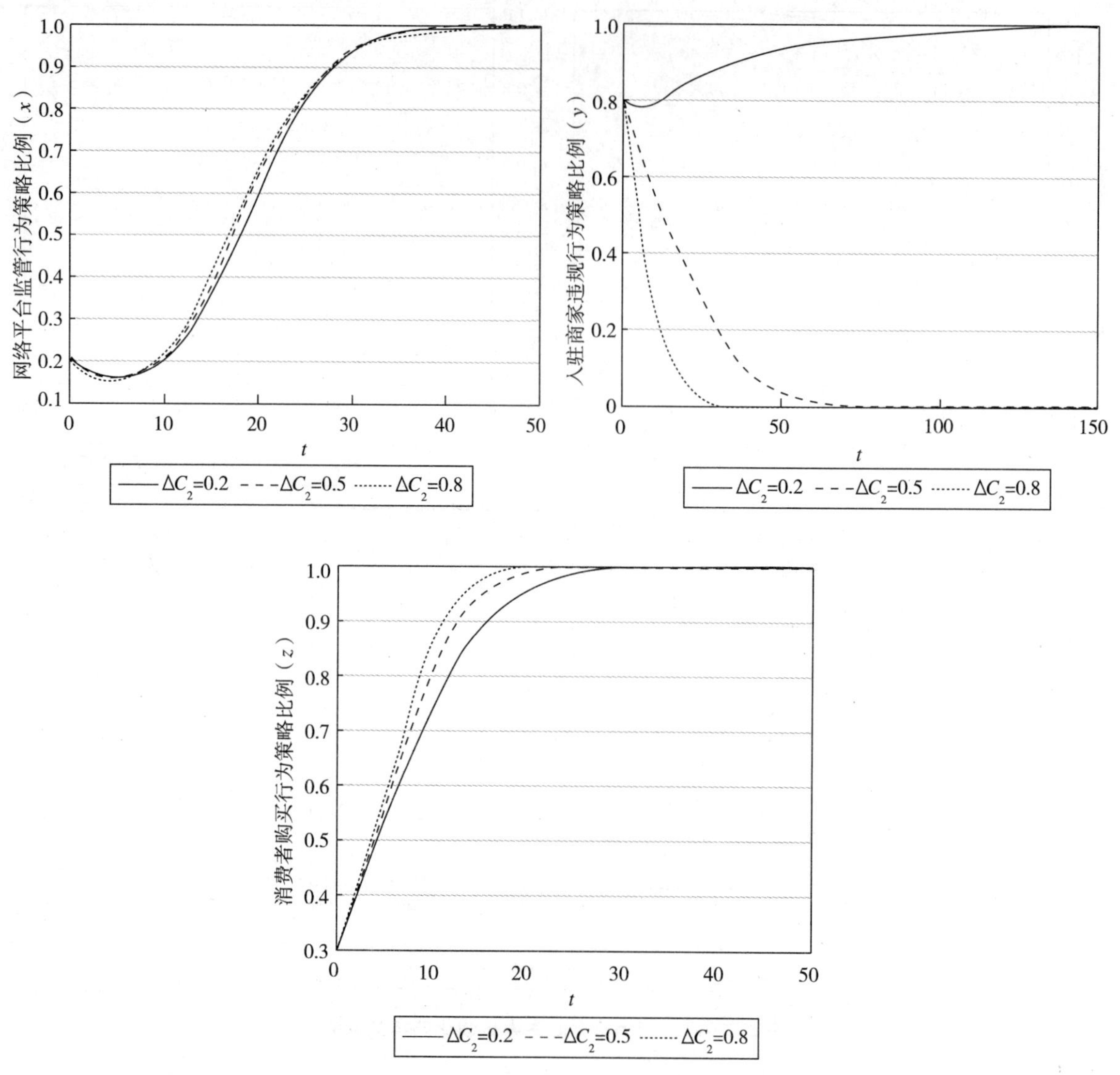

图 5　不同违规成本对参与主体演化路径的影响

至上百元，并且操作的难度系数越来越大，被查到的风险也越来越高，刷单已经成为越来越多商家不敢触碰的"高压线"，可见违规成本越高商家越倾向于选择不违规策略。

六、结论及政策建议

随着互联网技术的发展，B2C 网络平台实现了入驻商家和消费者之间的"价值连接"，突破了交易空间和时间的限制，但网络空间的虚拟性也给平台监管带来很大难题，并产生了三方博弈的局面。其中，入驻商家依据平台规则嵌入到平台中开展网络交易，与平台形成合作伙伴关系；平台出于对自身利益的考虑，选择对入驻商家的行为进行"监管"还是"不监管"；入驻商家根据违规收益及惩罚力度的大小选择"违规"还是"不违规"，消费者根据购买收益的大小选择

“购买”还是“不购买”。鉴于此，本文引入入驻商家和消费者的平台嵌入度，构建了由 B2C 网络平台、入驻商家和消费者三个博弈主体构成的演化博弈模型，通过分析三方的决策选择，探讨了模型均衡点的渐近稳定性及系统的演化博弈稳定。同时，利用 MATLAB 仿真分析了初值、消费者嵌入度和网络平台惩罚力度、网络平台监管成本以及入驻商家的违规成本对此动态系统稳定性的影响。

研究结果表明：首先，当入驻商家的违规成本较低，当平台监管收益与罚金之和小于监管成本，消费者购买收益大于商家违规对消费者带来的损失时，此时系统将稳定于（不监管，违规，购买）的策略组合，在这一状态消费者的嵌入程度较低，与入驻商家的嵌入度无关，对应于网络平台的初始扩展期，嵌入风险处于发展期。当平台监管的收益大于监管成本，且对入驻商家的监管有效时，经过长期演化系统将稳定于（监管，不违规，购买）策略组合，在这一状态下不管消费者的嵌入程度如何，消费者都会选择购买策略，而入驻商家的嵌入程度较低，此时对应于网络平台的规范阶段，嵌入风险得到控制。其次，当入驻商家的违规收益小于违规成本时，不管平台是否监管，入驻商家都会选择不违规策略，消费者都会选择购买策略，此时系统的稳定性取决于平台的监管收益与监管成本的大小，与消费者和商家的嵌入程度无关。当网络平台的监管收益大于监管成本时，系统将稳定于（监管，不违规，购买）的策略组合，当网络平台的监管收益小于监管成本时，系统将稳定于（不监管，不违规，购买）的策略组合，嵌入风险得到控制。最后，当平台的监管收益与罚金之和大于监管成本，入驻商家的违规收益大于其违规成本与罚金之和，消费者的购买收益大于不购买收益时，在监管效力不足时，系统将稳定于（监管，违规，购买）的策略组合。在这一状态下，入驻商家的嵌入程度较高，说明在入驻商家嵌入程度高的情况下，由于消费者客户资源的限制以及消费者低价策略的选择，电子商务的互联网红利消失，入驻商家为了获得利润会采取更加隐蔽和温和的违规手段，此时系统处于从不规范到规范的转变阶段，嵌入风险处于衰退期。

为了有效缓解 B2C 网络平台的嵌入风险，首先，网络平台应采取措施降低对入驻商家的监管成本，提高监管效率。网络平台可以通过更新“算法”，不断升级打假技术来降低监管成本。其次，应加大对商家违规行为的打击力度，形成执法机关、品牌权力人、平台、消费者等多方共同组成的“共治系统”，对违规商家进行全面打击，让违规商家无处藏身。再次，应提高违规商家的违规成本，使制假、售假者倾家荡产。只有加大惩罚力度，使制假售假者付出付不起的成本，遏制网络平台中制假售假的违规违法行为，防止其他商家趋之若鹜、铤而走险，降低制售假货案件中惯犯、累犯的概率，对制假售假者形成实质上的威慑力。最后，还需要优化维权体验，促使维权更加普惠、高效。对品牌商家来说，可以建立原创保护计划，上线知产服务市场，运用图片算法以及云计算等技术，从“电子存证”“商家首发”“原创备案”“投诉维权”“IP 商业化”等角度为平台首发的原创商品保驾护航，缩减知识产权的确权时间。对于消费者来说，开通“12315”投诉维权中心，建立大众评审项目，设立网络交易纠纷在线调节平台，引入行政调解、协会调解、人民调解、平台调解等多元调解的模式，利用大数据、云计算和人工智能技术，创新在线纠纷解决机制，通过在线交涉、在线调节、在线仲裁提高纠纷的处理效率，使商家和消费者的维权渠道更加普惠高效，促使大众参与到维权打假的行动中来。

参考文献

[1] David P. McIntyre, Arati Srinivasan. Networks, platforms, and strategy: Emerging views and next steps [J]. Strategic Management Journal, 2017, 38 (1): 141-160.

[2] 金帆. 价值生态系统：云经济时代的价值创造机制 [J]. 中国工业经济, 2014 (4): 97-109.

[3] 周文辉，陈凌子，邓伟，周依芳. 创业平台、创业者与消费者价值共创过程模型：以小米为例 [J]. 管

理评论，2019，31（4）：283-294.

［4］Chakravarty A，Kumar A and Grewal R. Customer orientation structure for internet-based business-to business platform firms［J］. Journal of Marketing，2014，78（5）：1-23.

［5］冯华，陈亚琦. 平台商业模式创新研究——基于互联网环境下的时空契合分析［J］. 中国工业经济，2016（3）：99-113.

［6］汪旭晖，张其林. 平台型电商企业的温室管理模式研究——基于阿里巴巴集团旗下平台型网络市场的案例［J］. 中国工业经济，2016（11）：108-125.

［7］刘江鹏. 企业成长的双元模型：平台增长及其内在机理［J］. 中国工业经济，2015（6）：148-160.

［8］Vargo S L，Lusch R F. Institutions and axioms：An extension and update of service-dominant logic［J］. Journal of the Academy of Marketing Science，2016，44（1）：5-23.

［9］汪旭晖，张其林. 平台型电商声誉的构建：平台企业和平台卖家价值共创视角［J］. 中国工业经济，2017（11）：174-192.

［10］华民. "阿里"：互联网金融创新是否创造真实的社会财富［J］. 探索与争鸣，2014（12）：21-23.

［11］张军. 网络空间的低度嵌入与深度融入：电商经济发展转型研究［J］. 江海学刊，2016（4）：109-115.

［12］Boudreau K. Open platform strategies and innovation：Granting access vs. devolving control［J］. Management Science，2010，56（10）：1849-1872.

［13］Johannes M，Michèle A，Christian T. Embeddedness and the repatriation intention of company-backed and self-Initiated expatriates［C］. Academy of Management Annual Meeting Proceedings，2016.

［14］彭正银. 网络治理：理论与模式研究［M］. 北京：经济科学出版社，2003.

［15］Min Han C. Country image：Halo or summary construct?［J］. Journal of Marketing Research（JMR），1989，26（2）：222-229.

［16］Chebat J C，Sirgy M J，St-James V. Upscale image transfer from malls to stores：A self-image congruence explanation［J］. Journal of Business Research，2006，59（12）：1288-1296.

［17］Uzzi B. Social structure and competition in interfirm networks：The paradox of embeddedness［J］. Administrative Science Quarterly，1997，42（1）：35-67.

［18］蹇洁，牛舒，陈思祁. 产品信息欺诈中网络消费者识别行为研究［J］. 图书馆学研究，2018（9）：72-79，49.

［19］Pratt T，Holtfreter K，Reisig M. Routine online activity and internet fraud targeting：Extending the generality of routine activity theory［J］. Journal of Research in Crime & Delinquency，2015（3）：267-296.

［20］赵辉. 关于县域电子商务产业发展风险研判与防范研究——以土默特右旗电商产业为例［J］. 科学管理研究，2017（4）：77-80.

［21］左文明，陈华琼，张镇鹏. 基于网络口碑的 B2C 电子商务服务质量管理［J］. 管理评论，2018，30（2）：94-106.

［22］汪旭晖，张其林. 平台型网络市场中的"柠檬问题"形成机理与治理机制——基于阿里巴巴的案例研究［J］. 中国软科学，2017（10）：31-52.

［23］杨丰梅，王安瑛，吴军，汤铃. 基于博弈论的 C2B2C 模式下电商信用监管机制研究［J］. 系统工程理论与实践，2017，37（8）：2102-2110.

［24］孙宝文，李二亮，王珊君，何毅，李永焱. 动态交易保证金在网上交易信誉激励机制中的设计和实现［J］. 管理评论，2014，26（3）：31-38.

［25］张雄辉. 电子商务企业资源竞争风险的评估与控制研究［J］. 电子商务，2013（2）：18-19.

［26］李杰等. 电商平台监管与商家售假演化博弈［J］. 系统工程学报，2018（5）：649-661.

［27］Polanyi K. The Great Transformation：The political and economic origins of our time［M］. Boston，MA：Beacon Press，1944.

［28］Granovetter M. Economic action and social structure：The problem of embeddedness［J］. American Journal of Sociology，1985，91（3）：481-510.

[29] Mitchell T R, Holtom B C, Lee T W, et al. Why people stay: Using job embeddedness to predict voluntary turnover [J]. Academy of Management Journal, 2001, 44 (6): 1102-1121.

[30] 骆静，廖建桥. 基于提高知识员工组织嵌入度的实践社群研究 [J]. 科研管理，2006 (2): 133-139.

[31] Granovetter M S, Swedberg R. The sociology of economic life [M]. Boulder, CO: Westview Press Inc., 1992.

[32] Zukin S, Dimaggio P. Structures of Capital: The Social Organization of Economy [M]. Cambridge, MA: Cambridge University Press, 1990.

[33] Andersson U, Forsgren M, Holm U. The Strategic impact of external networks: Subsidiary performance and competence development in the multinational corporation [J]. Strategic Management Journal, 2002, 23 (11): 979-996.

[34] Hagedoorn J. Understanding the cross - level embeddedness of interfirm partnership formation [J]. The Academy of Management Review, 2006, 31 (3): 670-680.

[35] Granovetter M. The strength of weak ties [J]. American Journal of Sociology, 1973, 78 (6): 1360-1380.

[36] 曹霞，邢泽宇，张路蓬. 政府规制下新能源汽车产业发展的演化博弈分析 [J]. 管理评论，2018, 30 (9): 82-96.

[37] 吴洁，车晓静，盛永祥等. 基于三方演化博弈的政产学研协同创新机制研究 [J]. 中国管理科学，2019, 27 (1): 165-176.

[38] 祁凯，杨志. 政府参与下旅游公共危机演化的三方博弈分析 [J]. 旅游学刊，2018, 33 (4): 46-58.

共享经济视域下众创空间的多元协同发展机制研究

王前锋

（上海工程技术大学管理学院，上海　200062）

［摘　要］众创空间是创新发展、促进创业的一个重要抓手，其发展模式和发展策略逐渐成为学界和业界关注的焦点。共享经济是众创空间发展一个重要推手，本文主要从共享经济与众创空间相关理论出发找出两者的密切关系，进而对共享经济下众创空间多元协同发展机理进行分析。通过国内外著名众创空间的实践案例分析得到启示，对我国基于共享经济的众创空间多元协同发展机制进行构建，以为众创空间建设者提供借鉴和参考。

［关键词］众创空间；共享经济；多元协同

一、引言

“大众创业、万众创新”已经成为中国经济新常态发展的内生动力和活力的主要源泉，众创空间的建设和发展是实现“大众创业、万众创新”的主要路径，也是习近平总书记从国家宏观层面提出的“创新、协同、绿色、开放、共享”五大发展理念在微观实践的重要抓手。2015 年 1 月李克强总理首次提出支持发展众创空间的政策措施，2016 年初李克强总理在政府工作报告中强调，支持共享经济发展，提高资源利用效率，让人参与进来，通过创新创业，富裕起来。上海、北京等一线城市也提出要建设更多服务便捷的众创空间，建立健全开放共享的运营模式，大力支持众创空间发展。经过三年多的发展，全国各地都建立起数量众多的众创空间，目前是众创空间从数量建设向高质量建设的关键期。

众创空间代表了共享经济背景下的一种新型创业创新模式，具有开源性和开发性特征，具有互联网商业模式创新基因，具有产生新兴产业的颠覆式创新创业潜力。众创空间的发展必须置于共享经济的大背景下，运用共享经济理念鼓励多元参与、协同创业创新才能切实做好推动大众创业、万众创新，促进新兴产业发展和传统企业转型，有效支撑经济和社会发展。

二、基于共享经济的众创空间多元协同发展的研究回顾

（一）众创空间多元协同发展的内涵研究回顾

“创客”概念最早起源于麻省理工学院发起的 FabLab（个人创新实验室），指酷爱科技、热衷实践、以分享技术和交流思想为乐的创新创业人群。Somsuk（2012）指出众创空间使创业创新活动从传统的以技术发展为导向、科研人员为主体、实验室为载体的创新活动转向了以用户为中心、以需求为驱动、以开源创新为特点、以用户参与的新模式。吕力等（2015）认为，众创空间是在创客空间、创新工厂等孵化模式的基础上发展起来的开放式综合服务平台。周国辉（2015）指出众创空间具有创客、创新、创业的融合的三融功能，同时具有泛孵化功能。综合以上观点，要发挥众创空间功效需要采用多元协同化模式、走开放式多元协同创业创新的路径。

（二）对于共享经济的内涵和发展研究回顾

共享经济的概念最早来源于 Jeremy（2008），其指出共享经济就是彼此开放获取个体的价值，在构建“人类和物质资料共享的社会经济生态系统”理念指导下，包括不同人或组织之间对生产资料、产品、分销渠道、处于交易或消费过程中的商品和服务的分享。布茨曼和罗杰斯（2010）列出四大共享内容：共享消费、共享生产、共享学习及共享金融。英国国家协同实验室（2014）指出共享经济是通过网络平台让人们更好地沟通并使用他们所拥有的资产、技能和其他有使用价值的东西，实现合作或互利消费。罗宾蔡斯（2015）认为，共享经济就是整合了个人或企业的最佳能力，其实质是高效利用每种资源和每个相关利益者，统筹组织能带来的优势和个人能带来的优势，每个人都能参与共享创业。在当今互联网趋势背景下，也有一些学者指出狭义的共享经济概念就是个人利用互联网平台进行分享过剩资源进行协同消费的经济模式，比如 Ray（2014）、彭文生等（2015）。综合上述观点，可以发现众多学者对共享经济的内涵方面都提及了协作带来的优势，通过共享能够更好地实现创新创业。

（三）共享经济与众创空间建设发展的关系和路径研究回顾

共享经济和众创空间有关联性，创客的本质离不开共享，共享经济的理念贯穿于众创空间的功能实现中，众创空间（众创活动）与共享经济都将传统的线性经济结构引向非线性的网络经济结构。因此，有部分学者从共享经济视角对“众创”和众创空间进行了研究，主要集中在以下方面：Troxler 等（2012）将创客运动定义为一种共享经济下的基于“大众生产”的创新模式。Bauwens（2012）从分享经济的角度解释了创客运动的行为模式。Kera（2012）在研究中指出了众创空间的发展是以共享的技术、工具以及硬件场地为核心前提的。Baunwens（2012）在研究中分析了共享经济对众创空间的行为模式的发展促进作用。McAdam（2012）指出对于“创客空间”的服务功能而言，可细分为办公空间及商务服务、资源拓展及社会资本服务多元服务。Cornelius（2013）将组织理论融入众创空间中，并提出了一个分别包括创新创业空间的投资者、管理者和在孵企业共享发展的分析框架。么咏仪（2015）对“青年公寓+创客空间”的发展模式进行分析，形成新型创业新型社区。叶慧和宦建新（2015）分析了众创空间发展需要完善的创新创业生态系统，离不开政府优质公共服务，同时让产业链向更深层次的生态环境发展，通过全新的

组织机制带来新的产业活力。任丽梅（2017）在研究中指出众创空间是资源共享和知识共创的实现价值的场所。李同月（2018）指出共享经济是众创空间发展壮大的基础，并且在研究中分析了共享要素的重要性。

通过上述对众创空间、共享经济以及共享经济与众创空间的关系的研究回顾和讨论，可以发现以共享经济的视域发展众创空间在理论上有支撑，而且共享经济是实现众创空间从众创物理空间 1.0 版本到全要素服务众创空间 2.0 版本的基石。

因此，本文认为共享经济的本质是高效利用社会各种资源和每个相关利益者的能量，众创空间的建设必须利用好空间内外部产生联系的各种要素和关联者，为创客提供最优质的低成本、便利化和全要素的便捷性开放式的综合服务平台和服务体系。基于共享经济的众创空间多元协同创新创业机制和路径就是要形成众创空间的多元参与主体（空间运营方、创客、政府、市场用户、资本方、产业供给方、科研院校等）有机协同，建立起要素网络，对创客创新创业的前端、中端和后端提供全链条服务，并且能够更加聚焦产业和技术发展，发挥出最大的社会经济发展的促进效应，达到资源使用大众化、创新创业氛围最浓厚、创业带动就业最充分等效果。

三、基于共享经济的众创空间多元协同发展的机理分析

众创空间核心问题是“众创”，“空间”在最初的概念中主要承载了物理载体的作用。众创是开放式创新发展到一定程度后出现的新理论模式，是对古典创新创业网络边界的突破性发展。众创空间要突出实现众创的功能，而不仅是物理空间，实现众创效果至少需要有“社区-创客企业-市场”三个核心节点的耦合发展，因此要求众创空间要连接好三个核心节点，要创造更好的环境和机制，为众创最终的资本化和市场化做好服务，才能成为真正优秀的众创空间。

共享经济的本质是高效利用社会各种资源和每个相关利益者的能量，众创空间的建设必须利用好空间内外部产生联系的各种要素和关联者，为创客提供最优质的低成本、便利化和全要素的便捷性开放式的综合服务平台和服务体系。基于共享经济的众创空间多元协同创新创业机制和路径就是要形成众创空间的多元参与主体（空间运营方、创客、政府、市场用户、资本方、产业供给方、科研院校等）有机协同，建立起要素网络，对创客创新创业的前端、中端和后端提供全链条服务。

四、国内外基于共享经济的众创空间发展模式实践案例分析

（一）美国 WeWork 众创空间的多元协同发展模式

WeWork 是一家于 2010 年在美国成立的一家众创空间公司，专注于联合办公租赁市场。公司最初成立时，面积还不到 300 平方米，但公司成立近一个月后就实现了首次盈利，此后从未亏损。2014 年，WeWork 实现了 1.5 亿美元的营业收入，营业利润率达到 30%，市场估值超过 50 亿美元，2015 年营业收入超过 3 亿美元。

WeWork模式是以折扣租金的形式租下写字楼的整体或者部分空间，然后分割改造成众多小块，然后租给那些希望紧挨着的创业者或小型初创公司，收取会费和租金，创业租客可以按小时租定，并且在租期内可以自己灵活转租，此模式有效降低房租成本，从共享经济角度看入驻的创客获得的不再仅仅是一块面积或一张工位，还包括前台、会议室、茶水吧和休闲区等公共资源。而大部分企业对于公共空间存在依赖性，尤其随着通信网络技术的兴起，便携笔记本、iPad的普及，人们越来越多地尝试在多元化的空间内完成工作、交流、协作——但这部分空间的实际使用率并不高，甚至包括工位本身也是如此。而从另一个角度来看，使用比拥有更有价值。对运营方而言，服务新客户的边际成本趋向为零，有机会降低门槛获取更大的市场容量——类似健身俱乐部的会员制。此外，整个联合办公空间在线上线下形成一个创业互动圈，WeWork本身加入融资渠道争取风投，同时，美国各地政府也都积极给予WeWork特殊政策，诸如物业审核周期缩短、税收优惠、融资渠道等诸多方面大力支持。

美国WeWork模式的成功在于充分把握了共享经济的发展趋势，在众创空间物理载体内部最大化地利用分时共享来达到空间利用的时间效率最大化，创建了线上线下交流平台，引入创客和产业相关利益者，能够让各主体间信息和技术共享，另外引入风投资源，争取政府优惠，达到多方共同参与的多元协同发展。经过多年的共享发展，取得了较好的业绩，2019年正在实施IPO上市的计划。

（二）美国西田购物中心众创空间的多元协同发展运营模式

西田购物中心（Westfield Shopping Centre）为创客和创业公司建立了一个联合办公空间——Bespoke众创空间，这是美国商场变身众创空间的成功模式。西田购物中心坐落于市中心，每年客流量超过2000万人，其内有超过200家零售和餐饮店铺，有良好的经营业绩。但是为了顺应创新创业的大趋势和商场转型发展的挑战，西田购物中心在购物中心四层改建成一个占地3.5万平方英尺的联合办公和活动空间，为创新创业者提供工位和小型独立办公室。这个众创空间是一个开放性空间，既有创业公司办公室、工位，又设有舒适沙发的公共休闲区域，并有魔方娱乐空间和卵石墙的空间布景。作为本身经营业绩较好的西田购物中心，其拿出整层改建众创空间，目的是提升消费者在购物中心的互动体验，使消费者将购物中心作为接受创新事物和理念熏陶的所在地，能够与Bespoke联合办公空间的创意和产品产生共鸣。购物者们能在Bespoke空间看到、触摸并实地测试空间内创造出的极具科技感的电商产品。在Bespoke联合办公空间中办公以及参与其中活动的已比较成功的创业公司案例有产品推荐平台Product Hunt、众筹网站Indiegogo和个人定制鞋设计创业公司Shoes of Prey。

美国西田购物中心众创空间的成功在于把握住共享经济消费模式的趋势，利用自身商场的优势建设众创空间，同时将众创空间的产品和服务及时展示，将创客企业与消费者有机串联，同时争取到政府对产品和服务试销试购权的授权，形成多元参与的产业化、市场化运营发展模式。

（三）上海InnoSpace众创空间的多元协同发展模式

上海的InnoSpace是一家专注于互联网/移动互联网的超短期、细胞型企业的创业服务平台。它落户于国内知名的知识创新社区——上海五角场城市副中心的创智天地。InnoSpace联合了创投机构、天使投资人、创业导师、技术导师，同时利用园区内成熟企业以及周边高校的资源，共同帮助初创企业成长。与一般众创空间不同，InnoSpace除了提供创业物理空间和基础设施以外，还依托创智天地社区平台，以及周边高校资源、社区资源并提供了一系列特色服务支持，探索“孵化+投资”的模式，吸引投资者采取种子资金（Pre-A）到A轮及其他轮的投资，旨在建设成为上海最具开放性和国际化的早期互联网项目培育基地。

上海 InnoSpace 的成功在于，首先专注于互联网移动网络行业，同时有效整合周边的高校资源、跨国公司企业资源、投资工资资金资源以及所在社区的资源，以培育和投资为纽带，形成多元协同发展的模式。

通过国内外三个众创空间的实践案例分析，可以看出共享经济对众创空间的重要意义，同时这三个众创空间都利用了自身资源较大程度地发展共享经济下多元协同模式并取得了成功，为我国未来基于共享经济的众创空间发展带来了启示。

五、基于共享经济的众创空间多元协同发展机制构建

（一）运用“清单管理”原则，构建新型多元协同众创服务体系

1. 用好“正面清单”，完善众创空间多元协同创新创业共享政策机制

利用好“正面清单”的权利清单和责任清单相结合，明确政府权责，提供创业创新的制度供给和服务政策，在工商、行政等软件“瓶颈”上积极破解，而不是传统上类似促进创新创业孵化发展的“给钱”支持（如补贴、减税、直接给创新基金等）。具体来讲，要建立和完善普惠性众创空间政策体系，注重市场的公平性，加快注册便利化统一模式，健全知识产权保护措施，建立多元参与下，“众创”知识产权有偿共享便捷机制，建立“众创”服务互联网统一接口，比如减少一些不必要的改建审批事项。再如可以各城市的区一级为基本单位，区科委和知识产权局合作可以成立知识产权保护咨询委员会并颁布相关章程，切实保护和提升知识产权所有者的创客权益和推广便利。通过“正面清单”设计，从过去的行政审批、资金扶持为主转向以服务众创空间多元协同创新为主，构建好“众创”的公共服务平台，公共服务平台既注重部分实体综合平台建设，也要注重互联网平台建设。比如可用政府购买公共服务的形式为“众创”企业建立经营档案，实行风险数据管理，为后续市场融资牵线搭桥，防范信用风险，吸引投资主体、合作主体等多元参与。

2. 用好“负面清单”，改善众创空间多元创新创业共享发展营商环境

争取利用好“负面清单”管理，努力破除不合理的阻碍多元协同创新的行业准入限制，满足当今创业企业跨界多元合作的现实需求，尽量给予众创空间运营的便利化商事改革，比如众创空间运营商可能兼具融资中介经营、财务以及教育经营，在不违法的红线约束情况下，允许其多元经营和联合多元参与主体协同创新。

（二）搭建好多层资本渠道，构建新型多元协同众创投融资体系

1. 用好科技扶持基金和风险投资，搭建众创空间多元协同投融资平台

共享经济下的众创空间多元协同创业创新离不开资本的投入和扶持，政府层面要积极将银行资金、风险资金和地区创新基金有机地结合起来，搭建多元化的孵化投融资平台，带动更多的社会资金满足众创企业的需要。比如，政府可以依托城投公司、科技开发区以及经委设立创新小额贷款担保中心，同时经委、科委扶持，联合区内银行或投资公司、意向企业设立风险基金池，便于多元投资体系的设立。

2. 把握互联网金融发展机会，促进众创空间多元化网络众融发展

在共享经济视域下，应当抓住互联网金融这个有力的突破口和抓手，发挥新一代电子信息技

术下的金融优势大力发展“众融”新业态，力促金融领域的“众融”与“众创”的实体经济的有效对接。具体来说，要充分利用互联网的便利性和覆盖面，以及低成本、数据共享，即时性利用数据信息进行供需匹配服务，有效降低金融服务成本，通过网络“众筹”、天使轮等方式，可以既解决资金问题又解决首批客户问题，使创客与社区链接的金融资源充分对接，可以极大地促进众创空间多元协同创业创新。

（三）掌握市场推广痛点，创新众创空间的创新产品需求面消费政策

共享经济下的众创空间多元协同创新创业的一大优势就是参与主体既是合作伙伴同时又互为潜在客户，为了更快更好地发展众创空间，需要其所在区域利用自身优势努力打造众创市场闭环，创新需求面政策。对于最终产品和服务类的众创成果可以凭借当地的青年力量的潜在消费者，通过努力引导消费解决市场推广痛点。比如通过向特定人群发放教育券、文体券等形式促进相关文化创意产业的发展。比如推动尝试性消费，消费者在购买和使用过程中给予一定的消费抵税或者购物券等，加快推进“众创”成果的市场推广和盈利。此外，“众创”产品和技术在初期阶段往往因不具备规模优势造成成本、价格过高，在合适的时机，政府可以适时适当出台相关政策，对购买指定众创空间的产品或技术企业给予贷款上的倾斜、利率上的优惠，以及企业税费的一定减免，从而促进众创成果的推广。

六、结论

基于共享经济的众创空间多元协同发展机制，其本质是通过政府和市场双重作用最大限度地发挥空间资源共享效率，产业生态圈共享培育的优势取得创业创新的更大成果。所以众创空间形成全产业链条的对接服务，要与产业链条的前端和后端的企业和市场力量积极对接。这样做可以使众创空间利用好政府政策和协助，经营水平上台阶，提升对在孵企业的服务水准，要有以服务树品牌的意识，创新服务功能，既做好空间内部要素的前台服务，又做好在物流、研发设计等后台服务，还能做好空间与产业园区、社区空间有效互动，为在孵企业提供精准化的市场服务，为在孵企业提供全产业链的全面精准扶持。通过全产业链条服务的完善，可以将政、产、学、研、金、介、用多个界面链接，形成闭环系统，真正使众创空间成为创业创新的发展源泉，成为新常态下社会经济发展推动力量。

参考文献

[1] 刘志迎，武琳. 众创空间：理论溯源与研究视角［J］. 科学学研究，2018（3）：569-576.

[2] 陶红，单丽娜. 广州市众创空间发展现状研究［J］. 清远职业技术学院学报，2018，11（5）：35-40.

[3] 李同月. 基于分享经济的众创空间分享要素分析［J］. 中外企业家，2018（25）：82-83.

[4] 任丽梅. 我国众创空间的功能发展与内生文化要求［J］. 学术论坛，2017（4）：136-141.

[5] 侯晓，金鑫，吴靖. CAS 视角下的众创空间特征及运作机制研究［J］. 情报杂志，2016，35（10）：195-200.

[6] 初霁.“WeWork 模式”在中国的适应性［J］. 中国房地产，2016（8）：22-26.

[7]［美］罗宾·蔡斯. 共享经济：重构未来商业新模式［M］. 王芮译. 杭州：浙江人民出版社，2015.

[8] 叶慧，宦建新. 浙江众创空间为何活跃［J］. 今日浙江，2015（4）：44-45.

[9] 么咏仪.“青年公寓+创客空间”互联网新型社区排行榜［J］. 互联网周刊，2015（10）：46-48.

[10] 彭文生，张文朗，孙稳存. 共享经济是新的增长点 [J]. 银行家，2015（10）：64-67.

[11] 周国辉. 加快推进科技体制改革 全面实施创新驱动发展战略 [J]. 中国科技奖励，2015（3）：2-6.

[12] 殷丽萍. WeWork：共享比占有更有价值 [J]. 中外管理，2015（9）：36-37.

[13] 杨书培. 中国分享经济发展的必要条件及可持续发展性 [J]. 中国集体经济，2015（13）：16-18.

[14] 吕力，李倩，方竹青等. 众创、众创空间与创业过程 [J]. 科技创业月刊，2015（10）：14-15.

[15] Kera D. Nano Smano lab in Ljubljana: Disruptive prototypes and experimental governance of nanotechnologes in the hackerspaces [J]. Journal of Science Communication, 2012, 11 (4): 37-49.

[16] Bauwens M, Mendoza N, Iacomella F. A synthetic overview of the collaborative economy [C]. Orange Labs and P2P Foundation, 2012.

新一代信息技术与制造业融合发展：“T-O-V”视角下的整合框架*

胡 斌 王焕新 杨 坤

（上海工程技术大学管理学院，上海 201620）

[摘 要] 在智能化、数字化、网络化的发展背景下，新一代信息技术与制造业融合发展，是智能制造发展的必然趋势。“T-O-V”理论视角的提出，有利于从技术进化、组织系统、价值实现三个维度，来系统分析新一代信息技术与制造业融合发展的相关机理与规律，为我国加快推进智能制造的发展提供更为融合可行的理论依据。对“T-O”“T-V”“O-V”两两协同演化的互动关系与作用机制进行分析，并构建“T-O-V”视角下的理论整合框架。进而，在此视角下，分析总结我国智能制造的发展现状与主要瓶颈。最后，对有待进一步深化研究的问题进行展望。

[关键词] 新一代信息技术；制造业转型升级；智能制造

一、引言

推进新一代信息技术与制造业融合发展，已成为世界各国构建新形势下竞争优势的关键举措。我国明确提出了以加快新一代信息技术与制造业融合为主线，以推进智能制造为主攻方向的发展战略思路（张雪芳，戴伟，2018）。当前，我国制造业数字化、网络化、智能化的整体发展水平与发达国家仍有较大差距，在推进新一代信息技术与制造业融合发展的进程中，需要持续综合多元视角、动态规划技术路线、不断优化战术对策。然而，现有研究对新一代信息技术与制造业融合发展尚未形成统一清晰的认识，究其原因：一是缺乏多维度综合视角下，对新一代信息技术与制造业融合发展的内在机理、演化规律的系统化分析；二是较多集中在现象描述和普遍规律分析，缺乏对不同阶段特征及其相应的差异模式、动态路径的研究。总之，如何探索适合中国国情的融合发展模式与动态推进路径，还缺乏系统有力的理论支撑。为深入理解制造业与新一代信息技术融合发展的动力因素、关键环节、主要方式及规律等，本文将从技术进化、组织系统、价值实现三个维度，系统分析新一代信息技术与制造业深度融合过程中的互动关系与作用机制，构建“T-O-V”视角下的理论整合框架，并基于此框架，初步研判我国新一代信息技术与制造业融合发展的现状、优势及所面临的主要问题障碍，以期为新一代信息技术和制造业深度融合的理

* [基金项目] 教育部人文社会科学研究规划基金（项目批准号：19YJA790028）；上海市 2019 年度“科技创新行动计划”软科学研究领域重点项目（项目编号：19692100800）。

论研究，提供更为系统的理论依据及分析框架。

二、“T-O-V”视角的提出与解读

（一）提出的必要性

新一代信息技术的加速突破和应用是新一轮工业革命的核心驱动力，将与传统制造业融合（张伯旭，李辉，2017），从根本上改变传统制造业的技术基础、组织模式和价值形态（谢伏瞻，2019）。随着物联网、云计算、工业机器人、5G技术的应用，我国智能制造取得了一定的成就，但整体水平与发达的国家相比，还存在一定差距。究其原因，不难发现，无论是在理论研究还是应用过程中，还都存在重视技术创新而忽略组织管理与价值实现机制创新的现象，只有少部分企业认识到管理升级的必要性。然而，在产业发展实践中，管理往往能够对技术边界产生重要影响（冷单、王影，2015）。因此，要进一步加快推进我国制造业与新一代信息技术的深度融合发展，需要关注其技术（Technology）、组织（Orgnization）和价值（Value）的协同变革（谢伏瞻，2019；周济、陈建峰，2018）。为此，需在分析新一代信息技术与制造业融合发展过程中，在技术演进、组织系统与价值实现的各自发展趋势的基础上，进一步关注其两两间的互动关系及作用机制；基于此，形成“T-O-V”的融合分析视角及理论框架；以明确在推进新一代信息技术与制造业融合发展过程中的关键因素与核心机制，及为相关管理实践提供更为融合可行的理论参考。

（二）技术演进的发展趋势分析

（1）从二元系统向三元系统变革。随着新一代信息技术与制造业的融合发展，智能技术将实现从“人-物理系统（HPS）”二元系统到“人-信息系统-物理系统（HCPS）”三元系统的变革（周济、陈建峰，2018），但智能技术的“智能”还处于Smart层次，而其趋势是实现“Intelligent”，即自主学习、自主决策、不断优化（黄培，2016），这便要求进一步加强新一代信息技术的突破和应用，提升制造业的数字化、网络化、智能化水平，促使制造业系统升级为新一代HCPS，即HCPS 2.0系统（见图1）。在此系统技术模式下，人将部分的学习型脑力劳动直接复制给信息系统，促使信息系统具有自主学习的能力；同时，也使人与信息系统之间的互动关系，由“授之以鱼”转化为“授之以渔”（周济、陈建峰，2018）。

（2）由单向技术走向融合技术。人机融合是智能制造技术系统的显著特点，它与人的智慧或人工智能的主要不同体现在：其一，在智能输入端把机器学习与人的感知相结合；其二，在对数据处理过程中，将机器计算与人的认知相融合；其三，在智能输出端，把机器运算与人的决策相匹配。在这三个过程中，均充分发挥人的中心作用，这将会进一步打破人工智能难以突破的意识壁垒（刘伟、倪桑，2019），促使数据处理走向进一步的人性化与科学化。

（三）组织系统的发展趋势分析

（1）网络化和虚拟化。在新一代信息技术的推动下，组织系统将逐步分为智能单元、智能系统和系统之系统三个层次（谢伏瞻，2019）。智能单元是智能组织的最小单元，智能系统是通过工业网络集成多个智能单元，包括生产线、车间、企业等多种形式；系统之系统是将多个智能系统有机地结合在一起，从而实现跨系统、跨平台、端到端的组织系统融合集成（周济，2018）。

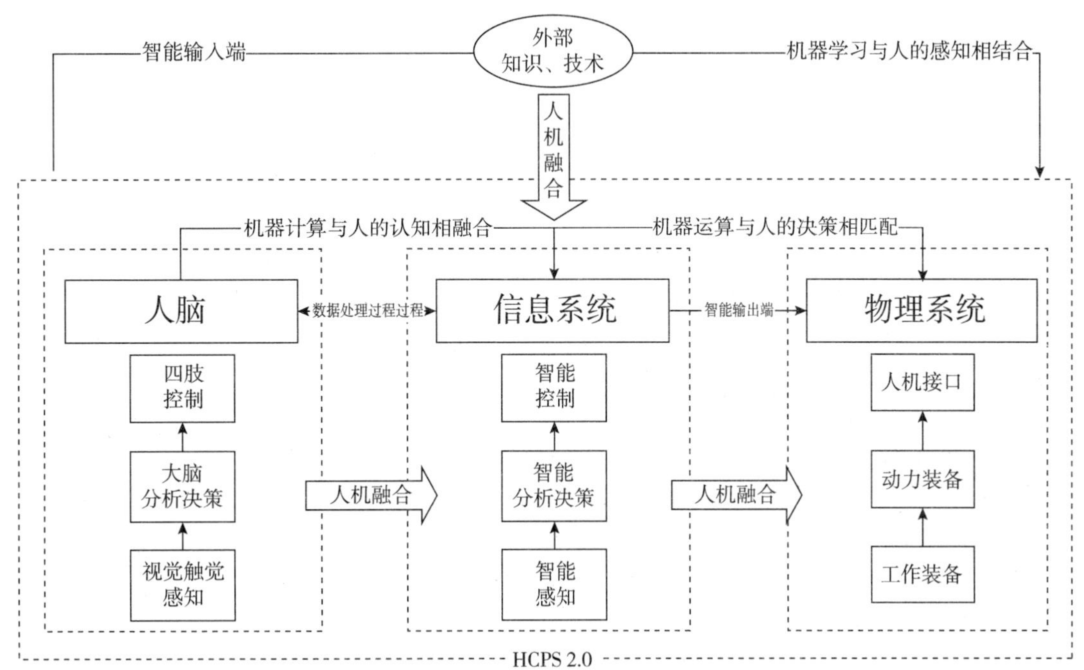

图 1　基于 HCPS 2.0 的新一代信息技术与制造业融合发展的技术演进模型

（2）扁平化、数字化和智能化。在智能制造时代，组织对现代化智能管理的需求将不断上升，相应地，内部资源协调决策机制与管理模式，也将经历巨大变革（徐新卫、方乐，2014）。首先，新一代信息技术的引用，将改变组织管理系统结构，增强不同职能部门与组织间的接触与沟通，打破部门间的界限，使各种组织结构趋于扁平化，并促成部门之间的知识联网（任志新，2006）。其次，大数据、云计算、物联网的应用，将改变组织管理制度，促使组织管理系统由传统的科级制度的“机械组织”，转变为自我管理的“有机组织”管理系统（蔡晶晶，2011），再到“组织在线-沟通在线-协同在线-业务在线-生态在线”的全面在线模式（杨佩佩，2018），以及“人与人-人与组织-组织与组织”各个维度融合发展的“数字智能化”组织管理系统（杨佩佩，2018）。

（3）生态系统化。在新一代信息技术与制造业融合发展的过程（见图 2）中，由于组织交互的灵活性、开放性等特征，促使智能制造生态系统成为必然趋势。生态系统具有组织分散、主体多样、合作方式灵活等特点，在具体运作过程中，系统内部的不同构成要素，包括服务单元、种群、群落等都在进行着实时协同交互（杨志波，2017），并进一步促成智能制造价值网的形成。

（四）价值实现的发展趋势分析

（1）内部构成日趋模块化。从价值实现的角度看，新一代智能制造价值网的内部构成，将逐步由智能产品、智能生产、智能服务三大模块共同构成。智能产品是主体，主要包括智能装备和产出物，其中产品是智能制造的价值载体，智能装备是价值实现的前提和准备；智能生产是主线，主要是指参与产品制造的各个环节；智能服务是主题，主要是指以用户为中心的产品整个生命周期的各种服务活动（冷单、王影，2015）。

（2）整体范畴升级重构。新一代工业革命将通过大规模降低成本以及提高效率来加速这种更迭（林菡密，2007），促使制造业的相关业务，如采购、生产、融资、创新、销售等，都被整体纳入价值网范畴（盛草，2014）。通过不同业务主体间的融合，促使制造业从传统的供应链模式升级为智能制造价值网络结构，使整个智能制造价值网中的参与主体之间关系更加密切。

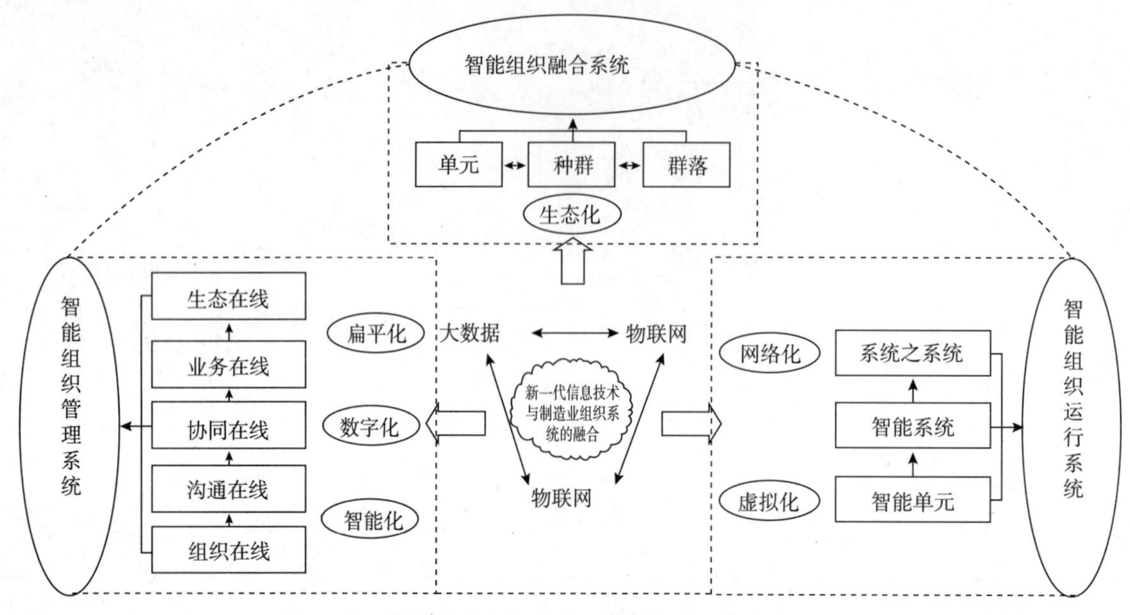

图 2　新一代信息技术与制造业融合的组织系统发展趋势

（3）能力要素协同共享。由于新一代信息技术的深度应用，价值网的开放性与共享性进一步增强，促使越来越多的经济主体参与到智能制造价值网中，并将其优势资源、能力要素协同于共同的网络平台，通过不同主体间的竞合与创新，产生综合性的网络优势，使主体间的资源共享程度、自主创新能力和彼此共生能力均得到进一步的加强（余东华等，2005）。

（4）客户需求有机集成。智能制造系统可基于多组织交互的资源整合和业务融合（徐曼等，2017），并通过一定的智能技术，将客户的零散需求集成为有机整体，从而驱动制造机制的进一步创新，并促使制造业的价值理念实现从"以产品为中心"向"以客户为中心"的升级跨越（常思勇，2006）。

（5）主体关系发生变革。价值网主体关系由原来的"竞争"关系，转向"竞合"关系，最终达到"共生"关系。价值网的内部因素由智能产品、智能生产、智能服务构成；价值网的外围网络组织由顾客群、经销商、供应商、互补商和替代商等构成。另外，价值网的辅助性组织由金融机构、科研机构、政府机构、中介机构以及高校等各类服务机构构成（常思勇，2006），如图 3 所示。

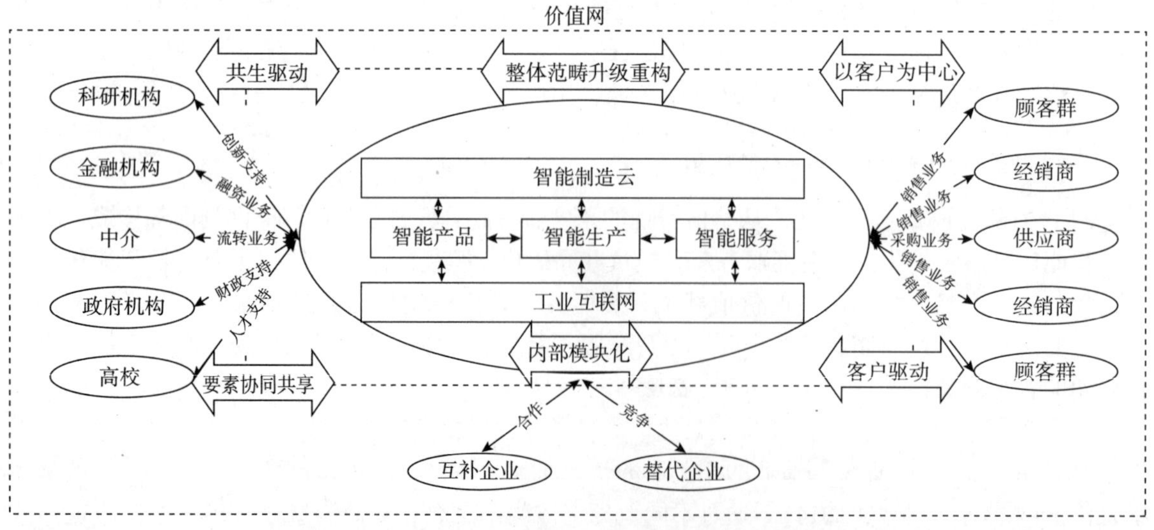

图 3　新一代信息技术与制造业融合的价值实现发展趋势

三、"T-O-V"视角下新一代信息技术与制造业融合发展的理论框架

新一代信息技术与制造业的融合发展，是"技术-组织-价值"三个维度并行演化、相互促进的过程，本文将进一步剖析三个维度协同演化的要素系统、互动关系及作用机制，从而，尝试构建"T-O-V"视角下新一代信息技术与制造业融合发展的整合框架，为后续围绕此框架展开系统化研究，提供理论参考。

（一）"T-O"协同演化机理分析

（1）技术演化与组织管理变革的互动关系。智能制造的快速变革，促使技术与组织的关系经历"技术决定论-技术结构化理论-互构论"的演化。互构论认为，技术与组织之间的关系是技术"提供方"与"使用方"互动构建的过程（张燕、邱泽奇，2009）。随着技术经济范式的转换，企业组织结构演化经历了"纯等级结构→职能制结构→分权制结构→权变制结构→数字智能化模式"的变革（张钢等，1997）。与此同时，组织系统内部产权体系、决策体系、管理组织体系、激励体系、调节体系的控制和管理能力的变革，也将对企业技术的形成与运行产生影响（戴天婧等，2012），促使技术创新运行机制的演化与重建。

（2）智能化技术整合与组织运行的互动关系。受"互联网+"与"+互联网"等技术的引擎驱动（惠宁、周晓唯，2016），以及云计算、AI等技术的持续发展与相互融合，不断形成的单点技术、多技术融合、人机融合等技术应用方式，分布在智能系统的每一个层次上，以各种存在方式发挥各种拉动作用。在此技术整合过程中，组织运行机制将以客户为中心，不断实现向人机交互、接口透明、智能驱动、网络协同智能化的运行模式的转变（任志新，2010）。

（3）"T-O"协同演化的作用机制（见图4）。基于上述分析，技术的演化与进步使组织管理系统发生变革，并进一步细分组织的人员、成本、绩效等管理系统。因此，在新一代信息技术与制造业的融合发展过程中，各管理系统将与技术演进融合互动，实现智能化升级、效率化提升。与此同时，组织的发展离不开技术的支撑，技术运行机制的发展又离不开组织的各项职能的有效发挥，两者的协同演化过程，也将具有生物共生机制的特征。

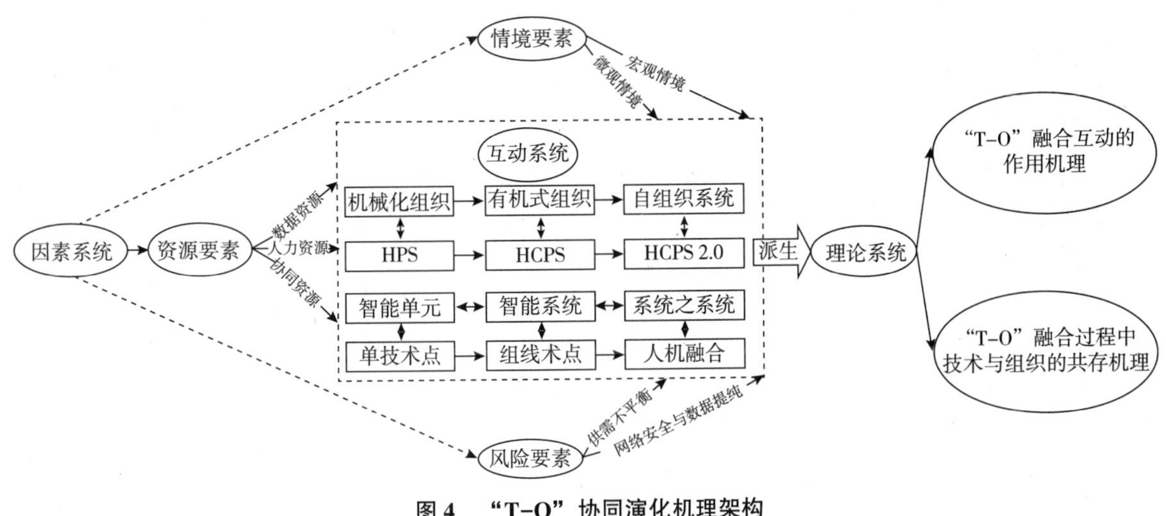

图4　"T-O"协同演化机理架构

（二）“T-V”协同演化机理分析

（1）技术演化与企业价值链演化、价值关系变革的互动关系。技术演化带动价值的重建与变革，在技术演化的过程中，价值模式单条以生命周期为主线的价值链，向着协同创造、多元分散的共享的价值网模式转变（杨佩佩，2018），并同时推动组织间价值关系实现“竞争-竞合-共生”的演化，最终形成健康的智能制造生态系统。

（2）智能技术的驱动能力与企业价值实现、价值网扩散的互动关系。现阶段工业革命处于拓展阶段，技术进步对企业价值实现，表现出很强的需求拉动特征。在云计算、大数据、互联网、人工智能、5G 为代表的新一代智能技术，不断的相互融合、相互叠加、快速迭代的过程中，推动着万物互联，从来带动整个价值网的形成（蔡晶晶，2011）。其中，互联网技术促使信息传播的深度和广度得以延展，价值链的构建从线性流程逐步过渡到动态交叉的价值网络（徐曼等，2017）；万物互联的基础设施“5G 网络”，通过与各类智能技术的深度融合，不断加强与拓展万物互联的网络结构，促使价值网的不断形成与扩散。

（3）“T-V”协同演化的作用机制（见图 5）。可分别从技术与经济、技术创新与价值实现、技术创新与商业模式创新等视角，对技术与价值的二元耦合关系进行整合分析。与此同时，智能技术在重塑制造业企业价值创造方式的同时，其战略制定、路径选择、策略设计等都面临新的变革，需要相应的路径选择、战略政策等理论方法体系支撑。

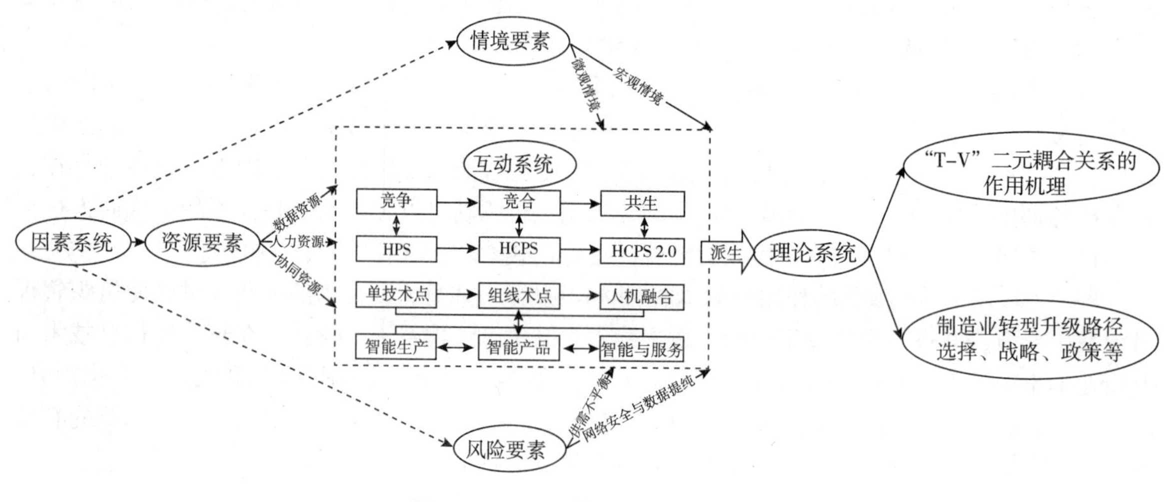

图 5 “T-V”协同演化机理架构

（三）“O-V”协同演化机理分析

（1）组织管理方式变革与价值网关系变革的互动关系。随着组织管理方式的变革，制造型企业将不断打破内部限制和障碍，重新整合企业的硬件设施、奖励制度、组织结构等（杨溟，2019）。与此同时，也将促使内外部组织架构从有界趋向无界、从有形走向无形、从垂直变为扁平，并使组织内部要素、外围组织、辅助组织间实现信息与资源的共享，从而推动价值网主体关系的变革。

（2）组织结构与价值实现的互动关系。传统组织生产模式，对各种生产现场信息，如实时产出率、在线良率波动、工艺过程稳定性和产品质量追溯等，缺乏相应的监控设施（屠万婧等，2009），无法做到事前预防，一旦问题出现，就会产生很大的损失，由于外部环境与竞争的复杂性，传统的生产模式已经无法满足现实需求。而新一代信息技术与制造业深度融合的数字智能组织结构模式，可为企业提供生产过程透明化组织管理的有效途径，从而使企业在整个生命周期的价值得以实现（周丽萍，1995）。

（3）"O-V"协同演化的作用机制（见图6）。一是针对组织与价值融合互动的作用机理，可分别从智能制造生态系统角度、组织协同角度、智能制造产业（企业）集群角度、经济关联效应和产业关联效应角度等，多视角、全方位地分析组织与价值融合互动的关系。二是针对组织管理模式变革与价值网变革的相互作用机理，可从组织价值链管理角度、社会价值网管理角度等，整合分析组织管理模式对企业价值实现与价值主体关系变革的作用。

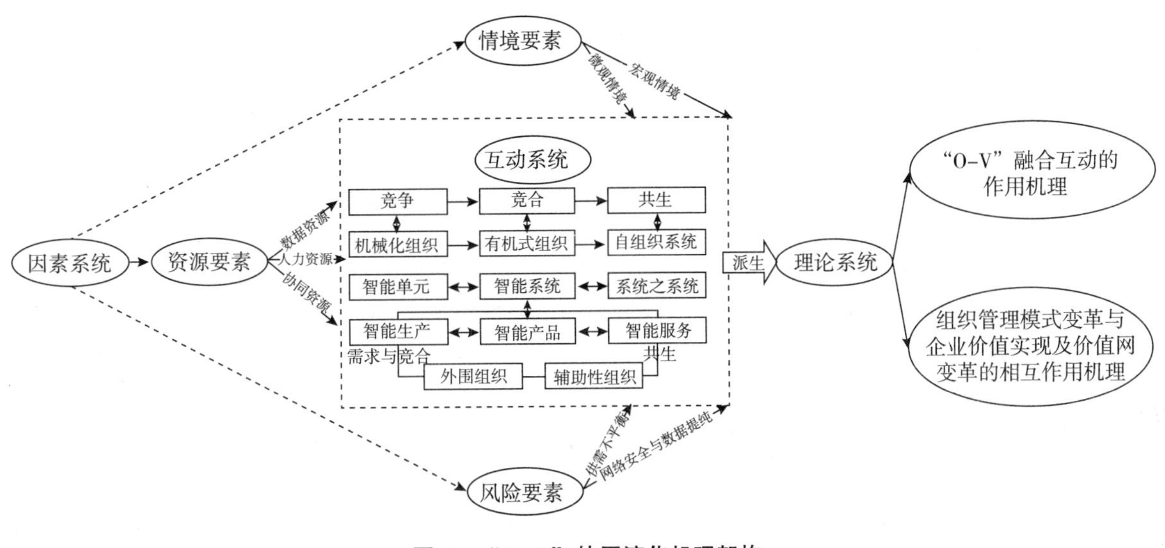

图6 "O-V"协同演化机理架构

（四）"T-O-V"视角下新一代信息技术与制造业融合发展机制的理论模型

基于上述有关新一代信息技术与制造业融合发展过程中，"T-O-V"三维互动关系的分析，不难发现：其一，智能技术演化是新一代信息技术与制造业融合发展的基本前提，技术进步带动组织结构和价值网关系的变革；其二，组织管理变革是新一代信息技术与制造业融合发展的重要需求，是技术演化与价值演化的管理机制，同时推动价值实现机制的变革；其三，价值网关系的变革是新一代信息技术与制造业融合发展的核心效应，是技术演进和各组织演化的重要动力来源。

进而，面向推进我国制造业向更高水平的智能化发展的需求，本文认为：首先，智能技术从根本上带动智能化组织的形成及价值网的重构；其次，智能化组织是新一代信息技术与制造业融合发展的重要载体，是智能技术进化的演练中心及价值实现的参与主体；最后，价值网是多组织智能技术融合的前提，以及智能化组织形成的重要体现。

综上所述，在新一代信息技术与制造业融合发展的过程中，"T-O-V"三个维度同步发展、相互作用，形成交叉螺旋的持续演化机制，共同推进新一代智能制造的发展与成熟。因此，本文面向智能化不断提升的目标机制，并从"T-O-V"三维度演化角度，构建如图7所示的理论整合框架。除上文中重点论述的互动系统与理论系统外，该理论框架还充分考虑了两者在融合发展过程中的情境、资源、风险等要素。

（1）情境要素。从宏观上，分为地方情境与全球情境。其中，地方情境指地方嵌入性（Grannovetter，1985），即某一组织（企业）扎根于某一特定区域的程度，过度的本地嵌入，将导致组织（企业）空间的"锁定"（Hammami，2008），使集群内企业技术与组织的互动丧失灵活性和创造性；全球情境指企业参与全球价值链并获得升级的机会，随着国际经营条件和产业环境的变化，集群企业如何脱离国际大买主的控制，摆脱"逐底竞争"的困境，将成为普遍问题（朱

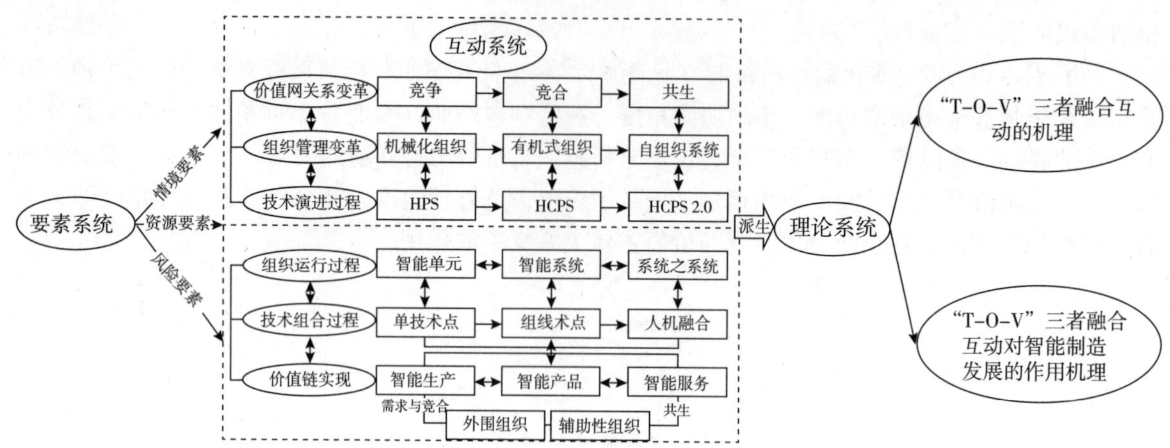

图7　"T-O-V"视角下新一代信息技术与制造业融合发展的理论整合框架

华友等，2013）。从微观上，又分为内部情境和外部情境。组织内部情境主要包括组织惯性、协同信任问题等，组织惯性指企业在长期运行与管理过程中所形成的固化运行与管理方式，由于这种惯性思维的存在，影响到企业的合作与生产、服务方式，从而影响企业价值的实现；协同信任问题是影响企业合作的最主要的因素，信息共享不仅对直接涉及的供应链成员产生影响，还将导致未进行信息共享成员的互动反应，而有些反应是对企业价值实现具有负面效应的（李欣、段诛程，2020）。外部情境主要包括政府颁布的政策、法规等，我国相应的政策与法规的约束力，将直接作用于组织追求价值的整个过程，从而制约组织价值的实现。

（2）资源要素。在技术与组织系统的互动过程中，将涉及人力资源、数据资源、网络协同资源等因素的参与。其中，人力资源主要包括智能制造所紧缺的复合型人才；在基于平台的信息共享或生产运营过程中，数据呈现出多源异构的连续性特征，人与人、人与机器、机器与机器之间的数据资源成为驱动精益敏捷生产和反馈的驱动力（喻汇，2013），从而促使企业价值的实现；网络协同资源是在充分利用网络技术、信息技术，将供应链内及跨供应链间的各类组织资源进行整合（蒋明炜，2012），形成可共享的制造协同资源。

（3）风险要素。最受关注的风险要素仍是网络安全、数据提纯、供需不平衡等。其中，网络安全问题指随着技术日趋复杂，隐蔽的网络威胁将越来越大，当组织将带有网络威胁的技术应用于组织运行过程中，可能会导致组织系统瘫痪、组织核心技术泄密等（吴燕、田大钢，2010）；随着云技术的发展，数据爆炸时代也随之而来（于春生，2013），如何将海量数据"提纯"，这将对网络架构和数据处理能力产生新的、巨大的挑战（程耀东等，2017）。在移动互联网技术背景下，消费者由被动消费到主导消费，形成了以消费者需求为驱动的制造企业价值创造体系（赵爱武等，2018），当供需不平衡出现时，也将直接影响企业的价值实现。

四、"T-O-V"视角下我国新一代信息技术与制造业融合发展的现状与瓶颈分析

（一）总体现状分析

（1）技术现状分析。近年来，我国部分智能制造关键核心技术已达世界先进水平，且已在工

业机器人、航空装备、高技术船舶、汽车、农业等领域大量应用，并取得很大成就。随着移动互联的不断成熟和5G的不断提升，数据传递更加便捷，大大拓展了信息消费空间，促使制造业生产与创新效率不断地提升（黄群慧、贺俊，2019）。随着人工智能、云计算等各项智能技术的大力发展与有力的推进作用，使数据处理形成了“采集→传输→分析→采集”的闭环系统，数据驱动“智造”将成为可能（田倩飞、张志强，2018）。

（2）组织模式现状分析。在我国沿海地区，如广东、上海、浙江等地，智能制造组织管理系统不断完善，一些大型企业已进行了智能化的升级改造。中国已达到去工业化的阶段，MES智能制造产业链，是我国智能制造组织模式的重要形式（姚洋，2010）。数据显示，我国MES市场规模在2018年突破百亿元，未来年复合增速约40%。预计到2020年，我国MES规模将增长至186亿美元，年复合增速达13.6%。

（3）价值实现现状分析。现阶段，国内需求成为推动中国经济发展的主要动力，产品价值在中国这个人口大环境下得以更充分的实现，经济总量开始向中国转移（佟瑞等，2010），珠三角、长三角等地区都成为智能制造的集群基地，共同促进我国智能生产、智能产品、智能服务的价值实现。

（二）主要“瓶颈”分析

（1）智能制造技术体系尚未形成。我国智能制造的基础理论研究比较薄弱，深度不够，尚未形成“人-信息系统-物理系统”的融合技术模式和标准，同时，缺乏对于人的中心作用的思考。为进一步推动我国智能制造发展，应进一步搭建和完善适合中国国情的技术理论基础与体系，为智能制造发展提供理论支撑。

（2）技术进步与组织管理变革的双向脱节现象较为突出。组织管理创新逐渐成为企业竞争的关键，通过建设专业的智能制造管理机制，由人机、装备、车间、部门间、组织间分工协作，共同构成智能制造组织系统。而在当前，中国很多智能制造业在智能制造发展过程中存在着“重硬件，轻软件”的现象，仅关注技术进步，而忽视了企业管理对技术边界界定的重要影响（谢伏瞻，2019）。

（3）缺少以智能制造整合价值链和商业模式的领军企业。缺乏积极进行技术创新、主动对企业组织管理方式变革的思想，技术路线与战略愿景不够清晰（刘阳春等，2013）；缺少面向全生命周期的智能化生产、智能化产品、智能化服务理念；多数企业还是以利益为重，整个智能制造生态系统的协同能力不强。

（4）纵向或横向的跨界协作产业联盟严重缺失。新一代智能制造的显著特征是整个生态系统中主体间的互动，以及数据、信息、知识的共享，促使制造业从单一的组装制造向产业链两头延伸，即形成纵向或横向的产业联盟。基于对上海企业的调查，很少有制造型企业认为自己会在联盟中受益，多数认为过低的人力成本仍是其获取收益的关键因素，也有部分企业认为税收减免、其他政府补贴以及较低的资金成本等是其获取收益的最好方式。可见，企业对于生态化系统的注重意识和参与程度还有待提升。

五、总结与展望

本文面向国家发展的战略需求，紧跟理论前沿，基于“技术-组织-价值”（“T-O-V”）的融合视角，对新一代信息技术与制造业融合发展的相关趋势及机理进行了系统分析，构建了此视角下新一代信息技术与制造业融合发展的理论整合框架，并初步分析和研判我国新一代信息技术与制造业融合发展的现状及瓶颈。然而，“T-O-V”理论视角的提出，仅仅为“新一代信息技术与制造业融合发展”的相关研究提供了初步理论视角及基础，其理论及实践意义尚需通过进一步研究来逐步探索和实现。为此，本文进一步提出“T-O-V”融合视角下，新一代信息技术与制造业融合发展的三方面研究展望：一是从技术学科、经济学科、管理学科的交叉融合视角，围绕“T-O-V”的互动演化过程，对新一代信息技术与制造业融合发展过程中的动力因素、关键环节、发展阶段等融合机理及演化规律，展开系统化的理论分析和实证研究。二是从制造业智能化水平的视角，构建新一代信息技术与制造业深度融合发展的“T-O-V”综合评价模型，为我国在推进新一代智能制造发展过程中，评估不同阶段的发展现状、问题和瓶颈，以及明确相应的着力点和推进路径，提供科学依据。三是基于上述系统化研究，分析凝练“T-O-V”融合视角下，新一代信息技术与制造业融合发展的可行模式，为进一步寻找符合中国国情的优化路径，提供理论借鉴和决策参考。

参考文献

[1] 张雪芳，戴伟. 智能制造背景下传统融资租赁模式约束与创新 [J]. 会计之友，2018，590（14）：87-91.

[2] 张伯旭，李辉. 推动互联网与制造业深度融合——基于“互联网+”创新的机制和路径 [J]. 经济与管理研究，2017，38（2）：87-96.

[3] 谢伏瞻. 论新工业革命加速拓展与全球治理变革方向 [J/OL]. 经济研究，http：//kns. cnki. net/kcms/detail/11. 1081. f. 20190719. 1621. 002. html，2019（7）：4-13 [2019-08-02].

[4] 冷单，王影. 我国发展智能制造的案例研究 [J]. 经济纵横，2015（8）：78-81.

[5] 周济，陈建峰. 迈向一流引领创新——主编寄语 [J]. Engineering，2018，4（5）：7-8.

[6] 黄培. 对智能制造内涵与十大关键技术的系统思考 [J]. 中兴通讯技术，2016，22（5）：7-10，16.

[7] 刘伟，倪桑. 2018 年人工智能研发热点回眸 [J]. 科技导报，2019，37（1）：157-162.

[8] 中国工程院周济院长关于“新一代智能制造——新一轮工业革命的核心驱动力”的主题报告 [J]. 起重运输机械，2018（1）：44.

[9] 徐新卫，方乐. 资源协同下的企业联盟智能制造技术研究 [J]. 计算机工程与应用，2014，50（12）：257-262.

[10] 任志新. 系统自组织理论在企业管理中的运用 [J]. 商业时代，2006（5）：28-29.

[11] 蔡晶晶. 社会—生态系统视野下的集体林权制度改革：一个新的政策框架 [J]. 学术月刊，2011，43（12）：79-86.

[12] 杨佩佩. 钉钉：用“新工作方式”激发创新创造 [J]. 杭州（周刊），2018（40）：26-30.

[13] 杨志波. 我国智能制造发展趋势及政策支持体系研究 [J]. 中州学刊，2017（5）：31-36.

[14] 林菡密. 传统产业集群组织结构虚拟化研究 [J]. 科技进步与对策，2007，24（7）：76-79.

[15] 盛革. 制造业价值网的系统结构与价值创新机制 [J]. 技术经济与管理研究，2014（3）：8-12.

[16] 余东华，芮明杰. 模块化、企业价值网络与企业边界变动 [J]. 中国工业经济，2005（10）：88-95.

[17] 徐曼，沈江，安邦等. 基于互信息判据的智能制造资源配置效能研究 [J]. 计算机集成制造系统，2017，23（9）：1842-1852.

[18] 常思勇. 商业银行 CRM 的中国本土化业务流程重组研究 [J]. 当代经济科学，2006，28（3）：65-70.

[19] 张燕，邱泽奇. 技术与组织关系的三个视角 [J]. 社会学研究，2009，24（2）：200-215，246.

[20] 张钢，陈劲，许庆瑞. 技术、组织与文化的协同创新模式研究 [J]. 科学学研究，1997（2）：56-61，112.

[21] 戴天婧，汤谷良，彭家钧. 企业动态能力提升、组织结构倒置与新型管理控制系统嵌入——基于海尔集团自主经营体探索型案例研究 [J]. 中国工业经济，2012（2）：128-138.

[22] 惠宁，周晓唯. 互联网驱动产业结构高级化效应分析 [J]. 统计与信息论坛，2016，31（10）：54-60.

[23] 佚名. 5G 时代，中国通讯企业有望领跑世界 [J]. 信息系统工程，2017（11）：10-11.

[24] 杨溟. 趋势、技术与路径：浅议物联网环境中的人机融合智能 [J]. 视听界，2019（1）：48-51.

［25］屠万婧，傅翠晓，钱省三．基于互联网知识生产的组织模式及动态过程的研究［J］．科技进步与对策，2009，26（3）：122-124．

［26］周丽萍．现代企业组织结构与管理模式初探［J］．外国经济与管理，1995（7）：11-13．

［27］Grannovetter M. Economic action and economic structure：The problem of embeddedness［J］. American Journal of Sociology，1985，91（3）：481-510．

［28］Hammami R. The relevant features of supply chain design in the de-localization context［J］. International Journal of Production Economics，2008，113（2）：641-656．

［29］朱华友，潘妩妮，王缉慈．基于共同演化的产业区变迁路径分岔研究——“技术—组织—区域”三位一体的视角［J］．人文地理，2013，28（3）：121-125，147．

［30］李欣，段詠程．基于改进隐马尔可夫模型的网络安全态势评估方法［J/OL］．计算机科学，2020（5）：1-5［2019-08-05］．

［31］喻汇．服装供应链集成信息管理系统的逻辑描述与 IT 架构［J］．商业研究，2013（10）：178-183．

［32］蒋明炜．21 世纪制造模式——协同制造［J］．中国高新技术企业，2012（5）：58-59．

［33］吴燕，田大钢．Bertrand 竞争下二级供应链信息共享的价值分析［J］．工业工程，2010，13（3）：34-38．

［34］于春生．大数据时代图书电商的机遇与挑战［J］．中国出版，2013（19）：42-45．

［35］程耀东，张潇，王培建等．高能物理大数据挑战与海量事例特征索引技术研究［J］．计算机研究与发展，2017，54（2）：258-266．

［36］赵爱武，杜建国，关洪军．消费者异质需求下企业环境创新行为演化模拟与分析［J］．中国管理科学，2018（6）：124-132．

［37］黄群慧，贺俊．未来 30 年中国工业化进程与产业变革的重大趋势［J/OL］．学习与探索，http：//kns.cnki. net/kcms/detail/23. 1049. C. 20190729. 0908. 002. html，1-9［2019-08-06］．

［38］田倩飞，张志强．人工智能 2. 0 时代的知识分析变革研究［J］．图书与情报，2018，180（2）：39-48．

［39］姚洋．坚定不移建设制造强国［N］．经济日报，2019-08-02（001）．

［40］佟瑞，李从东，汤勇力等．基于战略愿景与使命的产业技术路线图研究［J］．科学学与科学技术管理，2010，31（11）：88-93．

［41］刘阳春，李健睿，金娅婷．基于产业链延伸的企业升级研究——针对国星光电的案例研究［J］．学术研究，2013（9）：74-82．

制造业中小企业的创新之困与对策研究*

——基于江阴“中国制造业第一县”的样本调查

胡丹丹　杨　忠　陈　越　于　润

[摘　要] 制造业中小企业的创新问题一直受到党中央的高度重视，也是学术界关注的焦点问题。本文通过对江阴“中国制造业第一县”的深度调研和样本分析，系统剖析了当前制造业中小企业的三大创新困境即创新资源匮乏、创新动机相异和创新权益难保，并根据江阴的创新实践，从市场机制和制度供给双重视角提出破解制造业中小企业创新困境的良方，即遵循以企业为主体的协同创新范式和实施针对企业创新痛点的“靶向服务”。

[关键词] 制造业中小企业；协同创新；靶向服务；江阴

一、引言

中小企业是国民经济和社会发展的生力军，是扩大就业、改善民生、促进创业创新的重要力量，在稳增长、促改革、调结构、惠民生、防风险中发挥着重要作用。党的十九大报告明确指出，创新是引领发展的第一动力，要特别加强对中小民营企业创新的支持。可见，我国中小企业发展的核心问题是创新。制造业作为行业之母，作为实体经济主体，制造业中小企业的发展更是关乎国家经济的兴衰成败。在当下国内外政治经济形势起伏不定、国内原材料价格和人工成本不断攀升、资本市场下滑、企业债务压力飙升的严峻形势下，制造业中小企业亟待通过创新驱动转型升级，推动中国制造业从全球价值链的中低端迈向中高端。虽然，以创新引领转型和发展已成共识，但在激烈多变的竞争环境下，制造业中小企业该如何有效创新，对于该问题学术界尚未基于管理实践予以充分解释、归纳和论证。

改革开放 40 多年来，江阴经济社会发展取得了令人惊艳的成就：江阴在全国县域经济和综合发展中实现了“十六连冠”，是“中国制造业第一县”和“华夏 A 股第一县”，2018 年度 GDP 总额超过了全国 81%的地级市。截至 2018 年 12 月，江阴拥有 10 家“中国企业 500 强”、12 家“中国民营企业 500 强”、17 家“中国制造业 500 强”、5 家“中国服务业企业 500 强”，“江阴制

* [基金项目] 本文系国家自然科学基金重点项目“领军企业创新链的组织架构与协同管理”（71732002）、江苏省社科基金项目“江苏平台型组织创新生态系统研究”（17GLB015）阶段性研究成果。特别感谢江阴市委改革办、江阴市科技局、江阴市工信局在调研过程中给予的全方位支持和热忱相助。

造”大家族有近 1500 家规模以上工业企业，同时还有 111 个“全国行业单打冠军产品”和 150 多家抢占行业话语权的“隐形冠军”。值得一提的是，以中小企业为绝对主体的民营企业在经济发展中发挥了中流砥柱作用，总体呈现出了“778899”的典型特征。即贡献了全市 72%的税收、75%的 GDP、80%的工业经济总量、80%的固定资产投资、90%的就业人数和 97%的企业数量。在泡沫与投机潮起潮落的当下，江阴民营企业以守正创新、敢于挑战的企业家精神扎根本土、笃守本业并逆势而上，让实体经济活力迸发，成为探究中国实体经济尤其是制造业发展的典型样本。

本文以江阴的制造业中小企业为研究样本，发掘我国制造业中小企业的创新之困及成因，进一步基于江阴企业的创新实践总结归纳出破解中小企业创新之困的江阴经验，并从政府制度供给视角提出提升我国制造业中小企业创新效率的政策建议。

二、相关文献回顾和研究问题

近年来，中小企业在国家创新战略中做出的巨大贡献逐渐引起学者的关注和重视，但我国中小企业整体上处于较低的创新水平（伦晓波等，2016），尤其是一些“瓶颈”亟待突破。通过 CNKI 主题词搜索和对已有文献梳理，我们把阻碍中小企业创新的因素分为企业内部和企业外部两大类。

首先，企业内部因素主要源于中小企业自身的先天不足，比如规模、地位等劣势，具体表现在以下三方面：一是创新资源捉襟见肘（李晓翔等，2018），包括高端技术人才匮乏（吴家曦等，2009）、外部信息获取能力弱（张震宇，2013；于波，2005）；二是企业抗风险能力较弱（方琳瑜，2010），中小企业往往难以承担创新失败带来的沉没成本；三是内部管理水平较低（陈寿鱼，2014），比如缺少行之有效的创新激励制度、知识产权管理薄弱造成创新成果外泄等。当然，除了中小企业自身的客观因素，还有来自企业家创新意愿不足的主观原因，即创业者或者职业经理人本身并无创新的动力和动机（彭小宝，2012），只愿维持现状，这从根本上抑制了中小企业创新。

其次，阻碍中小企业创新的外部因素源于融资环境和政策的压力。从融资环境看，由于我国大金融体制下对小企业具有融资抑制（谭之博等，2012），且中小企业的信息和金融机构存在严重的信息不对称（林毅夫等，2005），尽管我国已出台相关政策向中小企业倾斜，但中小企业外部融资难、融资贵的问题（周宗安等，2006；吕劲松，2015）仍然掣肘创新发展（秦军，2011）。从政策环境看，三方面问题较为突出：一是从政府服务角度，针对中小企业创新的政策和服务体系建设尚不完善（孙戈兵等，2018）；二是从知识产权角度，我国的知识产权保障制度还有待提高（朱岩梅，2009）；三是从财税角度，我国目前针对企业的政府补贴存在非平衡性，财政资源倾向于大型企业、国有企业，对中小企业的积极作用不甚明显（胡志军，2018）。

在上述研究的基础上，我国学者进一步对中小企业创新之困提出了对策建议。一部分学者从政府服务转型和制度供给的角度提出，在创新信息方面，政府搭建中小企业的信息数据云平台（金林，2007）；在信贷融资方面，需要加大对中小企业创新的融资支持，进行金融创新如开展商业银行投贷联动业务（周国林等，2018；刘降斌等，2008）；在财税政策方面，加大税收优惠的政策力度，优化政府补贴的分配制度和额度（王遂昆，2014；粟进等，2014）；在创新人才方面，加强技术人员的供给，创新区域人才培养模式，例如，建立以企业为中心、产学研结合的人才培养模式（陈晓红等，2008）；在政府服务方面，提高政府服务效率，优化政商关系，同时，在财税扶持的基础上配合引入服务中介包括法律服务中介、人力资源中介、财会服务中介等（龙静等，2012）；在知识产权保护方面，可以构建自主知识产权成长的政策体系（方琳瑜，2010；张韵君；2012），完善知识产权保障机制；等等。

另一部分学者从企业自身构建创新体系的角度出发，主张中小企业的创新需要构建创新价值网络，在该网络中强化企业的外部学习（彭小宝，2012），尤其可以构建政府、金融机构、大型企业、中小型企业资源流动的协同创新网络（金林，2007）。有研究进一步探讨了不同协同创新网络中核心企业与各个协同主体的合作对企业创新的影响（解学梅，2014；池仁勇，2007），并且通过对中小板企业的实证研究或者构建概念模型提出了不同的政产学研协同创新的范式（解学梅，2015；杜兰英，2012；张波，2010；吕静，2011；陈晓红等，2006）。对于如何协同，有学者从地理区位视角，强调区域创新网络的地理集聚作用（盖文启等，1999）；也有学者从产业集群视角，认为可以通过同产业的集聚激发协同优势（刘友金，2002a，2006b）。整体来看，这些学者的观点都强调中小企业的创新必须由封闭走向开放和协同。

通过以上文献回顾不难发现，现有对中小企业创新的研究视角较为分散，且针对制造业中小企业的样本研究更是寥寥。越来越多的学者开始关注制度的供给侧改革，从政府服务层面提出了一些政策建议。然而管理实践表明，这些已被采纳的政策建议并没有显著改善中小企业的创新之困，如政府的人才、资金等资源供给并未有效缓解创新资源不足的难题，这意味着这些政策建议的可行性和实际效果并不理想。而针对中小企业的开放式创新和协同创新的立论基础，主要来自上市公司的实证数据或者概念推理，缺乏真正来自微观中小企业的证据，且这些范式或模型是否具有普适性和可操作性尚未得到很好的验证。总而言之，对于我国制造业中小企业的创新之困，学术界尚未给出系统性的阐释和破解。

基于以上分析，本文聚焦制造行业的中小企业，通过来自江阴“中国制造业第一县”的微观样本，系统分析当下制造业中小企业的创新之困着重体现在哪些方面，并针对这些困境，创新性地整合市场机制和制度供给双重视角，尝试从根本上破解制造业中小企业的创新之困，为我国制造业中小企业真正通过创新驱动转型升级提供系统性、普适性和可操作性的良方。

三、创新之困——来自“中国制造业第一县”的数据

为了客观地呈现江阴制造业中小企业的创新现状，本文参考欧盟、美国和国家统计局的企业创新问卷，结合江阴制造业企业创新实际，设计了企业创新问卷。该问卷包含 14 个大项，74 个问项，共 368 个选项，涵盖制造业中小企业的基本生产经营情况、各类创新活动（产品、工艺、销售、管理等）、创新活动的融资和使用、创新信息获取、创新合作、影响创新的因素、政府财税支持、创新的环境效益、未来发展规划等十个方面。在江阴市委、市政府的大力支持下，我们面向制造业规模以上企业，发放和回收问卷 1431 份，约占江阴市制造业企业总数的 10%，其中中小企业占比达 99.27%。剔除样本中的异常值和大型企业数据，共得到 1370 份有效样本。通过对 1370 份企业创新问卷数据的统计分析，并结合对江阴 50 余家制造业中小企业的走访调研，我们追本溯源，发现并深度解析了江阴制造业中小企业当前面临的三大创新“瓶颈”，即创新资源匮乏、创新动机相异和创新权益难保的问题，并将其成因归纳为“市场失灵”与“政府失灵”。

（一）创新之困Ⅰ：创新资源匮乏

传统的企业创新方式往往采取单一企业为主体的自主创新，然而制造业中小企业由于普遍存在资源禀赋不足的问题，因此当其独立创新时，往往会陷入创新资源匮乏的困境，突出表现在资金、信息（技术）、人才、研发设施等方面的资源严重匮乏。当然，以往的对策研究大多认为，政府应该加强人才供给、技术支持、融资扶持等，但实践中，对于单一的制造业中小企业，以政府为主导的创新资源供给只能是杯水车薪，且更多的是倾向大企业，中小企业创新资源禀赋的先天劣势不能得到应有的改变，这是单一制造业中小企业创新成功率极低的重要原因。

图 1 是创新问卷中企业创新面临哪些资源缺乏的选项，结果显示，制造业中小企业创新资源匮乏主要有四个方面：一是创新资金匮乏。问卷表明，有 40%的受访企业缺乏内部资金、37%的受访企业缺乏风投资金、41%的受访企业缺乏其他信贷类外部融资。二是创新人才匮乏。56%的受访企业表示缺乏关键性人才。突出表现在两方面：①高端研发型人才进少出多；②细分行业、专业化和精细化的生产线或设备操作所需的应用型专门人才奇缺。三是创新的技术信息、市场信息和创新伙伴信息匮乏。有 56%的受访企业缺乏与创新相关的技术信息，有 54%的受访企业缺乏与创新相关的市场信息，有 47%的受访企业缺乏所期望的创新伙伴信息。四是研发设施匮乏。有 44%的受访企业不具备独立建立高水平研发平台的能力，有 72%的受访企业表示缺乏公共技术研发平台。

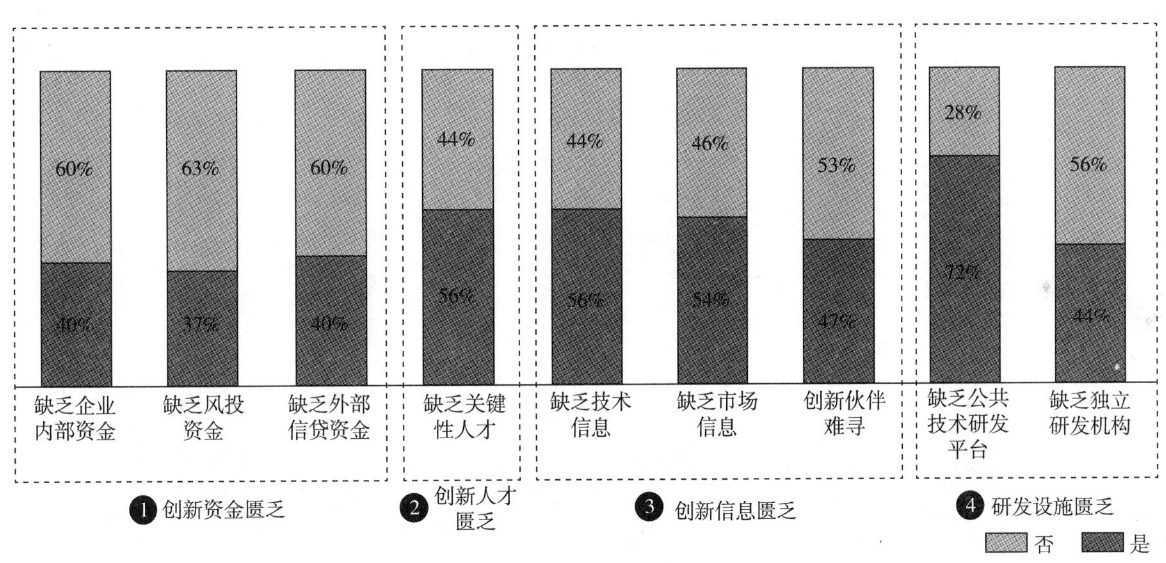

图 1　企业创新最稀缺的资源

（二）创新之困Ⅱ：创新动机相异

在调查中我们发现，为了获取前瞻性的研发资源，不少中小企业也尝试与高校或科研院所（以下简称高研）开展合作创新。而这种以高校为主体，企业参与的合作创新模式由于其“先天缺陷”① 使合作创新障碍重重。如图 2 所示，其主要原因有：有 75%的受访企业认为，以高校为

① 这里的“先天缺陷”意指计划经济向市场经济转型进程中因体制因素的路径依赖导致的缺陷，在现有延续的高校科研体制下，教师及科研人员的科研目标是在高水平学术期刊发表论文或拿到三大国家基金项目，而企业行为是市场导向的，其生存的动力是谋求市场价值。这种体制缺陷（先天缺陷）导致了“目标不一致”现象。

主体的企业创新模式存在明显的创新动机（目标）不一致问题，因为高校的研究人员追求科研价值，而企业追求市场价值。进而存在着创新（项目研发）的不确定性较大（76%），技术交流不畅（74%）、投入的经费（72%）和时间不足（76%）等问题。这些问题严重削弱中小企业创新的动力及创新的成功率。鉴于此，如图 3 所示，企业更倾向于选择下游客户（48%）、供应商（44%）、同行业（40%）等市场价值导向的主体合作进行协同创新，而和高校（34%）、科研机构（29%）的合作相对较少。

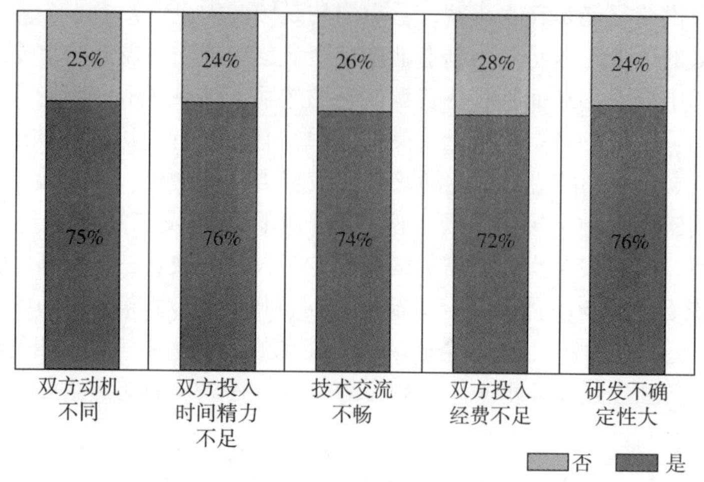

图 2　高校与企业开展合作创新面临的障碍

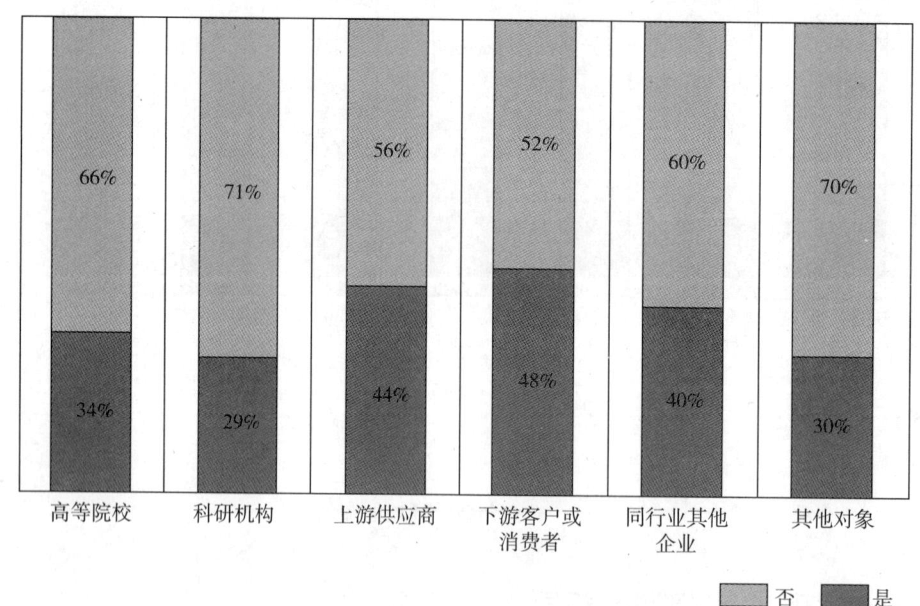

图 3　企业开展科技成果转化的合作伙伴类型

（三）创新之困Ⅲ：创新权益难保

江阴许多制造业中小企业直言，知识产权是企业创新最为重要的权益保障。近年来虽然国家层面出台了一些相关的法律，但企业知识产权保护的成效依然很低。如图 4 所示，受访企业认为现实中近半数（48%）创新成果被竞争对手低成本模仿，严重损害了创新企业权益。在进一步深入企业的调研中，受访企业反映了创新权益难保的三类原因：一是针对设计创新、产品微创新等技术壁垒较低的创新成果，极易遭到内部成员泄露（剽窃）和竞争对手的模仿。二是知识产权的法律监督程序存在漏洞。即便企业申请了专利保护，侵权行为仍难以被及时发现。三是知识产权违法的惩罚力度不足，侵权成本太低，以致侵权行为反复发生。

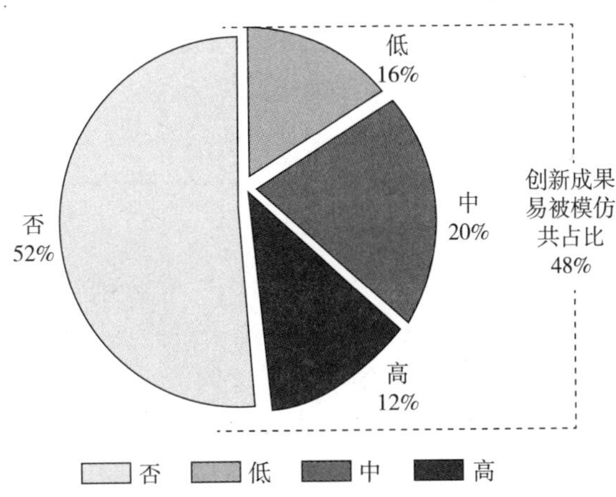

图4　创新成果是否容易被低成本模仿及严重程度

（四）创新之困的成因："市场失灵"和"政府失灵"

1. 创新资源匮乏源于"市场失灵"

这里的"市场失灵"特指市场供给机制无法为有创新意愿的制造业中小企业配置创新资源，创新资源更多地向大型企业、领军型企业、国有企业富集。这导致了单一制造业中小企业难以在市场上成功地获得创新所应必备的资源。具体来说，由于获得创新资源的成本高昂，单一制造业中小企业也就不可能或很难在这个市场为创新而投资，购买创新所必需的人才、技术、信息、研发设备等资源，因此，现有市场对制造业中小企业的创新资源配置是低效的。这是导致制造业中小企业创新资源匮乏的根源。

2. 创新动机相异和创新权益难保源于"政府失灵"

除了"市场失灵"引发创新资源匮乏之外，"政府失灵"也是导致创新之困的另一大因素。这里的"政府失灵"，特指政府制定的支持中小企业创新的相关政策或干预措施缺乏效率，或政府支持企业创新的政策并没有提升企业的创新效率。具体到我国制造业中小企业的创新，"政府失灵"表现在以下两方面：

第一，"创新动机相异"源于"政府失灵"。以高校和科研院所（以下简称高研）作为创新主体是计划经济延续至今的一种制度性安排，以期发挥高研的科研优势来支持企业创新。但对制造业中小企业来说，在以高研所作为创新主体和高研以科研为导向的制度安排中，存在着"创新动机相异"的矛盾：高研创新的目的在于追求科研价值，企业创新的目的在于追求市场价值，当两者目标相异时，创新效率和创新动力必然弱化，创新成功率必将大幅降低，凸显"政府失灵"。同时，以高研为主体支持企业创新的政策红利（包括财政支持）更多倾斜于大企业，绝大多数中小企业可望而不可即，对于制造业中小企业创新而言，这种"政府失灵"更加凸显。

第二，"创新权益难保"也源于"政府失灵"。具体表现在：政府试图通过一系列制度和政策安排支持企业创新，但在企业创新权益（知识产权）保护以及信用体系建设严重滞后的背景下，企业创新成果和创新权益极易蒙受侵害，从而大大削弱了制造业中小企业创新的动力，以致政府出台的各种激励企业创新的政策难以发挥功效，也凸显了"政府失灵"。

为此，若要从根本上破解制造业中小企业的三大创新之困，必须探寻破解"市场失灵"和

“政府失灵”的良方。

四、协同创新：市场机制创新破解两大“失灵”难题

（一）来自江阴企业的协同创新实践

如前所述，我国单一制造业中小企业因“创新之困”导致创新效率（成功率）低下的主要成因是“市场失灵”和“政府失灵”，并且现有研究尚未对此提出系统性的破解策略。然而江阴的创新实践表明，单一制造业中小企业固有的“创新之困”，可以通过企业间“强强合作”的协同创新迎刃而解。通过对江阴近70余家企业的调研走访，我们发现：众多集胆略和智慧于一身的江阴企业家，以“强强合作”的协同创新汇聚各具比较优势的创新资源（人才、资本、信息、技术、市场等），有效克服了“创新之困”及两大“失灵”问题，显著提升了创新的成功率。本文把江阴企业取得协同创新成功的鲜活案例凝练为六种各具特色的协同创新组合，其内涵和特征如下：

1. 产业链上下游协同

产业链上下游协同创新是指创新组合中牵头企业作为产业链的一部分，或为了取得下游市场订单，或为了获得新的终端市场，吸引与之相关的上下游企业参与到工艺、技术、产品等研发过程中来的协同创新组合。在科技成果的转化阶段，创新形成的订单收入、市场地位增强、领先技术信息、知识产权成为双方的共享收益。

产业链上下游协同创新组合有两类：一类是通过上游企业参与到中游企业（牵头企业）研发，而中游企业进一步参与到下游企业（牵头企业）研发，形成层层链导的结构。这种情况下，参与合作方往往提供技术能力、新材料、市场信息作为合作的比较优势资源，牵头企业往往是有产品或技术研发需求的企业。典型案例是江苏省吉鑫风能科技股份有限公司，该企业作为风能产品的中游企业，以生产性资源参与下游（GE公司）基于市场资源主导的协同研发，同时又吸引其上游企业（埃肯国际）以技术资源参与到创新价值链中，形成上中下游链导式协同创新。

另一类是创新链中存在一个主导型牵头企业，由其引领、协调与之相关的市场上下游加入其创新活动，在这个过程中牵头企业能够掌控创新的目标、方向，同时占据着重要的市场地位，此时牵头企业则主要以市场地位作为特质性优势资源，参与合作研发的企业常常以其生产资源或技术资源或市场信息资源加入。典型案例是江阴天江药业有限公司，与吉鑫风能不同，作为中药颗粒产业的中游企业，天江药业以突出的市场地位和研发能力作为比较优势，引领有生产能力优势的上游原材料供应商和具备市场优势的下游销售方（医疗机构、药店等）参与到其研发项目中来，实现对整个产业转型发展的引领。

2. 项目契约式协同

项目契约式协同创新是指由一家牵头企业发起，在中短期限内联合企业、科研机构、专家等多方围绕某一项目（如上游订单）进行技术研发，并以契约方式将各方利益捆绑的协同创新组合。该组合的牵头方往往提供市场资源、管理资源，抑或提供技术资源，而参与方则提供技术资源或研发人才等，成果转化后以项目酬金、项目股权、薪资等方式来共享订单收益。典型案例是江阴康瑞成型技术科技有限公司，以苹果部件的订单作为项目吸引企业研发团队、高校专家等加入，采用“康瑞控股、参与方持股”的收益分配模式，在苹果约定的三个月时间内成功地攻克下

该部件的技术难点。参与各方在该项目协同创新中获得薪资和股权收益。康瑞也据此掌握了创新成果的知识产权，赢得了苹果的长期订单和巨大的未来市场。

3. 股权合资式协同

股权合资式协同是协同创新各方将各自出资额作为股权，确定各方投资额在注册资本中的比例，共同投资、研发和管理的协同创新组合。股权合资各方按股权比例分享创新利润和分担创新风险。牵头企业以公司股权作为创新收益邀请特定的研发人员（或目标企业）协同创新，而被邀请方往往拥有独占的行业领先技术优势或科研优势。其典型案例是江阴贝瑞森生化技术有限公司，该公司通过股权深度捆绑具有尖端贻贝粘蛋白技术的诺奖得主塞缪森教授及团队，并帮助塞缪森教授团队建立在华研究院，致力于前瞻性技术研发及产业化，取得了瞩目的成果转化成效。贝瑞森一跃成为中国第一家贻贝粘蛋白生产供应商，享誉世界。

4. 行业（或产业）间跨界协同

跨界（行业间或产业间）协同创新指牵头企业为谋求新工艺、新技术、开拓新市场等，跨行业选择在互补性技术、新的市场、新的生产能力等方面拥有比较优势的企业进行协同创新。在跨界协同下，牵头企业一般提供生产资源（如新材料）、新技术资源（人工智能）、市场资源（新的市场），而参与企业为牵头企业提供拥有比较优势的资源（人才、技术、市场等），创新成果转化收益凭订单销售收入、新市场开拓红利等方式共享。这种产业联盟因强互补性产生了很好的协同效果。典型案例是江阴标榜汽车部件股份有限公司。该企业为了对生产工艺进行智能升级改造，邀请自动化装备行业的企业协同创新，开发出适用于该类行业的工艺设备，在共享收益环节，参与企业获得订单收入，而标榜则获得生产效率提升，增加了利润空间。除此之外，新材料研发企业与传统行业企业的跨界合作，研发新型复合材料（如石墨烯研发生产企业与传统家纺企业跨界协同创新，共同研发功能性面料）；智能制造企业与传统机械设备制造企业合作，研发智能生产线、智能设备等。类似跨界协同的案例不胜枚举。

5. 大中小企业协同

大中小企业协同创新是指大型企业（通常是领军企业）为巩固其市场地位、引领行业进步而采取的协同创新，中小企业作为参与方，主要可分为两种：

一种情况是，某一大企业会通过行业协会、产业联盟等形式，不定期发布一些愿意向行业内（联盟内）中小企业提供的专利或领先技术等，促进中小企业对这些创新成果的学习和应用。这种协同创新组合能很好地帮助中小企业弥补自身创新能力不足的劣势，充分利用自身的生产能力生产新产品，提高盈利水平和竞争力。而大型牵头企业可通过提供专利和技术资源，推广行业标准、引领行业创新方向，巩固和提升其行业优势和行业地位。最关键的是，整个行业可通过不断的迭代创新促进行业的高质量发展。典型案例是江苏阳光集团，该集团作为江苏纺织行业的龙头企业，通过阶段性地向纺织行业协会的企业公开纺织新材料、新工艺、新产品，吸引中小企业吸收新的知识并参与到创新中来，促进了整个纺织行业的迭代创新和产业升级。

另一种情况是，某一些大企业通过输出一种新的、效率更高的、代表先进生产力方向的商业模式，将位于上下游的关联中小企业纳入这个商业模式的运营中，共享这一商业模式带来的收益，即商业模式协同创新。大企业因为主导商业模式标准而获得更大的市场和更坚实的行业地位，而参与合作的中小企业在大企业构建的商业生态系统中将获得更多的商业机会和技术溢出效应。典型案例是海澜集团，海澜发挥行业地位优势，通过自建平台汇聚衣物制造业、纺织业等优质中小企业资源，中小企业在其商业模式的运营中参与创新并共享创新收益。

6. 企校合作式协同

这里的企校合作式协同创新组合区别于传统的“产学研”协同创新组合。该组合是指以企业为主体，高校科研院所参与，以追求市场价值作为共同目标的协同创新。具体而言，某企业作为牵头方，邀请具有研发优势的高校或科研院所参与协同创新。企校合作的关键在于参与双方的利益（市场价值）进行了深度捆绑。在企校合作组合下，企业牵头方提供市场资源、生产资源等，而高校或科研院所提供研发资源等，形成更具优势的创新资源整合。典型案例是江苏广信感光新材料股份有限公司，该企业通过和当地高校合作，利用彼此的资源优势不断开发感光新材料，在合作中，以企业为主导共建实验室、合作培养专业人才、建立高校人才实习基地等，并且采取共同领导创新项目（企业为首位领导者）方式，从而大大地提高了企校合作创新效率。

（二）以企业为主体的协同创新范式——市场机制的创新

我们发现：江阴制造业中小企业这六种各具特色协同创新组合具有鲜明的共性特征，如图5归纳。江阴的六种协同创新组合中都有一个牵头企业，即协同创新项目的发起人（主持人）。为提高研发项目的成功率，牵头企业邀请拥有不同比较优势资源的参与方参与研发，形成不同的协同创新组合，以期达到降低研发成本、提升研发质量、缩短研发周期、降低研发风险、共享创新成果的目的。参与方接受邀请的条件是协同创新项目的期望收益（市场价值）大于自身需要投入的创新资源的成本。多样化的收益共享方式也成为协同创新得以成功的重要前提和保障。我们把具备这些特征的协同创新组合归纳为以“企业为主体（市场为导向）的协同创新”，并认为这种协同创新范式作为一种市场机制的创新，在很大程度上能破解中小企业创新中的“市场失灵”问题，具体体现在以下几方面：

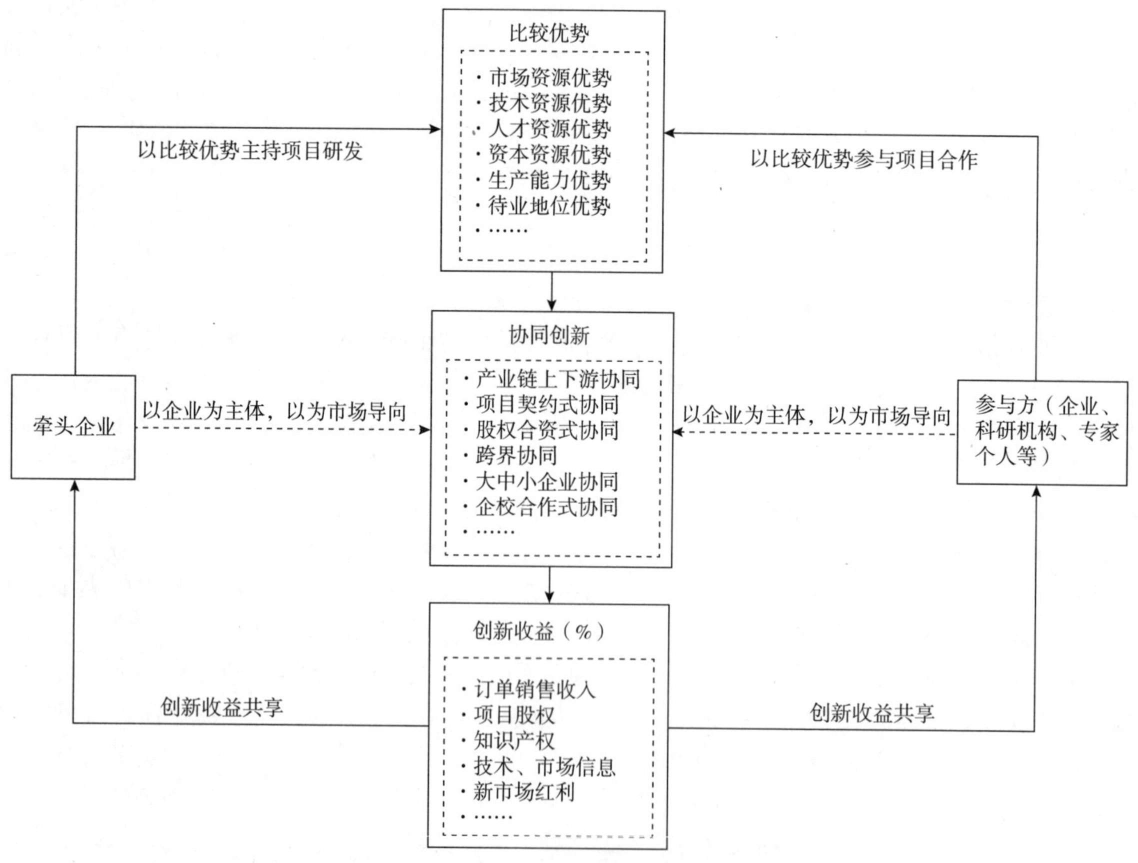

图5 以企业为主体（市场为导向）的协同创新范式

（1）以企业为主体的协同创新以比较优势汇聚创新资源能有效解决创新资源的匮乏问题。比较优势理论最初由大卫·李嘉图（1817）提出，本质上是不同国家生产同一种产品的机会成本差异（林毅夫和李永军，2003），并且指出要素禀赋改变对经济体的国际分工转型的重要作用（张其仔，2008）。协同创新以比较优势合作，这要求创新主体具备某一或某些相较更优的资源优势，比如拥有更好的市场资源、技术资源、人才资源、资金资源、生产能力、行业地位等，从而有助于优配市场资源，弥补中小企业的资源短板。因此，通过比较优势原则下的创新资源汇聚有效解决了单一中小企业创新资源禀赋不足的问题。

（2）以企业为主体的协同创新以市场为导向凝聚创新目标，有效破解创新动机相异的问题。与传统产学研模式由高校科研院所主导项目研发的协同创新不同，以上六大协同创新组合的一个共性特征是以企业作为牵头方，由企业引领研发方向，这决定了协同创新以创造市场价值为导向。尤其对于参与协同创新项目的专家、高校和科研院所，所有的研发活动也都必须服务于科技成果的市场化，与牵头企业的创新目标保持一致。可见，这种以企业为主体的企校协同创新使参与各方均以市场价值为目标，凝聚力更强，破解创新动机相异的问题更为有效。

（3）以企业为主体的协同创新以权益协议保障参与各方共享创新收益，解决合作中产生的创新权益纷争的问题。收益共享是确保协同创新合作的重要保障，合理的创新收益分配激励措施有利于各主体积极参与创新并保持黏性。但合作方可能存在信任危机或道德风险，进而使创新成果被独占或者被合作方泄露给其他竞争者，导致整个创新项目付之一炬。因此，根据江阴的案例，协同创新需要以项目协议提前约定双方的创新收益分配规则，具体的权益保障可包括知识产权确权、项目股权分配、订单协议约定（销售收入）、薪酬支付协定等。该协议本身将获得法律保护，从而确保创新权益如知识产权以及创新成果产生的未来收益，都能够被所有的参与者合理共享。这在一定程度上避免了创新收益的外泄，较好地解决了合作中产生的创新权益纷争问题。

五、靶向服务：制度供给助力匡正两大“失灵”

自改革开放至今，我国政府在中小企业的发展中扮演的角色由扶持引导者向管理监督者、再到服务者转变（伦晓波等，2017）。在市场决定资源配置的前提下，政府作为制度供给的主体，亟须通过制度供给的改革与创新，进一步放大中小企业协同创新的效率。江阴之所以能实现全国县域经济和综合发展“十六连冠”，与其优质高效的政府服务密不可分。在《小康》杂志发布的“2018 中国营商环境百强区县”榜单中，江阴荣登榜首。我们在调研过程中也了解到，江阴市政府针对企业的创新需求和创新过程中的“痛点”问题，在信息、科技、金融、人才、知识产权等多层面出台了一系列产业政策，为中小企业创新提供了全方位的精准支持和服务，我们称之为“靶向服务”①。正是这些“靶向服务”为江阴的制造业中小企业汇聚了大量优质创新资源、优化和完善了企业创新的外部市场条件和制度环境，从政府制度供给层面进一步匡正了制造业中小企业创新中的两大“失灵”问题。我们通过对江阴市各类支持政策的汇总和梳理，将江阴市政府支持企业创新的“靶向服务”归纳为以下几方面：

① “靶向服务”的“靶向”（targeting）是医学术语，即对特定目标（分子、细胞、个体等）采取的行动。将“靶向服务”的内涵用于政府职能转换创新和服务创新，能有效提升政策功效和服务效率。

（一）搭建“两翼”创新信息流动平台：“线下+线上”

制造业中小企业协同创新诸多环节都存在信息不对称的“靶点”，大大减损企业的创新机会和资源配置效率。政府可以根据企业需求推动创新信息平台的搭建，形成“线下+线上”两翼齐飞的格局。针对线下平台，江阴市政府则通过各种方式搭建创新要素和生产要素的互动平台，推动企业与企业、企业与高校研究院的亲密接触。例如，江阴每年的科技盛会——科技节暨政产学研合作洽谈会，吸引大量本地高新技术企业、民营科技企业、科技型中小企业以及海内外各大高校科研院所的参与。值得一提的是，活动中江阴市政府汇编江阴企业的技术需求，同时也为江阴企业展示高校院所最新完成的与本地产业息息相关的技术成果，真正搭建高效优质的信息交汇平台。此外，江阴政府大力支持企业参加境内外各类专业展销会、订货会、博览会、产业峰会等，对符合条件的，最高按照参展展位费、特装费、公共布展费、人员费的50%予以补贴，不遗余力推动本土企业“走出去”，获得行业发展的前沿动态以及技术创新的相关信息。同时，江阴市政府深刻认识到工业数字经济是抢占制造业制高点的重要基础，正采取支持企业建设工业互联网平台、鼓励数字技术改造升级、支持企业两化深度融合、支持企业发展新一代信息技术、支持培育优质服务商等一系列实质性举措加快推进“互联网+先进制造业”融合发展。可以预见，随着信息技术和江阴工业数字经济日新月异的发展，企业创新信息的快速获取和精准匹配将很快成为现实。

（二）构建多途径创新融资支持：“税收减免+政府补贴+金融创新”

融资难是中小企业创新的“致命伤”，尤其是对于需要长期研发的技术或产品，往往由于资金断流而功亏一篑。针对该“靶点”，江阴市政府多途径、多角度，想方设法解决企业融资难的问题。首先，积极推进国家支持创新的结构性减税（如“三新”费用加计扣除比提升至75%），并着力优化提升地方政府的税收服务效率，实时为在地企业提供税务咨询服务并对享有税收优惠的企业及时退税减免，三日内便可将税款退回至企业账户，使税收优惠真正成为支持中小企业创新的“及时雨”。其次，精准释放财政补贴，真正惠及具有创新潜力的中小企业。如设立中小微企业创新发展专项基金，专门用于支持“专精特新”培育、创新能力建设、管理模式创新和服务型制造等项目。最后，考虑到财税政策对企业的资金支持是作用有限的，江阴市政府注重激发金融市场潜力，创新构建多层次的金融服务体系，效果显著。比如通过设立江阴市中小微企业信贷风险补偿资金池，即科技贷资金池，专门支持高新技术企业发展。很多科技中小企业从资金池业务这一新型融资方式中受益。无锡贝塔医药的创始人李刚博士回忆：“公司正是在技术攻关的关键期获得了‘救命’的500万元科技贷款才得以渡过难关。”以李刚为代表的一批外来企业家正是被江阴市政府“店小二”“保姆式”的服务精神打动，投奔江阴、落户江阴、扎根江阴，令人触动。再如，江阴市政府为外贸企业打造“外贸融资宝”产品，以“外贸业绩+信用记录”作抵押为外贸中小微企业提供融资贷款，成为全省首创，实现了政企银共赢；等等。当然，在现有的金融体制下，更需从国家层面推进金融体系的放权和改革，积极进行金融创新，优化现有融资贷款政策，为不同行业提供针对性的金融服务策略而非简单的“一刀切”，唯此才能真正释放金融支持中小企业创新的市场潜能。

（三）创新多层次人才引进策略：“定制服务+‘离岸’平台+订单式培养”

人才是创新的第一资源和核心要素。对非一线城市的中小企业而言，顶尖人才和高技能人才更是稀缺。为了解决这一问题，江阴市政府通过实施“暨阳英才计划”等一系列积极、开放和有效的人才政策，吸引各个层次的人才落户和创业，充分发挥了人才对高质量发展引领。对于顶尖人才（团队）的引进，“暨阳英才计划”采取了定制服务和“离岸”平台相结合的模式。定制服务包括对顶尖人才（团队）落户江阴实行“一事一议”和对重点领域领军人才给予“一企一策”，国际顶尖人才团队落户江阴可获得最高1亿元的支持，这样的定制化服务为高端人才提供了差异和精准的服务支持。“离岸”平台则是江阴市政府在解决地缘劣势而进行创新创业服务载体建设的尝试，即鼓励支持企事业单位建立离岸研发中心、孵化平台和分支机构等。在国内一线城市建立“离岸”创业孵化平台，引育高层次人才、培育新兴产业绩效明显的，经评审可给予最高50万元奖励。通过各类离岸机构引进的人才项目，入选各级人才工程的，按照入选项目资助额的10%给予孵化器育才奖励。这些人才政策吸引了一大批高端人才入驻江阴创新创业，例如扎根江阴创业的医药企业贝瑞森，获得各类人才项目资助3500万元，在江阴政府的大力支持下引进了美国工程院院士，并成立了诺贝尔奖得主塞缪森生命科学研究院和中瑞创新海外孵化平台，2018年销售超过8000万元。针对高技能人才，江阴市政府采取“订单式培养”方式，由企业和高校合作开设相关专业或班级，基础教育和职业教育双轨并行，该模式已探索形成了“现代班组长”“厂中校”“校中厂”等先进经验，极具推广价值。

此外，为了更好地与海外高层次人才对话，江阴创新搭建了全国唯一一个县级层面的中国国际人才市场江阴市场，加大与国际国内知名引才引智机构合作，鼓励相关机构入驻江阴市场，开展与高层次人才（团队）的对话。

（四）支持企业建立公共研发平台，依托产业服务平台实现大中小企业融通发展

由于缺乏公共研发平台，中小企业的创新投入往往较高，且不利于创新产品的后续检测、试验等科技成果转化。政府应当鼓励企业建立公共研发平台，包括专业的实验室、工程中心、技术中心、检测中心等。江阴市政府支持企业建立公共技术平台，对当年被认定为省级中小企业公共技术服务示范平台的，最高可给予20万元奖励；对已认定为省级中小企业公共技术服务示范平台的，当年新建项目技术和设备投资50万元以上的，按照新建项目技术和投资设备（不含税）的10%给予补助，最高30万元。同时，依托行业龙头企业建立各类产业服务平台，截至目前，江阴拥有7个国家特色产业基地，5个省级科技产业园，1个国家集成电路封测产业链技术创新联盟，3个省级产业技术创新联盟。在集成电路封装、节能环保、特钢新材料、高端风电装备制造等领域，江阴已形成了一批具有国内乃至国际竞争力的创新型产业集群。毋庸置疑，这些产业平台作为载体更好地发挥了大企业的技术引领和支撑作用，辐射拉动平台上更多的制造业中小企业，构建了大中小企业融通发展的产业生态环境。

（五）加强知识产权保护服务：“执法保护+维权援助”

知识产权作为创新权益的重要法律依据，在创新成果转化中发挥着举足轻重的作用。政府需要强化知识产权制度建设，这不仅体现在法律法规的制定上，更体现在执法保护和服务体系的完善上。江阴市政府一方面加强知识产权的行政执法与司法保护。完善知识产权综合执法、协作执法机制，加强专利行政执法巡回审理庭的建设，增加违法惩罚力度。如大力开展知识产权的“闪电”“护航”行动，强化展会、进出口等关键环节的知识产权保护，支持企业开展涉外知识产权维权行动；将知识产权失信行为纳入公共信用信息系统，大力推进“诚信江阴”建设，鼓励商贸流通单位开展“正版正货”示范活动，对创建成为省、无锡“正版正货”示范街的单位给予最高10万元的补贴。另一方面完善知识产权维权援助工作体系。畅通知识产权投诉举报渠道，强化知识产权维权援助中心的公益服务职能，实现知识产权维权援助网络全覆盖，开展知识产权快速审查、快速确权、快速维权服务，推进审查确权、行政执法、维权援助、仲裁调解相联动的快速协同保护工作，探索建立海外知识产权风险预警和快速应对机制，支持行业协会、专业机构跟

踪发布重点产业知识产权信息和竞争动态。毋庸置疑，知识产权制度本身是实施高标准产权保护的关键。因此，国家层面亟待完善知识产权法律体系和相关制度的顶层设计，唯此地方政府的相关措施才能更好地发挥效用。

六、结论

基于对“中国制造业第一县”江阴制造业中小企业的实地考察和问卷调研，本文将当前制造业中小企业亟待解决的创新之困归结为创新资源不足、创新动机相异和创新权益难保三大层面，并进一步剖析其成因为“市场失灵”与“政府失灵”两大失灵问题（见图6）。

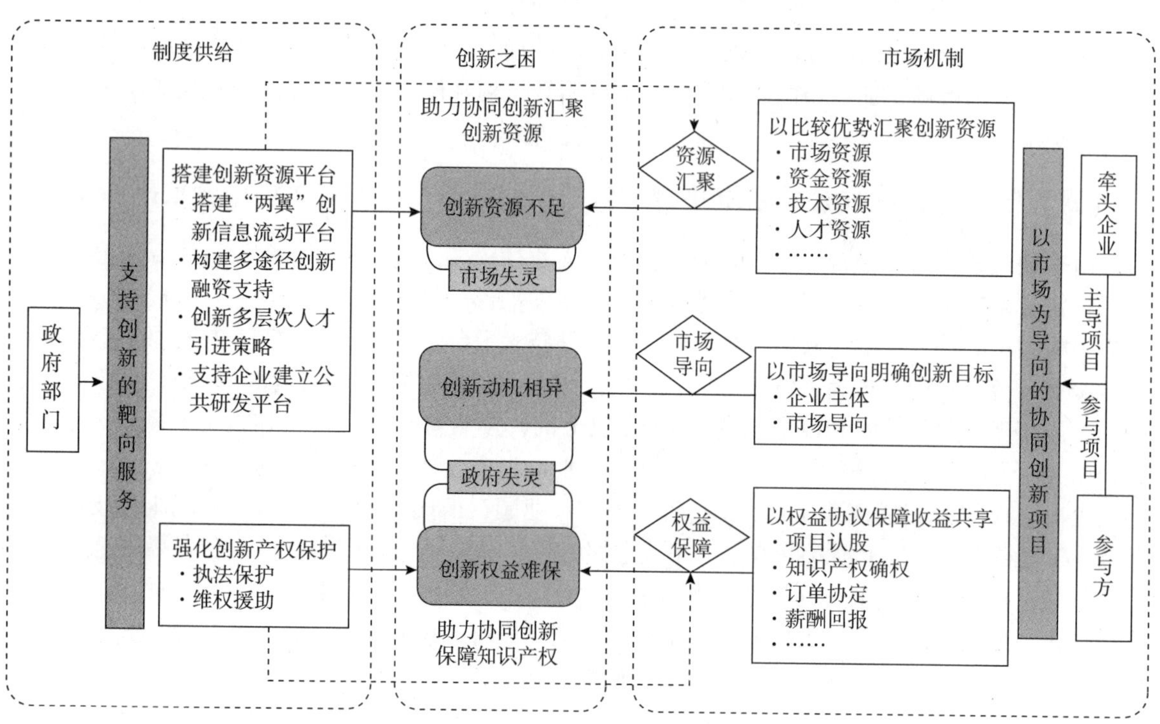

图6 市场机制创新与制度供给改革破解中小企业创新之困

为了破解两大“失灵”，江阴企业家凭借自己的智慧和经验贡献了良方即遵循以企业为主体和市场为导向的协同创新。这种协同创新范式释放了原有市场机制的资源约束，是市场主体自发的机制创新，并已经过诸多管理实践证明确能大大提升中小企业的创新效率。有创新能力的企业和缺乏创新能力但想要创新的企业都可以参与牵头企业主导的协同创新项目，发挥协同创新的三大优势，即以比较优势汇聚创新资源作为创新基础、以市场导向明确创新目标作为根本动力、以权益协议保证收益共享作为核心保障，从而从根本上破解创新之困。我们认为：这种以企业为主体和市场为导向的协同创新将会成为广大中小企业创新的主流范式，具有重要的实践推广价值。诚然，以市场为导向的协同创新强调发挥市场在企业创新中的决定性作用，但是，政府在助力中小企业创新过程中的重要作用仍不可或缺。本文充分借鉴江阴政策经验，提出了基于企业创新需求牵引的制度供给即“靶向服务”，为制造业中小企业的高效创新提供更加优质的政策环境。

本文系统性地解析了制造业中小企业的创新之困，并从市场机制和制度供给双重视角提出对策建议，为该领域的研究提供了新洞见和具有实践价值的策略与政策建议。当然，本文也存在一些局限，例如，协同创新的范式是否对所有行业的中小企业具有真正的适用性，或者是否存在其他的约束条件，这仍然有待未来研究加以验证。

参考文献

[1] 伦晓波，刘颜，杨竹莘. 我国中小微企业制度供给分析 [J]. 上海经济研究，2017 (5)：71-75.

[2] 伦晓波，徐林萍，江金锋. 创新环境影响企业创新水平的非平衡效应研究——基于江苏省的调查数据 [J]. 经济体制改革，2016 (5)：113-118.

[3] 张震宇. 中国传统制造业中小企业自主创新动力要素及其作用路径研究 [D]. 成都：西南交通大学博士学位论文，2007.

[4] 陈寿雨. 中小企业创新的风险与绩效研究——以纺织企业为例 [D]. 成都：浙江大学博士学位论文，2014.

[5] 彭小宝. 基于价值网络的中小企业开放式创新运行机制研究 [D]. 合肥：中国科学技术大学博士学位论文，2012.

[6] 方琳瑜. 科技型中小企业自主知识产权成长机制与脆弱性评价研究 [D]. 合肥：中国科学技术大学博士学位论文，2010.

[7] 金林. 科技中小企业与科技中介协同创新研究 [D]. 大连：大连理工大学硕士学位论文，2007.

[8] 盖文启，王缉慈. 论区域创新网络对我国高新技术中小企业发展的作用 [J]. 中国软科学，1999 (9)：102-106.

[9] 刘友金. 论集群式创新的组织模式 [J]. 中国软科学，2002 (2)：71-75.

[10] 池仁勇. 区域中小企业创新网络的结点联结及其效率评价研究 [J]. 管理世界，2007 (1)：105-112.

[11] 陈晓红，解海涛. 基于"四主体动态模型"的中小企业协同创新体系研究 [J]. 科学学与科学技术管理，2006 (8)：37-43.

[12] 刘降斌，李艳梅. 区域科技型中小企业自主创新金融支持体系研究——基于面板数据单位根和协整的分析 [J]. 金融研究，2008 (12)：193-206.

[13] 吕静，庆军，汪少华. 中小企业协同创新及模型分析 [J]. 科技进步与对策，2011 (3)：81-85.

[14] 陈晓红，彭子晟，韩文强. 中小企业技术创新与成长性的关系研究——基于我国沪深中小上市公司的实证分析 [J]. 科学学研究，2008 (26)：1098-1104.

[15] 王遂昆，郝继伟. 政府补贴、税收与企业研发创新绩效关系研究——基于深圳中小板上市企业的经验证据 [J]. 科技进步与对策，2014 (9)：92-96.

[16] 张波. 中小企业协同创新模式研究 [J]. 科技管理研究，2010 (2)：5-7.

[17] 解学梅，刘丝雨. 协同创新模式对协同效应与创新绩效的影响机理 [J]. 管理科学，2015 (2)：22-39.

[18] 刘友金. 集群式创新与创新能力集成——一个培育中小企业自主创新能力的战略新视角 [J]. 中国工业经济，2006 (11)：22-29.

[19] 朱岩梅，吴霁虹. 我国创新型中小企业发展的主要障碍及对策研究 [J]. 中国软科学，2009 (9)：23-31.

[20] 杜兰英，陈鑫. 政产学研用协同创新机理与模式研究——以中小企业为例 [J]. 科技进步与对策，2012 (22)：103-107.

[21] 陈艳，范炳全. 中小企业开放式创新能力与创新绩效的关系研究 [J]. 研究与发展管理，2013 (1)：24-35.

[22] 解学梅，左蕾蕾，刘丝雨. 中小企业协同创新模式对协同创新效应的影响——协同机制和协同环境的双调节效应模型 [J]. 科学学与科学技术管理，2014 (5)：72-81.

[23] 龙静，黄勋敬，余志杨. 政府支持行为对中小企业创新绩效的影响——服务性中介机构的作用 [J].

科学学研究，2012（5）：782-792.

［24］粟进，宋正刚. 科技型中小企业技术创新的关键驱动因素研究——基于京津4家企业的一项探索性分析［J］. 科学学与科学技术管理，2014（5）：156-163.

［25］张韵君. 政策工具视角的中小企业技术创新政策分析［J］. 中国行政管理，2012（4）：43-47.

［26］张志强. 中小企业开放式创新中介网络模型的构建［J］. 技术经济与管理研究，2018（11）：70-74.

［27］吴家曦，李华燊. 浙江省中小企业转型升级调查报告［J］. 管理世界，2009（8）：1-5.

［28］李晓翔，刘春林. 为何要与国有企业合作创新？——基于民营中小企业资源匮乏视角［J］. 经济管理，2018（2）：21-36.

［29］谭之博，赵岳. 企业规模与融资来源的实证研究——基于小企业银行融资抑制的视角［J］. 金融研究，2012（3）：166-179.

［30］林毅夫，孙希芳. 信息、非正规金融与中小民营企业融资［J］. 经济研究，2005（7）：35-44.

［31］秦军. 科技型中小民营企业自主创新的金融支持体系研究［J］. 科研管理，2011（1）：79-88.

［32］吕劲松. 关于中小民营企业融资难、融资贵问题的思考［J］. 金融研究，2015（11）：115-123.

［33］周宗安，张秀锋. 中小民营企业融资困境的经济学描述与对策选择［J］. 金融研究，2006（2）：152-158.

［34］林毅夫，李永军. 比较优势、竞争优势与发展中国家的经济发展［J］. 管理世界，2003（7）：21-28.

［35］张其仔. 比较优势的演化与中国产业升级路径的选择［J］. 中国工业经济，2008（9）：58-68.

［36］周国林，李耀尧，周建波. 中小企业、科技管理与创新经济发展——基于中国国家高新区科技型中小企业成长的经验分析［J］. 管理世界，2018（11）：188-189.

［37］孙戈兵，刘颖佳. 新常态下中小企业创新驱动发展策略研究［J］. 经济研究导刊，2018（20）：16-19.

［38］胡志军. 政府补贴对中小企业创新产出的影响研究——基于创业板上市公司的经验数据［J］. 农村经济与科技，2018（14）：116-117.

［39］池仁勇. 区域中小企业创新网络形成、结构属性与功能提升：浙江省实证考察［J］. 管理世界，2005（10）：102-112.

世界一流企业指标体系的实证研究

邢双艳

（中国社会科学院工业经济研究所，北京　100124）

［摘　要］回顾中国管理70年的发展历程，我国企业在取得一定光辉成就的同时，也有很大的空间需要向世界学习，企业的管理理论也在不断完善发展，所以构建世界一流企业指标体系是我国企业可持续发展和国际化的客观要求。本文依据国外和国内世界一流企业指标评价提取出关键要素，在实践中跟踪企业的关键要素指标或收集其发展的成功的优势指标进行指标筛选，从企业的市场竞争力、综合实力和行业影响力三个维度构建了世界一流企业的评价指标体系，并进一步对指标评价体系采用群组层次分析法进行主观赋权，采用熵权法进行客观赋值，再通过平均加权组合对体系合理地赋权重，这样科学量化指标权重数据，完成体系的评价模型。实证研究部分选择国家电网作为我国企业的代表进行实证分析。依据世界一流企业指标评价体系和国家电网指标体系权重对比，找出存在的差距，做出指标的综合评价。最后，依据指标体系的理论分析和实证研究做出合理管理建议。提高企业创新能力，着重开发新产品；发挥品牌引领作用；中国企业的绿色发展是我国企业迈向世界一流企业的步伐。在指出研究的理论贡献和管理启示的同时，阐述了本文存在的局限和不足之处，提出未来的研究展望。

［关键词］指标体系；世界一流企业；指标权重

一、引言

改革开放40多年以来，中国的企业发生了翻天覆地的变化，在国际舞台上的经济地位也不断上升。但是，我国企业在取得一定成绩的同时，相比其他国家的世界一流企业，还有很大的空间有待学习和改善。《财富》世界500强排行榜一直是衡量全球大型公司的最著名、最权威的榜单。从最近三年中国在世界500强排行榜中的情况可以看出：第一，世界500强评价指标标准比较单一；第二，中国进入世界500强之列的企业大多都是国有企业。因此，构建世界一流企业指标体系是我国企业可持续发展和国际化的客观要求。通过培育具有全球竞争力的世界一流企业，我国国有企业实现可持续发展、不断创新、不断完善，践行中国企业“走出去”和“一带一路”倡议，深度参与国际分工与实现全球资源配置。[①] 本文基于当今对世界一流企业的研究

① 周丽莎. 深化国资国企改革　培育世界一流企业［N］. 经济参考报，2019-04-15.

进行更深层次的调查分析，来完善世界一流企业的指标体系，不但丰富世界一流企业的研究理论，量化世界一流企业的评价指标，而且对我国培育世界一流企业、实现经济高质量发展提供理论依据。

（一）丰富世界一流企业的研究理论

在企业管理方面，目前形成的关于世界一流企业的理论研究还很少。构建世界一流企业指标体系，发展了世界一流企业的指标体系理论，完善了世界一流企业的研究理论，推动了企业管理理论水平的提升。通过世界一流企业的指标体系的具体分析，有助于指导企业实践，为企业的实践发挥理论作用。世界一流企业指标体系的构建，丰富世界一流企业的研究理论，为企业的实践提供理论依据。

（二）量化世界一流企业的评价指标

世界一流企业评价指标体系的量化，实质上就是对指标体系的每个指标进行赋权，用量化的权重数据来反映指标重要性的一种表现形式，是对指标体系的进一步细化。通过指标体系中各指标的权重大小，能够精确地反映出每个指标在体系中的重要程度。量化世界一流企业评价指标，能够使企业根据指标体系的权重，可以明确选择评价体系中的有所侧重指标，用这种指标的具体评价标准来衡量指标，达到明确、有所针对性的度量目的。这种指标体系的量化更能为企业的未来发展指明方向，更有助于我国企业对标世界一流企业，追求卓越，精益求精，持续改善。

（三）培育世界一流企业

积极培育世界一流企业是当今我国企业发展乃至经济发展的目标。本文通过提取世界一流企业的关键要素，筛选评价指标，构建世界一流企业指标的评价体系。再运用群组层次分析法和熵权法结合对体系指标赋权，建立世界一流企业评价模型。使用构建的评价体系模型来对比我国企业与世界一流企业，寻找企业自身差距，弥补企业的不足和短板，发挥企业的优势，实现“比、学、赶、超”的局面，有助于我国企业早日跨入世界一流企业行列，实现全球范围内的资源最优配置，推进我国企业的高质量发展。

二、理论体系

在全球化时代的今天，企业的发展支撑着经济的增长，培育具有世界一流标准的企业也成为经济发展的动力和主要方向。具有国际竞争力的世界一流企业和世界一流企业的评价指标，这些问题一直是理论研究和实践研究中试图探索与回答的问题。

（一）世界一流企业的含义

什么样的企业是具有全球竞争力的世界一流企业？世界一流企业并非是一个简单的概念，而是一个复杂的有机体。评判一个企业是否是世界一流企业，需要经得起时间检验的公认评价指标。实际上，学术界也一直试图总结成功企业的经验，并试图把它上升到理论层面（黄群慧等，2017）。中国社会科学院黄群慧对世界一流企业的含义做了全方位的诠释：世界一流企业是要在重要的关键经济领域或者行业中长期持续保持全球领先的市场竞争力、综合实力和行业影响力，并获得全球业界一致性认可的企业（黄群慧等，2017；黄群慧，2019；张银银，2018；徐华旭，2019）。国务院国资委主任肖亚庆也同样认为，世界一流企业首先是在国际资源配置中能够占有主导地位的领军企业，其次是应当具有一流的创新能力，再者是全球行业发展中具有引领作用和国际话语权的企业。纵观世界一流企业的发展历程，大部分企业受到了时代背景、经济周期、市场机遇等诸多因素的不同影响，但它们始终坚持在特定行业和领域结合内外部环境，通过自身努力，抓住市场机遇，推动创新变革，形成卓越的市场竞争力、综合实力、行业领导力和社会影响力。

（二）世界一流企业的指标体系

世界一流企业指标体系构建流程，是结合理论层面筛选世界一流企业的关键要素，再通过实践中对关键要素的指标进行筛选，最后综合聚焦出一些共性的世界一流企业的指标体系。

1. 国内外世界一流企业评价指标

国外对世界一流企业研究比较权威的标准有《财富》杂志的世界500强评价指标和德勤的《对标具有全球竞争力的世界一流企业》。500强评价指标主要包括营业收入、营业利润、资产和雇员。《对标具有全球竞争力的世界一流企业》一书归纳出了具有全球竞争力的世界一流企业十要素：战略管理、公司治理、管控与运营、领导力建设四个企业管理的基础要素，以及国际化、人才管理、创新管理、品牌管理、并购管理、数字化六个提升企业竞争力的核心要素，是一流企业软实力的集中表现。这十要素简洁、透彻地概括了一流企业打造硬实力、创造超凡脱俗的表现、真正的与众不同和特殊价值的背后动因。

国内对世界一流企业研究主要有国资委提出世界一流企业应当具备的13个要素和《世界一流企业管理：理论与实践》。2019年出版的《世界一流企业管理：理论与实践》中采取案例分析法，通过选取以荷兰皇家壳牌集团、日本丰田汽车公司、美国通用电气公司和国际商业机器公司IBM为代表的世界一流企业的实践行为特征（黄群慧，2019），归纳和提炼出世界一流企业指标体系。体系包括价值导向、资源基础、动态能力和战略柔性四个维度。

2. 世界一流企业关键要素提取

指标体系关键要素的提取是从世界一流企业的含义出发的，依据世界一流企业的市场竞争力、综合实力和行业影响力，聚焦当今国内外对该评价指标的研究，集中分析各指标的适用性，从中提取出适合的指标作为关键要素来构建世界一流企业指标体系。体系关键要素提取的原则是选取频次超过两次的要素。经过提取出来的指标体系包括可以代表企业综合实力的人力资源、财务资本、核心产品和信息化四个关键要素，可以代表企业市场竞争力的战略管理、公司治理、创新能力、国际化和品牌管理五个关键要素，可以代表企业具有行业影响力的企业价值、社会责任、组织文化的三个关键要素，一共12个关键要素，世界一流企业关键要素提取如表1所示。

表1　世界一流企业关键要素提取

关键要素		国外指标1	国外指标2	国内指标1	国内指标2	频次
综合实力	人力资源	▲	●		■	3
	财务资本	▲			■	2
	核心产品			★	■	2
	信息化		●	★		2

续表

关键要素		国外指标 1	国外指标 2	国内指标 1	国内指标 2	频次
市场竞争力	战略管理	▲	●	★	■■	5
	公司治理	▲	●	★	■	4
	创新能力	▲	●		■■	4
	国际化	▲	●	★	■	4
	品牌管理		●	★		2
行业影响力	企业价值	▲		★	■	3
	社会责任	▲		★	■	3
	组织文化			★	■	2

说明：国外指标 1 代表《财富》指标，符号▲；国外指标 2 代表《对标世界一流企业》指标，符号●；国内指标 1 代表国资委指标，符号★；国内指标 2 代表《世界一流企业管理：理论与实践》指标，符号■。

资料来源：笔者整理。

3. 世界一流企业评价指标筛选

世界一流企业的评价指标筛选，以全面性、科学性、系统性、可操作性为原则，主要是在实践中跟踪企业的关键要素指标或收集其发展的成功的优势指标。在具体指标选取上，尽量选取可测量的量化指标，优先选择在财务报表中可以体现的和可以根据财务数据计算出来的指标，这样更能使指标客观、具体明确、可以清晰度量。

企业综合实力是世界一流企业的基本特征，企业的发展也需要众多资源来提供支撑。世界一流企业，不仅要有较大的企业规模，还要实现良好的经营效益，反映了企业的基础能力和整体水平。在世界一流企业的发展历程中，综合实力包括人力资源、财务资本、核心产品和信息化等指标。例如，沃尔玛是一家美国的世界性连锁零售企业，连续五年在世界 500 强企业中居首位，2019 年的营业收入达到 514405 百万美元，利润 6670 百万美元。沃尔玛在全球 27 个国家运营，5900 多家零售店，员工人数超过 230 万，每周有 70 多万名员工为超过 1 亿的顾客服务。沃尔玛拥有一整套先进、高效的物流和供应链管理系统在全球各地运行，沃尔玛的成功可以说是优秀的商业模式与先进的信息技术应用的有机结合。①②

随着全球一体化的经济趋势，市场竞争越来越激烈。企业的市场竞争力是一个企业能够长期有效地提供市场所需要的产品和服务并且能够使自身得以发展的能力或者综合素质，包括企业的战略管理、公司治理、创新能力、国际化和品牌管理等（张春华，2006）。战略管理包括战略定位、战略执行和战略优化等方面的内容。公司治理体现在管控体系、质量管理和生产管理等方面。企业具有创新能力，就具有较强的核心竞争力，自主创新能力强，拥有自主知识产权，在国际标准的制定上有一定的话语权。科研开发成果率较高，建立起产学研一体化的创新体系。世界一流企业的市场竞争力不仅包括新产品、新工艺和相应变化的创新能力，而且加入了国际化和品牌建设等元素。例如，亚马逊公司（Amazon）位于华盛顿州的西雅图，是美国最大的一家网络电子商务公司，也是全球用户数量最大的零售网站，大部分用户来自北美、欧洲、亚太地区。亚马逊公司是在 20 世纪 90 年代成立的基本网络书店，但是没有局限于最初的经营范围和商业模

① walmart. 网页 https：//stock. walmart. com/。

② 宋春光，李长云．基于顾客价值的商业模式系统构建——以移动信息技术为主要视角［J］．中国软科学，2013（7）：145-153.

式，而是通过不断的创新和挑战快速拓展新的业务模式，塑造品牌、占领市场、全球扩张，从而实现了持续成长。它经过三次战略上的华丽转变迅速成长为全球商品品种最多的网上零售商和全球第二大互联网企业。亚马逊在 2018 年世界品牌 500 强排名第 1 位，创新是亚马逊的 DNA，2017 年在美国申请专利最多的排行榜以 1963 项专利排名第 13 位，2018 年美国实用新型专利授予机构的 300 强名列第 16 位。①

企业在行业中的影响力包括企业价值、社会责任、企业文化等。企业在经济上通过国家税收的方式支撑了政府财政，在所有者权益上实现了股东的价值，而员工价值主要表现在员工的人均收入上。企业既是市场经济体，也是社会经济体，同样承担着相应的社会责任。世界一流企业既要提供优质的客户服务，弘扬企业文化，也要积极参与社会公益事业和慈善募捐活动，提供社会福利。更要注重环境友好，坚持绿色发展，大力实施节能减排，推动低碳可循环发展，实现资源的可持续利用，加强环境保护，积极应对气候变化等发展理念（黄群慧，2019）。例如，荷兰皇家壳牌石油公司是一家国际能源和化工集团，2019 年世界 500 强排行榜排第 3 位，是能源行业的领航者。壳牌在全球 140 多个国家和地区拥有分公司或业务，业务公司共有 300 余家，约 93000 名员工。壳牌成立于 1907 年，历史悠久，践行“诚实、正直和尊重他人”核心价值观，为企业的声誉提供支撑，这也构成了壳牌商业原则的基础。②

世界一流企业的指标筛选，采取实践跟踪分析各行业中具有代表性的企业。跟踪分析选取的 10 家企业分别是荷兰皇家壳牌石油公司、丰田汽车公司、雀巢公司、通用电气公司、沃尔玛、微软、美国电话电报公司、美国银行、联合健康集团、亚马逊，分别属于能源行业、汽车与零件行业、食品与饮料行业、工业设备行业、零售行业、软件行业、电信行业、银行行业、医疗健康行业和互联网行业。指标筛选的数据获取途径，主要是通过网络进行收集资料，资料来源为各企业的年报、社会责任报告、可持续发展报告、公司评级报告等。评价指标的筛选结果如表 2 所示。

表 2 世界一流企业评价指标筛选

关键要素	评价指标	频次	关键要素	评价指标	频次	关键要素	评价指标	频次
人力资源	人员	10	战略管理	战略定位	10	国际化	国际化	10
	管理人员	10		战略执行	10	品牌管理	品牌	7
	企业家	9		战略优化	6	企业价值	国家经济	10
财务资本	资本价值	10	公司治理	管控体系	10		股东价值	10
	盈利能力	8		质量管理	10		员工价值	10
	营运能力	5		生产管理	10	社会责任	公益责任	10
	债务风险	10	创新能力	专利	10		环境责任	10
核心产品	主导产品	10		科技项目	10	组织文化	核心文化	10
	先导产品	8		新产品	6		企业声誉	10
信息化	信息化	10		新标准	10			

4. 构建世界一流企业指标体系

根据关键要素的综合提取和指标的跟踪筛选结果，来建立世界一流企业的评价指标体系。最

① Amazon. 网页 https：//www. amazon. cn/。

② shell. 网页 https：//www. shell. com. cn/。

终确定合适指标构建的体系，包括综合实力、市场竞争力、行业影响力 3 个一级指标，进一步整理出人力资源、财务资本、核心产品、信息化、战略管理、公司治理、创新能力、国际化、品牌管理、企业价值、社会责任和组织文化 12 个二级指标，细化出 29 个三级评价指标，世界一流企业指标体系如图 1 所示。

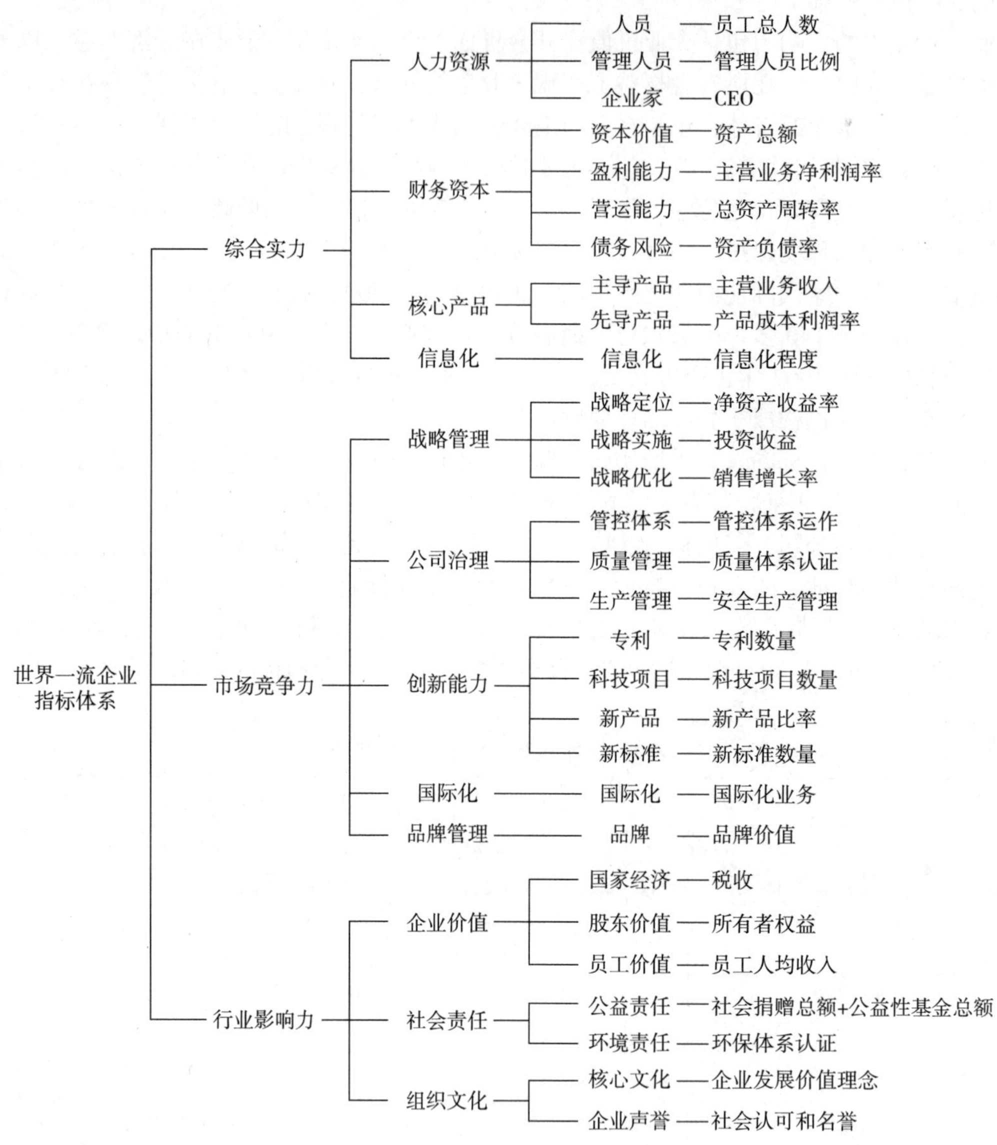

图 1　世界一流企业指标体系

资料来源：笔者整理。

三、体系评价

世界一流企业指标体系评价，首先依据指标体系来选择合适的评价方法，其次根据选择的评价方法构建体系评价分析模型，以分析模型为基础采用对专家进行调查和企业分析的方式得出体系指标的权重结果，最后通过对体系指标的分析做出评价结论。

（一）选择评价方法

在评价方法中，评价指标权重是用数量化的形式反映了各指标在体系中的重要程度。目前关于评价指标权重的确定方法，大致可归为主观赋权法、客观赋权法和主客观综合赋权法三大类。结合国内外学者对指标评价的权重研究，常见的主观赋权法主要有德尔菲法、层次分析法、模糊评价法等，客观赋权法有熵权法、因子分析法、灰色关联分析法、人工神经网络评价法等。

确定体系指标的评价方法时，应综合考虑主客观因素的影响，结合每种方法的优点和缺点，综合选用合适的方法形成评价指标体系分析模型。本文是对体系的评价指标进行分析，通过对各种指标分析方法比较，层次分析法具有系统性、简洁实用、定量数据信息少等特点，所以主观赋权法适合选择层次分析法。但是此方法主观性过强、定量分析少、定性成分多。由于熵权法具有精度较高、客观性更强、可以与其他方法结合，这样正好可以弥补层次分析法的缺点，所以客观赋权法选择熵权法。

（二）构建评价模型

构建一套完善的指标体系评价模型，才能使评价体系更为系统化、评价过程更为规范化、使评价结果也更为科学化。本文全面考虑到主客观因素的共同影响，结合已确定的评价指标体系准确求解评价结果，对所选的体系进行组合分析，综合赋值评价指标权重体系，最终分析得出评价结论。

1. 群组层次分析法

群组层次分析法可以有效避免人的主观因素干扰，它是把若干个评价因素排成一个判断矩阵，通过两两相对比较，根据各因素的相对重要程度来确定矩阵中元素值的权重。具体分为创建递阶层次结构、构造比较判断矩阵、形成群组分析矩阵、单排序权重及一致性检验、总排序权重五个步骤：

（1）创建递阶层次结构。根据上文确立的世界一流企业评价指标体系来建立递阶层次，如表3所示。评价指标体系中共有目标层（A）、一级指标层（B）、二级指标层（C）和三级指标层（D）四个层次，这四个层次之间呈递进关系，层次有机组合，形成群组层次分析法的递阶层次结构。

（2）构造比较判断矩阵。评价模型中含有很多元素，而且这些元素分布在不同层级即指标层上。要判断每个元素的重要性，首先构造同一层级中的不同元素的相对重要性。判断同一层级内若干个元素的相对重要性，就要创建元素与元素之间的比较判断矩阵。通过元素之间的两两相互比较，评判元素之间相对重要性的值，将进行关系量化。

世界一流企业指标体系同一层级中元素之间的比较判断矩阵，是根据递阶层次结构来构建比较判断矩阵，如表4所示。比较判断矩阵中元素与元素之间的比较采取 Thomas L. Saaty 的1~9标度法，根据比较的相对重要性对元素进行标度。标度法采用比较的两个指标同等重要、稍微重要、比较重要、十分重要、极其重要分别赋予1、3、5、7、9分值，重要程度介于两个相邻标度之间的分别赋予2、4、6、8分值，如果两个指标重要程度相反就采用各标度的倒数赋值。

表3 世界一流企业评价指标递阶层次结构

<table>
<tr><th>目标层（A）</th><th>一级指标（B）</th><th>二级指标（C）</th><th>三级指标（D）</th></tr>
<tr><td rowspan="29">A 世界一流企业指标体系</td><td rowspan="10">B1 综合实力</td><td rowspan="3">C1 人力资源</td><td>D1 人员</td></tr>
<tr><td>D2 管理人员</td></tr>
<tr><td>D3 企业家</td></tr>
<tr><td rowspan="4">C2 财务资本</td><td>D4 资本价值</td></tr>
<tr><td>D5 盈利能力</td></tr>
<tr><td>D6 营运能力</td></tr>
<tr><td>D7 债务风险</td></tr>
<tr><td rowspan="2">C3 核心产品</td><td>D8 主导产品</td></tr>
<tr><td>D9 先导产品</td></tr>
<tr><td>C4 信息化</td><td>D10 信息化</td></tr>
<tr><td rowspan="12">B2 市场竞争力</td><td rowspan="3">C5 战略管理</td><td>D11 战略定位</td></tr>
<tr><td>D12 战略执行</td></tr>
<tr><td>D13 战略优化</td></tr>
<tr><td rowspan="3">C6 公司治理</td><td>D14 管控体系</td></tr>
<tr><td>D15 质量管理</td></tr>
<tr><td>D16 生产管理</td></tr>
<tr><td rowspan="4">C7 创新能力</td><td>D17 专利</td></tr>
<tr><td>D18 科技项目</td></tr>
<tr><td>D19 新产品</td></tr>
<tr><td>D20 新标准</td></tr>
<tr><td>C8 国际化</td><td>D21 国际化</td></tr>
<tr><td>C9 品牌管理</td><td>D22 品牌</td></tr>
<tr><td rowspan="7">B3 行业影响力</td><td rowspan="3">C10 企业价值</td><td>D23 国家经济</td></tr>
<tr><td>D24 股东价值</td></tr>
<tr><td>D25 员工价值</td></tr>
<tr><td rowspan="2">C11 社会责任</td><td>D26 公益责任</td></tr>
<tr><td>D27 环境责任</td></tr>
<tr><td rowspan="2">C12 组织文化</td><td>D28 核心文化</td></tr>
<tr><td>D29 企业声誉</td></tr>
</table>

资料来源：笔者整理。

表4 世界一流企业指标体系比较判断矩阵

A 指标体系	B1 综合实力	B2 市场竞争力	B3 行业影响力		
B1 综合实力	1				
B2 市场竞争力		1			
B3 行业影响力			1		

续表

B1 综合实力	C1 人力资源	C2 财务资本	C3 核心产品	C4 信息化	
C1 人力资源	1				
C2 财务资本		1			
C3 核心产品			1		
C4 信息化				1	
B2 市场竞争力	C5 战略管理	C6 公司治理	C7 创新能力	C8 国际化	C9 品牌管理
C5 战略管理	1				
C6 公司治理		1			
C7 创新能力			1		
C8 国际化				1	
C9 品牌管理					1
B3 行业影响力	C10 企业价值	C11 社会责任	C12 组织文化		
C10 企业价值	1				
C11 社会责任		1			
C12 组织文化			1		
C1 人力资源	D1 人员	D2 管理人员	D3 企业家		
D1 人员	1				
D2 管理人员		1			
D3 企业家			1		
C2 财务资本	D4 资本价值	D5 盈利能力	D6 营运能力	D7 债务风险	
D4 资本价值	1				
D5 盈利能力		1			
D6 营运能力			1		
D7 债务风险				1	
C3 核心产品	D8 主导产品	D9 先导产品			
D8 主导产品	1				
D9 先导产品		1			
C5 战略管理	D11 战略定位	D12 战略执行	D13 战略优化		
D11 战略定位	1				
D12 战略执行		1			
D13 战略优化			1		
C6 公司治理	D14 管控体系	D15 质量管理	D16 生产管理		
D14 管控体系	1				
D15 质量管理		1			
D16 生产管理			1		

续表

C7 技术创新	D17 专利	D18 科技项目	D19 新产品	D20 新标准	
D17 专利	1				
D18 科技项目		1			
D19 新产品			1		
D20 新标准				1	
C10 企业价值	D23 国家经济	D24 股东价值	D25 员工价值		
D23 国家经济	1				
D24 股东价值		1			
D25 员工价值			1		
C11 社会责任	D26 公益责任	D27 环境责任			
D26 公益责任	1				
D27 环境责任		1			
C12 组织文化	D28 核心文化	D29 企业声誉			
D28 核心文化	1				
D29 企业声誉		1			

资料来源：笔者整理。

（3）形成群组分析矩阵。

1）专家的遴选。为了调查数据的可靠和准确，并且具有代表性，不会出现专家组中数据的赋值错误或者无效打分，而导致判断矩阵的逻辑性错误，需要选择适合的专家进行公正评价。本文选择的调查对象或者是企业管理专业的专家，或者是该行业领域中有丰富经验的管理人员，这样能够保证被调查的对象既有扎实理论基础，又可公平公正。在研究调查中，为了保证研究结果具有统计学意义，尽量选择大样本数量调查，选择的调查专家数量越多，越能够减少结果的误差。但是基于调查问卷的研究方向过于专业，实际专家资源有限，选择各行业领域中具有代表性的 30 位专家学者来完成调查问卷。

2）调查数据的收集。问卷调查的过程，可以选择当面和专家沟通的方式进行调查，可以选择电子版问卷形式进行网络互动调查，也可以选择电子邮件的方式发给专家开展调查。本文采用当面调查、电子问卷、电子邮件三种调查方式完成。调查发放问卷共 30 份，专家问卷调查的回收率为 100%。经核查，调查问卷中没有漏填项，没有错填项，有效率为 100%。

3）调查数据的处理。每个专家从事的行业和研究方向各不相同，工作经验也有很大差别，所以专家个人因素可能会影响比较判断矩阵的客观性和科学性，导致总排序权重的评价结果也会受到不同程度的影响。专家在针对评价指标体系中的指标打分时，确定专家信息修正的实质就是评测该专家在该专业中的影响力。专家的工作类别可以反映其处在管理中的视角，专家的学历可以反映其理论知识储备的丰富程度，专家获得的职称可以反映其在专业中的能力水平高低，专家的工作年限可以反映其实践经验的多少。因此，可以从专家的工作年限、职称级别、学历、工作类别这四个因素的影响程度来确定专家数据的信息修正方案。本文将通过专家信息修正的逻辑处理方法，把专家们的结果进行合理整合，组合成群组分析矩阵。专家信息修正评测分值标准是基于大量的实际调查得出的结论，可认为表中的划分及分值是符合实际的，如表 5 所示，给出了基于百分制的评测分值标准。

表 5　专家信息修正评测分值标准

评测指标	评测比例	评测标准	评测分值	评测指标	评测比例	评测标准	评测分值
工作类别（M_1）	0.2	研究机构	90	学历（M_2）	0.25	博士	95
		学校	80			硕士	85
		企业	60			本科	75
		其他	50			本科以下	65
职称类别（M_3）	0.3	正教授	95	工作年限（M_4）	0.25	20 年以上	[95，100）
		副教授	90			15~20 年	[85，95）
		中级职称	75			10~15 年	[70，85）
		初级职称	60			5~10 年	[50，70）
		其他	50			1~5 年	[25，50）

资料来源：笔者整理。

依据评测分值标准，结合 30 位遴选专家的工作年限、职称级别、学历、工作类别这四个因素的影响程度，分别计算出每位专家的信息修正值。根据每位专家的信息修正值，对所采集的专家信息进行一一修正，再把经过修正后的专家信息进行有效整合，得到了相应的新的比较判断矩阵，即组合成群组分析矩阵。

世界一流企业指标体系一级指标的群组分析矩阵：

$$A=\begin{bmatrix} 1 & 0.59 & 0.83 \\ 1.69 & 1 & 0.78 \\ 1.21 & 1.28 & 1 \end{bmatrix}$$

世界一流企业指标体系二级指标的群组分析矩阵：

$$B1=\begin{bmatrix} 1 & 1.14 & 0.56 & 0.55 \\ 0.88 & 1 & 0.40 & 0.55 \\ 1.77 & 2.47 & 1 & 0.46 \\ 1.81 & 1.83 & 2.19 & 1 \end{bmatrix}$$

$$B2=\begin{bmatrix} 1 & 0.35 & 0.52 & 0.46 & 0.47 \\ 2.86 & 1 & 0.52 & 0.50 & 0.66 \\ 1.93 & 1.94 & 1 & 0.63 & 0.62 \\ 2.17 & 2.01 & 1.59 & 1 & 0.60 \\ 2.15 & 1.51 & 1.62 & 1.68 & 1 \end{bmatrix}$$

$$B3=\begin{bmatrix} 1 & 1.11 & 0.51 \\ 0.90 & 1 & 0.86 \\ 1.96 & 1.17 & 1 \end{bmatrix}$$

世界一流企业指标体系三级指标的群组分析矩阵：

$$C1=\begin{bmatrix} 1 & 0.48 & 1.05 \\ 2.07 & 1 & 0.50 \\ 0.95 & 2.01 & 1 \end{bmatrix}$$

$$C2=\begin{bmatrix}1 & 0.62 & 0.61 & 0.66\\ 1.61 & 1 & 0.74 & 0.40\\ 1.64 & 1.36 & 1 & 0.68\\ 1.52 & 2.52 & 1.46 & 1\end{bmatrix}$$

$$C3=\begin{bmatrix}1 & 0.58\\ 1.72 & 1\end{bmatrix}$$

$$C5=\begin{bmatrix}1 & 0.59 & 0.38\\ 1.70 & 1 & 0.64\\ 2.62 & 1.57 & 1\end{bmatrix}$$

$$C6=\begin{bmatrix}1 & 0.76 & 1.05\\ 1.31 & 1 & 0.54\\ 0.95 & 1.84 & 1\end{bmatrix}$$

$$C7=\begin{bmatrix}1 & 0.50 & 0.66 & 0.59\\ 2.00 & 1 & 0.41 & 1.11\\ 1.52 & 2.44 & 1 & 0.97\\ 1.70 & 0.90 & 1.03 & 1\end{bmatrix}$$

$$C10=\begin{bmatrix}1 & 0.42 & 0.79\\ 2.38 & 1 & 0.51\\ 1.27 & 1.96 & 1\end{bmatrix}$$

$$C11=\begin{bmatrix}1 & 0.45\\ 2.23 & 1\end{bmatrix}$$

$$C12=\begin{bmatrix}1 & 0.55\\ 1.83 & 1\end{bmatrix}$$

（4）单排序权重及一致性检验。

单排序权重是对群组分析矩阵进行计算，根据上一步所得的群组分析矩阵计算出同层级的各指标权重来进行排序的结果。权重计算方法使用特征向量法，每个指标的权重的权值即是影响程度。修正后的群组分析矩阵计算各指标单排序及一致性检验结果，如表 6 所示。群组分析矩阵均通过一致性检验。

表 6　体系指标单排序及一致性检验

指标编号	特征向量	权重值	λmax	CI	RI	CR	一致性检验结果
B1	0.7871	25.87%	3.0375	0.0188	0.58	0.0323	通过
B2	1.0993	36.13%					
B3	1.1557	37.99%					
C1	0.7721	18.10%	4.1151	0.0384	0.90	0.0426	通过
C2	0.6638	15.56%					
C3	1.1889	27.87%					
C4	1.6410	38.47%					
C5	0.5222	9.78%	5.1905	0.0476	1.12	0.0425	通过
C6	0.8660	16.22%					

续表

指标编号	特征向量	权重值	λmax	CI	RI	CR	一致性检验结果
C7	1.0779	20.19%					
C8	1.3277	24.87%					
C9	1.5451	28.94%					
C10	0.8286	27.06%	3.0436	0.0218	0.58	0.0376	通过
C11	0.9162	29.92%					
C12	1.3171	43.01%					
D1	0.6280	19.54%	3.0641	0.0321	0.58	0.0553	通过
D2	1.0100	31.42%					
D3	1.5764	49.04%					
D4	0.7071	16.90%	4.0834	0.0278	0.90	0.0309	通过
D5	0.8288	19.81%					
D6	1.1104	26.54%					
D7	1.5369	36.74%					
D8	0.7627	36.78%	2.0000	0.0000	0.00		通过
D9	1.3112	63.22%					
D11	0.6069	18.74%	3.0000	0.0000	0.58	0.0000	通过
D12	1.0272	31.72%					
D13	1.6039	49.53%					
D14	0.9305	30.74%	3.0971	0.0486	0.58	0.0837	通过
D15	0.8920	29.46%					
D16	1.2049	39.80%					
D17	0.6629	16.02%	4.1538	0.0513	0.90	0.0570	通过
D18	0.9780	23.63%					
D19	1.3766	33.27%					
D20	1.1205	27.08%					
D23	0.6078	18.90%	3.0931	0.0466	0.58	0.0803	通过
D24	1.0675	33.19%					
D25	1.5412	47.92%					
D26	0.6702	31.00%	2.0000	0.0000	0.00		通过
D27	1.4920	69.00%					
D28	0.7387	35.31%	2.0000	0.0000	0.00		通过
D29	1.3536	64.69%					

资料来源：笔者整理。

（5）总排序权重。

体系的总排序是对群组分析矩阵的单排序权重进行汇总来综合计算，明确三级指标层每一元素对最高层所起的相对重要性。这种有关元素重要性的矩阵计算结果，所得到的就是总权重（α_i）。由于世界一流指标体系每个层级矩阵的指标个数有所不同，会影响总权重结果，所以在计算总权重时乘以指标的系数加以调整，系数的计算方法为：上一层级指标总数/本层级指标总数×本指标所在分析矩阵的指标数量。指标体系 AHP 总权重和总排序如表 7 所示。最后，再利用一致性检验方法对体系的综合 CR 进行分析，世界一流企业指标体系的 CR 分析结果为 0.0558，小于 0.1，一致性检验通过。

表 7 指标体系 AHP 总权重和总排序

目标层（A）	一级指标权重（%）	二级指标权重（%）	三级指标权重（%）	总权重 α_i	总排序
A 世界一流企业指标体系	B1 综合实力（26.42）	C1 人力资源（17.26）	D1 人员（21.34）	0.0091	27
			D2 管理人员（27.79）	0.0147	22
		C2 财务资本（17.81）	D3 企业家（50.86）	0.0230	14
			D4 资本价值（19.92）	0.0091	28
		C3 核心产品（27.26）	D5 营利能力（19.70）	0.0106	26
			D6 营运能力（21.66）	0.0142	24
		C4 信息化（37.66）	D7 债务风险（38.72）	0.0197	18
			D8 主导产品（41.13）	0.0177	20
		C5 战略管理（12.52）	D9 先导产品（58.87）	0.0304	9
			D10 信息化（100.0）	0.0332	7
	B2 市场竞争力（33.30）	C6 公司治理（16.93）	D11 战略定位（21.99）	0.0083	29
			D12 战略执行（32.87）	0.0140	25
		C7 创新能力（26.48）	D13 战略优化（45.14）	0.0219	16
			D14 管控体系（33.12）	0.0225	15
		C8 国际化（20.02）	D15 质量管理（32.15）	0.0216	17
			D16 生产管理（34.73）	0.0292	10
		C9 品牌管理（24.05）	D17 专利（20.12）	0.0195	19
			D18 科技项目（22.45）	0.0287	12
		C10 企业价值（32.03）	D19 新产品（32.89）	0.0404	3
			D20 新标准（24.54）	0.0329	8
		C11 社会责任（34.44）	D21 国际化（100.0）	0.0374	5
			D22 品牌（100.0）	0.0436	2
	B3 行业影响力（40.28）	C12 组织文化（33.53）	D23 国家经济（16.75）	0.0146	23
			D24 股东价值（38.79）	0.0256	13
			D25 员工价值（44.46）	0.0369	6
			D26 公益责任（39.93）	0.0176	21
			D27 环境责任（60.07）	0.0392	4
			D28 核心文化（27.13）	0.0288	11
			D29 企业声誉（72.87）	0.0529	1

资料来源：笔者整理。

2. 熵权法

在对世界一流企业指标体系进行评价的过程中，除了主观因素的影响外，客观因素的影响同样重要。熵权法就是利用每个指标的差异计算熵权，根据熵权对指标的权重进行精确计算的一种客观赋值的方法。熵权的赋值是通过对样本企业的现状进行调查，得到原始数据矩阵，把原始数据矩阵进行归一化处理得到熵值，根据熵值计算出体系内各指标的权重。指标的熵值越大，离散程度越小，偏差度越小，对应的该指标具有更小的权重，在评价中所起的作用也越小。世界一流企业指标体系熵权赋值过程，先根据企业调查原始获得的数据矩阵计算出指标熵值 H_i，再利用（$1-H_i$）计算偏差度 g_i，根据偏差度 g_i 计算出熵权值 β_i。世界一流企业指标体系熵权值结果如表 8 所示。

表 8　世界一流企业指标体系熵权值结果

指标编号	指标名称	熵值 H_i	偏差度 g_i	熵权值 β_i
D1-EW	人员	0.9981	0.0019	0.0188
D2-EW	管理人员	0.9979	0.0021	0.0201
D3-EW	企业家	0.9974	0.0026	0.0254
D4-EW	资本价值	0.9978	0.0022	0.0216
D5-EW	营利能力	0.9974	0.0026	0.0254
D6-EW	营运能力	0.9944	0.0056	0.0539
D7-EW	债务风险	0.9949	0.0051	0.0489
D8-EW	主导产品	0.9981	0.0019	0.0188
D9-EW	先导产品	0.9941	0.0059	0.0568
D10-EW	信息化	0.9974	0.0026	0.0254
D11-EW	战略定位	0.9974	0.0026	0.0254
D12-EW	执行方案	0.9943	0.0057	0.0552
D13-EW	战略优化	0.9949	0.0051	0.0489
D14-EW	管控体系	0.9954	0.0046	0.0441
D15-EW	质量管理	0.9956	0.0044	0.0430
D16-EW	生产管理	0.9962	0.0038	0.0364
D17-EW	专利	0.9956	0.0044	0.0430
D18-EW	科技项目	0.9974	0.0026	0.0254
D19-EW	新产品	0.9956	0.0044	0.0430
D20-EW	新标准	0.9962	0.0038	0.0364
D21-EW	国际化发展	0.9979	0.0021	0.0201
D22-EW	品牌	0.9943	0.0057	0.0552
D23-EW	国家经济	0.9956	0.0044	0.0430
D24-EW	股东价值	0.9990	0.0010	0.0098
D25-EW	员工价值	0.9972	0.0028	0.0275
D26-EW	公益责任	0.9956	0.0044	0.0430
D27-EW	环境责任	0.9944	0.0056	0.0539
D28-EW	核心文化	0.9974	0.0026	0.0254
D29-EW	企业声誉	0.9993	0.0007	0.0064

资料来源：笔者整理。

3. 平均加权组合权重赋值

体系指标的综合权重既考虑了评价主观对指标重要程度，也考虑了客观对指标重要程度，平均加权组合权重赋值是基于算术平均数法将客观赋值向量组与主观赋值向量组进行组合，由此计算出评价指标的组合权重 W_i。

计算公式如下：

$$W_i = \frac{(\alpha_i + \beta_i)}{2} \tag{1}$$

式中，W_i 表示第 i 个体系指标的组合权重赋值，α_i 表示第 i 个体系指标的主观权重赋值，β_i 表示第 i 个体系指标的客观权重赋值。

经过群组层次分析法和熵权分析法的平均加权组合分析，根据式（1）得出世界一流企业评价指标体系的总权重，如表 9 所示。世界一流企业指标体系总权重如图 2 所示。

表 9　世界一流企业指标体系总权重

指标编号	指标名称	AHP 权重（α_i）	熵权（β_i）	组合权重（W_i）	组合权重（%）	排序
D1-Total	人员	0.0091	0.0188	0.0158	1.58	29
D2-Total	管理人员	0.0147	0.0201	0.0203	2.03	25
D3-Total	企业家	0.0230	0.0254	0.0287	2.87	22
D4-Total	资本价值	0.0091	0.0216	0.0171	1.71	28
D5-Total	盈利能力	0.0106	0.0254	0.0201	2.01	26
D6-Total	营运能力	0.0142	0.0539	0.0369	3.69	13
D7-Total	债务风险	0.0197	0.0489	0.0382	3.82	10
D8-Total	主导产品	0.0177	0.0188	0.0217	2.17	24
D9-Total	先导产品	0.0304	0.0568	0.0496	4.96	4
D10-Total	信息化	0.0332	0.0254	0.0358	3.58	16
D11-Total	战略定位	0.0083	0.0254	0.0185	1.85	27
D12-Total	执行方案	0.0140	0.0552	0.0373	3.73	12
D13-Total	战略优化	0.0219	0.0489	0.0397	3.97	7
D14-Total	管控体系	0.0225	0.0441	0.0377	3.77	11
D15-Total	质量管理	0.0216	0.0430	0.0365	3.65	14
D16-Total	生产管理	0.0292	0.0364	0.0385	3.85	9
D17-Total	专利	0.0195	0.0430	0.0350	3.50	17
D18-Total	科技项目	0.0287	0.0254	0.0327	3.27	20
D19-Total	新产品	0.0404	0.0430	0.0497	4.97	3
D20-Total	新标准	0.0329	0.0364	0.0411	4.11	5
D21-Total	国际化发展	0.0374	0.0201	0.0362	3.62	15
D22-Total	品牌	0.0436	0.0552	0.0579	5.79	1
D23-Total	国家经济	0.0146	0.0430	0.0316	3.16	21

续表

指标编号	指标名称	AHP 权重（α_i）	熵权（β_i）	组合权重（W_i）	组合权重（%）	排序
D24-Total	股东价值	0.0256	0.0098	0.0228	2.28	23
D25-Total	员工价值	0.0369	0.0275	0.0395	3.95	8
D26-Total	公益责任	0.0176	0.0430	0.0338	3.38	18
D27-Total	环境责任	0.0392	0.0539	0.0543	5.43	2
D28-Total	核心文化	0.0288	0.0254	0.0328	3.28	19
D29-Total	企业声誉	0.0529	0.0064	0.0400	4.00	6

资料来源：笔者整理。

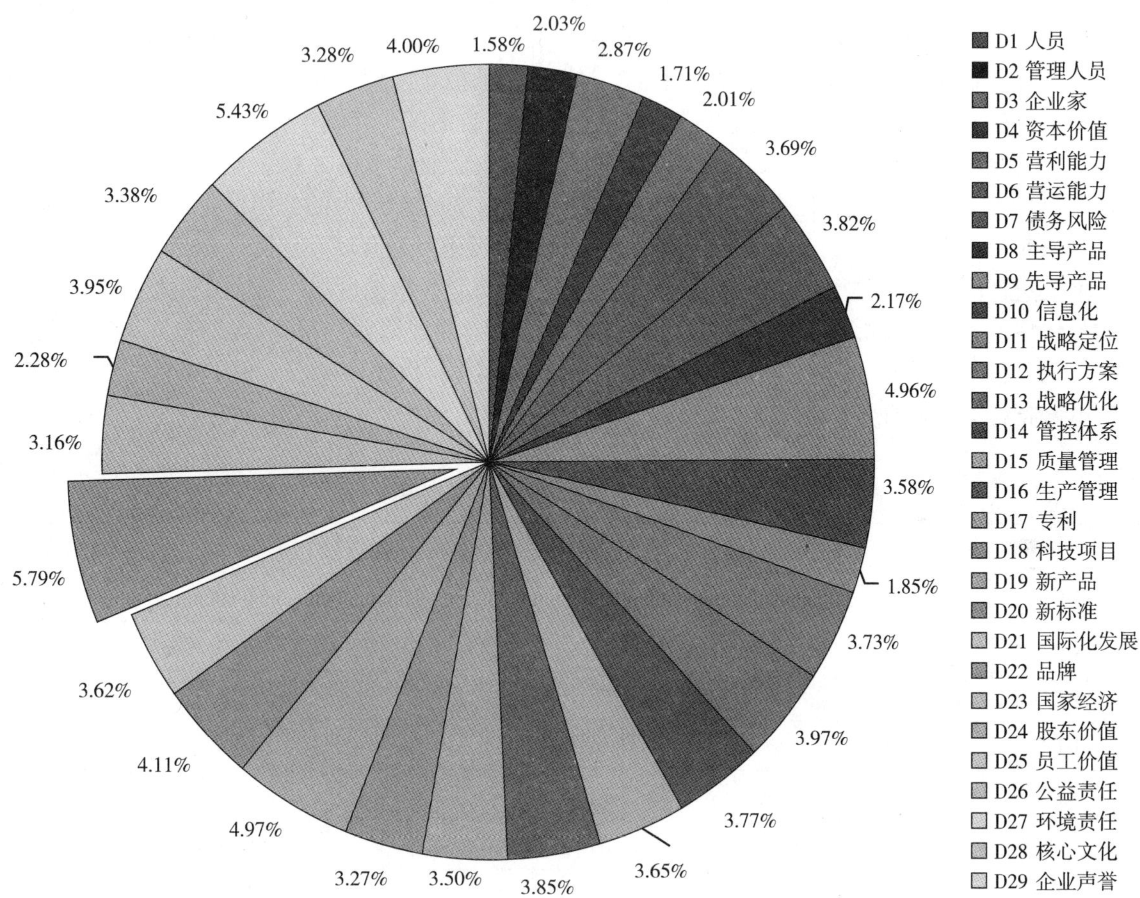

图 2　世界一流企业指标体系总权重

资料来源：笔者整理。

（三）评价结论

从世界一流企业指标体系总权重的图和表中都可以看出，排在前三位的指标为 D22 品牌、D27 环境责任、D19 新产品。其中 D22 品牌的综合权重值最大，它占总权重的 5.79%，排在第一位，说明在整个指标体系中所起的重要性最大。

品牌是企业生存和发展的灵魂，而品牌建设是企业长期积淀、文化积累和品质提升的过程（江泽慧，2018）。随着世界经济、科技的飞速发展，经济全球化已成为经济发展的趋势，使各国市场间的相互依存程度不断提高。在这场全球经济一体化运动中，企业要想在国际竞争中保持竞争优势，必须实现品牌国际化。企业可以利用品牌知名度以及当地消费者、竞争者的合作和支持。国际市场上的品牌强强联合往往会取得“双赢”的效果。

四、模型应用

国家电网有限公司（以下简称国家电网），成立于2002年12月29日，是经国务院同意并由国家授权投资的机构和国家控股公司的试点单位，是关系国民经济命脉和国家能源安全的特大型国有重点骨干企业。以投资建设运营电网为核心业务，承担着保障更安全、更经济、更清洁、可持续电力供应的基本使命。公司经营区域覆盖26个省（自治区、直辖市），覆盖国土面积的88%以上，供电服务人口超过11亿人。连续13年获评中央企业业绩考核A级企业，2016~2018年蝉联《财富》世界500强第2位、中国500强企业第1位，是全球最大的公用事业企业。国家电网围绕“一带一路”倡议，稳步推进与周边国家能源电力设施互通互联及国际能源合作。①②

本文选择国家电网进行我国世界一流指标实证分析研究。根据世界一流企业指标体系综合评价的具体情况，并结合综合评价法的原则，采用5个等级的评语集：很好、较好、一般、较差、很差，以百分制评价建立分值集为［90，100）、［80，90）、［60，80）、［40，60）、［20，40）。国家电网指标体系实证情况如表10所示。

表10　国家电网指标体系实证情况

指标编号	指标名称	评价分值	评价权重（%）	指标体系权重（%）	权重差值	指标差距
D1	人员	84.6	3.74	1.58	0.02	↑↑
D2	管理人员	72.2	3.19	2.03	0.01	↑
D3	企业家	79.2	3.50	2.87	0.01	↑
D4	资本价值	87.2	3.86	1.71	0.02	↑↑
D5	盈利能力	79.6	3.52	2.01	0.02	↑↑
D6	营运能力	82.8	3.66	3.69	0.00	
D7	债务风险	79.4	3.51	3.82	0.00	
D8	主导产品	82	3.63	2.17	0.01	↑
D9	先导产品	78.4	3.47	4.96	-0.01	↓
D10	信息化	79.6	3.52	3.58	0.00	

① 国家电网［EB/OL］. http：//www.sgcc.com.cn。

② 李幸，龙昌敏，陈庆树，徐洁．中央企业信息化建设发展研究——以国家电网有限公司为例［C］. 2018智能电网新技术发展与应用研讨会论文集，2018.

续表

指标编号	指标名称	评价分值	评价权重（%）	指标体系权重（%）	权重差值	指标差距
D11	战略定位	73.4	3.25	1.85	0.01	↑
D12	执行方案	79.2	3.50	3.73	0.00	
D13	战略优化	84.4	3.73	3.97	0.00	
D14	管控体系	79	3.50	3.77	0.00	
D15	质量管理	78	3.45	3.65	0.00	
D16	生产管理	66.4	2.94	3.85	-0.01	↓
D17	专利	83	3.67	3.50	0.00	
D18	科技项目	86.6	3.83	3.27	0.01	↑
D19	新产品	72	3.19	4.97	-0.02	↓↓
D20	新标准	72	3.19	4.11	-0.01	↓
D21	国际化发展	67	2.96	3.62	-0.01	↓
D22	品牌	84	3.72	5.79	-0.02	↓↓
D23	国家经济	59	2.61	3.16	-0.01	↓
D24	股东价值	74	3.27	2.28	0.01	↑
D25	员工价值	78	3.45	3.95	0.00	
D26	公益责任	74	3.27	3.38	0.00	
D27	环境责任	85.8	3.80	5.43	-0.02	↓↓
D28	核心文化	79	3.50	3.28	0.00	
D29	企业声誉	80	3.54	4.00	0.00	

资料来源：笔者整理。

国家电网代表我国企业的基本指标，从表10中数据可以看出，我国企业在与世界一流企业指标体系的对比下，虽然在人员、资本价值和盈利能力等综合实力方面占有一些相对的优势。但是，在市场竞争力和行业影响力的指标上，如新产品、品牌、环境责任、先导产品、生产管理、新标准、国际化发展、国家经济等方面都处于相对劣势，有待进一步提高。尤其在新产品、品牌和环境责任方面还处于相对较大的劣势阶段。国家电网指标体系的优势与劣势情况如图3所示。

（一）新产品劣势

截至2018年底，国家电网累计拥有专利82810项，制定修订国际标准61项、国家标准508项、行业标准上千项。在创新能力上，相比企业的专利、标准，国家电网的新产品开发和新产品转化方面并不是强项。实际所开发的新产品仅有几十种，还没有超过百项。新产品的转化率也比较低，还不到10%。在新产品应用的市场上表现也并不那么乐观。企业应在创新驱动的科研优势基础上，继续挖掘新产品的开发应用平台，提高新产品转化比率，为产品开发和成果转化创造良好条件，拓展新产品的广阔市场，增强企业的市场竞争力。

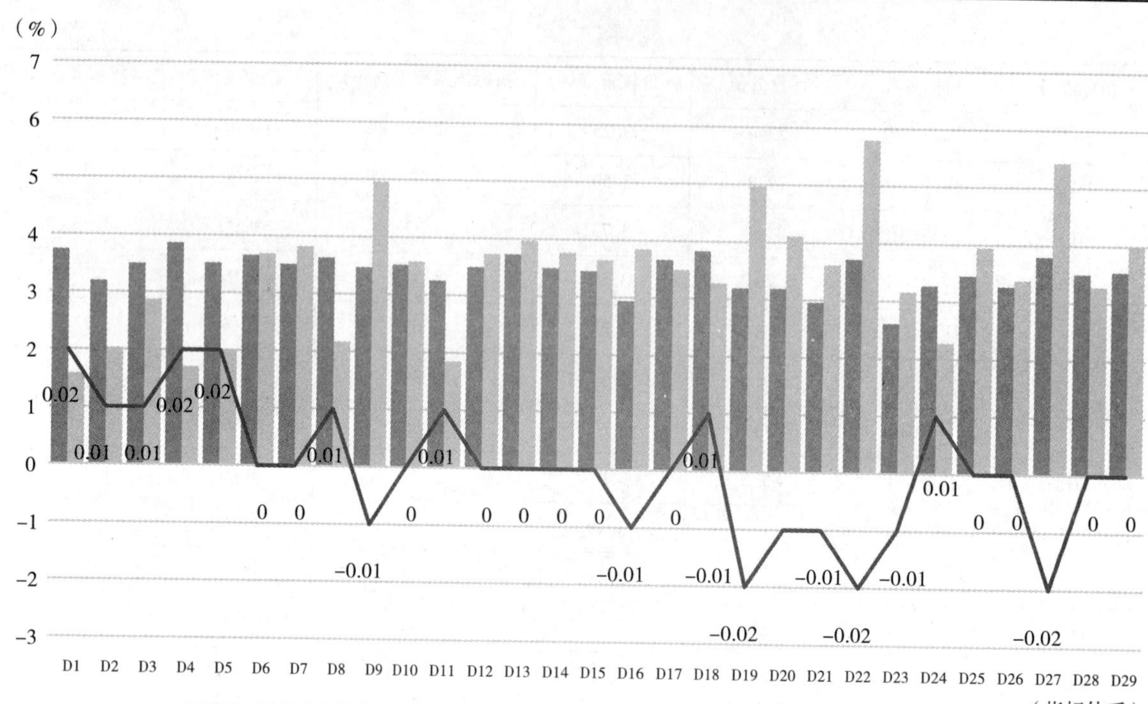

图3　国家电网指标体系优势与劣势情况

资料来源：笔者整理。

（二）品牌劣势

国家电网在2018年品牌建设有“善小”等公益品牌项目。但是，品牌影响力还是不够充足，真正的品牌建设和管理还需要一个完整的过程阶段。中国确实还是一个品牌弱国，中国在品牌建设与管理的道路上还有很长的路要走，有大量的工作要做（赵霞、谢琼琼，2019）。这也和史蒂夫·麦基的《品牌力》（2017）结果保持一致。在世界品牌实验室（World Brand Lab）发布的2016年“世界品牌500强”排行榜中，美国占据227席，谷歌、苹果、亚马逊、通用汽车、微软、沃尔玛等代表性品牌，当选的品牌比例近45.4%，而中国只占7.2%。中国企业应加大品牌建设投入，建立品牌管理体系，提高品牌培育能力，打造国际化品牌。

（三）环境责任劣势

国家电网以习近平新时代中国特色社会主义思想为指导，认真贯彻落实绿色发展任务和要求，坚持新能源消纳“双降”目标不动摇，不断提高新能源利用水平，推动新能源更高质量、更有效率、更加可持续发展，以绿色低碳高效的充足电能，全力服务美丽中国。但是，在发电生产过程中排放的废水、废渣、废气等的污染物质，输变电工程、火电、水电等电力建设项目对生态环境、水土保持等的破坏，都对环境造成一定的不良影响。国家电网的“蓝天保卫战”，正在充分发挥电网平台作用，在电力生产、输送、消费等环节持续发力，促进能源清洁低碳转型和电网绿色发展。

企业作为经济活动的主要参与者，应将环境保护、环境管理纳入企业的经营决策之中，寻求自身发展与社会经济可持续发展目标的一致性（苏婷，2012；刘薇，2012）。积极学习企业社会责任理念，把环境责任切实纳入企业的社会实践并逐步建立和完善环境政策，制定相关的标准、规范，推动企业履行好环境责任。

五、管理启示

本文采用系统、严谨的理论和逻辑分析，以世界一流企业指标体系的核心概念为依据，对指标体系展开深入研究，量化指标评价体系，构建了世界一流企业分析模型。在分析模型建立的过程中，对传统的研究方法进行了改进创新，在指标选择上，通过关键要素提取和指标筛查科学统计出体系各指标。专家信息的处理上，引入了专家调查信息修正对专家的调查结果进行分析。指标权重的分析上，采用调节系数合理地平衡了指标层级对权重的影响。在对实证研究中，有效地应用评价分析模型，通过对国家电网案例样本进行数据采集和统计分析，总结以国家电网为代表的我国企业与世界一流企业之间存在的差距，根据我国企业的劣势情况提出建设性管理建议，对我国企业管理方面有一定的现实意义，以便能有效指导我国企业进行合理改善，使企业健康发展，加快培育世界一流企业。

（一）提高企业创新能力，着重开发新产品

在世界一流企业指标体系研究结果中，创新能力在整个指标体系中的重要性不容忽视。创新能力，特别是突破式创新能力是世界一流企业核心能力的构成要素。世界一流企业能够长期保持卓越竞争绩效的一个重要原因，就是能够有效把握克服技术“瓶颈”、主导设计创新和构建新技术轨道的技术机会，灵活地应用架构创新、颠覆式创新和新市场创新等策略进行突破式的技术创新。世界一流企业不仅善于技术创新，而且能够将创新能力有效转化成企业的盈利能力和市场竞争力。

开发新产品是企业生存和发展的根本保证，也是提高企业竞争能力的重要手段。中国企业可以以本土市场的需求升级为导向，实施突破性技术的商业化应用战略，在本土市场上加快迭代中抢占先发优势，为新一代技术创新积累技术能力、建设技术平台，在前沿技术的持续创新上与世界一流企业竞争。

（二）发挥品牌引领作用

中国企业的品牌建设需要坚持正确舆论导向，关注自主品牌成长，讲好中国品牌故事。培养引进品牌管理专业人才，加强人才队伍建设，切实提高企业的市场竞争力。特别是自“一带一路”步入务实合作阶段以来，始终秉持着开放包容原则，倡导“共商、共建、共享”理念，开展跨国互联互通，提高贸易和投资合作水平，推动国际产能和装备制造合作（张艳红，2019；孙劲松，2019；任剑涛，2019；郭红梅，2019），发挥品牌引领作用推动供需结构升级，着力解决制约品牌发展和供需结构升级的突出问题。

（三）中国企业的绿色发展之路

中国企业的绿色发展就是每个企业应该承担起环境责任，探索更为智慧、更为效率、更为环境友好和资源节约的绿色发展路径。在对绿色发展的实践上，经历了以污染防治为主，向污染防治和生态保护并重，再到预防、修复、重建相结合的转变。中国的绿色发展之路正是人类社会与自然界和谐共处、良性互动、持续发展之路，中国通过传承东方哲学智慧，大力推进生态文明建设践行绿色发展之路，是对全球实现绿色转型和可持续发展的巨大贡献和有效引领。

六、研究局限与不足

虽然经过世界一流企业指标体系的研究分析并得出了一些有价值的研究结论和管理建议，丰富和完善了我国的企业管理理论。但是，鉴于世界一流企业理论体系的不成熟，许多理论有待进一步验证，并且受多种因素的影响，以及本人自身学术研究水平和能力的有限性，本文尚存在一些局限与不足之处，有待进一步改进和补充。

（一）评价指标体系的选择问题

在世界一流企业评价指标体系选择上，本文所采用的评价指标体系虽然是结合了相关理论和相关文献的基础上提出的，有一定的说服力，但是也有不完善的情况。由于世界一流企业评价指标体系的相关文献量较少，因此本文中基于我国现有世界一流企业体系方面的相关研究可能存在一定的缺陷，比如相关评价指标选取的不全面性。在进一步的研究中，应该结合实际情况对评价指标体系进行不断的修正和完善。

（二）调查专家数量有限

我们知道，专家调查的数量越多，越能减少偏差带来的影响。但是由于遴选专家的数量有限，所调查出的评价指标体系结果可能存在一定偏差，影响其准确性。本文的问卷调查选择了30名专家作为调研对象，达到了统计分析的要求并得到了较好的数据。

（三）模型应用中案例样本的选择与行业覆盖面

由于个人时间、精力以及实证研究收集难度的限制，在模型应用部分的案例样本上只选择了国家电网1家企业作为实证研究对象，虽然得出了具有代表性的研究结论，但是在案例样本选择和行业覆盖面上还存在不足，研究结论的普适性可能会受到一定的影响。应尽可能地增加样本选择的科学性与合理性，也应扩大样本的行业覆盖面。

关于世界一流企业评价指标体系的相关研究，我们应该以谨慎的科研态度，注重评价指标的科学性和准确性，以推动我国企业管理理论研究的快速发展。

参考文献

［1］黄群慧，余菁，王涛. 培育世界一流企业：国际经验与中国情境［J］. 中国工业经济，2017（11）：5-25.

［2］黄群慧. 世界一流企业管理：理论与实践［M］. 北京：经济管理出版社，2019.

［3］张银银. 高质量发展阶段的产业政策优化研究［J］. 当代经济管理，2018，40（12）：1-5.

［4］徐华旭. 分久必合，从大变强［J］. 现代国企研究，2019（9）：82-83.

［5］张春华. 企业市场竞争力统计分析［J］. 合作经济与科技，2006（16）：73-74.

［6］江泽慧. 传承开拓　走向世界　建设中国竹藤品牌集群［J］. 中国品牌，2018（10）：34-35.

［7］［美］史蒂夫·麦基. 品牌力［M］. 北京：经济管理出版社，2017.

［8］赵霞，谢琼琼. 我国品牌管理与传播发展研究［J］. 全国流通经济，2019（1）：8-10.

［9］国务院办公厅关于发挥品牌引领作用推动供需结构升级的意见［Z］. 中华人民共和国国务院公报，2016-06-30.

［10］苏婷. 基于环境保护视角的企业社会责任［J］. WTO经济导刊，2012（5）：43-46.

[11] 刘薇. 创新驱动与绿色发展的理论思考 [J]. 北京市经济管理干部学院学报, 2012, 27 (3): 9-14.

[12] 张艳红. 构建人类命运共同体面临的挑战与路径选择 [J]. 理论观察, 2019 (1): 20-22.

[13] 孙劲松. "一带一路" 倡议是参与全球治理的中国智慧 [J]. 国别和区域研究, 2019, 4 (1): 56-66, 171-172.

[14] 任剑涛. 国际规则与全球化的中国方案 [J]. 探索与争鸣, 2019 (2): 86-101, 143.

[15] 郭红梅. 国际体系变革的中国方案: 构建人类命运共同体 [J]. 国际研究参考, 2019 (4): 10-14, 20.

[16] 田薇. 跨境电商环境下国际物流服务能力评价研究 [D]. 长沙: 中南林业科技大学硕士学位论文, 2017.

[17] 王艺璇. 我国高校智库影响力评价指标体系构建 [D]. 哈尔滨: 黑龙江大学硕士学位论文, 2018.

[18] 国务院发展研究中心企业研究所. 中国企业发展报告 2018 [M]. 北京: 中国发展出版社, 2018.

[19] 韦明, 李杨. 品牌管理 [M]. 大连: 东北财经大学出版社, 2017.

[20] 黄超, 殷建国, 张军, 张洪波, 王婷. 层次分析法计算风险评估指标权重 [J]. 中国公共安全 (学术版), 2018 (2): 19-22.

[21] 肖亚庆. 培育具有全球竞争力的世界一流企业 [J]. 中国产经, 2018 (8): 4-5.

[22] 田佩芳. 京津冀区域环境风险分析与协同控制研究 [D]. 北京: 中国矿业大学 (北京) 博士学位论文, 2018.

[23] 高敏. O2O 模式在生鲜农产品电商领域的应用 [J]. 河南牧业经济学院学报, 2018 (6): 1-6.

[24] 刘华容. 我国低碳经济发展模式研究 [D]. 长沙: 湖南大学博士学位论文, 2011.

民营与国有孵化器入孵企业的服务需求比较分析*

胡文伟[1,2]　李　湛[3]　孙　娟[1]

（1. 上海工程技术大学管理学院，上海　201620；
2. 华东师范大学上海并购金融研究院，上海　200062；
3. 上海社会科学院应用经济研究所，上海　200020）

［摘　要］客观了解创业企业的孵化服务需求，有助于为孵化器提供更具针对性的孵化服务，从而提高服务的质量和效果。本文对上海的科技企业孵化器进行了问卷调查和统计分析，重点比较分析民营与国有孵化器入孵企业在基础服务、专业服务、创业环境营造等方面的具体服务需求，并采用总体比例之差 z 检验的统计方法对其差异的显著性进行了假设检验。检验结果显示：①两类孵化器下企业的首要需求皆是财务帮助，民营孵化器下企业尤甚，在“引入风险投资”“投融资辅导”“房租减免”等方面比国有孵化器下企业抱持着更高期望。②民营孵化器下企业对办公环境和创业氛围等的服务需求亦显著偏高，而国有孵化器下企业则对优惠政策环境、仪器设备提供等的服务需求相对更高，这意味着国有孵化器被普遍认为强于争取公共资源，而民营孵化器则被认为强于争取市场资源及挖掘自身资源。③民营孵化器下企业对各种不同服务项目的需求具有更大的分化性，这意味着这些企业持有更明确的入孵目的与需求。这些调研结果意味着，孵化器提供的孵化服务还需进一步匹配创业企业的具体需求，政府优惠政策的普惠性和均衡性亦值得深入研究，以及有必要探讨创业企业普遍把融资和优惠政策置于头等需求的原因所在及解困之道。

［关键词］民营孵化器；国有孵化器；入孵企业；服务需求

一、引言

科技创新创业已成为我国很多地区经济结构调整与转型发展的关键驱动力。科创企业孵化器是科创服务业的核心载体，对于年幼的科创企业发挥着举足轻重的作用，它们服务和扶持科技型中小企业，致力于降低创业成本，提高创业成功率。科创企业孵化器提供的服务范畴极其广泛，而其服务对象科创企业的服务需求亦多种多样各有不同。因此，提高孵化服务的供应与需求之间的匹配度，是提高孵化服务质量的有效途径。为了达此目标，及时而准确地了解服务对象的实际

＊［基金项目］国家社会科学基金重点项目“国家级新区与拓展发展新空间研究”（15AZD072）、上海市软科学研究计划重点项目“基于市场机制的科技创新创业服务模式研究”（14692100700）、华师大上海并购金融研究院项目（“科技并购”）。

需求情况，无疑极其重要。

目前有关孵化服务需求的研究文献基本上都以国有孵化器为研究对象，但我国孵化器行业经过20多年的发展，民营孵化器已大量涌现。民营孵化器与国有孵化器无论在服务对象还是运作机制上皆存在很大差异，因此很有必要研究分析民营与国有孵化器下企业的服务需求是否同样存在显著的差异。

为了对入孵企业进行客观的统计分析，本文以上海为基地，通过上海的101家主要孵化器向其旗下入孵企业发放问卷进行调查研究，共回收有效问卷511份，其中有413家企业来自国有孵化器，91家企业来自民营孵化器。在汇集问卷数据的基础上，本文采用统计检验方法对数据样本进行了实证检验。

通过上海这个重要窗口，通过此次问卷调查及统计分析，期望从民营与国有孵化器的比较中更客观地了解入孵企业的服务需求以及其间差异，这对于入孵企业、孵化器、政府相关部门等各方机构皆具有重要的现实意义和指导价值。对于孵化器经营者，希望有助于其选择并提供更合适的孵化服务来帮助创业企业，同时亦促进孵化器自身的建设和完善；对于政府决策部门，则期望有助于实施更合理、有效、普惠的扶持政策。对民营与国有孵化器下入孵企业服务需求差异性的认识，有助于入孵企业与孵化器之间更好地相互了解，推动孵化器平台建设以及科技创新创业的发展。

二、文献回顾

企业孵化器是推动创新创业的重要载体，是孵化服务产业链中最具代表性的重要环节。随着“双创”在我国的蓬勃兴起，对孵化器的相关研究亦成为近年学术界的热点。

对于任何一个产业，准确了解市场需求状况是至关重要的首要工作，孵化器所在的孵化服务业同样如此。Roth 和 Menor（2003）及其 Rice（2002）强调了需求导向在服务创新过程中的重要性，认为孵化器在制定服务战略时应考虑服务对象即客户的需求，孵化器与在孵企业合作的广度和协同程度是影响在孵企业发展的主要因素。Bruneel 等（2012）和 Sung 等（2003）指出，孵化器应当按照企业需求调整服务种类，应从“提供尽可能多的服务”向“提供具有针对性的服务”转化。

中国学者的一系列研究亦表明，不同发展阶段企业的需求是有差异的，了解并满足企业的需求是进行孵化器服务体系建设的重要工作。科技型中小企业通常会经历若干成长阶段并面对各种创业风险，对于初创期的科技企业，张玉明和段升森（2009，2012）和林德昌等（2010）皆指出，该阶段企业的最主要需求是人员和资金。初创期企业通常知名度低、市场占有率低、收益低、经营风险高、资源积累不足，普遍面临人员招聘培养和资金投入等困难，而科技企业由于具有技术密集和资金密集的特性，因此更需要高素质人才和大量资金的支持。对于成长期的科技企业，于旭等（2013）指出，该阶段企业虽已占有一定市场份额，但资金流依然不稳定，企业需要进行市场开拓、技术改进、人员扩充等，由于各项工作都需要资金支持，因此市场收益远不能满足企业成长的资金需求，该阶段企业最需要的是组织管理与资金供给服务。

在孵化服务的具体需求方面，目前主要有两大类研究方法：一类研究方法是采用需求评价模型，例如代霞和刘峰（2010）以及朱莉莉和单国旗（2017）皆采用层次分析法来分析各需求指标的重要性，他们分别对江苏一家孵化器和广州三家孵化器下的孵化企业进行了问卷调查，其分析结果皆显示，孵化场地与房租优惠、政府科技基金的需求性最强，管理咨询的需求性较弱，投融资服务的需求在增长，中介服务的需求在弱化。刘茜和肖文韬（2017）以武汉一家孵化器为研究对象，通过计算需求指数来对不同服务进行比较，其研究结论是，在孵企业对不同服务项目的需求程度从大到小依次是硬件设施、管理团队、政策支持、核心服务能力。钟卫东等（2006，2007）对厦门一家孵化机构进行问卷调查，并采用 Ridit 方法进行排序，其分析结果表明，在孵企业最看重的是政策法律支持、财务及融资服务，最不以为然的是经营管理支持、技术与人才支持、关系网络支持等服务。

另一类研究方法是直接采用最原始数据计算需求率，例如，林德昌等（2010）对深圳八家孵化器及其在孵企业进行了问卷调查，其分析结果表明，需求程度最大的是高端服务、创业培训、建立产业联盟和公共技术平台等。孙东和马蓓（2013）对南京三家国家级孵化器的问卷调查结果显示，在孵企业对投融资、中介代理、公共技术平台等软环境服务具有强烈的需求。

目前有关孵化服务需求的研究文献基本上都以国有孵化器为研究对象，但我国孵化器行业经过 20 多年的发展，民营孵化器已如雨后春笋般大量涌现。民营孵化器与国有孵化器不论在服务对象还是运作机制上皆存在很大差异，并存在各自的问题。胡文伟等（2017，2018）发现，虽然两类孵化器都服务于初创型企业，但民营孵化器下企业更加年幼、规模更小、经营能力更弱、盈利能力更差，而国有孵化器则偏向于稍后期且已有一定盈利能力的企业。因此，很有必要研究分析民营与国有孵化器下企业的服务需求是否存在显著差异，这将有助于孵化器选择及提供更合适的孵化服务来帮助旗下创业企业。

三、两类孵化器入孵企业的服务需求比较分析

（一）问卷调查及样本概况

本文采用问卷调查加统计分析的方法进行实证研究。本文选取上海的民营孵化器和国有孵化器的在孵企业进行问卷调查并建立数据库，重点检测两类孵化器的入孵企业在基础服务、辅导服务、专业服务、创业环境营造等方面的服务需求及其差异性。

我们通过上海的 101 家主要孵化器向其旗下在孵企业发放问卷，共回收问卷 526 份，经核对后，确认有效问卷 511 份，其中来自国有和民营孵化器共 504 份，其中的 413 家企业在国有孵化器，91 家企业在民营孵化器。这 504 家企业分布于 70 家孵化器，占当时上海孵化器总数约五成。

样本企业的概况如表 1 所示，这些企业主要分布于信息技术、电子商务、互联网金融等科技行业，绝大部分属于初创型小微企业。这些企业在内部管理、市场拓展、对外融资等方面缺乏经验，极其需要孵化器提供专业的孵化服务，因此他们能够较好地反馈创业企业的孵化服务需求。此外，在接受调研的人员中，绝大多数是在孵企业的负责人，其中近七成是企业主或经理人，他们对企业的整体情况有较全面的了解，调查结果应该具有较好的代表性和客观性。

表1　样本企业概况

行业分布	占比	就业人数	占比	收入	占比	净利润	占比	创业次数	占比	企业历史	占比
信息技术	39%	1~10人	43%	0~100万元	51%	亏损	43%	第一次	62%	0~1年	28%
生物医药	21%	11~50人	47%	101万~1000万元	37%	0~100万元	42%	第二次	25%	1~3年	38%
新材料	8%	51~100人	6%	1001万~5000万元	9%	101万~500万元	11%	第三次	2%	3~5年	19%
电子商务	6%	101~500人	4%	5001万~1亿元	2%	501~1000万元	3%	三次以上	3%	5~7年	7%
其他	26%	500人以上	—	1亿元以上	1%	1000万元以上	1%	不详	8%	7年以上	8%

（二）检验方法

为了提高孵化需求评价指标的客观性，本文不采用含主观因素的评价模型，并尽量减少对原始数据的过多人为加工，只是在最原始问卷数据的基础上计算需求者占比即需求率，以此来代表各个具体服务项目的需求程度。

为了比较分析民营与国有孵化器的入孵企业在服务需求上的差异性，我们将样本数据按民营和国有孵化器分成两个子样本，采用总体比例之差的统计检验方法对这两个子样本进行假设检验。

例如，在分析技术转移服务需求时，以 p_1 和 p_2 分别代表在民营孵化器子样本和国有孵化器子样本中观察到的对该项服务有需求的在孵企业的比例，π_1 和 π_2 分别代表民营孵化器总体和国有孵化器总体中对该项服务有需求的在孵企业比例，n_1 和 n_2 分别为两个子样本的容量大小。

若样本数据显示 $p_1>p_2$，则建立待检验假设：

H_0：$\pi_1-\pi_2\leqslant 0$；H_1：$\pi_1-\pi_2>0$

并构造统计检验量 z：

$$z=\frac{p_1-p_2}{\sqrt{\frac{p_1(1-p_1)}{n_1}+\frac{p_2(1-p_2)}{n_2}}}$$

对于给定的显著性水平 α，若 $z<z_\alpha$，则拒绝 H_1，即不能认为 $\pi_1>\pi_2$；反之，则接受 H_1，即在显著性水平 α 下可以认为民营孵化器中需要该项服务的在孵企业比例高于国有孵化器，即 $\pi_1>\pi_2$。

若样本数据显示 $p_1<p_2$，则建立待检验假设：

H_0：$\pi_1-\pi_2\geqslant 0$；H_1：$\pi_1-\pi_2<0$

统计检验量 z 同上。若 $|z|<z_\alpha$，则拒绝 H_1，不能认为 $\pi_1<\pi_2$；否则，接受 H_1，即在显著性水平 α 下可以认为民营孵化器中需要该项服务的在孵企业比例低于国有孵化器，即 $\pi_1<\pi_2$。

（三）两类孵化器入孵企业的服务需求差异性比较分析

1. 基础服务

问卷数据显示［见表2（a）］，在基础服务的需求方面，民营与国有孵化器下的入孵企业拥有一定的共性，他们最期望的都是硬件服务——提供办公场地和厂房（需求率近60%），最不需要的都是代理做账。两类孵化器下企业的最大差异体现在对软性服务的需求上，民营孵化器入孵企业对各种软性服务的需求存在较大分化，最被期待的是营造创业氛围和交流平台（需求率55%）；其次是创业导师辅导，需求相对较弱的是专利申请服务（需求率35%）；而国有孵化器入孵企业对各种软性服务的需求较为均衡（需求率皆在40%上下），其中唯对创业导师的需求相对略弱。

总体而言，从需求率来看，两类孵化器之间差异最大的是创业导师辅导，其次是营造创业氛围和交流平台，民营孵化器的需求率分别以99%和90%的超高置信度显著超越国有孵化器16个和11个百分点。

2. 专业服务

问卷数据显示［见表2（b）］，在专业服务的需求方面，民营与国有孵化器下的入孵企业亦拥有显著的共性，其最期望的都是融资服务，唯对资金来源的期待存在差异，国有孵化器下企业最期待的是“创新创业基金”（需求率63%）而非“风险投资”（需求率38%），而民营孵化器下企业则对两者拥有同等程度的期待（需求率皆为55%）。在专业服务的其他细分项目上，国有孵化器下企业的需求率比较均衡（皆约40%），而民营孵化器下企业则不然，其对仪器设备的需求率很低（26%）。

总体而言，两类孵化器之间差异最大的是引入风投和提供仪器设备，前者是民营孵化器显著高出17个百分点，后者则是国有孵化器显著高出16个百分点。此外，除融资和技术转移之外，入孵企业对民营孵化器其他专业服务的需求率几乎全面低于国有孵化器。我们认为上述现象应与孵化器的性质密切相关，因为除了引入风投和技术转移，其他专业服务都带有一定的政府扶持性质，国有孵化器显然被认为在争取政府资源上具有优势，而民营孵化器则被认为会积极争取市场资源。

3. 创业环境

问卷数据显示［见表2（c）］，在创业环境的需求方面，民营与国有孵化器下的入孵企业亦拥有很大共性。比如，虽然办公环境是入孵企业最为期待的基础服务，但若与孵化器营造的其他各类创业环境相比，两类孵化器下企业最期待的其实皆非办公环境，而是优惠政策环境（需求率在70%上下），众多创业企业对优惠政策的期待远远超越其他需求，而且国有孵化器下企业对优惠政策环境的期望值更加高企。与此同时，两类孵化器下企业最不关注的皆为法制环境和诚信环境。

表2 孵化服务需求的差异性（显著性分析）

（a）对基础服务的需求

服务内容	有需求的企业数（需求率）				p_1-p_2	z统计量
	民营孵化器	（需求率p_1）	国有孵化器	（需求率p_2）		
提供办公场地和厂房	53	（58%）	223	（54%）	4%	0.74
营造创业氛围与交流平台	50	（55%）	181	（44%）	11%	1.93*
创业导师辅导	47	（52%）	147	（36%）	16%	2.80**
法律咨询	39	（43%）	189	（46%）	-3%	-0.51
专利知识咨询	38	（42%）	179	（43%）	-2%	-0.28
工商税务等手续	33	（36%）	177	（43%）	-7%	-1.18
专利申请	32	（35%）	160	（39%）	-4%	-0.64
代理做账	0	（0%）	0	（0%）	0%	—
其他	7	（8%）	33	（8%）	0%	-0.10

续表

(b) 对专业服务的需求						
服务内容	有需求的企业数（需求率）				p_1-p_2	z 统计量
	民营孵化器	（需求率 p_1）	国有孵化器	（需求率 p_2）		
创新创业基金申请辅导	50	（55%）	262	（63%）	-8%	-1.48*
帮助引入风险投资等	50	（55%）	158	（38%）	17%	2.91**
产学研之间牵线搭桥	34	（37%）	198	（48%）	-11%	-1.88*
提供国内外最新行业动态	33	（36%）	163	（39%）	-3%	-0.57
知识产权与技术转移服务	33	（36%）	156	（38%）	-2%	-0.27
技术支持	33	（36%）	139	（34%）	2%	0.47
提供仪器设备与数据库	24	（26%）	177	（43%）	-17%	-3.16***
其他	4	（4%）	11	（3%）	1%	0.76

(c) 对创业环境的需求						
服务内容	有需求的企业数（需求率）				p_1-p_2	z 统计量
	民营孵化器	（需求率 p_1）	国有孵化器	（需求率 p_2）		
优惠政策环境	61	（67%）	315	（76%）	-9%	-1.73*
办公环境	49	（54%）	180	（44%）	10%	1.78*
创业氛围	47	（52%）	164	（40%）	12%	2.07*
投融资环境	44	（48%）	176	（43%）	5%	0.99
诚信环境	16	（18%）	110	（27%）	-9%	-1.99*
法制环境	7	（8%）	58	（14%）	-6%	-1.94*

注：*** 表示在 0.001 水平上显著；** 表示在 0.01 水平上显著；* 表示在 0.1 水平上显著。

民营与国有孵化器入孵企业对创业环境的需求亦存在不少差异。在创业企业普遍最看重的优惠政策环境、办公环境、创业氛围、投融资环境四大类环境中，民营孵化器下企业对优惠政策环境的期待率显著低于国有孵化器（偏低 9 个百分点），但是对其他三大环境的期待率却全部反超国有孵化器（高出 10 个百分点左右）。这意味着，国有孵化器被创业企业认为在解读政策甚或在争取政府优惠政策上具有优势，而民营孵化器则被认为会在争取市场资源以及挖掘自身资源上积极努力。

（四）两类孵化器入孵企业的服务需求差异性成因分析

1. 民营孵化器下企业在外部资源中尤重“财务支持”以期开源

根据前文所述，在孵化器提供的各项主要基础服务和专业服务中，民营孵化器与国有孵化器下创业企业的需求率差异最大的分别是“创业导师辅导”和“引入风险投资”两大服务。但当分析其细分项目后，我们却发现，这些差异背后的原因竟然高度一致，都是由于创业企业极其渴求财务支持，而且民营孵化器下企业尤甚。

为了进行此方面分析，本文的问卷调查同时调研了入孵企业对各项具体辅导服务的需求情况。问卷数据显示［见表 3（a）］，在细分项目上，两类孵化器下的创业企业的需求率不仅差别更大而且更加分化。其中，最突出的是“投融资辅导”。民营孵化器下企业的投融资辅导需求率达到66%，不仅在所有细分项目中达到最高，而且比国有孵化器大幅高出18个百分点，置信度高达罕见的99.9%。这说明，相比于国有孵化器，民营孵化器下创业企业更加期待创业导师能在投融资上帮到他们。与此同时，也正是由于“投融资辅导”的一枝独秀，从而推升了辅导服务的整体需求率，并导致民营孵化器下企业对辅导服务的整体需求率亦显著地大幅高过国有孵化器。

由此可见，无论是基础服务还是专业服务，创业企业最看重的皆是财务支持，期望孵化器能在“开源”上给予帮助，而且民营孵化器下的创业企业对此更加渴求。

2. 民营孵化器下企业在内部资源中尤重“租金优惠”以期节流

根据前文所述，在孵化器提供的各类创业环境中，“优惠政策环境”是需求率最高且民营与国有孵化器差异极大的一个项目。为此，本文在问卷调查中对各类具体的优惠政策的需求情况做了进一步调研。

表3　孵化服务需求的差异性（成因分析）

（a）对辅导服务的需求

服务内容	有需求的企业数（需求率）				p_1-p_2	z统计量
	民营孵化器	（需求率p_1）	国有孵化器	（需求率p_2）		
投融资	60	（66%）	198	（48%）	18%	3.25***
发展战略	47	（52%）	184	（45%）	7%	1.23
政策咨询	40	（44%）	207	（50%）	-6%	-1.07
市场拓展	39	（43%）	134	（32%）	11%	1.83*
管理	32	（35%）	168	（41%）	-6%	-0.99
财税	26	（29%）	150	（36%）	-7%	-1.46*
技术	23	（25%）	80	（19%）	6%	1.19
法律	22	（24%）	124	（30%）	-6%	-1.16
人事	14	（15%）	78	（19%）	-4%	-0.82
其他	4	（4%）	14	（3%）	1%	0.43

（b）对优惠政策环境的需求

服务内容	有需求的企业数（需求率）				p_1-p_2	z统计量
	民营孵化器	（需求率p_1）	国有孵化器	（需求率p_2）		
财税	70	77%	328	79%	-2%	-0.52
房租减免	67	74%	247	60%	14%	2.65**
科技	46	51%	198	48%	3%	0.45
融资	43	47%	191	46%	1%	0.17
人才	42	46%	200	48%	-2%	-0.39
外贸	1	1%	42	10%	-9%	-4.91***
海关	1	1%	32	8%	-7%	-3.89***
其他	1	1%	11	3%	-2%	-1.16

注：***表示在0.001水平上显著；**表示在0.01水平上显著；*表示在0.1水平上显著。

问卷数据显示［见表3（b）］，虽然优惠政策环境在总体上是国有孵化器被创业企业寄予了更高期望，但在细分项目上却并非完全如此，尤其是在企业最期待的“房租减免”和“财税”两大具体政策环境方面。其中，民营孵化器下企业对“房租减免”的需求率比国有孵化器显著地大幅高出14个百分点，置信度高达99%；对“财税”优惠政策的需求率则与国有孵化器相当，在0.1的置信水平上不存在显著差异。

由此可见，在各类优惠政策环境中，入孵企业最看重的依然是财务支持，他们期望孵化器在“节流”上也同样能够给予帮助，而且民营孵化器下企业对此抱持着更强烈的期盼。

此外，上述这些在细分数据与总体数据之间出现的明显背离现象，应该是还受到了非主要服务项目的影响。比如，在“外贸”和“海关”等项目上，国有孵化器下企业的需求率显著地高过民营孵化器，显然地，国有孵化器被认为在这些方面占据绝对优势。

上述分析给了我们进一步的启示：①在对孵化服务需求情况进行调查统计时，需要深入了解各个具体的服务项目情况，而不能仅仅停留于“大锅饭式”的大类数据；②需要结合入孵企业的具体需求状况，来判断孵化服务是否具有针对性，是否能够真正满足创业企业的最迫切需求。

四、主要研究结论及启示

（一）主要研究结论

本文采用总体比例之差z检验的统计检验方法，对民营和国有孵化器两个子样本入孵企业的服务需求状况进行了比较分析。检验结果表明：

（1）入孵企业的首要需求是财务帮助，民营孵化器下企业尤甚。在孵化器提供的各种基础服务、专业服务以及营造的各种创业环境中，入孵企业最看重的皆与财务密切相关，皆期望孵化器能在“引入风险投资”“投融资辅导”“房租减免”“财税优惠”等或开源或节流的服务上给予帮助。而且，民营孵化器下企业尤甚，在上述方面的需求率与国有孵化器的差距最大，换言之，创业企业对民营孵化器在这些服务项目上寄予的期望更高。由此可见，期待在财务上获得帮助是不少创业企业选择民营孵化器的重要动因。

（2）两类孵化器下的创业企业的服务需求具有共性。在孵化器营造的各类创业环境中，两类孵化器的入孵企业最期待的都是优惠政策环境而非办公环境；在各类专业服务上，最期望的都是融资服务；在各类基础服务上，最需要的都是办公场地或厂房。简言之，两类孵化器下企业最期待的首先都是“政策”与“资金”，其次是“场地”。

（3）两类孵化器下的创业企业的细分服务需求存在差异性。对于一部分细分服务项目，民营孵化器下企业的需求率显著高于国有孵化器，比如投融资辅导服务、引入风投服务、办公环境、创业氛围、投融资环境等；而在另一些服务项目上，则是相反，如优惠政策环境、仪器设备提供等。由此可见，国有孵化器普遍地被创业企业认为强于争取公共资源，而民营孵化器则被认为强于争取市场资源以及挖掘自身资源。

（4）民营孵化器下的创业企业更了解自身的核心需求。总体而言，国有孵化器内创业企业对各种不同的孵化服务的需求较为均衡，而民营孵化器内创业企业则不然，对各种细分服务项目的需求表现出明显的分化性，这意味着，选择民营孵化器的创业企业通常持有更明确的入孵目的。

（二）启示

基于目前的研究结果，我们得到一些启示：①对于孵化器运营者，要加强最被创业企业所期待的两大服务，即资金支持和场地服务，其中，民营孵化器尤其需要大力加强市场化融资服务，国有孵化器则要加强仪器设备等硬件服务。②对于政府决策部门，创业企业的需求差异性意味着国有孵化器被认为在争取公共资源上具有优势，因此有必要研究政府优惠政策落实时在两类孵化器之间究竟是否存在差异性以及如何避免差异性，以便更好地体现政策的普惠性和均衡性。此外，可以从政策角度提高或促进对创业企业的资金扶持。③选择民营孵化器的创业企业持有更明确的入孵目的，对获取资金支持抱持更高的期待，但若愿望与现实不符，无论对于入孵企业还是民营孵化器，都将面临新的选择和挑战。④我们也许需要反思，大量创业企业把融资和优惠政策置于头等需求，是否体现了真正的创业精神，而现时的创业环境与理念是否亦有待于进一步的改善甚至转变。

参考文献

[1] Roth A V, Menor L J. Insights into service operations management: A research agenda [J]. Production and Operations Management, 2003, 12 (2): 145-164.

[2] Rice M P. Co-production of business assistance in business incubators: An exploratory study [J]. Journal of Business Venturing, 2002, 17 (2): 163-187.

[3] Bruneel J, Ratinho T, Clarysse B, et al. The evolution of business incubators: Comparing demand and supply of business incubation services across different incubator generations [J]. Technovation, 2012, 32 (2): 110-121.

[4] Sung T K, Gibson D V, Kang B S. Characteristics of technology transfer in business ventures: The case of Daejeon, Korea [J]. Technological Forecasting and Social Change, 2003, 70 (5): 449-466.

[5] 章卫民，劳剑东，李湛. 科技型中小企业成长阶段分析及划分标准 [J]. 科学学与科学技术管理，2008，29 (5): 135-139.

[6] 殷林森，胡文伟，李湛. 创业企业风险识别与评价模型研究 [J]. 上海管理科学，2007 (1): 1-3.

[7] 张玉明，段升森. 基于系统动力学的中小型科技企业成长机制研究 [J]. 东北大学学报（社会科学版），2009，11 (3): 221-225.

[8] 张玉明，段升森. 中小企业成长能力评价体系研究 [J]. 科研管理，2012 (7): 98-105.

[9] 林德昌，陆强，王红卫. 科技企业孵化器服务能力因素分析及服务创新对策——基于对全国百余名孵化器高层管理人员的调查 [J]. 科学学与科学技术管理，2010 (7): 146-153.

[10] 林德昌，廖蓓秋，陆强，王红卫. 科技企业孵化器服务创新影响因素研究 [J]. 科学学研究，2010，28 (6): 920-925，901.

[11] 林德昌，陆强，王红卫. 科技企业孵化器服务评价与服务需求实证分析 [J]. 科技进步与对策，2010 (23): 122-127.

[12] 于旭，陈雪莹，郑子龙，周雪. 基于需求视角的科技企业孵化器服务体系创新——以长春市国家级科技企业孵化器为对象的研究 [J]. 现代管理科学，2013 (7): 22-25.

[13] 代霞，刘峰. 孵化企业需求优先级层次分析评价模型及实证研究 [J]. 中国高新技术企业，2010 (9): 1-3.

[14] 朱莉莉，单国旗. 孵化企业服务需求重要性评估模型及实证研究 [J]. 科技和产业，2017 (2): 109-115.

[15] 刘茜，肖文韬. 科技企业孵化器的服务供给与需求分析——以武汉东湖新技术创业中心为例 [J]. 科技创业月刊，2017 (4): 35-38，43.

[16] 钟卫东，孙大海，林昌健，施立华. 基于在孵企业观点的孵化服务重要性评估研究 [J]. 科技管理研究，2006 (3): 61-65.

[17] 钟卫东，孙大海，施立华. 创业自我效能感、外部环境支持与初创科技企业绩效的关系——基于孵化

器在孵企业的实证研究［J］. 南开管理评论，2007（8）：68-74.

［18］孙东，马蓓. 企业视角中的孵化器服务能力评价分析——基于南京市专项审计问卷调查分析［J］. 重庆城市管理职业学院学报，2013（1）：20-22.

［19］谢延钊，宋航，孟凡峰. 科技型企业孵化器面临的问题及对策经验研究［J］. 企业导报，2014（18）：6-7.

［20］方凯. 民营科技企业孵化器发展中存在的问题及对策研究［J］. 科技创业月刊，2013（6）：75-76.

［21］章卫民，劳剑东，殷林森，李湛. 上海科技型中小企业政策支持现状调查［J］. 科技进步与对策，2009（10）：34-37.

［22］潘冬，杨晨，黄永春. 科技企业孵化器服务中的政府行为透析［J］. 科学管理研究，2012（5）：73-76.

［23］胡文伟，李湛，殷林森，刘晓明. 民营与国有孵化器入孵企业的特征差异及成因分析［J］. 上海经济，2017（3）：30-39.

［24］胡文伟，李湛，殷林森，刘晓明，华蓉晖，孙娟. 民营与国有孵化器服务模式比较分析［J］. 科研管理，2018，39（9）：20-29.

高技术产业发展和科技投入耦合协调关系及时空特征研究*

李红艳[1,2]　曹　娜[1]　章　瑞[1]　唐莉霞[1]

（1. 上海工程技术大学管理学院，上海　201620；
2. 上海工程技术大学“政府公共决策支持”研究基地，上海　201620）

［摘　要］高技术产业、科技投入系统间的耦合作用机理研究是创新驱动背景要求下促进地区经济协调发展的基础。本文基于高技术产业与科技投入是具有关联性的两系统视角，通过高技术产业与科技投入发展质量的纵横向比较，运用熵值法确定其指标权重，结合耦合协调度模型，对全国31个省、市、自治区的高技术产业发展和科技投入耦合协调度进行探究，并从全国角度、区域角度、省际角度对其进行评价。研究表明：首先，我国高技术产业发展评价指数和科技投入评价指数都逐年增加，但科技投入低于高技术产业发展的进步速度。高技术产业发展和科技投入的耦合度和协调度呈逐年上升的趋势，但两者的协调度很低，一直处于失调区，只是从严重失调逐渐发展为中度失调。其次，高技术产业发展和科技投入呈现出较为明显的区域差异。东部、中部、西部地区高技术产业发展和科技投入都有不同程度的提升，但是东部依旧远高于中、西部，且发展差距有越拉越大的趋势。东部地区的耦合度协调度明显高于中部及西部地区，但中、西部耦合度发展较快，逐渐朝东部地区水平靠拢。最后，我国省际间高技术产业和科技投入的耦合协调度正在积极稳健地发展。加强城市联动、加快科技投入和挖掘优秀人才是创新驱动的重要抓手。

［关键词］高技术产业；区域；熵值法；耦合协调度模型

一、引言

创新驱动发展战略背景下，风起云涌的高技术产业将成为经济发展新引擎。美国制定的“2015创新新战略”、德国大力实施的“工业4.0”与“欧盟地平线2020”、中国实施的“创新驱动发展战略”都试图加强本国技术创新，力争在高新技术领域取得突破，抢占行业新的制高点。预计未来世界各国将更加重视创新战略，推动高技术产业发展，以此振兴本国经济。高技术产业作为先导产业长期来看会促进需求结构的调整，将推动我国经济发展方式向“内需主导”“消费驱动”转变。而高技术产业作为以高科技为基础的知识密集、人才密集、资金密集的现代产业，

* ［基金项目］国家社会科学基金（16BJY001）；教育部人文社会科学研究青年基金（16YJCZH043，15YJCZH232）；上海市自然科学基金（16ZR1414000）；上海市人才发展资金（201671）。

需要充足的科技投入，不容置辩的是科技投入强度又需要一定的经济实力、产业发展实力作为依托，高技术产业发展与科技投入之间存在着亟须探讨的内生关联。

“我国高技术产业发展现状如何”“国外高技术产业发展经验有何启示?”“高技术产业发展的影响要素有哪些”“高技术产业发展的溢出效应怎么样”，诸如此类的问题已然引发学界的密切关注。从已有的文献来看，现有研究主要集中在高技术产业发展路径的定性研究与高技术产业的溢出效应的定量分析上，对高技术产业与科技投入之间的研究联系也仅在其高技术产业发展的影响因素的框架范围内。本文利用31个省份2009~2016年的面板数据，采取熵值法与耦合协调度模型相结合的手段，探讨高技术产业发展与科技投入两系统的耦合协调关系，以形成对既有文献的有效补充，对探究高技术产业发展与科技投入协同发展极具现实意义。

以往对高技术产业的相关研究中，主要集中于高技术产业现状、经验借鉴、影响因素这三方面的研究。高技术产业发展现状研究中，张同斌和高铁梅（2013）基于国际比较角度认为我国高技术产业“投资驱动型”特征显著；吕承超和张学民（2015）基于省际比较的角度认为我国高技术产业发展呈现东、中、西部不断递减的态势；还有部分学者对其产业效率、产业安全进行分解与测度（叶锐等，2012；桂黄宝，204；冯志军、陈伟，2014）；“高产出、低收益”的不良发展现状及态势广为诟病（陈凯华等，2012）。

盖文启等（2004）通过分析美国硅谷、英国剑桥工业园区、印度班加罗尔此三个成功的高技术产业集群发展经验，借鉴世界科技强国的发展经验，主张我国高技术产业发展可以通过创新型中小企业的衍生和集群、人才资源的开发与聚集、完善区域创新体系等手段进行；我国可从积极发挥政府在高技术产业发展中的主导作用、加大研发投入、重视中小型高技术企业、储备人力资本等多方面着手提高高技术产业国际竞争力（李玲玲，2002）。

高技术产业发展影响因素的探索中，知识溢出、研发、“干中学”和知识产权保护是实现高技术产业创新驱动发展的关键要素（王伟光等，2015），但也有学者的实证研究表明研发经费投入才是影响我国高技术产业技术创新的最重要因素（王敏，2014）；在高技术产业的区域聚集程度的影响研究中，新经济地理理论中的规模经济、交通便利度和人力资本因素会对其产生显著影响（席艳玲、吉生保，2012）；资产增长、人力资本、企业利润、企业规模、资本劳动比、企业存货对高技术产业生产率具有显著影响（罗来军等，2015）。在高技术产业与科技投入的相关研究中，诸多学者普遍认为我国高技术产业科技投入产出效率不高（冯锋等，2011），张同斌和高铁梅（2013）采用结构分解模型所得的测算结果显示，与发达国家相比，技术进步对我国高技术产业产出增长效应的贡献度明显较低，王伟光等（2015）主张研发是高技术产业创新驱动发展的关键要素之一。杨高举和黄先海（2013）的实证结果表明国内的物质资本及人力资本等科技投入要素的提升是提高中国高技术产业国际分工地位的关键性内部动力。赵志耘和杨朝峰（2013）通过随机前沿知识生产函数模型对我国高技术产业创新效率进行实证分析的结果显示我国国有企业体制障碍是我国国有企业创新能力发展的桎梏，进而会影响到高技术产业发展。

过往的相关研究为本文关于高技术产业发展与科技投入的耦合协调度的探讨提供了一定的理论依据，特别是在高技术产业发展与科技投入的互动机理研究、高技术产业发展与科技投入的评价指标选取部分有毋庸置疑的指导意义。以过往各位专家学者的研究为参考，本文的研究主要有以下两点贡献：第一，完善了高技术产业发展与科技投入的互动关系的研究。过往通常将其两者作为因果关系进行影响效果测算，而较少关注高技术产业与科技投入两系统作为平行关系的互动研究。本文以高技术产业发展与科技投入作为具有内生联系的两子系统为基本切入点，探讨两子系统的耦合协调程度。第二，本文采用2009~2016年的面板数据，从国家、区域、省际角度分别对两子系统的耦合协调度进行研究，为促进高技术产业与科技投入的协同发展建言献策。

二、高技术产业发展和科技投入互动机理

（一）科技投入为高技术产业提供发展的“温床”

没有科研基础研究就不可能有真正的高技术，没有高度密集的科研开发就不可能实现真正的高技术产业化。高科技产业的发展中，高投入是高新技术产业发展的基本特征和重要条件，高技术产业发展作为一个系统工程，需要源源不断的资金注入、政策支持、研发场所、科研设备、高层次科技人才等。科技投入作为一种战略投资，与地方利益和现代化目标关联紧密。国家通过政策扶持引入人才资源、改善科研环境、减轻企业生存压力等方式推动科研创新和新产品开发，从而促进高技术产业快速发展。

（二）高技术产业发展促进科技投入

高技术产业是一个知识和技术密集型产业，具有资源能源消耗少、工业增长率高的明显特点。一方面，高技术产业的发展的激励效应能够推动科技投入，加强更多的国家科技投入力度。另一方面，高技术产业高新技术产品的高附加值及其企业的高收益能够增加我国财政收入，为地方科技投入提供资金保障。

三、指标体系与研究方法

（一）指标体系构建

目前，学界关于高技术产业发展与科技投入评价并无统一指标。

关欣等（2013）认为，高技术产业总产值占制造业的比重可以作为高技术产业发展的代表指标；赵玉林和魏芳（2006）等在有关高技术产业发展相关研究中选取了 GDP、工业增加值、制造业增加值、高技术产业及各部门增加值这些数据指标；蒋开东等（2014）将新产品销售额作为高技术产业的产出变量；冯峰等（2011）将高技术产业产出指标设定为新产品产值、新产品销售收入两项指标。赵玉林和魏芳（2006）以科技活动人员、资本投入、外资当年投资额、R&D 经费支出等作为衡量高技术产业发展的指标。在选取高技术产业发展评价指标时，以往学者多以较单一的生产经营类指标作为其评价指标。本文在前人研究基础上，除考虑生产经营活动发展类指标外，科技活动发展、固定资产投资发展指标亦考虑在内，结合指标数据的科学性、合理性、可获得性等基本原则，选取了如表 1 所示的八个高技术产业发展指标。

财政资金是科技投入的重要来源（任凤敏、张晓慧，2013），汪郎峰和伏玉林（2013）等主张科技投入不仅包含研发投入，还应考虑政府的科技经费投入、研发人员以及科研机构等资源的贡献，曹娜和李红艳（2018）等则是从总拨款力度、基础研究计划、科技基础条件建设、工作专项、产品计划角度出发选取科技投入的代表指标。本文以数据的可获得性为基本依据，以科技活

动投入人员、科技活动投入经费与科技活动投入机构作为科技投入选取原则，选取了如表 1 所示的六个指标作为科技投入指标。

表 1　“高技术产业发展–科技投入”系统评价指标

子系统	评价指标	指向性
高技术产业发展	a1：项目数	+
	a2：新产品开发项目数	+
	a3：新产品开发销售收入	+
	a4：有效发明专利数	+
	a5：施工项目个数	+
	a6：新增固定资产	+
	a7：出口贸易额	+
	a8：进口贸易额	+
科技投入	b1：R&D 经费投入强度	+
	b2：R&D 人员	+
	b3：R&D 人员全时当量	+
	b4：R&D 经费内部支出	+
	b5：各地区规上工业企业办研发机构情况	+
	b6：新产品开发经费支出	+

（二）耦合协调模型

1. 综合评价模型

在对高技术产业与国家科技投入进行耦合协调度评价之前，首先要建立高技术产业与国家科技投入两个子系统的综合评价模型指数，即功效函数。其计算公式如下所示：

$$U_S = \sum_{j=1}^{n} \lambda_{sj} u_{sj} \tag{1}$$

在上述公式中，U_S代表了子系统的综合评价指数，当 $S=1$ 时，代表了高技术产业子系统的综合评价指数；当 $S=2$ 时，代表了国家科技投入子系统的综合评价指数。λ_{sj}表示第 S 个子系统第 j 个指标的权重，λ_{sj}的大小通过主成分分析的方法确定。U_{sj}代表第 S 个子系统第 j 个指标，对数据指标进行处理时采用线性函数归一化处理方法。

$$X_{norm} = \frac{X - X_{min}}{X_{max} - X_{min}} \text{（效益型指标）} \tag{2}$$

$$X_{norm} = \frac{X_{max} - X}{X_{max} - X_{min}} \text{（成本型指标）} \tag{3}$$

2. 一般耦合协调模型

本文运用物理学中的耦合模型来探索高技术产业与国家科技投入两个系统之间关系的动态演变历程。其计算公式如下所示：

$$C = \sqrt{\{(U_1 \times U_2)/[(U_1 + U_2)^2]\}} \tag{4}$$

在上述公式中，C 表示高技术产业与国家科技投入两系统的耦合程度。U_1 代表高技术产业发展的综合评价水平，U_2 代表国家科技投入的综合评价水平。

值得表明的是，有部分学者运用类似上述公式（4）计算两系统的耦合协调度，在设定 C 的取值范围为［0，1］的前提下，并未乘以系数 2，这种做法显然是错误的，因在未乘以系数 2 的情况下，该公式的最大值仅能达到 0.5（即 $U_1=U_2$ 的情况）。

直接套用物理学模型尚不能直接判断两子系统耦合是否为良性，为准确表示两者间的耦合性，因此要引入协调度模型，依此来客观、科学地反映高技术产业发展系统与国家科技投入系统之间的协调发展水平，该模型的数学表达式如下所示：

$$D=\sqrt{C\times T}\ ,\ T=\alpha U_1+\beta U_2 \tag{5}$$

上述模型中，D 是两系统的协调度，T 表示高技术产业发展系统与国家科技投入系统的综合协调指数，反映了高技术产业发展系统与国家科技投入系统对两者协调度的贡献，α、β 为待定系数。D 的取值含义如表 2 所示。

表 2　D 的取值含义

区域	D	类型	级别
失调衰退区	0.000~0.999	极度失调发展类	1
	0.100~0.199	严重失调发展类	2
	0.200~0.299	中度失调发展类	3
	0.300~0.399	轻度失调发展类	4
过渡区	0.400~0.499	濒临失调发展类	5
	0.500~0.599	勉强协调发展类	6
	0.600~0.699	初级协调发展类	7
协调发展区	0.700~0.799	中级协调发展类	8
	0.800~0.899	良好协调发展类	9
	0.900~1.000	优质协调发展类	10

四、实证分析

（一）数据来源

本文利用 2009~2016 年我国 31 个省、市、自治区的数据为样本对高技术产业发展和科技投入两系统的耦合协调关系进行实证研究。所用数据均根据历年《中国科技统计年鉴》整理而来。表 3 为利用熵值法计算的高技术产业发展和科技投入各个指标的权重。

表 3　“高技术产业发展-科技投入”系统各指标权重

系统	指标	2009 年	2010 年	2011 年	2012 年	2013 年	2014 年	2015 年	2016 年
高技术产业发展	a1	/*	0.059	0.069	0.074	0.075	0.082	0.091	0.092
	a2	0.100	0.107	0.088	0.094	0.098	0.099	0.100	0.105
	a3	0.145	0.145	0.146	0.153	0.145	0.148	0.140	0.143
	a4	0.174	0.208	0.188	0.188	0.187	0.190	0.194	0.190
	a5	0.057	0.050	0.066	0.060	0.064	0.065	0.066	0.068
	a6	0.097	0.074	0.086	0.078	0.068	0.070	0.068	0.072
	a7	0.224	0.187	0.186	0.179	0.182	0.174	0.172	0.166
	a8	0.203	0.170	0.171	0.174	0.181	0.172	0.168	0.163
科技投入	b1	0.099	0.086	0.080	0.075	0.076	0.076	0.075	0.072
	b2	0.203	0.165	0.157	0.153	0.153	0.149	0.152	0.150
	b3	0.165	0.141	0.134	0.130	0.133	0.131	0.131	0.130
	b4	0.212	0.170	0.161	0.152	0.154	0.153	0.155	0.154
	b5	/	0.183	0.212	0.248	0.246	0.248	0.245	0.248
	b6	0.322	0.256	0.256	0.243	0.238	0.243	0.242	0.245

注：“*”表示由于当年的该指标数据未公开，故在计算 2009 年指标权重时将其忽略，下处“/”亦同理。

（二）实证结果

1. 全国维度下高技术产业发展和科技投入耦合协调关系

根据熵值法计算的各年度“高技术产业发展-科技投入”系统各指标权重，利用上述综合评价和耦合协调公式计算出 2009~2016 年全国 31 个省、市、自治区高技术产业发展系统和科技投入系统综合评价指数和耦合协调度。将各年份下各省、市、自治区的评价结果进行平均，得到 2009~2016 年全国高技术产业发展和科技投入综合评价结果和耦合协调度结果，计算结果如表 4 和图 1 所示。

表 4　2009~2016 年“高技术产业发展-科技投入”系统耦合协调度

年份	2009	2010	2011	2012	2013	2014	2015	2016
U_1	0.042	0.042	0.065	0.078	0.089	0.095	0.099	0.109
U_2	0.087	0.077	0.099	0.115	0.129	0.138	0.145	0.157
C	0.775	0.795	0.871	0.901	0.907	0.922	0.930	0.943
T	0.199	0.193	0.231	0.252	0.270	0.270	0.287	0.298

由表 4 和图 1 可知，我国高技术产业发展评价指数逐年增加，由 2009 年的 0.042 增加到 2016 年的 0.109，这与我国 2001 年加入世界贸易组织及我国鼓励自主创新、促进提高高技术产业国际竞争力的相关政策举措相关，也与我国高技术产业发展势头良好的现实状况相符。与此同时，我国科技投入评价指数也在逐年增加，由 2009 年的 0.087 增加到 2016 年的 0.157，七年间科技投入评价指数增长 80.46%，低于高技术产业发展 159.52%的进步速度。2009~2016 年高技术产业发展和科技投入耦合度和协调度呈逐年上升的趋势，但两者的协调度很低，一直处于失调区，由 2009 年的严重失调发展为 2016 年的中度失调。这表明，就全国维度而言，尽管高技术产

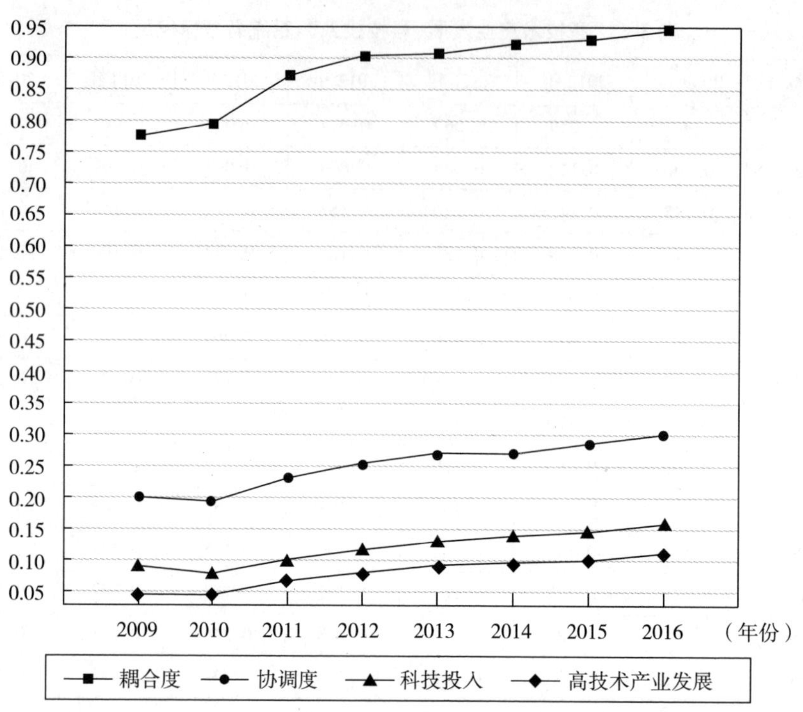

图1 2009~2016年"高技术产业发展-科技投入"系统耦合协调度

业发展与科技投入相互作用影响程度较低，但研究数据表明两者间向良性互动关系发展。由于我国高技术产业发展起步较晚，从无到有、从小到大、从大到强、从落伍者到领先者、从追赶者到超越者、从超越者到领先者的过程道长且阻，而加强科技投入重视度的观念近年来才开始逐渐深入，因此，两者的互动效应还没有显现完全，从全国维度看高技术产业发展和科技投入两系统还没有达到和谐一致、协同发展的局面。

2. 区域维度下高技术产业发展和科技投入耦合协调关系

由于区域地方政策、地理环境、历史资源的不同，我国经济发展极不平衡，呈现出东、中、西逐渐衰弱的分布格局，高技术产业发展和科技投入也呈现出了较为明显的区域差异。根据上述计算出的我国31个省、市、自治区高技术产业发展和科技投入综合评价指数和耦合协调度，对东、中、西部地区各个省、市、自治区的计算结果进行平均，得到如表5及图2至图5所示的我国东、中、西部地区高技术产业和科技投入综合评价指数和耦合协调度评价结果。

表5 2009~2016年东、中、西部地区"高技术产业发展-科技投入"系统耦合协调度

年份	东部				中部				西部			
	U_1	U_2	C	T	U_1	U_2	C	T	U_1	U_2	C	T
2009	0.090	0.151	0.913	0.301	0.016	0.061	0.767	0.168	0.009	0.033	0.616	0.105
2010	0.090	0.135	0.910	0.290	0.017	0.054	0.808	0.166	0.007	0.029	0.645	0.101
2011	0.135	0.181	0.950	0.349	0.028	0.066	0.883	0.199	0.015	0.031	0.763	0.120
2012	0.157	0.213	0.959	0.377	0.037	0.074	0.909	0.218	0.019	0.034	0.822	0.133
2013	0.175	0.236	0.964	0.398	0.047	0.086	0.920	0.240	0.023	0.039	0.828	0.143
2014	0.182	0.253	0.965	0.398	0.053	0.092	0.936	0.240	0.028	0.042	0.858	0.143
2015	0.189	0.267	0.967	0.417	0.058	0.096	0.941	0.258	0.027	0.044	0.875	0.156
2016	0.207	0.289	0.965	0.431	0.065	0.103	0.954	0.270	0.030	0.048	0.908	0.165

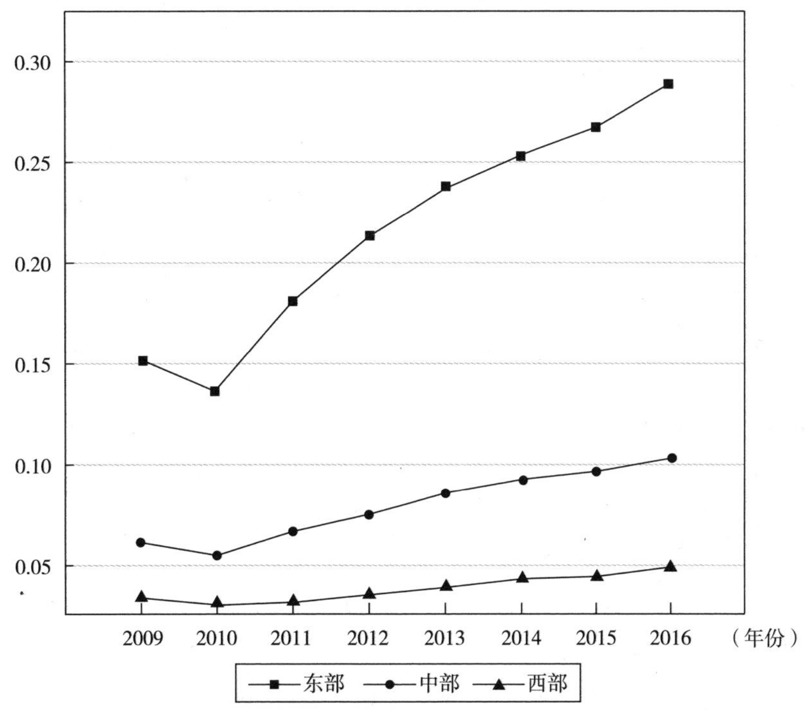

图 2　2009~2016 年东、中、西部科技投入评分

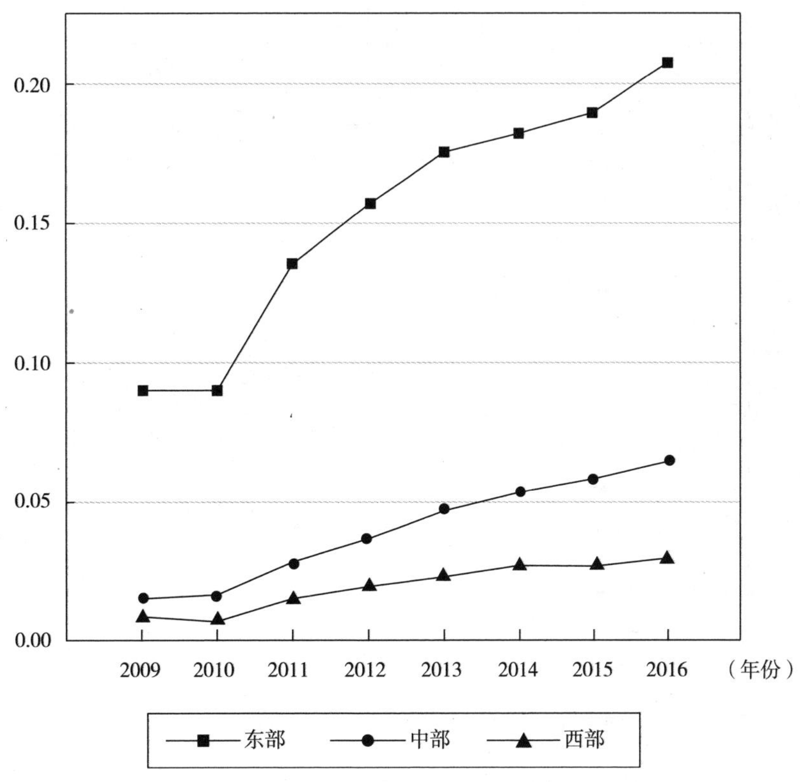

图 3　2009~2016 年东、中、西部高技术产业发展评分

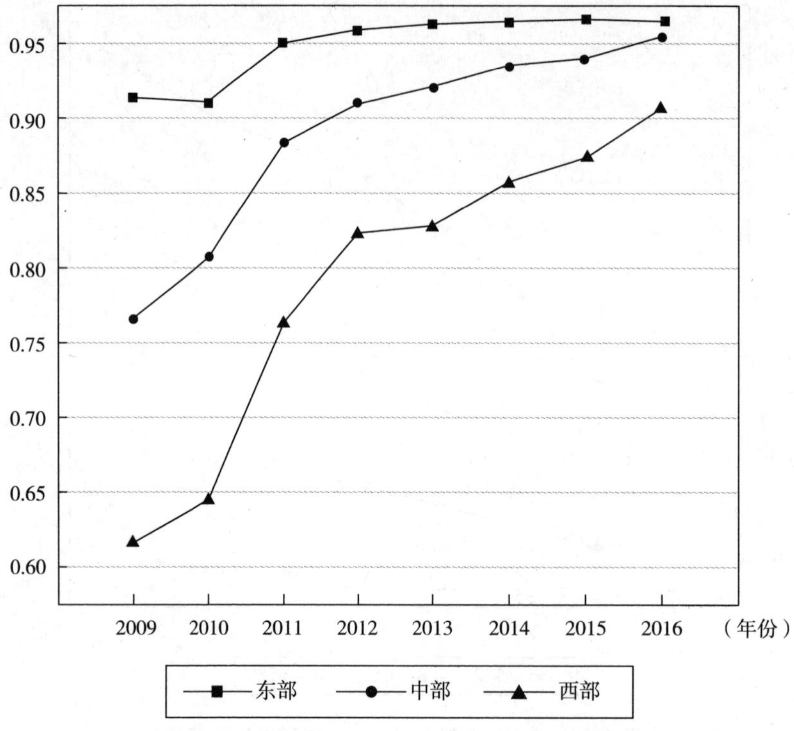

图 4　2009~2016 年东、中、西部系统耦合度

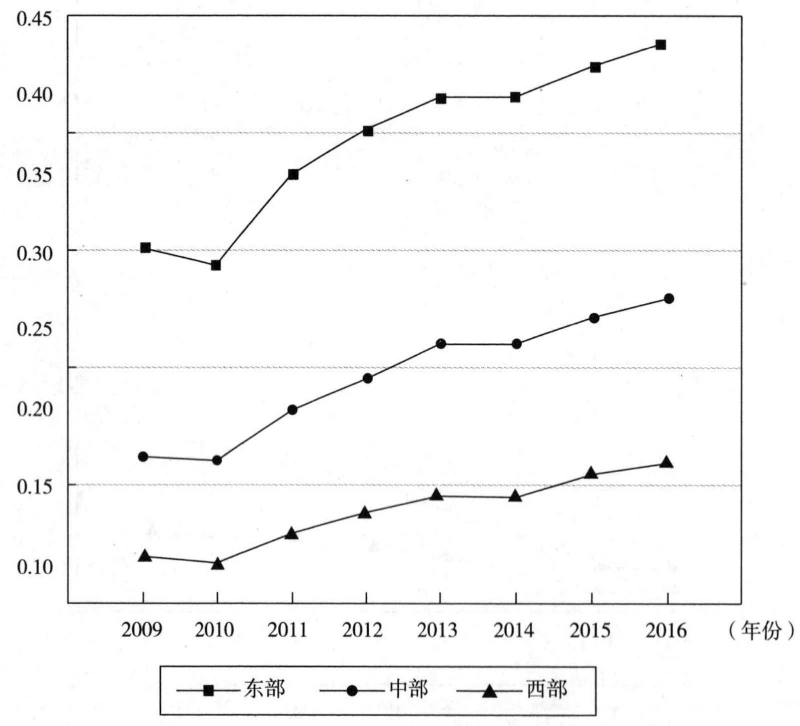

图 5　2009~2016 年东、中、西部系统协调度

由表5及图4可知我国东、中、西部地区高技术产业发展综合评价指数存在较为显著的区域差异，东部优于中部，中部优于西部。2009年东部地区高技术产业发展综合评价指数为0.090，中部为0.016，西部为0.009；2016年东部为0.207，中部为0.065，西部为0.030。2009~2016年东部、中部、西部地区高技术产业发展都有不同程度的提升，但是东部高技术产业发展水平依旧远高于中、西部，且发展差距有越拉越大的趋势。在此七年来，中部高技术产业发展提升率最高，达306.25%，西部高技术产业发展持续垫底。由图3可知，科技投入也存在明显的区域差异，东部科技投入水平高于中部，中部高于西部。2009年东部地区科技投入综合评价指数为0.151，中部为0.061，西部为0.033，2016年东部为0.289，中部为0.103，西部为0.048。2009~2016年东、中、西部科技投入均有上升，与高技术产业发展上升趋势相似，中部科技投入水平增长依旧最高，为68.85%。由图4和图5可知，东部地区的耦合度协调度明显高于中部及西部地区，但中、西部耦合度发展较快，逐渐朝东部地区水平靠拢。

3. 省际维度下高技术产业和科技投入耦合协调关系

表6反映了2009年和2016年高技术产业发展和科技投入耦合协调度情况，从表6中我们可以看出，西部诸多城市如新疆、西藏等耦合协调度明显低于中部、东部城市。

表6　2009年、2016年中国各省份高技术产业和科技投入耦合协调关系

省份	2009年		2016年	
	耦合协调度	耦合协调级别	耦合协调度	耦合协调级别
北京	0.334084338	失调衰退区	0.378378494	失调衰退区
天津	0.246601419	失调衰退区	0.342148257	失调衰退区
河北	0.183076594	失调衰退区	0.293315547	失调衰退区
山西	0.117909308	失调衰退区	0.176568926	失调衰退区
内蒙古	0.087910655	失调衰退区	0.159786257	失调衰退区
辽宁	0.232975959	失调衰退区	0.239048877	失调衰退区
吉林	0.158378976	失调衰退区	0.196894975	失调衰退区
黑龙江	0.150558798	失调衰退区	0.172134541	失调衰退区
上海	0.385313972	失调衰退区	0.435716538	过渡区
江苏	0.530157922	过渡区	0.816183173	协调发展区
浙江	0.329814845	失调衰退区	0.58154008	过渡区
安徽	0.192462115	失调衰退区	0.385940364	失调衰退区
福建	0.230418758	失调衰退区	0.347312093	失调衰退区
江西	0.178410133	失调衰退区	0.273424115	失调衰退区
山东	0.344475013	失调衰退区	0.543208228	过渡区
河南	0.21776869	失调衰退区	0.388840323	失调衰退区
湖北	0.228998346	失调衰退区	0.345652678	失调衰退区
湖南	0.183968934	失调衰退区	0.330053984	失调衰退区
广东	0.60759057	过渡区	0.918450207	协调发展区
广西	0.121619147	失调衰退区	0.191315943	失调衰退区

续表

省份	2009 年		2016 年	
	耦合协调度	耦合协调级别	耦合协调度	耦合协调级别
海南	0.060422577	失调衰退区	0.085900226	失调衰退区
重庆	0.144391062	失调衰退区	0.300568214	失调衰退区
四川	0.250991071	失调衰退区	0.340170758	失调衰退区
贵州	0.104726262	失调衰退区	0.161240733	失调衰退区
云南	0.085757559	失调衰退区	0.158503267	失调衰退区
西藏	0.023257947	失调衰退区	0.016953952	失调衰退区
陕西	0.202032636	失调衰退区	0.275367992	失调衰退区
甘肃	0.089855219	失调衰退区	0.134992735	失调衰退区
青海	0.039973747	失调衰退区	0.065126129	失调衰退区
宁夏	0.063619445	失调衰退区	0.100665829	失调衰退区
新疆	0.057550737	失调衰退区	0.093328025	失调衰退区

2009 年，仅有江苏、广东两省高技术产业发展和科技投入系统耦合协调性处于过渡期，协调发展区更是空无一省。2016 年，江苏、广东两省系统耦合协调度已跃升至协调发展区，且处于较高水平，上海、浙江、山东三省市也由失调衰退区发展至过渡区。在 31 个省份中，广东省的耦合协调度始终位居全国第一，江苏省两系统的耦合协调度始终全国第二，浙江、上海、山东、北京此四省市的耦合协调度也较突出。将 2016 年全国 31 个省份高技术产业发展和科技投入耦合协调度与 2009 年两系统的耦合协调度省际结构相比较，我们不难得出以下结论：大部分城市均有不同程度的等级跃升。其中大部分城市跃升 1 个等级，而广东、江苏、跃升三个等级，浙江、山东、安徽跨越两个等级。这也反映了我国高技术产业和科技投入的耦合协调度积极稳健的发展；有部分城市两系统的耦合协调度没有实现等级跨越，这部分城市集中在西部，如西藏、新疆、青海。为此部分省份的高技术产业发展和科技投入的协同一致发展敲响了警钟。

五、研究结论

高技术产业发展与科技投入具有密切的互动关系，在“新常态”时期创新驱动战略新背景下，研究两者之间的耦合协同发展具有重要意义。因此，本文在分析高技术产业与科技投入互动机制的基础上，利用物理上的耦合协调模型，通过建立高技术产业和科技投入两子系统的评价指标，从全国、区域及省际三个维度对两者之间的耦合及协调关系进行了实证分析，并得出以下结论：

第一，就全国而言，2009~2016 年我国高技术产业和科技投入两子系统的耦合度和协调度呈现逐年增长趋势，但是两者的耦合度和协调度较低。2009 年，高技术产业发展和科技投入两系统的耦合度和协调度分别处于轻度失调和严重失调阶段，2016 年两系统的耦合度和协调度分别发展为勉强协调和中度失调。当然，这也表明，虽然两子系统的耦合度及协调度处于较低水平，但仍逐渐向良性互动方向发展。为尽快实现高技术产业和科技投入两系统的协调发展，一方面，国家及各地政府应该提高科技投入，虽然我国科技投入水平相较之前已经有了明显提高，但离科技发达国家的科技投入力度水平还有一定差距。另一方面，应该大力倡导自主创新，创新是高技术产业发展的灵魂，过去我国高技术产业核心技术以依赖追踪、模仿、引进国外技术为主，原始创新能力的不足成为我国高技术产业发展的桎梏，自主创新应该成为中国高技术产业发展的共识与方向，充分利用我国已有的技术和资源优势，帮助企业把脉战略发展方向、攻克核心关键技术、转化重大科技成果、培养创新人才、提升技术创新能力和产业核心竞争力实现高技术产业的跨越发展。

第二，就区域而言，东部、中部、西部的耦合度与协调度均有明显的区域差异，呈现出东部高于中部和西部的显著特征。造成这种局面的原因有两个：一是我国优秀的高技术人才分布较为集中，多在东部沿海城市，中部尤其是西部科技人才数量较少。人才是科技发展的主力军和顶梁柱，人才缺失自然会导致科技发展乏力。二是区域经济发展水平差异较大，经济发展得越好，财政收入越高，越具备科技研究条件，科技投入自然越高。因此，国家应该因地制宜地对高技术产业发展和科技投入做出调整和引导，提升相对滞后的中部和西部地区的发展，鼓励其政府提高科技投入力度，并适当给予中西部地区一些政策支持，提高科技人力资本储备，鼓励其发展高技术产业。

第三，就省际而言，上述研究结果显示我国大部分省份高技术产业发展和科技投入两子系统的耦合协调关系有了或大或小的等级提升。两子系统耦合协调关系的空间格局没有明显变化，但是青海、西藏、新疆等西部部分地区进步幅度较小，耦合度和协调度并未实现等级跨越，远落后与我国其他城市。另外，通过2009~2016年高技术产业和科技投入综合评价得分结果可以看出，耦合度、协调度越高的省份，高技术产业科技投入发展速度越快，这与高技术产业高回报的特性相符。

参考文献

［1］张同斌，高铁梅. 高技术产业产出增长与关联效应的国际比较——基于美、英、日、中、印、巴六国投入产出数据的实证研究［J］. 经济学（季刊），2013，12（3）：847-868.

［2］吕承超，张学民. 中国高技术产业发展区域差异测算及其影响因素［J］. 贵州财经大学学报，2015（4）：73-85.

［3］叶锐，杨建飞，常云昆. 中国省际高技术产业效率测度与分解——基于共享投入关联 DEA 模型［J］. 数量经济技术经济研究，2012，29（7）：3-17，91.

［4］桂黄宝. 我国高技术产业创新效率及其影响因素空间计量分析［J］. 经济地理，2014，34（6）：100-107.

［5］冯志军，陈伟. 中国高技术产业研发创新效率研究——基于资源约束型两阶段 DEA 模型的新视角［J］. 系统工程理论与实践，2014，34（5）：1202-1212.

［6］陈凯华，官建成，寇明婷. 中国高技术产业"高产出、低效益"的症结与对策研究——基于技术创新效率角度的探索［J］. 管理评论，2012，24（4）：53-66.

［7］盖文启，张辉，吕文栋. 国际典型高技术产业集群的比较分析与经验启示［J］. 中国软科学，2004（2）：102-108.

［8］李玲玲. 高技术产业发展的国际经验比较及其启示［J］. 经济地理，2002（4）：415-419.

［9］王伟光，马胜利，姜博. 高技术产业创新驱动中低技术产业增长的影响因素研究［J］. 中国工业经济，2015（3）：70-82.

［10］王敏. 我国高技术产业技术创新的溢出效应研究［D］. 武汉：武汉大学博士学位论文，2014.

［11］席艳玲，吉生保. 中国高技术产业集聚程度变动趋势及影响因素——基于新经济地理学的视角［J］. 中国科技论坛，2012（10）：51-57.

［12］罗来军，李军林，姚东旻. 中国高技术产业生产率影响因素实证检验［J］. 经济理论与经济管理，2015（5）：5-16.

［13］冯锋，马雷，张雷勇. 两阶段链视角下我国科技投入产出链效率研究——基于高技术产业 17 个子行业数据［J］. 科学学与科学技术管理，2011，32（10）：21-26，34.

［14］杨高举，黄先海. 内部动力与后发国分工地位升级——来自中国高技术产业的证据［J］. 中国社会科学，2013（2）：25-45，204.

［15］赵志耘，杨朝峰. 转型时期中国高技术产业创新能力实证研究［J］. 中国软科学，2013（1）：32-42.

［16］关欣，乔小勇，孟庆国. 高技术产业发展与经济发展方式转变的关系研究［J］. 中国人口·资源与环境，2013，23（2）：43-50.

［17］赵玉林，魏芳. 高技术产业发展对经济增长带动作用的实证分析［J］. 数量经济技术经济研究，2006（6）：44-54.

［18］蒋开东，王其冬，俞立平. 高技术产业不同来源科研经费投入绩效实证研究［J］. 中国科技论坛，2014（5）：50-55.

［19］任凤敏，张晓慧. 高新技术产业发展与科技投入的关系分析［J］. 西北农林科技大学学报（社会科学版），2013，13（1）：88-92.

［20］汪朗峰，伏玉林. 高技术产业发展中科技资源配置研究［J］. 科研管理，2013，34（2）：152-160.

［21］曹娜，李红艳. 高技术产业与国家科技投入协调性研究［J］. 科技管理研究，2018（8）：42-49.

新兴养老科技产业及区域发展评价研究*

黄鲁成　李　晋　苗　红　吴菲菲

（北京工业大学经济与管理学院，北京　100124）

［摘　要］随着人口老龄化深度发展和新兴技术的广泛应用，科技创新视角下的老龄产业发展开始走向实践，但相关理论研究及对实践活动的深入分析十分少见。鉴于此，本文首先从理论与实践的结合上，从内涵和外延上界定了新兴养老科技产业概念，论证了其行业结构和主要特征，然后提出了新兴养老科技产业发展指数和养老共享价值概念及计算方法，对65岁及以上老年人口比例大于等于11%的省份进行了新兴养老科技产业发展评价实证研究，进而阐述了我国新兴养老科技产业存在的主要问题并提出应对建议。

［关键词］新兴养老科技产业；评价指数；区域；共享价值

一、引言

随着我国人口老龄化程度的快速提升，其所带来的机遇与挑战日益为党和政府所关注。习近平总书记在中央政治局第32次集体学习会上强调，“努力挖掘人口老龄化给国家发展带来的活力和机遇，努力满足老年人日益增长的物质文化需求，推动老龄事业和产业全面协调可持续发展”“要着力发展养老服务业和老龄产业”“要培育老龄产业新的增长点，完善相关规划和扶持政策”。因此，结合我国人口老龄化现实，从理论与实践的结合上深入研究老龄产业新增长点具有十分重要的意义。

科技创新是应对人口老龄化的重要举措（黄鲁成等，2019），但目前缺乏从科技创新视角应对人口老龄化，缺乏依靠科技创新挖掘人口老龄化的“活力和机遇”，特别是在老龄产业的研究中，其研究主题与研究方法（学科）几乎没有涉及科技与科技创新，难以完成“着力发展养老服务业和老龄产业”“要培育老龄产业新的增长点”之重任。

2017年工信部等公布了《智慧健康养老示范企业名单》《智慧健康养老产品及服务推广目录（产品类）》《智慧健康养老产品及服务推广目录（服务类）》《智慧健康养老产业发展行动计划（2017-2020年）》“智慧健康养老产品及服务”“智慧健康养老产业”作为新兴养老科技产业的重要组成部分，标志着我国开始重视依靠科技创新应对人口老龄化和发展老龄产业。因此，如何认识新兴养老科技产业，分析评价我国新兴养老科技产业现状，提出培育发展新兴养老科技

* 本文得到国家社科基金重大项目（17ZDA119）的支持。

产业的对策建议，是我国新环境下发展老龄产业的现实需要。为此，本文首先提出新兴养老科技产业概念并进行界定以区别于现有涉老产业，并阐述其行业结构。其次，从三个方面论证该产业的特征，为实证分析和政策研究奠定基础。再次，根据新兴养老科技产业的概念和特征，识别出该产业的微观主体——养老科技企业，在养老科技企业数据基础上，从产业发展指数和养老共享价值方面对65岁及以上老年人口比例大于等于11%的省份进行产业发展评估。最后，分析我国新兴养老科技产业发展中存在的问题并提出对策建议。

二、新兴养老科技产业概念、构成与特征

（一）概念界定

1. 概念及内涵外延

新兴养老科技产业是在养老科技基础上发展起来的。1988年，在应对人口老龄化研究过程中，Graafmans和Brouwers创造了“gerontechnology”这个词，“术语‘gerontechnology’是由两个字组成的，即gerontology——研究人衰老的科学［老年（医）学］，technology——新技术、新产品和服务的研发与设计”（Harrington and Harrington，2000）。“Gerontechnology”就是养老科技（福祉科技），养老科技在满足老年人需求和应对人口老龄化的过程中逐渐被人们所认识，有学者认为“养老科技是一个值得持续投资的领域”（Graafmans and Taipal，1998），近年又被硅谷投资者誉为“下一个投资热点”（Wendi and Burkhardt，2016）。随着养老科技应用的拓展，形成了一批具有鲜明特色和应用领域的产品和服务。Graafmans于1991年在研究工作中首次使用了“gerontechnology industry”术语，并对欧洲与美国、日本的养老科技产业（gerontechnology industry）进行了比较，同时首次出现了产业领域的重要关键词市场——养老科技市场（gerontechnology market）（Graafmans，1991）。我国台湾和香港学者也开展了一些相关研究（Lu，2014；徐业良，2014）。与实践相比，理论研究处于落后地位，至今没有关于养老科技产业的理论分析和实证研究，这对于我们依靠科技创新应对人口老龄化，挖掘、培育老龄产业的新增长点是十分不利的。为此，本文借鉴外国学者对养老科技的阐述，将科学技术与发展老龄产业相结合，提出新兴养老科技产业概念，即新兴养老科技产业是以养老科技为基础，以满足老年（人）社会需求为目标，从事产品、服务和年龄友好环境的研发（设计）和生产经营活动的企业总和。界定这个新概念，可以从概念内涵与外延去分析。

概念内涵是事物的特有属性，是一事物（概念）区别其他事物（概念）的根本所在。新兴养老科技产业的概念内涵要点有三个：该产业是以满足老年人相关需求为内容的产业活动，不是满足任何人需求的产业活动；是以科技创新为基础的产业活动，不是重复已有的产品和服务活动；是企业从事的经营活动，不是其他类型社会组织从事的活动。

概念外延是概念所指对象的范围，新兴养老科技产业的概念外延包括三个对象范围，即需求对象范围、科技对象范围和企业对象范围。①关于需求对象的范围，也有三个方面：从需求主体上看，包括满足三类主体的涉老需求，即老年人自身的需求、照料者（照顾老年人的个人及组织）的需求——照料者为提高照料效率和效果形成的产品和技术需求、老龄社会（社区、政府部门和其他机构）的管理与服务者，为提高工作效率所形成的产品和技术需求；从需求结构上看，既包括老年人的衣食住行需求，也包括老年人随着社会进步而产生的新需求，即努力实现世界卫生组织所提出

的原则“老年人独立、参与、尊严、照顾和自我实现”（World Health Organization，2002）；从需求内容的构成上看，包括产品需求、服务需求和环境友好需求。年龄友好的“环境”是指适宜老年人生活的空间、公共场所，由于老年人体能和机能在不断下降，因此对环境友好（便利老年人行动）有很多的需求。②关于科技对象的范围，Bouma 等（2007）指出，“养老科技的知识基础，是对老年人个体、老龄化社会进程的认识和对新技术选择的认识。其中，老年（医）学领域包括老年生理学、老年心理学、老年社会学、老年医学，而工程科技领域（包括基础科学与应用科学）包括化学与生物化学、建筑学与建筑、ICT、机械电子与机器人、设计与人因工程、管理”。CareWheels（2015）认为，“GeronTechnology＝Gerontology＋Technology。其中 Gerontology 是关于老年人、老龄化的生理学、心理学和社会学现象的科学，而 Technology 是使用科学知识解决产业和商业问题的系统性处理方法”。③企业对象范围，由于产业是从事相同经营活动的企业集合，所以新兴养老科技产业是养老科技企业的集合，是面向三类涉老需求主体开展经营活动的企业，且所从事创新活动的服务对象的特殊性，这类企业应当是微利型的。

2. 与相关概念的区别

为了更好地把握新兴养老科技产业概念，要特别注意它与现有一些产业的区别：①与养老房地产行业不同，养老房地产行业从事老年人生活用房、休闲娱乐用房、管理服务用房及配套的环境设施建设经营活动；新兴养老科技产业不提供“房”与“设施”，仅提供产品、服务和环境。②与传统的养老服务业不同，传统养老服务业以劳动密集型为主，新兴养老科技产业是以 ICT 为基础的养老服务，而且还提供科技密集型的养老产品。③与养老事业不同，“养老事业”是以老年人为对象的公共服务事业，具有非营利性。新兴养老科技产业属于商业性的经营活动。④与医药产业不同，虽然两者都向老年人提供产品，但养老科技产业提供的产品是由材料、控制、电子器件等构成，而不是由化学物质与生物物质等构成；新兴养老科技产业的某些产品在解决老年人“社会交往”“心理健康”“疾病管理”“独立性问题”等方面具有独特优势，而医药产品则不具有这样的功能。⑤与智慧养老产业既有联系也有区别，前者强调的是“新一代信息技术”“养老资源对接与优化”“健康养老服务”，重点是“服务”。新兴养老科技产业不仅包括信息技术，而且还包括许多新兴技术，如传感器、新材料、人工智能等；研发经营内容不仅包括服务和对接，更强调产品供给与年龄环境友好设计，解决心理需求和社会参与等问题。

（二）产业内部结构细分

新兴养老科技产业内部结构细分（以下简称“行业结构细分”）是从供给角度对养老科技产业的产品和服务进行归类。结构细分对于引导企业发展、制定相关政策具有重要意义。养老科技产业的行业结构细分，应从养老科技应用领域与老年人需求实际出发，将满足相同需要（类似）的产品和服务确定为同一行业。第二届养老科技国际会议讨论的应用领域，包括知觉与认知、通信技术、行动与交通、健康与家庭护理、居所、训练与教育、安全与安保、产品设计等（Graafmans and Taipal，1998）。

根据上述分析，本文提出如下新兴养老科技产业的行业细分：①满足健康生活需要的健康生活科技养老行业，该行业为健康老年人提供保持身心健康、识别和预防功能下降的产品与服务等；②满足医疗护理需要的医疗护理科技养老行业，该行业为患有疾病的老年人提供医治老年人慢性病、阿尔兹海默病及失能照料等的产品和服务等；③满足环境友好需要的环境友好科技养老行业，该行业面向老年人住所与交通环境，提供环境年龄友好的产品与服务，诸如环境与建筑包容性设计、智慧家居（卫生间、厨房、卧室、起居室、室外环境等）、环境监测与安全产品、老年人与社区及养老机构互联产品、出行与交通便利产品和服务，以及和生活环境维持与控制产品等；④满足社会心理需要的幸福生活科技养老行业，该行业针对老年人社会心理变化，提供满足精神和尊严需要的产品和服务等；⑤满足养老机构需要的服务与管理行业，该行业不直接服务于老年人，而是为养老机构、社区服务机构、养老医疗机构等提高管理与服务质量和效率提供技术、产品、服务。

（三）产业特征

1. 融合性

新兴养老科技产业是指在学科交叉基础上，相关工业与医药业相结合融合而形成的，唯有如此才能研发生产出适宜老年人的产品与服务，诸如远程医疗服务技术及产品、老年人社交网络技术及设备、面向老年人精神健康的终身学习技术及产品、老年人行动自由与康复技术及产品、解决老年人体能或认知上的困难、缺陷和失能的辅助技术及产品、老年人情绪/影响/情绪识别和调节的技术及产品、社交与护理机器人等（Fernández-Caballero et al.，2017）。之所以需要融合，因为“老年学家了解老化的过程，可以促进老年用户的体验。工程师和营销经理通常不具备这方面的专业知识。当技术和营销在没有老年学家参与的情况下进行时，大量的钱被投资在无用的技术上。老年学家不具备开发或设计新技术的技能。成功将取决于不断发展的伙伴关系，包括老年医学专家、工程师、营销专家和老年人一起工作并相互倾听”（Pruchno，2019）。

2. 新兴性

第一，新兴养老科技产业出现及发展历史短，养老科技产业是伴随着养老科技的形成发展和应用拓展而逐渐发展起来的，而养老科技又是随着人口老龄化发展而发展起来的。20 世纪 80 年代末是人口老龄化快速发展的起点，因而提出了应对人口老龄化的养老科技，90 年代初才出现了养老科技产业，这个产业的发展史不过 30 年。第二，新兴养老科技产业具有高增长潜力，而不是实际的高增长，它的大部分增长潜力尚未实现，而且它们的增长率通常低于已进入高增长阶段的其他行业，因为，老年人对新产品和服务有个认识和接受的过程。第三，新兴养老科技产业主体——企业具有高度的集群倾向，这种空间浓度和地理相邻便于相互联系，获得知识溢出效应，并且一些成本和功能实现共担，这促进了新产业的产生和发展。养老科技产业的新兴性决定了政府支持引导政策的重要性，产业内主体——企业的坚持与集群发展的重要性。

3. 惠民性

老年人口的增长，涉及家家户户。老年人面临的挑战，牵动着家庭每个人，影响着每个人的工作和生活。老年人健康生活不仅是个人的快乐生活，也是全家人的快乐生活，根据我们对北京地区的抽样调查：67%的老年人对智能家居感兴趣、55%的老年人认为电器设备存在危险、30%的老年人认为厨房有潜在危险、63%的老年人对住房和居家设计不满意、80%的老年人认为品种不丰富；渴望精神关怀与交流的老年人口达 90%、71%的老年人关注健康事件。养老科技产业的发展就是以解决此类问题为目标的，它的发展不仅惠及老年人自己，同时减轻了家庭及每个成员的负担，有利于提高整个社会的获得感和幸福感，促进社会健康和谐发展。

三、我国部分区域新兴养老科技产业发展评价

（一）新兴养老科技产业发展制约因素

为了对新兴养老科技产业进行评价，首先需要分析影响产业发展的外部驱动因素和内部能力

因素。

1. 外部驱动因素

外部驱动因素决定了该产业的潜力和价值，具体内容包括：

（1）人口结构与长寿命的变化。全球人口预期寿命将从2010~2015年的71岁，增长至2045~2050年的77岁。2018年12月28日发布的《大健康产业蓝皮书：中国大健康产业发展报告（2018）》指出，从消费水平绝对值看，老年人消费水平高于人均消费水平。老年人消费规模测算结果显示，2020年、2025年、2030年、2035年、2040年和2050年的老年人口总消费分别达到了7.01万亿元、11.36万亿元、18.33万亿元、26.81万亿元、36.36万亿元和61.26万亿元。老年人口的迅速增加、人口结构比例的变化、人口寿命的延长，导致了老年人需求比例逐渐提高，这是新兴养老科技产业迅速发展的重要驱动因素。

（2）政府相关政策的激励与引导作用。"尽管养老科技和'银发经济'通常与创新产品或系统联系在一起，但对该行业的分析表明，这基本上是一个自上而下的过程"（Argoud，2017）。Moody（2004）认为政策比资金更为实际可行，我们不能指望政府资金来支持现在或未来的老年人服务。国际经验表明，单独依靠政府资源应对人口老龄化已经难以为继。因此，政府政策如何，直接制约着本区域的新兴养老科技产业发展。

（3）消费者行为与兴趣。一方面，随着社会发展和不断进步，老年人的需求种类和对健康及生活质量、尊严有越来越高的要求。另一方面，医疗服务机构对支持有助于管理健康老龄化的技术解决方案也表现出兴趣。消费兴趣还来自老年人家庭成员，他们更希望科技产品能减轻老年人面临的生活挑战、提高生活质量，同时减轻子女的担忧和负担。

2. 内部能力因素

新兴养老科技产业发展的内部因素，决定了这个产业所具有的经济动能能否变为现实。内部能力因素包括产业基础能力和产业持续能力。

产业基础能力是指产业发展的起点是否比较高、基础是否稳固，由产业发展要素及其组合决定，要素包括人员要素、资金要素以及产业规模（规模大小反映了要素组合优化的程度）。该产业科技密集型特点决定了：研发经费投入多，高新技术企业和上市公司多，产业发展的起点就越高；要素投入越多，产业规模越大，产业发展基础越稳固。

产业持续能力是指产业持续稳定发展的能力，由产业经营能力和技术创新能力决定。经营能力包括效益运营能力和资金运营能力，前者指产业自身能够不断积累发展基础，后者指不断从外部获得产业发展所需资金。

（二）评价指标与评价模型

1. 新兴养老科技产业发展指数评价指标体系

根据对新兴养老科技产业发展外部驱动因素和内部能力因素的分析，可确立新兴养老科技产业发展指数评价指标体系，它由3个一级指标，9个二级指标和18个三级指标构成，如表1所示。

（1）新兴养老科技产业基础能力。产业基础能力主要包括人员投入、资金投入和产业规模。其中，衡量人员投入的主要指标有从业人员数量和研发人员数量等指标；资金投入通过投资总额、年内新增固定资产投资和研发经费支出三个方面来衡量；企业规模通常用主营业务收入和企业年末总资产来衡量，而产业规模作为评价产业发展的基础，用资产总计、养老科技上市企业数量和高新技术企业占比来表示，高新技术企业是技术密集型和知识密集型的重要创新主体。

表1　新兴养老科技产业发展评价指标体系

一级指标	二级指标	三级指标	指标单位
产业基础能力	人员投入	从业人员	人
	资金投入	投资总额	元
		年内新增固定资产投资	元
		研发经费支出	元
	产业规模	资产总计	元
		养老科技上市企业数量	个
		高新技术企业占比	%
产业驱动能力	经济因素	经济发展速度	%
		城镇化水平	%
	政策因素	政府支持的养老科技政策数量	个
	市场因素	应收账款周转率	次
产业持续能力	效益运营能力	总资产周转率	次
		净资产收益率	%
		净利润率	%
	资金运营能力	融资总额	元
	技术创新能力	养老科技专利申请数量	个
		有效养老科技发明专利授权数量	个
		国内养老科技论文发表数量	篇

（2）新兴养老科技产业驱动能力。新兴产业的发展具有不确定性和高风险性的特点，需要通过出台一些产业政策来促进新兴产业的发展，而新兴养老科技产业作为新兴产业同样如此，因而用政府支持的养老科技政策数量来表示政策因素对产业的驱动状况（Ho and Lin，2003）。经济因素通过经济发展速度和城镇化水平来衡量，其中城镇化水平可以用来反映一个国家或地区的经济发展水平（董会忠等，2016），“城镇化”水平越高，“经济发展速度”越快，养老资源增加的可能性越大，生活环境改进的可能性也越大。市场因素通过应收账款周转率来反映，表示企业的应收账款从发生到收回周转一次所需要的平均天数，“周转率”越高，说明市场机制运行畅通，有利于新兴产业创生和发展。

（3）新兴养老科技产业持续能力。产业持续能力用效益运营能力、资金运营能力和技术创新能力来表示。其中，效益运营能力是指企业经营运作的能力，表示企业通过资产来获取利润的能力，其中包括总资产周转率、净资产收益率和净利润率等指标，“效益运营能力”越高，产业积累越高，抵御风险和不确定性的能力越高，这正是新兴产业所需要的关键要素。资金运营能力是指企业能够融通资金规模的大小，用企业融资总额来表示，“资金运营能力”强，有助于保证在特殊情况下，为新兴产业的研发和新市场开发补充资金。技术创新能力是指企业、高校、科研院所或个人在科技领域内发明和创新的综合实力。科技论文数量和专利数量可表征技术创新能力的大小（金成，2019）。专利文献详细地记录了技术的发展历程，可以反映技术创新的水平（Brockhoff，1992）。科技论文可以作为基础研究的成果表示（魏瑞斌等，2015），而基础研究对于科技创新是至关重要的。本文使用专利申请数量、有效发明专利授权数量和科技论文发表数量来表示技术创新能力。

2. 新兴养老科技产业发展指数评价模型构建

（1）原始数据标准化处理。

在确定各级指标权重之前，首先对评价新兴养老科技产业发展的 18 个三级指标原始数据进行标准化处理，可以使不同单位或者不同量级的指标进行比较或加权，具体公式为：

$$x'_{ij}=\frac{x_{ij}-x_{ij_{\min}}}{x_{ij_{\max}}-x_{ij_{\min}}} \tag{1}$$

其中，x_{ij}为第 i 个评价对象在第 j 个指标上的值，x'_{ij}为经过标准化后的值。

（2）离差最大化法确定权重。

离差最大化是通过比较某一指标与所有指标的总离差来衡量指标的重要性，比值越大，表示其权重越大（Wei，2008）。其计算步骤如下：

步骤一：根据式（1），对原始数据进行标准化处理得到 x'_{ij}。

步骤二：计算评价对象 i 和其他的评价对象的离差，计算公式为：

$$H_{ij}(w)=\sum_{l=1}^{n}|x'_{ij}w_j-x'_{lj}w_j| \tag{2}$$

步骤三：对于评价指标 j，计算各个评价对象与其他的评价对象的总离差，计算公式为：

$$H_j(w)=\sum_{i=1}^{n}\sum_{l=1}^{n}w_j|x'_{ij}-x'_{lj}| \tag{3}$$

步骤四：各个指标的权重线性规划模型为：

$$\begin{cases}\max H(w)=\sum_{j=1}^{m}\sum_{i=1}^{n}\sum_{l=1}^{n}|x'_{ij}-x'_{lj}| \\ s.t.\sum_{j=1}^{m}w_j=1,w_j>0,j=1,2,\cdots,m\end{cases} \tag{4}$$

步骤五：对上述模型进行求解，同时进行归一化处理，得到各个指标的权重：

$$w_j=\frac{\sum_{i=1}^{n}\sum_{l=1}^{n}|x'_{ij}-x'_{lj}|}{\sum_{j=1}^{m}\sum_{i=1}^{n}\sum_{l=1}^{n}|x'_{ij}-x'_{lj}|} \tag{5}$$

（3）TOPSIS 法合成指数。

TOPSIS 方法是一种多目标决策方法，由 Wang 和 Yoon 在 1981 年首次提出（Wang and Yoon，1981），其原理为：通过计算各个评价对象与最优目标和最劣目标之间的距离，进而对评价对象进行综合排序。最好的评价对象应该是距离最优目标最近，距离最劣目标最远，距离的计算通常采用欧氏距离，其计算步骤如下：

步骤一：根据经过标准化处理后的数据 x'_{ij}与通过离差最大化法确立的指标权重 ω_j，得到权重规范化矩阵 Y：

$$Y=(v_{ij})_{m\times n}=[\omega_j\times x'_{ij}]_{m\times n} \tag{6}$$

步骤二：根据权重规范化矩阵，计算正理想解 A^+和负理想解 A^-：

$$A^+=(A_1^+,A_2^+,A_3^+,\cdots,A_n^+)=\{\max_i v_{ij}|j=1,2,\cdots,n\} \tag{7}$$

$$A^- = (A_1^-, A_2^-, A_3^-, \cdots, A_n^-) = \{\min_i v_{ij} \mid j = 1, 2, \cdots, n\} \tag{8}$$

步骤三：计算每个评价对象与正理想解 A^+ 和负理想解 A^- 的距离，分别为 D_i^+ 和 D_i^-：

$$D_i^+ = \sqrt{\sum_{j=1}^{n} (V_{ij} - v_j^+)^2} \tag{9}$$

$$D_i^- = \sqrt{\sum_{j=1}^{n} (V_{ij} - v_j^-)^2} \tag{10}$$

步骤四：计算各个评价对象与理想解的贴近程度 C_i：

$$C_i = \frac{D_i^-}{D_i^+ + D_i^-} \tag{11}$$

最后，根据贴近程度 C_i 值的大小对各个评价对象进行排序，C_i 的值越大，表示目标最优，C_i 值最大的即为最优评选目标。

（三）数据来源与测算结果

1. 数据来源

本文选取在沪深两市主板上市的新兴养老科技产业领域的公司为研究对象。养老科技企业的初步筛选来自以下六个渠道：①工业和信息化部、民政部和国家卫生计生委公布的智慧健康养老示范企业名单；②工业和信息化部、民政部和国家卫生计生委公布的智慧健康养老产品及服务推广目录中的企业；③金融界养老概念板块的上市公司；④同花顺养老概念板块的上市公司；⑤Wind 数据库中养老产业板块的上市公司；⑥通过确立的“养老科技”专利检索表达式，在 IncoPat 专利数据库检索含有“养老科技”专利的上市公司。

由于智慧健康养老示范企业和智慧健康养老产品及服务推广目录中的企业是通过各级主管部门推荐和专家评审而来的，具有养老科技企业的特征，这些企业只要是上市公司，就作为新兴养老科技产业的企业。对于其他从事与养老相关的已经上市的公司，我们需要进一步筛选来确立其是否属于新兴养老科技产业的企业，筛选原则如下：①不包括一般的制药企业，但包括用于医治老年人特有疾病的制药企业（如老年人慢性病等）；②不包括制造满足于医疗机构需求的产品的企业但包括制造满足老年人需求产品的企业；③不包括养老房地产、养老金融和养老保险；④通过上市公司年报中的公司简介、公司业务和经营状况以及公司网站来确定企业生产的产品和提供的服务（产品和服务参照智慧健康养老产品及服务推广目录），如果有相应的产品和服务，则将其确定为新兴养老科技产业的企业。

根据上述筛选原则，从 3678 家沪深上市公司中选取 90 家养老科技上市公司作为数据样本。从企业所属的省份来看，养老科技企业分布在我国 20 个省级行政区。为此，本文研究对象为我国 20 个省级行政区，时间为 2011~2017 年，基础数据主要来源于《中国统计年鉴》、CNKI 数据库、巨潮资讯网、Wind 数据库、国家知识产权局网站、国泰安数据库、Incopat 专利数据库、北大法宝法律数据库等。通过养老科技企业的基础数据加总得到各省级行政区新兴养老科技产业数据，以此来测算新兴养老科技产业发展指数。

2. 测算结果

根据前文构建的新兴养老科技产业发展指数模型，我们对 2011~2017 年我国 20 个省级行政区的新兴养老科技产业发展指数进行了测算（见表 2）。

表 2　2011～2017 年我国各省级行政区新兴养老科技产业发展指数结果

省份	2011 年	2012 年	2013 年	2014 年	2015 年	2016 年	2017 年
北京	0.367	0.369	0.478	0.546	0.535	0.547	0.620
天津	0.276	0.206	0.213	0.253	0.242	0.220	0.201
河北	0.177	0.262	0.212	0.201	0.202	0.177	0.214
辽宁	0.154	0.232	0.228	0.168	0.210	0.150	0.188
上海	0.247	0.263	0.309	0.337	0.294	0.264	0.258
江苏	0.188	0.244	0.269	0.281	0.358	0.338	0.324
浙江	0.218	0.181	0.252	0.355	0.275	0.283	0.245
福建	0.141	0.118	0.133	0.174	0.166	0.199	0.202
山东	0.419	0.385	0.274	0.241	0.222	0.228	0.275
广东	0.620	0.633	0.594	0.567	0.636	0.604	0.598
海南	0.084	0.085	0.070	0.120	0.116	0.119	0.111
黑龙江	0.173	0.194	0.171	0.182	0.166	0.177	0.169
安徽	0.207	0.230	0.289	0.288	0.286	0.211	0.251
湖北	0.226	0.176	0.300	0.185	0.234	0.230	0.248
湖南	0.163	0.167	0.177	0.194	0.214	0.227	0.187
四川	0.152	0.153	0.181	0.165	0.226	0.214	0.231
重庆	0.105	0.116	0.140	0.143	0.139	0.144	0.156
贵州	0.182	0.219	0.159	0.186	0.140	0.136	0.135
内蒙古	0.115	0.135	0.075	0.135	0.158	0.137	0.108
西藏	0.156	0.161	0.167	0.176	0.208	0.280	0.202
全国	0.219	0.226	0.235	0.245	0.251	0.244	0.246

根据测算结果，从产业发展指数和区域养老共享价值方面，对我国人口老龄化程度（65 岁及以上老年人口比例）大于等于 11%的区域养老科技产业发展水平进行评价，共有 14 个省份符合条件成为评价对象。

（四）新兴养老科技产业发展指数

新兴养老科技产业发展指数年均增长率可以反映新兴养老科技产业发展的持续性和潜力，图 1 为人口老龄化程度大于等于 11%的 14 个省份的新兴养老科技产业发展指数与年均增长率。图中的灰色虚线表示 14 个省份产业发展指数的平均值，图中的黑色虚线为 14 个省份产业发展指数的年均增长率。

根据图 1 可知：从增长率看，新兴养老科技产业发展指数总体呈上升趋势（增长率为正）的区域包括：北京市、河北省、辽宁省、上海市、江苏省、浙江省、安徽省、湖北省、湖南省、四川省和重庆市。新兴养老科技产业发展指数总体呈下降趋势（增长率为负）的包括：天津市、山东省和黑龙江省。

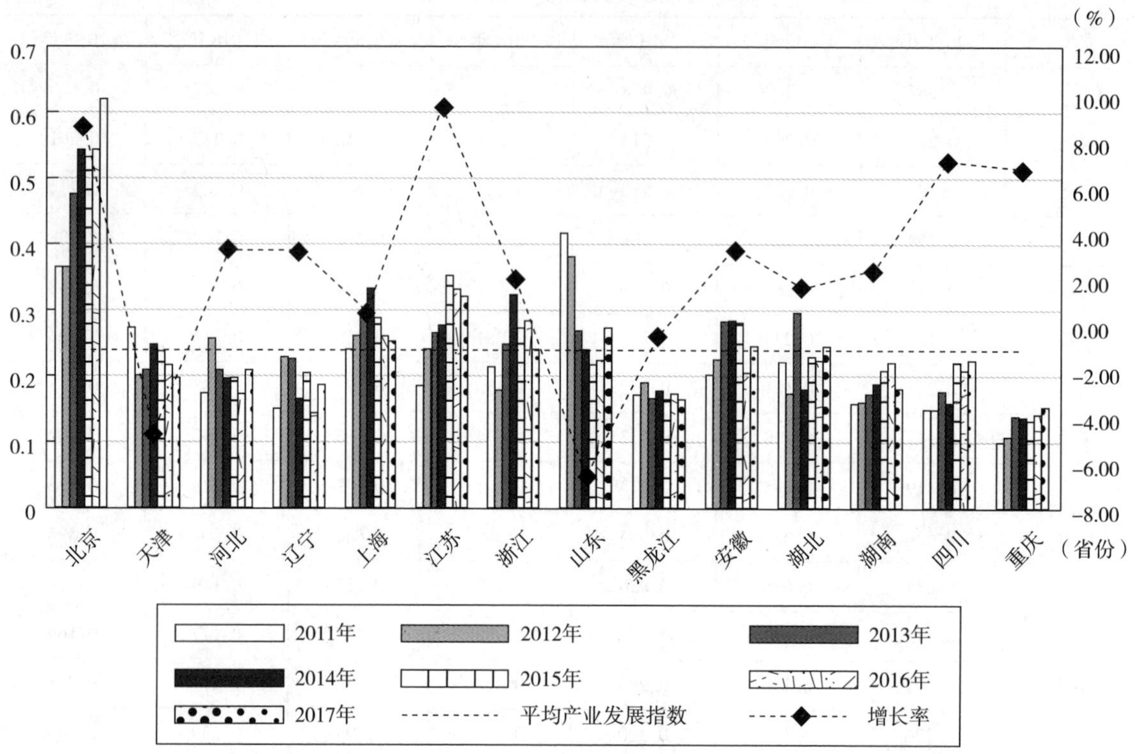

图 1　2011~2017 年我国 14 个省份新兴养老科技产业发展指数与年均增长率

从发展指数大小看，各年平均新兴养老科技产业发展指数高于全国平均值的区域有北京市、上海市、江苏省、山东省、安徽省和湖北省；各年平均新兴养老科技产业发展指数低于全国平均值的区域有重庆市、四川省、湖南省、黑龙江省、辽宁省、河北省和天津市。

为了深入分析影响 14 个省份的新兴养老科技产业发展水平的因素，这里将从二级指标（产业基础能力、产业驱动能力和产业持续能力）对“差异”原因进行分析。首先计算 14 个省份的“发展总指数评价值”“产业基础能力平均值”“产业驱动力平均值”“产业持续能力平均值”，并排序得到表 3。根据表 3 可以发现：①总体而言，我国目前新兴养老科技产业的基础能力还比较弱，是制约发展指数的主要原因。②根据 Ward 系统聚类方法，14 个省份可以分为三类。

表 3　2011~2017 年我国 14 个省份新兴养老科技产业发展指数平均值及分领域指数

排名	新兴养老科技产业发展总指数平均值		新兴养老科技产业发展分领域指数					
			产业基础能力		产业驱动能力		产业持续能力	
1	北京	0.495	北京	0.468	安徽	0.514	北京	0.600
2	山东	0.292	上海	0.320	山东	0.495	江苏	0.323
3	江苏	0.286	山东	0.285	湖北	0.401	浙江	0.246
4	上海	0.282	江苏	0.220	浙江	0.395	天津	0.236
5	浙江	0.258	天津	0.210	江苏	0.386	湖北	0.236
6	安徽	0.252	浙江	0.195	上海	0.358	四川	0.207
7	天津	0.230	湖南	0.183	河北	0.324	山东	0.203

续表

排名	新兴养老科技产业发展总指数平均值		新兴养老科技产业发展分领域指数					
			产业基础能力		产业驱动能力		产业持续能力	
8	湖北	0.229	黑龙江	0.179	北京	0.320	湖南	0.199
9	河北	0.207	河北	0.174	辽宁	0.319	安徽	0.198
10	辽宁	0.190	四川	0.162	天津	0.270	河北	0.188
11	湖南	0.190	安徽	0.154	黑龙江	0.234	上海	0.186
12	四川	0.189	辽宁	0.136	四川	0.225	辽宁	0.178
13	黑龙江	0.176	湖北	0.125	重庆	0.205	黑龙江	0.149
14	重庆	0.135	重庆	0.111	湖南	0.186	重庆	0.120

位于全国新兴养老科技产业发展“第一类”的是北京市，在产业基础能力和产业持续能力均位于全国首位，在产业驱动能力排名第八，处于全国中游位置，通过三级指标分析可知，北京在支持养老科技产业发展的政策有欠缺。

位于新兴养老科技产业发展“第二类”的四个省份分别是山东省、江苏省、上海市、浙江省，这四个省份在产业基础能力、产业驱动能力和产业持续能力三个方面大都处于全国前列（前七位）。上海市在产业持续能力排名全国前十一位，其主要原因是融资总额以及基础研究不足。

位于新兴养老科技产业发展“第三类”的省份主要集中在我国的西部和中部地区，这些省份在产业基础能力、产业驱动能力和产业持续能力这三个方面存在较为明显的发展短板，如辽宁省在产业基础能力和产业持续能力这两个维度处于全国下游位置，主要原因是技术开发能力较弱；四川省在产业驱动能力方面存在短板，主要原因是缺乏引导新兴养老科技产业发展的相关政策。

（五）区域养老共享价值分析

发展新兴养老科技产业，其目的是应对人口老龄化带来的挑战，是将“挑战”转化为“机遇”，是培育发展新经济增长点，同时我们还要坚持面向老年人健康生活需求，促进代际公平，社会和谐发展。为此，特提出养老共享价值概念，它是指老年人在新兴养老科技产业发展中获得的收益。如何分析这个“收益”呢？一方面可以从总体上衡量基本态势，另一方面从单位老人共享价值量去把握。

1. 养老共享价值总体态势分析

“总体态势”是新兴养老科技产业发展指数与人口老龄化指数的对比关系。“态势”可以通过计算不同时间阶段内的两者对比关系得到，如图2所示，表示了2011~2017年期间内，我国14个省份养老共享价值的总体态势：发展指数的增长率高于人口老龄化指数增长率，说明两者发展是相适应的，养老共享价值有保障。

2. 老人共享价值差异分析

老人共享名义价值（*SV*）是指每位老人从新兴养老科技产业发展中获得的收益。“收益”来自新兴养老科技产业，内涵比较丰富，而“发展指数”（*DI*）是对各种内涵的综合，故用*DI*表示“收益”，用*AP*表示老年人数量，则（*DI/AP*）为每位老年人可能从新兴养老科技产业中获得的名义收益。由于*DI*为指数值，而*AP*为数10万计，故乘以10000而便于表述，但基本含义不

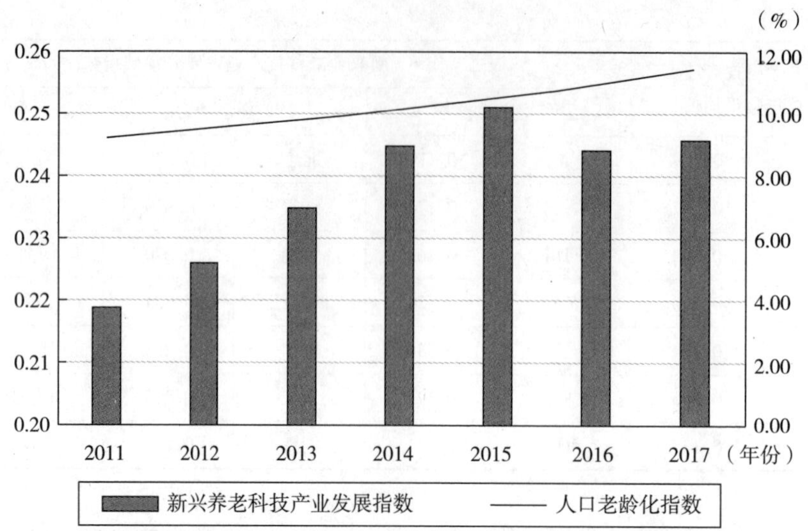

图 2　2011~2017 年我国整体新兴养老科技产业发展指数与人口老龄化指数对比

变。当不同地区的每位老人获得的名义 *SV* 收益相同时，即在新兴养老科技产业收益中占有的比例相同，但由于各个不同区域的养老金（*P*）是有差别的，故老年人可以获得实际"收益"（SV_{tt}）是不同的，由此得到养老共享价值（SV_{tt}）如下：

$$SV_{tt} = \frac{DI \times 10000}{AP} \times P \tag{12}$$

其中老年人口数量来源于国家统计年鉴，退休人员月均养老金来源于 Wind 数据库。年均增长率可以反映各个区域老年人共享新兴养老科技产业发展收益的持续性和潜力，结果如图 3 所示，图中的黑色虚线为养老共享价值的平均值，灰色实线为 14 个省份养老共享价值的年均增长率。

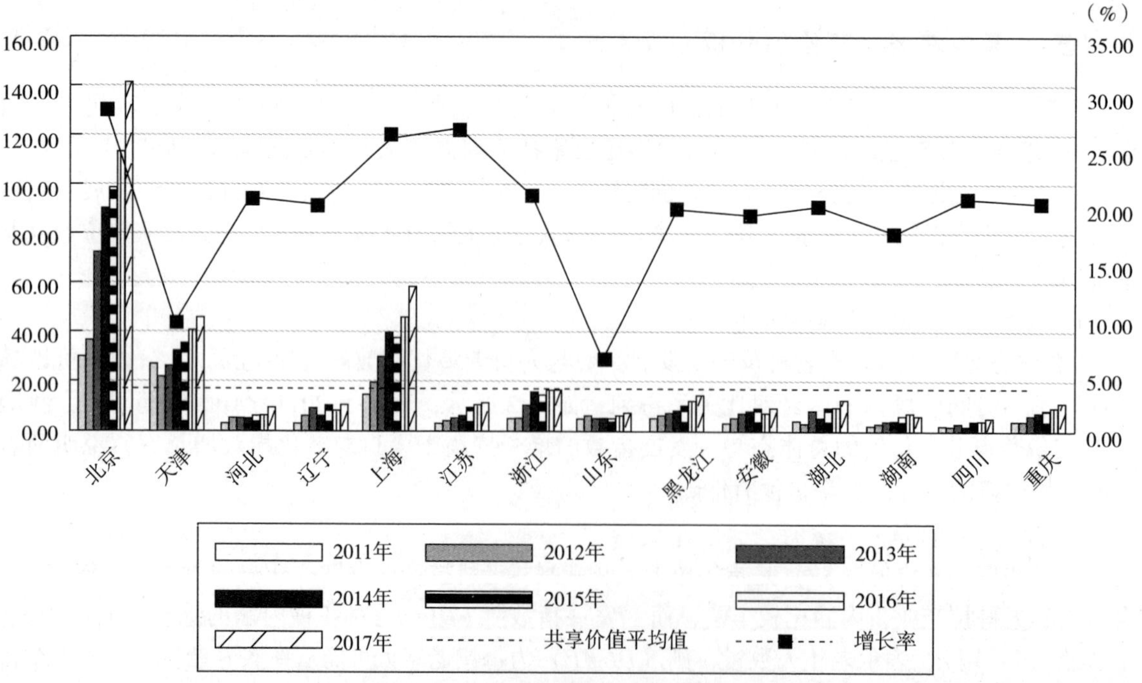

图 3　区域养老共享价值对比分析

根据图3可知：①14个省份的养老共享价值是逐年增加的，各个省份的年均增长率有差异，高于14个省份共享价值平均值的是（依据数值高低）北京市、天津市、上海市。②养老共享价值取决于“发展指数”和“人口老龄化指数”，人口老龄化指数难以控制，但发展指数是可以努力提高的。在高于“平均值”的3个省份中，尽管北京人口老龄化程度在14个省份里排名第八，但由于其发展指数排名很高，养老金比较高，因此北京养老共享价值排名第一；上海市人口老龄化程度排名第一，但由于发展指数比较高且养老金也比较高，所以上海市养老共享价值也比较高。③多数省份养老共享价值没有达到14个省份平均值，在人口老龄化程度加速的情况下，必须大力发展新兴养老科技产业。

四、我国新兴养老科技产业存在的主要问题

（一）区域新兴养老科技产业发展存在明显不平衡性

对人口老龄化程度大于等于11%的14个省份进行新兴养老科技产业发展指数评估，发现新兴养老科技产业发展具有明显不平衡性：①有7个省份的新兴养老科技产业发展指数低于平均值；②山东省、天津市和黑龙江省的新兴养老科技产业发展呈下降趋势；③有11个省份养老共享价值低于平均值。

（二）新兴养老科技产业主体严重不足

新兴养老科技产业的主体就是新兴养老科技企业。2018年，根据对全国上市公司和高新技术企业的筛选，全国新兴养老科技企业总数2370家，老年人口总数2.4亿，这相当于1家新兴养老科技企业服务于近10万老年人。同期全国企业总数近1.5亿家（2018年底），同期人口总数13亿多，相当于1个企业服务于9人。新兴养老科技企业的严重不足，必然造成新兴养老科技产业供给能力不足，老年人及老年社会的需求难以满足，整个社会的满意度和幸福感必然下降。

（三）产业供求严重不平衡

从产品需求上看（根据我们对北京的抽样调查）：空巢家庭近50%，老年人对家庭预警系统感兴趣占73%、对医疗预警系统感兴趣占56%、对远程医疗技术持接受态度占58%；61%的老年人认为产品功能太多，并且不适用；31%的老年人认为操作复杂，认为新产品种类很少、较少和一般的占73%；认为住房设计和家居设施很差、较差和一般的占64%；老年人慢性病患病率高达74.2%；近85%的受访老人对新技术和产品有兴趣。从产品供给上看，全球已有6万种老年用品，日本就有4万种，而我国只有两千多种（新华社——《瞭望东方周刊》，2014）。从“目录企业”提供的产品类别看，仅有16种，而且这些产品规格型号单一，远远满足不了目前老年人的需求。

（四）产业创新能力弱

“目录企业”拥有专利数为49599项，其中涉老专利仅4402项，在国外申请获得的涉老专利仅238项。在新兴养老科技基础共性技术和关键核心技术领域中，我国有竞争力专利数量与先进

国家相比还有较大差距。2019 年《养老科技者》公布的全球知名老年人健康医疗服务企业名单，其中健康领域企业 37 家，智慧家庭技术（产品）与可穿戴设备企业 28 家、提供认知照料技术（产品）的相关企业 19 家、提供生活社区技术（产品）的相关企业 12 家、提供护理技术（产品）的相关企业 14 家、提供医疗照料的企业 6 家、提供辅助生活技术（产品）的企业 24 家、提供家庭照料技术（产品）的企业 13 家，上述这些企业中没有中国的企业（Etkin，2019）。

（五）相关制度政策不完善

基本都是养老保险产品或金融产品问题的相关规定，并未出现“养老科技产品”条目。目前涉老法规（标准）聚焦点主要是养老保险、社会保障、养老服务、养老机构、居家与社区养老。而如何支持养老企业发展的政策法规、保证养老科技产品质量的标准十分欠缺，难以为新兴养老科技产业发展提供保障。

五、发展我国新兴养老科技产业的对策建议

（一）制定新兴老龄科技产业发展规划

①在充分调研的基础上，从面向国内、放眼世界的战略高度，围绕产业创新能力和市场占有率确立发展目标、主要任务与重要举措，并将其纳入战略性新兴产业的组成部分。②明确产业发展路径，一方面，以科技创新改造升级现有老龄（产品）产业，并面向中低收入老年群体开拓市场；另一方面，将老龄科技创新成果产业化，面向高收入老年人群体开拓市场。③以北京建立新兴养老科技产业发展示范区为先导，逐渐在新兴养老科技产业共享价值低的重庆市、四川省、黑龙江省、辽宁省、江苏省、山东省、安徽省、湖北省、湖南省、河北省建立养老科技产业园区，发挥示范引领作用。④培育一批产业骨干企业和研发机构，发挥引领和带头作用，掌握国际竞争话语权。⑤成立涵盖各领域专家的新兴养老科技产业工研院，开展基础共性技术研究，提供关键核心技术与产品。

（二）大力培育产业创新主体

一是在新兴养老科技产业发展指数比较低的重庆市、四川省、湖南省、黑龙江省、辽宁省、河北省和天津市，大力支持在养老科技领域开展双创，给予新创企业三年的税收优惠期。二是建立高新技术企业“培育名单”制度，即对于以养老科技创新为主营业务的企业，在申请认定高新技术企业时，若条件不完全满足达标时，可以列入“培育名单”，三年内享受高新技术企业各类优惠。三是在《国家重点支持的高新技术领域》增列养老科技领域，符合条件的企业可以在该领域申请认定高新技术企业。四是鼓励有基础、经营能力强的高新技术企业、上市公司拓展业务，逐渐成为新兴养老科技企业，当主营业务发生转移时，给予三年的税收优惠期。五是鼓励在各类园区、开发区，开辟新兴养老科技企业活动单元，吸引研发机构和相关企业入园，形成新兴养老科技企业集群发展态势。六是加速公布“目录企业”名单，引导双创企业进入名单。

（三）努力提升新兴养老科技产业创新能力

①依托北京（全国科技创新中心，即将进入老龄社会）建立养老科技创新策源地，将养老科

技创新纳入北京科技创新中心建设之中，为新兴养老科技产业提供产业共性技术、关键技术，为产业抢占全球养老科技创新制高点服务。②在国家重点研发计划、国家自然科学基金立项中，对养老科技基础科学（老年生理与医学、信息与数据科学）与共性技术（信息通信技术、传感器技术、推理技术、机器人技术、人机交互技术）给予重点支持。③激励新兴养老科技企业掌握核心技术和标准，对于申请并获得国际专利者给予奖励，对高被引专利实施动态持续奖励；对于主导研制该领域标准的企业，按照标准的级别给予不同奖励。④激励新兴养老科技企业加大研发投入，对于研发活动实施最高比例的加计扣除，并对养老科技产品的效能测试活动纳入加计扣除。

（四）优化产业政策环境，为新兴养老科技产业健康发展提供保障

由于该产业的新兴性、科技密集型，决定了其发展过程中存在诸多不确定性和风险，因此优化产业政策环境十分必要。组建新兴养老科技产业创新服务研究中心，大力开展咨询服务，为政府以及企业和研究机构提供决策咨询。重点开展以下政策研究：从供给侧方面，研究激励产业主体的相关政策；从需求侧方面，研究培育市场，拉动供给的政策；从产业竞争方面，研究知识产权相关政策，保证有序竞争，提高产业国际竞争力。

（五）抓好发展新兴养老科技产业的基础工作

①制定新兴养老科技产业与企业标准，避免鱼龙混杂的企业享受相关支持政策，提高政策的针对性和有效性；研究制定养老科技产品和服务标准，保证新兴养老科技产品与服务的安全性、便利性和有效性。②将养老科技纳入国家“十四五”科技发展规划和中长期科技发展规划（2021-2035），为新兴养老科技企业的发展提供指引和创新环境。③开展全国性的老年人需求调研，研究不同区域和年龄结构人员接受科技产品的规律性，为新兴养老科技企业提供需求信息，为政府政策提供决策信息。④研究制定新兴养老科技企业发展指数，监测新兴养老科技企业发展态势，为企业创新发展和政策优化提供决策基础。⑤大力培育新兴养老科技企业创新人才，建议具备条件的高校设立养老科技交叉学科专业，培养本科、硕士层次的相关人才。⑥大力开展国内外学术交流活动，成立相关学术团体、创建学术期刊，牵头国际合作项目，发起国际论坛，力争在国际科学研究与学术交流中获得话语权，为新兴养老科技企业发展提供良好的国际环境。

参考文献

[1] 黄鲁成，刘春文，苗红，吴菲菲. 开展依靠科技创新应对人口老龄化研究的思考 [J]. 中国软科学，2019 (5).

[2] Harrington T L, Harrington M K. Gerontechnology: Why and how [J]. Gerontechnology, 2000 (1): 1-2.

[3] Graafmans J, Taipale V. Gerontechnology: A sustainable investment in the future [J]. Studies in Health Technology and Informatics, 1998 (48): 3-6.

[4] Wendi B. The next hottest thing in silicon valley: Gerontechnology [EB/OL]. https: //www. forbes. com/sites/vinettaproject/2016/09/20/the-next-hottest-thing-in-silicon-valley-gerontechnology/, 2016-09-20.

[5] Graafmans J A M. TIDE proposal gerontechnology [J]. BMGT, 1991, 91 (979): 1-17.

[6] J-M L. Is there a gerontechnology industry? Perspectives from Chinese Taiwan [J]. Gerontechnology, 2014, 13 (2): 106.

[7]) 徐业良. 老人福祉科技产业的机会和挑战 [J]. 福祉科技与服务管理学刊，2014 (1).

[8] World Health Organization, Active ageing: A policy framework [C]. 2002.

[9] Bouma H, Bouma J L and Bouwhuis D G. Gerontechnology in perspective [J]. Gerontechnology, 2007, 6 (4): 190-216.

[10] Care Wheels. What is Geron Technology? [EB/OL]. http://carewheels.org/what-is-gerontechnology-1, 2015.

[11] Fernández-Caballero A, González P and Navarro E. Gerontechnologies-Current achievements and future trends [J]. Expert Systems, 2017, 34 (2): e12203.

[12] Pruchno R. Technology and aging: An evolving partnership [J]. Gerontologist, 2019, 59 (1): 1-5.

[13] Argoud D. Are gerontechnologies a social innovation? [J]. Retraite et Societe, 2017, 75 (3): 31-45.

[14] Moody H. Silver industries and the new aging enterprise [J]. Generations, 2004, 28 (4): 75-78.

[15] Ho S P S and Lin G C S. Emerging land markets in rural and urban China: Policies and ractices [J]. The China Quarterly, 2003 (175): 681-707.

[16] 董会忠，吴朋，丛旭辉. 第三产业发展与城镇化水平互动关系研究——以黄河三角洲高效生态经济区为例 [J]. 华东经济管理，2016 (8).

[17] 金成. 战略性新兴产业技术创新能力的计量分析 [J]. 统计与决策，2019 (5).

[18] Brockhoff K K. Instruments for patent data analyses in business firms [J]. Technovation, 1992, 12 (1): 41-59.

[19] 魏瑞斌，蒋海龙，郑德俊. 基于论文和专利分析的企业自主创新能力研究——以科大讯飞为例 [J]. 情报科学，2015 (1).

[20] Wei G W. Maximizing deviation method for multiple attribute decision making in intuitionistic fuzzy setting [J]. Knowledge-Based Systems, 2008, 21 (8): 833-836.

[21] Wang C L and Yoon K S. Multiple attribute decision making [M]. Berlin: Spring-verlag, 1981.

[22] 中国市场有老龄用品 2000 余种仅为日本 1/20 [EB/OL]. 新华社-瞭望东方周刊，http://news.sina.com.cn/c/sd/2014-12-01/130731228546.shtml, 2014-12-01.

[23] Etkin K. Gerontech market map [EB/OL]. https://www.thegerontechnologist.com/.

企业生态伦理管理驱动工业企业持续发展的机制与路径研究

程月明　黄倩铭　程　怡　陈德成

（江西科技师范大学经济管理学院，江西南昌　330013）

［摘　要］2018 年发生的“山西三维污染事件”成为企业生态伦理问题的舆论焦点。企业生态伦理管理是企业生态伦理的管理活动内容，其实质就是要求企业管理者在生产经营全过程中，应主动考虑社会公认的生态伦理道德规范，处理好企业与自然环境的关系。通过企业生态伦理管理驱动工业企业持续发展的机制分析，可知企业生态伦理管理对工业企业持续发展具有正向驱动作用；研究提出企业生态伦理管理驱动工业企业持续发展的路径：建立企业生态管理模式、建立企业生态生产模式和建立企业生态营销模式。

［关键词］企业生态伦理管理；工业企业；企业生态管理模式

一、问题的提出

中央电视台《经济半小时》栏目，于 2018 年 4 月 17 日晚，以《污染大户身边的“黑保护”》为题，深度报道了山西三维集团在山西省洪洞县违规倾倒工业废渣、排放工业废水等问题。一场举国震惊的企业生态污染案，让山西三维集团成为舆论焦点。作为以化工产品为主业的上市工业企业，山西三维集团有义务、有责任处理生产过程的废料。然而，山西三维集团一直以来漠视环保责任，违规倾倒工业废渣，直接将废水排入山西的母亲河——汾河，恶臭污水大量污染农田，导致庄稼绝收。2018 年 4 月的“山西三维污染事件”带来的恶劣影响，成为笼罩在民众心中挥之不去的阴云，难以消除。山西三维集团是典型的大型上市化工工业企业，“山西三维污染事件”是因为在该企业经营管理过程中忽视伦理道德，破坏生态文明，最终违法危害社会。两百多年的工业文明，以人类征服和破坏自然为主的飞速发展，使人类征服和破坏自然达到极致程度。全球越来越严重的生态危机表明，生态环境越来越难以支撑工业文明的持续发展。因此，需要开创一个新的文明形式使人类的生存和发展得到延续，这个新的文明形式就是生态文明。生态文明一定意义上也是物质文明与精神文明在自然与社会生态关系上的具体体现，是人类在不断遵循人、自然、社会和谐协调发展的客观规律基础上而取得物质与精神的成果。随着人类社会的不断发展和生产实践的不断深入，人类越来越认识到生态文明在社会发展中的重要作用。1972 年，罗马俱乐部发表了一个有关生态的重要研究报告《增长的极限》，第一次对工业革命以来所造成的生态环境问题及其严重后果作了深刻的系统研究，目的是唤醒人类的生态意识，激发人们和企业的社会责任感。1987 年，世界环境与发展委员会发表了影响全球的题为《我们共同的未来》的报告，集中分析了全球人口、粮食、物种、资源、能源、工业和人类居住等方面的情况，系统探讨了人类面临的一系列重大经济、社会和环境问题，并在此基础上报告提出了"可持续发展"的概念。从 20 世纪 90 年代开始，随着世界生态环境运动的不断扩展。人们特别是企业伦理研究者认为，企业在生产经营过程中应该承担保护生态环境的伦理责任。习近平总书记在党的十九大报告中提出，建设生态文明是中华民族永续发展的千年大计。生态文明建设同社会主义经济建设、政治建设、文化建设、社会建设，是中国共产党在新的历史时期确立的全面推进建设的新伟大工程，也是中国在新的发展阶段深化改革的一项重要内容。孔子曰："德之不修，吾忧也。"这指的是个人如果不修行道德，会带来忧患。然而，给社会提供产品的工业企业如果伦理道德沦丧，唯利是图，忽视企业社会责任，破坏生态文明，将会危害整个社会，最终也会影响工业企业持续发展。由于企业生态伦理管理对生态文明建设有重大促进作用，因此，工业企业生态伦理管理势在必行。本文在分析新时代背景下工业企业生态伦理管理的必要性后，将详细阐述企业生态伦理管理对工业型企业持续发展的驱动机制，最后对驱动工业企业持续发展的企业生态伦理管理路径进行探讨。

二、研究文献回顾与述评

根据文献的梳理，企业生态伦理与企业竞争优势或企业发展关系的定性研究文献有不少，定量研究文献却鲜见。而企业社会责任和企业绩效或企业成长性的定量研究文献却有不少。限于篇幅，在此仅选择有代表性的文献进行综述。马强强（2011）认为，企业生态责任的理论基础是生态伦理，经济与生态的统一是企业生态责任的基本内容，企业在经营活动中要具有保护生态环境、实现经济和生态相统一的思想意识和行为方式，并且对生态环境承担相应的责任，使企业不仅在经济、社会方面，更在生态方面获得可持续发展的能力。龚天平等（2010）认为，企业生态伦理，是企业在处理与自然环境关系的过程中所应遵循的伦理原则、道德规范和道德实践的总和，是企业伦理价值体系的组成部分。它以道德为手段去协调企业与生态环境的关系，是企业为解决环境问题应该持有的基本价值观。Hart（1995）提出了四种生态环境战略类型，即污染控制、污染预防、产品管理以及可持续发展。而除污染控制以外均属于企业主动生态环境战略。Ki-Hoon（2009）研究了中小企业绿色管理的过程，发现中小企业可以通过战略与组织变革使自己的企业趋向绿色管理，而企业组织结构、创新能力、人力资源、成本等企业竞争优势会影响企业绿色管理。谢大伟等（2010）将生态伦理作为一种行为，实际上就是在探讨企业生态伦理管理。乔法容和王丽阳（2008）强调循环经济发展方式与企业社会责任存在着内在的关联性，循环经济发展相适应的企业义利观与传统的企业义利观不同。Chan（2005）认为，企业的生态意识和管理行为是企业取得良好生态绩效的必要条件。Valentine（2010）提出了生态管理的"洋葱模型"，一层一层就像剥洋葱一样分析了职能层、企业层、产业层和宏观层等影响企业生态管理的因素。武春友和吴荻（2009）提出了一个由外部市场导向因素和企业内部因素协同作用的企业生态管理行为形成路径模型。Dahlmann 等（2008）从英国本土企业选取 150 家作为研究样本，运用定量和定性的方法，研究和分析了企业实施生态管理的内外部的影响因素。Valcárcel 和 Lucena（2013）设立了一个企业环境责任的评价模型，并详细论述了企业环境责任行为给企业所带来的正向影响。

刘力钢（2001）认为，企业持续发展就是企业在追求自身生存和永续发展过程中，不仅要考虑企业经营目标的实现和企业市场竞争地位的提高，又要保证企业始终保持企业竞争力和企业能力的持续提高，从而使企业持续发展。程月明等（2013）认为，企业持续发展就是企业通过技术、组织、产品、管理、文化的创新，不断提升和增强企业的竞争优势，在生态环境保护和履行社会责任，以及持续满足企业利益相关者的需求基础上的企业长期发展。Bernadette 等（2001）运用数据模型，研究了企业社会责任与财务绩效之间的关系。研究表明上市公司已经开始关注其社会责任，大多数企业社会责任变量对当期财务绩效的影响为负。陈雯（2011）以工业企业作为研究对象，构建了衡量其环境绩效的指标体系，并采用因子分析法计算出 2000~2009 年工业企业整体环境绩效的因子得分，结果显示，从整体上看，工业企业的环境绩效与财务绩效之间存在着明显的正向关系。薛琼和肖海林（2015）基于 244 家上市公司 2006~2012 年的面板数据，研究发现表明，有效的公司治理能促进企业社会责任，有效公司治理模式下的企业社会责任对公司绩效产生积极影响。温素彬和方苑（2008）运用面板数据模型，研究了企业社会责任与财务绩效之间的关系。研究表明，长期来看，企业履行社会责任对其财务绩效具有正向影响作用。张昭国等（2013）以我国 2007~2011 年沪市 A 股上市公司为研究样本，运用系统 GMM 方法，实证考察了企业社会责任与财务绩效之间的交互跨期影响。研究结果表明，滞后一期的社会责任对当期财务绩效有显著正向影响，而当期和滞后两期的社会责任对当期财务绩效没有显著影响。岳君君等（2015）对 2013 年石化行业上市公司的相关数据进行了回归分析，验证了企业的环境责任与财务绩效之间的相关性。结果表明，企业的环境责任与财务绩效之间存在正的相关性。陈承等（2014）对沪深两市 302 家制造业企业的面板数据进行实证研究，结果表明，企业社会责任与企业持续发展存在必然的内在联系，企业对管理者、员工、政府和公众的责任使企业保持竞争优势的持续性发挥重要作用。吴磊（2015）利用中国制造业 A 股上市公司面板数据实证检验公司治理结构、企业社会责任与企业成长性三者之间的互动关系。研究发现公司治理结构的完善以及企业社会责任的履行有助于中国上市企业成长。公司治理和社会责任是影响企业可持续发展的决定性因素。Peter 对澳大利亚 51 个公司的相关数据进行研究。他提出，企业社会责任的履行对企业成长性的提升具有正向的推动作用。Sun 和 Cui（2013）通过研究认为，企业社会责任在高动态的环境比低动态环境更能降低企业发展的风险。Ntim 和 Soobaroyen（2013）通过对 2002~2009 年的企业进行研究发现，企业社会责任和公司治理联合起来比企业社会责任能更好地促进企业成长，公司治理对企业社会责任和企业成长的调节作用呈显著正相关，并且受到企业社会责任对企业成长促进作用的影响。

从上述研究历史和现状中可以看出，国内外前辈们和同行们有关企业生态伦理或企业社会责任的研究成果，为企业生态伦理管理的研究积累了丰富的理论知识，奠定了后续研究的基础。但是，企业生态伦理管理同生态伦理、企业伦理、企业生态管理既有联系也有不同。目前在企业生态伦理管理的概念内涵与作用机理、企业生态伦理管理对企业绩效和价值提升的意义、企业生态伦理管理活动及方式的道德评判标准等问题上并没有整体系统性研究成果；而企业生态伦理管理对企业持续发展的意义和作用机理问题的研究更缺乏。如果将企业生态管理理论和企业生态伦理学结合起来，即把生态伦理的伦理意义和生态管理的管理功能有机统一起来，以整体性的视角，既揭示企业生态伦理管理的伦理本质，也揭示企业生态伦理管理的管理价值，并阐述对企业持续发展的影响机制，这可能是企业生态伦理管理值得一试的研究新视角。为此，本文选择工业行业的企业生态伦理管理作为研究对象，阐述企业生态伦理管理驱动工业企业持续发展的机制。这实际就是想填补和丰富企业生态伦理管理的研究内容，并做大胆尝试性探讨。

三、新时代背景下工业企业生态伦理管理的必要性

中国特色社会主义进入了新时代，我国经济发展也进入了新时代。习近平总书记在党的十九大报告中指出："深入实施公民道德建设工程，推进社会公德、职业道德、家庭美德、个人品德建设。"这是新时代对"道德建设工程"提出的最迫切的要求。李克强总理也曾提出："市场经济是法治经济，也应该是道德经济。"社会的健康发展，已经不能承受经济道德滑坡之伤害。"山西三维污染事件"却是这些为富不仁者践踏道德底线、漠视社会责任的现实写照。实际上，一家企业如果不顾伦理道德，危害的不止社会，还会断送企业自身的发展前途，使企业无法持续发展。2014 年在上海召开的"第一届中国企业、管理、伦理论坛"的会议提出，企业和社会相分离、管理和伦理相背离的发展模式不可持续（邬曦，2014）。在新时代迫切需要有新的商业模式、新的管理理论和管理模式出现。企业伦理管理是企业伦理的践行机制（武春友，吴荻，2009），既具有伦理意义，又具有管理的功能，是企业自身用善的伦理价值观来管理企业自身的各种行为；其实质就是要求企业管理者在生产经营全过程中，应积极主动运用社会公认的伦理规范，使企业管理理念、管理制度、发展战略、组织职能设置等符合企业伦理道德要求，处理好企业与各利益相关者的关系。由于企业管理和伦理相背离的发展模式不可持续，在新时代迫切需要有新的管理理论和管理模式出现。因而，在新时代背景下，企业伦理管理和其他传统企业管理手段与模式相比，被赋予了更深更新的内涵。从企业利益相关者的分析来看，生态环境是企业核心的利益相关者，因此，企业生态伦理问题是企业伦理主要问题之一。在新时代背景下，无论是基于社会可持续发展的需要，还是企业持续发展的需要，企业生态伦理管理的重要性都会越来越凸显，成为推动企业持续发展的竞争优势。

随着全球工业化和科学技术的飞速发展，人类改造自然的能力空前提高，创造出了巨大的社会财富，但这种单纯追求经济增长的行为同时也造成了严重的生态破坏。大多数生态环境问题都同工业企业活动有关，工业企业在推动经济快速发展的同时，也带来了严重的生态环境问题。工业企业是指直接从事工业性生产经营活动的营利性经济组织，包括原料工业企业、加工工业企业、装配工业企业等制造类企业。工业企业在生产过程中要大量消耗能源和排放工业废料，因此工业企业的生态伦理问题相比其他商业企业更加突出。工业企业在生产和经营的过程中，向环境中排放的废弃物产生了严重的环境污染；工业企业在经济活动中对自然资源的浪费和破坏皆导致了自然资源的短缺和危机，因此，工业企业带来的自然生态失衡和生态危机对生态环境产生了极其深刻而广泛的影响，成为社会公害。2018 年的"山西三维污染事件"就是典型的工业企业生态伦理问题。儒家的核心思想是"仁"，不仅"仁者爱人"而且"仁民爱物"。儒家的这种生态伦理思想的目的是要达到人与自然的和谐，进而实现人与社会的和谐及稳定发展。160 多年前，马克思在《1844 年经济学哲学手稿》中，对资本主义工业发展所造成的生态和环境问题曾进行了无情的批判。习近平总书记在党的十九大报告中指出，生态文明建设功在当代、利在千秋。我们要牢固树立社会主义生态文明观，推动形成人与自然和谐发展现代化建设新格局，为保护生态环境作出我们这代人的努力。企业生态伦理问题损害的是自然环境，要解决或杜绝企业生态伦理问题，必须推行企业生态伦理管理。企业生态伦理管理是企业生态伦理的管理活动内容，其实质就是要求企业管理者在生产经营全过程中，应主动考虑社会公认的生态伦理道德规范，使其经营理念、管理制度、发展战略、职能权限设置等符合生态伦理道德要求，处理好企业与自然环境的

关系。企业生态伦理管理所带来的绿色竞争力是企业创造效益的能力，也是企业参与国际竞争的能力。企业生态伦理管理使企业思考如何能实现资源利用率最大化、废物排放最小化的生态管理，这种管理的创新既能满足经济效益的提高，又能有效减少和避免生态环境的污染与破坏，对实现社会可持续发展和企业持续发展具有重要意义。

四、企业生态伦理管理驱动工业企业持续发展的机制分析

（一）企业生态伦理管理对工业企业持续发展的作用变量和模型

企业生态伦理管理具有约束功能、导向功能、激励功能和凝聚功能，使企业生态伦理对工业企业持续发展产生促进作用，而这些促进作用主要表现为企业生态伦理管理对企业竞争优势的影响。具体来说，企业生态伦理管理对工业企业绿色竞争力、工业企业营销能力、工业企业人力资源、工业企业文化、工业企业组织以及企业技术等形成影响，从而影响工业企业绩效和工业企业的成长性，为工业企业发展带来企业竞争优势。定量研究方面，国内许多学者，比如温素彬和方苑（2008）、张萃（2017）、余晓阳（2013）、李乾杰（2017）、曹兴（2016）、张伟（2016）、李作志（2017）、叶春明（2017）等，这些学者有关企业社会责任或企业环境责任同企业绩效与成长性的相关性的实证研究成果比较丰富。主要是利用制造业上市公司数据，运用多元统计分析方法，对企业社会责任或环境责任对企业绩效和成长性的影响进行了实证分析，绝大多数结论是，企业社会责任对企业绩效和成长性具有正向影响作用（田虹、王汉瑛，2015）。由于企业生态伦理管理涵盖于企业社会责任的企业伦理责任之中，因此，企业生态伦理管理对工业企业绩效和成长性可能具有正向驱动作用。而工业企业绩效和工业企业成长性又能驱动工业企业的持续发展。因此，在上述理论分析的基础上，现提出以下假设，并进行验证：

H1：企业生态伦理管理对工业企业绩效有显著的正向驱动作用，有利于工业企业绩效提高。

H2：企业生态伦理管理对工业企业成长性有显著的正向驱动作用，有利于工业企业成长性提高。

H3：工业企业创新性越强，企业伦理管理对工业企业财务绩效的影响作用越大。

H4：工业企业创新性越强，企业伦理管理对工业企业成长性的影响作用越大。

H5：工业企业财务绩效对工业企业发展具有正向推动作用，有利于工业企业持续发展。

H6：工业企业成长性对工业企业发展具有正向推动作用，有利于工业企业持续发展。

综合上述的理论假设，本文提出研究模型，主要目的是研究企业生态伦理驱动工业企业持续发展的作用过程及驱动机制。在创新驱动背景下，企业生态伦理管理对工业企业持续发展的影响机制概念模型如图 1 所示。

根据相关创新理论的研究成果，企业创新驱动性对企业生态伦理管理和企业竞争优势的关系有调节作用，属于调节变量。为了便于分析企业创新对企业生态伦理管理驱动企业持续发展的调节作用，本文采用 Andrew F. Hayes 的双调节变量模型，将企业创新可分解为技术创新性和管理创新性。现特列出创新驱动性的调节效应模型（见图 2）。

（二）样本选择及变量测度设计

为获取证明变量假设关系的分析数据，本文选取了创新性强和伦理管理观念较强的工业上市

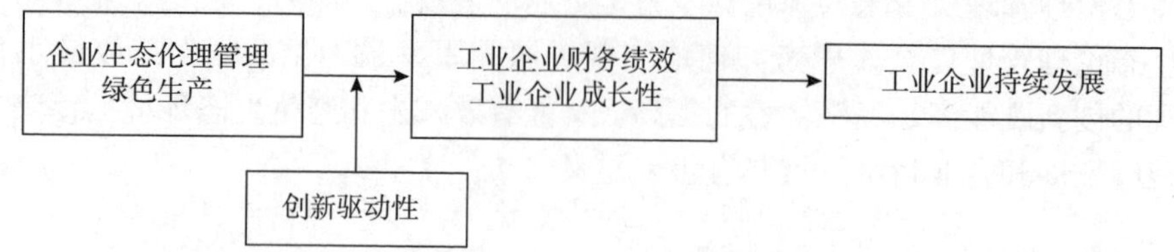

图 1　企业生态伦理管理对工业企业持续发展的驱动机制模型

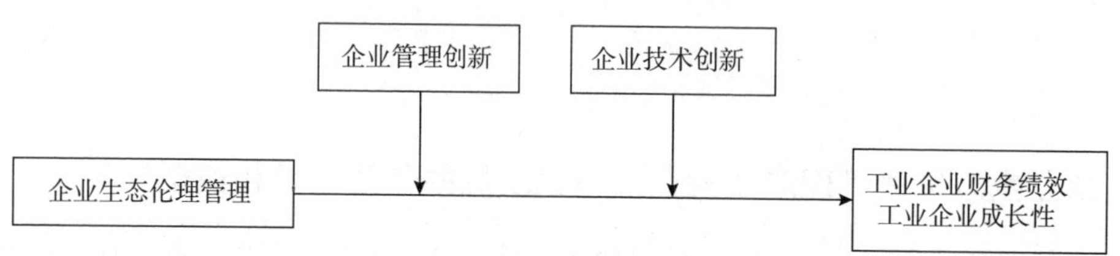

图 2　创新驱动性调节效应模型

公司作为研究对象。样本的合理性，将直接关乎到收集数据的全面性、合理性和有效性，并影响研究结果。首先，综合已有专家研究成果，对各特征变量进行测度。然后，重点对制造产业中的相关上市企业进行深度研究。本文以 2010~2017 年我国工业上市公司为研究样本。数据来源于和讯网的工业上市公司公开披露的各个责任等级报告，其他财务数据来源于东方财富网。在影响企业持续发展的众多因素中，分别筛选出特征变量因子。

工业企业财务绩效是指一定经营期间的工业企业经营效益、业绩和成果。工业企业财务绩效主要表现在盈利能力、资产运营水平、偿债能力等方面。根据薛琼（2013）、肖海林（2013）、温素彬（2008）、余晓阳（2013）、李作志（2017）、叶春明（2017）等研究文献，可用“主营业务收入”“投资回报率（ROI）”“流动比率”“资产负债率”“总资产周转率”“销售利润率”“资产收益率”“净资产收益率（ROE）”等定量指标来测度工业企业财务绩效。工业企业成长性是指推动工业企业发展的各种内在能力以及工业企业业绩的增长情况，根据已有研究文献，可以用“净资产增长率”“净利润增长率”“营业收入增长率”等定量指标来评估。企业持续发展作为被解释变量，可用组织规模的扩大、资产数量和质量的增长、企业生命周期等指标来测度企业持续发展。综上所述，本文采用“净资产收益率”来测度企业财务绩效，采用“营业收入增长率”来测度企业成长性，采用“企业规模”来测度企业持续发展。而企业生态伦理管理中的绿色生产变量则由和讯网的环境责任评分来表示。本文创新驱动性可参考创新理论，用企业管理创新和企业技术创新等指标来测度。本文所有变量的具体定义如表 1 所示：

表 1　各维度变量一览

变量类型		变量名称	变量指标	变量符号	变量计算方法
因变量		工业企业持续发展水平	工业企业规模	SIZE	总资产的自然对数
中间变量	工业企业竞争优势	工业企业财务绩效	净资产收益率	ROE	净利润/净资产
		工业企业成长性	营业收入增长率	SALES	本期营业收入增长额/上一期的营业收入
自变量	企业生态伦理管理	绿色生产	环境责任	ENV	环保费用/营业收入

续表

变量类型		变量名称	变量指标	变量符号	变量计算方法
调节变量	创新驱动性	企业技术创新	研发强度	R&D	研发费用/营业收入
		企业管理创新	管理创新	INN	管理费用/营业收入

（三）各维度变量描述性统计及相关性分析

表 2 给出了 2010~2017 年样本工业企业的描述统计结果。从表中可知，总资产自然对数、净资产收益率和营业收入增长率的均值分别为 4.2796、8.62 和 12.48 ，且极大值和极小值差异较大，表明工业企业间发展状况不平衡。由于不同数据可能会带来不同分析结果，本文统计数据的处理会做许多调整，尽量选择具有代表性样本数据进行统计分析，直至找到能真正反映客观规律的结论，以验证假设。

表 2　变量描述性统计

变量	极小值	极大值	均值	标准差
SIZE	1.8	7.63	4.2796	1.45056
ROE	-44	33	8.62	8.547
SALES	-56	146	12.48	22.161
ENV	5	30	16.84	6.039
R&D	0	19	4.28	3.083
INN	2	23	8.79	4.225

在对变量模型进行回归分析之前，先对因变量、中间变量、自变量以及调节变量之间的关系进行相关性分析。表 3 列出了各变量间的 Pearson 相关系数。由分析结果显示，长期来看，总资产的自然对数与净资产收益率在 1% 水平上显著正相关，与营业收入增长率在 5% 水平上显著正相关，这表明工业企业财务绩效好和工业企业成长性高会促进企业的持续发展。净资产收益率与环境责任也呈正相关，说明企业的生态伦理管理可促进企业的财务绩效的增长。营业收入增长率与环境责任呈正相关，说明企业的生态伦理管理可促进工业企业的成长性。

表 3　变量 Pearson 相关系数

	SIZE	ROE	SALES	ENV	INN	R&D
SIZE	1					
ROE	0.201**	1				
SALES	0.147*	0.234**	1			
ENV	0.199*	0.284**	0.333**	1		
INN	0.416**	0.115	0.032	0.064	1	
R&D	0.240**	0.006	0.026	0.041	0.229*	1

注：* 表示在 0.05 水平（单侧）上显著相关，** 表示在 0.01 水平（单侧）上显著相关。

（四）企业生态伦理管理对工业企业持续发展影响的回归分析

通过多元逐步回归分析检验各研究假设，并验证所构建概念模型与实际观测数据之间契合程度。同时，推导出企业生态伦理管理对工业企业持续发展影响的作用机理。如此可以对模型变量进行实证检验，一是检验假设“企业生态伦理管理各维度特征变量对工业企业绩效有直接、显著影响”的主效应分析；二是检验假设“企业生态伦理管理变量对工业企业成长性有直接、显著影响”的主效应分析；三是检验假设“工业企业绩效和工业企业成长性对工业企业持续发展具有中介作用”的中介效应分析；四是检验假设“创新驱动性对企业伦理管理和工业企业竞争优势关系的调节作用”的调节效应分析。

为了更好地进行回归分析，本文使用 Mackinnon、White 和 Davidson 的 MWD 检验法来确定变量与变量之间数学多元非线性数学模型，对各变量取对数建立以下数学回归模型。

（1）企业伦理管理与工业企业财务绩效和工业企业成长关系数学回归模型如下：

$$\ln y_1 = \beta_0 + \beta \ln x + \eta$$

$$\ln y_2 = \beta_0 + \beta \ln x + \eta$$

其中，x 表示企业生态伦理管理变量，而 y_1 和 y_2 分别表示企业财务绩效和企业成长性，β 表示 x 的系数。

（2）工业企业财务绩效、工业企业成长性与工业企业持续发展的数学回归模型如下：

$$\ln D = K + A\ln y_1$$

$$\ln D = K + A\ln y_2$$

其中，y_1 和 y_2 分别表示企业财务绩效和企业成长性，D 表示变量企业持续发展水平，A 表示系数。

（3）创新驱动性调节效应可采用如下数学模型表示：

$$\ln y_1 = \beta_0 + \beta_1 \ln X + \beta_2 \ln M + \beta_3 \ln T + \beta_4 \ln X \times \ln M + \beta_5 \ln X \times \ln T + \mu$$

$$\ln y_2 = \beta_0 + \beta_1 \ln X + \beta_2 \ln M + \beta_3 \ln T + \beta_4 \ln X \times \ln M + \beta_5 \ln X \times \ln T + \mu$$

其中，y_1 和 y_2 分别表示企业财务绩效和企业成长性，M 表示调节变量——企业管理创新，T 表示调节变量——企业技术创新，X 表示企业生态伦理管理。

本文选用 2010~2017 年工业上市公司的面板数据对变量之间的关系进行回归分析，主要验证了企业生态伦理管理变量在创新驱动性下对工业企业绩效长期有直接、显著影响，工业企业绩效和工业企业成长性对企业持续发展具有中介作用。为了研究变量之间的关系，本文依照前面提出的回归模型 A、B、C 数学模型，分别就各变量之间的关系进行了回归分析，回归结果如表 4、表 5 所示。首先，在创新驱动的背景下工业企业的伦理管理对工业企业财务绩效的影响如表 4 的步骤 1 所示，创新驱动背景下工业企业的伦理管理对工业企业成长性的影响如表 4 的步骤 2 所示。

表 4　工业企业财务绩效、工业企业成长性与企业生态伦理管理的回归结果

变量	工业企业财务绩效（ROE）			工业企业成长性（SALES）		
	回归系数	t 值	Sig.	回归系数	t 值	Sig.
常量		2.05	0.041		1.965	0.051
ENV	0.265	4.232	0.000	0.328	5.315	0.000

续表

变量	工业企业财务绩效（ROE）			工业企业成长性（SALES）		
	回归系数	t 值	Sig.	回归系数	t 值	Sig.
INN	0.095	1.482	0.140	0.056	0.890	0.375
R&D	0.005	0.081	0.936	0.001	0.01	0.992
R^2	0.082			0.109		
F 值	7.042			9.562		

回归结果分析。表 4 步骤 1 以 ROA 为因变量，对生态伦理管理的自变量和创新驱动的控制变量进行回归分析发现，企业生态伦理管理指标 ENV 与 ROA 呈显著正相关关系。因此，可以认为 H1 得到验证；注重管理创新和技术创新的企业，企业的收益也会有所增加，从而促进了企业的财务绩效。在调节变量——管理创新和技术创新的作用下，表 4 步骤 2 的回归结果表明，工业企业成长性指标 SALES 与企业生态伦理管理的指标 ENV 均呈正相关，且在 1%的水平上显著，H2 得到验证，有效的企业生态伦理管理能够促进工业企业的成长。另外，SALES 与 INN 和 R&D 也呈显著正相关，H3、H4 得到验证，即工业企业创新性越强，企业生态伦理管理对工业企业成长性的影响作用越大。

表 5 呈现了工业企业财务绩效和工业企业成长性对工业企业持续发展的影响。由回归结果可以看到，SIZE 与 ROE 和 SALES 均呈正相关，分别在 1%和 5%的水平上显著，而 Sig. 均小于 0.05，表明 H5、H6 均得到验证。工业企业财务绩效越大、成长性越高，工业企业持续发展越好；而工业企业的生态伦理管理会促进工业企业的财务绩效，因此，工业企业的财务绩效越大、成长性越高，企业生态伦理管理对工业企业持续发展的影响作用越大。

表 5　工业企业财务绩效、工业企业成长性与工业企业持续发展的回归结果

变量	工业企业持续发展（SIZE）		
	回归系数	t 值	Sig.
常量		29.410	0.000
ROE	0.176	2.704	0.007
SALES	0.106	1.630	0.004
R^2	0.051		
F 值	6.366		

五、企业生态伦理管理驱动工业企业持续发展的路径

从上述理论与实证研究的结果可知，长期来说，企业生态伦理管理对工业企业绩效和工业企业成长性具有正向驱动作用；而在新时代创新驱动发展背景下，管理创新和技术创新的水平变化

会影响企业生态伦理管理对工业企业绩效和工业企业成长性的驱动作用。工业企业绩效和工业企业成长性对工业企业持续发展也具有正向推动作用。在新时代创新驱动背景下，企业生态伦理管理显得尤为有价值。因此，如何实行企业生态伦理管理，成为政府和企业必须要思考的事情。除了政府要大力鼓励和宣传企业生态伦理管理，同时，要对违法企业进行严厉处理。作为工业企业，可以从以下三个路径来思考企业伦理管理的具体措施。

第一，及时更新工业企业管理者的价值观念，建立工业企业生态管理模式。

长期以来，企业重经济利益、轻生态利益的观念根深蒂固，这种以资源高投入和生态环境污染为代价的经营管理模式是不可取的。习近平总书记在 2018 年 5 月召开的全国生态环境保护大会上特别指出，生态环境问题的新定位，形成了新时代推进生态文明建设的新原则、新体系、新目标、新任务、新要求。这是习近平总书记关于生态文明思想的最新、最集中的体现。按照习总书记生态文明思想的要求，新时代背景下工业企业在经营管理过程中，应放弃传统的经营管理理念，及时更新企业管理者的价值观念，树立生态意识，建立工业企业生态管理模式，大力推行企业生态伦理管理。首先，建立企业生态文化。企业生态文化是指以维护生态平衡、节约资源、保护环境、人与自然和谐相处的价值理念为核心的企业文化。企业生态文化可以培育企业良好的企业氛围，能够有效地提升企业员工的生态伦理意识，是促进企业进行技术和管理创新的内在动力。不仅如此，企业生态文化也是树立工业企业良好声誉和工业企业形象的重要标志，有助于工业企业形成不易模仿的独特形象，增强企业的绿色竞争力。按照生态管理的要求，工业企业应对全体员工进行环保知识的培训和普及，各级管理者均应具备基本的生态意识和生态观念，这有利于建立企业生态文化。其次，制定工业企业生态经营发展战略。企业的发展不只是通过对自然环境的改造来获得，而是更需要企业与自然环境的和谐相处来实现。工业企业在发展过程中应把环境保护纳入长远的企业发展战略中，而不应以企业利润最大化为目标。最后，设立工业企业生态组织机构。企业生态伦理管理就是通过提升企业生态伦理意识，来增强企业的生态环境保护能力，并寻求企业社会经济系统与自然生态系统的协调（Russo and Fout，1997）。生态管理是要把生态保护观念融入企业生产经营之中，这不仅要求工业企业全体员工具有生态保护意识，还必须建立具体的职能部门来履行企业生态管理的职能；工业企业可以设置相应的计划制订部门、执行部门和监督部门等，使企业形成一个生态管理的系统网络。

第二，不断进行工业企业技术创新，发展生态技术，建立工业企业生态生产模式。

日趋严重的生态负效应迫使工业企业以一种新的思维观念去创新一种与生态环境相协调的技术。传统技术由于缺乏生态伦理意识，给生态环境带来毁灭性的破坏，严重制约工业企业的发展，甚至对人类生存产生巨大威胁。工业企业要获得持续发展的绿色竞争力，必须进行技术创新，发展生态技术，建立工业企业生态生产模式。生态技术是指能避免和减少污染、降低消耗、节约资源、治理污染或改善生态的技术体系。生态技术遵循生态经济理论，能够保护环境，维持生态平衡，节约能源、资源，促进人类与自然和谐发展（秦书生，2009）。生态技术不只是指某一单项技术，而是一整套技术。它体现在企业产品生产周期的全过程，涵盖在原材料—设计—生产—检验—包装—使用—用后处置企业运营的整个流程中。生态技术具体包括资源替代技术、新能源开发技术、生态产品的环境设计、环保生产技术、生态产品检验技术、生态包装技术、生态使用技术、有害废物处理技术和废物利用技术等方面。因此，生态技术创新可概括为两类：一类是生态产品创新，包括生态设计、生态制造、生态包装；另一类是生态工艺创新，包括清洁生产技术和末端治理技术两方面的创新活动，生态工艺创新不仅可以有效减少废物和污染物的产生和排放，而且可以降低资源利用的成本、降低物耗。与传统产品设计思路不同，生态设计不仅要考虑如何以低耗、低污染的材料为亮点去满足客户的生态需要，而且还应考虑残余产品的分解、拆卸和重新使用，使产品废弃后对生态的影响和破坏降至最低。生态设计不能只考虑产品如何进入消费领域，还应该延伸到产品寿命终期，这将是对顾客、社会、自然极负责的一种做法。而在企业生态产品生产的过程中，要实行生产环境的绿色化，最有效地利用资源，生产中尽量使用无毒无害、低毒低害的原材料，采用无污染、少污染的高新技术设备，采取一系列对废弃物合理的处置。工业企业要发展生态技术，首先，工业企业必须加大企业生态技术创新的投入。工业企业在确定生态技术创新战略后，加大生态技术研发创新所需人力、物力和财力的投入，重点开发对工业企业绿色竞争力提升有价值的生态技术（Shama and Henriques，2005）。生态技术创新由于具有风险性，工业企业可通过推行资本运作，开拓融资渠道，建立工业企业生态技术创新风险基金来规避创新风险。同时，工业企业要建立生态成本核算体系，以便采取措施降低工业企业生态创新的成本。其次，工业企业要加强与政府、企业、学校以及研究机构的合作，推进工业企业的生态技术创新。高校及科研院所具有很强的研发实力，是从事科学研究、知识创新、技术开发的主体；而企业最大的特长是贴近市场，及时了解市场，能前瞻性地掌握市场发展的动态，对研究开发能及时提供第一手信息。因此，工业企业和高校以及科研所联合起来，大大有利于工业企业生态技术的创新。另外，政府有利于企业创新的政策制定，而企业和企业之间的横向合作也是企业生态技术创新重要的有利因素，企业也要积极主动地去争取（叶强、武亚军，2010）。

第三，创新工业企业的营销理念，建立工业企业生态营销模式。

工业企业生态营销是指工业企业在生产经营过程中，将企业自身利益、消费者利益和生态环境利益三者统一起来，以此为中心，对产品和服务进行构思、设计、制造和销售。工业企业生态营销以环境保护为经营指导思想，以生态文化为价值观念，以消费者生态消费为中心和出发点而创新出的一种新的营销观念、营销方式和营销策略；它要求工业企业在经营中贯彻自身利益、消费者利益和环境利益相结合的原则（杜键等，2010）。工业企业生态营销是可持续发展战略指导下市场营销观念的新发展，是工业企业在当今世界对生态环境危机日益关注中发展出来的一种营销模式，也是工业企业应对市场竞争的一种策略与手段；其目的是如何使工业企业能更加注重生态环境保护以及社会、经济和企业自身发展的可持续性。工业企业在进行营销管理时，不但要考虑消费者的需要和实现企业发展目标，还要考虑社会发展以及工业企业持续发展的长期性。工业企业的广告、价格策略、分销活动和售后服务等都要兼顾社会生态利益。生态营销思想已经变成很多企业的基本经营哲学，工业企业必须从实际出发，善于把市场的需要和企业自身的资源与技术特长结合起来；创新工业企业的营销理念，建立工业企业生态营销模式，生产和销售既能满足市场需要，又符合生态环境保护要求的产品，以求得工业企业的生存与发展。

参考文献

[1] 马强强. 企业生态责任：生态伦理视野中的企业责任 [J]. 前沿，2011（3）.

[2] 龚天平等. 与生态伦理交融：当代企业伦理发展的新逻辑 [J]. 井冈山大学学报，2010，31（4）.

[3] Hart S L. A natural-resourced-based view of the firm [J]. Academy of Management Review，1995，20（4）：984-1014.

[4] Ki-Hoon L. Why and how to adopt a green management into business organizations? [J]. Management Decision，2009，47（7）：1101-1121.

[5] 谢大伟，赵芳媛，孙玉娟. 生态伦理行为的经济逻辑和效益分析[J]. 生态经济，2010（6）.

[6] 乔法容，王丽阳. 循环经济分析框架下的企业社会责任[J]. 伦理学研究，2008（1）.

[7] Valentine S V. The green onion：A corporate environmental strategy framwork [J]. Corporate Social Responsibility and Environmental Management，2010，17（5）：284-298.

[8] 武春友，吴荻. 市场导向下企业绿色管理行为的形成路径研究 [J]. 南开管理评论，2009（6）.

[9] Dahlman F，Brammer S，Millington A. Barriers to proactive environmental management in the United Kingdom [J]. Journal of General Management，2008，33（3）：1-20.

[10] Valcárcel M, Lucena R. A quantitative model to assess social responsibility in environmental science and technology [J]. Science of the Total Environment, 2013 (6): 65-78.

[11] 刘力钢. 企业持续发展论 [M]. 北京：经济管理出版社，2001.

[12] 程月明，程婷，余长春. 企业持续发展及其影响因素分析 [J]. 企业经济，2013 (12).

[13] 薛琼，肖海林. 企业社会责任与企业绩效关系：研究进展、理论综合和问题前瞻 [J]. 现代管理科学，2015 (5).

[14] 温素彬，方苑. 企业社会责任与财务绩效关系的实证研究 [J]. 中国工业经济，2008 (10).

[15] 邬曦. 第一届中国企业、管理、伦理论坛会议综述[J]. 管理学报，2014 (11).

[16] 田虹，王汉瑛. 营销伦理决策测量研究述评与展望 [J]. 华东经济管理，2015 (3).

[17] Russo M V, Fout P A. A resource-based-perspective on corporate environmental performance and profitability [J]. The Academy of Management Journal, 1997, 40 (3): 534-559.

[18] 秦书生. 生态技术论 [M]. 沈阳：东北大学出版社，2009.

[19] Shama S, Henriques I. Stakeholder influences on sustainability practices in the Canadian forest products industry [J]. Strategic Management Journal, 2005, 26 (2): 159-180.

[20] 叶强，武亚军. 转型经济中的企业环境战略动机：中国实证研究 [J]. 南开管理评论，2010，13 (3).

[21] 杜键等. 中国企业的绿色制造战略与组织绩效的关系研究 [J]. 自然辩证法研究，2010 (8).

产学研项目合作的市场机制问题研究*

宋燕飞[1]　刘文波[2]

（1. 上海工程技术大学管理学院，上海　201620；
2. 上海市科学技术委员会创新服务处，上海　200003）

［**摘　要**］由企业独立创新到产学研互动创新已成为技术创新的普遍趋势，政府创新项目的实施往往采用产学研的模式进行。本文利用旋转木桶理论和协同理论，从协同创新的角度进行分析和研究，主要分析政府和企业间的协同以及作为创新主体的企业内部团队的协同创新中存在的市场机制问题，并以振华港机的产学研合作为例提出产学研协同创新的模型。

［**关键词**］产学研；旋转木桶理论；市场机制

一、引言

创新项目在运作中往往会涉及多个主体共同参与，合作主体之间主要是基于已有的技术积累和认可、满足的基本条件、对问题的共识、工作流程的统筹与协调等的同步创新的过程。从交易成本角度出发，企业可以通过与外界以某种合作的方式来实现交易成本的下降，通过技术创新来提升技术产品化、商业化以及产业化。从价值链成本角度出发，凝聚在各个环节分别具有优势的企业或团队，为同一目标而成立创新项目团队，协同合作实现整个价值链整体效益最大化（汪涛等，2000）。

（一）旋转木桶理论

木桶理论由 Laurence 和 Hull（1969）提出，其核心思想是：假设一只桶由长短不一的各块木板构成，该只木桶的实际容量和内部容量是由组成木桶的木板中最短的那一块决定的（杜伟，2005）。该理论在管理学中的延伸引用含义则表达为：整个组织的整体水平，是由构成该组织的各部分中能力最弱的那一部分决定的，以此来强调组织提升整体能力。随着管理学的发展，木桶理论不断得到拓宽，之后又出现长板理论，该理论的提出源于系统工程理论，主要是指：一个由不同长短木板组成的木桶将其向最长一根木板的方向去倾斜，其装水量的多少，某种意义上由倾斜面的长木板决定（李建军和赵江，2009）。

＊［基金项目］教育部人文社会科学研究青年基金项目“面向互补性资产的企业创新生态系统演化机制及路径优化研究”（18YJC630149）；上海市软科学研究计划项目“基于城市大数据共享平台的上海应急疏散响应协同机制研究”（19692103200）。

木桶理论强调的是“补短”，长板理论强调的是“扬长”。无论木桶理论以及相关的演变，不管是木桶的倾斜还是木板的截长补短，重要和核心体现在各要素的相互组合上，体现在如何规划以实现其相互配合。承载水的多少，不仅需要硬性的约束，更需要长久形成共同的向心力。

从管理学角度上看，实现效能最大化的目的一定是为了满足某种需求，从企业而言是盈利最大化，从政府部门而言是公众利益最大化，从个人而言是个人的充分发展。木桶理论得到应用的同时，也受到一定的质疑和不断的充实更新，笔者结合多年工作实践以及管理学习的体会，提出“旋转木桶理论”。

“旋转木桶理论”是指当木桶高速旋转到一定速度后，看不见木板的长短差异，从理论上可以装下更多的水，使短板得到弥补。旋转木桶理论（见图1）有两个要点：①追求动态的平衡，犹如自行车，在静止状态，水平多高的驾驶者都很难平衡不倒，但动起来就很容易平衡了，旋转木桶理论也类似；②木桶的旋转犹如团队内部各个组成部分之间充分的互相合作或者产学研之间的紧密协作。

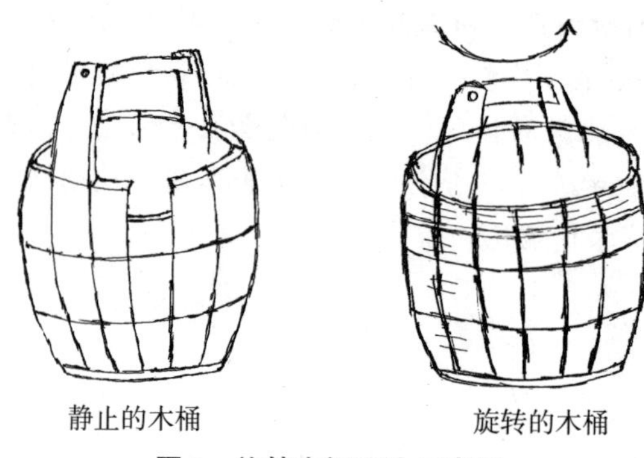

图1　旋转木桶理论示意图

从管理学上说，企业是一个动态发展过程，旋转木桶理论的利用主要是通过建立良好的合作，各自利用自身的长处，协同合作，实现多赢。长板和短板在特定的环境中，让木桶旋转起来，让长板充分发挥优势，从而让木桶达到能容纳更多的水的目的。组织中每个成员的长板效应是促进组织不断发展壮大的重要动因（Anne et al.，2011）。

在某种程度上，科技创新中的产学研是一个很好的旋转木桶理的实践，基于木桶理论而生的产学研联合创新的合作模式，在科技创新方面起到了很好的探索尝试作用。把产学研合作各方视为一个整体，将大学的核心科技要素，企业的产业化能力和市场主体地位要素，研究院所的转化孵化能力要素全面集聚，通过政府这只“手”，将产学研联合这只“木桶”扎起来、扎紧、扎牢；围绕市场需求，通过“以市场为导向、企业为主体、产学研相结合的技术创新体系”这一创新机制使其快速旋转起来（Henderson and Clark，1990），使其与市场紧密结合，与市场需求紧密结合，使产学研产生最大效益。

（二）协同理论

（1）协同理论及主要内容。协同理论（Synergy Theory）是20世纪70年代由德国著名物理学家哈肯（Hermann Haken）提出，是以多类学科为基础形成和建立的新兴的学科（见图2）。协同理论是以系统论、信息论、控制论、突变论为基础，研究不同事物间的共同特征以及彼此协同的机理。

（2）协同理论在技术创新中的应用。协同创新是指创新主体通过充分发挥各自的“技术、人才、资本、信息、技术等”创新要素的活力，从而实现深度的合作（张敏和邓胜利，2008；王贵友，1987）。

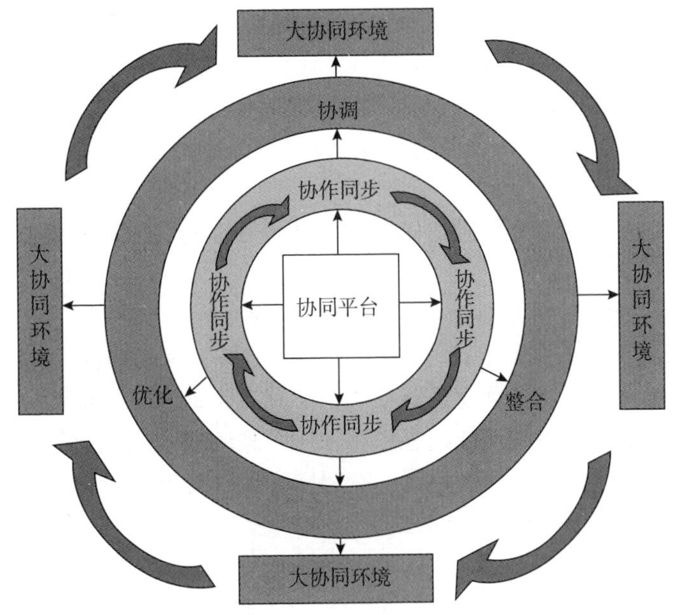

图 2　协同理论关系

目前在重大创新项目攻关等方面，通过不断的探索，人们不断寻求创新各方之间的合作模式，通过各种手段、机制的应用，刺激创新各方主动贡献自身优势资源的同时，积极寻求协同合作，实现各方资源的集聚和优势互补，最终促进包括知识、技术、区域、制度等创新的战略性融合（见图 3）。

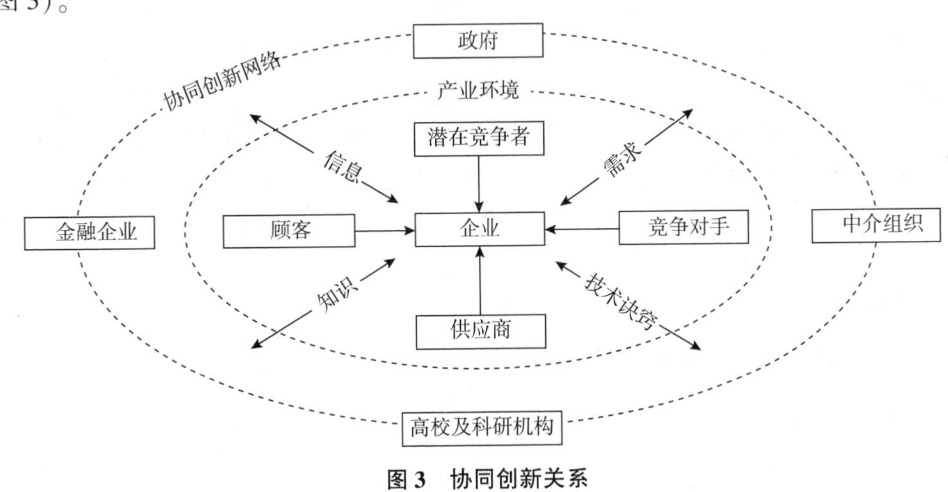

图 3　协同创新关系

二、产学研项目合作的问题梳理

（一）合作主体间合作机制缺乏

产学研以一种协同合作联盟的形式，通过知识形成、传递、消化、转移和转化等一系列复杂过程和阶段，最终实现技术创新、成果转化、人才培养、产业化孵化等目的（毛钟红，2008）。产学研合作具有三大特征：

第一，科学研究和技术开发是产学研合作的学术基础和前提，主要发挥技术攻关推动作用；

第二，市场需求促进技术产品化、商品化，是产学研合作的核心和关键（宋莹和乔桂娟，2016）；

第三，政府政策的引导和中介机构的协助是产学研合作的助力和保证，主要发挥政府和社会保障作用。

在产学研过程中，企业主导负责资本运作、加工生产、市场推广以及生产管理等适合在产业化、产品生产与市场推广等环节上；高校与科研院所负责开展关键技术的攻关和新产品前期开发。通过项目团队的组建，共同优化价值链系统，达到成本最低、增值效应最大的目的。

我国产学研合作在实际开展和运作过程中存在一系列问题，最终导致科技创新成果未能有效转化、产业化以及商业化。据 CIS 调查数据，欧盟国家也仅有 10%的创新企业与高等院校和科研机构建立了长期稳定的战略合作关系。通过调研产学研案例分析发现，目前我国的产学研合作主要存在两大问题：

（1）产学研各方合作目的差异较大。企业采用产学研合作的目的主要是：快速获得产品化的先进技术知识，从而促进企业本身快速的市场占领或份额扩大，提升企业的竞争力，从而获得超额利润（王贵友，1987）。研究机构和大学进行产学研合作之初，合作的目的大多为进行前瞻性和创造性科学研究，以期不断确保自身在技术层面的先进性，强调合作产出的科技成果的技术含量，往往忽视了市场实际状态和后续的经济效益实现，从而导致合作后的技术成果没有市场前景，或产业化条件不成熟，或转化不及时。目标的差异导致了合作成功率不高的问题。

（2）产学研各方利益分配机制缺乏。利益分配问题贯穿产学研的始终。利益分配的设置需要考虑的因素十分复杂，包括各方人力物力财力的投入、成果的归属分配、风险的承担和共担、成功价值如何分享、市场与技术的变化应对、政策风险的变化和应对等。自发形成的产学研合作，由于是产学研各方出于各取所需，往往以合同形式操作，相对简单。政府主导的产学研合作，初期也是根据各自投入各自贡献进行利益分配，这种通常是政府主导下的项目经费的分配，通常也比较简单，因为有政府在协调。但无论是市场自发的还是政府主导的产学研合作，往往针对某一具体创新项目的研发，对后续的市场价值因为缺少估计计算的依据，往往这一块的利益分享相对欠缺，对后续创新产品的升级换代更是缺少估计。

（二）主体团队内外协同矛盾突出

对于从事创新活动的组织来说，一方面，企业可以通过独立创新提高企业竞争力（符亚男和李大鹏，2011）；另一方面，也可以通过与外部主体共同进行创新活动，充分利用与高校、科研机构、科技中介等的协同效应（苏先娜和樊理山，2013），发挥因社会高度分工的不同而产生的比较优势，实现更高层次的知识协同。为了创新而建立的协同组织对创新项目的贡献不一，从而增加了协同团队之间的技术等知识产权的矛盾。

需要促进运作协同，为保证创新项目主体团队的有效运作，在团队构建之时需考虑到：团队各方成员对于彼此参与此次创新项目开展各自的动机；充分了解此次创新项目所需达到的目标并协调细化分解可执行；及时准确了解团队各个成员间的优势、明确团队成员的角色、划分团队的职责以及明确各个团队的作用与界限；明确各方在此次创新项目完成后意图获取的收益和成果分配。在团队运作过程中需考虑到：确保团队各方分工明晰，权责明确，并建立一套有助于各方协同开展项目实现团队有效运作的管理机制，并得到各方认可；建立团队之间、成员之间的监督、协调沟通机制；在项目开展过程中将多方利益协同关系最大化，实现团队成员间优势互补，相互促进，有助于实现能力最大化。

团队合作在企业、科研等方面比较普遍，合作不仅可以集合各类成员的优点，还可以创造出因合作而产生的创新型效果。团队是以创新项目的成功运作为共同目标，通过分工、协同而形成紧密的合作关系。创新项目合作实质上是建立在一种学科交叉、人格各异、专业互补、思维独立、协同发展基础上的协作攻关。

团队成员的利益冲突不可避免，如科研经费、知识产权、各类奖励与激励等。现行的各级资金资助、津贴发放、奖励与激励、股权分配、职级晋升等利益分配制度普遍存在诱发团队内部利益冲突的因素，而只有引导团队向“重质量、重社会效应”的模式发展，才能有利于创新项目团队的自我组织与发展（华国琴，2012）。

三、案例分析

构建创新队伍、提升创新能力、获取优势资源等对于新形势下创新项目团队，特别是产业研合作形式的项目团队有显著的正向影响（徐静等，2012）。上海振华重工（集团）通过产学研合作突破关键技术，实现中国集装箱全自动化码头合作案例比较成功。自动化集装箱码头与现有的人工作业集装箱码头相比，具有智能化、无人化特点，可以有效提高码头的装卸运输效率、减少码头工人数量（周鹏飞和杨云，2015）。据统计，全球每年新建自动化码头的市场需求达30亿美元。自动化码头的装卸系统是港口装备与系统研发的技术制高点。目前技术上已发展到全自动、智能化、零排放的第四代自动化码头；大型自动化码头的成套装备与系统一直是我国产业创新的战略方向之一，振华重工已连续18年占有全球港机70%以上的市场份额。2012年由振华重工总承包的中国第一个全自动化集装箱码头——厦门远海码头开工建设，振华重工提供自动化码头成套设备与系统（3台双小车QC、18台AGV、16台ARMG及8套AGV伴侣）。2014年厦门远海自动化码头正式开港。自此，振华重工自动化码头业务打开市场大门，先后总承包青岛、洋山、意大利VADO、阿联酋阿布扎比自动化码头装卸系统的研发和建造。2015年青岛港自动化集装箱码头建设，提供自动化码头成套设备与系统（7台QC、20台ARMG和38台L-AGV）。2015年振华世界最大全自动化集装箱码头——上海洋山港自动化码头建设，提供自动化码头成套设备（10台QC、58台ARMG、50台L-AGV）。这标志着振华重工从自动化码头的单项设备到成套设备系统智造的升级成功。2016年，振华重工被国际港口权威杂志“港口运营者”（*Terminal Operator*）评为“最佳自动化码头供应商”。近三年，自动化码头装卸设备与系统的新增产值71亿元，已成为振华重工又一支柱产业。项目的成功，极大地推动了振华重工的发展。产学研合作的主要做法如下。

（一）改善合作机制，以企业为主体开展产学研合作

（1）企业提出产学研合作目标及内容。针对合作目的差异问题，在与高校的合作过程中，振华重工在合作中的主体地位比较明显，主要负责把握产品的创新方向，提出“实践—理论—再实践与提高”的指导原则。这个过程很好地解决了企业谋求市场、研究机构和大学重在前瞻性和创造性的问题，从而使合作的项目在企业的主导下获得了成果的顺利转化。既积极发挥了合作方技术优势，做到了既尊重合作方，引导合作方，又不依赖合作方的运行机制。与上海海事大学合作研发的4000吨浮吊单吊起重能力居亚洲第一，与上海交通大学、同济大学、上海海事大学共同

研制7500吨世界第一的海上全回转浮吊。项目研制获得了巨大的经济效益。"海上重型起重装备全回转浮吊关键技术及应用"项目获得了2010年的国家科技进步二等奖。

（2）针对研究机构和大学的初始经费不足，振华重工主动承担创新项目经费并负责项目团队的组织协调。振华重工为产学研的创新项目提供充足的人、财、物，特别在配套经费方面，企业则发挥了主导作用。在物力资助上，拨出专款，资助高等院校的科研人员去国外考察和交流，鼓励高等院所学习和掌握国外港口机械与海洋工程的前沿技术和市场发展，并为公司提供技术服务。经统计，从2010年到2017年企业自己的80多个创新项目投入超过50亿元，而政府的专项补贴不超过8亿元。在这些项目的进行中，企业的投入占了相当大的比重，为项目的顺利实施提供了充足的财力支撑。产学研项目的投入，为企业带来巨大的经济效益，2010~2016年，企业的总收入超过1500多亿元。仅仅在集装箱全自动化码头项目上，振华重工投入超过1亿元。而在利益分配方面，企业在国家科研项目分配、科研奖项、专利等方面给予合作单位的倾斜，让科研人员产生足够的能动性。

（3）与各类技术主体签订产学研合作框架协议。振华重工公司以重大科研项目为载体，制定产学研合作发展战略和计划。在实施创新项目的过程中，与政府机构、高等院校、科研院所等合作单位建立了密切的合作关系，包括上海交通大学、同济大学、上海海事大学、浙江大学、哈尔滨理工大学、武汉理工大学、中国船舶科学研究中心、上海船舶研究设计院、上海船舶运输科学研究所、美国Lifteck公司、美国Mc kay公司等20多个国内外高等院校和科研单位都建立了不同类别的产学研战略联盟，并有不同深度的项目合作。

（二）加强主动管理，积极协调，开展多方位多层次合作

（1）发挥各方优势协同创新。振华重工在承接各类重大创新性项目的过程中，与政府、科研院所、高校以及供应商建立了密切的产学研联盟。如自动化码头项目上海交通大学主要承担远程控制系统的研发任务，同济大学负责集装箱装卸智能调度和监测控制的模型建立、算法研究、软件开发、仿真研究、系统评价和硬件调试，上海海事大学承担码头装卸工艺、AGV装卸船路径优化、装卸设备多机调度等任务。合作各方在国家"863"计划、发改委、工信部、交通部和上海市科委、经信委9项重大创新项目资助下，共同开展了自动化码头装备与系统关键技术研发与应用，建成了国际首创的自动化码头试验基地，研制了世界上第一个高效智能型立体装卸集装箱码头自动化系统示范线，为自动化码头装备与系统关键技术的研究提供了试验条件支撑，完成了国内第一个全智能、零排放、安全、环保的全自动化集装箱码头的建设。

（2）建立联络人制度。振华重工与合作主体依据项目的研究内容，以各合作主体的科研优势，分解研究课题，将创新项目分为若干子项目，并成立多个课题研究小组，每一个子项目都由项目骨干作为负责人，且每一子项目都与合作主体的各子项目一一对口，并要求在实施过程中项目各子课题负责人加强与高校课题组之间的联系，确切掌握项目进度，共同商讨，及时解决问题，通过沟通确保各子课题研发的顺利进行。切实加强了项目不同主体之间、同一主体内部各个成员个体之间、同一子项目的不同主体之间的联系，通过沟通确保各子课题研发的顺利进行，使项目在整个实施的过程中完全可控。项目通过企业与高校的密切合作，促进了实际技术问题的理论提升，解决企业产品的开发问题的应用，反过来企业又可以提供很好的验证和应用环境，从而进一步推动理论研究的深入。通过这些理论问题的研究，有力地促进了高校在相关学科领域的研究工作以及理论成果的应用，培养了一批相关的研究力量。

（3）共建实习基地和工程实践教育基地，促进科技人才培养。在产学研合作过程中，振华重工十分注重人才的联合培养和交流。振华重工与海事大学共建了"港口与海洋装备校外实习基地""研究生产学研合作人才联合培养示范级实践基地"，以及国家级"工程实践教育中心"。海

事大学为振华重工开设了国家承认的 EMBA 学历班，并开创性地开设了学士后班，为企业培养急需人才。2013~2015 年，振华重工安排了高校的 47 名研究生进入研发部门实习。振华重工还与同济大学共建了国家级“工程实践教育中心”，委派 16 名指导教师，为实习学生进行专业指导，企业项目负责人获得“同济大学 2011~2014 年优秀校外实习指导教师”荣誉称号。与上海海事大学共建了校外实习基地——港口与海洋装备校外实习基地，由相关副总裁为负责人，有 12 名技术骨干为兼职教师。

在实习基地的建设中，公司为学生提供教学和实习场地，并提供往返的交通、住宿、餐厅、洗浴等生活设施。实习场地主要是振华重工总部的各设计部门、各基地的技术部门。可供实习的基地有长兴基地、江阴基地和南通基地等。提供设计所需的计算机、学习使用各种质检方法和质检工具、电气检测工具。可以提供先进的三维检测设备的参观实习机会。提供先进数控加工方法（如大模数人字齿轮数控加工）的培训。

在项目的联合攻关过程中，不同的主体都培养了一批技术、管理、工艺等人才，并在提高理论水平的同时提升了解决问题的实践能力。承担项目的主体中包含了大批硕士、博士甚至博士后等新生科研力量。同时，创新项目的成功实施，也使学生从单一的理论思维进入了熟练应用理论方法解决实际问题的能力。通过企校项目的合作，增强了联系的纽带，也为高校学生进行企业锻炼（如实习）提供了难得的机会。通过与各高校进行合作，增强了企业在学校的影响。振华重工每年还在各高校组织了宣讲会，宣讲会的主要听众都是高校的优秀毕业生，促进参加项目的研究生到振华重工工作，使项目和工作均有延续性。

通过对振华重工 2010~2017 年创新项目的产学研合作情况进行分析后发现，政府其实在创新项目立项过程中充分利用市场的机制来创建了相关的产学研合作平台，在这个平台下各个主体充分发挥各自的优势来进行项目的推进，这个平台中的各个主体优势要十分明显，目标要非常清晰，责任要非常明确。团队的主体通过联合成立项目团队的形式结合成了优势互补或优势相长、风险共担的一种松散的合作模式（孟卫东等，2004），合作协同创新模型如图 4 所示。

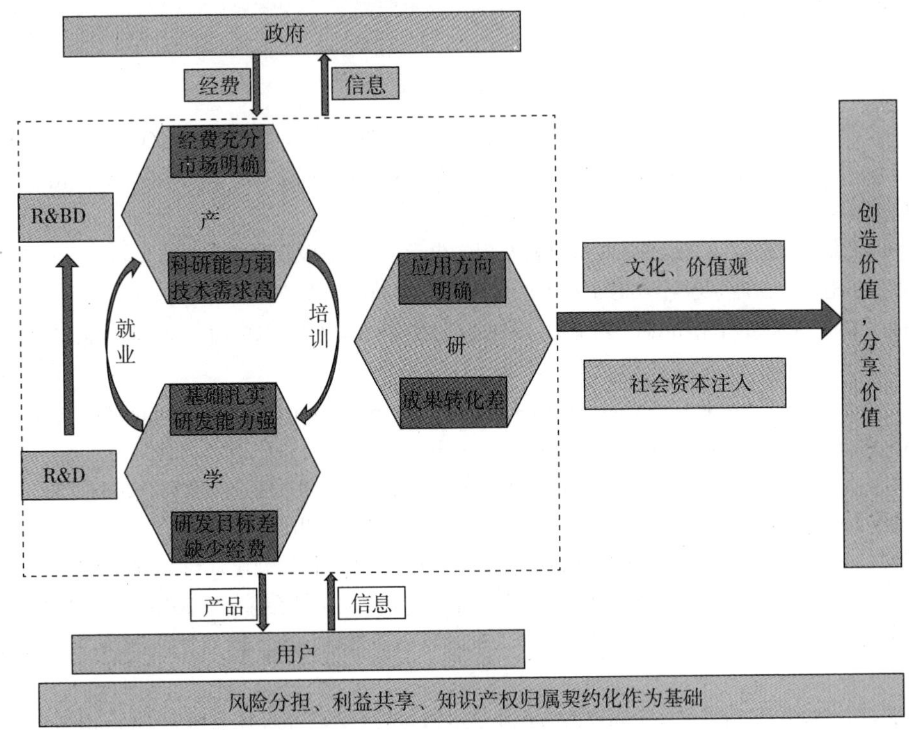

图 4　产学研合作协同创新模型

四、结论

创新项目的协同知易行难，政府在主体互动、形式选择、统一目标、利益协调等方面发挥纽带与桥梁作用，以市场机制实现产学研协同。从科技创新的主要组织管理形式上看，目前科研创新项目制管理也是旋转木桶理论最佳应用环境。科研创新项目中存在的各类缺陷及薄弱环节是制约项目发展的关键因素，如同木桶中的短板。这些短板，会导致资源闲置、资源浪费、效能低下，甚至发挥不了作用，如常见的成员间的目标不一致，互相扯皮、决策低效、实施不力、监管不严等，因此，需要建立项目评估机制，识别其中存在的缺陷，通过协同促进科技创新项目目标的实现。

任何一个或多个科研项目的申请单位、组织机构会围绕该项目形成一个联合整体，即可当作一个木桶，团队（木桶）由不同成员（木板）组成。由于来自不同的业务领域、经历、受教育程度、文化背景和个性等因素，甚至来自不同单位，各自的能力和贡献亦是各不相同。市场需求才是创新的突破口。组建团队、选择负责人、划分清楚各个主体的责任与权利，在政府的引导和推动下，在产学研内部（木桶）内生出创新载体、功效和环境，通过建立一种调控机制使环境内的各个“长板”发挥其主动性，并彼此协同合作，最终构建成创新系统。本文通过对振华重工创新项目的产学研合作情况进行分析，结合旋转木桶理论可以发现，政府主要引导其构建合理、有序、健全、高效的运行机制，健全调节体系，发挥宏观层面调控作用，促进这一“木桶”保持更高转速。项目团队要想实现项目目标（盛水量），实现交叉、交互进行项目管理以利于发挥团队整体协同作用（陈祥槐，2002），就要充分利用团队合作的力量，结合成优势互补、风险共担的合作协同创新模式。

参考文献

[1] 汪涛，李天林，徐金发. 基于资源观的战略联盟动因综论 [J]. 科研管理，2000，21 (6)：68-74.

[2] Laurence J Peter, Hull Raymond. The peter principle: Why things always go wrong [M]. New York: William Morrow and Company, 1969.

[3] 杜伟. 企业技术创新动力的基本构成分析及现实启示 [J]. 中国软科学，2005 (4).

[4] 李建军，赵江. 木桶原理与学报的差异化战略 [J]. 科技与出版，2009 (3)：13.

[5] Anne S Huff, Rhonda Kay Reger，刘宝宏，郑文全. 战略过程研究回顾 [J]. 管理世界，2011 (12)：148-159.

[6] Henderson R M, Clark K B. Architectural innovation: The reconfiguration of exiting product technologies and the failure of established finns [J]. Administrative Science Quarterly, 1990 (35): 9-30.

[7] 张敏，邓胜利. 面向协同创新的公共信息服务平台构建 [J]. 情报理论与实践，2008 (3)：382-385.

[8] 王贵友. 从混沌到有序——协同学简介 [M]. 武汉：湖北人民出版社，1987.

[9] 毛钟红. 我国中小企业创新能力现状、问题及对策研究 [J]. 科技创业月刊，2008 (5)：5-6.

[10] 宋莹，乔桂娟. 关于大学治理中产学研合作的思考 [J]. 大庆社会科学，2016 (5)：143-146.

[11] 符亚男，李大鹏. 基于提升企业核心竞争力的管理创新策略研究 [J]. 科学管理研究，2011，29 (3)：26-29.

[12] 苏先娜，樊理山. 基于创新协同理论的企业技术创新能力评价指标体系研究 [J]. 山东纺织经济，2013 (7)：19-21.

[13] 华国琴. 基于项目团队的激励问题研究 [D]. 云南：云南财经大学硕士学位论文，2012.
[14] 徐静，冯锋，张雷勇，杜宇能. 我国产学研合作动力机制研究 [J]. 中国科技论坛，2012 (7)：74-80.
[15] 周鹏飞，杨云. 集装箱码头先进作业工艺系统仿真与对比 [J]. 水运工程，2015 (7)：71-75.
[16] 孟卫东，张卫国，龙勇. 战略管理：创建持续竞争优势 [M]. 北京：科学出版社，2004.
[17] 陈祥槐. 管理文化研究：观点与方法 [J]. 中国软科学，2002 (7)：68-73.

电动汽车退役电池梯次利用商业模式研究

何熙途　彭　频

（江西理工大学，江西赣州　341000）

［摘　要］伴随着资源大量消耗问题的出现，电动汽车退役电池带来的经济、社会影响日益显著，成为能源与环境问题不可忽视的重要一环。本文从分析电动汽车退役电池的梯次利用机遇与挑战出发，对退役电池二次生命的商业价值进行了探讨，总结分析了典型的电动汽车退役电池梯次利用的商业模式，并就推进电动汽车退役电池梯次利用提出对策建议。

［关键词］电动汽车；退役电池；梯次利用；商业模式

一、引言

传统的燃油汽车正成为耗费石油资源的重要因素，并且由其带来了对环境的严重污染。电动汽车以消耗电来替代燃油实现“零排放”以及“降噪声”，比传统的燃油汽车更节能，且不排放污染物，是解决汽车行业能源和环境问题的一个重要手段，为交通运输可持续发展带来了巨大的希望。根据 EV Sales 数据，2018 年 12 月，全球新能源乘用车销量达到创纪录的 28.6 万辆，同比增长 70%。全年累计来看，全球新能源乘用车销量突破 200 万辆，达到历史性的 2018247 辆，新能源汽车渗透率达到 2.1%。动力汽车电池的使用年限一般是 5~8 年，大量电动汽车的制造和使用会产生动力电池如何有效回收利用这一大难题。从 2019 年开始，我国动力电池将进入大规模的报废期。到 2020 年，中国汽车动力电池每年的报废量预计将达到 20 万吨的规模，将迎来首次大规模的动力电池报废高峰期，并且随着电动汽车的大量普及和电池的不断退役，动力电池回收的压力将会越来越大。大量报废的动力电池若不进行适当的处理，将会带来一系列问题，如堆放废弃动力电池占用大量存储空间，废弃电池里含有锂、铝、铜、镍、钴、稀土等金属材料，长期堆放造成电解液受到腐蚀而泄漏，造成对环境的严重污染。

一般来说，电动汽车的电池在车辆的寿命结束时可以保持 70%~80% 的原始容量不变，但因为无法满足车主对于行驶历程的要求，会更换动力电池（Neubauer and Pesaran，2011）。Wolfs（2011）表示，电池退役后的电池仍有足够的容量支持要求较低的应用，如负载转移、可再生能源存储和备用电源。在降低电池成本的同时更有效地重复利用这些电池的一个可行解决方案是，将它们重新用于要求较低的电池梯次利用，可能从适当的二次利用中创造长期稳定的利润。这种再利用方式不仅可以有效地降低电动汽车的成本，还能延长电池的产品全周期使用寿命。Cready

等（2003）提出一种通过将报废的电动汽车锂离子电池应用于固定应用来降低电池成本的可行性，指出那些用过的锂离子电池的第二次使用可以用于电力监管，形成一项具有最高预期收入机会的辅助服务。Gaines 等（2011）针对电动汽车电池的经济特性，建议将降级的电动汽车电池用于固定存储应用，如电网支持或电力备份，这不仅延长了电池的总使用寿命，同时为目前成本昂贵的存储系统提供了一种经济有效的解决方案。董朝阳等（2014）考虑经济性及市场需求，表示退役动力电池在替代燃气轮机调峰电厂提供调峰服务领域具有较大的应用潜力，预估在该领域其二次利用寿命可以达到 10 年。

商业模式的创新（Foss and Saebi，2017）又称“商业模式变革”“商业模式重建”“商业模式转型”，它是企业对商业模式的核心成分和由核心成分构成的整体结构所进行的计划性的、创新的、重要的变更，其关注的是由企业价值创造、传递以及获取所构成的全过程（Teece，2010）。本文以电动汽车退役电池的梯次利用为切入点，总结动力电池梯次利用的应用场景，探讨退役电池梯次利用的商业模式，并在此基础上提出推进退役电池梯次利用的政策建议。

二、动力电池梯次利用的机遇与威胁分析

从商业模式的角度理解分析一个新兴产业的发展前景，需要对其产业发展的宏观环境进行评估。通过利用政治、经济、社会、技术、环境和法律框架的宏观环境分析技术阐述电动汽车全产业发展的外部战略环境，将有助于分析退役电池梯次利用的机遇和威胁。

（一）创造电池的二次价值，扩大梯次利用市场

在退役电池完好、无破损并且各元件功能有效的情况下进行梯次利用不会降低电池的效用。尽管在容量方面有所下降，但梯次利用时的电池与其他任何储能装置一样好，仍然具有良好的功效并且价格可能更低。当退役电池应用于某些场景时，可以提供与新电池相同的功能和服务，在储能应用中有效地利用退役电池的剩余容量来创造价值。退役电池的应用场景包括项目研究、电网储能、住宅储能、商业储能、商业应用（如短距离的电动场地车、游览车、高尔夫球车以及低速电动自行车）等。

（二）降低电池梯次利用成本，孕育商业模式的创新

退役电池梯次利用提供了一种比降解电池更可行的回收方案，由此成为解决电动汽车制造商成本问题的关键点。其主要原因是退役电池可以通过梯次利用来使其总寿命延长而增加其带来的经济收入，也就意味着电池的初始成本会下降。废弃电池的关键材料重新利用生产新的电池，其投资补偿电池生产的初始成本，同时推迟了电池达到循环使用的时间。退役电池梯次利用可采用循环经济的理念，通过保存自然资本、优化资源收益和最小化系统风险，将产品和材料控制在一个闭环的生命周期，由此降低动力电池和电动汽车的初始成本。退役电池梯次利用的可持续性，调整供应链上利益相关者的关系，孕育了商业模式的创新，在未来可能并不会是单个经销商、原材料供应商或是设备生产商创造利益的商业模式，而是在动力电池全产业链各环节的密切合作创造的新价值来源。

（三）储能需求日益增加，推动再生能源利用的转型

退役电池的梯次利用是关联退役电池回收需求和电池储能产业需求的关键点，意味着有更多的机会利用退役电池提高可再生能源的发电效率。在项目研究方面，将淘汰的电池回收后进行项目研究，为退役电池的梯次利用的商业、技术可行性及其应用提供解决方案。如美国国家能源部首次立项委托 Sandia 国家实验室开展退役电池的二次利用研究，主要针对电池梯次利用的领域、过程及步骤、经济性、示范规模进行初步研究。Duke 能源和 Tokyo-based Itochu 公司签署一项合作开展评价和测试的二次利用电动汽车电池协议，将旧电池利用于补充家庭能源供应、存储可再生能源，由此确定退役电池梯次利用在技术上的可行性和商业可行性。在工程应用方面，动力电池梯次利用更多地集中于电网储能、分布式发电等项目。在商业应用方面，国网浙江电力公司对电动汽车的退役电池进行改组用于 48V 电动自行车的动力电源，国网北京电力公司、北京工业大学、北京普莱德新能源电池科技有限公司进行合作，利用退役动力电池在电动场地车、电动叉车以及电力变电站直流系统上进行改装，用于低速电动车动力电源和电网储能。

（四）缺乏标准检查测试程序，电池寿命与性能难以确定

与新电池不同，回收到原始设备制造商手里的动力电池的寿命以及应用性能参差不齐。因为与为储能而设计的新型电池不同，退役电池梯次利用的寿命和性能非常不确定，原始设备制造商不了解电池使用的客户何时选择报废动力电池，以及第一次使用中是如何使用的，增加了确定电池使用性能的不确定性。同时，由于动力电池第一次使用时的使用情况以及材料暴露情况不同，每个动力电池需要进行手动拆卸，并进行清洁、检查、元件更换等程序才能达到新的使用状态，退役电池应用的标准化程度也不高。因此，迫切需要一个标准的动力电池性能检查测试程序，以便回收的电池可以安全地流入二手市场。

（五）政府立法不明确，缺乏市场机制监管

虽然我国政府先后出台不少有关动力电池回收及利用的规范或办法，但还缺乏有关动力电池梯次利用的统一有效立法和应有的市场监管，导致市场上部分退役电池回收企业的资质不符合规范，梯次利用中电池拆解等技术较为落后，企业生产难以达到环保要求。与新电池相比来说，使用回收的电池相对来说更便宜，这也是驱动各企业进行退役电池梯次利用投入的主要动力，但随着新一代的动力电池的出现，不仅价格更便宜，并且质量和性能会更好，动力电池梯次利用的成本竞争力以及市场的吸引力会逐渐降低，这对退役电池的梯次利用提出一个大的挑战。

三、退役电池商业价值利用的场景分析

退役下来的动力电池与其等待着成为经济、环境、生活上的负担，不如使其具有二次价值。虽然在存储电力的容量上会比新电池有所下降，但是动力电池在退换下来时可以保持 70%～80% 的原始容量不变。尽管不能继续在原有车辆上使用，但是能通过正确的途径和方式，使其可以利用剩余能量的储存来提供与新电池相同的功能创造新的价值，通过转换退役电池的实际价值形成可观的商业价值。

（一）移动电源或低速电动车设备

当电池不能满足电动汽车的储能、行驶等充电率的要求时，把退役电池用于移动电源或者低速电动车等设备，使退役的动力电池的寿命最大限度地被使用，价值也被充分利用，同时还大大降低了低速电动车和移动电源等设备的成本，大大节约了资源的消耗。美国创业公司 FreeWire 就推出了一款能为电动汽车充电的车用充电宝，将退役电池组装成总容量为 48 度电的移动充电车，在没有设置充电设备的停车场等提供充电服务。这不仅可以满足 240V 和快速充电的需求，以及一天能满足 5~8 辆电动汽车的充电需求，而且方便携带，同时在每天充放电循环 2 次的情况下，还可以有 5 年的寿命。

（二）小型储能系统

如果将电动汽车的退役电池作为一个小型储能系统，就可以在夜晚充电并储电，白天进行放电；可以利用用电波峰和波谷的价格差优化电力资源的配置，获得其经济效益；可以在电网发生故障进行维修或者短时间停电时，利用储能系统保证住宅或商业供电，减少用户的停电损失。如 Green Charge Networks 公司与日产汽车签署合作协议，双方约定将携手在美国和国际市场使用 LEAF 汽车退运的动力电池部署商业储能模块。美国 Tesla Energy 分别面向住宅储能和商业储能开发了 Powerwall 和 Powellpack 系统，其可以给居民住宅和商业区存储能量，实现转移负荷、电力备份以及太阳能发电自给，并且可以和特斯拉汽车配套，储存低谷电或太阳能给电动汽车充电。

（三）通信基站

通信技术的快速发展使通信基站发电量激增，相应地，对于备用电源的需求量就相应增大，而传统的通信基站是利用铅酸电池作为备用电源。退役电池大部分是锂电池，锂电池在使用上比铅酸电池更稳定，也更经济，具有更明显的优势。根据研究机构 ESSTank 所发布的《2017 年中国储能产业深度研究报告》中，预计在 2020 年将对通信基站进行 6500 亿元的投资，这将带动基站备用电源对储能电池的需求，届时基站备用电源中锂电池渗透率将达到 50%，市场容量将超过 9GWh。

（四）分布式发电

分布式发电包括风能、太阳能等清洁能源。清洁能源发电会由于天气等原因而造成不稳定、对电网冲击大等影响，产生不确定性和差异性。退役电池能配合分布式发电，使清洁能源发电更安全有效地与常规电网进行联合运行，提高新能源发电的利用效率。“分布式发电+储能”是未来清洁能源的方向，如果储能设备变得经济实用，对新能源利用无疑有着巨大的助推作用。如国外的通用汽车公司测试了雪佛兰福特汽车的电池，为位于密歇根州米尔福德的新信息技术总部提供太阳能和风能等清洁能源。

（五）电网储能

电网储能项目能弥补电网运行时的随机性和波动性，从而实现平滑输出。电网储能能够很好地配合电网进行高效而稳定的运行，提高发电的效率、可靠性及稳定性。作为“新一代”电网设备，储能就像一个超大容量的“充电宝”，在用电低谷时当作用电负荷充满电力，在用电高峰时当作发电电源释放电力，由此有效填补电力缺口，最大限度地保障生产生活用电。博世集团、宝马和瓦腾福公司进行动力电池梯次利用合作，利用宝马 ActivE 和 i3 纯电动汽车的退役电池来建造 2MW/2MWh 的大型光伏电站储能系统。海博思创科技有限公司和国网北京市电力公司合作利用2008年北京奥运会退役动力电池的锂电池，完成了360kWh梯次利用智能电网储能系统。

通过退役电池的梯次利用，不仅可以解决污染问题，还形成了良好的循环利用模式。从经济效益的角度看，推迟了退役电池的报废时间，有助于减少浪费和资源开发；从产业持续发展的角度看，完善了动力电池的产业布局，提升了关联企业竞争实力，保障了原材料的供应，构建了有效的资源回收利用产业链。应该看到，虽然梯次利用已经有了商业方面的研究与应用，但还没有对其进行大量的资源投入，还属于“蓝海”市场。随着动力电池退役大潮的来临，退役电池梯次利用所蕴含的商业机遇，会引起越来越多企业的投入及竞争。从目前的产业动态来看，退役电池梯次利用的投资、试验和市场都在不断增长，这表明退役电池梯次利用将会迎来新的市场机遇。

四、动力电池梯次利用商业模式研究

一个商业模式如果设计得好，不仅能够抵消技术不成熟带来的困难，还能创造更多的经济价值（Xue et al.，2014）。与传统的极大程度依赖化石燃料的行业商业模式不同，退役电池梯次利用并不是通过出售二次利用的电池，而是开启退役电池的二次生命，使其在其他的应用中开启新的生命周期，从而创造退役电池的价值循环，动力电池行业具有持续性且保护环境资源的优点（Kley，2011）。因此，新兴的退役电池梯次利用市场需要一种能够创造经济价值，并通过研究学习、应用适应的过程来消除进一步渗透市场障碍的商业模式（Bohnsack et al.，2014）。一个好的商业模式的构建，让客户能愉快地接受动力电池的梯次利用，不会纠结于电池是新的还是旧的，客户想要的只是由电池提供的电力或容量服务。

（一）模式分析

在退役电池梯次利用等新兴行业的早期阶段找到合适的商业模式是非常罕见的（Teece，2010）。一些专家学者在动力电池梯次利商业模式开展了前期研究，为后续的研究提供了思路（Jiao and Evans，2018）。本文在总结已有研究成果的基础上，通过对退役电池梯次利用商业模式的分析，从各国的退役电池梯次利用市场的案例分析，以设备制造商为主体出发，提出了四种退役电池梯次利用商业模式。

1. 分散型商业模式

在分散型商业模式中（见图1），电池制造商在市场销售动力电池后，对动力电池进行回收，回收来源仅依靠企业自身的渠道或是汽车专卖店，并直接在回收的动力电池经过简单的清洗、检查、拆解等程序后出售给梯次利用的企业。在此模式中，电池制造商与梯次利用企业仅仅是提供货源的关系，通过在市场出售回收电池所有权来获得额外收入，其不提供其他任何服务，销售与服务是分离的。电池制造商和梯次利用企业直接基本没有进行技术、信息等方面的沟通，梯次利用的后续程序也不需要制造商的参与。由于回收程序简单、门槛低而容易有竞争对手，电池制造商可以获得的利润相对较少。

2. 共享型商业模式

在共享型商业模式中（见图2），电池制造商不仅提供电池货源，而且会和梯次利用企业进行不同层次和不同程度的合作，以此来增加动力电池的商业价值。电池制造商与梯次利用企业分享所回收的动力电池的信息资源（如电池剩余容量及性能等），并为梯次利用企业提供设计方案以优化电池性能。还有一种情况是，有些制造商保留了动力电池的所有权，以此来达到与利益相

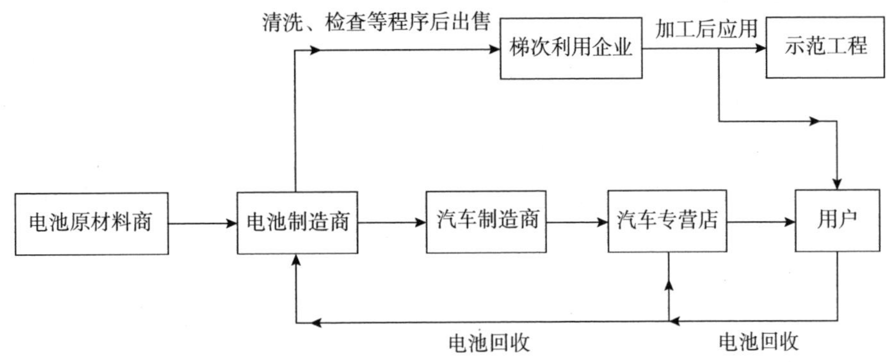

图 1　分散型商业模式

关企业合作来进军电池梯次利用市场的目的。在此模式中，各利益相关企业之间有信息资源的沟通，避免了重复检查的成本，各方的合作也提升了动力电池的价值。电池制造商在此商业模式中获取的价值明显高于分散型商业模式。

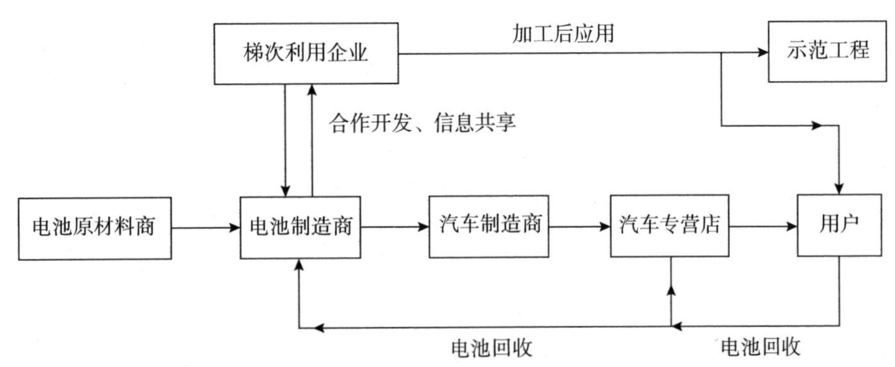

图 2　共享型商业模式

3. 集约型商业模式

集约型商业模式（见图 3）是电池制造商将退役电池梯次利用集合为自己的业务，通过与利益相关者的合作，共同开发退役电池梯次利用的原料、技术、市场和投资，共同推进退役电池的市场应用。电池制造商利用自己的技术优势、资金优势或业务网络等，通过多方合作提高所销售产品或服务的价值。在此模式下，需要电池制造商具备对退役电池梯次利用市场很高的参与度以及多元化发展的资源与能力，同时也存在业务网络规模的限制、能源市场渠道有限的问题，一旦研发或应用失败将会造成极大的损失。集约型商业模式相较于前两种商业模式，把退役电池梯次利用内化成自身业务，能够获取更大的商业价值。

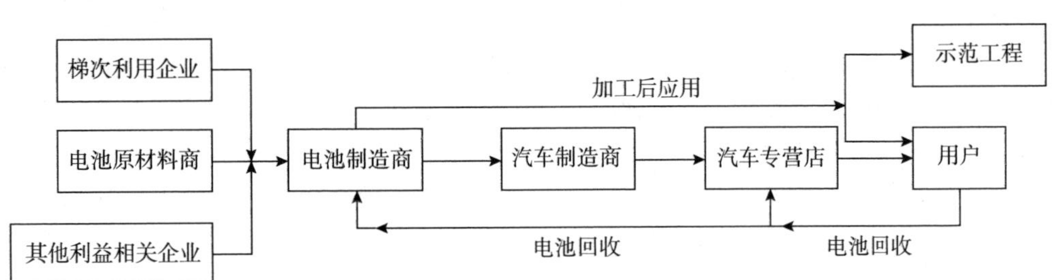

图 3　集约型商业模式

4. 闭环型商业模式

以上三种商业模式虽然能够通过延长动力电池的剩余生命而获得更多的价值，但只是利用企业的业务网络开拓动力电池梯次利用市场，将会受到规模和渠道的限制。在闭环型商业模式下（见图4），企业形成了从“生产—使用—回收—梯次利用—拆解—生产”的闭环产业链。主导企业具有纵向一体化的资源与能力，通过合并上下游企业或开拓上下游业务，不仅是利用企业本身的业务网络，而是利用上下游业务来扩大业务网络，实现对动力电池所有权的控制。在此商业模式下，企业不仅掌握了动力电池的所有信息资源，还掌握了自主设计、研发动力电池梯次利用的主动权，并且也避免了技术资源外泄的危险。在纵向一体化下，可以控制动力电池的初始生产成本，并且对销售渠道进行了控制，有利于在动力电池被废弃后进行回收，可回收的动力电池数量得到了保证。同时，利用规模经济对生产动力电池的关键资源进行了控制，提供市场进入门槛，避免面对大量的竞争者，实现动力电池的商业价值最大化。

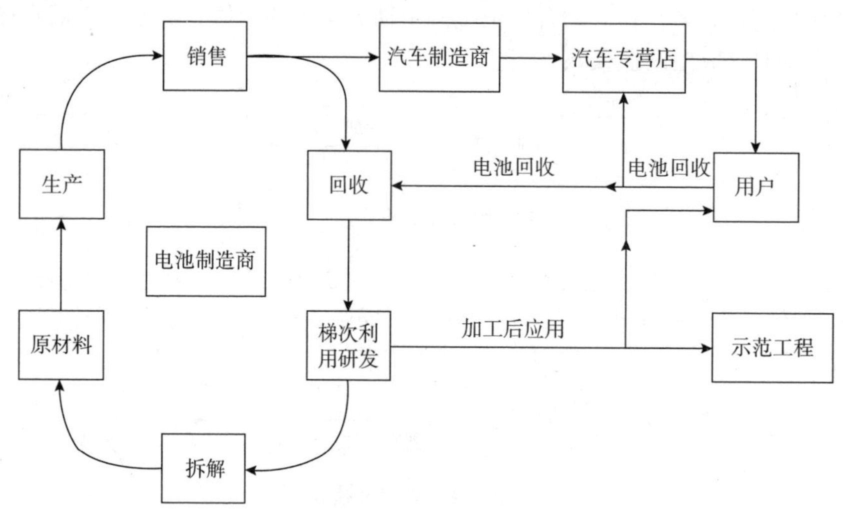

图4 闭环型商业模式

（二）模式对比分析

（1）从可获利润上来说，在分散型商业模式中，电池制造商和梯次利用企业基本没有进行技术、信息等方面的沟通，梯次利用的后续程序也不需要制造商的参与，制造商可以获得的利润也很小，且因为回收程序简单、门槛低而容易有竞争对手，使可获得的利润更小。但是共享型及集约型商业模式利用与其他企业间的合作，并通过提供信息服务、多元化发展等方式，大大提升了电池的可用价值，也使其可获得的利润大幅增长。

（2）从回收质量上来说，在共享、集约、闭环商业模式中，电池制造商保留了电池的控制权，当电池容量不足以维持电动汽车的运行时会对其进行更换，通过检测退役电池的性能，选择对其进行下一步利用还是进行回收，确保退役下来的电池的二次利用更高效，更具商业价值。特别是闭环型商业模式，电池制造商向电动汽车客户提供电池维修以及更换服务，并且掌握电池的性能、运行寿命等信息，使电池在最佳条件下运行，并且让顾客知晓返还高质量电池时所能获得的利益，以保证回收到更多高质量的电池。

（3）从价值创造上来说，由于四种模式的大部分电池为租赁模式，在一定程度上分散了电动汽车顾客对于电池持有所产生的风险，创造了对客户的价值。在共享和集约型商业模式中，电池制造商与梯次利用企业进行大量的合作，通过信息、技术等的交互，使双方都能在电池的二次利用中获取价值。在闭环型商业模式中，通过维系好与客户的关系为电池制造商以及客户创造了价值。在闭环型商业模式中，企业不仅掌握了动力电池的所有信息资源，还掌握了自主设计、研发动力电池梯次利用的主动权，同时避免技术资源外泄的危险，保证主导企业投资后的商业利润，实现动力电池梯次利用的持续发展。

五、对策建议

（一）建立健全动力电池回收政策体系

目前，动力电池的回收仍旧沿用传统燃油汽车的回收流程，但存在回收政策体系不够健全的问题，市场各企业良莠不齐难以形成规模效应。一些企业不具备技术及资质进行回收电池的处理，一方面，导致电池的流向难以被监控到，回收的电池存在严重浪费现象；另一方面，导致有合格资质并且具备回收技术的制造商由于回收渠道不通畅，很难获得足够数量的动力电池，以及整车出售的制造商很难开展动力电池的全生命周期管理。有必要将新能源汽车回收和传统燃油汽车的回收资质拆分开，同时对动力电池的回收市场强化监管，设立标准的检查测试程序，逐步淘汰规模小且技术落后、不符合环保要求的企业。

（二）提高动力电池回收利用行业的准入门槛

近几年，虽然我国先后出台了《电动汽车动力蓄电池回收利用技术政策》《新能源汽车废旧动力蓄电池综合利用行业规范条件》《新能源汽车废旧动力蓄电池综合利用行业规范公告管理暂行办法》等多项政策文件，但一些政策并不具有足够的强制性，缺乏明确的奖惩机制。政府应设立动力电池梯次利用企业的准入门槛，列出满足梯次利用技术清单，主动淘汰不符合清单的企业；由于动力电池含有锂、铝、铜、镍、钴、稀土等金属材料属于危险废弃物，存储及运输成本较高，政府应尽早规划动力电池处置基地，形成“电池回收+梯次利用”模式，增强其回收利用的高效性。此外，对动力电池回收企业进行补贴，促进形成动力电池的全生命周期管理机制，同时加大对动力电池梯次利用研发支持力度，加快对动力电池剩余容量、分级等技术的研发，以降低回收企业的检测分级成本来提高退役电池梯次利用行业的经济效益。

（三）建立生产者责任延伸制度

为了控制废物增长的源头从而促进资源的循环利用，减少资源浪费以及对环境的污染，针对动力电池生产和销售环节建立生产者责任延伸制度，将生产者对于电池生产所承担的环境责任延伸到了产品的全生命周期，特别是对于所生产产品的回收利用、梯次利用以及终极处置。从我国现有对于动力电池梯次利用法律法规来看，距离建立完善的生产者责任延伸制度还有较长的一段路要走。基于可预见未来对新能源汽车动力电池的回收利用压力，生产者责任延伸制度将成为新能源汽车产业，特别是电池生产企业不可回避的社会责任。

（四）开展动力电池的全生命周期管理

由生产商对动力电池的全生命周期进行管理，有助于控制废旧动力电池的流向，有利于生产商对废弃动力电池进行回收拆解用于原料再生产。生产企业与锂、铝、铜、镍、钴、稀土等原料企业建立良好合作关系，使资源最大化利用，最大限度降低环境污染。生产企业开展动力电池全生命周期管理，在对废弃动力电池的回收拆解过程中寻找创新解决方案，在设计生产动力电池时进行技术改进，降低回收成本并提高拆解利用效率；生产商开展动力电池全生命周期管理，掌握新电池的流向控制权，构建有效的动力电池回收渠道，避免消费者的弃掷行为；生产商动力电池全生命周期管理，建立动力电池设置追踪系统，收集分析产业链的产品信息，实现退役电池梯次利用的信息化管理。

参考文献

[1] Neubauer J, Pesaran A. The ability of battery second use strategies to impact plug-in electric vehicle prices and serve utility energy storage applications [J]. Journal of Power Sources, 2011, 196 (23): 10351-10358.

[2] Wolfs P. An economic assessment of second use' lithiumion batteries for grid support [C]. Universities Power Engineering Conference, IEEE, 2011.

[3] Cready E, Lippert J, Pihl J, et al. Technical and economic feasibility of applying used EV batteries in stationary applications [J]. Office of Scientific & Technical Information Technical Reports, 2003.

[4] Gaines L, Sullivan J, Burnham A and Belharouak I. "Life-Cycle Analysis for Lithium-Ion Battery Production and Recycling", 90th Annual Meeting of the Transportation Research Board [C]. Washington: Argonne National Laboratory, 2011.

[5] 董朝阳，赵俊华，文福拴等. 从智能电网到能源互联网：基本概念与研究框架 [J]. 电力系统自动化，2014，15 (15)：1-11.

[6] Foss N J, Saebi T. Fifteen years of research on business model innovation: How far have we come, and where should we go? [J]. Journal of Management, 2017, 43 (1): 200-227.

[7] Teece D J. Business models, business strategy and innovation [J]. Long Range Planning, 2010, 43 (2-3): 172-194.

[8] Johnson G, Scholes K and Whittington R. Exploring Corporate Strategy [M]. London: Financial Times Prentice Hall, 2008.

[9] Ramoni M O, Zhang H C. End-of-life (EOL) issues and options for electric vehicle batteries [J]. Clean Technologies and Environmental Policy, 2013, 15 (6): 881-891.

[10] Xue Y, Shao L, Chang F, You J, Song Y. A conceptual framework for business model innovation: The case of electric vehicles in China [J]. Probl. Sustain. Dev., 2014 (9): 27-37.

[11] Kley F, Lerch C, Dallinger D. New business models for electric cars—A holistic approach [J]. Energy Policy, 2011, 39 (6): 3392-3403.

[12] Bohnsack R, Pinkse J, Kolk A. Business models for sustainable technologies: Exploring business model evolution in the case of electric vehicles [J]. Research Policy, 2014, 43 (2): 284-300.

[13] Teece D J. Business models, business strategy and innovation [J]. Long Range Planning, 2010, 43 (2-3): 172-194.

[14] Jiao N, Evans S. Business models for repurposing a second-life for retired electric vehicle batteries [A] //Pistoia G, Liaw B. Behaviou of Lithium-lon Batteries in Electric Vehicles [C]. Spriger, 2018.

[15] 周宏春. 变废为宝：中国资源再生产业与政策研究 [M]. 北京：科学出版社，2008.

[16] Martinez-Laserna E, Gandiaga I, Sarasketa-Zabala E, et al. Battery second life: Hype, hope or reality? A critical review of the state of the art [J]. Renewable and Sustainable Energy Reviews, 2018 (93): 701-718.

[17] Ambrose H, Gershenson D, Gershenson A, et al. Driving rural energy access: A second-life application for electric-vehicle batteries [J]. Environmental Research Letters, 2014, 9 (9): 094004.

[18] Madlener R, Kirmas A. Economic viability of second use electric vehicle batteries for energy storage in residential applications [J]. Energy Procedia, 2017 (105): 3806-3815.

[19] Casals L C, Beatriz A G and Lázaro V C. Electric vehicle battery reuse: Preparing for a second life [J]. Jour-

nal of Industrial Engineering and Management, 2017, 10 (2): 266-285.

[20] Bobba S, et al. Life cycle assessment of repurposed electric vehicle batteries: An adapted method based on modelling energy flows [J]. Journal of Energy Storage, 2018 (19): 213-225.

[21] Lih W C, Yen J H, Shieh F H, et al. Second use of retired lithiumion battery packs from electric vehicles: Technological challenges, cost analysis and optimal business model [C]. 2012 International Symposium on Computer, Consumer and Control, IEEE Computer Society, 2012.

基于 HW 和 XGBoost 混合模型的中国汽车销量预测研究*

刘尊礼[1]　陈　洁[2]　郝　鸿[2]

（1. 上海工程技术大学管理学院，上海　201620；
2. 上海交通大学安泰经济与管理学院，上海　200030）

［摘　要］销售量的准确预测不仅有助于汽车制造厂商及汽车经销商研究市场行情以制定营销策略，也有助于政策制定者从宏观上整体掌控市场发育与成长态势。通过获取 2009 年 1 月至 2018 年 12 月的汽车市场月度零售量数据与通过线下调研、经销商反馈、网络数据收集得到相关指标数据。研究采用了三次指数平滑（HW）模型，并使用了支持向量机（SVM）、随机森林（RF）、极端梯度提升树（XGBoost）算法进一步挖掘残差信息，研究发现混合了 XGBoost 算法的模型可以更好地预测销量。

［关键词］汽车行业；时间序列；机器学习；XGBoost

一、引言

随着我国经济的不断发展，国内汽车市场已经逐步步入成熟有效的发展阶段。由于汽车市场的门槛较高，近几十年来国内汽车企业的个数基本保持不变，行业内的现有公司早已建立了自己在品牌、技术、渠道、服务等方面的竞争优势。不仅如此，中国汽车产业已成为国家新一代大战略规划中的“马前卒”，将逐渐融入全球范围新一轮科技革命和产业变革浪潮，并完成建设现代化强国的历史使命。

对于汽车行业来说，精确的销售量数据的预测，不仅可以帮助相关企业合理安排生产计划，还可以帮助其更好地制定企业未来发展战略（高俊杰等，2018）。当企业历史销售数据难以获取或企业尚未获取有效的用于预测的数据时，销售人员意见汇总法、专家意见法等定性预测方法，是企业进行销售量预测的主要方法。然而，当企业积累了一定量的历史数据，有效定量预测模型的选用，准确的销量预测，对于汽车生产企业和销售企业研究市场行情、及时调整生产经营策略则有着极其重要的意义。

* ［基金项目］国家自然科学基金面上项目（71472124）；国家自然科学基金应急项目（71840009）；国家自然科学基金重点项目（71832008）。

销售数据通常是一种动态的、非线性的、不规则的时间序列，具有明显的季节性、自相关性与周期性，会受到突发事件、经销商销售能力、下级经销商的数量等因素的影响，研究者大多将时间序列分析法运用于销售量的预测上（葛娜等，2018）。然而，在汽车这样一个接近有效的市场内，汽车行业的销售量究竟与哪些因素有关，怎样的模型可以更好地预测汽车销售则是本文所探讨的主要内容。

二、文献回顾

（一）销量预测

销售量的有效预测，能够帮助企业更好地制订计划，从而促进企业更好地开展生产经营活动。早在20世纪50年代，学者们就开始关注销售量的预测，发展至今，各行各业均结合本行业的特点，提出了不同的预测模型，不断提高模型预测精度。如传统的ARIMA模型被用于某品牌鞋类企业销售量预测（葛娜等，2018），而在机票销售预测中，罗嗣卿等（2017）对BP神经网络的算法进行了改进，得出改进后的混合优化算法（自适应和声算法与遗传算法的混合）可以更好地预测机票销售量。汪群峰等（2017）采用相关系数、新陈代谢灰色GM（1，1）和弹性系数三种模型加权组合的方法对机场航油销售量进行了组合预测，研究发现该模型可以带来更准确的机场航油销售量预测。医疗器械销售预测方面，常晓花和熊翱（2018）发现改进的Adaboost随机森林预测方法可以更有效地预测医疗器械公司的产品销售量。烟草行业中，朱俊江等（2016）以乡镇为单位对卷烟的销售量进行了预测，研究发现混合了小波变换、回归分析与神经网络算法的模型，可以有效降低预测的偏差率。

（二）汽车销量预测

随着汽车产业的不断发展及汽车销量数据可获取性的提高，国内外学者开始关注汽车市场。汽车销售预测方面，早期研究中多采用线性回归、灰色系统理论、时间序列模型及人工神经网络等单方法模型（陈欢，2008；郭顺生等，2013）。如基于自相关系数以及线性回归模型的汽车市场需求与弹性分析（陈道平、刘伟，2005），基于宏观指标与线性回归模型的未来十年汽车市场销售量分析（彭浪、宁宣熙，2009），基于季节分解模型的汽车市场销量影响因素分析（尹小平、王艳秀，2011）等。汪玉秀等（2015）则将汽车颜色、排量及版本类型纳入销量预测量，结合马尔科夫过程对4S店汽车销量进行了预测。国外学者Ryan等（2009）则通过欧盟15国汽车市场数据分析了汽车销量与财政等其他宏观指标之间的关系。Wang等（2011）提出了基于模糊推理神经网络的预测模型。后期随着研究方法的丰富与完善，汽车销量预测开始采用组合预测方法，如ARMA与RBF神经网络模型的混合（李响等，2006）、差分进化算法与灰色模型的组合（蔡宾、芮明杰，2015）、灰色模型与马尔科夫模型的组合（李莉，2014）等，通过几种模型的组合，研究者对某地、某些品牌或某类汽车的销量进行了预测，研究均发现组合模型的预测效果更优于单方法预测法。

（三）影响汽车销量预测的因素

汽车销售量预测中，研究者不仅对单方法模型与组合模型进行了改进与应用，由于汽车行业的市场行情变化相对较快，其销售量可能受到产品属性及经济或社会环境等因素的影响而发生变化。因此，对于影响汽车销售因素的挖掘，将进一步提升模型预测精度。如汽车购买成本、可靠性、动力性、安全性等产品属性是影响新能源乘用车市场份额的重要因素（马钧等，2009）。高俊杰等（2018）考虑了95#无铅汽油价格、消费者信心指数（CCI）、居民消费指数（CPI）和钢材产量四个主要宏观经济变量，基于结构关系识别以月度数据为依据，通过向量误差修正模型的构建，表明该模型可以更好地提高预测精度，更好地反映中国汽车销量与宏观经济变量之间的动态联系。刘业政等（2017）则将品牌情感因素纳入汽车销量预测模型之中，通过对消费者在线评论的深入分析，强调口碑因素对购买意愿的影响，研究发现，依据在线评论情感倾向的品牌情感自回归模型可以更为准确地预测单一汽车品牌的销量。

在汽车消费中，消费者进行决策时会利用到各种信息，互联网信息的丰富性已使其成为汽车信息的重要来源之一。随着互联网技术的发展及网络数据可获取性的提高，研究者们开始提取网络因素，将其作为预测汽车销售的重要因素。王炼等（2015）收集了64款车型的月销量数据，将不同车型的百度搜索指数纳入分析框架，采用回归分析的方法探讨了网络搜索在中国汽车市场预测方面的作用。研究发现，消费者当月搜索指数以及前一个月的网络搜索指数均会正向影响汽车销售量。李忆等（2016）则运用文本挖掘技术，对汽车论坛中抓取的数据进行分析，探讨了网络搜索数据与汽车销量之间的关系，研究发现，网络搜索数据可以更好地预测汽车销售量。谢天保和崔田（2018）则选取了大众、本田、奥迪三个品牌的汽车，利用网络爬虫工具提取出符合要求的关键词搜索数据，将关键词相关信息引入汽车月度销售数据分析模型构建中，研究比较了ARIMA、LASSO线性回归、支持向量回归和随机森林几种模型预测方法，结果表明，随机森林的模型预测法可以更好地进行汽车销售量预测。

综上所述，在汽车销售量的研究中，研究者们不断地改进算法、改进模型，依据历史销售数据并将宏观经济与社会变量纳入模型构建之中，以提高销量预测的精度。这些研究大多假设销量和影响因素之间呈线性关系或是较为简单的非线性关系，对于结果的预测，基本是以月度数据为单位，对某一地区或某一品牌的市场总体汽车销量进行宏观预测，数据基本来源于中国汽车工业协会、汽车之家、国家统计局、百度指数、某类网站等。在销售量预测方面，以往研究强调了组合模型的价值，采用的组合模型涉及支持向量机（SVM）、随机森林等，本文则拓展了组合模型的应用，采用机器学习中的XGBoost算法对汽车销量进行了预测。本文的数据来源也更为具体，包括公司线下调研、经销商反馈、网络数据收集等相关指标数据，以及更长时间的数据跨度，对不同渠道的数据进行整合，采用相应模型对汽车销售量进行预测，并对各模型进行了比较。

三、实证分析

（一）数据来源

本文以国内乘用车批发和零售量数据为研究对象，主要探究未来该市场的销量有怎样的变化。数据为某汽车集团提供的120期月度更新数据（2009年1月至2018年12月）。为提高预测的准确性，数据还匹配出线下调研、经销商反馈、网络数据等，从中提取出反映居民收入水平的收入数据，反映货币市场宏观指标的流动性与经济增长（GDP）的数据，反映居民投资意愿和对政策影响汽车市场乐观程度的财富预期和政策作用数据，来自全国800多家经销商提供的购车成本、库存周期、交车周期的数据，以及反映汽车受关注程度和近期网络对汽车行业关注程度的新产品与网络人气数据，各指标描述性统计如表1所示。

表 1　指标数据描述性统计及相关系数

	均值	标准差	1	2	3	4	5	6	7	8	9	10
1. 收入水平	1.136	0.054	1									
2. 货币流动性	1.046	0.054	0.79	1								
3. GDP	7.979	1.512	0.35	0.25	1							
4. 财富效应	1.004	0.025	−0.20	−0.13	0.01	1						
5. 政策因素	1.020	0.060	0.25	0.57	0.01	0.15	1					
6. 购车成本	1.008	0.037	−0.57	−0.53	0.10	0.29	−0.21	1				
7. 库存压力	116.595	14.695	−0.49	−0.41	−0.11	0.02	−0.12	0.31	1			
8. 交车周期	0.295	0.033	0.67	0.56	0.39	−0.13	0.19	−0.32	−0.39	1		
9. 新产品	1.135	0.045	0.07	0.42	−0.07	0.16	0.45	−0.02	−0.18	−0.07	1	
10. 网络人气	1.045	0.195	0.04	0.23	0.46	0.16	0.18	0.01	0.10	0.04	0.04	1

数据中包括了 120 期汽车零售量与批发量数据，零售量和批发量变化基本保持一致，且随时间变化呈现明显的季节性波动，并呈现出增长趋势，均值均过 146 万辆和 148 万辆，标准差分别为 53.4 万辆和 51.9 万辆。从影响批发与零售量的 10 个指标的相关系数中，可以看出，收入水平、货币流动性、购车成本、库存压力、交车周期（下单到交货的时间）之间的相关性非常显著（见表 1）。为去除高相关性的影响，采取主成分分析的方法，对这 5 个指标进行降维处理。降维后前两个成分的累计贡献率超过 88%，将其命名为宏观经济因子和终端需求因子作为降维后的指标。宏观经济因子包括收入水平、货币流动性，终端需求因子则包括购车成本、库存压力、交车周期。

（二）零售量预测建模

由于零售量数据具有明显的趋势性和季节性，本文首先使用三次指数平滑（HW）的方法对零售量数据进行预测，并在此基础上采用支持向量机（SVM）、随机森林（RF）、极端梯度提升树（XGBoost）三种组合模型改进了对零售量的预测。数据集为乘用车月度零售量数据及某汽车集团相关指标数据，将 2009 年 1 月至 2018 年 9 月的数据作为训练集，2018 年 10 月至 12 月的数据作为测试集，以衡量预测模型的预测效果。

1. 三次指数平滑法零售量预测

指数平滑法实际上是一种特殊的加权平均法，该方法进一步加大了近期观察值的权数。三次指数平滑法在一次和二次指数平滑的基础上，可以同时对含有趋势和季节性的时间序列数据进行预测，预测效果较好。三次指数平滑法需要确定 α、β、γ，即平滑、趋势和季节三个参数。本文采用 50 等分的格子点搜索选择最优参数，α 选择的范围为［0.01，1］，β 和 γ 选择的范围为［0，1］。由于三次指数平滑法有累加和累乘两种方法，综合数据分析结果，本文采用累乘的方法对零售量数据进行预测，并基于 MAPE 对模型拟合效果进行评判，MAPE 计算公式如下：

$$MAPE = \frac{1}{n}\sum_{t=1}^{n}\frac{|\hat{y}_t - y_t|}{y_t}$$

式中，y_t 为 t 期观测值，$\hat{y}_t$ 为 t 期预测值。根据数据集的特点，针对零售量选择的 α、β、γ 值分别为 0.453、0.241、0.972。比较拟合结果与 2009 年 1 月至 2018 年 9 月的实际零售量值，可以看出，HW 算法的拟合结果基本与实际零售量保持一致，零售量拟合结果对应的 MAPE 值为 5.88%。根据测试集的数据检验 HW 算法的外推效果，结果显示 2018 年 10 月至 12 月的 MAPE 值为 1.12%，如表 2 所示。本文还比较了差分自回归移动平均模型（ARIMA）的外推效果，MAPE 值为 1.76%，预测精度上略低于 HW 算法。综上所述，可以看出 HW 算法可以较好地对零售量进行预测。

表 2　2018 年 10 月到 12 月实际值与 HW 预测结果

日期	HW 预测值	实际值	MAPE
2018 年 10 月	2022802	2014000	0.44%
2018 年 11 月	2113535	2160000	2.15%
2018 年 12 月	2308549	2291000	0.77%

2. 组合模型法零售量预测

在组合模型中，将基于相关指标及主成分分析后的指标数据（协变量）对零售量（响应变量）进行建模。为了验证预测算法的准确性，采用 k 重交叉验证法来评价预测算法的外推性。在模型构建方面，HW 算法可以更好地建立线性模型，但是数据中仍存在一些信息存留在残差当中尚未被挖掘，而 SVM、RF、XGBoost 等机器算法可以更进一步地挖掘残差中的信息，从而通过非线性模型的构建去优化数据预测的结果。本文将组合模型构建中的残差 e_t 定义为：

$$e_t = Y_t - \hat{Y}_t$$

式中，e_t 代表第 t 期的真实值与时间序列方法估计值之间的残差。接着，利用三种机器学习方法挖掘 HW 模型未能刻画出的非线性部分，即残差 e 的分布。组合模型的构建流程为以月度零售量数据为基础，通过三次指数平滑法对零售量进行拟合，接着计算出拟合值与实际值之间的残差，将相关指标数据代入，对残差进行预测，最终预测出未来短期的月度零售量。

针对零售量，本文构建了 HW+SVM、HW+RF、HW+XG 三个组合模型。HW+SVM 模型中，核函数为径向基函数，σ 为 3，惩罚系数 c 为 1；HW+RF 模型中，选择了备选特征为 6 的 500 棵树的随机森林；HW+XG 模型中，则由 5 折交叉验证给定惩罚参数。各模型预测与拟合结果分别如表 3 和图 1 所示。

表 3　2018 年 10 月至 12 月零售量组合模型预测结果

	2018 年 10 月	2018 年 11 月	2018 年 12 月	模型拟合（MAPE）训练集	模型预测（MAPE）测试集
实际值	2014000	2160000	2291000	—	—
HW	2022802	2113535	2308549	5.88%	1.12%
HW+SVM	2038086	2122852	2328419	5.90%	1.52%
HW+RF	2036856	2166081	2223658	5.91%	1.45%
HW+XG	2029673	2105064	2230586	5.87%	1.37%

从表 3 中可以看出，三次指数平滑算法有一定的准确度，其运算速度快，且需要信息少，但是其对参数较为敏感，数据解释度相对较低。计算中，结合其他相关指标数据进一步挖掘残差信

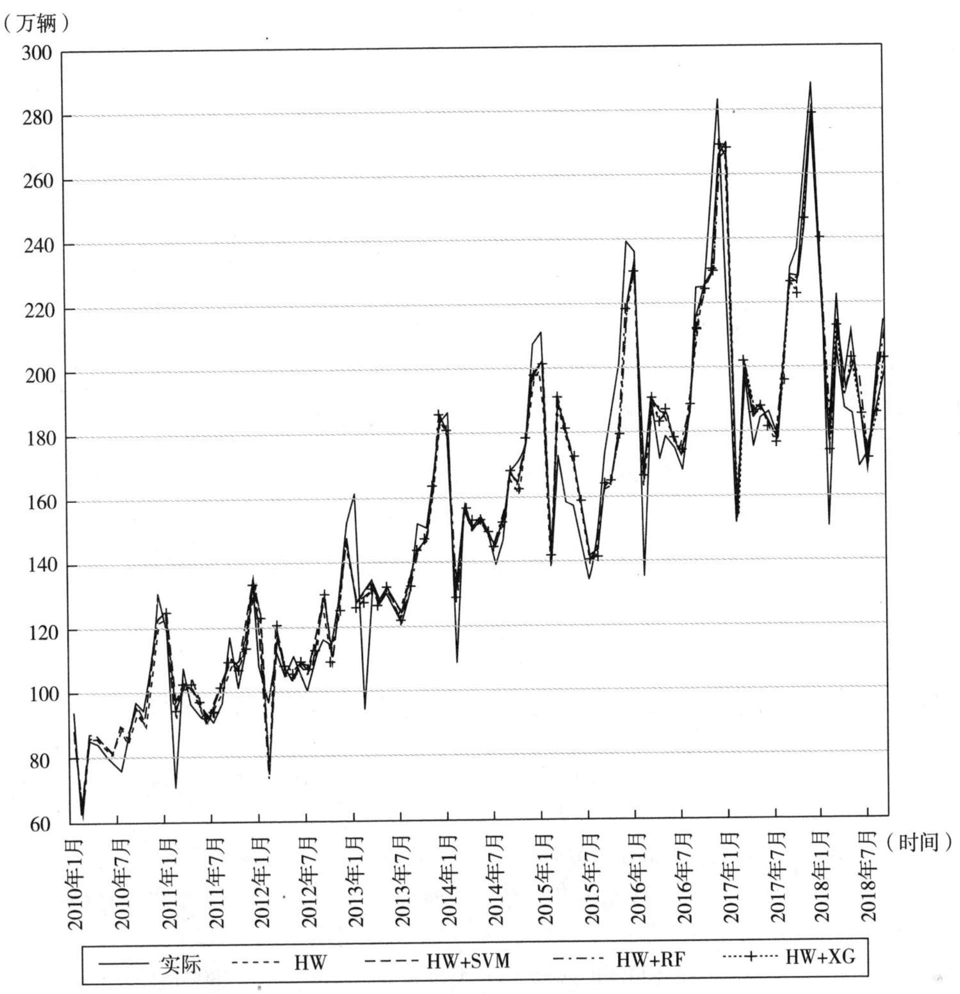

图1　2009 年 1 月至 2018 年 9 月组合模型零售量拟合结果

息的组合模型可以看出，SVM、RF、XGBoost 算法训练集的结果表现差异不大，但是 XGBoost 与 HW 算法的组合模型预测效果更好一些，即其他相关因素的挖掘可以更好地提升模型的解释度和预测力。

四、结论与展望

汽车行业自身长产业链的特点，决定了其在国家经济发展中的重要作用。对其销售量的有效预测，有助于相关产业合理安排生产经营活动。本文整合了 2009 年 1 月至 2018 年 12 月乘用汽车零售量及线下调研与经销商反馈等数据，采用三次指数平滑及 SVM、RF、XGBoost 的组合方法对汽车零售量进行了预测。虽然 HW 的预测效果较高，但考虑到其自身参数敏感性及解释度低的缺点，本文认为 HW 算法与 XGBoost 组合的模型能够更有效地对汽车销售量进行预测。本文不仅对汽车零售量进行了预测，还对汽车的批发量进行了预测，批发量的预测结果基本与零售量保持一致，并且也是组合模型，可以更好地提高预测结果。

本文在汽车销售量预测方法方面做出了贡献，将 XGBoost 方法应用于汽车销量预测之中，在模型预测中不仅根据历史数据进行了预测，还考虑了其他宏观因素与社会因素指标对销量的影响。虽然其他指标的加入及机器学习方法的使用带来了更为准确的预测，但是算法的不断改进，也为未来销量的预测提供了更多发展空间。未来也可以考虑使用更为科学的算法对汽车销售量进行预测。

参考文献

[1] 高俊杰，谢亚南，顾丰等. 基于结构关系识别的中国汽车销量预测 [J]. 大连理工大学学报，2018 (1)：92-98.

[2] 葛娜，孙连英，赵平等. 基于 ARIMA 时间序列模型的销售量预测分析 [J]. 北京联合大学学报，2018 (4)：27-33.

[3] 罗嗣卿，李冰珂，王佳玉. 改进 BP 神经网络在机票销售量预测中的应用 [J]. 计算工程与设计，2018 (12)：3722-3727.

[4] 汪群峰，方志耕，李波等. 基于组合方法的机场航油销售量预测研究——以新疆为例 [J]. 数学的实践与认识，2017 (10)：137-144.

[5] 常晓花，熊翱. 基于 Adaboost 的随机森林算法在医疗销售预测中的应用 [J]. 计算机系统应用，2018 (2)：202-206.

[6] 朱俊江，何湘竹，王建树等. 基于混合模型的卷烟销售量预测 [J]. 中国烟草学报，2016 (5)：120-125.

[7] 陈欢. 灰色理论在汽车销售预测和投资决策中的应用研究 [D]. 安徽：合肥工业大学硕士学位论文，2008.

[8] 郭顺生，王磊，黄琨. 基于时间序列模型预测汽车销量研究 [J]. 机械工程师，2013 (5)：8-10.

[9] 陈道平，刘伟. 中国汽车市场需求及其弹性和预测分析 [J]. 重庆大学学报（自然科学版），2005 (12)：138-142.

[10] 彭浪，宁宣熙. 中国未来汽车市场的研究 [J]. 管理世界，2009 (1)：180-181.

[11] 尹小平，王艳秀. 中国汽车销量影响因素的实证分析 [J]. 统计与决策，2011 (8)：98-100.

[12] 汪玉秀，顾巧祥，邢超等. 马尔可夫过程的 4S 店汽车销售量预测 [J]. 中国计量学院学报，2015 (4)：501-508.

[13] Ryan L., Ferreira S and Convery F. The impact of fiscal and other measures on new passenger car sales and CO_2 emissions intensity: Evidence from Europe [J]. Energy Economics, 2009, 31 (3): 365-374.

[14] Wang F K, Chang K K, Tzeng C W. Using adaptive network - based fuzzy inference system to forecast automobile sales [J]. Expert Systems with Applications, 2011, 38 (8): 10587-10593.

[15] 李响，宗群，童玲. 汽车销售混合预测方法研究 [J]. 天津大学学报（社会科学版），2006 (3)：175-178.

[16] 蔡宾，芮明杰. 基于改进差分进化算法和灰色模型的中国汽车销量预测研究 [J]. 上海管理科学，2015 (1)：14-20.

[17] 李莉. 基于灰色马尔科夫链的小排量汽车销量预测研究 [J]. 计算机光盘软件与应用，2014 (5)：123-125.

[18] 马钧，王宁，孔德洋. 基于 AHP 及 Logit 回归的新能源汽车市场预测模型 [J]. 同济大学学报（自然科学版），2009 (8)：1079-1084.

[19] 刘业政，章旭，王锦坤. 考虑品牌情感的汽车销量预测 [J]. 合肥工业大学学报（自然科学版），2017 (9)：1276-1282.

[20] 王炼，宁一鉴，贾建民. 基于网络搜索的销量与市场份额预测：来自中国汽车市场的证据 [J]. 管理工程学报，2015 (4)：56-64.

[21] 李忆，文瑞，杨立成. 网络搜索指数与汽车销量关系研究——基于文本挖掘的关键词获取［J］. 现代情报，2016（8）：131-136，177.

[22] 谢天保，崔田. 基于网络搜索数据的品牌汽车销量预测研究［J］. 信息技术与网络安全，2018（8）：50-53.

上海市旅游公共服务体系建设研究

——以松江区为例

李　霞

（上海工程技术大学管理学院，上海　201620）

［摘　要］松江区作为上海建设国际化旅游大都市的重要内容，加快旅游公共服务体系建设，是松江全域旅游发展的关键环节。本文通过调查问卷和深度访谈，分析了松江旅游公共服务体系现状与问题，提出了松江旅游公共服务体系建设原则，从而构建了松江旅游公共服务体系具体建设内容，并提出了具体保障措施。

［关键词］松江；旅游公共服务；体系

一、我国旅游公共服务体系的发展与内涵

（一）我国旅游公共服务体系的建设发展

依据《中华人民共和国旅游法》，旅游公共服务体系是指以县级以上政府为主导、以社会团体（如旅游行业组织）和旅游企业等为补充的供给主体，在财政资源及社会合作资源可行范围内，以为旅游者与旅游企业及相关组织提供旅游公益性服务为目的，进行有关服务内容、服务形式、服务机制、服务政策等制度安排，以弥补市场机制配置资源的不足。通过对相关条款内容的梳理与提炼，我国旅游公共服务体系涵盖以下包括：①旅游资源节约与环境保护体系；②旅游市场规则与服务标准体系；③旅游综合协调体系（机制）；④旅游行业组织自律体系；⑤旅游规划和促进体系；⑥旅游经营与服务的规范体系；⑦旅游安全体系；⑧旅游监督管理体系；⑨旅游纠纷处理体系；⑩违法的责任与惩罚体系。

经过近 40 年旅游业的建设与发展，我国旅游公共服务体系已初步建立，为旅游产业转型升级奠定了基础。《“十三五”全国旅游公共服务规划》（以下简称《规划》）是贯彻《“十三五”旅游业发展规划》、加快全国旅游公共服务体系建设的专项规划。《规划》中明确了我国“十三五”期间旅游公共服务发展的主要任务，包括完善旅游基础设施、优化旅游交通便捷服务体系、提升旅游公共信息服务、大力推进厕所革命、构建国民旅游休闲网络、加强旅游惠民便民服务、构筑旅游安全保障网、优化旅游公共行政服务、推动旅游公共服务“走出去”。而在国务院办公厅下发的《关于促进全域旅游发展的指导意见》中，专门部署了“加强基础配套，提升公共服务”的工作任务，要求在“厕所革命”“交通网络”“集散咨询服务”“旅游引导标识”等方面

加大建设力度，提高运行效率和服务水平，为实现全域旅游发展的总体目标奠定坚实基础。

（二）旅游公共服务体系的内涵

目前学术界对于旅游公共服务体系还没有统一的概念。公共服务基于其“公共”的特性，是不以营利为目的的。相对于旅游公共服务来说，旅游公共服务体系是将各类服务资源进行有效整合，互为优势，从而实现一个可持续发展的长效机制。由此，旅游公共服务在公共服务基础上提出概念，是以政府为主导，以旅游管理部门为主体，相关公共部门共同参与，为满足公共旅游需求、保障旅游者游憩权益、实现旅游最大便利性而提供的公共服务。因此，要实现旅游公共服务的行为主体、营运机构、基础设施或承载服务的设施载体以及相应的公共政策，共同构成旅游公共服务体系。旅游公共服务同样强调政府职能部门的主导供给，强调服务的大众化、共享性等特点。

围绕旅游公共服务体系的概念和游客旅游过程中的旅游需求，可以构建旅游公共服务体系建设内容，主要包括旅游信息咨询服务体系、旅游安全保障服务体系、旅游交通便捷服务体系、旅游便民惠民服务体系和旅游行政服务体系五大内容（见表 1）。

表 1　旅游公共服务体系内容

旅游公共服务体系	具体内容
旅游信息咨询服务体系	旅游网络信息服务、旅游信息咨询服务、旅游标识解说服务
旅游安全保障服务体系	旅游安全环境建设、旅游安全设施建设、旅游安全机制建设
旅游交通便捷服务体系	旅游交通通道建设、旅游交通节点建设、旅游交通服务建设
旅游便民惠民服务体系	旅游便民设施建设、免费游憩场所建设、旅游惠民政策
旅游行政服务体系	旅游行业规范与标准制定与相关评定服务、旅游从业者教育培训服务、旅游者消费保障服务

二、上海市旅游公共服务体系发展现状

（一）上海市旅游公共服务体系建设现状

上海在积极打造国际经济、金融、航运、贸易中心，正在实现“世界著名旅游城市”的发展目标。目前基本形成了覆盖市、区两级的旅游公共服务体系，主要内容包括：公共交通网络体系链接了全市部分主要旅游景点；旅游信息服务体系覆盖 3A 以上景区和星级酒店；旅游标识系统覆盖全市主要景区景点；旅游公共应急预警机制基本完善，旅游者权益保障机制健全；旅游公共环境卫生设施、无障碍设施等有显著提升。在发展旅游公共服务体系建设中，上海制定的相关政策和措施如表 2 所示。

表 2　上海旅游公共服务相关政策及具体措施

相关政策	①《推进上海都市自助旅游服务体系建设研究》； ②《世博旅游公共服务体系研究》； ③《上海都市旅游标准化体系》； ④《老年旅游服务规范》； ⑤《关于推进上海国际旅游度假区标准化工作的实施意见》
具体措施	①开通"12301"和"962020"上海旅游热线，可 24 小时提供中英文电话咨询服务的"call centre"； ②开发中、英、日文版的手机导游，提升智能旅游交互能力和互动体验； ③逐步形成旅游公共交通网络，完善了指引、停车、换乘、自驾等服务； ④建立假日旅游预报制度和旅游警示信息发布制度，公共交通、博物馆、金融服务网点、邮政服务网点等在旅游旺季适当延长开放和服务时间； ⑤完善高效、快捷的旅游集散中心； ⑥突发事件监测、报告网络体系、旅游紧急救援资金、网络和机构逐步建设到位； ⑦成立上海市旅游标准化技术委员； ⑧建设"上海旅游法律与标准化网站"； ⑨实施上海市首家国家级旅游服务业标准化试点项目

作为国际化大都市，上海旅游服务要更加注重精细化、国际化、人性化、智能化。上海未来将更加注重旅游服务中心综合功能的改造和提升，除了不断完善硬件服务设施，满足传统的旅游信息咨询之外，还将加大高科技技术投入，如人工智能、大数据、多语种翻译等，为市民游客提供更加全面、及时的旅游信息服务。同时，结合手机应用时代，将推出专门的移动端应用，提供丰富多彩的上海文化、演艺、赛事、会展等信息，对接第三方服务平台，满足游客随时随地购买旅游相关产品的需求。

（二）松江旅游公共服务体系建设现状

松江区于 2016 年 11 月列入国家全域旅游示范区，为顺利创建国家全域旅游示范区，有效推动旅游产业供给侧改革，积极促进松江区旅游产业转型升级，根据《上海佘山国家旅游度假区暨松江全域旅游发展实施意见》和《关于加快松江区旅游公共服务体系建设的实施意见》要求，把加快旅游公共服务中心布局、建设佘山国家旅游度假区旅游综合服务中心作为重点任务，以游客需求为导向，突出全域共建共享，加快旅游公共服务转型升级。

1. 强化设施建设，夯实全域旅游"硬"基础

松江区积极推进无线局域网建设，主要涵盖区内主要旅游景区（点）、星级酒店等。目前欢乐谷、辰山植物园、月湖雕塑公园、方塔园等主要景点以及高星级酒店均实现了免费 Wi-Fi 信号覆盖。同时，全区还投入了旅游资讯电子触摸屏 60 台，分布在相关景区（点）、宾馆酒店等相对人流密集区域，为市民、游客提供就近便捷的旅游咨询服务。

2. 强化平台搭建，优化全域旅游"软"环境

一是松江注重信息化平台建设，制作完成松江旅游手机导览软件和二维识别码，并在各大旅游网站和移动应用平台上进行推广。二是着力开发了松江旅游微信平台，和已有的松江商业微信平台"乐活松江"进行整合，积极打造"乐游松江"，希望涵盖松江商旅各领域的信息化互动渠道，让松江市民、游客足不出户，便可以了解到松江商旅方面最新的节庆活动、营销信息和游购导览信息等。

3. 强化公共服务，丰富全域旅游"新"体验

松江积极筹备组建松江区旅游公共服务中心，通过把原来的旅游咨询服务中心和旅游集散中

心机构合并，职能整合，强化服务功能，更加专注于对市民游客提供旅游公共服务。通过采用多媒体和数字化技术，宣传展示松江旅游形象，积极拓展旅游公共服务信息发布渠道，为市民、游客提供更人性化的旅游信息服务。

三、基于调查问卷和深度访谈的游客满意度评价

（一）问卷设计与发放

根据前面旅游公共服务体系的内涵，外加游客很难对旅游行政服务做出很好的评价，因此这块内容不做调研，调查问卷问题如表 3 所示。

表 3　松江旅游公共服务体系满意度调查问题

信息咨询服务体系	松江旅游咨询服务中心（咨询点数量、分布及便利性）
	松江旅游咨询服务平台（旅游热线、旅游投诉电话、旅游呼叫中心等）
	松江旅游信息网络服务（景区旅游触摸屏、可视化屏幕显示、Wi-Fi 覆盖等）
	松江旅游标识系统（旅游导示牌、交通引导标识、公共场所服务标志等）
安全保障服务体系	松江旅游安全救助服务（报警电话、突发事件处理、安全预警提示等）
	松江旅游安全保障设施服务（交通安全、游乐设施安全、消防安全、急救箱服务等）
	松江旅游安全救助宣传（游客安全指南、文明举止宣传、文化禁忌等）
交通便捷服务体系	松江旅游交通运输（可进入性、便利性、畅通性和舒适度等）
	松江旅游交通节点服务设施（停车场、车站等）
便民惠民服务体系	松江旅游便民设施服务（通信设施、网络服务、金融服务等）
	松江旅游卫生服务保障设施（厕所和垃圾桶的便利性等）
	松江旅游景区公共休憩空间设施服务（休闲绿地、座椅、凉亭等）

通过问卷星在微信朋友圈中分享（见图 1），问卷被随机填写，问卷数量、性别、年龄等分布都较为合理，在此不做赘述，主要将结果进行呈现。

（二）问卷调查结果

一是旅游目的地公共服务内容重要性调查。通过问卷，征求游客对旅游目的地公共服务内容重要性的认识，分为 1 分（最不重要）到 5 分（非常重要）五个程度。通过图 2 可以看出，旅游卫生服务保障设施（4.44 分）、旅游交通节点服务设施（4.4 分）、旅游交通运输（4.32 分）、旅游安全保障设施服务（4.24 分）、旅游安全救助服务（4.2 分）、旅游标识系统（4.16 分）六个方面，游客对其打分较高，而旅游咨询服务中心、旅游安全救助宣传以及旅游咨询服务平台，游客对其打分较低。这在一定程度上反映了游客对旅游公共服务体系各个方面建设的需要程度，游客更加关注旅游过程中与自身利益切实相关的，比如卫生服务、交通服务与安全保障。

松江旅游公共服务体系游客满意度评价

为了更好地提升松江旅游公共服务体系的建设，现进行松江旅游公共服务体系游客满意度调查，请根据您的真实感受作答，答案无关对错，感谢您的参与与支持！

*1.作为游客，大家外出旅行时，认为旅游目的地以下内容的重要性如何？请根据您的实际感受选择最符合的项：从1（最不重要）——>>5（非常重要）

	1	2	3	4	5
1.1 旅游咨询服务中心（咨询点数量、分布及便利性）	○	○	○	○	○
1.2 旅游咨询服务平台（旅游热线、旅游投诉电话、旅游呼叫中心等）	○	○	○	○	○
1.3 旅游信息网络服务（景区旅游触摸屏、可视化屏幕显示、Wi-Fi覆盖等）	○	○	○	○	○
1.4 旅游标识系统（旅游导示牌、交通引导标识、公共场所服务标志等）	○	○	○	○	○
1.5 旅游安全救助服务（报警电话、突发事件处理、安全预警提示等）	○	○	○	○	○

图1　问卷星调查问卷截图

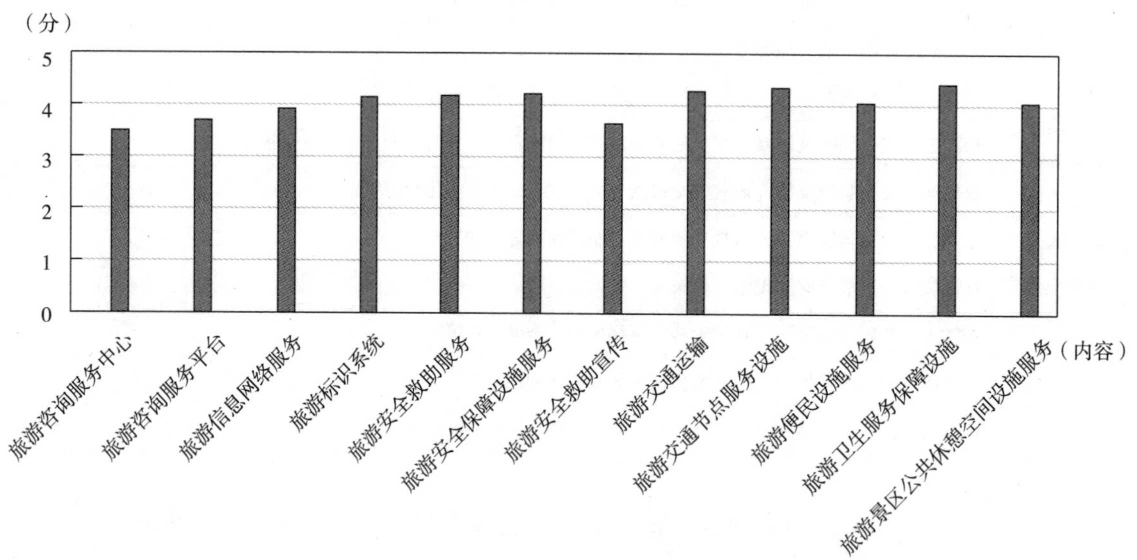

图2　游客对旅游公共服务体系建设内容的重要性分析

二是松江旅游公共服务体系游客满意度调查。通过问卷，征求游客对松江旅游公共服务体系各个内容的满意度评价，从1分（非常不满意）到5分（非常满意）五个程度。通过图3可以看出，游客对松江旅游公共服务体系各个方面满意度的打分均值都介于3~4分，即“一般满意”至“很满意”，结果并不是很理想，表明松江旅游公共服务体系还有较大的提升空间。游客对松江旅游公共服务体系比较满意的几个方面，分别为：旅游交通节点服务设施（3.8分）、旅游景区公共休憩空间设施服务（3.76分）、旅游卫生服务保障设施（3.68分）、旅游标识系统（3.64分）、旅游便民设施服务（3.64分）。因此未来松江旅游公共服务体系要加强短板的提升，比如旅游咨询平台的综合服务和旅游信息网络服务。

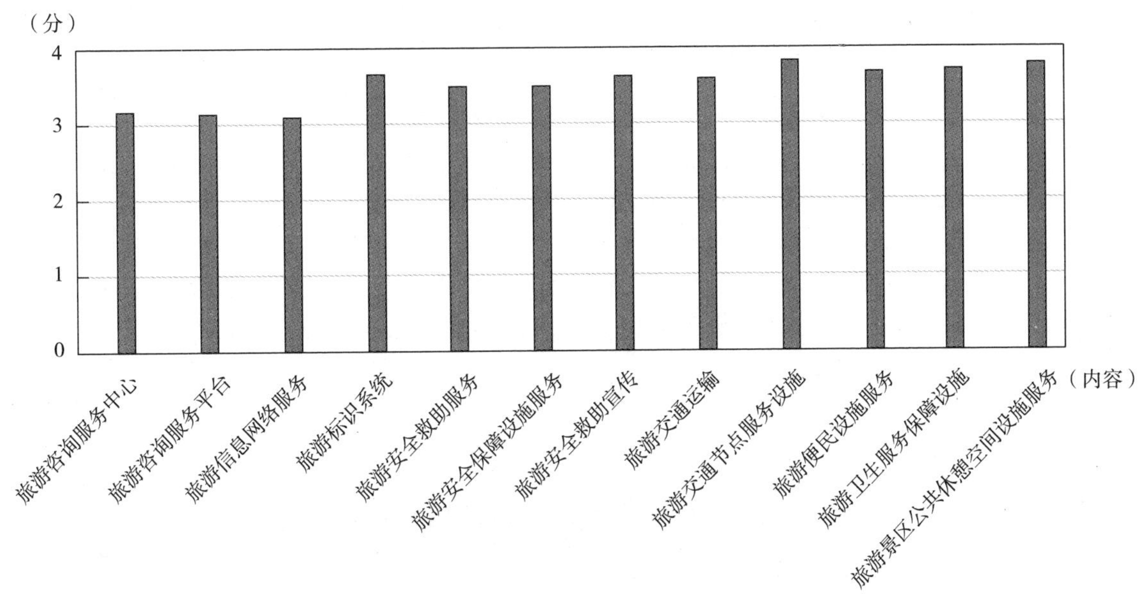

图3　松江旅游公共服务体系满意度调查

（三）深度访谈结果

选择欢乐谷、广富林文化遗址两个主要景点，一旧一新，随机与景点内游客就松江旅游公共服务体系展开交流，主要访谈结果如下：①游客普遍肯定了松江旅游业近几年的快速发展，也强调了松江旅游公共服务体系的不断完善。②游客普遍认为松江旅游交通系统不够完善，没有专门的旅游交通线路将旅游景点串联，影响了部分景点的可进入性。③游客更加关注旅游过程中的卫生服务设施（厕所）、交通服务（停车场等）与安全保障服务，这与前面的问卷调查结果基本一致。④欢乐谷和广富林文化遗址两个景点中信息化程度不够，没有让游客感受到智慧景点的气息，这说明未来松江建设智慧景点还有很长的路要走。

（四）松江旅游公共服务体系存在的主要问题

1. *政府对旅游公共服务建设主导作用有待提升*

一方面，旅游公共服务体系建设内容包含城市公共服务体系、卫生服务体系、文化服务体系、教育服务体系和安全服务体系等多个层面，需要协调各个相关部门进行通力合作，保证旅游活动的顺利开展。然而由于各个部门职能相对独立，导致旅游公共服务职能相对薄弱，旅游机构与其他政府职能联合办公，而旅游行业管理部门权威不够，很难发挥其很好的组织协调能力。另一方面，以往政府部门关注点更在于旅游产业对经济的贡献率，而对旅游业发展的服务民生价值认识不是很足，在很大程度上忽视了旅游公共服务体系的系统建设，没有制定相应的制度和政策保障，进而影响了旅游公共服务发展水平。松江区对旅游公共服务体系建设的关注也从近两年才开始，这在一定程度上也影响了旅游公共服务体系建设进程。

2. *旅游公共服务供给有待完善*

随着大数据、云计算、物联网等现代信息技术的广泛应用，游客对旅游集散、咨询服务方式、咨询服务内容等发生了很大变化，传统的集散、咨询服务方式已经无法适应现代旅游市场需求的变化。通过松江旅游局有关部门了解到，目前松江区设的旅游咨询网点，一个位于行政事务中心，一个位于欢乐谷，没有在区内交通枢纽中心、旅游景点等人流密集处进行拓展，根本无法满足游客需求，这与问卷调查中该项得分不高相吻合。同时，这种只能提供单向的旅游资讯和产品信息，智能化程度和智能服务水平还十分欠缺，根本无法满足旅游者个性化定制服务需求。

3. 旅游信息更新与维护有待加强

虽然松江区内布局60台旅游电子触摸屏，然而对其硬件和软件建设很多年未进行升级换代，硬件设施和运行系统严重落后，对外推广信息严重滞后，更是无法实现其预期功能。同时，“乐游松江”微信平台功能内容单一，只是简单信息介绍，民众认知度很低，又缺乏与旅游企业的合作，在旅游活动策划与民众互动等方面都很不足，根本体现不出智能信息化功能。这些旅游公共服务建设内容与全域旅游公共服务体系要求还有差距，因此还需要融合云计算技术、物联网技术、移动信息技术等，进行松江旅游公共服务体系的构建，从而保障松江区旅游产业的全面发展。

四、松江旅游公共服务体系的系统构建

（一）松江旅游公共服务体系建设的原则

1. 坚持大数据观念，实现智慧旅游

国务院先后印发《“十三五”旅游业发展规划》和《“十三五”国家信息化规划》两个重点专项规划，就旅游信息化提升工程、“旅游+互联网”、智慧旅游、“乡村旅游后备厢”等做出了重要部署，因此要加快现代信息技术在旅游公共服务领域的广泛应用。随着云计算、物联网、大数据等现代信息技术在旅游业的广泛应用，智慧化将成为旅游业发展的必然趋势。旅游公共服务体系建设是智慧旅游的关键环节，在整个体系建设中注重大数据资源的整合利用共享，推进线上与线下服务衔接，创新旅游公共服务供给渠道，实现与旅游者个性化需求的无缝对接，才能真正提升旅游公共服务的效率和质量。

2. 融合全域旅游理念，构建价值网络

以畅达便捷的交通网络、完善的集散咨询服务、规范的旅游引导标识和干净舒适的厕所卫生服务等为标志的公共服务体系是全域旅游发展的重要基础。扩大旅游公共服务覆盖范围，增加松江旅游公共服务的深度和广度。要打破行业和产业界限，建立与社会公共服务体系融为一体、与全域旅游相匹配的便捷化、高质量、全覆盖的旅游公共服务体系，为实现“旅游发展全域化”“旅游供给品质化”“旅游治理规范化”“旅游效益最大化”的总体目标奠定坚实基础，实现旅游公共服务全域全程全主题覆盖。

3. 围绕利益相关者，实现全员参与

基于利益相关者理论，旅游公共服务体系涉及多方面主体。因此其建设发展要坚持共建共享的理念，发挥政府、相关企业、公益机构在旅游公共服务体系建设中的作用，调动旅游发展利益相关者的积极性，可以采用PPP模式（Public-Private-Partnership）即公共资金与社会资本相结合的融资方式，解决公共服务项目与旅游基础设施建设的资金短缺问题。同时，又可以采用建立旅游志愿者队伍的方式，解决松江旅游公共服务的人力资源短缺问题。

4. 坚持以人为本，从顾客需求出发

以人为本就是完全从游客需求角度出发，巴黎的惠民政策、东京的安全保障、新加坡的智慧信息服务等，都很好地诠释了该理念。政府决策只有以游客为本，才能提高旅游公共服务效率。

坚持游客需求导向。突出为民、便民、惠民的基本导向，从最迫切最紧要的问题入手，推动信息技术在旅游业中的应用，满足游客和市场对信息化的需求。

总之，坚持以旅游供给侧结构性改革为主线，紧扣人民日益增长的旅游美好生活需要和不平衡不充分的旅游业发展之间的矛盾，以优质旅游为目标，逐步加强旅游基础设施建设，持续提升旅游公共服务供给水平，满足广大人民群众多样化旅游需求。

（二）松江旅游公共服务体系的构建

围绕松江区全面建成上海世界著名旅游城市的重要功能区和长三角地区知名旅游休闲城市的要求，加快推进松江旅游公共服务体系建设，全面构建松江旅游公共服务体系，其主要内容可概况为：一个中心（信息化咨询服务中心）、两个平台（业务应用平台和质量监管平台）、三个技术（云计算、物联网和大数据）、四个服务（安全保障服务、交通便捷服务、便民惠民服务和公共行政服务），具体如图4所示。

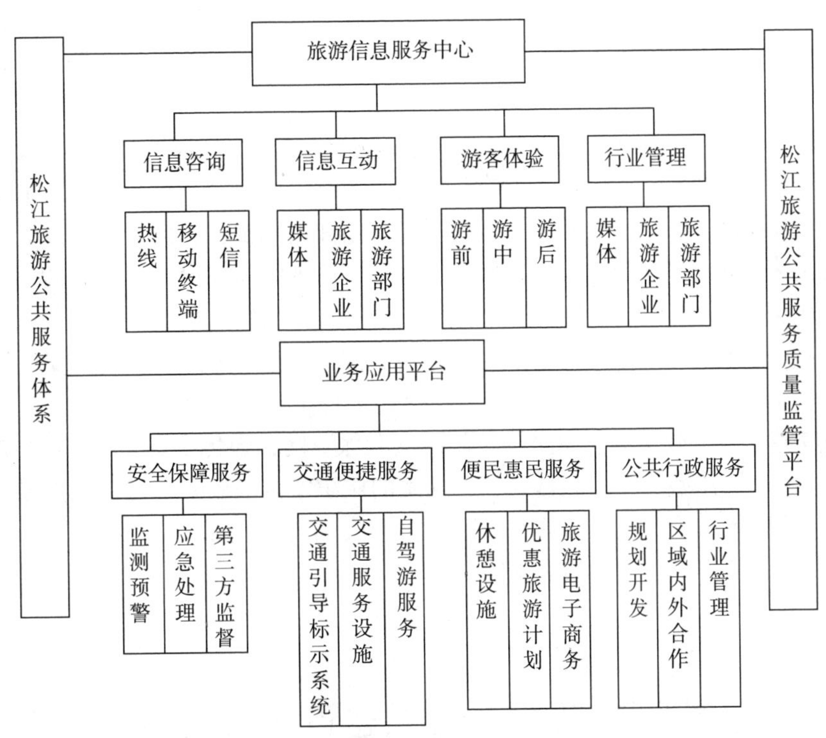

图4　松江旅游公共服务体系架构

（三）松江旅游公共服务体系具体建设内容

（1）完善松江旅游基础设施。一是停车场和旅游厕所等基础配套设施。随着松江广富林文化遗址和广富林郊野公园等大型景点的建成，与之配套的停车场、厕所等公共基础设施亟待扩建，坚持“一厕一景一韵”，注重改造品质，贴心设计与暖心服务，未来实现借助“互联网+”完善“便捷导厕”服务与停车位查询服务等。二是优化旅游服务中心布局。建设旅游集散、形象展示、旅游投诉处理、医疗救助、交互体验等多功能的旅游综合公共服务中心，在地铁九号线、广富林文化遗址、浦南乡村旅游区域等增设，满足游客线上线下多样化旅游需求。三是提升旅游信息化基础设施。推进旅游景区、商业街区等游客集中区域的通信基础设施建设，优化信号覆盖区域，扩大无线网络覆盖层面。重点推进旅游集中区域、环境敏感区域等信息自动采集设备；开发各类便民应用，为游客提供旅游咨询、全景体验、旅游投诉等应用平台。四是增设匹配的残障服务设施，对残障人士出行提供最大程度的帮助，实现全域全民旅游。

（2）优化旅游交通便捷体系。一是增设旅游交通线路。松江区旅游景点分布相对分散，可以考虑通过专门的旅游公交进行串联。模仿苏州旅游线路的做法，规划出合理、有吸引力的旅览线路。二是完善旅游交通引导标识系统。完善松江交通沿线及关键节点的旅游交通导览系统，将旅游标识标牌等设施与交通基础设施统一规划，做到导引牌、导览图等标识标牌合理，突出松江城市旅游品牌形象。三是优化自驾车旅游服务。围绕当前自驾车旅游需求，规划建设旅游公共停车场、自驾车营地等，满足自驾车游客住宿、餐饮、加油、维护保养等需求，打造松江特色自驾车示范区。

（3）提升旅游公共信息服务。一是加快信息化大数据平台建设。推动互联网、云计算、虚拟技术、人工智能等在松江旅游公共服务领域的应用。同时，开发松江旅游 APP，“乐游松江”，在景区内进行推广，将松江旅游信息进行整合，推荐各种参观路线，景区实时客流等。二是加快智慧旅游企业的建设。根据“互联网+旅游”的发展战略，建设智慧旅游景区、智慧酒店、智慧旅游企业等，利用科技手段实现旅游景区门票预约制度、环境承载量实时监测等，满足游客电子讲解、在线查询预订等多样化需求。

（4）加强旅游便民惠民服务。一是推动景区门票优惠措施。积极推动成熟的旅游景区推出旅游年卡以及多日游等优惠卡，加快公众免费开放日的实行。同时，为了扩大松江旅游影响力，可以向周边城市推出旅游联票活动，增加优惠活动覆盖面和优惠幅度，提升松江旅游的美誉度。二是优化休闲绿道空间布局。推动步道、自行车道等城市休闲绿道建设，强化旅游服务民生的价值功能，增加休闲休憩、餐饮购物、停车换乘等服务功能，丰富绿色出行体验新模式，满足游客与市民的休闲需求。逐步实现旅游公共服务的“主客共享”，实现全民参与、全民共享，提高全民幸福感。

（5）优化旅游公共行政服务。一是构筑旅游安全保障网，强化重点领域和区域的监管管理工作，建立旅游应急救援体系，保障假日大客流期间的旅游安全平稳。二是加强旅游行业监管。健全旅游从业者、经营者和消费者信用体系，建立旅游失信行为记录和不文明行为记录惩戒制度，发挥旅游行业协会自律作用，引导游客文明旅游。

五、松江旅游公共服务体系建设的具体措施和保障

（一）发挥政府主导作用，提升旅游公共服务体系建设发展战略

政府作为旅游公共服务的规划者、引导者和监管者，对旅游公共服务的建设起着主导作用。虽然松江当前已经出台了旅游公共服务体系建设实施意见，明确了其建设目标和重点任务，内容涵盖旅游基础设施、旅游安全保障体系、旅游交通服务体系、公共信息服务体系、旅游便民惠民服务体系，以及厕所革命、智慧旅游等覆盖发展全域旅游涉及的诸多方面。然而缺乏相应的实施细则、落实建设的具体步骤和建设标准。因此，应以高标准、严要求指导建设实施，并制定旅游公共服务体系建设评估制度，对旅游公共服务体系的实施效果进行定期评价和反馈，确保旅游公共服务体系有序建设运营。

（二）运用政府和社会资本合作模式，改善旅游公共服务供给渠道

公私合作模式，即PPP模式，指政府与社会组织或企业共同合作生产公共产品或提供公共服务，双方充分发挥各自优势，同担风险，共享利益，互相监督，良性竞争，最终目的是提高公共服务的供给质量和效率。旅游公共服务体系具有公益性的特征，同时也具有盈利的条件。要保证基础设施的可持续发展，单靠政府的力量是远远不够的，还需要动员全社会力量，引入社会资本，发挥市场作用。由此可见，旅游公共服务体系建设符合PPP模式运营。

因此，2016年财政部与国家发改委共同出台了支持PPP政策的文件，鉴于全域旅游产业整合与公共服务的特点，推广政府和社会资本合作模式，推动项目实施机构对政府承担的资源保护、环境整治、生态建设、文化传承、咨询服务、公共设施建设等旅游公共服务事项，以及与其相关的酒店、景区、商铺、停车场、物业、广告、加油加气站等经营性资源进行统筹规划、融合发展、综合提升，不断优化旅游公益性服务和公共产品供给，更好地满足人民群众对旅游公共服务的需要。比如，鼓励和支持政府和社会资本方采取PPP模式开展智慧旅游城市、智慧旅游景区、智慧旅游公共服务平台、旅游数据中心、旅游基础数据库等建设。松江区政府在旅游公共服务体系建设中，可以积极探索政府和社会资本合作模式，就旅游信息服务、旅游安全保障等设施建设开展合作。

（三）结合大数据等技术，完善松江旅游公共信息服务平台建设

一方面，对接上海市打造的“上海品质生活”移动应用端，推动松江主要景区（点）和旅游公共空间信息化、数字化建设等措施，提升智慧旅游城市能级。另一方面，以智慧旅游为手段，加快旅游公共服务平台各个板块的建设与完善，推动松江旅游产业全面进入“互联网+”时代。比如，“乐游松江”手机端，借助旅游行业云计算数据中心，整合行业资源，拓展多途径旅游服务接口，实现涉旅行业信息全共享，不仅为游客自助出行带来便利，也为旅游行业实现信息化服务、管理、营销提供数据分析和运营决策支持。总之，现有旅游公共服务平台间要加强协作，创新旅游服务的思维和理念，才能够真正建设松江旅游公共服务信息化平台。

（四）发挥志愿服务作用，实现松江旅游公共服务体系有效补充

旅游公益组织和志愿者主要从事旅游咨询、导游服务、安全疏导、外语翻译、应急救援、文明旅游宣传等志愿服务活动。同时，还能从更多方面发挥作用，比如发挥民主监督作用，督促政府部门工作效率提升；发挥宣传媒介作用，宣传城市旅游形象。志愿供给模式有利于弥补市场失灵、政府失灵的缺陷，更好地满足游客个性化需求。松江区拥有松江大学城，七所高校，将近16万在校大学生，这支大学生志愿者队伍数量庞大、知识储备和技术能力高、流动性强，他们能够为松江旅游公共服务的保障发挥重要作用，成为松江旅游志愿服务的重要资源和亮点。

（五）落实各类保障措施，建立健全旅游公共行政服务机制

为了更好地建设松江旅游公共服务体系，松江区政府成立了旅游发展领导小组办公室，要充分发挥该领导小组统筹协调作用，围绕旅游公共服务建设的重点任务，各个成员单位密切配合，各司其职，落实工作任务。同时，可以加大财政资金扶持，合理利用政府补贴的方式，推动旅游公共服务项目加快建设。另外，为了保障旅游公共服务体系的发展，要加快旅游人才引进与培养力度，引进旅游发展所需要的专门型人才，培养既熟悉旅游知识又具备通信技术应用能力的复合型旅游人才，提升旅游公共服务发展的科学化水平。最后，要建立健全旅游公共服务监管机制，实现旅游管理全域联动可依，职能部门协同，上下联动多方协作，保障松江旅游健康有序发展。

参考文献

[1] 姚国章，韩玲华. 服务消费的韩国智慧旅游公共服务平台研究 [J]. 中国商贸，2014（4X）：127-128.

[2] 何建民. 我国旅游公共服务体系的构建及优化研究 [J]. 旅游导刊，2017（1）：21-41.

[3] 徐云松，詹兆宗. 旅游公共服务体系建设促杭州转型升级 [J]. 旅游学刊，2012（2）：11-12.

[4] 韩钟玉. 旅游公共服务体系构建中政府行为分析——以承德市旅游公共服务体系为例 [J]. 河北民族师范学院学报，2015（2）：37-39.

[5] 熊丽蓉. 基于公私合作制（PPP）的上海旅游公共服务体系研究 [D]. 上海：上海师范大学硕士学位论文，2014.

[6] 谭炯. 游客公共服务体系构建研究——基于杭州旅游大数据的应用分析 [D]. 杭州：浙江工商大学硕士学位论文，2016.

[7] 蔡萌，杨传开. 大都市旅游公共服务体系优化研究 ——以上海为例 [J]. 现代城市研究，2015（10）：125-130.

[8] 韩玲华，姚国章. 江苏省智慧旅游公共服务平台建设 [J]. 郑州航空工业管理学院学报，2014（5）：54-59.

上海松江区旧区整体改造项目精细化管理模式探索
——调研分析

王　英[1]　袁希德[2]

（1. 上海工程技术大学，上海　201620；
2. 上海房地产科学研究院，上海　200031）

［摘　要］目前，推进城镇老旧小区整体改造已成为重大民生工程和发展工程，在旧区整体改造项目实施过程中，采用科学的管理模式进行管理，是保证项目顺利实施、保证改造效果的关键。上海松江区在旧街坊整体改造工作中探索出一定的房屋整体改造管理经验，逐渐脱离了传统意义上的粗放式经验主义的管理，初步向形成精细化管理模式的方向迈进。本文对松江区 58 个旧街坊整体改造项目开展了大量调研，对项目的改造内容、实施过程、管理上的困难与挑战、管理做法及改造效果等进行了深入细致的了解，分析项目管理存在的不足，为进一步研究建立旧区整体改造项目精细化管理方法提供借鉴。

［关键词］旧区改造；旧街坊整体改造；精细化管理模式；现场调研

一、引言

目前，推进城镇老旧小区改造，是解决民生需求、提升城市发展空间的关键手段，是实现 2020 年全面建成小康社会的重要保证，具有强烈的民生意义。城镇老旧小区指的是房屋建造时间较长，房屋建设标准不高，安全隐患数量多，小区公建配套设施落后、老化、功能不全，公共服务缺项等问题比较突出的居住小区。作为重大民生工程和发展工程，旧区改造目前已成为城市管理工作的重点之一。

据各地初步摸查，目前全国需改造的城镇老旧小区量大面广，情况各异，涉及居民上亿人。许多城镇开展旧区改造工作取得了一定的成果，为改善当地城镇居民的住房条件、改善投资环境、促进经济发展起到了积极作用。然而，旧区改造维修范畴通常比较狭隘，常为房屋功能性修补，忽略房屋的综合性修缮以及小区的公共区域改善，而且其改造标准通常较低，一般只注重解决“漏、破、倒”等比较严重的房屋安全问题，未考虑居民居住的舒适性、现代化、智能化需求等。党的十八大以来，以习近平同志为核心的党中央秉持以人民为中心的发展思想，把改善人民生活、增进人民福祉作为一切工作的出发点和落脚点。当前人民群众的需要呈现多样化多层次多方面的特点，期盼有更好的教育、更稳定的工作、更满意的收入、更可靠的社会保障、更高水平的医疗卫生服务、更舒适的居住条件、更优美的环境、更丰富的精神文化生活。对于旧区改造，若如仅限于房屋功能性修补，忽略房屋的综合性修缮以及小区的公共区域改善，容易导致与人民群众向往美好生活的需求有所脱节。

作为上海市转型发展的主战场之一，松江紧密围绕"一个目标、三大举措"发展战略布局，出台了一系列文件，明确了国家新型城镇化综合试点的具体指标体系，将国家新型城镇化工作细化成一个个事关老百姓获得感的数据指标。2016 年，上海市松江区启动实施了 58 个旧街坊整体改造项目，尝试实现老旧房屋修缮、小区居住环境提升及功能提升等综合改造形式。与通常相对简单粗放的管理方法不同，本次 58 个旧街坊整体改造工作在项目实施过程分阶段管理，采取了一系列管理措施保证项目顺利实施，探索尝试旧区整体改造精细化管理模式，取得了一定的经验。虽然仍存在一些不足，但总体来讲，58 个旧街坊整体改造工作取得了较好的成效。

本文对上海市松江区 58 个旧街坊整体改造项目开展了大量的现场调研，并组织了八次由区房管局、项目管理方、设计方、施工方、监理方以及居委会等参加的座谈会，深入了解了 58 个旧街坊整体改造项目的改造内容、实施过程、管理上遇到的困难与挑战、采取的管理做法、改造效果等，总结分析项目实施的成功经验与不足，为进一步研究建立旧区改造工程精细化管理模式提供借鉴。

二、项目概况

紧扣新型城镇化建设试点工作任务安排，上海市松江区于 2016 年 12 月启动实施 58 个旧街坊整体改造工作，总投资 12.8 亿元，共涉及房屋 1223 幢，受益居民 3.8 万户，改造总面积约 283 万平方米。2018 年底，58 个旧街坊整体改造项目全面完成。

58 个旧街坊整体改造项目主要针对 1996 年（含）以前建成的，建设标准不高、公建配套设施落后、功能不全、维修基金不到位的老旧街坊进行综合改造。这些小区普遍存在屋顶屋面破损漏水、外立面污损、外墙管线凌乱、楼梯间管线杂乱破损、辅助用房不全、自行车车棚飞线供电、门禁技防缺失等共性问题。改造工程以整街坊中的老旧住宅小区为改造单元，通过房屋本体的改造、内部功能的调整以及公共设施的改造，实现改造区域整体居住环境的提升。同时，充分结合本区历史文化风貌，实施保留保护建筑修缮，传承历史，延续文脉，凸显本区特色。

三、项目改造内容

在旧街坊整体改造过程中，区房管局根据街坊实际情况，以民生需求为出发点，经过居民两轮意见征询，形成"一街坊一方案"，把功能性改造放在第一位，兼顾整体美观，同步实施了雨污水分流改造、打通消防生命通道、将体育设施嵌入小区等分项工程，提升居民的获得感和幸福感。

在改造设计风格方面，以小区实际情况为基础，结合和传承小区历史文化底蕴，传承发展松江优秀传统文化，设计了八种不同的小区风格。例如，岳阳街道将29个改造街坊分成3个片区，即荣乐中路以北为A区，人民路以东为B区，人民路以西为C区，以“缮老旧建筑、换上房屋新装、体现民国风貌”的思路，在设计中体现民国风格；中山街道在设计中力求小区外观和周边的方塔、砖刻照壁、云间第一楼等一批优秀历史建筑的风格相匹配，呈现松江府城历史风貌；泗泾镇江川一村、二村项目则以下塘历史风貌区为核心，在屋面、外立面、公共部位的建筑单体修缮基础上加入明清风格元素，结合周边住宅建筑的改造，打造具有“泗泾元素”的江南民居风格。

经过梳理，58个旧街坊整体改造项目的改造内容包括建筑主体共有部位改造、小区公共区域改造以及特殊改造项目等，分别包含以下内容：

（一）建设主体共有部位改造

建筑主体指在旧街坊整体改造四周范围内的建、构筑物（包括公建用房、小区配套商业等）。改造对象是房屋的共有部位，包括整幢房屋业主共同使用的屋面、外墙面、楼梯间、水泵间、电表间、电话分线间、电梯机房、走廊通道、门厅、传达室、内天井等。

（二）小区公共区域改造

（1）整幢房屋业主共同使用的上下水管道、落水管、垃圾通道、水箱、蓄水池、加压水泵、电梯、天线、供电线路、楼道内照明线路设备、邮政信箱、避雷装置、楼道内消防设备及安全监控设备等。

（2）物业管理区域内业主共同使用的公共绿地、道路、小区内上下水管道、沟渠、池、路灯、窨井、化粪池、垃圾箱（房）、消防设备及其他非经营性车库、车场、公益性文体设施等。

（三）特殊改造项目

特殊改造项目包括管线入地、二次供水改造、海绵小区工程等。

1. 管线入地

小区内架空线路宜结合小区道路改造工程，在有条件的情况下，实施架空线路入地（一般指弱电管线）。架空线路入地确实有困难的，应对凌乱架空线路进行分类梳理捆绑，达到强弱电线路分离、视觉美观的效果。

2. 二次供水改造

结合区水务局二次供水改造计划，对小区内的供水水箱、水池、管道、阀门、水泵、计量器具及其附属设施等直接通向居民住宅的供水设施进行改造，根据改造进度同步实施，同步完工。

3. 海绵小区工程

通过渗、滞、蓄、净、用、排等多种生态化技术，充分发挥小区建筑、道路和绿地等生态系统对雨水的吸纳、蓄渗和缓释作用，有效控制雨水径流，实现自然积存、自然渗透、自然净化，消除小区积水点。

58个旧街坊中，实施不同改造内容的街坊数量如图1所示。

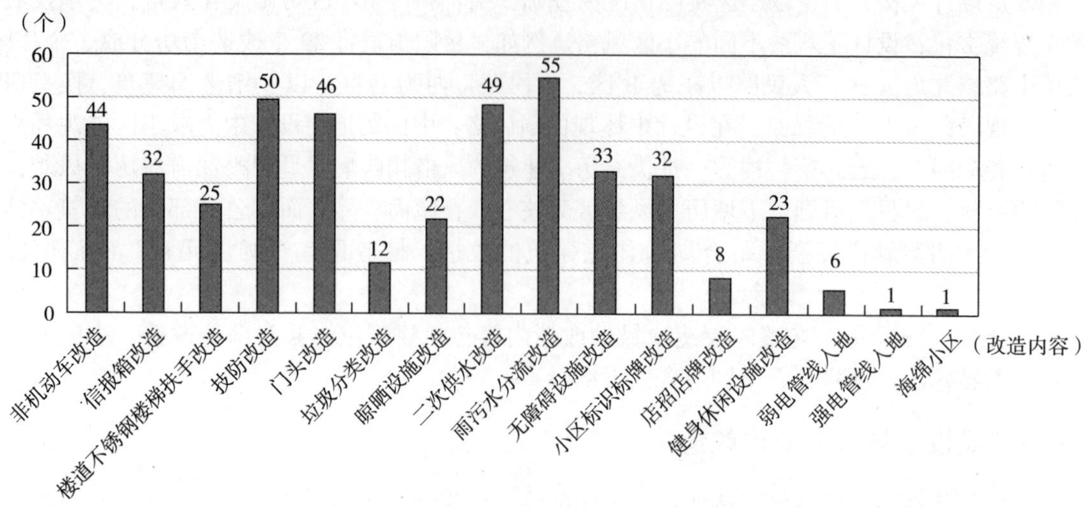

图 1　58 个旧街坊中实施不同改造内容的街坊数量统计

四、项目实施过程

旧街坊整体改造项目实施分为前期准备、开工前准备、施工、竣工验收四个阶段。各阶段改造实施的工作内容及责任单位如表 1 所示。

表 1　旧街坊整体改造实施工作内容及工作单位

实施阶段	工作内容	责任单位
前期准备阶段	区旧街坊整体改造动员	区政府
	完成旧街坊整体改造业务培训	房管局
	对房屋修缮区域内居民意愿征询	街、镇
	街镇到房管局项目备案	街、镇
	街镇委托项目实施单位（代甲方），签订委托合同	街、镇
	完成项目立项	房管局
	确定修缮项目	业委会或居委会，物业公司、项目实施单位、监理公司、街镇
	项目实施单位委托勘察、设计单位出设计方案	项目实施单位、勘察设计单位
开工前准备阶段	设计方案审核	街镇、房管局
	现场勘察、设计	勘察、设计单位
	监理复核	监理单位
	财务监理审核	财务监理单位
	实施方案编制	项目实施单位
	实施方案公示	项目实施单位

续表

实施阶段	工作内容	责任单位
开工前准备阶段	方案审核	房管局
	项目报建	项目实施单位
	施工招标（街镇准备配套资金）	招标代理机构
	合同备案（监理、施工）	项目实施单位
	开工审核（街镇配套资金到房管局专户）	项目实施单位、监理、街镇
施工阶段	施工	街镇、项目实施工程监理、财务监理、设计单位
竣工验收阶段	工程竣工备案	街镇、项目实施单位、房管局
	工程后评估考核	房管局、街镇
	审价审计	审价审计单位、街镇、房管局、项目实施单位

五、项目管理上的困难和挑战

58个旧街坊整体改造项目不是把街坊拆除重建，也不同于以往房屋的修缮，在项目的实施及管理方面存在很多困难和挑战，总结起来包括以下几个方面：

（1）改造面广，工程量大，改造对象多样。

本次改造涉及房屋数量多，改造总面积数量大，每个街坊都是成片、大范围改造，不同街坊的房屋及配套设施情况不同。例如，旧街坊整体改造项目涉及房屋类型包括享受市级财力补贴的房屋，如直管公房、系统公房、售后公房、代经代理代管产；有维修资金的房屋，如普通商品房、动迁安置房；其余无维修资金的房屋，如集资房、解困房、农民回搬房、军产房等。各类型房屋的建设标准、规模大小、受损情况以及所在小区的建造年代、共用设施情况等均不一样，所以整体改造的改造方案、施工方案、施工要求等也是因小区项目而异，差别较大。同时，改造项目还要求既考虑小区实际情况，又要考虑城镇小区历史文化传承与发展的要求，在保证小区功能性的前提下，兼顾美观，以推进“人文松江”的建设，这也对整体改造项目的实施与管理提出了挑战。

（2）改造经费有限，经费使用管理要求高。

根据实施方案，58个旧街坊整体改造项目的总投资约12.87亿元，其中，需要区级财政承担的约8.02亿元，街镇级投资约2.03亿元，市级补贴约2.83亿元。而根据小区实际情况，居民有小区综合整治、小区整体功能性改造、小区深度改造、损坏房屋改造等不同需求。不同改造内容补贴标准是不同的，在经费一定的情况下实施每项改造内容，并满足居民按高标准进行改造的要求是不现实的。这就要求改造项目管理者对成本实行有效的控制，满足居民最基本的改造需求，同时避免出现概算超估算、预算超概算、结算超预算的“三超”现象。

（3）涉及专业繁多，管理协调工作量大。

旧街坊整体改造涉及土建、供电、供水、供气、通信、排水、排污、路灯、网络、有线电视、道路、绿化等，施工时协调不当易发生互相影响施工、二次返工等现象。

（4）改造建设周期紧迫，进度管理要求高。

由于修缮改造的房屋绝大部分是正在使用的居民住宅，整体改造的内容又涉及管线入地工程、二次供水改造、雨污水混接改造、沿街综合整治等，为确保居民小区的正常秩序、居民的工作生活不受或少受影响，旧街坊整体改造工期绝不能有所拖延，各施工环节非常紧张、集中，周期性较强。

（5）施工场地紧张，安全管理难度大。

本次改造面广量大，旧街坊内施工场地紧张，材料运输、堆放、临时工棚搭建等存在困难。另外，旧街坊改造在保证居民正常生活条件下进行施工，施工协调工作量大。施工作业区和居民生活区混合在一起，无法完全隔离，车辆、人流穿梭其间，安全管理的难度大。

（6）社会的关注度高，工作中稍有疏忽，很容易引起社会反响，较为敏感。

六、项目采取的管理做法

本次调研的58个旧街坊改造项目的项目管理，按照项目实施的客观规律，对人力、物力和财力进行了科学的组织，取得了较好的成效。按项目实施过程看，其管理做法主要方法包括以下几个方面：

（一）决策环节：完善机制，加强规范化管理

（1）建立健全协调沟通机制，形成工作合力。为确保旧街坊整体改造工作的快速推进，松江区成立区旧街坊整体改造指挥部，下设推进办公室，办公地点在区房管局。推进办公室实体化运转，下设计划管理、安全质量、财务信息、对外联络四个部门，各部门结合自身职责制定具体工作方案，分组对接各个街镇及委办局，形成定期例会、协调指导、督促检查的工作机制。部分街镇设立了旧街坊改造工作组，相应下设综合协调组、拆违整治组、安全管理组、治安巡逻组和信访维稳组各工作小组。

58个旧街坊整体改造项目实施过程中，推进办公室多次对接市住建委修缮处、市管线综合协调单位，同步施工工期，协同推进旧街坊整体改造、雨污水分流、移动光网接入以及二次供水改造等基础设施改造，促进多项工程并一项，对居民日常生活的干扰降到最低。

（2）加强制度建设，提升管理规范化水平。58个旧街坊整体改造项目实施过程中，共完成指导性文件编制14份，召开推进例会59次；召开旧街坊整体改造领导小组会议，协调解决推进中的各类“瓶颈”问题；将58个旧街坊一一落图，把改造工程中常用的政策法规和操作流程汇编成册，邀请市修缮专家、联合区建管委、财政局、水务局、体育局、绿化市容局、供电公司等相关单位召开培训20余次，帮助各参建单位熟练掌握住宅修缮工程工作流程、管理要求及相关技术规范。

（二）准备环节：严格把好设计关，增强公众参与度

（1）精心设计，确保改造方案的可操作性。查阅已确定修缮改造小区的原始基建档案，了解竣工时间、建筑面积、房屋结构、平面布局、建筑风格等基本情况，为确定方案总体原则提供依据。深入现场，了解修缮改造房屋的质量情况、损耗程度、功能满意度、近期维修记录、室外配套设施的完整程度等，为明确修缮改造范畴提供参考。通过沟通、商讨、协调、论证，设计方案的内容更趋于合理化，满意度更高。

为保留松江历史风貌，在旧街坊改造过程中专门制定了《旧街坊整体改造设计导则》及方案送审要求，明确了四类改造标准，将改造内容细化为三类指标，并组织召开了初步设计评审会，由市修缮专家等担任评委，严格设计把关，引导不同区域形成了相应的特色。如岳阳街道的民国风格、中山街道的府城风貌、泗泾镇的江南民居风格、仓城六村的明清风格等，与松江历史文化风貌整体形象相匹配，折射出松江良好的人文氛围，使历史文脉得到延传，使文化性得到延续。

（2）落实事前征询机制，听取和尊重群众意见。区房管局牵头，在项目开始就做好对居民的意见征询工作，最大限度听取和尊重群众意见，不闭门造车，不千人一面，不搞“一刀切”，在各个改造小区让居民进行“菜单式选择”，将修缮改造内容列成清单，经过两轮居民意见征询，由居民自主选择适合本小区的改造内容，为各个小区“量身订制”改造方案，务求改造项目贴近居民实际生活需求，契合并保留小区自身特色，优先解决居民急难愁问题。

通过召开听证会，居委、物业、居民等各方共同确定修缮项目。修缮项目主要集中在小区急难愁问题上，如每个小区都选择了雨污水管分流改造项目，改造完成后将从根本上遏制住小区阳台洗衣机污水排放源头，为中小河道治理工作助力。另外一个改造焦点集中在疏通小区消防通道上，在设计方案中突出消防通道的重要位置，根据相关政策法规设置消防通道空间，确保改造后生命通道的安全畅通。工程全部竣工后，许多老旧小区内存在如交通不畅、停车难等多年“顽疾”得以缓解。修缮实施方案向实施范围内业主公示并征求意见，经 2/3 以上业主同意后方可施工。

（三）施工环节：加强动态监管，守住安全红线

（1）创新完善监管模式，引入实时监控系统。在改造小区的主出入口、重要点位安装电子视频监控，实时掌握施工动态，创新完善监管模式。组织专业检测单位对工程材料进行抽检，确保进场材料的质量安全，杜绝以次充好等违规施工行为，根据材料抽检情况，先后约谈相关单位企业九次。加大安全隐患整改治理力度，与建管委、水务局、消防支队等相关单位开展规范建筑市场秩序联合检查，严格落实安全生产动态考核管理，各相关街镇根据现场巡逻检查情况进行周报，采用“不发通知，不打招呼”的方式对施工现场进行查访，及时通报住宅修缮工程实施过程中暴露的突出问题，使各参建单位更加规范、主动地履行各自在旧街坊整体改造工程项目中的职责。

（2）紧抓安全生产责任落实，严守安全质量底线。按照“全覆盖、全过程、属地化”原则严格项目监管，制定《关于明确我区旧街坊整体改造重大工程项目各相关单位职责的通知》《松江区旧街坊整体改造工作问责制度》《松江区旧街坊整体改造安全工作要点》等相关文件，从施工过程、安全质量、竣工验收等方面从严把关，夯实安全生产职责。特别是在台风等特殊天气下，通过全方位安全检查，及时发现并整改问题，消除安全隐患。

（3）推进区域化党建联建，增强基层党组织的凝聚力和号召力。在施工过程中，充分发挥街镇、居委会及基层社区等各方面群众工作优势，定期召开工程协调会，及时解决施工过程中产生的安全质量、文明施工等问题。“把支部建在项目上”，以项目化推进区域化党建联建工作，与各街镇、参建单位等五方主体签订党建联建协议，不断增强基层党组织的凝聚力和号召力，深入细致居民工作。

（4）合理安排，满足施工场地要求。对既有房屋进行修缮改造，受到很多现有因素的制约，需要考虑垂直运输设施、材料的堆放、储备以及现场加工等情况，同时还要确保附近居民的人身安全，考虑人行通道、车行通道和停车位，尽可能减少对小区居民正常生活、工作的影响。

（四）验收回访环节：多方听取意见建议，全面掌握反馈信息

（1）广泛听取意见，完善改造方案及其实施。广泛听取使用人员的要求、管理人员的意见、维护人员的建议等，了解布局是否合理、使用是否方便、功能是否完善、理解是否到位等，以便于完善修缮方案、改进施工设计、提高工程质量、提升建设效果。

（2）多方共同参与验收，居民参与改造质量与效果的评定。组织居委会、业委会、市民监督员、物业等共同参与综合验收工作，并推进居民满意度回访和测评工作，由居民群众参与评定和反馈改造的质量和效果，共完成居民满意度调查 849 份，市民监督员满意度调查 26 份，居委会、业委会满意度调查各 25 份。

综上所述，松江在旧街坊整体改造工作中探索出了一定的房屋整体改造管理经验，逐渐脱离了传统意义上的粗放式经验主义的管理，初步向形成精细化管理模式的方向迈进。上述管理做法使本次改造取得了较好的效果：老旧小区面貌焕然一新，民生需求得到满足，人民群众有了较大的获得感和满足感；改造期间秩序井然，安全得到了保证；工程预算得到了严格控制，节约了不必要的开支，实现了成本节约；基本按照既定工期如期完工，保证了项目按期竣工验收，并及时投入使用，小区正常的生活秩序没有受到影响。

七、项目改造效果

通过改造，松江区 283 万平方米老旧住房“旧貌换新颜”，老旧街坊的居住环境从根本上得到了改善，实现了改造区域整体“面貌新、排水畅、路面平、功能全、环境美、交通有序”的目标。图 2 和图 3 为某小区楼道改造前后的对比照片。图 4 和图 5 为房屋改造及停车位改造前后的对比照片。

图 2　楼道改造前

改造前小区普遍存在的屋顶屋面破损漏水、外立面污损等共性问题基本得到了有效解决。改造打通了老旧小区生命通道，共新增消防通道 884 米；道路白改黑 13 万米；增加机动车停车位 6376 个，增加机动车充电桩 133 个；增加平改坡 200 栋，增加路灯 1697 个。雨污水管分流、弱

图 3　楼道改造后

图 4　房屋及停车位改造前

图 5　房屋及停车位改造后

电管线入地等改造项目全覆盖，最大程度上减少了空中黑色污染，小区阳台洗衣机污水排放源头得到了有效遏制；房屋防盗门、防盗窗、监控等便民设施一应俱全；小区内公共体育设施更新改造，体育设施进小区，居民“十分钟健身圈”的运动需求得到了满足（见图6、图7）。

图6　改造后体育设施进小区（1）

图7　改造后体育设施进小区（2）

在具体实施过程中，各街镇根据修缮资金和具体完损状况，选择了自己适合的修缮改造项目和内容：

作为试点项目的经幢公寓，在改造过程中结合松江历史文化风貌，采用了徽派建筑风格进行改造。改造建筑面积6281平方米，共涉及90户居民。本次改造通过平改坡解决了屋面外墙渗水问题；拆除违法建筑18户，拓宽道路并改建为黑色路面；新增文化墙、健身设施及健康步道等。小区里除了进行外墙面翻修、内楼道粉刷、更换路灯以及整理空中电线等看得见的工作外，还对楼内早已老旧的电线进行了更换，并更换了地下供水管，以保证居民生活用水质量。此外，小区内的基础设施同样大大改善，不仅腾挪出了200多平方米的非机动车车库以及32个机动车停车位，还增设了多个充电插座供电瓶车使用，安装了3个新能源汽车充电桩，以满足居民需求。图

8 为改造后的小区入口。

图 8　改造后的经幢公寓小区入口

叶榭镇张泽社区镇南小区，在改造工程完工后，一幢幢六层小楼房整齐林立，黛瓦白墙，一派“小清新”之感。本次工程对镇南小区进行了彻头彻尾的改造，环境得到了极大改善。图 9 为改造后的小区入口。

图 9　改造后的镇南小区入口

岳阳街道凤凰小区，最早建于 1980 年，房屋 62 幢，修缮面积 13 万平方米，涉及 1914 户居民。该小区以民国风格为设计特色，改造项目有屋面、外立面、楼道共用部位等，新增停车位约 272 个，小区主出路口拓宽为双向出路口，解决了小区居民的停车难问题。两个小区的改造各有特色，切实改善了市民群众的居住条件、居住环境和居住质量。

南园子小区，位于松汇中路 371 弄，是典型的老旧小区，由于早期规划建设的道路狭窄、私家车数量增加，长期存在“行车难、停车难”问题。如今，道路拓宽，小区终于打通了“生命通道”，还增加了 60 多个车位，停车难的问题也得到了解决。

中山街道，其整体改造项目具体修缮项目包括：房屋外墙空秃、漏水修缮；屋顶平改坡、漏水修缮；新增外墙厨房污水管、接管入户；小区停车位拓展；道路修补、拓宽，铺设沥青（黑色路面）；绿化种植；停车库、楼道口增设电瓶车充电桩；技防升级，安装高清监控、设置智能门禁；合理设置健身设施；小区全面雨污分流，疏通、新增管道；房屋外墙重新粉刷等。

永丰街道仓城六村，建于1994年，房屋38幢，建筑面积6万平方米，共737户居民家庭，本次改造项目合计近50项内容。改造设计风格采取与仓城历史文化风貌相匹配的明清风格，实施了弱电管线入地，一改“蜘蛛网”式架空线的凌乱旧貌，并对毗邻小区的沿街面店招店牌进行了统一改造。

桃园坊小区，已有20多年历史，改造后仿佛置身于一座“红墙黑瓦”的古典中式庭院，粉刷一新的居民楼外墙以红褐色与黑色为主色调；一盏盏崭新的路灯矗立于小区路边，“白改黑”后的道路平整宽敞，小区面貌焕然一新。

泗泾镇江川一村、二村项目，在条件允许的情形下实施了强电管线入地，还融入了海绵小区的理念，将屋面雨水承接、雨水花园、植草沟、道路透水铺装、生态停车位、广场庭院透水六大内容融入改造中，既提升了景观效果，又解决了小区排水不畅和内涝问题。把小区打造成像海绵一样，有着适应环境变化、应对自然灾害的“弹性”的改造效果。

八、项目管理仍存在的不足

松江在58个旧街坊整体改造工作中探索出了一定的旧区整体改造管理经验，取得了较好的效果。然而，调研结果表明，本次旧街坊整体改造项目实施过程中，仍存在一些不足。为进一步研究建立旧区整体改造工作精细化管理模式，在项目决策、准备、实施、验收、回访等全过程中，使有限的资源得到合理的配置，有效、高效地实现改造目标，则需着重解决以下几个问题：

（一）项目决策阶段：底数不清，规划不明

（1）未全面掌握全区老旧小区和既有房屋的情况。在制订本次旧街坊整体改造计划时，因房屋情况不明，因此比较简单地依靠了街镇上报待修缮改造的小区和房屋数据。实际上，若不能全面综合了解全区小区房屋的具体实际情况，包括房屋的产权性质、坐落地点、建造年份、房屋结构、建筑面积、质量情况、历次维修情况等，那么就无法做到心中有数、有的放矢，制定改造方案时就不能做到突出重点、统筹兼顾。

（2）未明确全区旧改工程的规划。本次旧街坊整体改造没有相应的改造规划作为依据，导致推进层面无法根据改造项目的主次、轻重、缓急来确定改造实施时间、改造顺序、改造标准等，操作层面在统计范围、口径以及相关的政策依据上比较模糊。缺乏相应的改造规划，一是容易给下一环节的资金标准配套带来困难，造成测算把控难；二是不能引导老旧小区居民对于小区改造的合理预期，容易引发群众的误解，埋下不安定的隐患。

（3）专职管理力量相对不足。相较于58个旧街坊整体改造项目的大体量工程，现有配备的专职管理人员不足。项目实施前成立了区级层面的旧街坊整体改造指挥部和推进办公室，但具体工作主要由区房管局单个科室的几名干部分工承担，每个人任务重、时间紧、压力大。旧区整体改造项目的专业性较强，虽然相关街镇也成立了工作小组，但基本由居委会、物业等部门工作人员兼任组员，但缺乏相应的专业知识和工作经验，而且由于工程数量较大、施工点变换快等情况，管理人员分身乏术。

（二）项目准备阶段：实施方案有待进一步细化

（1）部分实施方案比较宏观，某些具体技术参数缺乏。根据市、区、街镇三方面按一定比例拨付的改造资金总额固定，无法全面覆盖改造项目，需要针对实际损伤情况选择部分改造项目。这就对改造实施方案的精细化提出了比较高的要求。改造实施方案多数呈现的是改造完成后的效果图，对于改造项目、技术参数和标准等比较笼统。

（2）部分项目设计效果不尽如人意。中标的设计单位因总设计量、时间等问题，设计出的图纸效果参差不齐。究其原因，一是先天不足。待改造小区原本就缺少房屋图纸、地下管线等信息，而设计单位又无法从其他渠道调阅相关资料。二是调研不充分。项目实施过程中边决策、边设计、边施工，或者出现先施工再设计的现象。部分设计单位缺乏旧区改造设计经验，再加上设计工作量超出自身承受能力、交图时间时限紧，导致最终交稿的设计图质量不能得到保证，从而造成施工阶段出现一定的随意性。

（3）居民群众意愿体现不充分。实施单位在编制和公示修缮改造实施方案时，存在对业主和居民的修缮改造意愿了解不充分、不深入的情况，在实施方案中未能尽可能体现和满足居民的实际需求。

（三）项目施工阶段：协调存在困难，质量参差不齐

（1）工程协调遇到困难。老旧小区整体改造不同于新建项目，施工过程极易出现不可预见事件，且受居民意愿影响较大，还需与外单位部门协调施工，因此常出现被迫停工等沟通协调解决事件后才能恢复施工的现象。在项目具体推进工程中，施工单位按照评审论证通过的设计方案施工，但相关委办局（如绿化局、水务局等）提出施工不符合有关政策，不予许可。又如“明敷线缆整理”项目涉及移动、电信、供电等部门，都需要部门间一一协调。而对外协调需要花费很多精力，这往往造成工作陷入被动，影响工期进度。

（2）施工质量参差不齐。施工质量需要优质企业施工人员的技术水平，因此招投标管理中，通常选择一家价位合理、质量上乘、保证工期的施工单位中标。但在施工过程中，存在某些质量监督管理人员执行制度不严格的现象，对出现的违反操作规程、偷工减料、擅自变更施工方案等情况，没有及时叫停施工和返工；部分施工人员不熟悉房屋修缮改造工作，存在偷工减料、马虎应付、盲目赶工、使用或者安装未经设计单位同意的主要材料和设备等现象，最终工程效果与设计图存在一定差异，施工质量未获得严格保证。

（3）材料成本超出预算。建筑材料的质量直接影响工程项目的质量。受市场价格影响改造相关要素的价格常超出预算，造成改造内容减少或改造质量下降。补助的资金总额是按定额进行预算的，但是实际结算时，施工材料、人工、机械设备等要素随市场价格而变化，由此导致改造项目减少，引起返工问题，或者选择较差水平的材料及人工，引起施工质量下降。改造项目合同中所列出的内容不可能面面俱到，因此施工过程中出现较多的设计变更，使工程造价大幅度增加，工程质量难有保障，出现工期拖延等问题。

（四）验收后阶段：后续管理尚存空白

（1）改造后小区的管理缺乏办理手段。小区建设三分靠建、七分靠管。应充分发挥小区内居民的自我管理意识，关注社区安全等问题，及时发现并杜绝问题产生。强化建管并举，以旧街坊硬件设施改善为契机，为老旧小区引入规范的物业服务，妥善移交接管，提升物业管理“软实力”，形成小区综合治理长效机制，使小区常住常新。此外，通过第三方机构对小区物业服务情况进行全面测评，不断提高物业服务标准。

（2）整体改造项目报建迟缓。58 个旧街坊整体改造项目的实施主体为相关街镇，由区房管局统一进行业务指导。在实际工作中，部分街镇存在无故拖延修缮工程报建的情况，导致区房管局工作陷入被动，在工程推进时限上造成矛盾。

（3）竣工备案资料不全。由于部分街镇对工程建设管理工作不了解、不熟悉，导致工程竣工时备案资料查找无着，需另花费时间查补资料，造成备案时间延误。

九、总结

目前，推进城镇老旧小区整体改造已成为重大民生工程和发展工程，在旧区整体改造项目实施过程中，采用科学的管理模式进行管理，是保证项目顺利实施、保证改造效果的关键。本文对上海市松江区 58 个旧街坊整体改造项目开展了大量的现场调研及座谈会，对项目的改造内容、实施过程、管理上遇到的困难与挑战、采取的管理做法、改造效果等进行了深入细致的了解，对项目管理存在的不足进行了分析，为进一步研究建立旧区整体改造项目精细化管理方法提供借鉴。

参考文献

［1］《松江区关于进一步推进国家新型城镇化综合试点工作实施意见》。
［2］《松江区国家新型城镇化综合试点总体规划（方案）》。
［3］《旧街坊整体改造设计导则》。
［4］《关于明确我区旧街坊整体改造重大工程项目各相关单位职责的通知》。
［5］《上海市建设工程质量和安全管理条例》。
［6］《上海市住宅修缮工程管理办法》（沪府办发〔2013〕）。
［7］《松江区旧街坊整体改造工作问责制度》。
［8］《松江区旧街坊整体改造安全工作要点》。
［9］《中华人民共和国招标投标法实施条例》（中华人民共和国国务院令第 613 号）。

食品安全视域下企业社会责任缺失行为的溢出效应分析

田　刚　袁　园　祁金枫

（江苏大学管理学院，江苏镇江　212013）

［摘　要］食品安全是困扰我国多年的难题。食品制造企业的社会责任缺失是导致这一难题的重要因素。本文采用事件研究法考察食品制造不同子行业企业社会责任缺失行为的溢出效应及其差异。研究发现：在负面事件发生后，双汇和海天都受到了资本市场的惩罚，表现为股价下降；"双汇"事件中竞争效应占主导，"海天"事件则是传染效应占主导地位；消费者对行业的信任度越高、产品的替代性越低，企业社会责任缺失行为给行业带来的竞争效应越显著；反之，企业社会责任缺失行为给行业带来的传染效应越显著；市场集中度越高，负面事件对行业的溢出效应更多表现为竞争效应；产品的利润率越高且公众认为政府对该行业监管程度越弱，负面事件对行业的溢出效应更多表现为传染效应。文章不仅弥补了现有研究忽略负面事件对不同行业溢出效应存在差异的不足，也为未来深入探讨溢出效应的影响因素提供了经验证据。

［关键词］企业社会责任缺失；食品安全；溢出效应；传染效应；竞争效应

一、引言

自2008年三鹿"三聚氰胺"事件以来，双汇"瘦肉精"、蒙牛"黄曲霉素超标"、汇源"烂果门"、贝因美"亚硝酸盐超标"等一系列食品制造企业社会责任缺失（CSIR）行为频频发生，引发了公众对食品安全的恐慌。当前，食品安全成为关乎国计民生的社会热点问题，受到社会各界的高度关注。

由于食品制造企业的CSIR行为不断发生，消费者对我国食品企业失去信心，甚至对知名品牌也开始持怀疑态度，导致近年来对国外品牌的极度追捧。食品制造企业的负面事件不仅严重阻碍了我国食品制造行业的发展，也极大地影响了我国的国际形象。

我国在2009年颁布实施了《中华人民共和国食品安全法》，但是，食品安全问题并没有因为新法案而有所缓解。食品安全问题的不断爆发，一方面反映我国食品安全监管的不到位，另一方面反映企业社会责任的缺失。由于信息不对称和食品的产业链过长等，完全依靠政府监管或是企业自身都不能有效解决食品安全问题。在我国目前食品安全监管尚不完善的情况下，如何避免食品制造行业的CSIR行为就成为亟待解决的重要问题。

企业发生CSIR行为而波及同行业的其他企业，这种现象被学者们称为溢出效应（Lang和

Stulz，1992）。Goins 和 Gruca（2008）将溢出效应分为传染效应和竞争效应。传染效应指同行业其他企业受到事发企业的牵连而遭受损失，即出现了"一损俱损"现象；而竞争效应则是同行业有些企业并没有受事发企业的牵连，而是受到市场的追捧，即出现了"渔翁得利"现象。既往关于企业 CSIR 行为溢出效应的研究中，支持传染效应的文献占绝大多数（Foster，1981；Firth，1996；Caton et al.，2003；Lang and Stulz，1992；Ferris et al.，1997；Hertze and Smith，1993；Jarrell and Peltzman，1985），而仅有极少数研究为竞争效应提供了经验证据（Elliott et al.，2006；Lang and Stulz，1992）。国内学者对行业溢出效应的关注并不多，而且基本上支持传染效应（肖华和张国清，2008；李伟阳等，2010；俞欣等，2011），仅有王思敏和朱玉杰（2010）、刘明霞和孟祥洁（2016）给出了竞争效应的经验证据。近年来，"一边倒"的支持传染效应的研究结果受到了质疑。事实上，溢出效应是传染效应和竞争效应共同作用的结果（王永钦等，2014）。对于同一行业而言，由于不同的子行业存在异质性，使企业出现负面事件时，在一些子行业可能表现为明显的传染效应，而在另一些子行业则可能表现为显著的竞争效应，即负面事件对行业内不同子行业的溢出效应具有异质性。熊艳等（2012）的研究表明，腾讯与奇虎 360 两大互联网行业巨头在 2009~2010 年发生的恶性冲突事件，对互联网行业的子行业的冲击就表现为异质性的溢出效应。

那么，对于食品制造业的不同子行业，负面事件有没有表现出异质性的溢出效应？哪些子行业表现为明显的传染效应？哪些子行业则表现为明显的竞争效应？其背后的原因又是什么？对于上述问题的回答，有助于我们全面把握食品制造行业负面事件溢出效应的影响机理，更重要的是，对于产生竞争效应原因的深入分析，可以明晰竞争效应产生的条件，从而为减少负面事件对行业的负面冲击，甚至避免负面事件的发生提供解决思路。

二、文献综述

从价值理性的角度讲，企业社会责任（CSR）行为必然会给企业带来一定的正面效应，但从工具理性的角度出发，企业的 CSIR 行为也能使企业达到预期的经济目标，Peter DeMacarty（2010）认为企业 CSIR 和 CSR 行为可以让企业获得同样的收益，但是 CSR 与 CSIR 存在着本质的区别，企业社会责任缺失是企业的负外部性（Linhi & Blumberg，2018），即 CSIR 是指企业有意或无意地做坏事。

企业的 CSIR 行为一经曝光，则会演变为企业的危机。企业的危机事件不但会影响自身，其影响也可能波及其他企业，甚至整个行业，即存在外部性。Lang 和 Stulz 在 1992 年首次提出企业危机具有"行业效应"，并且认为行业效应包含"竞争效应"和"传染效应"。但早期的相关研究的结果更多的是验证了传染效应的存在，忽略了行业内的竞争者可能会因危机事件收益而产生的竞争效应，即使有些学者的研究考虑到了竞争效应，也是将竞争效应和传染效应看作相互独立的，发生在不同时间段。

尽管国外学者对 CSIR 的研究始于 20 世纪 60 年代，但是 CSIR 在我国并没有像 CSR 那样一出现就成为研究焦点，只是分散在不同的研究中被"一笔带过"（刘非菲，2015）。直到 21 世纪初我国学者才开始针对不同类别的 CSIR 进行研究分析，所以现有的相关研究文献较少，主要集中探讨了企业 CSIR 行为的成因、CSIR 行为的经济后果等方面。姜丽群（2014）对企业社会责任缺失现有研究进行了综述，指出 CSIR 成因研究主要包括环境、组织和个体三个层面，组织层面的因素如企业资源能力的约束、社会控制的失败等是造成我国中小企业出现 CSIR 的根本原因（杨春方，2015）；政府职责缺失、社会评价监督体系不完善和企业社会责任意识缺乏是造成企业产生 CSIR 行为的主要原因（宋庆海等，2013）。此外，CSIR 行为作为一种违反道德的行为，在被披露后的短期内投资者的收益会受到了显著的负面影响，企业的股东会遭遇严重的财富损失（黄政和吴国萍，2013；郑碎环，2014），企业的财务绩效也会遭受严重的负面影响（罗德，2013；李茜等，2018），尤其当公司出现的 CSIR 行为关乎所有权关系和经济依赖关系时，对财务绩效的负面影响更为显著（杨春方，2015）。

我国食品行业层出不穷的 CSIR 行为以及其对食品行业造成的严重经济后果，尤其是三聚氰胺事件导致整个奶制品行业市场低迷，这吸引了众多学者深入探讨食品制造企业 CSIR 行为对行业内企业的影响。当一个企业发生食品安全危机事件，这个事件不仅预示着该企业的一些信息，还预示着影响其他企业价值的经济条件和环境条件的信息，利益相关者会根据这些信息来重新判断与自己相关的企业（杨晶等，2012）。王永钦等（2014）经研究发现在监管较弱的食品市场上，部分企业对食品丑闻事件上的反应表现为传染效应占主导。武帅峰等（2014）经研究发现，酒鬼酒“塑化剂”风波对酿酒板块上市公司具有负向溢出效应，是一场行业危机，并且酿酒板块受到的不利影响按严重程度依次为白酒、葡萄酒、啤酒；也就是说与丑闻公司越相似的企业，受到危机溢出的影响更大（Pearson and Clair，1998）。刘明霞和孟祥洁（2016）在研究中证实了食品制造企业危机事件造成的声誉溢出效应表现为竞争效应，并且当把事件的窗口期定为 1 天时，如果企业的行业地位越显著，则表现出的竞争效应越明显。此外，有的学者发现企业的负面事件的溢出效应不单是传递效应或竞争效应，而是两者都存在。张海心等（2015）利用事件研究法探讨了 2009 年到 2011 年蒙牛发生的五起 CSIR 事件，研究发现企业的 CSIR 行为的溢出效应是溢出效应和竞争效应共同作用的结果，对于不同 CSIR 事件溢出效应主导性不同。

综上所述，国内外学者就负面事件对事发企业自身及行业的溢出效应进行了广泛的研究，但对食品制造业的关注不够。有关食品制造业的研究，较多地集中于法律制度和行业标准，以及负面事件给公司股价带来的影响，而较少从对负面事件极其敏感的资本市场入手，研究食品制造企业 CSIR 行为给同行业上市公司带来的溢出效应。特别是，食品行业中不同子行业具有异质性，因此 CSIR 行为的溢出效应也应有不同的表现，现有的文献鲜有对食品行业不同子行业 CSIR 行为的溢出效应的对比分析。

本文针对肉制品及调味品两个食品制造业的子行业，以双汇发展和海天味业为主要研究对象，利用事件研究法考察“双汇火腿被检出非洲猪瘟”事件和“海天酱油被点名”事件对所处子行业上市公司的溢出效应，比较负面事件在食品制造行业不同子行业所表现的溢出效应的差异，并进一步探讨其原因。

三、研究设计

（一）研究对象

海天是中国调味品行业的龙头企业，于 2014 年 2 月 11 日在上海证券交易所上市；双汇集团是以肉类加工为主的大型食品集团，是中国最大的肉类加工基地，1998 年 12 月 10 日在深圳证券交易所上市交易。本文选取海天味业和双汇发展两只股作为研究对象的原因如下：①在新华网公布的“2018年度食品舆情热点事件”名单中，“海天酱油被点名”事件、“双汇火腿检出非洲猪瘟”事件位居热度第三、第四位（见表1），公众对两起事件的关注度高，从而对其CSIR行为的反应更为迅速，能更容易测出在溢出效应中竞争效应和传染效应的主导性；②海天和双汇都是各自行业中的龙头企业，能更容易对比和分析不同行业中的“领头羊”的CSI行为产生不同溢出效应的原因。

表1　研究事件简介

事件名	事件发生日	摘要
双汇火腿被检出非洲猪瘟	2018年 10月31日	新加坡《联合早报》在2018年10月31日报道指出：“……在金门码头的大陆制‘双汇香脆肠’被化验确认含有非洲猪瘟病毒，比对后发现与大陆检查出的病毒完全吻合”
海天酱油被点名	2018年 10月15日	2018年10月12日，江苏省消保委在发布的酱油产品比较试验报告指出：海天生抽酱油中有一款营养素参考值（NRV）计算有误，不符合国家标准GB28050中附录A3的要求

（二）样本选择

本文根据申银万国银行的分类标准，借鉴王永钦等（2014）的相关研究，结合所研究的涉事企业的行业属性特征，选择与双汇发展（000895）同行业同类型的3只A股食品上市公司作为实验样本，选择与海天酱油（603288）同行业同类型的7只A股食品上市公司作为实验样本，同时各选择9只食品饮料行业中没有直接关系的A股上市企业作为两个控制组。设置控制组，可以排除整个食品行业乃至市场上其他对实验组股价造成波动的影响因素，使肉制品和调味发酵品行业只受到所研究事件的影响。此外，本文所需要股票日收益率、深证指数、上证指数等数据均来自锐思（RESSET）金融研究数据库和东方财富网。具体样本企业的选择如表2至表5所示。

表2　“双汇火腿检出非洲猪瘟”事件的样本企业（实验组）

证交所	证券代码	证券名称
深圳交易所	002330	得利斯
	002726	龙大肉食
	002695	煌上煌

表3　“双汇火腿检出非洲猪瘟”事件的样本企业（控制组）

证交所	证券代码	证券名称
上海交易所	603288	海天味业
	600305	恒顺醋业
	600872	中炬高新
	600597	光明乳业
	600429	三元股份

续表

证交所	证券代码	证券名称
深圳交易所	002216	三全食品
	002557	洽洽食品
	002481	双塔食品
	002570	贝因美

表 4　“海天酱油被点名”事件的样本企业（实验组）

证交所	证券代码	证券名称
上海交易所	600186	莲花健康
	600872	中炬高新
	600305	恒顺醋业
	600866	星湖科技
	600873	梅花生物
	603686	安记食品
深圳交易所	002495	佳隆股份

表 5　“海天酱油被点名”事件的样本企业（控制组）

证交所	证券代码	证券名称
深圳交易所	002216	三全食品
	002557	洽洽食品
	002481	双塔食品
	002570	贝因美
	000895	双汇发展
	002695	煌上煌
	002330	得利斯
上海交易所	600597	光明乳业
	600429	三元股份

（三）事件研究窗口期确定

假设有 n 家需要检验的上市公司的股票日收益率，则可以得到一组时间序列数据 $T\{r_{it}\}\ t = T_{2t} = T_{0+1}$。事件序列图中的各个字符含义如下：$T_{0+1}$ 代表研究事件估计窗开始的时间，T_1 既是事件估计窗结束的时间也是事件窗开始的时间，T 是指研究事件的公告日，T_2 是指事件窗结束的时间（见图 1）。

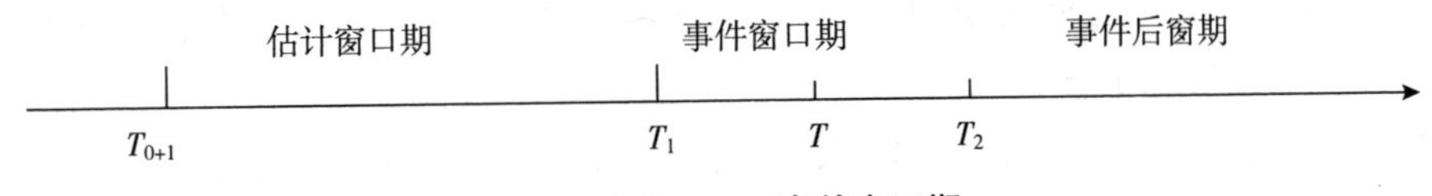

图 1　企业 CSIR 事件窗口期

较长的估计期可能会导致样本数据受到其他事件交叉因素的影响，较短的估计期又无法准确地估计出回归系数。此外由于节假日股市大盘停止交易，所以选择的事件研究窗口期还需要剔除节假日因股市大盘停止交易而缺乏数据的情况。根据这一思路，本文将 2018 年 10 月 31 日作为双汇火腿事件发生日，将 2018 年 10 月 15 日作为海天酱油事件发生日。以研究事件发生的前 100 天作为事件的估计窗，即双汇发展为 2018 年 5 月 23 日到 2018 年 10 月 16 日；海天事件的估计窗为 2018 年 5 月 3 日到 2018 年 9 月 20 日。以事发日以及事发日前后各 10 个交易日作为本研究中两个事件的事件窗口期，共计 21 日，则“双汇火腿检出非洲猪瘟”事件即为 2018 年 10 月 17 日到 2018 年 11 月 14 日，“海天酱油被点名”事件为 2018 年 9 月 21 日至 2018 年 10 月 26 日。

（四）市场模型构建

市场模式是通过建立个股日收益率与市场指数日收益率之间的线性回归方程来计算事件期内的超额收益率。市场模型的构建如下：

$$R_{it} = \alpha_i + \beta_i \times R_{mt} + \varepsilon_{it},\ i = 1,\ 2,\ \cdots,\ n;\ t = T_{0+1},\ \cdots,\ T \tag{1}$$

$$E(\varepsilon_{it}) = 0 \qquad Var(\varepsilon_{it}) = \sigma_{\varepsilon_i}^2 \qquad E(\varepsilon_{it}\varepsilon'_{it}) = 0$$

其中，R_{it} 代表第 i 只股票在估计窗第 t 天的正常日收益率，R_{mt} 代表第 t 天股票所对应的市场指数的日收益率，在本文中，对所有的样本公司采用流通市值加权的市场指数日收益率；α_i 和 β_i 是将估计窗的相关数据代入回归方程计算得出的参数，ε_{it} 是随机误差项，在此处也称作超额收益率。

$$AR_{it} = R_{it} - (\hat{\alpha}_i + \hat{\beta}_i \times R_{mt}),\ i = 1,\ 2,\ \cdots,\ n;\ t = T_1,\ \cdots,\ T \tag{2}$$

其中，AR_{it} 为第 i 只股票在事件窗口期内第 t 天的超额收益率，$(\hat{\alpha}_i + \beta_i \times R_{mt})$ 为第 i 只股票在第 t 天的预期日收益率。

$$CAR_{it} = \sum_{T+1}^{T_2} AR_i \tag{3}$$

CAR 代表个股在事件窗口期内的累积超额收益率

$$ACAR_{it} = \frac{1}{n}\sum_{1}^{n} CAR_{it} \tag{4}$$

其中平均累积超额收益率（$ACAR_{it}$）可代表行业的平均市场反应，即溢出效应；n 为样本数量。

四、结果分析

（一）股票市场上 CSI 事件对事发企业的影响

食品制造企业的 CSI 行为曝光后，会对事发企业产生一定的负面影响。利用均值检验检测事发企业和同行业累积超额收益的差异性，能够预测企业的 CSIR 行为对事发企业的股价所产生的负面影响。因此本文利用 SPSS 20 对双汇发展与肉制品行业累积超额收益的差值以及海天味业与调味发酵品行业的均值做均值检验，以测定“双汇火腿检出非洲猪瘟”和“海天酱油被点名”事件分别对双汇和海天的影响。由于事件窗口期包括事发前期（共 10 个交易日）和事发后期

（共 11 个交易日），而通常情况下，事发前期的所有企业的股价尚未受到企业 CSIR 行为的影响，则事发企业的累积超额收益可能不会显著低于同行业，所以为了避免检验结果不显著，本文将事件窗口期分成两部分进行均值检验。本文利用市场模型计算出两个事发企业和同行业的累积超额收益，并对表 6 中的差值（事发企业 CAR-同行业 ACAR）进行均值检验。

表 6　双汇发展与肉制品行业累积超额收益差值描述统计

事件日	双汇发展 CAR	肉制品行业 ACAR	差值	事件日	双汇发展 CAR	肉制品行业 ACAR	差值
(-10，-10)	-0.0079	-0.0034	-0.0045	(0，0)	-0.0764	0.0537	-0.1300
(-10，-9)	0.0141	0.0090	0.0051	(0，1)	-0.1241	0.0511	-0.1751
(-10，-8)	0.0142	0.0034	0.0109	(0，2)	-0.1033	0.0379	-0.1411
(-10，-7)	0.0080	0.0222	-0.0143	(0，3)	-0.1194	0.0351	-0.1544
(-10，-6)	-0.0174	0.0668	-0.0842	(0，4)	-0.1209	0.0220	-0.1429
(-10，-5)	-0.0503	0.0693	-0.1196	(0，5)	-0.1081	0.0182	-0.1263
(-10，-4)	-0.0462	0.0647	-0.1109	(0，6)	-0.0879	0.0446	-0.1325
(-10，-3)	-0.0667	0.0722	-0.1390	(0，7)	-0.0792	0.0405	-0.1197
(-10，-2)	-0.1012	0.0918	-0.1930	(0，8)	-0.1029	0.0274	-0.1302
(-10，-1)	-0.0919	0.0904	-0.1823	(0，9)	-0.1094	0.0276	-0.1371
				(0，10)	-0.1073	0.0324	-0.1397

从表 7 中可以看出，海天味业和双汇发展在发生 CSIR 行为后，企业的累积超额收益显著低于同行业的累积超额收益，说明市场对海天和双汇的 CSIR 行为的负面反应很强烈。从表 7 中的事发前期和后期的变化来看，双汇发展的变化是收益恶化，这可能与双汇在 2018 年 8 月 12 日首次被报道生猪检测出非洲猪瘟有关。在第一次曝出双汇的生猪含有非洲猪瘟病毒后，尽管双汇在被报道后积极采取措施解决，对感染猪瘟的生猪进行了妥善的处理，但是由于其他同类型企业未出现该类情况，所以也对双汇在股市上的形象造成了一定的负面影响，而这次又再一次被曝出产品检测出非洲猪瘟，从而导致双汇收益进一步恶化。而海天味业在事发前一直是被股市专家看好的优质股，在股市上有着良好的表现，而此次的海天酱油被消保委点名，影响了海天味业在股市上的形象，从而导致其收益由正到负（见表 8）。

表 7　海天味业与调味发酵品行业累积超额收益差值描述统计

事件日	海天味业 CAR	调味发酵品行业 ACAR	差值	事件日	海天味业 CAR	调味发酵品行业 ACAR	差值
(-10，-10)	0.0353	-0.0015	0.0368	(0，0)	-0.0273	-0.0093	-0.0180
(-10，-9)	0.0285	0.0046	0.0212	(0，1)	-0.0297	-0.0079	-0.0219
(-10，-8)	0.0473	0.0084	0.0389	(0，2)	-0.0629	-0.0201	-0.0428
(-10，-7)	0.0632	-0.0021	0.0653	(0，3)	-0.0336	-0.0279	-0.0057
(-10，-6)	0.0553	-0.0121	0.0674	(0，4)	-0.0253	-0.0367	-0.0114
(-10，-5)	0.0232	0.0028	0.0204	(0，5)	-0.0366	-0.0317	-0.0050
(-10，-4)	0.0371	0.0008	0.0363	(0，6)	-0.0414	-0.0210	-0.0204

续表

事件日	海天味业 CAR	调味发酵品行业 ACAR	差值	事件日	海天味业 CAR	调味发酵品行业 ACAR	差值
(-10, -3)	0.0373	-0.0084	0.0457	(0, 7)	-0.0581	-0.0323	-0.0258
(-10, -2)	0.0411	-0.0199	0.0610	(0, 8)	-0.0946	-0.0434	-0.0513
(-10, -1)	0.0609	-0.0353	0.0962	(0, 9)	-0.1560	-0.0520	-0.1040
				(0, 10)	-0.2363	-0.0471	-0.1892

表 8 累积超额收益均值检验

事件名称	事件前期			事件后期			前后变化
	均值	T 值	Sig.	均值	T 值	Sig.	
海天酱油被点名	0.0489	6.5700	0.0000	-0.0430	-2.4870	0.0320	由正到负
双汇火腿检出非洲猪瘟	-0.0832	-3.3750	0.0080	-0.1390	-30.4080	0.0000	收益恶化

(二) CSIR 事件的溢出效应及其差异

溢出效应包括竞争效应和传染效应，企业的 CSIR 行为对单个同行业企业产生哪种溢出效应，能够通过企业的累积超额收益得出，而对整个行业来说，由于其是众多竞争企业的集合，所以事发企业的 CSIR 行为对整个行业的溢出效应是竞争效应和传染效应共同作用的结果。不过在具体的企业 CSIR 事件中，当传染效应占据主导地位时，企业的 CSIR 行为对整个行业所产生的总体溢出效应为传染效应；反之，当竞争效应占据主导地位时，则为竞争效应。

1. 双汇火腿检出非洲猪瘟事件

双汇火腿检出非洲猪瘟事件如表 9 和表 10 所示。

表 9 双汇火腿检出非洲猪瘟事件结果（实验组）

事件窗口	平均累积超额收益	T 检验
0-0	0.0537	0.15
0-1	0.0511	0.39
0-2	0.0379	0.50
0-3	0.0350	0.50
0-4	0.0220	0.58
0-5	0.0182	0.67
0-6	0.0446	0.15
0-7	0.0405	0.17
0-8	0.0274	0.24
0-9	0.0276	0.24
0-10	0.0324	0.21

表 10　双汇火腿检出非洲猪瘟事件结果（控制组）

事件窗口	平均累积超额收益	T 检验
0-0	0.0114	0.26
0-1	0.0139	0.29
0-2	0.0090	0.56
0-3	0.0088	0.43
0-4	0.0063	0.48
0-5	0.0172	0.20
0-6	0.0162	0.22
0-7	0.0252	0.09
0-8	0.0204	0.13
0-9	0.0295	0.09
0-10	0.0249	0.16

对事发日前后两个窗口内的实验组和控制组的平均累积超额收益如图 2 所示，肉制品行业（实验组）的 ACAR 数值在事件后有小幅度的下降波动，说明该事件的溢出效应中既包含竞争效应又包括传染效应，不过从整体上来说，ACAR 数值始终大于 0，所以双汇火腿检出非洲猪瘟事件对肉制品行业产生的溢出效应为竞争效应。因为在双汇事件中，只有双汇发展被曝出了产品检出非洲猪瘟，所以该事件属于企业个案行为，至于 ACAR 数值的轻微下降，可能是与部分消费者的消费心理有关（可能其他肉制品企业产品也有该病毒，只不过被抽查的样本正好没有），从而对市场份额较小的企业产生传染效应［样本企业中的煌上煌（002695）在事发后的 5 个交易日内 ACAR 小于 0］。所以在“双汇火腿被检出非洲猪瘟”事件产生的溢出效应中，竞争效应占主导性，双汇发展此次的 CSIR 行为使同行业其他企业的收益增加。

2. 海天酱油被点名事件

海天酱油被点名事件结果如表 11 和表 12 所示。

表 11　海天酱油被点名事件结果（实验组）

事件窗口	平均超额累积收益	T 检验
0-0	−0.0093	0.50
0-1	−0.0078	0.55
0-2	−0.0201	0.24
0-3	−0.0279	0.25
0-4	−0.0367	0.10
0-5	−0.0317	0.08
0-6	−0.0201	0.20
0-7	−0.0323	0.12

续表

事件窗口	平均超额累积收益	T检验
0-8	-0.0433	0.05
0-9	-0.0521	0.15
0-10	-0.0471	0.37

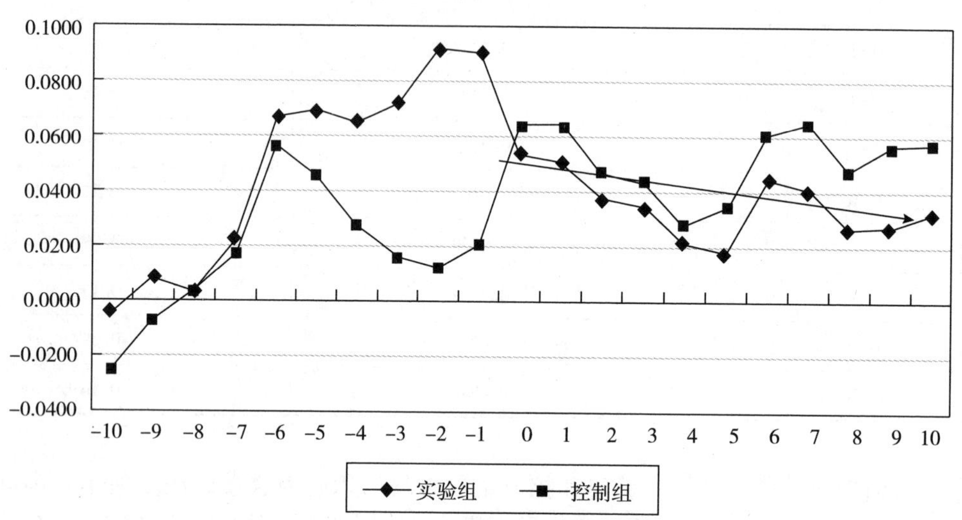

图 2 双汇火腿检出非洲猪瘟事件平均累积超额收益率

表 12 海天酱油被点名事件结果（控制组）

事件窗口	平均超额累积收益	T检验
0-0	-0.0101	0.31
0-1	-0.0127	0.23
0-2	-0.0293	0.07
0-3	-0.0185	0.28
0-4	-0.0071	0.64
0-5	-0.0085	0.61
0-6	-0.0149	0.45
0-7	-0.0217	0.34
0-8	-0.0262	0.28
0-9	-0.0251	0.36
0-10	-0.0279	0.35

从图3中可以看出，在“海天酱油被点名”事件发生后，调味发酵品行业ACAR数值不仅小于0而且呈递减趋势，说明此次海天味业的CSIR行为为整个行业带来了明显的传染效应，竞争效应被完全覆盖。海天味业被消保委点名后，在股市开牌的第一天对此做了回应声明，不过其声明的内容对消保委的结论表示否定，这样的回应态度可能引起了公众对海天味业的不满，所以在事发当天海天味业股价下降了。此外，海天酱油此次事件是被消保委和专家点名的企业诚信缺失

事件，而且在该 CSIR 行为属于并非海天个案行为，如李锦记等知名酱油品牌企业也被曝出产品标识存在问题，所以消费者会把对调味发酵品质量的不信任将海天的 CSIR 行为定位为行业行为，所以在将窗口期拉长至 10 天，可以明显看在出海天酱油被点名事件中，传染效应占主导性，海天味业的 CSIR 行为导致调味发酵品行业中的其他企业超额收益减少。

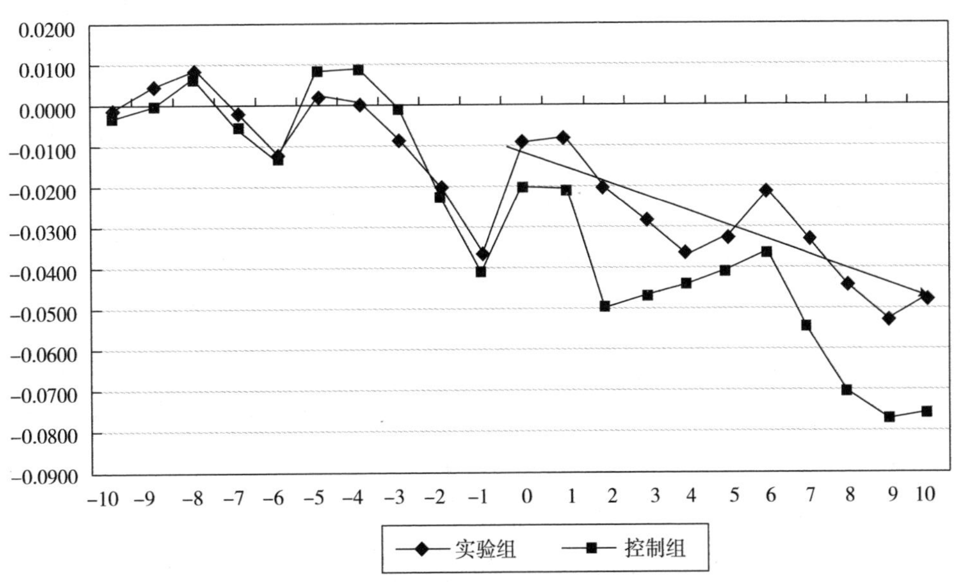

图 3　海天酱油被点名事件平均累积差额收益率

（三）CSIR 事件溢出效应差异性的原因分析

海天味业和双汇发展所属行业同为食品饮料行业的子行业，这两个子行业在受到事发企业 CSI 行为事件冲击后的表现存在差异，海天味业对调味发酵品行业整体影响表现出明显的溢出效应，而双汇发展对肉制品行业整体的影响则表现为竞争效应。其原因可能如下：

（1）消费者对行业的信任度不同，会使 CSIR 事件在不同行业表现出不同的溢出效应。张海心（2015）的研究发现，当事发企业产生 CSIR 行为后，如果消费者对整个行业仍旧抱有信心，那么消费者会将自己的消费需求转移到竞争企业，从而对行业产生竞争效应，反之，则将减少该类产品需求，从而给该行业带来传染效应。费显政等（2010）的研究进一步发现，如若负面事件属于个案行为，由于事发企业导致发生负面事件的因素存在差异性，所以会导致传染效应不起作用而竞争效应占主导地位。在双汇的 CSIR 事件中，仅有双汇一家涉事企业，其他肉制品企业的产品未被曝出含有非洲猪瘟，此外早在 2011 年双汇被曝出的“瘦肉精事件”，以及后来也陆续曝出过食品安全问题，致使公众对双汇产品的信任度一直不高。因此，尽管双汇产品出现安全危机，但是由于其他肉制品企业鲜少曝出被公众大肆讨论的 CSIR 事件，所以公众基于日常生活需求，仍旧对肉制品行业的产品质量有信心；而在海天的 CSIR 事件中，海天酱油、李锦记等知名酱油品牌因标签标识不当、营养成分不符合国家标准等被消费者权益保护协会点名，此外海天酱油在事前就被接连曝出“酱油生蛆”，加上海天味业和李锦记等知名涉事品牌对该事件的回应中持否认态度，不认为此次被点名事件是损害了消费者利益，所以公众可能会将此次海天的 CSIR 行为定义为行业行为，从而削弱公众对调味发酵品行业的信任度，从而减少消费需求。

（2）市场的集中程度的强弱会影响 CSIR 行为在不同行业中的表现。据中商产业研究院数据库中资料显示，双汇在高温肉制品和低温肉制品中的市场份额分别为 60% 和 15%，在整个肉制品市场上的总占比为15%，超过后十位竞争企业的市场份额总和，由此可知我国肉制品行业集中度相对较高，龙头优势明显。就调味品行业而言，行业企业以地方品牌和小型作坊企业居多，全国性的品牌少，市场较为分散，即便是行业中最大的龙头企业海天酱油，其市场份额也只有5%左右；此外味品行业生产门槛较低，企业间产品同质化竞争激烈，导致调味品行业的集中度不高。因此，对肉制品企业来说，构成主要竞争的企业明显比调味发酵品行业少。由于我国肉制品行业中存在双汇这样的龙头企业，而在调味发酵品行业中最大的龙头——海天酱油，市场份额在5%左右，所以相较而言，我国肉制品行业的市场结构比调味品行业更集中，从而对肉制品企业来说，构成主要竞争的企业明显比调味发酵品行业少。在双汇出现CSI行为时，消费者将需求转移到主要竞争企业，从而形成明显的竞争效应；而由于调味品市场中竞争企业较多，所以消费需求转移对象较为分散，从而形成明显的传染效应。

（3）产品的利润率和消费者信任程度的综合作用。食品具有信任品的属性，消费者在消费时不能确定所购产品的真实质量，但消费者会通过一些信号或者指标去增加自身对于所购产品质量的信任度，而产品成本是一个最直接的反映指标。因为海天酱油事件涉事企业较多，所以公众可能会将海天的CSIR行为定义为行业行为，从而对调味发酵品行业的信任度较低。另外，近年来股票市场上对酱油行业的盈利一片叫好，由图4可以看出调味品行业的利润率较高，但是酱油的价格较低；由于公众对调味发酵品行业的信任度较低，所以可能会认为企业用了廉价的原料降低了生产成本，实现了较高的利润率，从而不愿购买该类产品，使海天酱油事件对同行业产生了传染效应；对于双汇事件属于企业个案，政府对肉制品质量的监管相对于调味品更为严厉，公众对肉制品行业的信任度较高。尽管肉制品价格较高，但是其原材料——生猪的价格也相对较高，而总的来说，肉制品的利润率并不高，如图5所示，所以发生双汇事件时，公众仍会认可肉制品的质量，也愿意向竞争对手购买该类产品，从而对行业产生竞争效应。

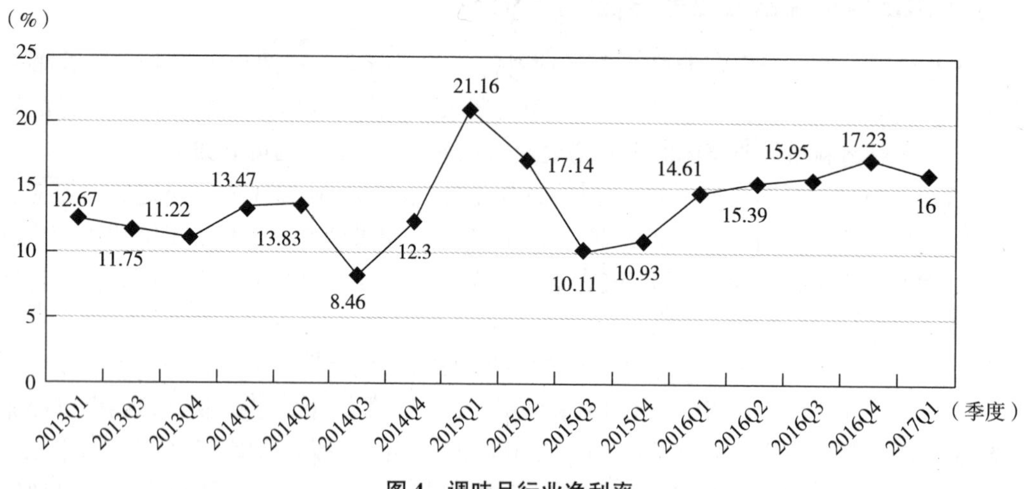

图4 调味品行业净利率

注：2013Q2数据缺失。

资料来源：中国产业信息网。

（4）产品的可替代性。据有关资料显示，我国肉制品的消费结构中，猪肉制品所占的市场份额超过60%，禽肉制品约20%。猪肉制品的替代品如牛、羊肉制品价格高，属于肉制品中的"轻奢品"，相较而言，猪肉制品的性价比高。此外，中国百姓的日常生活中，对猪肉制品的消费需求远大于禽肉制品。与双汇构成竞争的企业的产品多为猪肉制品，再加上猪肉制品的替代品效应低，所以在双汇发生CSIR事件时，公众并未增加对猪肉制品的替代品的需求而大幅减少对猪肉制品的需求，反而将其消费需求转移到双汇的主要竞争对手处，从而产生竞争效应；尽管酱油是一款深受大众喜爱的调味品，但其并没有重要到如食盐那般不可或缺，而且各色酱油产品是海天和样本企业的主营产品，所以当海天酱油被点名出现营养指标不符合规定行为时，公众可能减少了酱油的需求，转而增加食盐的购买，从而产生了传染效应。

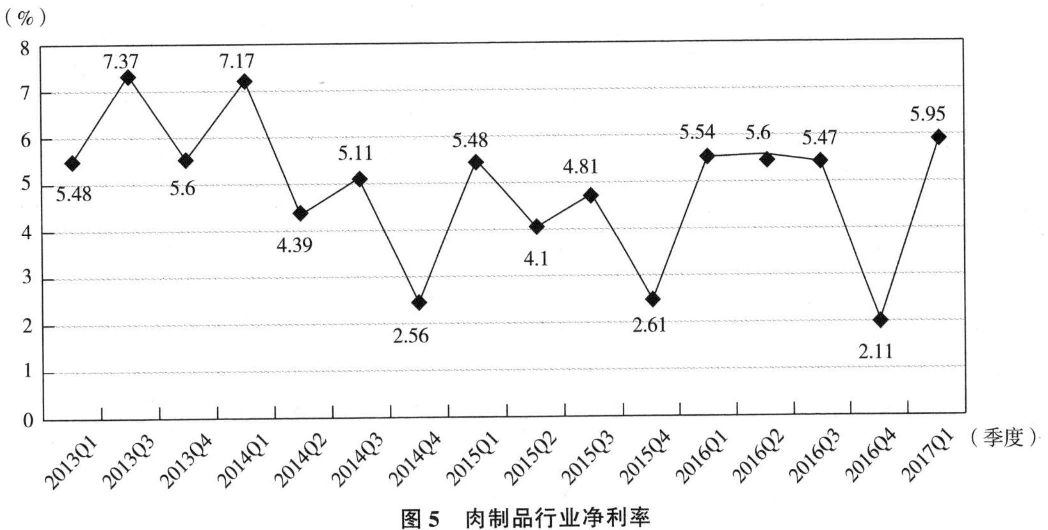

图5　肉制品行业净利率

注：2013Q2 数据缺失。

资料来源：中国产业信息网。

五、结论与建议

本文针对肉制品和调味品这两个食品制造业的子行业，以双汇发展和海天味业为主要研究对象，利用事件研究法考察“双汇火腿被检出非洲猪瘟”事件和“海天酱油被点名”事件对所处子行业上市公司的溢出效应，探讨了溢出效应的差异，并剖析了其原因。结论如下：①当食品制造企业发生 CSIR 行为时，事发企业与同行业的其他企业相比，市场会给予事发企业强烈的负面反应。②企业的 CSIR 行为给同行业企业带来的溢出效应包括竞争效应和传染效应，不同子行业企业的 CSIR 行为的溢出效应存在差异。“双汇事件”给肉制品子行业带来的溢出效应中竞争效应占主导，“海天事件”则给调味发酵品子行业带来的溢出效应中传染效应占主导地位。③消费者对行业的信任度越高、产品的替代性越低，企业社会责任缺失行为给行业带来的竞争效应越显著；反之，企业社会责任缺失行为给行业带来的传染效应越显著；市场集中度越高，负面事件对行业的溢出效应更多表现为竞争效应；产品的利润率越高并且公众认为政府对该行业监管程度越弱，负面事件对行业的溢出效应更多表现为传染效应。

本文的理论价值在于考察了企业 CSIR 行为在不同子行业溢出效应的差异，并揭示了其成因，从而丰富了企业社会责任溢出效应的研究内容，拓展了现有的理论研究。实践价值在于研究结论能为企业管理者、资本投资者和政府提供以下启示：①企业管理者首先提高社会责任意识，避免负面事件的发生。负面事件发生后，事发企业应积极对 CSIR 行为作出正面回应，采取“诚恳道歉”的危机处理方法。在本文中，海天酱油的不诚恳的危机处理方法是其 CSIR 行为表现出传染效应的重要原因之一。事发企业积极承认错误，承担应对利益相关者的补偿，并且在各种网络平台上应作出积极回应，以正面的承认错误的态度挽回消费者对行业的信心；而非事发企业也应提高危机公关意识，在同行业企业负面事件发生后，采取“及时避嫌”的危机处理方法，借助各种网络平台，及时澄清自己与事发企业的CSIR事件无关，并提供相应的证据，以阻止对负面事件的发酵，减少对事件对行业的负面影响。②投资者需要理性看待负面事件的溢出效应，冷静辨别事发企业和非事发企业的相似性，不能盲目反应，避免盲目跟风而导致对非事发企业的股票在市场上被错杀。③对政府而言，需要加强市场监管，尤其要加强对利润率比较高的行业的监管。通过健全食品安全监管档案、列明食品安全风险清单、强制企业信息披露、加强对生产的动态管理、加强对企业履行社会责任的评比及对“做好事”企业的鼓励、加大对企业“做坏事”的惩处力度、支持媒体客观公正报道等手段，以此健全食品安全监管制度、促使企业转变经营观念并重视社会责任的履行、提振市场信心，从而推动食品制造业的可持续发展及食品安全问题的有效解决。

本文的不足包括以下几点：①在研究内容上，本文采用申万分类标准选取样本企业进行研究，双汇火腿检出非洲猪瘟事件的样本企业较少，未来可以考虑采用不同分类标准进行实证研究；②本文采用累积超额收益率探讨企业CSIR行为的溢出效应，未来可采取其他的统计量进行检验；③由于数据目前难以获得，本文尚未对影响CSIR行为溢出效应异质性的因素（例如公众信任度、企业市场地位等）进行定量检验，未来在有更充分的数据基础上，可以对上述因素进行实证考察。

参考文献

[1] 费显政，李陈微，周舒华. 一损俱损还是因祸得福？——企业社会责任声誉溢出效应研究［J］. 管理世界，2010（4）：74-82.

[2] 黄政，吴国萍. 信息披露违规处罚的市场反应及其对投资者利益的影响［J］. 东北师范大学学报（哲学社会科学版），2013（3）：66-71.

[3] 姜丽群. 国外企业社会责任缺失研究述评［J］. 外国经济与管理，2014，36（2）：13-23.

[4] 李伟阳，肖红军.“全面社会责任管理”的“3C+3T”模型［J］. WTO经济导刊，2010（3）：56-59.

[5] 刘非菲. 基于财务视角的企业社会责任缺失经济后果研究［D］. 大连：东北财经大学博士学位论文，2015.

[6] 李茜，熊杰，黄晗. 企业社会责任缺失对财务绩效的影响研究［J］. 管理学报，2018.

[7] 刘寿义，刘非菲. 企业社会责任与企业社会责任缺失关系的实证分析［J］. 财会月刊，2014（22）：3-8.

[8] 刘明霞，孟祥洁. 传染效应还是竞争效应——食品制造业声誉危机溢出效应的实证分析［J］. 商业研究，2016，62（3）：1-9.

[9] 罗德. 食品安全事件对非事发企业资本市场价值的影响［D］. 哈尔滨：哈尔滨工业大学硕士学位论文，2013.

[10] 王思敏，朱玉杰. 公司危机的传染效应与竞争效应——以国美事件为例的小样本实证研究［J］. 中国软科学，2010（7）：134-141.

[11] 魏秀芬，郑世艳，赵宇红. 乳制品进口对我国乳业发展的影响及有关政策建议［J］. 中国奶牛，2013（12）：1-5.

[12] 王永钦，刘思远，杜巨澜. 信任品市场的竞争效应与传染效应：理论和基于中国食品行业的事件研究［J］. 经济研究，2014（2）：141-154.

[13] 武帅峰，陈志国，杨甜婕. 食品安全事件对相关上市公司的溢出效应研究——以酒鬼酒塑化剂风波为例［J］. 财经理论与实践，2014，35（2）：45-50.

[14] 熊艳，李常青，魏志华. 危机事件的溢出效应：同质混合还是异质共存？——来自“3Q大战”的实证研究［J］. 财经研究，2012（6）：38-47.

[15] 肖华，张国清. 公共压力与公司环境信息披露——基于“松花江事件”的经验研究［J］. 会计研究，

2008 (5): 15-22.

[16] 杨春方. 中小企业社会责任缺失的非道德解读——资源基础与背景依赖的视角 [J]. 江西财经大学学报, 2015 (1): 32-42.

[17] 杨晶, 刘春林, 崔玮. "池鱼之殃" 还是 "渔翁得利"? ——组织危机溢出效应的实证分析 [J]. 科学学与科学技术管理, 2012, 33 (12): 167-173.

[18] 俞欣, 郑颖, 张鹏等. 上市公司丑闻的溢出效应——基于五粮液公司的案例研究 [J]. 山西财经大学学报, 2011 (3): 80-87.

[19] 张海心, 丁栋虹, 杜晶晶. 社会责任负面事件对同行业企业是利是弊? ——基于中国奶业的实证研究 [J]. 中国经济问题, 2015 (2): 38-48.

[20] Caton J, Rubini J, Panisset J C, et al. Progressive limb lengthening with a centromedullary nail versus an external fixator: Experimental study in sheep [J]. Revue De Chirurgie Orthopédique Et Réparatrice De Lappareil Moteur, 2001, 87 (3): 237.

[21] Demacarty P. Financial returns of corporate social responsibility, and the moral freedom and responsibility of business leaders [J]. Business & Society Review, 2010, 114 (3): 393-433.

[22] Ferris S H, Mackell J A, Mohs R, et al. A multicenter evaluation of new treatment efficacy instruments for Alzheimer's disease clinical trials: Overview and general results. The Alzheimer's Disease Cooperative Study [J]. Alzheimer Dis Assoc Disord, 1997, 11 (2): S1-S12.

[23] Firth M. Dividend changes, abnormal returns, and intra-industry firm valuations [J]. Journal of Financial & Quantitative Analysis, 1996, 31 (2): 189-211.

[24] Foster K E. Does executive pay make sense? [J]. Business Horizons, 1981, 24 (5): 47-51.

[25] Goins S, Gruca T S. Understanding competitive and contagion effects of layoff announcements [J]. Corporate Reputation Review, 2008, 11 (1): 12-34.

[26] Hertzel M, Smith R L. Market discounts and shareholder gains for placing equity privately [J]. Journal of Finance, 2012, 48 (2): 459-485.

[27] Lang L H P, Stulz R. Contagion and competitive intra-industry effects of bankruptcy announcements: An empirical analysis [J]. Journal of Financial Economics, 1992, 32 (1): 45-60.

[28] Linhi N, Blumberg I. Managing the social acceptance of business [J]. Business & Professional Ethics Journal, 2012, 31 (2): 247-263.

[29] Jarrell G, Peltzman S. The impact of product recalls on the wealth of sellers [J]. Journal of Political Economy, 1985, 93 (3): 512-536.

[30] Pearson C M, Clair J A. Reframing crisis management [J]. Academy of Management Review, 1998, 23 (1): 59-76.

Analysis of Key Control Points for Entering into a Commercial Lease in China

Wu Guoqing (吴国庆)

(School of Management, Shanghai University of Engineering Science, Shanghai 201620)

[Abstract] This paper intends to provide a vivid picture of how to enter into a commercial lease in China for foreign investors who are going to China to carry out business operations in China. Most of the content comes from the author's experiences to work as a legal consultant acting for foreign investors to handle various commercial leases in Chinese lease market. This paper is analyzed from the perspective view of a tenant.

[Keywords] Commercial Lease; Tenancy Agreement; FIE

1. Introduction

China is a prospective market which has attracted more and more foreign investors to make investments in China. A foreign-invested enterprise ("FIE") shall be applied to be established by a foreign investor before the foreign investor can start business operations in China. During the course of establishing an FIE, an important and indispensable document, i. e. site evidencing document, shall be submitted to various governmental authorities in charge of the establishing process of the FIE. The site evidencing document refers to the legitimate document that can prove that the FIE has a legal site to operate on. Unless the premises are owned or to be built by the to-be-established FIE, a duly executed premises tenancy agreement ("TA") under which the to-be-established FIE is a tenant shall be provided to the governmental authorities in charge. In view of the comparatively lower cost compared that for purchasing or building the premises, most of the foreign investors have chosen to have a TA as its site evidencing document. This paper analyzes the key control points of a commercial TA with details based on practical legal experiences of the author, with which the author hopes to provide relevant supports to the formation of the site evidencing documents for foreign investors and to facilitate the establishment of FIEs.

2. Why a TA is an Important Document During the Course of Establishing an FIE

2.1 Application for the Pre-approval of an FIE's Name

Local administration of industry and commerce (the "AIC") will require to be provided with an address for the to-be-established FIE. Therefore a TA or at least a letter of intention ("LOI") of the leased premises is advised to have been executed prior to thiscoproate name application process. Please note that the tenant can use its proposed corporate name under the TA or LOI by marking clearly followed by (to be estalished and subject to approved name by AIC).

2.2 Application to the Local Foreign Economic Relation and Trade Commission for Issuance of Approval Certificate of an FIE

The said local approval authority is responsible to check the feasibility to establish an FIE. A duly executed original TA, together with a copy of the Real Estate Ownership Certificate, are required to be submitted to the approval authority to prove that the FIE will have a legitimate location to operate on. The approval authority will issue an approval letter and the Approval Certificate of the FIE if the application is successful.

2.3 Application to Local AIC for Issuance of Business License of an FIE

Following approval, an FIE is required to register with the local AIC further for its business license. A duly executed original TA, together with a copy of the Real Estate Ownership Certificate, is required to be submitted, and the local AIC will then issue the company's business licence, which will include the name of the FIE, its registered address as shown in the TA, the name of its legal representative, and its permissible scope of business.

2.4 Post-registration for an FIE

After the business license of an FIE is issued, application for tax registration certificate, statistics certificate, bank account opening, chop engraving and etc. shall be carried out by the foreign investor. In practice, tax registration authority will require an original TA to be provided for tax registration purpose.

If a tenant needs to carry out renovation to the leased premises after the handover of the leased premises, a copy of the executed TA shall also be needed to be submitted to the local fire prevention authority for obtaining fire prevention authority's approval upon the renovation design.

To sum up, a TA is a "must" document during the course of establishing an FIE. In some cities, such as in Shanghai, a TA that has been duly registered with relevant real estate authority are required to be provided by the above various governmental authorities. This lease registration can be done simultaneously with item (1).

3. Legal Stipulations about the Land Use Right and Property Right System in China

Prior to go down to details of a TA, a brief introduction upon the land and property title system is set forth hereunder for better understanding of key control issues in a TA in the later part of this paper.

3.1 General Introduction of Title Certificates in China

Under current PRC laws and regulations, a realestate property owner will usually have two certificates evidencing its ownership of the real property: one is State-owned Land Use Certificate ("Land Certificate") evidencing its ownership of the land use rights to the parcel of land the buildings erected on and, the other is Property Ownership Certificate ("Property Certificate") evidencing its ownership of the property. For a land developer, it will first be issued a State-owned Land Use Certificate after it executes a land grant contract with the competent land bureau, then be issued a Property Ownership Certificate after it completes the construction of the building and passes the relevant inspection and acceptance. In some PRC cities, such as in Shanghai, the Land Certificate and Property Certificate are combined into one certificate named by Real Estate Ownership Certificate. The Real Estate Ownership Certificate only reads information of the land use rights when there is no building over a parcel of land. After completion of construction and inspection and acceptance, a new Real Estate Ownership Certificate with both the land information and the property information is issued to the real property owner.

3.2 Land System in China

Private ownership of land is not permitted in China. Under the current PRC law, the ownership of the land in China belongs either to the State or the collectives①. The use right of the state-owned land can be "granted" or "allocated" to entities or individuals. The difference between "land granting" or "land allocation" is that the grant of the land use right shall be limited to a statutory term based on the purpose of the land parcel, while the allocated land use right is generally granted for free with no time limit but only for specified purposes. A private party can also transfer to another private party the granted land use right on the market. The allocated land use right is not commercially transferable before the land is converted into granted land use right.

3.3 Possibility to Use Allocated Land for Commercial Purpose

Under *the Urban Real Estate Law* (effective as of 1 January 1995) and the *Land Administration Law* (effective as of 1 January 1999), land used for business purposes, such as for commercial, industrial, tourism or entertainment purposes shall exclusively be granted land.

With the approval of the People's Government at county level or above, allocated land shall only be used for the following purposes:

① Article 2 of Land Administration Law of the PRC (2004 revised)《中华人民共和国土地管理法》(2004 年修正)。

· state authority or military use;

· urban infrastructure and utilities;

· key state supported projects such as energy projects, transport projects, water conservation projects;

· other purpose specified in laws and administrative statutes (in this respect, the Allocated Land Catalogue, issued and implemented on October 22, 2001, sets forth more detailed provisions on this issue) .

Therefore from a strictly legal perspective, the use of allocated land for commercial purpose is prohibited. The risk for a tenant of leased premises constructed on allocated land lies in the right of the State to resume said land. Although the State is not required to compensate the land user for resumption of the land, the State is required to pay compensation to the owner of structures or other fixtures on such land in light of the actual situation. The State is not required to compensate a tenant in such circumstances.

Unless a TA between the tenant and landlord stipulates that the landlord shall compensate the tenant in the event of State resumption, the tenant will not have recourse to any compensation. Therefore it is advisable that a tenant leases only premises constructed on granted land for commercial purpose, rather than allocated land. Checking the land nature on the Land Certificate by the tenant prior to negotiate the TA terms with the landlord is a good way to control the risk of the tenant.

3.4 The Period of Use Term for Granted Land is Limited. In Other Words, the Period of Time That a Land Owner May Maintain Possession of Granted Land is Limited. The Maximum Period of Use Depends on the Land Purpose. The Terms are as Follows①:

· 70 years for residential use;

· 50 years for industrial, educational, scientific, technological, cultural, public health or sportspurposes; and

· 40 years for commercial (e. g., office & retail space, tourism or recreational purposes, etc.).

4. Types of Leases in China

4.1 Pre-Lease

Prelease of premises means that, before a real estate developer applies for the initial registration of the newly-built building and obtains the Real Estate Ownership Certificate of the building, the real estate developer as the landlord can enter into a prelease with a tenant, and collect rent prepaid. Please note that a presale permit of the building shall have been obtained by the landlord for the purpose of prelease the premises because PRC real estate laws provide that premises can only be leased out after the pre-sale permit is obtained.

① Article 13 of Interim Regulations of the People's Republic of China Concerning the Assignment and Transfer of the Right to the Use of the State-Owned Land in the Urban Areas (2007 revised version)《中华人民共和国城镇国有土地使用权出让和转让暂行条例》(2007 年修正)。

4.2 Lease

Leasing of premises shall mean renting of houses with a certain amount of rental paid by a tenant to a landlord①.

4.3 Sub-Lease

If the landlord is actually a tenant under a master lease, the landlord is called sublessor who lease or rent all or part of a leased or rented premises to another person (i. e. sublessee). Please note that PRC real estate law provides that a sublease shall be consent by the landlord of the master lease.

Below table summaries the main differences among 3 types of leases and the documents a tenant must or desired check before entering into a commercial lease. More details about the check upon certificate documents can be found in Section Ⅳ Part A hereunder.

	Pre-lease	Lease	Sublease	Notes
landlord	real estate developer	1. premises owner 2. authorized landlord	tenant under the master lease	1. verify the legal title and capacity; 2. independent title search (check the ownership, premises usage, lease registration record, mortgage and other encumbrance record); 3. local leasing regulations-registration requirement is important; 4. other local requirements for the suitability of the premises to be used as an office for an FIE
"must" documents list forsigning a TA	1. pre-sale permit; 2. business license of the real estate developer; 3. document proving that the premises have not been pre-sold	1. building ownership certificate/Real Estate Ownership Certificate (replacing document allowed in some cities); 2. ID/passport or business license of the owner/authorized landlord; 3. consent letter from the co-owner(s) and the co-owner's ID/passport (if applicable); 4. POA issued by the owner to the authorized landlord (applicable in case an authorized landlord is appointed by premises owner)	1. building ownership certificate/ Real Estate Ownership Certificate (replacing document allowed in some cities); 2. ID/passport or business license of the owner/master lease landlord; 3. consent letter issued by the master lease landlord or other equivalent document②	
"desirable" documents list	Real Estate Ownership Certificate; final I&A certificate	1. consent letter from the mortgagee bank; 2. mortgage agreement (check the mortgage expiry date)	1. master lease (check the master lease term, sublease provision, rent payment schedule, etc.); 2. lease registration certificate of the master lease	

① Article 53 of Law of the People's Republic of China on Urban Real Estate Administration (2007 revised version)《中华人民共和国城市房地产管理法》(2007 年修正)。

② e. g. in Guangzhou, the consent letter from the master lease landlord need not be provided if there is a provision approving the sublease in the master lease which is registered.

5. Key Control Points For Entering Into a Commercial Lease in China

A commercial lease is comparatively complicated because various concerns of both parties and relevant issues arising out of the concern shall be stipulated or reflected hereunder. It is common to see a TA with over 100 pages for a complicated or long-term lease project in the Chinese lease market. Among the various contract terms and conditions, some terms are key to rights and obligations of both parties, while other clauses are trivial. The lease terms with great impact upon both parties are the key control points under a TA and a tenant shall focus to negotiate such key control points before entering into the lease. Prior to enter into a commercial lease, a tenant shall pay close attention to the following content, i. e. key control points in a TA.

5.1 Title Check

Before a tenant proceeds to start the negotiation for a commercial lease, the first thing the tenant shall check is the ownership/title of the leased premises. The easiest way to check the title information is to ask the landlord to produce the originals of all title related documents (including Construction Land Use Planning Permit, State-Owned Land Use Certificate, Construction project planning permit, construction Project Commencement Permit, Recordation Certificate of Construction Completion, the Property Certificate, Acceptance Certificate of Fire Fighting System and etc.).

Below inspection points shall be in the mind of a tenant when it reviews the aforesaid certificates:

5.1.1 Landlord

There are generally 3 kinds of landlord under a TA:

(1) The premises owner who directly holds the property rights of the Leased Premies and the land use rights pertaining thereto;

(2) The owner's authoried party, for example, a professional real estate consultant company or an associated company of the owner which belong to the same group with the owner. The original valid POA shall be provided to the tenant; or

(3) A sublessor if this is a sublease.

If the landlord is not the sole owner of the leased premises, a tenant shall also request an appropriate commitment letter issued by the co-owner (s) to acknowledge the lease if the co-owner (s) is not the party to the TA.

If a tenant is going to sub-lease the premises from a sublessor, a consent letter approving the sublease shall have been issued by the landlord of the master lease or a clear sublease consent clause is stipulated under the master lease.

5.1.2 Nature of the Land: Permited Usage and Land Use Term

(1) For Manufacting FIE: a parcel for industrial purposes, land use term is 50 years (from the date of grant, same for hereinbelow);

(2) For educational or R&D FIE (e. g. lanaguage training center, Research and Development Cen-

ter): a parcel for the purposes of education, science, culture, public health and physical education, land use term is 50 years;

(3) For retail FIE: a parcel for commercial usage, the statutory maximum land use term is 40 years.

Checking the nature of a land parcel is an important step for a lease. In principle, the nature of land pertaining to the leased premises shall match the intended business function that an FIE intends to carry out. For example, a lease intended by a foreign investor who was going to engage in the English language training fails because the leased premises the foreign investor found are located on a land parcel for industrial purpose. Therefore the foreign investor have to take time to find another premises that are suitable for its business purpose and the process of the FIE established was delayed due to the lack of a valid lease in place.

5.1.3 Location of the Leased Premises

Be sure that the leased premises are covered under the Land Certificate and the Property Certificate provided by the landlord.

5.1.4 Nature of the Land: Allocated/Granted Land

(1) Gross Floor Area (sqm) of the Leased Premises. If this cannot be found on the Land Certificate, a tenant can further request the landlord to provide a detailed survey report issued by the local survey authority to verify the GFA of the leased premises.

(2) Date of Acquisition: Under the PRC laws, the land use term for a kind of (e.g. commercial) land is a fixed term of years from the date of land grant.

(3) Encumbrance: whether there is a mortgage on the leased premises. Please both check the Land Certificate and theProperty Certificate especially the said 2 certificates are serparte. Sometimes the landlord might provide Real Estate Ownership Certificate that is not updated. Please note that the mortgage (if any) recorded on the said 2 certificates shall be same.

5.2 Leased Premises

(1) Detailed Address of the Leased Premises, for example "part of the level 1 of the Shopping Mall".

(2) Address No. Cetificate of the building where the Leased Premises are located shall be provided to the tenant, which is issued by the local public security buearu is needed.

5.3 Lease Area

(1) It is undertandable that a common way for caculating rent and property management fee caculation under a commercial lease is based on the leased area. The author suggests using "Useable/Leaseable Area" instead of "construction area" due to the fact that different buildings may have different use rates of construction area. In addition, construction area includes all the common areas, rooms for public facilities and other areas not usable to the tenant. The way of dividing the construction areas among the different tenants are not very clear, and therefore the rent and property management fee shall be based on "Usable/Leaseable Area" . If the leased area is large, the tenant shall also neogicate with the landlord about the definition of redline for the leased premises, i.e. whole or half of the wall thickness shall be caculated into the leased area.

(2) There also should be a clear layout of the lease premises in the context of the building attached

to the TA. The layout shall be prepared level by level (if applicable) and surrounding areas shall be displayed.

(3) An onsite visit to the leased premises is advised for the tenant before signing a TA. Tenant can then have the opportournity to check whether there is any obstruction within the leased premises. If there is any obstruction, the tenant can request the landlord to remove the same at the landlord's cost before the handover.

(4) It shall be checked by the tenant as whether there have been any public corriders included into the leased area. In a real case the author handled previously, a public corridor becomes the leased area of a retail tenant. Afterwards, the neibouring tenant of the retail tenant claims that it is the only entry-exit corrider through which the neibouring tenant can transport goods. Therefore it is embarss that a hate decision is made after the renovation of the retail store has alomost been completed while a seperate narrow corridor is removed out for the neibouring's transportion, and both parties wastes time to rediscuss the rent appropoiately.

5.4 Handover Of Leased Premises

The tenant shall be concerned about what the handover date is and what the status of the leased premises upon handover is.

There should be clear deadlines for delivery of the leased premises. In case of any delay in the delivery of the leased premises, the starting date of lease term and rent payment shall be postponed accordingly.

The delivery conditions of the leased premises should be adapted to the leased premises according to their particularity and confirmed by the tenant's construction team and attached to the TA.

5.5 Tenant's Rights to Use Common Areas

The common areas refer to the areas within a building that are available for common use by all tenants, (or) groups of tenants and their invitees.

A tenant shall be granted right to use free of charge the common areas and public facilities.

5.6 Fitting-out Period

Fitting-out Period means the period from the handover date of the leased premises to the FIE opening date during which the tenant can carry out renovation of the leased premises.

A tenant should be entitled to, free of rent and property management fee, carry out renovation of the leased premises within several months (depending on the scale of the renovation) after the handover of the leased premises by the landlord.

5.7 Lease Term

According to Article 214 of *PRC Contract Law*, the term of a lease may not exceed 20 years; in case of a term exceeding 20 years, the exceeding part shall be invalid. Instead, the term of a lease can be extended or renewed upon both parties' agreement.

Please note that the lease term and rent payment should start on the expiry of the fitting out period, provided however that the tenant has obtained the business license and other governmental permits (if any) necessary for the opening and operation of the FIE.

If the building where the leased premises are located is under construction when the TA is signed, prior to the date when the lease term and rent payment is started, the landlord shall provide for the tenant with the Property Certificate of the building or the construction completion acceptance recordation filed with the governmental authorities.

5.8 Lease Term Extension

Lease Term Extension means that the term of a lease can be extended for renewed via a mutual agreement by the landlord and tenant prior to the expiration of a lease. Generally, both parties will re-negotiate the conditions and terms for the extended period, such as the rent, property management fee, extended period, and etc.

In order to protect the tenant's rights, it is advised to insert a stipulation under the TA that the tenant should be granted the choice of extension of the lease term for another period of time under the same terms and conditions of the TA (excluding the rent, property management fees, extended term, etc.). Even the tenant can request to cap the renewed rent by stipulating that the increase percentage of the rent cannot exceed a certain percentage of the rent under the current TA.

5.9 Rent and Property Management Fee

Generally the rent is a fixed amount which is calculated based on the usable/leasable area of the leased premises. There is also another way to calculating the rent which is commonly used by a tenant engaged in retail business called "turnover rent". Turnover rent is calculated based on an agreed percentage of the sales of the tenant.

The tenant shall check whether the rent has covered the property management fee or the property management fee shall be paid separately. In the latter case, the property management fee shall be a fixed amount as the fee is to cover the cost of the management of the building where the leased premises are located and its facilities. It is also advised for the tenant to request the landlord to provide a detailed list for the property management services the landlord or the landlord's engaged property management company will render to the tenant during the lease term.

5.10 Public Utilities Fees and Other Fees

A tenant shall pay the public utilities fees (such as water fee, electricity fee, gas fee, telecommunications fee) according to its actual consumption of the utilities and as per the fee standards charged by the public utilities suppliers. There should be a clear and reasonable rule in the TA to share the power line wastage with other tenants in the building.

The landlord should install separate and independent utilities meters in the leased premises of the tenant. The landlord shall also ensure that the public utilities used by the tenant shall be supplied to the tenant at the same or more favorable price and terms and conditions enjoyed by the landlord, the property management company and/or other business units of the same building if whole of the building belongs to the landlord.

In order to fix the payable amount by the tenant, it is important to stipulate in the TA that there should be no fees other than the rent, property management fee and public utilities fees payable by the tenant to the landlord or any other third party in connection with the lease of the leased premises and use of common areas and facilities in the building.

5.11 Rental Deposit and Prepaid Rent

Rental deposit is a method generally requested by the landlord to ensure the performance of the contract by the tenant. The amount of the rental deposit should be agreed upon by both Parties. Upon the termination of the lease relationship, such balance of the rental deposit as remains after setoff of the charges to be borne by the tenant under TA shall be refunded to the tenant①.

Except for the above rental deposit, a tenant should not pay any other deposit or performance bond.

It is not a general practice to advance rents, so any pre-paid rent should be treated exceptionally on case by case basis.

5.12 Mortgage

If the land pertaining to the leased premises and/or the building/the project in construction is mortgaged before the TA is signed, a tenant shall request the landlord to provide an original mortgagee bank's commitment letter before or on the signing of the TA. The mortgagee bank shall acknowledge in writing that it shall urge the new owner of the leased premises once the bank exercises its rights as the mortgagee of the leased premises.

In addition, except for the mortgage known to the tenant as shown on the title certificates or known through an independent title search, there shall not be any other unknown mortgage right, jus potius or any other third party right on the leased premises and the pertaining land use right or any claim arising out of any mortgage right, jus potius or lien on the leased premises and the pertaining land use before a TA is registered as a lease contract with the relevant government authorities.

5.13 Possible Change of Premises Owner durng the Lease Term

In addition to the mortgagee bank's exercise of its mortgage right that will render the owner of the leased premises is changed, the premises owner can also change if the landlord sold the leased premises during the lease term. This situation shall be clearly stipulated under the TA and the landlord shall undertake to ensure the new owner to acknowledge and comply with the lease.

5.14 Exit Right of the Tenant

Thetenant is advised to have a right to exit from the lease during the lease term, i. e. the tenant is entitled to terminate a lease by serving a prior notice several months as agreed by both Parties without being liable for the termination. Of course, the landlord in a practical negotiation will request to be compensated if the tenant exercises its early exit right. The tenant then can consider allowing the landlord to retain the Security Deposit paid by the tenant as the whole liquidated damages to the landlord.

5.15 Return of the Leased Premises and Removal Period

Landlord will generally request its tenant either to remove all equipment within an agreed period or restore the leased premises to their original handover conditions upon the expiry of the lease term and its extension or termination of a TA. In order to keep a fair balance of interests between both Parties, the tenant is advised to request the landlord to grant it a Removal Period during which no rent and property manage-

① From the Special Note under Shanghai Tenancy Agreement Template.

ment shall be paid by the tenant, and the tenant shall have negotiated with the landlord under the TA that it only remove all movable equipment without the obligation to restore the leased premises into the state when it is delivered.

5.16 Insurances

Tenant shall request the landlord to buy property all-risks insurance for the leased premises and equipment installed therein and insurance against public liability or third-party liability with an insured amount of at least a certain amount agreed by both Parties, otherwise the tenant is entitled to charge a penalty for each day of delay until such insurances are purchased by the landlord. Accordingly the landlord may also request the tenant to purchase insurance policies on the facilities and equipment installed by the tenant and the tenant's assets and goods stored in the leased premises.

6. Genreal Formalities for Entering Into a Commercial Lease

6.1 Legal Due Diligence ("DD") upon basic factors under a Commercial Lease

The Legal DD Items shall usually include 2 parts:

· The legal status of the landlord; and

· The legal status of the related piece of land/buildings where the leased premises are located.

6.1.1 Prior to the execution of a TA, the landlord and the tenant should verify each other's relevant proofs of identity and the landlord should additionally present to the tenant its Real Estate Ownership Certificate for or proof of other rights in the leased premises. The situation can be one of the following 2 situations:

(1) If the building where the leased premises are located is completed, the copies of the following documents are advised to be requested by the tenant before the signing of a TA:

· business license (when the landlord is a legal entity) or ID card (when the landlord is an individual) of the landlord;

· Land Certificate of the building;

· Property Certificate of the building which shall cover the leased premises;

· mortgage certificate (only necessary if the building is mortgaged).

(2) If the building is still under construction, the copies of the following documents are requested before the signing of the TA:

· business license of the landlord;

· complete Land Certificate of the building;

· complete construction project planning permit of the building;

· complete construction project commencement permit of the building;

· complete acceptance certificate of fire fighting system (if the fire fighting system of the building is accepted);

· complete mortgage certificate (only necessary if the building is mortgaged).

Please note that a tenant needs to see the original copies of the above requested documents and keeps the copies thereof. Meanwhile a tenant can also chooses to engage a local lawyer to carry out an independent title search with the local real estate authorities (such as the land authority and the property authority) to check theownership, premises usage, whether there is any previous lease registration record upon the leased premises, mortgage stats and other encumbrance record.

6.1.2 The landlord cannot be a foreign invididual or a foreign-invested company the business scope of which does not cover real estate lease.

(1) In China, legal restrictions under Circular 171 and subsequent PRC rules regulate foreign direct investment in China's real estate sector and restric direct holding by foreign individuals and companies.

Opinions Governing the Market Access and Administration of Foreign Investment in Chinese Real Estate Market ("Circular 171") was issued in July 2006. Investment in Chinese real estate by foreign companies and individuals is legally possible but subject to regulatory restrictions. On May 23, 2007, the Chinese Ministry of Commerce ("MOFCOM") and the State Administration of Foreign Exchange ("SAFE") jointly issued another notice entitled Notices Governing Further Strengthening and Regulating Approvals and Supervision of Direct Foreign Investment in Real Estate Sector ("Circular 50") to further implement Circular 171. Circular 171 requires that any foreign investor intending to purchase Chinese real estate must do so through an entity established in China. Circular 50 reiterates that in order for foreign investors (either companies or individuals) to invest in Chinese real estate development or operation, they must establish FIEs. If the established FIEs intend to expand their business into real estate development or operation (including lease of premises), they are required to obtain approvals from the relevant approval authorities.

(2) Circular 171 also provided that foreign individual that has worked or studied in China for more than one year may purchase a commercial house for self-use or self-accommodation, but shall not directly purchase any not-for-self-use real estate; a resident of Hong Kong SAR, Macao SAR or Taiwan Region or an overseas Chinese may purchase a commercial house of limited area for self-accommodation in China. Recently in November 4, 2010, a new notice called "Notice upon Further Regulating the Purchase of Premises by Overseas Entities and Overseas Individuals" jointly issued by Chinese Ministry of Housing and Urban-Rural Development and the SAFE provides that a foreign individual can only purchase a premises used by himself/herself in China.

To sum up, a tenant shall avoid that the landlord is either a foreign individual or an FIE whose business scope does not cover real estate operations.

6.2 Letter of Intent

(1) If a Letter of Intent is proposed to sign, the following conditions shall be fulfilled previously:

· The lease has been approved by the foreign investor of an FIE;

· The version of the Letter of Intent and any other documents binding upon the tenant shall be drafted by interior legal counsel of the FIE or external lawyers of the FIE.

(2) Guideline for LOI

In the LOI, there shall not be any clause with binding effect upon the tenant. Negotiation on and signature of the LOI shall follow the same rules as those for a TA hereinafter regulated.

6.3 Tenancy Agreement

As a starting draft, a TA template that is fair and reasonable to protect the interests of the landlord and the tenant is ideal. General such a TA template issued by the local Municipal Housing, Land and Resource Authority can be found from public channel in most of the 1 or 2 tier cities in China. The TA template could be obtained from the public official website of such real estate authority in charge, from a visit to the local real estate authority, or from local professional real estate agent or law firms.

In the TA to be signed, the following shall be of high importance:

· Rent, property management fee and public utilities fees shall be all the expenses to be paid to the landlord.

· Property Management Fees (if any) shall be charged based on fair value and shall not be a percentage of the rent. A property management contract may be separately signed with a qualified property management company to reflect the management service and fees.

· Termination clauses shall be provided upon both parties.

· No acceptance of the landlord's right to terminate the lease contract unless the tenant does not pay the due rent for a certain period of time.

· Maintenance and repair responsibilities shall be clarified for both parties.

6.4 Negotiation and Signature

In negotiation and before signature of the TA, both of the commercial and technical conditions shall be closely checked by the interior legal counsel or external lawyers. Only after fulfilment of all such conditions, can the TA be signed.

A TA shall be signed by the legal representative or the duly authorised representative of the landlord and the tenant. It shall be ensured that the representative of the landlord who signs the TA is with full authority and that the true company chop or contract chop of the landlord is sealed.

Each page of the TA and its attachments shall be effectively signed by both Parties through any the following ways:

· Signature by the representatives of the landlord and the tenant; or

· Sealed with the Company Chops and/or contract Chops on each page; or

· Edge of the contract is with the company chops and/or contract chops.

6.5 Post Execution Follow-Up

6.5.1 Lease Registration

Under a commercial TA, it is highly recommended for a tenant to request to stipulate a clause that the landlord shall be responsible to carry out the lease registration. This will ensure that the landlord is bound to do the lease registration after a lease is signed.

Relevant PRC real estate laws① require a signed TA to be registered with the local real property authority. However it is acknowledged in legal practice that non-registration will not render a duly signed TA legally invalid, but lease registration is a method that will protect a tenant's rights and interests against a

① Article 53 of Law of the People's Republic of China on Urban Real Estate Administration (2007 revised version)《中华人民共和国城市房地产管理法》(2007 年修正) and Article 13 of Urban Premises Lease Administration Measures《城市房屋租赁管理办法》。

third party. For example, if the landlord afterwards leases the same leased premises to another party and then registers the latter lease, the registered lease will take precedence over the unregistered lease. Lease registration actually serves as a public announcement of the existence of the current lease upon the leased premises.

Once a lease is duly registered with the relevant real property authority, the TA may be used to oppose third parties if the leased premises are to be leased out again, if the leased premises are disposed of during the lease term following the creation of a mortgage, or if the leased premises are sold to a new owner. That means a new mortgagor or a new owner of the leased premises shall acknowledge a lease which has been registered prior to the formation of such mortgage or title transfer of the leased premises. The latter is also a legal principle in China called "sales cannot devastate lease".

6.5.2 Deviations in Implementation of a TA

(1) After the signing of a TA, no deviations, e.g. request for rent increase, request for advanced rent or change of layout plan, etc. are allowed unless previously agreed by the landlord and the tenant in writing.

(2) Any deviations to be agreed shall be signed by both parties in an Amendment Agreement or a Supplementary Agreement.

(3) Any Amendment Agreement or Supplementary Agreement shall be drafted, validated and signed in the same procedures as the TA itself.

7. Conclusion

Commercial lease which is a site evidencing document is an important legal documents during the establishment of an FIE. In order to protect its own legitimate rights and to avoid unnecessary disputes during the course of performing a TA, The tenant under a commercial lease shall have basic concepts of the key points in a TA based on some ideas about specified stipulations under relevant PRC laws, regulations and policies, and is advised to enter into a commercial lease with carefulness and cautions.

References

Wang Xinliang and Xiang chunlan. Analysis of the Common Legal Issues on Commercial Lease [J]. Nomocracy Forum, 2014 (3): 336-344.

产业政策、公司治理与企业现金持有水平*

高　凯[1,2]　刘婷婷[3]

（1. 上海工程技术大学管理学院，上海　201600；2. 上海大学管理学院，上海　200444；
3. 上海立信会计金融学院国际经贸学院，上海　200120）

［摘　要］本文选取2011~2017年的A股上市公司为样本，建立动态面板模型，考察了国家产业政策、公司治理与企业现金持有水平之间的关系。研究发现，受产业政策鼓励的企业倾向于降低现金持有水平，在国企中表现尤为明显；公司内部治理越完善，其现金持有水平受产业政策影响越敏感，这在国企中更为显著；相较于股东与管理层之间的代理问题，大股东与中小股东之间的代理问题对产业政策与企业现金持有水平之间关系的影响更大；外部治理越完善，企业现金持有水平受产业政策的影响越敏感；相较于外部治理，内部治理对产业政策与企业现金持有水平之间关系的影响更大。更进一步地，产业政策主要通过融资约束路径对企业现金持有水平产生影响，市场竞争路径不明显，我国市场机制尚需完善。

［关键词］产业政策；现金持有；内部治理；外部治理

一、引言

现金是企业赖以生存发展的“血液”，其重要性不言而喻。自20世纪90年代末以来，无论是在发达资本市场还是新兴资本市场，企业开始偏向大量持有现金，现金持有的影响因素及其经济后果日益受到理论界及实务界的广泛关注，并成为国内外研究的热点。企业为什么要持有现金？现金持有的价值又如何？现有研究从信息不对称、代理问题、财务特征、多元化经营等不同视角进行了解释。信息不对称问题的存在，使企业在权衡不同融资渠道的融资成本时，更偏向于内源融资。企业内部积累的现金具有成本低、流动性强、限制条件较少等特征，不仅能有效缓解企业的融资约束压力，还有助于企业把握住较好的投资机会，提高投资效率，进而提升企业价值。融资约束压力较大的公司，其现金持有水平更高，现金持有的边际价值也较高（Denis and Sibilkov，2010）。其次，企业现金持有必然伴生着代理问题。当公司持有大量现金时，管理者或大股东为了控制权私欲，会倾向于侵占现金资产或进行过度投资，并且公司治理机制较弱的公司往往对应着超额现金持有（Guney et al.，2007）。另外，Kim等（1998）、Opler等（1999）从公

*［基金项目］全国教育科学“十三五”规划2016年度教育部青年课题“延长免费教育年限对我国劳动力市场的影响研究”（EGA160396）。

司财务特征出发研究现金持有水平，为权衡理论提供了支撑；Duchin（2010）、Subramaniam 等（2011）及 Tong（2011）关于多元化经营与现金持有的研究发现，与非多元化公司相比，多元化经营公司的现金持有水平和价值均显著较低。

不难发现，现有研究从微观企业层面对企业现金持有已经展开了丰富的研究，对企业现金持有水平做了诸多解释。然而，企业现金持有不仅受企业内部治理机制、财务状况及经营决策的影响，还内生于其所在的宏观制度环境（杨兴全等，2016）。国家宏观经济政策以及制度环境亦是企业现金持有的重要影响因素。近几年，学者开始从宏观层面对企业现金持有展开探讨。杨兴全等（2014）、蔡卫星等（2015）研究了货币政策对企业现金持有的影响；王红建等（2014）、李凤羽和史永东（2016）从经济不确定性角度出发对企业现金持有展开研究；江龙和刘笑松（2011）、刘端和薛静芸（2015）则探讨了经济周期与企业现金持有的关系。那么，作为更具政策引导性、更有针对性的政府选择性产业政策将如何影响企业的现金持有策略？现有研究却鲜有涉及。因此，本文将对产业政策如何影响企业的现金持有水平展开研究。

更进一步地，考虑对产业政策与企业现金持有水平之间关系的影响因素。在公司内部治理方面，虽然我国上市公司的治理能力不断提高①，但与世界发达资本市场相比，仍有一定差距（杨兴全等，2014）。因此，代理冲突是研究我国公司财务决策时必须考虑的一个关键因素。无数理论及实证研究均指出，我国上市公司的代理问题显著影响企业现金持有水平及其价值（张兆国等，2015；郑宝红和曹丹婷，2018），并影响政府干预与企业行为及发展的关系（侯青川等，2017）。公司外部治理方面，产权经济学一直强调公司治理的外部制度环境对企业契约签订、契约内容及结构均具有决定性影响，并显著影响企业的融资、投资、生产经营等一系列资本配置环节（杨兴全等，2014）。市场化改革是研究我国公司行为必须重视的一个制度背景，而法律保护、政府治理、市场竞争、金融发展等外部制度环境影响着政府控制与企业行为的关系（夏立军和方轶强，2005）。我国各地市场化程度的非均衡性为研究政府产业政策与企业现金持有关系提供了一个重要抓手。因此，本文将从内部治理机制及外部制度环境双层视角探讨产业政策对企业现金持有水平的影响机制及效果，这对更加科学地制定宏观产业政策，实现产业转型发展具有重要意义。

本文对现有研究做出如下补充性贡献：第一，本文结合中国特色的政策背景，将宏观经济政策与微观企业的财务决策结合起来，考察了国家产业政策如何对企业的现金持有决策产生影响，本文的研究有利于我们进一步了解国家产业政策的传导机制，拓展了宏观经济政策与微观企业行为之间关系的研究范畴。第二，本文丰富并补充了我国企业现金持有的相关研究。企业的现金持有决策受诸多因素的影响，现有文献大多集中于公司内部治理机制、财务特征等如何影响企业财务决策，近期的文献也开始关注到经济周期、政策不确定性、货币政策等宏观因素对企业现金持有的影响，但对于产业政策如何影响企业现金持有水平还相对缺乏，本文的研究是对宏观制度环境因素如何影响企业现金持有策略等文献的补充。第三，本文对国家产业政策是否在微观企业层面产生效果以及其作用路径进行了实证检验，为研究国家宏观调控政策、中国产业转型提供了新的实验证据，为加快完善市场机制提出了有力支撑。

余文安排如下：第二部分在理论分析的基础上提出研究假设；第三部分是研究设计，介绍了数据、变量及相关模型；第四部分是实证分析；第五部分是本文的研究结论与启示。

---

① 第九届公司治理国际研讨会在南开大学召开，李维安教授在大会上发布 2017 中国上市公司治理指数，评价结果显示，中国上市公司治理水平在 2003～2017 年总体上不断提高，经历了 2009 年的回调，金融危机之后，趋于逐年上升态势，并在 2017 年达到新高，为 62.67。

二、理论分析与研究假设

（一）产业政策与企业现金持有水平

早期关于资本结构的相关研究中，完美的资本市场理论认为，企业持有现金是没有必要的。然而，在现实世界中市场并非完美无缺，企业经营过程中面临的信息不对称以及交易成本使企业外部融资时要支付高昂的融资成本，而与之相对比，企业内部现金积累成本则较低。现金持有是企业的一项重要财务决策，其持有水平直接关系到企业的资本配置能力及风险管理能力，能够显著影响企业的投融资水平，进而决定企业的盈利能力及企业绩效。企业现金持有内生于国家宏观经济政策，产业政策作为国家宏观调控的重要工具，必然会对企业现金持有决策产生影响。

一方面，基于现金持有的预防性动机，当企业融资困难时，企业倾向于持有大量现金进行流动风险管理，相反，融资压力较小的企业对现金持有的依赖减弱，会降低现金持有水平（杨兴全等，2016）。而产业政策很大程度上可以缓解企业的融资约束压力（余明桂等，2016）。在我国银行信贷主导的金融体系下，银行作为资金的主要供给方在与企业的信贷契约中占据主导地位（Hsu et al.，2014；Cornaggia et al.，2015）。在政府政策支持下，基于“锦标赛”理论，受产业政策鼓励发展的行业可以持续获得更多银行借款（张纯和潘亮，2012）。银行会降低信贷门槛，加之产业政策鼓励行业下企业信用提高，银企之间信息不对称降低，企业因此更容易获得银行贷款进行投资。此外，受产业政策支持的行业 IPO 融资金额、股权再融资金额显著提高（陈冬华，2010），政府补贴为企业投资提供了重要的外部融资支持（钟凯等，2017），税收优惠政策还能减少企业现金流出，增强企业的融资能力（Duchin and Sensoy，2010）。另外，产业政策还会通过直接或间接手段优化企业的外部融资环境，如改变整个社会对经济环境的预期、企业投资的资本成本以及信息不对称水平等，进一步缓解企业的融资约束问题（姜国华和饶品贵，2011）。

另一方面，从现金持有的代理成本动机考虑，产品市场竞争具有治理效应（Karuna，2007），能够为外部投资者提供更多的监督、评估管理者的机会，降低企业的代理冲突。因此，产品市场竞争越激烈，现金持有水平则越低。Grullon 等（2007）经研究发现，产品市场竞争将促使管理者将企业持有的超额现金分配给投资者，降低现金储备作为满足管理者私欲的机会。产业政策会通过市场准入、政府管制、项目审批和核准等直接干预手段降低受鼓励行业的进入门槛，增强受鼓励行业的市场竞争程度（余明桂等，2016），同时，具有政策导向性的产业政策会通过直接或间接手段为鼓励行业带来大量的投融资机会（张新民等，2017），进一步增强了行业内企业竞争，从而使市场竞争更容易发挥其治理效应，降低企业现金持有水平。

我们将产业政策对企业现金持有水平的影响机制概括为图 1。在图 1 中，产业政策影响企业现金持有水平的手段主要是直接干预和间接诱导（黎文靖和李耀淘，2014），直接干预手段主要表现在行政权力的运用，如市场准入、项目审批和核准、技术管制、环境保护管制、生产安全管制等，间接诱导手段主要是指政府通过财政政策（财政补贴、税收优惠）和货币政策（银行信贷）对企业进行杠杆管理（余明桂等，2016）。产业政策可以通过市场准入等直接干预手段为增强受鼓励行业的产品市场竞争，提高市场竞争的治理效应，降低现金持有水平及其代理成本，同时，更为重要的是，产业政策通过政府补贴、税收优惠、银行信贷等间接诱导手段为企业提供融资支持，缓解融资约束压力，降低基于预防性动机持有的现金。产业政策还会通过直接或间接手段增强企业投融资机会、优化企业经营环境，有利于企业从现金持有的预防性动机及代理成本动机角度降低现金持有水平。

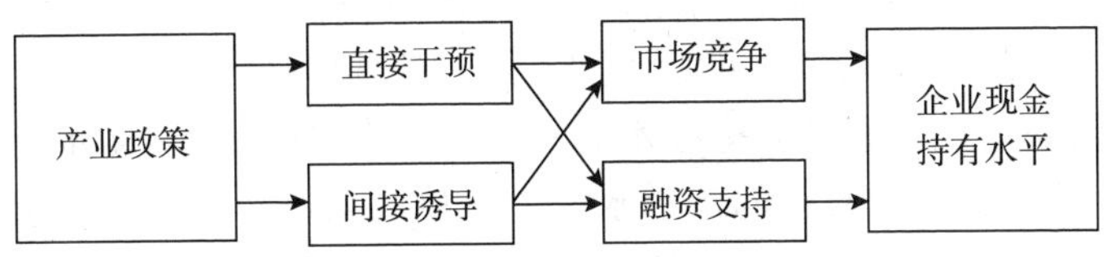

图1 产业政策对企业现金持有的影响路径

因此，本文提出以下假设：

H1：产业政策会降低企业现金持有水平。

（二）产业政策、公司内部治理与现金持有水平

新兴加转轨的制度背景下，中国公司内部治理面临着管理层持股比例偏低、激励不足、国有股权所有者缺位等诸多治理问题，这使许多企业在经营过程中不得不面临高昂的代理成本。管理者与股东、大股东与小股东之间的冲突产生了两类最主要的代理成本。一方面，在信息不对称条件下，管理层决策可能并不以股东利益最大化为目标，经理人有动机利用剩余控制权持有更多的现金资产以用于在职消费、职业关注以及帝国构建（Jensen，1986）。另一方面，由于现金流动性强，易被侵占，公司的高额现金持有可能成为大股东侵害中小股东利益的工具，大股东与中小股东之间的代理成本增加（Myers and Rajan，1988）。韩忠雪和崔建伟（2014）经研究发现，公司治理环境较差或代理问题较为严重时，管理层的壕沟保护效应越强，即通过持有更多的现金来满足私欲、寻求自我利益的实现，如获得额外的在职消费、福利待遇、账面利润的适度表现等。Faulkender（2002）发现第一大持股比例偏低时，企业现金持有偏高，企业绩效偏低，表明股权集中度有利于降低企业的代理问题，提升企业价值。王红建等（2014）指出，管理层未持股的公司面临的公司内部治理问题更为严重，更倾向于增加现金持有。可见，当公司内部治理问题比较严重时，大股东与管理层的利己动机会影响产业政策与企业现金持有之间的关系。

这是因为产业政策会为受鼓励的企业带来大量的现金流，如银行信贷、政府补贴、税收优惠等，公司内部治理问题较严重的企业在使现金流出企业时，更容易截取部分现金留存企业以满足私利。同时，管理者还可能通过过度投资来谋求私利（罗明琦，2014），而基于预防性动机，当企业要进行大量投资时，企业将倾向于增加现金持有（邓建平和陈爱华，2017）。因此，产业政策下企业投资的“潮涌现象”和“羊群效应”在公司内部治理问题较严重的企业中更加明显，管理者的过度投资行为将提高企业现金持有水平，而完善的公司内部治理机制会降低高管的谋私动机、提高企业的投资效率，从而提高产业政策的现金持有效应，因此，本文将提出以下假设：

H2：内部治理越完善，企业现金持有水平受产业政策的影响越敏感。

（三）产业政策、公司外部治理与现金持有水平

夏立军和方铁强（2005）认为，法律保护、政府治理、市场竞争等公司外部治理环境是企业发展比较基础的层面，考虑政府行为与企业决策时需要考虑公司外部治理环境的影响。孙早和席建成（2015）指出各地的市场化水平作为外生条件对产业政策的落实会产生重大影响。新时代下中国经济转型发展的一个重要特征是，各地之间市场化进程存在非均衡性，而地区市场化水平能综合反映企业面临的外部治理环境。这为本文研究公司外部治理对产业政策与企业现金持有关系的影响提供了条件。

与外部治理环境较差的地区相比，外部治理较好的地区，至少存在以下几点不同：首先，外部治理环境的改善意味着整个市场秩序规范性得以提高，金融、法律等中介组织的服务能力增强，社会对公司管理层及大股东的监督力度加大，有效抑制了其因利己动机而增持现金的现象。其次，外部治理较好的地区产品与要素市场更加发达，外部市场的竞争机制更加完善，市场竞争的治理效应促使企业倾向于降低现金持有水平。再次，外部治理的逐步提高，使政府逐渐由“干预型”向“服务型”转变，政府的治理水平上升使政府政策的执行力及监督功能均得到改善。最后，外部治理的改善，不仅会通过契约的签订和执行而影响公司治理效率，还会通过治理环境的完善以及其他公司治理机制的完善增强对管理层的监督与约束，能有效遏制管理层通过持有高额现金攫取私利的“机会主义”掏空动机（杨兴全等，2014）。因此，本文提出以下假设：

H3：外部治理越完善，企业现金持有水平受产业政策的影响越敏感。

三、研究设计

（一）样本来源

本文以 2011~2017 年 A 股上市公司为研究对象，研究产业政策对企业现金持有的作用机理。为保证数据使用的有效性，本文对样本进行严格筛选：①剔除金融类上市公司；②剔除总资产和所有者权益为负值或 0 的样本以及主要研究变量缺失的样本；③考虑到政府可能出于保护上市资源目的为 ST、PT 公司提供补助或贷款，剔除 ST、PT 样本。为避免极端异常值的影响，按照 3% 的水平进行 Winsorize 处理。综上所述，本文共得到样本公司 2906 家，共 10726 个观测变量。本文所使用的上市公司数据大部分来自 CSMAR 数据库，市场化进程数据来自王小鲁等（2017）的《中国分省企业经营环境指数 2017 年报告》，产业政策数据则通过手工整理“十二五”规划及“十三五”规划文件得到。

（二）变量定义与模型设计

1. 变量定义

（1）产业政策指标。本文参考陈冬华（2010）、王克敏等（2017），根据“五年规划”中相关行业发展规划，确定企业是否属于产业政策支持的行业，若企业属于国家产业政策鼓励发展的行业，产业政策（IP）取值为 1，否则为 0。

（2）企业现金持有水平指标。借鉴王红建等（2014）、杨兴全等（2016），用“现金及现金等价物/非现金资产”衡量企业现金持有水平（Cash）。另外，为了检验结果的稳健性，本文还采用“现金及现金等价物增加额/期初总资产”（Cash1）和“（货币资金+短期资产）增加额/期初总资产”（Cash2）分别作为企业现金持有水平的代理变量，进行稳健性检验。

（3）公司治理指标。公司内部治理层面，第一大股东持股（FirSh）反映公司大股东与中小股东之间的代理问题，管理层持股（ManSh）反映股东与管理层之间的代理问题（王红建等，2014；张兆国等，2015）。很显然第一大股东持股比例越小、管理层未持股或持股较低时，公司内部治理问题越严重，相反，第一大持股比例较大、管理层持股时，公司内部治理机制越完善。

公司外部治理层面，外部治理环境（ExtGpv）采用地区整体市场化指数（Mark）和地区金融市场化指数（FdMark）来衡量（王红建等，2014；李莉等，2018），王小鲁等在《中国分省企业经营环境指数2017年报告》中建立了中国分省企业经营环境指数，该指数能够综合反映企业经营所在地的整体市场化进程，同时，经营环境指数二级指标中的金融发市场化指数反映企业经营所在地的金融市场化进程。

（4）控制变量。此外，借鉴杨兴全（2016）、郑宝红和曹丹婷（2018），控制了影响企业现金持有的其他变量，如企业规模（Size）、企业年龄（Age）、公司成长性（Groth）、财务杠杆（Lev）、净资产收益率（Roe）、市账比（AM）、净营运资本（NWC）、资本支出（CapEx）、股利支付率（Div）、行业（Industry）和年度（Year）等变量。具体的变量定义及说明如表1所示。

表1　变量定义

变量	变量符号	变量定义
产业政策	IP	公司所处行业属于国务院“五年规划”支持行业，则赋值为1，否则为0
企业现金持有水平	Cash	现金及现金等价物/（总资产-现金及现金等价物之和）
	Cash1	现金及现金等价物增加额/期初总资产
	Cash2	（货币资金+交易性金融资产）增加额/期初总资产
第一大股东持股	FirSh	第一大股东持股比例
管理层持股	ManSh	管理层持股比例
整体市场化指数	Mark	各省的经营环境指数
金融市场化指数	FdMark	企业经营环境指数中的二级指标金融发展程度
企业规模	Size	公司总资产的自然数对数
企业年龄	Age	当年减IPO年后取对数
财务杠杆	Lev	总负债与总资产的比值
净资产收益率	Roe	净利润与所有者权益的比值
成长性	Growth	主营业务收入增长率
市账比	AM	公司市场价值与账面价值之比，度量公司的增长机会
净营运资本	NWC	（流动资产-流动负债-现金及现金等价物）/期初总资产
资本支出	CapEx	构建固定资产、无形资产以及其他长期资产支付的现金净额/期初总资产
股利支付率	Div	公司的股利支付率
行业	Industry	按照证监会发布的《上市公司行业分类指引（2012年修订）》对上市公司行业进行划分
年度	Yeard	当处于该年度时为1，反之为0

2. 模型设计

本文借鉴Han和Qiu（2007）、李凤羽（2016），采用动态面板模型检验产业政策对企业现金持有的影响，并采用广义矩估计方法（GMM）对模型进行估计，模型1如下：

$$Cash_t = \alpha + \beta_1 Cash_{t-1} + \beta_2 IP_t + \gamma Control_t + \varepsilon \tag{1}$$

其中，$Cash_t$ 是被解释变量，表示企业当期现金持有水平。$Cash_{t-1}$ 为滞后一期的企业现金持有水平，用其控制上期企业现金持有对本期的影响，同时，在模型中引入滞后期因变量还有助于缓解因遗漏变量导致的内生性问题。IP 为产业政策变量，其回归系数 β_2 若显著为负，则表明产业政策会降低企业现金持有。$Control$ 为各控制变量，α 为个体效应。

为了检验假设 2，本文将在模型 1 的基础上引入产业政策与公司内部治理的交乘项，据此模型 2 设计如下：

$$Cash_t = \alpha + \beta_1 Cash_{t-1} + \beta_2 IP_t + \beta_3 IntGov_t + \beta_4 IP_t \times IntGov_t + \gamma Control_t + \varepsilon \qquad (2)$$

其中，$IntGov_t$ 表示公司内部治理变量，分别用第一大股东持股（$FirSh$）和管理层持股（$ManSh_t$）来衡量，$IP_t \times IntGov_t$ 是产业政策与公司内部治理的交乘项，因为第一大股东持股（$FirSh_t$）和管理层持股（$ManSh_t$）越高，公司内部治理越完善，因此，若 β_3 显著为负，则表明内部治理越完善的公司越倾向于持有较低现金；若回归系数 β_4 显著为负，则表明内部治理越完善，企业现金持有水平受产业政策的影响越敏感。

最后，为了检验假设 3，本文将在模型 1 的基础上引入产业政策与外部治理的交乘项，据此模型 3 设计如下：

$$Cash_t = \alpha + \beta_1 Cash_{t-1} + \beta_2 IP_t + \beta_3 ExtGov_t + \beta_4 IP_t \times ExtGov_t + \gamma Control_t + \varepsilon \qquad (3)$$

其中，$ExtGov_t$ 表示地区外部治理变量，分别用地区整体市场化指数（$\mathrm{Mark_t}$）和地区金融市场化指数（$\mathrm{FdMark_t}$）来衡量，$IP_t \cdot ExtGov_t$ 是产业政策与外部治理的交乘项，因为整体市场化指数（$\mathrm{Mark_t}$）和金融市场化指数（$\mathrm{FdMark_t}$）越高，外部治理环境越好，因此，若 β_3 显著为负，则表明地区外部治理越好的地区，企业越倾向于降低现金持有水平；若回归系数 β_4 显著为负，则表明地区外部治理越完善，企业现金持有水平受产业政策的影响越敏感。

四、实证分析

（一）描述性统计

表 2 为主要变量的描述性统计结果。由表 2 可知，样本公司现金持有水平均值为 17%，中位数为 12. 6%，表明中国上市公司整体现金持有水平较高。现金持有水平的标准差为 0. 137，表明公司与公司之间现金持有水平还存在着差距。其余主要变量的描述性统计结果如表 2 所示。

表 2　主要变量的描述性统计

	样本数	均值	标准差	最小值	25%分位数	中位数	75%分位数	最大值
Cash	10726	0. 170	0. 137	0. 028	0. 071	0. 126	0. 218	0. 546
IP	10726	0. 499	0. 500	0	0	0	1	1
FirSh	8124	0. 361	0. 158	0. 003	0. 238	0. 34	0. 464	0. 9
ManSh	10726	0. 107	0. 184	0	0E+00	0. 001	0. 144	0. 822
Mark	10726	3. 469	0. 306	2. 78	3. 21	3. 49	3. 72	4. 09
FdMark	10726	3. 229	0. 467	2. 09	3. 02	3. 21	3. 52	4. 18

（二）实证结果

1. 产业政策与企业现金持有水平的实证分析

表 3 第 2 列给出了产业政策对企业现金持有水平的回归分析结果。产业政策（IP）的系数为 -0.024，且在 1%的水平下显著，表明产业政策能显著降低企业现金持有水平。进一步考虑产权性质的差异，表 3 第 3 列和第 4 列分别给出了国企样本以及非国企样本中产业政策对企业现金持有水平的回归结果。在国企及非国企样本中，IP 的系数均为-0.027，但国企样本中 IP 在 1%的水平下显著，非国企样本中 IP 在 10%的水平下显著，表明产业政策对企业现金持有水平的负向影响在国企中更为明显。

表 3　产业政策与企业现金持有水平的回归分析

	全样本	国企	非国企
	Cash	Cash	Cash
$Cash_{t-1}$	-0.033***	-0.02	-0.032*
	(-2.89)	(-1.27)	(-1.94)
IP	-0.024***	-0.027***	-0.027*
	(-3.05)	(-3.48)	(-1.77)
Size	0.033***	0.028***	0.034***
	(8.9)	(5.97)	(5.79)
Age	-0.005***	-0.003***	-0.006***
	(-5.92)	(-3.84)	(-3.87)
Lev	-0.424***	-0.315***	-0.478***
	(-22.47)	(-13.62)	(-16.15)
Roe	0.138***	0.093***	0.177***
	(5.85)	(4.02)	(4.12)
Groth	-0.008**	-0.004	-0.007
	(-1.99)	(-0.80)	(-1.20)
AM	0.053***	0.019	0.069**
	(3.51)	(0.9)	(2.57)
NWC	-0.235***	-0.190***	-0.239***
	(-17.54)	(-11.86)	(-11.35)
CapEx	-0.077**	-0.071*	-0.084**
	(-2.57)	(-1.84)	(-1.99)
Div	0.025***	0.003	0.044***
	(4.15)	(0.42)	(4.59)
Cons	-0.395***	-0.313***	-0.391***
	(-4.56)	(-2.80)	(-2.91)
N	6569	3303	3224

注：* p<0.1，** p<0.05，*** p<0.01，括号内为 Z 值，下同。

无论是从全样本还是具体到不同产权性质的子样本中，产业政策与现金持有均表现出负相关系，即受产业政策鼓励的企业，更倾向于降低现金持有水平，假设1得以验证。但需要指出的是，该结论与陆正飞和韩非池（2013）的研究结论不同，其认为投资机会路径会使受产业政策鼓励的企业持有更多的现金，而融资约束路径作用不理想。究其原因，本文认为融资约束路径及市场竞争路径在产业政策与企业现金持有中起主要作用，并且本文建立的是动态面板模型，考虑了上期现金持有水平对本期的影响；另外，本文研究期间为2011~2017年，避开了金融危机对企业财务决策的冲击。

2. 产业政策、公司内部治理与企业现金持有水平的实证分析

进一步考虑公司内部治理对产业政策与企业现金持有水平之间关系的影响，表4给出了分析结果。表4第2列和第3列分别列示了全样本下以第一大股东持股（FirSh）及管理层持股（ManSh）分别作为公司内部治理替代变量的分析结果。FirSh及ManSh的系数均显著为负，表明内部治理越完善的公司越倾向于降低现金持有水平。IP×FirSh的系数为-0.001，在10%的水平下显著，IP×ManSh的系数为-0.013，在10%的水平下显著，表明内部治理提高了产业政策对企业现金持有的负向影响，即内部治理越完善的公司，其现金持有水平受产业政策的影响越敏感，即假设2得以验证。

区分产权性质的差异，第4~5列和第6~7列分别列示了国企子样本和非国企子样本的分析结果。在国企子样本中，IP×FirSh和IP×ManSh的系数均显著为负，表明在国企中，内部治理越完善的公司，其现金持有水平受产业政策的影响越敏感；在非国企子样本中，IP×FirSh和IP×ManSh的系数均未通过显著性检验，表明在非国企中，内部治理对产业政策与现金持有关系的调节作用不显著。这是因为，相对于非国企，国企上市公司由于“所有者缺位”现象的存在，国企管理层基于控制权私益，更有动机通过持有高额现金建立企业帝国（侯青川等，2015），因此，受产业政策鼓励的国企中，内部治理问题对产业政策与企业现金持有之间关系的影响更明显。而非国企由于自身治理机制以及产权结构的特点，其两类内部代理问题相较于国企均相对缓和（黄志忠，2012；侯青川等，2015），对产业政策与企业现金持有关系的影响较弱。

表4 产业政策、公司内部治理及企业现金持有水平的回归分析结果

	全样本		国企		非国企	
	Cash	Cash	Cash	Cash	Cash	Cash
$Cash_{t-1}$	-0.003 (-0.23)	-0.042*** (-3.64)	-0.040** (-2.24)	-0.022 (-1.36)	0.025 (1.31)	-0.041** (-2.49)
IP	-0.058*** (-3.15)	-0.024*** (-2.90)	-0.071*** (-3.20)	-0.026*** (-3.27)	-0.073** (-2.55)	-0.022 (-1.31)
FirSh	-0.001* (-1.91)		-0.002*** (-4.66)		0.000 (-0.06)	
ManSh		-0.150*** (-4.22)		-0.067 (-0.45)		-0.126*** (-2.89)
IP×Firsh	-0.001* (-1.73)		-0.001** (-2.26)		0.001 (1.13)	
IP×ManSh		-0.013* (-1.79)		-0.048** (-2.15)		-0.037 (-0.63)

续表

	全样本		国企		非国企	
	Cash	Cash	Cash	Cash	Cash	Cash
Size	0.035***	0.029***	0.018***	0.027***	0.049***	0.027***
	(8.4)	(7.49)	(3.65)	(5.75)	(6.86)	(4.33)
Age	-0.003*	-0.005***	0	-0.003***	-0.009***	-0.006***
	(-1.73)	(-6.07)	(-0.09)	(-3.91)	(-2.67)	(-3.97)
Lev	-0.425***	-0.423***	-0.285***	-0.312***	-0.495***	-0.471***
	(-20.60)	(-22.34)	(-11.33)	(-13.49)	(-15.21)	(-15.82)
Roe	0.109***	0.141***	0.082***	0.095***	0.147***	0.183***
	(4.16)	(5.97)	(3.24)	(4.11)	(3.01)	(4.23)
Groth	-0.006	-0.008*	0.002	-0.004	-0.011	-0.007
	(-1.31)	(-1.85)	(0.28)	(-0.77)	(-1.52)	(-1.10)
AM	0.083***	0.054***	0.049***	0.034***	0.095***	0.059***
	(8.22)	(6.03)	(4.57)	(3.51)	(5.4)	(3.92)
NWC	-0.241***	-0.232***	-0.183***	-0.190***	-0.256***	-0.236***
	(-16.39)	(-17.24)	(-10.57)	(-11.81)	(-10.80)	(-11.12)
CapEx	-0.109***	-0.060**	-0.038	-0.061	-0.169***	-0.069
	(-3.34)	(-1.99)	(-0.92)	(-1.56)	(-3.58)	(-1.64)
Div	0.018***	0.025***	-0.004	0.003	0.034***	0.043***
	(2.66)	(4.08)	(-0.46)	(0.43)	(3.13)	(4.54)
Cons	-0.440***	-0.279***	-0.084	-0.311***	-0.700***	-0.194
	(-4.56)	(-3.22)	(-0.71)	(-2.89)	(-4.37)	(-1.41)
N	5478	6568	2877	3303	2559	3223

第一大股东持股（FirSh）和管理层持股（ManSh）两个指标分别反映了公司内部治理中大股东与中小股东之间的代理问题以及股东与管理层之间的代理问题，更进一步地，这两类代理问题的共同作用，将对产业政策与企业现金持有水平之间的关系产生怎样的影响？表 5 给出了进一步分析后的结果。由第 2 列可知，IP×FirSh 的系数显著为负，而 IP×ManSh 的系数未通过显著性检验，这表明在内部治理中，相对于股东与管理层之间的代理问题，大股东与小股东之间的代理问题对产业政策与企业现金持有水平之间关系的影响更大，即大股东与小股东之间的代理问题越低，其治理机制越完善，企业现金持有水平受产业政策的影响越敏感。区分产权性质差异发现，由第 3 列和第 4 列可知，仅在国企样本中 IP×FirSh 的系数显著为负，表明国企中的大股东与小股东之间的代理问题对产业政策与企业现金持有水平之间关系的影响最明显。

表 5　产业政策、公司内部治理及企业现金持有水平的进一步分析结果

	全样本	国企	非国企
$Cash_{t-1}$	-0.018	-0.041**	0.008
	(-1.35)	(-2.30)	(0.43)

续表

	全样本	国企	非国企
IP	-0.059*** (-3.11)	-0.075*** (-3.36)	-0.063** (-2.15)
FirSh	-0.001 (-1.55)	-0.002*** (-4.66)	0.00 (0.21)
ManSh	-0.173*** (-4.17)	-0.148 (-0.88)	-0.140*** (-2.76)
IP×FirSh	-0.001* (-1.87)	-0.001** (-2.41)	-0.001 (-1.29)
IP×ManSh	-0.022 (-0.41)	-0.629 (-1.24)	-0.068 (-1.02)
Size	0.032*** (7.38)	0.018*** (3.48)	0.043*** (5.94)
Age	-0.004** (-2.28)	0 (-0.21)	-0.011*** (-3.18)
Lev	-0.428*** (-20.68)	-0.286*** (-11.37)	-0.493*** (-15.07)
Roe	0.111*** (4.25)	0.083*** (3.26)	0.153*** (3.11)
Groth	-0.005 (-1.02)	0.002 (0.38)	-0.009 (-1.27)
AM	0.083*** (8.24)	0.050*** (4.65)	0.097*** (5.49)
NWC	-0.237*** (-16.06)	-0.183*** (-10.57)	-0.252*** (-10.58)
Capex	-0.091*** (-2.76)	-0.031 (-0.75)	-0.154*** (-3.25)
Div	0.017** (2.41)	-0.004 (-0.54)	0.033*** (2.96)
Cons	-0.339*** (-3.45)	-0.063 (-0.53)	-0.555*** (-3.38)
N	5478	2877	2559

3. 产业政策、公司外部治理与企业现金持有水平的实证分析

考虑公司外部治理对产业政策与企业现金持有水平之间关系的影响，表6给出了分析结果。表6第2列和第3列分别列示了全样本下以整体市场化指数（Mark）及金融市场化指数

（FdMark）分别作为公司外部治理替代变量的分析结果。Mark 以及 FdMark 的系数均在 1%的水平下显著为负，表明公司外部治理环境越好的地区，企业越倾向于降低现金持有水平。IP×Mark 的系数为-0.003，在 10%的水平下显著，IP×FdMark 的系数为-0.011，在 5%的水平下显著，表明公司外部治理增强了产业政策对企业现金持有的负向影响，即公司外部治理越完善的地区，公司现金持有水平受产业政策的影响越敏感，假设 3 得以验证。

区分产权性质的差异，第 4~5 列和第 6~7 列分别列示了国企子样本和非国企子样本的分析结果。国企样本中第 5 列 IP×FdMark 的系数为-0.021，在 10%的水平下显著，非国企样本中第 7 列 IP×FdMark 的系数为-0.057，在 1%的水平下显著，表明相对于国企，公司外部治理对非国企中产业政策与企业现金持有之间关系的影响更明显。

表 6　产业政策、公司外部治理及企业现金持有水平的回归分析结果

	全样本		国企		非国企	
	Cash	Cash	Cash	Cash	Cash	Cash
$Cash_{t-1}$	-0.044*** (-3.83)	-0.032*** (-2.81)	-0.012 (-0.76)	-0.016 (-1.00)	-0.046*** (-2.80)	-0.037** (-2.24)
IP	-0.032* (-1.81)	-0.060* (-1.75)	-0.04* (-1.94)	-0.039 (-1.09)	-0.013 (-0.19)	-0.208*** (-3.17)
Mark	-0.079*** (-9.35)		-0.040*** (-4.51)		-0.101*** (-6.66)	
FdMark		-0.046*** (-6.93)		-0.017*** (-2.79)		-0.084*** (-5.01)
IP×Mark	-0.003* (-1.87)		-0.004 (-1.23)		-0.001 (-0.96)	
IP×FdMark		-0.011** (-2.26)		-0.021* (-1.96)		-0.057*** (-2.9)
Size	0.074*** (15.05)	0.042*** (10.54)	0.052*** (8.77)	0.035*** (7.1)	0.083*** (10.12)	0.043*** (6.74)
Age	0 (-0.43)	-0.004*** (-4.54)	-0.001 (-0.61)	-0.003*** (-3.11)	-0.001 (-0.78)	-0.004*** (-2.69)
Lev	-0.475*** (-25.20)	-0.437*** (-22.75)	-0.336*** (-14.58)	-0.333*** (-14.19)	-0.534*** (-18.18)	-0.485*** (-16.15)
Roe	0.107*** (4.54)	0.136*** (5.67)	0.081*** (3.52)	0.090*** (3.82)	0.143*** (3.35)	0.174*** (3.96)
Groth	-0.010** (-2.40)	-0.008** (-2.00)	-0.005 (-0.91)	-0.003 (-0.62)	-0.011* (-1.84)	-0.009 (-1.50)
AM	0.012 (1.33)	0.050*** (5.45)	0.003 (0.29)	0.029*** (2.9)	0.023 (1.53)	0.056*** (3.74)
NWC	-0.247*** (-18.74)	-0.235*** (-17.34)	-0.186*** (-11.87)	-0.195*** (-12.02)	-0.263*** (-12.67)	-0.240*** (-11.21)

续表

	全样本		国企		非国企	
	Cash	Cash	Cash	Cash	Cash	Cash
CapEx	-0.186***	-0.099***	-0.156***	-0.092**	-0.173***	-0.109**
	(-6.05)	(-3.23)	(-3.88)	(-2.32)	(-4.02)	(-2.48)
Div	0.015**	0.025***	-0.001	0.004	0.031***	0.041***
	(2.47)	(4.1)	(-0.17)	(0.58)	(3.23)	(4.27)
Cons	-0.987***	-0.428***	-0.724***	-0.429***	-1.062***	-0.288**
	(-10.20)	(-4.95)	(-5.90)	(-3.89)	(-6.86)	(-2.15)
N	6526	6419	3273	3225	3212	3153

4. 产业政策、公司内外部治理与企业现金持有水平的实证分析

表4至表6分别分析了公司内部治理、公司外部治理如何影响产业政策与企业现金持有水平之间的关系，而公司内外部治理因素往往会共同产生作用，因此表7进一步分析了产业政策、公司内外部治理与企业现金持有水平之间的关系。由第2列可知，IP×FirSh的系数为-0.001，且在10%的水平下显著，而IP×Mark的系数未通过显著性检验，这表明相对于外部治理，内部治理对产业政策与企业现金持有水平之间关系的影响更大。区分产权性质差异，由第3列和第4列可知，仅在国企样本中IP×FirSh的系数显著为负，表明国企中的内部治理对产业政策与企业现金持有水平之间关系的影响最明显。

表7　产业政策、公司内外部治理及企业现金持有水平的回归分析结果

	全样本	国企	非国企
$Cash_{t-1}$	-0.003	-0.026	0.019
	(-0.23)	(-1.46)	(1.01)
IP	-0.118**	-0.110**	-0.153*
	(-2.36)	(-2.10)	(-1.66)
FirSh	-0.001***	-0.002***	-0.001
	(-3.18)	(-5.17)	(-1.60)
Mark	-0.076***	-0.040***	-0.106***
	(-7.83)	(-3.98)	(-5.73)
IP×FirSh	-0.001*	-0.001**	-0.001
	(-1.7)	(-2.24)	(-1.43)
IP×Mark	-0.017	-0.01	-0.022
	(-1.41)	(-0.81)	(-0.96)
Size	0.067***	0.040***	0.087***
	(12.78)	(6.22)	(9.5)
Age	0.003	0.003*	-0.002
	(1.49)	(1.88)	(-0.63)

续表

	全样本	国企	非国企
Lev	-0.469***	-0.302***	-0.549***
	(-22.81)	(-12.09)	(-16.92)
Roe	0.077***	0.073***	0.109**
	(2.95)	(2.89)	(2.22)
Groth	-0.008*	-0.001	-0.013*
	(-1.85)	(-0.18)	(-1.88)
AM	0.027**	0.016	0.035*
	(2.5)	(1.39)	(1.83)
NWC	-0.253***	-0.178***	-0.285***
	(-17.47)	(-10.48)	(-12.16)
Capex	-0.196***	-0.114***	-0.236***
	(-5.88)	(-2.66)	(-4.89)
Div	0.015**	-0.005	0.031***
	(2.27)	(-0.61)	(2.82)
Cons	-0.829***	-0.404***	-1.098***
	(-7.83)	(-3.04)	(-6.11)
N	5435	2847	2547

（三）进一步拓展

前文理论分析中提出产业政策降低企业现金持有水平的路径有两个，即融资约束路径和市场竞争路径。这两个路径都发挥作用了吗？或哪个路径发挥更大的作用？本部分将对产业政策影响企业现金持有水平的具体路径做进一步深入分析。

为了检验产业政策与企业现金持有水平的融资约束路径，借鉴 Hadlock 和 Pierce（2010）的方法，首先构建融资约束指标 SA 指数，$SA=0.043\times Size^2-0.0737\times Size-0.04\times Age$，该指数越小，表明企业面临的融资约束压力越大。其次，建立如下模型检验产业政策是否缓解了企业面临的融资约束。

$$SA=\alpha+\beta_1 IP+\beta_i+\beta_t+\gamma Control+\varepsilon \tag{4}$$

其中，若 IP 的系数显著为正，则表明产业政策缓解了受鼓励行业内企业的融资约束压力。

表 8 报告了产业政策与企业现金持有水平融资约束路径分析的回归结果。第 2 列展示了全样本下产业政策的融资约束路径回归结果，IP 的系数为 0.215，且在 1%的水平下显著为正，表明产业政策对受鼓励行业内企业的融资约束压力确实起到了缓解作用。因此，企业持有现金的预防性动机降低，受鼓励行业内企业的现金持有水平下降。进一步考虑产权性质的差异，国企样本中，IP 的系数显著为正，但在非国企样本中，IP 系数显著为负，表明产业政策缓解了国有企业融资约束压力，同时加剧了非国有企业的融资约束问题。这是由于在国家宏观产业政策下非国企仍然受到严重的“金融歧视”（黎文靖和李耀淘，2014），同时企业投资的“羊群效应”也会加剧企业面临的融资约束压力（张新民等，2017）。这很好地解释了表 3 中产业政策对企业现金持

有的负向影响在非国企中较弱的结果。

表8 产业政策与企业现金持有融资约束路径分析

	全样本	国企	非国企
	SA	SA	SA
IP	0.215***	0.214***	-0.288*
	(2.96)	(2.88)	(-1.70)
Lev	2.007***	1.751***	2.067***
	(23.7)	(13.21)	(16.48)
Roe	2.766***	1.112***	3.320***
	(20.4)	(6.6)	(15.39)
Groth	0.258***	0.397***	0.203***
	(10.22)	(9.98)	(6.1)
AM	2.629***	1.833***	2.668***
	(27.97)	(11.84)	(18.58)
NWC	0.088	0.430***	0.313***
	(1.35)	(4.19)	(3.35)
CapEx	1.323***	2.873***	1.129***
	(8.09)	(11.13)	(5.6)
TQ	-0.122***	-0.214***	-0.110***
	(-7.06)	(-4.53)	(-5.04)
Age	-0.024***	-0.059***	-0.011
	(-3.98)	(-6.66)	(-1.07)
Div	0.153***	0.169***	0.163***
	(3.89)	(3.01)	(3.02)
Year	Control	Control	Control
Industry	Control	Control	Control
Cons	16.210***	17.786***	15.360***
	(60.26)	(46.34)	(24.83)
N	10032	4308	4567
r2_w	0.513	0.555	0.624

注：* p<0.1，** p<0.05，*** p<0.01，括号内为t值，下同。

另外，本文还检验了产业政策影响企业现金持有水平的市场竞争路径，由表9可知，在全样本及子样本中，IP的系数均为负，但却都没有通过显著性检验，这说明在产业政策影响企业现金持有过程中，市场竞争路径并未充分发挥应有的作用，我国市场机制尚需完善。

表 9　产业政策与企业现金持有市场竞争路径分析

	全样本	国企	非国企
	HHI	HHI	HHI
IP	-0.003 (-1.32)	-0.004 (-1.17)	-0.001 (-1.14)
Size	0.021*** (35.33)	0.028*** (24.4)	0.016*** (20.21)
Age	-0.000* (-1.68)	-0.001*** (-3.14)	-0.001** (-2.26)
Lev	0.003 (1.13)	-0.006 (-1.11)	0.004 (1.15)
Roe	0.022*** (4.54)	0.007 (1)	0.039*** (6.05)
Groth	0.004*** (4.56)	0.008*** (4.34)	0.002** (2.06)
AM	0 (-0.12)	-0.002 (-0.28)	-0.001 (-0.26)
NWC	-0.003 (-1.35)	-0.015*** (-3.51)	0 (0.16)
TQ	0.002** (1.97)	-0.001 (-0.32)	0 (0.02)
Div	0.002 -1.37	-0.002 (-0.87)	0.001 -0.87
Year	Control	Control	Control
Industry	Control	Control	Control
Cons	-0.368*** (-25.03)	-0.477*** (-16.74)	-0.316*** (-14.14)
N	9936	4285	4536
r2_w	0.362	0.471	0.384

（四）稳健性检验

为了检验产业政策对企业现金持有水平影响的稳健性，本文在现金持有水平的衡量上又采用了两种衡量方法，第一种是用现金及现金等价物增加额/期初总资产（记为 Cash1），第二种是用（货币资金+交易性金融资产）增加额/期初总资产（记为 Cash2），产业政策与现金持有水平的回归结果如表 10 所示。由表 10 可知，以 Cash1 衡量现金持有水平时，产业政策仅对国企样本现金持有水平产生负向影响，以 Cash2 作为现金持有水平的代理变量时，产业政策对全样本、国企及非国企子样本现金持有水平均产生负向影响，且国企中 IP 系数大于非国企。由此可以看出，产业政策对企业现金持有水平具有负向影响，并且在国企中更为明显，该结果与前文基本一致。

表 10 产业政策与企业现金持有水平的稳健性检验

	全样本		国企		非国企	
	Cash1	Cash2	Cash1	Cash2	Cash1	Cash2
$Cash1_{t-1}$	-0.356 *** (-34.02)		-0.347 *** (-23.97)		-0.382 *** (-24.89)	
$Cash2_{t-1}$		-0.349 *** (-33.74)		-0.335 *** (-23.47)		-0.372 *** (-24.39)
IP	0 (-0.05)	-0.017 * (-1.96)	-0.014 * (-1.92)	-0.043 ** (-2.34)	0.024 (-1.5)	-0.017 ** (-2.09)
Size	0.051 *** (12.73)	0.056 *** (12.83)	0.026 *** (5.62)	0.032 *** (6.55)	0.075 *** (10.94)	0.081 *** (10.75)
Age	-0.006 *** (-6.35)	-0.007 *** (-7.32)	-0.005 *** (-5.48)	-0.006 *** (-6.27)	-0.008 *** (-4.08)	-0.009 *** (-4.48)
Lev	-0.189 *** (-10.04)	-0.184 *** (-8.77)	-0.122 *** (-5.49)	-0.121 *** (-4.93)	-0.262 *** (-8.22)	-0.231 *** (-6.48)
Roe	0.110 *** (4.67)	0.098 *** (3.76)	0.037 (1.64)	0.033 (1.34)	0.202 *** (4.41)	0.183 *** (3.57)
Groth	0.020 *** (4.8)	0.038 *** (8.38)	0.012 ** (2.37)	0.031 *** (5.65)	0.027 *** (4.14)	0.040 *** (5.44)
AM	-0.017 (-1.12)	-0.029 * (-1.67)	-0.011 (-0.54)	-0.016 (-0.70)	-0.046 (-1.58)	-0.067 ** (-2.06)
NWC	-0.135 *** (-10.25)	-0.131 *** (-8.91)	-0.135 *** (-8.90)	-0.145 *** (-8.64)	-0.153 *** (-6.84)	-0.124 *** (-4.92)
CapEx	-0.066 ** (-2.17)	0.066 ** (1.97)	-0.029 (-0.77)	0.082 ** (1.98)	-0.099 ** (-2.15)	0.017 (0.34)
Div	0.024 *** (3.92)	0.023 *** (3.46)	-0.001 (-0.13)	0.001 (0.14)	0.054 *** (5.32)	0.052 *** (4.61)
Cons	-1.057 *** (-11.39)	-1.145 *** (-11.46)	-0.508 *** (-4.59)	-0.646 *** (-5.46)	-1.531 *** (-9.93)	-1.669 *** (-9.85)
N	6400	6400	3269	3269	3089	3089

五、结论与启示

本文以2011~2017年的A股上市公司为样本，建立动态面板模型，从公司内外部治理角度考察了国家产业政策如何影响企业的现金持有水平。关于企业现金持有水平的研究表明，受产业政策鼓励的企业倾向于降低现金持有水平，在国企中表现得尤为明显。其次，考虑公司内外治理是否会对产业政策的现金持有效果产生影响，本文发现公司内部治理越完善，其现金持有水平受产业政策影响越敏感，这在国企中更为显著；相较于股东与管理层之间的代理问题，大股东与中小股东之间的代理问题对产业政策与企业现金持有水平之间关系的影响更大；外部治理越完善，企业现金持有水平受产业政策的影响越敏感；相较于外部治理，内部治理对产业政策与企业现金持有水平之间关系的影响更大。更一步地，本文发现产业政策主要通过融资约束路径对企业现金持有水平产生影响，我国市场机制尚需完善。

本文的研究具有如下启示和现实意义：

首先，本文结合中国特色的政策背景，将宏观经济政策与微观企业的财务决策结合起来，考察了国家产业政策如何对企业的现金持有决策产生影响，本文的研究有利于我们进一步了解国家产业政策的传导机制，为研究国家宏观调控政策、中国产业转型发展以及市场机制改革提供了有力支撑。

其次，本文研究发现企业的现金持有决策不仅受企业内部治理机制的影响，还内生于其所在的宏观制度环境，即国家产业政策以及地区市场化进程。因此，本文研究为企业经营者进行财务决策提供了参考，企业应及时调整应对策略，积极响应国家政策号召，同时规避和管理宏观制度环境变动带来的风险。

最后，相对于非国有企业，政府更应该重点关注国企产业政策效力，在国企改革过程中完善公司治理机制，加快国企从行政型治理向经济型治理转变的步伐，以降低国企内部的代理成本。

参考文献

[1] Denis D J, Sibilkov. Financial constrains, investment and the value of cash holdings [J]. Review of Financial Studies, 2010 (23): 247-269.

[2] Gunev Y, Ozkan A and Ozkan N. International evidence on the non-linear impact of leverage on corporate cash holdings [J]. Journal of Multinational Financial Management, 2007 (17): 45-60.

[3] Kim C S, Mauer D C and Sherman A E. The determinants of corporate liquidity: Theory and evidence [J]. Journal of Financial and Quantitative Analysis, 1998, 33 (3): 335-359.

[4] Opler T, Pinkowitz L, Stulz R, Williamson R. The determinants and implications of corporate cash holdings [J]. Journal of Financial Economics, 1999, 52 (1): 3-46.

[5] Duchin R. Cash holdings and corporate diversification [J]. Journal of Finance, 2010, 65 (3): 955-992.

[6] Subramaniam V, Tang T T, Yue H and Zhou X. Firm structure and corporate cash holdings [J]. Journal of Corporate Finance, 2011, 17 (3): 759-773.

[7] Tong Z. Firm diversification and the value of corporate cash holdings [J]. Journal of Corporate Finance, 2011, 17 (3): 741-758.

[8] 杨兴全，齐云飞，吴昊旻. 行业成长性影响公司现金持有吗？[J]. 管理世界，2016 (1): 153-169.

[9] 杨兴全，曾义，吴昊旻. 货币政策、信贷歧视与公司现金持有竞争效应 [J]. 财经研究，2014，40

(2): 133-144.

[10] 蔡卫星，曾诚，胡志颖. 企业集团、货币政策与现金持有 [J]. 金融研究，2015 (2): 114-130.

[11] 王红建，李青原，邢斐. 经济政策不确定性、现金持有水平及其市场价值 [J]. 金融研究，2014 (9): 53-68.

[12] 李凤羽，史永东. 经济政策不确定性与企业现金持有策略——基于中国经济政策不确定指数的实证研究 [J]. 管理科学学报，2016，19 (6): 157-170.

[13] 江龙，刘笑松. 经济周期波动与上市公司现金持有行为研究 [J]. 会计研究，2011 (9): 40-46.

[14] 刘端，薛静芸. 经济周期波动视角下现金持有在企业产品市场定价中的竞争效应研究 [J]. 中国管理科学，2015，23 (9): 9-18.

[15] 杨兴全，张丽平，吴昊旻. 市场化进程、管理层权力与公司现金持有 [J]. 南开管理评论，2014，17 (2): 34-45.

[16] 张兆国，郑宝红，李明. 公司治理、税收规避和现金持有价值——来自我国上市公司的经验证据 [J]. 南开管理评论，2015，18 (1): 15-24.

[17] 郑宝红，曹丹婷. 税收规避能影响企业现金持有价值吗? [J]. 中国软科学，2018 (3): 120-132.

[18] 侯青川，靳庆鲁，陈明端. 经济发展、政府偏袒与公司发展——基于政府代理问题与公司代理问题的分析 [J]. 经济研究，2015，50 (1): 140-152.

[19] 夏立军，方铁强. 政府控制、治理环境与公司价值——来自中国证券市场的经验证据 [J]. 经济研究，2005 (5): 40-51.

[20] 余明桂，范蕊，钟慧洁. 中国产业政策与企业技术创新 [J]. 中国工业经济，2016 (12): 5-22.

[21] Hsu P, Tian X and Xu Y. Financial development and innovation: Cross-country evidence [J]. Journal of Financial Economics, 2014, 112 (1): 116-135.

[22] Cornaggia J, Mao Y, Tian X and Wolfe B. Does banking competition affect innovation? [J]. Journal of Financial Economics, 2015, 115 (1): 189-209.

[23] 张纯，潘亮. 转型经济中产业政策的有效性研究——基于我国各级政府利益博弈视角 [J]. 财经研究，2012，38 (12): 85-94.

[24] 陈冬华. 产业政策与公司融资——来自中国的经验证据 [A] //2010 中国会计与财务研究国际研讨会论文集 [C]. 上海财经大学会计与财务研究院，2010: 80.

[25] 钟凯，程小可，肖翔，郑立东. 宏观经济政策影响企业创新投资吗——基于融资约束与融资来源视角的分析 [J]. 南开管理评论，2017，20 (6): 4-14，63.

[26] Duchin R, Ozbas O and Sensoy B A. Costly external finance, corporate investment, and the subprime mortgage credit crisis [J]. Journal of Financial Economics, 2010, 97 (3): 418-435.

[27] 姜国华，饶品贵. 宏观经济政策与微观企业行为——拓展会计与财务研究新领域 [J]. 会计研究，2011 (3): 9-18，94.

[28] Karuna C. Industry product market competition and managerial incentives [J]. Journal of Accounting and Economics, 2007, 43 (2): 275-297.

[29] Grullon G, Michaely R. Corporate Payout Policy and Product Market Competition [R]. AFA 2008 New Orleans Meetings Paper, 2007.

[30] 张新民，张婷婷，陈德球. 产业政策、融资约束与企业投资效率 [J]. 会计研究，2017 (4): 12-18，95.

[31] 黎文靖，李耀淘. 产业政策激励了公司投资吗 [J]. 中国工业经济，2014 (5): 122-134.

[32] Jensen Michael C, Meckling William H. Theory of the firm: Managerial behavior, agency costs and ownership structure [J]. Journal of Financial Economics, 1986 (3): 305-360.

[33] Myers S C, Raghuram G Rajan. The paradox of liquidity [J]. Quarterly Journal of Economics, 1998 (8): 733-771.

[34] 韩忠雪，崔建伟. 金字塔结构、利益攫取与现金持有——基于中国民营上市公司的实证分析 [J]. 管理评论，2014，26 (11): 190-200.

[35] Faulkender M W. Cash Holdings among Small Businesses [R]. Washington University, St. Louis, SSRN

Working Paper, 2002.

[36] 罗明琦. 企业产权、代理成本与企业投资效率——基于中国上市公司的经验证据 [J]. 中国软科学, 2014 (7): 172-184.

[37] 邓建平, 陈爱华. 高管金融背景与企业现金持有——基于产业政策视角的实证研究 [J]. 经济与管理研究, 2017, 38 (3): 133-144.

[38] 孙早, 席建成. 中国式产业政策的实施效果: 产业升级还是短期经济增长 [J]. 中国工业经济, 2015 (7): 52-67.

[39] 王小鲁, 樊纲, 马光荣. 中国分省企业经营环境指数 2017 年报告 [M]. 北京: 社会科学文献出版社, 2017.

[40] 王克敏, 刘静, 李晓溪. 产业政策、政府支持与公司投资效率研究 [J]. 管理世界, 2017 (3): 113-124, 145, 188.

[41] 李莉, 顾春霞, 于嘉懿. 高管政治晋升对国有企业创新投资的影响研究——基于监管独立性和市场化进程的双重探讨 [J]. 科学学研究, 2018, 36 (2): 342-351, 360.

[42] Han S, Qiu J. Corporate precautionary cash holdings [J]. Journal of Corporate Finance, 2007 (13): 43-57.

[43] 陆正飞, 韩非池. 宏观经济政策如何影响公司现金持有的经济效应? ——基于产品市场和资本市场两重角度的研究 [J]. 管理世界, 2013 (6): 43-60.

[44] 黄志忠. 基于资源配置的公司治理策略分析——以 2006~2010 年上市的公司为例 [J]. 会计研究, 2012 (1): 36-42, 97.

[45] Hadlock C, Pierce J. New evidence on measuring financial constraints: Moving beyond the KZ index [J]. Review of Financial Studies, 2010, 23 (5): 1909-1940.

产业政策对企业投融资互动的影响研究*

刘婷婷[1]　高　凯[2,3]

（1. 上海立信会计金融学院国际经贸学院，上海　200120；
2. 上海工程技术大学管理学院，上海　201600；
3. 上海大学管理学院，上海　200444）

[摘　要] 本文以2001~2017年中国A股上市公司为样本，研究了产业政策对微观企业投融资互动的影响及该影响的经济后果。研究发现：与未受产业政策鼓励的企业相比，受产业政策鼓励企业的融资-投资敏感性、投资-融资敏感性均得到提高。考虑到投融资的异质性，受产业政策鼓励企业的债权融资-固定资产投资、债权融资-无形资产投资敏感性均显著提高，银行信贷是产业政策影响企业投融资行为的主要工具；受产业政策鼓励企业的固定资产投资-债权融资敏感性、固定资产投资-股权融资敏感性均显著提高，固定资产投资是企业进行再融资的重要保障。区分产权性质差异的研究发现，产业政策对企业投融资互动关系的影响在国企中均较为显著。进一步分析产业政策影响企业投融资互动的经济后果，产业政策会通过企业投融资互动提高企业绩效，其中比较突出的是，产业政策会通过企业固定资产投资与债权融资的互动机制正向影响企业绩效。

[关键词] 产业政策；投融资互动；企业绩效

一、引言

企业的融资决策和投资决策是企业资本配置的关键环节，两者之间存在千丝万缕的联系。企业投融资之间的关系研究始于1958年Modigliani和Miller的MM理论。经典的MM理论认为，在完备的资本市场中，企业的融资行为和投资行为相互之间是没有关系的，然而，在对现实经济活动进行大量研究后发现，资本市场并非完善，MM理论所提出的“分离法则”并不能真实说明现实经济活动中企业投融资决策之间的相互关系。为此，涌现出部分学者，如Baxter（1967）、Jensen和Meckling（1976）以及Miller（1977）等分别从破产成本、代理冲突以及税收因素等不完善因素出发，重新对企业投融资之间的互动关系进行了审视与解读，并且这些学者一致认为，在不完善因素的影响下，企业投融资行为之间存在直接或间接的影响。

* ［基金项目］全国教育科学“十三五”规划2016年度教育部青年课题“延长免费教育年限对我国劳动力市场的影响研究”（EGA160396）。

至此之后，国内外学者开启了投融资行为的双向互动研究，研究主要分为三类：第一类是现金流学说。现金流学说的支持者认为，受到有限资金的限制，资金来源对资金使用有正向影响，并对其他融资来源有负向影响，企业投融资决策不再相互独立，而是相互联系（Dhrymes and Kurz，1967）。第二类是权衡理论的观点。这种观点认为，企业的负债具有节税效应和破产成本，因而会对企业投资产生影响（Kraus 和 Masulis，1973）；与此同时，投资也会通过收入效应、累计折旧等因素影响负债的税收利益和破产成本的大小，从而对企业融资决策产生影响（Hong，1978；De Angelo，1980）。第三类是代理冲突的观点。这种观点认为负债融资容易使企业出现过度投资或投资不足等非效率投资，从而对企业价值产生负向影响，进而降低企业再融资能力（Myers，1977）。

资金流学说主要验证了企业投融资决策之间存在内生的互动关系，权衡理论和代理理论则更为深入地阐释了投融资决策之间相互作用的内在机理。然而，对于后两者的研究，目前较多的是理论层面的探讨，实证层面的研究主要是融资决策对投资决策的单项影响，投融资双向影响的实证研究还十分缺乏。目前我国部分学者已从自由现金流、实物期权、破产成本和税收因素等几个方面展开了实证探讨（刘星和彭程，2009；郭宏和聂永川，2013；彭程等，2016），且这部分研究主要集中在负债融资与投资决策之间的相互影响，并未对不同融资来源与不同投资类型之间的互动差异展开探讨。更进一步地考虑，企业行为内生于国家宏观经济环境，产业政策作为政府干预经济的重要手段，必然对企业投融资行为产生深刻影响。目前已有部分学者探讨了产业政策对企业融资、投资的影响（王克敏等，2017；杨蓉等，2018；南晓莉和韩秋，2019），但鲜有学者对产业政策如何影响企业投融资互动以及该影响的经济效果做深入分析。

综观现有关于企业投融资互动的相关研究，还有以下几点有待突破：①现有关于企业投融资互动的研究更多的是从微观企业层面展开，缺乏宏观情景下的探讨，本文将深入研究国家宏观产业政策对微观企业投融资互动的影响，拓展宏观经济政策与微观企业行为之间关系的研究。②现有投融资互动的研究比较关注负债融资与企业投资行为之间的相互影响，内源融资、股权融资等不同融资来源与企业投资行为之间的互动效果有待探讨；同时，固定资产投资和无形资产投资是企业两种最重要的实体性投资，企业融资与不同类型投资之间的互动机制是否存在差异有待深入分析，本文将打开企业投融资决策“黑箱”，分析不同融资来源与投资类型之间互动机制的差异，丰富企业投融资互动的相关研究。③产业政策对企业投融资互动关系影响的经济后果如何？本文将从企业绩效的视角对此进行深入分析，该研究能够为产业政策之争提供理论支撑①。

基于此，本文将以中国上市公司 2001~2017 年的数据为样本，深入分析产业政策、企业投融资互动与企业绩效之间的关系，探究产业政策影响下企业投融资互动行为的内在机理及其经济后果。研究发现：首先，与未受产业政策鼓励的企业相比，受产业政策鼓励企业的融资-投资敏感性、投资-融资敏感性均得到提高。其次，考虑到投融资的异质性，受产业政策鼓励企业的债权融资-固定资产投资、债权融资-无形资产投资敏感性均显著提高，银行信贷是产业政策影响企业投融资行为的主要工具；受产业政策鼓励企业的固定资产投资-债权融资敏感性、固定资产投资-股权融资敏感性均显著提高，固定资产投资是企业进行再融资的重要保障。再次，区分产权性质差异的研究发现，产业政策对企业投融资互动关系的影响在国企中均较为显著。最后，进一步分析产业政策影响企业投融资互动的经济后果发现，产业政策会通过企业投融资互动提高企业绩效，其中比较突出的是，产业政策会通过企业固定资产投资与债权融资的互动机制正向影响企业绩效。

① 2016 年，林毅夫教授和张维迎教授围绕政府是否应该制定产业政策展开了激烈辩论，自此之后，理论界与实务界对此有着广泛探讨。

余文结构安排如下：第二部分是理论分析与研究假设；第三部分是研究设计；第四部分是产业政策与企业投融资互动的关系研究；第五部分将基于投融资异质性的视角，对产业政策影响下企业不同融资来源和不同投资类型之间的互动关系进行检验；第六部分是产业政策对企业投融资互动的跨期稳健性检验；第七部分是产业政策影响企业投融资互动的经济后果分析，从企业绩效视角深入分析产业政策影响企业行为的经济后果；第八部分是研究结论与启示。

二、理论分析与研究假设

（一）产业政策、企业融资与企业投资

产业政策会通过直接干预和间接诱导手段影响企业的融资环境和融资规模，进而影响企业投资。一方面，受鼓励产业内的企业会更容易获得政府补贴、税收优惠以及银行等金融机构的信贷资金，从而使受鼓励行业内的企业能获得更多的资金用以支持投资。首先，在中国银行主导的金融体系下，政府的信贷干预是产业政策实施过程中的一种重要手段。同时受政策扶持的企业往往有比较好的发展前景，政策扶持的信号传递机制会促使社会提高对产业政策鼓励企业的预期，从而产生较高的商业信用，因此，银行亦会有意愿放贷给这些企业（张纯和潘亮，2012；张新民等，2017）。进一步地，根据权衡理论，企业会权衡负债融资带来的节税效应和破产成本，做出恰当的投资决策。彭程等（2016）研究发现债权融资会因为期望税收利益的增加促进企业进行投资。其次，税收激励的实施能减少企业的现金流出，政府补贴会增加企业的营业外收入（Lu et al.，2015；钟凯等，2017）。税收激励与政府补贴均能降低企业的投资成本，从而激励企业开展投资活动。据此可以看出，政府会通过产业政策向支持行业分配更多的资源，提高企业的融资能力，从而使企业把握住更佳的投资机会（Criscuolo et al.，2016；王克敏，2017）。另一方面，从直接干预手段分析，基于信号传递理论，产业政策的目录指导会向市场传递产业的发展潜力，降低市场中的信息不对称水平，改善企业面临的融资环境；同时，政府会放松对受鼓励行业的金融管制，这也会优化企业融资环境（姜国华和饶品贵，2011），企业融资环境的改善对企业投资决策会产生积极影响。由此，本文提出假设1：

H1：与未受产业政策支持的企业相比，受产业政策支持企业的融资-投资敏感性提高。

进一步区分不同的融资来源和投资类型，由于债权融资具有节税效应和破产成本，因而对企业的投资价值产生影响。而企业的固定资产投资如购买机器设备、建设产房等，均主要依赖于企业的债权融资（赵岩和王钧，2011）。张纯和潘亮（2012）、王克敏等（2017）均发现，受产业政策鼓励的行业可以持续获得更多银行借款进行固定资产投资。其次，根据优序融资理论，在三类融资来源中股权融资成本最高。但是股权投资者更加看重企业的长期发展，注重考量企业科技创新投入以及企业的研发实力，从而愿意为企业创新承担风险，为企业的无形资产积累提供更多的资金支持。陆蓉等（2017）和杨蓉等（2018）均发现，受产业政策支持的行业能够获得更多的股权融资，进而为企业无形资产投资提供资金支持，提高无形资产投资规模。

H1a：与未受产业政策支持的企业相比，受产业政策支持企业的债权融资-固定资产投资敏感性提高。

H1b：与未受产业政策支持的企业相比，受产业政策支持企业的股权融资-无形资产投资敏感性提高。

（二）产业政策、企业投资与企业融资

产业政策会通过直接干预及间接诱导手段影响企业的投资环境和投资决策，而投资决策势必会对企业未来经营现金流的分布产生影响，进而影响到企业未来的融资决策。一方面，为了促进鼓励行业的发展，政府会通过政府管制、项目审批等手段对企业投资进行干预，相应放宽鼓励行业的市场准入限制及投资审批，降低进入或退出行业的门槛，使更多的企业能够进入受鼓励行业，增加企业投资规模；另一方面，政府也会通过银行贷款、税收优惠、政府补贴等形式使更多资源向鼓励行业倾斜，对企业投资产生激励作用。在产业政策导向下，企业的投资机会和投资资源都显著增加，投资规模必然会大幅提高。

产业政策鼓励下企业投资规模的扩张对企业再融资能力的影响具有正反两方面的影响。一方面，正如王文甫等（2014）和王克敏等（2017）等指出的，产业政策的出台容易诱发企业投资的"潮涌现象"和"羊群效应"，导致企业过度投资，从而降低企业的投资效率。企业低效率投资会相应降低企业的盈利能力，减少未来现金流入，从而降低其未来融资能力。另一方面，相比中小企业，利益相关者更倾向于对规模较大企业产生"欣欣向荣"的判断，因此，产业政策鼓励下企业投资规模的扩大更易向社会传递其利好信息，从而吸引更多的投资资金，增强其再融资能力。同时不得不承认的是，在新兴经济体中，政府行为对企业投融资决策发挥着举足轻重的地位。产业政策支持下的企业更易与政府建立良好的政企关系，从而使企业具备一定的政策前瞻性，提前准备好各种达标要求，为企业获得下一轮政策扶持打好基础；在晋升锦标赛制度下，政府官员为了实现其任期目标会更加重视其任期内企业的盈利能力，对受鼓励企业投资效率较低导致的未来盈利能力下降关注度较低。在政企关系以及政府官员晋升机制的双重影响下政府容易形成向受鼓励企业提供政策扶持的惯性，这样就导致了即使受鼓励企业的投资效率降低，这些企业仍可以源源不断地获得政府政策上的倾斜，增强其再融资能力。因此，本文提出如下假设：

H2：与未受产业政策鼓励的企业相比，受产业政策鼓励企业的投资–融资敏感性提高。

进一步区分不同的投资类型和融资来源，产业政策向企业研发活动提供的政策性优惠（如税收优惠、研发补贴）能够降低企业研发活动成本，分散企业创新活动的风险，并向市场释放确切可信的信号，降低信息不对称和交易成本，从而激励企业研发创新；同时，基于整个社会无形资产投资水平较低①、政府官员无形资产投资积极性不高的现状（Matthew，2008），产业政策的激励会弥补企业创新投资不足，提高无形资产投资效率。因此，产业政策下，企业无形资产投资的"规模扩大"效应和"效率提高"效应会给企业带来未来绩效的提升，企业能够积累更多的自有资金，内源融资能力得以提高；未来绩效提升的预期会抬高整个行业的股价，股价的高估又会吸引社会资本的进入，股权融资能力提高（谭劲松等，2017；陆蓉等，2017）。在政策支持下，基于"锦标赛"理论，企业固定资产投资更容易出现过度投资现象，而固定资产投资主要依赖于企业的负债融资。从财务角度分析，负债融资的增加会使企业面临更大的本息偿还压力，企业信贷违约概率上升，从而降低企业进一步负债融资的能力（彭程等，2018）。但由于我国政府在银行业改革过程中发挥着主导作用，受政府产业政策导向的影响，银行仍要向受鼓励企业提供信贷配给，企业的固定资产投资–负债融资敏感性反而会提高。最后，产业政策在向受鼓励行业进行政策倾斜、激励受鼓励企业扩大固定资产投资规模，形成"规模效应"时，也会向市场传递出行业发展的某种积极信号，提高投资者预期，股权融资能力提高。基于此，本文提出 H2a、H2b、H2c 和 H2d：

---

① 《2016~2017 年全球竞争力报告》显示，我国基础研究经费投入强度为 5.2%，美国、英国、法国等发达国家则处于 15%~25%的水平，中国全球竞争力总体排名第 28 位，科技创新有待加强。

H2a：与未受产业政策鼓励的企业相比，受产业政策鼓励企业的无形资产投资-内源融资敏感性提高。

H2b：与未受产业政策鼓励的企业相比，受产业政策鼓励企业的无形资产投资-股权融资敏感性提高。

H2c：与未受产业政策鼓励的企业相比，受产业政策鼓励企业的固定资产投资-债权融资敏感性提高。

H2d：与未受产业政策鼓励的企业相比，受产业政策鼓励企业的固定资产投资-股权融资敏感性提高。

三、研究设计

（一）数据来源

本文的窗口期间为2001~2017年。本文在对A股非金融类上市公司进行分析的基础上，探究产业政策对企业投融资互动的影响及该影响的经济后果。本文对样本进行筛选和处理的过程为：①剔除所有者权益非正的样本、ST样本以及主要研究变量缺失的样本；②按5%的水平进行Winsorize处理以消除极端值影响。最终得到2979家样本公司，共16145个观测变量。本文产业政策数据通过手工整理“十五”规划至“十三五”规划文件得到，其他数据主要来自CSMAR数据库。

（二）变量定义和数据描述

（1）产业政策指标。本文参考王克敏等（2017）的研究，根据“五年规划”中相关行业发展规划，确定企业是否属于产业政策支持的行业，若企业属于国家产业政策鼓励发展的行业，产业政策（IP）取值为1，否则为0。

（2）企业投融资指标。借鉴顾群和翟淑萍（2014），内源融资（Inter）用“（期末盈余公积+期末未分配利润-期初盈余公积-期初未分配利润）/期末总资产”赋值；股权融资（Equity）由“（期末股本+期末资本公积-期初股本-期初资本公积）/期末总资产”赋值；债权融资（Debt）用“（期末非流动负债-期初非流动负债）/期末总资产”来衡量；企业总融资规模（AllFin）为内源融资（InterFin）、股权融资（EquityFin）和债权融资（DebtFin）之和。

参考鞠晓生（2013）、王克敏等（2017），企业总投资（AllInv）用“构建固定资产、无形资产和其他长期资产支付的现金/期末资产总额”赋值；固定资产投资（FixInv）用“（期末固定资产+期末工程物资+期末在建工程-期初固定资产-期初工程物资-期初在建工程）/期初固定资产存量”衡量；无形资产投资（IntInv）用“（期末无形资产-期初无形资产）/期初无形资产存量”衡量①。

（3）企业绩效指标。目前，学术界关于企业绩效的衡量指标主要包括总资产报酬率

① 考虑到在2007年实施新会计准则前后无形资产投资的内容发生了很大的改变，在旧的会计准则下，无形资产涵盖的内容很多，包括专利权、非专利技术、商标权、著作权、土地使用权以及商誉等，2007年开始实施的新会计准则中无形资产主要包括专利权和非专利技术，无形资产的增加主要是创新投入的结果，因此本文用2007年之后的样本研究无形资产投资。

(ROA)、净值产报酬率（ROE）和托宾 Q（TQ）。其中，ROA 和 ROE 衡量的是企业的财务绩效，TQ 代表市场绩效，由于 TQ 指标考虑到了上市公司的市场价值因素，且该指标可以在一定程度上避免人为操纵问题，能相对全面地反映一家上市公司的实际绩效。因此，本文借鉴余东华和邱璞(2017)，采用托宾 Q（TQ）作为企业绩效的衡量指标。

（4）控制变量。此外，控制影响企业融资和企业绩效的其他变量，如企业规模（Size）、资产负债比率（Lev）、净资产收益率（ROE）、持有现金（Cash）、股利分配率（Div）、股权集中度（EC）、行业（Industry）和年度（Year）等变量。具体的变量定义及说明如表 1 所示。

表 1　变量定义

变量	变量符号	变量定义
产业政策	IP	公司所处行业属于国务院“五年规划”支持行业，则赋值为 1，否则为 0
内源融资	Inter	（期末盈余公积+期末未分配利润-期初盈余公积-期初未分配利润）/期末总资产
股权融资	Equity	（期末股本+期末资本公积-期初股本-期初资本公积）/期末总资产
债权融资	Debt	（期末非流动负债-期初非流动负债）/期末总资产
企业总融资规模	AllFin	内源融资、股权融资和债权融资之和
企业总投资	AllInv	构建固定资产、无形资产和其他长期资产支付的现金/期末资产总额
固定资产投资	FixInv	（期末固定资产+期末工程物资+期末在建工程-期初固定资产-期初工程物资-期初在建工程）/期初固定资产存量
无形资产投资	IntInv	（期末无形资产-期初无形资产）/期初无形资产
企业绩效	TQ	（每股净资产×非流通股份数+每股价格×流通股份数+负债账面价值）/总资产
企业规模	Size	公司总资产的自然数对数
资产负债比率	Lev	总负债与总资产的比值
净资产收益率	ROE	净利润与所有者权益的比值
持有现金	Cash	货币资金/期末总资产
股利分配率	Div	普通股每股股利与每股收益的比率
股权集中度	EC	前十大股东持股比例（%）
行业	Industry	按照证监会发布的《上市公司行业分类指引（2012 年修订）》对上市公司行业进行划分
年度	Yeard	当处于该年度时为 1，反之为 0

表 2 列示了各变量的描述性统计分析结果。由表可知，整体样本容量为 16145，IP 的均值为 0.561，中位数为 1，表明样本中 56.1%的企业受到产业政策的鼓励，样本分布良好。其他变量的描述性统计如表 2 所示。

表 2　主要变量的描述性统计

	N	Mean	p50	Sd	Min	Max	Range
IP	16145	0.561	1.000	0.496	0.000	1.000	1.000
Internal	16145	0.021	0.018	0.028	-0.031	0.075	0.107
Debt	16145	0.021	0.007	0.052	-0.057	0.132	0.190

续表

	N	Mean	p50	Sd	Min	Max	Range
Equity	16145	0.023	0.000	0.050	-0.004	0.166	0.171
AllFin	16145	0.067	0.046	0.092	-0.064	0.268	0.332
FixInv	16145	0.174	0.089	0.257	-0.100	0.820	0.920
IntInv	12478	0.233	0.015	0.493	-0.184	1.626	1.810
AllInv	16145	0.057	0.044	0.047	0.003	0.160	0.157
TQ	16145	2.084	1.756	0.996	1.035	4.360	3.325
Size	16145	22.155	22.014	1.105	20.559	24.286	3.726
Lev	16145	0.506	0.514	0.171	0.208	0.775	0.567
ROE	16145	0.080	0.074	0.065	-0.032	0.206	0.239
Cash	16145	0.149	0.130	0.086	0.040	0.331	0.291
Div	16145	0.224	0.179	0.221	0.000	0.690	0.690
EC	16145	58.050	58.950	15.939	0.000	100.000	100.000

（三）模型设计

参考 Aivazian 等（2005）、曾宏和廖蕾（2008），并引入产业政策变量，本文建立模型 1 和模型 2 以研究产业政策对企业投融资互动关系的影响。

$$Inv_t = \alpha + \beta_1 IP_t + \beta_2 Fin_t + \beta_3 IP_t \times Fin_t + \beta_i + \beta_t + \gamma Control_t + \varepsilon \quad (1)$$

$$Fin_t = \alpha + \beta_1 IP_t + \beta_2 Inv_t + \beta_3 IP_t \times Fin_t + \beta_i + \beta_t + \gamma Control_t + \varepsilon \quad (2)$$

其中，*Inv* 分别代表企业总投资（AllInv）、固定资产投资（FixInv）和无形资产投资（IntInv）；*Fin* 分别代表企业总融资规模（AllFin）、内源融资（Internal）、股权融资（Equity）和债权融资（Debt）；*IP* 代表产业政策，β_i 为企业个体固定效应，β_t 为时间固定效应，*Control* 为控制变量，ε 为残差项。

模型 1 中，若 β_2 的系数显著为正，表明企业融资规模对企业投资有正向影响；若 β_3 显著为正，则表明与未受产业政策鼓励的企业相比，受产业政策支持的企业融资-投资敏感性提高，假设 1 得以验证。模型 2 中，若 β_2 的系数显著为正，表明企业投资对企业融资有正向影响；若 β_3 显著为正，则表明与未受产业政策鼓励的企业相比，受产业政策支持的企业投资-融资敏感性提高，假设 2 得以验证。

四、产业政策与企业投融资互动的关系研究

（一）产业政策、企业融资与企业投资的关系研究

表 3 列示了产业政策、企业融资与企业总投资的回归分析结果。其中，第 2 列和第 3 列是全样本下的回归分析结果，第 4 列至第 7 列是区分产权性质后国企、非国企子样本中的分析结果。

表 3　产业政策、企业融资与企业总投资的回归分析

	全样本		国企		非国企	
	AllInv	AllInv	AllInv	AllInv	AllInv	AllInv
IP	0.004***	0.002	0.003**	0	0.006**	0.006**
	(2.85)	(1.53)	(2.03)	(0.04)	(2.1)	(2.08)
AllFin	0.131***	0.117***	0.137***	0.107***	0.116***	0.117***
	(33.19)	(21.06)	(25.76)	(13.86)	(19.59)	(14.57)
IP×AllFin		0.025***		0.050***		−0.003
		(3.47)		(5.15)		(−0.24)
_cons	0.064***	0.064***	0.02	0.021	0.044**	0.044**
	(4.95)	(4.99)	(1.2)	(1.26)	(2.06)	(2.05)
N	16145	16145	8828	8828	7317	7317
r2_w	0.163	0.164	0.191	0.194	0.143	0.143

注：***、**、*分别表示0.01、0.05和0.1的显著性水平，括号内为t值；其中标准误差进行了Robust处理；为控制篇幅，并未列示控制变量的回归结果，留文备索。下同。

由第2列可知，产业政策（IP）的系数为0.004，且在1%的水平下显著，表明产业政策会提高企业整体投资水平；企业总融资规模（AllFin）的系数为0.131，且在1%的水平下显著，表明企业融资规模会正向影响企业的总投资水平。由第3列可知，产业政策与企业总融资规模的交叉项（IP×AllFin）的系数为0.025，且在1%的水平下显著，表明产业政策会通过提高企业的融资能力以促进企业投资，也就是说，与未受产业政策鼓励的企业相比，受产业政策鼓励企业的融资-投资敏感性提高，H1得以验证。

进一步区分产权性质的差异，由第5列可知，国企子样本中IP×AllFin的系数显著为正，表明产业政策会通过提高国有企业的融资能力以促进企业投资；由第7列可知，非国企子样本中IP×AllFin的系数未通过显著性检验，表明产业政策并未通过影响非国有企业的融资能力间接诱导企业做出投资决策。

表3的分析结果表明，与未受产业政策鼓励的企业相比，受产业政策鼓励企业的融资-投资敏感性提高，这主要体现在国企中。

（二）产业政策、企业投资与企业融资的关系研究

表4列示了产业政策、企业投资与企业总融资的回归分析结果。其中，第2列和第3列是全样本下的回归分析结果，第4列至第7列是区分产权性质后国企、非国企子样本中的分析结果。

表 4　产业政策、企业投资与企业总融资的回归分析

	全样本		国企		非国企	
	AllFin	AllFin	AllFin	AllFin	AllFin	AllFin
IP	0.006**	0.003	0.005	0.001	0.010*	0.010*
	(2.16)	(0.86)	(1.54)	(0.24)	(1.92)	(1.75)

续表

	全样本		国企		非国企	
	AllFin	AllFin	AllFin	AllFin	AllFin	AllFin
AllInv	0.404***	0.366***	0.473***	0.405***	0.292***	0.289***
	(24.71)	(15.1)	(23.46)	(13.09)	(11.45)	(7.94)
IP×AllInv		0.064**		0.109***		0.005
		(2.12)		(2.89)		(0.11)
_cons	-0.187***	-0.185***	-0.113***	-0.109***	-0.274***	-0.273***
	(-8.93)	(-8.85)	(-5.14)	(-4.99)	(-7.54)	(-7.53)
N	16145	16145	8828	8828	7317	7317
r2_w	0.213	0.214	0.209	0.210	0.219	0.219

由第 2 列可知，产业政策（IP）的系数为 0.006，且在 5%的水平下显著，表明产业政策会提高企业整体融资规模；企业总投资（AllInv）的系数为 0.404，且在 1%的水平下显著，表明企业总投资水平会正向影响企业的融资规模。由第 3 列可知，产业政策与企业总投资规模交叉项（IP×AllInv）的系数为 0.064，且在 5%的水平下显著，表明产业政策会通过提高企业的投资水平正向影响企业的再融资能力，也就是说，与未受产业政策鼓励的企业相比，受产业政策鼓励企业的投资-融资敏感性提高，H2 得以验证。

进一步区分产权性质的差异，由第 5 列可知，国企子样本中 IP×AllInv 的系数显著为正，表明产业政策会通过提高国有企业的投资水平正向影响其再融资能力；由第 7 列可知，非国企子样本中 IP×AllInv 的系数未通过显著性检验，表明产业政策并未通过影响非国有企业的投资水平影响其再融资能力。

表 4 的分析结果表明，与未受产业政策鼓励的企业相比，受产业政策鼓励企业的投资-融资敏感性提高，这主要体现在国企中。

五、基于投融资异质性的产业政策效果检验

（一）基于不同投资类型的检验

1. *产业政策、企业融资与企业固定资产投资*

表 5 列示了产业政策、企业融资与企业固定资产投资的回归分析结果。其中，第 2 列至第 4 列是全样本下的分析结果，第 5 列至第 10 列是区分产权性质后国企和非国企子样本中的分析结果。

根据第 2 列至第 4 列可知，仅产业政策与债权融资交叉项（IP×Debt）的系数显著为正，即产业政策会通过提高企业的债权融资能力，进而激励企业进行固定资产投资。也就是说，与未受产业政策鼓励的企业相比，受产业政策鼓励企业的债权融资-固定资产投资敏感性提高，H1a 得以验证。进一步区分产权性质的差异，根据第 5 列至第 7 列可知，国企子样本中仅 IP×Debt 的系

数显著为正，表明国企子样本中受产业政策鼓励企业的债权融资-固定资产投资敏感性提高；根据第8列至第10列可知，非国企子样本中各交叉项的系数均不显著，表明非国企子样本中受产业政策鼓励企业融资-固定资产投资敏感性并未显著改变。

表5的回归分析结果表明，与未受产业政策鼓励的企业相比，受产业政策鼓励企业的债权融资-固定资产投资敏感性提高，这主要体现在国企中。

表5　产业政策、企业融资与企业固定资产投资的回归分析

	全样本			国企			非国企		
	FixInv	FixInv	FixInv	FixInv	FixInv	FixInv	FixInv	FixInv	FixInv
IP	0.016* (1.84)	0.011 (1.41)	0.001 (0.93)	0.012 (1.23)	0.005 (0.61)	0 (-0.02)	0.038** (2.25)	0.033** (2.03)	0.001 (0.05)
Internal	0.818*** (5.26)			1.052*** (5.1)			0.670*** (2.87)		
Equity		0.992*** (17.39)			1.287*** (15.62)			0.762*** (9.55)	
Debt			1.242*** (23.76)			1.211*** (17.8)			1.051*** (12.18)
IP×Internal	-0.052 (-0.35)			-0.05 (-0.26)			-0.144 (-0.64)		
IP×Equity		0.064 (0.85)			0.137 (1.24)			-0.006 (-0.06)	
IP×Debt			0.348*** (4.93)			0.427*** (4.82)			0.203 (1.63)
_cons	-0.151** (-2.24)	0.037 (0.56)	-0.051 (-0.78)	-0.334*** (-4.42)	-0.160** (-2.23)	-0.184** (-2.55)	-0.239** (-2.05)	-0.044 (-0.39)	-1.287*** (-5.57)
N	16139	16139	16139	8827	8827	8827	7312	7312	7312
r2_w	0.091	0.112	0.167	0.087	0.128	0.179	0.113	0.119	0.189

2. *产业政策、企业融资与企业无形资产投资*

表6列示了产业政策、企业融资与企业无形资产投资的回归分析结果。其中，第2列至第4列是全样本下的分析结果，第5列至第10列是区分产权性质后国企和非国企子样本中的分析结果。

表6　产业政策、企业融资与企业无形资产投资的回归分析

	全样本			国企			非国企		
	IntInv	IntInv	IntInv	IntInv	IntInv	IntInv	IntInv	IntInv	IntInv
IP	0.041 (1.55)	0.046* (1.81)	0.025 (0.96)	0.051 (1.62)	0.054* (1.84)	0.050* (1.66)	0.013 (0.27)	0.013 (0.27)	-0.033 (-0.70)

续表

	全样本			国企			非国企		
	IntInv	IntInv	IntInv	IntInv	IntInv	IntInv	IntInv	IntInv	IntInv
Internal	1.141*** (3.23)			1.856*** (3.71)			0.602 (1.21)		
Equity		1.804*** (14.7)			2.252*** (11.86)			1.452*** (8.85)	
Debt			1.579*** (13.17)			1.452*** (8.83)			1.677*** (9.57)
IP×Internal	0.252 (0.76)			0.436 (0.93)			-0.105 (-0.22)		
IP×Equity		0.026 (1.16)			0.081 (0.32)			0.002 (0.01)	
IP×Debt			0.363** (2.17)			0.231* (1.73)			0.499** (1.98)
_cons	-0.287** (-2.12)	-0.094 (-0.73)	-0.157 (-1.20)	-0.516*** (-3.19)	-0.384** (-2.44)	-0.339** (-2.13)	-0.467** (-2.04)	-0.201 (-0.90)	-0.31 (-1.40)
N	12468	12468	12468	6142	6142	6142	6326	6326	6326
r2_w	0.044	0.064	0.065	0.048	0.079	0.067	0.048	0.059	0.069

根据第 2 列至第 4 列可知，仅产业政策与债权融资交叉项（IP×Debt）的系数显著为正，即产业政策会通过提高企业的债权融资能力，进而激励企业进行无形资产投资。也就是说，与未受产业政策鼓励的企业相比，受产业政策鼓励企业的债权融资-无形资产投资敏感性提高。产业政策与股权融资交叉项的系数并未通过显著性检验，表明产业政策并未提高企业股权融资-无形资产投资的敏感性，H1b 未通过验证。这表明产业政策对资本市场影响的机制尚需完善。进一步区分产权性质的差异后发现，在国企和非国企子样本中，均存在 IP×Debt 的系数显著为正，表明国企和非国企中受产业政策鼓励企业的债权融资-无形资产投资敏感性均显著提高。

表 6 的回归分析结果表明，与未受产业政策鼓励的企业相比，受产业政策鼓励企业的债权融资-无形资产投资敏感性提高，这在国企和非国企中均有体现。

（二）基于不同融资来源的检验

1. 产业政策、企业投资与内源融资

表 7 列示了产业政策、企业投资与内源融资的回归分析结果。其中，第 2 列至第 3 列是全样本下的分析结果，第 4 列至第 7 列是区分产权性质后国企和非国企子样本中的分析结果。

由第 2 列至第 3 列可知，仅产业政策与无形资产投资交叉项（IP×IntInv）的系数显著为正，即产业政策会通过提高企业的无形资产投资水平正向影响企业的内源融资能力。也就是说，与未受产业政策鼓励的企业相比，受产业政策鼓励企业的无形资产投资-内源融资敏感性提高，H2a 得以验证。进一步区分产权性质的差异，第 4 列至第 7 列显示，国企和非国企子样本中 IP×FixInv 和 IP×IntInv 的系数均未通过显著性检验，表明在国企和非国企中产业政策对企业投资-内源融资的敏感度并未产生显著影响。

表 7　产业政策、企业投资与内源融资的回归分析

	全样本		国企		非国企	
	Internal	Internal	Internal	Internal	Internal	Internal
IP	0.001*	0.002*	0.001	0.002	0.002	0.003
	(1.75)	(1.84)	(1.18)	(1.22)	(1.03)	(1.51)
FixInv	0.012***		0.014***		0.010***	
	(11.18)		(9.31)		(6.25)	
IntInv		0.003***		0.003***		0.002***
		(4.64)		(3.59)		(2.79)
IP×FixInv	0.001		0		-0.001	
	(0.33)		(-0.06)		(-0.48)	
IP×IntInv		0.001*		0.002		0.001
		(1.78)		(1.53)		(0.75)
_cons	-0.117***	-0.144***	-0.084***	-0.121***	-0.163***	-0.171***
	(-16.76)	(-17.32)	(-9.05)	(-10.56)	(-14.44)	(-13.19)
N	16139	12468	8827	6142	7312	6326
r2_w	0.24	0.21	0.281	0.249	0.193	0.178

表 7 的回归分析结果表明，与未受产业政策鼓励的企业相比，虽然受产业政策鼓励企业的无形资产投资-内源融资敏感性得到提高，但效果却十分微弱。

2. 产业政策、企业投资与债权融资

表 8 列示了产业政策、企业投资与债权融资的回归分析结果。其中，第 2 列至第 3 列是全样本下的分析结果，第 4 列至第 7 列是区分产权性质后国企和非国企子样本中的分析结果。

表 8　产业政策、企业投资与债权融资的回归分析

	全样本		国企		非国企	
	Debt	Debt	Debt	Debt	Debt	Debt
IP	0.001	0.005*	0.003	0	0.009***	0.014***
	(0.69)	(1.89)	(1.42)	(0.13)	(2.97)	(3.02)
FixInv	0.058***		0.062***		0.053***	
	(5.72)		(8.43)		(6.98)	
IntInv		0.018***		0.017***		0.018***
		(13.83)		(8.51)		(10.22)
IP×FixInv	0.009***		0.022***		-0.004	
	(3.05)		(4.95)		(-0.97)	
IP×IntInv		0.002		0.004	0.001	0.001
		(1.15)		(1.39)	(0.79)	(0.24)

续表

	全样本		国企		非国企	
	Debt	Debt	Debt	Debt	Debt	Debt
_cons	-0.044*** (-4.20)	-0.041*** (-3.29)	-0.050*** (-3.61)	-0.061*** (-3.44)	-0.052*** (-2.85)	-0.053** (-2.55)
N	16139	12468	8827	6142	7312	6326
r2_w	0.126	0.068	0.145	0.074	0.115	0.076

由第 2 列至第 3 列可知，仅产业政策与固定资产投资交叉项（IP×FixInv）的系数显著为正，即产业政策会通过提高企业的固定资产投资水平正向影响企业的债权融资能力。也就是说，与未受产业政策鼓励的企业相比，受产业政策鼓励企业的固定资产投资-债权融资敏感性提高，H2c 得到验证。进一步区分产权性质的差异，由第 4 列至第 7 列可知，国企子样本中仅 IP×FixInv 的系数显著为正，表明国企子样本中受产业政策鼓励企业的固定资产投资-债权融资敏感性提高；非国企子样本中各交叉项的系数均不显著，表明非国企子样本中受产业政策鼓励企业投资-债权融资敏感性并未显著改变。

表 8 的回归分析结果表明，与未受产业政策鼓励的企业相比，受产业政策鼓励企业的固定资产投资-债权融资敏感性提高，这主要体现在国企中。

3. 产业政策、企业投资与股权融资

表 9 列示了产业政策、企业投资与股权融资的回归分析结果。其中，第 2 列至第 3 列是全样本下的分析结果，第 4 列至第 7 列是区分产权性质后国企和非国企子样本中的分析结果。

表 9　产业政策、企业投资与股权融资的回归分析

	全样本		国企		非国企	
	Equity	Equity	Equity	Equity	Equity	Equity
IP	0.001 (0.8)	0.001 (0.55)	0.002 (1.1)	0.000 (0.9)	0.001 (0.77)	-0.002 (-0.44)
FixInv	0.036*** (6.05)		0.046*** (16.2)		0.030*** (8.59)	
IntInv		0.017*** (2.99)		0.020*** (11.56)		0.015*** (7.46)
IP×FixInv	0.009** (2.35)		0.019*** (3.62)		0.004 (0.78)	
IP×IntInv		0.002 (1.01)		0.001 (0.55)		0.003 (1.12)
_cons	-0.179*** (-12.62)	-0.151*** (-9.10)	-0.052*** (-4.36)	-0.034** (-2.07)	-0.236*** (-9.48)	-0.219*** (-7.89)
N	16139	12468	8827	6142	7312	6326
r2_w	0.162	0.16	0.136	0.133	0.179	0.177

由第 2 列至第 3 列可知，产业政策与无形资产投资交叉项（IP×IntInv）的系数未通过显著性检验，H2b 未得到检验，这表明产业政策支持下企业无形资产投资的增加并未吸引更多的股权融资，这与当前我国整体创新投资的价值转化较低密不可分。产业政策与固定资产投资交叉项（IP×FixInv）的系数显著为正，即产业政策会通过提高企业的固定资产投资水平正向影响企业的股权融资能力。也就是说，与未受产业政策鼓励的企业相比，受产业政策鼓励企业的固定资产投资-股权融资敏感性提高，H2d 得到验证。进一步区分产权性质的差异，由第 4 列至第 7 列可知，在国企子样本中，仅 IP×FixInv 的系数显著为正，表明国企子样本中受产业政策鼓励企业的固定资产投资-股权融资敏感性提高；非国企子样本中各交叉项的系数均不显著，表明非国企子样本中受产业政策鼓励企业投资-股权融资敏感性并未显著改变。

表 9 的回归分析结果表明，与未受产业政策鼓励的企业相比，受产业政策鼓励企业的固定资产投资-股权融资敏感性提高，这主要体现在国企中。

六、产业政策对企业投融资互动的跨期稳健性检验

企业投融资决策的影响一般具有时间滞后性。在产业政策支持下，如果企业在第 t 期获得大规模融资，出于资本最优配置的考虑，一定会影响企业第 $t+1$ 期的投资规模和投资类型；而企业第 t 期投资规模和投资类型的变化，也势必会影响企业第 $t+1$ 期的融资规模，因此，本文进一步设计跨期影响的实证模型，对产业政策影响下企业投融资互动关系的变化进行稳健性检验，模型 3 和模型 4 如下所示：

$$Inv_{t+1} = \alpha + \beta_1 IP_t + \beta_2 Fin_t + \beta_3 IP_t \times Fin_t + \beta_i + \beta_t + \gamma Control_t + \varepsilon \tag{3}$$

$$Fin_{t+1} = \alpha + \beta_1 IP_t + \beta_2 Inv_t + \beta_3 IP_t \times Fin_t + \beta_i + \beta_t + \gamma Control_t + \varepsilon \tag{4}$$

（一）产业政策、企业融资与企业投资的跨期检验

表 10 展示了产业政策、企业融资与企业投资跨期影响的实证分析结果。其中，第 2 列是产业政策、企业融资与企业总投资的回归分析结果；第 3 列至第 5 列是产业政策、企业融资与企业固定资产投资的回归分析结果；第 6 列至第 8 列是产业政策、企业融资与企业无形资产投资的回归分析结果。

表 10　产业政策、企业融资与企业投资跨期影响的稳健性检验

	$AllInv_{t+1}$	$FixInv_{t+1}$	$FixInv_{t+1}$	$FixInv_{t+1}$	$IntInv_{t+1}$	$IntInv_{t+1}$	$IntInv_{t+1}$
IP	0.006*** (3.48)	0.013 (1.30)	0.022* (1.75)	0.026** (2.05)	0.018 (1.58)	0.011 (1.36)	0.018 (1.52)
AllFin	0.067*** (8.67)						
Internal		0.109 (0.5)			0.043 (0.08)		

续表

	$AllInv_{t+1}$	$FixInv_{t+1}$	$FixInv_{t+1}$	$FixInv_{t+1}$	$IntInv_{t+1}$	$IntInv_{t+1}$	$IntInv_{t+1}$
Equity			0.280** (2.4)			0.338* (1.73)	
Debt				0.673*** (6.86)			0.365** (2.12)
IP×AllFin	0.020** (2.06)						
IP×Internal		0.044 (0.21)			0.018 (1.04)		
IP×Equity			0.152 (0.97)			0.352 (1.33)	
IP×Debt				0.026 (1.2)			0.003* (1.71)
_cons	0.098*** (5.46)	0.235*** (-3.13)	0.190** (-2.06)	0.225** (-2.47)	0.385** (-2.21)	0.381** (-2.21)	0.408** (-2.38)
N	6972	6972	6972	6972	5155	5155	5155
r2_w	0.202	0.081	0.029	0.04	0.035	0.035	0.034

由第2列可知，产业政策与企业总融资规模交叉项（IP×AllFin）系数显著为正，表明产业政策会通过提高企业的融资能力以促进企业做出下一期的投资决策，与前文研究结论一致，H1得到稳健性验证。由第3列至第5列可知，产业政策与企业债权融资规模的交叉项（IP×Debt）系数并未通过显著性检验，这与前文H1a结论不相符。由第6列至第8列可知，产业政策与企业债权融资规模的交叉项（IP×Debt）系数显著为正，表明产业政策会通过提高企业的债权融资能力以促进企业做出下一期的无形资产投资决策，与前文研究结论一致，H1b得到稳健性验证。

张纯和潘亮（2012）、王克敏等（2017）等均发现，受产业政策鼓励发展的行业可以持续获得更多银行借款进行固定资产投资。因此，本文接下来将进一步分析产业政策、企业债权融资与企业固定资产投资的跨期影响。其中，企业债权融资细分为交易型债权融资（TDebt）与关系型债权融资（RDebt），关系型债务融资（RDebt）= 银行贷款/（银行贷款+应付票据+应付债券），交易型债务融资（Tdebt）=（应付票据+应付债券）/（银行贷款+应付票据+应付债券），两种债权融资参与公司治理机制不同，对企业行为的影响存在差异（郭韬等，2017）。

表11列示出了产业政策、企业债权融资与企业固定资产投资跨期影响的稳健性检验分析结果。由第2列可知产业政策与关系型债权融资交叉项（IP×RDebt）的系数显著为正，而产业政策与交易型债权融资交叉项（IP×TDebt）的系数未通过显著性检验，表明产业政策主要通过提高关系型债券融资规模提高企业下一期投资规模，这与前文H1a结论相符，H1a通过稳健性检验。

表 11　产业政策、企业债权融资与企业固定资产投资跨期影响的稳健性检验

	$FixInv_{t+1}$	$FixInv_{t+1}$
IP	0. 033*** (2. 68)	0. 028** (2. 30)
RDebt	0. 497*** (6. 57)	
TDebt		0. 126 (0. 63)
IP×RDebt	0. 223** (2. 28)	
IP×TDebt		0. 537 (0. 96)
_cons	0. 205** (2. 25)	0. 203** (2. 2)
N	6972	6972
r2_w	0. 044	0. 031

(二) 产业政策、企业投资与企业融资的跨期检验

表 12 展示了产业政策、企业投资与企业融资跨期影响的实证分析结果。其中，第 2 列是产业政策、企业投资与企业总融资的回归分析结果；第 3 列、第 4 列是产业政策、企业投资与企业债权融资的回归分析结果；第 5 列、第 6 列是产业政策、企业投资与企业股权融资的回归分析结果。

表 12　产业政策、企业投资与企业融资跨期影响的稳健性检验

	$AllFin_{t+1}$	$Internal_{t+1}$	$Internal_{t+1}$	$Debt_{t+1}$	$Debt_{t+1}$	$Equity_{t+1}$	$Equity_{t+1}$
IP	0. 003 (1. 03)	0. 002** (2. 57)	0. 004*** (3)	0. 004* (1. 87)	0. 004 (1. 41)	0 (0. 11)	0. 002 (0. 7)
AllInv	0. 237*** (8. 9)						
FixInv		0. 003** (2. 41)		0. 020*** (7. 01)		0. 004 (1. 43)	
IntInv			0. 001* (1. 88)		0. 007*** (4. 52)		0. 005*** (3. 36)
IP×AllInv	0. 082** (2. 47)						
IP×FixInv		-0. 001 (-0. 61)		(2. 11)		0. 007** (2. 01)	

续表

	AllFin$_{t+1}$	Internal$_{t+1}$	Internal$_{t+1}$	Debt$_{t+1}$	Debt$_{t+1}$	Equity$_{t+1}$	Equity$_{t+1}$
IP×IntInv			0 (-0.17)		-0.002 (-1.05)		0 (0.18)
_cons	0.129*** (6.22)	-0.050*** (-5.78)	-0.062*** (-5.79)	-0.029** (-2.17)	-0.008 (-0.51)	0.175*** (12.74)	0.214*** (12.9)
N	12080	11698	8528	11698	8528	11698	8528
r2_w	0.091	0.138	0.127	0.03	0.03	0.074	0.081

由第2列可知，产业政策与企业总投资的交叉项（IP×AllInv）系数显著为正，表明产业政策会通过提高企业的投资水平以提高企业下一期的再融资能力，与前文研究结论一致，H2得到稳健性验证。由第3列、第4列可知，产业政策与企业固定资产投资交叉项（IP×FixInv）、产业政策与企业无形资产投资交叉项（IP×IntInv）的系数均未通过显著性检验，表明产业政策并未通过提高企业的投资水平来提高企业下一期内源融资的再融资能力，这与表7的研究结论存在差异（表7中IP×IntInv的系数为0.001，且在10%的水平下显著）。这表明产业政策通过提高企业的无形资产投资水平正向影响企业内源融资能力的研究结论并不稳健。这与无形资产投资的高风险性、高周期性等异质性特征密切相关。由第5列、第6列可知，IP×FixInv的系数显著为正，表明产业政策会通过提高企业的固定资产投资水平以提高企业下一期债权融资的再融资能力，H2c得到稳健性验证。由第7列、第8列可知，IP×FixInv的系数显著为正，表明产业政策会通过提高企业的固定资产投资水平以提高企业下一期股权融资的再融资能力，H2d得到稳健性验证。

七、产业政策影响企业投融资互动的经济后果分析

根据前文的理论与实证分析发现，产业政策能够提高企业投融资决策之间的敏感度。进一步考虑，产业政策影响企业投融资互动的经济效果如何？产业政策会通过融资治理功效和投资价值创造之间的相互影响作用于企业绩效。根据企业融资理论，企业采用的主要融资工具具有一定的公司治理能力，如债权融资具有“条约治理”，股权融资具有“随意处置治理”。债权融资和股权融资分别通过“条约治理”和“随意处置治理”参与公司治理，因此，企业的融资决策会对投资决策及投资价值产生影响。同样，企业的投资决策不仅是一种简单的资金支出，而且是为企业创造价值的重要财务决策行为。企业进行越多合理的投资活动，未来就会获得更多的盈利能力，从而使企业产生更高的融资能力。也就是说，企业投融资决策之间不仅是一种简单的资金供给和资金需求的关系，而且是基于破产成本、税收利益等产生的价值因素的一种协调和适应关系。产业政策能够提高企业投融资决策之间的敏感度，因此受产业政策鼓励的企业更易形成投融资互动的协调适应关系以创造更多的价值，提升企业绩效。基于此，本文提出如下假设：

H3：与未受产业政策鼓励的企业相比，受鼓励企业投融资互动关系的协调和适应会提高企业绩效。

为了检验产业政策、企业投融资互动与企业绩效之间的关系，本文建立模型5：

$$TQ_t = \alpha + \beta_1 IP_t + \beta_2 Fin_t + \beta_3 Inv_t + \beta_4 IP_t \times Fin_t + \beta_5 IP_t \times Inv_t + \beta_6 IP_t \times Fin_t \times Inv_t +$$

$\beta_i + \beta_t + \gamma Control_t + \varepsilon$

式中，$IP \times Fin$ 是产业政策与企业融资的交叉项，$IP \times Inv$ 是产业政策与企业投资的交叉项，$IP \times Fin \times Inv$ 是产业政策、企业融资与企业投资的交叉项。若 β_4 、β_5 为正，则表明产业政策会通过企业融资、企业投资正向影响企业绩效，若 β_6 显著为正，则表明产业政策会通过企业投融资互动正向影响企业绩效，H3 得以验证。

表 13 列示了产业政策、企业投融资互动与企业绩效的回归分析结果。其中，第 2 列至第 4 列是全样本下的分析结果，第 5 列至第 10 列是区分产权性质下国企和非国企中的分析结果。

表 13　产业政策、企业投融资互动与企业绩效的回归分析

	全样本			国企			非国企		
	TQ	TQ	TQ	TQ	TQ	TQ	TQ	TQ	TQ
IP	0.075*** (4.1)	0.080*** (4.26)	0.094*** (4.67)	0.083*** (4.18)	0.095*** (4.21)	0.097*** (4.05)	0.053 (1.4)	0.063* (1.68)	0.076* (1.84)
AllFin	0.105 (1.45)		0.006 (0.08)	0.036 (0.38)		-0.005 (-0.05)	0.003 (0.03)		-0.014 (-0.13)
AllInv		0.369*** (3.63)	0.366*** (3.22)		0.453** (2.15)	0.481** (2.25)		0.179 (0.74)	0.269 (1.01)
IP×AllFin	0.284*** (3.03)		0.079 (0.63)	0.267** (2.26)		0.071 (0.46)	0.257* (1.8)		-0.084 (-0.45)
IP×AllInv		0.241* (1.9)	0.308* (1.80)		0.223 (0.9)	-0.257 (-0.89)		0.290 (1.16)	0.269 (-0.92)
IP×AllFin×AllInv			3.647*** (4.46)			2.818* (1.83)			5.750*** (2.82)
_cons	12.462*** (65.49)	12.527*** (68.23)	12.448*** (65.48)	10.692*** (41.65)	10.502*** (41.13)	10.653*** (41.48)	13.596*** (41.53)	13.715*** (44.92)	13.515*** (41.24)
N	16145	16906	16144	8828	8980	8828	7317	7927	7317
r2_w	0.493	0.5	0.495	0.514	0.519	0.515	0.526	0.534	0.527

第 2 列和第 3 列显示，产业政策与企业融资交叉项（IP×AllFin）、产业政策与企业投资交叉项（IP×AllInv）的系数均显著为正，表明产业政策会通过提高企业融资水平和投资水平来提高企业绩效；第 4 列显示，产业政策、企业融资与企业投资交叉项（IP×AllFin×AllInv）的系数为 3.647，且在 1%的水平下显著，表明产业政策会通过企业投融资互动提高企业绩效。

进一步区分产权性质差异后发现，国企和非国企中 IP×AllFin 的系数均显著为正，IP×AllFin×AllInv 的系数也均显著为正，表明在国企和非国企中，产业政策会提高企业的融资水平进而提高投资水平，最终提升企业绩效。国企和非国企子样本中 IP×AllInv 的系数均未通过显著性检验，表明产业政策支持下企业总投资水平的提高并未显著改善企业绩效，产业政策支持下企业投资效率有待提高。

根据产业政策与企业投融资互动关系的研究可知，与未受产业政策鼓励的企业相比，受产业政策鼓励企业的债权融资-企业各类型投资敏感性提高，同时固定资产投资-企业三种融资来源敏感性亦提高。因此，在进一步考虑产业政策对不同融资来源与各投资类型之间互动关系的影响将怎样作用于企业绩效时需重点考虑债权融资和固定资产投资互动机制的经济后果。表 14 列示了分析结果。

表 14　产业政策、企业固定资产投资债权融资互动与企业绩效的回归分析

	TQ	TQ	TQ
IP	0.090*** (5.12)	0.095*** (4.82)	0.088*** (4.81)
Debt	0.069 (0.58)		0.041 (0.34)
FixInv		-0.047* (-1.67)	0.025 (0.96)
IP×Debt	0.202 (1.27)		-0.056 (-0.30)
IP×FixInv		0.096*** (2.6)	0.002 (0.05)
IP×Debt× FixInv			0.912** (2.28)
_cons	12.222*** (61.75)	2.151*** (16.27)	12.248*** (61.84)
N	16145	16139	16139
r2_w	0.493	0.414	0.493

根据第 2 列可知，产业政策与企业债权融资交叉项（IP×Debt）的系数未通过显著性检验，表明产业政策不会通过提高企业负债水平来提升企业绩效；根据第 3 列可知，产业政策与企业固定资产投资交叉项（IP×FixInv）的系数显著为正，表明产业政策会通过提高企业固定资产投资水平来提升企业绩效；根据第 4 列可知，产业政策、企业固定资产投资与债权融资交叉项（IP×Debt×FixInv）系数显著为正，表明产业政策会通过企业固定资产投资与债权融资的互动机制正向影响企业绩效。

表 14 和表 15 的分析结果表明，产业政策会通过企业投融资互动提高企业绩效，其中比较突出的是，产业政策会通过企业固定资产投资与债权融资的互动机制正向影响企业绩效。

八、研究结论与启示

本章基于产业政策相关理论和企业投融资互动相关理论，对中国“十五”规划到“十三五”

规划期间的中国A股上市公司进行实证分析，以研究产业政策、企业投融资互动与企业绩效的关系。研究发现：

第一，与未受产业政策鼓励的企业相比，受产业政策鼓励企业的融资-投资敏感性、投资-融资敏感性均得到提高，这表明受产业政策鼓励的企业更易形成投融资互动的协调适应关系。

第二，考虑到投融资的异质性，受产业政策鼓励企业的债权融资-固定资产投资、债权融资-无形资产投资敏感性均显著提高，由此可以看出，银行信贷是产业政策影响企业投融资行为的主要工具；受产业政策鼓励企业的固定资产投资-债权融资敏感性、固定资产投资-股权融资敏感性均显著提高，由此可以看出，固定资产投资是企业进行再融资的重要保障。党的十九大报告明确提出要深化供给侧结构性改革，去杠杆、去库存是企业可持续发展必须解决的难题。而本文的研究发现暴露出产业政策实施过程中的些许问题，即产业政策工具选择和投资导向偏离供给侧结构性改革方向，这就为政府宏观调控提出了新要求。中国的产业政策实施已经到了由选择性产业政策向功能性产业政策过渡的关键时期，适度弱化政府的直接干预，突出创新政策和市场机制的运用已是政府的必然选择。

第三，区分产权性质差异的研究发现，产业政策对企业投融资互动关系的影响主要体现在国企中，民企中表现并不明显。这说明我国非国企"金融歧视"现状仍较为严重，破解非国企融资难题，激发非国企经济活力是产业政策调控过程中需要重点关注的问题。

第四，进一步分析产业政策影响企业投融资互动的经济后果发现，产业政策会通过企业投融资互动提高企业绩效，其中比较突出的是，产业政策会通过企业固定资产投资与债权融资的互动机制正向影响企业绩效。这就要求政府在进行宏观调控时要密切关注企业投融资决策之间的联动效应，充分评估政策实施带来的微观经济效果，以提高政府政策执行效率。

本文的研究结论从企业投融资互动及企业绩效角度为中国产业政策经济效果的争论提供了微观层面的经验数据；同时，本文对如何运用产业政策以深化供给侧结构性改革具有重要启示，对新时代下政府如何充分利用企业投融资之间的联动效应进行宏观调控，进而促进产业结构优化升级具有重要意义。

参考文献

[1] Baxter N. Leverage, risk of ruin and the cost of capital [J]. Journal of Finance, 1967 (22): 395-403.

[2] Jensen M, Meckling W. Theory of the firm: Managerial behavior, agency costs, and ownership structure [J]. Journal of Financial Economics, 1976 (2): 305-360.

[3] Miller H. Debt and taxes [J]. Journal of Finance, 1977 (32): 261-275.

[4] Dhrymes P J, Kurz M. Investment, dividend and external finance behavior of firms [A] //In Ferber. Determinant of Investment Behavior [C]. New York: National Bureau of Economic Research, 1967.

[5] Kraus A, Litzenberger R H. A state-preference model of optimal financial leverage [J]. Journal of Finance, 1973 (28): 911-922.

[6] Hong H, Rappaport A. Debt capacity, optimal capital structure, and capital budgeting analysis [J]. Financial Management, 1978 (7): 7-11.

[7] De Angelo H, Masulis R W. Optimal capital structure under corporate and personal taxation [J]. Journal of Financial Economics, 1980, 8 (1): 3-29.

[8] Myers S C. Determinants of corporate borrowing [J]. Journal of Financial Economics, 1977 (9): 147-176.

[9] 刘星，彭程. 负债融资与企业投资决策：破产风险视角的互动关系研究 [J]. 管理工程学报，2009 (1): 104-111.

[10] 郭宏，聂永川. 税收与企业投融资相互关系及影响实证研究 [J]. 工业技术经济，2013 (7): 45-51.

[11] 彭程，刘怡，常欢. 企业投资支出与负债融资相互关系：基于同期互动机制的实证研究 [J]. 云南财

经大学学报，2016，32（6）：90-102.

［12］王克敏，刘静，李晓溪. 产业政策、政府支持与公司投资效率研究［J］. 管理世界，2017（3）：113-124，145，188.

［13］杨蓉，刘婷婷，高凯. 产业政策扶持、企业融资与制造业企业创新投资［J］. 山西财经大学学报，2018（11）：41-51.

［14］南晓莉，韩秋. 战略性新兴产业政策不确定性对研发投资的影响［J］. 科学学研究，2019（2）：254-266.

［15］张纯，潘亮. 转型经济中产业政策的有效性研究——基于我国各级政府利益博弈视角［J］. 财经研究，2012，38（12）：85-94.

［16］张新民，张婷婷，陈德球. 产业政策、融资约束与企业投资效率［J］. 会计研究，2017（4）：12-18，95.

［17］Lu Y，Wang J，Zhu L. Do place-based policies work? Micro-level evidence from China's economic zone program［J］. Social Science Electronic Publishing，2015，21（3）：401-429.

［18］钟凯，程小可，肖翔，郑立东. 宏观经济政策影响企业创新投资吗——基于融资约束与融资来源视角的分析［J］. 南开管理评论，2017，20（6）：4-14，63.

［19］Criscuolo C，Martin R，Overman H，et al. The causal effects of an industrial policy［R］. CEP Discussion Paper，2016：1113.

［20］姜国华，饶品贵. 宏观经济政策与微观企业行为——拓展会计与财务研究新领域［J］. 会计研究，2011（3）：9-18，94.

［21］赵岩，王钧. 关于负债融资与投资规模相关性研究——基于2004～2009年中国数据的实证检验［J］. 经济问题，2011（4）：78-82.

［22］陆蓉，何婧，崔晓蕾. 资本市场错误定价与产业结构调整［J］. 经济研究，2017，52（11）：104-118.

［23］王文甫，明娟，岳超云. 企业规模、地方政府干预与产能过剩［J］. 管理世界，2014（10）：17-36，46.

［24］Matthew A. Shapiro. The political economy of R&D collaboration：Micro-and Macro-Level implication［D］. University of Southern California，2008.

［25］谭劲松，冯飞鹏，徐伟航. 产业政策与企业研发投资［J］. 会计研究，2017（10）：58-64，97.

［26］彭程，刘怡，代彬. 企业投融资互动机制下的信贷违约风险——基于中国上市公司的实证研究［J］. 财经论丛，2018（7）：48-59.

［27］顾群，翟淑萍. 融资约束、研发投资与资金来源——基于研发投资异质性的视角［J］. 科学学与科学技术管理，2014，35（3）：15-22.

［28］鞠晓生. 中国上市企业创新投资的融资来源与平滑机制［J］. 世界经济，2013，36（4）：138-159.

［29］余东华，邱璞. 产业政策偏好、社会责任属性与民营企业绩效［J］. 财经问题研究，2017（7）：20-27.

［30］Varouj A. Aivazian，Ying Ge，Jiaping Qiu. The impact of leverage on firm investment：Canadian evidence［J］. Journal of Corporate Finance，2005（1）：157-189.

［31］曾宏，廖蕾. 不同竞争形态下公司投融资决策的互动关系研究［J］. 统计与决策，2008（19）：89-91.

［32］郭韬，任雪娇，赵丽丽. 关系型融资对创新型企业R&D投资影响的门槛效应研究——基于信息不对称和融资结构的门槛视角［J］. 管理评论，2017，29（7）：61-69.

附　录

“光辉的足迹”

——中国企业管理研究会大事记

1. 1981 年　在著名经济学家马洪、蒋一苇倡议下，中国工业企业管理教育研究会在京成立。同年，中国工业企业管理教育研究会就组织编写出版了高等学校文科教材《工业企业管理》(上、下两册)。该教材于 1986 年修订再版，分为三册。以上两版由中国财政经济出版社出版，仅 1986 年版发行量达 22.6 万套。1998 年中国企业管理研究会对该书进行了再次修订。

2. 1995 年 3 月　经民政部批准，中国工业企业管理教育研究会更名为中国企业管理研究会，成为全国性的、企业管理专业学术研究的社团组织。

3. 1999 年 10 月 23~25 日　中国企业管理研究会在京举办了“跨世纪中国企业改革与发展暨中国企业管理研究会 1999 年年会”，近 200 名与会代表围绕中共中央十五届四中全会关于国有企业改革与发展若干重大问题的决议，对国有企业改革与发展的重大问题进行了研讨，并选举了第二届中国企业管理研究会理事会。

4. 2000 年 9 月　中国企业管理研究会编辑、经济管理出版社出版了《跨世纪中国企业改革、管理与发展》一书。

5. 2000 年 10 月　中国企业管理研究会与兖州矿务集团公司在山东省兖州市共同举办了“网络经济与企业管理创新暨中国企业管理研究会 2000 年年会”，100 多名与会代表对网络经济、知识管理等问题进行了探讨。

6. 2001 年初　在中国企业管理研究会倡议和协办下，《经济管理》由月刊改为半月刊，其中下半月刊为《经济管理・新管理》，定位为全国性的纯管理学术性杂志。中国企业管理研究会也有了自己的会刊。

7. 2001 年 11 月 17~18 日　中国企业管理研究会与中国小商品城集团公司在浙江省义乌市共同举办了“中国中小企业改革与发展暨中国企业管理研究会 2001 年年会”，100 多名与会代表围绕中小企业改革、管理与发展问题进行了研讨。

8. 2002 年 4 月　由中国企业管理研究会和首都经济贸易大学联合举办了企业管理学科建设研讨会，全国各大高校管理学科带头人都参加了这次研讨会，对我国未来企业管理学科发展的若干重大问题进行了探讨。

9. 2002 年 10 月　第一本中国企业管理研究会年度报告《中国中小企业改革与发展》由中国财政经济出版社出版。

10. 2002 年 11 月 30 日~12 月 2 日　中国企业管理研究会与苏州创元集团在江苏省苏州市共同召开了“核心竞争力与企业管理创新暨中国企业管理研究会 2002 年年会”，100 多名与会代表就企业核心竞争力的界定、评价、培育等一系列问题进行了研讨。

11. 2003 年 2 月　在企业会员单位支持下，中国企业管理研究会设立了五个招标课题，向全体会员单位招标，到2003年10月，各个招标课题都被高质量地完成。

12. 2003年8月　第二本中国企业管理研究会年度报告《企业核心竞争力问题研究》由中国财政经济出版社出版。

13. 2003年11月30日~12月1日　中国企业管理研究会与东胜精攻石油开发股份有限公司在山东省东营市共同举办了“中国能源企业的改革与发展暨中国企业管理研究会2003年年会”，100多名与会代表围绕能源企业发展战略、企业改革和管理创新等问题进行了全面的探讨。

14. 2004年9月　第三本中国企业管理研究会年度报告《中国能源企业的战略选择与管理创新》由中国财政经济出版社出版。

15. 2004年9月18~19日　中国企业管理研究会与辽宁大学工商管理学院在辽宁省沈阳市共同举办了“东北老工业基地振兴与管理现代化暨中国企业管理研究会2004年年会”，近200名与会代表围绕东北老工业基地振兴与管理现代化问题进行了研讨，并选举了中国企业管理研究会第三届理事会和领导人员。

16. 2005年4月　第四本中国企业管理研究会年度报告《东北老工业基地振兴与管理现代化》由中国财政经济出版社出版。

17. 2005年9月23~24日　中国企业管理研究会与厦门大学管理学院在福建省厦门市共同举办了“管理学发展及其方法论问题”学术研讨会，近百名与会代表围绕管理学方法论、管理学科学化、中国式企业管理、管理学学科建设等问题进行了全面、深入的探讨。

18. 2005年12月　中国企业管理研究会、中国社会科学院管理科学研究中心、中国社会科学院企业管理重点学科共同主编的“管理学发展及其方法论问题”学术研讨会会议论文集《管理学发展及其方法论研究》，由中国财政经济出版社出版。

19. 2005年12月18~19日　中国企业管理研究会与国联集团在江苏省无锡市共同举办了“中国企业社会责任暨中国企业管理研究会2005年年会”，近200名与会代表围绕企业社会责任理论、中国企业社会责任实践、国外企业社会责任实践的经验和教训等方面的问题进行了研讨。

20. 2006年5月　第五本中国企业管理研究会年度报告《中国企业社会责任报告》由中国财政经济出版社出版。

21. 2006年11月25~26日　中国企业管理研究会、江西财经大学、中国社会科学院管理科学研究中心在江西省南昌市共同举办了“中国企业自主创新与品牌建设暨中国企业管理研究会2006年年会”，近200名与会代表围绕中国企业自主创新和品牌建设的理论与实践问题进行了研讨。

22. 2007年8月　第六本中国企业管理研究会年度报告《中国企业自主创新与品牌建设报告》由中国财政经济出版社出版。

23. 2007年9月22~24日　中国企业管理研究会、山西财经大学工商管理学院、中国社会科学院管理科学研究中心在山西省太原市共同举办了“中国企业持续成长问题学术研讨会暨中国企业管理研究会2007年年会”，近200名与会代表围绕中国企业持续成长的理论与实践问题进行了研讨。

24. 2008年5月　第七本中国企业管理研究会年度报告《中国企业持续成长研究报告》由中国财政经济出版社出版。

25. 2008年9月2日　中国企业管理研究会与中国社会科学院工业经济研究所共同举办了“中国企业管理论坛——宏观经济调控与企业发展”。

26. 2008年9月6~8日　中国企业管理研究会、重庆工商大学、中国社会科学院管理科学研究中心在重庆市共同举办了“中国企业改革发展三十年理论与实践研讨会暨中国企业管理研究会2008年年会”，近200名与会代表围绕中国企业改革发展的理论与实践问题进行了研讨。

27. 2008年12月　第八本中国企业管理研究会年度报告《中国企业改革发展三十年》由中国财政经济出版社出版。

28. 2009年10月12~13日　中国企业管理研究会、东华大学、中国社会科学院管理科学研究中心在上海市共同举办了“国际金融危机与中国企业发展学术研讨会暨中国企业管理研究会2009年年会”。来自中国社会科学院、中国人民大学、清华大学、东华大学、国家电网、招商局集团等院校、企业的近200名管理学专家，就国际金融危机背景下中国企业的自主创新、兼并重组、品牌建设和战略转型等专题进行了深入研讨。

29. 2010年4月24日　中国企业管理研究会、中国社会科学院管理科学研究中心、湖南农业大学商学院、湖南农业大学涉农企业研究所在湖南省长沙市共同举办了“新时期公司治理”专题研讨会，立足于后金融危机的大背景，深入探讨新时期公司治理理论与实践。与会代表就公司治理的一般问题、国有企业公司治理、民营企业公司治理、公司治理绩效的实证等专题展开研讨。

30. 2010年4月17日　由中国比较管理研究会筹委会、蒋一苇企业改革与发展学术基金会、经济管理出版社、《比较管理》编辑部主办，南京工业大学经济管理学院承办，上海外国语大学跨文化管理研究中心、首都经济贸易大学工商管理学院协办的第二届全国比较管理研讨会在南京召开。

31. 2010年10月23日　由中国企业管理研究会、首都经济贸易大学、经济管理出版社、《中国工业经济》杂志社、《比较管理》编辑部、《战略管理》编辑部主办，中国社会科学院管理科学与创新发展研究中心和首都企业改革与发展研究会协办，首都经济贸易大学工商管理学院承办的第三届全国比较管理研讨会在北京会议中心举行。此次研讨会主题为：比较管理的演化理论、方法及其案例分析。

32. 2010年11月　第九本中国企业管理研究会年度报告《国际金融危机与中国企业发展》由中国财政经济出版社正式出版。

33. 2010年12月3~5日　由中国企业管理研究会、蒋一苇企业改革与发展学术基金会、汕头大学、中国社会科学院管理科学与创新发展研究中心联合主办，汕头大学商学院承办的“经济发展方式转变与中国企业发展学术研讨会暨中国企业管理研究会2010年年会”在汕头大学举行。全国人大常委、中国社会科学院学部团代主席、经济学部主任、中国企业管理研究会会长陈佳贵参加了研讨会并作主题发言。出席会议的有来自中国社会科学院、北京大学、清华大学、中国人民大学、复旦大学、南京大学等高校及科研机构和企业界的100余名专家学者，与会代表围绕“经济发展方式转变与中国企业发展”这一主题展开了深入交流。

34. 2011年9月17~18日　由中国企业管理研究会、经济管理出版社、《中国工业经济》杂志社、《比较管理》编辑部、《战略管理》编辑部及《人力资源管理评论》编辑部主办，山东大学管理学院承办，中国社会科学院管理科学与创新发展研究中心、首都经济贸易大学工商管理学院协办的“情境化、本土化理论与比较管理研究第四届全国比较管理研讨会”在泉城济南市举行。

35. 2011年11月25~27日　由中国企业管理研究会、蒋一苇企业改革与发展学术基金会、广西大学、中国社会科学院管理科学与创新发展研究中心联合主办，广西大学商学院承办的“中国管理思想与实践学术研讨会暨中国企业管理研究会2011年年会”在广西大学举行。全国人大常委、中国社会科学院学部团代主席、经济学部主任、中国企业管理研究会会长陈佳贵参加了研究会并作主题发言。出席会议的有来自中国社会科学院、中国人民大学、厦门大学、复旦大学、暨南大学等高校及科研机构和企业界的100余名专家学者，与会代表围绕“中国管理思想与实践”这一主题展开了深入交流。

36. 2011年12月　第十本中国企业管理研究会年度报告《经济发展方式转变与中国企业发展》由中国财政经济出版社正式出版。

37. 2012年9月14~16日　由中国企业管理研究会、蒋一苇企业改革与发展学术基金会、河南大学、中国社会科学院管理科学与创新发展研究中心联合主办，河南大学工商管理学院承办的"管理学百年与中国管理学创新学术研讨会暨中国企业管理研究会2012年年会"在河南省开封市召开。来自北京大学、中国人民大学、厦门大学、同济大学、北京工业大学、中央财经大学、东北财经大学、重庆工商大学、辽宁大学、西安理工大学、江西财经大学等高等院校与中国社会科学院以及来自《经济管理》和《中国工业经济》杂志社的专家学者，来自国内外著名企业的商界人士，共计300余位代表参加了本次会议，会议共收到学术论文200余篇，其中8篇获得年会优秀论文奖。

38. 2012年10月26~27日　由中国企业管理研究会、蒋一苇企业改革与发展学术基金会主办，香港卫生经济学会、香港理工大学专业与持续教育学院、首都经济贸易大学工商管理学院、经济管理出版社等单位联合承办的第五届全国比较管理研讨会"中国管理实践与比较管理理论创新"在香港特别行政区召开。

39. 2012年10月28~29日　由中国企业管理研究会、中国社会科学院工业经济研究所、中国社会科学院管理科学与创新发展研究中心联合主办，北京师范大学珠海分校（商学部及管理学院）承办的"珠港澳经济合作与企业发展"学术研讨会在珠海召开。

40. 2013年11月8~10日　由中国企业管理研究会、蒋一苇企业改革发展学术基金、景德镇陶瓷学院、中国社会科学院管理科学与创新发展研究中心联合主办，景德镇陶瓷学院工商学院、中国陶瓷产业发展研究中心、江西陶瓷产业经济与发展软科学研究基地承办的"文化发展与管理创新学术研讨会暨中国企业管理研究会2013年年会"在江西省景德镇市召开。来自国内外企业的商界人士，北京大学、中国人民大学、江西财经大学、厦门大学、同济大学、北京工业大学、中央财经大学、东北财经大学、重庆工商大学、辽宁大学、西安理工大学等高等院校与中国社会科学院以及来自《经济管理》和《中国工业经济》杂志社的专家、学者，共计200余位代表参加了本次会议，会议共收到学术论文100余篇，其中8篇获得本年会优秀论文奖。

41. 2013年11月9日　第五届蒋一苇企业改革与发展学术基金评选出优秀专著奖2名、优秀论文奖8名并颁奖。

42. 2014年11月22日　中国企业管理研究会、中国管理现代化研究会公司治理专业委员会、中国社会科学院管理科学与创新研究中心、安徽财经大学、北京工商大学国有资产管理协同创新中心、首都经济贸易大学在北京亮马河饭店联合举办"第三届中国国有企业改革与治理学术研讨会"。

43. 2014年12月1日　由中国企业管理研究会、中国社会科学院工业经济研究所、陈佳贵经济管理青年学术基金在中国社会科学院学术报告厅共同举办了纪念陈佳贵先生诞辰70周年学术研讨会暨陈佳贵经济管理学术菁英奖学金颁奖仪式。

44. 2014年12月6~7日　由中国企业管理研究会、厦门大学管理学院、蒋一苇企业改革与发展学术基金、中国社会科学院管理科学与创新发展研究中心联合主办，由厦门大学管理学院承办的"全面深化改革与企业管理创新学术研讨会暨中国企业管理研究会2014年年会"在福建省厦门市厦门大学召开。本次年会还进行了中国企业管理研究会换届选举。

45. 2015年4月16~17日　由中国企业管理研究会、汕头大学、经济管理出版社、《战略管理》编辑部在汕头大学联合举办的"互联网下的大众创业、万众创新研讨会"顺利召开。

46. 2015年9月23~24日　由中国企业管理研究会、东北财经大学工商管理学院、蒋一苇企业改革与发展学术基金、中国社会科学院管理科学与创新发展研究中心联合主办，由东北财经大学工商管理学院承办的"互联网与管理创新学术研讨会暨中国企业管理研究会2015年年会"在辽宁省大连市东北财经大学成功召开。

47. 2016 年 1 月 23 日　在江西省赣州市举行了中国企业管理研究会会长、理事长级工作会议，会议由中国企业管理研究会、江西理工大学、中国社会科学院管理科学与创新发展研究中心联合主办，江西理工大学经济管理学院、赣州市金融研究院承办。会议回顾了 2015 年工作，讨论了 2016 年工作计划。

48. 2016 年 9 月 23~24 日　由中国企业管理研究会、蒋一苇企业改革与发展学术基金、江苏大学、中国社会科学院管理科学与创新发展研究中心联合主办，江苏大学管理学院承办的“创新、创业与企业管理学术研讨会暨中国企业管理研究会 2016 年年会”在江苏省镇江市成功召开。

49. 2017 年 4 月 15 日　由中国企业管理研究会、湖北经济学院、中国社会科学院管理科学与创新发展研究中心联合主办，湖北经济学院经济与环境资源学院承办的中国企业管理研究会 2017 年会长—理事长会议在湖北经济学院国际学术交流中心顺利召开。

50. 2017 年 8 月 24~25 日　由中国企业管理研究会、蒋一苇企业改革与发展学术基金、石河子大学、中国社会科学院管理科学与创新发展研究中心联合主办，石河子大学经济与管理学院承办的“‘一带一路’与中国企业管理国际化学术研讨会暨中国企业管理研究会 2017 年年会”在新疆石河子市成功召开。

51. 2018 年 4 月 14 日　由中国企业管理研究会、广东金融学院、中国社会科学院管理科学与创新发展研究中心联合主办，广东金融学院工商管理学院承办的“改革开放 40 年中国管理学学科发展”研讨会暨中国企业管理研究会 2018 年会长理事长工作会议在广东省广州市顺利召开。

52. 2018 年 10 月 12~13 日　由中国企业管理研究会、贵州财经大学联合主办，贵州财经大学工商学院承办，《管理世界》杂志社、《中国工业经济》杂志社、《经济管理》杂志社、*China Economist*、蒋一苇企业改革与发展学术基金协办的“中国管理学发展四十年学术研讨会暨中国企业管理研究会 2018 年年会”在贵州省贵阳市成功召开。

53. 2019 年 4 月 28 日　由中国企业管理研究会、上海立信会计金融学院主办，上海立信会计金融学院工商管理学院承办的“中国管理学发展 70 年”学术研讨会暨中国企业管理研究会 2019 年会长理事长级工作会议在上海市顺利召开。

54. 2019 年 10 月 18~19 日　由中国企业管理研究会、蒋一苇企业改革与发展学术基金、上海工程技术大学联合主办，上海工程技术大学管理学院承办的“中国管理学七十年”学术研讨会暨中国企业管理研究会 2019 年年会在上海市成功召开。